Processo Penal

O GEN | Grupo Editorial Nacional – maior plataforma editorial brasileira no segmento científico, técnico e profissional – publica conteúdos nas áreas de concursos, ciências jurídicas, humanas, exatas, da saúde e sociais aplicadas, além de prover serviços direcionados à educação continuada.

As editoras que integram o GEN, das mais respeitadas no mercado editorial, construíram catálogos inigualáveis, com obras decisivas para a formação acadêmica e o aperfeiçoamento de várias gerações de profissionais e estudantes, tendo se tornado sinônimo de qualidade e seriedade.

A missão do GEN e dos núcleos de conteúdo que o compõem é prover a melhor informação científica e distribuí-la de maneira flexível e conveniente, a preços justos, gerando benefícios e servindo a autores, docentes, livreiros, funcionários, colaboradores e acionistas.

Nosso comportamento ético incondicional e nossa responsabilidade social e ambiental são reforçados pela natureza educacional de nossa atividade e dão sustentabilidade ao crescimento contínuo e à rentabilidade do grupo.

Norberto Avena

Processo Penal

15ª EDIÇÃO REVISTA E ATUALIZADA

gen
EDITORA MÉTODO

■ Fechamento desta edição: *01.03.2023*

■ **Atendimento ao cliente: (11) 5080-0751 | faleconosco@grupogen.com.br**

Editora Forense Ltda.
Uma editora integrante do GEN | Grupo Editorial Nacional
Travessa do Ouvidor, 11 – Térreo e 6º andar
Rio de Janeiro – RJ – 20040-040
www.grupogen.com.br

■ Capa: Bruno Sales Zorzetto

■ **CIP – BRASIL. CATALOGAÇÃO NA FONTE.
SINDICATO NACIONAL DOS EDITORES DE LIVROS, RJ.**

Avena, Norberto

Processo penal / Norberto Avena. – 15. ed. – Rio de Janeiro: Método, 2023.

Inclui bibliografia
ISBN 978-65-5964-776-7

1. Processo penal – Brasil. 2. Direito penal – Brasil. 3. Serviço público – Brasil – Concursos. I. Título.

23-82606 CDU: 343.2(81)

Meri Gleice Rodrigues de Souza – Bibliotecária – CRB-7/6439

Ao longo de minha vida,
sucederam-se momentos inigualáveis,
surgiram pessoas incomparáveis e
eternizaram-se lindas recordações

Momentos inigualáveis?
O dia do nascimento de minhas filhas,
LUISA *e* CAROLINA.
Com vocês, minhas vidas, conheci o verdadeiro
sentido da palavra "felicidade".

Pessoas incomparáveis?
Minha esposa, VILMA ANDRÉA,
companheira de todas as horas, coração imensurável,
exemplo de mulher e de mãe.
Obrigado, meu amor, pelo afeto, dedicação, cuidado e carinho
ao longo dos trinta e quatro anos
que estamos juntos.

Lindas recordações?
As que vêm de meus pais,
ROBERTO AVENA *e* DOROTHY PÂNCARO AVENA,
sempre vivos em meu coração,
presenças constantes em meus pensamentos.
Que Deus os tenha em seus braços.

Agradecimentos

AGRADEÇO a Deus, pois independentemente de minhas crenças e da forma como o concebo, a ele credito minhas maiores riquezas (filhas, esposa e a lembrança de meus pais) – as outras (riquezas) consistem na dádiva de ter ingressado no Ministério Público, no pendor para a docência e no gosto pela escrita.

À minha família, AGRADEÇO pelo amor incondicional, desculpando-me pelos preciosos momentos em que, por estar debruçado sobre o Direito, não pude estar fisicamente presente, embora sempre o estivesse em coração e espírito.

A Camila Amadi, Editora Sênior no Grupo Editorial Nacional, responsável pela edição de minhas obras e, acima de tudo, minha grande amiga, AGRADEÇO pelos anos de trabalho conjunto, pela competência no exercício de seu labor, pelo incentivo na continuidade de meus livros e pela confiança em meu trabalho.

A todos os colaboradores da Editora Método, AGRADEÇO pelo zelo, presteza, solicitude e prontidão no trato com minhas obras, assim como pelo carinho sempre a mim dedicado.

Sumário

CAPÍTULO 1

Introdução ao Processo Penal. Sistemas Processuais Penais. Princípios Processuais Penais e Constitucionais

1.1. INTRODUÇÃO AO PROCESSO PENAL

1.1.1. Considerações gerais

O art. 1.º, parágrafo único, da Magna Carta, ao estabelecer que "todo o poder emana do povo, que o exerce por meio de representantes eleitos ou diretamente, nos termos desta Constituição", adotou o entendimento de que o Estado não é um poder institucionalizado, mas, sim, o **titular de um poder**, que decorre da sociedade, pertence a esta e em seu benefício deverá ser exercido.

Esse poder, que é inerente ao ente estatal, contudo, não é absoluto, encontrando **limitações no direito**, considerado *lato sensu* como o conjunto de normas jurídicas que compõem o ordenamento. O direito limita e disciplina o poder do Estado, evitando a prática de atos arbitrários ou atentatórios às liberdades e garantias individuais consagradas no próprio texto da Constituição.

Neste contexto é que surge o **processo**, como o instrumento determinado pelo **direito** por meio do qual o Estado poderá exercer o **poder jurisdicional** que lhe foi conferido.

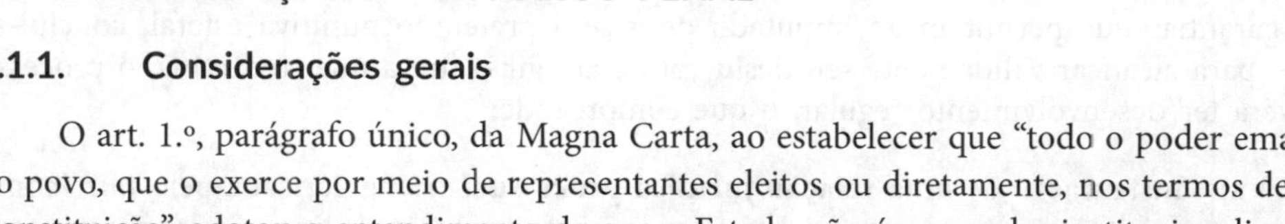

1.1.2. O processo penal

Na esfera penal, a trilogia composta pelos elementos **poder-direito-processo** apresenta direta relação com o exercício do direito de punir do Estado. O *jus puniendi*, enfim, será ao mesmo tempo a decorrência lógica e o objetivo principal do **poder** estatal, exercido por meio de um **processo** disciplinado por **normas e princípios jurídicos**.

Basta observar que, se uma pessoa realizar determinada conduta descrita em um tipo penal incriminador, a consequência desta prática será o surgimento para o Estado do poder-dever de aplicar-lhe a sanção correspondente. Essa aplicação não poderá ocorrer à revelia dos direitos e garantias fundamentais do indivíduo, sendo necessária a existência de um instrumento que, voltado à busca da verdade real, possibilite ao imputado contrapor-se à pretensão estatal.

Aqui surge, então, o **processo penal**, como instrumento destinado à realização do *jus puniendi* do Estado e cujo desenvolvimento será regido por um conjunto de normas, preceitos e princípios que compõem o **direito processual**.

1.1.3. Conteúdo do processo penal

Se, por um lado, a finalidade do processo é possibilitar ao Estado a satisfação do jus puniendi e, por outro, a realização desse direito de punir está condicionada à observância de garantias que permitam ao imputado opor-se à pretensão punitiva estatal, conclui-se que, para alcançar validamente seu desiderato e atingir o fim a que se destina, o processo deverá ter desenvolvimento regular, o que compreende:

a) Instauração de uma **relação jurídica processual** triangularizada pelo *juiz* (como sujeito processual imparcial a quem compete a solução da lide) e pelas partes (acusação no polo ativo e defesa no polo passivo). Define-se, assim, *relação jurídica* como o *vínculo que se estabelece entre os sujeitos que, no processo, ocupam posições distintas e aos quais assistem faculdades, direitos e obrigações*.
b) A realização de uma sequência ordenada de atos, chamada de **procedimento**, a qual abrange, necessariamente, a formulação de uma acusação (pública ou privada), o exercício do direito de defesa, a produção das provas requeridas pelos polos acusatório e defensivo e a decisão final.

Importante ter em vista que, tanto na *relação jurídica* estabelecida entre os sujeitos distintos quanto no *procedimento* propriamente dito, deverão incidir os princípios processuais penais constitucionais, assecuratórios de garantias como a do contraditório, da ampla defesa, do devido processo legal, da publicidade dos atos, de ser julgado o réu por juiz com competência previamente definida a partir de normas jurídicas gerais (juiz natural) etc.

1.1.4. Fontes do direito processual penal

Por *fontes* do direito entende-se a origem e a forma como se exteriorizam as normas, os preceitos e os princípios jurídicos que informam o processo penal e cuja observância é condição para o seu desenvolvimento regular. Segundo a concepção mais aceita, classificam-se em **fontes materiais** e **fontes formais**.

a) **Fontes materiais**, também chamadas de fontes substanciais ou fontes de produção, correspondem às entidades ou sujeitos aos quais incumbe a geração de normas jurídicas sobre determinadas matérias. Trata-se de quem tem competência para produzir a norma.

No âmbito do direito processual penal, fonte material por excelência é a **União**, já que o art. 22, I, da CF estabelece a ela competir, privativamente, a disciplina dessa ordem de matéria. A referência à *União,* aqui, abrange tanto a competência do Legislativo quanto do Executivo, pois, embora, como regra, seja do Congresso Nacional a atribuição para editar leis que versem sobre processo penal, não se pode esquecer que o Poder Executivo possui atribuição para celebrar tratados, convenções e atos internacionais, os quais, depois de referendados pelo mesmo Congresso, terão força de lei (art. 84, VIII, da CF).

Além disso, também os **Estados**, excepcionalmente, poderão criar leis que tratem de questões específicas de processo penal, desde que haja autorização da União por meio de Lei Complementar, conforme dispõe o art. 22, parágrafo único, da CF[1]. Isto ocorre porque a *competência privativa*, ao contrário da *competência exclusiva*, pode ser delegada.

Reforçando a afirmação de que a **União Federal** não é a única fonte material de direito processual penal, estabelece, ainda, o art. 24 da CF que lhe compete, bem como aos **Estados e ao Distrito Federal**, legislar, concorrentemente, entre outras vertentes, sobre:

- *Direito penitenciário (inciso I)*: É lógico que este permissivo não implica facultar às Unidades Federadas legislar sobre execução penal, matéria esta que, por versar sobre Direito Penal e Direito Processual Penal, é sujeita à competência privativa da União (art. 22, I). Logo, o que se autoriza por meio do art. 24, I, da CF é que normas estaduais disciplinem questões relativas à organização e funcionamento dos estabelecimentos prisionais, bem como sobre assuntos que a lei federal tenha reservado à complementação por lei estadual. É o caso, por exemplo, do regime disciplinar diferenciado, que poderá ser regulamentado pelos Estados e pelo Distrito Federal, nos termos e limites estabelecidos pelo art. 5.º da Lei (federal) 10.792/2003[2].
- *Procedimentos em matéria processual (inciso XI):* Em razão da amplitude do dispositivo, é preciso cautela na respectiva interpretação, de forma a harmonizá-la com o art. 22, I, da *Lex Fundamentalis*. Em verdade, no tocante à disciplina de procedimentos em matéria processual, a competência concorrente que se visualiza entre a União, Estados-membros e Distrito Federal é, unicamente, aquela que visa preencher lacunas deixadas pela legislação federal, sempre atendidas as normas gerais por esta impostas. Exemplo típico de atividade legislativa que poderia amoldar-se ao caso em exame ocorreu, embora antes da vigência da Carta de 1988, nos Estados de São Paulo (arts. 93 a 96 do Decreto-lei Complementar

---

1 Art. 22, parágrafo único, da CF: "Lei complementar poderá autorizar os Estados a legislar sobre questões específicas das matérias relacionadas neste artigo".

2 Nos termos do disposto no inciso I do art. 24 da Constituição da República, observados os arts. 44 a 60 da Lei 7.210, de 11.06.1984, os Estados e o Distrito Federal poderão regulamentar o regime disciplinar diferenciado, em especial para: I – estabelecer o sistema de rodízio entre os agentes penitenciários que entrem em contato direto com os presos provisórios e condenados; II – assegurar o sigilo sobre a identidade e demais dados pessoais dos agentes penitenciários lotados nos estabelecimentos penais de segurança máxima; III – restringir o acesso dos presos provisórios e condenados aos meios de comunicação de informação; IV – disciplinar o cadastramento e agendamento prévio das entrevistas dos presos provisórios ou condenados com seus advogados, regularmente constituídos nos autos da ação penal ou processo de execução criminal, conforme o caso; V – elaborar programa de atendimento diferenciado aos presos provisórios e condenados, visando à sua reintegração ao regime comum e recompensando-lhes o bom comportamento durante o período de sanção disciplinar.

3/1969) e do Rio Grande do Sul (art. 195 da Lei Estadual 7.356/1980), entre outros, que normatizaram por meio de diplomas estaduais o procedimento da correição parcial.

b) **Fontes formais**, rotuladas, ainda, de fontes de revelação, de cognição ou de conhecimento, traduzem as formas pelas quais o direito se exterioriza. Classificam-se em **fontes formais imediatas ou diretas** e **fontes formais mediatas ou indiretas**.

Como **fontes formais imediatas ou diretas** compreendem-se as *leis*, assim compreendido todo e qualquer dispositivo editado pelo poder público, entre os quais:

- **A Constituição Federal:** com a promulgação da Constituição Federal de 1988, erigiram-se à categoria de direitos fundamentais algumas normas e princípios que poderiam estar inseridos, unicamente, no texto de diplomas infraconstitucionais. A *proteção à intimidade*, prevista no art. 5.º, X, da CF; a *tutela do domicílio*, incorporada ao art. 5.º, XI, da CF e o sigilo das *interceptações telefônicas*, dispondo o art. 5.º, XII, da CF que estas apenas poderão ser interceptadas mediante autorização judicial, nas situações previstas em lei, **são exemplos** dessa constitucionalização do direito processual penal, que, nos casos citados, não foi imprópria, pois em todos eles as regras positivadas pelo legislador constituinte possuem um conteúdo assecuratório de direitos (direito à liberdade, à intimidade, à ampla defesa etc.), justificando-se, portanto, sua inserção no texto constitucional a título de *garantias*.
- **A legislação infraconstitucional:** trata-se, normalmente, das leis editadas pelo Congresso Nacional, em face da competência privativa da União para legislar sobre processo penal (art. 22, I, CF). No entanto, como vimos, excepcionalmente essa disciplina pode ter origem em regulamentação das Unidades Federadas, ou seja, dos Estados-membros e do Distrito Federal, quando ocorrentes as hipóteses de competência concorrente previstas no art. 24, I (direito penitenciário), IV (custas dos serviços forenses), X (processo do juizado de pequenas causas) e XI (procedimentos em matéria processual).
- **Os tratados, convenções e regras de direito internacional:** estas normatizações são admitidas como fonte formal de direitos, no art. 5.º, §§ 2.º e 3.º, da Constituição Federal, ao dispor que "os direitos e garantias expressos nesta Constituição não excluem outros decorrentes do regime e dos princípios por ela adotados, ou dos tratados internacionais em que a República Federativa do Brasil seja parte" e que "os tratados e convenções internacionais sobre direitos humanos que forem aprovados, em cada Casa do Congresso Nacional, em dois turnos, por três quintos dos votos dos respectivos membros, serão equivalentes às emendas constitucionais".

Por outro lado, como **fontes formais mediatas ou indiretas** compreendem-se *os princípios gerais de direito, a analogia, os costumes, a doutrina, o direito comparado e a jurisprudência.* Assim:

- **A doutrina:** consiste na opinião manifestada pelos operadores do direito ou estudiosos sobre determinado tema. Apesar de não possuir força vinculativa, exerce grande influência não apenas no processo legislativo de elaboração das leis, como também na aplicação das normas daí resultantes.
- **Os princípios gerais de direito:** exteriorizam-se, muitas vezes, por meio dos brocardos jurídicos, *v.g.*, "o direito não socorre aos que dormem"; "a ninguém é lícito

alegar sua própria torpeza"; "o réu não poderá ser obrigado à autoincriminação"; "ouça-se também a outra parte"; "o juiz conhece o direito" etc. Trata-se de regras que, apesar de não estarem escritas, mostram-se presentes e informam o sistema jurídico.

- **O direito comparado:** embora, normalmente, não possuam aplicação no território brasileiro, as normas jurídicas existentes em outras nações muitas vezes fornecem subsídios importantes para a solução de problemas comuns a vários países, inclusive inspirando a produção de leis sobre assuntos específicos.
- **A analogia:** consiste em estender a um caso não previsto aquilo que o legislador previu para outro caso, desde que em igualdade de condições. Justifica-se o seu uso uma vez que, em face da infinidade de condutas humanas, jamais será possível ao ordenamento jurídico estabelecer uma previsão normativa que discipline e esgote cada uma delas. Não se deve confundir **analogia** com **interpretação extensiva**. Na *analogia*, reitere-se, não existe norma reguladora do caso concreto, sendo aplicada norma pertinente à hipótese semelhante. É o que ocorre, por exemplo, com o prazo prescricional para apuração de falta grave cometida por apenado no curso da execução da pena. Inexistindo previsão específica na Lei de Execução Penal (L. 7.210/1984), sedimentou-se a jurisprudência no sentido de que deve ser aplicado, por analogia, *"o prazo do art. 109 do Código Penal, com a incidência do menor lapso previsto, atualmente de três anos, conforme dispõe o inciso VI do aludido artigo"*[3]. Já na *interpretação extensiva* existe uma norma que regula o caso concreto, porém sua eficácia é limitada a outra hipótese, razão pela qual é necessário ampliar seu alcance. Como exemplo, ilustre-se a situação em que o juiz tenha realizado, *ex officio*, a proposta do art. 89 da Lei 9.099/1995 ao réu, sendo ela aceita. Ora, contra essa decisão, entende-se possível a dedução de recurso em sentido estrito por interpretação extensiva do art. 581, XVI, do CPP[4], que prevê seu cabimento contra a decisão que ordenar a suspensão do processo em virtude de questão prejudicial cível (hipótese distinta, portanto). Não se trata, como se vê, de analogia, pois aqui existe norma reguladora do recurso cabível diante da situação fática operada, qual seja, a *suspensão do processo criminal*. Todavia, como essa norma concerne a fundamento de suspensão distinto do que está em análise – refere-se à suspensão em face de questão prejudicial –, torna-se necessário estender o seu alcance de forma a permitir a interposição do RSE também em razão da suspensão do processo provocada pela aplicação do art. 89 da Lei 9.099/1995. *Admite-se a utilização de analogia e de interpretação extensiva em relação a súmulas?* Trata-se de entendimento absolutamente consolidado o de que é possível a aplicação de regramentos sumulares a partir destes critérios[5-6].

---

3 STJ, HC 527625/SP, *DJ* 26.11.2019.

4 Para alguns, a interpretação extensiva, neste caso, deve ser realizada a partir do art. 581, XI, que refere o cabimento do recurso em sentido estrito em relação à decisão que *conceder, negar ou revogar a suspensão condicional da pena*. Neste sentido: STJ, EREsp. 1630121/RN, 3.ª Seção, *DJ* 11.12.2018.

5 [...] A jurisprudência desta Corte é no sentido de que a aplicação das majorantes previstas no art. 40 da Lei de Drogas exige motivação concreta, quando estabelecida acima da fração mínima, não sendo suficiente a mera indicação do número de causas de aumento, em **analogia ao disposto na Súmula 443 do STJ**, que dispõe: "o aumento na terceira fase de aplicação da pena no crime de roubo circunstanciado exige fundamentação concreta, não sendo suficiente para a sua exasperação a mera indicação do número de majorantes" Precedentes. (STJ, HC 529.996/SP, *DJ* 25.11.2019).

6 [...] 1. A jurisprudência desta Corte Superior possui orientação de que a responsabilidade civil das pessoas jurídicas, por roubos ocorrido sem suas áreas privativas – internas ou externas –, deve ser analisada caso a caso, podendo-se conferir **interpretação extensiva à Súmula 130/STJ**. (STJ, AgInt no AREsp 1.317.166/PR, *DJ* 19.02.2019).

– **Os costumes:** são regras de conduta reiterada (elemento externo), às quais se agrega uma consciência de obrigatoriedade (elemento interno). No direito processual penal, os costumes são denominados de "praxe forense", e podem ser *secundum legem* (de acordo com a lei), *praeter legem* (suprem lacunas da lei) e *contra legem* (contra a lei), salientando-se quanto a estes últimos que, em regra, é vedada sua aplicação, salvo em hipóteses de absoluta inaplicabilidade ou de total desuso da norma jurídica.

Exemplo 1: Ao contrário do que ocorre com determinadas categorias de parentes do réu (art. 206 do CPP), inexiste previsão legal de que parentes do ofendido (pai, mãe, irmão etc.) sejam dispensados de prestar compromisso como testemunhas. Não obstante, na *praxe forense*, são eles, normalmente, ouvidos como informantes, dispensando-lhes o juiz a formalidade do art. 203 do CPP[7], em face da provável ausência de isenção no depoimento. Trata-se de costume *praeter legem*, que supre uma lacuna do art. 206 do CPP.

Exemplo 2: O Código de Processo Penal, antes da Lei 11.690/2008, no que concerne ao juiz, não estabelecia o momento em que, na audiência de instrução, este deveria realizar perguntas às testemunhas arroladas pelas partes, ou seja, se antes ou depois destas. Diante desta lacuna, a maioria dos magistrados adotava a *praxe* (costume *praeter legem*) de iniciar os questionamentos e, depois, passar a palavra às partes. Entretanto, a atual redação do art. 212 do CPP veio a estabelecer que, na inquirição de testemunhas, as partes formularão as perguntas e somente após o juiz complementará a inquirição, elaborando questionamentos sobre os pontos não esclarecidos (art. 212, parágrafo único, do CPP). Apesar disso, muitos magistrados persistem aplicando o sistema anterior, ignorando a norma expressa. Com isso, estão se valendo de costume *contra legem*, de aplicação temerária ao caso, o que pode conduzir ao reconhecimento de futuras nulidades processuais.

– **A jurisprudência:** é o entendimento consubstanciado em decisões judiciais reiteradas sobre um determinado assunto. Embora se trate de importante fonte de direito, é inegável que, em muitos casos, a divergência de tratamento conferida pelos Tribunais sobre um mesmo tema é fator de insegurança jurídica. Por isso, preocupou-se o legislador em instituir determinados mecanismos visando solucionar os impasses que daí emergem, *v.g.*, o recurso especial fundado na divergência jurisprudencial (art. 105, III, *c*, da CF) e os embargos de divergência (arts. 330 a 336 do RISTF, arts. 266 e 267 do RISTJ e arts. 1.043 e 1.044 do CPC/2015, este último aplicável à esfera penal por analogia, em face da revogação expressa do art. 29 da Lei 8.038/1990).

Tema bastante controvertido na doutrina refere-se ao correto enquadramento das **súmulas vinculantes**, isto é, se devem ser classificadas como *fontes formais imediatas* ou como *fontes formais mediatas*.

O instituto da súmula vinculante foi inserido no sistema jurídico brasileiro pelo art. 103-A da CF (regulamentado pela Lei 11.417/2006), ao dispor que o STF "poderá, de ofício ou por provocação, mediante decisão de dois terços dos seus membros, após reiteradas decisões sobre matéria constitucional, aprovar súmula que, a partir de sua publicação na imprensa oficial, terá efeito vinculante em relação aos demais órgãos do Poder Judiciário e à administração pública direta e indireta, nas esferas federal, estadual

---

[7] Art. 203. A testemunha fará, sob palavra de honra, a promessa de dizer a verdade do que souber e lhe for perguntado, devendo declarar seu nome, sua idade, seu estado e sua residência, sua profissão, lugar onde exerce sua atividade, se é parente, e em que grau, de alguma das partes, ou quais suas relações com qualquer delas, e relatar o que souber, explicando sempre as razões de sua ciência ou as circunstâncias pelas quais possa avaliar-se de sua credibilidade.

e municipal, bem como proceder à sua revisão ou cancelamento, na forma estabelecida em lei". Com esta normatização, pretendeu o legislador evitar a divergência de entendimentos entre órgãos do Poder Judiciário ou entre estes e a Administração Pública, em hipóteses nas quais estiver em discussão tema constitucional já enfrentado e decidido por meio de súmula do Pretório Excelso. Destarte, a decisão do Supremo cristalizada no verbete sumulado deverá ser obedecida, em caráter cogente, tanto pelos tribunais e juízes quanto pelos agentes do Poder Executivo. Caso descumprida a súmula vinculante, a solução para o impasse está prevista no próprio texto constitucional, *ex vi* do art. 103-A, § 3.º, contemplando a **reclamação** como remédio cabível para garantir a autoridade do enunciado.

Neste contexto, na medida em que obriga os destinatários mencionados no dispositivo constitucional citado a seguirem o entendimento adotado pelo STF, parte da doutrina passou a considerar esse tribunal como **fonte material**[8] do direito e a súmula vinculante como uma nova **fonte formal imediata**, afastando a máxima antes vigorante no sentido de que apenas o texto positivado na legislação poderia ser considerado como tal. Não obstante, existe orientação em sentido oposto, qual seja a de que, apesar de vinculante, tal ordem de enunciado não possui força de lei, devendo ser classificado como **fonte formal mediata**, mesmo porque não provém do Poder Legislativo, apenas retratando a jurisprudência firmada pela maioria de dois terços do STF. Em que pesem as divergências, este último entendimento parece dominante na doutrina.

Esquema: Fontes do Processo Penal

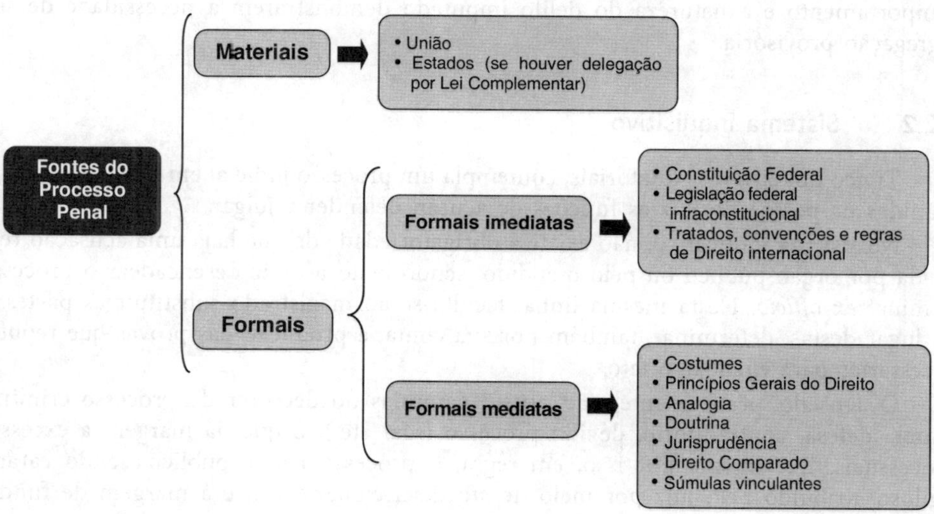

1.2. SISTEMAS PROCESSUAIS PENAIS

No direito comparado, são encontradas três espécies de sistemas processuais (tipos de processo penal): *sistema acusatório, sistema inquisitivo* e *sistema misto.*

[8] NUCCI, Guilherme de Souza. *Código de Processo Penal comentado.* São Paulo: RT, 2009. p. 58.

1.2.1. Sistema acusatório

Próprio dos regimes democráticos, o sistema acusatório caracteriza-se pela distinção absoluta entre as funções de acusar, defender e julgar, que deverão ficar a cargo de pessoas distintas. Chama-se "acusatório" porque, à luz deste sistema ninguém poderá ser chamado a juízo sem que haja uma *acusação*, por meio da qual o fato imputado seja narrado com todas as suas circunstâncias.

Asseguram-se ao acusado o contraditório e a ampla defesa. Como decorrência destes postulados, garante-se à defesa o direito de manifestar-se apenas depois da acusação, exceto quando quiser e puder abrir mão desse direito.

A tramitação da ação penal ocorre em estrita observância do modelo (procedimento) consagrado em lei. Como regra, serão públicos os atos processuais, o que apenas é ressalvado em hipóteses expressamente previstas.

Quanto à produção probatória, é de incumbência das partes, descabendo ao juiz substituir-se a elas no intuito de buscar a comprovação de fatos que, apesar de articulados, não tenham sido demonstrados pelos interessados.

Outra nota importante refere-se à garantia da isonomia processual, significando que acusação e defesa devem estar em posição de equilíbrio no processo, sendo-lhes asseguradas idênticas oportunidades de intervenção e igual possibilidade de acesso aos meios pelos quais poderão demonstrar a verdade do que alegam.

Considerando que as bases do sistema acusatório incluem a rigorosa observância das garantias constitucionais do acusado, este, como regra, responderá ao processo em liberdade, exceto na hipótese em que atos, fatos ou circunstâncias relacionados ao seu comportamento e à natureza do delito imputado demonstrarem a necessidade de sua segregação provisória.

1.2.2. Sistema inquisitivo

Típico dos sistemas ditatoriais, contempla um processo judicial em que podem estar reunidas na pessoa do juiz as funções de acusar, defender e julgar.

No sistema inquisitivo, não existe a obrigatoriedade de que haja uma acusação realizada por órgão público ou pelo ofendido, sendo lícito ao juiz desencadear o processo criminal *ex officio*. Nesta mesma linha, faculta-se ao magistrado substituir as partes e, no lugar destas, determinar, também por sua conta, a produção das provas que reputar necessárias para elucidar o fato.

O acusado, praticamente, não possui garantias no decorrer do processo criminal (ampla defesa, contraditório, devido processo legal etc.), o que dá margem a excessos processuais. Exatamente por isso, em regra, o processo não é público, sendo caráter sigiloso atribuído pelo juiz por meio de ato discricionário seu e à margem de fundamentação adequada.

Não se fala em paridade de armas, sendo nítida a posição de desigualdade entre as partes. Na verdade, a própria defesa do réu é bastante restrita, não lhe sendo assegurado, ao contrário do que ocorre no modelo acusatório, o direito de manifestar-se depois da acusação para refutar provas e argumentos trazidos ao processo pelo acusador.

Como não há a presunção de inocência, apresenta-se menos complexa, em termos de requisitos e pressupostos legais, a decretação da prisão provisória do réu no curso da ação penal, circunstância esta que faz com que, em grande parte dos casos, permaneça o réu preso durante o sumário da culpa.

1.2.3. Sistema misto ou inquisitivo garantista

Classicamente, define-se *sistema processual misto* como um modelo processual intermediário entre o sistema acusatório e o sistema inquisitivo. Isso porque, ao mesmo tempo em que há a observância de garantias constitucionais, como a presunção de inocência, a ampla defesa e o contraditório, mantém ele alguns resquícios do sistema inquisitivo, a exemplo da faculdade que assiste ao juiz quanto à produção probatória *ex officio* e das restrições à publicidade do processo que podem ser impostas em determinadas hipóteses.

Na medida em que resulta de uma fusão entre as características dos outros dois modelos, o sistema misto, na atualidade, vem sendo chamado também de *inquisitivo garantista.*

1.2.4. Quadro comparativo

As diferencas entre os sistemas processuais penais e as características de cada um deles podem ser visualizadas com maior precisão mediante o estudo comparativo. Observe-se, para tanto, o seguinte gráfico:

Características	Sistema Acusatório	Sistema Inquisitivo	Sistema Misto
Divisão de funções	Há clara divisão entre as funções de acusar, defender e julgar, incumbindo cada uma destas condutas a um sujeito processual distinto.	O juiz pode exercer as funções de acusar, defender e julgar, indistintamente.	Há divisão entre as funções de acusar, defender e julgar. Entretanto, ao juiz é lícito, em determinadas situações, substituir-se às partes, ora praticando atos próprios de acusador, ora incorporando postura de defensor.
Garantias de defesa	Asseguram-se ao réu as garantias do contraditório e da ampla defesa.	O réu não possui as garantias do contraditório e da ampla defesa.	Há contraditório e direito à defesa. A maior ou menor intensidade destas garantias, porém, depende das peculiaridades legais e constitucionais de cada País.
Isonomia processual	As partes encontram-se em situação de equilíbrio processual.	Não há paridade de armas, privilegiando-se os interesses da acusação.	Em linhas gerais, há isonomia processual. Entretanto, essa isonomia é relativizada, detectando-se, em alguns casos, a ocorrência de privilégios processuais, ora em relação à acusação, ora em relação à defesa.
Publicidade do processo	Os atos processuais, em regra, são públicos. O segredo de justiça é exceção, admitido por decisão fundamentada, nos casos previstos em lei.	Os atos processuais, em regra, não são públicos, podendo o juiz impor sigilo ao processo por ato discricionário seu, independentemente de fundamentação.	Em regra, os atos processuais são públicos. Todavia, eventualmente poderão ser praticados em segredo de justiça, por ato motivado do juiz, não sendo imprescindível a existência de previsão legal neste sentido.

Características	Sistema Acusatório	Sistema Inquisitivo	Sistema Misto
Manifestação das partes	A defesa deverá se manifestar após a acusação, podendo refutar argumentos e contrariar provas trazidos ao processo pelo acusador.	Não é assegurado à defesa o direito de se manifestar quanto aos elementos que a acusação trouxer ao processo. Prevalecendo os interesses da acusação, as provas por esta produzidas não estarão sujeitas, necessariamente, à análise do defensor.	À defesa deve ser oportunizado o direito de manifestar-se após a acusação, a fim de poder contrapor-se aos argumentos e elementos de convicção que aquela trouxer ao processo.
Produção das provas	Incumbe, primordialmente, à acusação e à defesa a produção das provas para a comprovação dos fatos que alegam. Embora não fique o juiz completamente proibido de produzir provas *ex officio*, isto pode ocorrer apenas em caráter excepcional, com vista a dirimir dúvidas surgidas a partir das provas trazidas ou requeridas pelas partes.	O juiz possui ampla liberdade para produção de provas, normalmente substituindo-se às partes nessa função, em especial no que toca à produção da prova acusatória.	Às partes incumbe, em tese, a produção de provas quanto aos fatos que alegam. Contudo, o juiz também possui essa liberdade, podendo substituí-las nessa função sempre que julgar adequado ou necessário assim proceder.
Prisão e liberdade provisórias	Presume-se a inocência do réu. Destarte, como regra, deverá ele responder ao processo em liberdade, salvo se ocorrem motivos que justifiquem a decretação de sua prisão preventiva.	Presume-se a culpa do réu. Assim, a liberdade provisória passa a consistir, praticamente, em exceção, sendo bastante simples e corriqueira a decretação da prisão provisória do acusado.	Não se presume a culpa, embora isto não signifique, necessariamente, que haja uma presunção de inocência. No sistema misto, tudo depende da realidade de cada País e da respectiva legislação. Em regra, o réu deverá responder ao processo em liberdade. Não obstante, admite-se a sua segregação provisória, o que pode ocorrer tanto em face do surgimento dos respectivos pressupostos como, simplesmente, a título de efeito de determinadas decisões judiciais.

1.2.5. Sistema processual penal adotado no Brasil

O tema relativo ao *sistema processual penal* adotado no Brasil sempre foi controvertido na doutrina e na jurisprudência, a maioria apontando o **sistema acusatório**, sem embargo de outros defenderem a incidência do **sistema misto ou inquisitivo garantista**.

Para os adeptos da primeira corrente, a consagração do *modelo acusatório* está clara em várias disposições da Constituição Federal, em especial aquelas que referem a obrigatoriedade de motivação das decisões judiciais (art. 93, IX) e as garantias da isonomia processual (art. 5.º, I), do juiz natural (art. 5.º, XXXVII e LIII), do devido processo legal (art. 5.º, LIV), do contraditório, da ampla defesa (art. 5.º, LV) e da presunção de inocência (art. 5.º, LVII).

Já os defensores do segundo entendimento aduzem que, muito embora a Constituição Federal tenha incorporado regras pertinentes ao sistema acusatório, o direito brasileiro agasalhou resquícios do sistema inquisitivo na legislação infraconstitucional, do que é exemplo a faculdade conferida ao juiz de produzir provas *ex officio*, prevista genericamente no art. 156 do CPP e ratificada em várias outras disposições do mesmo Código e da legislação complementar.

Analisando essas duas linhas de pensamento, sempre aderimos à primeira delas, considerando que, de fato, vigora no Brasil o **sistema acusatório**, entendimento este respaldado em decisões do STF[9] e do STJ[10]. Afinal, todos concordam que, embora inexista um dispositivo legal expresso na Constituição Federal de 1988, é dela que se extrai o conjunto de princípios e normas que conduz ao entendimento de que o direito brasileiro agasalhou o **sistema acusatório**. Por outro lado, também não há dúvidas de que os dispositivos, pelos quais muitos autores sustentam ter sido adotado o **sistema inquisitivo garantista,** encontram-se incorporados à legislação infraconstitucional. Neste contexto, duas soluções se apresentam: ou se consideram inconstitucionais, por violação do sistema acusatório, os dispositivos infraconstitucionais que consagrem procedimento incompatível com as regras desse modelo; ou se busca conferir a tais previsões legislativas interpretação conforme a Constituição Federal. O que não se pode é cogitar de uma terceira possibilidade, qual seja, a da coexistência do *sistema inquisitivo* previsto em dispositivos de legislação infraconstitucional juntamente com o *sistema acusatório* assegurado em normas constitucionais, pois isto, a nosso ver, implica negar vigência à Constituição Federal enquanto Lei Maior.

Mais recentemente, expressamente corroborando o sistema acusatório como sendo o vigente no direito brasileiro, introduziu a Lei 13.964/2019, ao Código de Processo Penal, o art. 3º-A, dispondo que "o processo penal terá estrutura acusatória, vedadas a iniciativa do juiz na fase de investigação e a substituição da atuação probatória do órgão de acusação". Com isto, ficaram revogadas tacitamente normas como a do art. 156, I, do CPP, a qual viabiliza ao juiz *ordenar, mesmo antes de iniciada a ação penal, a produção antecipada de provas*. E tanto foi intenção do legislador, com a citada alteração legal, reforçar as bases constitucionais e legais que inspiram o sistema acusatório, que, também pela citada L. 13.964, foi atribuída nova redação aos arts. 282 e 311 do CPP, retirando destes dispositivos a possibilidade de decretação, *ex officio* pelo juiz, de prisão preventiva e de medidas cautelares diversas da prisão, antes permitidas na fase judicial da persecução. Neste cenário, temos como resolvida a celeuma pertinente ao sistema processual vigente no Brasil.

No entanto, atenção: a despeito da literalidade do art. 3º-A, 1ª parte, que é evidentemente contemplativa do modelo acusatório, e do acerto de sua 2ª parte ao proibir qualquer iniciativa do juiz na fase investigativa, a verdade é que esse mesmo dispositivo, na sua parte final, contradiz os fundamentos daquele modelo. Perceba-se, pois, que a norma veda ao juiz "a substituição da atuação probatória do órgão de acusação". Ora, interpretado *contrario sensu* este comando, infere-se que está possibilitando a "substituição da atuação do probatória da defesa do réu", gerando situação anti-isonômica. E a isonomia

9 STF, ADI 4.693/BA, *DJ* 30.10.2018.

10 STJ, AgRg no AREsp 1.345.004/RS, *DJ* 29.03.2019.

processual, por força da própria Constituição Federal, é atributo inafastável do sistema acusatório. E mais: se o sistema acusatório se caracteriza, como dissemos antes (tópico 1.2.1 deste capítulo), pela distinção entre as funções de julgar, acusar e defender, como compreender possa o magistrado atuar em termos probatórios em benefício de uma das partes? Logo, afigura-se, paradoxalmente, inconstitucional a parte final do art. 3º-A, já que afronta o sistema acusatório tanto quanto o violaria caso fosse ao juiz facultado agir em benefício da acusação. Por essa razão, pensamos que há de prevalecer a interpretação segundo a qual, efetivamente, não pode o juiz *substituir-se,* vale dizer, *fazer as vezes* de órgão acusatório, assim como não pode, também, *fazer as vezes* do advogado de defesa. Em suma, não se pode contemplar, no bojo do processo criminal, nem um *juiz-acusador*, nem um *juiz-defensor*, cabendo-lhe nele oficiar com absoluta imparcialidade. Note-se que, ao assim entender, não estamos defendendo que o magistrado deva manter uma postura absolutamente estática no processo criminal. O que estamos dizendo é que se faz necessário harmonizar a natureza da função exercida pelo juiz (de julgador, não de acusador nem de defensor) com sua condição de destinatário da prova. E, para que se obtenha essa conciliação de papéis, o único caminho é continuar aplicando a interpretação que já vinha sendo tendência na jurisprudência, qual seja, a de que, conquanto **vedada ao magistrado a iniciativa probatória** (em favor ou desfavor da acusação ou da defesa), pode ele, no curso da ação penal, **ordenar, mesmo de ofício, as providências cabíveis para solução de dúvidas surgidas a partir das provas requeridas, produzidas ou trazidas por qualquer das partes**. A propósito, cabe destacar que esta era a inclinação legislativa antes da edição da L. 13.964/2019 – tanto é assim que a mesma redação hoje dada ao art. 3º-A do CPP está presente no art. 4º Projeto de Lei do Senado n.º 156/2009 (novo Código de Processo Penal), projeto este que, no seu art. 165, parágrafo único, refere que "será facultado ao juiz, antes de proferir a sentença, determinar diligências para esclarecer dúvida sobre a prova produzida por qualquer das partes".

Pois bem, fixada que seja esta orientação, há de se interpretar, do mesmo modo, a faculdade prevista no art. 156, II, do CPP, no sentido de que pode o juiz "determinar, no curso da instrução, ou antes de proferir sentença, a realização de diligências para dirimir dúvida sobre ponto relevante", assim como outras previsões inseridas no mesmo diploma ou em legislação especial que possibilitam a produção oficiosa de provas, a exemplo dos arts. 201 (inquirição do ofendido), 209 (oitiva de testemunhas) e 242 (busca e apreensão).

OBSERVAÇÃO AO LEITOR:

1. No âmbito das Ações Diretas de Inconstitucionalidade n.º 6298[11], 6299[12] e 6300[13], deduzidas perante o STF impugnando, entre outros, os arts. 3º-A (anteriormente citado) a 3º-F do CPP (introduzidos pela Lei 13.964/2019), foi deferida, pelo Ministro Luiz Fux, em 22.01.2020, medida cautelar suspendendo a eficácia dos mencionados dispositivos, o que fez ao fundamento de evidências de suas inconstitucionalidades formal e material.

2. Referida medida cautelar subsistia à época do fechamento da presente edição deste livro. Logo, até que haja sua eventual revogação, quer incidentalmente, quer em face de eventual

---

11 ADI ajuizada pela Associação dos magistrados Brasileiros (AMB) e pela Associação dos Juízes Federais do Brasil (AJUFE), sustentando a inconstitucionalidade dos arts. 3º-A a 3º-F do CPP, que instituem a figura processual do *juiz das garantias*, e do art. 20 da Lei 13.964/2019, relativo ao prazo de *vacatio legis* para a vigência respectiva.

12 ADI ajuizada pelos partidos políticos PODEMOS e CIDADANIA, impugnando, além dos artigos citados na nota de rodapé anterior, também o art. 157, § 5º, do CPP, relativo este ao impedimento para julgar do juiz que tomou conhecimento do conteúdo de prova reconhecida como ilícita.

13 ADI ajuizada pelo Diretório Nacional do Partido Social Liberal, defendendo a inconstitucionalidade dos arts. 3º-A a 3º-F do CPP.

julgamento de improcedência daquelas ADIs, as normas incorporadas a referidos dispositivos, conquanto presentes no mundo jurídico e vigentes, não podem ser aplicadas.

3. Independentemente, a verdade é que, em termos jurídicos e práticos, a subsistência ou revogação daquela medida cautelar assim como a procedência ou improcedência das ADIs, no que toca ao art. 3º-A, pouca relevância apresenta. Perceba-se:

→ Art. 3º-A, 1ª parte – "*O processo penal terá estrutura acusatória...*": o sistema acusatório decorre de regras incorporadas à Constituição Federal, informando o direito processual penal brasileiro independentemente de sua estipulação expressa na legislação infraconstitucional.

→ Art. 3º-A, 2ª parte – "*...vedadas a iniciativa do juiz na fase da investigação...*": nada mais fez o legislador aqui do que estabelecer, em nível normativo, solução já consagrada no âmbito doutrinário e jurisprudencial, que, há muito tempo, vinham considerando inconstitucional a regra inserida ao art. 156, I, do CPP, o qual permite ao juiz a produção de provas *ex officio* na fase investigatória.

→ Art. 3º-A, 3ª parte – "*...vedadas ao juiz [...] a substituição da atuação probatória do órgão da acusação.*": Esta previsão, como se vê, ao permitir, *contrario sensu*, que o juiz se substitua na produção probatória em prol da defesa, é, a nosso ver, flagrantemente inconstitucional, pois infringe o sistema acusatório, segundo o qual o juiz deve manter-se neutro, não podendo ordenar provas *ex officio* em favor de qualquer das partes (nem juiz-acusador nem juiz-defensor, portanto), salvo para dirimir dúvidas relevantes surgidas a partir das provas que foram requeridas pela acusação e pela defesa.

4. A despeito desta irrelevância jurídica e prática, que sustentamos, acerca do que for deliberado nas ADIs em relação ao art. 3º-A, impõe-se ao leitor acompanhar a respectiva tramitação, bem como a evolução da jurisprudência a respeito do tema, especialmente no que toca à última parte desse dispositivo, caso restabelecida sua eficácia.

1.3. PRINCÍPIOS PROCESSUAIS PENAIS E CONSTITUCIONAIS

1.3.1. Princípio da verdade real

O **princípio da verdade real**, também conhecido **princípio da verdade material** ou da **verdade substancial** (terminologia empregada no art. 566 do CPP), significa que, no processo penal, devem ser realizadas as diligências necessárias e adotadas todas as providências cabíveis para tentar descobrir como os fatos realmente se passaram, de forma que o *jus puniendi* seja exercido com efetividade em relação àquele que praticou ou concorreu para a infração penal. Não se ignora, diante das regras legais e constitucionais que informam o processo penal brasileiro, que a *verdade absoluta* sobre o fato e suas circunstâncias dificilmente será alcançada. Muitos referem, inclusive, ser ela *inatingível*. Assim, a afirmação de que a verdade real é a meta do processo criminal significa dizer que o juiz deve impulsioná-lo com o objetivo de aproximar-se ao máximo da *verdade plena*, apurando os fatos até onde for possível elucidá-los, para que, ao final, possa proferir sentença que se sustente em elementos concretos, e não em ficções ou presunções. Esse, a propósito, o motivo que inspirou a edição de vários dispositivos constitucionais e legais, como por exemplo, as regras do art. 5.º, LXIII, da CF e do art. 186 do CPP, determinando que o silêncio do réu não importa em confissão.

No âmbito do Código de Processo Penal, vários dispositivos concretizam esse princípio. É o caso, por exemplo, do art. 197, que condiciona o valor da confissão do réu a que esta se compatibilize com os demais meios de prova trazidos ao processo, e do art. 566, estabelecendo este que não será declarada a nulidade de ato que não houver influído na apuração da **verdade substancial** ou na decisão da causa. Também podem ser ilustrados como permissivos que podem contribuir para a busca, pelo juiz, da verdade real, aqueles que lhe facultam a produção *ex officio* de provas e diligências que reputar necessárias para o esclarecimento dos fatos imputados ao réu, tais como os arts. 201 (inquirição do ofendido que não tiver sido requerida pelas partes), 209 (oitiva de testemunhas não arroladas), 234 (requisição de documentos), 242 (busca e apreensão) e 404 (diligências após o término da instrução processual). **Mas, atenção:** nestas últimas situações, é preciso ter presente que, sob pena de violação ao sistema acusatório, a produção oficiosa de provas pelo magistrado com base nos dispositivos anteriormente citados pode ocorrer apenas para elucidação de dúvidas surgidas a partir das provas trazidas ou requeridas pela acusação e pela defesa.

Outro ponto importante a analisar em torno da *verdade real* é o de que sua procura não pode implicar violação de direitos e garantias estabelecidos na legislação. Trata-se de uma busca sujeita a limites, mesmo porque não seria razoável que o Estado, para alcançar a Justiça, pudesse sobrepor-se à Constituição e às leis. Destarte, são exemplos de exceções à verdade real:

- Inadmissibilidade das provas obtidas por meios ilícitos (art. 5.º, LVI, da CF), o que abrange, entre muitas outras situações:
  - Vedação às provas obtidas mediante violação da correspondência e das comunicações telegráficas (art. 5.º, XII, da CF);
  - Proibição das provas realizadas por meio de violação da intimidade, vida privada, honra e imagem das pessoas (art. 5.º, X, da CF);
  - Ilicitude das provas obtidas por meio de violação do sigilo telefônico, quando realizada ao arrepio da Constituição e da Lei (art. 5.º, XII, da CF e Lei 9.296/1996);
  - Inadmissibilidade dos dados trazidos ao processo por meio de quebra de sigilo bancário realizada sem a observância dos requisitos legais;
  - Inadmissibilidade das provas obtidas a partir de busca e apreensão domiciliar não autorizada pelo juiz (salvo hipóteses de flagrante, desastre e socorro, ou, em qualquer caso, havendo o consentimento do morador).
- Descabimento da revisão criminal contra a sentença absolutória transitada em julgado, mesmo diante do surgimento de novas provas contra o réu;
- Vedação ao testemunho das pessoas que tiverem conhecimento do fato em razão de sua profissão, função, ofício ou ministério, salvo se, desobrigadas, quiserem depor (art. 207 do CPP);
- Possibilidade de transação penal, aplicando-se ao autor de infração de menor potencial ofensivo sanção não privativa da liberdade, independentemente de apuração quanto à sua efetiva responsabilidade pelo fato (art. 72 da Lei 9.099/1995).

Por muito tempo afirmou-se que na *esfera penal* a investigação dos fatos trilhava caminho bem diverso do que é estabelecido para a *esfera cível*. Entendia-se que nesta última vigorava apenas o **princípio da verdade formal**, o que possibilitava ao juiz contentar-se com o resultado das manifestações formuladas pelas partes e limitar sua análise aos fatos por elas debatidos. Fundamentava-se este raciocínio na circunstância de que, na órbita penal, os interesses e bens em discussão seriam bem mais relevantes do que os discutidos na esfera cível, já que estão em jogo a liberdade e o *jus puniendi* do Estado. No entanto, atualmente, esta diferença entre a *verdade real* e a *verdade formal*, paulatinamente, vem sendo mitigada, considerando a doutrina moderna que existe apenas uma verdade, devendo esta ser perseguida pelo juiz tanto no processo penal quanto no processo civil, não sendo facultado ao Poder Judiciário contentar-se com uma *verdade aparente*, que, no fim e ao cabo, é a revelada pela chamada *verdade formal*.

1.3.2. Princípio *ne procedat judex ex officio* ou da iniciativa das partes

O **princípio *ne procedat judex ex officio*** concretiza a regra da inércia da jurisdição e produz consequências práticas importantes em relação ao desencadeamento da ação penal, ao desenvolvimento válido do processo e, inclusive, no que concerne à fase recursal. No âmbito do processo civil, este postulado é conhecido como princípio dispositivo.

O primeiro enfoque da aplicação do *ne procedat judex ex officio* refere-se ao **início da ação penal**, que fica condicionado à iniciativa do Ministério Público nos crimes de ação penal pública, e do ofendido nos delitos de ação penal privada, sem prejuízo, quanto a este último, do ingresso de ação penal privada subsidiária da pública nos termos do art. 29 do CPP. Isto importa dizer que o juiz não poderá iniciar o processo criminal sem que haja provocação dos respectivos legitimados. Sob a égide da Constituição Federal de 1967, tal princípio não era absoluto, sendo ressalvado pela possibilidade de o juiz iniciar *ex officio* o processo das contravenções penais, conforme autorizado pelo art. 26 do CPP. Esse procedimento, que era denominado de *judicialiforme*, não foi, contudo, recepcionado pela Constituição Federal de 1988, que disciplinou a legitimação privativa do Ministério Público para a ação penal pública (art. 129, I, da CF). Em consequência, restou extinta a sua aplicação nos dias atuais.

Independentemente deste alcance inicial do princípio, é necessário ter em vista que a jurisprudência ampliou consideravelmente a sua abrangência, passando a utilizá-lo como fundamento para restringir ou até mesmo para impedir determinados pronunciamentos *ex officio* dos juízes e dos órgãos colegiados dos tribunais.

Questão polêmica que envolve o alcance do *ne procedat judex ex officio*, por exemplo, refere-se à interpretação do art. 384 do CPP, que trata das providências que devem anteceder a ***mutatio libelli***. Como veremos no *capítulo 13, item 13.6.2*, dá-se a *mutatio libelli* quando o juiz, na sentença condenatória ou na decisão de pronúncia, atribui nova definição jurídica ao fato descrito, reconhecendo circunstâncias ou elementos não descritos na inicial acusatória. Considere-se, por exemplo, que, denunciado o réu pela prática de furto, tenham surgido no curso da instrução elementos evidenciando que o fato, na realidade, foi roubo, já que houve o emprego de violência contra o ofendido. Ora, nesse caso, para que possa o magistrado condená-lo nas penas do art. 157 do CP, antes será necessário aditamento da denúncia pelo Ministério Público, seguindo-se todos os trâmites procedimentais estabelecidos no art. 384, *caput* e parágrafos, do CPP. Pois bem. Quanto a esse procedimento que envolve a aplicação da *mutatio libelli*, embate-se a doutrina quanto à possibilidade de o juiz, percebendo o surgimento de circunstância que modifica a classificação jurídica do fato, notificar o Ministério Público para que realize o aditamento da inicial. Há duas posições: uma, no sentido de que o juiz tem a faculdade de notificar o Ministério Público para aditamento da inicial visando à aplicação das regras do art. 384 do CPP, tal como autorizado pela regra do § 1.º desse mesmo dispositivo; outra, no sentido de que é vedado ao juiz tomar qualquer providência no sentido de provocar o Ministério Público ao aditamento da inicial, implicando tal procedimento infringência do princípio *ne procedat judex ex officio*. Prevalece a primeira orientação.

O *ne procedat judex ex officio* limita, também, a atuação oficiosa do juiz na determinação de provas. Não lhe é lícito, pois, ordenar a produção de provas que deveriam ter sido requeridas ou produzidas pelas partes, o que implicaria substituí-lo nas funções de acusador ou defensor, em franca violação ao sistema acusatório. Poderá, entretanto, fazê-lo com vista a elucidar dúvidas surgidas a partir das provas trazidas pela acusação ou defesa.

Mais: o *ne procedat judex ex officio* vem balizando as decisões dos tribunais no que concerne aos *limites do recurso da acusação* quando neste não foram impugnados todos os pontos da sentença sujeitos à modificação em 2.º grau. Assim, não se pode conceber, por exemplo, que um Tribunal possa reformar uma decisão para condenar um réu por crime de roubo, quando o recurso do *dominus litis* pleiteava apenas a desclassificação da conduta para o tipo penal de furto qualificado. A condenação por crime de roubo implicaria estar o Tribunal, de ofício, agravando a situação de réu condenado[14].

Veja-se, por fim, que, também em face do *ne procedat judex ex officio* é que alguns tribunais têm sustentado a **inconstitucionalidade do reexame necessário**, também chamado de recurso de ofício, o qual obriga o juiz, nas hipóteses previstas em lei (arts. 574 e 746 do CPP, 7.º da Lei 1.521/1951 e 14, § 1.º, da Lei 12.016/2009), a remeter sua decisão ao Tribunal competente para que a revise, sob pena de não ocorrer o trânsito em julgado da decisão (Súmula 423 do STF[15]) e, ainda, de nulidade da certidão cartorária que atestar esse trânsito (art. 564, III, *n*, do CPP). Alegam os defensores dessa corrente que o recurso *ex officio* importa, primeiramente, em deslocar o magistrado de sua inércia natural, e, em segundo, que o próprio art. 129, I, da Constituição Federal teria banido o reexame necessário do ordenamento jurídico brasileiro ao estabelecer o Ministério Público como titular da ação penal pública. Discordamos, *data venia*, desse entendimento. E isso porque o reexame necessário não é um recurso na acepção legal do termo, mas, sim, uma providência acauteladora diante de decisões que, por serem extremamente favoráveis ao investigado ou réu, se mostram potencialmente prejudiciais à sociedade. Além disso, não importa em violação à imparcialidade do juiz, visto que, ao recorrer de ofício, não está ele agindo, voluntariamente, contra os interesses do investigado ou acusado, mas, simplesmente, submetendo ao segundo grau por força de mandamento legal cogente. No âmbito do STF, compreende-se como constitucional o reexame necessário, pois mantidas as Súmulas 160 e 423, que versam a respeito. Idêntica postura vigora no STJ.

1.3.3. Princípio do devido processo legal

O **devido processo legal**, originado da cláusula do *due process of law* do direito anglo-americano, está consagrado na Constituição Federal no art. 5.º, LIV e LV, estabelecendo que ninguém será privado da liberdade ou de seus bens sem que haja um processo prévio, no qual assegurados o contraditório e a ampla defesa, com os meios e recursos a ela inerentes.

Tratando-se de regra genérica e, portanto, de abrangência ampla, o *devido processo legal* tem sido utilizado com frequência pelos tribunais visando à nulificação de atos processuais em inúmeras situações. Destarte, sendo impossível a referência a todos os casos, relacionamos, a seguir, hipóteses em que os Tribunais Superiores frequentemente consideram infringido o *due process of law*:

Casos frequentes de ofensa do *due process of law*	
Denúncia ou queixa sem os requisitos do art. 41 do CPP	A inépcia da denúncia configura desrespeito estatal ao postulado do devido processo legal (STJ, HC 108.226/PE, *DJ* 18.05.2009).

[14] TRF 3.ª Região, Apelação Criminal 10.515, ACR 64408 SP 2000.03.99.064408-8, *DJ* 27.05.2002.

[15] Não transita em julgado a sentença por haver omitido o recurso *ex officio*, que se considera interposto *ex lege*.

Casos frequentes de ofensa do *due process of law*	
Recebimento da inicial acusatória sem prova de materialidade do crime imputado nas infrações que deixam vestígio	A ausência de prova da materialidade nas infrações que deixam vestígio, consubstanciada em laudo pericial confeccionado segundo as formalidades legais, impede, sob pena de ofensa ao devido processo legal, o recebimento da denúncia ou da queixa (art. 158 do CPP). Ressalva-se, apenas, a hipótese em que o vestígio tenha desaparecido, caso em que se admite o suprimento da perícia pela prova testemunhal (art. 167 do CPP).
Inobservância do rito processual previsto em lei	Importa em violação ao devido processo legal a inobservância do rito previsto em lei para o processamento de determinados crimes. É o caso, por exemplo, de não ser aplicado o procedimento da Lei 11.343/2006 em relação à apuração dos delitos tipificados nesse diploma, compreendendo os Tribunais Superiores, a respeito, que isto produz nulidade absoluta (STJ, HC 127.782/SP, *DJ* 26.10.2009).
Interrogatório do réu sem a presença de defensor, constituído ou nomeado	A realização do interrogatório do réu sem a presença do defensor, após a entrada em vigor da Lei 10.792/2003, constitui nulidade absoluta, porquanto a inobservância das formalidades legais previstas nos arts. 185 a 188 do CPP fere o princípio da ampla defesa e do devido processo legal (STJ, HC 70.000/RS, *DJ* 02.06.2011).
Processo conduzido por juiz suspeito ou impedido	Viola o princípio a conduta do magistrado que, apesar de suspeito ou impedido por qualquer das razões preceituadas nos arts. 252 e 254 do CPP, respectivamente, insiste em atuar no processo, a despeito de presumida, nos casos elencados, a sua falta de isenção para a condução das diligências instrutórias e julgamento do processo (STJ, HC 64.072/RO, *DJ* 19.10.2009).
Indeferimento, no interrogatório do réu, de perguntas feitas pelos advogados dos demais corréus	É entendimento consagrado no Excelo Pretório o de que assiste, a cada um dos litisconsortes penais passivos, o direito – fundado em cláusulas constitucionais (CF, art. 5.º, incisos LIV e LV) – de formular reperguntas aos demais corréus, que, no entanto, não estão obrigados a respondê-las, em face da prerrogativa contra a autoincriminação, de que também são titulares. O desrespeito a essa franquia individual do réu, resultante da arbitrária recusa em lhe permitir a formulação de reperguntas, qualifica-se como causa geradora de nulidade processual absoluta, por implicar grave transgressão ao estatuto constitucional do direito de defesa (STF, HC 94.601/CE, *DJ* 10.09.2009). No mesmo sentido: STF, HC 101.648/ES, *DJ* 09.02.2011. O STJ tem adotado entendimento oposto ao do STF, considerando que o juiz não deve facultar ao advogado de um dos réus a formulação de perguntas aos demais corréus. A partir deste entendimento, decidiu o STJ que *o interrogatório judicial continua a ser uma peça de defesa, logo, não se pode sujeitar o interrogado às perguntas de advogado de corréu, no caso de concurso de agentes* (STJ, HC 90.331/SP, *DJ* 05.05.2009). No mesmo sentido: STJ, HC 209.706/SP, *DJ* 17.10.2011.
Videoconferência em situações não regulamentadas por lei federal	A realização de atos processuais mediante videoconferência, nas hipóteses não autorizadas por lei, ofende o *due process of law*. Não é por outro motivo que a jurisprudência majoritária compreende ser nulo o interrogatório por videoconferência se realizado antes da previsão inserida ao art. 185, §§ 2.º a 7.º, do CPP pela Lei 11.900/2009, visto que não existia lei federal autorizando tal procedimento à época (STJ, RHC 26.190/SP, *DJ* 01.08.2011).

Casos frequentes de ofensa do *due process of law*	
Insuficiência de defesa	A grave deficiência na manifestação da defesa que antecede à sentença, limitando-se, por exemplo, a sustentar tese sem nenhum respaldo na jurisprudência, ou deixando de abordar argumentos pertinentes ao mérito do processo, constitui inequívoca ausência de defesa técnica, pois referido pronunciamento é essencial para o exercício das garantias constitucionais da ampla defesa e do contraditório, que são corolários do devido processo legal (STJ, HC 101.675/MG, *DJ* 16.03.2009).
Ausência de notificação para a prática de atos processuais	Há violação da cláusula constitucional do devido processo legal quando não realizada a intimação das partes para a prática de atos processuais previstos em lei para o procedimento. É o caso, por exemplo, de não ser oportunizada às partes a dedução de alegações finais orais ou a apresentação de memoriais escritos (STJ, HC 190.681/PR, *DJ* 29.04.2011).
Ocorrência de *mutatio libelli* sem a aplicação prévia das regras do art. 384 do CPP	Há ofensa ao princípio na conduta do magistrado que, reconhecendo circunstância ou elemento não contido explícita ou implicitamente na denúncia ou na queixa, profere sentença condenatória sem a observância do procedimento ditado pelo art. 384 do CPP (*mutatio libelli*). Ora, condenado o réu por fato de que não se defendeu, resta evidente o desrespeito ao princípio constitucional do contraditório, o qual traduz um dos elementos realizadores do postulado do devido processo legal.
Decreto de prisão preventiva sem o exame quanto à possibilidade de aplicação de medidas cautelares diversas da prisão	A vigência da Lei 12.403/2011, que alterou a sistemática das medidas assecuratórias da ação penal, dotou o magistrado com um rol de medidas restritivas de direitos menos gravosas ao réu, sendo certo que a prisão preventiva, medida excepcional, se revela última providência a ser adotada, ou seja, apenas quando as demais não se mostrarem adequadas ou suficientes (art. 282, § 6.º, do CPP). Assim, a imposição daquela custódia sem a verificação quanto à possibilidade de imposição das medidas cautelares diversas da prisão ofende ao devido processo legal (STJ, HC 206.729/MT, *DJ* 22.08.2011).

1.3.4. Vedação à utilização de provas ilícitas

Provas obtidas por meios ilícitos, como tal consideradas aquelas que afrontam direta ou indiretamente garantias tuteladas pela Constituição Federal, não poderão, em regra, ser utilizadas no processo criminal como fator de convicção do juiz. Constituem uma limitação de natureza constitucional (art. 5.º, LVI) ao sistema do livre convencimento estabelecido no art. 155 do CPP, segundo o qual o juiz formará sua convicção pela livre apreciação da prova produzida em contraditório judicial.

O art. 157 do CPP definiu provas ilícitas como *as obtidas mediante violação a normas constitucionais ou legais*. Considerando que, historicamente, sempre se conceituou como *ilegítimas* as provas angariadas mediante a violação de normas legais, reservando-se o adjetivo *ilícitas* àquelas realizadas com afrontamento ao texto constitucional, deve-se reputar que o art. 157, ao referir-se à "violação a normas constitucionais", incide em relação às provas alcançadas com ofensa direta ao texto da Carta Republicana (*v.g.*, interceptação telefônica sem ordem judicial, ofendendo-se ao que reza o art. 5.º, XII, da CF), sendo que a alusão à "violação a normas legais" compreende a hipótese de violação indireta do texto constitucional (*v.g.*, interrogatório judicial sem advogado, com afrontamento direto do art. 185 do CPP e violação indireta do art. 5.º, LV, da CF). Tangente, por outro lado, às provas realizadas com violação a normas puramente processuais, sem nenhum reflexo constitucional (*v.g.*, perícia realizada por apenas um perito nomeado, infringindo-se o art. 159, § 1.º, do CPP), reputamos que não são alcançadas pelo rigor do art. 157 do CPP, até porque, eventualmente, tal ordem de provas pode conduzir à ocorrência de nulidade meramente relativa, cuja característica fundamental é a convalidação caso não arguida *oportuno tempore*.

A respeito do tema, remetemos o leitor ao *capítulo 8, itens 8.4.2, 8.4.5 e 8.4.6*, em que tratamos, com o necessário aprofundamento, a vertente relacionada à ilicitude das provas.

1.3.5. Princípio da presunção de inocência ou de não culpabilidade ou estado de inocência

Também chamado de **princípio do estado de inocência** e de **princípio da não culpabilidade**, trata-se de um desdobramento do princípio do devido processo legal, consagrando-se como um dos mais importantes alicerces do Estado de Direito. Visando, primordialmente, à tutela da liberdade pessoal, decorre da regra inscrita no art. 5.º, LVII, da Constituição Federal, preconizando que ninguém será considerado culpado até o trânsito em julgado da sentença penal condenatória.

Conforme refere Capez[16], o princípio da presunção de inocência deve ser considerado em três momentos distintos: na instrução processual, como presunção legal relativa de não culpabilidade, invertendo-se o ônus da prova; na avaliação da prova, impondo-se seja valorada em favor do acusado quando houver dúvidas sobre a existência de responsabilidade pelo fato imputado; e, no curso do processo penal, como parâmetro de tratamento acusado, em especial no que concerne à análise quanto à necessidade ou não de sua segregação provisória.

Na medida em que a Constituição Federal dispôs expressamente acerca desse princípio, incumbe aos Poderes do Estado torná-lo efetivo – o *Legislativo*, criando normas que visem a equilibrar o interesse do Estado na satisfação de sua pretensão punitiva com o direito à liberdade do acusado; o *Executivo*, sancionando essas normas; e o *Judiciário*, deixando de aplicar no caso concreto (controle difuso da constitucionalidade) ou afastando do mundo jurídico (controle concentrado da constitucionalidade) disposições que não se coadunem com a ordem constitucional vigente. Em razão dessa tríplice função, discussões têm emergido na doutrina e na jurisprudência sobre a constitucionalidade de certas previsões determinadas pela legislação infraconstitucional. Destacam-se, em especial:

a) Na dosimetria da pena podem ser considerados registros criminais pertinentes a processos a que responde o acusado sem trânsito em julgado de decisão condenatória? A jurisprudência dos Tribunais Superiores é amplamente majoritária no sentido de que tais referências não podem ser valoradas contra o acusado, em homenagem ao *princípio da presunção de inocência*. Em razão disso, na esteira da Súmula 444 do STJ[17], tem-se decidido que os maus antecedentes referentes a inquéritos e processos em andamento, quando utilizados para a exacerbação da pena-base e do regime prisional, violam o princípio constitucional da presunção de inocência. Por maus antecedentes criminais, em virtude do que dispõe o art. 5.º, inciso LVII, da Constituição de República, entenda-se a condenação transitada em julgado, excluída aquela que configura reincidência.

---

16 *Curso de processo penal*. 13. ed. São Paulo: Saraiva, p. 44.

17 Súmula 444 do STJ: "É vedada a utilização de inquéritos policiais e ações penais em curso para agravar a pena--base".

Decorrência deste entendimento, também, a impossibilidade de levar em conta, no momento da fixação da pena, inquéritos policiais, arquivados ou em andamento, procedimentos de apuração de ato infracional a que tenha respondido imputado quando menor de 18 anos e fatos em relação aos quais tenha sido aceito o benefício da transação penal no âmbito dos Juizados Especiais Criminais (art. 76, §§ 4.º e 6.º, da Lei 9.099/1995).

b) É constitucional a regressão de regime carcerário em consequência da prática de crime doloso, enquanto ainda não houver, quanto a esse delito, sentença condenatória transitada em julgado? O art. 118, I, da Lei 7.210/1984 (Lei de Execuções Penais) estabelece que a execução da pena privativa de liberdade ficará sujeita à forma regressiva, com a transferência para qualquer dos regimes mais rigorosos, quando o condenado *praticar fato definido como crime doloso* ou falta grave, não exigindo o trânsito em julgado de sentença condenatória para esse fim. Acerca da constitucionalidade desta regra em face da presunção de inocência, duas posições existem:

Primeira: O art. 118 da LEP viola frontalmente o princípio do estado de inocência, pois, diante de um fato apenas teoricamente criminoso (certeza mesmo deste caráter apenas haverá com o trânsito em julgado da decisão condenatória), determina a punição do apenado com regressão de seu regime para outro mais severo. Desconsidera o dispositivo, ainda, a possibilidade de ser o reeducando absolvido da imputação realizada no processo criminal que lhe venha a ser instaurado em razão desse novo fato, caso em que teria sido desarrazoada a regressão imposta.

Segunda: Não importa o art. 118, I, da Lei 7.210/1984 em violação ao princípio da presunção de inocência, na medida em que o apenado que cumpre pena no regime semiaberto ou aberto tem o dever de demonstrar sua responsabilidade e adaptação ao convívio social. Além disso, entendimento diverso reduziria a um nada a efetividade do processo de execução, ressaltando-se que o não cometimento de crime doloso ou falta grave é, por força da LEP, condição para a permanência do reeducando em regime menos rigoroso.

Em termos de jurisprudência, não temos a menor dúvida de que tem prevalecido essa segunda linha de pensamento. Consideram os Tribunais Superiores que o princípio da presunção de inocência não é absoluto, impondo-se que seja mitigado em certas circunstâncias, como já ocorre em relação ao instituto da prisão preventiva, que permite seja o denunciado preso antes da condenação para assegurar a aplicação da lei penal.

c) Pode o juiz ordenar a revogação do benefício da suspensão condicional do processo concedido ao acusado em face do art. 89 da Lei 9.099/1995 tão somente em razão da prática de outro crime, isto é, mesmo ausente sentença condenatória transitada em julgado quanto a esse novo delito? Estabelece o art. 89, § 3.º, da Lei 9.099/1995 que a suspensão condicional do processo será revogada se, no curso do prazo, o beneficiário vier a ser processado por outro crime. Quanto à constitucionalidade desse dispositivo, já que autoriza a cassação de benefício legal independentemente de condenação definitiva do indivíduo, assim como no caso anterior, duas posições existem, uma no sentido de que implica violação ao princípio da presunção de inocência e outra, em sentido contrário, compreendendo que se o acusado vier a ser processado por outro crime, impõe-se a revogação da suspensão já que deixa ele de ser merecedor do benefício, que é norma excepcional. Prevalece este último entendimento.

d) O conhecimento da apelação do réu em face da sentença condenatória pode ser condicionado a que se recolha à prisão? Dispunha o art. 595 do CPP que se o réu condenado fugisse depois de haver apelado, seria declarada deserta a apelação. Na esteira desse dispositivo, foi editada pelo STJ a Súmula 9, dispondo que "a exigência da prisão provisória, para apelar, não ofende a garantia constitucional da presunção de inocência". Anos mais tarde, curvando-se ao entendimento da maioria, o STJ, amparado no postulado da presunção de inocência, revisou seu entendimento e publicou a **Súmula 347**, estabelecendo que "o conhecimento de recurso de apelação do réu independe de sua prisão". Tal previsão implicou o cancelamento tácito da referida Súmula 9, consolidando-se em termos definitivos com a revogação do art. 595 do CPP pela Lei 12.403/2011.

e) A execução provisória da pena infringe o princípio da presunção de inocência? O art. 283 do CPP, abstraídas as hipóteses de prisão cautelar (prisão preventiva e prisão temporária), condicionou a prisão pós-sentença condenatória ao trânsito em julgado dessa decisão. Independentemente da literalidade desse dispositivo, o tema, em meados do ano de 2016, foi objeto de alteração de entendimento no Supremo Tribunal Federal, chegando este tribunal a considerar, em regime de repercussão geral, por ocasião do julgamento do Recurso Extraordinário 964.246/SP (em 11.11.2016), que, uma vez determinada ou mantida a condenação do réu pelos Tribunais de Justiça ou Tribunais Regionais Federais, a pena privativa de liberdade poderia ser executada provisoriamente, sem que se considerasse violado, nem o princípio constitucional da presunção de inocência, nem o referido art. 283 do CPP. Todavia, em 07.11.2019, por ocasião do julgamento definitivo das Ações Declaratórias de Constitucionalidade 43, 44 e 54, propostas, respectivamente, pelo Partido Nacional Ecológico, pelo Conselho Federal da OAB e pelo Partido Comunista do Brasil em relação ao art. 283 do CPP, restabeleceu o Plenário do Supremo Tribunal Federal o entendimento no sentido da impossibilidade de execução provisória da pena antes de esgotados todos os recursos e do trânsito em julgado da decisão condenatória, sob pena de violação ao art. 5.º, LVII, da CF[18]. Logo, antes desse trânsito, a segregação do indivíduo apenas pode ocorrer a título de prisão preventiva, quando presentes os respectivos pressupostos. Lembre-se de que, nos termos do art. 102, § 2.º, da CF, "*as decisões definitivas de mérito, proferidas pelo Supremo Tribunal Federal, nas ações diretas de inconstitucionalidade e nas ações declaratórias de constitucionalidade produzirão eficácia contra todos e efeito vinculante, relativamente aos demais órgãos do Poder Judiciário e à administração pública direta e indireta, nas esferas federal, estadual e municipal*". Isto significa que o resultado destas demandas é de observância obrigatória em todas as esferas do Poder Judiciário e nas demais mencionadas no dispositivo constitucional. A propósito do tema, remetemos o leitor ao Capítulo 13, tópico 13.5.2.1, em que o abordamos com a necessária profundidade, inclusive historiando a sequência de acontecimentos havidos no âmbito do STF desde o ano de 2009 até o momento atual.

1.3.6. Princípio da obrigatoriedade de motivação das decisões judiciais

A exigência de **motivação das decisões judiciais**, inscrita no art. 93, IX, da Constituição Federal e no art. 381 do Código de Processo Penal, é atributo constitucional-processual

[18] As ações declaratórias de constitucionalidade constituem instrumentos processuais destinados a "solucionar, definitivamente, a dúvida ou incerteza existente a respeito da constitucionalidade da lei ou do ato normativo federal, surgida em virtude de grave controvérsia judicial travada em sede de controle incidental, mas visando à confirmação da lei ou do ato questionado e a declaração de constitucionalidade" (CUNHA JR., Dirley da. *Controle de constitucionalidade*: teoria e prática. 4. ed. Salvador: Editora JusPodivm, 2014. p. 271). Tal objetivo implica em "reforçar o controle concentrado de constitucionalidade exercido pelo Supremo Tribunal Federal em detrimento do controle difuso realizado incidentalmente pelos outros juízos e tribunais, evitando decisões conflitantes em temas constitucionais" (DINIZ, Antonio Carlos. Ação declaratória de constitucionalidade: aspectos jurídicos e políticos. *Revista Jus Navigandi*, ISSN 1518-4862, Teresina, ano 4, n.º 33, 1 jul. 1999. Disponível em: <https://jus.com.br/artigos/128>. Acesso em: 15 nov. 2019).

que possibilita às partes a impugnação das decisões tomadas no âmbito do Poder Judiciário, conferindo, ainda, à sociedade a garantia de que essas deliberações não resultam de posturas arbitrárias, mas, sim, de um julgamento imparcial, realizado de acordo com a lei.

O princípio guarda correspondência com o **sistema do livre convencimento do juiz**. Este, adotado no art. 155, *caput*, do Código de Processo Penal, faculta ao magistrado, salvo exceções legalmente previstas (como é o caso da morte do réu, que apenas pode ser comprovada por meio de certidão de óbito, nos termos do art. 62 do CPP), valorar com liberdade a prova coligida, sempre buscando aproximar-se da verdade como os fatos realmente se passaram. Ora, na medida em que há essa liberdade valorativa, a exigência de motivação surge como corolário necessário do Estado de Direito, impedindo ou ao menos dificultando a prolação de decisões arbitrárias ou à margem da lei, pois os juízes e tribunais, ao exará-las, estarão cientes de que tanto a deficiência de motivação quanto a fundamentação errônea (*error in judicando*) ou arbitrária (*error in procedendo*) poderão, em grau de recurso, conduzir à reforma ou até mesmo à nulificação do julgado pelas instâncias superiores.

Aspecto importante refere-se ao regramento do art. 155, *caput*, do CPP. Esse dispositivo, introduziu na legislação disciplina já consolidada na jurisprudência, estabelecendo que *o juiz formará sua convicção pela livre apreciação da prova produzida em contraditório judicial, não podendo fundamentar sua decisão exclusivamente nos elementos informativos colhidos na investigação, ressalvadas as provas cautelares, não repetíveis e antecipadas*. Logo, é intuitivo que, embora não tenha o legislador proibido a utilização de elementos angariados na fase investigativa, determinou que a regra deverá ser a de que as decisões proferidas pelo Poder Judiciário fundamentem-se na prova produzida perante o **contraditório judicial, ressalvando-se desta exigência tão somente as provas cautelares, realizadas antecipadamente e não sujeitas à repetição** (*v.g.*, exame de corpo de delito, diligências de busca e apreensão e interceptações telefônicas realizadas na fase do inquérito policial).

Não há óbice a que se utilize de **fundamentação *per relationem***, isto é, aquela que se caracteriza pela remissão que o ato judicial expressamente faz a outras manifestações ou peças processuais existentes nos autos, mesmo as produzidas pelas partes, pelo Ministério Público ou por autoridades públicas, cujo teor indique os fundamentos de fato e/ou de direito que justifiquem a decisão emanada do Poder Judiciário[19]. Idêntica faculdade assiste aos órgãos colegiados dos Tribunais, por ocasião do julgamento de recursos. Note-se que a adoção dessa técnica de motivação exige que a manifestação a que é feita remissão contenha a fundamentação adequada à natureza da sentença ou do acórdão que a adotou como razão de decidir. Em razão da frequência com que utilizada, é comum as partes questionarem sua legalidade, sobretudo no STF. Enfrentando o tema, em reiteradas decisões tem esse Pretório considerado legítima e plenamente compatível a motivação *per relationem* com a exigência imposta pelo art. 93, inciso IX, da Constituição da República. Semelhante entendimento é agasalhado no STJ, muito embora este Tribunal compreenda que não é suficiente a decisão reportar-se a pronunciamento anterior, sendo imperioso que acrescente fundamentação de sua autoria[20].

Relativamente à **sentença condenatória**, a fundamentação não pode ser genérica, vale dizer, com alusão vaga à prova dos autos, dizendo o juiz, por exemplo, que "a prova obtida na fase instrutória afasta a tese da legítima defesa, pois as testemunhas de acusação sustentaram que o ofendido já se retirava do local quando foi lesionado pelo réu". Sentença

---

[19] Conceito extraído da ementa do Acórdão MS 25.936 ED/DF, j. 13.06.2007, de que foi relator o Ministro Celso de Mello.

[20] STJ, HC 90.684/RS, *DJ* 13.04.2009.

nestes termos é nula. É necessário que o magistrado explicite cada um dos elementos utilizados para formação de seu convencimento[21]. Este rigor na fundamentação da sentença condenatória não existe apenas em relação ao mérito das teses trazidas pelas partes, mas também ocorre no tocante às etapas do **cálculo da pena**. Em outras palavras, ao fazer a individualização da reprimenda, incumbe ao julgador examinar com acuidade os elementos que dizem respeito ao fato, obedecidos e sopesados todos os critérios estabelecidos no art. 59 do Código Penal, para aplicar, de forma justa e fundamentada, a cominação que seja, proporcionalmente, necessária e suficiente para reprovação do crime[22].

Idêntico formalismo é exigido, *mutatis mutandis,* relativamente à **sentença absolutória**, salvo, logicamente, se fundamentar-se no art. 386, VII, do CPP, que se refere à absolvição por insuficiência de provas para a condenação, caso em que os elementos aportados ao processo podem ser apreciados de forma conjunta, sem prejuízo da necessidade de o magistrado explicitar as conclusões que extraiu a partir do contexto geral.

Outra ordem de manifestação judicial que exige motivação idônea refere-se ao decreto da **prisão preventiva**. Tratando-se de medida excepcional, cabível somente quando não for possível a sua substituição por outra medida cautelar diversa da prisão (art. 282, § 6.º, do CPP) e desde que atendidos os seus requisitos legais (arts. 311, 312 e 313 do CPP), exige que sejam indicados os elementos concretos que demonstrem a sua efetiva necessidade visando à garantia da ordem pública ou econômica, à conveniência da instrução criminal e à segurança da aplicação da lei penal, sob pena de assumir contornos de antecipação de pena, o que viola o princípio constitucional da presunção de inocência.

Sem embargo de tudo isso, é necessário ressaltar que o princípio da obrigatoriedade de motivação das decisões judiciais não é absoluto, pois existem determinadas situações em que resta mitigado, como é o caso do *recebimento da denúncia e da queixa*. A respeito, inúmeros julgamentos do STF têm considerado que não se exige que o ato de recebimento da denúncia seja fundamentado. Considera-se, para tanto, que o ato judicial que formaliza o recebimento da denúncia oferecida pelo Ministério Público não se qualifica nem se equipara, para os fins a que se refere o art. 93, inciso IX, da Constituição, a ato de caráter decisório, razão pela qual não reclama a motivação como condicionante de sua validade (HC 93.056/PE, *DJ* 15.05.2009).

1.3.7. Princípio da publicidade

O **princípio da publicidade**, previsto expressamente no art. 93, IX, 1.ª parte, da Constituição Federal, e no art. 792, *caput*, do Código de Processo Penal, representa o dever que assiste ao Estado de atribuir transparência a seus atos, reforçando, com isso, as garantias da independência, imparcialidade e responsabilidade do juiz. Além disso, consagra-se como uma garantia para o acusado, que, em público, estará menos suscetível a eventuais pressões, violências ou arbitrariedades[23]. Conforme ensina Julio Fabbrini Mirabete, nele se incluem "os direitos de assistência, pelo público em geral, dos atos processuais, a narração dos atos processuais e a reprodução dos seus termos pelos meios de comunicação e a consulta dos autos e obtenção de cópias, extratos e certidões de quaisquer deles"[24].

Embora assegurada nos arts. 5.º, LX, e 93, IX, 1.ª parte, da Constituição Federal, é certo que, no âmbito processual penal, a publicidade comporta algumas exceções, o que faz inferir não ser absoluta essa garantia. Trata-se da chamada **publicidade restrita**, segundo

21 STF, HC 95.706/RJ, *DJ* 06.11.2009.

22 STJ, HC 103.080/MG, *DJ* 09.11.2009.

23 TJMG, 1.0000.00.203820-6/000(1), *DJ* 22.12.2000.

24 MIRABETE, Julio Fabbrini. *Código de Processo Penal interpretado*. 11. ed. São Paulo: Atlas, 2003. p. 1.841.

a qual determinados atos processuais, audiências e sessões serão públicos apenas para as partes, seus procuradores e um número reduzido de indivíduos.

Tais restrições, em nível de Constituição Federal, estão alicerçadas no art. 5.º, tanto no inciso X, ao dispor que *são invioláveis a intimidade, a vida privada, a honra e a imagem das pessoas,* como no inciso LX, ao preconizar que *a lei poderá restringir a publicidade dos atos processuais quando a defesa da intimidade ou o interesse social o exigirem;* e, também, no próprio art. 93, IX, quando possibilita ao legislador ordinário *limitar a presença, em determinados atos, às próprias partes e a seus advogados, ou somente a estes, em casos nos quais a preservação do direito à intimidade do interessado no sigilo não prejudique o interesse público à informação.*

No Código de Processo Penal, a publicidade restrita é detectada no art. 201, § 6.º, ao dispor que *o juiz tomará as providências necessárias à preservação da intimidade, vida privada, honra e imagem do ofendido, podendo, inclusive, determinar o segredo de justiça em relação aos dados, depoimentos e outras informações constantes dos autos a seu respeito para evitar sua exposição aos meios de comunicação*; no art. 485, § 2.º, quando prevê que o juiz não permitirá que os acusadores ou os defensores perturbem *a livre manifestação do conselho e fará retirar da sala aquele que se portar inconvenientemente*; e no art. 792, § 1.º, do mesmo Estatuto, este último preceituando que, *se da publicidade da audiência, da sessão ou do ato processual puder resultar escândalo, inconveniente grave ou perigo de perturbação da ordem, o juiz, ou o tribunal, câmara, ou turma, poderá, de ofício ou a requerimento da parte ou do Ministério Público, determinar que o ato seja realizado a portas fechadas, limitando o número de pessoas que possam estar presentes.*

Note-se que, sendo a publicidade assegurada pela *Lex Fundamentalis,* sua aplicação pode ser restringida apenas nos casos expressamente previstos na própria Constituição Federal (a exemplo do seu art. 5.º, X) ou na legislação infraconstitucional, esta última por força da remessa que fazem os arts. 5.º, LX, e 93, IX, da CF, quando estabelecerem que à *lei* incumbe definir as hipóteses de segredo de justiça. Em face disso, já se decidiu, por exemplo, que "a elevada posição funcional do querelado, já resguardada pela prerrogativa constitucional de responder a processo perante a mais alta Corte do País, cujas normas regimentais dispõem sobre a parte ostensiva e a parte sigilosa do procedimento na ação penal, não lhe assegura o direito de se impor ao processo segredo de justiça, mesmo porque a publicidade do juiz é a melhor garantia da própria justiça"[25]. Não por outra razão, ainda, que o STJ restabeleceu a publicidade em feito no qual havia sido decretado o segredo sob o fundamento de que tal medida atendia ao princípio constitucional da presunção de inocência, servindo, ainda, ao interesse social, pois os acusados poderiam sofrer prejuízos em suas reputações no caso de publicação de informações passíveis de não serem confirmadas (AgRg. no Inq. 603, j. 04.11.2009).

Infere-se, portanto, que a decisão quanto à imposição de segredo de justiça ao processo não pode decorrer de ato discricionário do juiz, devendo ser fundamentada em permissivos legais ou constitucionais que a autorizem.

1.3.8. Princípio da imparcialidade do juiz

Significa que o magistrado, situando-se no vértice da relação processual triangulada entre ele, a acusação e a defesa, deve possuir capacidade objetiva e subjetiva para solucionar a demanda, vale dizer, julgar de forma absolutamente neutra, vinculando-se apenas às regras legais e ao resultado da análise das provas do processo.

[25] Referência à *RT* 566/379, pelo Acórdão 1.0000.00.203820-6/000(1), do TJMG. Publicação em 22.12.2000.

Visando garantir essa imparcialidade, a Constituição Federal estabelece ao magistrado as garantias da vitaliciedade, inamovibilidade e irredutibilidade de subsídios (art. 95), proibindo, ainda, juízo ou tribunais de exceção (art. 5.º, XXXVII).

Em determinados casos, a lei presume a parcialidade do magistrado, impondo-lhe que se afaste da causa. Tal ocorre nas situações de impedimento e suspeição. As causas de **impedimento**, também consideradas como ensejadoras da *incapacidade objetiva do juiz*, encontram-se arroladas no art. 252 do Código de Processo Penal. Trata-se de situações específicas e determinadas, que impõem a presunção absoluta (*jure et jure*) de parcialidade. Já as causas de **suspeição**, rotuladas também como motivos de *incapacidade subjetiva do juiz*, estão previstas no art. 254 do Código de Processo Penal.

Tanto o impedimento como a suspeição devem ser reconhecidos *ex officio* pelo juiz, afastando-se ele voluntariamente de oficiar no processo e encaminhando-o ao seu substituto legal. Não o fazendo, poderão ser arguidos por qualquer das partes (arts. 112 e 254 do CPP). A respeito, remetemos o leitor ao *capítulo 3, itens 3.1.1.4 e 3.1.1.5,* em que melhor abordaremos o assunto.

1.3.9. Princípio da isonomia processual

As partes, em juízo, devem contar com as mesmas oportunidades e ser tratadas de forma igualitária. Tal princípio constitui-se desdobramento da garantia constitucional assegurada no art. 5.º, *caput*, da Constituição Federal, ao dispor que todas as pessoas serão iguais perante a lei em direitos e obrigações.

Não obstante o sistema constitucional vigente seja proibitivo de discriminações, em determinadas hipóteses é flexibilizado o princípio da igualdade. Alexandre de Moraes, sobre o tema, refere que "a desigualdade na lei se produz quando a norma distingue de forma não razoável ou arbitrária um tratamento específico a pessoas diversas. Para que as diferenciações normativas possam ser consideradas não discriminatórias, torna-se indispensável que exista uma justificativa objetiva e razoável, de acordo com critérios e juízos valorativos genericamente aceitos, cuja exigência deve aplicar-se em relação à finalidade e efeitos da medida considerada, devendo estar presente, por isso, uma razoável relação de proporcionalidade entre os meios empregados e a finalidade perseguida, sempre em conformidade com os direitos e garantias constitucionalmente protegidos. Assim, os tratamentos normativos diferenciados são compatíveis com a Constituição Federal **quando verificada a existência de uma finalidade razoavelmente proporcional ao fim visado**"[26] (grifamos). É o caso do princípio *favor rei*, segundo o qual o interesse do acusado tem prevalência sobre a pretensão punitiva estatal e que se encontra cristalizado em vários dispositivos do Código de Processo Penal, como por exemplo, no art. 386, VII, estatuindo a absolvição do réu por insuficiência de provas, e no art. 621, inserindo a possibilidade de o condenado promover revisão criminal dos processos findos quando condenatória a decisão, possibilidade esta inexistente para acusação em relação ao *decisum* absolutório (revisão *pro societate*, vedada em nosso ordenamento).

E quanto à disposição do art. 3º-A do CPP, introduzido pela Lei 13.964/2019, vedando ao juiz a "substituição da atuação probatória do órgão de acusação"? Em primeiro lugar, cabe referir que esse dispositivo se encontra com eficácia suspensa em face de medida cautelar deferida monocraticamente, no STF, no âmbito das Ações Diretas de Inconstitucionalidade 6.298, 6.299 e 6.300 (ver observação ao final do tópico 1.2.5 deste Capítulo), ações estas não julgadas por ocasião do fechamento da presente edição deste livro. Ainda, porém, que

[26] *Constituição do Brasil interpretada*. 7. ed. São Paulo: Atlas, 2000. p. 62-63.

seja restabelecida a eficácia do dispositivo, consideramos evidente a inconstitucionalidade da referida previsão, pois, *contrario sensu,* importa em permitir ao magistrado que conduz o processo criminal "a substituição da atuação probatória da defesa do réu". E isto, além de violar o sistema acusatório que inspira o processo penal brasileiro, afronta, nitidamente, a isonomia processual. Note-se que a situação em tela não se confunde com a mitigação do postulado da isonomia pelo princípio *favor rei* tratado no parágrafo anterior, já que a incidência deste último tem a ver, repita-se, com a predominância do direito de liberdade quando em confronto com o direito de punir do Estado, não sendo utilizado, portanto, como substrato de concessão de privilégios de natureza processual ou procedimental à defesa do réu.

E quanto às hipóteses de prerrogativa de função? O foro especial não estabelece vantagens ao acusado, quebrando, assim, a isonomia em relação a outros réus sem o mesmo direito? Apesar de parecer, à primeira vista, que o estabelecimento da prerrogativa de função confere condições mais favoráveis a determinados agentes em prol de outros, ferindo, assim, o princípio da igualdade, na verdade isto não ocorre, pois a finalidade da Constituição Federal ao disciplinar o foro especial não é proteger determinados indivíduos, mas, sim, a função pública que exercem ou o cargo por eles ocupado. Existe, entretanto, posição contrária, compreendendo que o foro por prerrogativa de função importa, sim, em desigualdade processual, devendo ser extinto. Considera-se, neste caso, que, mesmo sendo a função ou o cargo os destinatários do legislador no estabelecimento da prerrogativa, o indivíduo que os exerce, de modo reflexo, beneficia-se pessoalmente.

1.3.10. Princípio do contraditório

O **princípio do contraditório** apresenta-se como um dos mais importantes postulados no sistema acusatório. Trata-se do direito assegurado às partes de serem cientificadas de todos os atos e fatos havidos no curso do processo, podendo manifestar-se e produzir as provas necessárias antes de ser proferida a decisão jurisdicional.

O direito ao contraditório, sob a ótica do réu, guarda estreita relação com a garantia da ampla defesa. Não é por outra razão que ambos são assegurados no mesmo dispositivo constitucional, qual seja o art. 5.º, LV, que dispõe: "aos litigantes em processo judicial ou administrativo, e aos acusados em geral são assegurados o contraditório e ampla defesa, com os meios e recursos a ela inerentes".

Entretanto, comparadas essas duas garantias, o contraditório possui maior abrangência do que a ampla defesa, visto que alcança não apenas o polo defensivo, mas também o polo acusatório, na medida em que a este também deva ser dada ciência e oportunidade de contrariar os atos praticados pela parte *ex adversa.* Esta dupla face do contraditório é verificada em vários dispositivos do Código de Processo Penal, podendo ser citados como exemplos o art. 409, ao dispor que, no procedimento do júri, *apresentada a defesa, o juiz ouvirá o Ministério Público ou o querelante sobre preliminares e documentos, em 5 (cinco) dias,* e o art. 479, estabelecendo, sem distinção entre acusação e defesa, que *durante o julgamento (pelo júri) não será permitida a leitura de documento ou a exibição de objeto que não tiver sido juntado aos autos com a antecedência mínima de 3 (três) dias úteis, dando-se ciência à outra parte.*

Independentemente dessa natureza constitucional do contraditório, este princípio, assim como outros já examinados, é mitigado em determinados casos. Como ocorre no chamado **contraditório diferido ou postergado**, que consiste em relegar a momento posterior a ciência e impugnação do investigado ou do acusado quanto a determinados pronunciamentos judiciais. Em tais casos, a urgência da medida ou a sua natureza exige um provimento imediato e *inaudita altera parte*, sob pena de prejuízo ao processo ou, no mínimo, de ineficácia da determinação judicial.

Exemplos:

1) A **decretação da prisão preventiva** do agente, nos casos de *urgência ou de perigo de ineficácia da medida*, é decisão que pode ser exarada pelo juiz à vista da demonstração quanto à existência de indícios suficientes de autoria, de prova da materialidade do fato e dos pressupostos do art. 312 do CPP. Nestas hipóteses, a intimação da defesa deve ocorrer *a posteriori*, não se facultando manifestação sobre o pedido de segregação provisória inserido na representação do delegado ou no requerimento dos legitimados do art. 311 antes do pronunciamento judicial. *(v. capítulo 11, item 11.3.3).*
2) O procedimento do **sequestro de bens** supostamente adquiridos pelo investigado ou réu com o produto de infração penal (art. 125 do CPP) não contempla uma fase prévia de defesa. Solicitada a medida por qualquer dos legitimados (art. 127 do CPP), caberá sobre ela manifestar-se o juiz e, caso ordenada a constrição, somente após intimar o titular do bem sequestrado para, se quiser, apresentar defesa.
3) Na **interceptação das comunicações telefônicas** (Lei 9.296/1996), por motivos óbvios, não há ciência prévia ao investigado, ao réu ou ao seu defensor. Destarte, após realizado o procedimento, é que, cientificada a defesa, esta poderá questionar a legalidade da medida.

Questão bastante debatida entre os doutrinadores refere-se à necessidade ou não, no atual modelo constitucional, de assegurar o contraditório em sede de **inquérito policial**. Pensamos, na esteira da imensa maioria doutrinária e jurisprudencial, que, em regra, descabe o contraditório na fase do inquérito, pois se trata este de procedimento inquisitorial, destinado à produção de provas que sustentem o ajuizamento de ação criminal. Diz-se "em regra" porque existe uma exceção na qual se contempla essa garantia também na fase do inquérito: trata-se do procedimento instaurado pela Polícia Federal objetivando a expulsão do estrangeiro, pois, quanto a este, o Decreto 9.199/2017, regulamentando a Lei 13.445/2017 (Lei de Migração), estabeleceu uma sequência de etapas que, abrangendo a possibilidade de defesa e, via de consequência, de contraditório, devem ser observadas visando concretizar o ato de expulsão (arts. 195 a 202), quais sejam:

a) Instauração de Inquérito Policial de Expulsão, pela Polícia Federal, de ofício ou por determinação do Ministro de Estado da Justiça e Segurança Pública, de requisição ou de requerimento fundamentado em sentença (arts. 192, *caput*, e 195, § 1.º);
b) Notificação do expulsando acerca da instauração e do dia e horário fixados para seu interrogatório (art. 197), assim como da repartição consular do país de origem do imigrante, do defensor constituído do expulsando, quando houver, e da Defensoria Pública da União, estes últimos para apresentação de defesa técnica no prazo de dez dias, lapso este contado em dobro para a DPU, podendo, também no prazo de dez dias, formular eventual pedido de reconsideração (art. 196);
c) Atendida a notificação e deliberado pela autoridade que preside o inquérito sobre eventuais diligências requeridas pela defesa, serão ouvidas testemunhas e interrogado o expulsando, facultando-se, durante a realização destas oitivas, a palavra ao expulsando e ao seu defensor (art. 201);

d) Encerramento do inquérito, elaborando-se relatório final com a recomendação técnica pela efetivação da expulsão ou pelo reconhecimento de causa de impedimento da medida de retirada compulsória (art. 202);
e) Encaminhamento do inquérito para apreciação e deliberação do Ministro de Estado da Justiça e Segurança Pública (art. 202);
f) Publicado, se for o caso, o ato de expulsão, o expulsando poderá pedir reconsideração no prazo de dez dias, contado de sua notificação pessoal (art. 203). Não realizado ou indeferido o pedido de reconsideração e transitado em julgado todo o procedimento, ficará a Polícia Federal autorizada a efetivar o ato expulsório (art. 204, § 3.º).

1.3.11. Princípio da ampla defesa

Consagrada no art. 5.º, LV, da Constituição Federal, a **ampla defesa** traduz o dever que assiste ao Estado de facultar ao acusado toda a defesa possível quanto à imputação que lhe foi realizada. Este princípio, como vimos no tópico anterior, guarda intrínseca relação com o direito ao contraditório. A respeito, ensina Rogério Lauria Tucci[27] que "a concepção moderna da garantia da ampla defesa reclama, para a sua verificação, seja qual for o objeto do processo, a conjugação de três realidades procedimentais, genericamente consideradas, a saber: a) o direito à informação (*nemo inauditus damnari potest*); b) a bilateralidade da audiência (contraditoriedade); c) o direito à prova legalmente obtida ou produzida (comprovação da inculpabilidade)". Desmembradas, estas três garantias que se inserem na ampla defesa podem ser assim explicadas:

a) Direito à informação (*Nemo inauditus damnari potest*): a garantia constitucional da ampla defesa envolve a necessidade de conhecimento, pelo réu, dos atos do processo, a fim de que possa exercer sua defesa. Conhecendo a realidade materializada nesses atos, em especial aqueles relacionados à produção de prova (atos instrutórios), poderá o réu, ao ser ouvido em juízo, pessoalmente ou por intermédio de seu defensor (*nemo inauditus damnari potest* = ninguém pode ser julgado sem antes ser ouvido), prestar, com maior efetividade, sua versão quanto aos fatos.
b) Bilateralidade da audiência (contraditoriedade): também conhecido como *princípio da audiência bilateral*, significa que as partes devem ser ouvidas pelo juiz, no sentido de participar da formação do seu convencimento, fornecendo-lhe suas razões, por meio da defesa de seus interesses[28].
c) Direito à prova legalmente obtida ou produzida (comprovação da inculpabilidade): trata-se da faculdade conferida às partes no sentido de produzir e trazer ao processo as provas que reputem necessárias à demonstração da verdade dos fatos que alegam, condicionando-se a que sejam pertinentes e relevantes no tocante ao fim a que se destinam, bem como a que tenham sido obtidas por meios lícitos.

Desta garantia inserta ao texto constitucional outras decorrem e estão previstas na própria Carta Magna, como o dever estatal de prestar assistência jurídica integral e gratuita aos necessitados (art. 5.º, LXXIV), ou na legislação infraconstitucional, como a ordem estabelecida para a prática dos atos processuais, garantindo-se à defesa manifestar-se sempre após a acusação (*v.g.*, arts. 402, 403 e 534, todos do CPP).

---

27 *Teoria do direito processual penal* – jurisdição, ação e processo penal. São Paulo: RT, 2002.
28 TRF 5.ª Região, AC 195229 RN 99.05.60942-3, *DJ* 14.08.2000.

Observe-se que a *ampla defesa* não significa que esteja o acusado sempre imune às consequências processuais decorrentes da ausência injustificada a audiências, do descumprimento de prazos, da desobediência de formas processuais ou do desatendimento de notificações judiciais. Tudo depende das peculiaridades do caso concreto e natureza do prejuízo causado ao réu. *Exemplos:*

a) A não observância pelo defensor do réu da regra do art. 479 do CPP, que contempla o prazo para que sejam acostados aos autos documentos ou objetos que pretendam as partes exibir em sessão de julgamento pelo júri terá como consequência a proibição dessa utilização. Logo, a garantia da ampla defesa não impede a preclusão do prazo disciplinado no precitado dispositivo do CPP.

b) O não comparecimento injustificado do advogado do réu à audiência de instrução, para a qual tenha sido regularmente intimado implica nomeação de outro defensor para acompanhar a solenidade (art. 265, § 2.º). Nesse caso, a audiência, em princípio, não será renovada, salvo se a atuação do advogado nomeado, pela inoperância, caracterizar deficiência de defesa, com prejuízo comprovado para o réu (Súmula 523 do STF).

c) A apresentação intempestiva de rol de testemunhas importa em preclusão, não socorrendo o acusado a garantia constitucional da ampla defesa. Nesse sentido, a propósito, reiteradas são as decisões dos tribunais compreendendo que "na proposição de prova oral, prevê o Código de Processo Penal que o rol de testemunhas deve ser apresentado, sob pena de preclusão, na própria denúncia, para o Ministério Público e, na resposta à acusação, para a defesa"[29].

d) A omissão do réu em atender a notificação para apresentar resposta à acusação obriga o juiz, sob pena de nulidade processual, à nomeação de defensor para oferecê-la (art. 396-A, § 2.º, do CPP). A ampla defesa, neste caso, impede a preclusão tendo em vista a importância da aludida resposta aos interesses do réu, não apenas por se tratar do momento ordinário de requerimento de diligências que interessam à defesa, como também pelo fato de que os argumentos a ela incorporados e as provas que lhe estiverem acostadas podem, eventualmente, conduzir à absolvição sumária do acusado (art. 397 do CPP).

e) Se, regularmente notificado, o indivíduo acusado da prática de crime tipificado na Lei 11.343/2006 não apresentar defesa preliminar, incumbe ao juiz nomear defensor para procedê-la, sob pena de nulidade processual (art. 55, § 3.º). Também aqui a ampla defesa evita a preclusão em vista da circunstância de que a defesa preliminar contemplada na Lei de Drogas, se acolhida, impede o próprio recebimento da denúncia, apresentando-se, portanto, como formalidade indispensável, cuja ausência acarreta presunção de prejuízo.

1.3.12. Princípio do duplo grau de jurisdição

O **princípio do duplo grau de jurisdição**, que se concretiza mediante a interposição de recursos, decorre da necessidade de possibilitar determinados órgãos do Poder Judiciário a revisão de decisões proferidas por juízes ou tribunais sujeitos à sua jurisdição. Embora inexista previsão expressa desse princípio em seu texto, a Constituição Federal incorpora-o de forma implícita, ao estabelecer, por exemplo, as regras de competência dos órgãos do Poder Judiciário (*v.g.*, arts. 102, II e III, e 105, II e III). Sem embargo, existem

[29] STJ, HC 446083/SP, *DJ* 05.11.2018.

determinadas situações que ressalvam a regra geral do duplo grau. É o caso da denegação da suspensão do processo em razão de questão prejudicial (art. 93, § 2.º, do CPP), da admissão ou inadmissão do assistente de acusação (art. 273 do CPP), da improcedência das exceções de incompetência, litispendência, coisa julgada e ilegitimidade de parte (*contrario sensu* ao art. 581, III, do CPP) e, no âmbito do STF, das decisões acerca da inexistência de repercussão geral dos temas constitucionais abordados em sede de recurso extraordinário, que, conforme se infere dos arts. 102, § 3.º, da CF; 1.035, *caput,* do CPC/2015 e 326 do Regimento Interno do STF, são irrecorríveis.

O duplo grau de jurisdição tem sido largamente utilizado como fundamento para a sustentação de inconstitucionalidade de dispositivos processuais. Em razão deste princípio, por exemplo, é que foi revogado pela Lei 12.403/2011 o art. 595 do CPP, que dispunha ser deserta a apelação do réu que fugisse depois de haver apelado. Também em face do duplo grau de jurisdição é que a maioria da jurisprudência pátria tem compreendido que a ausência de razões não constitui óbice intransponível ao conhecimento do recurso da defesa. Ainda, visando assegurar a efetividade dessa garantia, não exige a lei o preparo (pagamento antecipado das custas) do recurso ao réu.

Note-se que a garantia do duplo grau não dispensa as partes, acusação ou defesa, de observar, nos recursos que ingressarem, os pressupostos gerais de admissibilidade (cabimento, tempestividade, forma, interesse e legitimidade) e, se houver, os pressupostos específicos (*v.g.*, a demonstração da repercussão geral do tema constitucional, no caso de recurso extraordinário – art. 102, § 3.º, da CF). A respeito, inclusive, já se pronunciaram os Tribunais Superiores, observando que "a legislação Processual Penal não deixa de estabelecer requisitos para a interposição dos recursos cabíveis e isso não significa, nem assim já se afirmou, qualquer ofensa ao princípio do duplo grau de jurisdição (arts. 586 e 593 do CPP)"[30].

1.3.13. Princípio do juiz natural

O **princípio do juiz natural** decorre do art. 5.º, LIII, da Constituição Federal, ao dispor que ninguém será processado nem sentenciado senão pela autoridade competente.

Embora, à primeira vista, a leitura do dispositivo possa sugerir que se refere apenas à necessidade de observância das regras de competências *ratione materiae, ratione personae* e *ratione loci,* é certo que possui alcance bem maior do que este, primeiro porque se refere a "autoridade competente" e não a "juízo competente", e, segundo, porque a nulidade dos atos processuais quando realizados em juízo incompetente já é consagrada em nível de legislação infraconstitucional, no art. 564, I, do CPP.

Compreende-se, assim, da análise do inciso LIII que a pretensão a ele incorporada objetiva assegurar ao acusado o direito de ser submetido a processo e julgamento não apenas no **juízo competente**, como também por **órgão** do Poder Judiciário regularmente investido, imparcial e, sobretudo, previamente conhecido segundo regras objetivas de competência estabelecidas anteriormente à prática da infração penal. Em consequência, veda-se a criação de tribunais ou juízos de exceção (o que não se confunde com jurisdições especializadas, que constituem simples desdobramento da atividade jurisdicional), assim como a designação de magistrado para atuar, especificamente, em um determinado caso, por exemplo, em razão da condição da pessoa que ocupa o polo passivo da relação processual penal.

---

30 STJ, HC 106.264/MS, *DJ* 13.10.2009.

Ilustre-se:

Exemplos em que se considera violado o princípio do juiz natural:

1) Processo e julgamento pela Justiça Comum de crime sujeito à competência da Justiça Militar[31]. A violação às regras de competência acarreta, nesse caso, natural e lógica ofensa ao princípio do juiz natural.
2) Processo e julgamento, por juiz de direito, de quem detenha foro por prerrogativa de função nos tribunais.
3) Desaforamento da sessão de julgamento pelo júri, quando inocorrentes as hipóteses do art. 427 do CPP, isto é, interesse da ordem pública, dúvida sobre a imparcialidade dos jurados e segurança pessoal do acusado. Atente-se que, de acordo com o art. 428 do CPP, o desaforamento também poderá ser determinado, em razão do comprovado excesso de serviço, ouvidos o juiz presidente e a parte contrária, se o julgamento não puder ser realizado no prazo de seis meses, contado do trânsito em julgado da decisão de pronúncia. Quanto a este último permissivo, reputamos questionável a sua constitucionalidade diante do princípio do juiz natural. Ora, nos processos de competência do tribunal do júri, o desaforamento apenas pode ser deferido quando justificado em razões que traduzam o interesse da sociedade ou o interesse do réu no deslocamento da competência, aspectos estes que constituem, em última análise, o substrato das hipóteses de deslocamento contempladas no citado art. 427. Já a questão relativa ao atraso do júri por motivo de excesso de serviço possui origem distinta, relacionando-se, isto sim, com omissão do Estado em conferir ao Poder Judiciário a estrutura necessária para agilizar o desiderato dos processos ao seu cargo. Tal motivo, a nosso sentir, não deve autorizar nem que se subtraia da coletividade do local em que ocorreu o fato a prerrogativa de julgar o crime doloso contra a vida, nem que se retire do réu o direito de ser julgado nesse mesmo lugar.

Exemplos em que não se considera violado o princípio do juiz natural:

1) Delegação de **atos instrutórios (não os decisórios)** a juiz de Primeira Instância nas ações penais originárias movidas contra Prefeito, que tem prerrogativa de foro nos tribunais[32].
2) Convocação de juízes de primeiro grau para compor, em segundo grau (julgamento de recursos), o órgão julgador do respectivo Tribunal, desde que observadas as diretrizes legais federais ou estaduais, conforme o caso[33-34]. Do mesmo modo, a convocação de Desembargadores para composição de órgãos fracionários dos Tribunais Superiores[35].
3) A composição majoritária do órgão julgador de Tribunal por juízes de primeiro grau legalmente convocados[36-37].
4) A designação de juiz para atuar, de forma *genérica (sem vinculação a este ou aquele processo)* em determinada Vara, no interesse da jurisdição, visando maior celeri-

[31] STJ, HC 114.825/PR, *DJ* 09.11.2009.
[32] STJ, HC 139.850/SC, *DJ* 19.10.2009.
[33] STJ, HC 137.518/SP, *DJ* 09.11.2009.
[34] STF, HC 101.263/GO, *DJ* 22.03.2012 e RHC 125.242 AgR, DJ 15.03.2017.
[35] STF, ARE 958.411 AgR, *DJ* 18.11.2016.
[36] STJ, HC 103.590/SP, *DJ* 09.11.2009.
[37] STF, HC 105.801/MG, *DJ* 15.03.2012.

dade na prestação jurisdicional. Observe-se que haveria ofensa ao postulado caso a designação visasse, especificamente, a atuação em uma determinada ação penal, em razão da gravidade do crime ou da condição pessoal do réu[38].

5) A distribuição de processo, por dependência, a determinada vara criminal, pelo fato de lá já existirem outras ações penais em tramitação contra o mesmo réu. Trata-se de previsão muito comum, incorporada em leis ou atos normativos estaduais, a de que a distribuição de inquéritos policiais relativos a indiciados que estejam sendo processados ou que já tenham sido julgados será realizada por dependência à vara onde tramitou o primeiro processo. E em tal previsão não há qualquer afrontamento ao princípio do juiz natural, já que se trata de comando genérico, desvinculado deste ou daquele indiciado individualmente considerado.

Apesar da existência de posições em contrário, compreendemos, em face da natureza do princípio, que o postulado do juiz natural apenas pode ser invocado em prol do acusado, e não em seu desfavor. Neste sentido, apreciando hipótese na qual o réu, condenado a pena de quatro anos de reclusão por juízo incompetente, teve anulado esse julgamento a partir de recurso exclusivo seu, sendo, depois, condenado pelo juízo competente a pena superior à primeira que lhe havia sido imposta, decidiu o STJ que "somente se admite que este último princípio – Juiz natural – seja invocado em favor do réu, nunca em seu prejuízo. Sob essa ótica, portanto, ainda que a nulidade seja de ordem absoluta (a incompetência), eventual reapreciação da matéria não poderá de modo algum ser prejudicial ao paciente, isto é, à sua liberdade" (HC 105.384/SP, *DJ* 03.11.2009). Considerou a Corte, como se vê, que a reprimenda fixada por quem não era o juiz natural do processo vinculou a nova pena estabelecida no juízo competente. Igual entendimento é adotado, também, no STF[39].

1.3.14. Princípio do promotor natural

O **princípio do promotor natural**, assim como o do juiz natural, encontra-se previsto no art. 5.º, LIII, da Constituição Federal, ao estabelecer que ninguém será *processado* nem sentenciado senão pela autoridade competente. Trata-se, hoje, de princípio sedimentado na doutrina e da jurisprudência, justificando-se na circunstância de que todo acusado tem o direito de saber, com definição antecipada, aquele que personificará o Estado-acusador.

Em razão desse princípio, veda-se a designação seletiva de membro do Ministério Público para atuar em caso específico, quando isso implicar abstração das regras gerais de atribuições estabelecidas anteriormente à prática da infração penal. Nada impede, porém, que seja designado Promotor de Justiça para o exercício de atribuições genéricas, ou seja, aquelas que podem abranger, abstratamente, mais de uma hipótese concreta. É o caso dos Grupos de Atuação Especial de Combate ao Crime Organizado (GAECO), criados mediante resolução ou provimento do Procurador-Geral de Justiça junto aos Ministérios Públicos de diversos Estados do Brasil, com a finalidade de elevar ou otimizar as investigações realizadas pelo Ministério Público em relação àquela ordem de delitos[40]. E também não

---

38 STJ, HC 449.361/PR, *DJ* 12.03.2019.

39 STF, HC 80.263/SP, *DJ* 27.06.2003, e HC 107731 Extn/PE, *DJ* 02.03.2012.

40 "[...] 1. A atuação de promotores auxiliares ou de grupos especializados não ofende o princípio do promotor natural, uma vez que, nessa hipótese, se amplia a capacidade de investigação, de modo a otimizar os procedimentos necessários à formação da *opinio delicti* do *Parquet*. 2. O princípio do promotor natural tem por finalidade evitar a constituição do acusador de exceção, cuja atuação durante a persecução penal ocorre de forma arbitrária, injustificada e não prevista em regras abstratas anteriormente estabelecidas. 3. Os autos da investigação devem ser livremente distribuídos ao promotor de justiça natural para que este, mediante prévia solicitação ou anuência, admita o ingresso e a participação de grupos especializados no decorrer da apuração. 4. Havendo informações,

ofende o princípio a designação de promotores auxiliares com vista à atuação conjunta com o promotor original nas hipóteses que envolvem a apuração processual penal de fatos de elevada complexidade. Neste último caso, aliás, é situação comum a designação de outro promotor para, juntamente com o promotor natural que oficia no processo, atuar no polo acusatório em julgamentos perante o Tribunal do Júri quando vários fatos ou diversos réus devam ser julgados ou quando a prova a ser exposta aos jurados ou a ser realizada na sessão de julgamento for extensa, intrincada, de complexa demonstração ou de difícil produção (por exemplo, a hipótese em que inúmeras testemunhas tenham sido arroladas).

Na verdade, a ofensa ao princípio do promotor natural ocorre nas hipóteses que configurem um acusador de exceção, lesionando o exercício pleno e independentemente das atribuições do Ministério Público. A atuação ministerial pautada pela própria organização interna, com atribuições previamente definidas em Lei Orgânica do Ministério Público estadual, não configura ofensa àquele postulado[41].

Outro aspecto importante refere-se à sua abrangência. Trata-se, com efeito, de princípio relacionado ao processo criminal, não alcançando o inquérito. Por essa razão, eventuais diligências realizadas na fase das investigações policiais a partir de determinação (requisição) de promotor distinto daquele que seja quem deva atuar não implicam violação ao que dispõe o art. 5.º, LIII, da CF.

E quanto à subscrição da denúncia por outros promotores, além do promotor da comarca? Considera o STF que inexiste ofensa ao art. 5.º, LIII, da CF, na medida em que, nestes casos, o que ocorre é a simples reunião de forças visando ao oferecimento da inicial[42]. Mas atenção: é indispensável que o promotor com atribuições previamente estabelecidas assine a peça, sob pena de se considerar nula ou até mesmo inexistente essa denúncia.

1.3.15. Outros princípios que informam o processo penal

– **Princípio da legalidade ou obrigatoriedade:** Os órgãos aos quais é atribuída a persecução penal não possuem poderes discricionários para agir ou deixar de agir em determinadas situações segundo critérios de conveniência e oportunidade. Destarte, tratando-se de crimes de ação penal pública incondicionada ou condicionada (neste último caso, desde que presentes a representação do ofendido ou a requisição do ministro da justiça, conforme a hipótese), a autoridade policial possui a obrigação de instaurar o inquérito policial sempre que tomar conhecimento acerca da ocorrência de um crime. Também o Ministério Público está obrigado ao ajuizamento da ação pública quando dispuser dos elementos necessários a essa finalidade. O princípio, evidentemente, não se aplica aos crimes de ação penal privada, pois quanto a estes vigora o princípio da oportunidade, cabendo aos legitimados decidirem sobre a conveniência ou não do ajuizamento da ação penal.

– **Princípio da oficiosidade:** trata-se de desdobramento da legalidade, significando que a autoridade policial e o Ministério Público devem agir *ex officio* visando à apuração dos crimes de ação penal pública, não devendo, salvo as hipóteses que exigem representação do ofendido ou requisição do Ministro da Justiça, aguardar a provocação de eventuais interessados (arts. 5.º, §§ 4.º e 5.º, e 24 do CPP).

---

extraídas da denúncia e do pedido de interceptação telefônica, de que o GAECO, no caso, atuou conjuntamente com as promotorias criminais e de defesa do consumidor, mediante prévia solicitação e/ou anuência, afasta-se a alegação de nulidade e de violação ao princípio do promotor natural" (AgRg no RHC n. 147.951/MG, Rel. Min. João Otávio de Noronha, 5ª Turma, j. 27.09.2022, *DJe* 10.10.2022).

41 STJ, REsp 904.422/SC, *DJ* 11.06.2007.

42 STF, RHC 93.247/GO, *DJ* 30.04.2008.

– **Princípio do impulso oficial:** uma vez instaurado o processo criminal, o juiz, de ofício, ao encerrar cada etapa procedimental, deve determinar que se passe à seguinte, sem que, para esse fim, seja necessário requerimento das partes. Justifica-se o princípio na circunstância de que ao Estado compete o *jus puniendi*, sendo que o seu interesse em exercê-lo independe de ser titular da ação penal o Ministério Público ou o particular.

– **Princípio da oficialidade:** Possui fundamento legal nos arts. 129, I, e 144, § 4.º, ambos da Constituição Federal, bem como no art. 4.º do CPP. Importa, no sistema vigente, em atribuir a determinados órgãos do Estado a apuração de fatos delituosos (persecução penal), bem como a aplicação da pena que vier, eventualmente, a ser fixada. Assim, à autoridade policial e ao Ministério Público incumbirá a atividade persecutória, enquanto aos órgãos do Poder Judiciário caberá a prestação da jurisdição penal, todos, como se vê, órgãos públicos. O princípio é mitigado no caso de ação penal privada e de ação penal popular, esta última prevista na Lei 1.079/1950, a qual permite a todo cidadão apresentar denúncia contra o Presidente da República, Ministros de Estado, Ministros do STF e Procurador-Geral da República, os dois primeiros perante a Câmara dos Deputados e os demais perante o Senado Federal, em relação a crimes de responsabilidade que vierem a cometer (sobre a ação penal popular, remetemos o leitor ao *capítulo 5, tópico 5.9.1*, em que tratamos do assunto com mais vagar).

– **Princípio da indisponibilidade:** Consagrado em vários dispositivos do Código de Processo Penal, *ad exemplum*, o art. 17, que veda à autoridade policial promover o arquivamento do inquérito policial; o art. 42, que estabelece que o Ministério Público não poderá desistir da ação penal pública, e o art. 576, que impede o Ministério Público de desistir do recurso que haja interposto. Ao particular que ingressar com queixa-crime nos delitos de ação penal privada ou que deduzir recursos não se aplica o princípio em exame. Na atualidade, a indisponibilidade encontra-se ressalvada pela Lei 9.099/1995, ao permitir a transação penal nas infrações de menor potencial ofensivo (contravenções e crimes cuja pena máxima *in abstracto* não ultrapasse dois anos de prisão, cumulada ou não com multa).

– **Princípio da identidade física do juiz:** em sentido estrito, este princípio consiste na vinculação obrigatória do juiz aos processos cuja instrução tenha iniciado, não podendo o processo ser sentenciado por magistrado distinto. Com a alteração introduzida pela Lei 11.719/2008 ao Código de Processo Penal, tal princípio restou consagrado em nível infraconstitucional por meio do art. 399, § 2.º, estabelecendo que *o juiz que presidiu a instrução deverá proferir a sentença*. Apesar do caráter cogente aparentemente incorporado a essa norma, é evidente que, sob pena de graves prejuízos à instrução criminal, à celeridade e economia processual e à efetividade do processo penal, deve-se ressalvar de sua incidência situações excepcionais relacionadas à impossibilidade temporária ou definitiva de permanecer o Juiz oficiando no processo, muito especialmente aquelas em que tiver sido ele convocado para atuar junto aos tribunais, licenciado, afastado por qualquer motivo, promovido ou aposentado, casos em que o seu sucessor assumirá o impulso e julgamento do processo criminal. Confirmando este entendimento, já decidiu o STJ que "não há ofensa ao art. 399, § 2.º, do CPP, que estatui que o juiz que presidiu a instrução deverá proferir a sentença – identidade física –, na hipótese de juíza substituta tomar os depoimentos das testemunhas de acusação e, posteriormente, ser sucedida pela juíza titular que prosseguiu com a audiência, ouvindo as testemunhas de defesa e proferindo sentença de mérito que condenou o impetrante"[43].

Mesmo antes da reforma do Código de Processo Penal de 2008, o princípio da identidade física já estava presente no processo criminal em relação aos julgamentos afetos ao tribunal do júri, dado que os jurados que assistirem ao interrogatório do réu e inquirição de testemunhas em plenário deverão ser os mesmos a procederem ao julgamento mediante

[43] HC 219.482/SC, 6.ª Turma, Rel. Min. Og Fernandes, *DJ* 11.04.2012.

votação dos quesitos. Destarte, se por algum motivo vier a ser dissolvido o conselho de sentença pelo juiz-presidente do tribunal do júri (*v.g.*, comunicação entre os jurados, deficiência de defesa, manifestação inequívoca de parcialidade dos jurados etc.), outra sessão deverá ser aprazada, para a qual novo corpo de jurados será sorteado.

– **Princípio do *in dubio pro reo* ou *favor rei*:** por meio deste princípio, privilegia-se a garantia da liberdade em detrimento da pretensão punitiva do Estado. Apenas diante de certeza quanto à responsabilização penal do acusado pelo fato praticado é que poderá operar-se a condenação. Havendo dúvidas, resolver-se-á esta em favor do acusado. Ao dispor que o juiz absolverá o réu quando não houver provas suficientes para a condenação, o art. 386, VII, do CPP agasalha, implicitamente, tal princípio. Mitiga-se o princípio, a nosso ver, quando se tratar de decisão do Conselho de Sentença por ocasião dos julgamentos pelo júri. É que, em casos tais, os jurados decidem por sua íntima convicção, decorrendo eventual condenação não apenas da prova dos autos, mas, sobretudo, de seu conhecimento pessoal sobre os fatos e elementos, como cultura, costumes locais, realidade social etc. Além disso, sendo o voto secreto e despido de fundamentação, não há como detectar se a decisão condenatória adotada pela maioria do corpo de jurados foi ou não proferida a partir de dúvidas existentes, subjetivamente, em cada um de seus membros. Lembre-se de que a decisão do júri é soberana. Destarte, ainda que se contraponha a prova dos autos, um novo julgamento sob esse motivo poderá ser determinado apenas uma vez (art. 593, § 3.º, do CPP), sendo vedado ao Tribunal de Justiça, por exemplo, absolver, em grau de recurso, réu condenado pelo júri.

Por fim, cabe ressaltar que, abstraída a hipótese de condenação, em que a regra, efetivamente, será a incidência do princípio em exame, outras hipóteses existem na legislação, nas quais resta o mesmo afastado. É o caso, por exemplo, da decisão de pronúncia, adotando-se, neste momento, o *in dubio pro societate*. Em síntese, não havendo certeza absoluta quanto ao agir do réu sob o amparo de causas que excluam o crime ou isentem-no de pena, deverá o juiz submetê-lo a julgamento pelo júri, vedando-se a absolvição sumária fulcrada no art. 415 do CPP.

O mesmo ocorre em relação ao recebimento da denúncia e decretação da prisão preventiva, decisões estas que, mesmo contrárias ao imputado, podem lastrear-se em indícios de autoria, não se exigindo, pois, juízo de certeza.

– **Princípio *ne bis in idem*[44]:** trata-se, na realidade, de um princípio geral de direito, abrangendo tanto a proibição de que seja o réu julgado novamente por fato que já foi apreciado pelo Poder Judiciário, como também a dupla punição por elemento ou circunstância inerente ao tipo penal fundamental (descrição dos elementos essenciais da conduta incriminada – exemplo: art. 155, *caput*, do CP, ao contemplar a forma básica do crime de furto) ou derivado (aquele que, não possuindo autonomia, vincula-se ao tipo fundamental, especificando certos atributos à conduta – exemplos: art. 155, § 2.º, do CP, ao descrever o denominado furto privilegiado; e art. 121, § 2.º, do CP, estabelecendo qualificadoras ao crime de homicídio), ou em relação a circunstâncias modificadoras da pena (circunstâncias judiciais do art. 59 do CP, agravantes e majorantes). Perceba-se que as discussões acerca da ocorrência de *bis in idem* diante de casos concretos específicos são muitas. Até bem pouco tempo atrás, discutia-se, por exemplo, a possibilidade da subsistência de qualificadoras do motivo torpe e do feminicídio, muitos afirmando que essa dupla imputação implicaria afronta ao *non bis in idem*, já que ambas as circunstâncias decorreriam da análise e da consideração do animus do agente. Tal questão, na atualidade, está superada pela jurisprudência dominante, compreendendo-se que não implica *bis in idem* a atribuição simultânea da adjetivadora do feminicídio prevista no art. 121, § 2.º, VI, do CP (que possui natureza objetiva, já que se liga à condição especial da vítima, incidindo nos crimes praticados

---

[44] Este princípio também é denominado por parcela doutrinária de *inadmissibilidade da persecução penal múltipla*.

contra a mulher em razão do seu gênero feminino ou do fato de o crime estar atrelado à violência doméstica e familiar contra a mulher) e da torpeza enquanto motivo do agir do réu (esta sim, com natureza subjetiva).

Note-se que o princípio em questão não está previsto expressamente na Constituição Federal. Apesar disso, sua incorporação ao ordenamento jurídico pátrio vem "complementar o rol dos direitos e garantias individuais já previstos pela Constituição Federal, cuja interpretação sistemática leva à conclusão de que a Lei Maior impõe a prevalência do direito à liberdade em detrimento do dever de acusar" (STF, HC 80.263/SP, *DJ* 27.06.2003). Perceba-se que este princípio foi incorporado à Convenção Americana de Direitos Humanos de 1969 (Pacto de San José da Costa Rica, inserido no ordenamento jurídico brasileiro por meio do Decreto 678/1992), que assim dispõe no art. 8, n.º 4: "O acusado absolvido por sentença transitada em julgado não poderá ser submetido a novo processo pelos mesmos fatos".

– **Princípio do delegado natural:** é controvertida a existência deste princípio na sistemática constitucional e legal vigente. Parte da doutrina defende a subsistência desse postulado a partir da disciplina do art. 2.º, § 4.º, da Lei. 12.830/2013, dispositivo este expresso no sentido de que o inquérito policial ou outro procedimento previsto em lei somente poderá ser avocado do delegado de polícia que o preside ou redistribuído por determinação de superior hierárquico, mediante despacho fundamentado, por motivo de interesse público ou nas hipóteses de inobservância dos procedimentos previstos em regulamento da corporação que prejudique a eficácia da investigação. No âmbito da jurisprudência, contudo, prevalece o pensamento oposto, vale dizer, no sentido de que não existe no ordenamento jurídico pátrio o princípio do delegado natural, sendo esta a orientação já trilhada, inclusive, pelo STF[45] e pelo STJ[46]. Aderimos a este último entendimento. E, para tanto, partimos do fato de que Delegados de Polícia não possuem competência, tampouco exercem jurisdição, terminologias estas que revelam atributos próprios das autoridades judiciárias. Possuem eles, isto sim, atribuições, que devem exercer no âmbito de sua circunscrição territorial, estabelecida esta a partir de critérios que não são peremptórios e cuja inobservância, por isso mesmo, não tem força para macular a investigação. Ora, se esta linha de pensamento – no sentido de que não fica viciada a investigação pelo fato de ter sido levada a efeito por autoridade policial que não oficia na respectiva circunscrição – é prevalente, não vemos como, pelo menos sem o risco de incorrer em contradição, defender a existência do princípio do delegado natural, o qual, se vigorasse no sistema brasileiro, conduziria a solução diametralmente oposta.

Acesse o
MATERIAL SUPLEMENTAR

Entre no Ambiente de Aprendizagem através das instruções contidas na orelha deste livro e acesse os conteúdos exclusivos desta edição:
- questões de concursos;
- videoaulas dos principais temas;
- mapas mentais;
- *ebook* de resumos de cada capítulo.

45 STF, RHC 126885 MC/DF, Rel. Min. Cármen Lúcia (decisão monocrática), *DJ* 27.04.2015.

46 STJ, HC 145040/RJ, 5.ª Turma, *DJ* 19.08.2013.

CAPÍTULO 2

Lei Processual Penal: Eficácia no Tempo e no Espaço. A Lei Processual em Relação às Pessoas. A Interpretação e a Integração da Lei

2.1. CONSIDERAÇÕES GERAIS

Por *eficácia da norma processual* compreende-se a sua aptidão para produzir efeitos. No âmbito do processo penal, essa eficácia não é absoluta, encontrando limitação em determinados fatores, entre os quais sobressaem:

Fatores de ordem espacial: são aqueles que, sustentados em aspectos de *territorialidade*, impõem à norma a produção de seus efeitos em determinados lugares e não em outros.

Fatores de ordem temporal: correspondem ao período de *atividade* ou *extratividade* (retroatividade e ultratividade) da lei, tornando-a apta a vigorar e produzir seus efeitos apenas em determinado intervalo de tempo.

2.2. LEI PROCESSUAL PENAL NO ESPAÇO

2.2.1. Considerações gerais

Em termos de eficácia da lei processual penal no espaço, adotou o art. 1.º do Código de Processo Penal o **princípio da territorialidade** como regra geral de solução de conflitos. Estabelece o dispositivo mencionado:

> "Art. 1.º O processo penal reger-se-á, em todo o território brasileiro, por este Código, ressalvados:
>
> I – os tratados, as convenções e regras de direito internacional;
>
> II – as prerrogativas constitucionais do Presidente da República, dos ministros de Estado, nos crimes conexos com os do Presidente da República, e dos ministros do Supremo Tribunal Federal, nos crimes de responsabilidade (Constituição, arts. 86, 89, § 2.º, e 100);

III – os processos da competência da Justiça Militar;

IV – os processos da competência do tribunal especial (Constituição, art. 122, n. 17);

V – os processos por crimes de imprensa.

Parágrafo único. Aplicar-se-á, entretanto, este Código aos processos referidos nos n. IV e V, quando as leis especiais que os regulam não dispuserem de modo diverso".

A leitura desse artigo (os dispositivos constitucionais nele citados referem-se à Constituição Federal de 1937) deixa claro que, no direito brasileiro, como regra, a lei processual penal (leia-se: Código de Processo Penal) será aplicada a todas as infrações penais perpetradas em território nacional. Trata-se do princípio *lex fori* ou *locus regit actum*, que se justifica não apenas na soberania nacional, mas também na circunstância de que não haveria sentido em aplicar aos fatos criminosos cometidos em território brasileiro legislação alienígena, significativa da vontade de outro povo, motivada em razões históricas diferentes e inspirada em costumes distintos daqueles aqui experimentados.

E quando se considera ter sido praticada a infração penal em território nacional? A resposta encontra-se no art. 6.º do Código Penal, aduzindo que "considera-se praticado o crime no lugar em que ocorreu a ação ou omissão, no todo ou em parte, bem como onde se produziu ou deveria produzir-se o resultado". Adotou o legislador, aqui, a **teoria da ubiquidade ou mista**, segundo a qual *local do crime* tanto poderá ser o lugar em que se processou a ação ou omissão do agente como onde o resultado ocorreu. A propósito, no julgamento do *Habeas Corpus* 41.892/SP[1], versando sobre sequestro ocorrido no aeroporto de Tupã, Estado de São Paulo, com posterior traslado da vítima por meio de aeronave para o Paraguai, onde foi morta, considerou o STJ que, tendo o *iter criminis* se iniciado no território nacional, pois foi no aeroporto de Tupã que o ofendido perdeu sua liberdade, mostrava-se inegável e indiscutível a competência da Justiça local e aplicação da lei brasileira ao caso, tendo em vista o princípio da territorialidade e a teoria da ubiquidade consagrados na lei penal.

De qualquer modo, apesar da regra de territorialidade estatuída no art. 1.º, *caput*, do Código de Processo Penal, não se pode ignorar que esse mesmo dispositivo traz **exceções** à aplicação da lei brasileira[2], detectadas nas seguintes situações:

I – Tratados, convenções e regras de direito internacional: A subscrição pelo Brasil de tratado ou convenção, ou sua participação em organização internacional disciplinada por regras processuais próprias, afasta a jurisdição criminal brasileira, fazendo com que determinados crimes sejam apreciados por tribunais estrangeiros, mediante a aplicação de seus próprios regramentos processuais.

É o que ocorre, por exemplo, com os diplomatas que, encontrando-se a serviço de seu país de origem, cometem delitos em território nacional; e com cônsules, no caso de infrações relativas ao exercício de suas funções no território de seu consulado. Ambas as categorias são imunes à legislação brasileira, inclusive às regras do Código de Processo Penal, decorrendo tais imunidades da Convenção de Viena sobre Relações Diplomáticas, ratificada pelo Brasil por meio do Decreto 56.435/1965, e da Convenção de Viena sobre Relações Consulares, ratificada pelo Brasil por meio do Decreto 61.078/1967.

Discute-se quanto a *tratados* e *convenções* serem ou não expressões correlatas. Para alguns, são termos indistintos, utilizados pelo legislador em idênticos contextos. Outros

---

1 *DJ* 02.08.2005.

2 Fernando Capez (*Curso de processo penal*. 13. ed. São Paulo: Saraiva, 2006. p. 56) considera que as ressalvas do art. 1.º do CPP incidem sobre a territorialidade do Código de Processo Penal (Decreto-lei 3.689/1941), e não em relação à territorialidade da lei processual penal, que, para o referido jurista, não contempla exceções, sendo absoluta.

entendem tratar-se de expressões diferenciadas, compreendendo-se como *tratado* o acordo solene, elaborado de forma escrita, resultante da convergência de vontades entre dois ou mais sujeitos de direito internacional público sobre questões específicas; e, como *convenção*, uma espécie de tratado do qual participa um número considerável de países (multilateral, portanto), dispondo a respeito de grandes temas de direito internacional (*v.g.*, a *Convenção de Viena sobre Relações Diplomáticas*, firmada em 1961).

OBSERVAÇÃO: Embora sob o ponto de vista da legislação a distinção terminológica entre *tratados* e *convenções* não seja levada em conta de forma corrente, em sede de **concursos públicos** recomenda-se atenção ao respectivo significado técnico, não apenas em questões objetivas (nas quais o examinador, deliberadamente, pode empregá-las de forma equivocada), como em questões discursivas, em que a distinção jurídica constitui fator que enriquece a resposta.

Por outro lado, relativamente às *regras de direito internacional*, consideram-se aquelas que, a despeito de não estarem contempladas em tratados ou convenções, mostram-se vigentes em determinados aspectos, como, por exemplo, as decisões adotadas pelas organizações internacionais no enfrentamento de questões específicas. Trata-se, enfim, das regras expressas, tácitas ou presumidas oriundas do relacionamento internacional entre os países, que criam normas de comportamento em relação às quais se obrigam a respeitar.

II - Prerrogativas constitucionais do Presidente da República, dos ministros de Estado, nos crimes conexos com os do Presidente da República, e dos ministros do Supremo Tribunal Federal, nos crimes de responsabilidade: Incide, neste caso, o que se denomina de *jurisdição política*, impondo que determinadas condutas não sejam processadas e julgadas pelo Poder Judiciário, mas, sim, por órgãos do Poder Legislativo. Relativamente às categorias aqui mencionadas, o art. 52, I e II, da Carta Política atribuiu ao Senado Federal a competência privativa para processar e julgar:

- O Presidente e o Vice-Presidente da República nos crimes de responsabilidade, bem como os Ministros de Estado e os Comandantes da Marinha, do Exército e da Aeronáutica nos crimes da mesma natureza conexos com aqueles;
- Os Ministros do Supremo Tribunal Federal, os membros do Conselho Nacional de Justiça e do Conselho Nacional do Ministério Público, o Procurador-Geral da República e o Advogado-Geral da União nos crimes de responsabilidade.

Observe-se que, embora se refira, impropriamente, o dispositivo a "crimes de responsabilidade", essa previsão respeita, na verdade, às chamadas *infrações político-administrativas*, as quais, no que concerne ao Presidente da República, ao Vice-Presidente da República, aos Ministros de Estado, aos Ministros do STF, entre outros, estão definidas na Lei 1.079/1950. Não se trata, assim, de crimes no sentido comum, visto que não há pena de prisão ou de multa cominadas, mas, sim, perda do cargo e inabilitação temporária para o exercício de cargo ou função pública. No tocante a tal ordem de infrações, o processo é regulado pela referida Lei 1.079/1950, pela Constituição Federal e pelo disposto no Regimento Interno da Câmara dos Deputados e do Senado Federal, sendo esta a razão pela qual a hipótese em apreço é considerada uma exceção ao princípio da territorialidade inerente à lei processual penal.

III - Os processos da competência da Justiça Militar: conforme dispõe o art. 124 da Constituição Federal, a Justiça Militar tem por atribuição julgar os crimes militares. Quanto à forma de apuração desses delitos, é regida pelo Código de Processo Penal Militar (Decreto-lei 1.002/1969).

A definição de crimes militares encontra-se no art. 9.º do Código Penal Militar (CPM – Decreto-lei 1.001/1969), modificado, entre outras, pela 13.491/2017.

Perceba-se que, antes das alterações determinadas pela Lei 13.491/2017, na medida em que o art. 9.º do CPM considerava crimes militares apenas as **condutas tipificadas no Código Penal Militar**, adotava-se a simplista classificação doutrinária que distinguia os denominados crimes militares próprios dos chamados crimes militares impróprios.

Na esteira dessa concepção, classificavam-se como próprios os crimes relativos a condutas tipificadas, exclusivamente, no Código Penal Militar e não previstas ou definidas como crime na lei penal comum, podendo ser cometidas, então, apenas por militares e não por civis, a exemplo do motim e revolta (arts. 149 a 153) e da deserção (arts. 187 a 194).

Por outro lado, consideravam-se como impróprios os crimes pertinentes a condutas que possuíam tipificação no Código Penal Militar e na legislação penal comum, a exemplo do furto, previsto tanto no art. 240 do CPM quanto no art. 155 do CP, podendo, assim, ser praticadas tanto por militares como por civis.

Ocorre que, como já referido, a Lei 13.491/2017 alterou a redação do art. 9.º, II, do CPM, passando a considerar militares não apenas os crimes previstos nesse Código, mas também os previstos na legislação penal comum quando praticados nas condições referidas nas diversas alíneas do referido art. 9.º, II, do CPM (crime cometido por militar em atividade contra militar na mesma situação; por militar em atividade contra militar da reserva em lugar sujeito à administração militar; por militar em atividade contra o patrimônio sujeito à administração militar etc.). Por exemplo, um delito de abuso de autoridade, que tem previsão na legislação penal comum (Lei 13.869/2019), se antes não era considerado crime militar porque não é previsto no CPM (o julgamento competia, portanto, à Justiça Comum), doravante, poderá ser considerado crime militar, sujeito a julgamento pela Justiça Militar, bastando que se perfaça qualquer das hipóteses previstas nas mencionadas alíneas do art. 9.º, II, do Estatuto Penal Militar.

Nesse cenário, conquanto a clássica divisão doutrinária dos crimes militares – próprios e impróprios – não possa ser considerada, propriamente, superada em face da nova definição dada ao art. 9.º, II, do CPM pela Lei 13.491/2017, entendemos melhor adaptada à legislação de regência a classificação dos crimes militares realizada por Décio Alonso Gomes e Pedro Rabello Manú, referindo, na atualidade, a existência de três categorias: "(i) crimes militares previstos exclusivamente no Código Penal Militar (sem paralelo em outros diplomas); (ii) crimes militares previstos no Código Penal Militar e com previsão idêntica ou similar em outros diplomas; e (iii) crimes militares sem previsão no Código Penal Militar e englobados a partir da legislação penal pela incidência de uma das hipóteses de afetação do bem jurídico (interesse militar)" (O conceito de crimes militares e seus reflexos processuais: do "universo particular" dos crimes militares próprios e impróprios ao "juízo universal" da Auditoria de Justiça Militar. Disponível em: <http://www.observatoriodajusticamilitar.info>. Acesso em: 21 jan. 2018).

Na medida em que a Justiça Militar integra o rol das *jurisdições especiais*[3] (com a Justiça Eleitoral e a Justiça do Trabalho), rege-se ela por regras próprias, incorporadas, precipuamente, aos citados Código Penal Militar e Código de Processo Penal Militar, furtando-se, em tese, à incidência das normas processuais penais comuns. Não obstante, no âmbito do próprio Código de Processo Penal Militar (Decreto-lei 1.002/1969), disciplina

3 No âmbito das *Jurisdições Especiais*, incluem-se as Justiças Eleitoral, Militar e Trabalhista. Na esfera das Jurisdições Comuns encontram-se as *Justiças Federal e Estadual*.

o art. 3.º, alínea "a", que *os casos omissos neste Código serão supridos: a) pela legislação de processo penal comum, quando aplicável ao caso concreto e sem prejuízo da índole do processo penal militar.* Perceba-se que a redação desse dispositivo é posterior à do art. 1.º, III, do Código de Processo Penal comum.

IV – Os processos da competência do tribunal especial (Constituição, art. 122, n. 17): Prejudicada esta disposição, pois se amoldava à Constituição Federal outorgada de 1937, que previa a existência de "tribunais de exceção". Congruente com essa previsão, chegou a ser criado o Tribunal de Segurança Nacional para o julgamento de crimes políticos, mas esta Corte foi extinta pela Constituição de 1946. Na atualidade, a criação de Tribunais especiais está proibida em razão do princípio do juiz natural instituído no art. 5.º, XXXVII e LIII, da Constituição Federal de 1988.

Abre-se, aqui, um parêntese para explicitar que, por força de expressa previsão na Constituição Federal, em seu art. 109, IV[4], a competência para o processo e julgamento do indivíduo a que imputada a prática de crime político é da Justiça Federal. *Mas o que se deve entender por crimes políticos? E quais são estes delitos?* Trata-se de condutas que têm por destinação atentar, efetiva ou potencialmente, contra o estado democrático de direito, atingindo a soberania nacional, as instituições democráticas e a estrutura política brasileira. No âmbito do STF, por ocasião do julgamento do Recurso Ordinário 1473/SP (Primeira Turma, Rel. Min. Luiz Fux, *DJ* 18.12.2017), foi estabelecida a abrangência conceitual dos *crimes políticos* como sendo "*aqueles dirigidos, subjetiva e objetivamente, de modo imediato, contra o Estado como unidade orgânica das instituições políticas e sociais*", condicionando-se a sua configuração à presença de "*dois requisitos, de ordem subjetiva e objetiva: i) motivação e objetivos políticos do agente, e ii) lesão real ou potencial à integridade territorial, à soberania nacional, ao regime representativo e democrático, à Federação ou ao Estado de Direito*". Veja-se que tal ordem de crimes encontrava tipificação na Lei 7.170/1983, conhecida como Lei de Segurança Nacional. Esse diploma, entretanto, foi expressamente revogado pela Lei 14.197, de 1º de setembro de 2021, a qual acrescentou ao Código Penal os arts. 359-I a 359-R, nos quais descritos os "Crimes Contra o Estado Democrático de Direito". Na medida em que estas condutas satisfazem os requisitos estipulados pelo STF no julgamento mencionado, devem elas ser consideradas, na atualidade, como sendo os *crimes políticos* referidos na Constituição Federal, tanto para efeitos de competência para julgamento da ação penal respectiva (o citado art. 109, IV) como para fins de competência recursal (art. 102, II, *b*).

V – Os processos por crimes de imprensa: Prejudicada, igualmente, essa previsão. *Primeiro*, porque a Lei 5.250/1967, que regulava o processo para a apuração dos crimes de imprensa, havia determinado, em seu art. 48, a aplicação do Código de Processo Penal de forma subsidiária, e, *segundo*, porque o STF, nos autos da Ação de Descumprimento de Preceito Fundamental 130-7/DF[5], declarou não recepcionada pela Constituição Federal de 1988 a Lei 5.250/1967 (Lei de Imprensa), afastando-a do ordenamento jurídico pátrio. Com essa decisão, juízes e tribunais passaram a aplicar as figuras tipificadas no Código Penal e as normas procedimentais gerais previstas no Código de Processo Penal para a apuração dos crimes contra a honra, quer sejam ou não cometidos por meio da imprensa.

---

[4] Art. 109, CF. Aos juízes federais compete processar e julgar: IV - os **crimes políticos** e as infrações penais praticadas em detrimento de bens, serviços ou interesse da União ou de suas entidades autárquicas ou empresas públicas, excluídas as contravenções e ressalvada a competência da Justiça Militar e da Justiça Eleitoral.

[5] Decisão de 30.04.2009.

Conclusões:

a) A regra geral de solução dos conflitos norteia-se pelo *princípio da territorialidade*, segundo o qual a lei processual penal comum (leia-se: Código de Processo Penal, no qual se inserem normas gerais de processo penal) aplica-se aos **crimes praticados em solo nacional** (art. 1.º do CPP).
b) Considera-se **praticado o crime** no local em que ocorreu a ação ou omissão ou no lugar em que ocorreu o resultado (teoria da ubiquidade ou mista).
c) Excetuam-se à territorialidade as situações em que, nem mesmo de forma subsidiária, pode ser aplicada a lei processual penal comum (CPP) na apuração das infrações penais, isto é, em hipóteses nas quais devam incidir normas incorporadas ao direito estrangeiro (*v.g.*, em razão de tratados internacionais) ou regras nacionais que inserem regulamentação específica para determinadas situações (*v.g.*, apuração dos crimes militares).

2.3. LEI PROCESSUAL PENAL NO TEMPO

2.3.1. Considerações gerais

O art. 2.º do CPP dispõe que a lei processual penal será aplicada desde logo, sem prejuízo da validade dos atos realizados sob a vigência da lei anterior. Incide, enfim, o princípio *tempus regit actum*, também chamado de *princípio do efeito imediato* ou da *aplicação imediata da lei processual*[6], significando que o tempo rege a forma como deve revestir-se o ato processual e os efeitos que dele podem decorrer. Logo, se no curso de um processo criminal sobrevier nova lei processual, os atos já realizados sob a égide da lei anterior manterão sua validade normal. Contudo, os atos posteriores serão praticados segundo os termos da nova normatização.

Exemplo:

Considere-se que um indivíduo, condenado por decisão transitada em julgado no ano de 1995, tenha ingressado em 2010 com pedido de revisão criminal, buscando a desconstituição da sentença que o condenou a 28 anos de prisão, sob o fundamento de que as intimações do defensor que lhe fora nomeado pelo juiz (dativo) não foram realizadas pessoalmente, em afrontamento ao art. 370, § 4.º, do CPP. Na hipótese, a ação revisional intentada não teria condições de prosperar, pois somente depois de realizados os atos chamatórios impugnados é que entrou em vigor a Lei 9.271/1996 (o que ocorreu em 15.06.1996), acrescentando o referido § 4.º ao art. 370 do Código de Processo Penal e, com isso, obrigando a intimação pessoal do defensor nomeado. E no processo penal, como vimos, o tempo rege a prática do ato.

Perceba-se que, salvo alterações muito extensas ou relevantes em relação ao direito preexistente, a nova lei processual, na medida em que não incrimina condutas, dispensa a fixação de *vacatio legis*, assim compreendido o período de latência da norma estabelecido com a finalidade de tornar-se ela conhecida pelo maior número de pessoas antes de passar a produzir seus efeitos.

---

6 MIRABETE, Julio Fabbrini. *Processo penal*. 18. ed. São Paulo: Atlas, 2007. p. 38.

Consequências do *tempus regit actum*

- Os atos processuais praticados no período de vigência da lei revogada não estarão invalidados em virtude do advento de nova lei, ainda que importe esta em benefício ao acusado.
- A nova norma processual terá aplicação imediata, desimportando, absolutamente, se o fato objeto do processo criminal foi praticado antes ou depois de sua vigência.

2.3.2. Normas processuais heterotópicas e normas processuais híbridas ou mistas

Normas processuais são aquelas que regulamentam aspectos relacionados ao procedimento ou à forma dos atos processuais. Regem-se, como vimos, pelo princípio do *tempus regit actum*, possuindo aplicação imediata. Como exemplo, a disposição que introduziu no ordenamento processual penal a citação por hora certa, adequada à situação do réu que se oculta para não ser citado (art. 362 do CPP).

Já as *normas materiais são aquelas que objetivam* assegurar direitos ou garantias. Possuem efeitos retroativos nos aspectos que visam beneficiar o réu, mas jamais retroagem para prejudicá-lo. É o caso, por exemplo, da norma superveniente que reduz a pena *in abstrato* fixada em determinado tipo penal incriminador. Seus efeitos retroagirão em relação às condenações anteriores, atingindo frontalmente a situação dos condenados pela conduta que teve reprimenda modificada, mesmo que transitada em julgado a decisão. Tanto, aliás, que a Súmula 611 do STF estabelece que, "transitada em julgado a sentença condenatória, compete ao juízo das execuções a aplicação da lei mais benigna", verbete este que vem ao encontro do art. 66, I, da Lei 7.210/1984 (Lei de Execuções Penais) quando confere ao juiz da execução, entre outras faculdades, o poder de aplicar a lei posterior que de qualquer modo favoreça o apenado.

2.3.2.1. Normas heterotópicas

Independentemente dessa distinção conceitual entre as normas processuais e as normas materiais, existem determinadas regras que, apesar de inseridas em diplomas processuais penais (*v.g.*, o Código de Processo Penal), possuem um conteúdo material, retroagindo para beneficiar o réu. Outras, ao revés, incorporadas a leis materiais (*v.g.*, a Constituição Federal), apresentam um conteúdo processual, regendo-se pelo critério *tempus regit actum*. Surge nesses casos o fenômeno da **heterotopia**, vale dizer, hipótese na qual, embora o conteúdo da norma confira-lhe uma determinada natureza, encontra-se ela veiculada em diploma de natureza distinta.

A heterotopia, em síntese, consiste na intromissão ou superposição de conteúdos materiais no âmbito de incidência de uma norma de natureza processual, ou vice-versa, produzindo efeitos em aspectos relacionados à ultratividade, retroatividade ou aplicação imediata (*tempus regit actum*) da lei.

Exemplos de disposições heterotópicas:

1) O direito ao silêncio assegurado ao réu em seu interrogatório, a despeito de sua previsão no Código de Processo Penal (art. 186), possui caráter nitidamente assecuratório de direitos (material).
2) As normas gerais que disciplinam a competência da Justiça Federal, sem embargo de estarem incorporadas ao art. 109 da Constituição Federal, possuem natureza evidentemente processual.

Em que pesem os casos citados ilustrarem situações de evidente heterotopia, a verdade é que nem sempre é fácil identificar, com segurança, o conteúdo real da disposição legal, de forma a se poder afirmar a ocorrência desse fenômeno. De um modo geral, tem a doutrina estabelecido que possuem natureza material as normas que criem, ampliem, reduzam ou extingam a pretensão punitiva estatal, tornando mais intensa ou mais branda a sua satisfação[7], independentemente do diploma em que inseridas.

Assim, ainda que incorporadas a leis processuais, **disposições relativas à extinção da punibilidade** normalmente possuem caráter material. Como ilustração, imagine-se que venha a ser promulgada lei processual nova estabelecendo nova causa de perempção da ação penal privada. Essa lei, obrigatoriamente, deverá retroagir para alcançar as situações pretéritas à sua edição, pois, sem embargo de encontrarem-se no art. 60 do CPP os motivos ensejadores da perempção, esta é causa extintiva da punibilidade, como tal prevista no art. 107, IV, do CP e, portanto, com forte carga material.

Igualmente, as **normatizações relativas à prisão do réu** ou à **concessão de liberdade provisória**, ainda que embutidas no Código de Processo Penal, possuem conteúdo material, uma vez que concernem à garantia constitucional da liberdade. Tanto, aliás, que a Carta Republicana inseriu no seu art. 5.º, que trata dos direitos fundamentais do indivíduo, diversas regras pertinentes à prisão e à liberdade provisória do investigado ou acusado (incisos LXI a LXVIII). Portanto, novas leis sobre essa matéria retroagem para beneficiar o acusado, mas não retroagem para prejudicá-lo.

2.3.2.2. *Normas mistas ou híbridas*

Normas mistas ou *híbridas* são aquelas que apresentam duplicidade de conteúdo, vale dizer, incorporam tanto um conteúdo processual quanto um conteúdo material. A relevância desta constatação repercute no aspecto relacionado à eficácia da lei no tempo, existindo duas orientações:

Primeira: detectada a natureza mista do conteúdo inserido à lei nova, possibilita-se, para verificação de sua aplicação imediata ou não aos fatos ocorridos e processos iniciados anteriormente à sua vigência, a **cisão da norma**. Neste cenário, se o conteúdo material inserido à nova legislação, em comparação com o direito anterior, for prejudicial ao réu, é este último (o direito anterior) que deverá ser aplicado. Todavia, no que concerne ao conteúdo processual, ainda que não favoreça o acusado, deverá ser aplicado imediatamente aos novos atos praticados e decisões exaradas em razão do princípio *tempos regit actum.*

---

7 BONFIM, Edilson Mougenot. *Curso de processo penal*. São Paulo: Saraiva, 2006. p. 89.

***Segunda:* não se admite a cisão da norma** em regra de direito material e regra de direito processual. Logo, se a aplicação do conteúdo material da norma for prejudicial ao réu, essa norma, como um todo, não pode ser aplicada (nem o conteúdo material, nem o conteúdo processual). Agora, se, ao contrário, o conteúdo material da norma nova for mais benéfico, operar-se-á a sua retroatividade, sendo aplicável, também e por óbvio, a nova disciplina processual, independentemente de ser esta mais ou menos favorável ao acusado no enfoque da tramitação do feito (em face, repita-se, da incidência do princípio *tempus regit actum*). Esta última orientação é a prevalente.

Para bem ilustrar o tema, tome-se como exemplo a situação enfrentada pelos tribunais com a vigência da Lei 9.271/1996, que, entre outras mudanças, atribuiu nova redação ao art. 366 do CPP. Referido dispositivo, com efeito, passou a dispor que, *"se o acusado, citado por edital, não comparecer nem constituir advogado, ficarão suspensos o processo e o curso do prazo prescricional, podendo o juiz determinar a produção antecipada das provas consideradas urgentes e, se for o caso, decretar prisão preventiva, nos termos do disposto no art. 312"*. Este dispositivo, como se vê, possui dois conteúdos distintos:

- No aspecto em que determina a suspensão do processo ao réu que, citado por edital, não compareceu pessoalmente e nem nomeou defensor, o conteúdo é nitidamente **processual**, pois relativo ao fluxo procedimental.
- No aspecto relativo à suspensão do prazo prescricional, o conteúdo é **material**. Basta ver que o instituto da prescrição não é regulado no âmbito do Código de Processo Penal, mas, sim, no Código Penal, sendo neste diploma previstas, também, as causas interruptivas (art. 117) e suspensivas (*v.g.*, art. 116, I) do lapso prescricional.

Considerando esta duplicidade de conteúdos, compreendeu o STJ, ao agasalhar a segunda das orientações mencionadas, que a redação do art. 366 do CPP apenas poderia ser aplicável aos fatos cometidos após a sua vigência, não podendo retroagir para alcançar os fatos que lhe fossem anteriores. Considerou-se, para tanto, que a retroatividade do conteúdo material (suspensão da prescrição) implicaria prejuízo ao réu e que, no tocante ao conteúdo processual (suspensão do processo), apenas poderia ser aplicado em conjunto com a suspensão do prazo prescricional. Logo, restou vedada a aplicação da norma como um todo aos fatos ocorridos antes da sua edição, os quais deveriam, então, continuar sendo apurados, mesmo à revelia do acusado citado por edital[8]. No mesmo sentido, qual seja, de que incindível o conteúdo da norma, é a orientação adotada no STF[9].

2.3.2.3. Gráfico comparativo entre as normas heterotópicas e as normas híbridas

Como já dissemos, não há como se confundirem as hipóteses de *heterotopia* com as situações em que a norma possui *conteúdo misto* ou *híbrido*. Nas primeiras, a norma possui uma determinada natureza (material ou processual), em que pese se encontre incorporada a diploma de caráter distinto. Já nas segundas a norma apresenta dupla natureza, vale dizer, material em uma determinada parte e processual em outra.

8 STJ, HC 148.066/GO, *DJ* 01.08.2011.

9 STF, HC 83.864/DF, *DJ* 21.05.2004; STF, HC 92.615/DF, *DJ* 14.12.2007.

Observe-se o gráfico ilustrativo:

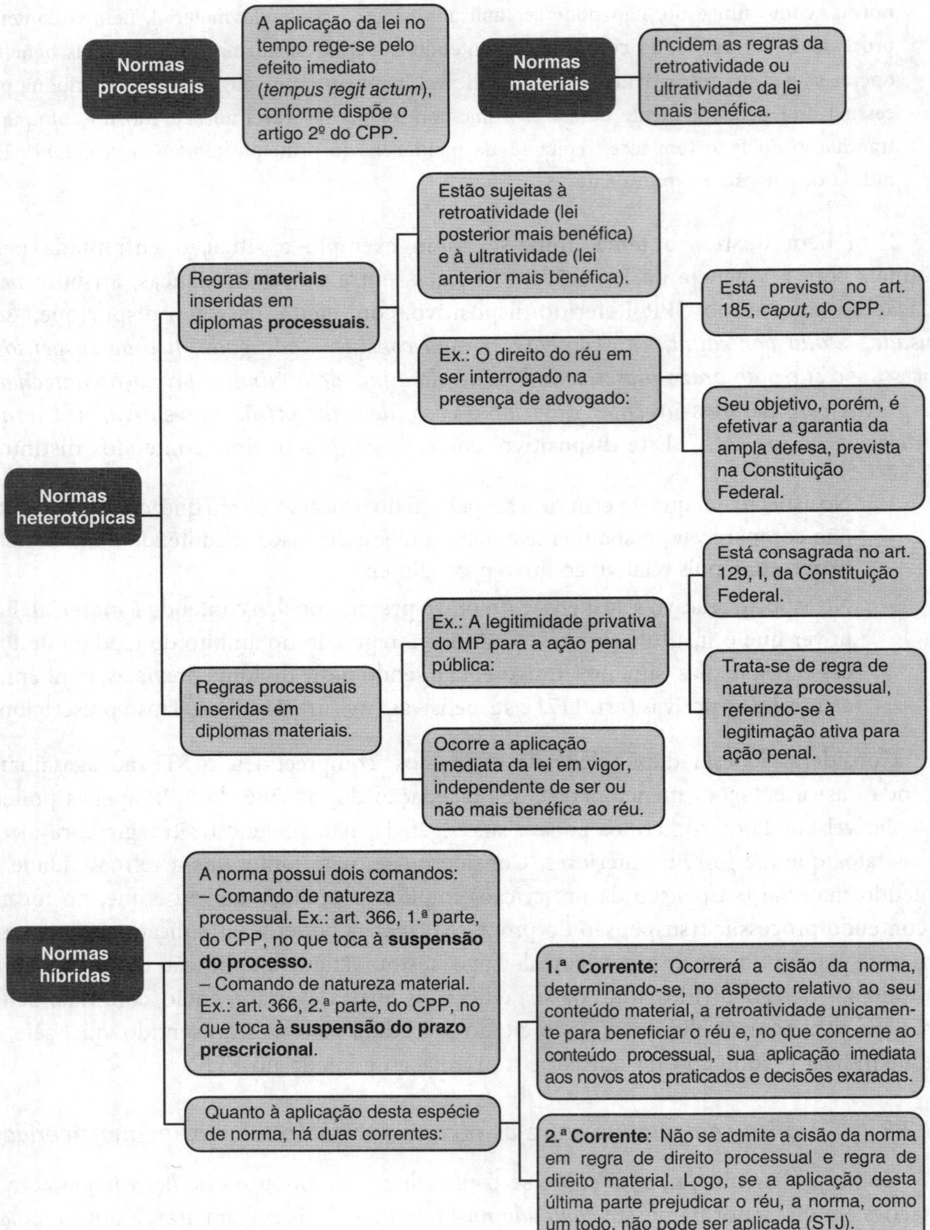

2.3.3. Atividade e extratividade

Por **atividade** compreende-se o lapso de vigência da lei, isto é, o tempo situado entre sua entrada em vigor e sua revogação, produzindo efeitos e alcançando todas as situações ocorridas sob sua égide.

Já a **extratividade** corresponde à incidência da lei fora do seu período de vigência. Se esse período for anterior à entrada em vigor, ocorrerá o fenômeno da **retroatividade**. Se for posterior à sua revogação, dar-se-á a **ultratividade**. Considerando que, em relação às normas de caráter processual penal puro, o princípio do *tempus regit actum* impõe sua aplicação imediata aos processos em andamento, conclui-se que poderão produzir extratividade (retroatividade ou ultratividade) as *normas materiais benéficas* e, quanto às *normas processuais*, apenas as heterotópicas, isto é, aquelas em que se detecta um conteúdo material mais benéfico, sem embargo de estarem incorporadas a um diploma processual.

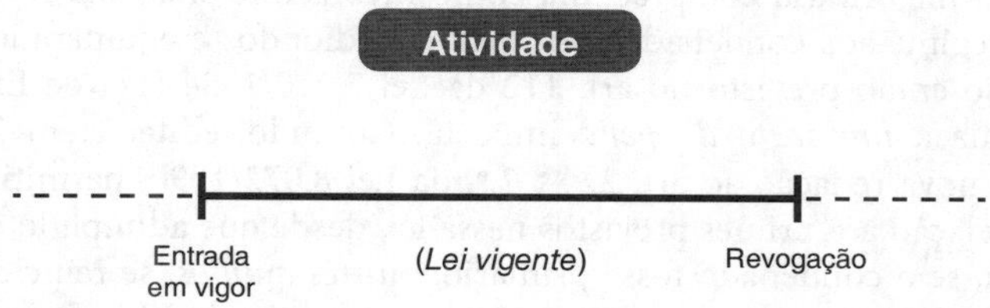

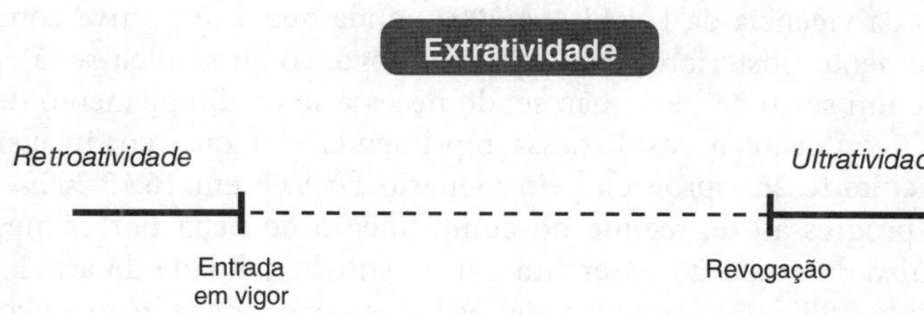

Exemplo de retroatividade: Considere-se que determinado indivíduo tenha sido acusado, em 2005, pela prática de tráfico de *Cannabis sativa*, contemplando a denúncia a causa de aumento de pena do concurso eventual de agentes prevista no art. 18, III, da Lei 6.368/1976. Todavia, com a entrada em vigor da Lei 11.343, de 23.08.2006, e a consequente revogação da referida Lei 6.368, deixou de subsistir no ordenamento pátrio aquela majorante. Neste contexto, consolidou-se nos Tribunais Superiores o entendimento de que, "em atenção ao princípio constitucional da retroatividade da norma penal mais benéfica, deve ser afastada a majorante decorrente do concurso eventual, uma vez que ela não foi prevista na Nova Lei Antidrogas (Lei 11.343/2006), configurando, assim, *abolitio criminis*"[10]. Cabe referir que este entendimento, de certo modo, vai ao encontro da Súmula 501 do STJ (publicada em 28.10.2013) ao dispor que "é cabível a aplicação retroativa da Lei 11.343/2006, desde que o resultado da incidência das suas disposições, na íntegra, seja mais favorável ao réu do que o advindo da aplicação da Lei 6.368/1976, sendo vedada a combinação de leis".

OBSERVAÇÃO IMPORTANTE: o instituto da ***abolitio criminis*** não se confunde com o postulado da **continuidade normativo-típica.** No primeiro caso, ocorre o desaparecimento formal e material infração penal, o que faz com que a conduta, antes tipificada como crime ou contravenção, se torne penalmente irrelevante. Foi o que ocorreu, por exemplo, com o crime de sedução, antes

[10] STJ, REsp 741693/DF, *DJ* 16.11.2009.

previsto no art. 217 do CP e que foi revogado expressamente pela Lei 11.106/2005. Já na hipótese da *continuidade normativo-típica*, a conduta objeto do tipo penal revogado continua sendo proibida, sendo deslocada, porém, para tipo penal diverso. Exemplo disso ocorreu com a Lei 13.106/2013, que revogou o art. 63 da Lei das Contravenções Penais, que tipificava a conduta de fornecer bebida alcoólica a menor, e a inseriu, como crime, na descrição do art. 243 da Lei 8.069/1990 (Estatuto da Criança e do Adolescente).

Exemplo de ultratividade: Muito embora a Lei dos Crimes Hediondos, em sua redação original, determinasse o cumprimento da pena em regime integralmente fechado, a jurisprudência majoritária compreendia como inconstitucional esta regra, autorizando a progressão de regime aos condenados por delitos hediondos e equiparados quando implementado o lapso então previsto no art. 112 da Lei 7.210/1984 (Lei de Execuções Penais), que correspondia a *um sexto da pena* imposta. Contudo, editada em 28.03.2007, a Lei 11.464 atribuiu nova redação ao art. 2.º, § 2.º, da Lei 8.072/1990, permitindo a progressão de regime em relação aos crimes previstos nessa lei, desde que adimplido o mínimo de *dois quintos* da pena, se o condenado fosse primário, ou *três quintos*, se reincidente, parâmetros estes superiores ao contemplado na regra geral do art. 112 da LEP. Destarte, por se tratar a nova lei de uma *lex gravior*, se comparada à Lei 7.210/1984, esta última é que, em face da *ultratividade benéfica*, passou a incidir na disciplina da execução da pena dos crimes cometidos antes da vigência da Lei 11.464/2007, ainda que a respectiva condenação tenha ocorrido em momento posterior a esse diploma. Logo, compreendeu-se, à época, bastar o cumprimento de um sexto da pena, não sendo necessário o adimplemento de dois quintos, ou três quintos (conforme o caso), dessa reprimenda. Tal questão, inclusive, foi objeto da **Súmula Vinculante 26**, aprovada pelo Plenário do STF em 16.12.2009, dispondo que "para efeito de progressão de regime no cumprimento de pena por crime hediondo, ou equiparado, o juízo da execução observará a inconstitucionalidade do art. 2.º da Lei 8.072, de 25 de julho de 1990, sem prejuízo de avaliar se o condenado preenche, ou não, os requisitos objetivos e subjetivos do benefício, podendo determinar, para tal fim, de modo fundamentado, a realização de exame criminológico". **Atenção:** na atualidade, por força da Lei 13.964/2019, outros prazos para progressão de regime foram estabelecidos, constando todos da nova redação dada ao art. 112 da Lei de Execução Penal (Lei 7.210/1984), os quais alcançam, inclusive, os crimes hediondos (houve revogação expressa do citado art. 2º, § 2º, da Lei 8.072/1990).

2.3.4. A revogação, a derrogação e a ab-rogação da lei processual penal

Diz-se *revogada* uma norma processual penal quando ela deixa de integrar o ordenamento jurídico.

Quanto à *forma de sua ocorrência*, classifica-se a revogação de dois modos:

- **Revogação expressa**: Dá-se quando a lei nova indica, literalmente, o que está sendo revogado. Exemplo: A Lei 11.719/2008, em seu art. 3.º, dispôs que "ficam revogados os arts. 43, 398, 498, 499, 500, 501, 502, 537, 539, 540, 594, os §§ 1.º e 2.º, do art. 366, os §§ 1.º a 4.º do art. 533, os §§ 1.º e 2.º do art. 535 e os §§ 1.º a 4.º do art. 538 do Decreto-lei n. 3.689, de 3 de outubro de 1941 – Código de Processo Penal".
- **Revogação tácita:** Ocorre quando a lei nova apresenta dispositivos incompatíveis com a disciplina ditada pela legislação anterior. Exemplo: O estabelecimento da maioridade civil em 18 anos implicou revogação tácita de todos os dispositivos do Código de Processo Penal que concediam privilégios processuais ao acusado maior de 18 e menor de 21 anos de idade, tais como os arts. 15, 262 e 564, III, *c*, *fine*.

Por outro lado, *quanto a sua abrangência*, a revogação é tradicionalmente classificada em:

- **Derrogação:** Trata-se da revogação parcial da norma anterior pela norma posterior.
- **Ab-rogação:** Trata-se da revogação total da norma anterior pela norma posterior, vale dizer, toda a disciplina até então vigente desaparece.

2.3.5. A temporalidade em sede de execução criminal

Diverge a doutrina quanto ao caráter das normas relativas à concessão de benefícios em sede de execução penal. Assim:

1.ª Corrente: Trata-se de normas de **natureza material.** Para os adeptos desta posição, a solução do conflito de leis no tempo deverá ser encontrada a partir de considerações sobre a **irretroatividade da *lex gravior*.** Em síntese, se a lei posterior for mais gravosa, não poderá retroagir para alcançar situações pretéritas. Ao contrário, se mais benéfica, haverá essa retroatividade. Segundo esta linha de pensamento, a conotação material das normas relativas à execução penal é definida pela própria Lei de Execuções Penais (Lei 7.210/1984), quando, no art. 66, I, estabelece a competência do juiz da execução para aplicar aos casos julgados lei posterior que de qualquer modo favorecer o condenado, afastando, portanto, a incidência cogente do princípio *tempus regit actum*.

2.ª Corrente: Trata-se de normas de **natureza processual.** Consideram os defensores desta posição que as normas da execução penal não incorporam conteúdo assecuratório de direito, limitando-se a disciplinar a forma de cumprimento da pena fixada em sentença transitada em julgado. Entendem, assim, que o critério para a definição das normas aplicáveis diante de conflito de leis no tempo será, efetivamente, o *tempus regit actum*, não elidindo essa conclusão a regra do art. 66, I, da LEP, cuja incidência não alcança os requisitos preestabelecidos em lei para o deferimento de benefícios da execução.

Não obstante esta duplicidade de entendimentos, tem prevalecido a orientação de que as normas relativas à execução da pena possuem caráter material, regendo-se, diante de conflitos intertemporais, por critérios de retroatividade e ultratividade benéfica, a exemplo do que se viu no tópico anterior no tocante ao lapso exigido para progressão de regime carcerário dos condenados por crimes hediondos cometidos antes da vigência da Lei 11.464/2007. Na esteira dessa linha de pensamento, considera-se inconstitucional a retroatividade de norma posterior que de qualquer modo seja prejudicial ao apenado[11].

2.3.6. A lei penal no tempo diante do crime continuado e do crime permanente

Embora relativa à *lei penal* e não à *lei processual penal*, optamos por abordar neste livro a questão relativa ao *crime continuado* e ao *crime permanente* perante a Súmula 711 do STF, dada a relevância do tema e a frequência de seu questionamento em concursos públicos.

Incorre em **crime continuado** o agente que, mediante mais de uma ação ou omissão, pratica dois ou mais crimes da mesma espécie, de tal forma que, pelas condições de tempo, lugar, maneira de execução e outras semelhantes, seja possível concluir terem sido os crimes subsequentes continuação do primeiro (art. 71 do Código Penal). Como exemplo, a hipótese em que o agente, no âmbito do município de Campinas, ao longo de 40 dias, tenha cometido dez furtos em estabelecimentos comerciais da cidade, sempre

---

11 STJ, HC 89.640/SP, *DJ* 10.03.2008.

agindo mediante rompimento de obstáculo (arrombamento) e em concurso de agentes. Ora, detectada a prática dos crimes patrimoniais dentro de idêntico contexto espacial, em harmônicas condições de tempo, lugar e maneira de execução, guardando entre si unidade de desígnio, incide a regra da continuidade delitiva, impondo-se a unidade de processo e julgamento de todos os delitos. Em consequência, será aplicada ao acusado somente a pena de um dos crimes (a mais alta), aumentada de um sexto a dois terços, nos termos do art. 71 do CP.

Por outro lado, **crime permanente** é aquele cuja consumação se protrai no tempo, dependendo sua duração da vontade do sujeito ativo do delito. É o que ocorre com o cárcere privado, tipificado no art. 148 do Código Penal, delito este que está em *permanente* consumação durante todo o tempo no qual a vítima estiver privada de sua liberdade. Outro exemplo é o crime de associação criminosa (art. 288 do CP), que, assim como o de associação para o tráfico de drogas (art. 35 da Lei 11.343/2006), é permanente, protraindo a sua consumação no tempo, autorizando, desta forma, a autuação em flagrante durante todo o tempo em que subsistir o vínculo associativo entre os consortes[12].

Pois bem, tratando da aplicação da lei penal no tempo nestas duas hipóteses, aprovou o STF, em 24.09.2003, a Súmula 711, dispondo que "*a lei penal mais grave aplica-se ao crime continuado ou ao crime permanente se a sua vigência é anterior à cessação da continuidade ou da permanência*".

Considere-se, pois, a seguinte situação: O agente, entre 2003 e 2009, praticou inúmeros crimes tipificados no art. 240 da Lei 8.069/1990 (Estatuto da Criança e do Adolescente), consistente em fotografar crianças e adolescentes em cenas de sexo explícito e pornográficas. Até pela impossibilidade de especificação das datas respectivas, as condutas são imputadas na denúncia em continuidade delitiva. Entre 2003 e 2008, a pena para o crime variava entre 2 e 6 anos de reclusão. Com o advento da Lei 11.829, de 25.11.2008, esse apenamento passou a oscilar entre 4 e 8 anos. Neste contexto, em face da Súmula 711 do STF, a pena a ser considerada na sentença condenatória para a incidência da majorante de um sexto a dois terços determinada pelo art. 71 do Código Penal é a prevista na alteração legislativa, ou seja, aquela decorrente da aplicação da *lex gravior*.

Cabe ressaltar que há forte posição no sentido da inconstitucionalidade do referido enunciado do Excelso Pretório, alegando que implica retroatividade da lei mais gravosa a crimes praticados antes de sua vigência. Assim não pensamos. Basta observar o que o art. 71 do Código Penal determina, como consequência do reconhecimento da continuidade delitiva, que se considere apenas uma das penas fixadas para os vários crimes (se distintas, deve ser levada em conta a mais alta), exasperando-a de um sexto a dois terços. Ora, se no curso do processo de continuidade sobrevém lei nova que acarreta apenamento mais severo a um dos crimes que compõem a série, por força da regra expressa do precitado art. 71 do Estatuto Repressivo, esta é que deverá ser a reprimenda a ser considerada. Não se trata, portanto, de retroatividade *in pejus*, e sim de aplicação literal de regra legal prevista em prol do acusado.

O raciocínio não é diferente tratando-se de crime permanente. Suponha-se, hipoteticamente, que um sequestro tenha se iniciado sob a égide de uma determinada legislação, sendo a vítima libertada quando em vigor regramento que estabeleça pena superior àquela prevista quando realizada a privação da liberdade. Em razão da Súmula 711 do STF, este último apenamento é que deverá ser considerado na sentença condenatória pelo juiz.

---

12 STJ, HC 140207/SC, *DJ* 21.09.2009.

2.4. LEI PROCESSUAL PENAL EM RELAÇÃO ÀS PESSOAS: IMUNIDADES PROCESSUAIS PENAIS

Embora, como regra geral, a lei processual penal brasileira deva ser aplicada no território nacional em relação a qualquer pessoa, existem categorias que, no exercício de determinadas funções, são excluídas não apenas dessa aplicação, como também da própria autoridade do Poder Judiciário.

Ocorrem, nesses casos, as chamadas *imunidades*.

Ditas imunidades não importam em infringência ao princípio consagrado no art. 5.º, *caput,* da Constituição Federal de que todos são iguais perante a lei, pois são estabelecidas em razão da **função exercida** pelo agente beneficiado e não em consideração à sua **pessoa.**

2.4.1. Imunidades diplomáticas *lato sensu*

O art. 1.º, I, do Código de Processo Penal, ao ressalvar da aplicação da lei processual penal brasileira as hipóteses em que *tratados, convenções e regras de direito internacional* dispuserem em contrário, constitui o fundamento legal das *imunidades diplomáticas.*

Referidas imunidades foram objeto da **Convenção de Viena sobre Relações Diplomáticas (CVRD)**, aprovada pelo Decreto Legislativo 103/1964[13], e da **Convenção de Viena sobre Relações Consulares (CVRC)**, esta última aprovada pelo Decreto Legislativo 06/1967[14].

Para facilitar a compreensão das regras inseridas à CVRD e à CVRC, é necessário, inicialmente, conhecer o significado de alguns termos utilizados por essas convenções. Observe-se, para tanto, o quadro a seguir:

Quanto aos Agentes Diplomáticos:	Quanto aos Agentes Consulares:
Estado acreditante: País representado por um agente diplomático.	*Estado que envia*: País que estabelece em outro uma repartição consular.
Estado acreditado ou acreditador: País que acolhe um agente diplomático de outra nacionalidade.	*Estado receptor*: País que consente com o estabelecimento de uma repartição consular de outro país em seu território.
Exemplo: Tome-se por base a Embaixada do Brasil nos Estados Unidos. Nesse caso, o Brasil, por ser o país de nacionalidade da Embaixada, será o *Estado acreditante.* Já os Estados Unidos, por serem o país onde está situada a Embaixada brasileira, serão o *Estado acreditado.*	*Exemplo:* No caso do Consulado Geral da França, localizado em São Paulo, a França figura como o *Estado que envia*, pois estabeleceu a repartição consular. Por outro lado, o Brasil apresenta-se como o *Estado receptor,* visto que consentiu com este estabelecimento.

Em sentido estrito, consideram-se **diplomatas** os funcionários encarregados de tratar das relações entre o seu Estado e os países estrangeiros ou organismos internacionais. Suas funções estão definidas no art. 3.º da CVRD. Já os **cônsules** não representam o seu Estado perante o governo dos países onde residem, mas atuam na órbita dos interesses privados dos seus compatriotas. São funções consulares, de acordo com o art. 5.º da CVRC.

Na sequência de diferenças entre estas duas categorias, cabe sinalar que os *diplomatas* têm maiores privilégios e imunidades, possuem representação política, recebem credenciais do Estado acreditante e atuam em todo o território. Já os *cônsules,* ao contrário, têm menores privilégios e imunidades, não possuem representação política, recebem carta patente do Estado de envio e sua atuação é restrita ao distrito consular.

---

[13] Convenção de Viena sobre Relações Diplomáticas (CVRD): subscrita em 18.04.1961, foi aprovada pelo Decreto Legislativo 103/1964 e ratificada em 23.02.1965.

[14] Convenção de Viena sobre Relações Consulares (CVRC): assinada em 24.04.1963, foi aprovada pelo Decreto Legislativo 06/1967 e ratificada em 20.04.1967.

2.4.1.1. Imunidades dos agentes diplomáticos

Por meio da CVRD, estatuiu-se que os Chefes de Estado e os representantes de governos estrangeiros ficarão absolutamente excluídos da jurisdição criminal dos países em que exercem suas funções, estendendo-se tal imunidade a todos os agentes diplomáticos, incluindo-se embaixadores, secretários da embaixada, pessoal técnico e administrativo das respectivas representações, seus familiares e funcionários de organismos internacionais quando em serviço (*por exemplo, ONU, OEA, OIC* etc.). Isto significa que deverão ser processados e julgados no Estado que representam, desimportando, para tanto, tratar-se o delito praticado de crime ou contravenção (art. 31, §§ 1.º e 4.º da CVRD). Outrossim, não estarão obrigados a comparecer perante qualquer juízo ou tribunal do país acreditado para testemunhar ou prestar informações sobre fato de que tenham conhecimento (art. 31, § 2.º, da CVRD).

Falecendo um diplomata, os membros de sua família persistirão em gozo da imunidade até a expiração de prazo razoável que lhes permita deixar o território do Estado acreditado (art. 39, § 3.º, da CVRD).

Já em relação aos empregados particulares dos agentes diplomáticos, não estarão cobertos pela imunidade, salvo se o Estado acreditado assim reconhecer (art. 37, § 4.º, da CVRD).

É possível a renúncia à imunidade diplomática. Isto, pela natureza do instituto, compete ao Estado acreditante e não ao agente diplomático (art. 32 da CVRD).

Observe-se que as *sedes diplomáticas* são invioláveis. Logo, não poderão ser objeto de busca e apreensão, penhora ou qualquer medida constritiva. Se, contudo, em seu interior vier a ser praticado delito por pessoa que não goze da imunidade (*v.g.*, alguém que nela ingressar clandestinamente), aplicar-se-á a lei brasileira, sempre respeitando, evidentemente, as inviolabilidades relativas aos atos investigatórios e processuais. Isto ocorre porque, apesar de invioláveis, as sedes diplomáticas, para fins penais, não são consideradas extensões do território alienígena, mas, sim, território nacional. Neste sentido, a lição de Mirabete, ao afirmar que *"as sedes diplomáticas (embaixadas, sedes de organismos internacionais etc.) já não são consideradas extensão de território estrangeiro, embora sejam invioláveis como garantia aos representantes alienígenas"*[15]. Não obstante este entendimento, para fins processuais, persiste a exigência de que citações e intimações sejam realizadas por meio de carta rogatória, *ex vi* dos arts. 368 e 369 do CPP.

2.4.1.2. Imunidades dos agentes consulares

Ao contrário dos agentes diplomáticos, que gozam de imunidade *absoluta* à jurisdição penal, os funcionários consulares e os empregados consulares possuem imunidade *relativa* a essa jurisdição. Isto quer dizer que não estão submetidos às autoridades judiciárias brasileiras apenas no que concerne aos atos oficiais realizados **no exercício das funções consulares**. Não é outro o sentido do art. 43 da CVRC, ao dispor que não estão eles sujeitos à jurisdição das autoridades judiciárias e administrativas do Estado receptor pelos atos realizados no exercício das funções consulares. Veja-se que, nos termos da própria CVRC, *é funcionário consular* toda pessoa, inclusive o chefe da repartição consular, encarregada nesta qualidade do exercício de funções consulares (art. 1.º, 1, *d*).

Além do mais, outras garantias existem e, muito embora vigorem na sua plenitude em relação aos agentes diplomáticos, são flexibilizadas quanto aos membros das repartições consulares.

É o que acontece, por exemplo, quanto à decretação da prisão preventiva. Muito embora estabeleça o art. 41 da CVRC que os *funcionários consulares não poderão ser pre-*

---

15 MIRABETE, Julio Fabbrini. *Manual de Direito Penal*. São Paulo: Atlas, 2002. v. 1, p. 82.

sos ou detidos, essa mesma norma ressalva da proibição a hipótese de *crime grave e em decorrência de decisão da autoridade judiciária competente*[16].

Outro aspecto a ser considerado refere-se à possibilidade de serem chamados para depor como testemunhas. Embora com algumas condicionantes, não ficam os membros das repartições consulares absolutamente dispensados desse chamamento, divergindo, neste sentido, dos agentes diplomáticos (art. 44 da CVRC).

Sinale-se que, apesar de se diferenciarem, em vários aspectos, os regramentos incorporados à CVRC daqueles inseridos à CVRD, há pontos em que as normatizações inseridas a estas convenções coincidem. Como exemplo, a possibilidade de renúncia à imunidade: assim como o *Estado acreditante* pode renunciar à imunidade de jurisdição dos agentes diplomáticos, também o Estado que envia pode renunciar, relativamente aos membros das repartições consulares, às imunidades previstas nos arts. 41, 43 e 44 da CVRC, que se referem às restrições acerca da prisão preventiva, da jurisdição penal brasileira e da obrigação de depor.

2.4.1.3. *Esquema comparativo*

Para melhor visualizar as diferenças e semelhanças entre as imunidades diplomáticas e consulares, observe-se o seguinte esquema:

Imunidades dos agentes diplomáticos

- Imunidade penal absoluta, isto é, extensiva a qualquer delito, praticado ou não no exercício da missão diplomática (art. 31, § 1.º, da CVRD).

  Não estão sujeitos a qualquer medida detentiva (art. 29 da CVRD).

  Não podem ser chamados a depor como testemunhas (art. 31, § 2.º, da CVRD).

- As imunidades referidas estendem-se aos membros da família do agente diplomático, desde que com ele vivam e que não sejam nacionais do Estado acreditado (art. 37, § 1.º, da CVRD).

  O Estado acreditante pode renunciar à imunidade de jurisdição dos seus agentes diplomáticos e das pessoas que gozem de imunidade (art. 32, § 1.º, da CVRD).

Imunidades dos agentes consulares

- Imunidade penal relativa, atingindo apenas os atos praticados no exercício das funções consulares (art. 43, § 1.º, da CVRC).

  Os agentes consulares estão sujeitos a prisão preventiva no caso de crimes graves (art. 41, § 1.º, da CVRC).

  Os agentes consulares podem ser chamados a prestar depoimento como testemunhas. Não obstante, são previstas certas garantias, por exemplo: os funcionários consulares podem recusar-se a depor (art. 44 da CVRC).

- Os membros da família do agente consular que com ele vivam gozarão dos privilégios e imunidades assegurados na CVRC a partir do momento em que ele assumir suas funções na respectiva repartição (art. 53, § 2.º, da CVRC).

  O Estado que envia poderá renunciar, com relação a um membro da repartição consular, à imunidade à jurisdição penal, às restrições à prisão preventiva e às garantias previstas na hipótese de ser chamado a depor.

[16] No julgamento do HC 81.158/RJ, impetrado por indivíduo que exercia as funções de Cônsul de País estrangeiro no Rio de Janeiro, a quem se imputava a prática do crime previsto no art. 241 do Estatuto da Criança e do Adolescente, decidiu o Supremo Tribunal Federal no sentido da "inexistência de obstáculo à prisão preventiva, nos termos do que dispõe o art. 41 da Convenção de Viena sobre Relações Consulares". Na oportunidade, invocou-se não apenas a gravidade do crime, como também a circunstância de que os atos imputados ao paciente não guardavam pertinência com o desempenho das funções consulares (1.ª Turma, Rel. Min. Ilmar Galvão, *DJ* 19.12.2002).

2.4.2. Imunidades parlamentares

Trata-se das imunidades que incidem no âmbito do Poder Legislativo da União. Estas garantias, em última análise, representam, para os Deputados Federais e Senadores, a segurança de que poderão exercer plenamente suas atribuições, livre de ameaças ou pressões de qualquer natureza, inclusive quanto a processos judiciais que poderiam advir de razões meramente políticas.

Quanto à origem destas imunidades, parece residir no sistema inglês, provavelmente no *Bill of Rights,* que proclamava a existência dos princípios *freedom of speech* (liberdade de expressão) e *freedom from arrest* (imunidade à prisão arbitrária).

No ordenamento constitucional brasileiro, *classificam-se em duas ordens:*

a) Imunidade parlamentar material, também chamada de imunidade penal, imunidade absoluta ou inviolabilidade;
b) Imunidade parlamentar processual, também rotulada de imunidade formal ou imunidade relativa.

2.4.2.1. *Imunidade parlamentar material (ou imunidade penal, ou imunidade absoluta ou inviolabilidade)*

A **imunidade material (ou imunidade penal, ou imunidade absoluta ou inviolabilidade)** é aquela que garante ao parlamentar a prerrogativa de não ser responsabilizado pelas suas manifestações escritas ou orais. Trata-se da prerrogativa outorgada pelo art. 53, *caput,* da Carta da República, ao dispor que *"os deputados e senadores são invioláveis, civil e penalmente, por quaisquer de suas opiniões, palavras e votos".*

A imunidade material conduz à intocabilidade ou intangibilidade dos parlamentares nas esferas cível e criminal, de forma que não poderão ser responsabilizados civilmente por perdas e danos em razão de suas manifestações e nem mesmo ter instaurado contra si, pelos mesmos motivos, inquérito policial ou ação penal para apuração da prática de crime ou contravenção. Perceba-se que apesar de a literalidade do art. 53, *caput,* da Constituição Federal garantir a inviolabilidade nas esferas **civil** e **penal**, é prevalente o entendimento de que, das opiniões, palavras e votos exarados pelos parlamentares, também não lhes poderão resultar sanções de natureza **administrativa, disciplinar** ou **política**[17]. A inviolabilidade, enfim, é total. Nem mesmo o término do mandato permite que o parlamentar seja indiciado ou processado em decorrência destes pronunciamentos. Por este motivo, aliás, que tal imunidade também é chamada de *absoluta.*

E se houver excesso de parte do parlamentar nas imputações realizadas em seus pronunciamentos? Compreende o STF, nesse caso, que, como a imunidade material constitui forma de *"tutela à própria independência do parlamentar, que deve exercer seu mandato com autonomia, destemor, liberdade e transparência,* eventual excesso *deve ser apreciado pela respectiva Casa Legislativa, que é o ente mais abalizado para apreciar se a postura* do congressista *foi compatível com o decoro parlamentar ou se, ao contrário, configurou abuso das prerrogativas asseguradas aos membros do Congresso Nacional, nos termos do art. 55, § 1.º, da Constituição"* (STF, Pet. 6.587/DF, *DJ* 18.08.2017).

Questão crucial respeita a saber se é necessária a existência de *nexo de causalidade* entre a manifestação reputada ofensiva e o exercício do mandato de Congressista para que haja a incidência da imunidade assegurada no texto constitucional. Na atualidade,

---

17 "A imunidade material implica subtração da responsabilidade penal, civil, disciplinar ou política do parlamentar por suas opiniões, palavras e votos" (Alexandre de Moraes. *Direito Constitucional.* 18. ed. São Paulo: Atlas, 2012. p. 462).

a despeito de ainda subsistir alguma controvérsia, especialmente na doutrina, percebe-se a tendência do STF em consagrar a incidência da inviolabilidade material em relação às manifestações parlamentares quando[18]:

a) forem exaradas em Plenário, haja ou não conexão com o exercício do mandato;
b) forem irrogadas em lugar distinto do Plenário, condicionando-se, nesta hipótese, à existência de nexo de causalidade entre a natureza da manifestação e a função exercida. Nesta última hipótese, enquadram-se, em regra, as ofensas materializadas em entrevistas a meios de comunicação de massa, em postagens nas redes sociais e em comunicações por meio de aplicativos de mensagens, a exemplo do *WhatsApp*.

E como aferir a existência ou não de vinculação da declaração externada com o mandato desempenhado pelo parlamentar? A respeito, deliberou o STF, em sede de repercussão geral, que esta constatação deve ser feita "com base no alcance das atribuições dos parlamentares", cujas funções "abrangem, além da elaboração de leis, a fiscalização dos outros Poderes e, de modo ainda mais amplo, o debate de ideias, fundamental para o desenvolvimento da democracia" (RExt 600063/SP, Tribunal Pleno, *DJ* 25.02.2015). Nesse mesmo julgamento, entendeu a Corte que a conduta de Vereador Municipal, em plena sessão da Câmara, manifestando-se ofensivamente em relação a ex-Vereador ao afirmar que este "apoiou a corrupção, a ladroeira e a sem-vergonhice", não extrapola os limites previstos no art. 29, VIII, da CF. Logo, tais ofensas não seriam possíveis de reprimenda judicial, não implicando isto, contudo, em imunizá-lo de repreensão pelo próprio Poder Legislativo.

Situação bastante comum é aquela em que parlamentares, candidatos a mandatos em eleições vindouras, aproveitam-se de pretensas imunidades decorrentes de suas funções para realizar afirmações ofensivas em relação à honra de outros concorrentes. Nestas hipóteses, o STF já se pacificou no sentido de que a garantia constitucional da imunidade parlamentar em sentido material (CF, art. 53, *caput*) não se estende ao congressista, quando, na condição de candidato a qualquer cargo eletivo, vem a ofender, moralmente, a honra de terceira pessoa, inclusive a de outros candidatos, em pronunciamento motivado por finalidade exclusivamente eleitoral, que não guarda nenhuma conexão com o exercício das funções congressuais. Considera-se, pois, que o postulado republicano impede que o parlamentar--candidato tenha, sobre seus concorrentes, qualquer vantagem de ordem jurídico-penal resultante da garantia da imunidade parlamentar, sob pena de dispensar ao congressista, nos pronunciamentos estranhos à atividade legislativa, tratamento diferenciado e seletivo, capaz de gerar, no contexto do processo eleitoral, inaceitável quebra da essencial igualdade que deve existir entre todos aqueles que, parlamentares ou não, disputam mandatos eletivos[19].

Outro tema sobre o qual se embatem a doutrina e a jurisprudência concerne à *natureza jurídica da imunidade material*. Há quem entenda tratar-se de *excludente do crime*, sendo esta, por exemplo, a posição adotada pelo Ministro Carlos Britto por ocasião do julgamento do Inq. 2.282/DF[20], quando observou que "a inviolabilidade chamada de material é excludente do crime, ou seja, quem está coberto pela inviolabilidade não comete crime". Outros aduzem que se constitui uma *causa de isenção de pena*. Fernando Capez[21], citando Luiz Flávio Gomes, filia-se a uma terceira posição, entendendo que a imunidade material *exclui a tipicidade da conduta*, uma vez que impede a instauração de inquérito ou proces-

18 STF, ARE 986.058 AgR/RJ, *DJ* 16.12.2016; STF, Inq. 4.177/DF, *DJ* 12.04.2016; STF, RE 209.109 AgR/RJ, *DJ* 01.06.2011.

19 STF, AI 657.235/MA, *DJ* 01.02.2011; STF, Pet. 4.444 AgR/DF, *DJ* 19.12.2008.

20 *DJ* 24.11.2006.

21 *Curso de processo penal*. 13. ed. São Paulo: Saraiva, 2006. p. 60.

so criminal contra o parlamentar. Trata-se da orientação firmada pelo STF e STJ, muito acertadamente, a nosso ver. Afinal, as excludentes de ilicitude (a legítima defesa, o estado de necessidade etc.) não obstam a instauração de procedimento policial e a propositura da ação penal para apuração da infração penal, apenas impondo, quando reconhecidas, a absolvição do réu (arts. 386, VI, 1.ª parte, 397, I, e 415, IV, todos do CPP). O mesmo ocorre em relação às causas de isenção de pena (*v.g.*, a inimputabilidade penal nos termos do art. 26, *caput*, do CP e o perdão judicial), que, como regra, também não impedem o inquérito ou o processo. Diferente, porém, é a hipótese de exclusão da tipicidade da conduta, em que resta inviabilizada qualquer apuração, sob pena de constrangimento ilegal impugnável por *habeas corpus*.

E quanto ao congressista licenciado para ocupar outro cargo na Administração Pública? Este, conquanto preserve a prerrogativa de foro em relação aos crimes cometidos no exercício da função e em razão dela (ver tópico 2.4.2.2, item *d*, a respeito das condicionantes da prerrogativa de função), não é alcançado pela imunidade, na medida em que o STF cancelou a sua Súmula 4 que dispunha em sentido oposto.

E quanto ao suplente do parlamentar? Não possui direito à imunidade, pois não está no exercício da função de congressista.

E quanto ao coautor não parlamentar? Muito embora a Súmula 245 do Excelso Pretório estabeleça que *"a imunidade parlamentar não se estende ao corréu sem essa prerrogativa"*, é entendimento majoritário na doutrina o de que este verbete do STF não se aplica à imunidade material, sendo reservado às imunidades processuais. Parte-se do princípio de que, se o fato praticado sob o manto da imunidade material é atípico, não há possibilidade de coautoria, nem de participação, pois simplesmente não existe nenhuma infração de que possa o indivíduo ser coautor ou partícipe. Em sentido oposto, compreendendo que a Súmula 245 do STF abrange também imunidade material, é a opinião de Mirabete[22].

Gize-se, por fim, que a imunidade parlamentar é *irrenunciável*, pois é inerente ao mandato eletivo, não visando proteger o congressista, e sim o regime representativo. Destarte, ainda que o parlamentar autorizasse a instauração de inquérito policial ou o ajuizamento de ação penal pelo fato coberto pela garantia, referidas providências não poderiam ser adotadas.

ATENÇÃO: a imunidade material concerne aos *parlamentares*, observadas as condições anteriormente expostas. Logo, *Prefeitos, Governadores* e o próprio *Presidente da República* não a possuem, podendo, então, ser responsabilizados por suas manifestações, sempre observadas, por óbvio, as imunidades processuais (quando e se as tiverem), bem como as regras legais e constitucionais que podem conduzi-los à dita responsabilização.

2.4.2.2. *Imunidades parlamentares formais (ou imunidades processuais, ou imunidades relativas)*

As **imunidades parlamentares formais (ou imunidades processuais, ou imunidades relativas)** compreendem as *prerrogativas concedidas aos parlamentares de não serem presos provisoriamente senão em flagrante por crime inafiançável* e *a possibilidade de sustação dos processos criminais contra si instaurados*. Além destas, também se incluem nesse título as garantias atinentes ao *foro por prerrogativa de função* (quando atendidas as condicionantes

[22] MIRABETE, Julio Fabbrini. *Processo penal*. 18. ed. São Paulo: Atlas, 2007. p. 46.

fixadas pelo STF para tanto – v. item *d*, adiante) e ao *direito de não serem, os membros do Congresso Nacional, obrigados a testemunhar sobre determinados fatos ou pessoas.*

Modo geral, a jurisprudência do STF tem compreendido que as imunidades formais incidem em relação a qualquer espécie de infração penal, tais como contravenções penais, crimes eleitorais, crimes contra a vida etc., não se aplicando, porém, a processos de natureza administrativa, disciplinar ou civil.

a) **Direito de não ser preso:** estabelece o art. 53, § 2.º, da CF que, "desde a expedição do diploma, os membros do Congresso Nacional não poderão ser presos, salvo em flagrante de crime inafiançável", caso em que "os autos serão remetidos dentro de vinte e quatro horas à Casa respectiva, para que, pelo voto da maioria de seus membros, resolva sobre a prisão".

A partir dessa normatização, conclui-se:

I. Os deputados federais e senadores possuem **imunidade à prisão preventiva e à prisão temporária**, não podendo sofrer privação da liberdade por força de mandados expedidos para cumprimento dessas prisões. Na prática, isso significa que os congressistas se encontram em estado de relativa incoercibilidade pessoal (*freedom from arrest*), podendo ser presos apenas em situação de flagrância por crime inafiançável ou, por óbvio, na hipótese de condenação definitiva.

Não obstante, estão eles (parlamentares) sujeitos à **prisão em flagrante em razão da prática de crime inafiançável**. Neste caso, uma vez cumpridas as exigências constitucionais comuns a essa forma de segregação (ciência ao flagrado de seus direitos, entre os quais o de permanecer em silêncio, de assistência familiar e de advogado, nos termos do art. 5.º, LXIII, da *Lex Fundamentalis*), é necessário que seja feito o encaminhamento à Câmara dos Deputados ou ao Senado Federal, conforme o caso, para a análise de legalidade da prisão.

Infere-se, portanto, que ao contrário do que ocorre em relação ao cidadão comum, tratando-se de prisão em flagrante de congressista, não é do **Poder Judiciário**, mas, sim, do **Poder Legislativo** a competência para se pronunciar sobre a legalidade ou ilegalidade da segregação e, neste último caso, ordenar o seu **relaxamento**.

Sem embargo da aparente simplicidade do tema, há um problema a ser resolvido aqui. É que o art. 310, II, do Código de Processo Penal (alterado pela Lei 12.403/2011), exige a conversão do flagrante em preventiva para o fim de permanecer preso o flagrado. Em síntese, a situação de flagrância autoriza a prisão do indivíduo, mas não a manutenção dessa prisão após a homologação do auto de prisão em flagrante pelo Juízo, para o que, repita-se, é necessária a decretação da prisão preventiva, desde que presentes seus pressupostos e fundamentos. Mas, se a teor do art. 53, § 2.º, da Constituição Federal, antes do trânsito em julgado de sentença condenatória, os parlamentares não estão sujeitos a prisão preventiva, como pode ser resolvido o impasse? Há duas possibilidades:

Primeira: não pode a autoridade judiciária converter a prisão em flagrante do parlamentar em prisão preventiva, pois isto implicaria submeter a crivo judicial situação que a Carta Magna determina seja resolvida no âmbito do Poder Legislativo[23]. Segundo esta ótica, em relação ao parlamentar flagrado na prática de crime inafiançável, é suficiente, para que seja mantido preso, o pronunciamento da Casa Legislativa acerca da legalidade do flagrante lavrado, sem a necessidade de conversão do flagrante em prisão preventiva nos termos preconizados pelo citado art. 310, II, do CPP.

[23] STJ, HC 029.951, *DJ* 20.08.2003.

Segunda: embora o parlamentar, como regra, não esteja sujeito a sofrer privação da liberdade por força de mandado de prisão preventiva, esta forma de prisão não é vedada se decorrer de conversão da prisão em flagrante, na forma do que estabelece o art. 310, II, do CPP. Neste caso, uma vez decretada a preventiva pelo STF, deverá esta ser comunicada, em 24 horas, à casa legislativa respectiva (Câmara ou Senado), para que a manutenção ou não da custódia seja deliberada pelo voto da maioria de seus membros, conforme destacado no art. 53, § 2.º, da CF. Esta foi a **orientação agasalhada pelo STF** ao julgar a Ação Cautelar 4.039 (25.11.2015), ajuizada pelo Ministério Público Federal, diante do suposto envolvimento de Senador da República, no exercício do mandato, em associação criminosa formada para embaraçar investigações realizadas no âmbito da operação *Lava-Jato* da Polícia Federal. Na oportunidade, vislumbrando a ocorrência de crime de caráter permanente – o que autoriza a prisão em flagrante a qualquer tempo – o Ministro Teori Zavascki determinou a prisão do Senador, sendo esta referendada pela Segunda Turma do STF. Comunicada a segregação ao Senado, foi mantida a ordem de prisão.

E quando flagrados os parlamentares no cometimento de crimes afiançáveis? Nesse caso, muito embora possa a autoridade policial ou qualquer pessoa do povo intervir no intuito de fazer cessar a prática delituosa, não poderá ser lavrado o auto de prisão em flagrante. Evidentemente, não fica obstado o registro da ocorrência policial e, desde que haja autorização do STF, a instauração de inquérito policial para apuração do ato ilícito (*v. tópico 2.4.2.4 deste capítulo*, em que tratamos da necessidade de autorização do STF para instauração de inquérito policial contra parlamentares federais).

E quanto às medidas cautelares diversas da prisão? Duas questões surgem aqui: (1) Estão os parlamentares imunes a essas medidas, assim como ocorre em relação à prisão preventiva, à prisão temporária e à prisão em flagrante pela prática de crimes afiançáveis? 2) Se não estiverem imunes às cautelares diversas da prisão, poderão elas ser impostas, unilateralmente, pelo Poder Judiciário ou, opostamente, condicionam-se à deliberação da Casa Legislativa respectiva? Pois bem, depois de muita controvérsia, a questão foi decidida pelo STF, no julgamento da ADI 5.526 (11.10.2017), da seguinte forma:

Primeira: dispõe o Poder Judiciário de competência para impor medidas cautelares diversas da prisão a parlamentares (art. 319 do CPP).

Segunda: se a execução dessa medida cautelar impossibilitar, direta ou indiretamente, o exercício regular do mandato parlamentar, a decisão que a tenha aplicado deverá ser encaminhada à Câmara dos Deputados ou ao Senado no prazo de 24 horas, para que haja deliberação a respeito – isso por simetria ao art. 53, § 2.º, da CF (dispositivo que disciplina a prisão do parlamentar em flagrante de crime inafiançável). Nesse caso, poderá o parlamento manter ou não o provimento cautelar aplicado pelo Poder Judiciário. Exemplos de medidas cautelares que se enquadram na situação em exame podem ser ilustrados com o "recolhimento domiciliar no período noturno" (art. 319, V, do CPP), a "suspensão do exercício de função pública" (art. 319, VI, do CPP) e a "internação provisória" (art. 319, VII, do CPP).

II. A imunidade do congressista não impede a prisão decorrente da sentença penal transitada em julgado, mas apenas a prisão provisória, em todas as suas modalidades. Sobre o tema, já se pronunciou o STF no sentido de que a prerrogativa constitucional incorporada ao art. 53, § 2.º, não obsta, desde que observado o devido processo legal, a execução das penas privativas de liberdade definitivamente impostas ao deputado ou senador[24].

III. A imunidade *in examen* não é restrita à esfera penal, abrangendo, igualmente, a hipótese de prisão civil do inadimplente em relação à obrigação alimentícia[25]. Quanto à prisão civil do

[24] STF, Inq. 510-0/142/DF, j. 11.02.1991.

[25] Quando referimos que a imunidade processual relativa ao **direito de não ser preso o parlamentar** não se restringe à esfera penal, alcançando também as formas de prisão civil, não estamos contradizendo a afirmação inserida na

depositário infiel, em que pese referida no art. 5.º, LXVII, da CF, encontra-se prejudicada em razão da aprovação, pelo Plenário do STF, em 16.12.2009, da **Súmula Vinculante 25**, dispondo que "é ilícita a prisão civil de depositário infiel, qualquer que seja a modalidade do depósito". No mesmo sentido, a Súmula 419 do STJ ao referir que "descabe a prisão civil do depositário judicial infiel".

IV. De acordo com o entendimento do Excelso Pretório, em face da imunidade consagrada no art. 53, § 2.º, da CF, os parlamentares não podem ser conduzidos coercitivamente para depor perante a autoridade policial ou perante o Poder Judiciário. Nesse sentido: "O membro do Congresso Nacional, quando ostentar a condição formal de indiciado ou de réu, não poderá sofrer condução coercitiva, se deixar de comparecer ao ato de seu interrogatório, pois essa medida restritiva, que lhe afeta o *status libertatis*, é vedada pela cláusula constitucional que assegura, aos parlamentares, o estado de relativa incoercibilidade pessoal (art. 53, § 2.º, primeira parte, CF)[26-27]".

V. *A imunidade processual de não ser preso alcança os Chefes dos Poderes Executivos (Presidente da República, Governadores e Prefeitos)?* De modo algum isto é cogitável. É preciso, enfim, verificar a existência ou não de regramento próprio. Relativamente ao **Presidente da República**, o art. 86, § 3.º, da CF, é explícito no sentido de que "enquanto não sobrevier sentença condenatória, nas infrações comuns, o Presidente da República não estará sujeito a prisão". Logo, enquanto não houver decisão condenatória, descabe cogitar de sua segregação. Tocante aos **governadores**, embora não haja óbice à decretação da custódia, existe impasse quanto à necessidade ou não, para este fim, de autorização da Assembleia Legislativa do respectivo Estado. Polêmica à parte, firmou o STJ sobre o tema orientação no sentido de que não é necessário tal aval legislativo. Finalmente, em relação aos **prefeitos municipais**, não há qualquer questionamento sobre a possibilidade de sua prisão preventiva quando satisfeitos os requisitos legais que ensejam a custódia.

---

b) **Possibilidade de sustação dos processos criminais instaurados mediante deliberação da Casa Legislativa:** antes da Emenda Constitucional 35/2001, dispunha a Constituição Federal sobre a necessidade de licença prévia da Casa Legislativa a que vinculado o Parlamentar para que este pudesse ser processado criminalmente. Tratava-se de condição de procedibilidade para a ação penal. Logo, antes de receber a denúncia, cumpria ao STF solicitar a referida licença, que, se indeferida, acarretava a suspensão do prazo prescricional enquanto perdurasse o mandato eletivo.

Entretanto, com a redação conferida ao art. 53, §§ 3.º a 5.º, da CF pela citada emenda, suprimiu-se a necessidade daquela licença, viabilizando-se o recebimento da denúncia ajuizada contra os parlamentares federais sem prejuízo de ficar obrigado o Poder Judiciário a cientificar a respeito, a Câmara dos Deputados ou o Senado Federal, conforme o caso.

Tomando ciência da instauração de processo contra parlamentar, preceitua, ainda, o art. 53, § 3.º, que a Casa Legislativa respectiva, por iniciativa de partido político nela representado e pelo voto da maioria de seus membros, poderá, até a decisão final, sustar o andamento da ação penal, desde que se trate de *crime praticado após a diplomação*. Em outras palavras, autoriza a Constituição Federal que a Casa integrada pelo Parlamentar processado, instada por partido político, determine a sustação do processo, condicionando que o faça *antes do trânsito em julgado da decisão (= "até a decisão final")*.

Havendo pedido de sustação da ação penal à Casa, determina o art. 53, § 4.º, que este deverá ser apreciado no prazo *improrrogável* de quarenta e cinco dias contados do seu recebimento pela mesa diretora. Não há consenso na doutrina quanto às consequências da inobservância desse prazo, sendo prevalente a posição de que tal não prejudicará a análise

introdução deste *item 2.4.2.2* no sentido de que tal ordem de imunidade não incide sobre processos de natureza civil. Enfim, o que se está afirmando é que, conquanto as prerrogativas processuais não obstam o congressista de responder a processos de natureza civil, impedem que ele sofra uma prisão de ordem civil.

[26] Remissão à redação do art. 53, da CF, anterior à EC 35/2001, hoje correspondente ao art. 53, § 2.º.

[27] Inq. 1.504/DF, j. 17.06.1999.

do pedido de sustação. Particularmente, aderimos à linha de pensamento de que, nesse caso, não poderá mais ocorrer a suspensão do processo criminal.

Observe-se que o prazo do art. 53, § 4.º, não se confunde com aquele estipulado pelo § 3.º do mesmo dispositivo. Trata-se de prazos distintos. Sobre esta questão, com muita propriedade, esclarece Pedro Lenza[28] que "as duas disposições devem ser harmonizadas, ou seja, a Casa respectiva tem até o final da ação penal para decidir, pelo quórum da maioria absoluta de seus membros, se suspende ou não a aludida ação penal. O pedido de sustação, pelo partido político, na respectiva Casa representada, 'poderá se implementar após a ciência dada pelo STF ou em período subsequente, não havendo prazo certo para tanto, já que, como visto, a Casa terá até o trânsito em julgado da sentença final da ação penal para sustá-la. Apesar de não haver prazo certo, contudo, o prazo durante o qual tramita (até o trânsito em julgado) deverá ser respeitado. O único prazo fixado é o de 45 dias contado do recebimento, pela Mesa Diretora, do pedido de sustação efetuado pelo partido político. Esse prazo, sim, de 45 dias é improrrogável'".

§ 3.º – Termo final para que partido político possa pedir a sustação da ação penal à Casa legislativa e para que esta possa se pronunciar a respeito: **trânsito em julgado da decisão no Supremo Tribunal Federal.**

§ 4.º – Prazo improrrogável de apreciação pela Casa legislativa respectiva do pedido de sustação da ação penal realizado por partido político: **45 dias.**

Por fim, cabe ressaltar que a sustação do processo criminal, caso deliberado neste sentido pela Casa legislativa, suspende a prescrição, mas apenas enquanto durar o mandato eletivo (art. 53, § 5.º). Extinto o mandato, terá reinício a fluência do prazo prescricional. Isto ocorre porque o término do período de exercício do cargo possibilita o prosseguimento imediato do processo, sendo desnecessária qualquer manifestação do Poder Legislativo para tanto.

E quando se tratar de crime praticado em concurso de agentes, sendo congressista um dos denunciados e o outro não? Prevalece o entendimento, e também é essa nossa opinião, de que, havendo pedido de sustação do processo penal e sendo este deferido pela Casa Legislativa respectiva, deverá ser desmembrada a ação criminal, prosseguindo-se esta em relação ao acusado não parlamentar, com envio dos autos à Justiça Comum.

> "Havendo concurso de agentes com não congressista, e ocorrendo a sustação do processo em relação ao parlamentar, o processo deverá ser separado, com o envio dos autos à Justiça Comum, para o prosseguimento do processo e julgamento do coagente não parlamentar e contra o qual não se suspenderá a prescrição"[29].

E quanto aos crimes praticados antes da diplomação do parlamentar? Não se aplica a possibilidade de sustação da ação penal pela Casa Legislativa a pedido de partido político. Isto porque o art. 53, § 3.º, da CF é expresso ao direcionar essa possibilidade aos processos por crimes perpetrados *após a diplomação.*

c) **Direito de não ser obrigado a depor como testemunha:** trata-se de imunidade que decorre do art. 53, § 6.º, da CF, ao estabelecer que "os Deputados e Senadores não serão obrigados a testemunhar sobre informações recebidas ou prestadas em razão do exercício do mandato, nem sobre as pessoas que lhes confiaram ou deles receberam informações".

[28] *Direito constitucional esquematizado*. 12. ed. São Paulo: Saraiva, 2008. p. 325.

[29] CARVALHO, Kildare Gonçalves. *Direito constitucional*: teoria geral do Estado e da Constituição, direito constitucional positivo. 13. ed. Belo Horizonte: Del Rey, 2007.

No tocante aos demais fatos, não estarão os parlamentares isentos da obrigação de depor, sujeitando-se, na recusa, à imputação de crime de falso testemunho tipificado no art. 342 do CP, que incrimina a conduta de quem faz afirmação falsa, cala ou nega a verdade.

d) **Prerrogativa de foro:** estabelece o art. 53, § 1.º, da CF que "os Deputados e Senadores, desde a expedição do diploma, serão submetidos a julgamento perante o Supremo Tribunal Federal", regra esta que se harmoniza com o disposto no art. 102, I, "b", da mesma Carta, ao dispor que compete ao Pretório Excelso processar e julgar, originariamente, "*nas infrações penais comuns*, o Presidente da República, o Vice-Presidente, *os membros do Congresso Nacional*, seus próprios Ministros e o Procurador-Geral da República" (grifamos). Por *crime comum*, de acordo com o entendimento doutrinário dominante, compreendem-se todas as infrações penais, inclusive os crimes contra a vida, as contravenções penais, as infrações de menor potencial ofensivo e os crimes eleitorais. A propósito, a jurisprudência do STF já há muito tempo se firmou "no sentido de definir a locução constitucional *crimes comuns* como expressão abrangente a todas as modalidades de infrações penais, estendendo-se aos delitos eleitorais e alcançando, até mesmo, as próprias contravenções penais" (Recl. 511/PB, Rel. Min. Celso de Mello, *DJ* 15.09.1995).

A partir da conjugação dos referidos dispositivos constitucionais (arts. 53, § 1.º e 102, I, *b*), por muito tempo se entendeu que, uma vez diplomados, os membros do Congresso Nacional passariam a ser processados e julgados perante o Pretório Excelso nos crimes comuns. Caso já se encontrasse em curso o processo criminal, deveria ser encaminhado ao STF para fins de prosseguimento, sem prejuízo da validade dos atos antes praticados[30]. Como decorrência lógica, extinto que viesse a ser o mandato antes do término do processo penal, cessaria, também, o privilégio de foro estabelecido em favor do parlamentar, retornando a demanda ao foro comum, para que tenha prosseguimento.

Ocorre, porém, que, em 03 de maio de 2018, o **Plenário do Supremo Tribunal Federal, no julgamento da Questão de Ordem na Ação Penal 937**, embora por maioria de votos, reinterpretou as normas constitucionais e legais que asseguram prerrogativa de função e passou a adotar, **em relação aos parlamentares federais (deputados federais e senadores)** nova orientação sobre o tema, estabelecendo as seguintes diretrizes que, na atualidade, deverão ser aplicadas:

1. A prerrogativa de função alcança, unicamente, os **crimes praticados no exercício do cargo que a confere,** devendo-se considerar o momento da diplomação (e não a data da posse, consoante art. 53, § 1.º, da CF) do *parlamentar federal* como o marco do início do exercício do mandato eletivo. Isto passou a significar que o processo criminal contra alguém, que tramita perante o juiz singular, não será mais encaminhado ao STF pelo fato de o réu ter sido eleito e diplomado deputado federal.
2. A prerrogativa de foro subsiste apenas em relação aos **crimes que tenham relação com as funções atinentes ao cargo**: imagine-se a hipótese de um deputado federal que, encontrando-se no exercício do mandato, solicita a determinado empreiteiro a quantia de cem mil reais para apresentar uma emenda parlamentar de interesse da empresa gerida pelo citado empreiteiro. Nesta hipótese, dito parlamentar federal faz jus ao foro por prerrogativa de função, devendo ser denunciado junto ao STF. Diferente a situação caso a imputação fosse, por exemplo, de crime de lesão corporal de natureza grave, cometido em razão de um desentendimento de trânsito, caso em que a competência para o processo e julgamento seria do juiz singular.

---

[30] STF, HC 70.620/DF, *DJ* 24.11.2006.

3. Uma vez **finalizada a instrução processual e publicado o despacho de intimação das partes para apresentação de alegações finais, encerra-se a possibilidade de deslocamento da competência para o julgamento**: considere-se a hipótese de um senador da república ter sido denunciado perante o STF porque, durante o exercício do mandato, cometeu delito relacionado ao cargo. Imagine-se que, ao término de seu mandato, ainda não tenha chegado ao final o processo criminal. Neste caso, em tese, deve o STF encaminhar ao juiz singular o processo para que lá tenha prosseguimento e seja sentenciado. Não haverá, porém, essa remessa caso, no STF, já tenha sido encerrada a instrução e publicado o despacho de intimação das partes para manifestação final (a prevista no art. 11 da Lei 8.038/1990), caso em que o processo deverá continuar tramitando na Corte e nela ser julgado.

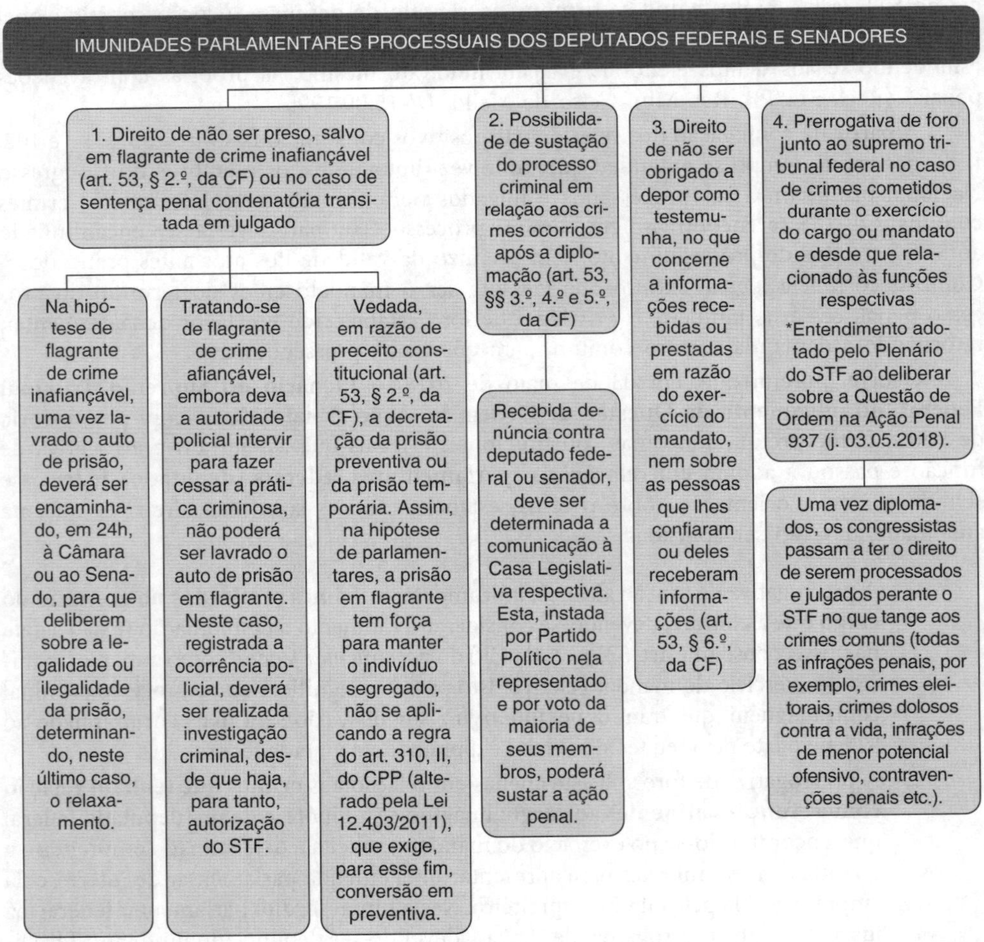

2.4.2.3. *Os limites temporais das imunidades processuais*

Tratando da imunidade processual relativa ao foro por prerrogativa de função, preceitua o art. 53, § 1.º, da CF que os Deputados Federais e Senadores, *desde a expedição do diploma*, serão submetidos a julgamento perante o STF. Atente-se, aqui, à orientação firmada pelo

STF no julgamento da Ação Penal 937 (em 03.05.2018), que condiciona a prerrogativa de função a que o crime tenha sido cometido pelo parlamentar federal no exercício da função e em razão dela. Regra análoga é estabelecida no que concerne às restrições quanto à prisão, determinando o § 2.º do mesmo dispositivo que, *desde a expedição do diploma*, os membros do Congresso Nacional não poderão ser presos, salvo em flagrante de crime inafiançável.

Por simetria a essas normas e tendo em vista que o objetivo das imunidades é assegurar o exercício isento da atividade legislativa, tem-se considerado como o ato da *diplomação*, também, o *termo inicial* das demais imunidades processuais consagradas constitucionalmente aos parlamentares no art. 53 da Carta Republicana. Assim:

- *Crimes praticados antes da diplomação:* Não incide qualquer imunidade formal em relação ao processo. Portanto, no curso de seu mandato, pode o parlamentar ser normalmente processado e julgado. Como não existe, neste caso, a possibilidade de sustação do processo pelas Casas Legislativas, não possui o Poder Judiciário sequer a obrigação de comunicá-las sobre a existência da ação em curso.
- *Crimes praticados após a diplomação:* O parlamentar poderá ser processado e julgado sem necessidade de qualquer autorização. Contudo, a pedido de partido político com representação na respectiva Casa Legislativa, esta poderá sustar o andamento da ação penal pelo voto da maioria absoluta de seus membros. Neste caso, a suspensão da ação penal persistirá enquanto durar o mandato, e acarretará a suspensão do prazo prescricional.

Muito embora a Constituição Federal tenha fixado como termo *a quo* das imunidades processuais a expedição do diploma (que comprova a eleição), é certo que não estipulou o termo *ad quem* da incidência destas garantias. Predomina, contudo, o entendimento de que o termo final das imunidades processuais ocorre no "início da legislatura subsequente àquela que findou o mandato parlamentar, na medida em que os ex-congressistas, por não mais exercerem seus mandatos, ficam excluídos da incidência das garantias constitucionais"[31-32].

2.4.2.4. *Instauração de inquérito policial contra parlamentar*

Conforme dissemos alhures, com o advento da EC 35/2001, dispensou-se a necessidade de autorização da Casa Legislativa respectiva para a instauração de processo criminal contra membros do Congresso Nacional. Destarte, possível o início da ação penal independentemente deste pressuposto, muito embora deva o STF, ao receber a exordial acusatória, comunicar a Câmara dos Deputados ou o Senado Federal, conforme o caso, sobre a instauração do processo (art. 53, § 3.º, da CF).

Questão relevante respeita à viabilidade de instauração de **inquérito policial** à revelia de autorização das Casas respectivas ou do Poder Judiciário. Obviamente, se prescindível autorização da Câmara e do Senado para a dedução da ação penal, também para o inquérito não é necessária essa formalidade. Resta, então, verificar a necessidade dessa autorização pelo STF, quando, levando em consideração as diretrizes fixadas por essa Corte no julgamento da Ação Penal 937, em 03.05.2018 (v. tópico 2.4.2.2, item *d*, deste capítulo) for este o foro competente para o processo e julgamento de parlamentares federais). A respeito, no julgamento do Inquérito 2411 QO/MT (Pleno, j. em 10.10.2007, *DJ* 25.04.2008), compreendeu o Excelso Pretório que é obrigatória, sob pena de nulidade, a autorização daquela Corte para que a autoridade policial proceda à instauração de inquérito contra autoridade sujeita à sua jurisdição originária. Na

---

31 BULOS, Uadi Lammego. *Curso de Direito constitucional*. São Paulo: Saraiva, 2007, *apud* PIVA, Otávio. *Estudos de Direito constitucional*. Porto Alegre: Sapiens, 2009. p. 103.

32 MORAES, Alexandre de. *Direito constitucional*. São Paulo: Atlas, 2012. p. 473.

oportunidade, considerou que "a prerrogativa de foro tem por escopo garantir o livre exercício da função do agente político, e fazendo distinção entre os inquéritos originários, a cargo e competência do STF, e os de natureza tipicamente policial, que se regulam inteiramente pela legislação processual penal brasileira, entendeu-se que, no exercício da competência penal originária do STF (art. 102, I, *b*, da CF c/c o art. 2.º da Lei 8.038/1990), a atividade de supervisão judicial deve ser constitucionalmente desempenhada durante toda a tramitação das investigações, ou seja, desde a abertura dos procedimentos investigatórios até o eventual oferecimento, ou não, de denúncia pelo Ministério Público, sob pena de esvaziamento da própria ideia dessa prerrogativa". Este entendimento, mais recentemente, foi referendado pelo STF ao deliberar no *RHC 198182 AgR* (j. 08.06.2021). Em outras palavras: tratando-se de parlamentares federais e ocorrente hipótese de prerrogativa de função, as investigações, assim como qualquer diligência investigatória e o próprio indiciamento, somente poderão ser realizadas quando previamente requeridas pela autoridade policial ou pelo Ministério Público e autorizadas pelo STF. Trata-se da chamada **investigação supervisionada**, em que a iniciativa do procedimento investigatório deve contar com a supervisão do ministro-relator do Supremo Tribunal Federal.

2.4.2.5. *Imunidades processuais de suplentes de parlamentares*

Suplentes de parlamentares não gozam de imunidades processuais, salvo, evidentemente, quando vierem a assumir aquela função.

2.4.2.6. *Impossibilidade de renúncia às imunidades processuais*

Assim como ocorre em relação às *imunidades materiais*, também são irrenunciáveis as *imunidades processuais,* já que estas não pertencem ao parlamentar, mas são inerentes, isto sim, ao exercício da função que este exerce.

2.4.2.7. *Imunidades de parlamentares estaduais*

A imunidade material conferida aos deputados federais e senadores pela Carta da República é, igualmente, deferida aos *deputados estaduais*, em face da regra disposta no art. 27, § 1.º, da CF, dispondo que se lhes aplicam as "regras desta Constituição sobre sistema eleitoral, inviolabilidade, *imunidades*, remuneração, perda de mandato, licença, impedimentos e incorporação às Forças Armadas" (grifamos).

E quanto às imunidades formais? Embora existam posições divergentes, consolidou-se no STF o entendimento de que, em razão do dispositivo constitucional apontado, são extensivas aos deputados estaduais as mesmas imunidades formais conferidas aos membros do Congresso Nacional.

IMPORTANTE: diante de episódio envolvendo a decretação da prisão preventiva de deputados estaduais do Rio de Janeiro e a subsequente *"revogação"* dessa prisão pela Assembleia Legislativa daquele Estado, aportou no Supremo Tribunal Federal, no âmbito das Ações Diretas de Inconstitucionalidade 5823, 5824 e 5825 (ajuizadas pela Associação dos Magistrados Brasileiros em relação a dispositivos das Constituições Estaduais do Rio Grande do Norte, do Rio de Janeiro e do Mato Grosso), a discussão acerca da extensão, aos deputados estaduais, das imunidades formais consagradas no art. 53 da CF para os deputados federais e senadores. Analisando estas ações, o Plenário da Corte, em 08.05.2019, por apertada maioria (seis votos a cinco), indeferiu os pedidos de medidas cautelares veiculados com vista à suspensão da eficácia dos dispositivos questionados, assim decidindo, entre outros argumentos referidos no Informativo 939 do STF, por considerar que a leitura da Constituição Federal revela que *"os deputados estaduais têm direito às imunidades formal e material e à inviolabilidade conferidas pelo constituinte aos congressistas, no que estendidas, expressamente, pelo § 1.º do art. 27 da CF"*, sendo que *"o dispositivo não abre campo a controvérsias semânticas em torno de quais imunidades são abrangidas pela norma extensora"*. As duas últimas ADIs citadas (5.824/RJ e 5.825/MT) foram julgadas improcedentes pelo Plenário do

STF (Sessão Virtual de 09 a 16.12.2022), sendo certo que idêntica solução deverá ser conferida na ADI remanescente (5.823/RN), ainda não julgada até o fechamento da presente edição deste livro. Com isso, restou confirmado o entendimento de que aos deputados estaduais, de fato, assistem as mesmas imunidades (material e formal) e a inviolabilidade asseguradas aos deputados federais e senadores, por força do citado art. 27, § 1°, da CF, que assim determina expressamente. Considerou o STF, ainda, constitucionais os dispositivos das Constituições Estaduais do Rio de Janeiro e do Mato Grosso, ao preverem que, desde a expedição do diploma, os membros da Assembleia Legislativa não poderão ser presos, salvo em flagrante de crime inafiançável, devendo, nesse caso, os autos respectivos serem remetidos à Assembleia Legislativa, para que, pelo voto da maioria de seus membros, *resolva sobre a prisão* (Informativo 1.081/2023).

2.4.2.8. *Imunidades de vereadores municipais*

Quanto aos *vereadores municipais*, dispõe a Constituição Federal que possuem imunidade apenas material, isto é, quanto às palavras, opiniões e votos, sendo essa imunidade, ainda, restrita aos limites do município no qual exercem o seu mandato (art. 29, VIII).

Não estão os *edis* amparados pelas imunidades processuais, circunstância esta que tem sido enfatizada com veemência pelos Tribunais Superiores. "Não é demais lembrar que os vereadores detêm apenas imunidade material", manifestou-se o STJ no julgamento do *Habeas Corpus* 106.642/RJ (*DJ* 04.08.2008). Mais adiante, implicitamente referendando essa orientação, voltou o STJ a decidir que "é possível que o Juiz de primeiro grau, fundamentadamente, imponha a parlamentares municipais as medidas cautelares de afastamento de suas funções legislativas sem a necessidade de remessa à Casa respectiva para deliberação" (RHC 88.804/RN, j. 07.11.2017).

Independentemente desta omissão constitucional, gera perplexidade a previsão incorporada a Cartas Estaduais ao estenderem aos membros das Câmaras de Vereadores imunidades processuais próprias dos Congressistas Federais e dos Deputados Estaduais. No Estado do Rio de Janeiro, por exemplo, a Constituição fluminense assegurou em favor dos vereadores imunidades formais. Esta previsão, contudo, foi considerada inconstitucional pelo Pleno do STF no âmbito da ADI 558/RJ (j. 19.04.2021). Idêntico posicionamento, aliás, já havia sido adotado em relação à Constituição do Estado de Sergipe[33].

Como se vê, estes precedentes indicam a tendência do Excelso Pretório no sentido de que as Constituições Estaduais não podem atribuir imunidades processuais a membros dos legislativos municipais, visto que se trata de matéria atinente a *direito processual*, cuja competência incumbe à União Federal legislar. Gize-se, todavia, que, em todos os julgados mencionados, as decisões não foram unânimes, o que sugere existir controvérsia sobre o tema.

2.4.2.9. *Corréus ou partícipes não parlamentares*

Relativamente às *imunidades processuais*, incide o disposto na Súmula 245 do STF, a qual dispõe que "a imunidade parlamentar não se estende ao corréu sem essa prerrogativa". Como dissemos antes, é entendimento majoritário o de que este verbete não se aplica às *imunidades materiais*, pois estas excluem a tipicidade do fato, não havendo a possibilidade de alguém ser coautor ou partícipe de infração inexistente.

2.5. A INTERPRETAÇÃO E A INTEGRAÇÃO DA LEI PROCESSUAL PENAL

2.5.1. Interpretação

Por *interpretação* compreende-se a atividade mental realizada com o objetivo de extrair da norma legal o seu conteúdo, estabelecendo-se seu âmbito de incidência e exato

---

[33] ADI 371/SE, *DJU* 22.04.2004.

sentido. Trata-se de atividade **única** e **complexa**. É *única* por constituir-se em um verdadeiro processo e *complexa* porque abrange vários momentos que se integram entre si.

A interpretação de uma norma não pode ser realizada à revelia de certos critérios. Por isso, existem métodos de interpretação da norma, sendo consagrados pela doutrina tradicional, como principais, os seguintes:

a) **Quanto ao sujeito que procede à interpretação:**

1) *Interpretação autêntica ou legislativa:* é aquela realizada pelo próprio órgão incumbido da elaboração do texto objeto da atividade interpretativa. Esta modalidade de interpretação pode constar do texto a ser interpretado (interpretação rotulada como *contextual*) ou ser posterior à vigência da lei. *Exemplo:* dispõe o art. 327 do Código Penal que "considera-se funcionário público, para os efeitos penais, quem, embora transitoriamente ou sem remuneração, exerce cargo, emprego ou função pública". Por outro lado, em seu § 1.º o mesmo dispositivo prevê que "equipara-se a funcionário público quem exerce cargo, emprego ou função em entidade paraestatal, e quem trabalha para empresa prestadora de serviço contratada ou conveniada para a execução de atividade típica da Administração Pública". Como se vê, a interpretação quanto ao sentido da expressão "funcionário público" foi realizada pelo próprio órgão do qual emanou a lei, integrando o seu contexto e determinando o seu alcance e sentido. Vale destacar que as exposições de motivos não são leis e, assim, não podem se incluir no rol das interpretações autênticas.

2) *Interpretação doutrinária ou científica:* é aquela realizada pelos estudiosos do direito. Constitui, enfim, o entendimento conferido aos dispositivos legais por escritores ou comentadores do Direito. *Exemplo*: artigos científico-doutrinários.

b) **Quanto aos meios empregados:**

1) *Interpretação gramatical:* também chamada de *literal* ou *sintática*, considera a letra fria da lei, vale dizer, o sentido literal dos termos incorporados ao texto legal. Tome-se como exemplo o art. 26, parágrafo único, do Código Penal, dispondo que "a pena pode ser reduzida de um a dois terços, se o agente, em virtude de perturbação de saúde mental ou por desenvolvimento mental incompleto ou retardado não era inteiramente capaz de entender o caráter ilícito do fato ou de determinar-se de acordo com esse entendimento". Segundo este critério, a palavra "pode" inserida ao texto legal deveria ser interpretada como uma mera faculdade do juiz, que, no caso concreto, decidiria sobre a redução ou não da pena fixada ao semi-imputável. Trata-se, na esteira da doutrina dominante, de critério falho, que não espelha a realidade pretendida pelo legislador ao editar a norma legal.

2) *Interpretação teleológica* ou *lógica:* é aquela que busca a verificação quanto à vontade efetiva (ou seja, a apuração do valor e finalidade do dispositivo) da lei ao dispor desta ou daquela forma. Neste caso, a interpretação gramatical seria apenas o ponto de partida do processo de interpretação, devendo o intérprete, após verificar tal sentido, perquirir a *ratio legis* (necessidades que levaram ao estabelecimento da regra), a *vis legis* (fins visados por ocasião da elaboração da norma) e a *ocasio legis* (realidade temporal ao tempo da criação da lei). *Exemplo*: ao estabelecer a competência dos juízes federais, previu o art. 109, IX, da Carta Magna que lhes compete julgar "os crimes cometidos a bordo de navios ou aeronaves, ressalvada a competência da Justiça Militar". Analisando o alcan-

ce da expressão "navio" utilizada no dispositivo, decidiu o STJ que, "realizando-se uma interpretação teleológica da locução, tem-se que a norma visa abranger as hipóteses em que tripulantes e passageiros, pelo potencial marítimo do navio, possam ser deslocados para águas territoriais internacionais"[34], compreendendo, então, a partir desse método interpretativo, que a expressão não abrange qualquer embarcação, sendo relativa apenas àquelas de grande porte.

OBSERVAÇÃO: Referindo-se à interpretação das normas de direito material, referiu Nelson Hungria que, "no caso de irredutível dúvida entre o espírito e as palavras da lei, é força acolher, em direito penal, irrestritamente, o princípio do *in dubio pro reo* (isto é, o mesmo critério de solução nos casos de prova dúbia no processo penal). Desde que não seja possível descobrir-se a *voluntas legis*, deve guiar-se o intérprete pela conhecida máxima: *favorablia surt amplianda, odiosa restringenda*. O que vale dizer: a lei penal deve ser interpretada restritivamente quando prejudicial ao réu, e extensivamente no caso contrário" (*Comentário ao Código Penal*, Forense, 1958, v. 1, p. 86).

c) **Quanto ao resultado:**

1) *Interpretação declarativa:* busca corresponder o sentido das palavras expressas no texto interpretado com a vontade da lei, evitando restringir-lhes ou aumentar-lhes o significado. *Exemplo:* o art. 141, III, do Código Penal contempla causa de aumento de pena aplicável aos crimes contra a honra, quando cometidos na presença de *várias pessoas*. Realizando-se uma interpretação declarativa do dispositivo, conclui-se que a expressão "várias pessoas" possui o sentido de "mais de duas pessoas", pois, quando desejou a lei contentar-se com "duas ou mais", incorporou referência expressa neste sentido, tal como ocorre nos arts. 155, § 4.º, IV; 157, § 2.º, II; 158, § 1.º etc.

2) *Interpretação restritiva:* ocorre quando o intérprete conclui que a letra escrita da lei se encontra além da *mens legis*, ou seja, o legislador disse mais do que pretendia, sendo necessário restringir o alcance da norma até que se consiga chegar ao sentido real. Mitiga-se, enfim, a literalidade do enunciado constante da norma, visando-se, inclusive, evitar contradições dentro do sistema jurídico. *Exemplo:* o art. 806, § 2.º, do CPP determina que a falta de preparo importará em deserção do recurso interposto. A regra, como se vê, é ampla, sugerindo a necessidade de que qualquer das partes efetue o pagamento antecipado das custas de processamento do seu recurso, sob pena de não seguimento. Não obstante, compreende-se que o Ministério Público se encontra fora do alcance determinado pela letra da norma, evitando-se a contradição entre esta e o sistema jurídico vigente, que dispensa o *parquet* do pagamento de quaisquer custas, taxas ou emolumentos no desempenho de suas atribuições. Tal interpretação, ademais, amolda-se à própria regra do *caput* do art. 806, que se refere às "ações penais privadas".

3) *Interpretação extensiva:* ocorre quando o intérprete detecta que a letra escrita da lei se encontra aquém da *mens legis*, ou seja, o legislador não disse tudo o que pretendia dizer, sendo preciso estender o alcance da norma para que se possa chegar ao seu verdadeiro significado. No processo penal brasileiro, a possibilidade de interpretação extensiva está prevista, expressamente, no art. 3.º do CPP. *Exemplo:* o art. 581 do CPP elenca os casos de cabimento do recurso em sentido estrito. Independentemente de se compreender como taxativo este rol, tem-se admitido a interpretação extensiva das situações nele previstas

[34] Conflito de Competência 43.404/SP, *DJ* 02.03.2005.

para permitir o manejo daquele recurso contra decisões que, apesar de não expressamente arroladas, sejam muito próximas ou, então, produzam uma consequência processual (sucumbência) semelhante à outra hipótese na qual esteja previsto seu cabimento. Assim, não há previsão de recurso em sentido estrito contra a decisão do juiz que, ao arrepio do art. 89 da Lei 9.099/1995, propõe, de ofício, mesmo diante da negativa do Ministério Público, a suspensão condicional do processo (o chamado *sursis* processual) a réu denunciado por crime com a pena mínima em abstrato de um ano de pena. É, contudo, previsto o recurso em sentido estrito para atacar a decisão que ordena a suspensão do processo em virtude de questão prejudicial (hipótese bem distinta da primeira). Considerando que ambas as decisões importam em suspensão do processo, entende-se cabível o recurso em sentido estrito com fundamento no art. 581, XVI, do CPP, também para a primeira situação referida. Afinal, trata-se de decisões que geram idêntica consequência processual[35].

4) *Interpretação progressiva (adaptativa ou evolutiva):* considera-se como tal aquela que objetiva ajustar a lei às transformações sociais, jurídicas, científicas e até mesmo morais que se sucedem no tempo e que interferem na efetividade que buscou o legislador com a edição da norma processual penal. *Exemplo:* o art. 68 do CPP estabelece que, sendo pobre o ofendido, poderá o Ministério Público, a seu requerimento, promover a ação civil *ex delicto* visando ressarci-lo dos prejuízos causados com a prática da infração penal. Entretanto, o STF, há muitos anos, sedimentou a orientação de que, tratando-se esta atribuição de uma modalidade de assistência judiciária e considerando que o art. 134 da Constituição Federal atribuiu à Defensoria Pública a orientação e defesa dos necessitados, na medida em que esta instituição tornar-se organizada de fato e de direito em cada Comarca, *progressivamente* tornar-se-á inconstitucional a legitimidade estatuída pelo mencionado art. 68 do CPP para que o Ministério Público ingresse com a ação civil *ex delicto* em prol da vítima lesada. Dito de outro modo, é certo que, apenas enquanto os Estados não instituírem e organizarem, em cada Comarca, os serviços da Defensoria Pública, permanecerá aplicável a disciplina do citado art. 68 do CPP como "norma ainda constitucional", configurando-se aí um período transitório "entre os estados de plena constitucionalidade ou de absoluta inconstitucionalidade[36]". Assim, considere-se que hoje a *Comarca X* contenha precário atendimento pela Defensoria Pública, a ela acorrendo defensor público que provém de outra localidade, distante duzentos quilômetros, apenas uma vez por semana. Neste caso, será plenamente constitucional a atuação do promotor de justiça no sentido de exercer a legitimidade prevista no art. 68 do CPP, se assim tiver requerido a vítima pobre. Suponha-se, porém, que, em dado momento, a citada *Comarca X* seja contemplada com defensor público. Deste momento em diante, em virtude da modificação ocorrida no contexto jurídico local, tornar-se-á inconstitucional, naquela localidade, a atribuição do Ministério Público para o ingresso da ação civil *ex delicto* em favor do ofendido necessitado[37].

---

35 Parcela da jurisprudência compreende que, no caso ilustrado, o cabimento de recurso em sentido estrito justifica-se por interpretação extensiva do art. 581, XI, do CPP, que prevê a hipótese de concessão da suspensão condicional da pena (*sursis* da pena).

36 MENDES, Gilmar Ferreira. *Controle de constitucionalidade*. São Paulo: Saraiva, 1990, p. 21.

37 STF, RE 135.328/SP, *DJ* 20.04.2001.

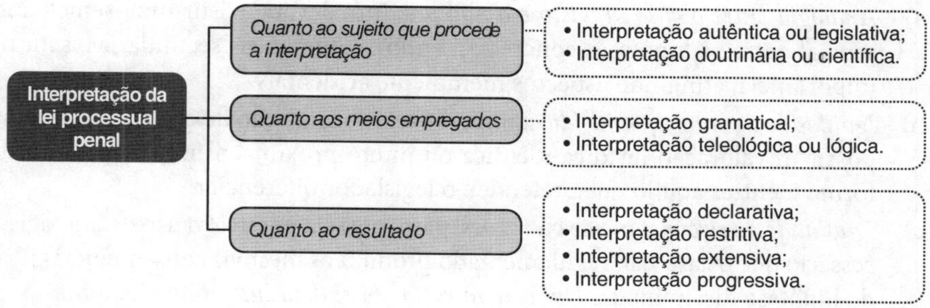

2.5.2. Integração da lei processual penal

Refere-se aos casos de omissão do ordenamento processual em contemplar solução a determinada hipótese fática. Em outras palavras, nas situações que requerem a integração ocorre uma *lacuna* em face da ausência de norma aplicável ao caso concreto. A integração, portanto, consiste no preenchimento dessa lacuna.

Ressalte-se que *integração* não se confunde com *interpretação*. Na interpretação, a lei não é omissa, cabendo ao intérprete extrair-lhe o verdadeiro sentido, muitas vezes expresso de forma imprópria. Já na integração, a hipótese concreta simplesmente não é disciplinada pela lei, havendo uma espécie de vácuo legislativo. Neste contexto, correto afirmar que o processo de *interpretar* deve preceder ao de *integrar*, pois, inicialmente, deve-se verificar se a lei contém um significado possível ao caso concreto e, somente após, se constatada a existência de uma lacuna, realizar-se o respectivo preenchimento por meio da integração.

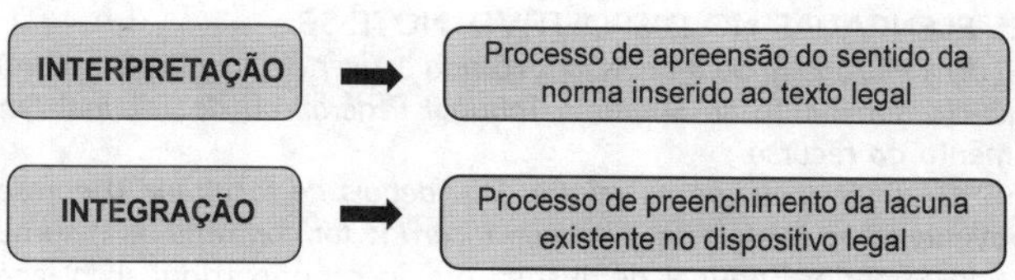

Pois bem, duas são as formas pelas quais o processo da integração pode ocorrer: analogia e princípios gerais do direito.

a) Analogia:

Consiste no processo de integração, permitido pelo art. 3.º do CPP, por meio do qual, no silêncio da lei sobre determinada hipótese concreta, aplica-se outro preceito que regula caso semelhante. A analogia, como se vê, pressupõe a inexistência de lei disciplinando matéria específica, ou seja, a existência de lacuna involuntária da lei.

Quando se fala em *analogia*, a dificuldade maior, geradora de impasses doutrinários e jurisprudenciais, está em verificar a similitude entre a hipótese prevista para incidência da norma e o caso concreto por ela não regulado, mas para o qual se deseja a aplicação.

Citado por Edilson Bonfim[38], Hélio Tornaghi estabelece os seguintes critérios pelos quais se poderá determinar a possibilidade ou não de aplicação analógica de uma norma jurídica em caso de lacuna legislativa:

---

38 *Curso de processo penal*. São Paulo: Saraiva, 2006.

a) *Analogia entre o caso previsto e o não previsto:* deverá existir uma semelhança essencial entre as hipóteses concretas, sendo as diferenças secundárias, sem menor importância, atingindo aspectos meramente acidentais.

b) *Igualdade de valoração jurídica:* imperativa a constatação de que ambas as situações possuem valoração jurídica idêntica ou muito próxima, a fim de não se tratar de forma idêntica àquilo que pretendeu o legislador diferenciar.

c) *Igualdade de circunstâncias ou razões:* para que seja possível o uso da analogia, é necessário que o caso não regulamentado produza as mesmas consequências jurídicas da hipótese disciplinada. *Ubi eadem ratio, ibi eadem jus* – onde há a mesma razão aplica-se o mesmo direito.

Desimportam, para o uso da analogia, a **natureza da situação concreta** e a **natureza do diploma** de onde se deve extrair a norma reguladora. Logo, nada impede o uso, por analogia, de regra do Código de Processo Civil para normatizar uma situação emergente no âmbito penal. A título de exemplo, decidiu o STJ que "o art. 557, § 1.º-A, do Código de Processo Civil *[matéria regrada no art. 932, V, do CPC/2015]*, que permite ao relator proferir decisão de mérito, dando provimento ao recurso, se a decisão atacada estiver em manifesto confronto com súmula ou com jurisprudência dominante do Supremo Tribunal Federal ou de Tribunal Superior, **aplica-se analogicamente**, nas mesmas circunstâncias, no âmbito do processo penal, inclusive em *habeas corpus*, nos termos do art. 3.º do CPP"[39] (grifamos).

A DISCIPLINA DO ART. 557, § 1.º-A, DO CPC/1973 FOI MODIFICADA PELA REGRA DO ART. 932, V, DO CPC/2015. SEM EMBARGO, MANTÉM-SE, NO NOVO CPC, A POSSIBILIDADE DE O RELATOR, EM DECISÃO MONOCRÁTICA, DAR PROVIMENTO A RECURSO DAS PARTES NAS SITUAÇÕES ELENCADAS NO DISPOSITIVO. NOTE-SE:

Art. 557, § 1.º-A, do CPC/1973: *Se a decisão recorrida estiver em manifesto confronto com súmula ou com jurisprudência dominante do Supremo Tribunal Federal, ou de Tribunal Superior,* ***o relator poderá dar provimento ao recurso.***

Art. 932, V, do CPC/2015: *Incumbe ao relator: V – depois de facultada a apresentação de contrarrazões,* ***dar provimento ao recurso*** *se a decisão recorrida for contrária a:* a) súmula do Supremo Tribunal Federal, do Superior Tribunal de Justiça ou do próprio tribunal; b) acórdão proferido pelo Supremo Tribunal Federal ou pelo Superior Tribunal de Justiça em julgamento de recursos repetitivos; c) entendimento firmado em incidente de resolução de demandas repetitivas ou de assunção de competência.

Outro aspecto de fundamental importância é a distinção entre **analogia** e **interpretação analógica (ou *intra legem*)**[40]. Observe-se:

a) Quanto à analogia:

- Consiste em processo integrativo da norma legal.
- Sua função é integrar o direito diante da inexistência de norma reguladora em relação a determinada hipótese concreta.

[39] STJ, AgRg no HC 79460/SP, *DJ* 08.09.2008.

[40] "Não se pode confundir analogia com interpretação analógica ou extensiva. A analogia é técnica de integração, vale dizer, recurso de que se vale o operador do direito diante de uma lacuna no ordenamento jurídico. Já a interpretação, seja ela extensiva ou analógica, objetiva desvendar o sentido e o alcance da norma para então definir-lhe, com certeza, a sua extensão. A norma existe, sendo o método interpretativo necessário, apenas, para precisar-lhe os contornos." (STJ, REsp 693278/PR, *DJ* 14.12.2006).

Exemplos:

1. A Lei de Execução Penal (Lei 7.210/1984) não estabelece prazo prescricional para apuração de falta grave cometida por apenado no curso da execução da pena. Diante desta omissão, sedimentou-se a jurisprudência no sentido de que deve ser aplicado, por analogia, *"o prazo do art. 109 do Código Penal, com a incidência do menor lapso previsto, atualmente de três anos, conforme dispõe o inciso VI do aludido artigo"*[41].
2. O reconhecimento fotográfico não possui disciplina legal. Considerando, porém, que tal modalidade de reconhecimento é considerada meio lícito de prova, é possível utilizar, para sua efetivação, por analogia, as regras do art. 226 do CPP, relativas ao reconhecimento de pessoas[42].

b) Quanto à interpretação analógica:

- Trata-se, como o próprio nome sugere, de processo interpretativo da norma.
- Nos casos que requerem a interpretação analógica, existe norma reguladora estabelecendo *fórmulas casuísticas*, ou seja, hipóteses objetivas de sua incidência. Contudo, na sequência destas hipóteses, contempla o dispositivo legal *fórmula genérica (aberta)* que exige interpretação semelhante (*analógica*) àquela que motivou o elenco dos casos anteriores.

Exemplos:

1. Determina o art. 6.º, IX, do CPP que, logo que tiver conhecimento da prática de infração penal, a autoridade policial, entre outras providências, deverá "averiguar a vida pregressa do indiciado, sob o ponto de vista individual, familiar e social, sua condição econômica, sua atitude e estado de ânimo antes e depois do crime e durante ele, e quaisquer outros elementos que contribuírem para a apreciação do seu temperamento e caráter".
   - "averiguar a vida pregressa do indiciado, sob o ponto de vista individual, familiar e social, sua condição econômica, sua atitude e estado de ânimo antes e depois do crime e durante ele" = **fórmula casuística, relativa à vida pregressa do investigado.**
   - "quaisquer outros elementos que contribuírem para a apreciação do seu temperamento e caráter" = **fórmula genérica, que, por interpretação analógica aos dados anteriores, só pode estar se referindo à vida pregressa do indiciado.**
2. O art. 121, § 2.º, I, do Código Penal estabelece, como qualificadora do homicídio, o fato de ter sido cometido "mediante paga ou promessa de recompensa, ou por outro motivo torpe".
   - "mediante paga ou promessa de recompensa" = **fórmulas casuísticas incorporadas ao dispositivo como motivação do homicídio.**
   - "ou por outro motivo torpe" = **fórmula genérica, que deve ter intensidade equiparada às hipóteses anteriores mencionadas no tipo, ou seja, consistir em motivo reprovável, desprezível, repugnante**[43].

---

41 STJ, HC 527625/SP, *DJ* 26.11.2019.

42 STJ, AgRg no HC 459479/SC, *DJ* 27.02.2019.

43 "O art. 121, § 2.º, inciso I, do Código Penal, após citar fórmulas casuísticas, tais como o homicídio mediante paga ou promessa de pagamento, exige, alternativamente, para que incida, por meio de fórmula genérica, que o agente se impulsione à prática delitiva por 'outro motivo torpe', reclamando, assim, motivação tão vil, ignóbil e abjeta quanto aquelas retratadas nas hipóteses previamente determinadas. Trata-se, como se vê, de hipótese de interpretação analógica ou *intra legem*" (STJ, REsp 233797/GO, *DJ* 19.12.2002).

3. O art. 121, § 2.º, III, do Código Penal qualifica o homicídio quando perpetrado "com emprego de veneno, fogo, explosivo, asfixia, tortura ou outro meio insidioso ou cruel, ou de que possa resultar perigo comum".
   - "com emprego de veneno, fogo, explosivo, asfixia, tortura" = **fórmulas casuísticas elencadas no tipo penal relativas à forma de realização do crime**.
   - "ou outro meio insidioso ou cruel" = **fórmula genérica, que reclama um meio de cometimento do homicídio semelhante (análogo) às hipóteses anteriormente tratadas**[44].

É admitida a aplicação ***in malam partem*** de **analogia** e de **interpretação analógica** no âmbito do processo penal? Tocante à *intepretação analógica*, não há qualquer dúvida de que é cabível, seja *in bonam partem* ou *in malam partem*, consoante se infere do art. 3.º do CPP. Por outro lado, no que concerne à *analogia*, sem ignorar a controvérsia existente, compreendemos que, opostamente ao que ocorre no direito penal, em que a analogia não pode ser utilizada em desfavor do acusado, no enfoque do direito processual penal não há impedimento à sua aplicação, ainda que em prejuízo do réu, condicionando-se, todavia, a que se trate de norma sem o mínimo conteúdo material. Normas, por exemplo, que impliquem privação ou restrição cautelar da liberdade, apesar de inseridas no Código de Processo Penal, não estão sujeitas à analogia, tendo em vista que redundam em mitigação autorizada de garantia constitucional.

IMPORTANTE: o Plenário do STF, no julgamento da *Ação Direta de Inconstitucionalidade por Omissão 26* (em 13.06.2019), considerando a ausência de lei criminalizando atos de homofobia e de transfobia em atenção ao definido no art. 5.º, XLI e XLII, da Constituição Federal, determinou, com eficácia geral e efeito vinculante, o enquadramento destas condutas no tipo penal de racismo, devendo assim ser entendido até que sobrevenha lei emanada do Congresso Nacional a respeito. Perceba-se que, ao assim deliberar, **não se valeu a Corte do uso de analogia** (o que, como dissemos, é vedada no direito penal quando *in malam partem*), mas, sim, na consideração de que o Congresso Nacional se omite em atender ao disposto nos citados dispositivos constitucionais, deixando de criminalizar *as condutas homofóbicas e transfóbicas, reais ou supostas, que envolvem aversão odiosa à orientação sexual ou à identidade de gênero de alguém*. Nesta compreensão, sustentando traduzirem tais ações verdadeiras "expressões de racismo, compreendido este em sua dimensão social", afirmou o Tribunal que "ajustam-se, por identidade de razão e mediante adequação típica, aos preceitos primários de incriminação definidos na Lei n.º 7.716, de 08/01/1989, constituindo, também, na hipótese de homicídio doloso, circunstância que o qualifica, por configurar motivo torpe (Código Penal, art. 121, § 2º, I, 'in fine')".

---

b) Princípios gerais do direito:

Também previstos no art. 3.º do Código de Processo Penal como formas de integração da norma, constituem-se em regras gerais que decorrem da apreciação do ordenamento jurídico como um todo. Na lição de Carlos Roberto Gonçalves, "são regras que se encontram na consciência dos povos e são universalmente aceitas, mesmo que não escritas. Tais regras, de caráter genérico, orientam a compreensão do sistema jurídico, em sua aplicação

---

[44] "A crueldade de que trata o art. 121, § 2.º, inciso III, do Código Penal está, desenganadamente, situada na natureza do meio utilizado pelo agente para a prática delituosa, e não à forma como se perfaz o ilícito. Ademais, tal dispositivo, após citar hipóteses casuísticas tais como emprego de veneno, fogo, explosivo, asfixia e tortura, exige, alternativamente, para que incida, mediante fórmula genérica, que o agente se utilize de qualquer 'outro meio (...) cruel', reclamando, assim, potencialidade de causação de padecimento análogo aos das hipóteses expressamente elencadas. Trata-se, pois, de hipótese de interpretação analógica ou *intra legem*" (STJ, REsp 210085/PR, *DJ* 15.04.2002).

e integração, estejam ou não incluídas no direito positivo"[45]. Por exemplo, é em razão dos princípios gerais que informam o recurso da defesa que se entende que a apelação interposta pelo condenado devolve integralmente o conhecimento da matéria ao Tribunal competente, podendo este, a despeito do princípio da dialeticidade[46], deferir em prol do réu questões que não foram objeto da interposição recursal (v. Capítulo 14, item 14.5.1).

Acesse o
MATERIAL SUPLEMENTAR

Entre no Ambiente de Aprendizagem através das instruções contidas na orelha deste livro e acesse os conteúdos exclusivos desta edição:
- questões de concursos;
- videoaulas dos principais temas;
- mapas mentais;
- *ebook* de resumos de cada capítulo.

[45] Coleção Sinopses Jurídicas. *Direito Civil* – Parte Geral, 2. ed., Saraiva, 1998, v. 1, p. 23.

[46] Pelo *princípio da dialeticidade*, o efeito devolutivo dos recursos criminais é determinado pelos fundamentos expostos pelo recorrente em suas razões, sendo este, em tese (o princípio é mitigado quando se trata de insurgência defensiva), o limite da análise a ser realizada pelo juízo *ad quem*.

CAPÍTULO 3

Sujeitos do Processo. Comunicação dos Atos Processuais: Citações, Intimações e Notificações

3.1. SUJEITOS DO PROCESSO

São as diversas pessoas que intervêm, direta ou indiretamente, no curso do processo, visando à prática de determinados atos. Classificam-se em duas ordens:

a) **Sujeitos principais ou essenciais:** são aqueles cuja existência é fundamental para que se tenha uma relação jurídica processual regularmente instaurada e para a tramitação válida do processo. Consistem nas figuras do juiz, do acusador (Ministério Público ou querelante) e do acusado. Relativamente ao querelante e ao réu, incluem-se nos sujeitos processuais, por óbvio, os respectivos advogados (constituídos, dativos e Defensoria Pública).

b) **Sujeitos secundários, acessórios ou colaterais:** são os que, embora não imprescindíveis à formação do processo, nele poderão intervir a título eventual com o objetivo de deduzir uma determinada pretensão. É o caso do assistente de acusação e do terceiro interessado.

Além dos sujeitos do processo em sentido estrito, há, também, uma categoria de pessoas que, embora não integrem propriamente a relação processual penal, nela intervêm mediante a prática de atos que permitem o desenvolvimento regular do processo. São os auxiliares da justiça, peritos, terceiros não interessados etc. Para alguns autores, como Fernando Capez, incluem-se eles entre os sujeitos secundários. Entendemos, porém, tratar-se de uma categoria própria, não integrante do rol dos sujeitos, pois, de um lado, não são indispensáveis à formação do processo, e, de outro, quando nele atuam, não o fazem com o objetivo postulatório.

3.1.1. Juiz criminal

3.1.1.1. Considerações gerais

Tendo em vista que o processo criminal pressupõe a existência de um conflito de interesses, é necessária a atuação de um órgão jurisdicional apto a solucionar a lide. Neste contexto, surge o **juiz**, que terá por função, mediante atuação absolutamente imparcial, substituir a vontade das partes, aplicando o direito material ao caso concreto e, com isso, pondo fim ao conflito e restabelecendo a paz social.

Na realidade, sujeito processual não é, propriamente, o juiz, mas, sim, o Estado-juiz, em nome do qual ele deve oficiar.

Com a finalidade de garantir a efetividade de sua atuação jurisdicional, a lei confere ao juiz determinados poderes, que se classificam em duas ordens:

a) *Poderes de polícia ou administrativos:* são aqueles exercidos no curso do processo com o fim de garantir a disciplina e o decoro, evitando a prática de atos perturbadores da sua regular tramitação. A expressão *poder de polícia* possui o sentido de atuação do magistrado, visando a restringir a liberdade do particular, seja este parte ou terceiro. Não requer, portanto, ao contrário do que o nome possa sugerir, a necessária participação da força policial para o seu exercício, embora, em muitos casos, faculte-se ao juiz requisitá-la. Como exemplo de atos do juiz que concretizam tal forma de poder, ressalta-se, entre muitos outros previstos na legislação:

- art. 251 do CPP: dispõe que "ao juiz incumbirá prover à regularidade do processo e manter a ordem no curso dos respectivos atos, podendo, para tal fim, requisitar a força pública";
- art. 400-A do CPP (incluído pela Lei 14.245/2021): atribui ao juiz a adoção das providências necessárias para que, na audiência de instrução e julgamento, seja preservada a integridade física e psicológica da vítima, vedando a manifestação das partes e demais sujeitos processuais sobre circunstâncias ou elementos alheios aos fatos objeto de apuração e a utilização de linguagem, de informações ou de material que ofendam a sua dignidade ou de testemunhas;
- art. 497, I, do CPP: possibilita ao juiz-presidente do Tribunal do Júri "regular a polícia das sessões e mandar prender os desobedientes";
- art. 794 do CPP: determina que "a polícia das audiências e das sessões compete aos respectivos juízes ou ao presidente do tribunal, câmara, ou turma, que poderão determinar o que for conveniente à manutenção da ordem. Para tal fim, requisitarão força pública, que ficará exclusivamente à sua disposição".

b) *Poderes jurisdicionais*: são aqueles relativos à condução do processo, tais como a colheita de provas, a tomada de decisões no processo criminal e a execução do comando sentencial. Subdividem-se em duas categorias:

b.1) *Poderes-meios*, que compreendem:

- *Atos ordinatórios*: são aqueles incorporados aos despachos de mero expediente e que têm por objetivo conduzir o processo, isto é, determinar que se realize a sequência de atos destinada a fazer com que o processo criminal alcance seu desiderato com a prolação de sentença final. *Exemplos:* determinação de citação do réu, aprazamento de data para o interrogatório, designação de audiência de oitiva de testemunhas, abertura de prazos legais etc.
- *Atos instrutórios*: são aqueles praticados com a finalidade de angariar elementos de convicção capazes de permitir ao juiz a aplicação adequada do direito mate-

rial e, dessa forma, compor a lide. Podem ser praticados a partir de requerimento das partes ou *ex officio* pelo juiz. Neste último caso (atuação judicial de ofício), cabe destacar que o art. 3º-A do CPP (introduzido pela Lei 13.964/2019), proíbe a atuação probatória do juiz em prol da acusação, implicitamente permitindo que o faça apenas em favor da defesa. Por se tratar de previsão anti-isonômica e atentatória ao sistema acusatório, reputamos inconstitucional essa distinção, devendo-se entender vedada a atuação oficiosa do juiz em favor de qualquer das partes. Inadmissível, enfim, tanto o juiz-acusador quanto juiz-defensor. Por essa razão, sustentamos que a produção probatória *ex officio* pelo juiz deve ser viabilizada apenas quando realizada para dirimir dúvidas surgidas a partir das provas requeridas pelas partes. Neste cenário, deve-se facultar ao juiz, de ofício, determinar, por exemplo, a oitiva de pessoa que foi referida por testemunha arrolada pelas partes; o novo interrogatório do réu e a determinação de diligencias cuja necessidade se origine de circunstâncias ou fatos apurados na instrução.

OBSERVAÇÃO AO LEITOR:

1. No âmbito das Ações Diretas de Inconstitucionalidade n.º 6298[1], 6299[2] e 6300[3], deduzidas perante o STF impugnando, entre outros, os arts. 3º-A (anteriormente citado) a 3º-F, foi deferida, pelo Ministro Luiz Fux, medida cautelar suspendendo a eficácia dos mencionados dispositivos, o que fez ao fundamento de evidências de suas inconstitucionalidades formal e material.

2. Referida medida cautelar subsistia à época do fechamento da presente edição deste livro. Logo, até que haja sua eventual revogação, quer incidentalmente, quer em face de eventual julgamento de improcedência daquelas ADIs, as normas incorporadas a referidos dispositivos, conquanto presentes no mundo jurídico e vigentes, não podem ser aplicadas.

3. Independentemente, diante da quebra de isonomia e, consequentemente, inconstitucionalidade da última parte do art. 3º-A (proíbe ao juiz apenas *a substituição da atuação acusatória do órgão da acusação, permitindo, contrario sensu,* que o faça em prol da defesa), pensamos que, em termos jurídicos e práticos, a subsistência ou revogação daquela medida cautelar assim como a procedência ou improcedência das ADIs, no que toca ao art. 3º-A, pouca relevância apresenta.

4. De qualquer modo, impõe-se ao leitor acompanhar a tramitação daquelas ADIs, bem como a evolução da jurisprudência a respeito do tema.

b.2) *Poderes-fins*, que abrangem:

– *Atos decisórios*: compreendem todos os pronunciamentos judiciais capazes de produzir sucumbência às partes. *Exemplos:* decretação da prisão preventiva do acusado, concessão de liberdade provisória ao agente preso em flagrante, sequestro de bens, sentença de condenação ou de absolvição do réu etc.

– *Atos executórios*: atos destinados a efetivar o resultado incorporado à decisão tomada no curso do processo como, por exemplo, a determinação de recolhimento ao réu à prisão visando ao cumprimento da pena imposta em sentença transitada em julgado.

Além dos poderes citados, também confere a lei ao magistrado **funções anômalas**, que não se incluem em nenhuma das classificações mencionadas, mas que, sem embargo, são facultadas ao juiz. Como exemplos, as funções de presidir a autuação em flagrante na hipótese do art. 307 do CPP e de encaminhar ao Ministério Público, para as providências

---

[1] ADI ajuizada pela Associação dos magistrados Brasileiros (AMB) e pela Associação dos Juízes Federais do Brasil (AJUFE), sustentando a inconstitucionalidade dos arts. 3º-A a 3º-F do CPP, que instituem a figura processual do *juiz das garantias*, e do art. 20 da Lei 13.964/2019, relativo ao prazo de *vacatio legis* para a vigência respectiva.

[2] ADI ajuizada pelos partidos políticos PODEMOS e CIDADANIA, impugnando, além dos artigos citados na nota de rodapé anterior, também o art. 157, § 5º, do CPP, relativo este ao impedimento para julgar do juiz que tomou conhecimento do conteúdo de prova reconhecida como ilícita.

[3] ADI ajuizada pelo Diretório Nacional do Partido Social Liberal, defendendo a inconstitucionalidade dos arts. 3º-A a 3º-F do CPP.

que entender cabíveis, notícia quanto à possível prática crime de ação penal pública, da qual tenha (o juiz) tomado ciência em razão de elementos constantes ou trazidos a autos de processo em que esteja oficiando (art. 40 do CPP).

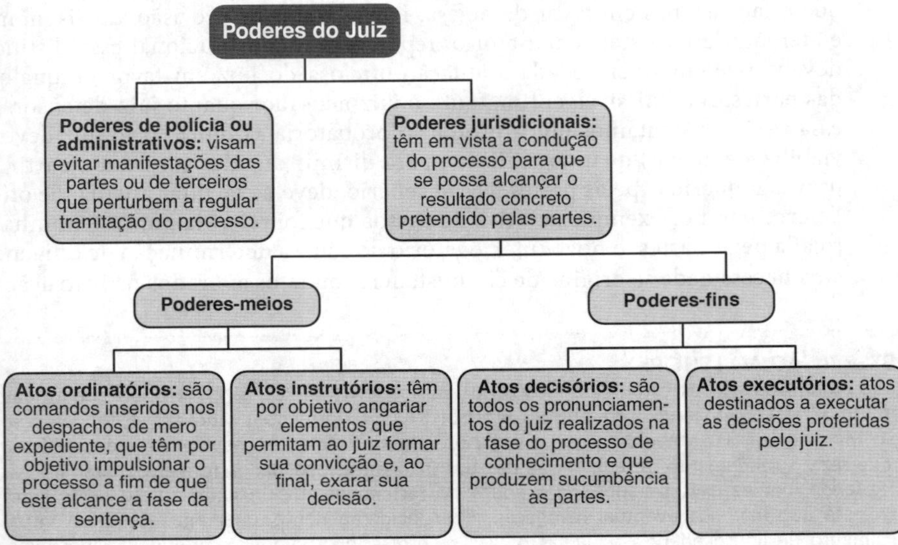

3.1.1.2. Prerrogativas do juiz

Trata-se de garantias conferidas aos magistrados, sobretudo pela Constituição Federal, que têm por finalidade assegurar-lhes o exercício da atividade jurisdicional da forma mais isenta possível, possibilitando-lhes julgar com absoluta imparcialidade. Previstas no art. 95 da Carta da República, consistem:

a) **Vitaliciedade (art. 95, I):** é adquirida pelo juiz após dois anos de exercício do cargo. Há discussões quanto à forma de contagem desse prazo, vale dizer, se deve ser computado de forma contínua e ininterrupta, ou, ao contrário, se deve levar em conta apenas o período de *efetivo exercício* da magistratura. Neste enfoque, apesar da diversidade de opiniões, prevalece o entendimento de que o *status* de vitalício é alcançado após o decurso de dois anos, não se descontando o tempo de interrupção motivada pelo gozo de férias ou licenças. Frise-se, outrossim, que a vitaliciedade se opera de forma automática com o decurso do referido biênio, independente de um pronunciamento declaratório expresso de parte dos órgãos superiores do Tribunal a que esteja o juiz vinculado.

Uma vez vitaliciado, o juiz apenas perderá o cargo a partir de decisão judicial transitada em julgado no âmbito de ação de demissão que lhe tenha sido movida. Observe-se que não se confunde *vitaliciedade* com *perpetuidade* na função, tanto é assim que, aos 75 anos de idade, é o magistrado submetido à aposentadoria compulsória, sendo-lhe vedada a permanência no cargo, conforme dispõem o art. 40, § 1.º, II, da CF (redação determinada pela Emenda Constitucional 88/2015) e o art. 2.º, II, da Lei Complementar 152/2015.

No tocante aos desembargadores e ministros junto aos Tribunais, sua vitaliciedade é automática e imediata, não se submetendo ao decurso do biênio previsto na Constituição Federal. Logo, a restrição prevista no art. 95, I, da Carta Republicana apenas se aplica aos ocupantes de cargos iniciais da carreira, não alcançando os juízes nomeados pelo critério do quinto constitucional, os quais se tornam vitalícios imediatamente após empossados.

b) **Inamovibilidade (art. 95, II):** garante ao juiz a permanência no local em que se encontra classificado. Essa inamovibilidade, todavia, não é absoluta, podendo o magistrado ser removido compulsoriamente se razões de interesse público assim impuserem, conforme previsão incorporada ao art. 93, VIII, da Constituição Federal. Precitado dispositivo, com a alteração introduzida pela Emenda Constitucional 45/2004, estabeleceu que o ato de remoção compulsória por interesse público fundar-se-á em decisão por voto da maioria absoluta do respectivo tribunal ou do Conselho Nacional de Justiça, assegurada a ampla defesa. A partir dessa modificação do texto constitucional, reduziu-se o *quorum* de votação antes exigido para a ordem compulsória de remoção, que era de dois terços dos membros do respectivo tribunal. Além disso, acrescentou-se entre os legitimados para deliberar sobre a remoção, o Conselho Nacional de Justiça, órgão que, entre outras atribuições, está encarregado de exercer controle sobre a atuação administrativa e financeira do Poder Judiciário e sobre o cumprimento dos deveres funcionais dos juízes, consoante o disposto no art. 103-B da Carta da República.

c) **Irredutibilidade de subsídio (art. 95, III):** assegura ao juiz independência funcional, resguardando-o de perseguições de ordem financeira por parte dos governantes. Entretanto, existem exceções constitucionalmente estabelecidas nos arts. 37, X e XI, 39, § 4.º, 150, II, 153, III, e 153, § 2.º, I.

Além destas prerrogativas, acenam-se, ainda, como garantias atinentes à magistratura:

a) O *ingresso na carreira mediante concurso público de provas e títulos*, exigindo-se do bacharel em direito no mínimo três anos de comprovada experiência jurídica, com nomeações segundo a ordem de classificação no concurso (art. 93, I, da CF e Resolução 75/2009 do Conselho Nacional de Justiça).

b) A *promoção para entrância superior, com abertura de vagas em cada localidade ou juízo, a serem providas, alternadamente, por antiguidade e merecimento* (art. 93, II, da CF). Considere-se, por exemplo, que no último edital para promoções publicado no Diário da Justiça, abriram-se vagas para provimento de cargos de juiz nas Comarcas de Camaquã (merecimento), Uruguaiana (antiguidade), Canoas (merecimento), Novo Hamburgo (antiguidade) e Rio Grande (merecimento), observando-se, como se vê, a alternância entre o merecimento e a antiguidade. Nesse caso, o próximo edital de abertura de vagas que venha a ser publicado, obrigatoriamente, deverá contemplar a primeira Comarca ou Vara a ser provida como sujeita ao critério da antiguidade, pois, no edital anterior, a última vaga (Rio Grande) fora aberta pelo critério do merecimento.

Esquema: Prerrogativas e garantias da magistratura

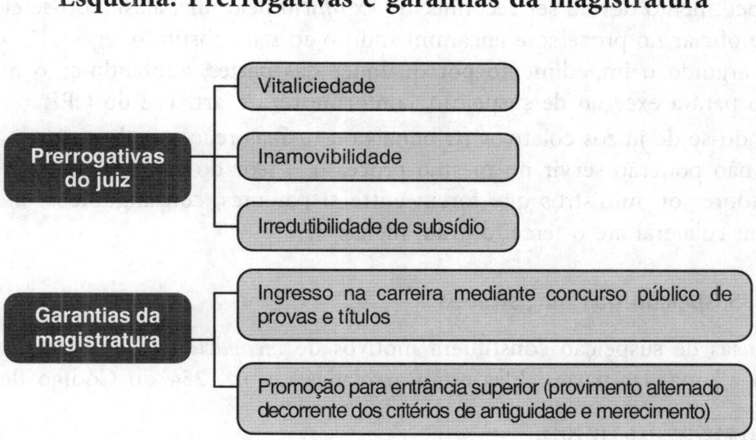

3.1.1.3. *Vedações à magistratura*

São limitações estabelecidas ao juiz não apenas com a finalidade de preservar a sua liberdade e imparcialidade, como também para impedir que exerça outras atividades capazes de comprometer o tempo de dedicação necessário ao exercício das funções atinentes à magistratura.

Estas vedações estão incorporadas, primordialmente, no art. 95, parágrafo único, da Constituição Federal, quais sejam: I – exercer, ainda que em disponibilidade, outro cargo ou função, salvo uma de magistério; II – receber, a qualquer título ou pretexto, custas ou participação em processo; III – dedicar-se à atividade político-partidária; IV – receber, a qualquer título ou pretexto, auxílios ou contribuições de pessoas físicas, entidades públicas ou privadas, ressalvadas as exceções previstas em lei; V – exercer a advocacia no juízo ou tribunal do qual se afastou, antes de decorridos três anos (período denominado como "quarentena") do afastamento do cargo por aposentadoria ou exoneração.

3.1.1.4. *Impedimento atinente aos juízes*

As causas de impedimento ensejam a chamada *incapacidade objetiva do juiz, pois respeitam à sua relação com o objeto da lide. Estão elas* arroladas no art. 252 do Código de Processo Penal, referindo-se a situações específicas e determinadas que impõem a presunção absoluta (*jure et jure*) de parcialidade. Estabelece, pois, o citado dispositivo que o juiz não poderá exercer jurisdição no processo em que:

> "I – tiver funcionado seu cônjuge ou parente, consanguíneo ou afim, em linha reta ou colateral até o terceiro grau, inclusive, como defensor ou advogado, órgão do Ministério Público, autoridade policial, auxiliar da justiça ou perito;
>
> II – ele próprio houver desempenhado qualquer dessas funções ou servido como testemunha;
>
> III – tiver funcionado como juiz de outra instância, pronunciando-se, de fato ou de direito, sobre a questão;
>
> IV – ele próprio ou seu cônjuge ou parente, consanguíneo ou afim em linha reta ou colateral até o terceiro grau, inclusive, for parte ou diretamente interessado no feito".

Essa previsão é taxativa, não admitindo analogia ou interpretação extensiva[4].

O impedimento deverá ser reconhecido *ex officio* pelo juiz, afastando-se ele voluntariamente de oficiar no processo e encaminhando-o ao seu substituto legal. Não o fazendo, poderá ser arguido o impedimento por qualquer das partes, adotando-se o mesmo rito estabelecido para a exceção de suspeição, conforme reza o art. 112 do CPP.

Tratando-se de juízos coletivos (tribunais ou turmas recursais dos juizados especiais criminais), não poderão servir no mesmo processo, a teor do art. 253 do CPP, os juízes, desembargadores ou ministros que forem entre si parentes, consanguíneos ou afins, em linha reta ou colateral até o terceiro grau, inclusive.

3.1.1.5. *Suspeição dos magistrados*

As causas de suspeição constituem motivos de *incapacidade subjetiva do juiz,* pois o vinculam a uma das partes. Elas estão arroladas no art. 254 do Código de Processo

[4] STJ, HC 131.792/SP, *DJ* 06.12.2011.

Penal, dispondo que o juiz dar-se-á por suspeito, e, se não o fizer, poderá ser recusado por qualquer das partes:

> "I – se for amigo íntimo ou inimigo capital de qualquer deles;
>
> II – se ele, seu cônjuge, ascendente ou descendente, estiver respondendo a processo por fato análogo, sobre cujo caráter criminoso haja controvérsia;
>
> III – se ele, seu cônjuge, ou parente, consanguíneo, ou afim, até o terceiro grau, inclusive, sustentar demanda ou responder a processo que tenha de ser julgado por qualquer das partes;
>
> IV – se tiver aconselhado qualquer das partes;
>
> V – se for credor ou devedor, tutor ou curador, de qualquer das partes;
>
> VI – se for sócio, acionista ou administrador de sociedade interessada no processo".

Na moderna concepção dos tribunais, é firme o entendimento no sentido de que esse rol do art. 254 é meramente exemplificativo. Logo, para o reconhecimento da suspeição, não é decisiva a perfeita adequação do caso a um dos incisos do citado dispositivo legal, mas, sim, a constatação do comprometimento pessoal do juiz com a questão discutida no processo ou com as partes. O próprio STJ, inclusive, examinando essa questão, já flexibilizou o alcance do art. 254, permitindo a declaração de suspeição do juiz até mesmo com base no preceito genérico inscrito no art. 145, IV, do CPC/2015, que contempla a hipótese do juiz "interessado no julgamento do processo em favor de qualquer das partes"[5].

De acordo com o art. 256 do CPP, a suspeição não poderá ser declarada nem reconhecida quando a parte injuriar o juiz ou, de propósito, der motivo para criá-la.

Quando não reconhecida *ex officio* pelo magistrado, a suspeição poderá ser arguida pelas partes por meio de exceção, seguindo-se a forma e o procedimento dispostos no art. 96 e seguintes do Código de Processo Penal. A respeito, remetemos o leitor ao *capítulo 7, item 7.2.3*, em que abordaremos o tema com mais vagar.

3.1.1.6. *Cessação e manutenção do impedimento e da suspeição*

Dispõe o art. 255 do CPP que "o impedimento ou suspeição decorrente de parentesco por afinidade cessará pela dissolução do casamento que lhe tiver dado causa, salvo sobrevindo descendentes; mas, ainda que dissolvido o casamento sem descendentes, não funcionará como juiz o sogro, o padrasto, o cunhado, o genro ou enteado de quem for parte no processo".

Da exegese do dispositivo compreende-se que o impedimento e a suspeição cessam entre os afins quando o casamento é **dissolvido**, o que ocorre nos casos de divórcio (não abrangendo a separação judicial, pois esta não dissolve o vínculo), anulação ou morte, condicionando-se, porém, a que não haja descendentes.

Em resumo:

a) Havendo descendência resultante do casamento dissolvido, permanecerão o impedimento e a suspeição. *Exemplo*: contemple-se a hipótese em que o juiz tenha se divorciado da esposa com quem possuía filhos. Neste caso, não poderá atuar no processo em que for parte, por exemplo, o sobrinho de sua ex-cônjuge, pois subsiste o impedimento inscrito no art. 252, IV, do CPP. Lembre-se que a condição de sobrinho da ex-cônjuge importa em parentesco por afinidade em 3.º grau.

---

5 STJ, HC 146.796/SP, *DJ* 08.03.2010.

b) Não havendo descendência resultante do casamento dissolvido, não permanecerão o impedimento e a suspeição, salvo quando ocorrente a situação mencionada no art. 255, *in fine*, ao dispor que, "ainda que dissolvido o casamento sem descendentes, não funcionará como juiz o sogro, o padrasto, o cunhado, o genro ou enteado de quem for parte no processo". Assim, no exemplo citado, não havendo descendência, nada impedirá ao juiz divorciado de atuar no processo em que for parte o sobrinho da ex-cônjuge, pois o divórcio fez desaparecer o impedimento constante do art. 252, IV, do CPP. Não poderá oficiar, contudo, no processo em que for parte, por exemplo, seu cunhado, pois o impedimento daí decorrente, por força do disposto no art. 255, *in fine*, persiste mesmo sendo dissolvido o casamento sem descendência.

3.1.1.7. *Natureza do vício decorrente do impedimento e da suspeição*

Reputam-se *inexistentes* os atos praticados pelo juiz impedido, pois o impedimento priva o magistrado de exercer sua jurisdição no processo em que ocorrer, conforme consta, expressamente, no *caput* do art. 252 referido. Já na hipótese de suspeição, os atos realizados, embora existentes, serão *absolutamente nulos* (art. 564, I, do CPP), pois a suspeição não priva o juiz de sua jurisdição.

Conquanto muito próximos os conceitos da *inexistência* e da *nulidade absoluta*, extensas são as implicações que decorrem do reconhecimento de uma e de outra. Considerem-se, pois, as seguintes situações:

a) O réu X é absolvido por sentença transitada em julgado, descobrindo o Ministério Público, mais tarde, que o juiz prolator do* decisum *estava impedido por qualquer das razões do art. 252 do CPP.

Neste caso, configura-se hipótese de *inexistência*, pois o impedimento priva o juiz de exercer sua jurisdição no processo em que ocorrer, conforme consta, expressamente, no *caput* do art. 252 referido. Como na inexistência simplesmente se ignora o ato, nada impediria que o Ministério Público adotasse providências no sentido do prosseguimento do feito para que fosse novamente sentenciado, agora por juiz desimpedido, ingressando, por exemplo, com correição parcial em face da paralisação injustificada do processo que está arquivado *sem sentença* (afinal, a sentença inexiste!).

b) O acusado Y é absolvido por decisão transitada em julgado, percebendo o Parquet, após, que o magistrado autor da sentença era suspeito por um dos motivos do art. 254 do CPP.

Já nessa segunda hipótese, a situação será de nulidade absoluta (art. 564, I, do CPP), pois a suspeição não priva o juiz de sua jurisdição. Ora, na nulidade o ato *existe* e, assim, para que nova sentença pudesse ser editada no caso mencionado, seria necessário desconstituir a primeira, que está viciada. Ocorre que não há instrumento jurídico para tanto, pois tanto a revisão criminal quanto o *habeas corpus* são vias utilizadas apenas *pro reo*. Resultado: nada poderia ser feito pelo Ministério Público na situação em tela.

3.1.1.8. *Juiz das garantias e juiz da instrução e julgamento*

OBSERVAÇÃO AO LEITOR:

1. No âmbito das Ações Diretas de Inconstitucionalidade n.º 6298[6], 6299[7], 6300[8] e 6305[9], deduzidas perante o STF, impugnando, entre outros, os arts. 3º-A a 3º-F do CPP (inseridos pela Lei 13.964/2019), que introduzem e disciplinam a figura do **juiz das garantias** no sistema processual penal brasileiro, foi deferida pelo Ministro Luiz Fux, em 22.01.2020, medida cautelar suspendendo a eficácia dos mencionados dispositivos, o que fez ao fundamento de evidências de suas inconstitucionalidades formal e material. Cabe registrar que mencionada medida cautelar sucedeu e revogou outra que, exarada pelo Ministro Dias Toffoli, em 15.02.2020, no exame das três primeiras ADIs anteriormente tratadas, havia examinado as mesmas matérias e deliberado de modo menos amplo.

2. Referida medida cautelar subsistia à época do fechamento da presente edição deste livro. Logo, até que haja sua eventual revogação, quer incidentalmente, quer em face de eventual julgamento de improcedência daquelas ADIs, as normas incorporadas a referidos dispositivos, conquanto presentes no mundo jurídico e vigentes, não são aplicáveis, ficando obstada, via de consequência a implementação do *juízo das garantias.*

3. Cogitando-se, porém da possibilidade de que se opere tal revogação (da medida cautelar citada) e que, portanto, seja restabelecida a eficácia dos referidos arts. 3º-A a 3º-F, optamos por analisar as respectivas disciplinas, sem embargo de orientar o leitor a acompanhar o desiderato das mencionadas ações diretas de inconstitucionalidade.

3.1.1.8.1. Considerações gerais

A figura do *juiz das garantias,* como sendo o responsável por exercer as funções jurisdicionais na fase pré-processual, além de atuar na fase inicial do processo criminal, foi instituída pela Lei 13.964/2019 (o denominado *Pacote Anticrime*). Da leitura dos dispositivos que disciplinam a sua atuação (arts. 3º-B a 3º-F do CPP), quatro objetivos primordiais ficam bem claros: primeiro, mencionado no *caput* do art. 3º-B, o de realizar o *controle da legalidade da investigação criminal;* segundo, também previsto no mesmo dispositivo, o de assegurar a observância dos direitos individuais, muito especialmente nas hipóteses em que o sistema constitucional e legal permitir a restrição destes direitos mediante prévia ordem judicial (por exemplo, o direito à liberdade, à inviolabilidade dos sigilos telefônicos, bancário e fiscal, à tutela domiciliar etc.); terceiro, assegurar que o juiz da instrução não tenha exercido qualquer atividade jurisdicional na fase que antecede à instrução criminal, ressalvando-se, apenas, a sua atuação na fase preliminar do procedimento do Juizado Especial Criminal em relação às infrações de menor potencial ofensivo (designação de audiência preliminar, apreciação da proposta de transação penal aceita pelo autor do fato, homologação do acordo de composição de danos cíveis e qualquer outra providência incidente na fase preliminar do rito) e, por fim, em quarto, como resultante da conjugação de todas estas finalidades, a própria eficiência do sistema

---

6 ADI ajuizada pela Associação dos magistrados Brasileiros (AMB) e pela Associação dos Juízes Federais do Brasil (AJUFE), sustentando a inconstitucionalidade dos arts. 3º-A a 3º-F do CPP, que instituem a figura processual do *juiz das garantias,* e do art. 20 da Lei 13.964/2019, relativo ao prazo de *vacatio legis* para a vigência respectiva.

7 ADI ajuizada pelos partidos políticos PODEMOS e CIDADANIA, impugnando, além dos artigos citados na nota de rodapé anterior, também o art. 157, § 5o, do CPP, relativo este ao impedimento para julgar do juiz que tomou conhecimento do conteúdo de prova reconhecida como ilícita.

8 ADI ajuizada pelo Diretório Nacional do Partido Social Liberal, defendendo a inconstitucionalidade dos arts. 3º-A a 3º-F do CPP.

9 ADI ajuizada pela Associação Naciona dos Membros do Ministério Público – CONAMP, impugnando os dispositivos referidos na nota de rodapé anterior, além dos arts. 28, *caput,* 28-A, III e IV, §§ 5º, 7º e 8º e 310, § 4º, todos do CPP.

acusatório, que é o adotado nos direitos processual penal e constitucional brasileiros, o qual se caracteriza pela distinção entre as funções de acusar, defender e julgar.

Cabe registrar que, a despeito das funções *controle da legalidade* e de *tutela dos direitos individuais* referidas no *caput* do art. 3º-B do CPP, a atuação do juiz das garantias não pode implicar em tolhimento à discricionariedade do delegado de polícia ou do Ministério Público na eleição dos atos de investigação que reputarem importantes para elucidação do crime, salvo, por óbvio, quanto àqueles cuja realização dependam de autorização judicial, caso em que deverá, de fato, analisar a sua efetiva necessidade. Descabe a este juiz, ao fim e ao cabo, imiscuir-se na conveniência dos atos investigatórios e no próprio mérito da apuração pré-processual.

A verdade, enfim, é que não se pode ver o juiz das garantias como um *supervisor das investigações criminais,* mas, sim, a figura de um juiz a que atribuída competência para exercer, durante a investigação, funções jurisdicionais relacionadas, exclusivamente, à observância dos direitos legal e constitucionalmente assegurados ao investigado durante a efetivação das diligências destinadas à elucidação do fato potencialmente criminoso, bem como à legalidade do constrangimento impingido ao investigado por ocasião da instauração do inquérito e de sua tramitação.

Perceba-se que não fica restrita à fase investigativa a atuação do juiz das garantias, cabendo-lhe, igualmente, oficiar no processo criminal após o ajuizamento da denúncia ou da queixa, limitada esta atuação, contudo, ao início da instrução. A partir deste momento, cessa a competência do juiz das garantias (art. 3º-C do CPP), ficando ele, caso tenha exercido qualquer das funções previstas no art. 3º-B citado, impedido de funcionar na ação penal.

Esta conotação dada ao juiz das garantias, aliás, fica bem clara na justificação apresentada ao anteprojeto do novo Código de Processo Penal (antecedente do Projeto de Lei do Senado n.º 156/2009), cujo texto é reproduzido em muitos aspectos nos arts. 3º-B a 3º-F do CPP, oportunidade em que salientado não ser objetivo da instituição do juiz das garantias o de "estabelecer um juiz *de inquéritos,* mero gestor da tramitação de inquéritos policiais", devendo ele "ser o responsável pelo exercício das funções jurisdicionais alusivas à tutela imediata e direta das inviolabilidades pessoais"[10].

3.1.1.8.2. Competência do juiz das garantias

É preciso diferenciar estas competências em dois momentos: um relativo à sua atuação na fase da investigação criminal e, outro, concernente à sua atividade na fase pré-instrutória do processo criminal. Perceba-se:

a) Competência no curso da investigação criminal

Esta competência decorre do *caput* do art. 3º-B ao atribuir ao juiz das garantias "o controle da investigação criminal". Veja-se que, ao se referir à "investigação criminal", inequivocamente pretendeu o legislador abranger não somente o inquérito policial, como também as apurações de natureza extrapolicial. Tanto é assim que, quando quis limitar a atuação desse juiz ao âmbito do *inquérito policial,* isto foi expressamente previsto, a exemplo das competências dos incisos VIII (prorrogação do prazo de duração do *inquérito*) e IX (determinação do trancamento do *inquérito policial*).

[10] Justificação da Comissão de Juristas responsável pela elaboração de anteprojeto de reforma do Código de Processo Penal, instituída na forma do Requerimento nº 227/2008, aditado pelos Requerimentos nº 751/2008 e nº 794/2008, e pelos Atos do Presidente do Senado Federal nº 11/2008, 17/2008 e 18/2008.

A despeito da competência geral disciplinada no *caput* do art. 3º-B, este mesmo artigo, nos incisos I a XVIII, arrolou competências específicas. Perceba-se que não se trata de rol taxativo – tanto é assim que, no *caput*, esse dispositivo utiliza a palavra "especialmente". Mais claro, ainda, é o inciso XVIII ao referir a competência do juiz das garantias para decidir "outras matérias inerentes às atribuições definidas no *caput* deste artigo".

Pois bem, na fase anterior ao ajuizamento da denúncia ou da queixa, são as seguintes as competências previstas no art. 3º-B do CPP:

I – Receber a comunicação da prisão em flagrante: de acordo com art. 5º, LXII, da Constituição Federal, a prisão de qualquer pessoa deve ser comunicada imediatamente à autoridade judiciária competente, bem como à família do preso ou pessoa por ele indicada. Perceba-se que o art. 306, *caput,* do CPP determina seja comunicado da prisão, também, o Ministério Público.

II – Receber o auto de prisão em flagrante: dispõe o art. 306, § 1º, que, em até 24 horas após a realização da prisão, cabe ao delegado encaminhar ao juiz competente o auto de prisão em flagrante. Recebido esse auto, deverá o juiz, em conformidade com o art. 310 do CPP, promover audiência de custódia com a presença do acusado, de seu advogado constituído ou membro da Defensoria Pública e de representante do Ministério Público, oportunidade em que poderá relaxar a prisão ilegal; converter o flagrante em prisão preventiva (caso se revelem inadequadas ou insuficientes as medidas cautelares diversas da prisão arroladas no art. 319 do CPP) ou conceder liberdade provisória.

III – Zelar pela observância dos direitos de preso, podendo determinar que lhe seja ele apresentado, em qualquer tempo: é a hipótese, por exemplo, de ser o juiz comunicado pelo defensor do indivíduo preso por força de preventiva, flagrante ou temporária, que está ele sendo alvo de abusos de parte da autoridade que o tem sob custódia ou de seus agentes, ou de se encontrar recolhido em local inadequado à sua condição de preso provisório, ou de estar em condição física ou psicológica que exija sua transferência para local apropriado, enfim, qualquer outra situação que, levada ao conhecimento do magistrado, sugira a violação dos direitos do custodiado.

IV – Ser informado sobre a instauração de qualquer investigação criminal: como dissemos, o dever de informação do juiz das garantias estende-se à instauração de qualquer investigação criminal e não apenas do inquérito policial. Isto fica bem claro se comparada a redação do inciso em exame com a do inciso IX, que se refere, especificamente, à competência para ordenar o trancamento de *inquérito policial.* Logo, devem ser comunicadas à autoridade judiciária competente, por exemplo, as investigações formalmente iniciadas pelo Ministério Público.

V – Decidir sobre requerimentos de prisão provisória ou de outras medidas cautelares: sendo genérico ao referir-se a "outras medidas cautelares", é certo que o dispositivo abrange situações como as seguintes:

a. Representação da autoridade policial ou requerimento levado a efeito pelo Ministério Público, pelo querelante e pelo assistente de acusação no sentido da decretação da prisão preventiva do indivíduo ou de medidas cautelares diversas da prisão (art. 282, § 2º e art. 311, ambos do CPP);
b. Representação da autoridade policial ou requerimento do Ministério Público visando à prisão temporária do investigado (art. 2º da Lei 7.960/1989); e
c. Postulação, pelos legitimados legais, de aplicação de medidas cautelares reais, visando garantir os efeitos automáticos da condenação previstos no art. 91, I (reparação do dano provocado à vítima pela prática da infração penal) e II, *b* (perda do

produto e do proveito do crime). Trata-se, no CPP, do sequestro (arts. 125 a 133), da hipoteca legal (arts. 134 e 135), do arresto preventivo (art. 136) e do arresto de bem móvel (art. 137), além das mesmas ou de outras medidas contempladas em leis especiais (arts. 1º a 10 do Decreto-Lei 3.240/1941, art. 4º da Lei 9.613/1998, art. 60 da Lei 11.343/2006, art. 12 da Lei 13.260/2016 e art. 8º da Lei 13.344/2016).

VI – Prorrogar a prisão provisória ou outra medida cautelar, bem como substituí-las ou revogá-las: esta competência alcança, por exemplo, as seguintes hipóteses.

a. Prorrogação do prazo de prisão temporária e de outras medidas cautelares, especialmente as de natureza probatória, como interceptações de comunicações telefônicas e interceptações ambientais (arts. 5º e 8º-A da Lei 9.296/1996);
b. Substituição de prisão preventiva por medidas cautelares diversas da prisão ou substituição destas últimas por outras, quando estas providências se revelarem necessárias; e
c. Revogação de medidas cautelares reais.

VII – Decidir requerimento de produção antecipada de provas: trata-se, especialmente, das provas em relação às quais haja risco de perecimento se não realizadas antes da fase instrutória do processo criminal. Como exemplo, o incidente instaurado com vista à inquirição judicial de testemunha com risco de morte ou em vias de ausentar-se do país. Perceba-se que, quanto às provas antecipadamente produzidas pelo juiz das garantias, desde que não possuam caráter informativo para fins da investigação criminal, não há impedimento de acesso posterior pelo juiz da instrução e julgamento, consoante dispõe o art. 3º-C, § 3º, do CPP. Aspecto relevante quanto às provas a serem antecipadas diz com a necessidade de ser assegurado o contraditório e a ampla defesa. Logo, no exemplo dado, se o investigado não contar com advogado constituído, caberá ao juiz intimar a Defensoria Pública ou nomear advogado dativo para acompanhar a audiência de inquirição da testemunha.

VIII – prorrogar o prazo de duração do inquérito, estando o investigado preso, em vista das razões apresentadas pela autoridade policial: esta competência deve ser exercida em conformidade com o disposto no § 2º, segundo o qual "*se o investigado estiver preso, o juiz das garantias poderá, mediante representação da autoridade policial e ouvido o Ministério Público, prorrogar, uma única vez, a duração do inquérito por até 15 (quinze) dias, após o que, se ainda assim a investigação não for concluída, a prisão será imediatamente relaxada*". Como se vê, embora o art. 10, § 3º, do CPP estabeleça que a prorrogação do prazo de conclusão do inquérito policial apenas é admitida quando "o indiciado estiver solto", o § 2º do artigo em exame (3º-B) possibilita ao juiz das garantias, a pedido da autoridade policial e depois de obtido o parecer do Ministério Público a respeito, prorrogar, também quando preso o investigado, o prazo de duração do inquérito policial, prorrogação esta que será admitida apenas uma vez e não poderá exceder o prazo de 15 dias. Vencido esse prazo ou o que tiver sido estipulado pelo juiz (o dispositivo permite o estabelecimento de prazo inferior a 15 dias), caso não concluída a investigação e enviados os respectivos autos a Juízo, deverá a prisão ser revogada, sendo o investigado colocado em liberdade, salvo se por outro motivo não estiver preso. Reiteramos ao leitor que este inciso, assim como todos os demais do art. 3º-B do CPP, encontra-se com eficácia suspensa por força de medida cautelar deferida monocraticamente no STF por força das ADIs n.º 6.298, 6.299, 6.300 e 6.305. Logo, enquanto subsistirem os efeitos dessa decisão e, portanto, inaplicável o referido art. 3º-B, § 2º, permanece em aplicação a regra do art. 10, § 3º, inviabilizando, como se viu, a prorrogação do prazo de conclusão do inquérito policial, pelo juiz, quando estiver preso o investigado. Então, se a par de estar ele segregado, o delegado extrapolar a tal prazo, isto importará em constrangimento ilegal, justificando a impetração de habeas corpus com vista à obtenção da liberdade. Se, porém, sobrevier a revogação da precitada medida cautelar e, consequentemente, restabelecida a eficácia do aludido artigo, a expressão "*e o indiciado estiver solto*" que faz parte da redação do art. 10, § 3º estará tacitamente revogada, permitindo-se, então, ao juiz, mediante representação do delegado, prorrogar a duração do inquérito com investigado preso nos termos do mencionado art. 3º-B, § 2º, uma vez, por até 15 dias. Veja-se que, seja pela disposição do art. 3º-B, § 2º, seja pela regra do art. 10, § 3º, encontrando-se em liberdade o investigado, poderá o juiz, a requerimento do delegado, prorrogar o prazo de conclusão do inquérito mais de uma vez, fixando o prazo que julgar adequado para o término da investigação.

IX – Determinar o trancamento do inquérito policial quando não justificada sua instauração e prosseguimento: a situação guarda simetria com a concessão de *habeas corpus* de ofício (previsto no art. 654, § 2º, do CPP) visando à cessação do constrangimento, reputado como ilegal pelo juiz das garantias, provocado pela instauração e tramitação de inquérito. Esta competência do juiz das garantias incide apenas sobre o inquérito policial, não alcançando investigações criminais de natureza extrapolicial (salvo se, quanto a estas, for impetrado *habeas corpus* pelo investigado ou por terceiro em seu favor, caso em que a incumbência desse juiz decorre do inciso XII). Veja-se que a constatação da ilegalidade da instauração ou da tramitação do inquérito pelo juiz das garantias ocorrerá, muito especialmente, a partir da sua comunicação quanto à inauguração desse procedimento (previsão do inciso IV) e dos elementos que lhe forem enviados a partir da requisição de informações ao delegado sobre o andamento da investigação (previsão do inciso X), sem prejuízo, por óbvio, de tal ciência decorrer de manifestação (instruída com os elementos necessários) da defesa do investigado e do próprio Ministério Público.

X – Requisição de documentos, laudos e de informações ao delegado sobre o andamento da investigação: assim como na hipótese anterior, também aqui a requisição tem lugar, unicamente, quanto à tramitação do inquérito policial, não abrangendo investigações de natureza extrapolicial. Pois bem, uma vez comunicado o juiz das garantias sobre a instauração do inquérito, pode ele vir a considerar necessárias, para garantia da legalidade do procedimento (art. 3º-B, *caput*), a obtenção de elementos que considere relevantes – o inciso em análise refere-se à requisição de *documentos, laudos e informações.* Tal providência tem lugar, em especial, quando for hipótese de investigado preso por força de preventiva ou temporária, a fim de analisar o juiz das garantias a efetiva necessidade de subsistência da constrição. Imagine-se a situação do indivíduo preso por força de prisão temporária no curso de investigação de crimes hediondos, cujo prazo é de trinta dias, prorrogável por mais trinta (art. 2º, § 4º, da Lei 8.072/1990). Considerando que a temporária se justifica, notadamente, na imprescindibilidade para as investigações policiais, pode ocorrer que o juiz, ao longo da execução desta medida, repute cabível requisitar informações do delegado quanto ao andamento do inquérito a fim de verificar a necessidade de manutenção da segregação ou a possibilidade de sua revogação (inciso VI). O mesmo teria lugar, por exemplo, na hipótese de prisão preventiva decretada no curso de inquérito policial instaurado para apuração do crime de tráfico de drogas, cujo prazo de conclusão é de trinta dias, sujeito à prorrogação por igual período (art. 51 da Lei 11.343/2006). Ambas as situações, como se vê, por encerrarem prazos alongados, podem justificar a adoção, pelo juiz das garantias, da providência prevista no inciso X em análise.

XI – Decidir sobre requerimentos que impliquem na restrição de direitos fundamentais: trata-se de medidas que implicam na restrição a garantias constitucionais ou legais, muito especialmente o direito à privacidade considerado *lato sensu* (art. 5º, X, da CF). O próprio dispositivo explicita, embora de modo exemplificativo, situações em que ocorre esta restrição, aludindo à interceptação telefônica, do fluxo de comunicações em sistemas de informática e telemática ou de outras formas de comunicação; ao afastamento dos sigilos fiscal, bancário, de dados e telefônico; à busca e apreensão domiciliar; ao acesso a informações sigilosas e a outros meios de obtenção da prova que restrinjam direitos fundamentais do investigado. Nestes *outros meios de obtenção de prova* pode-se enquadrar, como exemplo, as interceptações e escutas ambientais, relativamente às quais, pela potencial restrição à garantia da intimidade, passou o art. 8º-A da Lei 9.296/1996 a exigir ordem judicial para efetivação, sob pena de cometimento do crime tipificado no art. 10-A da mesma lei.

XII – Julgamento do "habeas corpus" impetrado antes do oferecimento da denúncia: segundo esta previsão, embora a competência do juiz das garantias prolongue-se até o momento em que tiver início a fase de produção probatória (art. 3º-C, *caput,* do CPP), a sua incumbência para o julgamento de *habeas corpus* sujeitos à competência do juiz singular persiste apenas até o momento anterior ao oferecimento da inicial. Com esta previsão, partiu o legislador do princípio de que eventuais ilegalidades ocorridas desta fase até o início da instrução (quando passa o oficiar na ação penal o juiz da instrução e julgamento) decorrerão, necessariamente, de ato do próprio juiz das garantias, o que atrai a competência do Tribunal de Justiça ou do Tribunal Regional Federal para julgamento de eventual *habeas corpus* que vier a ser impetrado. *E quando for hipótese de crime de ação penal privada?* Apesar da omissão do legislador (o inciso refere-se apenas ao *oferecimento de denúncia*) o mesmo raciocínio deve ser empregado. Até se poderia imaginar, quem sabe, que tivesse o legislador cogitado da possibilidade de impetração de *habeas corpus* contra o *oferecimento da queixa-crime* (hipótese, por exemplo, de seu ajuizamento depois de transcorrido o prazo decadencial de seis meses previsto no art. 38 do CPP). Neste caso, de fato, o *habeas* deveria ser impetrado perante o juiz das garantias, diferentemente do que ocorre com relação àquele deduzido contra ato do promotor de justiça, cuja competência para julgamento é afeta aos Tribunais de Justiça ou Tribunais Regionais Federais. Ocorre, porém, que tal situação – *habeas corpus* contra o oferecimento de peça acusatória – é inconcebível. Isto porque o simples ajuizamento da queixa, ainda que inepta ou descabida, não produz sucumbência, o que é causado, isto sim, pelo seu recebimento pelo juiz. E, para evitar esse recebimento, a via correta é o *habeas corpus* preventivo, caso em que se deverá reputar como coator o próprio juiz, o que conduz, como dissemos antes, à competência dos tribunais para julgamento.

XIII – Determinar a instauração do incidente de insanidade mental: conforme art. 149 do Código de Processo Penal, o incidente de insanidade mental pode ser instaurado tanto no curso do inquérito policial como do processo criminal. Postulada sua determinação no lapso que medeia entre a instauração da investigação criminal e a fase de confirmação do recebimento da inicial, a competência para decidir a respeito é do juiz das garantias. Remetida, porém, a ação penal ao juiz da instrução e julgamento para fins de aprazar audiência e prosseguir nos atos do processo, dele será a competência para decidir sobre a instauração ou não do incidente. Perceba-se que, embora o art. 149 citado preveja a competência do juiz para determinar *ex officio* o incidente tanto na fase pré-processual quanto na fase judicial, por força do art. 3º-A do CPP não se pode mais facultar tal iniciativa no curso da fase de investigação. Infere-se, então, o seguinte:

a. *Incidente de insanidade mental na fase da investigação criminal*: pode ser instaurado apenas por representação do delegado de polícia ou a requerimento do Ministério Público, do defensor, do ascendente, descendente, irmão ou cônjuge do investigado. Descabe a instauração *ex officio* pelo magistrado. A decisão a respeito do deferimento do pedido de instauração é do juiz das garantias.

b. *Incidente de insanidade mental após o oferecimento da denúncia ou queixa e até a decisão de confirmação do recebimento destas peças*: pode ser instaurado *ex officio* pelo juiz ou a requerimento do Ministério Público, do defensor, do ascendente, descendente, irmão ou cônjuge do investigado. Não possui legitimidade, aqui, o delegado para representar pela instauração, pois esta faculdade é limitada à etapa inquisitiva (art. 149, § 1º). A decisão, em qualquer caso, é do juiz das garantias.

c. *Incidente de insanidade mental após a cessação da competência do juiz das garantias, o que, repita-se, ocorre na fase de confirmação do recebimento da denúncia ou da queixa:* igualmente, pode ser instaurado *ex officio* pelo juiz ou a requerimento do Ministério Público, do defensor, do ascendente, descendente, irmão ou cônjuge do investigado. Também não possui legitimidade, aqui, o delegado para representar pela instauração. A decisão, em qualquer caso, é do juiz da instrução e julgamento.

XIV – Decidir sobre o recebimento da denúncia ou queixa, nos termos do art. 399 desse Código: como veremos no tópico seguinte (letra 'b'), incorreu em impropriedade o legislador tanto neste inciso quando no art. 3º-C, *caput.* O recebimento da denúncia ou da queixa propriamente dito ocorre no momento indicado no art. 396 do CPP, vale dizer, antes da citação. No momento do art. 399, 1ª parte, o que se tem é a confirmação desse recebimento. Logo, deve-se interpretar a previsão do inciso XIV em exame como relativa à competência do juiz das garantias para *confirmar o recebimento* daquelas iniciais acusatórias, isto depois de concluir pela inocorrência das causas de absolvição sumária arroladas no art. 397 do CPP.

XV – Assegurar o acesso do investigado e de seu defensor o acesso aos elementos informativos e provas produzidas no âmbito da investigação criminal, ressalvadas as diligências em andamento: nada mais faz o dispositivo do que atribuir competência ao juiz das garantias para garantir a observância dos termos da Súmula Vinculante 14 do STF, que dispõe, como "direito do defensor, no interesse do representado, ter acesso amplo aos elementos de prova que, já documentados em procedimento investigatório realizado por órgão com competência de polícia judiciária, digam respeito ao exercício do direito de defesa". A mesma prerrogativa é assegurada no art. 7º, XIV, da Lei 8.906/1994, assegurando ao advogado o direito de examinar, em qualquer instituição responsável por conduzir investigação, mesmo sem procuração (salvo nas hipóteses de sigilo formalmente decretado, caso em que o instrumento procuratório é necessário, nos termos do art. 7.º, § 10), autos de flagrante e de investigações de qualquer natureza, findos ou em andamento, ainda que conclusos à autoridade, podendo copiar peças e tomar apontamentos em meio físico ou digital. Na realidade, de "diferente" no inciso há, apenas, a referência de que o acesso nele mencionado também deve ser assegurado pelo juiz das garantias ao próprio investigado.

XVI – Deferir pedido de admissão de assistente técnico para acompanhar a produção da perícia: esta previsão está relacionada ao disposto no art. 159, §§ 3º e 4º, do CPP, estabelecendo o primeiro que *"serão facultadas ao Ministério Público, ao assistente de acusação, ao ofendido, ao querelante e ao acusado a formulação de quesitos e indicação de assistente técnico"* e o segundo que *"o assistente técnico atuará a partir de sua admissão pelo juiz e após a conclusão dos exames e elaboração do laudo pelos peritos oficiais, sendo as partes intimadas desta decisão"*. Atente-se a um detalhe aqui: é o de que, enquanto o inciso XVI em foco refere a competência do juiz das garantias para deferir a admissão de assistente técnico a fim de que este acompanhe "a produção da perícia", o § 4º do art. 159 dispõe que o assistente atuará "após a conclusão dos exames e elaboração do laudo pelos peritos oficiais". Logo, não prevê este último dispositivo a faculdade do assistente "acompanhar a produção da perícia", regra esta que deve ser observada. A nosso ver, enfim, não ocorreu revogação tácita da 2ª parte do § 4º do art. 159, pois o inciso XVI de que estamos tratando não está conferindo faculdades às partes, mas, simplesmente, prevendo competência ao juiz das garantias para admissão do assistente técnico. Logo, a expressão "produção da perícia" deve ser entendida dentro do contexto de atuação que lhe é permitido pelo aludido parágrafo. Perceba-se, por fim, que a competência determinada pelo inciso XVI concerne, apenas, à fase de atuação do juiz das garantias no processo, vale dizer, da instauração da investigação criminal até o momento do art. 399 do CPP. Logo, o deferimento de perícias requeridas após o início da fase instrutória do processo criminal incumbe ao juiz da instrução e julgamento.

XVII – Decidir sobre a homologação de acordo de não persecução penal e de colaboração premiada, quando realizados no curso da investigação criminal: o **acordo de não persecução penal** está disciplinado no art. 28-A do Código de Processo Penal, sendo viabilizado quando presentes os seguintes requisitos:

1. Tratar-se de infração penal com pena mínima inferior a quatro anos;
2. Não for hipótese de infração cometida com violência ou grave ameaça;
3. Ter o investigado confessado formal e circunstancialmente o cometimento do delito; e
4. Necessidade e suficiência do ajuste para reprovação e prevenção do crime.

Preenchidas estas condições e desde que não ocorram as vedações do § 2º do mencionado art. 28-A, poderá o Ministério Público propor o acordo, mediante as condições estipuladas nos incisos I a V desse dispositivo, o qual, firmado pelo Promotor, pelo investigado e por seu defensor (§ 3º), deverá ser submetido ao juiz, que poderá homologá-lo (§ 4º) ou recusar a homologação (§ 8º). Pois bem, tais decisões (homologatória ou não), quando celebrado o acordo no curso da investigação criminal, estão afetas à competência do juiz das garantias.

A mesma regra de competência aplica-se às hipóteses de homologação judicial dos acordos de colaboração premiada, cuja possibilidade é prevista em vários diplomas legais, a exemplo das Leis 7.492/1986 (crimes contra o Sistema Financeiro Nacional), 8.072/1990 (crimes hediondos), 9.613/1998 (lavagem de dinheiro) e 12.850/2013 (organizações criminosas). Nesta última, inclusive, preocupou-se o legislador em conceituar o acordo de colaboração como sendo o "negócio jurídico processual e meio de obtenção de prova, que pressupõe utilidade e interesse públicos" (art. 3º-A).

XVIII – Outras matérias relativas às atribuições definidas no art. 3º-B, "caput": a partir desta previsão, depreende-se, como referido antes, que o rol de competências previsto nos incisos I a XVII daquele dispositivo é exemplificativo. Logo, é de competência do juiz das garantias controlar a legalidade ou, sendo o caso, decidir sobre qualquer outro incidente surgido no curso da investigação criminal. É o caso, por exemplo, de representação do delegado pela realização de interceptação ambiental para apuração de fato sob investigação, diligência esta que requer prévia ordem judicial (art. 8º-A da Lei 9.296/1996) e não se encontra prevista nas competências determinadas pelos referidos incisos I a XVII ao juiz das garantias.

b) Competência na fase pré-instrutória do processo criminal

De acordo com o art. 3º-C, *caput,* a competência do juiz das garantias "cessa com o recebimento da denúncia ou queixa na forma do art. 399 deste Código". Aqui obrou a lei em evidente impropriedade. Isto porque, a despeito do conflito entre o disposto no art. 396 (referindo que, caso não incidam motivos de rejeição, o recebimento da inicial acusatória ocorrerá logo após o seu oferecimento) e o previsto no citado art. 399 (sugerindo que o recebimento ocorrerá apenas depois da resposta à acusação, caso não seja o réu absolvido sumariamente pelos motivos do art. 397), está consolidado o entendimento de que o efetivo recebimento, que, inclusive, constitui marco interruptivo da prescrição (art.117, I, do CP), ocorre no momento do art. 396 – como dissemos, depois ajuizada a peça incoativa e antes da citação. E quanto ao art. 399, incidente na hipótese de não ter sido o réu absolvido sumariamente pelas razões do art. 397, é momento procedimental no qual o juiz "poderá manifestar-se novamente acerca do atendimento dos requisitos da exordial acusatória"[11], rejeitando a inicial já recebida ou confirmando seu recebimento[12].

Independentemente dessa atecnia redacional do *caput* do art. 3º-C, está evidente a intenção legislativa no sentido de atribuir ao juiz das garantias competência para oficiar no processo até o momento do art. 399. Tomando-se como exemplo, o procedimento comum ordinário (arts. 396 a 405), esse juiz será o competente para receber a denúncia ou a queixa, ordenar a citação do acusado para apresentar resposta à acusação, examinar a eventual incidência das causas de absolvição sumária e confirmar expressa ou tacitamente (a confirmação tácita ocorre quando o juiz simplesmente refuta a possibilidade de absolver sumariamente o réu pelos motivos do art. 397) o recebimento da inicial (art. 399, 1ª parte). Neste momento, pois, em conformidade com o citado art. 3º-C, por cessar a sua competência, deverá enviar o processo ao juiz que presidirá a instrução e, mais tarde, prolatará sentença, denominado de *juiz da instrução e julgamento*.

Indagação que poderia ter lugar refere-se à razão pela qual a lei não limitou a competência do juiz das garantias à fase investigatória, estabelecendo-a, em vez disto, também para o momento posterior ao recebimento da denúncia ou queixa e estendendo-a até a etapa imediatamente anterior à instrução probatória. A razão é simples. E para decifrá-la, basta atentar que o objetivo maior do legislador foi subtrair do juiz da instrução e julgamento o mínimo contato com as provas realizadas no curso da investigação. Ora, na fase que intermedeia o recebimento da peça incoativa até a abertura da instrução, diligências podem ser requeridas pelas partes cuja análise acerca do deferimento envolvam o exame de elementos produzidos no inquérito. Além do mais, não havendo, ainda, prova judicializada, a deliberação do juiz acerca da ocorrência ou inocorrência das causas de absolvição sumária arroladas no art. 397, na insuficiência dos elementos acostados à inicial acusatória e à resposta do réu, também exigirá o revolvimento de provas coletadas na investigação. Por estas razões – impedir o contato do juiz da instrução e julgamento com informações produzidas na fase pré-processual –, então, é que, ao definir as competências do juiz das garantias, o art. 3º-C avançou-as na fase inicial do processo criminal.

3.1.1.8.3. Infrações penais sujeitas à competência do juiz das garantias

O art. 3º-C é claro no sentido de que "a competência do juiz das garantias abrange todas as infrações penais, exceto as de menor potencial ofensivo".

No tocante à ressalva feita pelo legislador em relação às infrações de competência dos Juizados Especiais Criminais (contravenções penais e os crimes a que a lei comine pena máxima não superior a dois anos – art. 62 da Lei 9.099/1995) não há qualquer dificuldade, encontrando razão de ser, em primeiro lugar, no fato de que, nesta ordem de infrações, a apuração pré-processual é extremamente sumária e simplificada, realizada mediante *termo circunstanciado*, com dispensa, portanto, de inquérito policial (art. 69 da Lei 9.099/1995); e, em segundo, porque na grande maioria dos casos não chega a ser instaurado processo criminal para a respectiva apuração dado à possibilidade de transação penal e composi-

---

[11] STJ, HC 358115/SC, DJ 21.02.2017.

[12] Remetemos o leitor, aqui, ao capítulo 10, tópico 10.2.1, em que analisamos com mais vagar o impasse entre as redações dos arts. 396 e 399 do CPP no tocante ao recebimento da denúncia ou da queixa.

ção dos danos cíveis na fase preliminar do procedimento. Neste contexto, andou certo o legislador aqui na exceção aposta no referido art. 3º-C.

Não obstante, outras questões devem ser analisadas, levando em consideração tanto o objetivo do legislador ao fixar a figura do "juiz das garantias", como também aspectos relacionados à pertinência de sua estipulação para oficiar em determinados procedimentos. A maioria destas matérias, inclusive, havia sido objeto de análise em sede de medida cautelar, pelo Presidente do Supremo Tribunal Federal, Ministro Dias Toffoli, por ocasião do enfrentamento das Ações Diretas de Inconstitucionalidade 6.298, 6.299 e 6.300, propostas, a primeira pela Associação dos Magistrados Brasileiros e pela Associação dos Juízes Federais do Brasil, e as segunda e terceira por partidos políticos, como referido na observação feita no início deste tópico 3.1.1.8.

Uma primeira discussão que se estabelece refere-se ao **procedimento de apuração das infrações de competência do Tribunal do Júri.** No sentido da não atuação do juiz das garantias nos processos sujeitos a julgamento popular foi a decisão liminar proferida nas precitadas ADIs 6.298, 6.299 e 6.300, ocasião em que salientado que "nesses casos, o veredicto fica a cargo de um órgão coletivo, o Conselho de Sentença", sistemática esta que constitui "fator de reforço da imparcialidade". Reputamos adequada essa orientação. Ora, qual a razão da estipulação do juiz das garantias? Evidentemente, objetivou a lei afastar o juiz da instrução e julgamento de qualquer contato com elementos informativos obtidos na fase investigativa. Partiu o legislador do princípio de que a interação do juiz da instrução e julgamento com as provas produzidas na fase inquisitiva implica quebra de sua imparcialidade no momento da prolação da sentença. Ocorre que, nos processos afetos ao Tribunal do Júri, o julgamento não será realizado pelo juiz togado segundo o critério do *livre convencimento motivado,* mas, sim, pelos jurados a partir de sua *íntima convicção* e à revelia de qualquer fundamentação. Logo, de fato, não se justifica a cisão da competência nos referidos processos para dois juízes distintos, já que não haverá qualquer contaminação da decisão final pelo fato de apenas um magistrado ter atuado nas duas fases da persecução penal – investigação criminal e judicial. E quanto ao argumento de que, embora o veredicto final incumba aos jurados, o juiz do processo de conhecimento tem atuação de mérito ao proferir a decisão de pronúncia, não parece o bastante para que se insista na distinção entre as competências do juiz das garantias e do juiz da instrução, já que tal decisão, *primeiro,* limita-se à admissibilidade da acusação, contentando-se com a presença de indícios de autoria e de prova da materialidade e, *segundo,* não pode aprofundar o exame das teses acusatória e defensiva, sob pena de nulidade por excesso de linguagem. Logo, consoante dissemos, não é justificável nem mesmo necessário, à luz da vontade do legislador ao instituir o juiz das garantias, aplicá-lo no rito de apuração das infrações de competência do Júri.

Segunda controvérsia concerne aos processos criminais relativos às hipóteses de **violência doméstica e familiar**. Na medida cautelar deferida em 15.01.2020 naquelas ações diretas de inconstitucionalidade (posteriormente revogada pelo Ministro Luiz Fux, que decidiu de modo mais amplo), o Ministro Dias Toffoli entendeu por afastar, na apuração dos crimes praticados com violência doméstica e familiar, a divisão do exercício da jurisdição entre o juiz das garantias e o juiz da instrução e julgamento, isto ao o fundamento de que, "pela sua natureza, os casos de violência doméstica e familiar exigem disciplina processual penal específica, que traduza um procedimento mais dinâmico, apto a promover o pronto e efetivo amparo e proteção da vítima de violência doméstica". Comungamos do mesmo entendimento. Os processos envolvendo crimes praticados em contexto de violência doméstica e familiar exigem celeridade na tramitação, diante do interesse tutelado. Além disto, diante da vulnerabilidade da vítima em face do agressor, não raro volta ela atrás na sua versão inicial, retratando-se em juízo por motivos de intimidação e outros medos. E a palavra da vítima nesta ordem de crimes, se não for a única prova, é a mais relevante delas. Por isto, é impositivo ao magistrado ter uma visão abrangente dos elementos trazidos ao seu conhecimento, mesmo aqueles produzidos na fase investigativa.

Polemiza-se, também, a aplicação das normas que distinguem competências do juiz das garantias e do juiz da instrução e julgamento no âmbito dos **processos de competência originária dos tribunais**. Na medida cautelar deferida nas citadas ADIs 6.298, 6.299 e 6.300, foi afastada essa aplicação, primeiro porque a Lei 13.964/2019, que instituiu o juiz das garantias, nada refere e, segundo, porque referido diploma não alterou nem a Lei 8.038/1990, que disciplina os procedimentos de competência originária dos Tribunais Superiores, nem a Lei. 8.658/1993, que determina a aplicação das mesmas normas aos processos que tramitem originariamente nos Tribunais de Justiça e nos Tribunais Regionais Federais. Mais uma vez reputamos acertada a linha de pensamento adotada. E isto porque, tratando-se de julgamento colegiado, ainda que tenham os membros que o compõem acessado elementos informativos obtidos na fase da investigação criminal, resta minimizado o risco de eventual parcialidade da decisão, que é tomada por maioria de votos.

Tocante aos **processos criminais eleitorais**, também estes foram afastados da aplicação do juiz das garantias, na precitada decisão do Ministro Dias Toffoli, aduzindo, na oportunidade, que "é tema que merece maior reflexão", tendo em vista que a Justiça Eleitoral, "dotada de competências administrativa e jurisdicional, não dispõe de quadro próprio de magistrados, sendo composta por membros oriundos de outros ramos da Justiça". O argumento não é jurídico, razão pela qual não o acolhemos. Na verdade, é outro o motivo pelo qual compreendemos a inaplicabilidade da repartição de competências determinada pela Lei 13.964/2019 ao instituir o juiz das garantias no âmbito do Código de Processo Penal. Tal razão está no fato de que tal juiz foi estabelecido por lei ordinária, ao passo que o art. 121 da Constituição Federal dispõe que, no âmbito da Justiça Eleitoral, a organização e competência dos tribunais, dos juízes de direito e das juntas eleitorais será determinada por lei complementar. Logo, inconstitucional a estipulação de competências para o *juiz das garantias* aqui.

E quanto à **Justiça Militar**? Tem cabimento, a nosso ver, a aplicação do juiz das garantias nesta seara. Isto porque, a despeito de o Código de Processo Penal Militar tratar-se de lei especial, a verdade é que a jurisprudência vem determinando a aplicação, nos processos que tramitam nessa justiça especializada, de normas que, a par de situadas em diplomas de caráter geral (como é o CPP), visem assegurar que se efetivem direitos fundamentais, dentre os quais está o de ser processado e julgado por autoridade imparcial. Perceba-se, a título de exemplo, que o Plenário do Supremo Tribunal, no HC nº 127.900/AM (DJ 03.08.2016), firmou o entendimento de que a efetivação do interrogatório ao final da instrução criminal, prevista no art. 400 do Código de Processo Penal, também se aplica às ações penais em trâmite na Justiça Militar. Ora, a instituição do juiz das garantias visa, como dissemos, a evitar que se contamine o juiz da sentença pela prova realizada na fase inquisitiva, na qual não são asseguradas, em rega, as garantias do contraditório e da ampla defesa. Logo, sendo objetivo dessa previsão assegurar a isenção do juiz da sentença – leia-se: sua absoluta imparcialidade – e dizendo isto respeito a garantia de ordem constitucional, é intuitiva a aplicação, também na Justiça Militar, da repartição, entre juiz das garantias e juiz da instrução e julgamento, do exercício da jurisdição consoante a fase em que se encontrar a persecução criminal.

3.1.1.8.4. Impedimento do juiz que atuou na fase investigativa para oficiar no processo criminal

Este impedimento decorre do art. 3º-D, o qual dispõe que "o juiz que, na fase de investigação, praticar qualquer ato incluído nas competências dos arts. 4º e 5º deste Código ficará impedido de funcionar no processo".

Trata-se de regra com redação absolutamente equivocada.

Veja-se, pois, que os arts. 4º e 5º do CPP não estabelecem qualquer competência judicial. O art. 4º, com efeito, refere-se à circunscrição das autoridades policiais como critério para fixação de suas atribuições. Já o art. 5º trata das formas de início do inquérito policial. Neste último, a figura do juiz aparece apenas como legitimada para requisição de inquérito policial, previsão esta tacitamente revogada pelo art. 3º-A do CPP, conforme tratamos no início deste capítulo.

Logo, a única forma de conferir efetividade a este dispositivo é mediante interpretação sistêmica, vale dizer, considerando-o, não de forma isolada, mas, sim, no *sistema* no qual está inserido. *E qual este sistema?* É aquele que, incorporado às alterações determinadas pela Lei 13.964/2019, condiciona a imparcialidade do juiz da instrução e julgamento a que não tenha mantido qualquer contato com incidentes resolvidos ou elementos produzidos antes de seu ingresso no processo, ingresso este que, como vimos, deve ocorrer apenas no início da fase instrutória propriamente dita. Neste cenário, a referência aos arts. 4º e 5º do CPP deve ser considerada como abrangente de qualquer ato incluído nas competências do juiz das garantias, quer tenha sido praticado no curso da investigação criminal, quer tenha ocorrido após o ajuizamento da denúncia ou da queixa até a fase do art. 399. Do contrário, ter-se-ia como esvaziada a finalidade do impedimento constante neste art. 3º-D.

Imagine-se, por exemplo, a hipótese de uma comarca que conta com vara judicial única, encontrar-se em situação de vacância, vale dizer, sem juiz titular. Considere-se que, provida a vaga, o juiz que assume a comarca, deparando-se com diversos processos com denúncia oferecida, proceda ao respectivo recebimento. Este juiz poderá oficiar nos feitos apenas até o prazo do referido art. 399, ficando impedido depois.

A propósito de comarcas providas por único magistrado, cabe destacar que o art. 3º-D, parágrafo único, refere que os tribunais deverão criar "um sistema de rodízio de magistrados". Especificamente em relação a este dispositivo, sua inconstitucionalidade formal parece-nos manifesta, pois desconsidera a iniciativa constitucionalmente prevista aos tribunais para dispor sobre regras de organização judiciária (arts. 96 e 125, § 1º, da CF).

3.1.1.8.5. Resolução de questões pendentes

De acordo com o art. 3º-C, § 1º, "recebida a denúncia ou queixa, as questões pendentes serão decididas pelo juiz da instrução e julgamento".

Assim como destacamos antes em relação ao *caput* desse dispositivo, deve-se entender, aqui, a expressão "recebida a denúncia ou a queixa", não como a decisão prevista no art. 396 do CPP, mas, sim, como a confirmação desse recebimento prevista no art. 399 do mesmo diploma, momento esse a partir do qual terá início a fase de produção probatória no processo criminal.

Na realidade, insere o § 1º previsão de pouca valia. Isto porque a redação deixa claro que está se referindo a *questões que ainda estejam pendentes de decisão* no momento em que o juiz da instrução ingressar no processo e assumir a sua condução. E, nesta fase, a menos que elementos informativos tenham sido acostados à denúncia ou queixa ou à resposta à acusação, as provas existentes serão aquelas produzidas no curso da investigação. Ocorre que, como veremos nos tópicos seguintes, os §§ 3º e 4º do art. 3º-C deixam implícita a proibição de contato do juiz da instrução e julgamento com peças de informação produzidas na fase investigatória, ressalvando unicamente "os documentos relativos às provas irrepetíveis, medidas de obtenção de provas ou de antecipação de provas". Se mantiver tal contato, qualquer decisão proferida será nula, sujeita a ser cassada, ficando esse juiz, por analogia ao art. 3º-D e por interpretação sistêmica das regras que inspiraram a instituição do *juiz das garantias*, impedido de continuar oficiando na ação penal.

Neste cenário, a aplicação da norma em exame terá lugar, sobretudo, nas hipóteses de incidentes processuais que sejam conduzidos independentemente do processo criminal e que não impliquem na sua suspensão, possibilitando-se, destarte, o início de sua tramitação em fase de competência do juiz das garantias e o seu término quando o juiz da instrução e julgamento já tiver assumido o exercício da jurisdição no processo. É o caso, por exemplo, de, no momento da resposta à acusação, a defesa suscitar exceção de incompetência (arts. 108 e 396, § 1º), exceção esta que não produz efeito suspensivo em relação à marcha do processo criminal (art. 111). Se, deferida a tramitação desta exceção pelo juiz das garantias, tal incidente não estiver resolvido até a fase do art. 399 do CPP, a decisão a respeito passará à incumbência do juiz da instrução e julgamento, consoante art. 3º-C, 1º, em exame.

3.1.1.8.6. Proibição de acesso do juiz da instrução e julgamento a elementos informativos produzidos no curso da investigação criminal, inclusive aqueles que serviram de base a decisões do juiz das garantias

De acordo com o art. 3º-C, § 3º, "os autos que compõem as matérias de competência do juiz das garantias ficarão acautelados na secretaria desse juízo, à disposição do Ministério Público e da defesa, e não serão apensados aos autos do processo enviados ao juiz da instrução e julgamento, ressalvados os documentos relativos às provas irrepetíveis, medidas de obtenção de provas ou de antecipação de provas, que deverão ser remetidos para o apensamento em apartado".

Como dissemos nos tópicos anteriores, a instituição do juiz das garantias, com competência para atuar nas fases pré-processual e pré-instrutória, parte da suposição de que contato do juiz da instrução e julgamento com os elementos produzidos na fase inquisitiva não só contamina, sob os prismas intelectual e psicológico, a sua isenção diante das provas realizadas sob o crivo judicial, como também afeta e efetividade do princípio da presunção de inocência que deve nortear o magistrado no curso da fase instrutória.

E foi a partir desta ótica que o legislador, na edição da Lei 13.964/2019, contemplou na regra do § 3º que fiquem "acautelados" – leia-se: guardados sob a responsabilidade do cartório ou secretaria judicial – autos que envolvam matérias sujeitas à jurisdição do juiz das garantias, os quais, como regra, não serão apensados ao processo enviado ao juiz da instrução e julgamento, deles tendo acesso apenas o Ministério Público, a Defesa e o assistente de acusação. Perceba-se que, quanto a este último (o assistente de acusação), embora não referido expressamente no citado § 3º, é abrangido pela redação do § 4º ao dispor que "fica assegurado às partes o amplo acesso aos autos acautelados na secretaria do juízo das garantias".

Considerada a amplitude do § 3º em exame, é certo que abrange os autos de qualquer investigação criminal, vale dizer, o inquérito policial, a investigação realizada pelo Ministério Público e qualquer outro elemento informativo da mesma natureza, à exceção dos termos circunstanciados relativos a infrações de menor potencial ofensivo, os quais se subtraem à competência do juiz das garantias (art. 3º-C, *caput*). Logo, sob pena de, no espírito legal, ficar contaminada a isenção do juiz da instrução e julgamento, não poderá ele ter contato com as provas produzidas na fase inquisitiva, sendo ressalvadas da proibição apenas "os documentos relativos às provas irrepetíveis, medidas de obtenção de provas ou de antecipação de provas, que deverão ser metidos para apensamento em apartado" (§ 3º, *in fine*). Inserem-se aqui laudos periciais, autos de interceptações telefônicas, documentos resultantes de quebra de sigilo bancário, levantamento do local do fato, depoimento de testemunha em incidente de produção antecipada de prova instaurado judicialmente ainda durante a tramitação do inquérito, auto de constatação de embriaguez e outras que não possuem caráter de elemento informativo do inquérito policial, ainda que sua efetivação ocorra durante a fase investigatória.

Aspecto que chama a atenção é o fato de que os §§ 3º e 4º fazem referência à *secretaria do juízo das garantias,* como sendo o local em que os autos relativos às matérias de sua competência ficarão acautelados. Isto quer dizer que, para a efetiva garantia de que o juiz da instrução e julgamento não terá conhecimento das provas coligidas durante a investigação criminal, estes autos não poderão ficar arquivados no próprio cartório ou secretaria do juízo em que estiver ele lotado, mas em lugar distinto, vale dizer, no cartório ou secretaria da vara em que lotado o juiz das garantias.

3.1.1.8.7. Não vinculação do juiz da instrução às decisões proferidas pelo juiz das garantias

Trata-se do que estabelece o art. 3º-C, § 2º, do CPP, o qual refere que "as decisões proferidas pelo juiz das garantias não vinculam o juiz da instrução e julgamento, que, após o recebimento da denúncia ou queixa, deverá reexaminar a necessidade das medidas cautelares em curso, no prazo máximo de 10 (dez) dias".

Na medida em que o dispositivo determina o reexame, pelo juiz da instrução e julgamento, quanto à necessidade "das medidas cautelares em curso", fica evidente que não está se referindo apenas às *medidas cautelares pessoais* (prisão temporária, prisão preventiva e medidas cautelares diversas da prisão), mas também às *medidas cautelares reais* (sequestro de bens imóveis e móveis, hipoteca legal, arresto e arresto preventivo) e, eventualmente, às *medidas cautelares probatórias* (a exemplo de uma interceptação ambiental judicialmente autorizada que ainda esteja em curso).

Praticamente ineficaz a regra. Isto porque, levando em consideração as competências estabelecidas para o juiz das garantias, suas decisões, no mais das vezes, são adotadas a partir de elementos informativos produzidos no curso da investigação criminal, aos quais não poderá o juiz da instrução e julgamento ter acesso, conforme vimos no tópico anterior.

Veja-se, ademais, que o juiz da instrução e julgamento apenas ingressa no processo no início da fase instrutória, devendo, neste momento, aprazar audiência para oitiva de testemunhas e interrogatório do réu (art. 3º-C, *caput* e art. 399, ambos do CPP). Por outro lado, o § 2º em exame determina que reanalise ele a pertinência da manutenção das medidas cautelares em curso no prazo máximo de dez dias. Ora, é pouco provável que, no curto lapso de dez dias, consiga ele colher a prova oral arrolada a ponto de obter elementos para decidir sobre a manutenção ou não das cautelares ordenadas pelo juiz das garantias.

Na realidade, a aplicação prática do § 2º tem lugar apenas quando dispuser o juiz da instrução e julgamento de provas que, conquanto produzidas na fase investigativa, não tiverem a natureza de elementos informativos – são, em suma, aquelas mencionadas no § 3º, referente "às provas irrepetíveis, medidas de obtenção de provas ou de antecipação de provas", cujo acesso é permitido a esse juiz – e desde que estas provas insiram elementos que o permitam rever a necessidade de manutenção das cautelares ordenadas pelo juiz das garantias.

3.1.1.8.8. Preservação da imagem do preso

Atribui o art. 3º-F ao juiz das garantias a competência para "assegurar o cumprimento das regras para o tratamento dos presos, impedindo o acordo ou ajuste de qualquer autoridade com órgãos da imprensa para explorar a imagem da pessoa submetida à prisão, sob pena de responsabilidade civil, administrativa e penal".

Na medida em que o art. 3º-B, III atribui ao mesmo juiz "zelar pela observância dos direitos do preso, podendo determinar que este seja conduzido à sua presença, a qualquer tempo", infere-se que o referido art. 3º-F tem como objetivo, exclusivamente, a preservação dos direitos do indivíduo segregado no tocante à exposição de sua imagem.

Atécnica a redação do dispositivo na referência que faz ao impedimento a "acordo ou ajuste" com órgãos de imprensa, como se delegado, promotor ou qualquer outra autoridade "pactuasse" com a mídia essa divulgação. E imprópria, também, essa redação ao estabelecer a competência do juiz das garantias para *impedir* que autoridades assim procedam. Na medida em que, quando ocorrem os chamados *vazamentos de imagem,* isto se dá à revelia do Poder Judiciário, não há meios para que o juiz, prevendo esta situação, antecipe-se a fim de "impedi-la".

Na realidade, o meio de que dispõe o juiz das garantias – no curso da investigação criminal e na fase pré-instrutória do processo criminal (art. 3º-C, *caput,* última parte) – para preservação da imagem do preso é a decretação de segredo de justiça, cuja violação pode implicar no crime de abuso de autoridade (art. 13, II, da Lei 13.869/2019).

Logo, inócua a disposição, não apenas pela impossibilidade fática de sua aplicação, como, também, pela existência de disciplina legal específica na qual se enquadra a proteção da imagem do preso.

3.1.1.8.9. Esquema de competências do juiz das garantias e do juiz da instrução e julgamento

JUIZ DAS GARANTIAS	JUIZ DA INSTRUÇÃO E JULGAMENTO
Atuação no curso da investigação criminal, muito especialmente no exercício das competências exemplificativamente arroladas no art. 3º-B do CPP.	Confirmado o recebimento da denúncia ou da queixa pelo juiz das garantias, cabe ao juiz da instrução e julgamento designar audiência para oitiva de testemunhas e interrogatório do réu (art. 399, 2ª parte, do CPP), continuando a oficiar no processo até a prolação de sentença.
Atuação após o oferecimento da denúncia ou da queixa-crime até o momento da confirmação do recebimento destas iniciais previsto no art. 399, 1ª parte, do CPP (art. 3º-C, *caput*, do CPP). Insere-se em seu âmbito de atuação, portanto, a decisão quanto ao recebimento dessas peças, a ordem de citação do acusado para apresentar resposta à acusação e o exame quanto à eventual incidência das causas de absolvição sumária previstas no art. 397 do CPP.	O magistrado que tiver exercido as competências legalmente previstas ao juiz das garantias ficará impedido para atuar no processo (interpretação do art. 3º-D, *caput*, do CPP). Caberá ao juiz da instrução e julgamento resolver questões que, eventualmente, ainda estejam pendentes de decisão no momento em que passar a atuar no processo e assumir a sua condução (art. 3º-C, § 1º, do CPP).

<table>
<tr><th>JUIZ DAS GARANTIAS</th><th>JUIZ DA INSTRUÇÃO E JULGAMENTO</th></tr>
<tr><td rowspan="3">Sua competência abrange todas as infrações penais, exceto as de menor potencial ofensivo, vale dizer, as contravenções penais e os crimes a que a lei comine pena máxima não superior a dois anos, nos termos do art. 62 da Lei 9.099/1995 (art. 3º-C do CPP). Apesar do silêncio legal, questiona-se a incidência das regras pertinentes ao juiz das garantias nas hipóteses de violência doméstica e familiar, bem como no procedimento do Tribunal do Júri, nos processos de competência originária dos tribunais, nos processos criminais eleitorais e nos processos que tramitam perante a Justiça Militar.</td><td>Decisões do juiz das garantias, inclusive aquelas relacionadas a incidentes processuais, não vinculam o juiz da instrução e julgamento (art. 3º-C, § 2º, 1ª parte, do CPP).</td></tr>
<tr><td>Após assumir a condução do processo criminal, deve o juiz da instrução e julgamento reexaminar, no prazo máximo de 10 dias, a necessidade de manutenção das medidas cautelares em curso, a exemplo da prisão preventiva (art. 3º-C, § 2º, 2ª parte, do CPP).</td></tr>
<tr><td>O juiz da instrução e julgamento não poderá ter contato com as provas produzidas na fase inquisitiva, ressalvando-se, apenas, "os documentos relativos às provas irrepetíveis, medidas de obtenção de provas ou de antecipação de provas, que deverão ser metidos para apensamento em apartado" (art. 3º-C, § 3º, in fine)</td></tr>
</table>

3.1.2. Ministério Público

3.1.2.1. Considerações gerais

O art. 127 da Constituição Federal dispõe que o Ministério Público é instituição permanente, essencial à função jurisdicional do Estado, incumbindo-lhe a defesa da ordem jurídica, do regime democrático e dos interesses sociais e individuais indisponíveis.

Na órbita criminal, o Ministério Público representa o Estado-Administração, incumbindo-lhe, primordialmente, nos crimes de **ação penal pública**, deduzir perante o Estado-juiz as providências necessárias para que se concretize a pretensão punitiva; e, nos delitos de **ação penal privada**, fiscalizar a instauração e o desenvolvimento regulares do processo, bem como o cumprimento e a aplicação da lei ao caso concreto.

Mesmo quando exerce a posição de autor da demanda criminal, tem sido o Ministério Público rotulado como "parte imparcial", visto que não fica adstrito ao pleito condenatório. Destarte, ajuizando a ação penal, caso venha a convencer-se da inocência do réu ou, simplesmente, não se convença de sua responsabilidade criminal pelo fato imputado, poderá requerer ao magistrado a sua absolvição, conforme, aliás, facultado expressamente no art. 385 do CPP, ao prever que "nos crimes de ação pública, o juiz poderá proferir sentença condenatória, ainda que o Ministério Público tenha opinado pela absolvição...". Não é por outro motivo que se reconhece legitimidade ao promotor de justiça para impetrar *habeas corpus*, ajuizar mandados de segurança e, até mesmo, recorrer em favor do acusado quando entender ser o caso.

Neste contexto, não é impróprio concluir que, não apenas nos crimes em que seja do ofendido a legitimidade para promover a ação penal, mas também nos crimes de ação pública, o Ministério Público sempre exercerá, cumulativamente ou não com a posição de autor, o papel de *custos legis*. Tal raciocínio é permitido pela redação do art. 257, I e II, do CPP, determinando que, além da promoção da ação penal pública, incumbe ao *parquet*, ainda, fiscalizar a execução da lei.

Ademais, cabe frisar a importante função atribuída ao Ministério Público pelo art. 129, VII, da Carta Política, no sentido de exercer o controle externo da atividade policial e requisitar diligências investigatórias, bem como a instauração de inquérito policial.

Questão que já foi alvo de polêmica refere-se à condução de investigação criminal, pelo Ministério Público, no âmbito das próprias Promotorias de Justiça (ou Procuradorias da República). A respeito, sempre entendemos que tal atribuição se insere, sim, entre as prerrogativas do Ministério Público como decorrência da regra do art. 129, VI, da Carta Política, quando lhe confere a possibilidade de "expedir notificações nos procedimentos administrativos de sua competência, requisitando informações e documentos para instruí-los, na forma da lei complementar respectiva". Na atualidade, a questão foi definida, no âmbito do STF, no julgamento, em sede de *repercussão geral*, do Recurso Extraordinário 593.727/MG (j. 14.05.2015), restando sumulada a tese de que o Ministério Público dispõe de competência para promover investigações de natureza penal, desde que respeitados os direitos e garantias que assistem aos investigados em geral.

3.1.2.2. *Natureza da instituição*

A natureza da Instituição Ministerial é outra vertente bastante discutida.

Alguns, com efeito, sustentam tratar-se de um *quarto poder*, não se enquadrando ou subordinando a qualquer dos três que compõem a divisão clássica dos Poderes Estatais.

Há quem diga que se trata de órgão independente, "ao qual a Constituição Federal e as leis cometem algumas funções ativa ou interativas, em juízo ou fora dele, para a defesa de interesse da coletividade, principalmente os indisponíveis e os de larga abrangência social"[13].

Existe, ainda, orientação no sentido de que o Ministério Público vincula-se ao Poder Executivo, embora não haja, nessa relação, qualquer subordinação.

Não ficam de fora, também, os que defendem integrar o Poder Legislativo, tendo em vista a função de fiscalizar as leis editadas no âmbito daquele poder.

Destas posições, reputamos ser a segunda a que melhor espelha natureza jurídica do Ministério Público, na medida em que preconiza a independência da Instituição frente aos Poderes Executivo, Legislativo e Judiciário, subordinando-o, no cumprimento de suas funções constitucionais e legais, unicamente, ao Estado de Direito, circunstâncias que lhe conferem o formato de órgão constitucional autônomo.

3.1.2.3. *Organização do Ministério Público*

A organização do Ministério Público compreende a seguinte divisão: *a) Ministério Público da União*, sob a chefia do Procurador-Geral da República, abrange o Ministério Público Federal, o Ministério Público do Trabalho, o Ministério Público Militar e o Ministério Público do Distrito Federal e Territórios, e *b) Ministério Público dos Estados*, sob a chefia do Procurador-Geral de Justiça.

Observe-se:

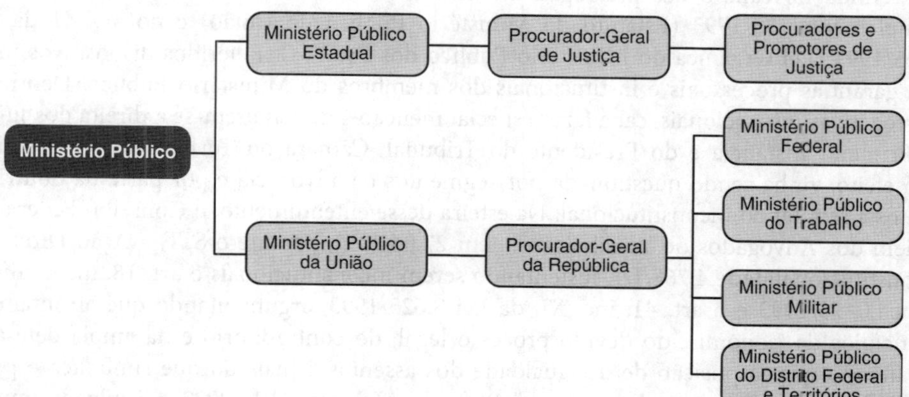

[13] MAZZILLI, Hugo Nigro. *Regime jurídico do Ministério Público*. 6. ed. São Paulo: Saraiva, 2007. p. 35.

À semelhança do que ocorre em relação à Magistratura, também no tocante ao Ministério Público instituiu a Emenda Constitucional 45/2004 um órgão de controle da atuação administrativa e financeira da Instituição, bem como de fiscalização do cumprimento dos deveres funcionais de seus membros, qual seja, o **Conselho Nacional do Ministério Público** (art. 130-A da CF).

3.1.2.4. *Prerrogativas*

Conforme se infere do art. 38 da Lei 8.625/1993, as prerrogativas conferidas aos órgãos do Ministério Público são simétricas às previstas aos magistrados:

a) **Vitaliciedade (art. 38, I):** os membros do Ministério Público, uma vez decorridos dois anos de exercício do cargo, apenas poderão perdê-lo mediante sentença judicial transitada em julgado, proferida em ação de demissão ajuizada pelo Procurador-Geral perante o Tribunal competente. Assim como ocorre com os juízes, à vitaliciedade deve-se opor à aposentadoria compulsória dos membros do MP aos 75 anos de idade, conforme dispõem o art. 40, § 1.º, II, da CF (redação determinada pela Emenda Constitucional 88/2015) e o art. 2.º, III, da Lei Complementar 152/2015.

b) **Inamovibilidade (art. 38, II):** como regra, não será possível afastar o membro do Ministério Público do local em que se encontra exercendo atribuições. Exceção existe nas hipóteses de remoção compulsória, motivada pelo interesse público, a qual poderá ser determinada pelo Conselho Nacional do Ministério Público ou do órgão colegiado competente do Ministério Público, por meio de voto da maioria absoluta de seus membros, em procedimento no qual seja assegurada a ampla defesa (arts. 128, § 5.º, I, "b", e 130-A, § 2.º, III, com as alterações da EC 45/2004).

c) **Irredutibilidade de subsídio (art. 38, III):** salvo exceções constitucionalmente estabelecidas nos arts. 37, X e XI, 39, § 4.º, 150, II, 153, III, e 153, § 2.º, I.

Esta simetria existente no âmbito do Ministério Público com as prerrogativas asseguradas aos magistrados objetiva garantir, também aos membros da Instituição, a absoluta isenção no exercício das respectivas atribuições, o que se justifica até mesmo pela condição de *custos legis* que lhes é inerente, ainda quando se encontra o promotor ou procurador na posição de autor da ação penal pública.

Ainda no campo das prerrogativas, deve-se atentar às previstas no art. 18 da Lei Complementar 75/1993 (Estatuto do Ministério Público da União) e no art. 41 da Lei 8.625/1993 (Lei Orgânica do Ministério Público dos Estados). Referidos dispositivos inserem garantias processuais e institucionais dos membros do Ministério Público. Dentre as prerrogativas institucionais, cabe fazer especial menção à de sentarem-se à direita dos Juízes de Primeira Instância e do Presidente do Tribunal, Câmara ou Turma. Tal prerrogativa, com efeito, vinha sendo questionada por segmentos da advocacia e por parte da doutrina, muitos a reputando inconstitucional. Na esteira desse entendimento, o Conselho Federal da Ordem dos Advogados do Brasil ajuizou, em 27.04.2012, perante o STF, a Ação Direta de Inconstitucionalidade 4.768/DF sustentando serem inconstitucionais o art. 18, inc. I, alínea a, da LC 75/1993 e o art. 41, inc. XI, da Lei 8.625/1993, argumentando que afrontam os "princípios da isonomia, do devido processo legal, do contraditório e da ampla defesa" e ressaltando que "a posição de desigualdade dos assentos é mais do que simbólica e pode sim influir no andamento do processo". Referida ADI, em 23.11.2022, foi julgada improcedente pelo Tribunal Pleno do STF, considerando a Corte constitucionais as normas que asseguram aos membros do Ministério Público a prerrogativa em questão.

3.1.2.5. *Vedações*

Consistem nas limitações estabelecidas, primordialmente, pelo art. 128, § 5.º, II, da Constituição Federal, quais sejam: a) receber, a qualquer título e sob qualquer pretexto, honorários, percentagens ou custas processuais; b) exercer a advocacia; c) participar de sociedade comercial, na forma da lei; d) exercer, ainda que em disponibilidade, qualquer outra função pública, salvo uma de magistério; e) exercer atividade político-partidária; f) receber, a qualquer título ou pretexto, auxílios ou contribuições de pessoas físicas, entidades públicas ou privadas, ressalvadas as exceções previstas em lei.

Aplica-se, ainda, ao membro do Ministério Público, por força do art. 128, § 6.º, da CF, o disposto no art. 95, parágrafo único, V, da mesma Carta, impedindo o exercício da advocacia no juízo ou tribunal do qual se afastou, antes de decorridos três anos do afastamento do cargo por aposentadoria ou exoneração.

3.1.2.6. *Princípios que informam o Ministério Público*

Três são os princípios atinentes à instituição ministerial, em consonância com o disposto no art. 127, §§ 1.º e 2.º, da Constituição Federal:

a) **Unidade:** significa que os seus membros fazem parte de uma mesma instituição, esta chefiada por um Procurador-Geral. Essa *unidade* apregoada pela Constituição Federal é considerada dentro de cada Ministério Público. Assim, não se pode falar em unidade entre o Ministério Público Federal e o Ministério Público Estadual, ou entre o Ministério Público de um Estado e de outra Unidade da Federação. Tampouco entre ramos diferentes do Ministério Público da União, *v.g.*, Ministério Público Militar e Ministério Público Eleitoral.

b) **Indivisibilidade:** decorre da *unidade do Ministério Público*. A indivisibilidade exprime a ideia de que a atuação do Ministério Público não se manifesta por meio deste ou daquele membro individual e pessoalmente considerado, mas, sim, pela atuação da Instituição como um todo. Por isso, absolutamente imprópria a referência de um promotor em dado inquérito ou processo no sentido de que "ofereço denúncia contra..." ou "opino pela decretação da prisão preventiva...", impondo-se dizer, isto sim, que "o Ministério Público, por seu órgão, oferece denúncia contra..." e que "o Ministério Público opina pela decretação da prisão preventiva".

c) **Independência funcional:** os membros do Ministério Público são independentes, não se subordinando, no exercício das atribuições respectivas, a qualquer dos Poderes Estatais – Executivo, Legislativo ou Judiciário. Vinculam-se tão somente às previsões inseridas às Constituições Federal e Estaduais, às leis e aos provimentos do Supremo Tribunal Federal que tenham força vinculante. Tal é esta independência que nem mesmo os superiores hierárquicos, como o Procurador-Geral de Justiça, podem determinar ao órgão de execução a adoção, diante de expedientes ou processos submetidos à sua apreciação, de entendimento diverso daquele que constitui a sua convicção. Por óbvio, o princípio da independência funcional não importa em permitir ao membro do Ministério Público condutas de insubordinação administrativa ou atos de rebeldia em relação a recomendações ou determinações decorrentes de correições, fiscalizações ou inspeções, deixando, por exemplo, de comparecer a audiências relativas a processos criminais sob o fundamento de que, no seu entender, as provas já acostadas ao processo bastam para seu convencimento.

d) **Autonomia funcional, administrativa e financeira (art. 127, §§ 2.º e 3.º, da CF):** por *autonomia funcional* compreende-se a capacidade organizacional inerente ao

Ministério Público, podendo autogovernar-se, criar normas internas (provimentos, portarias, resoluções), etc. Já a *autonomia administrativa* significa a capacidade para gerir questões internas de ordem administrativa, como a concessão de licenças, abertura de editais para provimento por remoção ou promoção, designações especiais, concessão de aposentadorias, propor ao Poder Legislativo criação ou extinção de cargos etc. Por derradeiro, a *autonomia financeira* respeita ao poder outorgado ao Ministério Público para elaborar sua proposta orçamentária, dentro dos limites estabelecidos na lei de diretrizes orçamentárias.

3.1.2.7. *Impedimento e suspeição do representante do Ministério Público*

Reza o art. 258 do CPP que os órgãos do Ministério Público não funcionarão nos processos em que o juiz ou qualquer das partes for seu cônjuge, ou parente, consanguíneo ou afim, em linha reta ou colateral, até o terceiro grau, inclusive, e a eles se estendem, no que lhes for aplicável, as prescrições relativas à suspeição e aos impedimentos dos juízes.

Trata-se, como se vê, de mais uma hipótese em que a lei estabelece tratamento análogo entre o Ministério Público e a magistratura, situação esta que vem ao encontro do entendimento de que a instituição ministerial sustenta-se sobre a premissa da imparcialidade, ainda quando atua como parte na ação penal.

Como refere Bonfim[14], "além dessas hipóteses, será impedido de atuar no processo o órgão do Ministério Público que houver pedido o arquivamento do inquérito policial ou das peças de informação, em relação à ação penal proposta em virtude da rejeição de seu pedido de arquivamento".

Questão que tem causado certa perplexidade na doutrina refere-se à possibilidade de atuar no processo criminal o **membro do Ministério Público que tenha realizado atos investigatórios** ou acompanhado intensamente as investigações policiais, sugerindo providências, participando da tomada de depoimentos, acompanhando diligências etc. Na esteira do entendimento dominante na jurisprudência pátria, cremos que não há nenhuma razão para ver tal espécie de atuação como motivo causador de impedimento para a ação penal que resultar dos atos de investigação. Inclusive, no âmbito do STJ, a vertente é resolvida pela Súmula 234, dispondo que "a participação de membro do Ministério Público na fase investigatória criminal não acarreta o seu impedimento ou suspeição para o oferecimento da denúncia". No mesmo sentido: "A jurisprudência assente nesta Corte é no sentido de que, em princípio, são válidos os atos investigatórios realizados pelo Ministério Público, cabendo-lhe ainda requisitar informações e documentos, a fim de instruir os seus procedimentos administrativos, visando ao oferecimento da denúncia" (STJ, HC 83.020/RS, *DJ* 02.03.2009).

3.1.2.8. *Promotor natural*

O princípio do promotor natural surgiu a partir do entendimento doutrinário de que o indivíduo a quem se imputa a prática de uma infração penal possui o direito de ser acusado por órgão do Estado previamente escolhido segundo critérios legais prefixados. Seu fundamento basilar reside no art. 5.º, LIII, da Constituição Federal, estabelecendo que ninguém será processado e sentenciado senão pela autoridade competente. Trata-se, hoje, de princípio aceito pela maioria absoluta da doutrina e da jurisprudência pátria. Não obstante, dúvidas existem quanto às consequências que dele advêm, inclusive em termos de legislação infraconstitucional.

[14] BONFIM, Edilson Mougenot. *Curso de processo penal*. São Paulo: Saraiva, 2006. p. 351.

A própria garantia da **inamovibilidade**, estatuída no art. 128, § 5.º, I, "b", da Carta Política, e repetida no art. 38, II, da Lei 8.625/1993, é atribuída aos membros da instituição ministerial como decorrência da adoção do promotor natural.

É, também, consequência desse princípio, a atribuição constitucional ao Ministério Público da titularidade exclusiva da ação penal pública (art. 129, I, da CF). Tal previsão, diga-se de passagem, acarretou a inconstitucionalidade do chamado procedimento judicialiforme, previsto no art. 26 do CPP[15] em relação ao processo das contravenções e que permitia que o juiz ou o delegado de polícia, por meio de portaria ou auto de prisão em flagrante, dessem início ao processo criminal.

Questão polêmica concerne à possibilidade de o Procurador-Geral, mediante ato seu, efetuar a designação de promotores para o exercício de determinadas atribuições, originariamente afetas a outros órgãos. Duas correntes existem:

> ***Primeira:*** Posição bastante radical, considerando que, pela adoção do princípio do promotor natural em nível constitucional, não seria lícito ao chefe do Ministério Público realizar "designação compulsória de um promotor de justiça para uma promotoria ou para as funções de outro promotor, que seria afastada coativamente de suas atribuições legais, sem formalidade alguma"[16].
>
> ***Segunda:*** Espelhando a maioria e o entendimento dos Tribunais Superiores, compreende no sentido de que a violação ao princípio do promotor natural somente ocorre quando há lesão ao exercício pleno e independente das atribuições do membro do Ministério Público, sugerindo-se a figura de um acusador de exceção. Assim, no âmbito ministerial, nada obsta a designação de promotor ou de grupo de promotores especializados por matéria, bem como a cooperação entre seus membros para o acompanhamento de certos fatos. Ocorrente esta hipótese, os membros designados pelo Procurador-Geral nos termos da lei investem-se na condição de promotores naturais, cooperando na atuação de outros genericamente incumbidos de atuar perante determinado juízo. Nesse sentido: "A designação de promotores de outras Comarcas para auxiliar em determinado processo, sem a interferência na condução da persecução penal, não revela violação ao princípio do promotor natural" (STJ, HC 38.365/GO, 6.ª Turma, *DJ* 01.10.2007).

Acompanhamos inteiramente esta segunda posição, compreendendo que pelo princípio do promotor natural o que se proíbe não é a designação realizada pelo Procurador-Geral de Justiça para a prática geral de certos atos (*v.g., a* designação de Promotor da Capital para adoção de providências cabíveis em inquéritos policiais que se encontram paralisados em promotoria de justiça do interior em face do acúmulo invencível de serviço), mas, sim, a designação arbitrária realizada à margem dos critérios legais, que, no âmbito do Ministério Público Estadual[17], encontram-se previstos no art. 10, IX, da Lei 8.625/1993.

3.1.2.9. Promotor ad hoc

Considerava-se promotor *ad hoc* aquele nomeado pelo juiz para a prática de certos atos, nos casos em que não houvesse ou restasse impedido o representante do *parquet*. Tratava-se de um bacharel em direito, não concursado, nomeado como promotor pelo juiz. Na atualidade, é **absolutamente vedada** a atuação de acusador *ad hoc*, pois, de acordo com o art. 129, § 2.º, as atribuições do Ministério Público apenas poderão ser exercidas por integrantes da carreira.

---

15 "Art. 26 do CPP – A ação penal, nas contravenções, será iniciada com o auto de prisão em flagrante ou por meio de portaria expedida pela autoridade judiciária ou policial."

16 *Regime jurídico do Ministério Público*. 3. ed. São Paulo: Saraiva, 1996. p. 83-85.

17 No âmbito do Ministério Público da União, a LC 75/1993 estabelece que compete ao Procurador-Geral da República designar membro do Ministério Público Federal para, entre outras atribuições, "acompanhar procedimentos administrativos e inquéritos policiais instaurados em áreas estranhas à sua competência específica, desde que relacionados a fatos de interesse da Instituição".

3.1.3. Acusado

3.1.3.1. Capacidade para ser acusado no processo criminal

Trata-se o *acusado* da pessoa que figura no polo passivo da relação processual penal, a quem é imputada a prática de uma infração penal e em face de quem se busca que seja realizada a pretensão punitiva do Estado.

Nem todos, porém, têm capacidade ou legitimidade para ocupar o polo passivo do processo criminal. Excluem-se desta condição:

a) Os entes que não possuem capacidade para serem sujeitos de direitos e obrigações, *v.g.*, pessoas já falecidas.
b) Menores de 18 anos de idade, por faltar-lhes o requisito da legitimidade passiva *ad causam*. Neste enfoque, o art. 564, II, do Código de Processo Penal contempla como causa de nulidade (absoluta) do processo criminal a ilegitimidade de parte, o que abrange, evidentemente, tanto a *ilegitimatio ad causam* ativa como a passiva.
c) Pessoas que gozem de imunidade diplomática, o que abrange os chefes de Estado e os representantes de governos estrangeiros, que estão excluídos da jurisdição criminal dos países em que exercerem suas funções. Tal imunidade, como regra, não atinge os empregados particulares dos agentes diplomáticos.
d) Pessoas que estiverem ao abrigo de imunidade parlamentar material, como a estabelecida constitucionalmente aos deputados e senadores, que são invioláveis, civil e penalmente, em quaisquer manifestações proferidas no exercício ou desempenho de suas funções.

No tocante às *pessoas jurídicas*, debate-se a possibilidade de serem incluídas no polo passivo do processo. Alguns acenam que tal poderia ocorrer nos casos de crimes contra a ordem econômica e financeira e contra a economia popular, bem como na hipótese de crimes ambientais, em face das regras estabelecidas, respectivamente, nos arts. 173, § 5.º[18], e 225, § 3.º[19], da Constituição Federal. Outros, ao contrário, concluem no sentido da impossibilidade dessa inclusão, pois não é a pessoa jurídica, e sim o seu representante legal, quem possui o elemento subjetivo necessário à configuração do fato típico (dolo ou culpa), bem como a culpabilidade, consistente no juízo de reprovabilidade da ação ou omissão.

Por fim, relativamente ao portador de doença mental à época do fato, quer conduza esta patologia à inimputabilidade (art. 26, *caput*, do CP), quer conduza à semi-imputabilidade (art. 26, parágrafo único, do CP), poderá ele, sim, integrar o polo passivo do processo penal. Tanto, aliás, que o art. 151 do Código de Processo Penal, ao disciplinar o incidente de insanidade mental, dispõe que, "se os peritos concluírem que o acusado era, ao tempo da infração, irresponsável nos termos do art. 22 do Código Penal, o processo prosseguirá, com a presença do curador"[20]. Por outro lado, os arts. 97 e 98 do Código Penal contemplam a possibilidade de aplicação de medida de segurança ao indivíduo que, no momento da infração penal, é totalmente incapaz ou apenas parcialmente capaz de compreender o caráter ilícito de suas ações e de se autodeterminar segundo este entendimento.

---

18 "Art. 173, § 5.º – A lei, sem prejuízo da responsabilidade individual dos dirigentes da pessoa jurídica, estabelecerá a responsabilidade desta, sujeitando-a às punições compatíveis com sua natureza, nos atos praticados contra a ordem econômica e financeira e contra a economia popular."

19 "Art. 225, § 3.º – As condutas e atividades consideradas lesivas ao meio ambiente sujeitarão os infratores, pessoas físicas ou jurídicas, a sanções penais e administrativas, independentemente da obrigação de reparar os danos causados."

20 O *art. 22 do Código Penal* referido no art. 151 do CPP corresponde, na atualidade, ao art. 26 do Estatuto Repressivo.

3.1.3.2. *Identificação do acusado*

Como regra, já por ocasião do ajuizamento da denúncia ou da queixa-crime, deve ser explicitada a qualificação do acusado ou, ao menos, indicados os elementos pelos quais se possa identificá-lo (art. 41 do CPP). Tal individualização caracteriza-se como formalidade essencial da inicial acusatória, importando sua ausência em inépcia da peça, o que poderá conduzir ao seu não recebimento no juízo competente ou, até mesmo, à nulidade do processo com fulcro no art. 564, IV, do CPP.

Não obstante, refere o art. 259 do CPP que a impossibilidade de identificação do acusado com o seu verdadeiro nome ou outros qualificativos não retardará a ação penal, quando certa a identidade física. Dispõe, ainda, que a qualquer tempo, no curso do processo, do julgamento ou da execução da sentença, se for descoberta a sua qualificação, far-se-á a retificação, por termo, nos autos, sem prejuízo da validade dos atos precedentes.

Neste contexto, depreende-se que, sempre que possível, a identificação do acusado deve ser feita da forma mais completa possível, com referência a dados como prenome, nome, alcunha, nacionalidade, naturalidade, estado civil, profissão, filiação e endereço. Não se dispondo desses elementos, aceita-se a identificação por meio de outras características, desde que sejam hábeis à individualização precisa. Enfim, a condição fundamental para a instauração e o desenvolvimento válido do processo é que não haja dúvidas quanto à identidade física da pessoa em relação à qual está sendo movida a ação penal, vale dizer, de que se trata, realmente, daquela a quem se atribui a prática do ato ilícito. Eventuais erros quanto à qualificação, *per si*, não importam em nulificação de pleno direito do processo, aceitando-se que sejam retificados em qualquer tempo, não apenas antes, como também após o trânsito em julgado da decisão. Todavia, o erro quanto à identidade física, com submissão à condição de réu de pessoa distinta daquela a que se pretendia realizar a imputação, importará nulidade absoluta do feito criminal, sem condições de saneamento de qualquer ato realizado.

3.1.3.3. *Obrigação de comparecimento do acusado a atos do processo*

Preceitua o art. 260 do CPP que, se o acusado não atender à intimação para o interrogatório, reconhecimento ou qualquer outro ato que, sem ele, não possa ser realizado, a autoridade poderá mandar conduzi-lo à sua presença.

Questão relevante que decorre desta disciplina respeita a possibilidade de **condução coercitiva do acusado para o interrogatório**. Sobre o tema, doutrina e jurisprudência divergiam. Alguns, com efeito, entendiam que o não comparecimento imotivado do réu para essa solenidade deveria possibilitar ao juiz ordenar a sua condução coercitiva em face da faculdade que lhe é inerente de manter contato pessoal com a prova. Outros, ao contrário, inclinavam-se no sentido de que a permissão constitucional de o acusado calar-se diante do juiz demonstra que o interrogatório não é imprescindível para o deslinde da causa, devendo o réu, desde que devidamente citado, arcar com o ônus processual de seu não comparecimento, descabendo, então, ao Magistrado ordenar sua condução. Na atualidade, porém, a controvérsia perdeu espaço, tendo em vista que o Plenário do STF, no julgamento, em 13 e 14.06.2018, respectivamente, das Arguições de Descumprimento de Preceito Fundamental (ADPF) 395/DF (intentada pelo Partido dos Trabalhadores) e 444/DF (proposta pelo Conselho Federal da OAB), declarou que a expressão *"para interrogatório"* inserida no art. 260 do CPP não foi recepcionada pela Constituição Federal, proibindo-se, via de consequência, a condução coercitiva do investigado ou do réu à presença da autoridade policial ou do juiz com a finalidade de submetê-lo a interrogatório sobre os fatos.

E quanto à **condução coercitiva do acusado para os demais atos do processo?** De plano, cabe referir que, conquanto o STF, nos pronunciamentos anteriormente referidos, tenha declarado que a expressão *"para interrogatório"* inserida no art. 260 do CPP não foi recepcionada pela CF, nada deliberou em relação aos comandos remanescentes do referido dispositivo legal, os quais dizem com a possibilidade de condução para "reconhecimento ou qualquer outro ato" que, para ser realizado, exija a presença do investigado ou réu. Logo, pelo menos *em princípio*, estas demais formas de condução coercitiva não foram vedadas. Diz-se "em princípio" porque, visando ao estabelecimento de critérios a serem observados pelo juiz, mesmo quando inocorrente o óbice apontado pelo STF para a condução coercitiva, a doutrina tem diferenciado duas espécies de atos, assegurando o poder de condução na primeira categoria e restringindo o mesmo poder na segunda:

a) *Atos de presença obrigatória*: são aqueles que não se realizam sem a presença do acusado. É o caso, por exemplo, da audiência destinada ao seu reconhecimento por testemunhas. Nessa hipótese, já se decidiu que a ausência injustificada do acusado prejudica a realização do ato, facultando-se, então, a ordem judicial de condução.
b) *Atos de presença não obrigatória*: são aqueles que, embora a garantia constitucional da ampla defesa imponha ao magistrado o dever de facultar ao réu fazer-se presente, não restarão inviabilizados diante de seu não comparecimento. Como exemplo, a audiência para inquirição de testemunhas para a qual tenha sido regularmente notificado o imputado. Nesse caso, a sua ausência, ainda que imotivada, não autoriza o juízo a proceder à condução coercitiva, pois é desnecessária. **Mas atenção:** o fato da impossibilidade de condução coercitiva, nessa espécie de atos, não significa que a ausência do réu, quando injustificada, permita a ele ficar imune às consequências processuais decorrentes de sua falta. Com efeito, o art. 367 do CPP é explícito no sentido de que "o processo seguirá sem a presença do acusado que, citado ou intimado pessoalmente para qualquer ato, deixar de comparecer sem motivo justificado, ou, no caso de mudança de residência, não comunicar o novo endereço ao juízo". Em outras palavras, o acusado que não comparecer a atos para os quais fora pessoalmente chamado responderá pela sanção inerente à *revelia*, que é o prosseguimento do feito sem a sua notificação para os demais atos do processo, disso se ressalvando, apenas, a sentença final, caso condenatória, já que não se trata de ato de *prosseguimento* da ação penal, mas, sim, de ato de *encerramento* da tramitação do feito em 1.º grau, cuja intimação é disciplinada pelas regras do art. 392, do CPP. Obviamente, a defesa prossegue sendo notificada de todos os atos, não sendo alcançada pela citada sanção processual. Frise-se que tal sanção, que decorre do art. 367 do CPP, na medida em que insere restrição de direitos ao réu, deve ser interpretada restritivamente, não admitindo interpretação extensiva em seu desfavor. Logo, apenas quando, de fato, **pessoalmente** notificado, deixar ele de atender ao comando judicial, é que será imposta a revelia.

OBSERVAÇÃO: Quando, regularmente chamado, deixar o acusado de comparecer ao respectivo ato processual, diz-se ocorrer situação de *contumácia*. Da *contumácia* decorre a *revelia*. Esta é consequência daquela. No processo penal, a revelia não induz à presunção de verdade dos fatos articulados na inicial acusatória, impondo-se, sempre, sejam estes comprovados para fins de responsabilização criminal.

Outra discussão que envolve o art. 260 do CPP refere-se à possibilidade de utilizá-lo, como fundamento de seus atos, a autoridade policial. Considerando que o dispositivo menciona apenas que a *autoridade* poderá mandar conduzir o agente, sem explicitar se essa referência concerne apenas à *autoridade judiciária* ou se abrange também a *autoridade policial,* duas posições surgiram:

1) O art. 260 do CPP é restrito ao juiz, possibilitando a este conduzir o acusado recalcitrante em atender à notificação de comparecimento para fins de atos distintos de seu interrogatório (STF, ADPFs 395/DF e 444/DF). De acordo com esse entendimento, a autoridade policial não possui poder de condução, o que se justifica nos seguintes fatores:

Primeiro: o fato de que o art. 260 utiliza a nomenclatura "acusado". Não fosse o bastante, esse dispositivo localiza-se no Capítulo III do Título VIII do CPP, que se refere ao "acusado e seu defensor". *Acusado,* tecnicamente, é a pessoa em relação à qual já foi oferecida denúncia ou queixa-crime, existindo, portanto, processo criminal sob o impulso de um órgão jurisdicional. Antes da instauração do processo, não há a figura do "acusado", mas simplesmente um "investigado" ou um "indiciado".

Segundo: A condução coercitiva importa em privação momentânea da liberdade e, conforme estabelece o art. 5.º, LXI, da CF, a prisão de alguém apenas pode ser determinada mediante ordem escrita e fundamentada da autoridade competente.

2) A autoridade judiciária no curso do processo e também a autoridade policial no correr do inquérito policial podem determinar a condução do acusado/investigado a suas presenças, salvo para fins de interrogatório (STF, ADPFs 395/DF e 444/DF). Considera-se, para tanto, que o art. 144, § 4.º, da Constituição Federal atribuiu às polícias civis, dirigidas por delegados de polícia de carreira, as funções de polícia judiciária e a apuração de infrações penais. Sendo assim, por força da doutrina americana intitulada *Teoria dos Poderes Implícitos,* incorporada ao nosso ordenamento, faculta-se a autoridade policial adotar todas as providências necessárias para que seja realizada tal apuração, inclusive a própria condução do suspeito para prestar informações sobre o fato investigado, desde que respeitadas, obviamente, as garantias legal e constitucionalmente estabelecidas, por exemplo, a garantia do direito ao silêncio que decorre do privilégio *nemo tenetur se detegere* (princípio de que ninguém pode ser obrigado a se autoincriminar). Sinale-se que a denominada *Teoria dos Poderes Implícitos* é aquela pela qual se entende que, se a Constituição Federal estabelece determinados fins, deve também permitir a utilização dos meios necessários para alcançá-los, respeitadas, sempre, as garantias estabelecidas pela própria Carta Magna em prol do indivíduo. Ora, aplicada essa doutrina à hipótese em exame, infere-se que o objetivo de elucidação das práticas criminosas é consentâneo com a condução coercitiva dos investigados por ordem do delegado de polícia sempre que essa providência revelar-se efetivamente necessária. A propósito do tema, não foi outro o entendimento do **Superior Tribunal de Justiça**, aduzindo que *a teoria dos poderes implícitos explica que a Constituição Federal, ao outorgar atribuições a determinado órgão, lhe confere, implicitamente, os poderes necessários para a sua execução. Desse modo, não faria o menor sentido incumbir à polícia a apuração das infrações penais, e ao mesmo tempo vedar-lhe, por exemplo, a condução de suspeitos ou testemunhas à delegacia para esclarecimentos*[21]. Também no âmbito do **Supremo Tribunal Federal**, por ocasião do julgamento do *Habeas Corpus* 107644/SP (*DJ* 18.10.2011), deliberou-se no sentido da *legitimidade dos agentes policiais, sob o comando da autoridade policial competente (art. 4.º do CPP), para tomar todas as providências necessárias à elucidação de um delito, incluindo-se aí a condução de pessoas para prestar esclarecimentos, resguardadas as garantias*

[21] STJ, RHC 25.475/SP, *DJ* 16.11.2010.

legais e constitucionais dos conduzidos[22]. Ao assim entender, considerou o Excelso Pretório que a condução coercitiva dos suspeitos pelo delegado decorre diretamente da regra do art. 144, § 4.º, da CF, não havendo sequer a necessidade de se socorrer à Teoria dos Poderes Implícitos.

O art. 10 da Lei 13.869/2019 tipifica como abuso de autoridade a conduta *de "decretar a condução coercitiva de testemunha ou investigado manifestamente descabida ou sem prévia intimação de comparecimento a juízo"*. Neste contexto, não apenas por imperativo legal e constitucional, mas também a título de precaução, é impositiva, quando determinada a providência de condução, fundamentação plena quanto aos motivos que a ensejaram.

3.1.3.4. *Direito do acusado ao silêncio e à não autoincriminação (nemo tenetur se detegere)*

Prescreve o art. 186 do CPP que, antes de iniciar o interrogatório, deverá o juiz advertir o acusado de seu direito de permanecer calado, sendo que tal silêncio não importará em confissão nem poderá ser interpretado em prejuízo de sua defesa. Essa garantia, prevista para o interrogatório judicial, tem igual aplicação no interrogatório policial, conforme dispõe o art. 6.º, V, do CPP.

Tal previsão legislativa decorreu de alteração introduzida pela Lei 10.792/2003, pois anteriormente dispunha o Código, no mesmo artigo, que o silêncio do réu, embora fosse um direito, poderia ser interpretado em prejuízo da defesa, referência esta que, evidentemente, não havia sido recepcionada pela Constituição Federal, da qual se infere o privilégio da não autoincriminação, corolário do direito ao silêncio. Apesar das modificações introduzidas ao Código no capítulo pertinente ao interrogatório do réu, olvidou o legislador de revogar o art. 198, que ainda mantém a inconstitucional previsão de que o silêncio possa ser utilizado como fator de convicção do juiz.

Importante acrescentar ainda que o privilégio assegurado ao réu de não poder ser constrangido à produção de prova contra si, além do direito a não responder as perguntas que lhe forem realizadas por ocasião do seu interrogatório, atinge qualquer outro meio probatório que, mesmo indiretamente, acarrete prejuízo à defesa. Por exemplo, embora possa o acusado ser conduzido a uma acareação, não pode ser obrigado à participação efetiva desse ato. Idêntica situação ocorre em relação à reconstituição do crime (reprodução simulada da prática delituosa).

A garantia do *nemo tenetur se detegere* também conduz à inconstitucionalidade a previsão do art. 174, IV, do CPP, ao dispor que, se a autoridade policial ou judiciária necessitar de material escrito contendo a grafia do acusado, poderá **"mandar"** que este escreva o que lhe for ditado. Em verdade, poderá apenas **"solicitar"** ao investigado ou ao acusado a produção desse tipo de prova, mas não constrangê-lo a tanto. A propósito, decidiu o STJ que, "diante do princípio *nemo tenetur se detegere*, que informa o nosso direito de punir, é fora de dúvida que o dispositivo do inciso IV do art. 174 do Código de Processo Penal há de ser interpretado no sentido de não poder ser o indiciado compelido a fornecer padrões gráficos do próprio punho, para os exames periciais, cabendo apenas ser intimado para fazê-lo"[23]. Evidentemente, não implica violação ao postulado a utilização de

---

[22] STF, HC 107.644/SP, *DJ* 18.10.2011.

[23] STF, HC 77.135/SP, *DJ* 06.11.1998.

documento espontaneamente juntado aos autos desde que certa a sua origem – o punho do indiciado ou acusado – bem como inconteste sua autenticidade[24].

3.1.3.5. *Outras garantias inerentes ao acusado no processo penal*

Não apenas na Constituição Federal, como também na legislação infraconstitucional, estabelece-se uma série de direitos ao acusado. Na medida em que tais direitos refletem na garantia constitucional da ampla defesa, a sua violação, em regra, importa em nulidade absoluta. Assim:

Direitos do Acusado	Base Jurídica
Direito a ter respeitada sua integridade física e moral	Art. 5.º, XLIX, da CF
Direito de ser processado e sentenciado pela autoridade competente	Art. 5.º, LIII, da CF
Direito ao devido processo legal	Art. 5.º, LIV, da CF
Direito ao contraditório e à ampla defesa	Art. 5.º, LV, da CF
Direito à presunção de inocência até o trânsito em julgado da condenação	Art. 5.º, LVII, da CF
Direito de não ser submetido à identificação criminal, salvo nas hipóteses previstas em lei	Art. 5.º, LVIII, da CF e Lei 12.037/2009
Direito a processo e julgamento público, salvo quando necessário o sigilo para preservação da intimidade ou dos interesses sociais	Arts. 5.º, LX, e 93, IX, da CF
Direito de não ser preso, senão em flagrante ou mediante ordem escrita emanada da autoridade judiciária competente, salvo nos casos de transgressão militar ou crime propriamente militar, definidos em lei	Art. 5.º, LXI, da CF e art. 282 do CPP
Direito a ser informado de seus direitos quando preso, entre os quais o de permanecer calado, bem como de assistência da família e de advogado	Art. 5.º, LXIII, da CF e art. 306, § 2.º, do CPP
Direito de não ser preso nem mantido na prisão, quando a lei admitir liberdade provisória, com ou sem fiança	Art. 5.º, LXVI, da CF
Direito de ser cientificado quanto à identidade dos responsáveis pela sua prisão ou por seu interrogatório policial, quando preso	Art. 5.º, LXIV, da CF e arts. 288 e 291 do CPP
Direito de não serem admitidas em seu desfavor provas obtidas por meios ilícitos	Art. 5.º, LVI, da CF
Direito à assistência jurídica integral e gratuita, quando não dispuser de recursos suficientes para constituir advogado	Art. 5.º, LXXIV, da CF e Lei 1.060/1950
Direito à indenização por erro judiciário ou pelo tempo que permanecer preso, além do fixado na sentença	Art. 5.º, LXXV, da CF

24 "Na espécie, não procede a alegação de nulidade, baseada apenas na recusa do acusado em fornecer material para exame grafotécnico, se a prova técnica foi elaborada a partir de escrito constante de petição formulada de próprio punho, pelo paciente, nos autos da respectiva ação penal, cuja origem e autenticidade não foram impugnados pelo firmatário" (STJ, HC 126.909/RJ, 5.ª Turma, Rel. Min. Felix Fischer, *DJ* 01.06.2009).

Direitos do Acusado	Base Jurídica
Direito a um processo com duração razoável e a meios que garantam a celeridade de sua tramitação	Art. 5.º, LXXVIII, da CF
Direito a entrevista prévia e reservada com seu advogado, constituído ou nomeado, antes de ser interrogado em juízo	Art. 185, § 2.º, do CPP
Direito a que seu silêncio não seja interpretado como confissão ficta ou utilizado pelo juiz como elemento de convicção em seu desfavor	Art. 186, parágrafo único, do CPP
Direito a tradutor ou intérprete, quando desconhecer o idioma nacional ou não puder se comunicar por motivos relacionados a deficiência auditiva ou vocal	Arts. 192 e 193 do CPP
Direito à defesa técnica fundamentada, quando assistido por defensor dativo ou público	Art. 261, parágrafo único, do CPP

3.1.4. Defensor

3.1.4.1. Considerações gerais

A obrigatoriedade de defensor ao acusado decorre da indisponibilidade do direito de defesa e da necessidade de estar ele assessorado por pessoa dotada de capacitação técnica para tornar efetivo o exercício desse direito.

Em termos de Constituição Federal, estabelece o art. 133 que "o advogado é indispensável à administração da justiça". No âmbito da legislação infraconstitucional, preconiza o Código de Processo Penal que "nenhum acusado, ainda que ausente ou foragido, será processado ou julgado sem defensor" (art. 261 do CPP).

O defensor constituído pelo réu para sua defesa em juízo deverá acostar aos autos instrumento de mandato, sob pena de nulidade ou até mesmo inexistência dos atos que vier a praticar. É o que ocorre, por exemplo, no caso de recursos dirigidos às instâncias superiores, dispondo a Súmula 115 do STJ que, "na instância especial, é inexistente o recurso interposto por advogado sem procuração nos autos". Exceção a esta regra consta do art. 266 do CPP, estabelecendo que "a constituição de defensor independerá de instrumento de mandato se o acusado o indicar por ocasião do interrogatório", devendo o magistrado consignar, no termo de audiência, esta circunstância. Trata-se da chamada nomeação ou constituição *apud acta. E quanto ao Defensor Público? Este* deve juntar procuração apenas nas hipóteses em que a lei exigir poderes especiais, consoante arts. 44, XI (Defensoria Pública da União), 89, XI (Defensoria Pública do Distrito Federal e dos Territórios) e 128, XI (Defensoria Pública dos Estados), todos da Lei Complementar 80/1994, os quais estabelecem como prerrogativa dos membros da Defensoria Pública "representar a parte, em feito administrativo ou judicial, independentemente de mandato, ressalvados os casos para os quais a lei exija poderes especiais". Como exemplos de situações em que a lei não se contenta com a existência de procuração genérica feita pelo réu ao advogado, exigindo que constem no mandato poderes especiais, temos as hipóteses de aceitação do perdão do ofendido (art. 59 do CPP), arguição de exceção de suspeição do juiz (art. 98 do CPP) e arguição da falsidade documental (art. 146 do CPP). Em outros casos, é a jurisprudência que assim impõe – é o caso da desistência do recurso que, realizada apenas pelo defensor, exige procuração com poderes especiais para que produza efeitos[25].

[25] STJ, HC 20.769/GO, *DJ* 01.07.2002 e HC 266527/PR, *DJ* 01.08.2017.

A atuação do advogado, por óbvio, requer esteja ele regularmente inscrito na Ordem dos Advogados do Brasil. Sem embargo, mais uma vez é necessário ressalvar a situação dos Defensores Públicos, para os quais a *capacidade postulatória decorre exclusivamente da nomeação e posse no cargo, nos termos do art. 4.º, § 6.º, da Lei Complementar 80/94, com as alterações da Lei Complementar 132/2009, e, portanto, independe de inscrição na Ordem dos Advogados do Brasil*[26]. Registre-se, sobre o tema, que o Supremo Tribunal Federal, no julgamento do Recurso Extraordinário 1240999/SP (j. 04.11.2021), em regime de repercussão geral, fixou a tese de que "é inconstitucional a exigência de inscrição do Defensor Público nos quadros da Ordem dos Advogados do Brasil" (Tema 1074), fulminando, assim, qualquer divergência que ainda houvesse sobre a matéria.

ATENÇÃO: A Lei Complementar 80/1994, que organiza a Defensoria Pública da União, do Distrito Federal e dos Territórios e prescreve normas gerais para sua organização nos Estados, estabelece para os Defensores Públicos a prerrogativa de *requisitar de qualquer autoridade pública e de seus agentes, certidões, exames, perícias, vistorias, diligências, processos, documentos, informações, esclarecimentos e demais providências necessárias à atuação da Defensoria Pública* (arts. 8º, XVI, 44, X, 56, XVI, 89, X e 128, X). Tal prerrogativa chegou a ser impugnada por meio da Ação Direta de Inconstitucionalidade n.º 6852/DF, ajuizada pela Procuradoria-Geral da República em 20.05.2021. Referida ADI, porém, foi julgada improcedente pelo STF em 21.02.2022, por reputar que "o poder atribuído às Defensoria Públicas de requisitar de qualquer autoridade pública e de seus agentes, certidões, exames, perícias, vistorias, diligências, processos, documentos, informações, esclarecimentos e demais providências necessárias ao exercício de suas atribuições, propicia condições materiais para o exercício de seu mister, não havendo falar em violação ao texto constitucional" e que "a concessão de tal prerrogativa à Defensoria Pública constitui verdadeira expressão do princípio da isonomia e instrumento de acesso à justiça, a viabilizar a prestação de assistência jurídica integral e efetiva".

Não constituindo o acusado um advogado para realizar sua defesa, deverá o juiz, ainda que não deseje o réu, providenciar a nomeação de defensor a este, sob pena de nulidade absoluta do processo criminal (art. 564, III, *c*, do CPP), salvo, evidentemente, a hipótese de se tratar de réu com habilitação técnica, caso em que nada impede venha ele a realizar sua autodefesa. Ressalte-se que a autodefesa não requer apenas capacitação técnica. Sua suficiência para regularidade do processo criminal exige que se trate o réu de advogado e que esteja regularmente inscrito nos quadros da Ordem dos Advogados do Brasil. Assim, acusado criminalmente, não poderá um juiz ou um promotor, por exemplo, realizar a autodefesa sob o argumento de que seus conhecimentos jurídicos são presumidos pela função exercida. Examinando a vertente, a propósito, concluiu o Excelso Pretório que, "nas ações penais originárias, a defesa preliminar (Lei 8.038/1990, art. 4.º) é atividade privativa dos advogados. Os membros do Ministério Público estão impedidos de exercer advocacia, mesmo em causa própria. São atividades incompatíveis (Lei 8.906/1994, art. 28). Nulidade decretada"[27].

3.1.4.2. Exigência de defesa técnica fundamentada

A defesa do réu em juízo deve ser eficiente, incorporando argumentos capazes de formar a convicção do magistrado em favor do réu. Defesa meramente formal, vale dizer, limitada a um pedido vago e sem sustentação de absolvição, desclassificação ou outra tese defensiva, caracteriza-se como deficiente e pode conduzir à anulação do feito nos termos da Súmula 523 do STF.

---

[26] STJ, AgInt no REsp 1.719.664/RO, *DJ* 25.06.2020.

[27] STF, HC 76.671/RJ, *DJ* 10.08.2000.

Com a finalidade de dar efetividade a esta regra, estabeleceu a Lei 10.792/2003, ao acrescentar parágrafo único ao art. 261 do CPP, que "a defesa técnica, quando realizada por defensor público ou dativo, será sempre exercida através de manifestação fundamentada". Pretendeu com isso o legislador evitar peças genéricas, despidas da mínima fundamentação, notadamente no caso da defesa dativa, em que o patrocínio do réu é realizado por meio de profissional nomeado pelo juízo.

Aspecto importante respeita ao **conteúdo da resposta à acusação** (art. 396 do CPP), que, previamente à vigência da Lei 11.719/2008, era rotulada de *defesa prévia*[28]. Nesse enfoque, sempre discordamos da posição adotada por segmento expressivo, no sentido de que essa manifestação deve ser elaborada de forma objetiva, resumida, limitada ao requerimento de provas, sem adentrar no mérito para não antecipar a tese defensiva ao acusador. Entendemos, pois, que, dependendo das peculiaridades do caso concreto, quanto mais cedo buscar o defensor formar o convencimento do juiz sobre a inocência do réu ou motivos determinantes de sua conduta, mais fácil será a aceitação da tese defensiva ao final do processo. No atual regramento introduzido pela Lei 11.719/2008 ao Código de Processo Penal, confirmou-se em termos legais esta nossa posição, estabelecendo o art. 396-A que, *na resposta, o acusado poderá arguir preliminares e alegar tudo o que interesse à sua defesa, oferecer documentos e justificações, especificar as provas pretendidas e arrolar testemunhas, qualificando-as e requerendo sua intimação, quando necessário*. A importância de ater-se o advogado a este novo regramento, evitando a formulação de uma defesa vaga, genérica, restrita à afirmação de que "a inocência será provada ao final do processo", justifica-se na circunstância de que, se forem convincentes os termos da resposta e os elementos probatórios a ela acostados, poderá o juiz, constatando a ocorrência de qualquer das situações mencionadas no art. 397 do CPP, absolver sumariamente o réu em julgamento antecipado do processo. Evidentemente, a maior ou menor amplitude argumentativa da resposta dependerá, sempre, da hipótese concreta *sub judice*, pois, em primeiro lugar, o art. 396-A não chega a ser cogente no sentido de impor à defesa o aprofundamento na tese ("na resposta o acusado **poderá** arguir preliminares e alegar tudo o que interesse à sua defesa...") e, em segundo, haverá situações nas quais, por estratégia, talvez não convenha à defesa antecipar seus argumentos, ainda mais diante da atual normatização do procedimento comum, em que o interrogatório do réu foi relegado para momento posterior à produção do restante da prova oral (arts. 400 e 531 do CPP).

Veja-se que, ao réu **citado pessoalmente ou por hora certa** (art. 362 do CPP), **a apresentação da resposta à acusação é obrigatória**, não podendo o processo prosseguir sem o cumprimento dessa formalidade, sob pena de nulidade absoluta. A mesma conclusão é cabível quando se tratar de acusado **citado por edital** que tenha constituído defensor. Tal obrigatoriedade extrai-se do art. 396-A, § 2.º, do CPP, ao dispor que "não apresentada a resposta no prazo legal, ou se o acusado, citado, não constituir defensor, o juiz nomeará defensor para oferecê-la, concedendo-lhe vista dos autos por dez dias". Extermina-se, com isso, o impasse existente sob a égide da legislação anterior, quando se discutia acerca da obrigatoriedade ou não da defesa prévia no processo criminal.

E quanto ao réu que, citado por edital, não comparece nem constitui defensor? Na medida em que o art. 366 do CPP dispõe que o processo, nesse caso, ficará suspenso, não se há de cogitar de intimação da Defensoria Pública ou nomeação de defensor dativo para apresentação de resposta à acusação. O processo, enfim, é suspenso antes desta fase, vale dizer, logo após a certificação cartorária de que transcorreu o prazo fixado no edital sem o comparecimento do acusado ou manifestação de advogado constituído. Não por menos,

---

28 Observe-se que a expressão *defesa prévia*, embora suprimida do procedimento comum, continua presente em determinadas formas procedimentais, *v.g.*, no rito de apuração ditado pelo art. 1.º e seguintes da Lei 8.038/1990, aplicável aos detentores de foro por prerrogativa de função no STF e no STJ.

aliás, é que o art. 396, parágrafo único, do CPP refere que "no caso de citação por edital, o prazo para a defesa começará a fluir a partir do comparecimento pessoal do acusado ou do defensor constituído". Abre-se um parêntese aqui para ressaltar que a suspensão do processo no caso de réu que, citado por edital, permanece inerte, não é aplicável nos processos por crimes relacionados à *lavagem de dinheiro, pois o art. 2º, § 2º, da Lei 9.613/1998 é expresso no sentido de que "no* processo por crime previsto nesta Lei, não se aplica o disposto no art. 366 do Decreto-Lei nº 3.689, de 3 de outubro de 1941 (Código de Processo Penal), devendo o acusado que não comparecer nem constituir advogado ser citado por edital, prosseguindo o feito até o julgamento, com a nomeação de defensor dativo".

3.1.4.3. *Curador ao réu menor de 21 anos*

A regra do art. 262 do CPP, no sentido de que ao acusado menor dar-se-á curador, encontra-se prejudicada. E isso por duas razões: *primeira*, o advento do Código Civil de 2002, que equiparou a maioridade penal à civil em 18 anos, atingindo frontalmente, com isso, o motivo pelo qual o CPP conferia uma maior proteção ao réu que fosse penalmente maior e civilmente menor; e, *segunda*, a revogação expressa do art. 194 do CPP, que continha idêntica regra, pela Lei 10.792/2003.

Quanto ao questionamento que poderia surgir acerca dos motivos que levaram o legislador a revogar o art. 194 citado e não fazer o mesmo em relação ao art. 262 do CPP, existe uma só resposta: lapso legislativo – o mesmo lapso, aliás, que levou a Lei 10.792/2003 a alterar o art. 186 do CPP, preconizando que o silêncio é um direito do réu e não importa em prejuízo à sua defesa, deixando, contudo, de afastar do mundo jurídico a 2.ª parte do art. 198, flagrantemente inconstitucional, e que faculta ao magistrado interpretar o silêncio do acusado em seu desfavor.

3.1.4.4. *Recusa ao patrocínio pelo defensor dativo*

Apenas faculta-se ao defensor nomeado recusar o patrocínio por "motivo relevante", vale dizer, plenamente justificado ao magistrado (art. 264 do CPP). Tanto que o Estatuto da Ordem dos Advogados do Brasil (Lei 8.906/1994), no art. 34, XII, considera infração disciplinar "recusar-se a prestar, sem motivo justo, assistência jurídica, quando nomeado em virtude da impossibilidade da Defensoria Pública". Sem embargo, assegura ao defensor nomeado o "direito aos honorários fixados pelo juiz, segundo tabela organizada pelo Conselho Seccional da OAB e pagos pelo Estado" (art. 22, § 1.º, da Lei 8.906/1994).

Na prática, hoje está bastante restrita a nomeação aleatória de advogados pelos juízes. Isso porque, em primeiro lugar, muitas comarcas contam com os serviços da Defensoria Pública, e, em segundo, porque, nos lugares em que não há Defensoria Pública organizada, normalmente há convênio entre a OAB ou Poder Judiciário e as Procuradorias-Gerais dos Estados, contemplando-se a relação de profissionais dispostos a aceitar a nomeação.

3.1.4.5. *Abandono do processo pelo defensor*

Dispõe o **art. 265 do CPP** que "o defensor não poderá abandonar o processo, senão por motivo imperioso, comunicado previamente o juiz, sob pena de multa de 10 (dez) a 100 (cem) salários-mínimos, sem prejuízo das demais sanções cabíveis".

Em relação à legislação anterior, precitado dispositivo inova no aspecto em que não mais condiciona o afastamento do advogado ao prévio assentimento do juiz, a quem, antes, incumbia verificar se o motivo alegado para tanto, de fato, era "imperioso". Acertada, a nosso ver, a nova redação conferida ao dispositivo, pois era despropositado condicionar-se o desejo do advogado em não persistir na defesa de alguém a uma anterior decisão judicial autorizando-o a tanto.

Entretanto, permanece o advogado renunciante obrigado a comunicar o juiz acerca de sua saída do processo, expondo-lhe as razões deste seu agir, sob pena de multa, consoante preceituado no art. 265, *caput*, do CPP. Esta multa deverá incidir **caso não seja feita a aludida comunicação**, e não pelo fato de o magistrado, eventualmente, não considerar "imperioso" o motivo alegado. Se assim o entender, deverá encaminhar a vertente à apreciação da Seccional respectiva da Ordem dos Advogados do Brasil para que, nesta sede, sejam aplicadas, se for o caso, as sanções administrativas cabíveis.

O comando inserido ao art. 265 do CPP não exime o profissional de observar o disposto no art. 5.º, § 3.º, da Lei 8.906/1994, ao estabelecer que "o advogado que renunciar ao mandato continuará, durante os dez dias seguintes à notificação da renúncia, a representar o mandante, salvo se for substituído antes do término desse prazo", pois esta regra não restou expressa ou tacitamente revogada pela primeira.

Por analogia, cremos que ambas as regras – art. 265 do CPP e art. 5.º, § 3.º, da Lei 8.906/1994 – deverão ser aplicadas também em relação ao defensor dativo. *E se, neste caso, o magistrado não aceitar a motivação exposta?* Ainda assim cremos que o advogado não é obrigado a persistir na atuação, impondo ao juiz, contudo, comunicar à seccional da Ordem dos Advogados do Brasil (OAB) para que esta delibere por meio do órgão colegiado competente.

Outro aspecto a analisar refere-se ao não comparecimento do defensor constituído ou dativo para a prática dos atos processuais para os quais tenha sido regularmente notificado. Aqui é preciso distinguir duas situações:

a) Tratando-se de atos ordinários do processo relacionados à audiência de instrução e interrogatório:

- *Não comparecimento injustificado do defensor*: autoriza o magistrado, nos termos do art. 265, § 2.º, do CPP a prosseguir com a realização do ato judicial, procedendo à designação da Defensoria Pública ou nomeação de defensor dativo para assistir o réu, ainda que provisoriamente ou apenas para efeito de realização do ato processual em questão.
- *Não comparecimento justificado previamente pelo defensor*: de acordo com o art. 265, §§ 1.º e 2.º, se o defensor não puder comparecer por motivo justificado e se este impedimento for comprovado até a abertura da audiência, o juiz poderá adiar a realização do ato judicial.

b) Tratando-se de atos que exigem conhecimento pormenorizado do processo e da prova a ele incorporada: considere-se, por exemplo, que, nomeado defensor *ad hoc* ao réu em face da ausência injustificada de seu procurador constituído à audiência, venha o juiz, na mesma solenidade, declarar encerrada a colheita da prova oral. Evidentemente, não poderá o magistrado, sob pena de grave violação à garantia constitucional da ampla defesa, de imediato conceder a palavra ao defensor nomeado, a fim de facultar a ele o requerimento de diligências (art. 402) ou oferecimento de alegações finais orais (arts. 403 e 531). Afinal, sem conhecimento detido dos autos, tal profissional não terá condições de manifestar-se em prol do acusado com o mínimo de efetividade. Nesse caso, alternativa não restará ao juiz senão suspender a audiência e notificar o defensor constituído para os fins mencionados. Caso, mesmo assim, o advogado constituído não venha a manifestar-se, incumbirá ao juiz notificar o réu para que constitua outro defensor. Agora, se isto também não for providenciado, aí sim deverá o magistrado nomear outro advogado para prosseguir a defesa do réu relapso.

E se o advogado constituído pelo réu não comparecer, injustificadamente, à sessão de julgamento pelo júri? Estabelece o art. 456 do CPP que, *se a falta, sem escusa legítima, for do advogado do acusado, e se outro não for por este constituído, o fato será imedia-*

tamente comunicado ao presidente da seccional da Ordem dos Advogados do Brasil, com a data designada para a nova sessão. Nesse caso, adiado o julgamento e não sobrevindo escusa legítima do advogado que se fez ausente na sessão originariamente designada, providenciará o juiz a notificação da Defensoria Pública, ou, não sendo isto possível, nomeará defensor dativo para atuar na nova sessão do Tribunal do Júri, que não poderá ser aprazada senão com intervalo mínimo de **dez dias**, que reputamos deva ser computado a partir da data da notificação da Defensoria Pública ou do defensor nomeado para atuar no julgamento (§§ 1.º e 2.º).

3.1.4.6. Impedimento do advogado

O art. 267 do Código de Processo Penal estabelece que, "nos termos do art. 252, não funcionarão como defensores os parentes do juiz". A leitura apressada da regra pode conduzir à seguinte dúvida: *considerando que o art. 252, I, do CPP, contém regra simétrica à do art. 267, prevendo impedimento dos juízes para atuarem em processos nos quais parentes seus atuarem ou tiverem atuado como advogados do réu, quem, afinal, fica impedido? O juiz ou o advogado?* A questão é bastante simples. Quando já estiver atuando ou já tiver atuado familiar do magistrado na defesa do réu, o **juiz** ficará impedido de ingressar na relação, em face da regra do art. 252, I. Agora, se já estiver o juiz oficiando na relação processual, o **advogado** que apresentar vínculo de parentesco com ele é que ficará impedido de ingressar no feito.

Observe-se que o art. 267 remete ao art. 252, o qual não abrange todo e qualquer vínculo de parentesco, permitindo concluir que o impedimento do advogado apenas surgirá quando se tratar de *cônjuge ou parente, consanguíneo ou afim, em linha reta ou colateral até o terceiro grau* do magistrado.

3.1.4.7. Voluntariedade quanto à interposição de recursos

Estabelece o art. 574, *caput*, do CPP, que, ressalvadas as hipóteses de reexame necessário, os recursos serão voluntários. Isto significa que compete única e exclusivamente à parte sucumbente decidir sobre a conveniência ou não da interposição recursal.

Essa regra possui aplicação tanto à acusação quanto à defesa, não havendo, para nenhum destes polos, a obrigação de se insurgir quanto às decisões judiciais. Logo, eventual conformidade do defensor do réu, deixando de recorrer da decisão, não implica deficiência de defesa.

Não é outro o entendimento dos Tribunais Superiores, decidindo que "no sistema brasileiro vige o princípio da voluntariedade, inserto no art. 574, *caput*, do CPP, cuja previsão não obriga a defesa a interpor recurso de decisão desfavorável ao réu"[29].

E quando se tratar de decisão proferida em desacordo com a prova dos autos, ou com base em provas comprovadamente falsas, ou de sentença despida de fundamentação, ou proferida com vícios que afetem sua validade? Nem assim é possível cogitar de nulidade processual em face da não interposição de recursos. Evidentemente, a reforma do *decisum* poderá ser obtida mediante revisão criminal (art. 621 do CPP). A mesma ação, também, possibilita o reconhecimento de nulidades (art. 626 do CPP). Neste último caso, a invalidação será decorrência dos vícios que eventualmente maculem a decisão judicial, e não da ausência do recurso no prazo legal.

---

29 STJ, HC 200.756/SP, *DJ* 01.08.2011.

3.1.5. Assistente de acusação

3.1.5.1. Considerações gerais e legitimidade

Por força do art. 129, I, da Constituição Federal, ao Ministério Público compete, privativamente, a iniciativa da ação penal pública, regra esta que encontra exceção no art. 5.º, LIX, da mesma Carta, ao contemplar a possibilidade de o particular ajuizar ação privada em crimes de ação pública, se esta não for intentada no prazo legal.

Apesar desta atribuição constitucionalmente estabelecida ao Ministério Público, prevê o Código de Processo Penal, no seu art. 268, que, "em todos os termos da ação pública, poderá intervir, como assistente do Ministério Público, o ofendido ou seu representante legal, ou, na falta, qualquer das pessoas mencionadas no art. 31", este último referindo-se ao cônjuge, ascendente, descendente ou irmão do ofendido. Tem-se, aqui, a figura do assistente de acusação ou assistente do Ministério Público. O assistente, portanto, não é o advogado que atua no processo a fim de, patrocinando os interesses da vítima, auxiliar o Ministério Público na função acusatória. É, isto sim, a vítima, seu representante legal no caso de incapacidade, ou, sendo ela morta ou ausente, seus parentes enumerados no art. 31 do CPP. **E quanto à pessoa jurídica? Pode figurar como assistente de acusação?** Apesar de divergências na doutrina, o STF firmou jurisprudência no sentido de aceitar a habilitação de pessoa jurídica como assistente de acusação, quando reconhecida sua condição de vítima. Não foi outro, aliás, o entendimento da Corte diante de requerimento feito pela Petrobras, para o fim de atuar como assistente de acusação em ação penal movida contra réus que, ao longo de quase uma década, locupletaram-se, ilegalmente, de valores decorrentes de licitações fraudulentas, que importaram em prejuízos de milhões à estatal (Ação Penal 996/DF, Rel. Min. Teori Zavascki, decisão monocrática, j. 1.º.12.2016).

O mesmo caminho também foi trilhado pelo STJ no âmbito do processo criminal relativo às 242 mortes (entre outros crimes) envolvendo incêndio na Boate Kiss, na cidade gaúcha de Santa Maria, ocorrido em 27 de janeiro de 2013. Neste caso, considerou o STJ que, "não obstante o disposto nos arts. 31 e 268 do CPP, é razoável a admissão, no processo, da associação formada entre os familiares das vítimas e os sobreviventes da tragédia da Boate Kiss, como assistente de acusação, visto que essa pessoa jurídica representa exatamente as pessoas previstas nos mencionados dispositivos legais, sendo, outrossim, inviável e fora de propósito exigir-se habilitação individual de todos os ofendidos sobreviventes e dos familiares de todos os mortos no incêndio"[30].

Perceba-se que a figura do assistente de acusação é absolutamente simétrica à figura do querelante. A diferença reside na circunstância de que o primeiro apenas existe na ação pública, atuando como interveniente e não como autor. Já o segundo é o titular da ação penal privada (exclusiva ou subsidiária), ocupando o polo ativo da relação processual. Observe-se:

- **Ação penal privada exclusiva e ação penal privada subsidiária da pública (arts. 29, 30 e 31 do CPP):** A vítima atua como titular da ação penal, ajuizando a queixa-crime. Sendo incapaz, o exercício do direito de queixa transfere-se a quem legalmente a represente. No caso de morte ou declaração judicial de ausência do ofendido, competirá o direito de queixa ao seu cônjuge, ascendente, descendente ou irmão.
- **Ação penal pública:** A vítima, querendo, atuará como assistente de acusação. Sendo incapaz, a assistência será exercida pelo seu representante legal. No caso de morte ou

[30] STJ, REsp 1790039/RS, *DJ* 02.08.2019.

declaração judicial de ausência do ofendido, competirá habilitar-se como assistente do Ministério Público seu cônjuge, ascendente, descendente ou irmão.

Neste contexto, conclui-se que, no processo criminal, três poderão ser as posições do ofendido:

1. Autor da ação penal privada;
2. Autor da ação penal privada subsidiária da pública;
3. Assistente do Ministério Público na ação penal pública por este intentada. Infere-se, pois, que não existe a possibilidade de assistência à acusação nos crimes de ação penal privada, pois nesta espécie de processo as pessoas legitimadas para figurar como assistentes deverão estar na posição de titulares da demanda.

Atente-se que o art. 270 do CPP proíbe o **corréu, no mesmo processo, de intervir como assistente de acusação**. Contemple-se, por exemplo, a hipótese em que dois indivíduos tenham sido denunciados pela prática de crime de roubo em concurso de agentes. Neste caso, não poderá qualquer deles pretender habilitar-se como assistente do Ministério Público, em razão da expressa proibição legal. A propósito, preciso o ensinamento de Nucci[31], quando refere:

> "Não tem o menor cabimento o corréu pretender a condenação de quem agiu juntamente com ele para a prática da infração penal. O espírito poderia ser de pura emulação ou vingança. Imagine-se, no caso de separação dos processos, que um corréu já tenha sido julgado e condenado. Para buscar a condenação de comparsa seu, que inclusive delatou, pleiteia a intervenção como assistente de acusação. Nota-se, pois, flagrante abuso, visto que seu interesse não é justificado, como ocorre com o ofendido pela prática da infração penal. O mesmo vale para a situação em que os corréus ocupam as posições de autores e vítimas da infração penal, como ocorre no caso de lesões recíprocas".

Divergências existem em relação à possibilidade de um corréu interpor recurso em relação à absolvição do outro. Embora exista posição desfavorável, vem prevalecendo na doutrina e jurisprudência a antiga orientação do STF no sentido de que, apesar de não poder o corréu habilitar-se como assistente de acusação em face do outro acusado no mesmo processo, nada impede que, **como vítima** do crime a ele imputado, venha a interpor recurso em relação à decisão que o tenha absolvido, impronunciado ou declarado extinta a sua punibilidade (v. *item 3.1.5.5*) – mesmo porque a interposição de recurso pelo ofendido ou pessoas do art. 31 não exige prévia habilitação como assistente de acusação, *ex vi* do art. 598 do CPP. Observe-se, para tanto, o seguinte aresto do Excelso Pretório:

> "A questão diz respeito à interpretação dos arts. 270 e 598 do Código de Processo Penal, dispondo o primeiro que o corréu não pode intervir no processo como assistente, e o segundo que, na ausência apelação do Ministério Público, o ofendido, mesmo quando não tenha se habilitado como assistente, pode apelar.
>
> Harmonizando esses dispositivos, tenho que o ofendido, mesmo quando lhe é defeso funcionar no processo como assistente (art. 270) é sempre lícito apelar da sentença absolutória do agressor, se o Ministério Público não apelar" (STF, Ag. 28.318, *RTJ* 27/25).

No mesmo sentido decidiu o STJ, agasalhando a referida posição do STF "sobre poder apelar como ofendido o corréu absolvido, embora lhe seja defeso habilitar-se como assistente (CPP, arts. 270 e 598)"[32].

---

31 NUCCI, Guilherme de Souza. *Código de Processo Penal comentado*. São Paulo: RT, 2009. p. 369.

32 REsp 29.594/RJ, *DJ* 08.03.1993.

Outra questão bastante controvertida respeita à **admissibilidade de assistente de acusação no procedimento estabelecido pelo Estatuto da Criança e do Adolescente (Lei 8.069/1990) para apuração do ato infracional.** A despeito da existência de posição oposta, compreendemos que não é admissível a figura do assistente de acusação nestes casos. Isto porque os procedimentos regidos pelo Estatuto da Criança e do Adolescente possuem caráter especial, distinguindo-se, em sua natureza, do processo criminal propriamente dito. Tanto isto é verdade que, nesta ordem de procedimentos, não se busca a aplicação de *pena* ao infrator, mas, sim, de *medida de proteção*, em se tratando de criança (art. 105 do ECA), e de *medida socioeducativa*, para o adolescente (art. 112 do ECA). Outro fator que demonstra o caráter extrapenal dos procedimentos do ECA concerne aos recursos cabíveis, determinando o art. 198 desse diploma que nos procedimentos afetos à Justiça da Infância e da Juventude, inclusive os relativos à execução das medidas socioeducativas, adote-se o sistema recursal do Código de Processo Civil (com as adaptações previstas no ECA) e não o previsto no Código de Processo Penal[33].

3.1.5.2. *Fundamentos da assistência ao Ministério Público*

Trata-se de questão bastante controvertida, existindo, basicamente, duas posições:

Primeira: admite-se a intervenção da vítima e demais legitimados previstos no art. 268 do CPP como assistentes do Ministério Público em face do interesse civil que lhes é inerente em obter a reparação do dano patrimonial causado pela prática criminosa. Os adeptos dessa linha de pensamento consideram que o pressuposto da atuação da vítima em delito de ação pública tem em vista apenas auxiliar o Ministério Público a alcançar uma sentença condenatória transitada em julgado, já que esta se constitui em título executivo judicial, passível de execução na esfera civil, conforme dispõem os arts. 91, I, do CP, 515, VI, do Código de Processo Civil/2015, e 63 do CPP.

Segunda: sendo o assistente de acusação a vítima ou pessoas e ela vinculadas, seu interesse não se limita à obtenção de um título executivo civil, objetivando, isto sim, à condenação do réu como forma de repressão ao crime praticado.

A definição do motivo pelo qual se justifica a habilitação do assistente é relevante em face da controvérsia existente quanto ao seu interesse para recorrer da sentença condenatória objetivando exclusivamente o aumento da pena imposta ao réu. Para os que defendem a primeira posição não há tal interesse, motivo pelo qual não poderia ser aceita a insurgência proposta com esse objetivo. Entendem estes que, alcançada a condenação, e, consequentemente, o título executivo civil, esgota-se aí o fundamento da intervenção da vítima, como assistente, no processo criminal em crime de ação pública. Já os adeptos da segunda corrente, que hoje é majoritária e à qual aderimos, compreendem que o assistente de acusação não tem como único interesse a busca de indenização, **podendo sim recorrer para aumentar a pena do réu**. Neste último sentido, tem-se orientado o STJ[34].

3.1.5.3. *Habilitação ou admissão do assistente*

Para que possa praticar atos processuais, impõe-se que o assistente, representado por advogado, requeira ao magistrado da vara em que tramita o processo que o declare habilitado. Acostado o requerimento aos autos, deverá o juiz, antes de se pronunciar sobre a habilitação, ouvir o Ministério Público, conforme prevê o art. 272 do CPP.

---

[33] STJ, REsp 1.089.564/DF, *DJ* 07.05.2012.

[34] STJ, HC 99.857/SP, *DJ* 19.10.2009.

Ao decidir o pedido de habilitação (ou admissão), deverá o juiz considerar os seguintes aspectos:

1.º) Tratar-se o requerente de um dos legitimados previstos no art. 268 do CPP, documentando-se o vínculo de parentesco ou a representação legal no caso de ser a vítima incapaz, declarada ausente ou morta;

2.º) Encontrar-se o requerente assistido por advogado munido de instrumento procuratório, salvo se ele próprio possuir essa capacitação profissional;

3.º) Não se tratar de corréu no mesmo processo (art. 270 do CPP).

Presentes estas condições, não poderá o magistrado indeferir a habilitação, sob pena de estar violando direito líquido e certo dos legitimados em participar da lide penal e de auxiliar o Ministério Público na obtenção de sentença condenatória. Nem mesmo a recusa do Ministério Público, exceto se embasada na ausência dos requisitos mencionados, poderá constituir óbice à habilitação pretendida.

Sem embargo desse direito líquido e certo que se acena, o art. 273 do CPP dispõe ser irrecorrível a decisão (impropriamente, refere-se o dispositivo a "despacho") que admite ou não o assistente. Independentemente desta previsão, a jurisprudência é firme no sentido de que o deferimento e o indeferimento do pedido de admissão podem ser impugnados via **mandado de segurança**[35].

OBSERVAÇÃO IMPORTANTE: Como referimos alhures, a prévia habilitação ou admissão judicial do assistente é condição para que ele possa praticar atos no processo. A despeito desta regra, um ato existe que pode ser praticado sem habilitação anterior: **trata-se da interposição de recurso nos casos previstos em lei.** É que, especificamente em relação a essa hipótese, ao tratar da apelação da sentença pelo assistente, o art. 598 do CPP (regra que se aplica, igualmente, à apelação da impronúncia e ao recurso em sentido estrito da extinção da punibilidade nos termos do art. 584, § 1.º, do CPP) contempla a possibilidade de estar ou não o assistente habilitado para recorrer. Evidentemente, não havendo a admissão prévia, a questão relativa à sua legitimidade será apreciada pelo juízo *a quo* ao examinar a presença dos pressupostos de admissibilidade do recurso por ele interposto.

A admissão do assistente é cabível em qualquer momento da ação penal pública, conforme se infere do art. 268 (contemplando a assistência "em todos os termos da ação pública") e do art. 269 (dispondo que o assistente será admitido enquanto não passar em julgado a sentença), ambos do Código de Processo Penal. Descabida, portanto, a atuação do assistente na fase anterior ao recebimento da denúncia[36] e no curso da execução criminal. E mais: nos casos a serem submetidos ao Tribunal do Júri, o assistente somente será admitido se tiver requerido sua habilitação até 5 (cinco) dias antes da data da sessão na qual pretenda atuar (art. 430 do CPP).

Outro aspecto relevante a mencionar refere-se à circunstância de que o assistente recebe o processo no estado em que se encontrar por ocasião de sua habilitação, não sendo lícito ao juiz determinar a repetição de atos já realizados tão somente para oportunizar a intervenção daquele, tampouco facultar-lhe a produção de provas cujo momento oportuno já tenha sido superado.

Não é incomum, diante do volume de processos em andamento nas varas criminais, que, por lapso, o juiz não se manifeste quanto ao pedido de habilitação do assistente de acusação, muito embora oportunize a este, por meio de seu advogado, participar de atos processuais, apre-

[35] STJ, RHC 31.667/ES, *DJ* 11.06.2013.

[36] TJPR, Processo 292.027-0, j. 24.11.2005.

sentar petições, requerer provas etc. Em casos tais, os Tribunais Superiores têm decidido que "a falta de decisão que habilita expressamente o assistente de acusação no processo constitui mera irregularidade"[37]. Evidentemente, se a ausência de pronunciamento judicial implicou prejuízo ao ofendido, que, em razão disso, ficou privado de atuar no feito, é óbvio que haverá nulidade absoluta dos atos realizados desde o momento em que protocolizado o pedido de habilitação.

3.1.5.4. Faculdades inerentes ao assistente de acusação

O art. 271 do CPP estabelece que "ao assistente será permitido propor meios de prova, requerer perguntas às testemunhas, aditar o libelo e os articulados, participar do debate oral e arrazoar os recursos interpostos pelo Ministério Público, ou por ele próprio, nos casos dos arts. 584, § 1.º, e 598". À exceção da interposição recursal - que pode ser realizada pelo assistente habilitado ou não –, todas as demais faculdades concernem ao assistente de acusação previamente admitido pelo juízo.

Em que pesem as divergências em torno do tema, prevalece o entendimento de que este rol de poderes determinados ao assistente habilitado pelo art. 271 do CPP é **taxativo**, não admitindo analogia ou interpretação extensiva. Nesse sentido: "O art. 271 do Código de Processo Penal arrola de forma taxativa os atos que o assistente de acusação tem legitimidade para praticar" (STJ, *Habeas Corpus* 499052/SP, 5.ª Turma, *DJ* 03.06.2019).

Apesar desta regra, entendemos que, excepcionalmente, é de se admitir a legitimidade do assistente para prática de atos não contemplados no art. 271. Por exemplo, não há autorização legal para que o assistente possa opor exceção de suspeição do juiz. Apesar do silêncio legislativo, deverá ser reconhecida ao assistente de acusação essa faculdade, no intuito de evitar seja o processo penal presidido e julgado por juiz que considera parcial.

O mesmo ocorre em relação à **correição parcial**. Embora não haja previsão expressa desta possibilidade (o art. 271 possibilita ao assistente insurgir-se apenas contra a impronúncia, contra a decisão que declara extinta a punibilidade e contra a sentença final de mérito), pensamos que deve ser oportunizado seu ingresso diante de eventual ilegalidade constatada na atuação do magistrado como, por exemplo, se este negar-lhe vista dos autos para arrazoar recurso interposto pelo Ministério Público, em manifesta violação ao art. 600, § 1.º, do CPP.

E quanto ao ***"habeas corpus"****? O assistente pode intervir no pedido de "habeas" feito em favor do acusado?* O STJ não admite a intervenção de assistente de acusação ou qualquer outro interessado neste caso[38]. Considera-se, enfim, que, diversamente do que ocorre com o mandado de segurança, inexiste, relativamente ao *habeas corpus*, no Código de Processo Penal, norma autorizativa de intervenção de terceiros. Tal circunstância aliada ao fato de que em tema de liberdade a interpretação há de ser sempre restritiva impõe a inadmissibilidade do assistente de acusação em sede de *habeas corpus*.

3.1.5.5. O assistente do Ministério Público e a legitimidade recursal

O art. 577 do CPP, ao tratar dos legitimados recursais, revela que assim se consideram **o Ministério Público, o querelante, o réu, seu procurador ou defensor**, omitindo, como se vê, **o assistente de acusação.**

Não obstante, ao relacionar as faculdades inerentes à assistência, o art. 271 menciona que lhe é lícito "arrazoar os recursos interpostos pelo Ministério Público, **ou por ele próprio, nos casos dos arts. 584, § 1.º, e 598**". Ora, se o assistente, nas hipóteses dos

[37] STJ, HC 69.570/MT, *DJ* 10.08.2009. No mesmo sentido: HC 128.570/PB, *DJ* 03.08.2009.

[38] STJ, EDcl no HC 290826/BA, 6.ª Turma, *DJ* 30.08.2016.

arts. 584, § 1.º, e 598, pode arrazoar os recursos "por ele próprio" interpostos, é óbvio que lhe é facultada a dedução de recursos em tais situações.

Como, então, se explica essa aparente contradição entre os mencionados dispositivos legais?

É simples. O assistente não figura no art. 577 como legitimado recursal em face de esse artigo incorporar a relação dos sujeitos recursais genéricos, ou seja, aqueles que podem ingressar com qualquer recurso entre os previstos em lei. E não é isto o que acontece com o assistente, que **apenas pode deduzir determinados recursos** e, ainda assim, **condicionando-se a que não tenha o Ministério Público recorrido**.

Tanto é que, ao tratar da apelação do assistente, preceitua o art. 598 do CPP que "nos crimes de competência do Tribunal do Júri, ou do juiz singular, **se da sentença não for interposta apelação pelo Ministério Público no prazo legal**, o ofendido ou qualquer das pessoas enumeradas no art. 31, ainda que não se tenha habilitado como assistente, poderá interpor apelação, que não terá, porém, efeito suspensivo". Por outro lado, aduz o art. 584, § 1.º, que "ao recurso interposto de sentença de impronúncia ou no caso do n. VIII do art. 581, **aplicar-se-á o disposto nos arts. 596 e 598**". Logo, segundo regulamenta o CPP, não havendo recurso do Ministério Público, o assistente, habilitado ou não habilitado, poderá apenas:

- *Apelar da sentença* (art. 593 do CPP);
- *Apelar da impronúncia* (art. 416 do CPP);
- *Recorrer em sentido estrito da extinção da punibilidade* (art. 581, VIII, do CPP).

OBSERVAÇÃO: O art. 584, § 1.°, do CPP refere-se ao *recurso em sentido estrito* contra as decisões de impronúncia e extinção da punibilidade. Não obstante, em virtude da revogação expressa do art. 581, IV, 2.ª parte, do CPP pelo art. 4.° da Lei 11.689/2008, bem como do disposto no art. 416 do CPP, a impronúncia, agora, é **apelável**, não comportando mais o RSE. Isto, contudo, não afeta a legitimidade do assistente para insurgir-se em relação a tal modalidade decisória, mesmo porque, assim como ocorre com sentença absolutória, importa em extinção do processo.

E quanto à decisão do juiz que, no procedimento do júri, desclassifica a infração penal imputada para outra não dolosa contra a vida, nos termos do art. 419, do CPP? De fato, nem o art. 598 nem o art. 584, § 1.º, do CPP, contemplam faculdade recursal ao assistente para insurgir-se em relação à desclassificação operada na fase da pronúncia. Apesar disso, a jurisprudência majoritária, inclusive o STJ, tem compreendido que o assistente pode, sim, recorrer nessa hipótese, justificando essa orientação no argumento de que a desclassificação equipara-se à decisão de impronúncia, decisão esta que comporta recurso do assistente.

Há ainda previsão sumular do cabimento do recurso do assistente de acusação em relação ao **recurso extraordinário**, mas unicamente naqueles casos em que poderia ele recorrer das decisões do juiz singular, anteriormente citados. Trata-se da Súmula 210 do STF, dispondo que "o assistente do Ministério Público pode recorrer, inclusive extraordinariamente, na ação penal, nos casos dos arts. 584, § 1.º, e 598 do Código de Processo Penal". Registre-se que a citada súmula, hoje, deve ser interpretada extensivamente ao recurso especial, que nela não está previsto, unicamente, porque à época de sua edição não existia esse recurso, introduzido que foi a partir da Constituição Federal de 1988.

E, nos exatos termos da Súmula 208 do STF, "o assistente do Ministério Público não pode recorrer, extraordinariamente, da decisão concessiva de *habeas corpus*".

Para evitar tautologia a respeito do tema relativo à faculdade recursal da assistência, remetemos o leitor ao *capítulo 14, item 14.2.2.1*, em que tratamos do assunto com mais vagar, inclusive abordando aspectos relativos ao prazo do recurso interposto pelo assistente.

3.1.5.6. *Exclusão do assistente de acusação*

Eventualmente, circunstâncias posteriores ao deferimento da habilitação do assistente do Ministério Público facultam ao juiz determinar sua exclusão. É o caso de, em dado momento do processo, o assistente exacerbar suas atribuições legais, adotando posições diametralmente opostas à do Ministério Público e, com isto, desnaturando o fundamento principal de sua habilitação nos autos que é o de reforçar a tese acusatória. Perceba-se que não se está aqui afirmando que o assistente obrigatoriamente deva aderir ativamente ao entendimento do promotor (defendendo, por exemplo, de modo aguerrido à tese ministerial), mas, sim, que lhe é vedado causar a este transtornos que possam causar graves prejuízos no desempenho de suas atribuições.

Para ilustrar, contemple-se a situação tratada no julgamento, pelo Tribunal de Justiça do Paraná, do Processo 364903-6[39], em que o assistente, em plenário do Júri, durante os debates, sustentou aos Jurados a exclusão de qualificadora da surpresa, assumindo com isto posicionamento diametralmente oposto ao sustentado pelo Ministério Público durante os trabalhos. Neste caso, por entender que a postura do assistente implicava enfraquecimento da tese acusatória, em evidente desvio da finalidade precípua do instituto da Assistência, determinou o juízo a sua exclusão do processo, decisão esta confirmada pelo Tribunal Paranaense sob o fundamento de que desse proceder "poderá advir prejuízo à atuação ministerial, uma vez que a posição do assistente no processo deve ser a de coadjuvante, de auxílio e de reforço à acusação, não se admitindo que ocupe posição autônoma e desvinculada do interesse do Ministério Público no processo".

E qual a impugnação cabível em relação à exclusão do assistente? Em que pese divergências, entendemos possível o ingresso de correição parcial, tal, aliás, como ocorreu na hipótese ilustrada no exemplo. Sem embargo, deve-se lembrar de que esta nossa posição é minoritária, pois é dominante o entendimento de que ao assistente de acusação é vedado o manejo de correição parcial (v. *item 3.1.5.4*).

3.2. COMUNICAÇÃO DOS ATOS PROCESSUAIS: CITAÇÕES, INTIMAÇÕES E NOTIFICAÇÕES

Ao longo deste Capítulo, abordaremos os atos chamatórios que devem ou podem ser realizados no processo penal de forma objetiva, isto é, com ênfase ao conceito, forma, destinatários e momento de sua realização. Sem embargo, o exame desses mesmos atos será novamente realizado ao longo de outras partes deste livro, muito especialmente nos Capítulos 10 e 12, pertinentes, respectivamente, aos procedimentos criminais e nulidades processuais.

3.2.1. Citações

3.2.1.1. *Considerações gerais*

Trata-se do ato processual por meio do qual é comunicado ao acusado que contra ele foi recebida uma denúncia ou queixa-crime, a fim de que possa se defender.

De acordo com o art. 363 do Código de Processo Penal, quando realizada a citação é que o processo tem completada sua formação. Independentemente dessa previsão, é certo que, no âmbito criminal, não é a citação do indivíduo que constitui o primeiro marco

[39] *DJ* 02.02.2007.

interruptivo da prescrição, mas sim o recebimento da inicial acusatória, nos exatos termos do art. 117, I, do Código Penal.

Destinatário da citação é o réu. Logo, não pode ser citada qualquer pessoa em seu lugar, nem mesmo seu advogado, ainda que se pudesse cogitar, paradoxalmente, a existência de procuração com poderes especiais para tanto. De qualquer sorte, há discussões quanto à validade, no processo penal, da chamada **citação imprópria**, ou seja, aquela realizada na pessoa do curador nomeado ao acusado considerado incapaz em incidente de insanidade mental instaurado por determinação judicial. Quanto a essa possibilidade, há duas orientações:

> ***Primeira:*** contrária a essa modalidade citatória, considerando que apenas o acusado pode ser citado, já que a Constituição Federal erigiu a citação à categoria de garantia individual, ao dispor que "aos acusados em geral são assegurados o contraditório e ampla defesa, com os meios e recursos a ela inerentes" (art. 5.º, LV).
>
> ***Segunda:*** favorável à citação imprópria, em razão do que prevê o art. 151 do Código de Processo Penal, no sentido de que, reconhecida em incidente de insanidade mental a incapacidade ao tempo do fato, o processo terá prosseguimento por meio de curador. Para quem assim entende, esta forma de citação tem previsão no art. 245, § 5.º, do CPC/2015, cuja aplicação subsidiária, em muitos casos, é aceita no processo penal.

A nosso ver, a solução deste impasse deve ser ditada pelo bom senso. Em primeiro lugar, não existe, na legislação, previsão de que o processo penal persista paralisado quando, **ao tempo da infração penal**, foi o acusado reconhecido incapaz – inimputável (art. 26, *caput*, do CP) ou semi-imputável (art. 26, parágrafo único, do CP). Pelo contrário, o art. 151 do CPP refere que, neste caso, o processo prosseguirá com a presença de curador. A situação difere, portanto, da prevista no art. 152 do CPP, que trata da incapacidade superveniente ao fato e persistente à época do processo, caso em que o feito ficará paralisado até o restabelecimento do acusado ou a extinção da punibilidade pela prescrição. Ora, não gozando de plenitude mental à época da infração penal, evidentemente, não se pode considerar *válida* (art. 564, III, "e", do CPP) a citação realizada unicamente na pessoa do réu, mais ainda se desatender ele o chamado judicial. Dessa forma, entendemos que, em qualquer hipótese, deve o oficial de justiça tentar proceder à citação pessoal do acusado. Percebendo sua incapacidade de compreensão, deverá certificar esta situação, deixando de cumprir o mandado citatório. Constatando, porém, ao menos certa capacidade de entendimento, deverá citá-lo, certificando sua percepção quanto a eventuais sinais de alienação mental. Independentemente de uma ou outra situação, deverá, também, ser ordenada pelo juiz a citação por meio do curador nomeado por ocasião da instauração do incidente (art. 149, § 2.º), até porque, não fosse assim, desapareceria o sentido do art. 151 do CPP ao dispor que, nesses casos, o *processo prosseguirá com a presença de curador.*

No atual sistema processual, o réu deve ser citado para apresentar resposta à acusação e não para o ato do interrogatório. É este, como já dissemos, o comando do art. 396, caput, do CPP, ao dispor que "nos procedimentos ordinário e sumário, oferecida a denúncia ou queixa, o juiz, se não a rejeitar liminarmente, recebê-la-á e ordenará a citação do acusado para responder à acusação, por escrito, no prazo de 10 (dez) dias"; e, também, a determinação do art. 406 do mesmo Código, o qual estabelece que, no procedimento do júri, "o juiz, ao receber a denúncia ou a queixa, ordenará a citação do acusado para responder a acusação, por escrito, no prazo de 10 (dez) dias". Não se ignora que, na legislação especial, há previsões de citação do réu para o interrogatório, relegando-se a defesa escrita para depois deste ato. É o que ocorre, por exemplo, no procedimento de apuração dos crimes de competência originária do STF e do STJ, que é regrado pela Lei 8.038/1990, dispondo o art. 7º deste diploma que "recebida a denúncia ou a queixa, o relator designará dia e hora para o interrogatório, mandando citar o acusado ou querelado e intimar o órgão do Ministério Público, bem como o querelante ou o assistente, se for o caso". Contudo, esses regramentos (que preveem a citação do réu para o interrogatório e a realização desse ato antes da fase de inquirição das testemunhas), na visão das Cortes Superiores, não mais se aplicam. Isto porque, a partir do julgamento, pelo Plenário do STF, do Habeas Corpus 127.900/AM (*DJe* 03.08.2016), firmou esta Corte a orientação de que "a norma inscrita no art. 400 do Código de Processo Penal comum aplica-se [...] aos processos penais militares, aos processos penais eleitorais **e a todos os procedimentos penais regidos por legislação especial"**. E o STJ seguiu na mesma linha, passando a decidir no sentido de que "o interrogatório passa a ser sempre o último ato da instrução, mesmo nos procedimentos regidos por lei especial" (HC 397382/SC, *DJe* 14.08.2017). Logo, hoje em dia, a citação do réu, de fato, visa comunicá-lo formalmente da imputação que lhe é feita a fim de que, no prazo legal, apresente defesa escrita e não mais para o fim de ser interrogado, ato este que, reitera-se, deslocado para o momento posterior à instrução propriamente dita.

Citado o réu validamente, se não atender ao comando judicial e deixar de comparecer a juízo, a consequência será a decretação de sua revelia. Neste caso, é preciso distinguir duas situações:

a) *O réu foi citado pessoalmente:* Incide o art. 367 do CPP, dispondo que o processo seguirá sem a presença do acusado. Em termos práticos, isto quer dizer que, doravante, apenas seu advogado será comunicado dos atos processuais, pois ele, réu, não será notificado ou intimado para qualquer outro termo da ação penal, salvo em relação à sentença condenatória (art. 392 do CPP).

b) *O réu foi citado por edital:* Incide o art. 366 do CPP, estabelecendo que se *o acusado, citado por edital, não comparecer, nem constituir advogado, ficarão suspensos o processo e o curso do prazo prescricional*[40]*, podendo o juiz determinar a produção antecipada das provas consideradas urgentes e, se for o caso, decretar a prisão preventiva, nos termos do disposto no art. 312.* Atente-se que, no tocante à **suspensão do prazo prescricional** durante o período de paralisação do processo, os Tribunais Superiores pacificaram entendimento[41] no sentido de que tal suspensão apenas subsiste pelo período da prescrição do crime imputado, levando-se em conta a pena máxima estabelecida e os lapsos do art. 109 do Código Penal. Logo, se, por exemplo, o crime pelo qual acusado o réu prescreve em oito anos, este deve ser o prazo máximo de suspensão do prazo prescricional para os fins do art. 366 do CPP, retornando, a partir daí, a correr a prescrição, sem embargo de continuar suspenso o processo criminal até que seja ele citado pessoalmente (caso em que a ação penal terá prosseguimento) ou até que ocorra a extinção da punibilidade. Sobre o tema, remetemos o Leitor ao tópico 3.2.1.10 deste Capítulo. Já em relação à **produção antecipada de provas**, deve-se atentar para o que dispõe a Súmula 455 do STJ, estipulando que "a decisão que determina a produção antecipada de provas com base no art. 366 do CPP deve ser concretamente fundamentada, não a justificando unicamente o mero decurso do tempo". Por fim, relativamente à possibilidade de **imposição de prisão preventiva,** conquanto não se ignore que o art. 282, § 6.º, do CPP condiciona o

[40] Rememore-se o entendimento do STJ em sua Súmula 415, disciplinando que o período da suspensão do prazo prescricional é regulado pelo máximo da pena cominada. Ver *item 3.1.4.2* deste Capítulo.

[41] Súmula 415 do STJ e RE 600.851 RG/DF, julgado pelo STF no dia 04.12.2020 em regime de repercussão geral.

cabimento da custódia cautelar a que não seja possível a sua substituição por outra medida cautelar diversa da prisão entre as arroladas no art. 319 do mesmo diploma, é preciso ter em mente que, se foi o acusado citado por edital, é porque esgotadas todas as diligências possíveis para sua localização pessoal. Ora, tal circunstância, até que seja localizado o réu, inviabiliza a aplicação de qualquer outra medida cautelar alternativa e, se presentes os requisitos legais, pode conduzir à decretação da prisão preventiva do acusado. Observe-se que, ao referirmos a ineficácia da aplicação dos provimentos cautelares do art. 319 do CPP enquanto não for localizado o réu, não estamos afirmando a obrigatoriedade da custódia cautelar, pois a sua imposição condiciona-se, sempre, à análise das peculiaridades do caso concreto.

3.2.1.2. *Espécies de citação*

A citação é classificada em duas formas: **citação real** e **citação ficta (ou presumida)**.

A *citação real* é aquela realizada na pessoa do réu, sendo efetivada por meio de uma das seguintes formas: mandado, cumprido por oficial de justiça, no âmbito da jurisdição do juiz perante o qual responde o acusado o processo criminal; carta precatória; carta rogatória; ofício requisitório; e, por fim, mediante carta de ordem.

Por sua vez, a *citação ficta* é aquela efetivada por meio de edital publicado na imprensa, ou afixado no átrio ou na porta do Fórum e, também, na hipótese de citação por hora certa.

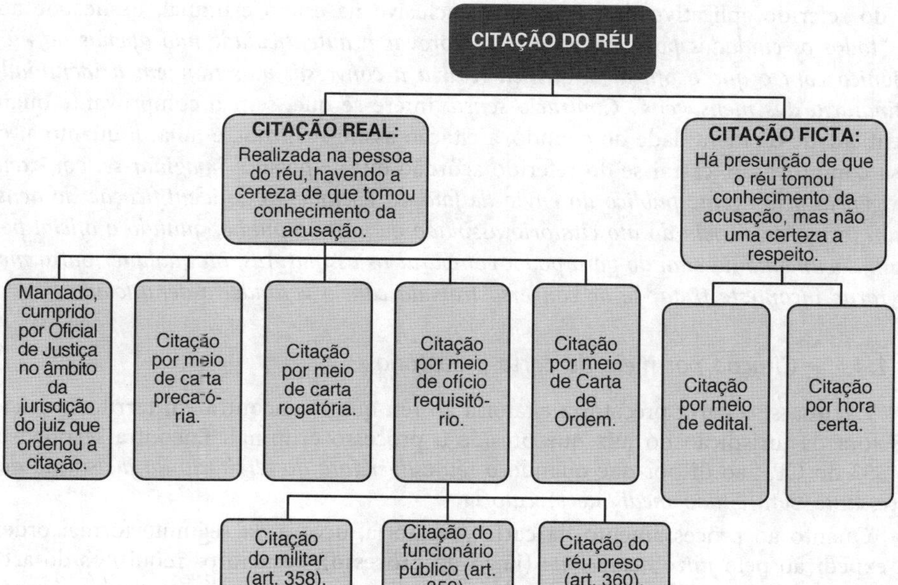

3.2.1.3. *Citação por mandado*

Encontrando-se o réu no território do juiz que preside o processo criminal e, nessa condição, ordenada a citação, deve o réu ser citado por mandado, cumprido por oficial de justiça, ressalvando-se desta regra apenas as seguintes situações: hipótese de se encontrar ele em legação estrangeira, caso em que deve ser citado mediante carta rogatória (art. 369 do CPP), ou se for militar, situação na qual deverá ser citado por intermédio do chefe do respectivo serviço (art. 358 do CPP).

O mandado de citação tem por objetivo levar ao acusado o conhecimento de que, contra ele, foi movida uma ação penal, bem como o teor da acusação a ela incorporada. Neste contexto, deverá conter os **requisitos intrínsecos** previstos no art. 352 do CPP, quais sejam: *I. o nome do juiz; II. o nome do querelante nas ações iniciadas por queixa; III. o nome do réu, ou, se for desconhecido, os seus sinais característicos; IV. a residência do réu, se for conhecida; V. o fim para que é feita a citação; VI. o juízo e o lugar, o dia e a hora em que o réu deverá comparecer; VII. a subscrição do escrivão e a rubrica do juiz.* Note-se que a lei processual penal não faz restrições quanto a dia, hora e lugar da citação. Destarte, poderá o oficial de justiça cumprir o mandado em qualquer momento e onde quer que encontre o acusado, muito embora deva ater-se às restrições quanto à inviolabilidade do domicílio na respectiva execução.

Quanto aos **requisitos extrínsecos** do mandado, são aqueles previstos no art. 357 do CPP, consistentes na *leitura do mandado de citação ao réu e entrega a ele de contrafé* (cópia do inteiro teor do mandado) *na qual constarão dia e hora da citação*, bem como a respectiva *certificação quanto à entrega desta contrafé ao réu e sua aceitação ou recusa.*

Questão relevante refere-se à hipótese em que o oficial de justiça, mesmo tendo em mãos o mandado, procede a citação do réu por meio de aplicativo de mensagens (especialmente o *whatsapp*), certificando, depois, o respectivo cumprimento. Analisando a matéria, compreendeu o Superior Tribunal de Justiça, no julgamento do *Habeas Corpus* 641877/DF (*DJ* 15.03.2021), no sentido da viabilidade de ser levado a efeito o ato citatório com uso do referido aplicativo de mensagens, inclusive na esfera criminal, desde que adotados "*todos os cuidados possíveis para se comprovar a autenticidade não apenas do número telefônico com o que o oficial de justiça realiza a conversa, mas também a identidade do destinatário das mensagens*". *Contrario sensu*, infere-se que, sem o comprovante quanto à autenticidade da identidade do citando, a citação assim realizada é nula. E quanto à forma dessa comprovação, extrai-se do referido acórdão que "*é possível imaginar-se, por exemplo, a exigência pelo agente público do envio de foto do documento de identificação do acusado, de um termo de ciência do ato citatório assinado de próprio punho, quando o oficial possuir algum documento do citando para poder comparar as assinaturas, ou qualquer outra medida que torne inconteste tratar-se de conversa travada com o verdadeiro denunciado*"[42].

3.2.1.4. *Citação por meio de carta precatória*

Destina-se a carta precatória citatória ao réu que se encontra em território nacional, mas fora da jurisdição do juiz que preside o processo criminal. Encontra-se prevista no art. 353 do CPP, ao dispor que quando *o réu estiver fora do território da jurisdição do juiz processante, será citado mediante precatória.*

Quanto ao processamento da carta precatória, ocorre da seguinte forma: ordenada sua expedição pelo *juízo deprecante* (juízo do processo), conterá os requisitos do art. 354 do CPP e será encaminhada ao *juízo deprecado* (juízo em que será cumprida). Aportando neste local, o juiz deprecado determinará sua execução mediante despacho de "cumpra-se". Ato contínuo, caberá ao Escrivão expedir o competente mandado, observando os requisitos do art. 352 do CPP, alcançando-o ao oficial de justiça para cumprimento.

Localizado o citando pelo oficial de justiça e executado o objeto do mandado, a carta precatória será restituída ao *juízo deprecante* devidamente cumprida (art. 355 do CPP).

42 No mesmo sentido: STJ, HC 644.543/DF, 6ª Turma, Rel. Min. Nefi Cordeiro, j. 09.03.2021, DJe 15.03.2021); STJ, AgRg no HC 685.286/PR, 6ª Turma, Rel. Min. Antonio Saldanha Palheiro, j. 22.02.2022, DJe 25.02.2022.

Se, contudo, o oficial de justiça não localizar o réu e nem tiver notícias de seu paradeiro, a carta será devolvida à origem sem cumprimento, com certidão narrativa quanto à impossibilidade de ser efetivada a citação do acusado.

Eventualmente, ao tentar cumprir a precatória, pode ocorrer que o oficial de justiça tome ciência de que o acusado não se encontra naquela localidade, mas, sim, em outra, correspondente à jurisdição de juiz distinto, certificando o provável endereço. Nesta hipótese, por questões de economia processual, em vez de restituir a precatória ao *juiz deprecante* para que outra seja expedida ao novo endereço, caberá ao próprio *juiz deprecado* enviá-la àquele local, desde que haja tempo para fazer-se a citação. Trata-se da chamada **carta precatória itinerante**, prevista no art. 355, § 1.º, do CPP.

Outra possibilidade é a de que o oficial de justiça, no juízo deprecado, constate que o réu está se ocultando para não ser citado. Neste caso, estabelece o art. 355, § 2.º, que "a precatória será imediatamente devolvida, para o fim previsto no art. 362". Ora, reputamos aqui uma impropriedade do legislador. Veja-se que o art. 362 do CPP trata da citação por hora certa, que é a modalidade citatória adequada para o réu que se oculta no intuito de evitar a citação (ver item 3.2.1.11). Sendo assim, não há razão alguma para que a carta precatória seja *imediatamente devolvida* ao juízo deprecante, cabendo ao próprio oficial de justiça no juízo deprecado, *incontinenti*, adotar as medidas previstas no citado art. 362 para a citação por hora certa na forma prevista nos arts. 252 a 254 do CPC/2015, e, depois de perfectibilizada esta citação, aí sim devolver o mandado a cartório a fim de que a precatória seja restituída à origem.

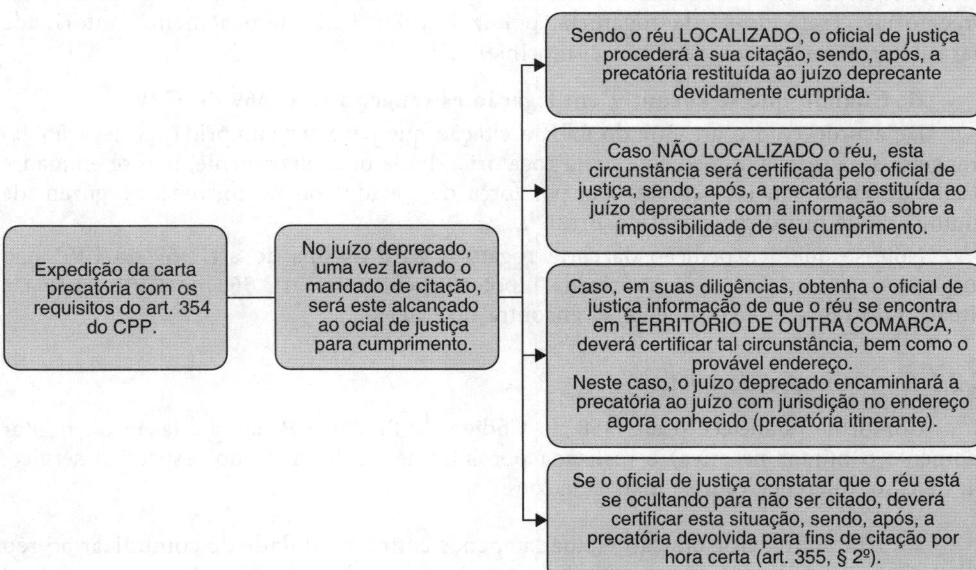

3.2.1.5. Citação por meio de carta rogatória

Duas são as hipóteses tratadas no Código de Processo Penal em que deve ser expedida carta rogatória citatória:

I. Acusado que se encontra no estrangeiro, em lugar conhecido (art. 368 do CPP).

Antes da alteração introduzida ao Código de Processo Penal pela Lei 9.271/1996, a expedição de carta rogatória para citação do acusado que se encontrasse no estrangeiro em lugar sabido condicionava-se a que fosse inafiançável o delito imputado. Na atualidade, esta circunstância não mais importa, devendo, em qualquer caso, ser expedida carta rogatória, conforme se infere da redação do art. 368 do CPP. Outra peculiaridade se refere à *suspensão do prazo prescricional* determinada por esse artigo, até que haja o efetivo cumprimento da carta. Retornando esta ao juízo rogante e constatado o efetivo cumprimento, a fluência do prazo prescricional do crime é automática, devendo-se considerar como *dies a quo* não a data em que os autos da carta aportaram em cartório, mas, sim, aquela em que houve seu cumprimento no juízo rogado.

Com a vigência da Lei 11.900/2009, introduziu-se no Código de Processo Penal o art. 222-A, dispondo que *as cartas rogatórias só serão expedidas se demonstrada previamente sua imprescindibilidade, arcando a parte requerente com os custos do envio*. Estabeleceu-se, ainda, no respectivo parágrafo único que "**aplica-se às cartas rogatórias o disposto nos §§ 1.º e 2.º do art. 222 deste Código**, dispositivos estes que, pertinentes à carta precatória, estatuem que esta não suspende a instrução criminal e que, findo o prazo marcado pelo juízo deprecante para o seu cumprimento, poderá ser realizado o julgamento do processo sem que se aguarde o seu retorno". Neste último enfoque, muito pertinente a crítica realizada por Tourinho Filho quanto à impropriedade da fixação de prazo pelo juiz rogante (juiz brasileiro), para que o juiz rogado (juiz estrangeiro) cumpra a carga rogatória, indagando o doutrinador sobre "como pode o Juiz Rogante estabelecer prazo ao Juiz rogado para cumprir a rogatória? Como pode a autoridade brasileira querer que a autoridade de outro país observe a nossa lei, desrespeitando-lhe a soberania? Entre nós, o Juiz fixa prazo para cumprimento das precatórias. Tratando-se de rogatória, o Juiz brasileiro não tem a menor autoridade para determinar prazos para seu cumprimento"[43].

II. Citando que se encontra em legação estrangeira (art. 369 do CPP).

De acordo com o art. 369 do CPP, a citação que deva ser cumprida em legação estrangeira será realizada mediante carta rogatória, desde que, obviamente, não se enquadre o citando entre aquelas pessoas que, por força de tratados ou de convenções, gozem de imunidade de jurisdição penal no Brasil[44].

Note-se que a expedição da carta rogatória para os fins do art. 369 do CPP, não suspende a prescrição, ao contrário da hipótese prevista no art. 368 do CPP, relativa à situação do réu que efetivamente se encontra no exterior.

3.2.1.6. Citação do militar

Conforme estabelece o art. 358 do Código de Processo Penal, a citação do militar (somente o militar na ativa) é realizada por intermédio do chefe do respectivo serviço. Neste caso, diferenciavam-se duas situações:

a) Tratando-se de citação efetuada apenas com a finalidade de comunicar ao réu acerca do processo criminal contra si instaurado e de fixar-lhe o prazo inicial para o oferecimento da resposta à acusação, **o ofício expedido ao Chefe da Guarnição Militar não conterá requisição de comparecimento do réu a juízo**, sendo suficiente o preenchimento dos requisitos do art. 352 do CPP – requisitos do mandado de citação, pois, ao fim e ao cabo, precitado ofício substitui tal mandado. A citação assim realizada, vale dizer, sem finalidade de aprazar a data de ato processual a que deva estar presente o citando, na atualidade, é a regra geral do processo penal, em face do novo modelo estabelecido para os

---

43 Ob. cit., p. 547-548.

44 O art. 31 da Convenção de Viena sobre as Relações Diplomáticas, por exemplo, estabelece que "o agente diplomático gozará da imunidade de jurisdição penal do Estado acreditado".

procedimentos comuns ordinário e sumário, que preveem, no art. 396 do CPP, a citação do acusado *para apresentar resposta à acusação* e, apenas bem mais tarde, o aprazamento de audiência de instrução e interrogatório. Tal situação, por óbvio, subsiste na atualidade.

b) Sendo, contudo, o caso de citação realizada também com o objetivo de aprazar audiência de interrogatório do réu, *compreendia-se* que o ofício encaminhado ao Chefe da Guarnição Militar onde ele se encontrasse, além de preencher os requisitos do art. 352 do CPP, **deveria inserir, também, a requisição de comparecimento do citando a juízo no dia e hora aprazados**, sob pena de não estar o acusado obrigado a comparecer ao ato. Era o que se fazia, por exemplo, no procedimento da Lei de Drogas (Lei 11.343/2006), tendo em vista dispor o seu art. 56 que o acusado é citado para comparecer à audiência de interrogatório e instrução[45]. Isto, porém, na atualidade, está superado, tendo em vista que o STF, no que foi acompanhado pelo STJ[46], firmou o entendimento de que o art. 400 do CPP, ao contemplar a efetivação do interrogatório do réu apenas após a inquirição de todas as testemunhas arroladas, *deve ser aplicado a todos os procedimentos regidos por leis especiais*[47]. Logo, hoje, a citação do réu cumpre, unicamente, a finalidade de cientificá-lo do teor da acusação e, via de regra, abrir o prazo para apresentação de resposta preliminar, não havendo mais, na sua realização, o objetivo de chamar o réu para interrogatório. Este chamamento, em verdade, ocorrerá por meio de sua *intimação,* que, na prática, tem sido ordenada pelo Juiz na ocasião do aprazamento da audiência para oitiva das testemunhas do processo.

3.2.1.7. Citação do funcionário público

Tratando-se o réu de funcionário público, incidem as regras gerais de citação pessoal, quais sejam:

a) Mandado, a ser cumprido por oficial de justiça, se residente ou domiciliado o réu na jurisdição do juiz processante;

b) Expedição de carta precatória, se residente e domiciliado em território distinto da jurisdição do juiz processante.

Sem embargo deste enquadramento, exige o art. 359 do CPP que também o chefe da repartição na qual está lotado o servidor seja notificado quanto à data e horário em que deve comparecer à Justiça. Tal notificação deve ocorrer mediante ofício, por meio do qual será **requisitada** a presença do funcionário público a Juízo. Sem que esse ofício seja expedido, a presença do servidor não é obrigatória.

Obviamente, a regra em exame tem lugar apenas quando se tratar de citação do servidor com vista a seu **comparecimento à audiência judicial**. Tratando-se de citação realizada com a finalidade apenas de **apresentar resposta à acusação**, nos moldes preconizados pelo art. 396 do CPP, é dispensada a expedição de qualquer notificação ou requisição ao Chefe da Repartição, já que não haverá necessidade, neste caso, de afastar o citando de suas funções para providenciar sua defesa.

---

45 Art. 56 da Lei 11.343/2006.

46 Por exemplo, o deliberado no AgRg no AREsp 1438743/MG, 5.ª Turma, *DJ* 12.09.2019.

47 Esta orientação foi sedimentada no STF a partir do julgamento do *Habeas Corpus* 127.900/AM, em 03.03.2016 (*DJ* 03.08.2016).

3.2.1.8. Citação do réu preso

Estabelece o art. 360 do Código de Processo Penal que *se o réu estiver preso, será pessoalmente citado.*

Situação por vezes ocorrente é a de, não sendo localizado o réu para citação pessoal, ordenar o juiz a sua citação por edital por desconhecer que se encontra preso. Nesta hipótese, incide a Súmula 351 do STF dispondo que "é nula a citação por edital de réu preso na mesma unidade da federação em que o juiz exerce a sua jurisdição". Perceba-se que a referida Súmula apenas tem incidência nos casos de réu segregado no mesmo Estado no qual o Juiz processante atua, não se estendendo às hipóteses em que o acusado se encontra custodiado em localidade diversa daquela em que tramita o processo no qual se deu a citação por edital. Ocorrendo esta hipótese, qual seja, de réu preso em Estado distinto daquele em que o juiz exerce a sua jurisdição, o entendimento no sentido da nulidade da citação editalícia apenas pode ser adotado quando a localização do acusado era conhecida pelo juízo, ou quando tal informação era possível no caso concreto[48].

A propósito da citação pessoal do réu preso, é preciso ainda distinguir se o citando encontra-se recluso em território pertencente à jurisdição do juiz processante ou não. Na primeira hipótese, a citação pessoal dar-se-á mediante expedição de mandado por ordem do próprio juiz que a ordenou. Na segunda, será necessária a expedição de carta precatória, sendo que o mandado de citação será expedido por determinação do juízo deprecado.

Em um e outro caso deve-se considerar que, se a citação visar, unicamente, à **comunicação do réu acerca da ação penal e à fixação de prazo para responder à acusação** nos termos do art. 396 do CPP, não será necessária qualquer providência junto à administração carcerária. Caso a citação também se destine a **cientificar o acusado quanto à data de seu interrogatório**, juntamente com o mandado a ele dirigido, deverá ser expedido, por ordem do juiz processante (hipótese de o presídio se localizar em sua jurisdição) ou por ordem do juiz deprecado (hipótese de o presídio se localizar em outra comarca), ofício ao Diretor do estabelecimento em que estiver preso o acusado, requisitando-se sua apresentação em dia e hora designados.

3.2.1.9. Citação por meio de carta de ordem

Trata-se da *carta de ordem* de expediente semelhante à *carta precatória*, dela se diferenciando pela circunstância de que, ao passo que esta última tramita entre autoridades judiciárias de idêntico grau e insere uma *solicitação* (por exemplo, de juiz de direito para juiz de direito), a primeira é expedida por Órgão Jurisdicional de grau superior para outro de grau inferior, incorporando uma *ordem*, como o próprio nome sugere.

3.2.1.10. Citação por edital

Consiste o edital em similar do mandado de citação, apenas publicado na imprensa oficial ou afixado em locais específicos junto ao edifício do Fórum.

De acordo com o art. 365 do CPP, o edital de citação conterá: *I. o nome do juiz que a determinar; II. o nome do réu, ou, se não for conhecido, os seus sinais característicos, bem como sua residência e profissão, se constarem do processo; III. o fim para que é feita a*

[48] STJ, HC 162.339/PE, 5.ª Turma, Rel. Min. Jorge Mussi, *DJ* 28.10.2011.

citação; IV. o juízo e o dia, a hora e o lugar em que o réu deverá comparecer; V. o prazo, que será contado do dia da publicação do edital na imprensa, se houver, ou da sua afixação, sendo esse prazo de **15 (quinze) dias**, conforme art. 361 do CPP[49].

Na atualidade, reserva-se a citação editalícia às seguintes hipóteses:

1) Não localização do réu (arts. 361 e 363, § 1.º, ambos do CPP): a validade da citação ficta aqui é condicionada ao fato de que as tentativas de localização do réu tenham sido esgotadas. Destarte, impõe-se que tenha sido o acusado procurado por oficial de justiça em todos os endereços existentes no inquérito e no processo, sem embargo de outras diligências serem realizadas, de acordo com as particularidades do citando. Outra cautela sempre necessária de parte do Juiz é oficiar aos Órgãos responsáveis pela administração da população carcerária e às varas de execuções criminais com o objetivo de cientificar-se quanto ao fato de não estar o acusado preso, pois, se ocorrer essa hipótese, for ele citado por edital, tal citação será nula.

2) Encontrar-se o citando no estrangeiro em lugar não conhecido: o art. 368 do CPP estabelece que, encontrando-se o réu no estrangeiro em lugar conhecido, será citado por meio de carta rogatória. Ora, a *contrario sensu*, se estiver em local não sabido, descabe a rogatória, restando, em consequência, a citação editalícia com base nos arts. 361 e 363, § 1.º, do CPP.

Na grande maioria dos casos, a citação por edital não alcança o resultado efetivo de cientificar o réu do teor da acusação. Disto resulta o não atendimento, pelo acusado, do chamado para responder ao processo criminal, deixando ele de constituir defensor para patrocinar seus interesses. Nesses casos, incide o art. 366 do CPP, determinando que o processo criminal permaneça *suspenso*, e também *suspenso* o prazo prescricional, sem prejuízo da possibilidade de o juiz ordenar a produção de provas urgentes e, se for o caso, decretar a prisão preventiva do acusado. Assunto que ensejava controvérsia dizia respeito à constitucionalidade da **suspensão indefinida do prazo da prescrição** determinada pelo mencionado dispositivo. Veja-se que, enquanto no STJ há muito tempo se compreende que o período máximo de suspensão do prazo prescricional, na hipótese do art. 366 do CPP, deve corresponder ao que está fixado no art. 109 do CP (prazo da prescrição), observada a pena máxima cominada para a infração penal (posição esta, inclusive, sedimentada por meio de sua Súmula 415[50]), *no STF vigorava posição oposta, vale dizer, a de que não haveria óbice* à indefinição do prazo de suspensão da prescrição previsto no art. 366 do CPP, não implicando esta situação no estabelecimento de novo caso de imprescritibilidade além dos previstos na Constituição Federal. Pois bem, na atualidade o impasse não mais existe. Isto porque o Plenário do Supremo Tribunal Federal, em 04.12.2020, no julgamento do Recurso Extraordinário 600.851 RG/DF, em regime de repercussão geral[51] (com efeito vinculante, portanto, sobre os demais Órgãos do Poder Judiciário), fixou a tese de que "em caso de inatividade processual decorrente de citação por edital, ressalvados os crimes previstos na Constituição Federal como imprescritíveis, é constitucional limitar o período de suspensão do prazo prescricional ao tempo de prescrição da pena máxima em abstrato cominada ao crime, a despeito de o processo permanecer suspenso". Como se vê, hoje em dia, os Tribunais Superiores encontram-se alinhados no sentido de que, efetivamente, o prazo máximo de suspensão do prazo prescricional na hipótese do art. 366 deve ser aquele em que prescreve o crime

---

49 Encontra-se prejudicado o disposto no art. 364 do CPP, pois os incisos I e II do art. 363 do mesmo Código, a que ele remete, encontram-se revogados.

50 Súmula 415 do STJ: "*O período de suspensão do prazo prescricional é regulado pelo máximo da pena cominada*".

51 Apreciação do Tema 438 da repercussão geral antes reconhecida no RExt 600.851/DF.

imputado, retornando, a partir daí, a correr a prescrição, sem embargo de continuar paralisado o processo até que **seja citado o réu pessoalmente** (caso em que a ação penal terá prosseguimento) ou que ocorra a extinção da punibilidade. E se, encontrando-se suspenso o processo criminal, em vez de citado pessoalmente o réu, sobrevier a sua citação por hora certa, nos termos do art. 362 CPP c/c os arts. 252 a 254 CPC/2015)? Esta modalidade citatória também deve permitir a retomada do andamento do processo suspenso? Apesar de vozes em sentido oposto, entendemos que sim, pois a citação por hora certa lastreia-se na suspeita fundada de que o réu está se ocultando para não ser citado, permitindo, assim como ocorre quando pessoalmente citado, a tramitação processual – tanto é que refere o mencionado art. 362 que "completada a citação com hora certa, se o acusado não comparecer, ser-lhe-á nomeado defensor dativo".

Por derradeiro, deve-se frisar que o art. 366 do CPP, ao determinar a suspensão do processo e do prazo prescricional no caso de réu citado por edital que não comparece e nem constitui defensor, não é aplicável nos processos por crimes relacionados à *lavagem de dinheiro*. Nesses casos, por força do que dispõe o art. 2.º, § 2.º, da Lei 9.613/1998[52], a ação penal terá prosseguimento normal, devendo o juiz proceder à nomeação de defensor dativo ao acusado.

3.2.1.11. *Citação por hora certa*

A citação por hora certa, como dissemos no tópico anterior, tem lugar na hipótese em que o réu, presumidamente, se oculta para evitar a citação. Trata-se de modalidade citatória prevista no art. 362 do Código de Processo Penal.

Antes da mencionada alteração legislativa, procedia-se, no caso do réu que se oculta, à citação por edital, com prazo de cinco dias. Na atualidade, isso não mais ocorre. Na dicção dos arts. 252 a 254 do CPC/2015, se, por duas vezes, o oficial de justiça houver procurado o réu em seu domicílio ou residência, sem o encontrar, suspeitando de que ele está se ocultando, deverá intimar qualquer pessoa da família, ou, na falta, qualquer vizinho de que, no dia imediato, voltará, a fim de efetuar a citação, em hora determinada. No dia e hora designados, retornando o oficial de justiça para realizar a diligência, se ainda assim o citando não estiver presente, após tentar informar-se das razões da ausência, o oficial dará por citado o réu, certificando essa ocorrência e deixando a contrafé com pessoa da família ou com qualquer vizinho, consignando-lhe o nome na certidão. Feita essa citação, o escrivão ou o chefe de secretaria enviará ao réu carta, telegrama ou correspondência eletrônica, dando-lhe ciência do ocorrido.

A nosso ver, andou certo o legislador em introduzir esta modalidade citatória no processo criminal, pois contribuirá sobremaneira para a redução da impunidade decorrente da citação por edital. Isso porque, ao contrário do que ocorre com o réu citado por edital, em relação ao qual o não comparecimento importa em suspensão do processo nos termos do art. 366 do CPP, para o acusado citado por hora certa que não se fizer presente não ocorre tal suspensão, prosseguindo-se a ação penal normalmente, sendo ele assistido por defensor dativo. **Mas atenção:** sem embargo desse nosso entendimento, parte da doutrina considera inconstitucional a citação por hora certa no processo penal, ponderando que importa em violação ao contraditório, já que permite a responsabilização criminal do réu sem que tenha ele exercido plenamente sua defesa. Esta tese, no entan-

[52] Art. 2º, § 2º, da Lei 9.613/1998: "§ 2o No processo por crime previsto nesta Lei, não se aplica o disposto no art. 366 do Decreto-Lei nº 3.689, de 3 de outubro de 1941 (Código de Processo Penal), devendo o acusado que não comparecer nem constituir advogado ser citado por edital, prosseguindo o feito até o julgamento, com a nomeação de defensor dativo".

to, foi afastada pelo Supremo Tribunal Federal, por ocasião do julgamento do Recurso Extraordinário 635.145/RS (*DJ* 05.08.2016), em que havia sido reconhecida repercussão geral, oportunidade em que os ministros compreenderam que tal modalidade de citação não acarreta qualquer cerceamento ao direito de defesa assegurado constitucionalmente aos acusados em processo criminal.

3.2.2. Intimações e notificações

3.2.2.1. Considerações gerais

A diferença entre *intimação* e *notificação* não possui qualquer relevância em termos práticos, pois o legislador não estabeleceu essa distinção no âmbito do Código de Processo Penal. De qualquer modo, doutrinariamente, é possível estabelecer as seguintes definições:

- *Intimação:* comunicação realizada a alguém quanto a um ato já realizado. *Exemplo:* Intimação das conclusões da perícia; intimação da degravação da audiência; intimação da sentença prolatada pelo juiz etc.
- *Notificação:* ciência a alguém quanto a um comando judicial determinando certa providência a ser cumprida. *Exemplo:* Notificação da testemunha para que compareça em audiência para depor; notificação do réu a fim de que se faça presente em audiência de interrogatório; notificação do técnico em determinada área quanto à perícia para a qual foi nomeado etc.

Mais: a *notificação*, ao contrário da *intimação*, traz, implícita ou explicitamente, uma cominação legal na hipótese de descumprimento. Enfim, o destinatário da notificação tem ciência, quer porque há o aviso expresso no formulário judicial, quer porque se trata de fato de conhecimento geral, que o descumprimento injustificado do comando judicial acarreta consequências legais cogentes das quais não poderá se eximir – condução coercitiva, pagamento de custas da condução, multa etc.

Independente destas considerações, nos tópicos que seguem, para evitar qualquer desencontro entre os termos utilizados neste livro e a leitura do Código, trataremos as expressões *intimação* e *notificação* como sinônimas, utilizando a nomenclatura referida no texto legal.

3.2.2.2. Intimações (notificações) do Ministério Público, do defensor, do advogado do querelante e do advogado do assistente de acusação

O art. 370 do Código de Processo Penal estabelece as regras para a ciência de atos ao Ministério Público, ao defensor do réu e ao advogado do querelante e do assistente de acusação. Em linhas gerais, consiste na seguinte normatização:

a) *Ministério Público:* ciência pessoal (art. 370, § 4.º, do CPP);

b) *Defensor nomeado pelo juiz:* ciência pessoal (art. 370, § 4.º, do CPP);

c) *Defensor constituído pelo réu:* ciência mediante publicação no órgão incumbido da publicidade dos atos judiciais na comarca (art. 370, § 1.º, do CPP);

d) *Advogado do querelante e do assistente de acusação:* ciência mediante publicação no órgão incumbido de publicidade dos atos judiciais na comarca (art. 370, § 1.º, do CPP).

Nos dois últimos casos é necessário prever a hipótese de inexistir na localidade circulação do Diário Oficial. Nesta hipótese, incide o art. 370, § 2.º, dispondo que "a intimação far-se-á diretamente pelo escrivão, por mandado, ou via postal com comprovante de recebimento, ou por qualquer outro meio idôneo". Na prática, isto significa que o chefe do cartório deverá intimar o advogado junto ao balcão. Não logrando êxito (por exemplo, em face do não comparecimento do advogado no Fórum), deverá ser expedido mandado de intimação a ser cumprido por oficial de justiça, sem embargo da possibilidade de a intimação ser feita via postal com aviso de recebimento. Como o dispositivo se refere ainda a *qualquer outro meio idôneo*, abre-se a possibilidade para a incidência dos termos da Lei 11.419/2006, permitindo-se aos advogados constituídos devidamente cadastrados a intimação por meio eletrônico em portal próprio, dispensando-se, em tal caso, a publicação no órgão oficial (art. 5.º da Lei 11.419/2006).

Oportuno, ainda, fazer referência ao *Defensor Público*, que também deve ser intimado pessoalmente dos despachos e das decisões judiciais, conforme estabelece o art. 128, I, da Lei Complementar 80/1994.

Outro aspecto que não se pode perder de vista respeita à previsão do art. 370, § 1.º, do CPP no sentido de que, na intimação do advogado do réu, do querelante e do assistente realizada por meio de publicação no órgão próprio deve constar, sob pena de nulidade, o **nome do acusado**. Para tanto, não importa a finalidade da comunicação mencionada no dispositivo, podendo ser desde a intimação para audiências até a ciência de decisões judiciais[53].

3.2.2.3. Intimação da sentença condenatória, da decisão de pronúncia e dos acórdãos dos tribunais

Sobre o tema, para evitar tautologia, remetemos o leitor ao **Capítulo 13, item 13.11**, em que o abordamos com a profundidade necessária.

Acesse o
MATERIAL SUPLEMENTAR

Entre no Ambiente de Aprendizagem através das instruções contidas na orelha deste livro e acesse os conteúdos exclusivos desta edição:
- questões de concursos;
- videoaulas dos principais temas;
- mapas mentais;
- *ebook* de resumos de cada capítulo.

[53] [...] Não enseja nulidade a ausência de publicação integral do édito condenatório, sendo possível, portanto ser realizada de forma resumida, desde que conste a conclusão do julgado, nomes das partes e de seus respectivos causídicos. (STJ, HC 450573/PB, *DJ* 20.06.2018); [...] Consoante determina o art. 370, § 1º, do Código de Processo Penal, a intimação do defensor constituído, do advogado do querelante e do assistente far-se-á por publicação no órgão incumbido da publicidade dos atos judiciais da comarca, incluindo, sob pena de nulidade, o nome do acusado. (STJ, HC 479718/PR, *DJ* 19.02.2019).

CAPÍTULO 4

Inquérito Policial

4.1. CONSIDERAÇÕES PRELIMINARES

Por inquérito policial compreende-se o conjunto de diligências realizadas pela autoridade policial para obtenção de elementos que apontem a autoria e comprovem a materialidade das infrações penais investigadas, permitindo ao Ministério Público (nos crimes de ação penal pública) e ao ofendido (nos crimes de ação penal privada) o oferecimento da denúncia e da queixa-crime.

Possui **natureza administrativa**, na medida em que instaurado pela autoridade policial.

Tratando-se de um **procedimento inquisitorial**, destinado a angariar informações necessárias à elucidação de crimes, não há ampla defesa no seu curso. E, como veremos mais à frente (item 4.3), não afeta essa natureza inquisitiva a modificação determinada pela **Lei 13.245/2016** ao Estatuto da OAB (Lei 8.906/1994), que passou a estabelecer, no seu art. 7.º, inciso XXI, como direito do Advogado "assistir a seus clientes investigados durante a apuração de infrações, sob pena de nulidade absoluta do respectivo interrogatório ou depoimento e, subsequentemente, de todos os elementos investigatórios e probatórios dele decorrentes ou derivados, direta ou indiretamente [...]". Afinal, referida alteração legislativa não modificou o Código de Processo Penal de modo a estabelecer a obrigatoriedade da assistência de advogado ao investigado durante o inquérito. Não foi isto, enfim, o que fez o legislador. O que fez, isto sim, foi assegurar o direito do advogado em assisti-lo, não podendo esse direito, quando requerido o seu exercício, ser obstado sob pena, agora sim, de nulidade do interrogatório, do depoimento e de todos os atos que daí decorrerem. **Mas atenção**: na atualidade, a despeito da função primordial do inquérito policial no sentido de obter elementos para que a parte legitimada possa intentar a competente ação penal – a denominada **função preparatória** –, alguns doutrinadores têm nele vislumbrado, também, outra ordem de função – a **função preservadora**, relacionada ao intuito de evitar imputações infundadas ou levianas. Tal linha de pensamento, que afasta a clássica *função unidirecional* da investigação criminal, voltada exclusivamente para a acusação, é, porém, minoritária.

Também não há o contraditório, salvo em relação ao inquérito objetivando a expulsão de estrangeiro, pois, quanto a este, o Decreto 9.199/2017, regulamentando os dispositivos da Lei 13.445/2017 (Lei de Migração), estabeleceu uma sequência de etapas que, abrangendo a possibilidade de defesa, devem ser observadas para que seja concretizado o ato de expulsão (arts. 195 a 202 do referido Decreto – ver Capítulo 1, tópico 1.3.10, deste livro).

Considerando a ausência das garantias constitucionais apontadas (ampla defesa e contraditório), há muito tempo consolidaram-se os tribunais pátrios no sentido de que o inquérito policial possui **valor probante relativo**, ficando sua utilização como instrumento de convicção do juiz condicionada a que as provas nele produzidas sejam renovadas ou ao menos confirmadas pelas provas judicialmente realizadas sob o manto do devido processo legal e dos demais princípios informadores do processo. Com a vigência da Lei 11.690/2008, a necessidade de judicialização da prova foi expressamente contemplada no art. 155, *caput*, 1.ª parte, do CPP, dispondo que *o juiz formará sua convicção pela livre apreciação da prova produzida em contraditório judicial, não podendo fundamentar sua decisão exclusivamente nos elementos informativos colhidos na investigação*.

Importante ter em mente que a redação conferida ao art. 155 não proíbe o juiz de utilizar, como fundamento de convicção, as provas coligidas na fase investigativa, apenas dispondo que não poderá ele fundamentar-se **exclusivamente** nessa categoria de provas. Nada impede, então, sejam elas usadas como elementos secundários de motivação, isto é, supletiva ou subsidiariamente, como forma de reforço às conclusões já extraídas do contexto judicializado.

No entanto, apesar de se exigir, como regra, que a prova penal seja produzida sob o crivo do contraditório judicial como condição para que possa servir de embasamento às decisões judiciais, há determinadas hipóteses em que a lei ou a jurisprudência estabelecem ressalvas. Isto ocorre, fundamentalmente, nas seguintes situações:

a) **Provas periciais:** A jurisprudência dominante sempre considerou que as provas de caráter técnico realizadas no decorrer da sindicância policial (*v.g.*, as perícias destinadas à comprovação do vestígio deixado pela infração penal) dispensam repetição em juízo como condição para que sejam valoradas pelo magistrado, em especial nas hipóteses em que o material examinado já tenha se exaurido. É que, nesses casos, ocorre o que se vem chamando de *contraditório postergado ou diferido*, pois será apenas em momento posterior, por ocasião da fase judicial, que se garantirá ao acusado o direito de manifestação quanto ao exame realizado por determinação do Delegado de Polícia.

b) **Provas cautelares, não sujeitas à repetição e produzidas antecipadamente:** O art. 155, *caput*, parte final, do CPP, ressalva da obrigatoriedade de judicialização as *provas cautelares, não repetíveis e antecipadas*. Exemplo de prova com natureza cautelar e não passível de repetição encontra-se nas interceptações telefônicas realizadas no curso do inquérito policial, as quais, se realizadas de acordo com a Lei 9.296/1996, poderão ser utilizadas na formação do convencimento do juiz, inclusive como fonte principal dessa convicção. Atente-se, porém, que, também nesse caso, será assegurado ao acusado o contraditório ulterior (postergado ou diferido), facultando-se a ele, por ocasião do processo, o direito de impugnar a prova realizada sem a sua participação.

E não é só isso. Muitas vezes, na fase que antecede a instauração do processo criminal, surge a necessidade de o juiz tomar decisões a respeito de postulações da autoridade policial, do Ministério Público, do ofendido e do próprio investigado. E nesses casos, ao decidir a respeito, é comum louvar o juiz apenas em provas produzidas na fase da investigação despidas do contraditório prévio. Como exemplos disso, apontam-se a representação do delegado de polícia pela busca e apreensão domiciliar formulada no correr do inquérito policial (art. 242 do CPP) e o requerimento de sequestro de bens realizado pelo Ministério Público na fase que antecede a ação penal (art. 127 do CPP).

Embora não seja tema pacífico, aderimos à orientação de que também as **decisões do Tribunal do Júri** podem ter como base provas realizadas no curso das investigações. Afinal, os jurados decidem por sua íntima convicção, nada impedindo que seus pronunciamentos no sentido de condenar ou absolver o réu encontrem eco apenas nas provas coligidas na fase investigatória. Nesse sentido: *O Conselho de Sentença não está adstrito à prova judicializada, podendo se utilizar, na sua livre convicção, de qualquer prova existente nos autos, inclusive de elementos colhidos no inquérito* (TJRS, 2.ª Câmara Criminal, Apelação Criminal 70032824435, j. 25.01.2011). Em sentido oposto: *apenas os elementos colhidos no inquérito policial e renovados sob contraditório podem ser considerados pelos jurados na formação do veredicto. Aqueles colhidos unicamente na investigação e não renovados em juízo, no curso da instrução criminal, não podem influir na formação do veredicto* (TJRS, 3.ª Câmara Criminal, Apelação Criminal 70051474591, j. 23.05.2013). Nesses dois precedentes, como se vê, a divergência estabeleceu-se dentro de um mesmo Tribunal de Justiça, situação esta que se repete em diversos tribunais do País.

O inquérito policial **não é imprescindível ao ajuizamento da ação penal**. Na medida em que seu conteúdo é meramente informativo, se já dispuserem o Ministério Público (na ação penal pública) ou o ofendido (na ação penal privada) dos elementos necessários ao oferecimento da denúncia ou queixa-crime (indícios de autoria e prova da materialidade do fato), poderá ser dispensado o procedimento policial sem que isto importe qualquer irregularidade (arts. 39, § 5.º, e 46, § 1.º, do CPP).

Não se sujeita à declaração de nulidade. Isto porque, despindo-se a sua confecção de formalidades sacramentais (a lei não estabelece um procedimento específico para sua feitura), não pode padecer de vícios que o nulifiquem. Isto não significa, obviamente, que uma determinada prova produzida no inquérito não possa vir a ser considerada nula no curso do processo criminal. Nessa hipótese, porém, a *prova* é que será nula e não o *inquérito policial* no bojo do qual foi ela realizada. *Exemplo*: perícia realizada na fase inquisitorial por peritos não oficiais desprovidos de curso superior. Em tal caso, o exame pericial será nulo, em face da violação ao art. 159, § 1.º, do CPP. Nem por isso, contudo, o inquérito policial ficará integralmente contaminado. Outra situação é a realização do interrogatório do investigado sem a presença de seu advogado quando este manifestar interesse no acompanhamento do ato. Neste caso, por incidência do art. 7.º, XXI, da Lei 8.906/1994, o interrogatório será nulo, assim como todas as provas que, direta ou indiretamente, dele sejam decorrência. Mas, atenção: a previsão do referido inciso XXI foi inserida pela Lei 13.245/2016 ao Estatuto da OAB com o fim de evitar a colocação de entraves, pela autoridade policial, à participação do advogado na tomada dos depoimentos quando tiver manifestado expresso interesse neste acompanhamento. Logo, não implica mitigação do caráter inquisitorial do inquérito, tampouco importa em conferir ao Delegado de Polícia a obrigação de intimar o causídico quanto às datas em que serão realizadas as inquirições, cabendo a ele (ao advogado), desejando assistir seu cliente, manter-se informado dos respectivos aprazamentos, mesmo porque, de acordo com o art. 7.º, XIV, da referida Lei, é direito do advogado "examinar, em qualquer instituição responsável por conduzir investigação, mesmo sem procuração, autos de flagrante e de investigações de qualquer natureza". Esse, aliás, foi o entendimento agasalhado no STF por ocasião do julgamento monocrático do Agravo Regimental 7.612/DF (j. 18.09.2018) diante de pedido da defesa técnica do investigado para que fosse determinada à autoridade policial que procedesse à sua intimação prévia a fim de acompanhar os depoimentos a serem tomados no curso do inquérito. Na oportunidade, salientou o Ministro Edson Fachin que "a medida defensiva elencada no art. 7.º, XXI, da Lei 8.906/1994 não conferiu ao advogado o direito subjetivo de intimação prévia e tempestiva do calendário de inquirições a ser definido pela autoridade policial, mas, em seu restrito limite semântico, apenas contemplou o auxílio técnico a investigado no que tange aos depoimentos orais". E prossegue: "Logo, ao contrário do que pretende fazer crer a defesa técnica, a determinação legislativa não imprime à autoridade policial a incumbência de trazer a defesa técnica para o seio da investigação criminal, tampouco impõe-lhe a obrigatoriedade de participação nas apurações, mas, em verdade de não criar óbice a que o advogado preste assistência ao investigado na colheita de depoimentos quando patente e expresso tal interesse, que pode ser evidentemente concretizado com a apresentação de razões e quesitos".

Por fim, cabe ressaltar a **independência formal** do inquérito em relação ao processo criminal que, com base nele, for instaurado. Portanto, no caso de serem inobservadas, na sindicância policial, normas procedimentais estabelecidas para a realização de uma determinada diligência, a consequência não será a nulidade automática do processo, mas unicamente a redução do já minimizado valor probante que é atribuído ao inquérito. Neste sentido, são reiteradas as decisões do STJ, compreendendo que eventual mácula no procedimento policial não contamina a ação penal superveniente, vez que aquele é mera peça informativa, produzida sem o crivo do contraditório (RHC 21.170/RS, *DJ* 08.10.2007).

E se o recebimento da denúncia ou da queixa pelo juiz ocorrer, unicamente, a partir de prova realizada no curso do inquérito que venha a ser, posteriormente, invalidada judicialmente? Ilustre-se a hipótese em que a denúncia tenha sido oferecida pelo promotor e recebida pelo juiz a partir do resultado de busca e apreensão domiciliar, feita no decorrer do inquérito, sem ordem judicial e sem que estivessem presentes as situações que justificariam esse agir do delegado (flagrante, desastre, socorro ou consentimento do morador). Ora, neste caso, recebida a denúncia unicamente a partir de prova viciada, é evidente que o processo poderia ser trancado, anulando-se a decisão de recebimento e, via de consequência, todos os atos realizados após esse momento. Isto, porém, não seria resultado de *nulidade do inquérito policial*, pois o inquérito não está todo viciado, mas apenas uma das provas nele inseridas; e nem de *contaminação do processo pela nulidade da busca domiciliar.* Na realidade, o trancamento da ação penal na hipótese e a subsequente anulação dos demais atos processuais realizados seriam decorrências do reconhecimento da ilicitude do único elemento que serviu de base ao recebimento da denúncia. Tanto que, se, apesar da mácula existente na busca domiciliar, tivesse a inicial acusatória suporte em outra prova, considerada lícita e capaz de justificar o seu recebimento, o processo continuaria íntegro, não havendo que se cogitar de seu trancamento.

Em síntese:

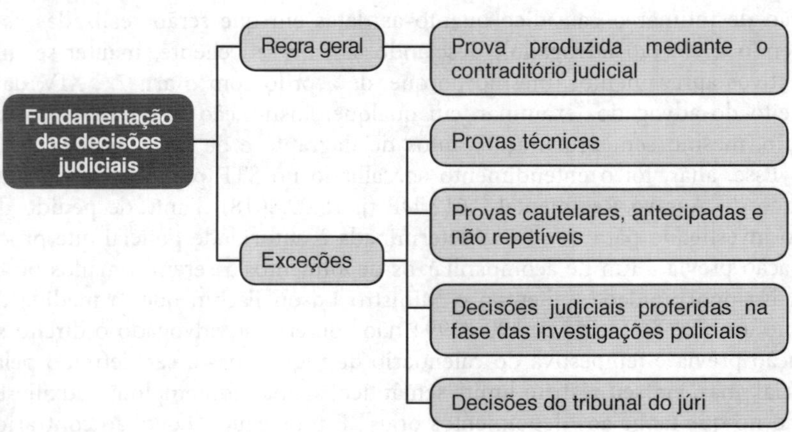

4.2. POLÍCIA JUDICIÁRIA, POLÍCIA INVESTIGATIVA E POLÍCIA ADMINISTRATIVA

4.2.1. Funções de polícia judiciária, de polícia investigativa e de polícia administrativa

Classicamente, entendiam-se como *funções de polícia judiciária* as de caráter repressivo, realizadas após a prática de uma infração penal, com o intuito de colher elementos que elucidassem o fato criminoso, de forma a possibilitar a instauração de ação penal contra os respectivos autores. Às funções de polícia judiciária, opunham-se, apenas, as de *polícia administrativa,* sendo estas relacionadas à segurança pública, visando impedir a prática de atos lesivos à sociedade, atuando a polícia, nesse caso, com discricionariedade e independente de autorização judicial.

Na atualidade, porém, outra concepção tem vigorado – inclusive referendada pelo STF e pelo STJ –, a qual, embora sem afastar as atribuições relacionadas à **polícia administrativa** (repita-se: de cunho preventivo), reclassificou o que antes consubstanciava apenas a *polícia judiciária* em **polícia judiciária** e **polícia investigativa**, compreendendo-se, na primeira, as atividades de auxílio ao Poder Judiciário no cumprimento de suas ordens (por exemplo, a execução de mandados de busca[1], o cumprimento de ordens de prisão e a condução de testemunhas) e, na segunda, a atribuição relacionada à colheita de provas da infração penal em todos os seus aspectos (autoria, materialidade, ilicitude etc.).

Essa diferenciação entre funções de *polícia judiciária* e de *polícia investigativa* decorre, inicialmente, do art. 144 da Constituição Federal que, ao disciplinar as atribuições da polícia federal, dispõe que lhe incumbe, de um lado, "apurar infrações penais" nos casos previstos (§ 1.º, I) e, de outro, "exercer, com exclusividade, as funções de polícia judiciária da União" (§ 1.º, IV); e ao regular as atribuições da polícia civil, estabelece que lhe cabe, "ressalvada a competência da União, as funções de polícia judiciária e a apuração de infrações penais, exceto as militares" (§ 4.º). Como se vê, a CF distingue, nos dois casos, as funções de polícia judiciária da atribuição de apurar infrações penais – esta última consistente na chamada polícia investigativa. A mesma distinção é feita no art. 2.º, *caput*, da Lei 12.830/2013, dispondo este que "as funções de polícia judiciária e a apuração de infrações penais exercidas pelo delegado de polícia são de natureza jurídica, essenciais e exclusivas de Estado".

Nesse cenário, depreende-se que a regra do art. 4.º, *caput,* do CPP, no ponto em que define as funções de polícia judiciária como sendo as de "apuração das infrações penais e da sua autoria" não foi recepcionada pela CF.

E qual é a relevância disto? A relevância consiste no fato de que, na atual concepção – agasalhada, inclusive, pelo STJ, com esteio nos artigos citados da CF e da Lei 12.830/2013 –, as **funções exclusivas** das polícias federal e civil são, unicamente, as de polícia judiciária, mas não as de investigação criminal[2], que podem ser realizadas, também, por outros órgãos que tenham atribuições constitucionais e legalmente previstas para tanto – tal, aliás, como autorizado pelo art. 4.º, parágrafo único, do CPP. Isso, a propósito, é o que ocorre com

---

1 *No tocante ao cumprimento de mandados judiciais de busca e apreensão*, trata-se, como já dissemos, de atividade de auxílio do Poder Judiciário, caracterizando função de polícia judiciária e, portanto, em tese, incumbência exclusiva das polícias federal e civil. Não obstante, inúmeros julgados do STJ têm considerado que, "embora não seja atividade típica da polícia militar, não consiste em ilegalidade – muito menos nulidade – eventual cumprimento de mandado de busca e apreensão pela instituição" (RHC 79374/SP, *DJ* 10.03.2017).

2 "Nos termos do art. 144 da Constituição Federal, à polícia federal e às polícias civis compete, com exclusividade, unicamente o exercício das funções de polícia judiciária, o que não se estende à atividade de polícia investigativa" (RHC n. 66.450/MG, 5.ª Turma, Rel. Min. Reynaldo Soares da Fonseca, *DJe* 30.09.2016).

o **Ministério Público**, cuja faculdade investigativa é prevista no art. 129, VIII, da CF; e, também, com as investigações conduzidas pelo Poder Legislativo, por meio das **Comissões Parlamentares de Inquérito** (art. 58, § 3.º).

FUNÇÕES DE POLÍCIA ADMINISTRATIVA: são de caráter preventivo, realizadas com objetivo de impedir o cometimento de atos criminosos, sendo cumpridas pelos variados órgãos ou instituições da administração pública que possuam atividade fiscalizadora. Exemplo típico do exercício da polícia administrativa encontra-se em certas ações da polícia militar, especialmente o policiamento ostensivo, tal como previsto no art. 144, § 5.º, da CF.

Funções de Polícia Judiciária: visam auxiliar a Justiça (daí a denominação *polícia judiciária*), cumprindo determinações do Poder Judiciário. São exercidas, com exclusividade, pela polícia federal (art. 144, § 1.º, I e IV, da CF) e pela polícia civil (não obstante, quanto a esta última, tal atributo não esteja presente na literalidade do art. 144, § 4.º, da CF).

Funções de Polícia Investigativa: estão relacionadas à obtenção de elementos que elucidem a prática do fato delituoso de forma a possibilitar a instauração de ação penal contra os respectivos autores. Essas funções concernem à polícia federal, à polícia civil e a outros órgãos com funções investigativas por força da CF ou da legislação infraconstitucional, a exemplo do Ministério Público.

Atente-se que o art. 144, *caput,* da CF, ao arrolar a *polícia federal, a polícia rodoviária federal, a polícia ferroviária federal, as polícias civis, as polícias militares, os corpos de bombeiros militares* e *polícias penais federal, estaduais e* distrital, não está atribuindo a todos funções de polícia judiciária e de polícia investigativa, pois, como dissemos, órgãos estatais que concentram estas duas atribuições são apenas a Polícia Federal (art. 144, § 1.º, IV, da CF) e as Polícias Civis (art. 144, § 4.º, da CF). Logo, o mencionado rol tem por finalidade única a de categorizar as instituições mencionadas como órgãos responsáveis pela segurança pública *lato sensu* considerada.

ATENÇÃO: relativamente às *polícias penais federal, estaduais e distrital,* cabe salientar que foram introduzidas à Constituição Federal a partir da Emenda Constitucional 104/2019, possuindo a atribuição de garantir a segurança dos estabelecimentos penais e de apurar as infrações de ordem disciplinar cometidas pelo indivíduo preso nestes lugares. Conforme se infere do art. 144, VI, da CF, as Policias Penais não existem no âmbito municipal, sendo restrita às esferas da União, dos Estados, do Distrito Federal e dos Territórios, vinculando-se ao órgão administrador do sistema penal da unidade federativa a que pertencem. Perceba-se que, ressalvada a exercida nos limites dos estabelecimentos penais, descabe às Polícias Penais realizar patrulhamento ostensivo, sob pena de, assim fazendo, usurpar atribuição constitucionalmente conferida à Polícia Militar (art. 144, § 5º, da CF). *E quanto à investigação de crimes no interior de estabelecimentos penais?* Descabe-lhe, também, pois importaria em invasão das funções das Polícias Federal e Civil (art. 144, § 1º, I e IV e § 4º da CF).

4.2.2. Presidência do inquérito policial

A afirmação (tópico anterior) de que funções de *polícia investigativa,* ao contrário das funções de *polícia judiciária,* podem ser desempenhadas por outros órgãos, não sendo exclusivas das polícias federal e civil, não implica a conclusão de que o **inquérito policial** possa ser presidido por autoridades distintas do delegado de polícia. De modo algum. Unicamente ao **delegado de polícia** compete a condução do inquérito policial ou outro procedimento investigativo de origem ou em curso nas delegacias de polícia, atribuição esta que não pode ser transferida a outras instituições ou ao particular. Não é outra a dicção do art. 2.º, § 1.º, da Lei 12.830/2013, quando estabelece que "ao delegado de polícia, na qualidade de autoridade policial, cabe a condução da investigação criminal por meio de inquérito policial ou outro procedimento previsto em lei, que tem como objetivo a apuração das circunstâncias, da materialidade e da autoria das infrações penais", dispondo ainda o § 2.º da mesma lei que "cabe ao delegado de polícia a requisição de perícia, informações, documentos e dados que interessem à apuração dos fatos", ressalvando-se, por óbvio, as providências que a lei ou a Constituição Federal condicionam à prévia ordem judicial.

Repisa-se que a previsão legal de que incumbe ao delegado a condução do inquérito policial não implica a proibição de que outros órgãos realizem investigações criminais, como é o caso do Ministério Público. Destarte, deve a lei ser interpretada no sentido de que a presidência do **inquérito policial** é incumbência do delegado, e não que a atividade investigatória, em qualquer caso, seja exclusividade absoluta da polícia.

E quanto à referência do art. 2.º, caput, *parte final, da Lei 12.830/2013 no sentido de que as funções de polícia judiciária e a apuração de infrações penais exercidas pelo delegado de polícia são "exclusivas de Estado"?* Também aqui nos parece que não pretendeu o legislador estabelecer a investigação criminal como função privativa da autoridade policial. O que está sendo dito, isto sim, é que a atuação do delegado na elucidação de fatos delituosos não pode ser transferida ao particular ou, de qualquer modo, privatizada, incumbindo esta, essencialmente, ao Poder Público. Independentemente dessas conclusões, não se pode negar que a Lei 12.830/2013, em seu art. 2.º, § 1.º, apresenta redação dúbia e pode conduzir à interpretação de que a condução de qualquer procedimento investigatório de natureza criminal seria atribuição exclusiva da autoridade policial. Afinal, refere o dispositivo que ao delegado compete a condução da investigação criminal por meio de inquérito *ou outro procedimento previsto em lei*, que tenha a finalidade de elucidar a autoria e materialidade de infrações penais. Em razão dessa ambiguidade na redação legal, em meados de setembro de 2013, a Procuradoria-Geral da República ingressou no STF com a Ação Direta de Inconstitucionalidade 5.043 para impugnar o referido § 1.º do art. 2.º, da Lei 12.830, sob o fundamento de que contraria o art. 129, VI, da CF, que insere *cláusula expressa de autorização para o Ministério Público realizar diretamente investigações criminais preliminares*. Tal demanda não havia ainda sido julgada na ocasião do fechamento da presente edição deste livro.

E quanto à previsão do art. 5.º da Lei 13.432/2017, que dispõe sobre o exercício da profissão de detetive particular? Este dispositivo não confere ao detetive particular qualquer função no inquérito, limitando-se a estabelecer que pode ele "colaborar com investigação policial em curso, desde que expressamente autorizado pelo contratante", dispondo, ainda, o parágrafo único do mesmo dispositivo que "o aceite da colaboração ficará a critério do delegado de polícia, que poderá admiti-la ou rejeitá-la a qualquer tempo".

E quanto à polícia legislativa? Muito embora o Regulamento Administrativo do Senado Federal estabeleça que a polícia legislativa do Senado possui atribuições para a instauração e condução de inquéritos policiais (arts. 206, 266, parágrafo 3.º, VIII, e 315), é prevalente a orientação de que tal atribuição é da polícia federal, podendo a polícia legislativa, tão somente, efetuar, sendo o caso, prisões em flagrante, hipótese em que o flagrado deverá ser apresentado à polícia federal para a lavratura do respectivo auto. Inclusive, a Associação Nacional dos Delegados de Polícia Federal ajuizou, no STF, a Ação Direta de Inconstitucionalidade 5649, que não restou conhecida em face da ilegitimidade ativa da autora. *E quanto à Súmula 397 do Excelso Pretório, dispondo que "o poder de polícia da Câmara dos Deputados e do Senado Federal, em caso de crime cometido nas suas dependências, compreende, consoante o regimento, a prisão em flagrante do acusado e a realização do inquérito"?* Tal enunciado está superado, na esteira da maioria.

E quanto à polícia militar? É preciso cuidado, aqui. De fato, por decorrência constitucional, não lhe é permitido, sob pena de usurpação de função (STF, ADI 3614, j.

20.09.2007), instaurar expedientes visando, especificamente, à apuração de crimes. Sem embargo, ressalvam-se dessa proibição os crimes militares, apurados mediante Inquérito Policial Militar (art. 144, § 4.º, *fine*, da CF). A aludida vedação também não alcança a realização informal de certos atos investigativos, especialmente aqueles que têm em vista a efetivação de prisão em flagrante ou o impedimento da consumação de crimes, que podem, sim, ser patrocinados pela polícia militar. É o caso, por exemplo, das chamadas *campanas*, muito frequentemente realizadas para acompanhar a movimentação de usuários de drogas em pontos de venda, objetivando, com isso, a prisão em flagrante do traficante. Por fim, deve-se atentar que o Plenário Virtual do STF, em 26.06.2020, ao julgar a ADI 3807, proposta pela Associação dos Delegados de Polícia do Brasil em relação ao art. 48, § 3º, da Lei 11.343/2006, que possibilita ao Juiz a lavratura de **termo circunstanciado** ao autor do crime previsto no art. 28 daquela lei (posse de drogas para consumo próprio), deliberou no sentido de que "*a lavratura de termo circunstanciado não configura atividade investigativa e, portanto, não é função privativa de polícia judiciária*". Com isto, o STF abriu caminho para lavratura de TC pela polícia militar.

4.2.3. Natureza da atividade desenvolvida pelo delegado de polícia

Estabelece o art. 2.º da Lei 12.830/2013 que "as funções de polícia judiciária e a apuração de infrações penais exercidas pelo delegado de polícia são de natureza jurídica, essenciais e exclusivas de Estado".

A relevância dessa normatização é notória, pois encerra a discussão acerca do caráter das funções desempenhadas pelo Delegado de Polícia, fulminando o entendimento que, a partir de interpretação literal do art. 144 da Constituição Federal, sustentava não serem jurídicas tais funções, mas tão somente atividades de segurança pública.

A nosso ver, agiu corretamente o legislador ao assim estabelecer. Afinal, os atos que compreendem a investigação criminal, direta ou indiretamente, são praticados com supedâneo em diplomas que inserem regras jurídicas, como é o caso do Código de Processo Penal. Além disso, em determinadas hipóteses, a atuação do delegado condiciona-se a prévio pronunciamento judicial, a exemplo da busca e apreensão domiciliar, da quebra do sigilo telefônico, bancário e fiscal, da apuração da sanidade mental do investigado, da decretação da prisão temporária etc. A tudo isso, acresça-se o fato de que, nos termos do art. 3.º da Lei 12.830/2013, o cargo de delegado de polícia é privativo de bacharel em Direito, devendo-se a ele dispensar o mesmo tratamento protocolar conferido aos magistrados, membros do Ministério Público e da Defensoria Pública e aos advogados.

Perceba-se que, em decorrência dessa *natureza jurídica das funções de polícia judiciária e de apuração de infrações penais*, restou afastada a ideia de que a autoridade policial verifica apenas a tipicidade formal dos fatos investigados (adequação da conduta à norma incriminadora), podendo, então, adentrar em aspectos relacionados à tipicidade material, afastando-a, por exemplo, a partir do princípio da insignificância e do princípio da adequação social. Mais: sendo a atividade do delegado jurídica, pode ele, inclusive, deixar de indiciar o investigado se constatar excludentes de ilicitude, de tipicidade ou culpabilidade (salvo a inimputabilidade), conclusão esta que não subsistia nos tempos anteriores à Lei 12.830/2013, quando se afirmava que, ao delegado, incumbia, tão somente, examinar questões relativas à autoria, à materialidade e à tipicidade formal da conduta.

4.3. CARACTERÍSTICAS DO INQUÉRITO POLICIAL

O inquérito policial apresenta as seguintes características:

a) **Procedimento escrito**: todos os atos realizados no curso das investigações policiais serão formalizados de forma escrita e rubricados pela autoridade, incluindo-se, nesta regra, depoimentos, testemunhos, reconhecimentos, acareações e todo gênero de diligências que sejam realizadas (art. 9.º do CPP).

b) **Oficiosidade**: ressalvadas as hipóteses de crimes de ação penal pública condicionada à representação e dos delitos de ação penal privada, o inquérito policial deve ser instaurado *ex officio* (independente de provocação) pela autoridade policial, sempre que tiver conhecimento da prática de um delito (art. 5.º, I, do CPP). Observe-se que a instauração do inquérito policial se justifica diante da notícia quanto à ocorrência de uma infração penal, como tal considerada o *fato típico*. Desimportam, assim, para fins de instauração, aspectos outros como, por exemplo, eventuais indicativos de ter sido o fato praticado ao abrigo de causas excludentes de ilicitude ou de culpabilidade – muito embora tais situações, se evidenciadas pelas investigações, podem conduzir ao não indiciamento do investigado.

c) **Oficialidade**: trata-se de investigação que deve ser realizada por agentes públicos, sendo vedada a delegação a particulares. Por força do art. 144, §§ 1º e 4º, CF, às polícias federal e civil compete, ressalvados os crimes militares, presidir o inquérito policial. Não poderá fazê-lo o Ministério Público, conforme se pronunciou o Plenário do STF, em sede de repercussão geral, acerca do RExt 593.727/MG (j. 14.05.2015). Nada obsta, contudo, que o MP, tomando conhecimento de ilícitos penais, instaure procedimento investigatório criminal no âmbito da Promotoria/Procuradoria, que tramitará sob sua presidência, consoante regulamentado na Resolução 181/2017 do CNMP[3]. Em nenhuma hipótese, a presidência do IP poderá ser realizada pelo juiz. **Mas, atenção:** embora não se trate de inquérito policial, o STF, visando apurar notícias fraudulentas (*fake news*) e ameaças contra seus ministros, instaurou, para tramitação na Corte sob relatoria do Min. Alexandre de Moraes, o Inq. 4781. Sustentando não competir ao Judiciário conduzir investigações criminais, o partido Rede Sustentabilidade ajuizou, no STF, a Arguição de Descumprimento de Preceito Fundamental 572. Deliberando a respeito, entendeu o Plenário da Corte (em 18.06.2020) no sentido da constitucionalidade do inquérito, que foi instaurado a partir de previsão do seu Regimento Interno, salientando, outrossim, que o STF tem a função extraordinária e atípica de apurar qualquer lesão real ou potencial à sua independência. Tal decisão, a nosso ver, viola o sistema acusatório, já que a referida instauração concentra no próprio STF funções de investigar e julgar.

Inquérito Policial: Conjunto de diligências realizadas sob a presidência de delegado de polícia de carreira, visando, no aspecto de sua função preparatória, angariar elementos que apontem a autoria e comprovem a materialidade de fato caracterizado como infração penal (fato típico). Veja-se que, na atualidade, parte da doutrina vislumbra no inquérito, também, função preservadora, relacionada ao objetivo de evitar futuras imputações levianas e infundadas.

Inquérito Civil: Procedimento investigatório desencadeado pelo Ministério Público com vistas à apuração de lesões a interesses transindividuais (difusos, coletivos ou individuais homogêneos), dentre os quais se situam a tutela do meio ambiente, a do consumidor, a da ordem urbanística etc.

---

3 Art. 1º da Res. 181/2017: "O procedimento investigatório criminal é instrumento sumário e desburocratizado de natureza administrativa e investigatória, instaurado e presidido pelo membro do Ministério Público com atribuição criminal, e terá como finalidade apurar a ocor-rência de infrações penais de iniciativa pública, servindo como preparação e embasamento para o juízo de propositura, ou não, da respectiva ação penal".

d) **Discricionariedade**: a persecução, no inquérito policial, concentra-se na figura do delegado de polícia que, por isso mesmo, pode determinar ou postular, com discricionariedade, todas as diligências que julgar necessárias ao esclarecimento dos fatos. Enfim, uma vez instaurado o inquérito, possui a autoridade policial liberdade para decidir acerca das providências pertinentes ao êxito da investigação. Isso quer dizer que, no início da investigação e no seu curso, cabe ao delegado proceder ao que tem sido chamado pela doutrina de **juízo de prognose**, a partir do qual decidirá quais providências são necessárias para elucidar a infração penal investigada. A este juízo, mais tarde, quando finalizada a investigação, sucederá o **juízo de diagnose**, momento em que o delegado, examinando o conjunto probatório angariado, informará, no relatório do procedimento policial, as conclusões da apuração realizada. Mas cuidado! A *discricionariedade* que caracteriza o inquérito não colide com a *oficiosidade*, que também o peculiariza. Esta última refere-se à obrigatoriedade de instauração do inquérito em face da notícia de um crime que autoriza o agir *ex officio* do delegado, enquanto a primeira concerne à forma de condução das investigações, o que abrange tanto a natureza dos atos investigatórios (oitiva de testemunhas, perícias etc.) quanto a ordem de sua realização. Também não se confunde a prefalada *discricionariedade* com *arbitrariedade*, pois não se poderia conceber que pudesse a autoridade policial adotar providências ao arrepio das normas constitucionais e infraconstitucionais que se mostrarem incidentes em determinados meios de prova. Assim, embora possa o delegado, por exemplo, segundo sua *discricionariedade*, concluir pela necessidade de efetivação de busca e apreensão domiciliar ou interceptação das conversas telefônicas, antes de adotar essas providências deverá obter a competente ordem judicial, sob pena de ilicitude das provas então obtidas. Do mesmo modo, ao proceder ao interrogatório do investigado, não poderá constrangê-lo a falar caso se reserve ele ao direito de permanecer em silêncio, pois este decorre não apenas da sistemática constitucional (art. 5.º, LXIII, da CF) como da própria legislação ordinária (art. 6.º, V, c/c o art. 186, ambos do CPP).

e) **Inquisitorial***:* salvo na hipótese do inquérito instaurado pela polícia federal visando à expulsão do estrangeiro (ver Capítulo 1, tópico 1.3.10, deste livro), não são inerentes à sindicância policial as garantias do *contraditório* e da *ampla defesa*. Trata-se o inquérito, assim, de um procedimento inquisitivo, voltado, precipuamente, à obtenção de elementos que sirvam de suporte ao oferecimento de denúncia ou de queixa-crime.

Sem embargo desta conclusão, deve-se mencionar que, com a edição da Lei 13.245/2016, parte da doutrina passou a questionar a subsistência da natureza inquisitorial do inquérito. É que esse diploma legal, alterando o art. 7.º, XXI, do Estatuto da Advocacia (Lei 8.906/1994), estabeleceu o direito do advogado em "assistir seus clientes investigados durante a apuração de infrações, sob pena de nulidade absoluta do respectivo interrogatório ou depoimento e, subsequentemente, de todos os elementos investigatórios e probatórios dele decorrentes ou derivados, direta ou indiretamente, podendo, inclusive, no curso da respectiva apuração: a) apresentar razões e quesitos". Equivocada, a nosso ver, essa linha de pensamento, pois a alteração determinada pela Lei 13.245/2016 incidiu apenas sobre o Estatuto da Advocacia, contemplando como *direito do advogado* o de assistir o investigado no curso da investigação criminal (inquérito policial, investigação do Ministério Público etc.). O legislador não alterou, portanto, o Código de Processo Penal ou qualquer outra lei processual penal especial, o que teria providenciado caso fosse sua intenção a de assegurar ampla defesa e contraditório na fase investigativa. Na verdade, a importância maior da Lei 13.245/2016 não está em garantir ao investigado o direito de ser assistido por advogado durante a investigação, mas, sim, em assegurar a prerrogativa do seu advogado em realizar essa assistência, estabelecendo a nulidade do ato da autoridade policial que de qualquer modo obstá-la. E não contradiz esse entendimento – o de que persiste a natureza inquisitorial do inquérito – a possibilidade conferida ao causídico pelo art. 7.º, XXI, alínea *a,* da Lei 8.906/1994 de "apresentar razões e quesitos". Isso, repita-se, é uma faculdade apenas, que deve ser exercida espontaneamente pelo advogado, caso entenda necessário. Não há, então, para a autoridade que preside a investigação, a obrigatoriedade de notificar o causídico para esse fim, previamente à perícia determinada ou antes do relatório realizado no final do inquérito. Logo, o que não é lícito ao delegado fazer é obstar a juntada dessas manifestações do advogado nos autos da investigação. Perceba-se que tal entendimento – da não interferência do art. 7.º, XXI, do EOAB, no caráter inquisitorial do inquérito – vem sendo agasalhado no STF, cabendo destacar, por oportuno, o julgamento monocrático do Agravo Regimental 7612/DF (j. 18.09.2018) no qual salientou o Ministro Edson Fachin que "as alterações promovidas pela Lei 13.245/2016 no art. 7.º, XXI, do Estatuto da Ordem dos Advogados representam reforço das prerrogativas da defesa técnica no curso do inquérito policial, sem comprometer, de modo algum, o caráter inquisitório da fase investigativa preliminar". Abre-se, aqui, oportuno parêntese para enfatizar que as prerrogativas conferidas ou reforçadas ao advogado pela Lei 13.245/2016 não incidem apenas sobre o inquérito policial, estendendo-se a qualquer outra forma de investigação criminal – a lei refere-se a "investigações de qualquer natureza", o que abrange, *por óbvio,* investigações do Ministério Público, inquéritos policiais militares, termos circunstanciados etc.

Regramento importante, também relacionado à natureza inquisitorial do inquérito, encontra-se no art. 14 do Código de Processo Penal, que confere ao delegado de polícia o poder de indeferir eventuais diligências requeridas pelo investigado e pelo ofendido. **Mas atenção**: sem embargo dessa previsão legislativa, não fica de todo afastada a possibilidade de um e outro recorrerem ao Poder Judiciário (por meio de habeas corpus, por exemplo) com a finalidade de que seja determinado à autoridade policial o atendimento de diligências requeridas, quando pertinentes e relevantes à elucidação do fato. Sendo assim, muito embora o deferimento ou não das providências requeridas fique a critério da autoridade policial, isso "não haverá de constituir empeço a que se garantam direitos sensíveis do ofendido, do indiciado etc."[4]. Além disso, é oportuno referir que, mesmo em termos de legislação processual, a faculdade indeferitória da autoridade policial não é absoluta, pois não pode atingir o requerimento de perícia destinada a comprovar a materialidade do vestígio deixado pela infração penal, conforme se extrai do art. 184 do CPP. Mencionado dispositivo refere que, *salvo o caso de exame de corpo de delito, o juiz ou a autoridade policial negará a perícia requerida pelas partes, quando não for necessária ao esclarecimento da verdade*. Ora, se interpretado *a contrario sensu*, conduz à conclusão de que a autoridade policial não poderá negar a perícia requerida pelas partes quando se tratar de exame destinado à comprovação da materialidade do crime.

Outra previsão normativa relevante concerne ao art. 14-A, incluído no Código de Processo Penal pela Lei 13.964/2019, relativo aos servidores vinculados às polícias civil e federal, às polícias rodoviária e ferroviária federal, às polícias militares, aos corpos de bombeiros militares e às polícias penais federal, estadual e distrital, to-

---

4 STJ, HC 69.405/SP, 6.ª Turma, *DJ* 25.02.2008.

dos elencados no art. 144 da CF. De acordo com aquele dispositivo, sendo estas categorias investigadas em inquéritos policiais, inquéritos policiais militares ou qualquer outro procedimento investigatório que tenha como objeto a apuração de *fatos relacionados ao uso da força letal praticados no exercício profissional, de forma consumada ou tentada,* terão direito a constituir defensor. Para tanto, o investigado *deverá ser citado da instauração do procedimento investigatório*, a fim de que constitua defensor no prazo de até 48 horas (§ 1º). Não o fazendo, deverá ser intimada, para a mesma finalidade e com o mesmo prazo, a *instituição a que estava vinculado o investigado à época da ocorrência dos fatos* (§ 2º). Nesta última hipótese a defesa caberá preferencialmente à Defensoria Pública, sendo que, nos locais em que não estiver instalada, a União ou a Unidade da Federação correspondente à circunscrição territorial em que tramita o inquérito deverá disponibilizar advogado para a realização dos atos relacionados à defesa do investigado, podendo ser, inclusive, profissional que não integre os quadros próprios da Administração (§§ 3º e 4º). Quanto aos eventuais custos com o patrocínio dos interesses do investigado, correrão por conta do orçamento próprio da instituição a que este esteja vinculado à época da ocorrência do fato sob apuração (§ 5º). Idêntica disciplina deve ser aplicada aos integrantes das Forças Armadas, quando os fatos investigados disserem respeito *a missões para a Garantia da Lei e da Ordem* (§ 6º). Previsão semelhante foi inserida, também, pela Lei 13.964/2019, ao Código de Processo Penal Militar (Decreto-Lei 1.002/1969), embora restrita, neste caso, à esfera militar. Pois bem, apesar de algumas vozes levantarem-se em sentido oposto, compreendemos – e o fazemos com absoluta convicção – que estes regramentos não alteram, de modo algum, a natureza inquisitorial do inquérito policial, nem mesmo em relação aos sujeitos e hipóteses nele tratadas. Afinal, não é qualquer novidade o direito que assiste a investigados em geral no sentido de constituir defensor para assisti-los no curso da investigação criminal, o que se infere do art. 7.º, XXI, da Lei 8.906/1994[5], dos termos da Súmula Vinculante 14 do STF ("é direito do defensor, no interesse do representado, ter acesso amplo aos elementos de prova que, já documentados em procedimento investigatório realizado por órgão com competência de polícia judiciária, digam respeito ao exercício do direito de defesa") e da própria tutela genérica ao direito à liberdade contemplada no art. 5.º, *caput,* da CF, já que o desencadeamento e a tramitação de qualquer investigação criminal sempre implica, direta ou indiretamente, de modo imediato ou futuro, a possibilidade de imposição de medidas restritivas da liberdade, quer em razão de provimentos cautelares pessoais (prisões temporária e preventiva), quer em decorrência de eventual pena fixada em sentença condenatória (na grande maioria dos casos, é no âmbito de investigação criminal que são obtidos os elementos que conduzem ao ajuizamento da ação penal que resultará na decisão condenatória). Por outro lado, também apontando para a conclusão de que o art. 14-A não está consagrando garantias da *ampla defesa* e do *contraditório* nos casos a que se refere, está a constatação de que, mesmo importando em maior tutela aos direitos e garantias dos servidores nele tratados, citada norma tem em vista, primordialmente, a preservação das funções legal e constitucionalmente estabelecidas para as instituições a que estão aqueles vinculados, instituições estas que têm por finalidade permanente "a preservação

[5] Art. 7.º São direitos do advogado: "XXI – assistir a seus clientes investigados durante a apuração de infrações, sob pena de nulidade absoluta do respectivo interrogatório ou depoimento e, subsequentemente, de todos os elementos investigatórios e probatórios dele decorrentes ou derivados, direta ou indiretamente, podendo, inclusive, no curso da respectiva apuração".

da ordem pública e da incolumidade das pessoas e do patrimônio" (são as polícias e o corpo de bombeiros arrolados no art. 144, *caput,* CF) ou transitoriamente "a defesa da lei e da ordem" (são os integrantes das Forças Armadas elencadas no art. 142, *caput,* CF). Tanto é assim que a regra legal incide apenas em relação aos fatos praticados "no exercício profissional", e, além disso, o art. 14-A do CPP, após determinar a "citação" para constituir defensor no prazo de 48 horas (§ 1.º), estabelece, também, que, não sendo efetivada esta providência pelo servidor investigado, deverá a autoridade responsável pela investigação intimar a instituição a que estava ele vinculado à época em que praticado o fato objeto da apuração a fim de que *indique defensor para a representação do investigado.*

Perceba-se que a aplicação do art. 14-A em exame tem aplicação restrita, vale dizer unicamente, quando atendidas as seguintes condicionantes: a) tratar-se de servidor integrante das instituições a que afeta a segurança pública relacionadas no art. 144 da CF ou de integrantes das Forças Armadas quando no exercício de atividade relacionada à preservação da Lei e da Ordem, nos termos do art. 142 da CF. Esta última previsão pode ser ilustrada com a hipótese em que, diante de ações patrocinadas por criminosos (ataques a delegacias e viaturas, incêndio em coletivos de transporte, danos ao patrimônio público, bloqueio de ruas, toque de recolher etc.), tropas das Forças Armadas são deslocadas para atuar nos locais de conflito em colaboração com as polícias locais; b) investigação de fatos relacionados ao uso da força letal, assim consideradas as condutas com aptidão para ceifar a vida humana, seja pelo elevado poder vulnerante dos instrumentos utilizados, seja pelo próprio *modus operandi* constatado na ação do policial ou militar. Veja-se que, referindo-se o dispositivo ao meio utilizado na conduta do agente – *"uso da força letal"* – e não à natureza do crime decorrente dessa ação, sua incidência independe de ter o agente obrado com dolo ou culpa, bem como de sua ação ter ou não sido direcionada contra a vida de alguém. Basta, repita-se, o potencial letal da força utilizada ou do modo como realizado o emprego dessa força, podendo abranger, portanto, tanto o disparo de arma de fogo quanto o próprio uso excessivo da força física para contenção de um suspeito; c) ato praticado no exercício profissional, afastando-se, portanto, a aplicação do art. 14-A ao caso de fatos alheios àqueles realizados pelo agente no exercício das funções inerentes ao cargo que ocupa; d) irrelevância, para fins de atendimento da regra, da existência de indicativos de que a conduta tenha ocorrido sob a égide de qualquer das causas de exclusão da ilicitude contempladas no art. 23 do Código Penal. A regra é inócua, pois, ainda que haja fortes evidências de que determinado policial tenha agido em legítima defesa ou no estrito cumprimento do dever legal, a instauração da competente investigação criminal é corolário lógico e necessário a fim de comprovar a efetiva ocorrência da excludente. E, uma vez desencadeada a investigação, é intuitiva a necessidade de cumprimento da disposição legal.

Aspecto curioso a atentar concerne ao fato de o art. 14-A, § 1.º, referir que investigado deverá ser **citado** da instauração do procedimento investigatório a fim de constituir defensor. Não há dúvidas, aqui, da impropriedade técnica do legislador, já que por **citação** compreende-se o ato de ciência à pessoa contra quem oferecida denúncia ou queixa quanto à instauração do processo criminal e ao teor da respectiva imputação. Logo, não é possível cogitar de *citação* do investigado acerca da instauração de inquérito policial para apuração de fato a ele em tese atribuído, devendo-se entender a referência incorporada ao mencionado § 1.º como uma *comunicação*, providência esta que pode ser efetivada por qualquer meio idôneo, vale dizer, pessoalmente, por e-mail, carta, *short message service* (SMS) e até mesmo aplicativo de mensagem instantânea (por exemplo, WhatsApp).

E se, comunicado o investigado e intimada a Instituição a que vinculado, ainda assim não for constituído ou indicado defensor? Pensamos que o dispositivo não torna obrigatória a atuação de advogado, apenas facultando a sua designação (o próprio *caput* do art. 14-A usa a semântica "*poderá*"), o que faz, diretamente, em prol do interesse da citada Instituição e, indiretamente, em favor do servidor investigado. Ora, se não houver, de parte qualquer deles, interesse em assim providenciar, não está a autoridade que preside a investigação obrigada a proceder nomeação de causídico para acompanhar os atos de apuração, devendo, assim, dar impulso ao expediente sem tal assistência.

Tenha-se em vista, outrossim, que, havendo a intervenção de advogado, os limites de seu conhecimento ou participação nos atos que compõem a investigação são os gerais estabelecidos pelo art. 7.º, XIV e § 11 da Lei 8.906/1994[6] e consagrados pela já referida Súmula Vinculante 14 do STF, podendo, então, ser vedados pela autoridade que a preside o acesso a elementos de prova relacionados a diligências em andamento e ainda não documentadas nos autos, se isto implicar risco de comprometimento da eficiência, da eficácia ou da finalidade das diligências.

f) **Indisponibilidade**: uma vez instaurado o inquérito, não pode a autoridade policial, por sua própria iniciativa, promover o seu arquivamento (art. 17, do CPP), ainda que venha a constatar a atipicidade do fato apurado ou que não tenha detectado indícios que apontem o seu autor. Em suma, o inquérito sempre deverá ser concluído e encaminhado a juízo.

g) **Sigiloso:** ao contrário do que ocorre em relação ao processo criminal, que se rege pelo *princípio da publicidade* (salvo exceções legais), no inquérito policial é possível resguardar sigilo durante a sua realização. Essa possibilidade inerente ao inquérito decorre, principalmente, do fato de que o êxito das investigações policiais se prende, em muito, ao elemento surpresa nas diligências realizadas e ao fato de que as provas colhidas no inquérito são produzidas no estrépito dos acontecimentos, vale dizer, quando ainda não houve a possibilidade de o investigado maquiar os fatos, como muitas vezes ocorre na fase judicial. Por essa razão, visando assegurar a confidencialidade do inquérito policial, dispõe o art. 20 do Código de Processo Penal que a autoridade policial assegurará o sigilo necessário à elucidação do fato ou o exigido pelo interesse da sociedade. Evidentemente, esse sigilo não alcança o juiz e o Ministério Público. Não alcança, também, o advogado que, por força do art. 7.º, XIV, Estatuto da OAB, tem o direito de examinar, em qualquer instituição responsável por conduzir investigação, mesmo sem procuração (salvo nas hipóteses de sigilo formalmente decretado, caso em que o instrumento procuratório é necessário, nos termos do art. 7.º, § 10, do EOAB), autos de flagrante e de investigações de qualquer natureza, findos ou em andamento, ainda que conclusos à autoridade, podendo copiar peças e tomar apontamentos em meio físico ou digital, estabelecendo, ainda, a Súmula Vinculante 14 do STF que "é direito do defensor, no interesse do representado, ter acesso amplo aos elementos de prova que, já documentados em procedimento investigatório reali-

[6] Art. 7.º São direitos do advogado: (...) XIV – examinar, em qualquer instituição responsável por conduzir investigação, mesmo sem procuração, autos de flagrante e de investigações de qualquer natureza, findos ou em andamento, ainda que conclusos à autoridade, podendo copiar peças e tomar apontamentos, em meio físico ou digital. (...) § 11 – No caso previsto no inciso XIV, a autoridade competente poderá delimitar o acesso do advogado aos elementos de prova relacionados a diligências em andamento e ainda não documentados nos autos, quando houver risco de comprometimento da eficiência, da eficácia ou da finalidade das diligências.

zado por órgão com competência de polícia judiciária, digam respeito ao exercício do direito de defesa". A respeito do sigilo, remetemos o leitor ao *item 4.8* deste Capítulo, em que aprofundamos o tema.

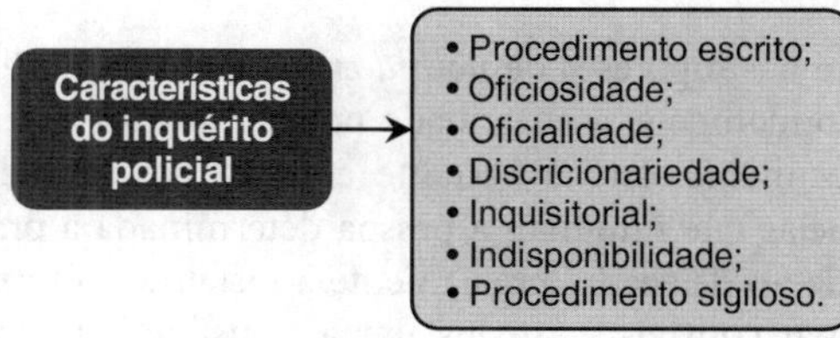

4.4. O INÍCIO DO INQUÉRITO POLICIAL

O art. 5.º do CPP contempla as formas de início do procedimento policial, as quais dependem, sobretudo, da natureza do crime a ser investigado – crime de ação penal pública incondicionada ou condicionada e crime de ação penal privada. Independentemente destas variáveis, é certo que todas estas formas de início do inquérito decorrem de uma *notitia criminis*, assim compreendida a notícia da infração penal levada ao conhecimento da autoridade policial, que se classifica nas seguintes espécies:

1. ***Notitia criminis* de cognição direta (ou imediata, ou espontânea, ou inqualificada):** A autoridade policial toma conhecimento da ocorrência de um crime de forma direta por meio de suas atividades funcionais rotineiras, podendo ser por meio de investigações por ela mesma realizadas, por notícia veiculada na imprensa, por meio de serviços de Disque-Denúncia (denúncias anônimas ou não) etc. A propósito, é interessante anotar que a Lei 13.608/2018 dispôs sobre o serviço telefônico de recebimento de denúncias e sobre recompensa por informações que auxiliem nas investigações policiais, disciplinando que "o informante que se identificar terá assegurado, pelo órgão que receber a denúncia, o sigilo dos seus dados" (art. 3.º) e que "a União, os Estados, o Distrito Federal e os Municípios, no âmbito de suas competências, poderão estabelecer formas de recompensa pelo oferecimento de informações que sejam úteis para a prevenção, a repressão ou a apuração de crimes ou ilícitos administrativos", inclusive o "pagamento de valores em espécie". Esta modalidade de *notitia criminis* apenas pode conduzir à instauração de inquérito nos crimes de ação penal pública incondicionada.
2. ***Notitia criminis* de cognição indireta (ou mediata, ou provocada, ou qualificada):** A autoridade policial toma conhecimento da ocorrência do crime por meio de algum ato jurídico de comunicação formal do delito dentre os previstos na legislação processual. Este ato pode ser o requerimento da vítima ou de qualquer pessoa do povo, a requisição do Ministério Público (acerca da requisição de inquérito pelo juiz remetemos ao tópico 4.4.1, *b*, deste capítulo), a requisição do Ministro da Justiça e a representação do ofendido. Nesta hipótese, dependendo da forma como se revestir a *notitia criminis*, poderá ela dar ensejo a instauração de inquérito nos crimes de ação penal pública incondicionada, de ação penal pública condicionada e de ação penal privada.
3. ***Notitia criminis* de cognição coercitiva:** Ocorre na hipótese de prisão em flagrante delito, em que a autoridade policial lavra o respectivo auto. Veja-se que o auto de prisão em flagrante é forma de início do inquérito policial, independentemente da

natureza da ação penal. Entretanto, nos crimes de ação penal pública condicionada e de ação penal privada sua lavratura apenas poderá ocorrer se for acompanhado, respectivamente, da representação ou do requerimento do ofendido (art. 5.º, §§ 4.º e 5.º, do CPP).

Muito especialmente nas hipóteses de *notitia criminis* de cognição direta, pode ocorrer que não se convença, minimamente, a autoridade policial quanto à verossimilhança do fato que chegou a seu conhecimento. Isto é bastante comum nas hipóteses de comunicações anônimas, mormente aquelas que imputam a pessoa determinada a prática de crime. Nestes casos, a cautela recomenda ao delegado, previamente à instauração formal do inquérito, realizar investigação preliminar com vistas a constatar a plausibilidade do relato. Encontrando, a partir desta apuração sumária, evidências no sentido de que não se trata de falsa notícia, deverá, agora sim, proceder à instauração do procedimento investigativo. Tal conduta que se faculta ao delegado de polícia deve ser realizada com a celeridade possível, até mesmo para não implicar violação ao art. 6.º, *caput,* do CPP (que refere, implicitamente, a necessidade de instauração do inquérito policial imediatamente após ter o delegado conhecimento da infração penal). Cuide-se, ademais, para eventuais previsões legais de prazo para instauração do inquérito policial, tal como ocorre no art. 13-B do CPP, determinando seja esta instauração realizada no prazo máximo de 72 (setenta e duas) horas, contado do registro de ocorrência policial noticiando a prática de crime relacionado ao tráfico de pessoas.

4.4.1. Crimes de ação penal pública incondicionada

Nos crimes de ação penal pública incondicionada, o inquérito policial inicia-se por:

a) Portaria: tratando-se de crime de ação penal pública incondicionada, prevê o Código de Processo Penal, como primeira forma para instauração do inquérito, o ato de ofício da autoridade policial (art. 5.º, I), o que ocorre mediante a expedição de *portaria.* Esta, subscrita pelo delegado de polícia, conterá o objeto da investigação, as circunstâncias conhecidas em torno do fato a ser apurado (dia, horário, local etc.) e, ainda, as diligências iniciais a serem realizadas. Tal forma de instauração independe de provocação de interessados, devendo ser procedida sempre que tiver a autoridade ciência da ocorrência de um crime, não importando a forma de que se tenha revestido a *notitia criminis* (registro de ocorrência, notícia veiculada na imprensa etc.).

Observe-se que o art. 5.º, § 3.º, do CPP refere que qualquer pessoa do povo que tiver conhecimento da existência de infração penal em que caiba ação pública poderá comunicá-la à autoridade policial. Trata-se da ***delatio criminis* simples**, assim entendida a comunicação de um crime, verbalmente ou por escrito. Sendo esta *delatio criminis* uma espécie de *notitia criminis*, caberá ao delegado, verificando a procedência da informação, *mandar*, por meio de *portaria*, instaurar inquérito, importando sua omissão injustificada em responsabilização disciplinar e, conforme o caso, até mesmo em responsabilização penal por crime de prevaricação se evidenciado que a omissão visou à satisfação de interesse próprio ou alheio. **Atenção**: a ***delatio criminis* simples** não se confunde com a ***delatio criminis* postulatória**. Na primeira, o fato apenas é comunicado à autoridade policial, que instaura o inquérito mediante portaria. Já na segunda, além de comunicar o fato, a pessoa legitimada postula a instauração do inquérito, sendo este o caso da *representação do ofendido*, nos crimes de ação penal pública condicionada, conforme veremos mais à frente.

E quanto às comunicações apócrifas (por escrito, mas sem subscrição do comunicante) e aquelas realizadas de modo oral e anônimo (*v.g.*, os chamados *disque-denúncia* implementados em determinadas circunscrições policiais)? Apesar de existirem algumas divergências e não obstante o anonimato seja vedado até mesmo em nível constitucional (art. 5.º, IV, da CF), a comunicação de um fato criminoso à autoridade policial não exige a identificação do denunciante como condição para a apuração do ilícito narrado. Todavia, nestes casos deverá o delegado, antes de proceder à instauração formal do inquérito mediante expedição de portaria, realizar investigação preliminar com vistas a constatar a plausibilidade do relato. Encontrando, a partir desta apuração sumária, evidências no sentido de que não se trata de falsa notícia, deverá, então, proceder à instauração do inquérito visando à elucidação do fato. Perceba-se, por fim, que a comunicação anônima é uma forma de *notitia criminis* inqualificada.

b) Requisição do Ministério Público: o art. 5º, II, 1ª parte, do CPP, contempla a possibilidade de ser o inquérito policial instaurado mediante requisição da autoridade judiciária ou do Ministério Público

Especificamente em relação ao poder requisitório de inquérito atribuído ao **juiz**, há muito tempo diverge a doutrina quanto a ter sido ou não recepcionada esta previsão legal pela Constituição Federal de 1988, entendendo muitos que tal faculdade viola o sistema acusatório que inspira o direito processual penal-constitucional brasileiro. Sempre compreendemos em sentido oposto, vale dizer, de que não ocorre tal ofensa, uma vez que, ao requisitar essa instauração, está o magistrado, simplesmente, determinando ao delegado a investigação de fato que, eventualmente, possa corresponder a uma conduta penalmente relevante, providência esta que não afasta sua necessária isenção. Sem embargo, sobreveio a Lei 13.964/2019, inserindo no Código de Processo Penal o art. 3º-A, o qual proíbe qualquer iniciativa do Juiz na fase investigativa. Este dispositivo teve sua **eficácia suspensa** por meio de medida cautelar deferida no STF pelo Ministro Luiz Fux (em 22.01.2020) no âmbito das Ações Diretas de Inconstitucionalidade 6.298, 6.299, 6.300 e 6.305, ainda não julgadas definitivamente por ocasião do fechamento da presente edição deste livro, cabendo ao leitor acompanhar a respectiva tramitação. Enquanto perdurar esta suspensão, segundo a orientação que adotamos, não fica o juiz impedido de requisitar a instauração de inquérito. Cogitando-se, porém, a possibilidade de que seja revogada a dita medida cautelar e, portanto, restabelecida sua eficácia, é certo que os termos peremptórios do art. 3º-A inviabilizarão a requisição judicial do inquérito policial, permanecendo, então, apenas a legitimidade do Ministério Público para essa requisição.

No sentido empregado pelo código, a requisição de instauração de inquérito possui conotação de *exigência*, *determinação*, razão pela qual, em tese, não pode ser descumprida pela autoridade policial. Sem embargo, parcela da doutrina refere que se o delegado reputar descabida a investigação requisitada não ficará obrigado a atendê-la. Aderindo a esta posição, refere Nucci[7], não possuindo a requisição supedâneo legal, "não deve o delegado agir, pois se o fizesse estaria cumprindo um desejo pessoal de outra autoridade, o que não se coaduna com a sistemática processual penal". Já Fernando Capez[8] posiciona-se no sentido de que "a autoridade policial não pode se recusar a instaurar o inquérito, pois a requisição tem a natureza de determinação, de ordem, muito embora inexista subordinação hierárquica". Analisando os dois posicionamentos, concordamos com o último deles, vale dizer, no sentido de que, cuidando-se de crime de ação pública incondicionada, a regra deverá ser a autoridade policial atender a requisição de abertura de inquérito, não lhe sendo facultado, ao receber o ofício requisitório, deixar de proceder à instauração. Afinal, o art. 5.º, II, do CPP insere tanto a palavra *requisição* como o termo *requerimento*, demonstrando a clara intenção do legislador em diferenciar as duas situações: requisitar é *exigir legalmente*, não permitindo a

7 NUCCI, Guilherme de Souza. *Código de processo penal comentado*. São Paulo: RT, 2007. p. 74.

8 CAPEZ, Fernando. *Curso de processo penal*. São Paulo: Saraiva, 2006. p. 85.

ideia de indeferimento, ao contrário do que ocorre com o *requerimento* que possui o sentido de solicitação. Não fosse isso o bastante, também que o Código de Processo Penal, no art. 13, II, estabeleceu para a autoridade policial o dever de realizar as diligências requisitadas pelo Ministério Público, silenciando quanto à possibilidade de indeferir essas requisições. Entretanto, pensamos que se a ilegalidade da requisição for evidente, permitindo à autoridade policial, independentemente de qualquer aprofundamento, constatar que o atendimento da requisição do inquérito importará em grave constrangimento (*v.g.*, a investigação de um crime prescrito), pode e deve a autoridade policial deixar de proceder à instauração do inquérito, comunicando, porém, justificadamente, ao requisitante os motivos desse proceder. Não se trata, aqui, do *indeferimento* de requisição feita pelo promotor, o que não é lícito ao delegado, mas tão somente de *não instaurar* o procedimento policial ordenado mediante o apontamento motivado das razões pelas quais assim entendeu. Neste caso, pensamos que não poderá ser responsabilizado o delegado, quer administrativa, quer penalmente, pela omissão.

E se a requisição não contiver os elementos mínimos que permitam o início das investigações pela autoridade policial? Ora, a requisição deverá conter o mínimo de dados que permitam o início das investigações, não podendo consistir em ofício genérico determinando ao delegado de polícia, por exemplo, que *investigue crimes cometidos* por determinada pessoa. Enfim, para que possa obrigar o destinatário, deve fundamentar-se em fatos, ainda que não venha acompanhada de rol de testemunhas ou documentos comprobatórios. Se, porém, forem insuficientes os dados fornecidos, não será facultado ao delegado, simplesmente, deixar de cumpri-la sob a alegação de ausência de informações. Neste caso, deverá oficiar à autoridade requisitante, comunicando as razões que impossibilitaram o imediato cumprimento da requisição, solicitando a ela as informações necessárias.

O poder requisitório que assiste ao Ministério Público atinge o indiciamento? O indiciamento consiste no ato resultante das investigações policiais pelo qual alguém é apontado como autor de um fato típico (infração penal) devidamente materializado nos autos. Trata-se de ato privativo da autoridade policial que, para assim proceder, deverá fundamentar-se em elementos de convicção que possibilitem o mínimo de certeza quanto à autoria de uma infração devidamente materializada. Portanto, não é ato discricionário, vinculando-se à existência de uma motivação razoável. Assim, totalmente errado o procedimento do promotor de justiça no sentido de *requisitar* ao delegado de polícia o indiciamento de alguém. Neste sentido, aliás, a regra incorporada ao art. 2.º, § 6.º, da Lei 12.830/2013, no sentido de que "o indiciamento, privativo do delegado de polícia, dar-se-á por ato fundamentado, mediante análise técnico-jurídica do fato, que deverá indicar a autoria, materialidade e suas circunstâncias".

> **Exemplo:** Aportando em juízo autos de inquérito policial, entende o Ministério Público que é possível denunciar terceira pessoa pelo fato investigado, além da que foi indiciada pelo delegado. Caso não disponha de dados qualificativos suficientes ou pretenda retratar nos autos os antecedentes policiais deste terceiro, poderá o Ministério Público requisitar ao delegado apenas a sua qualificação e o seu pregressamento, mas não o seu indiciamento, que é ato privativo da autoridade policial.

c) **Requerimento da vítima ou de seu representante legal:** outra forma de início do inquérito em crimes de ação penal pública incondicionada é o requerimento da vítima ou de quem legalmente a represente, o qual deverá conter, sempre que possível, a narração do fato, a individualização do indiciado, as razões de convicção ou presunção da autoria e o rol de testemunhas (art. 5.º, § 1.º, do CPP). Esse requerimento, opostamente à requisição do Ministério Público, não possui conotação de ordem, mas de mera solicitação, podendo ser indeferido pelo delegado de polícia, *v.g.*, na hipótese de evidente atipicidade da conduta descrita pelo requerente. Neste caso, poderá o interessado recorrer administrativamente ao chefe de polícia (art. 5.º, § 2.º, do CPP).

d) Auto de prisão em flagrante: apesar de não mencionado, expressamente, no art. 5.º do CPP, o auto de prisão em flagrante (APF) é forma inequívoca de instauração de inquérito policial, dispensando a portaria subscrita pelo delegado de polícia. Tanto é que, em se tratando de auto de prisão em flagrante presidido pela autoridade policial, dispõe o art. 304, § 1.º, do CPP, que se dos depoimentos colhidos resultar fundada a suspeita contra o conduzido, a autoridade mandará recolhê-lo à prisão e *prosseguirá nos atos do inquérito*. Neste contexto, é equivocada a praxe adotada em algumas delegacias no sentido de não procederem à instauração do inquérito policial quando se tratar de hipótese de flagrância. Considerando que o auto de prisão em flagrante é procedimento célere que formaliza o mínimo de elementos de convicção, ainda que a ele tenham sido angariadas provas suficientes para o oferecimento de denúncia, mesmo assim deverá o delegado realizar o inquérito policial visando aprofundar as investigações iniciadas com o APF.

4.4.2. Crimes de ação penal pública condicionada

Nos crimes de ação penal pública condicionada, o inquérito policial inicia-se por:

a) Representação do ofendido ou de seu representante legal: de acordo com o art. 5.º, § 4.º, do CPP, o inquérito policial, nos crimes de ação penal pública condicionada à representação, não poderá sem ela ser iniciado. Por *representação*, também conhecida como ***delatio criminis* postulatória**, compreende-se a manifestação pela qual a vítima ou seu representante legal autoriza o Estado a desenvolver as providências necessárias à investigação e apuração judicial dos crimes que exigem essa formalidade. Não se exige rigor formal na sua elaboração, sendo suficiente que contenha a inequívoca intenção de ver apurada a responsabilidade penal do autor da infração. Pode ser oferecida, oralmente (com redução a termo, consoante art. 39, § 1º, do CPP) ou por escrito, diretamente ao delegado de polícia, ou, então, ao Ministério Público e ao próprio juiz de direito (art. 39, *caput* do CPP). Relativamente ao juiz, não se ignora que o art. 3º-A do CPP, introduzido pela Lei 13.964/2019, vedou a sua atuação na fase investigativa. Tal dispositivo, que teve sua eficácia suspensa em razão de medida cautelar deferida no STF no âmbito das ADIs 6.298, 6.299, 6.300 e 6.305 (ainda não julgadas na ocasião do fechamento da presente edição deste livro), não tem, contudo, o condão de impedir o juiz de receber a representação, cabendo-lhe, neste caso, simplesmente encaminhá-la ao Ministério Público ou ao delegado. Afinal, o fato de proceder ao recebimento da representação e enviá-la a ditas autoridades não importa em uma *iniciativa* sua na fase investigatória da persecução criminal, isto sim vedado pelo art. 3º-A, 2ª parte.

O direito à representação está sujeito à decadência. Assim, se não for exercido pelo respectivo legitimado no prazo legal de seis meses contados da ciência quanto à autoria do fato, ocorrerá a extinção da punibilidade (arts. 103 e 107, IV, do CP e 38 do CPP). Sendo a vítima menor de 18 anos, a representação deverá ser feita pelo seu representante legal, no mesmo prazo. Não o fazendo, nem por isso ficará a vítima definitivamente privada de manifestar sua vontade em ver apurada a infração penal, pois, para ela, o prazo de seis meses começa a fluir a partir da data em que atingir 18 anos de idade. São prazos, portanto, que se contam separadamente – um, o prazo da vítima, outro o prazo de seu representante –, entendimento este que coincide com a previsão da Súmula 594 do STF, ao dispor que os direitos de queixa e de representação podem ser exercidos, independentemente, pelo ofendido ou por seu representante legal[9].

---

9 STJ, RHC 39141/SP, *DJ* 25.11.2014; STF, HC 115341/SP, j. 14.10.2014.

ATENÇÃO: parte da doutrina refere que a Súmula 594 do STF teria ficado superada pelo Código Civil em vigor, ao equiparar a maioridade civil à penal em 18 anos. *Permissa venia*, tal orientação apenas procede no enfoque relacionado à legitimidade concorrente prevista no art. 34 do CPP para o exercício do direito de queixa (e, por extensão, também para o exercício do direito de representação) pelo ofendido e seu representante legal quando se tratasse de ofendido maior de 18 e menor de 21 anos. Aqui, realmente, não mais se justifica a dualidade de legitimados, pois o indivíduo maior de 18 anos, sendo, agora, absolutamente capaz na esfera cível, não se sujeita a representante legal (salvo, por óbvio, hipóteses de curatela). Todavia, permanecem íntegros os termos da súmula no que concerne à situação em exame, qual seja, a do ofendido em crime de ação penal pública condicionada menor de 18 anos, caso em que, reitera-se, a legitimidade para representar pertence somente ao seu representante legal enquanto não alcançada a maioridade e, após isto, apenas ao ofendido, pelo prazo de seis meses a contar data em que atingir essa maioridade.

A representação da vítima ou seu representante legal pode constituir-se de registro de ocorrência policial? Nada impede que esteja a representação incorporada à comunicação de ocorrência policial, desde que dela se possa extrair a vontade efetiva na apuração da infração penal. Neste sentido o entendimento reiterado do STJ, decidindo-se que "a representação, condição de procedibilidade exigida nos crimes de ação penal pública condicionada, prescinde de rigores formais, bastando a inequívoca manifestação de vontade da vítima ou de seu representante legal no sentido de que se promova a responsabilidade penal do agente, como evidenciado, *in casu*, com a *notitia criminis* levada à autoridade policial, materializada no boletim de ocorrência" (HC 130.000/SP, *DJ* 08.09.2009).

b) Requisição do Ministério Público: assim como ocorre nos crimes de ação penal pública incondicionada, também é possível, nos delitos de ação penal pública condicionada, que o inquérito policial seja instaurado mediante requisição do Ministério Público. Deve-se atentar, entretanto, que, em se tratando de crime de ação penal pública condicionada, o exercício deste poder requisitório está condicionado à existência de representação prévia que tenha sido feita perante o Ministério Público ou a este encaminhada pelo juiz, caso realizada em sua presença. A representação, neste caso, deverá acompanhar o ofício requisitório endereçado ao delegado. Por outro lado, em relação à possibilidade de requisição pelo juiz, remetemos ao tópico 4.4.1, *b*, no qual já abordamos o tema.

c) Auto de prisão em flagrante: considerando que o auto de prisão em flagrante é forma de início do inquérito policial e levando-se em conta a regra inserida no art. 5.º, § 4.º, do CPP, deduz-se que a lavratura do flagrante nos crimes de ação penal pública condicionada à representação exige que a vítima ou seu representante estejam presentes no momento da formalização do auto de prisão e manifestem perante a autoridade policial a vontade de ver apurada a infração penal. Na hipótese de não ser possível obter a representação do ofendido previamente à lavratura, entendemos que a autoridade policial pode confeccionar o auto, ficando condicionada a manutenção da prisão a que seja a representação formalizada antes do decurso do lapso de 24 horas contadas do momento da prisão, pois este é o máximo de prazo permitido em lei para que seja entregue ao flagrado a nota de culpa, bem como para que sejam encaminhadas as peças ao juiz competente (art. 306, §§ 1.º e 2.º, do CPP). Não sendo a representação acostada dentro desse prazo, que é improrrogável, cabe à autoridade policial proceder à imediata soltura do flagrado, sob pena de ocorrer constrangimento ilegal impugnável por meio de *habeas corpus*.

E quanto à **requisição do Ministro da Justiça**? *Pode vincular a instauração do inquérito policial quando se tratar de crime de ação penal pública cuja apuração esteja condicionada a essa formalidade*? De fato, em determinadas hipóteses, a instauração da *ação penal* condiciona-se à existência de prévia requisição do Ministro da Justiça. É o caso do crime cometido por estrangeiro contra brasileiro fora do Brasil (art. 7.º, § 3.º, *b*, do Código Penal) e do crime contra a honra praticado contra o Presidente da República ou Chefe de Governo estrangeiro (art. 141, I, c/c o art. 145, parágrafo único, ambos do Código Penal). Pois bem, nestes casos, conquanto não se ignore a existência de orientação em sentido oposto, compreendemos que o condicionamento da ação penal à citada requisição alcança também a instauração do *inquérito policial*. Isto ocorre porque, nos crimes de ação pública, o inquérito tem por fim primordial angariar elementos que possibilitem ao Ministério Público o oferecimento da denúncia. Ora, se o ajuizamento da ação penal depende do implemento de condição (*in casu*, a requisição do Ministro da Justiça) e se esta não se faz presente, não há razão para que seja desencadeado na esfera policial procedimento investigatório.

De resto, para não incorrer em repetição, remetemos o leitor ao *capítulo 5, item 5.5.3*, em que tratamos do tema relacionado à requisição do Ministro da Justiça com maior profundidade, enfrentando aspectos relacionados à *natureza, destinatário, forma e prazo* dessa formalidade, bem como sobre a *possibilidade de retratação* e a *posição do Ministério Público frente ao ato requisitório*.

4.4.3. Crimes de ação penal privada

Nos crimes de ação penal privada, o inquérito policial inicia-se por:

a) Requerimento da vítima ou de quem legalmente a represente: em se tratando de crimes de ação penal privada, a regra a ser observada é a que consta no art. 5.º, § 5.º, do CPP, segundo a qual a autoridade policial somente poderá instaurar o inquérito mediante *requerimento* de quem tenha qualidade para o ajuizamento da queixa-crime, isto é, o ofendido ou seu representante legal (art. 30 do CPP), e, no caso de morte ou ausência do primeiro, o seu cônjuge, ascendente, descendente ou irmão (art. 31 do CPP). A instauração do procedimento policial sem a observância desta formalidade gera constrangimento ilegal, possibilitando o ingresso de *habeas corpus* visando ao trancamento do inquérito.

O requerimento não exige forma especial. Entretanto, deve conter os elementos exigidos no art. 5.º, § 1.º, do CPP, o que inclui a narração do fato, com todas as circunstâncias; a individualização do indiciado ou seus sinais característicos e as razões de convicção ou de presunção de ser ele o autor da infração, ou os motivos de impossibilidade de o fazer; a nomeação das testemunhas, com indicação de sua profissão e residência.

Considerando que nos crimes de ação penal privada o ajuizamento da queixa-crime deve ocorrer antes de se esgotar o *prazo decadencial de seis meses* contados do dia em que a vítima ou demais legitimados dos arts. 30 e 31 do CPP tomarem ciência de quem foi o autor do crime (arts. 103 e 107, IV, do CP e 38 do CPP), este mesmo prazo deve ser observado para fins de requerimento de inquérito. Afinal, se o inquérito policial visa à obtenção de elementos que permitam o desencadeamento da ação penal e se, quanto a esta, já se operou a decadência do direito, não há, logicamente, razão plausível que autorize a instauração de procedimento investigatório no âmbito policial.

Concluído o inquérito policial, os respectivos autos deverão ser remetidos ao juízo competente, onde aguardarão o ajuizamento da queixa-crime, ou serão entregues ao requerente, se o pedir, mediante traslado (art. 19 do CPP). Não sendo ajuizada a queixa no curso do prazo decadencial, a consequência será a extinção da punibilidade com base no art. 107, IV, do CP.

Sem embargo destas colocações, é preciso atentar que o requerimento de inquérito *não interrompe nem suspende* a fluência do prazo decadencial para o ingresso da ação penal em juízo. Portanto, mesmo que seja deduzido o requerimento *antes* do esgotamento desse lapso, vindo o inquérito a ser finalizado *após* a sua fluência, eventual queixa-crime ajuizada pelo ofendido deverá ser rejeitada pelo juiz, desde que constate ele que, ao tempo daquele requerimento, já possuía o requerente ciência inequívoca quanto a quem foi o autor do fato delituoso. Pode acontecer, entretanto, que a autoria do crime não seja conhecida no momento em que protocolado o requerimento de instauração do procedimento policial, sendo apurada apenas no decorrer das investigações. Nessa hipótese, malgrado a existência de posição diversa, entendemos que **o prazo decadencial terá início a partir do momento em que ficar evidenciada esta ciência pelo ofendido, e não necessariamente da data em que lograr a autoridade policial elucidar a autoria**. Em outras palavras, a descoberta da autoria do crime no âmbito das investigações policiais não implica presunção de que houve, contemporaneamente, esta ciência pelo ofendido e, muito menos, fluência automática do prazo decadencial, sendo necessária, para tanto, a prática de ato ou ocorrência de fato que gere certeza quanto a ter a vítima, realmente, tomado ciência de quem foi o responsável pelo delito. A título de exemplo, considere-se que tenha sido instaurado, em agosto de 2016, inquérito policial para investigar crime ocorrido em julho do mesmo ano, sendo a autoria elucidada no mês de setembro. Isto não significa, necessariamente, que o prazo decadencial para ajuizamento da queixa terá início em setembro. O marco inicial para a fluência do prazo, na verdade, será aquele em que ficar demonstrado ter tomado ciência o ofendido de quem tenha sido o autor do delito. Se esta ciência ficar materializada apenas no mês de outubro (por exemplo, pela intimação da vítima para comparecer à delegacia a fim de prestar informações sobre o seu relacionamento pretérito com o autor do delito), apenas aí terá início o prazo decadencial de seis meses para ajuizamento da queixa. A propósito deste entendimento, decidiu o STJ no julgamento de caso análogo que "o *dies ad quem* relativo ao prazo de decadência para o oferecimento de queixa inicia-se quando o ofendido tem ciência inequívoca de quem é o autor do crime. Na hipótese em que os fatos tidos por criminosos constem do voto proferido em sessão de julgamento na qual a vítima estava ausente, a mera publicação do respectivo acórdão não é suficiente à comprovação de que a vítima tenha tomado conhecimento de prática de crime e de sua autoria na data de circulação do Diário da Justiça"[10]. Este excerto, embora tratando de hipótese distinta, deixa clara a posição do STJ no sentido de que a ciência quanto à autoria do crime que impulsiona a fluência do prazo decadencial deve ser inequívoca e não decorrente de meras presunções.

Em síntese:

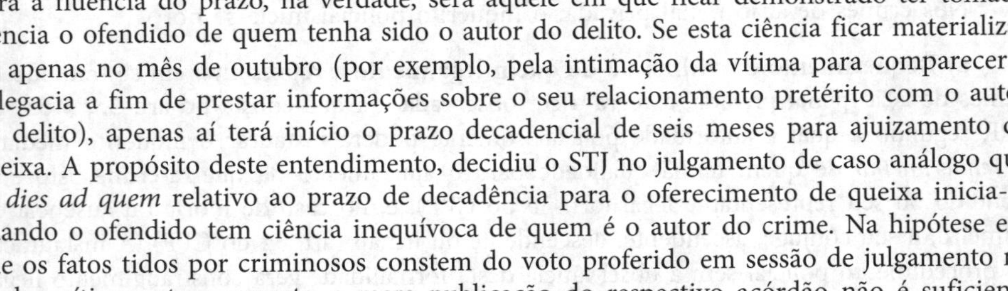

[10] STJ, APN 488/SP, Corte Especial, Rel. Min. João Otávio de Noronha, *DJ* 29.11.2007.

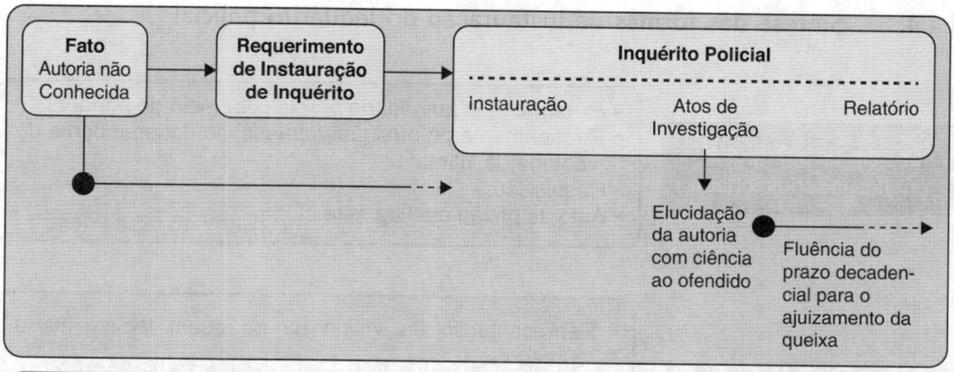

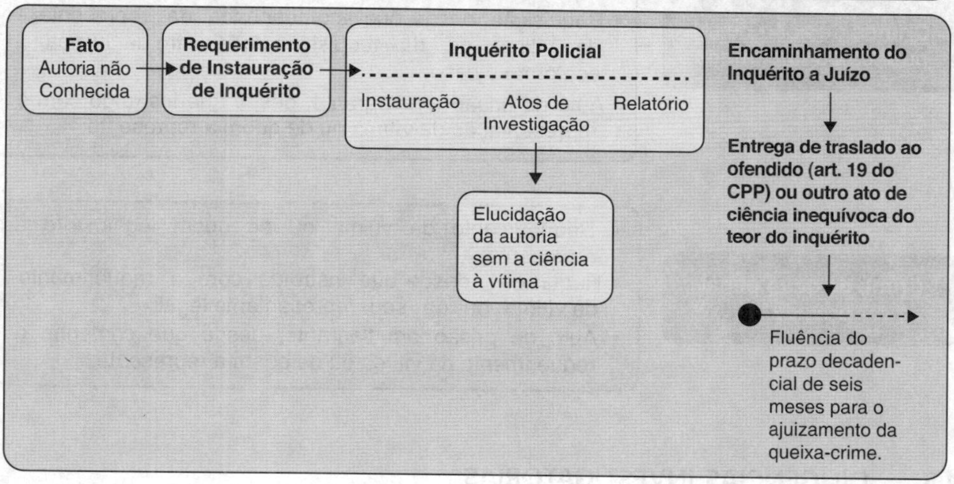

b) Requisição do Ministério Público: a despeito de estar correta a posição doutrinária segundo a qual o Ministério Público não poderá requisitar a instauração do inquérito policial nos crimes de ação penal privada, é preciso ressalvar desta regra a hipótese de ter o ofendido requerido ao promotor de justiça providências no sentido de ser desencadeada a investigação na órbita policial. Neste caso, nada impede que proceda o promotor à requisição de inquérito, acostando ao ofício requisitório o requerimento a ele endereçado. Por outro lado, quanto à requisição do inquérito pelo Juiz, remetemos ao tópico 4.4.1, *b*, em que já abordamos o assunto.

c) Auto de prisão em flagrante: sendo o auto de prisão em flagrante forma de início de inquérito policial, é possível que seja formalizado em crimes de ação penal privada, desde que, à semelhança do que ocorre nos delitos de ação penal pública condicionada, a vítima autorize ou quem a represente ratifique a sua lavratura no prazo máximo e improrrogável de 24 horas contado da prisão. Para evitar tautologia, remetemos o leitor ao *item 4.4.2 – c*, deste Capítulo, em que tratamos de situação análoga.

4.4.4. Síntese das formas de instauração do inquérito policial

Crimes de ação penal pública incondicionada	• *Ex officio* pela autoridade policial, por meio de portaria; • Requerimento de qualquer interessado, independente da vontade da vítima; • Requisição; • Auto de prisão em flagrante.
Crimes de ação penal pública condicionada	• Representação da vítima ou de quem legalmente a represente; • Requisição, desde que acompanhada da representação da vítima ou da requisição do Ministro da Justiça, conforme o caso; • Auto de prisão em flagrante, desde que instruído com a representação da vítima ou de quem a represente.
Crime de ação penal privada	• Requerimento da vítima ou de quem legalmente a represente; • Requisição, desde que instruída com o requerimento da vítima ou de seu representante legal; • Auto de prisão em flagrante, desde que contenha o requerimento da vítima ou de quem a represente.

4.5. DILIGÊNCIAS INVESTIGATÓRIAS

Dispõem os arts. 6.º e 7.º do CPP determinadas providências que, sendo cabíveis e mostrando-se adequadas à espécie investigada, deverão ser adotadas com vistas à elucidação do crime. Esta relação não é exaustiva – ao contrário, é meramente exemplificativa –, mesmo porque o próprio art. 6.º, em seu inciso III, é genérico, permitindo a colheita de *todas as provas que servirem para o esclarecimento do fato e suas circunstâncias*. Reitere-se que, no início da investigação e no seu curso, cabe ao delegado proceder ao que se vem chamando pela doutrina de **juízo de prognose**, a partir do qual decidirá quais as providências necessárias para elucidar a infração penal investigada. A este juízo, mais tarde, quando finalizada a investigação, sucederá o **juízo de diagnose**, momento em que o delegado, examinando o conjunto probatório angariado, informará, no relatório do procedimento policial, as conclusões da apuração realizada.

Pois bem, caberá à autoridade policial, logo após tomar conhecimento da prática da infração penal:

I. Dirigir-se ao local, providenciando para que não se alterem o estado e a conservação das coisas, até a chegada dos peritos: trata-se de providência relevante, especialmente, no caso de infrações penais que deixam vestígios (*delicta facti permanentis*), tais como homicídio, latrocínio, estupro etc. Nestes casos, a autoridade policial ou os seus agentes devem dirigir-se ao local da infração o mais rápido possível, evitando que a presença de terceiros, a ação de intempéries e o decurso do tempo descaracterizem a cena do crime ou dificultem a materialização de provas importantes para a sua elucidação, como a colheita de impressões digitais, o recolhimento de amostras de sangue e outros resíduos, a fotografia do cadáver etc.

II. **Apreender os objetos que tiverem relação com o fato, após liberados pelos peritos criminais:** refere-se o Código à apreensão de todos os objetos que, de qualquer modo, possam auxiliar no êxito da investigação. Não necessariamente serão coisas ilícitas, podendo se constituir em artefatos de qualquer natureza, mesmo que inofensivos, cuja retenção seja relevante para a descoberta da verdade real que envolve a prática delituosa. Esses objetos deverão acompanhar os autos do inquérito, somente podendo ser liberados se forem *coisas restituíveis*. Logo, não poderão ser devolvidos, em face de vedação legal, os objetos que ainda apresentarem interesse à investigação ou ao processo criminal (art. 118 do CPP); os instrumentos que se encontravam em situação de ilegalidade por ocasião do delito (*v.g.*, a arma ilegalmente portada pelo seu proprietário) e os bens adquiridos com o produto da infração penal (art. 119 do CPP); e, por fim, os objetos em relação aos quais houver dúvidas quanto ao direito de quem as reclama (art. 120, *caput*, do CPP).

As diligências de busca e apreensão apenas serão válidas e poderão contribuir para a formação do convencimento do juiz quando realizadas em obediência às disposições legais e constitucionais pertinentes. Assim:

- No caso de busca pessoal (art. 244 do CPP), ficará dispensada a apresentação de mandado quando for executada sobre o indivíduo que está sendo preso (evitando-se que leve para o cárcere armas ou objetos proibidos); quando houver fundada suspeita de que a pessoa esteja na posse de arma proibida ou de objetos ou papéis que constituam corpo de delito; e, por fim, quando existir mandado de busca domiciliar.
- Tratando-se de busca domiciliar (art. 5.º, XI, da CF), esta deverá, sob pena de ilicitude da prova, ser feita durante o dia, munido o executor de ordem judicial, excetuando-se desta regra apenas as situações de flagrante, desastre, socorro e de consentimento do morador.
- Quanto à busca no escritório de advogado, o art. 7.º, II, do Estatuto da Advocacia (Lei 8.906/1994) assegura ao referido profissional o direito à inviolabilidade de seu escritório ou local de trabalho, bem como de seus instrumentos de trabalho, de sua correspondência escrita, eletrônica, telefônica e telemática, desde que relativas ao exercício da advocacia. Entretanto, o mesmo dispositivo, em seu § 6.º, abre exceção à referida inviolabilidade, facultando ao **juiz competente**, quando presentes **indícios de autoria e materialidade da prática de crime praticado pelo próprio advogado**, decretar a **quebra da inviolabilidade** por meio de **decisão fundamentada de busca e apreensão**, na qual conste o **objeto da medida**, devendo, ainda, o cumprimento da diligência ser feito na **presença de um representante da OAB**. Mais recentemente, a Lei 14.365/2022, introduzindo os §§ 6.º-A a 6.º-H ao mesmo artigo, restringiu o alcance dessa exceção legal, determinando a excepcionalidade de medidas judiciais cautelares que importem na violação do escritório ou do local de trabalho; a proibição de que tais medidas sejam autorizadas exclusivamente com base em declarações de colaborador (alusão à colaboração premiada, nos casos em que permitida) sem confirmação por outros meios de prova; o dever do representante da OAB referido no § 6º de impedir que documentos, mídias e objetos não relacionados à investigação, especialmente de outros processos do mesmo cliente ou de outros clientes que não sejam pertinentes à persecução penal, sejam analisados, fotografados, filmados, retirados ou apreendidos do escritório de advocacia; o sigilo do conteúdo de documentos, mídias ou objetos não relacionados à investigação, quando, por sua natureza ou volume, não for possível separá-los no momento da execução da medida judicial de apreensão ou da retirada do material; e o direito

de o representante da OAB e do advogado investigado de acompanhar todos os atos relacionados à análise dos documentos e dispositivos de armazenamento de informação apreendidos ou interceptados, visando, com isto, muito especialmente, assegurar que elementos alheios ao objeto da investigação porventura presentes no material apreendido ou interceptado sejam analisados ou considerados.

III. Colher todas as provas que servirem para o esclarecimento do fato e suas circunstâncias: trata-se de abertura relegada pelo legislador à autoridade investigante, no sentido de colher todo e qualquer elemento que possa ser útil na elucidação da infração penal. A intimação de testemunhas e a sua inquirição, por exemplo, enquadram-se nesta previsão. Em verdade, o inciso em análise contém disposição residual, deixando evidente a intenção do Código em não limitar os meios investigativos a serem desenvolvidos pela autoridade policial que, de resto, se observar as leis processuais e a Constituição Federal, terá total liberdade para produzir as provas que julgar úteis na elucidação do delito e suas circunstâncias.

IV. Ouvir o ofendido: embora o depoimento da vítima, até mesmo pelo seu envolvimento emocional no fato, deva ser visto com certa reserva, não há dúvida de que, sendo possível, assume o caráter de providência imprescindível, já que poderá prestar informações úteis ao desenvolvimento das investigações. Se, regularmente notificado, deixar o ofendido de comparecer, poderá ser conduzido à presença da autoridade (art. 201, § 1.º, do CPP).

V. Ouvir o indiciado, com observância, no que for aplicável, do disposto no Capítulo III do Título VII, deste Livro, devendo o respectivo termo ser assinado por 2 (duas) testemunhas que lhe tenham ouvido a leitura: no curso do inquérito, a autoridade ouvirá o investigado, atentando, no que for aplicável, às regras do interrogatório judicial (Título VII, Capítulo III, do CPP). Como se vê, não são todas as normas pertinentes à oitiva judicial do acusado que deverão ser observadas pelo delegado, mas unicamente aquelas que tiverem pertinência com a natureza inquisitorial do procedimento investigativo. Dentro desse contexto, surgem as seguintes questões, relativas à aplicação em sede policial de dispositivos que estipulam regras para o procedimento judicial:

Persiste a exigência de curador ao investigado menor de 21 anos por ocasião de seu interrogatório na polícia? Não. Isso porque o novo Código Civil, equiparando a maioridade civil à penal, terminou por abolir qualquer privilégio processual antes assegurado ao maior de 18 e menor de 21 anos, persistindo tão somente as normas materiais, como, por exemplo, as previstas no Código Penal determinando a atenuação da pena pela idade inferior aos 21 anos e a redução do prazo prescricional pela metade.

Considerando a obrigatoriedade de defensor no interrogatório judicial (art. 185 do CPP), é preciso, também, advogado por ocasião do interrogatório policial? Não. Afinal, a razão da exigência de advogado no interrogatório prestado em juízo justifica-se nas garantias constitucionais da ampla defesa e do contraditório. Ocorre que tais garantias não estão presentes na fase inquisitorial, emergindo daí a conclusão no sentido de que não é obrigatória a assistência por defensor no momento do interrogatório policial do investigado. Ressalva-se, porém, a hipótese em que tal assistência tenha sido solicitada pelo interrogando ou pelo causídico, caso em que a realização do ato sem a presença do advogado importa em sua nulidade. A respeito, remetemos o leitor ao item 4.3 deste Capítulo, onde defendemos a subsistência da característica inquisitorial do inquérito perante as alterações provocadas pela Lei 13.245/2016 em relação ao Estatuto da Advocacia.

O direito ao silêncio, assegurado no interrogatório judicial (art. 186 do CPP), é aplicável à fase investigatória? Sem dúvida, deverá ser assegurado esse direito ao investigado na fase policial, pois, além de ter previsão constitucional (art. 5.º, LXIII), decorre do privilégio de que ninguém pode ser obrigado à autoincriminação. Entendendo o investigado que responder às perguntas da polícia não lhe convém, poderá ficar calado, sem que nenhuma sanção (processual e muito menos material) possa daí decorrer.

Aplica-se, no âmbito policial, o disposto no art. 187 do Código de Processo Penal? De acordo com esse dispositivo, o interrogatório em juízo será dividido em duas partes, iniciando-se pelas perguntas relativas à pessoa do acusado e, somente depois, os questionamentos relativos ao fato imputado. Tal regra foi incorporada à disciplina do interrogatório judicial, levando-se em conta que, na fase do processo, as garantias constitucionais do acusado subsistem em sua plenitude. Pretendeu o legislador fazer com que o juiz, ao interrogar o réu quanto ao fato imputado, proceda a partir da compreensão da realidade em que se acha ele inserido e na qual se encontrava antes e durante a prática do crime. Ora, quanto ao inquérito policial, trata-se de peça meramente informativa, que, no aspecto de sua **função preparatória** (na atualidade vislumbra-se no inquérito, também, *função preservadora*, relacionada a impedir acusações penais desprovidas de suporte fático ou jurídico), visa formar a *opinio delicti* de quem tiver legitimidade para a propositura da ação penal, não incidindo os princípios e garantias constitucionais relativos à fase judicial, tais como a ampla defesa, contraditório, *favor rei* etc. Portanto, não há qualquer propósito em se pretender aplicar ao interrogatório policial a exigência de que o réu seja inicialmente questionado sobre aspectos subjetivos e, apenas depois, sobre o fato objeto da investigação. Ademais, ainda que se pudesse cogitar do contrário, qual sanção processual resultaria da infringência do dispositivo pelo delegado de polícia? Nenhuma, já que não se concebe a existência de nulidade de inquérito e, muito menos, eventual vício na fase policial possui o condão de contaminar a ação penal.

VI. Proceder a reconhecimento de pessoas e coisas e a acareações: por **reconhecimento de pessoas** compreende-se o ato pelo qual não apenas as vítimas e testemunhas, mas também acusados e investigados identificam terceira pessoa. Não se trata de ato informal. Pelo contrário, o art. 226 do CPP estabelece as formalidades que devem nortear a cerimônia do reconhecimento. Assim, inicialmente a pessoa convidada a fazer o reconhecimento deverá descrever a pessoa que deva ser reconhecida. Em seguida, deverá o reconhecedor apontá-la entre outras que com ela guardarem semelhança, colocadas lado a lado pela autoridade que preside o ato. Ao final da diligência, lavrar-se-á o competente auto, subscrito pela autoridade, pelo reconhecedor e por duas testemunhas presenciais.

Quanto ao **reconhecimento de coisas**, é ato relacionado à identificação dos instrumentos empregados no crime (revólver, faca, pé de cabra, barra de ferro etc.), das coisas utilizadas para sua prática (por exemplo, o veículo usado em roubo a banco) e dos objetos que constituíram o produto da infração penal (o relógio furtado, o automóvel receptado etc.). Aplicam-se as mesmas regras utilizadas para o reconhecimento de pessoas, *no que for cabível*, é claro.

Por fim, em relação à **acareação,** é o procedimento que consiste em colocar frente a frente pessoas que já prestaram depoimentos em momento anterior, para que esclareçam – mediante confirmação ou retratação – aspectos que se evidenciaram contraditórios. O fundamento da acareação está no constrangimento. Busca-se, por intermédio de (re) perguntas acerca de pontos conflitantes, descobrir qual a pessoa que prestou falso depoimento para que dele se retrate em face da presença de outra que narrou o fato de modo diverso, porém verdadeiro. Realizada a acareação, providenciará a autoridade que presidir o ato – delegado de polícia ou juiz – a formalização de *termo* ou *auto*, do qual constarão as perguntas formuladas e as respectivas respostas. Este meio de prova, quando realizado na fase do *inquérito policial*, poderá ser ordenado pela autoridade policial por sua própria iniciativa, a requerimento de eventuais interessados ou, então, em cumprimento de requisição do Ministério Público. *E quanto à requisição da acareação ao delegado "ex officio"* *pelo juiz?* Acerca da determinação de provas de ofício pelo juiz na fase extrajudicial, de há muito a tendência é a de se entender que isto não é possível, pois implica deslocar-se ele de sua imparcialidade natural. Na esteira desta orientação, o art. 156, I, do CPP, ao permitir a sua atuação oficiosa antes do início da ação penal, é inconstitucional. Tal posição ganhou força a partir da introdução ao CPP, pela Lei 13.964/2019, do art. 3º-A, o qual, ao vedar a iniciativa do juiz na fase investigatória, revogou tacitamente qualquer possibilidade de que requisite ele, *ex officio*, provas nessa etapa da persecução criminal. Tal dispositivo teve a sua eficácia suspensa em face de medida cautelar deferida no STF em face das Ações Diretas de Inconstitucionalidade 6.298, 6.299, 6.300 e 6.305, situação esta que persistia por ocasião do fechamento da presente edição deste livro. De qualquer modo, independentemente de eventual revogação daquela medida cautelar e de qual seja o futuro resultado daquelas ações diretas, deve continuar prevalecendo a orientação de não é lícito ao juiz, na fase das investigações, ordenar meios de prova por sua própria iniciativa em face da mencionada inconstitucionalidade do art. 156, I. Perceba-se que, no curso do *processo criminal*, a situação é outra. Nesta fase da persecução criminal, com efeito, sendo a acareação, sendo um meio de prova, além de poder o juiz realizá-la a requerimento das partes, não fica definitivamente ele impedido de ordená-la *ex officio*, desde que o faça com o objetivo de dirimir dúvidas surgidas a partir das provas requeridas pelas partes, consoante se infere da redação do art. 156, II, do CPP.

VII. Determinar, se for o caso, que se proceda a exame de corpo de delito e a quaisquer outras perícias: é fundamental que determine a autoridade policial a realização do exame de corpo de delito sempre que a infração deixar vestígios – *homicídio, estupro, rompimento de obstáculo à subtração da coisa etc.* Lembre-se de que, nessa ordem de delitos, este exame apresenta, como regra, o caráter de obrigatoriedade, não podendo substituí-lo a confissão do acusado (art. 158 do CPP). Entretanto, poderá ser suprido pela prova testemunhal quando o vestígio desaparecer, nos termos do art. 167 do CPP (o corpo da vítima foi queimado pelo criminoso, por exemplo).

Tal é a importância dessa prova que, apesar de o art. 14 do CPP facultar ao delegado de polícia o indeferimento de diligências requeridas pelo ofendido ou pelo investigado, esta discricionariedade não alcança o exame de corpo de delito que, se requerido por qualquer dos envolvidos, não poderá ser indeferido pela autoridade policial ou judiciária (art. 184 do CPP).

O art. 159 do CPP estabelece que o exame de corpo de delito e as perícias em geral deverão ser realizados por *perito oficial* portador de diploma de curso superior. Por *oficial* compreende-se o perito que integra os quadros do Estado. Nesta espécie de perícia, o uso da palavra *perito* no singular sugere a intenção do legislador em permitir, agora, a realização da perícia por apenas um *expert*, ao contrário do que ocorria na legislação anterior, quando, mesmo em relação aos oficiais, exigiam-se dois peritos.

Embora deva a perícia, como regra, ser realizada por perito oficial, o art. 159, §§ 1.º e 2.º, possibilita que, na sua falta, seja o exame realizado por *peritos leigos*, considerando-se como tais as pessoas idôneas, nomeadas sob compromisso pelo Delegado de Polícia ou pelo Juiz, dotadas de conhecimentos técnicos específicos e portadoras de curso superior preferencialmente na área objeto da perícia. Neste caso, é obrigatória a participação de, no mínimo, duas pessoas.

Aspecto importante respeita ao alcance do § 3.º do art. 159 à fase das investigações policiais. Precitado dispositivo, tratando da atuação das partes frente à perícia, preceitua que *serão facultadas ao Ministério Público, ao assistente de acusação, ao ofendido, ao querelante e ao acusado a formulação de quesitos e a indicação de assistente técnico.* Apesar da amplitude do artigo, não deixando claro se abrange tanto a perícia realizada na fase policial quanto aquela feita na fase judicial, estamos certos de que o direito lá assegurado se refere unicamente às perícias feitas por determinação do juiz no âmbito de procedimento (*v.g.*, incidente de insanidade mental) ou processo sob tramitação judicial, não se estendendo, portanto, àquelas realizadas por ordem do delegado a título de diligência investigatória. Evidentemente, nada impede (pelo contrário, até aconselha) que o Delegado de Polícia faculte ao advogado do investigado participar da perícia mediante a *formulação de quesitos* (art. 176 do CPP e art. 7.º, XXI, *a*, da Lei 8.906/1994).

VIII, 1.ª parte. Ordenar a identificação do indiciado, pelo processo datiloscópico, se possível: trata-se da identificação criminal do investigado, atualmente regrada pelo art. 5.º, LVIII, da Constituição Federal, ao dispor que *o civilmente identificado não será submetido à identificação criminal, salvo nas hipóteses previstas em lei*, e, em nível infraconstitucional, pela Lei 12.037, de 1.º de outubro de 2009, que revogou a disciplina anteriormente estabelecida pela Lei 10.054/2000.

Embora a redação do art. 6.º, VIII, do CPP trate da identificação criminal como um procedimento destinado simplesmente à colheita das impressões digitais do investigado, o art. 5.º da Lei 12.037/2009, a exemplo do que já determinava a revogada Lei 10.054/2000, conferiu amplitude ao conceito de identificação criminal, dispondo que esta insere tanto a **identificação datiloscópica** como a **identificação fotográfica**. E não é só: alterado pela Lei 12.654/2012, estabeleceu o mesmo art. 5.º da Lei 12.037/2009 que, se estiver fundamentada na imprescindibilidade para as investigações policiais, assim reconhecido por decisão judicial (art. 3.º, IV, da Lei 12.037/2009), a identificação criminal poderá incluir, também, a **coleta de material biológico para a obtenção do perfil genético do indivíduo.**

Pela relevância do assunto, remetemos o leitor ao *item 4.5.1* deste Capítulo, no qual o abordamos com maior profundidade.

O art. 6.º, VIII, do CPP, em sua parte final, refere-se à juntada aos autos da *folha de antecedentes*, como tal compreendida a ficha que contém a vida pregressa criminal do investigado. Tratando-se de providência policial, essa folha conterá apenas a relação dos inquéritos policiais já instaurados em relação ao indivíduo, não inserindo dados relativos a processos criminais – estes constarão de certidão que normalmente é exarada pelo setor de distribuição do Foro tão logo o inquérito aporta ao Poder Judiciário.

Questão importante respeita à consideração da folha de antecedentes policiais pelo juiz no momento da fixação da pena-base, em atenção à regra do art. 59 do Código Penal. Não existe esta possibilidade. Embora, no passado, o assunto tenha sido objeto de controvérsias, na atualidade o STF firmou o entendimento de que "não bastam para o agravamento da pena ações penais ou inquéritos policiais ainda em curso"[11]. Não é diferente no STJ, onde editada a Súmula 444 dispondo que "é vedada a utilização de inquéritos policiais e ações penais em curso para agravar a pena-base".

IX. Averiguar a vida pregressa do indiciado, sob o ponto de vista individual, familiar e social, sua condição econômica, sua atitude e estado de ânimo antes e depois do crime e durante ele, e quaisquer outros elementos que contribuírem para a apreciação do seu temperamento e caráter: esta hipótese não se confunde com a prevista no inciso anterior ao tratar da *folha de antecedentes*. No inciso em exame, ao contrário, trata-se da captação de fatos que, não podendo constar da folha de antecedentes policiais (seja por não se constituírem infrações penais, seja por se tratar de fatos que, mesmo criminosos, não chegaram a gerar a instauração de inquérito, *v.g.*, pela omissão da vítima em registrar

[11] STF, HC 115.005/PE, *DJ* 23.08.2013.

a respectiva ocorrência policial), permitem detectar o caráter, a idoneidade moral e social do investigado, sua condição econômica, personalidade e outros dados que possam ser úteis na valoração do crime sob investigação e na dosimetria da pena a ser imposta no caso de sentença condenatória.

X. Colher informações sobre a existência de filhos, respectivas idades e se possuem alguma deficiência e o nome e contato de eventual responsável pelos cuidados dos filhos, indicado pela pessoa presa: trata-se de previsão inserida ao Código de Processo Penal pela Lei 13.257, de 08.03.2016, estabelecendo mais uma providência a ser cumprida pelo Delegado de Polícia logo depois de tomar ciência da prática de infração penal. Como se infere da parte final do dispositivo, a imposição legal respeita à hipótese de pessoa presa, muito especialmente, segundo pensamos, no caso de flagrante, caso em que as informações em questão deverão constar do respectivo auto de prisão. Sem embargo, considerando os objetivos da Lei 13.257 – estabelecimento de políticas públicas de caráter protetivo – não fica excluída, pois a lei não faz ressalva, a situação do indivíduo segregado por força de mandado expedido pelo juiz a partir de representação da autoridade policial no curso do inquérito. Quanto ao objetivo dessa disciplina, é, principalmente, dar conhecimento às demais autoridades que atuam na persecução criminal (juiz e Ministério Público) e à defesa constituída, nomeada ou pública do preso, sobre a existência de filhos, menores ou com alguma deficiência, a fim de que possam ser requeridas ou adotadas as medidas necessárias para que não permaneçam eles sem assistência e responsável no período em que o pai ou a mãe estiverem contidos.

Atente-se, ainda, que a Lei 13.344, de 06.10.2016, dispondo sobre a prevenção e repressão ao tráfico interno e internacional de pessoas, introduziu no Código de Processo Penal o art. 13-A, estabelecendo que, na investigação dos crimes de *sequestro e cárcere privado (art. 148 do CP), redução a condição análoga à de escravo (art. 149 do CP), tráfico de pessoas (art. 149-A do CP), extorsão praticada mediante restrição da liberdade da vítima (art. 158, § 3.º, do CP), extorsão mediante sequestro (art. 159 do CP)* e *tráfico de crianças e adolescentes para o exterior (art. 239 da Lei 8.069/1990),* o delegado de polícia (e também o membro do Ministério Público) poderá requisitar, de quaisquer órgãos do poder público ou de empresas da iniciativa privada, dados e informações cadastrais da vítima ou de suspeitos, devendo a requisição ser atendida no prazo de vinte e quatro horas. Tal previsão teve por objetivo dispor à autoridade policial os instrumentos que lhe facilitem a obtenção, com o máximo de celeridade e eficácia possível, das provas necessárias à elucidação do fato sob investigação.

Alerta-se que esta faculdade agora estabelecida para a autoridade policial no art. 13-A do CPP não é, propriamente, uma novidade no processo penal brasileiro, pois já contemplada, anteriormente, em outros diplomas, tais como no art. 17-B da Lei 9.613/1998 (lavagem de dinheiro), no art. 15 da Lei 12.850/2013 (organizações criminosas) e, de modo geral, no art. 2.º, § 2.º, da Lei 12.830/2013 (investigação criminal).

E também é necessário atentar ao fato de que o citado art. 13-A ao inserir a possibilidade de obtenção, à revelia de ordem judicial, de *dados e informações cadastrais* (aquelas que se referem à identidade da pessoa visada – nome, nacionalidade, estado civil, profissão, filiação, domicílio, entre outros), veio ao encontro da orientação há muito consolidada nos tribunais no sentido de que é lícito ao delegado (também ao Ministério Público e até mesmo a Comissões Parlamentares de Inquérito) obter, mediante requisição própria, outros elementos que não se insiram no âmbito da vida privada das pessoas, tais como data e horário de chamada telefônica, número do telefone chamado, agenda eletrônica de aparelho celular, histórico de chamadas etc. Logicamente, não se inserem no permissivo situações que impliquem violação à intimidade, tais como a captação de diálogos telefônicos, a interceptação de e-mail, *WhatsApp* ou SMS em curso etc.

E não é só isto: também introduzido no Código de Processo Penal pela Lei 13.344/2016, dispõe o art. 13-B sobre a possibilidade de o delegado de polícia, assim como o Ministério Público, na atividade de prevenção e repressão do tráfico de pessoas, "requisitar, mediante autorização judicial, às empresas prestadoras de serviço de telecomunicações e/ou telemática que disponibilizem imediatamente os meios técnicos adequados – como sinais, informações e outros – que permitam a localização da vítima ou dos suspeitos do delito em curso". Apesar da boa intenção do legislador, não passa em branco a impropriedade legislativa incorporada ao dispositivo, na medida em que legitima a autoridade policial e o MP a proceder a uma "requisição", desde que precedida de "autorização judicial". Tal cenário, interpretada a lei na sua letra fria, insere um verdadeiro paradoxo, pois não há sentido algum em facultar um poder requisitório (lembre-se que requisição é termo empregado pelo Código de Processo Penal com o sentido de exigência ou determinação), que poderá ser utilizado apenas se houver prévia autorização judicial. É, contudo, o que apregoa o texto legal. Na sequência, consagra o mesmo artigo, agora em seu § 4.º, que, se, provocado o juízo a tal autorização, este não se manifestar no prazo de doze horas, possibilita-se à autoridade competente (delegado e Ministério Público) proceder à aludida requisição mesmo sem a prévia ordem judicial, sem embargo da obrigação de comunicar tal procedimento, imediatamente, ao juiz. Conforme muito bem refere *Henrique Hoffmann Monteiro de Castro*, "cuida-se de cláusula de reserva de jurisdição temporária, verdadeira inovação no mundo jurídico, em que o decurso de lapso temporal (bastante apertado – 12 horas) faz desaparecer a necessidade de autorização judicial. Trata-se de previsão dúplice, exigindo-se no início ordem judicial e passando a dispensá-la pelo decurso de tempo"[12].

4.5.1. Identificação criminal do investigado (Lei 12.037/2009)

4.5.1.1. Considerações gerais

Situação bastante comum, especialmente na prática policial, é o investigado, objetivando eximir-se de responsabilidade criminal em relação a delitos que tenha cometido, omitir sua verdadeira identidade, informando dados inverídicos ou até mesmo apresentando documentos falsos. É aí que surge a importância da identificação criminal como procedimento destinado a registrar os dados corretos da pessoa investigada, fornecendo, assim, inicialmente à autoridade policial e, em um segundo momento, ao Poder Judiciário, a segurança necessária quanto à individualização da pessoa em relação à qual o Estado realizará a persecução penal.

A restrição introduzida pelo texto constitucional à **identificação criminal** de quem já estiver civilmente identificado nada tem a ver com a respectiva **qualificação**. Esta consiste na individualização do investigado ou do acusado, por meio da obtenção de dados como nome, naturalidade, estado civil, filiação, domicílio etc. E, ao contrário do que ocorre com a *identificação criminal*, que supõe coleta de impressões digitais, procedimento fotográfico e, quando prevista, coleta de material biológico para confecção do perfil genético (dados estes inconfundíveis e intransferíveis), a *qualificação* não implica constrangimento de qualquer natureza. Destarte, não só podem as autoridades policial e judiciária proceder à qualificação do indiciado ou réu, como também importa em prática contravencional a sua recusa em fornecer os respectivos dados. Nesse aspecto, aliás, expresso o art. 68 do Decreto-lei

[12] CASTRO, Henrique Hoffmann Monteiro de. Lei de Tráfico de Pessoas traz avanços e causa perplexidade. Disponível em: <www.conjur.com.br>. Acesso em: 7 dez. 2016.

3.688/1941, ao tipificar como contravenção penal a conduta de quem "recusar à autoridade, quando por esta, justificadamente solicitados ou exigidos, dados ou indicações concernentes à própria identidade, estado, profissão, domicílio e residência".

Também não se confunde a **identificação criminal** com o **reconhecimento pessoal** disciplinado no art. 226 do CPP, consistente este em meio de prova no qual o ofendido ou testemunhas apontam, se possível entre outras pessoas com características semelhantes, aquela que sabem estar envolvida em determinada prática delitiva.

4.5.1.2. *Abrangência da Lei 12.037/2009*

A Lei 12.037, de 1.º.10.2009, revogando expressamente a normatização ditada pela Lei 10.054/2000, disciplina, na atualidade, o procedimento da identificação criminal. A exemplo do que já previa a legislação anterior, o seu art. 5.º consagrou a *identificação criminal* como um gênero, da qual são espécies a *identificação datiloscópica* e a *identificação fotográfica*. Além disso, por força de alteração imposta pela Lei 12.654/2012, o mesmo art. 5.º, agora em seu parágrafo único, passou a determinar que a identificação criminal, quando fundada na essencialidade às investigações policiais, assim reconhecido por decisão judicial (art. 3.º, IV, da Lei 12.037/2009), inclua, também, a *coleta de material biológico para a obtenção do perfil genético do indivíduo.*

Não se ignora o fato de que, nos tempos modernos, outros métodos de identificação biométrica estão sendo aperfeiçoados, tais como a *identificação por voz*, a *identificação através da íris, da retina, da face*, entre outros. Nesse contexto, é de se indagar se, diante dos limites impostos pelo art. 5.º, LVIII, da CF ("salvo nas hipóteses previstas em lei") e em face da contemplação restritiva do art. 5.º da Lei 12.037/2009 (identificação criminal = identificação datiloscópica + identificação fotográfica + identificação do perfil genético), aquelas outras formas de identificação poderão ser realizadas sem que impliquem constrangimento ilegal ao indivíduo. Em que pese a existência de algumas opiniões considerando que devam ser permitidos estes outros meios de identificação criminal, compreendemos em sentido oposto. Isso porque o art. 5.º, LVIII, da CF é peremptório quando proíbe a identificação criminal do indivíduo civilmente identificado, **salvo nas hipóteses previstas em lei**. Ora, a *lei*, no caso, é a Lei 12.037/2009, que restringe a identificação criminal à identificação datiloscópica, à identificação fotográfica e, quando fundada na imprescindibilidade para as investigações policiais, à identificação por meio da coleta do perfil genético. Logo, a aceitação de outros métodos de identificação, segundo pensamos, exige modificação e ampliação da regra incorporada ao art. 5.º da Lei 12.037/2009, sob pena de implicar o procedimento em violação de garantia constitucionalmente assegurada ao indivíduo. Não é por menos que esse dispositivo, que contemplava a identificação criminal apenas sob a forma datiloscópica e fotográfica, foi alterado pela Lei 12.654/2012, recebendo o acréscimo de parágrafo único onde está prevista a possibilidade da identificação do perfil genético na hipótese que estabelece. Não fosse essa previsão, também esta última forma de identificação criminal estaria vedada.

4.5.1.3. *Autoridade competente para a identificação criminal*

Normalmente, é a autoridade policial que determina a identificação criminal, podendo, em regra, fazê-lo à revelia de prévia ordem judicial. Ressalva existe no permissivo do art. 3.º, IV, da Lei 12.037/2009, relativo à identificação criminal lastrada na imprescindibilidade para as investigações policiais, para a qual, expressamente, a lei exige *despacho* (na verdade, uma *decisão*) *da autoridade judiciária competente.*

Perceba-se que a hipótese do inciso IV é a única que autoriza, além da identificação datiloscópica e fotográfica, também a realizada por meio da coleta de material biológico para a obtenção do perfil genético (art. 5.º, parágrafo único, da Lei 12.037/2009). Nas demais hipóteses contempladas no art. 3.º admitem-se, tão somente, aquelas duas primeiras formas de identificação. Nesse contexto, depreende-se que as modalidades de identificação criminal que podem ser determinadas pela autoridade policial sem prévia ordem judicial são, apenas, as datiloscópica e fotográfica, exigindo-se ainda que concorram as situações dos incisos I, II, III, V e VI do precitado art. 3.º.

Ademais, conquanto não exija a lei, compreendemos que a decisão da autoridade policial que determinar a identificação criminal deva apresentar o mínimo de fundamentação, até mesmo para elidir eventual imputação do crime de abuso de autoridade lastrado, sendo o caso, no art. 13, II e III, da Lei 13.869/2019, relativo à conduta de *constranger o preso ou o detento, mediante violência, grave ameaça ou redução de sua capacidade de resistência, a [...] II – submeter-se a situação vexatória ou a constrangimento não autorizado em lei* e a *III – produzir prova contra si mesmo ou contra terceiro.* Tratando-se de identificação realizada sob o comando de ordem judicial, é evidente que decisão do Juiz que assim determinar deverá estar adequadamente fundamentada, tal como determina o art. 93, IX, da CF.

4.5.1.4. Pessoa civilmente identificada para efeitos da Lei 12.037/2009

O art. 2.º da Lei 12.037/2009 estabeleceu o rol de documentos que, se apresentados, importam em considerar a pessoa como civilmente identificada. Trata-se da **carteira de identidade, da carteira de trabalho, da carteira profissional, do passaporte, da carteira de identificação funcional ou outro documento público que permita a identificação do indiciado**. Ainda, equiparou a documentos de identificação civil os **documentos de identificação militar** (art. 2.º, parágrafo único).

Sem embargo dessa disciplina legal, a doutrina tem criticado a excessiva abrangência da hipótese prevista no art. 2.º, inciso VI, contemplando como forma de identificação civil *outro documento público que permita a identificação do indiciado.* Assevera-se, nesse caso, que essa previsão poderá dar margem a conclusões equivocadas, como a consideração de que uma simples certidão de nascimento, que não possui fotografia, possa coibir a identificação criminal. Mais uma vez discordamos. Basta ver que, apesar de o mencionado inciso VI ser, de fato, bastante genérico, o art. 3.º, II, permite à autoridade policial restringir o seu alcance ao dispor que, embora apresentado documento de identificação civil, poderá ocorrer identificação criminal quando *o documento apresentado for insuficiente para identificar cabalmente o indiciado*, como é o caso da certidão de nascimento. Portanto, afigura-se-nos positiva essa flexibilidade permitida pelo art. 2.º, VI, da Lei 12.037/2009, já que se, por um lado, pode embasar manifestação de recusa à identificação criminal mediante a apresentação de documento inidôneo à comprovação da identidade, por outro, o art. 3.º, II, propicia à autoridade policial base jurídica para não aceitar essa recusa caso constate a precariedade do documento apresentado a título de identificação civil. A propósito, em razão dessa flexibilidade permitida pelo referido inciso VI é que há a possibilidade de se considerar como identificado civilmente o portador de Carteira Nacional de Habilitação (carteira de motorista), documento este que, muito embora não previsto em qualquer dos incisos do art. 2.º, possui, em seu atual *layout*, plena aptidão para identificar cabalmente a pessoa que com ele se apresente.

4.5.1.5. Permissivos da identificação criminal

A Lei 12.037/2009 estabelece em seu art. 1.º que "o civilmente identificado não será submetido a identificação criminal, **salvo nos casos previstos nesta lei**". Considerando que essa disposição da Lei 12.037/2009 limitou a identificação criminal aos casos nela previstos, detecta-se que ficou tacitamente revogado o *art. 109 da Lei 8.069/1990 (Estatuto da Criança e do Adolescente)*, ao dispor que o adolescente civilmente identificado poderá ser submetido à identificação compulsória pelos órgãos policiais, de proteção e judiciais, para efeito de confrontação, havendo dúvida fundada.

Não obstante, com a publicação da Lei 12.654/2012, acrescentou-se parágrafo único ao art. 5.º da Lei 12.037/2009, neste contemplando a possibilidade de coleta de material biológico para fins de formação de perfil genético do indivíduo, no caso de identificação criminal fundamentada na imprescindibilidade às investigações policiais. E mais: a referida Lei 12.654/2012, ainda, acrescentou à Lei 7.210/1984 (Lei de Execução Penal) o art. 9.º-A, estabelecendo a obrigatória identificação do perfil genético dos condenados pela prática de crimes cometidos com violência grave contra a pessoa e por crimes hediondos.

Com isso, depreende-se que, no atual regramento, as situações que autorizam a identificação criminal de quem já esteja civilmente identificado são, unicamente, aquelas previstas no art. 3.º da Lei 12.037/2009 e no art. 9.º-A da Lei 7.210/1984 (Lei de Execução Penal).

4.5.1.5.1. Permissivos da identificação criminal previstos no art. 3.º da Lei 12.037/2009

O art. 3.º da Lei 12.037/2009 arrola as situações que facultam a identificação criminal do indivíduo, ainda que já se encontre civilmente identificado. Consistem:

I – O documento (identidade civil) apresentar rasura ou tiver indício de falsificação. É evidente que a presença de rasuras ou de qualquer outro indicativo de que o documento apresentado possa não ser autêntico faculta a identificação criminal do indivíduo. E a aparente falsidade do documento não se resume à ocorrência de *falsificação material*, assim entendida aquela caracterizada pela reprodução, imitação ou contrafação, casos em que o documento não existe, sendo criado pelo agente; ou pela *alteração*, hipótese em que o documento de fato existe, sendo, porém, modificado pelo agente em seu aspecto original. Ao contrário, também os indicativos de *falsidade ideológica* inserem-se no permissivo da identificação criminal em exame, compreendendo-se como tal a hipótese em que o agente omite, insere ou faz inserir em determinado documento uma declaração indevida. Nesse caso, o documento, conquanto verdadeiro no aspecto material, insere uma inverdade, uma mentira.

II – O documento apresentado for insuficiente para identificar cabalmente o indiciado. Essa hipótese, conforme mencionamos antes, importa para viabilizar à autoridade policial exigir a identificação criminal do indivíduo que apresentar documento que, conquanto oficial, não seja idôneo para identificar com segurança a pessoa que com ele se apresentar. É o caso de documentos que não possuam fotografia, como a certidão de nascimento, a certidão de casamento etc.

III – O indiciado portar documentos de identidade distintos, com informações conflitantes entre si. Não é impossível que o investigado apresente ou que sejam localizados em seu poder documentos que contenham dados pessoais diferentes, não apenas acerca de seu prenome e nome, mas também no tocante à data de nascimento, naturalidade, filiação e outras informações. Nesses casos, é evidente a necessidade de identificação criminal do investigado, assegurando-se que a pessoa em relação à qual o processo criminal será movido e que, no caso de condenação, sofrerá o *jus puniendi* do Estado será, realmente, aquela que foi investigada e indiciada pela autoridade policial no inquérito que deu embasamento à denúncia ou à queixa-crime.

IV – A identificação criminal for essencial às investigações policiais, segundo despacho da autoridade judiciária competente, que decidirá de ofício ou mediante representação da autoridade policial, do Ministério Público ou da defesa. É importante não perder de vista que, nesse caso, a identificação criminal exige prévia ordem judicial, não ficando, portanto, a cargo da autoridade policial sua determinação. Como exemplo, ilustre-se a hipótese em que, pelo documento de identificação civil apresentado, constate a autoridade policial tratar-se o investigado de indivíduo que possui irmão gêmeo. Nada mais razoável, nesse caso, do que ser exigida a sua identificação criminal, com o objetivo de evitar possíveis equívocos em futuro indiciamento e também na ação penal que venha a ser instaurada, já que, na prática, não é incomum pessoas investigadas apresentarem documentos de parentes com os quais guardam semelhança física para se furtarem à responsabilização criminal.

Sem embargo da regra, questiona-se a possibilidade de o juiz *ex officio* determinar a identificação criminal, pois o permissivo da identificação, aqui, tem em vista a essencialidade do procedimento para as investigações policiais. Sempre compreendemos que esta faculdade conferida ao magistrado implica evidente violação ao sistema acusatório implicitamente consagrado pela Constituição Federal. Este nosso entendimento foi reforçado pelo art. 3º-A do CPP, introduzido pela Lei 13.964/2019, proibindo a iniciativa do juiz na fase da investigação criminal. Tal dispositivo, como dissemos antes, teve a sua eficácia suspensa em razão de medida cautelar deferida no STF no âmbito das ADIs 6.298, 6.299, 6.300 e 6.305, suspensão esta que persistia por ocasião do fechamento da presente edição deste livro. Independentemente, porém, de eventual revogação dessa medida cautelar (quer incidentalmente, quer em razão de provimento daquelas ADIs), é certo que não ficará alterado o raciocínio que sustentamos no sentido da inconstitucionalidade da determinação, de ofício, pelo juiz da identificação criminal na hipótese do art. 3º, inciso IV, da Lei 12.037/2009, pois tal proibição, como dissemos, decorre da Constituição Federal ao consagrar o sistema acusatório como sendo o que informa o direito processual penal brasileiro.

Apesar da nomenclatura utilizada no dispositivo quanto à natureza da decisão judicial – *despacho* –, tal deliberação possui natureza de *decisão interlocutória*, que deve estar amparada em elementos de convicção suficientes para demonstrar a incidência da hipótese prevista no art. 3.º, IV, sendo, ainda, devidamente fundamentada (art. 93, IX, da CF).

Existe impropriedade terminológica no inciso em análise ao se referir à "representação da autoridade policial, do Ministério Público ou da defesa" como formas de provocar a deliberação judicial. Na verdade, o termo *representação* apresenta-se correto apenas em relação à postulação da autoridade policial, pois, tratando-se de pedido elaborado pelo Ministério Público ou pela defesa, este assumirá a forma de *requerimento.*

E quando se tratar de crime de ação penal privada? Poderá, nesse caso, o ofendido que requereu a instauração do inquérito policial postular ao juízo a identificação criminal do investigado sob o fundamento da imprescindibilidade às investigações policiais? A lei é silente a respeito. Entretanto, não temos a menor dúvida de que a mesma faculdade deve ser assegurada ao ofendido ou seu representante legal nos crimes de ação penal privada. Afinal, mesmo nessa ordem de crimes, a instauração do inquérito, quando requerida pelo respectivo legitimado, tem por fim embasar posterior queixa-crime a ser ajuizada contra o autor do fato. Nesse contexto, a imprescindibilidade para as investigações policiais é conceito que reflete diretamente no interesse do ofendido, pois a falta de êxito do inquérito na apuração de indícios da autoria do crime poderá ter como consequência a impossibilidade de ajuizamento da queixa.

Cabe recurso contra a decisão judicial que defere ou indefere a identificação criminal no caso do inciso IV? Não, pois não há previsão legal que possibilite o enquadramento dessas hipóteses. Contudo, viável, em ambas as situações, o manejo de ações autônomas de impugnação, tais como o *habeas corpus*, o mandado de segurança e a correição parcial.

Outro aspecto a ser considerado quando se trata da **identificação criminal fundada na essencialidade para as investigações policiais** é que, nesse caso, além das identificações datiloscópica e fotográfica, o processo de identificação poderá incluir, também, a coleta de material biológico para a obtenção do perfil genético do indivíduo (art. 5.º, parágrafo único, da Lei 12.037/2009, acrescido pela Lei 12.654/2012), o que se justifica muito especialmente na hipótese de terem sido encontrados fluidos (sangue, sêmen, saliva etc.) ou outros materiais biológicos (fios de cabelo, epitélio etc.) que podem ter sido deixados pelo agente. Reitere-se que, sendo a essencialidade para as investigações policiais a única situação em que se autoriza a coleta de material biológico para confecção do perfil genético no curso do inquérito e condicionando-se tal modalidade de identificação à prévia ordem judicial, em nenhuma hipótese poderá a autoridade policial determiná-la por sua própria iniciativa, possibilidade esta que lhe assiste, então, apenas em relação às identificações datiloscópica e fotográfica nos casos dos incisos I, II, III, V e VI do artigo em comento. Para outras considerações sobre o tema, remetemos o leitor ao *tópico 4.5.1.5.2* em que o abordamos com a devida ênfase.

V – Constar de registros policiais o uso de outros nomes ou diferentes qualificações. Hipótese muito comum, em especial nas situações de flagrante, é a de identificar o indivíduo com o nome de terceiros, muitas vezes apresentando documentos pertencentes a irmãos ou outros parentes, objetivando, com isso, a impunidade pelo fato praticado. Pois bem, havendo nos registros policiais a referência de que o investigado, em outras situações, já se apresentou com nomes diferentes ou forneceu dados qualificativos distintos, poderá o delegado de polícia exigir a sua identificação criminal, procedimento este que, diante do histórico do investigado, motiva-se na suspeita natural de que, mais uma vez, possa ele estar atribuindo a si uma falsa identidade.

VI – O estado de conservação ou a distância temporal ou da localidade da expedição do documento apresentado impossibilite a completa identificação dos caracteres essenciais. Com frequência, são apresentados em sede policial documentos em *péssimo estado de conservação*, impedindo a detecção segura quanto aos dados a eles incorporados. Nesse caso, não sendo possível obter a comprovação imediata da autenticidade, faculta a lei que seja realizada a identificação criminal do indivíduo. Igual procedimento deverá ser adotado quando apresentados *documentos expedidos há longa data*, sobretudo aqueles que contêm fotografia que em nada se assemelha ao fenótipo do investigado no momento atual.

Situação que gera paradoxo encontra-se na última parte do inciso em comento, estabelecendo como justificativa para a identificação criminal a circunstância de ter sido o *documento expedido em localidade distante*. Cremos ter ocorrido, aqui, um equívoco redacional do legislador, pois o fato de apresentar o indivíduo, por exemplo, no Rio Grande do Sul, um documento de identidade expedido no Pará não parece, **por si**, motivar o procedimento da identificação criminal. Além disso, a parte final do inciso VI, embora possa corresponder às duas situações iniciais, não apresenta qualquer sentido se conjugada com este último caso de identificação. Veja-se:

1.º Caso: *"O estado de conservação ... impossibilite a completa identificação dos caracteres essenciais"*: há coerência nessa previsão, possibilitando-se a identificação criminal de quem se apresentar com documentos cuja precariedade na conservação impeça a visualização de seus caracteres essenciais.

2.º Caso: *"A distância temporal ... impossibilite a completa identificação dos caracteres essenciais"*: também aqui a disposição mostra-se congruente, pois, muitas vezes, o tempo decorrido desde a expedição do documento obsta ou dificulta a verificação de sua correspondência com a realidade, como ocorre na hipótese já referida de conter fotografia do investigado de muitos anos atrás.

3.º Caso: *"A distância ... da localidade da expedição do documento apresentado impossibilite a completa identificação dos caracteres essenciais"*: ora, não há qualquer propósito nessa previsão, pois não se consegue compreender, por mais que se tente, como a distância da localidade em que expedido o documento pode impedir a sua leitura. Como refere Eduardo Luiz Santos Cabette, "talvez em se tratando de uma identidade estrangeira a dificuldade na aferição da autenticidade e caracteres do documento justifique a aplicação do dispositivo. Entretanto, tal caso poderia ser suficientemente coberto pelo inciso II do mesmo art. 3.º, da nova Lei de Identificação Criminal. Entende-se, portanto, que o legislador andaria melhor se não houvesse acrescentado essa hipótese da distância espacial"[13].

Compreendemos, pois, temerária essa última previsão, cabendo à jurisprudência definir-lhe o alcance a fim de evitar a realização de identificações criminais arbitrárias sob o manto da distância geográfica entre o local da apuração do crime e o lugar em que expedido o documento de identificação civil.

4.5.1.5.2. Identificação criminal por meio do perfil genético

O art. 5.º, parágrafo único, da Lei 12.037/2009, incluído pela Lei 12.654/2012, estabelece que, na hipótese do inciso IV do art. 3.º – permissivo relacionado à essencialidade para as investigações policiais –, a identificação criminal poderá incluir a coleta de material biológico para a obtenção do perfil genético. Ao incluir o perfil genético no âmbito da identificação criminal, objetivou o legislador colocar a genética forense à disposição da Justiça, partindo do pressuposto de que a identificação humana a partir do seu código genético é única e inconfundível, não podendo ser apagada ou modificada. Levou-se em conta ainda que é bastante comum serem encontrados, nas cenas de crimes, vestígios capazes de permitir a identificação a partir da comparação de DNA, tais como sangue, sêmen, saliva, fios de cabelo, epitélio etc.

Neste caso, os dados coletados deverão ser armazenados em banco de dados de perfis genéticos, gerenciado por unidade oficial de perícia criminal (art. 5.º-A da Lei 12.037/2009), não podendo revelar traços somáticos ou comportamentais das pessoas a que se referem, exceto no que concerne à determinação genética de gênero, tudo conforme as normas constitucionais e internacionais sobre direitos humanos, genoma humano e dados genéticos (art. 5.º-A, § 1.º, da Lei 12.037/2009). Com tal proibição, como bem refere Renato Brasileiro de Lima, "o objetivo do legislador é evitar que análises inconclusivas acerca do temperamento, do caráter e da personalidade do identificado, sejam utilizadas para se criar um infundado estereótipo do homem delinquente a que se referia Cesare Lombroso"[14].

O banco de dados de perfis genéticos terá caráter sigiloso, respondendo civil, penal (art. 325, § 1.º, do CP) e administrativamente aquele que promover sua utilização para fins diversos dos previstos em lei ou em decisão judicial (art. 5.º-A, § 2.º, da Lei 12.037/2009). Justifica-se a cautela legal no intuito de evitar que os dados obtidos sejam utilizados para fins diversos daquele que justifica a coleta do material biológico, qual seja, a investigação policial. E, conforme dispõe o art. 7.º-B, o banco de dados será regulamentado por ato do Poder Executivo.

Uma vez constatada a coincidência do perfil genético do indivíduo investigado com o constante em banco de dados, tal situação deverá ser materializada em laudo pericial, firmado por perito oficial devidamente habilitado (art. 5.º-A, § 3.º, da Lei 12.037/2009). Considerando que a lei se refere a *perito oficial*, naturalmente fica excluída a possibilidade de sua confecção pelos peritos leigos a que alude o art. 159, 1.º, do CPP.

---

13 CABETTE, Eduardo Luiz Santos. Comentários iniciais à nova lei de identificação criminal – Lei 12.037/2009. Disponível em: <www.jusnavigandi.com.br>. Acesso em: 18 set. 2014.

14 LIMA, Renato Brasileiro de. *Legislação criminal especial comentada*. Niterói: Impetus, 2013. p. 142.

4.5.1.5.3. Permissivo da identificação criminal previsto no art. 9.º-A da Lei 7.210/1984

O art. 9.º-A da Lei de Execução Criminal contempla a identificação **obrigatória** do perfil genético de **indivíduos condenados** pela prática de *crime doloso praticado com violência grave contra a pessoa*, bem como de *crime contra a vida, contra a liberdade sexual ou por crime sexual contra vulnerável.* Perceba-se que a Resolução 16, de 11.02.2022, do Ministério da Justiça e Segurança Pública arrola os crimes em relação aos quais incide o referido dispositivo legal, inserindo no âmbito da obrigatoriedade de coleta de DNA vinte e oito figuras típicas previstas no Código Penal e na legislação especial, as quais consistem:

I – homicídio simples (art. 121, *caput*);

II – homicídio qualificado (art. 121, § 2.º, incisos I, II, III, IV, V e VII);

III – feminicídio (art. 121, § 2.º, inciso VI);

IV – homicídio culposo (art. 121, § 3.º);

V – induzimento, instigação ou auxílio a suicídio ou a automutilação (art. 122, *caput*, §§ 1.º, 2.º, 3.º, 4.º e 5.º);

VI – lesão corporal (art. 129, §§ 1.º, 2.º, 3.º e 9.º);

VII – roubo (art. 157, *caput*, §§ 1.º, 2.º, 2.º-A, 2.º-B e 3.º);

VIII – extorsão (art. 158, *caput*, §§ 1.º, 2.º e 3.º);

IX – extorsão mediante sequestro (art. 159, *caput*, §§ 1.º, 2.º e 3.º);

X – estupro (art. 213, *caput*, §§ 1.º e 2.º);

XI – atentado violento ao pudor (arts. 213, *caput*, §§ 1.º e 2.º, e 214);

XII – violência sexual mediante fraude (art. 215);

XIII – importunação sexual (art. 215-A);

XIV – assédio sexual (art. 216-A);

XV – estupro de vulnerável (art. 217-A, *caput*, §§ 1.º, 2.º, 3.º e 4.º);

XVI – corrupção de menores (art. 218);

XVII – satisfação de lascívia mediante presença de criança ou adolescente (art. 218-A);

XVIII – favorecimento da prostituição, ou de outra forma de exploração sexual de criança ou adolescente ou de vulnerável (art. 218-B, *caput*, §§ 1.º e 2.º);

XIX – divulgação de cena de estupro ou de cena de estupro de vulnerável, de cena de sexo ou de pornografia (art. 218-C, *caput*, § 1.º);

XX – vender ou expor à venda fotografia, vídeo ou outro registro que contenha cena de sexo explícito ou pornográfica envolvendo criança ou adolescente (art. 241 da Lei 8.069, de 13 de julho de 1990);

XXI – oferecer, trocar, disponibilizar, transmitir, distribuir, publicar ou divulgar por qualquer meio, inclusive por meio de sistema de informática ou telemático, fotografia, vídeo ou outro registro que contenha cena de sexo explícito ou pornográfica envolvendo criança ou adolescente (art. 241-A, *caput*, §§ 1.º e 2.º, da Lei 8.069, de 13 de julho de 1990);

XXII – adquirir, possuir ou armazenar, por qualquer meio, fotografia, vídeo ou outra forma de registro que contenha cena de sexo explícito ou pornográfica envolvendo criança ou adolescente (art. 241-B da Lei 8.069, de 13 de julho de 1990);

XXIII – simular a participação de criança ou adolescente em cena de sexo explícito ou pornográfica por meio de adulteração, montagem ou modificação de fotografia, vídeo ou qualquer outra forma de representação visual (art. 241-C da Lei 8.069, de 13 de julho de 1990);

XXIV – aliciar, assediar, instigar ou constranger, por qualquer meio de comunicação, criança, com o fim de com ela praticar ato libidinoso (art. 241-D da Lei 8.069, de 13 de julho de 1990);

XXV – causar epidemia com resultado morte (art. 267, § 1.º);

XXVI – genocídio (arts. 1.º, 2.º e 3.º da Lei 2.889, de 1º de outubro de 1956);

XXVII – tortura (art. 1.º, incisos I e II, da Lei 9.455, de 7 de abril de 1997); e

XXVIII – terrorismo (art. 2.º, § 1.º, incisos IV e V, da Lei 13.260, de 16 de março de 2016).

A disciplina legal do art. 9.º-A da LEP tem por objetivo abastecer banco de dados a fim de facilitar a elucidação de crimes em futuras investigações. Logo, deverá limitar-se à identificação do **perfil genético**, não sendo permitidas as práticas de fenotipagem genética ou de busca familiar, conforme dispõe o § 5º. Perceba-se que esta última regra havia sido vetada pela Presidência da República quando da sanção à Lei 13.964/2019, sob o fundamento de que "*a propositura legislativa, ao vedar a utilização da amostra biológica coletada para fins de fenotipagem e busca familiar infralegal, contraria o interesse público por ser uma técnica que poderá auxiliar no desvendamento de crimes reputados graves, a exemplo de identificação de irmãos gêmeos, que compartilham o mesmo perfil genético, e da busca familiar simples para identificar um estuprador, quando o estupro resulta em gravidez, valendo-se, no caso, do feto abortado ou, até mesmo, do bebê, caso a gestação seja levada a termo*". O veto, entretanto, foi rejeitado pelo Congresso Nacional em 19.04.2021, sendo inserida no ordenamento jurídico a aludida restrição.

Questão relevante diz respeito à necessidade ou não de trânsito em julgado da decisão condenatória para fins desta modalidade de identificação. Pensamos que, a despeito de o *caput* do art. 9º-A referir que tal identificação será realizada quando do ingresso do indivíduo no sistema prisional, deve-se interpretar a norma como relativa ao ingresso por força de *condenação definitiva*, não abrangendo, portanto, a hipótese do condenado que, tendo recorrido da sentença ou acórdão, está recolhido ao cárcere por força de prisão preventiva. Não por menos, aliás, é que dispõe o § 4º que "*o condenado pelos crimes previstos no caput deste artigo que não tiver sido submetido à identificação do perfil genético por ocasião do ingresso no estabelecimento prisional deverá ser submetido ao procedimento durante o cumprimento da pena*". Considere-se, por exemplo, a hipótese em que o juiz, ao condenar o réu por qualquer dos crimes previstos no *caput* do art. 9º-A, decrete sua prisão preventiva. Esse indivíduo, ao ser preso provisoriamente, não deverá ser submetido à identificação do perfil genético. Transitada em julgado, porém, a decisão condenatória, *deverá ser submetido ao procedimento*, consoante determina o § 4º em exame.

Cabe aqui abrir um parêntese para explicitar que este mesmo § 4º permite a conclusão de que a regra da identificação do perfil genético deve alcançar indivíduos condenados por crimes que passaram a exigir esse procedimento após o advento da Lei 13.964/2019 e que já se encontravam presos definitivamente, não se havendo de opor o óbice à retroatividade tendo em vista que não se está diante de norma material cuja retroação se possa considerar como prejudicial ao réu na execução da pena relativa ao crime pelo qual condenado.

Todo o procedimento da identificação do perfil genético deverá ficar sob incumbência de perito oficial, consoante regula o § 7º. Em outras palavras, apenas peritos que integram os órgãos estatais com atribuições para perícia criminal (Instituto Geral de Perícias, por exemplo) poderão realizar a coleta e análise da amostra biológica, bem como produzir o respectivo laudo.

Consoante referimos, a coleta do material deverá ser realizada por ocasião do ingresso no estabelecimento prisional (*caput*). Na medida em que o dispositivo refere que a identificação do perfil genético é obrigatória nos casos previstos, infere-se que a recusa do réu condenado em submeter-se ao procedimento autoriza o uso da força necessária. E mais: tal recusa implica, também, em prática de falta grave (§ 8º), situação esta que produz reflexos na obtenção de benefícios no curso da execução criminal, podendo, inclusive, acarretar, de imediato, a regressão do regime prisional para o condenado em regime inicial diverso do fechado (art. 118, I, *fine*, da LEP).

Uma vez identificado o perfil genético da pessoa submetida ao procedimento, a amostra biológica recolhida deverá ser descartada, de forma a impedir sua utilização para qualquer outra finalidade (§ 6º). Esta previsão também havia sido objeto de veto presidencial, o qual, entretanto, foi rejeitado pelo Congresso Nacional. Os fundamentos do veto eram relevantes, justificando-se na circunstância de que o descarte da amostra biológica impede, caso necessário, inclusive em prol do direito de defesa, eventual retestagem do mesmo material para confirmação do resultado antes obtido.

Outro aspecto importante diz com o acesso, pela autoridade policial, ao perfil genético armazenado. Considerando que a identificação do perfil genético deverá ser armazenada em banco de dados sigiloso regulamentado pelo Poder Executivo (§ 1.º), tal acesso não poderá ser realizado ao exclusivo arbítrio do delegado, exigindo-se prévia ordem judicial para este fim e que haja inquérito regularmente instaurado para a investigação de crime (§ 2º). A restrição, por óbvio, não se aplica à pessoa titular dos dados genéticos, que poderá a eles ter livre acesso, bem como a todos os documentos da cadeia de custódia que gerou os dados, de forma a poder contraditá-los (§ 3º).

Por fim, cabe atentar que, mesmo decorrendo a obrigatoriedade da identificação do perfil genético, nos casos referidos no art. 9º-A, *caput*, de previsão legal, deve ser determinada judicialmente sua efetivação em cada caso, o que pode ser realizado no âmbito da decisão condenatória ou, no silêncio, pelo juiz da execução. A exigência de comando judicial justifica-se na limitação do procedimento aos crimes previstos naquele dispositivo, cabendo ao Poder Judiciário verificar o respectivo enquadramento.

4.5.1.6. *A identificação criminal e o direito do investigado a não produzir prova contra si*

Questão bastante debatida refere-se à obrigatoriedade de submeter-se o investigado aos procedimentos de identificação criminal quando instado pela autoridade policial a fazê-lo. A controvérsia decorre do privilégio implicitamente consagrado no texto constitucional que garante aos investigados e acusados o direito de não ser obrigado à produção de provas contra si.

Há entendimentos divergentes aqui. Uns entendem que, diante da recusa do investigado a submeter-se à identificação criminal, pode a autoridade policial constrangê-lo ao procedimento, utilizando, se necessário, o uso da força moderada. Outros, conquanto defendam a obrigatoriedade de sua sujeição ao procedimento, compreendem que a recusa implica o cometimento de crime de desobediência, descartando, porém, a possibilidade de uso da força. E, por fim, uma terceira corrente sustenta que não se pode obrigar o investigado a submeter-se à identificação criminal, sob pena de afrontamento à garantia do *nemo tenetur se detegere* (direito a não produzir prova contra si). Ressalte-se que a solução a esse impasse é fundamental, tendo em vista que eventual excesso no procedimento da autoridade policial (ou mesmo do Juiz, no caso de identificação por ele determinada) pode acarretar, sendo o caso, a incidência do art. 13, II e III, da Lei 13.869/2019, que tipifica como abuso de autoridade a conduta de *constranger o preso ou o detento, mediante violência, grave ameaça ou redução de sua capacidade de resistência, a [...] II – submeter-se a situação vexatória ou a constrangimento não autorizado em lei* e a *III – produzir prova contra si mesmo ou contra terceiro.*

Sobre o tema, compreendemos que a obrigatoriedade ou não de o investigado submeter-se à identificação criminal condiciona-se ao motivo pelo qual foi determinada. Desse modo, não temos dúvidas de que, na hipótese do art. 3.º, IV, da Lei 12.037/2009, em que a identificação criminal tem por objetivo auxiliar nas investigações policiais, não é possível compreender que a recusa do investigado importe na prática de crime de desobediência e, muito menos, que possa ele ser constrangido a tanto com uso da força. Esse comportamento da autoridade policial implicaria atentar contra a garantia *nemo tenetur se detegere*, acarretando, ainda, a prática de abuso de autoridade. Lembre-se, por oportuno, que o referido art. 3.º, IV, aplica-se a todas as formas de identificação criminal contempladas na lei – datiloscópica, fotográfica e coleta de material biológico para confecção do perfil genético. Tal situação não se confunde, evidentemente, com a aquela em que, localizadas impressões digitais, fluidos ou outros materiais biológicos descartados voluntariamente pelo agente, são eles coletados pela autoridade policial.

Agora, nos demais casos contemplados no art. 3.º da lei, em que o procedimento tem em vista não apurar a prática de uma infração penal, mas, sim, individualizar o investigado no universo de pessoas, entendemos que a identificação criminal é sim obrigatória, importando sua recusa em crime de desobediência, não sendo, ainda, afastada a possibilidade do uso da força (moderada, é claro) para a efetivação do ato.

E esse mesmo raciocínio tem lugar na situação prevista no art. 9.º-A da Lei 7.210/1984, em que se estabelece a obrigação legal de que indivíduos já condenados pela prática de determinados crimes (graves, pela própria natureza) forneçam material biológico a fim de compor banco de dados, que poderá subsidiar futuras investigações em relação a delitos diversos dos que motivaram a extração. A situação, como se vê, não envolve o fornecimento de provas para uma investigação ou processo em andamento, mas, simplesmente, o abastecimento de banco de dados que permanecerá inerte (passivo), podendo ser acessado pelas autoridades policiais para fins de investigações de crimes apenas por ordem judicial.

Para além dessa discussão, cabe ao leitor atentar que o Comitê Gestor da Rede Integrada de Bancos de Perfis Genéticos, vinculado ao Ministério da Justiça e Segurança Pública, por meio da Resolução 10, de 28 de fevereiro de 2019, estabeleceu normas visando à "padronização de procedimentos relativos à coleta obrigatória de material biológico para fins de inclusão, armazenamento e manutenção dos perfis genéticos nos bancos de dados que compõem a Rede Integrada de Bancos de Perfis Genéticos". Pois bem, nesse ato normativo foi regrada a extração de material biológico nos casos reputados na Lei 12.654/2012 como obrigatórios, dispondo o seu art. 8.º que, na hipótese de recusa da pessoa em submeter-se ao procedimento, o responsável pela coleta comunicará o fato ao juiz competente, "solicitando que decida sobre a submissão do acusado à coleta compulsória ou a outras providências que entender cabíveis, a fim de atender à obrigatoriedade prevista na Lei 12.654/2012". Como se vê, dita Resolução, embora seja vaga no enfoque relativo à extração compulsória de material biológico, relega ao juiz, no caso de recusa do indivíduo destinatário da extração, a decisão a respeito, possibilitado a este determinar a adoção das "providências que entender cabíveis", sugerindo-se daí, pela abertura da regra, a possibilidade, inclusive, do uso da força.

Independentemente de tudo isso, alerta-se que o tema está sendo tratado no Recurso Extraordinário 973.837/MG, relativo aos "limites dos poderes do Estado de colher material biológico de suspeitos ou condenados por crimes, de traçar o respectivo perfil genético, de armazenar os perfis em dados e de fazer uso dessas informações", que teve reconhecida sua **repercussão geral**, não havendo o STF pronunciado decisão definitiva até o encerramento da presente edição deste livro[15]. Diante de sua relevância jurídica, orienta-se o Leitor a acompanhar a tramitação do mencionado recurso e o respectivo desiderato.

4.5.1.7. A identificação criminal diante do arquivamento do inquérito, da rejeição da denúncia ou da prolação de sentença absolutória

Estabelece o art. 7.º da Lei 12.037/2009 que, *no caso de não oferecimento da denúncia, ou sua rejeição, ou absolvição, é facultado ao indiciado ou ao réu, após o arquivamento definitivo do inquérito, ou trânsito em julgado da sentença, requerer a retirada da identificação fotográfica do inquérito ou processo, desde que apresente provas de sua identificação civil.* Com essa previsão, objetivou o legislador preservar a imagem da pessoa que, embora identificada criminalmente, não chegou a ser processada ou não foi condenada pelo fato investigado no procedimento em que realizada a sua identificação.

Observe-se que o dispositivo possui alcance restrito às hipóteses nele mencionadas, não havendo lugar para interpretação extensiva de seu teor. Nesse contexto, conclui-se:

> ***Primeira:*** Não é a supressão de todos os elementos que compõem a *identificação criminal* (identificação datiloscópica + identificação fotográfica) que está sendo facultada nas hipóteses de arquivamento de inquérito, de rejeição da denúncia ou de sentença absolutória transitados em julgado, mas tão somente a retirada da **identificação fotográfica** do indiciado ou do réu. Destarte, permanecem no inquérito ou no processo a sua identificação datiloscópica, assim como outros dados e formulários a ele relacionados, como a qualificação e o levantamento da vida pregressa. Também não é afetado o banco de dados em que armazenado o perfil genético do indivíduo, na hipótese do art. 5.º, parágrafo único, da Lei 12.037/2009, mesmo porque o art. 7.º-A desta mesma lei preceitua que *a exclusão dos perfis genéticos dos bancos de dados ocorrerá no término do prazo estabelecido em lei para a prescrição do delito.*
>
> ***Segunda:*** Não há amparo legal para a retirada da identificação fotográfica na hipótese de sentença condenatória, desimportando, para tanto, aspectos como o trânsito em julgado da decisão, o cumprimento da pena imposta e a reabilitação do condenado.

Apesar de o art. 7.º não estabelecer a quem deva ser endereçado o pedido de supressão do levantamento fotográfico dos autos, pensamos que deva ser formulado, em qualquer hipótese, perante o juízo em que homologado o arquivamento do inquérito policial, rejeitada a peça acusatória ou absolvido o réu, não relevando, para tanto, se o trânsito em julgado da decisão ocorreu no juízo *a quo* ou em grau recursal.

No que toca ao desentranhamento da identificação fotográfica em face do arquivamento do inquérito, deve-se ter em conta que a lei se condiciona a que se trate de **arquivamento definitivo.** E o alcance dessa expressão, segundo pensamos, vai bem além do simples trânsito em julgado do pronunciamento judicial que homologar tal arquivamento – mesmo porque não cabe recurso dessa ordem de decisão. Significa, isto sim, que a retirada das fotografias do investigado do inquérito apenas poderá ocorrer nas situações em que a decisão de arquivamento implicar coisa julgada formal e material, o que ocorre, por exemplo, na hipótese de o procedimento policial ter sido arquivado sob o fundamento

[15] Apesar de persistir em tramitação o mencionado recurso extraordinário, já existe manifestação da Procuradoria-Geral da República, datada de 18.12.2017, no sentido da "possibilidade de obtenção do material independentemente da anuência do agente e por meio não coercitivo", não implicando este procedimento "afronta à prerrogativa contra a autoincriminação", tampouco "ofensa ao princípio da legalidade, uma vez que a obrigação encontra-se amparada em lei, em consonância com o princípio da proporcionalidade e de outros direitos constitucionais envolvidos, assim como em orientação da UNESCO sobre o tema" (Parecer 07/2017 – AJCR/SGJ/PGR – Sistema único PGR-8121/2018). Acessado em: 16.12.2020, disponível em: <http://portal.stf.jus.br/processos/downloadPeca.asp?id=313604115&ext=.pdf>.

da atipicidade da conduta, caso em que não incide a regra do art. 18 do CPP quando possibilita o desarquivamento do inquérito em face do surgimento de novas provas. Logo, se o arquivamento for motivado, por exemplo, na ausência de indícios de autoria hábeis à instauração da ação penal, cremos que a identificação fotográfica não poderá ser desentranhada em face da possibilidade eventual de desarquivamento futuro do expediente policial.

Em vista dos termos do dispositivo, que se refere à **rejeição da denúncia e silencia quanto à hipótese de rejeição da queixa-crime**, poder-se-ia indagar se o regramento nele previsto *é* aplicável nas hipóteses em que a identificação criminal tiver ocorrido no âmbito de investigação de crime de ação penal privada. Não temos dúvida de que há sim essa possibilidade, pois a *ratio* da faculdade conferida ao indiciado no art. 7.º da Lei é a proteção da imagem do imputado. Portanto, não interessa a natureza do crime objeto da investigação ou do processo, quer dizer, se de ação penal pública ou de ação penal privada, o que permite a conclusão de que a menção à palavra *denúncia* feita no dispositivo constitui impropriedade legislativa, nada obstando o exercício da mesma faculdade na hipótese de *rejeição da queixa-crime*.

A Lei 12.037/2009 nada mencionou sobre a necessidade de prévia manifestação do Ministério Público antes de o juiz decidir sobre o pedido de retirada da identificação fotográfica dos autos. Não obstante, compreendemos necessária essa providência, intervindo o Ministério Público, nesse caso, como *custos legis* (fiscal da lei).

Outra questão importante respeita a saber qual o destino da identificação fotográfica suprimida dos autos a partir de postulação do indiciado. Ora, ao dispor que o indiciado ou o réu pode requerer a retirada da identificação fotográfica do inquérito ou processo, desde que apresente provas de sua identificação civil, o dispositivo sugere a possibilidade de serem entregues a ele tais documentos, se assim postule. Não o fazendo, esse material poderá ser inutilizado em juízo, mediante certidão, facultando-se ao indiciado ou réu, querendo, acompanhar esse incidente.

No tocante à legitimidade, entendemos que o indiciado pode requerer, pessoalmente, a retirada de sua identificação fotográfica dos autos de inquérito ou processo, nos casos em que autorizada essa providência, não sendo imprescindível a assistência de advogado para tanto. Há, entretanto, posição contrária argumentando que esse pedido deverá ser formulado por advogado constituído, dativo, nomeado ou defensor público, dotado de *jus postulandi*, não podendo ser procedido diretamente pelo indiciado ou réu[16]. Já em relação ao Ministério Público, apesar de a medida concernir a interesse absolutamente individual do investigado, não vemos óbice que a promova, muito embora alguns se oponham ao argumento de que se trata de pleito estranho ao âmbito das atribuições legais e constitucionais do *Parquet*.

4.5.1.8. *Proibição de constrangimento ao identificado*

Preceitua o art. 4.º da Lei 12.037/2009 que, *quando houver necessidade de identificação criminal, a autoridade encarregada tomará as providências necessárias para evitar o constrangimento do identificado*. É evidente que essa disposição em nada se relaciona com o constrangimento naturalmente causado pelo ato da identificação criminal.

Assim, o que objetivou o legislador com a norma legal foi proibir a submissão do identificado a situações vexatórias ou humilhantes por ocasião dos procedimentos de co-

---

16 CABETTE, Eduardo Luiz Santos. Comentários iniciais à nova Lei de Identificação Criminal – Lei 12.037/2009. Disponível em: <www.jusnavigandi.com.br>. Acesso em: 18 set. 2014.

leta de impressões digitais ou de material fotográfico, fazendo-os, por exemplo, diante da imprensa ou sem as cautelas necessárias para evitar a exposição pública.

Cabe ressaltar que a violação a esse comando legal pode implicar a prática de crime de abuso de autoridade tipificado no já citado art. 13, II, da Lei 13.869/2019, sem prejuízo das sanções disciplinares cabíveis ao responsável.

4.5.2. Reprodução simulada (art. 7.º do CPP)

Além de todas as diligências e providências previstas no art. 6.º do CPP, prevê o art. 7.º que a autoridade policial poderá proceder à reprodução simulada dos fatos, desde que esta não contrarie a moralidade ou a ordem pública.

Trata-se da reconstituição do crime, feita, se possível, com a colaboração do réu, da vítima e de eventuais testemunhas, cujo objetivo é constatar a plausibilidade das versões trazidas aos autos, identificando-se a forma provável de como o crime foi praticado.

Esta diligência é importante fonte de prova, sobretudo no caso de crimes com violência à pessoa, podendo ser realizada no curso do inquérito policial a partir da própria iniciativa do **delegado de polícia**, ou por meio de requisição do Ministério Público, ou ainda a requerimento dos interessados (investigado e ofendido). Veja-se que o art. 14 do CPP expressamente dispõe que *o ofendido, ou seu representante legal, e o indiciado poderão requerer qualquer diligência, que será realizada, ou não, a juízo da autoridade.*

Embora silente o Código de Processo Penal, nada obsta que a reprodução simulada dos acontecimentos seja efetivada, também, no curso do processo e até mesmo durante os julgamentos pelo júri, ordenada pelo **juiz** a requerimento das partes ou mediante provocação dos jurados.

O réu não está obrigado a fazer parte do ato, quer dizer, a dele participar. Neste sentido, há muito tempo está consolidado o entendimento do STF, decidindo que "aquele que sofre persecução penal instaurada pelo Estado tem, dentre outras prerrogativas básicas (...) o direito de se recusar a participar, ativa ou passivamente, de procedimentos probatórios que lhe possam afetar a esfera jurídica, tais como a reprodução simulada (reconstituição) do evento delituoso e o fornecimento de padrões gráficos ou de padrões vocais para efeito de perícia criminal"[17].

Discute-se quanto à necessidade de intimação do investigado ou de seu advogado para acompanhar a diligência quando realizada na *fase do inquérito*. Há duas correntes a respeito, alguns entendendo necessária essa intimação, sob pena de afronta à garantia constitucional da ampla defesa, enquanto outros, opostamente, sustentam ser dispensável essa comunicação, pois a fase das investigações policiais não se pauta pelos princípios do contraditório e da ampla defesa. Compartilhamos desta última posição. É claro que, se determinada a reprodução simulada por ordem do juiz no curso do processo, a intimação da defesa é condição imprescindível para a validade da prova, já que, nessa etapa, as garantias do contraditório e da ampla defesa vigoram em sua plenitude.

Observe-se que **reconstituição** é providência que não se confunde com **levantamento do local do fato.** A primeira, prevista no art. 7.º do CPP, importa em reproduzir, mediante simulação, a forma como ocorreu o crime, com participação dos próprios envolvidos ou utilização de terceiros em representação a eles. Já o segundo, contemplado nos arts. 6.º, I, 164 e 169 do CPP, consiste no exame do lugar onde foi praticada a infração penal, extraindo-se fotografias, realizando-se desenhos e produzindo-se esquemas elucidativos desse local.

---

17 STF, HC 99.289/RS, *DJ* 03.08.2011. No mesmo sentido: STF, HC 69.026/DF, *DJ* 04.09.1992.

Relevante mencionar que a reconstituição deve ser realizada com vistas a reproduzir a sequência de atos e fatos que fizeram parte da prática delituosa. Destarte, se o crime não possui um *iter criminis* relativamente complexo, não se justifica a simulação. É o caso, por exemplo, de ter sido localizada na casa do agente, em operação de busca e apreensão, determinada quantidade de droga, sendo ele preso em flagrante. Nesta hipótese, tratando-se o delito em questão de crime permanente, aferível de plano, não há qualquer razão de ordem prática ou de interesse processual que justifique a sua reprodução, a menos que se queira reconstituir o momento da prisão em flagrante, para o que, evidentemente, não se presta a medida do art. 7.º do CPP, que tem em vista a conduta delitiva em si.

Note-se, por fim, que a reprodução simulada é vedada quando importar em ofensa à **moralidade**, como, por exemplo, a reconstituição de crime contra a dignidade sexual, ou em ofensa à **ordem pública**, como a reconstituição de um homicídio, com utilização da pessoa do réu, em localidade interiorana na qual a população ainda se encontre extremamente revoltada em face do crime praticado.

4.6. PRAZOS DE CONCLUSÃO DO INQUÉRITO POLICIAL

4.6.1. Regra geral determinada pelo Código de Processo Penal

Conforme se infere do art. 10 do CPP, a regra é a de que o inquérito deva ser concluído em de 30 dias, caso esteja em liberdade o investigado, e em 10 dias, se estiver preso. Quanto ao marco inicial da fluência desses prazos, é preciso diferenciar:

- **Encontrando-se preso o investigado, o prazo de 10 dias fluirá a partir do dia em que for executada a prisão, não importando se é caso de prisão em flagrante ou de prisão preventiva. Essa regra consta expressamente do art. 10.**
- **Encontrando-se ele em liberdade, o prazo de 30 dias terá início:**
  - A partir da expedição da portaria, quando se tratar de inquérito instaurado pela autoridade policial *ex officio* (art. 5.º, I, do CPP);
  - A partir do recebimento, pela autoridade policial, da requisição de instauração do inquérito realizada pelo Ministério Público (quanto à requisição de inquérito pelo juiz, remetemos ao tópico 4.4.1, *b*, deste capítulo), da representação nos crimes de ação penal pública condicionada e do requerimento nos crimes de ação penal privada (art. 5.º, II e §§ 4.º e 5.º, do CPP).

Sem embargo da aparente simplicidade dessa contagem, há divergências quanto ao efetivo *dies a quo* dos prazos mencionados. Indaga-se:

- Ao dispor o art. 10 do CPP que, encontrando-se preso o investigado, o prazo de dez dias terá início a partir do dia em que se executar a ordem de prisão, referido dispositivo está determinando a inclusão do dia da prisão no lapso mencionado, ou, ao contrário, os dez dias contam-se do primeiro dia útil seguinte ao da segregação?
- Por outro lado, tratando-se de investigado em liberdade, o prazo de trinta dias para conclusão do inquérito instaurado *ex officio* pela autoridade policial terá seu "dies a quo" na data da portaria ou no primeiro dia útil que se seguir?

A solução destas questões passa, necessariamente, pela definição da natureza **processual** ou **material** dos prazos estabelecidos pela lei para que o procedimento alcance seu final.

Veja-se que os **prazos processuais se contam na forma prevista no art. 798, § 1.º, do CPP, excluindo-se o dia do começo**. Além disso, não se iniciam e não se finalizam em dias não úteis, o que acarreta a prorrogação do *dies a quo* e do *dies ad quem* para o primeiro dia útil seguinte na hipótese, por exemplo, de recaírem em final de semana ou feriado. Então, por essa linha de raciocínio, fosse alguém preso preventivamente no dia 1.º (sexta-feira), o prazo de conclusão de dez dias para conclusão do inquérito iniciar-se-ia no dia 4 (segunda-feira), encerrando-se no dia 13 (quarta-feira). Neste sentido é a doutrina de Tourinho Filho e de parcela expressiva da jurisprudência pátria.

Por outro lado, **os prazos materiais têm a sua forma de contagem regrada pelo art. 10 do CP, incluindo-se o dia do começo**, independentemente de tal data recair ou não em dia útil, pois essa modalidade de prazo não está sujeita a dilatação ou prorrogação. Assim, preso o investigado no dia 1.º (sexta-feira), o *dies ad quem* para o término do inquérito ocorreria no dia 10 (domingo), o que obrigaria a autoridade policial a entregar o procedimento em juízo de forma antecipada, vale dizer, no primeiro dia útil anterior – dia 8 (sexta-feira) –, para não incorrer em excesso. Entre os adeptos desta segunda linha de pensamento estão Guilherme de Souza Nucci, Mirabete e Edilson Mougenot Bonfim.

Para melhor ilustrar, observe-se o seguinte esquema:

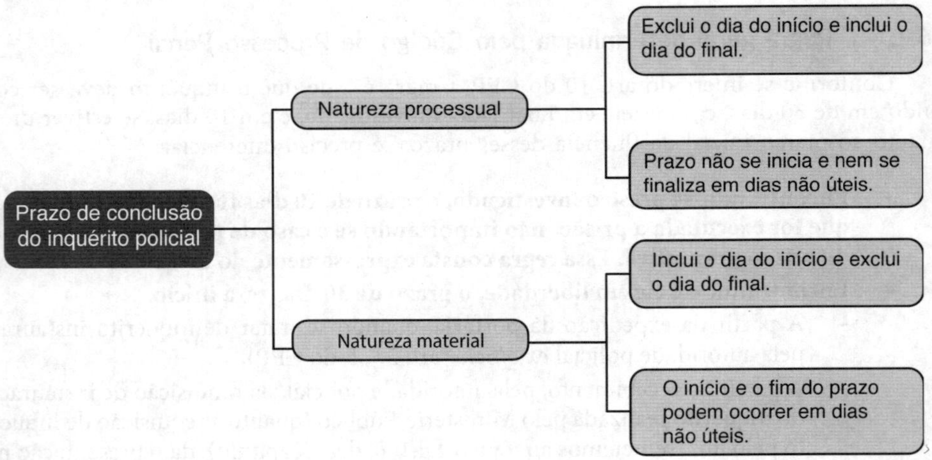

Embora não possamos ignorar a circunstância de que a última posição (natureza material) possibilita a contagem do prazo de forma mais benéfica para o investigado, aderimos à primeira corrente, qual seja, a de que a natureza desses prazos é **processual**[18], devendo ser contados com exclusão do dia do começo.

4.6.2. Impossibilidade de cumprimento dos prazos pela autoridade policial

Pode ocorrer que não seja possível ao delegado concluir o inquérito policial dentro do prazo legal, por exemplo, em razão de dificuldades na elucidação do fato apurado. Nesse caso, deverá ele, assim mesmo, encaminhar o inquérito inconcluso a juízo, solicitando ao magistrado, **se estiver em liberdade o suspeito** (art. 10, § 3.º, do CPP), a devolução dos

---

[18] Renato Brasileiro de Lima compartilha do mesmo entendimento, advertindo, ainda, que não se deve confundir a contagem do prazo da prisão, que deve observar o art. 10 do Código Penal, com a contagem do prazo para a conclusão do inquérito policial, que possui natureza processual (*Manual de Processo Penal*. Rio de Janeiro: Impetus, 2011. v. 1, p. 170).

autos para que sejam concluídas as diligências, as quais deverão ser realizadas no prazo assinalado pelo magistrado.

Encontrando-se, porém, **preso o investigado**, é necessária a atenção do leitor. Isto porque, embora o art. 10, § 3º, do CPP estabeleça que a prorrogação do prazo de conclusão do inquérito policial apenas é admitida quando "o indiciado estiver solto", a Lei 13.964/2019 introduziu no Código de Processo Penal o art. 3-B, § 2º, dispondo este que *"se o investigado estiver preso, o juiz das garantias poderá, mediante representação da autoridade policial e ouvido o Ministério Público, prorrogar, uma única vez, a duração do inquérito por até 15 (quinze) dias, após o que, se ainda assim a investigação não for concluída, a prisão será imediatamente relaxada"*. Ocorre, porém, que os arts. 3º-A a 3º-F do CPP (incluindo-se, portanto, o mencionado § 2º) tiveram suas eficácias suspensas **em face de medida cautelar deferida no STF** em face das Ações Diretas de Inconstitucionalidade 6.298, 6.299, 6.300 e 6.305, suspensão esta que persistia por ocasião do fechamento da presente edição deste livro. Pois bem, enquanto subsistirem os efeitos dessa decisão e, portanto, inaplicável o referido art. 3º-B, § 2º, permanece em aplicação a regra do art. 10, § 3º, inviabilizando, como se viu, a prorrogação do prazo de conclusão do inquérito policial, pelo juiz, quando estiver preso o investigado. Logo, se a par de estar ele segregado, o delegado extrapolar a tal prazo, isto importará em constrangimento ilegal, justificando a impetração de *habeas corpus* com vista à obtenção da liberdade. Se, porém, sobrevier a revogação da precitada medida cautelar e, consequentemente, restabelecida a eficácia do aludido artigo, a expressão *"e o indiciado estiver solto"* que faz parte da redação do art. 10, § 3º estará tacitamente revogada, permitindo-se, então, ao juiz, mediante representação do delegado, prorrogar a duração do inquérito nos termos do mencionado art. 3º-B, § 2º. Veja-se, por fim, que o atraso na conclusão do inquérito, encontrando-se preso o investigado, não constitui, por si só, motivo para soltura do agente quando, enviado ao Judiciário e oferecida denúncia, for esta recebida pelo juiz, pois neste momento inicia-se uma nova fase da persecução penal[19].

4.6.3. O art. 10 do CPP e a prisão temporária

Outro ponto bastante controvertido respeita à aplicação da regra do art. 10 do Código de Processo Penal à hipótese de prisão temporária do investigado no curso do inquérito.

Inicialmente, é preciso ter em vista que o prazo da prisão temporária, como regra, é de *cinco dias* (art. 2.º da Lei 7.960/1989). Entretanto, no caso de crimes hediondos e equiparados, esse prazo será de *trinta dias* (art. 2.º, § 4.º, da Lei 8.072/1990). Em ambos os casos, é possível a prorrogação do prazo da segregação por igual período, desde que comprovada a necessidade dessa medida. Com isto, infere-se que o período da prisão temporária pode chegar a *dez dias*, no caso de referir-se a crimes não hediondos, e a *sessenta dias*, se relativa a essa ordem de delitos. O juiz não pode fixar a prisão temporária em prazo superior ao limite legal (*5* ou *30 dias*), nem mesmo considerar, já na fixação, o prazo máximo a que pode chegar a medida em decorrência da prorrogação (*10* ou *60 dias*). Nada impede, porém, que a estabeleça em prazo aquém do máximo.

Pois bem, se, por um lado, a Lei 7.960/1989 e a Lei 8.072/1990 estabelecem a sobredita disciplina temporal em relação à prisão temporária, por outro, o art. 10 do CPP, como vimos, dispõe que, em se tratando de investigado preso, o inquérito policial deve ser concluído no prazo de *dez dias* contados da execução da ordem de prisão.

---

19 STJ, HC 360.065/RS, *DJ* 31.08.2016.

Neste contexto, surge o questionamento sobre como compatibilizar os prazos da prisão temporária – que tem em vista a imprescindibilidade para as investigações policiais e, desse modo, não se justifica após a conclusão do inquérito – com a disciplina do art. 10 do CPP.

Na verdade, esse problema apenas existe quando se trata de prisão temporária pela prática de **crime hediondo**, pois, não sendo esse tipo de crime, o máximo da segregação não poderá passar de *dez dias* (5 dias + 5 dias), o que coincide com o período estabelecido no art. 10 para o término do inquérito quando preso o suspeito. Tratando-se, porém, de crime hediondo, o período da prisão temporária, como vimos, pode alcançar *sessenta dias* (30 dias + 30 dias), bem superior ao que estabelece o art. 10 do CPP para a conclusão do inquérito. Surge, portanto, um paradoxo jurídico decorrente de três premissas aparentemente inconciliáveis:

O art. 10 do CPP estabelece prazo máximo de conclusão do inquérito em dez dias, quando preso o suspeito.

↓

A Lei 8.072/90 determina que, nos crimes hediondos, o prazo da prisão temporária é de até *trinta dias*, prorrogável por igual período. Logo, trata-se de prazo superior ao previsto no art. 10 do CPP.

↓

Ocorre, porém, que a prisão temporária, na medida em que se justifica na imprescindibilidade para as investigações policiais, não pode ser mantida após o término do inquérito.

↓

Como conciliar essas três premissas sem que haja constrangimento ilegal ao investigado e sem tornar inócua a previsão do art. 2º, § 4º, da Lei 8.072/90, estabelecendo prazo de trinta dias, prorrogável por igual período, para a prisão temporária em caso de crime hediondo?

Na tentativa de compatibilizar estas regras, três correntes se formaram em nível de doutrina e de jurisprudência dos tribunais:

Primeira: no caso de ser decretada a prisão temporária, o tempo de prisão será acrescido ao prazo de encerramento do inquérito, de modo que, além do período de prisão temporária, a autoridade policial ainda terá mais dez dias para concluir as investigações[20]. Esta posição, a nosso ver, apresenta o inconveniente de poder conduzir à excessiva dilatação do prazo de conclusão do inquérito. Imagine-se que, encontrando-se o indivíduo em liberdade, sua prisão temporária venha a ser decretada quando já decorridos exatos *30 dias* da instauração. A julgar por esse entendimento, sendo o crime hediondo, o delegado de polícia poderia dispor de até mais *60 dias* (caso prorrogada aquela prisão), totalizando-se, então, um prazo total de *90 dias* para o desiderato das investigações.

Segunda: o prazo para a conclusão do inquérito policial que investiga crime hediondo ou equiparado, encontrando-se preso o suspeito, ainda que em virtude de prisão temporária, é o regrado pelo art. 10 do CPP, qual seja, *dez dias* contados da execução da prisão. Finalizado

20 CAPEZ, Fernando. *Curso de processo penal*. São Paulo: Saraiva, 2006. p. 99.

esse prazo, o inquérito deverá ser encaminhado a juízo, onde o Ministério Público analisará a presença dos elementos que possibilitem o ajuizamento da ação penal. Oferecida a denúncia, revoga-se a prisão temporária ou converte-se esta em preventiva. Se não houver o mínimo de substrato ao ajuizamento da ação penal, caberá ao Ministério Público requerer ao juízo a devolução dos autos à autoridade policial para que outras diligências sejam realizadas, mantendo-se, nesse caso, a prisão temporária do investigado até o limite temporal estabelecido no art. 2.º, § 4.º, da LCH. Apesar de aparentemente lógica, esta linha de pensamento permite que o suspeito permaneça preso temporariamente no período situado entre a remessa do inquérito a juízo e o exame, pelo Ministério Público, acerca da possibilidade de oferecer denúncia, o que pode ocorrer em até *cinco dias* (prazo que dispõe o *parquet* para denunciar o investigado preso, *ex vi* do art. 46 do CPP). Logo, nesse interregno, o suspeito ficará preso sem justa causa.

Terceira: tratando-se de investigação de crimes hediondos e equiparados em que decretada a prisão temporária do suspeito, altera-se a regra geral de prazo de conclusão do inquérito policial. Portanto, em tal caso, o delegado de polícia não ficará submetido ao lapso de *dez dias* fixado pelo art. 10 do CPP, mas, sim, ao determinado pela Lei dos Crimes Hediondos, podendo finalizar o inquérito no prazo de *30 dias*, ou, havendo prorrogação da prisão temporária, em até *60 dias*.

Dentro dessa diversidade de opiniões, consideramos correta a última delas.

Em primeiro lugar, o precitado art. 10, ao estabelecer o prazo máximo de *dez dias* para a conclusão do inquérito quando preso o investigado, é taxativo em referir-se às hipóteses de *prisão preventiva* e de *prisão em flagrante*, não havendo base jurídica para que se estenda a mesma regra à hipótese de prisão temporária. Além disso, essa modalidade de prisão tem como objetivo geral o êxito das investigações policiais, não sendo razoável, portanto, em razão de sua decretação, que se reduza o lapso de conclusão do inquérito. Por fim, acrescente-se que a Lei dos Crimes Hediondos é bem posterior ao Código de Processo Penal, cabendo lembrar que, a par de ter sido alterada pela Lei 11.464/2007, nada foi modificado na disciplina do prazo de *30 dias* da prisão temporária fixado na redação original, apenas deslocando-se tal previsão do § 3.º para o § 4.º do art. 2.º, daquele diploma.

4.6.4. Outros prazos de conclusão do inquérito policial previstos em leis especiais

Em que pese a regra geral do art. 10 do CPP, há, na legislação especial, outras disciplinas relativas aos prazos de conclusão do inquérito policial. Assim:

1) Polícia Federal: no âmbito da Justiça Federal, o art. 66 da Lei 5.010/1966 estabelece prazo diferenciado para a conclusão do inquérito, dispondo que "será de 15 (quinze) dias, quando o indiciado estiver preso, podendo ser prorrogado por mais 15 (quinze) dias, a pedido, devidamente fundamentado, da autoridade policial e deferido pelo juiz a que competir o conhecimento do processo". Não havendo previsão do prazo de conclusão quando estiver em liberdade o investigado, aplica-se, analogicamente, o prazo previsto no Código de Processo Penal: 30 dias.

2) Lei de Drogas: tratando-se de apuração de crime de tóxicos, reza o art. 51 da Lei 11.343/2006 que "o inquérito policial será concluído no prazo de 30 (trinta) dias, se o indiciado estiver preso, e de 90 (noventa) dias, quando solto", sendo que "os prazos a que se refere este artigo podem ser duplicados pelo juiz, ouvido o Ministério Público, mediante pedido justificado da autoridade de polícia judiciária".

3) Crimes contra a economia popular: nos crimes contra a economia popular e saúde pública (Lei 1.521/1951), a previsão é a de que o inquérito seja concluído em dez dias, não importando se está preso ou solto o investigado (art. 10, § 1.º).

4) Inquérito Policial Militar: o Inquérito Policial Militar (IPM), de acordo com o Código de Processo Penal Militar, tem prazo de conclusão de 20 dias, caso preso o investigado, e 40 dias, prorrogáveis por outros 20, se solto (art. 20 do Decreto-lei 1.002/1969).

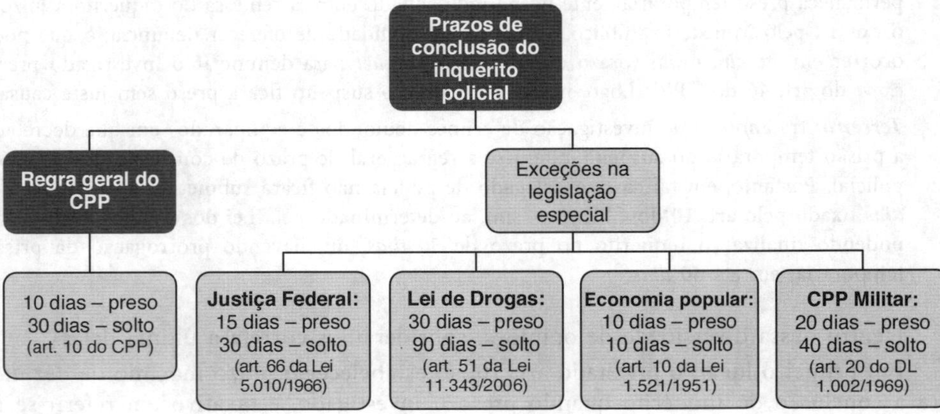

4.7. INCOMUNICABILIDADE

4.7.1. Subsistência no ordenamento jurídico

A incomunicabilidade do investigado está regulamentada no art. 21 do CPP, dispondo que "dependerá sempre de despacho nos autos e somente será permitida quando o interesse da sociedade ou a conveniência da investigação o exigir". Trata-se de instituto que tem por objetivo impedir que o investigado preso obtenha auxílio de terceiros, que com ele mantenham contato, no intuito de apagar provas, instruir testemunhas ou de qualquer forma dificultar o êxito das investigações policiais.

Na atualidade, há divergências quanto à recepção dessa previsão pela Constituição Federal vigente. De qualquer forma, independentemente da posição que venha a ser adotada no caso concreto, um aspecto é indiscutível: *a vedação introduzida pelo art. 21 do Código de Processo Penal não pode, em hipótese alguma, impedir o contato do investigado preso com o seu advogado, pois a este, conforme reza o citado art. 7.º, III, do Estatuto da Advocacia, sempre será facultado comunicar-se com seus clientes, de forma pessoal e reservada, quando se encontrarem presos.* Assim, as divergências existem unicamente em relação à subsistência do instituto como forma de evitar o contato do preso com terceiros (*v.g.*, parentes, amigos etc.). Neste sentido, coexistem duas posições:

> ***Primeira:*** **não recepção da incomunicabilidade pela CF/1988.** A Constituição Federal estabeleceu, entre as garantias fundamentais do art. 5.º, a de que *toda a prisão será comunicada imediatamente ao juiz competente e à família do preso ou pessoa por ele indicada* (inciso LXII) e a de que *o preso terá direito à assistência da família e do advogado* (inciso LXIII). Em nível infraconstitucional, o Estatuto da Advocacia (Lei 8.906/1994), no art. 7.º, III, estabelece que o preso não pode ser privado de contato com o seu advogado. Ora, se o direito à assistência familiar e o contato com o advogado não podem ser coibidos, de nada adianta privar o preso de se comunicar com terceiros, pois o objetivo da incomunicabilidade, qual seja, o de evitar

que ultrapassem as portas da delegacia informações importantes ou instruções do investigado tendentes à manipulação de provas, fica de qualquer modo prejudicado. Mais: de acordo com o art. 136, § 3.º, IV, da CF, na vigência do Estado de Defesa, quando há a supressão de inúmeras garantias individuais, o preso não poderá ficar incomunicável. Sendo assim, por uma questão de proporcionalidade, a mesma regra deve ser observada nos estados de normalidade constitucional, em que as garantias vigoram na sua plenitude. Desta posição comungam, entre outros, Tourinho Filho, Júlio Fabbrini Mirabete e Guilherme de Souza Nucci.

***Segunda:* recepção da incomunicabilidade pela CF/1988.** A incomunicabilidade subsiste no ordenamento jurídico, devendo-se, contudo, observar a regra do art. 21, parágrafo único, do CPP, no sentido de que não poderá exceder a três dias e deverá ser decretada por decisão fundamentada do juiz, a requerimento da autoridade policial ou do Ministério Público. E não procede o argumento de que a restrição, sendo vedada no Estado de Defesa, não se justifica nos estados de normalidade constitucional. Isto porque a vedação à incomunicabilidade no Estado de Defesa ocorre apenas em relação aos presos políticos e não aos criminosos comuns. Entre os adeptos dessa orientação, estão Damásio E. de Jesus, Hélio Tornaghi e Vicente Greco Filho.

Em termos de maioria doutrinária e jurisprudencial, não há dúvidas de que prevalece a primeira das orientações mencionadas, qual seja, a de que é inconstitucional, na atualidade, o instituto da incomunicabilidade do preso.

4.7.2. A incomunicabilidade do preso e o regime disciplinar diferenciado

O Regime Disciplinar Diferenciado (RDD), introduzido no sistema brasileiro pela Lei 10.792/2003, não constitui um novo regime de cumprimento de penas além dos já existentes (fechado, semiaberto e aberto), tampouco uma nova forma de prisão. Trata-se, isto sim, de uma modalidade de sanção disciplinar (art. 53, V, da Lei 7.210/1984 – LEP) que pode abrigar tanto os presos provisórios como os condenados, nacionais ou estrangeiros, desde que apresentem alto risco para a ordem e a segurança do estabelecimento penal ou da sociedade (art. 52, § 1º, I, da LEP) ou sob os quais recaiam fundadas suspeitas de envolvimento ou participação em organização criminosa, associação criminosa ou milícia privada (art. 52, § 1º, II, da LEP). Apresenta as seguintes peculiaridades:

I. duração máxima de até 2 (dois) anos, sem prejuízo de repetição da sanção por nova falta grave de mesma espécie;

II. recolhimento em cela individual;

III. visitas quinzenais, de 2 (duas) pessoas por vez, a serem realizadas em instalações equipadas para impedir o contato físico e a passagem de objetos, por pessoa da família ou, no caso de terceiro, autorizado judicialmente, com duração de 2 (duas) horas.

IV. direito do preso à saída da cela por 2 (duas) horas diárias para banho de sol, em grupos de até 4 (quatro) presos, desde que não haja contato com presos do mesmo grupo criminoso;

V. entrevistas sempre monitoradas, exceto aquelas com seu defensor, em instalações equipadas para impedir o contato físico e a passagem de objetos, salvo expressa autorização judicial em contrário;

VI. fiscalização do conteúdo da correspondência;

VII. participação em audiências judiciais preferencialmente por videoconferência, garantindo-se a participação do defensor no mesmo ambiente do preso.

Em face destas características que singularizam o *Regime Disciplinar Diferenciado*, parcela doutrinária sustenta a sua inconstitucionalidade, sob o argumento de que importa na incomunicabilidade do preso. Assim não pensamos. Isso porque, embora todas essas restrições que caracterizam o RDD possam, de fato, implicar maior grau de isolamento do preso, acarretando, inclusive, limitação no contato com o mundo exterior, isto não significa dizer que haja a sua absoluta incomunicabilidade pelo tempo em que estiver sob a sanção. A visitação, como se viu, embora restrita, não fica necessariamente proibida. O mesmo acontece em relação ao contato com o advogado que, não fica obstado. O próprio STJ, desde a instituição do regime disciplinar diferenciado, vem decidindo que não fere qualquer princípio ou norma constitucional, não implicando a sua aplicação em cumprimento de pena de forma cruel, degradante ou desumana. E também não contraria regras internacionais sobre a dignidade da pessoa humana. Bem ao contrário: sua imposição "prestigia o princípio da individualização do cumprimento da pena, uma vez que permite tratamento penitenciário desigual a presos desiguais, seja pela prática de faltas disciplinares graves, seja por seu envolvimento com o crime organizado, seja, por fim, pelo alto risco que representam para a ordem e a segurança da sociedade e dos presídios comuns"[21].

4.8. SIGILO

O sigilo está previsto no art. 20 do CPP, ao estabelecer que "a autoridade assegurará no inquérito o sigilo necessário à elucidação do fato ou exigido pelo interesse da sociedade". Andou certo o legislador com esta previsão. Sendo o inquérito policial um procedimento de natureza administrativa, inquisitiva e preliminar à ação penal, descabe submetê-lo à mesma publicidade que rege o processo criminal, podendo e devendo a autoridade policial preservá-lo do acesso de terceiros supostamente interessados em verificar seu andamento ou tomar conhecimento das diligências realizadas, quando entender que a confidencialidade é essencial para o êxito das investigações ou assim o exige o interesse da sociedade.

Perceba-se que o sigilo que poderá ser conferido ao inquérito policial é, unicamente, aquele que impedirá as pessoas do povo e o próprio investigado de manusear os respectivos autos ou tomar contato direto com o resultado de diligências realizadas no seu curso.

Destarte, é evidente que esse sigilo não poderá atingir o **Juiz** e o **Ministério Público**.

Em relação ao **advogado**, é consagrado pelo art. 7.º, XIV, da Lei 8.906/1994 o direito de examinar, em qualquer instituição responsável por conduzir investigação, mesmo sem procuração (ressalva-se aqui a hipótese de ter sido o sigilo formalmente conferido, caso em que a procuração é indispensável, *ex vi* do art. 7.º, § 10), autos de flagrante e de investigações de qualquer natureza, findos ou em andamento, ainda que conclusos à autoridade, podendo copiar peças e tomar apontamentos, em meio físico ou digital, regra esta aplicável tanto a processos e procedimentos físicos quanto a eletrônicos (art. 7.º, § 13, introduzido pela Lei 13.793/2019), estabelecendo, ainda, a Súmula Vinculante 14 do STF que "é direito do defensor, no interesse do representado, ter acesso amplo aos elementos de prova que, já documentados em procedimento investigatório realizado por órgão com competência de polícia judiciária, digam respeito ao exercício do direito de defesa". Portanto, ainda que decretado o sigilo, não fica o advogado privado de acessar os autos do inquérito. Atente-se que o *acesso amplo* assegurado pela referida Súmula à defesa não é sinônimo de *acesso irrestrito*, devendo ser facultado ao advogado desde que não comprometa o andamento regular das investigações. Isto quer dizer que o direito que assiste ao advogado regularmente constituído pelo investigado é o de acesso às provas já produzidas e formalmente incorporadas ao inquérito, excluindo-se dessa prerrogativa as informações e providências investigatórias em execução e, por isso mesmo, ainda não documentadas no caderno policial, muito especialmente aquelas que, por sua própria natureza, não possam ser divulgadas à

[21] STJ, HC 44.049/SP, *DJ* 19.12.2007.

defesa sob pena de comprometimento da respectiva eficácia. Não é outro o teor do art. 7.º, § 11, da Lei 8.906/1994 ao dispor que, "no caso previsto no inciso XIV, a autoridade competente poderá delimitar o acesso do advogado aos elementos de prova relacionados a diligências em andamento e ainda não documentados nos autos, quando houver risco de comprometimento da eficiência, da eficácia ou da finalidade das diligências"[22].

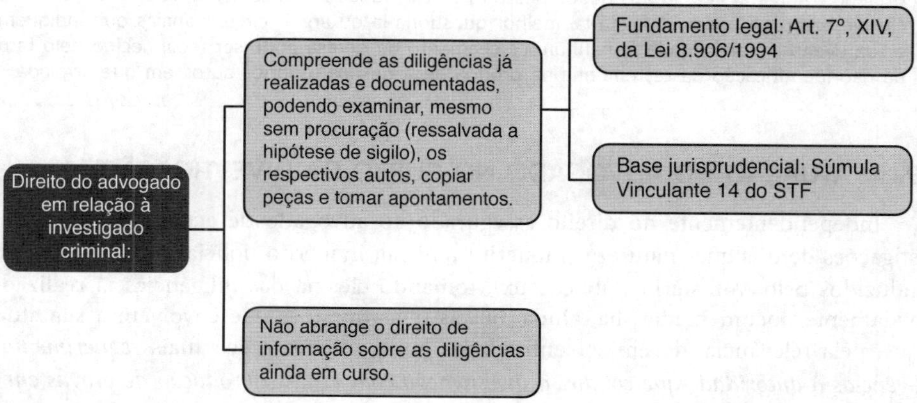

E se, nos limites interpretativos da Súmula Vinculante 14 do Excelso Pretório, ainda assim for negado à defesa, pelo delegado, o acesso ao procedimento policial? Faculta-se ao prejudicado deduzir **reclamação diretamente ao STF**, conforme preceitua o art. 103-A, § 3.º, da CF. Independentemente dessa previsão, ainda é possível ao interessado valer-se do **mandado de segurança a ser impetrado perante o Juiz** para efetivação desse direito de acesso aos autos de inquérito. Isso porque, em primeiro lugar, a Lei 11.417/2006, ao disciplinar a edição, a revisão e o cancelamento de súmula vinculante, dispõe em seu art. 7.º que *da decisão judicial ou do ato administrativo que contrariar enunciado de súmula vinculante, negar-lhe vigência ou aplicá-lo indevidamente caberá reclamação ao STF, **sem prejuízo dos recursos ou outros meios admissíveis de impugnação*** (grifamos), e, segundo, pelo fato de que, possuindo a reclamação a natureza de ação de índole constitucional e não de um recurso, sua utilização não acarreta incidência do art. 5.º, II, da Lei 12.016/2009, que veda o uso do *mandamus* contra ato judicial de que caiba recurso com efeito suspensivo. Destaca-se, por fim, a disposição do art. 7.º, § 12, da Lei 8.906/1994, regrando que "a inobservância aos direitos estabelecidos no inciso XIV, o fornecimento incompleto de autos ou o fornecimento de autos em que houve a retirada de peças já incluídas no caderno investigativo implicará responsabilização criminal e funcional por abuso de autoridade do responsável que impedir o acesso do advogado com o intuito de prejudicar o exercício da defesa, sem prejuízo do direito subjetivo do advogado de requerer acesso aos autos ao juiz competente".

ATENÇÃO: muito se tem discutido sobre a possibilidade de, na **fase inquisitorial**, mesmo em relação ao advogado, manter em sigilo o nome da testemunha, visando, com isto, preservar sua integridade física e psíquica, em face do temor de represálias dos investigados ou de pessoas a ele relacionadas. Discute-se aqui, enfim, a constitucionalidade e legalidade, como meio de prova, da chamada **testemunha sem rosto**. Pois bem, a despeito de divergências, a verdade é que, no âmbito do STF, a orientação prevalente é a de que, para os fins da Lei 9.807/1999 (a denominada Lei de Proteção a Vítimas e Testemunhas), especialmente em seus arts. 2.º e

22 QUESTÃO DE CONCURSO: *"O juiz ou o delegado podem indeferir o acesso de advogado de investigado aos autos do inquérito sob o fundamento de que existem diligências sigilosas em andamento (por ex. escuta telefônica)?" (Procurador da República – 2007).*

7.º, o nome da testemunha pode, sim, ser sigiloso, mesmo porque o princípio do contraditório não se aplica à fase investigatória[23]. Mas e na **fase judicial**? Neste caso, conquanto se entenda que inexiste nulidade nos sigilos das informações sobre o nome de testemunha arrolada na denúncia, a qualificação respectiva deve ser anotada fora dos autos, permitindo-se o acesso, além de juízes e promotores, também a advogados do réu, constituídos ou nomeados[24]. Em outras palavras, a compreensão existente é a de que, desde que seja, ao advogado do réu, assegurado o pleno e integral acesso aos dados pessoais e reservados da testemunha sob proteção – inclusive para que possa impugná-la, melhor questioná-la ou arguir circunstâncias que indiquem a sua eventual parcialidade –, nenhum cerceamento de defesa pode ser reconhecido pelo fato da não identificação da testemunha na própria peça ou nos próprios autos em que arrolada[25].

4.9. ATUAÇÃO DO ADVOGADO NO CURSO DA INVESTIGAÇÃO

Independentemente do direito assegurado ao advogado de acessar os autos de investigações de qualquer natureza (inquérito policial, inquérito policial militar, expedientes conduzidos pelo Ministério Público etc.), tomando ciência das diligências já realizadas e devidamente documentadas, há, ainda, outras duas questões que envolvem a sua atuação e que, pela relevância, devem ser enfrentadas: uma, relativa a eventuais *requerimentos de diligências à autoridade que conduz a investigação com vistas à produção de provas em prol do investigado*; e outra, pertinente aos *limites de sua intervenção nos atos de instrução do procedimento investigatório*.

4.9.1. Requerimento de diligências

Faculta-se ao advogado do investigado, durante a investigação criminal, requerer a realização de diligências ou a produção de determinados meios de prova visando angariar elementos em prol da tese do investigado. Isto, inclusive, é expresso no art. 14 do CPP. Contudo, a autoridade que preside a investigação não estará, em regra, obrigada a atender estas solicitações, havendo discricionariedade em deferi-las ou não. Dissemos "em regra" porque, conforme se depreende do art. 184 do CPP, a *contrario sensu*, não poderá ser indeferido pela autoridade policial o requerimento do exame destinado à comprovação do vestígio deixado pela infração (exame de corpo de delito).

4.9.2. Possibilidade de acompanhar e de intervir na produção da prova

Na sistemática legal e constitucional em vigor, parece inequívoco que o advogado regularmente constituído pelo investigado possui o direito de acompanhar atos da investigação, desde que isto não implique frustrar o objetivo da diligência, como ocorre nas interceptações de conversas telefônicas, nos registros de conversas ambientais, nas operações de busca e apreensão e em outras medidas de natureza cautelar. Poderá, assim, participar de depoimentos de testemunhas, do interrogatório do investigado, de levantamentos, de reconstituições e de outros atos para os quais não haja fundamento legal para sua exclusão.

Veja-se que, de acordo com o art. 7.º, XXI, da Lei 8.906/1994, possui o advogado o direito de assistir a seus clientes investigados durante a apuração de infrações, sob pena de nulidade absoluta do respectivo interrogatório ou depoimento e, subsequentemente,

23 STF, HC 136.503/PR, j. 04.04.2017.

24 STF, HC 90321, *DJ* 02.09.2008.

25 STF, HC 124614 AgR/SP, *DJ* 28.04.2015; STJ, AgRg no REsp 1680561/SC, *DJ* 16.02.2018.

de todos os elementos investigatórios e probatórios dele decorrentes ou derivados, direta ou indiretamente, podendo, inclusive, no curso da respectiva apuração, apresentar razões e quesitos. **Mas atenção**: tal previsão legislativa não implica dizer que a investigação criminal deixou de ser inquisitiva e que nela deve o advogado intervir sempre, de modo obrigatório. Não foi isso o que fez o legislador, mesmo porque a alteração promovida pela sobredita Lei 13.245/2016 não modificou o Código de Processo Penal. O que fez, isto sim, foi assegurar o direito do advogado de assistir o investigado, não podendo esse direito, quando postulado seu exercício, ser obstado sob pena, agora sim, de nulidade do interrogatório, do depoimento e de todos os atos que daí decorrerem. E mesmo nessa hipótese não há, para o causídico, o direito de condução da linha investigativa nesta ou naquela direção, uma vez que essa faculdade é afeta à discricionariedade da autoridade policial.

4.10. CONCLUSÃO OU ENCERRAMENTO DO INQUÉRITO POLICIAL

Esgotadas as investigações, o delegado de polícia deverá encerrar o inquérito. Esse encerramento não significa, necessariamente, que tenham sido dirimidas todas as dúvidas a respeito do fato investigado e elucidada de forma inequívoca a infração penal que gerou o procedimento, mas apenas que, a juízo da autoridade policial, todas as diligências possíveis para a respectiva apuração já foram realizadas.

Neste momento, determina o Código de Processo Penal que a autoridade policial faça minucioso **relatório** do que houver apurado, encaminhando, a seguir, os autos do procedimento a juízo (art. 10, § 1.º, do CPP) juntamente com os instrumentos e objetos que interessarem à prova (art. 11 do CPP).

No relatório, a autoridade policial deverá declinar as providências realizadas, resumir os depoimentos prestados e as versões da vítima e do investigado, mencionar o resultado das diligências perpetradas durante as investigações, indicar testemunhas que não tiverem sido inquiridas (quer porque decorrido o prazo de conclusão do inquérito, quer porque não localizadas) e, a partir de tudo isso, expor o seu entendimento acerca da **tipicidade** do delito investigado, bem como de sua **autoria** e **materialidade**. Na atualidade, muito especialmente diante dos termos do art. 2.º, *caput,* da Lei 12.830/2013, ao referir como de natureza jurídica as funções de polícia judiciária e de polícia investigativa, tem-se compreendido que se faculta ao delegado de polícia, também, adentrar em aspectos relativos à **ilicitude da conduta** ou à **culpabilidade do indiciado**, podendo, inclusive, por tais razões, sendo o caso, deixar de proceder ao indiciamento do investigado.

O relatório é, ainda, o momento adequado para que o delegado de polícia proceda à **classificação do crime**, apontando o dispositivo penal violado pelo indiciado. Evidentemente, esse enquadramento não vincula o Ministério Público ou o querelante, nada impedindo, por exemplo, que o indiciado pela prática de furto seja denunciado por roubo. Há completa e irrestrita desvinculação entre a capitulação atribuída em sede policial e a classificação atribuída na denúncia ou na queixa-crime.

A ausência ou deficiência do relatório vicia o inquérito policial? Em hipótese alguma, até porque é desapropriado falar-se em *nulidade de inquérito*. Eventuais vícios podem reduzir o já reduzido valor probante do inquérito, mas não o tornarão nulo. De qualquer sorte, embora não possam o juiz e o promotor exigir do delegado a realização de relatório, quando este não se fizer presente no inquérito, poderão tais autoridades comunicar a omissão à Corregedoria-Geral da Polícia Civil com vistas à adoção das medidas disciplinares e administrativas cabíveis.

4.11. INDICIAMENTO

O Código de Processo Penal não faz referência expressa ao ato de *indiciar*, porém o art. 2.º, § 6.º, da Lei 12.830/2013 consolidou o *indiciamento* como o ato privativo do delegado de polícia, por meio do qual atribui a alguém a condição de autor ou partícipe de uma infração penal, indicando as circunstâncias de sua ocorrência.

Embora condicione-se à existência de prova da materialidade da infração penal apurada, o indiciamento não exige a comprovação efetiva do envolvimento do indivíduo na prática criminosa, o que será objeto de apuração no curso da instrução criminal, após o oferecimento da denúncia ou da queixa-crime. Todavia, é necessário que haja indicativos da sua responsabilidade pelo cometimento do fato investigado, sem o que o indiciamento importará em constrangimento ilegal, podendo ser desconstituído por meio de *habeas corpus*.

E mais: é ato que exige fundamentação da autoridade policial, consoante se infere do citado art. 2.º, § 6.º, da Lei 12.830/2013 ao estabelecer que o indiciamento "dar-se-á por ato fundamentado, mediante análise técnico-jurídica do fato". E isto se justifica. Afinal, o ato de indiciar, conquanto não produza antecedentes judiciais (Súmula 444 do STJ), gera outras consequências para o investigado, em especial o registro da imputação em seus assentamentos pessoais, nos termos do art. 23 do CPP. Sendo assim, afigura-se correto assegurar-lhe o conhecimento dos motivos pelos quais foi indiciado, até mesmo com vista a possibilitar, na hipótese de indiciamento abusivo, a impetração de *habeas corpus*, para sua desconstituição (desindiciamento), como dissemos alhures. O tema, aliás, foi bem enfrentado pelo STJ, ao deliberar que o "*indiciamento é ato administrativo com efeitos processuais em que o Delegado de Polícia, com base nos elementos de informação reunidos no curso do inquérito policial, indica formalmente o indiciado como provável autor de infração penal em investigação. Por resultar, em maior ou menor medida, em restrição do* status libertatis *do cidadão jurisdicionado, o ato de indiciamento precisa ser devidamente fundamentado em elementos de informação que evidenciem a materialidade e a autoria delitiva, conforme dispõe o art. 2º, § 6º, da Lei n. 12.830/13 e, particularmente no âmbito da Polícia Federal, o item 90, inciso I, da Instrução Normativa n. 11/2001*", sendo que, "*por restringir ou ter o condão de restringir o direito de ir e vir do indiciado, pode ser impugnado na via do habeas corpus, quando o despacho de indiciamento não estiver devidamente fundamentado em elementos de informação suficientes para atribuir ao indiciado a provável autoria do crime*"[26].

Por muito tempo, compreendeu-se que o *juízo* quanto ao indiciamento ou não do investigado, pelo delegado de polícia, deveria ser realizado, unicamente, a partir da constatação da autoria e da materialidade de um fato típico (infração penal), descabendo à autoridade policial, então, adentrar em aspectos outros, tais como a antijuridicidade da conduta e a culpabilidade do agente. Na atualidade, tal entendimento não mais vigora. Está definitivamente afastada, enfim, a ideia de que a autoridade policial, para efeitos de indiciamento do indivíduo ou não, cabe verificar apenas a tipicidade formal dos fatos investigados (adequação da conduta à norma incriminadora), sendo lícito ao delegado, isto sim, adentrar, também em aspectos relacionados à tipicidade material, afastando-a, por exemplo, a partir do princípio da insignificância e do princípio da adequação social. Mais: sendo a atividade do delegado de natureza jurídica (art. 2.º da Lei 12.830/2013), pode ele, inclusive, deixar de indiciar o investigado se constatar excludentes de ilicitude, de tipicidade ou culpabilidade (salvo a inimputabilidade), conclusão esta que, repita-se, não subsistia nos tempos anteriores à referida Lei 12.830.

---

26 STJ, AgRg no HC 603357/MS, *DJ* 30.03.2021.

Em termos doutrinários, compreende-se que o indiciamento abrange, ainda, algumas formalidades, quais sejam: *despacho de indiciação, auto de qualificação, boletim de vida pregressa* e, se ocorrentes as situações previstas na Lei 12.037/2009, *prontuário de identificação criminal*.

O Código de Processo Penal, em muitos de seus dispositivos, utiliza a expressão *indiciado* como sendo aquele em relação a qual existe inquérito policial em curso (arts. 5.º, § 1.º, *b;* 6.º, V; 10, *caput;* 21 etc.). Hoje em dia, porém, reputa-se atécnico o tratamento, como *indiciado,* de quem, na verdade, não passa de um *investigado*. Tanto é assim que o art. 2.º, § 6.º, da Lei 12.830/2013 deixa claro que o indiciamento ocorre a partir de *ato fundamentado, mediante análise técnico-jurídica do fato, que deverá indicar a autoria, materialidade e suas circunstâncias.* E não é só isto: a distinção entre as condições de *investigado* e de *indiciado* pode ser constatada em outros dispositivos do Código de Processo Penal, especialmente os que tiveram sua redação modificada por leis posteriores. É o caso, por exemplo, do seu art. 405, § 1.º, o qual, modificado pela Lei 11.719/2008, passou a referir que "sempre que possível, o registro dos depoimentos do *investigado, indiciado,* ofendido e testemunhas será feito pelos meios ou recursos de gravação magnética [...]". Não é, portanto, o simples fato da instauração do inquérito pela autoridade policial que torna alguém *indiciado,* mas, sim, a conclusão fundamentada do delegado que assim determinar.

Na prática, o indiciamento ocorre ao final do inquérito, quando a este já incorporados os elementos que permitam ao delegado, apreciando o conjunto das providências adotadas, decidir se indicia ou não o indivíduo. Também é praxe policial a decisão de indiciamento ocorrer no âmbito do relatório do inquérito, sob a forma de conclusão, após menção às diligências realizadas. Não obstante isto e apesar de grande de a doutrina, a partir da Lei 12.830/2013, defender que seja o indiciamento realizado apenas depois da finalização do inquérito, a verdade é que não existe norma legal obstando que seja esse juízo do delegado efetuado antes mesmo do relatório policial.

Como dissemos antes, o indiciamento, quando abusivo, poderá ser obstado por meio de *habeas corpus*. Considera-se que há abuso na sua efetivação quando realizado no âmbito de inquérito policial instaurado de forma irregular (*v.g.*, para apuração de crime de ação penal pública condicionada sem que haja representação do ofendido) ou à revelia dos elementos mínimos de convicção.

Não se viabiliza o indiciamento **após o recebimento da denúncia**, pois se trata de ato próprio da fase inquisitorial, o que torna imprópria a sua efetivação quando já instaurado o processo penal.

O indiciamento, realizado ou não pela autoridade policial, não vincula o Ministério Público ou o ofendido em relação ao oferecimento da denúncia ou da queixa. Neste viés, ainda que tenha o delegado deixado de indiciar o investigado, poderá ser ajuizada ação penal contra ele. Da mesma forma, nada obsta que, indiciado o indivíduo pela conduta prevista em determinado tipo penal, receba a infração, na inicial acusatória, capitulação jurídica diversa.

Podem o juiz ou o Ministério Público requisitar o indiciamento de determinado suspeito ao delegado de polícia? Não, já que se trata de ato privativo da autoridade policial, *ex vi* do art. 2.º, § 6.º, da Lei 12.830/2013. Assim, completamente equivocado o procedimento do juiz ou do promotor de justiça se vierem a requisitar ao delegado de polícia o indiciamento de alguém. O que podem ser requisitados, isto sim, são a qualificação e o pregressamento (relatório de antecedentes) do indivíduo, mas não que este venha a ser indiciado pela prática de determinado fato.

Pode ocorrer que a lei estabeleça *requisitos em relação ao indiciamento*. Isso ocorre, por exemplo, com os crimes relacionados a drogas, em que, decidindo a autoridade policial por indiciar o investigado, deverá relatar "sumariamente as circunstâncias do fato, justificando as razões que a levaram à classificação do delito, indicando a quantidade e natureza da substância ou do produto apreendido, o local e as condições em que se desenvolveu a ação criminosa, as circunstâncias da prisão, a conduta, a qualificação e os antecedentes do agente" (art. 52, I, da Lei 11.343/2006).

À exceção de *Magistrados* e *membros do Ministério Público* (art. 33, parágrafo único, da LC 35/1979 e art. 41, II, da Lei 8.625/1993, respectivamente), também os ocupantes de cargos com prerrogativa de função podem ser indiciados. Sem embargo, deve-se atentar que, relativamente aos detentores de **prerrogativa de função no STF**, as investigações, assim como qualquer diligência investigatória e o próprio indiciamento, somente poderão ser realizados quando previamente requeridos pela autoridade policial ou pelo Ministério Público e autorizados pelo STF. Trata-se da chamada *investigação supervisionada*, em que a iniciativa do procedimento investigatório deve contar com a supervisão do Ministro-Relator no Supremo Tribunal Federal (STF, Inq. 2411 QO/MT, Pleno, DJ 25.04.2008)[27]. Veja-se que, em relação aos parlamentares federais, não é necessária autorização da casa legislativa respectiva – Câmara dos Deputados ou Senado Federal (v. Capítulo 2, item 2.4.2.4 deste livro) para a investigação. *E quando se tratar de investigação de ocupantes de cargos com prerrogativa de função em outros tribunais? Também nesses casos impõem-se a autorização* e a *supervisão da investigação pelo tribunal respectivo?* Há divergência de posicionamentos no STJ e no STF. Note-se:

> **STJ:** apenas para os detentores de foro por prerrogativa de função no STF é necessária autorização da Corte, por força de seu Regimento Interno (arts. 230 a 234), não havendo, portanto, exigência de referendo do Poder Judiciário para instauração de inquérito nos demais casos de prerrogativa de função. Neste cenário, tomando-se como exemplo a situação de um Prefeito Municipal, que detém prerrogativa de ser processado e julgado nos Tribunais de Justiça e Tribunais Regionais Federais, na visão do STJ pode ele ser investigado criminalmente pela autoridade policial e pelo Ministério Público à revelia de prévia autorização daqueles tribunais[28-29].
>
> **STF:** no âmbito desta Corte as decisões eram conflitantes. Veja-se que, em decisão monocrática do Min. Celso de Mello, na Medida Cautelar no *Habeas Corpus* 133.835/DF, datada de 18.04.2016, decidiu-se que, se a posição do STF é no sentido da necessidade de autorização do Ministro-Relator dessa Corte para o desencadeamento de investigações e para o indiciamento de parlamentares federais, *mutatis mutandis* a mesma orientação deve ser aplicada no tocante às hipóteses de prerrogativa de função em outros tribunais – Superior Tribunal de Justiça, Tribunais Regionais Federais e Tribunais de Justiça dos Estados. De acordo com essa linha de pensamento, a investigação de um prefeito municipal, que detém prerrogativa de função junto aos Tribunais de Segunda Instância, deve estar condicionada à autorização do Desembargador-Relator sorteado nestes colegiados. Todavia, em decisão monocrática no Recurso Extraordinário 991.016/GO, datada de 28.02.2018,

---

27 No mesmo sentido: STF, RHC 198182 AgR, Primeira Turma, *DJ* 14.06.2021.

28 "A jurisprudência atual desse Tribunal Superior fixou-se no sentido de que, "no que concerne às investigações relativas a pessoas com foro por prerrogativa de função, tem-se que, embora possuam a prerrogativa de serem processados perante o tribunal, a lei não excepciona a forma como se procederá à investigação, devendo ser aplicada, assim, a regra geral trazida no art. 5.°, II, do Código de Processo Penal, a qual não requer prévia autorização do Judiciário" (STJ, AgRg no AREsp 1.541.633/PR, 6.ª Turma, *DJ* 13.10.2020).

29 "Embora os prefeitos municipais possuam prerrogativa de serem processados perante o Tribunal de Justiça respectivo, a lei não excepciona a forma como se procederá à investigação, não havendo a necessidade de prévia autorização do judiciário para a instauração do procedimento investigatório" (STJ, AgRg no AREsp 1.602.267/SP, *DJ* 15.06.2020).

o Min. Edson Fachin, embora não tenha afastado, peremptoriamente, a necessidade de supervisão de investigação de prefeito municipal pelo tribunal do respectivo Estado ou Região, questionou, em face do Princípio Republicano, a constitucionalidade da exigência de autorização judicial para deflagração da persecução penal nessa hipótese. Na sequência dos acontecimentos, no julgamento do Agravo no *Habeas Corpus* 177.992/GO, em 20.08.2021, deliberou a Primeira Turma do STF no sentido de que "o ato de instauração de inquérito ou procedimento investigatório contra Prefeitos Municipais independe de autorização do Tribunal competente para processar e julgar o detentor da prerrogativa de foro". Três meses depois, a Segunda Turma, no enfrentamento do HC 201.965/RJ, em 30.11.2021, compreendeu como "indispensável a existência de prévia autorização judicial para a instauração de inquérito ou outro procedimento investigativo em face de autoridade com foro por prerrogativa de função em tribunal de justiça" (Informativo 1.040). Esta última orientação, mais recentemente, foi referendada pelo Tribunal Pleno do STF no julgamento, em 16.05.2022, da ADI 7.083/AP (em que se discutia a constitucionalidade de dispositivo do Regimento Interno do Tribunal de Justiça do Amapá), momento em que, após reafirmar a necessidade de supervisão judicial durante toda a tramitação de investigações envolvendo autoridades com prerrogativa de foro nessa Corte, deliberou que "a mesma interpretação tem sido aplicada aos casos de investigações envolvendo autoridades com prerrogativa de foro nos Tribunais de segundo grau, afirmando-se a necessidade de supervisão das investigações pelo órgão judicial competente", ressaltando ainda que "em interpretação sistemática da Constituição da República, a mesma razão jurídica apontada para justificar a necessidade de supervisão judicial dos atos investigatórios de autoridades com prerrogativa de foro neste Supremo Tribunal Federal aplica-se às autoridades com prerrogativa de foro em outros Tribunais". Como se vê, a despeito de o STJ ainda não ter revisto sua posição no sentido da prescindibilidade da autorização judicial nestes casos, está sinalado pelo STF que não deverá prevalecer tal entendimento. De qualquer modo, considerando as frequentes modificações na posição do Excelso Pretório sobre a matéria, orienta-se o leitor a acompanhar, periodicamente, as suas deliberações sobre o tema.

4.12. DESTINO DO INQUÉRITO POLICIAL CHEGANDO A JUÍZO

Preceitua o art. 10, § 1.º, do CPP que o inquérito policial, uma vez concluído e relatado, deverá ser encaminhado pela autoridade policial ao juiz competente.

ATENÇÃO: parcela da doutrina considera que o referido dispositivo não foi recepcionado pela Constituição Federal de 1988, pois esta, no art. 129, incisos I e VIII, estabelece, dentre as funções institucionais do Ministério Público, o ingresso da ação penal pública e a requisição de diligências investigatórias e de inquérito policial. Nesta ótica, uma vez concluído, o procedimento policial deveria ser encaminhado diretamente ao Ministério Público. O tema, na atualidade, é objeto do Recurso Extraordinário 660.814/MT, com repercussão geral reconhecida pelo Plenário do Supremo Tribunal Federal. Considerando que, até o fechamento da presente edição deste livro, não havia deliberação definitiva a respeito, recomenda-se ao leitor acompanhar a tramitação do citado recurso e a evolução do tema naquele Pretório.

Aportando o inquérito a juízo e tratando-se de investigação de **crime de ação penal pública**, deverá o magistrado determinar vista imediata ao Ministério Público, para deliberação quanto às providências cabíveis – *oferecimento de denúncia, pedido de arquivamento ou realização das diligências que se fizerem necessárias.*

Sendo, opostamente, inquérito policial instaurado para apurar **crime de ação penal privada**, uma vez finalizado, não poderá permanecer na delegacia de polícia, devendo, igualmente, ser remetido ao fórum. Nesse caso, regularmente distribuído o inquérito, ainda que não haja previsão legal nesse sentido, deverá o procedimento investigatório ser encaminhado ao Ministério Público para que este verifique se, efetivamente, o crime investigado é de ação penal privada e, ainda que o seja, se não há, também, evidências da prática de crime de ação penal pública que possa dar margem ao oferecimento de denúncia. Nada disso ocorrendo, uma vez devolvido a juízo pelo Ministério Público, o inquérito aguardará, em cartório, a iniciativa do ofendido quanto ao ajuizamento da competente queixa-crime (art. 19, 1.ª parte, do CPP) pelo prazo improrrogável de seis meses contados do dia em que tomou ele ciência da autoria do crime (art. 38 do CPP), sob pena de decadência do direito de ação. No período em que o inquérito permanecer em cartório, a vítima poderá solicitar que lhe sejam entregues os respectivos autos para fins de análise, deixando apenas a cópia do expediente em juízo (art. 19, 2.ª parte, do CPP). Deduzida a queixa no prazo legal, o inquérito policial ser-lhe-á apensado. Caso decorra o prazo decadencial sem que a ação penal tenha sido ingressada, o juiz, ouvido o Ministério Público, determinará o arquivamento da investigação e, em consequência, a extinção da punibilidade com base no art. 107, IV, do Código Penal.

Decidindo o Ministério Público ou o ofendido ajuizar ação penal, a **denúncia e a queixa-crime deverão ser confeccionadas segundo as formalidades previstas no art. 41 do CPP**, incorporando a exposição do fato narrado com todas as suas circunstâncias, a qualificação do acusado ou referência aos elementos mínimos que possam identificá-lo, a classificação do crime (tipo penal infringido) e, se necessário, o rol de testemunhas.

Pode ocorrer, entretanto, que o Ministério Público repute necessária a **realização de diligências** complementares para elucidação do fato e de sua autoria. Nesse caso, permite o art. 16 do CPP que o promotor, especificando as diligências necessárias, requeira ao juiz a devolução do inquérito à autoridade policial para cumprimento. Mas atenção: é preciso que se trate de *diligências imprescindíveis*. Não sendo o caso de providências que se afigurem, efetivamente, indispensáveis à propositura da ação penal, cabe ao juiz indeferi-las, decisão esta que poderá ser impugnada pelo Ministério Público por meio de mandado de segurança ou de correição parcial (esta última apenas na hipótese de *error in procedendo* – ilegalidade ou arbitrariedade do juiz). Na atualidade, em grande parte das Comarcas, em vez de postular ao juiz que determine à autoridade policial a realização de novas diligências, o próprio Ministério Público as tem requisitado diretamente ao delegado, com fixação de prazo para cumprimento, utilizando-se, para tanto, do poder que lhe confere o art. 129, VIII, da CF, ao dispor que "são funções institucionais do Ministério Público [...] requisitar diligências investigatórias e a instauração de inquérito policial...". Nesse último caso – requisição de diligências pelo próprio MP à autoridade policial –, a cautela recomenda que o promotor que recebeu os autos do inquérito em carga informe ao juízo a providência adotada. Essa comunicação é fundamental, pois, se o MP, simplesmente, deixar de restituir a cartório judicial o inquérito no prazo previsto no art. 46 do CPP para o oferecimento da denúncia, dará margem ao ajuizamento, pelo ofendido, da ação penal privada subsidiária da pública contemplada no art. 29 do CPP. E esta ação poderá ser recebida pelo juiz que, desconhecendo o fato de ter o MP diligenciado diretamente ao delegado, compreenderá ocorrente a situação de inércia justificante de seu ingresso.

Tratando-se, porém, de hipótese de **arquivamento do inquérito policial**, deverá proceder o Ministério Público em conformidade com o estabelecido no art. 28 do CPP, dispositivo este que foi alterado de modo significativo pela Lei 13.964/2019. Perceba-se:

REDAÇÃO DO ART. 28 DO CÓDIGO DE PROCESSO PENAL	
ANTES DA VIGÊNCIA DA LEI 13.964/2019	**DEPOIS DA VIGÊNCIA DA LEI 13.964/2019**
Art. 28. Se o órgão do Ministério Público, ao invés de apresentar a denúncia, requerer o arquivamento do inquérito policial ou de quaisquer peças de informação, o juiz, no caso de considerar improcedentes as razões invocadas, fará remessa do inquérito ou peças de informação ao procurador-geral, e este oferecerá a denúncia, designará outro órgão do Ministério Público para oferecê-la, ou insistirá no pedido de arquivamento, ao qual só então estará o juiz obrigado a atender.	Art. 28. Ordenado o arquivamento do inquérito policial ou de quaisquer elementos informativos da mesma natureza, o órgão do Ministério Público comunicará à vítima, ao investigado e à autoridade policial e encaminhará os autos para a instância de revisão ministerial para fins de homologação, na forma da lei. § 1º Se a vítima, ou seu representante legal, não concordar com o arquivamento do inquérito policial, poderá, no prazo de 30 (trinta) dias do recebimento da comunicação, submeter a matéria à revisão da instância competente do órgão ministerial, conforme dispuser a respectiva lei orgânica. § 2º Nas ações penais relativas a crimes praticados em detrimento da União, Estados e Municípios, a revisão do arquivamento do inquérito policial poderá ser provocada pela chefia do órgão a quem couber a sua representação judicial.

Como se vê, **antes da edição da citada Lei 13.964/2019**, entendendo o Ministério Público ser hipótese de arquivamento do inquérito, teria que fazê-lo por meio de manifestação fundamentada perante o Juiz. Para produzir efeitos, esse arquivamento deveria ser homologado pela autoridade judiciária. Caso discordasse da posição do Ministério Público, impunha-se ao magistrado, no âmbito da Justiça Estadual, remeter o inquérito ao Procurador-Geral de Justiça para deliberar a respeito (na esfera federal essa incumbência era afeta às Câmaras de Coordenação e Revisão do Ministério Público Federal). Entendendo o Procurador-Geral pelo acerto da posição do Promotor, seria o inquérito devolvido ao juiz, caso em que o magistrado estaria obrigado a acolher o pedido. Agora, se compreendesse que a razão, de fato, estava com o magistrado que desacolheu o arquivamento, poderia o Procurador-Geral de Justiça oferecer diretamente a denúncia ou designar outro Promotor para fazê-lo, mediante delegação, o qual não poderia se recusar a dar início à ação penal sob pena de estar cometendo falta funcional – afinal, o Promotor designado estaria agindo, nesse caso, em nome do Procurador-Geral de Justiça. Por simetria, idêntico procedimento era adotado quando se tratava de *notitia criminis* inserida em outras peças de informação encaminhadas ao Ministério Público (*v.g.*, relatório de comissão parlamentar de inquérito, relatório de sindicância administrativa etc.) ou decorrentes de investigações realizadas na própria Promotoria de Justiça. *E se fosse hipótese de arquivamento de inquérito promovido pelo Procurador-Geral de Justiça* em relação a investigado com prerrogativa de função? Tendo em vista a ausência de solução prevista em lei para esse caso, predominava o entendimento de que não haveria como utilizar-se o permissivo do art. 28 do CPP, sendo obrigatório o acolhimento, pelo Tribunal, do pedido de arquivamento formulado pelo Procurador-Geral, em face da ausência de uma autoridade superior no âmbito do Ministério Público que pudesse rever o mérito da posição adotada por este último. Acerca do assunto, decidiu o Tribunal de Justiça de São Paulo que, "sendo o Procurador-Geral de Justiça o titular da ação penal e havendo pedido dele pelo arquivamento, o Tribunal de Justiça deve aceitar a sua manifestação, sem examinar o mérito" (TJSP, Inquérito 116.066-0/1, Órgão Especial, JUBI 108/05). Em razão disso, havia, até, quem defendesse ser desnecessário o Procurador-Geral de Justiça submeter o arquivamento à homologação do Tribunal, podendo ele, diretamente, determinar a baixa do procedimento em nível administrativo.

Bem diferente, contudo, é a sistemática de arquivamento do inquérito policial **depois da vigência da Lei 13.964/2019**. Com efeito, a nova redação do art. 28 do CPP determinada pela Lei 13.964/2019 prevê que, ordenado o arquivamento do inquérito policial ou de outros elementos informativos, o órgão do Ministério Público deverá encaminhar os autos para *"a instância de revisão ministerial para fins de homologação, na forma da lei"*. Como se vê, foi suprimido o controle judicial quanto ao mérito do arquivamento diante dos elementos incorporados ao procedimento investigatório. Tal controle, enfim, passou a ser realizado no âmbito interno do próprio Ministério Público, por meio do órgão ao qual fixada, por lei, atribuição de instância revisional e que, nesta condição, poderá homologar ou deixar de homologar a manifestação de arquivamento.

Mas as coisas não são tão simples. Isto porque, o art. 28, *caput,* do CPP teve sua eficácia suspensa em face de medida cautelar deferida no STF em face das Ações Diretas de Inconstitucionalidade 6.298, 6.299, 6.300 e 6.305, suspensão esta que persistia por ocasião do fechamento da presente edição deste livro. Pois bem, enquanto subsistirem os efeitos dessa decisão, a disciplina do arquivamento do inquérito policial a ser observada é a presente no citado art. 28 antes da alteração procedimental determinada pela Lei 13.964/2019. Se, porém, operar-se a sua revogação (quer incidentalmente, quer em face de eventual procedência daquelas ADIs), o regramento a ser aplicado é o previsto na nova redação do dispositivo. Abre-se, aqui, um parêntese para explicitar que, não obstante a medida cautelar tenha sido expressa quanto à suspensão da eficácia do *caput* do art. 28, parece-nos evidente que está suspensa, também, a eficácia de seus §§ 1º e 2º, tendo em vista a vinculação necessária destes parágrafos com a regra do *caput.*

Neste cenário de incertezas, salientamos a necessidade de o Leitor acompanhar a tramitação das citadas ADIs, cujo desiderato interferirá diretamente nos limites da atuação jurisdicional do magistrado. De qualquer forma, cogitando-se a possibilidade de que seja revogada a dita medida cautelar e, portanto, restabelecida a eficácia da nova redação do art. 28, passamos a enfrentar questões que, dado à vagueza da nova redação, fatalmente serão objeto de discussões doutrinárias e jurisprudenciais. Consistem nestas questões:

1. Qual deve ser a "instância de revisão ministerial" a que se refere o art. 28, "caput"?

Trata-se de definição a ser buscada nas leis orgânicas que regem o Ministério Público Estadual e o Ministério Público Federal, quais sejam, a Lei 8.625/1993 e a Lei Complementar 75/1993, respectivamente. Perceba-se que, na primeira delas (Lei 8.625), o art. 10, IX, *d,* confere ao Procurador-Geral de Justiça a atribuição para oferecer denúncia nas hipóteses de "não confirmação de arquivamento de inquérito policial ou civil, bem como de quaisquer peças de informação"; já na segunda (LC 75/1993), o art. 62, IV, diz competir às Câmaras de Coordenação e Revisão "manifestar-se sobre o arquivamento de inquérito policial, inquérito parlamentar ou peças de informação, exceto nos casos de competência originária do Procurador-Geral". Logo, estes órgãos poderão funcionar como as instâncias revisionais a que se refere o art. 28, *caput,* do CPP. Não se descarta, contudo, a possibilidade de ser estabelecida, por ato interno no âmbito dos Ministérios Públicos Estaduais e Federal, a fixação dessa atribuição revisional a outros órgãos da Administração Superior, notadamente ao Conselho Superior do Ministério Público, até mesmo por analogia ao regramento do art. 9º, § 4º, da Lei 7.347/1985 (a denominada "lei da ação civil pública") em relação ao arquivamento do inquérito civil[30], arquivamento este cujo procedimento é similar ao agora estabelecido para o arquivamento do inquérito policial.

---

[30] Art. 9º, § 4º, Lei 7.347/1985: "Deixando o Conselho Superior de homologar a promoção de arquivamento, designará, desde logo, outro órgão do Ministério Público para o ajuizamento da ação".

2. A regra determinada pela nova redação do art. 28 dispensa o ato formal de arquivamento pelo juiz?

O art. 28 do CPP deixa em aberto a questão relativa à suficiência da homologação do arquivamento pela instância revisional do Ministério Público para que se tenha, efetivamente, como arquivado o inquérito policial e para que tal arquivamento possa produzir efeitos (por exemplo, o condicionamento da reabertura da investigação a que tenham surgido novos elementos, *ex vi* do art. 18 do CPP). Veja-se que, se por um lado não há dúvidas quanto à não intervenção do Poder Judiciário no aspecto relativo ao mérito em si do arquivamento promovido pelo Promotor de Justiça (pertinência ou não dessa providência diante dos elementos inseridos no inquérito), por outro nada é definido acerca do procedimento a ser adotado após a dita homologação pelo órgão revisor do Ministério Público. Enfim, essa homologação exaure o procedimento? Ou, a despeito de ter sido dispensado o exame pelo juiz quanto ao acerto ou desacerto do arquivamento diante das provas carreadas ao inquérito, de qualquer modo, deverá ser remetido o procedimento investigatório ao Poder Judiciário para o ato formal de arquivamento? Reputamos possíveis duas interpretações aqui:

> ***Primeira:*** não é necessário o retorno dos autos do inquérito policial ou de outras peças de informação ao Poder Judiciário. Afinal, ao contrário do que ocorria na redação do art. 28 anteriormente à Lei 13.964/2019, nenhuma menção à atuação do Juiz é agora realizada pelo dispositivo. Ademais, é certo que a nova redação dada ao art. 28 pela Lei 13.964/2019 tem origem explícita no texto Projeto de Lei do Senado 156/2009 – que institui o novo Código de Processo Penal –, referindo este, em seu art. 38, que "ordenado o arquivamento do inquérito policial ou de quaisquer elementos informativos da mesma natureza, o Ministério Público comunicará a vítima, o investigado, a autoridade policial e a instância de revisão do próprio órgão ministerial, na forma da lei". E, em justificação a essa regra, a Comissão de Juristas responsável pela elaboração do anteprojeto respectivo[31] salientou que "...retirou-se, e nem poderia ser diferente, o controle judicial do arquivamento do inquérito policial ou das peças de informação", dizendo ainda que "o controle do arquivamento passa a se realizar no âmbito exclusivo do Ministério Público, atribuindo-se à vítima legitimidade para o questionamento acerca da correção do arquivamento". Como se vê, tal justificação não abre margem para a mínima atuação judicial.
>
> ***Segunda:*** mesmo havendo a homologação, pela instância revisional do Ministério Público, do arquivamento ordenado pelo Promotor de Justiça na origem, persiste a necessidade de retorno ao Poder Judiciário. Isto se justifica pelo fato de que, apesar de ter afastado o juiz de qualquer iniciativa na investigação criminal (art. 3º-A, 2ª parte, do CPP) e, especificamente quanto ao arquivamento do inquérito pelo Ministério Público, subtraído sua ingerência no mérito desse arquivamento (acerto ou desacerto do entendimento do promotor diante das provas consubstanciadas no caderno policial), não pretendeu o legislador manter o juiz absolutamente à margem da investigação criminal. Tanto não foi esta a intenção que, no art. 3º-B do CPP, ao tratar do Juiz das Garantias, atribuiu a ele o *controle da legalidade da investigação criminal* (*caput*), além de outras competências específicas para efetividade desse controle, muito especialmente as de "ser informado sobre a instauração de qualquer investigação criminal" (inc. IV), de "requisitar documentos, laudos e informações ao delegado de polícia sobre o andamento da investigação" e de oficiar em "outras matérias inerentes às atribuições definidas no *caput*" (inc. XVIII). É certo que, a despeito de ser obrigatória a comunicação ao Juiz das Garantias acerca da instauração da investigação criminal, inexiste previsão de que seja ele informado quanto ao respectivo arquivamento pelo Ministério Público. Ao contrário, o próprio art. 28 contempla, apenas, a comunicação à vítima (para eventual manifestação de inconformismo), ao investigado e ao delegado, nada mencionando em relação ao juiz. Tal omissão, porém, não dispensa a remessa dos respectivos autos ao Poder Judiciário, conquanto o seja apenas para fins do ato formal de arquivamento, que poderá

[31] Comissão criada na forma do Requerimento nº 227, de 2008, aditado pelos Requerimentos nº 751 e 794, de 2008, e pelos Atos do Presidente nº 11, 17 e 18, de 2008.

consistir na aposição de um simples *"arquive-se"*. **Atenção:** assim como ocorre em relação à nova redação art. 28 do CPP, também o art. 3º-B do mesmo diploma teve sua eficácia suspensa em face da mencionada medida cautelar deferida no STF no âmbito das ADIs 6.298, 6.299, 6.300 e 6.305, suspensão esta que ainda persistia por ocasião do fechamento da presente edição deste livro. Logo, a referência que fizemos em relação àquele dispositivo visa apenas alertar para a possível intenção do legislador em relação à exegese do art. 28 no tocante à necessidade ou não de o arquivamento de inquérito homologado por órgão revisional do Ministério Público ser enviado, posteriormente, a Juízo.

Compulsando uma e outra interpretação, aderimos à primeira delas, pelos motivos já expostos. Todavia, tratando-se de questão polêmica e que, salvo regulamentação em nível de Conselho Superior de Justiça e de Conselho Superior do Ministério Público, ainda poderá demorar a se consolidar, será necessário ao leitor acompanhar a evolução normativa tanto em nível de Estados como na órbita Federal.

3. Qual a consequência da recusa de homologação do arquivamento pela instância revisional do MP?

Questão não regrada pelo art. 28 na redação determinada pela Lei 13.964/2019 refere-se à eventual não homologação, pela instância revisional, do arquivamento promovido. A despeito deste silêncio, não vemos maiores impasses aqui. Enfim, duas situações podem ocorrer:

Primeira: compreende o órgão revisor que são necessárias novas diligências para fins de análise do arquivamento e decisão quanto à sua homologação ou não. Neste caso, a restituição deverá ser feita ao próprio agente ministerial que promoveu o arquivamento, a fim de que dê cumprimento às providências determinadas. Não vemos aqui qualquer ofensa à independência funcional que assiste aos membros do Ministério Público, eis que o membro de origem estará, simplesmente, cumprindo formalidade que lhe foi determinada pela instância revisional, que pode ser a expedição de um ofício requisitório à autoridade policial, a realização de uma vistoria, a oitiva de uma testemunha, a requisição de um documento etc.

Segunda: a instância revisional entende que a hipótese é de oferecimento de denúncia, deixando, portanto, de proceder, à homologação do arquivamento. Nesta hipótese, tendo em vista a independência funcional, parece-nos lógico que não poderá o inquérito ser restituído, para fins de ajuizamento da ação penal respectiva, ao mesmo órgão que promoveu o seu arquivamento. Logo, caberá ao órgão revisor designar, desde logo, outro órgão do Ministério Público para oferecimento de denúncia, solução esta que, inclusive, guarda simetria com a já citada regra do art. 9º, § 4º, da Lei 7.347/1985.

4. A comunicação do arquivamento à vítima, ao investigado e ao delegado de polícia

Outra relevante inserção no art. 28, *caput*, do CPP, diz com a obrigatoriedade de o membro do Ministério Público, ao ordenar o arquivamento de inquérito policial ou de outros elementos informativos da mesma natureza, **comunicar à vítima, ao investigado e à autoridade policial**. Já o § 1º do mesmo dispositivo prevê que *"se a vítima, ou o seu representante legal, não concordar com o arquivamento do inquérito policial, poderá, no prazo de 30 (trinta) dias do recebimento da comunicação, submeter a matéria à revisão da instância competente do órgão ministerial, conforme dispuser a respectiva lei orgânica"*. Por sua vez, estabelece o § 2º que, *"nas ações penais relativas a crimes praticados em detrimento da União, Estados e Municípios, a revisão do arquivamento será provocada pela chefia do órgão a quem couber a sua representação judicial"*. Note-se, neste último parágrafo, a impropriedade legislativa quando se refere a *"ações penais relativas a crimes..."*, já que, regrando o dispositivo o arquivamento de inquérito policial, por óbvio, não há falar em ação penal em andamento aqui. De qualquer sorte, prevendo a lei, na hipótese mencionada no parágrafo em questão, a possibilidade de insurgência de parte de quem exerce a mencionada representação judicial (a Advocacia da União e as Procuradorias dos Estados, por exemplo), é evidente que também aqui deverá ser feita a comunicação referida no *caput*. Atente-se, ainda, que, a despeito de a norma comandar a comunicação do arquivamento, além de à vítima, também ao investigado e ao delegado, somente é contemplada legitimidade para o insurgimento à primeira. Logo, não a tem o investigado nem a autoridade policial.

5. O procedimento após a promoção do arquivamento pelo membro do MP na origem

Regrando o procedimento que se segue à ordem de arquivamento do inquérito policial ou de quaisquer elementos informativos da mesma natureza, dispõe o caput do art. 28 que deverá o órgão do Ministério Público comunicar esta deliberação à vítima, ao investigado e à autoridade policial, encaminhando, depois, os autos para a instância de revisão ministerial para fins de homologação. Na sequência, prevê o § 1º do mesmo dispositivo que se a vítima, ou seu representante legal, não concordar com o arquivamento do inquérito policial, poderá, no prazo de 30 (trinta) dias do recebimento da comunicação, submeter a matéria à revisão da instância competente do órgão ministerial. Como se vê, haja ou não provocação da vítima, o encaminhamento da ordem de arquivamento à instância de revisão ministerial, para fins de homologação, é condicionante da produção de efeitos daquela manifestação.

Incerteza produzida pela conjugação do *caput* com o § 1º concerne ao momento do envio, pelo membro do Ministério Público, da manifestação de arquivamento à instância revisional, vale dizer, se antes ou depois da fluência do prazo de trinta dias conferido à vítima no aludido parágrafo. Independentemente da dubiedade do dispositivo a respeito, a verdade é que qualquer das duas soluções (remessa antes ou depois) atendem ao objetivo do legislador ao facultar a insurgência da vítima, qual seja, o de permitir a esta intervir diante de deliberação que implica em não ajuizamento da ação penal, desiderato este que a impede, inclusive, de atuar como assistente de acusação (lembre-se que a possibilidade de *assistência à acusação* existe apenas no curso do processo criminal, *ex vi* do art. 268 do CPP). Para ilustrar a sequência dos acontecimentos que envolvem o arquivamento do inquérito policial à luz das duas possibilidades aventadas, apresentamos o seguinte roteiro:

1) Entendendo ser hipótese que justifica o arquivamento, impõe-se ao Promotor de Justiça, em manifestação escrita e fundamentada, apresentar as razões pelas quais assim entende.
2) A seguir, deverá comunicar o arquivamento levado a efeito à vítima (regra que não se aplica, por óbvio, aos crimes vagos, assim entendidos aqueles que não possuem um ofendido determinado, a exemplo do tráfico de drogas, do porte ilegal de arma de fogo etc.), à pessoa investigada e ao delegado de polícia. Como a lei confere ao ofendido a possibilidade de insurgir-se em relação ao arquivamento, tal faculdade deverá constar na comunicação que lhe for dirigida, com a indicação, inclusive, do órgão a que deve ser endereçado o inconformismo.
3) Efetuadas estas comunicações, surgem duas possibilidades, cabendo, como dissemos, a cada Ministério Público, mediante norma interna, definir qual delas será seguida:
   I. Primeira: o membro do Ministério Público aguarda o decurso do prazo de trinta dias contados da ciência da vítima quanto ao arquivamento. Decorrido

esse prazo, havendo ou não insurgência do ofendido, o inquérito ou outros elementos informativos são encaminhados à instância revisional com atribuições para homologação. Reputamos adequada a adoção deste procedimento, até mesmo para facilitar à vítima protocolar a manifestação de seu inconformismo, o que, neste caso, ocorrerá junto à própria promotoria que analisou o inquérito e deliberou pelo seu arquivamento.

II. Segunda: o membro do Ministério Público, tão logo efetuadas as comunicações, encaminha o inquérito ou outras peças de informação à instância revisional competente para homologação. Tendo em vista a possibilidade de a vítima insurgir-se quanto ao arquivamento, a análise a respeito pela instância revisional apenas poderá ser realizada após o decurso do prazo de trinta dias contados da ciência ao ofendido quanto ao arquivamento efetuado.

4) Na sequência, a referida instância revisional deliberará sobre a homologação ou não do arquivamento.

I. Homologado o arquivamento, encerra-se a tramitação do inquérito em nível administrativo.

II. Se não homologado, cabe verificar a razão dessa recusa pelo órgão revisor:

a. Necessidade de outras diligências: o inquérito policial é restituído ao membro do Ministério Público que o arquivou, para cumprimento das diligências determinadas pela instância revisional.

b. Possibilidade de oferecimento de denúncia: segue-se a designação de outro membro do Ministério Público para fazê-lo e prosseguir nos atos do processo criminal agora instaurado.

6. Investigado com prerrogativa de função.

Imagine-se, por exemplo, a hipótese de uma investigação de Prefeito Municipal, ainda no exercício do mandato, em relação a determinado crime relacionado às suas funções, de competência da Justiça Estadual. Ora, esse Prefeito possui prerrogativa de foro junto ao Tribunal de Justiça do respectivo Estado, *ex vi* do art. 29, X, da CF. Sendo assim, não incumbirá ao Promotor de Justiça, mas, sim, ao Procurador-Geral de Justiça a adoção das medidas pertinentes à investigação realizada – oferecimento de denúncia, realização de diligências ou arquivamento dos autos. Pois bem, nesta hipótese fática, *se deliberar o* Procurador-Geral pelo arquivamento da investigação, como deve proceder? Não temos dúvidas de que, nesse caso, o Procurador-Geral deverá observar a mesma regra mencionada no *caput* do art. 28, cabendo, porém, a definição como instância revisional do arquivamento, no âmbito do Ministério Público, a órgão de maior hierarquia funcional do que aquele a que compete a revisão dos arquivamentos ordenados pelo Promotor de Justiça. Perceba-se que a Lei 8.625/1993, relativamente aos Ministérios Públicos Estaduais, no art. 12, XI, diz competir ao Colégio de Procuradores "*rever, mediante requerimento de legítimo interessado, nos termos da Lei Orgânica, decisão de arquivamento de inquérito policial ou peças de informações determinada pelo Procurador-Geral de Justiça, nos casos de sua atribuição originária*". E o mesmo raciocínio tem lugar em relação a crimes federais cujos procedimentos investigativos são afetos ao Ministério Público Federal (por exemplo, o caso do Prefeito investigado pela prática de crime federal), devendo-se, neste caso, observar as competências estabelecidas pela LC 75/1993 aos órgãos do MPF previstos no seu art. 43.

4.13. ARQUIVAMENTO DO INQUÉRITO E SURGIMENTO DE NOVAS PROVAS

Estabelece o art. 18 do CPP que, "depois de ordenado o arquivamento do inquérito pela autoridade judiciária, por falta de base para a denúncia, a autoridade policial poderá proceder a novas pesquisas, se de outras provas tiver notícia". Também aqui as coisas não são tão simples. Isto porque a exegese do art.18 do CPP é diretamente relacionada à disciplina do art. 28 do mesmo Código, dispositivo este cujo conteúdo foi significativamente modificado pela nova redação que lhe foi dada pela Lei 13.964/2019. Ocorre que, como referimos no tópico anterior, essa *nova redação* teve sua eficácia suspensa por meio de medida cautelar deferida no STF no âmbito das ADIs 6.298, 6.299, 6.300 e 6.305, suspensão esta que persistia na ocasião do fechamento da presente edição deste livro. Logo, diante do cenário de incerteza a respeito do tema em exame, impõe-se ao leitor acompanhar a tramitação das precitadas ações diretas. De qualquer forma, diante possibilidade eventual de que a referida medida cautelar seja revogada (quer incidentalmente, quer em face de eventual improcedência das ADIs) e, consequentemente, restabelecida a eficácia do art. 28 nos termos procedimentais que lhe foram incorporados pela Lei 13.964/2019, analisaremos, a seguir, os aspectos relacionados à possibilidade do desarquivamento do inquérito policial diante do surgimento de novas provas à luz de ambas as disciplinas, vale dizer, antes e depois da vigência daquela lei.

4.13.1. O art. 18 interpretado de acordo com a disciplina anterior à Lei 13.964/2019

Interpretado *contrario sensu* o art. 18 do CPP, infere-se que, uma vez promovido o arquivamento do inquérito pelo Ministério Público e homologado pelo juízo, a retomada das investigações pela autoridade policial e o próprio ajuizamento da ação penal contra os mesmos investigados e em relação aos mesmos fatos condicionam-se a que surjam elementos que produzam modificação no panorama probatório dentro do qual foi concebido e acolhido o pedido de arquivamento do inquérito. Neste sentido, a Súmula 524 do STF, dispondo que *arquivado o inquérito policial, por despacho do juiz, a requerimento do promotor de justiça, não pode a ação penal ser iniciada, sem novas provas.*

Na verdade, ao dispor que o procedimento inquisitivo pode ser desarquivado se surgirem novas provas, o art. 18, do CPP, sugere que a decisão de arquivamento motivada pela insuficiência de base para a denúncia (ausência de indícios de autoria e de prova da materialidade) produz apenas **coisa julgada formal**, impedindo, com base nos mesmos elementos até então obtidos, a rediscussão dos fatos dentro do mesmo inquérito – daí porque se fala que a coisa julgada formal possui **caráter endoprocessual.** Tal decisão não gera, contudo, **coisa julgada material**, razão pela qual se viabiliza o desarquivamento diante de novas provas. Entretanto, é preciso ter cuidado aqui, pois, se a promoção de arquivamento estiver amparada na afirmação de aspectos fáticos relacionados diretamente ao mérito – p. ex., pedido de arquivamento em razão da *existência de provas* de que o indiciado não concorreu para a infração penal ou na *existência de provas* de que o fato investigado não aconteceu –, não será possível reavivar o inquérito. Em tal caso, portanto, o arquivamento é definitivo, produzindo sim coisa julgada material.

E se o arquivamento do inquérito for decorrência de pedido de extinção da punibilidade, v.g., o reconhecimento da prescrição da pretensão punitiva? Também nesse caso o arquivamento é definitivo, não podendo o inquérito retomar seu curso posteriormente.

E se a decisão judicial de arquivamento fundamentar-se na atipicidade do fato praticado? Nesse caso, a jurisprudência está firmada no sentido de que a decisão jurisdicional a respeito possui eficácia de coisa julgada material e, desse modo, impede a reabertura das investigações mesmo que com base em prova nova. Tal impossibilidade, diga-se de passagem, se perfaz mesmo na hipótese em que a decisão de arquivamento tenha sido proferida por juiz absolutamente incompetente.

E se o arquivamento foi requerido pelo Ministério Público sob a justificativa de ter sido o fato praticado ao abrigo de excludente de ilicitude? Há divergência entre os Tribunais Superiores. No âmbito do STF, embora o entendimento não seja unânime, tem-se decidido que, diante do surgimento de novas provas ou no caso de as provas que justificaram o arquivamento terem sido fraudadas, é possível a reabertura da investigação (HC 87.395/PR, j. 23.03.2017 – Informativo 858). Em sentido oposto, o STJ compreende que, uma vez arquivado o inquérito policial ao fundamento de excludentes de antijuridicidade, a coisa julgada material impede a rediscussão do caso (RHC 46.666/MS, j. 05.02.2015, e REsp 791.471/RJ, j. 25.11.2014).

Discute-se a possibilidade de ser o desarquivamento do inquérito policial determinado *ex officio* pelo juiz. Com a devida vênia aos adeptos da posição oposta, entendemos que isto não é viável. Em síntese, deve partir do *Ministério Público* a iniciativa de provocar o juiz ao desarquivamento do inquérito policial, não se impedindo, também, que o façam o próprio *ofendido, seu representante legal ou, na falta, qualquer das pessoas enumeradas no art. 31 do CPP (seu cônjuge, ascendente, descendente ou irmão), pois detêm eles a legitimidade para figurar como querelante na ação penal privada ou como assistente de acusação na ação penal pública.*

E mais: no âmbito do Ministério Público, pensamos que o pleito de desarquivamento deva ser realizado pelo órgão de execução que atua junto ao juízo que ordenou o arquivamento do caderno investigatório. Não concordamos, enfim, com a orientação adotada por alguns autores entendendo que apenas o Procurador-Geral de Justiça tenha essa incumbência. A propósito, é comum se verificar na praxe pedidos de desarquivamento requeridos pelo próprio promotor de justiça perante o juízo em que oficia.

Por fim, tenha-se em mente que a nova prova capaz de permitir o desarquivamento do inquérito deve satisfazer três requisitos: a) Tratar-se de **prova substancialmente nova**, isto é, apta para alterar o convencimento anteriormente formado sobre a desnecessidade da persecução penal; b) Tratar-se de **prova formalmente nova**, assim compreendida aquela até então desconhecida por qualquer das autoridades; e c) Tratar-se de prova capaz de refletir no contexto probatório a partir do qual realizada a postulação de arquivamento do inquérito.

O depoimento de testemunha que já foi inquirida anteriormente sobre os fatos investigados pode ser considerado prova nova para o fim de levar ao desarquivamento do inquérito policial? Embora haja divergências, entendemos que, em dadas circunstâncias, isto é possível. Acerca do tema, José Frederico Marques esclarece que novas provas podem ser constituídas pelos novos depoimentos das testemunhas já ouvidas, ou novas declarações do praticante do crime, ou exame de documentos ainda não submetidos ao conhecimento do juiz[32]. Portanto, a retificação quanto a aspectos fundamentais de um depoimento anteriormente prestado, assim como dados inéditos trazidos por testemunha que já constava no rol das inquiridas no inquérito podem conduzir à providência do art. 18 do CPP. Em ambos os casos, o meio de prova pode não ser novo, mas o objeto da prova (o fato narrado pela testemunha) o é, permitindo-se, destarte, o desarquivamento do inquérito e o oferecimento de denúncia.

[32] Referência à obra de José Frederico Marques: *Elementos de direito processual penal*. 2. ed. atual. por Eduardo Reale Ferrari. Campinas: Millenium, 2000. v. 2, p. 206.

E a mudança de entendimento jurisprudencial sobre aspectos jurídicos da situação fática apreciada no procedimento investigatório arquivado? Esta hipótese não conduz ao desarquivamento do inquérito policial. Considere-se, a título de ilustração, que o Ministério Público tenha promovido o arquivamento de procedimento policial que investigou emissão de cheque sem suficiente provisão de fundos, em face de seu caráter pré-datado, sendo este arquivamento devidamente homologado pelo juízo. Tal situação é considerada pela jurisprudência como fato atípico. Se, contudo, vier a ocorrer inversão neste entendimento e a jurisprudência passar a considerar essa conduta como estelionato, nem por isso facultar-se-á o desarquivamento do inquérito e oferecimento posterior de denúncia, pois não se trata, *in casu*, de *prova nova* e sim de *entendimento novo* sobre a conduta investigada.

4.13.2. O art. 18 interpretado de acordo com a disciplina posterior à Lei 13.964/2019

Como vimos no tópico 4.12, a nova redação do art. 28 do CPP subtraiu do Juiz a competência para examinar o mérito do arquivamento do inquérito policial promovido pelo Ministério Público. Isto, agora, compete aos órgãos dos Ministérios Públicos Estaduais e Federal que, de acordo com a Lei 8.625/1993 (para o MPE) e com a Lei Complementar 75/1993 (para o MPF) tiverem atribuições para funcionar como *instâncias de revisão ministerial*.

Considerando essa nova disciplina, resta prejudicada a expressão "pela autoridade judiciária" constante no art. 18 do CPP. Sem embargo, há de persistir em vigor o texto remanescente, que, ao nosso ver, não fica revogado tacitamente, tampouco superado pelo atual regramento do art. 28. Logo, uma vez arquivado o inquérito policial ou outros elementos informativos da mesma natureza, a retomada das investigações pela autoridade policial e o próprio ajuizamento da ação penal contra os mesmos investigados e em relação aos mesmos fatos condicionam-se a que surjam elementos que produzam modificação no panorama probatório dentro do qual foi realizado o arquivamento do inquérito. E este raciocínio tem lugar não apenas pela ausência de conflito entre a parte restante do art. 18 do CPP e a nova redação do art. 28 do mesmo diploma, como, também, por questão de segurança jurídica. Imagine-se, por exemplo, que, após arquivado o inquérito e homologado esse arquivamento, outro Promotor assumisse as atribuições na respectiva Promotoria e, mesmo à revelia de novos elementos, requisitasse ao Delegado de Polícia a reabertura da investigação. Tal situação, a nosso ver, não seria concebível.

Reforçando este nosso entendimento, registra-se que a atual disciplina do citado art. 28 foi extraída, quase que na sua explicitude, do art. 38 do Projeto de Lei do Senado n.º 156/2009, que institui o novo Código de Processo Penal. E nesse projeto, consigna o art. 39 que, na hipótese de arquivamento do inquérito por falta de base para a denúncia, caso surjam, posteriormente, novos elementos informativos, a autoridade policial deverá proceder a novas diligências, de ofício ou mediante requisição do Ministério Público.

Quanto à tese de que, por se tratar de arquivamento homologado por instância revisional interna ao Ministério Público, não incidiria o condicionamento de reabertura da investigação ao surgimento de novos elementos, é refutada a partir de ato normativo expedido pelo próprio Conselho Nacional do Ministério Público. Trata-se do art. 12 da Resolução n.º 23/2007, que, muito embora relativa à tramitação do inquérito civil, tem plena aplicação à esfera criminal dado à simetria do arquivamento desse procedimento com a atual disciplina do arquivamento do inquérito policial. E tal dispositivo, ao referir-se ao "desarquivamento do inquérito civil, diante de novas provas ou para investigar fato novo relevante", por óbvio, está vinculando a retomada das investigações ao surgimento de elementos informativos dos quais, até então, não havia a ciência do *parquet*.

Neste cenário, não reputamos superada a Súmula 524 do STF, a qual dispõe que *arquivado o inquérito policial, por despacho do juiz, a requerimento do promotor de justiça, não pode a ação penal ser iniciada, sem novas provas*, à exceção, por óbvio, da expressão *"por despacho do juiz"*, cuja aplicação não possui mais lugar na atual sistemática do art. 28.

No entanto, as controvérsias não cessam aqui. Com efeito, para além da questão relacionada à exegese do art. 18 do CPP diante da nova disciplina do art. 28 do mesmo código, outra existe, a qual tem sido objeto de acirrada discussão doutrinária (dada à contemporaneidade da Lei 13.964/2019 não há, ainda, posição sedimentada em nível de jurisprudência a respeito): trata-se da possibilidade de produzir o arquivamento do inquérito policial, em determinadas situações, coisa julgada material. Com efeito, anteriormente à atual redação do art. 28, consolidara-se o entendimento de que, se tal arquivamento estivesse fundado na afirmação de aspectos fáticos relacionados diretamente ao mérito da conduta, não poderia o inquérito ser reavivado. Em tais casos, portanto, o arquivamento seria definitivo. Isto ocorria, por exemplo, no arquivamento promovido sob o fundamento da *existência de provas* de que o indiciado não concorreu para a infração penal, ou em face da *existência de provas* de que o fato investigado não aconteceu, ou pela atipicidade da conduta. Considerando, porém, a disciplina que, agora, envolve o arquivamento do inquérito policial ordenado pelo Promotor de Justiça, que passou a estar sujeito a controle exclusivo de instância de revisão interna ao Ministério Público, sem a interferência do juiz em aspectos de mérito, tornou-se discutível a subsistência deste *efeito de coisa julgada material* antes presente. Em síntese, questiona-se: *sendo o arquivamento do inquérito policial ordenado pelo Promotor de Justiça a partir, como ilustramos, da afirmação de que está comprovada a inexistência do fato e sendo este arquivamento homologado pela instância revisional competente no âmbito interno do Ministério Público, tal inquérito poderá ser reaberto na hipótese do surgimento de novas provas?* Duas soluções apresentam-se aqui:

> ***Primeira:*** persiste, neste caso, a impossibilidade de ser reaberto o inquérito, ainda que não tenha ocorrido análise judicial acerca do mérito do arquivamento. A situação, enfim, assemelha-se ao que ocorria na redação anterior do art. 28 do CPP, na hipótese em que o juiz deixava de homologar o arquivamento do inquérito promovido pelo Promotor de Justiça e remetia o caso à análise do Procurador-Geral de Justiça. Nesta situação, insistindo o Procurador-Geral no arquivamento, nada restava ao juiz fazer a não ser atender o pleito e arquivar o inquérito. Em tal hipótese, como se vê, assim como hoje é regrado pelo art. 28 na redação dada pela Lei 13.964/2019, também não inexistia referendo judicial aos termos do arquivamento promovido pelo Promotor, mas simples vinculação da atuação jurisdicional ao entendimento do Procurador-Geral. Sem embargo, residindo a justificativa do arquivamento na afirmação de aspectos de mérito que conduziam à elisão da responsabilidade penal do investigado, entendia-se ocorrente coisa julgada material, impedindo-se, daí, o reavivamento da investigação. Pois bem, segundo a linha de pensamento em exame, o mesmo raciocínio deve ser empregado ao arquivamento promovido pelo promotor na atual disciplina do art. 28 do CPP.
>
> ***Segunda:*** Não sendo mais o arquivamento do inquérito policial ou de qualquer outro expediente de investigação da mesma natureza sujeito à apreciação judicial, tal deliberação não se submete aos efeitos da coisa julgada formal ou material, podendo, então, a autoridade policial retomar as investigações diante da notícia de novas provas, independentemente do motivo que fundamentou o arquivamento antes promovido.

Esta última posição tem sido agasalhada no âmbito do Ministério Público da maioria dos Estados. De qualquer sorte, tratando-se esta de questão polêmica e longe de estar definida, orienta-se o leitor a acompanhar a evolução da jurisprudência sobre o tema.

4.14. ARQUIVAMENTO IMPLÍCITO E ARQUIVAMENTO INDIRETO DO INQUÉRITO POLICIAL

4.14.1. Arquivamento implícito de inquérito policial

Trata-se de tema relacionado à disciplina do art. 28 do CPP, que diz respeito ao arquivamento formal do inquérito policial pelo Ministério Público. Como referimos nos tópicos anteriores, a Lei 13.964/2019 conferiu nova redação a esse dispositivo, subtraindo a competência do juiz para examinar o arquivamento promovido pelo Ministério Público, o qual passou à alçada de órgãos internos desta Instituição. Essa nova disciplina, contudo, teve suspensa a sua eficácia no âmbito do STF em razão de medida cautelar deferida em relação às Ações Diretas de Inconstitucionalidade 6.298, 6.299, 6.300 e 6.305, suspensão esta que ainda subsistia por ocasião do fechamento da presente edição deste livro. Cogitando-se, todavia, a possibilidade de que tal decisão possa, futuramente, ser revogada (quer incidentalmente, quer em razão de eventual improcedência daquelas ações), analisaremos a questão relacionada ao *arquivamento implícito* tanto sob o ângulo da disciplina do art. 28 anterior à Lei 13.964/2019 como sob o regramento posterior à edição deste diploma. De qualquer sorte, alertamos acerca da imprescindibilidade de acompanhar a tramitação destas ações, já que o respectivo desiderato refletirá, diretamente, sobre o tema em análise.

Pois bem, o denominado *arquivamento implícito* é fenômeno que deve ser analisado em duas hipóteses:

1) Quando o Ministério Público deixa de incluir na denúncia algum dos fatos investigados no inquérito ou algum dos indivíduos nele indiciados, sem qualquer justificativa para tanto, quer no sentido de requerer diligências, quer no sentido de promover o arquivamento expresso quanto a fatos ou indiciados remanescentes.
2) Quando o Ministério Público, diante de inquérito policial que indiciou mais de um investigado ou apurou mais de um fato criminoso, promove o arquivamento do procedimento policial, referindo-se, todavia, a apenas um ou alguns investigados ou um ou alguns fatos, sem qualquer menção aos demais.

Consoante entendimento amplamente majoritário, tal modalidade de *"arquivamento"* não possui previsão legal e caracteriza omissão injustificada do Ministério Público. Veja-se, a propósito, que a insubsistência do denominado *arquivamento implícito* de há muito vem sendo afirmada no âmbito do próprio Supremo Tribunal Federal. Basta ver que, já em 19.10.2010, por ocasião do julgamento do *Habeas Corpus* 104.356/RJ (Informativo 605), em que sustentava o impetrante o descabimento da ação penal ajuizada em face da não inclusão do nome do paciente em denúncia oferecida anteriormente, a ordem foi denegada, assim decidindo a Corte, muito especialmente, sob o fundamento de que o princípio da indivisibilidade não se aplica à ação penal pública, nada impedindo, então, o oferecimento inicial da denúncia apenas contra um ou alguns dos investigados e, depois, surgindo novos elementos, o aditamento à mesma peça acusatória ou o oferecimento de outra para apuração criminal da conduta dos demais.

Neste quadro, não havendo, nas apontadas omissões do Ministério Público, a conotação de *arquivamento implícito do inquérito policial,* surge o questionamento acerca da postura do juiz quando perceber que a denúncia ofertada não abrange todos os investigados ou todos os fatos apurados pela autoridade policial. Neste caso *pode* ele ou *deve* ele, no exercício da atividade jurisdicional, adotar alguma providência? Aqui, pois, surge a importância do exame quanto à disciplina a ser adotada, vale dizer, a do art. 28 antes da redação dada pela Lei 13.964/2019, incidente enquanto subsistir a medida cautelar deferida no bojo das ADIs antes referidas, ou a posterior a esse diploma, a ser aplicada na hipótese de revogação daquela decisão. Analisaremos as duas situações:

a) Disciplina do art. 28 previamente à edição da Lei 13.964/2019, incidente enquanto subsistir a medida cautelar deferida no bojo das ADIs antes citadas ou na hipótese de suas procedências: constatando o magistrado que a denúncia não abrange todos os indiciados ou todos os fatos apurados, deverá restituir vista dos autos ao *parquet* para que este se pronuncie, denunciando ou arquivando o procedimento em relação aos sujeitos ou fatos relativamente aos quais se omitiu. Recusando-se o promotor a fazê-lo, caberá ao juiz encaminhar cópia dos autos ao Procurador-Geral ou Corregedoria-Geral do Ministério Público para as medidas administrativas cabíveis, uma vez que o promotor não está cumprindo adequadamente sua função. Esta solução considera que, se ao juiz incumbe analisar o mérito do arquivamento do inquérito judicialmente promovido pelo Ministério Público, a ele é lícito, também, examinar o conteúdo do procedimento investigatório que instruiu a denúncia ofertada não apenas quanto à existência de indícios de autoria e prova da materialidade em relação aos indivíduos e fatos que constaram na acusação, como também acerca da eventual existência de justa causa para o desencadeamento de ação penal em relação a outros investigados ou fatos que não foram objeto da denúncia.

b) Disciplina do art. 28 posteriormente à edição da Lei 13.964/2019, incidente na hipótese de revogação da medida cautelar deferida no âmbito das ADIs mencionadas: neste caso, pensamos que, se, diante do procedimento instituído por essa lei ao precitado art. 28 do CPP, subtraiu o legislador do juiz a mínima ingerência em relação ao acerto ou não do arquivamento promovido pelo Ministério Público, é porque foi a sua intenção relegar o exame acerca da justa causa para o oferecimento da ação penal, unicamente, ao Ministério Público, isto inclusive como forma de preservar a sua imparcialidade na condução da ação penal. Logo, por simetria a este raciocínio, deve-se compreender que, ao analisar a denúncia ofertada pelo promotor de justiça, deve o juiz cingir-se ao exame quanto à existência de indícios de autoria e prova da materialidade do fato típico objeto da denúncia, a fim de recebê-la ou não, abstraindo qualquer outra análise, descabendo-lhe qualquer providência em relação à eventual constatação de omissão de ordem material na denúncia.

Questão relevante respeita à possibilidade de a vítima, diante da omissão do Ministério Público em oferecer denúncia em relação todos os indivíduos investigados ou fatos apurados no inquérito, promover **ação penal subsidiária da pública**. Independentemente do que vier a ser deliberado pelo STF nas mencionadas ações diretas de inconstitucionalidade acerca da legitimidade da nova redação do art. 28 do CPP, parece-nos que não se altera a posição, de muito tempo sedimentada, no sentido de que tal omissão não possibilita o ingresso de queixa-crime subsidiária pelo ofendido. Considera-se, pois, que, nessa hipótese, não ocorre, propriamente, inercia ou desídia do órgão acusatório, pois, apesar da não inclusão de todos os investigados ou fatos, ofereceu denúncia em relação a algum ou alguns deles, possibilitando a presunção de que o desencadeamento de ação penal quanto aos demais não encontra suporte fático ou jurídico.

4.14.2. Arquivamento indireto de inquérito policial

O arquivamento indireto é terminologia empregada por parcela doutrinária, a fim caracterizar a situação em que o promotor deixa de oferecer a denúncia sob o fundamento de que o juízo em que oficia e no qual distribuído o inquérito é incompetente para ação penal, requerendo, então, ao magistrado a remessa dos autos respectivos ao juízo que reputa competente.

Na mesma linha do que abordamos no tópico anterior (4.14.3), o exame desta questão prende-se ao restabelecimento ou não da eficácia da nova redação dada pela Lei 13.964/2019 ao art. 28 do CPP, eficácia esta, como se disse antes, suspensa até o fechamento da presente edição deste livro. Objetivando, contudo, resguardar o leitor, apresentamos as duas situações:

a) Disciplina do art. 28 previamente à edição da Lei 13.964/2019, incidente enquanto subsistir a medida cautelar deferida no bojo das ADIs antes citadas ou na hipótese de suas procedências: neste caso, sempre prevaleceu o entendimento de que, se o juiz discordar deste pedido de remessa feito pelo Ministério Público, por considerar-se competente, a solução encontra-se na aplicação analógica do art. 28 do Estatuto Adjetivo Penal, a fim de que o Chefe do Ministério Público dê a última palavra. Neste caso, ou o procurador-geral concorda com a tese do membro do Ministério Público e o magistrado deverá encaminhar os autos ao Juízo considerado como competente, ou acolhe o entendimento do magistrado e delega a outro membro do Ministério Público atuar no feito e oferecer denúncia.

b) Disciplina do art. 28 posteriormente à edição da Lei 13.964/2019, incidente na hipótese de revogação da medida cautelar deferida no âmbito das ADIs mencionadas: nesta hipótese, pensamos que descabe ao juiz ingressar na questão afeta à correção ou não da postura do promotor de justiça ao declinar o oferecimento de denúncia sob o fundamento da incompetência do juízo junto ao qual exerce atribuições, cabendo-lhe, simplesmente, enviar o inquérito ao juízo apontado como competente para que o promotor que lá atua adote as providências que julgar cabíveis – oferecimento de denúncia, promoção ou requerimento de diligências, arquivamento do inquérito ou, se não concordar com o entendimento do promotor que originalmente atuou no inquérito, suscitar conflito negativo de atribuições. Isto ocorre porque, consoante referimos no tópico anterior, se o legislador, com a redação determinada pela Lei 13.964/2019, afastou do juiz qualquer intromissão em relação ao arquivamento formal do inquérito, é porque pretendeu reservar ao Ministério Público as providências que envolvam análise do conteúdo da investigação criminal. Ora, a questão da competência do juízo, no mais das vezes, exige tal exame, ainda que perfunctório. *E poderia o juiz que oficia no juízo para o qual enviado o inquérito recusar o seu recebimento e suscitar conflito de competência/jurisdição?* Se, no juízo original, o magistrado limitou-se a enviar os autos do inquérito em face da manifestação do Ministério Público, sem qualquer pronunciamento jurisdicional sobre a incompetência do juízo, descabe ao juízo ao qual encaminhados suscitar conflito de qualquer ordem.

4.14.3. Gráfico comparativo entre o arquivamento implícito e o arquivamento indireto

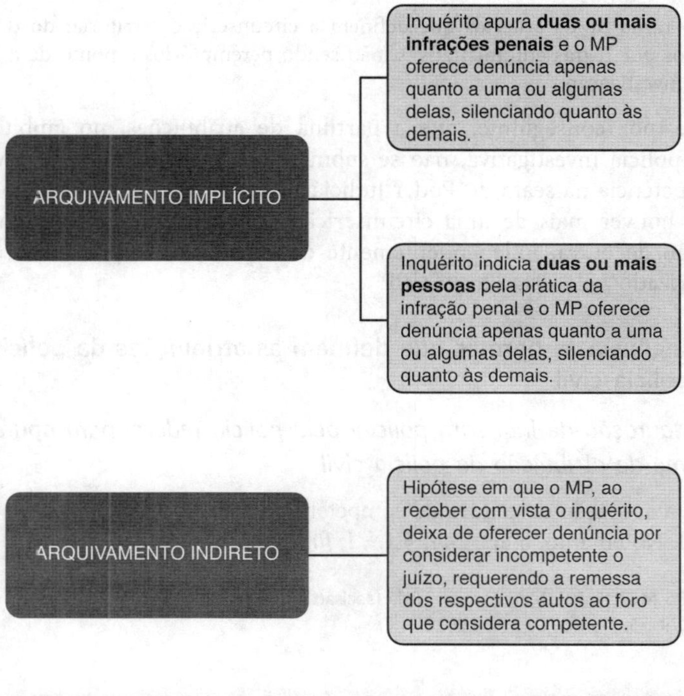

4.15. INQUÉRITO PRESIDIDO POR AUTORIDADE POLICIAL SEM ATRIBUIÇÕES PARA A INVESTIGAÇÃO

4.15.1. Abrangência territorial e funcional da investigação policial

Os delegados de polícia não possuem *competência*, tampouco exercem *jurisdição*, terminologias estas que revelam atributos próprios das autoridades judiciárias. Possuem eles, isto sim, *atribuições*, que devem exercer no âmbito de sua *circunscrição*. Tal circunscrição, normalmente, é estabelecida pelo local em que praticada a infração penal, nada impedindo que seja, também, o local de sua consumação.

E se a investigação policial for desencadeada por delegado de polícia em relação a fato ocorrido fora de sua circunscrição? Tendo em vista que a regra do art. 4.º, *caput*, do CPP, limita a atuação da polícia ao *território de suas respectivas circunscrições*, poder-se-ia cogitar no sentido de estar viciado o procedimento assim instaurado. Essa ideia, contudo, é equivocada, pois a despeito de a situação narrada importar em infringência ao art. 4.º do CPP, não se terá como contaminado o flagrante lavrado ou o inquérito instaurado e eventualmente presidido por delegado pertencente à circunscrição distinta daquela onde ocorreu o fato. Esta conclusão é extraída a partir de três premissas básicas:

> ***Primeira:*** a circunstância de estar consolidado na jurisprudência o entendimento no sentido de que, tratando-se de mera peça de informação, não há de se falar em nulidade de inquérito policial e, muito menos, em nulificação da ação penal pelo fato de ter sido iniciada a partir de procedimento policial instaurado por autoridade de outra circunscrição.
>
> ***Segunda:*** o fato de que o art. 5.º, LIII, da Constituição Federal, dispondo que "ninguém será processado nem sentenciado senão pela autoridade competente", não se aplica às autoridades policiais, as quais não têm, entre suas funções, a incumbência de *processar* ou *sentenciar*, como consta no dispositivo. Por essa razão, a mesma jurisprudência que aceita e consagra no ordenamento jurídico pátrio o princípio do Promotor Natural ("ninguém será *processado* [...] senão pela autoridade competente") e o princípio do Juiz Natural ("ninguém será [...] *sentenciado* senão pela autoridade competente") refuta, em sua maioria, a existência de um princípio do Delegado Natural[33-34].
>
> ***Terceira:*** a razão de os critérios que definem a circunscrição territorial do delegado serem estabelecidos por regras administrativas, não sendo peremptórios a ponto de a inobservância macular a investigação.

Verifica-se, por conseguinte, que a partilha de atribuições, no âmbito da polícia judiciária e da polícia investigativa, não se submete aos mesmos rigores previstos para a divisão de competência na seara do Poder Judiciário, tanto é que a autoridade policial, nas comarcas onde houver mais de uma circunscrição policial, pode empreender diligências em circunscrição de outra, independentemente da expedição de precatória e requisição, consoante autorizado pelo art. 22, do CPP.

4.15.2. Infringência às normas que definem as atribuições da polícia federal e da polícia civil

4.15.2.1. Instauração de inquérito policial pela polícia federal para apuração de crime de atribuição da polícia civil

Em regra, a apuração de crimes de competência da Justiça Estadual deve ser realizada pela polícia civil. No entanto, o art. 144, § 1.º, I, *fine*, da CF, permite à polícia federal apurar,

---

33 STF, RHC 126885 MC/DF, Rel. Min. Carmen Lúcia (decisão monocrática), *DJ* 27.04.2015.

34 STJ, HC 145040/RJ, 5.ª Turma, *DJ* 19.08.2013.

na forma da lei, "infrações cuja prática tenha repercussão interestadual ou internacional e exija repressão uniforme (...)". Então, com base nesse comando, poderá, sim, a polícia federal, por exceção, investigar crimes de competência da Justiça Estadual, fazendo-o na forma estabelecida pela lei que regulamenta o referido dispositivo constitucional - a Lei 10.446/2002. Para ilustrar, na situação retratada pelo mencionado artigo da CF, foi possível enquadrar os eventos ligados ao denominado jogo "baleia azul", que, a partir de contatos realizados via aplicativos de telefone celular, conduziu crianças e adolescentes à automutilação e até ao suicídio. Essas práticas delituosas, não se enquadrando em qualquer das situações contempladas no art. 109 da CF (que definem a competência da Justiça Federal), deveriam ter sua investigação realizada no âmbito da polícia civil dos Estados onde os fatos aconteceram. Sem embargo, por se tratarem de delitos de repercussão interestadual e que, à evidência, exigiam repressão uniforme, mereceram investigação, também, pela polícia federal.

E qual é o prazo de conclusão do inquérito policial nestes casos? A nosso ver, não é o ditado pelo art. 10 do CPP, mas, sim, o regrado pelo art. 66 da Lei 5.010/1966, ou seja, 15 dias, prorrogável por mais 15, pois o citado dispositivo não diferencia a natureza do crime sob investigação.

Anote-se: a precitada Lei 10.446/2002, no seu art. 1.º, ao legitimar a atuação da polícia federal em crimes de atribuição da polícia civil, arrola determinados crimes em que isso pode ocorrer, dentre eles o sequestro, o cárcere privado e a extorsão mediante sequestro, cometidos quando o agente tiver sido impelido por motivação política ou quando praticados em razão da função pública exercida pela vítima; infrações relativas à violação de direitos humanos; crimes praticados por meio da rede mundial de computadores que difundam conteúdo misógino, assim compreendidos aqueles que propagam o ódio ou a aversão às mulheres (previsão inserida no art. 1.º, VII, da Lei 10.446 pela Lei 13.642/2018); furtos e roubos contra instituições financeiras, quando houver indicativos da atuação de associação criminosa em mais de um Estado da Federação etc. Tal relação, no entanto, é meramente **exemplificativa**, na medida em que o próprio dispositivo citado, ao enumerar ditos crimes, utiliza a expressão "dentre outras infrações penais". Fica possibilitado, assim, ao Departamento de Polícia Federal, investigar outras infrações que possuam repercussão interestadual ou internacional e que exijam repressão uniforme, desde que, nestes casos não listados na lei, haja autorização ou determinação do Ministro de Estado da Justiça (art. 1.º, parágrafo único).

E atenção: consoante já decidiu o STJ, a investigação do fato pela polícia federal, nas situações tratadas na Lei 10.446/2002, "por si só, não enseja a competência da Justiça Federal, a qual é delimitada taxativamente nos casos indicados no art. 109 da Constituição da República" (CC 127356/SP, *DJ* 17.04.2013). Em outras palavras, a circunstância de a polícia federal realizar a investigação de crime não federal com base no permissivo constitucional do art. 144, §1.º, I, não implica deslocamento, para a Justiça Federal, da competência para o respectivo processo e julgamento. Logo, concluída a investigação pela polícia federal, deverá o inquérito ser enviado à Justiça Estadual.

E quanto ao **Incidente de Deslocamento da Competência**, *quando promovido no curso do inquérito policial e julgado procedente pelo STJ? Essa situação constitui, também, exceção em que admitida a investigação, pela polícia federal, de crime de competência originária da Justiça Estadual e, portanto, de atribuição investigativa da polícia civil?* De modo algum. Veja-se, pois, que o Incidente de Deslocamento da Competência (IDC) da Justiça Estadual para a Justiça Federal, em relação a crimes que não seriam de competência originária desta última, está previsto no art. 109, § 5.º, da CF, dispondo este que "nas hipóteses de grave violação de direitos humanos, o Procurador-Geral da República, com a finalidade de assegurar o cumprimento de obrigações decorrentes de tratados internacionais de direitos humanos dos quais o Brasil seja parte, poderá suscitar, perante o Superior Tribunal de Justiça, em qualquer fase do inquérito ou processo, incidente de deslocamento de competência para a Justiça Federal".

Considerando que tal incidente pode ser suscitado, também, no curso do inquérito policial, poder-se-ia vislumbrar, aqui, mais um permissivo constitucional à investigação, pela Polícia Federal, de crime sujeito ao processo e julgamento pela Justiça Estadual.

Todavia, tecnicamente, isso não ocorre. É que, quando julgado procedente o Incidente pelo STJ, ocorre a federalização do crime decorrente da grave violação contra os direitos humanos. Em outras palavras, o crime em questão passa a ter natureza federal, justificando, assim, a atribuição constitucional da polícia federal para prosseguir na sua investigação, sob o acompanhamento do Ministério Público Federal e sob jurisdição da Justiça Federal.

Logo, ocorrendo a federalização da infração penal, no curso do inquérito policial, a atribuição da polícia federal para prosseguir na investigação surge naturalmente, não consistindo exceção à sua incumbência para apuração de crimes federais.

4.15.2.2. *Instauração de inquérito policial pela polícia civil para apuração de crime de atribuição da polícia federal*

Em tese, a polícia civil não pode desencadear investigação de crimes de competência da Justiça Federal, pois o art. 144, § 1.º, da CF, estabelece a atribuição da Polícia Federal para realizar as funções de polícia judiciária e de polícia investigativa em relação a infrações penais praticadas em detrimento de bens, serviços e interesses da União ou de suas entidades autárquicas e empresas públicas.

No entanto, há duas situações que precisam ser examinadas:

1) Crimes eleitorais: inserem-se na competência da Justiça Eleitoral que, por sua vez, é um segmento especializado da Justiça Federal. Logo, como regra geral, devem estas infrações ser investigadas pela Polícia Federal. Porém, considerando a inexistência de delegacia da polícia federal na maioria dos municípios brasileiros, é admitido o desencadeamento de inquérito policial, para a respectiva apuração, pela polícia civil, conquanto não possua esta atribuições legais e constitucionais para tanto. Esta, aliás, a disciplina da Resolução n.º 23.640/2021, do Tribunal Superior Eleitoral, a qual, dispondo sobre a apuração de crimes eleitorais, refere que "*a Polícia Federal exercerá, com prioridade sobre suas atribuições regulares, a função de polícia judiciária em matéria eleitoral*" sendo que "*quando no local da infração não existirem órgãos da Polícia Federal, a Polícia do respectivo Estado terá atuação supletiva*" (art. 2º).

> **OBSERVAÇÃO IMPORTANTE:** a citada Resolução 23.640/2021 do TSE revogou, expressamente, a Resolução 23.396/2013 do mesmo tribunal. Este último ato normativo vedava à autoridade policial tomar a iniciativa de instaurar o inquérito policial, providência esta que era condicionada à prévia requisição do Ministério Público Eleitoral ou determinação da Justiça Eleitoral, ressalvando-se apenas a hipótese de prisão em flagrante, caso em que poderia o delegado de polícia proceder à instauração de ofício (art. 8º). Tal exigência, na atualidade, encontra-se superada, estabelecendo o art. 3º da mencionada Res. 23.640 que "*qualquer pessoa que tiver conhecimento da existência de infração penal eleitoral deverá, verbalmente ou por escrito, comunicar a autoridade policial, Ministério Público Eleitoral ou ao Juiz Eleitoral*" e que "*verificando a autenticidade e veracidade das informações, a autoridade policial mandará instaurar inquérito (art. 5º, § 3º, CPP)*". Esta normatização é repisada pelo art. 9º da mesma resolução, estabelecendo este que "*o inquérito policial eleitoral será instaurado de ofício pela autoridade policial; por requisição do Ministério Público Eleitoral ou determinação da Justiça Eleitoral (art. 5º, I e II, CPP)*". Como se vê, no atual regramento, trate-se ou não de hipótese de flagrante, poderá o delegado determinar a instauração de inquérito policial por sua própria iniciativa, prescindindo de requisição do Ministério Público e de determinação do Juiz Eleitoral.

2) Flagrante de crimes federais: a possibilidade de efetivação da prisão é tranquila, mesmo porque o art. 301 do CPP refere que qualquer pessoa do povo pode, e a autoridade policial deve, realizar a prisão de quem se encontre em flagrante delito. Todavia, para a lavratura do respectivo auto de prisão, em tese, não possui a polícia civil atribuições para tanto. No entanto, visando garantir a necessária celeridade, na prática, a polícia civil tem formalizado o APF, encaminhando-o, após, ao Juízo Federal competente para as providências cabíveis. Tal procedimento não acarreta a ilegalidade da autuação, uma vez que, inexistindo, para a jurisprudência dominante no STF e no STJ, o Princípio do Delegado Natural, o que deve, de fato, serem assegurados é a intervenção do Ministério Público Federal e o processo e julgamento no âmbito da Justiça Federal. Ressalva-se, contudo, inexpressiva orientação em sentido oposto, compreendendo que, elaborado o auto de prisão em flagrante por autoridade sem atribuição para tanto, revela-se irregular a peça flagrancial, ensejando, via de consequência, o relaxamento.

4.15.2.3. Avocação e redistribuição do inquérito policial

Outra questão que deve ser analisada e que se relaciona com as atribuições do delegado de polícia respeita à possibilidade consagrada no art. 2.º, § 4.º, da Lei 12.830/2013 de seu superior hierárquico **avocar** ou **redistribuir** o inquérito policial ou outro procedimento previsto em lei (enquadram-se aqui os termos circunstanciados instaurados em relação às infrações de menor potencial ofensivo com base no art. 69, *caput,* da Lei 9.099/1995).

Avocar tem o sentido de tomar para si a atribuição para conduzir o procedimento investigatório; já *redistribuir,* por sua vez, importa em transferir a função de presidir o inquérito para autoridade policial distinta. Pois bem, de acordo com o referido dispositivo legal, tanto a *avocatória* como a *redistribuição* podem ser determinadas, por despacho fundamentado do superior hierárquico (p. ex.: Chefe de Polícia Civil, Delegado-Geral da Polícia Civil, Delegado Regional, Superintendente Regional da Polícia Federal, Diretor-Geral da Polícia Federal), desde que ocorra uma das seguintes situações:

1) *Motivo de interesse público:* trata-se de fórmula genérica, alcançando todas as situações em que a supremacia do interesse público justifica o deslocamento da atribuição para a condução do inquérito policial. A hipótese pode ser ilustrada com a tragédia ocorrida em janeiro de 2013 na cidade gaúcha de Santa Maria, em que um incêndio de grandes proporções em danceteria local ceifou a vida de duzentas e quarenta e duas pessoas, causando intensa e justificada revolta popular. Em tal situação, a necessidade de realização e conclusão das investigações sem qualquer influência externa sobre a autoridade policial local poderia autorizar tanto a avocação quanto a redistribuição do inquérito.
2) *Inobservância dos procedimentos previstos em regulamento da corporação que prejudique a eficácia da investigação:* contempla a hipótese em que o delegado deixa de atender determinações incorporadas a leis orgânicas da polícia civil, regimentos internos, resoluções etc. Considere-se, a título de exemplo, que o delegado exceda, injustificadamente e sem comunicação ao juízo, o prazo de conclusão de inquérito policial relativo a fato de grande repercussão no meio social. Nesta hipótese, em face do descumprimento, pela autoridade policial, de dever legal atinente às suas funções, poderá o superior hierárquico determinar a redistribuição do procedimento investigatório, sem prejuízo, evidentemente, da responsabilização disciplinar do servidor.

Há quem sustente a inconstitucionalidade da previsão legal de *avocação* ou *redistribuição* de inquérito policial por parte de superior hierárquico do delegado. Particularmente, discordamos deste entendimento. Isto porque, como já dissemos anteriormente, inexistindo, segundo a jurisprudência prevalente (ver Capítulo 1, tópico 1.3.15 deste livro), o princípio do delegado natural, não se pode, por consequência, pretender aplicar à autoridade policial o disposto no art. 5.º, LIII, da Constituição Federal. Além disso, conforme leciona Márcio André Lopes Cavalcante, "tanto o IP como o TC são procedimentos administrativos, submetidos, portanto, às regras aplicáveis aos atos administrativos. Os atos administrativos podem ser avocados, delegados ou redistribuídos, desde que não haja previsão legal em sentido contrário. Trata-se de uma decorrência do poder hierárquico e, como a estrutura da Polícia é hierarquizada, a ela se aplica esta característica"[35].

4.16. TERMO CIRCUNSTANCIADO

A disciplina dos Juizados Especiais Criminais, determinada pela Lei 9.099/1995, não previu a instauração de inquérito policial para apuração das condutas que se incluem no seu âmbito de incidência, quais sejam, as *infrações de menor potencial ofensivo*, assim compreendidas as contravenções penais e os crimes a que a lei comine pena máxima não superior a dois anos de prisão, cumulada ou não com multa (art. 61).

Nestes casos, estabelece o art. 69 daquele diploma que deve ser lavrado o **termo circunstanciado**, que se constitui de uma peça semelhante a um boletim de ocorrência policial, incorporando, porém, em seu conteúdo, narrativa mais detalhada do fato registrado, com a indicação do autor do fato, do ofendido e do rol de testemunhas. Competente para sua lavratura será a autoridade policial a que for comunicada a ocorrência da infração.

De acordo com o art. 2º, § 1º, da Lei 12.830/2013, ao delegado de polícia "cabe a condução da investigação criminal por meio de inquérito policial **ou outro procedimento previsto em lei**". A partir daí, era majoritário o entendimento de que a atribuição para lavratura do termo circunstanciado era exclusiva da polícia civil dos Estados e da polícia federal. Esse entendimento, contudo, em dado momento, passou a ser flexibilizado no âmbito do STF.

Veja-se que o Plenário Virtual do STF, em 26.06.2020, ao julgar a ADI 3.807, proposta pela Associação dos Delegados de Polícia do Brasil em relação ao art. 48, § 3º, da Lei 11.343/2006, que possibilita ao Juiz a lavratura de termo circunstanciado ao autor do crime previsto no art. 28 daquela lei (posse de drogas para consumo próprio), deliberou no sentido de que "a lavratura de termo circunstanciado não configura atividade investigativa e, portanto, não é função privativa de polícia judiciária". Com isso, inequivocamente o STF abriu caminho para lavratura de TC por outras instituições policiais, a exemplo da polícia militar, e, no caso da conduta do art. 28 da Lei de Drogas, pelo próprio juiz, superando a tese relacionada à exclusividade das polícias civil e federal para tanto.

Referendando essa possibilidade, o Tribunal Pleno do STF, no julgamento da ADI 5.637, em 14.03.2022, considerou constitucional lei do estado de Minas Gerais que autoriza a lavratura de termo circunstanciado pela Polícia Militar. Compreendeu a Corte que, "no âmbito da competência concorrente, Estados e Distrito Federal têm competência para definir as autoridades legitimadas para a lavratura do termo circunstanciado", ressaltando ainda que, "como não há atribuição privativa de delegado de polícia ou mesmo da polícia judiciária para a lavratura do termo circunstanciado, norma estadual que atribui essa competência à polícia militar não viola a divisão constitucional de funções entre os órgãos de segurança pública".

[35] Comentários à Lei 12.830/2013 (investigação criminal conduzida por Delegado de Polícia). Disponível em: <http://www.dizerodireito.com.br/2013/06/comentarios-lei-128302013-investigacao.html>. Acesso em: 12.08.2013.

Mais recentemente, pondo fim, de uma vez por todas, à controvérsia relacionada à exclusividade ou não da Polícia Judiciária para a lavratura de TC, o STF, julgando a ADI 6.245/DF, ajuizada pela Associação Nacional dos Delegados de Polícia Federal em relação ao Decreto 10.073/2019, que alterou o Anexo I do Decreto 9.662/2019, incluindo entre as atribuições da Polícia Rodoviária Federal a de *lavrar o termo circunstanciado*, fixou a tese de que "o Termo Circunstanciado de Ocorrência (TCO) não possui natureza investigativa, podendo ser lavrado por integrantes da polícia judiciária ou da polícia administrativa" (Informativo 1.083/2023).

Logo, na atualidade, está superada qualquer discussão, sendo afastada a exclusividade da Polícia Civil dos Estados e da Polícia Federal para a lavratura do termo circunstanciado.

O termo circunstanciado não pode conduzir ao **indiciamento** do autor do fato. Isto se justifica em duas circunstâncias: primeira, a simplicidade que caracteriza esse termo, e, segunda, o fato de que o ato da indiciação conduz ao registro da imputação nos assentamentos pessoais do indiciado, o que não ocorre no caso das infrações de competência dos Juizados Especiais Criminais, relativamente às quais determina o art. 76, § 6.º, da Lei 9.099/1995 que a sanção imposta em razão de transação penal não constará de certidão de antecedentes criminais e não produzirá efeitos civis. Ora, se em fase mais adiantada do procedimento preliminar instituído por essa lei – momento da aceitação de proposta de transação penal –, veda-se que constem registros nos assentamentos do envolvido, com muito mais razão isso também não poderá ser aceito quando se trata de um simples termo circunstanciado instaurado no âmbito policial.

Observe-se que, muito embora, nas infrações de menor potencial, a regra seja a lavratura de termo circunstanciado, não é impossível que sua apuração venha a ocorrer no âmbito de **inquérito policial**. Imagine-se, por exemplo, que, flagrado na prática de infração de menor potencial ofensivo, o autor do fato não aceite comparecer imediatamente à sede do juizado especial criminal ou se negue a assumir o compromisso de fazê-lo em momento posterior. Nessa hipótese, por interpretação *a contrario sensu* do art. 69, parágrafo único, da Lei 9.099, poderá ser lavrado o auto de prisão em flagrante em relação a ele, peça esta que se inclui como uma das formas de início do inquérito policial (v. *itens 4.4.1 – d; 4.4.2 – c* e *– c deste Capítulo*). Nesse caso, há divergências doutrinárias sobre a possibilidade de indiciamento do agente. Parte da doutrina entende que não é possível esse indiciamento, sob o argumento de que as infrações de menor potencial ofensivo possuem disciplina própria, não contemplando sistemática legal que permita o indiciamento e as consequências dele resultantes. Particularmente, aderimos à corrente oposta, ou seja, no sentido da possibilidade de indiciação do autor do fato em face da prática de infração de menor potencial ofensivo quando estas passarem a ser apuradas no âmbito de inquérito policial. Não se pode esquecer que a Lei 9.099/1995, embora seja um diploma especial frente ao Código de Processo Penal, não o derroga – tanto que determina, no art. 92, a aplicação desse diploma em caráter subsidiário. Sendo assim, possível tanto o inquérito (que tem sua regulamentação no CPP) quanto a sua consequência natural quando presentes indicativos de autoria de infração penal, que é o ato de indiciação.

Não é esta, contudo, a única hipótese em que infrações penais a que cominada pena máxima não superior a dois anos não deverão ser registradas mediante termo circunstanciado e, sim, apuradas via inquérito policial. Outras há, as quais consistem:

1) **Disciplina do art. 41 da Lei 11.340/2016:** refere este dispositivo que "aos crimes praticados com violência doméstica e familiar contra a mulher, independentemente da pena prevista, não se aplica a Lei 9.099, de 26 de setembro de 1995". Portanto, tratando-se de crime cometido no contexto da Lei Maria da Penha, a respectiva investigação deve ocorrer mediante a instauração de inquérito policial, sujeito o agente, inclusive, ao indiciamento pelo delegado. Atente-se que, na concepção ma-

joritária, apesar de esse artigo referir-se apenas a "crimes", o comando aplica-se, também, às contravenções penais.

2) **Regramento do art. 291, § 1.º, da Lei 9.503/1997:** enquanto o *caput* do artigo prevê que "aos crimes cometidos na direção de veículos automotores, previstos neste Código, aplicam-se as normas gerais do CP e do CPP, se este capítulo não dispuser de modo diverso, bem como a Lei 9.099, de 26 de setembro de 1995, no que couber", referem os **§§ 1.º e 2.º** que, nos crimes de trânsito de lesão corporal culposa, estando o agente "I – sob a influência de álcool ou qualquer outra substância psicoativa que determine dependência; II – participando, em via pública, de corrida, disputa ou competição automobilística, de exibição ou demonstração de perícia em manobra de veículo automotor, não autorizada pela autoridade competente; III – transitando em velocidade superior à máxima permitida para a via em 50 km/h (cinquenta quilômetros por hora)", deverá ser instaurado inquérito policial para a investigação da infração penal. Logo, também nestas situações, descabe a efetivação de *termo circunstanciado* em relação ao autor do fato, que poderá, também aqui, ser indiciado pela autoridade policial.

E mais: mesmo ocorrendo a **lavratura inicial de termo circunstanciado**, não é impossível que, em momento posterior, seja instaurado inquérito policial relativamente à mesma conduta que já foi objeto daquele procedimento simplificado. Isto poderá ocorrer quando, inexitosa a transação penal no curso de audiência preliminar, forem requisitadas pelo Ministério Público outras diligências investigatórias com o fim de serem angariados elementos que possibilitem o oferecimento de denúncia:

Exemplo:

Considere-se que, lavrado o termo circunstanciado e encaminhado este a juízo, seja aprazada audiência preliminar (arts. 69 e 70), com vista à composição dos danos cíveis e, se for o caso, à aplicação imediata de pena não privativa de liberdade (art. 72). Imagine-se que, neste ato, não seja possível a ocorrência de transação penal (art. 77), pretendendo o Ministério Público, então, oferecer denúncia contra o autor do fato. Não obstante, constata o promotor de justiça que os elementos angariados ao termo circunstanciado não permitem a dedução da peça acusatória. Neste momento, podem ocorrer duas hipóteses distintas:

Primeira: diante da necessidade de maiores elementos, o Ministério Público requisita à autoridade policial a realização de outras providências para melhor apurar o fato contido no termo circunstanciado. Como a regra dessa ordem de infrações é, em nível policial, a apuração sumária mediante a simples lavratura de termo circunstanciado, servindo este de supedâneo a eventual oferecimento de denúncia, descabe à autoridade policial proceder à instauração formal de inquérito, mas tão somente providenciar as diligências necessárias e remetê-las à autoridade requisitante. Nesse caso, o que haverá é um termo circunstanciado contendo alguns elementos probatórios, **sendo descabido falar em indiciamento.**

Segunda: diante da precariedade dos elementos de convicção acostados ao termo circunstanciado e, por exemplo, do número de envolvidos ou da própria complexidade dos fatos, o Ministério Público, em vez de adotar providências a serem cumpridas no âmbito do próprio termo circunstanciado, requisita à autoridade policial a instauração de inquérito policial para complementar as diligências. Nesta hipótese, uma vez instaurado o inquérito policial, deverá o delegado agir do mesmo modo que em qualquer outro, inclusive no que toca à **possibilidade de indiciamento**. Ressalte-se que a lavratura de termo circunstanciado, em vez de inquérito para a apuração de infração de menor potencial ofensivo, tem por fim, unicamente, conferir maior celeridade do procedimento. Se, contudo, não foi possível a transação penal, desaparece a agilidade que buscou o legislador imprimir ao procedimento com a lavratura do termo circunstanciado, nada impedindo, então, a instauração de inquérito.

4.17. CONDUÇÃO DE INVESTIGAÇÃO CRIMINAL PELO MINISTÉRIO PÚBLICO

A questão relativa à existência de atribuições do Ministério Público para conduzir investigações criminais no âmbito das próprias Promotorias de Justiça (ou Procuradorias da República) tem gerado controvérsias, alguns considerando esse procedimento inconstitucional, outros entendendo pela sua legitimidade[36].

Para os adeptos da primeira linha de pensamento, ou seja, a de que o Ministério Público não pode, por conta própria, conduzir essa ordem de investigações, o motivo da vedação reside no fato de que o art. 129 da Constituição Federal, ao contrário do que ocorre com a investigação civil (expressamente facultada ao Ministério Público pelo inciso III), não contém regra expressa incluindo, entre as faculdades ministeriais, a realização de investigação criminal. Sustentam, ainda, que o art. 144, §§ 1.º, I, e 4.º, da CF, ao dispor que às polícias federais e civis cabe a apuração de infrações penais, silencia quanto ao Ministério Público, razão pela qual lhe permitir tal ordem de atividade importa aceitar uma indevida invasão de competências constitucionalmente estabelecidas.

Já a corrente oposta, que é majoritária, aduz que a prerrogativa do Ministério Público para conduzir a investigação criminal internamente à Promotoria ou Procuradoria decorre da regra do art. 129, VI, da Carta Política, quando lhe confere a possibilidade de "expedir notificações nos procedimentos administrativos de sua competência, requisitando informações e documentos para instruí-los, na forma da **lei complementar respectiva**" (grifamos).

Esta última posição foi agasalhada pelo Plenário do STF ao deliberar, em sede de repercussão geral, acerca do Recurso Extraordinário n.º 593.727/MG (j. 14.05.2015), oportunidade em que, a despeito de reconhecer que "a presidência do inquérito policial compete, exclusivamente, à autoridade policial", sufragou o entendimento de que "o Ministério Público dispõe de competência para promover, por autoridade própria, e por prazo razoável, investigações de natureza penal, desde que respeitados os direitos e garantias que assistem a qualquer indiciado ou a qualquer pessoa sob investigação do Estado", fazendo-o, obviamente, por meio de expediente instaurado no âmbito da Promotoria/Procuradoria com atribuições para tanto.

Reputamos absolutamente correto esse entendimento.

Isto porque, em primeiro lugar, que o art. 129, VI, da Constituição Federal, ao possibilitar que o Ministério Público expeça notificações nos *procedimentos administrativos* de sua competência (todos os expedientes formalmente instaurados no âmbito das Promotorias de Justiça possuem natureza administrativa), não restringe essa faculdade aos expedientes civis. Logo, aprioristicamente, nada obsta que a mesma faculdade seja exercida em relação aos procedimentos criminais. Por outro lado, não se pode negar que *expedir notificações*, assim como *requisitar informações* e *documentos* são atos de investigação.

Além disso, existe **lei complementar** consagrando a possibilidade de que o Ministério Público realize atividade investigativa sem restrição quanto a se tratar de investigação civil ou

36 QUESTÃO DE CONCURSO: *"Epaminondas, com o auxílio de mais dois comparsas, praticou os delitos previstos nos arts. 288, 'caput' e 316, 'caput', c/c o art. 29, todos do Código Penal. Os crimes foram descobertos pela imprensa que, durante dias, tratou do tema, aprofundando o noticiário acerca dos delitos. A autoridade policial pertinente abriu inquérito policial e efetuou diversas diligências no intuito de trazer à tona todas as nuanças do evento delituoso. Paralelamente, designado pelo Ministério Público, o Dr. Promotor de Justiça Florêncio Noronha realizou algumas diligências em torno do imbróglio, umas unilateralmente, e outras em conjunto com a Polícia Judiciária. Mais tarde, o mesmo órgão do 'parquet' ofereceu denúncia contra os indiciados nos exatos termos da capitulação inicial, e que não foi recebida. Entendeu o Magistrado ser ilícita a atribuição do subscritor da denúncia para atuar na ação penal, faltando-lhe legitimidade para tal por ter atuado em procedimento administrativo interno do Ministério Público relativo aos fatos. O Dr. Promotor de Justiça recorreu em sentido estrito da decisão, sustentando não ter incorrido em impedimento ou incompatibilidade alguma. Já os defensores insistiram na tese de seu total comprometimento com as investigações, tendo perdido a isenção para dar andamento à ação penal. Investindo-se na condição de Procurador de Justiça que vai examinar os autos no segundo grau, sustente o parecer justificando a legitimidade ou não da atuação ministerial"* (Ministério Público do Estado do Rio Grande do Sul – 2008).

criminal. Trata-se da LC 75/1993, que organiza o Ministério Público da União e que, no art. 8.º, V, faculta ao *parquet* realizar diligências investigatórias. Ora, se é viável esta atribuição aos membros do Ministério Público Federal, não há motivo para que se proíba a mesma atuação na órbita do Ministério Público dos Estados, mesmo porque, simetricamente à LC 75/1993, a Lei 8.625/1993 (Lei Orgânica do Ministério Público dos Estados) incorpora, no art. 26, um rol de atribuições que se adapta tanto às investigações civis quanto às criminais.

Não fosse o bastante, o art. 144 da Constituição Federal, nos §§ 1.º e 4.º, ao contrário do que afirmam os defensores da corrente oposta, não estabelece *exclusividade* à Polícia Federal e à Polícia Civil dos Estados para investigar a prática de infrações penais.

Estabelece, pois, o dispositivo:

> "(...)
> § 1.º A polícia federal, instituída por lei como órgão permanente, organizado e mantido pela União e estruturado em carreira, destina-se a:
> I – apurar infrações penais contra a ordem política e social ou em detrimento de bens, serviços e interesses da União ou de suas entidades autárquicas e empresas públicas, assim como outras infrações cuja prática tenha repercussão interestadual ou internacional e exija repressão uniforme, segundo se dispuser em lei;
> (...)
> IV – **exercer, com exclusividade, as funções de polícia judiciária da União.**
> (...)
> § 4.º Às polícias civis, dirigidas por delegados de polícia de carreira, incumbem, ressalvada a competência da União, as **funções de polícia judiciária** e a **apuração de infrações penais**, exceto as militares".

Como se vê, os §§ 1.º, IV, e 4.º, do art. 144, distinguem claramente as funções de **apuração de crimes** e de **polícia judiciária**. Assim, no que concerne à Polícia Federal, a Carta Política apenas assegurou exclusividade quanto à função de *polícia judiciária* (§ 1.º, IV) e não à de *apuração de crimes* (§ 1.º, I). Por outro lado, quanto à *Polícia Civil*, a par de persistir a distinção entre funções de *polícia judiciária* e de *apuração de infrações penais*, opostamente ao que consta no § 1.º, IV, não estabeleceu o § 4.º qualquer cláusula de exclusividade, quer para as funções de polícia judiciária, quer para as funções de apuração de crimes. Logo, não há no texto constitucional a previsão de exclusividade das polícias no que toca à investigação criminal.

Por fim, tenha-se em mente a *teoria dos poderes implícitos*, pela qual os encargos estabelecidos constitucionalmente a um determinado órgão permitem a este, implicitamente, utilizar os meios necessários para alcançá-los, desde que não se tratem, evidentemente, de meios proibidos pela própria Constituição. Adaptando-se esta teoria à investigação criminal, depreende-se que, ao estabelecer como função institucional do Ministério Público o ajuizamento da ação penal pública, a Constituição Federal, implicitamente, está facultando ao promotor de justiça a investigação do fato delituoso para angariar os elementos necessários ao oferecimento da denúncia.

Admitindo-se como correta a atuação do Ministério Público na investigação criminal, restaria impedido o agente ministerial que a tenha presidido de oferecer denúncia? Não há qualquer impedimento neste sentido, o que se depreende da Súmula 234 do STJ, estabelecendo que "a participação de membro do Ministério Público na fase investigatória criminal não acarreta o seu impedimento ou suspeição para o oferecimento da denúncia". Outra não é a posição do STF, decidindo esta Corte que "é perfeitamente possível que o órgão do Ministério Público promova a colheita de determinados elementos de prova que demonstrem a existência da autoria e da materialidade de determinado delito. Tal conclusão não significa retirar da Polícia Judiciária as atribuições previstas constitucionalmente, mas apenas harmonizar as normas constitucionais (arts. 129 e 144) de modo a compatibilizá-las para permitir não apenas a correta e regular apuração dos fatos supostamente delituosos, mas também a formação da *opinio delicti*". Destarte, nenhuma nulidade haverá com subscrição da denúncia pelo próprio Promotor ou Procurador que tenha realizado a atividade investigatória que angariou os elementos que a alicerçam.

Realizada a investigação criminal na órbita da Promotoria de Justiça, os elementos angariados podem ser mantidos sob sigilo em relação à defesa do investigado? Não há essa possibilidade. O procedimento investigatório instaurado pelo Ministério Público deverá conter todas as peças, termos de declarações ou depoimentos, laudos periciais e demais subsídios probatórios coligidos no curso da investigação, não podendo, o *Parquet*, sonegar, selecionar ou deixar de juntar, aos autos, quaisquer desses elementos de informação, cujo conteúdo, por referir-se ao objeto da apuração penal, deve ser acessível tanto à pessoa sob investigação quanto ao seu Advogado. O regime de sigilo, sempre excepcional, eventualmente conferido no contexto de investigação penal promovida pelo Ministério Público, não é oponível ao investigado e ao Advogado por este constituído (art. 7.º, XIV e § 10, da Lei 8.906/1994), que terão direito de acesso – considerado o princípio da comunhão das provas – a todos os elementos de informação que já tenham sido formalmente incorporados aos autos do respectivo procedimento investigatório.

4.18. ATESTADO DE ANTECEDENTES

Estabelece o art. 20, parágrafo único, do Código de Processo Penal que "*nos atestados de antecedentes que lhe forem solicitados, a autoridade policial não poderá mencionar quaisquer anotações referentes a instauração de inquérito contra os requerentes*".

Por outro lado, dispõe o art. 202 da Lei 7.210/1984 (Lei de Execuções Penais) que, "*cumprida ou extinta a pena, não constarão da folha corrida, atestados ou certidões fornecidas por autoridade policial ou por auxiliares da Justiça, qualquer notícia ou referência à condenação, salvo para instruir processo pela prática de nova infração penal ou outros casos expressos em lei*".

Considerando estas duas disciplinas, depreende-se que, em termos práticos, os atestados de antecedentes policiais são pouco úteis, já que neles não poderão constar os inquéritos policiais instaurados e nem condenações sofridas pelo indivíduo cuja pena já tiver sido cumprida ou extinta. Em suma, alguém que tenha sido indiciado em vários inquéritos policiais e que já tenha cumprido diversas penas poderá apresentar atestado de antecedentes policiais absolutamente limpo, pois nada disso poderá ficar materializado no documento.

Acesse o
MATERIAL SUPLEMENTAR

Entre no Ambiente de Aprendizagem através das instruções contidas na orelha deste livro e acesse os conteúdos exclusivos desta edição:
- questões de concursos;
- videoaulas dos principais temas;
- mapas mentais;
- *ebook* de resumos de cada capítulo.

CAPÍTULO 5

Ação Penal

5.1. CONSIDERAÇÕES PRELIMINARES

O crime é a conduta que lesa direitos individuais e sociais. Sendo assim, a sua prática gera ao Estado o poder-dever de punir. Como esta punição não pode ser arbitrária nem ocorrer à revelia das garantias individuais do indivíduo, é necessária a existência de uma fase prévia de apuração, assegurando-se ao possível responsável o direito de defesa, o contraditório e a produção de provas.

Aqui, então, surge a ação penal, como ato inicial desse procedimento cognitivo, alicerçando-se no direito de postular ao Estado a aplicação de uma sanção em face da infringência a uma norma penal incriminadora.

Em termos constitucionais, o direito de ação fundamenta-se no art. 5.º, XXXV, da Constituição Federal. Ao dispor que "a lei não excluirá da apreciação do Poder Judiciário lesão ou ameaça do direito", referido artigo assegura o direito de pedir ao Estado-Juiz a prestação jurisdicional mediante a aplicação do direito penal objetivo a um caso concreto.

5.2. CONDIÇÕES DA AÇÃO PENAL

Assim como ocorre no processo civil, também a ação penal está subordinada ao preenchimento de determinadas condições – são as chamadas **condições da ação**. Sem elas a inicial acusatória não poderá conduzir à instauração da relação processual-penal, devendo ser rejeitada de plano pelo judiciário. Neste sentido, dispõe o art. 395, II, do CPP que a *denúncia ou queixa será rejeitada quando faltar condição para o exercício da ação penal*.

As condições da ação classificam-se em duas ordens:

a) **Condições gerais ou genéricas;**
b) **Condições especiais ou específicas.**

5.2.1. Condições gerais da ação

São aquelas que devem estar presentes em qualquer ação penal, independente da natureza ou tipo legal infringido. Consistem em:

a) **Possibilidade jurídica do pedido:**

A *possibilidade jurídica do pedido* corresponde à viabilidade de procedência da ação penal. Para tanto, é necessário que a conduta imputada na inicial acusatória seja descrita em lei como crime ou contravenção penal. Logo, esta primeira condição da ação penal exterioriza-se por meio da imputação de um **fato típico**.

Não integram o âmbito da possibilidade jurídica do pedido aspectos relativos à ilicitude (antijuridicidade) da conduta, assim como à culpabilidade do acusado. Então, **haverá possibilidade jurídica do pedido** na denúncia ofertada contra alguém cujas provas indiquem, por exemplo, a ocorrência de legítima defesa, já que esta é questão que se insere no campo da *ilicitude* e não da *tipicidade*. Do mesmo modo, é viável a queixa-crime ajuizada contra alguém em relação à qual as provas apontem que se encontrava em situação de embriaguez fortuita completa ao tempo do fato, pois tal situação exclui apenas a *culpabilidade* (art. 28, § 1.º, do CP), não interferindo na órbita da *tipicidade*. Por outro lado, **não haverá possibilidade jurídica** na denúncia oferecida contra o acusado de ter praticado um furto culposo, pois, neste caso, o fato é manifestamente atípico, não havendo qualquer possibilidade de condenação, devendo o juiz, necessariamente, proceder à rejeição da peça acusatória por falta de justa causa para sua propositura (art. 395, III, do CPP).

OBSERVAÇÃO: Sendo inequívoca, isto é, **completamente estreme de dúvida** a ocorrência de excludente de ilicitude a abrigar a conduta do agente, modo geral tem-se admitido que o Ministério Público não ofereça denúncia, requerendo o arquivamento do inquérito policial. A hipótese é relativamente comum na prática forense. Agora, se na mesma circunstância fática, optar o promotor por deduzir a ação penal, não poderá o juiz rejeitar a inicial, devendo aguardar a fase posterior ao oferecimento da resposta do acusado (art. 396 do CPP), quando então poderá, em julgamento antecipado do processo, absolver sumariamente o imputado com fundamento no art. 397, I, do CPP ("Após o cumprimento do disposto no art. 396-A, e parágrafos, deste Código, o juiz deverá absolver sumariamente o acusado quando verificar: I – a existência manifesta de causa excludente da ilicitude do fato").

b) Interesse de agir:

O *interesse de agir* concerne à presença dos elementos mínimos que permitam ao juiz, ao refletir sobre o recebimento da denúncia ou queixa, concluir no sentido de que se trata de acusação factível. Tais elementos consistem nos **indícios de autoria** de que o imputado realmente é autor ou partícipe do fato descrito, bem como na **prova da existência do crime** imputado.

No âmbito da ação penal, este lastro probatório mínimo constitui o ***fumus boni iuris*** – aparência do direito à condenação invocado pelo titular da ação penal ao deduzi-la em juízo com vistas a desencadear o *jus puniendi* do Estado. Ausente a sua demonstração, não será possível ao magistrado verificar a plausibilidade da acusação, devendo, também neste caso, rejeitar a inicial acusatória com fundamento no art. 395, III, do CPP (falta de justa causa para a ação penal).

Muito embora a doutrina tradicional há muito defenda a tese de que a ausência de indícios de autoria e de prova da materialidade do fato caracteriza hipótese de constrangimento ilegal impugnável mediante *habeas corpus* fundamentado no art. 648, I, do CPP, vigora nos Tribunais Superiores o entendimento de que a concessão da ordem para o trancamento da ação penal sob esse fundamento apenas é possível quando a inexistência desses elementos for indubitável, ou seja, exsurgir à primeira vista, sem a necessidade de discussão do contexto da prova. Portanto, se essa constatação demandar discussão aprofundada dos elementos que fundamentam a denúncia ou a queixa, descabe o uso do remédio heroico com o objetivo de trancar o processo criminal.

c) Legitimidade "ad causam" ativa e passiva:

É necessário que a propositura da inicial acusatória (denúncia ou queixa) seja patrocinada pelos respectivos **legitimados ativos** – Ministério Público, ofendido ou pessoas do art. 31 do Código de Processo Penal[1], conforme o caso. Lembre-se de que a legitimação ativa para o ingresso da ação penal possui embasamento constitucional. A Carta Política estabelece a legitimação privativa do Ministério Público para o ingresso da *ação pública*, nos termos da lei (art. 129, I). Entretanto, na inércia injustificada do promotor em ajuizar a ação penal no prazo legal, permite-se ao ofendido o ingresso da ação penal privada subsidiária da pública, caso em que o titular será o particular (art. 5.º, LIX, da CF), sem embargo da possibilidade de o Ministério Público retomar o polo ativo na hipótese de negligência do autor. Tratando-se de *ação privada*, a legitimidade para dedução da ação penal será da parte ofendida, de quem legalmente a represente ou, no caso de ausência ou morte, de seu cônjuge, ascendente, descendente ou irmão (art. 31 do CPP), inexistindo a possibilidade de ser o Ministério Público autor dessa ordem de demanda. Em qualquer caso, ausente a legitimidade *ad causam* ativa, a consequência deverá ser a rejeição da denúncia ou da queixa pelo juiz, com fundamento no art. 395, II, do CPP ("falta de pressuposto processual ou condição para o exercício da ação penal").

Por outro lado, será imprescindível, também, a existência de **legitimação passiva**, condição esta que se refere, substancialmente, ao requisito da imputabilidade penal no enfoque etário (idade). Destarte, apenas os maiores de 18 anos à época da infração penal poderão ser sujeitos passivos de um processo criminal. Os menores de 18 anos estão protegidos pelo art. 27 do CP e pelo art. 228 da CF. São objetivamente inimputáveis, sujeitando-se às medidas estabelecidas pelo Estatuto da Criança e do Adolescente, não lhes cabendo a imposição de penas. Note-se que a eventual ausência de indícios de autoria não reflete na órbita da *legitimação passiva*, e sim no âmbito *interesse de agir*. Da mesma forma, a questão da *inimputabilidade por doença mental* ao tempo do fato ou ao tempo da denúncia ou queixa não torna o denunciado parte ilegítima na ação penal, pois esta matéria é afeta à culpabilidade e jamais impedirá o ajuizamento da ação penal, embora possa interferir no prosseguimento do processo ou na natureza da sentença a ser prolatada.

Aspecto importante a ser abordado respeita à legitimidade passiva e ativa da **pessoa jurídica** no processo criminal.

Quanto **à legitimação passiva** da pessoa jurídica, vale dizer, à capacidade para ocupar a posição de ré na ação penal, a questão merece enfoque especial no que concerne aos crimes ambientais, já que a Constituição Federal, no seu art. 225, § 3.º, expressamente prevê que as condutas e atividades consideradas lesivas ao meio ambiente sujeitarão os infratores, *pessoas físicas ou jurídicas*, a sanções penais e administrativas, independentemente da obrigação de reparar os danos causados. Além disso, também o art. 3.º da Lei 9.605/1998 dispõe que as *pessoas jurídicas serão responsabilizadas administrativa, civil e penalmente* nos casos em que a infração seja cometida por decisão de seu representante legal ou contratual, ou de seu órgão colegiado, no interesse ou benefício da sua entidade. Independentemente dessa normatização constitucional e legal, a verdade é que o tema relacionado à responsabilização criminal da pessoa jurídica sempre foi controvertido, havendo posições conflitantes na doutrina e na jurisprudência:

> ***Primeira:*** o instituto da responsabilidade penal das pessoas jurídicas não tem lugar no sistema brasileiro. Isso não significa dizer que devam elas ficar sem punição na hipótese de prática lesiva ao meio ambiente, mas, sim, que a sanção que lhes pode ser aplicada possui natureza administrativa e civil, e não penal. Na medida em que as pessoas jurídicas não agem por si próprias, sendo resultantes os crimes praticados da vontade das pessoas naturais que as administram, apenas estas é que podem ser responsabilizadas criminalmente.
>
> ***Segunda:*** não há qualquer óbice à penalização criminal das pessoas jurídicas, pois tal decorre da Constituição Federal e da Lei Ambiental (Lei 9.605/1998), que, ao assim estabelecerem,

[1] "Art. 31. No caso de morte do ofendido ou quando declarado ausente por decisão judicial, o direito de oferecer queixa ou prosseguir na ação passará ao cônjuge, ascendente, descendente ou irmão."

visaram não apenas à punição das condutas lesivas como também à prevenção geral e especial do meio ambiente. Quanto ao argumento acerca da suposta incapacidade de serem culpáveis e sofrerem penalidades, não procede para o fim de afastar essa possibilidade de responsabilização criminal, pois se a pessoa jurídica possui existência própria no ordenamento jurídico e pratica atos no meio social mediante a atuação de seus administradores, pode, então, cometer condutas típicas passíveis de responsabilização penal, condicionando-se, apenas, a que seja ela beneficiária direta ou indireta pela conduta praticada por seus representantes legais. Trata-se da posição prevalente. Pois bem, assim se entendendo, vale dizer, no sentido de que pode a pessoa jurídica figurar no polo passivo da relação processual penal, outras duas questões surgem e exigem enfrentamento:

1) *Para fins de sua responsabilização, é necessária a imputação simultânea da prática criminosa ao ente moral e à pessoa física que a administra?* No âmbito do STF e do STJ, o entendimento é o de que o art. 225, § 3.º, da CF, não vincula a responsabilidade penal da pessoa jurídica a que haja essa dupla persecução[2]. Afastam esses Tribunais, enfim, a *Teoria da Dupla Imputação*, posicionando-se no sentido de que se admite a responsabilidade penal da pessoa jurídica em crimes ambientais, independentemente de imputação conjunta da prática delitiva com a pessoa física que atua em seu nome ou em seu benefício.

2) *A possibilidade de responsabilização criminal atinge tanto a pessoa jurídica de direito privado como também a pessoa jurídica de direito público interno (União, Estados, Municípios etc.)?* Pensamos que sim, já que não existe distinção a respeito na Constituição Federal e na legislação ambiental. Todavia, há quem defenda posição contrária, fazendo-o sob o argumento de que as pessoas jurídicas de direito público jamais poderão satisfazer o requisito previsto no art. 3.º da Lei 9.605/1998, que estabelece, para tal responsabilização, a necessidade de que o fato delituoso ocorra no interesse ou benefício da pessoa jurídica. Asseveram para tanto que, se a proteção do meio ambiente é um dos deveres do Estado, conforme estabelece o art. 225, *caput*, da CF, não é possível que a sua violação (do meio ambiente) represente algum interesse ou benefício para o Estado. Aderindo a essa linha de pensamento, *Vladimir Passos Freitas e Gilberto Passos Freitas* entendem que somente cabe a responsabilização da pessoa jurídica de direito privado, pois a pessoa jurídica de direito público (União, Estados, Distrito Federal, Municípios, autarquias e federações públicas), ao contrário das pessoas de natureza privada, só pode perseguir o interesse público, não podendo, então, cometer ilícito penal no seu próprio interesse ou benefício[3]. E se isto acontecer, vale dizer, se for constatada a persecução de objetivo distinto do interesse público, é porque o administrador público agiu com abuso de poder, caso em que ele, enquanto pessoa natural, deverá ser responsabilizado criminalmente com relação aos atos que praticaram.

Por outro lado, em termos de **legitimação ativa**, o Código de Processo Penal é expresso ao dispor que, em se tratando de pessoa jurídica, a queixa-crime deve ser dada pela pessoa a quem competir representá-la em juízo, de acordo com os estatutos ou contrato, ou, no silêncio destes, pelos seus diretores ou sócios-gerentes (art. 37), prevendo, outrossim, que será considerada perempta a ação penal quando, sendo o querelante pessoa jurídica, esta se extinguir sem deixar sucessor (art. 60, IV). Portanto, indiscutível que o CPP não proíbe a pessoa jurídica de ocupar a posição de autora da ação penal privada. **Mas atenção**: tal faculdade condiciona-se a que se trate de crimes em relação aos quais possa a pessoa jurídica figurar como *ofendida* (vítima). É o caso, por exemplo, do crime de dano (crime de ação penal privada, *ex vi* dos arts. 163, *caput*, e 167, ambos do Código Penal) praticado contra um veículo de propriedade da pessoa jurídica; ou de um crime de furto (crime de ação penal pública) na hipótese de inércia do MP em ajuizar a denúncia no prazo legal, facultando-se à pessoa jurídica, então, propor a ação penal privada subsidiária da pública. **E quanto aos crimes contra a honra?** Existem divergências aqui, compreendendo muitos que não pode ser aceita a queixa-crime movida pela pessoa jurídica objetivando a respectiva apuração. Entretanto, o argumento para essa exclusão

---

[2] STF, RE 548.181/PR, *DJe* 30.10.2014; STJ: AgRg nos EDcl no RMS 50590/ES, 5.ª Turma, *DJe* 18.09.2017 e RHC 48172/PA, 6.ª Turma, *DJe* 10.11.2015.

[3] FREITAS, Vladimir Passos de; FREITAS, Gilberto Passos de. *Crimes contra a natureza*. São Paulo: RT, 2010.

não está relacionado a considerações acerca da legitimidade processual para a dedução da inicial acusatória, mas, sim, à circunstância de ser a honra um atributo singular da personalidade humana. Particularmente, pensamos que não se pode generalizar aqui. Compreendemos, enfim, que não é possível afastar, peremptoriamente, a possibilidade de ser vítima a pessoa jurídica de crimes contra a honra e, consequentemente, de figurar no polo ativo de toda e qualquer relação processual penal. Tudo depende, na verdade, da natureza do delito. Assim, não se pode aceitar que pessoa jurídica seja vítima de **injúria (art. 140 CP)**, já que esta infração atinge a dignidade do ofendido, vale dizer, sua *honra subjetiva*, que é atributo exclusivo da pessoa física, não alcançando a pessoa jurídica que, por sua própria natureza, não está sujeita a suportar dor moral ou a sentir-se lesionada em sua autoestima. Por outro lado, nada obsta que a pessoa jurídica figure como ofendido do crime de **difamação (art. 139 CP)**, pois este é crime que atinge a *honra objetiva* da vítima, vale dizer, sua reputação, devendo-se considerar em tal hipótese, portanto, possível sim o ajuizamento de ação penal privada pelo ente moral. Em derradeiro, quanto à **calúnia (art. 138 CP)**, conquanto se trate de infração que atinge, também, a *honra objetiva,* aderimos ao entendimento de que a pessoa jurídica pode ser vítima desse crime apenas na hipótese de lhe ter sido imputada, falsamente, a prática de crime ambiental. Afinal, apenas pode ser *caluniada* a pessoa a quem se reconheça a possibilidade de ser responsabilizada pela prática de crimes, circunstância esta que, como vimos, relativamente às pessoas jurídicas, somente pode ocorrer na esfera ambiental, a teor do art. 225, § 3.º, da CF e do art. 3.º da Lei 9.605/1998.

5.2.2. Condições especiais da ação ou condições de procedibilidade

São aquelas que devem estar presentes em determinadas ações penais, não possuindo, portanto, caráter geral. Trata-se de condições específicas, de natureza eminentemente processual, que vinculam o próprio exercício da ação penal e que são exigidas em determinados casos a partir de previsão legal expressa.

Exemplos:

- *Condicionamento da ação penal à prévia representação da vítima no crime de ameaça (art. 147, parágrafo único, do CP);*
- *Exigência de requisição do Ministro da Justiça para o ingresso de ação penal por crimes contra a honra do Presidente da República (art. 145, parágrafo único, do CP);*
- *Ingresso no território nacional do indivíduo que praticou crime no exterior (art. 7.º, § 2.º, "a", do CP).*

5.2.3. Condições objetivas de punibilidade e escusas absolutórias

As **condições objetivas de punibilidade** são elementos exteriores ao fato delituoso, não integrantes do tipo penal, ocorrendo nas hipóteses em que a punibilidade da conduta é vinculada à superveniência de determinado acontecimento.

Como o próprio nome sugere, possuem *natureza jurídica* de excludentes de punibilidade, pois, enquanto não se manifestarem, obstam a aplicação da pena, esvaziando a possibilidade de que o Estado exerça as ações relacionadas ao direito de punir (instauração do inquérito policial e do processo criminal).

É o que ocorre, por exemplo, com os crimes falimentares, dispondo o art. 180 da Lei 11.101/2005 que a decisão que decreta a falência, a que concede a recuperação judicial e a que concede a recuperação extrajudicial são condições objetivas de punibilidade das infrações penais descritas nesse diploma. Precitado dispositivo, portanto, condiciona a atuação estatal, no âmbito criminal, à decretação da falência, à concessão da recuperação extrajudicial ou à concessão da recuperação judicial, razão pela qual, antes dessas providências, a polícia judiciária e o Ministério Público não poderão atuar na seara falimentar por falta da mencionada condicionante.

Do mesmo modo, têm compreendido o STF e o STJ que a decisão definitiva do processo administrativo-fiscal constitui *condição objetiva de punibilidade* dos crimes previstos no art. 1.º, I a IV, da Lei 8.137/1990 (crimes contra ordem tributária)[4]. Isto quer dizer que, na pendência de defesa ou recurso na esfera administrativa, não há justa causa para a instauração de inquérito policial e de ação penal contra o agente, por inexistir, ainda, lançamento definitivo do débito fiscal. Não é por outra razão que a Súmula Vinculante 24 do STF dispõe que *não se tipifica crime material contra a ordem tributária, previsto no art. 1.º, incisos I a IV, da Lei n.º 8.137/90, antes do lançamento definitivo do tributo.*

Já as **escusas absolutórias** compreendem as situações em que, conquanto exista o crime, não se impõe pena em razão de circunstâncias pessoais do agente. É o que ocorre no caso de furto praticado por descendente contra ascendente menor de 60 anos (art. 181, II, c/c o art. 183, III, do CP), em que, pela condição pessoal do agente (filho da vítima), considerou-o o legislador isento de pena. Do mesmo modo a circunstância prevista no art. 348, § 2.º, do CP, considerando isento de pena o descendente (entre outros parentes) do criminoso que presta auxílio para que este consiga subtrair-se da ação da autoridade.

5.2.4. Gráfico comparativo

Para melhor visualizar as diferenças entre estas quatro conceituações – *condições gerais da ação, condições especiais da ação ou condições de procedibilidade, condições objetivas de punibilidade e escusas absolutórias* – observe-se a tabela abaixo:

Condições Gerais da Ação	Condições Especiais da Ação ou de Procedibilidade	Condições Objetivas de Punibilidade	Escusas Absolutórias
a) Possuem caráter geral e devem estar presentes em qualquer ação penal. b) Consistem: b.1) Possibilidade jurídica do pedido: viabilidade de condenação, o que implica tipicidade da conduta. b.2) Interesse de agir: indícios de autoria e prova da existência do crime. b.3) Legitimidade: b.3.1) ativa: Ministério Público, na ação penal pública; e o ofendido, na ação penal privada. b.3.2) passiva: indivíduo maior de 18 anos.	a) São específicas, sem caráter geral, vinculando o exercício da ação penal apenas em alguns casos. b) Referem-se, unicamente, à instauração do processo e não envolvem diretamente aspectos pertinentes ao mérito. c) Como exemplos destas condições, as hipóteses em que a lei exige a representação do ofendido ou a requisição do Ministro da Justiça para que possa o Ministério Público ingressar com ação.	a) Trata-se de circunstâncias exteriores ao crime, não integrantes do tipo e de acontecimento futuro e incerto, ou seja, o agente não sabe se acontecerá ou não esta condição à época do crime. b) Exemplo típico encontra-se no art. 180 da Lei 11.101/2005 ao dispor que a sentença que decreta a falência, é condição objetiva de punibilidade das infrações penais descritas naquela lei.	a) Trata-se de causas contempladas na Parte Especial do CP, que fazem com que um fato típico e antijurídico, apesar da culpabilidade do agente, não conduza a aplicação da pena por motivos de política criminal. b) Exemplo: furto praticado por descendente contra ascendente menor de 60 anos (art. 181, II c/c o art. 183, III, do CP), em que, pela condição pessoal do agente (filho da vítima), permanece isento de pena.

4 QUESTÃO DE CONCURSO PÚBLICO: "*Defina condição objetiva de punibilidade e sua natureza jurídica. Comente a discussão sobre a sua incidência no art. 1.º da Lei n. 8.137/90.*" (Procurador da República – 2007).

5.3. CLASSIFICAÇÃO DA AÇÃO PENAL

Levando em conta a natureza do crime praticado, classifica-se a ação penal em duas espécies: *ação penal pública* e *ação penal privada*. A primeira subdivide-se em *condicionada* e *incondicionada*, muito embora haja segmento doutrinário que refira, ainda, uma terceira modalidade de ação pública rotulada de *ação penal pública subsidiária da pública*; já a segunda subdivide-se em *privada exclusiva*, *privada subsidiária da pública* e *privada personalíssima*. Sem embargo dessa divisão clássica, um terceiro gênero ainda precisa ser mencionado, consistente na chamada *ação penal popular*, de constitucionalidade bastante questionável, sendo refutada pela maioria dos autores.

Em síntese:

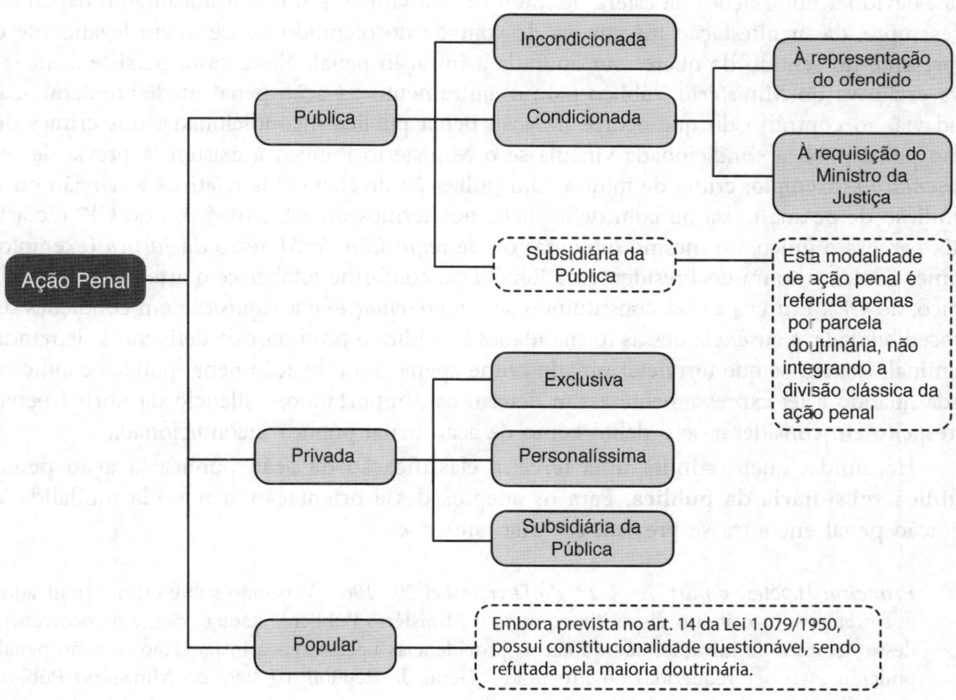

a) Ação penal pública: gênero utilizado para designar a ação penal intentada pelo Ministério Público. Classifica-se em:

a.1) Ação penal pública incondicionada (art. 24, 1.ª Parte, do CPP e art. 100, *caput*, do CP): É iniciada mediante denúncia do Ministério Público para apuração de infrações penais que interferem diretamente no interesse geral da sociedade. Sua dedução independe da manifestação de vontade expressa ou tácita da vítima, de seu representante legal, de seus sucessores ou de qualquer interessado. Esta modalidade de ação penal constitui a regra no processo penal brasileiro (art. 100 do CP), sendo ressalvada apenas em determinadas hipóteses expressamente previstas em lei, como ocorre no caso do art. 156, § 1.º, do CP que, versando sobre o crime de furto de coisa comum, condiciona a ação penal à existência de prévia representação; e, também, na hipótese do art. 163, *caput* e parágrafo único, inc. IV, do CP, hipóteses nas quais o art. 167 estabelece que o crime de dano apenas se procede mediante queixa.

A Lei 12.015, de 7 de agosto de 2009, modificou substancialmente o Titulo VI da Parte Especial do Código Penal, a iniciar pela nomenclatura "crimes contra os costumes", que foi substituída por "crimes contra a dignidade sexual". Nesta senda de modificações, os delitos tipificados nos arts. 213 a 218-B do CP passaram a ser apurados, como regra, mediante ação penal pública condicionada à representação, salvo no caso de ser a vítima menor de 18 anos ou pessoa vulnerável, hipótese em que a ação penal será pública incondicionada (art. 225 do CP). Na atualidade, em face do advento da Lei 13.718, de 24 de setembro de 2018, foi o Código Penal, mais uma vez, modificado, determinando-se **que todos os crimes contra a liberdade sexual e os crimes sexuais contra vulnerável devam ser apurados independentemente da vontade da vítima ou de seu representante legal** – mediante **ação penal pública incondicionada**, portanto (art. 225 do CP).

a.2) Ação penal pública condicionada (art. 24, 2.ª Parte, do CPP e art. 100, § 1.º, do CP): Também aqui há a prevalência do interesse público na apuração do crime praticado, mas, devido a implicações na esfera de interesses da vítima, seu desencadeamento dependerá, sempre, da manifestação inequívoca de vontade do ofendido ou de quem legalmente o represente no sentido de querer ver apurada a infração penal. Neste caso, persiste a iniciativa exclusiva do Ministério Público para o ajuizamento da ação penal mediante denúncia. Todavia, ao contrário do que ocorre na ação penal pública incondicionada, nos crimes de ação penal pública condicionada vincula-se o Ministério Público à existência prévia de *representação* (exemplo: crime de injúria com utilização de elementos relativos à religião ou à condição de pessoa idosa ou com deficiência, nos termos do art. 140, § 3.º, do CP[5] c/c art. 145, parágrafo único, do mesmo diploma) ou de *requisição do Ministro da Justiça* (exemplo: crimes contra a honra do Presidente da República, conforme estabelece o art. 145, parágrafo único, do CP). Em tais casos, constituindo-se a *representação* e a *requisição* em condições de procedibilidade, a ausência dessas formalidades impedirá o promotor de deflagrar a demanda criminal. Reitera-se que um determinado crime apenas será de ação penal pública condicionada quando a lei expressamente assim determinar, importando o silêncio da norma penal a respeito em considerar-se o delito como de ação penal pública incondicionada.

Há, ainda, quem admita uma terceira classificação da ação pública: a **ação penal pública subsidiária da pública**. Para os adeptos dessa orientação, a referida modalidade de ação penal encontra-se prevista em duas situações:

***Primeira:** Hipótese do art. 2.º, § 2.º, do Decreto-Lei 201/1967.* Versando sobre crimes praticados por prefeitos, preceitua o dispositivo que, se o Ministério Público Estadual, ciente da ocorrência dessa natureza de infração, não adotar as providências necessárias à instauração da ação penal, poderão estas ser requeridas ao Procurador-Geral da República (chefe do Ministério Público Federal). Apesar dessa normatização, entendemos que essa forma de ação penal não subsiste no ordenamento jurídico. Na realidade, não parece ter sido recepcionada pela Constituição Federal de 1988, já que, ao permitir uma indevida ingerência do Ministério Público Federal no âmbito das atribuições próprias dos Ministérios Públicos Estaduais, viola a autonomia dos Estados. Ademais, a hipótese prevista no art. 2.º, § 2.º do DL 201/1967 não se enquadra entre aquelas que permitem deslocamento de competência autorizado pelo art. 109, § 5.º, da Carta Republicana, mesmo porque, nesse último caso, o que leva o Procurador-Geral da República a suscitar perante o STJ o deslocamento de competência não é a inércia do Ministério Público Estadual, mas, sim,

[5] A Lei 14.532, de 11.01.2023, atribuiu nova redação ao art. 140, § 3.º, do Código Penal, limitando sua incidência às hipóteses em que a injuria envolver a utilização de elementos referentes à religião ou à condição de pessoa idosa ou com deficiência, sendo mantida sua apuração mediante ação penal pública condicionada à representação do ofendido. A referida Lei 14.532, ainda, incluiu na Lei 7.716/1989 (que define os crimes resultantes de preconceito de raça ou de cor) a conduta de "injuriar alguém, ofendendo-lhe a dignidade ou o decoro, em razão de raça, cor, etnia ou procedência nacional", tipificando-a no art. 2.º-A daquele diploma, crime este de ação penal pública incondicionada. Com esta última disciplina, a injúria racial passou a assumir natureza equiparada à de crime de racismo, sendo inafiançável e imprescritível, a teor do disposto no art. 5º, XLII, da CF.

o objetivo de assegurar o fiel cumprimento dos tratados internacionais dos quais o Brasil seja parte, quando detectada hipótese de *grave violação de direitos humanos.*

Segunda: *Hipótese do art. 357, §§ 3.º e 4.º, da Lei 4.737/1965 (Código Eleitoral).* Preceitua-se, nos mencionados parágrafos, que se o órgão do Ministério Público não oferecer a denúncia no prazo legal, o juiz solicitará ao Procurador Regional a designação de outro promotor, que, no mesmo prazo, oferecerá a denúncia. Embora isto ainda seja possível na atualidade, cremos que a demanda criminal, nesse caso, enquadra-se na classificação tradicional da ação pública (uma ação penal pública incondicionada, por força do que estabelece o art. 355 do Código Eleitoral), já que não importa em modificação de titularidade, apenas sendo a inicial oferecida por outro agente do Ministério Público diante da inércia daquele que primeiro recebeu o inquérito policial ou peças de informação.

b) Ação penal privada: trata-se da ação penal intentada pelo particular, subdividindo-se nas seguintes modalidades:

b.1) Ação penal privada exclusiva (art. 30 do CPP e art. 100, § 2.º, do CP): Esta modalidade de ação penal justifica-se quando a infração penal atinge profundamente os interesses da vítima, dependendo o desencadeamento do processo criminal, portanto, de sua própria iniciativa ou de quem a legalmente represente. É que, em tais hipóteses, a vítima, já afetada pela prática do crime, pode sentir-se ainda mais prejudicada em razão do constrangimento natural causado pela natureza da infração e pela exposição da sua intimidade provocada pela amplitude dos debates que ocorrem na esfera judicial. A *ação penal privada exclusiva* é intentada mediante *queixa-crime*, a qual poderá ser proposta pelo ofendido (se maior de 18 anos e capaz); por seu representante legal (se o ofendido for menor de 18 anos ou incapaz), pelo seu cônjuge, ascendente, descendente ou irmão, no caso de morte ou de declaração judicial de ausência (art. 31 do CPP).

b.2) Ação penal privada personalíssima: Trata-se de subtipo de ação penal privada em que a titularidade compete única e exclusivamente ao próprio ofendido, sendo o seu exercício vedado, até mesmo, ao seu representante legal, cônjuge, ascendente, descendente ou irmão. Destarte, falecendo a vítima, nada haverá a ser feito a não ser aguardar-se a extinção da punibilidade do réu. Neste caso, são inaplicáveis os arts. 31 e 34 do CPP. Na atualidade, há um só caso dessa espécie de ação penal, qual seja o *crime de induzimento a erro essencial ou ocultação de impedimento*, previsto no art. 236, parágrafo único, do Código Penal, ao tratar dos *crimes contra o casamento.* Outra espécie consistia no crime de adultério, o qual, porém, foi revogado pela Lei 11.106/2005, sendo abolida essa figura do ordenamento penal pátrio. Cabe ressaltar que, nessa modalidade de ação penal, sendo incapaz o ofendido (*v.g.*, por enfermidade mental), a queixa não poderá ser exercida, tendo em vista sua incapacidade de estar em juízo e a impossibilidade de ser representado no polo ativo da ação penal por representante legal ou curador nomeado pelo juiz. Assim, a única alternativa que lhe resta será aguardar a cessação da incapacidade, salientando-se que, enquanto isto não ocorrer, o prazo decadencial para o ajuizamento da queixa não terá fluência.

b.3) Ação penal privada subsidiária da pública (art. 29 do CPP e art. 100, § 3.º, do CP): Também conhecida como *ação penal acidentalmente privada* ou *ação penal supletiva,* corresponde a uma ação penal privada ajuizada em relação a crime de ação pública, justificando-se quando, esgotado o prazo do Ministério Público, este não ofereceu a competente denúncia. O início do processo criminal, neste caso, ocorrerá mediante a dedução de *queixa-crime subsidiária.* Nesta forma de ação, o titular será o particular que a intentou e não o Ministério Público, que apenas poderá retomar a titularidade da ação penal caso o querelante subsidiário venha a negligenciar no impulso do processo.

c) Ação penal secundária: Trata-se daquela em que a lei estabelece que a apuração do crime será feita por meio de uma determinada modalidade de ação penal, prevendo, contudo, *secundariamente*, diante do surgimento de circunstâncias especiais, uma nova espécie de ação para aquela mesma infração. É o que ocorre, por exemplo, no crime de injúria, cuja regra é ser apurado mediante ação penal privada (art. 140, *caput*, c/c 145, *caput*, 1.ª parte do CP). Não obstante, como dissemos antes, se cometido com utilização de elementos referentes à religião ou à condição de pessoa idosa ou com deficiência, ou, ainda, contra funcionário público, em razão de suas funções, ou contra os Presidentes do Senado Federal, da Câmara dos Deputados ou do Supremo Tribunal Federal, a ação penal passará, *secundariamente*, de privada para pública condicionada à representação (arts. 140, § 3.º, 141, II, c/c art. 145, parágrafo único, 2.ª parte, do CP); e, se praticada a ofensa por questões de raça, cor, etnia ou procedência nacional (art. 2.º-A da Lei 7.716/1989, incluído pela Lei 14.532/2023), a apuração será realizada mediante ação penal pública incondicionada.

d) Ação penal popular (arts. 14 e 41 da Lei 1.079/1950): Constitui modalidade de ação penal destinada a apurar crimes de responsabilidade cometidos por determinados agentes. Está prevista na Lei 1.079/1950, permitindo-se a qualquer pessoa do povo *denunciar* o Presidente da República, Ministros de Estado, membros do Supremo Tribunal Federal e o Procurador-Geral da República perante o Poder Legislativo. A *denúncia*, nos dois primeiros casos (Presidente da República e Ministros de Estado), será apresentada à Câmara dos Deputados, à qual incumbirá autorizar ou não a instauração de processo. Autorizada essa instauração por voto de dois terços de seus membros, as peças serão encaminhadas ao Senado Federal, a quem incumbirá o julgamento (arts. 51, I e 86 da CF). Já nas duas situações seguintes (Ministros do Supremo Tribunal Federal e Procurador-Geral da República), a denúncia será apresentada diretamente ao Senado. Essa normatização incorporada pela Lei 1.079/1950, entretanto, tem sido alvo de severas críticas, sob o argumento de que ofende o regramento determinado pela Carta de 1988. Por isso, parcela considerável da doutrina e a jurisprudência dominante insurgem-se quanto à possibilidade de se considerar a chamada *ação penal popular* como uma nova modalidade de demanda criminal a agregar-se ao sistema clássico que divide a ação penal em *pública* (incondicionada e condicionada) e *privada* (exclusiva, personalíssima e subsidiária da pública). De resto, encaminhamos o leitor ao *tópico 5.9 deste capítulo,* em que abordamos o tema com maior profundidade.

e) Ação penal extensiva: relativa aos crimes complexos, esta modalidade de ação penal decorre do art. 101, do CP, dispondo que "quando a lei considera como elemento ou circunstâncias do tipo legal fatos que, por si mesmos, constituem crimes, cabe ação pública em relação àquele, desde que, em relação a qualquer destes, se deva proceder por iniciativa do Ministério Público". Por *crime complexo* entende-se aquele que surge da conjugação de dois ou mais crimes. Exemplo clássico é o crime de roubo, correspondente à junção dos crimes relativos à ameaça ou à violência com o delito de furto. Pois bem, de acordo com o referido art. 101 do CP, se, na formação do crime complexo, um dos delitos, na sua forma autônoma, deva ser apurado mediante ação penal privada e o(s) remanescente(s), por meio de ação penal pública, esta última modalidade deverá prevalecer, abrangendo toda a conduta do agente.

f) Ação de prevenção penal: pode ocorrer que, no curso do inquérito policial ou logo após sua conclusão, seja constatado, por meio de incidente de insanidade mental (arts. 149 e seguintes do CPP), tratar-se o agente de indivíduo que, ao tempo do fato, era completamente incapaz de compreender o caráter ilícito de suas ações e de se autodeterminar de acordo com esse entendimento (inimputável, nos termos do art. 26, *caput,* do CP). Essa verificação não impedirá o ajuizamento da ação penal, caso em que o processo seguirá com a assistência de curador (art. 151 do CPP). Contudo, em decorrência do art. 26, *caput,* do CPP, tal indivíduo será *isento de pena,* o que atrai a incidência do art. 386, VI, 2.ª parte, impondo a sua absolvição. Sem embargo, por força do mesmo art. 386, agora em seu parágrafo único, inciso III, combinado com art. 97 do CP, este réu ficará sujeito à medida de segurança (caso comprovadas a autoria e a materialidade do crime, bem como não estar ele amparado por excludentes de tipicidade e de antijuridicidade, além de outras excludentes de culpabilidade que não seja a inimputabilidade por doença mental ou desenvolvimento mental incompleto ou retardado). Pois bem, a essa modalidade de ação penal, que visa, exclusivamente, à absolvição com aplicação de medida de segurança (denominada de *absolvição imprópria*) dá-se o nome de **ação de prevenção penal**.

5.4. AÇÃO PENAL PÚBLICA INCONDICIONADA

5.4.1. Titularidade e prazo

Na ação penal pública incondicionada, o Ministério Público é o *dominus litis*, podendo instaurar o processo criminal independente da manifestação de vontade de qualquer pessoa e até mesmo contra a vontade expressa ou tácita da vítima ou de seu representante legal. Ressalva a esta titularidade exclusiva do Ministério Público existe apenas na *ação penal privada subsidiária da pública,* facultada ao ofendido ou seu representante legal na hipótese de não oferecimento de denúncia pelo promotor de justiça no prazo legal (art. 5.º, LIX, da CF, art. 29 do CPP e art. 100, § 3.º, do CP).

Veja-se que não foi recepcionado pela Constituição Federal o denominado *procedimento judicialiforme,* previsto no art. 26 do CPP, no qual se permitia que a ação penal pública nas contravenções penais fosse iniciada por auto de prisão em flagrante ou por meio de portaria expedida pelo juiz ou pela autoridade policial.

O exercício da ação penal pública, em regra, manifesta-se a partir dos elementos coligidos ao inquérito policial. Não obstante, o inquérito não é indispensável à formação do convencimento do *parquet,* podendo este oferecer denúncia a partir de provas que tenham sido trazidas ao seu conhecimento, de relatórios de comissões parlamentares de inquérito, de investigações realizadas no âmbito da promotoria de justiça, de dados carreados a autos de processo criminal que apura crime diverso etc. Essa liberdade que assiste ao Ministério Público vem expressa em vários dispositivos dentro do Código de Processo Penal como, por exemplo, o art. 27, dispondo que "qualquer pessoa do povo poderá provocar a iniciativa do Ministério Público, nos casos em que caiba a ação pública, fornecendo-lhe, por escrito, informações sobre o fato e a autoria e indicando o tempo, o lugar e os elementos de convicção", e o art. 46, § 1.º, este último estabelecendo a regra da contagem dos prazos para o oferecimento da denúncia "quando o Ministério Público dispensar o inquérito policial".

Quanto ao **prazo** para o oferecimento da denúncia, estabelece o art. 46 do CPP que é de *cinco dias,* quando se tratar de indiciado preso, e de *quinze dias,* quando estiver em liberdade, contados, em qualquer caso, da data em que o órgão do Ministério Público receber os autos do inquérito policial ou das peças de informação. Ressalvam-se determinadas exceções previstas em leis ou procedimentos especiais contemplando prazos diferenciados. É o caso, por exemplo, dos crimes eleitorais, em que o prazo para oferecimento da denúncia é de *dez dias* (art. 357 do Código Eleitoral); dos crimes contra a economia popular, cujo prazo é de *dois dias* (art. 10, § 2.º, da Lei 1.521/1951); e dos crimes relacionados a drogas, em que este prazo é de *dez dias* (art. 54 da Lei 11.343/2006). **Mas atenção**: a despeito dessas disciplinas, pode ocorrer que o descumprimento do prazo legal para o oferecimento da denúncia não se revele desarrazoado, justificando-se, por exemplo, na complexidade do caso ou das provas produzidas. Nestes casos, ainda que esteja preso o indiciado, a delonga no ajuizamento da ação penal, desde que não excessiva, não implica, necessariamente, a conclusão de constrangimento ilegal passível de enfrentamento por meio de *habeas corpus*, devendo ser ponderada, no caso concreto, sob o princípio da razoabilidade[6].

Há divergências quanto ao efetivo *dies a quo* dos prazos mencionados. Indaga-se, enfim: *Ao dispor o art. 46 do CPP que o prazo para oferecimento da denúncia conta-se da data em que o Ministério Público receber os autos do inquérito policial, referido dispositivo está determinando a inclusão do dia da vista efetiva do inquérito, ou, ao contrário, ordenando que o prazo tenha início no primeiro dia útil seguinte ao da referida vista?* A solução desta questão passa, necessariamente, pela definição da natureza **processual** ou **material** dos prazos estabelecidos em lei para o oferecimento da exordial. Veja-se que os *prazos processuais* **contam-se na forma prevista no art. 798, § 1.º, do CPP, excluindo-se o dia do começo, incluindo-se, porém, o do vencimento**. Além disso, não se iniciam e não se finalizam em dias não úteis, o que acarreta a prorrogação do *dies a quo* e do *dies ad quem* para o primeiro dia útil seguinte na hipótese, por exemplo, de recaírem em final de semana ou feriado. Por essa linha de raciocínio, aportassem os autos do inquérito policial junto ao Ministério Público no dia 1.º (sexta-feira) e se encontrando preso o indiciado, o prazo para oferecimento da denúncia iniciar-se-ia no dia 4 (segunda-feira), encerrando-se no dia 8 (sexta-feira). Por outro lado, **os *prazos materiais* têm a sua forma de contagem regrada pelo art. 10 do CP, incluindo-se o dia do começo**, independentemente de tal data recair ou não em dia útil, pois essa modalidade de prazo não está sujeita a interrupção ou suspensão. Assim, chegando os autos do inquérito na promotoria de justiça no dia 1.º (sexta-feira) e estando o réu preso, teríamos como *dies a quo* o próprio dia 1.º e, como *dies ad quem*, o dia 5 (terça-feira). Embora não possamos ignorar a circunstância de que a última posição (natureza material) possibilita a contagem do prazo de forma mais benéfica para o investigado, aderimos à primeira corrente, qual seja, a de que a natureza desses prazos é ***processual***, devendo ser contados com exclusão do dia do começo, mesmo porque esta é a regra estipulada pelo art. 798, § 1.º, do CPP para contagem dos prazos previstos no Código de Processo Penal.

Perceba-se, finalmente, que o prazo para oferecimento da denúncia é *impróprio*, o que significa que seu escoamento não acarreta preclusão. Logo, ainda que esgotado o prazo legal do Ministério Público, se a vítima ou quem tenha qualidade para representá-la não ajuizar a ação penal privada subsidiária da pública nos termos do art. 29 do CPP, poderá a denúncia ser apresentada pelo Promotor em qualquer tempo, desde que antes da extinção da punibilidade pela prescrição ou outra causa.

5.4.2. Princípios

Rege-se a ação penal pública pelos seguintes princípios:

a) Princípio da obrigatoriedade[7]: havendo indícios de autoria e prova da materialidade quanto à prática de um fato típico e não se fazendo presentes causas extintivas da

---

6 TJRS, HC 70070373576, j. 25.08.2016.

7 O *princípio da obrigatoriedade* da ação penal pública também é denominado por parte da doutrina de *princípio da legalidade processual*.

punibilidade (*v.g.*, morte do agente, prescrição etc.), não pode o Ministério Público, em tese, deixar de ajuizar a ação penal.

Tal obrigatoriedade, porém, não é absoluta, sendo mitigada no âmbito das infrações sujeitas ao **Juizado Especial Criminal**, em que há a possibilidade de transação penal prevista nas Leis 9.099/1995 e 10.259/2001 e admitida pela própria Constituição Federal no art. 98, I. Adota-se, neste último caso, o **princípio da obrigatoriedade mitigada** ou da **discricionariedade regrada**, viabilizando-se ao Ministério Público, diante da presença dos requisitos legais, deixar de propor a ação penal e oferecer ao autor do fato a aplicação imediata de pena não privativa de liberdade, encerrando-se, assim, o procedimento.

Mais recentemente, flexibilizando, também, o princípio da obrigatoriedade da ação penal pública, introduziu a Lei 13.964/2019 ao Código de Processo Penal o art. 28-A, facultando aos membros do Ministério Público, uma vez preenchidos os requisitos previstos naquele dispositivo e mediante a estipulação de condições (reparação do dano, prestação de serviço à comunidade, pagamento de prestação pecuniária etc.), propor ao investigado **acordo de não persecução penal**, desde que necessário e suficiente para reprovação e prevenção do crime. Referido ajuste tem lugar quando, não sendo hipótese de arquivamento da investigação criminal, tiver o investigado confessado formal e circunstancialmente a prática de infração penal sem violência ou grave ameaça e com pena mínima cominada inferior a quatro anos, condicionando-se, ainda, a que não incidam óbices legais (reincidência, habitualidade criminosa, crimes praticados contra mulher por razões do sexo feminino, etc.). Proposto e aceito o acordo, o Ministério Público não oferecerá ação penal, operando-se, depois de cumpridas as condições do ajuste, a extinção da punibilidade. A propósito do tema, pela extensão e relevância, remetemos o leitor ao tópico 5.16 deste capítulo, em que o abordamos de forma pormenorizada.

Além destas, outras hipóteses existem que, também, são apontadas pela doutrina como situações que abrandam a obrigatoriedade da ação penal pública. Consistem:

- **Art. 83, §§ 2.º e 4.º, da Lei 9.430/1996.** Contempla a suspensão da pretensão punitiva do Estado em relação a determinados crimes contra a ordem tributária e contra a previdência social no caso de pedido de parcelamento do débito tributário formalizado antes do recebimento da denúncia. Efetuado que venha a ser o pagamento integral dos débitos, inclusive os acessórios, que tiverem sido objeto de concessão do parcelamento, extingue-se a punibilidade dos crimes em questão.
- **Art. 87 da Lei 12.529/2011.** Refere-se ao *acordo de leniência*, assim entendido o pacto realizado com pessoas físicas ou jurídicas responsáveis pela prática de infrações contra a ordem econômica, por meio do qual, em troca de benefícios (extinção da ação punitiva da administração pública ou a redução de um a dois terços da penalidade aplicável), surge o comprometimento de auxiliar nas investigações que conduzam a identificação de outros envolvidos e a obtenção de informações e documentos que comprovem a infração noticiada ou sob investigação (art. 86 da Lei 12.529/2011). Pois bem, de acordo com o art. 87, "*nos crimes contra a ordem econômica, tipificados na Lei nº 8.137, de 27 de dezembro de 1990 , e nos demais crimes diretamente relacionados à prática de cartel, tais como os tipificados na Lei nº 8.666, de 21 de junho de 1993, e os tipificados no art. 288 do Decreto-Lei nº 2.848, de 7 de dezembro de 1940 - Código Penal, a celebração de acordo de leniência, nos termos desta Lei, determina a suspensão do curso do prazo prescricional e* ***impede o oferecimento da denúncia com relação ao agente beneficiário da leniência***" (grifamos). **Mas atenção**: conforme se percebe, este dispositivo faz alusão aos crimes "*tipificados na Lei nº 8.666, de 21 de junho de 1993*", que eram aqueles previstos nos arts. 89 a 99

da mesma lei. Tais figuras típicas, entretanto, foram revogadas pela Lei 14.133, de 1.º.04.2021, que instituiu a nova lei de licitações e contratos administrativos e inseriu no Código Penal os crimes respectivos (arts. 337-E a 337-O do CP). Com isto, restou prejudicada a remissão feita pelo art. 87 da Lei 12.529/2011 à Lei 8.666/1993. Independentemente, como a referência a esse diploma pelo citado art. 87 é realizada a título exemplificativo (o legislador utilizou a expressão "tais como"), depreende-se que a suspensão do curso do prazo prescricional e o impedimento ao oferecimento da denúncia com relação ao agente beneficiário da leniência subsiste quanto às condutas tipificadas nos novos dispositivos inseridos no Código Penal pertinentes a crimes licitatórios e aos praticados em relação a contratos administrativos, quando diretamente relacionados à prática de cartel.

– **Art. 4.º, § 4.º, da Lei 12.850/2013.** Trata-se da colaboração premiada no crime de organização criminosa, conferindo ao colaborador, a par de outros benefícios possíveis, desde que cumpridos os termos do acordo e alcançados os objetivos previstos em lei (art. 4.º, *caput*), a possibilidade de não ser denunciado.

A subscrição de termo de ajustamento de conduta em relação a condutas lesivas ao meio ambiente e que também estejam tipificadas como crimes ambientais podem ser consideradas circunstâncias mitigadoras do princípio da obrigatoriedade da ação penal pública quando cumpridas as obrigações assumidas? O STJ consolidou o entendimento de que a assinatura do termo de ajustamento de conduta, firmado entre o Ministério Público estadual e o suposto autor de crime ambiental, não impede a instauração da ação penal, pois não elide a tipicidade penal. Ademais, há independência entre as esferas administrativa, cível e penal[8].

A presença de causa excludente de ilicitude no agir do indiciado pode justificar o não ajuizamento da ação penal pública? As excludentes de ilicitude ou de antijuridicidade são as previstas no art. 23 do Código Penal, quais sejam: *legítima defesa, estado de necessidade, estrito cumprimento do dever legal e exercício regular de direito.* Em tese, aspectos relativos à ilicitude ou não da conduta do agente são irrelevantes no momento do ajuizamento da denúncia. A consideração a ser realizada pelo Ministério Público deve respeitar, unicamente, à existência de indícios de autoria e prova da materialidade de uma infração penal (fato típico), descabendo adentrar nas órbitas da ilicitude. No entanto, parte considerável da doutrina aceita a possibilidade de não ajuizamento da ação penal pública em situações nas quais a presença de excludentes da ilicitude seja absolutamente irrefutável, vale dizer, totalmente estreme de dúvidas. Isto se justifica em questões de economia processual e também para não submeter ao constrangimento de responder a um processo criminal a pessoa que, embora tenha praticado conduta típica, agiu evidentemente ao amparo de uma das causas excludentes de ilicitude previstas em lei. Tal, porém, deve ser conduta excepcional e pressupõe absoluta certeza quanto à ocorrência dessas excludentes, impondo-se a dedução da ação penal se houver a menor dúvida sobre a respectiva incidência.

---

8 STJ, REsp 1154405/MG, DJ 25.05.2017. No mesmo sentido: "Impende ressaltar entendimento desta Superior Corte de Justiça no sentido de que a assinatura de termo de ajustamento de conduta, com a reparação do dano ambiental, são circunstâncias que possuem relevo para a seara penal, a serem consideradas na hipótese de eventual condenação, não se prestando para elidir a tipicidade penal. Outrossim, a lavratura do referido termo, com a extinção de ação civil pública, não implica a extinção da ação penal correspondente, haja vista a independência da esfera penal em relação às esferas cível e administrativa. Pre-cedentes" (STJ, AgRg no RHC 121611/SP, *DJ* 13.03.2020).

E quando presente causa excludente de culpabilidade? A culpabilidade envolve fatores de três ordens: potencial consciência da ilicitude, exigibilidade de conduta diversa e imputabilidade. Logo, excluem a culpabilidade as seguintes causas:

1) *Erro de proibição inevitável* (art. 21, *caput*, 1.ª parte, do CP). Atuando como hipótese de isenção de pena, esse erro exclui culpabilidade ao elidir a potencial consciência da ilicitude do fato. Diversamente, o *erro de proibição evitável* apenas reduz a culpabilidade e, consequentemente, a pena do agente (art. 21, *caput*, 2.ª parte, do CP).
2) *Coação moral irresistível e estrita obediência à ordem não manifestamente ilegal de superior hierárquico* (art. 22 do CP). Essas situações afastam a inexigibilidade de conduta diversa, sendo punido apenas o autor da coação ou da ordem. Veja-se que a *coação física irresistível*, por refletir na vontade do agente, incide na tipicidade da conduta e não na culpabilidade.
3) *Doença mental ou desenvolvimento mental incompleto ou retardado totalmente incapacitantes (art. 26, caput, do CP), idade inferior a 18 anos (art. 27 do CP) e embriaguez completa proveniente de caso fortuito ou força maior (art. 28, § 1.º, do CP).* Exclui-se, em todos estes casos, a imputabilidade. Observe-se que a doença mental ou desenvolvimento mental incompleto *parcialmente incapacitantes* (art. 26, parágrafo único, do CP), assim como a embriaguez proveniente de caso fortuito ou força maior *incompleta* (art. 28, § 2.º, do CP) apenas reduzem a culpabilidade e não a excluem, acarretando, em consequência, a redução de pena.

Pois bem, tocante à possibilidade de ajuizamento da ação penal pública quando presentes essas causas, é preciso distinguir:

a) Jamais será lícito ao Ministério Público deixar de oferecer denúncia contra o agente ao fundamento da sua **inimputabilidade por doença mental ao tempo do fato** (art. 26, *caput*, do CP), pois, embora se trate esta de uma excludente da culpabilidade, e, desse modo, imponha a absolvição (art. 386, VI, 2.ª parte, do CPP), permite a lei a imposição de medida de segurança (art. 386, parágrafo único, III, do CPP). Assim, mesmo sendo o autor do fato absolutamente incapaz à época da infração penal, é juridicamente viável a dedução de ação penal contra ele. Não poderá o promotor, reitere-se, pedir a sua condenação, pois, sendo inimputável, é isento de pena. Todavia, deverá requerer na denúncia seja ele absolvido com aplicação de medida de segurança.
b) Em se tratando de **inimputabilidade decorrente de menoridade penal** (art. 27 do CP), não há de se cogitar dedução de ação penal, a qual resta inviabilizada pela manifesta ilegitimidade *ad causam* passiva do autor do ato infracional (v. *item 5.2.1 – c*).
c) Quanto às **outras dirimentes** (erro de proibição inevitável, coação moral irresistível, obediência hierárquica à ordem não manifestamente ilegal e embriaguez completa proveniente de caso fortuito ou força maior), tal como ocorre em relação às excludentes de ilicitude, cremos que tão somente a absoluta certeza quanto à sua existência, e ainda assim em caráter excepcional, poderá justificar o não ajuizamento da ação penal pelo Ministério Público e o consequente pedido de arquivamento do inquérito policial. Atente-se que esta possibilidade de não oferecimento de denúncia por razões relacionadas à culpabilidade apenas poderá ocorrer quando presentes de forma inequívoca **causas que excluam a culpabilidade**, mas não em vista de hipóteses que, simplesmente, **reduzam a culpabilidade** (*v.g.*, o erro de proi-

bição evitável previsto no art. 21, *caput*, 2.ª parte, do CP, e a semi-imputabilidade consagrada no art. 26, parágrafo único, do CP), já que estas últimas não impedem a condenação, apenas importando em redução da pena imposta.

A propósito do exposto, observe-se o seguinte esquema:

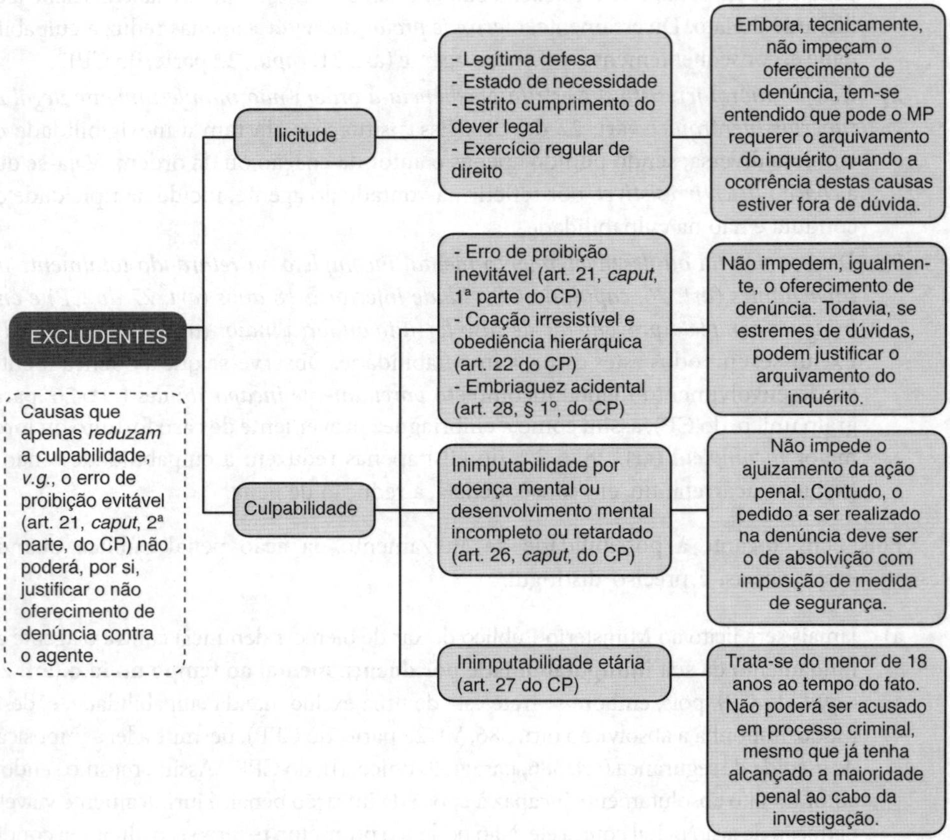

b) Princípio da indisponibilidade: uma vez ajuizada a ação penal pública, dela não pode o Ministério Público desistir, consoante previsão expressa do art. 42 do CPP. Como regra, também não pode o promotor transigir quanto ao seu objeto. Diz-se "como regra" porque, assim como ocorre no tocante ao *princípio da obrigatoriedade da ação penal pública,* também o *princípio da indisponibilidade*, excepcionalmente, pode ser flexibilizado. Como exemplo, a proposta de suspensão condicional do processo, viabilizada ao Ministério Público por ocasião do oferecimento da denúncia, quando presentes as condições do art. 89 da Lei 9.099/1995. Ainda, a possibilidade de transação penal entre o Ministério Público e o acusado quando, por força de *emendatio libelli* ou de *mutatio libelli*, sobrevier, nos procedimentos de competência do juiz singular ou do Tribunal do Júri, desclassificação para infração penal de competência dos Juizados Especiais Criminais (arts. 383, 384, 411, § 3º e 418, observados os termos da Súmula 337 do STJ[9], aplicável, por analogia, à transação penal). Questão polêmica, referida por parte da doutrina como, também, uma

---

9 Súmula 337: É cabível a suspensão condicional do processo na desclassificação do crime e na procedência parcial da pretensão punitiva.

exceção ao princípio da indisponibilidade da ação penal pública, diz com a possibilidade de formalização, pelo Ministério Público, de um *acordo de não continuidade da ação penal,* que, por analogia ao *acordo de não persecução penal* (cabível apenas na fase pré-processual, consoante disciplina do art. 28-A do CPP), seria facultado ao promotor de justiça após ter sido ajuizado o processo criminal. Cabe destacar que esse entendimento chegou a ser acenado por parcela inexpressiva dos Ministérios Públicos dos Estados. Sem embargo desta orientação (repita-se: minoritária), a verdade é que a tendência jurisprudencial, tanto no STF quanto no STJ, é a de que "o instituto do acordo de não persecução penal torna-se inviabilizado após o recebimento da denúncia"[10-11]. Outra, aliás, não foi a posição do Conselho Nacional dos Procuradores-Gerais incorporada ao seu Enunciado 20, segundo o qual "cabe acordo de não persecução penal para fatos ocorridos antes da vigência da Lei n.º 13.964/2019, desde que não recebida a denúncia".

c) Princípio da oficialidade: a ação penal pública incondicionada será deflagrada por iniciativa de órgão oficial, o Ministério Público, independentemente da manifestação de vontade expressa ou tácita de qualquer pessoa. Excetua-se este princípio na faculdade conferida ao ofendido pelo art. 29 do CPP e pelo art. 5.º, LIX, da CF no sentido de ajuizar a ação penal privada subsidiária da pública, quando inerte o Ministério Público em oferecer denúncia no prazo legal.

d) Princípio da divisibilidade: havendo mais de um suposto autor do crime, nada impede que venha o Ministério Público a ajuizar a ação penal apenas em relação a um ou alguns deles, relegando a propositura quanto aos demais para momento posterior. Esse procedimento pode justificar-se tanto na necessidade de serem buscados maiores elementos para amparar o processo penal em relação aos investigados que não constaram no polo passivo da inicial, como em questão de estratégia processual.

Esta opção do promotor de justiça em não ajuizar, de plano, a ação penal contra todos os envolvidos, fazendo-o apenas em relação a um ou alguns deles, não acarreta qualquer tipo de preclusão quanto aos demais, mesmo porque são consolidadas, na doutrina e na jurisprudência, tanto a possibilidade de aditamento da denúncia a qualquer tempo (desde que antes da prescrição do crime, obviamente) para inclusão de coautor ou partícipe que não tenha integrado o polo passivo da relação processual, como a viabilidade de propositura de nova ação penal contra o corresponsável não incluído em processo já sentenciado. De qualquer modo, havendo vários indiciados no inquérito e nem todos sendo denunciados, esse procedimento deve ser justificado pelo promotor no momento do oferecimento da denúncia.

e) Princípio da intranscendência: a ação penal será ajuizada, unicamente, contra o responsável pela autoria ou participação no fato típico, não havendo de incluir, obviamente, corresponsáveis civis, cuja ação do ponto de vista penal foi irrelevante. Decorre da garantia constitucional estatuída no art. 5.º, XLV, da CF, no sentido de que *nenhuma pena passará da pessoa do condenado.*

5.5. AÇÃO PENAL PÚBLICA CONDICIONADA À REPRESENTAÇÃO

5.5.1. Titularidade

Assim como ocorre na ação penal pública incondicionada, também na condicionada a **titularidade é exclusiva do Ministério Público**, regendo-se por **idênticos princípios**. Logo, estas duas modalidades distinguem-se apenas pela circunstância de que, na ação penal

10 STJ, REsp 1.883.143/RS, Rel. Joel Ilan Paciomik, j. 28.08.2020. No mesmo sentido: STJ, HC 607.003/SC, *DJ* 27.11.2020 e RHC 134.071/MS, *DJ* 16.11.2020.

11 STF, HC 191.464 AgR, *DJ* 26.11.2020.

pública condicionada, o oferecimento da denúncia vincula-se à preexistência de *manifestação de vontade (representação)* da vítima ou de quem tenha qualidade para representá-la, ou, se for o caso, de *requisição do Ministro da Justiça*. Como já dissemos, será condicionada a ação penal somente quando a lei penal expressamente assim dispor, importando o silêncio do legislador em considerar-se a ação penal como pública incondicionada (art. 100, *caput* e § 1.º, do CP).

5.5.2. Representação

5.5.2.1. Condição de procedibilidade

Nos crimes cuja ação penal estiver condicionada à manifestação de vontade da vítima ou de seu representante legal, a prévia *representação* é condição de procedibilidade da ação penal. Eventual ausência dessa formalidade deverá acarretar a rejeição da denúncia pelo juiz (art. 395, II, do CPP).

Considere-se, porém, a hipótese de que tenha o magistrado, por lapso, recebido a denúncia em crime de ação penal pública condicionada, sem representação ou com representação subscrita por quem não seja o ofendido e nem seu representante legal. **Haverá, nesta hipótese, nulidade insanável dos atos praticados?** Haverá nulidade, sem dúvida, mas não necessariamente insanável, tudo dependendo das peculiaridades do caso concreto. Assim:

a) Se oferecida ou regularizada a representação ainda dentro do prazo decadencial de seis meses, cujo *dies a quo* se iniciou com o conhecimento acerca da autoria do fato praticado, é plenamente possível o prosseguimento do processo com o aproveitamento dos atos já realizados.

b) Se a ação penal iniciou-se sem representação ou com representação ilegítima, sendo a falha suprida apenas após o decurso do prazo legal, neste caso, é impossível ter-se como sanado o processo, impondo-se a extinção da punibilidade e o consequente arquivamento do processo a teor do art. 107, IV, do CP (decadência).

Este entendimento, que vem sendo adotado pela maioria da jurisprudência, decorre da exegese do art. 568 do CPP, ao dispor que "a nulidade por ilegitimidade do representante da parte poderá ser a todo tempo sanada, mediante ratificação dos atos processuais". Enfim, a expressão "a todo tempo sanada" mencionada no art. 568 do CPP deve ser limitada, no caso da representação, ao prazo máximo de seis meses previsto em lei para o seu exercício. Neste sentido, foi o entendimento do STJ, quando, analisando tema análogo, decidiu que "o vício da representação processual do querelante é sanável, desde que dentro do prazo decadencial"[12].

5.5.2.2. Forma da representação

Sem embargo do que dispõe o art. 39, *caput* e parágrafos, do CPP, tem-se entendido que a representação, confeccionada sob a forma de petição escrita ou feita oralmente, com redução a termo perante a autoridade policial, não exige forma específica, bastando que contenha a narrativa, ainda que sucinta, do fato a ser apurado e que traduza a inequívoca vontade da vítima ou de seu representante em ver responsabilizado criminalmente o autor do fato.

A representação da vítima ou de seu representante legal pode constituir-se em registro de ocorrência policial? Trata-se de questão que, de há muito, está definida na jurisprudên-

[12] STJ: AgRg no REsp 1.392.388/MG, *DJ* 01.09.2015 e AgRg no REsp 471.111/RS, *DJ* 04.08.2008.

cia, compreendendo-se que "o registro de ocorrência policial levado a efeito pela vítima é o suficiente para o início da persecução penal, não havendo que falar em peça específica com o *nomem iuris* de representação"[13]. Neste cenário, infere-se que, nos crimes de ação penal pública condicionada, basta a demonstração do interesse do ofendido ou de quem legalmente o represente no sentido de autorizar o desencadeamento da persecução criminal, prescindindo-se de qualquer formalidade.

5.5.2.3. Extensão da representação

A representação não se dá em relação a este ou àquele autor do delito, mas se refere ao fato praticado. Assim, perpetrado, em concurso de agentes, determinado crime de ação pública condicionada, ainda que oferecida representação nominal apenas em relação a um dos autores, aos outros se estenderão seus efeitos, legitimando o Ministério Público a ingressar com ação penal contra todos. Sinale-se, contudo, a existência de posição minoritária no sentido de que não haveria possibilidade de o Ministério Público aditar a denúncia para incluir pessoa distinta daquelas visadas na peça representatória.

Pode o Ministério Público denunciar apenas alguns dos indivíduos nominados na representação? Sim, assiste esta possibilidade ao *parquet*. Nada impede que compreenda o promotor de justiça que existem indícios de autoria apenas em relação a alguns dos representados, ajuizando em relação a eles a ação penal e postulando o arquivamento da representação ou do inquérito relativamente aos demais. Observe-se que não se está, aqui, aventando a possibilidade de *arquivamento implícito* em relação aos indivíduos que, nominados na representação ou investigados no inquérito, não tenham integrado o polo passivo da denúncia, o que ocorreria se o Ministério Público oferecesse denúncia contra um ou alguns indiciados e simplesmente silenciasse quanto aos demais. Esta prática não encontra amparo em lei. Assim, cogitando não ser o caso de acionar a todos os representados ou indiciados, incumbirá ao Ministério Público promover quanto a estes, fundamentadamente, perante o juízo, o respectivo arquivamento com vistas à devida homologação.

5.5.2.4. Titulares do direito de representação

São titulares do direito de representação:

a) Ofendido maior e capaz: tratando-se de ofendido maior de 18 anos e capaz mentalmente, somente ele poderá decidir pela conveniência de oferecer representação ou não. Tendo em vista a vigência do novo Código Civil, equiparando a 18 anos as maioridades civil e penal, encontra-se absolutamente prejudicada a regra incorporada ao art. 34 do CPP (aplicada extensivamente), segundo a qual, sendo maior de 18 e menor de 21 anos, poderiam agir tanto o ofendido como o seu representante legal. Pela mesma razão, deixam de incidir, aqui, os termos da Súmula 594 do STF, ao dispor que os direitos de queixa e de representação podem ser exercidos, independentemente, pelo ofendido ou por seu representante legal.

O direito de representação pode, também, ser exercido por procurador com poderes especiais (art. 39, *caput*, do CPP). Como ensina Mirabete, não se tratando de figura judicial, mas meramente processual, não é necessário que tal procurador seja advogado.

b) Representante legal do ofendido menor ou incapaz: sendo o ofendido menor de 18 anos ou pessoa com deficiência mental, a representação, quando exigida, deverá ser oferecida pelo seu representante legal, independentemente da vontade da vítima.

[13] STJ, AgRg no AREsp 1781548/MS, *DJ* 08.02.2021.

E se o ofendido incapaz não possuir representante legal ou houver colisão entre os seus interesses e os de seu representante? Não possuindo representante legal ou colidindo os interesses da vítima com a vontade do representante, deverá o juiz, *ex officio* ou a requerimento do Ministério Público, proceder à nomeação de curador, que poderá ser qualquer pessoa, advogado ou não, desde que maior de 18 anos (art. 33 do CPP, por analogia).

O curador especial nomeado pelo juiz em face do que dispõe o art. 33 do CPP está obrigado a oferecer representação? Há duas posições: uma, espelhando a maioria doutrinária e à qual nos filiamos, no sentido de que a nomeação de curador não impõe a este a obrigação de oferecer representação contra o autor do crime, incumbindo-lhe analisar a conveniência deste procedimento segundo os interesses do incapaz (art. 33 do CPP, por analogia); outra, entendendo em sentido oposto, vale dizer, no sentido da obrigatoriedade de o curador nomeado representar em prol da vítima, já que está agindo como substituto processual, ou seja, defendendo interesse alheio em nome próprio.

E se o ofendido for morto ou declarado ausente? De acordo com o art. 24, § 1.º, do CPP, "no caso de morte do ofendido ou quando declarado ausente por decisão judicial, o direito de representação passará ao cônjuge, ascendente, descendente ou irmão". Esta enumeração é taxativa e, em tese, não pode ser ampliada. Exceção parece existir quanto à figura do companheiro, nas situações de união estável plenamente caracterizada, por força da equiparação constitucional com o casamento. Observe-se que a ordem de preferência para apresentar representação no caso de morte ou ausência segue, exatamente, o disposto no art. 24, § 1.º, em exame.

E se mais de um entre os legitimados do art. 24, § 1.º, comparecer para representar? Neste caso, terão preferência os primeiros em prol dos demais, na ordem enumerada em lei. Se um dos primeiros representar, nada haverá aos demais a fazer, a menos que haja a retratação da representação por parte de quem a fez. Em caso de discordância entre os legitimados – um querendo representar e o outro não –, deve prevalecer a vontade daquele que deseja representar.

c) **Pessoas jurídicas:** analogicamente ao disposto no art. 37 do CPP, também poderão representar as pessoas jurídicas legalmente constituídas, subscrevendo a manifestação de vontade, neste caso, quem, por lei, estatuto ou contrato, incumba a respectiva administração. É o caso, por exemplo, da pessoa jurídica que venha a sofrer furto de coisa comum, previsto no art. 156 do CP, cuja ação penal é pública condicionada.

Silenciando os estatutos ou contrato social quanto a quem deva falar em juízo em nome da empresa, o direito de representação poderá ser exercido por qualquer diretor ou sócio-gerente com poderes de administração.

5.5.2.5. Prazo da representação

O art. 38 do CPP estabelece o prazo para o oferecimento da representação, disciplinando que, salvo disposição em contrário, será de seis meses, contados do dia em que o ofendido vier a saber quem foi o autor do crime, sob pena de decadência. A contagem desse prazo inclui o dia do início. Assim, conhecido o autor do fato no dia 20 de abril, esgota-se o prazo em 19 de outubro do mesmo ano. Sua fluência acarreta a extinção da punibilidade (art. 107, IV, do CP).

E se a vítima for menor de 18 anos ou mentalmente incapaz? Nesse caso, o prazo decadencial flui apenas para o representante legal. Esgotando-se, não poderá mais este exercer o direito de representação. Alcançada a maioridade pelo ofendido, ou recuperado que venha a estar da enfermidade, a partir deste momento, para ele, terá início o prazo de seis meses para representar. Neste sentido, a propósito, o teor da Súmula 594 do STF, ao dispor que "os direitos de queixa e de representação podem ser exercidos, independentemente, pelo ofendido ou por seu representante legal", súmula esta que, no ponto em exame, não ficou superada pela equiparação da maioridade civil à penal em 18 anos pelo atual Código Civil.

E no caso de morte da vítima? Caso tenha a vítima do crime falecido antes do decurso do prazo decadencial, o prazo começará a fluir, individualmente, a partir do momento em que o seu cônjuge, ascendente, descendente ou irmão (pessoas do art. 31 do CPP) tomarem conhecimento do fato e de sua autoria (art. 38, parágrafo único, c/c o art. 24, § 1.º, ambos do CPP).

Sendo hipótese de **crime continuado**, o prazo decadencial de seis meses deve ser contado individualmente, vale dizer, na medida em que o ofendido vai tomando ciência da autoria em relação a cada um dos delitos cometidos. Já em se tratando de **crime permanente**, há duas orientações: uma, no sentido de que o prazo decadencial seja computado na forma estabelecida no art. 38 do CPP, ou seja, da data em que a vítima souber quem é o autor do crime[14]; e outra, compreendendo que o prazo decadencial deve fluir do dia em que cessar a permanência, por interpretação extensiva do art. 111, III, do CP (dispositivo que estabelece o cômputo do prazo prescricional nessa ordem de crime). Por fim, no caso de **crime habitual**, predomina o entendimento de que o lapso é computado, igualmente, com a ciência da autoria do crime pela vítima ou demais legitimados. Lembre-se de que nos crimes habituais cada conduta isoladamente considerada é irrelevante penalmente, apenas havendo repercussão criminal quando a reprovabilidade decorre da reiteração de uma série de condutas indicativas de estilo ou hábito de vida do indivíduo.

5.5.2.6. *Destinatário da representação*

Nos termos do art. 39 do CPP, a representação poderá ser dirigida ao juiz, ao Ministério Público e à autoridade policial, indistintamente. Se realizada por escrito, deverá estar com a firma reconhecida. Feita oralmente ou apresentada por escrito sem reconhecimento de firma, deverá ser reduzida a termo perante a autoridade a que destinada.

Sendo oferecida à *autoridade policial*, será a representação a peça inicial do inquérito, dispensando portaria de instauração (art. 5.º, § 4.º, do CPP). Formalizada perante o *Ministério Público*, poderá este, desde logo, oferecer denúncia se estiver acompanhada dos elementos necessários ao ajuizamento da ação penal (art. 39, § 5.º, do CPP) ou, então, requisitar a instauração de inquérito policial por meio de ofício acompanhado de cópia da representação que lhe foi dirigida. Deduzida perante o *juiz*, incumbirá a este encaminhá-la à autoridade policial ou ao Ministério Público para as providências legais.

5.5.2.7. *Irretratabilidade depois de ajuizada ação penal*

A representação será irretratável após o oferecimento da denúncia, nos termos do art. 25 do CPP. *A contrario sensu*, será retratável até este momento.

Questão discutida respeita à possibilidade de "retratação da retratação". *Considere-se, pois, que, uma vez oferecida a representação pela vítima, esta, antes do oferecimento da denúncia, venha a se retratar. Posteriormente, ainda dentro do prazo decadencial, volta atrás e retrata-se da retratação antes apresentada, desejando ver processado o autor do crime. Tal atitude é válida?* Parte considerável da doutrina, à qual nos filiamos, entende possível que isto ocorra, desde que não fique evidenciada a ocorrência de má-fé da vítima (*v.g.*, pretensão de extorquir o autor do

[14] Neste sentido: Guilherme de Souza Nucci. *Código de Processo Penal comentado*. São Paulo: RT, 2008. p. 148.

delito, usando, para tanto, a possibilidade de retratar-se e depois voltar atrás neste seu ato) e que ainda não se tenha escoado o prazo de seis meses contados da ciência do autor do fato. Neste sentido, Guilherme de Souza Nucci e Julio Fabbrini Mirabete. Outros, porém, consideram que a retratação da representação importa em renúncia ao direito de ação, acarretando a extinção da punibilidade, não sendo possível ao ofendido voltar atrás.

5.5.2.8. Não vinculação do Ministério Público

Como já dissemos, a representação dá-se em relação à conduta praticada, não vinculando de forma alguma o Ministério Público, que não apenas pode promover o seu arquivamento, como também oferecer denúncia atribuindo ao fato definição jurídica diversa daquela que restou incorporada à representação.

Não se encontrando suficientemente instruída a representação ou sendo frágeis os elementos de convicção a ela acostados, poderá ainda o promotor de justiça requisitar a instauração de inquérito policial para melhor elucidação dos fatos.

> **OBSERVAÇÃO:** Se, deduzida a representação perante o Ministério Público, este considerar que a hipótese não autoriza o oferecimento de denúncia e tampouco há diligências a serem realizadas, não lhe será lícito, simplesmente, arquivá-la internamente à Promotoria de Justiça. Incumbe-lhe, independentemente de ter sido ou não requisitada a instauração de inquérito policial, deduzir em juízo o competente pedido de arquivamento, para fins de homologação. Discordando dessa posição ministerial, deverá o juiz encaminhar a vertente ao Procurador-Geral de Justiça, para os fins do art. 28 do CPP.

5.5.3. A requisição do Ministro da Justiça

5.5.3.1. Generalidades

Crimes de ação penal pública condicionada à requisição do Ministro da Justiça são aqueles nos quais o exercício da ação penal está relacionado à conveniência política em vê-los apurados ou não. São poucas as hipóteses de crimes que requerem esta providência, podendo citar, como exemplo, crimes contra a honra cometidos contra chefe de governo estrangeiro (art. 141, I, c/c o art. 145, parágrafo único, ambos do CP) e crimes contra a honra cometidos contra o Presidente da República (art. 141, I, c/c o art. 145, parágrafo único, ambos do CP).

5.5.3.2. Prazo da requisição

Ao contrário do que ocorre com a representação, inexiste fixação de prazo decadencial para o exercício da requisição pelo Ministro da Justiça, entendendo-se, pois, que isto pode ocorrer até a prescrição do crime praticado.

5.5.3.3. Reconsideração pelo Ministro da Justiça

Há dúvidas quanto a poder ou não o Ministro da Justiça retratar-se da requisição que tenha realizado, posicionando-se alguns no sentido da impossibilidade dessa retratação, já que, em primeiro lugar, trata-se de ato administrativo oriundo do governo mediante atitude do Ministro da Justiça, revestindo-se, pois, de seriedade; e, em segundo, inexiste previsão legal de que possa ser reconsiderado.

Particularmente, não pensamos assim, acreditando que, exatamente por cuidar a requisição de um *ato administrativo*, é que deve admitir retratação eficaz, desde que realizada esta reconsideração antes do ajuizamento da ação penal (após o ajuizamento é indisponível a ação penal pública). Justificamos esse ponto de vista na simples razão de que atos administrativos, modo geral, podem ser revistos, inclusive de ofício, por quem os editou.

5.5.3.4. *Destinatário da requisição*

O Ministério Público é o destinatário da requisição do Ministro da Justiça, o qual, porém, não fica atrelado aos seus termos, podendo divergir não apenas no sentido da definição jurídica do delito, como também postular o arquivamento das peças de informação, caso se convença da inexistência de elementos que conduzam à dedução da ação penal.

Não se encontrando presentes elementos que permitam, de plano, o desencadeamento da ação penal e tampouco a conclusão pelo arquivamento, poderá, ainda, o Ministério Público requisitar à autoridade policial a instauração de inquérito para que se proceda às diligências que se fizerem necessárias à correta elucidação do fato investigado.

5.6. AÇÃO PENAL PRIVADA EXCLUSIVA

5.6.1. Titularidade

São titulares do direito de queixa:

a) Vítima maior de 18 anos e capaz (art. 30, 1.ª parte, do CPP): possuindo a vítima idade superior a 18 anos, será titular exclusiva do direito de queixa, sendo inaplicável, em face das novas regras estatuídas pelo Código Civil, o art. 34 do CPP que previa a legitimidade concorrente do ofendido com o seu representante legal para o ajuizamento da queixa-crime, na hipótese de ser o primeiro menor de 21 anos de idade (vide comentários acerca da representação).

b) Representante legal do ofendido menor ou incapaz (art. 30, 2.ª parte, do CPP): sendo o ofendido menor de 18 anos ou pessoa com deficiência mental, o direito de queixa-crime deverá ser exercido pelo seu representante legal (pais, tutor, curador, guardião legal), independentemente da vontade da vítima.

O guardião nomeado pelo juiz civil para o exercício da guarda de menor de 18 anos tem legitimidade para exercer o direito de queixa? Em que pese haver divergências, não temos dúvida de que deve ser assegurado a ele o exercício do direito de queixa, não apenas porque a guarda é instituto reconhecido no Estatuto da Criança e do Adolescente como modalidade de colocação em família substituta, como também porque ao guardião legal também assistem alguns atributos do poder familiar. Exclui-se da possibilidade de ajuizar a queixa-crime, obviamente, o guardião de fato, vale dizer, aquele em cuja companhia está o menor, mas que não possui ordem judicial para tanto.

Tratando-se a vítima de pessoa menor de 18 anos representada pelos genitores, é necessário que tanto o pai quanto a mãe ingressem, conjuntamente, com a queixa-crime? Já se entendeu no sentido de que seria necessário o ajuizamento conjunto, sobretudo em decorrência das regras incorporadas ao Código Civil de 2002, prevendo igualdade de direitos e deveres dos pais no exercício do poder familiar. Na atualidade, compreende-se, majoritariamente, que não é preciso o ingresso da queixa-crime por ambos os pais, bastando que um deles o faça, encontrando-se superada a posição oposta.

E se o ofendido for incapaz e não possuir representante legal ou colidirem os seus interesses com os de seu representante? Não possuindo representante legal ou colidindo os interesses da vítima com a vontade do representante, deverá o juiz, *ex officio* ou a requerimento do Ministério Público, proceder à nomeação de curador para o exercício do direito de queixa, *ex vi* da regra incorporada ao art. 33 do CPP.

Na hipótese anterior, sendo nomeado curador especial pelo juiz ao ofendido incapaz, está ele obrigado a ajuizar a queixa-crime? Há duas posições: uma, espelhando a maioria doutrinária e à qual nos filiamos, no sentido de que a nomeação de curador não impõe a este a obrigação de oferecer queixa-crime contra o autor do crime, incumbindo-lhe analisar a conveniência de fazê-lo, sempre em atenção aos interesses do incapaz; outra, entendendo em sentido oposto, vale dizer, no sentido da obrigatoriedade de o curador nomeado agir em prol da vítima, já que está agindo como substituto processual, ou seja, defendendo interesse alheio em nome próprio.

E se a vítima for morta ou declarada ausente? Sendo morta a vítima ou judicialmente declarada a sua ausência, o direito de queixa (salvo no caso da ação personalíssima, que será tratada mais adiante) poderá ser exercido pelo cônjuge, ascendente, descendente ou irmão daquela, conforme reza o art. 31 do CPP. A ordem estabelecida nesse artigo deve ser observada em relação à preferência para o ajuizamento. Destarte, em primeiro lugar está o cônjuge. Na omissão ou recusa deste em propor a ação penal, poderá fazê-lo o legitimado seguinte e assim por diante. Embora taxativo o art. 31, a doutrina nacional, por força da equiparação determinada pela Constituição Federal, tem entendido possível que seja tal direito exercido também pelo companheiro ou companheira da vítima, desde que comprovado o vínculo estável. Quanto ao cônjuge separado judicialmente, também não há empecilho para que exerça o direito, já que a lei nada restringe. O divorciado, evidentemente, não terá igual faculdade, pois se trata o divórcio de instituto que extingue completamente o vínculo conjugal.

c) **Pessoas jurídicas:** de acordo com o preceituado no art. 37 do CPP, poderão figurar como autores da ação penal privada as *fundações, associações ou sociedades legalmente constituídas*, hipótese na qual deverão ser representadas por quem os respectivos contratos ou estatutos designarem ou, no silêncio destes, pelos seus diretores ou sócios-gerentes. Observe-se, ademais, que a previsão inserida no art. 37 não se restringe unicamente à ação penal privada exclusiva, podendo abarcar, também, a iniciativa da ação penal privada subsidiária da pública na inércia do Ministério Público diante de crimes nos quais figurem pessoas jurídicas como vítimas, *v.g.*, furto de coisa comum (art. 156 do CP).

5.6.2. Princípios

Rege-se a ação penal privada pelos seguintes princípios:

a) **Princípio da oportunidade:** à vítima do crime, ao seu representante legal ou aos seus sucessores (na hipótese do art. 31 do CPP) compete decidir sobre a conveniência do ajuizamento ou não. Isso porque, em muitos casos, a exposição natural de um processo criminal pode ser ainda mais prejudicial do que a própria sensação de impunidade provocada pela inércia em acionar o agente criminoso.

b) **Princípio da disponibilidade:** é princípio que decorre da oportunidade. Uma vez ajuizada a ação penal, sendo o particular o seu titular exclusivo, pode desistir de seu prosseguimento, quer mediante o perdão (art. 51 do CPP; arts. 105 e 107, V, do CP), quer por meio da omissão na prática de atos que revelam desinteresse no prosseguimento da demanda, *v.g.*, seu não comparecimento injustificado aos atos do processo criminal, acarretando, via de consequência, a perempção da ação (art. 60, III, do CPP).

c) **Princípio da indivisibilidade:** significa que, embora o ofendido não esteja obrigado a intentar a ação penal, se o fizer, deverá ajuizá-la contra todas as pessoas que concorreram para a prática do crime imputado. Trata-se, enfim, da exegese do art. 48 do CPP, de onde se infere que a renúncia, expressa ou tácita, em ajuizar o processo criminal contra qualquer dos envolvidos a todos se estende. Isto não significa que, praticados dois ou mais crimes de ação penal privada, esteja o ofendido obrigado a ajuizar a ação penal em relação a todos estes delitos. A indivisibilidade que caracteriza a ação penal privada respeita aos envolvidos na prática delituosa e não aos crimes que tenham sido praticados. Assim:

- Se **duas pessoas** cometerem **um crime** de ação penal privada, por força do princípio da indivisibilidade, a ação penal deverá ser deduzida contra ambas. "O querelante, tendo ciência de que terceiros atuaram como coautores na prática do delito de calúnia imputado ao querelado, deve incluir todos os envolvidos no polo passivo da queixa-crime, sob pena de extinção da punibilidade" (STJ, APn 576/MG, *DJ* 17.12.2009).
- Se **uma pessoa** cometer **dois crimes** de ação penal privada, não se aplica o princípio da indivisibilidade, podendo a ação penal ser ajuizada tanto contra ambos os delitos como em relação a apenas um deles.

d) **Princípio da intranscendência:** a ação penal será proposta somente contra os responsáveis pela autoria ou participação no fato típico, não se incluindo corresponsáveis civis, cuja ação do ponto de vista penal tenha sido irrelevante.

5.6.3. Prazo e legitimados para o exercício do direito de queixa

Como regra geral, o direito de queixa deverá ser exercido no prazo de seis meses, contados do dia em que o ofendido, seu representante legal ou cada uma das pessoas do art. 31 do CPP (no caso de morte da vítima ou de sua ausência) vierem a saber quem foi o autor do crime, conforme reza o art. 38 do CPP. Não obstante, há exceções a essa norma, o que é permitido pelo próprio dispositivo citado ao mencionar "salvo disposição em contrário". Por exemplo, no crime de induzimento a erro essencial e ocultação de impedimento, o prazo é de seis meses a partir do trânsito em julgado da sentença anulatória do casamento (art. 236, parágrafo único, do CP). Já nos crimes contra a propriedade imaterial, sendo de ação penal privada, o prazo será de 30 dias contados da homologação do laudo pericial (art. 529 do CPP).

Possuindo o prazo em exame natureza decadencial, deve ser computado na forma do art. 10 do CP, ou seja, incluindo-se o dia do início. Outra característica importante é a impossibilidade de prorrogação, de forma que se o último dia recair, por exemplo, em domingo, este será o *dies ad quem* e não o primeiro dia útil seguinte.

Sendo o ofendido **menor de 18 anos**, o direito de queixa poderá ser exercido apenas pelo seu representante legal, o qual deverá ater-se à normatização do art. 38. Se, contudo, o representante legal não ajuizar a ação penal no prazo de que dispõe, poderá fazê-lo o próprio ofendido após completar a maioridade, pois, para ele, é apenas a partir desse momento que tem início a fluência do prazo decadencial, e não do dia em que tomou conhecimento da autoria do crime.

Note-se que o prazo para ajuizamento da queixa não se interrompe pelo **requerimento de inquérito policial**[15-16]. Se, requerida a instauração de inquérito, este não for concluído no prazo de seis meses contados da data da ciência quanto à autoria do crime, caberá ao

---

15 "Se o querelante afora queixa-crime decorridos seis meses da ciência do fato, presente resta a decadência, cujo inquérito policial não a suspende ou interrompe" (TJRS, Apelação 8134728, j. 12.05.2004).

16 Guilherme de Souza Nucci posiciona-se em sentido oposto, compreendendo que a demora na conclusão do inquérito policial deve importar em interrupção do prazo decadencial (*Código de Processo Penal comentado*, 2008, p. 148).

legitimado respectivo propor a queixa com os elementos já coligidos até então, pois, se não o fizer, ocorrerá a decadência de seu direito.

O ajuizamento da queixa-crime no juízo incompetente interrompe o prazo decadencial? Há divergências a respeito, cabendo citar duas posições:

Primeira: Deverá haver a interrupção do prazo decadencial, tal qual tivesse a ação penal sido deduzida no juízo competente, pois, apesar do equívoco no ajuizamento, é certo que o ofendido não se manteve inerte no prazo legal. E a inércia é o fundamento da decadência do direito na ação penal privada. Assim, constatando não ser competente, deverá o magistrado encaminhar a inicial acusatória ao juízo que o seja, para que lá seja recebida e processada a queixa-crime, independente da circunstância eventual de, ao aportar naquele juízo a ação penal, já se ter esgotado o prazo de seis meses. Neste sentido, já decidiu o STJ: "Proposta a ação no prazo fixado para o seu exercício, ainda que perante juízo incompetente, não há falar em decurso do prazo decadencial. Precedentes do STF e do STJ" (HC 11.291/SE, Rel. Min. Hamilton Carvalhido, *DJ* 23.10.2000, p. 194).

Segunda: É necessário analisar o caso concreto. Se, deduzida a queixa-crime no juízo incompetente, o juiz rejeitá-la, apenas poderá o legitimado deduzir nova ação perante o foro competente se ainda não esgotado o prazo decadencial. Se, porém, o Magistrado, após recebida a inicial, verificar a incompetência e decidir remetê-la *ex officio* ao foro correto, deve-se admitir a tramitação da ação penal ainda que tal remessa se dê após a fluência do referido prazo.

5.6.4. Indivisibilidade da ação penal privada

O princípio da indivisibilidade da ação penal privada, previsto no art. 48 do CPP, faz com que a queixa contra qualquer dos autores do crime obrigue ao processo de todos. Objetivou o legislador, com essa regra, não apenas evitar que assuma o querelante a posição de vingador ao escolher um ou alguns dos ofensores para deduzir a ação penal, como também evitar que venham os agressores remanescentes a serem beneficiados pelo não ingresso da ação penal contra si, em face, por exemplo, de suas melhores condições financeiras e da possibilidade de oferecerem vantagem econômica ao ofendido para que este não os inclua no polo passivo da relação processual.

Assim, nada obriga o ofendido a deduzir a ação penal, mas, se o fizer, deverá ingressar contra todos. Percebendo o magistrado que a queixa-crime não abrangeu a todos os responsáveis pela infração penal, ou sobrevindo prova do envolvimento no fato de terceiros não contemplados no polo passivo da relação processual, incumbir-lhe-á determinar a notificação do querelante para aditamento da queixa-crime, sob pena de extinção. Neste caso, é irrelevante o fato de o aditamento ocorrer após o decurso do prazo decadencial de seis meses[17].

Discute-se a possibilidade de o próprio Ministério Público aditar a queixa-crime quando perceber que não abarca todos os responsáveis pelo delito. Há três entendimentos:

- **O Ministério Público pode aditar a queixa-crime, inclusive para inclusão de outros acusados:** entende-se, neste caso, que o sistema processual penal é compatível com o aditamento da queixa-crime pelo Ministério Público quando nela não estiverem incluídos todos os autores ou partícipes do delito. Afinal, o art. 45 do CPP prevê que "a queixa poderá ser aditada pelo Ministério Público ainda quando a ação penal for privativa do ofendido". Na mesma linha, o art. 46, § 2.º, do CPP dispõe que o Ministério Público terá o prazo de três dias para o aditamento da queixa-crime e o art. 48 do CPP refere que o *parquet* velará pela indivisibilidade da ação penal.
- **O Ministério Público pode aditar a queixa-crime, mas não visando à inclusão de corréus:** trata-se de corrente eclética, compreendendo que o promotor de justiça

[17] STJ, HC 47.873/SP, *DJ* 01.08.2006.

poderá aditar a queixa-crime em delitos de ação penal privada exclusiva apenas quando visar à inclusão de dados faltantes, como lugar, dia e hora, e não para a inclusão de coautores ou partícipes. Neste sentido, o STJ: "Nos termos do art. 45 do CPP, a queixa poderá ser aditada pelo Ministério Público, ainda que se trate de ação penal privativa do ofendido, desde que não proceda à inclusão de coautor ou partícipe, tampouco inove quanto aos fatos descritos" (HC 85.039/SP, *DJ* 30.03.2009).

– **O Ministério Público não pode aditar a queixa-crime para qualquer finalidade:** defendem os adeptos desta orientação que, apesar da previsão do art. 45 do CPP, não será lícito ao Ministério Público aditar a queixa para nela incluir outros ofensores e nem para qualquer outro fim, por importar em intromissão indevida na legitimação exclusiva do ofendido. Assim, a referência de que o Ministério Público velará pela indivisibilidade não significa aditar no lugar do querelante, mas tão só promover junto ao magistrado que seja aquele instado a incluir o coautor ou partícipe faltante sob pena de ser reconhecida a ocorrência de renúncia tácita à ação penal.

5.6.5. Renúncia ao exercício do direito de queixa e perdão do ofendido

Tanto a renúncia ao exercício do direito de queixa como o perdão do ofendido são institutos relacionados ao princípio da indivisibilidade, examinado no tópico anterior.

5.6.5.1. *Renúncia (arts. 49 e 50 do CPP)*

Caracteriza-se como **ato impeditivo** do processo criminal.

Quanto ao momento máximo de sua ocorrência, uma primeira posição compreende que deve ocorrer até o ajuizamento da inicial. A corrente majoritária, entretanto, sustenta que a renúncia pode externar-se em oportunidade posterior ao ajuizamento da inicial, desde que **antes do recebimento da queixa pelo juízo**, pois não se tem, ainda, neste caso, processo criminal regularmente instaurado. É o que se dá, por exemplo, no caso de o querelante manter-se inerte quando instado pelo juiz, antes do recebimento da inicial, a aditar sua queixa para a inclusão de coautores ou partícipes.

Guilherme de Souza Nucci[18] equipara a *renúncia* a uma desistência da ação penal privada. *Data venia*, discordamos desse entendimento, pois a desistência é ato que somente poderá ocorrer em relação a uma ação penal já em curso, equivalendo-se, então, ao perdão do ofendido, regulado nos arts. 51 a 59 do CPP e nos arts. 105, 106 e 107, V, do CP, e bastante distinto do instituto em exame.

A renúncia é **ato unilateral**, pois independe da aceitação do autor do crime para que produza efeitos.

Como decorrência do princípio da indivisibilidade da ação penal privada, se o ofendido renunciar ao exercício da ação penal contra qualquer dos ofensores, todos os demais serão alcançados pela extinção da punibilidade, conforme reza o art. 49 do CPP.

Quanto à forma, classifica-se a renúncia em **expressa** e **tácita**. Diz-se *expressa* (art. 50 do CPP) quando constar de declaração assinada pelo ofendido, seu representante legal ou procurador com poderes especiais. É, por outro lado, *tácita* quando o ofendido:

- Deixa escoar o prazo decadencial sem ajuizar a queixa-crime;
- Sendo instado a aditar a inicial para a inclusão de coautores ou partícipes, mantém-se inerte;

[18] NUCCI, Guilherme de Souza. *Código de Processo Penal comentado*. São Paulo: RT, 2007. p. 167.

- Realiza a composição dos danos cíveis da infração penal com o autor do fato no âmbito dos juizados especiais criminais mediante acordo judicialmente homologado (art. 74, parágrafo único, da Lei 9.099/1995);
- Promove atos, fatos e circunstâncias que revelem a ausência de seu interesse em promover a responsabilização penal do ofensor, *v.g.*, convidando-o para ser padrinho de batismo de seu filho. Nesse último exemplo, se, apesar do convite realizado, vier o ofendido a ingressar com ação penal, poderá o querelado, nos termos do art. 57 do CPP, utilizar de todo o meio de prova admitido para comprovar a ocorrência de anterior renúncia tácita à ação penal e buscar a extinção da punibilidade (art. 107, V, do CP).

E se, embora operada a renúncia tácita, ainda assim insistir o ofendido em promover a queixa-crime? Neste caso, o art. 57 do CPP faculta ao querelado utilizar todos os meios de prova lícitos e legítimos que se fizerem necessários para comprovar a ocorrência da renúncia tácita de parte do querelante. Possível, inclusive, caso recebida a queixa pelo juiz a despeito da renúncia tácita operada, a impetração de *habeas corpus* pelo acusado visando ao trancamento do processo sob o fundamento da inexistência de justa causa para o prosseguimento da ação e com vistas a que seja declarada extinta a punibilidade (art. 648, VII, do CPP c/c o art. 107, V, do CP).

Permanece em vigor a regra que desvinculava o ofendido maior de 18 anos e menor de 21, e seus pais ou curadores, dos efeitos da renúncia levada a efeito por um e por outro? O art. 50, parágrafo único, do CPP dispõe que "a renúncia do representante legal do menor que houver completado 18 (dezoito) anos não privará este do direito de queixa, nem a renúncia do último excluirá o direito do primeiro". Essa regra, entretanto, está prejudicada na atualidade em face da edição da Lei 10.406/2002 (Código Civil), equiparando a maioridade civil à penal em 18 anos. Assim, apenas este último poderá renunciar ao exercício da ação penal, não se havendo mais que falar em *representação legal* do maior de 18 e menor de 21 anos.

5.6.5.2. *Perdão do ofendido (arts. 51 a 59 do CPP)*

Trata-se de **ato extintivo** do processo criminal.

Ocorre **depois do recebimento** da ação penal privada exclusiva. Tanto é que o art. 105 do CP dispõe que o perdão obsta o prosseguimento da ação, o que faz depreender já esteja ela iniciada. Equivale à desistência da ação e, ao contrário da renúncia, caracteriza-se pela **bilateralidade**, já que exige aceitação (mesmo tácita) do querelado, a qual poderá ser realizada por meio de procurador com poderes especiais, advogado ou não (art. 55 do CPP). Pode ser concedido a qualquer tempo, desde que antes do trânsito em julgado da sentença condenatória, nos termos do art. 106, § 2.º, do CP.

Como consequência do princípio da indivisibilidade da ação penal privada, expressa o art. 51 do CPP que *o perdão concedido a um dos querelados aproveitará a todos*, não produzindo efeitos apenas àquele que o recusar. Destarte, havendo mais de um querelado e sendo um deles perdoado pelo querelante, todos os demais serão intimados a manifestar-se, em três dias, se aceitam ou não o perdão concedido, cientificados, na mesma ocasião, de que o silêncio importará aceitação e a consequente extinção da punibilidade (art. 58 do CPP).

O perdão pode ser **expresso** ou **tácito**. Será *expresso* quando constar de declaração nos autos ou termo assinados pelo ofendido ou por procurador com poderes especiais. Será *tácito* quando atos patrocinados pelo querelante forem incompatíveis com o desejo de prosseguir na ação penal, como a hipótese mencionada por Nucci[19] de retornar o que-

---

[19] Idem, ibidem, p. 142.

relante a conviver intimamente com o querelado. Assim como a renúncia tácita, também o perdão tácito pode exigir do querelado a produção de provas para torná-lo inequívoco, conforme autorizado pelo art. 57 do CPP.

E se o querelado for mentalmente enfermo e não tiver representante legal, ou colidirem os interesses deste com os do querelado? Estabelece o art. 53 do CPP que "se o querelado for mentalmente enfermo ou retardado mental e não tiver representante legal ou colidirem os interesses deste com os do querelado, a aceitação do perdão caberá ao curador que o juiz lhe nomear". Em relação à incidência desse dispositivo, algumas situações peculiares poderão ocorrer, dentre as quais cabe citar:

- *Considere-se a hipótese em que a incapacidade do querelado preexistia ao tempo da infração penal, sendo devidamente constatada em incidente de insanidade mental instaurado no curso do inquérito e, portanto, conhecida pelo juiz por ocasião do recebimento da queixa*: neste caso, ao receber a queixa-crime, o juiz deverá proceder à imediata nomeação de curador para acompanhar o processo nos termos do art. 151 do CPP, desimportando se, nesse momento, encontra-se recuperado ou não o querelado. Ocorrendo o perdão do querelante no curso da ação, tanto o querelado (caso já recuperado mentalmente) quanto o seu curador nomeado deverão ser instados a pronunciar sobre o perdão. Caso não esteja o querelado no gozo de suas plenitudes mentais, apenas ao curador incumbirá decidir quanto à aceitação ou não do perdão.
- *Imagine-se que a incapacidade do querelado preexistia ao tempo da infração penal, sendo constatada, porém, apenas no curso da ação penal privada, vale dizer, depois de recebida a queixa pelo juiz*: também aqui, em conformidade com o estabelecido no art. 151 do CPP, caberá ao Magistrado, tão logo homologar o incidente de insanidade mental, proceder à nomeação de curador para prosseguir no processo, não importando, igualmente, se está ou não incapaz o acusado no momento atual. Operando-se situação caracterizadora de perdão pelo querelante no decorrer do restante do processo, tanto o querelado (caso já recuperado mentalmente) quanto o seu curador nomeado deverão ser instados a pronunciar-se sobre este. Se não estiver o réu no gozo de suas plenitudes mentais, nesse caso ao curador incumbirá decidir quanto à aceitação ou não do perdão.
- *Suponha-se que a incapacidade do querelado sobreveio à prática da infração penal ou à instauração do processo criminal, sendo, porém, desconhecida pelo magistrado ao tempo do recebimento da queixa*: neste caso, a teor dos arts. 149, § 2.º, 2.ª parte, e 152, ambos do CPP, deverá o processo permanecer paralisado até que se restabeleça o acusado ou que ocorra a prescrição do crime. Caso, nesse interregno, venha o querelante a perdoar o querelado, incumbirá ao seu representante legal a responsabilidade por aceitar ou não o perdão. Não possuindo o querelado representante legal ou colidindo os seus interesses com o daquele, deverá o juiz proceder na forma prevista no art. 53 do CPP, vale dizer, nomear curador para deliberar sobre a aceitação ou não do perdão. Este curador previsto no art. 53 do CPP nada tem a ver com o curador aludido nas hipóteses anteriores, o qual decorre, naqueles casos, da previsão do art. 151 do CPP – curador nomeado para acompanhar o processo na hipótese de ser constatada a insanidade mental total ou parcial do autor do crime à época do fato.

E se o querelante ou o querelado forem maiores de 18 anos e menores de 21? Para o querelante, a regra constava do art. 52 do CPP, dispondo que tanto ele quanto o seu representante legal poderiam *conceder* o perdão, o qual não produziria qualquer efeito se um ou outro se opusesse ao ato; para o querelado, a regra era a do art. 54 do CPP, dispondo que tanto ele quanto o seu representante poderiam *aceitar* o perdão, não produzindo efeito a aceitação, contudo, se houvesse divergência entre as suas vontades. Na atualidade, em vista da equiparação das maioridades civil e penal, tais regras, como já vimos antes, perderam completamente o sentido. Logo, sendo o querelante maior de 18 anos, a ele, unicamente, incumbe a decisão de conceder o perdão; sendo o querelado maior de 18 anos, somente a ele incumbe aceitá-lo.

O perdão pode ser concedido fora dos autos? Sim. Trata-se do perdão *extraprocessual*, consagrado no art. 56 do CPP, ocorrendo, por exemplo, quando o querelante vem a subscrever documento particular expressando seu desejo de desistência da ação, com posterior juntada aos autos. Em contrapartida, também a aceitação do perdão pode se dar extraprocessualmente, constando, neste caso, de declaração assinada pelo querelado ou procurador com poderes especiais (art. 59 do CPP). *Para ilustrar esta última situação, considere-se a situação em que, intimado o réu a manifestar-se quanto ao perdão concedido nos autos da ação penal privada, encaminha ele ao querelante uma correspondência concordando com o perdão, vindo esta carta, posteriormente, a ser acostada ao processo.*

O perdão pode ser concedido na ação penal privada subsidiária da pública? Em hipótese alguma. Qualquer ato típico de perdão nesse tipo de ação será considerado *negligência*, permitindo ao Ministério Público reassumir a titularidade da demanda, nos termos do art. 29 do CPP.

Havendo mais de um querelante, qual o efeito do perdão concedido por um deles frente aos demais? Havendo mais de um querelante, o perdão concedido por um deles não produz qualquer reflexo no processo em relação aos autores remanescentes. A hipótese diverge daquela em que há mais de um querelado, prevista no art. 51 do CPP, caso em que o perdão concedido a um deles a todos aproveita. Observe-se:

Mais de um querelante → apenas um querelado:

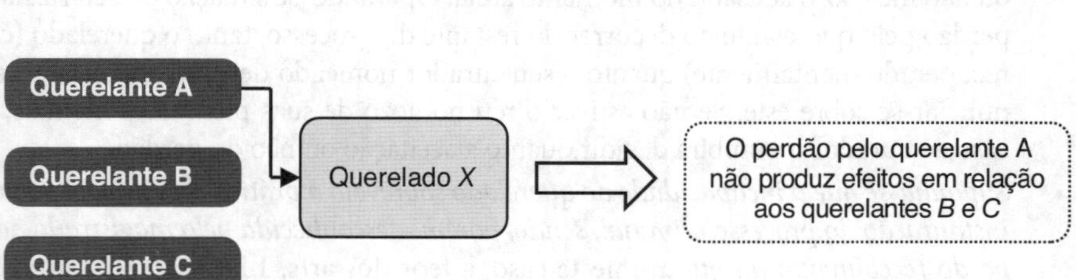

Apenas um querelante → mais de um querelado:

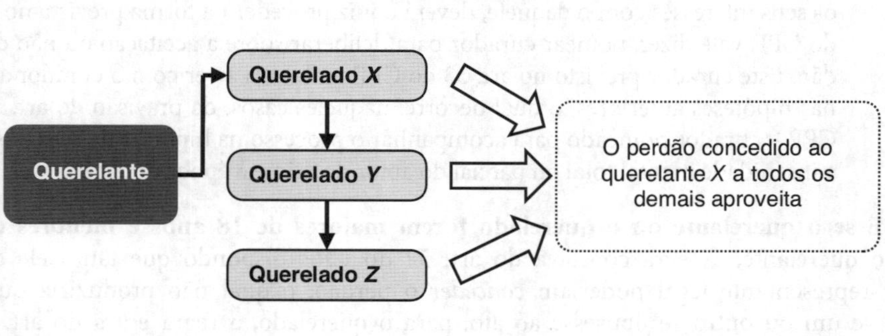

Em síntese:

Renúncia	Perdão
• Ocorre **antes** do recebimento da queixa-crime pelo juiz; • É ato **unilateral**, dispensando aceitação do agente; • Realizada em relação a um dos autores do crime, a todos aproveita; • Pode ser expressa ou tácita: expressa, quando constar de declaração escrita e assinada pelo ofendido, seu representante legal ou procurador com poderes especiais; tácita, a que decorre de atos e fatos indicativos da vontade de renunciar, *v.g.*, a inércia do querelante ao ser intimado para aditamento da queixa.	• Ocorre **depois** do recebimento da queixa-crime pelo juiz. Pode ser efetivado a qualquer tempo, desde que antes do trânsito em julgado da sentença condenatória; • É ato **bilateral**, exigindo aceitação do querelado; • Concedido a um dos querelados, a todos aproveita; • Pode ser expresso ou tácito: expresso, quando constar de declaração escrita ou termo assinado pelo querelante ou procurador com poderes especiais; tácito, o que decorre de atos praticados pelo querelante que se mostrem incompatíveis com o desejo de prosseguir com a ação penal.

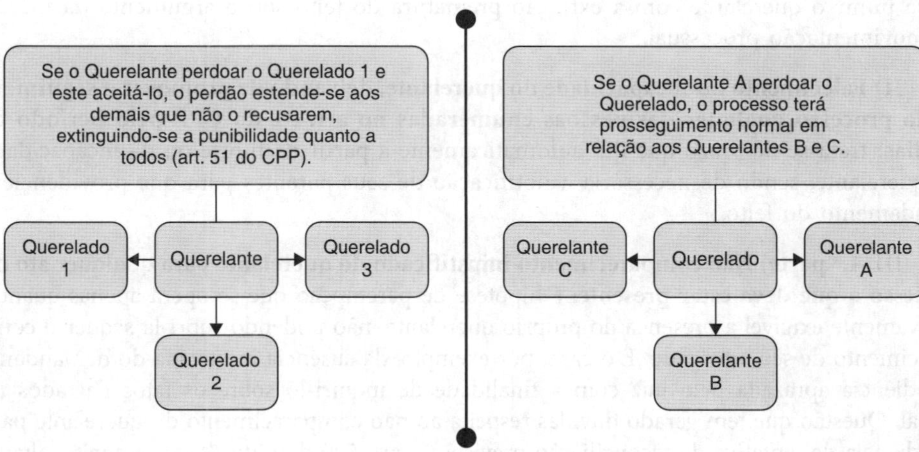

5.6.6. Perempção da ação penal privada

Segundo Mirabete[20], é a "perda do direito de prosseguir na ação privada, ou seja, a sanção jurídica cominada ao querelante em decorrência de sua inércia ou negligência".

É instituto próprio da **ação penal privada exclusiva**, não se aplicando à **ação penal privada subsidiária da pública**. Uma vez reconhecida, implica a extinção da punibilidade do querelado (art. 107, IV, do CP). Resulta, em síntese, de certos atos, fatos ou circunstâncias que fazem presumir o desinteresse do querelante no andamento da ação penal. A perempção impede que, pelo mesmo fato, nova queixa seja oferecida pela vítima ou seu

[20] *Processo penal*. 18. ed. São Paulo: Atlas, 2007. p. 134.

representante legal, ainda que não escoado o prazo decadencial para apuração do crime objeto da ação perempta.

Ocorre nas seguintes situações, contempladas no art. 60 do CPP:

I) Inércia do querelante, deixando de promover, injustificadamente, o andamento da ação penal durante 30 dias consecutivos: considere-se, por exemplo, que, notificado o querelante para a prática de determinado ato, venha ele a omitir-se, deixando de promover qualquer ato de impulso processual no trintídio. Ocorrerá neste caso a perempção da ação penal privada, ocasionando a extinção da punibilidade do réu.

Embora a lei não seja expressa, é preciso que esse atraso na movimentação do processo ocorra injustificadamente, pois se houver motivo plausível para o não andamento da ação penal no prazo referido no art. 60, I, do CPP, evidentemente, não se poderá punir o querelante com a extinção de sua ação (*v.g.*, necessidade urgente de internação do advogado por motivo de doença que se estende por mais de 30 dias).

Ademais, é preciso que os 30 dias de inércia do querelante em praticar o ato de impulso que lhe cabia tenham transcorrido ininterruptamente, não se aceitando, por exemplo, o somatório de prazos correspondentes a períodos distintos de inação.

Por fim, entendemos que a perempção alicerçada no inciso em exame apenas poderá ser reconhecida quando, a par da intimação do advogado, for também intimado pessoalmente o querelante para promover o andamento do feito, quedando-se ambos inertes. Não será suficiente, portanto, apenas a intimação do advogado do autor da ação para que se possa punir o querelante com a extinção prematura do feito sob o argumento da inércia na movimentação processual.

II) Falecimento ou incapacidade do querelante, deixando de promover o seguimento do processo qualquer das pessoas enumeradas no art. 31 do CPP pelo período de 60 dias: trata-se de prazo que flui automaticamente a partir da morte ou da incapacidade do querelante, sendo desnecessária a notificação de seus parentes para que providenciem o andamento do feito.

III, 1.ª parte) Não comparecimento injustificado do querelante para qualquer ato do processo a que deva estar presente: é hipótese de perempção que se opera apenas quando efetivamente exigível a presença do próprio querelante, não podendo supri-la sequer o comparecimento de seu advogado. É o caso, por exemplo, da ausência imotivada do demandante à audiência aprazada pelo juiz com a finalidade de inquiri-lo sobre os fatos narrados na inicial. Questão que tem gerado dúvidas respeita ao não comparecimento do querelante para a audiência de tentativa de reconciliação prevista no art. 520 do CPP. A esse respeito, alguns entendem tratar-se de hipótese de perempção, já que o comparecimento pessoal do autor da ação privada é indispensável para que possa o magistrado buscar conciliá-lo com o acusado. Já para outros, tal ausência não pode importar em perempção pelo fato de ainda não existir processo regularmente instaurado (lembre-se de que a audiência de tentativa de reconciliação deve ocorrer antes do recebimento da queixa pelo juiz e que, de acordo com o art. 363 do CPP, o processo terá completada sua formação apenas com a citação válida). Para esta última corrente, que é a dominante, o não comparecimento do querelante à solenidade de conciliação apenas significa que não possui ele interesse na conciliação, devendo o magistrado proceder, então, ao recebimento da queixa-crime ajuizada e demais fases do procedimento.

III, 2.ª parte) Ausência de pedido de condenação em alegações finais: o dispositivo refere-se a "alegações finais", tendo em vista que essa era a nomenclatura utilizada pelo Código de Processo Penal antes da vigência da Lei 11.719/2008 para denominar a manifestação final das partes no procedimento ordinário. Na atualidade, ainda que subsista essa nomenclatura em alguns procedimentos especiais, no âmbito do *procedimento comum ordinário* tais alegações serão apresentadas por meio de *memoriais* (art. 404, parágrafo único), constituindo-se, isso mesmo, uma exceção no rito, pois a regra deverá ser a dedução, em audiência, de *alegações finais orais* (art. 403, *caput*). Por outro lado, no *procedimento comum sumário*, o pronunciamento final das partes deverá ocorrer sempre mediante *alegações finais orais*, descabendo a substituição destas por memoriais (art. 534). Em derradeiro, no *procedimento comum sumaríssimo*, que corresponde ao rito disciplinado pela Lei 9.099/1995 (art. 394, III, do CPP c/c os arts. 77 a 81 da Lei 9.099/1995), chamam-se *debates orais* os argumentos deduzidos pelas partes antes da sentença. Pois bem, independentemente da natureza da manifestação e da respectiva nomenclatura, é certo que ocorrerá a perempção se o querelante, ao apresentá-la, não requerer a condenação do querelado, limitando-se, por exemplo, a um simples pedido de *justiça*. Aqui, porém, entendemos que é preciso ter bom senso, pois se nos memoriais escritos ou no curso das alegações orais insistiu o querelante na existência de responsabilidade penal do querelado, examinando com afinco a prova coligida e demonstrando ao juiz a presença de elementos suficientes para condenar o réu, não será simplesmente o fato de não ter sido mencionado na parte final da peça ou da exposição oral o pedido de condenação que poderá caracterizar a perempção da ação penal privada. Todavia, alerta-se que o tema não é pacífico, havendo entendimento oposto a esse.

OBSERVAÇÃO: Tratando-se de processo criminal em que dois ou mais crimes estejam sendo apurados, o pedido de condenação apenas no tocante a um ou alguns importará em perempção da ação penal em relação aos remanescentes.

IV) Querelante é pessoa jurídica, que se extingue sem deixar sucessor: neste caso, é óbvia a necessidade de considerar perempta a ação penal, simplesmente pela ausência de representatividade no polo ativo da ação.

5.7. AÇÃO PENAL PRIVADA SUBSIDIÁRIA DA PÚBLICA

5.7.1. Considerações gerais

O art. 29 do Código de Processo Penal disciplina a possibilidade de ser ajuizada ação penal privada em crime de ação pública quando esta não for intentada no prazo legal. Trata-se de exceção à regra da titularidade exclusiva do Ministério Público em relação à ação penal pública (art. 129, I, da CF), não havendo de se cogitar da inconstitucionalidade dessa medida, tendo em vista que a própria Constituição Federal admite sua possibilidade no art. 5.º, LIX.

Esta modalidade de processo criminal, sem embargo de não ter sido ajuizada pelo Ministério Público, rege-se pelos princípios da ação penal pública, sendo-lhe inaplicáveis, portanto, institutos próprios da ação penal privada, como o perdão do ofendido e a perempção.

Como regra (salvo exceções com prazos diferenciados), tem o Ministério Público cinco dias para ajuizar a ação penal, se preso o investigado, e 15 dias, se estiver em liberdade, prazos estes contados a partir do dia em que o inquérito policial ou os elementos de convicção aportarem à Promotoria de Justiça. Escoados esses prazos e mantendo-se inerte o agente ministerial, surgirá para o **ofendido** ou, na falta, para qualquer das pessoas do art. 31 do CPP, a possibilidade de ingresso da ação penal privada subsidiária da pública.

Em princípio, apenas se pode falar em ação penal privada subsidiária da pública quando for possível identificar a figura do ofendido na infração penal, vale dizer, o titular do bem jurídico protegido pela norma penal. Não sendo possível esta identificação, afasta-se esta modalidade de ação penal. É o que ocorre, por exemplo, em relação aos denominados crimes de perigo abstrato, como o tráfico de drogas e o porte ilegal de arma de fogo. **Mas atenção:** existem duas situações nas quais, em ressalva a essa regra, admite-se a propositura da ação penal privada subsidiária nos crimes vagos, vale dizer, aqueles que não possuem vítima determinada:

1. Previsão da Lei 8.078/1990 (Código de Defesa do Consumidor), no art. 80 c/c art. 82, III e IV, possibilitando às *"entidades e órgãos da Administração Pública, direta ou indireta, ainda que sem personalidade jurídica, especificamente destinados à defesa dos interesses e direitos protegidos por este código"* e às *"associações legalmente constituídas há pelo menos um ano e que incluam entre seus fins institucionais a defesa dos interesses e direitos protegidos por este código, dispensada a autorização assemblear"* a propositura de ação penal subsidiária, caso a denúncia por crimes previstos no CDC ou por crimes e contravenções que envolvam relações de consumo não seja intentada pelo Ministério Público no prazo legal.
2. Disciplina do art. 184, parágrafo único, da Lei 11.101/2005 (Lei de Falências, Recuperação Judicial e Extrajudicial), viabilizando a qualquer credor habilitado ou ao administrador judicial oferecer ação penal privada subsidiária da pública quando não tiver o Ministério Público oferecido denúncia no prazo legal.

5.7.2. Prazo

Não é indefinido o prazo para que o ofendido ingresse com a queixa subsidiária. Segundo a regra do art. 38 do CPP, terá ele o período de seis meses contados da data em que se esgotar o prazo do Ministério Público para oferecer a denúncia.

Considerando que o prazo ministerial para oferecimento de denúncia é *impróprio* (seu escoamento não acarreta preclusão, podendo a denúncia ser oferecida em qualquer tempo antes da extinção da punibilidade pela prescrição ou outra causa), é possível concluir o seguinte:

a) nos crimes de ação penal pública, condicionada ou incondicionada, será exclusiva a legitimidade do Ministério Público para ajuizar a ação penal nos prazos fixados em lei (como regra, cinco dias, se o investigado estiver preso, e 15 dias, se solto, salvo previsões existentes de prazos distintos existentes em leis especiais);
b) escoado este lapso, daí em diante e até o decurso do prazo de seis meses, haverá legitimação concorrente, vale dizer, tanto o Ministério Público poderá ajuizar a ação penal por meio de denúncia como o particular poderá fazê-lo via ação penal privada subsidiária da pública (art. 38, *caput*, 2.ª parte, c/c o art. 46 do CPP);
c) ultrapassados esses seis meses, dá-se, para o ofendido, a chamada *decadência imprópria* de seu direito de promover a ação penal subsidiária. Conquanto essa *decadência* não acarrete extinção da punibilidade, a partir de sua ocorrência torna a ser exclusiva a legitimação do Ministério Público para o ajuizamento da ação penal, assim permanecendo até que ocorra, agora sim, a extinção da punibilidade – por exemplo, pela morte do agente ou pela prescrição. Evidentemente, o atraso injustificado na propositura da ação penal pelo Ministério Público sujeita o promotor de justiça à responsabilidade disciplinar e, conforme o caso, até mesmo penal.

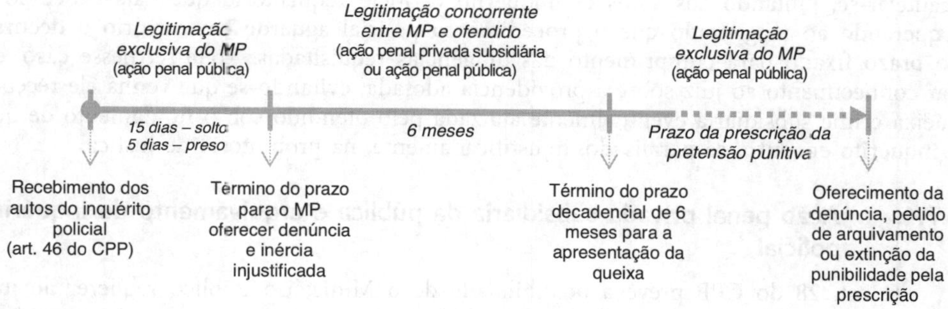

5.7.3. Ação penal privada subsidiária da pública e diligências requeridas pelo Ministério Público

Conclusos os autos do inquérito policial ao Ministério Público, terá este as seguintes possibilidades:

1. Oferecer denúncia;
2. Postular ao magistrado a realização de diligências;
3. Promover o arquivamento perante o juiz; ou
4. Requerer a remessa do inquérito a outro juízo (caso entenda incompetente o juízo ao qual será distribuído o procedimento investigatório) ou a promotor de justiça distinto (se considerar que não são suas as atribuições para oficiar no expediente policial).

O **oferecimento da denúncia**, a **postulação de arquivamento** e o pedido de **remessa do procedimento investigatório a outro juízo ou promotor** impedem, obviamente, o particular de ajuizar a ação penal privada subsidiária da pública, pois não é caracterizada em qualquer dessas medidas inércia injustificada do agente ministerial. Questão relevante respeita à conduta do promotor de justiça quando **requer ao juiz que ordene o retorno dos autos à autoridade policial para diligências imprescindíveis à formação de seu convencimento**, providência esta que poderá acarretar o descumprimento do prazo legal para o oferecimento de denúncia. Nesta hipótese, é evidente que não pode ser facultada ao ofendido a dedução da ação penal privada subsidiária da pública, pois não seria lógico permitir que fosse o Ministério Público substituído no polo ativo da ação pública pelo simples fato de ter adotado providência que lhe é permitida, expressamente, pelo art. 16 do CPP[21]. Além disso em tal procedimento (diligências) não se vislumbra inércia injustificada e sim medidas ditadas pela prudência, evitando-se o ajuizamento precipitado de peça acusatória que, pela falta de respaldo probatório, não terá condições de instaurar o processo penal. Ressalva-se, porém, que o art. 16 da Lei Adjetiva, ao possibilitar ao Ministério Público postular diligências, refere-se àquelas que sejam imprescindíveis. Assim, providências manifestamente protelatórias como, por exemplo, o requerimento de juntada de laudo que já consta no inquérito ou a reinquirição de testemunha já ouvida sem que sejam apontados quais os novos esclarecimentos pretendidos, poderão sim autorizar o ingresso da ação penal privada subsidiária da pública pelo ofendido.

O mesmo raciocínio deve ser aplicado quando o Ministério Público, recebendo os autos do inquérito, em vez de requerer diligências ao Judiciário, requisita-as diretamente à autoridade policial ou a outros órgãos. Nessa hipótese, deve o promotor de justiça

[21] "Art. 16. O Ministério Público não poderá requerer a devolução do inquérito à autoridade policial, senão para novas diligências, imprescindíveis ao oferecimento da denúncia".

acautelar-se, juntando aos autos do inquérito o ofício requisitório que haja expedido e requerendo ao magistrado que o procedimento policial aguarde em cartório o decurso do prazo fixado para cumprimento das diligências requisitadas. Trata-se, nesse caso, de dar conhecimento ao juiz sobre a providência adotada, evitando-se que venha ele receber queixa-crime subsidiária eventualmente ajuizada pelo ofendido sob o fundamento de que o inquérito encontra-se paralisado, injustificadamente, na promotoria de justiça.

5.7.4. Ação penal privada subsidiária da pública e arquivamento do inquérito policial

O art. 28 do CPP prevê a possibilidade de o Ministério Público requerer ao juiz o arquivamento do inquérito policial, quando se convencer, por exemplo, da atipicidade da conduta investigada, da ausência de elementos que apontem a autoria do crime, da inexistência de prova de materialidade etc. Uma vez homologado esse arquivamento, não poderá o particular intentar ação penal privada subsidiária da pública. Lembre-se de que o arquivamento de inquérito policial determinado pelo juiz a requerimento do Ministério Público é, em regra, irrecorrível, somente podendo ocorrer o desarquivamento e reinício das investigações se provas substancialmente novas autorizarem este procedimento[22].

> **OBSERVAÇÃO:** Embora, "em regra", seja irrecorrível o arquivamento de inquérito policial determinado pelo juiz a requerimento do Ministério Público, existem duas situações nas quais essa decisão pode ser revista pelo tribunal: 1) Arquivamento de inquérito policial que apurou crime contra economia popular ou saúde pública, que enseja reexame necessário, também chamado de recurso *ex officio*, a teor do art. 7.º da Lei 1.521/1951; e 2) Arquivamento de inquérito policial instaurado para apurar as contravenções relacionadas ao jogo do bicho previstas nos arts. 58 e 60 do Decreto-lei 6.259/1944, que, consoante previsão do art. 6.º e parágrafo único da Lei 1.508/1951, enseja recurso em sentido estrito. A respeito, remetemos o leitor ao *capítulo 4, item 4.12*, em que melhor abordamos a temática.

Situação por vezes ocorrente é aquela na qual o inquérito apura prática de delitos distintos, concluindo no sentido do indiciamento do autor pela prática de mais de um crime. Considerando que as conclusões da autoridade policial não vinculam o promotor de justiça, pode ocorrer que este entenda por oferecer denúncia apenas em relação a um dos crimes investigados, considerando, por exemplo, estar o segundo absorvido pelo crime que foi objeto da denúncia. Neste caso, caberá ao Ministério Público, simultaneamente à denúncia, promover perante a autoridade judiciária o arquivamento em relação ao crime remanescente. *E, se não o fizer, poderá o particular ingressar com ação penal privada subsidiária da pública quanto a esse último delito?* Não, segundo a orientação prevalente nos Tribunais superiores. Destarte, implicando tal omissão do promotor em violação de dever de ofício, o máximo que poderá ocorrer é sua responsabilização em nível interno da Instituição pela respectiva Corregedoria.

5.7.5. Papel do Ministério Público diante do ajuizamento da ação penal privada subsidiária da pública

Preceitua o art. 29 do CPP que "será admitida ação privada nos crimes de ação pública, se esta não for intentada no prazo legal, cabendo ao Ministério Público aditar a queixa, repudiá-la e oferecer denúncia substitutiva, intervir em todos os termos do processo, fornecer elementos de prova, interpor recurso e, a todo tempo, no caso de negligência do querelante, retomar a ação como parte principal."

---

22 V. Capítulo 4, item 4.13, em que analisamos o arquivamento do inquérito policial e o surgimento, após, de novas provas.

Como se infere do dispositivo, uma vez ingressada a queixa subsidiária, faculta-se ao promotor ***aditá-la*** *no prazo de três dias (art. 46, § 2.º, do CPP)*, visando, por exemplo, à inclusão de figura típica não mencionada na inicial ou de sujeito passivo que dela não faça parte. Poderá, também, o Ministério Público **repudiá-la, oferecendo denúncia substitutiva**. É importante considerar que tal *repúdio* não é ato discricionário do Promotor de Justiça, mas, sim, um procedimento cabível na hipótese de inépcia da inicial, *v.g.*, em razão da ausência dos seus requisitos essenciais.

Pode o Ministério Público repudiar a queixa subsidiária e postular, ato contínuo, o arquivamento do inquérito policial? Em hipótese alguma. Entendendo ser caso de arquivamento, incumbia ao Ministério Público tê-lo promovido ao juiz antes de intentada a queixa subsidiária pelo ofendido. Se assim houvesse agido o *promotor*, não teria o particular legitimação para propor a ação privada no lugar da ação pública. Agora, se o promotor manteve-se inerte, dando margem ao ajuizamento da ação privada subsidiária, não poderá repudiar a queixa para postular o arquivamento do inquérito policial. Neste caso, entendendo não haver justa causa para a propositura da ação penal (*v.g.*, inexistência de indícios de autoria), restará ao Ministério Público, em vez de repudiar a queixa subsidiária, opinar ao magistrado no sentido da sua rejeição.

Outro aspecto importante a considerar é o de que, quando intentada essa modalidade de ação, atuará o Ministério Público como espécie de assistente litisconsorcial em relação ao querelante, podendo intervir em todos os atos do processo, fornecer elementos de prova e interpor recursos. Se, contudo, o querelante negligenciar no impulso da demanda – não cumprindo determinações judiciais, deixando de comparecer a audiências ou tornando-se de qualquer modo inativo no curso do processo –, retomará o promotor de justiça a condição de parte principal. Portanto, nesta espécie de ação, não ocorre a extinção da punibilidade pela perempção, em caso de inércia do querelante.

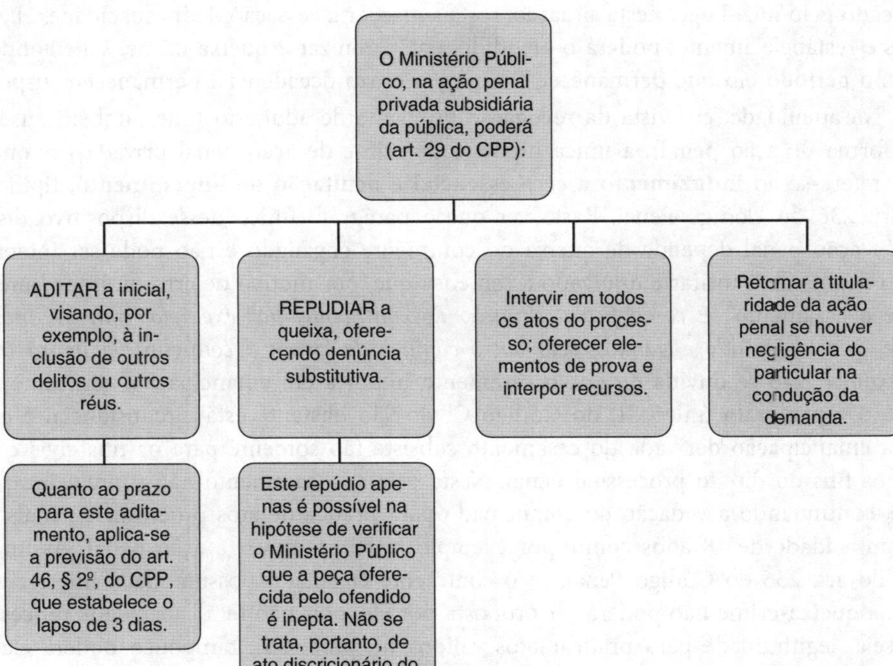

5.7.6. Perdão do querelante na ação penal privada subsidiária da pública

É inconcebível o perdão do ofendido na ação penal privada subsidiária. Se, eventualmente, praticar o querelante ato que possa ser interpretado como de *perdão expresso* ou *tácito*, isto deve ser considerado negligência na condução do feito, possibilitando ao Ministério Público retomar o papel de titular da ação penal.

Tanto não é cabível o perdão nesta espécie de demanda, que o próprio art. 105 do Código Penal, ao tratar dessa matéria, refere que "o perdão do ofendido, nos crimes em que **somente** se procede mediante queixa, obsta ao prosseguimento da ação" (grifamos). Ora, a referência a *crime que somente se procede mediante queixa* evidencia a intenção do legislador em limitar o instituto do perdão à **ação penal privada exclusiva**, não sendo viável, portanto, sua concessão válida em qualquer outra modalidade de ação criminal.

5.8. AÇÃO PENAL PRIVADA PERSONALÍSSIMA

Como já mencionado antes (*item 5.3 – b.2*), por *ação penal privada personalíssima* compreende-se aquela que pode ser proposta única e exclusivamente pelo próprio ofendido, não sendo permitido a outras pessoas (ascendentes, descendentes, cônjuge ou irmão) intentá-la em seu lugar ou prosseguir na que já foi ajuizada.

E se ocorrer o falecimento do ofendido? Neste caso, nada poderá ser feito, devendo ser extinta a punibilidade do ofensor.

E se o ofendido for incapaz (v.g., por enfermidade mental)? Do mesmo modo, a queixa não poderá ser exercida, tendo em vista sua incapacidade de estar em juízo e a impossibilidade de ser representado no polo ativo da ação penal por representante legal ou curador nomeado pelo juiz. Logo, nesta situação, resta aguardar a cessação da incapacidade. Havendo este restabelecimento, poderá o ofendido, então, ajuizar a queixa-crime, salientando-se que, no período em que permaneceu incapaz, o prazo decadencial permaneceu suspenso.

Na atualidade, em vista da revogação do crime de adultério (que também ensejava esta forma de ação penal), a única hipótese de crime de ação penal privada personalíssima refere-se ao **induzimento a erro essencial e ocultação de impedimento**, tipificado no art. 236 do Código Penal. Basta ver que o parágrafo único desse dispositivo dispõe que "a ação penal depende de queixa do contraente enganado e não pode ser intentada senão depois de transitar em julgado a sentença que, por motivo de erro ou impedimento, anule o casamento". *E como fica a situação do contraente, por exemplo, com 17 anos de idade, que tenha sido enganado pelo outro cônjuge de forma a configurar a figura típica em exame?* Não se duvida de que o casamento importa em emancipação, conforme reza o art. 5.º, parágrafo único, II, do Código Civil. Não obstante esta circunstância, é certo que a emancipação derivada do casamento subsiste tão somente para os fins civis e não para os fins do direito processual penal. Nesta órbita, o casamento não supre a incapacidade, continuando a vedação do emancipado para prática de atos processuais penais que exigem a idade de 18 anos como, por exemplo, para promover a ação penal. Assim, no caso do art. 236 do Código Penal, se o contraente enganado possuir idade inferior a 18 anos, a queixa-crime não poderá ser proposta por ele, pois não tem capacidade processual (ou seja, legitimidade para praticar atos válidos no processo), tampouco poderá ele ser representado por outrem em face da natureza *personalíssima* da ação penal privada neste caso. Deverá, então, aguardar os 18 anos de idade, para somente após ajuizar a ação. Até lá, evidentemente, não correrá o prazo decadencial de seis meses (art. 38 do CPP).

5.9. AÇÃO PENAL POPULAR

5.9.1. Considerações gerais

Instituída pela Lei 1.079/1950, a ação penal popular foi concebida como sendo a via facultada a qualquer cidadão para desencadear perante o Senado Federal a apuração dos crimes de responsabilidade nela previstos e que tenham sido cometidos por determinados agentes públicos.

Permite-se, enfim, a qualquer pessoa, com base na citada lei e em relação às infrações que nela constam, **denunciar**:

a) **Ministros do Supremo Tribunal Federal e o Procurador-Geral da República perante o Senado Federal.**

b) **O Presidente da República e os Ministros de Estado nos crimes conexos ao daquele junto à Câmara dos Deputados, à qual incumbirá autorizar ou não a instauração de processo. Autorizada essa instauração por voto de dois terços de seus membros, as peças serão encaminhadas ao Senado, a quem incumbirá o julgamento (arts. 51, I, e 86 da CF).**

5.9.2. Alterações em nível constitucional e infraconstitucional

Antes de ingressar na temática relativa à *denúncia popular* instituída pela Lei 1.079/1950, bem como à natureza das infrações que constituem o seu objeto e à constitucionalidade desta modalidade de ação penal, é preciso referir que duas alterações importantes ocorreram em nível constitucional e infraconstitucional, as quais refletem diretamente no instituto em exame:

- **Primeira, por meio das Emendas Constitucionais 23/1999 e 45/2004:** estas emendas alteraram a redação do art. 52, I e II, da Carta Política, atribuindo ao Senado Federal a competência privativa para processar e julgar:
  - O **Presidente da República** e o **Vice-Presidente da República** nos crimes de responsabilidade;
  - Os membros do **Conselho Nacional de Justiça**, do **Conselho Nacional do Ministério Público**, os **Ministros de Estado** e os **Comandantes da Marinha, do Exército e da Aeronáutica** nos crimes da mesma natureza conexos aos daqueles;
  - Os **Ministros do Supremo Tribunal Federal**, o **Procurador-Geral da República** e o **Advogado-Geral da União** nesses mesmos crimes.

Esta inovação à competência do Senado conduz à possibilidade de aplicarem-se os comandos da ação penal popular previstos na Lei 1.079/1950, além de aos destinatários nela originalmente contemplados (Presidente da República, Ministros de Estado, membros do STF e Procurador-Geral da República), também aos demais agora previstos.

- **Segunda, por meio da Lei 10.028/2000:** a normatização introduzida pela Lei 10.028/2000 deu nova redação ao art. 10 da Lei 1.079/1950, acrescentando outras condutas passíveis de atribuição ao Presidente da República e Ministros de Estado a título de *crimes de responsabilidade contra a lei orçamentária.* Além disso, acrescentou os arts. 39-A e 40-A, dispondo que as figuras previstas no art. 10 constituem, igualmente, crimes de responsabilidade quando ordenadas ou praticadas:
  - Pelo Presidente do Supremo Tribunal Federal, dos Tribunais Superiores, dos Tribunais de Contas, dos Tribunais Regionais Federais, dos Tribunais Regionais do Trabalho, dos Tribunais Regionais Eleitorais, dos Tribunais dos Estados e por seus substitutos quando no exercício da Presidência (art. 39-A);
  - Pelos Juízes Diretores de Foro ou função equivalente no primeiro grau de jurisdição (art. 39-A);

- Pelo Procurador-Geral da República e por seu substituto quando no exercício da chefia do Ministério Público da União (art. 40-A);
- Pelo Advogado-Geral da União (art. 40-A, parágrafo único, I);
- Pelos Procuradores-Gerais do Trabalho, Eleitoral e Militar (art. 40-A, parágrafo único, II);
- Pelos Procuradores-Gerais de Justiça dos Estados e do Distrito Federal, pelos Procuradores-Gerais dos Estados e do Distrito Federal, e pelos membros do Ministério Público da União e dos Estados, da Advocacia-Geral da União, das Procuradorias dos Estados e do Distrito Federal, quando no exercício de função de chefia das unidades regionais ou locais das respectivas instituições (art. 40-A, parágrafo único, II).

5.9.3. A natureza das infrações previstas na Lei 1.079/1950 e a constitucionalidade da ação penal popular

A questão relacionada à natureza das infrações incorporadas à Lei 1.079/1950 é fundamental para que se possa enfrentar o tema relativo à constitucionalidade da *ação penal popular*. Existem duas posições:

1.ª POSIÇÃO: Não há ação penal nas figuras tipificadas como crimes de responsabilidade pela Lei 1.079/1950:

Compreendem os adeptos desta linha de pensamento, à qual nos filiamos, que apesar das previsões inseridas aos arts. 14, 41 e 41-A, facultando a qualquer cidadão oferecer *denúncia* contra os agentes neles mencionados, a chamada *ação penal popular* não pode existir como uma forma autônoma de ação penal e muito menos com a singularidade que lhe é facultada no sentido de ser intentada mediante *denúncia*, na acepção técnica do termo, realizada por qualquer pessoa do povo.

Isso porque, em primeiro lugar, **quanto à apuração de competência do Senado Federal**, apesar da referência a "crimes de responsabilidade" inserida ao art. 52, I e II, da Constituição Federal, e nos arts. 4.º a 13, 39 e 40, da Lei 1.079/1950, tais previsões respeitam, na verdade, às chamadas **infrações político-administrativas**, não podendo ser consideradas propriamente como *crimes*, já que a sanção cominada não é uma pena privativa da liberdade, restritiva de direitos ou multa, mas, sim, a perda do cargo com a inabilitação para a função pública, nos termos do art. 52, parágrafo único, da CF e do art. 2.º da Lei 1.079/1950. Assim, não havendo crime *stricto sensu* a ser apurado nessas condutas, a via adequada à respectiva apuração não poderá ser considerada como uma *ação penal* e sim como um *procedimento político de apuração de infrações político-administrativas*. Até porque a tramitação ocorrerá junto ao Senado Federal, a quem não compete a imposição de penas de caráter criminal. Ora, *o Senado é um tribunal político e não um tribunal de justiça criminal. A sua missão não é conhecer dos crimes de responsabilidade do Presidente da República para puni-lo criminalmente, mas para decretar uma medida de governo, a qual é a destituição do presidente delinquente*[23].

Destarte, sob a ótica deste primeiro entendimento, conclui-se, quanto à *denúncia* perante a Câmara dos Deputados e o Senado Federal das autoridades mencionadas no art. 52, I e II, da CF, c/c os arts. 14 e 41 da Lei 1.079/1950, não se caracteriza como uma *ação penal*, mas, sim, um *procedimento de natureza política visando à apuração de infrações político-administrativas*. Cogitar o contrário implicaria aceitar a existência de uma "ação penal sem crime".

---

[23] BROSSARD, Paulo. O *impeachment*. 3. ed. São Paulo: Saraiva, 1992. p. 78.

2.ª POSIÇÃO: Existe ação penal nas figuras tipificadas como crimes de responsabilidade pela Lei 1.079/1950:

Em que pese não seja a tendência atual, há doutrinadores que sustentam a natureza penal da ação intentada por *qualquer cidadão* em relação às condutas previstas na Lei 1.079/1950.

Considera-se, neste caso, que a circunstância de os crimes de responsabilidade, em tais hipóteses, implicarem sanção de ordem administrativa, não subtrai da ação o caráter penal. Tanto que a própria Constituição Federal, em diversos momentos, utiliza a expressão "crimes de responsabilidade" em oposição aos ditos "crimes comuns".

Por outro lado, quanto ao fato de o julgamento, nos casos dos arts. 14 e 41 daquela legislação, ser realizado pelo Senado, não descaracteriza a demanda como de natureza criminal. Neste sentido, aduz Tourinho Filho[24], ao adotar a posição em exame, que "o fato de o julgamento ficar afeto a órgão político, como é a Câmara Alta, e quase sempre por razões políticas, a nosso aviso, não desnatura o caráter da ação. Ela continua sendo penal". Ademais, quanto à ausência de uma pena privativa de liberdade, lembra o autor que, por exemplo, "no Código Eleitoral há diversas figuras apenadas exclusivamente com multa (...) definidas como crimes, não obstante o art. 1.º da Lei de Introdução ao Código Penal diga que se considera crime a infração penal a que a lei comina pena de reclusão ou de detenção, quer isoladamente, quer alternativa ou cumulativamente com a pena de multa (...)".

5.10. LEGITIMAÇÃO SECUNDÁRIA (AÇÃO PENAL SECUNDÁRIA) E LEGITIMAÇÃO CONCORRENTE

5.10.1. Legitimação secundária

A legitimação secundária (ação penal secundária) ocorre na hipótese em que a lei estabelece um titular para o ajuizamento de ação penal visando à apuração de determinado crime, mas, em decorrência do surgimento de circunstâncias especiais, prevê, **secundariamente**, uma nova espécie de ação para aquela mesma infração, modificando a legitimidade para intentá-la. É o que ocorre, por exemplo, em relação ao crime de calúnia (art. 139 do CP), cuja regra é a apuração mediante ação penal privada (art. 145, *caput*, 1.ª parte, do CP). Não obstante, se cometido contra Presidente da República ou chefe de governo estrangeiro, a ação penal passará, **secundariamente**, de privada para pública, condicionada à requisição do Ministro da Justiça (art. 145, parágrafo único, 1.ª parte, do CP).

Ainda, tem-se a hipótese da ação penal no crime de lesão corporal leve, que, como regra, se procede mediante representação – crime de ação penal pública condicionada, portanto – nos termos do art. 88 da Lei 9.099/1995. Não obstante, tratando-se do mesmo delito, quando praticado na forma de violência doméstica contra a mulher, não dependerá de representação, ou seja, volta a ser considerado, **secundariamente**, como crime de ação penal pública incondicionada. Isto porque o condicionamento à representação no crime de lesão corporal leve decorre da previsão inserta ao citado art. 88 da Lei 9.099/1995 e esta lei, por força do disposto no art. 41 da Lei 11.340/2006 (Lei Maria da Penha[25]), não se aplica aos crimes praticados com violência doméstica e familiar contra a mulher.

---

[24] Ob. cit., p. 487.

[25] Observe-se que a Lei 11.340/2006 não afastou a possibilidade de ação penal pública condicionada nos crimes cometidos com violência doméstica à mulher, tanto que, em seu art. 16, determina que nas ações penais públicas condicionadas à representação da ofendida só será admitida a renúncia perante o juiz. Isto ocorreu, tão somente, em relação ao delito de lesão corporal leve, já que a previsão de condicionamento à representação neste delito decorre, unicamente, da Lei 9.099/1995, diploma este de aplicação refutada aos casos de violência doméstica contra a mulher. Destarte, persiste o caráter de ação penal condicionada aos crimes em que o Código Penal expressamente determine que assim se proceda.

5.10.2. Legitimação concorrente

Em relação à **legitimação concorrente**, compreende-se a hipótese em que a ação penal admite, indistintamente, mais de um titular (Ministério Público ou particular). Assim, no caso de crime contra honra de servidor público no exercício das funções, por força da Súmula 714 do STF, tem-se hipótese de **legitimidade concorrente** entre Ministério Público e ofendido, e não de **legitimidade secundária**. Dispõe, com efeito, precitado verbete que "é concorrente a legitimidade do ofendido, mediante queixa, e do Ministério Público, condicionada à representação do ofendido, para a ação penal por crime contra a honra de servidor público em razão do exercício de suas funções". Isto significa que ao servidor público ofendido caluniado, injuriado ou difamado, em razão do exercício de suas funções, é facultado tanto representar ao Ministério Público para ajuizar ação penal pública, quanto intentar ele próprio a ação penal privada contra o autor do crime.

Necessário observar que apesar dos termos genéricos incorporados à citada súmula, sua aplicação não é ilimitada. Pelo contrário. Limita-se aos crimes de calúnia, injúria e difamação cometidos contra o funcionário público no exercício das funções, mas desde que se trate de crimes contra a honra que, originariamente, sejam apurados via ação penal pública condicionada. Somente aí, pois, assiste ao funcionário ofendido a opção entre *representar ao Ministério Público pela instauração da ação penal* ou *intentar, por si, queixa-crime*, jamais quando se tratarem de delitos de ação penal pública incondicionada, *v.g.*, crimes eleitorais, que são todos de ação penal pública incondicionada, mesmo a calúnia, injúria e difamação cometidos durante a propaganda eleitoral (arts. 324, 325 e 326, c/c o art. 355, todos do Código Eleitoral). Nestes casos, o particular apenas terá a iniciativa da ação por meio da queixa subsidiária, na hipótese de manter-se inerte o Ministério Público no prazo legal, não lhe amparando a faculdade prevista pela Súmula 714 do Pretório Excelso.

Esquema: legitimação secundária e legitimação concorrente

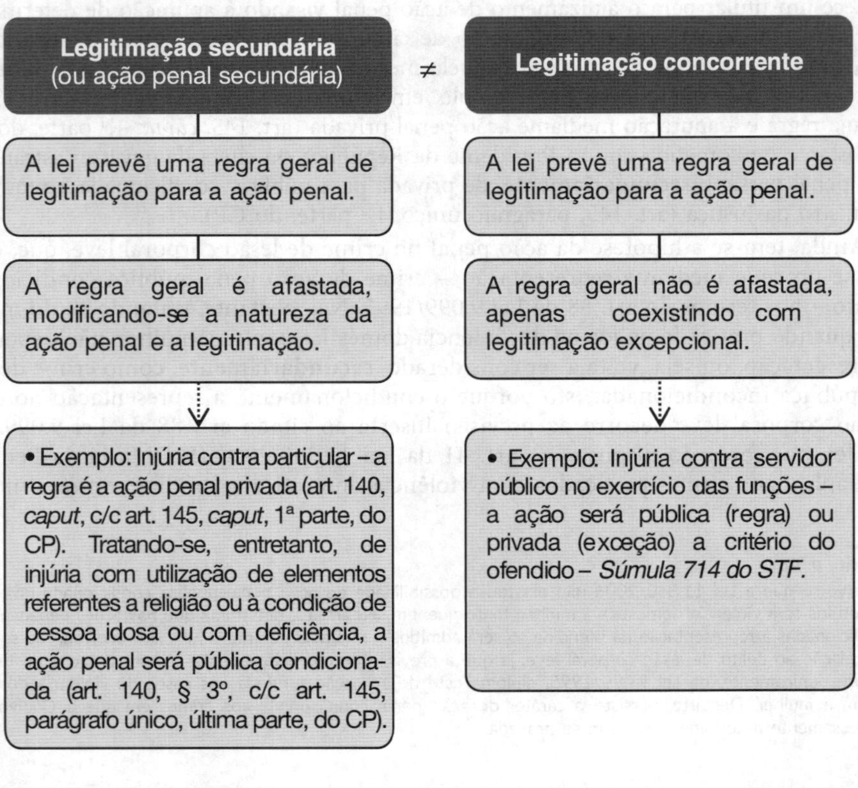

5.11. PROVIDÊNCIAS DO MINISTÉRIO PÚBLICO AO TER VISTA DO INQUÉRITO POLICIAL

Recebendo com vista o inquérito policial, terá o Ministério Público as seguintes alternativas:

1.ª Opção: Oferecer denúncia, desde que se trate de crime de ação penal pública e que disponha os elementos que possibilitem o ajuizamento da ação penal (art. 24 do CPP);

2.ª Opção: Requerer que os autos aguardem em cartório a manifestação da vítima, quando se tratar de crime de ação penal privada, para o qual não possui o *parquet* legitimação ativa (art. 30 do CPP);

3.ª Opção: Requerer diligências ao juízo (art. 16 do CPP) ou requisitá-las diretamente a quem possa ou deva cumpri-las (art. 129, VIII, da CF);

4.ª Opção: Promover junto ao magistrado competente o arquivamento dos autos do inquérito (art. 28 do CPP);

5.ª Opção: Postular a remessa dos autos a outro juízo, para que lá seja dada vista ao Promotor de Justiça com atribuições para oficiar no feito, quando verificar as incompetências *ratione loci*, *ratione materiae* ou *ratione personae* do juízo.

5.11.1. Oferecimento da denúncia (1.ª opção)

A denúncia é a peça acusatória inicial da ação penal pública, incondicionada ou condicionada. Consiste em uma exposição escrita do fato caracterizado como *infração penal*. Dirigida à autoridade judiciária competente, deve ser confeccionada de forma objetiva, nela consignando-se a imputação de um fato típico àquele que, presumidamente, seja o responsável pela sua prática.

De acordo com o art. 395, I, do CPP, a denúncia será rejeitada quando for **inepta**. Segundo entendimento consolidado na doutrina e na jurisprudência pátria, inepta é a inicial que não contém os elementos que demonstrem a sua regularidade formal. Dessa forma, seu oferecimento pressupõe a observância das condições previstas no precitado art. 41 do Estatuto Processual, as quais consistem em:

a) Descrição do fato criminoso com todas as suas circunstâncias

Trata-se de elemento *essencial*, pois é do fato descrito que o réu se defende e, por isso mesmo, será em relação a esse fato que deverá estar relacionada a sentença (*princípio da correlação*). Como circunstâncias obrigatórias, reputam-se as seguintes: *quando o fato foi praticado, onde ocorreu, quem o praticou, o motivo que o ensejou (se conhecido), os meios utilizados, o modo como foi cometido o delito, o malefício causado* e, por fim, *a explicação quanto ao contexto no qual perpetrado.*

Devido à própria posição do Ministério Público, não deve a denúncia conter termos ofensivos ao acusado, cabendo ao acusador ater-se com absoluta impessoalidade à descrição do tipo penal violado, assim como às circunstâncias que cercaram o fato. Esta característica, contudo, não impede o promotor de indicar na inicial palavras ou expressões que tenham sido proferidas pelos envolvidos no contexto do fato imputado, ainda que sejam de baixo calão.

No caso de **concurso de agentes**, embora seja dispensável que a inicial descreva minúcias da conduta de cada acusado (o detalhamento mais preciso pode ser reservado à fase da instrução criminal), os fatos deverão ser narrados de forma a possibilitar o exercício da ampla defesa, sob pena de inépcia. Neste sentido, abrandando a posição tradicional, têm sido as últimas decisões dos Tribunais Superiores, compreendendo-se que, no caso de crime praticado mediante concurso de agentes, afigura-se dispensável que a denúncia descreva de forma minuciosa e individualizada a conduta de cada acusado, bastando, para tanto, que a exordial narre o fato principal e as qualificadoras de forma a possibilitar o exercício da ampla defesa. Visando não inviabilizar a acusação, em circunstâncias excepcionais tem-se admitido, inclusive, a *denúncia genérica*, ou seja, aquela que não realiza a descrição individualizada da ação de cada um dos envolvidos[26]. Mas isso, repita-se, apenas em casos especialíssimos, como na hipótese de a denúncia incorporar vários crimes cometidos por vários autores; nos crimes multitudinários, assim considerados os crimes praticados por multidões impelidas pelo ódio, raiva, desespero; e nos crimes que, por sua própria natureza, devam ser praticados em concurso.

Nas situações de **concurso de crimes (concurso material, concurso formal e crime continuado)**, a regra geral é a de que descreva a denúncia, circunstanciada e individualmente, cada um dos crimes imputados. Não obstante, existem duas exceções em que pode ser dispensada esta formalidade:

> ***Primeira:*** a hipótese de concurso formal, em que há apenas uma ação produzindo vários resultados. *Exemplo*: denúncia oferecida contra indivíduo que, dirigindo seu veículo imprudentemente, em excesso de velocidade, vem a chocar-se contra uma árvore, matando três caroneiros. Nesse caso, não será preciso repetir a descrição da conduta para cada uma das vítimas, bastando a descrição de um só fato (afinal, foi uma só conduta – dirigir imprudentemente veículo automotor), com a menção aos vários resultados daí advindos.
>
> ***Segunda:*** a hipótese de crime continuado (diversos crimes da mesma espécie cometidos em tempo, lugar e forma de execução semelhantes) em que não se disponha de dados sobre as circunstâncias temporais, espaciais e de execução de cada uma das imputações. *Exemplo*: denúncia contra o pai que, no período de 1999 a 2006, em datas, horários e locais diversos, constrangeu sua filha à conjunção carnal mediante o uso de violência. Em casos tais, não há como especificar-se cada um dos estupros, sendo necessária uma só descrição, inserindo-se a referência de que as condutas do agente ocorreram em inúmeras oportunidades.

Outra questão relevante refere-se à **admissibilidade ou não de denúncia alternativa**, isto é, aquela que descreve um determinado fato, qualificando-o, porém, de forma variada. Por exemplo, após referir as circunstâncias de tempo e local do fato atribuído, assevera a exordial que o acusado, ao desferir um tiro contra a vítima, matou (*matar* é o verbo nuclear do art. 121 do CP, significando imputação de homicídio) ou ofendeu a integridade corporal da vítima, causando-lhe a morte (*ofender a integridade corporal com resultado letal* é descrição que se amolda à imputação de lesão corporal seguida de morte, tipificada no art. 129, § 3.º, do CP).

A respeito do tema, surgiram posições divergentes. Ada Pellegrini Grinover, Antônio Scarance Fernandes e Antônio Magalhães Gomes Filho[27], por exemplo, sustentam a inadmissibilidade da denúncia alternativa, sob o fundamento de que tal instrumento inviabiliza o exercício da ampla defesa. Em sentido contrário, sempre se posicionou José Frederico Marques[28], argumentando que a situação concreta pode perfeitamente apresentar-se equívoca, de modo a permitir que o acusador atribua ao réu um ou outro fato, até porque tanto os limites da acusação quanto os da *res judicata* nesse residem, sendo irrelevante o estado de dúvida acerca das consequências jurídicas que possam eventualmente advir.

A despeito da controvérsia existente, concordamos com a primeira das posições citadas, ou seja, no sentido de que, em regra, a denúncia alternativa, em tese, não pode

---

26 STJ, HC 247.645/RJ, *DJ* 29.06.2015 e RHC 53.715/CE, *DJ* 25.03.2015.

27 *As nulidades no processo penal*. 7. ed. São Paulo: RT, 2001.

28 *Elementos de direito processual penal*. Campinas: Bookseller, 1997. v. 2, p. 153.

ser recebida pelo juiz, pois torna incerta a acusação e dificulta a defesa do acusado. Não obstante, a esta regra aceitamos duas exceções:

> ***Primeira***: concernente à situação de *compatibilidade lógica dos fatos imputados*, entendida como a hipótese em que a dúvida sobre qual a conduta ilícita praticada pelo agente é suprível satisfatoriamente pela descrição circunstanciada do evento, com uma só acusação deduzida de maneira alternativa. No julgamento do Recurso Especial 399.858/SP, o STJ, citando parecer do Ministério Público Federal, entendeu que, "na hipótese de dúvida razoável sobre qual a conduta ilícita praticada pelo indiciado, pode o Promotor de Justiça descrever circunstanciadamente o evento com uma só acusação deduzida de maneira alternativa. Tal procedimento não dificulta em nada a defesa do acusado e nem tampouco ofende o princípio do contraditório e da ampla defesa"[29].
>
> ***Segunda***: relativa à hipótese em que a inicial acusatória atribui ao agente um crime de ação múltipla (ou tipo misto alternativo), como tal considerado aquele em que o tipo penal incriminador contém diversos verbos nucleares, de forma que o crime se consuma com a prática de qualquer um deles. Em tal caso, e desde que não seja significativo, em termos de reprovação penal, o enquadramento do réu em qualquer delas, cremos que não há razão para refutar-se a alternatividade na peça incoativa. *Exemplos*: denúncia por receptação, aduzindo-se que o acusado **adquiriu ou recebeu** objeto de que sabia ser proveniente do ilícito (art. 180, *caput*, do CP); e, também, a denúncia por porte de entorpecentes para fins de tráfico, referindo-se que o denunciado **trazia consigo ou guardava** sem autorização ou em desacordo com determinação legal ou regulamentar (art. 28 da Lei 11.343/2007). Ora, no primeiro caso, a diferença entre *adquirir* e *receber* objeto furtado consiste apenas no fato de que o primeiro pressupõe uma contraprestação e o segundo não. Contudo, em termos de reprovabilidade de uma e outra conduta, a diferença é inexpressiva, quase inexistente. O mesmo ocorre no segundo exemplo, em que não destoam, no plano da reprovação penal, as condutas de quem *trazia consigo* ou *guardava* drogas para fins de mercancia.

Um último aspecto a ser enfocado refere-se às **qualificadoras, agravantes e causas de aumento de pena**. Estas três situações, com efeito, são absolutamente distintas, incidem em etapas diferentes do cálculo da pena e não obedecem ao mesmo regramento no que tange à obrigatoriedade ou não de constarem da peça incoativa.

As **qualificadoras** constituem uma espécie de subtipo penal ou tipo penal derivado, vinculado ao verbo nuclear do tipo básico, mas com previsão de apenamentos mínimo e máximo, específicos e distintos do apenamento correspondente à forma simples do crime. Sua incidência deverá ser levada em conta já na primeira etapa do cálculo da pena (fixação da pena-base), já que, ao proceder à verificação das circunstâncias judiciais do art. 59 do CP, deverá o magistrado considerar os limites mínimo e máximo previstos no tipo qualificado. Ora, na medida em que as qualificadoras atribuem uma qualidade nova ao tipo penal simples, é evidente que deverão constar expressamente da exposição do fato na denúncia. Não descritas na exordial, não poderão ser reconhecidas pelo juiz na sentença. *Exemplo*: homicídio qualificado pelo motivo fútil, previsto no art. 121, § 2.º, II, do CP, contemplando pena entre 12 e 30 anos de reclusão. O reconhecimento da motivação ignóbil imprescinde de que tenha sido explicitada na exordial acusatória.

Já as **agravantes**, por sua vez, constituem-se em dados secundários eventuais que circundam o crime para o fim de elevar a sanção penal. Diferem-se das qualificadoras, primeiro pelo seu caráter genérico (aplicáveis abstratamente a qualquer delito e não apenas a este ou àquele tipo penal específico) e, segundo, porque não estabelecem quantidade fixa de aumento de pena. Sua incidência ocorre na segunda fase do cálculo da pena (pena provisória), cabendo ao juiz determinar o *quantum* de aumento da pena que deverá incidir sobre a pena-base em

29 5.ª Turma, *DJ* 24.03.2003.

razão do seu reconhecimento. Ao contrário do que ocorre com as qualificadoras, a inclusão de agravantes na denúncia é uma faculdade do Ministério Público, ou seja, assim como não está obrigado a incluí-las, também não está impedido de mencioná-las. Esta conclusão depreende-se dos próprios termos do art. 385 do CPP, quando reza que o juiz pode reconhecer agravantes na sentença, embora "nenhuma tenha sido alegada". *Exemplo*: a agravante da reincidência, prevista no art. 61, I, do CP, que poderá ser reconhecida pelo magistrado independente de ter sido ou não referida na denúncia.

Por fim, por **causas de aumento de pena** ou **majorantes** compreendem-se aquelas que, previstas na parte geral ou na parte especial do Código Penal, importam em exasperação da pena provisória em quantidades fixas no tipo penal (um terço, dois terços etc.), e incidem sempre na terceira etapa da dosimetria da pena (pena definitiva). Não se confundem com as qualificadoras, porque não trazem apenamentos mínimo e máximo definidos, mas tão somente a previsão de um índice fracionário a incidir sobre a etapa anterior do cálculo da pena. Tratando-se de majorantes previstas na *parte especial do Código Penal*, estas exigem, para o fim de serem reconhecidas, explicitação na denúncia ou na queixa, *v.g.*, a majorante do repouso noturno, que importa em aumento de um terço sobre a pena provisória e que não pode ser reconhecida na sentença sem que tenha sido referida na inicial acusatória. Se, porém, for o caso de causas de aumento contempladas na *parte geral do Estatuto Repressivo*, não é imprescindível que tenha sido expressamente mencionada na peça incoativa, *v.g.*, o crime continuado e o concurso formal próprio, que, a despeito de importarem em exasperação da pena, podem ser reconhecidos pelo juiz na sentença caso exsurjam do contexto imputado ao réu.

b) Qualificação do acusado ou elementos pelos quais se possa identificá-lo

A qualificação do acusado também é elemento *essencial* da peça acusatória. Por *qualificação*, no sentido processual do termo, entende-se a indicação do conjunto de aspectos inerentes a determinada pessoa, de forma a distingui-la das demais. Uma qualificação completa deve incorporar o prenome e o nome do acusado, sua alcunha, data de nascimento, nacionalidade, naturalidade, estado civil, profissão, filiação, lugar de sua residência e local de trabalho.

Ainda que não seja possível obter todos esses dados identificatórios, não impede a lei processual o ajuizamento da ação penal, bastando que proceda a inicial aos "esclarecimentos pelos quais se possa identificá-lo", conforme autoriza expressamente o art. 41 do CPP. Aceita-se, enfim, a qualificação incompleta do acusado, desde que os elementos citados bastem para a individualização do denunciado, vale dizer, distingui-lo das demais pessoas que possuam características semelhantes. Destarte, inepta a denúncia, por exemplo, que se limita a constar no polo passivo a pessoa de "Francisco de tal, alcunha 'chico', brasileiro, cor branca, residente na cidade de São José dos Campos, em local incerto e não sabido", pois as características apontadas são muito vagas, externando aspectos comuns a um universo indefinido de pessoas. Agora, se constassem outros dados como, por exemplo, "filho das pessoas conhecidas apenas como Manoel e Maria da Graça, com sinal de nascença em forma circular e com coloração escura na face direita, além de uma tatuagem em forma de escorpião que se inicia na região dorsal estendendo-se até a região cervical, com idade entre 20 e 23 anos", seria possível o recebimento da denúncia por apresentar-se individualizado o sujeito passivo[30]. Justifica-se este entendimento até mesmo por força do art. 259, 1.ª parte, do CPP, regrando que "a impossibilidade de identificação do acusado

---

30 Mirabete (ob. cit., p. 114) aduz que "não impede a denúncia a ignorância a respeito de alguma dessas qualidades e mesmo do nome do imputado se é possível reproduzir na peça vestibular elementos que possam individuar a pessoa do imputado, idade, sexo, características, dados particulares, sinas de nascença, alcunhas, etc.)".

com o seu verdadeiro nome ou outros qualificativos, não retardará a ação penal, quando certa a identidade física".

Hipótese comum, na prática, é conter a denúncia erro quanto aos dados qualificativos do indivíduo, notadamente em relação a seu prenome e nome. É que, muitas vezes, visando à impunidade, fornece o investigado à autoridade policial dados pessoais incorretos, apresentando, por exemplo, documentos furtados de terceiro. Este equívoco na qualificação, entretanto, não importa em necessária inépcia da peça, pois o já citado art. 259 do CPP, agora na sua 2.ª parte, dispõe que "a qualquer tempo, no curso do processo, do julgamento ou da execução da sentença, se for descoberta a sua qualificação, far-se-á a retificação, por termo, nos autos, sem prejuízo da validade dos atos precedentes". Portanto, uma vez descoberta a verdadeira identificação do acusado, será possível ao Ministério Público aditar a denúncia para o fim de retificar a qualificação originariamente aposta. Se já houver condenação, bastará que o Juiz determine a correção nos autos e no distribuidor, comunicando-se tal providência ao Instituto de Identificação.

Evidentemente, não ocorrerá a contaminação do processo em razão do erro na qualificação quando, apesar desse equívoco, for interrogado e chamado a participar de todos os atos processuais **o próprio responsável pelo delito**, apenas sendo este tratado com o nome errado. Bem diferente é a situação em que, na fase policial, tal responsável apresentou-se com nome de terceiro, sendo este posteriormente chamado para os atos processuais e, inclusive, interrogado no lugar do verdadeiro criminoso. Nesta hipótese, a nulidade do processo é flagrante e não há como ser sanada.

Questão controvertida diz respeito à inserção de fotografia do acusado junto à sua qualificação na denúncia. No STJ, por exemplo, já se decidiu que "*a inserção da fotografia do acusado na vestibular viola diferentes normas constitucionais, dentre as quais o direito à honra, à imagem e também o princípio matriz de toda a ordem constitucional: o da dignidade da pessoa humana*"[31]. Outros Tribunais, porém, têm compreendido de forma diversa, destacando a validade desse procedimento, pois "*serve para melhor identificação do inculpado, não atentando contra quaisquer direitos fundamentais*"[32]. Aderimos a esta última orientação, vale dizer, no sentido de que a juntada de registros fotográficos dos réus não caracteriza qualquer ofensa a princípios constitucionais, muito menos a direitos fundamentais, sendo, inclusive, meio por demais eficiente para identificá-los, consoante requer o art. 41 supracitado.

c) Classificação do crime (tipo penal infringido)

A classificação do delito (ou capitulação, definição jurídica, artigo) deverá estar presente na denúncia, não apenas porque o art. 41 do CPP assim estabelece, mas também para demonstrar o enquadramento da conduta narrada a uma norma penal incriminadora, atendendo-se ao princípio da reserva legal (art. 1.º do CP e art. 5.º, XXXIX, da CF).

Não obstante estas decorrências legal e constitucional, a classificação do crime não constitui elemento essencial da peça acusatória. Trata-se, em verdade, de uma definição provisória do tipo penal infringido, sendo que eventual erro na sua aposição não acarreta qualquer nulidade na denúncia, podendo ser corrigida a qualquer tempo, quer por meio de aditamento do Ministério Público (art. 569 do CPP), quer pelo próprio juiz a partir da aplicação da regra da *emendatio libelli* na sentença condenatória (art. 383 do CPP). Lembre-se de que o acusado não se defende do artigo atribuído (ou capitulação jurídica), mas do fato descrito. Logo, desde que a errônea qualificação jurídica da infração penal

---

31 STJ, HC 88448/DF, Sexta Turma, *DJ* 02.08.2010.

32 TJRS, Apelação n.º 70080327216, Segunda Câmara Criminal, Rel. Des. José Antônio Cidade Pitrez, j. 15.08.2019.

não tenha comprometido a descrição do fato, não acarretará sua correção qualquer nulidade. O fundamental continua sendo a narrativa do fato com todas as suas circunstâncias.

O mesmo ocorre quando a inicial não contém a capitulação. Sendo possível depreendê-la a partir da descrição do crime, em especial do verbo nuclear aposto na denúncia ("matar", no caso do homicídio; "subtrair", na hipótese de furto ou roubo; "obter vantagem ilícita", no estelionato etc.), a falta da menção ao tipo penal incriminador não acarretará qualquer contaminação ao processo criminal.

E o mesmo regramento se aplica, ainda, quando se tratar de qualificadoras ou causas de aumento de pena, perfeitamente descritas na inicial, mas não ventiladas na classificação. Nada impede sejam reconhecidas pelo juiz ao proferir sentença condenatória.

Pode o juiz, por ocasião do recebimento da denúncia, proceder à alteração da capitulação do crime? Prevalece o entendimento de que, ressalvadas situações excepcionalíssimas, de manifesta incorreção na capitulação, em que o magistrado verifique que a conduta narrada na exordial não se amolda, de forma alguma, ao tipo penal estipulado na denúncia, é indevida a desclassificação da conduta em juízo antecipado de recebimento da exordial acusatória, pois não se trata do momento adequado para tanto[33]. Afinal, à alteração da classificação do delito pelo juízo dá-se o nome de *emendatio libelli*, instituto previsto no Código de Processo Penal dentro do capítulo pertinente à sentença. Portanto, é na sentença que poderá o magistrado realizar tal modificação e não por ocasião da decisão que recebe a inicial acusatória. Nesse sentido já decidiu o STF, deliberando *que não é lícito ao Juiz, no ato de recebimento da denúncia, quando faz apenas juízo de admissibilidade da acusação, conferir definição jurídica aos fatos narrados na peça acusatória. Poderá fazê-lo adequadamente no momento da prolação da sentença, ocasião em que poderá haver a* emendatio libelli *ou a* mutatio libelli, *se a instrução criminal assim o indicar*[34].

d) Rol de testemunhas

O rol de testemunhas, assim como a classificação do crime, é elemento *acidental*, cuja ausência não importa qualquer vício, até porque há delitos cuja prova é eminentemente documental. Evidentemente, a ausência do rol acarreta a preclusão, não podendo ser suprida posteriormente pelo Ministério Público, salvo nos casos de substituição de testemunha não localizada ou na hipótese de testemunha cujo nome surgiu apenas na instrução processual, caso em que o promotor poderá requerer ao juízo a sua inquirição.

A despeito de limitar-se o art. 41 do CPP a referir-se a "rol de testemunhas", é importante dizer que, na verdade, com a inicial já deve o Ministério Público indicar todas as provas que pretende produzir, já que se trata do momento correto para tanto. Ora, a prova testemunhal é apenas uma entre as muitas outras previstas na legislação, constituindo impropriedade do Código de Processo Penal a menção exclusiva a esse tipo de prova.

Portanto, com a denúncia, deverá o Ministério Público indicar os elementos de convicção que pretende sejam produzidos, solicitando ao juiz a sua admissão sob pena de preclusão. Abre-se exceção, evidentemente, para a prova documental, que, salvo restrições previstas em lei (*v.g.*, art. 479 do CPP), a todo o tempo poderá ser juntada aos autos (art. 231 do CPP), bem como àquelas provas que não se apresentavam necessárias no momento do ajuizamento, surgindo a necessidade de sua realização a partir de elementos coligidos na fase instrutória. Este, a propósito, o sentido do art. 402 do CPP quando faculta às partes requererem ao juiz diligências "cuja necessidade se origine de circunstâncias ou de fatos apurados na instrução".

---

[33] STJ, RHC 49.658/RS, *DJ* 07.03.2016; STF, STF, Inq. 4.146/DF, *DJ* 05.10.2016.

[34] STF, HC 87.324/SP, 1.ª Turma, Rel. Min. Cármen Lúcia, *DJ* 18.05.2007.

e) Outros requisitos da denúncia

Além destes requisitos expressos no art. 41 do CPP, há, ainda, outros elementos, também de caráter eminentemente formal, que devem constar na denúncia. Trata-se de formalidades que, a despeito de não previstas em lei, decorrem da própria natureza da peça incoativa e do fim a que se destina: instauração do processo criminal.

Consistem nas seguintes formalidades:

a) A indicação do juiz ou Tribunal a que está sendo endereçada. Normalmente a denúncia é dirigida ao juiz. Nos casos de prerrogativa de função, porém, deve ser dirigida ao tribunal competente para o processo e julgamento do crime imputado;
b) O requerimento de citação do acusado para ver-se processar;
c) O pedido de condenação ou de pronúncia, conforme se trate de crime de competência do juiz singular ou do tribunal do júri, respectivamente;
d) O local e a data em que a denúncia está sendo ofertada; e
e) A assinatura do órgão do Ministério Público que a está deduzindo (a falta de assinatura do agente ministerial, para alguns, constitui causa de inexistência da peça, enquanto para outros trata-se de mera irregularidade que poderá ser suprida a qualquer tempo).

5.11.2. Procedimento a ser adotado pelo Ministério Público ao ter vista de inquérito policial que investigou crime de ação penal privada (2.ª opção)

Dispõe o art. 19 do Código de Processo Penal que, nos crimes de ação privada, os autos do inquérito policial, uma vez concluído esse expediente, serão remetidos ao juízo competente, onde aguardarão a iniciativa do ofendido. Isto significa que o inquérito permanecerá paralisado em juízo até que ingresse o interessado com a respectiva queixa-crime, ou que decorra o prazo decadencial de seis meses (contados da ciência da autoria do fato pela vítima e não da remessa do inquérito ao Poder Judiciário), caso em que será declarada extinta a punibilidade e determinado, em consequência, o arquivamento do procedimento investigatório.

Independentemente desta previsão, é certo que, seja qual for a natureza do crime investigado – de ação penal pública ou de ação penal privada – aportando o inquérito policial a juízo, deve ser encaminhado ao Ministério Público para exame. Isto se justifica, em **primeiro lugar**, porque a tipificação da autoridade policial não vincula o promotor, de forma que nada impede, a despeito de ter o delegado entendido que ocorreu um determinado crime de ação penal privada (*v.g.*, calúnia – art. 138 do CP), venha o Ministério Público a concluir que, na verdade, o delito é outro, de ação penal pública incondicionada (*v.g.*, denunciação caluniosa – art. 339 do CP), justificando-se o oferecimento de denúncia. Em **segundo lugar**, porque no âmbito do inquérito policial que apurou crime de ação penal privada, pode surgir a notícia da ocorrência de outro crime, este apurado por meio de ação penal pública, motivando, então, ou a requisição de novo inquérito pelo Ministério Público ao delegado para investigá-lo, ou o oferecimento direto de denúncia, caso presentes elementos que autorizem este proceder.

Nada disto ocorrendo, e verificando o Ministério Público que as peças policiais versam exclusivamente sobre crime de ação penal privada, apenas lhe resta optar por uma das seguintes alternativas:

- **Proceder à devolução do inquérito a cartório, a fim de se aguardar a iniciativa da vítima em ajuizar a competente queixa-crime em relação ao fato apurado, caso ainda não tenha decorrido o prazo decadencial de seis meses para tanto;** ou

- **Requerer, de plano, ao juízo, a extinção da punibilidade (art. 107, IV, do CP) e o consequente arquivamento do inquérito policial, se verificar que já transcorreu esse lapso sem que tenha o ofendido desencadeado o processo criminal.**

E se o Ministério Público constatar que, embora se trate de crime de ação penal privada, inexistem indícios de autoria que permitam, com base apenas no procedimento policial, a instauração do processo criminal? Apenas por esse motivo, não poderá o promotor de Justiça requerer o arquivamento das peças policiais. É que não lhe compete tal exame, mas, sim, ao ofendido, que é o autor exclusivo do processo em crimes de ação penal privada. Portanto, mesmo nesta hipótese de absoluta falta de lastro probatório a sustentar uma demanda criminal, deverá o Ministério Público, após exame do inquérito e constatação de que não há delito de ação penal pública configurado na investigação policial, devolvê-lo ao cartório com a manifestação de que se aguarde o ingresso eventual de queixa-crime pelo ofendido ou a fluência do prazo decadencial para tanto.

5.11.3. Procedimento do Ministério Público quando, recebendo o inquérito policial, entender necessária a realização de diligências complementares (3.ª opção)

É bastante comum, ao receber os autos do inquérito com vista, constatar o Ministério Público que não se encontram presentes os elementos necessários ao oferecimento de denúncia, sendo necessária a realização de diligências complementares para a correta elucidação do fato. Nesta hipótese, cabe ao promotor de justiça adotar uma das seguintes medidas:

- **Devolver os autos a cartório, com a formulação de pedido de diligências ao juiz;**
- **Providenciar ele próprio na realização das diligências que reputa indispensáveis ao ajuizamento da ação penal.**

5.11.3.1. Devolução do inquérito com requerimento de diligências ao juízo

Sem embargo de o art. 16 do CPP, implicitamente, facultar ao Ministério Público o requerimento de diligências ao juiz (não apenas a devolução do inquérito à delegacia de polícia, mas qualquer outra, como a requisição de documentos, levantamento fotográfico do local do fato, atualização de antecedentes do investigado em outras comarcas etc.), parcela expressiva da magistratura nacional discorda dessa possibilidade e indefere os pleitos do promotor neste sentido, sob o fundamento de que é incumbência do próprio *parquet* realizar as diligências que reputa necessárias ao ajuizamento da ação penal. Considera, para tanto, que o art. 129, VIII, da CF, expressamente lhe confere esta atribuição. Segundo este entendimento, a intervenção do Poder Judiciário no patrocínio de diligências requeridas na fase investigatória implica usurpação da legitimidade ministerial para a construção probatória, razão pela qual apenas poderiam ser requeridas ao juízo as providências abrigadas pelo princípio da *reserva da jurisdição*, vale dizer, aquelas que imprescindem de ordem judicial (*v.g.*, quebra de sigilo fiscal, interceptação de comunicações telefônicas e buscas domiciliares).

A nosso ver, este modo de pensar, que parece constituir o entendimento da maioria dos juízes, é equivocado, ensejando, inclusive, o ingresso de correição parcial pelo promotor, pois, sendo o inquérito encaminhado diretamente ao Poder Judiciário, a este pertence o controle dos prazos e a sua tramitação legal. Tanto, aliás, que o próprio arquivamento de inquérito policial sempre depende de decisão judicial neste sentido.

Evidentemente, não se duvida de que o Ministério Público, com fulcro no art. 129, VI e VIII, da Constituição Federal, no art. 26, I, "b", e II, da Lei Orgânica do Ministério Público (Lei 8.625/1993) e no art. 47 do Código de Processo Penal, tem a faculdade de requisitar diretamente diligências, informações e documentos que julgar necessários à instrução inquisitorial. Esse poder de requisição direta conferido ao Ministério Público, no entanto, não exclui a possibilidade de requerer a realização das diligências por intermédio do juiz e tampouco significa que o magistrado possa indeferi-las de pronto. Neste sentido já decidiu o Tribunal de Justiça do Estado de São Paulo, deferindo correição parcial intentada pelo promotor de justiça sob o fundamento de que o indeferimento de diligências requeridas pelo *parquet* "importa em exagerado formalismo, conquanto tenha o Ministério Público poderes para requisitar diretamente diligências aos órgãos públicos" (*JTJ* 119/514).

Observe-se que a atitude do juiz em indeferir diligências requeridas pelo promotor poderá ocasionar situações paradoxais como, por exemplo, o ajuizamento equivocado de ação penal privada subsidiária pelo ofendido, pensando este ter-se mantido inerte o Ministério Público no prazo que lhe faculta a lei para oferecer denúncia, quando, em verdade, apenas estava aguardando o retorno de diligência providenciada no âmbito da Promotoria de Justiça. Se isto ocorrer, deverá o promotor, para restabelecer a ordem natural dos acontecimentos processuais, repudiar a queixa subsidiária inoportuna (art. 29 do CPP) ao fundamento de que a inércia ministerial não foi injustificada, discussão esta que poderá alongar-se no tempo, caso quem seja vencido – querelante subsidiário ou Ministério Público – resolva recorrer da decisão adotada pelo juízo na solução do incidente de repúdio.

5.11.3.2. *Diligências determinadas ou requisitadas pelo próprio Ministério Público*

Trata-se da faculdade prevista no art. 47 do CPP, dispondo que se o Ministério Público julgar necessários maiores esclarecimentos e documentos complementares, ou novos elementos de convicção, poderá requisitá-los, diretamente, de quaisquer autoridades ou funcionários que devam ou possam fornecê-los.

Optando por agir em conformidade com o referido dispositivo do CPP, deve o promotor de justiça acautelar-se, juntando aos autos do inquérito o ofício requisitório que haja expedido e requerendo ao magistrado que o procedimento policial aguarde em cartório o decurso do prazo fixado para cumprimento das diligências requisitadas ou determinadas. Trata-se, como já vimos anteriormente, de materializar nos autos do procedimento policial a providência adotada, evitando-se o ingresso despropositado da ação subsidiária pelo ofendido ao fundamento de que o inquérito encontrava-se na promotoria de justiça e que nenhuma providência judicial fora adotada no prazo.

5.11.4. Hipótese de arquivamento do inquérito policial (4.ª opção)

A matéria relativa ao arquivamento do inquérito policial já foi tratada no capítulo anterior deste livro. Para evitar indesejável repetição, remetemos o leitor ao *capítulo 4, itens 4.12 a 4.14*, que esgotam a questão.

5.11.5. Remessa dos autos do inquérito a juízo distinto (5.ª opção)

Ao examinar o inquérito policial, se o Ministério Público entender que o juízo para o qual foi distribuído o caderno investigatório não possui competência para o processo e julgamento do feito, deverá requerer ao magistrado a remessa dos autos ao juízo que seja o competente para o exame da matéria. *Exemplo*: Promotor de Justiça recebe com vista os autos do inquérito policial que apurou crime eleitoral praticado supostamente por investigado que, hoje, encontra-se exercendo o mandato de Deputado Federal. Considerando que, nos termos do art. 102, I, "b", da Carta Política, compete ao STF processar e julgar, originariamente, nas infrações comuns, os membros do Congresso Nacional, deverá o promotor requerer ao juiz que se encontra no comando do inquérito policial que seja declinada a sua competência, encaminhando-se o feito ao STF para que lá seja processado e julgado.

Ressalte-se que o exemplo em questão trata de hipótese de incompetência em razão da pessoa. Independentemente, o mesmo procedimento deve ser adotado quando se tratar de incompetência em razão do lugar ou da matéria.

Contudo, pode ocorrer que o juízo a que tenha sido encaminhado o inquérito, a partir de manifestação do órgão do Ministério Público que lá oficia, também não se considere competente, entendendo que a competência para o respectivo exame é, efetivamente, do juízo ao qual foi inicialmente distribuído o procedimento investigatório. Muito embora, neste caso, haja evidente **conflito negativo**, há controvérsia se a hipótese caracteriza **conflito negativo de competência ou de jurisdição**[35] entre as autoridades judiciárias dos juízos divergentes, ou **conflito negativo de atribuições** entre os promotores que atuam perante cada uma das varas. E a solução desse impasse é fundamental para a definição acerca de quem seja o legitimado para dirimir o conflito formado.

Há, basicamente, três posições:

Primeira posição: A hipótese é de conflito negativo de atribuições, visto que surgiu antes da instauração da relação processual penal: para os defensores dessa linha de pensamento, o simples fato de o juiz, no âmbito do inquérito, acolher manifestação do Ministério Público e encaminhar o inquérito a outro juízo não implica negar a sua competência. Considera-se, pois, que esta manifestação judicial possui natureza de *despacho de mero expediente*, não sendo, propriamente, uma *decisão judicial declaratória da incompetência do juízo* – mesmo porque o art. 109 do CPP permite que o juiz declare sua incompetência "em qualquer fase do processo", não contemplando semelhante pronunciamento na fase do inquérito policial. Tal remessa, então, caracteriza-se como uma atividade meramente administrativa do juiz, sem caráter jurisdicional. Neste sentido a decisão do Conflito 163/RJ, entendendo-se que, "inexistindo denúncia, não tendo sido instaurada a ação penal, não há conflito de competência de juízes, mas conflito de atribuições do MP, que será decidido pela douta Procuradoria-Geral de Justiça".

Segunda posição: A hipótese enseja conflito negativo de competência/jurisdição, desde que tenham sido acolhidas pelos magistrados as manifestações dos membros do Ministério Público que perante eles oficiam: segundo esta posição, o momento em que foi suscitado o conflito – antes ou depois da instauração da relação processual penal – é indiferente. Assim, quando dois agentes do Ministério Público promovem no sentido da incompetência do juízo para o processo e julgamento e, em consequência, declinam o oferecimento da denúncia um ao outro, o conflito não se estabelece entre eles, mas entre os juízes que acolheram suas promoções conflitantes. Ocorre, então, um conflito de jurisdição a ser dirimido pelo Poder Judiciário e não um conflito de atribuições a ser submetido ao Procurador-Geral de Justiça. *Exemplo*: recebendo autos de inquérito policial, o promotor de justiça de Arroio Grande requer ao juiz dessa comarca que encaminhe o procedimento investigatório à comarca de Jaguarão, por entendê-la competente. Nesta última comarca, o promotor que lá oficia manifesta-se ao respectivo juízo no sentido da competência de Arroio Grande. Concordando que a competência para o processo está afeta, realmente, a Arroio Grande, o magistrado de Jaguarão deverá suscitar conflito negativo junto ao Tribunal de Justiça. Neste sentido, em diversas oportunidades pronunciou-se o STF, acrescentando que "se juízes de comarcas situadas em Estados-membros diversos, acolhendo manifestações dos respectivos membros do Ministério Público, decidem no sentido da incompetência dos seus juízos, o que se configura é conflito de jurisdição, e não de atribuições entre órgãos do Ministério Público de Estados diferentes" (*RTJ* 166/401, Rel. Min. Maurício Corrêa).

---

[35] Diferencia-se o conflito de jurisdição do conflito de competência. Com efeito, haverá o primeiro quando houver divergência entre órgãos de jurisdições distintas (exemplos: Justiça Comum e Justiça Federal, Justiça Comum do Estado de Santa Catarina e Justiça Comum do Estado do Paraná) e, o segundo, quando tal ocorrer entre dois ou mais órgãos da mesma justiça (exemplos: juiz da Comarca de Canoas e juiz da Comarca de São Leopoldo, ambos da Justiça Comum do Estado do Rio Grande do Sul).

Terceira posição: A hipótese poderá caracterizar tanto conflito de competência como conflito de atribuições, dependendo da situação caracterizada no caso concreto: considera-se, aqui, a natureza do pronunciamento do juiz diante da manifestação promotor-recusante. Logo, se o magistrado ingressa no mérito da questão relativa à competência, compartilhando do entendimento ministerial e encaminhando o feito a outro juízo, caso lá haja discordância com esse entendimento, o conflito que surge é o de competência/jurisdição. Agora, se apenas atendeu a promoção do Ministério Público e encaminhou os autos do inquérito a outro juízo, sem qualquer pronunciamento sobre a matéria de fundo que motivou este procedimento, caso lá não haja aceitação, o conflito estabelecido será o de atribuições. *Exemplo*: imagine-se que o juiz de direito da comarca de Guaratinguetá acolha, expressamente, a arguição declinatória do Ministério Público, reconhecendo a incompetência do juízo e determinando, ato contínuo, a remessa de autos à comarca de Jacareí. Nesta hipótese, caso o promotor de Jacareí entenda no sentido da competência do juízo de Guaratinguetá, em vez de suscitar conflito negativo de atribuições, deverá manifestar-se perante o juiz da vara em que foi distribuído o procedimento policial no sentido de que seja suscitado o *conflito de jurisdição*. Agora, se não houve acolhimento expresso pelo juízo de Guaratinguetá, que se limitara a mero despacho de remessa do feito à comarca de Jacareí, a recusa do promotor de Jacareí exigirá que ele próprio suscite conflito negativo de atribuições. Deste modo, já decidiu o Excelso Pretório ao afirmar que "se Juízes de comarcas situadas em Estados-membros diversos, acolhendo manifestações dos respectivos membros do Ministério Público, decidem no sentido da incompetência dos seus Juízos, o que se configura é conflito de jurisdição e não de atribuições entre órgãos do Ministério Público de Estados diferentes"[36].

Como se vê, a questão não é pacífica. Para ilustrar a apontada divergência, observe-se a seguinte situação hipotética, envolvendo um inquérito policial distribuído, inicialmente, a uma das varas criminais de Porto Alegre, mas que, em face de manifestação do promotor que nela atua, vem a ser encaminhado à vizinha Comarca de Canoas, onde também é recusado pelo Ministério Público:

Distribuído o inquérito policial à 4.ª Vara Criminal da Comarca de Porto Alegre, pronuncia-se o Ministério Público pela incompetência *ratione loci* do juízo, requerendo a remessa dos autos à Comarca de Canoas. Suponha-se que esta manifestação seja acolhida pelo juiz em Porto Alegre.

↓

Em Canoas, distribuído o inquérito policial a uma das varas criminais, entende o promotor que lá atua que a competência é afeta a Porto Alegre, onde inicialmente distribuido o inquérito.

↓

1.ª Posição: Não havendo, ainda, processo instaurado, estabelece-se **conflito negativo de atribuições** entre o Promotor de Canoas e o Promotor de Porto Alegre, **o qual será dirimido pelo Procurador-Geral de Justiça**.

2.ª Posição: Na medida em que os juízes de Porto Alegre e Canoas atenderam as manifestações dos promotores que oficiam nas respectivas varas, tem-se hipótese de **conflito negativo de jurisdição**, a ser dirimido pelo Poder Judiciário, não importando o fato de ainda não existir processo em tramitação.

3.ª Posição: Se o juiz de Porto Alegre limitou-se a atender a manifestação do promotor, enviando o feito a Canoas, estabelece-se **conflito negativo de atribuições** entre os promotores de Porto Alegre e de Canoas. Se, porém, o juiz de Porto Alegre ingressou em aspectos de mérito em relação à competência, forma-se conflito negativo de competência entre os juízes de Porto Alegre e Canoas.

36 STF, Pet 623 QO/RS, *DJ* 27.09.1996.

5.12. A QUEIXA-CRIME NA AÇÃO PENAL PRIVADA (EXCLUSIVA, PERSONALÍSSIMA E SUBSIDIÁRIA)

A queixa-crime é a inicial da ação penal privada, seja ela exclusiva, personalíssima ou subsidiária da pública. Em geral, segue os mesmos requisitos atinentes à denúncia oferecida pelo Ministério Público na ação penal pública, os quais foram examinados no tópico anterior. Tanto que o art. 41 do CPP, ao referir-se aos requisitos formais da inicial do processo criminal, aduz que "a denúncia **ou queixa** conterá a exposição do fato criminoso, com todas as suas circunstâncias, a qualificação do acusado ou esclarecimentos pelos quais se possa identificá-lo, a classificação do crime e, quando necessário, o rol das testemunhas". Na mesma linha é o disposto no art. 395 do CPP quando relaciona as hipóteses de rejeição da inicial acusatória.

Destarte, todas as formalidades examinadas no *tópico 5.11.1* relativamente à descrição da infração penal, à identificação do acusado e à indicação de provas aplicam-se, igualmente, à elaboração da exordial acusatória privada.

Não obstante essa semelhança formal, existem algumas características que peculiarizam a queixa-crime e que deverão ser observadas pelo querelante por ocasião do ajuizamento. Consistem em:

a) **Subscrição pelo próprio ofendido:** possuindo capacidade postulatória (advogado regularmente inscrito na OAB), o ofendido pode exercer o direito de queixa pessoalmente.

b) **Procuração com poderes especiais:** fazendo-se representar por advogado, deverá o ofendido outorgar-lhe procuração com poderes especiais. Neste sentido, aliás, taxativo o art. 44 do Código de Processo Penal ao estabelecer que "a queixa poderá ser dada por procurador com poderes especiais, devendo constar do instrumento do mandato o nome do querelante e a menção do fato criminoso, salvo quando tais esclarecimentos dependerem de diligências que devem ser previamente requeridas no juízo criminal". Portanto, é insuficiente que constem na procuração os poderes genéricos inerentes à cláusula *ad judicia*, sendo imprescindível a referência ao crime que se pretende seja apurado. **Mas atenção:** tal exigência legal não impõe uma descrição minuciosa, bastando, ao contrário, a simples menção ao fato criminoso, seu *nomem iuris* ou a indicação do dispositivo legal no qual se acha incurso o querelado para que se tenha como satisfeita a exigência do art. 44 do Código de Processo Penal[37].

Embora a procuração assim elaborada constitua-se verdadeira condição de procedibilidade da ação penal privada, aceita-se, na hipótese de não serem observados os pressupostos do citado art. 44, que seja suprida a nulidade mediante a aposição da assinatura do querelante juntamente com a de seu advogado na queixa-crime ou juntada posterior de instrumento procuratório adequado. Nesses casos, para que o vício convalide, será necessário que este suprimento ocorra ainda dentro do prazo decadencial de seis meses contados da ciência do fato ou de sua autoria pelo querelante (e não do ajuizamento da ação penal privada), não dispensando a observância desse prazo a regra do art. 568 do CPP, ao referir que "a nulidade por ilegitimidade do representante da parte poderá ser **a todo tempo** sanada, mediante ratificação dos atos processuais". Isso porque a expressão "a todo tempo", em que pese haver divergências, deve ser considerada dentro dos limites temporais estabelecidos pela lei para a prática dos atos processuais, o que, no caso da queixa, é de seis meses. Nesse sentido, pronunciou-se o STJ, referindo que "o instrumento

---

37 STJ, RHC 69.301/MG, *DJ* 09.08.2016.

de mandato com poderes especiais conferido a procurador legalmente habilitado, para a propositura de queixa nos crimes contra a honra, que não contém a menção ao fato delituoso, constitui omissão que obsta o regular prosseguimento da ação penal, **se não for sanada dentro do prazo decadencial**"[38].

c) **Necessidade de referência a eventuais circunstâncias agravantes:** como já vimos anteriormente (*item 5.11.1*, tópico relativo à descrição dos fatos), em se tratando de crime de ação pública, dispõe o art. 385 do CPP que pode o magistrado reconhecer agravantes, ainda que nenhuma tenha sido arguida na denúncia. Considerando que o precitado dispositivo do Código de Processo Penal é limitativo aos delitos de ação penal pública, deduz-se, *a contrario sensu*, que, no caso de crime de ação penal privada, o reconhecimento de agravantes exige referência na queixa-crime, sob pena de não poder o juiz considerá-las por ocasião da fixação da pena.

d) **Valor da causa:** ao contrário do que ocorre na denúncia oferecida pelo Ministério Público em relação aos crimes de ação penal pública, quando se trata de queixa-crime (salvo a subsidiária, pois, neste caso, está o particular atuando no lugar do Ministério Público, que não ofereceu denúncia no prazo legal), deve o querelante consignar o valor da causa, o que releva para fins de cálculo das custas. Cabe lembrar que o art. 806 do CPP, ao tratar da ação penal privada, estabelece que, salvo no caso de pobreza do querelante, "nenhum ato ou diligência se realizará sem que seja depositada em cartório a importância das custas".

5.13. A DECISÃO QUE RECEBE A DENÚNCIA E A QUEIXA-CRIME

O recebimento da denúncia ou da queixa-crime possui natureza de *decisão interlocutória simples*. Trata-se de decisão irrecorrível, em que pese possa ser impugnada por meio de *habeas corpus*, se o crime imputado for punido com pena de prisão, e por meio de **mandado de segurança** ou **correição parcial**, caso se trate de infração não sujeita a pena privativa de liberdade (*v.g.*, porte de entorpecentes para uso próprio, tipificado no art. 28 da Lei 11.343/2006 e para o qual o tipo penal não comina pena de prisão), conforme se extrai da Súmula 693 do STF.

A despeito da previsão constitucional incorporada ao art. 93, IX, da CF, exigindo a fundamentação das decisões judiciais, a jurisprudência dominante dispensa motivação no despacho de recebimento da denúncia, eis que não vislumbra carga decisória nessa manifestação. Ressalva a esta regra existia no revogado Decreto-lei 7.661/1945, que, regulamentando os institutos da falência e da concordata, previa, no seu art. 109, § 2.º, que a decisão de recebimento da denúncia deveria ser fundamentada. Porém, com o advento da Lei 11.101/2005, revogando, a partir de 9 de junho de 2005 (data de sua vigência), o antigo estatuto de quebras e estatuindo a nova regulamentação falimentar, deixou de existir a obrigatoriedade de motivação da decisão de recebimento da denúncia.

Questão que nos parece discutível respeita aos procedimentos em que a lei estabelece uma fase de defesa anterior ao recebimento da inicial acusatória pelo juiz, tal como ocorre no rito dos crimes funcionais afiançáveis (art. 514 do CPP), no procedimento dos crimes de drogas (art. 55 da Lei 11.343/2006) e no procedimento sumaríssimo da Lei 9.099/1995 (art. 81 dessa lei). Em verdade, também nesses casos a jurisprudência parece orientar-se no sentido da prescindibilidade de fundamentação da decisão que recebe a denúncia ou a queixa, sendo suficiente a prova da materialidade e indícios suficientes da autoria.

Discordamos, contudo, dessa linha de pensamento.

Isso porque o exercício da defesa preliminar estabelece um contraditório pré-processual entre o órgão acusador e o acusado. Ao permitir a resposta do acusado como

---

[38] STJ: AgRg no REsp 471.111/RS, *DJ* 04.08.2008 e AgRg no REsp 1.392.388/MG, *DJ* 1.º.09.2015.

direito de defesa, a lei exige do julgador a análise dos argumentos expostos neste momento processual, com o escopo de avaliar a plausibilidade da denúncia, pois não haveria sentido algum na existência de norma, prevendo a notificação para a defesa preliminar nos casos em que a lei a estabelece, se o magistrado não estivesse obrigado a apresentar os motivos que, refutando essa defesa, levam-no a receber a denúncia.

Além disso, é importante mencionar que nos casos de foro por prerrogativa de função (*v.g*, prefeitos municipais no exercício da função, juízes, promotores de justiça etc.), a jurisprudência do STF firmou-se no sentido de que a decisão que delibera sobre o recebimento da inicial acusatória, sob pena de nulidade, deve ser fundamentada, mesmo que de forma sucinta, abordando as questões trazidas pelo acusado na defesa preliminar, para ensejar o controle processual e possibilitar o exercício da ampla defesa (STJ, HC 29.937/RJ, *DJ* 11.06.2007). E o fundamento dessa obrigatoriedade de motivação repousa, exatamente, na circunstância de que, para as ações penais originárias propostas no STF, no STJ, nos Tribunais de Justiça dos Estados e nos Tribunais Regionais Federais, o rito a ser aplicado é o previsto nos arts. 1.º a 12 da Lei 8.038/1990[39], **que também prevê a notificação do acusado para defesa preliminar previamente ao recebimento da exordial.** Ora, se nestas hipóteses o recebimento da denúncia deve ser motivado, não há razão alguma para que a mesma formalidade seja dispensada em outros casos nos quais também se exige notificação do acusado para defender-se antes do recebimento da exordial, tão somente em face da ausência de prerrogativa de foro.

Por fim, deve-se alertar que, em determinados casos, tem sido aceito o chamado **recebimento tácito da denúncia**. Trata-se da hipótese em que, conquanto não haja pronunciamento expresso do juízo recebendo a inicial acusatória, pratica ele determinados atos ou fatos que supõem, inequivocamente, o recebimento anterior da peça. Por exemplo: considere-se que, no âmbito do Juizado Especial Criminal, seja oferecida denúncia e que lá, antes do recebimento da inicial (tal como determina o art. 78, § 1.º, da Lei 9.099/1995), ordena o Juiz a citação pessoal do autor do fato. Imagine-se que não seja ele localizado e que, em razão disso, seja o feito enviado ao Juízo Comum para citação editalícia (art. 66 da Lei 9.099/1995). Suponha-se que, no Juízo Comum, realizada a citação por edital, compareça o réu, apresentando resposta à acusação, tramitando o processo, daí em diante, segundo o rito sumário, nos termos do art. 538 do CPP. Ora, em tal caso, ainda que não tenha ocorrido o recebimento expresso da denúncia no Juízo Comum, é certo que houve o seu recebimento tácito, já que os demais atos de impulso do processo pressupunham o recebimento daquela peça. Nesse sentido, com frequência, tem decidido os Tribunais que "a falta do recebimento da denúncia de forma expressa não tem o condão de macular o processo" quando "os demais atos processuais representam o recebimento tácito da exordial". Nesse caso, considera-se que a interrupção da prescrição, que deveria ocorrer com o recebimento da denúncia (art. 117, I, do CP), é considerada ocorrente na data do primeiro ato processual que supõe prévio recebimento da peça – no exemplo citado, o comando de citação editalícia.

5.14. A DECISÃO QUE REJEITA A DENÚNCIA E A QUEIXA-CRIME

Estabelece o art. 395 do Código de Processo Penal que a denúncia ou a queixa será rejeitada quando:

---

[39] A Lei 8.038/1990 disciplina o procedimento de apuração dos crimes praticados por detentores de prerrogativa de foro no STF e no STJ. Sem embargo, a Lei 8.658/1993 determina que o mesmo rito seja aplicável na persecução das infrações penais praticadas por quem tenha prerrogativa de função nos Tribunais de Justiça e nos Tribunais Regionais Federais.

I – For manifestamente inepta;

II – Faltar pressuposto processual ou condição para o exercício da ação penal;

III – Faltar justa causa para o exercício da ação penal.

5.14.1. A inépcia da denúncia ou da queixa como motivo de sua rejeição (art. 395, I)

A denúncia e a queixa serão ineptas quando não contiverem os seus requisitos essenciais, dentre os quais se incluem a descrição do fato criminoso com todas as suas circunstâncias e a individualização do acusado ou referências pelos quais se possa identificá-lo (art. 41 do CPP). Trata-se, como se vê, de questões de natureza processual.

Note-se que a decisão de rejeição alicerçada na inépcia produz apenas **coisa julgada formal**, pois se torna definitiva caso não seja impugnada por meio do recurso hábil no tempo oportuno. Não gera, entretanto, **coisa julgada material**, na medida em que nada impede que, antes da extinção da punibilidade, nova denúncia ou queixa venha a ser ajuizada, desde que sanado o vício que motivou o não acolhimento da inicial originalmente apresentada.

Questão importante refere-se ao tempo máximo de arguição da inépcia. De acordo com a jurisprudência do STJ, tal arguição deve ocorrer no curso do processo e antes da sentença condenatória, pois a prolação deste *decisum* torna preclusa a alegação de inépcia. Daí se infere, então, que a tese de inépcia não pode ser suscitada pela primeira vez em grau de apelação da sentença[40].

5.14.2. Falta de pressuposto processual (art. 395, II, 1.ª parte)

Por **pressupostos processuais**, cuja ausência conduz à rejeição, compreendem-se aqueles que condicionam a existência e a validade da relação processual, classificando-se em *subjetivos* e *objetivos*.

Os **pressupostos subjetivos** compreendem:

1. *Capacidade de ser parte:* na ação penal pública, possui capacidade para ser parte ativa o Ministério Público, facultando-se ao ofendido apenas auxiliá-lo na condição de assistente de acusação ou, excepcionalmente, ajuizar a lide penal quando o *parquet* mantiver-se injustificadamente inerte. Por outro lado, na ação penal privada a capacidade para integrar o polo ativo é inerente ao ofendido, seu representante legal ou, no caso de morte ou declaração judicial de ausência, a seu cônjuge, ascendente, descendente ou irmão (art. 31 do CPP). Tocante ao polo passivo, a capacidade para ser parte confunde-se com a imputabilidade penal decorrente da maioridade. Enfim, apenas o indivíduo maior de 18 anos poderá figurar como parte-ré no processo criminal.
2. *Capacidade postulatória:* significa que a parte deverá estar representada no processo por pessoa legalmente habilitada a estar em juízo. Portanto, salvo raras exceções (impetração de *habeas corpus* em nome próprio, direito de petição ao juiz da execução e interposição de alguns recursos), deverá o réu defender-se por intermédio de advogado.

Já os **pressupostos objetivos** classificam-se em:

[40] STJ, RHC 28664/PE, *DJ* 27.08.2012; STF, HC 110.283/DF, *DJ* 10.08.2012.

1. *Pressupostos objetivos intrínsecos:* respeitam à presença dos requisitos da inicial acusatória rotulados no art. 41 do CPP, cuja ausência conduz à inépcia da inicial, a qual já está considerada no art. 395, I, como motivo autônomo de rejeição. Também se considera *pressuposto objetivo intrínseco* a presença de instrumento de mandato outorgado ao advogado, sob pena de inexistência dos atos praticados. Desnecessária, contudo, essa formalidade quando se tratar de defensor *ad hoc* (nomeado pelo juiz para ato determinado) e de defensor dativo (nomeado pelo juiz para patrocinar os interesses do acusado sem defensor constituído).
2. *Pressupostos objetivos extrínsecos:* são aqueles que se referem à ausência de fatos impeditivos à constituição válida do processo, como a litispendência e a coisa julgada.

5.14.3. Falta de condição para o exercício da ação penal (art. 395, II, 2.ª parte)

As **condições para o exercício da ação penal** previstas no art. 395, II, 2.ª parte, do CPP são as *condições de procedibilidade*, que devem estar presentes em determinadas ações penais, não possuindo, portanto, caráter geral. Trata-se de condições específicas, que condicionam o exercício da ação penal e que são exigidas em determinados casos a partir de previsão legal expressa. *Exemplos:* condicionamento da ação penal à prévia representação nos crimes de ameaça (art. 147 do CP), de violação de segredo profissional (art. 154 do CP), de invasão de dispositivo informático, salvo quando cometido contra a administração pública direta ou indireta de qualquer dos Poderes da União, Estados, Distrito Federal ou Municípios ou contra empresas concessionárias de serviços públicos (art. 154-A c/c art. 154-B do CP) etc.

5.14.4. Falta de justa causa (art. 395, III)

Não há **justa causa para a ação penal** quando não justificável, no caso concreto, o desencadeamento do processo criminal. Justa causa é suporte probatório mínimo em que se deve lastrear a acusação, e que obrigatoriamente deve estar presente, tendo em vista que a simples instauração do processo penal já atinge o *status dignitatis* do imputado[41].

Logo, havendo a imputação de fato atípico, não há interesse de agir e, via de consequência, inexiste justa causa para ação penal. Do mesmo modo, na atribuição de um crime prescrito ou sem que haja qualquer elemento indiciário que fundamente a acusação.

Questão bastante discutida respeita à aplicação do **princípio da insignificância** como fundamento para rejeição da ação penal sob o fundamento da falta de justa causa. Recentes decisões têm compreendido que a pouca significância da lesão provocada no bem jurídico tutelado decorrente do *desvalor da conduta* e do *desvalor do resultado* conduz à atipicidade material da conduta, mostrando-se desproporcional a instauração de um processo criminal com vistas à aplicação de uma sanção penal contra o agente. Neste contexto, não raro têm os tribunais se pronunciado no sentido de ordenar o trancamento da ação penal, por ausência de justa causa, por considerar insignificante a conduta praticada pelo imputado.

5.15. ADITAMENTO DA DENÚNCIA

Aditar a denúncia significa acrescentar fatos não descritos, complementar a acusação, retificar a qualificação do imputado ou a narrativa inicial, inserir sujeitos ou circunstâncias que não constavam na peça original, sanar omissões ou corrigir a capitulação. Evidentemente, não é manifestação sujeita a passar despercebida da defesa, cabendo ao Juiz, tão logo seja oferecido, adotar as providências necessárias para a garantia do devido processo legal, da

---

41 JARDIM, Afrânio Silva. *Direito processual penal.* Rio de Janeiro: Forense, 1999.

ampla defesa e do contraditório. Tratando-se, por exemplo, da inserção ou modificação de fatos ou circunstâncias em relação à narrativa inicial, não se pode conceber o prosseguimento do processo sem que seja o acusado novamente citado, reabrindo-se à defesa o prazo para responder à acusação, facultando-se o acréscimo, substituição e reinquirição de testemunhas (observado o número legal, evidentemente) e, inclusive, procedendo-se a novo interrogatório caso já tenha o réu sido ouvido anteriormente.

Não é incomum encontrar-se o processo criminal já instaurado em fase avançada, já se aproximando do encerramento da instrução. Nestes casos, descoberto novo crime e sendo este conexo com o primeiro, é possível que, para não tumultuar a marcha processual, opte o Ministério Público, em vez de aditar a denúncia, pelo oferecimento de outra inicial, sendo apensados os processos para julgamento simultâneo.

Discute-se a possibilidade de o Ministério Público oferecer aditamento à denúncia para a subtração de sujeitos passivos ou fatos. Parece-nos que não, pois tal comportamento contrapõe-se à própria semântica do verbo "aditar", que tem o sentido de "acrescentar". Ademais, a exclusão de sujeitos ou de fatos depois de recebida a denúncia implicaria desistência da ação penal quanto a sujeitos ou fatos retirados, o que é vedado em face do princípio da indisponibilidade da ação penal pública. Logicamente, não fica obstada a supressão de dados ou circunstâncias secundárias da descrição típica, muito especialmente aquelas que não interferem na conduta retratada pelo verbo nuclear do tipo penal, como as relacionadas aos acontecimentos que antecederam ou deram origem ao fato delituoso ou ao seu modo de execução. É o caso, por exemplo, de ter o Promotor, ao narrar originariamente o fato, referido que o homicídio foi provocado por tiros e golpes de faca e, posteriormente, vindo ao processo laudo complementar esclarecendo que não houve tiros, emendar a inicial para a subtração dessa circunstância fática.

Note-se, também, que nada impede que ocorra o aditamento da denúncia para imputar fato menos grave. Imagine-se a hipótese de ter o Ministério Público, na denúncia original, afirmado que o acusado praticou crime de roubo contra a vítima. Evidenciado, no curso da instrução, não ter sido ele o agente dessa infração, mas, sim, mero receptador, poderá o Ministério Público retificar a denúncia para imputar a ele o crime do art. 180 do Código Penal, cuja pena é substancialmente menor do que a do delito do art. 157 do mesmo Estatuto.

Se, oferecido, não for o aditamento recebido pelo Juiz, a impugnação cabível é o recurso em sentido estrito amparado no art. 581, I, do CPP. Perceba-se que, muito embora refira-se esse dispositivo ao não recebimento da denúncia ou da queixa, pode ser aplicado, perfeitamente, por critério de interpretação extensiva (art. 3.º do CPP) para a hipótese do não recebimento do aditamento à denúncia que, em determinados casos, não passa de uma denúncia complementar.

O aditamento apenas tem lugar no curso do processo, vale dizer, antes da sentença. Isto fica bem claro na disciplina do art. 569 do CPP, dispondo este que "as omissões da denúncia [...] poderão ser supridas a todo o tempo, antes da sentença final".

Outro aspecto importante é o de que o aditamento encontra óbice na coisa julgada material. Assim, denunciado o indivíduo por roubo e sendo ele absolvido por decisão transitada em julgado, descabe pretender o MP, conferindo ao mesmo fato nova roupagem, aditar a denúncia antes apresentada ou oferecer outra com imputação de furto.

Doutrinariamente, tem sido classificado o aditamento segundo a *finalidade* e segundo a *oportunidade*:

Quanto à finalidade:

1. **Aditamento próprio**: ocorre em relação a fatos, dispositivos ou sujeitos.
   a. **Aditamento próprio real**: concerne, direta ou indiretamente, ao fato imputado.

a.1) Aditamento próprio real legal: tem por base a disciplina estabelecida por diplomas penais ou processuais penais. Assim:

a.1.1) Adjetivo: destinado a modificar o rito processual cabível na espécie. Ilustra-se: por ocasião do pedido final, requer o MP, na denúncia imputativa do crime de tráfico de drogas, o recebimento e a citação do acusado para apresentar resposta à acusação, situação esta que tem lugar no rito comum ordinário (art. 396 do CPP). Dando-se por conta do equívoco, poderá o Promotor retificar o pedido, adequando-o ao rito da Lei 11.343/2006 (art. 55) e, desta forma, postular a notificação do acusado para apresentar defesa prévia e, rejeitada esta, o recebimento da denúncia.

a.1.2) Substantivo: visa alterar a definição jurídica (capitulação) do fato imputado, sem, contudo, alterar sua descrição. Ilustra esta hipótese a regra do art. 383 do Código de Processo Penal, muito embora, nesse caso, o aditamento seja facultativo.

a.2) Aditamento próprio real material: Há, neste caso, verdadeira inovação do fato imputado, a ele acrescentando-se elemento ou circunstância que não se encontra contida na peça original. Corresponde à previsão do art. 384, *caput*, do CPP. Aqui se inclui, também, a hipótese de incorporação de crimes conexos à denúncia.

b. **Aditamento próprio pessoal:** tem lugar na hipótese da inclusão de sujeitos passivos.

2. **Aditamento impróprio:** ocorre quando há a retificação (ex.: modificação da data do fato), a ratificação (ex.: a validação, nos termos do art. 568 do CPP, pelos pais da vítima menor, de representação oferecida por quem não a representava legalmente), o suprimento (ex.: acréscimo de dados como data, local, meio de execução, entre outros, visando inserir descrição mais completa dos acontecimentos) ou o esclarecimento (ex.: explicitar no que consistiu o perigo de vida afirmado na imputação da lesão corporal grave tipificada no art. 129, § 1.º, II, do CP) de elementos ou circunstâncias.

Quanto à oportunidade:

1. **Aditamento espontâneo:** é o realizado pelo Ministério Público por iniciativa própria, vale dizer, a partir do seu conhecimento quanto à ocorrência de novo crime, ao concurso de outros sujeitos ou a novos contornos do fato já exposto.
2. **Aditamento provocado:** de constitucionalidade questionável, ocorre quando parte do juiz a iniciativa de *provocar* o titular da ação penal. Como exemplo, a *provocação* feita pelo Juiz ao Procurador-Geral de Justiça, em face da recusa do Promotor em realizar o aditamento referido no art. 384, *caput*, do CPP (art. 384, § 1.º).

O recebimento do aditamento à denúncia interrompe o prazo prescricional? O tema é controvertido. Parece-nos que, quando o aditamento assemelhar-se a uma denúncia complementar, o seu recebimento produz sim esse efeito, em face da incidência do art. 117, I, do Código Penal. Isto ocorre, por exemplo, no caso do *aditamento próprio pessoal*, em relação aos sujeitos incluídos; e, também, na hipótese do *aditamento próprio real material*, quando se tratar da inclusão de crimes conexos, operando-se a causa interruptiva em relação aos novos delitos inseridos. Nesta mesma direção tem-se norteado o STJ, compreendendo que "*o recebimento do aditamento da denúncia que traz modificação fática substancial enseja a interrupção da prescrição*"[42]. Agora, como bem referido pelo Ministro Félix Fischer, do

[42] STJ, AgRg no HC 659335/SC, *DJ* 16.06.2021, citando o AgRg no AREsp 1.350.483/RS, *DJ* 12.11.2020.

STJ, no julgamento do *Habeas Corpus* 23493/RS[43], "a mera retificação decorrente de lapso ou obscuridade fática na exteriorização da *imputatio* e calcada, principalmente, em dados previamente conhecidos se insere na modalidade de aditamento impróprio que não deve ter força interruptiva".

Outra situação que pode ocorrer envolvendo o *aditamento próprio real material* é a modificação do lapso prescricional. Imagine-se que, denunciado o indivíduo por furto simples, sobrevenha aditamento pelo Ministério Público inserindo, na conduta descrita, a qualificadora do rompimento de obstáculo. Neste caso, o lapso prescricional, interrompido com o recebimento da denúncia, altera-se de oito anos (prescrição do furto simples – art. 109, IV, do CP) para doze anos (prescrição do furto qualificado – art. 109, III, do CP).

Ressalte-se que, até agora, tratamos do **aditamento da denúncia pelo Ministério Público**. *E o assistente de acusação?* Este, evidentemente, não dispõe de legitimidade para tanto, pois não inserida essa faculdade no permissivo do art. 271 do CPP, dispositivo este que disciplina a atuação do assistente no curso do processo penal. Por outro lado, relativamente ao **aditamento da queixa-crime pelo Ministério Público**, remetemos o leitor ao item 5.6.4 deste Capítulo, em que abordamos a matéria. Em derradeiro, quanto ao **aditamento da queixa-crime pelo querelante**, é possível, encontrando lastro no art. 569 do CPP, antes citado. Todavia, sem embargo de este dispositivo possibilitar o saneamento de omissões da denúncia *ou da queixa*, "a todo o tempo, antes da sentença final", em determinadas situações será necessário atentar se ainda não houve o transcurso do prazo decadencial de seis meses estipulado pelo art. 38 do CPP. Na verdade, tudo depende da hipótese concreta. Assim, tratando-se do aditamento com vista à inclusão de novos autores (até então desconhecidos) em relação ao fato que constituiu objeto da queixa proposta, não há qualquer óbice na sua dedução após o decurso daquele prazo. Também não fica impedido o aditamento para a inclusão de crimes conexos com o descrito na queixa original, desde que o conhecimento, pelo querelante, da respectiva autoria tenha ocorrido há menos de seis meses. Agora, tratando-se de fato delituoso praticado pelo querelado, do qual já estava ciente o querelante à época do ingresso da queixa e que não foi nesta descrito, evidentemente, não poderá ser objeto de inclusão depois de decorrido aquele prazo.

5.16. ACORDO DE NÃO PERSECUÇÃO PENAL (ANPP)

5.16.1. Considerações gerais

Inserido pela Lei 13.964/2019, o art. 28-A do Código de Processo Penal contempla o **acordo de não persecução penal**, que consiste no ajuste celebrado, em determinadas circunstâncias e presentes os requisitos legais, entre o Ministério Público e o investigado (acompanhado de seu advogado), por meio do qual são estipuladas condições cujo cumprimento implicará não ajuizamento de ação penal e extinção da punibilidade.

Como se constata do mencionado dispositivo do CPP, é **do Ministério Público** a iniciativa do acordo, sendo indiferente se o crime investigado é de ação penal pública incondicionada ou condicionada (evidentemente, neste último caso, necessário que exista prévia representação do ofendido ou requisição do Ministro da Justiça, mesmo porque sem essas formalidades sequer poderia a infração ter sido investigada). *E quando se tratar de crime de ação penal privada?* Não há previsão legal de propositura do ANPP pelo **ofendido e demais legitimados do art. 31 do CPP** (seu cônjuge, ascendente, descendente ou irmão) neste caso. Sem embargo, há posições divergentes a respeito. Alguns, com efeito, sustentam que, diante da ausência de estipulação legal, descabe o uso de analogia para o fim de viabi-

43 STJ, *Habeas Corpus* 23.493/RS, *DJ* 15.09.2003.

lizar a formalização do ajuste quando se tratar de crime de ação penal privada; outros, ao contrário, defendem tal possibilidade a partir de critérios de isonomia e proporcionalidade, aduzindo que, se nos crimes mais graves, que são apurados mediante ação penal pública, é aceita a negociação penal, idêntica faculdade deve ser conferida no caso dos delitos de ação penal privada, que, naturalmente, são de menor gravidade. Concordamos com a primeira orientação. Isto porque a limitação do acordo aos crimes de ação penal pública foi a clara intenção do legislador – tanto que, no Projeto de Lei 882/2019, encaminhado pelo Poder Executivo à Câmara dos Deputados, a redação proposta ao art. 28-A contemplava a legitimidade do *Ministério Público e do querelante* para a formulação do pacto[44]. Ocorre que essa dupla legitimação foi recusada na aprovação do texto que resultou na redação final desse dispositivo e que foi sancionada pela Presidência da República, a qual, como vimos, prevê ser apenas do Ministério Público a iniciativa para o acordo. Sendo assim, vale dizer, se não acatada pelo Poder Legislativo a iniciativa do querelante, descabe ao intérprete, afrontando esta vontade manifestada pelo legislador, estabelecer regra diversa. Perceba-se, além disso, que, de acordo com o § 14 do art. 28-A, "*no caso de recusa, por parte do Ministério Público, em propor o acordo de não persecução penal, o investigado poderá requerer a remessa dos autos a órgão superior* [Procurador-Geral de Justiça, Conselho Superior do Ministério Público ou Órgão Especial do Colégio de Procuradores, conforme dispuser a lei] *na forma do art. 28 deste Código*". Ora, se aceitarmos a possibilidade de formulação, pelo ofendido, do acordo de não persecução penal no caso de crime de ação penal privada e se houver recusa de sua parte nessa pactuação, ficará o investigado sem instrumento para rever essa decisão, ao contrário, então, do que ocorre quando a recusa parte do Ministério Público. Poder-se-ia, quem sabe, objetar este raciocínio dizendo que, se em relação ao instituto da suspensão condicional do processo contemplado no art. 89 da Lei 9.099/1995 exclusivamente para a ação penal pública (tratamos do tema no Capítulo 10, tópico 10.17), a jurisprudência aceita sua aplicação pelo querelante nas ações penais exclusivamente privadas, o mesmo deveria ocorrer com o acordo de não persecução penal. Mais uma vez discordamos, compreendendo que tal argumento não contorna os óbices apontados à proposta, pelo querelante, do acordo de não persecução penal. Isto porque, o acordo de não persecução penal possui contornos nitidamente mais rigorosos do que a suspensão condicional do processo, a começar pelo requisito objetivo da pena mínima dos crimes que os autorizam, a qual, no *sursis* processual, deve ser *igual ou inferior a um ano* enquanto no ANPP deve ser *inferior a quatro anos*.

A previsão legal do acordo de não persecução penal importa em notória mitigação ao princípio da obrigatoriedade da ação penal, tal como ocorre com a transação penal no âmbito dos Juizados Especiais Criminais (art. 76 da Lei 9.099/1995) e com as hipóteses de colaboração premiada que autorizam o Ministério Público a deixar de oferecer denúncia (a exemplo do art. 4º, §§ 3º e 4º da Lei 12.850/2013, que versa sobre organizações criminosas), embora, por óbvio, se tratem de institutos de naturezas distintas e com requisitos diferenciados.

Antes da vigência da Lei 13.964/2019 (o chamado *pacote anticrime*), o acordo de não persecução penal estava regulamentado por meio da Resolução do Conselho Nacional do Ministério Público n.º 181/2017, alterada pela Resolução n.º 183/2018. Este ato normativo sempre teve sua constitucionalidade questionada, na medida em que o art. 130-A,

[44] Proposta redacional do art. 28-A no PL 882/2019: "O Ministério Público ou o querelante poderá propor acordo de não persecução penal, desde que necessário e suficiente para a reprovação e prevenção do crime, se não for hipótese de arquivamento e se o investigado tiver confessado circunstanciadamente a prática de infração penal, sem violência ou grave ameaça, e com pena máxima não superior a quatro anos, mediante o cumprimento das seguintes condições, ajustadas cumulativa ou alternativamente: [...]".

§ 2º, da Constituição Federal estabelece como atribuições do CNMP as relacionadas ao "controle da atuação administrativa e financeira do Ministério Público e do cumprimento dos deveres funcionais de seus membros", não lhe facultando a criação de institutos de natureza processual penal.

Perceba-se que a alegada contrariedade à Constituição Federal foi objeto de Ações Diretas de Inconstitucionalidade ajuizadas pela Associação dos Magistrados Brasileiros (ADI 5790) e pelo Conselho Federal da Ordem dos Advogados do Brasil (ADI 5793), sustentando-se a inconstitucionalidade formal e material das normas da resolução do CNMP que tratam do acordo de não persecução. Até a época do fechamento da presente edição deste livro, não havia deliberação final do Supremo Tribunal Federal a respeito destas ADIs. No entanto, o prognóstico é de que sejam extintas em face da perda de objeto, já que o ato normativo impugnado, no que tange ao acordo de não persecução penal, ficou prejudicado pela regulamentação agora realizada em nível de lei ordinária.

Para o fim de possibilitar a formalização do acordo, não importa a forma de investigação que, aportando ao Ministério Público, o faz concluir no sentido da ocorrência de crime de ação penal pública, podendo ser um inquérito policial que tramitou na delegacia de polícia, um procedimento investigatório criminal do Ministério Público, um relatório de Comissão Parlamentar de Inquérito enviado ao *parquet* na forma do art. 6.º-A da Lei 1.579/1952 e até mesmo um procedimento instaurado pelo órgão competente para investigar condutas atribuídas a detentores de prerrogativa de função, a exemplo dos membros do Ministério Público e dos integrantes do Poder Judiciário, cuja investigação é afeta a órgãos internos das respectivas Instituições (arts. 33, parágrafo único, da LC 35/1979 e 41, II, da Lei 8.625/1993). Aliás, a propósito do acordo de não persecução penal nas hipóteses de prerrogativa de função, deve-se destacar que se preocupou o legislador em disciplinar o ANPP em relação aos detentores dessa prerrogativa que devam ser processados originariamente no STF e no STJ, incluindo na Lei 8.038/1990, no seu art. 1º, § 3º, regra absolutamente simétrica à do art. 28-A do CPP, dispondo que "*não sendo o caso de arquivamento e tendo o investigado confessado formal e circunstanciadamente a prática de infração penal sem violência ou grave ameaça e com pena mínima inferior a 4 (quatro) anos, o Ministério Público poderá propor acordo de não persecução penal, desde que necessário e suficiente para a reprovação e prevenção do crime, nos termos do art. 28-A do Decreto-Lei nº 3.689, de 3 de outubro de 1941 (Código de Processo Penal)*". Atente-se que, por força da Lei 8.658/1993, a disciplina dos arts. 1º a 12 da Lei 8.038/1990 é aplicável, também, às ações penais de competência originária dos Tribunais de Justiça dos Estados e do Distrito Federal, e dos Tribunais Regionais Federais, aplicando-se nestes casos, portanto, o mesmo regramento.

Como veremos nos tópicos seguintes, o art. 28-A arrola as condições que podem ser ajustadas pelo Ministério Público, investigado e seu defensor, a exemplo de prestação de serviços à comunidade ou a entidades públicas (inc. III), da prestação pecuniária (inc. IV), entre outras. Tais condicionantes, conquanto possam guardar simetria com restrições que poderiam decorrer de uma sentença condenatória, não possuem natureza de pena, delas não decorrendo, portanto, os efeitos típicos de uma condenação, a exemplo da reincidência. Esta conclusão, inclusive, é materializada pelo § 12 do art. 28-A, ao prever que "a celebração e o cumprimento do acordo de não persecução penal não constarão de certidão de antecedentes criminais, exceto para os fins previstos no inciso III do § 2º deste artigo" (a exceção mencionada refere-se aos registros internos do Poder Judiciário).

Atente-se que, consoante Súmula 18 do Superior Tribunal Militar (DJe 22.08.2022), "o art. 28-A do Código de Processo Penal comum, que dispõe sobre o Acordo de Não Persecução Penal, não se aplica à Justiça Militar da União". Embora esse verbete seja específico à Justiça Militar da União, entendemos que a mesma regra deve ser aplicada à Justiça

Militar Estadual, mesmo porque a Lei 13.964/2019, apesar de alterar alguns dispositivos do Código de Processo Penal Militar, nada regulamentou nesse diploma acerca do ANPP. E tal silêncio do legislador, pelo menos em tese, sugere a intenção de afastar a formulação do ajuste em relação aos crimes militares, próprios ou impróprios[45].

Questão relevante diz respeito à **fase** em que tem lugar a formalização do acordo. Não há dúvidas de que, em termos legais, essa possibilidade apenas existe caso ainda não recebida a denúncia, descabendo ao Ministério Público efetivar o ajuste em momento posterior. Isto, aliás, é o que se infere da disciplina legal inserida no art. 28-A do CPP, dispositivo este que, em seus diversos incisos e parágrafos, sempre faz referência ao investigado, nada referindo quanto ao réu (*status* do denunciado depois do recebimento da denúncia). Sem embargo, existe corrente doutrinária considerando possível, por analogia ao art. 28-A e mediante os mesmos requisitos e condições, a propositura, a quem já é acusado no âmbito de processo criminal regularmente instaurado, de um *acordo de não continuidade da ação penal*. E, dentro dessa linha de pensamento, há quem vá ainda mais longe, compreendendo realizável tal ajuste, inclusive, na hipótese em que, sendo imputado na denúncia crime não permissivo do acordo de não persecução penal (em face da pena abstratamente cominada ou por ter sido cometido com violência ou grave ameaça), sobrevier, quer na sentença, quer em acórdão proferido em grau de recurso, a desclassificação para delito que poderia ter viabilizado a celebração do pacto de não persecução. Seria o caso, por exemplo, da desclassificação, na sentença ou no acórdão, da imputação original de roubo majorado pelo concurso de agentes (art. 157, § 2º, II, CP) para furto qualificado pelo concurso de pessoas (art. 155, § 4º, IV, CP). Consideram os adeptos dessa orientação que, nessas hipóteses, não pode ser retirado do acusado o exame, pelo Ministério Público, quanto à possibilidade do ajuste, simplesmente porque, devido a excesso acusatório, a ele foi originalmente atribuído crime de maior gravidade do que aquele pelo qual condenado. Com a devida vênia, não concordamos com essa posição. Isto, em primeiro lugar, pelo fato de que não há amparo jurídico para o *acordo de não continuidade*, importando sua celebração em flagrante ilegalidade, já que implica mitigar o princípio da obrigatoriedade da ação penal sem que haja lei assim estabelecendo; e, em segundo, pela circunstância de que esse *ajuste de não continuidade* estava contemplado no Projeto de Lei 882/2019 (projeto este que, em tramitação conjunta com outros, originou o pacote anticrime), sendo, entretanto, refutado pelo legislador ao editar a Lei 13.964/2019, que se limitou a normatizar o acordo na fase pré-processual. Logo, quer por razões de técnica jurídica, quer pela teleologia da norma inscrita no art. 28-A do CPP, não se pode aceitar a formulação do acordo penal na fase posterior ao recebimento da denúncia. Não é outra, inclusive, a orientação que, até o momento, vem sendo adotada no âmbito dos Tribunais Superiores, para os quais a possibilidade de acordo de não persecução penal esgota-se na fase pré-processual, sendo incompatível com as finalidades do ajuste sua celebração quando já recebida a denúncia e, muito menos, quando já encerrada a prestação jurisdicional com a condenação do acusado, ainda que pendente recurso[46]. Diz-se "até o momento" porque, em que pese seja tendência no STF e no STJ manter esta orientação, a definição final a respeito somente deverá ocorrer por ocasião do julgamento do *Habeas Corpus 185.913/DF*, afetado ao Plenário do STF e ainda não julgado quando do encerramento da presente edição deste livro. Pela

---

45 Neste sentido: TJM/RS, CPcr nº 0090051-82.2021.9.21.0000, Rel. Des. Amilcar Macedo, Plenário, j. 28.06.2021; TJM/RS, CPcr nº 0090052-67.2021.9.21.0000, Rel. Des. Amilcar Macedo, Plenário, j. 28.06.2021; TJM/MG, RSE n.º 2000048-91.2020.9.13.0004, Primeira Câmara, Rel. Des. Osmar Duarte Marcelino, j. 02.03.2021.

46 STF: ARE 1.374.064 AgR, *DJ* 28.06.2022; ARE 1.367.838 AgR, *DJ* 08.06.2022 e HC 21.284 AgR, *DJ* 06.04.2022. STJ: AgRg no REsp 1.986.865/SP, *DJ* 20.05.2022; AgRg no REsp 1.963.222/SP, *DJ* 10.06.2022; AgRg no REsp 1.993.232/SP, *DJ* 13.05.2022 e AgRg no AREsp 1.983.450/DF, *DJ* 24.06.2022.

relevância do assunto, orienta-se o leitor a acompanhar a tramitação desse habeas corpus e se atentar ao resultado do respectivo julgamento pelo Excelso Pretório, tão logo ocorra.

E quanto aos processos criminais já em andamento no momento da entrada em vigor da Lei 13.964/2019? Faculta-se, nesses casos, a formalização de acordo de não persecução penal? Para responder a esta questão, cabe, de início, fixar duas premissas: *uma*, a circunstância de que não é impeditivo para a celebração do acordo de não persecução penal o fato de o delito ter ocorrido antes da instituição e regramento deste pacto pela Lei 13.964/2019; e, *outra*, a de que o art. 28-A é **norma híbrida (ou mista)**, vale dizer, insere tanto conteúdo de **natureza material** (confere ao investigado que firma o acordo benefícios de ordem penal, assegurando-lhe, inclusive, com o cumprimento das condições estabelecidas, a extinção da punibilidade, conforme art. 28-A, § 13, permite que seja alcançada a reparação do dano causado à vítima, antecipando, portanto, efeito que seria próprio de sentença condenatória, *ex vi* do art. 91, I, do Código Penal e possibilita, a título de condições do ajuste, a aplicação de obrigações análogas às penas restritivas de direito de prestação de serviços à comunidade ou a entidades públicas e de prestação pecuniária independentemente de condenação) quanto conteúdo de **natureza processual** (trata-se de instituto previsto no âmbito do Código de Processo Penal, viabilizado quando não for hipótese de arquivamento da investigação, afastando, quando cumpridas as condições ajustadas, o desencadeamento do processo criminal). Pois bem, partindo dessas proposições (que não encontram resistência na doutrina e na jurisprudência), duas correntes formaram-se acerca da incidência do art. 28-A do CPP em relação a processos criminais em andamento:

> ***Primeira:*** deve ser facultada a proposta de acordo de não persecução penal em relação a processos criminais em curso, tendo em vista que a retroatividade ou não da norma híbrida superveniente é definida pelo seu conteúdo material. Logo, se esse conteúdo for favorável ao réu (*novatio legis in mellius*), deve a norma retroagir como um todo, alcançando situações anteriores à sua vigência. Dentro dessa linha de pensamento, há quem defenda que deve ser viabilizado o acordo inclusive em relação a réus já condenados, cujos processos se encontrem em grau de recurso.
>
> ***Segunda:*** não ignorando a retroatividade da norma híbrida quando for o seu conteúdo material favorável ao réu, tal retroação deve ser limitada ao âmbito de incidência daquela norma, não se podendo estender o seu alcance a situações não tratadas na regra nova, muito especialmente quando for evidente não ter sido este o intuito do legislador. No caso do acordo de não persecução penal, o art. 28-A do CPP deixa claro que se trata de instrumento restrito à fase pré-processual, não sendo cabível sua formulação após recebida a denúncia. Não fosse isto o bastante, o Projeto de Lei 882/2019, cuja análise contribuiu para os termos da Lei 13.964/2019, introduzia no Código de Processo Penal o art. 395-A, o qual previa o *acordo penal* entre *o Ministério Público ou o querelante e o acusado, assistido por seu defensor*, a ser realizado *após o recebimento da denúncia ou da queixa e até o início da instrução.* Tal regramento, contudo, foi rejeitado na edição da citada Lei 13.964, que se limitou a inserir no CPP o art. 28-A. Nesse cenário, a intenção do legislador foi a de não permitir a efetivação do ajuste após o recebimento da peça acusatória, mas tão somente antes desse momento, devendo isto ser, agora, observado pelas autoridades da persecução criminal. Aderindo a este entendimento, editou o Conselho Nacional dos Procuradores-Gerais o Enunciado 20, o qual dispõe que *"cabe acordo de não persecução penal para fatos ocorridos antes da vigência da Lei 13.964/2019, desde que não recebida a denúncia".*

Concordamos com a segunda orientação, acrescentando que não implica qualquer afronta à *regra da retroatividade das normas híbridas quando favorável ao réu seu conteúdo material.* Isto porque essa retroatividade deve observar a exegese do art. 28-A à luz da explicitude de sua redação e da vontade do legislador, não podendo ir além disto. Ora, se do art. 28-A se extrai um limite temporal à sua incidência – celebração do acordo somente na fase pré-processual –, é apenas dentro desse limite que tal dispositivo pode retroagir. Essa retroação do art. 28-A enquanto *novatio legis in mellius*, enfim, estará satisfeita com a sua aplicação aos crimes praticados anteriormente à entrada em vigor da Lei 13.964/2019, apenas isto, não se podendo aceitar, de forma alguma, sob o manto da regra da retroatividade da lei penal mais benigna, o alargamento daquela norma para abranger situação por ela não tratada.

5.16.2. Requisitos do acordo de não persecução penal

O art. 28-A, *caput*, do CPP insere os requisitos cuja presença é condicionante para a efetivação do acordo. Consistem:

1. Não se tratar de hipótese que conduza ao arquivamento
2. Tratar-se de infração penal sem violência ou grave ameaça.
3. Cominação de pena mínima inferior a 4 (quatro) anos.
4. Ter o investigado confessado formal e circunstancialmente a prática da infração.
5. Ser o acordo necessário e suficiente para reprovação e prevenção do crime.

A primeira parte do dispositivo refere que o acordo poderá ser realizado quando **não for hipótese de arquivamento** da investigação criminal. Ora, os casos de arquivamento vinculam-se à ausência de indícios de autoria, de prova de materialidade do delito, de atipicidade da conduta e de já se encontrar extinta a punibilidade. Mais recentemente, embora sob o ponto de vista eminentemente técnico-jurídico não haja amparo legal, a doutrina tem considerado possível o arquivamento do inquérito também nas situações em que for manifesta a presença de causa excludente do crime ou de culpabilidade (exceto a inimputabilidade). Pois bem, ocorrentes estas hipóteses de arquivamento, descabe ao Ministério Público formular a proposta visando, com isto, contornar o impedimento legal decorrente da falta de justa causa para o oferecimento da denúncia. Imagine-se, por exemplo, que o inquérito policial, conquanto tenha apurado indícios de autoria em relação ao investigado, não tenha logrado obter a prova de materialidade da infração, tampouco sendo possível o suprimento por outros meios, nos termos do que autoriza o art. 167 do CPP. Ora, se nesta situação não é possível o ajuizamento de ação penal, também não se pode considerar viável o acordo de não persecução penal, cuja formalização pode implicar na antecipação de medidas que, conquanto não possuam natureza de pena, poderiam resultar de condenação – é o caso, por exemplo, da prestação de serviços à comunidade (art. 28-A, III, do CPP), que, observados os requisitos legais, pode ser aplicada em sentença condenatória em substituição a pena privativa de liberdade a título de pena restritiva de direitos (art. 43, IV, do CP).

Na sequência dos requisitos previstos no art. 28-A, vêm os aspectos relativos à *natureza* e ao *apenamento mínimo* da infração penal investigada, viabilizando-se a celebração do acordo apenas diante de infrações cometidas **sem violência e grave ameaça** e desde que a **pena mínima cominada seja inferior a quatro anos**. Neste enfoque, como se vê, levou-se em conta a gravidade abstrata das infrações sujeitas ao ajuste.

Note-se que, a referência a "*infração penal*" abrange tanto crimes como contravenções.

Já em relação ao condicionamento "*sem violência ou grave ameaça*", por óbvio, implica proibição do ANPP em relação a infrações praticadas com tal modus operandi contra pessoas, não abarcando a vedação legal os casos de danos contra coisas (por exemplo, o furto qualificado pelo rompimento de obstáculo). De fato, sendo as integridades física e psicológica da vítima atingidas pela conduta do agente, não seria razoável e proporcional ser a ele facultado um ajuste para fins de não ajuizamento da ação penal correspondente ao fato praticado. Logo, é imperativa a instauração da ação penal, mesmo porque tanto a possibilidade de ser condenado como a pena eventualmente aplicada são relevantes para demonstrar ao infrator, com maior severidade do que o determinado pelo acordo de não persecução penal, que o Estado não está inerte diante de práticas delitivas, desestimulando-o, a partir daí, à recidiva criminosa.

E quanto à violência contra animais? Imagine-se a hipótese do indivíduo indiciado pela prática do crime do art. 32, § .1º-A, da Lei n.º 9.605/1998 (crueldade contra cães ou gatos), cuja pena mínima cominada é de dois anos. Neste caso, preenchidos os demais requisitos do art. 28-A do CPP, poderia o Ministério Público realizar proposta de acordo de não persecução penal? O tema é polêmico. Ao nosso ver, considerando que o referido art. 28-A condiciona a formalização do ANPP a que se trate de infração cometida "sem violência e grave ameaça", não restringindo, como faz a lei em inúmeras outras disposições, que o seja com "violência ou grave ameaça à pessoa" (por exemplo, arts. 16, 44, inc. I, 71, parágrafo único, e 83, parágrafo único, todos do Código Penal), deve-se inserir entre as hipóteses de proibição ao ajuste as situações de violência contra animais. A isto, agrega-se que a inclusão desta ordem de crimes como óbice ao pacto de não persecução alinha-se com o disposto no art. 225, § 1.º, VII, da Constituição Federal ao vedar as práticas que "*submetam os animais a crueldade*". Note-se, ademais, que a condição dos animais enquanto seres sencientes, dotados de sentimentos e sujeitos a dor e sofrimento já foi abordada pelo STF no âmbito da ADI 4983/CE[47], deliberando a Corte que "a obrigação de o Estado garantir a todos o pleno exercício de direitos culturais, incentivando a valorização e a difusão das manifestações, não prescinde da observância do disposto no inciso VII do artigo 225 da Carta Federal, o qual veda prática que acabe por submeter os animais à crueldade". Destaca-se, nesse julgamento, o voto do Min. Luís Roberto Barroso, para quem "a vedação da crueldade contra animais na Constituição Federal deve ser considerada uma norma autônoma, de modo que sua proteção não se dê unicamente em razão de uma função ecológica ou preservacionista, e a fim de que os animais não sejam reduzidos à mera condição de elementos do meio ambiente". E prossegue: "Só assim reconheceremos a essa vedação o valor eminentemente moral que o constituinte lhe conferiu ao propô-la em benefício dos animais sencientes". Por fim, há de se considerar que, revelando o autor de atos de crueldade indiferença ou até mesmo regozijo e prazer em relação ao sofrimento animal, justifica-se a persecução judicial da conduta a fim de que experimente, na condição de réu, o constrangimento natural provocado pela instauração e tramitação do processo criminal e, na hipótese de condenação, receba a sanção penal adequada ao que restar apurado.

E quanto aos crimes culposos de que resultar ofensa à integridade física da vítima? Vários dispositivos, na legislação criminal, restringem sua própria incidência a crimes dolosos, a exemplo do art. 71, parágrafo único (hipótese de continuidade delitiva, quando praticados os crimes com violência ou grave ameaça à pessoa) e do art. 92, II (incapacidade para o exercício do poder familiar, tutela e curatela como efeito específico da condenação), ambos do Código Penal. No art. 28-A, todavia, não há esta especificação, possibilitando a interpretação de que qualquer infração cometida com violência ou grave ameaça não poderá estar sujeita à celebração do acordo de não persecução penal, independentemente de ser dolosa ou culposa a conduta. Perceba-se que também os crimes culposos podem ser considerados como de resultado violento na hipótese de provocarem ofensa à integridade física do ofendido. Pois bem, a despeito da omissão legislativa quanto a limitar o alcance da vedação do art. 28-A, *caput,* a crimes dolosos, entendemos que os termos genéricos utilizados por esse dispositivo não inserem na proibição os crimes culposos. Enfim, com-

47 STF, Tribunal Pleno, Rel. Min. Marco Aurélio, *DJ* 27.04.2017.

preendemos que não há impedimento ao acordo nessa ordem de delitos. Isto porque, como dissemos antes, a vedação existente em relação aos crimes com violência e grave ameaça decorre da presunção de maior distúrbio de personalidade do agente e de sua consequente periculosidade social, sendo insuficiente, em tais casos, para efeitos de prevenção e repressão, a formalização do ajuste. O mesmo, contudo, não ocorre nos crimes culposos, nas quais o resultado da infração, conquanto previsível, não decorre de ato direcionado do agente à sua produção, mas, sim, de sua imprudência, negligência ou imperícia.

Por outro lado, quanto ao requisito **apenamento mínimo inferior a quatro anos**, foi eleito pelo legislador por considerar que este patamar de pena vem sendo o utilizado no processo criminal como parâmetro objetivo de verificação da gravidade do crime. Como exemplo, o estabelecimento do regime aberto, que é viável ao indivíduo não reincidente que tenha sido condenado a pena igual ou inferior a quatro anos (art. 33, § 2º, *c*, do Código Penal). Perceba-se que a lei não distingue a natureza da pena prevista, vale dizer, se reclusão, detenção ou prisão simples (esta última no caso de contravenções penais em relação às quais, porventura, não seja possível a transação penal). Necessário considerar que, para efeitos de aferição da pena mínima cominada ao delito devem ser consideradas as causas de aumento e diminuição aplicáveis ao caso concreto. Com essa disciplina, está preconizando o dispositivo, *mutatis mutandis*, regramento semelhante aos previstos na Súmula 243 do STJ e na Súmula 723 do STF em relação à suspensão condicional do processo de que trata o art. 89 da Lei 9.099/1995, a primeira referindo que "*o benefício da suspensão do processo não é aplicável em relação às infrações penais cometidas em concurso material, concurso formal ou continuidade delitiva, quando a pena mínima cominada, seja pelo somatório, seja pela incidência da majorante, ultrapassar o limite de um (01) ano*" e a segunda dispondo que "*não se admite a suspensão condicional do processo por crime continuado, se a soma da pena mínima da infração mais grave com o aumento mínimo de um sexto for superior a um ano*", modificando-se apenas o *quantum* de pena mínima cominada abstratamente à infração penal, a qual, para efeito da vedação à suspensão condicional do processo é de *um ano* e, para o fim do acordo de não persecução penal é de *igual ou superior quatro anos. Exemplos:*

1) Considere-se que o agente tenha sido indiciado pela prática de dois ou mais crimes, todos com apenamento mínimo *in abstrato* inferior a quatro anos. Considere-se também que, ao compulsar o inquérito policial, constate o promotor de justiça tratar-se de hipótese de concurso formal próprio (art. 70, *caput*, do CP) ou de crime continuado (art. 71, *caput*, do CP). Se, pela aplicação do **coeficiente mínimo** relativo ao concurso formal (um sexto) ou à continuidade delitiva (também um sexto) sobre a **pena mínima** cominada *in abstrato* ao crime mais grave resultar quantitativo igual ou superior a quatro anos, não será viável a formalização do acordo de não persecução penal, não importando o fato de cada uma das infrações, individualmente consideradas, possuir cominada pena mínima inferior a quatro anos.
2) Imagine-se, agora, ter sido o indivíduo indiciado por crime tentado, cuja pena mínima abstratamente cominada seja superior a quatro anos. Se, aplicando-se o **redutor máximo** previsto para a tentativa (dois terços, a teor do art. 14, II, do CP) sobre a **pena mínima** cominada *in abstrato* para delito resultar apenamento inferior a quatro anos, será possível, sob o enfoque da pena, a celebração do ajuste.

O outro requisito estabelecido no *caput* do art. 28-A do CPP é o de que tenha o investigado **confessado formal e circunstancialmente** a prática da infração.

Confissão formal é aquela realizada por escrito, quer na fase investigativa, quer perante o Ministério Público. Neste último caso, a confissão deverá estar inserida no próprio termo do acordo formalizado ou em documento anexo. Atente-se que, se o agente não confessou o fato no curso do inquérito policial, não está obrigado o Ministério Público, antes do oferecimento de denúncia, a notificar o investigado para comparecer na Promotoria de Justiça, explicando-lhe os termos de um possível acordo, a ele oportunizando confessar o crime a fim de viabilizar o ajuste. Essa providência, na verdade, é uma faculdade do Promotor, não implicando qualquer ilegalidade o oferecimento de denúncia a partir da simples constatação de que o agente não reconheceu sua responsabilidade pelo crime na fase investigativa. Neste sentido, a propósito, o entendimento implicitamente agasalhado pelo Superior Tribunal de Justiça, conforme se denota da Edição n.º 185 de sua Jurisprudência em Teses (disponibilizada em 11.02.2022), assentando que "o Ministério Público não é obrigado a notificar o investigado no caso de recusa de oferecimento de acordo de não persecução penal – ANPP" (Enunciado 4).

Já quanto ao *"circunstancialmente"*, significa que a proposta do ajuste pelo Ministério Público condiciona-se que o investigado assuma, com o detalhamento de todas as circunstâncias, o cometimento do delito objeto do acordo. Logo, confissão meramente parcial, ou sob alegação de excludentes ou dirimentes (a chamada confissão qualificada), ou sem o esclarecimento das circunstâncias principais que contornaram a infração (e aqui incluímos a referência a quando e onde ocorreu, o modo de execução e a motivação) não viabilizam o ajuste. *E quando se tratar de crime cometido em concurso de pessoas?* Não vemos como exigência, para fins de se considerar confessado circunstancialmente o crime, que o investigado indique quem foi o coautor ou partícipe, mesmo porque isto é próprio dos acordos de colaboração premiada, cuja natureza e requisitos, como dissemos alhures, é distinta do acordo de não persecução. Logo, basta que informe que o delito foi cometido por ele em comunhão de esforços e vontades com terceiro, esclarecendo qual foi o seu envolvimento naquela prática.

Importante mencionar que a constatação quanto à efetiva ocorrência de *confissão* exige que, tanto nas tratativas realizadas com o investigado e seu defensor quanto no próprio termo do acordo, delimite o Ministério Público o âmbito da acusação, vale dizer, explicite qual o fato que, se não houvesse o ajuste, seria objeto de descrição na denúncia.

Perceba-se que parte da doutrina sustenta a inconstitucionalidade da exigência de *confissão* como requisito do acordo, sob o fundamento de que implica em o investigado se autoincriminar. Assim não pensamos. Compreendemos, enfim, que, para efeitos de formalização do pacto de não persecução penal, nenhuma inconstitucionalidade há no fato de se estabelecer, como requisito, a confissão formal e circunstancial do investigado. Isto porque a efetivação do acordo de não persecução situa-se no plano da voluntariedade do investigado. Celebra-o, enfim, se o quiser, não havendo qualquer constrangimento a que o faça. Agora, se for de sua vontade acordar com o Ministério Público, precisará sujeitar-se aos requisitos legalmente previstos para tanto, entre os quais está o da confissão. Lembre-se, ainda, que a proibição constitucional é a de que seja o investigado ou acusado obrigado a se autoincriminar sob pena de consequências de ordem penal ou processual penal, o que não ocorre por ocasião da formalização do acordo, que, repita-se, é ato voluntário do imputado. Além do mais, com o cumprimento do ajuste, ocorrerá a extinção de sua punibilidade (art. 28-A, § 13), não implicando o anterior reconhecimento da responsabilidade criminal em qualquer implicação penal.

Pode ocorrer, entretanto, que as condições do acordo de não persecução penal sejam descumpridas pelo investigado, caso em que caberá ao Ministério Público, após rescindido o ajuste, oferecer denúncia (art. 28-A, § 10). A questão é: *para efeitos deste oferecimento, é possível que o promotor utilize os termos da confissão?* Entendemos que não existe óbice a essa utilização, mesmo porque a confissão foi prestada de modo espontâneo pelo investigado e, se ajuizada ação penal, foi porque o acusado a isto deu causa ao descumprir, injustificadamente, o ajuste realizado. *E quanto ao juiz, tal confissão poderá ser utilizada como fonte de convencimento no momento da sentença?* A resposta, aqui, condiciona-se à implementação ou não da disciplina do juiz das garantias, introduzida pela Lei 13.964/2019 ao Código de Processo Penal nos seus arts. 3º-B a 3º-F. Lembre que esses dispositivos, em face de medida cautelar concedida no STF pelo Ministro Relator das Ações Diretas de Inconstitucionalidade n.º 6.298, n.º 6.299, n.º 6.300 e n.º 6.305 (em 22.01.2020), tiveram sua eficácia suspensa, não havendo, por ocasião do fechamento da presente edição deste livro, decisão definitiva a respeito. Logo, é preciso diferenciar duas hipóteses, sendo que a adoção de uma ou outra solução condiciona-se ao que decidir o STF no âmbito das mencionadas ADIs, cabendo ao leitor acompanhar a respectiva tramitação:

> ***Primeira:*** é revogada, pelo STF, a medida cautelar citada, sendo instituída a figura do juiz das garantias no processo penal brasileiro. Ora, neste caso, a este competirá homologar o acordo de não persecução penal (art. 3º-B, XVII, do CPP). Por outro lado, segundo o disposto no art. 3º-C, §§ 3º e 4º, o juiz da instrução e julgamento não poderá ter qualquer contato com as provas realizadas na fase inquisitiva (salvo as irrepetíveis e as decorrentes de antecipação judicialmente autorizada), tampouco com as questões que foram objeto de deliberação pelo juiz das garantias (art. 3º-D, *caput*). Neste cenário, a confissão operada para efeitos do acordo que restou descumprido não estará acessível ao juiz no momento da sentença, razão pela qual não poderá dela se valer para formar sua convicção.
>
> ***Segunda:*** é mantida a suspensão da eficácia das normas que regulamentam o juiz das garantias ou declarada a inconstitucionalidade dessas regras pelo STF. Nesta hipótese, estarão disponíveis todos os elementos coligidos na fase investigativa ao juiz da sentença, razão pela qual não ficará ele impedido de utilizar a confissão realizada no âmbito do acordo de não persecução como argumento de convicção, subordinando-se, por óbvio, a que tal utilização seja meramente complementar das provas judicializadas.

Por fim, é condicionante da formalização do ajuste que seja este considerado **necessário e suficiente para reprovação e prevenção do crime**. Ao contrário das anteriores, esta é constatação a ser realizada a partir da subjetividade do membro do Ministério Público com base nas peculiaridades do caso concreto, sem embargo de poder ser feita, também, em face da natureza do delito. Como já dissemos antes, na medida em que mitiga o princípio da obrigatoriedade da ação penal pública, o acordo de não persecução penal, além de observar os requisitos de sua formalização, deverá ser o bastante para que atenda as finalidades repressiva da infração praticada e preventiva de novas infrações do mesmo modo que o seria a tramitação do processo criminal (que, por si, já é fator de constrangimento ao réu) e a eventual superveniência de sentença condenatória. Por esta razão, inclusive, é que a sua celebração não é autorizada em crimes com apenamento mínimo igual ou superior a 4 anos e às infrações praticadas com violência ou grave ameaça, pois, nestes casos, pela presunção de maior periculosidade social do agente e da maior reprovabilidade da conduta, o ajuste poderia não produzir as referidas finalidades de repressão e prevenção. Pois bem, reputando-se a impertinência do acordo de não persecução penal a partir dos critérios de *necessidade* e *suficiência,* descabe o pacto com o investigado. Consideramos enquadrar-se nesta vedação, por exemplo, os crimes hediondos e equiparados, em relação aos quais existe presunção *ex lege* de extrema lesividade social, apresentando elevado grau de reprovabilidade (v.g. o delito de porte ilegal de arma de fogo de uso restrito ou proibido – art. 1.º, parágrafo único, II, da Lei 8.072/1990 c/c art. 16 da Lei 10.826/2003).

5.16.3. Impedimentos ao acordo de não persecução penal

Estabelece o art. 28-A, § 2º, do CPP, as hipóteses em que não será permitida a efetivação do acordo de não persecução penal. Consistem:

I – Se for cabível transação penal de competência dos Juizados Especiais Criminais, nos termos da Lei 9.099/1995: correta a vedação. Veja-se que, uma das condições do acordo de não persecução penal é a previsão *in abstrato* para a infração investigada de *pena mínima inferior a quatro anos* (art. 28-A, *caput,* do CPP), condicionando-se, ainda, a que não tenha sido cometida com violência ou grave ameaça à pessoa. Por outro lado, as infrações de competência dos Juizados Especiais Criminais são as de menor potencial ofensivo, assim consideradas aquelas a que cominada *pena máxima de até dois anos* (art. 61 da Lei 9.099/1995), relativamente às quais se viabiliza a transação penal (art. 76, *caput,* da Lei 9.099), desde que não incidam óbices legais (art. 76, § 2º, da Lei 9.099/1995). Levando em conta estes critérios, extraem-se as seguintes conclusões:

a) As hipóteses de permissão do acordo de não persecução abrangem as de competência daqueles juizados especiais que tiverem sido cometidas sem violência ou grave ameaça.

b) Apesar desta abrangência, em se tratando de infração de menor potencial ofensivo, sendo cabível a transação penal, esta deve ser realizada, pois suficientes as suas condicionantes para repressão da conduta caracterizada como infração de menor potencial ofensivo e prevenção de sua reiteração, elidindo-se o acordo de não persecução, já que este se reveste de formalidades bem mais complexas do que a transação, sendo, também, mais rigorosos os termos e requisitos de sua efetivação.

c) O *cabimento de transação penal* a que se refere o inciso I em foco deve ser visto sob a ótica dos requisitos legais (*quantum* de pena máxima de dois anos e inocorrência das vedações do art. 76, § 2º, da Lei 9.099/1995). Logo, se apesar de legalmente viabilizada a transação e formulada a proposta pelo Ministério Público, *não for aceita pelo autor do fato,* não será possível a formalização de acordo de não persecução penal, mesmo porque seria um contrassenso o investigado aceitar este acordo tendo recusado a transação.

E se, apesar de não ser cabível transação penal, for possível a suspensão condicional do processo? Ora, esta suspensão viabiliza-se quando a pena mínima cominada em abstrato for igual ou inferior a um ano. Já o acordo de não persecução penal é facultado em relação a infrações cuja pena mínima seja inferior a quatro anos. Neste cenário, é possível concluir que, exclusivamente sob o ângulo da pena, as situações que comportam o acordo de não persecução penal abrangem as que facultam a suspensão condicional do processo. É o caso, por exemplo, de ter sido o indivíduo investigado pela prática de estelionato, cuja pena mínima é de 1 (um) ano, hipótese esta que pode ensejar a aplicação de ambos os institutos (suspensão e acordo). Pois bem, diante desta dupla possibilidade, compreendemos que caberá ao Ministério Público, levando em consideração as peculiaridades do caso concreto, decidir, com discricionariedade, a situação que melhor se ajusta à repressão do fato praticado e à condição pessoal do investigado, isto é, **propor o acordo de não persecução e não denunciá-lo** ou **denunciá-lo com proposta de suspensão condicional**. Lembre-se, por oportuno, que, ainda que se trate de hipótese fática que autorize a utilização destes dois expedientes, tanto o procedimento de aplicação quanto as consequências de um e outro são distintos, possuindo o acordo de não persecução, nitidamente, contornos bem mais rigorosos do que a suspensão condicional do processo.

II. Se o investigado for reincidente ou se houver elementos probatórios que indiquem conduta criminal habitual, reiterada ou profissional, exceto se insignificantes as infrações penais pretéritas: o dispositivo contém dois impedimentos independentes:

- *Reincidência*: trata-se da hipótese de infração cometida dentro dos cinco anos (art. 64, I, do CP) que se sucederam ao cumprimento ou extinção da pena imposta em face de condenação anterior. Perceba-se que, aqui, utilizou o legislador critério diferente do previsto para impedir as propostas de transação penal e de suspensão condicional do processo, pois tanto para a primeira (art. 76, § 2º, I da Lei 9.099/1995) como para a segunda (art. 89, *caput*, da Lei 9.099/1995) é referida a inadmissão dos benefícios na hipótese de ter sido o autor da infração *condenado pela prática de crime* anterior, sugerindo, pois, uma proibição definitiva, vale dizer, independentemente do perfazimento de situação de reincidência. Sem embargo desta disciplina, a verdade é que, mesmo nestas duas últimas hipóteses (transação e suspensão), a jurisprudência majoritária é no sentido de que não se pode estabelecer situação de proibição perpétua, razão pela qual tem limitado a proibição a tais benefícios ao tempo da reincidência. Logo, infere-se que está correta a orientação adotada pelo art. 28-A, § 2º, inc. II, 1ª parte, do CPP ao referir-se, expressamente, ao *reincidente*. *E quanto ao indivíduo que se encontra respondendo a processo criminal?* Não há vedação ao acordo, salvo se, na ação penal pela qual responde, houver indicativos de habitualidade criminosa (por exemplo, processo criminal desencadeado por denúncia que descreve vários fatos delituosos), hipótese em que a proibição ao ajuste decorre da segunda parte do inciso II em exame, abaixo analisada.
- *Existência de elementos probatórios que indiquem conduta criminal habitual, reiterada ou profissional, exceto se insignificantes as infrações penais pretéritas:* contempla o dispositivo a situação do criminoso contumaz, isto é, aquele que reitera na prática de infrações penais, fazendo do crime seu meio de vida, ficando, com isto, evidenciado que a repressão estatal efetivada por meio da instauração de investigações criminais e até mesmo de processos penais pelos quais responde ou já respondeu não tem sido suficientes para impedi-lo ou desestimulá-lo à recidiva criminosa. Esta situação de habitualidade ou contumácia, que pode ser comprovada por simples certidão de antecedentes criminais, não necessariamente exige que existam condenações anteriores, podendo ser deduzida a partir de uma sequência de inquéritos ou processos ainda em andamento ou, até mesmo, pela natureza do crime investigado. É o caso, por exemplo, de ter sido indiciado o agente por associação criminosa, cuja tipificação é "associarem-se 3 (três) ou mais pessoas para o fim específico de cometer crimes" (art. 288 do CP), delito este normalmente apurado a partir de evidências da atuação dos integrantes em práticas criminosas, ainda que não individualizadas ou determinadas. Tratando-se de crime não hediondo, sujeito a pena máxima *in abstrato* de três anos e não consumado a partir de violência ou grave ameaça, preenche, em tese, os requisitos do art. 28-A, *caput*, para o acordo de não persecução penal. Todavia, este ajuste não poderá ser formalizado diante da vedação inscrita no art. 28-A, § 2º, II, 2ª parte, do CPP.

Aspecto relevante concerne à ressalva feita na última parte do dispositivo no tocante às *infrações penais pretéritas insignificantes.* Considerando a redação legal, infere-se que a aludida exceção tem pertinência tanto com a hipótese de reincidência como no caso de reiteração criminosa. Dúvidas surgem quanto ao conceito de *infrações insignificantes.* A nosso ver, não se trata, aqui, de se considerar a *insignificância do ato criminoso anteriormente praticado* (furto de uma barra de chocolate, por exemplo) pois tal análise competiu ao juiz do processo em que apurada a conduta, mas, sim, de se levar em conta a natureza do crime abstratamente considerado. O critério não deve ser, portanto, subjetivo do promotor de justiça ao analisar a possibilidade de efetivação do ajuste, mas, sim, um critério objetivo. Por isto, levando em consideração que as infrações sujeitas ao acordo de não persecução são de média lesividade (tanto que o apenamento mínimo deve ser inferior a quatro anos e não podem ter envolvido violência ou grave ameaça), compreendemos que a *insignificância* a ser considerada para efeito da ressalva do art. 28-A, § 2º, II, última parte deve abranger as infrações consideradas de baixa lesividade, ou seja, as definidas pela Lei 9.099/1995 como de menor potencial ofensivo, sujeitas à competência dos Juizados Especiais Criminais (art. 61 daquele diploma).

III. Ter sido o agente beneficiado nos 5 (cinco) anos anteriores ao cometimento da infração, em acordo de não persecução penal, transação penal ou suspensão condicional do processo: a regra mantém coerência com a previsão do inciso anterior ao vedar o acordo de não persecução penal ao reincidente, assim considerado aquele que praticou o fato nos cinco anos posteriores à extinção da pena imposta em face de crime anterior. A diferença é que, neste inciso III, na ausência de disposição em sentido contrário, o prazo deve contar da data em que o indivíduo celebrou acordo de não persecução penal ou aceitou proposta de transação penal ou de suspensão condicional do processo. Veja-se que, *mutatis mutandis*, a vedação repete a prevista no art. 76, § 2º, II, da Lei 9.099/1995, em relação à transação penal, quando refere que não se admitirá a proposta se ficar comprovado "ter sido o agente beneficiado anteriormente, no prazo de cinco anos, pela aplicação de pena restritiva ou multa".

IV. Tratar-se de crime praticado no âmbito de violência doméstica ou familiar, ou praticado contra a mulher por razões da condição de sexo feminino, em favor do agressor: mais uma vez é necessário distinguir duas situações, mesmo porque o inciso interliga as suas primeira e segunda partes com aposição da conjunção "ou":

- *Crime praticado no âmbito de violência doméstica ou familiar* (inc. IV, 1ª parte): por *violência doméstica* compreende-se ocorrente do espaço em que o autor do fato e o ofendido convivem, independentemente da existência de relação de natureza familiar entre elas. Já a *violência familiar* é aquela em que agente e vítima estão ligados por vínculo de parentesco (inclusive por afinidade) ou pela própria vontade (casamento e união estável). Na medida em que a previsão do inciso IV em foco não se refere, exclusivamente, ao objeto de tutela da Lei 11.340/2006 (Lei Maria da Penha), não releva, aqui, a condição dos sujeitos ativo e passivo do crime, podendo ser tanto homem quanto mulher, mesmo porque se fosse intenção do legislador limitar o alcance da norma apenas a crimes cometidos contra mulher, teria utilizado redação distinta, unificando a primeira parte do dispositivo com a segunda, de forma que a referência à vítima mulher abrangesse as duas situações tratadas.
- *Crime praticado contra mulher em razão da condição de sexo feminino* (inc. IV, 2ª parte): neste caso, sim, há expressa referência à condição de mulher da vítima. Mas não basta ser mulher para que incida a proibição legal ao acordo de não persecução penal. É preciso, também, que se trate de crime cometido por razões da condição de sexo feminino, motivação esta cuja abrangência pode ser estabelecida a partir da definição prevista no art. 121, § 2º-A, do CP, dispondo que "considera-se que há razões da condição de sexo feminino quando o crime envolve: I – violência doméstica e familiar; II – menosprezo ou discriminação à condição de mulher". Tocante a esta última situação (a primeira já está inserida no inc. IV, 1ª parte, como se viu anteriormente, pode ser exemplificada com a conduta do marido que comete injúria contra sua companheira com utilização de elementos referentes à religião ou à condição de pessoa idosa ou com deficiência (art. 140, § 3.º, CP, com a redação dada

pela Lei 14.532/2023), crime este que, pelo apenamento mínimo, até poderia ensejar a formalização de acordo de não persecução penal, restando, porém, impedido este ajuste em face das circunstâncias que revestem sua prática.

Perceba-se, por fim, que, ao contrário do que ocorre nas previsões dos incisos I, II e III do § 2.º do art. 28-A, aqui foi utilizada a palavra "crime", com o que se exclui da vedação práticas contravencionais (sem emprego de violência ou grave ameaça, por óbvio), como, por exemplo, a sucessão de várias condutas de perturbação do sossego alheio (art. 42 da Lei das Contravenções Penais), implicando a soma das penas máximas em abstrato patamar superior ao previsto para definição da competência dos Juizados Especiais Criminais (art. 61 da Lei 9.099/1995).

5.16.4. Obrigações para o investigado como decorrência do acordo

As obrigações que podem ser ajustadas entre o Ministério Público, investigado e seu defensor encontram-se nos incisos I a V do art. 28-A, podendo ser fixadas cumulativamente ou alternativamente. Previsão *cumulativa* é aquela que envolve a fixação de todas as condições previstas nos incisos I a IV, além de outras que, porventura, forem estabelecidas a partir do inciso V. Já a previsão *alternativa* é aquela em que, a despeito da multiplicidade de condições estabelecidas em lei, o cumprimento de apenas uma ou algumas delas já implica em ter-se como adimplido o ajuste.

Importante registrar que as obrigações elencadas nos incisos I a IV, embora não possuam natureza de pena (em face da forma como estabelecidas, vale dizer, no âmbito de acordo formulado a partir de iniciativa do Ministério Público e à revelia de um processo criminal), guardam simetria com situações que naturalmente decorrem ou que poderiam decorrer de sentença penal condenatória. Veja-se:

I – Reparação do dano ou restituição da coisa à vítima, exceto na impossibilidade de fazê-lo: trata-se de obrigação que supre o efeito automático e obrigatório que resultaria de sentença condenatória, caso tivesse o réu sido processado criminalmente. Veja-se o art. 91, I, do Código Penal prevê, como decorrência da condenação transitada em julgado, "tornar certa a obrigação de indenizar o dano causado pelo crime". Esta condição é simétrica, ainda, à prevista no art. 89, § 1º, da Lei 9.099/1995 que, ao estabelecer as condições para a suspensão condicional do processo, refere à "reparação do dano, salvo impossibilidade de fazê-lo".

II – Renúncia voluntária a bens e direitos indicados pelo Ministério Público como instrumentos, produto ou proveito do crime: a condição, aqui, é correlata ao que prevê o art. 91, II do Código Penal, o qual dispõe, como efeito automático de condenação transitada em julgado, a perda, ressalvados direitos da vítima do crime ou de terceiro de boa-fé, dos instrumentos do crime, desde que consistam em coisas cujo fabrico, alienação, uso, porte ou detenção constitua fato ilícito (letra a), bem como do produto do crime ou de qualquer bem ou valor que constitua proveito auferido pelo agente com a prática do fato criminoso (letra b); e, também, com a pena restritiva de direitos de perda de bens e valores (art. 43, II, do CP)

III – Prestação de serviço à comunidade ou a entidades públicas por período correspondente à pena mínima cominada ao delito diminuída de um a dois terços, em local a ser indicado pelo juiz da execução, na forma do art. 46 do Código Penal: embora com disciplina distinta da prevista no Código Penal, este inciso III é simétrico à pena restritiva de direito contemplada no art. 43, IV, daquele diploma, a qual, observados os requisitos legais, pode ser aplicada em substituição à pena privativa de liberdade. Note-se que o próprio inciso em exame remete ao art. 46 do Estatuto Repressivo, regra esta que disciplina a execução da pena restritiva de prestação de serviços à comunidade ou a entidades públicas.

IV – Prestação pecuniária, a ser estipulada nos termos do art. 45 do Código Penal, a entidade pública ou de interesse social, a ser indicada pelo juízo da execução, que tenha, preferencialmente, como função proteger bens jurídicos iguais ou semelhantes aos aparentemente lesados pelo delito: previsão semelhante está presente no Código Penal, a título de pena restritiva de direitos, no art. 43, I. Veja-se que, aqui, o próprio legislador fez remissão à legislação penal ao determinar a aplicação do art. 45 do CP em relação à forma de estipulação desta obrigação, caso fixada no acordo de não persecução penal.

V – Cumprimento, por prazo determinado, de outra condição indicada pelo Ministério Público, desde que proporcional e compatível com a infração penal imputada: como se infere, esta "outra condição" possível de ser indicada pelo Ministério Público deve observar os princípios da adequação e da proporcionalidade. E, embora não conste no dispositivo, é certo que tal condição deve, também, ser adequada à situação pessoal do investigado. Tal condição poderia ser, por exemplo, a proibição de frequentar determinados lugares, na hipótese de crime cometido nas dependências de estabelecimento da mesma natureza. Caso repute manifestamente ilegal ou abusiva a condição fixada, cabe ao juiz deixar de homologar o acordo de não persecução penal, devolvendo, então, os autos ao Ministério Público para que seja reformulada a proposta de acordo, com concordância do investigado e seu defensor (art. 28-A, § 5º, do CPP).

5.16.5. Obrigatoriedade da proposta pelo Ministério Público

Acerca da obrigatoriedade de o Ministério Público realizar a proposta de acordo de não persecução penal ao investigado e seu defensor, quando presentes os requisitos legais, formaram-se três correntes:

Primeira: o ajuste é direito subjetivo do investigado. Logo, se não o fizer e oferecer denúncia, deverá apresentar os fundamentos pelos quais assim procedeu. Não apresentando esta motivação ou discordando o juiz dos seus termos, cabe a este proceder do modo previsto no art. 28 do Código de Processo Penal.

ATENÇÃO: o art. 28 do CPP teve sua redação modificada pela Lei 13.964/2019. Todavia, ao deliberar sobre a Ação Direta de Inconstitucionalidade n.º 6305, deduzida perante o Supremo Tribunal Federal pela Associação Nacional dos Membros do Ministério Público, o Relator, Ministro Luiz Fux, concedendo medida cautelar (em 22.01.2020), suspendeu a eficácia da *alteração do procedimento de arquivamento do inquérito policial*. Considerando que, até a época do fechamento da presente edição deste livro, não havia pronunciamento definitivo do STF a respeito da mencionada ADI, tem-se que, enquanto não revogada a medida cautelar mencionada, permanecem aplicáveis os termos da redação anterior do referido art. 28 (art. 11, § 2º, da Lei 9.868/1999), cabendo ao juiz, remeter os autos ao Procurador-Geral de Justiça, para que delibere a respeito. Independentemente, orienta-se o leitor a acompanhar a tramitação da mencionada ADI, atentando à decisão final que vier a ser proferida. Se, eventualmente, for julgada improcedente e reconhecida, em consequência, a constitucionalidade da nova redação dada ao art. 28 do CPP pela Lei 13.964/2019, caberá ao juiz aplicar a solução determinada por essa alteração legislativa.

Segunda: o acordo de não persecução penal é condição de procedibilidade da ação penal pública. Portanto, não sendo ofertado pelo Ministério Público e discordando o juiz desta omissão, a ele caberá proceder em conformidade com o art. 28 do CPP, nos mesmos moldes do acima examinado.

Terceira: o ajuste é faculdade do Ministério Público, vale dizer, nem direito subjetivo do investigado, nem condição de procedibilidade da ação penal. Concordamos com esta posição, na esteira, inclusive, do que foi deliberado no Enunciado 19 das conclusões do Conselho Nacional de Procuradores-Gerais do Ministério Público dos Estados e da União, segundo o qual "*o acordo de não persecução penal é faculdade do Ministério Público, que avaliará, inclusive em última análise (§ 14), se o instrumento é necessário e suficiente para a reprovação e prevenção do crime no caso concreto*", descabendo ao juiz, portanto, qualquer análise no tocante a aspectos de mérito do acordo de não persecução penal, muito menos em relação aos termos nele constantes. Neste cenário, não proposto o acordo e oferecida denúncia, resta ao juiz recebê-la, desde que, por óbvio, preencha seus requisitos formais e que exista justa causa para tanto. Esta linha de pensamento foi agasalhada pelo Superior Tribunal de Justiça na Edição n.º 185 de sua Jurisprudência em Teses (publicação em 11.02.2022), consignando que "o acordo de não persecução penal – ANPP não constitui direito subjetivo do investigado, assim pode ser proposto pelo Ministério Público conforme as peculiaridades do caso concreto, quando considerado necessário e suficiente para reprovar e prevenir infrações penais" (Enunciado 2).

Independentemente, porém, da adoção de um ou outro entendimento, é certo que, se preenchidos os requisitos legais objetivos do acordo (pena mínima inferior a quatro anos + infração sem violência ou grave ameaça + manifestação do investigado confessando o fato), entender o Ministério Público que as peculiaridades do caso o inviabilizam, já que não seria suficiente para repressão do delito praticado e prevenção da prática de novas infrações, impõe-se àquele Órgão fundamentar a razão de seu entendimento.

5.16.6. Formalização e homologação do acordo

Trata-se de disciplina presente no art. 28-A, § 3º ao § 14, do Código de Processo Penal.

Segundo estas regras, uma vez satisfeitos os requisitos que facultam o ajuste (art. 28-A, *caput*) e inocorrentes as situações que proíbem a sua celebração (§ 2º), será este formalizado por escrito, nele constando a subscrição do membro do Ministério Público, do investigado e de seu defensor (§ 3º). No termo de acordo, além das condições que vinculam a sua celebração (art 28, *caput,* incs. I a V), deverá constar, de modo expresso, o compromisso do investigado no sentido da comprovação do seu cumprimento, da apresentação de justificativa para hipótese de não adimplemento das obrigações estabelecidas e das consequências de assim não proceder: rescisão do acordo e oferecimento de denúncia. Embora não mencionado na lei, compreendemos que, no termo do ajuste, cabe ao Ministério Público delimitar o âmbito da acusação, vale dizer, explicitar o fato que, se não houvesse o ajuste, seria objeto de descrição na denúncia. E nesse termo ou em documento a ele anexo deve constar, ainda, a formalização da confissão do investigado, de modo que, cotejada esta com a acusação prognosticada, seja possível constatar que, de fato, está preenchido o requisito *confissão formal e circunstanciada* previsto no art. 28-A, *caput.*

Formalizado o acordo, será este enviado ao juiz competente para efeito de homologação. Com vista a essa finalidade, deverá o juiz aprazar audiência (§ 4º), na qual, a partir da oitiva do investigado na presença de seu defensor, constatará a voluntariedade do ajuste e a sua legalidade, muito especialmente o preenchimento dos requisitos que condicionam a celebração previstos no art. 28, *caput* (à exceção dos aspectos relativos à necessidade e à suficiência do pacto, cuja constatação é exclusiva do Ministério Público) e a inocorrência causas que obstam esta celebração (§ 2º). Perceba-se que descabe ao juiz qualquer análise acerca de mérito (enquadramento penal do fato objeto do ajuste, por exemplo) e do conteúdo do acordo, ressalvadas, neste último aspecto, apenas a verificação da pertinência das condições fixadas.

Na sequência, duas situações podem ocorrer:

1. O juiz recusa a homologação por uma das seguintes razões:
   a. Entende que são inadequadas, insuficientes ou abusivas as condições fixadas no acordo de não persecução penal: neste caso, devolverá os autos ao Ministério Público para reformulação da proposta, com a concordância do investigado e de seu defensor (§ 5.º).
   b. Considera ilegal o ajuste em face da inobservância das condições que, previstas em lei, autorizam a sua celebração: nesta hipótese, devolverá os autos ao Ministério Público para as providências que entender cabíveis, seja o prosseguimento das investigações, seja o oferecimento de denúncia (§ 8.º).

Lembre-se de que, a teor do art. 581, XXV, do Código de Processo Penal (incluído pela Lei 13.964/2019), da decisão judicial que recusa a homologação do acordo de não persecução penal cabe a interposição de recurso em sentido estrito.

---

2. O juiz homologa o ajuste: os autos são restituídos ao Ministério Público, que os distribuirá perante o juízo da execução penal, que é aquele junto ao qual deverá ser comprovado pelo investigado o cumprimento das obrigações ajustadas (§ 6.º). Da homologação do acordo, deverá ser intimada a vítima (§ 9.º).

Discute-se a possibilidade de o investigado, após celebrado acordo de não persecução penal com o Ministério Público e homologado este pelo juiz, impetrar *habeas corpus* com vista à sua desconstituição ou anulação da decisão homologatória. Parte da doutrina entende possível essa impetração, visando à discussão acerca da legalidade do ajuste. Outros, ao contrário, defendem o descabimento da medida, em face, inclusive, da ausência de interesse na impugnação de acordo que, celebrado com o MP na presença de defensor e ratificado em audiência judicial especialmente designada para sua apreciação, restou devidamente homologado pelo Juiz. Esta última, aliás, foi a posição adotada pela Subprocuradoria-Geral da República ao se manifestar no *Habeas Corpus 619.751/SP*, ocasião em que sustentou que o ajuizamento da medida implica *"flagrante ofensa ao princípio da boa-fé objetiva (art. 5.º do CPC), aplicável a todos os sujeitos processuais e ao processo penal, materializado no brocardo nemo potest venire contra factum proprium e no art. 565 do CPP"*. Aludida manifestação do Ministério Público Federal foi implicitamente sufragada no STJ por meio de decisão monocrática exarada pelo Min. Felix Fischer (em 11.12.2020) ao não conhecer do *habeas corpus* impetrado. Analisando estas duas orientações, entendemos que nenhuma delas pode ser fixada de modo definitivo, impondo-se, em qualquer situação, a análise das peculiaridades do caso concreto. Assim, não se deve, de fato, admitir a impetração de *habeas corpus* caso se mantenha inalterado o cenário que conduziu à celebração do ajuste, como na hipótese de simples arrependimento do investigado ou da constatação, pela defesa, da possibilidade de sustentação de tese com potencialidade de conduzir à absolvição em eventual processo judicial. Agora, se, mesmo depois de realizado e homologado o acordo, sobrevier elemento novo capaz de, sem a necessidade de exame aprofundado (o que descabe na via do *habeas corpus*), conduzir à conclusão de que poderia não ter sido realizado ou homologado o ajuste caso dele tivessem prévio conhecimento os envolvidos, não vemos como refutar o cabimento do *habeas corpus* com o objetivo de desconstituir aquele pacto e/ou a decisão que o tenha homologado. É o caso, por exemplo, de, depois de formalizado o ajuste a partir de inquérito policial enviado ao Ministério Público, ter a defesa ciência de documento oficialmente produzido (por exemplo, um laudo pericial confeccionado pelo Instituto Geral de Perícia que, por lapso, não tenha sido juntado ao expediente policial) o qual, fosse do conhecimento das partes envolvidas no acordo desde o início, pudesse conduzir ao arquivamento da investigação pelo Promotor de Justiça ou à não concordância da defesa com a realização do pacto.

Registre-se, igualmente sem unanimidade, a existência de corrente doutrinária sustentando também, contra a homologação do acordo de não persecução penal, o cabimento da apelação prevista no art. 593, inciso II, do CPP. Não vemos óbice à dedução desse recurso, especialmente quando a questão discutida exigir aprofundamento em elementos de prova, possibilidade esta que, como dissemos anteriormente, não existe no âmbito do habeas corpus. Afinal, de acordo com o referido inciso, a apelação nele prevista tem lugar quando não couber recurso em sentido estrito. E a homologação do ANPP, de fato, não enseja a interposição de RSE, sendo este cabível apenas da decisão que recusar a sua homologação, a teor do art. 581, XXV, do CPP.

5.16.7. Esquema

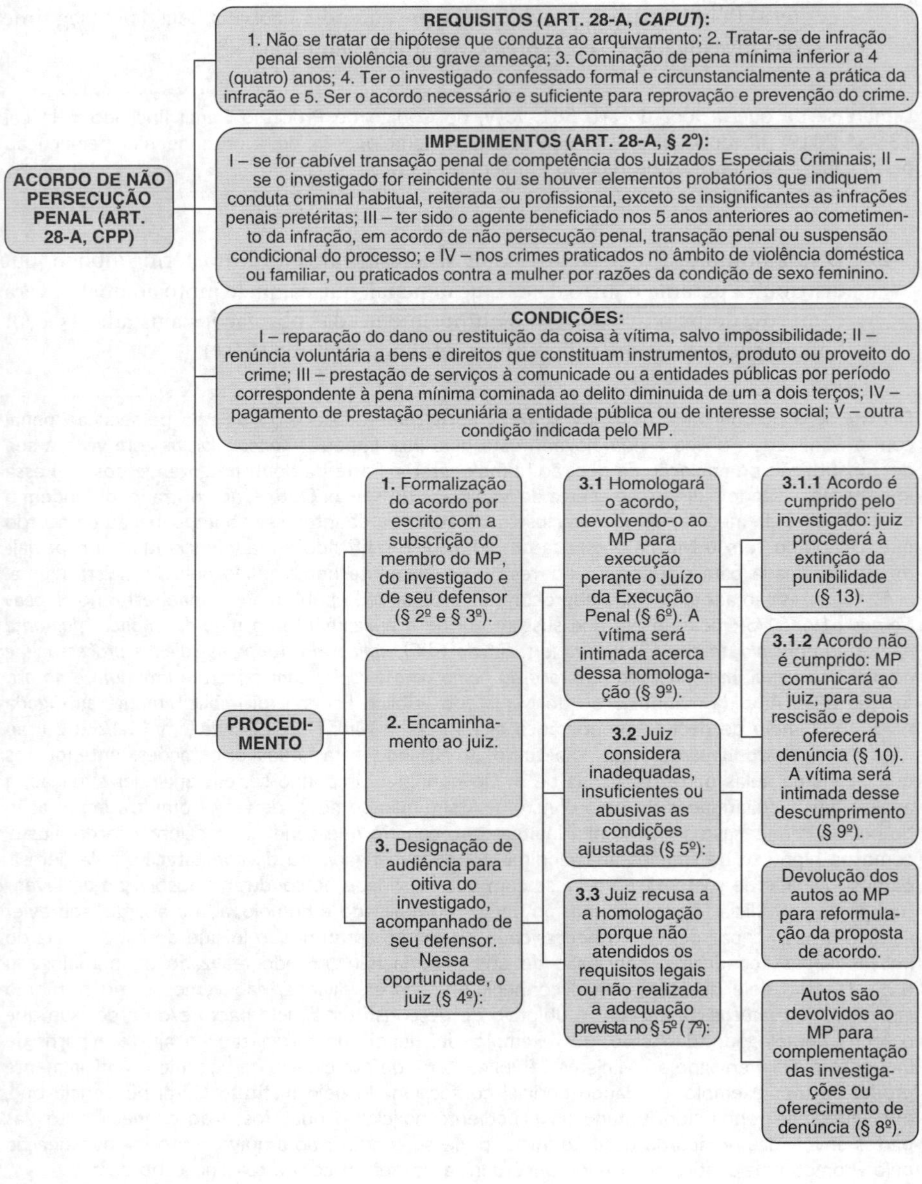

Acesse o
MATERIAL SUPLEMENTAR

Entre no Ambiente de Aprendizagem através das instruções contidas na orelha deste livro e acesse os conteúdos exclusivos desta edição:
- questões de concursos;
- videoaulas dos principais temas;
- mapas mentais;
- *ebook* de resumos de cada capítulo.

CAPÍTULO 6

Ação Civil

6.1. CONSIDERAÇÕES PRELIMINARES

A prática de um crime, além de gerar para o Estado o *jus puniendi*, eventualmente pode causar um prejuízo de ordem patrimonial à vítima, facultando-lhe o direito à devida reparação. Trata-se de aplicação do art. 186 do Código Civil, dispondo que "aquele que, por ação ou omissão voluntária, negligência ou imprudência, violar direito e causar dano a outrem, ainda que exclusivamente moral, comete ato ilícito", combinado com o art. 927 do mesmo diploma, este preconizando que "aquele que, por ato ilícito (arts. 186 e 187), causar dano a outrem, fica obrigado a repará-lo".

Existe, então, uma natural e lógica decorrência entre a prática da infração penal e o prejuízo civil que dela advém ao ofendido. Não é por outro motivo que o Código Penal prevê, no art. 91, I, como efeito automático e obrigatório da sentença condenatória transitada em julgado, tornar certa a obrigação de indenizar o dano causado pelo crime.

Esta correlação justifica-se na circunstância de que, se na esfera penal foi reconhecida a prática de um ato ilícito e restou apurada a sua autoria, não há razão para que se pretenda reabrir a discussão na órbita civil. Não se pode esquecer, afinal, que o dano penal acarreta um maior grau de violação da ordem jurídica do que o dano civil. Destarte, se o fato reconhecidamente caracteriza-se como ilícito penal, é evidente que se caracteriza também como ilícito civil, restando saber apenas se tal ilícito efetivamente gerou um dano a ser indenizado e, em caso positivo, qual o respectivo valor.

6.2. A SENTENÇA CONDENATÓRIA E A REPARAÇÃO DO DANO CIVIL

6.2.1. Efeitos da condenação

O tema relacionado aos *efeitos da condenação* é tratado com detalhamento no Capítulo 13, tópico 13.5.2 deste livro. Logo, análise a seguir é feita de modo resumido, unicamente para auxiliar o leitor à compreensão da disciplina da **Ação Civil**, objeto deste Capítulo 6.

A sentença penal condenatória transitada em julgado produz um **efeito principal** e **efeitos secundários**, os quais podem ser de **natureza penal** e de **natureza extrapenal.** Estes últimos, por sua vez, classificam-se em **efeitos genéricos e obrigatórios** e em **efeitos específicos. Veja-se:**

a. Efeito principal: consiste na *aplicação da sanção penal* estabelecida nessa decisão, o que abrange a fixação da pena (privativa de liberdade, restritiva de direito e multa) e a possibilidade de imposição de medida de segurança ao acusado que, ao tempo do fato, era semi-imputável nos termos dos arts. 26, parágrafo único e 98, ambos do CP (lembre-se que a medida de segurança, embora não tenha natureza de *pena*, possui caráter sancionatório). Trata-se de corolário de qualquer condenação criminal.

b. Efeitos secundários: classificam-se em efeitos de natureza penal e de natureza extrapenal.

b.1 Efeitos secundários de natureza penal: consistem na inclusão do nome do réu no rol dos culpados e nos efeitos reflexos da condenação. Trata-se o primeiro do registro efetivado no livro cartorário destinado ao nome do condenado, à sua qualificação e à referência ao processo em que se operou a condenação. Já os segundos são aqueles que, produzidos em um determinado processo, refletem em relação jurídica distinta (por exemplo, uma condenação transitada em julgado em determinado processo poderá acarretar a revogação do *sursis* e do livramento condicional deferidos em razão de condenação em processo diverso, a teor dos arts. 81 e 86 do CP.

b.2 Efeitos secundários de natureza extrapenal: classificam-se em efeitos genéricos e em efeitos específicos, a saber:

b.2.1) Efeitos extrapenais genéricos: encontram-se arrolados no art. 91 do Código Penal e se operam automática e obrigatoriamente, independente de declaração ou motivação pelo juiz no *decisum* condenatório. São eles:

- Vinculação do juízo cível, uma vez que a sentença condenatória torna certa a obrigação de reparar o dano causado pelo crime (inciso I);
- Confisco dos instrumentos ilegais utilizados na prática da infração penal (inciso II, "a");
- Confisco do produto do crime e dos bens adquiridos com o produto da infração penal (inciso II, "b").
- Confisco dos instrumentos utilizados para a prática de crimes por organizações criminosas e milícias, ainda que lícitos e que não ponham em perigo a segurança das pessoas, a moral ou a ordem pública, nem ofereçam sério risco de ser utilizados para o cometimento de novos crimes.

b.2.2) Efeitos extrapenais específicos: previstos no art. 92 do Código Penal, sua incidência não ocorre de forma automática, sendo necessário que o magistrado os declare e fundamente por ocasião da sentença condenatória (art. 92, parágrafo único). Consistem em:

- Perda do cargo, função ou mandato eletivo no caso de condenação a pena igual ou superior a um ano de prisão pela prática de crime contra a administração pública, ou a pena superior a quatro anos de prisão nos demais crimes (inciso I);
- Incapacidade para o exercício do poder familiar, da tutela ou da curatela nos crimes dolosos sujeitos à pena de reclusão cometidos contra outrem igualmente titular do mesmo poder familiar, contra filho, filha ou outro descendente ou contra tutelado ou curatelado (inciso II);
- Inabilitação para dirigir veículos quando utilizados como instrumento da prática de crime doloso (inciso III).

Importante observar que estes efeitos extrapenais da sentença condenatória previstos no Código Penal não afastam outras previsões incorporadas à legislação específica (*v.g.*, Lei de Drogas, Estatuto do Desarmamento, Lei das Contravenções Penais etc.) ou à própria

Constituição Federal. É o caso, por exemplo, da suspensão dos direitos políticos, prevista no art. 15, III, da Constituição Federal.

6.2.2. Relação entre os efeitos da condenação e a obrigação de indenizar

Releva, no aspecto relativo à obrigação de indenizar frente à sentença condenatória, o **efeito extrapenal genérico** previsto no art. 91, I, do CP, ao estabelecer que a condenação criminal **torna certa a obrigação de indenizar o dano causado pelo crime.**

Este regramento inserido ao art. 91, I, do Código Penal guarda perfeita sintonia com o art. 63 do Código de Processo Penal, ao dispor que transitada em julgado a sentença condenatória, poderão promover-lhe a execução, no juízo cível, para o efeito de reparação do dano, o ofendido, seu representante legal ou seus herdeiros; e, também, com o art. 515, VI, do CPC/2015, este arrolando, entre os títulos executivos judiciais, a sentença penal condenatória transitada em julgado.

Em decorrência das regras incorporadas aos precitados dispositivos, é possível concluir que, uma vez condenado por sentença penal imutável, estará o acusado obrigado a indenizar o dano provocado pelo crime, não podendo se esquivar desta obrigação. Observe-se que tal conclusão não importa em revogação do art. 935 do Código Civil, quando, em sua 1.ª parte, estabelece que "a responsabilidade civil é independente da criminal". Basta observar que, ao dispor sobre aludida independência entre as esferas penal e civil, é o próprio art. 935 do CC, agora em sua 2.ª parte, que determina que não se poderá mais "questionar sobre a existência do fato, ou sobre quem tenha sido o seu autor, quando estas questões se acharem decididas no juízo criminal". Ora, se houve uma condenação criminal, evidentemente é porque chegou o magistrado a um juízo de certeza quanto à existência do crime, bem como em relação ao responsável pela sua prática. Trata-se, portanto, de questões "decididas no juízo criminal" e que, por isso mesmo, não admitem nova discussão na esfera cível. Em outras palavras, é o próprio dispositivo civil consagrador da independência entre as esferas penal e cível que prevê, subliminarmente, como exceção a esta regra, a sentença penal condenatória, fazendo com que a coisa julgada material decorrente desta ordem de decisão produza reflexo indiscutível na esfera civil.

Questão que tem sido objeto de certa divergência respeita à **sentença decorrente de condenação operada pelo tribunal do júri**, vale dizer, se pode ou não ela ser considerada um título executivo judicial capaz de facultar o ajuizamento da ação de execução prevista no art. 63 do CPP. Uma primeira posição, majoritária e à qual nos filiamos, entende que as condenações levadas a efeito pelo júri popular, uma vez definitivas, constituem-se título executivo judicial, eis que não ressalvadas nos arts. 91, I, do CP; 63 do CPP e 515, VI, do CPC/2015. Outra corrente inclina-se em sentido diverso, compreendendo no sentido da inviabilidade de se considerar a condenação emanada do tribunal do júri como título executivo, tendo em vista que os jurados não fundamentam seu veredicto, decidindo por íntima convicção e, muitas vezes, até mesmo contra a prova integrante dos autos.

6.2.3. Questões controvertidas

Sem embargo de as consequências da sentença condenatória sobre a responsabilidade civil serem peremptórias, algumas questões que envolvem a condenação do réu exigem enfrentamento não apenas porque surgem na prática forense, mas também pela frequência com que são questionadas em concursos jurídicos. Trata-se de:

1.ª) Situação do corresponsável civil ou do corréu não condenado: não há qualquer reflexo da sentença penal condenatória como fator vinculante da obrigação de indenizar sobre quem, embora corresponsável civil, não tenha sido réu no processo criminal e nem sobre aquele que, mesmo integrando o polo passivo da relação processual penal, tenha sido absolvido. Destarte, a sentença condenatória transita em julgado apenas se constitui em título executivo em relação ao réu condenado. *Exemplo*: determinada pessoa entrega a terceiro, que sabe possuir habilitação, a direção do veículo automotor de sua propriedade. Este, na condução do automóvel, vem a provocar acidente de trânsito, causando vítima fatal. Por não ter obrado com imprudência ou negligência, o proprietário do veículo sequer é denunciado pelo Ministério Público, que ajuíza ação penal unicamente em relação ao condutor. Sendo este condenado definitivamente, apenas contra ele poderá ser ajuizada a execução da sentença penal condenatória e não contra o proprietário do carro (que nesta condição, em tese, revela-se corresponsável civil), em relação ao qual o reconhecimento da obrigação de indenizar dependerá de ação própria na esfera cível.

2.ª) Extinção da punibilidade pela anistia, graça e indulto: a *anistia* é medida que se fundamenta no interesse coletivo, normalmente motivada por questões de ordem política e que se aplica, principalmente, aos crimes políticos, militares e eleitorais, embora nada impeça se refira a qualquer outra infração penal. É concedida por lei emanada do Congresso Nacional, com a sanção do Presidente da República. Quanto ao seu alcance, caberá ao Poder Judiciário defini-la a partir da interpretação da lei que a concede. É causa que extingue a punibilidade (art. 107, II, do CP), sendo que a sua concessão pode ocorrer antes da sentença ou até mesmo depois da condenação transitada em julgado. Relativamente a seus reflexos, a anistia extingue o efeito principal decorrente da sentença e extingue os efeitos secundários de natureza penal, mas não produz qualquer repercussão sobre os efeitos extrapenais. Assim, concedida após a condenação definitiva, não impede seja a sentença criminal normalmente executada no juízo cível para efeitos de reparação dos danos provocados à vítima, conforme autorizam os arts. 91, I, do CP; 63 do CPP e art. 515, VI, do CPC/2015. Em sentido oposto, Nucci, entendendo que o reconhecimento da anistia "faz com que desapareça o título executivo judicial"[1].

Já quanto à *graça* e ao *indulto*, constituem-se em outras formas de indulgência do poder público, também importando em extinção da punibilidade (art. 107, II, do CP). Ambos apenas podem ser concedidos pelo Presidente da República, embora possa ele delegar essa atribuição ao Ministro de Estado ou a outras autoridades, nos termos do art. 84, XII e parágrafo único, da Constituição Federal[2]. Em tese, tanto a graça como o indulto apenas podem ser concedidos após condenação transitada em julgado. Observe-se que bastante semelhantes estes benefícios, diferenciando-se apenas no fato de que "a graça é em regra individual e solicitada, enquanto o indulto é coletivo e espontâneo"[3]. No que concerne aos efeitos da condenação, a graça e o indulto apenas atingem o efeito penal principal, subsistindo todos os efeitos secundários. Destarte, não impedem a execução da sentença condenatória definitiva no juízo cível. Neste sentido, a propósito, a Súmula 631 do STJ[4], editada em 24.04.2019.

3.ª) Extinção da punibilidade pela prescrição da pretensão executória: considere-se que determinado réu seja condenado, transitando em julgado a sentença para a acusação. Certificado este trânsito pelo escrivão, retornam os autos ao juiz que, então, verificando a impossibilidade de aumento da reprimenda em grau recursal dada à ausência de recurso do Ministério Público, procede à extinção da punibilidade pela prescrição da pretensão

---

1 Ob. cit., p. 178.

2 O dispositivo da Carta Política refere-se apenas a *indulto*, mas alcança também a *graça*. Isso ocorre porque, na prática, fala-se apenas em *indulto* para ambos os benefícios, em face da sutil diferença entre eles.

3 DELMANTO, Celso. *Código Penal comentado*. Rio de Janeiro: Editora Renovar, 2000. p. 188.

4 "O indulto extingue os efeitos primários da condenação (pretensão executória), mas não atinge os efeitos secundários, penais ou extrapenais".

executória. A extinção da punibilidade, no caso, prejudicará o efeito principal da sentença. No entanto, subsistem todos os secundários.

4.ª) Extinção da punibilidade pela morte do agente: o reflexo da extinção da punibilidade pela morte do agente em relação aos efeitos da condenação dependerá da época em que ocorrer o falecimento em face do momento do trânsito em julgado da decisão. Assim, falecendo o acusado **antes do trânsito em julgado** da sentença condenatória, restarão prejudicados todos os efeitos que dela poderiam advir, quer o principal, quer o secundário, pois tais efeitos apenas se operam após alcançar a decisão o caráter de imutável. Se, por outro lado, a morte **sobrevier ao trânsito em julgado** da condenação, o entendimento majoritário é o de que ficarão extintos o efeito principal e os secundários de natureza penal, mas não os extrapenais. *No campo indenizatório, por exemplo, nada impedirá seja executada no juízo cível a sentença penal contra o espólio do condenado ou contra os herdeiros, limitada, neste último caso, a responsabilidade civil às forças da herança*[5]. Defendendo posição oposta, ou seja, a de que necessário o ajuizamento de ação cognitiva contra os herdeiros do réu falecido após o trânsito em julgado da condenação, está Fernando Capez, aduzindo que "mesmo em se tratando de herdeiros, os quais não respondem além das forças da herança (*ultra vires hereditaris*), não se pode simplesmente liquidar o valor devido e executá-lo". Considera esse autor, portanto, que, nesta hipótese, deverá ser proposta ação de conhecimento pela vítima para ver-se ressarcida dos prejuízos patrimoniais que tenha sofrido[6].

5.ª) Perdão judicial: trata-se de causa extintiva da punibilidade prevista no art. 107, IX, do CP, que faculta ao juiz deixar de aplicar a pena em hipóteses expressamente previstas em lei e diante de circunstâncias excepcionais. É o que ocorre, por exemplo, no caso de homicídio culposo, estabelecendo o art. 121, § 5.º, do CP que o juiz poderá deixar de aplicar a pena na hipótese de as consequências do crime (*v.g.*, morte de um parente) terem afetado o autor da infração de forma tão grave que se torne desnecessária a sanção penal. Observe-se que o perdão judicial ocorre por ocasião da sentença condenatória. Enfim, o juiz profere a sentença condenatória, mas, ao final, concede-lhe o perdão, deixando de aplicar a pena e julgando, em consequência, extinta a punibilidade. Há divergências quanto à natureza jurídica da decisão concessiva do perdão judicial. Alguns, inclusive o STF, entendem que o perdão não afasta o caráter condenatório da sentença em que inserido, de forma que, ressalvado o efeito principal (pena), todos os demais persistem; outros, opostamente, aduzem que "tal decisão é declaratória, não produzindo qualquer efeito, penal ou extrapenal". Esta última posição é a agasalhada pelo STJ, conforme se constata dos termos da Súmula 18 daquele Pretório, dispondo que "a sentença concessiva do perdão judicial é declaratória da extinção da punibilidade, não subsistindo qualquer efeito condenatório".

6.ª) Sentença absolutória imprópria: é aquela que, considerando a total inimputabilidade do agente ao tempo da infração penal, absolve-o com a imposição de medida de segurança (art. 386, VI, 2.ª parte e parágrafo único, III, do CPP c/c o art. 97 do CP). Importante observar que, apesar de impor medida de segurança ao acusado, esta espécie de sentença não possui natureza condenatória, razão pela qual lhe são estranhos e, portanto, inaplicáveis, os efeitos secundários atinentes à condenação, previstos nos arts. 91 e 92 do Código Penal, no art. 15, III, da Constituição Federal e em dispositivos de leis especiais.

7.ª) "Abolitio criminis": trata-se de instituto em que uma lei nova passa a considerar lícito um fato anteriormente tratado como criminoso. Na medida em que descriminaliza

---

5 SILVA, Jaqueline Mielke. *Reforma do processo civil*. Porto Alegre: Verbo Jurídico, 2006. p. 124: "Se antes da execução, ou no curso dela, o condenado vier a falecer, a sentença penal será título executivo em face do espólio ou dos herdeiros, limitada a responsabilidade deles, todavia, às forças da herança".

6 Ob. cit., p. 165.

fato até então considerado uma infração penal, gera a exclusão da tipicidade. Evidentemente, ocorrente esta situação, apaga-se o efeito principal da sentença e os secundários de natureza penal, o que se justifica, inclusive, no art. 2.º do Código Penal, ao regrar que "ninguém será punido por fato que lei posterior deixa de considerar crime, cessando em virtude dela a execução e os efeitos penais da sentença condenatória".

Diverge, entretanto, a doutrina, quanto à persistência dos efeitos secundários de natureza extrapenal. Alguns, como Nucci, entendem que a *abolitio* "faz com que desapareça o título executivo judicial, seja antes da decisão condenatória, seja depois"[7]. Outros, ao contrário, espelhando a maioria doutrinária, consideram que a sentença penal condenatória transitada em julgado, ainda que atingida por lei abolicionista, pode ser executada no cível, o que faz depreender permanecerem os seus *efeitos secundários extrapenais*.

Concordamos plenamente com este último entendimento, até porque o fato de uma ação ser ou não descrita como ilícito penal, em nada reflete em ser ou não, esta mesma conduta, considerada como um ilícito civil.

8.ª) Extinção da punibilidade pela prescrição retroativa: A prescrição retroativa é forma de prescrição da pretensão punitiva e não da pretensão executória. Logo, seu reconhecimento afasta todos os efeitos próprios da sentença condenatória.

Em síntese:

Ocorrência	Efeito principal: Cumprimento da pena ou da medida de segurança	Efeitos secundários de natureza penal: I. Inclusão no rol dos culpados II. Reflexo em outras relações	Efeitos secundários de natureza extrapenal I. Efeitos genéricos (art. 91, CP) II. Efeitos específicos (art. 92, CP)
Anistia	Extinto	Extintos	Persistem
Graça e indulto	Extinto	Persistem (Súm. 631 STJ)	Persistem (Súm. 631 STJ)
Prescrição da pena *in concreto*	Extinto	Persistem	Persistem
Morte do agente antes do trânsito em julgado	Extinto	Extintos	Extintos. Em relação à obrigação devendo a vítima buscar no cível a reparação de seu prejuízo
Morte do agente depois do trânsito em julgado	Extinto	Extintos	Persistem
Perdão judicial	Extinto	Para o STF: persistem Para o STJ: extintos	Para o STF: persistem os efeitos extrapenais, valendo a decisão, inclusive, como título executivo cível Para o STJ: não remanescem quaisquer efeitos da sentença condenatória, a teor da Súmula 18 daquele Tribunal

[7] NUCCI, Guilherme de Souza. *Código de Processo Penal comentado*. São Paulo: RT, 2007. p. 178.

Ocorrência	Efeito principal: Cumprimento da pena ou da medida de segurança	Efeitos secundários de natureza penal: I. Inclusão no rol dos culpados II. Reflexo em outras relações	Efeitos secundários de natureza extrapenal I. Efeitos genéricos (art. 91, CP) II. Efeitos específicos (art. 92, CP)
Absolvição imprópria	Acarreta a imposição de medida de segurança	Há quem defenda que se opera a inclusão no rol dos culpados, mas não os demais efeitos reflexos. Prevalece a orientação de que nenhum destes efeitos subsiste.	Extintos
Abolitio criminis	Extinto	Extintos	Há duas posições, uma compreendendo que são extintos e, outra, no sentido de que persistem (maioria)
Prescrição retroativa	Extinto	Extintos	Extintos

6.3. A SENTENÇA ABSOLUTÓRIA E A OBRIGAÇÃO DE INDENIZAR O DANO CIVIL

Ao contrário do que ocorre com a sentença condenatória, em relação à absolutória inexiste a previsão geral de vinculação com a esfera cível, concluindo-se, então, que, neste caso, efetivamente, a **regra** será a independência entre a responsabilidade criminal e a responsabilidade civil, tal como previsto no art. 935, 1.ª parte, do Código Civil.

Não obstante, este regramento não é absoluto, encontrando **exceções** no âmbito do Código de Processo Penal e do Código Civil. Trata-se de hipóteses nas quais a absolvição criminal importa em elisão obrigatória da responsabilidade civil, impedindo, via de consequência, o ajuizamento de futura ação civil para a reparação de danos. Consistem em:

a) Absolvição criminal fundamentada em excludentes de ilicitude (art. 386, VI, 1.ª parte, do CPP):

Neste caso, a vinculação entre a sentença penal absolutória transitada em julgado e a responsabilidade civil é consequência do art. 65 do CPP, dispondo que "faz coisa julgada no cível a sentença penal que reconhecer ter sido o ato praticado em estado de necessidade, em legítima defesa, em estrito cumprimento de dever legal ou no exercício regular de direito". Isso ocorre porque estes atos, a teor do art. 23 do Código Penal e do art. 188, I e II, do Código Civil, são *penalmente lícitos* e *civilmente lícitos.*

Em outras palavras, sendo o acusado absolvido no processo criminal por qualquer das excludentes da ilicitude citadas (art. 386, VI, 1.ª parte, do CPP), não poderá, em regra, ter ajuizada contra si no âmbito civil uma ação de indenização. Sem embargo desta conclusão, o Código Civil estabelece duas exceções, vale dizer, duas hipóteses nas quais, mesmo absolvido sob a égide de excludentes, poderá o ofendido ser demandado na órbita cível:

a.1) Estado de necessidade agressivo. Por estado de necessidade compreende-se a situação de perigo atual, não provocado voluntariamente pelo agente, em que este lesa bem de outrem a fim de não sacrificar direito próprio ou alheio cujo sacrifício não lhe poderia ser razoavelmente exigido. Quanto a quem sofre a ofensa em face do agir necessário do réu, classifica-se o estado de necessidade em duas formas:

- *Estado de necessidade defensivo*: ocorre quando o agente, ao praticar o ato necessário descrito no tipo penal, sacrifica bem jurídico pertencente à própria pessoa que gerou a situação de perigo. *Exemplo: para evitar uma inundação, o agente desvia o curso de um riacho (crime ambiental) em direção à propriedade do indivíduo que causou o rompimento de um dique.*
- *Estado de necessidade agressivo*: verifica-se quando a prática do ato necessário importa em sacrifício de bem jurídico de terceiro inocente. *Exemplo: visando fugir de um desafeto que o perseguia, o agente invade domicílio alheio, causando danos materiais para nele ingressar.*

Embora ambas as modalidades do estado de necessidade excluam a ilicitude da conduta praticada e conduzam à absolvição do agente, no primeiro caso (*estado de necessidade defensivo*), na medida em que o bem jurídico lesionado pertence ao próprio causador do perigo, a sentença absolutória criminal obsta ao ofendido promover a responsabilização civil do autor do fato típico. Assim, no exemplo anterior, não seria facultado ao proprietário da área inundada pelo desvio do curso d'água pretender ressarcir-se dos prejuízos patrimoniais que tenha sofrido, já que ele foi quem deu causa à situação de perigo (inundação) ao provocar o rompimento de um dique de contenção.

Opostamente, tratando-se da segunda hipótese (*estado de necessidade agressivo*), o ofendido poderá acionar civilmente o causador do dano, restando a este, unicamente, promover ação de regresso contra quem provocou a situação de perigo. Destarte, no exemplo alhures, poderia o proprietário da casa invadida ressarcir-se dos prejuízos materiais que lhe foram causados pelo agente invasor, cabendo a este último, então, ingressar com a ação regressiva cabível contra o indivíduo que o perseguia.

Essa distinção dos reflexos civis que decorrem da sentença penal absolutória, conforme se reconheça no agir do réu um *estado de necessidade defensivo* ou um *estado de necessidade agressivo*, decorre da regra do art. 929 do Código Civil, estabelecendo que se a pessoa lesada não for culpada do perigo, terá o direito de buscar indenização pelo prejuízo que sofreu, bem como do que dispõe o art. 930 desse mesmo diploma, ao preceituar que, se o perigo ocorreu por culpa de terceiro, contra este terá o autor do dano ação de regresso para reaver a importância que tiver ressarcido ao lesado.

a.2) Legítima defesa em que, por erro na execução, atinge-se terceiro inocente. Considere-se a hipótese de que o agente, ao defender-se de agressão injusta, atual ou iminente, por acidente ou erro na execução, atinja a pessoa de um terceiro completamente inocente, vale dizer, não envolvido na relação que motivou a reação legítima. Ainda que venha o autor da repulsa a ser absolvido sob a égide da legítima defesa, nem por isso estará isento da obrigação de indenizar os danos pessoais e patrimoniais que tiver causado à vítima lesada pelo erro na realização do gesto defensivo. Poderá, então, responder civilmente a ação de indenização, restando-lhe ingressar, posteriormente, com a via regressiva cabível contra o indivíduo que lhe motivou a justa reação, nos termos do art. 930, parágrafo único, do Código Civil.

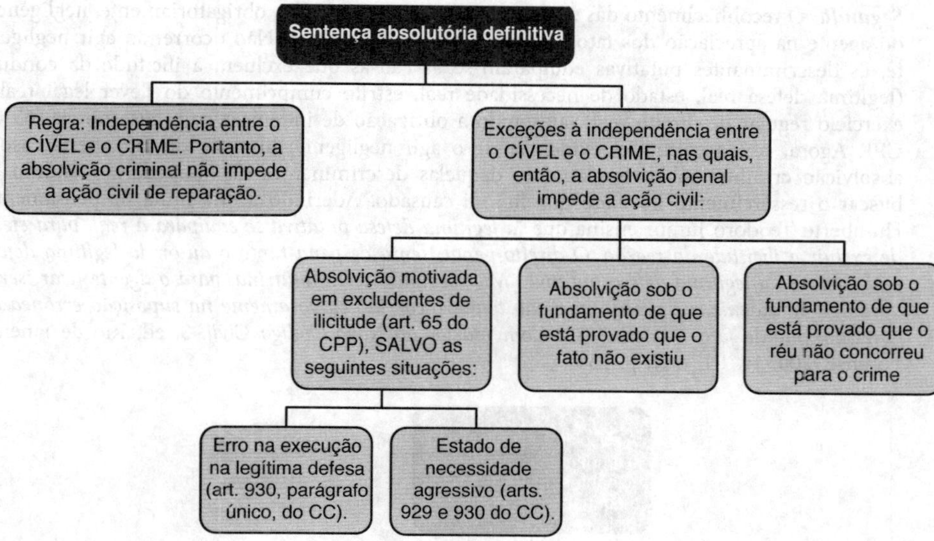

E quando se tratar de absolvição criminal fundamentada na ocorrência de descriminantes putativas? Chamam-se de descriminantes putativas (legítima defesa putativa, estado de necessidade putativo, exercício regular de direito putativo e estrito cumprimento do dever legal putativo) as condutas praticadas pelo agente que, por erro plenamente justificado pelas circunstâncias, julgando estar albergado por uma excludente de ilicitude, comete um ato ilícito. Trata-se, enfim, de estados imaginários decorrentes de equivocada apreciação dos fatos. No caso da legítima defesa putativa, por exemplo, o erro de fato incide sobre a existência da situação de legítima defesa, que, em verdade, não está presente. O mesmo ocorre no estado de necessidade putativo, em que não estão presentes os seus pressupostos, embora o autor tenha acreditado, por erro, na sua efetiva ocorrência.

Exemplo: Supondo o agente que está na iminência de ser alvejado por um desafeto, desfere-lhe, com uso de uma faca, um golpe letal. Posteriormente, é constatado que referido desafeto encontrava-se desarmado. Neste caso, agiu o ofensor em legítima defesa putativa.

Como as descriminantes putativas, ao contrário dos estados reais, não implicam exclusão da ilicitude da conduta, afastando, isto sim, a sua tipicidade (Teoria Limitada da Culpabilidade), há controvérsias quanto aos reflexos cíveis que decorrem do seu reconhecimento. Indaga-se, em síntese, se, uma vez absolvido o réu ao fundamento de legítima defesa putativa, poderá o ofendido buscar do agente a reparação dos danos que lhe foram causados. Há duas posições:

Primeira: A conduta amparada pelas descriminantes putativas decorre, necessariamente, de negligência na apreciação dos fatos, razão pela qual não exclui a responsabilidade civil pelos danos causados ao ofendido, em respeito, inclusive, ao disposto no art. 186 do Código Civil. De acordo com esta ótica, tais descriminantes não se incluem no alcance do art. 65 do Código de Processo Penal, aplicando-se, em consequência, a regra da independência da responsabilidade criminal em relação à civil. Adotando esta posição, decidiu o STJ no julgamento do Recurso Especial n.º 513.891/RJ que "a legítima defesa putativa supõe negligência na apreciação dos fatos e por isso não exclui a responsabilidade civil pelos danos que dela decorram"[8].

8 STJ, REsp. 513.891/RJ, 3.ª Turma, *DJ* 16.04.2007. No mesmo sentido: REsp. 1.119.886/RJ, *DJ* 28.02.2012.

Segunda: O reconhecimento das causas putativas não pressupõe, obrigatoriamente, negligência do agente na apreciação dos fatos. Logo, é preciso diferenciar: Não ocorrendo agir negligente, as descriminantes putativas equiparam-se às causas que excluem a ilicitude da conduta (legítima defesa real, estado de necessidade real, estrito cumprimento do dever legal real e exercício regular de direito real), afastando a obrigação de indenizar com base no art. 65 do CPP. Agora, se, ao contrário, evidenciar-se o agir negligente do autor do fato, neste caso a absolvição criminal sob o fundamento daquelas descriminantes não impede o ofendido de buscar o ressarcimento do dano que lhe foi causado. Aderindo a esta linha de pensamento, Humberto Teodoro Júnior ensina que *"a legítima defesa putativa se equipara à real, para efeito de excluir a ilicitude da reação. O direito penal isenta de pena tanto o autor da legítima defesa real como o da legítima defesa putativa. Mas, segundo certa doutrina, para o agente ficar isento do dever de indenizar é preciso que não tenha incorrido culposamente na suposição errônea da agressão, que de fato inexistiu"* (in: *Comentários ao Novo Código Civil*. 3. ed. Rio de Janeiro: Forense, 2005, v. III, t. II, p. 138).

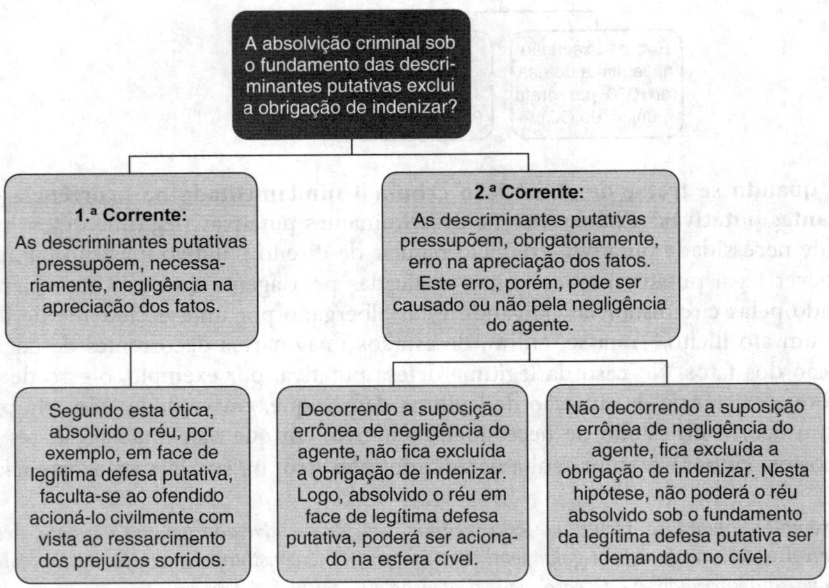

b) Absolvição criminal fundada na circunstância de estar provada a inexistência do fato (art. 386, I, do CPP) ou de estar provado não ter o réu concorrido para a infração penal (art. 386, IV, do CPP):

Nestas duas situações, igualmente, a absolvição criminal faz coisa julgada no cível e impede a dedução de ação de indenização contra o ofensor absolvido em processo criminal. Isso ocorre pela mesma razão já vista anteriormente e que justifica a vinculação entre a sentença condenatória criminal e a obrigação de indenizar, qual seja, a segunda parte do art. 935 do Código Civil, prevendo que, embora, como regra geral, a responsabilidade civil seja independente da criminal, "não se poderá mais questionar sobre a existência do fato ou sobre quem seja o seu autor, quando estas questões se acharem decididas no juízo criminal".

Cabe ressaltar que muito diferente é a hipótese em que o Magistrado absolve o réu, aduzindo que *não há provas de que o fato existiu* (art. 386, II, do CPP) ou de que *não há provas de que ele concorreu para a infração penal* (art. 386, V, do CPP). Nestes casos, as questões atinentes à materialidade e autoria não estão efetivamente "decididas" no âmbito criminal e, consequentemente, não elidem a potencial ação ordinária na esfera cível.

O arquivamento do inquérito policial produz reflexos sobre a obrigação de indenizar? Não, a toda evidência. Inclusive, há regra expressa neste sentido consubstanciada no art. 67, I, do CPP.

E a decisão que julga extinta a punibilidade? Muito embora o art. 67, II, do CPP, expressamente, refira que essa ordem de pronunciamento judicial não implica coisa julgada cível, é preciso cautela no exame dessa vertente. Isso porque, conforme examinamos no tópico 6.2.3, há determinadas causas extintivas da punibilidade em relação às quais os tribunais não são pacíficos quanto aos reflexos civis que produzem. É o caso, por exemplo, do perdão judicial, relativamente ao qual, para o STJ, afasta todos os efeitos da sentença condenatória, enquanto que o STF já decidiu no sentido de que não apaga os efeitos secundários do *decisum*.

6.4. VIAS JUDICIAIS À DISPOSIÇÃO DO OFENDIDO PARA RESSARCIR-SE DO PREJUÍZO CAUSADO PELA PRÁTICA CRIMINOSA

No item 6.2.2, verificamos que a regra geral da independência entre a responsabilidade civil e a penal não é absoluta, existindo **vinculação obrigatória na hipótese de condenação penal transitada em julgado.** Destarte, condenado na esfera criminal por decisão definitiva encontra-se o agente automaticamente obrigado a ressarcir o prejuízo que causou com a prática de seu ilícito.

Tendo em vista esta normatização, estabeleceu o legislador duas formas, alternativas e independentes, por meio das quais a vítima, seu representante legal ou herdeiros poderão buscar o ressarcimento do dano patrimonial eventual sofrido com a prática da infração penal pelo acusado:

---

1) A *ação de execução "ex delicto"*, fundamentada no art. 63 do Código de Processo Penal, de natureza executória, que pressupõe a existência de título executivo criminal consubstanciado na sentença penal condenatória transitada em julgado.

Perceba-se que, muito especialmente a partir da disciplina do novo Código de Processo Civil, a nomenclatura *ação de execução "ex delicto"* perde espaço para a chamada **ação de cumprimento de sentença penal condenatória.** Isto ocorre em razão dos termos incorporados ao art. 515, § 1.º, **do CPC/2015, que modificou parcialmente o regramento do art. 475-N, parágrafo único, do revogado CPC/1973. Comparativamente:**

> **Art. 475-N do CPC/1973:** São títulos executivos judiciais: [...] II – a sentença penal condenatória transitada em julgado; [...]. Parágrafo único: Nos casos dos incisos II, IV e VI, o mandado inicial (art. 475-J) incluirá a ordem de citação do devedor, no juízo cível, para liquidação ou **execução**, conforme o caso.
>
> **Art. 515 do CPC/2015:** São títulos executivos judiciais, cujo **cumprimento** dar-se-á de acordo com os artigos previstos neste Título: [...] VI – a sentença penal condenatória transitada em julgado [...]. § 1.º: Nos casos dos incisos VI a IX, o devedor será citado no juízo cível para o **cumprimento da sentença** ou para a liquidação no prazo de quinze dias [...].

2) A *ação civil "ex delicto"*, fundamentada no art. 64 do Código de Processo Penal, de natureza cognitiva, visando buscar um título executivo cível consubstanciado em sentença condenatória cível transitada em julgado.

6.4.1. Ação de execução *ex delicto*

6.4.1.1. Generalidades

Prevista no art. 63 do CPP, a *ação de execução "ex delicto"* tem como pressuposto básico e fundamental a existência de uma sentença condenatória criminal transitada em julgado, a qual se constitui em título executivo judicial, a teor do disposto no art. 515, VI, do CPC/2015. A opção por esta forma de reparação em vez da prevista no art. 64 do CPP (ação ordinária de indenização), entretanto, possui vantagens e desvantagens.

Entre as **vantagens**, ressalta-se, sobretudo, a certeza que decorre da sentença condenatória transitada em julgado quanto à obrigação de indenizar, que é efeito obrigatório e indiscutível da sentença (art. 91, I, do CP). Desnecessária, assim, a produção de provas (testemunhais, periciais, documentais etc.) no sentido de demonstrar a responsabilidade do acusado pela reparação do prejuízo que seu ato criminoso causou.

Por outro lado, entre as suas **desvantagens**, elenca-se, primeiramente, o fato de que o titular do direito à ação reparatória terá o ônus de aguardar que a condenação torne-se definitiva, para, após, levá-la à execução no juízo cível. Em segundo lugar, a circunstância de que, inexistindo ação civil em andamento e não possuindo a vítima a intenção de ajuizá-la de imediato, não estarão à sua disposição as tutelas cautelares do Código de Processo Civil, pois estas, de acordo com o art. 294, parágrafo único, do CPC/2015, são incidentais (exigindo-se que já exista ação civil em andamento) ou antecedentes (caso em que o ingresso da ação civil deverá ocorrer, no máximo, em 30 dias, contados da efetivação da medida cautelar, sob pena de perda de eficácia). Portanto, se nesse interregno, enquanto se aguarda o desiderato do processo penal, vier o acusado a praticar atos indicativos de que pretende despojar-se de seus bens, restará à vítima, para evitar que ele fique sem garantias patrimoniais que assegurem a posterior reparação do seu prejuízo, a dedução das medidas assecuratórias previstas no âmbito do Código de Processo Penal (art. 125 e seguintes), cuja regulamentação é complexa e pouco adequada à realidade atual. Ademais, enquanto espera o resultado definitivo do processo criminal, haverá para a vítima a incerteza quanto à efetiva obtenção do título executivo penal (sentença penal condenatória), não sendo fora de cogitação que, depois de anos de tramitação, o processo penal chegue ao seu final com uma decisão absolutória. Nesta hipótese, terá sido inútil o tempo de espera.

Por fim, trata-se a ação de execução *ex delicto*, como já vimos anteriormente (item 6.2.3), de ação que apenas pode ser ajuizada contra quem tiver sido condenado no processo criminal, não alcançando corréus absolvidos ou corresponsáveis civis não acionados penalmente. Contra estes últimos, de qualquer sorte, será necessário o ajuizamento de ação ordinária no juízo cível para obtenção de um título executivo civil.

6.4.1.2. Quantificação do valor a ser indenizado à vítima

Na regulamentação anterior à vigência da Lei 11.719/2008, a sentença penal condenatória caracterizava-se como um **título executivo judicial ilíquido**, razão pela qual não viabilizava o ajuizamento imediato de ação executória na esfera cível. Impunha-se, então, que, previamente a essa execução, o ofendido apurasse o valor efetivo do dano a ser reparado por meio de requerimento, no juízo cível, da *liquidação por artigos* prevista no art. 475-E do CPC/1973 (no CPC/2015, a nomenclatura *liquidação por artigos* foi suprimida, dando lugar à chamada *liquidação pelo procedimento comum*, prevista no art. 509, II, do novo diploma). Em outras palavras, antes de intentar a ação executória, obrigatoriamente deveria o credor (ofendido, representante legal ou herdeiros) alegar e comprovar, na esfera civil, o *quantum* do dano civil. Somente depois disso é que, valendo-se do disposto no art. 63 do CPP e no art. 515, VI, do CPC/2015, poderia ajuizar a demanda executória visando constranger o réu condenado criminalmente por sentença definitiva ao ressarcimento do prejuízo causado pela prática do fato criminoso.

A liquidação por artigos estabelecida no revogado art. 475-E do CPC/1973 corresponde à liquidação pelo procedimento comum prevista no art. 509, II, do CPC/2015 e tem lugar na mesma hipótese, vale dizer, quando houver necessidade de alegar e provar, no juízo cível, fato novo. Como referem Jaqueline Mielke Silva e José Tadeu Neves Xavier (*Curso de processo civil*, Rio de Janeiro: Forense, 2008, p. 36), como a sentença penal condenatória não possui liquidez, "para que a execução seja viável, é necessária a fixação do valor do dano, que deve ser apurado por meio da liquidação por artigos, já que não há como serem provados os danos na esfera do processo penal. Embora se trate de fato qualificado como 'velho', não há como ser comprovado na esfera penal".

Entretanto, o art. 387, IV, do CPP, estabelece que, na sentença condenatória, o juiz **fixará o valor mínimo para reparação dos danos causados pela infração, considerando os prejuízos sofridos pelo ofendido**. Com isso, uma vez transitada em julgado a condenação, faculta-se ao ofendido, desde logo, ingressar com a ação de execução *ex delicto* no juízo cível, exigindo do réu condenado o pagamento do *quantum* arbitrado na sentença penal. Este arbitramento do *quantum* indenizatório realizado no juízo criminal, obviamente, não impede a vítima de apurar, no juízo cível, o prejuízo efetivamente sofrido em consequência da infração penal. Pelo contrário, tal providência é expressamente autorizada no art. 63, parágrafo único, ao dispor que, "transitada em julgado a sentença condenatória, a execução poderá ser efetuada pelo valor fixado nos termos do inciso IV do *caput* do art. 387 deste Código **sem prejuízo da liquidação para a apuração do dano efetivamente sofrido**" (grifamos).

A título de ilustração, considere-se que, em condenação definitiva, tenha o juiz criminal arbitrado, como indenização mínima à vítima, o valor de R$ 15.000,00 a ser pago pelo réu condenado. Nesse contexto, poderá o ofendido ajuizar, desde logo, no juízo cível, a ação de execução *ex delicto* em relação ao montante fixado na sentença criminal e, simultaneamente, deduzir, também no juízo cível, a liquidação da sentença penal condenatória para quantificar o prejuízo efetivamente sofrido com a prática criminosa. Imaginando-se que, em decisão da liquidação cível, o prejuízo total seja calculado em R$ 40.000,00, poderá o ofendido, agora, exigir a diferença entre o valor apurado na sentença penal como indenização mínima (já objeto de execução) e o valor total do que foi apurado em liquidação civil. Nesse caso, a nova execução será movida em relação aos R$ 25.000,00 remanescentes. Evidentemente, nada impede que a vítima, em vez de executar imediatamente o valor arbitrado na condenação, opte por liquidar a sentença penal na esfera cível e, após, ingressar com uma só execução em relação ao valor total do prejuízo.

Veja-se:

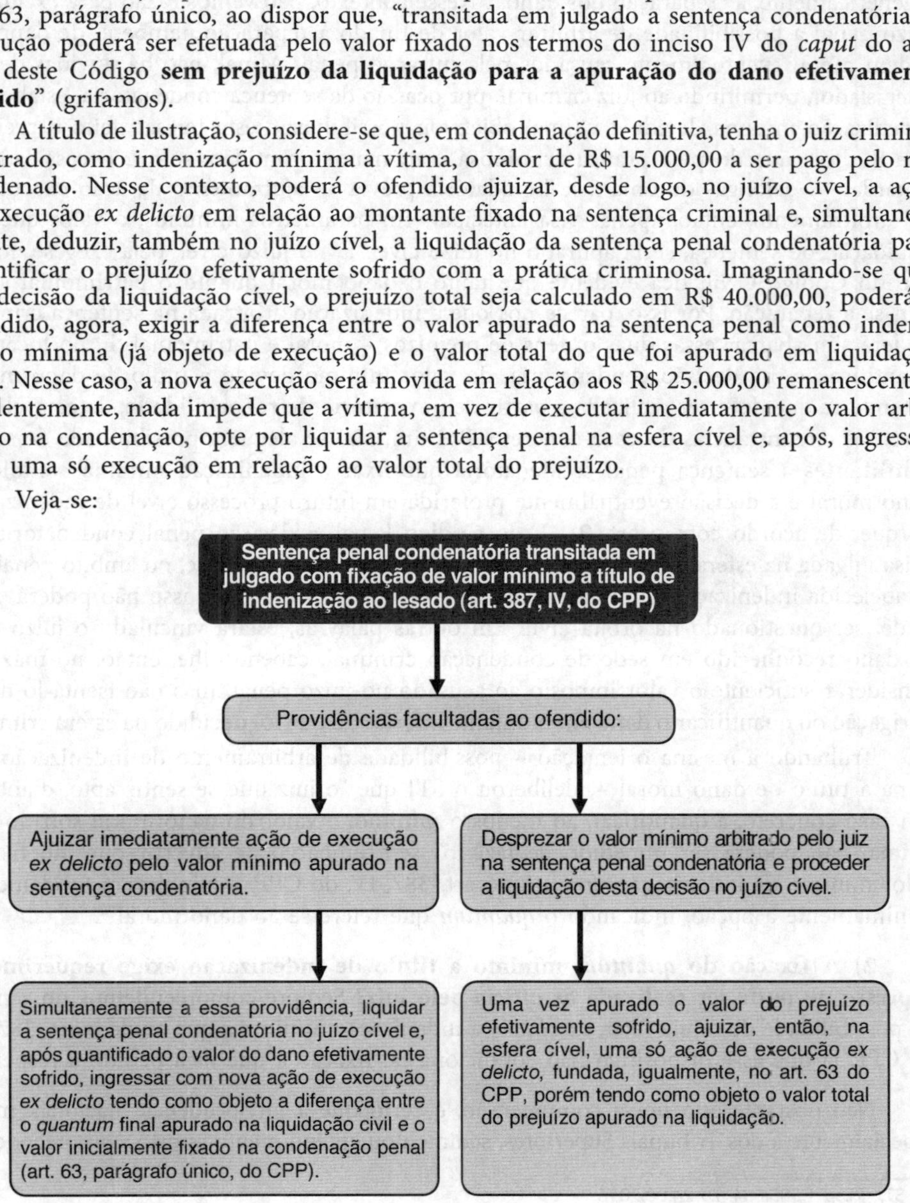

Sem embargo da aparente simplicidade dessa normatização que envolve a conjugação dos arts. 387, IV, e 63, parágrafo único, ambos do CPP, há algumas questões que, pela importância, e em face do silêncio do legislador, têm provocado controvérsias na doutrina. Consistem em:

1) Qual a natureza do dano que, por força do art. 387, IV, do CPP, estará sujeito à fixação de indenização mínima na sentença penal condenatória? Ao dispor que na sentença condenatória o juiz *fixará o valor mínimo para reparação dos danos causados pela infração, considerando os prejuízos sofridos pelo ofendido*, o art. 387, IV, do CPP não restringiu essa indenização tão somente aos danos patrimoniais, referindo-se, ao contrário e genericamente, à "reparação dos danos". Nesse contexto, não vemos razão para excluir do juízo penal a possibilidade de arbitrar valor destinado à reparação, também, de danos de ordem moral eventualmente causados pela infração penal. Afinal, não há dúvidas de que o legislador, permitindo ao juiz criminal, por ocasião da sentença condenatória, estabelecer indenização mínima devida à vítima, objetivou possibilitar a esta ter satisfeito o prejuízo que lhe foi causado pela prática criminosa com maior prontidão, sem a necessidade de aguardar as delongas de uma fase liquidatória prévia ao ajuizamento da ação executória. Tal arbitramento, então, apenas visa antecipar, em parâmetros mínimos, o valor que, em liquidação de sentença, seria apurado no juízo cível. E, no juízo cível, pela exegese do art. 186 do Código Civil, fica evidente que tanto o dano moral quanto o patrimonial sujeitam-se à reparação. Por isso, parece-nos que a indenização arbitrada na sentença criminal poderá sim abarcar essas duas ordens de prejuízos – moral e patrimonial. E, no tocante à quantificação, na decisão condenatória, do valor mínimo devido a título de dano moral, entende-se que deve ser realizada a partir de um **critério de razoabilidade**, detectável com base nas circunstâncias do caso concreto. Por fim, não se alegue a possibilidade de serem **conflitantes** a sentença penal condenatória que fixar a indenização mínima a título de dano moral e a decisão eventualmente proferida em futuro processo cível de indenização, porque, de acordo com o art. 91, I, do Código Penal, a decisão penal condenatória faz coisa julgada na esfera cível quanto à obrigação de indenizar. Logo, se, no âmbito penal, for estabelecida indenização mínima em decisão transitada em julgado, isso não poderá, mais tarde, ser questionado na órbita civil. Em outras palavras, estará vinculado o juízo cível ao dano reconhecido em sede de condenação criminal, cabendo-lhe, então, no máximo, considerar suficiente o valor imposto ao acusado no juízo penal, mas não isentá-lo de tal obrigação ou quantificar o dano em montante inferior ao que foi decidido na esfera criminal.

Trilhando a mesma orientação – possibilidade de arbitramento de indenização mínima a título de dano moral –, deliberou o STJ que "o juiz que se sentir apto, diante de um caso concreto, a quantificar, ao menos o mínimo, o valor do dano moral sofrido pela vítima, não poderá ser impedido de fazê-lo", sem embargo de advertir que "ao fixar o valor mínimo de indenização previsto no art. 387, IV, do CPP, o juiz deverá fundamentar minimamente a opção, indicando o *quantum* que refere-se ao dano moral"[9].

2) A fixação do *quantum* mínimo a título de indenização exige requerimento expresso ou pode ser realizada *ex officio* pelo juiz? Sempre compreendemos no sentido da possibilidade de o juiz fixar, *ex officio*, a indenização mínima a que alude o art. 387, IV, do CPP, já que esse dispositivo não condiciona tal fixação a que haja pedido a respeito[12].

Não obstante esta nossa compreensão, é certo que a jurisprudência nacional, muito especialmente a dos Tribunais Superiores, sedimentou entendimento oposto, compreendendo

---

[9] STJ, REsp 1.585.684, *DJ* 24.08.2016.

que o arbitramento, na sentença condenatória, de valor mínimo para reparação dos danos causados à vítima pela prática da infração penal pressupõe requerimento expresso na denúncia ou na queixa, independentemente da natureza do dano a ser indenizado, vale dizer, material ou moral. E mais: de acordo com essa linha de pensamento, é necessária, também, a especificação da respectiva quantia, a fim de que estas questões - a ocorrência do dano e sua mensuração - possam ser objeto de contraditório e instrução probatória no curso do processo criminal. **Atenção:** a despeito deste entendimento, o STJ em sede de recurso repetitivo (Tema Repetitivo 983, firmado no julgamento do REsp 1675874/MS, em 28.02.2018), firmou tese no sentido de que, relativamente à fixação do dano moral nos casos de violência doméstica ou familiar contra a mulher, embora persista a necessidade de requerimento expresso da indenização mínima, não é imprescindível a especificação do respectivo valor, tampouco sendo necessária instrução probatória a respeito. Na oportunidade, entendeu a Terceira Seção da Corte que "justifica a não exigência de produção de prova dos danos morais sofridos com a violência doméstica a necessidade de melhor concretizar, com o suporte processual já existente, o atendimento integral à mulher em situação de violência doméstica, de sorte a reduzir sua revitimização e as possibilidades de violência institucional, consubstanciadas em sucessivas oitivas e pleitos perante juízos diversos". Reitera-se que esta tese incide apenas em relação ao estabelecimento da indenização mínima por danos morais, pois, conforme excerto do julgamento "por óbvio, os danos materiais dependem de comprovação do prejuízo, como sói ocorrer em ações de natureza similar", sendo necessária, então, quanto a estes, a prévia estipulação do valor desejado.

3) Como será feita a prova do dano no juízo criminal e a quantificação do valor mínimo devido a título de indenização? Para que alguém seja responsabilizado pela reparação de danos, é necessário nexo de causalidade entre a ação ou omissão do agente e o prejuízo sofrido pela vítima. Esta, a propósito, é a exegese clara do art. 186 do Código Civil. Neste contexto, para que possa o juiz concretizar na sentença condenatória o disposto no art. 387, IV, do CPP, imprescindivelmente, deverão estar presentes nos autos provas que lhe permitam aferir a existência de um prejuízo sofrido pela vítima e a relação desse prejuízo com a conduta objeto da condenação penal.

Realizado o pedido de indenização pelo MP ou pelo ofendido, a eles caberá trazer os elementos que permitam ao juiz quantificar o mínimo da indenização devida. Tratando-se, porém, de dano moral decorrente de crime praticado com violência doméstica ou familiar contra a mulher, faculta-se ao juiz, *ex officio*, de acordo com seu prudente arbítrio, "decidir sobre um montante que, relacionado à dor, ao sofrimento, à humilhação da vítima, de difícil mensuração, deriva da própria prática criminosa experimentada" (STJ, Tema Repetitivo 983, REsp 1675874/MS, j. 28.02.2018).

4) É necessário estabelecer ao réu a garantia do contraditório como condição para o reconhecimento do dano provocado pela infração penal e para a quantificação de seu valor na sentença penal condenatória? Por muito tempo, este tema foi objeto de controvérsias, formando-se duas correntes:

> *Primeira,* no sentido de que é necessária a instauração de contraditório específico, facultando-se ao réu o direito de insurgir-se quanto à existência de um dano indenizável e à sua quantificação. Adepto deste entendimento, observa Nucci que o interessado no estabelecimento da indenização "*precisa indicar valores e provas suficientes a sustá-los. A partir daí, deve se proporcionar ao réu a possibilidade de se defender e produzir contraprova, de modo a indicar valor diverso ou mesmo a apontar que inexistiu prejuízo material ou moral a ser reparado. Se não houver formal pedido e instrução específica para apurar o valor mínimo para o dano, é defeso ao julgador optar por qualquer cifra, pois seria nítida infringência ao princípio da ampla defesa*"[13].

Segunda, compreendendo que, diante do que dispõe o inc. IV do art. 387, a verificação quanto à existência de um dano indenizável e a quantificação de seu valor mínimo deve ocorrer a partir da instrução normal do processo criminal, independente da instauração de contraditório voltado especificamente a esse fim. Portanto, o contraditório facultado ao réu em relação a tais aspectos é o mesmo que lhe é inerente em relação às demais provas do processo, até porque o art. 387, IV, do CPP, estabelece a fixação da indenização como parte integrante da sentença condenatória, vale dizer, um de seus requisitos.

Compulsando estas duas orientações à luz do art. 387, IV do CPP, sempre entendemos que, havendo dano indenizável, a quantificação mínima do valor devido à vítima deveria ser considerada, de fato, parte da sentença condenatória. Logo, sabedor da possibilidade desta fixação, caberia ao réu, no decorrer da instrução processual, independentemente de provocação específica neste sentido, produzir as provas necessárias, buscando convencer o juiz de que, ainda que fosse condenado, inexistiria um dano a ser indenizado.

Na atualidade, porém, a discussão encontra-se superada, tendo em vista, como se disse anteriormente, terem os Tribunais Superiores sedimentado a posição de que, ressalvada a hipótese de dano moral decorrente de crime praticado com violência doméstica e familiar contra a mulher (STJ, Tema Repetitivo 983), é, sempre, necessária instrução probatória específica, tanto em relação à existência do prejuízo sofrido como de sua quantificação. Enfim, das correntes citadas, é a primeira delas a adotada pela jurisprudência nacional.

Abre-se, aqui, um parêntese para esclarecer que, antes mesmo da alteração redacional dada pela Lei 11.719/2008 ao art. 387, IV, do CPP, a previsão de indenização no âmbito de sentença penal condenatória já estava presente em outros diplomas, cabendo destacar a Lei 9.605/1998 (lei dos crimes ambientais), preceituando o art. 20 desse diploma que "a sentença penal condenatória, sempre que possível, fixará o valor mínimo para a reparação dos danos causados pela infração, considerando os prejuízos sofridos pelo ofendido ou pelo meio ambiente"; e a L. 9.503/1997 (Código de Trânsito Brasileiro), estabelecendo o seu art. 297, com natureza similar, a figura da multa reparatória, a ser paga em favor da vítima, ou seus sucessores, sempre que houver prejuízo material (o dano moral não conduz à sua incidência) resultante do crime. No primeiro caso, a jurisprudência comporta-se de acordo com a regra pretoriana geral, condicionando o estabelecimento da indenização em sentença penal condenatória a que tenha sido postulada na inicial acusatória (STJ, AREsp 1596930, DJ 06.03.2020). Já no segundo, a exigência de prévio contraditório decorre do art. 297, § 1º, do CBT, segundo a qual "a multa reparatória não poderá ser superior ao valor do prejuízo demonstrado no processo". Sem embargo, nesta última situação, não consideramos imprescindível a veiculação do pedido reparatório na denúncia, devendo-se admitir, para o bem de sua estipulação em sentença, que tal postulação seja realizada pelo Ministério Público ou pelo assistente de acusação até o final da fase instrutória do processo criminal.

5) É possível ao próprio réu condenado ajuizar liquidação cível da sentença penal transitada em julgado com o objetivo de reduzir o montante da indenização nela fixada? Pensamos que é possível essa discussão em sede liquidatória, sem que isso importe em qualquer ofensa à coisa julgada ditada pela condenação criminal definitiva. Isso porque não parece correto que o juízo penal vincule a decisão do juízo civil, desrespeitando o sistema da separação sempre adotado pelo nosso ordenamento jurídico, o qual estabelece a autonomia das decisões penais e civis, bem como as regras de competência, do livre convencimento e do devido processo legal.

6) É possível ao réu, após o trânsito em julgado de sentença condenatória, propor revisão criminal em relação à parte da sentença que, ao condená-lo, fixou valor a título de indenização mínima à vítima? Como já dissemos, essa fixação faz parte da sentença condenatória. Logo, não há como negar a possibilidade de revisão criminal em casos tais.

Considere-se, por exemplo, que após o trânsito em julgado da condenação, obtenha o réu a prova de que o prejuízo que teria sofrido a vítima, móvel da indenização fixada na condenação criminal, não apresenta nexo de causalidade com a conduta pelo qual restou ele condenado. Nesse caso, perfeitamente viável a desconstituição da decisão judicial na parte em que fixada a indenização contemplada no art. 387, IV, fundamentando-se, nesse caso, a ação revisional no art. 621, III, do CPP, aplicável à hipótese por interpretação extensiva (art. 3.º do CPP).

7) **Qual a solução a ser conferida no caso de a vítima, ou quem de direito, já ter interposto a ação civil reparatória no juízo cível (art. 64 do CPP) antes da fixação do valor mínimo de reparação no âmbito penal?** Não vemos aí qualquer impasse. Se por ocasião da sentença condenatória, já houver decisão definitiva proferida no juízo cível, estabelecendo no âmbito de ação ordinária de indenização o *quantum* devido pelo autor do crime à vítima, restará prejudicada a aplicação, no juízo penal, do art. 387, IV, do CPP.

Entretanto, se naquela sede (civil) ainda não houver decisão definitiva, a superveniência do trânsito em julgado da sentença penal condenatória não obstará, necessariamente, o prosseguimento da demanda cível, o que pode se justificar, por exemplo, na hipótese de o seu autor (a vítima do crime), na inicial, ter postulado a condenação do réu ao pagamento de quantia certa, superior à fixada na condenação penal a título de valor indenizatório mínimo.

Agora, se a inicial da ação cível limitou-se a pleitear a condenação do réu ao pagamento de indenização, relegando para uma fase liquidatória posterior a quantificação do dano a ser reparado, nesse caso, efetivamente, não haverá a menor razão para o prosseguimento da demanda cível, que poderá ser extinta ou prosseguir apenas em relação a eventuais corresponsáveis civis que não tenham sido condenados criminalmente. Isso porque, por meio da sentença penal, logrou o ofendido alcançar, em relação ao condenado, o título executivo judicial que estava buscando obter na esfera civil.

8) **A regra do art. 387, IV, possui aplicação em sede de sentença proferida no Tribunal do Júri a partir do veredicto condenatório determinado pelo Conselho de Sentença?** Não vemos qualquer óbice. Nem mesmo o argumento acerca da dificuldade de mensuração do valor a ser arbitrado parece constituir entrave intransponível, pois a indenização mínima, aqui, poderá respeitar, por exemplo, ao ressarcimento de despesas hospitalares causadas à vítima em razão do atentado a sua vida. Observe-se, ademais, que, segundo o art. 492 do CPP, a sentença proferida pelo juiz-presidente no âmbito do Tribunal do Júri quando condenado o réu pelos jurados, além dos requisitos específicos que a peculiarizam, *observará as demais disposições do art. 387 deste Código*, o que, evidentemente, inclui o inciso IV desse artigo.

9) **A regra do art. 387, IV, possui aplicação na hipótese de sentença condenatória por crime sem vítima certa e determinada?** Exemplificamos: imagine-se a hipótese de indivíduo condenado por crime de tráfico de drogas. *Poderia, nesse caso, o Juiz, valendo-se do art. 387, IV, do CPP, fixar valor mínimo devido a título de indenização para o Estado?* Muitos consideram que isso não é possível. Alegam, para tanto, que a aplicação do mencionado art. 387, IV, exige que haja, nos autos, provas que permitam ao Magistrado aferir a existência de um prejuízo concreto sofrido pela vítima e a relação desse prejuízo com a conduta objeto da condenação penal. Sob tal viés, em casos como o de tráfico de drogas, no qual figura como vítima a *coletividade*, não havendo, portanto, ofendido certo e determinado, a impossibilidade de quantificação do prejuízo sofrido inviabilizaria a aplicação da precitada disciplina legal. Não concordamos, pois, primeiramente, o art. 387, IV, do Código de Processo Penal não vincula o estabelecimento da indenização a que se refere à existência de um **prejuízo patrimonial matematicamente quantificável** sofrido por **ofendido certo e determinado**. E, como segundo fundamento, invoca-se uma questão de

coerência jurídica e, até mesmo, de **proporcionalidade**. Afinal, mais uma vez trazendo a hipótese de condenação do agente por tráfico de drogas, não seria *juridicamente coerente*, nem mesmo *proporcional*, reputar indenizável a prática de crimes que vitimam pessoa certa e determinada (crimes que, muitas vezes, geram prejuízos de pequena monta) e ignorar o **elevado dano social** causado pelo traficante que persegue, com sua conduta, o lucro fácil em detrimento da saúde da coletividade.

Esquema:

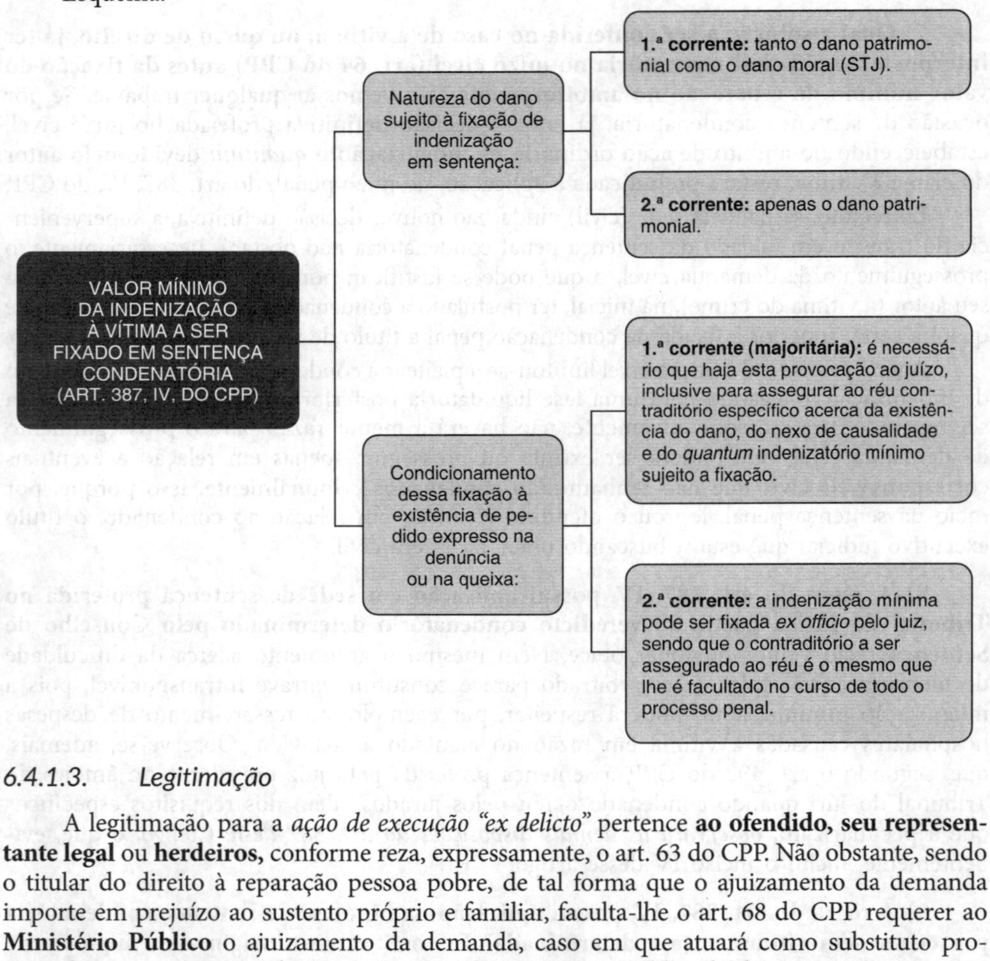

6.4.1.3. Legitimação

A legitimação para a *ação de execução "ex delicto"* pertence **ao ofendido, seu representante legal** ou **herdeiros,** conforme reza, expressamente, o art. 63 do CPP. Não obstante, sendo o titular do direito à reparação pessoa pobre, de tal forma que o ajuizamento da demanda importe em prejuízo ao sustento próprio e familiar, faculta-lhe o art. 68 do CPP requerer ao **Ministério Público** o ajuizamento da demanda, caso em que atuará como substituto processual. Note-se que essa legitimação ativa do Ministério Público há bastante tempo passou a ser questionada em face da atual Constituição Federal, em especial quando dispõe, no art. 134, que "a Defensoria Pública é instituição essencial à função jurisdicional do Estado, incumbindo-lhe a orientação jurídica e a defesa, em todos os graus, dos necessitados, na forma do art. 5.º, LXXIV", dispondo este último que "o Estado prestará assistência jurídica integral e gratuita aos que comprovarem insuficiência de recursos".

Sobre o tema, reiteradamente tem o STF se manifestado no sentido de que "no contexto da Constituição Federal de 1988, a atribuição dada ao Ministério Público para promover ação civil de reparação de danos *ex delicto*, quando for pobre o titular da pretensão, foi transferida para a Defensoria Pública" (RE 147.776-SP, 1.ª Turma, j. 19.05.1998), apenas se podendo cogitar desta legitimidade na hipótese de inexistência desse órgão devidamente implantado na Comarca em que deva ser ajuizada a ação.

No mesmo sentido, aliás, a posição do STJ, entendendo presente a legitimação extraordinária do Ministério Público "para promover, como substituto processual, a ação de indenização *ex delicto* em favor do necessitado quando, embora existente no Estado, os serviços da Defensoria Pública não se mostram suficientes para a efetiva defesa da vítima carente" (AgRg no Ag 509.967/GO, 4.ª Turma, *DJ* 20.03.2006).

Trata-se, na verdade, de hipótese em que a jurisprudência pátria tem reconhecido a chamada *inconstitucionalidade progressiva* ou *temporária*, cuja incidência se manifesta sobre aspectos materiais da norma jurídica e em hipóteses nas quais o poder público se mantém inerte em adaptar as leis aos objetivos que, com o passar do tempo, vão se extraindo da ordem constitucional vigente. *Por que, afinal de contas, na hipótese do art. 68 do CPP, em relação à ação civil, atribuiu o legislador de 1941 a legitimidade ministerial para intentar a demanda?* Evidentemente, para que não restasse impedida a vítima pobre de buscar a reparação cível a que faz jus em razão do crime contra ela perpetrado. Não obstante, com o advento da Constituição Federal de 1988 e a atribuição que essa Carta conferiu à Defensoria Pública para atendimento dos necessitados, a conclusão que se extrai é a de que o art. 68 do CPP torna-se *progressivamente* inconstitucional à medida que forem sendo preenchidos os cargos de defensor público em cada região do País. Afinal, o dispositivo do CPP confere ao *parquet* função que agora incumbe à Defensoria.

A respeito dessa forma de reconhecimento de inconstitucionalidade de leis e atos normativos, remetemos o leitor ao capítulo 2, item 2.5.1, tópico relativo à *interpretação progressiva*.

6.4.1.4. Prescrição

Não prevê o Código Civil, especificamente, o prazo prescricional para o ajuizamento da ação de execução *ex delicto*. Na realidade, há duas posições, embora, na prática, não haja diferença alguma entre a adoção de uma ou outra, já que ambas contemplam o mesmo prazo prescricional, que fluirá a partir da data em que ocorrer o trânsito em julgado da sentença penal.

Um primeiro entendimento, ao qual aderimos, sustenta que o prazo prescricional será de **três anos**, considerando, para tanto, a regra inserta ao art. 206, § 3.º, V, do Código Civil, que disciplina a prescrição da "pretensão de reparação civil", não distinguindo tratar-se de reparação obtida a partir de ação executória ou cognitiva.

Para outros o prazo de **três anos** fundamenta-se no mesmo dispositivo do Código Civil, porém em seu inciso VIII, aplicado por analogia, o qual se refere à prescrição da "pretensão para haver o pagamento de título de crédito", com o que não concordamos por não verificar, entre a sentença (que é título executivo judicial) e os títulos de crédito, qualquer simetria.

6.4.1.5. Desconstituição da sentença penal transitada em julgado por meio de revisão criminal

Cogite-se a hipótese em que, após o ingresso de execução cível da sentença penal condenatória, venha a ser intentada e julgada procedente revisão criminal, desconstituindo-se, então, o título executivo criminal. Nesse caso, restará à vítima trilhar o caminho da ação civil de indenização contemplada no art. 64 do CPP para alcançar a reparação do prejuízo que lhe foi causado pela prática da infração penal.

Eventualmente, pode ocorrer que a decisão do Tribunal competente, desconstituindo a sentença penal condenatória, tenha ocorrido após o ingresso da ação de execução *ex delicto* deduzida com base no art. 63 da Lei Adjetiva. Em tal hipótese, será necessário distinguir duas situações:

Primeira, a execução ainda está em curso no âmbito cível: nesta situação, o feito executivo deverá ser extinto em face do desaparecimento do título executivo consubstanciado na sentença penal condenatória.

Segunda, já foi concluída a execução: restará ao executado que já pagou o valor exigido, recobrar o montante por ação de repetição de indébito, em que se admitirá ao primitivo credor demonstrar que, não obstante a eliminação do título penal, a indenização era devida, eis que presente algum dos pressupostos (ilícito civil) que ensejam responsabilidade civil para manter as consequências da execução havida[10].

6.4.2. Ação civil *ex delicto*

6.4.2.1. *Generalidades*

Como já dissemos anteriormente, não se encontra a vítima de um crime *constrangida* a aguardar o trânsito em julgado da sentença penal condenatória para, somente após, promover-lhe a execução no juízo cível visando à reparação de seu prejuízo patrimonial. Assim, faculta-lhe o Código de Processo Penal, independentemente de ter sido ou não ajuizada ação penal contra o autor do fato delituoso ou da fase em que se encontre esse processo, ajuizar, desde logo, ação civil *ex delicto*, de cunho cognitivo, visando obter no juízo cível o título executivo hábil (sentença condenatória cível) para a posterior execução. Trata-se, enfim, da previsão do art. 64 do CPP, regrando que, "sem prejuízo do disposto no artigo anterior, a ação para ressarcimento do dano poderá ser proposta no juízo cível, contra o autor do crime e, se for o caso, contra o responsável civil".

Na verdade, o art. 64 do CPP contempla uma ação ordinária de indenização, movida na esfera cível e que, no âmbito penal, recebe a nomenclatura de **ação civil *ex delicto***, distinguindo-se da que foi analisada no tópico anterior, rotulada de **ação de execução *ex delicto***.

Esta modalidade reparatória, se comparada com o procedimento ditado pelo art. 63 do CPP, parece mais vantajosa ao ofendido. Basta observar:

1) Importa em movimentar-se, desde logo, a vítima, no intuito de buscar um título executivo cível (a sentença condenatória cível), evitando-se o ônus de aguardar o deslinde do processo criminal para, somente após, caso condenado o réu (sempre há a possibilidade de ser absolvido), deduzir a execução da sentença condenatória;
2) A sentença cível que vier a ser prolatada, se procedente a ação, já poderá conter o valor do dano indenizável, não se exigindo, nesse caso, previamente à execução (cumprimento da sentença), a realização de uma fase liquidatória. Viabiliza-se, em consequência, ao credor valer-se do disposto nos arts. 513 e seguintes do CPC/2015, que conferem maior celeridade na execução das obrigações por quantia certa;
3) Faculta ao ofendido dispor das tutelas cautelares previstas no Código de Processo Civil, com o intuito de resguardar o patrimônio do réu, evitando-se que dele se desfaça e, mais tarde, não disponha de bens para responder por sua obrigação;
4) É possível o seu ajuizamento não apenas contra quem for ou vier a ser réu no processo criminal, como em relação aos corresponsáveis civis pela reparação do dano.

Malgrado todas estas vantagens da ação civil *ex delicto* em face da ação de execução *ex delicto*, um aspecto é necessário considerar: respeita à faculdade conferida ao magistrado cível no sentido de determinar a suspensão da ação de indenização até que se aguarde o final do processo criminal (art. 64, parágrafo único, do CPP). Isto implica dizer que, apesar de conferir o legislador, ao ofendido, a possibilidade de optar entre a adoção do procedimento previsto no art. 63 do CPP (esperar o trânsito em julgado da

10 MARINONI, Luiz Guilherme; ARENHART, Sérgio Cruz. *Execução*. São Paulo: RT, 2007. p. 405.

sentença penal condenatória), ou valer-se da regra do art. 64 do CPP (desde logo, ajuizar ação de conhecimento no âmbito cível), na prática, pode ocorrer que não tenha ele muita escolha, pois, mesmo deduzindo a ação de indenização antes do término da ação penal, poderá o juiz civil determinar-lhe a suspensão, para aguardar o julgamento definitivo da penal. Neste caso, terão sido praticamente inúteis os gastos havidos com a contratação de advogado e o pagamento de despesas judiciais, pois, de qualquer sorte, o processo civil não terá andamento, servindo, então, essa demanda tão somente para viabilizar o ingresso de cautelares cíveis visando resguardar o patrimônio do acusado.

Esta possível suspensão do processo cível para aguardar o desiderato da lide penal objetiva evitar a ocorrência de decisões contraditórias entre a esfera penal e a civil, pois, conforme vimos no item 6.3, há situações em que a absolvição criminal faz coisa julgada no cível. Não é por menos que a faculdade de suspensão existe apenas quando já "intentada a ação penal" (art. 64, parágrafo único). Desta forma, constatando o magistrado cível, até mesmo pela tese contestatória, a possibilidade de que, no processo criminal, venha o réu a ser absolvido por um destes motivos, deve suspender a ação indenizatória, **fundamentando sua decisão neste sentido**. Trata-se, evidentemente, de decisão impugnável por meio de **agravo de instrumento**.

Outro aspecto importante a considerar refere-se ao tempo em que o processo cível poderá ficar suspenso para aguardar o trânsito em julgado do processo criminal. A discussão existe em face da regra incorporada ao art. art. 313, V, *a*, do CPC/2015, dispondo que *se suspende o processo quando a sentença de mérito depender do julgamento de outra causa, ou da declaração da existência ou inexistência da relação jurídica, que constitua o objeto principal de outro processo pendente*. Prefalada disposição, como se vê, possui simetria com a regra do art. 64, parágrafo único, do CPP, quando faculta ao magistrado cível a suspensão da ação civil para aguardar o julgamento da ação penal. Ocorre que o art. 313, §§ 4.º e 5.º, do CPC/2015 estabelece que "o prazo de suspensão do processo nunca poderá exceder 1 (um) ano nas hipóteses do inciso V [...]" e que "o juiz determinará o prosseguimento do processo assim que esgotados os prazos previstos no § 4.º". Em razão disso, parte considerável da doutrina consagra que a suspensão da ação civil facultada no art. 64 do CPP não poderia ultrapassar o prazo de um ano, cabendo ao juiz civil, após esse lapso, prosseguir com o andamento da demanda indenizatória independente de aguardar o resultado da ação penal. Com a devida vênia, discordamos dessa posição, entendendo-se inaplicável a aludida regra processual civil à hipótese prevista no parágrafo único do art. 64 do CPP, devendo, portanto, a ação de indenização, naquelas hipóteses em que se detectar a possibilidade de absolvição criminal por qualquer dos fundamentos que produzam reflexo civil, permanecer suspensa até que haja o trânsito em julgado da ação penal. Caso contrário, não haveria sentido na aplicação da norma do art. 64, parágrafo único, do Estatuto Processual Penal, pois é sabido que, na atualidade, com a extensa relação de recursos existentes e a demora dos julgamentos, muito raramente um processo criminal alcança seu desiderato antes do decurso do prazo de um ano.

E se não houver a suspensão da ação civil? Conforme se observa do art. 64, parágrafo único, do CPP, a suspensão da ação de reparação de danos não é obrigatória em face da tramitação de uma ação penal. Assim, não havendo esta paralisação, duas hipóteses podem acontecer:

> ***Primeira:*** ocorrer a condenação na esfera cível, com trânsito em julgado, e posterior absolvição na esfera criminal, fundamentada esta em uma das causas que acarretam reflexos no âmbito cível (presença de excludentes de ilicitude, prova da inexistência do fato e prova de que o réu não concorreu para o crime). Neste caso, incumbirá ao devedor (réu) absolvido no processo criminal, ao ser executado, arguir, na impugnação ou em sede de exceção de pré-executivi-

dade[11], a coisa julgada cível determinada pela sentença penal, o que importará a extinção, contra ele, do procedimento executivo cível, o qual poderá apenas prosseguir em relação a eventuais coobrigados civis não inseridos na sentença absolutória penal. Evidentemente, nas demais hipóteses de absolvição, às quais não confira a lei qualquer reflexo civil (atipicidade, insuficiência de provas para condenação, excludentes de culpabilidade etc.), não surge este impasse, podendo a sentença cível ser executada normalmente.

Segunda: ocorrer a improcedência da ação civil *ex delicto* e posterior condenação na esfera criminal. Nesta hipótese, ainda que tenha sido sucumbente na ação civil *ex delicto*, poderá o ofendido promover, normalmente, a liquidação da sentença penal condenatória transitada em julgado e ingressar na esfera cível com a ação de execução *ex delicto*, fundamentada no art. 63 do CPP.

6.4.2.2. Legitimação

A **legitimação ativa** para o ingresso da ação civil *ex delicto* é a mesma já examinada em relação à ação de execução *ex delicto*: da **vítima** ou de seu **representante legal**, na hipótese de menoridade ou de incapacidade; e, ainda, de seus **herdeiros** no caso de morte.

Também aqui incide a regra do art. 68 do CPP, facultando ao Ministério Público, na hipótese de pobreza da vítima, patrocinar a demanda como substituto processual. Essa legitimação, como já examinado em tópicos anteriores, vem sendo questionada em face do regramento constitucional relativo à Defensoria Pública, de sorte que, no entendimento majoritário, apenas poderá o *parquet* agir quando, embora existente no Estado, os serviços da Defensoria Pública não se mostram suficientes para a efetiva defesa da vítima carente[12].

Logo, em termos de legitimidade, a distinção entre a ação de execução *ex delicto* (art. 63) e a ação civil *ex delicto* (art. 64) existe apenas em relação ao **polo passivo**, pois ao passo que a primeira poderá ser ajuizada tão somente contra o **réu condenado** na sentença penal transitada em julgado, a segunda poderá ser intentada não apenas contra o autor do crime, mas também em relação ao **responsável civil**, salientando-se que os responsáveis pela reparação civil, nos termos do art. 932 do Código Civil, consistem: I – os pais, pelos filhos menores que estiverem sob sua autoridade e em sua companhia; II – o tutor e o curador, pelos pupilos e curatelados, que se acharem nas mesmas condições; III – o empregador ou comitente, por seus empregados, serviçais e prepostos, no exercício do trabalho que lhes competir, ou em razão dele; IV – os donos de hotéis, hospedarias, casas ou estabelecimentos onde se albergue por dinheiro, mesmo para fins de educação, pelos seus hóspedes, moradores e educandos; V – os que gratuitamente houverem participado nos produtos do crime, até a concorrente quantia.

6.4.2.3. Prescrição

O prazo prescricional para esta forma de demanda é de **três anos**, assim previsto expressamente no art. 206, § 3.º, V, do Código Civil, ao tratar da prescrição da "pretensão de reparação civil".

Questão relevante, no entanto, refere-se ao *dies a quo* da fluência desse prazo, impondo-se, neste enfoque, indagar se *correrá a prescrição em relação à ação civil de conhecimento antes do trânsito em julgado da sentença penal.*

Cremos não haver essa possibilidade.

---

[11] A exceção de pré-executividade consiste na impugnação da execução, por terceiro interessado ou por qualquer das partes, na qual podem ser arguidas tanto matérias processuais de ordem pública como matérias pertinentes ao mérito, desde que cabalmente demonstradas por meio de prova pré-constituída, visando à desconstituição da ação de execução e à sustação dos procedimentos de constrição do patrimônio do executado.

[12] STJ, AgRg no AREsp 501.372/PI, *DJ* 13.08.2014.

Imagine-se, pois, a hipótese em que o ofendido encontre-se aguardando o trânsito em julgado da sentença penal no processo criminal movido contra o agente para, após, mover contra este a **ação de execução *ex delicto*** (art. 63 do CPP). Entretanto, dez anos após o fato, vê-se surpreendido com uma decisão definitiva de absolvição. Neste contexto, apenas lhe resta ingressar com a **ação civil *ex delicto*** (art. 64 do CPP). Ora, se o *dies a quo* do triênio para ingresso desta demanda fosse a data do fato criminoso, ter-se-ia esgotado, há muito, a sua pretensão em se ressarcir do prejuízo que lhe foi causado com a prática criminosa. Portanto, outra solução não há do que se considerar como marco inicial do prazo prescricional, também nesta ordem de ação, a data do trânsito em julgado da sentença penal, solução esta, aliás, que se amolda ao art. 200 do Código Civil, dispondo que se "a ação se originar de fato que deva ser apurado no juízo criminal, não correrá a prescrição antes da respectiva sentença definitiva".

6.4.3. Esquema de alternativas possíveis envolvendo as ações reparatórias

As opções do ofendido quanto à forma de obter a reparação do dano patrimonial que lhe foi causado pela prática da infração penal pelo imputado podem ser assim visualizadas:

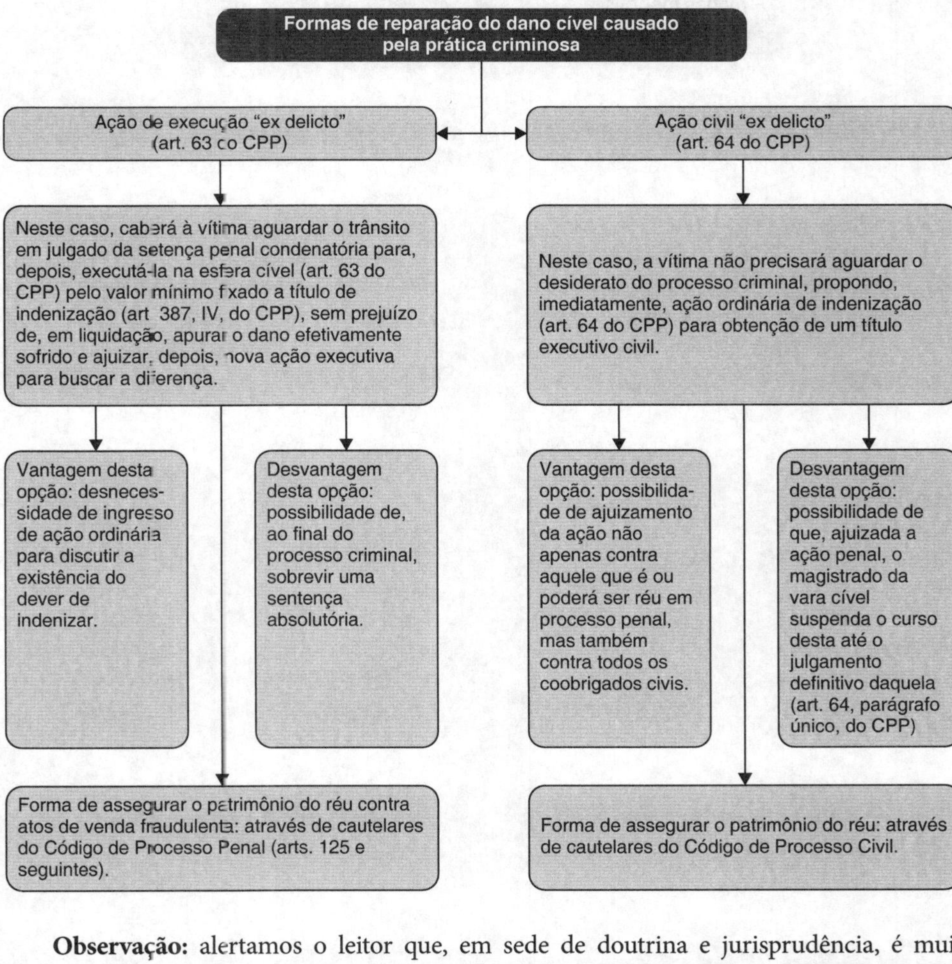

Observação: alertamos o leitor que, em sede de doutrina e jurisprudência, é muito comum rotular-se a ação prevista no art. 63 do CPP como **ação civil *ex delicto***. Isto ocorre em razão do *nomem* incorporado ao Título IV, do Livro I, do Código de Processo Penal – "Da Ação Civil". Tecnicamente, porém, a **ação civil *ex delicto*** propriamente dita será aquela prevista no art. 64 do Estatuto Processual Penal, de caráter cognitivo, ajuizada no juízo cível independente da tramitação de processo criminal no juízo penal. Já quanto à via tratada no art. 63 do citado diploma legal, constitui-se na **ação de execução *ex delicto***, pressupondo, como já amplamente examinado, a existência de título executivo penal consubstanciado na sentença criminal condenatória transitada em julgado (quer pelo esgotamento dos recursos possíveis, quer pela preclusão de todas as vias impugnativas possíveis).

CAPÍTULO 7

Questões e Processos Incidentes

7.1. QUESTÕES PREJUDICIAIS (ARTS. 92 A 94 DO CPP)

7.1.1. Considerações gerais

Trata-se de matéria regulamentada nos arts. 92 a 94 do CPP. Como **questões prejudiciais** entendem-se aquelas que exigem solução antes do julgamento do processo criminal. Podem ter natureza penal ou extrapenal. Nestes casos, o objeto da ação penal assume a condição de **questão prejudicada**.

Exemplos:

- A prova da ocorrência de um crime anterior (um furto, por exemplo) é prejudicial no processo criminal por receptação, pois deve ser decidida antes de manifestar-se o juiz quanto à condenação ou absolvição do réu.
  ➔ *Prova do furto: questão prejudicial*
  ➔ *Receptação: questão prejudicada*
- A decisão relativa à nulidade do primeiro casamento é prejudicial em relação ao processo penal por bigamia, dado que interfere diretamente na sentença a ser proferida pelo juiz criminal.
  ➔ *Nulidade das primeiras núpcias: questão prejudicial*
  ➔ *Bigamia: questão prejudicada*

As questões prejudiciais afetam apenas o aspecto da **tipicidade** da conduta (caracterização do tipo fundamental ou incidência do tipo derivado[1]), não interferindo na **ilicitude** ou na **culpabilidade**. Os próprios arts. 92 e 93 do CPP condicionam o reconhecimento da *existência da infração penal* à prévia solução dessas vertentes. Ora, por *infração penal* compreende-se o **fato típico**, no que difere do conceito de *crime*, que abrange, além da tipicidade, também a ilicitude (teoria bipartida) e, para muitos, a culpabilidade (teoria tripartida).

Veja-se, no exemplo citado da receptação, que o comportamento de quem adquire algo apenas será *típico* se ilícita a procedência do bem móvel adquirido. Situação idêntica ocorre em relação à bigamia, em que o segundo casamento apenas será *típico* caso o primeiro tenha sido validamente realizado. Logo, a *prova da origem ilícita do bem adquirido* e a *prova da nulidade do casamento* são questões prejudiciais, pois a respectiva demonstração é condição

[1] Consideram-se como tipos penais derivados as qualificadoras.

sine qua non para que se possa afirmar que a conduta do agente, de fato, subsume-se à descrição típica dos crimes de receptação, no primeiro caso, e de bigamia, no segundo.

Para que uma determinada questão seja considerada *prejudicial* em face da matéria de fundo discutida no processo criminal, deve apresentar as seguintes características:

a) *Anterioridade lógica.* A questão prejudicial condiciona a questão principal discutida no processo penal, interferindo diretamente no julgamento desta última demanda. Em outras palavras, é possível dizer que a *anterioridade lógica* significa que a questão prejudicada (por exemplo, a receptação) depende logicamente da questão prejudicial (por exemplo, o furto que lhe foi anterior).
b) *Necessariedade*: este atributo traduz a conotação de intransponibilidade. Em resumo, para que se esteja diante de uma hipótese de *prejudicialidade*, é imprescindível que o juiz criminal dependa do resultado de uma determinada questão, para que possa considerar típica a ação atribuída ao agente. Destarte, se for possível ao juiz proferir sentença sem nenhuma consideração a tal resultado, não se estará diante de uma questão prejudicial.
c) *Autonomia*: a questão prejudicial pode ser objeto de um processo autônomo, cível ou criminal, distinto daquele em que figura a questão prejudicada. A nulidade de um casamento, por exemplo, pode ser discutida no âmbito de ação civil própria independentemente de existir um processo criminal por bigamia em tramitação na órbita penal.

7.1.2. Questões prejudiciais e questões preliminares (ou prévias)

Não se confundem **questões prejudiciais** com **questões preliminares.**

As *questões prejudiciais* dizem respeito, essencialmente, ao mérito da causa, influindo, diretamente, na natureza da sentença a ser proferida pelo juiz. Assim, o resultado conferido às questões prejudiciais, na medida em que refletirá na tipicidade da conduta, levará o juiz a proferir uma sentença necessariamente absolutória (se atípico o fato) ou o possibilitará exarar decisão condenatória (caso seja típica a conduta praticada e estejam presentes os demais elementos configuradores da ilicitude e da culpabilidade). *Exemplo:* a controvérsia sobre a propriedade da coisa móvel que se encontra em poder do réu é questão prejudicial em relação ao crime de apropriação de coisa achada a ele imputado. Pertencendo-lhe o bem, o fato será atípico e a absolvição, uma consequência necessária. Caso contrário, o fato será típico, possibilitando ao juiz a condenação do réu.

Por outro lado, as *questões preliminares*, de natureza estritamente processual, refletem tão somente na regularidade formal do processo. Em síntese, o acolhimento ou não de uma preliminar não afeta a natureza absolutória ou condenatória da sentença, mas releva na consideração acerca da validade dos atos praticados. *Exemplo:* a alegação de nulidade por ilegitimidade ativa do autor da ação penal, se acolhida, acarretará a invalidação de todos os atos do processo por força do disposto no art. 564, II, do CPP.

Apesar dessa diferenciação, existe um aspecto comum entre as *questões prejudiciais* e as *questões preliminares*: refere-se à circunstância de que ambas devem ser conhecidas antes do julgamento do mérito.

7.1.3. Classificação segundo o grau de influência

Diferentes podem ser os *graus de influência* das questões prejudiciais.

Quando interferem na existência do fato típico em sua modalidade fundamental, são rotuladas como *questões prejudiciais* **totais**. Ao contrário, são consideradas *questões preju-*

diciais **parciais** se forem relativas apenas à existência de circunstâncias que se agregam ao tipo penal básico (*v.g.*, incidência sobre qualificadoras).

7.1.4. Classificação segundo o caráter ou a natureza

Relativamente à sua *natureza*, classificam-se as questões prejudiciais em **penais** (*homogêneas*, ou *comuns*, ou *imperfeitas*, ou *não devolutivas*), se pertencerem ao mesmo ramo do direito em que se insere a questão prejudicada; ou **extrapenais** (*heterogêneas*, ou *jurisdicionais*, ou *perfeitas*, ou *devolutivas*), caso interfiram em esfera jurídica distinta (cível, tributária, empresarial etc.).

As questões prejudiciais **extrapenais**, por sua vez, subdividem-se em *devolutivas absolutas* ou *obrigatórias*, se impuserem ao juiz criminal a suspensão do processo criminal até que sejam elas decididas na esfera própria por decisão transitada em julgado, e *devolutivas relativas* ou *facultativas*, se apenas conferirem ao juiz a faculdade de determinar essa suspensão.

Em síntese:

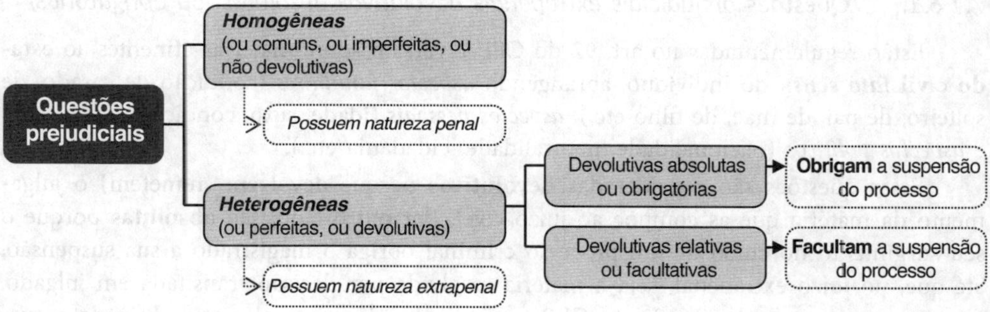

7.1.5. Questões prejudiciais penais (homogêneas, comuns, imperfeitas ou não devolutivas)

São aquelas que, apesar de repercutirem no aspecto relacionado à existência da infração penal (tipicidade), resolvem-se no próprio juízo criminal, de forma quase que automática, na ocasião da sentença. Por isso é que são chamadas de **não devolutivas**, pois não devolvem (não remetem) a um juízo distinto do criminal o enfrentamento da matéria que as constitui. Exatamente em razão desta característica, aliás, é que não possuem regulamentação específica no Código de Processo Penal, o qual se ocupa apenas das questões extrapenais. *Exemplos*:

a) Denunciado o réu por receptação, para condená-lo terá o magistrado que previamente enfrentar, como um dos fundamentos da sentença, a questão relativa à procedência criminosa da coisa adquirida, o que é prejudicial à existência do crime tipificado no art. 180 do CP.

b) Caso, no curso de ação penal privada por crime de calúnia, seja oposta exceção da verdade pelo querelado, no ato da sentença, antes de decidir pela condenação ou pela absolvição, obrigatoriamente o juiz deverá analisar a procedência ou não da exceção citada. Procedente a exceção, a conduta do querelado será atípica, pois considerada verdadeira a afirmação que motivou a instauração do processo criminal. Improcedente, a conduta, em tese, será típica, pois a tese defensiva foi reconhecida como falsa.

c) Acusado o réu de falso testemunho, defende-se alegando ser verdade a afirmação feita como testemunha em outro processo. Essa questão – relativa à veracidade ou não do depoimento prestado – é prejudicial penal a ser resolvida por ocasião da sentença e, conforme seja a respectiva deliberação, conduzirá o magistrado sentenciante à conclusão pela tipicidade ou não do fato atribuído.

7.1.6. Questões prejudiciais extrapenais (heterogêneas, jurisdicionais, perfeitas ou devolutivas)

Como toda questão prejudicial, estas também interferem na existência da infração penal. Entretanto, ao contrário das homogêneas, versam sobre outras áreas do direito (civil, comercial, tributário etc.). Classificam-se em *absolutas (ou obrigatórias)* e *relativas (ou facultativas)*.

7.1.6.1. Questões prejudiciais extrapenais devolutivas absolutas (ou obrigatórias)

Estão regulamentadas no art. 92 do CPP e versam sobre matérias atinentes ao **estado civil *lato sensu*** do indivíduo, abrangendo *aspectos familiares* (condição de casado, de solteiro, de pai, de mãe, de filho etc.), *aspectos pessoais* (idade, sexo, condição mental etc.) e *aspectos políticos* (nacionalidade, naturalidade, cidadania etc.).

Essas questões são consideradas **devolutivas** porque devolvem (remetem) o julgamento da matéria que as compõe ao juízo cível. Por outro lado, são **absolutas** porque o seu surgimento no curso de um processo criminal obriga o magistrado à sua suspensão, até que, no juízo extrapenal, seja a matéria resolvida por decisão transitada em julgado. Note-se, nos termos do art. 92 do CPP, para que o juiz criminal esteja obrigado a suspender o processo penal até a solução da questão prejudicial na esfera cível, é necessário que a controvérsia a ser resolvida no âmbito cível seja **séria e fundada**. Em síntese, é preciso que o magistrado, em juízo de prelibação (juízo antecipado) verifique a efetiva possibilidade de a solução da questão cível refletir na solução a ser conferida ao processo criminal. Suponha-se, por exemplo, que determinado indivíduo que casou pela primeira vez no ano de 1991 e contraiu novas núpcias em 2012, sendo denunciado por bigamia, sustente a nulidade do primeiro matrimônio. Tal arguição não será séria e fundada, pois há muito prescreveu o prazo para ingresso de ação anulatória do primeiro casamento no juízo cível (art. 1.560 do Código Civil). Sendo assim, inviabilizado o manejo de ação cível, cabe ao juiz criminal indeferir a suspensão do processo penal, conferindo prosseguimento normal a esta demanda.

A suspensão do processo criminal poderá ser determinada pelo **juiz *ex officio* ou a requerimento das partes (tópico 7.1.6.4)** e ocorrerá por **prazo indeterminado**, ou seja, até que haja decisão definitiva na esfera competente. Porém, nada impede que o magistrado determine, nesse interregno, a produção de provas consideradas urgentes ou que possam perecer no tempo em que se encontrar o processo criminal paralisado (*v.g.*, perícias, oitiva de testemunha portadora de doença grave e em estágio terminal etc.). Não há definição temporal para que proceda o juiz à suspensão do processo. Destarte, independe da fase procedimental em que este se encontrar.

Conforme se infere do art. 116, I, do Código Penal, no período da suspensão da ação penal o prazo prescricional fica suspenso, voltando a fluir de onde parou após determinar o juiz o prosseguimento normal do processo criminal.

Não exime o magistrado de suspender o processo o fato de **ainda não ter sido ajuizada ação cível** na esfera competente pelo interessado. Em síntese, a suspensão será obrigatória nestes casos, desimportando se já existe ou não tal demanda. Se, por má-fé, o acusado postergar o ajuizamento da ação civil destinada à solução da prejudicial ou retardar deliberadamente o andamento da que já tiver ajuizado com o intuito de impedir ou protelar a tramitação do processo criminal, "o Ministério Público promoverá a ação civil ou prosseguirá na que tiver sido iniciada, com a citação dos interessados" (art. 92, parágrafo único, do CPP).

Exemplos:

1) Denunciado por bigamia, alega o acusado que o primeiro casamento foi nulo. Nesse caso, impõe-se a suspensão do processo criminal até a decisão definitiva no juízo cível quanto à validade do primeiro matrimônio, não importando se já existe ou não ação civil de nulidade de casamento deduzida naquela esfera.
2) Denunciado por abandono material, sustenta o réu que a criança registrada em seu nome não é sua filha, tendo descoberto tal circunstância posteriormente ao registro civil. Neste caso, a ação penal deverá ser suspensa até que haja o trânsito em julgado da ação negatória de paternidade na esfera cível, sendo indiferente se, no momento da suspensão, esta demanda (cível) já foi ou não ajuizada.

Aspecto que gera controvérsia é o fato de que, conforme reza o art. 92, parágrafo único, do CPP, a faculdade de o Ministério Público promover a ação civil ou prosseguir na que tiver sido intentada na hipótese de o réu omitir-se nessas providências está prevista apenas para os crimes de ação pública. **E quando se tratar de crime de ação penal privada?** Neste caso, há duas correntes: uma, no sentido de que nada há a ser feito, pois a lei prevê a legitimação ministerial para o impulsionamento da ação civil apenas quando o crime apurado for sujeito à ação penal pública. Outra, no sentido de que, caso seja necessário, poderá o querelante (particular) ajuizar ação civil para discutir, o mais breve possível, a questão prejudicial obrigatória que importou em suspensão do curso da ação penal[2]. Embora não concordemos com esta última posição, reconhecendo certo paradoxo permitir ao querelante, como particular, imiscuir-se em ação de estado pertinente à pessoa do réu, entendemos, também, não ser razoável que permaneça a ação penal privada suspensa indefinidamente, caso o acusado, simplesmente, omita-se em promover as providências cabíveis para o desiderato da ação cível visando à decisão da questão prejudicial que motivou a suspensão da lide penal, ainda mais levando em conta que se está diante de hipótese de suspensão obrigatória. Pensamos, assim, que mesmo em se tratando de crimes de ação penal privada deve ser facultado ao Ministério Público promover a ação civil ou dar prosseguimento à que tiver intentado o réu no caso de sua inércia em fazê-lo. Afinal, não se pode ignorar que o *Parquet* intervém na ação penal privada na condição de fiscal da lei, manifestando-se em todos os seus termos. Logo, possui interesse em evitar manobras protelatórias do réu. Quanto à circunstância de ser explícito o art. 92, parágrafo único, do CPP, autorizando apenas ao Ministério Público tomar a iniciativa lá prevista quando se tratar de crime de ação pública, pensamos que, na atualidade, deve-se deixar de lado o preciosismo linguístico, pois acima disso está o interesse maior na efetiva realização da política criminal, evitando-se a impunidade do querelado.

2 NUCCI, Guilherme de Souza. *Código de Processo Penal comentado*. 6. ed. São Paulo: RT, 2007. p. 271.

7.1.6.2. Questões prejudiciais extrapenais devolutivas relativas (ou facultativas)

Previstas no art. 93 do CPP, são aquelas que concernem à matéria distinta do estado civil das pessoas, *v.g.*, fatos geradores de tributos, propriedade etc.

São chamadas de **devolutivas,** pois há a possibilidade de devolução (remessa) ao juízo cível da matéria que as constitui para exame prévio. De outra sorte, são consideradas **relativas** porque, nesse caso, a suspensão do processo criminal não é obrigatória, podendo o juiz optar entre suspendê-lo ou não. Caso não venha a suspender o processo, ele próprio, na sentença, decidirá a prejudicial, porém sem efeito *erga omnes*, ou seja, vinculando unicamente o resultado desta sua deliberação ao âmbito do processo criminal em exame. Tal solução é temerária, pois é possível que venha a conflitar com a solução da mesma questão na esfera cível em momento posterior, obrigando o acusado, no caso de sentença condenatória, a valer-se da revisão criminal para rever esse *decisum*. Mais grave ainda é a hipótese de sobrevir o trânsito em julgado de sentença penal absolutória já que, neste caso, apesar do descompasso entre a decisão do juízo criminal e o resultado conferido à mesma questão na esfera cível, nada poderá ser feito dado o descabimento de revisão criminal *pro societate*.

Exemplo: Denunciado o acusado por estelionato, sob a forma de venda de coisa alheia como própria, alega ele ter adquirido a propriedade do bem alienado pelo decurso do tempo, tanto que já era existente ação de usucapião ajuizada. Nesse caso, o juízo criminal terá a faculdade de suspender ou não o processo penal, já que o objeto da questão prejudicial não concerne ao estado das pessoas. Imagine-se, pois, que o magistrado criminal resolva não suspender o processo penal, decidindo ele próprio, na sentença penal, a questão pertinente a ser ou não o réu o proprietário da coisa. Ora, se o réu for condenado no juízo penal e mais tarde for julgada procedente a ação de usucapião (reconhecendo-se a sua propriedade em relação ao bem), deverá ele ingressar com revisão criminal para a desconstituição da sentença penal transitada em julgado (art. 621, III, do CPP). Agora, se tiver sido absolvido e, posteriormente, for prolatada no juízo cível sentença de improcedência da ação de usucapião (não se reconhecendo, portanto, a propriedade do réu em relação ao bem), nada poderá fazer o Ministério Público, tendo em vista a inexistência de revisão criminal contra sentença absolutória própria.

Nesta ordem de questões, caso decida o magistrado pela suspensão do processo criminal, deverá ater-se a algumas regras, quais sejam:

a) A suspensão do processo criminal condiciona-se a que **já tenham sido ouvidas as testemunhas arroladas e produzidas as provas de natureza urgente** (por exemplo, uma perícia em vestígio sujeito ao desaparecimento pelo decurso do tempo).
b) Necessário, também, que **já exista ação civil em andamento**, pois, caso contrário, a suspensão do processo criminal não será cabível.
c) A suspensão será por **prazo determinado** (segundo arbítrio do juiz), podendo ser renovada uma vez.

Outra condição estabelecida pelo art. 93 em exame para que tenha o juiz a faculdade da suspensão é de que a questão **"não verse sobre direito cuja prova a lei civil limite"**. Explica-se: há matérias que apenas podem ser decididas no juízo civil à luz de determinados meios de prova expressamente previstos. Isto ocorre, por exemplo, com o casamento, que pode ser comprovado unicamente por certidão, não sendo suficiente a apresentação de testemunhas, por mais idôneas que sejam estas. Imagine-se, então, que, ao pleitear a suspensão do processo penal em face de questão prejudicial, acoste o acusado cópia da ação civil já ajuizada em relação ao tema e que, ao analisá-la, constate o magistrado criminal que os elementos angariados àquela ação não são admitidas pela lei civil como prova no caso concreto. Nesta situação, descabe a suspensão do processo penal.

Também aqui incide o art. 116, I, do Código Penal, determinando que, no período da suspensão, o prazo prescricional permaneça suspenso, voltando a correr de onde parou somente após determinar o juiz o prosseguimento normal do processo criminal.

Assim como ocorre em relação às prejudiciais que versam sobre estado, prevê o art. 93, § 3.º, do CPP que, suspenso o processo, e tratando-se de crime de ação pública, incumbirá ao Ministério Público intervir imediatamente na causa cível, para o fim de promover-lhe rapidamente o andamento. **E quando for crime de ação privada?** Adotamos, por simetria, o mesmo posicionamento anterior, vale dizer, no sentido de que deve ser assegurado ao Ministério Público, mesmo nestes casos, o direito de intervir no processo cível movido pelo réu, postulando ao juiz as providências necessárias para o seu rápido andamento, a fim de que o processo criminal possa retornar ao seu curso. De qualquer modo, a verdade é que, na hipótese do art. 93, sendo a suspensão do processo estabelecida por prazo determinado, a ausência de impulso na ação civil não acarretará maiores prejuízos ao querelante, pois, vencido o prazo da suspensão, o processo penal retomará seu curso independentemente de haver ou não decisão transitada em julgado.

7.1.6.3. Impugnação da suspensão do processo ou de seu indeferimento

Da decisão que ordenar a suspensão do processo cabe **recurso em sentido estrito**, nos termos do art. 581, XVI, do CPP, seja hipótese de suspensão facultativa, seja o caso de suspensão obrigatória. Neste último caso, poder-se-ia questionar: *sendo o caso de suspensão obrigatória, como é possível insurgir-se a parte por meio de RSE*? Não há qualquer paradoxo nesta previsão. É que, eventualmente, pode entender o autor da ação penal que a hipótese não configura, na realidade, questão prejudicial, razão pela qual a suspensão do processo é descabida.

E quanto ao indeferimento da suspensão? Neste caso, é preciso diferenciar duas situações:

a) Tratando-se de hipótese de suspensão obrigatória, pode-se alcançá-la por meio de *habeas corpus*. Não seria descabido, ainda, cogitar da própria correição parcial na hipótese de manifesta ilegalidade no agir do magistrado, por exemplo, se o indeferimento da suspensão for injustificado ou lastreado em fundamentação teratológica.
b) Sendo o caso de suspensão facultativa, não caberá recurso contra o indeferimento da suspensão (art. 93, § 2.º, do CPP), tampouco qualquer outra via impugnativa. Trata-se de uma questão de lógica, pois, se a suspensão, neste caso, fica ao livre-arbítrio do juiz, não seria razoável conceber a possibilidade de impugnar esta sua decisão.

7.1.6.4. Suspensão do processo ex officio

Dispõe o art. 94 do CPP que a suspensão do processo, nos casos dos arts. 92 e 93 do mesmo Código, poderá ser decretada tanto de ofício pelo magistrado quanto a requerimento das partes. Destarte, desnecessária a provocação do juiz por qualquer das partes ou mesmo requerimento escrito ou verbal neste sentido, bastando que seja constatada a ocorrência de hipótese que autoriza a aplicação das regras incorporadas aos referidos dispositivos. Perceba-se que, sendo atributo das questões prejudiciais a *intransponibilidade*, a sua resolução no âmbito do processo criminal condiciona a prolação da sentença (no caso das questões prejudiciais absolutas) ou, no mínimo, o enfrentamento do mérito da imputação (na hipótese das questões prejudiciais relativas). Logo, é correto afirmar que o desfecho destas questões é imperativo do correto exercício da atividade jurisdicional no processo em que surgem, transcendendo aos interesses da acusação e da defesa. Por esta razão, não há de se cogitar que esteja o Juiz, ao ordenar a suspensão do processo *ex officio*, substituindo-se ao papel das partes ou agindo em violação ao sistema acusatório.

7.1.6.5. *Outras questões pertinentes às questões prejudiciais absolutas e relativas*

a) **O surgimento de questão prejudicial pode implicar suspensão do inquérito policial?** Não, segundo a orientação jurisprudencial dominante. A propósito, ao tratar desse tema, há reiteradas decisões do STJ no sentido de que descabe a suspensão sob o fundamento da prejudicialidade quando *o que se tem é apenas uma investigação preliminar, um inquérito policial, e não a* "persecutio criminis in iudicio" *propriamente dita* (HC 67.416/DF, *DJ* 10.09.2007).

b) **A existência de ação discutindo a constitucionalidade de norma ou de diploma penal é considerada uma questão prejudicial capaz de conduzir à suspensão do processo criminal com base no art. 93 do CPP ("questão diversa do estado das pessoas")?** Também aqui a resposta afigura-se negativa, pois esta hipótese não condiz com a definição jurídica de questão prejudicial. Evidentemente, a existência de uma ação de descumprimento de preceito fundamental (ADPF) pode conduzir, durante a sua tramitação, à suspensão dos processos criminais relativos aos dispositivos discutidos na demanda constitucional. Isto, aliás, ocorreu há algum tempo envolvendo a Lei de Imprensa (Lei 5.250/1967), hoje já afastada do ordenamento pátrio. Tal suspensão, entretanto, ocorreu em face da plausibilidade dos argumentos invocados na ADPF proposta junto ao Excelso Pretório, pois de forma alguma a situação enquadrava-se no âmbito de incidência do art. 93 do CPP. Situação análoga foi enfrentada pelo STJ, oportunidade em que se decidiu que "a existência de ação em que se discute a constitucionalidade da exação do tributo já definitivamente constituído, ainda que já iniciado julgamento pelo STF, com forte tendência, pelos votos até então proferidos, ao reconhecimento de sua inconstitucionalidade, não configura questão prejudicial a justificar o sobrestamento da ação penal, nos termos do art. 93 do CPP"[3].

7.1.6.6. *Síntese comparativa entre as questões prejudiciais absolutas e relativas*

Para facilitar a compreensão do tema, apresentamos o seguinte esquema, incorporando aspectos de semelhanças e diferenças entre as questões prejudiciais regulamentadas no Código de Processo Penal (extrapenais):

Questões prejudiciais absolutas (estado das pessoas) e relativas (outros temas)	
Semelhanças	**Diferenças**
Trata-se de questões que, obrigatoriamente, devem ser decididas antes do pronunciamento pelo juiz criminal quanto à absolvição ou condenação do réu.	Nas questões **absolutas**, a suspensão do processo criminal é obrigatória, enquanto, no caso das **relativas**, a suspensão é facultativa.
Refletem na tipicidade da conduta, não possuindo reflexos na ilicitude ou na culpabilidade.	Nas questões **absolutas**, a suspensão pode ocorrer a qualquer tempo. Nas **relativas**, apenas após a oitiva das testemunhas.

[3] STJ, HC 91.020/RS, *DJ* 20.10.2008.

Questões prejudiciais absolutas (estado das pessoas) e relativas (outros temas)	
Semelhanças	**Diferenças**
Importam, quando suspenso o processo criminal, em suspensão do prazo prescricional (art. 116, I, do CP). Ambas admitem, no período da suspensão, a realização das provas consideradas urgentes, para evitar o perecimento.	Nas questões **absolutas**, a suspensão ocorrerá a prazo indeterminado, enquanto, nas questões **relativas**, o prazo será fixado pelo juiz criminal, sujeito à prorrogação.
Na hipótese de omissão do réu em adotar as providências cíveis que lhe competem, poderá o Ministério Público fazê-lo, desde que se trate de crime de ação penal pública. Entendemos, porém, que idêntica faculdade existe quando se tratar de delito de ação penal privada.	Nas questões **absolutas**, a suspensão do processo criminal independe de já ter ou não sido proposta ação cível para a respectiva discussão. Nas **relativas**, a suspensão apenas poderá ocorrer quando já houver ação civil em andamento na esfera própria.
Admitem a interposição de recurso em sentido estrito fundamentado no art. 581, XVI, do CPP, contra a decisão que ordena a suspensão. Isso porque, eventualmente, pode ocorrer que considere o magistrado criminal encontrar-se diante de hipótese que o obrigue ou lhe faculte a suspensão da lide penal, quando, em realidade, a situação, por não afetar a tipicidade da conduta, não se caracteriza como uma *questão prejudicial*. Neste caso, terá sido equivocada a decisão de suspensão, acarretando, em consequência, a fluência normal do prazo prescricional no período em que o processo esteve paralisado.	Nas questões **absolutas**, o indeferimento da suspensão do processo criminal pode ser impugnado por meio de medidas como o *habeas corpus*, o mandado de segurança e até mesmo a correição parcial. Nas **relativas**, descabe qualquer via impugnativa, não apenas porque assim reza o art. 93, § 2.º, do CPP, como também porque, sendo a suspensão aqui uma *faculdade*, não haveria sentido considerar impugnável a decisão que a denega.

7.2. EXCEÇÕES (ARTS. 95 A 111 DO CPP)

7.2.1. Previsão legal

Previstas no art. 95 do CPP, as *exceções* são consideradas meios de defesa indireta, uma vez que versam sobre a ausência de condições da ação ou de pressupostos processuais. São utilizáveis quando não há o propósito de atacar diretamente o mérito da lide principal, mas, sim, obstaculizar ou transferir o seu julgamento. Autuadas em apartado ao processo criminal, como regra, não possuem efeito suspensivo (art. 111 do CPP).

São cinco as exceções catalogadas pelo Código:

- **Suspeição;**
- **Incompetência de juízo;**
- **Litispendência;**
- **Ilegitimidade de parte;**
- **Coisa julgada.**

Apesar de não mencionada expressamente no Código de Processo Penal, deve-se reconhecer, também, as **exceções de incompatibilidade e de impedimento**, em face do que dispõe o seu art. 112, no sentido de que "a incompatibilidade ou impedimento poderá ser arguido pelas partes, seguindo-se o processo estabelecido para a exceção de suspeição".

Perceba-se que as matérias que constituem objeto das exceções podem implicar, caso não enfrentadas e solucionadas incidentalmente à ação penal, em posterior invalidação dos atos processuais, em franco prejuízo à efetividade que se espera do processo criminal ou, no mínimo, à sua celeridade. Logo, ressalvando-se a discussão existente quanto à incompetência *ratione locci* (como veremos adiante), todas as demais questões – a suspeição ou o impedimento, a incompetência absoluta do juízo (*ratione materiae* e *ratione personae*), a existência de ação idêntica em curso (listispendência) ou já decidida com trânsito em julgado e a ilegitimidade de parte – podem ser afirmadas ou reconhecidas pelo *juiz ex officio*.

7.2.2. Classificação

Quanto às consequências que decorrem de sua procedência, as exceções classificam-se em duas ordens:

a) **Peremptórias:** acarretam a extinção do processo. *Exemplo*: exceção de coisa julgada.
b) **Dilatórias:** embora não impliquem a extinção do processo, transferem o seu exercício. *Exemplo*: exceção de incompetência do juízo.

7.2.3. Exceção de suspeição

7.2.3.1. Considerações gerais

Possui **natureza dilatória** e objetiva afastar o juiz do processo criminal. Esta exceção deve ser proposta por meio de petição fundamentada, acompanhada de prova documental e do rol de testemunhas, caso necessário. Não há previsão legal do número de testemunhas a serem arroladas. Diante disto, parcela doutrinária compreende que se pode utilizar, por analogia, o regramento do Código de Processo Civil na regulamentação da fase cognitiva da ação, mais precisamente o art. 357, § 6.º, do CPC/2015, dispondo que, na fase cognitiva, "o número de testemunhas arroladas não pode ser superior a 10 (dez), sendo 3 (três), no máximo, para a prova de cada fato".

Em termos de **legitimidade**, a *exceptio suspicionis* pode ser arguida pelas partes, diretamente ou por meio de procurador com poderes especiais. No tocante ao *assistente de acusação*, há controvérsias quanto à possibilidade de intentá-la, entendendo alguns que ele possui essa faculdade, pois é do seu interesse que o processo criminal seja julgado por juiz imparcial. Outros, ao contrário, negam a sua legitimidade para dedução de exceções, sob o fundamento de que o art. 271 do CPP, que insere taxativamente os poderes do assistente no processo criminal, nada dispõe a respeito. No âmbito do STJ e do STF, tem prevalecido esta última orientação, acrescentando-se que "o rol do art. 271 do CPP é taxativo, de forma que o assistente da acusação exerce os poderes estritamente dentro dos limites conferidos por este dispositivo legal" (STJ, REsp 604.379, *DJ* 06.03.2006).

7.2.3.2. Momento da propositura

Normalmente, a exceção de suspeição é deduzida no **curso do processo criminal**. Apesar disso, nada impede que seja oposta ainda na fase do **inquérito policial**[4]. Contemple-se, pois, a hipótese de que o delegado de polícia, enquanto tramita o procedimento

[4] TJSP, Conflito 1390540500, j. 16.04.2007.

investigatório, venha a representar pela prisão preventiva do suspeito. Constatando qualquer dos interessados (Ministério Público, ofendido ou investigado) que, relativamente ao caso apresentado, existe motivo que torna o juiz suspeito de parcialidade, poderão arguir esta suspeição nos mesmos moldes que o fariam se houvesse processo em andamento, visando impedir que ele decida novos incidentes que surjam não apenas enquanto tramita o inquérito (pedidos de interceptações telefônicas, solicitações de busca e apreensão domiciliar, representação pela quebra de sigilo bancário etc.), como também após a remessa desse procedimento a juízo (requisição de diligências, produção antecipada de provas, recebimento da denúncia ou da queixa etc.).

Agora, se, embora conhecido pela parte o motivo da suspeição antes do ajuizamento da ação penal, não houver a necessidade de qualquer intervenção judicial no curso do inquérito (decretando-se a prisão preventiva, impondo-se medidas cautelares diversas da prisão, concedendo-se liberdade provisória etc.), a exceção poderá ser deduzida por ocasião do **oferecimento da denúncia ou da queixa** pela acusação e, quanto à defesa, no prazo da **resposta à acusação** (art. 396-A do CPP).

Por outro lado, se as razões da suspeição decorrerem de fato revelado apenas na fase instrutória do processo criminal, o ingresso da exceção poderá ocorrer a **qualquer tempo**, desde que antes da sentença, visto que esta importa em esgotar o juiz sua atuação no processo.

Descobrindo-se, porém, em **momento posterior à sentença**, que o juiz que conduziu o processo era suspeito nos termos do art. 254 do CPP, poderá a parte prejudicada buscar a anulação de todos os atos praticados por ele e dos que lhe foram decorrência ou consequência por meio de preliminar de recurso, se ainda não transitada em julgado a sentença. Ocorrido esse trânsito e sendo *absolutória* a decisão, nada restará a ser feito, já que não é possível desconstituir uma absolvição atingida pela preclusão. Se, opostamente, tratar-se de sentença *condenatória*, poderá o interessado utilizar-se do *habeas corpus* ou da revisão criminal para a anulação dos atos realizados pelo juiz parcial. Lembre-se de que, nos termos do art. 5.º, III, da Lei 12.016, de 07.08.2009, e da Súmula 268 do STF, descabe o mandado de segurança contra decisão judicial transitada em julgado.

Observe-se que a ofensa irrogada com o objetivo deliberado de afastar o juiz da causa não importa em reconhecimento de suspeição (art. 256 do CPP). Também não conduzem à suspeição eventuais desentendimentos entre o magistrado e o advogado, uma vez que a exceção de suspeição diz respeito, exclusivamente, à relação das partes com o magistrado.

7.2.3.3. *Precedência no julgamento*

Dispõe o art. 96 do Código de Processo Penal que "a arguição de suspeição precederá a qualquer outra, salvo quando fundada em motivo superveniente".

Explica-se:

Eventualmente, mais de uma exceção, entre as arroladas no art. 95 do CPP, é oposta, simultaneamente, no mesmo processo. Nesse caso, sendo uma delas a de suspeição, deverá ser examinada antes das demais. Isso ocorre porque essa última exceção é decidida pelo tribunal a que vinculado o juiz excepto, ao passo que as demais são decididas pelo juiz da causa. Portanto, opostas, ao mesmo tempo, exceção de suspeição e outra(s) de natureza distinta, não seria razoável facultar ao juiz a que imputada parcialidade o julgamento das demais exceções para, somente após, se decidir se ele é ou não suspeito. Nesse viés, primeiro deve ser decidida a suspeição. Sendo o excepto considerado suspeito, desloca-se a competência para julgar as demais exceções ao juiz que assumir o processo. Caso a exceção de suspeição seja improcedente, aí sim o magistrado procederá ao julgamento das demais.

E se o motivo causador da suspeição surgir ou for conhecido apenas depois de ter sido deduzida e julgada qualquer das demais exceções? Neste caso, conforme se infere da última parte do art. 96 do CPP ("salvo quando fundada em motivo superveniente") não ficará, em tese, prejudicado o julgamento da(s) exceção(ões) anteriormente oposta(s). Ressalva-se, contudo, a hipótese de a suspeição ser julgada procedente pelo tribunal competente. É que, neste caso, de acordo com o art. 101 do CPP, ficarão nulos os atos do processo principal. Ora, sendo as exceções formas de questões incidentais e, portanto, acessórias, é evidente que a nulidade dos atos do processo principal acarreta, também, a nulidade da decisão que porventura tenha julgado as demais exceções opostas em momento anterior.

7.2.3.4. Procedimento

Quanto ao **procedimento da exceção**, envolve fases distintas.

Deduzida a petição perante o juiz do processo (o juiz que está sendo considerado suspeito pelo excipiente), este poderá **acolhê-la** e reconhecer a própria suspeição. Se o fizer, deverá afastar-se do feito, remetendo-o ao juiz que o deva substituir de acordo com a escala existente no Tribunal a que está vinculado. Esta decisão será irrecorrível, conforme interpretação *a contrario sensu* do art. 581, III, do CPP. Se o juiz substituto, ao qual foi endereçado o processo, não vislumbrar, no procedimento de seu colega antecessor, motivo que o torne suspeito entre os elencados no art. 254 do CPP, poderá suscitar conflito negativo junto ao tribunal competente, visando à devolução do feito a seu juiz natural.

Se, ao contrário, o juiz excepto **não acolher a suspeição**, deverá determinar que seja a exceção autuada em apartado, apresentando sua resposta por escrito em três dias (art. 100 do CPP) e remetendo os autos ao Tribunal em 24 horas.

No Tribunal, a exceção poderá ser **rejeitada liminarmente**, se constatada pelo relator a manifesta insubsistência dos seus argumentos (art. 100, § 2.º, do CPP). Não ocorrendo essa rejeição, a *exceptio* será **conhecida e julgada improcedente ou procedente**.

Se **improcedente**, permanecerá o excepto oficiando no processo, podendo, ainda, ser imposta multa ao excipiente cuja má-fé se evidenciar. Se, contudo, for julgada **procedente**, será determinado o encaminhamento dos autos do processo principal ao juiz substituto, podendo ainda ser imposto ao excepto o pagamento das custas, no caso de erro inescusável (art. 101 do CPP). Evidentemente, esta penalidade imposta ao magistrado ocorrerá apenas em situações de evidente suspeição, as quais exigiriam dele próprio a iniciativa quanto ao afastamento do processo.

Importante mencionar que o processamento da exceção de suspeição, nos termos do art. 102 do CPP, **não importa suspensão do andamento do processo criminal** junto ao qual foi suscitada, salvo se reconhecida, pela parte contrária, a procedência da arguição, pois, nessa hipótese, poderá, a seu requerimento, ser sustado o feito até que se julgue o incidente. Quanto a quem seja a autoridade judiciária competente para determinar essa sustação, depende da organização judiciária de cada Estado. Por exemplo, nos Estados em que atribuído o julgamento da suspeição às Câmaras Criminais, cremos que deva ser de incumbência do Desembargador-Relator a que distribuída a decisão quanto a suspender ou não o andamento do processo na vara criminal.

7.2.3.5. *Validade dos atos praticados pelo juiz suspeito*

A validade ou não dos atos praticados pelo juiz excepto depende do resultado concreto da exceção de suspeição, bem como da forma como tenha ele deixado de oficiar nos autos.

Considere-se, pois, as seguintes situações:

a) O juiz, ao receber a exceção de suspeição contra ele endereçada, acolhe-a e, voluntariamente, deixa de oficiar no processo, encaminhando a ação penal a seu substituto legal: conforme se infere do art. 99 do Código, o acolhimento, pelo juiz, da exceção visando à sua própria suspeição não implica nulidade automática dos atos processuais já realizados sob seu comando, pois o legislador, presumindo a sua boa-fé, apenas dispõe que, nesse caso, o processo será encaminhado ao juiz substituto. Apesar dessa conclusão, é possível que esse afastamento do juiz excepto tenha ocorrido, de fato, apenas depois de realizados certos atos de produção probatória (oitiva de algumas das testemunhas arroladas, por exemplo) ou, até mesmo, depois de superada a fase instrutória do processo, sendo plausível, nesses casos, que a parcialidade decorrente da suspeição já tenha provocado sérios prejuízos à efetividade que se espera do processo criminal. Assim ocorrendo, caberá a qualquer das partes alegar a mácula, buscando, perante o juiz que nele agora está oficiando, a renovação dos atos supostamente viciados. De qualquer modo, dada a presunção de boa-fé inerente ao juiz que, acolhendo a exceção de sua suspeição, afastou-se do processo, a nulidade dos atos por ele praticados terá **natureza relativa**, devendo ser arguida nos prazos determinados pelo art. 571 do CPP, sob pena de preclusão, com a demonstração da ocorrência de efetivo prejuízo processual. Não acolhido o pleito de renovação dos atos pelo juiz (o juiz que, agora, atua no feito), duas serão as opções da parte prejudicada: uma, impetrar, imediatamente, *habeas corpus* junto ao tribunal competente, a declaração de nulidade das etapas presididas pelo juiz que se afastou; outra, aguardar a sentença e alegar o vício em preliminar de apelação.

b) O juiz não acolhe a exceção e, em vez disso, encaminha os respectivos autos ao tribunal competente. Nesta sede, o procedimento é julgado procedente, sendo comandados o seu afastamento do processo criminal e o envio dos autos do processo a outro juiz (art. 101): nessa hipótese, incide o art. 101, do CPP, dispondo que, julgada procedente a exceção pelo tribunal a que encaminhada, ocorrerá a nulidade dos atos praticados pelo juiz declarado suspeito. Aqui, portanto, diferentemente da situação contemplada no art. 99, do CPP, será **absoluta** a nulidade dos atos praticados pelo juiz excepto, razão pela qual deve ser decretada, de ofício, pelo tribunal. **Mas atenção:** considerando que a jurisprudência das Cortes Superiores é no sentido de que, independentemente da natureza da nulidade (relativa ou absoluta), a invalidação dos atos prende-se à ocorrência de prejuízo a qualquer das partes, a decretação de nulidade, pelo tribunal que tiver julgado a exceção, dos atos anteriormente praticados pelo juiz excepto, condiciona-se a que haja evidências daquele prejuízo. Logo, não haverá sentido em determinar-se a renovação, por exemplo, de despachos de mero impulso do processo, do depoimento de testemunhas abonatórias ou de provas que não se mostraram desfavoráveis à parte a quem prejudicaria a suspeição do magistrado.

c) Em ambos os casos, como se resolvem os atos anteriores ao surgimento do motivo que ensejou a suspeição? A declaração de suspeição do juiz da causa, em decorrência de fato superveniente, não acarreta a nulidade dos atos processuais anteriormente praticados.

Em síntese:

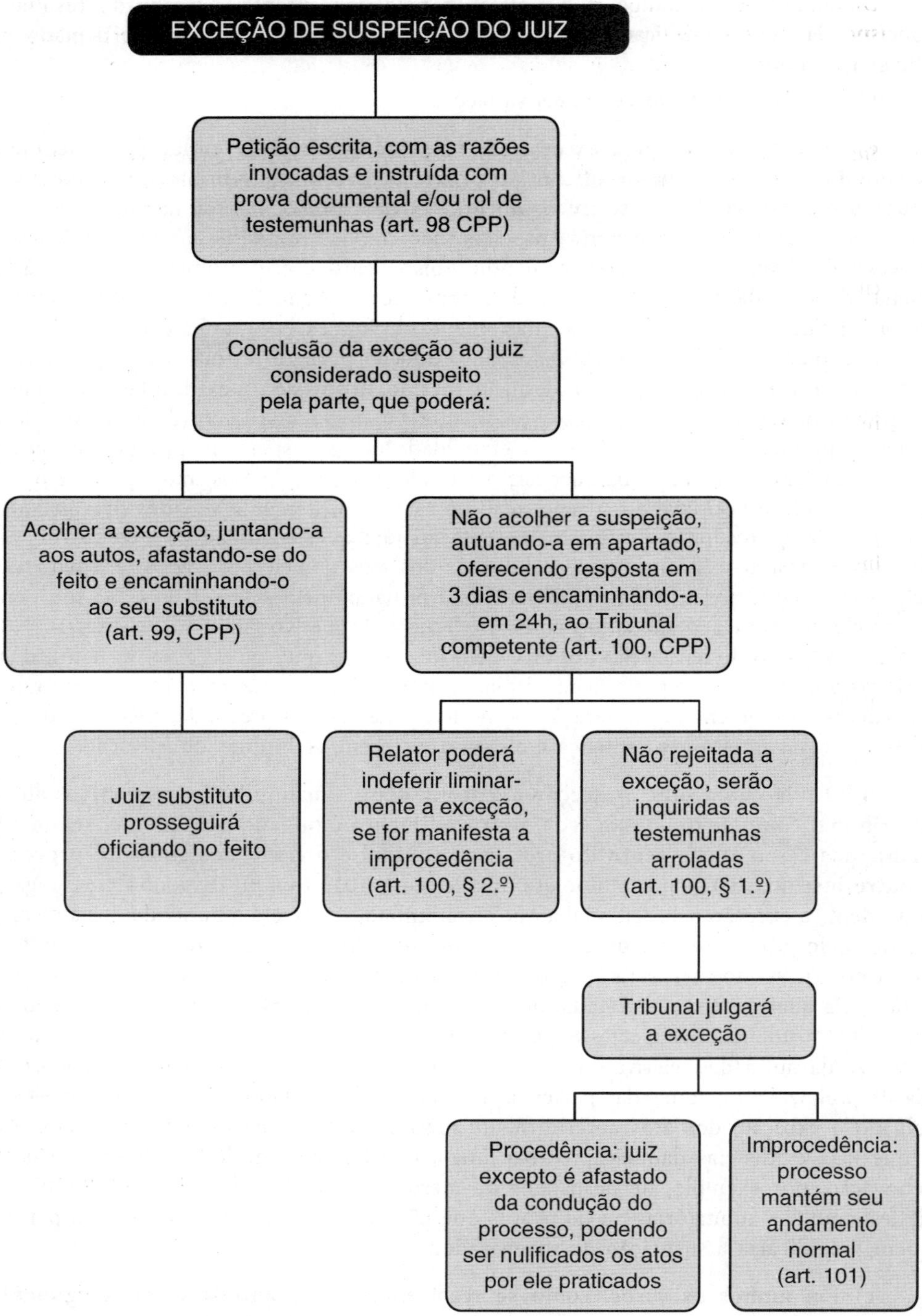
EXCEÇÃO DE SUSPEIÇÃO DO JUIZ
Petição escrita, com as razões invocadas e instruída com prova documental e/ou rol de testemunhas (art. 98 CPP)
Conclusão da exceção ao juiz considerado suspeito pela parte, que poderá:
Acolher a exceção, juntando-a aos autos, afastando-se do feito e encaminhando-o ao seu substituto (art. 99, CPP)
Não acolher a suspeição, autuando-a em apartado, oferecendo resposta em 3 dias e encaminhando-a, em 24h, ao Tribunal competente (art. 100, CPP)
Juiz substituto prosseguirá oficiando no feito
Relator poderá indeferir liminarmente a exceção, se for manifesta a improcedência (art. 100, § 2.º)
Não rejeitada a exceção, serão inquiridas as testemunhas arroladas (art. 100, § 1.º)
Tribunal julgará a exceção
Procedência: juiz excepto é afastado da condução do processo, podendo ser nulificados os atos por ele praticados
Improcedência: processo mantém seu andamento normal (art. 101)

7.2.3.6. *Impedimento e incompatibilidade*

Dispõe, ainda, o Código que o mesmo procedimento estabelecido para a exceção de **suspeição** deva ser aplicado aos casos de **impedimento** e de **incompatibilidade** (art. 112, *fine*). Conceitualmente, estas situações não se confundem e podem ser diferenciadas da seguinte forma:

> *Suspeição:* ocorre quando existir vínculo subjetivo do julgador com qualquer das partes (*v.g.* amizade íntima) ou com o assunto discutido no processo (*v.g.* figurara o juiz como demandante ou demandado em outra ação na qual se debate o mesmo tema). No Código de Processo Penal, os casos de suspeição encontram-se estipulados no art. 254. Tal dispositivo, entretanto, é meramente exemplificativo, sendo firme o entendimento de que, relevante para o reconhecimento da suspeição, é a constatação do comprometimento pessoal do juiz com a questão discutida no processo ou com as partes, sendo prescindível, então, a perfeita adequação do caso a um dos incisos do citado art. 254 do CPP. A suspeição é causa de nulidade processual (art. 564, I), que pode ser **relativa** ou **absoluta**, consoante examinado no tópico anterior. Para o reconhecimento da mácula, é preciso que haja declaração (se a nulidade for considerada relativa) ou decretação (caso entendida como absoluta) pelo Poder Judiciário.
>
> *Impedimento:* fundamenta-se em razões de ordem objetiva previstas em lei, por exemplo, o fato de estar atuando no feito, como advogada, cônjuge do juiz. As hipóteses de impedimento estão arroladas, taxativamente, no art. 252 do Código de Processo Penal. Os atos praticados por juiz impedido, na esteira da jurisprudência, não são simplesmente nulos. São, isto sim, **inexistentes**, bastando que sejam ignorados, desprezados, sem a necessidade de um pronunciamento judicial declarando a inexistência.
>
> *Incompatibilidade:* embora o Código de Processo Penal faça referência, no art. 112, às incompatibilidades, é certo que não define o que sejam estas e tampouco arrola os motivos que as ensejam, limitando-se a estabelecer as causas de impedimento (art. 252) e de suspeição (art. 254). De qualquer forma, não se pode ignorar a distinção realizada pelo mencionado art. 112, que, claramente, sugere tratarem-se a *suspeição,* o *impedimento* e a *incompatibilidade* de situações distintas. Pois bem. Na ausência de uma definição legal, aderimos ao entendimento que considera como causas de incompatibilidade todas aquelas hipóteses que, não classificadas como impedimento ou suspeição, reflitam na imparcialidade do juiz. Como exemplo, a situação de foro íntimo, que, mesmo não prevista nos arts. 252 e 254 do CPP, constitui, sem dúvida alguma, motivo para que o juiz se afaste da condução do processo. A incompatibilidade dá causa à **nulidade relativa** dos atos praticados pelo juiz *incompatível,* devendo, assim, ser arguida nos prazos determinados pelo art. 571 do CPP, sob pena de preclusão, com a demonstração de prejuízo.

7.2.3.7. *Afirmação* ex officio

De acordo com o art. 97 do CPP, o juiz, espontaneamente, pode tomar a iniciativa de afirmar-se **suspeito** por qualquer dos motivos do art. 254 do CPP. Adotando essa postura, deverá afastar-se do processo, remetê-lo imediatamente ao seu substituto legal para nele prosseguir oficiando, com intimação das partes. Este reconhecimento da própria suspeição, que não é recorrível, deverá ser feito por escrito nos autos e com a **devida fundamentação** a fim de que não reste violado o princípio do juiz natural.

A mesma regra – possibilidade de reconhecimento *ex officio* e explicitação dos motivos do afastamento do processo – é aplicável aos casos de **impedimento** e de **incompatibilidade**, por interpretação do art. 112 do mesmo Código, analisado *retro*. Questão interessante diz respeito à hipótese em que o juiz se declarar incompatível por motivo de foro íntimo. Nesse caso, conquanto não estivesse obrigado a declinar, nos autos, as respectivas razões, dispunha o art. 1º da Resolução 82/2009 do Conselho Nacional de Justiça, que o juiz deveria comunicar tais motivos, reservadamente, à Corregedoria local ou a órgão diverso designado pelo seu Tribunal, a fim de que fosse aprovada ou não a razão invocada. Visava-se, com essa exigência, evitar que juízes transferissem a seus substitutos, sob o manto da motivação íntima, processos com elevado grau de complexidade, abusando da prerrogativa legal. Tal ato normativo, porém, foi revogado por meio da Resolução 250/2018, assim procedendo o CNJ sob o argumento do descompasso daquela resolução com o art. 145, § 1º, do CPC/2015, o qual dispõe que "poderá o juiz declarar-se suspeito por motivo de foro íntimo, sem necessidade de declarar suas razões".

7.2.3.8. Outros sujeitos passivos da exceção de suspeição (e de impedimento e de incompatibilidade)

Apesar de o Código de Processo Penal deter-se, mais pormenorizadamente, nas regras aplicáveis à suspeição do juiz de 1.ª instância, contempla também a possibilidade de outros exceptos, ora estabelecendo regras próprias, ora determinando a aplicação subsidiária das normas relativas à suspeição do magistrado.

• **Desembargadores dos Tribunais e Ministros do Supremo Tribunal Federal:** nestes casos, a regra encontra-se no art. 103 do CPP. Muito embora o dispositivo restrinja-se aos "juízes" (na verdade, Ministros) do Supremo Tribunal Federal, aplica-se a regra, evidentemente, aos integrantes de qualquer outro Tribunal Superior – Superior Tribunal de Justiça, Superior Tribunal Militar e Tribunal Superior Eleitoral. Tocante à suspeição dos integrantes dos "tribunais de apelação" (expressão hoje em desuso), alcança os desembargadores dos Tribunais de Justiça dos Estados, dos Tribunais Regionais Federais, dos Tribunais Regionais Eleitorais e dos Tribunais de Justiça Militar.

Relativamente aos integrantes destes Tribunais, assim como ocorre em relação ao juiz, duas hipóteses poderão ocorrer: reconhecimento *ex officio* da própria suspeição ou provocação pelas partes.

No primeiro caso – reconhecimento *ex officio* –, dispõe o art. 103 do CPP que caberá ao desembargador ou ministro que se considerar suspeito (ou impedido) declarar nos autos esta circunstância. Embora a lei não obrigue, por uma questão de transparência, entende-se deva justificar a razão de seu afastamento, salvo, é claro, hipóteses de incompatibilidade por foro íntimo. O art. 103, *caput* e §§ 1.º e 2.º ainda diferencia o procedimento a ser adotado conforme a posição ocupada no julgamento do processo: tratando-se de *revisor*, ao afastar-se repassará o feito a seu substituto, na ordem de precedência ditada pelo respectivo regimento interno (normalmente, o critério é a antiguidade); tratando-se de *relator*, devolverá os autos ao setor competente para nova distribuição; tratando-se de qualquer outro integrante do órgão colegiado (câmara, turma, seção, grupo etc.), deverá registrar a necessidade de seu afastamento na sessão de julgamento, constando da ata esta declaração; tratando-se, por fim, do *presidente* do tribunal, caberá ao seu substituto prosseguir na condução do processo. Tendo em vista o que dispõe o § 5.º do dispositivo, infere-se que este substituto será o Vice-Presidente (ou, nos Tribunais em que haja mais de um Vice-Presidente, àquele com competência para oficiar na matéria posta a julgamento).

No segundo caso – arguição pela parte –, determina o art. 103, § 3.º, que o procedimento da arguição será simétrico ao estabelecido para a suspeição dos juízes de 1.º grau nos arts. 98 a 101, observadas as regras de competência para julgamento ditadas pelo regimento interno de cada Tribunal. No âmbito do Supremo Tribunal Federal, estabelece, por exemplo, o art. 73 de seu Regimento Interno que "a arguição de suspeição a Ministro terá como Relator o Presidente do Tribunal, ou o Vice-Presidente, se aquele for recusado".

- **Membros do Ministério Público:** atuando como parte ou como *custos legis*, exige-se dos membros do Ministério Público a atuação desvinculada de motivações de ordens subjetiva e objetiva. Esta, aliás, a razão pela qual dispõe o art. 258 do CPP que a eles se estendem os mesmos motivos de suspeição e de impedimento (e acrescentamos: também os motivos de incompatibilidade – v. item 7.2.3.6, *supra*) aplicáveis aos juízes e que estão previstos, respectivamente, nos arts. 252 e 254 do Código.

Visando, pois, ao afastamento do promotor de justiça suspeito, impedido ou incompatível, refere o art. 104 do CPP que, "se for arguida a suspeição do órgão do Ministério Público, o juiz, depois de ouvi-lo, decidirá, sem recurso, podendo antes admitir a produção de provas no prazo de 3 (três) dias". Como se vê, pela regra estabelecida no Estatuto Processual, proposta pela parte interessada a exceção de suspeição de promotor de justiça, deverá o juiz ouvir o excepto no tríduo legal. Havendo requerimento de provas, estas serão produzidas, decidindo o juiz, logo após, irrecorrivelmente, pela permanência ou não do promotor impugnado nos autos do processo.

Apesar de este regramento legal e de a maioria da jurisprudência nacional (inclusive a dos Tribunais Superiores) considerarem-no válido e aplicável, reputamos inconstitucional o art. 104 do CPP. Isso porque a Constituição Federal atribui autonomia ao Ministério Público. Destarte, não nos parece razoável que fique o promotor de justiça à mercê de decisão do juiz, quanto mais seja esta irrecorrível. Permitir que o magistrado decida o destino do promotor nos autos constitui indevida ingerência do Poder Judiciário sobre a instituição ministerial. Não se pode olvidar que, muitas vezes, as relações entre promotor e juiz não são amistosas e, até por esse motivo, não concebemos a possibilidade de que tenha o magistrado, na atual concepção normativa, poder e legitimidade para afastar o órgão do Ministério Público do processo em que oficia sob o argumento da suspeição. Logo, o afastamento do membro do Ministério Público, se ocorrer, deve partir de ato interno da instituição, determinado pelos órgãos colegiados que a compõem – *v.g.*, Conselho Superior do Ministério Público – ou pelo Procurador-Geral de Justiça. Observe-se, *ad argumentandum*, que, na esteira da jurisprudência dominante, o *habeas corpus* eventualmente impetrado contra ato de promotor de justiça deve ser julgado pelo Tribunal e não pelo juiz, o que ocorre, exatamente, pela ausência de uma hierarquia do magistrado sobre o promotor. Ora, se não possui o juiz poder jurisdicional para julgar um *habeas corpus* contra ato determinado por membro do Ministério Público, muito menos nos parece assistir a ele a faculdade de afastar – e sem recurso – um promotor do processo em que oficia a partir do julgamento de uma exceção. Portanto, cremos que, deduzida a exceção de suspeição de promotor de justiça perante o juiz, este deverá, recebendo-a como mera provocação, encaminhá-la ao Procurador-Geral de Justiça, para que este, por si ou a partir de comandos do órgão colegiado competente, decida se é ou não hipótese que autoriza o afastamento. Em caso positivo, será designado outro agente para atuar no feito. Em caso negativo, permanecerá o excepto atuando no processo. **Atenção!** Independentemente desta nossa posição, reitera-se que, no âmbito do STJ e do STF, vigora entendimento oposto, compreendendo o primeiro que "a arguição de suspeição de membro do Ministério Público de primeiro grau deve ser processada e julgada em Primeira Instância, pelo Juízo do feito, não cabendo recurso contra a decisão proferida, conforme dispõe o art. 104 do Código de Processo Penal"[5], e o segundo que "à luz do art. 104 do CPP, é do juiz de primeira instância a competência para processar e julgar exceção de impedimento ou suspeição de promotor de justiça"[6]. Segundo esses tribunais, pode o juiz, inclusive, com vista à solução do incidente

5 STJ, RHC 15.351/RS, *DJ* 18.10.2004. No mesmo sentido: RHC 60172/MG, *DJ* 06.11.2015 e HC 106012/DF, *DJ* 17.10.2011.

6 STF, HC 85011/RS, j. 26.05.2015.

processual de suspeição, determinar as diligências que entender relevantes ou pertinentes, com vista à formação de seu convencimento.

Nada obsta que o promotor, por sua própria iniciativa, decline sua intervenção nos autos, declarando os motivos que o tornam suspeito, impedido ou incompatível. Tratando-se de incompatibilidade por motivo de foro íntimo, não necessita expor tais razões. Em alguns Estados, a legislação institucional local estabelece que, afastando-se o Promotor de oficiar no feito por razões de foro íntimo, deverá comunicar no que consistem estas razões à Administração Superior do Ministério Público (por exemplo, ao Conselho Superior do Ministério Público). Sem embargo destas previsões, o Conselho Nacional do Ministério Público, analisando a questão nos autos do Procedimento de Controle Administrativo 0.00.000.000214/2012-28 (30.01.2013), decidiu no sentido de que desnecessária esta comunicação, pois não possui amparo na lei processual e, além disto, pode acarretar constrangimentos pessoais aos membros do Ministério Público. Logo, infere-se que, na atualidade, desnecessária a referida comunicação.

Tendo em vista que são comuns os episódios em que alega a defesa, como motivo de nulidade processual, a suspeição dos Promotores que atuaram na fase investigatória, é importante atentar aos termos da *Súmula 234 do STJ*, segundo a qual "a participação de membro do Ministério Público na fase investigatória criminal não acarreta o seu impedimento ou suspeição para o oferecimento da denúncia".

Frise-se que a suspeição de membro do Ministério Público produz nulidade processual de natureza relativa e se submete à preclusão.

• **Peritos, intérpretes, serventuários ou funcionários da Justiça:** o art. 105 do CPP dispõe que "as partes poderão também arguir de suspeitos os peritos, os intérpretes e os serventuários ou funcionários de justiça, decidindo o juiz de plano e sem recurso, à vista da matéria alegada e prova imediata".

a) **Peritos:** caso não se abstenham, espontaneamente, de aceitar o encargo que lhes for incumbido, poderão ser recusados por qualquer das partes mediante a indicação dos motivos legais, que são aqueles previstos no art. 254 do CPP (aplicável por força do art. 280) e no art. 252 (aplicável por força do art. 112). Nesse caso, deverá o excipiente instruir suas alegações com as provas necessárias. Não há, então, possibilidade de requerer-se a produção de provas, as quais deverão acompanhar a arguição. Ouvido o excepto, o juiz decidirá de plano, sendo esta decisão irrecorrível.

b) **Intérpretes:** como estes são equiparados aos peritos, nos termos do art. 281 do CPP, aplica-se a eles o mesmo regramento visto em relação àqueles antes expostos. Assim, podem declarar-se suspeitos ou impedidos por iniciativa própria ou terem o seu afastamento postulado por qualquer das partes, aplicando-se, de resto, o disposto no art. 105 do CPP.

c) **Serventuários e funcionários da Justiça:** à semelhança dos casos anteriores, caso não se deem por suspeitos ou impedidos espontaneamente, poderão as partes, com base no art. 105 do Código, buscar o respectivo afastamento, o que ocorrerá nos mesmos casos em que forem considerados suspeitos ou impedidos os juízes (art. 274 c/c o art. 112, ambos do CPP).

• **Jurados:** estabelece o art. 106 do CPP que "a suspeição dos jurados deverá ser arguida oralmente, decidindo de plano o presidente do Tribunal do Júri, que a rejeitará se, negada pelo recusado, não for imediatamente comprovada, o que tudo constará em ata".

Com efeito, na data aprazada para o julgamento pelo júri, procederá o juiz-presidente ao sorteio dos sete jurados que deverão compor o conselho de sentença. Neste momento, defesa e acusação poderão recusar, cada qual, imotivadamente, até três jurados (trata-se da chamada *recusa peremptória*, alicerçada no art. 468 do CPP). Recusas em número superior a esse quantitativo deverão ser motivadas, sendo que é **dessas recusas motivadas por razões de suspeição ou impedimento que trata o referido art. 106**. Entretanto, nessa hipótese, deverá a parte recusante apresentar, desde logo, a comprovação dos motivos que sustenta para o afastamento do jurado sorteado. Tal comprovação poderá ser feita por todos os meios admitidos como, por exemplo, a apresentação de documentos e a indicação de testemunhas (que deverão estar em plenário, aptas a responder aos questionamentos do juiz). Comprovada a motivação, o jurado será dispensado pelo juiz-presidente. Não comprovada, ele participará do conselho de sentença, salvo se, em relação a ele, for ainda possível a realização de recusa injustificada pelo não esgotamento das três facultadas em lei.

OBSERVAÇÃO: por ocasião da instalação da sessão de julgamento pelo júri, é necessária a presença de, no mínimo, 15 jurados. Considerando que, desse número, acusação e defesa poderão recusar, imotivadamente, até três jurados e considerando que não há limitação de recusas motivadas por razões de suspeição ou impedimento, pode ocorrer que, após tais recusas, não subsista o número de sete jurados necessários para a composição do Conselho de Sentença. A ausência deste *quorum* acarreta o "estouro de urna", consistente na falta de número mínimo de jurados (art. 463 do CPP). Se isso acontecer, deverá ser aplicado o art. 471 do CPP, o qual dispõe que "se, em consequência do impedimento, suspeição, incompatibilidade, dispensa ou recusa, não houver número para formação do Conselho, o julgamento será adiado para o primeiro dia desimpedido, após sorteados os suplentes, com observância do art. 464 deste Código".

- **Autoridade policial:** a autoridade policial não está sujeita à arguição de suspeição nos atos do inquérito, por força da regra expressa do art. 107 do CPP. No entanto, esse mesmo dispositivo estabelece que deverá ela declarar-se suspeita quando ocorrer motivo legal. A regra, como se observa, encerra grave contradição, pois, ao mesmo tempo em que veda ao interessado arguir a suspeição do delegado de polícia, salienta que a este assiste o dever de afastar-se da presidência do inquérito quando ocorrer motivo que justifique essa providência. **E se o delegado, mesmo suspeito ou impedido, não se declarar suspeito?** Neste caso, de nada valerá o dispositivo em atribuir-lhe o dever de fazê-lo na medida em que não estabelece nenhuma sanção processual à hipótese de sua omissão. Evidentemente, na medida em que se trata de obrigação determinada por lei, a autoridade policial que insistir em presidir investigação criminal a par de seu claro impedimento ou suspeição, poderá responder disciplinarmente, junto à Corregedoria da Polícia Civil. De qualquer sorte, a despeito dessa possibilidade de responsabilização disciplinar e sem embargo da proibição incorporada ao art. 107 do CPP, concordamos com o entendimento de que, havendo motivação para considerar suspeito ou impedido o delegado, não podendo o juiz afastá-lo por força da vedação inserta ao art. 107 do CPP, deverá a parte interessada solicitar o seu afastamento da investigação ao Chefe de Polícia Civil que poderá, então, ordenar-lhe que se retire da presidência do inquérito. Veja-se que a Lei 12.830/2013, em seu art. 2.º, § 4.º, prevê formas de transferência da titularidade do inquérito, dizendo que isto pode ser feito, mediante *avocação* e mediante *redistribuição*:

1. **Avocação:** ocorre quando o superior hierárquico (p. ex.: delegado regional) chama para si a presidência do IP;
2. **Redistribuição:** ocorre quando o superior hierárquico transfere a titularidade do inquérito para outro delegado.

Tais procedimentos poderão ser realizados, unicamente, mediante despacho fundamentado do superior hierárquico do delegado sujeito a afastamento, por motivo de interesse público ou no caso de inobservância, por ele, dos procedimentos previstos, prejudicando a efetividade da investigação.

Ressalte-se que, em termos constitucionais, nada obsta que se operem as aludidas avocação ou redistribuição, visto não estar contemplado no ordenamento jurídico vigente, segundo a posição dominante (V. Capítulo 1, tópico 1.3.15), o **princípio do delegado natural**. Com efeito, o art. 5.º, LIII, da Carta da República, ao estatuir que "ninguém será processado nem sentenciado senão pela autoridade competente", estabeleceu, tão somente, os princípios do **promotor natural** e do **juiz natural**. Em momento algum, portanto, é assegurado ao suspeito o direito de ser investigado por delegado previamente indicado segundo normas gerais como óbice à designação discricionária de delegado de polícia para atuar em caso específico.

7.2.4. Exceção de incompetência do juízo

7.2.4.1. Considerações gerais

Trata-se de exceção com aplicação restrita à **incompetência territorial**, que possui caráter relativo, sendo vinculada sua arguição ao prazo e à forma previstos em lei. Se for o caso de **incompetência funcional** ou em **razão da matéria**, que têm natureza absoluta, é dispensada a arguição via exceção, podendo tais vertentes ser suscitadas por meio de simples petição acostada ao processo criminal, ou verbalmente em audiência com consignação em ata, ou até mesmo como preliminar de uma peça processual.

A exceção de incompetência possui **natureza dilatória**, pressupondo a existência de denúncia ou queixa ajuizadas e em tramitação em foro incompetente. Poderá ser oposta verbalmente ou por escrito, conforme autorizado pelo art. 108 do CPP, mas não será juntada aos autos, formando procedimento apartado (art. 111 do CPP).

No tocante à **legitimidade** para suscitá-la, caberá, como regra, à *defesa*. Relativamente ao *Ministério Público*, é induvidosa a sua legitimidade quando estiver atuando na condição de fiscal da lei (ação penal privada). Entretanto, como autor da ação penal, embora haja controvérsias, não poderá, em princípio, argui-la (tampouco o querelante), já que a incompetência do juízo é causa de nulidade do processo (art. 564, I, do CPP) e, nos termos do art. 565 do CPP, a nulidade não pode ser arguida por quem a ela deu causa. Ressalva-se, é claro, a hipótese de terem surgido apenas no curso do processo os elementos indicativos da incompetência do juízo. Quanto ao *assistente de acusação*, compreende a maioria da jurisprudência que não possui esta legitimidade pelo fato de não constar, entre os poderes que lhe são facultados pelo art. 271 do CPP, a possibilidade de suscitar exceções. Não obstante, compartilhamos de posição oposta, entendendo que se deve interpretar extensivamente tal dispositivo processual, nele se incluindo a possibilidade de arguição de exceções pelo assistente do Ministério Público, pois, sendo este a vítima (seu representante ou parente), possui interesse na tramitação regular do processo, de forma a evitar futuras arguições de nulidade pela defesa.

7.2.4.2. Momento para a propositura

Segundo o art. 108 do CPP, a exceção de incompetência deverá ser deduzida no **prazo da defesa**, o que se deve compreender como a *primeira defesa* ofertada nos autos. Assim, nos procedimentos que admitem uma etapa de defesa preliminar, a exceção deverá ser arguida nessa fase. É o que ocorre, por exemplo, na Lei 11.343/2006 (Lei de Drogas) que, no seu art. 55, refere-se à defesa preliminar (oferecida previamente ao recebimento da denúncia) como sendo o tempo certo para arguir exceções. Caso não haja esta fase preliminar, a arguição deverá ser feita no prazo da resposta à acusação (art. 396-A do CPP). Inobservados estes lapsos, a consequência será a preclusão da oportunidade e a prorrogação da competência. Até poderia questionar se tal prorrogação, quando não invocada *oportuno tempore* a incompetência territorial, acaso violaria o **princípio do juiz natural**. A resposta é simples: não há esta violação. Isto porque o princípio do Juiz Natural consubstanciado no art. 5.º, LIII, da CF tem pertinência às normas constitucionais e não às infraconstitucionais, como é o caso da competência territorial.

Não obstante os termos peremptórios do art. 108 do CPP, não distinguindo a natureza da incompetência alvo da exceção, reitere-se que a sua aplicação é restrita à **incompetência relativa**, ou seja, em razão do local. Destarte, esta é que deverá ser suscitada no prazo referido, sob pena de preclusão. Sendo, ao contrário, absolutas as incompetências – *ratione materiae* ou *ratione personae* –, poderão ser invocadas a qualquer tempo, não se aplicando a regra preclusiva do citado art. 108 do CPP, até porque, como vimos, nestes casos a arguição independe de exceção, podendo ser feita no âmbito do próprio processo criminal, por exemplo, como questão preliminar na resposta à acusação (art. 396-A do CPP) ou em alegações finais orais ou memoriais. A ausência de distinção pelo Código quanto ao caráter absoluto ou relativo da incompetência a ser arguida deve-se ao fato de que, na regulamentação das nulidades, não ventilou o legislador de 1941 nenhuma diferenciação entre nulidades absolutas ou relativas, estabelecendo uma só regulamentação comum a toda e qualquer nulidade. Somente mais tarde, portanto, é que surgiu a distinção, ainda hoje restrita aos planos doutrinário e jurisprudencial, entre as nulidades absolutas e relativas, compreendendo-se as primeiras como insanáveis e não sujeitas à preclusão, e as segundas, como sanáveis e passíveis de preclusão se não arguidas no prazo correto.

7.2.4.3. Procedimento

É bastante simples, decorrendo da exegese dos arts. 108 e 111 do CPP. Enfim, oposta a exceção perante o juiz da causa, este mandará autuá-la em apartado, decidindo após a oitiva do Ministério Público (caso não seja o próprio propositor). Importante sinalar que o incidente não implica suspensão do processo principal, que mantém sua tramitação normal. Se julgada **improcedente** a exceção, o processo continuará tramitando no juízo de origem. Por outro lado, se **procedente**, os autos serão encaminhados ao juízo considerado competente, onde poderão ocorrer duas situações:

a) **O juiz a que foram encaminhados os autos do processo principal por força da procedência da exceção concorda com esta solução, reconhecendo a competência de seu juízo para o processo e julgamento da ação penal**: neste caso, estabelece o art. 567 do CPP que ficarão nulos os atos decisórios já realizados no juízo incompetente, devendo estes serem renovados no foro competente. Por outro lado, no que concerne aos atos instrutórios, vale dizer, sem carga decisória, sugere o art. 108, § 1º, do CPP que poderão ser ratificados pelo juiz que receber o processo. Este, a propósito, é o entendimento de *Guilherme de Souza Nucci* ao observar que "quando o feito é encaminhado a juízo diverso, em decorrência de incompetência territorial (relativa), cabe ao magistrado a ratificação dos atos instrutórios e a renovação dos decisórios"[7]. Quanto ao que se deva entender por "atos decisórios", há divergências. Alguns entendem tratar-se de qualquer ato que produza sucumbência às partes. Outros dizem que são decisórios apenas os atos que enfrentam o mérito, ainda que superficialmente. Há quem diga se

---

[7] *Código de Processo Penal Comentado*. 9. ed. São Paulo: RT, 2009, p. 293.

tratar, unicamente, das decisões que interrompem a prescrição. Por fim, existe concepção no sentido de que, para os efeitos do referido art. 567 do CPP, deve-se considerar como "atos decisórios" apenas as decisões de admissibilidade da acusação no rito do júri (pronúncia, impronúncia, absolvição sumária e desclassificação)[8] e as sentenças finais de absolvição e condenação. Esta última posição parece-nos a mais acertada, encontrando eco no Supremo Tribunal Federal, cuja jurisprudência firmou-se no sentido da possibilidade de se estender a possibilidade de ratificação "a atos de relativo caráter decisório, cujo aproveitamento não afronte o contraditório e a ampla defesa" (HC 129.809/MT, *DJ* 20.04.2016). Segundo essa linha de pensamento, é possível aproveitar e ratificar todos os atos decisórios incidentais, a exemplo da decretação da prisão preventiva e do sequestro de bens, da homologação do incidente de insanidade mental, do julgamento de procedência do incidente de falsidade documental, entre muitos outros, sendo irrelevante, inclusive, se praticados por órgão jurisdicional absoluta ou relativamente incompetente[9]. E mais: de acordo com essa orientação, não é imprescindível a ratificação expressa, sendo viável aceitar a ocorrência de ratificação implícita dos atos realizados no juízo incompetente, o que se dá quando o magistrado reconhecido como competente pratica atos que conduzam à conclusão de que validou os anteriores[10].

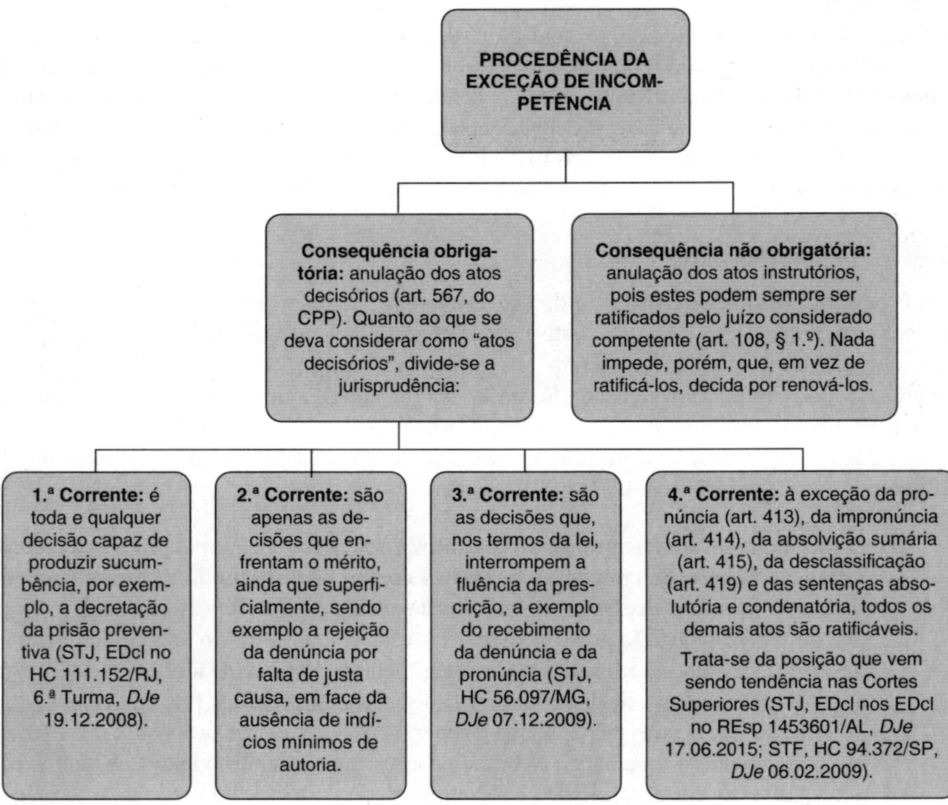

8 STJ, EDcl nos EDcl no REsp 1453601/AL, *DJe* 17.06.2015.

9 STF, HC 94.372/SP, *DJ* 06.02.2009.

10 STJ, RHC 79.598/GO, *DJe* 28.04.2017.

b) **O juízo a que foram encaminhados os autos do processo principal, por força da procedência da exceção, não se considera competente para o processo:** se o magistrado a que foram encaminhados os autos do processo criminal, por força da procedência da exceção de incompetência, não concordar com este desiderato, entendendo não ser competente o juízo perante o qual atua e sim aquele em que, originariamente, foi distribuída a ação penal, deverá suscitar conflito negativo de competência junto ao órgão próprio do tribunal a que vinculado.

7.2.4.4. *Declaração de ofício pelo juiz*

Refere o art. 109 do CPP que, "se em qualquer fase do processo o juiz reconhecer motivo que o torne incompetente, declará-lo-á nos autos, haja ou não alegação da parte, prosseguindo-se na forma do artigo anterior". O dispositivo em questão não diferencia a natureza da incompetência, vale dizer, se absoluta ou relativa, o que, como já dissemos, encontra razão no fato de tal distinção ser fruto de construção doutrinária e jurisprudencial surgida após a edição do Código de Processo Penal.

Ora, tratando-se de incompetência absoluta – *ratione materiae* e *ratione personae* –, que dispensa a arguição por meio de *exceção*, não há dúvida de que é possível a aplicação literal do dispositivo supracitado, pois a nulidade absoluta, como regra, permite declaração *ex officio* pelo juiz.

Já na hipótese de incompetência relativa – *ratione loci* –, que se constitui no objeto da exceção de incompetência, seu reconhecimento judicial, em tese, condicionado à existência de provocação da parte interessada. Nesse sentido, são os termos da Súmula 33 do STJ, ao explicar que a incompetência relativa não pode ser declarada *ex officio* pelo juiz, verbete este aplicável, a nosso ver, tanto na esfera cível quanto no âmbito penal[11].

Mas atenção: falamos "em tese" porque existe o entendimento defendido por expressiva parcela da doutrina no sentido de que a incompetência relativa também pode ser reconhecida de ofício pelo juiz. De acordo com essa orientação, a Súmula 33 do STJ é inaplicável ao processo penal, destinando-se, unicamente, aos processos cíveis.

Sem embargo disso, o STJ continua entendendo no sentido da aplicabilidade da sobredita súmula em matéria criminal, deliberando que, em se tratando de competência territorial, deve "ser arguida por meio de exceção de incompetência, e não por declinação de foro de ofício, ainda que se trate de matéria penal, na linha do preceito insculpido na Súmula 33/STJ"[12].

7.2.5. Exceção de litispendência

7.2.5.1. *Considerações gerais*

Trata-se de exceção de **natureza peremptória**, sendo cabível na hipótese de tramitarem, no mesmo juízo ou em juízos diversos, duas ou mais ações contra o mesmo réu, envolvendo o mesmo fato. Em suma, é oponível quando houver **ações penais idênticas** em andamento, o que pressupõe:

- *Igualdade de sujeito passivo*: as duas ou mais ações deverão ter sido movidas contra o mesmo réu, não importando a circunstância de uma delas ter sido iniciada pelo Ministério Público e a outra pelo particular. Sinale-se que, neste último enfoque, há divergências, alguns apontando a necessidade de que as ações tenham sido ajuizadas pelo mesmo autor para que haja litispendência.

---

[11] STJ, Conflito de Competência 134.775, Decisão Monocrática do Min. Moura Ribeiro, *DJ* 14.08.2014. No mesmo sentido: STJ, Conflito de Competência 118.560, Decisão Monocrática do Min. Nefi Cordeiro, *DJ* 05.09.2014.

[12] STJ, CC 134775/PA, decisão monocrática do Min. Moura Ribeiro, *DJe* 14.08.2014. No mesmo sentido: STJ, CC 134272/RO, 3.ª Seção, *DJe* 02.12.2015.

- *Identidade de causa de pedir*: respeita ao fato imputado, que deve ser o mesmo em ambas as ações penais, ainda que a capitulação atribuída em cada um dos processos seja distinta.
- *Igualdade de pedido*: o pedido é o de condenação, inerente a qualquer ação penal, salvo nas hipóteses em que, mediante incidente de insanidade mental instaurado no curso do inquérito policial, tenha ficado evidenciada a inimputabilidade do acusado ao tempo da infração penal. Nesse último caso, a inicial não deverá conter pedido de condenação, mas, sim, o de absolvição imprópria, ou seja, absolvição com aplicação de medida de segurança (art. 386, parágrafo único, III, do CPP c/c o art. 97 do CP) – trata-se, aqui, da chamada **ação de prevenção penal**. Considerando que a medida de segurança possui natureza sancionatória, entendemos que pode ser oposta a exceção de litispendência na hipótese de responder o réu a processo em que postulada, por exemplo, sua condenação, quando, pelo mesmo fato, já esteja ele respondendo a outro processo, no qual realizado pedido de absolvição com imposição de medida de segurança.

Levando-se em conta que a litispendência é situação de absoluta ilegalidade, pois importa em mais de uma acusação sobre o mesmo fato, esta exceção poderá ser arguida por qualquer dos sujeitos processuais, impondo-se, para o seu reconhecimento pelo juiz, a prévia oitiva da outra parte.

Não é possível cogitar do ingresso de *exceção de litispendência* quando se tratar de duplicidade de **inquéritos policiais**, ainda que sejam idênticos os fatos em apuração. Dessa forma, caso haja, em curso, dois inquéritos distintos visando à investigação do mesmo fato criminoso, caberá ao investigado impetrar *habeas corpus* com o objetivo de trancar o andamento de um dos inquéritos, em face do constrangimento ilegal decorrente da dupla investigação policial acerca da mesma conduta.

7.2.5.2. *Processo junto ao qual deve ser arguida a exceção de litispendência. Prazo*

Quanto ao **processo junto ao qual deverá ser suscitada** a exceção em exame, há duas posições:

> ***Primeira:*** A exceção deverá ser arguida em relação ao segundo processo instaurado, independentemente de ele se encontrar, eventualmente, em estágio procedimental mais adiantado do que o primeiro ou de ser mais favorável ao acusado. Este é o entendimento do STF: "Os institutos da litispendência e da coisa julgada direcionam à insubsistência do segundo processo e da segunda sentença proferida, sendo imprópria a prevalência do que seja mais favorável ao acusado"[13].
>
> ***Segunda:*** O critério a ser observado deverá ser o da prevenção, o que importa em considerar que o processo a ter seguimento deverá ser aquele que tramita junto ao juízo que tenha se tornado prevento pela prática de qualquer ato de jurisdição. Sob essa ótica, a exceção será ajuizada em relação ao processo remanescente.

No tocante à **oportunidade** em que deve ser suscitada, a litispendência não está sujeita a prazo peremptório, visto que importa em nulidade absoluta. Assim, poderá ser arguida em qualquer tempo, desde que **antes da sentença**.

E se for detectada a duplicidade de ações penais após a prolação de sentença no processo que produziu a litispendência, porém antes do trânsito em julgado? Neste caso, a mácula deve ser alegada em preliminar de recurso contra essa decisão e não mediante

[13] STF, HC 101.131/DF, *DJ* 09.02.2012.

exceção. Lembre-se: exceção é questão incidental. Deve, portanto, *incidir* no processo, ou seja, surgir entre o marco inicial (denúncia ou queixa) e o marco final (sentença) do processo.

E se constatada a duplicidade após o trânsito em julgado da sentença proferida no processo que gerou a litispendência (o segundo processo ajuizado)? Nesta hipótese, não se estará diante de litispendência, tendo em vista a inexistência de duas ações penais em curso. Uma delas, pelo menos, já terá sido extinta. Levando em conta que as exceções constituem meio de defesa, a providência correta a ser adotada dependerá do caso concreto. Logo:

1) Se a sentença transitada em julgado for condenatória, resta à defesa, sob o fundamento da ocorrência de nulidade, buscar desconstituí-la por meio de *habeas corpus* (art. 648, VI, do CPP) ou revisão criminal (art. 626 do CPP).
2) Se foi exarada sentença absolutória, mesmo que se trate do processo que produziu a litispendência, não há como ser desconstituída. Logo, o processo validamente instaurado (o primeiro ajuizado) e ainda em curso é que deverá ser extinto, mediante ingresso de exceção, não de litispendência, mas, sim, de coisa julgada.

E se, por não ter sido constatada a litispendência, sobreveio o trânsito em julgado de duas ações penais idênticas? Neste caso, sendo uma sentença condenatória e outra absolutória, esta última deverá prevalecer, ainda que tenha sido prolatada no processo viciado, vale dizer, aquele ajuizado quando já tramitava a primeira ação penal. E se ambas as decisões tiverem sido condenatórias? Nesta hipótese, prevalecerá a que impôs menor gravame ao acusado (pena inferior, por exemplo). Nesse sentido: STJ, HC 281.101/SP, *DJ* 24.11.2017.

7.2.5.3. *Procedimento*

A exceção de litispendência seguirá o **procedimento** estabelecido para a exceção de incompetência (art. 110 do CPP). Será oposta junto ao juiz do processo em que deduzida, o qual mandará autuá-la em apartado (art. 111, 1.ª parte, do CPP), decidindo após oitiva da outra parte e do Ministério Público (caso não seja este o próprio propositor), nos termos do art. 110 do CPP. No decorrer da tramitação da exceção, não haverá suspensão do processo criminal (art. 111, 2.ª parte, do CPP). Sua procedência implica a extinção do processo junto ao qual fora deduzida. Por outro lado, se julgada improcedente, persistirão tramitando ambos os processos ajuizados.

7.2.5.4. *Declaração de ofício pelo juiz*

O reconhecimento de ofício pelo juiz acerca da ocorrência de litispendência no processo é possível, uma vez que se trata de nulidade de ordem absoluta. Destarte, constatando o juiz que preside um dos processos que outro há em andamento e que assim deva permanecer, poderá, agindo *ex officio*, determinar a extinção do remanescente sob o fundamento da ocorrência de litispendência.

7.2.6. Exceção de ilegitimidade de parte

7.2.6.1. *Considerações gerais*

Refere-se, primordialmente, à **ilegitimidade *ad causam***, ou seja, à titularidade do direito de ação (polo ativo) e à capacidade para figurar como réu (polo passivo) na relação processual.

Exemplos:

- Denúncia oferecida pelo Ministério Público em crime de ação penal privada (ilegitimidade *ad causam* ativa).
- Queixa ajuizada pelo ofendido em crime de ação penal pública antes de esgotar o prazo do promotor de justiça para o oferecimento de denúncia (ilegitimidade *ad causam* ativa).
- Denúncia movida contra indivíduo menor de 18 anos de idade à época do fato (ilegitimidade *ad causam* passiva).
- Processo criminal instaurado contra pessoa inocente, que teve seus documentos furtados e que estão sendo utilizados indevidamente por terceiro na prática de crimes.

Independentemente desta finalidade precípua da exceção de ilegitimidade, qual seja, apreciar questões afetas à ***ilegitimatio ad causam***, majoritariamente tem-se considerado possível o seu ingresso também em hipóteses de ***ilegitimatio ad processum***, relativa esta à capacidade necessária para a prática de atos de natureza processual.

Exemplos:

- Representação oferecida por quem não é o representante legal da vítima de crime de ação penal condicionada.
- Querelante menor que outorga procuração a advogado para intentar queixa-crime.

Tratando-se de exceção de ilegitimidade *ad causam*, terá **natureza peremptória**, implicando seu reconhecimento em nulidade desde o início da ação (art. 564, II, do CPP).

Por outro lado, sendo hipótese de exceção de ilegitimidade *ad processum*, esta poderá ser tanto **dilatória** quanto **peremptória**, tudo dependendo da natureza e gravidade do vício detectado no caso concreto. Assim, a ilegitimidade de quem oferece a representação no lugar da vítima menor em crime de ação pública condicionada poderá, em determinadas circunstâncias, não ser declarada, em face do que dispõe o art. 568 do CPP. Ocorrendo esta situação, a exceção terá assumido caráter *dilatório*. Já a queixa-crime ajuizada pelo querelante menor é insanável, em face da gravidade do vício de origem existente, conduzindo à extinção do processo. Neste último caso, a exceção de ilegitimidade terá assumido caráter *peremptório*.

7.2.6.2. Prazo

O reconhecimento da ilegitimidade provoca a nulidade processual e, por isso, não se sujeita à preclusão. Destarte, pode ser arguida em qualquer tempo pelos interessados.

7.2.6.3. Procedimento

A exceção de ilegitimidade de parte seguirá o mesmo procedimento da exceção de incompetência (art. 110 do CPP). Será oposta junto ao juiz da causa, o qual mandará autuá-la em apartado (art. 111 do CPP), decidindo após a oitiva da outra parte e do Ministério Público (caso não seja este o próprio propositor), nos termos do art. 110 do CPP. No decorrer da tramitação da exceção, não haverá suspensão do processo criminal (art. 111 do CPP).

A *procedência* da exceção de ilegitimidade importará em extinção do processo, salvo se, em se tratando de ilegitimidade *ad processum*, ocorrer o saneamento na forma do citado art. 568 do CPP. Por outro lado, se julgada *improcedente*, o processo junto ao qual foi deduzida continuará tramitando.

7.2.6.4. Declaração de ofício pelo juiz

Não há óbice a que seja a ilegitimidade reconhecida *ex officio* pelo juiz. Ocorrendo essa constatação na fase **anterior** à instauração da relação processual penal, deverá o magistrado rejeitar a denúncia ou a queixa, na forma do art. 395, II, do CPP (falta de pressuposto processual). Tratando-se de verificação **posterior** à instauração do processo, poderá o juiz anular e extinguir o processo com base no art. 564, II, do CPP. O mesmo poderá ser feito se, no decorrer da instrução, constatar o juiz que o réu era menor de 18 anos ao tempo da ação ou omissão, caso em que deverá extinguir o processo. Havendo corréus imputáveis no mesmo processo, este seguirá em relação a eles.

7.2.7. Exceção de coisa julgada

7.2.7.1. Considerações gerais – natureza, prazo e procedimento

É exceção de **natureza peremptória**, que tem seu fundamento remoto na circunstância de que ninguém pode ser punido mais de uma vez pelo mesmo fato. Logo, poderá ser deduzida quando se encontrar em tramitação processo criminal por fato já decidido em outro processo por sentença transitada em julgado. Difere, absolutamente, da exceção de litispendência, pois esta pressupõe a coexistência de dois ou mais processos idênticos em andamento, enquanto aquela se justifica na existência de um processo em andamento e outro já extinto definitivamente com julgamento de mérito.

Não se fala em exceção de coisa julgada na fase das **investigações policiais**, pois ainda não há processo. Se for instaurado procedimento investigatório para apuração de fato que já foi objeto de sentença transitada em julgado, o caminho para o respectivo trancamento será o *habeas corpus*.

O acolhimento da exceção de coisa julgada pressupõe identidade de ações, o que abrange **igualdade de sujeito no polo passivo da relação processual, identidade de causa de pedir e igualdade de pedido** (v. item 7.2.5.1).

- *Igualdade de sujeito passivo:* as ações deverão ter sido movidas contra o mesmo réu, não importando a condição do sujeito ativo. Deste modo, pode ser alegada a coisa julgada, ainda que uma das ações penais tenha sido iniciada pelo Ministério Público e a outra pelo particular.
- *Identidade de causa de pedir:* respeita ao fato imputado, que deve ser o mesmo em ambas as ações penais, ainda que a capitulação (artigo) atribuída em cada um dos processos seja distinta.
- *Igualdade de pedido:* o pedido é o de condenação, inerente a qualquer ação penal, salvo nas hipóteses em que, mediante incidente de insanidade mental instaurado no curso do inquérito policial, tenha ficado evidenciada a inimputabilidade do acusado ao tempo da infração penal. Nesse último caso, a inicial não deverá conter pedido de condenação, mas, sim, o de absolvição com aplicação de medida de segurança (art. 386, parágrafo único, III, do CPP c/c o art. 97 do CP), modalida-

de esta denominada de **ação de prevenção penal**. Considerando que a medida de segurança possui natureza sancionatória, entendemos que pode ser oposta a exceção de coisa julgada na hipótese de responder o réu a processo em que, por exemplo, esteja sendo buscada sua condenação, quando, pelo mesmo fato, já tiver sido ele absolvido com imposição de medida de segurança.

A exceção de coisa julgada **não está sujeita à preclusão**. Destarte, pode ser arguida em qualquer tempo pelos interessados, desde que antes da sentença. Como já mencionamos, as *exceções (lato sensu)* possuem natureza de *questões incidentais* (incidem ao processo), e não poderão ser admitidas na fase posterior à sentença proferida na lide principal a que se dirigem. De qualquer forma, se implicarem nulidade absoluta (a violação à coisa julgada importa nessa espécie de nulidade), nada impede que a matéria seja arguida em grau de recurso como preliminar, ou mesmo em revisão criminal visando à desconstituição de sentença condenatória.

Quanto ao **procedimento**, de acordo com os arts. 110 e 111 do CPP, a exceção de coisa julgada observará as disposições relativas à tramitação da exceção de incompetência. Será oposta junto ao juiz da causa em andamento, o qual mandará autuá-la em apartado, decidindo após a oitiva da outra parte e do Ministério Público, caso não seja este o próprio propositor. No decorrer de sua tramitação, não haverá suspensão do processo criminal. Sua procedência importará em extinção do processo. Por outro lado, se julgada improcedente, persistirá o feito em andamento.

Nada impede o juiz de reconhecer ***ex officio*** a ocorrência de coisa julgada, pois ninguém pode responder processo criminal por fato já decidido. Assim, constatando o magistrado que já existe decisão a respeito do fato atribuído, deverá extinguir o processo.

7.2.7.2. Coisa julgada formal, coisa julgada material e coisa soberanamente julgada

Considerando a natureza da coisa julgada e os efeitos que este instituto é capaz de produzir em processos distintos, estabelece-se a seguinte classificação:

a) Coisa julgada formal: é a imutabilidade da decisão judicial provocada pela sua natureza irrecorrível, ou pela não interposição do recurso cabível no prazo legal, ou pelo esgotamento de todas as vias impugnativas possíveis. A coisa julgada formal não produz nenhum reflexo em relações processuais futuras, ainda que versem sobre o mesmo fato e o mesmo sujeito passivo. Traduz-se como um fenômeno puramente processual, não envolvendo ou decorrendo, necessariamente, do exame de aspectos atinentes ao mérito. Acarreta, simplesmente, a impossibilidade de ser revista a decisão judicial que a gerou. Tendo em vista este contexto e considerando a ausência de projeção de seus efeitos em outros processos, **descabe a sua arguição por meio de exceção de coisa julgada.**

Exemplo: *A rejeição da queixa-crime oferecida pelo querelante em delito de ação penal pública, pelo fato de ainda não ter se esgotado o prazo do Ministério Público para oferecimento de denúncia (art. 395, II, do CPP).* Tal decisão, uma vez transitada em julgado, fará coisa julgada formal, tornando-se definitiva. Caso o Ministério Público não venha a propor a denúncia no lapso que lhe é facultado por lei, poderá o *mesmo* querelante intentar outra queixa, relativamente ao *mesmo* réu e com a imputação do *mesmo* fato. A decisão anterior de rejeição, enfim, não impede o (re)exercício da ação penal.

Ressaltamos que, ao se dizer que a coisa julgada formal não implica a análise de mérito da ação penal, isto significa apenas que o mérito não é determinante na sua produção. Entretanto, hipóteses existem em que a decisão, apesar de produzir tão somente coisa julgada formal, ingressa em aspectos de mérito. Portanto, não é a presença ou a ausência de enfoques relativos ao mérito o critério distintivo da natureza da coisa julgada produzida pela decisão.

Exemplos:

1) *A decisão de impronúncia prevista no art. 414 do CPP é fundamentada na ausência de indícios de autoria ou de prova da materialidade do fato.* Não sendo oportunamente impugnada por meio de apelação, essa decisão importará em arquivamento definitivo do processo, que, em hipótese alguma, poderá ser reaberto. Se, porém, surgirem novas provas enquanto não for extinta a punibilidade, o *mesmo* réu poderá ser novamente denunciado pelo *mesmo* crime, iniciando-se, então, outro processo. Como se vê, a coisa julgada, por ser unicamente formal, atinge apenas a demanda em que proferida a decisão que a gerou, não obstando o ajuizamento de outra ação penal caso novos elementos de convicção assim o autorizarem. A par disto, deve-se lembrar que a impronúncia, resultando da conclusão do juiz no sentido da inexistência de indícios de autoria ou de prova de materialidade do fato, pressupõe o ingresso do magistrado em questões atinentes ao mérito. Sem embargo, a coisa julgada decorrente desta espécie de decisão não se projeta em relação à futura ação penal que venha a ser ajuizada em face do que dispõe o art. 414, parágrafo único, do CPP, ao estatuir que, "enquanto não extinta a punibilidade, poderá, em qualquer tempo, ser instaurado processo contra o réu, se houver novas provas".
2) *A decisão de pronúncia prevista no art. 413 do CPP, por meio da qual o juiz admite a imputação feita ao réu de um crime doloso contra a vida.* Tratando-se de um juízo provisório de acusação, a pronúncia produz apenas coisa julgada formal, pois não apenas a classificação do crime nela estabelecida está sujeita à modificação pelos jurados (*v.g.*, ao desclassificarem um crime de homicídio qualificado para homicídio simples), como também poderá ser alterada pela superveniência de fato novo, conforme regra expressa no art. 421, § 1.º, do CPP (*v.g.*, de tentativa de homicídio para homicídio consumado, em razão da morte superveniente da vítima em decorrência do fato descrito na denúncia). Não obstante, não se pode deixar de constatar nessa ordem de decisão um enfrentamento de mérito, ainda que superficial, pois o magistrado, ao proferi-la, examina a presença de indícios de autoria, de prova de materialidade do crime imputado, de evidências quanto à presença ou não de qualificadoras, entre vários outros aspectos que, indiscutivelmente, estão associados ao mérito da causa.

b) Coisa julgada material: é a imutabilidade dos efeitos substanciais da sentença de mérito e, ao contrário da coisa julgada formal, produz reflexos em relações processuais distintas que envolvam o mesmo fato e o mesmo réu. Tendo em vista esta natureza que lhe é própria, apenas a **coisa julgada material poderá ser objeto de exceção de coisa julgada**. Malgrado a diferença entre os dois institutos, não se pode deixar de reconhecer que há relação entre ambos, na medida em que, para que ocorra a coisa julgada material, é necessário, antes, que ocorra a coisa julgada formal, ou seja, a preclusão de todos os recursos possíveis.

Exemplos:

1) *A rejeição da denúncia sob o fundamento da atipicidade.* Contemple-se a hipótese em que determinado indivíduo seja denunciado pelo Ministério Público sob o fundamento de ter obtido vantagem ilícita em prejuízo alheio, ao emitir cheque pré-datado sem suficiente provisão de fundos em poder do sacado. Conclusa a inicial ao magistrado, este resolve rejeitar a peça acusatória, entendendo tratar-se de mero ilícito civil e não de uma infração penal (art. 395, III, do CPP - *falta de justa causa para a ação penal*). Tal decisão, evidentemente, poderá ser modificada em eventual recurso que venha a ser interposto pelo *parquet*. Caso esgotem-se as vias impugnativas, a rejeição da denúncia fará *coisa julgada formal*, impedindo sua modificação no mesmo processo. Não obstante, também produzirá *coisa julgada material*, pois não poderá, mais tarde, em outra denúncia, o mesmo fato ser atribuído ao mesmo réu pelo Ministério Público.
2) *A rejeição da queixa-crime em razão da prescrição do fato nela atribuído (art. 395, III, do CPP - falta de justa causa para a ação penal).* Preclusas as vias impugnativas, esta decisão torna-se imodificável nos autos em que exarada em face da *coisa julgada formal*. Entretanto, além da coisa julgada formal, o *decisum* também produzirá *coisa julgada material*, obstaculizando que outra queixa venha a ser deduzida relativamente ao mesmo fato, pois este já foi considerado prescrito em pronunciamento judicial anterior transitado em julgado. E esta conclusão não se altera mesmo na hipótese em que se venha a reconhecer como equivocada a decisão que, reconhecendo a prescrição do crime imputado, deixou de acolher a queixa intentada.

c) Coisa soberanamente julgada: a coisa soberanamente julgada consiste em uma variante da coisa julgada material e, assim como nesta última, **poderá ser objeto de arguição por meio da exceção de coisa julgada**. Ocorre em hipóteses nas quais a decisão, ao tornar-se imutável pela coisa julgada formal, não apenas reflete em eventual relação processual futura envolvendo o mesmo réu e o mesmo fato (coisa julgada material), como também é irrescindível. O *decisum*, neste caso, jamais poderá ser desconstituído, ainda que nulo, injusto ou manifestamente ilegal.

Exemplo:

Sentença absolutória criminal. Esta, uma vez transitada em julgado, torna-se definitiva, não importando que, posteriormente ao esgotamento ou preclusão dos recursos possíveis (coisa julgada formal), venham a ser descobertas novas provas que incriminem o réu. Devido à soberania da coisa julgada material produzida por esta ordem de decisão, nenhum outro processo poderá ser ajuizado contra o mesmo réu e pelo mesmo crime pelo qual absolvido. Ainda que nula a sentença absolutória, não poderá ela ser desconstituída por meio de revisão criminal.

Devemos observar que tal situação não ocorre em relação à sentença condenatória, que somente produzirá coisa soberanamente julgada para impedir que seja agravada a situação do condenado, mas não para obstar seja ele beneficiado pelo reconhecimento de atenuantes e minorantes, ou, quem sabe, até absolvido.

Exemplo:

Sentença condenatória criminal: Considere-se que determinado indivíduo seja condenado, por delito de lesões corporais seguidas de morte, a pena de cinco anos de reclusão, tornando-se esta decisão imutável em razão do não ingresso de qualquer recurso pelas partes (formando-se, portanto, coisa julgada formal). Na hipótese de serem descobertas, posteriormente, novas provas contra o réu, evidenciando que possuía ele o dolo de matar no momento da conduta, em razão do fato estar soberanamente julgado, nada poderá ser feito visando à desconstituição da decisão condenatória e ao ingresso de novo processo criminal contra o mesmo autor para imputar-lhe o crime de homicídio. Não obstante, vindo a ser descoberta uma nulidade processual ou provas de inocência do réu, será possível o ingresso de revisão criminal para a rescisão da sentença condenatória e, até mesmo, a absolvição do réu condenado. Em suma, a decisão condenatória, nesta hipótese, terá produzido coisa soberanamente julgada apenas para impedir qualquer medida que agrave a situação do réu, mas não para obstar-lhe benefícios ou até mesmo a absolvição diante do surgimento posterior de provas de sua inocência.

Atente-se, para melhor visualizar as diferenças quanto aos institutos referidos, ao seguinte gráfico:

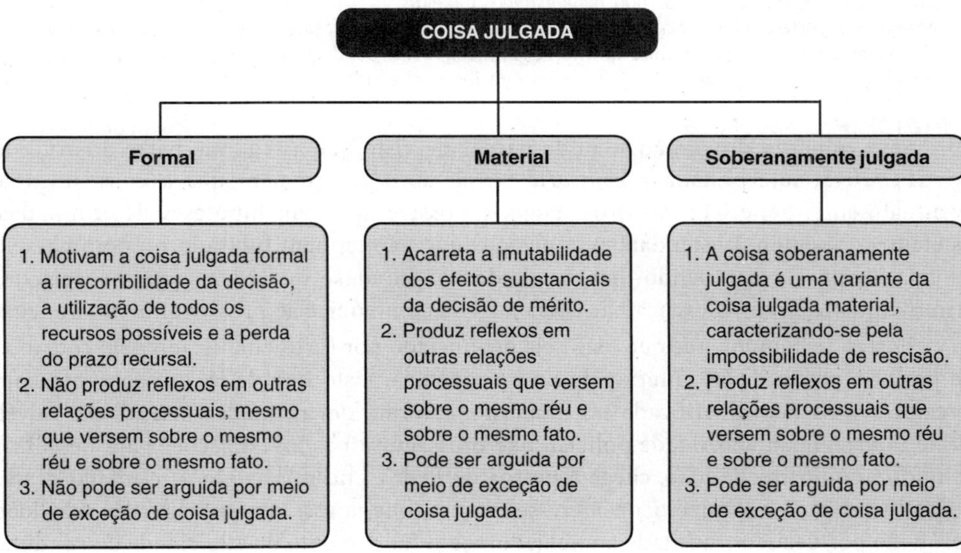

7.2.7.3. *A exceção de coisa julgada e os limites objetivos e subjetivos*

O estudo relativo aos **limites objetivos da coisa julgada** tem por fim determinar quais as partes da sentença que produzem coisa julgada material. Para essa definição, utiliza-se o art. 110, § 2.º, do CPP, o qual estabelece que a exceção de coisa julgada somente poderá ser oposta em relação ao fato principal que tiver sido objeto da sentença. Ora, por *fato principal* compreende-se a imputação feita ao réu, vale dizer, aquela que se possa concluir a partir da descrição incorporada à denúncia ou queixa-crime, independentemente da capitulação jurídica (artigo de lei) que lhe tenha sido atribuída. Logo, não fazem parte do *fato principal* e, consequentemente, não estão abrigados pela coisa julgada material, por exemplo, determinadas circunstâncias do crime, como a narrativa genérica do contexto fático em que ocorreu.

Por outro lado, os **limites subjetivos da coisa julgada** dizem respeito à imutabilidade da decisão em relação aos sujeitos processuais. O problema relativo a esta vertente é resolvido por meio do art. 506 do CPC/2015 (aplicável à esfera penal com base no permissivo do art. 3.º, do CPP), estabelecendo este que "a sentença faz coisa julgada às partes entre as quais é dada, não prejudicando terceiros". Transpondo-se esta disciplina para o processo penal, infere-se que a regra, então, é a de que a decisão criminal produza coisa julgada apenas em relação ao responsável pela infração que, devidamente processado, tenha sido definitivamente condenado ou absolvido. Tal situação, aliás, decorre do imperativo constitucional do contraditório, o qual exige que seja alcançado pela autoridade da coisa julgada apenas aquele a quem tenha sido oportunizado apresentar alegações e produzir provas no intuito de formar o convencimento do juiz.

A disciplina do art. 506 do CPC/2015 ("A sentença faz coisa julgada às partes entre as quais é dada, não prejudicando terceiros".) substituiu a do art. 472, 1.ª parte, do revogado CPC/1973 ("A sentença faz coisa julgada às partes entre as quais é dada, não beneficiando, nem prejudicando terceiros"). A alteração verificada entre um e outro (supressão, no art. 506 do CPC/2015, da expressão *"não beneficiando...terceiros*, presente no art. 472 do CPC/1973") adéqua-se, perfeitamente, ao sistema processual penal em vigor, que, conforme se verá adiante, em dadas circunstâncias, admite que terceiro, mesmo não sendo réu, beneficie-se com decisão penal favorável ao acusado na ação penal que lhe tenha sido movida.

Sem embargo disso, não se pode perder de vista que a segunda parte do art. 506 do CPC/2015, interpretada a *contrario sensu*, abre espaço para que a coisa julgada, eventualmente, **beneficie** terceiros. Logo, é possível que, em hipóteses determinadas, os efeitos da sentença estendam-se a pessoas que não tenham figurado no polo passivo da relação processual, sendo-lhes facultado, na hipótese de virem a ser processadas criminalmente, arguir a exceção de coisa julgada como óbice ao prosseguimento do feito.

Ilustra-se: Suponha-se que João seja denunciado por furto qualificado pelo concurso de pessoas, praticado no interior de uma residência, visto que de lá, em conjunto com terceira pessoa não identificada no inquérito, subtraiu determinada coisa alheia móvel. Neste interregno, a autoridade policial, que prosseguira nas investigações para descobrir o suposto comparsa de João, chega à pessoa de Pedro, encaminhando o resultado dessas novas investigações a juízo. Considere-se, porém, que, a esse tempo, já tenha sido João absolvido por decisão transitada em julgado, sob o fundamento da atipicidade da conduta, em face das provas surgidas no curso do processo no sentido de que, na verdade, foi a vítima quem, espontaneamente, lhe doou o objeto tido como furtado, sendo que Pedro apenas o ajudou no seu transporte. Neste contexto, caso Pedro venha a ser processado pelo mesmo fato, poderá arguir, em seu benefício, a exceção de coisa julgada, visto que a ausência de tipicidade da conduta que praticou com João já foi decidida por meio de sentença imutável. Isto ocorre em face de ter sido João absolvido por *motivo relacionado ao fato* que lhe foi imputado em si e não à sua pessoa. A solução seria bem diferente caso a absolvição de João ocorresse por *motivo pessoal*, *v.g.*, a ausência de provas de que ele tenha concorrido para a infração penal. Neste caso, nada impediria o ajuizamento posterior de ação penal contra Pedro, sem que pudesse este opor, em seu favor, a exceção em exame.

Para esta interpretação, contribui a exegese *a contrario sensu* do art. 580 do CPP, que, tratando de situação simétrica, refere que, "no caso de concurso de agentes (CP, art. 29), a decisão do recurso interposto por um dos réus, se fundado em motivos que não sejam de caráter exclusivamente pessoal, aproveita aos demais" (grifamos); e também colabora, igualmente por simetria, a previsão do art. 1.005 do CPC/2015, relativo ao chamado litisconsorte unitário, ao preceituar que o recurso interposto por um dos litisconsortes a todos aproveita, salvo se distintos ou opostos os seus interesses.

7.2.7.4. *A coisa julgada e o concurso formal de crimes*

Por concurso formal compreende-se a hipótese em que o agente, mediante uma ação ou omissão, pratica dois ou mais crimes, idênticos ou não.

Haverá **concurso formal próprio** quando dois ou mais crimes decorrerem de uma mesma conduta, sem que haja diversidade de desígnios ou de vontades em relação a cada um deles. Assim ocorre nos crimes culposos, na hipótese de conduta imprudente, negligente ou imperita do agente que produzir diversos resultados; e, também, na hipótese de *aberratio ictus* (art. 73, § 2.º, do CP), vale dizer, quando o agente, visando a determinado resultado, causa além deste, que constitui o seu objetivo, um outro a título de culpa. Em ambos os casos, a teor do art. 70, 1.ª parte, do CP, considerar-se-á apenas a pena cominada a um dos crimes resultantes da conduta, fazendo-se incidir, sobre ela, o acréscimo de um sexto até a metade (sistema da exasperação da pena).

Por outro lado, haverá **concurso formal impróprio** quando o agente pratica dois ou mais crimes mediante uma só conduta, praticada esta com pluralidade de desígnios (ou pluralidade de vontades). Essa espécie de concurso só é possível quando o agente deseja (dolo direto) todos os resultados ou aceita o risco de produzi-los (dolo eventual).

- *Exemplo de concurso formal próprio em crimes culposos*: Manoel, dirigindo em excesso de velocidade, vem a colidir contra outro veículo, matando os três caroneiros que o acompanhavam.
- *Exemplo de concurso formal próprio na hipótese de "aberratio ictus"*: Mário, desejando matar Joaquim, atinge-o com um disparo que, por acidente, também acerta Maria, causando a morte dos dois.
- *Exemplo de concurso formal impróprio*: indivíduo, desejando matar seus dois inimigos, atropela-os, simultaneamente, no exato momento em que atravessam uma via pública. Neste caso, como havia desígnios autônomos em relação a cada conduta, dispõe o art. 70, 2.ª parte, do CP que as penas correspondentes aos crimes distintos serão somadas (sistema do cúmulo material).

Em relação à **coisa julgada material** no caso de concurso formal de crimes (próprio ou impróprio), não há dúvidas de que o instituto poderá ser invocado como matéria de defesa quando a sentença proferida em relação ao crime primeiramente imputado tiver sido absolutória. *E se foi condenatória?* Neste caso, é necessário verificar se os resultados decorrentes da única ação deram-se ou não no mesmo contexto fático. Se ocorreram, a coisa julgada material poderá ser alegada. Caso contrário, descabe sua arguição. Exemplos: 1) *João foi julgado pela morte de Pedro, transitando em julgado essa decisão. Mais tarde, é descoberto que o tiro que matou Pedro causou, por acidente, a morte de Mário, que passava pelas proximidades.* Nesta situação, se João foi absolvido da morte de Pedro, não poderá ser denunciado pela morte de Mário. Agora, se tiver sido condenado, poderá ser acusado deste outro crime, pois as duas mortes ocorreram em contextos fáticos distintos.

2) *Miguel é julgado por roubo a banco, eis que subtraídos R$ 5.000,00 da própria agência bancária, operando-se o trânsito em julgado da decisão. Depois, é novamente processado por roubo de relógio de pessoa que estava no estabelecimento no momento do assalto.* Nesta hipótese, ocorrendo as duas subtrações no mesmo contexto fático, o segundo processo ajuizado (roubo ao cliente) deve ser extinto em face da coisa julgada, não importando se foi absolutória ou condenatória a decisão no primeiro (roubo ao banco). Esta, aliás, a decisão do STJ em caso idêntico, ao apreciar o HC 285.589/MG (*DJ* 17.09.2015).

7.2.7.5. *Coisa julgada e crime continuado*

Com previsão no art. 71 do CP, há *crime continuado* quando o agente, mediante mais de uma ação ou omissão, comete dois ou mais crimes da mesma espécie, de tal forma que, pelas condições de *tempo*, *lugar* e *forma de execução*, devem os posteriores ser considerados como continuação do primeiro.

No que concerne à relação entre essa modalidade de concurso de crimes e a **coisa julgada** produzida pela sentença condenatória, o questionamento que se impõe respeita à hipótese de ter sido o indivíduo condenado em processos distintos, constatando-se posteriormente, já na fase da execução das penas atribuídas por sentenças diversas, que todos foram perpetrados em condições tais que autorizariam o reconhecimento do crime continuado. Neste caso, independentemente do trânsito em julgado ocorrido em relação à decisão proferida em cada um dos processos penais a que respondeu o condenado, faculta-se ao juiz da execução aplicar o instituto da **unificação das penas**, que nada mais é do que a incidência do art. 71 do CP na fase executória da pena. Assim, verificando tratar-se, efetivamente, de hipóteses que permitem o reconhecimento do crime continuado, caberá ao magistrado que oficia na execução criminal valer-se da pena mais elevada, exasperando-a segundo os parâmetros fracionários definidos no precitado art. 71 do CP (1/6 a 2/3).

Considere-se, para ilustrar, a seguinte situação:

> Determinada pessoa é processada e julgada por um crime de furto, sendo-lhe fixada pena de *dois anos* de reclusão, operando-se o respectivo trânsito em julgado. Entretanto, em momento posterior, vem a ser condenada em processos distintos, por outros três furtos, sendo-lhe impostas, por sentenças igualmente definitivas, penas de *um ano e quatro meses* no primeiro, *um ano* no segundo e *um ano e oito meses* no terceiro. Somadas as penas impostas nas quatro sentenças penais, ter-se-á o total de *seis anos* de prisão a serem cumpridos. Encontrando-se a cumprir pena, constata seu defensor a possibilidade de que tenham sido os crimes cometidos em *continuidade delitiva*, situação esta que importaria em redução substancial de pena caso tivesse respondido a um só processo criminal pelos quatro delitos.

Neste exemplo, supondo-se que a exasperação sobre a maior das quatro penas impostas (dois anos) venha a ocorrer no grau máximo, resultaria a pena final em três anos e quatro meses (2 anos = 24 meses x 2/3 = 1 ano e 4 meses → 2 anos + 1 ano e 4 meses = 3 anos e 4 meses), reprimenda esta inferior, portanto, aos seis anos que originariamente resultaram da soma então realizada. Tal cenário não implica violação à coisa, pois não importa em alteração de cada uma das penas impostas nos processos distintos, mas, sim, na quantificação da pena final decorrente de todas as condenações, aplicando-se a regra da exasperação da pena maior em vez da soma de todas as reprimendas individualmente fixadas.

7.2.7.6. *Coisa julgada e crimes permanentes*

Crime permanente é aquele cuja consumação se protrai no tempo. Trata-se de um único crime, sendo sua consumação prolongada por vontade do sujeito ativo.

É o que ocorre, por exemplo, no crime de sequestro (art. 148 do CP). Tomando por base esse delito, imagine-se que determinada pessoa permaneça sequestrada durante várias semanas, sendo o local do cativeiro modificado de tempos em tempos, abrangendo regiões pertencentes a comarcas distintas. Processado e sentenciado o agente, por decisão transitada em julgado, em uma dessas comarcas, não poderá ser novamente acionado, pelo mesmo delito, em qualquer das outras em cujo território também permaneceu a vítima cativa, em face da coisa julgada material que se operou com o trânsito em julgado da primeira decisão.

7.2.7.7. *Coisa julgada e os crimes habituais*

Por **crimes habituais** compreendem-se aqueles que não se consumam com a prática de um só ato típico, exigindo, ao contrário, a reiteração da conduta.

Exemplo de crime habitual é o curandeirismo, que apenas se tem por configurado diante da comprovação de várias práticas relacionadas ao tratamento de pessoas por meio de métodos cientificamente questionáveis. Ora, denunciado e julgado, definitivamente, o agente por esse crime, não poderá, posteriormente, voltar a ser acionado por qualquer das condutas que incorporaram o processo criminal em razão da coisa julgada material.

Pode ocorrer, entretanto, que, no exemplo dado, após encerrado o ciclo de condutas reconhecidas como habituais e que conduziram à condenação anterior, torne o agente a exercer a prática ilegal de métodos de cura. Nesse caso, poderá, relativamente ao novo ciclo iniciado, ter ajuizado, contra si, outro processo criminal, sem que tal implique afrontamento à coisa julgada.

7.2.8. Formas de impugnação da decisão judicial proferida nas exceções de suspeição, incompetência, litispendência, ilegitimidade de parte e coisa julgada

7.2.8.1. *Procedência e improcedência da exceção de suspeição*

Conforme já examinamos anteriormente, a exceção de suspeição do juiz não é decidida pelo próprio magistrado excepto. Este pode, sem dúvida, acolhê-la e afastar-se do processo, enviando-o ao magistrado substituto. Caso não o faça, deverá encaminhar a exceção ao órgão competente do tribunal ao qual está vinculado, que julgará **procedente** ou **improcedente** a exceção. Destarte, o recurso cabível em relação a tais resultados dependerá do órgão julgador da exceção, o que é previsto no regimento interno de cada pretório. Como, normalmente, a *exceptio suspicionis* é decidida por uma câmara dos Tribunais de Justiça ou por uma turma dos Tribunais Regionais Federais, a respectiva decisão poderá ser atacada por meio dos recursos especial e extraordinário.

7.2.8.2. *Procedência e improcedência das exceções de incompetência, litispendência, ilegitimidade de parte e coisa julgada*

Na hipótese de **procedência** destas exceções, será cabível a interposição de recurso em sentido estrito, fundamentado no art. 581, III, do CPP.

Como a previsão do recurso em sentido estrito é limitada à hipótese de procedência, no caso de **improcedência** caberá a impetração de *habeas corpus*, com base no art. 648, VI, do CPP, visando ao reconhecimento da mácula alegada e não reconhecida. Há, no entanto, quem defenda a possibilidade da apelação lastrada no art. 593, II, do mesmo código.

7.2.8.3. *Reconhecimento* ex officio *pelo juiz da incompetência do juízo, litispendência, ilegitimidade de parte e coisa julgada*

Em relação ao reconhecimento *ex officio* da **incompetência** do juízo, é oponível recurso em sentido estrito fundamentado no art. 581, II, do CPP, que se refere à decisão do magistrado que "concluir pela incompetência do juízo". A hipótese não se confunde com a prevista no art. 581, III do mesmo Código, pois este inciso contempla o cabimento do RSE em relação ao julgamento de procedência da *exceção* de incompetência (e das demais exceções, salvo a de suspeição), isto é, àquela deduzida pela parte interessada.

Não havendo previsão de RSE em relação à decisão judicial que, *ex officio*, reconhece a ocorrência de **litispendência, ilegitimidade de parte** e **coisa julgada**, duas alternativas se apresentam:

> ***Primeira:*** importando todas estas situações em extinção prematura do procedimento, a decisão do magistrado poderá ser apelável por força do disposto no art. 593, II, do CPP, que trata da apelação contra "as decisões definitivas ou com força de definitivas" (decisões que provocam a extinção do procedimento ou põem termo a uma fase do processo) nos casos "não previstos no capítulo anterior" (o "capítulo anterior" refere-se ao RSE).
>
> ***Segunda:*** considerando que a *litispendência*, a *ilegitimidade de parte* e a *coisa julgada* importam em nulidade absoluta do processo junto ao qual declaradas, uma vez reconhecidas, justificam o cabimento de recurso em sentido estrito fulcrado no art. 581, XIII, do CPP, dispondo sobre o cabimento dessa via impugnativa contra a decisão que, de ofício ou a requerimento dos interessados, *anular o processo no todo ou em parte.*

Considerando que ambas as impugnações são aceitáveis, nada obsta, sendo interposta uma delas e compreendendo o órgão recursal pelo cabimento da outra, a aplicação do princípio da fungibilidade (art. 579 do CPP), mesmo porque os dois recursos possuem o mesmo prazo e não há como cogitar da ocorrência de erro grosseiro na opção por qualquer deles.

7.2.8.4. *Exceções: gráfico esquematizado*

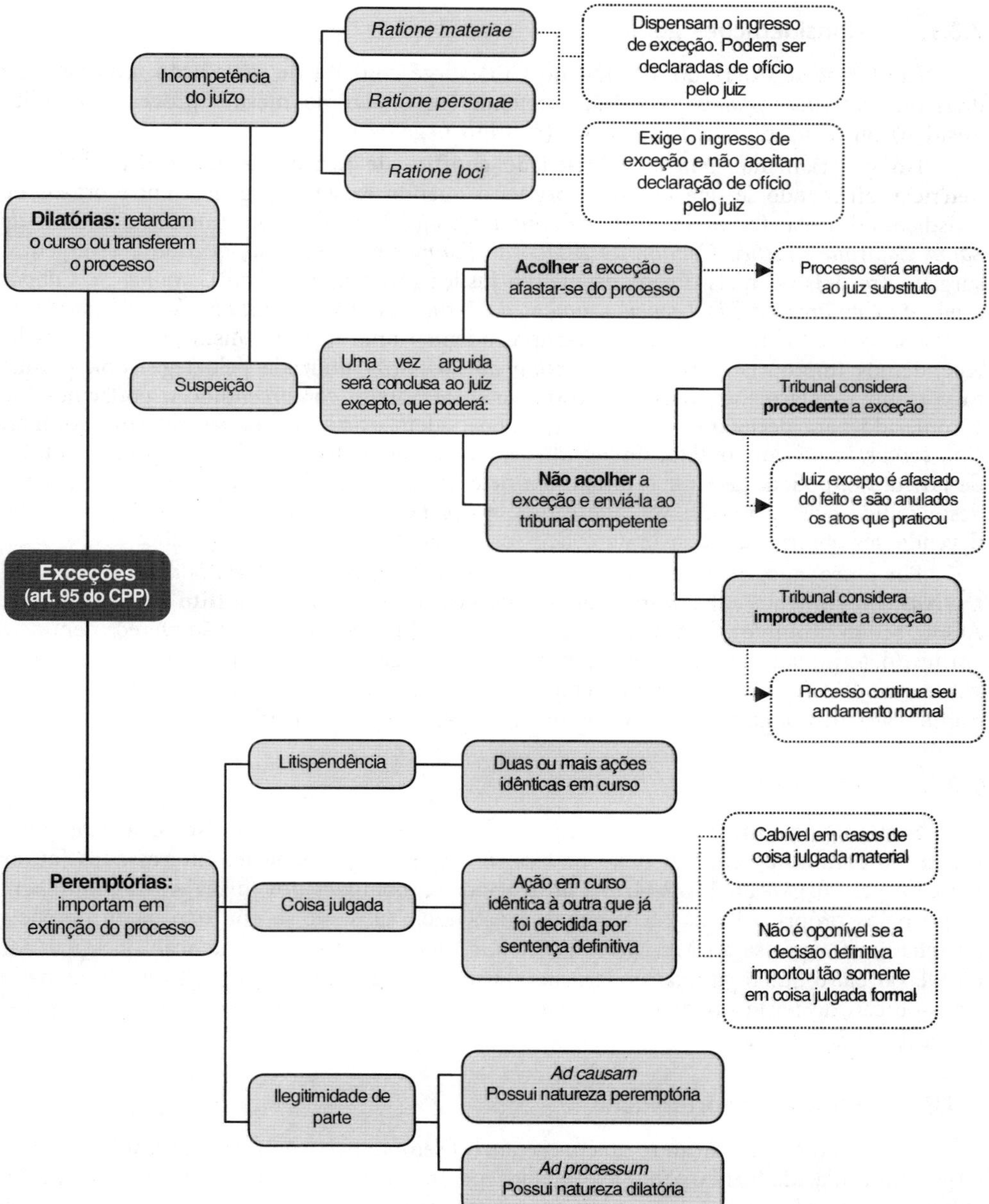

7.3. CONFLITO DE JURISDIÇÃO (ARTS. 113 A 117 DO CPP)

7.3.1. Considerações gerais

Conforme se infere do art. 114 do CPP, surge **conflito de jurisdição** toda vez que duas ou mais *autoridades judiciárias* pretenderem oficiar no mesmo processo (conflito positivo) ou recusarem-se a nele atuar (conflito negativo).

Doutrinariamente, tem-se diferenciado **conflito de jurisdição** de **conflito de competência**, afirmando-se que ocorre o primeiro quando existe divergência entre órgãos de jurisdições distintas (*exemplos: Justiça Comum e Justiça Federal, Justiça Comum do Estado de Santa Catarina e Justiça Comum do Estado do Paraná*) e, o segundo, quando a divergência surgir entre dois ou mais órgãos da mesma justiça (*exemplos: juiz da Comarca de Canoas e juiz da Comarca de São Leopoldo, ambos da Justiça Comum do Estado do Rio Grande do Sul*). Sob o ponto de vista técnico, compreendemos imprópria tal distinção. Na verdade, entendemos imprópria a expressão *conflito de jurisdição* utilizada pelo legislador, porque todo o juiz regularmente investido possui *jurisdição*, assim compreendido o poder que lhe é conferido para declarar o direito. Logo, não podem existir *jurisdições* em conflito, mas, sim, *competências* em conflito, discutindo-se, então, quem, dentre todos os juízes investidos de jurisdição, poderá declarar o direito em determinado caso concreto. Independentemente dessa crítica que fizemos, a verdade é que, no plano da doutrina, a diferenciação é feita, devendo ser observada em sede de concursos públicos voltados à área jurídica.

Por outro lado, quando se tratar de disputa entre ***autoridades judiciárias e administrativas***, ou somente entre ***autoridades administrativas***, haverá **conflito de atribuições**. Assim, se um promotor de justiça de Santa Cruz do Sul, por exemplo, não oferece denúncia em um determinado inquérito policial, requerendo sua remessa ao promotor da comarca vizinha de Rio Pardo, caso este entenda também não possuir atribuições, deverá suscitar *conflito negativo de atribuições*, a ser dirimido pelo procurador-geral de justiça.

7.3.2. Legitimidade

Segundo a norma do art. 115 do CPP, o conflito de jurisdição (e isto se aplica, igualmente, ao conflito de competência) poderá ser suscitado **pelas partes interessadas (autor e réu)** e pelo **órgão do Ministério Público** junto a qualquer dos juízes em dissídio, bem como pelos próprios juízes ou tribunais envolvidos. Observe-se que não há incoerência na referência expressa ao Ministério Público, a qual se justifica na intenção do legislador em deixar claro que o *parquet* poderá suscitar o conflito tanto quando estiver posicionado na condição de parte do processo como na hipótese de encontrar-se exercendo o papel de *custos legis*.

7.3.3. Forma e oportunidade

O conflito de jurisdição (e de competência) sempre decorrerá de manifestação escrita circunstanciada, deduzida pelos legitimados perante o órgão competente para dirimi-lo, expondo-se os fundamentos e acostando-se a documentação comprobatória pertinente. Se realizado pelas partes (querelante, Ministério Público ou réu) ou pelo *custos legis*, assume a forma de requerimento; se, ao contrário, provocado pelos juízes ou tribunais, toma a forma de representação (art. 116 do CP). Quanto à diferença entre um e outro, tem-se que o requerimento insere um pedido feito ao Tribunal competente para que decida sobre a controvérsia, dirimindo o conflito existente. Já a representação não contém, propriamente, um pedido, mas, sim, uma exposição das razões pelas quais o suscitante considera-se competente ou incompetente para o exame de determinado processo, a fim de que o Tribunal delibere a respeito.

Tanto o requerimento como a representação, em princípio, devem ser autuados em apartado, com remessa destes autos ao Órgão competente para julgamento do conflito. Ressalva-se desta regra o conflito negativo suscitado pelos próprios juízes ou tribunais, que deverá ser realizado nos próprios autos do processo criminal.

Relativamente à oportunidade de arguição, tudo depende da natureza da incompetência que provocou o deslocamento do processo (conflito negativo) ou a dupla pretensão de nele oficiar (conflito positivo). Logo:

- Tratando-se de **incompetência relativa (territorial)**, o conflito deverá, em regra, ser suscitado nos prazos assinalados pelo art. 571 do CPP, sob pena de preclusão. Discordamos, neste enfoque, de Mirabete, que considera como prazo fatal, para a defesa, o momento da defesa prévia (agora tratada, no procedimento comum – art. 396-A do CPP –, como *resposta à acusação*).
- Sendo hipótese de **incompetência absoluta (em razão da matéria ou da pessoa)**, *em tese*, pode o conflito ser suscitado em qualquer tempo, já que tal ordem de incompetência não está sujeita a prazos preclusivos. Diz-se "em tese" porque é preciso ressalvar a situação versada na Súmula 59 do STJ, dispondo que "não há conflito de competência se já existe sentença com trânsito em julgado, proferida por um dos juízos conflitantes". Logo, se em um deles já existe decisão transitada em julgado, não se pode mais cogitar da ocorrência de conflito de competência a ser dirimido pelos tribunais.

7.3.4. Procedimento

O procedimento em si é bastante simples: o requerimento ou a representação deverá ser endereçada ao Presidente do Tribunal competente para a solução do impasse, sendo que este procederá à distribuição (caso não deva ele próprio funcionar como relator). Uma vez distribuído o conflito, sendo positivo, poderá ser determinada a suspensão do processo pelo relator (art. 116, § 2.º, do CPP). A seguir, expedida ou não essa ordem, serão requisitadas informações das autoridades envolvidas, as quais deverão ser prestadas no prazo assinalado (art. 116, § 3.º, do CPP). Recebidas tais informações e depois de ouvido o Ministério Público, será julgado o conflito, salvo se houver necessidade de alguma diligência instrutória (art. 116, §§ 4.º e 5.º, do CPP), encaminhando-se, após, as cópias necessárias à execução da decisão às autoridades em conflito (art. 116, § 6.º, do CPP).

Ao decidir o conflito, o Tribunal definirá o juízo competente.

7.3.5. Distinção entre conflito de competência/jurisdição e conflito de atribuições no caso concreto

Questão importante refere-se ao momento em que deixa de existir *conflito de atribuições* para surgir *conflito de competência* ou de *jurisdição*, ou vice-versa. Imagine-se que um **promotor de justiça de Guaratinguetá** não ofereça denúncia em determinado inquérito policial, requerendo sua remessa ao **promotor da comarca de Jacareí**, sendo esta manifestação acolhida pelo juiz. Considere-se, neste mesmo caso, que o juiz a que foram encaminhados os autos, Jacareí, também acolhendo manifestação do Ministério Público que lá oficia, venha a entender não ser competente para o feito, compreendendo que tal deveria ocorrer junto ao foro a que inicialmente foi distribuído o procedimento investigatório, ou seja, Guaratinguetá. Nessa hipótese, houve:

(a) **Conflito negativo de jurisdição entre os juízes de Guaratinguetá e de Jacareí?**

(b) **Conflito negativo de atribuições entre os promotores de Guaratinguetá e de Jacareí?**

(c) **Conflito negativo de atribuições entre o promotor de Guaratinguetá e o juiz de Jacareí?**

Há, basicamente, três posições:

1.ª) A hipótese é de conflito negativo de atribuições entre os promotores de Guaratinguetá e de Jacareí, visto que surgiu antes da instauração da relação processual penal: para os defensores dessa linha de pensamento, o simples fato de o juiz, no âmbito do inquérito policial, enviar os respectivos autos, a requerimento do Ministério Público, para outro órgão judicial não implica negar a sua competência, consubstanciando-se esse encaminhamento em um simples despacho de mero expediente. Tanto é que o art. 109 do CPP permite que o juiz declare sua incompetência "em qualquer fase do processo", não havendo referência ao inquérito policial. Destarte, quando realiza tal encaminhamento, procede o juiz a uma atividade meramente administrativa e sem nenhum caráter jurisdicional. Neste sentido, a decisão do Conflito de Jurisdição 163/RJ, do Tribunal de Justiça do Rio de Janeiro, entendendo-se que, "inexistindo denúncia, não tendo sido instaurada a ação penal, não há conflito de competência de juízes, mas conflito de atribuições do MP, que será decidido pela douta Procuradoria-Geral de Justiça".

2.ª) A hipótese caracteriza conflito negativo de competência entre os juízes de Guaratinguetá e de Jacareí, pois estes, ao acolherem as manifestações dos promotores que atuam nas respectivas varas, judicializaram as posições externadas nos pareceres do Ministério Público: entende-se que o momento em que é suscitado o conflito – antes ou depois da instauração da relação processual penal – mostra-se indiferente. Assim, quando dois agentes do Ministério Público promovem no sentido da incompetência do juízo para o processo e julgamento de um fato delituoso, deixando, em razão disso, de oferecer denúncia, o conflito não se estabelece entre eles, mas entre os juízes que acolherem suas promoções conflitantes. Trata-se, pois, de conflito de jurisdição, e não de conflito de atribuições, a ser dirimido no âmbito do Poder Judiciário. Neste sentido, em diversas oportunidades pronunciou-se o STF, acrescentando que, "se juízes de comarcas situadas em Estados-membros diversos, acolhendo manifestações dos respectivos membros do Ministério Público, decidem no sentido da incompetência dos seus Juízos, o que se configura é conflito de jurisdição, e não de atribuições entre órgãos do Ministério Público de Estados diferentes" (*RTJ* 166/401, Rel. Min. Maurício Corrêa).

3.ª) A hipótese poderá caracterizar tanto conflito de competência como conflito de atribuições, dependendo da situação caracterizada no caso concreto: para esta orientação, a qual perfilhamos, para que se possa definir se a hipótese caracteriza conflito de competência ou conflito de atribuições, será necessário considerar a natureza do pronunciamento do juiz diante da manifestação do promotor-recusante. Logo, se o magistrado ingressa no mérito da questão relativa à competência, compartilhando do pensamento ministerial, e encaminha o feito a outro juízo, caso lá haja discordância com esse entendimento, o conflito que surge é o de competência. Agora, se, diante da promoção do Ministério Público, limitar-se o magistrado a encaminhar os autos do inquérito a outro juízo, sem nenhum pronunciamento de caráter jurisdicional, limitando-se, por exemplo, a um simples "acolho o parecer do Ministério Público", o conflito que poderá se estabelecer na hipótese de não aceitação do inquérito pelo juízo ao qual foi encaminhado será o de atribuições. Portanto, em relação ao caso ilustrado:

- Suponha-se que o juiz de direito de Guaratinguetá, concordando com a arguição declinatória do Ministério Público, tenha reconhecido a incompetência daquele juízo e determinado, ato contínuo, a remessa dos autos à comarca de Jacareí. Nesta hipótese, caso o promotor de Jacareí entenda no sentido da competência do juízo de Guaratinguetá, em vez de suscitar conflito negativo de atribuições, deverá manifestar-se perante o juiz da vara a que fora distribuído o procedimento policial no sentido de que seja suscitado conflito de competência.
- Imagine-se, agora, que não tenha ocorrido pronunciamento explícito do juízo de Guaratinguetá sobre a incompetência desse foro, limitando-se a mero despacho de acolhimento do parecer do Ministério Público, ordenando, ato contínuo, a remessa do feito à comarca de Jacareí. Nesta situação a recusa do promotor de Jacareí exigirá que ele próprio suscite conflito negativo de atribuições em relação à manifestação do promotor de Guaratinguetá.

Essa última orientação tem sido adotada pelo STF, compreendendo esta Corte que, se o Poder Judiciário não foi provocado a definir a competência de nenhum de seus Órgãos, apenas atendendo a requerimento do Ministério Público para fazer chegar o feito a outro juízo sem exarar qualquer ato de conteúdo jurisdicional, tem-se configurado conflito de atribuições e não de competência (Pet. 3.631/SP, *DJ* 07.03.2008).

7.3.6. Avocatória

Conforme estabelece o art. 117 do CPP, "o STF, mediante avocatória, restabelecerá a sua jurisdição, sempre que exercida por qualquer dos juízes ou tribunais inferiores". Pois bem, se o STF considerar-se competente para deliberar sobre processo que tramita em instância inferior (juízos de 1.ª Instância ou Tribunais), poderá avocá-lo, ou seja, trazer para si a decisão sobre a demanda. Justifica-se a previsão incorporada ao dispositivo pelo fato de que não existe um órgão superior que possa resolver eventuais conflitos envolvendo o STF. Destarte, no surgimento desta ordem de impasse, limitar-se-á o Pretório Excelso a avocar o processo e julgamento da causa.

Como a avocatória era prevista na Carta Política anterior e não mais está presente na atual Constituição, há quem entenda que tal instituto teria sido extinto. Neste aspecto, compartilhamos do entendimento contrário, vale dizer, no sentido de que persiste em vigor a avocatória, não restando prejudicada pela omissão no texto constitucional atual, eis que, quando prevista no art. 119, I, *o*, da antiga Carta, possuía outra conotação, não sendo restrita à matéria de competência, tal como hoje o é. Cabe ressaltar, também, que há forte entendimento no sentido de que a faculdade de *avocar*, além do STF, estende-se igualmente ao STJ em relação a processos de sua competência originária[14].

7.3.7. Competência para a decisão nos conflitos de competência/jurisdição e de atribuições

O art. 116, *caput*, do CPP, ao tratar do conflito de jurisdição, refere-se apenas ao "tribunal competente" para julgá-lo, sem estabelecer regras expressas sobre a forma de definição dessa competência. Destarte, tal normatização deverá ser buscada na Constituição Federal, nas Constituições Estaduais, nas leis processuais, nas leis de organização judiciária e nos regimentos internos de cada tribunal.

Situação semelhante ocorre em relação aos conflitos de atribuições.

Em síntese, e abstraindo regramentos próprios de cada Estado da Federação nas respectivas Constituições, leis e regimentos internos, pode-se estabelecer o seguinte esquema geral de competências, segundo o conflito estabelecido e considerando-se as situações mais comuns:

[14] STJ, HC 12.719/RJ, *DJ* 13.08.2001.

* C.C.R. = CÂMARAS DE COORDENAÇÃO E REVISÃO

Conflito de Competência ou Jurisdição	Competência para Decisão
Conflitos entre o Superior Tribunal de Justiça e quaisquer outros tribunais (exceto o STF). *Exemplo*: conflito entre o STJ e o STM ou entre o STJ e o Tribunal de Justiça de Pernambuco. **Conflitos entre Tribunais Superiores (exceto o STF) e qualquer outro tribunal.** *Exemplo*: conflito entre o STM e o Tribunal de Justiça de São Paulo. **Conflito entre Tribunais Superiores (exceto o STF).** *Exemplo*: conflito entre o STM e o TSE. **Observação:** Por *Tribunais Superiores* compreendem-se o Superior Tribunal de Justiça, o Superior Tribunal Militar, o Tribunal Superior Eleitoral e o Tribunal Superior do Trabalho. Embora o STF também seja um *Tribunal Superior*, exclui-se da regra em exame, pois eventuais conflitos envolvendo-o são resolvidos pela *avocatória*.	**Supremo Tribunal Federal (art. 102, I, *o*, da CF)**
Conflitos envolvendo quaisquer tribunais, exceto os referidos no item *supra*. *Exemplo*: conflito entre os Tribunais de Justiça do Rio Grande do Sul e de Santa Catarina. **Conflitos envolvendo tribunal e juízes a ele não vinculados.** *Exemplo*: considere-se que determinado juiz federal tenha concluído pela incompetência da Justiça Federal para processar e julgar o feito. Interposto RSE (art. 581, II, CPP) pelo Ministério Público Federal perante o TRF da respectiva região, suponha-se que a decisão de incompetência seja mantida, sendo o processo, então, enviado à Justiça Estadual. Pois bem, caso o juiz estadual de 1.º Grau, ao receber o processo não concorde com a declinação, entendendo ser da Justiça Federal a competência para analisar o processo, sendo suscitado conflito negativo, caberá ao STJ dirimi-lo. (TRF-2, Carta Testemunhável 201151018100437, 2.ª Turma, j. 02.10.2012). **Observação:** por muito tempo se entendeu que, no art. 105, I, *d*, da CF, enquadrava-se o conflito entre Tribunal de Justiça e Turmas Recursais dos Juizados Especiais Criminais do mesmo Estado. Essa orientação, todavia, está superada. Isso porque restou firmado pelo Plenário do STF, no julgamento do Recurso Extraordinário 590.409/RJ, com repercussão geral reconhecida, que as Turmas Recursais são instituídas pelo respectivo Tribunal de Justiça, a estes subordinando-se administrativamente. Logo, não existe a possibilidade de conflito de competência entre Tribunal de Justiça e Turma Recursal do JEC no âmbito do mesmo Estado.	**Superior Tribunal de Justiça (art. 105, I, *d*, da CF)**
Conflitos entre juízes vinculados a tribunais diversos. *Exemplos*: (1) conflito entre um Juiz Federal vinculado ao TRF da 1.ª Região e um Juiz Federal vinculado ao TRF da 4.ª Região; (2) conflito entre Juiz Federal vinculado ao TRF da 1.ª Região e Juiz Estadual investido na jurisdição federal da 4.ª Região. Nesse último caso, tratando-se de regiões distintas, não incide a Súmula 3 do STJ, dispondo que "compete ao Tribunal Regional Federal dirimir conflito de competência verificado, na respectiva região, entre juiz federal e juiz estadual investido de jurisdição federal".	

Conflito de Competência ou Jurisdição	Competência para Decisão
Conflitos entre juízes federais vinculados aos Tribunais Regionais Federais. *Exemplo*: conflito entre Juiz Federal da 2.ª Vara e Juiz Federal da 3.ª Vara, ambos vinculados ao Tribunal Regional Federal da 4.ª Região. **Conflito entre juiz federal e juiz estadual investido na jurisdição federal da mesma região.** A hipótese tem pertinência com a exegese da Súmula 3 do STJ, dispondo que "compete ao tribunal regional federal dirimir conflito de competência verificado, na respectiva região, entre juiz federal e juiz estadual investido de jurisdição federal". Esse verbete, na atualidade, perdeu bastante de sua relevância em matéria criminal. Isso porque sua aplicação era restrita à hipótese de tráfico internacional de entorpecentes, praticado em comarca que não fosse sede da justiça federal, em razão do que dispunha o art. 27 da Lei 6.368/1976, *permitindo a delegação da competência federal para o âmbito da justiça estadual*. Entretanto, com a vigência da Lei 11.343/2006, estabeleceu o art. 70 desse diploma que "o processo e o julgamento dos crimes previstos nos arts. 33 a 37 desta Lei, se caracterizado ilícito transnacional, são da competência da Justiça Federal". Portanto, pela nova lei, é consagrado que não pode a Justiça Comum Estadual julgar o tráfico internacional de drogas, como era facultado sob a égide da Lei 6.368/1976.	**Tribunais Regionais Federais (art. 108, I, e, da CF)**
Conflitos entre juízes Estaduais vinculados ao mesmo Tribunal de Justiça. *Exemplo*: conflito entre Juiz Estadual de Jacareí e Juiz Estadual de Guaratinguetá.	**Tribunais de Justiça Estaduais (art. 101 da LC 35/1979)**
Conflitos entre juiz do juízo comum e juiz do juizado especial criminal	**Tribunais de Justiça dos Estados, no âmbito da justiça estadual; e dos Tribunais Regionais Federais, no âmbito da justiça federal. O STJ, no julgamento do CC 107.635/PR, em 17.03.2010, cancelou a Súmula 348, que dispunha sobre a competência do STJ para dirimir tais conflitos)[15]**
Conflitos entre juízes eleitorais do mesmo Estado	**Tribunais Regionais Eleitorais (art. 29, I, *b*, do Código Eleitoral)**

Conflito de Atribuições	Competência para Dirimir
Conflitos entre Tribunais Regionais Eleitorais de Estados diferentes. **Conflitos entre juízes eleitorais de Estados diferentes.**	**Tribunal Superior Eleitoral (art. 22, I, *d*, do Código Eleitoral)**
Impasses envolvendo o Supremo Tribunal Federal e qualquer outro Tribunal. **Observação:** não é admissível conflito entre o STF e qualquer outro Tribunal, pois inexiste um órgão superior ao Pretório Excelso para solucioná-lo. A questão resolve-se, então, pela avocatória (art. 117 do CPP).	**Não se estabelece conflito nesse caso**

[15] Não incide aqui a regra do art. 105, I, *d*, da CF, que atribui competência ao STJ para julgar os conflitos entre juízes vinculados a tribunais diversos, tendo em vista que as turmas recursais não são *tribunais*, constituindo, isto sim, órgãos recursais ordinários de última instância relativamente às decisões dos Juizados Especiais.

Conflito de Atribuições	Competência para Dirimir
Conflitos entre Promotores de Justiça de um mesmo Estado.	**Procurador-Geral de Justiça** (art. 10, X, da Lei 8.625/1993)
Conflitos entre órgãos do Ministério Público Estadual de Estados-membros diferentes (ex.: Promotor de Justiça de Pernambuco e Promotor de Justiça do Ceará). Observação: em 05.06.2020, no âmbito da ACO 843, analisando conflito de atribuições entre o Ministério Público do Estado de São Paulo e o Ministério Público Federal (situação análoga à presente, já que envolve ramos diferentes do Ministério Público), compreendeu o Plenário do STF que tal conflito deve ser dirimido pelo Conselho Nacional do Ministério Público. Com isto, ficou superada a orientação anterior da Corte, adotada em 19.05.2016 no julgamento da ACO 924/MG, segundo a qual tal conflito deveria ser resolvido pelo Procurador-Geral da República.	Conselho Nacional do Ministério Público (STF, ACO 843/SP)
Conflitos entre órgãos do Ministério Público Federal e do Ministério Público Estadual (ex.: Procurador da República que atua em Florianópolis/SC e Promotor de Justiça da mesma Comarca). Observação: por muito tempo, entendeu o STF que era sua a competência para dirimir o conflito de atribuição entre o Ministério Público Estadual e o Ministério Público Federal, em face da regra do art. 102, I, f, da CF (STF, ACO 1.058/CE, *DJ* 23.05.2008). Em 19.05.2016, ao deliberar na ACO 924/MG, reformulou a Corte essa orientação, estabelecendo competir ao Procurador-Geral da República tal definição. No entanto, conforme referido alhures, em 05.06.2020, no âmbito da ACO 843/SP, estabeleceu o Plenário do STF que que tal conflito deve ser dirimido pelo Conselho Nacional do Ministério Público.	Conselho Nacional do Ministério Público (STF, ACO 843/SP)
Conflito entre membros de ramos diferentes do Ministério Público da União. **Observação:** por "ramos diferentes do Ministério Público da União" compreendem-se aqueles previstos no Título II da LC 75/1993: Ministério Público Federal (abrangendo as funções do Ministério Público junto ao STF, STJ, TRF, Juízes Federais, Tribunais e Juízes Eleitorais), Ministério Público do Trabalho, Ministério Público Militar e Ministério Público do Distrito Federal e Territórios.	**Procurador-Geral da República** **(art. 26, VII, da LC 75/1993)**
Conflitos entre órgãos do Ministério Público Federal. **Observação:** o Ministério Público Federal é um ramo do Ministério Público da União, assim como o é o Ministério Público Militar, o Ministério Público do Trabalho e o Ministério Público do Distrito Federal e Territórios.	**C.C.R. do Ministério Público Federal** **(art. 62, VII, da LC 75/1993)**
Conflito entre membros do Ministério Público do Trabalho. **Observação:** o Ministério Público do Trabalho é um ramo do Ministério Público da União, assim como o é o Ministério Público Federal, o Ministério Público Militar e o Ministério Público do Distrito Federal e Territórios. Por isso, a competência para dirimir o conflito entre seus membros é simétrica à competência para dirimir o conflito entre os membros do Ministério Público Federal.	**C.C.R. do Ministério Público da Justiça do Trabalho** **(art. 103, VI, da LC 75/1993)**

Conflito de Atribuições	Competência para Dirimir
Conflito entre membros do Ministério Público Militar Federal. **Observação:** o Ministério Público Militar é um ramo do Ministério Público da União, assim como o é o Ministério Público Federal, o Ministério Público do Trabalho e o Ministério Público do Distrito Federal e Territórios. Por isso, a competência para dirimir o conflito entre seus membros é simétrica à competência para dirimir o conflito entre os membros do Ministério Público Federal.	**C.C.R. do Ministério Público da Justiça Militar (art. 136, VI, da LC 75/1993)**
Conflito entre membros do Ministério Público do Distrito Federal e Territórios. **Observação:** o Ministério Público do Distrito Federal e Territórios é um ramo do Ministério Público da União, assim como o é o Ministério Público Federal, o Ministério Público do Trabalho e o Ministério Público Militar Federal. Por isso, a competência para dirimir o conflito entre seus membros é simétrica à competência para dirimir o conflito entre os membros do Ministério Público Federal.	**C.C.R. do Ministério Público do Distrito Federal e Territórios (art. 171, VIII, da LC 75/1993)**
Conflito entre membros do Ministério Público Eleitoral do mesmo Estado-membro. **Observação:** a despeito da competência legalmente estabelecida para dirimir essa forma de conflito, comumente essa atribuição é delegada ao Procurador Regional Eleitoral junto a cada Estado.	**Procurador-Geral da República (art. 75, III, da LC 75/1993)**

7.4. RESTITUIÇÃO DAS COISAS APREENDIDAS (ARTS. 118 A 124 DO CPP)

7.4.1. Considerações gerais

Coisas apreendidas, para efeitos da regulamentação do Capítulo V, Título VI, Livro I, do CPP, são aquelas que, presentes os requisitos necessários e observadas as formalidades exigidas pela lei ou pela Constituição Federal, foram retiradas do local em que se encontravam ou do poder de quem as detinha, em face da importância que apresentam na elucidação do crime.

Como regra geral, depois de cumprida a finalidade dessa apreensão, deverão tais objetos ser restituídos a quem de direito. Não obstante, por exceção, há situações em que esta restituição é vinculada a determinadas condições ou até mesmo não é facultada, o que pode se justificar em motivos de diversas ordens como a espécie delituosa, a natureza do objeto em questão, o momento em que deduzida a pretensão de restituição ou a condição de quem o reclama.

Como exemplo de hipótese em que a restituição é **condicionada**, refere o art. 63-A da Lei 11.343/2006 (incluído pela Lei 13.840/2019) que *"nenhum pedido de restituição será conhecido sem o comparecimento pessoal do acusado, podendo o juiz determinar a prática de atos necessários à conservação de bens, direitos ou valores"*. Outro caso encontra-se previsto no art. 4.º, § 3.º, da Lei 9.613/1998 (Lei da Lavagem de Capitais), dispondo que *"nenhum pedido de liberação será conhecido sem o comparecimento pessoal do acusado ou de interposta pessoa a que se refere o* caput *deste artigo, podendo o juiz determinar a prática de atos necessários à conservação de bens, direitos ou valores (...)"*. Em ambos os casos, como se vê, a lei vincula a efetiva devolução da coisa aprendida ao comparecimento pessoal das pessoas mencionadas, não bastando que o interessado se faça representar pelo defensor ou por outro procurador.

Por outro lado, a restituição é **vedada** e, consequentemente, deverá ser indeferida pela autoridade policial ou judiciária nos seguintes casos:

a) Quando, não havendo sentença que transita em julgado, o objeto apreendido interessar à investigação policial ou à instrução processual penal: trata-se da previsão inserida no art. 118 do CPP, vedando a devolução de coisas que ainda apresentem relevância ao processo. Muito embora se refira o citado dispositivo às coisas que "interessarem ao processo", resta evidente que a proibição alcança, igualmente, os objetos que relevem à investigação policial, não sendo intenção do legislador, portanto, limitar a proibição de restituição apenas à fase judicial propriamente dita. Até porque é óbvio que, se a finalidade do inquérito policial é servir de base para a futura denúncia ou queixa (peças iniciais do processo criminal), o fato de um bem apreendido importar ao inquérito acarreta, por questão de coerência, relevância ao processo. Assim, o veículo furtado, no qual foi encontrada vítima de homicídio provocado por arma de fogo, não poderá ser restituído ao legítimo proprietário antes de ser devidamente periciado pelo órgão competente, em busca de impressões digitais, vestígios de pólvora, resíduos de sangue etc. Também o revólver pertencente ao réu para alvejar determinada pessoa, ainda que se trate de arma legal, não poderá ser restituído ao legítimo dono antes de realizada a perícia a que alude o art. 171 do CPP.

b) Quando se tratar de instrumentos de crime cujo fabrico, alienação, uso, porte ou detenção constitua fato ilícito; de produtos de crime; e, por fim, de qualquer bem ou valor que constitua proveito auferido pelo agente com a prática do fato criminoso: neste caso, incide o art. 119 do CPP, dispondo que "as coisas a que se referem os arts. 74 e 100 do CP não poderão ser restituídas, mesmo depois de transitar em julgado a sentença final, salvo se pertencerem ao lesado ou a terceiro de boa-fé". As referências aos dispositivos 74 e 100 do CP são as pertinentes à antiga Parte Geral daquele diploma. Com o atual regramento, os artigos citados do Estatuto Repressivo passaram a corresponder ao art. 91, II, *a* e *b*, os quais estabelecem, como efeito automático e obrigatório da sentença penal condenatória definitiva, "a perda, em favor da União, ressalvado o direito do lesado ou de terceiro de boa-fé: a) dos instrumentos do crime, desde que consistam em coisas cujo fabrico, alienação, uso, porte ou detenção, constitua fato ilícito; b) do produto do crime ou de qualquer bem ou valor que constitua proveito auferido com a prática do fato criminoso".

b.1) Quanto aos instrumentos do crime (art. 91, II, *a*, do CP), o óbice à restituição, em regra, existirá apenas quando se tratar de objeto proibido ou que se encontre em situação de ilegalidade no momento da prática da conduta típica, já que o art. 91, II, *a*, do CP é taxativo quando condiciona a proibição de restituição a que sejam coisas cujo "fabrico, alienação, porte, uso ou detenção constituam fatos ilícitos". Dissemos "em regra" porque, além da norma geral do art. 91, II, *a*, em exame, outras existem, previstas em dispositivos que regulamentam hipóteses específicas, as quais não diferenciam o caráter lícito ou ilícito da coisa utilizada como instrumento do crime. É o caso da previsão do art. 91-A, § 5º, segundo o qual os instrumentos utilizados para a prática de crimes por organizações criminosas e milícias deverão ser declarados perdidos em favor da União ou dos Estados, ainda que não ponham em perigo a segurança das pessoas, a moral ou a ordem pública, nem ofereçam sério risco de ser utilizados para o cometimento de novos crimes; e, também, do disposto no art. 61 da Lei 11.343/2006 (Lei de Drogas), que trata da apreensão de veículos, embarcações, aeronaves e quaisquer outros meios de transporte e dos maquinários, utensílios, instrumentos e objetos de qualquer natureza utilizados para a prática, habitual ou não, dos crimes definidos nessa Lei. Ora, tratando-se estas de coisas sujeitas ao confisco, fica, por óbvio, proibida a restituição.

b.2) Quanto ao produto do crime (art. 91, II, *b*, 1.ª parte, do CP), trata-se do bem diretamente obtido a partir da prática delituosa, como, por exemplo, o carro furtado, a joia roubada. Esse tipo de objeto, evidentemente, não pode ser restituído ao autor do crime. Todavia, sendo conhecido o legítimo dono, a este o bem poderá ser devolvido. Não o sendo, operar-se-á a perda.

b.3) Quanto aos bens ou valores que constituem proveito do fato criminoso (art. 91, II, *b*, 2.ª parte, do CP), por uma questão de coerência, prevê o legislador a perda como efeito da condenação. Evita-se, com isto, que venha o indivíduo a locupletar-se com a renda obtida com a prática do crime (ou da contravenção, conforme se tem entendido por interpretação extensiva). Estes bens, evidenciada a origem ilícita da verba utilizada para a aquisição, deverão ser confiscados, o que pode ser alcançado de duas formas, conforme tenha ou não ocorrido o sequestro de bens no curso do inquérito policial ou da ação penal:

- **Se houve o sequestro:** trata-se o sequestro de medida assecuratória destinada à constrição de bens móveis ou imóveis adquiridos com os proventos da infração penal (art. 125 do CPP). Esgotado que venha a ser o procedimento do sequestro e não logrando o titular do bem sequestrado demonstrar que a respectiva aquisição ocorreu com verba lícita, operar-se-á a venda judicial, destinando-se o valor obtido ao ressarcimento da vítima do delito praticado ou de eventual terceiro de boa-fé, com reversão de eventual saldo aos cofres públicos, mais precisamente ao Fundo Penitenciário Nacional, exceto se houver previsão diversa em lei especial (art. 133, *caput* e §§ 1º e 2º, do CPP).
- **Se não houve o sequestro:** neste caso, o confisco dos bens adquiridos com os proventos do crime poderá ser alcançado por meio da forma prevista no art. 122 do CPP, ao estabelecer que "sem prejuízo do disposto no art. 120, as coisas apreendidas serão alienadas, nos termos do disposto no art. 133 deste Código". Esta regra incide em relação a bens móveis que tenham sido apreendidos no curso da persecução criminal. Contemple-se, por exemplo, a hipótese em que o acusado, funcionário público estadual, tenha se apropriado de altos valores pertencentes ao erário, sendo apreendidos, em sua residência, mediante ordem judicial, veículos, obras de arte e joias em face de evidências da origem ilícita da verba empregada na aquisição. Considere-se que, na sentença condenatória, em face da não comprovação, pelo réu da licitude do numerário utilizado para compra desses bens, tenha o juiz decretado a respectiva perda. Referidos bens, assim como se daria caso tivesse ocorrido o sequestro, serão vendidos em leilão, devendo ser destinado a ressarcimento dos prejuízos causados, na forma estipulada no citado art. 133, *caput* e §§ 1º e 2º. Veja-se que, para a hipótese de ser decretado o perdimento de obras de arte ou de outros bens de relevante valor cultural ou artístico, estabelece o art. 124-A que, se o crime não tiver vítima determinada, poderá o juiz ordenar a respectiva destinação a museus públicos.

c) **Quando houver dúvida sobre o legítimo direito do reclamante:** a restituição de qualquer objeto apreendido exige certeza quanto à legitimidade de quem o reclama para recebê-lo, conforme se deflui do art. 120, *caput*, do CPP: "A restituição, quando cabível, poderá ser ordenada pela autoridade policial ou juiz, mediante termo nos autos, desde que não exista dúvida quanto ao direito do reclamante". Havendo essa dúvida, faculta o Código a produção de provas, no juízo criminal, visando saná-la (art. 120, § 1.º). Se, a despeito das provas produzidas, persistir incerto o direito de quem está reclamando a devolução do objeto apreendido, a solução será o encaminhamento do interessado à esfera cível, para que lá, por meio de ação própria e dos meios pertinentes, obtenha a prova de que a coisa apreendida realmente é sua ou de quem legalmente representa.

REGRA GERAL: Como regra, os objetos apreendidos, não sendo ilícitos, deverão ser restituídos.

1ª Exceção – Há hipóteses em que a Restituição é condicionada: Exemplos: Art. 4.º, § 3.º, da Lei 9.613/98 e art. 63-A da Lei 11.343/06, que condicionam a restituição ao comparecimento pessoal do acusado.

2ª Exceção – Há hipóteses em que a restituição é proibida:

- Art. 118 do CPP: Os objetos apreendidos ainda importam à investigação criminal ou ao processo.
- Art. 119 do CPP: Trata-se de objetos ilícitos, do produto do crime ou de bens adquiridos com a prática criminosa (art. 91, II, "a" e "b", do CP).
- Art. 120, *caput*, do CPP (*contrario sensu*): Se houver dúvida quanto ao direito de quem reclama o bem.

Pode ocorrer que, durante o inquérito policial ou no curso da ação penal, sejam apreendidos **objetos cuja ilicitude não seja comprovada**, vale dizer, que não se apure tratarem-se de produtos de crime, instrumentos de crime ou coisas adquiridas com os proventos da infração penal. Sendo assim, não incide o disposto no art. 91, II, *a* e *b*, do Código Penal, o que impede sejam tais objetos confiscados em favor da União. Diante dessa situação, prevê o art. 123, do CPP que se aguarde a fluência do prazo de 90 dias, contados do trânsito em julgado da sentença final, seja ela absolutória ou condenatória. Se, neste prazo, alguém reclamar a coisa, esta lhe será restituída, desde que comprove seu direito sobre ela, evidentemente. Caso, porém, ninguém peça essa restituição, duas possibilidades assistem ao juiz:

1. Ordenar a venda em leilão, depositando-se o numerário obtido à disposição do juízo de ausentes, seguindo-se, de resto, a disciplina dos arts. 744 e 745 do CPC/2015 (art. 123, última parte, do CPP).
2. Determinar, caso haja indicativos de que se trata de instrumento, produto ou proveito de práticas criminosas, sua inutilização ou recolhimento a museu criminal, se houver, neste último caso, interesse na sua conservação.

7.4.2. Pedido de restituição e incidente de restituição

Embora o Código não seja totalmente explícito, existe diferença entre o **pedido de restituição** propriamente dito e o **incidente de restituição**, visto que são formas distintas de postular, no âmbito penal, a devolução de um bem que se encontra sob apreensão.

7.4.2.1. Pedido de restituição

O *pedido de restituição* é um procedimento bastante simples. Poderá ser formulado tanto à autoridade policial no curso do inquérito quanto ao juiz no curso do processo criminal. É inserido nos próprios autos do inquérito ou do processo e pode ser deferido pelo delegado de polícia ou pelo magistrado, desde que as coisas a serem restituídas não mais interessem ao processo (art. 118 do CPP), que não se trate de objetos que a lei proíbe a restituição (art. 119 do CPP) e que não haja dúvida quanto ao direito do reclamante (art. 120 do CPP). Aplica-

-se àquelas hipóteses em que a propriedade da coisa apreendida é indiscutível e se encontra demonstrável de plano. *Exemplo*: o carro furtado, que veio a ser apreendido pela autoridade policial em uma garagem, onde aguardava o desmanche. Com a simples apresentação do comprovante de propriedade e de documento de identidade, poderá o veículo ser restituído ao legítimo dono, mediante lavratura de termo ou auto de restituição.

7.4.2.2. *Incidente de restituição*

O *incidente de restituição*, opostamente, é procedimento instaurado em hipóteses específicas, previstas em lei, justificando-se na necessidade de produção de provas do direito à restituição. Somente pode ser desencadeado por determinação judicial, o que poderá ocorrer *ex officio*, mediante provocação da autoridade policial (no curso do inquérito) ou da própria parte interessada (no curso do inquérito ou do processo). Autuado em apartado, o *incidente* é cabível em duas hipóteses:

a) Existência de dúvida quanto ao direito de quem pede a devolução: em relação a esta hipótese, estabelece o art. 120, § 1.º, do CPP que o pedido de restituição autuar-se-á em apartado, assinando-se ao requerente o prazo de cinco dias para a prova, sendo que, em tal caso, só o juiz criminal poderá decidir o incidente. Como se vê, nesta hipótese o **incidente de restituição** surge a partir de um **pedido de restituição**, no âmbito do qual foi constatada a dúvida em relação ao direito de quem requereu a devolução da coisa apreendida.

> *Exemplo 1:* No curso de *inquérito policial*, o suposto titular de coisa apreendida formula ao delegado o *respectivo pedido de restituição*. Tendo em vista o disposto no art. 120, *caput*, do CPP, esse pedido é juntado ao inquérito policial, seguindo concluso ao delegado para decisão. Percebendo a autoridade policial que não está comprovado o direito do postulante, deverá desentranhar o pedido do **inquérito** e encaminhá-lo a juízo para que lá seja instaurado o *incidente de restituição* (art. 120, § 1.º, do CPP).
>
> *Exemplo 2:* No curso de *processo criminal*, determinada pessoa realiza ao juiz o *pedido de restituição* de objeto que está apreendido. Juntado esse pleito ao processo, na forma do art. 120, *caput*, do CPP, constata o magistrado que não há elementos que comprovem ser o reclamante o proprietário da coisa. Nesta hipótese, caberá ao juiz desentranhar o pedido do **processo**, autuando-o em apartado sob a forma de *incidente de restituição*, procedendo, ato contínuo, conforme o disposto no art. 120, § 1.º, do CPP.

b) Quando os bens reclamados tiverem sido apreendidos em poder de terceiro de boa-fé: Sendo requerida a devolução de coisa que foi apreendida em poder de terceiro de boa-fé, determina a lei que este terceiro seja "intimado para alegar e provar o seu direito, em prazo igual e sucessivo ao do reclamante, tendo um e outro dois dias para arrazoar". A redação confusa do dispositivo enseja dúvidas quanto ao procedimento a ser seguido. Pensamos que deve ser interpretado da seguinte forma: postulada a restituição da coisa, deve o terceiro ser intimado para, querendo, alegar seu direito. Ato contínuo, faculta-se a produção de provas ao reclamante e ao terceiro, sucessivamente, e, ao final, abre-se o prazo de dois dias a cada um para apresentação de alegações. Justifica-se, aqui, o incidente na possibilidade de que ocorra litígio entre a vítima, acusado ou respectivos familiares e o terceiro que tenha adquirido o bem de boa-fé. Na verdade, esta segunda hipótese de incidente, na atualidade, tem sua aplicação questionável, pois sua maior motivação residia nas normas incorporadas ao antigo Código Civil de 1916, que asseguravam direitos de permanência com o bem ao terceiro de boa-fé, caso o tivesse adquirido em situação tal que não pudesse avaliar a procedência criminosa.

Em ambos os casos citados – dúvida sobre o direito do reclamante e coisa apreendida em poder de terceiro de boa-fé –, pode ocorrer de a instrução, realizada no juízo penal visando à produção de provas para a definição da titularidade do bem reclamado, não permitir ao juiz formar a convicção quanto a quem seja o seu legítimo proprietário. Afinal, os procedimentos regrados no art. 120, §§ 1.º e 2.º, são bastante simples, descabendo sua utilização quando a complexidade da questão demandar ampla dilação probatória. Neste caso, então, o bem permanecerá apreendido no juízo criminal, devendo as partes discutir no juízo civil esta questão. Ocorrendo esta situação, apenas depois do trânsito em julgado da decisão na esfera cível é que o objeto reclamado poderá ser liberado pelo magistrado criminal a quem tiver sido considerado seu legítimo titular. Este, a propósito, o sentido do art. 120, § 4.º, do CPP, ao dispor que, persistindo a dúvida quanto à titularidade da coisa apreendida, *o juiz remeterá as partes para o juízo cível.*

Sendo **perecível** a coisa apreendida, o art. 120, § 5.º do CPP faculta ao juiz determinar seja ela avaliada e vendida em leilão público, depositando-se o valor auferido à disposição do juízo ou entregue ao terceiro que detinha a coisa, se for pessoa idônea, mediante termo de responsabilidade. O intuito do legislador é óbvio: evitar que a coisa se deteriore em face do tempo levado para a definição de sua titularidade. Tal procedimento – leilão – mostra-se ainda mais justificável no caso de as partes terem sido encaminhadas ao juízo cível para discussão de seus direitos sobre o bem.

7.4.3. Oitiva prévia do Ministério Público

Reza o art. 120, § 3.º, do CPP que, sobre o *pedido* de restituição, será sempre ouvido o Ministério Público. Como se vê, não distingue o Código de Processo Penal tenha o pedido sido feito perante a autoridade policial ou judiciária, impondo-se, pois, em ambas as hipóteses, pelos termos da lei, a prévia manifestação do *Parquet*.

A questão, todavia, é bastante delicada quando se trata de pedido de restituição feito à autoridade policial no curso do inquérito. É que, na prática, não ocorre tal oitiva prévia do Ministério Público, procedendo o próprio delegado de polícia à devolução do bem apreendido, se for o caso, independentemente de submeter o pedido à prévia manifestação ministerial.

Cremos que a solução do impasse há de passar pelo bom senso. Tratando-se, pois, os objetos apreendidos de produtos de crime (*v.g.*, o relógio furtado), deve-se abstrair a formalidade prevista no art. 120, § 3.º, do CPP, facultando-se ao próprio delegado de polícia, mediante termo nos autos do inquérito, proceder à restituição independentemente de qualquer remessa prévia ao Ministério Público. Agora, sendo hipótese de instrumento de crime ou de coisa utilizada na prática delituosa com relevância na elucidação do crime, não deve nem pode a autoridade policial proceder à respectiva devolução sem antes obter o aval ministerial, uma vez que o Ministério Público é o autor da ação penal pública e o interessado direto em angariar o maior número de provas possíveis. Trata-se, nesta hipótese, de evitar o agir isolado da autoridade policial com potencial prejuízo ao desiderato do processo.

Ressalte-se que este impasse relacionado à necessidade de oitiva do Ministério Público antes da restituição existe, tão somente, quando se tratar de *pedido de restituição* endereçado à autoridade policial no curso do inquérito. Sendo o caso de procedimento judicializado, é indiscutível que a oitiva do Ministério Público sempre será obrigatória, não importando se a hipótese é de *pedido* ou de *incidente de restituição.*

7.4.4. Impugnação da decisão acerca do deferimento e do indeferimento do pedido de restituição e do incidente de restituição

Não há previsão expressa de recurso em relação à **decisão do juiz** que resolve (defere ou indefere) a restituição de coisas apreendidas. No entanto, desde muito tempo, os tribunais têm aceitado cabimento de **apelação** alicerçada no art. 593, II, do CPP. Tendo em vista essa orientação e considerando que, segundo a Súmula 267 do STF, não cabe mandado de segurança contra ato judicial passível de recurso ou correição, vinha-se entendendo impróprio o uso do *mandamus* para o insurgimento da parte que se sentisse prejudicada com aquela decisão. Entretanto, cremos que esse entendimento, na atualidade, deva ser repensado, pois, com a vigência da Lei 12.016, de 07.08.2009, revogando a Lei 1.533/1951, passou-se a estabelecer que não se concederá mandado de segurança quando se tratar de decisão judicial da qual caiba *recurso com efeito suspensivo*. Logo, entendemos que, diante da nova regulamentação do *mandamus*, o Verbete 267 do STF deve ser interpretado no sentido de que, agora, será possível o uso mandado de segurança contra decisão judicial sujeita a recurso, *desde que este não tenha efeito suspensivo* e, portanto, não seja hábil a evitar a ocorrência de dano irreparável. Neste contexto, e levando em conta que a apelação alicerçada no art. 593, II, do CPP *não tem previsão de efeito suspensivo*, não vislumbramos nenhum óbice ao manejo do **mandado de segurança** contra a decisão judicial que definir a restituição de coisa apreendida que esteja sendo reclamada. Quanto à opção por uma e outra via impugnativa, tudo dependerá do caso concreto: havendo a necessidade de exame aprofundado da prova, deverá a parte optar pela apelação. Caso contrário, poderá valer-se do mandado de segurança. *E quanto à correição parcial?* Também não resta proibida, reservada, porém, às hipóteses de arbitrariedade, ilegalidade do magistrado (*error in procedendo*).

Tratando-se, por outro lado, de **ato do delegado de polícia** que indeferiu o pedido de restituição, sempre compreendemos que não há como subtrair do prejudicado o direito de impetrar, perante o juiz, **mandado de segurança** para buscar a restituição do objeto ilegalmente ou injustamente apreendido. Agora, contra o deferimento de restituição levado a efeito pelo delegado, compreendemos possíveis tanto um novo pedido de **busca e apreensão** ao juiz quanto o próprio ***mandamus***.

<table>
<tr><th>Decisão</th><th>Pedido de Restituição</th><th>Incidente de Restituição</th></tr>
<tr><td>Deferimento da restituição pelo delegado na fase do inquérito policial</td><td>Facultada a formulação de novo pedido de busca e apreensão ao juiz.
Possível, também, a impetração de mandado de segurança, por exemplo, pelo Ministério Público em face da restituição indevida de objeto relevante às investigações ou ao processo.</td><td rowspan="2">Prejudicada a possibilidade de decisão do delegado no âmbito de incidente de restituição, pois apenas o juiz pode resolvê-lo, nos termos do art. 120, §§ 1.º e 2.º, do CPP.</td></tr>
<tr><td>Indeferimento pelo delegado na fase do inquérito policial</td><td>Facultada a impetração de mandado de segurança perante o juiz.</td></tr>
<tr><td>Deferimento ou indeferimento pelo juiz na fase do processo criminal</td><td colspan="2">Cabível apelação alicerçada no art. 593, II, do CPP. Também é possível a impetração de mandado de segurança. A correição parcial não resta inviabilizada, reservada às hipóteses de error in procedendo (ilegalidade).</td></tr>
</table>

7.4.5. Esquema ilustrativo das possibilidades envolvendo a restituição de coisas apreendidas

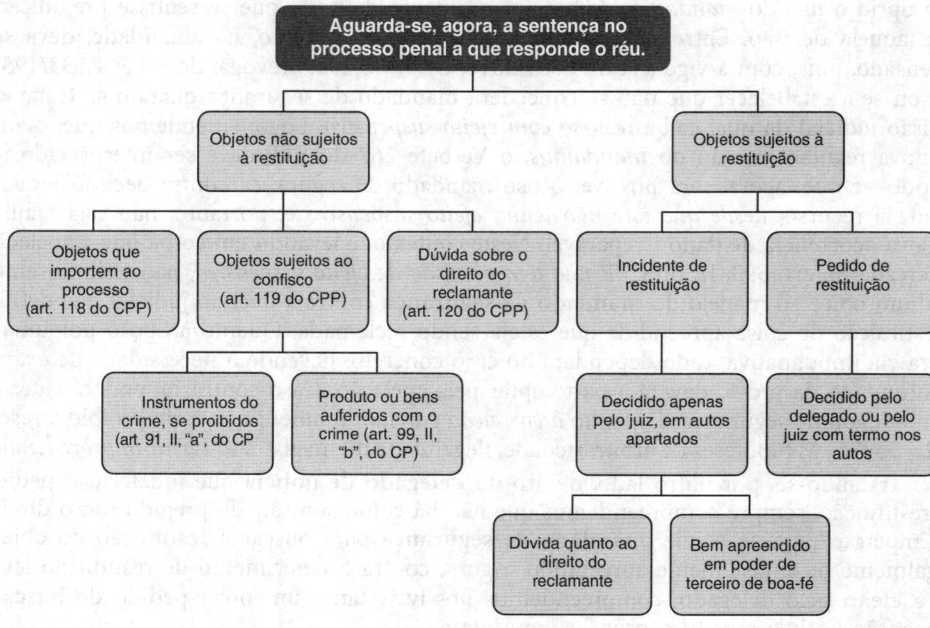

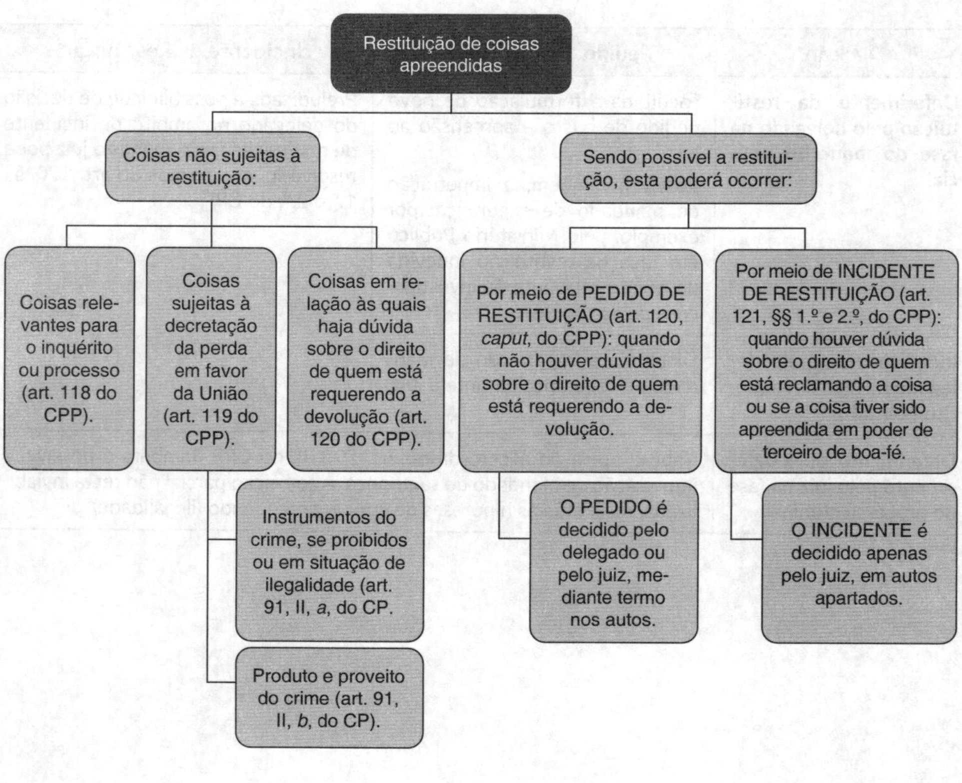

7.5. MEDIDAS ASSECURATÓRIAS (ARTS. 125 A 144 DO CPP)

7.5.1. Considerações gerais

A prática de uma infração penal, além de determinar o surgimento da pretensão punitiva do Estado, pode causar um dano patrimonial à vítima, gerando, consequentemente, o direito ao respectivo ressarcimento, que poderá ser alcançado:

- *Voluntariamente*, vale dizer, quando o ofensor, independentemente de ação judicial, decide ressarcir o dano patrimonial causado com a prática do fato criminoso;
- No âmbito dos Juizados Especiais Criminais, quando se tratar de infração de menor potencial ofensivo, por meio do instituto da *composição dos danos cíveis* (art. 74 da Lei 9.099/1995);
- Mediante *aceitação de proposta da suspensão condicional do processo* a que alude o art. 89 da Lei 9.099/1995, em que é condição obrigatória a reparação do dano cível;
- Por meio de *busca e apreensão*, quando apreendidos os produtos do crime.

Não alcançada a composição do prejuízo por meio de nenhuma destas formas, resta ao lesado a **via judicial**, utilizando-se, para tanto, do direito de ação como forma de constranger o autor do dano à reparação civil. Neste caso, faculta-lhe a lei duas opções:

1) Aguardar o trânsito em julgado da sentença penal condenatória para, depois, executá-la no juízo cível com fundamento nos arts. 63 do CPP; 515, VI, do CPC 2015; e 91, I, do CP. Trata-se da **ação de execução *ex delicto***.
2) Ajuizar, imediatamente, ação de indenização na esfera cível, com fundamento no art. 64 do CPP, para obter o título executivo hábil à reparação de seu prejuízo. Trata-se, neste caso, da **ação civil *ex delicto*.**

Pois bem, se a opção tiver sido pela primeira das medidas citadas (ação de execução *ex delicto*, alicerçada no art. 63 do CPP), não poderá o interessado se utilizar do Código de Processo Civil para *segurar* o patrimônio do autor do crime e impedir que se desfaça ele de seus bens antes do término da ação penal. Isto porque, no regramento desse diploma, as tutelas cautelares pressupõem a existência de uma ação principal já em andamento ou a ser ajuizada no máximo em trinta dias após a efetivação da cautela conforme prevê o art. 308, *caput,* 1.ª parte, do CPC/2015. E nada disso quer o lesado que, como sobredito, está aguardando transitar em julgado a decisão na esfera penal.

Neste contexto, então, surgem as *medidas assecuratórias* como verdadeiras **ações cautelares contempladas no Código de Processo Penal**, visando assegurar que a vítima terá como recompor seu prejuízo por meio do patrimônio do réu caso este não promova o ressarcimento de forma espontânea, bem como a garantir que o condenado perderá todos os bens adquiridos com os proventos da prática delituosa.

Medidas assecuratórias, portanto, são ações de natureza cautelar, previstas nos arts. 125 a 144 do CPP, que têm como objetivo garantir que se efetivem os efeitos extrapenais obrigatórios da sentença penal condenatória previstos no art. 91, incs. I e II, *b*, 2.ª parte, do CP, quais sejam, tornar certa a obrigação do réu em indenizar a vítima pelos danos causados com o crime e conduzir à perda dos bens que tiver o condenado adquirido com o proveito da infração.

7.5.2. A ação de execução *ex delicto* e a ação civil *ex delicto*

A compreensão dos temas relativos à ação de execução *ex delicto* e à ação civil *ex delicto* são pressupostos necessários ao estudo das medidas assecuratórias. No presente tópico, abordaremos o assunto resumidamente, apenas com o fim de introduzir a análise das ações cautelares criminais.

De qualquer forma, dada a relevância, aconselhamos o leitor a compulsar, previamente, o **Capítulo 6** deste livro, em que tratada a matéria pertinente a citadas ações com maior profundidade.

7.5.2.1. *Ação de execução* ex delicto

A **ação de execução *ex delicto*** está prevista no art. 63 do CPP, que dispõe:

> **Art. 63.** Transitada em julgado a sentença condenatória, poderão promover-lhe a execução, no juízo cível, para o efeito da reparação do dano, o ofendido, seu representante legal ou seus herdeiros.

Independentemente dessa previsão, há, como já dissemos e repetimos, outros dispositivos que, contemplados fora do Código de Processo Penal, também fundamentam essa demanda. É o caso do art. 91, I, do CP, estabelecendo como efeito da sentença penal condenatória tornar certa a obrigação de reparar o dano, e do art. 515, VI, do CPC/2015, este dispondo que a sentença penal condenatória transitada em julgado é título executivo judicial.

Diante desses regramentos, é conclusivo que a regra da independência entre a responsabilidade civil e a responsabilidade penal, incorporada ao art. 935 do Código Civil, não é aplicável quando se está diante de sentença criminal condenatória transitada em julgado. Bem ao contrário. Condenado o réu na esfera penal por decisão definitiva, estará obrigado a indenizar eventuais danos patrimoniais que tenha provocado ao ofendido como consequência da infração penal, não havendo ele como se furtar a essa obrigação. Neste caso, a única discussão que poderá surgir respeita ao valor do dano indenizável, o que deverá ser arbitrado, definitivamente, no âmbito cível, mediante ação de liquidação.

Aspecto importante diz respeito ao art. 387, IV, do CPP, estabelecendo que, na sentença penal condenatória, o magistrado *fixará valor mínimo para reparação dos danos causados pela infração, considerando os prejuízos sofridos pelo ofendido*. A partir dessa disciplina e tendo em vista o que dispõe o art. 63, parágrafo único, do CPP, depreende-se que, após o trânsito em julgado da sentença penal condenatória, terá o ofendido as seguintes alternativas:

a) Promover, incontinenti, a ação de execução da sentença condenatória no juízo cível pelo valor fixado na sentença penal;

b) Providenciar a liquidação da sentença condenatória no juízo cível para apuração do dano efetivamente sofrido e, somente após, ingressar com a ação de execução da sentença penal;

c) Adotar ambas as providências concomitantemente, ou seja, execução da sentença penal pelo valor nela fixado, e, ao mesmo tempo, ingresso de pedido de liquidação da mesma sentença na órbita cível para quantificar o dano efetivo visando posterior execução da diferença entre o valor apurado na liquidação civil e aquele que foi fixado na sentença penal.

Note-se que a execução da sentença condenatória apenas pode ser proposta contra o condenado, pois só ele foi parte no processo penal. Quanto a terceiros (responsável legal, herdeiros, coautor excluído da denúncia), a responsabilização civil dependerá do ingresso de ação ordinária cível, alicerçada no art. 64 do CPP, sob pena de violação às garantias do contraditório e da ampla defesa.

Como já dissemos (item 7.5.1), pode ocorrer que, no período em que aguarda o trânsito em julgado da ação penal, venha o ofendido a recear que o réu se desfaça de seus bens. Neste caso, presentes os requisitos legais, poderá ele deduzir, no juízo criminal, as **medidas assecuratórias** previstas nos arts. 125 a 144 do CPP (sequestro, arresto ou hipoteca legal) para evitar que o autor da prática criminosa reste sem bens para responder pelos danos patrimoniais que causou quando for movida a ação de execução.

> **OBSERVAÇÃO IMPORTANTE:** A nomenclatura "ação de execução *ex delicto*" perde espaço, no CPC/2015, para a chamada "ação de cumprimento de sentença penal condenatória". Isso ocorre em razão dos termos incorporados ao art. 515, **§ 1.°, do CPC/2015, que modificou parcialmente o regramento do art. 475-N, parágrafo único, do revogado CPC/1973:**
> *Art. 475-N, parágrafo único, do CPC/1973:* "São títulos executivos judiciais [...] II – a sentença penal condenatória transitada em julgado; [...] Parágrafo único: Nos casos dos incisos II, IV e VI, o mandado inicial (art. 475-J) incluirá a ordem de citação do devedor, no juízo civil, para liquidação ou **execução**, conforme o caso".
> *Art. 515 do CPC/2015:* "São títulos executivos judiciais, cujo **cumprimento** dar-se-á de acordo com os artigos previstos neste Título: [...] VI – a sentença penal condenatória transitada em julgado [...]. § 1.° Nos casos dos incisos VI a IX, o devedor será citado no juízo cível para o **cumprimento da sentença** ou para a liquidação no prazo de quinze dias [...]".

7.5.2.2. *Ação civil ex delicto*

O art. 64 do CPP, que cuida da **ação civil *ex delicto***, dispõe:

> **Art. 64.** Sem prejuízo do disposto no artigo anterior, a ação para ressarcimento do dano poderá ser proposta no juízo cível, contra o autor do crime e, se for caso, contra o responsável civil.
> **Parágrafo único.** Intentada a ação penal, o juiz da ação civil poderá suspender o curso desta, até o julgamento definitivo daquela.

Esta modalidade de ação, tal como a examinada no tópico anterior, também objetiva o ressarcimento do dano ao ofendido. Contudo, dela se diferencia nos seguintes aspectos:

a) Seu ingresso não pressupõe o trânsito em julgado de sentença condenatória na esfera criminal, podendo ser ajuizada pelo ofendido contra o ofensor em seguida à prática do crime. O ajuizamento desta demanda independe, até mesmo, de já ter sido ingressada a ação penal;

b) Pode ser ingressada tanto contra o autor do crime como em relação ao responsável ou corresponsável civil pela reparação patrimonial à vítima.

Cabe ressaltar que a opção por esta via nem sempre antecipa à vítima a sua reparação em relação ao término da ação penal. Isso porque o art. 64, parágrafo único, do CPP, prevê a faculdade de o juiz cível suspender o prosseguimento da ação civil até o julgamento definitivo da ação penal. Esta suspensão, porém, não será discricionária, apenas podendo ocorrer quando o magistrado perceber, até mesmo pelos termos incorporados à contestação, que há a possibilidade de ser o réu absolvido no juízo criminal por uma das causas que, por expressa disposição legal, fazem coisa julgada no cível, quais sejam:

- *Art. 386, I, do CPP* – Absolvição sob o fundamento de que está provada a inexistência do fato imputado no processo criminal. A coisa julgada cível decorre do que dispõe o art. 935, 2.ª parte, do Código Civil.
- *Art. 386, IV, do CPP* – Absolvição sob o fundamento de que está provado que o réu não concorreu para a infração penal. Assim como no caso anterior, a coisa julgada cível, aqui, também é consequência do que estabelece o art. 935, 2.ª parte, do Código Civil.
- *Art. 386, VI, 1.ª parte* – Absolvição sob o fundamento de que está provada a ocorrência de excludentes de ilicitude – legítima defesa, estado de necessidade, exercício regular de direito e estrito cumprimento do dever legal. A coisa julgada cível, neste caso, provém da regra expressa do art. 65 do CPP.

Optando o ofendido por buscar o ressarcimento de seu prejuízo por meio da ação civil *ex delicto*, as **medidas assecuratórias** como forma de resguardo do patrimônio do réu perderão bastante de sua importância. Isso porque, havendo intenção de ingresso de ação civil de conhecimento ou já tendo esta sido instaurada, bastará ao ofendido propor, antecedente ou incidentalmente, uma das **tutelas cautelares previstas no Código de Processo Civil**, mais rápidas e mais eficazes do que as medidas assecuratórias previstas no Código de Processo Penal, para impedir que venha o réu a desfazer-se de seu patrimônio e tornar-se insolvente enquanto se aguarda o deslinde da lide cível.

O CPC/2015 diferencia a *tutela provisória de urgência* da *tutela provisória de evidência*, dispondo ainda que a primeira poderá ser requerida em caráter antecedente ou incidental: Perceba-se:

Art. 294: **A tutela provisória pode fundamentar-se em urgência ou evidência.** Parágrafo único: A tutela provisória de urgência, cautelar ou antecipada, pode ser concedida em **caráter antecedente ou incidental**.

Art. 300: A **tutela de urgência** será concedida quando houver elementos que evidenciem a probabilidade do direito e o perigo de dano ou o risco ao resultado útil do processo.

Art. 311: A **tutela da evidência** será concedida, independentemente da demonstração de perigo de dano ou de risco ao resultado útil do processo, quando: I – ficar caracterizado o abuso do direito de defesa ou o manifesto propósito protelatório da parte; II – as alegações de fato puderem ser comprovadas apenas documentalmente e houver tese firmada em julgamento de casos repetitivos ou em súmula vinculante; III – se tratar de pedido reipersecutório fundado em prova documental adequada do contrato de depósito, caso em que será decretada a ordem de entrega do objeto custodiado, sob cominação de multa; IV – a petição inicial for instruída com prova documental suficiente dos fatos constitutivos do direito do autor, a que o réu não oponha prova capaz de gerar dúvida razoável. Parágrafo único. Nas hipóteses dos incisos II e III, o juiz poderá decidir liminarmente.

7.5.2.3. *Breve esquema das formas judiciais de reparação do dano*

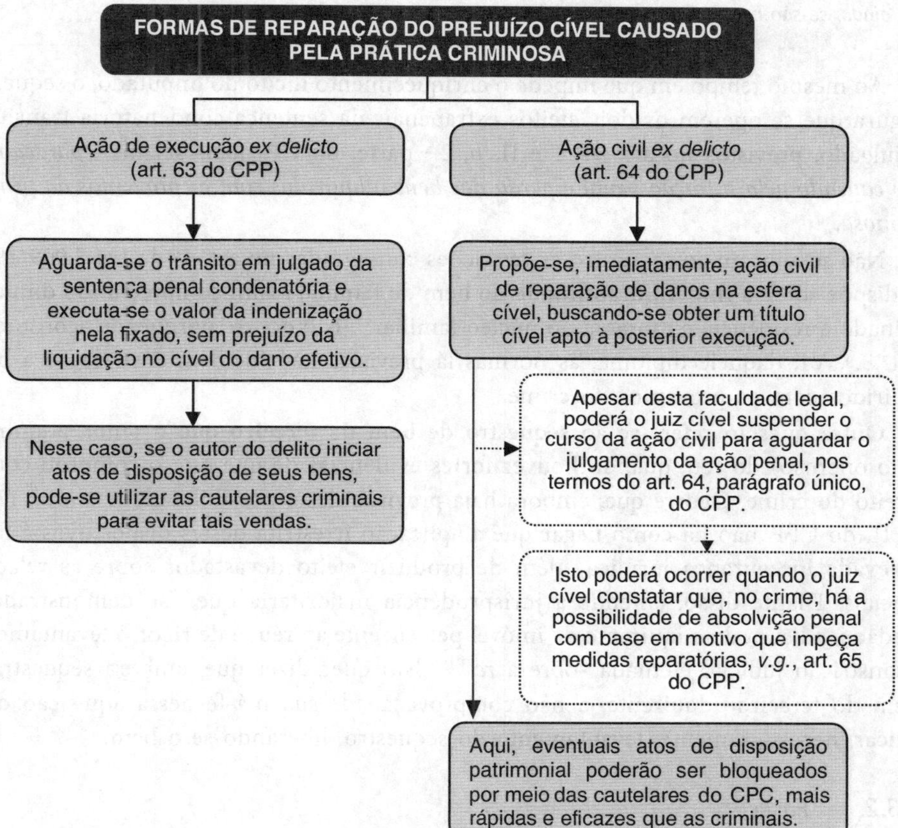

7.5.3. Sequestro de bens imóveis (arts. 125 a 133 do CPP)

7.5.3.1. *Considerações gerais*

Trata-se da primeira medida assecuratória regulada pelo Código de Processo Penal, devendo ser ingressada perante o **juízo criminal,** visando à indisponibilidade de bens imóveis havidos pelo investigado ou pelo réu com o proveito extraído da infração penal (art. 125 do CPP). *Exemplo:* imóveis adquiridos pelo réu com valores provenientes do desvio de verbas públicas.

ATENÇÃO: ressalva-se desta regra de incidência da medida (origem ilícita dos bens a serem constritos) o sequestro contemplado no Decreto-Lei 3.240/1941, que se destina aos "bens de pessoas indiciadas por crimes de que resulta prejuízo para a fazenda pública". Neste caso, consoante refere Eugênio Pacelli, *"tem-se a não exigência de tratar-se de bens decorrentes da prática criminosa para a obtenção da cautela, sendo, por isso, irrelevante a origem dos bens que sofrerão a constrição (ao contrário do sequestro previsto no art. 125, do CPP). Para a decretação da medida, basta a existência de prova ou indício de algum crime perpetrado contra a Fazenda Pública e que tenha resultado, em vista de seu cometimento, locupletamento (ilícito, por certo) para o acusado. Nesse sentido, não importa se tais bens foram adquiridos antes ou depois da prática criminosa;*

se são, ou não, produto do crime, bem como se foram, ou não, adquiridos com proventos da infração, e ainda, se são bens móveis ou imóveis"[16-17].

Ao mesmo tempo em que impede o enriquecimento ilícito do imputado, o sequestro assegura que se operem os dois efeitos extrapenais da sentença condenatória transitada em julgado, previstos no art. 91, I e II, *b*, 2.ª parte, do CP, quais sejam: *reparação do dano causado pela infração penal* e *perda dos bens adquiridos com os proventos da prática criminosa*.

Não se aplicam ao sequestro as restrições consagradas no art. 1º da Lei 8.009/1990, que dispõe sobre a **impenhorabilidade** do bem de família, assim compreendido o imóvel destinado à residência e moradia do núcleo familiar[18]. Isto ocorre porque, de acordo com o art. 3.º, VI, daquele diploma, as normas lá previstas não incidem em relação a bens adquiridos com os proventos do crime.

Outra questão refere-se ao sequestro de **bem de terceiro** que o tenha adquirido (título oneroso) do réu, quando houver fortes evidências de que este o comprou com o proveito do crime. Ocorre que, embora haja previsão desta possibilidade nos arts. 125 e 130, II, do CPP, não há como negar que a aplicação irrestrita destes dispositivos é fator de elevada insegurança jurídica, além de produzir efeito devastador sobre as relações negociais. Diante disso, entende a jurisprudência majoritária que, "se demonstrada, à saciedade, a lisura do adquirente de imóvel pertencente ao réu, é de rigor o levantamento da constrição judicial efetuada sobre a *res*"[19]. Isto quer dizer que, embora sequestrável o bem do terceiro adquirente, a não comprovação de sua má-fé nessa aquisição deve implicar, necessariamente, levantamento do sequestro, liberando-se o bem.

7.5.3.2. *Fases*

Pode ser ingressado tanto **no curso do processo criminal** propriamente dito como **na fase anterior a este.**

Observe-se que o art. 127 do CPP, ao dispor sobre o momento em que pode ser determinado o sequestro, refere que tal pode ocorrer *em qualquer fase do processo ou ainda antes de oferecida a denúncia ou a queixa*. Não exige o legislador, portanto, a existência de inquérito policial, como ocorre, por exemplo, em relação ao incidente de insanidade mental, em que a existência, no mínimo, de inquérito é pressuposto para instauração, *ex vi* do art. 149, § 1.º, do CPP. Dessa forma, conclui-se que o sequestro pode ser requerido antes da existência formal de processo e ainda que não haja inquérito, bastando que elementos aportem ao pedido, possibilitando ao magistrado a decretação da medida. *Exemplo*: postulação feita pelo Ministério Público com base em documentos obtidos no curso de investigação criminal realizada no âmbito da Promotoria de Justiça.

---

16 PACELLI, Eugênio. *Curso de Processo Penal*. 25. ed. Atlas, 2021. p. 264.

17 Neste sentido: STJ, AgRg no REsp 1391539/RS, *DJ* 31.08.2021.

18 Atente-se que, de acordo com o art. 1º, parágrafo único, da Lei 8.009/1990, "a impenhorabilidade compreende o imóvel sobre o qual se assentam a construção, as plantações, as benfeitorias de qualquer natureza e todos os equipamentos, inclusive os de uso profissional, ou móveis que guarnecem a casa, desde que quitados".

19 TRF 4.ª Região, Recurso 2009.04.00.013581-4, *DJ* 08.07.2009.

7.5.3.3. *Requisito indispensável*

O ingresso da medida não requer prova plena, mas exige **indícios veementes** de que o bem sequestrado tenha sido adquirido com os proventos da infração penal (art. 126 do CPP). É o caso, por exemplo, de indivíduo que, logo após a prática de um crime, tenha adquirido patrimônio em valor equivalente ao que se locupletou com o fato criminoso, sem ter rendas que dessem suporte a tal aquisição e, ainda, omitindo o bem da declaração de bens junto à Receita Federal. Fernando Capez, comentando esse pressuposto, refere que "a expressão 'indícios veementes' significa mais do que meros indícios, mas menos do que prova plena, já que nessa fase vigora o princípio do *in dubio pro societate*. Podemos entender como tal a probabilidade séria de que o bem tenha proveniência ilícita"[20].

7.5.3.4. *Legitimidade*

De acordo com o art. 127 do CPP, o sequestro pode ser ordenado pelo **juiz a requerimento do Ministério Público, *do* ofendido, seu representante legal (se incapaz) ou seus herdeiros (se morto)**. Faculta o legislador, ainda, à **autoridade policial** representar ao juiz pela necessidade de sua decretação na fase investigatória. Mais recentemente, o art. 3.º-A da Lei 1.579/1952, introduzido pela Lei 13.367/2016, conferiu ao **presidente de Comissão Parlamentar de Inquérito**, por deliberação desta, "solicitar, em qualquer fase a investigação, ao juízo criminal competente, medida cautelar necessária, quando se verificar a existência de indícios veementes da proveniência ilícita de bens".

E quanto ao Juiz "ex officio"? Também está contemplada no art. 127 citado a possibilidade de o juiz ordenar o sequestro *sponte propria*, vale dizer, independentemente de provocação, não distinguindo o dispositivo, para tanto, as fases da investigação criminal e do processo judicial. Apesar desta previsão, há muito tempo vem sendo tendência doutrinária e jurisprudencial a de coibir a atuação de ofício pelo juiz na **fase investigativa,** tendo em vista que se trata de etapa naturalmente destinada à produção de provas visando ao desencadeamento de ação penal. Sob tal ótica, essa atuação oficiosa implica indevida ingerência no âmbito de procedimento que tramita sob o comando de autoridade alheia ao Poder Judiciário. Compreende-se, ademais, que, ao ordenar providência restritiva sem ser provocado para tanto e à revelia de elementos judicializados, desloca-se o juiz de sua necessária imparcialidade, violando, em consequência, o sistema acusatório que informa o processo penal brasileiro. Reforçando esta orientação, sobreveio a Lei 13.964/2019, introduzindo o art. 3º-A ao CPP, por meio do qual não apenas foi sedimentada em nível infraconstitucional a estrutura acusatória do processo penal brasileiro, como também vedada, expressamente, a iniciativa do juiz na fase extrajudicial da persecução criminal. Cabe registrar que aquele dispositivo teve a sua eficácia suspensa em razão de medida cautelar deferida no STF no âmbito das ADIs 6.298, 6.299, 6.300 e 6.305, suspensão esta que persistia por ocasião do fechamento da presente edição deste livro. Independentemente, porém, de eventual revogação dessa medida cautelar (quer incidentalmente, quer em razão de provimento daquelas ADIs) e do consequente restabelecimento da eficácia do citado art. 3º-A, é certo que não restará alterada a orientação, hoje majoritária, no sentido da inconstitucionalidade da determinação oficiosa, pelo juiz, de providências na etapa anterior ao recebimento da denúncia ou da queixa Já na fase judicial, vale dizer,

---

[20] *Curso de processo penal*. 9. ed. São Paulo: Saraiva, 2003. p. 362.

depois ou simultaneamente ao recebimento da inicial acusatória, não vemos impedimento à decretação do sequestro *ex officio*. Não vislumbramos, enfim, neste caso, afrontamento ao modelo acusatório, tampouco que esteja o juiz substituindo-se ao papel da acusação no processo criminal. Isto porque, existindo ação penal em andamento, afigura-se plausível a superveniência de sentença condenatória, decisão esta que tem como um de seus efeitos obrigatórios o confisco dos bens adquiridos pelo réu com o proveito da infração penal. Ora, o sequestro é medida que, incidindo sobre esta ordem de bens, tem como um de seus objetivos viabilizar que se efetive esse confisco. Logo, a determinação *ex officio* da medida, aqui, não visa primordialmente ao interesse da acusação, mas, sim, à efetividade do processo criminal caso reconhecida a responsabilidade penal do acusado.

7.5.3.5. Defesa

No sequestro, a defesa a ser realizada pela pessoa que teve o bem constrito deve ocorrer por meio de **embargos**, a serem opostos na forma dos arts. 129 e 130 do CPP. Independentemente dessa previsão, o Código de Processo Penal não estabelece qual o momento em que deve ser dada ciência à pessoa atingida pela medida quanto ao gravame incidente sobre seu patrimônio. Como o sequestro deve ser realizado *inaudita altera parte*, isto é, sem o conhecimento prévio do titular do bem sobre o qual deve recair, predomina a orientação de que esta ciência deve ocorrer logo após a inscrição dessa medida assecuratória no registro imobiliário.

Pois bem, efetivado o sequestro, inscrita esta medida no registro de imóveis e cientificado quanto a ela o proprietário do bem gravado, três situações podem ocorrer:

1. **O sequestro incide sobre bem imóvel de propriedade de terceiro:** Pode acontecer que, por equívoco, o sequestro atinja bem imóvel ou parcela de bem imóvel pertencente a terceiro estranho a qualquer negócio com o agente da infração, vale dizer, que não o tenha adquirido do indiciado ou réu após a prática do delito. É o caso do cônjuge meeiro, do sócio, do condômino, do lindeiro etc. Nesta hipótese, faculta-se a este terceiro opor os embargos do art. 129 do CPP, os quais não se confundem com os embargos previstos no art. 130, II, do mesmo diploma, que são deduzidos pelo terceiro de boa-fé que adquiriu o bem que o indiciado ou réu, por sua vez, teria adquirido com os proventos da infração penal. Tais embargos – do art. 129 – devem ser julgados desde logo pelo juiz criminal e, se considerados procedentes, importam desoneração imediata do bem. Veja-se que ao terceiro incumbe o ônus da prova dos fatos que alegar nos embargos.
2. **O sequestro incide sobre bem imóvel de propriedade do réu ou indiciado:** neste caso, os embargos a serem opostos estão previstos no art. 130, I, do CPP, estabelecendo a própria lei o único argumento que pode ser utilizado como defesa, qual seja o de que o bem tenha sido adquirido de forma lícita. Incumbe ao embargante não apenas alegar, mas também comprovar a licitude da verba utilizada para aquisição do bem sequestrado, operando-se, então, hipótese de inversão do ônus da prova. Há segmento doutrinário que considera inconstitucional tal inversão, sob o argumento de que viola a presunção de inocência. Não concordamos com essa orientação tendo em vista a circunstância de que, sendo legítima a aquisição do bem, não há dificuldade alguma e muito menos prejuízo para o investigado ou réu em explicar a origem dos valores utilizados na sua aquisição[21].

---

[21] Neste sentido: TRF, 2.ª Região, 2.ª Turma, Apelação 200751018073819, j. 20.07.2008.

3. **O sequestro incide sobre bem de terceiro que o adquiriu de boa-fé:** trata-se, nesta situação, dos embargos previstos no art. 130, II, do CPP, por meio dos quais o terceiro de boa-fé que teve o seu bem sequestrado poderá alegar (e, efetivamente, não lhe restará outra defesa) que, ao comprar o bem do investigado ou réu, desconhecia que este, inicialmente, tinha-o adquirido com verbas ilícitas. Diferentemente dos embargos opostos pelo próprio réu, o terceiro adquirente que sustenta boa-fé não precisa comprová-la, bastando, repita-se, alegá-la. Destarte, vigora, aqui, o princípio geral das provas segundo o qual o ônus da prova incumbe a quem alega, obrigando a quem requereu a medida comprovar a má-fé do terceiro. Não realizada esta comprovação, o gravame deve ser levantado pelo magistrado.

Ressalte-se, quanto a estes dois últimos *embargos* – opostos pelo imputado e pelo terceiro de boa-fé –, que somente poderão ser julgados após o trânsito em julgado da sentença condenatória eventualmente proferida no processo criminal movido contra o réu, nos termos do art. 130, parágrafo único, do CPP. Até lá, o bem deve permanecer constrito, salvo a possibilidade, quanto ao terceiro de boa-fé (não o próprio indiciado ou réu), de prestar caução, na forma prevista no art. 131, II, do CPP.

Por outro lado, no tocante ao **prazo** para tais embargos serem opostos, mais uma vez omite-se o Código de Processo Penal. Surgiram, então, duas posições:

> ***Primeira:*** efetivado o sequestro, deve o titular do bem constrito ser **intimado** dessa medida. Para os defensores dessa posição, os embargos tratados no art. 130 devem ser ingressados até o trânsito em julgado da sentença penal condenatória, visto que o parágrafo único deste dispositivo proíbe que sejam julgados tais embargos antes deste momento.
>
> ***Segunda:*** com a inscrição do sequestro, o titular do bem gravado deverá ser **citado** acerca da constrição operada. Os adeptos desta corrente equiparam os embargos do art. 130 a uma contestação, considerando, portanto, que devem ser propostos no prazo de cinco dias, por analogia ao prazo estipulado pelo art. 306 do CPC/2015 para a contestação das cautelares previstas nesse diploma.

Embora plausível a primeira orientação, compreendemos, na atualidade, como correta a segunda, revisando, com isso, nossa orientação anterior. Isso porque ditos embargos possibilitam a produção de prova. Ora, se opostos às vésperas do trânsito em julgado da sentença condenatória ainda for necessário realizar fase instrutória, a cautelar de sequestro terá sua tramitação prolongada, retardando o ressarcimento da vítima quanto aos danos sofridos pelo crime, o que, como vimos, é um dos fins do sequestro.

E quanto aos embargos do art. 129 do CPP? Não há divergências, devendo ser aplicada, por analogia, a regra do art. 675, *caput,* do CPC/2015, dispondo que estes "podem ser opostos a qualquer tempo no processo de conhecimento enquanto não transitada em julgado a sentença e, no cumprimento de sentença ou no processo de execução, até 5 (cinco) dias depois da adjudicação, da alienação por iniciativa particular ou da arrematação, mas sempre antes da assinatura da respectiva carta".

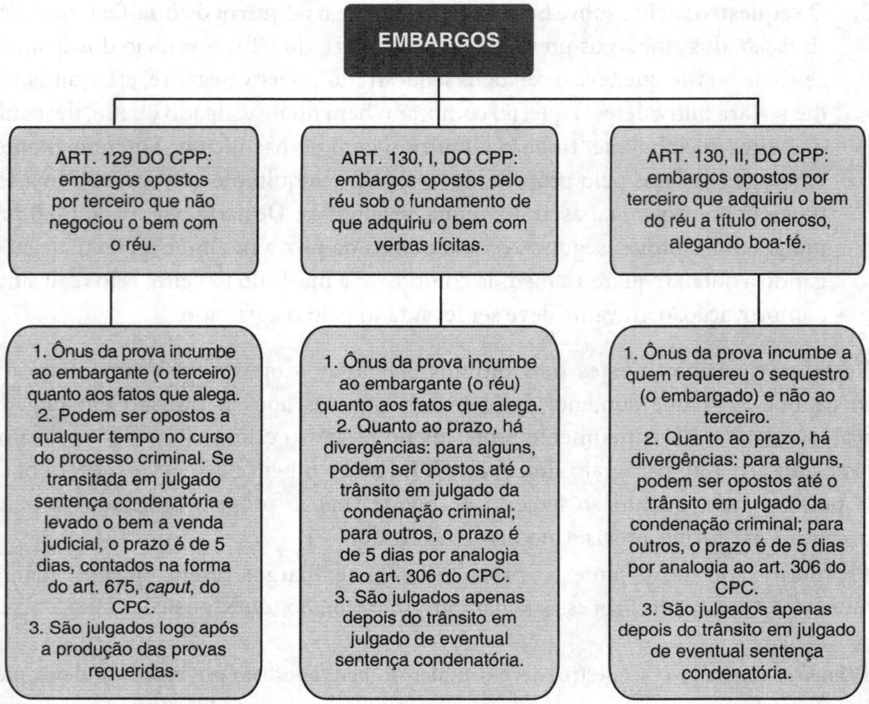

7.5.3.6. *A apelação e o mandado de segurança como formas de insurgência em relação à decisão de sequestro de bens*

Embora o Código de Processo Penal estabeleça os **embargos** como forma de insurgimento em relação ao sequestro, tem-se admitido, também, o uso do **mandado de segurança** e da **apelação** prevista no art. 593, II, do CPP com esse mesmo objetivo. Neste passo, qual deverá ser o critério de opção do indivíduo atingido em seu patrimônio pelo gravame? A resposta a esta pergunta condiciona-se à verificação da existência ou não, em poder do prejudicado pela medida, de provas capazes de conduzir ao seu levantamento, e, em caso positivo, da qualidade dessas provas. Assim:

a) Opção pelo mandado de segurança: Havendo elementos que apontem, com absoluta certeza, que o sequestro determinado viola o direito líquido e certo do proprietário em ter seu patrimônio livre e desembaraçado, a medida adequada será o *mandado de segurança*, pois, além de admitir a concessão de medida liminar, possui tramitação rápida. Além disso, o cabimento do *writ* na espécie não infringe o art. 5.º, II, da Lei 12.016/2009, visto que a apelação cabível contra o sequestro de bens fundamenta-se no art. 593, II, do CPP, a qual não possui previsão legal de efeito suspensivo. *Exemplo:* Sequestro de bem adquirido antes da infração penal pela qual está sendo o indivíduo investigado ou processado. Possuindo o titular a comprovação da época da aquisição, poderá impetrar, imediatamente, o *mandamus* para obter o levantamento da constrição.

b) Opção pela apelação: Havendo provas de que o bem foi adquirido licitamente, mas que não sejam ostensivas a ponto de justificar o ingresso de mandado de segurança – provas, enfim, que demandem exame aprofundado para formação da convicção do julgador quanto à veracidade dos argumentos expendidos pelo insurgente –, deverá o prejudicado apelar da decisão que ordenar o sequestro. *Exemplo:* Contemple-se a hipótese de que o acusado tenha adquirido um imóvel após a prática de crime patrimonial pelo qual está sendo processado. Considere-se, ainda, que esse bem venha a sofrer, no curso do processo, sequestro por ordem do juiz criminal. Não obstante, em seu poder, detém o réu elementos que comprovam a origem *lícita do numerário* utilizado na referida aquisição, uma vez que parte do valor foi retirado de três contas bancárias preexistentes ao crime objeto do processo penal e, outra parte, obtida com a venda de um imóvel havido de herança, com a alienação de um veículo e com dinheiro recebido de terceiro como quitação de dívida. Em tal caso, a prova da aquisição lícita, em tese, existe. Entretanto, sua constatação depende de exame aprofundado e detido dos elementos trazidos, o qual não se admite na via estreita do mandado de segurança, justificando-se, assim, o uso da *apelação*.

c) **Opção pelos embargos:** Não havendo provas de aquisição lícita do bem, sendo, ainda, necessária sua produção, o correto é o manejo dos *embargos* contemplados no Código de Processo Penal, os quais admitem ampla produção probatória, *v.g.*, oitiva de testemunhas, perícias, requisição e juntada de documentos etc.

7.5.3.7. Procedimento

Intentada a medida perante o **juízo criminal**, será autuada em apartado, decidindo o juiz de plano e sem a oitiva do titular do bem (*inaudita altera parte*).

Entendendo ausentes os indícios veementes de que o bem fora adquirido com os proventos do crime ou insubsistentes os argumentos incorporados ao requerimento de sequestro, poderá o magistrado indeferir liminarmente o pedido, ou designar audiência de justificação, facultando ao requerente produzir prova oral e documental acerca dos fatos que alega.

Caso, porém, compreenda o juiz estarem presentes os requisitos legais, decretará o sequestro, ordenando, no caso de bem imóvel, sua inscrição no Registro Imobiliário, ato que o torna indisponível (inalienável) – veja-se que a medida não priva o *uso* do bem nem mesmo o *proveito* de seus frutos. Logo, se o réu reside no bem sequestrado, nele poderá continuar até que haja eventual venda judicial. Por outro lado, se o bem é locado ou arrendado, poderá, igualmente, seu proprietário continuar percebendo os respectivos frutos.

A partir daí, embora o Código de Processo Penal não seja explícito, segue-se a citação do titular do bem sequestrado, que poderá opor embargos. Tratando-se dos embargos previstos no art. 129 do CPP, são estes julgados imediatamente após a produção das provas requeridas, implicando sua procedência em levantamento da medida. Se, opostamente, for o caso dos embargos contemplados no art. 130 do mesmo diploma, após a fase probatória, são estes suspensos para aguardar o julgamento da ação penal. Neste último caso, transitando em julgado sentença criminal absolutória, ocorrerá o levantamento do sequestro (art. 131, III, do CPP), ficando prejudicado o julgamento dos embargos. Se, contudo, transitar em julgado sentença condenatória, serão os embargos decididos pelo juiz criminal. A procedência libera o bem. Já a improcedência acarreta a determinação pelo juízo criminal dos atos tendentes à venda judicial do bem sequestrado na forma do art. 133 do CPP.

7.5.3.8. Levantamento

O levantamento do sequestro, que significa a perda da eficácia da medida, dar-se-á em quatro hipóteses, previstas no art. 131 do CPP:

1. **Não ajuizamento da ação penal em 60 dias.** Sendo a medida deferida na fase anterior ao ajuizamento da denúncia ou da queixa, dispõe o Ministério Público ou o ofendido do prazo de 60 dias para ingresso da ação penal. Referindo a lei que

tal prazo é contado da data em que ficar concluída a diligência, consideramos que seu *dies a quo* dá-se com o registro imobiliário da constrição, nos termos do art. 128 do CPP.

2. **Caução pelo terceiro de boa-fé.** Atente-se que a lei não faculta ao indiciado ou réu prestar caução para fins de levantamento antecipado do sequestro (isto é, antes do julgamento de eventuais embargos). Ao contrário: a prestação de caução é permitida apenas ao terceiro (de boa-fé, logicamente) que tenha adquirido o bem. Quanto ao valor da caução, estabelece o dispositivo que deve ser o bastante para assegurar o disposto no art. 74, II, "b", 2.ª parte, do Código Penal, que, na atualidade, corresponde ao art. 91, II, "b", 2.ª parte, do mesmo Estatuto, referindo-se ao efeito da condenação de perda dos bens adquiridos com o proveito da infração penal. Ora, conquanto o art. 131, II, do CPP, a partir da remissão ao referido dispositivo do Código Penal, sugira que a caução deve ter valor equivalente ao do bem sequestrado, é certo que tal exigência, em muitos casos, inviabilizará a prestação da garantia. Por isso, compreendemos que, embora o valor do bem não possa ser desprezado na fixação do montante da caução, esta deve levar em consideração, também, a condição econômica de quem deva prestá-la.

3. **Extinção da punibilidade transitada em julgado.** Trata-se, especialmente, das situações elencadas no art. 107 do Código Penal, sem prejuízo de outras hipóteses previstas na legislação especial. Apesar de o art. 131, III, do CPP não ser específico, deve-se lembrar que o sequestro possui dois objetivos primordiais: um, assegurar que se cumpra o efeito extrapenal da condenação previsto no art. 91, I, do Código Penal (reparação do prejuízo financeiro sofrido pela vítima do crime), e, dois, fazer cumprir o efeito extrapenal da condenação contemplado no art. 91, II, "b", 2.ª parte, do CP (perda, em favor da União, dos bens adquiridos com os proventos da infração penal, ressalvado direito do lesado e de terceiro de boa-fé). Neste viés, compreendemos que as causas extintivas da punibilidade que autorizam o levantamento do sequestro são, unicamente, aquelas que, além da pena, elidem os referidos efeitos extrapenais da sentença condenatória transitada em julgado. Tome-se, como exemplo, a prescrição da pretensão executória. Neste caso, a extinção da punibilidade prejudicará tão somente a aplicação da pena, como efeito penal principal da sentença, permanecendo intactos os efeitos penais secundários e os efeitos extrapenais da condenação, inclusive a obrigação de indenizar. Logo, tal causa extintiva não pode implicar no levantamento do sequestro.

4. **Sentença absolutória transitada em julgado.** Não importam os fundamentos da absolvição, dentre os elencados no art. 386 do CPP. Sendo o acusado absolvido por decisão transitada em julgado, opera-se o levantamento do sequestro. A razão da regra é simples: como dissemos na nota anterior, o sequestro tem por fim efetivar os efeitos da sentença condenatória transitada em julgado previstos no art. 91, I e II, b, do CP. Ora, se transita em julgado sentença absolutória, tais efeitos não se operam, deixando de ser justificável a manutenção da constrição.

Embora a lei contemple quatro hipóteses (distribuídas em três incisos) de levantamento do sequestro, percebe-se que nada refere quanto ao julgamento de eventuais embargos que tenham sido opostos pelo titular do bem sequestrado. Apesar do silêncio do legislador a respeito, é evidente que a **procedência dos embargos** opostos como forma de defesa, quer do terceiro, quer do investigado ou do réu, também acarreta o levantamento. Não fosse assim, qual seria a finalidade dessa forma de intervenção?

Na verdade, essa omissão do legislador tem como justificativa o fato de que, à época em que editado o Código de Processo Penal, o êxito dos embargos opostos pelo terceiro de boa-fé assegurava-lhe apenas o direito de receber eventual resíduo que, após ressarcimento da vítima do crime, viesse a sobrar das verbas alcançadas por meio do leilão ou da praça da coisa sequestrada. Tanto é que o art. 133, § 1º, ao tratar do dinheiro obtido com a venda de bens sequestrados, refere que este reverterá para os cofres públicos, o que não couber ao lesado (vítima do crime) ou ao terceiro de boa-fé. Na atualidade, porém, contemplada a boa-fé inclusive em nível de Constituição Federal, consolidou-se a jurisprudência no sentido de que é inconstitucional este regramento introduzido no Código de Processo Penal pelo legislador de 1941. Portanto, não se evidenciando que o terceiro adquirente do bem comprado pelo réu com os proventos do ilícito agiu de má-fé, a procedência de seus embargos (art. 130, II, do CPP), tal como dos embargos opostos pelo réu sob o argumento de aquisição com verbas lícitas (art. 130, I, do CPP) e dos embargos do terceiro não adquirente (art. 129 do CPP), importará em levantamento do sequestro, restando à vítima, neste caso, buscar ressarcir o seu prejuízo mediante a constrição de outros bens do réu, com uso da medida própria – hipoteca legal (art. 134 do CPP) ou arresto (art. 137 do CPP).

Por tudo isso, é possível acrescentar, além das quatro causas de levantamento do sequestro previstas nos três incisos do art. 131 do CPP, a procedência dos embargos, quer sejam os previstos no art. 129 do CPP, quer sejam os catalogados no art. 130, I e II, do mesmo diploma.

7.5.3.9. *Finalização*

Transitando em julgado a sentença penal condenatória, serão julgados os embargos deduzidos na forma do art. 130, I e II, e parágrafo único, do CPP. A **procedência** libera o bem. A **improcedência** acarreta a determinação pelo juízo criminal dos atos tendentes à venda judicial do bem sequestrado na forma do art. 133 do CPP.

Realizada a venda judicial, o dinheiro apurado será utilizado para ressarcimento do dano causado à vítima pela prática da infração penal, e o que sobrar, destinado aos cofres públicos, mais especificamente ao Fundo Penitenciário Nacional (salvo se houver previsão diversa em lei especial), conforme reza o art. 133, §§ 1º e 2º, do CPP.

Lembre-se que, com a alteração introduzida ao art. 387 do CPP pela Lei 11.719/2008, na sentença condenatória o juiz criminal fixará um valor mínimo a título de indenização à vítima. Independentemente dessa fixação, que já garante à vítima, após a venda judicial do bem sequestrado, o direito de obter o repasse do valor correspondente, poderá ela, ainda, diante da sentença penal condenatória transitada em julgado, liquidá-la na esfera cível para a apuração do dano efetivamente sofrido e, após, habilitar-se no juízo criminal visando ao recebimento do valor remanescente em relação ao que foi apurado em liquidação e ao que foi obtido com a venda judicial (deduzindo-se, por óbvio, eventual repasse já realizado por conta do valor mínimo arbitrado na sentença penal). Omitindo-se o ofendido nessa providência e havendo valores à sua disposição em face da venda judicial operada, deverá o juiz criminal, a nosso ver, intimá-lo para que, em prazo judicialmente fixado, comprove o ingresso de pedido de liquidação da sentença condenatória penal na esfera cível, sob pena de, não o fazendo, ser o valor existente em decorrência da venda judicial revertido aos cofres públicos, nos termos do referido art. 133, §§ 1º e 2º, do CPP.

7.5.3.10. *Observações importantes sobre o sequestro do bem imóvel*

Trata-se o sequestro de medida que possui determinadas peculiaridades, as quais, pela importância, não podem ser esquecidas. Consistem:

- O sequestro é medida que, por si, pode implicar **satisfação do dano cível** causado à vítima, não exigindo desta qualquer outra providência que não a liquidação da sentença penal condenatória transitada em julgado. Basta atentar ao que dispõe o art. 133, § 1º, do CPP, ao estabelecer que, com o dinheiro da venda judicial do bem sequestrado, ressarcir-se-á a vítima do crime.
- Trata-se de medida que tem **início e fim no juízo criminal**. Não passará, jamais, pela jurisdição do juízo cível, resolvendo-se, integralmente, na esfera penal.
- Pode **incidir sobre qualquer bem imóvel**, ainda aqueles referidos na Lei 8.009/1990, que dispõe sobre a impenhorabilidade de bens. É que, essa mesma lei, em seu art. 3.º, VI, exclui da impenhorabilidade os bens que tenham sido adquiridos com o proveito do crime. Assim, nada obsta, *v.g.*, o sequestro do único imóvel residencial pertencente ao réu.
- O sequestro, como já vimos, **atinge apenas o poder de disposição** (alienação), não impedindo o uso do bem sequestrado nem que sejam auferidos os respectivos frutos, como, por exemplo, o valor decorrente do aluguel ou do arrendamento.
- A medida é deferida ***inaudita altera parte*** pelo juiz, vale dizer, sem a necessidade de oitiva prévia da pessoa cujo patrimônio será atingido pela constrição. Evidentemente, embora não prevista em lei e sendo desaconselhável esta oitiva (pela possibilidade de o acusado, ciente da pretensão do autor da medida de onerar seu bem, vendê-lo antes a terceiro de boa-fé), não resta a mesma proibida, caso entenda o juiz necessária à formação de seu convencimento.
- Lembre-se: na hipótese do seu deferimento, o sequestro admite **defesa por meio de *embargos***. Possível, contudo, ao prejudicado, optar pelas vias da **apelação** ou do **mandado de segurança**. Relativamente ao indeferimento, reputamos possível a apelação, com fundamento no art. 593, II, do CPP.
- Considerando que o sequestro requer a existência de indícios veementes de que o bem foi adquirido com a prática criminosa, caso entenda insuficientes os elementos apresentados, faculta-se ao juiz:
  - Indeferir, de plano, o requerimento de sequestro;
  - Notificar a parte requerente para que complemente a documentação acostada ao pedido (*v.g.*, na hipótese em que houver alusão a determinada evidência que, não obstante, não instruiu o requerimento);

7.5.3.11. *Roteiro prático das fases que compõem o sequestro de bem imóvel*

Tendo em vista a complexidade do tema, para facilitar-lhe a compreensão, apresentamos, a seguir, um roteiro básico, incorporando os principais acontecimentos processuais envolvendo o pedido, a tramitação e a finalização do sequestro de bens imóveis.

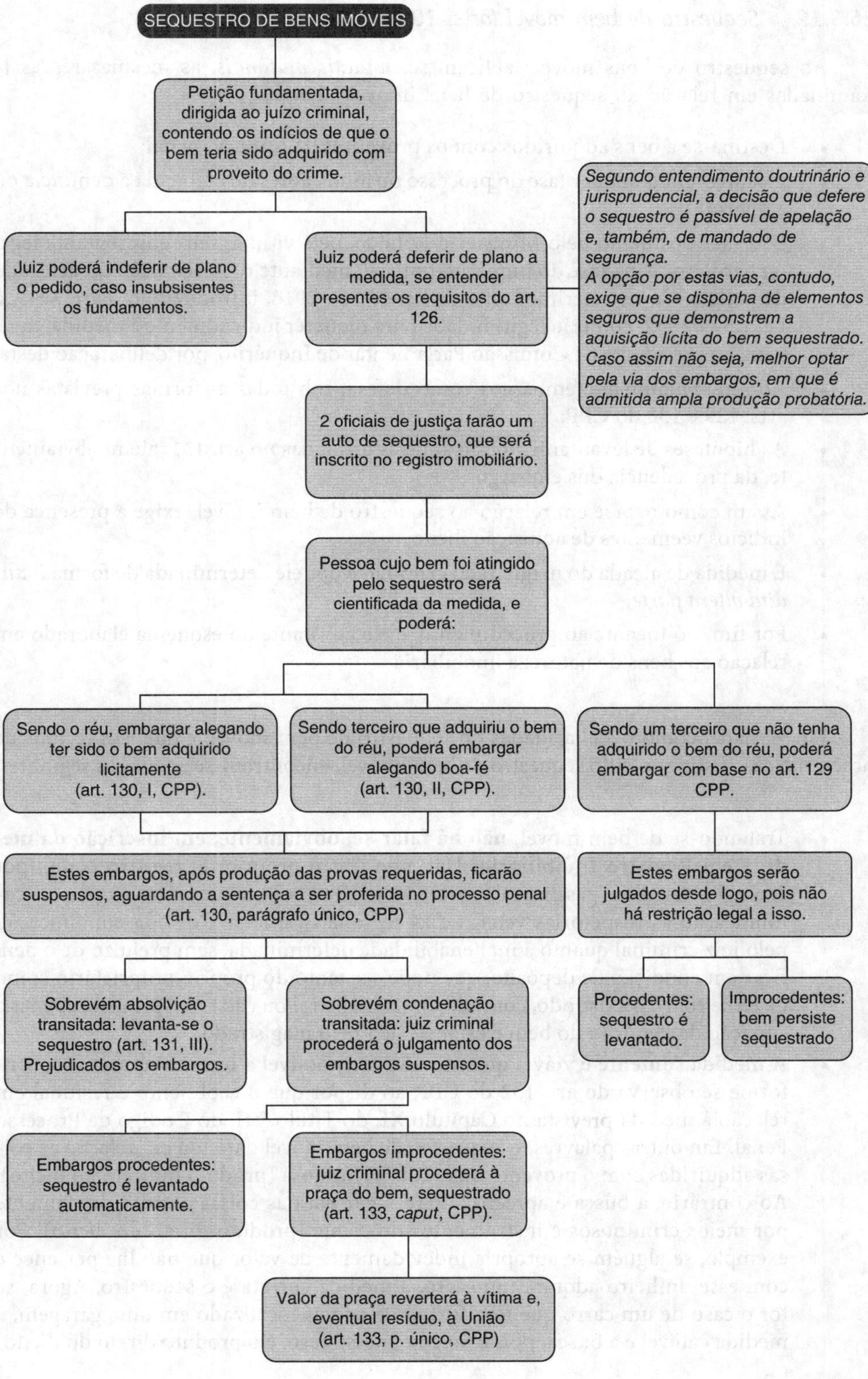
SEQUESTRO DE BENS IMÓVEIS
Petição fundamentada, dirigida ao juízo criminal, contendo os indícios de que o bem teria sido adquirido com proveito do crime.
Segundo entendimento doutrinário e jurisprudencial, a decisão que defere o sequestro é passível de apelação e, também, de mandado de segurança.
A opção por estas vias, contudo, exige que se disponha de elementos seguros que demonstrem a aquisição lícita do bem sequestrado. Caso assim não seja, melhor optar pela via dos embargos, em que é admitida ampla produção probatória.
Juiz poderá indeferir de plano o pedido, caso insubsisentes os fundamentos.
Juiz poderá deferir de plano a medida, se entender presentes os requisitos do art. 126.
2 oficiais de justiça farão um auto de sequestro, que será inscrito no registro imobiliário.
Pessoa cujo bem foi atingido pelo sequestro será cientificada da medida, e poderá:
Sendo o réu, embargar alegando ter sido o bem adquirido licitamente (art. 130, I, CPP).
Sendo terceiro que adquiriu o bem do réu, poderá embargar alegando boa-fé (art. 130, II, CPP).
Sendo um terceiro que não tenha adquirido o bem do réu, poderá embargar com base no art. 129 CPP.
Estes embargos, após produção das provas requeridas, ficarão suspensos, aguardando a sentença a ser proferida no processo penal (art. 130, parágrafo único, CPP)
Estes embargos serão julgados desde logo, pois não há restrição legal a isso.
Sobrevém absolvição transitada: levanta-se o sequestro (art. 131, III). Prejudicados os embargos.
Sobrevém condenação transitada: juiz criminal procederá o julgamento dos embargos suspensos.
Procedentes: sequestro é levantado.
Improcedentes: bem persiste sequestrado
Embargos procedentes: sequestro é levantado automaticamente.
Embargos improcedentes: juiz criminal procederá à praça do bem, sequestrado (art. 133, caput, CPP).
Valor da praça reverterá à vítima e, eventual resíduo, à União (art. 133, p. único, CPP)

7.5.3.12. *Sequestro de bem móvel (arts. 132 e 133 do CPP)*

Ao sequestro de bens móveis aplicam-se, *mutatis mutandis*, as mesmas regras já examinadas em relação ao sequestro de bens imóveis. Logo:

- Destina-se a bens adquiridos com os proventos da infração penal;
- É cabível em qualquer fase do processo ou ainda antes de oferecida a denúncia ou a queixa;
- Pode ser postulado pelo Ministério Público, pela vítima, seu representante legal ou herdeiros e, na fase do inquérito policial, mediante representação do delegado de polícia. Como referimos antes, a Lei 13.367/2016, introduzindo o art. 3.º-A à Lei 1.579/1952, conferiu legitimidade para requerer judicialmente a medida, também, ao presidente de Comissão Parlamentar de Inquérito, por deliberação desta;
- Admite, igualmente, embargos como defesa, sob todas as formas previstas nos arts. 129 e 130 do CPP;
- As hipóteses de levantamento são aquelas arroladas no art. 131, além, obviamente, da procedência dos embargos;
- Assim como ocorre em relação ao sequestro de bem imóvel, exige a presença de indícios veementes de aquisição ilícita;
- É medida de alçada do magistrado criminal e por ele determinada de forma *inaudita altera parte*;
- Por fim, no tocante ao procedimento, é ele constante do esquema elaborado em relação aos bens de natureza imobiliária.

Em verdade, como peculiaridades do sequestro de bem móvel, e que, em termos de características, distingue-o do sequestro de bem imóvel, encontram-se apenas as seguintes:

- Tratando-se de bem móvel, **não há falar-se, obviamente, em inscrição da medida em Registro Imobiliário**. Havendo órgão próprio de registro como, por exemplo, veículos (passíveis de inscrição no Detran) e semoventes (sujeitos à comunicação às inspetorias veterinárias regionais), é feita a devida comunicação pelo juiz criminal quanto à inalienabilidade determinada, sem prejuízo de o bem ficar em condição de depósito, que pode ser tanto do próprio proprietário como de terceiro. Não existindo, contudo, órgão registral ou cadastral próprio, apenas a situação de depósito do bem é estabelecida pelo magistrado.
- A medida **somente é viável quando não for possível a busca e apreensão**, conforme se observa do art. 132 do CPP, ao dispor que o cabimento é residual em relação à medida prevista no Capítulo XI, do Título VII, do Código de Processo Penal. Em outras palavras, o sequestro de bem móvel dar-se-á em relação às coisas adquiridas com o provento da prática criminosa (produto indireto do ilícito). Ao contrário, a busca e apreensão terá lugar para as coisas obtidas diretamente por meios criminosos e instrumentos do crime (produto direto do ilícito). Por exemplo, se alguém se apropria indevidamente de valor que não lhe pertence e com esse dinheiro adquire um carro, a medida correta é o sequestro. Agora, se for o caso de um carro que fora furtado e depois localizado em uma garagem, a medida cabível é a busca, pois o veículo, nesse caso, é o produto direto do ilícito.

7.5.3.13. Sequestro de bens ou valores equivalentes (art. 91, § 2.º, do CP)

O art. 91, II, *b*, do Código Penal estabelece, como efeito automático e obrigatório da sentença condenatória transitada em julgado, *a perda, em favor da União Federal, ressalvado o direito do lesado ou de terceiro de boa-fé, do produto do crime ou de qualquer bem ou valor que constitua proveito auferido pelo agente com a prática do fato criminoso.*

Considerando que podem surgir dificuldades em rastrear o produto ou os proventos do crime, estabelece o art. 91, § 1.º, do Código Penal que, no caso de não localização destes bens ou de se localizarem eles no exterior, poderá o juiz decretar a perda de *bens ou valores equivalentes ao produto ou proveito do crime.*

Ora, na medida em que existe esta possibilidade, torna-se necessário assegurar que precitados *bens ou valores* equivalentes estejam à disposição. Para este fim, determinou o art. 91, § 2.º, do Código Penal que *as medidas assecuratórias previstas na legislação processual poderão abranger bens ou valores equivalentes do investigado ou acusado, para posterior decretação da perda.*

Logicamente, tratando-se do **produto do crime**, a medida cabível é a busca e apreensão, *ex vi* do art. 240, § 1.º, *b*, 2.ª parte, do CPP ("coisas obtidas por meios criminosos"). Tratando-se, porém, de **proveito** da infração penal, entendendo-se como tal os bens adquiridos com o produto do crime, a medida assecuratória cabível será o sequestro contemplado nos arts. 125 a 133 do CPP.

Em suma, podem ser sequestrados os próprios bens adquiridos com os proventos do crime. Não sendo estes encontrados ou localizando-se no exterior, podem ser sequestrados bens ou valores lícitos equivalentes pertencentes ao investigado ou acusado.

7.5.4. Hipoteca legal (arts. 134 a 144 do CPP)

7.5.4.1. Considerações gerais

Trata-se de direito real de garantia que incide sobre **bens imóveis lícitos** pertencentes ao réu (arts. 134 e 135 do CPP), não podendo atingir patrimônio registrado em nome de terceiro. Alerta-se que existe entendimento no sentido de que é possível a especialização do patrimônio do terceiro, se este for **corresponsável civil**, caso em que o procedimento *servirá como preparatório ou incidental para o processo de conhecimento condenatório, uma vez que o terceiro responsável não é parte no processo penal*[22].

Sendo lícita a origem dos bens sujeitos à hipoteca, pergunta-se: Qual a finalidade desta medida assecuratória? A resposta é simples: visa assegurar que o acusado tenha patrimônio disponível para responder à futura ação de execução *ex delicto* (art. 63 do CPP) que lhe venha a ser proposta pelo ofendido. Afinal, não possuindo ação civil de indenização (art. 64 do CPP) em andamento e não sendo a sua intenção ajuizá-la de imediato, não poderá o ofendido valer-se das tutelas cautelares previstas no Código de Processo Civil, pois estas ou são *incidentais* (nesse caso a ação de indenização já deveria estar ajuizada) ou são *antecedentes* (caso em que estaria obrigado a ajuizar a ação civil no prazo máximo de 30 dias contados da efetivação da cautela, sob pena de perda de eficácia).

Ilustra-se: Considere-se que a vítima de uma infração penal, que se encontra aguardando o trânsito em julgado de sentença condenatória criminal em relação ao réu, descubra que este se encontra praticando atos de disposição de seu patrimônio, a fim de tornar-se insolvente. Diante desta realidade, alternativa não lhe restará a não ser

---

22 OLIVEIRA, Wesley Costa de. Medidas assecuratórias no processo penal brasileiro. Disponível em: <www.ambito-juridico.com.br>. Acesso em: 25 ago. 2009.

proceder ao pedido imediato de hipoteca legal de bens imóveis pertencentes ao acusado para garantir a existência de patrimônio capaz de responder, na ocasião do ajuizamento da ação de execução *ex delicto*, pelo prejuízo causado em razão da prática criminosa.

Importante: assim como ocorre no sequestro, também a hipoteca não está sujeita às restrições da impenhorabilidade que incidem sobre o bem de família e que constam da Lei 8.009/1990. Isto ocorre porque o art. 3.º, VI, dessa Lei exclui dessa impenhorabilidade os bens que se destinem à execução de sentença penal condenatória a ressarcimento, indenização ou perdimento de bens[23].

7.5.4.2. *Fases*

A despeito da redação equivocada do art. 134 do CPP (refere-se a *indiciado*), entendemos que seu requerimento é possível, unicamente, na fase judicial, tendo em vista que incide sobre os bens que não são suspeitos de aquisição ilícita. Reforça essa posição o fato de que o citado art. 134 refere-se, unicamente, ao cabimento da hipoteca em **qualquer fase do processo**, não mencionando a possibilidade dessa cautelar no momento anterior à fase judicial, ao contrário do que ocorre com o art. 127 do CPP, que, pertinente ao sequestro, contempla sua possibilidade *em qualquer fase do processo ou ainda antes de oferecida a denúncia ou a queixa*.

Independentemente dessa nossa posição, é certo que alguns tribunais orientam-se no sentido da possibilidade de especialização da hipoteca antes do início da ação penal. "Não há necessidade, para hipoteca legal sobre bens do autor do delito, que a denúncia tenha sido oferecida e recebida. O art. 134 do CPP refere-se a indiciado, exigindo para a efetivação da medida unicamente a certeza da infração e indícios suficientes de autoria" (*RT* 588/292). Segue o mesmo caminho parte da doutrina, entendendo que a palavra "processo" incorporada ao art. 134 do CPP deve ser interpretada em sentido amplo, abrangendo também o inquérito policial e outros procedimentos de investigação.

7.5.4.3. *Requisitos indispensáveis*

Os pressupostos da hipoteca legal são dois: *prova da materialidade do fato imputado* (em relação ao qual se pretenderá, mais tarde, o ressarcimento do dano cível causado) e *indícios de autoria* (art. 134 do CPP). Na verdade, é totalmente desnecessária essa previsão, pois, se a hipoteca é possível unicamente na fase judicial, tais requisitos são presumidamente existentes, visto que, do contrário, não poderia ocorrer o recebimento da denúncia ou da queixa-crime.

Dessa forma, requisito que, efetivamente, deverá ser demonstrado ao juiz criminal como *conditio sine qua non* para que ordene ele a hipoteca legal de bens do réu é o ***periculum in mora***, vale dizer, o justo receio de que, diante da demora do processo criminal, o réu possa tornar-se insolvente, desfazendo-se de seu patrimônio antes do trânsito em julgado da condenação.

7.5.4.4. *Legitimidade*

De acordo com o art. 134 do CPP, a especialização de bens em hipoteca poderá ser requerida pelo **ofendido**, o que se estende, obviamente, ao seu representante legal

[23] "A hipoteca legal poderá recair sobre bem imóvel gravado como bem de família, a teor do contido no art. 3.º, VI, da Lei 8.009/90" (TRF, 4.ª Região, ACR 5.045 PR 2005.70.00.005045-3, j. 04.07.2007).

e a seus herdeiros. Esta limitação à legitimidade estatuída no artigo em exame ocorre não apenas em razão da circunstância de que a hipoteca atinge patrimônio imóvel de natureza lícita do réu, como também em razão de seu fim primordial, qual seja garantir o êxito de futura execução da sentença condenatória que venha a ser intentada. Ora, sendo a vítima do crime lesada em seu patrimônio a maior interessada no ressarcimento de seu prejuízo, nada mais correto do que ser sua, também, a legitimidade principal para postular a constrição do patrimônio do acusado.

Quanto ao **Ministério Público**, de acordo com o art. 142 do CPP, a legitimação ocorrerá em apenas dois casos: quando a vítima, pobre, requerer, formalmente, que promova o pedido de hipoteca legal em seu nome, caso em que estará agindo o Ministério Público como substituto processual; e, também, quando houver interesse da Fazenda Pública, como nos casos de crimes de sonegação fiscal. Lembre-se de que, no primeiro caso citado (Ministério Público agindo como substituto processual da vítima pobre), a jurisprudência condiciona a constitucionalidade do agir ministerial à inexistência de Defensoria Pública organizada na Comarca, pois, existindo este Órgão, será sua a competência para atender os necessitados (art. 134 da CF).

Por fim, cabe frisar que, ao contrário do que ocorre em relação ao sequestro, na hipoteca legal é vedado ao juiz decretar a medida *ex officio*, também não sendo facultado ao delegado de polícia, na fase do inquérito, oferecer representação visando a esse fim.

7.5.4.5. *Defesa*

Não há previsão legal de uma defesa específica quanto ao mérito da hipoteca legal, ao contrário do que ocorre com o sequestro, relativamente ao qual o Código de Processo Penal faculta a oposição de *embargos* (arts. 129 e 130). Não se prevê, enfim, um momento específico em que possa o réu manifestar-se ao juízo no sentido de que seja desnecessária a hipoteca de seus bens, alegando, por exemplo, que não existe risco iminente de alienação de seu patrimônio. A única defesa facultada por lei ao réu (impugnação também assegurada ao requerente) consiste na possibilidade de impugnar a perícia realizada para a avaliação dos bens a serem hipotecados e do dano a ser indenizado à vítima. Sem embargo desta omissão legal, pensamos que, por questões de ampla defesa e de contraditório, deve o juiz, sim, após o ingresso do pleito de hipoteca de bens, determinar a citação do réu para que tome conhecimento e se manifeste a respeito, a ele oportunizando-se a apresentação de contestação, argumentando, por exemplo, a desnecessidade da especialização pretendida, a inocorrência dos pressupostos da medida, a inobservância das formalidades e a deficiência da instrução da inicial, bem como o oferecimento da caução prévia a que alude o art. 135, § 6.º, do CPP. Por óbvio, se atingidos os bens, quota-parte ideal ou meação de terceiros estranhos à relação *vítima x réu*, nada impede se utilize o prejudicado, que indevidamente tenha sofrido hipoteca sobre seu patrimônio, da via dos embargos de terceiro previstos no Código de Processo Civil para restaurar o *status quo ante*.

7.5.4.6. *Procedimento*

O pedido de hipoteca legal deve ser feito por meio de petição fundamentada junto ao juízo penal. Neste requerimento, deve o postulante demonstrar a presença dos pressupostos da medida, descrever os bens imóveis a serem hipotecados e estimar o valor do dano cível sofrido e dos bens do réu que pretende hipotecar. Esta última providência –

estimativa de valores – justifica-se na circunstância de que o juiz apenas deverá hipotecar os bens cujo valor seja necessário para assegurar a reparação dos danos patrimoniais sofridos com a prática da infração penal (art. 135, *caput*, do CPP). E mais: considerando que se trata a hipoteca de procedimento cautelar, é imprescindível que seja demonstrado pelo requerente, também, o *periculum in mora*, vale dizer, a iminência de desfazer-se o acusado de seu patrimônio enquanto se aguarda o término do processo criminal.

Ao requerimento de hipoteca legal ainda devem ser acostados os elementos utilizados pelo postulante para estimar o montante do dano provocado pela prática delituosa e o valor dos imóveis a serem hipotecados, bem como juntados os documentos comprobatórios do domínio do réu sobre estes bens e de outros que ele possuir, além dos que foram descritos no pedido inicial (art. 135, § 1.º, do CPP). A exigência de que estes outros bens sejam designados tem por fim demonstrar ao juiz que a especialização está sendo requerida sobre o patrimônio efetivamente necessário para assegurar a reparação do dano. Verificando o juiz que, em vez do imóvel descrito no requerimento, outro, de menor valor, pode ser hipotecado para garantia do ofendido, deverá determinar a este que acoste a respectiva avaliação, emendando, se for o caso, o pedido inicial para fins de substituição do bem indicado.

O pedido será autuado em apartado.

Presentes os pressupostos da medida, pensamos que deva o juiz (conforme referimos no tópico 7.5.4.5), embora inexista previsão legal a respeito, ordenar a citação do réu, oportunizando-se a contestação do pleito de especialização.

Ato contínuo, o magistrado nomeará perito, a fim de proceder à avaliação do valor da responsabilidade civil e dos imóveis indicados (art. 135, § 2.º, do CPP). Afinal, o magistrado não pode se louvar, para fins de determinar a hipoteca, unicamente nas estimativas feitas pelo requerente em sua petição. Assim, verificando que o pedido preenche os requisitos do art. 135, *caput* e § 1.º, determinará ao avaliador judicial ou, na falta, ao perito que nomear, que proceda a avaliação da responsabilidade civil (valor aproximado do dano) e dos imóveis indicados. Esta avaliação de bens e estimativa de dano concernem, apenas, ao procedimento da hipoteca, e tem por objetivo servir de parâmetro para que o juiz criminal faça incidir a medida sobre o patrimônio do réu necessário para garantir o ressarcimento do dano estimado da vítima. Logo, não há nenhum reflexo dessa avaliação no juízo cível, que é onde, posteriormente, será aferido o dano efetivamente sofrido pela vítima em face da prática do crime. Tanto é que estabelece o art. 135, § 5.º, do CPP que "o valor da responsabilidade será liquidado definitivamente após a condenação, podendo ser requerido novo arbitramento se qualquer das partes não se conformar com o arbitramento anterior à sentença condenatória".

Apresentado o laudo de avaliação, caberá ao juiz ouvir as partes, no prazo comum de dois dias (que correrá em cartório) a respeito das estimativas realizadas pelo perito (art. 135, § 3.º, do CPP). Neste momento, as partes poderão impugnar as avaliações realizadas, indicando os motivos pelas quais as consideram equivocadas e apresentando os documentos que sustentam suas alegações.

Resolvidas as impugnações das partes em torno da perícia, o juiz criminal decidirá o requerimento de hipoteca legal, determinando, em caso de deferimento, a inscrição no registro imobiliário do direito real sobre os imóveis necessários à satisfação do dano avaliado. Esta decisão é apelável, nos termos do art. 593, II, do CPP.

Frise-se que, opostamente ao que ocorre no sequestro, a decisão judicial em torno da hipoteca não é *inaudita altera parte*, já que antes de estabelecer o gravame realiza o juiz providências legais obrigatórias, quais sejam, a avaliação do dano alegado e dos bens a serem hipotecados, bem como a oitiva das partes interessadas a respeito desta avaliação.

Pois bem, inscrita a hipoteca legal no registro imobiliário e não ocorrendo o seu cancelamento posterior (*v.g.*, pela prescrição do crime objeto do processo criminal e consequente extinção da punibilidade do réu), o procedimento permanecerá suspenso, aguardando-se o trânsito em julgado da decisão a ser prolatada no processo criminal a que responde o réu.

Sendo proferida **sentença absolutória** e transitando esta em julgado, a hipoteca deverá ser cancelada, conforme dispõe o art. 141 do CPP.

Por outro lado, de acordo com o art. 143 do CPP, transitando em julgado uma **sentença condenatória** – que faz surgir, em consequência, o título executivo judicial passível de execução cível nos termos do art. 63 do CPP –, deverão os autos da hipoteca ser encaminhados e distribuídos a uma vara cível, a fim de aguardar as providências da vítima no sentido de executar a sentença penal passada em julgado.

O Código de Processo Penal não prevê por quanto tempo devem os bens do réu permanecer hipotecados a fim de aguardar a iniciativa da vítima em liquidar e executar seu prejuízo. Cogitar que assim permaneçam pelo lapso da prescrição da ação executória cível, a nosso ver, é um despropósito. Destarte, a doutrina majoritária, por analogia ao art. 123 do CPP, tem entendido que os bens hipotecados devam permanecer constritos pelo prazo máximo de **noventa dias**, a contar do trânsito em julgado da condenação. Se, decorrido esse prazo, nada for providenciado pela vítima no sentido de buscar o ressarcimento do prejuízo sofrido com a prática do crime, caberá ao juiz da vara cível, ao qual foi distribuída a hipoteca, determinar-lhe o cancelamento.

Atente-se, finalmente, que a lei faculta ao réu a prestação de caução prévia para evitar que seus bens sejam hipotecados (art. 135, § 6.º, do CPP). Esta caução deverá ser suficiente para cobrir o valor da responsabilidade civil estimada. Embora a previsão refira o oferecimento de caução *antes da inscrição* da hipoteca, reputamos possível que, mesmo *após* ter sido decretada a hipoteca legal, possa esta vir a ser cancelada mediante prestação de caução pelo acusado.

7.5.4.7. Cancelamento

O art. 141 do CPP prevê duas situações de cancelamento da hipoteca legal: a **extinção da punibilidade** e a **absolvição crimina** transitadas em julgado.

Assim, imagine-se que um determinado réu, que responde a processo penal e sofreu hipoteca sobre seus bens, tenha declarada extinta a sua punibilidade pela prescrição *in abstrato* do crime que lhe foi imputado. Neste caso, a hipoteca determinada sobre seus bens em razão desse delito deverá ser cancelada. Isso ocorre porque o fundamento da instituição desse gravame é a necessidade de garantir o êxito de futura execução de sentença penal condenatória, quando esta transitar em julgado. Ora, vindo a ser declarada extinta a punibilidade e arquivado, em consequência, o processo penal, tal objetivo, logicamente, fica prejudicado, tornando inócuo o prosseguimento do pedido de hipoteca. Observe-se que não se está dizendo, com isso, que a extinção da punibilidade impede o ressarcimento do prejuízo. Pelo contrário, tal modalidade decisória (extinção da punibilidade) não produz nenhum reflexo cível, *ex vi* do art. 67, III, do CPP. Todavia, desaparecendo a possibilidade de obtenção de título executivo criminal, restará à vítima valer-se, para o ressarcimento de seu prejuízo patrimonial, da regra do art. 64 do CPP, buscando, via ação ordinária de indenização, obter um título executório civil.

Idêntico raciocínio tem aplicação quando se trata de sentença absolutória transitada em julgado e que, como vimos, também acarreta o cancelamento automático da hipoteca legal.

A despeito de o Código de Processo Penal restringir em duas as causas de cancelamento da hipoteca, entendemos que uma terceira possibilidade pode ser extraída do regramento incorporado ao Código de Processo Penal: trata-se da **caução**. É que o art. 135, § 6.º, do CPP, ao instituir normas que regem o procedimento da especialização, dispõe que, se o réu não desejar que seus bens sejam hipotecados, poderá oferecer caução, que deverá ser suficiente para cobrir o valor da responsabilidade civil estimada. Como se vê, a previsão refere-se ao oferecimento de caução **antes da inscrição** da hipoteca. Contudo, não vemos sentido nenhum para que seja limitada essa possibilidade de o réu prestar caução à fase anterior à decisão judicial de hipoteca. Reputamos, assim, possível que, mesmo **após** ter sido decretada a hipoteca legal, pode esta vir a ser cancelada mediante prestação de caução pelo acusado.

7.5.4.8. *Observações importantes sobre a hipoteca do bem imóvel*

Atingindo bens imóveis de origem lícita, apresenta a hipoteca legal as seguintes características:

- É medida que, por si só, não conduz à satisfação do dano cível causado à vítima. Trata-se de simples direito real de garantia que incide sobre bens do acusado. Transitando em julgado a condenação penal, caberá à vítima a iniciativa de liquidar e executar a sentença penal no juízo cível. Descumprida, pelo réu, a obrigação de indenizar que motivou o ajuizamento da ação de execução civil, os bens hipotecados serão submetidos a venda judicial para alcançar ao ofendido-exequente o ressarcimento de seu prejuízo.
- Trata-se de medida que tem início no juízo criminal, mas que se encerra no juízo cível. Basta, pois, atentar ao que dispõe o art. 143 do CPP, no sentido de que, passada em julgado a condenação criminal, serão os autos da hipoteca encaminhados ao cível.
- Tal como o sequestro, pode incidir sobre qualquer bem imóvel, ainda que se trate daqueles referidos na Lei 8.009/1990, que dispõe sobre a impenhorabilidade do bem de família. É que essa mesma lei, em seu art. 3.º, VI, exclui da impenhorabilidade bens que se destinem ao ressarcimento do prejuízo causado pela prática criminosa.
- A hipoteca, mesmo inscrita no registro imobiliário, não torna o bem inalienável. Portanto, nada impede ao réu transferir-lhe o domínio. No entanto, por ocasião dos atos registrais, ficará ciente o adquirente de que está comprando bem que constitui garantia de uma dívida a ser satisfeita pelo réu, e que, futuramente, poderá vir a perder esse mesmo bem caso o acusado não cumpra a obrigação patrimonial decorrente do ilícito praticado.

7.5.4.9. *Roteiro prático das fases que compõem a hipoteca legal de bem imóvel*

Em síntese, são as seguintes as fases que compõem o procedimento da hipoteca legal:

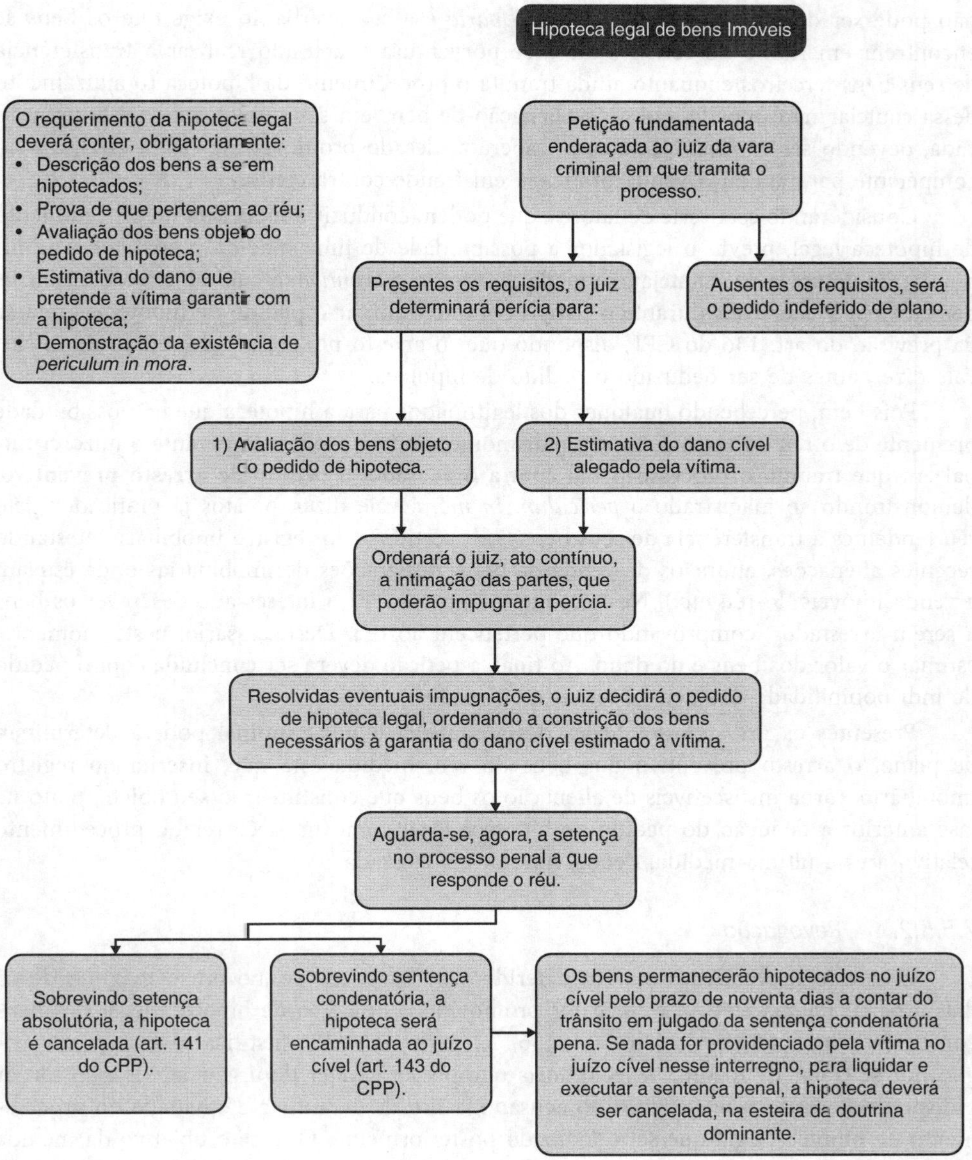

7.5.5. Arresto prévio ou preventivo

7.5.5.1. Considerações gerais

O processo de especialização de bens em hipoteca legal encerra um paradoxo, pois, se de um lado possui caráter emergencial, exigindo que na própria inicial do requerimento seja demonstrado o *periculum in mora*, de outro, é um procedimento demorado, pressupondo a realização de perícia para avaliação dos bens a serem hipotecados e estimativa do dano indenizável, com possibilidade de impugnação, pelas partes, dos valores encontrados nas citadas avaliações. A tudo isso acrescente-se a circunstância de que a inscrição da hipoteca não pode ser determinada *inaudita altera parte* e a sua averbação exige que os bens se encontrem em **nome do réu**. Destarte, se porventura o acusado realizar a transferência de seus bens terceiros enquanto ainda tramita o procedimento da hipoteca (o ajuizamento dessa cautelar não impede, por si, a alienação de bens em seu curso), ficará esta prejudicada, devendo ser extinta. Nesse caso, caberá ao lesado promover, na esfera cível, a ação competente para anular a venda praticada em fraude contra credores.

Considerando esta série de fatores, que podem conduzir à ineficácia do procedimento de hipoteca legal, previu o legislador a possibilidade de uma medida preparatória da hipoteca, de natureza pré-cautelar, rotulada de *arresto preventivo*, e cujo objetivo é tornar os bens do réu inalienáveis durante o tempo em que tramitar o pedido de hipoteca. Trata-se da previsão do art. 136 do CPP, dispondo que "o arresto poderá ser decretado de início", vale dizer, antes de ser deduzido o pedido de hipoteca.

Pois bem, percebendo qualquer dos legitimados para a hipoteca que há possibilidade premente de o réu desfazer-se de seu patrimônio, poderá promover, perante o juízo criminal em que tramita o processo penal contra o acusado, o pedido de **arresto preventivo**, demonstrando ao magistrado o *periculum in mora*, vale dizer, os atos já praticados pelo réu tendentes à transferência de seus bens (*v.g.*, certidões do registro imobiliário atestando recentes alienações, anúncios de venda de bens, declarações de imobiliárias onde estejam a venda imóveis do réu etc.). Neste requerimento, deverá o interessado descrever os bens a serem arrestados, comprovando que pertencem ao réu. Desnecessário, neste momento, estimar o valor dos bens e do dano. Ao final, a petição deverá ser concluída com o pedido de indisponibilidade dos bens a serem hipotecados.

Presentes os pressupostos legais dessa cautelar, o juiz criminal poderá determinar, de plano, o arresto preventivo dos bens do réu, medida esta que, inscrita no registro imobiliário, torna insuscetíveis de alienação os bens que constituem o seu objeto, tanto na fase anterior à dedução do pedido de hipoteca legal como no decorrer do procedimento relativo a essa última medida, depois que for ela ajuizada.

7.5.5.2. Revogação

O arresto preventivo, uma vez deferido, será revogado se, no prazo máximo de 15 dias a partir da sua efetivação, não for promovido o processo de hipoteca legal dos bens constritos, conforme previsto no art. 136, 2.ª parte, do CPP. Justifica-se esse prazo exíguo por se tratar de medida assecuratória que possui caráter de urgência, visando tornar indisponíveis bens imóveis lícitos do acusado, a fim de garantir a efetividade do procedimento de hipoteca legal que será deduzido posteriormente. Ora, se o objetivo da medida é esse, vale dizer, assegurar o êxito da hipoteca e se o respectivo legitimado não adotar as providências necessárias no sentido de promovê-la no prazo concedido pelo legislador, mantendo-se inerte, nada mais correto do que, nesse caso, cancelar o gravame e restabelecer a situação anterior com a consequente desoneração do bem.

7.5.6. Arresto (art. 137 do CPP)

O arresto previsto no art. 137 do CPP (medida esta que não guarda nenhuma relação com aquela estatuída no art. 136 do mesmo Estatuto) é simétrico à hipoteca legal, referindo-se, porém, a **bens móveis de origem lícita pertencentes ao réu**. Em suma, os requisitos, como legitimidade, fases e procedimento, antes examinados em relação à hipoteca, têm inteira aplicação ao arresto.

Não obstante tal identidade de regramento, o arresto possui algumas peculiaridades importantes, que necessitam ser referidas, quais sejam:

- *Residualidade em relação à hipoteca*: trata-se de medida cabível apenas na hipótese de o réu não possuir bens imóveis passíveis de hipoteca ou se o patrimônio imobiliário já hipotecado mostrar-se insuficiente para cobrir a integralidade da responsabilidade civil estimada. *Exemplo*: dano cível sofrido pela vítima estimado em R$ 300.000,00. Hipotecados todos os bens imóveis do réu, o valor destes totalizou R$ 200.000,00. Assim, poderão ser arrestados bens móveis pertencentes ao acusado até o valor de R$ 100.000,00, correspondente à parcela indenizável descoberta.
- *Depósito*: os bens móveis arrestados ficarão em regime de depósito, podendo permanecer em poder do próprio réu ou serem encaminhados à guarda de terceiros nomeados pela autoridade judiciária. Evidentemente, assim como no sequestro de bens móveis, havendo um órgão registral ou cadastral próprio em relação ao bem arrestado, o juízo determinará a devida comunicação a respeito do ônus imposto sobre o bem. É o caso, por exemplo, de veículos automotores, sujeitos a cadastramento obrigatório no Detran.
- *Suscetibilidade de penhora*: a Lei 8.009/1990 estabelece a impenhorabilidade de determinados bens, ressalvando, contudo, dessa impenhorabilidade, entre outras categorias, os bens adquiridos com os proventos da infração penal, **bem como aqueles destinados à satisfação do prejuízo cível causado pela infração penal**. Tal previsão, no entanto, mostra-se conflitante com a incorporada ao art. 137 do CPP, quando, tratando do arresto de bens móveis lícitos – **cujo objetivo é garantir o ressarcimento de prejuízo patrimonial sofrido pela vítima em razão da prática criminosa** –, condiciona a medida a que se trate de bens *suscetíveis de penhora*. Daí infere-se, portanto, que, embora as demais ações cautelares previstas no Código de Processo possam alcançar quaisquer bens, móveis ou imóveis, no caso do arresto *in examen*, somente poderá incidir sobre bens móveis penhoráveis.
- *Possibilidade de alienação prévia se houver risco de deterioração*: se os bens arrestados forem fungíveis e passíveis de deterioração, é possível que com o deferimento do arresto sejam eles vendidos em leilão, depositando-se o *quantum* em conta judicial. Tal possibilidade também alcança ao sequestro de bens móveis tratado no art. 132 do CPP.

Questão que divide a doutrina refere-se à possibilidade de aplicação, em relação ao arresto de bem móvel lícito, da medida pré-cautelar prevista no art. 136 – arresto preventivo.

Alguns, com efeito, posicionam-se contrariamente, argumentando que o art. 136 do CPP é explícito ao referir-se a *arresto do imóvel*, tratando, ainda, especificamente desta medida como uma garantia da *hipoteca legal*. Argumentam, também, que a intenção do legislador em restringir o arresto prévio à cautela da hipoteca e não do arresto do art. 137 fica evidente, em face de ter sido regulamentado no Código, topograficamente, antes deste último.

Outros, contudo, aduzem que não há nenhum sentido em limitar a tutela preventiva do art. 136 à hipoteca, quanto mais se o procedimento do arresto, seguindo os mesmos nortes do rito da hipoteca, pode ser tão lento quanto este último. Além disso, quando se trata de bens móveis, pela facilidade de transferência do domínio – que se dá pela simples tradição, normalmente –, o risco de alienação antes da conclusão do procedimento do arresto é ainda maior do que aquele existente em relação a bens imóveis. Concordamos, plenamente, com esse último pensamento, acrescentando, ainda, a circunstância de que, se por um lado há previsão do arresto preventivo apenas em relação à hipoteca, por outro, o art. 137 é explícito ao mencionar que se aplicam ao arresto de bens móveis as mesmas regras atinentes à hipoteca dos imóveis. Deste modo, por que excluir o arresto da possibilidade da cautela preventiva, possibilitando-se ao réu frustrar os objetivos da medida por meio da alienação prematura e fraudulenta de seus bens móveis?

7.5.7. Utilização dos bens por órgãos de segurança pública

Incluído pela Lei 13.964/2019, o art. 133-A do Código de Processo Penal possibilita que o juiz, uma vez constatado o interesse público, autorize *"a utilização de bem sequestrado, apreendido ou sujeito a qualquer medida assecuratória pelos órgãos de segurança pública previstos no art. 144 da Constituição Federal, do sistema prisional, do sistema socioeducativo, da Força Nacional de segurança Pública e do Instituto Geral de Perícia, para o desempenho de suas atividades"*.

Ao permitir a utilização de bens objeto de constrição judicial por órgãos do Poder Público, especialmente aqueles voltados a combater o crime cuja persecução criminal motivou a apreensão, o dispositivo não apenas atende ao interesse social como, também, confere destinação lícita a bens que, pela inatividade ou desocupação, ficariam sujeitos à depreciação. Exemplo clássico de depreciação ocorre em relação a veículos apreendidos que, em grande parte dos casos, permanecem meses ou anos estacionados em depósitos, aguardando o desiderato do processo criminal, período em que se deterioram pela falta de conservação adequada e até mesmo pela ação de criminosos que atuam no furto de peças.

Da leitura do referido art. 133-A, detecta-se que o permissivo de utilização de bens acautelados, por órgãos públicos, durante o tempo em que se aguarda o término da persecução criminal, está condicionado a determinados parâmetros, cuja observância é necessária para que se possa ter como legal essa destinação provisória, os quais consistem:

a) Necessidade de prévia autorização do juiz para utilização do bem, não importando se a sua apreensão ocorreu ou não a partir de ordem judicial. Imagine-se, por exemplo, que a autoridade policial, no curso de sua atividade investigativa, tenha realizado a prisão em flagrante de indivíduo em face do transporte de armas de fogo sem autorização e em desacordo com determinação legal ou regulamentar. Ora, a partir do comando do art. 133-A viabiliza-se a utilização dos artefatos bélicos por órgãos públicos. Esta permissão, contudo, não poderá decorrer de ato do delegado que realizou a apreensão e tem as armas sob sua custódia, mas, sim, de pronunciamento judicial.

b) Decisão motivada no interesse público, consubstanciado este na finalidade de prevenção e repressão a práticas criminosas.

c) De acordo com o *caput* do art. 133-A, a autorização para uso é cabível em relação a bens que foram **sequestrados**, em face dos indicativos de aquisição com o proveito da infração penal; a bens que foram **objeto de apreensão**, tais como os instrumentos utilizados na prática do crime; e a bens que tiverem sido retidos em razão de **qualquer outra medida assecuratória**. Relativamente a esta última situação (*bens sujeitos a qualquer outra medida assecuratória*), a interpretação liberal do dispositivo permite a ideia de que podem ser objeto da autorização para uso também os bens de origem lícita que tiverem sido objeto de constrição. É preciso ter cuidado aqui. Perceba-se, primeiramente, que o art. 133-A está situado, topograficamente, no Código de Processo Penal, antes das medidas assecuratórias relativas aos bens lícitos, quais sejam, a hipoteca legal de bem imóvel (art. 134), o arresto provisório (art. 136) e o arresto de bem móvel (art. 137). Não fosse o bastante, cabe destacar o fato de que o § 4º do art. 133-A refere a possibilidade de transferência definitiva do bem para o órgão público depois da *decretação do perdimento de bens*. Ora, como regra geral, a retenção de bens lícitos não visa à decretação de seu perdimento, tendo, isto sim, como o objetivo, o de garantir adimplemento futuro da obrigação de ressarcir o dano causado pela prática criminosa (ver tópico 7.5.4.6). Diz-se "como regra geral" porque, na legislação penal existem, por exceção, algumas previsões de confisco de bens lícitos, a exemplo do disposto no art. 91-A, § 5º, do CP, que se refere ao perdimento dos "instrumentos utilizados para a prática de crimes por organizações criminosas e milícias". Neste cenário, relativamente ao permissivo do art. 133-A do CPP, deve-se limitar a sua incidência apenas a bens, lícitos ou ilícitos, sujeitos a confisco como efeito da sentença penal condenatória, quais sejam, os instrumentos, o produto e o proveito da infração penal, nos termos previstos no art. 91, II, *a* e *b*, e no art. 91-A, § 5º, ambos do Código Penal, sem prejuízo de outras previsões existentes na legislação especial. Destaca-se, por oportuno, a regra do art. 91, § 1º, do CP contemplando a possibilidade de "ser decretada a perda de bens ou valores equivalentes ao produto ou proveito do crime quando estes não forem encontrados ou quando se localizarem no exterior", bem como o disposto no art. 91-A do mesmo diploma, estabelecendo que "na hipótese de condenação por infrações às quais a lei comine pena máxima superior a 6 (seis) anos de reclusão, poderá ser decretada a perda, como produto ou proveito do crime, dos bens correspondentes à diferença entre o valor do patrimônio do condenado e aquele que seja compatível com o seu rendimento lícito".

d) Embora a medida tenha maior utilidade em relação a bens móveis, nada obsta sua aplicação para bens imóveis. É o caso, por exemplo, do imóvel sequestrado que se encontra desocupado, nada impedindo que seja destinado, *transitoriamente*, como base operacional de *força-tarefa* designada para investigação de crimes em determinada região. Tanto, aliás, existe esta possibilidade (permissivo judicial de uso de bens imóveis) que o § 3º do art. 133-A estabelece disciplina específica para a hipótese em que o bem referido no *caput* se trate de *veículo, embarcação ou aeronave*, ficando implícita, portanto, a possibilidade de a medida incidir sobre bem de outra natureza.

e) O uso dos bens é autorizado, prioritariamente, aos órgãos responsáveis pela segurança pública previstos no art. 144 da CF (polícias federal, civil, militar e penal, polícias rodoviária e ferroviária federal e corpos de bombeiros), órgãos do sistema prisional e do sistema socioeducativo, órgãos da Força Nacional de Segurança Pública e pelo Instituto Geral de Perícias, visando ao desempenho de suas atividades. Trata-se, como se vê, de órgãos do poder público com atividades afetas à prevenção e repressão ao crime e de persecução e execução criminal. Dentre estes órgãos, terá prioridade na utilização o órgão de segurança pública participante das ações de investigação ou repressão da infração penal que ensejou a constrição do bem. Não fica definitivamente afastada a possibilidade de uso dos bens por outros órgãos públicos, sempre se condicionando, porém, à demonstração de interesse público e à desnecessidade dessa utilização pelos órgãos mencionados.

f) Tratando-se de embarcação ou aeronave, caberá ao juiz ordenar ao órgão de trânsito (no caso de veículo) ou ao órgão de registro e controle competente (no caso de embarcação ou aeronave) a expedição de certificado provisório de registro e licenciamento em favor do órgão público beneficiário da autorização para uso. Neste caso, débitos anteriores à disponibilização do bem, eventualmente existentes (multas, encargos e tributos), deverão ser cobrados de quem até então era por ele responsável, ficando isento o órgão público do respectivo pagamento.

Perceba-se que o art. 133-A não restringe a possibilidade de autorização para uso à fase judicial. Logo, nada impede o juiz de deferir essa providência no curso da investigação criminal, caso tenha sido o bem acautelado nessa fase da persecução.

Cabe lembrar que, de acordo com os arts. 122 e 133, §§ 1º e 2º do Código de Processo Penal, uma vez transitada em julgado a sentença penal condenatória, os bens apreendidos ou sequestrados, cujo perdimento tenha sido decretado, serão vendidos em leilão público. Pois bem, simetricamente a esta regra, faculta o § 4º do art. 133-A ao juiz, como alternativa ao leilão, ordenar a transferência definitiva da propriedade daqueles bens ao órgão público que o estava custodiando e que possua interesse em assumir essa titularidade. Evidentemente, assim como ocorre na hipótese de venda em leilão, em que o dinheiro apurado é prioritariamente destinado ao ressarcimento da vítima lesada com a prática criminosa e de eventual terceiro de boa-fé igualmente prejudicado, também na hipótese do § 4º em exame é necessária a preservação do direito à reparação dos danos que tiverem eles sofrido, o que deve ser providenciado pelo órgão público beneficiário ou pele ente federativo a que estiver vinculado.

Veja-se, por fim, que o art. 133-A possui caráter geral, não excluindo, por óbvio, regras específicas previstas em leis especiais, a exemplo da Lei 11.343/2006 (Lei de Drogas) que, alterada pela Lei 13.840/2019, insere disciplina semelhante em relação aos bens apreendidos em razão dos crimes tipificados naquele diploma (arts. 61 e 62).

7.5.8. Venda antecipada dos bens

O art. 144-A do Código de Processo Penal possibilita ao juiz determinar a alienação antecipada de bens, para a preservação do seu valor, sempre que estiverem sujeitos a deterioração ou depreciação, ou quando houver dificuldade para sua manutenção. Embora a medida seja apropriada aos bens móveis sequestrados ou arrestados (os bens móveis são mais suscetíveis à perda do valor em razão da demora do processo), nada obsta seja aplicada, também, em relação a bens imóveis sequestrados ou hipotecados. Note-se que a hipótese em exame não se confunde com a anterior, que é relativa à autorização de uso de bens por órgãos públicos. Lá, com efeito, segundo se infere da disciplina implícita do art. 133-A do CPP, objeto da previsão legal são apenas os bens que, pela sua natureza ou condição, poderão estar sujeitos à decretação da perda como efeito da sentença penal condenatória (art. 91, II, *a* e *b*, e art. 91-A, ambos do Código Penal). Aqui, ao contrário, não há esta vinculação, devendo-se possibilitar a venda antecipada a que alude o art. 144-A em relação a qualquer bem, abrangendo-se, por conseguinte, tanto os bens sujeitos a decretação do perdimento como aqueles cuja constrição na esfera criminal tenha como único objetivo garantir a efetividade de eventual ação de cumprimento da sentença penal condenatória que venha a ser ajuizada na esfera cível com base no art. 63 do CPP (ver tópico 7.5.4.6).

Na verdade, o art. 137, § 1.º, do CPP, remetendo ao art. 120, § 5.º, do mesmo diploma, já contemplava a possibilidade de venda judicial de bens. Tal previsão, contudo, refere-se apenas aos bens móveis arrestados, condicionando ainda que se trate de coisas fungíveis. Neste aspecto, o regramento do art. 137, § 1.º, diferencia-se da disciplina incorporada ao art. 144-A, que é mais amplo, já que possibilita a venda antecipada de qualquer bem sujeito a depreciação ou deterioração, ou de difícil manutenção, não importando a natureza da medida assecuratória imposta pelo juiz.

Os bens sujeitos à alienação antecipada deverão ser avaliados, devendo o leilão ser realizado, preferencialmente, por meio eletrônico (art. 144-A, § 1.º). A venda deverá ser feita pelo valor fixado na avaliação judicial ou por valor maior. Caso não seja alcançado este valor, poderá ser feito novo leilão, em até dez dias contados da realização do primeiro, ocasião em que os bens poderão ser alienados por valor não inferior a oitenta por cento do estipulado na avaliação judicial (art. 144-A, § 2.º).

Realizada a venda judicial, o numerário obtido com o leilão ficará depositado em conta vinculada ao juízo até a decisão final do processo. No caso de condenação, este valor será convertido em renda para a União, Estado ou Distrito Federal. Na hipótese de absolvição, será entregue ao acusado (art. 144-A, § 3.º).

Eventualmente, pode ocorrer que a indisponibilidade recaia sobre moeda estrangeira, títulos, valores mobiliários ou cheques. Neste caso, o juiz determinará a conversão do numerário apreendido em moeda corrente nacional, ordenando o depósito da quantia correspondente em conta judicial (art. 144-A, § 4.º). Idêntica solução tem lugar quando se tratar de medida assecuratória incidente sobre valores em dinheiro (moeda nacional).

Tratando-se os bens alienados de veículos, embarcações ou aeronaves, uma vez arrematados em leilão, ordenará o juiz à autoridade responsável que proceda à expedição de certificado de registro e licenciamento em favor do arrematante, ficando este livre do pagamento de multas, tributos e quaisquer encargos anteriores à venda. Quanto a estes, deverá ser movida execução fiscal contra o antigo proprietário (art. 144-A, § 5.º).

Veja-se que determinadas medidas assecuratórias podem ser ordenadas tanto no curso da investigação criminal quanto no decorrer do processo judicial. É o que ocorre com o sequestro de bens, por exemplo, dispondo o art. 127 do CPP que sua decretação pode ocorrer *em qualquer fase do processo ou ainda antes de oferecida a denúncia ou queixa.* Ora, relativamente à venda antecipada, o art. 144-A, § 3.º, do CPP sugere que deva ocorrer apenas no curso do processo, já que se refere ao destino do numerário obtido com o leilão no caso de condenação ou de absolvição criminal, sem fazer referência à hipótese de não ajuizamento da ação penal. Não obstante, considerando que uma das finalidades da venda judicial é evitar a deterioração do bem constrito, pensamos que nada obsta seja realizado o procedimento de venda antecipada também na fase anterior ao ajuizamento da denúncia ou da queixa-crime, bastando que estejam presentes os motivos legais: risco de deterioração ou depreciação, ou dificuldade de manutenção. Nesta hipótese, o eventual não ajuizamento do processo criminal importará na entrega do valor obtido com a venda àquele a quem pertencia a coisa alienada.

Cabe referir, por fim, que, visando uniformizar a alienação antecipada de bens aprendidos, sequestrados ou arrestados no âmbito penal, o Conselho Nacional de Justiça editou a Resolução 356, de 27.11.2020, estabelecendo normas para a atuação dos magistrados com competência criminal na efetivação do procedimento de venda.

7.5.9. Quadro comparativo entre o sequestro de bens imóveis e móveis, hipoteca legal e arresto

Visando facilitar a visualização entre as medidas analisadas, apresentamos, abaixo, quadro comparativo realçando as principais diferenças entre elas. Lembre-se que, com algumas ressalvas, o sequestro de bem móvel é simétrico ao do bem imóvel, assim como o arresto do art. 137 do CPP obedece ao regramento relativo à hipoteca dos imóveis lícitos.

	Sequestro de bens imóveis e móveis	**Hipoteca legal e arresto do art. 137 do CPP**
Natureza dos bens atingidos	Bens adquiridos com os proventos da infração penal (produto indireto do fato criminoso). Não incidem as regras da impenhorabilidade (art. 3.°, VI, da Lei 8.009/1990).	Bens adquiridos licitamente. Quanto à hipoteca, não incidem as regras da impenhorabilidade (art. 3.°, VI, da Lei 8.009/1990). Já o arresto apenas poderá recair sobre bens passíveis de penhora (art. 137 do CPP).

	Sequestro de bens imóveis e móveis	Hipoteca legal e arresto do art. 137 do CPP
Pressuposto(s) fundamental(is)	Indícios veementes de que se trate de bens adquiridos com a prática criminosa.	Indícios de autoria ou prova da materialidade do fato a ser indenizado. Demonstração do *periculum in mora*.
Titularidade dos bens atingidos	Podem ser bens que estejam sob a titularidade do próprio autor da infração penal ou bens que estejam sob a titularidade de terceiros, inclusive aqueles que tiverem adquirido os bens do autor do delito a título oneroso.	Os bens a serem constritos deverão encontrar-se sob a titularidade do réu no momento da averbação da hipoteca no registro imobiliário ou da determinação judicial do arresto.
Fase(s) de postulação	Possível tanto na fase do processo criminal propriamente dito como em momento anterior ao oferecimento da denúncia ou da queixa.	Predomina o entendimento de que tais medidas, atingindo o patrimônio lícito, são possíveis unicamente na fase judicial.
Legitimados	Juiz *ex officio* (desde que já esteja em curso o processo criminal), a requerimento do Ministério Público, da vítima (representante legal ou herdeiros) ou mediante representação da autoridade policial. Mais recentemente, a Lei 13.367/2016, introduzindo o art. 3.º-A à Lei 1.579/1952, conferiu legitimidade para requerer judicialmente a medida, também, ao presidente de Comissão Parlamentar de Inquérito, por deliberação desta.	Juiz a requerimento da vítima (representante legal ou herdeiros). O Ministério Público terá legitimidade apenas quando a vítima pobre requerer-lhe que tome esta iniciativa ou quando houver interesse da Fazenda Pública.
Defesa(s) prevista(s) em lei	A defesa é feita por meio de *embargos*, que podem ser opostos pelo próprio autor da prática criminosa, pelo terceiro que tiver adquirido os bens daquele ou por outros terceiros que sejam atingidos pela medida (*v.g.*, cônjuge meeiro).	Não existe previsão legal de uma defesa visando impedir a hipoteca e o arresto. O único momento oportunizado ao réu para falar sobre o procedimento ocorre por ocasião de sua intimação para manifestar-se sobre os valores estimados pela perícia em relação a seus bens e ao dano alegado pela vítima. Evidentemente, atingidos bens de terceiros estranhos, poderão valer-se dos embargos de terceiro regulamentados no Código de Processo Civil para o cancelamento da averbação.
Levantamento/ cancelamento	Ocorrerá o levantamento nos seguintes casos: não ajuizamento da ação penal em 60 dias (se determinadas as medidas na fase anterior ao processo); caução prestada por terceiro que tenha adquirido o bem do réu; sentença absolutória e de extinção da punibilidade transitadas em julgado; e procedência dos embargos opostos.	A lei prevê o cancelamento da hipoteca e do arresto nos casos de absolvição e de extinção da punibilidade transitada em julgado. Entretanto, a superveniência de caução e a não adoção, pela vítima, de providências atinentes à liquidação e execução cível de seu prejuízo no prazo de 90 dias após o trânsito da condenação também poderão ser consideradas causas de cancelamento.

	Sequestro de bens imóveis e móveis	Hipoteca legal e arresto do art. 137 do CPP
Decisão do juiz	Ocorre *inaudita altera parte*, vale dizer, sem a oitiva prévia do titular do bem a ser sequestrado.	Não ocorre *inaudita altera parte*, pois o procedimento da hipoteca, aplicável igualmente ao arresto, prevê que, após a perícia e antes da decisão judicial, os interessados deverão ser intimados para falar sobre a avaliação dos bens do réu objeto do pedido de hipoteca e do dano estimado.
Quanto à reparação da vítima	São medidas que, se não levantadas, conduzirão ao ressarcimento do prejuízo sofrido pela vítima, independentemente do ajuizamento de ação de execução. Bastará à vítima liquidar o seu prejuízo no cível e comprovar o montante a ser reparado para que o juiz criminal determine a liberação do valor obtido com a venda judicial dos bens sequestrados.	A hipoteca não conduz ao ressarcimento do dano causado à vítima pela infração penal. Esta, após transitada em julgado a condenação penal, deverá intentar pedido de liquidação e ação de execução na esfera cível. Descumprida a obrigação de reparar o dano causado pelo executado, servirão os bens que lhe foram hipotecados e arrestados de garantia ao ressarcimento do ofendido.

7.5.10. Medidas assecuratórias de bens previstas na legislação especial

Além da regulamentação geral inserida no Código de Processo Penal, existe, na legislação especial, regramento específico visando à constrição patrimonial em relação a determinados crimes. Entre estas hipóteses especiais, até mesmo pela frequência com que vêm sendo questionadas em *concursos públicos*, possuem relevância:

- **Medidas assecuratórias disciplinadas pela Lei 9.613/1998, que trata da lavagem de capitais;**
- **Medidas assecuratórias disciplinadas pela Lei 11.343/2006, relativa ao uso indevido e tráfico de drogas ilícitas.**

7.5.10.1. Medidas previstas na Lei 9.613/1998 – lavagem ou ocultação de bens, direitos ou valores

Por *lavagem de capitais* compreendem-se as práticas de natureza econômico-financeira que têm por objetivo dissimular a origem ilícita de determinados ativos ou bens patrimoniais, a fim de que estes pareçam lícitos ou, ao menos, que a sua origem ilícita seja de difícil comprovação. Na apuração destas condutas, prevê a Lei 9.613/1998 a possibilidade de aplicação de **medidas assecuratórias**, isto é, providências cautelares ordenadas pelo juiz criminal quando estiverem presentes indícios suficientes acerca da efetiva ocorrência da lavagem e da obtenção de renda ou aquisição de bens em decorrência dos crimes relacionados com essa prática. Esta, aliás, a disciplina do art. 4.º, referindo que havendo indícios suficientes de infração penal, *o juiz poderá decretar medidas assecuratórias de bens, direitos ou valores que sejam instrumento, produto ou proveito dos crimes previstos nesta lei ou nas infrações penais antecedentes.*

E que medidas assecuratórias são estas? Tratando-se de *proveito* de crime, levando em consideração o que define o Código de Processo Penal nos arts. 125 a 132, a medida poderá ser, apenas, o sequestro. Já em se tratando de *instrumento* ou *produto* de crime, a providência cabível é a busca e apreensão. Basta observar que, nos termos do art. 240, § 1.º, do CPP, são passíveis de busca e apreensão as coisas obtidas por meios criminosos (= produto do crime) e os instrumentos utilizados na prática de crime ou destinados a fim delituoso (= instrumentos do crime). De qualquer modo, deve-se ter em vista que ambas as medidas – sequestro e busca e apreensão – possuem caráter assecuratório já que têm por fim tutelar o objetivo maior do processo criminal, que é a busca da verdade real, bem como assegurar que se cumpram os efeitos da condenação transitada em julgado previstos no art. 91, II, *a* e *b*, do Código Penal (confisco do produto e dos proveitos do crime, bem como dos instrumentos ilícitos empregados na prática da infração penal) e no art. 7.º, I, da Lei 9.613/1998 (perda dos bens, direitos e valores relacionados à prática dos crimes de lavagem).

Ao se referir a *instrumento, produto* ou *proveito* de crimes passíveis de medidas assecuratórias, o art. 4.º da Lei 9.613/1998 deixa claro que tanto podem ser os decorrentes dos crimes definidos na lei da lavagem de dinheiro como os relacionados às infrações penais antecedentes, assim entendidas aquelas que produzem os bens, direitos e valores a serem lavados.

A *apreensão* e o *sequestro* poderão ser determinados tanto no curso da investigação criminal como durante o andamento da ação penal. Para tanto, repita-se, basta que haja indícios suficientes da ocorrência de infração penal prevista na Lei 9.613/1998 ou das infrações penais antecedentes (art. 4.º, *caput*, da Lei 9.613/1998). Evidentemente, em se tratando da medida assecuratória de sequestro, ainda será necessário demonstrar a existência de indicativos de que os bens, direitos ou valores foram obtidos com os proventos do crime. Perceba-se que, segundo a lei, as referidas medidas poderão ser ordenadas pelo juiz *ex officio,* ou a requerimento do Ministério Público, ou mediante representação do delegado de polícia. Tocante à determinação *ex officio* pelo juiz, diante das nuances que o tema envolve, remetemos o leitor ao tópico 7.5.3.4 deste capítulo, em que o abordamos com a necessária profundidade.

Outro aspecto a ser considerado é o de que, para a decretação destas medidas, é indiferente se os bens, direitos ou valores pertencem ao próprio agente ou a terceiros, pois a lei refere-se a *"bens, direitos ou valores do investigado ou acusado, ou existentes em nome de interpostas pessoas"* (art. 4.º, *caput*, da Lei 9.613/1998).

De acordo com o art. 4.º, § 2.º, da Lei 9.613/1998, o juiz determinará a liberação total ou parcial dos bens, direitos e valores apreendidos ou sequestrados quando comprovada a licitude de sua origem, podendo, contudo, manter a constrição daqueles que forem *necessários e suficientes à reparação dos danos e ao pagamento de prestações pecuniárias, multas e custas decorrentes da infração penal.* Em relação a esta última parte do dispositivo, apesar do automatismo sugerido pela sua redação, pensamos que a manutenção da constrição se condicione à determinação concomitante de hipoteca legal (para bens imóveis lícitos) ou de arresto (para bens móveis lícitos), regrados nos arts. 134 e seguintes do CPP.

Sem embargo da previsão de liberação de bens, direitos e valores quando comprovada sua licitude, dispõe o art. 4.º, § 3.º, da Lei 9.613/1998 que nenhum pedido de liberação de bens será conhecido sem o comparecimento pessoal do acusado ou da interposta pessoa a que pertençam os bens constritos. Referido dispositivo visa evitar que outras pessoas compareçam a juízo para buscar objetos apreendidos e que sejam passíveis de liberação. Tratando-se de bem pertencente ao acusado, a previsão legal tem por objetivo, ainda, dificultar a ocorrência de revelia na tramitação dos processos pelos crimes de lavagem de capitais – apesar de, nessa ordem de crimes, estipular o art. 2.º, § 2.º, da Lei 9.613/1998 que *"não se aplica o disposto no art. 366 do Decreto-Lei n.º 3.689, de 3 de outubro de 1941 (Código de Processo Penal)"*, dispositivo este que determina a suspensão do processo e do prazo prescricional[24] no caso de réu citado por edital que não comparece e não constitui defensor. Logo, o processo dos crimes de lavagem poderá ter prosseguimento normal mesmo no caso de revelia do acusado citado por edital, nomeando o juiz defensor dativo para a defesa do acusado.

Importante referência, existente na Lei da Lavagem e ausente no Código de Processo Penal, respeita à possibilidade de suspensão, pelo magistrado, das medidas assecuratórias incidentes sobre bens, direitos ou valores – sempre ouvido o Ministério Público – caso possam comprometer as investigações (art. 4.º-B da Lei 9.613/1998). Este permissivo não se confunde com *levantamento* das medidas assecuratórias. Nestas últimas, as medidas são decretadas e circunstâncias legais autorizam sua revogação (*v.g.*, a sentença absolutória transitada em julgado, conforme prevê o art. 131, III, do CPP). Na *suspensão*, o que ocorre é a protelação legal da medida cautelar (à semelhança do que se faz nas hipóteses de flagrante retardado), visando não prejudicar a descoberta de outros autores ou de outros bens, direitos e valores ilicitamente ocultos.

Prevê, ademais, o art. 5.º da Lei 9.613/1998 que, *"quando as circunstâncias o aconselharem, o juiz, ouvido o Ministério Público, nomeará pessoa física ou jurídica qualificada para a administração dos bens, direitos ou valores sujeitos a medidas assecuratórias, mediante termo de compromisso"*. Trata-se de figura de maior amplitude do que a do simples *depositário*, pois detém poderes legais de administração, justificando-se a sua nomeação, principalmente, no intuito de evitar o perecimento ou depreciação dos bens, direitos ou valores objeto de medidas assecuratórias. Como referido em lei, a nomeação do administrador pode recair sobre pessoa física ou jurídica, que fará jus a uma remuneração, judicialmente fixada, a ser satisfeita com o produto dos bens objeto da administração. A atuação do administrador será fiscalizada pelo Ministério Público, cabendo-lhe, ainda, periodicamente, informar ao juiz a situação dos bens administrados, bem como explicar e detalhar os investimentos realizados (art. 6.º da Lei 9.613/1998).

Considerando que o art. 17-A da Lei 9.613/1998 determina que se apliquem, subsidiariamente, as disposições do Código de Processo Penal, conclui-se que, respeitadas as particularidades previstas na Lei da Lavagem, o procedimento a ser observado pelo juiz na decretação das medidas assecuratórias é o mesmo previsto no CPP, inclusive quanto à autuação em apartado, à possibilidade de defesa, prestação de caução, leilão de bens etc.

A Lei 9.613/1998 faculta a alienação antecipada dos bens que tiverem sido apreendidos ou sequestrados, com vista à preservação do respectivo valor ou quando houver dificuldade para sua manutenção (arts. 4.º, § 1.º, e 4.º-A da Lei 9.613/1998). Esta alienação poderá ser decretada pelo juiz *ex officio*, a requerimento do Ministério Público ou da parte interessada, por meio de petição autônoma, que será autuada em apartado e cujos autos terão tramitação em separado do processo principal. A venda antecipada será realizada por meio de leilão ou pregão, preferencialmente eletrônico, por valor não inferior a setenta e cinco por cento da avaliação, sendo a quantia apurada depositada em conta judicial remunerada (art. 4.º-A, §§ 3.º e 4.º, da Lei 9.613/1998). Atente-se que, visando uniformizar a alienação antecipada de bens aprendidos, sequestrados ou arrestados no âmbito penal, o Conselho Nacional de Justiça editou a Resolução 356,

---

24 A respeito do tempo de suspensão do prazo prescricional na hipótese do art. 366 do CPP, remetemos o Leitor ao Capítulo 3, tópico 3.2.1.10.

de 27.11.2020, estabelecendo normas para a atuação dos magistrados com competência criminal na efetivação do procedimento de venda.

Por fim, deve-se reiterar que, embora apenas a busca e apreensão (para os instrumentos e produtos de crime) e o sequestro (para o proveito obtido com a prática de crime) estejam previstos, implicitamente, no art. 4.º da Lei 9.613/1998, nada obsta sejam realizadas, também, as medidas assecuratórias relativas à **hipoteca legal** (de bens imóveis) e ao **arresto** (de bens móveis). Estes, como vimos nos tópicos anteriores (7.5.4 e 7.5.5), encontram-se regulados nos arts. 134 e seguintes do Código de Processo Penal, incidindo sobre o patrimônio lícito do réu com a finalidade de assegurar a indenização devida à vítima, o pagamento da multa, de prestações pecuniárias e das custas. A possibilidade de imposição destas últimas providências decorre, como já dissemos, do art. 17-A da Lei 9.613/1998 ao prever a aplicação subsidiária do Código de Processo Penal.

7.5.10.2. *Medidas previstas na Lei 11.343/2006 – crimes relacionados ao uso indevido e tráfico ilícito de drogas, entre outros*

**Os dispositivos da Lei 11.343/2006 mencionados neste tópico estão de acordo com os termos da Lei 13.840, de 05.06.2019 e da Lei 13.886, de 17.10.2019.*

O art. 60, *caput*, da Lei 11.343/2006 estabelece que o juiz, a requerimento do Ministério Público ou do assistente de acusação, ou mediante representação da autoridade de polícia judiciária, poderá decretar, no curso do inquérito ou da ação penal, *a apreensão e outras medidas assecuratórias nos casos em que haja suspeita de que os bens, direitos ou valores sejam produto do crime ou constituam proveito dos crimes previstos nesta Lei*, observado o procedimento estabelecido nos arts. 125 e seguintes do CPP. E o art. 60-A daquela mesma lei (incluído pela Lei 13.886, de 17.10.2019) assenta a extensão da mesma regra à moeda estrangeira, títulos, valores mobiliários ou cheques emitidos como ordem de pagamento, estabelecendo, quanto a estes, a sua conversão imediata em moeda nacional.

Perceba-se que o dispositivo insere duas ordens de providências, referindo-se, inicialmente, à **apreensão** e, na sequência, a **outras medidas assecuratórias**, incidentes sobre bens, direitos ou valores que constituam **produto** ou **proveito** dos crimes tipificados na Lei de Drogas.

Pois bem, em relação ao **"produto do crime"**, a medida cabível a que remete o dispositivo é a própria *busca e apreensão* contemplada no art. 240 do CPP, providência esta que possibilita retenção da *coisa* criminosa, vale dizer, do objeto ilícito em poder, ou de titularidade, ou sob cuidados do agente. Em termos gerais, pode-se exemplificar como *produto do crime* o carro furtado, a joia roubada, a obra de arte objeto de receptação, a arma ilegalmente portada etc. Especificamente em relação ao tráfico de drogas materializado por qualquer dos verbos nucleares arrolados no art. 33 da Lei 11.343/2006, é *produto do crime* a droga ilícita localizada em poder do agente. Sendo assim, reputa-se descabido, nestas hipóteses, o requerimento e o deferimento de providências distintas da busca e apreensão, pois esta, repita-se, é a medida adequada aos casos ilustrados. Note-se que, referindo-se o art. 60, *caput*, da Lei de Drogas ao decreto judicial de apreensão, por óbvio, está tratando das hipóteses em que incide a cláusula de reserva de jurisdição, como é o caso da busca domiciliar – lembre-se de que, para fins de busca pessoal, basta, para sua efetivação pelos agentes de segurança pública, a ocorrência de *fundada suspeita* de que a pessoa esteja na posse de coisas proibidas, nos termos do art. 244 do CPP, não se condicionando a diligência à prévia ordem judicial.

Por outro lado, quando o citado art. 60, *caput*, da Lei de Drogas insere a possibilidade de retenção do **"proveito dos crimes previstos nesta lei", não está fazendo menção ao objeto direto da conduta delitiva, mas, sim, à vantagem obtida pelo agente com a sua prática, a exemplo da casa ou do carro adquiridos com o lucro advindo do tráfico de drogas. Nestas hipóteses, tendo em vista que a propriedade é garantia constitucionalmente assegurada, a constrição do bem condiciona-se à existência de ordem judicial prévia, a ser obtida no âmbito de medida assecuratória de sequestro, que, nos termos dos arts. 125 a 133 do CPP, é a providência que pode incidir sobre os** *bens* (o art. 60, *caput*, da lei de Drogas a estende, também, a *direitos* ou *valores*) adquiridos ou obtidos com os proventos da infração.

Interessante observar que, antes da alteração promovida pela Lei 13.840/2019, o referido art. 60, *caput*, da Lei 11.343/2006 estabelecia a possibilidade de o juiz determinar tais providências (apreensão e outras medidas assecuratórias) de ofício, a requerimento do Ministério Público ou mediante representação da autoridade policial. Com a alteração normativa, o legislador afastou a legitimidade do Juiz para agir *ex officio* e introduziu, como legitimado, o assistente de acusação. O problema dessa regra é que, à exceção do crime tipificado no art. 38 da Lei de Drogas, em que seria viável admitir como assistente do Ministério Público a pessoa lesada com prescrição culposa de drogas nas condições mencionadas no tipo, a doutrina e a jurisprudência amplamente majoritárias afirmam que, sendo os delitos de tráfico ofensivos à saúde pública – à coletividade, portanto – descabe, na sua apuração judicial, assistência à acusação. Neste cenário, a manter-se tal entendimento, corre-se o risco de inocuidade da inserção, pelo legislador, da figura do assistente de acusação como legitimado para o pleito de medidas assecuratórias. Não se ignora que, muitas vezes, os crimes de tráfico são imputados em conexão com outros que admitem a assistência – um homicídio, um roubo etc. Ocorre que, para estes casos, existe a disciplina geral das medidas assecuratórias previstas no CPP (arts. 125 a 144-A), não sendo relevante, então, nesse ponto, a alteração levada a efeito na Lei de Drogas.

As providências cautelares previstas no art. 60, *caput* (apreensão e sequestro) podem ser decretadas tanto no curso do *inquérito* quanto na *fase judicial*, atingindo não apenas os bens do próprio investigado ou acusado como, eventualmente, o patrimônio de terceiro. Esta última possibilidade, aliás, no caso da medida assecuratória de sequestro, decorre da aplicação subsidiária (autorizada pelo art. 60, *caput*, da Lei 11.343) dos arts. 125 e 133 do CPP, que disciplinam o sequestro de bens adquiridos com o produto da infração penal, "ainda que já tenham sido transferidos a terceiros". É o caso do veículo utilizado para o tráfico de drogas que o agente transfere para o nome de outrem com a finalidade de evitar sua apreensão; e, também, do automóvel habitualmente utilizado pelo agente para a traficância, que, não obstante, encontra-se ainda em nome do anterior proprietário; ou da casa comprada pelo agente com os proveitos do tráfico e posteriormente alienada a pessoa cujos indícios apontam ser testa de ferro do criminoso.

Logicamente, se, posteriormente à apreensão ou sequestro, for comprovada a licitude do bem, deverá o juiz determinar sua liberação. Isto fica muito claro a partir da disciplina do art. 63-B da Lei 11.343/2006, ao dispor que "*o juiz determinará a liberação total ou parcial dos bens, direitos e objeto de medidas assecuratórias quando comprovada a licitude de sua origem (...)*", regra esta que, por óbvio, incide também em relação ao terceiro eventualmente atingido pelas medidas constritivas. Como exemplo de situação envolvendo terceiro de boa-fé que poderá fazer jus à restituição da coisa apreendida, a situação do pai que empresta o carro ao filho sem o conhecimento de que ele o está utilizando para traficância. Também, o caso do taxista que sistematicamente leva determinada pessoa até as proximidades de uma escola, sem o conhecimento de que se trata de traficante e que o veículo está sendo usado para o transporte de droga.

Note-se que, independentemente da previsão legal de liberação dos bens constritos quando provada a licitude, o art. 63-A da Lei 11.343/2006 preceitua que *"nenhum pedido de restituição será conhecido sem o comparecimento pessoal do acusado, podendo o juiz determinar a prática de atos necessários à conservação de bens, direitos ou valores"*. Destarte, ainda que seja hipótese que faculta a devolução dos bens apreendidos, esta não poderá ocorrer por meio de outra pessoa (defensor ou procurador, por exemplo), exigindo-se a presença do próprio réu. *E quanto ao terceiro que tenha direito à restituição do bem apreendido?* Neste caso, a lei não exige seu comparecimento pessoal, ao contrário do que ocorre, por exemplo, na Lei 9.613/1998, que, relativa à lavagem de dinheiro, dispõe que nenhum pedido de liberação será conhecido sem o comparecimento pessoal do acusado ou do terceiro em nome do qual estiverem os bens, direitos ou valores constritos (art. 4.º, § 3.º, da Lei 9.613/1998).

Outra previsão do art. 60, *caput*, da Lei 11.343/2006 é a de que a apreensão e o sequestro podem ser decretados pelo Juiz a partir de *"suspeita de que os bens, direitos ou valores"*. Perceba-se que na redação anterior à Lei 13.840/2019, o dispositivo condicionava a ordem judicial de constrição a que houvesse "indícios suficientes" da origem imprópria. Esta flexibilização do requisito pela nova lei foi correta, encontrando razão de ser na circunstância de que os indicativos da origem criminosa, em se tratando de proveito de crimes relacionados ao tráfico, no mais das vezes são de difícil obtenção, muito especialmente quando se trata de delitos perpetrados por associações criminosas fortemente estruturadas, operando em divisão de tarefas, utilizando-se de indivíduos de fachada (os chamados *laranjas*) e valendo-se de empresas cooptadas para lavagem do dinheiro.

À semelhança do que ocorre na Lei da Lavagem de Capitais (art. 4.º-B da Lei 9.613/1998), contempla a Lei de Drogas a possibilidade de suspensão do sequestro de bens, direitos ou valores pelo magistrado – sempre ouvido o Ministério Público –, caso a medida puder comprometer as investigações (art. 60, § 4.º). Não se deve confundir esta previsão com o *levantamento* da medida (art. 62, § 5º). Neste, o sequestro é decretado, porém circunstâncias legais autorizam sua revogação. Na *suspensão* contemplada na Lei 11.343/2006 tem-se previsão de protelação legal da medida cautelar, visando não prejudicar as investigações, tal qual previsto no art. 53, II, dessa mesma lei em relação à não atuação policial sobre os portadores de drogas.

Relevante disciplina existente na Lei 11.343/2006 refere-se à possibilidade de o juiz autorizar o uso dos bens apreendidos – veículos, embarcações, aeronaves e quaisquer outros meios de transporte e dos maquinários, utensílios, instrumentos e objetos de qualquer natureza utilizados para a prática dos crimes definidos na Lei de Drogas – pelos órgãos de polícia judiciária, militar e rodoviária, sob sua responsabilidade e com o objetivo de sua conservação. Mas atenção: esta autorização vincula-se às hipóteses de comprovado interesse público (art. 62, *caput,* da Lei 11.343/2006).

Excluídos os bens indicados para serem colocados sob uso e custódia dos órgãos e entidades mencionados, estabelece o art. 61, § 1º que os demais que tiverem sido utilizados para a prática de crimes previstos na Lei de Drogas (veículos, embarcações, maquinários, instrumentos etc.) terão sua alienação determinada pelo juiz, no prazo de trinta dias contados da comunicação da apreensão (o dispositivo ressalva da alienação as armas apreendidas, que serão recolhidas na forma da legislação específica). Tal alienação será realizada em autos apartados, dos quais constará a exposição sucinta do nexo de instrumentalidade entre os bens apreendidos e o delito imputado, a descrição e especificação dos objetos, as informações sobre quem os tiver sob custódia e o local em que se encontrem (art. 61, § 2º).

Registre-se, por fim, que, consoante art. 63, ao proferir sentença, cabe ao juiz decidir sobre o *perdimento do produto, bem, direito ou valor apreendido ou objeto de medidas assecuratórias*, assim como sobre *o levantamento dos valores depositados em conta remunerada* e a *liberação dos bens cujo uso pelas polícias judiciária, militar e rodoviária tiver sido autorizado nos termos do art. 62*. E se, na sentença, silenciar o juiz a respeito do perdimento? Ora, tratando-se de sentença absolutória, a liberação é indiscutível (ressalvada a hipótese do art. 123 do CPP, que contempla o caso de não pertencerem ao acusado ou não serem reclamados os objetos apreendidos no prazo de 90 dias contados do trânsito em julgado da decisão final). Na verdade, problema existe quando, a despeito de condenar o réu, não se pronuncia o Juiz quanto à decretação do perdimento do que restou apreendido. Há duas orientações: uma, no sentido de que essa perda não constitui efeito automático da condenação, cabendo ao juiz decretá-la, fundamentadamente, impondo-se, caso não o faça, a restituição; e, outra, compreendendo que se trata, sim, o perdimento de efeito automático da sentença condenatória, sendo imprescindível, no entanto, o expresso pronunciamento do juiz a respeito, ainda que despido de maiores fundamentações, em observância ao mencionado art. 63 da Lei de Drogas. De acordo com uma e outra orientação, não havendo manifestação na sentença sobre o perdimento, a restituição é necessária. Aderimos, por óbvio, a este último entendimento, pois é o que guarda simetria com a previsão do art. 91, II, do CP, ao prever como efeito automático e obrigatório da condenação a perda dos instrumentos ilícitos empregados na prática do crime, assim como do produto ou de qualquer bem ou valor que constitua proveito auferido pelo agente com a sua prática.

7.5.10.3. *Medidas assecuratórias na Lei 13.344/2016 – tráfico de pessoas*

Publicada em 07.10.2016, a Lei 13.344/2016 dispõe sobre a prevenção e repressão ao tráfico humano cometido no território nacional contra vítimas brasileiras ou estrangeiras e no exterior contra vítimas brasileiras.

No aspecto do **direito material**, sobressai nesse diploma o estabelecimento de penalidades agravadas, incluindo-se no Código Penal o art. 149-A, que estabelece a tipificação do crime de tráfico de pessoas mediante as condutas de *agenciar, aliciar, recrutar, transportar, transferir, comprar, alojar ou acolher pessoa, mediante grave ameaça, violência, coação, fraude ou abuso, com a finalidade de remover-lhe órgãos, tecidos ou partes do corpo; submetê-la a trabalho em condições análogas à de escravo; submetê-la a qualquer tipo de servidão; adoção ilegal; ou exploração sexual*. A pena cominada é de quatro a oito anos de prisão, e multa, reprimendas estas aumentadas de um terço até a metade na hipótese de o crime ser cometido por funcionário público no exercício de suas funções ou a pretexto de exercê-las; contra criança, adolescente ou pessoa idosa ou com deficiência; se o agente se prevalecer de relações de parentesco, domésticas, de coabitação, de hospitalidade, de dependência econômica, de autoridade ou de superioridade hierárquica inerente ao exercício de emprego, cargo ou função; ou se a vítima do tráfico de pessoas for retirada do território nacional.

E também houve inovação no que diz com a **execução criminal**, na medida em que foi alterado o art. 83, V, do Código Penal, que passou a exigir o cumprimento do mínimo de dois terços da pena para que possa o condenado alcançar a liberdade condicional.

Já no **enfoque processual**, além de acrescer ao Código de Processo Penal dispositivos relacionados à investigação criminal (arts. 13-A e 13-B), a Lei 13.344/2016 regrou, embora de forma bastante objetiva, medidas cautelares patrimoniais, sendo destas que trataremos agora.

Pois bem, estabelece o art. 8.º da mencionada lei que, havendo indícios suficientes de infração penal, o juiz poderá decretar medidas assecuratórias relacionadas a bens, direitos ou valores pertencentes ao investigado ou acusado, ou existentes em nome de interpostas pessoas, que sejam instrumento, produto ou proveito do crime de tráfico de pessoas, observados os arts. 125 a 144-A do CPP. Perceba-se, aqui, o equívoco técnico-jurídico do legislador ao relacionar **instrumentos** ou **produtos** de crime ao regramento dos arts. 125 a 144-A do CPP, olvidando o fato de que citados dispositivos referem-se às medidas de sequestro, hipoteca legal e arresto, o primeiro pertinente a bens, direitos ou valores que constituam **proveito de práticas criminosas** e os outros dois ao patrimônio lícito do acusado. Na verdade, em relação a **instrumentos** ou **produtos de crime** a medida cabível é a busca e apreensão, que não se submete ao rito dos arts. 125 e seguintes do CPP, mas, sim, ao regramento dos arts. 240 a 250 do mesmo diploma. Já o **proveito do crime**, este sim, sujeita-se ao sequestro disciplinado nos mencionados arts. 125 e seguintes do CPP. Enfim:

Proveito obtido pelo agente com a prática do crime de tráfico de pessoas: medida assecuratória de sequestro, observando-se o procedimento dos arts. 125 e seguintes do CPP.
Produto ou instrumento do crime de tráfico de pessoas: busca e apreensão, seguindo-se a disciplina dos arts. 640 a 650 do CPP.

Sem embargo de tudo isto, é certo que o apontado lapso legislativo não acarreta qualquer prejuízo no tocante ao alcance dos objetivos tutelados pela Lei 13.344/2016, já que, assim como o *sequestro*, também a *busca e apreensão* possui caráter assecuratório dos efeitos da condenação transitada em julgado previstos no art. 91, II, *a* e *b*, do Código Penal (confisco do produto do crime e dos instrumentos ilícitos empregados na prática da infração penal) e no art. 8.º da Lei 13.344/2016 (perda do produto, bem ou valor apreendido, sequestrado ou declarado indisponível).

A *apreensão* e o *sequestro* poderão ser determinados tanto no curso da investigação criminal como durante o andamento da ação penal. Para tanto, basta que haja indícios suficientes da ocorrência de infração penal relacionada ao tráfico de pessoas (art. 8.º, *caput,* da Lei 13.344/2016). Evidentemente, em se tratando da medida assecuratória de sequestro, ainda será necessário demonstrar a existência de indicativos de que os bens, direitos ou valores foram obtidos com os proventos do crime. Perceba-se que, segundo a lei, as referidas medidas poderão ser ordenadas pelo juiz *ex officio,* ou a requerimento do Ministério Público, ou mediante representação do delegado de polícia. Tocante à determinação *ex officio* pelo juiz, diante das nuances que o tema envolve, remetemos o leitor ao tópico 7.5.3.4 deste capítulo, em que o abordamos com a necessária profundidade.

Para a decretação das medidas em análise, é indiferente se os bens, direitos ou valores pertencem ao próprio agente ou a terceiros, pois a lei refere-se a *"bens, direitos ou valores do investigado ou acusado, ou existentes em nome de interpostas pessoas"* (art. 8.º, *caput*, da Lei 13.344/2016).

Conforme o art. 8.º, § 2.º, da Lei 13.344/2016, o juiz determinará a liberação total ou parcial dos bens, direitos e valores apreendidos ou sequestrados quando comprovada a licitude de sua origem, podendo, contudo, manter a constrição daqueles que forem *necessários e suficientes à reparação dos danos e ao pagamento de prestações pecuniárias, multas e custas decorrentes da infração penal.* Em relação a esta última parte do dispositivo, apesar do automatismo sugerido pela sua redação, pensamos que a manutenção da constrição condicione-se à determinação concomitante de hipoteca legal (para bens imóveis lícitos) ou de arresto (para bens móveis lícitos), regrados nos arts. 134 e seguintes do CPP.

Sem embargo da previsão de liberação de bens, direitos e valores quando comprovada sua licitude, dispõe o art. 8.º, § 3.º, da Lei 9.613/1998 que nenhum pedido de liberação será conhecido sem o comparecimento pessoal do investigado, do acusado ou da interposta pessoa a que pertençam os bens ou valores constritos. Referido dispositivo visa evitar que outras pessoas compareçam a juízo para buscar objetos apreendidos e que sejam passíveis de liberação. Tratando-se de coisas pertencentes ao acusado, a previsão legal tem por objetivo, ainda, dificultar a ocorrência de revelia na tramitação dos processos e a consequente incidência do art. 366 do CPP, que determina a suspensão do processo e do prazo prescricional[25] no caso de réu citado por edital que não comparece e não constitui defensor.

Por derradeiro, atente-se que, ao proferir sentença de mérito, cabe ao juiz decidir sobre o perdimento do produto, bem ou valor apreendido, sequestrado ou declarado indisponível (art. 8.º, § 4.º, da Lei 13.344/2016). A discussão, aqui, é idêntica à travada em relação às apreensões regradas pela Lei 11.343/2006, examinadas no tópico anterior (7.5.9.2). Enfim, sendo o caso de sentença absolutória, a liberação é indiscutível (ressalvada a hipótese do art. 123 do CPP, que contempla a hipótese de não serem reclamados ou não pertencerem ao réu os objetos apreendidos no prazo de 90 dias contados do trânsito em julgado da decisão final). Na verdade, surge o impasse quando silencia o Juízo, na decisão condenatória, acerca da decretação do perdimento ou não do que restou apreendido. Há duas orientações: uma, no sentido de que tal perda não constitui efeito automático da condenação, impondo-se ao juiz decretá-la, fundamentadamente; e, outra, compreendendo que se trata, sim, de efeito automático da sentença condenatória, sendo imprescindível, no entanto, o expresso pronunciamento do juiz a respeito, ainda que despido de maiores fundamentações, em observância ao mencionado art. 8.º, § 4.º, da Lei 13.344/2016. De acordo com uma e outra orientação, não havendo manifestação na sentença sobre o perdimento, a restituição é necessária. Comungamos, mais uma vez, deste último entendimento, pois é o que guarda simetria com a previsão do art. 91, II, do CP, ao prever como efeito automático e obrigatório da condenação a perda dos instrumentos ilícitos empregados na prática do crime, assim como do produto ou de qualquer bem ou valor que constitua proveito auferido pelo agente com a sua prática.

7.6. INCIDENTE DE FALSIDADE DOCUMENTAL (ARTS. 145 A 148 DO CPP)

7.6.1. Considerações gerais

Trata-se de procedimento que tem por objetivo constatar a autenticidade de um documento inserido nos autos do processo criminal, inclusive aqueles que tenham sido produzidos por meio eletrônico, conforme autorizado pelo art. 11, *caput*, da Lei 11.419/2006. Como **documento**, considera-se tudo aquilo capaz de *retratar* determinada situação fática, ainda que o seja por meio de áudio ou vídeo. Assim, sujeita-se às regras da prova documental por exemplo, um arquivo digital produzido pela câmera de um telefone celular onde constem imagens relativas ao fato imputado. Tal amplitude conceitual

[25] A respeito do tempo de suspensão do prazo prescricional na hipótese do art. 366 do CPP, remetemos o Leitor ao Capítulo 3, tópico 3.2.1.10.

é importante, pois, na medida em que se consideram tais elementos de convicção como *documentos*, a sua juntada aos autos deve seguir as mesmas regras atinentes à da prova documental, sujeitando-os, outrossim, à instauração do incidente de falsidade sempre que houver dúvida quanto à respectiva autenticidade.

Não há dúvidas de que o incidente é cabível quando se trata de **falsidade de ordem material**, ou seja, aquela que o torna diferente daquele que fora originariamente produzido. Há, contudo, discussões sobre a possibilidade de sua instauração também na hipótese de **falsidade ideológica**, como tal considerada aquela que altera o conteúdo do documento, incorporando este uma declaração diversa da que deveria conter, *v.g.*, a declaração escrita prestada por determinada pessoa no sentido de que o réu tem sua moradia em determinada localidade, mesmo sabendo que reside em outra. Assim, enquanto alguns se inclinam pela impossibilidade de manejar o incidente nessa hipótese, sob o fundamento de que esta espécie de falsidade deve ser analisada em conjunto com as demais provas produzidas pelas partes no momento da sentença, outros pugnam pelo seu cabimento, argumentando que o conceito jurídico de falsidade abrange tanto a inverdade do documento enquanto coisa (falsidade material) como a inverdade representada em seu conteúdo (falsidade ideológica), não havendo, então, óbice à sua instauração. Considerando que, no âmbito processual civil, a tendência jurisprudencial é no sentido de que "a instauração de incidente de falsidade é possível mesmo quando se tratar de falsidade ideológica, mas desde que o documento seja narrativo, isto é, que não contenha declaração de vontade, de modo que o reconhecimento de sua falsidade não implique a desconstituição de relação jurídica, quando será necessário o ajuizamento de ação própria"[26], pensamos que não há razão para, na esfera criminal, entender-se de modo diverso, cabendo aceitar, então, a submissão da arguição da falsidade ideológica ao regramento dos arts. 145 a 148 do CPP, tal como ocorre com a falsidade material.

O incidente de falsidade documental pode ser instaurado, unicamente, na fase do **processo judicial**, não sendo prevista sua instauração na fase do **inquérito policial**. Isso ocorre porque tanto a falsificação como o uso de documento falso constituem crimes de ação penal pública incondicionada. Assim, acostado ao inquérito documento supostamente falso, bastará ao delegado ordenar as providências necessárias para apurar se o documento, de fato, foi falsificado, e, confirmada esta ocorrência, instaurar outro inquérito, agora visando apurar o responsável pela falsificação e seu uso. Questão importante respeita a saber se **pode o incidente ser instaurado na fase recursal**. Entendemos que a fase recursal é imprópria para que seja suscitado o incidente, pois isto redundaria na possibilidade de que o tribunal, ao julgar o recurso, utilizasse elemento de convicção que não esteve à disposição do juízo de 1.º grau por ocasião da prolação da sentença, acarretando flagrante supressão de instância.

O Código de Processo Penal não atribui ao incidente **efeito suspensivo** sobre o andamento do processo criminal, razão pela qual, em tese, este poderá continuar tramitando normalmente, mesmo enquanto aquele não estiver concluído.

Pela normatização do Código de Processo Penal, o incidente também não impede que venha a ser proferida **sentença** no processo junto ao qual foi instaurado. Entendemos, porém, que essa possibilidade apenas existe na hipótese em que, para decidir a lide penal, o juiz não necessite utilizar o documento de autenticidade questionável como elemento de sua convicção. E mesmo nesse caso reputamos aconselhável – salvo se houver iminência de prescrição – que o juiz aguarde o desiderato do incidente, pois, no julgamento de eventual recurso interposto contra a sentença, pode ocorrer que o tribunal considere relevante a informação contida no documento objeto da arguição de falsidade ainda não finalizada. Nesse sentido: "Não possuindo o documento, cuja

[26] STJ, REsp 1637099/BA, *DJ* 02.10.2017.

declaração de falsidade se pretende, qualquer relevância para o deslinde do processo principal, e diante da prolação de sentença condenatória, é de ser mantida a decisão que julgou prejudicado o incidente de falsidade documental suscitado" (TJRS, Recurso 70010977528, *DJ* 12.05.2005).

7.6.2. Forma e legitimidade

O incidente de falsidade documental deve ser suscitado por escrito pela parte interessada (art. 145, *caput*, do CPP), nada impedindo que seja desencadeado *ex officio* pelo juiz sempre que possuir dúvida acerca da autenticidade de documento acostado aos autos (art. 147 do CPP). Perceba-se que a instauração *ex officio* do incidente não implica substituir-se o Juiz a qualquer das partes ou violação ao sistema acusatório que informa o direito processual brasileiro. Isto porque não se trata, aqui, de produção de provas em favor ou contra-acusação ou defesa, mas, sim, de esclarecer a autenticidade de elemento incorporado ao processo e que poderá ser utilizado como fonte de convicção do julgador.

Feita a arguição por meio de procurador (que é a regra, pois a atuação em juízo requer esteja a parte representada por advogado), exige o Código, no art. 146, a existência de procuração com poderes especiais. A despeito da previsão legal, reputamos que a ausência dessa procuração não deve constituir óbice à instauração do procedimento, pois é óbvio que o objetivo de alcançar a verdade por meio do processo criminal (evitando-se que venha o magistrado a formar seu convencimento com base em documento não autêntico) supera o formalismo incorporado ao art. 146 pelo legislador da década de 1941.

7.6.3. Procedimento

Suscitado o incidente ou instaurado *ex officio* pelo magistrado, será autuado em apartado ao processo criminal (art. 145, I). Tratando-se de documento eletrônico, dispõe o art. 11, § 2.º, da Lei 11.419/2006 que a arguição da falsidade será processada eletronicamente, observado o procedimento ditado pela lei processual penal.

Após, determinará o juiz a intimação da parte contrária para se manifestar no prazo de 48 horas (art. 145, I), facultando, em seguida, a cada uma das partes a produção de prova de suas alegações pelo prazo de três dias (art. 145, II). Esse prazo, obviamente, apesar de a literalidade do Código sugerir o contrário, deverá ser considerado não apenas para que as partes apresentem em juízo as provas que possuam em seu poder quanto à falsidade alegada, como também para que requeiram ao magistrado a produção dos elementos que entenderem necessários a essa comprovação (*v.g.*, requisição de informações a órgãos públicos, busca e apreensão de um documento original em poder de terceiro etc.).

Realizadas tais provas, os autos do incidente de falsidade retornarão ao magistrado, o qual poderá, ainda, ordenar as diligências que lhe pareçam necessárias à formação de seu convencimento (art. 145, III), proferindo, após decisão, em que concluirá:

a) Pela **procedência** da alegação, reconhecendo a falsidade sustentada pela parte suscitante. Neste caso, transitada em julgado, determinará o juiz o desentranhamento do documento falso, encaminhando-o, com os autos do incidente, ao Ministério Público, para apuração da responsabilidade penal pela falsificação e subsequente uso do documento falso no processo (art. 145, IV, do CPP). Atenção: recebendo essa documentação, não ficará o Ministério Público vinculado à decisão do juiz criminal. Poderá, assim, requisitar a instauração de inquérito policial, se julgar necessário que outros elementos sejam coligidos para elucidação do fato; oferecer, diretamente, denúncia, se considerar existentes indícios de autoria e prova da materialidade de um dos crimes rotulados nos arts. 297 a 302 do CP; ou, por fim, promover no sentido do arquivamento das peças recebidas, caso entenda, por exemplo, que o fato é atípico por ausência do elemento subjetivo na conduta da parte, pois, ao acostar o documento aos autos, desconhecia a sua falsidade.

b) Pela **improcedência** do incidente, reputando o documento como verdadeiro, que, neste caso, permanecerá nos autos.

7.6.4. Recurso cabível

Qualquer que seja a decisão do incidente de falsidade documental, é possível atacá-la mediante **recurso em sentido estrito** (art. 581, XVIII, do CPP), quer procedente, quer improcedente.

Equívoco comum, bastante explorado em **concursos públicos**, tem sido considerar a procedência do incidente como algo irrecorrível. Não o é. Basta observar que o art. 581, XVIII, do CPP, prevê a utilização do recurso em sentido estrito quanto à decisão que "decidir o incidente de falsidade". Pretendesse o legislador limitá-lo às situações de improcedência, teria agido conforme o fez no art. 581, III, do CPP, contemplando a adequação do recurso em sentido estrito apenas quanto à "procedência das exceções".

Em verdade, o engano decorre da regra inscrita no art. 145, IV, do CPP, ao dispor que, "se reconhecida a falsidade por **decisão irrecorrível**, (o juiz) mandará desentranhar o documento e remetê-lo, com os autos do processo incidente, ao Ministério Público" (grifamos). Ora, esse dispositivo não está preconizando a irrecorribilidade da decisão que, julgando procedente o incidente, determina desentranhamento do documento considerado falso dos autos, mas, simplesmente, condicionando tal desentranhamento ao prévio **trânsito em julgado** da decisão do juiz.

7.6.5. Coisa julgada

A decisão do incidente faz coisa julgada unicamente no âmbito do processo junto ao qual foi instaurado, não acarretando vinculação necessária em posterior processo penal ou cível, conforme determina o art. 148 do CPP.

Portanto, ainda que seja reconhecida a falsidade do documento no juízo criminal e que, encaminhados os autos do incidente ao Ministério Público, este ofereça denúncia, poderá ocorrer que, no âmbito deste processo criminal, com a produção de novas provas, seja o mesmo documento considerado verdadeiro. O contrário também poderá ocorrer, vale dizer, que seja o incidente julgado improcedente, considerando-se o documento como verdadeiro e, em posterior processo criminal desencadeado a partir de novas provas coligidas, venha-se a concluir que o documento é falso. Em casos tais, se a sentença proferida no processo penal, em que tenha sido suscitado o incidente, for **condenatória**, poderão as novas conclusões decorrentes da apuração realizada em processo criminal próprio embasar eventual revisão criminal visando à desconstituição do *decisum*. Contudo, se **absolutória**, por maiores que sejam os reflexos do desiderato conferido ao processo instaurado especificamente em relação à falsificação nessa sentença, nada poderá ser feito, tendo em vista a inexistência de revisão criminal *pro societate*.

Idênticas conclusões são cabíveis na hipótese de, em ação civil instaurada com o objetivo de declarar-se a nulidade do documento, apurar-se a autenticidade de documento tido como falso no incidente penal, ou, opostamente, a falsidade do documento considerado verdadeiro no procedimento criminal.

Na verdade, a regra do art. 148 do CPP não constitui nenhuma impropriedade nem mesmo pode ser considerada superada pela idade do Código. Pelo contrário. Justifica-se na circunstância de que o procedimento rotulado no art. 145, visando à verificação da falsidade, é bastante sumário. Destarte, apesar de poderem as partes requerer a produção de provas e não obstante seja facultado ao próprio juiz criminal ordenar diligências para formar sua convicção quanto à autenticidade ou não do documento objeto da arguição, não se pode negar que o incidente *in examen* não comporta uma ampla dilação probatória, mesmo porque, não suspendendo o andamento do processo criminal, de regra, existe interesse, ao menos da parte suscitante, em abreviar a sua conclusão.

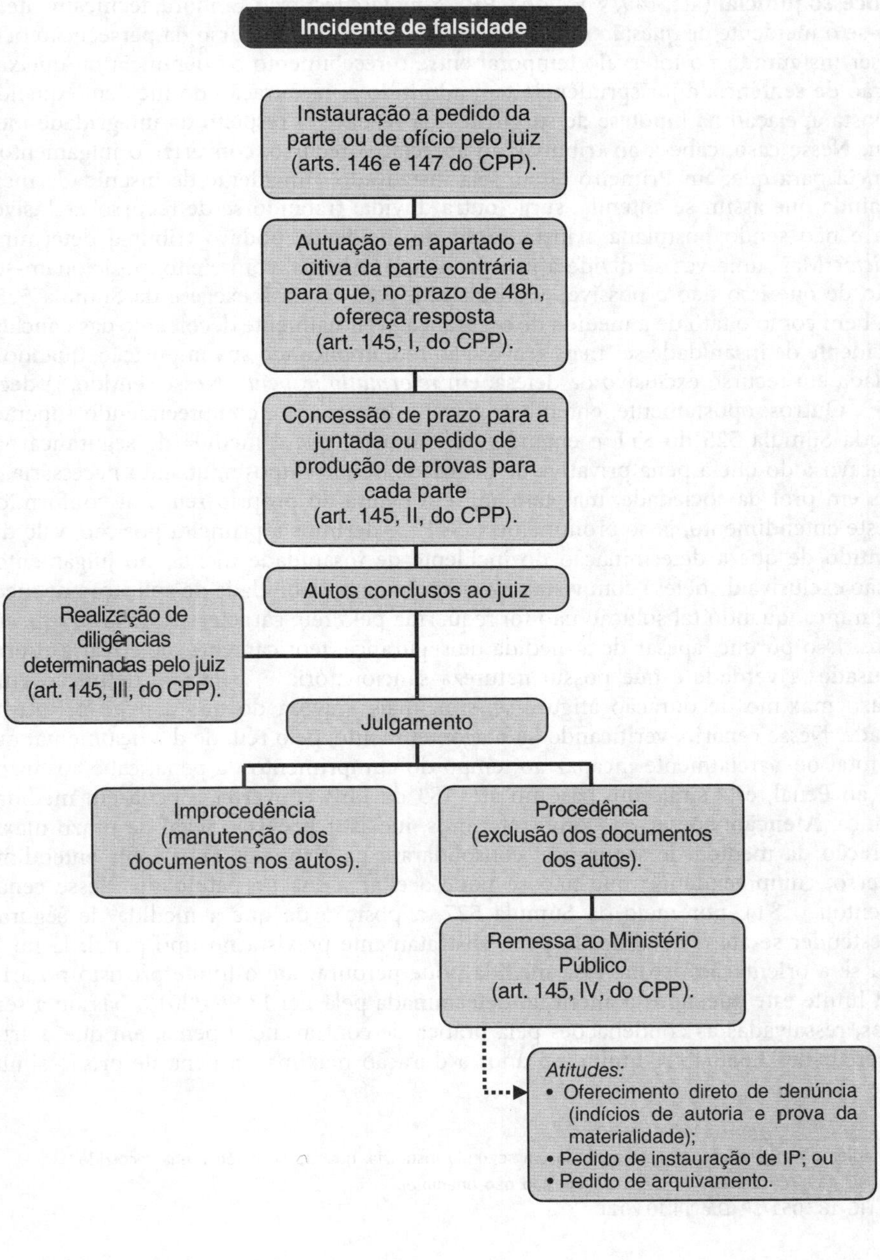

7.7. INCIDENTE DE INSANIDADE MENTAL (ARTS. 149 A 154 DO CPP)

7.7.1. Instauração

O incidente de insanidade mental deverá ser realizado mediante determinação do **juiz**, sempre que houver *dúvida sobre a integridade mental* do autor da prática criminosa (art. 149, *caput*, do CPP). Essa dúvida que justifica a instauração refere-se à condição mental do indivíduo tanto ao **tempo do fato** quanto ao **momento atual**, ou seja, enquanto tramita o inquérito ou o processo.

A instauração pode ser realizada tanto no curso do **inquérito policial** quanto na fase do **processo judicial** (art. 149, § 1.º, do CPP). *E na fase recursal?* Embora, tecnicamente, tratando-se o incidente de *questão incidental* (*incide*, portanto, no curso da persecução penal), deva ser instaurado no intervalo temporal entre o recebimento da denúncia ou queixa e a prolação de sentença, a jurisprudência tem admitido a instauração do incidente quando já interposta apelação na hipótese de surgir dúvida razoável a respeito da integridade mental do réu. Nesse caso, caberá ao tribunal, ao apreciar o recurso, converter o julgamento em diligência para que, em Primeiro Grau, seja instaurado o incidente de insanidade mental. Mas, ainda que assim se entenda, surge outra dúvida: tratando-se de recurso exclusivo da defesa e não sendo postulada a instauração do incidente, pode o tribunal determiná-lo *ex officio*? Mais uma vez se divide a jurisprudência. Alguns, com efeito, posicionam-se no sentido de que isso não é possível. Consideram, para tanto, a exegese da Súmula 525 do STF[27], bem como o fato de a medida de segurança eventualmente decorrente das conclusões do incidente de insanidade ser mais gravosa ao réu, implicando sua imposição, quando não postulada em recurso exclusivo da defesa, em *reformatio in pejus*. Nesse sentido, já decidiu o STF[28]. Outros, opostamente, entendem viável a instauração, compreendendo superada a precitada Súmula 525 do STF e entendendo, também, que a medida de segurança não é mais gravosa do que a pena privativa de liberdade, sendo imposta, quando necessária, não apenas em prol da sociedade, mas também em defesa do próprio réu. Em conformidade com este entendimento, já se pronunciou o STJ[29]. Aderimos à primeira posição, vale dizer, no sentido de que a determinação do incidente de insanidade mental no julgamento de apelação exclusiva da defesa com vista à verificação da possibilidade de aplicação de medida de segurança, quando tal solução não foi requerida pelo réu, caracteriza, de fato, *reformatio in pejus*. Isso porque, apesar de a medida de segurança, teoricamente, objetivar a proteção do acusado, a verdade é que possui natureza sancionatória e, pela não definição **em lei** de prazo máximo de duração afigura-se, sim, mais gravosa do que a pena privativa de liberdade. Nesse cenário, verificando-se o acometimento, pelo réu, de doença mental que o torne total ou parcialmente incapaz ao tempo do cumprimento da pena, cabe ao Juízo da Execução Penal, este sim, com base no art. 183 da LEP, converter a pena em medida de segurança. **Atenção**: apesar de, como referimos, inexistir **previsão legal** de prazo máximo de duração da medida de segurança, consolidaram os Tribunais Superiores entendimento diverso, compreendendo que não se pode aceitar a sua perpetuidade. Nesse cenário, sedimentou o STJ, por meio da Súmula 527, a posição de que a medida de segurança pode estender-se até o máximo da pena abstratamente prevista no tipo penal. Já no STF firmou-se a orientação de que essa medida pode perdurar até o limite previsto no art. 75 do CP, limite este que, após a alteração determinada pela Lei 13.964/2019, passou a ser de 40 anos, ressalvadas as condenações pela prática de contravenção penal, em que o art. 10 do Decreto-Lei 3.688/1941 limita a 5 anos a duração máxima da pena de prisão simples.

---

27 "A medida de segurança não será aplicada em segunda instância, quando só o réu tenha recorrido."

28 STF, HC 111.769/SP, *DJe* 26.02.2013 (decisão não unânime).

29 STJ, HC 187.051/SP, *DJe* 14.10.2011.

Em termos de legitimidade, prevê o art. 149, *caput*, do CPP, que poderá ser instaurado pelo juiz, de **ofício** ou a requerimento do **Ministério Público, do defensor, do ascendente, descendente, irmão ou cônjuge do investigado ou acusado**. Aqui são necessárias algumas considerações:

1) Em relação à instauração do incidente pelo **Juiz *ex officio***: há muito tempo vem sendo tendência doutrinária e jurisprudencial a de coibir a atuação de ofício pelo juiz na **fase investigativa**, tendo em vista que se trata de etapa naturalmente destinada à produção de provas visando ao desencadeamento de ação penal. Sob tal ótica, essa atuação oficiosa implica indevida ingerência no âmbito de procedimento que tramita sob o comando de autoridade alheia ao Poder Judiciário. Compreende-se, ademais, que, ao ordenar providência restritiva sem ter sido provocado para tanto e à revelia de elementos judicializados, desloca-se o juiz de sua necessária imparcialidade, violando, em consequência, o sistema acusatório que informa o processo penal brasileiro. Reforçando esta orientação, sobreveio a Lei 13.964/2019, introduzindo o art. 3º-A ao CPP, por meio do qual não apenas foi sedimentada em nível infraconstitucional a estrutura acusatória do processo penal brasileiro, como também vedada, expressamente, a iniciativa do juiz na fase extrajudicial da persecução criminal. Cabe registrar que aquele dispositivo teve a sua eficácia suspensa em razão de medida cautelar deferida no STF no âmbito das ADIs 6.298, 6.299, 6.300 e 6.305, suspensão esta que persistia por ocasião do fechamento da presente edição deste livro. Independentemente, porém, de eventual revogação dessa medida cautelar (quer incidentalmente, quer em razão de provimento daquelas ADIs) e do consequente restabelecimento da eficácia do citado art. 3º-A, é certo que não restará alterada a orientação, hoje majoritária, no sentido da inconstitucionalidade da determinação oficiosa, pelo juiz, de providências na etapa anterior ao recebimento da denúncia ou da queixa. Neste cenário, a instauração oficiosa pode ocorrer apenas a partir do momento em que recebida a denúncia ou a queixa, inclusive na própria decisão de recebimento, desde que disponha o juiz de elementos que a ele permitam duvidar da integridade mental do acusado na época do fato ou nos momentos que se seguirem à sua prática. Perceba-se, por outro lado, que a instauração *ex officio* do incidente na fase judicial da persecução não implica substituir-se o Juiz a qualquer das partes ou violação ao sistema acusatório que informa o direito processual brasileiro. Isto porque não se trata, aqui, de produção de provas em favor ou contra à acusação ou à defesa, mas, sim, de esclarecer a capacidade de compreensão do réu quanto à ilicitude do fato e de sua autodeterminação segundo este entendimento, questões estas relevantes para o correto exercício da atividade jurisdicional por ocasião da prolação da sentença.
2) Tocante ao **cônjuge:** evidentemente, na legitimidade do cônjuge inclui-se, também, a do companheiro.
3) Quanto ao **curador:** também referido pelo Código como legitimado para postular a avaliação psiquiátrica do indivíduo, concerne àquele previsto no revogado art. 194, do CPP, ao acusado maior de 18 e menor de 21 anos, restando prejudicada, assim, em decorrência de tal revogação, a previsão de sua legitimidade.
4) E quanto ao **querelante**? Discute-se a legitimidade do **querelante** para requerer a instauração, quando se trata de crime de ação penal privada movida contra querelado em relação ao qual haja dúvida acerca da integridade mental. Em linhas gerais, a jurisprudência tem aceitado essa possibilidade sob o argumento de que o rol de legitimados do art. 149, do CPP, não é taxativo, e sim meramente exemplificativo[30].

30 TJDF, Apelação Criminal APR 20140111610095, *DJ* 02.06.2015; STJ, HC 320.652/DF, *DJ* 01.09.2015.

5) E quanto ao **assistente de acusação**? A tendência da jurisprudência é no sentido de que o art. 271 do CPP arrola de forma taxativa os atos que o assistente de acusação tem legitimidade para praticar. Logo, por se tratar de hipótese não contemplada nesse dispositivo, não deve ser considerado o assistente parte legítima para provocar a instauração do incidente de insanidade mental. E não contradiz esta conclusão o fato de o mencionado art. 271 facultar ao assistente "propor meios de prova", pois, como vimos alhures, o incidente não possui essa natureza, objetivando a sua instauração, unicamente, esclarecer a imputabilidade ou não do réu no momento do fato e no tempo que se seguir à sua prática.

Possibilita o Código de Processo Penal, ainda, que seja o incidente desencadeado mediante **representação da autoridade policial**, desde que ainda não tenha o inquérito sido encaminhado a juízo (art. 149, § 1.º, do CPP). Na prática, essa representação costuma ser realizada no próprio relatório do inquérito, por ocasião de sua finalização.

Não há previsão de **recurso** em relação ao deferimento ou *indeferimento* do requerimento de instauração do incidente. Todavia, compreende-se que o indeferimento injustificado ou em desprezo a circunstâncias capazes de, objetivamente, permitirem o questionamento quanto à condição mental do sujeito ativo da infração, assim como o *deferimento* realizado em afronta à lei processual penal (*v.g.*, diante de requerimento veiculado por quem não possui legitimidade), ensejam a impetração de *habeas corpus* (afinal, o incidente de insanidade mental é prova pericial constituída em favor do agente). Ainda, não fica afastada a possibilidade de manejo da própria correição parcial, na hipótese de flagrante ilegalidade da decisão.

ATENÇÃO: tratando-se o incidente de sanidade mental, na sua essência, de expediente instaurado em prol do investigado ou réu, não pode ser determinado compulsoriamente quando a defesa se opõe à sua realização[31].

7.7.2. Providências relativas à instauração

Ao instaurar o incidente, deve o juiz determinar a sua **autuação em apartado** (art. 153 do CPP) e **suspender o andamento do processo**, caso já tenha sido iniciada a ação penal, salvo quanto às diligências que, pela urgência, possam restar prejudicadas pelo adiamento (art. 149, § 2.º, do CPP). Cabe lembrar que a instauração do incidente no curso do *inquérito* não acarreta suspensão de seu curso. Em outras palavras, o incidente, se instaurado quando já recebida a denúncia ou a queixa, implica a suspensão do processo criminal até a sua conclusão (do incidente). Agora, se instaurado no decorrer do inquérito policial, este não fica suspenso, prosseguindo-se, normalmente, as investigações. Em qualquer caso, não haverá suspensão ou interrupção do **prazo prescricional**.

Exige o Código de Processo Penal, ademais, que a tramitação do incidente seja acompanhada por **curador** (art. 149, § 2.º, do CPP). Havendo processo, nada obsta (até é aconselhável) que seja nomeado como curador o próprio defensor que representa o acusado no curso da ação penal. Instaurado, contudo, na fase do inquérito, caberá ao juiz nomear um advogado para essa função.

Outra providência que deve ser adotada pelo juiz é intimar as partes para, querendo, **apresentar quesitos** e **indicar assistente técnico**. Tal atitude, antes apenas facultada ao juiz, tornou-se obrigatória com a redação conferida ao art. 159, § 3.º, do CPP, pela Lei 11.690/2008. É que precitado dispositivo, referindo-se ao *exame de corpo de delito e outras perícias*, men-

[31] STF, HC 133.078/RJ, *DJe* 22.09.2016.

ciona que "serão facultadas ao Ministério Público, ao assistente de acusação, ao ofendido, ao querelante e ao acusado a formulação de quesitos e indicação de assistente técnico".

Por fim, deve atentar o juiz à **situação do indivíduo que se encontra preso** no momento da instauração do incidente. A respeito, determina o art. 150 do CPP que, para efeito do exame, o acusado, se estiver **preso**, será internado em manicômio judiciário, onde houver. Não havendo hospital de custódia, no mínimo deverá ele ser realocado em cela especial, separada dos demais presos. Tratando-se, no entanto, de pessoa em **liberdade**, em regra, assim continuará, devendo comparecer à perícia psiquiátrica nas oportunidades em que for convocada. Independentemente, mesmo **o indivíduo liberto poderá ser internado no curso do exame** na hipótese de surgimento dos pressupostos da preventiva, desde que, por óbvio, não seja cabível a substituição dessa constrição por qualquer outra medida cautelar diversa da prisão dentre as contempladas no art. 319 do CPP. *E quanto à regra do art. 150,* caput, *parte final, do CPP, possibilitando a internação do agente na hipótese de requerimento dos peritos?* Tal previsão tinha em vista possibilitar aos peritos um exame mais acurado do agente, que, preso, permaneceria à disposição para exame e reexame de seu comportamento quando isto fosse necessário para apuração da sua condição mental. Reputamos, todavia, que tal possibilidade, consagrada pelo Código de Processo Penal em sua redação original (1941) não encontra respaldo no ordenamento vigente, já que institui a possibilidade de privação da liberdade em hipótese distinta da prisão em flagrante, da prisão preventiva e da prisão temporária – prisão sem amparo legal, portanto –, em manifesta violação ao disposto no art. 5.º, LXI, da CF ao dispor que "ninguém será preso senão em flagrante delito ou por ordem escrita e fundamentada de autoridade judiciária competente, salvo nos casos de transgressão militar ou crime propriamente militar, definidos *em lei*".

Em síntese:

Incidente de Insanidade Mental			
Requisito Fundamental	**Fases**	**Legitimados**	**Decisão de Instauração**
Dúvida sobre a integridade mental ao tempo do fato e no momento atual.	No curso do inquérito policial ou do processo judicial.	Juiz *ex officio* ou a requerimento do Ministério Público, do defensor, do curador*, do ascendente, descendente, irmão ou cônjuge do acusado e, ainda, mediante representação do Delegado de Polícia.	O juiz deverá expor os motivos pelos quais há dúvida quanto à integridade mental do indivíduo. Ato contínuo: • Determinará a autuação em apartado do incidente, designando perícia; • Nomeará curador para acompanhar a tramitação; • Ordenará a suspensão do processo, caso já iniciada a ação penal, sem prejuízo das provas urgentes; • Facultará aos interessados apresentarem quesitos e indicarem assistente técnico; • Decidirá se o periciando ficará em liberdade ou sob internação no curso do incidente.

* Não existe mais a figura do curador ao agente maior de 18 e menor de 21 anos. Tocante às previsões dos arts. 15 e 262 do CPP, encontram-se tacitamente revogadas em decorrência da revogação expressa do art. 194, que estabelecia a mesma regra.

7.7.3. Perícia

Instaurado o incidente de insanidade mental, o exame psiquiátrico deve ser concluído no **prazo de 45 dias**, salvo se os peritos entenderem necessário prazo maior para averiguação das condições mentais do indivíduo (art. 150, § 1.º, do CPP). Na prática, dificilmente esse lapso é cumprido, dada a pouca estrutura dos órgãos oficiais. Neste caso, detectado o excesso de prazo e encontrando-se internado o periciando, poderá ser impetrado *habeas corpus* visando à sua liberação.

Como dissemos, o incidente processa-se em autos apartados, os quais devem conter, além dos quesitos realizados pelo juiz ou pelas partes, cópia de peças processuais como a representação ou requerimento de instauração do incidente, cópias da inicial acusatória (denúncia ou queixa) e da decisão que determinou a apuração da sanidade mental do agente e outros documentos que entender o magistrado relevantes para a realização da perícia. Os autos apartados do incidente são encaminhados ao perito a fim de subsidiar os exames a serem feitos no indiciado ou acusado. Não obstante, pode ocorrer que, além dos documentos inseridos no incidente, necessite o perito de outros elementos acostados ao processo criminal (testemunhos, interrogatório do réu etc.). Neste caso, não sendo prejudicial à marcha processual (lembre-se de que, embora o incidente suspenda a tramitação do processo, provas urgentes podem ser realizadas no período da suspensão), poderá o magistrado autorizar a entrega dos autos principais ao perito.

A perícia realizada no investigado/acusado deve informar, como já dissemos, a condição mental do indivíduo em dois momentos: por **ocasião da prática do fato delituoso** e no **momento atual**, ou seja, enquanto tramita o inquérito ou processo. Isto é necessário pois, conforme seja a solução detectada, será o destino do processo criminal (paralisação ou prosseguimento) e a natureza da sentença (absolvição com imposição de medida de segurança ou possibilidade de condenação).

De qualquer forma, é importante ter em mente que, a despeito do caráter técnico desta prova, não está o magistrado a ela vinculado, podendo discordar de suas conclusões no todo ou em parte, desde que o faça fundamentadamente (art. 182 do CPP). Do mesmo modo, o incidente também não vincula os jurados por ocasião do júri popular, os quais, se quesitados a respeito da condição mental do réu, poderão, segundo sua íntima convicção e sem nenhuma motivação, afirmar situação diversa da relatada pelos peritos.

Tratando-se de hipótese em que **diversos crimes estejam sendo apurados no mesmo processo**, deverá o incidente apurar as condições mentais do acusado no momento atual e, se for suscitada a incapacidade em relação a todos os crimes, também na oportunidade de cada prática delituosa. *Exemplo*: determinado indivíduo estupra a vítima e, após consumado o ato, desfere um tiro contra ela, matando-a. Tratando-se de crimes conexos, serão apurados no mesmo processo. Instaurado o incidente, pode acontecer que, quanto ao estupro, constate o perito que o agente não possuía nenhuma capacidade de autodeterminação, sendo, portanto, inimputável em face de psicopatia sexual, mas que, relativamente ao crime contra a vida, encontrava-se ele imbuído de plena capacidade mental, tendo-o praticado para garantia da impunidade.

Havendo, por outro lado, **vários processos criminais instaurados em relação aos crimes distintos** e existindo dúvida quanto à sanidade mental do agente no momento em que cometidos os delitos, cada processo deverá conduzir à instauração de incidente próprio, não importando que se trate os delitos apurados de crimes cometidos na mesma época ou até no mesmo dia. Destarte, não será possível utilizar em relação a um processo, a título de prova emprestada, o resultado do incidente realizado em face de infração distinta. Isto ocorre pelo motivo já mencionado de que a perícia psiquiátrica deverá informar a condição mental do indivíduo por ocasião de cada delito que lhe é atribuído, podendo, assim, concluir o *expert* que, a despeito de as práticas criminosas terem sido cometidas uma imediatamente após a outra, ao tempo de uma delas era o agente completamente imputável e, por ocasião da outra, totalmente inimputável, ou vice-versa.

7.7.4. Conclusões do incidente de insanidade mental e reflexos no processo criminal

Uma vez instaurado o incidente e concluída a perícia, podem ser as seguintes as conclusões do laudo. (Ilustraremos, a seguir, exemplos envolvendo crimes de ação penal pública e, portanto, sujeitas ao oferecimento de denúncia. No entanto, as mesmas conclusões são cabíveis com a hipótese de queixa-crime, nos delitos de ação penal privada.)

I – A instauração ocorreu no curso do processo judicial:

a) Laudo conclui no sentido da plena capacidade do acusado, tanto na época do fato como momento em que realizado o exame: deve o juiz apensar o incidente ao processo principal e determinar o seu prosseguimento normal. A sentença final tanto poderá ser absolutória como condenatória.

b) Laudo conclui no sentido da plena capacidade do acusado na época do fato e pela sua incapacidade (inimputabilidade ou semi-imputabilidade) no momento em que realizado o exame: segundo o art. 152 do CPP, nesta hipótese, o processo, que já se encontrava paralisado em face da instauração do incidente, deverá assim permanecer até que o indivíduo se restabeleça ou ocorra a extinção da punibilidade, *v.g.*, pela prescrição (que não fica suspensa). Restabelecendo-se o réu, o processo retomará seu curso, podendo ser condenado ou absolvido.

Pode ocorrer, entretanto, que, nesse período de paralisação do processo, o acusado venha a demonstrar periculosidade em face de sua condição mental. Neste caso, depreende-se do art. 152, § 1.º, do CPP, que poderá o juiz determinar sua internação em estabelecimento psiquiátrico até que cesse a periculosidade.

Ressalte-se que essa providência (a internação) não possui natureza de **medida de segurança provisória**, que há muito foi extirpada do ordenamento jurídico brasileiro (na atualidade, o art. 171 da Lei 7.210/1984 condiciona a execução da medida de segurança ao trânsito em julgado da sentença que a impuser).

E também não se trata da internação prevista no art. 319, VII, do CPP, a título de **medida cautelar diversa da prisão**. Afinal, o citado dispositivo, por equívoco ou não do legislador, faz remissão expressa ao art. 26 do Código Penal, que se refere ao indivíduo que, *ao tempo da ação ou omissão*, era inteiramente incapaz ou não era inteiramente capaz de entender o caráter ilícito do fato ou de determinar-se com esse entendimento, não abrangendo, portanto, a hipótese de incapacidade superveniente ao fato, que é situação disciplinada pelo art. 152 do CPP.

Neste contexto, infere-se que a internação referida no art. 152, § 1.º, do CPP, apenas pode resultar de prisão preventiva que tenha sido decretada quando presentes os respectivos pressupostos. Trata-se de analogia ao que dispõe o art. 150, *caput*, do CPP quando estabelece que: "para efeito do exame (de sanidade mental), o acusado, se estiver preso, será internado em manicômio judiciário". Nesse sentido, reiterados julgamentos do STJ, compreendendo que a *prisão preventiva é a medida adequada para assegurar que o acusado, doente mental, fique segregado, quando presentes os requisitos do art. 312 do Código de Processo Penal, como na hipótese, uma vez que não existe em nosso ordenamento jurídico, desde a reforma penal de 1984, a medida de segurança provisória*[32].

Independente desta conclusão, alerta-se quanto a existência de orientação reputando aplicável a medida cautelar diversa da prisão do art. 319, VII, também aos casos de incapacidade superveniente. Discordamos dessa posição. Isto porque, *a um*, o precitado inc. VII é expresso na remissão que faz ao art. 26 do Código Penal (dispositivo que cuida da inimputabilidade ou semi-imputabilidade ao tempo do fato) e, *a dois*, porque os arts. 319 e 320 inserem medidas *numerus clausus*, não admitindo interpretação extensiva.

c) Laudo conclui pela incapacidade do acusado (inimputabilidade ou semi-imputabilidade) na época do fato: a situação é disciplinada pelo art. 151 do CPP. Seja inimputável ou semi-imputável o acusado ao tempo da ação ou omissão, o incidente de insanidade mental, de qualquer modo, deverá ser apensado ao processo, que terá prosseguimento, assistido o réu, todavia, por curador. Chegando, porém, à fase da sentença, duas possibilidades emergem:

- **c.1) Hipótese de acusado inimputável (incapacidade total) ao tempo do fato:** Este indivíduo tem a sua situação regrada pelo art. 26, *caput*, do Código Penal, dispondo que *é isento de pena o agente que, por doença mental ou desenvolvimento mental incompleto ou retardado, era, ao tempo da ação ou da omissão, inteiramente incapaz de entender o caráter ilícito do fato ou de determinar-se de acordo com esse entendimento.* Ora, sendo *isento de pena*, jamais poderá, via de consequência, ser condenado. Por esta razão é que o art. 386, VI, 2.ª parte, do CPP, estabelece que o juiz absolverá o réu quando *existirem circunstâncias que isentem o réu de pena.* Não obstante, esta absolvição poderá ser de duas ordens: absolvição própria (sem a imposição de medida de segurança) ou absolvição imprópria (com a imposição de medida de segurança), sendo esta última prevista no art. 386, parágrafo único, III, do CPP, ao dispor que *na sentença absolutória o juiz aplicará medida de segurança, se cabível.*
- **c.2) Hipótese de acusado semi-imputável (capacidade parcial) ao tempo do fato:** neste caso, o indivíduo tem a sua situação regulada pelo art. 26, parágrafo único, do Código Penal, dispondo que a pena pode ser reduzida de um a dois terços, se o agente, em virtude de perturbação de saúde mental ou por desenvolvimento mental incompleto ou retardado não era inteiramente capaz de entender o caráter ilícito do fato ou de determinar-se de acordo com esse entendimento. Logo, poderá ele tanto ser absolvido sem a imposição de medida de segurança, como poderá ser condenado. No caso de condenação, deverá o juiz reduzir a pena de 1/3 a 2/3 (art. 26, parágrafo único, do CP), podendo ainda substituir esta pena por medida de segurança (internação ou tratamento ambulatorial, pelo prazo mínimo de 1 a 3 anos), isto se houver indicativos de periculosidade do réu (art. 98 do CP).

II – A instauração ocorreu no curso do inquérito policial:

Conforme já mencionamos, a instauração, em juízo, do incidente de insanidade mental, quando ainda está em curso o inquérito policial, não implica a sua suspensão,

[32] STJ: RHC 22.666/PR, *DJ* 13.10.2008 e HC 72.800/RJ, *DJ* 03.11.2008.

persistindo o procedimento investigatório em tramitação normal na delegacia. Sendo assim, é evidente que um deles chegará ao seu final antes do outro, vale dizer, ou o inquérito policial em trâmite na delegacia de polícia, ou o incidente de insanidade mental em curso no Poder Judiciário. Nesse cenário, podem ocorrer as seguintes situações:

a) O inquérito policial em curso na delegacia é finalizado antes do término do incidente de insanidade mental que tramita em juízo: sendo este o quadro, uma vez remetido o inquérito policial a juízo, nada obsta o Ministério Público de oferecer denúncia e o juiz de recebê-la. Não obstante, como o recebimento da inicial acusatória pelo juízo inicia a formação do processo, vem à incidência o disposto no art. 149, § 2.º, do CPP, que ordena a suspensão da ação penal durante a tramitação do incidente de insanidade mental. Em síntese, recebida a denúncia, deverá o juiz, no próprio despacho de recebimento, suspender o processo para aguardar o término do incidente. Concluído o incidente, será apensado ao processo criminal, determinando o juiz as providências correspondentes ao que tiver concluído o exame pericial nos autos do incidente.

- **a.1) Laudo conclui no sentido da plena capacidade do acusado, tanto na época do fato como no momento em que realizado o exame:** o juiz determinará o prosseguimento normal do processo.
- **a.2) Laudo conclui no sentido da plena capacidade do acusado na época do fato e pela sua incapacidade (inimputabilidade ou semi-imputabilidade) no momento em que realizado o exame:** o juiz manterá paralisado o processo até que se restabeleça o imputado (art. 152, do CPP) ou até que, por qualquer modo, ocorra a extinção da punibilidade (*v.g.*, em razão da prescrição, que não fica suspensa).
- **a.3) Laudo conclui pela incapacidade do acusado (inimputabilidade ou semi-imputabilidade) na época do fato:** o juiz determinará o prosseguimento do processo, assistido o réu por curador (art. 151, do CPP). Para efeitos desse prosseguimento, não importa o estado mental atual do imputado.

b) O incidente de insanidade mental, que tramita em juízo, é finalizado antes do término do inquérito policial em curso na delegacia de polícia: o incidente, nessa situação, permanecerá aguardando em juízo o ajuizamento da ação penal. Se, mais tarde concluído o inquérito, com base nele for oferecida denúncia, determinará o juiz, no despacho de recebimento, as providências correspondentes ao que tiver concluído o exame pericial nos autos do incidente. Assim:

- **b.1) Laudo conclui no sentido da plena capacidade do acusado, tanto na época do fato como no momento em que realizado o exame:** o juiz receberá a denúncia e determinará o prosseguimento normal do processo.
- **b.2) Laudo conclui no sentido da plena capacidade do acusado na época do fato e pela sua incapacidade (inimputabilidade ou semi-imputabilidade) no momento em que realizado o exame:** o juiz receberá a denúncia, determinando, contudo, a paralisação do processo agora instaurado até que se restabeleça o imputado (art. 152, do CPP) ou até que, por qualquer modo, ocorra a extinção da punibilidade (*v.g.*, em razão da prescrição, que não fica suspensa).
- **b.3) Laudo conclui pela incapacidade do acusado (inimputabilidade ou semi-imputabilidade) na época do fato:** o juiz receberá a denúncia, determinando o prosseguimento do processo, assistido o réu por curador (art. 151, do CPP). Para efeitos desse prosseguimento, não importa o estado mental atual do imputado.

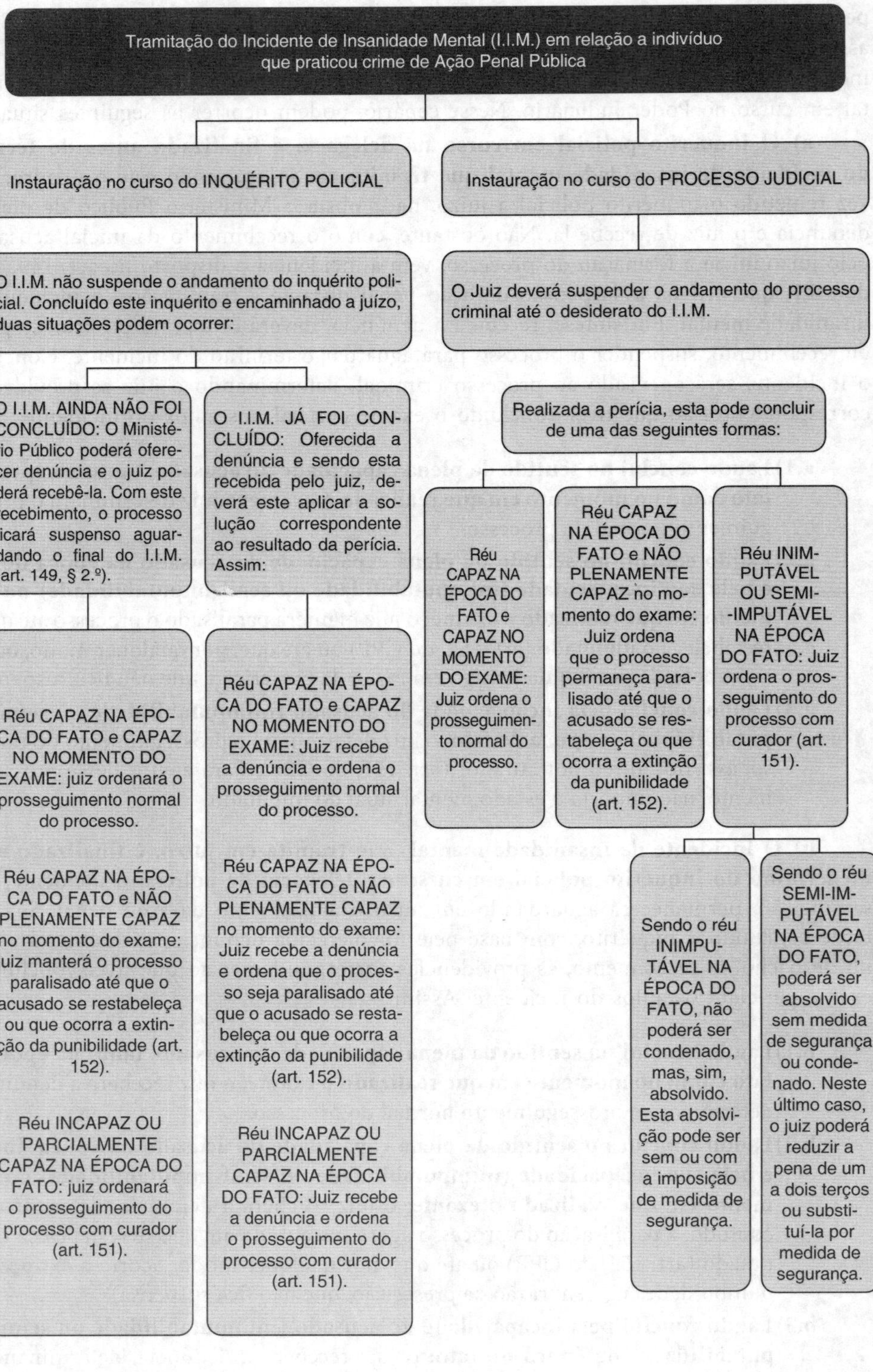
Tramitação do Incidente de Insanidade Mental (I.I.M.) em relação a indivíduo que praticou crime de Ação Penal Pública
Instauração no curso do INQUÉRITO POLICIAL
Instauração no curso do PROCESSO JUDICIAL
O I.I.M. não suspende o andamento do inquérito policial. Concluído este inquérito e encaminhado a juízo, duas situações podem ocorrer:
O Juiz deverá suspender o andamento do processo criminal até o desiderato do I.I.M.
O I.I.M. AINDA NÃO FOI CONCLUÍDO: O Ministério Público poderá oferecer denúncia e o juiz poderá recebê-la. Com este recebimento, o processo ficará suspenso aguardando o final do I.I.M. (art. 149, § 2.º).
O I.I.M. JÁ FOI CONCLUÍDO: Oferecida a denúncia e sendo esta recebida pelo juiz, deverá este aplicar a solução correspondente ao resultado da perícia. Assim:
Realizada a perícia, esta pode concluir de uma das seguintes formas:
Réu CAPAZ NA ÉPOCA DO FATO e CAPAZ NO MOMENTO DO EXAME: Juiz ordena o prosseguimento normal do processo.
Réu CAPAZ NA ÉPOCA DO FATO e NÃO PLENAMENTE CAPAZ no momento do exame: Juiz ordena que o processo permaneça paralisado até que o acusado se restabeleça ou que ocorra a extinção da punibilidade (art. 152).
Réu INIMPUTÁVEL OU SEMI-IMPUTÁVEL NA ÉPOCA DO FATO: Juiz ordena o prosseguimento do processo com curador (art. 151).
Réu CAPAZ NA ÉPOCA DO FATO e CAPAZ NO MOMENTO DO EXAME: juiz ordenará o prosseguimento normal do processo.
Réu CAPAZ NA ÉPOCA DO FATO e NÃO PLENAMENTE CAPAZ no momento do exame: juiz manterá o processo paralisado até que o acusado se restabeleça ou que ocorra a extinção da punibilidade (art. 152).
Réu INCAPAZ OU PARCIALMENTE CAPAZ NA ÉPOCA DO FATO: juiz ordenará o prosseguimento do processo com curador (art. 151).
Réu CAPAZ NA ÉPOCA DO FATO e CAPAZ NO MOMENTO DO EXAME: Juiz recebe a denúncia e ordena o prosseguimento normal do processo.
Réu CAPAZ NA ÉPOCA DO FATO e NÃO PLENAMENTE CAPAZ no momento do exame: Juiz recebe a denúncia e ordena que o processo seja paralisado até que o acusado se restabeleça ou que ocorra a extinção da punibilidade (art. 152).
Réu INCAPAZ OU PARCIALMENTE CAPAZ NA ÉPOCA DO FATO: Juiz recebe a denúncia e ordena o prosseguimento do processo com curador (art. 151).
Sendo o réu INIMPUTÁVEL NA ÉPOCA DO FATO, não poderá ser condenado, mas, sim, absolvido. Esta absolvição pode ser sem ou com a imposição de medida de segurança.
Sendo o réu SEMI-IMPUTÁVEL NA ÉPOCA DO FATO, poderá ser absolvido sem medida de segurança ou condenado. Neste último caso, o juiz poderá reduzir a pena de um a dois terços ou substituí-la por medida de segurança.

7.7.5. Considerações sobre a medida de segurança

Na aplicação da medida de segurança de internação ou de tratamento ambulatorial deve o juiz estabelecer o **prazo mínimo**, que poderá ser de um, dois ou três anos. Esta regra se aplica tanto ao inimputável (art. 97, *caput* e § 1.º, do CP) quanto ao semi-imputável (art. 98 do CP). Perceba-se que o estabelecimento de tal prazo não obriga o indivíduo, necessariamente, a submeter-se à medida de segurança por todo o período fixado. Na verdade, pode a medida de segurança ser extinta antes mesmo do decurso do prazo mínimo. Isto ocorrerá se, por meio de perícia, for comprovada a cessação prematura da periculosidade do indivíduo (art. 176 da Lei 7.210/1984). Neste contexto, é correto afirmar que a fixação do chamado "prazo mínimo" não implica dizer que o agente deverá permanecer, obrigatoriamente, sob medida de segurança durante todo o tempo estabelecido, mas, simplesmente, determinar a época obrigatória da realização do primeiro exame para verificação de cessação de periculosidade, conforme se depreende do art. 175 da Lei 7.210/1984. Constatada essa cessação, a medida de segurança poderá ser extinta. **Mas atenção:** De acordo com os arts. 97, § 3.º, e 98 da LEP, a desinternação, assim como a liberação do tratamento ambulatorial, serão sempre condicionais, devendo ser restabelecida a situação anterior se o agente, antes do decurso de um ano, praticar fato indicativo de persistência de sua periculosidade, caso em que deverá ele retornar ao cumprimento da medida de segurança a que antes estava sujeito.

Não estabelece o Código Penal **prazo máximo** de duração da medida de segurança. Pelo contrário. Determinam os arts. 97, § 1.º, e 98 do CP que a internação ou o tratamento ambulatorial será por tempo indeterminado. Isto significa que, de acordo com a lei, deve a medida perdurar enquanto não cessar a periculosidade do indivíduo. Não obstante essa previsão, os Tribunais Superiores firmaram a posição de que a medida de segurança é uma forma de sanção penal, apresentando tanto o caráter de retribuição ao delito cometido, como o de prevenção a possível cometimento de novos crimes. Logo, na sua aplicação, deve ser observado o disposto no art. 5.º, XLVII, *b*, da Constituição Federal, que veda a pena de prisão perpétua. A partir daí consagrou-se o entendimento de que o tempo de cumprimento da medida de segurança, na modalidade de internação ou tratamento ambulatorial, deve ser limitado. Para o STJ, nos termos de sua Súmula 527, esta limitação corresponde ao máximo da pena abstratamente cominada ao delito perpetrado. Já o STF, muito embora existam alguns julgados comungando do entendimento do STJ, persiste, em sua composição majoritária (por ora, ao menos), com o entendimento que já sustenta há vários anos[33], no sentido de que a medida de segurança fica jungida ao tempo máximo de cumprimento de pena privativa de liberdade previsto no art. 75 do Código Penal, limite este que era de 30 anos, mas que, com a alteração promovida pela Lei 13.964/2019, foi elevado para 40 anos (ressalva-se a hipótese de condenação pela prática de contravenção penal, em que o limite máximo de duração da pena de prisão simples é de 5 anos, conforme art. 10 do Decreto-Lei 3.688/1941). Pois bem, se, ao extinguir a medida de segurança em razão de terem sido alcançados tais patamares, constatar o juiz criminal que permanece perigoso o indivíduo, deverá ele determinar sejam extraídas cópias dos autos e enviadas ao juízo cível, para que lá, em procedimento judicial próprio instaurado com pelos familiares do indivíduo ou pelo Ministério Público com base na Lei 10.216/2001, delibere-se acerca da possibilidade de internação. Neste caso, a internação possui natureza civil, não se confundindo com medida de segurança.

Relativamente à natureza da sentença que impõe a medida de segurança, há regramento diferenciado conforme seja **inimputável** ou **semi-imputável** o indivíduo ao tempo do fato.

Para o **inimputável**, a medida de segurança imposta no processo de conhecimento resulta de sentença absolutória – a chamada absolvição imprópria (art. 97 do CP). Isto ocorre porque, segundo o art. 26, *caput*, do CP, o agente que, ao tempo da ação ou omissão, era inteiramente incapaz de compreender o caráter ilícito do fato ou de se autodeterminar de acordo com este entendimento é *isento de pena*. Ora, de acordo com o art. 386, VI, 2.ª parte, do CPP, o fato de ser *isento de pena* impõe a absolvição do agente. E tal veredicto – absolutório – pode

33 STF: HC 84.219, *DJ* 23.09.2005; HC 98.360, *DJ* 23.10.2009 e HC 107777/RS, *DJ* 16.04.2012.

determinar ou não a aplicação de medida de segurança (art. 386, parágrafo único, inciso III, do CPP). *E qual o critério a ser adotado pelo juiz para decidir se impõe ou não medida de segurança ao inimputável?* Considerando que, para o inimputável, adotou o Código de Processo Penal o sistema da *periculosidade presumida*, cabe ao juiz determinar a aplicação de medida de segurança se compreender que a conduta praticada pelo réu, estivesse ele em condições mentais normais (plenamente capaz à época do fato), conduziria à sua condenação.

E se o indivíduo que tiver sido absolvido com medida de segurança se encontrar em situação de absoluta higidez mental no momento do cumprimento desta medida? A despeito de ter sido absolvido impropriamente, não poderá ser exigido pelo juiz da execução o cumprimento integral da medida de segurança, podendo determinar extinção da medida antes do final do prazo mínimo pelo qual tenha sido fixada (art. 176 da Lei 7.210/1984).

E se, muito embora constatada a periculosidade atual do indivíduo, entender o juiz que a hipótese justifica absolvição própria (v.g., em razão da inexistência de provas de que concorreu para a infração penal)? Não havendo como aplicar medida de segurança, caberá ao juiz criminal adotar o mesmo procedimento referido alhures: extrair cópias dos autos e enviá-las ao juízo cível, para que lá se delibere acerca da possibilidade de internação. Reitere-se que, aqui, a internação possui natureza civil, não se confundindo com medida de segurança.

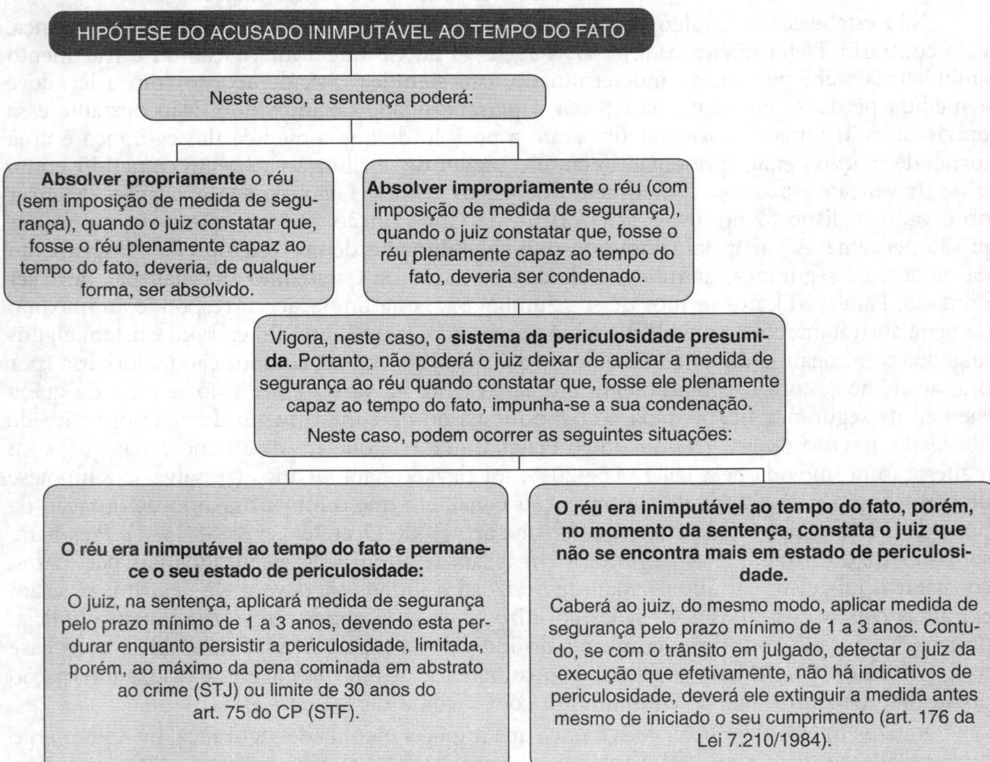

Por outro lado, em relação ao **semi-imputável**, tal medida decorrerá de substituição da pena pela qual for condenado o réu (art. 98 do CP). Aplica-se, então, o art. 26, parágrafo único, c/c o art. 98, ambos do Código Penal. Dispõe, com efeito, o art. 26, parágrafo único, do CP que o juiz poderá (deverá) reduzir a pena de um a dois terços quando o agente, ao tempo da ação ou omissão, não era inteiramente capaz de compreender o caráter ilícito do fato e de se autodeterminar de acordo com este entendimento. Por sua vez, refere o art. 98 do CP que, se necessitar o condenado de especial tratamento curativo em razão de perturbação da saúde mental, a pena privativa de liberdade poderá ser substituída por internação ou tratamento ambulatorial. *Exemplo: Considere-se que ao réu, acusado de lesão corporal seguida de morte, em face de incidente de insanidade mental instaurado no curso do processo, tenha sido reconhecida a condição de semi-imputável no momento da prática da infração. Entendendo desfavorável a maioria das circunstâncias judiciais do art. 59 do CP, considere-se que tenha o juiz fixado a pena-base em 5 anos de reclusão (1.ª fase do cálculo da pena). Reconhecida a atenuante da confissão espontânea, suponha-se que esta pena seja reduzida em 6 meses, elevando-se, após, em 9 meses em face da agravante da reincidência, totalizando, na segunda fase do cálculo da pena, 5 anos e 3 meses (2.ª fase do cálculo da pena). Considerando, porém, a semi-imputabilidade, imagine-se que proceda o juiz à redução de um terço (art. 26, parágrafo único, do CP), totalizando a pena definitiva em 3 anos e 6 meses de reclusão (3.ª fase do cálculo da pena). Esta, pois, a pena que deve ser cumprida pelo condenado. Não obstante, se entender que o acusado necessita de especial tratamento curativo em face de perturbação da saúde mental, poderá o juiz, ainda, substituir tal reprimenda por medida de segurança (art. 98 do CP).*

Como se vê, na hipótese do semi-imputável, não adotou o Código Penal o sistema da periculosidade presumida, mas, sim, o *sistema da periculosidade real*. Em suma, o réu, aqui, jamais será absolvido com medida de segurança, podendo o juiz, apenas, absolvê-lo sem essa medida ou condená-lo. Neste último caso, deve o magistrado analisar o estado mental do indivíduo no momento da prolação da sentença. Não sendo perigoso, compete-lhe apenas reduzir a pena de 1/3 a 2/3, na forma do art. 26, parágrafo único, do CP. Presente, porém, o estado de periculosidade, deverá, ainda, substituir a pena por medida de segurança, conforme autorizado pelo art. 98 do CP.

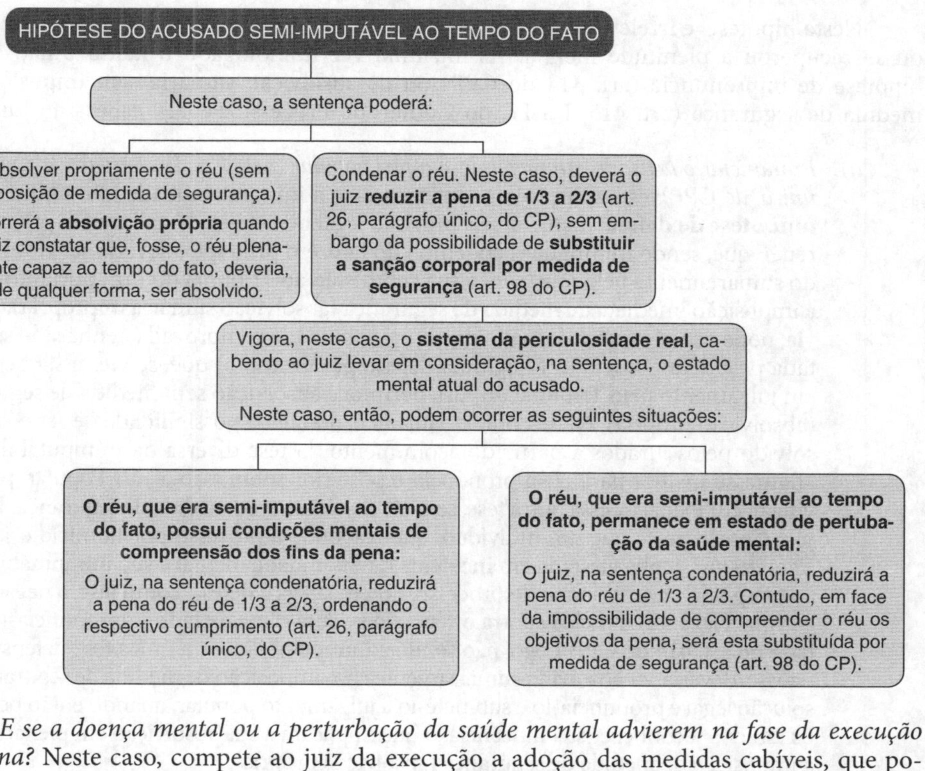

E se a doença mental ou a perturbação da saúde mental advierem na fase da execução da pena? Neste caso, compete ao juiz da execução a adoção das medidas cabíveis, que poderão ser a internação para fins de tratamento psiquiátrico (art. 41 do CP) ou a conversão do saldo de pena em medida de segurança (art. 183 da Lei 7.210/1984). A respeito deste tema, tratamos no item 7.7.7 deste Capítulo.

7.7.6. Incapacidade mental constatada no curso do procedimento do Tribunal do Júri

A dúvida quanto à integridade mental do acusado produz consequências no procedimento do júri. Tudo depende, na verdade, da fase em que se encontra o processo. Assim:

1. Incidente de insanidade mental instaurado antes da decisão de pronúncia:

Primeira situação: *a perícia conclui no sentido de que, embora plenamente capaz ao tempo do fato, encontra-se o réu, agora, em estado de inimputabilidade ou semi-imputabilidade provocada por doença mental ou perturbação da saúde mental superveniente.*

Encontrando-se o agente, no momento processual em que realizada a perícia, totalmente incapaz (inimputável) ou com sua capacidade mental reduzida (semi-imputável), aplica-se o art. 152 do CPP. Cabe ao juiz, enfim, determinar que o processo, que já estava suspenso por ocasião da instauração do incidente (art. 149, § 2.º, do CPP), assim permaneça até que o indivíduo se restabeleça ou até que ocorra a extinção da punibilidade, *v.g.*, pela prescrição (que não fica suspensa durante o tempo da paralisação processual). Restabelecendo-se o réu, o processo retomará seu curso normal.

Segunda situação: *a perícia conclui no sentido de que o agente, ao tempo do fato, era inimputável, não possuindo condições de entender o caráter ilícito de sua conduta ou de se autodeterminar de acordo com esse entendimento.*

Nesta hipótese, é irrelevante se, no estágio atual do processo, o réu permanece incapaz ou se recuperou a plenitude mental. Assim, uma vez homologado o laudo e não sendo hipótese de impronúncia (art. 414 do CPP) ou de absolvição sumária sem imposição de medida de segurança (art. 415, I a IV, do Código de Processo Penal), caberá ao juiz:

a) *Pronunciar o acusado, submetendo-o a júri popular (art. 415, IV, 1.ª parte e parágrafo único, do CPP):* esta solução será aplicada caso a inimputabilidade **não tenha sido a única tese de defesa**. Justifica-se a previsão legal no intuito de não causar prejuízo ao réu. É que, sendo inimputável ao tempo do fato, em princípio, deveria ser ele absolvido sumariamente pelo juiz (sem a sua submissão ao Tribunal do Júri, portanto), com a imposição imediata de medida de segurança (absolvição sumária imprópria). Todavia, pode ocorrer que, a despeito da inimputabilidade comprovada, tenha sido sustentada pela defesa tese outra (legítima defesa, por exemplo) que, se vier a ser acolhida em julgamento pelo Tribunal do Júri, permita a absolvição sem medida de segurança (absolvição própria). Neste contexto jurídico, diante da possibilidade de ser o réu absolvido pelos jurados a partir do acolhimento da tese diversa da inimputabilidade, afigura-se melhor para ele a pronúncia e posterior submissão a Júri Popular, pois, se vingar, em Plenário, essa outra tese, será ele absolvido sem medida de segurança. Exemplo: Considere-se que um indivíduo, que responde a processo por homicídio junto à Vara do Júri, tenha atestada em incidente de insanidade mental a sua inimputabilidade ao tempo do fato. No curso do processo, porém, alega a defesa, como tese, a negativa de autoria. Havendo indícios contra o réu, não poderá o magistrado impronunciá-lo com base no art. 414 do CPP. Logo, não sendo a inimputabilidade a única tese defensiva (se o fosse, deveria ser absolvido sumariamente com imposição de medida de segurança), a solução legal é pronunciá-lo e submetê-lo a julgamento popular, quando então poderão os jurados reconhecer sua inocência, o que implicará a sua absolvição em plenário sem a imposição de medida de segurança (absolvição própria).
b) *Absolver sumariamente o acusado, com imposição de medida de segurança (art. 415, IV, 1.ª parte e parágrafo único, do CPP, c/c o art. 26,* ***caput****, do CP):* trata-se da absolvição sumária imprópria, adequada à hipótese em que a inimputabilidade por do-

ença mental ou desenvolvimento mental incompleto ou retardado ao tempo do fato **tenha sido a única tese de defesa**. Para ilustrar, considere-se que, no exemplo anterior, a única tese sustentada pela defesa tenha sido a inimputabilidade decorrente da insanidade mental à época do homicídio praticado. Nesta situação, não poderá o acusado ser submetido a julgamento pelo júri, impondo-se ao juiz absolvê-lo, desde logo, com medida de segurança. Isto ocorre porque a inimputabilidade decorrente da condição mental isenta de pena (art. 26, *caput*, do CP), conduzindo à absolvição sumária (art. 415, IV, 1.ª parte, do CPP). **E por que a aplicação de medida de segurança em tal caso?** É que, em relação ao inimputável, adotou o Código de Processo Penal o sistema da periculosidade presumida, impondo a aplicação de medida de segurança, quando for possível raciocinar no sentido de que, no caso concreto, fosse o réu imputável ao tempo do fato, deveria ele, diante das provas produzidas, ser pronunciado ou condenado (v. item 7.7.5 deste Capítulo).

Terceira situação: *a perícia conclui no sentido de que, ao tempo do fato, o agente possuía apenas parcial capacidade (semi-imputabilidade) para compreender o caráter ilícito de sua conduta ou de se autodeterminar de acordo com esse entendimento.*

Descabe, neste caso, absolvição sumária imprópria (com imposição de medida de segurança). O semi-imputável deverá ser pronunciado, bastando que tenham sido satisfeitos os requisitos do art. 413 do CPP. E, tratando-se a semi-imputabilidade de uma causa de diminuição de pena (art. 26, parágrafo único, do CP), deverá ser quesitada aos jurados na ocasião em que submetido o réu a julgamento perante o tribunal do júri, *ex vi* do art. 483, IV, do CPP.

2. Incidente de insanidade mental instaurado na fase posterior à decisão de pronúncia e antes do julgamento pelo júri:

Primeira situação: *a perícia conclui no sentido de que, embora plenamente capaz ao tempo do fato, foi o réu acometido, posteriormente, de doença mental ou de perturbação da saúde mental, situação esta que ainda persiste.*

O processo ficará paralisado até o restabelecimento do acusado, nos termos do art. 152 do CPP. Recuperado o réu, o feito torna a tramitar, realizando-se o julgamento pelo tribunal do júri, normalmente[34].

Segunda situação: *a perícia conclui no sentido de que o agente, ao tempo do fato, era inimputável, não possuindo condições de entender o caráter ilícito de sua conduta ou de se autodeterminar de acordo com esse entendimento.*

Ocorrendo esta hipótese, o processo prosseguirá, com a presença de curador (art. 151 do CPP), realizando-se, inclusive, o julgamento pelo Tribunal do Júri. Mas há um problema aqui: veja-se que, na ordem de quesitação estabelecida no art. 483 do CPP, não há lugar para que se indaguem dos jurados causas de isenção de pena. Por outro lado, as teses que implicam isenção de responsabilidade criminal são absorvidas pelo quesito

---

[34] Questão de Concurso: "Severino foi pronunciado como incurso no art. 121, § 2.º, I e IV, c/c. o art. 29, todos do Código Penal, para que fosse submetido a julgamento perante o Tribunal do Júri. Todas as partes foram intimadas e inexistiu qualquer manifestação acerca da sentença, ocorrendo a preclusão. O processo seguiu então para as diligências de preparação para o julgamento em plenário. Nesse meio-tempo, tendo em vista comunicação dos familiares do réu de que ele começou a ter "crises passageiras de loucura", o Dr. Promotor de Justiça requereu a instauração do incidente de insanidade mental, o que foi deferido pelo Magistrado. O laudo concluiu que o acusado estava enquadrado no art. 26, "caput" do Código Penal. Face a isso, o Dr. Juiz de Direito deve tomar as providências do art. 422 e seguintes do Código de Processo Penal, ou deve tomar alguma decisão de mérito? Justifique" (Ministério Público do Estado do Rio Grande do Sul – 2008).

do art. 483, III, consistente na pergunta: *"O jurado absolve o acusado?"*. Tal situação pode levar a um paradoxo jurídico, pois, respondido afirmativamente ao quesito genérico de absolvição, não será possível identificar qual a tese que restou acolhida pelo Conselho de Sentença. Para ilustrar, considere-se que o advogado, no curso do julgamento popular, tenha alegado a tese de legítima defesa real e, supletivamente, a tese da inimputabilidade ao tempo do fato. Ora, a aceitação da primeira pelos jurados importa em absolvição plena; já a aceitação da segunda acarreta imposição de medida de segurança. Todavia, o quesito que leva à absolvição é genérico, limitando-se a indagar se *"o jurado absolve o acusado"*, não dando margem a qualquer esclarecimento acerca da tese acolhida – a legítima defesa real ou a inimputabilidade? E esta definição é de grande importância, já que a primeira dessas teses implica absolvição sem medida de segurança, elidindo, inclusive, a obrigação de indenizar, enquanto a segunda importa na fixação de medida de segurança e, ainda, não exclui a obrigação de ressarcimento dos danos provocados pela infração. Pois bem, diante desse impasse, duas correntes surgiram:

> **1.ª corrente:** Sustentando a defesa, em Plenário do Júri, tese que importa em absolvição sem medida de segurança, e, também, a inimputabilidade, devem ser estas teses quesitadas separadamente. Aderimos a essa posição. E este é, também, o entendimento de Luis Flávio Gomes, Rogério Sanches Cunha e Ronaldo Batista Pinto ao analisarem a disciplina do art. 483, III: "[...] Deve prevalecer a individualização das teses defensivas, levando o Conselho de Sentença a se manifestar sobre cada uma isoladamente (sem desdobramentos outros), permitindo ao acusador conhecer, em caso de absolvição, as razões da improcedência da acusação para subsidiar eventual peça recursal. Primeiro serão exploradas as descriminantes (excludentes da ilicitude) e depois as dirimentes (excludentes da culpabilidade) e, eventualmente, as excludentes de punibilidade"[35].
>
> **2.ª corrente:** Ainda que sustente a defesa, em Plenário do Júri, tese que implique absolvição sem medida de segurança e, também, a inimputabilidade, esta última não poderá ser objeto de quesitação específica, encontrando-se abrangida na redação do quesito previsto no art. 483, III, do CPP. Segundo esta ótica, se respondido pelos jurados positivamente ao quesito do art. 483, III, o réu estará absolvido sem medida de segurança. Caso contrário, estará condenado. Adepto desta corrente, Marcelo Roberto Ribeiro[36].

Terceira situação: *a perícia conclui no sentido de que, ao tempo do fato, o agente possuía apenas parcial capacidade (semi-imputabilidade) para compreender o caráter ilícito de sua conduta ou de se autodeterminar de acordo com esse entendimento.*

Sob pena de nulidade, a semi-imputabilidade deverá ser quesitada aos jurados, podendo eles decidir, inclusive, contra as conclusões da perícia (*v.g.*, no sentido de que o réu era completamente capaz ao tempo da infração penal). Reitere-se que a semi-imputabilidade, prevista no art. 26, parágrafo único, do CP, é *causa de redução de pena*, sendo que o art. 483, IV, do CPP preceitua que, concluindo os jurados por não absolver o réu, deverá ser quesitado o Conselho de Sentença quanto à existência de *causa de diminuição de pena*. Neste contexto, respondido, pelos jurados, negativamente ao quesito genérico de absolvição (art. 483, III) e, assim, condenado o réu, e respondido, depois, positivamente ao quesito da semi-imputabilidade, caberá ao juiz-presidente proferir a sentença levando em consideração a minorante do art. 26, parágrafo único, do CP, que determina a obrigatória redução da pena de um a dois terços na terceira fase da dosimetria.

3. Insanidade mental do réu arguida em plenário do júri: Impõe-se ao juiz-presidente dissolver o Conselho de Sentença, instaurar o incidente de insanidade e, depois de realizada a perícia e homologado o respectivo laudo, sendo designado novo julgamento pelo Tribunal do Júri, proceder conforme as situações apontadas no item 2, *supra*.

---

[35] *Comentários às Reformas do Código de Processo Penal e da Lei de Trânsito.* São Paulo: RT, 2008. p. 222-224.

[36] *Reformas do processo penal.* Ed. Verbo Jurídico, 2008, p. 61.

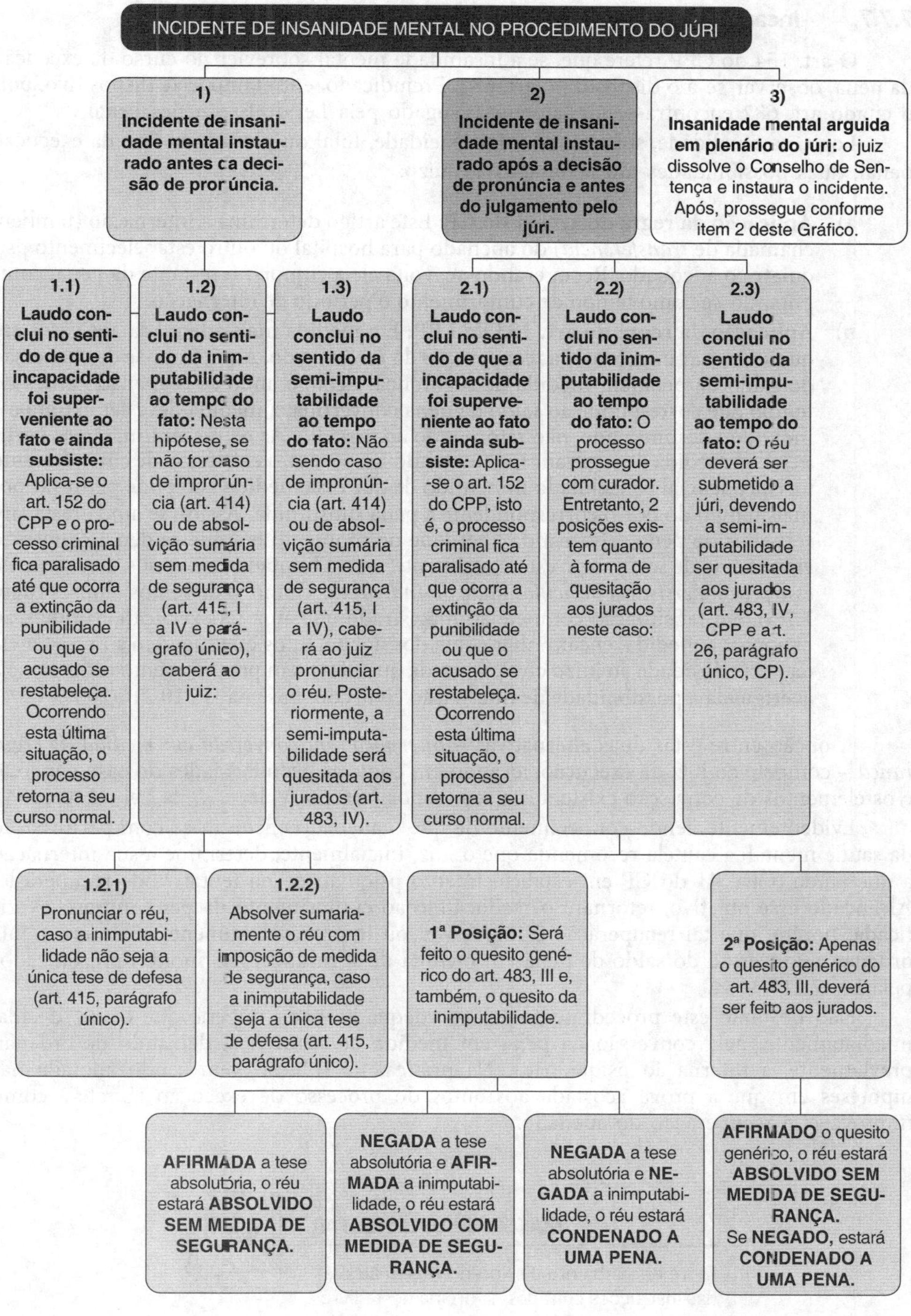
INCIDENTE DE INSANIDADE MENTAL NO PROCEDIMENTO DO JÚRI
1) Incidente de insanidade mental instaurado antes da decisão de pronúncia.
2) Incidente de insanidade mental instaurado após a decisão de pronúncia e antes do julgamento pelo júri.
3) Insanidade mental arguida em plenário do júri: o juiz dissolve o Conselho de Sentença e instaura o incidente. Após, prossegue conforme item 2 deste Gráfico.
1.1) Laudo conclui no sentido de que a incapacidade foi superveniente ao fato e ainda subsiste: Aplica-se o art. 152 do CPP e o processo criminal fica paralisado até que ocorra a extinção da punibilidade ou que o acusado se restabeleça. Ocorrendo esta última situação, o processo retorna a seu curso normal.
1.2) Laudo conclui no sentido da inimputabilidade ao tempo do fato: Nesta hipótese, se não for caso de impronúncia (art. 414) ou de absolvição sumária sem medida de segurança (art. 415, I a IV e parágrafo único), caberá ao juiz:
1.3) Laudo conclui no sentido da semi-imputabilidade ao tempo do fato: Não sendo caso de impronúncia (art. 414) ou de absolvição sumária sem medida de segurança (art. 415, I a IV), caberá ao juiz pronunciar o réu. Posteriormente, a semi-imputabilidade será quesitada aos jurados (art. 483, IV).
2.1) Laudo conclui no sentido de que a incapacidade foi superveniente ao fato e ainda subsiste: Aplica-se o art. 152 do CPP, isto é, o processo criminal fica paralisado até que ocorra a extinção da punibilidade ou que o acusado se restabeleça. Ocorrendo esta última situação, o processo retorna a seu curso normal.
2.2) Laudo conclui no sentido da inimputabilidade ao tempo do fato: O processo prossegue com curador. Entretanto, 2 posições existem quanto à forma de quesitação aos jurados neste caso:
2.3) Laudo conclui no sentido da semi-imputabilidade ao tempo do fato: O réu deverá ser submetido a júri, devendo a semi-imputabilidade ser quesitada aos jurados (art. 483, IV, CPP e art. 26, parágrafo único, CP).
1.2.1) Pronunciar o réu, caso a inimputabilidade não seja a única tese de defesa (art. 415, parágrafo único).
1.2.2) Absolver sumariamente o réu com imposição de medida de segurança, caso a inimputabilidade seja a única tese de defesa (art. 415, parágrafo único).
1ª Posição: Será feito o quesito genérico do art. 483, III e, também, o quesito da inimputabilidade.
2ª Posição: Apenas o quesito genérico do art. 483, III, deverá ser feito aos jurados.
AFIRMADA a tese absolutória, o réu estará ABSOLVIDO SEM MEDIDA DE SEGURANÇA.
NEGADA a tese absolutória e AFIRMADA a inimputabilidade, o réu estará ABSOLVIDO COM MEDIDA DE SEGURANÇA.
NEGADA a tese absolutória e NEGADA a inimputabilidade, o réu estará CONDENADO A UMA PENA.
AFIRMADO o quesito genérico, o réu estará ABSOLVIDO SEM MEDIDA DE SEGURANÇA. Se NEGADO, estará CONDENADO A UMA PENA.

7.7.7. Incapacidade superveniente à execução da pena

O art. 154 do CPP refere que, se a insanidade mental sobrevier no curso da execução da pena, observar-se-á o disposto no art. 682. Prejudicado, entretanto, este dispositivo, pois o citado art. 682 encontra-se tacitamente revogado pela Lei de Execuções Penais.

Logo, na atualidade, sobrevindo a incapacidade, total ou parcial, na fase da execução penal, duas possibilidades são facultadas ao juízo:

a) **Aplicação da regra do art. 41 do CP:** Este artigo determina a internação (também chamada de *transferência*) do apenado para hospital ou outro estabelecimento psiquiátrico adequado. Recuperando-se, volta ele a cumprir o restante da pena, computando-se como tempo de cumprimento o período de internação.

b) **Aplicação da regra do art. 183 da LEP:** É a medida mais adequada aos casos em que se revelar improvável a recuperação do reeducando. Aqui, trata-se da conversão do saldo de pena em medida de segurança. Recuperando-se o apenado antes do tempo que corresponde ao saldo da pena convertida, a medida deve ser extinta e o indivíduo desinternado, não retornando ao presídio. As regras, enfim, são as pertinentes à medida de segurança, salientando-se, porém, a existência de entendimento jurisprudencial consolidado no sentido de que essa medida não pode perdurar por mais tempo do que o correspondente à pena substituída. Assim, se ainda restavam seis anos de pena privativa da liberdade no momento em que se deu a conversão em medida de segurança, esta, igualmente, estará limitada a seis anos. *E se, vencido esse prazo, persistir a periculosidade do indivíduo?* Como já dissemos alhures (item 7.7.5), em tal situação compete ao magistrado que atua na execução criminal, ao extinguir a medida, encaminhar cópia dos documentos que sugerem a persistência da periculosidade ao juízo cível, a fim de que neste, em procedimento próprio, seja averiguada a possibilidade de internação civil, com base na Lei 10.216/2001.

A opção entre estas duas alternativas – *internação ou conversão em medida de segurança* – compete ao juiz da execução, levando em conta as peculiaridades do caso concreto e os elementos de convicção existentes a seu dispor (art. 66, V, letra *d*, da Lei 7.210/1984).

Evidentemente, tendo conhecimento de que o apenado encontra-se com perturbação da saúde mental, a cautela recomenda que o juiz, inicialmente, determine a sua internação a que alude o art. 41 do CP em estabelecimento psiquiátrico na tentativa de recuperá-lo. Alcançado esse objetivo, retornará o reeducando ao cumprimento da pena imposta. Verificada, porém, que tal recuperação é impossível ou improvável, somente aí deverá o juiz ordenar a conversão do saldo de pena em medida de segurança, nos moldes preconizados pela Lei 7.210/1984.

Não obstante este procedimento seja o adequado, nada impede que o juiz decida, imediatamente, pela conversão da pena em medida de segurança, deixando de ordenar, previamente, a internação psiquiátrica. Na prática, tal solução vem sendo adotada nas hipóteses em que a prova acostada aos autos do processo de execução já refere como improvável a recuperação do apenado.

Acesse o
MATERIAL SUPLEMENTAR

Entre no Ambiente de Aprendizagem através das instruções contidas na orelha deste livro e acesse os conteúdos exclusivos desta edição:
- questões de concursos;
- videoaulas dos principais temas;
- mapas mentais;
- *ebook* de resumos de cada capítulo.

CAPÍTULO 8

Prova Penal

8.1. CONSIDERAÇÕES GERAIS SOBRE A TEORIA DA PROVA PENAL

8.1.1. A regulamentação do Código

O Código de Processo Penal, a partir do Título VII, contemplou um conjunto de regras que regulamentam a produção de provas no âmbito do processo criminal. Para tanto, estabeleceu normas gerais relacionadas aos critérios a serem utilizados pelo magistrado na valoração dos elementos de convicção carreados ao processo e ao ônus probante, bem como disciplinou determinados meios específicos de prova, ou seja, elementos trazidos ao processo capazes de orientar o juiz na busca da verdade dos fatos. Referidos meios, no elenco do Código, são os seguintes:

1. *Perícias em geral,* constantes dos arts. 158 a 184;
2. *Interrogatório do acusado,* previsto nos arts. 185 a 196;
3. *Confissão,* regulada nos arts. 197 a 200;
4. *Ofendido,* disposto no art. 201;
5. *Testemunhas,* contempladas nos arts. 202 a 225;
6. *Reconhecimento de pessoas e coisas,* regulado nos arts. 226 a 228;
7. *Acareação,* disciplinada nos arts. 229 e 230;
8. *Documentos,* tratados nos arts. 231 a 238;
9. *Indícios,* referidos no art. 239, e
10. *Busca e apreensão,* regulada nos arts. 240 a 250.

Sem embargo das inúmeras alterações legislativas em seu texto, iniciando-se com a chamada *minirreforma de 2008*, promovida por meio das Leis 11.689, 11.690 e 11.719 daquele ano, e culminando com a Lei 13.964/2019, editada a partir do denominado *Pacote Anticrime* proposto pelo Ministério da Justiça e Segurança Pública com a finalidade de aperfeiçoar o Código de Processo Penal, a verdade é que esse diploma ainda se encontra bastante desatualizado em muitos de seus aspectos, exigindo permanente reinterpretação de dispositivos e disciplinas, muito especialmente diante de novas e, por vezes, controversas exegeses conferidas a dispositivos da Constituição Federal de 1988 pelo Supremo Tribunal Federal. A título de exemplo, pode-se mencionar o art. 260 do CPP, facultando a condução coercitiva do investigado ou acusado que não compareça perante as autoridades policial e judiciária para o fim de ser interrogado. Sobre essa norma, o Plenário do STF, no julgamento, em 13 e 14.06.2018, respectivamente, das *Arguições de Descumprimento de Preceito Fundamental (ADPF) 395/DF* (intentada pelo Partido dos Trabalhadores) e *444/DF* (proposta pelo Conselho Federal da OAB), declarou que a expressão *"para interrogatório"* inserida no referido dispositivo não foi recepcionada pela Constituição Federal, proibindo-se, via de consequência, a condução coercitiva visando a tal finalidade. Trata-se, enfim, de regramento presente no CPP, que vinha sendo normalmente aplicado e, a partir de dado momento, passou a ser considerado como disciplina transgressora da Constituição Federal de 1988. Outro exemplo de deliberação pretoriana que implicou em novo entendimento a dispositivos do CPP foi a adotada no âmbito do *Habeas Corpus 166.373/PR*, julgado em 02.10.2019, quando decidido pelo STF que, nas ações penais em que figurem réus colaboradores e não colaboradores, deve ser assegurado aos delatados o direito de apresentarem alegações finais depois dos réus que firmaram acordo de colaboração, a fim de a eles ser possibilitado contradizer acusações feitas pelos delatores que possam contribuir para eventual condenação. Ora, o CPP não estabelece qualquer regra no sentido de que deva ser oportunizada a determinados réus a apresentação de alegações finais depois de outros, limitando-se a dispor que o prazo para alegações finais da defesa deva ter início após apresentadas as da acusação ou escoado o prazo para tanto (v. g. arts. 403 e 404 do CPP). Mais uma hipótese, como se vê, de reinterpretação, pelo Supremo Tribunal Federal, de disciplina prevista no Código de Processo Penal que, antes, sequer era discutida naquela Corte.

Por tudo isso, não se pode considerar o Código de Processo Penal como limitativo em termos de meios de prova, tampouco interpretá-lo de forma restrita a ponto de considerar-se como exaustiva a regulamentação nele inserida. Bem pelo contrário. Na atualidade, é preciso ter em mente que a regulamentação dos meios de prova existente no Código de Processo Penal **não é taxativa**, podendo ser aceitos **meios de provas atípicos ou inominados**, vale dizer, sem regulamentação expressa em lei, amplitude esta que se justifica na própria busca da verdade real que, sempre, será o fim do processo penal. Enfim, desde que não importe em violação à Constituição Federal e às normas processuais gerais, essa categoria de provas despida de regulamentação própria terá, em tese, o mesmo valor das provas consideradas típicas ou nominadas (objeto de regulamentação legal), ou seja, um valor relativo, condicionado ao **exame conjunto** dos elementos de convicção incorporados ao processo.

Esta necessidade de análise global da prova incorporada ao processo decorre da circunstância de não terem o Código de Processo Penal e as Constituições Federais que o sucederam estabelecido critérios rígidos para o exame das provas produzidas no processo penal. Dessa forma, conferiu-se ao juiz, salvo raras exceções, liberdade na formação de seu convencimento, sem prejuízo, é claro, da necessária motivação de suas decisões (art. 93, IX, da CF e art. 155, *caput*, do CPP).

8.1.2. Conceito e finalidade da prova

Prova é o conjunto de elementos produzidos pelas partes ou determinados pelo juiz visando à formação do convencimento quanto a atos, fatos e circunstâncias. Conforme refere *Guilherme de Souza Nucci*[1], o termo *prova* deriva do latim *probatio*, que significa ensaio, verificação, inspeção, exame, argumento, razão, aprovação ou confirmação.

No processo penal, a produção da prova objetiva auxiliar na formação do convencimento do juiz quanto à veracidade das afirmações das partes em juízo. Não se destina, portanto, às partes que a produzem ou requerem, mas ao magistrado, possibilitando, destarte, o julgamento de procedência ou improcedência da ação penal.

[1] *Código de Processo Penal comentado*. 2. ed. São Paulo: RT, 2002. p. 293.

Correto, neste sentido, o ensinamento de Mirabete quando refere que "provar é produzir um estado de certeza, na consciência e mente do juiz, para sua convicção, a respeito da existência ou inexistência de um fato, ou da verdade ou falsidade de uma afirmação sobre uma situação de fato que se considera de interesse para uma decisão judicial ou a solução de um processo"[2].

Objetivo da prova → Formar a convicção do juiz sobre os elementos necessários para a decisão da causa

8.1.3. Objeto da prova

Por *objeto da prova* compreendem-se os fatos que, influindo na apuração da existência ou inexistência de responsabilidade penal, são capazes de gerar dúvida no magistrado, exigindo, por isso mesmo, a devida comprovação.

Objeto da prova → São todos os fatos, principais ou secundários, que reclamem uma apreciação judicial e exijam uma comprovação

Todavia, existem determinados fatos que se excluem da necessidade de comprovação, os quais consistem em:

1. *Fatos axiomáticos*: são aqueles considerados evidentes, que decorrem da própria intuição, gerando grau de certeza irrefutável. Trata-se dos fatos indiscutíveis, induvidosos, que dispensam questionamentos de qualquer ordem. Por exemplo: a prova da putrefação do cadáver dispensa a prova da morte, pois a primeira circunstância (putrefação) decorre da segunda (a morte).

2. *Fatos notórios*: são os que fazem parte do patrimônio cultural de cada pessoa. Por isso mesmo, aqui se aplica o princípio *notorium non eget probatione* – o que é notório dispensa prova. Possível, inclusive, na esfera criminal, aplicar analogia ao art. 374, I, do CPC/2015, segundo o qual não dependem de prova os fatos notórios. Exemplos: Na Comarca de Camaquã, denunciando o Ministério Público determinada pessoa por crime contra a honra do Prefeito Municipal, será desnecessário comprovar, naquele juízo, que a vítima realmente foi diplomada como Chefe do Executivo, pois essa circunstância é por todos sabida na localidade, inclusive pelo juiz que lá jurisdiciona. Outros exemplos: moeda nacional, condição de Presidente da República, um feriado nacional etc.

3. *Presunções legais*: são juízos de certeza que decorrem da lei. Classificam-se em *absolutas* (presunções *jure et de jure*) ou *relativas* (presunções *juris tantum*). As primeiras não aceitam prova em contrário, sendo exemplo a condição de inimputável do indivíduo menor de dezoito anos. Já as segundas admitem a produção de prova em sentido oposto, como a presunção de imputabilidade do maior de dezoito anos, que pode ser descaracterizada a partir de laudo de insanidade mental apontando que o indivíduo não possui discernimento.

4. *Fatos inúteis*: são os que não possuem nenhuma relevância na decisão da causa, dispensando a análise pelo julgador. São circunstâncias incidentais, de caráter secundário, absolutamente desnecessárias à solução da lide. Exemplo: as preferências sexuais de indivíduo acusado de crime de furto.

---

2 MIRABETE, Julio Fabbrini. *Processo penal*. 18. ed. São Paulo: Atlas, 2007. p. 249.

E quanto aos fatos incontroversos? Consideram-se *incontroversos* os fatos incontestes, ou seja, que não foram refutados ou impugnados pelas partes. Estes, ao contrário do que ocorre no processo civil (o art. 374, III, do CPC/2015, dispõe que não dependem de prova os fatos admitidos no processo como incontroversos), não dispensam a prova, podendo o juiz, inclusive, a teor do art. 156, II, do CPP, *determinar, no curso da instrução ou antes de proferir sentença, a realização de diligências para dirimir dúvida sobre ponto relevante.* E não poderia ser diferente. Afinal, se a própria confissão do crime pelo acusado não é suficiente, por si, para um juízo condenatório, exigindo sempre confronto com os demais elementos de prova angariados ao processo (art. 197 do CPP), é evidente que a simples ausência de contestação quanto a atos, fatos e circunstâncias não tem força suficiente para elidir a produção probatória.

8.1.4. Classificação das provas

As provas podem classificar-se de diferentes formas, ressaltando-se, por serem as mais comumente apontadas pela doutrina, a divisão *quanto ao objeto, quanto ao valor* e *quanto ao sujeito*:

1. **Quanto ao objeto (ou seja, quanto ao fato que deve ser demonstrado):**

a) *Provas diretas*: são aquelas que por si sós demonstram o próprio fato objeto da investigação. *Exemplo*: o testemunho prestado por determinada pessoa que presenciou um homicídio;

b) *Provas indiretas*: são aquelas que não demonstram, diretamente, determinado ato ou fato, mas que permitem deduzir tais circunstâncias a partir de um raciocínio lógico e irrefutável. *Exemplo*: o *álibi*. Comprovando-se que o suspeito se encontrava em determinado local no dia e hora do crime, é intuitivo que não poderia estar na cena do crime.

2. **Quanto ao valor:**

a) *Provas plenas*: são aquelas que permitem um juízo de certeza quanto ao fato investigado, podendo ser utilizadas como elemento principal na formação do convencimento do juízo acerca da responsabilidade penal do acusado. *Exemplos*: prova documental, prova testemunhal, prova pericial etc.

b) *Provas não plenas*: são aquelas que, inseridas na condição de provas circunstanciais, podem reforçar a convicção do magistrado quanto a determinado fato, não podendo, porém, ser consideradas como o fundamento principal do ato decisório. *Exemplos*:

- O indício (art. 239 do CPP);
- A fundada suspeita (art. 240, § 2.º, do CPP); e
- A prova *prima facie* ou prova de primeira aparência, compreendida como tal, como refere Hélio Tornaghi, "aquela que deixa desde logo no espírito do juiz a convicção da veracidade de um fato embora possa ser infirmada por outras palavras. Para exemplificar: se uma pessoa indefesa, à noite, dentro da própria casa, mata um ladrão contumaz, que arrombou uma janela, *prima facie*, isto é, à primeira vista, tudo convence de que o homicídio foi praticado em legítima defesa".

3. **Quanto ao sujeito:**

a) *Provas reais*: são aquelas que não resultam, diretamente, da pessoa, mas de algo externo e que também comprova a existência do fato. *Exemplos*: o cadáver, a arma empregada na prática do crime etc.

b) *Provas pessoais*: são aquelas que decorrem da pessoa. *Exemplos*: o interrogatório, o testemunho, os laudos periciais etc.

8.1.5. Princípios gerais

Regem a produção probatória os seguintes princípios:

a) **Princípio do contraditório:** Significa que toda prova realizada por uma das partes admite a produção de uma contraprova pela outra. O contraditório consubstancia-se na expressão *audiatur et altera parte* (ouça-se também a parte contrária), o que importa em conferir ao processo uma estrutura dialética. Assim, se uma das partes arrolou testemunhas, tem a outra o direito de contraditá-las, de inquiri-las e também de arrolar as suas.

b) **Princípio da comunhão:** Uma vez trazidas aos autos, as provas não mais pertencem à parte que as acostou, mas, sim, ao processo, podendo, desse modo, ser utilizadas por quaisquer dos intervenientes, seja o juiz, sejam as demais partes. Questão relevante que envolve a aplicação deste princípio respeita à possibilidade de o Juiz admitir a desistência da oitiva de testemunha arrolada por um dos polos sem a anuência do outro. Veja-se que, na disciplina conferida ao procedimento comum ordinário pela Lei 11.719/2008, dispõe o art. 401, § 2.º, que as partes poderão desistir da inquirição de qualquer das testemunhas arroladas, sem exigir, para tanto, a aquiescência da parte *ex adversa,* orientação esta, inclusive, já agasalhada pelo STJ ao deliberar que "a dispensa de testemunha de acusação independe da concordância da defesa"[3]. Apesar da disciplina legal e da posição do referido Tribunal Superior, mantemos o entendimento de que, em função do princípio da comunhão da prova, a concordância da outra parte com a desistência de prova oral levada a efeito pela parte contrária deve sim ser uma condição para que possa o magistrado homologá-la. Considere-se, por exemplo, que a defesa não tenha arrolado determinada testemunha pelo fato de esta já se encontrar no rol das testemunhas de acusação. Nesse caso, a desistência incondicional da testemunha pelo promotor implicaria prejuízo ao acusado.

c) **Princípio da oralidade:** Tanto quanto possível, as provas devem ser realizadas oralmente, na presença do juiz. Isto existe para que, nos momentos relevantes do processo, predomine a palavra falada, possibilitando-se ao magistrado participar dos atos de obtenção da prova. É o caso, por exemplo, da testemunha: mais valor terá a prova se realizada em audiência do que, ao contrário, se meras declarações escritas forem trazidas pelas partes e incorporadas ao processo. A oralidade, mais do que um princípio, traduz-se como uma forma de conduzir o processo, implicando dois subprincípios: a concentração e a imediação.

   1) **Subprincípio da concentração:** A produção probatória deve ser concentrada em uma só audiência ou, ao menos, no menor número possível delas. Este critério de condução do processo, já inserido em diplomas legais, como a Lei 9.099/1995 (art. 81), foi incorporado ao Código de Processo Penal pela Lei 11.719/2008, ao estabelecer, nos arts. 400, 411 e 431 (procedimento ordinário, rito do júri e procedimento sumário, respectivamente), a concentração das provas orais em audiência única de instrução.

---

3 STJ, AgRg no AREsp 1.664.028/PR, *DJ* 02.06.2020. No mesmo sentido: "Não existe qualquer disposição legal no sentido de que é necessária a anuência da defesa e dos jurados quanto à desistência das testemunhas arroladas pela acusação" (STJ, HC 411.833/SP, *DJ* 06.06.2018).

2) **Subprincípio da imediação:** É necessário assegurar ao juiz o contato físico com as provas no ato de sua obtenção, inclusive para que possa ele conservar em sua memória aspectos importantes do momento em que tenham sido aquelas provas produzidas e, desse modo, valorá-las com maior exatidão no ato da sentença.

d) **Princípio da publicidade:** Considerando a importância das questões atinentes ao processo penal, nada mais correto do que sejam elas tratadas publicamente. Por isso, os atos que compõem o procedimento, inclusive a produção de provas, não devem ser efetuados secretamente. Visa-se, aqui, garantir ao cidadão comum acesso e confiança no sistema de administração da justiça.

ATENÇÃO: Embora a publicidade dos atos processuais seja a regra geral no processo penal, há situações em que tanto a Constituição Federal como a legislação infraconstitucional asseguram o **segredo de justiça**:

- **Art. 93, IX, da CF:** "todos os julgamentos dos órgãos do Poder Judiciário serão públicos, e fundamentadas todas as decisões, sob pena de nulidade, podendo a lei limitar a presença, em determinados atos, às próprias partes e a seus advogados, ou somente a estes, em casos nos quais a preservação do direito à intimidade do interessado no sigilo não prejudique o interesse público à informação".
- **Art. 792, § 1.º, do CPP:** "Se da publicidade da audiência, da sessão ou do ato processual, puder resultar escândalo, inconveniente grave ou perigo de perturbação da ordem, o juiz, ou o tribunal, câmara, ou turma, poderá, de ofício ou a requerimento da parte ou do Ministério Público, determinar que o ato seja realizado a portas fechadas, limitando o número de pessoas que possam estar presentes".
- **Art. 201, § 6.º, do CPP:** "O juiz tomará as providências necessárias à preservação da intimidade, vida privada, honra e imagem do ofendido, podendo, inclusive, determinar o segredo de justiça em relação aos dados, depoimentos e outras informações constantes dos autos a seu respeito para evitar sua exposição aos meios de comunicação".
- **Art. 234-B do CP:** "Os processos em que se apuram crimes definidos neste Título (crimes contra a dignidade sexual) correrão em segredo de justiça".

e) **Princípio da autorresponsabilidade das partes:** Por meio deste princípio, infere-se que as partes assumirão as consequências de sua inatividade, erro ou negligência[4] relativamente à prova de suas alegações. Logo, se na ação penal pública não providenciar o Ministério Público a prova da autoria da infração e de sua materialidade, a consequência será a absolvição do acusado. Por outro lado, nada impede o juiz de utilizar, como fator de condenação, o testemunho de pessoa que, apesar de arrolada pela defesa, tenha contribuído para incriminar o réu, em vez de beneficiá-lo.

f) **Princípio da não autoincriminação (*nemo tenetur se detegere*):** Significa que o acusado não poderá ser obrigado a produzir provas contra si. Em face desse privilégio que lhe é assegurado, não está o acusado, por exemplo, obrigado a responder as perguntas que lhe forem formuladas por ocasião de seu interrogatório, tampouco a fornecer padrões vocais ou letra de próprio punho visando subsidiar prova pericial requerida pelo Ministério Público.

8.1.6. Sistemas de apreciação das provas

Ao longo da história, a apreciação das provas passou por diferentes fases, conforme as convicções, os costumes, a conveniência e até mesmo o regime de cada povo.

---

[4] RAMOS, Maira Silva da Fonseca. A prova proibida no processo penal: as consequências de sua utilização. Disponível em: <http://https://jus.com.br/artigos/7432/a-prova-proibida-no-processo-penal/2>. Acesso em: 4 nov. 2016.

Primitivamente, adotou-se o **sistema étnico** ou pagão, ficando a "apreciação das provas ao sabor das impressões do juiz, que as aferia de acordo com sua própria experiência, num sistema empírico"[5].

Após, passou-se a aplicar o **sistema religioso** ou **ordálio**, invocando-se um julgamento divino como critério de definição da inocência ou culpa do indivíduo. Os ordálios eram chamados de *Juízos de Deus*, firmando-se na falsa crença de que a divindade intervinha nos julgamentos e que a veracidade dos fatos seria demonstrada com base em sinais externados no mundo terreno a partir da submissão do pretenso culpado a determinadas provas corporais dolorosas, *v.g*, a *prova da água fria* (lançava-se o suspeito à água, sendo considerado culpado se viesse à tona e inocente caso submergisse), a *prova do ferro em brasa* (obrigava-se o acusado a transitar descalço sobre uma chapa de ferro em brasa, sendo considerado inocente se nada lhe acontecesse) e o *duelo judicial* (realizado a cavalo ou a pé, de acordo com a classe social das partes, por um determinado periodo de tempo, perdendo o processo quem fosse vencido no duelo).

A partir do final do século XII, com a intensificação das relações comerciais e a formação dos primeiros Estados absolutistas, o poder passou a concentrar-se nas mãos de um *soberano*, o qual, gradativamente, foi abandonando a condição de *porta-voz da divindade* para assumir as funções de *julgador*. Importante observar que todo este processo foi fortemente influenciado pelo IV Concílio de Latrão, lançado pelo Papa Inocêncio III em 1215 em razão da necessidade de a Igreja controlar o comportamento dos seus fiéis e combater as heresias.

Por conta da evolução do direito, chegou-se, em dado momento histórico, ao **sistema legal (tarifado, ou formal)**, segundo o qual a decisão do julgador deveria estar vinculada a critérios predefinidos no ordenamento jurídico, ausente, portanto, qualquer liberdade de avaliação da prova. Não obstante a desvantagem deste sistema, na medida em que condicionava a decisão do julgador à autoridade do soberano ou da Igreja, a verdade é que apenas com o seu surgimento é que o direito passou a ter regras específicas de avaliação das provas, pois até então essa análise ocorria de forma aleatória, isto é, à revelia de um critério objetivo de aferição.

Com o passar dos tempos e o gradativo enfraquecimento dos regimes absolutistas, o sistema legalista foi sendo, também, paulatinamente substituído pelo **sistema do livre convencimento (persuasão racional)**, que se tornou efetivamente conhecido a partir dos Códigos Napoleônicos. Segundo este critério, embora possua o juiz liberdade na aferição das provas, esta não é irrestrita. Além disso, obriga-se o julgador a fundamentar as razões de seu entendimento. Despe-se este sistema de apreciação, como se vê, da rigidez do sistema da prova legal, devendo a decisão do magistrado resultar de uma operação lógica fulcrada em elementos de convicção angariados ao processo.

Ressalte-se que não se pode confundir *livre convencimento* com o **sistema da íntima convicção**, que surgiu em dado momento histórico, caracterizando-se pela permissividade de o juiz decidir independentemente de qualquer fundamentação e à revelia de provas preexistentes. Com efeito, enquanto no *livre convencimento* o juiz decide (intimamente) e depois tem que motivar sua decisão, na *íntima convicção* o juiz decide (intimamente) sem a necessidade de exteriorizar as razões de sua convicção.

Na atualidade, em termos de direito comparado e a despeito da diversidade de regramentos inseridos na legislação de cada país, apenas estes três últimos sistemas – **livre convencimento**, **prova legal** e **íntima convicção** – persistem vigorando como critérios de valoração.

[5] MIRABETE, Julio Fabbrini. *Processo penal*. 18. ed. São Paulo: Atlas, 2007. p. 259.

Especificamente em relação ao direito brasileiro, o Código de Processo Penal adotou, como regra, o **livre convencimento do juiz fundamentado na prova produzida sob o contraditório judicial** (art. 155, *caput*, do CPP). Não obstante, como adiante será demonstrado, remanescem, ainda, algumas exceções que se constituem resquícios dos sistemas da **íntima convicção** e da **prova tarifada**.

8.1.6.1. *Sistema do livre convencimento motivado (ou persuasão racional)*

O **sistema do livre convencimento** está previsto no art. 155, *caput*, do CPP, ao dispor que *o juiz formará sua convicção pela livre apreciação da prova produzida em contraditório judicial, não podendo fundamentar sua decisão exclusivamente nos elementos informativos colhidos na investigação, ressalvadas as provas cautelares, não repetíveis e antecipadas.* A partir dessa redação, conclui-se, em relação a esse sistema:

1) Não limita o juiz aos meios de prova regulamentados em lei: Isto significa que, sendo lícitas e legítimas, mesmo as provas inominadas, isto é, sem nenhuma regulamentação, poderão ser admitidas na formação da convicção do julgador.

2) Caracteriza-se pela ausência de hierarquia entre os meios de prova: Outra decorrência do *livre convencimento* é a de que não estabelece valor prefixado na legislação para cada meio de prova, nada impedindo que o juiz venha a conferir maior valor a determinadas provas em detrimento de outras. Poderá, por exemplo, discordar da prova pericial e condenar ou absolver o réu com base, unicamente, em prova testemunhal; e, também, convencer-se quanto à versão apresentada por testemunha não compromissada, infirmando o depoimento de outra que tenha sido juramentada. Essa liberdade valorativa do magistrado, entretanto, não é absoluta, encontrando restrições impostas pela Lei e pela Constituição, quais sejam:

a) **Necessidade de motivação:** Esta exigência decorre, sobretudo, da Constituição Federal, a qual, no art. 93, IX, obriga à motivação das decisões judiciais. Mas também se encontra implícita na regulamentação estabelecida pelo próprio Código de Processo, o qual, entre outros dispositivos, no art. 381, III, estabelece que a sentença deva conter *a indicação dos motivos de fato e de direito em que se fundar a decisão.*

b) **As provas deverão constar dos autos do processo judicial:** Não pode o magistrado formar sua convicção com base em elementos estranhos ao processo criminal. A propósito, na própria exposição de motivos do Código de Processo Penal, o legislador de 1941 asseverou que "o juiz fica adstrito às provas constantes dos autos".

3) Exige, para fins de condenação, que as provas nas quais se fundar o juiz tenham sido produzidas em observância às garantias constitucionais do contraditório e da ampla defesa: Conforme dispõe o art. 155 do CPP, a liberdade de valoração restringe-se à prova produzida sob o **contraditório judicial**. Ressalte-se que o referido dispositivo não proibiu o magistrado de utilizar eventuais provas obtidas na fase extrajudicial como **elementos de convicção secundários**, restringindo, apenas, a possibilidade de serem estes os fundamentos *exclusivos* do seu convencimento. E mais: o legislador, com muita propriedade, ressalvou da necessidade do contraditório judicial **as provas realizadas em caráter cautelar, as produzidas antecipadamente** e **as não sujeitas à repetição**. Esta tríplice natureza de provas consubstancia o que a doutrina chama de **elementos migratórios**, pois *migram* do inquérito policial para o processo, podendo servir de base para eventual decisão condenatória.

Exemplos:

- *Provas cautelares, justificadas na urgência:* busca domiciliar ordenada pelo juiz na fase inquisitorial, para que sejam apreendidos documentos ou objetos capazes de incriminar o acusado; interceptação telefônica realizada na fase do inquérito policial (art. 3.º, I, da Lei 9.296/1996), mediante ordem judicial, com vista a captar diálogos relativos ao crime investigado;
- *Prova irrepetível:* perícia realizada nos vestígios deixados pela infração penal, quando sujeitos ao desaparecimento pelo decurso do tempo (*v.g.*, o exame de lesões corporais);
- *Provas antecipadas:* depoimentos de testemunha em vias de deixar o País ou portadora de doença que possa sujeitá-la à morte antes do início da fase instrutória do processo.

Ora, lícitas e legítimas estas provas, poderão elas ser usadas como fundamentos a embasar o juiz na prolação de decisão condenatória, ainda que tenham sido produzidas em fase de investigação criminal e sem as garantias constitucionais do contraditório e da ampla defesa.

8.1.6.2. *Sistema da íntima convicção (ou prova livre, ou certeza moral do juiz)*

Trata-se do sistema que confere ao julgador total liberdade na formação de seu convencimento, dispensando-se qualquer motivação sobre as razões que o levaram a esta ou àquela decisão, sendo irrelevante a circunstância de encontrar-se ou não a prova nos autos.

Embora a *íntima convicção* não seja o sistema-regra do Código de Processo Penal, não foi abandonada definitivamente em nosso direito, sendo agasalhada nos **julgamentos afetos ao Tribunal do Júri**, caso em que o veredicto absolutório ou condenatório tem origem em um Conselho de Sentença, integrado por pessoas do povo – os jurados.

Nos julgamentos pelo Júri, com efeito, não há motivação, limitando-se os jurados a responder, secretamente e sem nenhuma comunicação entre si, os quesitos que lhes são formulados pelo juiz e que correspondem às teses acusatória e defensiva. Até por não existir necessidade de fundamentação, não está o Conselho de Sentença, necessariamente, vinculado às provas existentes no processo, podendo decidir a partir de critérios subjetivos, sendo possível até mesmo que venha a julgar em sentido contrário ao que indicarem os elementos angariados aos autos. Tanto é que, conquanto admita o Código de Processo Penal, no art. 593, III, "d", apelação das decisões do Tribunal do Júri quando tiverem sido *manifestamente contrárias à prova dos autos*, proíbe, pelo mesmo motivo, a interposição de uma segunda apelação (art. 593, § 3.º). Ao assim disciplinar, partiu o legislador do princípio de que, se, em dois julgamentos sucessivos, jurados distintos decidiram contra a prova dos autos, é porque julgaram segundo a sua *íntima convicção*, vale dizer, de acordo com o seu conhecimento pessoal em torno dos fatos ou em consonância com a realidade e costumes do lugar em que vivem, descabendo, deste modo, uma nova anulação do julgamento para submissão do réu a um terceiro júri em face da contrariedade do segundo veredicto em relação ao acervo probatório do processo.

8.1.6.3. *Sistema da prova tarifada (ou certeza moral do legislador, ou verdade legal)*

No sistema da **tarifação**, a lei estabelece o valor de cada prova, não possuindo o juiz discricionariedade para decidir contra a previsão legal expressa. Tal como ocorre com o *livre* *convencimento*, também aqui se exige que estejam incorporados ao processo os elementos de convicção, não sendo lícito ao magistrado decidir com base em provas extra-autos.

No âmbito do Código de Processo Penal, existem algumas situações nas quais, como exceção, o legislador adotou o sistema da prova tarifada, vinculando o juiz a um valor predeterminado da prova. É o que ocorre, por exemplo, no art. 62, dispondo que a extinção da punibilidade pela **morte do réu** apenas poderá ser determinada à vista de certidão de óbito, e, mesmo isso, após prévia oitiva do Ministério Público. E, também, do contido no art. 155, parágrafo único, do mesmo diploma, estabelecendo que a prova de **estado das pessoas**, no âmbito penal, exige idênticas restrições às estabelecidas pela lei civil – comprovação via certidão. Nesses dois casos o juiz está vinculado ao texto legal, não podendo admitir, como prova das situações narradas, elementos outros que não aqueles determinados na legislação.

8.1.7. Fases do procedimento probatório

Quatro são as etapas que compõem o procedimento de produção das provas no processo penal. Importante mencionar que essa divisão, realizada em nível doutrinário, justifica-se na necessidade do estabelecimento de critérios para o deferimento ou indeferimento das provas requeridas, bem como para a escolha da correta via impugnativa contra a decisão judicial que acolher ou não o pleito de produção de provas.

Ressaltam-se, assim, os seguintes momentos:

Proposição: é a fase na qual as provas são requeridas pelas partes ao julgador ou por elas trazidas à sua admissão. Existem dois momentos de *proposição* das provas: momentos ordinários, os quais correspondem, no polo acusatório, à **denúncia** e à **queixa-crime**, e, no polo defensivo, à fase da **resposta à acusação ou defesa prévia**[6]; e momentos extraordinários, que se traduzem como todas aquelas oportunidades de requerimento de provas depois de já iniciada ou encerrada a instrução criminal. A diferença entre tais etapas releva, como veremos, na segunda fase do procedimento probante: o momento da admissão pelo juiz.

Admissão: momento no qual as provas produzidas ou requeridas pelas partes serão deferidas ou não pelo magistrado. Provas propostas nos *momentos ordinários* somente podem ser indeferidas quando *impertinentes* ao processo, sendo isto, ainda, devidamente explicitado na decisão judicial. Por outro lado, provas propostas nos *momentos extraordinários* (no curso de uma audiência, por exemplo) poderão ser indeferidas a partir da consideração pelo juiz de que são *desnecessárias* para a formação de seu convencimento, fazendo-o, é claro, sempre fundamentadamente.

Contra o indeferimento de provas requeridas pelas partes cabe alguma forma de impugnação? Destinatário da prova é o juiz. Logo, como referido alhures, a ele compete o juízo de pertinência e necessidade da prova, podendo indeferir sua produção quando ausentes estes atributos ou quando reputá-la protelatória. Esta, inclusive, é a previsão dos arts. 400, § 1.º e 411, § 2.º, ambos do CPP. Independentemente, no caso de essa decisão judicial implicar cerceamento de acusação ou de defesa (p. ex. o indeferimento injustificado da oitiva de testemunhas relevantes arroladas na denúncia, queixa e resposta do réu) ou manifesta ilegalidade (p. ex. o indeferimento de perícia destinada à comprovação do corpo de delito, que é obrigatória por força do art. 184 do CPP), admite-se o requerimento de *correição parcial* com vista à sua impugnação. E mais: em que pese a previsão da Súmula 267 do STJ,

---

6 A nomenclatura *defesa prévia* continua sendo empregada em algumas formas procedimentais, por exemplo, no rito previsto na Lei 8.038/1990, destinado à apuração dos crimes de competência originária do STF e do, STJ, rito este que, por força da Lei 8.658/1993, é o aplicável também persecução dos crimes de competência originária dos Tribunais dos Estados e Tribunais Regionais Federais.

que veda o cabimento do *mandado de segurança* contra ato judicial passível de recurso ou correição, a verdade é que a jurisprudência vem flexibilizando este verbete para aceitar, no caso do indeferimento, pelo juiz, de prova de evidente pertinência com o fato em apuração, o manejo do *writ. E quanto ao* habeas corpus*?* Em tese, descabe sua impetração, já que tanto o STF quanto o STJ não mais admitem o uso deste remédio em substituição a outras vias impugnativas. Ademais, para que se possa concluir pela necessidade da prova indeferida, muitas vezes é preciso ingressar no âmbito das provas já produzidas, imersão esta que descabe na via estreita do *habeas corpus,* cuja tramitação é sumária.

Produção: Atos processuais destinados a trazer para dentro do processo as provas propostas pelas partes e admitidas pelo magistrado. *Exemplos: oitiva de testemunhas, requisição de documentos etc.*

Valoração: Normalmente, é o momento da própria sentença, no qual o juiz, utilizando-se de seu livre convencimento e sempre motivando seu entendimento, apreciará cada uma das provas realizadas, conferindo-lhes o valor que julgar pertinente.

8.2. ÔNUS DA PROVA

8.2.1. Incumbência da acusação e da defesa e possibilidade de produção antecipada

Dispondo sobre o ônus da prova no processo penal, estabelece o art. 156, *caput,* 1.ª parte, do CPP, que "a prova da alegação incumbirá a quem a fizer (...)". Por *ônus* entende-se o encargo atribuído às partes de provar, mediante meios lícitos e legítimos, a verdade das suas alegações, visando fornecer ao juiz os elementos necessários à formação de sua convicção.

No sentido empregado pelo Código de Processo Penal, **ônus** difere de **obrigação**.

Isso porque uma **obrigação** descumprida representa um ato contrário ao direito, ao qual corresponde uma penalidade. Por exemplo: uma vez intimada a depor, tem a testemunha a obrigação de comparecer. Caso não o faça, poderá ocorrer condução coercitiva, pagamento das despesas da condução, eventual responsabilidade penal por crime de desobediência e multa (arts. 218 e 219 do CPP). De outra banda, se comparece e não disser a verdade em face das perguntas que lhe forem formuladas, poderá, salvo exceções legais, responder por crime de falso testemunho (art. 342 do CP).

Já quanto ao **ônus**, possui natureza diversa, representando, simplesmente, um arbítrio relegado à parte onerada, que, realizado, é capaz de conduzi-la ou deixá-la em condição favorável dentro do processo. Por exemplo, caso descumprido pela defesa o ônus da prova quanto aos fatos que lhe incumbe demonstrar, a consequência será uma possibilidade maior de condenação, embora esta não seja uma consequência certa ou provável. Outro exemplo: descumprido, pelo Ministério Público, o ônus de apresentação de quesitos à perícia que requereu, nem por isso ficará esta prejudicada, representando o ato de inadimplemento, simplesmente, uma circunstância capaz de colocar a acusação em posição jurídica desfavorável, pois, eventualmente, ausentes quesitos específicos, não esclarecerá o *expert* exatamente o objeto da dúvida que motivou o requerimento de laudo.

Na medida em que o art. 156, *caput,* 1ª parte, estabelece que a prova cabe àquele que afirma determinado ato, fato ou circunstância, não distinguindo acusação ou a defesa, infere-se que não é verdade o que é apregoado por alguns no sentido de que somente o autor da ação penal tenha esta incumbência. Tudo dependerá da natureza da alegação. Neste contexto, à **acusação** caberá provar a existência do fato imputado e sua autoria, a tipicidade da conduta, os elementos subjetivos de dolo ou culpa, a existência de circunstâncias agravantes e qualificadoras. Já à **defesa**, por outro lado, incumbirá a prova de eventuais causas excludentes de ilicitude, de culpabilidade e de tipicidade, circunstâncias atenuantes, minorantes e privilegiadoras que tenha alegado.

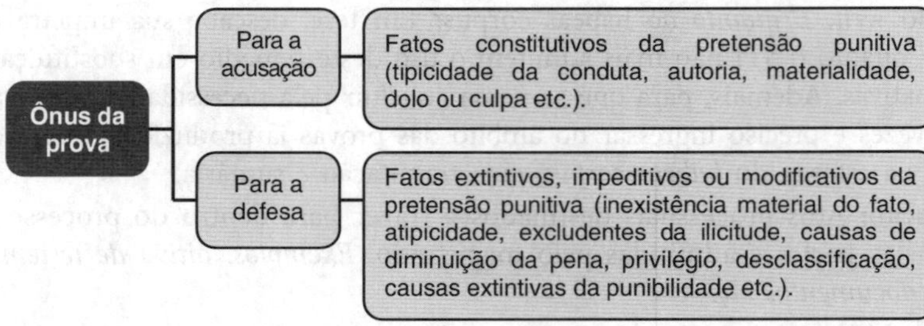

Em situações de **urgência**, especialmente para evitar o perecimento, da prova, contempla a lei a possibilidade de sua produção antecipada. É o caso, por exemplo, do art. 225 do CPP, viabilizando a inquirição de testemunha antecipadamente quando esta *houver de ausentar-se, ou, por enfermidade ou por velhice, inspirar receio de que ao tempo da instrução criminal já não exista*; e do art. 366, do CPP, o qual, tratando da suspensão do processo criminal em relação ao réu que, citado por edital, não comparece nem constitui defensor, faculta a *produção antecipada das provas consideradas urgentes*.

Para STF e STJ, também é apto a autorizar a produção antecipada de provas o denominado **poder geral de cautela**, que é inerente ao juiz, assim compreendida a faculdade judicial de autorizar, cautelarmente, medidas legalmente atípicas (aquelas que não estão descritas em lei) sempre que isto se revelar necessário para garantir, no caso concreto, a efetividade que se espera do processo criminal. Especificamente no campo probatório, pode-se definir *o poder geral de cautela* como a viabilidade de o juiz adotar uma solução não prevista em lei, desde que lícita e legítima, para evitar o perecimento de provas ou um mal maior no sopesamento entre a omissão do legislador em contemplar instrumentos que impeçam tal perecimento e os interesse das partes e da sociedade no justo desiderato do processo criminal. **Mas atenção:** a despeito dessa posição adotada nos Tribunais Superiores, a verdade é que o tema, muito especialmente em termos doutrinários, não está firmado, havendo correntes contra e a favor da existência do aludido *poder geral de cautela* (inequivocamente adotado no processo civil) no âmbito do processo penal:

> **Favor:** trata-se de uma "atuação além da lei" (Andrey Borges de Mendonça), justificada no fato de que a legislação não prevê todas as situações concretas possíveis que podem ocorrer no processo penal. Tratando-se de disciplina importada no CPC, sua aplicação ao processo penal encontra suporte no **art. 3.º do CPP.**
>
> **Contra:** a atuação do juiz no âmbito criminal deve seguir rigorosamente o devido processo legal, ou seja, as formas determinadas pela lei e pela Constituição. Logo, descabe ao juiz *inventar* medidas ou aplicar as já existentes no momento que bem lhe aprouver.

Admitida que venha a ser a produção antecipada de provas (na linha dos precedentes das Cortes Superiores), é preciso ter em mente que a decisão judicial que assim determinar deverá ser justificada, indicando o juiz as razões fáticas concretas que o levaram a autorizar a providência, não bastando, portanto, a utilização de fundamentos genéricos aplicáveis a qualquer caso. Esta, aliás, a exegese da Súmula 455 do STJ, que, embora faça referência apenas à situação do art. 366 do CPP, aduz que tal decisão deverá ser "*concretamente fundamentada, não a justificando unicamente o mero decurso do tempo*".

E quanto ao depoimento de policiais? Indaga-se, aqui, se apenas a condição funcional dessa ordem de testemunha permite a antecipação da prova sem que se dê por violados os termos da referida Súmula 455 do STJ. A respeito, esse tribunal, de modo sistemático, vem decidindo no sentido de que, não havendo outros meios de provas disponíveis, o fato de serem as testemunhas policiais, por si, justifica a antecipação da prova oral, já que o ofício que desempenham cotidianamente faz com que se deparem, permanentemente, com situações fáticas semelhantes, situação esta que, se houver delonga na inquirição, poderá conduzi-los à confusão no momento de depor ou ao esquecimento de detalhes relevantes para o esclarecimento do fato em apuração. No mesmo sentido, é a linha de pensamento vigorante no STF[7].

É recorrível a decisão que indefere a produção antecipada de provas? O STJ, interpretando extensivamente o art. 581, XVI, do CPP, já compreendeu, em diversas oportunidades, no sentido de que a decisão interlocutória de Primeiro Grau que indefere a produção antecipada de provas comporta a interposição de recurso em sentido estrito[8]. Há, porém, orientação em sentido oposto, vale dizer, de que, não se amoldando a hipótese a qualquer das situações do art. 581 do CPP e em se tratando de decisão que produz influência no andamento do processo e na apuração dos fatos, a via impugnativa cabível deve ser a correição parcial. **E quanto ao deferimento?** Irrecorrível esta decisão, a nosso ver. No entanto, se tal deferimento revelar-se injustificado, pode a prova, mais tarde, em sede de memoriais ou alegações orais, ser impugnada quanto a seu valor como elemento de convicção do juiz para fins de sentença.

8.2.2. Produção de provas *ex officio* pelo juiz

Após contemplar a regra geral de que o ônus da prova da alegação incumbe à parte que a fizer, ressalva o art. 156 do CPP que o juiz poderá, de ofício, *ordenar, mesmo antes de iniciada a ação penal, a produção antecipada de provas consideradas urgentes e relevantes, observando a necessidade, adequação e proporcionalidade da medida* (inciso I) e *determinar, no curso da instrução, ou antes de proferir sentença, a realização de diligências para dirimir dúvida sobre ponto relevante* (inciso II).

No tocante à **produção de provas na fase investigativa (inc. I)**, o dispositivo sempre foi alvo de impasse no tocante à sua constitucionalidade, visto que a Carta Republicana de 1988 adotou o **sistema acusatório**, que se caracteriza pela distinção absoluta entre as funções de **acusar**, **defender** e **julgar** e se rege pela imparcialidade do magistrado, relegando à polícia judiciária a atividade investigatória sob o controle externo do Ministério Público. Assim, por um lado, defendia-se que, a despeito de o art. 156, I, condicionar a atuação do juiz à *urgência* e *relevância* das provas a serem antecipadas, bem como à *necessidade*, *adequação* e *proporcionalidade* da providência ordenada, sua aplicação conduziria ao deslocamento do magistrado da sua função de *julgador* para o papel de *investigador* ou *acusador*, em ofensa à Constituição Federal. Por outro, compreendia-se, a partir de

7 STJ, EDcl no HC 283119/SP, 6.ª Turma, *DJe* 14.11.2017; STF, HC 135386/DF, *DJe* 02.08.2017.

8 "Agravo regimental no recurso especial. Cabimento de recurso em sentido estrito contra decisão que indefere produção antecipada de provas. 1. A Terceira Seção, no julgamento dos EREsp n. 1.630.121/RN, sufragou a possibilidade de interpretação extensiva do rol taxativo do art. 581 do CPP. Não se trata de admitir ampliação das hipóteses para abranger situação que o legislador pretendeu excluir, mas de reconhecer o conteúdo mais amplo da lei processual. 2. Se o recurso em sentido estrito é cabível contra decisão que ordenar a suspensão do processo, a produção antecipada de provas, como providência de natureza cautelar que decorre e está inserida no contexto da aplicação do art. 366 do CPP, pode ser inserida na hipótese do art. 581, XVI, do CPP. A interposição do reclamo, conquanto não prevista literalmente no texto da lei, se enquadra em sua disposição. 3. Agravo regimental não provido" (STJ, AgRg no REsp 1.723.538/SE, *DJ* 04.06.2020). No mesmo sentido: STJ, EREsp 1.630.121/RN, *DJ* 11.12.2018.

considerações sobre a busca da verdade real como objetivo precípuo do processo penal, que, embora não pudesse o magistrado trazer para si o poder de uma ampla iniciativa probatória, dado que tal ônus compete às partes, também não estaria obrigado a manter uma postura estática, vale dizer, de mero espectador diante dos acontecimentos patrocinados pelas partes. Sopesando-se estas duas posições, é inequívoco que, nos últimos tempos, vem sendo tendência doutrinária e jurisprudencial a de coibir a atuação de ofício pelo juiz na **fase investigativa**. Partem do princípio de que essa etapa é naturalmente destinada à produção de provas visando ao desencadeamento de ação penal, implicando a atuação probatória *ex officio* indevida ingerência no âmbito de procedimento que tramita sob o comando de autoridade alheia ao Poder Judiciário. Compreendem ainda que, ao ordenar providência restritiva sem ser provocado para tanto e à revelia de elementos judicializados, desloca-se o juiz de sua necessária imparcialidade, violando, em consequência, o sistema acusatório que informa o processo penal brasileiro. Reforçando esta orientação, sobreveio a Lei 13.964/2019, introduzindo o art. 3º-A ao CPP, por meio do qual não apenas foi sedimentada em nível infraconstitucional a estrutura acusatória do processo penal brasileiro, como também vedada, expressamente, a iniciativa do juiz na fase extrajudicial da persecução criminal. Cabe registrar que citado art. 3º-A teve a sua eficácia suspensa em razão de medida cautelar deferida no STF no âmbito das ADIs 6.298, 6.299, 6.300 e 6.305, suspensão esta que persistia por ocasião do fechamento da presente edição deste livro. Independentemente, porém, de qual venha a ser o desiderato daquelas ADIs e do restabelecimento ou não da eficácia do citado art. 3º-A, é certo que não restará alterada a orientação, hoje majoritária, no sentido da inconstitucionalidade da determinação oficiosa, pelo juiz, de providências na etapa anterior ao recebimento da denúncia ou da queixa.

Já em relação à **produção incidental de provas (inc. II)** ***ex officio*** **pelo juiz**, vale dizer, no curso do processo criminal, há maior flexibilidade na sua aceitação. Compreende-se, enfim, possível, que o juiz ordene a realização oficiosa de provas, condicionando-se esta faculdade, contudo, a que esta deliberação judicial tenha o objetivo de sanar dúvida surgida a partir das provas requeridas ou trazidas pelas partes, com que, não haverá qualquer incompatibilidade com o sistema acusatório adotado pela Constituição Federal. Perceba-se, inclusive, que, além da normatização geral do art. 156, II, em exame, há várias outras disposições assegurando ao magistrado a iniciativa na realização de provas quando julgar necessário tal procedimento para o esclarecimento da verdade. É o caso, por exemplo, do art. 196 do CPP, facultando ao juiz proceder a novo interrogatório do acusado, de ofício ou a requerimento das partes; do art. 209 do CPP, possibilitando ao magistrado ouvir testemunhas não arroladas pelas partes; do art. 234 do CPP, permitindo ao juiz requisitar documentos *ex officio,* e do art. 242 do CPP, outorgando ao julgador o poder de ordenar buscas domiciliares e pessoais. Todas estas regras têm em vista a **verdade real**, princípio este que, consoante já referimos, inspira o processo criminal. Sem embargo, não se pode nelas vislumbrar permissivos para o juiz, de ofício, comandar a produção de provas para satisfação de qualquer dúvida sua, por exemplo, a partir de elemento produzido na fase inquisitorial e que consta no inquérito que serviu de base para o ajuizamento da ação penal. É necessário, reitera-se, que se trate de incerteza decorrente da produção de provas trazidas ou requeridas pela acusação e defesa. *E quanto ao art. 3º-A, última parte, do CPP, vedando ao juiz "a substituição da atuação probatória do órgão de acusação"?* Este dispositivo teve a sua eficácia suspensa no STF, assim se encontrando à época do fechamento da presente edição deste livro, conforme referimos antes. Independentemente, porém, de eventual revogação dessa medida cautelar (quer incidentalmente, quer em razão de provimento daquelas ADIs) e do consequente restabelecimento da eficácia do citado art. 3º-A, consideramos que não restará alterada a orientação anteriormente exposta, em razão, muito especialmente, da evidente inconstitucionalidade da última parte desse artigo. Isto porque, ao proibir "a substituição da atuação probatória do órgão de acusação" o dispositivo, *contrario sensu*, permite a atuação probatória do juiz em prol da defesa. E isto, por óbvio, afronta o sistema acusatório tanto quanto o violaria caso fosse facultada ao juiz absoluta discricionariedade para agir em benefício da acusação. Ora, se o sistema acusatório caracteriza-se, como dissemos antes, pela isonomia processual entre acusação e defesa e pela distinção entre as funções de julgar, acusar e defender, como compreender possa o magistrado atuar em termos probatórios em benefício de qualquer das partes? Por essa razão, pensamos que, qualquer que seja o resultado das citadas ações diretas de inconstitucionalidade, há de persistir, aqui, a interpretação que já era dada pela jurisprudência ao art. 156, II, do CPP antes da introdução do art. 3º-A ao mesmo diploma, viabilizando-se ao magistrado, que é o destinatário da prova, desde que se trate de incertezas decorrentes das provas produzidas pela acusação ou pela defesa, ordenar, mesmo de ofício, as providências cabíveis para a obtenção dos elementos que repute necessários para formação de seu convencimento, visando, com isto, a um julgamento justo, seja para condenar, seja para absolver o réu. O que não poderá ele, repetimos, é *substituir-se*, vale dizer, *fazer as vezes* de órgão acusatório, assim como não poderá, também, *fazer as vezes* do advogado de defesa, em face das premissas que informam o sistema acusatório. Em suma, não se pode contemplar, no bojo do processo criminal, nem um *juiz-acusador*, nem um *juiz-defensor*, cabendo-lhe nele oficiar com absoluta imparcialidade.

OBSERVAÇÃO: a evidência de inconstitucionalidade que fundamentou a decisão cautelar que suspendeu a eficácia do art. 3º-A decorreu da implícita relação deste artigo com a figura do juiz das garantias, regulado nos arts. 3º-B a 3º-F do CPP, também introduzidos pela Lei 13.964/2019 – tanto que, no projeto de lei cuja aprovação conduziu à edição do citado diploma, todos estes dispositivos encontravam-se previstos sob o título "Juiz das Garantias" – e não do conteúdo processual ou material do dispositivo. Esta, pois, a razão pela qual aduzimos que, mesmo se julgadas improcedentes as mencionadas ações diretas de inconstitucionalidade e restabelecida a eficácia do art. 3º-A, ainda assim persistirá a desconformidade da última parte desse artigo com a Constituição Federal.

8.2.3. Ônus da prova quanto ao direito local

Embora a prova quanto à existência da legislação em que se funda a pretensão da parte seja prescindível – afinal, cabe ao juiz conhecer a lei (*iure novit curia*) –, tratando-se de **direito local** (estadual, municipal, alienígena ou consuetudinário), a regra é outra, podendo ser exigida da parte que o alega a respectiva comprovação.

A respeito, embora não exista previsão expressa no Código de Processo Penal, utiliza-se analogia à regra inscrita no art. 376 do CPC/2015, dispondo que "a parte que alegar direito municipal, estadual, estrangeiro ou consuetudinário provar-lhe-á o teor e a vigência, se assim o juiz determinar". A redação desse dispositivo deixa claro que a necessidade de prova do direito, em caso de invocação dessa categoria de legislação, não é automática, dependendo de determinação judicial.

Evidentemente, por força da competência exclusiva atribuída à União pela Constituição Federal, no art. 22, I, para legislar sobre direito penal e direito processual penal (vedando-se inclusive a edição de medidas provisórias sobre estes temas, nos termos do art. 62, § 1.º, *b*, da CF), não poderão, em tese, Estados e Municípios estabelecer normas que incriminem condutas, regulamentem procedimentos criminais, vedem benefícios da execução penal etc. Apesar disso, em determinados casos é possível que a aplicação dos comandos inseridos à legislação federal esteja condicionada à consulta a normas locais. Observe-se que o próprio art. 22, parágrafo único, da *Lex Fundamentallis*, autoriza que **lei complementar federal** delegue aos Estados o poder de legislar sobre questões específicas relativas às matérias nele relacionadas – inclusive direito penal e direito processual penal, portanto.

Exemplo de delegação federal à competência estadual está presente na **Lei 10.792/2003**, que, disciplinando o *regime disciplinar diferenciado* de cumprimento da pena privativa de liberdade (diploma de constitucionalidade duvidosa, já que não se trata de uma lei complementar), facultou, no seu art. 5.º, aos Estados e ao Distrito Federal regulamentar determinadas questões relativas a essa modalidade de regime.

Outra questão importante, que respeita ao ônus da prova, refere-se à disciplina inserida em *portarias* e *regulamentos*. Tome-se como exemplo a atual **Lei Antidrogas (Lei 11.343/2006)**. Os tipos penais arrolados nesse diploma são considerados normas penais em branco heterogêneas, pois devem ser complementados por fonte normativa proveniente de órgão diverso do Poder Legislativo, conforme dispõe o art. 66, ao prever que a lista das drogas, substâncias entorpecentes, psicotrópicas, precursoras e outras sob controle especial estão dispostas na Portaria SVS 344, de 12.05.1998. Pois bem, em casos como este, pensamos que a prova da vigência das *portarias* e *regulamentos*, ainda que expedidos por órgãos vinculados à esfera federal, à semelhança do que ocorre com a prova do direito local, *poderá* ser incumbida pelo juiz à parte que está invocando o regramento trazido no ato normativo, nos mesmos termos, aliás, do que é determinado pelo art. 376 do CPC/2015.

Normas penais em branco são aquelas que necessitam de um complemento localizado em dispositivo distinto. Classificam-se em homogêneas e heterogêneas. Normas penais em branco **homogêneas** são aquelas em que o complemento é determinado pela mesma fonte formal, ou seja, o órgão encarregado de elaborar o complemento é o mesmo órgão editor da lei incriminadora em branco. Ex.: o art. 178 do CP incrimina o fato de "emitir conhecimento de depósito ou *warrant*, em desacordo com *disposição legal*". Neste caso, o complemento será a "disposição legal" que regulamenta os institutos do conhecimento de depósito e do *warrant*, em relação aos quais compete à União legislar (matéria de direito comercial). Normas penais em branco **heterogêneas** são aquelas cujo complemento está contido em norma procedente de outra instância legislativa ou administrativa (fontes legislativas heterogêneas). Como exemplo, os já citados tipos penais previstos na Lei 11.343/2006, cujo complemento será a portaria do Ministério da Saúde que, por meio da Agência Nacional de Vigilância Sanitária, disciplina as substâncias consideradas entorpecentes.

8.3. A VALORAÇÃO DA PROVA PENAL PELO JUIZ

8.3.1. Critério de valoração

O processo penal brasileiro, como examinamos alhures, sustenta-se no **sistema do livre convencimento** do juiz. Assim dispunha o art. 157 do CPP antes da vigência da Lei 11.690/2008 e assim continua dispondo o art. 155, *caput*, do CPP com a nova redação que lhe foi conferida pela referida lei.

Da adoção deste critério de apreciação decorre a regra geral de que não está o juiz condicionado a valores predeterminados em lei, podendo valorar a prova como bem entender, bastando, para tanto, que fundamente sua decisão. Exemplo disso encontra-se no art. 182, estabelecendo que o juiz não está vinculado à prova pericial, podendo dela discordar no todo ou em parte.

Não obstante, existem dentro do próprio Código determinadas situações que limitam ou vinculam o juiz na análise da prova, de tal forma que não pode ele, sob pena de reforma ou até mesmo de cassação da sentença, distanciar-se da referência legal. São hipóteses nas quais o Estatuto Adjetivo adotou, por exceção, o **sistema da prova tarifada**, abandonando a regra do livre convencimento.

Há dois tipos de tarifação: *absoluta* e *relativa.*

Por **tarifação absoluta** compreendem-se as situações em que o juiz, efetivamente, não possui nenhuma liberdade na formação de sua convicção, ficando restrito aos termos ditados pela lei. *Exemplos:*

a) *Art. 62 do Código de Processo Penal,* dispondo que somente à vista da certidão de óbito do acusado poderá o juiz julgar extinta a punibilidade pela morte do agente (art. 107, I, do Código Penal). Neste caso, não servem testemunhos, fotografias, documentos, reportagens jornalísticas ou quaisquer outros meios probatórios, pois a lei é taxativa quanto ao valor da prova. Ausente a certidão, aguarda-se, se for o caso, a prescrição para, somente após, por esse motivo e não pela morte, declarar-se a extinção da punibilidade.

b) *Art. 92 do Código de Processo Penal,* obrigando o juiz criminal a suspender o processo quando, no seu curso, surgir questão prejudicial de natureza extrapenal que verse sobre o estado das pessoas. Neste caso, o processo criminal não poderá voltar ao seu curso antes do trânsito em julgado da decisão civil sobre a questão prejudicial, dependendo o magistrado criminal, para o fim de sentença, do desiderato daquele processo. *Ilustra-se*: Denunciado por bigamia, alega o acusado que o primeiro casamento foi nulo. Nesse caso, impõe-se a suspensão do processo criminal até a decisão definitiva, no juízo cível, quanto à validade do primeiro matrimônio.

c) *Art. 155, parágrafo único, do Código de Processo Penal,* situação em que, ainda que não se trate de questão prejudicial (art. 92 do CPP), mesmo assim depende o juiz da correspondente certidão para ter como comprovado o estado de casado, de filiação, de paternidade etc.

d) *Prova da menoridade do indivíduo,* questão esta ligada ao estado da pessoa e que somente pode ser comprovada por documento idôneo, descabido qualquer outro meio. Neste sentido a Súmula 74 do STJ dispondo que, "para efeitos penais, o reconhecimento da menoridade do réu requer prova por documento hábil". Perceba-se que o *documento hábil* a que se refere a Súmula não se restringe à certidão de nascimento ou à carteira de identidade, podendo ser qualquer outro dotado de fé pública, especialmente aqueles cuja veracidade somente pode ser afastada mediante prova em contrário. É o caso da folha de antecedentes criminais, ao auto de apreensão em flagrante de ato infracional e[9] do boletim de ocorrência policial.

De outra sorte, por **tarifação relativa** depreendem-se aquelas hipóteses em que o juiz, embora esteja adstrito a critérios de valoração predefinidos em lei, não fica totalmente limitado aos termos legais, permitindo-lhe a própria legislação certa discricionariedade. *Exemplos:*

a) *Art. 158 do Código de Processo Penal,* estabelecendo que a obrigatoriedade do exame de corpo de delito nas infrações que deixarem vestígios e proibindo ao magistrado de suprir esta prova por meio da confissão. No entanto, o art. 167 do mesmo diploma legal prevê que, se tiverem desaparecido os vestígios, inviabilizando-se, consequentemente, a realização da perícia, poderá esta ser suprida pela prova testemunhal. Pois bem, neste aspecto, vale dizer, quanto à ocorrência ou não deste suprimento, possui liberdade o magistrado, podendo entender que a prova testemunhal é por demais frágil, não sendo suficiente para dispensar a perícia, ou, ao contrário, que é robusta, suprindo a falta do exame técnico em face do desaparecimento dos vestígios da infração.

[9] STJ: AgInt no AREsp 971.958/ES, DJ 29.03.2017; AgRg no REsp 1.567.416/DF, DJ 16.02.2016; AgRg no REsp 1.591.682/SP, DJ 27.06.2016; REsp 1708232/MG, DJ 05.05.2018.

b) *Art. 197 do Código de Processo Penal,* vedando que se considere a confissão como prova cabal (irrefutável) e determinando que sua valoração dependa que seja ela confirmada e compatibilizada como os demais elementos coligidos ao processo. Não obstante esta obrigatoriedade de confrontação da confissão com as outras provas, ao realizar este cotejo possui o juiz liberdade para verificar se estes outros elementos confirmam ou não a confissão do indivíduo.

8.3.2. Necessidade de exame conjunto e valor relativo das provas

Na medida em que olhar para a prova é sempre um olhar para o passado, e considerando ser impossível olhar para o passado diretamente, deverá o juiz, na formação de seu convencimento, analisar o conjunto probatório, vale dizer, o universo de elementos carreados ao processo para, a partir daí, extrair uma conclusão.

Só a prova assim considerada, a partir de exame conjunto e universal, será capaz de fundamentar, com a necessária segurança, a decisão do juiz. Por isso, é a afirmação doutrinária no sentido de que as provas possuem um valor relativo, de sorte que, apenas se analisadas globalmente, terão força bastante para levar o juiz a um *veredicto condenatório.* Diz-se condenatório porque, para absolver, não é preciso que haja provas de inocência, bastando, no mais das vezes, que *não haja* provas suficientes para condenar o acusado (art. 386, VII, do CPP).

8.3.3. Prova emprestada

Como *prova emprestada* compreende-se aquela que, produzida originariamente em um determinado processo, vem a ser apresentada, documentalmente, em outro. Para que seja admissível, é preciso que, tanto na respectiva produção quanto nos autos em que acostada tenha sido observado o contraditório.

Questão importante refere-se à necessidade de que, em uma e outra ação penal, figurem as mesmas partes. Embora muitos ainda se inclinem no sentido da imprescindibilidade da identidade de partes como condição para que tenha a prova emprestada o mesmo valor das demais provas realizadas dentro do processo, esta orientação, já há bastante tempo, vem cedendo espaço ao entendimento em sentido oposto. No próprio STJ, inclusive, sedimentou-se o entendimento de "*independentemente de haver identidade de partes, o contraditório é o requisito primordial para o aproveitamento da prova emprestada, de maneira que, assegurado às partes o contraditório sobre a prova, isto é, o direito de se insurgir contra a prova e de refutá-la adequadamente, afigura-se válido o empréstimo*"[10].

Cabe ressaltar que a prova emprestada poderá ser um testemunho, um documento, uma perícia e qualquer outra prova. Todavia, para que seja acostada ao processo para o qual se quer transportá-la, deverão ser observadas as regras atinentes à prova documental.

8.4. PROVAS ILEGAIS

A expressão *prova ilegal* corresponde a um gênero, do qual fazem parte três espécies distintas de provas: as **provas ilícitas**, que são as obtidas mediante violação direta ou

[10] STJ, AgInt no AREsp 1899184/SP, Terceira Turma, *DJ* 30.09.2021. No mesmo sentido: RHC 131406/CE, Sexta Turma, *DJ* 18.02.2021.

indireta da Constituição Federal; as **provas ilícitas por derivação**, que correspondem a provas que, conquanto lícitas na própria essência, se tornam viciadas por terem decorrido de uma prova ilícita anterior ou a partir de uma situação de ilegalidade; e, por fim, as **provas ilegítimas**, assim entendidas as obtidas ou produzidas com ofensa a disposições legais, sem nenhum reflexo em nível constitucional.

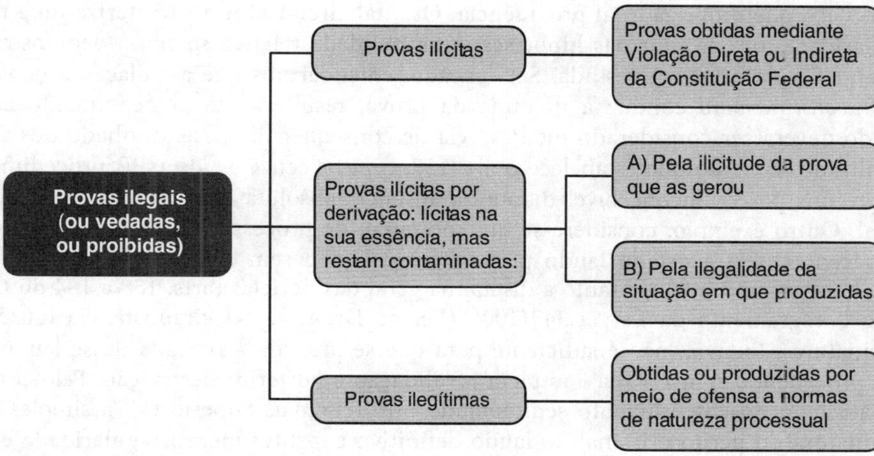

Antecipamos que, apesar de parte da doutrina reputar que a diferença entre as provas ilícitas e as provas ilegítimas teria deixado de existir com as alterações introduzidas pela Lei 11.690/2008 ao art. 157 do CPP, a nosso ver, persistem as distinções, pois decorrem da exegese do art. 5.º, LVI, da CF, restando, desse modo, impassíveis de superação por normas infraconstitucionais.

8.4.1. Provas ilícitas

Dentro da sistemática do art. 5.º da CF, que estabelece as regras e princípios visando à proteção dos direitos fundamentais, sobressai a vedação ao uso de provas obtidas por meios ilícitos (art. 5.º, LVI). Objetivando adequar o Código de Processo Penal de 1941 a esta normatização ditada pela Magna Carta, tal proibição foi introduzida pela Lei 11.690/2008 no art. 157, *caput*, do CPP, passando a estabelecer que são *inadmissíveis, devendo ser desentranhadas do processo, as provas ilícitas.*

Seguindo a orientação clássica, sempre entendemos como **ilícitas** as provas obtidas mediante violação de normas que possuam **conteúdo material** (assecuratório de direitos), sendo necessário, ainda, que essa violação acarrete, direta ou indiretamente, a **ofensa a garantia ou a princípio constitucional**.

Questão relevante é saber se essa característica da *ilicitude*, como vício relacionado à ofensa direta ou indireta à Constituição Federal, ainda subsiste no ordenamento jurídico atual, visto que o art. 157, *caput*, do CPP, alterado pela referida Lei 11.690/2008, preceituou que **ilícitas são as provas obtidas em violação a normas constitucionais ou legais**.

Guilherme de Souza Nucci, examinando essa vertente, refere que, "a partir da nova redação conferida ao art. 157, *caput*, do CPP, soa-nos nítida a inclusão, no termo maior *provas ilícitas*, daquelas que forem produzidas ao arrepio das normas constitucionais ou legais. Logo, infringir a norma constitucional ou *qualquer lei infraconstitucional* (direito material ou processual), pois não fez o referido art. 157 nenhuma distinção, torna a prova ilícita. Este é, pois, o gênero e não a espécie".

Discordamos dessa orientação, compreendendo que o mencionado art. 157 do CPP não pode ser interpretado literalmente, sob pena de ocorrerem verdadeiros paradoxos processuais. Imagine-se, pois, que, ao inquirir uma testemunha isenta, esqueça-se o magistrado de compromissá-la. Ao assim proceder, terá ele violado o disposto no art. 203 do CPP, que o obriga a tal providência. Ora, tal circunstância caracteriza uma mera irregularidade, ou, na pior das hipóteses, uma nulidade relativa sujeita à demonstração do prejuízo pela parte interessada. Se, contudo, entendermos que a violação a *qualquer lei infraconstitucional* conduz à ilicitude da prova, resultará que o depoimento assim prestado deverá ser considerado ilícito e, via de consequência, desentranhado dos autos e inutilizado, *ex vi* do que estabelece o art. 157, *caput* e seu § 3.º do CPP, procedimento este que nos parece inconcebível diante da ausência absoluta de gravidade da omissão judicial. Outro exemplo: considere-se que, no curso de processo criminal por tráfico de entorpecentes, seja acostado laudo pericial toxicológico sem a subscrição dos peritos. Ora, tal documento infringe tanto a disciplina geral das perícias (arts. 158 a 184 do CPP) quanto o regramento da Lei 11.343/2006 (Lei de Drogas). Tal circunstância (ausência de assinatura), todavia, não é suficiente para que se proceda à retirada desse laudo dos autos, procedendo o juiz à sua completa invalidação e posterior destruição. Pelo contrário. Na esteira do entendimento sedimentado nos Tribunais Superiores, "a simples falta de assinatura do perito criminal no laudo definitivo constitui mera irregularidade e não tem o condão de anular o exame toxicológico"[11].

Por tudo isso, não temos a menor dúvida de que persiste a definição clássica de **prova ilícita** como aquela obtida em **violação direta ou indireta a garantias ou preceitos de índole constitucional.** Quanto à referência inserta ao art. 157 no sentido de que ilícitas são as provas obtidas *em violação a normas constitucionais ou legais*, não está incorreta, apenas se devendo entender este último caso ("ou legais") como hipótese de *violação indireta à Magna Carta*, vale dizer, ofensa a dispositivo de lei cujo conteúdo reflita em garantia constitucional.

Trilhando-se essa linha de raciocínio, são exemplos de provas ilícitas decorrentes de **afrontamento direto** do texto constitucional em vigor:

a) *Interceptação de comunicação telefônica realizada por terceiro sem ordem judicial*, o que implica violação direta da garantia constitucional inserida no art. 5.º, XII, da CF.

b) *Prova obtida mediante violação de correspondência lacrada*, importando em violação direta da garantia constitucional inserta no art. 5.º, XII, da CF.

c) *Busca e apreensão domiciliar sem ordem judicial, abstraídas as hipóteses de flagrante, desastre, socorro ou consentimento do morador*, daí ocorrendo violação direta do art. 5.º, X, da Carta Magna.

Por outro lado, são exemplos de provas ilícitas decorrentes do **afrontamento indireto** da Constituição Federal, ou seja, de dispositivos infraconstitucionais com conteúdo material, ainda que inseridos em diplomas processuais:

[11] STJ, RvCr 5525/DF, *DJ* 17.09.2021; AgRg no REsp 1.753.268/MG, DJ 14.03.2019; AgInt no REsp 1.721.468/MG, *DJ* 06.12.2018; e AgRg no REsp 1.735.543/MG, *DJ* 12.12.2018.

a) *Interrogatório judicial do réu sem a presença de advogado*, violando-se, diretamente, o art. 185 do CPP e indiretamente o art. 5.º, LV, da CF.

b) *Interrogatório judicial do réu sob coação*, violando-se, com isso, diretamente, o direito ao silêncio estatuído no art. 186 do CPP e, indiretamente, o privilégio constitucional da não autoincriminação, que decorre, entre outros princípios, do art. 5.º, LXIII, da Carta Magna.

Observe-se que, nestes dois últimos casos, ainda que tenha ocorrido malferimento direto a texto integrante de legislação processual (arts. 185 e 186 do CPP), tratava-se os dispositivos violados de regras que **não possuíam um fim em si mesmas**, mas, ao contrário, **visavam ao cumprimento de garantia constitucional** (contraditório, ampla defesa e direito ao silêncio). Diante disto, conclui-se que a detecção do conteúdo da norma violada para fins de caracterização da ilicitude pode ser feita a partir do questionamento:

A norma violada no ato de obtenção da prova poderia conter disposição diversa, ou seja, oposta ao seu comando, sem, com isto, tornar-se inconstitucional?

Positiva a resposta, não se estará diante de *prova ilícita,* e sim de *prova ilegítima*, que será abordada no tópico 8.4.3 deste Capítulo. Contudo, se **negativa**, vale dizer, se a disposição contrária ao que reza o texto da norma violada importar em ofensa à Constituição, neste caso estaremos diante de norma de conteúdo material tutelada pela Carta Magna, acarretando sua desconsideração em ilicitude da prova.

É o caso, por exemplo, do citado **art. 186 do CPP,** que confere o direito de silêncio aos investigados e acusados. *Poderia este artigo conter disposição oposta, aduzindo, por exemplo, que o silêncio do réu importa em presunção de culpa?* Não, pois tal acarretaria ofensa ao princípio *nemo tenetur se detegere* (ninguém é obrigado a produzir prova contra si próprio), que decorre do texto constitucional, em especial do art. 5.º, LXIII, da CF. Por isso, é que o interrogatório sob coação constitui prova ilícita.

E, também, é o que acontece com o **art. 185 do CPP**, dispondo sobre a necessidade de ser o réu interrogado em juízo na presença de advogado. *Poderia este dispositivo sustentar regra inversa, ou seja, de que é desnecessária a presença de advogado no interrogatório do réu?* Não, pois se o fizesse daria margem à arguição de sua inconstitucionalidade em face da ofensa às garantias do contraditório e da ampla defesa. Portanto, interrogado o réu sem defensor, tal ato constitui-se em prova ilícita.

8.4.2. Reconhecimento da ilicitude: procedimento e consequências

No regramento determinado pela Lei 11.690/2008, estabelece o Código de Processo Penal que as provas ilícitas deverão ser desentranhadas dos autos (art. 157, *caput*) e que, uma vez preclusa a decisão de desentranhamento da prova declarada inadmissível, esta será inutilizada por decisão judicial, facultado às partes acompanhar o incidente (art. 157, § 3.º).

Como se vê, o Código de Processo Penal passou a contemplar, expressamente, o direito das partes à obtenção, antes da fase sentencial, de um pronunciamento judicial acerca da ilicitude ou não de prova acostada aos autos, estabelecendo, ainda, na hipótese de reconhecimento dessa ilicitude, a retirada obrigatória dos autos da prova considerada inadmissível. Embora, neste aspecto, inexista qualquer inovação, dado que sempre houve a possibilidade de realizar o juiz, de ofício ou a requerimento das partes, o exame da validade da prova no curso do processo, a previsão legislativa é relevante, pois restringe a prática muito utilizada pelos juízes no sentido de relegar essa análise valorativa apenas à fase final do procedimento, momento este em que, indiscutivelmente, a prova eventualmente considerada ilícita, ainda que não usada como fundamento da sentença, acaba por interferir no convencimento íntimo do juiz.

Observe-se que, como a ilicitude é questão que envolve violação direta ou indireta da Constituição Federal, não há tempo certo para a sua arguição. Destarte, nada impede, até mesmo por uma questão de estratégia processual, que somente na fase recursal ou após o trânsito em julgado de sentença condenatória venha a ser sustentado pelo interessado o vício da prova, buscando a reforma dessa decisão ou, dependendo do caso concreto, a própria anulação do processo (*v.g.*, por ter sido a denúncia recebida exclusivamente a partir de prova ilícita) ou da decisão nele proferida.

Aspecto crucial a ser enfrentado respeita à previsão de **desentranhamento da prova reconhecida como ilícita e de sua inutilização** (art. 157, *caput* e § 3.º). O impasse decorre do fato de que a aplicação rigorosa do dispositivo terá como consequência afastar a possibilidade acenada há longo tempo pela doutrina e pela jurisprudência acerca da utilização da prova ilícita em favor do réu (e, para alguns, também em prol da sociedade, quando se tratar de crimes muito graves) a partir de ponderações em torno do princípio da proporcionalidade, visto que, desentranhada e inutilizada a prova, não haverá como servir de base para formar a convicção do julgador. A respeito dessa questão, da análise do art. 157 do CPP três interpretações podem ser extraídas:

> ***Primeira:*** **A disciplina do art. 157, *caput*, obriga ao desentranhamento da prova declarada inadmissível, sendo que o § 3.º impõe a sua inutilização.** Trata-se de interpretação bastante rigorosa do art. 157, *caput* e de seu § 3.º, compreendendo-se como a intenção do legislador estabelecer a paridade de armas entre acusação e defesa, exterminando a orientação jurisprudencial, segundo a qual, pelo **princípio da proporcionalidade**, é possível a utilização da prova ilícita em favor do réu quando for a única forma de comprovar-lhe a inocência.
>
> ***Segunda:*** **O art. 157, § 3.º, permite que o juiz, embora reconheça a prova como ilícita, decida por não a desentranhar dos autos ou, se assim o fizer, não a inutilizar**. Considera-se que, apesar de reconhecer a ilicitude da prova, poderá o juiz não a desentranhar ou não a inutilizar, em face da possibilidade excepcional de sua utilização, especialmente em favor do réu, quando, no caso concreto, concluir que dificilmente surgirão outras provas que conduzam à verdade real. Esta orientação baseia-se no fato de que o § 3.º do art. 157 emprega a palavra "decisão" ao se referir ao desentranhamento da prova ilícita e à sua inutilização, o que sugere possibilidade de escolha, opção do julgador.
>
> ***Terceira:*** **A prova reconhecida como ilícita por decisão transitada em julgado deverá ser obrigatoriamente desentranhada (art. 157, *caput*), facultando-se ao juiz decidir por sua inutilização ou não (art. 157, § 3.º)**. Esta exegese, que reputamos ser a aceitável, busca harmonizar o *caput* do art. 157 do CPP com o seu § 3.º, dado que a interpretação literal destes dispositivos os torna contraditórios. Afinal, enquanto o *caput* **obriga ao desentranhamento** da prova ilícita, o § 3.º refere-se a uma **decisão de desentranhamento**, sugerindo que possa o magistrado optar por desentranhá-la ou não. Pois bem, segundo esta terceira exegese do art. 157, deve-se entender que o § 3.º, ao referir-se à "decisão de desentranhamento da prova declarada inadmissível", contém impropriedade redacional, sendo que a única forma de conciliá-lo com o *caput* é interpretá-lo em sua 1.ª parte como referente, não à *decisão de desentranhamento*, mas, sim, à *decisão que declarar a prova inadmissível.* Será preciso, em outras palavras, uma releitura do dispositivo segundo aquela que parece ter sido a vontade do legislador em sua edição (interpretação teleológica), vislumbrando-se na norma a seguinte redação:

"Preclusa a decisão que declarar inadmissível a prova e em consequência determinar seu desentranhamento, esta poderá ser inutilizada por decisão judicial, facultando-se as partes acompanhar o incidente."

Neste caso, se desentranhada a prova considerada ilícita, decidir o juiz por não a inutilizar, pensamos que deverá ser ela autuada e permanecer em apartado ao processo, possibilitando sua eventual utilização, pelo juiz ou pelo tribunal (em grau de recurso), quando, por exemplo, não houver outra forma de comprovar a inocência do réu e evitar uma condenação injusta.

A despeito de inexistir previsão legal expressa, a decisão que reconhece a ilicitude da prova é recorrível. Quanto à natureza desse recurso, não temos dúvida de que se trata do **recurso em sentido estrito**, por interpretação extensiva do art. 581, XIII, do CPP, contemplando o manejo desta insurgência contra a decisão que anular o processo da instrução criminal, no todo ou em parte. Afinal, o reconhecimento da ilicitude de uma prova não deixa de ser uma forma de anulação parcial da instrução, justificando-se o ingresso do RSE.

E se não for reconhecida a prova como ilícita pelo juiz? Neste caso, restará à parte prejudicada proceder do mesmo modo que o faria se tivesse indeferido requerimento seu de anulação de ato processual contaminado por nulidade: impugnação imediata da decisão judicial por meio de ***habeas corpus*** (em favor do réu, caso responda por crime sujeito a pena de prisão[12]) ou **mandado de segurança** (em prol da acusação ou em favor do réu, se estiver respondendo por crime não sujeito a pena de prisão); ou, então, aguardar a sentença final e, se esta fundamentar-se na prova supostamente viciada, alegar esta questão em preliminar do recurso cabível contra a decisão prolatada (apelação da sentença condenatória, recurso em sentido estrito da pronúncia etc.).

Para além do procedimento estabelecido no citado art. 157, *caput* e § 3º, tem sido objeto de debate a questão relacionada à imparcialidade do juiz que manteve contato com a prova cuja ilicitude foi reconhecida, principalmente em relação à prolação da sentença. Sustentam alguns, com efeito, que, para que se tenha como observado o devido processo legal, não basta o desentranhamento dessa prova do processo criminal, sendo necessário, também, que se reconheça o impedimento do juiz que dela tomou conhecimento para prosseguir nos atos de coleta de prova ou, no mínimo, para o julgamento da ação penal. De acordo com esta linha de pensamento, o simples fato de o juiz criminal conhecer o teor da prova é suficiente para contagiá-lo psicologicamente, ainda que isto ocorra em nível do inconsciente. Outros, entretanto, espelhando orientação que sempre foi majoritária, defendem a inocorrência do aventado impedimento, entendendo que a presunção de contaminação do magistrado em razão do simples contato seu com a prova declarada inadmissível, à revelia de critérios objetivos que conduzam a esta conclusão, implica em violação aos princípios do juiz natural e da legalidade consagrados pela Constituição Federal. Ignorando este último argumento (relacionado à inconstitucionalidade da previsão de impedimento do juiz no caso referido), incluiu o legislador, por meio da Lei 13.964/2019, um novo parágrafo (§ 5º) ao art. 157 do CPP, dispondo que *"o juiz que conhecer do conteúdo da prova declarada inadmissível não poderá proferir a sentença ou o acórdão"* (dispositivo com eficácia suspensa pelo STF, conforme detalhamos abaixo). Com esta previsão, buscou sedimentar, em nível normativo, a incapacidade objetiva do juiz para decidir a ação penal caso tenha mantido contato com o conteúdo da prova declarada inadmissível. Da leitura do citado parágrafo, infere-se, ainda, que a regra legal abarca não apenas o *juiz singular*

12 A Súmula 693 do STF proíbe a utilização de *habeas corpus* no âmbito de processos criminais que versem sobre crimes não punidos com pena privativa de liberdade.

que conduz o processo criminal em primeiro grau, mas, também os desembargadores e ministros de órgãos fracionários dos tribunais (câmaras, turmas etc.) em relação às decisões monocráticas e aos acórdãos que prolatarem, não importando se estes pronunciamentos ocorrem no exercício de competência originária (hipóteses de prerrogativa de função) ou no julgamento de recursos das partes. Para ilustrar, suponha-se que, de sentença condenatória, seja interposta apelação pelo réu. Considere-se que, neste recurso, entre outras teses, sustente a defesa, em preliminar, a ilicitude de determinado meio de prova. Ora, em tal cenário, se, na sessão de julgamento, for acolhida a tese defensiva e declarada inadmissível a prova, os desembargadores que compõem o órgão fracionário a que está afeto o recurso (câmara ou turma) ficarão impedidos para prosseguir no julgamento, o qual deverá ser declinado a seus substitutos legais, segundo disciplina do regimento interno do respectivo tribunal.

Cabe atentar, por fim, que o *impedimento* é vício processual que conduz à inexistência jurídica da sentença, seja ela absolutória, seja condenatória (v. Capítulo 12, tópicos 12.1.2.2 e 12.2.2). Logo, se, a despeito de ter mantido contato com a prova considerada ilícita, insistir o juiz em sentenciar o processo criminal, tal decisão deverá ser desprezada, impondo-se que outra seja proferida, desta vez por juiz não impedido, não importando se aquela prova (reconhecida como inadmissível) era ou não hábil a refletir no convencimento do julgador. Isto porque, como dissemos, o fundamento do impedimento, aqui, decorre de presunção de contaminação psicológica do julgador.

ATENÇÃO: nos autos da Ação Direta de Inconstitucionalidade n.º 6.299, ajuizada no Supremo Tribunal Federal pelos partidos políticos *Podemos* e *Cidadania*, o Ministro Luiz Fux (em 22.01.2020), referendando parcialmente decisão anterior do Ministro Dias Toffoli (de 15.01.2020), deferiu medida cautelar **suspendendo *sine die* a eficácia do § 5º do art. 157 do CPP**, em face de evidências de sua *inconstitucionalidade material*. Na oportunidade, compreendeu que *"os princípios da legalidade, do juiz natural e da razoabilidade restam violados pela proibição de o juiz que conheceu a prova declarada inadmissível proferir sentença. A ausência de elementos claros e objetivos para a seleção do juiz sentenciante permite eventual manipulação da escolha do órgão julgador, conduzindo à inconstitucionalidade a técnica eleita legislativamente"*. Precitada medida cautelar subsistia por ocasião do fechamento da presente edição deste livro, implicando na inaplicabilidade momentânea do citado § 5º. Neste cenário, orienta-se o leitor a acompanhar a tramitação da citada ADI 6.299, pois enquanto não for revogada aquela medida (quer incidentalmente, quer em razão de eventual julgamento de mérito no sentido da improcedência dessa ADI), persiste a possibilidade de o juiz que conheceu do conteúdo da prova reconhecida como ilícita proferir sentença.

8.4.3. Provas ilegítimas

Levando em conta o entendimento de que **ilícitas** são apenas as provas que violam normas de conteúdo material com reflexo constitucional, devem-se considerar como **ilegítimas** aquelas produzidas a partir da violação de regras de natureza eminentemente processual, isto é, normas que têm fim em si próprias. É o caso da *perícia realizada por apenas um perito não oficial:* viola-se, com isso, a regra geral do art. 159, § 1.º, do CPP, determinando que, "na falta de perito oficial, o exame será realizado por 2 (duas) pessoas idôneas, portadoras de diploma de curso superior preferencialmente na área específica, dentre as que tiverem habilitação técnica relacionada com a natureza do exame". Ora, por que essa regulamentação? Porque assim entendeu o legislador. Quisesse, poderia ter estabelecido de modo diverso, à semelhança do que fez no art. 50, § 1.º, da Lei 11.343/2006 (Lei de Drogas), possibilitando a realização da perícia provisória por apenas um *expert* (fala-se em "perito", no singular).

Como se vê, diversamente do que ocorre com a ilicitude, na ilegitimidade é possível imaginar a norma violada com disposição oposta à que contém, sem que, com isso, nela se vislumbre qualquer inconstitucionalidade.

8.4.4. Provas ilícitas por derivação

Provas **ilícitas por derivação** são aquelas que, embora lícitas na própria essência, decorrem exclusivamente de outra prova, considerada ilícita, ou de uma situação de ilegalidade, restando, portanto, contaminadas.

Trata-se, enfim, da aplicação da *teoria norte-americana dos Frutos da Árvore Envenenada* (*fruits of the poisonous tree*), segundo a qual o defeito existente no tronco contamina os frutos. Consagrada esta teoria, há vários anos, pela jurisprudência brasileira, usava-se como fundamento legal para sua aplicação a regra do art. 573, § 1.º, do CPP, dispondo que "a nulidade de um ato, uma vez declarada, causará a dos atos que dele diretamente dependam ou sejam consequência". Transpondo-se essa disposição para o tema de provas, resultava que *a ilicitude de uma prova, uma vez reconhecida, causará a ilicitude das provas que dela diretamente decorram.*

Na atualidade, com as alterações introduzidas ao Código de Processo Penal pela Lei 11.690/2008, a vedação à prova ilícita por derivação encontra-se expressa no art. 157, § 1.º, do CPP, estabelecendo que são *inadmissíveis as provas derivadas das ilícitas, salvo quando não evidenciado o nexo de causalidade entre umas e outras, ou quando as derivadas puderem ser obtidas por uma fonte independente das primeiras.*

Analisando-se a disposição, constata-se que, na mesma linha do que já compreendia a jurisprudência, preconizou o novo regramento que a contaminação determinada pela aplicação da Teoria dos Frutos da Árvore Envenenada exige relação de exclusividade entre a prova posterior e a anterior que lhe deu origem. Em outras palavras, faz-se necessário que a prova tida como contaminada tenha sido decorrência exclusiva de outra, manifestamente viciada ou de uma situação de ilegalidade. Se, ao contrário, provier, também, de **fonte independente**, como tal considerada *aquela que por si só, seguindo os trâmites típicos e de praxe, próprios da investigação ou instrução criminal, seria capaz de conduzir ao fato objeto da prova* (art. 157, § 2.º, do CPP), desaparecerá a contaminação causada pela prova ilícita anterior. Na *fonte independente* o que ocorre, enfim, é o **desaparecimento da relação de exclusividade entre a prova ilícita anterior e a que desta decorreu, em face de uma nova prova posteriormente surgida.**

Exemplo: Considere-se que a testemunha "João", ouvida na fase do inquérito e arrolada pelo Ministério Público na denúncia, seja impugnada pela defesa sob o fundamento de que foi descoberta no curso do inquérito em razão de uma interceptação telefônica desautorizada. Aceita a impugnação pelo Juiz, dita testemunha vem a ser excluída. Considere-se, porém, que, durante a instrução processual, o nome de João venha a ser referido por outra testemunha, esta licitamente arrolada. Nada impede, neste caso, que o juiz proceda à oitiva de João, cujo nome, agora, surgiu de uma fonte completamente independente, sem nenhuma relação de causa e efeito com a interceptação telefônica clandestina antes realizada.

A existência de uma *fonte independente* capaz de conduzir ao objeto da prova não é, entretanto, a única exceção à teoria da prova ilícita por derivação. Há, ainda, dois outros fenômenos que, igualmente importados do direito norte-americano, também permitem o uso da prova, mesmo que esta, na sua origem remota, tenha decorrido de uma prova viciada. São eles:

1) O fenômeno da **limitação da contaminação expurgada** (*purged taint limitation*), também conhecido como **limitação da conexão atenuada** (*attenuated connection limitation*). Trata-se da hipótese em que, apesar de já estar contaminado um determinado

meio de prova em face da ilicitude da prova ou da ilegalidade da situação que o gerou, um acontecimento posterior *expurga* (afasta, elide) esta contaminação, permitindo-se o aproveitamento da prova. É importante observar que, na *contaminação expurgada,* existe nexo de causalidade entre a situação de ilegalidade e a prova que se quer utilizar. Contudo, este nexo é abrandado ou atenuado pela interferência de um acontecimento posterior. Na *contaminação expurgada*, ao contrário da *fonte independente*, não ocorre o surgimento de nova prova capaz de promover a descontaminação. O que ocorre, enfim, é **atenuação ou elisão da ilicitude por derivação em razão de acontecimento posterior consistente, ou na renovação lícita da mesma prova, ou na legalização da situação que havia ocasionado a ilicitude da prova anterior.**

> *Exemplo*: A autoridade policial prende Pedro de forma ilegal, vale dizer, sem que esteja ele em situação de flagrância e sem que haja ordem escrita da autoridade judiciária competente. No curso dessa prisão ilegal, sentindo-se coagido, Pedro vem a confessar o crime de que está sendo investigado. Ora, esta confissão é uma prova ilícita por derivação, pois obtida durante o período em que se encontrava Pedro ilegalmente preso. Considere-se, porém, que, mais tarde, ouvido em juízo, na presença de seu advogado e livre de qualquer coação, Pedro venha a confessar ao magistrado seu envolvimento, confirmando tudo o que referiu na fase policial. Essa nova confissão é válida, pois **expurga a contaminação** determinada pela confissão anteriormente operada no âmbito da delegacia de polícia.

2) O fenômeno da **descoberta inevitável** (*inevitable discovery*), isto é, hipótese na qual a prova será considerada admissível se evidenciado que ela seria, *inevitavelmente*, descoberta por meios legais. Na *descoberta inevitável,* **ao tempo da ilegalidade que resulta na produção da prova considerada ilícita por derivação, já está presente, no plano fático-jurídico, a situação que faz com que se conclua que tal prova, de qualquer maneira, viria aos autos da investigação ou do processo de forma lícita.**

Exemplos:

1) A autoridade policial, mediante tortura, obtém de Joaquim a confissão de que, efetivamente, matou determinado indivíduo, depositando o corpo em um terreno baldio existente nas proximidades de sua casa. Dirigindo-se ao local, o corpo é localizado. Nesse caso, o contexto probatório formado pela descoberta do corpo no local indicado por Joaquim não poderá ser utilizado contra ele, pois obtido ilicitamente, vale dizer, a partir de tortura.

   Imagine-se, contudo, que, independentemente da forma criminosa como obtida a confissão de Joaquim, quando se deslocou ao lugar por ele indicado, tivesse o delegado se deparado com um grupo de parentes da vítima fazendo buscas, já se encontrando bastante próximos do lugar onde estava o corpo, ficando claro, com isto, que o cadáver seria inevitavelmente descoberto. Ora, em tal hipótese, ainda que haja nexo de causalidade entre a situação ilegal e a prova obtida, a localização do cadáver poderá ser validada sob o fundamento de que o local em que se achava o corpo seria inevitavelmente descoberto.

2) Outro exemplo ilustrado pela doutrina é o da busca ilegal realizada pela autoridade policial na residência do suspeito, resultando da diligência a apreensão de documentos que o incriminam. Ora, tais documentos, na medida em que surgiram a partir de uma ilegalidade, constituem prova ilícita por derivação. Considere-se, porém, que se venha a constatar que já existia mandado de busca para o local, mandado este que se encontrava em poder de outro delegado de polícia, o qual, no momento da diligência ilegal, estava se deslocando para a casa do investigado. Neste caso, considerando a

evidência de que os mesmos documentos obtidos ilegalmente seriam inevitavelmente descobertos e apreendidos por meios legais, afasta-se a ilicitude derivada, podendo ser aproveitada a prova resultante daquela primeira apreensão.

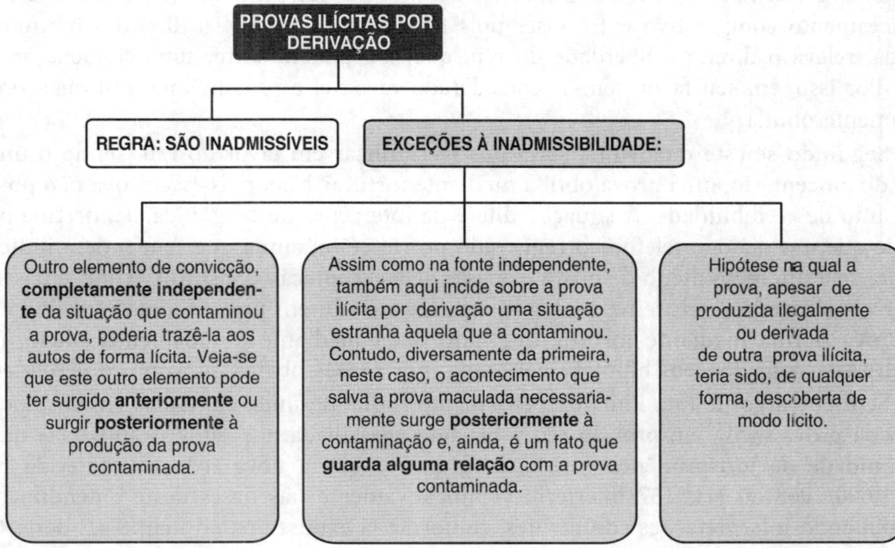

8.4.5. A utilização da prova ilícita em favor do réu diante do princípio da proporcionalidade

Como já referimos no item anterior, *ilícitas* são as provas obtidas com infringência direta ou indireta de normas ou princípios ditados pela Constituição Federal.

Tendo em vista ser a *prova ilícita* subespécie do gênero compreendido pelas *provas ilegais*, não pode, evidentemente, ser utilizada no processo criminal como fator de convicção do juiz. Traduz-se, enfim, como uma limitação de índole constitucional (art. 5.º, LVI) ao sistema do livre convencimento estabelecido no art. 155, *caput*, do CPP, sistema este do qual decorre a regra no sentido de que não há hierarquia entre as provas, podendo o magistrado convencer-se a partir de qualquer prova, ainda que atípica (sem regulamentação expressa no texto legal).

Apesar dessa proibição constitucionalmente determinada, a doutrina e a jurisprudência majoritárias há longo tempo têm considerado possível a utilização das provas ilícitas em favor do réu quando se tratar da única forma de absolvê-lo ou de comprovar um fato importante à sua defesa. Para tanto, é aplicado o **princípio da proporcionalidade**, também chamado de **princípio do sopesamento**, o qual, partindo da consideração de que "nenhum direito reconhecido na Constituição pode revestir-se de caráter absoluto"[13], possibilita que se analise, diante da hipótese de colisão de direitos fundamentais, qual é o que deve, efetivamente, ser protegido pelo Estado.

Na ótica deste entendimento, imagine-se uma prova obtida mediante interceptação telefônica não autorizada judicialmente (conduta criminosa, conforme reza o art. 10 da Lei 9.296/1996), em franca violação à intimidade de alguém e em total desacordo com a regra do art. 5.º, XII, *fine*, da Constituição Federal, mas que seja capaz de provar a inocência do

[13] BASTOS, Celso Ribeiro. 18. ed. *Curso de direito constitucional*. p. 228.

acusado. De um lado, há essa prova, flagrantemente ilícita em razão do afrontamento direto à Magna Carta. De outro, há o *caput* do mesmo dispositivo constitucional assegurando que todos são iguais perante a lei, sem distinção de qualquer natureza, garantindo-se aos brasileiros e aos estrangeiros residentes no País, entre outros, o direito à liberdade. No balanceamento comparativo entre esses dois fatores, mais do que o direito à intimidade violada, releva o direito à liberdade do réu, que não poderá sofrer uma condenação injusta. Por isso, em seu favor, tem-se considerado razoável e proporcional utilizar a prova ilicitamente obtida.

Seguindo-se este raciocínio, seria possível utilizar em favor do réu, sendo o único meio de inocentá-lo, uma prova obtida mediante tortura? Não, pois essa prova não possui o mínimo de credibilidade. A situação difere da interceptação telefônica clandestina pelo fato de que um diálogo telefônico registrado por terceiro, ainda que sem ordem judicial, embora seja um meio ilícito de prova e apesar de sua captação constituir crime, é passível de ser considerado verdadeiro, podendo o juiz utilizá-lo em prol do réu. Bem diferente é a prova obtida mediante tortura, que, angariada mediante o sofrimento alheio, não permitirá ao julgador, em hipótese nenhuma, por razões óbvias, presumi-lo verdadeiro.

Sem embargo de esta linha de pensamento – que permite, em dadas circunstâncias, o uso da prova ilícita em prol do réu – ter sido agasalhada nos últimos anos pela quase unanimidade da jurisprudência pátria, a verdade é que a nova redação conferida pela Lei 11.690/2008 ao art. 157 interferiu significativamente nas bases deste entendimento, possibilitando interpretações conflitantes, conforme já expusemos no item 8.4.2 deste Capítulo. Assim, a subsistência da mencionada orientação condiciona-se a que se considere a previsão legal de inutilização da prova reconhecida como ilícita (art. 157, § 3.º) como uma *faculdade* do juiz, que poderá usá-la ou não, conforme as peculiaridades do caso concreto. Se, contudo, esposarmos a posição de que as provas ilícitas sempre deverão ser desentranhadas e inutilizadas, é evidente que não haverá sentido em qualquer discussão acerca de sua utilização ou não em prol do réu.

8.4.6. A utilização da prova ilícita *pro societate* diante do princípio da proporcionalidade

A maioria doutrinária e jurisprudencial tende a não aceitar o princípio da proporcionalidade como justificante da utilização da prova ilícita em favor da sociedade, ainda que se trate do único elemento probatório existente nos autos possível de conduzir à condenação do réu. Permitem, deste modo, a aplicação do supracitado princípio tão somente em favor do réu, sob o argumento de que o texto constitucional não se coaduna com o erro judiciário, razão pela qual é inaceitável que um inocente seja condenado apenas porque a prova que o inocenta não foi obtida por meios lícitos. Não se trata, como examinamos no tópico anterior, de considerar *lícita* a prova *ilícita* apenas porque usada em favor do réu. Persiste, enfim, sua natureza ilícita, aceitando-se, entretanto, sua consideração como fator de convicção do juiz no intuito de evitar uma injustiça.

Embora concordemos no sentido de que, efetivamente, não se pode atribuir a alguém a pecha da condenação quando existirem provas, ainda que ilícitas, capaz de inocentá-lo, entendemos também que, na atualidade, decorrendo a prática do crime, muitas vezes, da ação de organizações altamente especializadas, não se pode radicalizar a incidência do princípio da proporcionalidade a ponto de direcioná-lo, unicamente, aos interesses do réu.

Ora, o processo penal é acromático e tem como maior objetivo a descoberta da verdade. Para tanto, é preciso que se reconstituam os fatos de forma a se descobrir como, efetivamente, ocorreram. Nessa reconstrução, a regra, induvidosamente, deve ser a utilização, apenas, de provas lícitas. Independentemente disto, a necessidade de estabelecer-se a prevalência da segurança da sociedade, também prevista no art. 5.º, *caput*, da CF, deve permitir a admissão, em **termos excepcionais**, também contra o réu, das provas rotuladas como ilícitas quando o interesse público assim o exigir, evitando-se, destarte, a impunidade de criminosos. Reitere-se que a admissão excepcional da prova ilícita *pro societate* que ora defendemos deve condicionar-se à constatação quanto à impossibilidade de alcançar a responsabilização penal do agente em crimes de elevada gravidade, especialmente aqueles considerados como de *mal coletivo*, vale dizer, os que abrangem número indeterminado de pessoas abstratamente consideradas (tráfico de drogas, corrupção, lavagem de dinheiro etc.).

Perceba-se que tal orientação já foi agasalhada no próprio STF no âmbito do Inq. 2424/RJ[14], em face de operação realizada pela polícia federal em 2008, visando desbaratar organização criminosa que atuava na *venda* de decisões judiciais. Na ocasião, munida de ordem judicial, adentrou a polícia no escritório de advogado supostamente envolvido na facção, lá instalando, durante a madrugada, equipamento de captação acústica, pois, segundo as evidências, era lá que ocorria a consumação dos crimes noticiados. Na esteira da jurisprudência dominante, as provas eventualmente obtidas deveriam ser consideradas ilícitas, já que decorrentes de violação da garantia da intimidade (tratava-se de ambiente com expectativa de privacidade – ver tópico 8.7.1) prevista no art. 5º, X, da CF, dispositivo este que não ressalva a existência de prévia autorização judicial. Sem embargo de reconhecer que "*a Constituição, no seu art. 5º, X e XI, garante a inviolabilidade da intimidade e do domicílio dos cidadãos, sendo equiparados a domicílio, para fins dessa inviolabilidade, os escritórios de advocacia, locais não abertos ao público, e onde se exerce profissão (CP, art. 150, § 4º, III), e que o art. 7º, II, da Lei 8.906/1994 expressamente assegura ao advogado a inviolabilidade do seu escritório, ou local de trabalho, de seus arquivos e dados, de sua correspondência, e de suas comunicações, inclusive telefônicas ou afins, salvo caso de busca ou apreensão determinada por magistrado e acompanhada de representante da OAB*" considerou o STF que "*tal inviolabilidade cederia lugar à tutela constitucional de raiz, instância e alcance superiores quando o próprio advogado seja suspeito da prática de crime concebido e consumado, sobretudo no âmbito do seu escritório, sob pretexto de exercício da profissão*". Enfatizou a Corte, ainda, "*que os interesses e valores jurídicos, que não têm caráter absoluto, representados pela inviolabilidade do domicílio e pelo poder-dever de punir do Estado, devem ser ponderados e conciliados à luz da proporcionalidade quando em conflito prático segundo os princípios da concordância*" razão pela qual, "*não obstante a equiparação legal da oficina de trabalho com o domicílio, julgou-se ser preciso recompor a* ratio *constitucional e indagar, para efeito de colisão e aplicação do princípio da concordância prática, qual o direito, interesse ou valor jurídico tutelado por essa previsão*". E neste cenário, pois, o Supremo validou a utilização da prova, lastrando-se, como se viu, na prevalência do interesse público.

E quando se tratar de prova ilícita produzida pela própria vítima na salvaguarda de direitos próprios? Neste caso, há forte posição, adotada, inclusive, no âmbito dos Tribunais Superiores (STF e STJ) no sentido de que poderá a prova ser utilizada desde que se caracterize hipótese de evidente legítima defesa ou estado de necessidade. Não se estaria, enfim, diante de uma prova ilícita, mas, sim, de *prova lícita*, visto que tanto a legítima defesa como o estado de necessidade caracterizam-se como **excludentes de ilicitude**, afastando, portanto, eventual ilicitude da prova obtida com violação a regras de direito material.

Observamos que a consideração no sentido de que a legítima defesa ou o estado de necessidade, uma vez configurados, afastam, em determinadas circunstâncias, a ilicitude

14 Inq. 2424/RJ, rel. Min. Cezar Peluso, j. 19 e 20.11.2008.

da prova não contraria o princípio geral de que a prova ilícita é uma prova que nasce morta, não podendo ser ressuscitada. Ocorre que, presentes tais excludentes, na medida em que afastam a ilicitude da prova produzida sob seu amparo, também impedem, via de consequência, que a prova seja ilícita, vale dizer, nasça morta. Em síntese, nesses casos, a prova não chega a atingir a condição de *ilícita* em virtude do contexto em que produzida. Por isso é admitida a utilização irrestrita e por isso, também, é que a situação em exame não entra em colisão com a máxima de que a prova, uma vez maculada pela ilicitude, jamais perde este caráter.

Considere-se, por exemplo, a hipótese de que determinada pessoa, com o filho sequestrado e avisada de que será ele morto caso desencadeada investigação policial, venha a solicitar, *in off*, que um policial conhecido realize, por meio de equipamento eletrônico acoplado a seu aparelho, a escuta das conversas mantidas com os sequestradores. Realizado esse procedimento, vêm os criminosos, mais tarde, em consequência do registro telefônico, a ser identificados, localizando-se o cativeiro e libertando-se a vítima sem que tenham ocorrido prisões em flagrante (o que já seria prova de per si) em razão da fuga dos criminosos. Neste caso, é evidente que a prova deverá ser considerada válida, pois alcançada em flagrante conduta de legítima defesa patrocinada pela própria vítima.

Neste contexto, pertinente o ensinamento de Alexandre de Moraes, ao referir que "as liberdades públicas não podem ser utilizadas como um verdadeiro escudo protetivo da prática de atividades ilícitas, tampouco como argumento para afastamento ou diminuição da responsabilidade civil ou penal por atos criminosos, sob pena de total consagração ao desrespeito a um verdadeiro Estado de Direito. Dessa forma, aqueles que, ao praticarem atos ilícitos, inobservarem as liberdades públicas de terceiras pessoas e da própria sociedade, desrespeitando a própria dignidade da pessoa humana, não poderão invocar, posteriormente, a ilicitude de determinadas provas para afastar suas responsabilidades civil e criminal perante o Estado"[15].

8.4.7. A utilização das provas ilegítimas *pro reo* e *pro societate*

Não há como estabelecer, para as provas *ilegítimas*, o mesmo raciocínio aplicado às *ilícitas*, tampouco compreender que o art. 157, *caput*, do CPP, ao definir provas ilícitas como as obtidas mediante violação a normas constitucionais ou legais, teria equiparado o conceito de ilicitude e de ilegitimidade. Tanto que o citado dispositivo usa a palavra "obtidas" para definir o momento em que a prova objeto de sua regulamentação se torna viciada. Ora, vício unicamente na *obtenção* é característica das provas ilícitas, visto que as ilegítimas maculam-se na *obtenção* ou na *produção stricto sensu*, que coincide com o seu aporte aos autos.

- Exemplo de *prova ilícita* viciada na *obtenção:* interceptação telefônica realizada sem ordem judicial, afrontando-se o art. 5.º, XII, da CF.
- Exemplo de *prova ilegítima* viciada na *obtenção:* perícia realizada por um só perito leigo, afrontando-se o art. 159, § 1.º, do CPP.
- Exemplo de *prova ilegítima* viciada na *produção stricto sensu (juntada aos autos):* documento *obtido* regularmente, porém acostado ao processo em prazo inferior aos três dias úteis que antecedem a sessão de julgamento pelo Tribunal do Júri, afrontando-se o art. 479 do CPP.

[15] *Constituição do Brasil interpretada e legislação constitucional*. 2. ed. São Paulo: Atlas, 2003. p. 382-383.

Pois bem, quanto às *provas ilícitas*, como já vimos, existem posicionamentos definidos, estabelecendo a grande maioria da doutrina e da jurisprudência nacional que poderão ser utilizadas em favor do réu quando se constituírem na única forma de beneficiá-lo. Apenas uma parcela minoritária, entre os quais nos situamos, entende possível seu uso, também, em prol da sociedade quando se tratar do único modo de evitar a impunidade de crimes que, pela gravidade, possam ser considerados como de *mal coletivo* (*v.g.*, tráfico de drogas).

Relativamente às *provas ilegítimas*, o critério para definir a possibilidade ou não de sua utilização é outro, não se relacionando à gravidade do crime ou à parte que será por ela beneficiada. Com efeito, na medida em que importam em violação de normas de direito eminentemente processual, tais provas geram nulidade por vício de procedimento. E a verificação da natureza da nulidade é que definirá as situações em que a prova, ainda que obtida ou produzida mediante afrontamento a normas legais, poderá ser usada no âmbito do processo penal.

Destarte, a utilização ou não da prova ilegitimamente produzida não está condicionada à natureza do crime nem mesmo a quem seja a parte beneficiada ou prejudicada.

Assim, se a violação da norma processual importar em nulidade de *caráter absoluto*, não poderá a prova ser utilizada nem contra o réu, nem a seu favor, visto que nulidades absolutas são sempre insanáveis. Imagine-se, por exemplo, a perícia feita por apenas um perito não oficial, não sendo hipótese que permita esta situação. Por mais favorável que seja o resultado deste exame ao réu ou à acusação, não poderá de modo algum ser utilizado como prova por qualquer das partes.

Todavia, se a nulidade decorrente da prova produzida com violação à lei for de *caráter relativo*, será preciso verificar o caso concreto. Assim:

a) A nulidade relativa foi arguida em momento oportuno: nesta hipótese, declarada a nulidade pelo juiz, não poderá a prova nulificada ser utilizada por nenhuma das partes no processo penal.
b) A nulidade relativa não foi arguida no momento oportuno: neste caso, preclusa a oportunidade de ser arguido o vício, poderá ser a prova utilizada tanto pela acusação como pela defesa.

8.5. CAPTAÇÕES TELEFÔNICAS (ART. 5.º, XII, DA CF E LEI 9.296/1996)

8.5.1. Classificação das captações telefônicas *lato sensu* e o alcance da tutela constitucional

As **captações telefônicas** (ou interceptações telefônicas *lato sensu*) correspondem a um gênero, que se subdivide em três espécies distintas, a saber:

a) **Interceptação telefônica *stricto sensu*:** hipótese na qual um terceiro viola a conversa telefônica de duas ou mais pessoas, registrando ou não os diálogos mantidos, sem que nenhum dos interlocutores tenha conhecimento da presença do agente violador.
b) **Escuta telefônica:** situação na qual um terceiro viola a conversa telefônica mantida entre duas ou mais pessoas, havendo a ciência de um ou alguns dos interlocutores de que os diálogos estão sendo captados.
c) **Gravação telefônica:** aqui não há a figura de terceiro. Um dos interlocutores, simplesmente, registra a conversa que mantém com o outro. Não há, propriamente,

uma violação de conversa telefônica, já que o registro está sendo feito por um dos indivíduos que mantém o diálogo.

Em termos de proteção constitucional às conversas telefônicas, tem-se a regra prevista no art. 5.º, XII, da Lei Maior, dispondo que é inviolável o sigilo da correspondência e das comunicações telegráficas, de dados e das comunicações telefônicas, salvo neste último caso mediante ordem judicial na forma da lei.

Como se vê, estabelece a Constituição que são **invioláveis** as **comunicações telefônicas**, salvo ordem judicial. Tal dispositivo, interpretado *a contrario sensu*, permite a conclusão no sentido de que apenas mediante ordem judicial são **violáveis** as **comunicações telefônicas**. Ora, para que se tenha uma *comunicação telefônica*, é imprescindível a presença, no mínimo, de dois interlocutores. Para que haja, por outro lado, *violação* dessa comunicação, é necessária a presença de terceiro invadindo o diálogo mantido. Tendo em vista essa redação incorporada à Lei Maior e a exegese que dela se extrai, consolidaram-se a doutrina e a jurisprudência no sentido de que o art. 5.º, XII, da CF alcança, tão somente, as duas primeiras formas de captações, quais sejam a interceptação *stricto sensu* e a escuta telefônica, não tutelando a gravação. Isso ocorre porque somente nos dois primeiros casos tem-se a figura de *terceiro* violando a conversa telefônica de dois ou mais interlocutores, não se podendo considerar como violação a atitude de um dos interlocutores quando ele próprio grava o diálogo que mantém com o outro. Esse é o entendimento dominante nos Tribunais Superiores (STJ e STF), não obstante já tenha, no passado, o STF entendido que apenas a interceptação telefônica *stricto sensu* estaria tutelada pelo citado dispositivo constitucional, alheias a ele, portanto, a escuta e a gravação.

E quanto às **gravações telefônicas**? É certo que as gravações telefônicas não estão protegidas pelo art. 5.º, XII, da Carta da República. Sendo assim, duas correntes distintas existiam em relação à validade desse meio de prova: **uma**, a posição do STF, entendendo que, independentemente de ordem judicial, as gravações seriam sempre meios ilícitos de prova por violação ao direito da intimidade protegido pelo art. 5.º, X, da CF, visto que obtidas por um dos interlocutores sem o conhecimento do outro, o qual poderia ser induzido a falar coisas que não desejaria ou diria em sentido diverso se estivesse ciente da gravação; **outra**, a posição do STJ, entendendo que o simples fato da gravação de uma conversa por um dos interlocutores telefônicos não significa, de per si, violação à intimidade tutelada no art. 5.º, X, da Constituição, devendo este meio de prova, destarte, ser considerado lícito, mesmo se perpetrado sem autorização judicial.

Todavia, já há vários anos, modificou o Excelso Pretório seu entendimento para adotar a posição defendida pelo STJ. Predomina, pois, na atualidade, de forma quase que absoluta na doutrina e na jurisprudência, a posição de que as **gravações telefônicas** não amparadas pelo art. 5.º, XII, da CF são, como regra, meios lícitos de prova, mesmo que realizadas sem ordem judicial prévia. Trata-se, enfim, de um proceder que, em dadas situações, até se pode considerar como eticamente censurável. Tal censurabilidade, todavia, não atinge o plano da ilicitude, salvo se, entre os respectivos interlocutores, houver relação especial de confiança, vale dizer, relação de confidência, de tal sorte que para um deles ter suas falas registradas pelo outro constitua fator de profunda decepção. Apenas nesse caso, pois, é que se tem como violada a intimidade assegurada pelo art. 5.º, X, da CF.

Essa confiança, cuja violação acarreta a ilicitude da gravação, pode decorrer não apenas das relações intersubjetivas entre o sujeito que grava e o que tem sua conversa gravada (*v.g.*, esposa que registra os diálogos telefônicos que mantém com o marido, em que este lhe relata determinado delito cometido), como também do vínculo profissional quando se trata de profissões que pressupõem confiança (*v.g.*, psiquiatra que grava a narrativa do paciente, realizada por telefone, quanto a delito pelo mesmo praticado).

Nesse sentido, a propósito, norteou-se o STJ ao considerar ilícita a prova decorrente da amásia que gravara a conversa mantida com o parceiro em relação a crime por este cometido, em decorrência, obviamente, da violação de confiança e, consequentemente, da violação à intimidade que exsurge desse proceder:

> "É certo que o STF entende que a licitude da gravação de conversa telefônica realizada por um dos interlocutores sem a ciência do outro deve ser examinada caso a caso. Na hipótese, a gravação deu-se pela amásia do réu tão somente para responsabilizá-lo pelo homicídio perpetrado contra a vítima, com quem ela mantinha envolvimento amoroso. [...] Dessarte, a prova aqui é ilícita, colhida que foi com indevida violação de privacidade (art. 5.º, X, da CF/1988), porque não foi colhida como meio de defesa ou em razão de uma investida criminosa. [...]"[16].

Finalmente, deve-se ressaltar que não se considera como uma *captação telefônica sujeita à tutela constitucional* a simples **quebra de dados telefônicos**, assim considerados os registros existentes na companhia telefônica sobre ligações já realizadas, dados cadastrais do assinante, data da chamada, horário, número do telefone chamado, duração do uso, valor da chamada, entre outros. Destarte, esses dados podem ser autorizados judicialmente com vista à apuração de qualquer infração penal (mesmo aquelas não sujeitas à pena de reclusão), bem como para instrução de procedimentos que não possuam natureza criminal. Registre-se, por oportuno, o entendimento de parcela significativa da doutrina e da jurisprudência no sentido de que "a quebra do sigilo de dados telefônicos não está submetida à cláusula de reserva de jurisdição. Logo, além da autoridade judiciária competente, **Comissões Parlamentares de Inquérito** também podem determinar a quebra do sigilo de dados telefônicos com base em seus poderes de investigação (CF, art. 58, § 3.º), desde que o ato deliberativo esteja devidamente fundamentado"[17-18], o mesmo ocorrendo em relação à obtenção de dados telefônicos diretamente pelo **Ministério Público** em face do poder requisitório que lhe é conferido pelo art. 129, VI, da Constituição Federal e pela própria **autoridade policial**. Esta posição ganhou força com a edição da Lei 13.344/2016 que, introduzindo o art. 13-B no CPP, possibilitou ao delegado de polícia e ao Ministério Público, na atividade de prevenção e repressão do tráfico de pessoas "requisitar, mediante autorização judicial, às empresas prestadoras de serviço de telecomunicações e/ou telemática que disponibilizem imediatamente os meios técnicos adequados – como sinais, informações e outros – que permitam a localização da vítima ou dos suspeitos do delito em curso" (*caput*), podendo fazê-lo, também, diretamente caso não se pronuncie o juízo acerca do referido pedido de autorização no prazo de doze horas (§ 4.º); e, também, com o advento da Lei 13.357/2016, que, modificando a redação do art. 1.º, *caput*, da Lei 1.579/1952, conferiu às Comissões Parlamentares de Inquérito "poderes de investigação próprios das autoridades judiciais, além de outros previstos nos regimentos da Câmara dos Deputados e do Senado Federal" (respeitado aqui, por óbvio, o postulado constitucional da reserva de jurisdição, pelo qual determinados atos competem à esfera única de atuação do Poder Judiciário – v., a respeito, tópico 8.5.4.1).

---

16 STJ, HC 57.961-SP, Rel. Min. Felix Fischer, j. 21.06.2007.

17 LIMA, Renato Brasileiro de. *Legislação criminal especial comentada*. Niterói: Impetus, 2013.

18 STJ, RHC 53541/RJ, Rel. Min. Jorge Mussi, *DJ* 20.09.2017; STJ, RHC 82.868/MS, Rel. Min. Felix Fischer, *DJ* 01.08.2017; STJ, HC 237.006/DF, Rel. Min. Maria Thereza de Assis Moura, *DJ* 04.08.2014.

8.5.2. O reconhecimento de excludentes de ilicitude nas interceptações *stricto sensu* e escutas telefônicas

Outro aspecto importante respeita à possibilidade de se entender configurada causa excludente de ilicitude em registros telefônicos não autorizados judicialmente ou perpetrados com violação ao direito à privacidade.

Considere-se o seguinte exemplo: Não suportando mais as constantes extorsões (chantagens) praticadas por "X", a vítima "Y" contrata um detetive particular que, mediante equipamento eletrônico, registra (escuta telefônica, pois realizada a captação com o consentimento de um dos interlocutores) o momento em que o agente, mediante ligação telefônica, exige do ofendido vultosa quantia em dinheiro. Tal prova, em tese, deveria ser ilícita, afinal perpetrada em afronta à regra do art. 5.º, XII, da Carta Magna, a qual tutela tanto as interceptações telefônicas *stricto sensu* quanto as escutas telefônicas. Não obstante esse raciocínio preliminar, tem, nesse caso, a jurisprudência entendido que a ação de "Y" ocorreu em conduta de legítima defesa (para alguns, estado de necessidade), o que exclui a ilicitude da prova obtida em afronta ao citado dispositivo constitucional.

Outra hipótese: *Tomando conhecimento da ocorrência de um rapto, a autoridade policial intercepta, sem ordem judicial, o telefone de "B" (que também não autorizou esse procedimento),* registrando *o momento em que o sequestrador "A" lhe exige, mediante contato telefônico, determinada quantia em dinheiro para a libertação da pessoa raptada. Pago que venha a ser o resgate e liberado o sequestrado, poderá a prova obtida com o registro do diálogo (interceptação telefônica* stricto sensu, *pois realizada a captação sem o consentimento de qualquer dos interlocutores) ser utilizada para a condenação de "A"?*. Há duas posições aqui: uma, no sentido de que tal prova é ilícita, pois, além de afrontar o art. 5.º, XII, da CF, foi produzida com violação da privacidade de "B" (não se pode falar em violação da intimidade de "A", pois criminoso não possui intimidade protegida **no momento da consumação do delito**, como era o caso – o delito de extorsão mediante sequestro estava sendo consumado por meio do telefone); e, outra, compreendendo que a prova é lícita, pois foi realizada pela autoridade policial em conduta de legítima defesa de terceiro, não sendo possível, sob o fundamento de que violada a privacidade da vítima *"B"*, invalidar meio de prova hábil a responsabilizar penalmente o autor de prática criminosa (no caso, *"A"*). Concordamos com esta última orientação.

8.5.3. A extensão aplicativa da Lei 9.296/1996

O art. 5.º, XII, da Constituição Federal, ao tutelar as hipóteses específicas de privacidade, determina que é inviolável o sigilo da correspondência e das comunicações telegráficas, de dados e das comunicações telefônicas, salvo neste último caso, mediante ordem judicial, na forma da lei. Por outro lado, a Lei 9.296/1996, em seu preâmbulo, é explícita ao estabelecer que se destina a regulamentar o art. 5.º, XII, parte final, da CF. Nesse contexto, inolvidáveis os objetivos da lei, quais sejam, estabelecer as condições nas quais será possível o deferimento de ordem judicial para a violação de conversas telefônicas.

Ora, se, como já dissemos e repetimos, o art. 5.º, XII, da CF tutela tão somente as **interceptações telefônicas *stricto sensu*** e as **escutas telefônicas**, não alcançando as **gravações telefônicas**, é intuitivo, apesar de certa confusão doutrinária, que a Lei 9.296/1996 visa regulamentar os dois primeiros institutos, nada se relacionando ao último citado. Esse, aliás, é o entendimento dominante na jurisprudência pátria.

8.5.4. Finalidade e requisitos

Tratando-se a violação do sigilo telefônico regulamentada pela lei em epígrafe de medida excepcional, sua validade condiciona-se à coexistência dos requisitos previstos no art. 2.º do diploma *in examine*, os quais, incluindo o *fumus comissi delicti* e o *periculum in mora*, consistem:

- Deferimento por meio de ordem judicial fundamentada;
- Finalidade de investigação criminal ou de instrução processual penal;
- Presença de indícios razoáveis de autoria ou participação no crime que se pretenda investigar ou apurar, o que configura o pressuposto do *fumus boni iuris*;
- Excepcionalidade, vale dizer, necessidade evidente da violação telefônica para apuração da verdade dos fatos, inexistindo outros meios de prova disponíveis para obtenção das informações que se pretende, representando-se, aqui, o *periculum in mora;*
- Elucidação de crimes punidos com reclusão.

8.5.4.1. *Ordem judicial fundamentada*

A cláusula de reserva de jurisdição incide, aqui, em sua plenitude. Somente o Poder Judiciário pode autorizar interceptações e escutas telefônicas (não o Ministério Público, não a autoridade policial), devendo fazê-lo por meio da autoridade judicial competente e de forma fundamentada. Isto é que se infere do art. 5.º, XII, da CF, quando ressalva a possibilidade de violação do sigilo telefônico *por ordem judicial, nas hipóteses e na forma que a lei estabelecer;* do art. 1.º, *caput,* da Lei 9.296/1996, ao dizer que tal procedimento *dependerá de ordem do Juiz competente da ação principal;* do art. 2.º, parágrafo único, da mesma lei, ao dispor sobre os termos a serem observados pelo Juiz na decisão que deferir a violação; e, por fim, do art. 93, IX, da CF, no momento em que refere a obrigatoriedade de motivação das decisões judiciais. **Um cuidado, aqui:** a Lei 13.367/2016, alterando o art. 1.º da Lei 1.579/1952, dispôs que "as Comissões Parlamentares de Inquérito, criadas na forma do § 3.º do art. 58 da Constituição Federal, terão poderes de investigação próprios das autoridades judiciais, além de outros previstos nos regimentos da Câmara dos Deputados e do Senado Federal, com ampla ação nas pesquisas destinadas a apurar fato determinado e por prazo certo". Pois bem, ao contrário do que, precipitadamente, se pode imaginar, esta disposição legal não torna as CPIs imunes aos preceitos relativos à reserva de jurisdição. Em outras palavras, a equiparação das CPIs, em termos de faculdades investigativas, às autoridades judiciais não implica dizer que tenham elas, daí em diante, o poder de praticar atos que, constitucionalmente, estejam reservados aos juízes. Logo, não se pode cogitar possa o presidente de CPI determinar a violação de sigilo telefônico, pois se trata de pronunciamento inerente à magistratura por força de comando constitucional.

A ausência de ordem judicial implica ilicitude da prova que resultar da violação do sigilo telefônico, importando, ainda, na prática do crime tipificado no art. 10 da Lei 9.296/1996, punido com dois a quatro anos de reclusão e multa. Abre-se aqui um parêntese para lembrar que *ilícitas* são todas as provas obtidas a partir de violação direta ou indireta da Constituição Federal. E, sendo a prova ilícita uma prova que nasce morta, não podendo ser reavivada, infere-se que a ilicitude resultante da realização do procedimento à revelia de ordem judicial não se convalida pelo advento dessa autorização em momento posterior. Em síntese: a ordem judicial deve ser prévia.

E se da captação um dos interlocutores tiver ciência? Essa hipótese caracteriza *escuta telefônica*, que, conforme dissemos alhures (item 8.5.1), é tutelada pelo art. 5.º, XII, da CF e pela Lei 9.296/1996. Logo, o conhecimento de um dos participantes da conversa telefônica não legaliza a prova que não tiver sido prévia e judicialmente autorizada.

E se for o caso de captação de conversa mantida em telefone público? Se desprovida de ordem judicial prévia, a prova é inválida, já que nem a Constituição Federal nem a Lei 9.296/1996 ressalvam da necessidade de autorização a circunstância de ser pública a linha telefônica interceptada.

E se o titular da linha autorizar a violação da conversa telefônica mantida por terceiros? Se não houver ordem do juiz, a prova continua sendo ilícita, já que a intimidade que visou o legislador constituinte proteger no art. 5.º, XII, da CF é a de quem se comunica por meio do telefone, o que alcança tanto o titular da linha como o terceiro que com ele interage. Logo, é irrelevante a propriedade da linha utilizada para fins de incidência da tutela constitucional e legal.

Como dissemos anteriormente, o permissivo judicial da captação de conversa telefônica deve estar **adequadamente fundamentado**, observando o Magistrado o art. 2.º, parágrafo único, da Lei 9.296/1996 ao prever *que em qualquer hipótese deve ser descrita com clareza a situação objeto da investigação, inclusive com a indicação e qualificação dos investigados, salvo impossibilidade manifesta, devidamente justificada.* Isto quer dizer que a decisão judicial deve referir objetivamente o fato sob apuração (natureza, local, forma de cometimento etc.); os indícios de autoria ou participação desta pessoa no crime; a referência à linha telefônica objeto da captação (número da linha) e, por fim, a identificação da pessoa investigada ou processada ou os motivos que o impossibilitam de fazê-lo. A ausência desses elementos invalida a decisão judicial e acarreta, em consequência, a ilicitude das provas resultantes da captação.

E mais:

A ordem judicial permissiva da captação de conversa telefônica deve emanar de **Juiz competente**. E, como se infere do art. 1.º, *caput*, da Lei 9.296/1996, *o Juiz competente para determinar interceptações telefônicas é aquele que tiver competência para o processo e julgamento da ação principal,* podendo ser qualquer Juiz investido da jurisdição criminal (estadual, federal, eleitoral ou militar).

Tema que, no passado, chegou a provocar turbulência nos tribunais refere-se à licitude das captações telefônicas determinadas por Juiz que, posteriormente, declina ou tem reconhecida a sua competência para processar e julgar o feito. Hoje, entretanto, o tema está consolidado, resolvendo-se por meio da **teoria do juízo aparente**. Isto quer dizer que, se no momento em que ordenada a quebra do sigilo telefônico, os elementos até então disponíveis sugeriam a competência do juiz que decretou essa medida, as provas daí obtidas devem ser consideradas válidas mesmo que, mais tarde, venha a ser reconhecida a incompetência da autoridade judiciária que estava oficiando no feito. Este, a propósito, o entendimento dos Tribunais Superiores, decidindo-se em um *sem número* de casos que "a posterior modificação da competência não possui o condão de invalidar a interceptação telefônica anteriormente determinada por Juízo que até então era competente para o processamento do feito"[19].

8.5.4.2. *Investigação criminal ou instrução processual penal*

As finalidades pelas quais pode ser autorizada judicialmente a violação do sigilo telefônico estão expressas no art. 5.º, XII, *fine*, da Constituição Federal, ao dispor que a medida poderá ser decretada *para fins de investigação criminal ou instrução processual penal.*

---

[19] STJ, RHC 108730/RS, *DJ* 03.12.2019.

A mesma referência está presente no art. 1.º da Lei 9.296/1996 quando estabelece que a *interceptação de comunicações telefônicas, de qualquer natureza, para prova em investigação criminal e em instrução processual penal, observará o disposto nesta Lei.* Logo, infere-se que o procedimento relacionado à captação de conversas telefônicas – cuja natureza é evidentemente cautelar – pode ser *preparatório* ao processo criminal, quando realizado na fase que antecede o recebimento da denúncia ou da queixa, ou *incidental,* na hipótese de ser efetivado após esse momento.

Perceba-se que, ao fazer alusão à possibilidade de imposição da medida na fase que precede a instauração do processo criminal, tanto a Constituição Federal quanto a Lei 9.296/1996 referem-se à finalidade de **investigação criminal**, não sendo exigida, portanto, a existência de inquérito policial em curso. Logo, infere-se que podem a interceptação telefônica *stricto sensu* e a escuta ser autorizadas diante de outras formas de investigação criminal, tais como aquelas presididas pelo Ministério Público e as conduzidas no âmbito de Comissões Parlamentares de Inquérito.

Discute-se a possibilidade de o Juiz autorizar a violação no curso de **investigações preliminares** realizadas pela autoridade policial, vale dizer, quando, *não havendo outras formas de investigação em andamento*, também não há, ainda, procedimento policial formalmente instaurado. Muitos entendem que isso não é possível. Divergimos dessa posição, entendendo que nada impede que sejam efetivadas interceptações telefônicas *stricto sensu* ou escutas telefônicas para fins de investigação criminal previamente ao procedimento formal de instauração do inquérito. E isso porque, como dissemos, a lei não exige tal providência como *conditio sine qua non* para a expedição da ordem judicial, sendo comum, na prática, iniciarem-se as investigações policiais antes mesmo da expedição da portaria instauradora do inquérito. Nesse sentido já entendeu o STJ, *in verbis*: "A interceptação telefônica para fins de investigação criminal pode se efetivar antes mesmo da instauração do inquérito policial, pois nada impede que as investigações precedam esse procedimento. A providência pode ser determinada para a investigação criminal (até antes, portanto, de formalmente instaurado o inquérito) e para a instrução criminal, depois de instaurada a ação penal"[20].

Outro objetivo a que pode estar atrelada a quebra do sigilo telefônico é a **instrução processual penal**, assim entendida a fase do processo criminal destinada à produção das provas requeridas pelas partes e determinadas pelo juiz, cujo início se dá com o oferecimento da inicial acusatória (oportunidade em que a acusação pode acostar documentos e arrolar testemunhas), estendendo-se até o momento em que cumpridas eventuais diligências requeridas pelas partes no curso ou logo após o encerramento da audiência de instrução e interrogatório do réu. A propósito, cabe referir que o procedimento de quebra pode ser determinado tanto no curso das ações penais intentadas pelo Ministério Público (ação penal pública) como naquelas ajuizadas pelo ofendido (ação penal privada exclusiva ou subsidiária da pública), pois o legislador não fez qualquer referência a respeito (nem teria sentido fazê-lo, diga-se de passagem).

Levando em conta a explicitude do texto constitucional e dos preceitos da Lei 9.296/1996 no sentido de que a violação do sigilo telefônico é admitida apenas para fins criminais, discute-se a possibilidade de utilização do resultado dessa quebra, a título de prova emprestada, em **demanda civil.** *Prova emprestada* é aquela obtida ou produzida em um processo e transportada, documentalmente, para outro. Para ter igual valor de prova em relação aos demais elementos angariados ao processo, é necessário que tenha sido realizada com a garantia do contraditório. Pois bem. Parte da doutrina adota entendimento no sentido negativo, sob o fundamento de que tal poderia importar em fraudar não apenas a lei regulamentadora quando estabelece os requisitos da medida (crimes punidos com reclusão, presença de indícios de autoria e excepcionalidade), como também as exigências

20 STJ, HC 43.234/SP, *DJ* 21.11.2005. No mesmo sentido: STJ, HC 188.756/RN, *DJ* 01.08.2013.

decorrentes da própria Constituição Federal (investigação criminal e instrução penal). *Data venia*, discordamos dessa posição, adotando o entendimento de Ada Pellegrini Grinover[21] ao referir que "o valor constitucionalmente protegido pela vedação das interceptações telefônicas é a intimidade. Rompida esta, licitamente, em face do permissivo constitucional, nada mais resta a preservar. Seria uma demasia negarse a recepção da prova assim obtida, sob a alegação de que estaria obliquamente vulnerado o comando constitucional. Ainda aqui, mais uma vez, deve prevalecer a lógica do razoável". Esse entendimento guarda simetria com a posição majoritária em termos de jurisprudência no sentido de admitir o resultado das interceptações quando descoberto, fortuitamente, crime distinto daquele para a qual autorizada[22].

Perceba-se, finalmente, que as conversas registradas a partir de interceptações ou escutas legalmente autorizadas no âmbito de investigação criminal ou de ação penal podem ser utilizadas, também a título de prova emprestada, em **procedimentos administrativos disciplinares** contra as mesmas pessoas em relação às quais foram colhidos, ou contra outros servidores cujos supostos ilícitos teriam sido descobertos a partir da colheita dessa prova[23].

8.5.4.3. *Indícios razoáveis de autoria ou participação* (fumus comissi delicti)

A contrario sensu, determina o art. 2.º, I, da Lei 9.296/1996, como condição para que se autorize a quebra do sigilo telefônico, a existência de indícios razoáveis de autoria ou participação em infração penal.

Ora, o procedimento de captação de conversa telefônica por meio de interceptação *stricto sensu* e de escuta, como já dissemos, é medida de natureza cautelar, exigindo, desse modo, a demonstração do *fumus comissi delicti*. Esse pressuposto nada mais é do que uma variação, no âmbito criminal, do *fumus boni iuris* que informa as cautelares de natureza civil, consubstanciando-se na presença de *indícios razoáveis de autoria ou participação* do agente em crime punido com reclusão. Lembre-se que *indícios*, nos termos do art. 239 do Código de Processo Penal, constituem as circunstâncias conhecidas e provadas, a partir das quais, por dedução, conclui-se sobre um fato determinado.

Nesse contexto, afigura-se correto afirmar que, para a determinação da violação do sigilo telefônico, não é necessário juízo de certeza a respeito do envolvimento da pessoa investigada ou processada na prática do delito sob apuração, bastando que se detecte a plausibilidade desse envolvimento. Em outras palavras, não se exige do Magistrado a mesma certeza que é necessária no processo de conhecimento para o fim de condenar o réu, sendo suficiente que proceda ele a um *juízo de estrita prelibação*, assim compreendida a análise superficial do mérito, que não demanda exame aprofundado do caderno probatório. É mesmo o que acontece, por exemplo, com as decisões de pronúncia (que se restringem à abordagem superficial da prova angariada aos autos para não interferir no convencimento dos jurados), de decretação da prisão preventiva, do deferimento de medidas assecuratórias etc.

Por esse motivo, a representação da autoridade policial e o requerimento do Ministério Público ao Juiz visando à violação do sigilo telefônico não poderão estar lastreados em ilações ou conjecturas abstratas acerca da necessidade da providência, impondo-se que estejam instruídos com o mínimo de elementos, dentre os disponíveis no momento, para formação do convencimento do Juiz quanto à probabilidade de envolvimento da pessoa investigada no crime sob apuração.

---

[21] *As nulidades no processo penal*. 6. ed. São Paulo: RT, p. 194.

[22] STF, 106.152/MS, *DJ* 24.05.2016.

[23] STJ, Inq.-QO 2424/RJ, *DJ* 24.08.2007, cit. ementa do REsp 930596/ES, *DJ* 10.02.2010.

Outra conclusão que emerge do art. 2.º, I, da Lei 9.296/1996 é a de que a captação de conversa telefônica não pode ser determinada com a finalidade de apurar se o indivíduo está ou não envolvido em práticas ilícitas – a denominada **interceptação por prospecção** –, exigindo-se, isso sim, elementos que induzam à conclusão de sua autoria ou participação em crime cuja ocorrência já está, efetivamente, calcada em indícios suficientes. Isso, aliás, é o que se infere do parágrafo único, 1.ª parte, do precitado dispositivo legal, ao dispor que "em qualquer hipótese deve ser descrita com clareza a situação objeto da investigação, inclusive com a indicação e qualificação dos investigados...".

E se houver evidências da ocorrência de crime punido com reclusão, sendo, porém, desconhecida a autoria? Essa situação, que não se confunde com a anterior (captação de conversa para sondar eventual envolvimento de alguém no cometimento de ilícitos indeterminados), autoriza o procedimento de quebra do sigilo telefônico desde que, obviamente, indicada a linha telefônica que será objeto da violação. Tanto é assim que o art. 2.º, parágrafo único, *fine,* da Lei 9.296/1996 abre espaço à efetivação de interceptações e escutas telefônicas em caso de *impossibilidade manifesta, devidamente justificada,* de indicação e qualificação dos investigados.

E se, a despeito de ser conhecido o titular da linha telefônica, não for ele a pessoa investigada? Não fica obstada, nesse caso, a captação de conversas. Logo, é possível o deferimento da autorização judicial, por exemplo, com foco em "linha pública, aberta ao público ou de entidade pública"[24].

Situação que por vezes ocorre é a de, por meio de captação de conversa telefônica legalmente autorizada, descobrir-se a participação de novos agentes ou a ocorrência de outros crimes. É o que se chama de **serendipidade,** significando *descoberta fortuita de crimes ou agentes diversos daqueles para os quais deferida a cautela.* Nesse caso, é preciso diferenciar: tratando-se de **serendipidade ou encontro fortuito de primeiro grau**, assim considerada a hipótese em que os elementos casualmente descobertos guardam conexidade em relação ao delito para a qual autorizada a violação do sigilo telefônico, nada impede sejam eles utilizados como meios lícitos de prova. Agora, sendo a hipótese de **serendipidade ou encontro fortuito de segundo grau**, referindo-se aqui ao caso de não existir tal vinculação, vale dizer, à hipótese em que os novos dados apresentam absoluta autonomia e independência da apuração em andamento, neste caso poderão esses dados ser utilizados apenas como *notitia criminis,* autorizando o desencadeamento da competente investigação para a respectiva elucidação e, até mesmo, facultando o deferimento de outras interceptações e escutas em relação às pessoas ou aos crimes fortuitamente descobertos[25], mas não como fonte de convencimento do juiz para resolução de aspectos de mérito da ação penal.

8.5.4.4. *Efetiva necessidade da medida – excepcionalidade* (periculum in mora)

Outro requisito que vincula a ordem judicial de captação de conversa telefônica é a constatação da indispensabilidade da medida, ou seja, a inexistência de outra providência que possibilite, de forma imediata e sem risco do perecimento da prova dos fatos, a obtenção dos elementos necessários à elucidação de crime punido com reclusão. Essa finalidade da violação do sigilo telefônico no sentido de elidir o risco da não obtenção da prova em face da inércia na sua produção antecipada caracteriza o *periculum in mora,* pressuposto este que, assim como o *fumus comissi delicti,* informa o deferimento de medidas cautelares no âmbito criminal.

Cabe lembrar que a violação das comunicações telefônicas constitui exceção determinada pelo art. 5.º, XII, da Constituição Federal à tutela da intimidade assegurada pelo

24 GRECO FILHO, Vicente. *Interceptação telefônica*: considerações sobre a Lei n.º 9.296, de 24 de julho de 1996. 2. ed. São Paulo: Saraiva, 2005, *apud* LIMA, Renato Brasileiro de. op. cit., p. 166.

25 STJ, 60.871/MT, *DJ* 17.10.2016.

inciso X do mesmo dispositivo. Logo, sua imposição deve, efetivamente, ser relegada ao plano da excepcionalidade, podendo ser autorizada apenas quando outros meios de prova menos invasivos e, consequentemente, menos atentatórios ao direito à privacidade revelarem-se ineficazes na elucidação do fato.

E tanto essa premência na produção antecipada da prova quanto a impossibilidade de ser ela angariada por outros meios devem estar consignados e adequadamente fundamentados na decisão judicial que autorizar a captação de conversa telefônica, sob pena de ilicitude da prova que decorrer do procedimento.

Mas atenção: o art. 2.º, II, da Lei 9.296/1996, ao vincular o deferimento da violação telefônica à impossibilidade de ser feita a prova por *outros meios disponíveis*, deve ser interpretado com cautela, entendendo-se como tal não a situação em que existem outras formas de provar o fato, apenas não estando elas ao alcance da autoridade policial ou do Ministério Público (*v.g.*, a falta de estrutura na comarca para realização de determinada perícia), mas, sim, a hipótese em que, efetivamente, inexiste meio processual legalmente previsto para a realização da prova (*v.g.*, a impossibilidade de comprovação por meio de testemunhas, o descabimento de prova técnica etc.).

Outro aspecto a atentar refere-se à incidência, no momento em que deliberar o juízo sobre o pedido de violação telefônica, da cláusula *rebus sic stantibus*. Isso quer dizer que eventual decisão de indeferimento da medida sob o argumento de que não constatada sua indispensabilidade não impede o Magistrado de, em momento posterior, detectando tratar-se, de fato, de providência imprescindível, determinar a sua efetivação. E mais: também em razão do caráter *rebus sic stantibus*, não invalida a prova derivada da captação telefônica a circunstância de, apenas depois de realizada essa, descobrirem-se outros meios probatórios hábeis à comprovação do fato. O que importa é que, no momento em que autorizada a quebra do sigilo, não estava presente ou se desconhecia a possibilidade de elucidação do crime por meio de prova diverso.

8.5.4.5. *Elucidação de crimes punidos com reclusão*

Prescreve o art. 2.º da Lei 9.296/1996, que *não será admitida a interceptação de comunicações telefônicas quando ocorrer qualquer das seguintes hipóteses: (...) III – o fato investigado constituir infração penal punida, no máximo, com pena de detenção*. Daí se infere, *a contrario sensu*, que o procedimento é aplicável apenas à apuração de **crime punido com reclusão**, não importando se previsto no Código Penal ou em legislação especial. Também não releva a natureza do delito, vale dizer, se deva ser apurado mediante ação penal pública ou ação penal privada. O que importa é a satisfação do binômio **crime + reclusão**.

Considerando o texto legal, que proíbe a medida na hipótese de infração punida, *no máximo*, com detenção, infere-se que também não pode ser admitida nos procedimentos voltados à apuração de contravenções penais.

Em verdade, soa nítido que, com a disciplina incorporada ao art. 2.º, III, da Lei 9.296/1996, preocupou-se o legislador unicamente com a gravidade abstrata da infração penal, olvidando que, muitas vezes, mesmo uma infração punida com detenção ou uma contravenção penal pode apresentar gravidade concreta no contexto em que praticadas. É o caso, por exemplo, da obtenção da prova relacionada à exploração da loteria não autorizada conhecida como *jogo do bicho* (art. 58 da Lei das Contravenções Penais), conduta esta que, embora parcialmente tolerada pela coletividade, preserva sua lesividade social e muitas vezes esconde esquemas milionários e alimenta o crime organizado em grande escala.

Na medida em que a Lei 9.296/1996 permite a violação do sigilo telefônico apenas nas hipóteses de *infrações penais*, fica afastada do permissivo a apuração das *infrações político-administrativas* previstas no art. 4.º do Decreto-lei 201/1967, que, sujeitando prefeitos municipais a julgamento pela Câmara de Vereadores, são sancionadas com a cassação do mandato; e, também, as definidas nos arts. 4.º a 13, 39 e 40 da Lei 1.079/1950, concernentes ao Presidente da República, aos Ministros de Estado, aos Ministros do STF, entre outros, as quais não constituem crimes no sentido comum, visto que não há pena de prisão ou de multa cominadas, mas, sim, perda do cargo e inabilitação temporária para o exercício de cargo ou função pública. Evidentemente, o óbice à violação do sigilo telefônico nesses casos não existe quando as mesmas condutas forem, também, classificadas como crimes comuns punidos com reclusão.

Existem determinadas infrações cuja apuração é condicionada à presença de **condições objetivas de punibilidade** (elementos exteriores ao fato delituoso, não integrantes do tipo penal, que vinculam a punibilidade da conduta à superveniência de determinado acontecimento) ou de **condições de procedibilidade** (condições específicas, de natureza eminentemente processual, que vinculam o próprio exercício da ação penal e que são exigidas em determinados casos a partir de previsão legal expressa). Em ambos os casos, a efetivação da captação de conversa telefônica estará viabilizada somente quando suprida a condição, possibilitando ao Estado, então, exercer as ações relacionadas ao direito de punir (instauração do inquérito policial e do processo criminal).

Exemplos de condições objetivas de punibilidade:

a) Nos crimes falimentares, dispõe o art. 180 da Lei 11.101/2005 que a sentença que decreta a falência, concede a recuperação judicial ou concede a recuperação extrajudicial é condição objetiva de punibilidade das infrações penais descritas nesse diploma. Precitado dispositivo, portanto, condiciona a atuação estatal, no âmbito criminal, à decretação da falência, à homologação da recuperação extrajudicial ou à concessão da recuperação judicial, razão pela qual, antes dessas providências, a polícia judiciária e o Ministério Público não poderão atuar na seara falimentar por falta da mencionada condicionante.
b) A decisão definitiva do processo administrativo-fiscal constitui *condição objetiva de punibilidade* dos crimes previstos no art. 1.º da Lei 8.137/1990 (crimes contra ordem tributária). Isto quer dizer que, na pendência de defesa ou recurso na esfera administrativa, não há justa causa para a instauração de inquérito policial e de ação penal contra o agente, por inexistir, ainda, lançamento definitivo do débito fiscal[26].

Exemplos de condições de procedibilidade:

a) Condicionamento da ação penal à prévia representação da vítima no crime de injúria praticado com utilização de elementos relativos à religião ou à condição de pessoa idosa ou com deficiência (art. 140, § 3.º c/c 145, parágrafo único, do Código Penal)[27].
b) Exigência de requisição do Ministro da Justiça para o ingresso de ação penal por crimes contra a honra do Presidente da República (art. 145, parágrafo único, do Código Penal).
c) Ingresso no território nacional do indivíduo que praticou crime no exterior (art. 7.º, § 2.º, "a", do Código Penal).

---

26 STJ, AgRg no AREsp 553.296/SP, *DJ* 02.05.2016.

27 A Lei 14.532, de 11.01.2023, atribuiu nova redação ao art. 140, § 3.º, do Código Penal, limitando sua incidência às hipóteses em que a injuria envolver a utilização de elementos referentes a religião ou à condição de pessoa idosa ou com deficiência, sendo mantida sua apuração mediante ação penal pública condicionada à representação do ofendido. A referida Lei 14.532, ainda, incluiu na Lei 7.716/1989 (que define os crimes resultantes de preconceito de raça ou de cor) a conduta de "injuriar alguém, ofendendo-lhe a dignidade ou o decoro, em razão de raça, cor, etnia ou procedência nacional", tipificando-a no art. 2.º-A daquele diploma, crime este de ação penal pública incondicionada. Com esta última disciplina, a injúria racial passou a assumir natureza equiparada à de crime de racismo, sendo inafiançável e imprescritível, a teor do disposto no art. 5.º, XLII, da CF.

Interceptação das comunicações telefônicas - REQUISITOS -

Ordem judicial fundamentada	Finalidade de investigação criminal ou instrução processual penal	Indícios razoáveis de autoria ou participação (*fumus comissi delicti*)	Excepcionalidade (*periculum in moral*)	Crimes punidos com reclusão
- Competente é o juiz da ação principal, ressalvando-se a incidência da **Teoria do Juízo Aparente.** - Cabe ao juiz descrever com clareza o objeto da investigação, com indicação dos investigados, salvo justificada impossibilidade. - Ausência de ordem judicial implica ilicitude da prova, sendo irrelevante o fato de um dos interlocutores ter ciência da captação do diálogo por terceiro, assim como a titularidade da linha telefônica.	- A medida pode ser deferida em caráter preparatório ao processo criminal ou em caráter incidental. - É admitida no curso do inquérito policial e de outras investigações criminais. - O resultado da interceptação pode ser utilizado, a título de prova emprestada, em demandas cíveis e procedimentos administrativos disciplinares.	- Não é necessário juízo de certeza, bastando a plausibilidade do envolvimento da pessoa na pratica do crime investigado. - É vedada a **interceptação por prospecção**, isto é, aquela realizada para sondar o envolvimento do indivíduo em prática ilícita. - Possível a interceptação para elucidar a autoria quando esta for desconhecida.	- A medida deve ser indispensável, inexistindo outra providência imediata que possibilite a elucidação do crime. - Incide a cláusula *rebus sic stantibus*. Logo, o indeferimento não impede o juiz de determiná-la em momento posterior. E também não invalida a prova o fato de, posteriormente à sua efetivação, serem descobertos outros meios probatórios hábeis à elucidação do crime.	- A interceptação não é admitida para apuração de crimes punidos com detenção, contravenções penais e infrações político-administrativas (DL 201/1967 e L. 1.079/1950). - Tratando-se de infração condicionada à presença de **condições objetivas de punibilidade** ou **condiçoes de procedibilidade**, a interceptação poderá ser ordenada apenas depois de satisfeitas tais condições.

8.5.5. Legitimados para o pedido e a possibilidade da determinação de interceptações *stricto sensu* e escutas telefônicas *ex officio* pelo Magistrado

Estabelece o art. 3.º da Lei 9.296/1996 que, além de poder determiná-la o **juiz** ex officio, são legitimados para requerer, em juízo, a quebra do sigilo telefônico do investigado ou acusado, a **autoridade policial** (no curso da investigação criminal que conduzir) e o **Ministério Público** (no curso da investigação criminal ou da instrução processual penal). A propósito deste último legitimado, o Conselho Nacional do Ministério Público editou a Portaria n.º 36/2009, enumerando critérios a serem observados pelos membros do *Parquet* relativamente ao requerimento de ordem judicial de captação de conversas telefônicas, ao pedido de prorrogação do prazo para sua realização e à conclusão do procedimento de sua efetivação. Este ato normativo foi objeto de impugnação por meio da ADI 4263, ajuizada pela Procuradoria-Geral da República, a qual foi julgada improcedente pelo Plenário do STF (j. 25.04.2018) sob o fundamento de que não adentrou em matéria de direito penal ou processual, limitando-se à regulamentação de questões administrativas e disciplinares relacionadas ao procedimento das interceptações no âmbito do Ministério Público, notadamente no que concerne a seu pedido e sua utilização.

Independentemente da aparente clareza redacional do referido art. 3.º da Lei 9.296/1996, algumas questões relacionadas à sua interpretação merecem destaque. São elas:

> ***Primeira:* possibilidade de ser a medida requerida pelo ofendido na qualidade de titular da ação penal privada:** entendemos que nada impede seja a ordem judicial de captação de conversa telefônica requerida pelo *querelante* no curso da ação penal privada, condicionando-se, logicamente, a que já estejam presentes os demais requisitos que autorizam a medida (indícios de autoria, crime punido com reclusão e excepcionalidade da iniciativa).
>
> ***Segunda:* possibilidade de ser a medida postulada pelo assistente de acusação:** o assistente de acusação ou assistente do Ministério Público, a teor da regra do art. 268 do CPP, será a vítima de um crime de ação penal pública (não se admite, por razões óbvias, a assistência em crimes de ação penal privada) ou seu representante legal. Na morte do ofendido, poderão figurar como assistentes as pessoas do art. 31 do CPP, quais sejam, seu cônjuge, ascendente, descendente ou irmão. O assistente, assim como o querelante, não está referido na Lei 9.296/1996, expressamente, como um dos legitimados para requerer a violação de sigilo telefônico. Não obstante essa omissão legislativa, compreendemos que possui legitimidade para tanto, a qual se amolda à faculdade prevista no art. 271 do CPP, quando reza que pode ele *propor meios de prova*. Ora, a captação de conversa telefônica nada mais é do que um *meio de prova*. Por que então dela ficaria subtraída a legitimidade assistencial? Ressalve-se que essa legitimidade que ora se atribui ao assistente do Ministério Público para pleitear interceptações ou escutas telefônicas exige que já exista processo penal regularmente instaurado e desde que esteja habilitado a nele intervir por decisão judicial.
>
> ***Terceira:* constitucionalidade da faculdade conferida ao Juiz de, *ex officio*, determinar interceptações:** trata-se de assunto que há muito tempo divide opiniões, alguns aceitando a possibilidade prevista em lei de agir o Magistrado *ex officio* e outros entendendo ser inconstitucional essa faculdade.
>
> O argumento no sentido da *inconstitucionalidade* decorre da circunstância de que se destinam a interceptação *stricto sensu* e a escuta telefônica à investigação criminal ou instrução processual penal, procedimentos estes que sempre tem por objetivo inicial a descoberta de provas que incriminem o investigado ou acusado. Destarte, a determinação *ex officio*

pelo Magistrado afrontaria o sistema acusatório estabelecido pela Constituição Federal, pelo qual se atribui aos juízes a função única de processar e julgar, não lhes competindo adotar medidas de cunho investigatório.

Já os adeptos do entendimento pela *constitucionalidade* consideram que a ordem de quebra do sigilo telefônico pelo Juiz *ex officio* não fere o sistema acusatório, já que não importa em deslocamento de sua imparcialidade natural e muito menos em ato de investigação, tratando-se tão somente de providência justificada na necessidade de preservação da prova e na busca da verdade sobre como os fatos realmente se deram.

Diante desse conflito de posições, surgiu, com o propósito de consolidar solução intermediária, uma terceira linha de pensamento, defendida, inclusive, pela Procuradoria-Geral da República nos autos da Ação Direta de Inconstitucionalidade 4.112, ajuizada no STF pelo Partido Trabalhista Brasileiro relativamente a vários dispositivos da Lei 9.296/1996 (não julgada até a data do fechamento desta edição). Compreendeu a PGR, enfim, que *a iniciativa da interceptação pelo juiz, na fase que antecede a instrução processual penal, ofende o devido processo legal na medida em que compromete o princípio da imparcialidade que lhe é inerente, e vai de encontro ao sistema acusatório porque usurpa a atribuição investigatória do Ministério Público e das Polícias Civis e Federal, permitindo ao julgador a assunção desse mister*. Logo, o art. 2.º, *caput*, II, da Lei 9.296/1996 *deve merecer interpretação conforme a Constituição, de modo que a possibilidade de o Juiz decretar de ofício a interceptação telefônica fique limitada à fase processual*[28]. Em outras palavras, defendeu-se a possibilidade de o Magistrado ordenar a violação do sigilo telefônico *ex officio* apenas no curso da ação penal e não na fase que antecede ao seu ajuizamento, orientação esta que se assemelhava ao regramento estipulado pelos arts. 282, § 2.º, e 311 do Código de Processo Penal, os quais possibilitavam ao juiz, *ex officio*, decretar a prisão preventiva e as medidas cautelares diversas da prisão previstas nos arts. 319 e 320 do mesmo diploma unicamente na fase posterior à instauração do processo criminal. Por considerá-la equilibrada, sempre aderimos a esta última posição.

Sem embargo desta dicotomia de posições, em janeiro de 2020 entrou em vigor a Lei 13.964/2019, por meio da qual foi introduzido no CPP o art. 3º-A, vedando "a iniciativa do Juiz na fase de investigação e a substituição da atuação probatória do órgão de acusação". Como já dissemos antes, tal dispositivo teve a sua eficácia suspensa em razão de medida cautelar deferida no STF no âmbito das ADIs 6.298, 6.299, 6.300 e 6.305, suspensão esta que persistia por ocasião do fechamento da presente edição deste livro. Independentemente, porém, de eventual revogação dessa medida cautelar (quer incidentalmente, quer em razão de julgamento de procedência daquelas ADIs) e do consequente restabelecimento da eficácia do citado art. 3º-A, parece-nos que não restará alterada a orientação no sentido da impossibilidade de atuar o juiz, oficiosamente, na fase investigatória. *Mas e quanto à viabilidade de o juiz fazê-lo no curso do processo criminal*? Entendemos que também descabe. Isto porque, conforme referimos no tópico 8.2.2, ao juiz apenas é lícita a produção probatória *ex officio* quando o fizer com a finalidade de dirimir dúvidas sobre pontos relevantes, dúvidas estas surgidas a partir das provas requeridas ou trazidas pelas partes. É necessário, portanto, que haja o mínimo de correspondência entre a diligência probatória, o resultado que dela se possa obter e a dúvida do juiz cuja satisfação se espera com a providência determinada. A oitiva *ex officio* de uma testemunha referida por outra arrolada pelas partes, por exemplo, é medida plausível. Do mesmo modo, a requisição de um documento e o novo interrogatório do réu são providências com potencialidade para trazer aos autos elementos de suporte ao magistrado. Trata-se estes, enfim, de meios de prova cuja produção pode ser direcionada, especificamente, à satisfação de dúvida do magistrado sobre ponto determinado, endereçamento este que não ocorre quando se trata violação de sigilo telefônico, já que, em primeiro lugar, não é possível prever se haverá a

28 Disponível em: <http://mpf.jusbrasil.com.br/noticias/2348899>. Acesso em: 4 nov. 2016.

captação de diálogos que interessem à apuração judicial do fato, e, em segundo, o conteúdo dos diálogos eventualmente captados. Logo, em que pese possam captações telefônicas serem autorizadas pelo juiz no curso do processo, isto apenas poderá ser decorrência de requerimento, mas não *ex officio*. De qualquer modo, recomendamos o leitor a atentar à tramitação e ao desiderato da ADI 4112 que, conforme referimos antes, abrange o tema em foco e também não contava com deliberação do STF ao tempo do encerramento desta edição de nossa obra.

***Quarta:* possibilidade de ser a medida requerida pela defesa do investigado ou acusado:** como se infere da Lei 9.296/1996, o art. 3.º nada menciona a respeito. E a doutrina diverge: alguns compreendendo pelo descabimento do pedido defensivo em face do silêncio do legislador a respeito – nesse caso, necessitando da medida, caberia ao advogado requerê-la à autoridade policial ou ao representante do Ministério Público para que estes, então, provocassem o Juiz a respeito; e outros, aceitando o pleito a partir de interpretação extensiva do referido dispositivo legal. Particularmente, à semelhança do que defendemos em relação ao assistente de acusação e ao querelante, consideramos possível sim o deferimento, pelo Juiz, de interceptação requerida pela defesa. Isto porque, até mesmo em razão da necessidade de se observar a paridade de armas (e a isonomia é princípio constitucional), não há motivo para que se considere a possibilidade de interceptar a conversa telefônica como um meio de prova destinado, exclusivamente, a fazer prova contra o investigado ou réu.

8.5.6. Prazo para a interceptação *stricto sensu* e escuta telefônica

O art. 5.º da Lei 9.296/1996 estabelece que a medida terá duração de *quinze dias*, renovável por igual prazo, desde que comprovada a efetiva necessidade desse meio de prova.

Veja-se que o prazo em questão não flui a partir da data da decisão judicial que autorizou a quebra do sigilo telefônico, mas, sim, a partir do dia em que teve início o procedimento interceptativo[29]. E há prazo para tal início? Não há previsão na Lei 9.296/1996, devendo-se, então, observar o princípio da proporcionalidade, levando-se em conta, muito especialmente, a maior ou menor dificuldade na implementação das medidas. No STJ, por exemplo, já se entendeu justificado o fato de a interceptação telefônica ter sido iniciada mais de dois meses da ordem que a autorizou, tendo em vista o número de investigados, bem como o quantitativo de terminais telefônicos interceptados (RHC 74.187/RJ, *DJ* 13.10.2017).

Outro aspecto importante respeita à possibilidade de renovação ditada pelo precitado artigo da lei em exame. Enfim, ao dispor que a medida perdurará por quinze dias *renovável por igual prazo,* estaria determinando o legislador que tal renovação seja feita apenas uma vez, ou, ao contrário, poderia ser renovado esse prazo mais de uma vez? Não há mais qualquer dúvida a respeito. Basta ver que o Tribunal Pleno do STF, no julgamento do Recurso Extraordinário 625.263/PR, em 17.03.2022 (Tema 661), em regime de repercussão geral, deliberou no sentido de que *são lícitas as sucessivas renovações de interceptação telefônica*, desde que demonstrada a efetiva necessidade da medida diante de elementos concretos e que tanto a decisão que determinou a captação inicial como as que tenham autorizado as prorrogações estejam devidamente motivadas.

---

[29] "Pacificou-se nos Tribunais Superiores o entendimento de que o prazo de 15 (quinze) dias das interceptações telefônicas deve ser contado a partir da efetiva implementação da medida, e não da respectiva decisão. Precedentes do STJ e do STF" (STJ, AgRg no RHC 114.973/SC, 5.ª Turma, Rel. Min. Jorge Mussi, j. 19.05.2020, *DJe* 27.05.2020).

8.5.7. Procedimento determinado pela Lei 9.296/1996

De acordo com o art. 4.º da Lei 9.296/1996, o pedido de violação do sigilo telefônico deverá conter a demonstração de que sua realização, efetivamente, é necessária à apuração da infração penal, indicando, ainda, os meios a serem empregados. O requerimento deve ser escrito. Não obstante, excepcionalmente, o Juiz poderá admitir que seja formulado verbalmente, desde que estejam presentes os pressupostos que autorizem a medida, caso em que a concessão será condicionada à sua redução a termo.

Embora não prevista em lei, consideramos que, não sendo autor do pedido, a oitiva do Ministério Público acerca do requerimento de interceptação e de escuta telefônica deve ser considerada obrigatória: *a um*, em face de ser o Promotor de Justiça autor da ação penal pública cujo início está sempre condicionado à existência de um lastro probatório mínimo acerca da autoria e materialidade do crime; e, *a dois*, em razão de sua condição de fiscal da lei, incumbindo-lhe zelar pelo fiel cumprimento das garantias constitucionalmente asseguradas ao investigado (lembre-se de que a quebra do sigilo telefônico é medida excepcional, condicionando-se o seu deferimento à observância das condições que a autorizam).

Abrindo exceção ao prazo (cindo dias) que o art. 800, II, do Código de Processo Penal estabelece para que sejam proferidas decisões interlocutórias simples, a lei, aqui, fixa ao Juiz o prazo de 24 horas para decidir sobre o pedido, decisão esta que deverá ser fundamentada, sob pena de nulidade.

Perceba-se que, em face da natureza da medida, é evidente que dela não poderá ter conhecimento prévio o investigado. Por isso, deverá ser determinada pelo Juiz ***inaudita altera parte***, vale dizer, sem o exercício anterior do contraditório. Adota-se, enfim, o princípio do contraditório diferido ou retardado (art. 1.º, *in fine*), ou seja, assegurado apenas depois da obtenção do material probatório necessário à apuração do fato.

Conforme preconiza o art. 5.º, uma vez deferida a diligência pelo Juiz, sua efetivação deverá ocorrer no prazo de 15 dias, prorrogável por igual período (v. item 8.5.6). A execução da medida será realizada pela autoridade policial (art. 6.º), sendo facultado a esta, na hipótese de não dispor dos meios necessários para a captação das conversas telefônicas, requisitar serviços e técnicos especializados às concessionárias de serviço público (art. 7.º). Sem embargo dessa regra, o STJ já admitiu como lícita a interceptação telefônica conduzida por outro órgão da administração pública, que não seja a autoridade policial, a exemplo do Ministério Público[30].

A autoridade que conduzir os procedimentos de interceptação e escuta deverá dar ciência a respeito ao Ministério Público, facultando-se a este acompanhar a sua realização (art. 6.º). A ciência ao Ministério Público dos procedimentos atinentes à execução daquelas medidas é, portanto, obrigatória, implicando sua ausência em nulidade relativa, que será decretada na hipótese de o Promotor de Justiça comprovar o prejuízo decorrente da infringência à norma legal. Perceba-se – e isto fica bem claro no dispositivo – que não é obrigatório o acompanhamento das diligências de interceptação e escuta pelo Ministério Público, sendo isto apenas uma faculdade que lhe outorga a Lei.

Ao fim do período da quebra autorizada do sigilo telefônico, serão as respectivas transcrições (com auto circunstanciado, em que constarão o resumo das operações realizadas e a forma como foram feitas) encaminhadas ao Juiz que, recebendo-as, determinará a autuação em apartado e a apensação da prova obtida (art. 8.º, parágrafo único) ao inquérito ou processo. A partir desse momento a prova poderá ser utilizada pela autoridade policial, pelos interessados (acusação e defesa) e pelo Juiz, na formação do seu convencimento. Não

[30] STJ: HC 244.554/SP, *DJ* 17.10.2012 e HC 131.836/RJ, *DJ* 06.04.2011.

é obrigatória a transcrição integral dos diálogos[31]. Desde que seja garantido aos interessados o acesso aos registros, é suficiente, para efeitos processuais, a transcrição dos trechos que interessem à investigação ou ao processo. Não há na Lei 9.296/1996 qualquer exigência no sentido de que os registros dos diálogos interceptados ou escutados sejam periciados a fim de que se reconheça quem são as pessoas envolvidas. E também não se exige que a transcrição das conversas seja realizada por perito oficial ou que haja a indicação quanto à habilitação técnica de eventuais peritos nomeados para esse fim. Pelo contrário. Uma maior qualificação individual dos peritos, no caso, é absolutamente dispensável, pois a atividade relacionada à degravação de conversa telefônica interceptada não exige conhecimento técnico-científico.

Questão de suma importância aqui refere-se ao **momento em que o Juiz deve determinar tal apensação**. E isto releva pelo fato de que é com tal apensação que a defesa poderá exercer o contraditório. Ora, o mencionado art. 8.º, parágrafo único, da Lei 9.296/1996 determina que a apensação dos autos da interceptação telefônica ocorra **imediatamente antes do relatório da autoridade policial, quando se tratar de inquérito**, ou **na conclusão do processo ao Juiz para o despacho decorrente do disposto nos arts. 407, 502 ou 538 do Código de Processo Penal**. No primeiro caso (quebra do sigilo no curso da investigação criminal) não há qualquer problema, já que o teor das transcrições estará disponível à defesa antes de seus pronunciamentos na ação penal. Logo, o impasse existente refere-se à interceptação ou escuta realizada no curso do processo criminal. Isto porque os referidos arts. 407, 502 e 538 do CPP, antes de vigorarem as alterações determinadas ao Código de Processo Penal pelas Leis 11.689/2008 e 11.719/2008, correspondiam ao momento posterior às alegações finais das partes, quando se facultava ao Juiz ordenar, previamente à sentença, as diligências que considerassem necessárias. Desse modo, revelava-se absolutamente descabido e inconstitucional, sob a ótica do contraditório e da ampla defesa, que o acesso aos autos da interceptação ou escuta pelas partes ocorresse apenas depois de superada a fase de alegações finais (sejam estas orais, sejam memoriais escritos), impossibilitando-se, destarte, a respectiva consulta para fins de exame da prova. Por essa razão, sendo a captação das conversas realizada quando já instaurado o processo criminal, passou-se a decidir que a defesa deve ter acesso à decisão de autorização da quebra de sigilo telefônico e ao conteúdo das degravações já no início da instrução criminal ou, pelo menos, antes de seu encerramento, possibilitando-se, assim, a utilização ou impugnação das captações por ocasião das alegações, orais ou escritas, realizadas logo antes da sentença.

Por óbvio, durante a captação das conversas telefônicas, também serão registrados diálogos sem qualquer relevância para a prova dos fatos sob apuração. Tendo em vista essa circunstância, determina o art. 9.º da Lei 9.296/1996 que a gravação que não interessar à prova será inutilizada por decisão judicial, durante o inquérito, a instrução processual ou depois desta. Trata-se do **incidente de inutilização**, que será assistido pelo Ministério Público, facultada, ainda, a presença do acusado ou de seu representante legal. Frise-se que o dispositivo refere que a inutilização pode ser requerida ao Juiz não somente em virtude de requerimento do Ministério Público, como também *da parte interessada*, compreendendo-se como tal não apenas o imputado, mas também eventuais terceiros cujas falas tenham sido captadas no curso da interceptação ou escuta. Considerando que a decisão que resolve o incidente de inutilização possui natureza de *interlocutória mista terminativa* e tendo em vista que não comporta o manejo de recurso em sentido estrito (pela não adequação a qualquer das hipóteses do art. 581 do CPP), entendemos que pode ela ser impugnada mediante a apelação a que alude o art. 593, II, do CPP.

---

31 No julgamento do Agravo Regimental na Ação Penal 508, em 06.02.2019, reafirmou o Plenário do STF o entendimento de que não é necessária a degravação integral das conversas registradas a partir de interceptações telefônicas, sendo suficiente a transcrição dos excertos que subsidiam a denúncia e a disponibilização, às partes, do conteúdo integral das gravações realizadas.

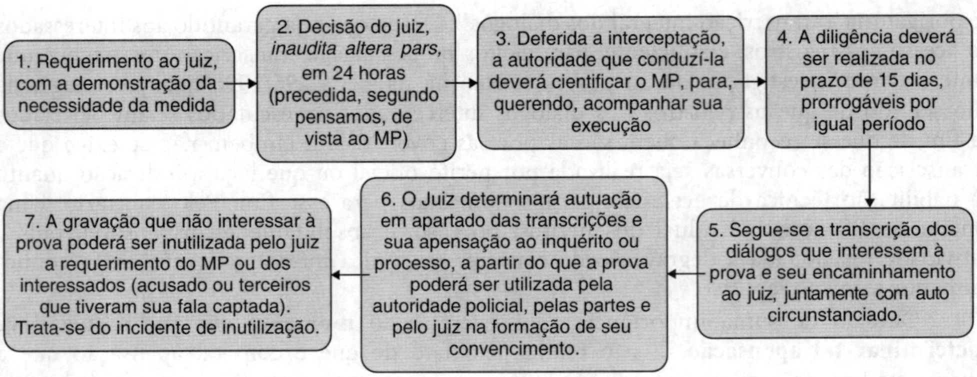

8.5.8. Recurso ou impugnação cabível em relação ao indeferimento do pedido de violação do sigilo telefônico

Evidentemente, não estamos tratando, aqui, de impugnações pela defesa, uma vez que o investigado e o réu apenas terão ciência da violação do sigilo telefônico após a sua efetivação. O contraditório é diferido, retardado ou postergado, como alhures já se explicitou. Tratamos, isso sim, das modalidades impugnativas passíveis de utilização quando desconforme a decisão judicial do pedido realizado pelo Ministério Público, a quem sempre deve ser dada ciência do deferimento ou indeferimento da quebra daquele sigilo.

De plano, considere-se despropositada a possibilidade de utilização do *recurso em sentido estrito* com base em qualquer das hipóteses do art. 581 do CPP. Isso porque tal modalidade recursal é permitida, unicamente, nos casos previstos em lei ou em hipóteses que, mesmo não havendo previsão, sejam muito semelhantes no resultado a outras previstas – é a chamada *interpretação extensiva.*

Até não se descartaria, contra o *indeferimento* do pedido de captação de conversas telefônicas levado a efeito pelo Ministério Público, a utilização de apelação prevista no art. 593, II, do CPP. Afinal, é indiscutível que a decisão de indeferimento se classifica como decisão definitiva, acarretando a extinção do procedimento probatório pleiteado. Todavia, o uso deste recurso apresentaria um grave inconveniente, qual seja a intimação do recorrido para a apresentação de contrarrazões, que é necessária em virtude do rito (art. 600 do CPP). Assim, eventual provimento do recurso importaria em tornar absolutamente despida de efetividade a violação do sigilo, pois, ciente o acusado da intenção do recorrente, redobraria os cuidados nas palavras ditas por telefone.

Neste cenário, na medida em que não se pode conceber que seja indiscutível em grau de superior de jurisdição o indeferimento da medida quando presentes os requisitos que a autorizam, entendemos possível o manejo de mandado de segurança, por meio do qual, em sede de liminar, será possível obter a modificação da decisão que tiver indeferido o pleito de captação com a necessária celeridade. Caso, mais tarde, no julgamento do mérito do *mandamus*, venha a ser cassada a liminar e denegada a segurança, bastará ao juiz do processo de conhecimento desconsiderar a prova eventualmente obtida.

8.5.9. Descoberta fortuita ou ocasional de crime distinto daquele para o qual expedida a ordem judicial ou de pessoa diversa daquela em relação desencadeada a persecução

Pode ocorrer que, no curso da interceptação ou da escuta telefônica, venham a ser descobertas provas do cometimento de crime distinto daquele para a qual autorizada a violação do sigilo ou o envolvimento de pessoa diversa daquela em relação à qual havia indícios de autoria da prática de delito. Trata-se da chamada *descoberta casual* ou *conhecimento fortuito*, também conhecido como *fenômeno da serendipidade*. A respeito tem a jurisprudência do STJ (e, no mesmo sentido, do STF) entendido que as provas assim obtidas não são **ilícitas**. Corretíssima, a nosso ver, essa orientação das Cortes Superiores. Afinal, se obtidas a partir de uma violação autorizada – e, portanto, lícita –, não há por que serem consideradas contaminadas de ilicitude, sendo inaplicável ao caso a Teoria dos Frutos da Árvore Envenenada. Se a interceptação foi realizada nos estritos limites da lei, o que dela advier deve ser considerado como consequência do respeito à ordem jurídica.

Mas cuidado: como já dissemos antes (item 8.5.4.3 deste capítulo), é preciso atentar, diante da serendipidade, se os elementos casualmente descobertos guardam ou não relação de conexidade em relação ao delito para a qual autorizada a violação do sigilo telefônico. Caso haja esta relação (serendipidade de primeiro grau), não haverá qualquer irregularidade na sua utilização como meios de prova. Agora, se não houver tal vinculação (serendipidade de segundo grau), vale dizer, se os novos dados apresentarem absoluta autonomia e independência da apuração em andamento, neste caso poderão eles ser utilizados apenas como *notitia criminis,* autorizando o desencadeamento da competente investigação para a respectiva elucidação e, até mesmo, facultando o deferimento de outras interceptações em relação às pessoas ou aos crimes fortuitamente descobertos[32].

E se as novas informações criminosas, fortuitamente descobertas, sugerirem o envolvimento de indivíduos com prerrogativa de função? Mais uma vez é necessário distinguir duas situações: uma, a hipótese de existir conexidade entre os fatos ou agentes fortuitamente descobertos e o delito que inicialmente justificou a autorização de quebra de sigilo telefônico; outra, a situação em que ausente esse vínculo. No primeiro caso, cabe ao magistrado ou colegiado que está oficiando declinar para o tribunal competente o prosseguimento da persecução criminal em relação a todos os crimes ou autores supostamente envolvidos, sob pena de mácula à legalidade e a higidez da correspondente apuração. No segundo, não ocorrerá a declinação integral, cabendo, unicamente, o desentranhamento das peças que sugerem o envolvimento dos indivíduos com prerrogativa de função e seu envio ao foro competente.

Note-se, por fim, que tal entendimento – validade das provas fortuitas –, segundo pensamos, não pode ficar condicionado a que o crime descoberto ao acaso seja punido com reclusão, admitindo-se como válidos os elementos obtidos, ainda que se trate de delito punido com pena de detenção ou até mesmo uma contravenção penal.

8.5.10. Captação de diálogo telefônico entre o investigado e o advogado

No curso de interceptação telefônica judicialmente autorizada, pode ocorrer, eventualmente, a captação de diálogo telefônico mantido entre o investigado e seu defensor em relação ao crime sob apuração em investigação ou processo criminal. Neste caso, é evidente que a prova resultante da captação não poderá ser utilizada em face da garantia do sigilo profissional que assiste ao advogado. Tanto é assim que o art. 7.º, II, da Lei 8.906/1994 (Estatuto da Advocacia) estabelece "a inviolabilidade de seu escritório ou local de trabalho, bem como de seus instrumentos de trabalho, de sua correspondência escrita, eletrônica, **telefônica** e telemática, **desde que relativas ao exercício da advocacia**" (grifamos).

E se a conversa interceptada, não obstante envolva orientação profissional do advogado em relação ao investigado, disser respeito a crime diverso daquele que motivou a autorização

[32] STJ, 60.871/MT, *DJ* 17.10.2016.

judicial? Ainda assim a prova remanesce inválida, incidindo, de qualquer modo, a imunidade assegurada na parte final do citado dispositivo da Lei 8.906/1994.

Sem embargo, deve-se ter em vista que tal garantia – do sigilo profissional – não existe quando detectado o envolvimento do advogado como partícipe ou autor no crime que motivou a diligência, sendo lícitas, nesse caso, as provas decorrentes da violação telefônica, o que se infere a partir da conjugação do art. 7.º, II, com o que dispõe o § 6.º do mesmo dispositivo legal. O STJ, aliás, já deliberou que, se a interceptação da comunicação telefônica de conversa mantida entre o investigado e seu advogado ocorreu fortuitamente, vale dizer, no âmbito de violação de sigilo telefônico genericamente autorizada (sem o fim específico de captar diálogos entre o investigado e o advogado), as provas então obtidas podem, sim, ser utilizadas contra o causídico envolvido em prática criminosa[33], tendo em vista que a garantia do sigilo não tem o condão de conferir imunidade para a prática de crimes no exercício profissional.

8.5.11. Crime do art. 10 da Lei 9.296/1996: violação do sigilo telefônico sem ordem judicial ou com objetivos não autorizados em lei e quebra de segredo de Justiça

Dispõe o art. 10, *caput*, da Lei 9.296/1996, alterado pela Lei 13.869/2019, que *"constitui crime realizar interceptação de comunicações telefônicas, de informática ou telemática, promover escuta ambiental ou quebrar segredo da Justiça, sem autorização judicial ou com objetivos não autorizados em lei"*. Já o parágrafo único do mesmo dispositivo estabelece que *"incorre na mesma pena a autoridade judicial que determina a execução de conduta prevista no* caput *deste artigo com objetivo não autorizado em lei"*.

Alertamos o leitor que, neste tópico, analisaremos apenas as ações relacionadas à violação do sigilo telefônico, relegando para os tópicos seguintes o exame dos mesmos comportamentos quando pertinentes ao *sigilo de dados* (item 8.6) e às *captações ambientais* (item 8.7).

Consistem, pois, as condutas aqui incriminadas:

1) **Realizar interceptação de comunicações telefônicas sem autorização judicial.** A conduta assume relevância penal com o simples fato de o agente captar a conversa telefônica entre dois (ou mais) interlocutores, sendo irrelevante a circunstância de nenhum deles ter ciência da captação clandestina (interceptação telefônica *stricto sensu*) ou de ser esta do conhecimento de apenas um deles (escuta telefônica). E o crime se perfaz independentemente da divulgação. Incorre na prática do delito, por exemplo, o agente policial que intercepta comunicação telefônica alheia sem a existência de prévia ordem judicial. Se, além da captação desautorizada, houver a divulgação do conteúdo registrado, o crime que *poderia se configurar* é o do art. 151, § 1.º, II, do Código Penal, que tipifica o comportamento de *quem indevidamente divulga, transmite a outrem ou utiliza abusivamente comunicação telegráfica ou radioelétrica dirigida a terceiro, ou conversação telefônica entre outras pessoas.* Diz-se *"poderia se configurar"* pelo fato de que, havendo a captação clandestina do diálogo telefônico, a subsequente divulgação resta absorvida pela primeira conduta em face do princípio da consunção. *E por que a absorção da conduta do art. 151, § 1.º, II, do Código Penal pela do art. 10 da Lei 9.296/1996, e não o contrário?* Porque, não obstante se possa entender que a captação ilegal (crime-meio) tenha ocorrido com a

33 STJ, RMS 33677/SP, 5.ª Turma, *DJ* 03.06.2014.

intenção de divulgar (crime-fim), "o princípio da consunção pressupõe a existência de um nexo de dependência das condições ilícitas, para que se verifique a possibilidade de absorção daquela menos grave pela mais danosa[34]". Destarte, quando se fala em consunção, mister sempre observar a relação de maior para menor, considerando a gravidade do delito, não sendo possível albergar a ideia de absorção do crime mais grave pelo menos grave. Ora, o crime do art. 10 da Lei 9.296/1996 prevê pena abstrata de 2 a 4 anos de reclusão, revelando-se, portanto, de maior gravidade que o delito do art. 151, § 1.º, II, do Código Penal, que contempla apenamento de 1 a 6 meses de detenção. Em derradeiro, deve-se atentar que, como o art. 5.º, XII, da CF e a Lei 9.296/1996 não tutelam as gravações de conversas telefônicas (hipótese em que um dos interlocutores registra a conversa realizada com o outro), o procedimento, por exemplo, de X gravar a conversa telefônica mantida com Y não poderá caracterizar o delito do art. 10 em comento, tampouco, caso X venha a divulgar tal gravação, o crime do art. 151, § 1º, II, do Estatuto Repressivo, porquanto este incrimina a propagação indevida de conversação telefônica "entre outras pessoas", referindo-se, portanto, ao terceiro que, não tendo concorrido de qualquer forma para o registro telefônico, dele tomar conhecimento e promover sua divulgação.

2) **Determinar ou realizar interceptação de comunicações telefônicas com objetivos não autorizados em lei.** Abrange-se, aqui, a hipótese de ter sido autorizada judicialmente a interceptação, sendo esta, contudo, realizada com objetivos distintos daqueles previstos no art. 5.º, XII, da CF e no art. 1.º da Lei 9.296/1996. É o caso, por exemplo, do Juiz que autoriza a interceptação de comunicação telefônica para fins de instruir processo de natureza cível, ou, então, para apurar crime punido como detenção.

3) **Quebrar segredo de justiça.** Conforme se infere do art. 8.º da Lei 9.296/1996, aquele que, na forma prevista em tal regramento, tomar ciência das diligências, gravações e transcrições relativas à interceptação de comunicação telefônica tem o dever legal de preservar o respectivo sigilo. Tal obrigação assiste a todos aqueles que, por força do procedimento inserido na referida lei, tiverem conhecimento das providências em andamento ou do resultado da interceptação, podendo ser o delegado, o promotor, o juiz, o responsável pela concessionária que prestar auxílio técnico para efetivar a captação, o responsável pela desgravação e até mesmo o advogado do réu. Comete o crime, por exemplo, o agente policial que comunica ao investigado que sua linha telefônica se encontra sob interceptação.

8.5.12. Questões relevantes

Diante da evolução da tecnologia, especialmente no que concerne aos recursos permitidos pelos sistemas de telefonia móvel, algumas questões se põem e têm sido alvo de discussões. Alertamos que, apesar de estarmos tratando do tema no tópico relacionado ao sigilo telefônico, a matéria aqui examinada possui interface, também, com a questão relacionada à violação de dados, objeto do tópico seguinte:

1) Se a autoridade policial, na abordagem do suspeito de prática criminosa (tráfico de drogas, por exemplo), obrigá-lo, no momento em que recebe ligação no celular, a colocar o aparelho em modo "viva voz", serão lícitas as provas então obtidas e as que delas decorrerem? Não. Segundo orientação do STJ, a prova assim obtida acarreta flagrante violação ao direito constitucional do indivíduo à não autoincriminação, uma vez que importa em compeli-lo a reproduzir, contra si, conversa mantida com terceira pessoa, com capta-

[34] STJ, HC 51.660/DF, *DJ* 10.04.2006.

ção do diálogo pela autoridade policial. Concordamos com esta orientação, acrescentando que, na hipótese narrada, ocorre verdadeira situação de escuta telefônica não autorizada judicialmente, em afrontamento à disciplina do art. 5.º, XII, da CF[35].

2) Se a autoridade policial, diante da prisão em flagrante de indivíduo suspeito da prática de tráfico, passando-se por ele, atende ligação telefônica efetuada por terceiro que deseja comprar drogas, a prova então obtida é válida? A hipótese, como se vê, diverge da anteriormente examinada, pois, lá, é o suspeito que mantém o diálogo com terceiro, sob os olhos e ouvidos atentos da autoridade policial que o constrangeu a tanto, ao passo que, aqui, é o policial que se faz passar pelo suspeito ao atender ligação telefônica por meio da qual estava ele sendo instado a fornecer droga a um usuário. Pois bem, acerca da validade da prova assim captada, há duas posições: *primeira,* considera válidas as informações obtidas em face da não incidência, na hipótese versada, das disciplinas do art. 5.º, XII, da CF e da Lei 9.296/1996, que, tutelando a inviolabilidade do sigilo telefônico, salvo ordem judicial, alcançam apenas as *interceptações telefônicas* (situação em que terceiro registra o diálogo telefônico de dois ou mais interlocutores sem que nenhum deles tenha ciência de que está ocorrendo esta captação) e as *escutas telefônicas* (caso em que terceiro registra o diálogo telefônico de dois ou mais interlocutores, havendo a ciência de pelo menos um deles quanto à presença do terceiro), não abrangendo, porém, as *gravações telefônicas* (hipótese em que um dos interlocutores registra o diálogo que mantém com o outro), sendo esta última a situação configurada quando policial atende ligação telefônica destinada ao traficante; e, *segunda,* considerando ocorrer, sim, na espécie, hipótese de incidência dos mencionados dispositivos da Constituição Federal e da Lei 9.296/1996, os quais alcançam não apenas a hipótese em que um terceiro registra o diálogo telefônico mantido entre outros interlocutores, mas, também, a situação em que alguém capta o que é destinado a outrem, tal como ocorre no caso em exame. No âmbito do Superior Tribunal de Justiça esta última orientação tem prevalecido, já se decidindo que *não tendo a autoridade policial permissão, do titular da linha telefônica ou mesmo da Justiça para travar conversa por meio do aparelho com qualquer interlocutor que esteja se passando por seu dono, a prova obtida dessa maneira arbitrária é ilícita* (*Habeas Corpus* 511.484/RS, Sexta Turma, j. 15.08.2019).

3) É válida a prova obtida a partir do acesso *desautorizado*, pela polícia, a mensagens ou conversas armazenadas em telefone celular apreendido em poder do agente, que haviam sido recebidas ou enviadas por SMS, programas ou aplicativos de troca de mensagens (*WhatsApp* e similares)? Não é válida a prova assim obtida. Enfim, sem prévia autorização judicial, é ilícito o acesso direto, pela autoridade policial a mensagens ou conversas registradas no aparelho celular eventualmente apreendido, orientação esta que decorre não apenas da tutela constitucional à intimidade e à vida privada do indivíduo (art. 5.º, X, da CF), como também dos termos do art. 3.º da Lei 9.472/1997 e do art. 7.º, II e III, da Lei 12.965/2014, este último diploma estabelecendo como direito do usuário da internet a "inviolabilidade e sigilo do fluxo de suas comunicações pela internet, salvo por ordem judicial, na forma da lei;" e a "inviolabilidade e sigilo de suas comunicações privadas armazenadas, salvo por ordem judicial". Por óbvio, não haverá ilicitude na prova se, mesmo não existindo ordem judicial prévia, tiver o titular do telefone concedido o acesso a tais elementos. Perceba-se que, neste caso, para que se tenha a prova como válida, competirá ao agente público que realizou a ingerência demonstrar que, de fato, houve a

[35] STJ, REsp 1.630.097/RJ, *DJ* 28.04.2017.

anuência do titular do aparelho, não sendo da defesa, portanto, caso negada a ocorrência do consentimento para a submissão do aparelho celular à análise da autoridade investigante, o ônus de comprovar que não houve a dita anuência.

4) Considere-se que a autoridade policial, por ocasião de prisão em flagrante, apreende o telefone celular do flagrado e, por meio da agenda de ligações, obtém o registro dos últimos números de chamadas recebidas ou enviadas gravados no aparelho. É lícita a prova decorrente deste acesso realizado à revelia de ordem judicial? A situação difere da anterior, pois, lá, houve o acesso ao conteúdo das comunicações telefônicas, ao passo que, aqui, trata-se do acesso a registros de chamadas. Pois bem, a respeito da hipótese em exame, vem deliberando o STJ no sentido da licitude da prova, argumentando que "*a quebra de sigilo dos dados cadastrais dos usuários, relações de números de chamadas, horário, duração, dentre outros registros similares, que são informes externos à comunicação telemática, não se submetem a disciplina da Lei n.º 9.296/96, que trata da interceptação do que é transmitido pelo interlocutor ou do teor da comunicação telefônica*"[36]. O mesmo Tribunal, mais recentemente, referendou essa posição, observando que "*os dados constantes da sua agenda telefônica [...] não tem a garantia de proteção do sigilo telefônico ou de dados telemáticos, pois a agenda é uma das facilidades oferecidas pelos modernos aparelhos de smartphones a seus usuários*"[37]. E no mesmo sentido também vinha se pronunciando o STF, observando que, *ao proceder à pesquisa na agenda eletrônica dos aparelhos devidamente apreendidos, meio material indireto de prova, a autoridade policial busca, unicamente, colher elementos de informação hábeis a esclarecer a autoria e a materialidade do delito, podendo definir, a partir daí, a linha investigatória a ser adotada*[38]. Não obstante esta orientação, o Supremo Tribunal Federal, ao deliberar sobre o Recurso Extraordinário com Agravo nº 1042075/RJ, reconheceu a repercussão geral da matéria, o que implica dizer que a deliberação da Corte a respeito produzirá efeito vinculante. Considerando que, até o fechamento da presente edição deste livro, não havia o Plenário do STF decidido o tema, orienta-se o leitor a acompanhar a tramitação do mencionado recurso e atentar ao resultado do julgamento.

5) E se for o caso de aparelho celular encontrado no local do crime, porque perdido, esquecido ou extraviado na fuga pela pessoa que, a partir do acesso a notas, mensagens e congêneres nele armazenadas, vem, depois, a ser considerada suspeita? Entendemos que não há ilicitude a ser reconhecida aqui, pois se trata de acesso a dados, pela polícia, de celular fortuitamente encontrado, vale dizer, em situação de abandono, justificando-se a verificação de seu conteúdo na busca de identificação de seu titular, que pode ser ou não a responsável pela pratica delituosa. Independentemente desse nosso entendimento, alertamos que o STF reconheceu repercussão geral da questão constitucional pertinente ao tema (ARE 1.042.075/RJ, debatido em 24.11.2017), sendo necessário, então, para que se tenha posição definitiva sobre a controvérsia, aguardar a deliberação da Corte a esse respeito.

6) A existência de ordem judicial para busca e apreensão de celular faculta a pesquisa de conteúdo nele armazenado? Sim. Neste caso, a ordem judicial para apreensão do aparelho traz implícita a autorização para verificação de seu conteúdo (mensagens de texto SMS, conversas por meio de programa ou aplicativos, mensagens enviadas ou recebidas de correio eletrônico etc.), sendo prescindível nova ordem judicial para a análise dos dados armazenados[39].

---

36 STJ, REsp 1851312/RJ, *DJ* 19.12.2019.

37 STJ, REsp 1782386/RJ, *DJ* 18.12.2020.

38 STF, 2.ª Turma HC 91.367/PA, *DJ* 20.09.2012.

39 STJ: HC 372762/MG, *DJ* 16.10.2017; RHC 77232/SC, *DJ* 16.10.2017; e RHC 75800/PR, *DJ* 26.09.2016.

8.6. CAPTAÇÃO DE DADOS EM TRANSMISSÃO

A Lei 9.296/1996, em seu art. 1.º, parágrafo único, estabelece que "aplica-se à interceptação do fluxo de comunicações em sistemas de informática e telemática", o que abrange *e-mails, mensagens, sons e imagens em transmissão, por meio de chats, aplicativos e outros canais ou programas.* Atente-se que não está tratando a norma da captação de dados já transmitidos e armazenados em computadores, na memória de celular, em aplicativos de mensagens e congêneres, relativamente aos quais a ordem judicial, quando obrigatória, não se vincula necessariamente ao cumprimento das exigências materiais e formais da citada Lei 9.296. Refere-se a disciplina do aludido parágrafo único, isto sim, à captação de **dados em transmissão**, tanto que utilizada no dispositivo a expressão "interceptação do **fluxo** de comunicações".

Pois bem, tal previsão, de início, gerou forte controvérsia, tendo em vista que, para muitos, seria inconstitucional. A razão dessa inconstitucionalidade decorreria da circunstância de que o art. 5.º, XII, da Carta da República, ao dispor sobre formas específicas de preservação da intimidade, estabelece que é inviolável o sigilo da correspondência e das comunicações telegráficas, de dados e das comunicações telefônicas, **salvo, no último caso**, mediante ordem judicial, na forma da lei. Com tal redação, teria o legislador constituinte possibilitado apenas a violação das comunicações telefônicas (que seria o último caso do artigo citado), sendo absoluto o sigilo das três primeiras formas elencadas, entre as quais se encontra a captação de dados em fluxo. Destarte, realizando-se o fluxo de informações em sistemas de informática e telemática mediante transmissão de **dados**, e sendo estes invioláveis, restaria viciada a norma incorporada ao art. 1.º, parágrafo único, da Lei 9.296/1996. Os adeptos dessa teoria fundamentavam-se na ideia de que uma interpretação extensiva do texto constitucional permitiria exceção temerária a direito fundamental que o legislador constituinte estabeleceu, o que não poderia ser imposto pelo legislador ordinário.

Não obstante, outra posição surgiu, que se revela, na atualidade, absolutamente dominante, inclusive no âmbito dos Tribunais Superiores, inclinando-se no sentido da constitucionalidade do aludido artigo. O principal argumento utilizado para a defesa desse entendimento é o de que o art. 5.º, XII, da CF, ao prever determinadas inviolabilidades e ter ressalvado a possibilidade de violação, mediante ordem judicial, apenas da última delas, deve ser interpretado em dois grupos:

1.º GRUPO:	a) Inviolabilidade do sigilo da correspondência b) Inviolabilidade do sigilo das comunicações telegráficas
2.º GRUPO:	a) Inviolabilidade do sigilo de dados b) Inviolabilidade do sigilo das comunicações telefônicas

Essa interpretação decorre da aposição, no texto constitucional, da preposição "e" em dois momentos. O inciso XII, enfim, não diz que é inviolável *o sigilo da correspondência, das comunicações telegráficas, de dados e das comunicações telefônicas,* como poderia tê-lo feito. Estabelece, isto sim, que é inviolável o **sigilo da correspondência *e* das comunicações telegráficas (1.º caso), de dados e das comunicações telefônicas (2.º caso), salvo no *último caso***, o qual abrangeria, portanto, tanto os **dados** quanto as **comunicações telefônicas**, e não apenas essa última modalidade, como poderia sugerir uma leitura apressada do texto constitucional.

Sempre concordamos com esta última orientação e o fazemos pelas seguintes razões: *primeira*, o princípio de hermenêutica constitucional segundo o qual apenas deve ser considerada viciada uma norma quando nenhuma interpretação possível for capaz de torná-la adequada à Constituição; *segunda*, o fato de que as liberdades individuais não são e não podem ser absolutas, devendo ceder ao interesse público, quando assim o exigir o interesse da justiça e a necessidade de apuração da verdade real; *terceira*, a abertura da Lei 12.965/2014 (modificada pela Lei 13.709/201[40]), denominada *Marco Civil da Internet*, muito especialmente nos incisos II e III do art. 7.º, que possibilitam, *contrario sensu*, a violação e quebra do sigilo do fluxo de comunicações pela internet e de comunicações privadas armazenadas mediante ordem judicial; e, por fim, *quarta*, a forma como foi redigido o inciso XII do art. 5.º da CF e como poderia tê-lo sido, caso tivesse o legislador constituinte a intenção propositada de tornar invioláveis os dados.

Logo, desde que com ordem judicial e que sejam observados os mesmos requisitos materiais (finalidade de investigação criminal ou instrução processual, apuração de crime punido com reclusão, excepcionalidade etc.) e formais (legitimidade para o pedido, procedimento de efetivação etc.) atinentes à violação do sigilo telefônico, a prova decorrente da captação de dados é lícita, não implicando violação à disciplina constitucional do art. 5º, XII.

Considerando esta simetria da captação autorizada de dados em transmissão com a violação do sigilo telefônico e tendo em vista a norma incriminadora do art. 10 da Lei 9.296/1996 (alterado pela Lei 13.869/2019), infere-se que são típicas, sujeitando o agente às penas previstas nesse dispositivo (dois a quatro anos de reclusão e multa), as condutas de **realizar interceptação de dados em transmissão por meio de sistemas de informática e telemática sem ordem judicial** ou **com objetivo não autorizado em lei**, bem como **quebrar segredo de justiça** em relação ao pedido de autorização judicial para captação dos dados e às informações obtidas a partir da efetivação desse procedimento.

8.7. CAPTAÇÕES AMBIENTAIS

As captações ambientais *lato sensu* compreendem toda e qualquer forma de registros de sons, imagens ou sinais eletromagnéticos que não se utilizem da linha telefônica ou de sinais de telefonia, a exemplo dos realizados por meio de filmadoras, gravadores acústicos, transmissores e outros equipamentos similares.

8.7.1. Classificação das captações ambientais *lato sensu* e a proteção constitucional

Simetricamente às captações de conversas telefônicas, também as captações ambientais (ou interceptações ambientais *lato sensu*) classificam-se em três formas distintas:

a) **Interceptação ambiental *stricto sensu*:** hipótese na qual um terceiro registra sons ou imagens envolvendo a conversa ou o comportamento de duas ou mais pessoas sem que haja o conhecimento destes. *Exemplo*: a autoridade policial, investigando a ação de quadrilha voltada ao tráfico, realiza a filmagem, por dias sucessivos, da conduta dos criminosos vendendo drogas nas proximidades de uma escola, não tendo qualquer dos traficantes ciência de que esse registro está sendo efetuado.

b) **Escuta ambiental:** situação em que um terceiro registra sons ou imagens envolvendo duas ou mais pessoas havendo o conhecimento de um dos envolvidos. *Exemplo*: a polícia civil registra, por meio de um transmissor eletrônico, o momento em que o fiscal de determinada prefeitura exige de um vendedor ambulante vantagem fi-

[40] Com a alteração determinada pela Lei 13.853, de 08.07.2019, a Lei 13.709/2018 passou a ser denominada, em sua ementa, de *Lei Geral de Proteção de Dados Pessoais (LGPD)*.

nanceira para não apreender as mercadorias contrabandeadas, havendo, nesse caso, o conhecimento da escuta pelo vendedor que, para tanto, portava microfone escondido sob as vestes.

c) **Gravação ambiental:** não há, aqui, a presença de terceiro. Na gravação, um dos interlocutores capta a conversa ou o comportamento que mantém com outro, não havendo a ciência deste último quanto a essa circunstância. *Exemplo*: policial disfarçado, portando uma microcâmera, que comparece no local onde determinado indivíduo falsifica documentos, registrando sons e imagens da conversa mantida com ele.

Em nível de Constituição Federal, não existe tutela direta para as captações ambientais, diferentemente do que ocorre em relação à violação do sigilo telefônico, para a qual há *tutela específica* no art. 5.º, XII. Deste modo, a questão relacionada à licitude ou ilicitude dos registros ambientais de sons e imagens deve ser analisada, unicamente, frente à regra do art. 5.º, X, da Carta Magna, que insere *proteção genérica* à intimidade. O problema é que este inciso X, ao contrário do que ocorre no citado inciso XII do mesmo artigo, não ressalva a possibilidade de ordem judicial como forma de viabilizar a violação da privacidade.

Nesse cenário, vale dizer, encontrando-se os registros ambientais ao amparo do art. 5º, X, da CF, que tutela o direito à intimidade, e sendo esta, pelo menos em tese, inviolável, ainda que por ordem judicial, é se indagar: *o material obtido a partir de captação ambiental deve ser considerado, indistintamente e em qualquer caso, prova ilícita? Devem ser consideradas inconstitucionais as regras processuais que regulamentam os registros ambientais?* A resposta é negativa. Nenhuma das formas de captações ambientais (interceptação em sentido estrito, escuta e gravação) importa, necessariamente, em violação ao direito da intimidade. Até pode ser que haja essa violação, mas isso não é considerado a regra, e sim a exceção, ocorrendo em apenas duas circunstâncias:

1) Quando os registros ambientais forem realizados em ambiente no qual exista expectativa de privacidade.

Imagine-se que alguém, clandestinamente, ingresse no gabinete de determinado profissional e, sob sua mesa, acople equipamento de transmissão a fim de que sejam ouvidas todas as conversas que mantém com terceiros, registrando, dessa forma, o diálogo relativo à prática de um crime. Esta prova será ilícita tendo em vista que, no interior da própria sala de trabalho, possuía o investigado a expectativa de estar só, o que atrai a incidência do art. 5.º, X, da Carta da República.

Contudo, é importante ressaltar que, a despeito da prevalência deste entendimento, o Plenário do STF, *por maioria*, em 20.11.2008, no julgamento do Inquérito 2.424/RJ, imputativo da prática de crime organizado, considerou lícita a prova obtida mediante instalação, durante a madrugada, de equipamento de captação acústica no escritório profissional de um dos imputados, visto que se tratava de local utilizado por ele para a consumação de crimes. Ademais, reforçando o argumento da licitude, salientou o STF o fato de que tanto o ingresso naquele ambiente pelos agentes de investigação como o procedimento de captação de sons teriam sido autorizados judicialmente com fulcro no art. 2.º, IV, da Lei 9.034/1995 (atual art. 3.º, II, da Lei 12.850/2013[41]).

2) Quando os registros ambientais forem praticados com violação de confiança decorrente de relações interpessoais (motivada pela amizade, pelo parentesco, pelo casamento etc.) ou de relações profissionais (*v.g.*, advogado e cliente, psicólogo e paciente, padre e confidente etc.).

---

[41] A Lei 12.850/2013, que dispõe sobre a investigação criminal, os meios de obtenção da prova, infrações penais correlatas e o procedimento criminal, em seu art. 26, revogou expressamente a Lei 9.034/1995.

Considerem-se as seguintes hipóteses:

- Determinada pessoa relata à sua esposa (poderia ser qualquer outro parente ou até mesmo um amigo, bastando que esteja presente o elemento *confiança*) detalhes sobre um crime que cometeu, sem saber que todo o seu relato está sendo gravado;
- Um psiquiatra grava a conversa que mantém com seu cliente no consultório, ocasião em que este narra a prática de um delito antes cometido.

Em ambas as situações, impõe-se considerar ilícita a prova resultante das gravações ambientais em virtude de terem sido obtidas mediante violação de confiança, vale dizer, conduta jamais esperada pelo narrador, para quem se gerou sentimento de profunda decepção com a conduta de seu interlocutor. Inclusive, de nada resolveria a existência de ordem judicial autorizando os registros ambientais, tendo em vista que o dispositivo da Constituição Federal afrontado foi o art. 5.º, X, que, repisa-se, não ressalva a possibilidade de autorização do juiz. Cabe ressaltar que, no segundo caso ventilado, a quebra do sigilo ainda seria mais grave, uma vez que às pessoas que sabem do fato em razão da profissão, função, ofício ou ministério incide o dever de sigilo. A propósito, examinando caso concreto que envolvia o registro de diálogo mantido entre advogado e respectivo cliente, materializando-se a prática de um crime perpetrado por este último, decidiu o STJ que "conversa pessoal e reservada entre advogado e cliente tem toda a proteção da lei, porquanto, entre outras reconhecidas garantias do advogado, está a inviolabilidade de suas comunicações"[42].

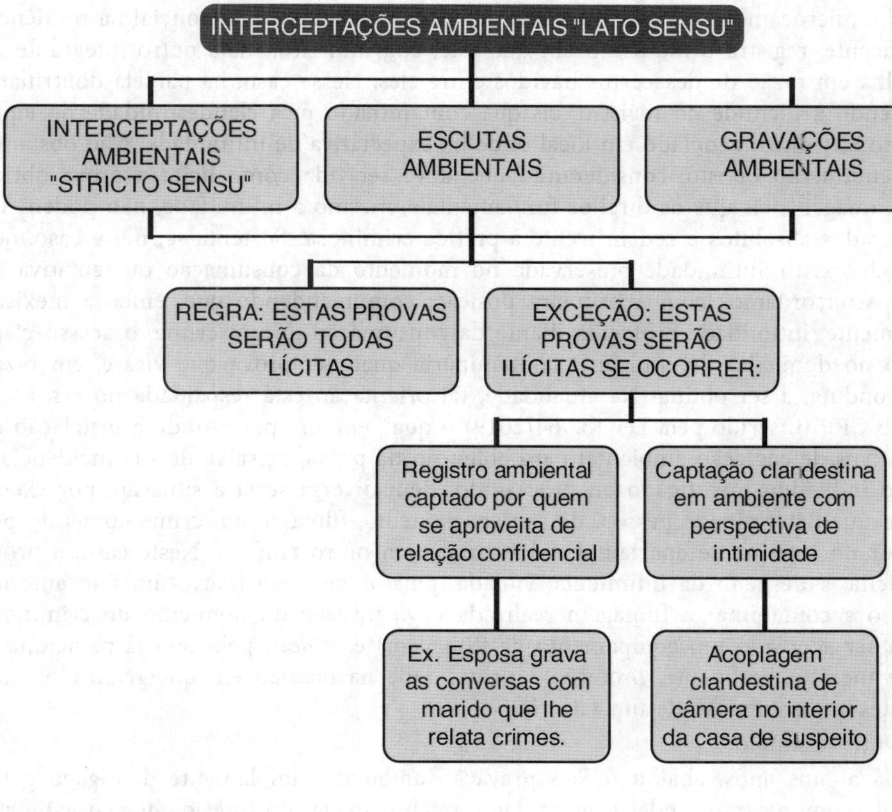

42 STJ, HC 59.967/SP, *DJ* 25.09.2006.

Frisa-se que, na situação que estamos examinando (ilicitude decorrente da violação de relações de confiança) é necessário que, entre o agente da captação ambiental de sons, imagens ou sinais e o indivíduo contra o qual faz prova o registro obtido haja, de fato, intimidade ou confidencialidade, não sendo o suficiente, para que se tenha como caracterizados estes vínculos, circunstâncias de natureza objetiva, como, por exemplo, o fato de serem sócios de uma empresa, parceiros de negócios e, muito menos, comparsas de crimes.

Para bem ilustrar o tema, considere mais este exemplo: no curso do ano de 2017, aportou ao Ministério Público Federal registro ambiental consistente em gravação feita por empresário do ramo frigorífico da conversa mantida com o então Chefe do Poder Executivo Federal, na qual este, supostamente, teria incentivado o pagamento de valores a um deputado federal para que não revelasse informações à chamada *Operação Lava-Jato,* da Polícia Federal. *Por que não foi considerada ilícita esta prova, uma vez que obtidos os diálogos no interior do palácio que abrigava a residência oficial do então Presidente da República, local este, em tese, protegido pelo direito à privacidade?* Por uma razão básica: nada apontava para a existência de relação de intimidade ou confidencialidade entre os interlocutores, pelo menos não a ponto de, para um, ter sua conversa registrada pelo outro, caracterizar ato de absoluta e incogitável deslealdade, tampouco sendo isto, aliás, aventado por qualquer deles como móvel de ilicitude da prova.

E quando se tratar de registro ambiental de crime em plena consumação, também incidem os critérios mencionados considerando ilícitas as provas obtidas mediante violação de confidência ou em ambiente com perspectiva de intimidade? Considere-se o seguinte exemplo: microcâmera, clandestinamente acoplada pela autoridade policial na residência de traficante, registra o momento em que este, com um tiro, mata outro integrante da quadrilha em razão de desacertos havidos entre eles. Nesse caso, há parcela doutrinária defendendo a ilicitude do registro, eis que contaminado pela clandestinidade do equipamento eletrônico acoplado em local onde há expectativa de intimidade. Não obstante, há entendimento oposto, considerando que deve ser tida como lícita a prova obtida com as imagens, eis que os direitos fundamentais, mesmo a intimidade, não podem ser considerados absolutos e cedem frente à prática criminosa. Sustenta-se, neste caso, que não pode existir intimidade preservada no momento da consumação ou tentativa de crimes. Concordamos com a primeira posição, compreendendo que, embora inexista, efetivamente, intimidade protegida diante da consumação de um crime, o acesso clandestino no domicílio do traficante contaminaria qualquer prova que viesse, em razão desta conduta, a ser obtida. Na atualidade, tal orientação está respaldada no art. 8º-A, § 2º, do CPP (inserido pela Lei 13.964/2019) o qual, embora permitindo a instalação de dispositivos de captação ambiental para obtenção da prova, ressalva de sua incidência a casa do indivíduo investigado ou processado. Bem diversa seria a situação, por exemplo, em que determinada pessoa, de seu apartamento, filmasse um crime cometido por morador no interior de apartamento localizado em outro edifício. Neste caso, a prova seria lícita, a despeito da intimidade violada, pois, *a um*, não houve um fato anterior ilegítimo a contaminar a filmagem realizada (*v.g.*, invasão do domicílio do criminoso para lá ser acoplado um equipamento de filmagem) e, *a dois*, pelo fato já mencionado de que inexiste, realmente, proteção à privacidade na ocasião em que realizados atos tendentes à consumação de um fato típico.

Outro exemplo:

Há alguns anos, abalou o País gravação ambiental amplamente divulgada pelos meios de comunicação, onde dirigente de estatal aparecia, no interior de seu gabinete, recebendo vantagem em dinheiro, conduta esta registrada mediante câmera escondida pela própria pessoa que lhe entregava a quantia acertada entre eles. *Por que não foi considerada ilícita a prova, uma vez que obtidas as imagens no interior do gabinete do citado dirigente, local este, em tese, protegido pelo direito à intimidade?* Por uma razão básica: não se tratava, opostamente ao caso anteriormente ilustrado, de registro de imagens realizado por terceiro ou por meio de equipamento clandestinamente acoplado no gabinete, mas, sim, de captação realizada por um dos interlocutores. Ora, se este poderia, na condição de réu em um processo, ou mesmo de testemunha, validamente depor contra o dirigente da estatal, narrando o episódio, poderia, também, fornecer imagens que ele próprio captou. A verdade é que, no cenário narrado, qualquer pessoa que estivesse na sala com o aludido dirigente poderia registrar o que lá ocorria, não havendo de se falar, na interação entre eles, de intimidade constitucionalmente tutelada.

Ainda em relação à validade ou invalidade de gravações ambientais diante de relações de confiança entre os interlocutores, muito se discutiu a questão relativa à possibilidade de utilização de provas obtidas pela autoridade policial, mediante gravação clandestina, de conversa informal mantida com suspeito de prática criminosa, por meio da qual fornece ele elementos que importam em autoincriminação e, também, delação de outros envolvidos. Considere-se, a título de ilustração, que determinado indivíduo, suspeito de integrar organização criminosa, em conversa informal com a autoridade policial no âmbito da delegacia, sem ter sido previamente advertido do seu direito ao silêncio, confesse o seu envolvimento na facção e proceda à identificação dos demais integrantes, assim agindo sem saber que seu relato estava sendo gravado. Nesse cenário, *poderiam as informações prestadas ser utilizadas como subsídio para indiciamento e posterior responsabilização penal de todos*? Ora, não se pode, na hipótese narrada, para o fim de considerar ilícita a prova, invocar o argumento de que teria ocorrido violação ao direito à intimidade consagrado no art. 5.º, X, da CF. Isso porque, como já se viu anteriormente, só o fato da gravação clandestina não importa afrontamento ao referido dispositivo constitucional, o que só ocorreria se tivesse a prova sido produzida em ambiente no qual o investigado tivesse expectativa de intimidade ou mediante violação de relação de confiança. Afastada, pois, sob tal perspectiva (do direito à intimidade) a possibilidade de invalidação integral da prova, passou a jurisprudência a entender, em casos como o exemplificado, necessária a distinção, no relato informal do suspeito clandestinamente gravado, de dois momentos:

1.º) Momento em que relatou à autoridade policial detalhes de sua colaboração no crime investigado: tal prova será ilícita, pois obtida a partir de espécie de interrogatório sub-reptício. Logo, medidas restritivas (*v.g.*, prisão) não poderão ser adotadas, tampouco iniciada a ação penal em relação a dito narrador apenas com base na gravação obtida. Isto ocorre, não por afronta à intimidade, mas, sim, em razão da circunstância de que, ao ter gravado clandestinamente o relato de seu próprio envolvimento no crime, sem saber que esta captação estava ocorrendo e sem ter sido advertido de que poderia ficar calado, restou afrontado o privilégio da não autoincriminação – *nemo tenetur se detegere* –, implicitamente acolhido no texto constitucional (art. 5.º, LXIII), e, ainda, o art. 186 do CPP, aplicável por força da regra do art. 6.º, V, do mesmo Diploma Legal, assegurando ao investigado o direito de ser advertido quanto ao direito ao silêncio.

2.º) Momento em que relatou à autoridade policial detalhes do envolvimento de terceiros: a prova será lícita. Neste enfoque, não se portou o narrador como alguém que *confessava*, mas, sim, como verdadeira *testemunha*. E a testemunhas não é assegurado o direito ao silêncio. Bem pelo contrário: é tipificado como crime de falso testemunho a conduta da testemunha que, ciente de fatos, não os relata à autoridade (art. 342 do Código Penal).

Neste sentido, aliás, decidiu o STF no julgamento do Habeas Corpus 80.949, transcrito nos Informativos 248 e 250: "(...) 3. Ilicitude decorrente – quando não da evidência de estar o suspeito, na ocasião, ilegalmente preso ou da falta de prova idônea do seu assentimento à gravação ambiental – de constituir, dita 'conversa informal', modalidade de 'interrogatório' sub-reptício, o qual – além de realizar-se sem as formalidades legais do interrogatório no inquérito policial (CPP, art. 6.º, V) –, se faz sem que o indiciado seja advertido do seu direito ao silêncio. 4. O privilégio contra a autoincriminação – nemo tenetur se detegere –, erigido em garantia fundamental pela Constituição – além da inconstitucionalidade superveniente da parte final do art. 186 do CPP – importou compelir o inquiridor, na polícia ou em juízo, ao dever de advertir o interrogado do seu direito ao silêncio: a falta da advertência – e da sua documentação formal – faz ilícita a prova que, contra si mesmo, forneça o indiciado ou acusado no interrogatório formal e, com mais razão, em 'conversa informal' gravada, clandestinamente ou não".

Dado à complexidade do tema, apresentamos a seguinte ilustração, visando tornar mais fácil a sua compreensão:

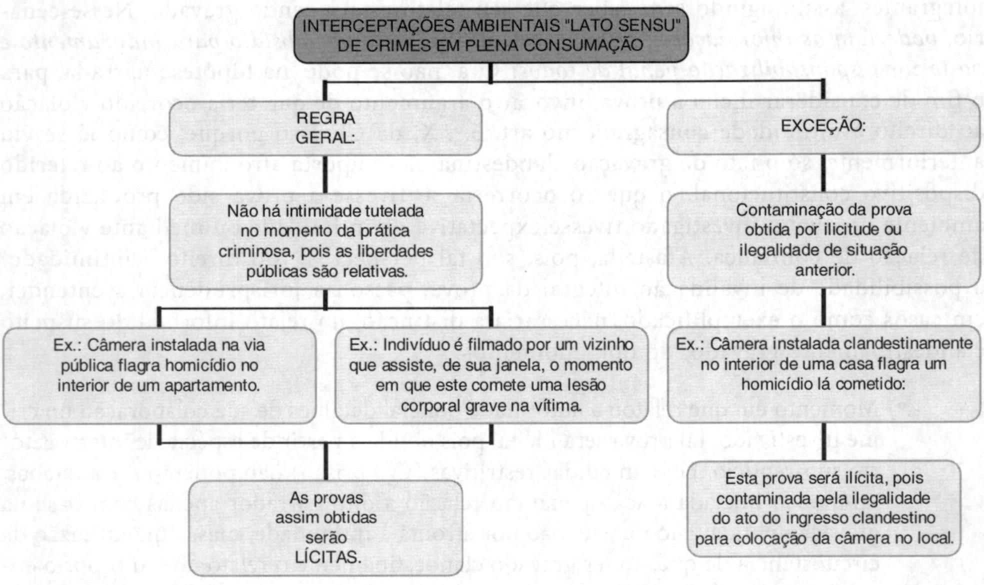

Derradeira questão a ser examinada refere-se à necessidade de **ordem judicial prévia** para efetivação dos registros ambientais. Façamos, antes de ingressar nesse tema, uma breve retrospectiva sobre o que dissemos no início deste tópico acerca das captações ambientais. Referimos, enfim, que:

1. Os registros ambientais – interceptação em sentido estrito, escuta e gravação – não possuem tutela direta na Constituição Federal, ao contrário do que ocorre com a quebra do sigilo telefônico, que é regrada pelo art. 5.º, XII.

2. Diante da ausência de regramento constitucional específico para as captações ambientais, sua licitude ou ilicitude deve ser vista diante do art. 5.º, X, que consagra a inviolabilidade do direito à intimidade.
3. Nem toda a captação ambiental implica violação da intimidade e consequente afrontamento ao art. 5.º, X. Isto ocorre a título de exceção, vale dizer, apenas quando o registro for feito em ambiente com expectativa de privacidade ou quando houver relação de confiança entre o agente da captação e a pessoa contra a qual o registro poderá fazer prova.
4. Se, porventura, o registro ambiental for praticado com violação da intimidade, a existência de prévia autorização do juiz não validará a prova, pois o art. 5.º, X, opostamente ao que faz o art. 5.º, XII, *parte final* (relativo ao sigilo telefônico), não ressalva a possibilidade de ordem judicial como permissiva da violação desse direito.

E aqui desejávamos chegar: não ocorrendo a hipótese de número 4, vale dizer, não importando o registro ambiental *em violação ao direito à intimidade consagrado no art. 5.º, X, da CF e, portanto, sendo possibilitada a captação lícita de imagens, sons ou sinais*, será **necessária ordem judicial prévia como condição para legitimidade da prova?** De início, cabe lembrar que ilicitude e ilegitimidade da prova são conceitos distintos. A prova é ilícita quando viola direta ou indiretamente a Constituição Federal. Já a ilegitimidade ocorre quando a produção da prova se dá em afronta a normas de caráter puramente processual. Na indagação anterior, estamos considerando a prova como lícita (pois não violadora da garantia constitucional da privacidade), questionando-se, porém se a sua legitimidade vincula-se à existência de anterior autorização judicial. Pois bem, até meados do ano de 2019, não estabelecia a legislação, em termos gerais, a necessidade de autorização judicial como condição para validade dos registros ambientais. Editada, porém, a Lei 13.869/2019, inserindo nova disciplina aos crimes de abuso de autoridade, estabeleceu esse diploma, em seu art. 41, nova redação ao art. 10 da Lei 9.296/1996 (lei que regulamenta o art. 5.º, XII, parte final da CF, relativo à violação do sigilo telefônico), criminalizando a conduta de *promover escuta ambiental sem autorização judicial ou com objetivos não autorizados em lei*. Na sequência, foi publicada a Lei 13.964/2019, acrescentando à Lei 9.296/1996, o art. 8º-A, dispondo este que *"para investigação ou instrução criminal, poderá ser autorizada pelo juiz, a requerimento da autoridade policial ou do Ministério Público, a captação ambiental de sinais eletromagnéticos, ópticos ou acústicos"*, desde que preenchidos os requisitos estabelecidos nos incisos I e II e parágrafos 1º a 4º do mesmo artigo (v. tópico 8.7.2 deste Capítulo). Com isto a ordem judicial prévia passou a ser condicionante da validade das captações ambientais efetivadas para fins da persecução criminal. Surge aqui, todavia, uma dúvida: **essa obrigatoriedade de prévia ordem judicial alcança as três formas de captações ambientais – a interceptação, a escuta e a gravação**? Ora, na medida em que se trata de dispositivo inserido no âmbito da Lei 9.296/1996, que regulamenta a violação do sigilo telefônico, e considerando que, na esteira de sedimentada jurisprudência, esse diploma tem incidência apenas nas hipóteses de *interceptação telefônica stricto sensu* e de *escuta telefônica* (situações que contemplam um terceiro captando a conversa dos interlocutores), não abrangendo a *gravação de conversa telefônica* (hipótese em que um dos interlocutores registra a conversa mantida com o outro), pensamos que, até por uma questão de proporcionalidade, idêntica deve ser a exegese do art. 8º-A em relação às captações ambientais, dispensando-se, então, a necessidade de prévia ordem judicial no tocante às *gravações*. Veja-se que reforça esta orientação o fato de o art. 10-A, ao criminalizar a conduta de captação ambiental sem prévia ordem judicial, excluir do tipo a hipótese em que "a captação é realizada por um dos interlocutores" (§ 1º). Não fosse o bastante, cabe registrar que o próprio *caput* do art. 10-A tipifica as captações ambientais sem anterior autorização judicial "quando esta for exigida", permitindo-se, pois, a compreensão de que "não é exigida" tal ordem para a conduta de gravação. Por tudo isto, insistimos que, em nosso pensar, a gravação ambiental permanece imune à exigência de prévia ordem judicial como condicionante de sua validade. E não é outro o entendimento que vem sendo adotado pelo Superior Tribunal de Justiça, já decidindo esta Corte que *as inovações do Pacote Anticrime na Lei 9.296/1996 não alteraram o entendimento de que é lícita a prova consistente em gravação ambiental realizada por um dos interlocutores sem o conhecimento do outro*, ainda que *obtida sem autorização judicial*, podendo essa prova, então, *ser validamente utilizada como meio de prova no processo penal*[43]. **Mas, atenção**: na sistemática pós-Lei 13.964/2019, o fato de as gravações ambientais não exigirem ordem judicial anterior não importa na conclusão de que sua efetivação pode ocorrer à completa revelia das autoridades da persecução penal. Basta ver que o § 4º do referido art. 8º-A dispõe que "*a captação ambiental feita por um dos interlocutores sem o prévio conhecimento da autoridade policial ou do Ministério Público poderá ser utilizada, em matéria de defesa, quando demonstrada a integridade da gravação*". A partir dessa disciplina, depreende-se que a legitimidade das gravações ambientais se condiciona a que tenha sido, previamente, levada a intenção de sua realização ao conhecimento a referidas autoridades, que, inclusive, poderão acompanhar a diligência ou adotar providências para garantir a lisura do procedimento de captação. Não ocorrendo essa providência, a prova eventualmente obtida poderá ser utilizada apenas em prol do investigado ou réu.

ATENÇÃO: referido § 4º do art. 8º-A havia sido vetado pelo Poder Executivo ao sancionar a Lei 13.964/2019, sob o fundamento de que "*a propositura legislativa, ao limitar o uso da prova obtida mediante a captação ambiental apenas pela defesa, contraria o interesse público uma vez que uma prova não deve ser considerada lícita ou ilícita unicamente em razão da parte que beneficiará, sob pena de ofensa ao princípio da lealdade, da boa-fé objetiva e da cooperação entre os sujeitos processuais, além de se representar um retrocesso legislativo no combate ao crime*", posição esta que referendamos, inclusive por uma questão de paridade de armas. Não obstante, em 19.04.2021, o veto foi rejeitado pelo Congresso Nacional, sendo o dispositivo, então, inserido na mencionada lei.

Atente-se, por fim, que, para muitos, a exigência de ordem judicial para as captações ambientais, se exigida (o que ocorre nas interceptações e escutas, como já apontamos) não deve ser requisito necessário quando realizadas em locais públicos ou de acesso público (via pública, praças, estabelecimentos abertos ao público etc.). Reputamos adequada esta orientação, pois, encontrando-se o indivíduo em locais dessa natureza, tem ciência de que está sujeito a ter sua conduta registrada por agentes públicos e outras pessoas, não constituindo isto, então, fator de surpresa, tampouco violação de qualquer direito ou garantia fundamental.

Em síntese, a nosso ver, com a vigência da Lei 13.964/2019, a seguinte disciplina deve ser observada no tocante à licitude e legitimidade das captações ambientais:

[43] STJ, HC 512.290/RJ, *DJ* 25.08.2020.

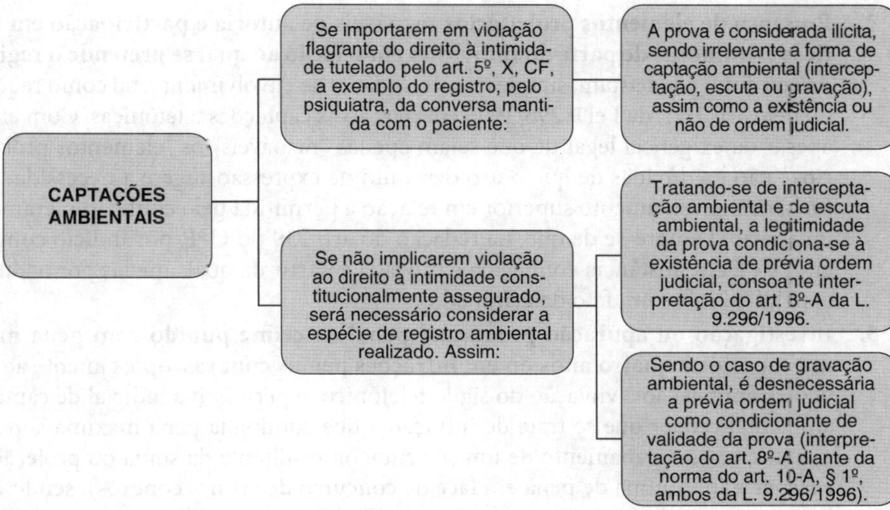

8.7.2. Finalidade e requisitos

Do art. 8º-A da Lei 9.296/1996, infere-se que o permissivo judicial para as captações ambientais – exigidos, a nosso ver, apenas para a interceptação ambiental *stricto sensu* e para a escuta ambiental, consoante analisamos no tópico anterior – vincula-se na esfera penal às finalidades de **investigação ou instrução criminal**, excluindo-se da possibilidade de ordem judicial o objetivo de produção probatória em procedimentos ou ações de outra natureza. Nada impede, entretanto, que, a despeito de a produção original ter sido autorizada para fins criminais, sejam os elementos então obtidos utilizados, a título de prova emprestada, em expedientes de conotação distinta – demandas cíveis, por exemplo.

Considerando que o art. 8º-A, II, refere-se à captação ambiental enquanto meio de prova para elucidação de **infrações penais**, fica excluída a possibilidade de seu requerimento e deferimento judicial com vista à apuração das *infrações político-administrativas,* pois, não sendo estas punidas com pena privativa de liberdade ou multa e, também, não sendo julgadas por órgão do Poder Judiciário, despem-se de natureza de *crime* no sentido comum. É o caso, por exemplo, das condutas previstas no art. 4.º do Decreto-lei 201/1967, que, sujeitando prefeitos municipais a julgamento pela Câmara de Vereadores, são sancionadas com a cassação do mandato.

A autorização judicial, evidentemente, deve ser fundamentada, apontando o magistrado a presença dos requisitos previstos nos incisos I e II do art. 8º-A e a forma de execução da diligência. A exigência de motivação decorre não apenas do imperativo constitucional do art. 93, IX, como também da aplicação subsidiária, para as captações ambientais, das regras pertinentes às captações telefônicas e telemáticas, conforme autorizado pelo art. 8ª-A, § 5º.

Quanto aos requisitos que condicionam o deferimento de captação ambiental, consistem nos seguintes:

1. **Impossibilidade de a prova ser realizada por outros meios disponíveis e igualmente eficazes**: trata-se, aqui, da efetiva impossibilidade técnica ou jurídica de obtenção da prova, não elidindo a aplicação da regra, por exemplo, circunstâncias relacionadas à precariedade ou deficiência na estrutura da comarca para sua produção.

2. **Presença de elementos probatórios razoáveis de autoria e participação em práticas criminosas de parte do indivíduo em relação ao qual se pretende o registro da conduta**: não bastam, simplesmente, *indícios* de envolvimento, tal como requerido pelo art. 2º, I, da Lei 9.296/1996 em relação às captações telefônicas. Com efeito, apesar da exigência legal de que sejam apenas "razoáveis" os "elementos probatórios", não há dúvidas de que o uso desta última expressão sugere a necessidade de força de convencimento superior em relação à permitida pelo contexto meramente indiciário. Lembre-se de que, na redação do art. 239 do CPP, por indício compreende-se a circunstância conhecida e provada a partir da qual, apenas por dedução, conclui-se sobre um fato determinado.
3. **Investigação ou apuração processual penal de crime punido com pena máxima superior a quatro anos ou em infrações penais conexas**: opostamente ao que ocorre em relação à violação do sigilo telefônico, o permissivo judicial de captação ambiental requer que se trate de infração a que cominada pena máxima superior a quatro anos (apenamento de um só crime ou resultante da soma ou projeção de exasperação mínima de pena em face de concurso de crimes conexos), sendo irrelevante, outrossim, a natureza dessa infração (crime ou contravenção) e a espécie de pena cominada (reclusão, detenção ou prisão simples). Neste cenário, poderá ser objeto de captação ambiental, por exemplo, conduta relacionada à exploração do jogo do bicho (contravenção) conexa com outras infrações, desde que a pena máxima resultante da soma ou da exasperação alcance o patamar superior a 4 anos.

É possível que, por meio de captação ambiental, sejam elucidados atos, fatos ou circunstâncias distintos daqueles que motivaram a providência. Ocorre, nestes casos, o fenômeno da **serendipidade,** significando *descoberta fortuita de crimes ou agentes diversos daqueles para os quais deferida a cautela.* Para casos assim já existe jurisprudência firmada no sentido de que, se os elementos casualmente descobertos guardarem conexidade em relação ao delito ou agente para a qual autorizada a captação ambiental (serendipidade de primeiro grau), nada impede sejam eles utilizados como meios lícitos de prova. Agora, se não existir tal vinculação, vale dizer, se os novos dados apresentarem absoluta autonomia e independência da apuração em andamento (serendipidade de segundo grau), neste caso poderão eles ser utilizados apenas como *notitia criminis,* autorizando o desencadeamento da competente investigação para a respectiva elucidação e, até mesmo, facultando o deferimento de outras captações em relação às pessoas ou aos crimes fortuitamente descobertos (desde que presentes os demais requisitos legais para esse fim), mas não como fonte de convencimento do juiz para resolução de aspectos de mérito da ação penal.

8.7.3. Legitimidade

Contrariamente ao que prevê o art. 3º, *caput,* da Lei 9.296/1996, em relação às captações de conversas telefônicas, para os registros ambientais não é contemplada a faculdade de serem determinados *ex officio* pelo Juiz, mas, apenas, a *"requerimento da autoridade policial ou do Ministério Público"*. Atente-se à impropriedade terminológica no emprego da expressão "requerimento da autoridade policial" em vez de "representação", que seria o termo tecnicamente correto. Repete-se, enfim, a mesma atecnia já presente no precitado art. 3º da lei em questão.

Consoante já abordamos em relação às interceptações e escutas de conversas telefônicas, não vemos óbice à legitimação ativa para o pedido, também, do querelante e do assistente de acusação. Sobre o tema, para evitar inútil tautologia, remetemos o Leitor ao tópico 8.5.5 deste Capítulo.

8.7.4. Prazo para efetivação da captação ambiental

Está definido pelo art. 8º-A, § 3º, da Lei 9.296/1996, ao dispor que "a captação ambiental não poderá exceder o prazo de 15 (quinze) dias, renovável por decisão judicial por iguais períodos, se comprovada a indispensabilidade do meio de prova e quando presente atividade criminal permanente, habitual ou continuada".

O uso da expressão "por iguais períodos" (no plural) em relação à renovação da medida elide, em sede de **captações ambientais**, a celeuma existente em torno da possibilidade de ser renovado mais de uma vez o prazo para **violação do sigilo telefônico**, celeuma essa decorrente do emprego, no art. 5º da Lei 9.296/1996, da expressão "renovável por igual tempo" (no singular) e que, inclusive, é objeto da ADI 4112, em tramitação no STF e não ainda julgada por ocasião do fechamento da presente edição deste livro.

Logo, tratando-se de registros ambientais (e, em termos de maioria, também este é o entendimento aplicável às captações de conversas telefônicas), é inequívoca a possibilidade de sucessivas renovações do prazo de efetivação, desde que o faça o juiz lastreado em decisão fundamentada quanto à sua necessidade e na circunstância de a hipótese envolver atividade criminal cuja consumação se protrai no tempo (crimes permanentes, a exemplo da posse de drogas para fins de venda), ou condiciona-se à ocorrência de várias condutas (crimes habituais), ou decorre de diversos atos que, no contexto de suas práticas, conquanto puníveis individualmente, devam ser considerados, por ficção jurídica, um como sequência do outro (crime continuado).

8.7.5. Procedimento para efetivação da captação ambiental

Em termos de procedimento, estabelece o art. 8º-A, § 1º, que "o requerimento deverá descrever circunstanciadamente o local e a forma de instalação do dispositivo de captação ambiental".

Apesar de não estar expresso no dispositivo, soa óbvio que o pedido deverá inserir, também, a demonstracão no sentido de que a efetivação da captação ambiental é, de fato, necessária para a elucidação de aspectos relativos à infração penal investigada ou sob apuração judicial, bem como os "elementos probatórios razoáveis de autoria ou participação" da pessoa cuja conduta está sendo apurada (art. 8º-A, I e II).

Importante atentar à regra do § 2º do dispositivo em exame, segundo a qual "*a instalação do dispositivo de captação ambiental poderá ser realizada, quando necessária, por meio de operação policial disfarçada ou no período noturno, exceto na casa, nos termos do inciso XI do caput do art. 5º da Constituição Federal*". Esta previsão havia sido vetada pela Presidência da República, sob o fundamento de que "*a propositura legislativa gera insegurança jurídica, haja vista que, ao mesmo tempo em que admite a instalação de dispositivo de captação ambiental, esvazia o dispositivo ao retirar do seu alcance a 'casa', nos termos do inciso XI do art. 5º da Lei Maior*". O veto, porém, foi rejeitado pelo Congresso Nacional em 19.04.2021, sendo a disciplina, então, inserida na Lei 9.296/1996. Neste cenário, está vedado o ingresso de agentes de segurança pública em ambiente que configure casa considerada *lato sensu*, ainda que com ordem judicial, com vista à instalação de dispositivo de captação ambiental. Compreendemos que essa normatização se harmoniza com o sistema constitucional vigente, que assegura o direito à privacidade (art. 5º, X) e, como regra, a inviolabilidade domiciliar (art. 5º, XI).

E quanto às demais formalidades relativas à tramitação do pedido, à forma de execução da diligência e à logística de juntada dos registros de sons, imagens ou sinais eventualmente obtidos, não havendo regramento específico, devem ser observadas, no que couber, as mesmas normas pertinentes à captação de conversas telefônicas, sendo esta, inclusive, a determinação do § 5º do citado art. 8º-A ao dispor que "aplicam-se subsidiariamente à captação ambiental as regras previstas na legislação específica para a interceptação telefônica e telemática".

Considerando esta identidade procedimental e tendo em vista que o tema já foi minuciosamente por nós analisado no tópico 8.5.7 deste capítulo, a este remetemos o Leitor.

8.7.6. Recurso ou impugnação cabível em relação ao indeferimento do pedido de captação ambiental

Não havendo, nestes casos, previsão específica de recurso, remetemos ao tópico 8.5.8, relativo às captações telefônicas, no qual debatemos a impropriedade do recurso em sentido estrito e da apelação para o insurgimento quanto ao indeferimento do pleito de interceptação ou escuta, restando o manejo excepcional do mandado de segurança como única via possível.

8.7.7. Crime do art. 10-A da Lei 9.296/1996

O art. 10-A da Lei 9.296/1996, introduzido pela Lei 13.964/2019, criminaliza a conduta de *"realizar captação ambiental de sinais eletromagnéticos, ópticos ou acústicos para investigação ou instrução criminal sem autorização judicial, quando esta for exigida"*. O mesmo dispositivo, em seu § 1º, refere que *"não há crime se a captação é realizada por um dos interlocutores"*. Ora, da conjugação deste parágrafo com o *caput,* fica evidente que são tipificadas aqui apenas a **interceptação ambiental *stricto sensu*** (registro ambiental realizado por terceiro sem a ciência das pessoas envolvidas na captação) e a **escuta ambiental** (registro ambiental realizado por terceiro com a ciência de ao menos uma das pessoas envolvidas na captação), se realizadas sem ordem judicial no âmbito da investigação ou do processo criminal, não incidindo a norma incriminadora quando se trata **gravação ambiental** (registro ambiental realizado por uma das pessoas que interagem, não havendo, neste caso, a atuação de terceiro).

Não concebemos na conduta descrita no art. 10-A em exame um crime próprio. Logo, pode ser cometido por qualquer pessoa. Isto fica bem claro, aliás, quando se compulsa a norma do § 2º do mesmo dispositivo, este sim vinculando sua incidência à condição de ser o agente *funcionário público.*

Abre-se um parêntese para explicitar que, consoante explanado no tópico 8.7.1 deste Capítulo, sequer necessitam as gravações ambientais de ordem judicial como condição para sua licitude e legitimidade, sendo esta formalidade necessária, unicamente, para fins de interceptação e escuta. Lembre-se, porém, que, de acordo com o art. 8º-A, § 4º, da Lei 9.296/1996, a validade plena dos registros efetuados condiciona-se a que, previamente à gravação, tenha sido dada ciência da intenção de realizá-la à autoridade policial ou ao Ministério Público, sem o que a prova eventualmente obtida apenas poderá ser utilizada em prol da defesa.

Outro aspecto a atentar é o de que o art. 10-A em foco, na última parte de seu *caput,* refere como típicos os registros ambientais "sem autorização judicial, **quando esta**

for exigida". Como se vê, apesar de a norma geral do art. 8º-A estabelecer a imprescindibilidade de ordem judicial prévia, o legislador abre espaço para edição de regras legais dispensando a ordem judicial em casos determinados. E, na medida em que, para captações ambientais, a exigência de autorização judicial não decorre da Constituição Federal, nenhum óbice existe a normas que ressalvem tal exigência. **E mais:** embora não sejamos adeptos dessa linha de pensamento, não descartamos que vozes se levantem no sentido de que o trecho em questão – "quando esta for exigida" – possa não ter relação apenas com previsões legais de hipóteses de inexigibilidade de ordem judicial para captações ambientais, mas também com aspectos de ordem fática, como aqueles relacionados à ausência de elemento normativo do tipo. No exemplo citado por Cleber Masson em relação ao crime de violação de segredo profissional (art. 154 do CP: *revelar alguém, sem justa causa, segredo, de que tem ciência em razão de função, ministério, ofício ou profissão, e cuja revelação possa produzir dano a outrem*), é referido que "só há crime quando a violação do segredo profissional é realizada *sem justa causa,* isto é, sem sustentação legal. Destarte, o fato será atípico, por ausência de elemento normativo, em diversos casos, tais como: estado de necessidade (exemplo: sujeito revela um segredo alheio para não ser incriminado), exercício regular de direito (exemplo: psicólogo revela ao médico um dado sigiloso acerca do paciente em comum), estrito cumprimento do dever legal (exemplo: art. 269 do Código Penal, do qual decorre a obrigação legal do médico de comunicar doença de notificação compulsória) e consentimento do ofendido[44]". Sob essa ótica, no caso do art. 10-A, *caput,* última parte, *mutatis mutandis,* poderia ser considerada atípica a conduta do agente que realiza captação ambiental de uma imagem nessas mesmas condições. Trata-se esta, por óbvio, de questão a ser dirimida pela jurisprudência, não havendo, por ora, como falar em posição dominante, já que se trata a disciplina da Lei 13.964/2019 de direito novo.

Derradeira previsão respeita ao constante no § 2º do dispositivo em exame, no sentido de que *"a pena será aplicada em dobro ao funcionário público que descumprir determinação de sigilo das investigações que envolvam a captação ambiental ou revelar o conteúdo das gravações enquanto mantido o sigilo judicial"*. Diante da redação do dispositivo, infere-se que pretendeu o legislador estabelecer aqui uma majorante em relação à ação tipificada *no caput,* a qual incide na hipótese em que, sendo o agente funcionário público e havendo sigilo judicialmente determinado, divulgar aspectos relativos à investigação criminal no âmbito da qual realizada a captação ambiental ou divulgar o conteúdo dos registros obtidos enquanto mantido o aludido sigilo. Perceba-se que, no tocante ao **sujeito ativo**, não deve ser o fato de o indivíduo *ser um funcionário público* que potencialmente o sujeitará à majorante em questão. É necessário, isto sim, que se trate de *funcionário público* alcançado pela determinação de sigilo, quer porque dela tem ciência em face de seu papel na efetivação da captação ambiental (o próprio juiz que expede a ordem, o promotor que intervém no pedido, o policial que executa a diligência etc.), quer porque, dado à função que exerce, tem ou pode ter acesso ao material que envolve a ordem de captação ambiental, às diligências de sua efetivação ou ao conteúdo decorrente de sua execução (qualquer serventuário do cartório criminal do juízo em que tramita ou tramitou o pedido de captação ambiental, por exemplo). Por fim, é necessário

44 Masson, Cleber. *Direito penal esquematizado: parte especial – vol. 2.* 10 ed. Rio de Janeiro: Forense: São Paulo: Método, 2017, p. 342.

analisar a natureza da regra insculpida no § 2º do art. 10-A: trata-se de *causa de aumento de pena (majorante)* ou de *qualificadora*? Conforme referimos anteriormente, em nossa compreensão trata-se de **causa de aumento de pena**, mesmo porque o dispositivo não estabelece apenamentos mínimo e máximo autônomos e sim faz remição à pena já estabelecida para o tipo básico. Logo, para efeitos de cálculo da pena, deverá o juiz partir da reprimenda estabelecida para a conduta versada no *caput* (dois a quatro anos de reclusão, e multa), elevando-a ao dobro apenas na última etapa da dosimetria. Sem embargo, deve-se ressaltar que há quem compreenda se tratar, não de majorante, mas, sim, de **qualificadora**, fundamentando essa posição no fato de que o § 2º não refere que a pena será aumentada *até o dobro* (o que facultaria ao juiz a opção por coeficientes inferiores – aumento de um sexto, de um quarto, de um terço, da metade...), mas, sim, que a pena *será aplicada em dobro*. Para quem assim entende, tal redação conduz à duplicação obrigatória da pena em todas as suas fases, a iniciar pelo estabelecimento da pena-base, devendo o juiz, nesse momento, já ter em vista o mínimo de quatro e o máximo de oito anos de reclusão, prosseguindo, a partir dessa fixação, em atenção às demais fases do cálculo. Perceba-se, por oportuno, que a verificação do máximo da pena a ser considerada abstratamente para a conduta (4 anos, se a natureza do § 2º for de majorante; e 8 anos, se essa natureza for de qualificadora), para além da forma de calcular a pena privativa de liberdade, releva em vários outros aspectos processuais – viabilidade de prisão preventivas (art. 313, I, CPP), possibilidade de fixação da fiança pelo delegado (art. 322 CPP), estabelecimento do valor da fiança (art. 325, I e II, CPP), definição do procedimento de apuração (art. 394, § 1º, I e II, CPP) etc.

8.7.8. Captações ambientais e o crime organizado (Lei 12.850/2013)

A Lei 12.850/2013, ao dispor sobre a investigação criminal e sobre os meios de obtenção da prova em relação a delitos praticados por organizações criminosas, limitou-se a dizer que "em qualquer fase da persecução penal, serão permitidos, sem prejuízo de outros já previstos em lei, os seguintes meios de obtenção da prova: [...] II – captação ambiental de sinais eletromagnéticos, ópticos ou acústicos". Não prevê, como se infere, a necessidade de autorização judicial prévia para estas captações. Sem embargo, diante da inserção, pela Lei 13.964/2019, do art. 8º-A à Lei 9.296/1996, estabelecendo a exigência de ordem judicial prévia para as captações ambientais em termos de regra geral (ressalva-se as *gravações ambientais*, como tal considerada a captação de sons, imagens ou sinais de parte de um dos interlocutores), é evidente que, também em sede de organizações criminosas, esta formalidade deve ser cumprida como condição para a legitimidade da prova daí decorrente. Considerando que este tema já foi por nós longamente analisado e tendo em vista as vicissitudes que encerra, sugerimos ao leitor a leitura dos tópicos anteriores, a iniciar pelo item 8.7.1, em que o abordamos de forma aprofundada.

8.8. O SIGILO DE CORRESPONDÊNCIA

8.8.1. Generalidades

Em nível de Constituição Federal, há tutela expressa à correspondência, considerada inviolável pelo art. 5.º, XII, que não ressalva, a respeito, a possibilidade de ordem judicial. Já no aspecto processual penal, o sigilo da correspondência está previsto no art. 233 do

CPP, o qual, tratando da prova documental, refere que não serão admitidas as provas obtidas por meios ilícitos.

Não obstante estas regras, é preciso ter em mente que o fim primordial do processo penal é a descoberta da verdade real. Nesse contexto, e tendo em vista que os direitos fundamentais não podem ser considerados absolutos sob pena de, em muitos casos, invalidar a descoberta da verdade real ou material, conclui-se que haverá situações em que a relevância do bem jurídico discutido no processo impõe aos Tribunais aceitar, sempre em caráter excepcional, a prova obtida irregularmente. A esse respeito, Fernando de Almeida Pedroso, citando Vicente Greco Filho, refere que "a normatividade jurídica atinente à inadmissibilidade de provas obtidas por meios ilícitos vale, portanto, como regra, mas, certamente, comportará exceções ditadas pela incidência de outros princípios constitucionais mais relevantes, como, por exemplo, o já citado princípio da verdade real, seja a favor, seja contra o réu".

E tal ordem de argumentos tem aplicação em relação à correspondência, devendo-se aceitar, em determinados casos – sempre presente a excepcionalidade –, a sua abertura quando houver, em jogo, interesse maior do que a intimidade a ser preservado. Outro, aliás, não foi o entendimento adotado pelo Plenário do Supremo Tribunal Federal, no julgamento, em sede de repercussão geral, do Recurso Extraordinário 1.116.949/PR (em 21.08.2020), ocasião em que, apreciando o Tema 1.041, foi firmada a tese de que, "sem autorização judicial ou fora das hipóteses legais, é ilícita a prova obtida mediante abertura de carta, telegrama, pacote ou meio análogo". Interpretada *contrario sensu*, infere-se que legitimou a Corte a possibilidade excepcional de abertura da correspondência, desde que isto ocorra nas *hipóteses legais* ou, assim não sendo, com prévia *autorização judicial*. Questão que pode causar paradoxo diz respeito à referência, na citada tese firmada pelo STF, a "*hipóteses legais*". Afinal, o art. 5º, XII, da Constituição Federal traz a inviolabilidade de sigilo da correspondência, não abrindo espaço para que o legislador infraconstitucional estabeleça exceções. Nesse cenário, é correto afirmar que normas que prevejam ressalvas a tal sigilo são inconstitucionais. Como, então, interpretar a tese firmada pelo STF? A resposta encontra-se na terminologia empregada pelo Supremo, que não se referiu à *violação da correspondência*, mas, sim, à sua *abertura*, possibilitando, assim, a compreensão de que nem sempre essa *abertura* corresponde a uma *violação*. E tal situação – *abertura da carta* sem a sua *violação* – ocorre, na visão da Corte, nas hipóteses tratadas no art. 10 da Lei 6.538/1978 (esta lei dispõe sobre os serviços postais), segundo o qual "*não constitui violação de sigilo da correspondência postal a abertura da carta: I – endereçada ao homônimo, no mesmo endereço; II – que apresente indícios de conter objeto sujeito a pagamento de tributos; III – que apresente indícios de conter valor não declarado, objeto ou substância de expedição, uso ou entrega proibidos; IV – que deva ser inutilizada, na forma prevista em regulamento, em virtude de impossibilidade de sua entrega e restituição*", desde que, nos casos dos incisos II e III, essa abertura seja feita (obrigatoriamente) "*na presença do remetente ou do destinatário*". De tudo isto se conclui que, na atualidade, a abertura da correspondência tem lugar quando realizada por **ordem judicial fundamentada**, observando, com base no princípio da proporcionalidade, a prevalência, no caso concreto, do interesse maior da sociedade em relação à garantia da intimidade do remetente e do destinatário da carta; ou, então, quando ocorrentes as mencionadas **hipóteses legais** que autorizam a abertura sem que isto seja considerado uma *violação*.

8.8.2. O sigilo da correspondência e o sigilo da encomenda

A correspondência tem seu sigilo preservado expressamente pela Constituição Federal no art. 5.º, XII, 1.ª parte, cláusula esta imutável até mesmo por emenda constitucional. Mas e a encomenda, tem igual proteção? O tema tem relevância não apenas na hipótese de pacotes ou caixas encaminhados via postal, mas, principalmente, quando a carta é utilizada como meio de transporte de outros materiais, desprendendo-se natureza de simples meio de comunicação.

Em nível de STJ, há muito prevalecia o entendimento no sentido de que a tutela da correspondência apresentaria maior amplitude em relação à proteção conferida à encomenda, podendo esta, com menor rigor jurídico do que aquela, ser aberta no caso de suspeita de que contenha objeto ilícito ou proibido. Por exemplo: examinando hipótese em que apreendido na agência dos correios um *tigre de pelúcia* contendo cocaína em seu interior, considerou o Colegiado que "correspondência, para os fins tutelados pela Constituição da República (art. 5.º, VII), é toda comunicação de pessoa a pessoa, por meio de carta, através da via postal ou telegráfica (Lei 6.538/78). A apreensão pelo juiz competente, na agência dos Correios, de encomenda, na verdade tigre de pelúcia com cocaína, não atenta contra a Constituição da República, art. 5.º, VII. Para os fins dos valores tutelados, encomenda não é correspondência" (HC 10.537/RJ, 5.ª Turma, Rel. Min. Edson Vidigal, publicado em 02.04.2001).

Todavia, como vimos no tópico anterior, a orientação que distingue *correspondência de encomenda* para efeitos da proteção constitucional está superada, pois o STF, no julgamento do Recurso Extraordinário 1.116.949/PR (em 21.08.2020), firmou a tese de que, "sem autorização judicial ou fora das hipóteses legais, é ilícita a prova obtida mediante abertura de carta, telegrama, pacote ou meio análogo". Nesse cenário, a menos que incidam as hipóteses legais que autorizam a abertura (art. 10 da Lei 6.538/1978), tal procedimento tem sua licitude condicionada à existência de ordem judicial prévia. Perceba-se que, em se tratando de deliberação do STF adotada em regime de repercussão geral, produz efeito *erga omnes* e vinculante sobre os pronunciamentos dos demais órgãos do Poder Judiciário.

8.8.3. A apreensão de cartas abertas

O art. 240, § 1.º, *f*, do CPP possibilita a busca e apreensão domiciliar de cartas abertas ou não. Relativamente às cartas fechadas, é evidente, como já referimos no item anterior, que estão protegidas pelo sigilo da correspondência estabelecido no art. 5.º, XII, da CF. Divergências existem, porém, relativamente à *carta aberta*, havendo posições conflitantes em relação à possibilidade de serem apreendidas e consideradas como prova.

Um primeiro entendimento inclina-se no sentido negativo, vale dizer, da impossibilidade de ser apreendida a correspondência aberta. Alegam os defensores dessa corrente que, ao proteger a correspondência, visou o legislador constituinte tutelar a privacidade do remetente e do destinatário, privacidade esta que é representada pelo que está escrito na carta, sendo indiferente, portanto, para o fim da tutela constitucional, se está aberta ou fechada. Destarte, salvo situações excepcionais em que configurado o abandono da carta (*v.g.*, correspondência encontrada nas roupas trajadas por pessoa morta, carta localizada em casa abandonada, latas de lixo etc.), não poderia esta ser utilizada como prova válida no processo penal, afrontando-se a sua apreensão o disposto no dispositivo citado da Constituição Federal bem como o art. 233 do CPP.

Outra posição, a nosso ver mais acertada, inclina-se em sentido oposto, vale dizer, no sentido da legalidade da apreensão de cartas abertas, visto que a Constituição Federal proibiu a *violação*. Parte-se, aqui, do princípio de que, se a carta já está aberta, não há de se falar em sua violação, daí não incidindo, via de consequência, a proteção constitucional. Nesse sentido, já decidiu o STJ que "a violação de correspondência, com maltrato a liberdade de pensamento resguardada pela Constituição Federal, somente se concretiza quando se tratar de correspondência fechada, sendo que a apreensão de documento, representado por minuta de carta já remetida, mediante autorização judicial, não representa afronta ao direito assegurado pelo art. 5.º, X, da CF (intimidade, vida privada etc.), porque idêntica proteção é reservada à honra das pessoas, não podendo aquela (intimidade) servir de salvaguarda para maltrato a esta (honra)"[45].

Na atualidade, essa última orientação deve prevalecer. Isto porque, consoante já referimos nos tópicos anteriores, a tese firmada pelo STF no julgamento, em regime de repercussão geral, do Recurso Extraordinário 1.116.949/PR (em 21.08.2020) é no sentido de que "sem autorização judicial ou fora das hipóteses legais, é ilícita a prova obtida mediante *abertura* de carta, telegrama, pacote ou meio análogo". *Contrario sensu,* tem-se que, respeitado o critério de excepcionalidade, viabiliza-se, com ordem judicial, a *abertura* da correspondência. Ora, se é viável a "abertura" da carta apreendida mediante ordem judicial, com muito mais razão deve-se validar a prova obtida a partir da apreensão da correspondência que já está aberta, mesmo sem ordem judicial específica para este fim, desde que observadas, por óbvio, as regras pertinentes à busca e apreensão de coisas em geral.

8.8.4. Violação da correspondência do preso

Tema controvertido na doutrina respeita à possibilidade de violação da correspondência dirigida ao apenado ou dele provinda.

No art. 41, XV, da Lei de Execuções Penais, está previsto, como direito do preso, a comunicação com o mundo exterior, inclusive mediante cartas, possibilitando, contudo, seja isto restrito pela administração penitenciária no caso do cometimento de falta grave (art. 41, parágrafo único). Tal previsão, porém, não importa em possibilitar a violação da correspondência, até mesmo porque, ainda que fosse esta prevista, não estaria recepcionada pelo art. 5.º, XII, da Carta Magna, que considera absolutamente inviolável o sigilo da correspondência.

Questão relevante é saber se esse direito constitucional, eivado à categoria de direito fundamental e, como já se disse, intocável mesmo por emenda à Constituição, deve ser assegurado, em sua plenitude, ao apenado que cumpre pena privativa da liberdade, em face da condição especial.

No artigo titulado "O sigilo de correspondência do preso *versus* a segurança da comunidade" (*Revista Consulex,* v. 1, p. 46-47, 1999), Miguel Lucena, Delegado de Polícia no Distrito Federal, refere, com muita propriedade, que "a norma constitucional que assegura a inviolabilidade do sigilo epistolar não foi editada para expor os agentes auxiliares da Justiça Criminal e a comunidade à vulnerabilidade resultante de práticas ilícitas, tais como motim e arrebatamento de presos, ajustadas quase sempre por meio de correspondências". Tal entendimento repisa a lição de Ada Pellegrini Grinover, citada no mesmo artigo e para quem "deve ser considerada a inviolabilidade do sigilo de correspondência e das comunicações, telegráficas e telefônicas, com vistas à finalidade ética ou social do exercício do direito que resulta da garantia; tutela desta natureza não pode ser colocada para a proteção de atividades criminosas ou ilícitas".

Concordamos inteiramente com essa posição. Não obstante as já mencionadas vedações existentes em nível de legislação infraconstitucional, bem como a garantia inserida ao texto da Carta Magna, reputamos, enfim, possível e necessária a violação da correspondência do apenado, desde que esse procedimento seja motivado em questões de segurança pública e que estejam presentes condições mínimas que o justifiquem, quais sejam indícios de

---

45 STJ, RHC 6.719/SP, *DJ* 08.06.1998.

envolvimento do apenado que terá sua correspondência violada na prática ou comando de crimes; existência de autorização judicial prévia e, por fim, efetiva necessidade da medida (excepcionalidade). Tal entendimento, cabe destacar, vai ao encontro da posição há muito já agasalhada pelo Excelso Pretório no sentido de que "a administração penitenciária, com fundamento em razões de segurança pública, de disciplina prisional ou de preservação da ordem jurídica, pode, sempre excepcionalmente, e desde que respeitada a norma inscrita no art. 41, parágrafo único, da Lei 7.210/1984, proceder a interceptação da correspondência remetida pelos sentenciados, eis que a cláusula tutelar da inviolabilidade do sigilo epistolar não pode constituir instrumento de salvaguarda de práticas ilícitas"[46], orientação esta ratificada, em termos gerais, no já citado julgamento do Recurso Extraordinário 1.116.949/PR (em 21.08.2020), ocasião em que deliberado (*contrario sensu*) no sentido da licitude da prova obtida mediante abertura de carta, telegrama, pacote ou meio análogo, desde que com ordem judicial ou que incidam as hipóteses legais que assim autorizem. A respeito da menção a *hipóteses legais*, remetemos ao tópico 8.8.1 deste Capítulo.

8.8.5. Interceptação e abertura de *e-mail*

Não é uniforme a questão relacionada ao acesso a *e-mail* de terceiro, existindo duas posições divergentes tanto quanto à natureza dessa forma de comunicação como em relação às razões de fato e de direito que podem autorizar o alcance a seu conteúdo como meio lícito de prova. Independentemente deste descompasso, a verdade é que ambas as orientações conduzem ao mesmo resultado prático, qual seja, a possibilidade de *interceptação do e-mail ainda em fluxo*, bem como de *abertura daquele já recebido na caixa postal eletrônica do respectivo destinatário*, desde que com ordem judicial. Perceba-se:

Primeira corrente: sustenta a aplicabilidade, ao e-mail, da mesma tutela constitucional estabelecida pelo art. 5º, XII, da Constituição Federal – portanto inviolável, em regra –, relegando, então, sua interceptação e/ou abertura sempre ao plano da excepcionalidade, podendo estas providências serem realizadas apenas mediante ordem judicial fundamentada no princípio da proporcionalidade, vale dizer, a partir de considerações acerca da supremacia, no caso concreto, do interesse público sobre a garantia privada da intimidade.

Segunda corrente: subtrai do *e-mail* a natureza de correspondência, equiparando-o a dados. Nesse cenário, viabiliza-se:

1) a sua interceptação, **quando em fluxo**, com base no art. 1º, parágrafo único, da Lei 9.296/1996 (regulamento das interceptações telefônicas), segundo o qual "o disposto nesta Lei aplica-se à interceptação do fluxo de comunicações em sistemas de informática e telemática", exigindo-se, nesse caso, portanto, o atendimento dos requisitos estabelecidos no art. 2º do mesmo diploma, quais sejam, a presença de indícios razoáveis de autoria ou participação em infração penal, a impossibilidade de a prova ser realizada por outros meios e tratar-se o fato investigado de infração penal punida com reclusão. Note-se que este regramento se harmoniza com o disposto no art. 7º, II, da Lei 12.965/2014, que contempla, *contrario sensu*, a possibilidade de violação do **fluxo** de comunicações do usuário da *internet*, desde que por ordem judicial, "na forma da lei" (a "lei", aqui, seria a mencionada Lei 9.296/1996).

2) a sua abertura, **quando já recebido na caixa postal eletrônica do destinatário**, com base no art. 7º, III, da Lei 12.965/2014, que estabelece, *contrario sensu*, a possibilidade de acesso às comunicações privadas do usuário de internet que já se encontrem **armazenadas**, desde que com ordem judicial. Como se vê, ao contrário do inc. II do

[46] STF, HC 70.814/SP, *DJ* 24.06.1994.

citado dispositivo, este inc. III não remete aos termos de outra lei, daí se inferindo a desnecessidade de observância dos requisitos previstos no art. 2º da Lei 9.296/1996.

Como dissemos alhures, independentemente da divergência acerca da natureza do *e-mail* – correspondência para uns, dados para outros – a verdade é que uma e outra orientação acenam com a possibilidade de sua interceptação e abertura, desde que a partir de prévia autorização judicial[47]. A diferença, na verdade, está nos fundamentos que autorizam essas providências, pois, ao passo que, para a **primeira corrente**, a regra é a da inviolabilidade, ressalvando-se, unicamente, situações excepcionais de evidente prevalência do interesse público sobre a garantia privada da intimidade, a **segunda corrente**, não cogitando de inviolabilidade, permite maior flexibilidade ao juiz, especialmente quando se tratar de *e-mail* já recebido e armazenado pelo destinatário, podendo a ordem judicial, nesse caso, lastrar-se no argumento da relevância e pertinência da prova para comprovação dos fatos articulados, independentemente de considerações acerca da primazia do interesse da coletividade sobre os direitos individuais.

E quanto aos e-mails *corporativos utilizados em empresas ou até mesmo no serviço público*? Compreendemos não ser necessária a prévia autorização judicial para a abertura pela pessoa ou setor responsável pela fiscalização quanto a sua efetiva utilização para fins da função exercida, pois tais *e-mails* incorporam sistema informatizado sujeito a controle, não se podendo, então, falar em expectativa de privacidade. Nesse sentido, a propósito, a compreensão do STJ, aduzindo que o *e-mail* corporativo não se equipara a correspondência pessoal, podendo ser aberto pelo empregador, ao qual, igualmente, é lícito acessar informações que se encontram armazenadas em computador de propriedade da empresa e utilizado como instrumento de trabalho[48].

A propósito do tema, remetemos ao item 8.6 deste Capítulo, em que tratamos da questão relativa à interceptação de dados.

8.9. CONSIDERAÇÕES SOBRE A QUEBRA DOS SIGILOS BANCÁRIO E FISCAL

O sigilo bancário e fiscal encontra respaldo no art. 5.º, X e XII, da Constituição Federal, o primeiro dispondo que *são invioláveis **a intimidade, a vida privada**, a honra e a imagem das pessoas, assegurado o direito a indenização pelo dano material ou moral decorrente da sua violação;* e o segundo que *é inviolável o sigilo da correspondência e das comunicações telegráficas, **de dados** e das comunicações telefônicas, salvo, no último caso, por ordem judicial, nas hipóteses e na forma que a lei estabelecer para fins de investigação criminal ou instrução processual penal* (grifamos).

Diante desta normatização inserida na Lei Maior, constata-se que o tema relativo à quebra dos sigilos bancário e fiscal, à primeira análise, parece conflitar com as garantias da intimidade, da privacidade e da inviolabilidade de dados. Por esta razão, houve quem sustentasse a inconstitucionalidade do art. 6.º da Lei Complementar 105/2001 (esta lei dispõe sobre o sigilo das operações de instituições financeiras), ao permitir que, havendo processo administrativo instaurado ou procedimento fiscal em curso, as autoridades e os agentes fiscais tributários da União, dos Estados, do Distrito Federal e dos Municípios examinem documentos, livros e registros de instituições financeiras, inclusive os referen-

---

47 A propósito, já decidiu o Superior Tribunal de Justiça que "os dados armazenados em sistemas de correio eletrônico dizem respeito à intimidade e à vida privada do indivíduo, sendo, portanto, invioláveis, nos termos do art. 5.°, X, da Constituição Federal. Assim, somente podem ser acessados e utilizados mediante prévia autorização judicial, nos termos do art. 3.° da Lei 9.472/1997 e do art. 7.° da Lei 12.965/2014" (HC 372.762/MG, Rel. Min. Felix Fischer, *DJ* 16.10.2017).

48 STJ, REsp 1.875.319/PR, 6ª Turma, Rel. Min. Nefi Cordeiro, j. 15.09.2020, *DJe* 23.09.2020.

tes a contas de depósito e aplicações financeiras, quando tais exames forem considerados indispensáveis pela autoridade administrativa competente.

Na realidade, não se discute a constitucionalidade em si da quebra dos sigilos bancário e fiscal em si, mas, sim, a **violação deste sigilo à revelia de ordem judicial** que assim determine.

Pois bem, sobre o tema, de há muito prevalece a orientação no sentido de que, relativamente às autoridades fazendárias, "a quebra do sigilo bancário sem prévia autorização judicial, para fins de constituição de crédito tributário não extinto, é autorizada pela Lei Complementar 105, de 10 de janeiro de 2001, que é norma procedimental, cuja aplicação é imediata à luz do disposto no art. 144, § 1.º, do CTN..."[49]. No âmbito do STF, inclusive, o tema consolidou-se a partir do julgamento do Recurso Extraordinário 601.314/SP (j. 14.02.2016), em relação ao qual havia sido reconhecida a repercussão geral da questão constitucional debatida, compreendendo que "o art. 6.º da Lei Complementar 105/01 não ofende o direito ao sigilo bancário, pois realiza a igualdade em relação aos cidadãos, por meio do princípio da capacidade contributiva, bem como estabelece requisitos objetivos e o translado do dever de sigilo da esfera bancária para a fiscal".

E quanto ao Ministério Público? Pode requisitar diretamente a quebra do sigilo bancário e fiscal para fins de produção probatória em processos criminais? Há quem sustente existir tal faculdade, fundamentando este entendimento no art. 129, VI, da CF e no art. 8.º, II, IV e § 2.º, da Lei Complementar 75/1993. A tese, entretanto, não prevalece, compreendendo a maioria que o referido art. 8.º "não exime o Ministério Público de requerer a autorização judicial prévia para que haja o acesso a documentos protegidos por sigilo legalmente estatuído"[50]. Note-se que não interfere nesta orientação a disciplina inserida ao art. 15 da Lei 12.850/2013 (que dispõe sobre a investigação do crime organizado) no sentido de que "o delegado de polícia e o Ministério Público terão acesso, independentemente de autorização judicial, **apenas** aos dados cadastrais do investigado que informem exclusivamente a qualificação pessoal, a filiação e o endereço mantidos pela Justiça Eleitoral, empresas telefônicas, instituições financeiras, provedores de internet e administradoras de cartão de crédito" (grifamos). Isto porque a interpretação *contrario sensu* deste dispositivo faz concluir que, além daquelas mencionadas no dispositivo, outras informações, tais como as relativas à movimentação bancária do agente, exigem ordem judicial.

Questão importante respeita à possibilidade de **a autoridade fazendária, sem ordem judicial prévia, realizar o compartilhamento com autoridades policiais ou com o Ministério Público**, para fins penais, de dados obtidos para fins fiscais. Tendo em vista o que restou deliberado, em regime de repercussão geral, pelo Excelso Pretório no julgamento do referido Recurso Extraordinário 601.314/SP, considerando-se constitucional o permissivo da Lei Complementar 105/2001 à quebra de sigilo bancário pela Receita Federal sem a necessidade de prévio comando judicial, há muito vínhamos compreendendo pela licitude do citado compartilhamento. Esta orientação, agora, encontra-se definida. Isto porque o STF no julgamento do Recurso Extraordinário 1055941 (em 04.12.2019), com repercussão geral reconhecida, inclinou-se pela constitucionalidade do compartilhamento "da íntegra do procedimento fiscalizatório da Receita Federal do Brasil (RFB), que define o lançamento do tributo, com os órgãos de persecução penal para fins criminais, sem a obrigatoriedade de prévia autorização judicial", sem embargo, por óbvio, da necessidade de, nos procedimentos formalmente instaurados por estes órgãos, ser resguardado o sigilo daquelas informações (Informativo 962 do STF).

---

49 TRF 4.ª Região, HC 5014128-34.2013.404.0000/PR, *DJ* 21.08.2013.

50 STJ, REsp 1.217.271/PR, *DJ* 06.09.2016.

8.10. PROVA PERICIAL (ARTS. 158 A 184 DO CPP)

8.10.1. Regulamentação da prova pericial

A prova pericial está disciplinada nos arts. 158 a 184 do Código de Processo Penal, dispositivos estes que abrangem o exame de corpo de delito e outras perícias específicas, a exemplo daquelas realizadas no local do incêndio, a fim de verificar a causa do sinistro; na arma de fogo, visando constatar sua potencialidade lesivo; em escritos, objetivando a comparação de grafia e em cadáveres após a inumação.

Percebe-se, na disciplina incorporada àqueles artigos, que é dada ênfase ao exame de corpo de delito. Isto ocorre, primeiramente, por se tratar este do exame realizado no vestígio deixado pela prática da infração penal (exame de lesões corporais, o laudo de necropsia, o exame de conjunção carnal etc.), implicando sua ausência, quando não desaparecido o vestígio, em causa de nulidade processual (art. 564, III, *b,* do CPP); em segundo, pela maior complexidade deste meio pericial, já que destinado à comprovação da materialidade da infração penal, exigindo-se, naturalmente, regramento legal com maior detalhamento; e, terceiro, pelo fato de que algumas normas pertinentes ao exame de corpo de delito possuem caráter geral, apenas não sendo aplicadas às perícias que contam com regramento específico dentro do Código de Processo Penal (a exemplo das perícias de que tratam os arts. 527 e 530-D em relação aos crimes contra a propriedade imaterial) ou da legislação especial (tal como o laudo de constatação da natureza da droga apreendida, que está disciplinado no art. 50, § 1º, da Lei 11.343/2006).

Até a edição da Lei 13.964/2019 (o denominado *pacote anticrime*") o *Capítulo II* do *Título VII* do *Livro* I do Código de Processo Penal era chamado "Do Exame de Corpo de Delito e das Perícias em Geral". Com as alterações introduzidas ao CPP pela referida Lei, houve o acréscimo da expressão "Da Cadeia de Custódia", assim procedendo o legislador em razão da disciplina incluída nos arts. 158-A a 158-F, os quais analisaremos na sequência.

Conforme já mencionamos antes, a regulamentação das provas criminais realizada no CPP não exclui outras que não estejam reguladas na legislação processual penal. Trata-se das chamadas *provas atípicas* ou *inominadas.* Por óbvio, o mesmo raciocínio é empregado quanto às provas de natureza pericial, relativamente às quais, desde que a produção não implique em violação a direitos e garantias fundamentais e que o método utilizado seja reconhecido cientificamente, podem ser realizadas à revelia de regramento próprio, devendo-se observar, neste caso, as normas que informam as perícias em geral.

8.10.2. Cadeia de custódia

8.10.2.1. Definição, abrangência e relevância

A Lei 13.964/2019 incluiu nos arts. 158-A a 158-F do Código de Processo Penal disciplina geral acerca da *cadeia de custódia.* Trata-se do caminho percorrido pela prova desde o conhecimento da prática de uma infração pelas autoridades encarregadas da persecução criminal até o momento em que, constatada a ocorrência de vestígios e realizados os exames necessários, for produzido o laudo pericial e descartado o material que serviu de base para a perícia.

O estabelecimento da cadeia de custódia tem por objetivo, enfim, a preservação de todas as etapas da cadeia probatória de modo a possibilitar, em cada uma delas, o rastreamento das que lhe antecederam e a verificação da legalidade e da licitude dos procedimentos adotados.

Imagine-se, por exemplo, que tenha sido acostado, no âmbito de um processo criminal por crime homicídio, laudo pericial de exame em arma de fogo apreendida no local do fato, instrumento este supostamente pertencente ao réu e apontado no laudo como aquele de onde partiu o projétil que atingiu a vítima e causou-lhe a morte. Ora, a confiabilidade desta prova pericial está condicionada a que seja possível ao juiz e às partes, diante dos elementos acostados ao processo, a identificação – leia-se: o rastreamento – de cada das fases que antecederam a produção do laudo, verificando, por exemplo, se a cena do crime onde apreendido o revólver citado havia sido preservada pela autoridade policial, como ocorreu a apreensão, quais as providências adotadas desde então até o recebimento daquela arma no setor competente e quem foram os responsáveis pela sua manipulação até a elaboração do laudo. E esta sequência de atos e fatos é, pois o que se denomina de *cadeia de custódia.* Se, porventura, devido a irregularidades cometidas nesse trajeto da prova, não for possível apurar a legitimidade das fases que o compõem, ter-se-á hipótese de *quebra da cadeia de custódia,* com implicações na validade dos elementos de convicção produzidos e materializados no laudo pericial.

Perceba-se que a instituição da cadeia de custódia, conquanto regrada, agora, de forma bem mais pormenorizada, não constitui qualquer novidade no direito brasileiro. Isto porque, embora de forma esparsa, tanto no âmbito do Código de Processo Penal como da legislação complementar, são encontrados dispositivos que regulamentam a manutenção e a documentação da cronologia que deve conduzir à produção da prova pericial. Isto, aliás, fica bem claro no art. 6º do CPP, quando dispõe que, logo que tiver conhecimento da prática de uma infração penal, a autoridade policial deverá preservar (isolar) o local para que nada se altere até a chegada dos peritos (inciso I), procedendo, na sequência, tão logo houver a liberação pelos peritos, a apreensão dos objetos que tiverem relação com o fato (inciso II) e a coleta de todas as provas que servirem para a sua elucidação (inciso III). Já o art.170 do mesmo diploma diz que, nas perícias em laboratório, os peritos guardarão material suficiente para a eventualidade de novo exame. Ora, destas previsões infere-se, de modo muito claro, o objetivo do legislador de preservação (e vem desta ideia a palavra *custódia*) das fases que compõem a cadeia probatória.

Veja-se, a propósito, que a própria jurisprudência, de longa data, vem analisando aspectos relacionados à cadeia de custódia como fatores para validação da prova pericial. No âmbito do STJ, por exemplo, já foi deliberado que a cadeia de custódia "diz respeito à idoneidade do caminho que deve ser percorrido pela prova até sua análise pelo magistrado, sendo certo que qualquer interferência durante o trâmite processual pode resultar na sua imprestabilidade". Sinalou a Corte, na oportunidade, que tal cadeia "tem como objetivo garantir a todos os acusados o devido processo legal e os recursos a ele inerentes, como a ampla defesa, o contraditório e principalmente o direito à prova lícita"[51].

Neste cenário, infere-se que, com o regramento introduzido pela Lei 13.964/2019 ao Código de Processo Penal, nos seus arts. 158-A a 158-F, nada mais se fez do que sistematizar, de modo pormenorizado e sob a forma de normas gerais, procedimentos que até então eram previstos aleatoriamente na legislação ou consagrados pela jurisprudência no exame de casos determinados, buscando, com isto, reforçar a idoneidade e credibilidade à prova pericial com vista à sua admissão, permanência e utilização como meio legítimo de prova. Tanto é assim que, no art. 158-A preocupou-se o legislador em estabelecer uma definição de *cadeia de custódia,* dizendo que se considera como tal *"o conjunto de todos os procedimentos utilizados para manter e documentar a história cronológica do vestígio coletado em locais ou em vítimas de crimes, para rastrear sua posse e manuseio a partir de seu reconhecimento até o descarte".*

Registra-se que aspectos relacionados à *quebra da cadeia de custódia* em face de suposta impossibilidade de verificação da história cronológica da prova são frequentemente trazidos ao Poder Judiciário como fundamento para sua invalidação. Por exemplo, diante

[51] STJ, *Habeas Corpus* 462087/SP, *DJ* 29.10.2019.

de alegação defensiva no sentido de que policiais militares haviam limpado impressões digitais em revólver após sua apreensão, decidiu-se que não houve quebra da cadeia de custódia, pois, "pelos elementos constantes nos autos é possível determinar todo o caminho percorrido pela prova, desde a sua obtenção"[52]. Em outra hipótese, constatado que não foi disponibilizada à defesa a integralidade do conteúdo de conversas telefônicas acostadas aos autos na forma de prova emprestada e que houve "a seleção pelas autoridades de persecução de partes dos áudios interceptados", deliberou-se no sentido da ocorrência de quebra da cadeia de custódia, que "tem como objetivo garantir a todos os acusados o devido processo legal e os recursos a ele inerentes, como a ampla defesa, o contraditório e principalmente o direito à prova lícita"[53]. Veja-se, também, o caso em que sustentada pela defesa técnica do réu a ocorrência de quebra da cadeia de custódia da prova resultante de interceptação de comunicação telefônica sem que tenha sido encaminhado a juízo, pela autoridade policial, o auto circunstanciado com o resumo das operações realizadas. Neste caso, o entendimento foi no sentido de que tal relatório não tem relação direta com as etapas da cadeia de custódia "por se tratar de elemento informativo e secundário"[54].

Como se depreende das situações ilustradas, são as particularidades do caso concreto que conduzirão à verificação acerca da eventual ocorrência de quebra da cadeia de custódia. *E como deve ocorrer o sopesamento destas circunstâncias para que se conclua no sentido da invalidação ou não da prova obtida?* Como vimos antes, a rastreabilidade da prova como condição para sua confiabilidade é um dos principais fundamentos da cadeia de custódia. Neste cenário, deve-se considerar ocorrente a *quebra* da cadeia sempre que este rastreamento for inviabilizado, vale dizer, quando, encontrando-se o Juiz, o Ministério Público ou a Defesa diante de um determinado laudo, não conseguirem eles, ao trilhar o caminho inverso ao percorrido pela prova desde a constatação do vestígio, certificarem-se da legalidade e da licitude dos procedimentos adotados em cada uma fases cuja sequência conduziu à formalização daquele laudo (detecção do vestígio, coleta, acondicionamento etc.).

8.10.2.2. Fases que compõem a cadeia de custódia

O procedimento relacionado à cadeia de custódia da prova pericial encontra-se expresso, de forma bastante clara, nos arts. 158-A a 158-F do Código de Processo Penal.

De acordo com essa disciplina, uma vez detectada a ocorrência de infração penal, o ato inicial da cadeia de custódia consiste na preservação local do crime e, tenha ou não sido possível este resguardo, a adoção dos procedimentos policiais ou periciais com vista a detectar a existência de vestígio, como tal considerado *"todo objeto ou material bruto, visível ou latente, constatado ou recolhido, que se relaciona à infração penal"*. Realizada esta detecção, caberá ao agente público que reconheceu a existência do vestígio ou de qualquer elemento como de potencial relevância para a produção da prova pericial a responsabilidade por sua preservação (art. 158-A, §§ 1º a 3º).

Atente-se que o estabelecimento da cadeia de custódia tem lugar não apenas em relação a perícias realizadas no curso das investigações criminais, mas, também, àquelas efetivadas no decorrer do processo criminal.

Dentre os dispositivos citados, destaca-se, em especial, o art. 158-B, que arrola e define as etapas que conduzem à produção final da prova pericial. Como já dissemos e repetimos, a possibilidade de rastreamento do percurso do vestígio em cada uma destas fases é condição para a confiabilidade de sua análise e validade do laudo produzido. Consistem estas etapas nas seguintes:

---

52 TJRS, Apelação 70082205477, *DJ* 25.11.2019.

53 STJ, REsp 1795341/RS, *DJ* 14.05.2019.

54 STJ, RHC 77836/PA, *DJ* 12.02.2019.

I – RECONHECIMENTO: ato de distinguir um elemento como de potencial interesse para a produção da prova pericial.

II – ISOLAMENTO: ato de evitar que se altere o estado das coisas, devendo isolar e preservar o ambiente imediato, mediato e relacionado aos vestígios e local de crime.

Uma vez realizado este isolamento, é proibida a entrada de pessoas estranhas aos encarregados da perícia, assim como a remoção do local ou desfazimento da cena do crime antes da liberação por parte do perito responsável. Antes disto, tal remoção ou desfazimento pode implicar na prática de fraude processual (art. 158-C, § 2º).

III – FIXAÇÃO: descrição detalhada do vestígio conforme se encontra no local de crime ou no corpo de delito, e a sua posição na área de exames, podendo ser ilustrada por fotografias, filmagens ou croqui, sendo indispensável a sua descrição no laudo pericial produzido pelo perito responsável pelo atendimento.

IV – COLETA: ato de recolher o vestígio que será submetido à análise pericial, respeitando suas características e natureza.

De acordo com o art. 158-C, *caput*, esta coleta deverá ser realizada, preferencialmente, por perito oficial, que fará o encaminhamento necessário para a *central de custódia*, ainda que seja necessária a efetivação de exames complementares, assim considerados aqueles que não puderam ser realizados no ato da coleta, mas que relevam para a elucidação do fato objeto da perícia.

Perceba-se que esse art. 158-C faz alusão à "central de custódia". Por sua vez, o art. 158-E, *caput*, refere que esta *central* tem sua gestão vinculada ao "órgão central de perícia oficial de natureza criminal".

Pois bem, em relação à *central de custódia*, trata-se do órgão destinado à guarda e controle dos vestígios, devendo existir em todos os Institutos de Criminalística. Constitui setor de extrema relevância, já que responsável pela entrada e a saída de vestígio e pelo registro das informações sobre a ocorrência no inquérito relacionado ao vestígio (art. 158-E, § 2º).

Já a abrangência do mencionado *órgão central de perícia oficial de natureza criminal*, é questão afeta à estruturação dos órgãos de segurança de cada esfera federativa, podendo ser o próprio Instituto de Criminalística ou a secretaria, o departamento ou órgão a que esse Instituto estiver vinculado. Em São Paulo, por exemplo o Instituto de Criminalística (lembre-se que a *central de custódia* deve existir dentro destes institutos) é subordinado à Superintendência da Polícia Técnico-Científica, que é órgão integrante do sistema de segurança pública, ao qual incumbem as perícias médico-legais e criminalísticas desse Estado. Já em Santa Catarina e no Rio Grande do Sul, aquele instituto é subordinado ao Instituto Geral de Perícias.

V – ACONDICIONAMENTO: procedimento por meio do qual cada vestígio coletado é embalado de forma individualizada, de acordo com suas características físicas, químicas e biológicas, para posterior análise, com anotação da data, hora e nome de quem realizou a coleta e o acondicionamento.

De acordo com o art. 158-D, §§ 1º a 5º, o recipiente destinado ao acondicionamento do vestígio (um envelope, um frasco, um invólucro imune a variações de temperatura etc.) será determinado segundo a natureza do material, que deverá ser adequado à preservação de suas características, ter grau e resistência adequado e espaço para registro de informações sobre seu conteúdo, além de ser protegido de contaminação e vazamento. Depois de acomodado o material, deve o recipiente ser selado com lacre, com numeração individualizada, de modo a garantir a inviolabilidade e a idoneidade do vestígio durante o transporte, que é a etapa seguinte da cadeia de custódia. Veja-se que a abertura do recipiente apenas poderá ser realizada pelo perito que procederá sua análise e, motivadamente, por pessoa autorizada por quem tenha autoridade para esse fim (o próprio perito, sob sua responsabilidade; o juiz, se provocado para tanto etc.). Outro detalhe importante é o de que, após cada rompimento de lacre, deve constar na ficha de acompanhamento do vestígio o nome e a matrícula do respectivo responsável, a data, o local e a finalidade da violação. Uma vez realizado o rompimento, o recipiente violado e o respectivo lacre deverão ser acondicionados no interior de outro recipiente, observando este as mesmas restrições do anterior e contendo os mesmos dados.

VI - TRANSPORTE: ato de transferir o vestígio de um local para o outro, utilizando as condições adequadas (embalagens, veículos, temperatura, entre outras), de modo a garantir a manutenção de suas características originais, bem como o controle de sua posse;

VII - RECEBIMENTO: ato formal de transferência da posse do vestígio, que deve ser documentado com, no mínimo, informações referentes ao número de procedimento e unidade de polícia judiciária relacionada, local de origem, nome de quem transportou o vestígio, código de rastreamento, natureza do exame, tipo do vestígio, protocolo, assinatura e identificação de quem o recebeu.

VIII - PROCESSAMENTO: é o exame pericial em si, com a manipulação do vestígio de acordo com a metodologia adequada às suas características biológicas, físicas e químicas, a fim de se obter o resultado desejado, que deverá ser formalizado em laudo produzido por perito.

Como dissemos (inciso IV), realizada a coleta do material que constitui o vestígio, será este enviado à central de custódia para fins dos registros mencionados no art. 158-E, § 1º. Sendo necessários outros exames - e isto é o que normalmente ocorre -, tal material será entregue ao perito para análise, devendo este, após a conclusão do trabalho, restituí-lo à central de custódia, onde, não sendo hipótese de descarte, permanecerá armazenado (art. 158-F, *caput*), conforme etapa seguinte.

IX - ARMAZENAMENTO: procedimento referente ao depósito, em condições adequadas, do material a ser processado, guardado para realização de contraperícia, descartado ou transportado, com vinculação ao número do laudo correspondente.

O armazenamento, como vimos, é de incumbência da central de custódia. Caso, porém, esta não possua espaço ou condições de armazenar determinado material, deverá a autoridade policial ou judiciária determinar as condições de depósito do referido material em local diverso, mediante requerimento do diretor do órgão central de perícia oficial de natureza criminal (art. 158-F, parágrafo único).

Visando à preservação do vestígio armazenado, dispõe o art. 158-E, § 3º, que todas as pessoas que a ele tiverem acesso deverão ser identificadas, assim como registradas a data e hora do acesso. A cautela é reiterada no § 4º, estabelecendo este que, por ocasião da tramitação do vestígio armazenado, todas as ações que o envolverem deverão ser registradas, assim como consignadas a identificação do responsável pela tramitação, a destinação, a data e horário da ação.

X - DESCARTE: procedimento referente à liberação do vestígio, respeitando a legislação vigente e, quando pertinente, mediante autorização judicial.

Esquema das fases da cadeia de custódia:

Reconhecimento (art. 158-A, I):
Percepção do interesse do elemento para fins de perícia.

→

Isolamento (arts. 158-A, II e 158-C, § 2º):
- Preservação do local onde está o vestígio.
- A liberação fica a cargo do perito encarregado.
- Desfazimento da cena do crime pode implicar no crime de fraude processual.

→

Fixação (art. 158-A, III):
- Descrição do vestígio na cena do crime ou no corpo de delito.
- Essa descrição deverá constar no laudo pericial.

→

Coleta (arts. 158-A, IV e 158-C, *caput*):
- Recolhimento do vestígio.
- Deverá ser realizada, preferencialmente, por perito oficial.
- Depois de coletado, o vestígio deverá ser enviado à *central de custódia*, órgão que deve existir em todos os Institutos de Criminalística (art. 158-E, *caput*).

→

Acondicionamento (arts. 158-A, V e 158-D):
- Embalagem do vestígio coletado em recipiente próprio.
- O recipiente deverá ser lacrado.
- A abertura do recipiente será realizada pelo perito encarregado ou, motivada-mente, por pessoa autorizada.
- Após cada rompimento, deverá constar na ficha de acompanhamento do vestígio o nome e matrícula de quem assim procedeu.
- Realizado o rompimento, o recipiente violado deverá ser acondicionado no interior de outro, igualmente lacrado.

→

Transporte (art. 158-A,VI):
Transferência do vestígio de um local para outro.

→

Recebimento (art. 158-A, VII):
Transferência de posse do vestígido, o que deve ser documentado com o número do procedimento, a unidade de polícia judiciária, local de origem, nome de quem transportou, código de rastreamento, natureza do exame, tipo de vestígio, protcolo, assinatura e identificação de quem recebeu.

→

Processamento (art. 158-A, VIII):
- Exame pericial, realizado a partir da manipulação do vestígido com adequada metodologia.
- O resultado do processa-mento será materializado no laudo pericial.

→

Armazenamento (art. 158-A, IX):
- Guarda do material em condições adequadas.
- Trata-se de incumbência da *central de custódia*.
- O armazenamento compreende:
a. Depósito do material a ser processado.
b. Depósito do material a ser guardado.
c. Depósito do mateerial a ser transportado.
d. Depósito do material a ser descartado.

→

Descarte (art. 158-A, X):
É a liberação do vestígio, de acordo com a legislação vigente e, quando necessário, mediante ordem judicial.

8.10.2.3. *Quebra da cadeia de custódia*

Já mencionamos que, se porventura, devido a irregularidades cometidas no trajeto do vestígio desde o início da cadeia de custódia (art. 158-A, § 1.º), não for possível apurar a legitimidade das fases que a compõem (art. 158-B), ter-se-á hipótese de *quebra* dessa cadeia, com implicações na validade dos elementos de convicção produzidos e materializados no laudo pericial. Questão relevante é saber quais as consequências daí resultantes. Há duas correntes:

> ***Primeira:*** Esta quebra não acarreta, necessariamente, a nulidade do laudo pericial produzido, mas, sim, a redução de seu valor probante, impondo-se, para sua consideração como elemento probatório, que sejam agregados outros elementos que também concorram para a prova da materialidade do crime ou da situação que se pretende retratar com a prova pericial.
>
> ***Segunda:*** A quebra conduz à imprestabilidade da prova, invalidando-se o laudo, pois não é possível aferir a sua confiabilidade. Haveria uma presunção de prejuízo.

Prevalece no STJ a **primeira orientação**, considerando esse tribunal que as irregularidades da cadeia de custódia devem ser sopesadas pelo juiz com todos os elementos produzidos na instrução, a fim de aferir se a prova é confiável. Assim, se houver vícios na cadeia de custódia e não houver outras provas capazes de sustentar a acusação, deve o réu ser absolvido por insuficiência probatória[55]. De qualquer forma, quem alega a quebra da cadeia de custódia deve comprovar o **prejuízo** sofrido (que não pode ser presumido – conforme o STF e o STJ, **mesmo as nulidades absolutas não dispensam a demonstração do prejuízo**[56]), pois este é um princípio inerente às nulidades processuais, previsto no art. 563 do CPP (Nenhum ato será declarado nulo, se da nulidade não resultar prejuízo para a acusação ou para a defesa).

8.10.3. Exame de corpo de delito: conceito e classificação legal

Por *exame de corpo de delito* compreende-se a perícia destinada à comprovação da materialidade das infrações que deixam vestígios (*v.g.*, homicídio, lesões corporais, furto qualificado pelo arrombamento, dano etc.). A própria nomenclatura utilizada – "corpo de delito" – sugere o objetivo dessa perícia: *corporificar* o resultado da infração penal, de forma a documentar o vestígio, perpetuando-o como parte do processo criminal.

Assim, não se pode falar em *exame de corpo de delito* quando ausente um vestígio em consequência da prática delituosa. Nestes casos, imprópria até mesmo a referência a expressão **materialidade do crime**, que é própria das infrações das quais decorrem um resultado perceptível pelos sentidos. Uma injúria verbal proferida diretamente à vítima, por exemplo, não possui materialidade a ser comprovada, pois não deixa um vestígio perceptível. Neste caso, o que deverá ser demonstrado pelo querelante por ocasião do oferecimento da queixa será a **existência do crime**, mas não a sua *materialidade*. Já no caso do homicídio, a situação difere, pois há, como resultado do crime, um cadáver, que se constitui o vestígio deixado pelo crime. Então, no homicídio, haverá *materialidade*. Tal distinção, aliás, decorre da exegese do art. 158 do CPP, dispondo que, "quando a infração *deixar vestígios*, será imprescindível o exame de corpo de delito, direto ou indireto...".

Observe-se que o referido art. 158 refere-se a exame de corpo de delito **direto** e **indireto.**

---

55 STJ, HC 653.515/RJ, 6.ª Turma, j. 23.11.2021, *DJe* 1.º.02.2022.

56 STJ, AgRg no RHC n. 153.823/RS, 5.ª Turma, Rel. Min. Reynaldo Soares da Fonseca, j. 28.09.2021, *DJe* 04.10.2021.

Considera-se *direto* quando realizado pelo *expert* diante do vestígio deixado pela infração penal, por exemplo, a necropsia no cadáver.

Por outro lado, o exame *indireto* é aquele realizado com base em informações verossímeis fornecidas aos peritos quando não dispuserem estes do vestígio deixado pelo delito. Imagine-se um delito de estupro, sendo submetida a vítima à perícia de conjunção carnal ocorrida um mês antes. Não mais sendo constatado o vestígio em face do tempo decorrido, poderão os *experts* elaborar laudo indireto, a partir, por exemplo, de atestado do médico particular da vítima que a tenha examinado logo após a ocorrência. Nesse caso, o laudo indireto limitar-se-á a um juízo de compatibilidade, vale dizer, a afirmar que a realidade constatada é compatível com as referências constantes no documento que lhes foi apresentado.

Tem-se observado, na doutrina e às vezes até na jurisprudência, certa confusão entre o *exame de corpo de delito indireto* e a possibilidade de suprimento da perícia pela prova testemunhal em razão do desaparecimento do vestígio. É que, apesar da obrigatoriedade da perícia determinada pelo art. 158 quando se tratar de crime que deixa vestígios, o Código de Processo Penal, no art. 167, estabeleceu que, *quando o vestígio houver desaparecido, a prova testemunhal poderá suprir-lhe a falta*. Esta possibilidade de suprimento não se confunde com o chamado *exame indireto*. No exame indireto há um laudo, firmado por peritos. Diferente é a situação de suprimento da perícia com base em testemunhas que vierem a prestar depoimento em juízo a respeito do vestígio do crime que tenham presenciado, caso em que se estará não diante de uma prova pericial indireta, mas, sim, de uma prova testemunhal.

Essa conclusão decorre da conjugação dos já citados arts. 158 e 167, o primeiro classificando o *exame de corpo de delito* como *direto ou indireto*, e o segundo tratando da impossibilidade de realização do exame de corpo de delito – quaisquer deles, obviamente –, caso em que seria possível o suprimento pela prova testemunhal.

Considerem-se, pois, as seguintes situações:

a) Lesões corporais, tendo a vítima sido submetida à perícia dias após o delito, quando já ausentes os vestígios. Duas testemunhas, porém, comparecem perante os *experts* e narram suas percepções, sendo, então, elaborado laudo pericial, limitado a consignar, sinteticamente, o relato dessas pessoas e a referir a compatibilidade do quadro constatado com a narrativa realizada quanto ao vestígio percebido pelas testemunhas. Tem-se, aqui, hipótese de exame de corpo de delito indireto.

b) Crime de homicídio, presenciado por várias testemunhas, sendo o cadáver, posteriormente, incinerado pelos criminosos. Denunciados os envolvidos, são as testemunhas inquiridas em juízo, narrando o que presenciaram quanto à forma de cometimento do crime e posterior destino do corpo. Aqui não se trata de exame indireto, mas, sim, de prova testemunhal suprindo a falta de exame de corpo de delito direto e indireto.

Plenamente correta, enfim, a lição de Tornaghi, citado por Tourinho Filho, quando refere que o exame indireto não é propriamente exame, e sim o raciocínio e mesmo as experiências dos peritos baseados no que dizem as testemunhas (e acrescentamos: ou qualquer outro elemento de prova).

8.10.4. Obrigatoriedade do exame de corpo de delito e possibilidade de suprimento

O art. 158 do CPP, como já dissemos, determina que, quando a infração deixar vestígios (infrações não transeuntes), será indispensável o exame de corpo de delito, direto ou indireto, não podendo supri-lo a confissão do acusado. Esta regra guarda simetria com o art. 564, III, *b*, do CPP, dispondo que constitui nulidade a falta do exame de corpo de delito, salvo o disposto no art. 167 do mesmo Código. Este, por sua vez, refere a possibilidade de suprimento do exame de corpo de delito pela prova testemunhal **quando o vestígio houver desaparecido.**

A partir da conjugação dessas três normas – arts. 158, 564, III, *b*, e 167 –, constata-se que a regra, efetivamente, é a obrigatoriedade da perícia como meio hábil à constatação dos sinais visíveis deixados pela infração penal. Também como regra, a falta dessa perícia importará em nulidade processual, salvo se motivada no desaparecimento do vestígio, caso em que a prova testemunhal poderá suprir-lhe a falta. Destarte, afirmações leigas como "sem corpo não há homicídio" restam completamente desfiguradas pelo texto legal, nada impedindo venha alguém a ser condenado pela morte de outrem, mesmo sem ter sido encontrado o cadáver, bastando que se utilize do permissivo incorporado ao art. 167 do Código.

Não obstante esta regulamentação, há determinadas questões que, dada a complexidade, devem ser enfrentadas. Consistem:

1) Por que apenas a prova testemunhal é capaz de suprir a perícia? Efetivamente, a menos que se considere que a prova testemunhal possui maior valor do que as demais (o que não procede, pois o Código não estabelece hierarquia entre as provas), não há sentido nessa restrição imposta pelo legislador de 1941. Assim, na atualidade, é consolidada a jurisprudência no sentido de que, tal como a prova testemunhal, qualquer outra, exceto a confissão isolada, é capaz de suprir a falta da perícia na hipótese de desaparecimento do vestígio. Pode ser uma prova documental, como a fotografia, ou até mesmo a palavra da vítima. Imagine-se um crime de estupro sob a modalidade de conjunção carnal no qual o laudo apresente conclusões negativas quanto à constatação de vestígios dado o tempo em que o delito foi cometido. Nesse tipo de delito não há, normalmente, testemunhas, sendo possível comprovar a materialidade pela palavra da ofendida, desde que se trate de narrativa verossímil e que guarde coerência com os demais elementos trazidos ao processo, ainda que sejam estes meramente circunstanciais.

2) Por que não se aceita a confissão do réu (isoladamente considerada) como meio hábil ao suprimento da perícia quando desaparecidos os vestígios? Isso ocorre porque a confissão do réu é uma prova que tem valor relativo, vale dizer, dependente de confirmação por outros meios. Tanto é assim que o art. 197 do CPP, ao tratar do valor da confissão, estabelece que será apreciada pelos critérios adotados para os outros elementos de prova, mas que, para sua valoração, *deverá ser confrontada com as demais provas do processo, verificando-se se entre ela e estas existe compatibilidade ou concordância.* Em suma, relativamente à confissão, pode-se afirmar que é limitada a liberdade de convencimento do juiz, o qual pode utilizá-la como prova, mas não sem antes cotejá-la com os demais elementos de convicção carreados ao processo, a fim de verificar se corroboram a confissão judicialmente prestada.

Tendo em vista, exatamente, esse valor relativo da confissão, dependente de confirmação por outros meios, a excluiu o legislador da possibilidade de suprir a falta do exame de corpo de delito diante de infração cujo vestígio tenha desaparecido.

3) A previsão do art. 77, § 1.º, da Lei 9.099/1995, relativa às infrações de menor potencial ofensivo, quando não incidente a regra do art. 167 do CPP, dispensa a apresentação de exame de corpo de delito em momento posterior? Dispõe o referido dispositivo que, "para o oferecimento da denúncia, que será elaborada com base no termo de ocorrência referido no art. 69 desta Lei, com dispensa do inquérito policial, prescindir-se-á do exame de corpo de delito quando a materialidade do crime estiver aferida por boletim médico ou prova equivalente". Como se vê, o artigo não exige, no momento do oferecimento da denúncia ou da queixa, a prova pericial comprobatória da materialidade delitiva, bastando a presença de boletim médico ou prova equivalente. *E para efeito de condenação?* Neste caso, parte da doutrina compreende que não é suficiente boletim médico, sendo necessário que venha aos autos, antes da sentença final, o correspondente auto de exame de corpo de delito. Discordando dessa linha de pensamento, aderimos ao entendimento de que no âmbito dos juizados especiais deve ser flexibilizado o rigor formal exigido pelo Código de Processo Penal para os feitos que tramitam na justiça comum, devendo-se aceitar, sim, o boletim médico ou prova equivalente como meios hábeis para a condenação. O próprio STF, aliás, já decidiu neste mesmo sentido[57].

4) E nas infrações praticadas com violência doméstica e familiar contra a mulher? Não há qualquer dúvida aqui. Considerando a possibilidade estabelecida no art. 12, § 3.º, da Lei 11.340/2006, é plenamente viável a utilização de documentos médicos com o fito de comprovar a ocorrência do crime.

8.10.5. Formalidades do exame de corpo de delito

O art. 159, *caput*, do CPP estabelece que o exame de corpo de delito deverá ser realizado por *perito oficial portador de curso superior*[58]. Perito oficial é aquele que pertence aos quadros do Estado. Ao empregar a palavra "perito" no singular, a alteração legislativa de 2008, visando agilizar a produção dos laudos e o andamento das investigações e processos, aboliu a exigência de dois *experts* para a realização do exame. Sendo oficial, portanto, basta **um perito**, ressalvada a hipótese de perícia que abranja mais de uma área do conhecimento, caso em que poderá ser designada a atuação de mais de um *expert* (art. 159, § 7.º). Considerando a imposição legislativa de **curso superior**, depreende-se que a admissão de peritos pelos institutos oficiais obrigatoriamente deverá atentar a esta condição.

Não obstante esta regulamentação, o art. 159, § 1.º, prevê que, na falta de perito oficial, poderá a perícia ser realizada por **dois peritos não oficiais** (peritos leigos), como tal consideradas as *pessoas idôneas, portadoras de curso superior preferencialmente na área que constitui o objeto da perícia, que possuam habilitação técnica relacionada à natureza do exame* e que, nomeadas pelo Delegado de Polícia ou pelo juiz, *prestem o compromisso* de bem e fielmente desempenharem a função para a qual encarregados (§ 2.º).

E se o compromisso não for prestado? Concordamos com a orientação de que tanto a ausência de portaria de nomeação dos peritos subscrita pela autoridade policial como a falta de compromisso constituem mera irregularidade, não maculando o resultado atestado no laudo[59].

E se os peritos leigos não tiverem graduação superior? Há duas posições: a *primeira* no sentido da necessidade do preenchimento dessa formalidade e reputando nulo o exame de corpo de delito quando realizado por peritos nomeados que não detenham

57 HC 79.264-MG, *DJ* 25.02.2000. No mesmo sentido: STF, HC 86.049/SP, *DJ* 28.10.2005.

58 A Lei 12.030, de 17.09.2009, estabeleceu normas relativas à perícia oficial.

59 STJ, REsp 181.937/ES, *DJ* 24.09.2001; TJRS, Apelação 70069411130, *DJ* 28.09.2016.

instrução superior. Já a segunda compreende como mera irregularidade a circunstância de não possuírem os peritos leigos curso superior. Esse último entendimento, aliás, aproxima-se do regramento de outros dispositivos legais, tais como o art. 50, § 1.º, da Lei 11.343/2006 (Lei de Drogas) e o art. 530-D do CPP, inserido no procedimento de apuração dos crimes contra a propriedade imaterial de ação penal pública. Ambos, ao tratarem dos peritos leigos, não trazem a escolaridade superior como condição para a nomeação. Na atualidade, tendem os tribunais a adotar posição eclética, compreendendo que, embora a regra seja a de que a ausência de curso superior, efetivamente, vicia o laudo realizado pelos peritos não oficiais, a mácula não se perfaz quando se tratar de perícia visando constatar situação singela, vale dizer, aquela em que são prescindíveis maiores conhecimentos técnico-científicos de seus realizadores. É o caso da perícia realizada para constatar a funcionalidade de arma de fogo.

Observe-se que este regramento estabelecido pelo art. 159 no sentido da suficiência de **um perito oficial** ou da necessidade de **dois peritos não oficiais** tem natureza geral, não sendo aplicável a hipóteses regulamentadas por leis especiais. É o caso, por exemplo, da Lei 11.343/2006 (Lei de Drogas), prevendo que, para efeito da lavratura do auto de prisão em flagrante e estabelecimento da materialidade do delito, é suficiente o laudo de constatação de natureza e quantidade da droga, firmado por "perito oficial" ou, na falta deste, por "pessoa idônea" (art. 50, § 1.º). Considerando que, nesta hipótese, tanto a referência à perícia oficial como a menção ao exame realizado por perito não oficial constam no singular, depreende-se que em qualquer caso bastará que um profissional realize o exame. Frise-se que a perícia assim realizada é suficiente, apenas, para a lavratura do auto de prisão e o desencadeamento do processo criminal, sendo necessário, para fins de sentença condenatória, que aporte ao processo o laudo toxicológico definitivo, confeccionado em obediência ao disposto no art. 159 do Código de Processo Penal, já que não existe na Lei de Drogas regramento especial acerca dessa perícia. Para outras considerações acerca da perícia para efeitos da Lei 11.343/2006, remetemos o leitor ao *Capítulo 10, item 10.11.2.*

8.10.6. Atuação processual das partes em relação à perícia

Ao modificar a redação do art. 159 do CPP, a Lei 11.690/2008 facultou *ao Ministério Público, ao assistente de acusação, ao ofendido, ao querelante e ao acusado* o direito à *formulação de quesitos* e à *indicação de assistente técnico* (§ 3.º). Estabeleceu, outrossim, que o *assistente técnico atuará a partir de sua admissão pelo juiz e após a conclusão dos exames e elaboração do laudo pelos peritos oficiais*, devendo as partes ser intimadas da decisão de admissão (§ 4.º).

A partir dessa disciplina incorporada ao Código, extraem-se as seguintes conclusões:

1.ª) Quanto à fase em que é obrigatória a notificação dos interessados para apresentação de quesitos e indicação de assistente: Entendemos que a obrigatoriedade de notificação das partes para a formulação de quesitos e a indicação de assistente técnico contemplada no art. 159, § 3.º, é restrita às perícias determinadas na fase judicial, não sendo extensiva à etapa das investigações policiais. Isto parece claro pela própria semântica utilizada no dispositivo, que não se refere ao *investigado*, mas se utiliza da palavra *acusado*, tecnicamente usada para identificar o imputado na denúncia ou na queixa-crime. Reforçando este entendimento, ainda, a explicitude do art. 159, § 5.º, II, ao determinar que, **durante o curso do processo judicial**, será permitido às partes indicar assistente técnico.

Observe-se que o art. 159, § 3.º, do CPP contém regramento **cogente**, alertando que *serão facultadas ao Ministério Público, ao assistente de acusação, ao ofendido, ao querelante e ao acusado a formulação de quesitos e a indicação de assistentes*. Logo, a ausência de notificação destes sujeitos processuais poderá acarretar nulidade processual, cuja natureza reputamos, ser relativa, sujeitando-se à demonstração de prejuízo para que seja declarada. Difere o regramento inserto ao citado § 3.º daquele incorporado ao art. 176 do CPP, pois este último é restrito a disciplinar que *as partes poderão formular quesitos até o ato da diligência*, estatuindo **simples faculdade às partes** que poderá ser exercida também na fase do inquérito.

Seguindo esse raciocínio, conclui-se que, em relação à participação do investigado e da vítima nos atos do inquérito, persistem em vigor as normas que estabelecem discricionariedade à autoridade policial para deferir ou não diligências eventualmente requeridas, inclusive no que concerne à prova pericial. Em verdade, a única exceção em que a autoridade policial não possui essa liberdade para atender ou não solicitações do investigado ou do ofendido refere-se àquela destinada à comprovação do corpo de delito. Isso ocorre em face do que dispõe o art. 184 do CPP, estabelecendo que, salvo no caso do exame com o intuito de materializar vestígios deixados pela infração penal, a autoridade (policial ou judiciária) poderá indeferir perícias requeridas quando entender desnecessárias ao esclarecimento da verdade.

Evidentemente, diligências requisitadas pelo promotor de justiça ao delegado de polícia não podem ser por este desatendidas, visto que a Constituição Federal atribuiu ao Ministério Público a faculdade de *requisitar diligências investigatórias* (art. 129, VIII).

2.ª) Quanto à necessidade de admissão judicial do assistente técnico: A parte interessada, seja a acusação, representada pelo Ministério Público ou pelo acusador particular (assistente de acusação ou querelante), seja a defesa, deverá requerer ao juiz a *admissão* do assistente técnico eventualmente indicado. Exige-se, deste modo, que haja um pronunciamento judicial a respeito, sendo que somente após essa admissão é que o assistente técnico poderá atuar, condicionando-se esta sua atuação, ainda, a que a perícia do juízo já tenha sido concluída, bem como elaborado o laudo correspondente.

Considerando que o art. 159, § 3.º, possui, como dissemos antes, linguagem cogente, aduzindo que "**serão facultadas** ao Ministério Público, ao assistente de acusação, ao ofendido, ao querelante e ao acusado a formulação de quesitos e **a indicação de assistente técnico**", compreendemos que não será lícito ao juiz indeferir a admissão do assistente técnico pretendido pelas partes, salvo se motivos processuais conduzirem-no a esta decisão, como a inexistência de ação penal em andamento (requerimento feito na fase do inquérito).

3.ª) Quanto ao número de assistentes técnicos passíveis de indicação: A regra deverá ser a de que se faculte a indicação de apenas **um** assistente por cada um dos sujeitos referidos no art. 159, § 3.º, evitando-se, destarte, tumultos e delongas ao andamento do processo decorrente do trabalho de inúmeros profissionais em torno do objeto da perícia. Havendo mais de um réu, poderão ser indicados tantos assistentes quanto for o número de imputados. Sendo indicado número de assistentes superior ao permitido, deverá o juiz ordenar a intimação do interessado que realizou a indicação, para que escolha qual deles realizará o trabalho. Exceção a esta regra, todavia, existe no art. 159, § 7.º, do CPP, dispondo que, "tratando-se de perícia complexa que abranja mais de uma área de conhecimento especializado, poder-se-á designar a atuação de mais de um perito oficial **e a parte indicar mais de um assistente técnico**" (grifamos). É o caso, por exemplo, da perícia envolver conhecimentos médicos e de balística. Apesar de a redação do mencionado § 7.º tratar como perícia complexa aquela que envolva mais de uma área de conhecimento especializado, reputamos que também deve enquadrar-se como tal – e, portanto, autoriza a indicação de mais de um assistente técnico – aquela que, embora relativa a apenas uma área do conhecimento, tenha sua complexidade determinada pelo objeto.

4.ª) Quanto ao momento de atuação do assistente técnico: Na disciplina do art. 159, § 4.º, do CPP, o assistente técnico poderá atuar apenas depois *de sua admissão pelo juiz e após a conclusão dos exames e elaboração do laudo pelos peritos oficiais, sendo as partes intimadas dessa decisão*. Na verdade, esse dispositivo incorpora grave impropriedade redacional quando dispõe que o assistente técnico atuará depois da "elaboração do laudo pelos peritos oficiais". É evidente que o legislador quis referir-se, aqui, não a *peritos oficiais* (mesmo porque, sendo oficial, basta um perito), e sim à **perícia oficial**, vale dizer, aquela determinada pelo juiz, não importando se realizada por **perito oficial** ou por **peritos não oficiais**. Raciocínio oposto importaria na conclusão de que, sendo a perícia executada por peritos leigos, não ensejaria a admissão de assistente técnico, o que é tese inconcebível. Pois bem, ao proibir a atuação do assistente técnico enquanto ainda não concluído o laudo oficial, objetivou o legislador, no art. 159, § 4.º, evitar que a interferência de profissional indicado pelas partes em momento anterior a esse prazo prejudicasse não só a qualidade técnica do trabalho a ser realizado pelos peritos do juízo, como também a necessária isenção destes profissionais.

Ao deferir a admissão de assistente técnico, deverá o juízo, para evitar procrastinação do processo, fixar prazo para que apresente suas conclusões, conforme determina o art. 159, § 5.º, II, do CPP. Descumprido, injustificadamente, o prazo fixado, faculta-se ao juiz dar prosseguimento ao processo, possibilitando-se, inclusive, a apresentação de razões finais pelas partes e a prolação de sentença.

Da decisão que admite o assistente técnico, as partes deverão ser intimadas, o que se justifica na necessidade de permitir a elas eventual impugnação, alegando-se, por exemplo, o fato de se tratar dito assistente de pessoa impedida de realizar validamente perícia nos autos (art. 279 do CPP). Não se pode ignorar, afinal, que o laudo produzido pelo referido profissional, uma vez acostado aos autos, poderá ser utilizado pelo juiz como elemento de convicção no momento da prolação da sentença.

5.ª) Quanto à posse e guarda do objeto da perícia: Conforme se deflui do art. 159, § 6.º, do CPP, o objeto da perícia ficará sob a guarda e vigilância dos peritos do juízo (oficial ou leigos). Assim, não sendo suficiente o contato com elementos formais integrantes dos autos e com as conclusões dos peritos oficiais e necessitando o assistente técnico interagir diretamente com esse objeto (*v.g.*, a arma do crime, a fibra encontrada no local do fato, a peça de vestuário contendo resíduos de sangue etc.), poderá ter acesso ao material probatório que serviu de base à perícia, o qual, porém, "será disponibilizado no ambiente do órgão oficial, que manterá sempre sob sua guarda, e na presença de perito oficial, para exame pelos assistentes, salvo se for impossível a sua conservação". Observa-se, portanto, que referido material não será entregue ao assistente admitido no caso, mas ficará em *ambiente oficial* (*v.g.*, departamentos de perícias, institutos de criminalística, institutos médico-legais etc.), sob a guarda do órgão oficial competente, podendo ser manuseado pelo assistente técnico sob a atenta fiscalização do responsável junto a tal órgão, ao qual incumbirá zelar para que essa manipulação não importe em destruição do objeto ou em sua descaracterização.

6.ª) **Indeferimento de admissão do assistente técnico:** não havendo óbices processuais, o juiz está obrigado à admissão do assistente técnico quando indicado pelos legitimados do art. 159, § 3.º, do CPP. Assim, o indeferimento injustificado ensejará a dedução de remédios como o *habeas corpus*, o mandado de segurança e a própria correição parcial, conforme seja a parte interessada e a hipótese em exame. Por outro lado, se equivocado o deferimento de atuação do assistente técnico indicado, restará à parte *ex adversa* o pedido de correição parcial, fulcrado na ilegalidade do proceder judicial.

7.ª) **Valoração das conclusões do assistente técnico:** quanto ao valor do laudo apresentado por assistentes técnicos, deverá ser aferido pelo juízo segundo o seu livre convencimento, em confronto com as conclusões do laudo oficial e dos demais elementos de prova angariados ao processo. Obviamente, tratando-se de meio de prova apresentado por profissional constituído ou designado pelas partes, e, portanto, despido de isenção, caberá ao juiz examiná-lo com reservas, acautelando-se em suas conclusões.

8.ª) **Quanto aos sujeitos a que atribuídas as faculdades de apresentação de quesitos e indicação de assistente técnico:** Pelo que se infere do art. 159, § 3.º, não apenas o Ministério Público e a defesa, mas também o **assistente de acusação,** o **querelante** e o **ofendido** tiveram assegurado o direito de serem notificados para, se quiserem, apresentar quesitos a serem respondidos na perícia e indicarem assistente técnico para atuar no processo. Note-se que, de acordo com o art. 30 do CPP, **querelante é o ofendido** na condição de autor da ação penal privada. Por outro lado, segundo regra do art. 268 do CPP, **assistente de acusação é o ofendido** na qualidade de interveniente na ação penal pública. Entretanto, o art. 159, § 3.º, do CPP, além de se referir ao querelante e ao assistente de acusação, também faz menção ao **ofendido**, independentemente de ocupar essas posições. Assim, é necessário concluir que, mesmo não sendo o ofendido autor da ação privada e, no caso da ação penal pública, não se encontrando habilitado como assistente do Ministério Público, ainda assim deverá ser instado quanto às perícias para os fins do citado § 3.º. Compreendemos, porém, que, tratando-se de processo iniciado por denúncia do Ministério Público, o exercício dessas faculdades condiciona-se a que, previamente ou concomitantemente à apresentação de quesitos e indicação de assistente técnico, o ofendido habilite-se nos autos como assistente de acusação, uma vez que *propor meios de prova* é faculdade que a lei confere ao ofendido quando devidamente habilitado no processo a esse título (art. 271 do CPP).

8.10.7. Oitiva dos peritos em audiência

Visando ampliar o contato dos interessados com os peritos e facilitar a obtenção de esclarecimentos em torno do exame realizado, acrescentou a Lei 11.690/2008 ao art. 159, § 5.º, I, do CPP, ainda, a possibilidade de as partes requererem ao juiz, no curso do processo judicial, a oitiva dos peritos para "esclarecerem a prova ou para responderem a quesitos". Neste caso, o mandado de intimação dos *experts* para a audiência deverá ser cumprido com antecedência mínima de dez dias em relação à data aprazada para a solenidade, encaminhando-se, no mesmo prazo, a eles, os quesitos a serem respondidos ou as questões a serem esclarecidas. Tal lapso justifica-se na necessidade de conceder aos peritos um prazo mínimo para que possam, se preciso for, realizar novos estudos e exames sobre o objeto da perícia e, assim, prestar os esclarecimentos que lhes estão sendo solicitados por qualquer das partes. Não se aplica, portanto, aqui, a regra incorporada ao art. 176 do CPP (redação de 1941), segundo a qual "as partes poderão formular quesitos até o ato da diligência".

Atente-se que esta faculdade, obviamente, não se confunde com aquela prevista no art. 159, § 3.º, este conferindo ao Ministério Público, querelante, assistente de acusação, ofendido e defesa a faculdade de apresentação de quesitos. No § 3.º, com efeito, assegura o Código aos sujeitos lá mencionados o direito de, previamente à perícia oficial, apresentarem quesitos a serem respondidos pelos peritos **por ocasião da apresentação do laudo principal em juízo**. Já no § 5.º, inciso I, objetiva a providência mencionada possibilitar às partes a oitiva dos peritos em audiência judicial ou o esclarecimento a questões que venham a surgir ou a novos quesitos que lhes sejam formulados **em razão de dúvidas geradas pelas conclusões apresentadas no laudo oficial já confeccionado e acostado aos autos**. Tanto é assim que, no § 5.º, refere a lei que os peritos poderão, querendo, apresentar as respostas aos novos questionamentos "em laudo complementar" – "complementar" ao laudo principal, obviamente, pressupondo-se que já tenha este sido apresentado.

Ademais, parece claro que a possibilidade de oitiva dos *experts* em audiência deve, também, ser extensiva a eventuais assistentes técnicos que, indicados no processo, tenham acostado seus pareceres aos autos. Afinal, se a prova daí resultante também é capaz de formar a convicção do julgador, não lhe atribuindo a lei valor inferior, nada mais justo do que facultar às partes, em especial àquela que figurar em polo adverso à que indicou o assistente, a inquirição do referido profissional quanto às suas conclusões. No caso do Ministério Público, o interesse ainda mais se justifica pela sua condição de *custos legis* na ação penal privada ou de *parte imparcial* na ação penal pública, podendo e devendo inclinar-se em favor do réu quando detectar a inexistência de elementos que conduzam à sua responsabilização criminal. Corroborando esta conclusão o fato de que o art. 159, § 5.º, I, refere-se a "peritos", utilizando a palavra no plural, o que abrange todo e qualquer profissional que subscrever legitimamente laudos ou pareceres juntados aos autos; e, também, a circunstância de que o inciso II do mesmo artigo possibilita expressamente a inquirição de assistentes técnicos em audiência.

8.10.8. Divergência entre os peritos

Apesar da alteração introduzida ao art. 159, *caput*, do CPP, no sentido de que o exame de corpo de delito e as outras perícias serão realizados por "**perito oficial**" (um, portanto), existem determinadas hipóteses em que persiste a obrigatoriedade de ser a perícia executada por mais de um *expert.* É o caso, por exemplo, da perícia efetuada por **peritos não oficiais**, exigindo o art. 159, § 1.º, do CPP o mínimo de dois profissionais na sua efetivação; também assim o laudo toxicológico definitivo, sugerindo a redação do art. 50, § 2.º, da Lei 11.343/2006 a necessidade de que seja confeccionado por mais de um perito (refere o dispositivo que o perito que subscrever o laudo provisório não ficará impedido de *participar* do laudo definitivo, não sendo concebível que alguém *participe* de uma atividade sozinho); e, ainda, a perícia realizada para fins de materialização dos crimes contra a propriedade imaterial de ação penal privada, referindo-se o art. 527 do CPP, expressamente, a "dois peritos".

Em tais hipóteses, participando mais de um profissional no exame pericial, é possível que venham eles a divergir nas respectivas conclusões. Para solucionar o impasse daí decorrente, prevê o art. 180 que, "se houver divergência entre os peritos, serão consignadas no auto do exame as declarações e respostas de um e de outro, ou cada um redigirá separadamente o seu laudo, e a autoridade nomeará um terceiro; se este divergir de ambos, a autoridade poderá mandar proceder a novo exame por outros peritos".

Sintetizando os termos do art. 180 e conjugando-o com o sistema-regra de valoração das provas no processo penal brasileiro – *sistema do livre convencimento motivado* –, conclui-se que três são as possibilidades que podem surgir da análise judicial de laudo elaborado por mais de um perito, quando assim for exigido pela lei:

---

a) Peritos convergem nas conclusões e o juiz concorda integralmente com o resultado do laudo: a decisão será proferida em acordo com a perícia.

b) Peritos convergem nas conclusões e o juiz discorda com o resultado do laudo: o juiz proferirá decisão contrária ao laudo, fundamentando-a, porém, em outros elementos de prova coligidos ao processo.

c) Peritos divergem nas conclusões, caso em que o juiz:

- Poderá optar por uma das soluções apontadas, discordando da remanescente e fundamentando esse seu entendimento.
- Poderá nomear terceiro perito – chamado de "desempatador" – para indicar qual sua posição em face das conclusões contraditórias dos peritos que o antecederam no exame, guiando-se o magistrado, neste caso, pelo resultado das observações desse último *expert*.
- Se o perito desempatador divergir das conclusões dos peritos que realizaram o primeiro laudo, poderá o juiz determinar nova perícia, a ser realizada por dois outros peritos, ignorando, então, a primeira realizada.

8.10.9. Laudos complementares

Laudos complementares são aqueles resultantes de perícias realizadas em momento posterior à perícia principal e que devem ser realizados, se possível, pelos próprios *experts* que fizeram o primeiro exame.

Duas, basicamente, são as situações que levam o delegado de polícia, o juiz e o próprio Ministério Público a determinarem ou requisitarem essa providência, a saber:

a) Esclarecimento de omissões, obscuridades ou contradições (art. 181 do CPP). Não se trata, aqui, de posicionamentos divergentes dos peritos, mas de laudo, efetivamente, contraditório em suas conclusões. Exemplo: Atesta, como *causa mortis* da pessoa encontrada em um rio, afogamento por água, ao mesmo tempo em que refere encontrarem-se os pulmões do cadáver íntegros e secos;

b) Necessidade de aguardar o decurso de certo período de tempo para viabilizar a resposta a quesitos relevantes na apuração do delito. Exemplos: Exame complementar para a constatação da efetiva incapacidade para as ocupações habituais por mais de trinta dias, o que deve ser feito logo após o decurso desse período (art. 168, *caput* e §§ 1.º e 2.º, do CPP); exame complementar para constatar o caráter permanente de debilidade de órgão, sentido, ou função etc.

8.10.10. Momento da perícia

A regra estabelecida pelo Código de Processo Penal é a de que o exame de corpo de delito possa ser feito em qualquer dia e hora, sem restrições quanto aos feriados e períodos noturnos (art. 161).

Uma primeira exceção, contudo, existe em relação ao exame interno do cadáver (necropsia ou autópsia), o qual deverá ser feito no mínimo seis horas após a morte, segundo dispõe o art. 162 do CPP. Como o risco de morte aparente, na atualidade, é improvável em face do avanço tecnológico, na prática esse tempo não tem sido observado, mesmo porque o próprio dispositivo citado ressalva a possibilidade de efetivação do exame antes do interregno lá previsto quando induvidosa a morte do indivíduo.

Outra ressalva em relação ao tempo da perícia foi inserida pela Lei 11.690/2008 ao art. 159, § 4.º, ao condicionar os exames a serem realizados por eventuais assistentes técnicos indicados pelas partes à prévia conclusão da perícia oficial e elaboração do respectivo laudo. Antes não terão eles contato com o material a ser periciado.

Observe-se, por fim, que, de acordo com o constante no art. 160, parágrafo único, o laudo pericial deve ser concluído no prazo de dez dias, devendo ser dada prioridade na realização da perícia quando se tratar de crime que envolva violência doméstica e familiar contra mulher e violência contra criança, adolescente, pessoa idosa ou com deficiência. Tal prioridade, aliás, foi determinada pela Lei 13.721, de 02.10.2018 ao modificar a redação do art. 158 do CPP. Na prática, contudo, sabe-se que a frágil estrutura dos órgãos estatais encarregados da perícia faz com que essas normas não passem de letra fria, raramente logrando ser observadas.

8.10.11. Não vinculação do magistrado

O art. 182 do CPP dispõe que o juiz **não está adstrito às conclusões do laudo pericial**, podendo delas discordar, no todo ou em parte. Ao assim dispor, adotou o Código o *sistema liberatório de apreciação da prova pericial*, segundo o qual o juiz possui liberdade para apreciar a perícia, podendo acatá-la ou rejeitá-la. Opõese, com efeito, ao chamado *sistema vinculatório*, que restringe a liberdade do juiz, fazendo com que este não possa recusar as conclusões da perícia, o que implica relegar ao perito quase que a função de julgador.

A adoção do *sistema liberatório* guarda sintonia com o critério de apreciação das provas consagrado pelo Código – *livre convencimento motivado* (art. 155, *caput*). Afinal, se, fundamentando sua decisão, pode o juiz, como regra, atribuir à prova o valor que bem entender, não haveria realmente nenhum sentido em se encontrar o magistrado obrigado a seguir conclusões da perícia, sem poder de discordância.

Saliente-se que essa mesma faculdade conferida pela lei ao juiz é extensiva aos jurados por ocasião do julgamento dos crimes dolosos contra a vida e conexos. Suponha-se, por ilustração, que, antes da sessão de julgamento, venha o acusado a ser submetido a incidente de insanidade mental, concluindo a perícia no sentido de que, ao tempo do fato, não era ele inteiramente capaz de compreender o caráter ilícito de suas ações. Submetida à apreciação do Conselho de Sentença a inimputabilidade como tese de defesa, nada impede que venham os jurados a negar essa condição subjetiva do acusado atestada na perícia, condenando-o como imputável, situação esta que o levará ao apenamento sem a redução de um terço a dois terços prevista no art. 26, parágrafo único, do CP.

Outro aspecto que gera controvérsias diz respeito à possibilidade de o magistrado contrariar as conclusões de laudo pericial no tocante à própria **existência do corpo de delito**, vale dizer, ao vestígio deixado pela infração penal. Reputamos que não há essa possibilidade, pois, a despeito de o art. 182 do CPP permitir ao juiz discordar da perícia *no todo ou em parte*, tal faculdade não é ilimitada, encontrando exceção exatamente na afirmação dos peritos quanto à existência do corpo de delito. Tanto é assim que o próprio Código, no art. 184, refere, *a contrario sensu*, que a autoridade não poderá negar a realização de perícias complementares que tenham por objetivo a comprovação do *corpo de delito*. Ora, se esta ordem de análise, que visa materializar o corpo de delito, é obrigatória e não pode ser negada pela autoridade (policial ou judiciária, pois a lei não distingue), deduz-se que, neste aspecto, a perícia deve possuir natureza vinculante.

Exemplo: Considere-se que o laudo pericial incorporado a determinado processo criminal conclua no sentido de que a vítima sofreu lesões corporais de natureza grave. O magistrado, com base no que lhe permite o art. 182 do Código, poderá entender, fundamentadamente, que as lesões foram leves, ou que foram gravíssimas, contrariando os termos do laudo. Não poderá, contudo, negar a existência das lesões, pois isso importaria em negar o próprio vestígio constatado, ou seja, o próprio corpo de delito.

Atente-se, todavia, que para os jurados, por ocasião dos julgamentos pelo **Tribunal do Júri**, nem mesmo no aspecto da existência do corpo de delito a perícia possui efeito vinculativo. Estes podem negar a própria existência do vestígio, bastando, para tanto, que respondam negativamente ao primeiro quesito formulado no momento da votação, o qual corresponde à materialidade da infração penal atribuída ao réu (art. 483, I, e § 1.º, do CPP).

8.10.12. Necropsia

Consiste no exame interno do cadáver, sendo necessário nos casos de morte violenta. Não obstante, dispõe o art. 162 do CPP que poderá ser dispensado em duas hipóteses: *a)* nos casos de morte violenta sem que haja infração penal a ser apurada, quando será suficiente exame externo do cadáver (*v.g.*, suicídio); *b)* quando, mesmo havendo infração penal a ser apurada, as lesões externas permitirem precisar a causa da morte, não havendo necessidade de exame interno para constatar qualquer circunstância relevante, como, por exemplo, morte por decapitação, sendo a cabeça separada do corpo.

Como referido alhures, em face dos riscos de *morte aparente*, dispôs o legislador de 1941 que deverá ser realizada no mínimo após seis horas do óbito, salvo se, pela evidência da morte, entenderem os peritos possa ser levado a efeito antes desse tempo. Na atualidade, dado o avanço da tecnologia médica, é evidente que a regra legal não tem mais sentido.

Mesmo nos casos em que é obrigatória, incide em relação à necropsia o art. 167 do CPP, dispondo que, *não sendo possível o exame de corpo de delito, por haverem desaparecido os vestígios, a prova testemunhal poderá suprir-lhe a falta*. Assim, não ficará inviabilizado o processo criminal e, inclusive, a condenação do acusado caso a ausência da perícia decorra da não localização do corpo da vítima, sendo suficiente, nestes casos, a prova testemunhal. Logicamente, deve ser uma prova testemunhal cabal, vale dizer, apta a transmitir certeza quanto à ocorrência do crime, sem dar margem a qualquer dúvida.

8.10.13. Exumação e inumação

Por **exumação** compreende-se o ato de desenterrar ou retirar o cadáver da sepultura. O procedimento requer justa causa, vale dizer, motivo justo para que seja realizado, qual seja, sanar dúvidas quanto à *causa mortis*. Pode ser utilizada, ainda, para complementar dados já obtidos por ocasião do periciamento do cadáver.

Dispõe o art. 163 do CPP que, "em caso de exumação para exame cadavérico, a autoridade providenciará para que, em dia e hora previamente marcados, se realize a diligência, da qual se lavrará auto circunstanciado". Evidentemente, a autoridade a que faz referência o dispositivo é a policial, que é a quem compete determinar as providências necessárias para a necropsia (art. 6.º, VII, do CPP). Havendo o consentimento dos familiares (observada, por analogia, a ordem preferencial prevista no art. 24, § 1.º, e no art. 31 do CPP – cônjuge, ascendente, descendente ou irmão, agregando-se aqui também o companheiro estável), reputamos desnecessária prévia autorização judicial para exumação. Não havendo tal consentimento, por cautela, entendemos adequado ao Delegado de Polícia representar ao Juízo para este fim[60]. O mesmo pode ser dito em relação ao Ministério Público, dentro da faculdade investigatória que lhe confere o art. 129, VIII, da CF, podendo o Promotor, portanto, requisitar a exumação à autoridade policial (se houver anuência dos citados

---

60 STJ, HC 413.104/PA, *DJ* 15.02.2018.

familiares) ou requerer ao juiz que o faça. Nada providenciando a autoridade policial ou o Ministério Público, poderão o assistente de acusação e o advogado do investigado ou réu requerer ao juiz que determine a exumação. Perceba-se que, existindo receio de perecimento da prova, tal requerimento poderá, inclusive, ser realizado por meio de ação cautelar inominada a ser deduzida na vara criminal.

Ainda conforme o art. 163 do CPP, caberá ao administrador de cemitério público ou particular indicar o lugar da sepultura, sob pena de desobediência. No caso de recusa ou de falta de quem indique a sepultura, ou de encontrar-se o cadáver em lugar não destinado a inumações, a autoridade procederá às pesquisas necessárias, o que tudo constará do auto.

Veja-se que *exumação* é o oposto de **inumação**. Desta não cuida o Código de Processo Penal e consiste no ato de sepultar.

Tanto a *exumação* quanto a *inumação*, se realizadas à revelia das formalidades legais (art. 163 do CPP), tipificam a contravenção penal do art. 67 da lei respectiva. Conforme ensina Hugo Nigro Mazzilli, nessa contravenção não há o dolo de violar ou profanar uma sepultura, mas o mero descumprimento de formalidades para a inumação ou exumação, as quais, se observadas, tornariam a ação totalmente legítima (p. ex.: prazo insuficiente para exumação, incompetência para autorizá-la etc.)[61]. Presente esse dolo, ocorrerão os crimes dos arts. 210 a 212 do Código Penal, conforme o caso.

8.10.14. Lesões corporais graves pela incapacidade para as ocupações habituais por mais de trinta dias

Tratando-se do crime de lesões corporais, a fim de evitar o desaparecimento dos vestígios, normalmente é o ofendido submetido ao exame de corpo de delito logo depois do fato. Neste exame deverão constar os esclarecimentos necessários para que possa o Ministério Público identificar a natureza da lesão praticada de modo a enquadrá-la no *caput* (lesão corporal leve) ou nos §§ 1.º e 2.º do art. 129 (lesão corporal grave ou gravíssima, respectivamente). Na verdade, o exame de corpo de delito no crime de lesões corporais compõe-se de quesitos que, por sua vez, correspondem ao que dispõem o art. 129 e seus parágrafos (*houve ofensa à integridade corporal ou à saúde? qual o instrumento que a produziu? resultou incapacidade para as ocupações habituais por mais de trinta dias? resultou perigo de vida? etc.*).

Perceba-se que, muitas vezes, para responder a determinado quesito necessita o perito aguardar o decurso de certo tempo. Isto pode ocorrer tanto por força de previsão legal como em razão da própria natureza do questionamento.

Especificamente em relação ao quesito da *incapacidade para as ocupações habituais por mais de trinta dias*, a necessidade de exame complementar em momento posterior decorre de expressa previsão legal, qual seja, o art. 168, § 2.º, do CPP, dispondo que, *se o exame tiver por fim precisar a classificação do delito no art. 129, § 1.º, I, do Código Penal, deverá ser feito logo que decorra o prazo de 30 (trinta) dias, contado da data do crime* (a data do crime é o *dies a quo*, pois se trata de prazo de natureza material).

Ora, da literalidade do dispositivo, duas conclusões emergem: primeira, a de que tal exame é obrigatório no caso a que se refere; e, segunda, no sentido de que, para a constatação da gravidade da lesão sob o fundamento da incapacidade para as ocupações habituais, não se pode aceitar como prova o laudo pericial realizado **antes** do decurso dos 30 dias, pois, nesse caso, o que existe é um mero *prognóstico*, despido de segurança.

---

61 Disponível em: <http://www.mazzilli.com.br/pages/artigos/violsep.pdf>. Acesso em: 7 nov. 2016.

Exige-se, pois, que a incapacidade seja diagnosticada, afirmando o laudo que ele, efetivamente, *ficou* incapacitado naquele lapso.

Mas cuidado aqui: a despeito de toda essa disciplina, a jurisprudência vem flexibilizando a regra de que o exame destinado à comprovação da incapacidade seja feito **logo que decorra** o aludido lapso. Segundo este entendimento, a previsão do art. 168, § 2.º, visou apenas a impedir que se percam os vestígios materiais da infração penal, pelo decurso do tempo, e não estabelecer um prazo máximo para a sua elaboração. Na verdade, em face do que dispõe o art. 168, § 3.º, a própria obrigatoriedade desse exame complementar vem sendo mitigada, tanto que o STJ, em várias oportunidades, chancelou a orientação de que, se emanar das provas angariadas ao processo a conclusão de que as lesões sofridas pelo ofendido, sem qualquer dúvida, deixaram-no incapaz para as ocupações habituais por mais de trinta dias, "fica suprida a exigência de exame pericial complementar"[62].

8.10.15. Rompimento de obstáculo à subtração da coisa e escalada

O art. 171 do CPP dispõe que, "nos crimes cometidos com destruição ou rompimento de obstáculo a subtração da coisa, ou por meio de escalada, os peritos, além de descrever os vestígios, indicarão com que instrumentos, por que meios e em que época presumem ter sido o fato praticado".

A despeito dessa previsão, há controvérsias quanto à possibilidade de suprimento da perícia por outro meio de prova no caso do **rompimento de obstáculo**:

> ***1.ª posição***: A perícia para a constatação do rompimento é, sempre, necessária. Ausente, torna-se imperativa a desclassificação do delito para furto simples em razão da existência de regra específica dentro do Código de Processo Penal, consubstanciada no art. 171, exigindo o exame de corpo de delito nessa hipótese.
>
> ***2.ª posição:*** Desde que *desaparecidos os vestígios*, é possível, aplicando-se o art. 167 do CPP, reconhecer a qualificadora do rompimento de obstáculo a partir da prova testemunhal (ou de outras provas). Este é o entendimento dominante, compreendendo o STJ que "para a incidência da qualificadora prevista no art. 155, § 4.º, I, do Código Penal, é necessária a comprovação do rompimento de obstáculo, por laudo pericial, salvo em caso de desaparecimento dos vestígios, quando a prova testemunhal poderá suprir-lhe a falta"[63].

Por outro lado, em relação à **escalada**, esta pressupõe o acesso ao local do furto por via anormal e com o emprego de meios artificiais, de particular agilidade ou de esforço sensível, reveladores da obstinação do agente em vencer as cautelas postas pelo ofendido para a defesa do seu patrimônio, bem como da sua maior capacidade de delinquir. Caracteriza-se, por exemplo, na transposição de janelas, telhados, muros, portões, túneis etc.

Quanto à exigência de perícia, compreendem alguns que, sendo evidente o ingresso no local por meio impróprio, exigente de esforço anormal, é dispensável o exame. Outros, no entanto, sustentam a imprescindibilidade da confecção de laudo pericial, sendo possível a sua substituição por outros meios probatórios somente quando justificada a impossibi-

---

62 STJ: AgRg no AREsp 145.181/RS, *DJ* 28.06.2013; HC 350.708/SC, *DJ* 28.04.2016; AgRg no AREsp 1.150.677/MS, *DJ* 07.12.2017.

63 STJ, AgRg no REsp 1.392.553/MF, *DJ* 10.09.2013.

lidade de realização desse exame (posição dominante)[64]. Por fim, uma terceira orientação sustenta que havendo provas referentes à utilização da escalada para realizar o furto, por meio de filmagem, fotos e testemunhos, ainda que não tenha sido realizado exame de corpo de delito, tem-se como comprovada a qualificadora em questão.

8.10.16. Incêndio

O art. 173 do CPP estabelece que, "no caso de incêndio, os peritos verificarão a causa e o lugar em que houver começado, o perigo que dele tiver resultado para a vida ou para o patrimônio alheio, a extensão do dano e o seu valor e as demais circunstâncias que interessarem à elucidação do fato".

Trata o dispositivo da hipótese de crime de incêndio, tipificado no art. 250 do Código Penal. As questões mencionadas no art. 173 do CPP e que devem ser respondidas pelos peritos (tanto quanto possível, é lógico) têm em vista as peculiaridades do delito, cujas circunstâncias podem conduzir a um maior ou menor apenamento, dependendo tenha ocorrido em casa habitada ou não, dos instrumentos utilizados para provocar o fogo, do material ígneo empregado, das consequências e demais elementos que podem evidenciar o agir doloso ou culposo do agente.

A perícia, nessa espécie de delito, é importante e deverá ser realizada para fins de comprovação da materialidade. Incide aqui, enfim, o entendimento pretoriano de que "apenas é possível a substituição do laudo pericial por outros meios de prova se o delito não deixar vestígios, se estes tiverem desaparecido ou, ainda, se as circunstâncias do crime não permitirem a confecção do laudo"[65], situações estas que, por óbvio, não se compatibilizam com o crime de incêndio. Logo, se não existir qualquer justificativa para a não realização da perícia, a não efetivação do laudo pericial impossibilita o juízo de condenação, ainda que haja outras provas, tais como testemunhas e fotografias.

8.10.17. Posse e porte ilegal de arma de fogo (arts. 12, 14 e 16 da Lei 10.826/2003)

Perquire-se a efetiva necessidade de perícia na arma de fogo a fim de ser comprovada sua potencialidade lesiva e eficiência.

> ***1.ª posição:*** Em razão do disposto no art. 175 do CPP, referindo-se à necessidade de exame nos *instrumentos empregados na prática do crime*, é inviável a condenação pelo crime de porte ilegal de arma de fogo caso não tenha sido realizado o exame de potencialidade lesiva na arma.
>
> ***2.ª posição:*** Dispensável o laudo pericial de potencialidade lesiva neste caso, por se tratar de crime de mera conduta e de perigo abstrato, bastando para a consumação a prática de uma das condutas inseridas nos verbos nucleares dos tipos penais incriminadores. É a posição dominante[66].

[64] "[...] No que tange à imprescindibilidade da prova técnica para o reconhecimento do furto qualificado pela escalada, a jurisprudência desta Corte Superior de Justiça tem-se orientado pela possibilidade de substituição do laudo pericial por outros meios de prova quando o delito não deixa vestígios, estes tenham desaparecido ou, ainda, se as circunstâncias do crime não permitirem a confecção do laudo" (STJ, AgRg no AREsp 2.047.386/MG, 5.ª Turma, Rel. Min. Reynaldo Soares da Fonseca, j. 21.06.2022, *DJe* 27.06.2022).

[65] STJ, AgRg no REsp 1.722.389/MS, *DJ* 16.04.2018.

[66] "A jurisprudência deste Superior Tribunal de Justiça aponta que os crimes previstos nos arts. 12, art. 14 e art. 16 da Lei n. 10.826/2003 são de perigo abstrato, não se exigindo comprovação da potencialidade lesiva do armamento, prescindindo, portanto, de exame pericial, porquanto o objeto jurídico tutelado não é a incolumidade física e sim a segurança pública e a paz social, colocadas em risco com o porte ou posse de munição, ainda que desacompanhada de arma de fogo. Por esses motivos, via de regra, é inaplicável o princípio da insignificância aos

A caracterização do crime exige que arma esteja municiada? Não. O simples fato de o agente portar arma de fogo sem autorização é suficiente para caracterizar a conduta criminosa, sendo irrelevante, para o enquadramento do agente em um dos verbos dos arts. 12, 14 e 16 da Lei 10.826/2003 (posse de arma de fogo de uso permitido e de uso restrito, respectivamente), a circunstância de se encontrar desmuniciada a arma[67]. Tanto o legislador despojou-se da exigência de que a arma esteja municiada que, nos mesmos tipos penais em que previstas as condutas de porte ilegal de arma de fogo, é, também, tipificada a ação de porte de munição sem autorização e em desacordo com a determinação legal ou regulamentar[68]. Lembre-se, por oportuno, que a Lei 8072/1990 foi alterada pela Lei 13.964/2019, considerando hediondo "o crime de posse ou porte ilegal de arma de fogo de uso proibido, previsto no art. 16 da Lei n.º 10.826, de 22 de dezembro de 2003" (art. 1º, parágrafo único, II).

ATENÇÃO: o Decreto 9.847/2019, alterado pelos Decretos 10.030/2019, 10.630/2021 e 11.035/2022, instituiu nova regulamentação à Lei 10.826/2003, estabelecendo normas sobre a aquisição, cadastro, registro, porte e comercialização de armas de fogo e de munição. Entre as principais alterações, está a modificação, para de *uso permitido*, de armas que antes eram consideradas como de *uso restrito*, com reflexo direto na pena a que sujeitos ou pela qual condenados indivíduos a que imputados o porte ou a posse ilegal destes instrumentos. Alertamos o leitor que o Decreto 11.366/2023, no art. 1.º, V, "institui grupo de trabalho para apresentar nova regulamentação à Lei 10.826, de 22 de dezembro de 2003". Logo, necessário acompanhar a evolução normativa a respeito desta questão.

8.10.18. Majorante de uso de arma de fogo no crime de roubo (art. 157, 2.º-A, I, do Código Penal)

Estabelece o art. 157, § 2.º-A, I (incluído pela Lei 13.654/2018), do Código Penal, que a pena do crime de roubo aumenta de dois terços se a violência ou a ameaça é exercida com emprego de arma de fogo. Pois bem, no aspecto processual está firmada a orientação de que *a apreensão e perícia da arma é desnecessária para evidenciar essa causa de aumento de pena se há outros elementos de prova que evidenciem o emprego do artefato*[69].

8.10.19. Reconhecimento de escritos

O art. 174 do CPP cuida do exame grafodocumentoscópico ou grafotécnico. Esta prova pretende, mediante comparação da grafia aposta em documento escrito com a grafia

---

crimes de posse e de porte de arma de fogo ou munição. Precedentes" (AgRg no HC 733.282/SC, 5.ª Turma, Rel. Min. Ribeiro Dantas, j. 21.06.2022, *DJe* 29.06.2022).

[67] "O Supremo Tribunal Federal firmou o entendimento de que é de perigo abstrato o crime de porte ilegal de arma de fogo, sendo, portanto, irrelevante para sua configuração encontrar-se a arma desmontada ou desmuniciada" (STF, HC 95861/RJ, *DJ* 01.07.2015; STJ, AgRg no HC 450.234, *DJ* 21.11.2018).

[68] Perceba-se que, apesar de o crime do art. 16 do Estatuto do Desarmamento perfazer-se com a simples prática das condutas referidas em qualquer dos verbos nucleares mencionados no tipo – os quais se relacionam não apenas a armas de fogo, mas também a acessórios e munição – parcela do STF e o STJ passaram a admitir a incidência do princípio da insignificância nas hipóteses de apreensão de pequena quantidade de munição, desde que as particularidades do caso concreto indiquem a ausência de potencialidade lesiva da conduta. (STF, HC 143.449/MS, 2.ª Turma, *DJ* 26.09.2017; STJ, HC 459.145/MG, *DJ* 05.12.2018). Reitere-se que, no STF, o tema não está inteiramente consolidado, encontrando-se, também, decisões em sentido oposto, vale dizer, no sentido da desnecessidade de "perquirir-se acerca da potencialidade lesiva de munições eventualmente apreendidas, descabendo, então, cogitar quanto à aplicação do princípio da insignificância para fins de descaracterização da lesividade material da conduta" (RHC 158.087 Agr/MS, 1.ª Turma, *DJ* 15.10.2018).

[69] STJ, AgRg no HC 664.344/TO, Sexta Turma, *DJ* 02.06.2021. No mesmo sentido há inúmeros outros julgados da mesma Corte.

do investigado ou do acusado, afirmar ou afastar a sua autoria em relação a determinado texto ou assinatura. Tratando-se de prova técnica, o exame constitui importante instrumento de convicção à autoridade policial, no curso das investigações, e ao juiz, no decorrer da instrução criminal. Sua utilização é bastante comum na apuração de crimes relacionados à falsificação de documentos públicos ou particulares, falsidade ideológica e estelionato. Sem embargo, também pode ser realizado na identificação da autoria de documentos relevantes para a comprovação de qualquer outro crime, como por exemplo, de homicídio previamente anunciado ao ofendido por meio de carta anônima supostamente enviada pelo acusado.

Sendo conhecido o paradeiro da pessoa cuja grafia se pretende comparar, deverá esta ser intimada para acompanhar o ato. Nesta oportunidade, embora não possa ela ser obrigada ao fornecimento de padrões gráficos (o que implicaria violação ao princípio da não autoincriminação), poderá, espontaneamente, fornecer material de seu próprio punho, colhido perante a autoridade policial ou judiciária, para efeitos de comparação. Na hipótese de não ser encontrado o investigado ou o acusado, tratando-se de procedimento realizado na fase das investigações policiais, é dispensável o acompanhamento de advogado no ato de produção da prova, já que o inquérito, sendo inquisitorial, não está adstrito à observância de garantias como o contraditório e a ampla defesa. Entretanto, situação diversa ocorre em relação à comparação de escritos realizada na fase judicial, caso em que, na ausência do réu, impõe-se a nomeação de defensor para o ato.

Para fins da comparação, pode ser utilizado qualquer documento licitamente obtido, desde que comprovada sua autenticidade, o que pode ocorrer: por meio do reconhecimento do acusado de que a grafia lhe pertence; por meio de reconhecimento judicial, como por exemplo o documento produzido em processo cível reconhecidamente escrito pelo acusado; e por qualquer outro meio de prova hábil à afirmação da autoria do texto ou assinatura sob comparação.

O art. 174, III faculta à autoridade policial ou judiciária requisitar documentos de estabelecimentos públicos (*v.g.*, tabelionatos, cartórios etc.) com finalidade de possibilitar a comparação. Apesar da referência legal a "arquivos ou estabelecimentos públicos", nada impede seja feita esta requisição a estabelecimentos particulares (*v.g.*, bancos privados). Mais: a faculdade prevista no dispositivo assiste também ao Ministério Público, já que este possui, legal e constitucionalmente, poder de requisição, poder este que alcança, inclusive, o acesso a dados bancários **cadastrais** de pessoas que esteja investigando (número da conta, titularidade, informações objetivas constantes de documentos de identificação etc.), não abrangendo, por óbvio, as informações protegidas pelo sigilo, assim compreendidas aquelas que dizem respeito à intimidade e à vida privada do indivíduo (registros de movimentações financeiras, por exemplo).

Perceba-se que há hipóteses em que os documentos não podem ser retirados, impondo-se que a diligência de produção da prova seja realizada diretamente no local onde se encontram. É o caso, por exemplo, dos livros, fichas, documentos, papéis, microfilmes e sistemas de computação dos serviços notariais, que "deverão permanecer sempre sob a guarda e responsabilidade do titular de serviço notarial ou de registro, que zelará por sua ordem, segurança e conservação", sendo que "se houver necessidade de serem periciados, o exame deverá ocorrer na própria sede do serviço, em dia e hora adrede designados, com ciência do titular e autorização do juízo competente" (art. 46 da Lei 8.935/1994).

Não existindo material para confronto, estabelece o art. 174, IV que "a autoridade mandará que a pessoa escreva o que lhe for ditado". Considerando, porém, o privilégio da não autoincriminação, decorrente do próprio texto constitucional e pelo qual se reconhece aos investigados ou acusados o direito de não produzir provas contra si, é evidente que tal disposição legal não pode ser interpretada literalmente, sendo vedado à autoridade mandar que o suspeito forneça material gráfico, podendo, unicamente, solicitar-lhe esta providência, que poderá ser atendida ou não[70].

8.10.20. Instrumentos do crime

Refere o art. 175 do CPP que "serão sujeitos a exame os instrumentos empregados para a prática da infração, a fim de se lhes verificar a natureza e a eficiência". Trata-se da perícia realizada nos objetos utilizados pelo agente para a realização do crime (*v.g.*, revólver, faca, pedaço de madeira etc.).

Embora a redação do dispositivo possa sugerir obrigatoriedade, a verdade é que este exame não é sempre imprescindível. Isso porque, em primeiro lugar, pode acontecer que o instrumento não seja encontrado, como na hipótese de ocultação pelo sujeito ativo. Em segundo lugar, pode ocorrer que não haja dúvidas quanto à potencialidade lesiva do objeto. É o caso, por exemplo, da vítima de homicídio por instrumento perfurocortante. Apreendido este e não havendo controvérsia quanto a ter sido o objeto legal, dispensável, por razões óbvias, verificar a potencialidade ofensiva.

Na realidade, a obrigatoriedade do exame a que alude o art. 175 do CPP depende da hipótese concreta. Observe-se, por exemplo, a hipótese de um **homicídio provocado por arma de fogo**. Alegando o imputado, como tese defensiva, disparo acidental, é importante o periciamento para comprovar a viabilidade da versão apresentada. Diferentemente, sendo hipótese de imputação de homicídio doloso, em que alega o acusado, por exemplo, ter agido em legítima defesa ao desferir um tiro contra a vítima, a perícia no revólver apreendido é totalmente prescindível. Suponha-se, agora, que o delito imputado seja o de **disparo de arma de fogo.** Neste caso, tratando-se de crime que se pode comprovar mediante prova testemunhal quanto à efetiva ocorrência da conduta, é absolutamente dispensável o periciamento, até porque, nestes casos, normalmente o agente, negando a autoria, oculta a arma no intuito de elidir a responsabilidade criminal.

8.10.21. Crimes contra a propriedade imaterial

O procedimento dos crimes contra a propriedade imaterial encontra-se regulado a partir do art. 524 até o art. 530-I do CPP, com as alterações introduzidas pela Lei 10.695/2003. Relativamente à perícia, é preciso distinguir a natureza da ação penal. Assim:

a) **Crimes contra a propriedade imaterial de ação penal privada:** o procedimento será aquele ditado pelos arts. 524 a 530, *ex vi* da regra prevista no art. 530-A. São de ação penal privada os delitos dos arts. 184 a 186 do Código Penal, bem como todos os crimes tipificados na Lei 9.279/1996, à exceção do delito do art. 191 desse diploma. Os demais crimes contra a propriedade imaterial previstos no Código Penal (arts. 187 a 196) foram revogados pela referida Lei.

b) **Crime contra a propriedade imaterial de ação penal pública:** o procedimento será aquele ditado pelos arts. 530-B a 530-H, *ex vi* da regra prevista no art. 530-I. Sinale-se que apenas o crime do art. 191 da Lei 9.279/1996 tem o processo iniciado mediante denúncia.

Em ambos os casos, tratando-se de infração que deixa vestígio, o exame de corpo de delito, direto ou indireto, visando atestar a existência do crime, será condição de procedi-

70 STJ, REsp.1.561.191/SP, j. 06.04.2017.

bilidade para o exercício da ação penal, sendo que, sem ele, inexiste a possibilidade de ser recebida a denúncia ou a queixa. Existe diferença, contudo, entre o *modus* de realização da perícia conforme se trate de crime de ação penal privada ou pública.

Com efeito, nos casos de ação penal privada, o ofendido, fazendo prova de seu direito à ação (*legitimatio ad causam*), deverá requerer ao juiz a apreensão do objeto para fins de perícia. Acolhendo o pedido, o juiz, *inaudita altera parte*, determinará a apreensão e exame do objeto, que será realizado por **dois peritos** por ele nomeados (art. 527 do CPP). Observe-se que, eventualmente, podem os peritos entender desnecessária a apreensão (caso um exame preliminar possibilite-lhes chegar à conclusão necessária). De qualquer sorte, estarão obrigados a apresentar o laudo ao juiz. Se o requerido considerar abusiva a apreensão, poderá impetrar mandado de segurança. Caso seja o pedido de apreensão indeferido pelo juiz, entendemos cabível apelação (art. 593, II, do CPP), embora haja parcela doutrinária que considere irrecorrível essa decisão (*v.g.*, Guilherme de Souza Nucci). Concluído o laudo pelos peritos, será ele submetido à apreciação do juiz, que o homologará ou não.

Sendo, opostamente, hipótese de crime contra a propriedade imaterial de ação penal pública, não haverá a necessidade de requerer o Ministério Público ao juiz a apreensão do objeto a ser periciado, a qual poderá ser efetivada, diretamente, pela autoridade policial (observadas, logicamente, as restrições constitucionais à busca domiciliar). Subsequente à apreensão, será realizado, por **perito** (basta *um* profissional, conforme o art. 530-D do CPP) oficial ou leigo, o laudo pericial, que fará parte do inquérito e, posteriormente, do processo.

8.10.22. Condução de veículo automotor sob a influência de álcool ou outra substância psicoativa que determine dependência

As Leis 12.760/2012 e 12.971/2014, alterando o Código de Trânsito Brasileiro (Lei 9.503/1997), estabeleceram regras importantes no tocante aos meios de prova da embriaguez do indivíduo na condução de veículo automotor. Antes, com efeito, apenas o teste do etilômetro (vulgarmente conhecido como bafômetro) e o exame de sangue eram considerados provas suficientes para atestar que o motorista encontrava-se dirigindo embriagado. Todavia, como o Direito Processual Penal brasileiro é regido pelo princípio da não autoincriminação (*nemo tenetur se detegere*), bastava a pessoa recusar submeter-se aos referidos exames para que permanecesse na impunidade.

Na atual disciplina legal, esta necessidade de contar-se com a boa vontade do motorista não mais existe. Enfim, o teste do etilômetro e o exame de sangue continuam sendo os meios mais eficazes e seguros de comprovação da embriaguez. Porém, de acordo com o art. 306, § 2.º, da Lei 9.503/1997, recusando o motorista a realização destes exames, poderão ser admitidos outros elementos, tais como teste de alcoolemia ou toxicológico, exame clínico, vídeo, prova testemunhal e qualquer outro meio lícito de prova. Como se vê, não mais é indispensável a prova técnica.

Este novo regramento justifica-se diante da modificação do tipo penal da embriaguez ao volante. Na redação anterior à Lei 12.760/2012, dispunha o art. 306 do CTB que incorria no delito o agente que conduzisse veículo automotor, na via pública, estando com concentração de álcool por litro de sangue igual ou superior a seis decigramas. Por esta razão – a imprescindibilidade de comprovação da proporção legal – é que se impunha a prova técnica. Na atualidade, outra é a normatização, limitando-se o art. 306 do CTB a dispor que incorre nas suas penas o motorista que conduz veículo automotor com capacidade psicomotora alterada em razão da influência de álcool, não especificando concentração mínima por litro de sangue para incidência da norma incriminadora. Não se ignora que o art. 306, § 1.º, I, ao dispor que a conduta prevista no *caput* do dispositivo será constada a partir da "concentração igual ou superior a 6 decigramas de álcool por litro de sangue ou superior a 0,3 miligramas de álcool por litro de ar alveolar", sugere a persistência, no ordenamento jurídico, da necessidade de comprovação de que o indivíduo apresenta estas concentrações mínimas de álcool. Ocorre, porém, que o art. 306, § 1.º, II, prevê que a verificação da embriaguez ao volante pode ser feita a partir de sinais que indiquem alteração da capacidade psicomotora. Nesta segunda possibilidade, portanto, não exige a lei comprovação da concentração alcoólica, bastando ficar evidenciada a alteração da capacidade psicomotora na forma prevista no citado art. 306, § 2.º: exame clínico, vídeo, prova testemunhal ou outros meios de prova em direito admitidos, observado, é certo, o direito à contraprova.

Ora, conciliando o disposto nos §§ 1.º e 2.º do art. 306, conclui-se que, para efeitos de incidência da norma incriminadora, o estado de embriaguez pode ser constatado:

> I – Por meio de prova técnica (etilômetro ou exame de sangue), que constante a concentração mínima de 6 decigramas de álcool por litro de sangue ou de 0,3 miligramas de álcool por litro de ar alveolar. Nestas hipóteses, presume-se *jure et jure* a alteração da capacidade psicomotora, ainda que não seja esta visível ou constatada a partir do comportamento do indivíduo.
>
> II – Por meio de qualquer outra prova indiciária que demonstre a alteração da capacidade psicomotora, independendo, neste caso, da aferição da quantidade de álcool ingerida.

E se no teste do etilômetro for constatado que o motorista apresenta concentração de álcool inferior a 6 decigramas por litro de sangue? Neste caso, sua incursão no tipo penal do art. 306 do CTB não fica afastada, podendo ser materializado o delito a partir da constatação da alteração de sua capacidade psicomotora por meio de provas dispostas no inciso II.

Perceba-se que esta regulamentação não afronta a ordem constitucional vigente, de onde se extrai o princípio *nemo tenetur se detegere* (art. 5.º, LXIII), e tampouco o regramento presente no Código de Processo Penal nos arts. 158 e 167, o primeiro estabelecendo que, deixando vestígios, a infração deverá ser comprovada pela prova pericial e, o segundo, dispondo que se não for possível a realização da perícia por haverem desaparecido os vestígios, a prova testemunhal (e acrescentamos: ou qualquer outra prova lícita) poderá suprir-lhe a falta.

Aspecto relevante a atentar é o de que, conquanto seja possibilitado ao motorista a recusa a fazer o teste do etilômetro, exames clínicos ou perícias para verificar se encontra-se ele ou não sob influência de álcool ou de outra substância psicoativa, tal recusa não elide a imposição de sanções administrativas – multa, retenção do veículo e recolhimento da Carteira Nacional de Habilitação, consoante previsão dos arts. 165-A e 277, § 3.º, do CTB. A propósito, deve-se registrar que o Tribunal Pleno do STF, ao julgar, em 19.05.2022, o RE 1.224.374/RS, com repercussão geral, e as ADIs 4017/DF e 4103/DF, assentou a constitucionalidade dos referidos dispositivos legais, fixando o Tema 1079, nestes termos: "Constitucionalidade do art. 165-A do Código de Trânsito Brasileiro, incluído pela Lei nº 13.281/2016, o qual estabelece como infração autônoma de trânsito a recusa de condutor de veículo a ser submetido a teste que permita certificar a influência de álcool".

Idênticas considerações têm lugar, *mutatis mutandis*, na hipótese de condução de veículo automotor sob efeito de outra substância psicoativa que determine dependência.

8.10.23. Quadro-resumo

Natureza da perícia	Previsão legal	Aspectos principais
1. Necropsia	Art. 162 do CPP	• Trata-se do exame interno do cadáver. • Regra: obrigatória, no caso de morte violenta. • Exceções: Mesmo nos casos de morte violenta, poderá ser dispensada a necropsia em duas hipóteses: 1. Quando a *causa mortis* for absolutamente certa. *Ex.: Morte por decapitação.* 2. Quando não houver indicativos da prática de infração penal. *Ex.: Considere-se que as provas apontem no sentido do suicídio da pessoa encontrada morta, não havendo indicativos de que alguém tenha induzido, instigado ou auxiliado nessa prática.* • Não sendo possível a realização da necropsia em face do desaparecimento dos vestígios, a prova testemunhal pode suprir a falta do exame nos termos do art. 167 do CPP.
2. Exumação	Art. 163 do CPP	• Ato de retirar o corpo da sepultura ou desenterrá-lo. Este procedimento exige justa causa, qual seja, buscar evidências a respeito da morte do indivíduo. • Difere da *inumação*, que é o ato de sepultar ou enterrar o corpo. • Tanto a *exumação* quanto a *inumação*, se realizadas sem a observância das formalidades legais, importarão na ilegitimidade da prova, sem prejuízo de se configurar a contravenção penal do art. 67 do Dec.-lei 3.688/1941.
3. Lesões corporais graves (incapacidade para as ocupações habituais por mais de 30 dias)	Art. 168, §§ 2.º e 3.º, do CPP	• A constatação da incapacidade deve ocorrer a partir de exame complementar realizado logo que decorram os 30 dias (art. 168, § 2.º). O prazo de 30 dias estabelecido no art. 129, § 1.º, I, do CP possui natureza material. Logo, conta-se a data do crime. • Se não for possível realizar esse exame por haverem desaparecido os vestígios, prevalece a orientação de que a prova testemunhal (e também outras provas lícitas) poderá suprir-lhe a falta, *ex vi* do art. 168, § 3.º, CPP.
4. Furto qualificado pelo rompimento de obstáculo à subtração da coisa	Art. 171, 1.ª parte, do CPP	• Trata-se do furto cometido mediante arrombamento de portas ou janelas, destruição de telhas, corte de cercas e qualquer outra forma de violação de obstáculos. • De acordo com o art. 171 do CPP, é necessária perícia para constatação do rompimento do obstáculo à subtração da coisa. Em termos de jurisprudência, prevalece a orientação de que tal perícia é imprescindível, somente se admitindo o suprimento por outras provas quando justificada a impossibilidade de realização do laudo direto (art. 167 do CPP).
5. Furto qualificado pela escalada	Art. 171, 2.ª parte, do CPP	A *escalada* compreende o ingresso em determinado lugar por meio anormal, exigindo do agente um esforço incomum ao homem médio para transposição do obstáculo. *Ex.: penetração no lugar por meio de janela, telhado, saltando muros ou portões, através de túneis etc.* Quanto à necessidade de perícia no obstáculo vencido, prevalece a orientação de que tal exame é necessário *para comprovação da escalada, apenas se admitindo* o suprimento por outras provas quando justificada a impossibilidade de sua realização.

Natureza da perícia	Previsão legal	Aspectos principais
6. Incêndio	Art. 173 do CPP	A realização da perícia técnica é necessária para a comprovação da materialidade e indicação do caráter criminoso do incêndio. Logo, salvo se houver justificativa plausível para sua não realização (p. ex., uma enchente ocorrida no local logo depois do sinistro), não se admitirá o suprimento por outros meios de prova.
7. Porte ilegal de arma de fogo	Art. 175 do CPP	Prevalece a orientação no sentido da possibilidade de condenação pelos crimes dos arts. 14 e 16 da Lei 10.826/2003 (porte de arma de fogo de uso permitido e de uso restrito, respectivamente), ainda que não tenha sido feita a perícia. Isto porque se tratam de crimes de mera conduta e de perigo abstrato, bastando, para sua consumação, a prática de um dos núcleos desses tipos penais.
8. Roubo majorado pelo uso de arma de fogo	Art. 157, § 2.º-A, I, do CP e art. 175 do CPP	*É prevalente a posição de que o* reconhecimento da causa especial de aumento de pena pode ocorrer a partir de outros meios de prova, não sendo indispensável a perícia – mesmo porque tal majorante se justifica no maior poder de intimidação do agente e não apenas no perigo causado ao ofendido em decorrência da utilização de arma de fogo.
9. Disparo de arma de fogo	Art. 175 do CPP	O delito do art. 15 da Lei 10.826/2003 pode ser comprovado mediante prova testemunhal ou outros elementos de prova, sendo desnecessários a apreensão e o periciamento da arma, mesmo porque, se houve o disparo, a potencialidade lesiva é inequívoca.
10. Grafia em escritos	Art. 174 do CPP	• Trata-se da perícia realizada com a finalidade de confrontar a grafia incorporada a um determinado documento com a letra da pessoa suspeita de tê-lo produzido. • Para sua realização, a autoridade policial ou judicial poderá requisitar documentos existentes em órgãos públicos para fins de confrontação (art. 174, III). • Em que pese o art. 174, IV estabelecer que, na ausência de documentos para fins de confrontação, a autoridade "mandará" que a pessoa escreva o que lhe for ditado, é certo que o investigado ou acusado não pode ser obrigado a fornecer material gráfico, sob pena de violação ao privilégio *nemo tenetur se detegere* (privilégio da não autoincriminação).
11. Crimes contra a propriedade imaterial	Arts. 527 e 530-D do CPP	• Nos crimes contra a propriedade imaterial, havendo vestígios, o exame de corpo de delito será condição de procedibilidade para o exercício da ação penal. Sem ele, não poderão a denúncia e a queixa ser recebidas. • Nos crimes contra a propriedade imaterial de ação penal privada, o ofendido, fazendo prova de seu direito de ação (legitimidade), deverá requerer ao juiz a apreensão do objeto para fins de perícia. Neste caso, o exame será feito por dois peritos nomeados pelo juiz (art. 527). • Opostamente, nos crimes de ação pública não haverá a necessidade de o Ministério Público requerer ao juiz a apreensão do objeto a ser periciado, o que poderá ser efetivado, diretamente, pela autoridade policial, respeitadas, obviamente, as restrições à busca domiciliar (art. 530-B). Aqui, o exame poderá ser feito por apenas um perito (o art. 530-D refere-se a "pessoa tecnicamente habilitada", no singular, portanto).

Natureza da perícia	Previsão legal	Aspectos principais
12. Falsificação de documento	Art. 158 do CPP	A exigência de perícia fundamenta-se no art. 158 do CPP, obrigando a este exame quando se tratar de infração que deixa vestígio. Em tal situação, a perícia é indispensável, sob pena de inviabilizar o prosseguimento da ação penal e a prolação de sentença condenatória.
13. Dano	Art. 158 do CPP	O crime de dano, logicamente, deixa vestígios. Sendo assim, a perícia é necessária, *ex vi* do art. 158. Contudo, desde que haja indicativos mínimos de materialidade, a falta do exame de corpo de delito, não impede o ingresso da ação penal, não só porque ele pode ser produzido na fase instrutória, mas, também, porque pode ser suprido pela prova testemunhal (ou outro meio probatório), na forma do art. 167 do CPP.
14. Tortura (Lei 9.455/1997)	Art. 158 do CPP	Nem sempre a tortura deixa vestígios. Deixando-os, incide a regra geral do art. 158. Sem embargo, é possível o suprimento da perícia por outros meios de prova quando os vestígios houverem desaparecido (art. 167).
15. Crimes contra a dignidade sexual	Art. 158 do CPP	A materialidade dos crimes contra a dignidade sexual, havendo vestígios, deve ser atestada mediante exame de corpo de delito, nos termos do art. 158 do CPP. Sem embargo, pode este exame ser suprido por outros meios de prova quando tiverem desaparecido os vestígios (art. 167 do CPP), inclusive pela própria palavra da vítima, desde que coerente, sem contradições e em consonância com as demais provas colhidas nos autos.
16. Embriaguez ao volante	Art. 306, § 2.º, da Lei 9.503/1997	A influência do álcool ou de outra substância psicoativa que cause dependência pode ser comprovada por meio de etilômetro e de exame de sangue, ou, na recusa do motorista, por qualquer outro meio de prova lícita, tais como exame clínico, vídeos e prova testemunhal.

8.11. INTERROGATÓRIO DO RÉU (ARTS. 185 A 196 DO CPP)

8.11.1. Conceito

O interrogatório é ato por meio do qual procede o magistrado à oitiva do réu. Corolário da ampla defesa e do contraditório, sua oportunidade está prevista em todos os procedimentos criminais, embora possa existir variação quanto ao momento em que deva ser aprazado. Antes das reformas introduzidas ao Código de Processo Penal pela Lei 11.719/2008, era normalmente realizado no início do processo, logo após o recebimento da denúncia ou queixa e citação. Na atualidade, foi relegado, como regra, à fase posterior à instrução. Perceba-se que, embora, em alguns procedimentos, ainda persista a previsão de sua efetivação nos termos iniciais do processo (por exemplo, no procedimento relativo aos crimes de drogas, conforme art. 57 da Lei 11.343/2006), STF e STJ firmaram entendimento no sentido de que a efetivação do interrogatório nos termos dos arts. 400 e 411 do CPP, vale dizer, como último ato da instrução, deve ser aplicada a todos os procedimentos criminais, inclusive aqueles que, previstos em leis especiais, contemplem sua realização antes da produção da prova testemunhal.

8.11.2. Características

Apresenta o interrogatório do réu as seguintes características essenciais:

a) Obrigatoriedade: Tratando-se da oportunidade de que dispõe o réu de informar ao juízo sua versão quanto aos fatos, em verdadeiro exercício de autodefesa, o aprazamento do interrogatório do réu no curso do processo penal é imprescindível, sob pena de nulidade processual (art. 564, III, *e*, do CPP).

Em face desta característica inerente ao interrogatório judicial, tem-se questionado a sua obrigatoriedade na hipótese em que, não comparecendo injustificadamente o acusado na data aprazada pelo juízo apesar de citado pessoalmente, venha ele, em momento posterior a ser preso ou a participar espontaneamente dos atos judiciais. Doutrinariamente, tem-se compreendido que, nesses casos, deverá o juiz, revogando os efeitos da revelia, aprazar nova data para que seja ele interrogado antes da sentença. Dentro do princípio de que ninguém pode ser condenado sem ser ouvido, considera-se que, encontrando-se o agente em lugar certo e conhecido, seu interrogatório faz parte da essência do processo, importando em nulidade a sua ausência. Não obstante esta linha de pensamento, a jurisprudência tem flexibilizado a exigência para considerar como nulidade relativa, sujeita à preclusão se não arguida em momento oportuno, a não audição do acusado que não compareceu ao interrogatório e que, a partir de dado momento, passou a acompanhar os atos judiciais, importando o entendimento contrário em "privilegiar o descaso dos réus quanto à aplicação da lei penal, em detrimento do interesse público relativo ao *jus puniendi*". Evidentemente, esta questão é importante apenas nos procedimentos em que o interrogatório deva ser realizado previamente à fase instrutória (*v.g.*, procedimento da lei de drogas), não possuindo nenhuma relevância em ritos em que esse ato processual deva ser feito na própria audiência de instrução, logo antes dos debates orais e da prolação de sentença.

E se fosse o acusado preso após a prolação da sentença, encontrando-se o processo em grau de recurso? Nesta hipótese, entendemos não ser necessário o aprazamento de interrogatório, sendo reiteradas as decisões no sentido de que, "se o paciente, revel, foi preso, tão somente, após a prolação da sentença condenatória, não há que se falar em nulidade do mencionado provimento jurisdicional e muito menos da instrução processual, por ausência de interrogatório daquele"[71]. Sem embargo, no âmbito do Pretório Excelso já se compreendeu que "há violação ao art. 185 do Código de Processo Penal quando o réu não é interrogado, mesmo que preso no período que medeia entre a lavratura da sentença e o julgamento da apelação, até porque o interrogatório é meio de prova"[72].

Se, regularmente notificado, deixar o acusado de comparecer ao interrogatório, pode o juiz ordenar sua condução coercitiva? Não. Isto porque, a despeito da regra do art. 260 do CPP facultar a condução coercitiva do investigado ou acusado que não comparecer perante as autoridades policial e judiciária para o fim de ser interrogado, o Plenário do STF, no julgamento, em 13 e 14.06.2018, respectivamente, das *Arguições de Descumprimento de Preceito Fundamental (ADPF) 395/DF* (intentada pelo Partido dos Trabalhadores) e *444/DF* (proposta pelo Conselho Federal da OAB), declarou que a expressão *"para interrogatório"* inserida no referido dispositivo não foi recepcionada pela Constituição Federal, proibindo-se, via de consequência, a condução coercitiva visando a tal finalidade[73].

---

71 STJ, HC 52.252/SP, *DJ* 25.09.2006.

72 STF, HC 76.206/SC, *DJ* 14.08.1998.

73 Decisão de julgamento pelo STF na ADPF 444: "O Tribunal, por maioria e nos termos do voto do Relator, não conheceu do agravo interposto pela Procuradoria-Geral da República contra a liminar concedida e julgou procedente a arguição de descumprimento de preceito fundamental, para pronunciar a não recepção da expressão "para o interrogatório", constante do art. 260 do CPP, e declarar a incompatibilidade com a Constituição Federal

O art. 10 da Lei 13.869/2019 tipifica como abuso de autoridade a conduta *de "decretar a condução coercitiva de testemunha ou investigado manifestamente descabida ou sem prévia intimação de comparecimento a juízo"*.

b) Ato personalíssimo do imputado: Somente o imputado é que pode e deve ser interrogado, não sendo possível sua representação, substituição ou sucessão neste ato por qualquer pessoa. *E se o acusado não possuir condições mentais para ser interrogado?* Neste caso, é preciso distinguir duas hipóteses:

- **A incapacidade sobreveio à prática da infração penal:** neste caso, não há falar em interrogatório do acusado em face da regra inscrita no art. 152 do CPP, segundo a qual a doença mental superveniente à infração penal faz com que o processo criminal permaneça paralisado até que se restabeleça o imputado ou, acrescentamos, até que prescreva o crime atribuído, visto que a fluência do prazo prescricional não ficará suspensa nesse interregno.
- **A incapacidade mental do acusado preexistia ao tempo da infração penal:** dispõe o art. 151 do CPP que, nesta situação, o processo criminal terá prosseguimento, assistido o acusado por curador (na prática, o seu próprio advogado ou, caso não possua, outro nomeado pelo juízo). Não possuindo o réu condições de se expressar validamente perante o juiz, restará prejudicado o ato, não sendo lícito, por exemplo, que se realize o interrogatório na pessoa do curador que lhe foi nomeado. Caberá, então, ao juiz "ordenar o prosseguimento da *persecutio criminis*, com a presença do mencionado curador, que atuará, ressalvados os atos de caráter personalíssimo, como *representante* do imputado nos demais atos processuais"[74].

c) Oralidade: A regra é que seja o interrogatório realizado por meio de perguntas e respostas orais. Entretanto, tal oralidade não chega a ser essencial ao ato, tanto que o próprio Código prevê exceções a esta característica nos arts. 192 e 193, ao estabelecer normatização própria para o interrogatório do surdo, do mudo, do surdo-mudo e do estrangeiro.

Assim, ao acusado *surdo* serão as perguntas apresentadas por escrito e ele as responderá oralmente. Ao mudo, as perguntas serão feitas oralmente, e as respostas dadas por escrito. No caso de surdo-mudo, tanto as perguntas como as respostas serão escritas. Caso, além de pessoa com deficiência, seja analfabeto o interrogado, poderá servir de intérprete, sob compromisso, pessoa habilitada e nomeada pelo juízo (art. 192, parágrafo único, do CPP).

Caso o interrogado não fale a língua nacional, deverá o magistrado, igualmente, proceder à nomeação de tradutor. *E se o magistrado conhecer o idioma do réu?* Mesmo assim a figura do tradutor, sob compromisso, faz-se necessária em face dos termos expressos e inequívocos do art. 193 do CPP ("Quando o interrogando não falar a língua nacional, o interrogatório será feito por meio de intérprete").

Observamos, por fim, que na dicção atual do Código de Processo Penal, aboliu-se, em face da Lei 10.792/2003, a regra constante da antiga redação do art. 195 no sentido de que as respostas do acusado seriam *ditadas* pelo juiz. Tal ocorreu em razão do avanço tecnológico, sendo comum a utilização em audiências do método da estenotipia ou de

da condução coercitiva de investigados ou de réus para interrogatório, sob pena de responsabilidade disciplinar, civil e penal do agente ou da autoridade e de ilicitude das provas obtidas, sem prejuízo da responsabilidade civil do Estado. O Tribunal destacou, ainda, que esta decisão não desconstitui interrogatórios realizados até a data do presente julgamento, mesmo que os interrogados tenham sido coercitivamente conduzidos para tal ato".

74 STF, HC 68.131/DF, 1.ª Turma, *DJ* 08.03.1991.

registros eletrônicos posteriormente degravados por servidor do juízo, incorporando a reprodução fiel de todas as falas havidas no ato judicial.

Relevante, outrossim, que tenha o magistrado a atenção necessária quanto ao comportamento do interrogado, consignando no termo eventuais reações anômalas que, no curso do ato, venha ele a externar como, por exemplo, se vacila ou se demonstra firmeza em responder a determinado aspecto relevante, se revela arrependimento ou frieza quanto ao ato delituoso praticado e até mesmo evidências físicas (*v.g.*, sudorese ou rubor).

d) Publicidade: O interrogatório, em regra, será um ato público, podendo qualquer pessoa assistir a ele. Destina-se esta publicidade à comprovação de que as declarações do réu foram prestadas espontaneamente, sem nenhuma forma de pressão. Entretanto, se da publicidade do interrogatório (assim como de qualquer audiência judicial) puder resultar escândalo, inconveniente grave ou perigo de perturbação da ordem, o juiz poderá, de ofício ou a requerimento da parte ou do Ministério Público, determinar que o ato seja realizado a portas fechadas, limitando o número de pessoas que possam estar presentes.

e) Individualidade: Na hipótese de existirem dois ou mais réus no mesmo processo, não permite o Código o interrogatório conjunto. Será preciso, conforme a redação do art. 191, que proceda o magistrado ao interrogatório em separado, não sendo possível sequer que um assista ao interrogatório do outro, mesmo que já tenha sido interrogado. Isso é importante tendo em vista que, havendo, eventualmente, versões contraditórias, poderá o juiz acareá-los, prova esta que restaria sem nenhuma eficácia caso um dos acusados tivesse assistido à versão do outro.

f) Faculdade de perguntas pela acusação e defesa: Anteriormente à alteração introduzida ao Código de Processo Penal pela Lei 10.792/2003, considerava-se o interrogatório como ato personalíssimo do juiz em razão da circunstância de que, além dos questionamentos determinados pela antiga redação do art. 188 (hoje correspondente ao art. 187), unicamente ao magistrado cabia eleger as perguntas a serem realizadas ao interrogado. Na atualidade, o art. 188 do CPP passou a contemplar às partes a faculdade de realizarem questionamentos ao acusado ("após proceder ao interrogatório, o juiz indagará das partes se restou algum fato para ser esclarecido, formulando as perguntas correspondentes se o entender pertinente e relevante").

De qualquer sorte, a par desta alteração introduzida ao Código, cabe lembrar que as intervenções realizadas ao interrogado pelas partes deverão ser feitas **por intermédio do juiz**, o qual poderá indeferir determinadas perguntas se as entender impertinentes (sem nenhuma relação com o fato investigado) ou irrelevantes (relativas ao fato apurado, mas sem nenhuma importância no respectivo esclarecimento). Mantém-se, então, aqui, o **sistema presidencialista** de inquirição. Atente-se, porém, que, no interrogatório realizado no curso do julgamento pelo júri, as perguntas serão realizadas diretamente ao réu pela acusação e pela defesa (art. 474, § 1.º). Já quanto a eventuais indagações dos jurados ao acusado permanece a sistemática de que sejam feitas por intermédio do juiz (art. 474, § 2.º).

Interrogatório no curso do processo:

1.º) Juiz efetua ao acusado perguntas, na forma do que dispõe o art. 187 do CPP;

2.º) Acusação poderá realizar perguntas ao réu por meio do juiz (art. 188 do CPP);

3.º) Defesa poderá realizar perguntas ao réu por meio do juiz (art. 188 do CPP).

Interrogatório durante a sessão de julgamento pelo júri (art. 474 do CPP):

1.º) Juiz efetua perguntas ao réu;

2.º) Acusação poderá realizar perguntas ao réu, dirigindo-se a ele diretamente;

3.º) Defesa poderá realizar perguntas ao réu, dirigindo-se a ele diretamente;
4.º) Jurados poderão realizar perguntas ao réu por meio do juiz.

8.11.3. Natureza jurídica

Até o advento da Lei 10.792/2003, três posições existiam acerca da natureza jurídica do interrogatório, a saber: *meio de prova, meio de defesa* e, por fim, *meio de prova e meio de defesa.*

Ingressando em vigor a referida lei, consolidou-se o entendimento de que o interrogatório, embora não tenha perdido sua natureza de meio de prova – tanto que permanece inserido no capítulo pertinente às *provas* no Código de Processo Penal –, assume, predominantemente, a condição de **meio de defesa**, entendimento este coerente com o que já sinalava o art. 5.º, LXIII, da CF, ao garantir ao réu o direito de permanecer calado, e com as alterações introduzidas ao Capítulo III do Título VII do Código no sentido de tornar obrigatória a presença de defensor e facultar ao acusado o direito de entrevista prévia e reservada com seu advogado.

8.11.4. Obrigatoriedade de assistência por advogado

Até dezembro de 2003, havia controvérsias sobre a imprescindibilidade ou não da presença de advogado no ato do interrogatório. Embora parcela jurisprudencial minoritária entendesse necessária essa assistência, a verdade é que não havia regra processual obrigando a tanto, ressalvada a previsão do art. 194 do CPP, este, sim, exigindo a presença de curador (que não passava da figura do advogado) ao réu que tivesse idade inferior a 21 anos.

A partir da alteração do Código pela Lei 10.792/2003, a presença de defensor no ato do interrogatório do réu passou a ser considerada obrigatória, sob pena de nulidade absoluta. Destarte, considerando a atual redação do art. 185, *caput*, do CPP, ausente advogado constituído pelo réu, impõe-se ao juiz nomear um para assisti-lo, restando revogada, expressamente, a referida regra do art. 194 do CPP e prejudicados, em consequência, o art. 262 e a parte final da alínea *c* do inciso III do art. 564 do CPP, dispondo sobre a nulidade por falta desse curador ao menor de 21 anos. Enfim, o fator etário não apresenta mais nenhuma relevância, sendo imprescindível a presença de defensor no interrogatório independentemente da idade do interrogado.

Tendo em vista que o art. 6.º, V, do CPP, ao tratar do interrogatório policial, estabelece que este obedecerá às formalidades do interrogatório judicial, *no que for aplicável*, questionam alguns acerca da necessidade de advogado, também, nessa fase. Na esteira da imensa maioria doutrinária e jurisprudencial, entendemos negativamente, vale dizer, que na fase policial é totalmente prescindível a figura do defensor no interrogatório do investigado (salvo nas hipóteses de flagrante, quando esse direito é constitucionalmente assegurado). A razão dessa posição é óbvia: o inquérito policial é inquisitorial, destinando-se a fornecer elementos à acusação pública ou privada. Não há, nessa fase, presente a garantia constitucional da ampla defesa e do contraditório. Nessa mesma linha, entendemos, igualmente, prejudicada a regra do art. 15 do CPP, que prevê a figura de curador ao interrogando menor de 21 anos na fase do inquérito. E isso porque a razão da exigência residia no hiato existente entre a maioridade civil e a penal. Hoje, dispondo o Código Civil que a maioridade civil coincide com a penal aos 18 anos de idade, parece evidente que restou prejudicada, completamente, a citada regra do art. 15 do Código. Em suma, na fase policial, não serão necessários nem advogado tampouco curador, independentemente da idade do investigado (desde, é claro, que maior de 18 anos, visto que os procedimentos relativos ao ato infracional praticado por criança e por adolescente obedecem a regras próprias, ditadas pela Lei 8.069/1990).

8.11.5. Direito de entrevista pessoal e reservada

O art. 185, § 5.º, 1.ª parte, do CPP assegura ao réu, antes do início de seu interrogatório, o direito de entrevistar-se reservadamente com seu advogado. Objetivou o legislador, com isso, facultar ao imputado um último contato com o defensor, a fim de que possa receber as devidas orientações sobre a postura que deve adotar por ocasião de seu depoimento ao juiz.

Considerando a amplitude do § 5.º, que se refere a *qualquer modalidade de interrogatório*, detecta-se que o direito de entrevista deve ser assegurado tanto ao réu preso como ao solto, não importando, ainda, se é o caso de ato realizado no próprio juízo em que tramita o processo criminal ou por meio de carta precatória. Irrelevante, também, que se trate de hipótese em que presente advogado constituído pelo réu ou nomeado pelo juiz para acompanhar a audiência, já que a lei não faz nenhuma distinção neste sentido. Evidentemente, ao interrogatório realizado no âmbito do inquérito policial não se aplica o disposto no referido § 5.º do art. 185 do CPP, primeiro porque o dispositivo é expresso ao referir que *o juiz garantirá ao réu o direito de entrevista prévia e reservada*, deixando claro tratar-se de faculdade inerente ao interrogatório judicial; e, segundo, porque esse direito outorgado à defesa é corolário das garantias do contraditório e da ampla defesa, as quais não incidem na fase do inquérito, que possui natureza inquisitorial. **Mas atenção:** apesar de a assistência de advogado no interrogatório policial não ser obrigatória e do fato de que, mesmo se presente esse profissional, não se aplicar, nessa fase, o mencionado § 5.º, não se pode esquecer a regra do art. 7.º, XXI, da Lei 8.906/1994, segundo a qual, se tiver o patrono do investigado manifestado o interesse em assisti-lo no interrogatório policial, qualquer conduta do delegado que venha a obstar sua participação acarretará a nulidade do ato, assim como de todas as provas que, direta ou indiretamente, dele sejam decorrência.

O Código não estabelece o tempo que deva ser facultado pelo magistrado para o exercício do direito de entrevista. Deverá, contudo, ser um lapso razoável, capaz de permitir o mínimo de efetividade no contato entre réu e advogado, considerando-se, muito especialmente, a *gravidade* e o *número de infrações imputadas no processo*.

Quanto à natureza da nulidade consequente à eventual não concessão desse direito, tem-se percebido a tendência dos Tribunais em considerá-la relativa, e não absoluta. Desse modo, o vício não será capaz de acarretar, por si só, a nulidade do processo, exigindo-se, para tanto, além da arguição oportuna, a demonstração de efetivo prejuízo para a defesa, de acordo com o princípio *pas de nullité sans grief*, adotado pelo art. 563 do Código de Processo Penal[75].

E quando se tratar de interrogatório que deva ser realizado mediante **videoconferência** ou outro sistema análogo? Essa modalidade de interrogatório encontra-se autorizada no art. 185, § 2.º, do CPP, podendo ser utilizada se ocorrentes as hipóteses contempladas nos seus incisos I a IV, quais sejam:

- Prevenir risco à segurança pública quando se tratar do interrogatório de réu suspeito de integrar organização criminosa, ou se houver risco de fuga;
- Viabilizar a participação do acusado no interrogatório caso haja dificuldade de seu comparecimento por motivo de enfermidade ou outra circunstância pessoal;
- Evitar a interferência do réu no ânimo de testemunhas ou ofendido; e, por fim,
- Se questões gravíssimas de ordem pública o exigirem.

Considerando que, nestes casos, tanto junto ao réu, no local em que se encontra preso, como no fórum, perante o magistrado que preside o interrogatório *on-line*, deverá

[75] STF, HC 99.684/SP, 2.ª Turma, Rel. Min. Ellen Gracie, *DJ* 11.12.2009.

haver advogado presente, infere-se do art. 185, § 5.º, 2.ª parte, que a efetivação do direito à orientação profissional deverá ocorrer não apenas facultando-se o contato prévio entre o réu e o defensor que o está acompanhando no estabelecimento prisional, como também mediante a disponibilização de linhas telefônicas *reservadas* para comunicação entre o defensor que esteja no presídio e o advogado presente na sala de audiência do fórum, e entre este último e o interrogando preso. Tratando-se de canal *reservado* de comunicação, como reza o artigo, qualquer interceptação que seja feita em relação a essas conversas, ainda que com ordem judicial, será prova ilícita, em face da violação tanto ao direito de defesa que se busca assegurar com tal ordem de contato como à garantia da intimidade que decorre da relação *advogado x cliente.*

Em síntese:

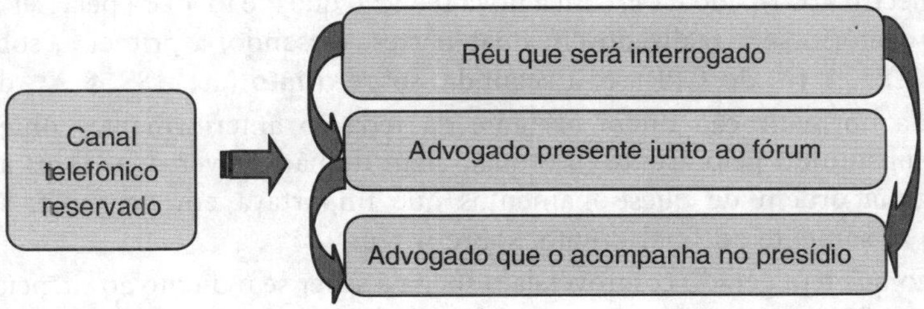

8.11.6. Direito ao silêncio (privilégio *nemo tenetur se detegere*)

Nos termos do art. 186 do CPP, antes de iniciar o interrogatório, deverá o juiz advertir o acusado de seu direito de permanecer calado, sendo que tal silêncio, não importando em confissão, não poderá ser interpretado em prejuízo de sua defesa. Essa garantia, prevista ao interrogatório judicial, tem igual aplicação ao interrogatório policial, conforme dispõe o art. 6.º, V, do CPP.

Importante referir que essa previsão legislativa decorreu de alteração introduzida pela Lei 10.792/2003, pois, anteriormente, dispunha o Código, no mesmo artigo, que o silêncio do réu, embora fosse um direito, poderia ser interpretado em prejuízo da defesa. Evidentemente, essa previsão não havia sido recepcionada pela Constituição Federal, da qual se infere o privilégio da não autoincriminação, corolário do direito ao silêncio.

Não obstante as modificações introduzidas ao Código no capítulo pertinente ao interrogatório do réu, esqueceu-se o legislador de revogar o art. 198, que ainda mantém a inconstitucional previsão de que o silêncio possa ser utilizado como fator de convicção do juiz.

Outro aspecto que importa mencionar respeita à supressão da regra no sentido de que deveriam ser consignadas no termo as perguntas realizadas pelo magistrado que não fossem respondidas pelo acusado em face de exercer o direito ao silêncio (texto anterior do art. 191 do CPP). A questão era controvertida. Embora entendêssemos que essa consignação era faculdade do juiz, havia forte entendimento em sentido oposto, vale dizer, no sentido de que, reservando-se ao acusado o direito de permanecer calado, não poderia o juiz, caso resolvesse mesmo assim dar seguimento ao ato, consignar as perguntas por ele não respondidas. Na atualidade, editada a Lei 13.869/2019, a discussão perdeu a razão de ser. Isto porque o art. 15, parágrafo único, inciso I, desse diploma, tipificou como abuso de autoridade a conduta de prosseguir com o interrogatório *"de pessoa que tenha decidido exercer o direito ao silêncio"*. Daí se infere que se o acusado (a regra também tem aplicação ao investigado no curso do inquérito policial), tão logo advertido pelo juiz, manifestar-se no sentido de que não deseja responder a nenhuma das perguntas que lhe forem formuladas, o ato processual deverá ser imediatamente encerrado.

E quanto ao denominado "silêncio seletivo"? Trata-se da hipótese em que o réu declara ao juiz que não responderá às perguntas de todos os sujeitos processuais, mas apenas de um ou alguns. Não é incomum esse comportamento no âmbito do Tribunal do Júri, ressaltando o réu, por orientação de seu advogado, que não responderá questionamentos formulados pelo Ministério Público, limitando-se a responder perguntas do juiz, do defensor e dos jurados. Pois bem, embora não se trate de tema sedimentado, é indiscutível que a tendência dos tribunais é de admitir essa postura do réu, podendo "selecionar" o que e a quem responder[76].

8.11.7. Procedimento

Estabelece o art. 187 do CPP, com a nova redação que lhe foi dada pela Lei 10.792/2003, que o interrogatório será realizado em duas partes, versando, a primeira, sobre a **pessoa do réu** (art. 187, § 1.º, do CPP), e, a segunda, sobre o **fato** (art. 187, § 2.º, do CPP).

Referida normatização difere bastante da redação anteriormente conferida ao art. 188 (agora substituído pelo art. 187), a qual, além de não prever duas fases ao ato, ainda estabelecia uma ordem de questionamentos que importava em perguntar-se, primeiro, sobre o fato e, somente ao final do ato, sobre o réu.

Questão que tem gerado controvérsia respeita a saber se o direito ao silêncio assegurado no art. 186 do CPP alcança apenas a segunda parte do interrogatório – perguntas objetivas – ou, opostamente, ambas as partes. Uma primeira posição, **majoritária,** entende que tal direito se refere tão somente às perguntas relativas ao **fato** (segunda parte do interrogatório), não abrangendo as perguntas sobre a **pessoa** do interrogando (primeira parte do ato). Compreendemos, entretanto, como correta a corrente oposta, no sentido de possuir o acusado direito ao silêncio tanto na primeira quanto na segunda parte do interrogatório. Isso ocorre porque tal garantia tem como fundamento evitar que o indivíduo seja obrigado a fornecer informações que possam, de qualquer modo, prejudicá-lo. Ora, dependendo do contexto de vida do réu e do crime de que é acusado, talvez a resposta às suas condições pessoais importe em prejuízo à defesa. Imagine-se a hipótese do indivíduo que, com emprego certo e família estruturada, cometa um roubo. Sem dúvida, a resposta no sentido de que as suas condições de vida são adequadas (satisfatórias oportunidades sociais e dados familiares favoráveis) é algo que pesará negativamente na dosimetria da pena no caso de condenação. Ademais, a corroborar a orientação de que há o direito ao silêncio nas duas partes do interrogatório, há, também, a questão relacionada à posição topográfica das regras inseridas nos arts. 185, 186 e 187 dentro do CPP. Observe-se que o art. 185 refere que o acusado será **qualificado** e **interrogado** no curso do processo penal. Posteriormente, o art. 186 estabelece que **depois de qualificado** e **antes de interrogado** o réu será comunicado da possibilidade de exercitar o seu direito ao silêncio. Por fim, o art. 187 reza que o **interrogatório** (ato que ocorre após a advertência do direito ao silêncio) será dividido em duas partes. Portanto, sugestivo que tal direito exista tanto em relação às perguntas sobre o fato (§ 2.º do art. 187) como aos questionamentos subjetivos (§ 1.º do art. 187).

---

[76] Neste sentido: "[...] 1. O artigo 186 do CPP estipula que, depois de devidamente qualificado e cientificado do inteiro teor da acusação, o acusado será informado pelo juiz, antes de iniciar o interrogatório, do seu direito de permanecer calado e de não responder perguntas que lhe forem formuladas 2. O interrogatório, como meio de defesa, implica ao imputado a possibilidade de responder a todas, nenhuma ou a apenas algumas perguntas direcionadas ao acusado, que tem direito de poder escolher a estratégia que melhor lhe aprouver à sua defesa. 3. Verifica-se a ilegalidade diante do precoce encerramento do interrogatório do paciente, após manifestação do desejo de não responder às perguntas do juízo condutor do processo, senão do seu advogado, sendo excluída a possibilidade de ser questionado pelo seu defensor técnico" (HC 703.978/SC, 6.ª Turma, Rel. Min. Olindo Menezes, j. 05.04.2022, *DJe* 07.04.2022).

Em realidade, o acusado apenas não possui direito ao silêncio no que se refere ao fornecimento de dados relativos à própria qualificação, pois o art. 68 da Lei das Contravenções Penais tipifica a conduta de "recusar à autoridade, quando por esta, justificadamente solicitados ou exigidos, dados ou indicações concernentes à própria identidade, estado, profissão, domicílio e residência". Em síntese, está o réu obrigado a fornecer os dados relativos à sua qualificação. Não o fazendo, incide na contravenção referida – isto se o fato não constituir delito mais grave, *v.g.*, o fornecimento de nome errado, o que acarretaria a tipificação na conduta de falsa identidade prevista no art. 307 do Código Penal.

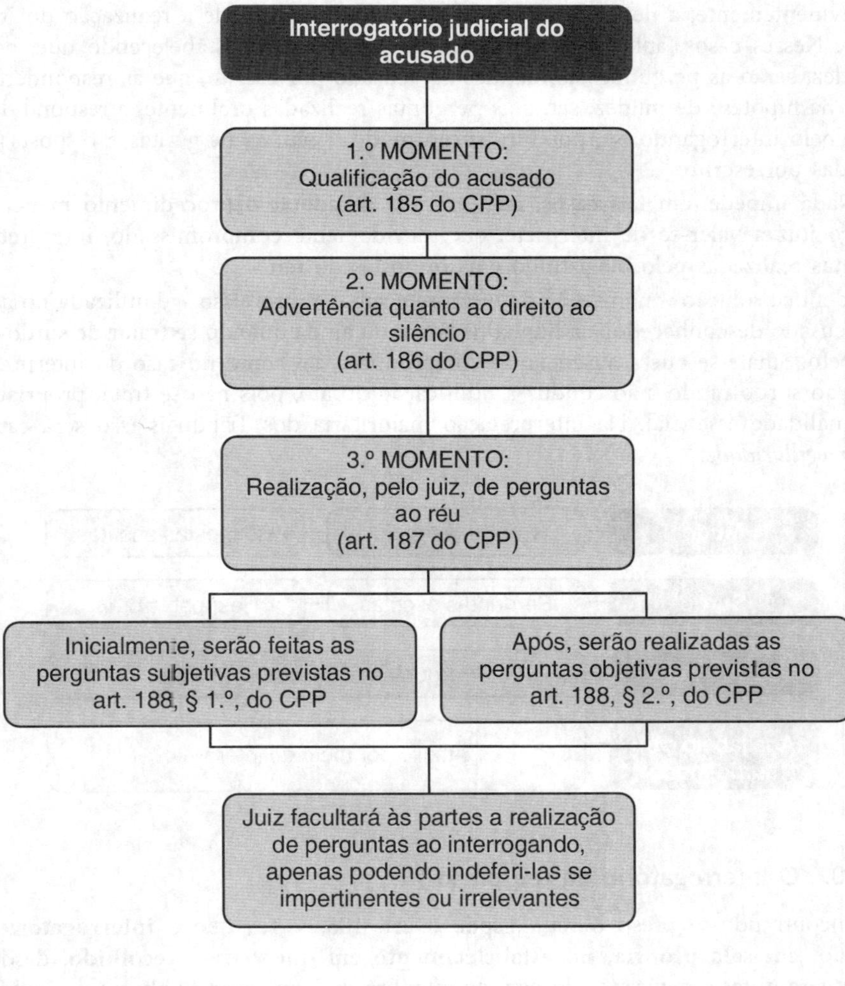

8.11.8. Novo interrogatório no curso do processo

De acordo com o art. 196 do CPP, poderá o juiz realizar novo interrogatório do réu, desimportando se é o mesmo magistrado que o interrogou antes ou se é juiz distinto.

Igual direito assiste, também, aos Tribunais por ocasião do julgamento de recursos das partes, conforme se infere do art. 616 do CPP. Na prática, se no exame de um determinado recurso perceber o órgão julgador a necessidade de que seja o réu novamente indagado sobre circunstâncias do fato, o que costuma ocorrer é a baixa dos autos em diligência para que o juiz proceda a esse novo interrogatório, retornando, após, o processo ao Tribunal, para julgamento da insurgência. Nada obsta, contudo, que o juízo *ad quem*, em vez dessa providência, delibere pela oitiva do réu no próprio órgão a que afeto o recurso, buscando esclarecer, a partir desse contato direto com o imputado, as dúvidas que motivaram a sua nova inquirição.

8.11.9. O surdo, o mudo, o surdo-mudo e o desconhecedor da língua nacional

Evidentemente, a deficiência de audição e voz não impede a realização do interrogatório. Nesses casos, aplicável a regra do art. 192 do CPP, estabelecendo que, no caso de surdez, serão as perguntas submetidas ao acusado por escrito, que as responderá oralmente; na hipótese de mudez, serão as perguntas realizadas oralmente, e respondidas por escrito pelo interrogando; se, por fim, surdo-mudo o réu, as perguntas e respostas serão realizadas por escrito.

Nada impede, em tais casos, que, em vez de adotar o procedimento mencionado, venha o juiz a valer-se de intérprete, que, devidamente compromissado, interpretará as perguntas realizadas pelo magistrado e as respostas do réu.

Idêntica solução – nomeação de intérprete sob compromisso – é utilizada no caso de ser o acusado desconhecedor da língua nacional ou ainda quando se tratar de surdo-mudo analfabeto. Sinale-se que a ausência do compromisso, tal como no caso do intérprete nomeado ao surdo-mudo, não conduz à nulificação do ato, pois não se trata, propriamente, de formalidade essencial. Na interpretação majoritária dos Tribunais isso será causa de mera *irregularidade*.

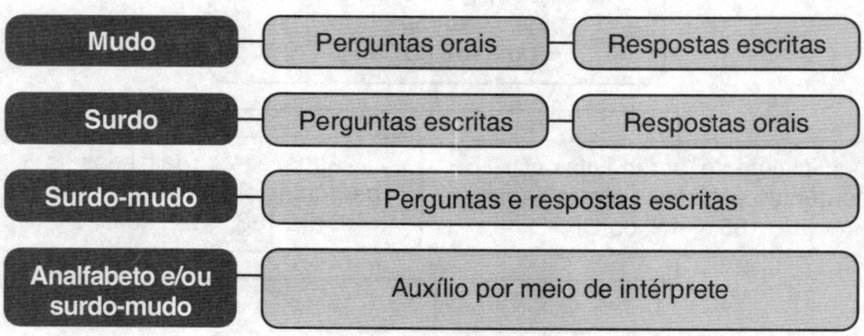

8.11.10. O interrogatório do réu preso

Encontrando-se preso o réu, dispõe o art. 185, § 1.º, que o **interrogatório será realizado, em sala própria, no estabelecimento em que estiver recolhido**, desde que estejam garantidas a segurança do juiz, do membro do Ministério Público e dos auxiliares, bem como a presença do defensor e a publicidade do ato. A regra legal reitera o que já dispunha o mesmo parágrafo antes da inovação legislativa, acrescentando apenas a garantia da segurança do promotor de justiça, a respeito da qual silenciava o dispositivo. Em termos de vantagens dessa previsão, são inequívocas não apenas porque evita o risco de fuga do réu por ocasião de seu transporte, como também em face da prescindibilidade do deslocamento de policiais ou agentes penitenciários de suas funções normais para atender à escolta do preso até o fórum.

A necessária **publicidade do ato** não foi ignorada pelo legislador ao contemplar o interrogatório do preso no lugar em que estiver recolhido. Precitada garantia, prevista expressamente no § 1.º do art. 185 do CPP, obriga o juiz, salvo nas hipóteses em que decretado o sigilo no processo, a interrogar o réu em sala localizada fora das áreas restritas do estabelecimento prisional, permitindo-se que qualquer pessoa do povo possa ingressar no recinto e assistir ao ato.

Outra questão importante respeita à aplicação do art. 185, § 1.º, do CPP nos ritos processuais em que prevista a realização de audiência única de instrução e interrogatório, como ocorre, por exemplo, nos procedimentos ordinário (art. 400) e sumário (art. 531) e também no rito do júri (art. 411). Nestes casos, na medida em que o interrogatório é realizado após a oitiva das testemunhas e considerando que o réu possui o direito de assistir aos respectivos depoimentos, cremos que deverá o juiz proceder à tomada dos depoimentos da vítima, testemunhas e demais provas orais nas dependências do fórum, facultando ao réu assisti-los mediante sistema de transmissão de sons e imagens (aplicação analógica do art. 185, § 4.º, do CPP), e, após, dirigir-se com as partes ao estabelecimento prisional para interrogar o réu. Constatando o juiz que haverá dificuldade nesse deslocamento (*v.g.*, localização do presídio em local afastado ou muito distante do fórum, trânsito lento das grandes cidades, excesso de audiências na pauta judicial etc.), ou não havendo sistema tecnológico que permita ao réu assistir a produção das demais provas orais do local em que está preso, parece-nos, tanto por questão de bom senso como por interpretação do art. 185, § 7.º, do CPP, que resta ao magistrado optar pela requisição do preso ao fórum, para que lá seja interrogado.

Uma última consideração necessária em relação ao interrogatório do preso concerne à previsão inserida no art. 185, § 10, do Código de Processo Penal pela Lei 13.257, de 08.03.2016, no sentido de que "do interrogatório deverá constar a informação sobre a existência de filhos, respectivas idades e se possuem alguma deficiência e o nome e o contato de eventual responsável pelos cuidados dos filhos, indicado pela pessoa presa". Como se infere da parte final do dispositivo, a imposição legal respeita, de fato, ao interrogatório de pessoa que se encontra presa, não importando o motivo da segregação – prisão provisória decretada no próprio processo ou no âmbito de inquérito ou processo distinto, ou prisão em decorrência do cumprimento de pena imposta em razão de sentença condenatória transitada em julgado proferida em outro feito. Afinal, a norma não faz ressalva a respeito, sendo necessário, além disso, ter em vista que a disciplina em exame tem cunho protetivo, visando materializar nos autos a eventual existência de filhos menores ou com alguma deficiência, a fim de que possam ser requeridas ou adotadas as medidas necessárias para que não permaneçam eles sem assistência e responsável no período em que o pai ou a mãe estiverem contidos.

8.11.11. O interrogatório por meio de videoconferência

Com a vigência da Lei 11.900/2009, o art. 185, § 2.º, do CPP passou a autorizar que o **interrogatório judicial do preso**, em dadas circunstâncias, seja realizado mediante o **sistema da videoconferência ou de outro recurso tecnológico de transmissão de sons e imagens em tempo real**.

É importante repisar que, tendo em vista a importância do interrogatório como meio de prova para a defesa, sua efetivação por meio de videoconferência poderá ser adotada pelo juiz apenas em caráter **excepcional**, impondo-se, para tanto, decisão fundamentada, com intimação das partes com no mínimo dez dias de antecedência em relação à data aprazada para o interrogatório (§ 3.º), condicionando-se, ainda, a que **não tenha sido possível ao juiz interrogar o réu no estabelecimento prisional** (§ 1.º) e à ocorrência de uma das seguintes hipóteses (§ 2.º):

a) Prevenir risco à segurança pública, quando houver fundada suspeita de que o preso integre organização criminosa (inciso I, 1.ª parte): Objetiva o permissivo legal evitar os graves riscos que decorrem do traslado do preso suspeito de envolvimento em crime organizado até o fórum, muito especialmente em face da possibilidade, sempre presente nestes casos, de tentativas violentas de resgate patrocinadas por comparsas de quadrilha.

É preciso, contudo, ter cautela na interpretação do dispositivo. Ao dispor sobre o interrogatório por meio de videoconferência do indivíduo suspeito de integrar organização criminosa, não condicionou o art. 185, § 2.º, I, a que o processo criminal em curso, no qual será interrogado o réu, refira-se a crime organizado. Pelo contrário. É suficiente que haja a *suspeita* de que o indivíduo seja integrante de organização criminosa, ainda que os delitos-fins dessa organização não possuam nenhuma relação com o crime objeto do interrogatório. Por exemplo, é possível que determinada pessoa acusada de homicídio, e que se encontra presa preventivamente em razão deste crime, seja interrogada mediante videoconferência em face da *fundada suspeita* de integrar organização criminosa voltada ao tráfico de drogas, mesmo que o crime contra a vida pelo qual responde não tenha ocorrido em função da atividade de traficância, que é o fim a organização. Raciocínio distinto, qual seja, o de que o interrogatório por meio de videoconferência apenas seria viável quando estivesse o acusado respondendo a imputação de crime organizado, importaria em se considerar inútil a expressão *fundada suspeita* aposta no texto legal, pois, havendo processo regularmente instaurado, é intuitiva a presença de indícios de autoria, o que sugere a existência de forte suspeita de envolvimento do acusado no crime que lhe está sendo atribuído.

Ressalte-se que *fundada suspeita* não é sinônimo de *prova* de envolvimento do interrogando com o crime organizado, consistindo, isto sim, no raciocínio feito pelo juiz, a partir de dados concretos trazidos ao seu conhecimento, que lhe permitam concluir no sentido da possibilidade dessa participação.

Por fim, é necessário atentar que os requisitos necessários para que se tenha uma *organização criminosa* para os fins estabelecidos no referido art. 185, § 2.º, I, do CPP são os contemplados no art. 1.º, § 1.º, da Lei 12.850/2013, que a define como *"a associação de 4 (quatro) ou mais pessoas estruturalmente ordenada e caracterizada pela divisão de tarefas, ainda que informalmente, com objetivo de obter, direta ou indiretamente, vantagem de qualquer natureza, mediante a prática de infrações penais cujas penas máximas sejam superiores a 4 (quatro) anos, ou que sejam de caráter transnacional"* (art. 1.º, § 1.º). No mais, remetemos o Leitor ao *tópico 8.7.3* deste Capítulo, em que aprofundamos a evolução do conceito de organização criminosa no direito brasileiro.

b) Prevenir risco à segurança pública quando possa o acusado fugir durante o deslocamento (inciso I, 2.ª parte): Relativamente a esta segunda hipótese em que autorizado o interrogatório mediante sistema de transmissão de sons e imagens, embora também esteja relacionada ao resguardo da segurança pública, independe tanto da natureza do crime pelo qual já responde o acusado e que será o objeto de seu interrogatório, bem como de seu envolvimento em organizações criminosas. Basta, para que se justifique a modalidade excepcional de interrogatório judicial, que haja *fundada suspeita* de que, **por qualquer razão**, possa o réu, por si (*v.g.*, sua manifesta periculosidade) ou mediante a ação de terceiros, tentar aproveitar a oportunidade de seu traslado até o fórum para evadir-se.

c) Viabilizar a participação do réu no interrogatório judicial, quando haja relevante dificuldade para seu comparecimento em juízo, por enfermidade ou outra circunstância pessoal (inciso II): A hipótese, assim como as anteriores, também tem em vista a situação do réu preso, facultando-se o seu interrogatório a distância quando constatado pelo juiz, segundo seu prudente arbítrio e diante das peculiaridades do caso concreto, situação de *relevante dificuldade* em comparecimento ao fórum. De qualquer modo, a deliberação judicial no sentido da utilização dessa forma especial de interrogatório apenas poderá estar fundamentada em motivos relacionados aos fatores previstos no inciso em exame, quais sejam:

- *Enfermidade:* Não necessariamente há de ser uma patologia grave, relacionada, por exemplo, a estágios terminais ou doenças contagiosas (embora tais situações possibilitem a aplicação do dispositivo). Justifica-se, deste modo, a videoconferência em qualquer situação na qual a enfermidade que acometer o réu preso possa importar em extrema dificuldade de comparecimento, *v.g.*, paralisias, fraturas nos membros inferiores, estados pós-cirúrgicos etc.
- *Outras circunstâncias pessoais:* Aqui se enquadra qualquer motivo ligado à pessoa do réu e que, mesmo abstraídos aspectos relacionados a enfermidades, dificultarem o seu transporte ao juízo. Cremos que, nesta previsão, é possível enquadrar-se, por exemplo, a hipótese em que o réu esteja sob ameaças de morte patrocinadas por desafeto ou familiares da vítima. Não justificam o interrogatório por meio de videoconferência, porém, situações alheias à pessoa do réu, *v.g.*, ausência de veículo oficial de transporte, greve dos agentes encarregados de escoltá-lo, rebelião no presídio em que se encontra recolhido o acusado, entre outros fatores, impondo-se, em tais situações, o adiamento do ato processual.

d) Impedir a influência do réu no ânimo de testemunha ou da vítima, desde que não seja possível colher o depoimento destas por videoconferência, nos termos do art. 217 do CPP (inciso III): O dispositivo permite que o juiz opte por realizar o interrogatório do réu preso mediante videoconferência quando constatar que a sua presença no fórum poderá intimidar as pessoas que devam prestar depoimento, prejudicando a obtenção da verdade real. Evidentemente, essa normatização tem sentido apenas nos procedimentos em que o interrogatório deva ocorrer na mesma audiência designada para oitiva da vítima e testemunhas (como ocorre no procedimento comum e no rito do júri, por exemplo), já que nestes casos o réu, se presente, permanecerá na sala de audiências durante todo o ato, assistindo aos depoimentos que forem prestados antes de ser interrogado. Observe-se que a aplicação do art. 185, § 2.º, III, do CPP não acarreta nenhum prejuízo ao réu, visto que o § 4.º do mesmo dispositivo preceitua que, em tal hipótese, "antes do interrogatório por videoconferência, o preso poderá acompanhar, pelo mesmo sistema tecnológico, a realização de todos os atos da audiência única de instrução e julgamento de que tratam os arts. 400, 411 e 531 deste Código" (os arts. 400, 411 e 531 referem-se ao procedimento ordinário, procedimento do júri e procedimento sumário, respectivamente).

OBSERVAÇÃO: Em que pese a referência do art. 185, § 4.º, do CPP aos arts. 400, 411 e 531 do mesmo diploma, é evidente que a sua aplicação tem lugar em qualquer forma procedimental, na qual, assim como ocorre em citados dispositivos, haja previsão de audiência única de instrução e interrogatório do réu.

Outro aspecto importante a ser considerado é o caráter residual que assume, nesta hipótese (inciso III), o interrogatório por videoconferência, pois facultado apenas quando não for possível aplicar o regramento do art. 217 do CPP. Este último artigo, incorporado à regulamentação da prova testemunhal, prevê a oitiva da vítima e testemunhas por meio de videoconferência quando a presença do réu na sala, de qualquer modo, puder interferir nos depoimentos, dispondo, ainda, que somente na impossibilidade da utilização desse método deverá ser o réu retirado do recinto, prosseguindo-se a solenidade na presença de seu defensor.

Conclui-se, então, que, tratando-se de réu preso, não sendo possível interrogá-lo no presídio (art. 185, § 1.º do CPP) e havendo a possibilidade de que a sua presença influa no ânimo das pessoas que devam depor antes dele, deverá o juiz do processo determinar seu transporte ao fórum. Contudo, por ocasião da audiência, deverá o magistrado proceder à oitiva da vítima e testemunhas mediante videoconferência, permanecendo o réu na sala de audiências (art. 217, 1.ª parte, do CPP). Não sendo isso viável por qualquer motivo, em vez de determinar o traslado do réu do presídio ao fórum, deverá o juiz proceder ao seu interrogatório mediante videoconferência (art. 185, § 2.º, III, do CPP), sem prejuízo de lhe facultar, pelo mesmo método, assistir, no estabelecimento prisional, os depoimentos da vítima e testemunhas (art. 185, § 4.º, do CPP). Se também isto não for possível (*v.g.*, pela ausência de tecnologia própria), caberá ao magistrado, determinando o traslado do preso ao fórum, proceder à tomada dos depoimentos das pessoas arroladas com a retirada do réu da sala, permanecendo apenas seu defensor (art. 217, 2.ª parte, do CPP).

Eventualmente, pode ocorrer que, somente após iniciada a audiência de instrução, constate o juiz que a presença do réu, que estava preso e já foi transportado ao fórum, está interferindo nos depoimentos. Neste caso, entendemos que deverá o magistrado aplicar a regra do art. 217, isto é, ouvir as testemunhas mediante videoconferência, ou, na impossibilidade, determinar a retirada do réu do recinto, realizando-se os depoimentos apenas na presença de seu advogado.

Na verdade, em que pese o aparente conflito que decorre da conjugação do art. 185, § 2.º, III, com o art. 217 do CPP, tais dispositivos são plenamente conciliáveis, bastando que se parta da premissa de que, enquanto o primeiro tem em vista, unicamente, o interrogatório do réu preso e visa evitar o seu deslocamento ao fórum quando sua presença interferir na produção da prova oral, o segundo dirigese, primordialmente, à inquirição da vítima e testemunhas nas hipóteses em que o acusado já se encontrar no fórum para acompanhar a instrução.

e) Responder à gravíssima questão de ordem pública (inciso IV): O dispositivo não é claro quanto à hipótese concreta de sua incidência, cabendo à jurisprudência fixar-lhe o alcance. Cremos que nele se enquadra toda a sorte de motivos que levem o juiz a compreender que a videoconferência, no caso concreto, justifica-se pelo receio de que o comparecimento pessoal do acusado preso ao fórum possa acarretar prejuízo à ordem normal dos trabalhos a serem realizados em audiência. Como exemplos de situações que poderiam conduzir à aplicação do art. 185, § 2.º, IV, estão o clamor social em torno do fato imputado ou da pessoa do réu preso, de tal forma que a sua presença em audiência possa importar em protestos populares, riscos de agressão física, ofensas morais etc.; e o grau de periculosidade do acusado, exigindo elevado contingente de policiais ou agentes para impedi-lo de eventuais agressões contra o juiz, partes e servidores.

8.12. CONFISSÃO (ARTS. 197 A 200 DO CPP)

8.12.1. Considerações gerais

Trata-se a confissão do reconhecimento pelo réu da imputação que lhe foi feita por meio da denúncia ou da queixa-crime. Segundo dispõe o art. 190 do CPP, se o réu confessar a autoria, deverá ser perguntado sobre os motivos e circunstâncias do fato, bem como se outras pessoas concorreram para a infração, declinando-as, em caso positivo.

Visando à validade da confissão, aponta a doutrina a necessidade da presença de *requisitos intrínsecos* e de *requisitos formais*.

Como **requisitos intrínsecos**, destacam-se a *verossimilhança*, que se traduz como a probabilidade de o fato efetivamente ter ocorrido da forma como confessada pelo réu; a *clareza*, caracterizada por meio de uma narrativa compreensível e com sentido inequívoco; a *persistência*, que se revela por meio da repetição dos mesmos aspectos e circunstâncias, sem modificação no relato quanto aos detalhes principais da ação delituosa; e a *coincidência* entre o relato do confitente e os demais meios de prova angariados ao processo.

Por outro lado, como **requisitos formais** estão a *pessoalidade*, devendo a confissão ser realizada pelo próprio réu, não se admitindo seja feita por interposta pessoa, como o defensor e o mandatário; o *caráter expresso*, pois deve ser reduzida a termo; *oferecimento perante o juiz competente*, qual seja, o que está oficiando no processo criminal; a *espontaneidade*, impondo-se que seja oferecida sem nenhuma coação; e a *saúde mental* do imputado, possibilitando-se o convencimento do juízo de que o relato não está sendo fruto da imaginação ou de alucinações do acusado.

8.12.2. Valoração

Mesmo que tenha sido prestada judicialmente e na presença de defensor, não tem a confissão força probatória absoluta, havendo a necessidade, para o fim de fundamentar sentença condenatória, de que seja confrontada e confirmada pelas demais provas existentes nos autos. Esta a exegese que se extrai do art. 197 do CPP, ao referir que "para a sua apreciação o juiz **deverá confrontá-la com as demais provas do processo**, verificando se entre ela e estas existe compatibilidade ou concordância". E, também, a posição agasalhada pelo STJ, ao decidir que nem mesmo uma confissão feita em Juízo pode autorizar uma condenação sem que haja outras provas concretas[77].

8.12.3. Classificação

Várias são as classificações referidas na doutrina acerca da confissão. Dentre as mais comuns e que podem apresentar importância prática, destacam-se:

1) Quanto ao momento:

– *Confissão extrajudicial*: é aquela que não é realizada perante o juízo, podendo constar nos autos de inquérito policial, nas consignações em termos redigidos pelo Ministério Público, nas comissões parlamentares de inquérito, nas sindicâncias administrativas etc. Apresenta pouco valor probatório, apenas podendo ser utilizada como fundamento para a condenação se corroborada por provas contundentes que tenham sido colhidas em juízo sob o crivo do contraditório.

– *Confissão judicial*: realizada perante o juiz, ocorre, normalmente, na oportunidade do interrogatório, embora nada impeça venha a ser realizada em outro momento no curso do processo. Possui, é claro, maior valor probante do que a confissão realizada extrajudicialmente. Não obstante, seu valor não é absoluto, apenas se prestando para embasar o juízo condenatório se compatível e concorde com as demais provas, nos termos do art. 197 do CPP. Para fins doutrinários, há quem estabeleça, aqui, uma subclassificação: a) *confissão judicial própria*, sendo esta a realizada perante a autoridade judicial competente; e b) *confissão judicial imprópria*, considerada como tal a efetivada no juízo que, posteriormente, se apure incompetente para o processo e julgamento da ação penal.

[77] STJ, AgRg no AREsp 1812535/RJ, *DJ* 30.04.2021.

2) Quanto à natureza:

– *Confissão real*: diz-se a confissão efetivamente realizada pelo investigado ou réu, perante a autoridade, revelando ele a autoria, circunstâncias e motivação do delito cometido.

– *Confissão ficta*: é a confissão decorrente de ficção jurídica, decorrente de uma ação ou omissão prevista em lei como, por exemplo, a confissão decorrente da revelia ou do silêncio do réu. Não é reconhecida como prova no direito processual penal brasileiro, não tendo sido recepcionada pela Constituição Federal a última parte do art. 198 do CPP, cuja redação, inclusive, poderia ter sido modificada por meio da Lei 10.792/2003, tal qual ocorreu em relação ao art. 186, que continha norma de semelhante teor.

3) Quanto à forma:

– *Confissão escrita*: é aquela realizada pelo próprio réu por meio de cartas, bilhetes ou qualquer documento escrito que venha a ser juntado aos autos ou por meio de petições redigidas pelo advogado reconhecendo total ou parcialmente a acusação inserta na inicial acusatória (evidentemente, neste último caso, sob pena de nulidade, não poderá o advogado simplesmente aceitar a imputação, impondo-se a invocação de tese desclassificatória, de excludentes, de minorantes ou de privilegiadoras em favor do réu).

– *Confissão oral*: é aquela que decorre de verbalização do réu perante o juiz ou é registrada por meio de interceptações telefônicas ou ambientais. A licitude, aqui, depende da observância das normas constitucionais que protegem a intimidade e a privacidade.

4) Quanto ao conteúdo:

– *Confissão simples:* é aquela em que o réu limita-se a admitir como verdadeiros os fatos que lhe são atribuídos, reconhecendo a sua responsabilidade criminal.

– *Confissão qualificada*: é aquela em que o agente, embora atribua a si a prática da infração penal que lhe está sendo imputada, agrega, em seu favor, fatos ou circunstâncias que excluem o crime ou que o isentem de pena. É o caso, por exemplo, do indivíduo que, conquanto reconheça a autoria do disparo que vitimou outra pessoa, alega tê-lo efetuado em legítima defesa. Esse tipo de acontecimento é bastante discutido na doutrina quanto a constituir-se, realmente, em uma forma de confissão. Isso porque, na verdade, não importa em um autorreconhecimento de responsabilidade criminal. Muito pelo contrário. Ao assim proceder, está buscando o imputado afastar, por uma via oblíqua, tal responsabilidade. Enfim, na rotulada confissão qualificada, o que ocorre é o reconhecimento da prática de uma infração penal (fato típico) e não de um crime propriamente dito (fato típico, antijurídico e, para os adeptos da Teoria Tripartida, culpável). Sem embargo, a verdade é que esta discussão, hoje, perdeu bastante de sua relevância. Isso porque, se antes a corrente majoritária era a de que a confissão qualificada não poderia ser utilizada como atenuante (art. 65, III, *d*, do CP) na segunda fase do cálculo da pena, na atualidade, a partir de interpretação da Súmula 545 do STJ[78], prevalece a orientação no sentido de que, desde que a confissão seja utilizada para a formação do convencimento do julgador,

[78] Súmula 545, STJ: "Quando a confissão for utilizada para a formação do convencimento do julgador, o réu fará jus à atenuante prevista no art. 65, III, *d*, do Código Penal".

deve ela atenuar a pena do réu, sendo absolutamente indiferente que a admissão da autoria do fato criminoso seja qualificada, ou apenas parcial, ou objeto de retratação posterior. Esse entendimento é, ainda, mais relevante quando se trata de confissão qualificada realizada em processo que apura crime de competência do Tribunal do Júri, pois, nesses casos, sendo os jurados os julgadores do fato, é certo que o reconhecimento, pelo réu, da autoria delituosa, sempre é considerado para formação das respectivas convicções. **Mas atenção:** essa regra – da irrelevância do teor da confissão quando utilizada em sentença como elemento de convicção – não é imune a exceções eventualmente ditadas pela jurisprudência, devendo-se atentar que o próprio Superior Tribunal de Justiça editou, em 24.09.2019, a *Súmula 630*, dispondo que *"a incidência da atenuante da confissão espontânea no crime de tráfico ilícito de entorpecentes exige o reconhecimento da traficância pelo acusado, não bastando a mera admissão da posse ou propriedade para uso próprio"*. Como se vê, segundo aquele Tribunal, uma vez negada pelo réu a intenção de entrega da droga a terceiro, o fato de admitir ele a posse ou propriedade do entorpecente apreendido sob o argumento de que se destinava ao consumo pessoal não deve conduzir o juiz ao reconhecimento da atenuante em questão, orientação esta que, indiscutivelmente, ressalva o disposto na Súmula 545 da mesma Corte.

8.12.4. Divisibilidade e retratabilidade

A confissão pode ser *divisível* e *retratável*, nos termos do art. 200 do CPP.

A característica da **divisibilidade** significa que o juiz pode considerar verdadeira uma parte da confissão e inverídica outra parte, não sendo obrigado a valorar a confissão como um *todo*. Pode acontecer, por exemplo, que o acusado confesse a prática de lesões corporais graves contra a vítima, justificando-se, contudo, na legítima defesa. Ora, à vista do conjunto probatório, pode o magistrado *dividir* a confissão, aceitando-a no que toca ao reconhecimento da autoria, mas refutando a excludente de ilicitude invocada. Neste caso, a confissão terá sido *dividida* em seus termos.

Já a **retratabilidade** quer dizer que, se o réu, mesmo confesso em juízo, voltar atrás, caberá ao magistrado confrontar a confissão e a retratação que lhe sucedeu com os demais meios de prova incorporados ao processo, verificando qual delas deve prevalecer. Assim, tal circunstância não significa que, uma vez retratada a confissão de um crime, perca ela seu valor como prova, pois nada impede que venha o juiz, a partir de seu livre convencimento, considerar como verdadeira a confissão e falsa a retratação.

Independentemente desta regra do art. 200 do CPP condicionando a valoração da retratação ao seu confronto com os demais meios de prova coligidos, há três questões que devem ser enfatizadas. Consistem:

1) *A retratação em juízo invalida a confissão levada a efeito na fase policial?* Em tese, a prova judicializada sempre possui maior valor, pois produzida sobre o crivo do contraditório e da ampla defesa. No entanto, se apesar da retratação da confissão realizada em juízo, houver outras provas, judicializadas, que confirmem a confissão policial, poderá o juiz, na sentença, desconsiderar a retratação e utilizar a prova policial como um dos fundamentos da decisão.
2) *A confissão policial retratada em juízo, mas levada em consideração na sentença condenatória, caracteriza a atenuante da confissão espontânea prevista no art. 65, III,* d, *do Código Penal?* A atenuante resta configurada desde que seja a

confissão efetivamente utilizada pelo magistrado para dar suporte à sentença condenatória, sendo irrelevante se foi total ou parcial ou se houve posterior retratação[79]. **Mas atenção:** se o agente, apesar de confirmar a prática dos crimes extrajudicialmente, retrata-se em juízo, sendo sua condenação baseada em outras provas, em nada interferindo a confissão policial, nesse caso não incide a atenuante em questão[80]. Não é outro, aliás, o sentido da já mencionada Súmula 545 do STJ, prevendo que, "quando a confissão for utilizada para a formação do convencimento do julgador, o réu fará jus à atenuante prevista no art. 65, III, *d*, do Código Penal".

3) *A confissão qualificada, como tal considerada aquela em que o agente reconhece a responsabilidade pela prática do crime, mas agrega teses defensivas descriminantes ou exculpantes, permite o reconhecimento da atenuante do art. 65, III,* d, *do CP?* Como dissemos no tópico anterior (8.12.3 – d), embora ainda existam alguns questionamentos, tem-se entendido que esta modalidade de confissão, desde que utilizada pelo Juízo como elemento de convicção, tem, sim, o condão de ensejar o reconhecimento da atenuante prevista no art. 65, III, *d*, do Código Penal.

8.12.5. Voluntariedade e espontaneidade

Confissão **espontânea** é aquela realizada pelo réu a partir de sua livre e íntima vontade, sem que tenha concorrido, para tanto, qualquer fator externo. É o caso do réu que, ao ser perguntado pelo magistrado, no seu interrogatório, se é verdadeira a imputação que foi feita na peça acusatória, desde logo reconhece sua responsabilidade.

Eventualmente, pode ocorrer que a confissão seja **voluntária**, mas não espontânea. Nestes casos, estará presente o elemento volitivo do réu, muito embora colaborem para isso fatores externos à sua vontade íntima de confessar. Imaginemos, por exemplo, a hipótese do réu que, indagado quanto à autoria de determinado crime, negue-a perante o juiz. No curso do ato, porém, entra em contradição e, premido pelas circunstâncias, acaba reconhecendo sua responsabilidade. Nessa hipótese, a confissão, também chamada de *confissão provocada*, terá sido voluntária (visto que não submetido o réu a torturas, soros da verdade etc.) mas não espontânea, já que não realizada a partir da vontade íntima do acusado.

A diferença entre a *voluntariedade* e a *espontaneidade* relevava em face do entendimento antes vigorante no sentido de que apenas confissão com estes dois atributos poderia conduzir ao reconhecimento da atenuante prevista no art. 65, III, *d*, do Código Penal, não sendo isto autorizado na hipótese em que, embora voluntária, não fosse ela espontânea. Ocorre que, como vimos no tópico anterior, o STJ editou a Súmula 545, determinando o reconhecimento da atenuante sempre que for a confissão utilizada na sentença como fator de convencimento do magistrado para condenar o réu. Com isto, restou superada a discussão acerca da necessidade de coexistência da *voluntariedade* e da *espontaneidade* como condição para que incida o art. 65, III, *d*, do CP. Enfim, basta, para que se considere presente tal atenuante, que a confissão decorra da vontade do réu de realizá-la (voluntariedade), não sendo decisivo se o elemento volitivo surgiu naturalmente durante o seu interrogatório ou se circunstâncias exteriores (lícitas, por óbvio) levaram-no ao reconhecimento da imputação.

---

79 STJ, HC 355.341/SP, *DJ* 23.06.2016.

80 STJ, HC 72.093/DF, *DJ* 18.10.2007.

8.12.6. Confissão delatória ou delação ou "chamada de corréu"

A confissão delatória consiste na afirmação realizada pelo acusado, por ocasião de seu interrogatório, de que, além de seu próprio envolvimento, uma terceira pessoa, agindo como seu comparsa, também concorreu para a prática delituosa.

Conforme ensina Mirabete[81], embora a delação seja um meio de prova atípico ou anômalo, pois não está regulamentada de modo específico no âmbito do Código de Processo Penal, possui valor probatório, principalmente quando não realizada pelo acusado com o objetivo de inocentar-se. Assim, desde que harmoniosa e coerente com as demais provas realizadas no processo, poderá servir de base para a condenação. Entretanto, se apresentar-se isolada nos autos, não confirmada por qualquer outro elemento de convicção, não será o bastante para comprovar a responsabilidade do corréu delatado e induzir, como prova principal, a um juízo condenatório. É que sua utilização, neste caso, caracterizaria ofensa à garantia constitucional do contraditório (art. 5.º, LV, da CF), visto que estaria o juiz acolhendo como fator de convencimento meio de prova sobre o qual o imputado não teve oportunidade de participar.

Questão relevante e que tem sido objeto de acirradas discussões respeita em saber se, encontrando-se presente o advogado do corréu delatado na solenidade em que se operar a delação, deve o magistrado conceder a ele o direito de fazer perguntas ao delator. Duas posições existem sobre o *thema*:

> ***Primeira:*** Não é lícito ao juiz facultar ao advogado do delatado a formulação de perguntas ao interrogado, sendo ilegal pretender, no concurso de agentes, que o corréu delator seja submetido ao constrangimento de ter que responder questionamentos do advogado do acusado que fora por ele incriminado. Admitir esta situação, não prevista em lei, importaria em permitir transgressão às garantias individuais de cada réu (previstas, entre outros, no art. 5.º, LXIII, da Carta Magna e nos arts. 185, § 2.º, e 186 e seu parágrafo único, ambos do CPP).
>
> ***Segunda:*** Ao delatar terceira pessoa como envolvida na prática criminosa que lhe é imputada, assume o interrogado delator, neste aspecto de sua narrativa, a posição de testemunha, o que impõe seja assegurado à defesa do delatado inquiri-lo quanto às suas afirmações. Trata-se da posição adotada pelo STF, no qual, reiteradamente, vem-se compreendendo que "a decisão que impede que o defensor de um dos réus repergunte ao outro acusado ofende os princípios constitucionais da ampla defesa, do contraditório e da isonomia, gerando nulidade absoluta"[82].

8.12.7. Colaboração premiada

Por *colaboração premiada* compreende-se o benefício concedido ao criminoso que denunciar outros envolvidos na prática do mesmo crime que lhe está sendo imputado, em troca de redução ou até mesmo isenção da pena imposta. A natureza jurídica desse instituto veio a ser definida pela Lei 13.964/2019, ao incluir na Lei 12.850/2013 (que dispõe sobre tipos penais e meios de obtenção de prova na apuração do crime organizado) o art. 3.º-A, dispondo este que "o acordo de colaboração premiada é negócio jurídico processual e meio de obtenção de prova, que pressupõe utilidade e interesse públicos". Segundo entende a doutrina, tal como ocorre na *confissão delatória (ou delação não premiada)*, também

81 MIRABETE, Julio Fabbrini. *Processo penal*. 18. ed. São Paulo: Atlas, 2007. p. 289.

82 STF: HC 101.648/ES, *DJ* 09.02.2011; HC 115.714/SP, *DJ* 23.02.2015.

nesse caso é preciso ter reservas na aferição do valor probatório, impondo-se, para que sirva de fundamento a uma condenação, que seja a colaboração confrontada e esteja em conformidade com as demais provas angariadas ao processo. Na referida Lei 12.850/2013, inclusive, há previsão expressa de que *"nenhuma das seguintes medidas será decretada ou proferida com fundamento apenas nas declarações do colaborador: I – medidas cautelares reais ou pessoais; recebimento de denúncia ou queixa-crime; III – sentença condenatória"* (art. 4.º, § 16, alterado pela Lei 13.964/2019).

Há quem veja a colaboração premiada como um procedimento eticamente censurável, já que induz à traição. Além disso, implicaria rompimento ao sistema da proporcionalidade da pena, permitindo a punição diferente de indivíduos acusados do mesmo crime e com o mesmo grau de culpabilidade. Particularmente, não concordamos com esse entendimento, aderindo à corrente que vislumbra no instituto um mecanismo de combate à criminalidade organizada e que, bem empregado, servirá de instrumento importante na busca da verdade.

Se, para parte da doutrina, a expressão *colaboração premiada* é sinônima de *delação premiada*, outra parcela diferencia os dois vocábulos compreendendo que a *delação,* na verdade, é uma espécie do gênero *colaboração.* Segundo esta ótica, a *delação* ocorre na hipótese em que o agente indica (*delata,* portanto) outras pessoas também envolvidas na prática da infração penal. Já a *colaboração* poderá ser ou não delatória, sendo exemplos dessa última hipótese as previsões do art. 4.º da Lei 12.850/2013, dispondo como objetivos possíveis do instituto (e basta um deles para que o colaborador faça jus ao prêmio), além de identificar os demais coautores e partícipes da organização criminosa e as infrações penais por eles praticadas e revelar a estrutura hierárquica e a divisão de tarefas da organização criminosa, também os (objetivos) de prevenir as infrações penais decorrentes das atividades da organização criminosa, recuperar total ou parcialmente o produto ou o proveito das infrações penais praticadas pela organização criminosa e localizar o paradeiro da vítima com a sua integridade física preservada.

No direito brasileiro, a colaboração premiada está prevista em diversas leis, a saber[83]:

Lei dos crimes contra o sistema financeiro nacional (Lei 7.492/1986)	**Art. 25, § 2.º**	*Nos crimes previstos nesta Lei, cometidos em quadrilha ou coautoria, o coautor ou partícipe que através de confissão espontânea revelar à autoridade policial ou judicial toda a trama delituosa* **terá a sua pena reduzida de um a dois terços.**
Código Penal	**Art. 159, § 4.º**	*Se o crime é cometido em concurso, o concorrente que o denunciar à autoridade, facilitando a libertação do sequestrado,* **terá sua pena reduzida de um a dois terços.**
Lei dos crimes hediondos (Lei 8.072/1990)	**Art. 8.º, parágrafo único**	*O participante e o associado que denunciar à autoridade o bando ou quadrilha, possibilitando seu desmantelamento,* **terá a pena reduzida de um a dois terços.**
Lei dos crimes contra a ordem tributária e relações de consumo (Lei 8.137/1990)	**Art. 16, parágrafo único**	*Nos crimes previstos nesta Lei, cometidos em quadrilha ou coautoria, o coautor ou partícipe que através de confissão espontânea revelar à autoridade policial ou judicial toda a trama delituosa* **terá a sua pena reduzida de um a dois terços.**

83 Essa forma de colaboração com a justiça tem sido denominada "delação eficaz", na medida em que pressupõe não apenas a delação à autoridade, como também o efeito de haver facilitado a liberação do sequestrado.

Lei do crime organizado (Lei 12.850/2013)	**Arts. 3.º, I, e 3º-A a 7.º**	*O juiz poderá, a requerimento das partes,* **conceder o perdão judicial, reduzir em até 2/3 (dois terços) a pena privativa de liberdade ou substituí-la por restritiva de direitos** *daquele que tenha colaborado efetiva e voluntariamente com a investigação e com o processo criminal, desde que dessa colaboração advenha um ou mais dos seguintes resultados: I – a identificação dos demais coautores e partícipes da organização criminosa e das infrações penais por eles praticadas; II – a revelação da estrutura hierárquica e da divisão de tarefas da organização criminosa; III – a prevenção de infrações penais decorrentes das atividades da organização criminosa; IV – a recuperação total ou parcial do produto ou do proveito das infrações penais praticadas pela organização criminosa; V – a localização de eventual vítima com a sua integridade física preservada.*
Lei de lavagem de capitais (Lei 9.613/1998)	**Art. 1.º, § 5.º**	*A pena* **poderá ser reduzida de um a dois terços e ser cumprida em regime aberto ou semiaberto, facultando-se ao juiz deixar de aplicá-la ou substituí-la, a qualquer tempo, por pena restritiva de direitos,** *se o autor, coautor ou partícipe colaborar espontaneamente com as autoridades, prestando esclarecimentos que conduzam à apuração das infrações penais, à identificação dos autores, coautores e partícipes, ou à localização dos bens, direitos ou valores objeto do crime.*
Lei de proteção a vítimas e testemunhas (Lei 9.807/1999)	**Arts. 13 e 14**	*Art. 13. Poderá o juiz, de ofício ou a requerimento das partes,* **conceder o perdão judicial e a consequente extinção da punibilidade** *ao acusado que, sendo primário, tenha colaborado efetiva e voluntariamente com a investigação e o processo criminal, desde que dessa colaboração tenha resultado: I – a identificação dos demais coautores ou partícipes da ação criminosa; II – a localização da vítima com a sua integridade física preservada; III – a recuperação total ou parcial do produto do crime.* *Art. 14. O indiciado ou acusado que colaborar voluntariamente com a investigação policial e o processo criminal na identificação dos demais coautores ou partícipes do crime, na localização da vítima com vida e na recuperação total ou parcial do produto do crime, no caso de condenação,* **terá pena reduzida de um a dois terços.**
Lei de drogas (Lei 11.343/2006)	**Art. 41**	*O indiciado ou acusado que colaborar voluntariamente com a investigação policial e o processo criminal na identificação dos demais coautores ou partícipes do crime e na recuperação total ou parcial do produto do crime, no caso de condenação,* **terá pena reduzida de um terço a dois terços.**

Diversas são as questões que surgem em relação à colaboração premiada a partir da análise dos dispositivos que a contemplam.

Uma primeira questão refere-se à **espontaneidade** e à **voluntariedade** do agir do delator para o fim de ser beneficiado. Há quem defenda que a intenção do legislador, em todas as hipóteses em que admitida essa forma de colaboração, foi estabelecer identidade entre os dois vocábulos. Outros, porém, diferenciam as duas expressões, referendando o entendimento de que *espontânea* é a delação que resulta da iniciativa pessoal do agente, vale dizer, "aquela que decorre da livre disposição do agente de procurar a autoridade para, evidenciando alto grau de responsabilidade moral, informar a prática da infração penal ignorada ou imputada a outrem"[84], enquanto *voluntária* é a delação para a qual intervêm

84 STF, HC 136.536/CE, *DJ* 12.12.2016.

fatores externos, sendo irrelevante, para que tenha eficácia, a verificação dos motivos que influenciaram o agente a realizá-la, desde que não impliquem, por óbvio, em coações físicas ou psicológicas. Perceba-se que no próprio STF há divergências a respeito. Basta ver, por exemplo, que, no julgamento do *Habeas Corpus* 129.877/RJ (*DJ* 01.08.2017), a compreensão do Ministro Marco Aurélio foi no sentido de que "os vocábulos *voluntariedade* e *espontaneidade* mostram-se no campo da sinonímia". No mesmo acórdão, porém, entendeu diversamente o Ministro Edson Fachin, sustentando que, na sua ótica, não são sinônimos os vocábulos voluntário e espontâneo. Neste cenário de divergências já se entendeu, por exemplo, que é *voluntária*, embora *não espontânea*, a delação em que o réu apenas confessa a prática do crime após sua prisão em flagrante[85]. Também simplesmente *voluntária* a delação realizada a partir da ideia de outrem[86], *v.g.* mediante proposta do Ministério Público. Note-se que também não existe uniformidade absoluta a respeito na legislação, que ora se refere à *espontaneidade,* como ocorre na Lei dos Crimes contra o Sistema Financeiro, na Lei dos Crimes contra Ordem Tributária e Relações de Consumo e na Lei de Lavagem de Capitais, ora à *voluntariedade,* vocábulo que passou a ser utilizado a partir da Lei 9.807/1999 (Lei de Proteção a Vítimas e Testemunhas), como é o caso da Lei do Crime Organizado e da Lei de Drogas. Sem embargo do apontado conflito de posições, na atualidade, parece ser tendência a prevalência do entendimento de que, mesmo distintas as figuras da *voluntariedade* e da *espontaneidade* e independentemente da nomenclatura adotada nos dispositivos que contemplam o acordo de colaboração, "não se exige que a ideia de praticá-lo seja do próprio agente"[87].

Outro aspecto controvertido refere-se à chamada **delação de concorrentes por crimes diversos**. Imagine-se, pois, que determinada pessoa, ao ser interrogada pela prática de um crime, venha a apontar coautores de crime distinto, sem nenhuma relação com a infração pela qual processada e do qual não tenha participado. Pergunta-se: **sendo eficaz sua delação, poderá ser beneficiada, por exemplo, com a redução de sua pena?** Parece-nos descabida, nessa hipótese, a aplicação da delação premiada, já que os dispositivos relativos ao instituto exigem que o delator seja coautor ou partícipe do delito em relação ao qual operada a colaboração.

Terceiro ponto a ser enfrentado respeita à possibilidade de **Delegados de Polícia firmarem acordos de delação premiada**. Há muito tempo polemizado, o assunto foi objeto de deliberação definitiva do Plenário do STF em 20.06.2018, no julgamento da Ação Direta de Inconstitucionalidade 5.508, intentada pela Procuradoria-Geral da República em questionamento aos §§ 2.º e 6.º do art. 4.º da Lei 12.850/2013 (crime organizado), que permitem aos delegados de polícia firmarem esta ordem de acordos. Nessa oportunidade, compreendeu a Corte no sentido da constitucionalidade destes dispositivos, sustentando que a formulação de proposta de colaboração premiada pelo Delegado de Polícia no curso do inquérito policial, desde que não interfira na atribuição exclusiva do Ministério Público quanto ao oferecimento de denúncia, não viola a atribuição constitucional desse órgão de ser o titular da ação penal, pois a efetivação dos benefícios acordados apenas ocorrerá após o juiz homologar o acordo, o que fará a partir de prévia avaliação da proposta e controle de cláusulas que se revelem desproporcionais, abusivas ou ilegais. Atente-se, contudo, que, consoante deliberado pelo STF no julgamento em questão, apesar de não ser obrigatória a participação do MP em todas as etapas da elaboração do acordo entre Delegado de Polícia

---

85 TRF 2.ª Região, Apelação Criminal 0490239-40.2005.4.02.5101 (TRF2 2005.51.01.490239-0), 2.ª Turma Especializada, *DJ* 04.03.2010.

86 STF, voto-vista do Min. Luiz Fux no HC 129.877/RJ, *DJ* 01.08.2017.

87 STJ, REsp 1.852.049/RN, 5.ª Turma, Rel. Min. Joel Ilan Paciornik, j. 20.10.2020, *DJe* 23.10.2020.

e o colaborador, ao *parquet* deve ser oportunizada intervenção consoante literalidade dos §§ 2.º e 6.º do art. 4.º da Lei 12.850/2013, devendo opinar a respeito dos termos da avença, manifestação esta, porém, sem caráter vinculante.

Veja-se que não há direito líquido e certo a acordo de delação premiada. Logo, descabe ao imputado, por exemplo, diante da recusa do Ministério Público em concretizar tal acordo, buscar em juízo que lhe seja assegurada sua efetivação. O Poder Judiciário, enfim, não pode compelir Delegado e Promotor/Procurador da República a firmar o pacto de colaboração[88].

Há que se examinar, também, a vertente relativa à possibilidade de **delação premiada após o trânsito em julgado de sentença condenatória**. Ordinariamente, o instituto pode ser aplicado na fase da investigação criminal (o que abrange o inquérito policial e investigações no âmbito do Ministério Público), bem como no curso do processo penal, mesmo que, já existindo sentença prolatada, esteja aquele em grau de recurso. Destarte, o impasse existe, realmente, na hipótese de já existir decisão condenatória transitada em julgado. Três posições são acenadas pela doutrina: a *primeira*, no sentido de que a análise literal dos dispositivos relativos à delação premiada indica a viabilidade de o benefício ser aplicado apenas quando operada antes da fase sentencial; a *segunda* considera possível a concessão do benefício também após o trânsito em julgado, mediante revisão criminal ajuizada com base no art. 621, III, do CPP, o qual autoriza o manejo da ação quando surgirem novas provas "de circunstância que determine ou autorize diminuição especial de pena"; uma *última* corrente sustenta a possibilidade de ser deferida a delação premiada após o trânsito em julgado da condenação pelo próprio juiz da execução, mediante simples requerimento, independentemente de ajuizamento de revisão criminal. Levando em conta o objetivo do legislador ao prever tal modalidade de *delatio*, qual seja auxiliar a busca da verdade material, concordamos que seja viável o benefício após a sentença ter se tornado imutável pela coisa julgada. Necessário, contudo, a nosso ver, o ajuizamento de revisão criminal, conforme apregoado pela segunda das posições citadas, não sendo facultado ao juiz da execução adotar essa medida, até porque não prevista no rol das competências que lhe são atribuídas pelo art. 66 da Lei 7.210/1984 (Lei de Execuções Penais). Adepto deste entendimento, Damásio E. de Jesus[89].

Outra questão a ser atentada é a de que o Plenário do Supremo Tribunal Federal, por maioria de votos, no âmbito do *Habeas Corpus* 166.373/PR, em 02.10.2019, decidiu que, nas ações penais em que figurem réus colaboradores e não colaboradores, deve ser assegurado aos delatados o direito de apresentarem alegações finais depois dos réus que firmaram acordo de colaboração, a fim de a eles ser possibilitado contradizer as acusações feitas pelos delatores que possam contribuir para eventual condenação.

Discute-se a possibilidade de a vítima de crime celebrar acordo de colaboração premiada. Imagine-se, para ilustrar, que determinada pessoa, que fazia parte de organização criminosa, venha a romper com o bando, passando a ser alvo de ameaças de morte e extorsões de parte dos seus integrantes. Embora não seja possível falar em posição majoritária no âmbito da jurisprudência nacional, tende a firmar-se o entendimento de que "a vítima não pode ser colaboradora, porque lhe faltaria interesse – haja vista que é a interessada na tutela punitiva"[90].

---

88 STF, Agravo Regimental em Mandado de Segurança 35.693/DF, 2.ª Turma, j. 28.05.2019.

89 Estágio atual da delação premiada no direito penal brasileiro. Disponível em: <www.damasio.com.br>. Acesso em: 9 maio 2008.

90 STJ, HC 750.946/RJ, 6.ª Turma, Rel. Min. Olindo Menezes, j. 11.10.2022.

Por derradeiro, deve-se frisar a existência de orientação, já adotada no âmbito do STJ, no sentido de que "em quaisquer condutas praticadas em concurso de agentes é possível celebrar acordo de colaboração premiada", aplicando-se, para tanto, "as disposições de natureza majoritariamente processual previstas na referida Lei [12.850/2013]"[91]. Segundo essa linha de pensamento, portanto, referido negócio jurídico processual não fica atrelado, exclusivamente, às hipóteses em que legalmente previsto.

8.13. OFENDIDO (ART. 201 DO CPP)

8.13.1. Considerações gerais

O ofendido é a vítima do delito, isto é, o sujeito passivo da infração penal, aquele que sofreu diretamente a violação da norma penal. Neste contexto, o meio de prova rotulado como *do ofendido* objetiva trazer para dentro do processo a versão prestada pela vítima da infração penal.

Estabelece o art. 201 do CPP que, sempre que possível, o ofendido *será* qualificado e perguntado sobre as circunstâncias da infração, quem seja ou presuma ser o seu autor, as provas que possa indicar, tomando-se por termo as suas declarações. Se regularmente notificado, deixar de comparecer à audiência de instrução, poderá ser conduzido, nos termos do § 1º. Registre-se, entretanto, o entendimento de parcela doutrinária no sentido de que tal poder de condução não deve alcançar o ofendido no caso de ação penal privada exclusiva, pois, nessa hipótese, é ela a própria querelante, devendo o seu eventual não comparecimento implicar perempção e, consequentemente, extinção da ação penal, *ex vi* do art. 60, III, do CPP.

Importante salientar que o ofendido não se insere no contexto da prova testemunhal. Testemunha, com efeito, é um terceiro, que não participou como sujeito ativo ou passivo do crime e cuja regulamentação, como meio de prova, inicia-se a partir do art. 202 do CPP. Neste passo, são inaplicáveis, como regra, à inquirição do ofendido as normas referentes à oitiva judicial das testemunhas arroladas pelas partes. Por exemplo, não será computado no número máximo de testemunhas facultado pelo rito e também não estará sujeito ao compromisso previsto no art. 203 do CPP, exclusivo à prova testemunhal. Por óbvio, tal ausência de limitação em relação ao número de ofendidos a serem ouvidos não implica dizer que está obrigado o juiz a deferir a inquirição de todos os que tiverem sido arrolados, impondo-se a observância, em cada caso, dos princípios da razoabilidade e da proporcionalidade, levando-se em consideração a quantidade de fatos imputados ao acusado.

Outro aspecto relevante é o de que o ofendido não está incluído no art. 342 do Código Penal como eventual sujeito ativo do crime de falso testemunho. Assim, se mentir, poderá responder por denunciação caluniosa (art. 339 CP) ou comunicação falsa de crime ou de contravenção (art. 340 CP), mas não por falso testemunho. Não há que se falar, igualmente, em possibilidade de *recusa* em depor, assegurada à testemunha que for cônjuge, ascendente, descendente ou irmão do réu, nos termos do art. 206, 2.ª parte, do CPP.

Não obstante estas considerações, há normas que podem ser aplicáveis à inquirição da vítima por analogia às regras estabelecidas para as testemunhas, *v.g.*, a individualidade na prestação do depoimento, vale dizer, oitiva de cada vítima separadamente das demais, caso existam dois ou mais ofendidos (art. 210, *caput*, do CPP), e a dispensa da obrigação de comparecimento para depor na hipótese de impossibilidade de locomoção por doença ou velhice (art. 220 do CPP).

---

[91] STJ, HC 582.678/RJ, 6.ª Turma, Rel. Min. Laurita Vaz, j. 14.06.2022.

8.13.2. Valor da palavra da vítima

Embora a palavra do ofendido deva ser considerada com reservas, exigindo-se que seja sempre confrontada com os demais elementos de prova existentes nos autos, não se pode deixar de reconhecer que, em alguns casos, possui alto valor, como nas hipóteses de crimes contra a dignidade sexual, os quais, cometidos na clandestinidade, não apresentam testemunhas.

Frise-se que não se está dizendo que possa apenas a versão prestada pela vítima justificar condenação. Afinal, como a maioria das provas, possui valor relativo e, ainda que se trate de hipótese que não haja nenhuma outra prova direta, deverá o magistrado, para o bem de valorá-la, socorrer-se, no mínimo, da prova circunstancial (ausência de álibi convincente, presença de antecedentes judiciais pela prática de crime semelhante ao imputado, contradições entre as versões do réu prestadas na polícia e em juizo, coerência da versão da vítima sempre que ouvida etc.).

8.13.3. Depoimento

Alterado pela Lei 11.690, de 09.06.2008, o art. 201, do CPP, teve sua disciplina renovada com a inserção dos §§ 1.º a 6.º. Com isso, a par de manter a redação original do ***caput*** (ao dispor que, "*sempre que possível, o ofendido será qualificado e perguntado sobre as circunstâncias da infração, quem seja ou presuma ser o seu autor, as provas que possa indicar, tomando-se por termo as suas declarações*") e do **§ 1.º** (prevendo que, "*se, intimado para esse fim, deixar de comparecer sem motivo justo, o ofendido poderá ser conduzido à presença da autoridade*"), estabeleceu o legislador as seguintes regras:

1. Obrigatoriedade de comunicação ao ofendido quanto a determinados atos processuais e sobre a prisão ou liberdade do acusado (§§ 2.º e 3.º);
2. Reserva de lugar em separado para que o ofendido permaneça antes e durante a realização da audiência (§ 4.º);
3. Encaminhamento do ofendido a atendimento multidisciplinar, se for o caso, às expensas do Estado (§ 5.º);
4. Adoção das medidas necessárias para resguardar a imagem, honra e vida privada do ofendido (§ 6.º).

Especificamente em relação aos delitos praticados com violência doméstica e familiar contra a mulher, foi editada a Lei 13.505/2017, acrescentando o art. 10-A à Lei 11.340/2006 (Lei Maria da Penha), instituindo regras específicas para o depoimento da ofendida ou de testemunha, muito especialmente a (1) garantia de que, em nenhuma hipótese, terão contato direto com investigados ou suspeitos e pessoas a eles relacionadas; (2) a garantia de inquirição em recinto com equipamentos próprios e adequados à idade da ofendida ou testemunha e ao tipo e à gravidade da violência sofrida e (3) a possibilidade que tal inquirição seja intermediada por profissional especializado em violência doméstica e familiar, designado pela autoridade judiciária ou policial (quando se tratar, neste último caso, de inquirição na fase inquisitorial).

Mais recentemente, também com o intuito de preservar o ofendido e as testemunhas, sobreveio a Lei 14.245/2021 (Lei Mariana Ferrer), inserindo no Código de Processo Penal os arts. 400-A e 474-A e incluindo no art. 81 da Lei 9.099/1995 o § 1.º-A, os quais determinam que, na audiência de instrução e julgamento, bem como em plenário do Júri, todas as partes e demais sujeitos processuais presentes no ato deverão zelar pela integridade física e psicológica da vítima, respeitando sua dignidade, sob pena de responsabilização civil, penal e administrativa, sendo vedadas, outrossim, *a manifestação sobre circunstâncias ou elementos alheios aos fatos objeto de apuração nos autos e a utilização de linguagem, de informações ou de material que ofendam a dignidade da vítima ou de testemunhas.* Veja-se que a amplitude da expressão "todas as partes e demais sujeitos processuais presentes no ato", constante nos três dispositivos citados permite a conclusão de que abrange tanto os sujeitos principais ou essenciais (juiz, Ministério Público, querelante, acusado e defensor) como os sujeitos secundários, acessórios ou colaterais, a exemplo do assistente de acusação. Muito embora as providências necessárias para garantir o respeito a vítimas e testemunhas insiram-se no âmbito dos poderes de polícia e administrativos do juiz, assim considerados os exercidos no curso do processo com o fim de assegurar a disciplina e o decoro, evitando a prática de atos perturbadores da sua regular tramitação, e apesar de o art. 35, IV, da Lei Complementar 35/1979 estabelecer como dever inerente à Magistratura o de "tratar com urbanidade as partes, os membros do Ministério Público, os advogados, as testemunhas, os funcionários e auxiliares da Justiça", pensamos que andou certo o legislador ao fazer constar, expressamente, na legislação processual penal, a proibição de referências a atos, fatos ou circunstâncias que não digam respeito ao objeto do processo criminal, bem como à utilização de informações ou materiais (fotografias, *prints* de mensagens, cartas, conteúdo extraído da internet etc.) ofensivos à dignidade da vítima ou testemunhas. Perceba-se, por fim, que a Lei 13.869/2019, modificada pela Lei 14.321/2022, tipificou, como abuso de autoridade, no art. 15-A, o crime de violência institucional, inserindo como tal a conduta de "submeter a vítima de infração penal ou a testemunha de crimes violentos a procedimentos desnecessários, repetitivos ou invasivos, que a leve a reviver, sem estrita necessidade: I – a situação de violência; ou II – outras situações potencialmente geradoras de sofrimento ou estigmatização", contemplando, ainda, aumento de pena na hipótese de o agente público "permitir que terceiro intimide a vítima de crimes violentos, gerando indevida revitimização" (aumento da pena em dois terços) ou "intimidar a vítima de crimes violentos, gerando indevida revitimização" (aplicação da pena em dobro).

8.13.3.1. Obrigatoriedade de comunicação ao ofendido quanto a determinados atos processuais e sobre a prisão ou liberdade do acusado

Determina o art. 201, § 2.º, que "o ofendido será comunicado dos atos processuais relativos ao ingresso e à saída do acusado da prisão, à designação de data para audiência e à sentença e respectivos acórdãos que a mantenham ou modifiquem", dispondo, ainda, o § 3.º que "as comunicações ao ofendido deverão ser feitas no endereço por ele indicado, admitindo-se, por opção, o uso de meio eletrônico". Da exegese do artigo detecta-se que estabelece três naturezas distintas de atos sujeitos a cientificação obrigatória:

- *Quanto ao ingresso e saída do acusado da prisão:* Trata-se de previsão concernente às hipóteses de **prisão e liberdade provisória** eventualmente determinadas **no curso do processo judicial**. Considerando que o dispositivo refere-se a "acusado" (nomenclatura apropriada para designar o imputado na inicial acusatória), e não a "investigado" ou "indiciado", infere-se que a necessidade de comunicação inexiste em relação a medidas de segregação ou liberação provisória que ocorram na fase anterior ao recebimento da denúncia e da queixa-crime; e, também, não alcança o momento da execução da pena privativa de liberdade, razão pela qual desnecessária a intimação da vítima quanto às datas de recolhimento e liberação do apenado do sistema prisional. Esta última conclusão extrai-se não apenas da circunstância de que o art. 201 não faz referência ao *condenado*, como pelo fato de que a ciência ao ofendido está contemplada em dispositivo pertinente à fase instrutória do processo penal, anterior à sentença final, portanto.

- *Quanto à audiência designada:* A palavra *audiência* está empregada no singular tendo em vista que, no processo penal, por definição, a audiência de produção da prova oral é única, ainda que possa estar desmembrada em diversos atos realizados ao longo de datas distintas (art. 185, § 4.º, art. 400, § 1.º, e art. 411, § 2.º). Assim, a obrigatoriedade de comunicação do ofendido abrange todos os atos que compõem essa audiência única, independentemente da natureza e do fim visado (oitiva de testemunhas de acusação, inquirição de testemunhas de defesa, audiência para novo interrogatório do réu etc.). Inexistindo ressalva legal, também quanto às cartas precatórias expedidas a outros juízos com vista à produção de provas orais deverá ser comunicado o ofendido. Nesse caso, por analogia ao que estabelece a Súmula n.º 273 do STJ em relação à defesa ("intimada a defesa da expedição da carta precatória, torna-se desnecessária intimação da data da audiência no juízo deprecado"), a cientificação que deve ser feita ao ofendido respeita apenas *à expedição* da precatória e não necessariamente da data da audiência designada no juízo deprecado.
- *Quanto à sentença prolatada e quanto aos acórdãos que a mantiverem ou modificarem:* Apesar de referir-se tão somente à *sentença* como ato processual condenatório ou absolutório de 1.º grau, a obrigatoriedade de comunicação incorporada ao art. 201, § 2.º, alcança também *acórdãos* proferidos no julgamento de ações penais no âmbito dos Tribunais em hipóteses de prerrogativa de função. Outro aspecto relevante respeita ao fato de que, dada a amplitude do dispositivo, fica evidente que qualquer acórdão proferido por instâncias recursais superiores em torno da manutenção ou reforma da decisão de 1.º grau deverá ser comunicado ao ofendido, não sendo esta obrigatoriedade condicionada ao prévio trânsito em julgado, o que não é sequer cogitado no art. 201, §§ 2.º e 3.º, do CPP.

Sem embargo da simplicidade das regras inseridas aos §§ 2.º e 3.º do art. 201, a verdade é que importaram em inovações relevantes ao sistema do Código, a começar pelo fato de que obrigam o magistrado a comunicar ao ofendido acerca de medidas segregatórias ou liberatórias determinadas em relação ao acusado, bem como da data da audiência designada e das decisões proferidas sobre o mérito do processo **independentemente de estar ele ou não agindo na condição de querelante na ação penal privada (art. 30) ou de assistente do Ministério Público habilitado na ação penal pública (art. 268)**. Em verdade, a intenção do legislador que transparece do dispositivo parece ser, exatamente, a de manter informado o ofendido que não esteja representado nos autos quanto a atos, fatos e circunstâncias do processo, inclusive para que, desejando, possa nele intervir.

Observe-se, ademais, que as comunicações referidas deverão ser dirigidas à pessoa do ofendido e não por meio do advogado que patrocina seus interesses, até porque este é naturalmente cientificado dos atos processuais e decisões proferidas no processo (art. 370, §§ 1.º e 4.º). Contudo, a lei não obriga a que tais comunicações sejam realizadas pessoalmente ao ofendido, isto é, por mandado cumprido por oficial de justiça, referindo tão somente que esta será realizada *no endereço por ele indicado* ou, se o desejar, por meio eletrônico. Neste contexto, cremos que, não optando pela notificação ou intimação eletrônica, nada impede seja o ofendido comunicado dos atos processuais por carta registrada, não se exigindo do Judiciário a obrigação de arcar com os custos da expedição e cumprimento de mandado.

O Código não refere a partir de que momento processual deverá o ofendido passar a ser cientificado nos termos do art. 201, § 2.º. Cremos que a obrigatoriedade da comunicação, tanto sobre a prisão e a liberdade provisória como sobre as audiências e os atos decisórios que envolvam o objeto da ação penal (condenação ou absolvição), surge logo após o recebimento da denúncia ou da queixa-crime, momento que coincide com a inauguração do processo criminal propriamente dito, salvo, é claro, se não houver seu endereço nos autos. Iniciada a instrução, cabe ao juiz determinar as providências necessárias para oitiva da vítima com precedência sobre as testemunhas do processo. Após inquiri-la, deverá o magistrado instá-la quanto ao endereço a serem enviadas as comunicações (confirmando-se ou corrigindo-se o endereço constante nos autos), facultando-lhe, ainda, optar pelo recebimento dos avisos judiciais por intermédio de meio eletrônico.

8.13.3.2. Reserva de lugar em separado para que o ofendido permaneça antes e durante a realização da audiência (§ 4.º)

Estabelece o art. 201, § 4.º, do CPP que, "antes do início da audiência e durante a sua realização, será reservado espaço separado para o ofendido". Com essa previsão, visou o legislador a resguardar a integridade física e moral da vítima, não apenas nos momentos que antecedem o seu ingresso na sala de audiências, como também no curso de sua inquirição pelo juiz, a fim de que possa o depoimento ser prestado sem o efeito de constrangimentos ou intimidações de qualquer ordem.

A referência ao "espaço separado", no tocante aos instantes que precedem sua inquirição pelo juiz, poderá ser qualquer recinto do fórum em que não esteja sujeito o ofendido a contato com o acusado ou pessoas a ele vinculadas ou com ele relacionadas.

Iniciada, porém, a solenidade judicial, tal *espaço* não será, necessariamente, lugar distinto da sala de audiências, podendo e devendo ser este mesmo local, apenas determinando o juiz que se retirem da sala o réu e terceiros que lá eventualmente se encontrem, permanecendo apenas advogados, Ministério Público e serventuários da justiça. Sendo hipótese de prestação de depoimento na sessão de julgamento pelo júri (*v.g.*, a vítima de tentativa de homicídio) e havendo grande número de pessoas presentes, poderá o magistrado, em vez de esvaziar o plenário, ouvir a vítima em recinto separado, presentes, neste caso, além do Promotor de Justiça, advogados e servidores, também os jurados.

Conquanto não haja previsão expressa, a redação do dispositivo sugere que a inquirição da vítima em ambiente preservado poderá ser ordenada não apenas a seu requerimento ou do Ministério Público, como também *ex officio* pelo juiz, na hipótese em que este perceba que a presença do réu na solenidade importará em prejuízo à verdade que se espera venha a aflorar do depoimento, *v.g.*, em razão da natureza do fato praticado ou de seu *modus operandi*, de ser o réu pessoa reconhecidamente temida no meio social, do vínculo parental existente entre este e o ofendido etc.

8.13.3.3. Encaminhamento do ofendido a atendimento multidisciplinar, se for o caso, às expensas do Estado (§ 5.º)

A gravidade do delito praticado conduz a vítima, em muitos casos, a sérios danos emocionais. Nestas hipóteses, determina o art. 201, § 5.º, que o juiz poderá, às custas do ofensor ou do Estado, encaminhá-la a atendimento por equipe multidisciplinar, entendendo-se como tal grupo de especialistas nas áreas psicossocial, de assistência jurídica e de saúde, entre outras, visando à sua reabilitação.

Embora não ressalvado pelo legislador, parece lógico que a responsabilidade do ofensor pelos custos do atendimento mencionado no art. 201, § 5.º, do CPP apenas pode ser reconhecida após o trânsito em julgado da sentença condenatória. Eventual tratamento determinado pelo juiz criminal **no curso do processo** apenas poderá ser custeado pelo Estado, sem prejuízo de que este, depois de passada em julgado a condenação do réu, em ação de regresso, busque obter deste o ressarcimento das despesas havidas com a vítima em decorrência da infração penal.

Entre os vários fatores que justificam as medidas permitidas pelo citado § 5.º encontra-se a própria natureza do crime praticado. As vítimas de crimes contra a liberdade sexual, por exemplo, necessitam de diagnóstico e acompanhamento suas condições clínicas, aí se incluindo apoio psicológico, amparo forense, prevenção de gravidez indesejada e a própria profilaxia de doenças sexualmente transmissíveis, justificando, assim, seu atendimento por equipe multidisciplinar habituada com tais intervenções.

Outra circunstância a ser levada em conta pelo juiz, e que pode ou não estar aliada à natureza do delito, é a idade da vítima ou a sua condição de doente mental ou de pessoa portadora de desenvolvimento mental incompleto ou retardado, hipóteses em que o acompanhamento por profissionais especializados tem em vista não apenas possibilitar o máximo de esclarecimentos sobre o fato, como também evitar que o depoimento venha a agravar os danos psicológicos já provocados pela prática criminosa.

Por fim, ainda motivam a postura judicial prevista no art. 201, § 5.º, as práticas delituosas consequentes às situações que se instalam, muitas vezes, no seio da própria família, sobretudo entre a população mais carente, figurando como agressor ou ofensor, por exemplo, o pai, a mãe, o padrasto, o irmão, o marido etc.

Em todos estes casos, além de outros nos quais o magistrado julgar necessário segundo a sua própria percepção, a assistência por equipe multidisciplinar não terá em vista unicamente possibilitar ao juiz obter do ofendido sua versão dos fatos, mas, igualmente, auxiliar na recuperação de quem, por omissão do Estado em conferir a necessária segurança e proteção, restou atingido por delito de especial gravidade, gerador de traumas que, se não tratados adequadamente, poderão interferir em toda a vida do ofendido.

Cabe ressaltar que esta ordem de atendimento poderá ser ordenada pelo juiz tanto a requerimento do Ministério Público, da própria vítima ou de quem legalmente a represente, como *ex officio*, visto que o art. 201, § 5.º, do CPP não estabelece nenhuma ressalva nesse sentido.

8.13.3.4. Adoção das medidas necessárias para resguardar a imagem, honra e vida privada do ofendido (§ 6.º)

No processo penal, o que normalmente ocorre é o princípio da publicidade nortear a atuação estatal, como se deduz da redação do art. 792, *caput*, do CPP, ao dispor que *as audiências, sessões e os atos processuais serão, em regra, públicos (...)*. Não obstante, a norma comporta algumas exceções, não sendo, portanto, absoluto esse princípio: trata-se da chamada **publicidade restrita**, segundo a qual determinados atos serão públicos apenas para as partes, seus procuradores e um número reduzido de indivíduos.

Tal restrição, em termos de legislação infraconstitucional, fundamenta-se em especial no art. 792, § 1.º, do CPP, prevendo que, "se da publicidade da audiência, da sessão ou do ato processual, puder resultar escândalo, inconveniente grave ou perigo de perturbação da ordem, o juiz, ou o tribunal, câmara, ou turma, poderá, de ofício ou a requerimento da parte ou do Ministério Público, determinar que o ato seja realizado a portas fechadas, limitando o número de pessoas que possam estar presentes".

Por outro lado, em nível constitucional, está contemplada no art. 5.º, LX, preconizando que "a lei só poderá restringir a publicidade dos atos processuais quando a defesa da intimidade ou o interesse social o exigirem", bem como no art. 93, IX, da mesma Carta (com a redação determinada pela EC 45/2004), dispondo que "todos os julgamentos dos órgãos do Poder Judiciário serão públicos, e fundamentadas todas as decisões, sob pena de nulidade, podendo a lei limitar a presença, em determinados atos, às próprias partes e a seus advogados, ou somente a estes, em casos nos quais a preservação do direito à intimidade do interessado no sigilo não prejudique o interesse público à informação".

Relativamente ao **ofendido**, a Lei 11.690/2008 incorporou ao art. 201, § 6.º, proteção específica, dispondo que "o juiz tomará as providências necessárias à preservação da intimidade, vida privada, honra e imagem do ofendido, podendo, inclusive, determinar o segredo de justiça em relação aos dados, depoimentos e outras informações constantes dos autos a seu respeito para evitar sua exposição aos meios de comunicação". O dispositivo, como se vê, regulamenta **em relação à vítima** o disposto no já citado art. 5.º, LX, da Constituição. Sem embargo dessa proteção legislativa conferida ao ofendido, é preciso considerar que o segredo de justiça apenas deverá ser determinado pelo juízo em casos extremos, vale dizer, quando a necessidade de preservação da intimidade ou o interesse público efetivamente ensejarem essa medida.

Posteriormente, a Lei 12.015/2009, alterando a disciplina dos crimes contra a dignidade sexual (antes chamados de crimes contra os costumes), estabeleceu, no art. 234-B do Código Penal, que "os processos em que se apuram crimes definidos neste Título correrão em segredo de justiça". Evidentemente, pretendeu o legislador, com essa importante inserção, resguardar, mais uma vez, o **ofendido**, evitando em relação a ele a repercussão muitas vezes causada pela publicidade que, como regra, informa o processo criminal.

Em qualquer caso, a ordem de sigilo deverá ser fundamentada pelo magistrado. Enquanto não levantado, importará o segredo em resguardar as informações que digam respeito ao ofendido do acesso de terceiros estranhos ao processo e também da divulgação por intermédio dos meios de comunicação social. Infringida a proibição, poderá acarretar responsabilização civil e, conforme o caso, até mesmo penal, sem prejuízo de eventuais sanções disciplinares, na hipótese de ser autor da violação juiz, promotor de justiça ou serventuários da justiça.

Não estabelecendo o Código de Processo Penal ressalvas, infere-se que o *segredo de justiça* poderá ser conferido pelo juiz a partir de provocação do Ministério Público, do ofendido ou de quem legalmente o represente, bem como *ex officio*. Indeferido o requerimento pelo juiz, poderá ensejar a impetração de mandado de segurança.

8.13.3.5. *Escuta especializada e depoimento especial de criança ou adolescente*

Por meio da Lei 13.431/2017, procurou o legislador resguardar a criança e o adolescente vítima ou testemunha de atos de **violência física**, **psicológica**, **sexual, institucional ou patrimonial**. Perceba-se que a própria lei, no art. 4.º, estabelece a abrangência de cada uma destas formas de violência, compreendendo:

a) A **violência física,** como "a ação infligida à criança ou ao adolescente que ofenda sua integridade ou saúde corporal ou que lhe cause sofrimento físico" (art. 4.º, I);

b) A **violência psicológica,** como "qualquer conduta de discriminação, depreciação ou desrespeito em relação à criança ou ao adolescente mediante ameaça, constrangimento, humilhação, manipulação, isolamento, agressão verbal e xingamento, ridicularização, indiferença, exploração ou intimidação sistemática (*bullying*) que possa comprometer seu desenvolvimento psíquico ou emocional". Nesta forma de violência situam-se, também, os atos de alienação parental e outros que impliquem expor o menor, direta ou indiretamente, a crime violento envolvendo pessoa de sua família ou a ela próxima (art. 4.º, II);

c) A **violência sexual,** como "qualquer conduta que constranja a criança ou o adolescente a praticar ou presenciar conjunção carnal ou qualquer outro ato libidinoso, inclusive exposição do corpo em foto ou vídeo por meio eletrônico ou não", abrangendo-se, aqui, situações de abuso sexual, de exploração sexual comercial e de tráfico de pessoas (art. 4.º, III);

d) A **violência institucional**, como a "praticada por instituição pública ou conveniada, inclusive quando gerar revitimização" (art. 4.º, IV). Trata-se, aqui, do reconhecimento, pelo legislador, de que eventual inadequação da intervenção estatal, seja por meio de ações impróprias, indevidas ou ineficazes, seja por meio de omissão dos responsáveis pela assistência, acompanhamento e monitoramento do menor pode acarretar a denominada "revitimização", traduzindo-se esta, também, uma forma de violência; e, por fim,

e) A **violência patrimonial** (incluída pela Lei 14.344, de 24.05.2022), como "qualquer conduta que configure retenção, subtração, destruição parcial ou total de seus documentos pessoais, bens, valores e direitos ou recursos econômicos, incluídos os destinados a satisfazer suas necessidades, desde que a medida não se enquadre como educacional".

Ora, diante da ocorrência de qualquer destas formas de violência, o depoimento da criança ou do adolescente é, em muitos casos, fundamental para o esclarecimento dos fatos e eficaz desenvolvimento e finalização da persecução criminal. Ocorre que a prestação desse depoimento, se não adotadas as devidas cautelas, pode implicar em prejuízos emocionais, em agravamento de traumas e na própria revitimização ou vitimização secundária do menor, consequências estas que precisam ser evitadas. E foi, exatamente, neste intuito, que buscou o legislador, com a Lei 13.431/2017, estabelecer sistema de garantia de direitos do menor vítima ou testemunha das formas de violência supramencionadas.

Entre estes mecanismos, encontram-se previstos no art. 4.º, § 1.º, daquela lei a **escuta especializada**, assim compreendido *o procedimento de entrevista sobre situação de violência com criança ou adolescente perante órgão da rede de proteção, limitado o relato estritamente ao necessário para o cumprimento de sua finalidade* (art. 7.º); e o **depoimento especial** (também denominado *depoimento sem dano*), consistente *na oitiva de criança ou adolescente vítima ou testemunha de violência perante autoridade policial ou judiciária* mediante a adoção das cautelas, garantias e providências estabelecidas nos arts. 9.º a 12 do mesmo diploma, entre as quais a preservação de qualquer contato com o autor ou acusado, ou com pessoa que represente ameaça, coação ou constrangimento; a participação de profissionais especializados; a preservação de sigilo; a gravação do depoimento em áudio e vídeo; a tramitação em segredo de justiça; o depoimento direto para o juiz ou mediante transmissão em tempo real para sala de audiências, entre outras.

Trata-se, enfim, de métodos de obtenção da prova junto a crianças ou adolescentes, previstos para serem utilizados tanto no bojo da investigação criminal como do processo judicial, os quais devem ser *realizados por profissionais qualificados, em local adequado e respeitando o "tempo" e os desejos e opiniões da criança/adolescente,* cabendo ressaltar que *embora a escuta especializada e o depoimento especial sejam executados de forma diversa, os elementos de convicção colhidos por meio de qualquer deles são, em tese, de igual valor (embora, logicamente, a análise e valoração da prova deva ser sempre efetuada no caso em concreto, à luz dos demais elementos coligidos), devendo-se adotar aquele que se mostrar mais adequado diante das peculiaridades de cada caso*[92].

---

[92] *Comentários à Lei nº 13.431/2017*, Centro de Apoio Operacional das Promotorias da Criança e do Adolescente e da Educação do Ministério Público do Estado do Paraná (Murillo José Digiácomo e Eduardo Digiácomo), disponível em: <http://www.crianca.mppr.mp.br/arquivos/File/publi/caopca/lei_13431_comentada_jun2018.pdf>. Acesso em: 1.º jan. 2019.

8.14. PROVA TESTEMUNHAL (ARTS. 202 A 225 DO CPP)

8.14.1. Considerações gerais

Conforme ensina Mirabete, testemunha é a pessoa que, perante o juiz, declara o que sabe acerca dos fatos sobre os quais se litiga no processo penal, ou as que são chamadas a depor, perante o juiz, sobre as suas percepções sensoriais a respeito dos fatos imputados ao acusado.

Doutrinariamente, tem-se aplicado a seguinte classificação das testemunhas:

a) *Testemunha referida:* é aquela que, embora não tenha sido arrolada nos momentos ordinários (denúncia ou queixa, para acusação; resposta à acusação, para o réu), poderá ser inquirida pelo juiz em razão de ter sido citada por uma outra testemunha, chamada de *referente* (art. 209, § 1.º, do CPP). De acordo com o art. 401, § 1.º, do CPP, esta categoria não é considerada para efeito de contagem do número máximo de testemunhas admitido em cada procedimento penal.

b) *Testemunha judicial:* considera-se aquela inquirida pelo juiz independentemente de ter sido arrolada por qualquer das partes ou de ter sido requerida a sua oitiva.

c) *Testemunha própria:* é a testemunha chamada para ser ouvida sobre o fato objeto do litígio, seja porque os tenha presenciado, seja porque deles ouviu dizer.

d) *Testemunha imprópria, ou fedatária, ou instrumental:* é a que prestará depoimento sobre fatos que não se referem diretamente ao mérito da ação penal. Neste caso, a testemunha não estará depondo sobre algo que presenciou ou soube ter ocorrido, e sim sobre um ato da persecução criminal que tenha assistido ou participado. É o caso, por exemplo, da testemunha que presenciou a apresentação de um preso em flagrante (art. 304, § 2.º, do CPP); a testemunha que esteve presente na audiência em que o interrogado confessou o crime espontaneamente, sem nenhuma coação; a testemunha que presenciou a apreensão de objeto realizada pela autoridade policial em diligência de busca (art. 245, § 7.º, do CPP) etc.

e) *Testemunha numerária:* corresponde à testemunha regularmente compromissada, na forma do art. 203 do CPP.

f) *Testemunha não compromissada ou informante:* contempladas no art. 208 do CPP, são aquelas dispensadas do compromisso em razão de presunção *jure et jure* no sentido de que são suspeitas as suas declarações. São os menores de 14 anos, os doentes mentais e os parentes do imputado elencados no art. 206 do CPP (cônjuge, ascendente, descendentes, irmão e afins na linha reta). De acordo com o art. 401 § 1.º, do CPP, esta categoria de testemunhas não será computada para efeito de determinação do número máximo de pessoas que podem ser arroladas pelas partes nos momentos ordinários do processo criminal.

g) *Testemunha direta:* trata-se da testemunha que presenciou os fatos por meio dos sentidos. Embora o Código não faça distinção em termos de valoração, incumbindo ao juiz definir o poder de convencimento de cada testemunha segundo a sua livre apreciação, é certo que a testemunha *direta* possui melhores condições de fornecer ao magistrado os elementos de que necessita para o deslinde do processo, pois assistiu o fato criminoso, podendo narrá-lo com menor risco de distorção do que a testemunha que soube do evento por meio de outras fontes.

h) *Testemunha indireta:* é aquela que declara ao magistrado sobre o que não presenciou, mas soube ou ouviu dizer. Teoricamente, em que pese tenha o magistrado liberdade na formação de sua convicção, trata-se de testemunha mais frágil, impondo-se certa reserva ao magistrado na valoração de seu depoimento.

8.14.2. Número máximo de testemunhas

Oscila, conforme o procedimento, a quantidade máxima de testemunhas que podem ser arroladas pelas partes. Assim:

Oito Testemunhas	Cinco Testemunhas
Procedimento comum ordinário (art. 401, *caput*, do CPP)	Procedimento comum sumário (art. 532 do CPP)
Procedimento do júri (art. 406, §§ 2.º e 3.º, do CPP)	Procedimento dos crimes falimentares (art. 185 da Lei 11.101/2005 c/c o art. 532 do CPP)
Procedimento dos crimes de responsabilidade de funcionário público (art. 518 do CPP)	Procedimento dos juizados especiais criminais, por analogia ao art. 532 do CPP. Inaplicável o art. 34 da Lei 9.099/1995, pois específico aos juizados especiais cíveis
Procedimento dos crimes contra honra (art. 519 do CPP)	Procedimento previsto na lei de drogas (arts. 54 e 55, § 1.º, da Lei 11.343/2006)
Procedimento dos crimes contra a propriedade imaterial (art. 524 do CPP)	
Procedimento dos crimes de competência dos tribunais dos Estados, tribunais regionais federais e tribunais superiores (art. 9.º da Lei 8.038/1990 c/c a Lei 8.658/1993)	
Procedimento dos crimes eleitorais, quando punidos com pena máxima igual ou superior a quatro anos (analogia ao procedimento comum ordinário)	Procedimento dos crimes eleitorais, quando punidos com pena máxima inferior a quatro anos (analogia ao procedimento comum sumário)

Como regra geral, **para a acusação**, por analogia ao art. 357, § 6.º, do CPC/2015, o número é definido segundo a quantidade de fatos imputados, independentemente de quantos sejam os acusados. *Exemplo:* no procedimento comum ordinário, poderá o Ministério Público arrolar até oito testemunhas para apuração de um crime de roubo, desimportando se a denúncia atribui o delito a um ou vários agentes; entretanto, se a denúncia estiver imputando dois crimes de roubo ao mesmo ou vários agentes, o número de testemunhas será de, no máximo, dezesseis.

Já **para a defesa,** leva-se em consideração não apenas o número de fatos, como também o número de réus. *Exemplo:* dois réus acusados da prática de um roubo terão o direito de arrolar, cada qual, oito testemunhas, totalizando dezesseis, ainda que possuam o mesmo defensor. O mesmo número será facultado para o caso de um só réu responder por dois crimes de roubo. No entanto, se dois réus respondem a dois crimes de roubo, o número máximo permitido será de trinta e duas testemunhas, isto é, oito para cada fato atribuído a cada réu.

Também, como regra, não se computarão no número máximo permitido as **testemunhas referidas**, as **não compromissadas**, as **judiciais** e as que **nada souberem que importe à decisão da causa (arts. 401, § 1.º, e 209, *caput* e § 2.º)**. Destarte, ainda que esgotado o número máximo de testemunhas passíveis de serem arroladas em cada procedimento pelos interessados, poderá o juiz ouvir, no curso da instrução, outras testemunhas, a exemplo das que foram referidas durante a audiência. Igualmente, poderão o Ministério Público e a defesa arrolar, além do número que lhes permite o rito correspondente, testemunhas não compromissadas (informantes), uma vez que, quanto a estas, pode ser extrapolado o número máximo. Neste último caso, contudo, se exagerada a quantidade de pessoas que se pretende sejam inquiridas, poderá o magistrado determinar a intimação das partes, para que limitem o número, adequando-o ao estabelecido por lei ou esclareçam a necessidade de inquirição das pessoas que, mesmo não compromissadas, excedem o máximo permitido.

8.14.3. Capacidade para testemunhar

Estabelece o art. 202 do CPP que toda pessoa é capaz de ser testemunha. Isto significa que pode testemunhar em juízo qualquer indivíduo que tenha condições de perceber os acontecimentos ao seu redor e narrar o resultado destas suas percepções, independentemente de sua integridade mental, idade e condições físicas. Assim, podem ser arrolados o interdito, o inimputável, o surdo, o mudo etc. Evidentemente, poderá ser diferente, conforme o caso, o valor a ser conferido pelo magistrado por ocasião da sentença a cada depoimento, devendo ser considerado com reservas, por exemplo, o depoimento de uma criança de tenra idade ou de uma pessoa com deficiência mental.

Na realidade, os rumores existentes em torno da prova testemunhal, e que fazem pensar que determinadas pessoas não possam ser testemunhas, decorrem da diferenciação *doutrinária* entre as figuras da testemunha e do informante, como tal considerado aquele que não presta compromisso. Ocorre que o Código de Processo Penal não faz essa distinção. Portanto, totalmente descabido pensar que o "informante" não é testemunha. É sim, sendo apenas uma *testemunha não compromissada*.

Especificamente em relação ao depoimento da criança ou do adolescente testemunha de atos praticados com violência física (p.ex., a ofensa à integridade corporal), psicológica (p.ex., agressões verbais, alienação parental e *bullying*), sexual (p.ex., a prática de atos libidinosos) ou institucional (praticada por instituições públicas ou conveniadas), estabeleceu a Lei 13.431/2017 sistema de garantias visando, muito especialmente, evitar a revitimização do menor. Entre estes mecanismos, encontram-se previstos no art. 4.º, § 1.º, daquela lei a **escuta especializada** e o **depoimento especial** (também denominado *depoimento sem dano*), dos quais tratamos no *tópico 8.13.3.5* deste capítulo, ao qual remetemos o leitor.

8.14.4. Compromisso da testemunha

8.14.4.1. Compreensão do instituto do compromisso

Por *compromisso* sugere o Código de Processo Penal, no art. 203, o instituto que importa em advertência à testemunha quanto à sua obrigação de falar a verdade. Em nome deste pensamento é que se construiu o entendimento no sentido de que apenas a testemunha compromissada poderia responder pelo crime de falso testemunho (art. 342 do Código Penal).

Na atualidade tem sido repensado o conceito de compromisso, considerando-se que este instituto não pode mais ser interpretado como o *dever de verdade*, visto que isto importa, também, entender que a testemunha não compromissada pode mentir, postura esta inaceitável dada a seriedade que caracteriza o processo criminal. Segundo esta posição, à qual nos filiamos, o compromisso não passa de um sinal, um símbolo que, conforme esteja presente ou ausente no depoimento, permite ao juiz conferir-lhe maior ou menor valor no ato de sentenciar. Deste modo, qualquer testemunha, mesmo a dispensada de compromisso, poderá responder pelo crime de falso testemunho se faltar, calar ou negar a verdade. "É irrelevante a formalidade do compromisso para a caracterização do crime de falso testemunho", decidiu o STJ[93]. Alerta-se, de qualquer modo, que o tema não é pacífico,

[93] STJ: HC 192.659/ES, j. 19.12.2011; AgRg no HC 190.766/RS, *DJ* 13.09.2013.

havendo forte posição doutrinária em sentido oposto, qual seja, de que remanesce o compromisso como formalismo indispensável à caracterização do crime de falso testemunho.

8.14.4.2. Testemunhas não sujeitas a compromisso

O Código de Processo Penal, como se observa do art. 203, traz a prestação do compromisso como regra. Exceção, portanto, é sua dispensa, que ocorre apenas em relação às categorias expressamente mencionadas no art. 208, as quais consistem em:

- Doentes mentais;
- Menores de 14 anos;
- Parentes do réu enumerados no art. 206 do CPP: ascendente, descendente, irmão e cônjuge ainda que separado judicialmente; pai, mãe ou filho adotivo, e, por fim, os afins em linha reta (sogro, sogra, enteado etc.).

Levando em conta a taxatividade deste rol, algumas questões relativas ao compromisso destacam-se, quais sejam:

a) Quanto ao ex-cônjuge do réu, agora dele divorciado: O art. 206 do CPP refere que está dispensado do compromisso o "desquitado". Considerando que o antigo instituto do *desquite* foi sucedido pela *separação judicial* e não pelo *divórcio,* alguns defendem que a testemunha *divorciada* do réu, ao contrário da que dele está apenas *separada judicialmente,* está sujeita ao compromisso. Reforça este argumento a circunstância de que o *divórcio* dissolve o casamento em si, ao contrário da *separação judicial*, em que há ruptura, apenas, da sociedade conjugal (art. 1.571 do Código Civil). Revendo nossa posição anterior, compreendemos, hoje, que não se justifica essa distinção para efeitos de compromisso, devendo-se afastá-lo da prova testemunhal em ambos os casos. E quanto ao fato de o Código, fazer menção, unicamente, ao *desquitado,* justifica-se no fato de que, à época de sua edição (1941), o *divórcio* não era legalizado no Brasil, não implicando isto, portanto, na dedução de que a vontade do legislador era diferenciar um e outro caso.

b) Quanto ao(à) companheiro(a) do(a) réu(ré): Não temos dúvida de que, desde que caracterizada hipótese de união estável, ao(à) companheiro(a) estende-se a dispensa do compromisso prevista para o cônjuge, dada a equiparação constitucional.

c) Quanto ao amigo íntimo e inimigo capital do réu ou da vítima: Não estão dispensados do compromisso, pois nada existe em termos de legislação processual penal estabelecendo regra oposta. Destarte, serão compromissados, devendo, contudo, constar no termo essa condição especial que torna suspeito o depoimento, a fim de que seja levada em consideração pelo juiz no momento da valoração.

d) Quanto aos parentes da vítima: Não se incluindo no rol do art. 208 do CPP, estão sujeitos a compromisso também, descabendo analogia à regra do art. 206, que é expresso e restrito a determinados parentes do réu. Claro que, assim como no caso anterior, também aqui a vinculação com o sujeito passivo do crime deverá ser expressa em ata, levando o juiz a examinar com reservas tais depoimentos.

e) Se o depoimento importar em autoincriminação: Embora nada disponha o Código de Processo Penal, entende-se que, ainda que tenha sido prestado o compromisso pela testemunha, o crime de falso testemunho não se configura quando, com a declaração da verdade, o depoente assume o risco de ser incriminado[94].

f) Quanto aos ascendentes do pai adotivo e descendentes do filho adotivo do réu: O art. 206 do CPP, referido no art. 208 da mesma lei, diz respeito aos *ascendentes e descendentes do réu*, sem limitação de grau, o que abrange avô, bisavô, neto, bisneto e daí por diante. Tal previsão intui-se que seja concernente ao **parentesco legítimo**, pois o mesmo artigo, mais à frente, faz menção ao **pai, mãe ou filho adotivos** do réu. Ora, a leitura fria do dispositivo permite concluir que, relativamente aos ascendentes e descendentes legítimos do acusado, não haja limitação de grau para dispensa do compromisso, isso não ocorrendo, contudo, em relação ao parentesco por adoção, quando ficariam dispensados apenas o pai e a mãe adotivos e o filho adotivo do réu, mas não o pai do pai adotivo, o pai da mãe adotiva, o filho do filho adotivo e assim sucessivamente. Referida diferenciação, porém, não foi recepcionada pela Constituição Federal, pois esta equiparou o parentesco legítimo ao parentesco por adoção. Neste viés, ascendentes ou descendentes do réu, em qualquer grau, independentemente da forma de parentesco, ficarão dispensados de compromisso, compreendidos que estão no alcance do art. 208 do CPP.

g) Quanto aos tios, primos e cunhados do réu: Sujeitos, normalmente, a compromisso. Todos, afinal, são parentes colaterais – os dois primeiros legítimos, o terceiro por afinidade – não incluídos no âmbito do art. 206, referido no art. 208 do CPP. Entre os colaterais, como vimos, o único dispensado do compromisso é o irmão do réu, por expressa disposição legal.

8.14.5. A contradita e a arguição de parcialidade (ou "defeito")

Regradas no art. 214 do CPP, tratam-se a **contradita** e a **arguição de parcialidade** (para esta última utiliza esse dispositivo legal a nomenclatura *arguição de circunstâncias ou defeitos*) de formas distintas de impugnar a narrativa de testemunhas arroladas, as quais deverão ser realizadas antes de iniciado o depoimento e após a qualificação. Frise-se que nada impede que sejam feitas essas impugnações pela parte em relação às testemunhas que ela própria arrolou. *Exemplo*: o Ministério Público arrola determinada pessoa como testemunha de denúncia, vindo, posteriormente, embora antes do depoimento, a descobrir que se trata de companheira do réu e, portanto, dispensada de compromisso. Nesse contexto, poderá impugná-la.

Não obstante o Código de Processo Penal não seja explícito quanto ao exato sentido do art. 214, a sua redação permite concluir que a **contradita** e a **arguição de parcialidade** no depoimento da testemunha não são expressões sinônimas tampouco são institutos aplicáveis aos mesmos casos. Tanto isto é verdade que refere o precitado dispositivo que as partes poderão contraditar a testemunha **ou** arguir circunstâncias ou defeitos ao respectivo depoimento.

Quando, então, ocorrem uma e outra situação?

Da leitura do art. 214 do CPP, observa-se que este prevê três ordens distintas de possibilidades:

1) Pessoas que não poderão depor como testemunhas, devendo ser *excluídas*;
2) Pessoas que prestarão depoimento como testemunhas *não compromissadas*;

[94] STF, AP 996/DF, *DJ* 08.02.2019; STJ: HC 20.924/SP, *DJ* 07.04.2003; HC 326.956/SP, *DJ* 13.11.2015 e RHC 66908/SP, *DJ* 25.11.2016.

3) Pessoas que, em razão de particularidades especiais, apesar de não serem impedidas de depor ou de prestar compromisso, não são absolutamente isentas, podendo ser, em razão disso, alvo de *arguição de parcialidade*.

Ora, considerando o enquadramento da terceira categoria citada como alvo da *arguição de parcialidade*, restam, residualmente, como objeto da *contradita*, as demais hipóteses previstas no mesmo dispositivo – *proibição de depor* e *depoimento sem compromisso*.

Em síntese, a **contradita** deve ser utilizada:

a) **Em relação à testemunha que não deva prestar compromisso (art. 208 do CPP):** são os doentes mentais, os menores de quatorze anos e as pessoas enumeradas no art. 206 do CPP (cônjuge, ascendentes, descendentes, irmãos e afins em linha reta do réu). Acolhida, em relação a eles, a contradita, o efeito é serem **dispensados do compromisso**.

b) **Em relação à pessoa que seja proibida de depor (art. 207 do CPP):** são aquelas que têm ciência do fato em razão da função, profissão, ofício ou ministério (*v.g.*, padre, psicólogo, psiquiatra, advogado etc.). Acolhida, neste caso, a impugnação, o efeito é ser **excluída a testemunha**, vale dizer, não deve ser tomado o seu depoimento pelo juiz.

Já a **arguição de parcialidade**, por outro lado, prevista, igualmente, no art. 214 citado, ocorrerá quando alguma das partes tiver ciência de fatos que tornem a testemunha indigna de fé ou suspeita de parcialidade. Exemplos de situações que justificariam essa forma de impugnação consistiriam na amizade íntima ou na inimizade capital com qualquer dos envolvidos no fato delituoso, o parentesco com a vítima, a circunstância de responder a processo criminal por fato análogo etc. Trata-se, como se pode observar, de circunstâncias que não impedem o depoimento da testemunha (pois não abrangidas pelo art. 207 do CPP), tampouco a prestação de compromisso (pois não referidas no art. 208 do CPP), mas que, de qualquer sorte, devem ser consignadas no termo de audiência para que possam ser consideradas pelo juiz ao proferir a sentença.

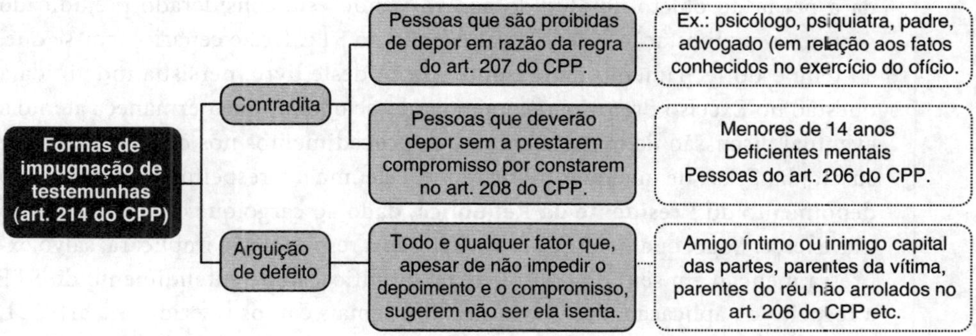

8.14.6. Características da prova testemunhal

a) Oralidade: O depoimento da testemunha deverá ser prestado oralmente perante o juiz, sendo vedado trazê-los por escrito. Há, porém, algumas regras que excetuam ou mitigam a oralidade estrita, as quais consistem:

- Possibilidade de realizar a testemunha breve consulta a apontamentos (nome de uma rua ou de uma localidade, sobrenome de uma pessoa, marca de um carro, um itinerário percorrido etc.). Trata-se da regra inserta ao parágrafo único do art. 204 do CPP. Embora o Código não mencione, é evidente que isto depende de autorização do juiz, devendo o escrito consultado, ainda, ser juntado aos autos do processo.
- Opção conferida ao Presidente da República e ao seu vice, ao Presidente do Senado, da Câmara dos Deputados e do Supremo Tribunal Federal entre a prestação de depoimento oral ou escrito. Neste último caso, conforme dispõe o art. 221, § 1.º, do CPP, as perguntas formuladas pelas partes e pelo magistrado serão enviadas por ofício e, do mesmo modo, as respostas devolvidas ao Juízo. Atente-se que a prerrogativa do depoimento escrito assiste às mencionadas categorias apenas quando notificadas a depor na condição de testemunhas, não as alcançando na hipótese de figurarem como investigados ou acusados. Sem embargo dessa disciplina, a verdade é que o tema não é de todo sedimentado. Veja-se que, em maio de 2017, no curso de investigação criminal em relação ao Presidente da República (Inquérito 4.483/DF), compreendeu o Ministro do STF Luiz Edson Fachin, por deferir, "em razão de excepcionalidade de investigação em face do Presidente da República" o seu depoimento por escrito perante a Polícia Federal. Mais recentemente, contudo, também deliberando sobre investigação envolvendo **Presidente da República**, agora no âmbito do Inquérito 4.831, o então Ministro do STF Celso de Mello, em 18.08.2020, indeferiu, exatamente com base no art. 221, § 1º, do CPP, o pedido de depoimento por escrito do Chefe de Estado, aduzindo a ausência de prerrogativa processual para tanto. Interposto agravo contra esta decisão monocrática, sobreveio, antes do respectivo julgamento, manifestação da Presidência da República no sentido do "*interesse em prestar depoimento em relação aos fatos objeto deste Inquérito mediante comparecimento pessoal*". Com isto, em 07.10.2021, foi reconhecida a perda do objeto do aludido agravo, sendo este considerado prejudicado sem nova manifestação colegiada a respeito no STF. Neste cenário, tem-se que, ao tempo do fechamento da presente edição deste livro, persistia indefinida a questão no Excelso Pretório, recomendando-se o leitor que permaneça atento a eventual discussão da matéria em outros procedimentos nos quais venha a ser suscitada. Frise, de qualquer modo, que a celeuma diz respeito, unicamente, ao depoimento do **Presidente da República**, dado ao cargo que ocupa e à função que exerce. Logo, qualquer que seja a decisão a respeito, não implicará, salvo expressa menção em sentido contrário, na modificação de entendimento do STF a respeito da aplicação, aos ocupantes dos demais cargos referidos no art. 221, § 1.º, do CPP, da prerrogativa lá prevista apenas quando estiverem na condição de testemunhas, não alcançando o interrogatório policial ou judicial.
- Testemunha surda, ou muda, ou surda-muda, à qual, de acordo com o art. 223, parágrafo único, do CPP, aplica-se a regra do art. 192 do mesmo Código, que permite sejam as perguntas e/ou respostas feitas por escrito, perante o juiz, por razões óbvias.

b) Objetividade: Conforme preconiza o art. 213 do CPP, a testemunha deverá depor objetivamente sobre os fatos, não lhe sendo permitido fornecer impressões pessoais, salvo quando forem estas inseparáveis da narrativa, como ocorre na hipótese em que, perguntado à testemunha quantos indivíduos mataram a vítima, refere que lhe *parece* (impressão pessoal) serem três pessoas, *achando* (impressão pessoal) que dois deles são de cor branca, embora não tenha certeza disso. Neste caso, as impressões pessoais são aceitáveis.

c) Individualidade: As testemunhas serão ouvidas individualmente. É o que dispõe o art. 210, *caput*, do CPP, ao prever que "as testemunhas serão inquiridas cada uma de per si...". Destarte, mesmo que já tenha prestado depoimento, será a testemunha convidada a retirar-se da sala de audiências, sem prejuízo de poder o juiz determinar sua permanência nas dependências do fórum se antever a necessidade de sua reinquirição ou a possibilidade de sua acareação com outras que ainda prestarão depoimento na mesma solenidade.

d) Incomunicabilidade: Trata-se de atributo da prova testemunhal que tem o mesmo fundamento da *individualidade*, qual seja garantir o máximo de isenção nos depoimentos, de modo que uma testemunha não interfira, direta ou indiretamente, na versão a ser prestada pela outra. Com este objetivo, dispõe o art. 210, parágrafo único, do CPP que, "antes do início da audiência e durante a sua realização, serão reservados espaços separados para a garantia da incomunicabilidade das testemunhas". Como na prática é muito difícil concretizar esta regra, até porque um só processo poderá ter inúmeras testemunhas, não sendo possível reservar um recinto no fórum para cada uma delas, cremos que a providência a ser adotada pelo magistrado antes do início da solenidade judicial será determinar a advertência, pelo serventuário encarregado do pregão, de que não poderão se comunicar entre si as pessoas que estejam aguardando para serem ouvidas em relação ao mesmo fato. Evidentemente, se, no caso concreto, pressentir o juiz que a presença de determinadas testemunhas junto a outras ou junto a pessoas vinculadas à vítima ou ao réu possa interferir no depoimento, poderá, *ex officio* ou por provocação das partes e da própria testemunha constrangida ou intimidada, estabelecer que esta permaneça em ambiente separado dos demais.

e) Retrospectividade: A testemunha prestará depoimento sobre fatos passados, jamais sobre fatos futuros, sendo vedados, por exemplo, depoimentos de videntes, cartomantes etc. Exceção a essa regra entendem alguns doutrinadores que ocorre em relação aos depoimentos que tenham por objetivo fornecer ao magistrado informações técnicas. *Exemplo: acusado de lesão corporal grave, buscando a desclassificação de seu delito, arrola, como testemunha especialista em ortopedia, o qual, exibidas radiografias do corpo da vítima, afirma, perante o juiz, que, com tratamento adequado, poderá ela recuperar a plenitude do movimento de membro em determinado período.*

8.14.7. Obrigação de comparecimento e obrigação de depor

8.14.7.1. Dever de comparecimento e suas exceções

Uma vez regularmente notificada para depor, a testemunha tem obrigação de comparecer a juízo sob pena de condução coercitiva, pagamento das despesas da condução, multa e, até mesmo, processo criminal por desobediência (arts. 218 e 219 do CPP). Esta regra, contudo, não é absoluta, admitindo as seguintes exceções:

1) **Pessoas que, em razão de doença ou idade, estiverem impossibilitadas de comparecer ao Juízo**, caso em que deve o magistrado deslocar-se e ouvi-las no lugar onde se encontrarem (art. 220 do CPP).

2) **Presidente e o Vice-Presidente da República, os senadores e deputados federais, os ministros de Estado, os governadores de Estado, os secretários de Estado, os prefeitos do Distrito Federal e dos Municípios, os deputados às Assembleias Legislativas Estaduais, os membros do Poder Judiciário, os ministros e juízes dos Tribunais de Contas da União, dos Estados, do Distrito Federal, bem como os do Tribunal Marítimo**, aos quais confere a lei (art. 221, *caput,* do CPP) o direito de agendar, previamente, o dia, a hora e o local em que deverão ser ouvidos. Idêntica prerrogativa possuem os membros do Ministério Público (art. 40, I, da Lei 8.625/1993). Ademais, quanto ao Presidente da República e seu Vice, bem como Presidentes do Senado, Câmara dos Deputados e Supremo Tribunal Federal, poderão eles, ainda, optar pela prestação de depoimento escrito, nos termos do art. 221, § 1.º, do CPP (v. tópico 8.14.6 – exame da característica da *oralidade*).

O art. 10 da Lei 13.869/2019 tipifica como abuso de autoridade a conduta *de "decretar a condução coercitiva de testemunha ou investigado manifestamente descabida ou sem prévia intimação de comparecimento a juízo"*. Neste contexto, não apenas por imperativo legal e constitucional, mas também a título de precaução, é impositiva, quando determinada a providência de condução, fundamentação plena quanto aos motivos que a ensejaram.

8.14.7.2. Dever de prestar depoimento

Comparecendo a juízo, tem a testemunha obrigação de depor, não podendo, em regra, eximir-se deste dever que lhe é imposto por lei (art. 206, 1.ª parte, do CPP). Logo, ao contrário do que ocorre em relação ao acusado, no âmbito da prova testemunhal não há, em princípio, direito ao silêncio. Se assim proceder, poderá a testemunha incorrer em crime de falso testemunho[95], que se tipifica não apenas na conduta de quem *faz afirmação falsa, mas também na postura de calar ou negar a verdade* sobre fato de que tenha ciência.

Não obstante, tal como ocorre em relação à obrigação de comparecimento, também em relação ao dever de depor existem exceções que afastam esse *munus*. São elas:

1) Pessoas referidas no art. 206, 2.ª parte, do CPP, dispondo que algumas categorias de parentes do acusado (ascendente, descendente, irmão e cônjuge, ainda que separado judicialmente, e os afins em linha reta) poderão recusar-se a depor, salvo se não houver outra forma de comprovar o fato. Caso, porém, queiram ou tenham que depor, estarão isentos de compromisso (art. 208 do CPP). Importante frisar que, se apesar do magistrado não aceitar a recusa em depor (por entender que inexistem outras provas do crime), a testemunha, mesmo assim, silenciar sobre fatos que sabe, poderá ela responder por crime de falso testemunho, pois, como já vimos, tal crime também se consuma pelo silêncio da testemunha e independe de compromisso na esteira da jurisprudência majoritária. Destarte, a única tese defensiva possível à testemunha silente, nesse caso, para não ser responsabilizada pelo falso testemunho, será a excludente da *inexigibilidade de conduta diversa* em face da vinculação parental com o acusado.

2) Pessoas do art. 207 do CPP: estabelece que são proibidos de depor aqueles que sabem do fato em razão da função, profissão, ofício ou ministério, salvo se, desobrigados pela parte interessada, quiserem dar seu testemunho. Exemplos: padre, psicólogo, psiquiatra,

---

95 Art. 342 do Código Penal.

advogado etc., em relação aos fatos que souberam em decorrência da confiança inspirada pela atividade que exercem. Se, contudo, desobrigados vierem a depor, estarão sujeitos a compromisso, visto que não incluídos no rol do art. 208 do CPP.

O art. 15 da Lei 13.869/2019 tipifica como abuso de autoridade a conduta de *"constranger a depor, sob ameaça de prisão, pessoa que, em razão de função, ministério, ofício ou profissão, deva guardar segredo ou resguardar sigilo"*.

3) Depoimento incriminador, *vale* dizer, quando a prestação de depoimento importar em reconhecimento de prática delituosa, já tendo o STJ, em várias oportunidades, decidido que *não se configura o crime de falso testemunho quando com a declaração da verdade o depoente assume o risco de ser incriminado* (HC 73.035/DF).

4) Imunidade parlamentar formal: dispõe o art. 53, § 6.º, da CF que "os Deputados e Senadores não serão obrigados a testemunhar sobre informações recebidas ou prestadas em razão do exercício do mandato, nem sobre as pessoas que lhes confiaram ou deles receberam informações". Como salientou com muita propriedade o STF, em decisão monocrática proferida pelo Ministro Celso de Mello (Inq. 1.504/DF, *DJ* 28.06.1999), protegeu-se, com essa cláusula de garantia, o direito do congressista ao sigilo da fonte de informação, desobrigando-o de indicar a quem transmitiu ou de quem recebeu elementos de informação[96].

5) E quanto ao ofendido (vítima), que não é testemunha? Na medida em que o depoimento do ofendido está disciplinado em capítulo diverso daquele em que regulada a prova testemunhal, não lhe é aplicável a regra do art. 206, dispositivo este cuja incidência é restrita a esta última categoria probatória. Assim, caso venha a silenciar, estará a vítima colaborando para absolvição do réu, nada impedindo que, mais tarde, venha seu silêncio a ser interpretado como retratação tácita a eventual depoimento incriminador que tenha prestado anteriormente, podendo responder, então, por denunciação caluniosa ou comunicação falsa de crime ou de contravenção, se for o caso.

6) E quanto ao réu? Como já vimos, também não há dever de depor para o réu por ocasião de seu interrogatório, mesmo porque não se insere ele no contexto da prova testemunhal. Pode-se dizer, enfim, que o silêncio do réu é **material** (garantia que lhe assiste em face do postulado *nemo tenetur se detegere* – não está obrigado a produzir prova contra si), não se confundindo com o silêncio das testemunhas dispostas no art. 206 do CPP, que tem caráter **processual**, visando apenas não tumultuar as relações parentais. Neste quadro, se o silêncio do réu não pode ser utilizado contra ele, o mesmo não ocorre com o silêncio autorizado às testemunhas elencadas no referido dispositivo processual. Considere-se, por exemplo, que a ex-esposa do réu (que integra o rol do art. 206), na fase policial, tenha narrado com detalhes crime de estupro por ele cometido contra a própria filha e que, posteriormente, instada em audiência de instrução, opte por não responder qualquer pergunta. Neste quadro, é bem possível que o juiz se convença, até mesmo pelo seu comportamento em audiência, que o silêncio dessa testemunha decorreu de intimidação realizada pelo acusado ou por terceiros em seu nome ou a seu mando, e o interprete em desfavor do réu.

---

96 FERREIRA FILHO, Manoel Gonçalves; *Comentários à Constituição brasileira de 1988*. 1992, v. II/49.

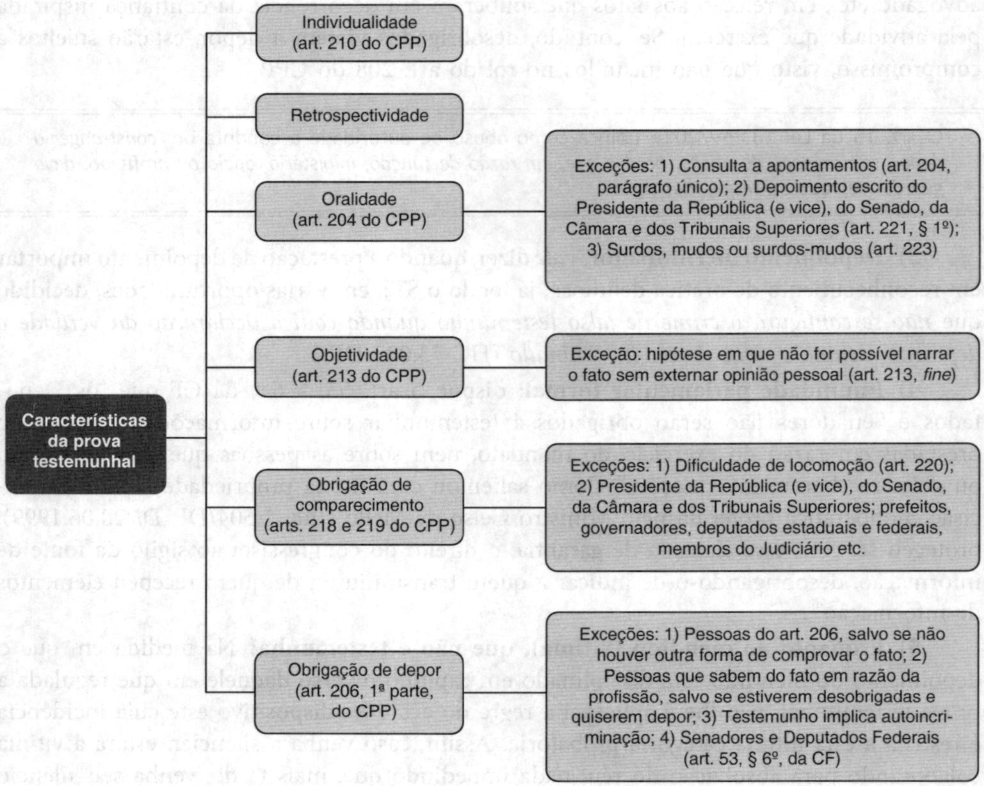

8.14.8. Providências judiciais em caso de falso testemunho

8.14.8.1. A conduta delituosa

O crime de falso testemunho, na definição do art. 342 do Código Penal, consiste em faltar, calar ou negar a verdade como testemunha, perito, tradutor, contador ou intérprete, não alcançando a figura da vítima, que poderá responder por comunicação falsa de crime ou de contravenção e por denunciação caluniosa, tampouco do réu, que tem direito ao silêncio.

Especificamente em relação à prova testemunhal, dispõe o art. 210, *caput*, do CPP que as testemunhas (antes de iniciado o depoimento, por óbvio) serão advertidas das penas cominadas ao falso testemunho.

Segundo parcela da jurisprudência, o crime de falso testemunho independe de ter sido a testemunha compromissada ou não, visto que o art. 342 do Código Penal, ao tipificá-lo, não exige esta circunstância como elementar. Aqui remetemos o leitor ao tópico 8.14.4.1, em que tratamos do tema.

8.14.8.2. Providências no caso de reconhecimento

Se, ao sentenciar, verificar o juiz a ocorrência de crime de falso testemunho, dispõe o art. 211 do CPP que deverá encaminhar cópia do depoimento faltoso à autoridade policial ou ao Ministério Público.

Ao prever que o magistrado deva fazer isto *ao proferir* sentença, tem em vista o Código de Processo Penal a circunstância de que o crime de falso testemunho deixa de ser punível quando, antes da sentença final, a testemunha retrata-se (art. 342, § 2.º, do Código Penal), bem como o fato de que, segundo entendimento dominante, uma vez proferida a decisão de primeiro grau, esgota-se a possibilidade de elisão do crime de falso pela retratação posterior, ainda que se trate de decisão não transitada em julgado.

8.14.8.3. Reconhecimento do falso em "plenário de julgamento"

O art. 211, parágrafo único, do CPP dispõe que, "tendo o depoimento sido prestado em plenário de julgamento, o juiz, no caso de proferir decisão na audiência (art. 538, § 2.º), o Tribunal (art. 561), ou o conselho de sentença, após a votação dos quesitos, poderão fazer apresentar imediatamente a testemunha à autoridade policial".

A redação do dispositivo não é clara, deixando dúvidas quanto ao sentido da expressão "plenário de julgamento". Tendo em vista que, logo após referir-se a *plenário de julgamento*, concerne o artigo à *decisão do juiz na audiência referida no art. 538, § 2.º*; ao *acórdão do Tribunal na sessão referida no revogado art. 561* e ao *veredicto do conselho de sentença (corpo de jurados)* parece evidente que objetivou o legislador empregar tal expressão em sentido amplo, abrangendo:

a) O reconhecimento do crime de falso testemunho por ocasião da sentença proferida em qualquer audiência presidida pelo juiz singular. Era exatamente desta espécie de solenidade que tratava o revogado art. 538, § 2.º, quando previa o rito dos crimes apenados com detenção. Sem embargo desta revogação, considerando que não foi modificada a norma do art. 211 do CPP, entendemos que a 1.ª parte deste dispositivo ("... o juiz, no caso de proferir decisão na audiência ...") deve ser aplicada, na atualidade, a qualquer hipótese procedimental na qual venha o magistrado a proferir sentença em audiência, *v.g., procedimento da Lei de Drogas (art. 58 da Lei 11.343/2006), procedimento comum (art. 403 do CPP), procedimento dos juizados especiais criminais (art. 81 da Lei 9.099/1995)* etc. Nesse momento, reconhecendo ter sido prestado depoimento falso, deverá o juiz fazer apresentar a testemunha faltosa à autoridade policial. Uma questão, porém, releva:

Por que apresentar a testemunha à autoridade policial, e a que título isso deverá ocorrer?

O Código não refere expressamente à razão desta apresentação, intuindo-se que o seja para lavratura do auto de prisão em flagrante. Ocorre que tal possibilidade – flagrante no crime de falso – tem sido bastante controvertida, muitos entendendo inaceitável haja vista a possibilidade de que, em eventual recurso ofertado contra a sentença, venha o juízo *ad quem* a considerar verídico o depoimento que, decisão de primeiro grau, foi tido como falso.

Neste contexto, parece sensato que, diante de depoimento falso prestado na audiência de instrução, debates e julgamento, adote o magistrado sentenciante, simplesmente, a providência do *caput* do art. 211, qual seja envio de cópia do depoimento considerado falso à autoridade competente para apuração do delito – até porque, na prática, a testemunha presta depoimento e é dispensada, não sendo obrigada a permanecer nas dependências do fórum até o final da instrução, aguardando que se realizem debates e que seja proferida sentença.

b) O reconhecimento do crime de falso testemunho por ocasião da decisão do Tribunal proferida na sessão prevista no art. 561 do CPP, relativa ao julgamento dos crimes de competência originária dos Tribunais (julgamento de Prefeitos, Juízes etc.). Prejudicada, absolutamente, esta regra. Isso porque foi revogado o art. 561 do CPP, que estabelecia para os julgamentos em foro por prerrogativa de função rito semelhante ao atual sumário: logo após a oitiva de testemunhas e alegações orais pelas partes, reunia-se o Tribunal em sessão secreta e decidia o destino do réu. Reconhecendo a existência de depoimento faltoso, faria, no dizer do parágrafo único do art. 211, apresentar a testemunha faltosa à autoridade policial. Na atualidade, o procedimento é outro, ditado pelas Leis 8.038/1990 (arts. 1.º a 11) e 8.658/1993, a primeira estabelecendo o rito aplicável aos julgamentos em competência originária pelo STF e pelo STJ, e a segunda determinando a aplicação do mesmo rito aos julgamentos em competência originária pelos Tribunais de Justiça dos Estados e Tribunais Regionais Federais. De acordo com esse novo rito, a decisão não é proferida pelo Tribunal imediatamente após a instrução, tampouco há debates orais. Logo após a oitiva de testemunhas, finalizada a instrução, abre-se às partes o prazo para alegações finais (art. 11 da Lei 8.038/1990), sendo que somente depois se reúne o Tribunal para decisão, quando, então, reconhecendo a ocorrência de depoimento falso, deverá adotar não mais a providência aludida no parágrafo único do art. 211 (apresentação da testemunha à autoridade policial), mas, sim, a referida no *caput* do mesmo dispositivo (encaminhamento de cópias do depoimento à autoridade policial, o que, na prática, hoje é feito diretamente ao Ministério Público).

c) **O reconhecimento do crime de falso testemunho pelos jurados, por ocasião da decisão dos julgamentos afetos ao Tribunal do Júri.** A hipótese pressupõe depoimento falso prestado em plenário de julgamento perante os jurados. Nesta situação, sendo o caso, o juiz, logo após quesitar os jurados quanto ao crime doloso contra vida (e eventuais conexos), deverá formular quesito específico ao Conselho de Sentença, indagando-lhe se *a testemunha fulana de tal, ao afirmar... (referência à afirmação tida como mentirosa) (...) prestou falso testemunho* sobre fato juridicamente relevante e pertinente ao objeto do processo. Afirmativa a resposta, deverá o magistrado, à luz do art. 211, parágrafo único, fazer apresentar a testemunha à polícia, intuindo-se, como referido alhures, que o seja para efetivação do flagrante e lavratura do respectivo auto de prisão. A despeito dessa exegese que se extrai do mencionado parágrafo único, entendemos impossível tal lavratura (do auto de prisão). Isto porque entre a prestação do depoimento considerado falso e a citada apresentação decorrerá, fatalmente, lapso considerável, suficiente para interromper a continuidade necessária para caracterização do flagrante. Buscando conciliar a previsão normativa com a realidade prática, alguns sustentam que a testemunha deverá ser apresentada à polícia apenas para colheita de dados qualificativos e registro de ocorrência, sendo após liberada. *Data venia*, entendemos que nem isso deverá ocorrer, pois, não havendo flagrante, é ilegal a restrição da liberdade pelo momento da condução injustificada. A solução aplicável, mais uma vez, parece-nos ser a inserta no *caput* do art. 211: encaminhamento de cópia do depoimento reconhecido pelos jurados como faltoso à autoridade policial ou ao Ministério Público para as providências cabíveis.

8.14.8.4. Questões controvertidas

1) **Existe vinculação necessária entre o reconhecimento do crime de falso testemunho pelo juiz do processo em que a testemunha prestou depoimento falso e a decisão a ser adotada no processo criminal que apurar esse crime?** Obviamente, não existe tal vinculação. Nada impede que o magistrado que preside determinado processo criminal reconheça na sentença que a testemunha *João* prestou depoimento falso e que esta, denunciada pelo crime de falso testemunho, seja absolvida no processo respectivo.

2) **A existência de sentença final reconhecendo a possibilidade de falso testemunho é condição de procedibilidade para a propositura de ação penal contra a testemunha faltosa?** Predomina, em nível de jurisprudência, o entendimento de que o processo criminal por falso testemunho pode ser iniciado antes do término do processo em que foi

prestado o depoimento falso, até mesmo com o fim de impedir a ocorrência de prescrição. No procedimento do júri, é muito comum o Ministério Público, após denunciar o acusado, oferecer aditamento à denúncia para incluir crime de falso cometido por testemunha que tenha prestado depoimento supostamente inverídico na fase instrutória do feito, a qual, em razão da evidente conexão, deverá também ser julgada pelo Tribunal do Júri. Nesse caso, a quesitação do falso testemunho aos jurados apenas poderá ser feita após realizado o questionário relativo ao crime principal – o crime doloso contra a vida.

3) Na hipótese de falso testemunho praticado em juízo deprecado (carta precatória), será este o juízo competente para a respectiva apuração ou o juízo deprecante? Competente para a apuração será o juízo do local onde o depoimento foi prestado – foro do juízo deprecado.

4) Eventual modificação, pelo Tribunal, em grau de recurso, da sentença que reconheceu o depoimento falso e motivou o desencadeamento de processo criminal contra a testemunha supostamente faltosa, gera consequências neste feito? Explica-se: imagine-se que, no Processo Criminal 12345 venha o juiz a entender que a testemunha Maria prestou depoimento falso, encaminhando cópia desse testemunho ao Ministério Público. Em consequência, é Maria denunciada por infração ao art. 342 do Código Penal. Posteriormente, contudo, vem a sentença proferida no Processo 12345 a ser modificada pelo Tribunal em grau de recurso, considerando, como fator de convicção, a versão prestada pela testemunha Maria, tida como inverídica na sentença reformada. Obviamente, esse novo desiderato conferido ao Processo 12345 repercutirá no processo criminal movido contra *Maria* pelo falso, sendo necessário que se faça a distinção entre três situações:

- *O processo criminal contra Maria, por falso testemunho, ainda está em curso quando sobrevém a nova decisão no Processo 12345*: entendemos, nesse caso, que, transitando em julgado essa outra decisão que desintegrou a natureza faltosa do depoimento de *Maria*, o processo pelo crime de falso deva ser extinto, pois o crime pelo qual responde, simplesmente, não ocorreu. Não nos parece necessário que continue o processo tramitando até final sentença, para que seja absolvida. Isto seria um inadequado constrangimento. A hipótese, insistimos, sugere extinção imediata da punibilidade, simetricamente ao que ocorreria caso fosse hipótese de *abolitio criminis*.
- *O processo criminal contra Maria por falso testemunho já alcançou seu fim com a sentença condenatória ainda não transitada em julgado em face de apelação interposta, quando sobrevém a nova decisão no Processo 12345*: nesse caso, o Tribunal competente para apreciar o recurso deverá absolver *Maria*, pela atipicidade de sua conduta.
- *O processo criminal contra Maria por falso testemunho já alcançou seu fim com a sentença condenatória transitada em julgado, quando sobrevém a nova decisão no Processo 12345*: a hipótese ensejará imediato ajuizamento de revisão criminal com o fim de desconstituir-se a condenação, não sendo desarrazoado, inclusive, cogitar-se da impetração de *habeas corpus* com o mesmo objetivo em face da evidência do constrangimento.

5) O crime de falso testemunho admite prisão em flagrante? Há controvérsias a respeito. Não obstante, concordamos com a posição de que a pessoa acusada de ter prestado falso testemunho não deve ser presa em flagrante tendo em vista, *a um*, a viabilidade de retratação da testemunha considerada faltosa até a sentença final, elidindo o crime, e, *a dois*, a já mencionada possibilidade de alteração, em grau de recurso, da sentença que reconheceu o crime de falso testemunho, considerando-se como verdadeira a versão antes tida como falsa.

8.14.9. Quando a presença do réu gerar constrangimento à testemunha

O art. 217 do CPP estabelece que, "se o juiz verificar que a presença do réu poderá causar humilhação, temor, ou sério constrangimento à testemunha ou ao ofendido, de modo que prejudique a verdade do depoimento, fará a inquirição por videoconferência e, somente na impossibilidade dessa forma, determinará a retirada do réu, prosseguindo na inquirição, com a presença do seu defensor". No parágrafo único acrescenta que "a adoção de qualquer das medidas previstas no *caput* deste artigo deverá constar do termo, assim como os motivos que a determinaram".

Como se vê, a retirada do réu da sala de audiências pelo juiz quando sua presença possa interferir no ânimo da testemunha é procedimento de caráter residual, aplicável apenas quando não for possível a inquirição da testemunha por meio de videoconferência – método pelo qual a testemunha presta seu depoimento em local distinto de onde se encontra o juiz que oficia no processo, sendo as perguntas e respostas transmitidas mediante um sistema composto de microfones, televisores e câmeras, facultando-se a todos uma visão simultânea de ambos os ambientes.

Sem embargo do que estabelece o citado art. 217 do CPP, a possibilidade de afastamento do réu da solenidade judicial não se restringe às hipóteses lá previstas, podendo ocorrer sempre que demonstrar comportamento inadequado. Neste sentido, a regra do art. 796 do CPP, que dispõe que "os atos de instrução ou julgamento prosseguirão com a assistência do defensor, *se o réu se portar inconvenientemente*", considerando-se inconvenientes gritos, expressões faciais intimidativas ou irônicas, roupas inapropriadas etc.

Tratando-se o réu de advogado em causa própria e inviabilizada por qualquer razão a videoconferência, deverá o magistrado facultar-lhe a constituição de defensor para acompanhar a solenidade, inclusive transferindo-a para outro dia, se isso for necessário. Não havendo interesse na constituição de defensor, deverá o juiz, aí sim, nomear-lhe um.

E se o comportamento do advogado perante a testemunha for inconveniente? Deverá o magistrado determinar, igualmente, sua retirada da sala de audiências, adiando a solenidade e adotando as medidas administrativas (v.g., comunicação à OAB) e legais (nas hipóteses de prática criminosa, como desacato, desobediência, injúria etc.) cabíveis ao caso. Evidentemente, o ato não poderá ser realizado sem a presença de defensor, devendo o juiz, nesse caso, facultar ao acusado a constituição de outro, ou, na recusa, proceder-se à nomeação de defensor dativo. Destaca-se, por oportuno, que a Lei 14.245/2021, no intuito de coibir excessos eventualmente perpetrados pelas partes e demais sujeitos processuais (aqui se incluindo, por óbvio, o advogado) no curso das audiências de instrução e da sessão de julgamento pelo Tribunal do Júri, inseriu no Código de Processo Penal os arts. 400-A e 474-A e incluiu no art. 81 da Lei 9.099/1995 o § 1º-A, os quais vedam manifestação sobre circunstâncias ou elementos alheios aos fatos objeto de apuração nos autos e a utilização de linguagem, de informações ou de material que ofendam a dignidade da vítima ou de testemunhas.

8.14.10. A audiência de instrução

8.14.10.1. Ordem de inquirição das testemunhas em audiência

Na audiência de instrução, serão inquiridas pelo juiz, primeiramente, as testemunhas de acusação e, após, as arroladas pela defesa. No tocante ao questionamento das partes, primeiro serão formuladas perguntas por quem arrolou a prova e, depois, pela parte contrária.

Como se vê, há uma ordem de inquirição cuja inobservância poderá acarretar nulidade processual. Questiona-se a natureza da nulidade na hipótese de testemunha de defesa ser inquirida antes de terem sido ouvidas todas as testemunhas de acusação. Predomina o entendimento de que se trata de **nulidade relativa**, exigente de demonstração de prejuízo para que seja declarada[97].

Apesar dessa regra geral, existem exceções, nas quais facultada, legalmente, a inversão da ordem de oitiva, podendo ser inquiridas testemunhas de defesa antes das de acusação, independentemente de aquiescência do advogado. Consistem:

a) Testemunhas deprecadas (art. 222, § 2.º, do CPP): Como se verá adiante (8.14.11), na medida em que a expedição da carta precatória não suspende a instrução criminal, nada impede venha a testemunha de defesa a ser inquirida no juízo deprecado antes da inquirição das testemunhas de acusação no juízo deprecante, tal como nada impede que a testemunha de acusação seja ouvida no deprecado depois da oitiva das testemunhas de defesa no deprecante[98].

b) Possibilidade de perecimento da prova ou dificuldade posterior de produção (art. 225 do CPP): Preceitua o art. 225 do CPP que, "se qualquer testemunha houver de ausentar-se, ou, por enfermidade ou por velhice, inspirar receio de que ao tempo da instrução criminal já não exista, o juiz poderá, de ofício ou a requerimento de qualquer das partes, tomar-lhe antecipadamente o depoimento". Esta regra possui dupla aplicação: uma, quando ainda não instaurada a ação penal, caso em que a produção antecipada da prova poderá ser realizada mediante requerimento de caráter cautelar feito ao juiz; outra – hipótese que estamos tratando neste tópico – quando já desencadeado o processo criminal, encontrando-se a testemunha devidamente arrolada, caso em que podem qualquer das partes, requerer a sua oitiva antecipada. Veja-se que, neste último caso, nada impede, também, o juiz de agir de ofício, primeiro porque, ao determinar a oitiva antecipada de testemunha já arrolada, não está o magistrado buscando inserir no processo provas que não foram requeridas pela acusação ou pela defesa, caso em que, dependendo do contexto, se poderia vislumbrar que estivesse o juiz "substituindo-se" ao papel das partes; e, segundo, porque a viabilidade dessa antecipação decorre do poder geral de cautela, que, consoante jurisprudência dominante, é inerente à atividade jurisdicional. Logo, reputamos aplicável, na literalidade, o permissivo do art. 225 em questão.

8.14.10.2. Formulação de perguntas pelas partes

Na redação anterior à vigência da Lei 11.690/2008, determinava o art. 212 do CPP que as perguntas das partes fossem feitas à testemunha por meio do juiz. Estabelecia-se, assim, o **sistema presidencialista** de inquirição, segundo o qual apenas ao magistrado incumbia dirigir-se à pessoa que estivesse prestando depoimento.

Com a atual disciplina, passou o art. 212 a estabelecer que *as perguntas serão formuladas pelas partes diretamente à testemunha, não admitindo o juiz aquelas que puderem induzir a resposta, não tiverem relação com a causa ou importarem na repetição de outra já respondida.* A partir desta normatização, abandonou-se, na fase instrutória do processo, o sistema presidencialista, permitindo-se agora às partes reportarem-se diretamente ao destinatário da pergunta, sem embargo da possibilidade que assiste ao juiz em não admitir

97 STJ, HC 96.041/RS, *DJ* 12.05.2008.

98 STJ, HC 331.748/SP, *DJ* 24.05.2016.

questionamentos irrelevantes ou impertinentes, bem como perguntas que direcionem a resposta da testemunha ou importem em repetição de pergunta já realizada.

Questão relevante respeita a saber se a redação dada pela Lei 11.690/2009 ao art. 212 alterou a forma clássica de inquirição, qual seja a de que em primeiro lugar o juiz fará suas perguntas às testemunhas e, somente após, passará a palavra às partes. A dúvida decorre do que dispõe o parágrafo único daquele artigo, no sentido de que *sobre os pontos não esclarecidos* (nas perguntas das partes) *o juiz poderá complementar a inquirição.* Duas correntes existem:

> ***Primeira:*** Visando preservar a essência do sistema acusatório que informa o processo penal brasileiro, cabe ao juiz formular suas perguntas apenas depois de realizadas as perguntas das partes, objetivando complementar a inquirição sobre pontos não esclarecidos ou sobre aspectos que entender duvidosos no depoimento.
>
> ***Segunda:*** A redação do art. 212 e de seu parágrafo único não impede o magistrado de iniciar as perguntas que se farão às testemunhas e, apenas depois, passar às partes a faculdade de inquirição. Parte-se do princípio de que esta sempre foi a praxe utilizada na instrução dos processos criminais, não se podendo cogitar de que tenha sido agora modificada, mesmo porque o Código de Processo Penal nunca a estabeleceu expressamente.

Não obstante a controvérsia, predomina nos Tribunais Superiores o entendimento de que, efetivamente, o art. 212 do Código de Processo Penal estabeleceu nova ordem na inquirição das testemunhas, devendo as perguntas ser feitas, inicialmente, pelas partes e, após, complementadas pelo Juiz – na esteira da primeira posição citada. Todavia, a desobediência a este comando traduz, no máximo, uma **nulidade relativa**, sujeita à demonstração do prejuízo para ser decretada e, ainda, à arguição *oportuno tempore*, sob pena de preclusão[99].

Ainda em relação à inquirição de testemunhas, deve-se lembrar que a Lei 14.245/2021 inseriu no Código de Processo Penal os arts. 400-A e 474-A e incluiu no art. 81 da Lei 9.099/1995 o § 1.º-A, os quais determinam que, na audiência de instrução e julgamento, bem como em plenário do júri, todas as partes e demais sujeitos processuais presentes no ato deverão zelar pela integridade física e psicológica da vítima, respeitando sua dignidade, sob pena de responsabilização civil, penal e administrativa, sendo vedadas, outrossim, *a manifestação sobre circunstâncias ou elementos alheios aos fatos objeto de apuração nos autos e a utilização de linguagem, de informações ou de material que ofendam a dignidade da vítima ou de testemunhas.* Mais recentemente, a Lei 13.869/2019, modificada pela Lei 14.321/2022, tipificou, como abuso de autoridade, no art. 15-A, o crime de violência institucional, inserindo como tal a conduta de "submeter a vítima de infração penal ou a testemunha de crimes violentos a procedimentos desnecessários, repetitivos ou invasivos, que a leve a reviver, sem estrita necessidade: I – a situação de violência; ou II – outras situações potencialmente geradoras de sofrimento ou estigmatização", contemplando, ainda, aumento de pena na hipótese de o agente público "permitir que terceiro intimide a vítima de crimes violentos, gerando indevida revitimização" (aumento da pena em dois terços) ou "intimidar a vítima de crimes violentos, gerando indevida revitimização" (aplicação da pena em dobro). Com tais regramentos, visou o legislador preservar o ofendido e testemunhas no curso da persecução criminal, no que andou certo, pois não é incomum a percepção de excessos nas respectivas inquirições, acarretando exposição desnecessária do depoente, prejuízo à elucidação do fato sob apuração e, em alguns casos, até mesmo danos de ordem psicológica para além daqueles já experimentados pela própria infração penal sofrida ou presenciada. Logo, violadas que sejam tais previsões, estará sujeito o ofensor a responsabilização nas três esferas mencionadas.

---

[99] STJ: AgRg no HC 693815/SP, *DJ* 27.09.2021; AgRg no AgRg no AREsp 1830776/SP, *DJ* 30.08.2021; AgRg no RHC 148274, *DJ* 25.06.2021.

8.14.11. Carta precatória instrutória

8.14.11.1. Considerações gerais

A carta precatória é utilizada como forma de colher o depoimento quando se encontrar a testemunha fora da jurisdição do magistrado que preside o processo, conforme reza o art. 222 do CPP. Alguns Códigos de Organização Judiciária e Consolidações Normativas dos Tribunais permitem a dispensa da precatória quando se tratar de comarcas contíguas. A regra, contudo, não é vinculativa, sendo questionável a legalidade destas normatizações estaduais em face da aparente ofensa ao texto de lei federal que é o Código de Processo Penal.

Como já ressaltamos anteriormente, a expedição da carta precatória não suspende a instrução criminal, *ex vi* do art. 222, § 1.º, do CPP. Assim, não é impossível que a testemunha de defesa venha a ser inquirida no juízo deprecado **antes** da inquirição das testemunhas de acusação no juízo em que tramita o processo criminal, como também pode acontecer de uma testemunha de acusação ser inquirida no juízo deprecado **após** a inquirição das de defesa no juízo deprecante[100].

Ao expedir carta precatória, deverá o juiz, nos termos do *caput* do citado dispositivo, fixar-lhe prazo razoável para cumprimento. A lei não estabelece qual seja esse prazo, mas, normalmente, tem sido fixado entre trinta e noventa dias, dependendo do tempo de tramitação do processo, da proximidade da prescrição e da circunstância de encontrar-se ou não preso o réu. Descumprido esse prazo no juízo deprecado (em razão de excesso de serviço, da ausência de pauta, da falta de juiz na Comarca deprecada etc.), a consequência será a possibilidade de prolação de sentença no processo, independentemente do retorno da precatória (art. 222, § 2.º, do CPP), sem que isto importe em qualquer nulidade, consoante entendimento da jurisprudência[101].

Observe-se, contudo, que, mesmo se prolatada decisão (condenatória ou absolutória) no processo principal, não fica prejudicada a precatória, que deverá ser cumprida pelo juízo deprecado e, após, encaminhada ao juízo do processo. Neste caso, três hipóteses poderão ocorrer:

a) **Carta precatória é restituída, devidamente cumprida, após a sentença de primeiro grau, encontrando-se o processo principal em grau de recurso.** Neste caso, o Juízo deprecante, assim que recebê-la cumprida, deverá encaminhar, imediatamente, a precatória ao Tribunal, para que, acostada ao recurso, possa ser considerada no julgamento da impugnação. Para que não haja violação ao princípio do contraditório, entendemos deva o Tribunal, recebendo a precatória, dela intimar as partes, para, querendo, aditarem suas razões ou, ao menos, dela tomarem ciência para que seja utilizada em eventual sustentação oral feita perante a Câmara ou Turma.

b) **Carta precatória é restituída, devidamente cumprida, após o trânsito em julgado da decisão condenatória, oferecendo elementos para absolvição do réu.** Restará à defesa, nesse caso, intentar revisão criminal, com fundamento na nova prova, *ex vi* da previsão inserta ao art. 621, III, do CPP.

c) **Carta precatória é restituída, devidamente cumprida, após o trânsito em julgado da decisão absolutória, oferecendo elementos para condenação do réu.** Nada mais poderá ser feito, tendo em vista que de sentença absolutória não é cabível o ingresso de revisão criminal visando à respectiva destituição. Descabe, em suma, revisão criminal *pro societate*.

---

100 STJ, HC 331.748/SP, *DJ* 24.05.2016.

101 STJ, HC 149.249/PE, *DJ* 16.06.2015.

Além dessa disciplina afeta à expedição da carta precatória, dispõe o art. 222, § 3.º, do Código de Processo Penal que, "na hipótese prevista no *caput* deste artigo, a oitiva de testemunha poderá ser realizada por meio de videoconferência ou outro recurso tecnológico de transmissão de sons e imagens em tempo real, permitida a presença do defensor e podendo ser realizada, inclusive, durante a realização da audiência de instrução e julgamento". Com isso, insere o ordenamento processual penal importante instrumento de colheita da prova oral, possibilitando-se ao próprio juiz que conduz o processo criminal e às partes, inclusive no curso da audiência de instrução, questionar os fatos do processo diretamente à testemunha que se encontre fora de sua jurisdição. A relevância maior dessa previsão decorre da circunstância de que a inquirição por juiz estranho ao processo criminal, muitas vezes, mostra-se inócua, pois, sem conhecer o conteúdo dos autos tampouco o contexto das demais provas já coligidas, torna-se difícil a ele detectar quais são os aspectos importantes do fato que devem ser esclarecidos pela testemunha. Facultando-se, porém, ao próprio magistrado que conduz o feito realizar a inquirição, esta dificuldade resta superada, permitindo-se a total efetividade do depoimento. Ressalte-se que, apesar do caráter geral do permissivo, que não estabelece um regramento sobre como deverá ocorrer a inquirição mediante videoconferência no caso precatória, alguns critérios mínimos deverão ser observados, sob pena de ilicitude da prova assim obtida:

a) **Indispensabilidade da precatória**. Isto significa que a videoconferência autorizada no art. 222, § 3.º, não dispensa a expedição da carta, mas apenas faculta ao juiz deprecante e partes do processo inquirirem, por meio de sistema de transmissão de sons e imagens, diretamente a testemunha que se encontra presente na audiência aprazada no juízo deprecado.
b) **Presença obrigatória** de advogado perante o juiz que estiver realizando a inquirição (juiz do processo) e **presença permitida** de defensor junto à testemunha no local em que esta se encontrar depondo por meio de videoconferência (art. 222, § 3.º).

8.14.11.2. Expedição da precatória e intimação das partes

Não há necessidade de intimação das partes para audiência a ser realizada no Juízo deprecado, sendo suficiente, nos termos da Súmula 273 do STJ, a intimação da expedição da precatória ("intimada a defesa da expedição da carta precatória, torna-se desnecessária intimação da data da audiência no juízo deprecado"), cabendo, pois, à parte interessada diligenciar no juízo deprecado a data em que lá será aprazada a oitiva da testemunha. Obviamente, o Ministério Público com atribuições na comarca deprecada será intimado dessa data. Destarte, maior cuidado deverá ter a defesa, acautelando-se em contatar o juízo deprecado para cientificar-se quanto à data da solenidade. Ausente o advogado do réu no processo principal, caberá ao magistrado deprecado nomear defensor dativo, não podendo, sob pena de nulidade absoluta, realizar o ato sem a presença de defesa técnica. Registre-se, por oportuno, que a aplicação da referida Súmula 273 é mitigada em relação à Defensoria Pública quando, no juízo deprecado, estiver estruturada. Nesse caso, portanto, consoante já decidiu o STF, "deve a instituição ser intimada da audiência designada para nela comparecer e defender o acusado necessitado"[102], sob pena de nulidade.

Indaga-se quanto à natureza da nulidade decorrente da *falta de intimação da expedição da precatória*. Prevalece em termos jurisprudenciais a orientação de que se trata de nulidade relativa, exigível de demonstração de prejuízo concreto (ao contrário do que ocorre com a nulidade absoluta, cujo prejuízo é presumido). Neste sentido, a Súmula 155

---

[102] STF, RHC 106.394/MG, 1.ª Turma, Rel. Min. Rosa Weber, j. 30.10.2012, *DJe* 08.02.2013.

do STF, dispondo que "é relativa a nulidade do processo criminal por falta de intimação da expedição de precatória para inquirição de testemunha".

8.14.11.3. Presença do réu no juízo deprecado

A vertente relativa à necessidade da presença do réu na audiência de instrução realizada no juízo deprecado chegou a gerar controvérsias, surgindo duas correntes:

Primeira corrente: É sempre necessária a presença do réu nos atos instrutórios, até mesmo na inquirição de testemunhas por meio de precatória. Isto se justifica na garantia constitucional da ampla defesa, possibilitando-se ao acusado fornecer ao defensor dados de relevância, mormente no que toca às perguntas a serem feitas em face das declarações que estejam sendo prestadas pela testemunha.

Segunda corrente: É prescindível a presença do acusado perante os atos instrutórios praticados no juízo deprecado, podendo sua ausência, quando muito, no caso de réu preso, implicar a ocorrência de nulidade relativa, ficando seu reconhecimento condicionado à arguição em tempo oportuno e à demonstração de prejuízo[103].

A despeito da apontada divergência, foi a questão definitivamente solucionada pelo STF no julgamento do RE 605.543 QO-RG, em regime de repercussão geral, ocasião em que reafirmada "*a jurisprudência da Corte acerca da inexistência de nulidade pela ausência, em oitiva de testemunha por carta precatória, de réu preso que não manifestou expressamente intenção de participar da audiência*" (Tribunal Pleno, *DJ* 26.02.2010)[104].

8.14.11.4. Carta precatória e carta rogatória

Diferenciam-se as *cargas rogatórias* das *cartas precatórias*, muito especialmente, pelo fato de que, enquanto estas últimas tramitam entre juízes com jurisdição dentro do território nacional, aquelas, ou se destinam a autoridades judiciárias de outro País, ou provêm de autoridade judiciária estrangeira para cumprimento no Brasil.

No âmbito do Código de Processo Penal, a disciplina da *carta rogatória* encontra-se nos arts. 222-A, 368, 369 e 783 a 786.

Sobre o tema, para evitar tautologia, remetemos o leitor ao *Capítulo 16, tópico 16.2*, em que tratamos desse meio de coleta de prova.

8.14.12. Testemunho do militar, do funcionário público e do preso

8.14.12.1. Notificação do militar

Nos termos do art. 221, § 2.º, do CPP, os militares deverão ser requisitados à autoridade superior. Objetivou o legislador evitar fossem perturbados nos quartéis, nos quais é restrito o ingresso de civis. Caso não compareça a testemunha sem motivo justificado, deverá ser reiterada a requisição antes expedida. Se, ainda assim, não houver a presença

---

103 STJ, RHC 62.894/RN, DJ 09.03.2016.

104 No mesmo sentido: "CARTA PRECATÓRIA – RÉU PRESO – REQUISIÇÃO – DESNECESSIDADE – PRECEDENTE – PLENÁRIO. Cumpre ao defensor constituído, intimado quanto à expedição de carta precatória, acompanhar a realização do ato no Juízo deprecado, sendo desnecessária a requisição de réu preso, ausente manifestação expressa da intenção de participar da audiência – Recurso Extraordinário nº 602.543, Pleno, relator ministro Cezar Peluso, julgado em 19 de novembro de 2009, Tema nº 240 do repertório de repercussão geral – ressalva de entendimento individual' (RHC 124079, DJ 15.04.2021).

em audiência, poderá o magistrado determinar seja o superior intimado pessoalmente para que determine a apresentação de seu subordinado, sob pena de crime de desobediência.

8.14.12.2. Notificação do funcionário público

A regra é a do art. 221, § 3.º, do CPP. O funcionário público deverá ser intimado pessoalmente, assim como as demais testemunhas. Todavia, além dessa formalidade, impõe-se que seja, também, requisitado ao Chefe da repartição respectiva, a fim de que possa providenciar a sua substituição no dia e horário em que deva comparecer para depor. A norma visa ao interesse público. Ausente a requisição, desobrigado está o funcionário público de comparecer à audiência.

8.14.12.3. Notificação do preso

Observar-se-á sistemática semelhante à adotada para o funcionário público, vale dizer, deverá ser intimado pessoalmente, sem prejuízo da requisição de sua apresentação ao Diretor do estabelecimento penitenciário onde se encontrar, a fim de que seja conduzido ao fórum, sob escolta.

8.14.13. O corréu pode ser arrolado como testemunha?

Considere-se a hipótese em que dois réus estejam sendo processados na mesma ação penal. Poderá um deles ser arrolado como testemunha pela defesa do outro? A resposta, em princípio, afigura-se negativa. Isto porque, agindo como testemunha, possui o depoente a obrigação de depor nos termos do art. 206 do CPP, o que é inconciliável com o direito de não responder perguntas previsto no mesmo ordenamento para quem ocupa a posição de investigado ou réu.

Sem embargo, entendemos que, em caso de cisão do processo inicialmente movido contra dois ou mais réus de forma conjunta, deve-se abrir exceção a esta regra. Tome-se como base o seguinte exemplo: *João e Pedro foram processados conjuntamente pela prática de homicídio em concurso de agentes. No entanto, em decorrência de cisão do processo, João foi julgado em primeiro lugar.* Em tal caso, João, que já foi submetido a julgamento pelo júri, poderá ser arrolado como testemunha de plenário no julgamento de Pedro. Afinal, se não tivesse ocorrido a cisão do processo, João e Pedro teriam sido julgados ao mesmo tempo perante o Tribunal do Júri e ambos teriam sido interrogados em plenário, assistindo às partes (Ministério Público e defensores) o direito de formular-lhes perguntas (arts. 188 e 465 do CPP). Então, para evitar que o defensor de Pedro seja privado da oportunidade de questionar João sobre os fatos, deve-se aceitar que este último possa ser arrolado como testemunha, assegurando-lhe o juiz, entretanto, o direito de recusar-se a responder perguntas que impliquem em sua autoincriminação.

8.14.14. O assistente de acusação pode ser arrolado como testemunha?

Não existe, na legislação processual penal, qualquer óbice a que seja o assistente de acusação ouvido como testemunha no processo criminal.

Deve-se lembrar, inclusive, que, de acordo com o art. 268 do CPP, são legitimados para figurar na condição de assistente do Ministério Público o *ofendido, seu representante legal,* ou, no caso de morte ou ausência, seu *cônjuge, ascendente, descendente ou irmão.* Por outro lado, segundo o art. 201 do mesmo diploma, *sempre que possível, o ofendido será qualificado e perguntado sobre as circunstâncias da infração, quem seja ou presuma ser o seu autor, as provas que possa indicar, tomando-se por termo as suas declarações*, sendo que, se não atender à notificação judicial para depor, poderá até mesmo ser conduzido à presença do juiz (art. 201, § 1.º). Logo, infere-se que o depoimento do ofendido foi considerado pelo legislador como relevante para o esclarecimento dos fatos, não podendo a circunstância de se habilitar ele como assistente do Ministério Público impedir a prestação desse depoimento. O mesmo se diga, ainda, em relação ao representante legal da vítima incapaz e aos demais legitimados que, na morte ou ausência daquela, podem exercer a assistência à acusação.

Não é outro o entendimento da jurisprudência, compreendendo-se que, *muito embora se reconheça, é certo, que a assistente de acusação sempre atua de forma parcial no processo criminal, também é verdade que a norma processual simplesmente permite a oitiva de pessoas cuja parcialidade é manifesta*[105], apenas disciplinando, em determinados casos, que os respectivos depoimentos sejam colhidos sem a prestação de compromisso legal. É o que ocorre em relação ao ofendido, para o qual não estabeleceu a lei a necessidade do juramento legal, bem como às pessoas enumeradas do art. 206 do CPP, que são expressamente dispensadas do compromisso.

8.14.15. Validade do depoimento de policiais

Há corrente doutrinária sustentando a impossibilidade de fundamentar-se a sentença condenatória na prova oral resultante do depoimento de policiais.

A tese, porém, não espelha o entendimento dominante.

Com efeito, no âmbito do STJ, em diversas oportunidades, já se decidiu que "o depoimento de policiais responsáveis pela prisão em flagrante do acusado constitui meio de prova idôneo a embasar o édito condenatório, mormente quando corroborado em Juízo, no âmbito do devido processo legal" (HC 96.665/ES, j. 13.10.2009).

E o mesmo entendimento é agasalhado, com frequência, pelos Tribunais Estaduais, compreendendo-se que "os depoimentos dos policiais envolvidos nas diligências devem ser analisados como os de qualquer outra pessoa" e que "por uma questão lógica e racional, eles preponderam sobre a declaração de quem é acusado de um delito, pois geralmente este tenta fugir de sua responsabilidade penal" (TJRS, Apelação Criminal 70058404021, j. 26.03.2014).

Concordamos com esta orientação, isto é, no sentido de que tais testemunhos são valoráveis quando harmônicos e coerentes com o restante da prova angariada aos autos, mormente quando não demonstrada pela defesa a presença de motivos que, eventualmente, poderiam levar as mencionadas testemunhas a depor falsamente perante o Juízo.

8.15. RECONHECIMENTO DE PESSOAS E COISAS (ARTS. 226 A 228 DO CPP)

8.15.1. Reconhecimento de pessoas

PPor *reconhecimento de pessoas* compreende-se o ato pelo qual não apenas vítimas ou testemunhas, mas também acusados ou investigados identificam terceira pessoa. Não se trata de ato informal, estabelecendo o art. 226 do CPP as formalidades de sua efetivação, quais sejam:

- **A pessoa convidada a fazer o reconhecimento deverá descrever a pessoa que deva ser reconhecida (inciso I):** Objetiva-se, com isso, aumentar o grau de certeza que se espera com a obtenção da prova, o que dependerá da maior ou menor com-

---

105 TJSP, Apelação 0251309-33.2010.8.26.0000, j. 03.05.2011.

patibilidade entre a descrição inicialmente realizada, a partir de dados extraídos da memória do reconhecedor, com as características da pessoa que vier a apontar.

- **Em seguida, deverá o reconhecedor apontá-la entre outras que com ela guardarem semelhança, "se possível" (inciso II):** Há dúvidas, em termos de doutrina, quanto ao sentido da expressão "se possível", entendendo a maioria que se refere às características semelhantes das pessoas junto às quais deve ser colocada a pessoa a ser identificada. Deste modo, não estaria o Código, com tal menção, permitindo que apenas uma pessoa seja submetida ao reconhecimento, exigindo, sempre, a presença de no mínimo outras duas (fala-se em "outras", utilizando-se o plural), as quais, "se possível", deverão ter características semelhantes.
- **Havendo receio de que, por intimidação, a pessoa chamada para o reconhecimento não fale a verdade, a autoridade poderá providenciar para que não seja vista por quem deva ser reconhecido (inciso III):** Visou o legislador preservar a integridade da testemunha, bem como a lisura do ato, evitando que a percepção do reconhecedor pelo reconhecido venha a dificultar ou fragilizar o meio de prova assim obtido. Importante observar que, malgrado estabeleça o art. 226, III, do CPP a possibilidade de isolamento visual do reconhecedor, o parágrafo único deste mesmo dispositivo reza que tal *não terá aplicação na fase da instrução criminal ou em plenário de julgamento.* Em suma, somente na fase policial seria possível preservar o reconhecedor do olhar quase sempre enfurecido do reconhecido, às vezes um perigoso bandido. Tal regra, pelo absurdo que encerra, somente se compreende se cotejarmos a época da edição do Código de Processo Penal – 1941 – quando bem outra era a realidade. Hoje, a jurisprudência e a doutrina sedimentadas optam pela não aplicação do indigitado preceito inscrito no art. 226, parágrafo único, do CPP, existindo nos fóruns mais modernos, salas especiais para o reconhecimento onde o reconhecedor não é visto pelas pessoas submetidas à diligência.
- **Ao final da diligência, lavrar-se-á o competente auto, subscrito pela autoridade, pelo reconhecedor e por duas testemunhas presenciais (inciso IV):** Trata-se do registro dos acontecimentos havidos no curso do reconhecimento, inclusive manifestações de dúvida, reações do reconhecedor que se furtem à normalidade do ato, além, é claro, da referência à pessoa apontada.

E se não forem observadas as formalidades do art. 226 do CPP? Há duas posições:

Primeira: a inobservância das formalidades previstas no art. 226 do CPP para o reconhecimento de pessoas implica mera irregularidade. Isto porque tal dispositivo não insere regras peremptórias cuja infringência tenha o condão de macular a prova, mas, simplesmente, uma recomendação. Logo, é válido o ato do reconhecimento ainda que praticado de forma diferente da estipulada em lei. Essa orientação, na atualidade, é minoritária.

Segunda: a validade do reconhecimento de pessoas condiciona-se à observância do procedimento estipulado no art. 226 do CPP, sem o que o respectivo auto (de reconhecimento) não poderá ser utilizado como meio de prova legítimo. Neste sentido, a propósito, vem decidindo o Supremo Tribunal Federal[106] e o Superior Tribunal de Justiça[107], os quais também ressaltam

[106] "Reconhecimento pessoal – Art. 226 do Código de Processo Penal – Valor probatório. O valor probatório do reconhecimento pessoal há de ser analisado considerado o atendimento às formalidades do art. 226 do Código de Processo Penal, bem assim o confronto da descrição fornecida com os atributos físicos da pessoa identificada, de modo que a discrepância da narrativa com as verdadeiras características do acusado reduz significativamente a relevância probatória do reconhecimento" (STF, HC 157.007/SP, *DJ* 22.09.2020). No mesmo sentido: STF, RHC 206.846/SP, Rel. Min. Gilmar Mendes, Segunda Turma, j. 23.02.2022.

[107] STJ, HC 598.886/SC, j. 27.10.2020.

que eventuais provas decorrentes do reconhecimento viciado restarão contaminadas, não sendo hábeis, igualmente, para justificar o juízo condenatório[108].

O reconhecimento por fotografia, no curso do inquérito, pode ser considerado meio legítimo de prova? Sim, desde que observadas as formalidades do art. 226 do CPP.

O reconhecimento, presencial ou por fotografia, realizado na fase policial em atenção às formalidades do art. 226 do CPP, possibilita, por si só, a condenação do réu? Não. A orientação dos Tribunais Superiores é no sentido de que, além de observar a disciplina do citado art. 226, o reconhecimento levado a efeito na fase investigativa apenas é apto para identificar o acusado quando corroborado por outras provas produzidas na fase judicial, sob o crivo do contraditório e da ampla defesa[109].

O reconhecimento, presencial ou por fotografia, realizado por testemunha no curso do inquérito policial com desobediência ao art. 226 do CPP, mas reiterado em juízo de forma válida, é capaz de justificar, como elemento principal, a sentença condenatória? Embora não se possa falar, aqui, em orientação majoritária, existem decisões, especialmente no STJ, compreendendo que, sendo o reconhecimento inicial realizado em desacordo com o referido dispositivo do Código de Processo Penal, novos reconhecimentos, mesmo que válidos, ficarão contaminados[110-111].

Considere-se que vítima ou testemunha já conhecia o autor do fato. Também neste caso é necessária a observância do art. 226 do CPP? Também neste ponto não é possível afirmar a existência de posição majoritária. No entanto, já deliberou o STJ que, "se a vítima é capaz de individualizar o autor do fato, é desnecessário instaurar o procedimento do art. 226 do Código de Processo Penal"[112].

É legítima a condução do investigado ou acusado para fins de seu reconhecimento por vítimas ou testemunhas quando, notificado, não comparecer a esse ato? O art. 260 do CPP insere esta possibilidade, ao dispor que "se o acusado não atender à intimação para o interrogatório, reconhecimento ou qualquer outro ato que, sem ele, não possa ser realizado, a autoridade poderá mandar conduzi-lo à sua presença". Perceba-se que, não obstante o Plenário do STF, no julgamento, em 13 e 14.06.2018, respectivamente, das *Arguições de Descumprimento de Preceito Fundamental (ADPF) 395/DF* (intentada pelo Partido dos Trabalhadores) e *444/DF* (proposta pelo Conselho Federal da OAB),

---

108 "[...] Após aprofundamento da reflexão sobre o tema, com base em uma compreensão do processo penal de matiz garantista voltada para a busca da verdade real de forma mais segura e precisa, este Superior Tribunal firmou o entendimento de que o reconhecimento fotográfico serve como prova apenas inicial e deve ser ratificado por reconhecimento presencial, assim que possível. E, no caso de uma ou ambas as formas de reconhecimento terem sido efetuadas, em sede inquisitorial, sem a observância (parcial ou total) dos preceitos do art. 226, do CPP e sem justificativa idônea para o descumprimento do rito processual, ainda que confirmado em juízo, o reconhecimento falho se revela incapaz de permitir a condenação, como regra objetiva e de critério de prova, sem corroboração do restante do conjunto probatório, produzido na fase judicial" (STJ, AgRg no REsp 1952655/MT, *DJ* 04.10.2021).

109 STJ, AgRg no HC 745.822/GO, 5.ª Turma, Rel. Min. Ribeiro Dantas, j. 14.06.2022, *DJe* 20.06.2022.

110 "[...] 6. Irrelevante, ademais, que o ato de reconhecimento haja sido repetido em juízo. Isso porque não há dúvidas de que o reconhecimento inicial, que foi realizado em total desconformidade com o disposto no art. 226 do CPP, afeta todos os subsequentes, haja vista que o reconhecimento de pessoas é considerado como uma prova cognitivamente irrepetível" (STJ, HC 700.313/SP, 6.ª Turma, Rel. Min. Rogerio Schietti Cruz, j. 07.06.2022, *DJe* 10.06.2022).

111 "[...] 2. A Sexta Turma desta Corte, evoluindo no entendimento já exarado por ocasião do julgamento do HC n. 598.886/SC, fixou posicionamento, no HC n. 712.781/RJ, no sentido da impossibilidade de refazimento do procedimento viciado, pela tendência, por vezes até mesmo inconsciente, de confirmação do ato pela vítima, tornando comprometida a prova" (STJ, AgRg no AgRg no HC 724.760/SP, 6.ª Turma, Rel. Min. Antonio Saldanha Palheiro, j. 07.06.2022, *DJe* 13.06.2022.)

112 STJ, Informativo 733 do STJ, relativo ao HC 721.963/SP, 6.ª Turma, Rel. Min. Sebastião Reis Junior, j. 19.04.2022. No mesmo sentido: STJ, REsp 1969032/RS, 6.ª Turma, Rel. Min. Olindo Menezes, j. 17.05.2022, *DJe* 20.05.2022.

tenha declarado que a expressão *"para interrogatório"* inserida no art. 260 do CPP não foi recepcionada pela Constituição Federal (proibindo-se, via de consequência, a condução coercitiva do investigado ou do réu à presença da autoridade policial ou do juiz com a finalidade de submetê-lo a interrogatório sobre os fatos), nada foi deliberado em relação aos comandos remanescentes do referido dispositivo legal, os quais dizem com a possibilidade de condução para "reconhecimento ou qualquer outro ato" que, para ser realizado, exija a presença do investigado ou réu. Logo, pelo menos em princípio, estas demais formas de condução coercitiva permanecem autorizadas. Sem embargo, pensamos que não poderá o investigado ser obrigado a participar do ato de reconhecimento, pois implicaria produção de provas em relação a ele contra a sua vontade. Isto levado em conta, tem-se que a possibilidade de condução coercitiva para o reconhecimento pessoal pode traduzir diligência infrutífera sob o ponto de vista da elucidação da autoria delitiva de parte do agente.

O delegado de polícia, à revelia de ordem judicial, pode ordenar a condução coercitiva de pessoas? A matéria é controvertida. Alguns entendem que o delegado, quando necessitar, deve postular ao juiz que ordene a condução coercitiva de qualquer pessoa (salvo o investigado para fins de interrogatório, em razão da citada deliberação do STF) à sua presença. Argumenta-se, neste caso, que a condução implica forma de privação da liberdade, procedimento este que, abstraída a situação de flagrante delito, não pode ser realizado sem ordem judicial. Outros, ao contrário, sustentam que o art. 144, § 4.º, da Constituição Federal, atribuiu às polícias civis, dirigidas por delegados de polícia de carreira, as funções de polícia judiciária e a apuração de infrações penais. Sendo assim, deve ser facultado à autoridade policial adotar todas as providências necessárias para que seja realizada tal apuração (ressalvadas, por óbvio, aquelas sobre as quais incide a reserva de jurisdição), até mesmo a própria condução de testemunhas e vítimas para prestar informações sobre o fato investigado. Concordamos com esta última orientação.

8.15.2. Reconhecimento de coisas

Prevê o art. 227 do CPP que ao *reconhecimento de coisas* (instrumentos utilizados na prática de crimes, armas, objetos furtados etc.) se aplicam as mesmas regras utilizadas para o reconhecimento de pessoas, *no que for cabível*, é claro. Abstrai-se, assim, apenas a previsão do inciso III do art. 226, que trata da preservação visual da pessoa do reconhecedor.

8.15.3. Individualidade

Havendo mais de uma pessoa que deva proceder ao reconhecimento, cada uma fará a prova em separado, impedindo-se qualquer comunicação entre elas. Essa cautela objetiva evitar que a pessoa que já tenha realizado o reconhecimento influencie as demais, prejudicando a verdade que se espera alcançar com o ato.

8.15.4. Reconhecimento por meio de videoconferência (art. 185, § 8.º, do CPP)

Encontrando-se **presa** a pessoa que procederá ao reconhecimento ou aquela que deva ser reconhecida, e ocorrendo qualquer das situações previstas no art. 185, § 2.º, I a IV, do CPP, autoriza o § 8.º do mesmo dispositivo a que se proceda à diligência por meio de videoconferência ou outro sistema de transmissão de sons e imagens em tempo real.

8.16. ACAREAÇÕES (ARTS. 229 E 230 DO CPP)

8.16.1. Conceituação e caracterização

Acareação é o procedimento que consiste em colocar frente a frente pessoas que já prestaram depoimentos em momento anterior, para que esclareçam, mediante confirmação ou retratação, aspectos que se evidenciaram contraditórios.

O fundamento da acareação está no constrangimento. Busca-se, por meio de (re) perguntas acerca de pontos conflitantes, que a pessoa que prestou falso depoimento dele se retrate em face da presença de outra que narrou o fato de modo diverso.

Procedida à acareação, providenciará a autoridade que presidir o ato – Delegado de Polícia ou juiz – a formalização de *termo* ou *auto de acareação*, no qual constarão as perguntas formuladas e as respectivas respostas. Embora não seja explícito o Código de Processo Penal a respeito, compreendemos que, nessa formalização da acareação, deverão constar, também, eventuais reações anormais que tenham manifestado os acareados diante das perguntas feitas perante o depoente cujo depoimento mostrou-se contraditório, por exemplo, nervosismo repentino e excessivo, relutância em responder as perguntas *olhando* para outro acareado, rubor ou sudorese momentânea, etc. Isso porque tais sinais físicos, visíveis, embora não possam ser conclusivos, podem constituir, muitas vezes, fator a ser levado em conta para a maior ou menor valoração dos depoimentos cujas contradições buscaram-se esclarecer.

8.16.2. Fases e legitimados

A acareação poderá ser realizada tanto na fase do inquérito policial como na fase do processo judicial propriamente dito. Na fase do inquérito poderá ser ordenada pela autoridade policial por intermédio de sua própria iniciativa ou provocada via requisição do juiz ou do Ministério Público. Nada impede, evidentemente, que o Delegado de Polícia venha a realizá-la a partir de requerimento de eventuais interessados (do próprio investigado, de seu defensor e da vítima). Nesse último caso, haverá discricionariedade da autoridade policial em deferir ou não a providência em exame. No curso do processo criminal, a acareação poderá ser determinada a requerimento das partes ou, até mesmo, realizada *ex officio* pelo juiz desde que, neste último caso, justificada a diligência no objetivo de elidir dúvida gerada a partir das provas trazidas pelas partes. A propósito da atuação probatória de ofício pelo juiz, remetemos o leitor, pela importância, ao tópico 8.2.2 deste capítulo, em que aprofundamos o tema.

Questão relevante respeita à possibilidade de o representante do Ministério Público presidir acareações. Entendemos que tal possibilidade existe apenas quando estiver ele instruindo expediente de investigação criminal formalmente instaurado no âmbito da Promotoria de Justiça. Fora essa hipótese, não poderá presidir o ato, cabendo, na fase do inquérito, requisitá-lo à autoridade policial, e, na fase judicial, requerê-lo ao juízo.

8.16.3. Sujeitos da acareação

Dispõe o art. 229 do CPP que podem ser acareados **acusados**, **testemunhas** e **ofendidos**, entre si ou uns com os outros. É evidente a impropriedade do dispositivo ao referir-se apenas a "acusados". Considerando que a acareação também pode ocorrer na fase policial, é intuitivo que, igualmente, investigados e indiciados podem ser submetidos ao ato.

E quanto aos peritos? Não estão sujeitos à acareação. Havendo divergência entre laudos subscritos por peritos distintos, deverá o delegado ou o magistrado solicitar esclarecimentos, determinar a realização de laudos complementares ou designar nova perícia. Não, porém, submeter os *experts*, cujos laudos foram conflitantes, a acareação. Lembre-se que tal procedimento destina-se à solução de contradições entre depoimentos apenas quando houver suspeita de que um dos depoentes faltou com a verdade, e não quando as divergências decorrerem de análises técnicas, como é aquela realizada no curso do exame pericial.

Evidentemente, entre **advogados dos réus, do querelante, do assistente de acusação e Promotor de Justiça**, é absolutamente despropositado pretender-se a acareação, salvo, é claro, se, afastados do processo, estiverem na condição de testemunhas, observada, sempre, a regra do art. 207 do CPP, que proíbe de prestar depoimento quem saiba do fato em razão de função, profissão, ofício ou ministério.

8.16.4. Obrigatoriedade de comparecimento e de sujeição

Não há como constranger alguém a submeter-se ao procedimento da acareação, confirmando ou negando fatos anteriormente declarados, sejam acusados, testemunhas ou ofendidos. Nada impede, contudo, que sejam tais sujeitos conduzidos à Delegacia de Polícia ou ao Juízo na hipótese de não comparecimento injustificado. Em síntese, embora não se possa obrigar alguém a participar do ato, isto não significa que não exista obrigação de a ele fazer-se presente. Inclusive, em relação ao *acusado*, há previsão expressa no art. 260 do CPP de que, se não atender à intimação para *qualquer ato que, sem ele, não possa ser realizado* (e aí se inclui a acareação quando envolver contradições em depoimento por ele prestado), a autoridade poderá mandar conduzi-lo à sua presença, possibilidade esta que se estende, igualmente, ao *ofendido* (art. 201, § 1.º, do CPP) e à *testemunha* (art. 218 do CPP). Atente-se que, consoante mencionamos no *tópico 8.15.1 deste Capítulo*, o STF, no julgamento da ADPF 395/DF e da ADPF 444/DF, declarou não recepcionado o art. 260 do CPP no que toca à possibilidade de condução coercitiva do investigado ou do réu apenas para fins de ser interrogado. Logo, a nosso ver, tal proibição não alcança a possibilidade de condução coercitiva para outros atos em que é necessária sua presença, inclusive para acareação que envolva depoimentos seus anteriores.

8.16.5. Acareação por meio de carta precatória

O art. 230 do CPP prevê a possibilidade de realizar a acareação por meio de carta precatória quando as pessoas a serem acareadas encontrarem-se em localidades distintas. Dispõe referida norma legal que, *se ausente alguma testemunha, cujas declarações divirjam das de outra, que esteja presente, a esta se darão a conhecer os pontos da divergência, consignando-se no auto o que explicar ou observar*, sendo que, *se subsistir a discordância, expedir-se-á precatória à autoridade do lugar onde resida a testemunha ausente, transcrevendo-se as declarações desta e as da testemunha presente, nos pontos em que divergirem, bem como o texto do referido auto, a fim de que se complete a diligência, ouvindo-se a testemunha ausente, pela mesma forma estabelecida para a testemunha presente.*

Como se intui da redação do artigo, duas possibilidades podem ocorrer envolvendo contradições entre os depoimentos de pessoas que não estejam próximas:

1) *Constatada a contradição entre a testemunha "A" (que se encontra na comarca em que tramita o processo) e a testemunha "B" (que se encontra em comarca distinta) e, sendo "A" novamente ouvido,* reconsidera ele sua versão inicial: Neste caso, resolvida a contradição, é desnecessário que se proceda à expedição de carta precatória para oitiva de "B" a respeito.
2) *Constatada a contradição entre a testemunha "A" (que se encontra na comarca em que tramita o processo) e a testemunha "B" (que se encontra em comarca distinta) e, sendo*

"A" *novamente ouvido,* mantém ele sua versão inicial: Nessa hipótese, será expedida precatória para oitiva de "B", dando-se a ele conhecimento dos pontos conflitantes e do novo depoimento de A, para que esclareça a contradição.

Relativamente a essa modalidade de acareação, Espínola Filho refere que, por *testemunha ausente*, não se compreende, necessariamente, aquela que resida em Comarca distinta da sede do Juízo onde corre o processo, podendo ser considerada, também, a testemunha falecida ou incapaz de expressar-se, como a que tenha ficado insana supervenientemente ao primeiro depoimento. Nesse caso, sendo impossível a nova reinquirição, restaria confrontar o novo depoimento da testemunha presente na sede do juízo com as declarações já prestadas pela testemunha ausente, já que inviável a tomada de novo depoimento desta última.

Em verdade, a previsão incorporada ao citado artigo descaracteriza o instituto da acareação, visto que, a distância, não estarão os sujeitos frente a frente, inocorrendo, destarte, qualquer constrangimento. De qualquer sorte, existe a previsão.

8.17. PROVA DOCUMENTAL (ARTS. 231 A 238 DO CPP)

8.17.1. Conceito e classificação

O art. 232 do CPP define **documento** como escritos, instrumentos ou papéis, públicos ou particulares. Não obstante esta definição, na atualidade vem se considerando como **documento *lato sensu*** tudo aquilo capaz de *retratar* determinada situação fática, sejam papéis, sejam arquivos digitalizados na forma da Lei 12.682/2012 (que disciplina a digitalização, ao armazenamento em meio eletrônico, óptico ou equivalente e a reprodução de documentos públicos e privados), seja por meio de áudio ou vídeo, *v.g.*, um *DVD* com imagens relativas ao fato imputado. Qualquer coisa, enfim, capaz de representar um ato ou um fato. Tal amplitude é importante, já que, em se considerando tais elementos como *documentos*, sua juntada aos autos deve seguir as mesmas regras atinentes à da prova documental.

Os **documentos *lato sensu*** classificam-se em duas ordens, a saber: **instrumentos** *e* **documentos *stricto sensu***. Um e outro, por sua vez, dividem-se em **públicos** e **particulares.**

- **Instrumento** consiste no documento confeccionado com o objetivo específico de servir de prova do ato nele materializado. Sua elaboração depende de forma especial prevista em lei.
  - **Instrumento público** é aquele constituído perante a autoridade pública, no exercício de suas funções e que possua capacidade para lhe atribuir a presunção de verdade (fé pública). Tal presunção, evidentemente, não é absoluta, cedendo em face de prova em contrário. *Exemplos:* Instrumento público de procuração e a escritura de compra e venda de imóvel.
  - **Instrumento particular** é aquele para cuja constituição não houve a contribuição de qualquer agente público no exercício de função pública. *Exemplo*: letra de câmbio. Cabe ressaltar que, assinado que venha a ser perante um tabelião que reconheça a firma do signatário, o documento particular terá presunção de autenticidade.
- **Documento *stricto sensu*** é todo escrito que não foi elaborado com o propósito direcionado de ser utilizado como prova, embora, eventualmente, possa vir a ter essa finalidade. Sua utilização como prova é casual. Exemplos de **documento público**, como bem refere Fernando Capez (*Curso de processo penal*, 13. ed., p. 353), seriam as mensagens enviadas pelo Presidente da República ao Congresso Nacional; exemplo de **documento particular**, uma reportagem jornalística.

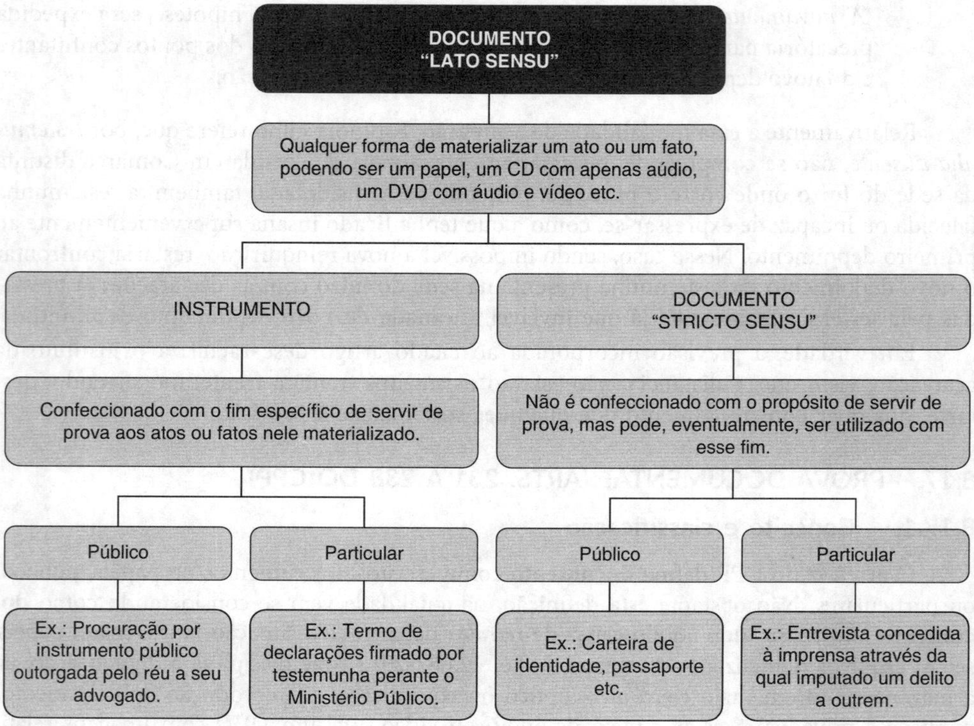

8.17.2. Momento de produção da prova documental (*lato sensu*)

Segundo dispõe o art. 231 do CPP, *documentos* podem ser juntados em qualquer fase do processo. Há, entretanto, exceção a esta regra no art. 479, restringindo, no Tribunal do Júri, a exibição de documento aos Jurados, ao dispor que "durante o julgamento não será permitida a leitura de documento ou a exibição de objeto que não tiver sido juntado aos autos com a antecedência mínima de 3 (três) dias úteis, dando-se ciência à outra parte".

Em princípio, qualquer documento pode ser exibido ou requerido pelas partes, ressalvados, é claro, aqueles obtidos por meios ilícitos, como cartas violadas (art. 233 do CPP). Inclusive, observada a regra do art. 3º-A do CPP, incluída pela Lei 13.964/2019 (remetemos o leitor, aqui, ao tópico 8.2.2 deste capítulo, em que aprofundamos o tema), o próprio magistrado, de ofício, no curso da instrução ou antes de proferir sentença, tem a faculdade de requisitar documentos (art. 156, II, do CPP).

Não será lícito ao juiz, contudo, autorizar a apreensão de documentos que se encontrem em poder do advogado, mesmo porque o art. 7.º, II, do Estatuto da Advocacia (Lei 8.906/1994) assegura ao referido profissional o direito à inviolabilidade de seu escritório ou local de trabalho, bem como de seus instrumentos de trabalho, de sua correspondência escrita, eletrônica, telefônica e telemática, desde que relativas ao exercício da advocacia. É importante considerar, entretanto, que esse mesmo dispositivo, em seu § 6.º, abre exceção à referida inviolabilidade, facultando ao juiz competente, quando presentes **indícios de autoria e materialidade de crime** realizado pelo próprio advogado, decretar a quebra da inviolabilidade por meio de decisão fundamentada de busca e apreensão, em que conste o objeto da medida, devendo, ainda, o cumprimento da diligência ser feito na presença de um representante da OAB. Mais recentemente, a Lei 14.365/2022, introduzindo os §§ 6.º-A a 6.º-H ao mesmo artigo, restringiu o alcance desta exceção legal, determinando a excepcionalidade de medidas judiciais cautelares que importem na violação do escritório ou do local de trabalho; a proibição de que tais medidas sejam autorizadas exclusivamente com base em declarações de colaborador (alusão à colaboração premiada, nos casos em que permitida) sem confirmação por outros meios de prova; o dever do representante da OAB referido no § 6.º de impedir que documentos, mídias e objetos não relacionados à investigação, especialmente de outros processos do mesmo cliente ou de outros clientes que não sejam pertinentes à persecução penal, sejam analisados, fotografados, filmados, retirados ou apreendidos do escritório de advocacia; o sigilo do conteúdo de documentos, mídias ou objetos não relacionados à investigação, quando, por sua natureza ou volume, não for possível separá-los no momento da execução da medida judicial de apreensão ou da retirada do material; e o direito de o representante da OAB e do advogado investigado de acompanhar todos os atos relacionados à análise dos documentos e dispositivos de armazenamento de informação apreendidos ou interceptados, visando, com isto, muito especialmente, assegurar que elementos alheios ao objeto da investigação porventura presentes no material apreendido ou interceptado sejam analisados ou considerados.

8.17.3. Valor probante dos instrumentos

Os **instrumentos públicos** são considerados *autênticos* quando constituídos perante oficial público competente. Sendo assim, têm força probante não apenas entre as partes, como também em relação a terceiros, atestando a existência dos atos e fatos certificados pelo oficial. Referidos instrumentos fazem prova:

a) quanto aos fatos ocorridos na presença do oficial público que os tenha lavrado;
b) quanto à declaração da vontade que tenha o oficial público ouvido das partes;
c) quanto aos atos e fatos nele documentados.

Existe, enfim, presunção de verdade, a qual, porém, não é absoluta, admitindo-se prova em contrário nas hipóteses de vícios de consentimento.

Cabe ressaltar que certos atos possuem forma especial ditada por lei. Nesse caso seu valor está condicionado à observância dessa forma, e, se realizados por modo diverso, poderão ser considerados nulos, sem nenhum valor probante, ou, conforme o caso, equiparados a instrumentos particulares.

Os **instrumentos particulares**, subscritos pelas partes, sendo assinados por, no mínimo, duas testemunhas, têm força probante quanto às obrigações convencionadas. Tal eficácia, contudo, se dá apenas em relação às partes, não alcançando terceiros.

O instrumento particular será considerado autêntico quando reconhecida a firma do signatário pelo tabelião, declarando que foi aposta em sua presença. Nesse caso, eventual impugnação somente poderá ser admitida quando ficar comprovado que os fatos declarados no instrumento não ocorreram, ou que a declaração encontra-se maculada por ter sido obtida por erro, dolo ou coação.

8.17.4. Vícios dos documentos e incidente de falsidade documental

Os vícios que podem macular a prova documental classificam-se em **extrínsecos** e **intrínsecos**:

- *Vícios extrínsecos*: relacionados à inobservância das formalidades exteriores exigidas por lei a determinados documentos;
- *Vícios intrínsecos*: referentes à essência do ato ou fato materializado no documento.

Já a falsidade do documento, por sua vez, pode ser considerada nos aspectos **material** e **ideológico**:

- *Falsidade material*: ocorrente na hipótese de ser criado um documento falso, fruto de adulteração ou alteração de documento existente. Neste caso, o documento é transformado materialmente.
- *Falsidade ideológica*: se dá em relação à substância do ato ou fato materializado no documento.

Para apuração da **falsidade,** regulamentam os arts. 145 e seguintes do CPP o procedimento do *incidente de falsidade documental*, o qual pode ser suscitado por qualquer das partes no curso do processo penal. Este incidente será autuado em apartado, sendo intimada, em seguida, a parte contrária para responder em quarenta e oito horas. Decorrido esse prazo, o magistrado oportunizará às partes a produção de provas, pelo prazo de três dias, ordenando, logo após, as diligências que lhe pareçam necessárias. Ao final de tudo isso, decidirá pela procedência ou improcedência do incidente, decisões estas que comportam recurso no sentido estrito (art. 581, XVIII, do CPP).

Note-se que pode o juiz, de ofício, proceder à verificação da falsidade, não estando, pois, condicionado a requerimento prévio dos interessados. Veja-se que, ao assim determinar, não estará o juiz substituindo-se ao papel das partes na produção probatória (caso em que o agir de ofício do magistrado é proibido, consoante abordamos no tópico 8.2.2) mas, simplesmente, adotando medida para confirmar a autenticidade de prova já acostada ao processo criminal.

Outro aspecto importante refere-se à coisa julgada que decorre dessa decisão: unicamente formal. É que, segundo dispõe o art. 148 do CPP, *qualquer que seja a decisão, não fará coisa julgada em prejuízo de ulterior processo penal ou civil*, vinculando, pois, unicamente, o processo ao qual está apenso o incidente. Não se fala, enfim, em coisa julgada material.

8.17.5. A correspondência como documento e sua utilização pelo destinatário como prova contra o remetente

O art. 233, parágrafo único, do CPP possibilita ao destinatário utilizar, como prova, em defesa de seu direito, a correspondência que lhe foi encaminhada, ainda que não haja o consentimento do remetente. Considerando que o Código de Processo Penal remonta à década de 1940 e tendo em vista a superveniência da Constituição Federal de 1988, preservando o direito à intimidade, já se indagou acerca de ter sido recepcionada essa previsão no atual ordenamento[113].

Na atualidade, inexistem maiores controvérsias a respeito da constitucionalidade dessa previsão legal. Enfim, nada impede que o **destinatário** de uma correspondência dela se utilize em defesa de seu direito, ainda que a isso não tenha anuído o subscritor da carta. Isso ocorre por duas razões: *primeiro*, porque, em defesa de *seu direito*, estará ele utilizando-se de um meio legítimo, amparado pela excludente de ilicitude da legítima defesa própria; *segundo*, porque, na medida em que alguém encaminha uma mensagem escrita a outrem, age como se estivesse abrindo, em favor dessa pessoa, a intimidade incorporada ao teor do documento. Não há que falar, então, em violação da privacidade tutelada no art. 5.º, X, da CF nesse caso.

---

[113] Questão de Concurso: *"Carta particular obtida por meio criminoso pode ser admitida como prova documental que sirva para determinar a absolvição do réu?"* (Magistratura do Estado de São Paulo – 2009).

Bem diferente, contudo, é a utilização da carta por **terceiro**, vale dizer, por pessoa distinta daquela a que foi endereçada. Nesse caso, necessário diferenciar três situações:

- **Terceiro obtém a carta por meios fraudulentos, subtraindo-a, por exemplo, do respectivo destinatário:** A **prova será ilícita**, tendo em vista a evidente violação do art. 5.º, XII, da CF, bem como do art. 233, *caput*, do CPP.
- **Destinatário da carta, pessoa conhecida do subscritor, mas que com ele não mantém relacões de confiança, entrega a carta que lhe foi enviada a terceiro:** Não havendo quebra de confiança entre subscritor e destinatário a ponto de sentir-se o primeiro profundamente decepcionado com o agir do segundo ao entregar a carta a outrem para que dela se utilize, **a prova será lícita**. É que, nesse caso, não terá ocorrido nenhum afrontamento à garantia constitucional da intimidade prevista no art. 5.º, X, da Carta da República. Logo, a carta em questão tanto poderá ser utilizada pelo terceiro para defesa de direito seu como também como meio de prova contra o seu subscritor.
- **Destinatário da carta, pessoa conhecida do subscritor e que com ele mantém relações de confiança (marido/mulher, psiquiatra/paciente, advogado/cliente etc.), entrega carta confidencial que lhe foi encaminhada a terceiro:** Nesta hipótese, **a prova será ilícita**, considerando-se violado o art. 5.º, X, da CF em face da quebra de confiança levada a efeito pelo destinatário em relação ao subscritor do documento. Evidentemente, se não houver outra forma de inocentar o terceiro a não ser esse documento, poderá ele valer-se da carta em face do princípio da proporcionalidade, que autoriza, em casos extremos, o uso de prova ilícita em prol do réu, a fim de evitar uma condenação injusta. Todavia, o mesmo documento não poderá ser utilizado contra o subscritor, visando, por exemplo, incriminá-lo em relação à conduta descrita na carta.

Enfim, a questão da utilização da carta pode ser assim sintetizada:

---

1) *A* encaminha carta a *B*, com quem mantém relações de confidência: *B poderá utilizar licitamente* a carta para a defesa de seu direito.
2) *A* encaminha carta a *B*, com quem não mantém relações de confidência: *B poderá utilizar licitamente* a carta para a defesa de seu direito.
3) *A* encaminha carta a *B*, com quem mantém relações de confidência, que a entrega a C: *C não poderá utilizar licitamente* a carta para a defesa de seu direito, salvo se for a única prova capaz de beneficiá-lo. O documento, contudo, não poderá ser utilizado para incriminar *A*.
4) *A* encaminha carta a *B*, com quem não mantém relações de confidência, que a entrega a C: *C poderá utilizar licitamente* a carta para a defesa de seu direito. O documento poderá ser utilizado para incriminar *A*.

8.18. INDÍCIOS (ART. 239 DO CPP)

8.18.1. Considerações gerais

A conceituação acerca do que sejam os **indícios** encontra-se no próprio art. 239 do CPP. Trata-se de circunstâncias conhecidas e provadas, a partir das quais, por dedução, conclui-se sobre um fato determinado.

Embora, no sistema instituído pelo Código de Processo Penal de 1941, possuam os indícios, teoricamente, o mesmo valor das demais provas – visto que a regra nele estipulada é a ausência de hierarquia entre os diversos elementos de convicção –, a verdade é que doutrina e jurisprudência dominantes opõem-se à possibilidade de a sentença condenatória fundamentar-se, apenas em indícios, ainda que se mostrem veementes.

Independentemente disto, não se pode ignorar que, em termos legais, prevê-se a possibilidade de que outras ordens de decisões sejam fundamentadas apenas em provas indiciárias, por exemplo: *sequestro de bens* (art. 126 do CPP), *prisão preventiva* (art. 312 do CPP) e *decisão de pronúncia* (art. 413 do CPP), sendo esta viabilidade referendada pelos tribunais pátrios.

E o que são contraindícios? São circunstâncias que invalidam, em determinadas condições e circunstâncias, os indícios colhidos contra alguém. Exemplo de contraindício reside no álibi, que pode desfazer o indício de que, no dia e horário do crime, o réu se encontrava no local onde este ocorreu.

8.18.2. As presunções

Os indícios diferem das **presunções**. Estas, com efeito, são estabelecidas pela lei e, por isso mesmo, são capazes, em situações expressamente autorizadas, por si, de fundamentar juízo de condenação. As presunções classificam-se em relativas ou absolutas, conforme admitam ou não, respectivamente, prova em sentido contrário. Exemplo de **presunção absoluta** reside na inimputabilidade penal do menor de 18 anos, ao qual vedado integrar o polo passivo de relação processual. Por outro lado, exemplo de **presunção relativa** está na imputabilidade penal do maior de 18 anos, a qual pode ser desfeita se, instaurado incidente de insanidade mental no curso do inquérito ou do processo, vier a ficar comprovado que, ao tempo do fato, era o indivíduo total ou parcialmente incapaz de compreender o caráter ilícito de sua conduta e de se autodeterminar de acordo com esse entendimento.

8.19. BUSCA E APREENSÃO (ARTS. 240 A 250 DO CPP)

8.19.1. Considerações gerais

Por **busca** compreendem-se as diligências realizadas com o objetivo de investigação e descoberta de materiais que possam ser utilizados no inquérito policial ou no processo criminal, assim como de pessoas em relação às quais exista ordem judicial de prisão ou que sejam vítimas de crimes. Trata-se de uma atitude de *procura*, a ser realizada em *lugares* ou em *pessoas*. Já por **apreensão** depreende-se o ato de retirar alguma coisa que se encontre em poder de uma pessoa ou em determinado lugar, a fim de que possa ser utilizada com caráter probatório ou assecuratório de direitos.

Quanto à *natureza jurídica* da busca e apreensão, tudo dependerá do caráter de que venha a se revestir. Normalmente, assume natureza de *meio de prova*, destinada à utilização nas investigações criminais e nos processos judiciais. Pode, contudo, revestir-se de caráter *assecuratório de direitos*, como ocorre na hipótese de ser efetivada em decorrência de determinação de arresto (art. 137 do CPP), cujo objetivo é garantir o êxito da reparação civil dos danos causados pela prática da infração penal.

No tocante às *fases* de seu cabimento, é admitida tanto no curso do inquérito policial como durante o processo judicial, respeitadas, é claro, as disposições legais e constitucionais existentes em torno dessa providência.

A *classificação* da diligência de busca e apreensão é definida no art. 240 do CPP: busca domiciliar, se realizada na casa do investigado ou acusado (§ 1.º); e busca pessoal, se efetivada no corpo da pessoa ou em objetos que traga consigo (§ 2.º).

Em termos de *legitimação*, a *busca domiciliar* poderá ser ordenada pelo juiz a requerimento do Ministério Público, do querelante, do assistente de acusação, do defensor e ainda por representação do delegado (quanto a este último, a legitimidade para representar ocorre apenas na fase do inquérito). Tratando-se de *busca pessoal*, além do juiz, poderá o próprio delegado de polícia ordená-la.

E quanto ao juiz "ex officio", subsiste a legitimidade prevista no art. 242 do CPP para determinar a busca e apreensão? Conforme referimos no tópico 8.2.2, sob pena de ofensa ao sistema acusatório, não se há de viabilizar a determinação oficiosa de provas pelo juiz na fase investigativa, raciocínio este que alcança, por óbvio, a busca e apreensão (mesmo porque esta diligência não possui apenas a natureza de meio de prova, assumindo, também, o caráter de providência cautelar restritiva). Na fase judicial, contudo, embora não seja absolutamente vedada, a faculdade judicial é limitada, podendo ser exercida apenas quando justificada no objetivo de **dirimir dúvidas relevantes surgidas a partir das provas requeridas ou trazidas pelas partes**. A título de exemplo, considere-se a hipótese em que o magistrado, de ofício, com a referida finalidade (saneamento de dúvidas), tenha requisitado a órgão público a remessa do prontuário de entrada de veículo apreendido em depósito. Não atendida, injustificadamente, essa requisição, nada impede o juiz de ordenar a apreensão do aludido documento.

E quanto às Comissões Parlamentares de Inquérito? Tendo em vista o disposto no art. 3.º-A da Lei 1.579/1952, que faculta ao presidente de CPI requerer medidas cautelares relativas a bens com fortes indicativos de proveniência ilícita, está claro que tais Comissões enquadram-se dentre os legitimados para o pedido de busca e apreensão, tanto domiciliar quanto pessoal. Não poderão, contudo, com fundamento no mencionado artigo, determinar tais buscas.

OBSERVAÇÃO IMPORTANTE: a moderna concepção doutrinária tem verificado três finalidades distintas na efetivação da busca e apreensão:

Primeira, voltada tanto à busca domiciliar quanto à pessoal, consistente na obtenção de elementos para elucidação da infração já praticada, encontrando esteio no art. 240 do CPP, caracterizando-se, aqui, a chamada **busca investigativa**;

Segunda, denominada de **busca preventiva**, mais direcionada à busca pessoal, cujo objetivo é o de evitar o cometimento de crimes e, consequentemente, garantir a ordem pública, a incolumidade das pessoas e a integridade do patrimônio alheio. Trata-se, por exemplo, das revistas pessoais facultadas como condição para o ingresso em determinados locais, a exemplo de estádios de futebol (art. 13-A, III, da Lei 10.671/2003); e

Terceira, a **busca exploratória**, assim compreendida aquela em que a autoridade policial, mediante autorização judicial, ingressa em locais protegidos pela garantia da privacidade, a fim de viabilizar determinada investigação criminal. Esta modalidade de busca ficou notabilizada a partir de operação realizada pela polícia federal em 2007, visando desbaratar organização criminosa que atuava na *venda* de decisões judiciais. Com essa finalidade, munida de ordem judicial, adentrou a polícia no escritório de advogado supostamente envolvido na facção, lá instalando, durante a madrugada, equipamento de captação acústica, pois, segundo as evidências, era lá que ocorria a consumação dos crimes noticiados. Perceba-se que as provas obtidas a partir dessa *busca exploratória* foram consideradas lícitas pelo Plenário do STF (Inq. 2.424/RJ, 20.11.2008).

Já quanto à *execução do mandado de busca domiciliar*, normalmente está afeta à autoridade policial e seus agentes, mesmo porque a Constituição Federal dispõe que as funções de polícia judiciária (nas quais se incluem o cumprimento desses mandados) é atribuição exclusiva das polícias federal (art. 144, § 1º, IV) e civil (art. 144, § 4º)[114]. Sem embargo desta regra, nada impede, por exemplo, o oficial de justiça, os integrantes de guardas municipais[115] e o próprio Ministério Público de participar em diligência de busca domiciliar realizada por aquelas polícias.

E quanto à busca pessoal? Na medida que independe da expedição de mandado, bastando a existência de *fundada suspeita* de que o indivíduo esteja na posse de coisas ou objetos ilícitos (art. 244 do CPP), infere-se que pode ser realizada por qualquer dos órgãos encarregados da segurança pública contemplados no *caput* do art. 144 da CF (polícias federal, civil, militar, corpos de bombeiros militares, polícia rodoviária federal, polícia ferroviária federal e polícias penais).

Situação interessante refere-se às **guardas municipais**. Quanto a estas, especialmente após o advento da Lei 13.022/2014 (Estatuto Geral das Guardas Municipais), vigorava a orientação de que, em que pese não possuam atribuição de policiamento ostensivo (o art. 144, § 8.º, da CF refere que essas guardas possuem atribuições restritas à proteção dos bens, serviços e instalações municipais), tal limitação "não retira de seus membros a condição de agentes da autoridade, e como tal autorizados à prática de atos de defesa da sociedade", validando, assim, a orientação de que *se os guardas municipais estão autorizados ao mais (realização de prisão em flagrante), certamente também estão ao menos (efetivação da revista na tentativa de localização do produto do crime)*[116]. Todavia, revisando seu entendimento anterior, o STJ, por ocasião do julgamento do REsp 1.977.119/SP[117], sedimentou a posição de que "somente é possível que as guardas municipais realizem excepcionalmente busca pessoal se houver, além de justa causa para a medida (fundada suspeita de posse de corpo de delito), relação clara, direta e imediata com a necessidade de proteger a integridade dos bens e instalações ou assegurar a adequada execução dos serviços municipais, o que não se confunde com permissão para realizarem atividades ostensivas ou investigativas típicas das polícias militar e civil para combate da criminalidade urbana ordinária. Assim, somente em situações absolutamente excepcionais a guarda pode realizar a abordagem de pessoas e a busca pessoal, quando a ação se mostrar diretamente relacionada à finalidade da corporação"[118].

E quanto aos ***agentes de segurança privada****?* Estes não possuem poder para realizar busca pessoal. Se o fizerem, as provas que decorrerem da revista serão ilícitas[119], sem prejuízo da possibilidade de responderem criminalmente pelo crime de constrangimento ilegal (art. 146 do CP), caso a conduta tenha sido praticada com uso de violência (incluída aqui a força física) ou grave ameaça.

---

114 "Há distinção entre polícia judiciária, responsável pelo cumprimento de ordens judiciais, como a de prisão preventiva, e polícia investigativa, atinente a atos gerais de produção de prova quanto a materialidade e autoria delitivas. A primeira é que a Constituição Federal confere natureza de exclusividade, mas sua inobservância não macula automaticamente eventual feito criminal derivado" (PGR). A Constituição da República diferencia as funções de polícia judiciária e de polícia investigativa, sendo que apenas a primeira foi conferida com exclusividade à polícia federal e à polícia civil, o que evidencia a legalidade de investigações realizadas pela polícia militar e da prisão em flagrante efetivada por aquela corporação." (STJ, RHC 78.743/RJ, *DJ* 22.11.2018).

115 STJ, AgRg no HC 476.668/SP, *DJ* 08.03.2019.

116 STJ, HC 109.105/SP, 5.ª Turma, Rel. Min. Arnaldo Esteves de Lima, *DJ* 22.03.2010.

117 STJ, 6.ª Turma, Rel. Min. Rogério Schietti Cruz, j. 26.08.2022.

118 STJ: AgRg no HC 771.705/SP, 5.ª Turma, Rel. Min. Reynaldo Soares da Fonseca, j. 27.09.2022, *DJe* 04.10.2022, No mesmo sentido: HC 772.471/SP, 6.ª Turma, Rel. Min. Rogerio Schietti Cruz, j. 18.10.2022, *DJe* 21.10./2022.

119 STJ, HC 470.937/SP, *DJ* 17.06.2019 (Informativo 651). No mesmo sentido: STJ, REsp 2.005.007, Rel. Ministro Ribeiro Dantas, j. 15.09.2022, *DJ* 19.09.2022.

8.19.2. Busca e apreensão domiciliar

8.19.2.1. Amplitude de domicílio e as fundadas razões que autorizam a medida

A busca e apreensão domiciliar possui tutela constitucional, que, se violada, acarreta a ilicitude da prova obtida. Trata-se da previsão do art. 5.º, XI, da CF, estabelecendo que *a casa é asilo inviolável do indivíduo, ninguém nela podendo penetrar sem consentimento do morador, salvo em caso de flagrante delito ou desastre, ou para prestar socorro, ou, durante o dia, por determinação judicial.* A regra, como se vê, é a necessidade de ordem judicial, realizando-se, ainda, a busca durante o dia.

Aspecto importante refere-se à extensão do conceito normativo de "casa". Para efeitos da busca e apreensão, compreendemos que o alcance dessa expressão deve ser o mais amplo possível, superando-se o conceito de domicílio previsto no Código Civil segundo o qual se considera como tal o local em que a pessoa se estabelece com ânimo definitivo de moradia (art. 70) ou onde exerce a sua profissão (art. 72).

Correto, enfim, utilizar a definição incorporada ao art. 150, § 4.º, do CP e ao art. 246 do CPP, inserindo-se no conceito de casa *qualquer compartimento habitado, aposento ocupado de habitação coletiva ou qualquer compartimento não aberto ao público no qual exercida profissão ou atividade.* Assim, a gerência de um supermercado, não sendo um local aberto ao público em geral, deve ser inserida, para efeitos da medida, na abrangência das regras que disciplinam a busca domiciliar, diferentemente do que ocorre com os corredores do mesmo estabelecimento, passíveis de busca independentemente das formalidades que regem esse meio de prova.

De qualquer sorte, algumas questões merecem destaque especial não apenas pela relevância que possuem, como também em razão das controvérsias que produzem. Consistem:

- **Pátio da casa:** Tratando-se de local cercado ou, ainda que não haja essa delimitação, havendo evidências certas de que integra o ambiente da residência, o pátio deverá ter o mesmo tratamento desta, exigindo, para que se proceda a busca e apreensão, a ordem judicial. Bem diferente, todavia, é a situação dos campos abertos ou terrenos baldios, nos quais é permitida a livre ação da autoridade para diligenciar e apreender objetos e provas.
- **Veículos:** Não podem ser equiparados a domicílio, pois se trata de coisas que pertencem à pessoa. No mesmo caso encontram-se os ônibus de transporte de passageiros, que podem ser livremente examinados. Diferente é a situação da rotulada *boleia* do caminhão, que se equipara a domicílio na hipótese de encontrar-se o motorista em viagem prolongada, valendo-se da cabine do veículo como dormitório, lá possuindo seus objetos pessoais, roupas e material de higiene. Nesse caso, deve ser respeitada a previsão constitucional exigente de ordem judicial para revista específica, quer dizer, a abordagem diretamente relacionada àquele veículo. Evidentemente, essa regra não tem aplicabilidade na hipótese de *blitz*, que se caracteriza como operação de revista geral em todos os veículos que passam por determinado local, caso em que a revista aos veículos deve ser livremente facultada.
- ***Trailers*, cabine de barcos, barracas, *motor homes* e afins:** Tratando-se de locais destinados à habitação, ainda que provisória, da pessoa, deverão receber idêntico tratamento conferido à busca na casa propriamente dita.
- **Repartições públicas:** Aqui a busca equipara-se à domiciliar. Entretanto, há duas orientações a respeito da oportunidade de sua realização. *Primeira,* no sentido de que deve, necessariamente, ser precedida de requisição da autoridade competente

ao responsável pela repartição. Conforme esta posição, a determinação judicial de busca e apreensão apenas ocorrerá se desatendida requisição prévia pelo responsável ou se houver suspeita do envolvimento em prática criminosa desse responsável ou de servidor que, ciente da diligência judicial, possa modificar o estado das coisas ou esconder, alterar ou destruir provas. *Segunda,* entendendo que é viável a realização da busca de pronto, vale dizer, independentemente de prévia requisição, desde que ocorrentes as situações legais que autorizam a providência, especialmente as *fundadas razões que a justifiquem*. Sopesando estas duas linhas de pensamento, compreendemos correta a primeira orientação.

- **Quarto ocupado de hotel, motel, pensão, hospedaria e congêneres:** Quarto de hotel e similares, quando ainda ocupados, qualificam-se juridicamente como *casa* para fins da tutela da inviolabilidade domiciliar. Portanto, a inobservância das regras legais e constitucionais na busca e apreensão realizada nesta espécie de recinto conduz à ilicitude da prova, acarretando o seu banimento do processo criminal. O mesmo não ocorre, entretanto, quando, encontrando-se aberto o estabelecimento, não estiver o quarto em que se deva proceder a operação de busca ocupado por pensionistas ou hóspedes.
- **Escritório, consultório, gabinete de trabalho e similares:** Estão abrigados pela tutela constitucional, exigindo-se, portanto, ordem judicial para que lá sejam feitas diligências de busca. *E se o escritório, consultório, gabinete e congêneres não estiverem ocupados no momento da busca?* Embora haja controvérsia, já decidiu o STF por afastar os referidos ambientes da proteção constitucional da inviolabilidade domiciliar quando não estiverem ocupados no momento da diligência. Isto ocorreu no julgamento do já mencionado Inquérito 2.424/RJ[120] (20.11.2008), entendendo aquela Corte que "é, no mínimo, duvidosa a equiparação entre escritório vazio com domicílio *stricto sensu*, que pressupõe a presença de pessoas que o habitem". Neste contexto, validou a busca e apreensão realizada no local, durante a noite (*in casu*, tratava-se do escritório de advogado a quem se imputava participação em crimes), refutando os argumentos de que essa providência teria afrontado o art. 5.º, XI, da CF por não ter sido realizada no período diurno.
- **Gabinete ocupado por servidor público:** Também aqui incide a proteção constitucional. Considere-se, por exemplo, o gabinete de um delegado de polícia: mesmo que situado em prédio público, a busca em tal lugar insere-se no contexto de *busca domicílio* para efeitos legais e constitucionais, já que se trata de compartimento cujo acesso é restrito e depende de autorização, "constituindo local fechado ao público em que determinado indivíduo exerce suas atividades"[121].
- **E quanto à casa não habitada?** Não estamos referindo, por óbvio, à situação do imóvel que é ocupado, apenas lá não se encontrando o morador no momento da diligência, pois tal situação, por óbvio, não afasta a tutela constitucional. Estamos tratando, isso sim, da casa que, nem mesmo transitoriamente, é habitada por alguém. Nesse caso, partindo da consideração de que o objetivo da norma do art. 5.º, X, da CF é tutelar o direito à privacidade, pensamos que não se pode condicionar a operação de busca às restrições do citado dispositivo constitucional, já que, em tal hipótese, simplesmente não há intimidade a ser preservada. Não foi outro, aliás, o entendimento

---

[120] Inquérito em que se imputa a magistrados (Ministro do STJ, dois membros do TRF da 2.ª Região e um juiz do TRT da 15.ª Região) e outros (um procurador regional da República e um advogado, este irmão do aludido Ministro do STJ) a suposta prática dos crimes de quadrilha, corrupção passiva e prevaricação (CP, arts. 288, 317, *caput* e § 1.º, e 319, respectivamente).

[121] STJ, HC 298.763/SC, *DJ* 14.10.2014.

do STJ, ao concluir que "não se verifica nulidade na busca e apreensão efetuada por policiais, sem prévio mandado judicial, em apartamento que não revela sinais de habitação, nem mesmo de forma transitória ou eventual"[122].

8.19.2.2. A ordem judicial

Para o deferimento da ordem judicial de busca e apreensão domiciliar é necessária a existência de **fundadas razões** que a autorizem (art. 240, § 1.º, do CPP), como tais consideradas aquelas externadas por meio de motivação concreta quanto à sua ocorrência e amparadas, senão em início de prova, ao menos em indícios relativamente convincentes quanto à necessidade da medida. Divergem, como se vê, das razões que autorizam a *busca pessoal*, para as quais é suficiente a existência de **fundada suspeita** de que alguém esteja na posse dos objetos mencionados em lei (art. 240, § 2.º, do CPP). Assim, ao autorizar a busca domiciliar, a autoridade judicial deve, "de forma inequívoca, demonstrar, nos fundados motivos, que a restrição ao direito individual aflora inafastável, para a persecução penal; evidenciar o interesse social concreto, prevalecendo sobre o individual; ser proporcional ao fim almejado; estar ajustada, em sua concretude, com a finalidade perseguida. E, mais, patentear sua imprescindibilidade, oportunidade e conveniência"[123]. A propósito, tem considerado o STJ que, "ausente qualquer fundamentação na decisão que decretou a **busca** e a apreensão, determinando-se simplesmente a 'expedição do mandado solicitado', é de reconhecer a ilicitude da prova produzida com a medida"[124]. No enfoque das *fundadas razões,* surge a questão da validade da busca e apreensão determinada a partir de **denúncia anônima**. Logicamente, a diligência proveniente apenas desta natureza de informação é ilícita, mesmo porque o anonimato é vedado pela *Lex Fundamentallis* (art. 5.º, IV, da CF). Outro, aliás, não é o entendimento do STF, deliberando que "*a jurisprudência deste Tribunal é assente no sentido de que denúncias anônimas não podem embasar, por si só, medidas invasivas como interceptações telefônicas e buscas e apreensões, devendo, para tanto, ser complementadas por diligências investigativas posteriores*"[125].

Outra exigência é a de que, se não for *determinado* (rua e número explicitados), deve ser ao menos *determinável* o **local** da busca, bem como **quem** lá reside ou está sendo investigado. Afinal, trata-se a busca domiciliar de medida de exceção, visto que importa em violação do domicílio e, consequentemente, da intimidade alheia. Nesse contexto, seriam inadmissíveis o pedido e a expedição de ordem judicial genérica, facultando-se à autoridade ou ao agente da autoridade a escolha do local a ser invadido. Assim, apenas em caráter excepcional admite-se seja a medida autorizada sem a exata precisão do local e do morador. Mesmo nestes casos, contudo, é preciso que haja a possibilidade de determinação e pelo menos um deles deve ser informado ao juiz. Em suma, ou se conhece o endereço e se desconhece o morador ou vice-versa.

Não poderá, ainda, haver indefinição quanto ao **objeto** da providência – *v.g.*, apreensão de armas, localização de drogas, obtenção de documentos, objetos receptados etc. –, ao qual estará cingido o exequente da busca. Claro, portando mandado judicial destinado, por exemplo, à localização de armas de uso restrito, caso venha a autoridade encontrar drogas ilícitas, nada impedirá a respectiva apreensão, uma vez que, nesse caso, a manutenção da substância proibida, por si, já importa em prática criminosa, ensejando, inclusive, a voz de prisão em flagrante do morador. Pode ocorrer, entretanto, que no curso da operação

[122] STJ, HC 588.445/SC, *DJ* 31.08.2020.

[123] PITOMBO, Cleunice A. Valentim. *Da busca e da apreensão no processo penal*. 2. ed. São Paulo: RT, 2005. p. 130.

[124] STJ, HC 51.586/PE, *DJ* 05.05.2008.

[125] STF, HC 180.709/SP, *DJ* 14.08.2020.

de busca, localize o executor da diligência elementos de prova de crime que não está sob investigação e que isto não configure hipótese de prisão em flagrante. Perceba-se: em investigação de estelionato, ao cumprir mandado de busca domiciliar destinado à apreensão de documentos que comprovam esse crime, localiza a autoridade policial, em poder do morador, uma chave *micha* (ou *mixa*), assim conhecida a ferramenta destinada a arrombar fechaduras. Embora não seja este o objeto da busca, entendemos que tal instrumento pode ser apreendido licitamente e utilizado como prova, por exemplo, na investigação de furtos de veículos praticados na região. Trata-se de caso típico de aplicação do **fenômeno da serendipidade**[126] que, aplicado ao processo criminal, traduz a chamada descoberta casual ou fortuita de provas, largamente aceita pela doutrina e pela jurisprudência. Logo, não há de se cogitar de ilicitude da prova resultante da apreensão do referido objeto simplesmente pelo fato de ter sido ele descoberto quando da procura de indícios de outro delito. Tal situação, aliás, amolda-se àquela em que, autorizada judicialmente a violação de comunicação telefônica para apurar determinado crime punido com reclusão, descobre-se, fortuitamente, prova relativa à prática de outro delito, sendo firme a jurisprudência, neste caso, no sentido da validade da interceptação (ver itens 8.4.5.3 e 8.5.9 deste capítulo).

Por fim, deve-se destacar que, mesmo fora das hipóteses de *flagrante, desastre, socorro* e *consentimento do morador*, a exigência do mandado é dispensada quando o próprio juiz competente para expedi-lo realizar a busca pessoalmente (acompanhado, é claro, de agentes da força pública). No caso, a desnecessidade da ordem escrita decorre da previsão do art. 241, segundo o qual a busca domiciliar deverá ser precedida da expedição de mandado, salvo quando a própria autoridade judiciária realizá-la pessoalmente. Quanto à faculdade conferida em precitado dispositivo no sentido da dispensa do mandado quando o delegado de polícia cumprir pessoalmente a busca, não foi, obviamente, recepcionada pelo art. 5.º, XI, da CF. Destarte, o dispositivo vige apenas em relação ao magistrado.

8.19.2.3. Restrição quanto ao horário

A busca e apreensão domiciliar, conforme se infere do art. 5.º, XI, da Carta da República, poderá ser realizada em qualquer dia e hora, independentemente de ordem judicial, nos casos de **flagrante**, **desastre**, **socorro** ou, em qualquer hipótese, havendo o **consentimento do morador**.

Relativamente ao *flagrante*, como escusa permissiva da invasão domiciliar desautorizada, é preciso ter em mente que este se classifica em *próprio, impróprio e presumido*. Por *flagrante próprio* (ou *verdadeiro*), compreende-se a hipótese em que o agente é surpreendido cometendo a infração penal ou quando acabou de cometê-la (art. 302, I e II, do CPP); por *flagrante impróprio* (ou *quase flagrante*), entende-se a situação em que o agente é perseguido ininterruptamente, logo após a prática do crime, em situação que faça presumir ser o autor da infração; por fim, por *flagrante presumido* (ou *ficto*), entende-se o caso de ter sido encontrado o sujeito, logo depois da ocorrência de um delito, com instrumentos, armas, objetos ou papéis que façam presumir ter sido ele o autor da infração (art. 302, IV, do CPP). Pois bem, para fins de ser realizada a busca domiciliar sem ordem judicial, basta que se considere o agente como em situação de flagrância, não importando qual a modalidade de flagrante tenha se operado na espécie concreta, visto não fazer a Constituição Federal nenhuma ressalva a respeito.

Ainda em relação à hipótese de flagrante delito, como permissiva da busca e apreensão domiciliar à revelia de ordem judicial, é necessário atentar que o STF, no julgamento do Recurso Extraordinário n.º 603.616/TO (*DJ* 10.05.2016), apreciando o Tema 280 da Repercussão Geral, fixou a tese de que "*a entrada forçada em domicílio sem mandado judicial só é lícita,*

---

126 Palavra vem do inglês *serendipity*, significando "descobrir coisas por acaso".

mesmo em período noturno, quando amparada em fundadas razões, devidamente justificadas a posteriori, que indiquem que dentro da casa ocorre situação de flagrante delito, sob pena de responsabilidade disciplinar, civil e penal do agente ou da autoridade, e de nulidade dos atos praticados". Neste cenário, infere-se que, mesmo se operada situação de flagrância em decorrência, muito especialmente, da prática de **crime permanente** no interior da casa (aqueles cuja consumação se protrai no tempo, a exemplo dos crimes de posse de drogas para fins de tráfico, de associação para o tráfico, de associação criminosa etc.), o ingresso desautorizado de policiais tem sua validade condicionada à preexistência de **fundadas razões** que tenham justificado a invasão domiciliar no momento em que realizada, não sendo suficiente, por exemplo, a mera suspeita decorrente de informação anônima. Tal entendimento decorre de interpretação ampla do art. 240, do CPP, dispondo este que "*proceder-se-á à busca domiciliar quando fundadas razões a autorizarem*", justificando-se, ainda, no intuito de evitar ingerências arbitrárias no domicílio. De acordo com o STF, apesar de o flagrante legitimar o ingresso forçado em residência à revelia de determinação judicial, essa providência será objeto de **controle judicial a *posteriori***, condicionando-se a validade da prisão assim efetuada a que o Poder Judiciário, recebendo o auto de prisão em flagrante, constate a efetiva ocorrência de atos, fatos ou circunstâncias que, devidamente justificados, amparem a conduta dos policiais.

Situação bastante comum, muito especialmente na hipótese de ausência de circunstâncias capazes de, objetivamente, caracterizar as aludidas *fundadas razões*, é a de policiais justificarem o ingresso domiciliar no consentimento do morador. Isto, aliás, ocorre muito em delitos relacionados à posse de drogas para fins de tráfico: policiais, diante da suspeita quanto à venda de drogas no interior da casa (comportamento do morador ao perceber a presença de policiais em campana, movimentação incomum no local etc.), ingressam no domicílio e, localizando drogas, efetuam a prisão em flagrante, justificando, posteriormente, tal conduta (a invasão domiciliar) no fato de o flagrado ter permitido o ingresso. Pois bem, analisando esta hipótese, o Superior Tribunal de Justiça, por sua Sexta Turma, no julgamento do *Habeas Corpus* 598.051/SP (em 02.03.2021), visando coibir práticas abusivas em operações policiais, deliberou no sentido de condicionar a licitude da busca domiciliar a que "*além da documentação escrita da diligência policial (relatório circunstanciado), seja ela totalmente registrada em vídeo e áudio, de maneira a não deixar dúvidas quanto à legalidade da ação estatal como um todo e, particularmente, quanto ao livre consentimento do morador para o ingresso domiciliar*". Este provimento, contudo, foi anulado no Supremo Tribunal Federal no âmbito do Recurso Extraordinário 1.342.077/SP (em 02.12.2021)[127], tendo em vista, muito especialmente, sua contrariedade ao entendimento da Corte consubstanciado no referido Tema 280 de Repercussão Geral, que não estipula condicionamentos da natureza dos que haviam sido estabelecidos pelo STJ.

Especificamente em relação ao **horário** da busca domiciliar, tem-se que, abstraídas as mencionadas hipóteses do art. 5.º, XI, da CF (flagrante, desastre e prestação de socorro), a providência de busca poderá ser executada apenas durante o **dia**, salvo, evidentemente, se o morador consentir que se proceda à noite. *Mas o que se compreende por "dia"*? Há várias posições:

Primeira: compreende-se o período entre 6 horas e 20 horas, por interpretação analógica do art. 212 do CPC/2015. Neste sentido: Aury Lopes Jr.[128].

Segunda: considera-se o período entre 6 horas e 18 horas. Neste sentido: José Afonso da Silva[129] e Dirley da Cunha Junior[130]. Doutrinariamente, esta orientação sempre revelou prevalência,

---

127 Decisão monocrática, Rel. Min. Alexandre de Moraes.

128 *Direito processual penal e sua conformidade constitucional*. Rio de Janeiro: Lumen Juris, 2007. v. 1. p. 665.

129 *Curso de direito constitucional positivo*. 30. ed. São Paulo: Malheiros, 2008. p. 437.

130 *Curso de direito constitucional*. Salvador: JusPodivum, 2008. p. 689.

inclusive por preservar a intimidade no contexto domiciliar durante período de cinquenta por cento das vinte e quatro horas que compõem o dia astronômico.

Terceira: entende-se o período entre 6 horas e 18 horas, desde que haja, neste interregno, luminosidade solar. Se, por circunstâncias geográficas ou relacionadas à alteração do horário oficial (tal como ocorre quando adotado horário de verão), não houver claridade, o ingresso forçado no domicílio, ainda que judicialmente autorizado, será inconstitucional. Neste sentido, Celso Ribeiro Bastos[131].

Quarta: O critério deve ser o físico-astronômico, considerando-se como *dia* o período em que houver iluminação solar, independentemente da fixação de horários rígidos o para realização da diligência. Neste sentido: Guilherme de Souza Nucci[132] e Fernando Capez[133].

De há muito aderíamos à primeira destas orientações, isto por compreender que o lapso entre as 6 horas e 20 horas, para além de sua previsão no Código de Processo Civil, atende à teleologia do art. 5.º, XI, da CF, que, por óbvio, é a de preservação da vida privada no âmbito doméstico. Ocorre que, com a edição da Lei 13.869/2019, inserindo nova disciplina penal e processual aos crimes de abuso de autoridade, foi estabelecida, como típica, a conduta de quem *"cumpre mandado de busca e apreensão domiciliar após as 21h (vinte e uma horas) ou antes das 5h (cinco horas)"*, salvo *"se o ingresso for para prestar socorro, ou quando houver fundados indícios que indiquem a necessidade do ingresso em razão de situação de flagrante delito ou de desastre"* (art. 22, § 1.º, III), com cominação de pena de um a quatro anos de prisão ao executor que infringir estes limites. Ora, tenha ou não sido a intenção do legislador, com tal previsão, regulamentar a abrangência temporal do vocábulo *dia* empregado no art. 5.º, XI, da CF, a verdade é que, ao fim e ao cabo, foi o que fez, não podendo o mandamento legal ser ignorado. Neste contexto, embora compreendamos ilógica a regra diante do forte caráter garantista da Constituição Federal de 1988 no tocante aos direitos em geral (muito especialmente o direito à intimidade e à vida privada), não vemos como se furtar o intérprete de considerar, doravante, como período sujeito ao ingresso forçado em domicílio, desde que judicialmente autorizado, aquele que medeia entre as 5h e as 21h. O contrário, vale dizer, a efetivação da invasão domiciliar no período inverso (após as 21h e antes das 5h), não apenas sujeita, em tese, o agente da busca ao crime de abuso de autoridade, como, também, importa na ilicitude da prova daí obtida. Por óbvio, sendo relativamente recente a previsão legal incorporada ao art. 22, § 1.º, III, da citada Lei 13.869/2019 e não havendo, ainda, pronunciamento definitivo das Cortes Superiores a respeito, orienta-se o leitor **a acompanhar a evolução da jurisprudência sobre o tema**.

Independentemente, porém, da posição agasalhada, entendemos que, excepcionalmente, poderá ser autorizado pelo juiz, sempre fundamentadamente, que se proceda a busca e apreensão domiciliar no período alcançado pela tutela legal. Isto deverá ocorrer nas hipóteses em que a execução da diligência durante o dia mostrar-se, de plano, absolutamente despida de qualquer efetividade. É o caso, por exemplo, de a providência ser destinada à localização de menores em casas de prostituição clandestinas (aparentemente simples residências, mas onde se realizam, na verdade, encontros para fins sexuais) e cujo funcionamento haja notícia de que ocorre apenas à noite. Perceba-se esta orientação já norteou decisões judiciais, a exemplo da deliberação, pelo STF, sobre o Inquérito 2.424/RJ[134] (j. 20.11.2008), em que a Corte aceitou como válida busca e apreensão realizada em período noturno, utilizando, como um dos fundamentos para tanto, o fato de que a me-

[131] *Comentários à Constituição do Brasil*. São Paulo: Saraiva, 1989.

[132] *Código Penal comentado*. São Paulo: RT, 2000. p. 398.

[133] *Curso de processo penal*. 11. ed. São Paulo: Saraiva, 2004. p. 288.

[134] Informativo 529, item 5, do STF.

dida, no caso concreto, se realizada durante o dia, seria ineficaz. E quanto ao argumento, porventura oposto, no sentido de que, à época desse julgamento, não havia tipificação da conduta, é tese que não procede. Isto porque, a despeito de a previsão expressa do cometimento de crime de abuso de autoridade na conduta do executor da busca que não observar os parâmetros temporais do art. 22, § 1.º, III, da Lei 13.869/2019 ser bem posterior, é certo que, mesmo antes deste diploma, já havia a possibilidade de enquadramento de tal comportamento nos termos do art. 3.º da Lei 4.898/1965, o qual referia que "constitui abuso de autoridade qualquer atentado: *b*) à inviolabilidade do domicílio".

8.19.2.4. *Rol taxativo*

O art. 240, § 1.º, do CPP estabelece, taxativamente, as hipóteses de cabimento da busca e apreensão domiciliar. Consistem tais hipóteses:

a) *Prisão de criminosos*: cuida-se das situações nas quais é decretada judicialmente a prisão do indivíduo, abrangendo tanto as hipóteses de prisão provisória como, também, de prisão definitiva (prisão decorrente da pena). Ressalta-se que, como já foi dito, nos casos de flagrante é dispensada a expedição de mandado, sendo possível a invasão do domicílio em qualquer hora por força de previsão constitucional (art. 5.º, XI, da CF). Perceba-se, por oportuno, que se autoridade policial ingressa no domicílio com a finalidade específica de efetuar a prisão do morador, não lhe é permitido vasculhar o interior da casa em busca de provas ou coisas ilícitas. No âmbito do STJ, inclusive, recentemente se decidiu que "admitir a entrada na residência especificamente para efetuar uma prisão não significa conceder um salvo-conduto para que todo o seu interior seja vasculhado indistintamente, em verdadeira pescaria probatória (*fishing expedition*), sob pena de nulidade das provas colhidas por desvio de finalidade"[135].

b) *Apreensão de coisas achadas ou obtidas por meios criminosos*: quanto às *coisas obtidas por meios criminosos* é importante distingui-las (*v.g.*, o carro furtado, que se encontra em oficina mecânica em vias de ser desmanchado) das coisas obtidas indiretamente por meios criminosos (*v.g.*, o carro comprado com o produto de roubo cometido contra um banco). No primeiro caso, e apenas nele, será cabível a providência cautelar de busca e apreensão, sendo referente a essa hipótese a alínea em comento. Já no segundo, o caso será de *sequestro de bem móvel*, medida assecuratória regulamentada no art. 132 do CPP e que, de acordo com a regra inserta neste artigo, será cabível apenas quando "não couber a medida regulada no Capítulo XI do título VII" – exatamente, a busca e apreensão.

c) *Apreensão de instrumentos de falsificação ou de contrafação e objetos falsificados ou contrafeitos*: cuida-se da apreensão dos instrumentos utilizados para a **falsificação** (alteração de um documento, *v.g.* a modificação de dados de uma carteira de identidade) ou para a **contrafação** (reprodução fraudulenta de um documento, *v.g.*, a impressão desautorizada de cópias de um livro para obtenção de proveito econômico), bem como dos objetos falsificados ou contrafeitos. Cabe ressaltar que esta apreensão é efeito automático e obrigatório da condenação, *ex vi* do art. 91, II, *a*, do Código Penal, ao contemplar como tal a perda, em favor da União, ressalvado o direito do lesado ou do terceiro de boa-fé, dos instrumentos ilícitos utilizados para a prática do delito[136].

---

135 STJ, RHC 165.982/PR, 6.ª Turma, Rel. Min. Rogerio Schietti Cruz, j. 20.09.2022, *DJe* 26.09.2022. No mesmo sentido: STJ, HC 727.755/RJ, 6.ª Turma, Rel. Min. Olindo Menezes (Desembargador Convocado do TRF 1ª Região), j. 09.08.2022, *DJe* 15.08.2022.

136 NUCCI, Guilherme de Souza. *Código de Processo Penal comentado*. 8. ed. rev., atual. e ampl. São Paulo: RT, 2008. p. 524.

d) *Apreensão de armas e munições, instrumentos utilizados na prática de crime ou destinados a fim delituoso.*

e) *Apreensão de objetos necessários à prova de infração ou à defesa do réu.*

f) *Apreensão de cartas, abertas ou não, destinadas ao acusado ou em seu poder, quando haja suspeita de que o conhecimento do seu conteúdo possa ser útil à elucidação do fato*: considerando o disposto no art. 5.º, XII, da CF, no sentido da inviolabilidade da correspondência, não há dúvidas de que o permissivo desta alínea *f*, ao equiparar, em termos de requisitos gerais, a apreensão da **correspondência fechada** à apreensão das demais categorias previstas no art. 240, § 1.º, do CPP, não foi recepcionado pela Constituição Federal. Sem embargo, como já dissemos ao longo deste capítulo, os direitos fundamentais – entre os quais o sigilo epistolar – não podem ser considerados absolutos sob pena de, em muitos casos, invalidar a descoberta da verdade real ou material. Não por outra razão é que se sedimentou na jurisprudência a possibilidade excepcional de utilização, como meio de prova, de elementos obtidos com o afrontamento àqueles direitos, fazendo-o o Juiz a partir do princípio da proporcionalidade, justificando-se na primazia, no caso concreto, do interesse público sobre o individual. Especificamente em relação à correspondência, referendando tal orientação, decidiu o Plenário do Supremo Tribunal Federal, no julgamento, em sede de repercussão geral, do Recurso Extraordinário 1.116.949/PR (em 21.08.2020), que, "sem autorização judicial ou fora das hipóteses legais, é ilícita a prova obtida mediante abertura de carta, telegrama, pacote ou meio análogo". Interpretada *contrario sensu*, infere-se que legitimou a Corte a possibilidade excepcional da apreensão e abertura da correspondência fechada, desde que isto ocorra nas *hipóteses legais* ou, assim não sendo, com prévia *autorização judicial*. Por outro lado, quanto à **correspondência aberta**, pensamos que não há óbice à sua apreensão (respeitadas, por óbvio, as regras gerais que autorizam essa medida), visto que objeto da vedação constitucional é a *violação* da correspondência. Ora, se a carta já está aberta, não há de se falar em sua violação, daí não incidindo, via de consequência, a proibição constitucional. De resto, remetemos o Leitor aos tópicos 8.8.1 a 8.85 deste Capítulo, em que pormenorizamos o tema relacionado ao sigilo epistolar.

g) *Apreensão de pessoas vítimas de crimes.*

h) *Obtenção de qualquer elemento de convicção*: trata-se, neste caso, da busca direcionada à obtenção de provas. Considerando que a prova da alegação incumbe a quem a fizer (art. 156 do CPP), à acusação compete a prova da autoria e materialidade do crime imputado, das qualificadoras, das agravantes e das majorantes. Já à defesa compete a prova sobre as excludentes em geral. Para a produção de tais elementos, a previsão inserida nessa alínea mostra-se de fundamental importância, pois confere legitimidade e interesse às partes na busca de elementos que importem a comprovação de suas teses. A hipótese, em verdade, confunde-se com aquela mencionada na alínea *e*, supracitada.

8.19.2.5. Busca no escritório do advogado ou em seu local de trabalho

O art. 7.º, II, da Lei 8.906/1994 (Estatuto da Advocacia) determina a inviolabilidade do escritório do advogado ou de seu local de trabalho. Logo, o afastamento desta garantia apenas se viabiliza quando observadas, rigorosamente, as condições estabelecidas nos §§ 6.º a 6.º-H do mesmo dispositivo, que consistem:

- **Indícios de autoria de crime praticado pelo próprio advogado:** O afastamento da inviolabilidade exige que se esteja diante de investigação ou apuração de *crime* *(é irrelevante se punido com reclusão ou detenção)*, não sendo suficiente a existência de indícios quanto à prática de *contravenção penal. Veja-se, outrossim, que,* ao contrário do que ocorre em vários dispositivos do Código de Processo Penal (*v.g.*, no art. 312, requerendo para fins de preventiva a presença de indícios *suficientes* de autoria; e no art. 126, exigindo para o sequestro de bens que existam indícios *veementes* de aquisição com o produto da infração penal), silenciou o legislador, aqui, quanto à força de convencimento dos indícios capazes de autorizar a medida. Sem embargo, é evidente que não poderão ser meras conjecturas ou vagas suposições, sendo preciso que se trate de elementos capazes de produzir, senão um juízo de probabilidade, ao menos um juízo de possibilidade de que, no escritório do advogado, haja documentos ou objetos que justifiquem o deferimento da ordem judicial. Tal conclusão, aliás, foi reforçada pela Lei 14.365/2022 ao incluir o § 6.º-A no art. 7.º do EAOAB, dispondo que medidas cautelares que importem na violação do escritório ou do local de trabalho do advogado serão informadas pela **excepcionalidade**, condicionando-se à existência de indício apontado pelo órgão acusatório. Frise-se, ainda, a regra do § 6.º-B do mesmo artigo, segundo a qual "é vedada a determinação da medida cautelar prevista no § 6.º-A deste artigo se fundada exclusivamente em elementos produzidos em declarações do colaborador sem confirmação por outros meios de prova".

- **Materialidade desse crime – *prova* ou *indícios?*:** considerando que o art. 7.º, § 6.º, do EAOAB refere-se a "indícios de autoria e materialidade", duas interpretações são extraídas pela doutrina do dispositivo:

1.ª Posição: é preciso **prova de materialidade**; para os defensores desta linha de pensamento, apesar da redação dúbia do dispositivo, não bastam *indícios de materialidade* de prática criminosa. Fosse assim, teria o legislador mencionado como condição a existência de indícios de autoria e de materialidade. Não foi, contudo, o que fez, referindo-se a indícios de autoria e materialidade do crime investigado, sem a aposição da preposição "de".

2.ª Posição: necessária, apenas, a existência de **indícios de que se encontre, em poder do advogado, o corpo de delito** (elemento que comprova a materialidade da infração), mesmo porque, no mais das vezes, o que se objetiva com a diligência de busca e apreensão é a obtenção da *prova da materialidade* até então apontada apenas de forma indiciária. Esta intenção do legislador fica ainda mais clara a partir da redação do art. 7.º, § 6.º, do EAOAB, que, ao contrário do que ocorre em vários outros dispositivos do Código (*v.g.*, arts. 312 e 134), não exigiu *prova da existência do crime* como requisito para a elisão da inviolabilidade do escritório do advogado. Essa, a propósito, nossa posição.

- **Decretação da quebra da inviolabilidade por autoridade judiciária competente:** despicienda esta referência legislativa, pois é evidente que a decisão judicial de busca e apreensão, até por implicar exceção a garantia de ordem constitucional, deve emanar de juiz competente, importando a desatenção a esta regra, em princípio, na ilegitimidade das provas obtidas. Dizemos "em princípio" diante da eventual possibilidade de preservação das provas assim produzidas em face da aplicação da Teoria do Juízo Aparente, teoria esta por meio da qual se viabiliza a ratificação de atos decisórios proferidos por juízo que, até então, aparentava ser o competente, sendo apenas em momento posterior reconhecida a sua incompetência[137].

[137] AgRg no RHC n. 163.888/SC, 6.ª Turma, Rel. Min. Olindo Menezes (Desembargador Convocado do TRF 1.ª Região), j. 11.10.2022, *DJe* 17.10.2022; AgRg no RHC 157.277/SC, 5.ª Turma, Rel. Min. Reynaldo Soares da Fonseca, j. 09.08.2022, *DJe* 16.08.2022; HC 629.238/SC, 5.ª Turma, Rel. Min. João Otávio de Noronha, j. 21.06.2022, *DJe* 27.06.2022.

- **Decisão fundamentada:** a ordem judicial, além de fundamentada, deverá, obrigatoriamente, especificar, individualizar de forma pormenorizada os objetos que serão alvo da medida, não podendo, assim, ser um mandado genérico, *v.g.*, para "apreender provas" da prática de um determinado crime. Além do mais, impõe-se ao juiz demonstrar no que consistem os indícios de autoria e a materialidade do crime investigado, vale dizer, como estão representados nos autos em que proferida a decisão que está autorizando a diligência.
- **Acompanhamento da diligência por representante da Ordem dos Advogados do Brasil:** no passado, houve discussões acerca da constitucionalidade da referida exigência, chegando o STF a suspender a expressão *na presença de representante da OAB* em liminar deferida nos autos da Ação Direta de Inconstitucionalidade 1.127/DF. Todavia, mais tarde, no julgamento do mérito dessa ação (em 17.05.2006), o STF afirmou a constitucionalidade do dispositivo, sendo a expressão, então, reprisada na atual redação do art. 7.º, § 6.º, da Lei 8.906/1994.
- **Limitações quanto ao objeto da diligência de busca:** como se infere do art. 7.º, §§ 6.º, *in fine*, e 7.º, do EAOAB, o permissivo da busca no escritório ou local de trabalho do advogado não alcança documentos, mídias e objetos *pertencentes a clientes do advogado averiguado*, bem como os demais instrumentos de trabalho que contenham informações sobre clientes (§ 6.º), salvo se tais clientes "estiverem sendo formalmente investigados como seus partícipes ou coautores pela prática do mesmo crime que deu causa à quebra da inviolabilidade". Com isto, depreende-se que, mesmo se localizadas, na diligência de busca, provas de envolvimento de clientes do advogado em práticas criminosas, nem assim tais elementos poderão ser objeto de apreensão ou de utilização, *a menos que, repita-se, estejam estes mesmos clientes sendo investigados como partícipes ou coautores no crime em que supostamente envolvido o advogado e que motivou a ordem judicial de busca. Reforçando estas restrições, a já referida Lei 14.365/2022 incluiu, no art. 7.º citado, os §§ 6.º-C, 6.º-D e 6.º-F, estabelecendo* o dever do representante da OAB referido no § 6.º de impedir que documentos, mídias e objetos não relacionados à investigação, especialmente de outros processos do mesmo cliente ou de outros clientes que não sejam pertinentes à persecução penal, sejam analisados, fotografados, filmados, retirados ou apreendidos do escritório de advocacia; o sigilo do conteúdo de documentos, mídias ou objetos não relacionados à investigação, quando, por sua natureza ou volume, não for possível separá-los no momento da execução da medida judicial de apreensão ou da retirada do material; e o direito de o representante da OAB e do advogado investigado de acompanhar todos os atos relacionados à análise dos documentos e dispositivos de armazenamento de informação apreendidos ou interceptados, visando, com isto, muito especialmente, a assegurar que elementos alheios ao objeto da investigação porventura presentes no material apreendido ou interceptado sejam analisados ou considerados.

E quanto à correspondência do advogado? A conjugação do art. 7.º, II, com o que dispõe o § 6.º do mesmo dispositivo permite concluir que, em dadas condições, seria possível a *violação da correspondência do advogado* (tal como já existia na redação anterior do art. 7.º, II). Todavia, é evidente a inconstitucionalidade dessa previsão, pois não é possível compreender que o legislador tenha preterido, justamente para o advogado, o comando inserido ao art. 5.º, XII, da Carta Republicana, que defere a todos uma proteção absoluta em relação à impossibilidade de devassa da correspondência.

8.19.2.6. *Desobediência e recalcitrância do morador*

Comparecendo a autoridade ou seus agentes ao local da busca, deverão declarar ao morador as respectivas condições, bem como o objetivo da diligência.

Em caso de **desobediência** do morador em permitir a entrada dos executores em sua casa, autoriza o art. 245, § 2.º, do CPP o ingresso forçado, inclusive arrombando-se a porta, se necessário for.

Uma vez ingressando na casa, pode acontecer que haja a **recalcitrância** do morador em permitir seja vasculhado o ambiente pelos executores da busca. Nesse caso, será preciso diferenciar a *recalcitrância ativa* e a *recalcitrância passiva*. A primeira ocorre quando o morador tenta impedir as buscas, possibilitando, destarte, o emprego da força com o intuito de cumprimento da diligência. Já a segunda é aquela externada, simplesmente, por reações nervosas, gritos e manifestações de contrariedade de toda ordem, devendo ser ignorada por quem cumpre a diligência, salvo se restar configurado crime de desacato, que autoriza a condução do recalcitrante à delegacia de polícia para os devidos fins.

E no caso de *ausência do morador*? Facultados, nesse caso, o arrombamento de portas e o emprego de violência contra coisas que estejam fechadas ou lacradas (armários, gavetas etc.) visando à concretização da busca. Por cautela, determina o Código de Processo Penal que, se possível, um vizinho seja intimado a acompanhar a diligência, o qual, salvo motivo justo, a isso não poderá se recusar, visto que a intimação para assistir o ato configura ordem legal.

8.19.2.7. *Auto de apreensão*

Estabelece o art. 245, § 7.º, do CPP que, "finda a diligência, os executores lavrarão auto circunstanciado, assinando-o com duas testemunhas presenciais". Objetiva-se o registro detalhado dos fatos ocorridos no curso da diligência, bem como a referência a tudo o que foi apreendido, elidindo-se, deste modo, futuras alegações de abusos ou indagações quanto ao objeto da apreensão. A elaboração do auto de apreensão, a nosso ver, é obrigatória e sua ausência pode caracterizar motivo de alegação de ilegitimidade da prova. Quanto à necessidade de testemunhas presenciais assinarem o auto, esta deve ser a regra. Não havendo testemunhas que tenham presenciado a diligência, em face, por exemplo, de ser ermo ou afastado o lugar da apreensão, dispensa-se subscrição, conforme se infere do § 4.º do art. 245, a que faz referência o § 7.º do mesmo artigo ("se houver..." – leia-se: testemunha – "... e estiver presente").

8.19.2.8. *Impugnação da decisão que defere ou que indefere a busca e apreensão*

A *busca e apreensão,* conquanto elencada no Código de Processo Penal como **meio de prova**, afigura-se, na realidade, uma **ação cautelar de natureza real**, já que sua efetivação exige a demonstração dos requisitos pertinentes ao *fumus boni iuris* e *periculum in mora* – o primeiro consubstanciado na viabilidade jurídica da medida ao fim a que se destina e, o segundo, na premência de sua efetivação para evitar o perecimento da prova.

Neste viés, independentemente de estar ou não o pedido de busca autuado em apartado e de ter sido requerido no curso do inquérito policial ou do processo criminal, revela-se evidente que a decisão que o defere e que o indefere classifica-se como **interlocutória mista terminativa** (ou *decisão definitiva*, na nomenclatura utilizada no Código de Processo Penal), já que põe fim ao procedimento respectivo.

E desta ordem de pronunciamentos descabe recurso em sentido estrito!

E o art. 593, inciso II, do *Codex* refere que das decisões definitivas ou com força de definitivas, *"nos casos não previstos no capítulo anterior"* – leia-se: nos casos em que não couber RSE – cabe apelação!

Logo, afigura-se cabível a apelação em relação ao pronunciamento judicial que defere ou que indefere a busca e apreensão.

8.19.3. Busca pessoal

Trata-se da diligência realizada no corpo da pessoa, em suas roupas ou objetos que tenha consigo. Pode ser efetivada de forma manual, ocular, mecânica ou radioscópica, esta última utilizada para detecção de coisas proibidas eventualmente ingeridas ou introduzidas no corpo da pessoa em revista.

Enquanto a busca domiciliar prende-se à exigência de *fundadas razões* para que seja autorizada (art. 240, § 1.º), a *busca* pessoal poderá ser feita a partir de *fundadas suspeitas* (art. 240, § 2.º) de que esteja o indivíduo portando algo proibido ou ilícito. Por *fundadas razões* compreende-se o conjunto de elementos objetivos que permitem ao juiz formar sua convicção quanto à probabilidade de possuir o indivíduo, em seu domicílio, o material objeto da diligência. Já as fundadas suspeitas, embora não exijam o mesmo grau de concretude de indícios, não se consolidam, segundo a atual orientação jurisprudencial, a partir de simples desconfiança ou intuição, sendo necessária, para sua configuração, a presença de elementos que apontem para a efetiva possibilidade de que a pessoa a ser revistada esteja na posse de objetos ilícitos. Autoriza a revista, por exemplo, a hipótese em que policiais, patrulhando área conhecida como ponto de venda de drogas, avistam determinado indivíduo, que já vinha sendo investigado pelo crime de tráfico, esconder um invólucro em suas vestes tão logo percebe a presença da viatura, passando a caminhar, rapidamente, na direção contrária[138].

Interpretando-se o art. 244 do CPP, *a contrario sensu*, conclui-se que, como regra, a busca pessoal também exigirá mandado, o qual poderá ser expedido tanto pela autoridade judiciária quanto pelo delegado de polícia (ao contrário da busca domiciliar). Tal mandado, no entanto, será dispensável nos seguintes casos:

a) No caso de recolhimento do indivíduo à prisão, por motivos de pena ou prisão provisória;
b) Se houver fundada suspeita de que a pessoa esteja na posse de arma proibida ou de objetos ou papéis que constituam corpo de delito; e
c) Quando realizada no curso de busca domiciliar, pois não haveria sentido nenhum que o mandado de busca permitisse a revista na casa e não nas pessoas que nela se encontrassem.

Questão discutida concerne à busca pessoal realizada, como atividade **preventiva** de caráter geral (não visando à pessoa determinada), em locais de prestação de determinados serviços como condição para o respectivo acesso ou ingresso – clubes, boates, bancos, estádios, aeroportos etc. Sobre o tema, aderimos à orientação de que, tratando-se de busca sem qualquer finalidade repressiva, não está a pessoa obrigada a concordar com a revista em seu corpo, vestes ou objetos que traga consigo, possuindo, portanto, a opção de, simplesmente, não aderir ao serviço ou não acessar o local que pressuponha a efetivação de tal busca.

---

138 STJ, HC 718.117/SP, 5.ª Turma, Rel. Min. Jesuíno Rissato (Desembargador Convocado do TJDFT), j. 22.03.2022, *DJe* 25.03.2022.

Importante frisar a norma do art. 249 do CPP, segundo a qual a busca em mulher será feita por outra mulher, se não importar retardamento ou prejuízo da diligência.

8.19.4. Busca em território pertencente à jurisdição distinta

Como regra geral, a busca deve ser realizada pela autoridade no território de sua própria circunscrição ou atribuição. Não obstante, o art. 250 do CPP possibilita que a autoridade ou seus agentes penetrem no território de jurisdição distinta quando estiverem em atitude de **seguimento** de pessoa ou coisa. Nesse caso, exige a lei, por cautela, que, antes ou depois de realizada a apreensão, apresentem-se os executores à autoridade competente do local.

Considera-se ocorrente ato de *seguimento* nas seguintes hipóteses:

a) *Seguimento de pessoa ou coisa, mantendo-a à vista:* Trata-se da hipótese de estarem a autoridade ou seus agentes em conduta de perseguição aos criminosos, não sendo razoável, pois, que, pelo fato do ingresso desses em território de jurisdição alheia, tivessem aqueles que cessar a diligência.

b) *Seguimento de pessoa ou coisa, perdendo-a de vista:* Abrange a hipótese de perseguição efetiva, iniciada à vista dos criminosos, operando-se, após, a perda da pista. *Data venia*, discordamos de Guilherme de Souza Nucci[139], segundo o qual "a expressa menção ao fato dos agentes da autoridade terem perdido de vista o que buscam, para efetuar a apreensão, está a demonstrar não se tratar da perseguição autorizada pela prisão em flagrante (art. 302, III, CPP), mas, sim, em decorrência de um mandado para localizar a vítima...". Isso porque a hipótese de *flagrante impróprio* (art. 302, III) exige apenas perseguição ininterrupta, e não, necessariamente, a visibilidade constante dos agentes em relação aos criminosos.

c) *Ausência de seguimento efetivo, havendo, porém, informações seguras quanto ao paradeiro da pessoa ou coisa a ser apreendida:* Traduz a hipótese de urgência na realização da diligência sob pena de frustrar-se o ato, *v.g.*, notícia de um cativeiro, encontrando-se a vítima de sequestro em vias de ser transferida para local diverso.

8.19.5. Busca e apreensão envolvendo pessoa com foro por prerrogativa de função

Tratando-se de **busca domiciliar** que deva ser precedida da expedição do competente mandado judicial, é evidente que a diligência deverá ser ordenada pela autoridade judiciária que, legal ou constitucionalmente, tiver competência para investigar ou processar, conforme o caso, a pessoa em favor da qual milita o privilégio de foro. Um juiz de direito, por exemplo, abstraídos os casos de flagrante, desastre e prestação de socorro, apenas estará sujeito à operação de busca e apreensão em sua residência se com ela concordar ou em razão de mandado expedido pelo Presidente do Tribunal de Justiça, ou por determinação do Órgão Especial, ou ainda por quem estes delegarem (*v.g.*, Vice-Presidente do Tribunal). Isto ocorre porque a busca e apreensão caracteriza-se como ato de investigação e, de acordo com o art. 33, parágrafo único, da Lei Complementar 35/1979, *quando, no curso de investigação, houver indício da prática de crime por parte do magistrado, a autoridade policial, civil ou militar, remeterá os respectivos autos ao Tribunal ou órgão especial competente para o julgamento, a fim de que prossiga na investigação.* O mesmo se diga em relação aos membros do Ministério Público, dispondo o art. 41, parágrafo único, da Lei 8.625/1993 que *quando, no curso de investigação, houver indício de prática de infração penal por parte de membro*

[139] *Código de Processo Penal comentado*, p. 445.

do Ministério Público, a autoridade policial, civil ou militar, remeterá imediatamente, sob pena de responsabilidade, os autos ao Procurador-Geral de Justiça, a quem competirá dar prosseguimento à apuração e, desse modo, postular a ordem judicial de busca e apreensão junto ao Tribunal de Justiça para eventual processo e julgamento do promotor investigado.

Sendo, contudo, hipótese de **busca pessoal**, é preciso diferenciar duas situações: uma, a *busca de caráter repressivo*, vale dizer, realizada com o objetivo de apurar infração penal em que haja fundada suspeita do envolvimento de ocupante de cargo com prerrogativa de função; outra, a *busca em atividade preventiva*, assim compreendida a decorrente de abordagem policial de caráter geral, não visando à pessoa determinada.

No primeiro caso – busca pessoal a ser realizada com o propósito de investigar determinada pessoa detentora de prerrogativa de foro –, a diligência exige determinação da autoridade legalmente incumbida do poder de investigá-la – no caso dos juízes, o Presidente do Tribunal de Justiça ou o Órgão Especial, e, no caso dos membros do Ministério Público, o Procurador-Geral de Justiça – sem prejuízo da necessidade de estarem presentes os requisitos ensejadores da medida estipulados no art. 244, do CPP: fundada suspeita de que a pessoa esteja na posse de arma proibida ou de objetos ou papéis que constituam corpo de delito, e quando a medida for determinada no curso de busca domiciliar.

Já no segundo – busca não direcionada a esta ou àquela pessoa, mas, sim, a um número indeterminado de indivíduos que passarem ou estiverem em determinado local – se, por ocasião da abordagem, identificar-se a pessoa abordada, mediante apresentação da carteira funcional ou documento hábil, como autoridade detentora de prerrogativa de função, não deve o policial realizar a revista. A partir daí, duas situações poderão ocorrer: uma, a de não existir qualquer indicativo da prática de conduta delituosa, caso em que o abordado deverá ser liberado; outra, a de que, pelo cenário de atos, fatos e circunstâncias constatado na abordagem, surja *fundada suspeita* de que o abordado possa estar trazendo consigo coisa proibida ou instrumento ou objeto de crime. Nesta última hipótese, tomando-se como exemplo a hipótese de abordagem em *blitz* de trânsito, concordamos com a orientação de que "o policial poderá apreender o veículo e convidar o suspeito a acompanhá-lo à Delegacia de Polícia. No local, a autoridade policial procurará localizar o superior hierárquico para participar do ato de busca e apreensão e, se for o caso, acompanhar eventual lavratura de auto de prisão em flagrante. Por exemplo, se for um Juiz de Direito, tentará chamar o Presidente do Tribunal de Justiça e, se não o encontrar, o Vice-Presidente ou o Corregedor"[140].

Há, todavia, nesta última hipótese, um problema: é que o Plenário do STF, no julgamento de Questão de Ordem na **Ação Penal Originária 937** (em 03.05.2018), deliberou no sentido de que, em se tratando de *Parlamentares Federais*, o foro por prerrogativa de função a eles conferido se aplica apenas a crimes cometidos no exercício do cargo e em razão das funções a ele relacionadas (*propter officium*). E mais: não obstante o referido entendimento do STF tenha sido restrito a *Deputados Federais e Senadores*, a tendência é a de sua extensão a pessoas detentoras de mandato eletivo com prerrogativa de foro perante outros tribunais, a exemplo dos deputados estaduais e prefeitos. No âmbito do STJ, inclusive, a recepção do entendimento do STF na referida AP 937 foi firmada nos julgamentos do *Agravo Regimental na Ação Penal Originária 866/DF* e na *Questão de Ordem na Ação Penal Originária 857/DF*, a primeira em relação a Governador de Estado e a segunda referente a Conselheiro de Tribunal de Contas Estadual, ambas restringindo o foro por prerrogativa de função à hipótese de crime praticado em razão e durante o exercício do cargo ou mandato.

Pois bem, a partir deste cenário que surge a seguinte questão relativa à busca pessoal: *levando em consideração que, segundo a nova orientação do STF, a prerrogativa de função*

140 Roteiro de Decisões Policiais – Processo Penal. Disponível em: <http://www.ibrajus.org.br/pdf/Roteiro_Processo-Penal.pdf>. Acesso em: 8 nov. 2016.

condiciona-se a que a conduta delituosa tenha sido praticada no exercício do cargo e em razão dele, qual deverá ser o procedimento da polícia, civil ou militar, quando, em **abordagens de caráter geral**, *detectar que a pessoa abordada, em que pese ocupante de cargo ou titular de mandato com prerrogativa de função, é suspeita de estar trazendo consigo coisa ilícita ou objeto sujeito à apreensão e não está no exercício de funções respectivas?* Imagine-se, por exemplo, a hipótese de que, durante a madrugada, em determinado município do interior do Estado, a Polícia Militar aborde um carro cujas características são idênticas às de um veículo cujo motorista, há pouco, havia participado de briga de trânsito e efetuado disparos contra o automóvel do outro envolvido. Considere-se, outrossim, que, ao ser abordado, tenha dito indivíduo se identificado como *Parlamentar Federal*. Ora, nesta situação, é óbvio que não se encontra o indivíduo abordado no exercício de funções relacionadas ao mandato que desempenha. Independentemente disso, compreendemos que descabe ao agente público que efetuar a abordagem o juízo quanto ao seu enquadramento ou não nas condicionantes fixadas pelo STF na AP 937-QO, as quais, como dito alhures, afastam a prerrogativa de foro as hipóteses de infrações que não tenham sido praticadas durante o exercício do cargo e relacionadas às funções desempenhadas. Legitimidade para tal valoração quem possui, nessa fase inicial da apuração, é o Delegado de Polícia (se perante ele comparecer ou for apresentado o indivíduo), que, nos termos do art. 2.º, *caput*, da Lei 12.830/2013, exerce funções de natureza jurídica. A ele caberá, então, em decisão fundamentada, compreendendo incidente hipótese de prerrogativa de função, solicitar a presença de superior hierárquico do abordado para acompanhar a busca pessoal e, se for o caso, a lavratura do competente auto de prisão em flagrante; ou, então, realizar, de imediato, a busca pessoal, caso, presentes as fundadas suspeitas a que alude o art. 242 do CPP, não constate o enquadramento do abordado nas balizas fixadas pelo STF para a incidência das regras de prerrogativa de função. Aportando, posteriormente, o expediente policial a juízo, verificarão o Ministério Público e o Poder Judiciário a correção ou não do procedimento do Delegado de Polícia, adotando, a partir daí, as providências processuais pertinentes ao caso. **Mas atenção:** Sem embargo desse nosso entendimento, considerando que ainda não há posição consolidada nas Cortes Superiores a respeito, orientamos cautela ao leitor e acompanhamento da evolução do tema em sede de jurisprudência. Isto porque há, também, quem defenda a ideia de que ao agente público que realizar a abordagem cabe realizar a busca pessoal na pessoa que se identifique como detentora de prerrogativa de função na hipótese de não estar o abordado, evidentemente, no exercício das funções relacionadas ao cargo que lhe confere o privilégio.

8.19.6. Restituição das coisas apreendidas

O Código de Processo Penal, nos arts. 118 a 124, regulamenta o procedimento de *restituição das coisas apreendidas*. Embora não seja totalmente clara a regulamentação, percebe-se que, ao regulamentar a restituição, distinguiu o legislador duas hipóteses: o **pedido de restituição** e o **incidente de restituição**.

Seja uma ou seja outra a modalidade, é certo que opôs o legislador três hipóteses nas quais é inviável a devolução de objetos apreendidos, as quais consistem:

a) Coisas que ainda interessem à investigação criminal ou ao processo (art. 118 do CPP): antes do trânsito em julgado da decisão, não poderão ser restituídas.
b) Instrumentos ilícitos utilizados na prática da infração penal (*v.g.*, arma de fogo não registrada) e coisas adquiridas com o produto da infração penal (art. 119 do CPP): antes ou depois do trânsito em julgado da sentença, descabe a restituição.
c) Coisas em relação às quais haja dúvidas quanto ao direito do reclamante (art. 120 do CPP): enquanto persistir a dúvida quanto ao efetivo direito de quem está reclamando o bem, impossível a restituição, seja antes ou depois do trânsito em julgado da decisão.

8.19.6.1. *Pedido de restituição de coisas apreendidas*

O *pedido de restituição* é cabível tanto na fase do inquérito policial como no curso do processo judicial. Na fase do inquérito, poderá ser decidido tanto pelo delegado de polícia (art. 120, *caput*, do CPP) como pelo juiz de direito. Já no curso do processo, evidentemente, caberá unicamente ao magistrado a decisão quanto à restituição ou não da coisa ao reclamante.

Aspecto importante a ser observado respeita ao fato de que, em conformidade com o art. 120, § 3.º, do CPP, sobre o pedido de restituição será sempre ouvido o Ministério Público. Essa vista, comum quando o pedido é realizado diretamente ao magistrado, na prática não vem ocorrendo quando ele é direcionado ao delegado de polícia. Diante desse impasse entre a determinação legal (que sugere a obrigatoriedade de prévia manifestação do MP) e o que realmente ocorre na prática, cremos que a solução há de passar pelo bom senso. Tratando-se, pois, os objetos apreendidos de simples produtos de crime (*v.g.*, o relógio furtado), deve-se abstrair a formalidade prevista no art. 120, § 3.º, do CPP, facultando-se ao próprio delegado de polícia, mediante termo nos autos do inquérito, proceder à restituição independentemente de qualquer remessa prévia ao Ministério Público. Agora, sendo hipótese de instrumento de crime ou de coisa utilizada na prática delituosa com relevância na elucidação do delito, não deve nem pode a autoridade policial proceder à respectiva devolução sem antes obter o aval ministerial, uma vez que o Ministério Público é o autor da ação penal pública e o interessado direto em angariar o maior número de provas possíveis. Trata-se, nesta hipótese, de evitar o agir isolado da autoridade policial com potencial prejuízo ao desiderato do processo. E vamos mais longe, compreendendo que a providência releva e deve ser aplicada também nos crimes de ação penal privada, na qual exerce o *parquet* a função de fiscal.

Direcionado que venha a ser o pedido de restituição ao magistrado, caso se esteja, ainda, na fase do inquérito policial, deverá aquele solicitar informações ao delegado de polícia antes mesmo de ouvir o Ministério Público a respeito. Afinal, não se encontrando concluído o procedimento policial, necessitará o juiz de elementos a fim de formar sua convicção quanto a ser ou não necessária a permanência da apreensão para o êxito das investigações policiais.

Ao contrário do que ocorre com o incidente, o pedido de restituição não é autuado em apartado, sendo inserido e juntado ao próprio inquérito policial ou processo judicial que motivaram a apreensão.

Indeferida a restituição pelo delegado de polícia, resta a impetração de mandado de segurança pelo interessado. Por outro lado, se deferida, cabe, unicamente, a dedução de novo pedido de busca e apreensão, seguindo-se as regras pertinentes. Agora, se o pedido for decidido pelo juiz (deferindo ou não a medida), é cabível a interposição de apelação fundada no art. 593, II, do CPP.

8.19.6.2. *Incidente de restituição de coisas apreendidas*

O *incidente de restituição* poderá ser instaurado tanto na fase do inquérito policial quanto na fase do processo judicial. Sua tramitação, em qualquer caso, dar-se-á em juízo, já que apenas o magistrado pode decidi-lo.

Duas são as hipóteses que exigem o incidente:

a) *Existência de dúvida quanto ao direito do reclamante (art. 120, § 1.º)*: como já dissemos anteriormente, a restituição de coisas apreendidas exige que não haja nenhuma dúvida quanto ao efetivo direito de quem as está requerendo. Havendo, ao contrário, dúvidas quanto a esse direito, estabelece o art. 120, § 1.º, do CPP que a petição deverá ser autuada em apartado, assinando-se ao requerente o prazo de cinco dias para a prova. Observe-se que, eventualmente, tal dúvida surge na fase do inquérito policial, diante de *pedido* formulado ao delegado. Nessa situação, cabe ao delegado de polícia desentranhar o pedido do inquérito e encaminhá-lo ao juízo, explicitando suas razões, para fins de formação do incidente.

b) *Hipótese de terem as coisas sido apreendidas em poder de terceiro de boa-fé (art. 120, § 2.º)*: neste caso, prevê o Código de Processo Penal que, se as coisas cuja restituição pretende o reclamante foram apreendidas em poder de terceiro de boa-fé, será este intimado para alegar e provar seu direito, em prazo igual e sucessivo ao daquele, tendo um e outro o prazo de dois dias para arrazoar. Justifica-se esta previsão pelo fato de que, tendo o bem sido apreendido em poder de terceiro, pode ocorrer que este e quem está requerendo a devolução entrem em litígio – hipótese esta muito comum quando se trata de coisas furtadas passadas e repassadas a terceiros que não teriam, objetiva ou subjetivamente, condições de prever a origem ilícita das mesmas.

Assim como no pedido, também no incidente exige-se a oitiva do Ministério Público – aqui, aliás, com mais razão, visto que haverá provas produzidas pelos interessados a justificar a prévia manifestação ministerial.

A despeito da dilação probatória pertinente ao incidente de restituição, pode ocorrer de persistir a dúvida quanto ao efetivo direito do requerente. A regra a ser aplicada, então, será aquela incorporada ao art. 120, § 4.º, do CPP, segundo a qual, nesse caso, o juiz criminal remeterá as partes para o juízo cível, permanecendo as coisas apreendidas em mãos depositário, até que lá haja decisão definitiva a respeito.

Por fim, gize-se que, tratando-se a decisão no incidente de restituição de *decisão definitiva* (há análise de mérito), seja deferitória, seja indeferitória, permite aos interessados interposição de apelação fulcrada no art. 593, II, do CPP.

8.19.6.3. Coisas adquiridas com o produto da infração penal

Nos termos do art. 119 do CPP, "as coisas a que se referem os arts. 74 e 100 do Código Penal não poderão ser restituídas, mesmo depois de transitar em julgado a sentença final, salvo se pertencerem ao lesado ou a terceiro de boa-fé". Tal referência ao Código Penal concerne à Parte Geral antiga daquele estatuto. Hoje, os aludidos arts. 74 e 100 correspondem ao art. 91, II, do Código Penal, que reza:

> "Art. 91. São efeitos da condenação:
>
> (...)
>
> II – a perda em favor da União, ressalvado o direito do lesado ou de terceiro de boa-fé:
>
> a) dos instrumentos do crime, desde que consistam em coisas cujo fabrico, alienação, uso, porte ou detenção constitua fato ilícito;
>
> b) do produto do crime ou de qualquer bem ou valor que constitua proveito auferido pelo agente com a prática do fato criminoso."

Ora, no tocante aos **instrumentos do crime** (instrumentos que já se encontravam em situação de ilicitude antes mesmo da infração penal, *v.g.*, arma portada ilegalmente e que vem a ser utilizada na prática de crime de homicídio), serão perdidos em favor da União Federal, salvo se pertencerem a lesado ou terceiro de boa-fé. É o caso, por exemplo, da arma devidamente registrada em nome de terceiro e que, furtada, vem a ser utilizada por criminosos em um roubo. Sobrevindo sentença condenatória em relação aos autores do roubo, nada impede que seja ela restituída ao legítimo proprietário. Agora, se pertencer ao próprio autor do roubo, nesse caso será confiscada como efeito da condenação.

No que se refere *aos bens adquiridos pelo agente com o produto da prática criminosa*, operar-se-á o mesmo efeito, vale dizer, confisco em favor da União do valor obtido com a venda judicial de precitados bens, não sem antes assegurar-se ao lesado com o crime e a eventuais terceiros de boa-fé o direito a indenizarem-se com a verba obtida a partir do leilão ou da praça. Este efeito, em realidade, pode ser alcançado por dois caminhos distintos:

a) *Efetivação de procedimento de sequestro de bens (arts. 125 a 133 do CPP)*: sequestrados (art. 125 do CPP) os bens adquiridos pelo criminoso com o produto da infração penal, caso sobrevenha sentença condenatória e não sejam acolhidas suas defesas (art. 130 do CPP), serão vendidos judicialmente. Do dinheiro apurado serão ressarcidos a vítima e eventuais terceiros, disponibilizando-se o valor remanescente à União Federal (arts. 121 e 133, parágrafo único);

b) *Procedimento de perda de bens (art. 122)*: caso não tenha sido providenciado o sequestro anteriormente à sentença condenatória, resta ao juiz, de ofício ou por provocação dos interessados, aplicar o efeito da condenação previsto no art. 91, II, *b*, do Código Penal mediante a instauração, decorrido o prazo de noventa dias após o trânsito em julgado da sentença, do procedimento de perda de bens, assegurada ao réu, é claro, a ampla defesa (art. 122, *caput*, do CPP). Não logrando o acusado comprovar terem os bens sido adquiridos licitamente, serão, como no caso anterior, vendidos judicialmente, sendo que, do dinheiro apurado, o que não couber ao lesado ou terceiros de boa-fé será destinado à União Federal (art. 122, parágrafo único, do CPP).

8.19.6.4. *Coisas lícitas apreendidas e não reclamadas*

Eventualmente, no curso de inquérito policial ou de processo judicial, poderão ser apreendidos objetos de origem lícita e que não sejam reclamados. Por exemplo: coisas pertencentes ao acusado, que não as pediu de volta, ou a terceiros, que não as tenha reclamado. Em tais casos, inexistindo possibilidade de confisco em favor da União, caberá ao juiz determinar sua venda em leilão, isto depois de decorrido o prazo de 90 dias a contar do trânsito em julgado de eventual sentença condenatória, absolutória ou extintiva da punibilidade. O dinheiro apurado será depositado, aplicando-se a disciplina dos arts. 744 e 745 do CPC/2015, que regulamentam o procedimento relativo aos *bens dos ausentes*.

8.20. A VIDEOCONFERÊNCIA COMO FORMA DE REALIZAÇÃO DE ATOS PROCESSUAIS (ART. 185, §§ 8.º E 9.º)

8.20.1. O interrogatório mediante videoconferência – resumo

Considerando que o tema já foi abordado no item 8.11.11 deste Capítulo, ao qual remetemos o leitor, limitar-se-á o presente tópico ao resumo dos dispositivos que regem o **interrogatório *on-line* do réu preso**.

Introduzindo, pois, a disciplina desse instituto, dispôs o art. 185, § 2.º, do CPP, que, tratando-se de acusado preso, esse ato processual poderá ser realizado pelo método da videoconferência ou de outro sistema tecnológico de transmissão de sons e imagens, desde que tenha por finalidade prevenir o risco à segurança pública quando houver fundada suspeita de envolvimento do acusado em organização criminosa, ou de que, por outra razão, possa fugir durante o seu deslocamento do presídio ao fórum; viabilizar a participação do réu no interrogatório judicial quando houver grande dificuldade para seu comparecimento em juízo, por motivo de enfermidade ou de outra circunstância pessoal; impedir que a presença do réu interfira no ânimo da vítima e das testemunhas ao deporem; e, por fim, responder a gravíssima questão de ordem pública.

Por sua vez, o art. 185, § 3.º, determinou que, ao decidir pela realização do interrogatório *on-line*, deverá o juiz intimar as partes desta sua deliberação com, no mínimo, dez dias de antecedência em relação à data aprazada para a solenidade judicial.

Em sequência, assegurou o art. 185, § 4.º, do CPP ao acusado que deva ser interrogado por meio de videoconferência o direito de assistir, pelo mesmo método, os atos realizados na audiência única de instrução e julgamento de que tratam os arts. 400 (rito comum ordinário), 411 (rito do júri) e 531 (rito comum sumário).

Por fim, o art. 185, § 5.º, além de garantir ao réu o direito de entrevista prévia e reservada com seu defensor em qualquer modalidade de interrogatório (tanto se presente em juízo como na hipótese de videoconferência), previu que, no interrogatório *on-line* do preso, deve ser assegurado a este e ao defensor que lhe acompanha no presídio linha telefônica reservada com o advogado que se encontra perante o juiz na sala de audiência.

8.20.2. Outros atos processuais sujeitos ao método da videoconferência

Estabelece o art. 185, §§ 8.º e 9.º, do CPP que o disposto nos §§ 2.º, 3.º, 4.º e 5.º do citado dispositivo legal aplica-se, no que couber, à realização de outros atos processuais que dependam da participação de pessoa que esteja presa como a acareação, o reconhecimento de pessoas e coisas, e a inquirição de testemunhas ou tomada de declarações do ofendido, ficando, em qualquer caso, garantido o acompanhamento do respectivo ato processual pelo acusado e seu defensor.

A análise desta normatização sugere as seguintes conclusões:

1. Os §§ 8.º e 9.º do art. 185, ao permitirem a realização de atos processuais mediante videoconferência, referem-se, exclusivamente, à hipótese em que esteja presa a pessoa de cuja participação depende a realização do ato. Trata-se, então, da inquirição da testemunha presa, do reconhecimento de pessoas ou coisas a ser feito por indivíduo preso, da acareação entre indivíduos presos ou entre pessoa solta e outra que esteja presa, da oitiva da vítima presa etc.
2. O elenco de atos mencionados no § 8.º é meramente exemplificativo, tanto que utilizada a palavra "como" antes da referência aos meios de prova contemplados no artigo ("...atos processuais que dependam da participação de pessoa que esteja presa, como acareação, reconhecimento...").
3. Os §§ 2.º, 3.º, 4.º e 5.º do art. 185 serão aplicados a outros atos processuais apenas "no que couber", conforme consta expressamente do § 8.º. Não há de se cogitar, por exemplo, do direito de entrevista prévia e reservada entre testemunha presa e advogado, pois isto é garantia assegurada pelo § 5.º, unicamente, ao réu, por ocasião de seu interrogatório.
4. A utilização do sistema da videoconferência na realização de qualquer ato processual que necessite da participação de pessoa presa condiciona-se à constatação das hipóteses elencadas no art. 185, § 2.º, do CPP (no que couber, repita-se). Por exemplo, se em relação a uma testemunha arrolada por qualquer das partes (que se encontra sob prisão provisória ou em cumprimento de pena), houver fundada suspeita de que integre organização criminosa, ou de que possa fugir durante o seu deslocamento, poderá o juiz proceder sua inquirição *on-line*, ou seja, sem deslocá-la do local em que se encontra recolhida (art. 185, § 2.º, I). Necessário, contudo, que, da decisão judicial que assim ordenar, sejam as partes intimadas com antece-

dência mínima de dez dias (art. 185, § 3.º). Ainda, tanto junto à testemunha, no local em que estiver recolhida, como perante o juiz, no fórum deverão estar presentes advogados, garantindo-se a ambos o acesso a linhas telefônicas reservadas para que possam manter contato entre si (art. 185, §§ 5.º e 9.º). Por fim, também ao réu deve ser facultado assistir à transmissão do ato processual realizado virtualmente (§ 9.º).

Observe-se que, se em relação ao réu permite-se ao juiz inquiri-lo, quando preso, no local em que se encontra detido, o mesmo não é previsto para a inquirição de qualquer outra categoria de pessoa. Isso porque a previsão do deslocamento do juiz ao presídio existe, unicamente, em relação ao interrogatório do acusado, encontrando-se no art. 185, § 1.º, do CPP, disposição esta que não está mencionada no § 8.º do mesmo artigo como aplicável à produção de outros meios de prova.

Por fim, necessário alertar que, tendo em vista o entendimento dominante no STJ e no STF, qual seja, o de que viola a garantia constitucional do devido processo legal a realização de ato processual mediante videoconferência quando não houver previsão normativa expressa, deduz-se que, como *regra geral*, o método da transmissão *on-line* não poderá ser utilizado relativamente a atos processuais que envolvam a participação de pessoas que não estejam presas, sob pena de ilicitude da prova obtida. Exceções, contudo, ocorrem na hipótese do art. 217 do CPP, contemplando a possibilidade de oitiva da vítima e testemunhas mediante videoconferência quando constatado pelo juiz que a presença do réu, por efeito de intimidações ou constrangimentos, poderá interferir na verdade que se espera de seus depoimentos, caso em que desimporta, absolutamente, a circunstância de estarem estas pessoas em liberdade, bem como na situação prevista no art. 222, § 3.º, do mesmo diploma, possibilitando a inquirição da testemunha que resida em localidade alheia à jurisdição do juiz do processo por meio de sistema de transmissão de sons e imagens.

Acesse o
MATERIAL SUPLEMENTAR

Entre no Ambiente de Aprendizagem através das instruções contidas na orelha deste livro e acesse os conteúdos exclusivos desta edição:
- questões de concursos;
- videoaulas dos principais temas;
- mapas mentais;
- *ebook* de resumos de cada capítulo.

CAPÍTULO 9

Jurisdição e Competência

9.1. JURISDIÇÃO E COMPETÊNCIA: CONSIDERAÇÕES GERAIS

9.1.1. Conceito e finalidade

Por *jurisdição* compreende-se o poder atribuído com exclusividade ao Judiciário (em razão da independência e da imparcialidade de seus membros) para decidir um determinado litígio segundo as regras legais existentes. Ao instituir a *jurisdição*, objetivou o Estado assegurar que as normas de direito substancial incorporadas ao ordenamento jurídico efetivamente conduzam aos resultados nelas previstos. Em outras palavras, pode-se dizer que a finalidade da jurisdição não é outra senão a realização das normas de direito objetivo, ou seja, a sua correta aplicação e, a partir daí, a solução justa da lide.

O conceito de *jurisdição* não se confunde com o de *competência*. *Jurisdição* é o poder conferido pela Constituição Federal a todo qualquer Juiz para declarar o direito, sendo **abstrata e subjetiva**. Já a *competência* é o conjunto de regras que vai definir qual é o juiz que poderá examinar determinado litígio, sendo **concreta e objetiva**.

Logo, apresenta-se a *competência* como uma limitação ao exercício da *jurisdição*.

Ora, se todo o Juiz regularmente investido possui *jurisdição*, é correto dizer que esta não pode ser objeto de discussão, sendo equivocada a terminologia empregada pelo Código de Processo Penal quando se refere à possibilidade de ocorrer, entre dois ou mais juízes, *conflito de jurisdição* (Livro I, Título VI, Capítulo IV – arts. 113 a 117). O que pode surgir, isto sim, são *conflitos de competência*, discutindo-se qual o Juiz que exercerá jurisdição no caso concreto, que será, então, o *Juiz natural* do processo (art. 5.º, LIII, da CF).

9.1.2. Princípios

No âmbito do processo penal, rege-se a jurisdição pelos seguintes princípios:

a) **Juiz natural:** decorre da Constituição Federal ao dispor que ninguém será processado ou sentenciado por autoridade que não tenha competência fixada em normas predeterminadas (art. 5.º, LIII, da CF), o que abrange, também, a proibição à existência de juízo ou tribunal de exceção (art. 5.º, XXXVII, da CF). Ainda em nível de Constituição Federal (sem prejuízo da disciplina existente na legislação infraconstitucional), o princípio do Juiz natural está presente em vários dispositivos, por exemplo, ao estabelecer que ao Tribunal do Júri cabe o julgamento dos crimes dolosos contra a vida (art. 5.º, XXXVIII), ao prever a competência dos

Tribunais Regionais Federais para o julgamento dos crimes comuns e de responsabilidade cometidos por Juízes Federais (art. 108, I); ao determinar que ao Supremo Tribunal Federal compete processar e julgar, nas infrações penais comuns, o Presidente da República (art. 102, I, *b*) etc.

b) **Investidura:** apenas quem estiver legalmente investido como Juiz de direito e se encontrar no exercício das respectivas funções pode desempenhar a jurisdição. Importante ter em mente que tal investidura, em tese, ocorrerá mediante concurso público. Exceção a essa regra existe na composição do chamado *quinto constitucional*, consistente na previsão do art. 94 da Carta Republicana no sentido de que "um quinto dos lugares dos Tribunais Regionais Federais, dos Tribunais dos Estados, e do Distrito Federal e Territórios será composto de membros, do Ministério Público, com mais de dez anos de carreira, e de advogados de notório saber jurídico e de reputação ilibada, com mais de dez anos de efetiva atividade profissional, indicados em lista sêxtupla pelos órgãos de representação das respectivas classes".

c) **Inércia:** o Magistrado depende da iniciativa das partes, não podendo iniciar, *ex officio*, uma ação judicial. Esse princípio tem relação com a necessidade de justa composição da lide e de absoluta imparcialidade do Juiz, garantias estas que restariam comprometidas se fosse atribuída ao julgador a faculdade de iniciar uma ação penal sem a provocação dos legitimados constitucionais – Ministério Público, mediante denúncia, e o particular, mediante queixa-crime. No processo penal, hoje, não há nenhuma exceção a esse princípio.

d) **Indeclinabilidade:** nenhum Magistrado pode subtrair-se ao exercício da jurisdição. Esse princípio também tem origem constitucional, mais precisamente no art. 5.º, XXXV, estabelecendo que a lei não excluirá da apreciação do Poder Judiciário lesão ou ameaça a direito.

e) **Improrrogabilidade:** salvo em situações excepcionais expressamente previstas, um Juiz não pode invadir a competência de outro.

f) **Indelegabilidade:** este princípio é consequência do Juiz natural, impedindo que o Magistrado possa delegar sua jurisdição a órgão distinto. *E quando se tratar de produção de prova oral mediante a expedição de carta precatória?* Parte da doutrina vislumbra, nesse caso, uma exceção ao princípio da indelegabilidade expressamente prevista no art. 222 do CPP. Destoando dessa linha de pensamento, cremos que a possibilidade de interrogatório do réu, da inquirição de testemunha e de outras providências mediante carta precatória não importa em ressalva ao princípio da indelegabilidade, pois tais atos não pressupõem **delegação de poderes**, consistindo em mera solicitação, pelo Juiz do processo, da cooperação de outro Juiz para a prática de ato processual fora de sua área de jurisdição[1]. Idêntico raciocínio é extensivo à carta de ordem.

g) **Irrecusabilidade (ou inevitabilidade):** não podem as partes recusar a atuação de determinado juiz, salvo nos casos de impedimento ou suspeição.

h) **Unidade:** a jurisdição é uma só, ou seja, exercida com a finalidade de aplicação do direito objetivo ao caso concreto. Observa-se que não afasta esta unidade o fato de classificar-se em **penal** ou **civil**, conforme tenha por objetivo, respectivamente, a aplicação de uma norma de direito penal ou extrapenal. Isso porque, seja uma ou outra a finalidade da jurisdição, é certo que será exercida por órgãos do Poder Judiciário.

---

[1] Este tema foi objeto do **Concurso Público para Juiz de Direito do Estado do Amapá** no ano de 2006, ocasião em que foi proposto aos candidatos o seguinte questionamento: *Qual a relação que existe entre a carta precatória e o princípio da indelegabilidade no processo penal?*

i) **Correlação (ou relatividade):** o juiz, ao proferir sentença, deverá observar a exata correspondência entre sua decisão e o pedido incorporado à denúncia e à queixa. Nula será a sentença *citra*, *extra* ou *ultra petita*, vale dizer, a que julgar aquém, for além ou decidir fora dos limites atribuídos à prestação jurisdicional pelo acusador. Com a nova redação conferida pela Lei 11.719/2008 ao art. 384 do CPP, o princípio da correlação restou fortalecido no ordenamento pátrio. Isso porque se contemplou, agora, a necessidade de aditamento da inicial pelo Ministério Público como pressuposto necessário para qualquer hipótese de *mutatio libelli* (nova definição jurídica do fato em decorrência do reconhecimento, na sentença, de circunstâncias ou elementos não descritos na peça vestibular, *v.g.*, a desclassificação de receptação dolosa para culposa, de furto para apropriação indébita etc.). Lembre-se que, previamente a essa normatização, exigia-se esse aditamento apenas quando a *mutatio* importasse em condenação por crime cuja pena fosse superior à da infração descrita na inicial, dispensando-se a formalidade quando implicasse condenação por crime com apenamento igual ou inferior ao descrito.

9.1.3. Características

Três são as características fundamentais que devem estar presentes na *jurisdição* para que possa cumprir sua finalidade de aplicação do direito objetivo ao caso concreto e, desse modo, obter a justa composição da lide:

a) **Órgão adequado:** a jurisdição deve ser exercida pelo *Juiz*, vale dizer, autoridade integrante do Poder Judiciário, distinta dos órgãos que exercem as funções estatais de *legislar* e *administrar*, de modo absolutamente imparcial em face dos interesses das partes.
b) **Contraditório:** permite-se às partes a defesa de seus interesses em igualdade de condições, facultando-se a cada um dos litigantes contrapor-se aos argumentos do outro.
c) **Procedimento:** necessária a estrita observância ao modelo legal previsto em lei, o que corresponde à sequência de atos previamente determinada para conduzir o processo à fase da sentença.

Mirabete, além destas características essenciais, elenca outros traços que considera próprios da jurisdição, referindo-se ao **caráter de substitutividade** que lhe é inerente, pois trata-se de "atividade em que o órgão estatal exerce substituindo-se às partes em litígio"; e à **coisa julgada** que decorre da atividade jurisdicional, traduzindo-se esta pela impossibilidade de uma decisão judicial ser revista ou modificada por órgão integrante de outro poder[2].

9.1.4. Elementos

São elementos que compõem a jurisdição:

a) ***Notio* ou *cognitio*:** trata-se da atividade de *conhecimento*, abrangendo o poder atribuído aos órgãos jurisdicionais de conhecer dos litígios; de investigar a presença dos pressupostos de existência e de validade da relação processual, das condições de procedibilidade e das condições da ação; de adotar as providências cabíveis à tramitação regular do processo e de instruir o feito, colhendo a prova necessária à formação de seu convencimento.

[2] MIRABETE, Julio Fabbrini. *Processo penal*. São Paulo: Atlas, 2006. p. 154.

b) ***Vocatio***: trata-se da atividade de *chamamento*, correspondendo à faculdade inerente aos juízes de fazer comparecer a juízo toda pessoa cuja presença seja necessária ao desenvolvimento regular do processo. Nesse aspecto, abrange-se também a *coertio*, consistente na possibilidade de o Magistrado aplicar medidas de coação processual para garantir a efetividade da *vocatio*, determinando, por exemplo, a condução coercitiva da testemunha que, regularmente notificada, tenha se mantido inerte.

c) ***Judicium***: trata-se de atividade de *julgamento*, compreendendo-se, aqui, a fase conclusiva da jurisdição, na qual o Juiz deverá pronunciar sentença, compondo a lide e aplicando o direito objetivo.

d) ***Executio***: trata-se da atividade de *execução*, abarcando a prática dos atos necessários ao cumprimento da decisão judicial.

9.1.5. Classificação

Classifica-se a jurisdição em seis formas:

a) **Quanto à sua graduação:** a jurisdição poderá ser *inferior*, como tal se compreendendo a primeira instância de julgamento das esferas federal ou estadual; e *superior*, que abrange as demais instâncias, isto é, aquelas a que compete o julgamento dos recursos interpostos.

b) **Quanto à matéria:** a jurisdição leva em conta aqui a natureza da causa a ser julgada, classificando-se, então, em jurisdição penal, civil, eleitoral etc.

c) **Quanto ao objeto:** a jurisdição poderá ser *contenciosa*, se houver litígio; ou *voluntária* (também chamada de graciosa), caso tenha caráter apenas homologatório de vontade do interessado ou de acordo das partes. Na esfera penal discute-se a existência desta última possibilidade, predominando o entendimento negativo. Considera-se, que, nas hipóteses em que não há um litígio (*v.g.*, pedido de reabilitação criminal, requerimento de restituição de bem apreendido etc.), o que ocorre é uma atividade judiciária em sentido estrito, e não uma função jurisdicional.

d) **Quanto à competência:** aqui é necessário considerar duas subordens de classificações:

Plena ou limitada: há a *jurisdição plena* quando o Juiz possui competência para decidir todos os casos, o que ocorre na hipótese de Comarcas com vara única. Já a *jurisdição limitada* dá-se quando tal competência é restrita a determinadas hipóteses, como nas Comarcas com varas especializadas.

Exclusiva ou cumulativa: diz-se *jurisdição exclusiva* quando o órgão jurisdicional tem competência apenas para apreciar determinados crimes, como é o caso do Tribunal do Júri, a que está afeto, unicamente, o julgamento dos crimes dolosos contra a vida. No tocante à *jurisdição cumulativa*, ela ocorre quando não existe essa delimitação.

Há ainda duas outras classificações adotadas por parte da doutrina. Para estes, classifica-se a jurisdição também **quanto ao organismo jurisdicional**, dizendo respeito ao órgão que vai exercer cada espécie de jurisdição (Juiz de Direito, no âmbito da Justiça Comum Estadual; Juiz da Infância e da Juventude, relativamente aos interesses da criança e do adolescente; Juiz de Família e Sucessões, na esfera cível e assim por diante); e **quanto à função**, dividindo-se nesse enfoque em *ordinária ou comum*, se integrada por órgãos do Poder Judiciário, e em *extraordinária ou especial,* se, por exceção, estiver investido no poder de julgar outro órgão, a exemplo do Senado no julgamento dos crimes de responsabilidade atribuídos ao Presidente da República (art. 52, I, CF). Criticamos essas duas classificações, pois a primeira já está inserida na classificação da jurisdição segundo a matéria (letra *b*). E, quanto à segunda, pelo fato de não conseguirmos vislumbrar poder jurisdicional em esfera distinta do Poder Judiciário, sinalando, quanto à competência do Congresso Nacional para o julgamento de crimes de responsabilidade, que não se trata essa atividade do exercício de jurisdição, mesmo porque não se está aí diante de uma ação penal, e sim de um procedimento de natureza política visando à apuração de infrações político-administrativas.

9.2. FIXAÇÃO DA COMPETÊNCIA

9.2.1. Critérios de fixação da competência: principais, específicos e secundários

9.2.1.1. Critérios principais

São **critérios principais** aqueles que informam a competência *ratione personae, ratione materiae* e *ratione loci.*

a) **Competência *ratione personae* (art. 69, VII, CPP):** concerne à condição funcional ou à qualidade das pessoas acusadas, sendo estabelecida a partir da resposta à seguinte indagação: **quem praticou o fato delituoso?** É a partir do exame das regras de competência *ratione personae* que se define se uma determinada ação penal tramitará perante os juízes singulares ou perante os Tribunais.

b) **Competência *ratione materiae* (art. 69, III, CPP):** este critério leva em conta a natureza dos fatos incriminados. Neste caso, a fixação da competência decorre do questionamento: **qual foi o fato delituoso praticado pelo agente?** E a resposta a esta pergunta vai permitir que se estabeleça qual das seguintes Justiças será a competente para o processo e julgamento da infração: *Justiça especial militar, Justiça especial eleitoral, Justiça comum federal e Justiça comum estadual*. Não se inclui nesse elenco, logicamente, a *Justiça do Trabalho,* pois o art. 114 da CF não lhe atribui competência criminal.

c) **Competência *ratione loci* (art. 69, I, CPP):** refere-se ao lugar onde ocorreu a infração penal. A definição, aqui, é estabelecida a partir da indagação: **onde ocorreu o fato delituoso?** É pelo exame das normas de competência *ratione loci* que se chegará ao foro competente para o processo e julgamento da ação penal, isto é, o *Conselho de Justiça* na esfera da Justiça Militar; a *Zona* no caso da Justiça Eleitoral, a *Seção/Subseção judiciária* no âmbito da Justiça Federal e a *Comarca* na órbita da Justiça Estadual.

Note-se que as competências *ratione personae* e *ratione materiae* são **absolutas**, já que as normas que as regem são de ordem pública. Logo, em regra, podem ser objeto de deliberação judicial independentemente de provocação do interessado, em qualquer tempo e grau de jurisdição, inclusive após o trânsito em julgado de decisão condenatória. Ressalva-se, contudo, o disposto na Súmula 160 do STF, aplicável tanto às nulidades absolutas como às relativas, dispondo que é nulo o acórdão que reconhece contra o réu nulidade não arguida em recurso da acusação, ressalvados os casos de reexame necessário.

Já a competência *ratione loci* é **relativa**, pois as normas que a disciplinam encontram-se na legislação infraconstitucional, possuindo natureza privada. Esta mácula deve ser suscitada nos lapsos previstos em lei, sob pena de preclusão. A declaração da nulidade decorrente da violação às regras de competência em razão do lugar depende de provocação do interessado, não podendo, *em tese*, ser realizada *ex officio*. Nesse sentido, dispõe a Súmula 33 do STJ que "a incompetência relativa não pode ser declarada de ofício". Falamos "em tese" porque existe o entendimento defendido por expressiva parcela da doutrina no sentido de que a incompetência relativa também pode ser reconhecida de ofício pelo juiz. Nesse sentido, Grinover, Scarance e Magalhães, entendendo que, "no processo penal, em que o foro comum é o da consumação do delito (CPP, art. 70), acima do interesse da defesa, é considerado o interesse público expresso no princípio da verdade real: onde se deram os fatos é mais provável que se consigam provas idôneas. Por isso, mitiga-se, no processo penal, a diferença entre a competência absoluta e a relativa: mesmo esta pode ser reconhecida de ofício pelo juiz (art. 109)"[3]. De acordo com essa orientação, a Súmula 33 do STJ é inaplicável ao processo penal, destinando-se, unicamente, aos processos cíveis. Sem embargo disso, o STJ continua entendendo no sentido da aplicabilidade da sobredita súmula em matéria criminal, deliberando que, em se tratando de competência territorial, deve "ser arguida por meio de exceção de incompetência, e não por declinação de foro de ofício, ainda que se trate de matéria penal, na linha do preceito insculpido na Súmula 33/STJ"[4].

Não se ignora que existe orientação no sentido de que toda competência criminal possui natureza **absoluta**, já que o art. 5.º, LIII, da CF determina que *ninguém será processado nem sentenciado senão pela autoridade competente*, não distinguindo, pois, a natureza dessa competência. No entanto, esse entendimento é minoritário, predominando a corrente que considera absolutas as competências *ratione personae* e *ratione materiae* e, relativa, a competência *ratione loci*.

9.2.1.2. *Critérios específicos*

9.2.1.2.1. *Domicílio ou residência do réu como critério alternativo ou facultativo*

Trata-se do **domicílio ou residência do réu (art. 69, II, CPP)**, que ora funciona como **critério alternativo** na fixação da competência, ora atua como **critério facultativo**. A primeira situação – *domicílio do réu como critério alternativo* – tem lugar quando não for conhecido o local onde foi praticada a infração penal (art. 72 do CPP). Já o segundo caso – *domicílio do réu como critério facultativo* – incide nas hipóteses de ação penal exclusivamente privada. Aqui, o uso do domicílio do réu fica na opção exclusiva do querelante, sendo irrelevante se conhecido ou não o lugar da infração (art. 73 do CPP). A propósito do tema, melhor trataremos no **tópico 9.2.4.2**.

9.2.1.2.2. Domicílio da vítima como critério específico na hipótese de estelionato praticado mediante depósito, mediante emissão de cheque sem fundos ou sustado e por meio de transferência de valores

O domicílio da vítima passou a ser critério de definição da competência a partir da Lei 14.155/2021, que acrescentou o § 4º ao art. 70 do Código de Processo Penal, dispondo

---

3 *As nulidades no processo penal*. p. 41.

4 STJ, CC 134775/PA, decisão monocrática do Min. Moura Ribeiro, *DJe* 14.08.2014. No mesmo sentido: STJ, CC 134272/RO, 3.ª Seção, *DJe* 02.12.2015.

que *nos crimes previstos no art. 171 do Decreto-Lei nº 2.848, de 7 de dezembro de 1940 (Código Penal), quando praticados mediante depósito, mediante emissão de cheques sem suficiente provisão de fundos em poder do sacado ou com o pagamento frustrado ou mediante transferência de valores, a competência será definida pelo local do domicílio da vítima, e, em caso de pluralidade de vítimas, a competência firmar-se-á pela prevenção.* Este tema será por nós abordado no **tópico 9.2.4.3.**

9.2.1.3. *Critérios secundários*

Não sendo possível, a partir dos critérios anteriores (pessoa, matéria, local, domicílio do réu e domicílio da vítima), identificar o juízo competente, será necessária a utilização dos *critérios secundários*, que consistem:

a) **Prevenção (art. 69, VI, CPP):** infere-se do art. 83 do CPP que ocorrerá a prevenção quando, havendo dois ou mais juízes igualmente competentes ou com jurisdição cumulativa, um deles se anteceder ao(s) outro(s) na prática de atos de jurisdição (atos com carga decisória).

b) **Normas de organização judiciária (art. 74 do CPP):** busca-se definir aqui, a partir da *natureza da infração*, qual o juízo, dentro do âmbito jurisdicional correspondente (comarca na Justiça Estadual e subseção judiciária na Justiça Federal), no qual deve tramitar o processo (vara do Júri, vara dos crimes de trânsito, vara dos crimes fazendários etc.), definição esta que será feita após afastada a hipótese de prerrogativa de função e depois de estabelecido o foro competente segundo os critérios *ratione materiae, ratione loci, domicílio ou residência do réu (hipóteses dos arts. 72 e 73 do CPP), domicílio da vítima (hipótese do art. 70, § 4º, do CPP) e prevenção.*

c) **Distribuição (art. 69, IV, CPP):** a *distribuição* é critério que possibilita a determinação da competência quando, no mesmo foro, de acordo com as normas de organização judiciária, houver mais de uma vara igualmente competente.

OBSERVAÇÃO: Na definição da vara criminal competente, a opção entre os critérios relativos à *prevenção, normas de organização judiciária e distribuição* prende-se às peculiaridades do caso concreto. Exemplo: Considere-se que um cidadão comum, em Porto Alegre, cometa homicídio culposo de trânsito. Não possuindo prerrogativa de função, será ele processado perante o Juiz singular. Considere-se que não incidam aqui as competências militar, eleitoral e federal. Logo, a competência estará afeta à Justiça Estadual. Como o fato ocorreu em Porto Alegre, o processo e julgamento deverá ocorrer nessa Comarca. Ocorre que, em Porto Alegre, entre as diversas varas criminais, existe, instituída por **norma de organização judiciária estadual**, vara especializada em delitos de trânsito. Portanto, esta deverá ser a vara competente. E se houver mais de uma vara de trânsito? Nesse caso, deve-se atentar se alguma delas antecipou-se à outra na prática de ato de jurisdição. Se isto ocorreu, tal vara estará **preventa**. Caso contrário, define-se a competência pela **distribuição**.

d) **Conexão ou continência (art. 69, V, CPP):** a *conexão* e a *continência* são hipóteses de modificação da competência que apenas ocorrem nas condições expressamente previstas – a primeira, no art. 76 do CPP, e a segunda, no art. 77 do mesmo diploma legal.

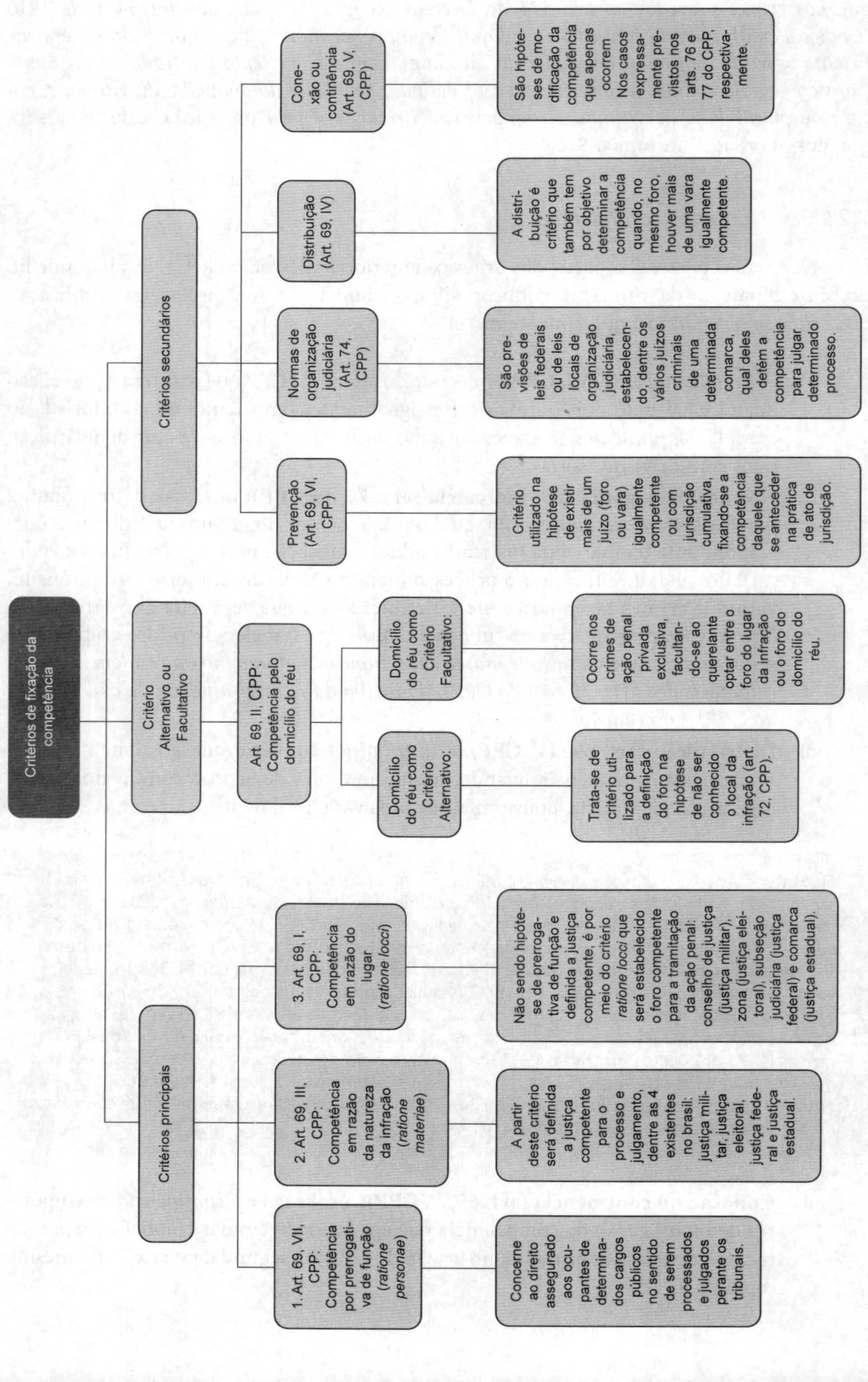
Critérios de fixação da competência
Critérios principais
1. Art. 69, VII, CPP: Competência por prerrogativa de função (ratione personae)
Concerne ao direito assegurado aos ocupantes de determinados cargos públicos no sentido de serem processados e julgados perante os tribunais.
2. Art. 69, III, CPP: Competência em razão da natureza da infração (ratione materiae)
A partir deste critério será definida a justiça competente para o processo e julgamento, dentre as 4 existentes no brasil: justiça militar, justiça eleitoral, justiça federal e justiça estadual.
3. Art. 69, I, CPP: Competência em razão do lugar (ratione locci)
Não sendo hipótese de prerrogativa de função e definida a justiça competente, é por meio do critério ratione locci que será estabelecido o foro competente para a tramitação da ação penal: conselho de justiça (justiça militar), zona (justiça eleitoral), subseção judiciária (justiça federal) e comarca (justiça estadual).
Critério Alternativo ou Facultativo
Art. 69, II, CPP: Competência pelo domicílio do réu
Domicílio do réu como Critério Alternativo:
Trata-se de critério utilizado para a definição do foro na hipótese de não ser conhecido o local da infração (art. 72, CPP).
Domicílio do réu como Critério Facultativo:
Ocorre nos crimes de ação penal privada exclusiva, facultando-se ao querelante optar entre o foro do lugar da infração ou o foro do domicílio do réu.
Critérios secundários
Prevenção (Art. 69, VI, CPP)
Critério utilizado na hipótese de existir mais de um juízo (foro ou vara) igualmente competente ou com jurisdição cumulativa, fixando-se a competência daquele que se anteceder na prática de ato de jurisdição.
Normas de organização judiciária (Art. 74, CPP)
São previsões de leis federais ou de leis locais de organização judiciária, estabelecendo, dentre os vários juízos criminais de uma determinada comarca, qual deles detém a competência para julgar determinado processo.
Distribuição (Art. 69, IV)
A distribuição é critério que também tem por objetivo determinar a competência quando, no mesmo foro, houver mais de uma vara igualmente competente.
Conexão ou continência (Art. 69, V, CPP)
São hipóteses de modificação da competência que apenas ocorrem Nos casos expressamente previstos nos arts. 76 e 77 do CPP, respectivamente.

9.2.1.4. Ordem do processo de verificação da competência e síntese das etapas

Não existe um critério obrigatório a ser observado na fixação da competência do juízo. Entretanto, há caminhos que permitem essa definição com menor possibilidade de erro e, além disso, agilizam a verificação. Defendemos a obediência à seguinte ordem:

1. Verificação da **competência *ratione personae***, atentando-se à existência ou não de prerrogativa de função que justifique a tramitação e julgamento do processo junto aos Tribunais.
2. A etapa seguinte deverá ser a análise das regras de **competência *ratione materiae***, estabelecendo-se, então, a Justiça competente dentre as quatro existentes no Brasil: Justiça Especial Militar, Justiça Especial Eleitoral, Justiça Comum Federal e Justiça Comum Estadual.
3. No momento seguinte, a partir da análise das normas de **competência *ratione loci***, define-se o foro competente, que poderá ser o Conselho de Justiça, na esfera da Justiça Militar; a zona, no caso da Justiça Eleitoral; a seção/subseção judiciária, na esfera da Justiça Federal e a comarca na órbita da Justiça Estadual. Neste momento, cabe atentar se a hipótese não é daquelas que ensejam a fixação da competência pelo domicílio do réu (arts. 72 e 73 do CPP) ou pelo domicílio da vítima (art. 70, § 4º, do CPP).

Se, com a utilização dessas regras, ainda assim restar indefinido o juízo competente, segue-se a verificação a partir dos demais critérios, quais sejam:

1. Análise acerca da eventual incidência das regras de prevenção, visando-se à definição do foro ou da vara criminal competente.
2. Não ocorrendo hipótese de prevenção:
   - **2.1.** Análise da competência segundo as **normas de organização judiciária**, objetivando-se definir a vara criminal para tramitação do processo segundo a natureza da infração (art. 74 do CPP).
   - **2.2.** Aplicação do critério da **distribuição**, quando, já definido o foro, houver mais de uma vara criminal igualmente competente.

Independentemente de toda essa disciplina, caberá ao intérprete manter-se atento a eventual ocorrência de **conexão (art. 76 do CPP)** ou **continência (art. 77 do CPP)**, pois esses institutos, observadas determinadas limitações impostas pela Constituição Federal ou pela legislação infraconstitucional, podem modificar as competências estabelecidas por força dos critérios anteriores.

9.2.2. Verificação da competência: primeira etapa – incidência das regras de competência *ratione personae* (arts. 69, VII, e 84 a 87 do CPP)

9.2.2.1. *Considerações gerais*

O primeiro passo na busca do juízo competente é definir o Órgão Jurisdicional a que incumbirão o processo e o julgamento da infração. Para tanto, é necessário verificar se a condição funcional do agente garante ou não a ele foro por prerrogativa de função (o denominado foro privilegiado), isto é, o direito de ser processado criminalmente (não há essa prerrogativa na esfera cível) e julgado diretamente nos Tribunais. Trata-se, enfim, de pessoas que, por ocuparem cargos de relevância, detêm a prerrogativa de serem processados e julgados perante órgãos jurisdicionais superiores.

Tratando dessa modalidade de fixação da competência, dispõe o art. 84, *caput,* do CPP que "a competência pela prerrogativa de função é do Supremo Tribunal Federal, do Superior Tribunal de Justiça, dos Tribunais Regionais Federais e Tribunais de Justiça dos Estados e do Distrito Federal, relativamente às pessoas que devam responder perante eles por crimes comuns e de responsabilidade"[5].

A Constituição Federal estabelece várias hipóteses em que o Supremo Tribunal Federal, o Superior Tribunal de Justiça, os Tribunais Regionais Federais e os Tribunais de Justiça dos Estados são competentes para o processo e julgamento dos detentores de prerrogativa de função:

- Supremo Tribunal Federal:
  Infrações penais comuns: o Presidente da República, o Vice-Presidente, os membros do Congresso Nacional, seus próprios Ministros e o Procurador-Geral da República (art. 102, I, *b,* da CF).
  Infrações penais comuns e de responsabilidade: Ministros de Estado e Comandantes da Marinha, do Exército e da Aeronáutica, ressalvado o disposto no art. 52, I (estabelecendo a competência do Senado Federal para julgar os comandantes das forças armadas em crimes de responsabilidade conexos com os do Presidente da República e Vice), membros dos Tribunais Superiores, do Tribunal de Contas da União e chefes de missão diplomática em caráter permanente (art. 102, I, *c,* da CF).

- Superior Tribunal de Justiça:
  Infrações penais comuns: Governadores dos Estados e do Distrito Federal (art. 105, I, *a,* da CF).
  Infrações penais comuns e de responsabilidade: Desembargadores dos Tribunais de Justiça dos Estados e do Distrito Federal, membros dos Tribunais de Contas dos Estados e do Distrito Federal, dos Tribunais Regionais Federais, dos Tribunais Regionais Eleitorais e do Trabalho, membros dos Conselhos ou Tribunais de Contas dos Municípios e do Ministério Público da União que oficiem perante Tribunais.

- Tribunais Regionais Federais:
  Infrações penais comuns e de responsabilidade: Juízes Federais da área de sua jurisdição, incluídos os da Justiça Militar e da Justiça do Trabalho e os membros do Ministério Público da União, ressalvada a competência da Justiça Eleitoral (art. 108, I, *a,* da CF). Prefeitos Municipais que praticarem crimes submetidos à Justiça Federal (Súmula 702 do STF).

- Tribunais de Justiça dos Estados e do Distrito Federal:
  Infrações penais comuns e de responsabilidade: Juízes Estaduais e do Distrito Federal, bem como os membros do Ministério Público, ressalvada a competência da Justiça Eleitoral (art. 96, III, da CF). Prefeitos Municipais que praticarem crimes submetidos à Justiça Estadual (art. 29, X, da CF).

[5] O STF, na esteira do que já dispunha sua Súmula 722, editou a Súmula Vinculante 46, estabelecendo que "a definição dos crimes de responsabilidade e o estabelecimento das respectivas normas de processo e julgamento são da competência legislativa da União".

9.2.2.2. *Origem normativa da prerrogativa de função*

É a Constituição Federal que pode estabelecer normas de prerrogativa de função, não podendo, em tese, fazê-lo a legislação infraconstitucional. Essa regra é ressalvada pelo art. 125 da CF, dispondo que *os Estados organizarão sua Justiça, observados os princípios estabelecidos nesta Constituição* (*caput*) e que *a competência dos Tribunais será definida na Constituição do Estado* (§ 1.º, 1.ª parte). Em decorrência dessa previsão, admite-se que no âmbito de Constituições Estaduais seja estabelecido privilégio de foro para determinados detentores de cargos estaduais em relação aos quais tenha sido silente a Constituição Federal a respeito.

No entanto, é necessário ter um cuidado aqui: o referido dispositivo constitucional deixa claro que a competência dos Estados na organização de sua Justiça deve **observar os princípios estabelecidos na Constituição Federal**. Em consequência dessa disciplina, infere-se que o estabelecimento, pelas Constituições Estaduais, de normas de prerrogativa de função apenas poderá alcançar cargos simétricos àqueles para os quais a Constituição Federal assegura a mesma prerrogativa. Logo, é possível que determinada Constituição Estadual estabeleça privilégio de foro ao **vice-governador** do respectivo Estado, pois esse cargo é simétrico ao de Vice-Presidente da República, para o qual a Constituição Federal, no art. 102, I, *b*, assegura prerrogativa de função junto ao STF. É o que faz, por exemplo, a Constituição Estadual do Rio de Janeiro, que, no seu art. 161, IV, c, traz a competência do Tribunal de Justiça, para processar e julgar, originariamente, "nos crimes comuns, o Vice-Governador e os Deputados"[6]. Descabe, por outro lado, o estabelecimento, em nível de Constituição Estadual, de prerrogativa de foro para **Procuradores de Estado, Procuradores de Assembleias Legislativas, Defensores Públicos e Delegados de Polícia** dado à ausência de cargos paralelos aos quais atribuída prerrogativa de foro pela Constituição Federal. Note-se, por oportuno, que o STF, no julgamento de ADIs que questionavam dispositivos de Constituições Estaduais que estabeleciam regras de prerrogativa de função[7], fixou a tese de que "é inconstitucional norma de constituição estadual que estende o foro por prerrogativa de função a autoridades não contempladas pela Constituição Federal de forma expressa ou por simetria". **E quanto aos vereadores?** Tem compreendido o STF que não é possível a atribuição, por constituição estadual, de prerrogativa de foro a ocupantes de cargos municipais, aí se incluindo, por óbvio, os vereadores. Não foi outra a deliberação do STF no julgamento da ADI 558/RJ (*DJ* 22.09.2021), ao referir que "*os entes federados não dispõem de competência para ampliar as imunidades constitucionalmente previstas aos*

---

[6] A propósito da aplicação do referido dispositivo da Carta Estadual do Rio de Janeiro, cabe destacar excerto da decisão monocrática, no âmbito do STJ, de lavra do Ministro Benedito Gonçalves (em 04.05.2021), nos autos da APn 973/RJ, no sentido de que "o Vice-Governador do Rio de Janeiro tem foro por prerrogativa de função para os crimes comuns no respectivo Tribunal de Justiça, na forma do art. 125, § 1º, da Constituição Federal e do art. 161, IV, *c*, da Constituição do Estado do Rio de Janeiro, observada, em qualquer caso, a regra da atualidade limitada, restrita ou mista [...]".

[7] Adotando essa orientação, o STF, em Sessão Virtual de 13 a 20.08.2021: 1) julgou procedente a ADI 6.501, em relação a dispositivo da Constituição Estadual do Pará que estabelecia prerrogativa de função aos membros da Defensoria Pública; 2) julgou procedente a ADI 6.502, em relação a dispositivo da Constituição Estadual de Pernambuco que estabelecia prerrogativa de função ao Defensor Público-Geral e ao Chefe Geral da Polícia Civil; 3) julgou procedente a ADI 6.508, em relação a dispositivo da Constituição Estadual de Rondônia, que estabelecia prerrogativa de função ao Defensor Público-Geral e aos membros da Defensoria Pública; 4) julgou procedente a ADI 6.515, em relação a dispositivo da Constituição Estadual do Amazonas que estabelecia prerrogativa de função aos membros da Procuradoria-Geral do Estado e da Defensoria Pública; 5) julgou procedente a ADI 6.516, em relação a dispositivo da Constituição do Estado de Alagoas, que estabelecia prerrogativa de função a Procuradores do Estado e Defensores Públicos. Veja-se que no âmbito da ADI 2.553 (j. 15.05.2019), a Corte já havia considerado inconstitucional dispositivo da Constituição do Estado do Maranhão, que estabelecia prerrogativa de função a Procuradores do Estado, Procuradores da Assembleia Legislativa, Defensores Públicos e Delegados de Polícia (j. 15.05.2019).

vereadores no inc. VIII do art. 29 da Constituição da República", razão pela qual "*é inconstitucional norma da Constituição do Rio de Janeiro que concede imunidades formais a autoridades municipais*", sendo necessário declarar "*a inconstitucionalidade [...] das expressões 'os Vice-Prefeitos e os Vereadores' contidas no item 3 da al. 'd' do inc. IV do art. 161*"[8].

Evidentemente, esse regramento apenas releva nas hipóteses em que a Constituição Federal não estipular prerrogativa de função para o cargo estadual. Logo, não é lícito, por exemplo, ao legislador constituinte estadual estabelecer que Governador do Estado será processado perante os Tribunais de Justiça, pois, nesse caso, a Constituição Federal determina o privilégio de foro junto ao Superior Tribunal de Justiça (art. 105, I, *a*, da CF).

9.2.2.3. Condicionantes do reconhecimento da prerrogativa de função

9.2.2.3.1. Prerrogativa de função no âmbito criminal e atual posição do STF (Questão de Ordem na Ação Penal 937)

Até meados de 2018, doutrina e jurisprudência, a despeito de críticas muitas vezes feitas ao sistema, eram firmadas no sentido de que a incidência das normas de prerrogativa de função não se condicionava, em regra, à verificação da natureza da infração penal praticada, vale dizer, se relacionada ou não ao exercício do cargo ou do mandato.

Na verdade, a discussão que se estabelecia, e que gerou modificações de entendimento ao longo dos anos, concernia, isto sim, à manutenção ou não da prerrogativa de foro na hipótese de a função pública exercida pelo agente cessar antes do julgamento da ação penal.

E a respeito desse tema, a Súmula 394 do STF, editada em 1964, consolidou, por muito tempo, a orientação no sentido da continuidade do foro especial mesmo depois de findo o exercício da função, não importando se a infração penal praticada pelo sujeito tivesse ou não relação com o cargo ou função exercidos. Tal súmula, porém, foi cancelada pelo STF em 25 de agosto de 1999, extinguindo-se, via de consequência, o privilégio de manutenção do foro após a cessação do exercício funcional, independentemente, mais uma vez, da natureza do crime cometido.

Na sequência dos acontecimentos, em 2002, por meio da Lei 10.628, foram acrescentados ao art. 84 do CPP os §§ 1.º e 2.º, estabelecendo o primeiro deles que "a competência especial por prerrogativa de função, relativa a **atos administrativos do agente**, prevalece ainda que o inquérito ou a ação judicial sejam iniciados após a cessação do exercício da função pública" (grifamos). Com isso, em relação ao **foro competente para o processo e julgamento do processo criminal**, surgiu uma situação intermediária entre a época da vigência da súmula e o período que se seguiu ao seu cancelamento, entendendo-se que, **encerrado o exercício funcional,** caso o crime *não tivesse relação* com a função, cessaria o privilégio de foro, devendo o processo ser encaminhado ao 1.º grau para prosseguimento e sentença. Se, contudo, o delito *fosse relacionado* à função antes exercida ("atos administrativos do agente"), permaneceria a competência especial por prerrogativa da função mesmo após o fim do período funcional.

Tal situação perdurou até 15 de setembro de 2005, quando o Plenário do STF, no julgamento da Ação Direta de Inconstitucionalidade 2.797, por maioria, declarou a inconstitucionalidade dos §§ 1.º e 2.º do art. 84 do CPP. Tal situação, agregada ao cancelamento da antiga Súmula 394 do STF, fez com que passasse a vigorar a regra **da subsistência da prerrogativa de função apenas enquanto o autor da infração penal**

8 "Art. 161. Compete ao Tribunal de Justiça: IV - processar e julgar originariamente: d) nos crimes comuns e de responsabilidade: 3 - os Prefeitos, os Vice-Prefeitos e os Vereadores."

estivesse no exercício do cargo, mandato ou da função que lhe conferia a prerrogativa. Logo, não iniciado ou cessado o exercício funcional, não se poderia falar em foro por prerrogativa de função, não importando, outrossim, quando foi praticado o ilícito penal, vale dizer, se antes ou durante o exercício do cargo, função ou mandato. O que se deveria levar em conta, unicamente, era a circunstância de se encontrar ou não o agente no exercício funcional ao tempo da tramitação do processo. Logo, se o indivíduo estivesse sendo processado criminalmente em foro privilegiado e, no curso do processo, ocorresse o término do mandato, deveriam os autos ser enviados ao juiz singular para que lá tivesse prosseguimento a ação penal. Se, por outro lado, estivesse respondendo a processo perante o juiz singular e, no curso deste, tomasse posse em cargo público a que a lei confere prerrogativa de função, deveria o processo ser enviado ao tribunal competente para julgamento e prolação do respectivo acórdão.

Pois bem, esta interpretação das regras legais e constitucionais que tratam do foro por prerrogativa de função persistiu até 03 de maio de 2018, quando o **Plenário do Supremo Tribunal Federal, no julgamento da Questão de Ordem na Ação Penal 937**, embora por maioria de votos, adotou, **em relação aos parlamentares federais (deputados federais e senadores)** nova orientação sobre o tema, estabelecendo as seguintes diretrizes:

1. A prerrogativa de função alcança, unicamente, os **crimes praticados no exercício do cargo que a confere,** devendo-se considerar o momento da diplomação (e não a data da posse, consoante art. 53, § 1.º, da CF) do ***parlamentar federal*** como o marco do início do exercício do mandato eletivo. Isto passou a significar que o processo criminal contra alguém, que tramita perante o juiz singular, não será mais encaminhado ao STF pelo fato de o réu ter sido eleito e diplomado deputado federal.

2. A prerrogativa de foro subsiste apenas em relação aos **crimes que tenham relação com as funções atinentes ao cargo:** imagine-se a hipótese de um deputado federal que, encontrando-se no exercício do mandato, solicita a determinado empreiteiro a quantia de cem mil reais para apresentar uma emenda parlamentar de interesse da empresa gerida pelo citado empreiteiro. Nesta hipótese, dito parlamentar federal faz jus ao foro por prerrogativa de função, devendo ser denunciado junto ao STF. Diferente a situação caso a imputação fosse, por exemplo, de crime lesão corporal de natureza grave, cometido em razão de um desentendimento de trânsito, caso em que a competência para o processo e julgamento seria do juiz singular.

3. Uma vez **finalizada a instrução processual e publicado o despacho de intimação das partes para apresentação de alegações finais, encerra-se a possibilidade de deslocamento da competência para o julgamento:** considere-se a hipótese de um senador da República ter sido denunciado perante o STF porque, durante o exercício do mandato, cometeu delito relacionado ao cargo. Imagine-se que, ao término de seu mandato, ainda não tenha chegado ao final o processo criminal. Neste caso, em tese, deve o STF encaminhar ao juiz singular o processo para que lá tenha prosseguimento e seja sentenciado. Não haverá, porém, essa remessa caso, no STF, já tenha sido encerrada a instrução e publicado o despacho de intimação das partes para manifestação final (a prevista no art. 11 da Lei 8.038/1990), caso em que o processo deverá continuar tramitando na Corte e nela ser julgado.

OBSERVAÇÃO IMPORTANTE: esta disciplina fixada no julgamento da Questão de Ordem na APn 937 vem sendo chamada de **Regra da Atualidade Limitada, Restrita ou Mista**, "pela qual o foro por prerrogativa de função aplica-se apenas aos crimes cometidos durante o exercício do cargo e relacionados às funções desempenhadas [...] e ocorre o afastamento do foro especial se o agente público vir a deixar o cargo que ocupava, qualquer que seja o motivo, ressalvada apenas hipótese em que o fizer após o fim da instrução processual, com a publicação do despacho de intimação para apresentação de alegações finais " (STJ, APn 973/RJ, Decisão Monocrática, Min. Benedito Gonçalves, j. 04.05.2021).

Questão de suma importância concerne à extensão (ou não) destas novas diretrizes do STF a ocupantes de outros cargos ou funções a que a lei, abstratamente, confira prerrogativa de foro – *governadores, prefeitos, ministros etc.* Como já dissemos, o referido entendimento do STF, adotado na Ação Penal 937, foi restrito a *Deputados Federais e Senadores.* Sem embargo, inequivocamente, a tendência é a de sua extensão a pessoas detentoras de mandato eletivo com prerrogativa de foro perante outros tribunais. No próprio STF, inclusive, já se decidiu pela aplicação do entendimento em relação a **Deputados Estaduais**[9] (e não poderia aqui ser diferente, mesmo porque o art. 27, § 1.º, da CF, é expresso, quanto aos deputados estaduais, que a eles se aplicam as regras constitucionais "sobre sistema eleitoral, inviolabilidade, imunidades, remuneração, perda de mandato, licença, impedimentos e incorporação às Forças Armadas"), **Prefeitos Municipais**[10], **Governadores** e **Ministros de Estado**[11], justificando a Corte esta extensão no fato de que, a par de a decisão na Ação Penal 937 ter sido limitada à situação de *parlamentares federais,* "o elemento persuasivo (vinculante ou vinculativo, conforme o caso) do precedente não decorre das partes ou do dispositivo da decisão, mas, sim, dos fundamentos jurídicos adotados para justificá-la, ou seja, da chamada *ratio decidendi*". E não tem sido diferente no âmbito do STJ, em que a recepção do entendimento do STF foi aplicada em relação a **Governador de Estado**[12] e a **Conselheiro de Tribunal de Contas Estadual**[13], ambas restringindo o foro por prerrogativa de função apenas à hipótese de crime praticado em razão e durante o exercício da função pública.

E quanto a juízes, desembargadores e membros do Ministério Público? A aplicação do entendimento a essas categorias foi defendida pelos Ministros Dias Toffoli e Gilmar Mendes no julgamento da Ação Penal 937. A tese, no entanto, à época daquela deliberação, restou vencida. No âmbito do STJ, indiscutivelmente, a tendência é a de manter a prerrogativa de função para citadas categorias, independentemente de estar ou não relacionado o crime imputado às respectivas funções. Veja-se que, por ocasião do julgamento da Questão de Ordem na Ação Penal n.º 857 (j. 03.05.2018), deliberou essa Corte no sentido de que o entendimento adotado pelo STF na Questão de Ordem na Ação Penal 937 não deve ser aplicado "*a servidores públicos integrantes estáveis ou vitalícios de carreiras típicas de Estado, organizadas em cargos de diferentes níveis*", nos quais se enquadram desembargadores, juízes e membros do Ministério Público[14]. Mais recentemente, porém, o STF, por seu Tribunal Pleno, reconheceu repercussão geral no **Recurso Extraordinário com Agravo n.º 1.223.589 RG/DF (j. 28.05.2021, Tema 1147)**, em que se discute a competência para o processo e julgamento de desembargador pela prática de crime comum sem relação com o cargo ocupado. À época do fechamento da presente edição deste livro não havia, ainda, pronunciamento definitivo da Corte a respeito. Considerando a relevância da matéria e o fato de que a solução que vier a ser adotada terá efeito vinculante e produzirá reflexos em

---

9 STF, Inq. 4204 Agr/DF, *DJ* 19.09.2018.

10 STF, ARE 1232434 AgR,/SE, DJ 23.03.2020.

11 STF, Inq. 4703 QO/DF, *DJ* 01.10.2008.

12 STJ, Agravo Regimental na Ação Penal Originária 866/DF.

13 STJ, Questão de Ordem na Ação Penal Originária 857/DF.

14 No mesmo sentido: STJ, CC 177100/CE, Terceira Seção, *DJ* 10.09.2021; STJ, QO na APn 878/DF, Corte Especial, *DJ* 19.12.2018.

relação aos juízes de Primeiro Grau, Procuradores e Promotores, alerta-se o leitor para a necessidade do respectivo acompanhamento.

E quanto ao ocupante de cargo com prerrogativa de função que esteja licenciado? A matéria não é absolutamente firmada. No entanto, o STF, em mais de uma oportunidade, assegurou a prerrogativa de função ao indivíduo que se encontra **licenciado**. Esse, por exemplo, foi o caminho trilhado pelo Ministro Celso de Melo ao deliberar no Inquérito 3357/PR (j. 25.03.2014), afirmando em decisão monocrática que "o membro do Congresso Nacional, quando licenciado para o exercício de determinados cargos no Poder Executivo (CF, art. 56, inciso I), como o de Secretário de Estado, não perde a prerrogativa de foro, perante o STF, nas infrações penais comuns, cuja noção conceitual abrange os crimes eleitorais".

E como se resolve a hipótese em que uma pessoa, detentora de foro especial junto a determinado tribunal em razão da natureza do crime praticado e da função que exerce, é investida em outro cargo para a qual prevista prerrogativa de foro em tribunal diverso? Considere-se a seguinte hipótese: determinado indivíduo, no exercício do mandato de Deputado Estadual, comete um crime em razão desta função. Posteriormente, elege-se Deputado Federal. Ora, enquanto Deputado Estadual, deveria ser processado perante o Tribunal de Justiça. Contudo, para os Deputados Federais, a prerrogativa de função dá-se junto ao STF. *Neste cenário, em que foro deverá ser processado?* Considerando que o foro especial é fixado no resguardo da função pública exercida e não de quem a exerce; levando em conta que, no caso em análise, a função atingida pela infração praticada relacionava-se ao mandato de Deputado Estadual; levando em consideração que o agente não mais se encontra investido nesse cargo e, por fim, partindo-se da orientação fixada pelo STF na Ação Penal 937, pensamos que dito indivíduo deve ser julgado perante Juízo de 1º Grau, não sendo relevante o fato de, na atualidade, encontrar-se na condição de Deputado Federal.

Outro exemplo: o Tribunal de Justiça do Rio de Janeiro, em 16.06.2020, ao deliberar sobre *habeas corpus* impetrado por Senador da República investigado pela prática de crimes quando exercia a função de Deputado Estadual, definiu, por maioria de votos, a competência do Órgão Especial do mesmo Tribunal para o eventual processo e julgamento, embasando-se, para tanto, na circunstância de que não houve interrupção entre os mandatos eletivos de Deputado Estadual e de Senador da República, tendo o primeiro se esgotado em 31 de janeiro de 2019 e o segundo se iniciado em 01 de fevereiro do mesmo ano. Neste cenário, *"havendo inequívoca continuidade no exercício da função pública, ambos os cargos eletivos exercidos no Poder Legislativo sem interregno temporal entre eles, persiste a necessidade do resguardo da função pública por meio de aplicação de regra diferenciada de competência, sem que isto viole o princípio republicano e princípio da igualdade à luz dos novos vetores constitucionais"*. Discordamos, com vênia, desta posição. Consideramos, enfim, que, pelos novos contornos interpretativos definidos pelo Supremo Tribunal Federal, no âmbito da citada Ação Penal 937, desimporta se houve ou não a aludida interrupção entre as funções. O que releva, isto sim, é o fato de o imputado não mais se encontrar no exercício do cargo de Deputado Estadual, no exercício do qual teria cometido os delitos objeto da apuração. Logo, ao Juízo de 1º Grau deveria, a nosso ver, competir o processo e julgamento, vale dizer, nem ao Tribunal de Justiça do Rio de Janeiro (competente para julgar Deputados Estaduais), nem ao Supremo Tribunal Federal (competente para julgar Deputados Federais). Outro não foi, a propósito, o entendimento sufragado no voto vencido prolatado no mesmo julgamento, compreendendo que *"ainda que o Paciente seja Senador da República, a proteção destinada especificamente à função de deputado estadual, que já não mais exerce, encontra-se extinta"*. E prossegue: *"Saliento que, caso estivesse correto o raciocínio esposado no voto vencedor, no sentido de que se faz necessária a proteção ao mandato parlamentar exercido pelo Paciente que, ao ter sido eleito senador, não sofreu solução de continuidade, por isso persistindo a necessidade do resguardo da função pública por meio de aplicação de regra diferenciada de competência, esta deveria ser deslocada não ao Órgão Especial deste Tribunal, mas ao Egrégio STF"*[15].

---

15 TJRJ, *Habeas Corpus* 0011759.2020.8.19.0000, 3ª Câmara Criminal.

E se fosse o caso de indivíduo que, tendo praticado crime em razão de sua condição de Prefeito Municipal, se reelegesse para o mesmo cargo? Temos, nessa hipótese, a firme convicção de que se mantém a prerrogativa de foro, já que permanece a mesma a função pública a ser resguardada.

Atente-se, por fim, ao fato de que, no âmbito do Senado Federal, foi aprovado o texto da Proposta de Emenda Constitucional 10/2013, que dispõe sobre o fim do foro especial por prerrogativa de função em caso de crimes comuns, salvo em relação aos Chefes de Poderes e ao Vice-Presidente da República. Remetida à Câmara dos Deputados, até o encerramento da presente edição deste livro ainda não havia ocorrido deliberação final. Logo, orienta-se o leitor a acompanhar a evolução da matéria, em face da grande repercussão que, se aprovada a PEC, produzirá em temas de competência criminal.

9.2.2.3.2. Marco inicial da prerrogativa de função nas hipóteses de crimes cometidos durante o exercício da função pública

Conforme explicitamos no tópico anterior, **deputados federais** e **senadores**, nos crimes praticados no curso do mandato e relacionados ao exercício funcional, passam a ter prerrogativa de função a partir da **diplomação**, tendo em vista a literalidade do art. 53, § 1.º, da CF, que assim dispõe. Tal regra, por força do art. 27, § 1.º, da CF, deve estender-se, também, aos deputados estaduais com foro especial junto ao Tribunal de Justiça. Já no tocante aos **demais cargos** com tal prerrogativa (Presidente da República, Governadores etc.), o início da prerrogativa deveria coincidir com a data da posse. Essa linha de pensamento, contudo, não subsiste. Isso porque, na atualidade, o entendimento vigorante no STF e no STJ é o de que a competência originária por prerrogativa de função de titulares de mandatos eletivos firma-se, em qualquer caso, pela diplomação[16]. Perceba-se que diplomação e posse envolvem conceitos distintos e ocorrem em momentos também diferentes. Por diplomação, com efeito, compreende-se a solenidade realizada pela Justiça Eleitoral, após esgotados os prazos de questionamento do resultado das eleições, por meio da qual são declarados, oficialmente, quem são os eleitos e quem são os suplentes, entregando-se a eles os respectivos diplomas assinados pela autoridade competente. Já a posse nada mais é do que a investidura no cargo político.

9.2.2.3.3. Prerrogativa de função para a ação de improbidade administrativa de que trata a Lei 8.429/1992

Consoante dissemos no tópico 9.2.2.3.1, a Lei 10.628/2002 acrescentou ao art. 84 do CPP os §§ 1.º e 2.º. Interessa-nos, aqui, o segundo destes parágrafos, o qual dispunha que a ação de improbidade, de que trata a Lei 8.429, de 2 de junho de 1992, seria proposta perante o tribunal competente para processar e julgar criminalmente o funcionário ou a autoridade na hipótese de prerrogativa de foro em razão do exercício de função pública, observado o disposto no § 1.º. Tal disposição, na prática, implicava estabelecer foro especial para a ação de improbidade administrativa nos mesmos casos em que presente o foro por prerrogativa de função para o processo penal.

Ocorre que, por meio da Ação Direta de Inconstitucionalidade 2.797, o STF, em 15.09.2005, por maioria, declarou inconstitucionais os precitados §§ 1.º e 2.º do art. 84 do CPP, o que implicou o entendimento de que **não mais existe foro privilegiado para ação civil pública de improbidade administrativa.** Para ilustrar, considere-se que, em

---

16 STF: RHC 120.356/DF, *DJe* 30.10.2014; STJ: HC 233.832/PR, *DJe* 18.09.2012 e HC 384.184/SP, decisão monocrática, j. 15.02.2017, *DJe* 20.02.2017.

determinada hipótese concreta, pretenda o Ministério Público responsabilizar um Prefeito Municipal tanto criminalmente como na esfera da improbidade administrativa. Na atual concepção, a ação penal contra ele deverá ser movida junto ao tribunal competente, e a ação de improbidade administrativa, perante o juiz singular[17].

9.2.2.4. *Princípio da vinculação e o tribunal competente*

Desde que se perfaça hipótese de prerrogativa de função, não existem dificuldades quando se trata de competência originária dos **Tribunais Superiores**. É o caso do STF, cuja competência é estabelecida pelo art. 102 da Constituição Federal, e do STJ, que tem sua competência determinada pelo art. 105 da mesma Carta. Referidos Tribunais processarão e julgarão originariamente os detentores dos cargos ou funções elencados nos referidos dispositivos constitucionais, não cabendo fazer aqui qualquer outro questionamento – Presidente da República é julgado pelo STF; membros do Congresso Nacional são julgados pelo STF; Governadores de Estado são julgados pelo STJ; Desembargadores são julgados pelo STJ etc.

Na verdade, exigem-se cautelas quando se trata da definição da competência dos **Tribunais inferiores**, referindo-se aqui aos Tribunais de Justiça dos Estados e aos Tribunais Regionais Federais. Nestes casos, em regra, define-se a competência pela vinculação entre o cargo ou função e a abrangência jurisdicional do respectivo tribunal. Não é relevante o local em que foi praticado o crime, mas, sim, o lugar onde as funções são exercidas.

Para bem ilustrar esta situação, tome-se como exemplo a prerrogativa de função determinada pelo art. 96, III, da CF em relação aos **juízes estaduais**, que deverão ser processados e julgados pelos Tribunais de Justiça; e a estabelecida pelo art. 108, I, *a*, da CF para os **juízes federais**, cujo processo e julgamento incumbe aos Tribunais Regionais Federais.

Ora, dispõe o art. 96, III, da Constituição Federal que *compete, privativamente, aos Tribunais de Justiça julgar os juízes estaduais e do Distrito Federal e Territórios, bem como os membros do Ministério Público, nos crimes comuns e de responsabilidade, ressalvada a competência da Justiça Eleitoral*. Por outro lado, refere o art. 108, I, *a*, da Constituição Federal que *compete aos Tribunais Regionais Federais processar e julgar, originariamente, os juízes federais da área de sua jurisdição, incluídos os da Justiça Militar e da Justiça do Trabalho, nos crimes comuns e de responsabilidade, e os membros do Ministério Público da União, ressalvada a competência da Justiça Eleitoral.*

A partir dessa disciplina constitucional, infere-se que, nas duas situações – juízes estaduais e juízes federais –, o processo e julgamento, **como regra geral**, estarão afetos ao tribunal do Estado ou da Região em que a função é exercida, observada, por óbvio, a vinculação: juízes estaduais vinculam-se aos Tribunais de Justiça dos respectivos Estados e, de outra banda, juízes Federais vinculam-se aos Tribunais Regionais Federais da respectiva Região.

Considerem-se os seguintes exemplos:

a) Juiz de Direito com atuação no Estado do Paraná comete um crime de homicídio culposo de trânsito no âmbito territorial do Estado de Santa Catarina. Ainda que a infração tenha sido praticada em Santa Catarina, o julgamento deverá ocorrer perante o Tribunal de Justiça do Estado do Paraná, já que a este se encontra vinculado o Juiz e, como já dissemos, a competência *ratione personae* sobrepõe-se à competência determinada pelo local do fato.

[17] "A jurisprudência do Superior Tribunal de Justiça, alinhando-se à orientação do Supremo Tribunal Federal, firmou entendimento segundo o qual a ação de improbidade administrativa deve ser processada e julgada nas instâncias ordinárias, ainda que proposta contra agente político com foro privilegiado no âmbito penal e nos crimes de responsabilidade" (STJ, REsp 1.457.376/RJ, *DJ* 15.09.2020).

b) Juiz de Direito do Rio Grande do Sul pratica, no Estado do Rio de Janeiro, um crime de competência da Justiça Federal. Considerando que o art. 96, III, da CF não ressalva os crimes federais da competência originária do Tribunal de Justiça para o processo e julgamento, referido Juiz, no caso, deverá ser processado e julgado perante o Tribunal de Justiça do Rio Grande do Sul.

c) Juiz de Direito de São Paulo comete crime doloso contra a vida no Estado do Espírito Santo. Mais uma vez considerando a amplitude do art. 96, III, da CF, seu processo e julgamento ocorrerão perante o Tribunal de Justiça de São Paulo, não incidindo aqui a competência constitucional do Tribunal do Júri, pois uma e outra competência (a do TJSP e a do Tribunal do Júri) são estabelecidas pela CF e, de acordo com a interpretação *a contrario sensu* da Súmula Vinculante 45 do STF (que reprisa o teor da Súmula 721 desse mesmo Tribunal), a competência constitucional do Tribunal do Júri não prevalece sobre o foro por prerrogativa de função quando este for estabelecido pela Constituição Federal (*v. 9.2.2.5*).

d) Juiz Federal da 4.ª Região comete, no Estado de São Paulo (que integra a área de jurisdição da 3.ª Região), um determinado crime. Assim como nos exemplos anteriores, é irrelevante se esse delito praticado pelo Magistrado é, pela sua natureza, de competência da Justiça Estadual ou da Justiça Federal, pois, de qualquer modo, será ele processado e julgado pelo TRF da 4.ª Região, *ex vi* do que dispõe o art. 108, I, *a*, da CF.

e) Juiz Federal que oficia junto à 3.ª Região pratica, em Minas Gerais (que integra a área de jurisdição da 1.ª Região), um crime militar. Por força do que estabelece o art. 108, I, *a*, da CF, será ele processado e julgado perante o TRF da 3.ª Região, e não pela Justiça Militar, pois não há ressalva a esse respeito no art. 108, I, *a*, da CF.

Perceba-se que, em todos os casos ilustrados, prevaleceu a competência *ratione personae* sobre a competência *ratione loci*, sendo irrelevante, para a fixação da competência originária dos Tribunais, o lugar da infração penal.

E mais: tratando-se, nos exemplos citados, de membros do Poder Judiciário, deverão ser processados e julgados pelo Tribunal do Estado (Justiça Estadual) ou da Região (Justiça Federal) com jurisdição na respectiva área de atuação, **não importando se o crime cometido é federal, estadual, doloso contra a vida ou militar**.

Sem embargo de toda essa disciplina, é necessário atentar a um detalhe: tanto o art. 96, III, quanto o art. 108, I, *a*, da CF, ao estabelecerem a competência dos Tribunais de Justiça e Tribunais Regionais Federais para o processo e julgamento nos casos a que se referem, **ressalvam a competência da Justiça Eleitoral**. Logo, se um Juiz de Direito ou um Juiz Federal praticar um crime eleitoral, não será ele processado e julgado pelo Tribunal de Justiça do Estado ou pelo Tribunal Regional Federal da Região a que vinculado, mas, sim, perante o Tribunal Regional Eleitoral do Estado onde exerce suas funções. Exemplos:

a) Juiz Federal de Pelotas, no Rio Grande do Sul, comete um crime eleitoral. Não será processado junto ao Tribunal Regional Federal da 4.ª Região, mas, sim, perante o Tribunal Regional Eleitoral do Rio Grande do Sul.

b) Juiz de Direito de Florianópolis, em Santa Catarina, pratica um delito eleitoral. Seu processo e julgamento correrão perante o Tribunal Regional Eleitoral de Santa Catarina, e não diante do Tribunal de Justiça desse Estado.

A propósito da Justiça Eleitoral, cabe mencionar que as ressalvas apostas nos arts. 96, III, e 108, I, *a*, da CF, excluindo da competência dos Tribunais de Justiça dos Estados e dos Tribunais Regionais Federais o processo e julgamento dos crimes eleitorais, incidem nas hipóteses de conexão e continência. Logo, se um Juiz de direito, por exemplo, praticar crime comum conexo com crime eleitoral, a competência da Justiça Eleitoral será prevalente, atraindo para o TRE o processo e julgamento de ambos os delitos.

Frisa-se que, embora os exemplos apresentados refiram-se apenas a *juízes estaduais* ou *federais*, idêntico raciocínio tem lugar em relação a *Promotores de Justiça* e *Procuradores da República* enquanto agentes do Ministério Público que oficiam em 1º Grau, pois se encontram, igualmente, abrangidos pela disciplina dos referidos arts. 96, III, e 108, I, *a* da CF, que os sujeita a processo e julgamento perante Tribunais de Justiça e Tribunais Regionais Federais, respectivamente, ressalvada a competência da Justiça Eleitoral.

Na verdade, relativamente ao Ministério Público, o que causa certa perplexidade concerne à competência para o processo e julgamento dos **membros dos Ministérios Públicos Estadual e da União que atuam em 2º Grau de Jurisdição**. Há, com efeito, um paradoxo aqui, pois enquanto no âmbito do MPE tanto os Promotores de Justiça (que atuam perante os Juízes de Direito) quando os Procuradores de Justiça (que oficiam perante os Tribunais de Justiça) devem ser processados e julgados, como dissemos, junto ao Tribunal de Justiça do respectivo Estado, no âmbito do MPU somente os membros que oficiam perante os Juízes Federais são processados e julgados pelos Tribunais Regionais Federais da respectiva Região, devendo os que atuam perante os Tribunais ser processados e julgados pelo STJ, à exceção do Procurador-Geral da República, cujo foro originário é o Supremo Tribunal Federal. Lembre-se, por oportuno, que o MPU é composto pelos Ministério Público Federal, Ministério Público do Trabalho, Ministério Público Militar e Ministério Público do DF e Territórios. *E qual a origem dessa distinção de competências?* A origem está no regramento dos arts. 96, III, 102, I, *b*, 105, I, *a* e 108, I, *a*, todos da Constituição Federal. Perceba-se:

a) Na **esfera estadual:** é comandado pelo *Procurador-Geral de Justiça*, que também atua perante o Plenário dos Tribunais de Justiça Estaduais, sendo que esta última função pode ser delegada a *Subprocuradores-Gerais*. Quanto à carreira, estrutura-se em dois níveis: primeiro, o de *Promotor de Justiça*, com atuação junto aos Juízes de Direito, e, segundo, o de *Procurador de Justiça*, que oficia junto aos órgãos fracionários daqueles mesmos tribunais. Quanto à prerrogativa de função, incide o art. 96, III, CF, que prevê a competência dos Tribunais de Justiça para julgar "*os membros do Ministério Público... ressalvada a competência da Justiça Eleitoral*", não distinguindo, para efeito de definição do foro, os Promotores de Justiça dos Procuradores de Justiça e do próprio Procurador-Geral de Justiça. Logo, tanto uns quanto outros serão processados e julgados junto ao Tribunal de Justiça do respectivo Estado, à exceção dos crimes eleitorais, hipótese na qual a competência é do Tribunal Regional Eleitoral.
b) Na **esfera federal**, é necessário atentar às peculiaridades organizacionais e de carreira de cada um dos Ministérios Públicos que compõem o *Ministério Público da União*. Note-se:
   1. **Ministério Público Federal**: é chefiado pelo *Procurador-Geral da República*, sendo a carreira constituída por três níveis: primeiro, o de *Procurador da República*; segundo, o de *Procurador Regional da República* e, terceiro, o de *Subprocurador-Geral da República*.
      - *Procurador-Geral da República:* atua perante o STF, STJ e TSE, possuindo a prerrogativa de ser processado e julgado originariamente no STF, conforme a literalidade do art. 102, I, *b*, CF, na sua parte final.
      - *Subprocuradores-Gerais da República*: intervém, por designação do Procurador-Geral da República, nestes mesmos Tribunais Superiores. Relativamente à prerrogativa de foro, inserem-se na previsão do art. 105, I,

a, da CF, que determina a competência do STJ para julgar *"os membros [...] do Ministério Público da União que oficiem perante os tribunais"*. Perceba-se que este dispositivo constitucional não faz ressalva em relação aos crimes eleitorais. Logo, também em relação a essa ordem de crimes, a competência para o processo e julgamento é do STJ.

- *Procuradores Regionais da República:* oficiam perante os Tribunais Regionais Federais. Incluem-se, também, na disciplina do art. 105, I, *a*, da CF, devendo ser processados e julgados originariamente no STJ, inclusive quanto aos crimes eleitorais.
- *Procuradores da República:* exercem atribuições junto aos Juízes Federais, devendo ser processados e julgados criminalmente perante os Tribunais Regionais Federais, salvo em relação aos crimes eleitorais, cuja competência originária para o julgamento está afeta ao Tribunal Regional Eleitoral, consoante dispõe o art. 108, I, *a*, da CF.

2. **Ministério Público do Trabalho:** tem como chefe o Procurador-Geral do Trabalho. Assim como no MPF, a carreira está estruturada em três níveis: primeiro, o de *Procurador do trabalho;* segundo, o de *Procurador Regional do Trabalho* e, terceiro, o de *Subprocurador-Geral do Trabalho.*

- *Procurador-Geral do Trabalho:* oficia perante o Tribunal Superior do Trabalho (TST). Possui prerrogativa de função, em matéria criminal, no STJ, onde deve ser processado e julgado por força do art. 105, I, *a*, última parte da CF (*"...os membros [...] do Ministério Público da União que oficiem perante os tribunais"*), inclusive em relação aos crimes eleitorais, dado à ausência de ressalva em relação a essa natureza de delitos.
- *Subprocuradores-Gerais do Trabalho:* atuam perante o TST a partir de designação do Procurador-Geral do Trabalho. Quanto à sua prerrogativa de função, incluem-se também na regra do art. 105, I, *a*, CF, devendo ser processados e julgados no STJ, inclusive nos crimes eleitorais.
- *Procuradores-Regionais do Trabalho:* exercem atribuições junto aos Tribunais Regionais do Trabalho, que constituem o órgão de Segunda Instância da Jurisdição Trabalhista ordinária. Possuem prerrogativa de foro no STJ, pois também se inserem no regramento do art. 105, I, *a*, CF.
- *Procuradores do Trabalho:* exercem atribuições na primeira instância da Justiça do Trabalho, vale dizer, perante os Juízes das varas do trabalho. Em termos de prerrogativa de função, estão abrangidos pelo art. 108, I, *a*, da CF, devendo ser processados e julgados criminalmente pelos Tribunais Regionais Federais; no caso de crimes eleitorais, pelos Tribunais Regionais Eleitorais (ressalva da última parte do dispositivo citado).

3. **Ministério Público Militar:** é chefiado pelo *Procurador-Geral de Justiça Militar.* Em termos de órgãos da carreira, encontram-se os *Subprocuradores-Gerais da Justiça Militar, os Procuradores da Justiça Militar* e os *Promotores da Justiça Militar.*

- *Procurador-Geral da Justiça Militar:* oficia perante o Superior Tribunal Militar (STM), Corte esta que funciona como Segunda (e última) Instância da Jurisdição Militar, tendo em vista que não foram instituídos os Tribunais Militares previstos no art. 122, II, CF, os quais deveriam atuar como Segundo Grau das decisões dos Conselhos de Justiça (Primeiro Grau da Justiça Castrense). Possui prerrogativa de foro no STJ, em razão do que prevê o art. 105, I, *a*, última parte da CF (*"...os membros [...] do Ministério*

Público da União que oficiem perante os tribunais"), inclusive em relação aos crimes eleitorais, pois não há ressalva quanto a essa natureza de delitos.

- *Subprocuradores-Gerais da Justiça Militar*: devem oficiar perante o STM por força de designação do Procurador-Geral da Justiça Militar. Assiste-lhes a prerrogativa de serem processados e julgados pelo STJ por força, também, do art. 105, I, *a*, CF, inclusive em se tratando de crimes eleitorais.
- *Procuradores e Promotores da Justiça Militar*: atuam junto ao Primeiro Grau da Jurisdição Militar. Quanto aos *Procuradores,* a atuação em Primeira Instância, como dissemos, ocorre porque não foram instituídos por Lei os Tribunais Militares contemplados no art. 122, II, CF, que deveriam funcionar como Segundo Grau (função esta hoje exercida pelo Superior Tribunal Militar) e perante os quais deveriam atuar. Por essa razão, ambas as categorias persistem oficiando em Primeira Instância, muito embora se diferenciem em termos de avanço na carreira, sem prejuízo da possibilidade de fixação de atribuições diferenciadas. Nesse cenário, vale dizer, atuando ambos em Primeiro Grau, não são abrangidos pela disposição do art. 105, I, *a,* CF, e sim pela norma do art. 108, I, *a,* do mesmo diploma, o qual determina o julgamento pelos Tribunais Regionais Federais, com ressalva à hipótese de crimes eleitorais, cuja competência é afeta aos Tribunais Regionais Eleitorais.

4. **Ministério Público do Distrito Federal e Territórios:** é comandado pelo *Procurador-Geral de Justiça,* sendo órgãos de carreira apenas os *Procuradores de Justiça* e os *Promotores de Justiça.* Nesse último aspecto, como se vê, em que pese incluído entre os Ministérios Públicos da União, o MPDFT possui estrutura assemelhada à dos Ministérios Públicos Estaduais.

- *Procurador-Geral de Justiça*: em tese, deve representar o MPDFT no ajuizamento de ações originárias perante os Tribunais Superiores – Supremo Tribunal Federal e superior Tribunal de Justiça. Dissemos "em tese" porque, diante do que dispõe o art. 128, I, CF, no sentido de que é o Procurador-Geral da República quem representa o Ministério Público da União (do qual, repita-se, faz parte o MPDFT), tem compreendido o STF que essa atuação do Procurador-Geral de Justiça perante a Corte condiciona-se a que haja ratificação formal e expressa do Procurador-Geral da República[18-19].

  Possui foro especial no STJ, *ex vi* do art. 105, I, *a,* última parte, da CF, prerrogativa esta que abrange também os crimes eleitorais.

---

18 "Agravo regimental em reclamação. 2. Ministério Público do Distrito Federal e Territórios. Ilegitimidade para propositura de reclamação no STF. 3. Necessidade de ratificação da inicial pelo Procurador-Geral da República. 4. Nos termos do art. 128 da CF de 1988, o MPDFT integra a estrutura orgânica do Ministério Público da União cuja representação institucional, nas causas instauradas no STF, insere-se no rol de atribuições do Procurador-Geral da República (CF/88, art. 128, § 1º). 5. Precedentes 6. Agravo regimental a que se nega provimento." (STF, Ag. Reg. na Reclamação 15.560/DF, *DJ* 22.08.2016).

19 "Reclamação – Alegado desrespeito ao enunciado constante da Súmula Vinculante nº 10/STF – Ministério Público do Distrito Federal e dos Territórios – Ilegitimidade para atuar, em sede processual, perante o Supremo Tribunal Federal – Princípio da unidade institucional do Ministério Público (CF, art. 127, § 1º) – Parecer da Procuradoria--Geral da República pela confirmação da decisão ora recorrida – Recurso não conhecido. – O Ministério Público do Distrito Federal e dos Territórios não dispõe de legitimidade para atuar, em sede processual, perante o Supremo Tribunal Federal, eis que a representação institucional do Ministério Público da União, nas causas instauradas na Suprema Corte, inclui-se na esfera de atribuições do Procurador-Geral da República, que é, por definição constitucional (CF, art. 128, § 1º), o Chefe do Ministério Público da União, em cujo âmbito acha-se estruturado o Ministério Público do Distrito Federal e dos Territórios. Precedentes" (RCL 14.746 AgR, Rel. Min. Celso de Mello, 2.ª Turma, *DJ* 23.11.2015).

- *Procuradores de Justiça:* atuam perante o Tribunal de Justiça do Distrito Federal e Territórios, possuindo prerrogativa de foro no STJ, inclusive nos crimes eleitorais, já que também se inserem no regramento do art. 105, I, *a*, CF.
- *Promotores de Justiça:* oficiam em Primeira Instância, perante os Juízes de Direito. Na esfera criminal, devem ser processados e julgados perante os Tribunais Regionais Federais, exceto no tocante aos crimes eleitorais, em que o processo e julgamento é de competência dos Tribunais Regionais Eleitorais, regras estas que obedecem ao disposto no art. 108, I, *a*, CF.

Em síntese:

INSTITUIÇÃO	CARGO	JULGAMENTO
Ministério Público Estadual	Procurador-Geral de Justiça	TJ e TRE (art. 96, III)
	Procuradores de Justiça	
	Promotores de Justiça	
Ministério Público Federal	Procurador-Geral da República	STF (art. 102, I, *b*)
	Procuradores Regionais da República	STJ (art. 105, I, *a*)
	Procuradores da República	TRF e TRE (art. 108, I, *a*)
Ministério Público do Trabalho	Procurador-Geral do Trabalho	STJ (art. 105, I, *a*)
	Procuradores Regionais do Trabalho	STJ (art. 105, I, *a*)
	Procuradores do Trabalho	TRF e TRE (art. 108, I, *a*)
Ministério Público Militar	Procurador-Geral de Justiça Militar	STJ (art. 108, I, *a*)
	Procuradores da Justiça Militar	TRF e TRE (art. 105, I, *a*)
	Promotores da Justiça Militar	TRF e TRE (art. 105, I, *a*)
Ministério Público do Distrito Federal e Territórios	Procurador-Geral de Justiça	STJ (art. 105, I, *a*)
	Procuradores de Justiça	STJ (art. 105, I, *a*)
	Promotores de Justiça	TRF e TRE (art. 108, I, *a*)

E quanto ao Ministério Público Eleitoral? O Ministério Público Eleitoral não possui organização própria, sendo esta a razão pela qual não faz parte da estrutura do Ministério Público da União (ao contrário do MPF, MPT, MPM e MPDFT). Na sua composição, é integrado pelo Procurador-Geral da República, que exerce a função de *Procurador-Geral Eleitoral* junto ao Tribunal Superior Eleitoral, podendo designar *Subprocuradores-Gerais Eleitorais* para oficiar nessa Corte; pelos *Procuradores Regionais Eleitorais*, que são indicados pelo Procurador-Geral da República para atuar perante os Tribunais Regionais Eleitorais; e pelos *Promotores Eleitorais*, que são Promotores de Justiça do Ministério Público Estadual, cujas funções exercem por delegação do Ministério Público Federal. Relativamente ao foro por prerrogativa de função, em que pese alguma controvérsia, não temos dúvidas de que deve ser o mesmo conferido ao agente da infração enquanto titular do cargo original: o

Procurador-Geral da República deve ser processado perante o STF (art. 102, I, *b,* CF); os *Subprocuradores-Gerais e os Procuradores Regionais Eleitorais* devem ser processados junto ao STJ (art. 105, I, *a,* CF); e, por fim, os *Promotores Eleitorais,* devem ser processados pela prática de crimes eleitorais perante os Tribunais Regionais Eleitorais (art. 96, III, última parte, CF).

E quanto aos Juízes, Desembargadores e Ministros? Quanto a estes, não há qualquer dificuldade na definição da prerrogativa de função, mesmo porque não ocorre a discrepância verificada entre os membros dos Ministérios Públicos Estadual e da União que atuam em Segundo Grau. Como veremos adiante (tópico 9.2.3.1), os órgãos do Poder Judiciário estão inseridos no âmbito de dois tipos de jurisdição: primeira, a realizada pela **Justiça Comum**, que é constituída pela Justiça Federal e pela Justiça Estadual; e, segunda, a **Justiça Especial (ou Especializada)**, que é integrada pelas Justiças Eleitoral, Militar e Trabalhista, sendo que esta última não possui competência em matéria criminal. Sob o aspecto da prerrogativa de função em relação aos crimes que praticarem, tem-se o seguinte:

1. *Juízes Federais, Juízes do Trabalho e Juízes Militares*: possuem foro especial nos Tribunais Regionais Federais, à exceção dos crimes eleitorais, cuja competência é afeta aos Tribunais Regionais Eleitorais (art. 108, I, *a,* CF). *E quanto aos juízes eleitorais*? Estes são magistrados provenientes da Justiça Comum Estadual e do Distrito Federal, que exercem, cumulativamente com suas funções normais, a jurisdição em matéria eleitoral. Logo, a prerrogativa de foro que lhes assiste é a mesma que detém no exercício de sua função original, qual seja, a de serem processados e julgados pelos Tribunais de Justiça, salvo, como dissemos, em relação aos crimes eleitorais (art. 96, III, CF).
2. *Juízes Estaduais e do Distrito Federal e dos territórios*: detém foro especial nos Tribunais de Justiça respectivos e, nos crimes eleitorais, nos Tribunais Regionais Eleitorais (art. 96, III, CF).
3. *Desembargadores dos Tribunais de Justiça dos Estados, do Distrito Federal, dos Tribunais Regionais Federais, dos Tribunais Regionais do Trabalho e dos Tribunais Regionais Eleitorais*: possuem foro especial no STJ, inclusive quanto aos crimes eleitorais, pois não há ressalva a respeito (art. 105, I, *a,* CF). Ressalte-se que, não possuindo estrutura própria, os Tribunais Regionais Eleitorais são compostos por integrantes da Justiça Comum Estadual e Federal.
4. *Ministros do Superior Tribunal de Justiça, do Tribunal Superior Eleitoral, do Superior Tribunal Militar e do Tribunal Superior do Trabalho:* detém foro especial no Supremo Tribunal Federal, inclusive em relação aos crimes eleitorais (art. 102, I, *c,* CF).
5. *Ministros do Supremo Tribunal Federal:* possuem a prerrogativa de processo e julgamento neste mesmo Tribunal, inclusive quanto aos crimes eleitorais (art. 102, I, *b,* CF).

E quanto aos juízes e desembargadores convocados para oficiar em Tribunais? É prática comum a convocação, pelos Tribunais de Justiça e Tribunais Regionais Federais, de Juízes que atuam na Primeira Instância para compor os seus órgãos fracionários (câmaras dos TJs e turmas dos TRFs). Do mesmo modo, no STJ, não raro há a convocação de desembargadores dos tribunais inferiores para oficiarem em suas turmas. Antecipa-se que, de acordo com sufragada jurisprudência do STF, tal convocação não implica ofensa ao *princípio do juiz natural* (art. 5º, LIII, CF)[20]. Diante desta possibilidade

[20] STF, ARE 1.174.976 AgR, *DJ* 06.08.2019; RHC 136.676 AgR, *DJ* 22.05.2018; HC 101.473, *DJ* 08.06.2016 e muitos outros julgamentos em igual sentido.

(de convocação), muito se questionou a respeito do tribunal a que afeto o julgamento dos magistrados convocados. Tomando como exemplo o caso de um Juiz Estadual que tenha sido convocado para atuar no Tribunal de Justiça e que, nessa condição, cometa determinado crime. Ora, enquanto Juiz de Direito, possui prerrogativa de ser processado e julgado perante o respectivo Tribunal de Justiça (art. 96, III, CF). Já os desembargadores (cuja função está sendo exercida pelo Juiz convocado) possuem foro especial no STJ (art. 105, I, *a*, CF). Pois bem, o entendimento que há muito vem prevalecendo é o de que não surge a prerrogativa de foro em face do exercício eventual de função a título de substituto ou convocado. Logo, no exemplo dado, o foro especial do Juiz em questão, apesar de convocado para atuar em órgão jurisdicional superior, continua sendo o Tribunal de Justiça do Estado em que exerce sua função. Não é outra, aliás, a orientação já trilhada trilhada pelo STF, compreendendo que "os Juízes de 1º Grau em substituição nos Tribunais de Justiça não possuem a prerrogativa de foro assegurada pelo art. 105, inciso I, da Constituição da República"[21].

Por derradeiro, cabe examinar a situação dos **Prefeitos Municipais** que venham a cometer crimes de competência da Justiça Federal. Ora, de acordo com o art. 29, X, da CF, os Prefeitos possuem prerrogativa de foro junto aos Tribunais de Justiça do respectivo Estado, nada referindo o dispositivo quanto à eventual competência da Justiça Federal. A despeito da ausência de ressalva na Constituição Federal, é certo que a regra constitucional tem aplicação apenas na hipótese da prática de crimes de competência da Justiça Estadual. Tratando-se de crimes federais, tal competência está afeta ao Tribunal Regional Federal, *ex vi* da Súmula 702 do STF que dispõe: *a competência do Tribunal de Justiça para julgar Prefeitos restringe-se aos crimes de competência da Justiça comum estadual; nos demais casos, a competência originária caberá ao respectivo tribunal de segundo grau.* Perceba-se que também aqui incide a regra de prevalência da competência *ratione personae* sobre a *ratione loci.* Logo, nos crimes estaduais será competente o Tribunal de Justiça que jurisdiciona o Estado em que o prefeito exerce o mandato, e, nos crimes federais, o Tribunal Regional Federal da área de jurisdição desse Estado[22]. *E se o Prefeito Municipal praticar crime eleitoral?* Nesse caso, será julgado pelo Tribunal Regional Eleitoral do Estado onde exerce o mandato.

9.2.2.5. *Prerrogativa de função e competência do Tribunal do Júri*

A prerrogativa de foro determinada pela **Constituição Federal** prevalece sobre a competência do Tribunal do Júri, que também é determinada em nível constitucional, no art. 5.º, XXXVIII. Portanto, será processado e julgado pelo Tribunal de Justiça, por exemplo, o Juiz de direito que comete crime contra a vida, já que possui prerrogativa de função por força do art. 96, III, da Constituição Federal.

Todavia, pode ocorrer que o estabelecimento de foro especial se dê por força de disciplina incorporada à **Constituição Estadual.** Nessa hipótese, incide a Súmula Vinculante 45 do STF determinando que "a competência constitucional do Tribunal do Júri prevalece sobre o foro por prerrogativa de função estabelecido exclusivamente pela Constituição Estadual".

21 STF, AgRg na Representação 368/BA, j. 05.03.2008.

22 Atente-se que, no julgamento da APn 937, em 03.05.2018, o STF condicionou o foro por prerrogativa de função a que se trate de crime cometido durante o exercício da função pública e em razão dela. Tal julgamento, embora restrito a parlamentares federais, tem sido ampliado para alcançar, também, deputados estaduais, governadores, prefeitos, entre outros cargos. V. tópico 9.2.2.3 deste capítulo, em que abordamos o tema.

Para demonstrar, considere-se que uma determinada Constituição Estadual estabeleça prerrogativa de função para o **vice-governador**, assegurando-lhe o direito de ser processado e julgado perante o Tribunal de Justiça daquele Estado. Lembre-se que a Constituição Federal não prevê privilégio de foro para o vice-governador, fazendo-o apenas em relação ao governador do Estado, que, em tese[23], tem prerrogativa de foro perante o STJ. Pois bem, se, nesse Estado, o vice-governador praticar crime doloso contra a vida, deverá ele ser julgado pelo Tribunal do Júri por força da sobredita Súmula Vinculante 45 do STF. Agora, se, no mesmo Estado da Federação, um **desembargador**[24] **do Tribunal de Justiça** praticar um crime doloso contra a vida, não será ele julgado pelo Tribunal do Júri, mas, sim, pelo STJ, já que, para ele, a prerrogativa de função é definida na própria Constituição Federal, em seu art. 105, I, *a*.

9.2.2.6. Prerrogativa de função e exceção da verdade

O art. 85 do CPP estabelece que "nos processos por crime contra a honra, em que forem querelantes as pessoas que a Constituição sujeita à jurisdição do Supremo Tribunal Federal e dos Tribunais de Apelação, àquele ou a estes caberá o julgamento, quando oposta e admitida a exceção da verdade".

A partir dessa disciplina, infere-se que, se uma pessoa detentora de prerrogativa de função no STF, ou em Tribunal de Justiça, ou em Tribunal Regional Federal, ajuizar, em 1.ª instância, queixa-crime contra alguém sem foro especial, imputando-lhe o cometimento de crime contra a honra, e se esse réu, após citação, oferecer exceção da verdade em relação ao fato que lhe foi atribuído, o julgamento da exceção da verdade deverá ser feito pelo tribunal junto ao qual precitado querelante deveria ser julgado caso estivesse na posição de réu. *Exemplo.* Um advogado, sendo processado pela prática de calúnia contra Juiz de Direito estadual, opõe exceção da verdade nos autos da respectiva ação penal. Considerando que os juízes estaduais possuem foro especial por prerrogativa de função junto ao Tribunal de Justiça do Estado a que vinculados (art. 96, III, CF), a este Tribunal caberá o julgamento da *exceptio veritatis*. Em outras palavras, desloca-se para o Tribunal respectivo a competência para o julgamento da exceção da verdade. Note-se que, embora o artigo refira-se apenas à exceção da verdade deduzida contra quem for detentor de prerrogativa de foro no STF e Tribunais de Apelação, é evidente que a mesma disciplina se aplica também às pessoas com foro especial por prerrogativa de função em outros Tribunais, como o Superior Tribunal de Justiça e o Tribunal Superior Eleitoral. Perceba-se, também, que apenas o julgamento da *exceptio veritatis* é deslocado para a instância competente para processar e julgar originariamente o indivíduo detentor de prerrogativa de função (no caso, estamos tratando do querelante), persistindo, então, a competência da instância de origem (aquela em que ajuizada a queixa-crime) para decidir sobre a admissibilidade da exceção e realizar a respectiva instrução probatória.

O art. 85 do CPP aplica-se aos crimes de ação penal pública? Discute-se a aplicação do art. 85 do CPP na hipótese de exceção da verdade oposta diante de imputação de

---

[23] Ver nota anterior.

[24] Perceba-se que, no julgamento da Ação Penal 937, em 03.05.2018, o STF, apesar de vincular a prerrogativa de função a que o crime seja cometido durante o exercício da função pública e em razão dela, foi vencida a tese de que o mesmo entendimento possa ser aplicado a Juízes e membros do Ministério Público. V. Capítulo 9, tópico 9.2.2.3, em que abordamos o tema.

calúnia por meio de ação pública (art. 145, parágrafo único, do CP). Parte da doutrina compreende que "o dispositivo processual penal somente tem aplicabilidade na hipótese de a persecução penal ser promovida por meio de ação penal privada (queixa-crime), ficando, consequentemente, afastada sua incidência onde a ação penal é pública condicionada à representação do ofendido, como acontece quando o crime contra a honra é praticado contra funcionário público, em razão de suas funções (art. 145, parágrafo único, c/c o art. 141, II, do CP), ou condicionada à requisição do Ministro da Justiça, quando o crime em tela tem como sujeito passivo da ação típica o Presidente da República ou chefe de governo estrangeiro (art. 145, parágrafo único, c/c o art. 141, I, do CP)..."[25]. Discordamos, porém, dessa orientação, pois, na esteira da jurisprudência dominante, o deslocamento da competência para julgamento da exceção da verdade, na hipótese do art. 85 do CPP, justifica-se pelo fato de que tal exceção, por ficção jurídica, coloca o ofendido de crime de calúnia detentor de foro privilegiado na posição de acusado, podendo inclusive ser responsabilizado criminalmente pela prática do crime objeto da exceção. Ora, tal situação não se modifica pelo fato de o crime de calúnia ser objeto de processo instaurado mediante ação pública, principalmente porque também nesse caso é possível ao acusado opor a *exceptio veritatis.* Imagine-se, a título de ilustração, que, na Comarca de Porto Alegre, o Ministério Público ofereça denúncia contra João por imputação falsa de crime (calúnia) em relação ao Juiz de direito Pedro em razão de suas funções. Considere-se que João oponha exceção da verdade, afirmando ser verdadeira a atribuição de crime feita ao referido juiz. Nesse caso, considerando o foro especial que assiste a Pedro, a exceção, depois de admitida e processada pelo juízo de origem, deverá ser encaminhada ao Tribunal de Justiça para julgamento por força do art. 85 do CPP. Afinal, se, neste Colegiado, for julgada procedente, isto implica reconhecer que Pedro, realmente, praticou o crime que lhe foi atribuído por João, seguindo-se daí a adoção das medidas cabíveis para sua responsabilização criminal. Portanto, o motivo que justifica o deslocamento da competência para a instância superior na hipótese de *exceptio veritatis* movida em processo de ação penal privada, sendo o ofendido detentor de prerrogativa de função, ocorre também no caso de ter sido movida ação penal pública, não havendo razão para tratamento diferenciado entre uma e outra situação.

No caso do art. 85 do CPP, em que momento deve ser feita a remessa da exceção da verdade ao tribunal competente para seu julgamento? A exceção da verdade deve ser proposta nos próprios autos da ação penal movida pelo querelante detentor de prerrogativa de foro. Seu ingresso, portanto, dá-se perante o Juiz que oficia no feito, o qual ordenará a citação do excepto para contestar a exceção. Após a contestação, o Juiz procederá ao juízo de admissibilidade, isto é, decidirá se admite a exceção, ordenando sua juntada aos autos do processo principal, ou se a indefere, o que pode ocorrer, por exemplo, se entender não ser hipótese que a autorize. Sendo a exceção admitida, caberá ao Juiz iniciar a fase instrutória, procedendo à colheita das provas. Somente após essa fase, isto é, depois de instruída a exceção da verdade, é que ocorrerá o deslocamento da competência, encaminhando-se os autos ao tribunal competente para decisão. Se, nessa sede, a exceção da verdade for julgada improcedente, cessa o motivo de competência do tribunal, devendo os autos baixar à instância de origem para julgamento da ação penal movida pelo querelante; se, porém, for julgada procedente,

[25] MOSSIN, Heráclito Antônio. *Comentários ao Código de Processo Penal, à luz da doutrina e da jurisprudência.* Barueri: Manole, 2005. p. 208.

deverá o tribunal encaminhar cópia dos autos ao Ministério Público com atribuições para eventual denúncia em relação ao querelante, para apuração da sua responsabilidade criminal pelo crime cuja prática foi afirmada no julgamento da exceção. Neste último caso, retornando os autos à instância de origem, restará ao Juiz de Primeiro Grau absolver o querelado da calúnia que lhe foi atribuída.

O art. 85 do CPP aplica-se ao crime de difamação? Tratando dos processos por crime contra a honra, o art. 85 do Código disciplina o julgamento da exceção da verdade eventualmente apresentada pelo querelado contra o querelante detentor de foro especial por prerrogativa de função. Considerando que, como vimos, a exceção da verdade é oponível apenas no caso de imputação de calúnia e de difamação praticada contra funcionário público no exercício de suas funções, uma interpretação literal do referido art. 85 permite concluir que é ele aplicável a ambos os casos, vale dizer, tanto nos processos por crime de calúnia quanto nos processos por crime de difamação. Não é esse, porém, o entendimento da jurisprudência dominante, que compreende o deslocamento da competência previsto no citado dispositivo unicamente na hipótese de exceção da verdade oposta em processo criminal por *calúnia,* não ocorrendo, portanto, quando a imputação for de difamação. Explica-se: A calúnia consiste em imputar falsamente a alguém fato definido como crime. Se um detentor de prerrogativa de função a quem imputada a prática de crime, sentindo-se ofendido em sua honra, ajuizar queixa-crime contra seu ofensor atribuindo-lhe o delito de calúnia, poderá ele (o ofensor) propor a exceção da verdade com a pretensão de comprovar que a imputação de crime feita ao querelante, realmente, é verdadeira. Ora, se for julgada procedente essa exceção, tal decisão implica reconhecer que o querelante praticou o crime imputado pelo querelado, devendo, portanto, ser adotadas as providências para que responda ele criminalmente pelo cometimento desse delito. Em síntese, com a exceção da verdade, o acusador passa à condição de acusado. Daí por que o julgamento da exceção da verdade em processos por calúnia no qual figurar como querelante detentor de foro especial deve ser julgado pelo próprio tribunal competente para apreciar eventual processo criminal que lhe seja movido. Agora, sendo o caso de exceção da verdade proposta nos autos de queixa-crime imputativa de *difamação*, não se justifica o deslocamento da competência de seu julgamento para o tribunal. É que, nesse caso, a procedência da exceção não implicará no reconhecimento de que o querelante praticou infração penal de forma a possibilitar o ajuizamento de ação penal contra ele[26]. **Mas atenção:** embora, de fato, a regra seja a de que a aplicação da disciplina do art. 85 do CPP ocorra, unicamente, quando se trata de processo criminal por calúnia, não se pode esquecer que tal delito contra honra perfaz-se, apenas, na hipótese de falsa imputação de **crime**, não se consubstanciando na hipótese de falsa imputação de **contravenção**. Neste caso, conforme ilustra Renato Brasileiro de Lima[27], "imaginando-se que a vítima dessa difamação seja funcionário público titular de foro por prerrogativa de função, e que tal delito guarde relação com o exercício de suas funções, é possível, então, que o julgamento da *exceptio veritatis* nessa hipótese fique a cargo do respectivo Tribunal, aplicando-se a regra do art. 85 do CPP, pois, aí, ter-se-ia espécie de infração penal".

[26] STJ, HC 29.862/SP, *DJ* 06.02.2006.

[27] LIMA, Renato Brasileiro de. *Manual de Processo Penal*. Rio de Janeiro: Impetus, 2011.

9.2.2.7. *Síntese dos princípios e regras aplicáveis à competência por prerrogativa de função*

PRINCIPAIS REGRAS APLICÁVEIS À COMPETÊNCIA *RATIONE PERSONAE*

1. ORIGEM DA PRERROGATIVA DE FUNÇÃO. REGRA GERAL: Somente a CF pode estabelecer normas de prerrogativa de função. EXCEÇÃO: O art. 125 da CF permite que os Estados da Federação organizem sua Justiça e fixem competências a seus Tribunais, **observados os princípios estabelecidos na CF**. Em decorrência, permite-se que as Constituições Estaduais estabeleçam foro privilegiado a quem não o detenha por força da CF. Contudo, deverá ser observada a **simetria** com cargos para os quais a CF assegura privilégio de foro. V. tópico 9.2.2.2.

2. A COMPETÊNCIA *RATIONE PERSONAE* PREVALECE SOBRE A COMPETÊNCIA *RATIONE MATERIAE*. Logo, o detentor de foro privilegiado é julgado pelo Tribunal que possui jurisdição no local em que o agente exerce sua função, não importando o lugar em que o delito foi praticado. Isso ocorre porque a competência *ratione personae* é estabelecida em razão do cargo, e não da pessoa que o exerce. V. tópico 9.2.2.3.

3. A PRERROGATIVA DE FUNÇÃO CONDICIONA-SE A QUE O AGENTE SE ENCONTRE NO EXERCÍCIO DO CARGO. Como regra geral, o agente entra no exercício do cargo com a **posse**. Todavia, por força do art. 53, § 1º, da CF, deputados federais e senadores passam a ter prerrogativa de função a partir da **diplomação**, que é ato anterior à posse. A mesma regra, em face do art. 27, § 1º, da CF, aplica-se aos deputados estaduais quando tiverem prerrogativa de função determinada por força de Constituição Estadual. V. tópico 9.2.2.4.

4. No julgamento da APn 937, em 03.05.2018, o STF condicionou o foro por prerrogativa de função a que se trate de crime cometido durante o exercício da função pública e em razão dela. Tal julgamento, embora restrito a Parlamentares Federais, tem sido ampliado para alcançar, também, deputados estaduais, governadores, prefeitos, entre outros cargos. Atenção: até o fechamento da presente edição deste livro a tendência era a de que o mesmo entendimento não seja aplicado a Magistrados e membros do Ministério Público. Recomenda-se ao leitor, contudo, acompanhamento da jurisprudência no sentido de verificar a persistência dessa orientação.

5. VIGORA O PRINCÍPIO DA VINCULAÇÃO ENTRE O CARGO OU FUNÇÃO E A ABRANGÊNCIA JURISDICIONAL DO RESPECTIVO TRIBUNAL. Assim, ressalvada a prática de crimes eleitorais (que sempre são julgados pela Justiça Eleitoral), os ocupantes de cargos com prerrogativa de função serão processados perante o Tribunal constitucionalmente competente para julgá-los, não importando se o crime é federal, estadual, doloso contra a vida ou militar.

6. FORO PRIVILEGIADO DETERMINADO PELA CONSTITUIÇÃO FEDERAL PREVALECE SOBRE A COMPETÊNCIA DO TRIBUNAL DO JÚRI. OPOSTAMENTE, A COMPETÊNCIA DO TRIBUNAL DO JÚRI PREVALECE SOBRE O FORO POR PRERROGATIVA DE FUNÇÃO ESTABELECIDO EXCLUSIVAMENTE PELAS CONSTITUIÇÕES ESTADUAIS. V. tópico 9.2.2.7.

7. NOS PROCESSOS POR CRIMES CONTRA A HONRA, EM QUE FOREM QUERELANTES OCUPANTES DE CARGOS SUJEITOS À JURISDIÇÃO DOS TRIBUNAIS, A ESTES CABERÁ O JULGAMENTO DE EVENTUAL EXCEÇÃO DA VERDADE QUE SEJA OPOSTA. Trata-se da regra do art. 85 do CPP, cuja aplicação é limitada à exceção da verdade oposta nos casos de calúnia, não se aplicando às hipóteses de difamação. V. tópico 9.2.2.8.

9.2.3. Verificação da competência: segunda etapa – incidência das regras de competência *ratione materiae*, também chamada de competência de jurisdição ou de competência de justiça (arts. 69, III, e 74 do CPP)

Para facilitar a análise da competência, o critério *ratione materiae*, que leva em consideração a natureza da infração, deverá ser considerado após a definição quanto à existência ou não de prerrogativa de função.

É a partir desse critério que será definida qual a **justiça competente** para o processo e julgamento da infração dentre as quatro existentes na estrutura do Poder Judiciário do Brasil com competência criminal: **Justiça Eleitoral, Justiça Militar, Justiça Federal e Justiça Estadual**, as duas primeiras integrantes da denominada **Jurisdição Especial** e, as duas últimas, compondo a chamada **Jurisdição Comum.**

9.2.3.1. *Jurisdição especial: competência da Justiça Eleitoral*

A Constituição Federal é vaga acerca da competência da Justiça Eleitoral, limitando-se, no seu art. 121, a dispor que *lei complementar disporá sobre a organização e competência dos tribunais, dos juízes de direito e das juntas eleitorais.* Considerando essa disciplina e tendo em vista que ainda não foi editada a referida *lei complementar,* tem-se utilizado como balizador dessa competência o art. 35, II, do Código Eleitoral, quando estabelece que compete aos Juízes Eleitorais **processar e julgar os crimes eleitorais e os comuns que lhe forem conexos**. *E se for hipótese de ato infracional equiparado a crime eleitoral praticado por menor de 18 anos?* Segundo o STJ, a competência não é da Justiça Eleitoral, mas, sim, da Justiça Comum, por meio do Juizado da Infância e da Juventude[28].

A maior parte dos tipos penais eleitorais concentra-se no Código Eleitoral (Lei 4.737/1965). No entanto, diversas leis editadas posteriormente introduziram comportamentos típicos, visando com isso adaptar a realidade jurídica às necessidades, peculiaridades e tecnologias existentes em cada momento histórico. É o caso, por exemplo, da Lei 6.091, de 15 de agosto de 1974; da Lei 6.996, de 7 de junho de 1982; da Lei 7.021, de 6 de setembro de 1982; da Lei Complementar 64, de 18 de maio de 1990; e da Lei 9.504, de 30 de setembro de 1997.

Não se pode confundir *crimes eleitorais* com *crimes políticos.* Os primeiros, como referimos antes, são aqueles tipificados na legislação eleitoral e que, direta ou indiretamente, relacionam-se com as votações. Já nos segundos enquadram-se as condutas que atentam, efetiva ou potencialmente, contra o estado democrático de direito, atingindo a soberania nacional, as instituições democráticas e a estrutura política brasileira, cabendo seu processo e julgamento à Justiça Federal, por força do art. 109, IV, 1.ª parte, da CF. Atente-se que os crimes políticos estavam previstos na Lei 7.170/1983 (a chamada Lei de Segurança Nacional). Esta, porém, foi expressamente revogada pela Lei 14.197/2021, que introduziu ao Código Penal, sob o título "Crimes Contra o Estado Democrático de Direito", os arts. 359-I a 359-R, sendo estas as condutas que, na atualidade, devem ser consideradas como crimes políticos.

Ao dispor que à Justiça Eleitoral compete **processar e julgar os crimes eleitorais e os crimes comuns que lhes forem conexos**, o art. 35, II, do Código Eleitoral harmoniza-se com a regra do art. 78, IV, do CPP, quando refere que, nos casos de conexão ou continência, a jurisdição especial prevalecerá sobre a jurisdição comum, não interessando, quanto a estes, se, isoladamente, concernem à Justiça Estadual ou à Justiça Federal. A Justiça Eleitoral atrai, enfim, o julgamento do crime eleitoral e dos que lhe forem conexos, independentemente

---

[28] STJ, CC 38430/BA, *DJ* 18.08.2003.

da natureza. *E se for o caso de crime eleitoral conexo com delito doloso contra a vida?* Há divergências muitos entendendo no sentido de que, de qualquer modo, há Justiça Eleitoral é prevalente, ressalvando-se, então, aqui, a competência constitucional do Tribunal do Júri. Não comungamos dessa orientação e, na esteira da orientação prevalente, entendemos que, nesses casos, deve ocorrer a cisão, ficando o crime eleitoral a cargo da Justiça Eleitoral e o crime comum afeto ao Tribunal do Júri.

IMPORTANTE: a atração à Justiça Eleitoral de crimes comuns conexos com crimes eleitorais foi objeto de julgamento, em 14.03.2019, pelo Plenário do Supremo Tribunal Federal. Na oportunidade, estava em deliberação recurso interposto no Inquérito 4435, em que eram investigados ex-Prefeito e deputado federal em face da prática de crimes de competência da Justiça Eleitoral conexos com delitos de competência da Justiça Federal. Sustentava-se, de um lado, a necessidade de cisão do processo, encaminhando-se à Justiça Eleitoral os crimes eleitorais e à Justiça Federal os crimes de sua competência, já que tanto uma quanto outra esfera jurisdicional possuem competências definidas constitucionalmente – a Justiça Eleitoral no art. 121, *caput* e a Justiça Federal no art. 109. Prevaleceu, entretanto, a tese contrária, reafirmando a maioria dos Ministros a jurisprudência já em vigor naquela Corte no sentido da competência da Justiça Eleitoral para processar e julgar crimes comuns que apresentam conexão com crimes eleitorais – dicção esta, como vimos, ditada pelos arts. 35, II, do Código Eleitoral e 78, IV, do Código de Processo Penal.

A Justiça Eleitoral, em sua natureza, classifica-se como uma Justiça Federal. Isso significa que, ao exercerem funções eleitorais, Juízes e Promotores, por exemplo, são considerados como no exercício de uma função federal. Logo, encontrando-se nessa condição – a serviço da União, portanto –, crimes contra eles praticados serão julgados no âmbito da Justiça Federal (ressalvada, por óbvio, a hipótese de a conduta estar tipificada como crime eleitoral, caso em que a competência estará afeta à Justiça Eleitoral), *ex vi* do art. 109, IV, 2.ª parte, da CF.

Perceba-se, finalmente, que a jurisdição criminal na órbita eleitoral pode ser exercida no âmbito das seguintes instâncias (observadas as regras de competência originária e os pressupostos recursais de admissibilidade): *Juízes Eleitorais, Tribunal Regional Eleitoral, Tribunal Superior Eleitoral* e *Supremo Tribunal Federal*. Descabe recurso especial das decisões do TRE para o STJ, mas, sim, para o TSE. Isto porque, de acordo com o art. 105, III, da CF, o STJ possui competência para julgar recurso especial apenas contra decisões de Tribunais de Justiça e de Tribunais Regionais Federais. Enseja-se, contudo, recurso extraordinário para o STF, pois o art. 102, III, da CF, ao disciplinar esta insurgência, não faz qualquer restrição a respeito.

9.2.3.2. *Jurisdição especial: competência da Justiça Militar*

A competência da Justiça Militar foi estabelecida pelo texto constitucional de 1988, do qual se infere a seguinte divisão: *Justiça Militar Federal* e *Justiça Militar Estadual*. Tanto uma esfera quanto outra possuem competência exclusiva para o julgamento de **crimes militares definidos em lei**, ficando isto bem claro na redação dos arts. 124 e 125, § 4.º, da CF, o primeiro relativo à competência da Justiça Militar Federal e o segundo, à competência da Justiça Militar Estadual.

Quanto à caracterização de uma conduta como **crime militar**, condiciona-se à observância dos seguintes requisitos:

Primeiro: tipificação no Código Penal Militar ou na legislação penal comum, abrangendo-se, nesta última, tanto as previsões do Código Penal quanto da legislação extravagante. Não importa se o comportamento configura *crime militar propriamente dito*, assim compreendida a conduta prevista com exclusividade na legislação militar (*v.g.*, a deserção – art. 187 do CPM; o abandono de posto – art. 195 do CPM etc.), ou *crime militar impróprio*, abrangendo-se, aqui, as condutas que também são consideradas criminosas em outro diploma (*v.g.*, estupro – art. 232, CPM; roubo – art. 242, CPM etc.). Note-se que, antes da edição da Lei 13.491/2017, apenas se consideravam *crimes militares* as condutas tipificadas no Código Penal Militar, pois esta era a redação do art. 9.º, II, desse Código. No entanto, modificado o citado dispositivo pela referida lei, viabilizou-se a caracterização, como crimes militares, também das condutas previstas em outras legislações. O *crime de abuso de autoridade*, por exemplo, ainda que praticado por Policial Militar em serviço contra civil (Lei 13.869/2019), não poderia ser da alçada da Justiça Castrense, mas, sim, da Justiça Comum, já que se trata de conduta que não encontra correspondência em nenhuma das figuras típicas do CPM. Todavia, na atual concepção legal, tal conduta deverá ser processada e julgada na Justiça Militar, ficando superada, com isso, a Súmula 172 do STJ, que dispõe competir "à justiça comum processar e julgar militar por crime de abuso de autoridade, ainda que praticado em serviço".

Segundo: além da tipificação no Código Penal Militar ou na legislação penal comum, o perfazimento do crime militar condiciona-se ao enquadramento da conduta nos arts. 9.º e 10 do CPM, dispositivos que definem o que se consideram *crimes militares em tempo de paz* e em *tempo de guerra*. Importante frisar que, relativamente às condutas com tipificação tanto no âmbito militar propriamente dito como fora deste círculo, cada vez mais tem o STF deliberado no sentido de que o divisor de águas para fins de configuração do crime como *militar impróprio* ou *comum* deve ser o **bem jurídico tutelado**, vale dizer, a ocorrência de ofensa ou não a bens jurídicos de que sejam titulares as Forças Armadas (no caso da Justiça Militar Federal) ou Polícias Militares e Corpo de Bombeiros (em relação à Justiça Militar Estadual). Não por outra razão, aliás, que, em julgamento levado a efeito no STF monocraticamente, foi reconhecida a incompetência da Justiça Militar Federal para o julgamento de crime de lesão corporal praticado por militar contra militar, ambos da ativa, em um evento particular. Na oportunidade, referiu o Excelso Pretório que, apesar de estarem na ativa, nem autor nem ofendido se encontravam **em situação de atividade militar ou assemelhada**, furtando-se, portanto, o caso, ao âmbito de incidência do art. 9.º, II, *a*, do CPM[29]. Perceba-se que, ao assim decidir, o STF reformou acórdão do Superior Tribunal Militar que, entendendo irrelevante o local da ocorrência e partindo do mesmo dispositivo legal, havia vislumbrado a ocorrência de crime militar impróprio na espécie, aduzindo que, para tal enquadramento, bastaria o fato de serem autor e vítima militares em atividade, considerando-se como tal todos os que não forem nem da reserva nem reformados.

Pois bem, considerando essa disciplina, vale dizer, de que à Justiça Militar Federal ou Estadual compete apenas o julgamento de **crimes militares**, infere-se que, havendo conexão ou continência entre crime militar e crime comum, deve ser feita a cisão processual, ficando o crime militar a cargo da Justiça Militar e o crime comum afeto à Justiça Comum. E tanto é assim que o art. 79, I, do Código de Processo Penal estabelece que a conexão e a continência importarão em unidade de processo e julgamento salvo "no concurso entre a jurisdição comum e a militar". Idêntica regra é repetida no art. 102, *a*, do Código de Processo Penal Militar. E, na mesma linha, trilhou a Súmula 90 do STJ, dispondo que "compete à Justiça Militar Estadual processar e julgar o policial militar pela prática do crime militar, e à Comum pela prática do crime comum simultâneo àquele".

9.2.3.2.1. Justiça Militar Federal

O art. 124, *caput*, da CF estabelece que à Justiça Militar compete "processar e julgar os crimes militares definidos em lei". Tal dispositivo, evidentemente, concerne apenas à competência da Justiça Militar Federal, pois está incorporado à Constituição Federal na *Seção VII do Capítulo III*, antes, portanto, da *Seção VIII*, que, referindo-se aos "Tribunais e Juízes dos Estados", contempla a competência da Justiça Militar Estadual (art. 125, § 4.º, da CF).

[29] STJ, RHC 157.308/MS, Decisão Monocrática, Min. Ricardo Lewandowski, j. 14.08.2018.

A Justiça Militar Federal possui atuação em nível nacional.

E, conforme se depreende do art. 124 da Constituição Federal, sua competência é objetiva, condicionando-se, unicamente, à verificação dos seguintes fatores:

a) Ocorrência de condutas tipificadas como **crimes militares** sujeitos à competência federal; e
b) Tratar-se o agente de **integrante das forças armadas** – Exército, Marinha e Aeronáutica – ou de **civil**.

Como se vê, à Justiça Militar Federal compete o julgamento dos crimes definidos como militares, não importando se o agente é **militar** ou **civil**, já que o art. 124, *caput*, da CF, não faz qualquer restrição a respeito[30].

Ilustra-se:

a) Um militar subtrai amas de um quartel do exército. Será julgado pela Justiça Militar Federal.
b) Um civil subtrai armas de um quartel do exército. Será, igualmente, julgado pela Justiça Militar Federal.

Quanto à estrutura jurisdicional da Justiça Militar Federal, é regulada pela Lei 8.457/1992 (alterada pela Lei 13.774/2018). Entre as principais alterações, encontram-se a mudança de nomenclatura de órgãos da Justiça Militar (art. 1.º da Lei 8.457), especialmente a "auditoria de Correição", que passou a denominar-se "Corregedoria da Justiça Militar", e os "Juízes Auditores", que agora são denominados "Juízes Federais da Justiça Militar".

9.2.3.2.2. Justiça Militar Estadual

Nos termos do art. 125, § 4.º, da CF, compete à Justiça Militar Estadual "processar e julgar os militares dos Estados, nos crimes militares definidos em lei, ressalvada a competência do Tribunal do Júri quando a vítima for civil". Em face desse regramento, constata-se que a competência da Justiça Militar Estadual exige a coexistência dos seguintes requisitos:

a) Ocorrência de condutas tipificadas como **crimes militares** sujeitos à competência estadual; e
b) Tratar-se o agente de **Militar Estadual** – Polícia Militar e Bombeiros.

Perceba-se que, ao contrário do que ocorre com a Justiça Militar Federal, a Justiça Militar Estadual não pode processar civil – afinal, o art. 125, § 4.º, da CF, refere-se, expressamente, à competência da Justiça Militar Estadual para "processar e julgar **os militares dos Estados**". Logo, se um civil pratica, no âmbito estadual, um crime que poderia ser definido como militar, seu julgamento estará afeto à Justiça Comum Estadual. E mais: para fins de definição de competência, quando se fala em militares, são apenas aqueles que estão na ativa, não abrangendo, pois, os reformados ou os que estão na reserva.

Ilustra-se:

a) Um militar estadual subtrai amas de um quartel da polícia militar. Será julgado pela Justiça Militar Estadual.
b) Um civil subtrai armas de um quartel da polícia militar. Não será processado pela Justiça Militar Estadual, pois não compete a esta o processo e o julgamento de civis. Logo, ele será julgado pela Justiça Comum Estadual.

---

30 STJ, REsp 914061/SP, 5.ª Turma, *DJe* 10.03.2008.

No entanto, existe uma ressalva aqui, prevista no próprio texto do art. 125, § 4.º, da CF: **crime doloso cometido por militar contra a vida de civil**. Este, ainda que previsto no Código Penal Militar e mesmo que praticado por militar nos termos do citado art. 9.º, do CPM, estará, em regra, afeto à Justiça Comum – Tribunal do Júri –, sendo esta, também, a redação do § 1.º desse dispositivo (incluído pela Lei 13.491/2017) e do art. 82, § 2.º, do Código de Processo Penal Militar.

E quando se tratar de crime doloso cometido por militar contra a vida de militar? Nesse caso, persiste a competência da Justiça Militar para o processo e julgamento, pois nem a CF, nem a lei, estabelecem qualquer ressalva.

E quando se tratar de crime doloso cometido por militar das Forças Armadas contra a vida de civil? Nessa hipótese, por força do § 2.º do art. 9.º do CPM, introduzido pela Lei 13.491/2017, desde que se perfaça o contexto dos incisos I, II e III do mesmo parágrafo[31] (situações bastante abrangentes, que, na prática, encontrando-se o militar no exercício de suas funções, quase exaurem as hipóteses possíveis de crime doloso contra a vida de civil praticado por militar das Forças Armadas), o processo e julgamento será de competência da Justiça Militar Federal.

Em derradeiro, quanto à organização da Justiça Militar Estadual, encontra-se assim estruturada: O Conselho de Justiça é o Órgão de Primeiro Grau, sendo formado por quatro militares e um juiz civil (também denominado de Juiz de Direito Militar). E a segunda instância, na maioria dos Estados, é o próprio Tribunal de Justiça, salvo a existência de Tribunal Militar Estadual, o que ocorre em alguns Estados do Brasil, a exemplo do Rio Grande do Sul.

9.2.3.2.3. Esquema relativo à competência da Justiça Militar

JUSTIÇA	COMPETÊNCIA GERAL	CRIMES CONTRA A VIDA (PRINCIPAIS SITUAÇÕES)
JUSTIÇA MILITAR FEDERAL **(ART. 124 DA CF)**	**Crimes militares**, sujeitos à competência federal, praticados por **integrantes das Forças Armadas** (Exército, Marinha e Aeronáutica) ou por **civis**.	– Homicídio doloso ou culposo praticado por militar das Forças Armadas contra militar das Forças Armadas, ambos em situação de atividade (art. 9.º, II, *a*, CPM). – Homicídio doloso ou culposo praticado por militar das Forças Armadas contra militar estadual, ou vice-versa, ambos em situação de atividade (STM, Recurso em Sentido Estrito n. 0000004-10.2013.7.06.0006, *DJ* 25.06.2013). – Homicídio doloso ou culposo praticado por militar das Forças Armadas, em situação de atividade, contra civil (art. 9.º, *b*, *c* e *d*, e §§ 1.º (*contrario sensu*) e 2.º, do CPM). – Homicídio doloso cometido sob a forma de TIRO DE ABATE (art. 9.º, § 2.º, III, *a*, do CPM).

[31] Crimes praticados no contexto: I – do cumprimento de atribuições que lhes forem estabelecidas pelo Presidente da República ou pelo Ministro de Estado da Defesa; II – de ação que envolva a segurança de instituição militar ou de missão militar, mesmo que não beligerante; ou III – de atividade de natureza militar, de operação de paz, de garantia da lei e da ordem (GLO) ou de atribuição subsidiária, realizadas em conformidade com o disposto no art. 142 da CF/88 e na forma dos seguintes diplomas legais: a) Código Brasileiro de Aeronáutica; b) LC 97/99; c) Código de Processo Penal Militar; e d) Código Eleitoral.

JUSTIÇA	COMPETÊNCIA GERAL	CRIMES CONTRA A VIDA (PRINCIPAIS SITUAÇÕES)
JUSTIÇA MILITAR ESTADUAL **(ART. 125, § 4.º, DA CF)**	**Crimes militares,** sujeitos à competência estadual, cometidos por **militares estaduais** (Polícia Militar e Bombeiros).	– Homicídio doloso ou culposo praticado por militar estadual contra militar estadual, ambos na ativa (art. 9.º, II, *a*, do CPM). – Homicídio culposo praticado por militar estadual, em situação de atividade, contra civil (art. 9.º, *b*, *c* e *d*, e § 1.º (*contrario sensu*), do CPM).
TRIBUNAL DO JÚRI		– Homicídio doloso praticado por militar estadual em situação de atividade contra civil (julgamento pelo Tribunal do Júri, consoante art. 125, § 4.º, da CF, e art. 9.º, § 1.º, do CPM).

OBSERVAÇÃO IMPORTANTE: a jurisprudência do STF, de modo geral, vem compreendendo que apenas atraem a competência da Justiça Militar as hipóteses em que o crime tenha sido cometido em razão ou no curso do serviço militar. Logo, se a prática delituosa se motiva em questões pessoais, não se encontrando o agente em serviço militar nem executando missão militar, utilizando-se, por exemplo, de arma de particular, descarta-se a competência da Justiça Militar (STF, HC 102380/RJ, 2.ª Turma, j. 28.08.2012). Em outras palavras, a fixação da competência da Justiça Militar condiciona-se à demonstração de ofensa a bens jurídicos de que sejam titulares as Forças Armadas (STF, HC 135956/RS, 2.ª Turma, j. 26.10.2016) ou, no caso dos Estados, as polícias militares e o corpo de bombeiros.

9.2.3.3. Jurisdição Especial: competência da Justiça Trabalhista

A competência da Justiça do Trabalho está afeta, basicamente, a questões atinentes às relações de trabalho, conforme previsão do art. 114 da CF. A Constituição Federal não atribuiu aos órgãos da Justiça do Trabalho **competência penal**. Assim, constatada, no âmbito da Justiça Trabalhista, a ocorrência de **delitos contra a organização do trabalho**, deverão estes ser comunicados às autoridades encarregadas da persecução penal para respectiva apuração. Não se ignora que, diante da previsão do inciso IV do referido art. 114 (que estabelece a competência da Justiça do Trabalho para processar e julgar *habeas corpus* quando o ato questionado envolver matéria sujeita à sua jurisdição), parte da doutrina sustentava que competia à esfera trabalhista o julgamento daquela ordem de crimes. Tal orientação, porém, jamais teve respaldo na jurisprudência. Mais recentemente, colocando um ponto final na celeuma doutrinária, o Plenário do STF, no julgamento da Ação Direta de Inconstitucionalidade 3.684 (em 11.05.2020), firmou o entendimento de que, efetivamente, não compete à Justiça do Trabalho processar e julgar ações penais. *Mas e quanto à citada competência constitucional da Justiça Trabalhista para julgamento de* habeas corpus? Conforme referido pelo jurista Márcio André Lopes Cavalcante[32], "*o* habeas corpus *mencionado no inciso IV somente se volta contra restrições à liberdade de locomoção que não tenham natureza penal*", sendo exemplo a situação em que "*o Juiz do Trabalho decreta a prisão civil de um depositário infiel*" (hipótese de prisão civil considerada inaplicável ao ordenamento jurídico brasileiro pelo STF, *ex vi* de sua Súmula Vinculante 25), caso em que o *habeas corpus* porventura impetrado deverá ser julgado pelo Tribunal Regional do Trabalho.

32 Disponível em: <https://dizerodireitodotnet.files.wordpress.com/2020/07/info-980-stf-3.pdf>. Acesso em: 6 jan. 2021.

E quanto à competência para o processo e julgamento dos crimes contra organização do trabalho? A jurisprudência contemporânea do STJ ainda se baseia na Súmula 115 do extinto Tribunal Federal de Recursos, dispondo que "compete à Justiça Federal processar e julgar os crimes contra a organização do trabalho, quando tenham por objeto a organização geral do trabalho ou direito dos trabalhadores considerados coletivamente", sendo exemplos, aqui, os delitos que prejudicam a liberdade sindical. Por outro lado, se houver apenas a infringência dos direitos individuais de trabalhadores, inexistindo violação de sistema de órgãos e instituições destinadas a preservar a coletividade trabalhista, ter-se-á como afastada a competência da Justiça Federal, definindo-se a competência da Justiça Estadual para o respectivo processo e julgamento[33].

> **ATENÇÃO:** sem embargo dessas regras de competência, o STF vem entendendo que também são federais os crimes praticados em detrimento do trabalhador em esfera que a CF lhe confere proteção máxima (v. Informativo 450, do STF), como ocorre, por exemplo, no crime de redução à condição análoga à de escravo (art. 149, do CP), delito este que atenta contra a dignidade da pessoa humana, valor este elevado à categoria de princípio pela CF.

9.2.3.4. Jurisdição Comum: competência da Justiça Federal

O exame da competência da Justiça Federal deve partir da Constituição Federal, em especial de seu art. 109. Independentemente desse dispositivo, outras regras existem, incorporadas a súmulas dos Tribunais e que, muito embora não desprezem o texto constitucional, estabelecem hipóteses específicas de competência.

Pois bem, no rol de competências atribuídas pelo art. 109 da Carta Política e que abaixo se transcreve, analisaremos tão somente as questões que possuem repercussão em **matéria criminal (incisos IV, V, V-A, VI, VII, IX e X)**, abstraindo as demais hipóteses.

Antes de ingressar no exame das competências federais, deve-se alertar para o fato de que nem todas as Comarcas são, também, sedes da Justiça Federal. Pelo contrário. A maioria delas não é atendida por Juízes Federais. Tal circunstância, por si, não significa que os crimes da alçada da Justiça Federal serão julgados pela Justiça Estadual. A competência permanece federal. Logo, a definição da Subseção Judiciária Federal a que está vinculado o município em que o crime ocorreu condiciona-se ao exame dos Regimentos Internos e provimentos editados pelo Tribunal Regional Federal na respectiva área de atuação. Por exemplo, um crime federal ocorrido na cidade de Piratini, no Rio Grande do Sul, será processado e julgado perante a Subseção Judiciária localizada na cidade de Pelotas. Já um delito federal praticado em Rolândia, no Paraná, será processado e julgado perante a Subseção Judiciária localizada em Londrina. E assim por diante.

Em termos de estrutura da Justiça Federal, tem-se o seguinte: Os Órgãos de Primeiro Grau são os Juízes Federais que oficiam nas respectivas varas. Estas varas são distribuídas em subseções judiciárias (cidades-sede de Justiça Federal), as quais integram seções judiciárias (Estados). Das decisões dos Juízes Federais, havendo previsão, cabe recurso para o Tribunal Regional Federal. E as decisões desse Tribunal, nos casos previstos, comportam recursos para o Superior Tribunal de Justiça e para o Supremo Tribunal Federal.

Dito isto, passa-se ao exame das competências federais determinadas com base no art. 109 da Constituição Federal. Incumbe, assim, aos Juízes Federais, processar e julgar:

---

[33] STJ, CC 137.045/SP, *DJ* 29.02.2016; CC 33.505/SP, *DJ* 09.12.2003.

IV – os crimes políticos e as infrações penais praticadas em detrimento de bens, serviços ou interesse da União ou de suas entidades autárquicas ou empresas públicas, excluídas as contravenções e ressalvada a competência da Justiça Militar e da Justiça Eleitoral:

a) Quanto aos crimes políticos: conforme referimos antes, como *crimes políticos* enquadram-se as condutas que atentam, efetiva ou potencialmente, contra o estado democrático de direito, atingindo a soberania nacional, as instituições democráticas e a estrutura política brasileira. Estavam previstos na Lei 7.170/1983 (a chamada Lei de Segurança Nacional). Esta, porém, foi expressamente revogada pela Lei 14.197/2021, que introduziu ao Código Penal, sob o título "Crimes Contra o Estado Democrático de Direito", os arts. 359-I a 359-R, sendo estas as condutas que, na atualidade, devem ser consideradas como crimes políticos.

Sob a égide da Constituição Federal anterior, incumbia à Justiça Militar a competência para apuração dessa ordem de delitos. Assim, foi com o advento da atual Carta Política, que se estabeleceu a competência da Justiça Federal para o respectivo processo e o julgamento.

Observe-se que o art. 102, II, "b", da Constituição Federal dispõe que compete ao Supremo Tribunal Federal *julgar em recurso ordinário o crime político*. Da exegese dessa disposição depreende-se que, mesmo no tocante à sentença proferida por Juiz federal em relação a crime político, não caberá recurso de apelação ao Tribunal Regional Federal, mas, sim, recurso ordinário constitucional ao Supremo Tribunal Federal.

b) Quanto às infrações praticadas em detrimento de bens, serviços ou interesse da União, suas autarquias ou empresas públicas: por *bens*, *serviços* e *interesse*, tal como previstos no inciso em análise, compreendem-se aqueles que possuem relação com os fins institucionais das entidades referidas – União, suas entidades autárquicas ou empresas públicas –, e não aqueles relacionados pessoalmente aos dirigentes. Outra coisa: a definição da competência federal exige apenas a ofensa a bens, serviços ou interesse das entidades públicas referidas no art. 109, IV, da CF, não sendo relevante se houve ou não o prejuízo efetivo à União e suas entidades.

Na esteira dessa disciplina, tomando-se como exemplo a hipótese de crime de roubo perpetrado contra uma agência da Caixa Econômica Federal, que possui natureza jurídica de empresa pública, deverá ser processado e julgado perante a Justiça Federal. Do mesmo modo, um latrocínio perpetrado contra policiais federais durante o exercício de suas funções. Em ambos os casos é inequívoco o interesse da União nos feitos mencionados, o que justifica o reconhecimento da competência da Justiça Federal para processar e julgar as respectivas demandas.

No caso do crime contra servidor federal em exercício das funções, cabe abrir um parêntese para explicitar que a atração do foro federal se motiva na circunstância de que, nessa atividade, o servidor encontra-se agindo como representante da União. Daí se depreende que o simples fato de o crime ter sido praticado contra servidor público não atrai a competência federal, sendo necessário que o crime tenha sido praticado no exercício da função e relacionado a esta função. Isto, aliás, é o que consta da Súmula 147 do STJ ao prever que "compete à Justiça Federal processar e julgar os crimes praticados contra funcionário público federal, quando relacionados com o exercício da função". *E se o agente, desejando matar um policial federal no exercício da função, por erro na execução, atinge e mata um terceiro que passava nas proximidades? Em tal caso, qual é a Justiça competente para o processo e julgamento?* A despeito de algumas divergências, tem-se compreendido que a situação de *erro na execução* ou de *erro sobre a pessoa* não implica modificação da competência. Logo, na espécie, sendo atingido terceiro, a competência é da Justiça Estadual, ainda que a pessoa inicialmente visada fosse o policial federal. Evidentemente, se este último fosse o atingido, a jurisdição competente seria a Federal.

Contemple-se, agora, a hipótese ocorrida há alguns anos, em que integrantes do "Movimento dos Sem-Terra" tentaram invadir a propriedade rural pertencente ao Presidente da República. Nesse caso, não há falar em competência da Justiça Federal, pois não se trata o bem em questão de patrimônio da União, mas, sim, de propriedade particular do Chefe do Executivo. A esse respeito, entendeu o STJ que "restou evidenciado que os fatos tidos como delituosos ocorreram no Estado de Minas Gerais, em uma fazenda particular – ainda que de propriedade da família do então Sr. Presidente da República [...]. Note-se que não ocorreu, em princípio, lesão ou ameaça de lesão a bens, serviços ou interesses da União ou de suas Autarquias ou Empresas Públicas – o que, nos termos do art. 109, inc. IV, da Constituição Federal, atrairia a competência da Justiça Federal para o processo e julgamento do feito. Desta forma, a possível lesão ao patrimônio pessoal ou da família do Exmo. Sr. Presidente da República não tem o condão de atrair a competência da Justiça Federal, justamente por não se enquadrar na previsão constitucional"[34].

E no caso de crimes contra sociedades de economia mista (*v.g.*, o Banco do Brasil)? Nessa hipótese, a competência para o processo e julgamento será da Justiça Estadual, uma vez que não previstas essas sociedades entre as entidades mencionadas no precitado inciso IV do art. 109 da Carta Política. Confirmando esse raciocínio, estabelece a Súmula 42 do STJ que "compete à Justiça Comum Estadual processar e julgar as causas cíveis em que é parte sociedade de economia mista e os crimes praticados em seu detrimento".

E quanto às fundações públicas federais? Apesar de não previstas no art. 109, IV, da CF, prevalece o entendimento de que os crimes praticados em seu detrimento se sujeitam, igualmente, à competência da Justiça Federal.

E os crimes contra a fauna? Dispunha a Súmula 91 do STJ que "compete à Justiça Federal processar e julgar crimes praticados contra a fauna". Ocorre que essa súmula foi cancelada em 08.11.2000. Logo, inexistindo qualquer lesão a bens, serviços ou interesses da União, afasta-se a competência da Justiça Federal, incumbindo à Justiça Estadual o processo e julgamento de crimes cometidos contra o meio ambiente, nos quais se compreendem os delitos praticados contra a fauna e a flora[35].

E quanto aos crimes eleitorais e militares? Não são julgados no âmbito da Justiça Federal, pois o art. 109, IV, da CF afasta essa possibilidade. Logo, crimes eleitorais são julgados pela Justiça Eleitoral e crimes militares, pela Justiça Militar, observadas, neste último caso, as competências específicas atribuídas pelos arts. 124 e 125, § 4.º, da CF às Justiças Militares Federais e Estaduais, respectivamente. A respeito, ver *tópico 9.2.3.2* deste Capítulo.

Perceba-se que o art. 109, IV, exclui da competência dos Juízes Federais o processo e o julgamento das **contravenções penais**. Por essa razão, editou o STJ a Súmula 38, dispondo que "compete à Justiça Estadual Comum, na vigência da Constituição de 1988, o processo por contravenção penal, ainda que praticada em detrimento de bens, serviços ou interesse da União ou de suas entidades". Daí se infere que, se, porventura, houver um crime de competência federal conexo com uma contravenção penal, deverá ser realizada a cisão do processo: o crime federal será processado e julgado pela Justiça Federal enquanto a contravenção penal será processada e julgada pela Justiça Estadual. Apesar da simplicidade

---

[34] STJ, CC 36.617/DF, *DJ* 22.04.2003.

[35] STJ, REsp 601.154/TO, DJ 28.06.2004. No mesmo sentido: CC 154859/SP, DJ 29.11.2017 e 154889/ES, DJ 29.11.2017.

da regra, é preciso atentar a um detalhe: nos termos do art. 109, IV, da CF, o processo e o julgamento das contravenções penais são excluídos da competência dos **Juízes Federais**, e não dos **Tribunais Regionais Federais**. Portanto, embora o tema não seja uniforme na doutrina, aderimos ao entendimento de que, se determinado detentor de cargo público, com prerrogativa de função nos tribunais, praticar uma contravenção penal, tal infração poderá sim ser julgada no âmbito desses Tribunais.

Atente-se, por fim, que, segundo a Súmula 224 do STJ, "excluído do feito o ente federal, cuja presença levara o Juiz Estadual a declinar da competência, deve o Juiz Federal restituir os autos e não suscitar conflito". E mais: na esteira dessa disposição, preceitua a Súmula 254 da mesma Corte que "a decisão do Juízo Federal que exclui da relação processual ente federal não pode ser reexaminada no Juízo Estadual".

Exemplo: Considere-se que o ex-prefeito de determinada cidade seja indiciado pela autoridade policial por desvio de verbas públicas ocorrido no curso de seu mandato, entre as quais verbas sujeitas à prestação de contas perante o Tribunal de Contas da União[36]. Remetido o inquérito à Justiça Estadual, sobrevém manifestação do Ministério Público no sentido da incompetência do juízo tendo em vista o disposto no art. 109, IV, da CF. Acolhendo este pronunciamento, o Magistrado, com fundamento na Súmula 122 do STJ[37], encaminha os autos à Justiça Federal. Neste âmbito, porém, o Ministério Público Federal manifesta-se no sentido de que não existem elementos que apontem o cometimento do crime relacionado às verbas federais, promovendo, com relação a esta conduta, o arquivamento do inquérito policial. Ora, se for acolhida esta manifestação pelo Juiz Federal, caberá a este, com base na Súmula 224 do STJ, em vez de suscitar conflito de jurisdição, simplesmente restituir os autos do procedimento investigatório à Justiça Estadual, decisão esta que, por força da Súmula 254 daquela mesma Corte, não pode ser reexaminada no âmbito dessa Justiça. Logo, se dela discordar, deverá, aqui sim, o Juiz Estadual suscitar conflito de jurisdição.

V – os crimes previstos em tratado ou convenção internacional, quando, iniciada a execução no País, o resultado tenha ou devesse ter ocorrido no estrangeiro, ou reciprocamente;

Duas referências são necessárias aqui:

Primeira: em decorrência da literalidade do dispositivo, fica claro que a competência para o processo e julgamento, na situação em tela, estará afeta à Justiça Federal apenas nos casos de "crimes previstos em tratados ou convenções, quando, iniciada a execução no País, o resultado tenha ocorrido ou devesse ter ocorrido no estrangeiro, ou reciprocamente" (art. 109, V, da CF). Daí se infere, então, que a circunstância de o crime ter sido cometido por brasileiro no exterior, por exemplo, não basta para atrair a competência da Justiça Federal. Sintetizando a regra, referiu o STF:

"À luz do preconizado no art. 109, V, da CF, a competência para processamento e julgamento de crime será da Justiça Federal quando preenchidos 03 (três) requisitos essenciais e cumulativos, quais sejam, que: a) o fato esteja previsto como crime no Brasil e no estrangeiro; b) o Brasil seja signatário de convenção ou tratado internacional por meio do qual assume o compromisso de reprimir criminalmente aquela espécie delitiva; e c) a conduta tenha ao menos se iniciado

---

36 Súmula 208 do STJ: "Compete a Justiça Federal processar e julgar prefeito municipal por desvio de verba sujeita a prestação de contas perante órgão federal".

37 Súmula 122 do STJ: "Compete a Justiça Federal o processo e julgamento unificado dos crimes conexos de competência federal e estadual, não se aplicando a regra do art. 78, II, 'a', do Código de Processo Penal".

no Brasil e o resultado tenha ocorrido, ou devesse ter ocorrido no exterior, ou reciprocamente." (STF, RE 628624/MG, *DJe* 06.04.2016)

Segunda: a prática de crime previsto em tratado ou convenção internacional, por si, não atrai, necessariamente, a competência da Justiça Federal para o respectivo processo e julgamento. Para tanto, será necessário que se trate de delito com repercussão internacional e não meramente interna ao País.

Tome-se a hipótese de tráfico internacional de drogas. Trata-se de crime que exige, para que se reconheça a competência da Justiça Federal para seu processo e julgamento, a demonstração da internacionalidade. Na falta dessa demonstração, firma-se a competência da Justiça Estadual, pois considerada ocorrente hipótese de tráfico interno. Nesse sentido, a Súmula 522 do STF, dispondo que, "salvo ocorrência de tráfico para o exterior, quando então a competência será da Justiça Federal, compete à Justiça dos Estados o processo e julgamento dos crimes relativos a entorpecentes". Destarte, o simples fato de a cocaína ter sido adquirida no estrangeiro não atrai a competência da Justiça Federal, pois, se assim fosse considerado, toda a apreensão da droga no País configuraria tráfico internacional, eis que o Brasil não produz tal entorpecente[38]. O mesmo entendimento se aplica se for adquirida no Brasil por algum estrangeiro. Será necessária, pois, para fins de atração da jurisdição federal, a transnacionalidade, vale dizer, o intuito de transferência da droga entre países distintos. E mais: além desse pressuposto, exige-se, também, que o entorpecente objeto do trânsito internacional seja igualmente coibido no país de origem. Não haverá, assim, tráfico internacional gerador da competência federal na importação de produto de comercialização permitida no país exportador, ainda que se trate de material proibido no Brasil.

E se, denunciado o indivíduo perante a Justiça Federal por tráfico internacional de drogas, constatar o Magistrado, ao receber os autos conclusos para sentença, que há evidências de mero tráfico interno? Nesse caso, há divergências na jurisprudência. Parte da jurisprudência compreende aplicável, na hipótese, por analogia, o art. 81 do CPP (*perpetuatio jurisdictionis*), dispondo que, "verificada a reunião dos processos por conexão ou continência, ainda que no processo da sua competência própria venha o Juiz ou tribunal a proferir sentença absolutória ou que desclassifique a infração para outra que não se inclua na sua competência, continuará competente em relação aos demais processos", razão pela qual o processo deveria permanecer na esfera federal. No âmbito do STJ, contudo, já se decidiu no sentido da inaplicabilidade dessa norma, até mesmo porque se refere a hipóteses de conexão e continência entre delitos distintos, e não ao caso em que esteja em apuração apenas um crime. Além do mais, a competência *ratione materiae* possui natureza absoluta, fixada a partir de previsão constitucional. Essa conjugação de fatores, então, deslocaria, obrigatoriamente e sob pena de nulidade absoluta da sentença que viesse a ser prolatada no juízo federal, a competência para o juízo estadual[39]. A mesma solução é aplicada na situação inversa, vale dizer, denúncia perante a Justiça Estadual, constatando-se, posteriormente, tratar-se de hipótese de competência da Justiça Federal[40].

Outro exemplo de delito cuja competência é afeta à Justiça Federal por força do disposto no art. 109, V, da CF consiste na *prática de ato destinado ao envio de criança ou adolescente para o exterior, com o fim de lucro ou com inobservância das formalidades legais*, tipificado no art. 239 da Lei 8.069/1990 (Estatuto da Criança e do Adolescente). Nesse caso, é irrelevante o resultado da conduta. Basta a simples ocorrência de um ato que tenha por fim facilitar ou efetivar o tráfico internacional de criança ou adolescente para que reste consumada a infração e caracterizada a competência federal. E o mesmo ocorre em relação às condutas

38 STJ, HC 66.292/MT, 5.ª Turma, *DJ* 19.03.2007.

39 STJ, HC 37.581/PR, 6.ª Turma, *DJ* 19.12.2005 e CC 91.639/MT, *DJ* 10.02.2009.

40 STJ, EDcl no RHC 50655/MS, *DJe* 05.04.2017.

relativas ao tráfico de pessoas, quando praticadas com objetivo de retirada da vítima do território nacional (art. 149-A do CP). Em ambas as situações, a competência da Justiça Federal decorre do fato de ter o Brasil aderido à Convenção sobre os Direitos da Criança e à Convenção para Repressão ao Tráfico de Mulheres e Crianças.

V-A – as causas relativas a direitos humanos a que se refere o § 5.º deste artigo;

Trata-se de dispositivo introduzido pela Emenda Constitucional 45/2004, federalizando os crimes perpetrados com *grave violação de direitos humanos* (§ 5º).

A inovação legislativa partiu do pressuposto de que, tendo o Brasil ratificado os tratados internacionais que coíbem os delitos contra os direitos humanos, deve competir à União Federal a responsabilidade pela sua apuração e repressão.

Questão relevante refere-se a como caracterizar determinado delito como gravemente atentatório aos direitos humanos. Por exemplo: em tese, todos os homicídios dolosos, independentemente de quem seja a vítima ou o réu, bem como da repercussão que venham a provocar no cenário nacional ou internacional, importam em grave violação ao maior e mais importante de todos os direitos do ser humano, que é o direito à vida, previsto no art. 4.º, n. 1, da Convenção Americana sobre Direitos Humanos, da qual o Brasil é signatário por força do Decreto 678, de 06.11.1992. Nem só por isso, contudo, deslocam-se à competência da esfera federal. Situação simétrica ocorre em relação aos crimes de tortura, cuja competência, em princípio, concerne à Justiça Estadual.

Na verdade, diante da amplitude da expressão "direitos humanos" empregada no dispositivo, infere-se que optou o legislador constituinte por não definir o rol dos crimes que passariam para a competência da Justiça Federal, razão pela qual o enquadramento de uma conduta como *grave violadora dos direitos humanos*, capaz de firmar a competência da esfera federal, requer a análise de cada situação de fato, de suas circunstâncias e de suas peculiaridades.

Reforçando o pensamento no sentido de que a verificação quanto à ocorrência de grave violação de direitos humanos justificante da fixação da competência federal depende do exame do caso concreto, previu o citado art. 109, § 5.º, da Constituição Federal o **incidente de deslocamento da competência**. Trata-se este incidente de medida processual, de iniciativa do Procurador-Geral da República, suscitado perante o STJ visando deslocar para o âmbito da Justiça Federal o processo e julgamento de crimes que, originariamente, em razão das demais normas legais e constitucionais definidoras da competência *ratione materiae*, concerniriam à esfera estadual.

Foi o que ocorreu, a propósito, em relação ao envolvimento de policiais militares de Goiás em grupos de extermínio, sendo a eles imputadas a prática de homicídios, torturas e execução de pessoas em situação de rua. Neste caso, o STJ julgou procedente o incidente de deslocamento de competência suscitado pela Procuradoria-Geral da República em relação a alguns dos crimes investigados, observando que "*passados quatro (04) anos da suposta prática delitiva, as autoridades ainda se batem, entre ofícios não respondidos e notícias de mandados de busca e apreensão, pela obtenção de informações a respeito da conclusão ou não de procedimento indiciário*", situação esta que evidencia "*ineficiência dos órgãos de Estado, hipótese em que não se utiliza os melhores recursos para atingir um resultado ou não se mantém uma relação de harmonia adequada entre os meios empregados*"[41].

Outra situação que pode ser ilustrada diz respeito ao homicídio da missionária norte-americana Dorothy Stang, no município de Anapu, Estado do Pará. Neste caso, o Procurador-Geral da República suscitou o incidente sob o fundamento da "grave violação de direitos humanos, tendo em vista que o trabalho da vítima se destacava internacionalmente

[41] STJ, IDC 3/GO, Terceira Seção, *DJ* 02.02.2015.

pela defesa intransigente dos direitos dos colonos envolvidos em conflitos com grileiros de terras naquela localidade, bem como da necessidade de garantir que o Brasil cumpra com as obrigações decorrentes de pactos internacionais firmados sobre direitos humanos, apontando, para tanto, evidências referentes ao quadro de omissões das autoridades estaduais constituídas, diversas vezes alertadas da prática das mais variadas atrocidades e violências envolvendo disputa pela posse e propriedade de terras". Na oportunidade, em que pese não refutar a ocorrência de hipótese de grave violação de direitos humanos, decidiu a 3.ª Seção do STJ pelo indeferimento do incidente, argumentando que, na espécie, as autoridades estaduais encontravam-se "*empenhadas na apuração dos fatos que resultaram na morte da missionária norte-americana Dorothy Stang, com o objetivo de punir os responsáveis, refletindo a intenção de o Estado do Pará dar resposta eficiente à violação do maior e mais importante dos direitos humanos, o que afasta a necessidade de deslocamento da competência originária para a Justiça Federal, de forma subsidiária, sob pena, inclusive, de dificultar o andamento do processo criminal e atrasar o seu desfecho, utilizando-se o instrumento criado pela aludida norma em desfavor de seu fim, que é combater a impunidade dos crimes praticados com grave violação de direitos humanos*"[42].

Mais recentemente, foi instaurado incidente de deslocamento de competência em relação aos homicídios da vereadora do município do Rio de Janeiro, Marielle Franco, e de seu motorista, Anderson Gomes, praticados em contexto de execução. Analisando a hipótese, o STJ, apesar de reconhecer que "*as circunstâncias que pairam sobre o caso, ainda inconcluso, parecem apontar para uma execução planejada, com indicativos de participação de organização criminosa, o que, evidentemente, configura gravíssimo atentado não só aos direitos humanos, mas ao próprio Estado Democrático de Direito*", concluiu no sentido da inexistência dos pressupostos constitucionais para o deferimento da medida requerida, eis que "*não há sombra de descaso, desinteresse, desídia ou falta de condições pessoais ou materiais das instituições estaduais encarregadas por investigar, processar e punir os eventuais responsáveis pela grave violação a direitos humanos*" e que "*o vasto acervo já formado, com centenas de diligências cumpridas e outras tantas em andamento, o pedido de deslocamento das investigações para a Polícia Federal, ao que tudo indica, acarretaria efeito contrário ao que se defende no incidente suscitado, isto é, traria mais atraso às investigações, militando em desfavor do objetivo perseguido*"[43].

Pois bem, diante da necessidade do estabelecimento de critérios para federalização da citada ordem de crimes, firmou o STJ o entendimento de que o acolhimento do pedido de deslocamento da competência condiciona-se ao atendimento de determinadas diretrizes, *quais sejam, excepcionalidade, necessidade, imprescindibilidade, razoabilidade e proporcionalidade da medida, observada a exigência de se reunir os seguintes pressupostos para o seu deferimento: (1) a existência de grave violação a direitos humanos; (2) o risco de responsabilização internacional decorrente do descumprimento de obrigações jurídicas assumidas em tratados internacionais; e (3) a incapacidade das instâncias e autoridades locais de oferecer respostas efetivas*[44]. Inobservados estes requisitos, descabe o deslocamento do inquérito ou processo ao âmbito federal.

Atente-se, por derradeiro, que tramitam no STF as Ações Diretas de Inconstitucionalidade 3.486 e 3.493, a primeira ajuizada em 2007 pela Associação dos Magistrados Brasileiros e a segunda proposta em 2005 pela Associação Nacional dos Magistrados Estaduais, impugnando o § 5º do art. 109 da CF, tecendo considerações sobre a violação do princípio do juiz natural, fazendo menção ao caráter vago da expressão "grave violação dos direitos humanos" e alegando a desproporcionalidade, inadequação e desnecessidade da medida.

---

42 STJ, IDC 1/PA, Terceira Seção, *DJ* 10.10.2005.

43 STJ, IDC 24/DF, Terceira Seção, *DJ* 01.07.2020.

44 IDC 24/DF, Terceira Seção, *DJ* 01.07.2020.

Ditas ADIs não haviam sido julgadas até o encerramento da presente edição deste livro, razão pela qual se recomenda a atenção do leitor ao respectivo desiderato.

VI – os crimes contra a organização do trabalho e, nos casos determinados por lei, contra o sistema financeiro e a ordem econômico-financeira;

Crimes contra a organização do trabalho: independentemente da amplitude do dispositivo constitucional, é firme a jurisprudência no sentido de que a competência da Justiça Federal para o processo e julgamento dos crimes contra a organização do trabalho exige que haja lesão aos direitos dos trabalhadores considerados coletivamente, pois, tratando-se de simples lesão a direito individual, remanesce a competência residual da Justiça Estadual. Ainda se aplica, enfim, o entendimento da Súmula 115 do extinto Tribunal Federal de Recursos, dispondo que *compete à Justiça Federal processar e julgar os crimes contra a organização do trabalho, quando tenham por objeto a organização geral do trabalho ou os direitos dos trabalhadores considerados coletivamente.*

Alvo de discussões na jurisprudência tem sido a possibilidade de enquadramento do crime de *redução à condição análoga de escravo* (art. 149 do CP) na competência federal em decorrência do inciso em exame. Parte da jurisprudência entende que, não se encontrando esse delito classificado no Código Penal como *crime contra organização do trabalho,* e sim como *crime contra a liberdade pessoal,* a competência para seu processo e julgamento seria da justiça estadual na hipótese de figurar como vítima determinado trabalhador em especial ou grupo determinado de trabalhadores. Entretanto, adotam o STF e o STJ posição oposta, qual seja, no sentido de que "quaisquer condutas que violem não só o sistema de órgãos e instituições que preservam, coletivamente, os direitos e deveres dos trabalhadores, mas também o homem trabalhador, atingindo-o nas esferas em que a Constituição lhe confere proteção máxima, enquadram-se na categoria dos crimes contra a organização do trabalho, se praticadas no contexto de relações de trabalho. Concluiu-se que, nesse contexto, o qual sofre influxo do princípio constitucional da dignidade da pessoa humana, informador de todo o sistema jurídico-constitucional, a prática do crime em questão caracteriza-se como crime contra a organização do trabalho, de competência da justiça federal (CF, art. 109, VI)" (STF, Informativo 450).

No mais, encaminhamos o leitor ao tópico 9.2.3.3 deste Capítulo, no qual também enfrentamos a temática.

Crimes contra o sistema financeiro: em razão da exigência inscrita no art. 109, VI, última parte, da Constituição Federal, limitando a competência da Justiça Federal nesta ordem dos delitos aos *casos determinados em lei,* depreende-se que serão de competência da Justiça Federal apenas os crimes tipificados em leis que dispuserem expressamente no sentido dessa competência. É o que ocorre na Lei 7.492/1986, que, ao definir os crimes contra o Sistema Financeiro Nacional, estabelece no art. 26, *caput,* que "a ação penal, nos crimes previstos nesta Lei, será promovida pelo Ministério Público Federal, **perante a Justiça Federal**" (grifamos)[45]. Situação inversa ocorre em relação à Lei 4.595/1964, que dispõe, igualmente, sobre o Sistema Financeiro Nacional e não atribui competência à Justiça Federal, fazendo com que a competência para o processo e julgamento de crime nela previsto seja da Justiça Estadual.

Crimes contra a ordem econômico-financeira: também aqui, por imposição do art. 109, VI, da Constituição Federal, a competência da Justiça Federal exige que haja expressa previsão legal nesse sentido. Tomem-se como exemplo os delitos previstos na Lei 8.137/1990,

45 "A competência da Justiça Federal para o processo e julgamento dos crimes contra o sistema financeiro e a ordem econômico-financeira circunscreve-se aos casos previstos na Lei 7.492/1986. Supostos delitos praticados por operações de empréstimo, utilizando cartão de crédito com simulação de compra, lesando vítima e outros clientes, não consubstanciam operações financeiras, enquadrando-se, em tese, nos crimes contra a economia popular, de competência da Justiça Estadual" (STJ, CC 32.092/SP, 3.ª Seção, *DJ* 08.04.2002).

que define os crimes contra a ordem tributária, econômica e contra as relações de consumo. Nesse diploma, não existe atribuição de competência à Justiça Federal. Logo, os delitos nele previstos devem ser processados e julgados perante a Justiça Estadual. Idêntica situação ocorre no tocante à Lei 8.176/1991, que, ao descrever crimes contra a ordem econômica relacionados a combustíveis (*v.g.*, venda de combustível adulterado), silencia quanto à competência da Justiça Federal, acarretando, em consequência, a competência da Justiça Estadual para o respectivo processo e julgamento.

VII – os "habeas corpus", em matéria criminal de sua competência ou quando o constrangimento provier de autoridade cujos atos não estejam diretamente sujeitos a outra jurisdição;

O inciso prevê regra simétrica à constante no art. 650, § 1.º, do CPP, dispondo que "a competência do Juiz cessará sempre que a violência ou coação provier de autoridade judiciária de igual ou superior jurisdição".

Assim como no âmbito estadual compete ao Juiz de direito julgar um *habeas corpus* impetrado contra ato do delegado de polícia, na esfera federal, a teor do dispositivo em exame, competirá ao Juiz federal a decisão do *writ* em relação a constrangimento determinado por delegado federal. Igualmente, se incumbe ao Tribunal de Justiça do Estado o julgamento do *habeas corpus* impetrado contra ato do Juiz de direito ou de Promotor, compete ao Tribunal Regional Federal decidir o *writ* movido contra ato de Juiz Federal ou de Procurador da República.

Observe-se, porém, que o dispositivo ressalva a possibilidade de o constrangimento emanar de autoridade cujos atos *estejam sujeitos a outra jurisdição*. Imagine-se a hipótese de constrangimento ilegal provocado por Tribunal Regional Eleitoral ao receber denúncia que atribui, a determinado prefeito municipal (com prerrogativa de foro), um crime eleitoral já prescrito: nessa hipótese, a competência para julgamento do *habeas corpus* será do Tribunal Superior Eleitoral, já que o recebimento da exordial acusatória ocorreu por autoridade cujos atos estão sujeitos à jurisdição eleitoral.

IX – os crimes cometidos a bordo de navios ou aeronaves, ressalvada a competência da Justiça Militar;

Para a definição da competência federal basta que o crime tenha sido cometido *a bordo* de navios ou aeronave, sendo irrelevante a circunstância de estarem os primeiros em navegação ou atracados, e os segundos, em voo ou em terra, assim como de serem os sujeitos ativo e passivo do crime nacionais ou estrangeiros.

Mas atenção: a Constituição Federal ressalva a competência da Justiça Militar para o processo e julgamento dos crimes militares praticados a bordo de navios ou aeronaves. Lembre-se de que, por *crimes militares*, compreendem-se as condutas tipificadas no Código Penal Militar e legislação penal comum, desde que presentes os condicionamentos do art. 9.º desse Código. Esses requisitos são imprescindíveis para a caracterização de uma determinada conduta como *crime militar*. Sem eles, não se tem *crime militar*, ainda que, por exemplo, o delito ocorra em navio ou aeronave militar.

Abstraídos, então, os crimes militares, será indiferente, para fins da atração ao juízo federal, a natureza do delito praticado, podendo ser, inclusive, delitos dolosos contra a vida, os quais ficarão sujeitos a Júri Federal[46].

46 STF, HC 85.059-6/MS, j. 22.02.2005.

Questão discutível concerne ao **porte da embarcação** para fins de enquadramento no âmbito da jurisdição federal, já que a Constituição Federal refere a competência da Justiça Federal para o julgamento de crimes cometidos a bordo de *navios*. Predomina, entretanto, o entendimento de que é necessário que se trate de embarcações de tamanho e capacidade consideráveis, capazes de efetuar, se necessário, o deslocamento por águas internacionais. Segundo essa linha de pensamento, embarcações de pequeno ou médio porte (lanchas, veleiros etc.) ficam alheias à definição constitucional de competência incorporada ao art. 109, IX. Nesse sentido: "A expressão 'a bordo de navio', constante do art. 109, inciso IX, da CF/1988, significa *interior de embarcação de grande porte*. Realizando-se uma interpretação teleológica da locução, tem-se que a norma visa abranger as hipóteses em que tripulantes e passageiros, pelo potencial marítimo do navio, possam ser deslocados para águas territoriais internacionais. Se à vítima não é implementado este potencial de deslocamento internacional, inexistindo o efetivo ingresso no navio, resta afastada a competência da Justiça Federal"[47].

Por outro lado, relativamente às **aeronaves**, por muito tempo prevaleceu a orientação de que os crimes cometidos em seu interior são sempre de competência da Justiça Federal, independentemente do seu tamanho, já que o art. 109, IX, ao contrário do que faz em relação às embarcações (chamadas de *navios*), não condiciona a competência da Justiça Federal a que o crime tenha ocorrido a bordo de aeronave de grande porte. No entanto, essa orientação não mais prevalece. Na atualidade, a tendência é aplicar às aeronaves a mesma interpretação realizada em relação às embarcações, considerando-se como sujeitos à competência da Justiça Federal apenas os crimes praticados a bordo de aeronaves de grande porte.

Perceba-se que o art. 109, IX, da CF se refere à competência federal para crimes cometidos **a bordo** de navios ou aeronaves. Logo, o que se exige é que a conduta do agente tenha ocorrido no âmbito de navios ou de aeronaves, sendo irrelevante se estão em movimento ou parados em porto ou aeroporto. Discute-se a hipótese em que, cometido o crime no interior de navio ou aeronave, o resultado venha a ocorrer em terra firme. A tendência é a adoção do entendimento de que, mesmo neste caso, a competência é da Justiça Federal. Sem embargo, tratando-se de **crimes permanentes**, persistindo a consumação em solo e inexistente outro motivo que conduza à competência da Justiça Federal, tem o STJ deliberado no sentido da competência da Justiça Estadual. Já decidiu a Corte, por exemplo, que "nos delitos de tráfico de entorpecentes interestadual ocorrido em aeronave, e uma vez apreendida a droga em solo, a competência para o julgamento da ação penal será da Justiça Estadual"[48].

Uma observação importante deve ser feita aqui: a Lei 8.617/1993 disciplina no Direito brasileiro a denominada **passagem inocente**, que se constitui em exceção à aplicação do princípio da territorialidade no Direito Penal. Em síntese, a passagem inocente é instituto jurídico próprio do Direito Internacional Marítimo e permite a uma embarcação de propriedade privada, de qualquer nacionalidade, o direito de atravessar o território de uma nação, com a condição de não ameaçar ou perturbar a paz, a boa ordem e a segurança do Estado costeiro. Esse instituto aplicado ao Direito Penal permite que crimes cometidos dentro de navio estrangeiro, de passagem pelo país, não sejam julgados pela lei do país em trânsito, desde que não afetem um bem jurídico nacional. *Exemplo:* um cidadão mexicano comete homicídio contra inglês a bordo de uma embarcação de bandeira italiana – detectada hipótese de *passagem inocente*, aplicar-se-á a lei italiana.

---

[47] STJ, CC 43.404/SP, *DJ* 02.03.2005.

[48] STJ, AgRg no HC 691.423/SP, 5.ª Turma, Rel. Min. Ribeiro Dantas, j. 07.06.2022, *DJe* 14.06.2022.

X – os crimes de ingresso ou permanência irregular de estrangeiro, a execução de carta rogatória, após o exequatur, e de sentença estrangeira, após a homologação, as causas referentes à nacionalidade, inclusive a respectiva opção, e à naturalização;

A regra constitucional inserta nesse inciso apresenta relevância, basicamente em relação aos crimes de *ingresso ou permanência de estrangeiro com utilização de nome falso ou atribuição de falsa qualidade* e de *reingresso de estrangeiro expulso*, os quais possuem tipificação, respectivamente, nos arts. 309 e 338 do Código Penal. Isso porque, no tocante ao ingresso e à permanência irregular de estrangeiro no Brasil, por si, não constituem crimes, caracterizando-se como meras infrações administrativas, nos termos do art. 109 da Lei de Migração (13.445/2017).

Portanto, qualquer outro delito praticado por estrangeiro terá o seu processo e julgamento perante a justiça estadual.

XI – a disputa sobre direitos indígenas.

A hipótese deve ser analisada diante do teor da Súmula 140 do STJ, dispondo que "compete à justiça comum estadual processar e julgar crime em que o indígena figure como autor ou como vítima". Destarte, não é o fato de ser índio o sujeito ativo ou o sujeito passivo da conduta delituosa que atrai a competência federal, sendo necessário que fique caracterizado estar o delito relacionado à *disputa sobre direitos indígenas*. Enfim, exige-se que o crime atinja interesses gerais da população indígena, assumindo caráter transindividual, incluindo-se não apenas as questões alusivas às terras, mas também aquelas ligadas à organização social, costumes, línguas, crenças e tradições.

Exemplos:

1) *Homicídios contra silvícolas praticados por produtores rurais da mesma região em razão da disputa pela posse de terras tradicionalmente ocupadas por comunidade indígena de que fazem parte as vítimas*: nesse caso, a competência será da Justiça Federal para o processo e julgamento, já que esta compete à tutela dos direitos concernentes às áreas de ocupação, tutela, segurança e integridade indígena. Há, enfim, evidente interesse da União. Nesse sentido: "O deslocamento da competência para a Justiça Federal, na forma do inciso XI do art. 109 da Carta da República, somente ocorre quando o processo versa sobre questões ligadas à cultura indígena e aos direitos sobre suas terras"[49].
2) *Furto praticado por silvícola contra propriedade localizada nas proximidades da reserva em que se encontra a aldeia indígena*: nesse caso, não se vislumbra qualquer disputa por terra indígena ou interesse da comunidade na ação delituosa, evidenciando-se, portanto, a competência da justiça estadual para processar e julgar a ação penal, em face da incidência da Súmula 140 do STJ.
3) *Homicídio praticado por um indígena contra vítima não indígena (ou vice-versa) em razão de um desentendimento*: nesse caso, será necessário, para a definição da competência, verificar se a motivação do crime ultrapassou o limite da desavença pessoal. Se ficar evidenciado ter sido motivo do crime a disputa de terras reivindicadas pela comunidade integrada pelo silvícola, a competência será federal. Todavia, verificado tratar-se de delito justificado em razões de aversão pessoal (um desentendimento momentâneo, por exemplo), sem nenhuma relação com a disputa sobre direitos ou terras indígenas, a competência será estadual.

[49] STF, HC 81.827/MT, DJ 23.08.2002 e RHC 85.737, DJ 30.11.2007.

4) *Crime de racismo praticado contra indígenas, utilizando-se o agente da condição étnica das vítimas para a prática de condutas delituosas* perfazendo-se, com a conduta imputada, afronta à cultura da comunidade indígena, incide a competência da Justiça Federal para o processo e julgamento. Ilustra-se com o julgamento do RHC 117.097/DF (*DJe* 03.02.2014), pelo STF, em que reconhecido o caráter de crime federal na conduta de indivíduo que, em coluna jornalística, referiu-se ao povo indígena como "podre e boçal gente, que nunca pode ser útil em nada, ao Brasil e a eles próprios...", entre outros pejorativos.

9.2.3.5. *Jurisdição Comum: competência da Justiça Estadual*

É muito simples a definição da competência da Justiça Comum Estadual: trata-se de competência **residual**. Enfim, todas as infrações que, por sua natureza, não estejam afetas às Justiças Especiais (Militar e Eleitoral) e à Justiça Comum Federal deverão ser processadas e julgadas perante a Justiça Comum dos Estados.

Em termos de estrutura da Justiça Estadual, tem-se o seguinte: Os Órgãos de Primeiro Grau são os *Juízes de Direito* que oficiam nas respectivas *varas*. De suas decisões, nos casos previstos, cabe recurso para o *Tribunal de Justiça*. E as decisões desse Tribunal, havendo previsão, comportam recursos para o *Superior Tribunal de Justiça* e para o *Supremo Tribunal Federal*.

9.2.3.6. *Esquema relativo à competência* ratione materiae

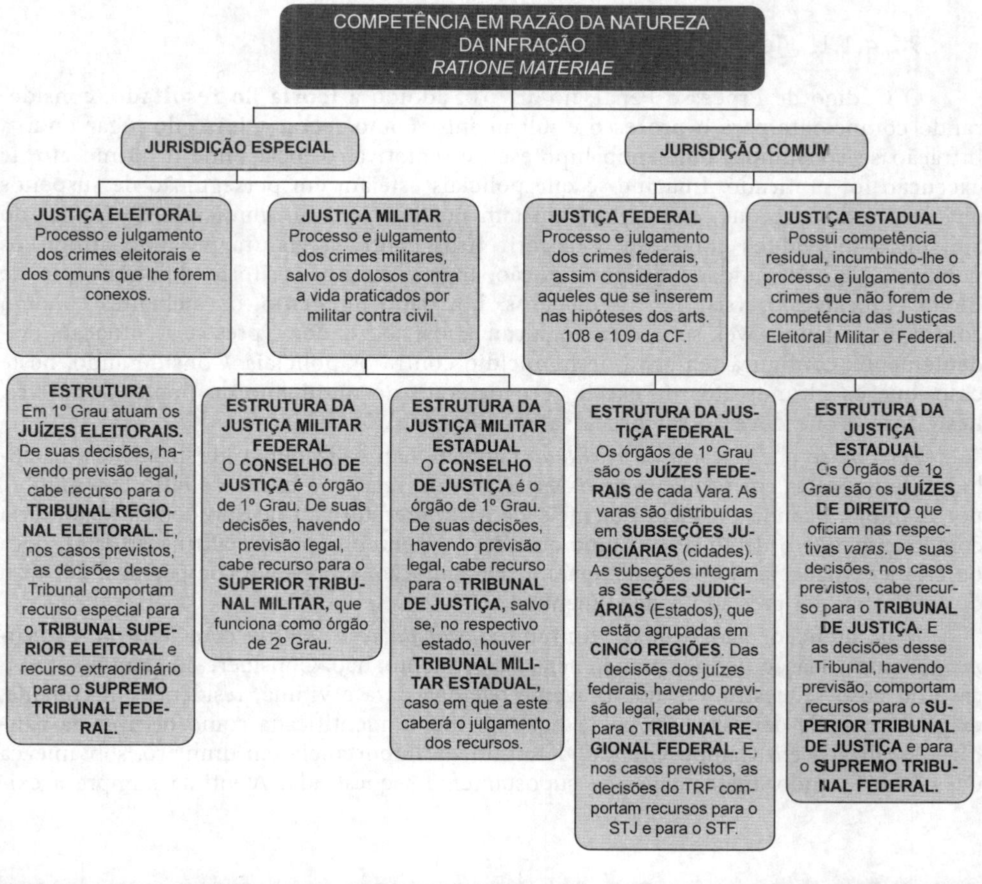

9.2.4. Verificação da competência: terceira etapa – definição do foro competente

Não sendo hipótese de competência originária dos tribunais, e uma vez definida a Justiça competente (Militar, Eleitoral, Federal ou Estadual), passe à verificação do foro competente para a tramitação da ação penal. Trata-se de definir, enfim, o **Conselho de Justiça**, na esfera da Justiça Militar; a **Zona Eleitoral**, no âmbito da Justiça Eleitoral; a **Subseção ou Circunscrição Judiciária**, na órbita da Justiça Federal ou a **Comarca**, quando se tratar de competência da Justiça Estadual.

Para essa definição, será utilizado o **critério principal de fixação da competência** relacionando o *lugar da infração* (art. 69, I, CPP), ou, não sendo este conhecido, o *domicílio do réu* (art. 69, II, CPP).

9.2.4.1. *Lugar da infração, também chamada de competência territorial ou competência* ratione loci *(arts. 69, I, e 70 a 71 do CPP)*

Trata-se aqui da fixação da competência a partir do **lugar do crime**.

Há três teorias que procuram definir o *lugar do crime* para fins de fixação do foro competente: *teoria da atividade, teoria do resultado* e *teoria da ubiquidade.* Como veremos no decorrer deste tópico, a legislação penal e processual penal brasileira não é absolutamente rigorosa quanto à adoção desses critérios, permitindo, em hipóteses específicas, a utilização de um ou outro, conforme as peculiaridades do caso concreto.

9.2.4.1.1. Teoria do resultado

O Código de Processo Penal, no art. 70, adotou a **teoria do resultado**, considerando competente para o processo e julgamento, como regra, o juízo do lugar onde a infração se consumou, ou, sendo hipótese de tentativa, o local onde o último ato de execução foi praticado. Imagine-se que policiais estejam em perseguição de suspeitos em uma rodovia e que, enquanto transitam no território do município de Caxias do Sul, ditos indivíduos começam a desferir tiros contra a viatura, visando atingir os policiais. Na continuidade da perseguição, ingressam no território do município de Bento Gonçalves, persistindo os disparos. Em dado momento, os meliantes colidem contra outro automóvel, sendo, então, alcançados, abordados e presos. A situação, evidentemente, configura tentativa de homicídio contra os policiais. Considerando, neste caso, que os últimos atos de execução ocorreram no município de Bento Gonçalves, neste foro é que deverão ser processados e julgados.

Perceba-se que a *teoria do resultado* também vem balizando a jurisprudência na solução de impasses em relação a casos especiais. Em relação a crime de falso testemunho, por exemplo, quando prestado por meio de carta precatória, a jurisprudência majoritária compreende que o delito se consuma quando a testemunha profere afirmação falsa, nega ou cala a verdade, razão pela qual, para a sua apuração, sobressai a competência do Juízo do local onde foi prestado o depoimento.

Mas, atenção: não se pode confundir *local da consumação* com *local do exaurimento.* Consumação define competência, exaurimento, não. Considere-se, para ilustrar, o caso do falso sequestro, em que o agente telefona para a vítima, residente em Goiânia, exigindo que ela deposite, em conta posteriormente identificada como de agência bancária localizada em Campo Grande, determinada importância em dinheiro, sob ameaça de, não o fazendo, matar a pessoa supostamente sequestrada. A vítima cumpre a exigência, efetuando o depósito, sendo, posteriormente, constatado que tudo não passou de simulação. Ora, o episódio configura o delito de extorsão (art. 158 CP[50]), crime este que, no exemplo, se consumou no momento em que o agente praticou a ameaça que gerou temor na vítima, sendo que a efetiva obtenção da vantagem econômica exigida constitui mero exaurimento daquela conduta (Súmula 96 do STJ[51]). Neste cenário, é conclusivo que o crime em questão se consumou no município de Goiânia, que era o local onde a vítima se encontrava quando sofreu a ameaça e efetuou o depósito, e não em Campo Grande (lugar onde o valor pago foi sacado pelo meliante). Logo, pela *teoria do resultado*, a competência para o processo e julgamento do crime será da Comarca de Goiânia. Neste sentido, a propósito, a orientação do STJ, que pode ser exemplificada com o julgado abaixo transcrito, envolvendo situação em que a vítima, extorquida por meio de telefonema em Santo Antônio das Missões (RS), efetuou depósito de quantia em dinheiro em agência do Rio de Janeiro:

> CONFLITO DE COMPETÊNCIA. PENAL. "FALSO SEQUESTRO". COMPETÊNCIA FIRMADA PELO LOCAL DA CONSUMAÇÃO DO DELITO (ART. 70 DO CÓDIGO DE PROCESSO PENAL – CPP). PRÁTICA EM TESE DO CRIME DE EXTORSÃO. DELITO FORMAL. INCIDÊNCIA DA SÚMULA N. 96 DO SUPERIOR TRIBUNAL DE JUSTIÇA – STJ. CONSUMAÇÃO NO LOCAL DO CONSTRANGIMENTO DA VÍTIMA. O RECEBIMENTO DA VANTAGEM INDEVIDA CONFIGURA MERO EXAURIMENTO. [...] 2. O núcleo da controvérsia consiste em saber se a competência para apurar suposta conduta criminosa de comunicação por telefone de falso sequestro com exigência de resgate por meio de sucessivos depósitos bancários seria do Juízo do local onde a vítima teria sofrido a ameaça por telefone e depositado as quantias exigidas; ou o Juízo do local onde está situada a agência bancária da conta beneficiária do valor extorquido. 3. Nos termos do art. 70 do Código de Processo Penal – CPP, "a competência será, de regra, determinada pelo lugar em que se consumar a infração, ou, no caso de tentativa, pelo lugar em que for praticado o último ato de execução". Diante disso, para solução da controvérsia sobre a competência é imprescindível identificar o delito em tese praticado, levando-se em consideração os fatos apurados no inquérito policial. 4. Conforme jurisprudência do Superior Tribunal de Justiça – STJ, a conduta de simulação de sequestro com o objetivo de ameaçar a vítima amolda-se ao delito de extorsão tipificado no art. 158 do Código Penal – CP. Isso porque, no crime de extorsão, a vítima entrega seus bens com medo de o agente cumprir suas ameaças, ao passo que, no estelionato, a vítima sofre o prejuízo por ser induzida a erro, mediante meio ardiloso e sem ameaças. [...] 5. No caso concreto, constata-se que o agente praticou ameaças, as quais aterrorizaram a vítima que temeu pela morte de sua filha. Nesse contexto, configurada a prática, em tese, do delito de extorsão, incide na espécie a Súmula 196 do STJ, segundo a qual "o crime de extorsão consuma-se independentemente da obtenção da vantagem indevida". 6. **Destarte, o crime em análise se consumou no município de Santo Antônio das Missões – RS, onde a vítima se encontrava no momento em que sofreu a primeira ameaça e realizou o primeiro depósito, de forma que o recebimento da vantagem indevida pelo meliante, em agência bancária situada no Rio de Janeiro, caracteriza mero exaurimento do delito. 7. Conflito conhecido para declarar competente o Juízo de Direito da Vara de Santo Antônio das Missões – RS, o suscitado.** (grifamos)[52]

---

[50] "[...] ação de comunicar falso sequestro de um parente, com exigência de pagamento de resgate, sob o pretexto de matá-lo, revela que o sujeito passivo em momento algum agiu iludido, mas, sim, em razão da grave ameaça suportada, configurando o delito do art. 158 do Código Penal – CP" (STJ, AgRg no REsp 1704122/RJ, Quinta Turma, *DJ* 12.12.2018).

[51] Súmula 96: "O crime de **extorsão** consuma-se independentemente da obtenção da vantagem indevida".

[52] STJ, Conflito de Competência 163854/RJ, Terceira Seção, Rel. Min. Joel Ilan Paciornik, *DJ* 09.09.2019.

9.2.4.1.2. Teoria da atividade

Apesar de a redação do art. 70, *caput*, do CPP dispor que a competência, como regra geral, será determinada pelo local da consumação, uma interpretação lógico-sistemática do Código de Processo Penal evidencia que essa normatização não é absoluta, uma vez que o legislador, expressamente, admite exceções.

Assim deve ocorrer, a nosso ver, em relação aos *crimes dolosos contra a vida* em que o resultado *morte* ocorra em lugar diverso daquele onde sucederam os atos executórios. Nessas hipóteses, consideramos que o local competente para o respectivo processo e julgamento deva ser aquele em que se deu a conduta criminosa, adotando-se, portanto, a *teoria da atividade*. Afinal, é no local em que ocorreu a conduta típica que se encontram as testemunhas. É aí que se encontravam vítima e acusado. Nesse local é que se encontram todas as provas do crime e no qual foi a comunidade abalada com a sua prática. Quanto ao fato de o resultado *morte* ter ocorrido em lugar distinto, no mais das vezes justifica-se em razões acidentais, relacionadas, por exemplo, à necessidade de transferência da vítima para outro local, visando assegurar-lhe melhor assistência médico-hospitalar.

Ressalte-se, porém, que a questão não é pacífica, havendo posição no sentido de que a competência, mesmo nesses casos, deve ser fixada pelo local em que se consuma o resultado morte, e não pelo lugar da ação ou omissão.

Tendo em vista essa diversidade de entendimentos, já decidiu o STJ no sentido de que "a competência para o conhecimento e julgamento do crime de homicídio, em regra, é determinada pelo lugar em que se consumou a infração, ou seja, pelo lugar onde ocorreu a morte da vítima, **sendo esta passível de modificação na hipótese em que outro seja o local que melhor sirva para a formação da verdade real**"[53] (grifamos). E em outra oportunidade trilhou o STJ o mesmo caminho, deliberando que, muito embora a competência para o processamento e julgamento da causa seja, de regra, determinada pelo lugar em que se consumou a infração, "a jurisprudência tem admitido exceções a essa regra, nas hipóteses em que o resultado morte ocorrer em lugar diverso daquele onde se iniciaram os atos executórios, determinando-se que a competência poderá ser do local onde os atos foram inicialmente praticados. Tendo em vista a necessidade de se facilitar a apuração dos fatos e a produção de provas, bem como garantir que o processo possa atingir a sua finalidade primordial, qual seja, a busca da verdade real, a competência pode ser fixada no local de início dos atos executórios"[54].

9.2.4.1.3. Teoria da ubiquidade

Outra exceção à regra geral do art. 70, *caput*, do CPP quanto ao lugar do crime ocorre nas hipóteses dos chamados ***crimes a distância***, como tal considerados aqueles que têm a sua execução iniciada em um determinado país e a sua consumação em outro. Nesses casos, de acordo com o que dispõem o art. 70, §§ 1.º e 2.º, do Código de Processo Penal e o art. 6.º do Código Penal, deve-se aplicar a **teoria da ubiquidade**, que realiza a conjugação das teorias anteriores (teoria do resultado e teoria da atividade), considerando como local do crime tanto o lugar em que se processou a ação ou omissão (art. 70, § 1.º) como aquele em que ocorreu ou deveria ter ocorrido o resultado (art. 70, § 2.º).

Note-se que a previsão incorporada ao art. 6.º do Código Penal já foi objeto de discussões na doutrina. Para alguns, inclusive, o art. 6.º do CP, por ser lei mais nova,

---

53 CC 34.557/PE, *DJ* 10.02.2003.

54 STJ, HC 95.853/RJ, *DJ* 04.10.2012.

teria revogado, tacitamente, o art. 70 do CPP, o qual traz em seu bojo a teoria do resultado. Contudo, a parcela majoritária entende o art. 6.º como uma norma de aplicação da lei penal no espaço, utilizável apenas quando se trata de **crime que atinge mais de um país**, e não quando se trata de delito praticado integralmente no território brasileiro, pois neste último caso continua sendo aplicável o art. 70 do CPP.

Pois bem, relativamente aos crimes a distância, é necessário distinguir três situações:

a) Atos executórios iniciados no Brasil e consumados no exterior: Tratando dessa hipótese, dispõe o art. 70, § 1.º, do CPP que, se iniciada a execução do ato em território nacional, e a infração se consumar fora dele, a competência será determinada pelo lugar em que tiver sido praticado, no Brasil, o último ato de execução. Esse dispositivo harmoniza-se com o art. 6.º, 1.ª parte, do Código Penal, estabelecendo que "considera-se praticado o crime no lugar em que ocorreu a ação ou omissão, no todo ou em parte". Ilustra essa hipótese com o seguinte exemplo[55]: Joaquim, farmacêutico residente em Pelotas, no Rio Grande do Sul, pretendendo matar a própria sogra, em tratamento em Buenos Aires, remete-lhe, de Pelotas, duas ampolas contendo substância mortífera. Aplicada a injeção, vem a sogra a falecer. Descoberta a trama, será Joaquim processado e julgado em Pelotas, de acordo com a regra do art. 70, § 1.º, do CPP c/c o art. 6.º, 1.ª parte, do CP. Se, no mesmo exemplo, após a aplicação da injeção, a vítima é socorrida a tempo, continua a competência sendo do juízo de Pelotas, porquanto houve tentativa de homicídio cujo último ato de execução foi praticado em território nacional.

b) Atos executórios iniciados no exterior e consumados total ou parcialmente no Brasil: Preceitua o art. 70, § 2.º, do CPP que, se o último ato de execução for praticado fora do território nacional, será competente o Juiz do lugar em que o crime, embora parcialmente, tenha produzido ou devia produzir seu resultado. Essa regra harmoniza-se com o art. 6.º, 2.ª parte, do CP, dispondo que "considera-se praticado o crime ... onde se produziu ou deveria produzir-se o resultado". Essa normatização é importante, pois permite que seja levado a julgamento no Brasil o agente desde que o crime por ele praticado aqui tenha produzido seu resultado ou aqui devesse tê-lo produzido. Como exemplo, considere-se a hipótese em que o agente, em Rivera (no Uruguai), tenha encaminhado para Santana do Livramento (no Brasil) alimento envenenado, vindo este a ser ingerido no Brasil, causando a morte de alguém. Nesse caso, embora a ação do agente tenha ocorrido no território estrangeiro, o crime poderá ser julgado no Brasil, pois aqui ocorreu o resultado. A mesma solução deveria ser aplicada se a vítima fosse socorrida a tempo, não se consumando o resultado morte por circunstância alheia à vontade do agente. É que, nessa última hipótese, o crime deveria ter produzido resultado no Brasil, trazendo à incidência o disposto no art. 70, § 2.º, 2.ª parte, do CPP, combinado com o art. 6.º do Código Penal.

Em síntese:

a) Delitos praticados integralmente no território brasileiro: aplicável a regra do art. 70 do Código de Processo Penal.
b) Delitos em que a ação ou omissão ocorra no território de uma nação e o resultado tenha sido produzido ou devesse ter sido produzido no território de outra: aplicável a regra do art. 70, §§ 1.º e 2.º, c/c o art. 6.º do Código Penal.

c) Atos executórios iniciados e consumados no exterior: Trata-se da disciplina inserida no art. 88 do CPP, referindo-se à aplicação da lei penal brasileira a crimes cometidos fora do território nacional. Dispõe esse artigo que, "no processo por crimes praticados fora do território brasileiro, será competente o juízo da Capital do Estado onde houver por último

[55] Baseado em Tourinho Filho, *Processo penal*. 27. ed. São Paulo: Saraiva, 2005. v. 2, p. 107.

residido o acusado", sendo que, "se este nunca tiver residido no Brasil, será competente o juízo da Capital da República". De plano, é necessário lembrar que somente há a incidência de mencionada disposição legal quando houver interesse na aplicação da lei penal brasileira em relação aos crimes cometidos fora do território nacional, *o que ocorre nos casos enumerados no art. 7.º do CP*. Nesse caso, o art. 88 do CPP regulamenta duas situações:

- *O agente do crime residia no Brasil antes de ter cometido o crime do qual é acusado no exterior:* a ação penal deverá ser ajuizada na Justiça Estadual da Capital do Estado onde por último tiver fixado sua residência. Por exemplo, se o autor do crime praticado fora do Brasil residia em Londrina (PR), o foro competente para o processo será Curitiba;
- *O agente do crime jamais residiu no Brasil:* nesse caso, havendo interesse na aplicação da lei brasileira ao delito cometido no exterior (hipóteses do art. 7.º do CP), competente será a Justiça Estadual do foro da Capital da República.

9.2.4.1.4. Foro no caso de crimes cometidos a bordo de embarcações ou de aeronaves

Relativamente aos crimes cometidos a bordo de embarcações ou aeronaves, relevam três situações entre as referidas nos arts. 88 a 91 do CPP:

Primeira: Tratando-se de crime cometido a bordo de qualquer embarcação ou aeronave, nacional ou estrangeira, atracada em porto ou aeroporto brasileiro, competente para o processo e julgamento é o foro do local em que localizado o porto ou aeroporto, independentemente da nacionalidade do autor e vítima.

Segunda: Tratando-se de navio ou aeronaves brasileiras atracados em porto ou aeroporto estrangeiro, é competente o foro da Capital do Estado onde por último residiu o acusado ou, se nunca residiu no Brasil, o foro da Capital da República (art. 88, CPP).

Terceira: Tratando-se de crime cometido a bordo de navio brasileiro ou aeronave brasileira em viagem, aproximando-se do Brasil, é competente o foro do primeiro porto ou aeroporto em que atracar a embarcação ou a aeronave. Caso, porém, estejam se afastando do País, competente é o foro do último porto ou aeroporto brasileiro em que estiveram atracadas antes do crime (arts. 89 e 90, CPP). Se, contudo, a par dessas disciplinas, persistir incerto o foro competente, a competência será definida pela prevenção (art. 91, CPP).

Exemplos:

a) Navio brasileiro parte de Buenos Aires em direção ao Estado do Ceará. Durante a viagem, ocorre um determinado crime, vindo a embarcação, depois, a atracar no porto da cidade de Rio Grande (RS). Nesse caso, o foro competente para o processo e julgamento do delito será a Justiça Federal de Rio Grande (art. 109, IX, CF e art. 89, CPP).

b) Aeronave brasileira parte de Porto Alegre em direção aos Estados Unidos. No curso da viagem, ocorre um crime. Nessa hipótese, o foro competente para apuração do delito será a Justiça Federal de Porto Alegre (art. 109, IX, CF e art. 90, CPP).

c) Imagine-se que, nos dois exemplos anteriores, não seja possível estabelecer o último ponto de partida antes da prática do crime ou o próximo destino depois dele. Seria o caso, por exemplo, de um furto em cofre de navio brasileiro que está a caminho da Europa, após ter essa embarcação atracado em vários portos no País, não sendo possível estabelecer o momento da prática do crime. Nessa hipótese, a competência será fixada pela prevenção (art. 91, CPP).

9.2.4.1.5. Situações especiais quanto ao lugar do crime segundo a jurisprudência

a) Hipótese de crimes qualificados pelo resultado:

A aplicação literal do art. 70, 1.ª parte, do CPP tem gerado controvérsias quando se trata de *crime qualificado pelo resultado*, isto é, aquele em que o legislador, após descrever uma conduta típica com todos os seus elementos, acrescenta-lhe um resultado cuja ocorrência acarreta o agravamento da sanção. *Exemplos:* estupro seguido de morte, lesões corporais seguidas de morte etc. Em termos de competência, o impasse que envolve essa modalidade de crimes assume relevância na hipótese em que a conduta criminosa tenha ocorrido em um determinado local, operando-se, contudo, em lugar distinto o resultado que qualifica o crime daí decorrente.

Imagine-se, pois, que, estuprada a vítima em Gravataí, seja ela transportada para fins de tratamento para Porto Alegre, onde vem a falecer em decorrência das lesões sofridas. Ora, segundo a teoria do resultado, adotada no Código, competente para o julgamento será o local onde ocorreu a morte – Porto Alegre. Não obstante, em face do paradoxo jurídico que poderá decorrer da aplicação *ipsis litteris* do art. 70 do CPP, *duas posições* surgiram quanto à definição do foro em casos tais:

> ***Primeira:*** **Mesmo se o resultado que qualifica o crime ocorrer em outro local, critérios de razoabilidade e lógica impõem a fixação da competência no lugar onde se deu a ação delituosa.** Segundo essa linha de pensamento, no caso do estupro qualificado pelo resultado morte, em que a conjunção carnal tenha ocorrido no território de uma Comarca e a morte no território de outra, o processo e julgamento estarão afetos ao local onde foi praticado o ato sexual forçado – no exemplo alhures, Gravataí. Trata-se do entendimento a que aderimos. *E como justificar essa conclusão diante dos termos peremptórios do art. 70?* Muito simples: *primeiro*, na conveniência da instrução criminal, vale dizer, pela maior facilidade na busca de provas no lugar onde a ação foi praticada; *segundo*, pela regra do art. 4.º do Código Penal, relativa à lei penal no tempo, dispondo que "considera-se praticado o crime no momento da ação ou omissão, ainda que outro seja o momento do resultado"; e, *terceiro*, em razão do disposto no art. 6.º do CP, pertinente à lei penal no espaço, estabelecendo que "considera-se praticado o crime no lugar em que ocorreu a ação ou omissão, no todo ou em parte, bem como onde se produziu ou deveria produzir-se o resultado". Essas duas regras – arts. 4.º e 6.º do CP –, embora conflitem, aparentemente, com a previsão do art. 70 do CPP, na verdade não o revogam (a despeito da posterioridade do Código Penal em relação ao Código de Processo Penal), permitindo, apenas, em casos específicos, como nas hipóteses de crimes qualificados pelo resultado, a interpretação flexível de seus termos segundo a razoabilidade do caso concreto.
>
> ***Segunda:*** **A regra do art. 70 do CPP obriga ao processo e julgamento no local em que se consumou o resultado que qualifica o crime.** Compreende-se, aqui, que nos crimes qualificados pelo resultado a competência deverá ser fixada no lugar onde ocorreu o evento qualificador. Destarte, no exemplo citado do estupro perpetrado em Gravataí e a morte da vítima ocorrida em hospital de Porto Alegre, nesta última Comarca é que o processo por estupro seguido de morte deverá ser intentado. Esta posição é adotada no STJ[56].

b) Hipótese de crimes ocorridos na divisa de localidades pertencentes a diferentes Comarcas e sujeitas a jurisdições distintas:

Trata-se da regra do art. 70, § 3.º, do CPP, dispondo que, "quando incerto o limite territorial entre duas ou mais jurisdições, ou quando incerta a jurisdição por ter sido a

---

[56] STJ, RHC 22.295/MS, *DJ* 17.12.2007.

infração consumada ou tentada nas divisas de duas ou mais jurisdições, a competência firmar-se-á pela prevenção".

O artigo, na verdade, contempla duas situações distintas: *uma*, crime perpetrado em região onde não há certeza quanto ao limite territorial (hipótese, atualmente, pouco provável); e *outra*, quando, embora certo o limite, há dúvida quanto à competência, quer porque praticado o delito na divisa de duas localidades, quer porque a execução do crime estendeu-se a mais de um local. Em tais casos, a competência será definida pela prevenção.

c) Hipótese de competência dos Juizados Especiais Criminais:

Estabelece o art. 63 da Lei 9.099/1995 que "a competência do Juizado será determinada pelo lugar em que foi praticada a infração penal". Quanto à correta exegese desta disposição, muito especialmente em face do caráter dúbio da palavra "praticada", *três posições* coexistem:

> ***Primeira:* Considera-se *praticada* a infração no local em que ocorreu a ação ou omissão, aplicando-se na definição do foro a teoria da atividade.** Adeptos: Fernando Capez (*Curso de processo penal*), bem como Ada Pellegrini Grinover, Antônio Magalhães Gomes Filho, Antônio Scarance Fernandes e Luis Flávio Gomes (*Juizados Especiais Criminais* – Comentários à Lei 9.099, de 26.09.1995).
>
> ***Segunda:* Considera-se praticada a infração no local em que ocorreu a consumação do crime, vale dizer, o resultado.** Segundo essa linha de pensamento, "praticada" seria sinônimo de "consumada". Utiliza-se, então, a teoria do resultado para a determinação da competência. Adepto: Fernando da Costa Tourinho Filho (*Comentários ao Código de Processo Penal*).
>
> ***Terceira:* Considera-se que a palavra "praticada" pode significar tanto "ação ou omissão" quanto "consumação".** Portanto, o art. 63 do CPP estaria consagrando a teoria da ubiquidade. Adepto: Guilherme de Souza Nucci (*Código de Processo Penal comentado*).

Em que pese estarem divididas a doutrina e a jurisprudência, parece dominante a primeira das teorias mencionadas, isto é, a de que, nos Juizados Especiais Criminais, aplica-se a *Teoria da Atividade*.

d) Hipótese de crimes plurilocais:

Consideram-se *crimes plurilocais* aqueles em que a ação ou omissão ocorre em um determinado lugar e o resultado, em local distinto. Abstraídos os *crimes a distância* (delitos em que a execução é iniciada em um país, e a consumação ocorre em outro), que possuem regramento próprio para a definição da competência, bem como situações especiais objeto de definição jurisprudencial (*v.g.*, crimes qualificados pelo resultado e, para muitos, os crimes dolosos contra a vida), a regra é a de que, nos crimes plurilocais, a competência deverá firmar-se pelo foro do local da consumação (resultado).

A aplicação desta disciplina, porém, condiciona-se a que se tratem os delitos em análise de *crimes materiais*, isto é, aqueles que produzem um resultado naturalístico que ocorre em momento visivelmente distinto do ato da ação ou omissão. *Exemplo*: Imagine-se um crime de roubo, com execução iniciada na cidade de Guaíba. Sendo o agente perseguido pela autoridade policial, considere-se que somente vem ele a obter a posse tranquila da res quando já ingressou no espaço territorial de Porto Alegre. Ora, a jurisprudência do STJ e do STF tem compreendido que o crime previsto no art. 157 do Código Penal se consuma com a posse, ainda que breve, do bem subtraído, não sendo necessária que a mesma se dê de forma mansa e pacífica, ou que a coisa saia da esfera de vigilância da vítima[57]. A partir desse critério, infere-se, no exemplo citado, que a consumação ocorreu em Guaíba, sendo esse, portanto, o foro competente para o processo e julgamento do crime. Se se viesse a entender que o roubo se consuma com a posse mansa e tranquila da *res*, nesse caso em Porto Alegre deveria ser apurado o delito.

Por outro lado, sendo o caso de *crimes formais* (cujo resultado coincide com a ação ou omissão) ou de *crimes de mera conduta* (delitos sem um resultado naturalístico), evidentemente estariam consumados no instante de sua prática. É o que ocorre com o crime de *falso testemunho em que o depoimento tenha sido colhido por precatória*: tratando-se de crime formal, considera-se este como consumado no momento e no local em que se deu o falso, sendo competente para a propositura da ação penal, então, o juízo deprecado.

e) Hipótese de crimes falimentares (Lei 11.101/2005):

O foro competente para a apuração será o do lugar onde foi decretada a quebra, concedida a recuperação judicial ou homologado o plano de recuperação extrajudicial (art. 183 da Lei 11.101/2005).

9.2.4.1.6. Síntese das teorias quanto ao lugar do crime – exemplos de aplicação

a) Teoria do resultado: Adotada no art. 70, *caput,* do CPP, considera que o crime se realiza no local onde ocorreu o resultado. Esse critério vem sendo considerado pelo STJ como o adequado para fixação da competência, por exemplo, nos crimes qualificados pelo resultado. Ilustre-se: *Vítima de um estupro ocorrido na cidade catarinense de Palhoça vem a falecer, em razão de complicações causadas pela violência do crime na capital Florianópolis. Seguindo-se a teoria do resultado, em Florianópolis deverá ser processado e julgado o autor.*

b) Teoria da atividade: De acordo com essa teoria, o crime ocorre no local da ação ou omissão, independentemente do local do resultado. Conforme dissemos antes, esse critério vem sendo utilizado por parte da jurisprudência, amparada em razões de política criminal, para definição do foro competente tratando-se de crimes dolosos contra a vida quando, praticada a conduta criminosa em um local, o resultado morte ocorre em lugar distinto. *Ex.: Vítima alvejada na cidade paulista de São Bernardo vem a falecer em São Paulo, para onde havia sido transferida com vista à obtenção de atendimento hospitalar especializado. Segundo este entendimento, o foro de São Bernardo seria o competente para o processo e julgamento.*

c) Teoria da ubiquidade ou mista: Esta teoria realiza a conjugação das anteriores, considerando como local do crime tanto o lugar em que se processou a ação ou omissão como aquele em que ocorreu o resultado. Em termos de legislação, encontra-se adotada, por exemplo, no art. 70, § 1.º, do CPP, disciplinando a hipótese em que o crime é praticado em território nacional e o resultado produzido em outro país, ou vice-versa. *Exemplo: Alguém, em Curitiba, envia uma carta com "anthrax" para Roma, onde é aberta. De acordo com este critério, o local do crime será considerado tanto Curitiba quanto Roma.*

---

[57] "[...] Quanto ao momento consumativo do crime de roubo, nos mesmos moldes do crime de furto, é assente a adoção da teoria da *amotio* por esta Corte e pelo Supremo Tribunal Federal, segundo a qual os referidos crimes patrimoniais consumam-se no momento da inversão da posse, tornando-se o agente efetivo possuidor da coisa, ainda que não seja de forma mansa e pacífica, sendo prescindível que o objeto subtraído saia da esfera de vigilância da vítima" (STJ, AgRg no HC 609131/SP, *DJ* 30.08.2021).

9.2.4.1.7. Esquema relativo à competência *ratione loci*

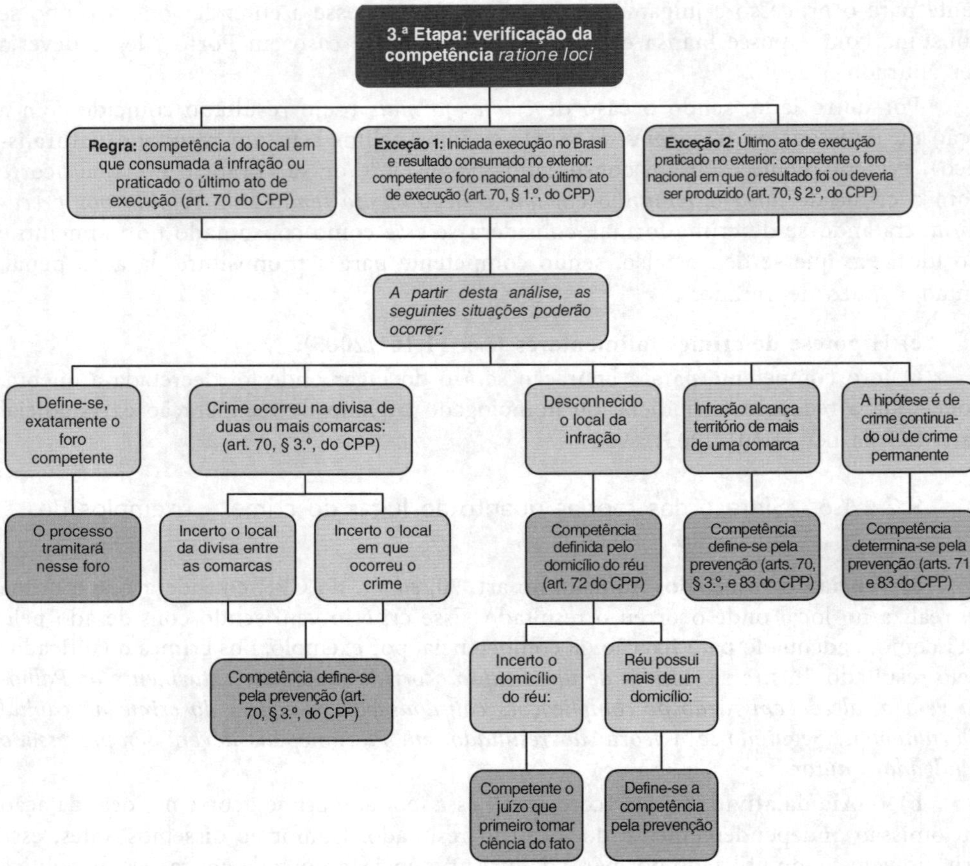

9.2.4.2. *Domicílio ou residência do réu (arts. 69, II, e 72 a 73 do CPP)*

9.2.4.2.1. Incerteza quanto ao lugar da infração

Nem sempre a definição do foro competente poderá ser realizada a partir das regras pertinentes ao *lugar da infração* (arts. 69, I, e 70 a 71, CPP). Imagine-se a hipótese de um crime ocorrido no interior de ônibus no percurso de uma viagem interestadual. Ou então de um cadáver encontrado sob as águas de um rio que atravessa o território de diversas comarcas. Nesse caso – **incerteza quanto ao lugar do crime** –, prevê o Código de Processo Penal um critério alternativo para fixação da competência: trata-se do **domicílio do réu**, de acordo com as regras do art. 72 do Código de Processo Penal.

Note-se que esse dispositivo, no seu *caput,* refere-se *domicílio ou residência do réu,* sugerindo tratar-se de expressões sinônimas, mas não o são, conforme se infere do art. 70 do Código Civil. Por *domicílio* compreende-se o local onde o indivíduo se estabelece com a intenção de fixar residência. Trata-se, enfim, do lugar em que a pessoa está presente para todos os fins de direito. Já a *residência* faz parte conceito de domicílio, constituindo a morada do indivíduo, transitória ou não. Em outras palavras: o conceito de *residência* refere-se ao fato de se estabelecer a pessoa em determinado lugar (elemento meramente objetivo). Já no *domicílio* há o *animus* da pessoa em fixar, neste local, sua residência definitiva (elemento de natureza subjetiva). E existem algumas regras que envolvem os conceitos de *domicílio* e *residência.* Assim, tratando-se de pessoas que habitem, alternativamente, várias residências, considera-se domicílio qualquer delas (art. 71 do Código Civil). E, se for o caso de pessoa que exerça sua ocupação habitual em vários lugares, considera-se, igualmente, domicílio qualquer deles (art. 72, parágrafo único, do Código Civil). Por fim, para quem não possua residência, ainda que transitória e exerça sua atividade profissional em vários locais (trabalhadores em circos, por exemplo), entende-se como domicílio o lugar em que for encontrado.

Pois bem, a partir da conjugação dessas regras, percebe-se que, para fins de definição da competência para o processo e julgamento de infração penal, o *domicílio* prevalece sobre a *residência* do réu.

9.2.4.2.2. Crimes de ação penal exclusivamente privada

Outra hipótese que autoriza a utilização do **domicílio do réu** como critério para a fixação da competência encontra-se no art. 73 do CPP, relativo aos **crimes de ação penal privada**. Nessa hipótese, mesmo sendo conhecido o local da infração, possibilita-se ao querelante optar pelo ingresso da ação penal no foro do *domicílio do réu.* Essa previsão legal é uma decorrência do princípio da indivisibilidade da ação penal privada, permitindo-se ao titular da ação penal *dispor* a respeito da competência e, assim, escolher o local para a propositura da ação penal. E isto é de sua livre escolha, não podendo o Juiz ou Ministério Público opor-se à vontade do querelante.

Perceba-se que a situação contemplada no referido dispositivo do Código de Processo Penal *não se aplica às ações privadas subsidiárias,* nem, evidentemente, às ações públicas condicionadas ou incondicionadas.

9.2.4.3. Domicílio da vítima (art. 70, § 4º, do CPP)

Como dissemos antes, a Lei 14.155/2021 acrescentou o § 4º ao art. 70 do Código de Processo Penal, passando este a dispor que, *nos crimes previstos no art. 171 do Decreto-Lei nº 2.848, de 7 de dezembro de 1940 (Código Penal), quando praticados mediante depósito, mediante emissão de cheques sem suficiente provisão de fundos em poder do sacado ou com o pagamento frustrado ou mediante transferência de valores, a competência será definida pelo local do domicílio da vítima, e, em caso de pluralidade de vítimas, a competência firmar-se-á pela prevenção.*

Logo, nas modalidades específicas de estelionato referidas no dispositivo, é fixada a competência do domicílio da vítima para a respectiva apuração. Sendo o caso de pluralidade de ofendidos (com domicílios distintos, obviamente), deve ser aplicado o critério da prevenção (tópico 9.2.5.1). Atente-se que a incidência desta regra tem lugar apenas quando se tratar de estelionato cometido nas formas previstas no precitado § 4º, devendo-se, nos demais casos, observar as regras gerais de competência.

Aplica-se, pois, a regra em exame nas hipóteses de estelionato praticado por meio de:

1. Depósito: vítima, residente em Franca desloca-se até Ribeirão Preto para negociar com suposto fazendeiro a compra de uma carga de arroz, efetuando o depósito do valor correspondente na conta dessa pessoa. Posteriormente, descobre que se tratava de estelionatário, que havia se identificado com nome falso e nesta condição aberto a conta bancária, já tendo ele sacado todo o dinheiro depositado. A competência é de Franca.

2. Emissão de cheque sem suficiente provisão de fundos ou com pagamento frustrado: vítima, domiciliada em Franca, vai até Ribeirão Preto entregar a agricultor local insumos para plantação de cana de açúcar, recebendo o pagamento por meio de cheque de agência bancária de Ribeirão Preto. Retornando a Franca, deposita o título em conta de banco dessa cidade, porém o cheque não é pago, por não possuir fundos. Mais uma vez a competência será da comarca de Franca, pois é onde se localiza o domicílio do ofendido. Perceba-se que nesta modalidade de estelionato, até o advento da Lei 14.155/2021, a competência era definida mediante aplicação da Súmula 521 do STF, segundo a qual "*o foro competente para o processo e julgamento dos crimes de estelionato, sob a modalidade da emissão dolosa de cheque sem provisão de fundos, é o do local onde se deu a recusa do pagamento pelo sacado*". No mesmo sentido andava o STJ, preceituando a sua Súmula 244 que "*compete ao foro do local da recusa processar e julgar o crime de estelionato mediante cheque sem provisão de fundos*". Ora, aplicados estes verbetes ao caso ilustrado, a competência para apuração do fato seria da comarca de Ribeirão Preto, pois lá é localizada a agência bancária do emitente do cheque, a qual recusou o respectivo pagamento. Na atualidade, contudo, considerada a nova disciplina do art. 70, § 4º, do CPP, têm-se como superadas as mencionadas súmulas, o que impõe a desconsideração de seus termos. *E quanto à Súmula 48 do STJ, dispondo que "compete ao juízo do local da obtenção da vantagem ilícita processar e julgar crime de estelionato cometido mediante falsificação de cheque"?* A situação retratada neste enunciado não se ajusta a nenhuma das situações previstas no citado art. 70, § 4º, razão pela qual permanece o verbete em aplicação. Logo, no caso ilustrado, tivesse o pagamento sido realizado mediante cheque com assinatura falsificada, caberia ao foro de Ribeirão Preto o processo e julgamento.

3. Transferência de valores: é situação que não apresenta qualquer dificuldade. Tendo o estelionato sido cometido mediante a transferência de valores (por meio de PIX ou TED, por exemplo) a terceiro, a competência para a apuração processual penal do fato estará afeta ao foro do domicílio da vítima. Na atualidade, tem sido comum estelionatários, a partir de dados e imagens obtidas em redes sociais, simulando tratarem-se de conhecidos da pessoa visada, enviarem mensagens pelo aplicativo WhatsApp, solicitando "empréstimo" de quantias em dinheiro. Neste caso, se efetuada, pelo ofendido, a transferência do valor, será competente o foro do seu domicílio, não importando o local em que se encontrava o golpista. *E se a solicitação de dinheiro não foi atendida?* Deve-se considerar competente o mesmo foro que o seria caso tivesse o crime sido consumado, não se justificando, até mesmo por razões pragmáticas, entendimento diverso. Imagine-se a situação em que a vítima tenha chegado a efetuar a transferência do valor solicitado por meio de TED (sistemática de transferência bancária não instantânea), mas que, antes mesmo de a importância ser disponibilizada na conta indicada pelo estelionatário, tenha ela (a vítima) se dado por conta do golpe e, contatando o banco, interrompido o processo. Nesta hipótese, está configurada a tentativa, já que o agente não chegou a obter a vantagem indevida. Independentemente, não vemos, em termos de teleologia da norma legal e de maior facilidade na obtenção da prova, razão para se afastar a disciplina do art. 70, § 4º, do CPP. Tal raciocínio, inclusive, atende a razões de ordem prática, evitando-se debate acerca da competência nas hipóteses em que, a despeito de atribuído na denúncia ou na queixa subsidiária o crime como tendo sido consumado, compreende o Juiz que a situação fática enseja o reconhecimento da tentativa (na praxe forense, são muito comuns discussões desta ordem).

9.2.5. Utilização dos critérios secundários de fixação da competência: prevenção, normas de organização judiciária, distribuição e conexão ou continência

Às vezes, a aplicação dos critérios ***ratione materiae, ratione loci*** e **domicílio do réu** conduz, no caso concreto, a presença de mais de um órgão do Judiciário igualmente competente para a ação penal. Quando isso ocorrer, deveremos buscar os **critérios secundários** fixadores da competência, que são os seguintes: **prevenção, normas de organização judiciária, distribuição e conexão ou continência.**

9.2.5.1. *Prevenção (arts. 69, VI, e 83 do CPP)*

9.2.5.1.1. Considerações gerais

Infere-se do art. 83 do CPP que ocorrerá a prevenção quando, havendo dois ou mais juízes igualmente competentes ou com jurisdição cumulativa, um deles se anteceder ao(s) outro(s) na prática de atos de jurisdição (atos com carga decisória).

- **Juízes igualmente competentes:** São aqueles que possuem a mesma competência, tanto em razão da matéria quanto em razão do lugar. É o caso, por exemplo, daqueles que oficiam na mesma Comarca, com idêntica competência, fixada esta, normalmente, pela ordem de distribuição dos feitos que aportam em cada vara.
- **Juízes com jurisdição cumulativa:** são os que, embora aptos a julgar a mesma matéria, oficiam em foros distintos. A regra incide, por exemplo, na hipótese de crime continuado, em que os vários delitos sejam praticados no âmbito territorial de Comarcas próximas (*v.g.*, diversos furtos praticados pelo agente em cidades vizinhas, em curto intervalo de tempo, observando, em todos, semelhante modo de execução).
- **Atos de jurisdição:** Devem ser atos com carga decisória, como a decretação da prisão preventiva, a imposição de medidas cautelares diversas da prisão, a determinação de sequestro de bens, autorização para interceptação telefônica, entre outros. Não importa o momento em que são realizados esses atos, podendo ser tanto antes quanto depois de instaurada a ação penal[58]. Alerta-se que atos de natureza puramente administrativa, como um despacho em inquérito policial concedendo prazo maior para a sua conclusão, entre outros, não tornam o juízo prevento, bem como aqueles perpetrados no curso dos plantões judiciários realizados após o horário de expediente, tendo em vista que se trata de atos emergenciais, realizados em nome da excepcionalidade e pela impossibilidade de, dada à ausência de expediente forense (pelo dia da semana, feriado ou horário), ser deduzido perante as varas competentes.

Repita-se: a prevenção é critério residual, utilizável quando inexistir outra forma de determinação da competência do foro (Comarca ou Subseção Judiciária), do juízo (vara) ou do próprio juiz. Não observada a regra do art. 83 do CPP, a consequência será a nulidade do processo, sinalando-se que esta mácula tem natureza de *nulidade relativa*, conforme preceitua a Súmula 706 do STF[59].

E mais: apenas geram prevenção atos de jurisdição praticados por **autoridade judiciária competente**. Uma prisão preventiva, por exemplo, decretada em Juízo incompetente não previne o foro.

9.2.5.1.2. Hipóteses legais de utilização da prevenção

As situações que autorizam a aplicação da prevenção como critério norteador de competência estão arroladas no art. 83, parte final, do CPP. Consistem:

a) Hipótese de ter ocorrido o crime na divisa entre duas ou mais jurisdições, quando concorrerem quaisquer das seguintes situações (art. 70, § 3.º, c/c o art. 83, ambos do CPP):

a.1) Incerteza quanto à localização exata da divisa entre os territórios pertencentes às jurisdições distintas;

[58] STJ, HC 115.483/ES, *DJ* 08.09.2009.

[59] "É relativa a nulidade decorrente da inobservância da competência penal por prevenção."

a.2) Incerteza quanto ao local exato da prática do delito, apesar de conhecidos os limites territoriais atinentes a cada jurisdição;

a.3) Infração cuja prática alcança territórios pertencentes a jurisdições distintas.

b) Hipóteses de crime continuado ou crimes permanentes (art. 71 c/c o art. 83, ambos do CPP): Não se confundem os conceitos de crime continuado e crime permanente.

Para que se configure **crime continuado**, é necessária a existência de várias infrações independentes, todas da mesma espécie, as quais, por terem sido cometidas em condições semelhantes de tempo, lugar e execução, são reunidas, por ficção jurídica, como se fossem apenas uma, aplicando-se a pena da mais grave (se diversas), acrescida de 1/6 até 2/3 (art. 71 do CP). Nesse caso, os momentos consumativos pertinentes a cada infração ocorrem autonomamente. *Exemplo:* vários roubos perpetrados pelos acusados, em concurso de agentes (semelhantes formas de execução), com intervalo inferior a 30 dias entre cada um (semelhantes condições de tempo), no âmbito da região metropolitana de Belo Horizonte (semelhantes condições de lugar). Portanto, como a execução das várias condutas que caracterizaram o crime continuado abrangeu territórios pertinentes a Comarcas distintas, a competência para o processo e julgamento firmar-se-á pela prevenção, considerando-se, pois, competente o juízo do lugar onde for praticado o primeiro ato de jurisdição.

Por outro lado, crimes permanentes são aqueles cuja consumação ocorre com uma única ação, mas o resultado se prolonga no tempo, como o cárcere privado, a associação criminosa (art. 288 do CP), o porte ilegal de arma etc. Também nessa hipótese a competência será fixada pela prevenção, devendo ser considerado competente o juízo que, entre os vários lugares pelos quais passou a vítima, tenha se antecipado aos demais na prática de ato de jurisdição. A título de exemplo, *considere-se um crime de sequestro (art. 148 do Código Penal) ocorrido no território da Comarca de Teresina, sendo a vítima, durante a ação criminosa, conduzida para o âmbito da Comarca de Buriti dos Lopes, ambas no Estado do Piauí*. Em regra, a competência deveria ser determinada pelo lugar em que se consumou a infração, nos termos do art. 70 do CPP (*locus commissi delicti*). Contudo, tratando-se o sequestro de crime permanente e tendo esse delito se iniciado em Teresina e se estendido até Buriti dos Lopes, conclui-se que ambos os juízos serão competentes. Logo, a competência para o processo e julgamento deverá ser determinada pela prevenção (art. 71 do CPP), considerando-se competente o juízo da Comarca que se anteceder na prática de ato de jurisdição (art. 83 do CPP).

c) Hipótese de réu sem residência certa, ou ignorado seu paradeiro; de réu com mais de uma residência conhecida, cada qual em âmbitos jurisdicionais diferentes; de corréus com residências em Comarcas distintas (art. 72, §§ 1.º e 2.º, c/c o art. 83, ambos do CPP): Em todas essas situações, define-se a competência pela prevenção, desde, é claro, que não seja conhecido o lugar da infração, pois este último critério é prevalente, conforme se infere do art. 72, *caput*, do CPP ("não sendo conhecido o lugar da infração...").

d) Hipótese de dois ou mais juízes igualmente competentes em razão de conexão ou continência, sem que haja possibilidade de resolver o impasse pelos critérios definidos no art. 78, II, *a* e *b* (art. 78, II, *c*, CPP): Imagine-se um crime de furto e subsequente delito de receptação daquela coisa furtada, cometidos em Comarcas distintas. Como ambos possuem a mesma pena e trata-se de delitos únicos perpetrados no âmbito de jurisdições diversas, a competência será definida pela prevenção (art. 78, II, *c*), pois inaplicáveis os critérios desempatadores previstos no art. 78, II, *a* (infração mais grave) e *b* (número de infrações).

e) Hipótese de crime cometido a bordo de navio ou aeronave, não sendo possível definir o último ponto de partida nem o próximo destino depois do crime (art. 91 CPP):

Como dissemos no *tópico 9.2.4.1.4*, tratando-se de crime cometido a bordo de navio brasileiro ou aeronave brasileira em viagem, aproximando-se do Brasil, é competente o foro do primeiro porto ou aeroporto em que atracar a embarcação ou a aeronave. Caso, porém, estejam se afastando do País, competente é o foro do último porto ou aeroporto brasileiro em que estiveram atracadas antes do crime (arts. 89 e 90, CPP). Se, contudo, a par dessas disciplinas, persistir incerto o foro competente, a competência será definida pela prevenção (art. 91, CPP).

9.2.5.2. *Normas de organização judiciária (art. 74 do CPP)*

Depois de firmada a competência *ratione materiae* (Justiça Federal, Justiça Estadual, Militar etc.) e após definido o foro competente para a apuração segundo os critérios lugar do crime, domicílio e residência do réu e prevenção, é necessário definir o Juiz competente dentro da Comarca a que incumbir o processo e julgamento do feito.

Sob este último enfoque, estabelece o art. 74 do CPP que devem ser consideradas as normas de organização judiciária. Essas leis é que estabelecerão, por exemplo, dentre os vários juízes criminais de uma determinada Comarca, qual deles detém competência para julgar este ou aquele delito. Essa regulamentação poderá ser determinada a partir da espécie de pena (reclusão, detenção, prisão simples), do tipo de infração (crime ou contravenção), da espécie delituosa (crimes contra o patrimônio, crimes contra a dignidade sexual etc.) e qualquer outro critério. Possui, enfim, o legislador liberdade para essa definição, ressalvando-se tão somente o estabelecimento da competência do Tribunal do Júri para o julgamento dos crimes dolosos contra a vida, pois nesse caso a competência é estipulada constitucionalmente, no art. 5.º, XXXVIII, *d*, da CF, não sendo lícito ao legislador ordinário regrar de forma diversa. Sem embargo dessa limitação em relação à competência do júri, nada impede que o legislador, por meio de normas de organização judiciária, estabeleça qual, dentre várias varas criminais de uma Comarca, é a competente para instrução dos processos relativos aos crimes dolosos contra a vida.

Cogita ainda o art. 74 do CPP, agora no seu § 2.º, da hipótese em que, iniciado o processo em um juízo, venha a se operar a desclassificação do delito para outro, de competência de juízo diverso. Imagine-se que tenha sido proposta pelo Ministério Público, em determinada Vara Criminal, ação penal imputativa do crime de lesões corporais de natureza grave (art. 129, § 1.º, do CP, reclusão de 1 a 5 anos). Não obstante, após instruir o processo, recebendo os autos conclusos para sentença, constate o Juiz que não subsiste o motivo alegado para consideração das lesões como graves, o que impõe sua desclassificação para lesões corporais leves (art. 129, *caput*, do CP, detenção de 3 meses a 1 ano). Nesse caso, considerando a natureza da infração para a qual operada a desclassificação – infração de menor potencial ofensivo –, cumpre ao Magistrado da Vara Criminal encaminhar o feito ao Juizado Especial Criminal, para que lá sejam aplicados os termos da Lei 9.099/1995 e, sendo o caso, proferida sentença condenatória ou absolutória[60].

Deve-se atentar, porém, que o mesmo art. 74, § 2.º, estabelece exceção à regra de remessa do processo ao juízo competente para julgar a infração resultante da desclassificação: trata-se da hipótese de **prorrogação da competência**, que, segundo o Código, é cabível quando a jurisdição do juízo em que iniciado o processo for mais graduada em face daquele para o qual deveria o feito ser remetido. Segundo se infere do texto legal, nesse caso o processo deveria permanecer no juízo inicial. Sem embargo dessa disciplina, cremos que não prospera, na atualidade, a regra de prorrogação da competência. Isto porque uma jurisdição *é mais graduada* do que outra quando hierarquicamente superior, tal como ocorre com o Tribunal de Justiça de um determinado Estado em relação aos juízes singulares do mesmo Estado, os quais, inclusive, podem ter suas decisões modificadas pelo

60 TJRS, Apelação 70037498672, j. 30.12.2010; TJRS, Apelação 70045255809, j. 11.10.2012.

primeiro. Ora, a competência originária dos Tribunais decorre da prerrogativa de foro que assiste a determinadas categorias de pessoas (competência *ratione personae*), e não (pelo menos em tese) da natureza da infração. Logo, não existe a possibilidade jurídica de que a desclassificação da infração penal no âmbito de ação penal originária (deduzida diretamente no Tribunal) possa importar em fixação da competência de um Juiz singular, de modo a incidir a regra do art. 74, § 2.º, 2.ª parte, do CPP, autorizando a jurisdição mais graduada a prorrogar sua competência para o julgamento do feito.

E se a desclassificação ocorrer por ocasião da pronúncia? Nesse caso, determina o art. 74, § 3.º, 1.ª parte, do CPP que seja observado o art. 410 do mesmo Código. Contudo, a referência ao citado art. 410 encontra-se prejudicada em face das alterações determinadas pela Lei 11.689/2008. Assim, na atualidade, deve-se considerar a remissão como feita ao art. 419 do mesmo Código, que dispõe: "Quando o Juiz se convencer, em discordância com a acusação, da existência de crime diverso dos referidos no § 1.º do art. 74 deste Código e não for competente para o julgamento, remeterá os autos ao Juiz que o seja". Desse modo, se o Juiz da Vara do Júri, recebendo os autos para fins de pronúncia, detectar que não há indicativos de que o agente obrou com dolo de matar, em vez de pronunciá-lo, deverá proceder à desclassificação para a infração penal não dolosa contra a vida que entender configurada no caso concreto (homicídio culposo, lesões corporais seguidas de morte, latrocínio etc.), determinando, ato contínuo, a remessa dos autos às Varas Criminais comuns.

E se a desclassificação for feita pelo próprio Tribunal do Júri? Aplica-se o art. 74, § 3.º, 2.ª parte, do CPP. Ocorre que esse dispositivo faz remissão à redação original do art. 492, § 2.º, do mesmo Código, que, em razão das alterações promovidas pela Lei 11.689/2008, não mais subsiste. Portanto, na atualidade, deve-se considerar dita remissão como feita ao § 1.º do mesmo dispositivo, que prevê: "Se houver desclassificação da infração para outra, de competência do Juiz singular, ao presidente do Tribunal do Júri caberá proferir sentença em seguida, aplicando-se, quando o delito resultante da nova tipificação for considerado pela lei como infração de menor potencial ofensivo, o disposto nos arts. 69 e seguintes da Lei 9.099, de 26 de setembro de 1995". Explica-se: pode ocorrer que, no Plenário do Júri, seja alegada a tese de que o réu não agiu com dolo de matar, sendo a morte da vítima causada, por exemplo, por negligência. Ora, acolhida pelos jurados essa versão, a consequência será a desclassificação do crime imputado para homicídio culposo, de competência do Juiz singular. Nesse caso, em vez de remeter os autos a uma Vara Criminal comum para o julgamento, caberá ao próprio Juiz que preside a sessão do Júri proferir sentença, absolvendo ou condenando o réu. *E se ocorrer desclassificação para infração de menor potencial ofensivo,* v.g., *de tentativa de homicídio para lesões corporais leves?* Nessa situação, por força da última parte do citado art. 492, § 1.º, do CPP, caberá ao Juiz da Vara do Júri aplicar os institutos despenalizadores da Lei 9.099/1995 (composição civil, transação penal, suspensão condicional do processo), não havendo a necessidade de remeter o processo ao Juizado Especial Criminal para deliberação quanto a essas questões.

9.2.5.3. Distribuição (arts. 69, IV, e 75 do CPP)

A *distribuição*, assim como o critério determinado por regras de organização judiciária (tópico 9.2.5.2), também é critério que possibilita a determinação da competência quando, no **mesmo foro**, houver mais de uma vara igualmente competente. Não se destina, portanto, à definição da Comarca, mas, sim, do juízo competente quando já estabelecida a Comarca em que o fato deve ser apurado. *Exemplo:* Em Porto Alegre, apesar da existência de varas especializadas, há várias outras igualmente competentes, sendo os inquéritos policiais que nelas aportam distribuídos igualitariamente, vale dizer, um para cada vara, sob a forma de rodízio. Realizada essa distribuição, previne-se o juízo, conforme estabelece o art. 75, *caput*, do CPP.

Dispõe, ainda, o parágrafo único do art. 75 do CPP que a distribuição realizada para o efeito da concessão de fiança ou da decretação de prisão preventiva ou de qualquer diligência anterior à denúncia ou à queixa prevenirá a da ação penal. Por interpretação extensiva, inclui-se, logicamente, no alcance do dispositivo, a decretação das medidas cautelares diversas da prisão estipuladas nos arts. 319 e 320 do CPP (alterados pela Lei 12.403/2011). Por conseguinte, se, em determinada Comarca com três juízes igualmente competentes, o delegado, no curso do inquérito, representar pela prisão preventiva do investigado, tal pedido será distribuído a um dos Magistrados para que delibere a respeito. Esse juízo, no curso do inquérito ou mais tarde, quando o inquérito for concluído, estará com sua competência preventa para apreciar outras diligências em relação ao mesmo procedimento investigatório e para o ajuizamento da respectiva ação penal.

O critério, como se vê, além de resguardar o Juiz Natural, impede que a conveniência da parte interessada venha a interferir na escolha do juízo que deverá examinar os requerimentos realizados na fase que antecede a instauração do processo criminal, bem como aquele junto ao qual deva ser intentada a ação penal.

9.2.5.4. Conexão e continência

Trata-se a *conexão* e a *continência* de hipóteses de modificação da competência que ocorrem apenas nas condições expressamente previstas – a primeira, no art. 76 do CPP, e a segunda, no art. 77 do mesmo diploma legal.

Conquanto essas situações estejam inseridas nos **critérios secundários** de fixação da competência – além dos já examinados *prevenção, regras de organização judiciária* e *distribuição* –, procederemos a suas análises em tópico separado, em razão da complexidade do tema.

9.3. CONEXÃO E CONTINÊNCIA

9.3.1. Considerações gerais

Por *conexão* (art. 76 do CPP) entende-se o nexo existente entre duas ou mais infrações quando estas se encontrarem "entrelaçadas por um vínculo que aconselha a junção dos processos, propiciando, assim, ao julgador perfeita visão do quadro probatório e, de consequência, melhor conhecimento dos fatos, de todos os fatos, de molde a poder entregar a prestação jurisdicional com firmeza e justiça"[61].

Já na *continência* (art. 77 do CPP), "como o próprio nome está a indicar, uma causa está contida na outra, não sendo possível a cisão. Como a continência se verifica na hipótese de concurso de pessoas (coautoria e participação) – e aí a *causa petendi* – e nos casos em que se aplique a regra contida na primeira parte do art. 70 do CP – arts. 73, segunda parte, e 74 – conclui-se que, como o fato é o mesmo (no caso de coautoria e participação) ou a conduta é uma só (é a hipótese do concurso formal), podemos afirmar que a continência está em função da identidade da *causa petendi* ou da *unidade da conduta*"[62].

Examinando-se as hipóteses contempladas nos arts. 76 e 77 do CPP, verifica-se que a diferença substancial entre tais institutos está no fato de que, enquanto na *conexão* há necessariamente pluralidade de condutas, na *continência* há uma só conduta, gerando um ou vários resultados. De qualquer forma, em que pese existirem, nos incisos dos arts. 76 e 77, situações que exigem pluralidade de sujeitos ativos, a verdade é que, em regra, para

---

[61] TOURINHO FILHO, Fernando da Costa. *Processo penal*. 27. ed. São Paulo: Saraiva, 2005. v. 2, p. 197-198.

[62] Idem, ibidem, p. 203-204.

fins de enquadramento em um ou outro caso, é irrelevante o número de agentes envolvidos na prática criminosa, isto é, se um ou mais.

9.3.2. Conexão (art. 76 do CPP)

Art. 76. A competência será determinada pela conexão:

I – se, ocorrendo duas ou mais infrações, houverem sido praticadas, ao mesmo tempo, por várias pessoas reunidas, ou por várias pessoas em concurso, embora diverso o tempo e o lugar, ou por várias pessoas, uma contra as outras;

II – se, no mesmo caso, houverem sido umas praticadas para facilitar ou ocultar as outras, ou para conseguir impunidade ou vantagem em relação a qualquer delas;

III – quando a prova de uma infração ou de qualquer de suas circunstâncias elementares influir na prova de outra infração.

A doutrina clássica, interpretando o art. 76 do CPP, classifica a conexão em três espécies: *conexão intersubjetiva (art. 76, I, do CPP), conexão objetiva (art. 76, II, do CPP) e conexão instrumental ou probatória (art. 76, III, do CPP).*

9.3.2.1. Conexão intersubjetiva (art. 76, I, do CPP)

Subdivide-se em três formas:

a) **Conexão intersubjetiva por simultaneidade ou ocasional, se, ocorrendo duas ou mais infrações, houverem sido praticadas, ao mesmo tempo, por várias pessoas reunidas (art. 76, I, 1.ª parte):** ocorre quando pessoas sem nenhuma vinculação (talvez desconhecidas umas das outras) vêm a praticar, ao mesmo tempo e no mesmo lugar, infrações diversas. Exemplo: hipótese de um acidente de trânsito, no qual um caminhão, transportando três mil garrafas de óleo de soja, desgovernado, vem a tombar em uma rodovia. Nesse contexto, pessoas que passavam pelo local, sem nenhum vínculo, aproximam-se e iniciam o saque da carga do veículo.

b) **Conexão intersubjetiva por concurso, se, ocorrendo duas ou mais infrações, houverem sido praticadas por várias pessoas em concurso, embora diverso o tempo e o lugar (art. 76, I, 2.ª parte):** não importam, aqui, o tempo e o lugar onde as infrações foram praticadas, exigindo-se, porém, que haja o acordo prévio, o liame, a comunhão de esforços e a conjugação de vontades entre os agentes na prática das infrações distintas (lembre-se de que, na conexão, sempre é exigível pluralidade de infrações). *Exemplo*: associação criminosa, com seis integrantes, organiza-se para a prática de roubos de veículos. Assim, previamente conluiados, dois indivíduos subtraem um automóvel em Porto Alegre; outros dois, em Canoas, e, por fim, os dois últimos, em Gravataí. Ao final, vendidos os automóveis a desmanches da região, repartem o lucro obtido.

c) **Conexão intersubjetiva por reciprocidade, se, ocorrendo duas ou mais infrações, houverem sido praticadas por várias pessoas, umas contra as outras (art. 76, I, 3.ª parte):** Nessa situação, as infrações ocorrem no mesmo tempo e lugar, agindo os agentes uns contra os outros. É o caso, por exemplo, de dois indivíduos, rivais, um objetivando matar o outro, desferirem-se tiros reciprocamente. Veja-se que nessa espécie de conexão é necessário que estejam identificados os autores de cada conduta. Destarte, refoge à conexão por reciprocidade o crime de rixa, pois, nesse caso, vários indivíduos agridem-se mutuamente, sem que se possa precisar quem agrediu quem.

9.3.2.2. Conexão objetiva (art. 76, II, do CPP)

Trata-se da hipótese em que um ou mais crimes são cometidos objetivando facilitar, ocultar, conseguir a impunidade ou a vantagem de outro ou outros delitos.

Subdivide-se, a conexão objetiva, em duas formas:

a) **Conexão objetiva teleológica (art. 76, II, 1.º verbo, do CPP):** ocorre quando o fim visado com a prática delituosa é facilitar a prática de outro crime. Como exemplo, a hipótese de lesões corporais contra os pais de uma criança com o objetivo de facilitar o sequestro desta. Também se pode ilustrar essa conexão com a hipótese de clonagem de cartão de crédito com a subsequente prática de vários estelionatos. Gize-se que, nessa situação, não se pode cogitar de absorção da clonagem pelos estelionatos, já que o cartão falsificado poderá ou ao menos poderia continuar sendo utilizado para o cometimento de outros delitos, diferindo da hipótese de uma folha de cheque com assinatura falsificada, que é utilizável apenas uma vez.

b) **Conexão objetiva consequencial (art. 76, II, verbos remanescentes, do CPP):** aquela que se perfaz na hipótese em que o objetivo do crime é ocultar, conseguir a impunidade ou vantagem do crime já praticado. *Exemplos:* ocultação de cadáver para encobrir crime de homicídio; homicídio da única testemunha para conseguir a impunidade de crime por ela presenciado; homicídio de coautor de roubo para obtenção de vantagem completa em relação ao objeto subtraído.

Conexão intersubjetiva por concurso: há um vínculo subjetivo entre os agentes, caracterizado pelo conluio prévio relacionado às diversas práticas delituosas.

Conexão objetiva: o vínculo entre os agentes caracteriza-se pelo elo existente entre os crimes cometidos, sendo, portanto, objetivo. Nucci ilustra tal situação com o assalto cometido por determinado indivíduo, que, depois, percebe a existência de uma testemunha, relatando isto a seu irmão, o qual, por conta própria, visando à impunidade do crime praticado pelo primeiro, vem a matar dita testemunha. Nesse caso, jamais houve acerto prévio entre eles, sendo objetivo o vínculo existente entre os agentes de crimes diversos: o roubo inicialmente realizado. Os processos, então, deverão ser reunidos, para que haja julgamento simultâneo.

E se for o caso de o próprio agente do crime anterior praticar outro fato visando à impunidade ou vantagem desse delito? Embora haja divergências, e apesar de o inciso II incorporar a expressão "se no mesmo caso" (referindo-se, obviamente, ao inciso I, que se refere a situações envolvendo *várias pessoas*), entendemos que nada impede o enquadramento, nesse mesmo inciso II, da infração praticada por um agente visando à impunidade do crime que cometeu anteriormente. *Exemplos:* o assaltante que vem a matar a testemunha presencial do roubo (conexão entre o roubo e o homicídio); indivíduo que vem a ocultar o cadáver da pessoa que matou momentos antes (conexão entre o homicídio e a ocultação de cadáver).

9.3.2.3. Conexão instrumental ou probatória (art. 76, III, do CPP)

Na **conexão instrumental** ou **probatória**, o *simultaneus processus* fundamenta-se no fato de que a prova de uma infração é necessária e interfere na prova de outra. Exemplo, por excelência, é a conexão entre o furto e a receptação. Sem que haja a prova da origem criminosa da *res*, impossível a condenação pela receptação. Portanto, conexos, instrumentalmente, tais crimes.

9.3.3. Continência (art. 77 do CPP)

Art. 77. A competência será determinada pela continência quando:

I – duas ou mais pessoas forem acusadas pela mesma infração;

II – no caso de infração cometida nas condições previstas nos arts. 51, § 1.º, 53, segunda parte, e 54 do CP.*

** Os arts. 51, 53 e 54 do CP, na atualidade, correspondem aos arts. 70, 73, 2.ª parte, e 74, 2.ª parte, do CP.*

9.3.3.1. Continência concursal ou por cumulação subjetiva (art. 77, I, do CPP – "duas ou mais pessoas forem acusadas pela mesma infração")

É a que ocorre quando for a infração praticada em concurso de agentes. Difere da *conexão por concurso*, pois nesta há várias pessoas cometendo vários fatos criminosos, ao passo que, aqui, o fato é apenas um, sendo ele cometido por vários indivíduos. *Exemplos:* 1) Crime de furto perpetrado por vários agentes conluiados; 2) Para expressiva parcela doutrinária, a rixa, que incorpora hipótese de coautoria necessária, enquadra-se na continência concursal, pois há um crime perpetrado por várias pessoas, umas aderindo e encorajando a ação de outras no embate.

9.3.3.2. Continência por cumulação objetiva (art. 77, II, do CPP) – "no caso de infração cometida nas condições previstas nos arts. 51, § 1.º, 53, segunda parte, e 54 do CP"

As remissões aos arts. 51, § 1.º, 53, 2.ª parte, e 54 do Código Penal, com a reforma da Parte Geral pela Lei 7.209/1984, correspondem, na atualidade, aos arts. 70, 73 e 74, 2.ª parte, do mesmo Código, que se referem, respectivamente, às hipóteses de *concurso formal de crimes*, de *"aberratio ictus"* e de *"aberratio delicti"*. Em todos esses casos uma única conduta delituosa do agente produz mais de um resultado, impondo-se, portanto, a apuração conjunta de todos eles.

a) **Concurso formal (art. 70 do CP):** perfaz a situação em que o agente, mediante uma só conduta (ação ou omissão), pratica dois ou mais crimes. *Exemplo*: dirigindo imprudente e negligentemente, o motorista de um ônibus vem a tombar o veículo, ferindo vários passageiros e matando outros tantos. Nesse caso, todos os eventos típicos serão apurados conjuntamente, sendo, ao final, no caso de condenação, aplicada a pena de um só crime (se idênticas) ou a do crime mais grave (se diversas), acrescida, em qualquer caso, de um sexto até a metade.

b) **"Aberratio ictus" complexa (art. 73, 2.ª parte, do CP):** também chamada de *"aberratio ictus" com resultado duplo ou múltiplo,* traduz a hipótese em que o agente, por erro na execução, atinge não apenas a pessoa que desejava, mas, também, outra que não pretendia atingir. *Exemplo*: desejando matar Pedro, o agente desfere-lhe um tiro, o qual, além de Pedro, atinge, também, o transeunte João. A regra a ser aplicada é a mesma do concurso formal. *E se fosse atingida apenas a pessoa não pretendida pelo agente?* Nesse caso, a hipótese caracterizaria *aberratio ictus* simples ou com resultado único, não havendo que se falar na continência prevista no art. 77, II, do CPP, já que o agente responderá por um só crime (art. 73, 1.ª parte, do CP), e não por dois crimes em concurso formal.

c) **"Aberratio delicti" (art. 74, 2.ª parte, do CP):** ocorre quando o agente objetiva determinado resultado, vindo a alcançá-lo, e, também, outro que não estava nos seus planos. *Exemplo*: pedra desferida contra a vidraça de uma casa, visando danificá-la (crime de dano), mas que atinge, também, uma pessoa que, no momento, passava pelo local (crime de lesões corporais). Igualmente, aplicável a regra do concurso formal. *E se fosse apenas alcançado o resultado diverso?* Simetricamente à hipótese anterior, também aqui não se falará na continência prevista no art. 77, II, do CPP, pois o agente responderá por apenas um crime (art. 73, 1.ª parte, do CP), e não por dois crimes em concurso formal.

9.3.4. Esquema relativo à conexão e continência

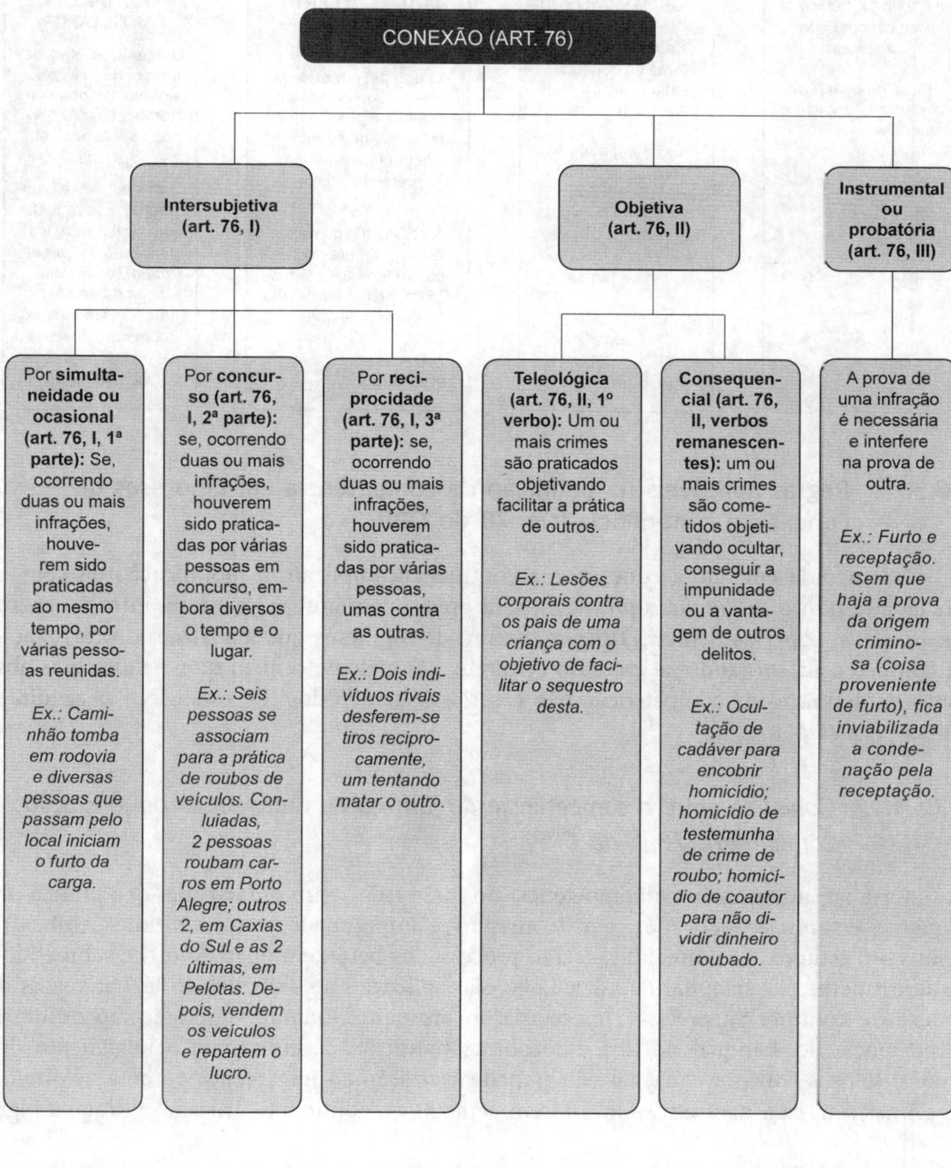

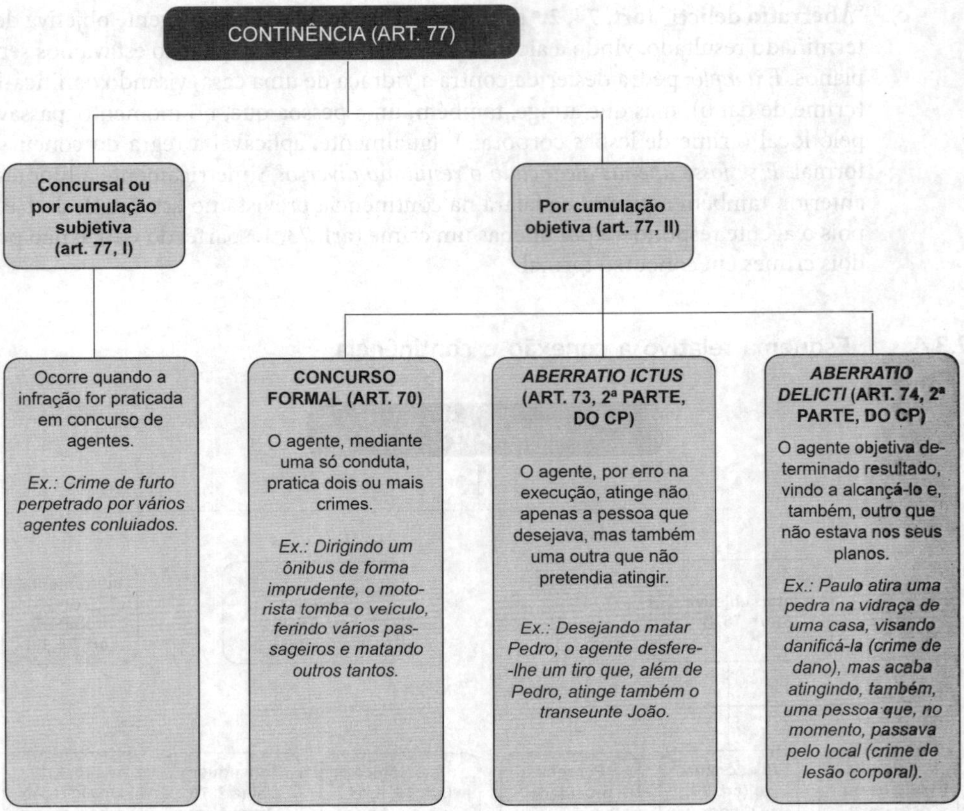

9.3.5. Regras aplicáveis na definição da competência em hipóteses de conexão e continência (art. 78 do CPP)

Na medida em que a conexão e a continência implicam a modificação da competência, atraindo o *simultaneus processus*, será preciso, em ambas, que uma infração exerça *vis attractiva* sobre as demais. Trata-se, enfim, de hipóteses que autorizam a prorrogação da competência, tornando-se, no caso concreto, competente o juízo que, pelas regras abstratas de definição da competência, não o seria. O art. 78 do CPP estabelece as seguintes regras para essa atração:

9.3.5.1. *Concurso entre a competência do júri e a de outro órgão da jurisdição comum (art. 78, I, do CPP)*

Ordinariamente, são da competência do júri casos como o de agente que pratica um crime de estupro e, logo após, para conseguir a impunidade, mata a vítima. Ambos os delitos – o estupro e o homicídio – serão processados perante o juízo do júri e submetidos, posteriormente, ao Tribunal Popular. Logo, são aplicáveis ao Tribunal do Júri as regras de conexão e continência previstas na legislação ordinária. Quanto à ponderação de que a competência do Tribunal do Júri é constitucionalmente definida para o julgamento dos crimes dolosos contra a vida, tal não impede a atração ao julgamento perante os jurados de crimes sem essa natureza se lhes forem conexos ou continentes, mesmo porque a regra inserida no art. 5.º, XXXVIII, *d*, da CF estabelece a competência mínima do Tribunal Popular, nada impedindo seja ela aumentada pela legislação infraconstitucional.

Observe-se que, se é pacífica a prevalência da competência do júri sobre a competência dos juízes singulares em casos tais, existem controvérsias quando se tratar de concurso entre a competência do júri e a competência originária dos Tribunais provocadas pelas hipóteses de prerrogativa da função.

> *Exemplo:* Um Juiz de direito da Justiça Estadual de São Paulo (que possui prerrogativa de função estabelecida pela Constituição Federal) e um cidadão comum vêm a matar determinada pessoa, agindo em concurso de agentes.

Nesse caso, é majoritária a orientação que considera que o Juiz será julgado pelo tribunal a que esteja vinculado (no exemplo, o Tribunal de Justiça de São Paulo), submetendo-se o agente remanescente ao júri popular. Há, contudo, parcela doutrinária que compreende que ambos devam ser julgados pelo tribunal, em razão do disposto na Súmula 704 do STF, segundo a qual "não viola as garantias do Juiz natural, da ampla defesa e do devido processo legal a atração por continência ou conexão do processo do corréu ao foro por prerrogativa de função de um dos denunciados". Concordamos com a primeira vertente, entendendo inaplicável o verbete 704 do Excelso Pretório, já que o exemplo em questão trata de um agente com prerrogativa de foro e outro não, envolvendo, ainda, não apenas o conflito de normas de competência em razão da pessoa (indivíduo com prerrogativa de foro e outro sem essa prerrogativa), mas, também, o exame de norma de competência ratione materiae, relacionada esta à competência do Tribunal do Júri para julgamento dos crimes dolosos contra a vida. E estas, regras, possuindo embasamento constitucional, devem ser conciliadas. Agora, se o mesmo Juiz estadual, em conluio com cidadão comum, praticar delito de concussão, aí sim reputamos aplicável a Súmula 704 do STF, fazendo com que ambos sejam julgados pelo tribunal (foro competente para o julgamento do juiz). A respeito, trataremos com mais vagar no item 9.3.5.3.

9.3.5.2. *Concurso de jurisdições da mesma categoria (art. 78, II, do CPP)*

Jurisdições da mesma categoria são aquelas entre as quais não há nenhuma hierarquia jurisdicional, como entre dois juízes estaduais de 1.º grau, dois juízes federais de 1.º grau, dois pretores etc. Nesse caso, ocorrendo hipótese de conexão ou continência envolvendo juízos distintos, observar-se-ão, para fins de atração, as seguintes regras:

a) **Preponderância do lugar em que foi praticada a infração a que for cominada a pena mais grave**. Quanto à definição sobre o que seja "pena mais grave", deve-se, primeiramente, levar em conta a natureza da pena cominada – reclusão é mais grave do que a detenção; esta, por sua vez, é mais grave que a prisão simples e a multa. Sendo da mesma natureza (*v.g.*, ambos os delitos punidos com reclusão), considerar-se-á a quantidade de pena prevista *in abstracto* – primeiramente a pena máxima e, após, a pena mínima. *Exemplo*: conexão entre o furto qualificado ocorrido em Pelotas e a receptação consumada em Rio Grande. Prevalecerá a competência de Pelotas, pois lá foi praticada a infração com pena superior.

b) **Preponderância do lugar em que foi praticado maior número de infrações, caso todas tenham a mesma gravidade.** É o caso, por exemplo, de cinco celulares furtados (furtos simples) em Guaíba terem sido adquiridos (receptação simples) em

Porto Alegre por um determinado receptador. Como o furto simples e a receptação simples possuem a mesma pena, competente será a Comarca de Guaíba, onde maior número de infrações foi praticado.

c) **Fixação pela prevenção, nos demais casos.** Ora, tratando-se de jurisdições de idêntica categoria e não sendo viável a definição pela gravidade da infração ou pelo número de delitos, resta a prevenção, como critério residual, considerando-se competente o juízo do lugar no qual praticado o primeiro ato de jurisdição.

E se, a despeito de se tratar de crimes conexos, um deles concernir à competência da Justiça Estadual e, outro, à competência da Justiça Federal? Nesse caso, ainda que se trate de concurso de jurisdições da mesma categoria (jurisdição de um Juiz Estadual e de um Juiz Federal), incidem os termos da Súmula 122 do STJ, segundo a qual "compete à Justiça Federal o processo e julgamento unificado dos crimes conexos de competência Federal e Estadual, não se aplicando a regra do art. 78, II, 'a', do Código de Processo Penal".

9.3.5.3. *Concurso de jurisdições de categorias distintas (art. 78, III, do CPP)*

No art. 78, III, contempla o Código de Processo Penal a hipótese em que exista hierarquia jurisdicional, ou seja, concurso entre uma **jurisdição mais graduada e outra inferior** (*v.g.*, o Tribunal de Justiça de um Estado é jurisdição graduada em relação aos juízos singulares do mesmo Estado, pois estes podem ter suas decisões modificadas por aquele). Nesse caso, estabelece o mencionado dispositivo que prevalecerá a competência da jurisdição mais graduada, obedecendo-se, destarte, a um critério lógico.

> *Exemplo:* Magistrado Estadual (que possui prerrogativa de foro por força do art. 96, III, da CF) e um Oficial Escrevente (que não possui prerrogativa de função) cometem, em concurso de agentes, crime de lesão corporal grave.

A hipótese caracteriza continência. Então, por força do predomínio da jurisdição mais graduada, o foro por prerrogativa de função afeto ao Magistrado atrairá o processo e julgamento também do coautor despido dessa prerrogativa, fazendo que ambos sejam julgados pelo Tribunal de Justiça. Nesse sentido, reza a Súmula 704 do STF que "não viola as garantias do Juiz natural, da ampla defesa e do devido processo legal a atração por continência ou conexão do processo do corréu ao foro por prerrogativa de função de um dos denunciados". É importante destacar, entretanto, que, na hipótese de se operar a atração de todos os envolvidos ao foro especial em decorrência da condição funcional de um deles, caso a denúncia oferecida contra a pessoa que goza do privilégio não seja recebida ou seja rejeitada, a competência para o julgamento dos demais retorna ao foro comum (*RT* 740/643), pois não haverá razão para manter o privilégio de foro.

Outro exemplo: considere-se que um Promotor de Justiça, que tem prerrogativa de foro no Tribunal de Justiça do Estado, e um Desembargador, que tem direito de ser processado e julgado perante o STJ, cometam delito de concussão. *Onde deverão ser denunciados?* Sobre essa situação já se pronunciou o Excelso Pretório no sentido de que, por força da sua Súmula 704, ambos deverão ser processados e julgados no STJ, que é mais graduado em relação aos Tribunais estaduais. *E se o Promotor quiser renunciar essa prerrogativa para ser julgado perante seu foro natural, o Tribunal do Estado?* Não há essa possibilidade, pois são irrenunciáveis as regras que o atraem ao foro do corréu (STF, HC 91.347/PI, *DJ* 18.10.2007).

Especialmente ao leitor que deseja prestar concurso público na área jurídica, aconselha-se absoluta atenção na análise de casos concretos envolvendo a definição de competência para o processo e julgamento da ação penal, evitando que detalhes importantes, capazes de alterar substancialmente o juízo de tramitação, passem despercebidos. Para ilustrar como determinadas *armadilhas* podem conduzir a erro, reprisamos, abaixo, dois exemplos, que estão citados no presente tópico e no tópico 9.3.5.1, demonstrando que, apesar da aparente identidade de casos, conduzem eles a definições de competência distintas. Veja-se:

Tópico	Exemplo	Juízo Competente
9.3.5.1	Um Juiz de Direito da Justiça Estadual de São Paulo (que possui prerrogativa de função estabelecida pela Constituição Federal) e um cidadão comum vêm a matar determinada pessoa (competência constitucional do Júri), agindo em concurso de agentes.	Nesse caso, é majoritária a orientação que considera que o Juiz será julgado pelo tribunal a que esteja vinculado (no exemplo, o Tribunal de Justiça de São Paulo), submetendo-se o agente remanescente ao júri popular. Entende-se, aqui, inaplicável o verbete 704 do Excelso Pretório, já que tanto o foro especial do Juiz quanto a competência do Tribunal do Júri para o julgamento dos crimes dolosos contra a vida decorrem de regras inseridas na Constituição Federal. **Dispositivo aplicável: art. 78, I, do CPP.**
9.3.5.3	Um Promotor de Justiça, que tem prerrogativa de foro no Tribunal de Justiça do Estado, e um Desembargador, que tem direito de ser processado e julgado perante o STJ, cometam delito de concussão.	Sobre essa situação já se pronunciou o Excelso Pretório no sentido de que, por força da sua Súmula 704, ambos deverão ser processados e julgados no STJ, que é mais graduado em relação aos Tribunais estaduais. **Dispositivo aplicável: art. 78, III, do CPP.**

Semelhança entre os dois casos: ambos envolvem foros definidos constitucionalmente. Veja-se que, no primeiro caso, conflitam-se a competência do júri para julgar crimes dolosos contra a vida (art. 5.º, XXXVIII, da CF) e a prerrogativa de função que assiste ao Juiz (art. 96, III, da CF); já no segundo, embatem-se a competência do Tribunal de Justiça para julgar o Promotor (art. 96, III, da CF) e a competência do STJ para julgar o Desembargador (art. 105, I, *a*, da CF).

Diferença entre eles:

No primeiro exemplo, um indivíduo *com prerrogativa de função* comete delito em concurso com outro *sem essa prerrogativa*, muito embora exista, com relação a este último, foro constitucionalmente definido em razão da matéria (júri: competência para julgar crimes dolosos contra a vida). Enfim, não ocorre apenas o conflito *indivíduo com prerrogativa de função* X *indivíduo sem prerrogativa de função*. Fosse assim, tudo se resolveria pela aplicação da Súmula 704. Ocorre mais do que isto: ocorre, repita-se, o conflito *indivíduo com prerrogativa de função* X *indivíduo sem prerrogativa de função*, ambos cometendo **crime com competência constitucionalmente definida em razão da matéria**. Daí a incidência do art. 78, I (cidadão comum julgado pelo júri), combinado com o inciso III do mesmo dispositivo (juiz julgado pelo Tribunal de Justiça, que é mais graduado do que o júri), e a desnecessidade de se socorrer do permissivo da Súmula 704.

Já na segunda ilustração é diferente: o Promotor e o Desembargador, ali, cometem crime para o qual não se prevê competência constitucional *ratione materiae*. Logo, o conflito que surge é, simplesmente, *indivíduo com prerrogativa de função (jurisdição menos graduada)* X *indivíduo com prerrogativa de função (jurisdição mais graduada)*, acarretando, logo, a incidência da Súmula 704 e, com isto, permitindo-se o *simultaneus processus* com base no art. 78, III, do Código de Processo Penal.

E se fosse o caso de Promotor e Desembargador terem praticado crime doloso contra a vida? Aqui, teríamos *indivíduo com prerrogativa de função em jurisdição menos graduada* (Promotor = Tribunal de Justiça) e um *indivíduo com prerrogativa de função em jurisdição mais graduada* (Desembargador = STJ), devendo ambos serem julgados pelo STJ, socorrendo-se, para tanto, do permissivo da Súmula 704.

Em resumo:

- INDIVÍDUO COM PRERROGATIVA DE FUNÇÃO CONSTITUCIONALMENTE DEFINIDA + INDIVÍDUO SEM PRERROGATIVA DE FUNÇÃO praticando CRIME DOLOSO CONTRA A VIDA: Separam-se os processos, sendo o primeiro julgado no foro especial e o segundo junto ao Tribunal do Júri. Veja que, neste caso, há a competência constitucional do Tribunal do Júri, que incide apenas em relação a um dos agentes, já que, para o outro, há outro foro constitucional, que prevalece sobre a competência do júri.
- INDIVÍDUO COM PRERROGATIVA DE FUNÇÃO (em jurisdição menos graduada) + INDIVÍDUO COM PRERROGATIVA DE FUNÇÃO (em jurisdição mais graduada) praticando CRIME DOLOSO CONTRA A VIDA: Julgamento conjunto dos agentes, a ser realizado no âmbito da jurisdição mais graduada.
- INDIVÍDUO COM PRERROGATIVA DE FUNÇÃO (em jurisdição menos graduada) + INDIVÍDUO COM PRERROGATIVA DE FUNÇÃO (em jurisdição mais graduada) praticando CRIME NÃO DOLOSO CONTRA A VIDA: Julgamento conjunto dos agentes, a ser realizado no âmbito da jurisdição mais graduada.

ATENÇÃO: Como já alertamos antes, no julgamento da APn 937, em 03.05.2018, o STF condicionou o foro por prerrogativa de função a que se trate de crime cometido durante o exercício da função pública e em razão dela. Tal julgamento, embora restrito a parlamentares federais, tem sido ampliado para alcançar, também, deputados estaduais, governadores, prefeitos, entre outros cargos. Veja-se, ainda, que até o fechamento da presente edição deste livro, a tendência era a de que o mesmo entendimento não fosse aplicado a magistrados e membros do Ministério Público. Recomenda-se ao leitor, contudo, acompanhamento da jurisprudência no sentido de verificar a persistência desta orientação. De resto, remetemos ao Capítulo 9, tópico 9.2.2.3, em que abordamos o tema.

ATENÇÃO: apesar da literalidade do Enunciado 704 do STF, não é incomum essa Corte, em casos de grande complexidade ou de número elevado de réus, deixar de aplicar a citada súmula e determinado o desmembramento dos processos, enviando às Instâncias Inferiores o julgamento dos réus que lá não possuam prerrogativa de função. Perceba-se, como exemplo, que, ao deliberar no Inquérito 3.412/AL (j. 11.09.2014), o Plenário do STF, a despeito de manter a aplicação de dito Verbete no caso concreto, ressaltou que "a decisão pela manutenção da unidade de processo e de julgamento perante o Supremo Tribunal Federal ou pelo desmembramento da ação penal está sujeita a questões de conveniência e oportunidade, como permite o art. 80 do Código de Processo Penal". Mais adiante, ao deliberar no Inquérito 4506/DF (*DJe* 14.11.2017), o entendimento no sentido do desmembramento em relação aos feitos que tramitam no STF foi reafirmado (sendo, inclusive, tratado como regra), ressalvando-se, unicamente, as situações em que a separação do julgamento dos detentores de prerrogativa de função em relação aos investigados ou acusados que não o tiverem possa acarretar prejuízo à investigação ou à apuração em face da união indissociável de suas condutas. Frise-se, mais uma vez, que tal entendimento (pelo desmembramento) não revoga, tampouco supera a Súmula 704 do STF, vigorando **apenas no tocante aos processos que envolvam detentores de prerrogativa de função naquela Corte**.

Tem gerado controvérsia a aplicabilidade da referida Súmula 704 do STF nas hipóteses em que estiverem **definidas constitucionalmente** tanto a competência da jurisdição mais graduada (*v.g.*, Tribunal de Justiça, Tribunal Regional Federal etc.) como a da menos graduada (*v.g.*, Tribunal do Júri e Juizados Especiais Criminais).

Exemplo: Magistrado Estadual e cidadão comum vêm a matar determinada pessoa, agindo em concurso de agentes.

Essa situação diverge da tratada no exemplo anterior (lesão corporal grave cometida por Juiz e oficial escrevente em concurso de agentes), pois aqui incidem em relação a ambos os coautores *regras constitucionais* definidoras de competência: para o juiz, o art. 96, III, da CF, atribuindo-lhe a prerrogativa de julgamento perante o Tribunal de Justiça, independentemente da natureza do crime praticado; e, para o cidadão comum, o art. 5.º, XXXVIII, *d*, da CF, dispondo sobre a competência do Tribunal do Júri para o julgamento dos crimes dolosos contra a vida. Nesse contexto, surge a discussão quanto ao foro competente para o processo e julgamento do indivíduo não detentor do privilégio de foro em casos tais, vale dizer, se do Tribunal de Justiça, por força da incidência genérica da Súmula 704 do STF, ou do Tribunal do Júri, em face da normatização específica prevista no texto constitucional. Há duas posições:

> **Primeira corrente:** Traduzindo a maioria da doutrina e da jurisprudência pátria, compreende que a Súmula 704 não se aplica à hipótese em que os agentes em concurso possuem, cada qual, foro próprio definido por norma constitucional. No exemplo citado, se tanto o Magistrado, em razão de sua condição funcional, como o cidadão comum, em face da natureza do crime perpetrado (doloso contra a vida), estão sujeitos a regras de competência ditadas pela Constituição Federal, cada um deverá ser processado e julgado no respectivo foro – o juiz, pelo tribunal a que está vinculado (Tribunal de Justiça ou Tribunal Regional Federal), e o coautor, pelo júri popular. Aderimos integralmente a essa corrente, da qual são adeptos, também, Guilherme de Souza Nucci, Tourinho Filho, Julio Fabbrini Mirabete e Edílson Mougenot Bonfim[63]. Corroborando esse mesmo entendimento, a jurisprudência do STJ (Reclamação 2.125, Min. Hamilton Carvalhido, *DJ* 04.04.2006). No âmbito do STF, por sua vez, no julgamento da Ação Penal 333-2/PB, em voto datado de 05.12.2007, o Ministro Marco Aurélio, embora tratando de assunto diverso, adotou a posição em exame, observando que, praticando corréus crime doloso contra a vida, o fato de haver em relação a um deles a prerrogativa de foro constitucionalmente definida não é suficiente para afastar, quanto ao acusado cidadão comum despido dessa prerrogativa, a competência do Tribunal do Júri. A partir dessa premissa, concluiu ao final que, "envolvidos em crime doloso contra a vida conselheiro de Tribunal de Contas de Município e cidadão comum, biparte-se a competência, processando e julgando o primeiro o Superior Tribunal de Justiça e o segundo, o Tribunal do Júri".
>
> **Segunda corrente:** A Súmula 704 do STF aplica-se indistintamente, impondo a prevalência da jurisdição mais graduada afeta ao corréu detentor de privilégio de foro sobre a jurisdição menos graduada do acusado cidadão comum. Por esse raciocínio, no exemplo retro, tanto o Juiz quanto o cidadão comum deveriam ser julgados pelo crime doloso contra a vida no Tribunal de Justiça. Adepto dessa linha de pensamento, Fernando Capez (*Curso de processo penal*, 13. ed., 2006, p. 217). E, embora se trate de *caso isolado*, por ocasião do julgamento do HC 83.583/PE, do qual foi relatora a Ministra Ellen Gracie, em 20.04.2004, o STF agasalhou essa posição, considerando que, sendo um dos acusados por crime doloso contra a vida Desembargador e, portanto, "detentor de foro por prerrogativa de função, todos os demais coautores serão processados e julgados perante o Superior Tribunal de Justiça, por força do princípio da conexão".

E se for o caso de conexão ou continência envolvendo foro por prerrogativa de função e infração de competência dos Juizados Especiais Criminais? Considere-se o seguinte exemplo: Juiz de Direito Estadual (detentor de prerrogativa de foro no Tribunal de Justiça), em concurso de agentes com terceira pessoa sem essa prerrogativa, comete crime de lesão corporal leve.

---

[63] Respectivamente: *Código de Processo Penal comentado*. São Paulo: RT, 2007. p. 234, item 25; *Processo penal*. São Paulo: Saraiva, 2005. v. 2, p. 208-209; *Curso de processo penal*. São Paulo: Saraiva, 2006. p. 223.

Ora, as infrações de menor potencial ofensivo estão sujeitas, ordinariamente, aos juizados especiais criminais em razão do disposto no art. 98, I, da CF. Trata-se, portanto, de competência constitucionalmente estabelecida. Levando em conta essa circunstância, conclui-se que a situação, no exemplo *supra*, é simétrica à anteriormente examinada (competência constitucional do Júri), razão pela qual a definição da competência dependerá da posição adotada. Na medida em que agasalhamos o entendimento de que é inaplicável a **Súmula 704 do STF quando concorrerem foros constitucionalmente competentes**, compreendemos, no exemplo retro, que a pessoa não detentora da prerrogativa de foro deverá ser encaminhada ao Juizado Especial Criminal (JECrim) do lugar em que praticada a infração penal, enquanto o Magistrado responderá pelo delito junto ao Tribunal de Justiça a que vinculado. Isto ocorre porque a competência do JECrim é fixada constitucionalmente, possuindo, então, caráter absoluto. Por outro lado, a competência do Tribunal de Justiça para julgar o Juiz também é estabelecida pela Carta Política, sendo, igualmente, absoluta. Destarte, incidindo, em relação aos dois indivíduos, competências constitucionalmente estabelecidas, cada qual deverá responder junto ao órgão próprio.

Note-se, todavia, que, para os que defendem que *a Súmula 704 do STF possui aplicação indistinta a qualquer hipótese em que concorrer jurisdição com maior graduação e outra menos graduada*, a competência para o processo e julgamento em casos tais seria afeta ao Tribunal de Justiça, por ser este o foro especial do juiz.

9.3.5.4. Concurso entre a jurisdição comum (federal e estadual) e a especial (art. 78, IV, do CPP)

Tendo em vista que, tratando-se de matéria criminal, podem ser reputadas especiais unicamente a Justiça Eleitoral e a Militar e considerando que, quanto a esta última, existe regra própria (art. 79, I, do CPP), resta aplicável a norma do art. 78, IV, do CPP, unicamente à Justiça Eleitoral. Assim, conexo crime eleitoral com crime comum, ambos serão julgados pela Justiça Eleitoral.

E quando se tratar de conexão entre um crime de competência do Júri e outro da Justiça Eleitoral? A hipótese é bastante controvertida, havendo três correntes:

Primeira posição: Não existindo previsão legal sobre o procedimento a ser adotado especificamente para esses casos, o crime doloso contra a vida e o crime eleitoral que lhe for conexo serão julgados pelo Tribunal do Júri sob a presidência do Juiz Eleitoral. Trata-se de entendimento minoritário, sem respaldo na doutrina abalizada.

Segunda posição: Prevalece a competência da Justiça Eleitoral, em face da regra do art. 78, IV, do CPP, dispondo que, "no concurso entre a jurisdição comum e a especial, prevalecerá esta". Logo, os crimes dolosos contra a vida praticados em conexão com crimes eleitorais serão julgados por um Juiz Eleitoral. Aderindo a essa posição, Tourinho Filho traz o exemplo de alguém que comete um crime eleitoral e, para conseguir a impunidade desse fato, mata a única testemunha. Analisando essa hipótese, refere que "é verdade que a Constituição dispõe ser da alçada do Tribunal do Júri o julgamento dos crimes dolosos contra a vida, consumados ou tentados. Mas, no exemplo dado, perderá ele sua competência para julgar o crime doloso contra a vida", tendo em vista que o homicídio é um crime comum e, de acordo com a legislação em vigor (art. 78, IV, do CPP c/c o art. 35, II, do Código Eleitoral), compete à Justiça Eleitoral processar e julgar os crimes eleitorais e os comuns que lhe forem conexos.

Terceira posição: Necessária a separação entre as duas jurisdições, de sorte que ao Tribunal do Júri competirá o julgamento do crime doloso contra a vida, e, à Justiça Eleitoral, o crime eleitoral. A respeito desse entendimento, Fernando Capez esclarece que "leis infraconstitucionais, como os dispositivos do Código de Processo Penal, que preveem o deslocamento da competência e consequente reunião de processos pela conexão ou continência, não podem se sobrepor às regras constitucionais de fixação de competência, como são as do Tribunal do Júri [...]"[64]. Na esteira da maioria doutrinária, concordamos inteiramente com essa corrente.

9.3.6. Separação dos processos em hipóteses de conexão e continência (art. 79 do CPP)

Apesar da regra geral no sentido de importarem a conexão e a continência em unidade de processo e julgamento (observadas as regras do art. 78 do CPP), há hipóteses em que a separação dos processos se torna impositiva:

> **Art. 79.** A conexão e a continência importarão unidade de processo e julgamento, salvo:
> I – no concurso entre a jurisdição comum e a militar;
> II – no concurso entre a jurisdição comum e a do juízo de menores.
> § 1.º Cessará, em cualquer caso, a unidade do processo, se, em relação a algum réu, sobrevier o caso previsto no art. 152.
> § 2.º A unidade do processo não importará a do julgamento, se houver corréu foragido que não possa ser julgado à revelia, ou ocorrer a hipótese do art. 461.

9.3.6.1. Concurso entre a jurisdição comum e a militar (art. 79, I)

A hipótese abrange tanto o concurso de crimes comum e militar como o concurso de agentes no mesmo crime entre civil e militar, determinando a lei, pois, a separação dos processos.

Embora, em razão dessa regra, o militar deva ser julgado pela Justiça Militar, e o civil pela Justiça Comum, é necessário considerar que o militar que vem a cometer **crime doloso contra a vida de civil** terá seu julgamento realizado pela Justiça Comum (Tribunal do Júri), tendo em vista os termos da Lei 9.299/1996, que alterou o art. 82, § 2.º, do Código de Processo Penal Militar[65]. Agora, se o militar vier a cometer **crime doloso contra a vida de militar**, a competência será da Justiça Militar.

9.3.6.2. Concurso entre a jurisdição comum e a Justiça da Infância e da Juventude (art. 79, II)

Competindo à Justiça da Infância e Juventude a apuração do ato infracional praticado pela criança (até 12 anos incompletos) e pelo adolescente (12 anos completos até 18 anos incompletos), é evidente a necessidade de separação dos processos quando houver concurso de agentes entre inimputável e pessoa maior de 18 anos. Nesse caso, o imputável será julgado pela Justiça Comum, sendo o ato infracional praticado pelo menor apurado pelo Juizado da Infância e Juventude.

9.3.6.3. Insanidade mental de corréu apurada em incidente regularmente instaurado

Trata-se, aqui, do concurso de agentes envolvendo acusado que vem a ser acometido por doença mental em momento posterior à prática do delito. Como, nesse caso, determina

---

64 Idem, ibidem, p. 233.

65 "Art. 82. [...] § 2.º Nos crimes dolosos contra a vida, praticados contra civil, a Justiça Militar encaminhará os autos do inquérito policial militar à Justiça Comum."

o art. 152 do CPP a imediata suspensão do processo (o que perdura até que haja o restabelecimento da saúde mental ou que ocorra a prescrição do crime), seria ilógico permanecer o processo paralisado, também, em relação ao corréu em pleno gozo da saúde mental. Portanto, em casos tais, prevê a lei a separação dos processos, permanecendo suspenso o feito referente ao réu mentalmente enfermo e prosseguindo em relação ao remanescente.

Necessário mencionar que tal separação justifica-se unicamente no caso de superveniência da doença mental à prática da infração, não se aplicando no caso de a patologia já ser existente por ocasião do fato, pois, nesse caso, não se cogita de suspensão do processo, o qual prossegue normalmente, assistido o acusado por curador (art. 151 do CPP).

9.3.6.4. *Incompatibilidade entre as recusas de jurados, havendo dois ou mais réus com defensores distintos – arts. 79, § 2.º, e 469, § 1.º, ambos do CPP*

Imagine-se a hipótese em que dois réus (réu A e réu B) sejam submetidos a julgamento pelo Tribunal do Júri, encontrando-se eles assistidos por defensores distintos. Instalada a sessão de julgamento, procederá o Juiz presidente ao sorteio dos sete jurados que formarão o Conselho de Sentença (art. 467 do CPP). À medida que as cédulas contendo o nome de cada jurado forem retiradas da urna, o Magistrado fará a leitura e facultará, inicialmente aos defensores dos réus *A* e *B*, e, depois deles, à acusação, manifestarem-se sobre a aceitação ou a recusa (art. 468, *caput*, do CPP). Cada uma das partes poderá recusar, imotivadamente, até três jurados, sendo que o jurado recusado por qualquer delas (no exemplo, pelo advogado do réu *A*, pelo advogado do réu *B* ou pelo Ministério Público) será imediatamente excluído da sessão de julgamento, prosseguindo-se o sorteio para a formação do Conselho de Sentença com os jurados remanescentes (art. 468, parágrafo único).

Se, em razão das recusas levadas a efeito pelas partes, não for possível obter o número de sete jurados para a formação do Conselho de Sentença, haverá a **separação dos julgamentos** (art. 469, § 1.º), submetendo-se ao júri, na data aprazada, apenas um dos réus – réu A ou réu B. *E, nesse caso, qual dos réus deverá ser julgado em primeiro lugar?* O próprio Código de Processo Penal, no art. 469, § 2.º, estabelece o critério de escolha, aduzindo que, determinada a separação dos julgamentos, será julgado em primeiro lugar o acusado a quem foi atribuída a autoria do fato, relegando-se para momento posterior o julgamento do partícipe. Portanto, tratando-se de fato imputado a mais de um acusado e havendo, dentre estes, executores diretos (aqueles que realizam o núcleo do tipo, embora com atos distintos) e partícipes, aqueles deverão ser julgados em primeiro lugar. Evita-se, com isso, o julgamento de um partícipe secundário antes do executor. Por outro lado, sendo o caso de réus em *coautoria*, observar-se-á, na hipótese de cisão do julgamento, o critério estabelecido no art. 429 do CPP, qual seja: julgamento preferencial do acusado que estiver preso; se ambos estiverem presos, terá preferência aquele que estiver a mais tempo na prisão; caso se encontrem os réus em igualdade de condições, a preferência se estabelece ao precedentemente pronunciado. *E se todos os coautores houverem sido pronunciados na mesma data, como normalmente ocorre?* Entendemos que, nesse caso, deve ser obedecida a ordem de nomes na decisão de pronúncia. Já Marcelo Roberto Ribeiro, tratando da hipótese, entende "que deverá ser aplicado o critério da idade dos réus, julgando o mais velho deles primeiro"[66]. Outros compreendem que o critério de escolha será a discricionariedade do juiz.

[66] FISCHER, Douglas; BALTAZAR JÚNIOR, José Paulo; RIBEIRO, Marcelo; COSTA SILVA, Davi André; SBARDELOTTO, Fábio Roque; EBERHARDT, Marcos. *Reformas do processo penal*. Porto Alegre: Verbo Jurídico, 2008. p. 47.

Como se vê, modificou-se, com o advento da Lei 11.689/2008, o sistema adotado pela anterior redação do art. 461, que determinava a separação dos julgamentos quando, havendo dois ou mais réus com advogados distintos, o jurado aceito por um deles e recusado por outro, fosse aceito pelo Ministério Público. Na vigência dessa normatização, cindia-se o julgamento, persistindo o júri em relação ao réu cujo defensor tivesse concordado com o jurado sorteado.

Anote-se que, em razão da citada alteração legislativa de 2008, a menção ao art. 461 realizada pelo art. 79, § 2.º, *in fine*, do CPP, na atualidade, deve ser considerada relativa ao art. 469 do mesmo Código, já que este substituiu aquele no que concerne ao regramento sobre a separação de julgamento de corréus na hipótese de recusa de jurados.

Considere-se a seguinte situação hipotética: os réus A e B, com advogados distintos, são submetidos a julgamento pelo Tribunal do Júri. Instalada a sessão, o Juiz dá início ao sorteio de sete jurados, efetuando, a cada cédula retirada da urna, a leitura do nome do jurado sorteado. A seguir, facultará o Magistrado a cada parte – advogados dos réus e acusação – manifestarem-se sobre a aceitação ou recusa (neste último caso, até três recusas imotivadas).

Sistema anterior – previsão do art. 461, anterior à vigência da Lei 11.689/2008.	Sistema atual – previsão do art. 469, posterior à vigência da Lei 11.689/2008.
• Advogado do réu A recusa o jurado. • Advogado do réu B aceita o jurado. • Ministério Público recusa o jurado. • O jurado estava excluído da sessão.	• A recusa levada a efeito por qualquer dos advogados ou pela acusação importa em exclusão do jurado sorteado, prosseguindo-se o sorteio dentre os jurados remanescentes.
Sistema anterior – previsão do art. 461, anterior à vigência da Lei 11.689/2008.	**Sistema atual – previsão do art. 469, posterior à vigência da Lei 11.689/2008.**
• Advogado do réu A recusa o jurado. • Advogado do réu B aceita o jurado. • Ministério Público aceita o jurado. • Operava-se a separação dos julgamentos, prosseguindo-se o júri apenas quanto ao réu que tivesse aceito o jurado.	• A separação do julgamento, por motivo afeto à recusa, apenas ocorrerá quando, em razão dessas recusas, não for possível obter o número de sete jurados para composição do Conselho de Sentença. Nesse caso, o critério para escolha do réu a ser julgado em primeiro lugar será o previsto no art. 469, § 2.º, do CPP.

9.3.6.5. *Separação facultativa quando se tratar de infrações praticadas em circunstâncias de tempo ou de lugar diferentes; quando houver elevado número de réus; ou quando por qualquer motivo considerado relevante pelo Juiz (art. 80 do CPP)*

> **Art. 80.** Será facultativa a separação dos processos quando as infrações tiverem sido praticadas em circunstâncias de tempo ou de lugar diferentes, ou, quando pelo excessivo número de acusados e para não lhes prolongar a prisão provisória, ou por outro motivo relevante, o Juiz reputar conveniente a separação.

Contempla-se, nesse caso, a prática de crimes conexos ou continentes, que, pelas regras gerais atinentes à conexão ou continência, deveriam ser processados e julgados simultaneamente. Entretanto, em razão de circunstâncias relacionadas ao caso concreto, faculta o art. 80 do CPP que determine o Juiz a separação dos processos nas situações mencionadas, objetivando, com isso, evitar que o *simultaneus processus*, em vez de auxiliar na apuração da verdade real, venha a prejudicar tal busca em decorrência do tumulto muitas vezes provocado no processo pela diversidade de infrações apuradas ou excesso de réus. Frise-se que, nesses casos, a separação ou não do processo ficará a critério do juiz, segundo seu prudente arbítrio.

Exemplo: No julgamento da Questão de Ordem suscitada na Ação Penal Originária 514/PR, relativamente a fato envolvendo um denunciado com prerrogativa de foro no Superior Tribunal de Justiça e vários outros acusados sem essa prerrogativa, considerou o STJ que o processo simultâneo e conjunto contra todos se mostrava inviável, podendo, inclusive, acarretar a prescrição da pretensão punitiva em relação a alguns dos crimes imputados. Assim, determinou, com base no art. 80 do CPP, levando em consideração o número excessivo de acusados, o desmembramento para que permanecesse o feito em tramitação naquela Corte apenas em relação ao denunciado que, de acordo com a Constituição Federal, detém prerrogativa de Foro, devendo os demais ser processados e julgados nas instâncias respectivas. Salientou o STJ, ainda, que tal decisão não implica violação ao postulado do Juiz Natural, pois cada um dos denunciados será julgado pelo juízo originariamente competente.

9.3.6.6. Impossibilidade de reunião dos processos conexos ou continentes quando um deles já foi julgado por sentença definitiva

Como já dissemos, a conexão e a continência, ressalvado o disposto nos arts. 79 e 80 do CPP, importam em unidade de processo e julgamento. Não obstante, pode ocorrer que, a par de conexos ou continentes os delitos, sejam instaurados diferentes processos. Imagine-se, por exemplo, que *João* foi denunciado por furto simples (pena de reclusão de 1 a 4 anos e multa) de um veículo junto à 5.ª Vara Criminal de Porto Alegre. Posteriormente, *Pedro* é denunciado pela receptação qualificada (pena de reclusão de reclusão de 3 a 8 anos e multa) desse mesmo bem junto à 2.ª Vara Criminal de Canoas. Ora, evidentemente são conexos os delitos de furto e receptação, já que a prova de um desses crimes interfere na prova do outro (conexão instrumental ou probatória, *ex vi* do art. 76, III, do CPP). Não obstante, foram instaurados processos diversos que tramitam em juízos também distintos. Ocorrendo essa hipótese, dispõe o art. 82 do CPP que caberá ao Juiz com *jurisdição prevalente* – aquele que, de acordo com as regras estipuladas no art. 78 do CPP deva processar e julgar os crimes conexos ou continentes – *avocar* (chamar para si) – o processo que tramita perante outro juízo. No exemplo, o juízo prevalente é o da Comarca de Canoas, pois de acordo com o art. 78, II, *a*, do CPP, no concurso de jurisdições da mesma categoria, "preponderará a do lugar da infração, à qual for cominada a pena mais grave".

Agora, de acordo com o mesmo art. 82 do CPP, se apesar de conexos ou continentes os delitos que estão sendo apurados em juízos diversos, em um dos processos já tiver sido proferida sentença definitiva, não poderá o juízo considerado prevalente avocar o outro feito. Nesse mesmo sentido, o teor da Súmula 235 do STJ, dispondo que "a conexão não determina a reunião dos processos, se um deles já foi julgado". Note-se que a expressão *sentença definitiva* significa apenas *sentença que tenha julgado o mérito da ação penal, condenando ou absolvendo o réu*, não possuindo o sentido de *sentença transitada em julgado*. Em outras palavras, ainda que não tenha transitado em julgado a decisão proferida em um dos processos distintos, fica proibida a avocatória. Nesse caso, a unidade dos processos só se dará posteriormente, para o efeito de **soma** ou de **unificação de penas** (art. 82, *fine*, do CPP). Note-se que a **soma das penas** decorre das hipóteses de *concurso material de crimes* (art. 69 do CP) e de *concurso formal impróprio* (art. 70, 2.ª parte, do CP). Já a **unificação das penas** tem lugar, muito especialmente, nas hipóteses de *concurso formal próprio* (art. 70, 1.ª parte, do CP) e de *crime continuado* (art. 71 do CP).

9.3.7. Perpetuação da jurisdição (art. 81 do CPP)

> **Art. 81.** Verificada a reunião dos processos por conexão ou continência, ainda que no processo da sua competência própria venha o Juiz ou tribunal a proferir sentença absolutória ou que desclassifique a infração para outra que não se inclua na sua competência, continuará competente em relação aos demais processos.

Conforme ensina José Frederico Marques[67], consubstancia-se a ***perpetuatio jurisdictionis*** na ideia de que a competência adquirida por um juiz, em razão da conexão de causas, se perpetua e subsiste ainda que a lide que pertencia originariamente a sua competência e que atraiu seu poder de julgar o litígio desapareça por um motivo qualquer.

Adotando-se o exemplo trazido pela doutrina, considere-se que cinco crimes de furto tenham sido cometidos por *João* no município de Caçapava, sendo os objetos de todos os delitos adquiridos, ao mesmo tempo, por *Pedro*, na cidade de Tremembé. Em síntese: *cinco furtos* em Caçapava e *uma receptação* em Tremembé. Tendo em vista o número de crimes (art. 78, II, *b*, do CPP), todos os seis delitos deverão ser apurados e julgados conjuntamente em Caçapava. Na hipótese, contudo, de absolvição pelos furtos, não deverá o juízo de Caçapava encaminhar o feito para Tremembé com vista ao julgamento da receptação, permanecendo competente para julgá-lo em face da **perpetuação de sua jurisdição**.

Outro exemplo: imagine-se que tenha sido o agente denunciado, na Justiça Federal (Súmula 122 do STJ) por crime, em tese, de competência dessa Justiça (*v.g.*, facilitação de contrabando) e por outro que, isoladamente, seria de competência da Justiça Estadual (*v.g.*, extorsão), havendo clara conexão a recomendar a reunião dos processos, dado o contexto em que cometidos os delitos. Suponha-se, porém, que, após o encerramento da instrução criminal, ao sentenciar, tenha o Juiz determinado a **absolvição** pelo crime que atraiu a competência da Justiça Federal (facilitação de contrabando). Essa situação amolda-se perfeitamente ao disposto no art. 81 do CPP, cabendo ao juízo federal, onde tramita o processo, apreciar o crime patrimonial[68]. Mas atenção: essa hipótese não se confunde com aquela em que o Juiz federal, em vez de absolver, **julgue extinta a punibilidade** do crime de sua competência. Nesse caso, a orientação jurisprudencial em vigor é no sentido de que, com a extinção da punibilidade do agente pelo delito de competência da Justiça Federal, desaparece o interesse da União, devendo haver o deslocamento da competência para a Justiça Estadual. A não aplicação do princípio da *perpetuatio jurisdictionis* na espécie justifica-se no fato de que a competência da Justiça Federal é constitucionalmente estabelecida, não podendo as regras decorrentes da Lei Maior ser relativizadas a partir de norma estabelecida em nível infraconstitucional, consubstanciada no art. 81 do CPP. Inclusive, a propósito do tema já decidiu o STJ que "a Justiça Federal, por mais que se enquadre no conceito de justiça comum, é especial diante da Justiça Estadual. Logo, dado o seu caráter excepcional, cessada a razão de sua existência, e, não tendo sobrevindo julgamento de mérito, de rigor é o deslocamento do feito para que seja processado e julgado pelo Juiz natural, na espécie, a Justiça Estadual"[69].

Considere-se, também, a seguinte situação: Determinado indivíduo é denunciado pela prática de crimes de resistência (art. 329, *caput*, CP: pena de 3 meses a 2 anos) e de lesão corporal (art. 129, *caput*, CP: pena de 3 meses a 1 ano). Considerando que a soma das penas máximas ultrapassa o patamar que permite a tramitação no Juizado Especial Criminal (2 anos, conforme art. 61 da Lei 9.099/1995), tal denúncia é oferecida perante o Juízo Comum, aqui se desenvolvendo o processo. No momento da sentença, entende o Juiz por absolver

67 MARQUES, José Frederico. *Elementos de direito processual penal*. 2. ed. Campinas: Millennium, 2000. v. 1, p. 328.
68 STJ, HC 112.990/PR, *DJ* 07.12.2009.
69 STJ, CC 110.998/MS, *DJ* 04.06.2010.

o réu da imputação do art. 129 do CP. Ora, tal absolvição não implicará modificação da competência do Juízo Comum, cabendo a este, pois, julgar o delito remanescente do art. 329 do CP, ainda que se trate de infração de menor potencial ofensivo. Incide, enfim, a previsão do art. 81 do CPP ao consagrar o instituto da *perpetuatio jurisdicionis*.

Parágrafo único. Reconhecida inicialmente ao júri a competência por conexão ou continência, o juiz, se vier a desclassificar a infração ou impronunciar ou absolver o acusado, de maneira que exclua a competência do júri, remeterá o processo ao juízo competente.

O art. 81, parágrafo único, do CPP constitui **exceção à regra** do *caput*, relacionando-se, expressamente, ao procedimento de apuração dos crimes dolosos contra a vida. Refere-se, em síntese, à hipótese em que o réu tenha sido processado por dois ou mais crimes, um doloso contra a vida e o outro sem essa natureza, operando-se na fase da admissibilidade da acusação sua **impronúncia** (art. 414) ou sua **absolvição sumária** (art. 415) quanto à infração que atraiu a competência do juízo do júri, ou então a **desclassificação** (art. 419) desta última para outra que não seja dolosa contra a vida. *Exemplo:* réu acusado de homicídio em concurso material com latrocínio (este não é crime doloso contra a vida, e sim contra o patrimônio), ambos conexos. Se na fase da pronúncia o Magistrado impronunciá-lo pelo homicídio, não haverá perpetuação da competência em relação ao latrocínio, o qual deverá ser encaminhado à apuração pelo juízo competente, não podendo ser objeto de pronúncia.

E se a desclassificação do crime que atraiu ao júri a competência para o julgamento do crime conexo for determinada pelo Conselho de Sentença? Nesse caso, como o júri reconheceu sua própria incompetência – afastando o dolo de matar –, desloca-se o julgamento, ao juiz-presidente do Tribunal do Júri, tanto do delito inicialmente capitulado como crime contra a vida e que agora foi desclassificado para outro sem essa natureza, como dos conexos que haviam sido atraídos ao julgamento popular. Trata-se da aplicação do art. 492, §§ 1.º e 2.º, do CPP (alterado pela Lei 11.689/2008), dispondo, respectivamente, que, "se houver desclassificação da infração para outra, de competência do Juiz singular, ao presidente do Tribunal do Júri caberá proferir sentença...", e que, "em caso de desclassificação, o crime conexo que não seja doloso contra a vida será julgado pelo Juiz presidente do Tribunal do Júri".

Exemplo: João está sendo acusado de homicídio doloso contra Pedro e de lesão corporal grave dolosa em relação a Paulo. Devido à conexão entre estes delitos, João vem a ser levado a julgamento popular quanto a ambos. Em plenário de julgamento, sustenta a defesa a tese de que os crimes imputados foram culposos, postulando, via de consequência, a respectiva desclassificação. Quesitados os jurados, inicialmente, sobre o homicídio doloso (crime que atraiu a competência do júri popular para o julgamento do processo), resta acolhida a tese defensiva de culpa. Neste caso, os jurados não serão indagados em relação ao crime conexo (lesão), operando-se o imediato deslocamento para o juiz-presidente do Tribunal do Júri da competência para julgar ambos os delitos imputados na denúncia ministerial.

9.4. COMPETÊNCIA PARA JULGAMENTO DO CRIME DE GENOCÍDIO

9.4.1. Considerações gerais

O genocídio caracteriza-se como crime contra a humanidade. Tratado como crime hediondo pelo art. 1.º, parágrafo único, inciso I, da Lei 8.072/1990 (alterado pela Lei 13.964/2019), o fundamento da ação genocida encontra-se na intenção do agente de eliminar, total ou parcialmente, um grupo nacional, étnico, racial ou religioso.

No direito brasileiro, as condutas que compõem a descrição típica do genocídio encontram-se elencadas no art. 1.º da Lei 2.889/1956, as quais, na forma tentada ou consumada, consistem em:

a) matar membros do grupo;
b) causar lesão grave à integridade física ou mental de membros do grupo;
c) submeter intencionalmente o grupo a condições de existência capazes de ocasionar-lhe a destruição física total ou parcial;
d) adotar medidas destinadas a impedir os nascimentos no seio do grupo;
e) efetuar a transferência forçada de crianças do grupo para outro grupo.

Cabe ressaltar que, embora o tipo penal do delito contemple, em qualquer destas cinco modalidades, a proteção a um bem coletivo, que diz respeito à existência de um determinado grupo nacional, étnico, racial ou religioso, não é necessária, para sua configuração, uma pluralidade de vítimas em decorrência da ação perpetrada. Assim, poderá ocorrer genocídio tanto com uma vítima como com várias, condicionando-se, apenas, que a infração penal se concentre na vontade do agente em eliminar um grupo composto por indivíduos da mesma nacionalidade, etnia, raça ou religião.

Observe-se, ademais, que, no tocante à aplicação das penalidades, dispõe o art. 1.º da Lei 2.889/1956 que o crime será punido com as penas do art. 121, § 2.º, do CP, no caso da letra *a*; com as penas do art. 129, § 2.º, no caso da letra *b*; com as penas do art. 270, no caso da letra *c*; com as penas do art. 125, no caso da letra *d*; e com as penas do art. 148, no caso da letra *e*. Quer dizer, então, que comete *um crime de genocídio* e, portanto, estará sujeito a *uma pena* de 12 a 30 anos (reprimenda do homicídio qualificado) o agente que matar dez pessoas visando ao extermínio de um grupo humano determinado (indígenas de uma tribo, por exemplo). Entretanto, o mesmo agente terá cometido *dez crimes* e estará sujeito à incidência de *dez penas* de homicídio (simples ou qualificado, conforme o caso), na hipótese em que tenha matado dez pessoas sem o intuito de destruição de grupo humano. Isto ocorre porque, "entre nós, a pena para quem pratica as diversas modalidades de execução do crime de genocídio, mediante repetições homogêneas ou não, será sempre uma só, conforme a remissão da lei às penas previstas no Código Penal. Poderia ter sido outra a opção normativa. Mas a adotada o foi por considerá-las todas *um só ataque* ao bem coletivo – existência de um grupo nacional, racial, étnico ou religioso – cuja maior ou menor gravidade reflete-se na maior ou menor gravidade da modalidade cometida (art. 1.º, letras 'a' a 'e')"[70].

Aderindo a entendimento oposto e destoando da posição do STF, considera Nucci[71] que, se o agente "matar cinquenta pessoas com o mesmo intuito, não deve receber a mesma pena (reclusão, de 12 a 30 anos), como se tivesse cometido um único genocídio, mas, ao contrário, torna-se indispensável a aplicação do concurso de crimes (material, formal ou continuado, conforme o caso)".

9.4.2. Juiz Singular ou Tribunal do Júri?

Na fixação da competência para julgamento do genocídio, a maior dificuldade decorre do fato de que as condutas descritas no art. 1.º, alíneas *a e*, da Lei 2.889/1956 podem caracterizar uma diversidade de delitos, por exemplo, homicídio (alínea *a*), lesão corporal grave (alínea *b*), maus-tratos, tortura (alínea *c*), esterilização forçada ou aborto (alínea *d*) e sequestro, cárcere privado (alínea *e*).

[70] STF, RExt 351.487/RR, *DJ* 10.11.2006.

[71] NUCCI, Guilherme de Souza. *Leis penais e processuais penais comentadas*. 3. ed. São Paulo: RT, 2008. p. 590.

Uma primeira posição, vencida na jurisprudência e praticamente sem respaldo na doutrina, considera que *a fixação da competência deve ser feita a partir da constatação dos bens jurídicos direta e indiretamente atingidos pela conduta do agente*. Para estes, como no genocídio, ao fim e ao cabo, a intenção do sujeito ativo é a *destruição, total ou parcial, de grupo nacional, étnico, racial ou religioso*, todas as suas modalidades implicam, de forma direta ou indireta, crimes dolosos contra a vida do grupo humano, atraindo ao Tribunal do Júri a competência para o respectivo julgamento. A tese, a nosso ver, não prospera, pois, fosse assim, delitos como o latrocínio – crime para o qual o dolo do agente é a subtração do patrimônio da vítima (bem diretamente atingido), sendo a morte desta uma decorrência daquela intenção inicial (bem indiretamente atingido) – também deveriam ser submetidos a júri popular, o que não ocorre. O mesmo no estupro seguido de morte, na lesão corporal seguida de morte e na tortura seguida de morte.

Outra linha de pensamento, que espelha a orientação majoritária, compreende que a fixação da competência em casos tais deve levar em conta a *natureza do bem jurídico diretamente afetado pela conduta do agente: crime doloso contra a vida* ou *crime não doloso contra a vida*. Desse modo, tratando-se de genocídio praticado sob a modalidade de **crime não doloso contra a vida** – letras *b*, *c* e *e* –, o respectivo julgamento compete ao *juízo singular*. Controvérsias surgem quando for o genocídio praticado por meio de conduta ou condutas que, isoladamente, e abstraído o fim de extermínio de grupo humano, constituam-se **crimes dolosos contra a vida**, como ocorre na letra *a*, e pode ocorrer na letra *d* do art. 1.º da Lei 2.889/1956. Nesses casos, a partir de considerações sobre o bem jurídico diretamente atingido na hipótese de genocídio, outras duas correntes emergem:

a) *O bem jurídico atingido diretamente é a vida humana, não importando que a intenção específica do agente seja a destruição do grupo de que faz parte a vítima.* Assim, o juízo constitucionalmente competente para o julgamento será o Tribunal do Júri, *ex vi* da regra geral incorporada ao art. 5.º, XXXVIII, *d*, da Carta Republicana[72].

b) *O objeto jurídico imediatamente atingido pelo genocídio é a existência de um grupo nacional étnico, racial ou religioso.* Logo, no genocídio, não se está diante de um crime contra a vida que justifique a atração de seu julgamento ao Tribunal Popular. Esse entendimento, para seus adeptos, justifica-se em questões de razoabilidade, já que não se pode aceitar que um crime contra a humanidade seja julgado por leigos, como é o caso do Tribunal do Júri.

No âmbito do **Superior Tribunal de Justiça**, essa última foi a posição adotada por ocasião do julgamento do Recurso Especial 222.653/RR[73], relativo ao massacre de doze silvícolas integrantes da tribo *Haximu* da nação indígena *Yanomami*. Na oportunidade, decidiu-se pela competência do *Juiz singular* federal para processar e julgar o genocídio reconhecido no caso. Considerou-se, para tanto, que o *crime de genocídio tem objetividade jurídica, tipos objetivos e subjetivos, bem como sujeito passivo, inteiramente distintos daqueles arrolados como crimes contra a vida. Assim, a ideia de submeter tal crime ao Tribunal do Júri encontra óbice no próprio ordenamento processual penal, porquanto não há em seu bojo previsão para este delito, sendo possível apenas e somente a condenação dos crimes especificamente nele previstos, não se podendo neles incluir, desta forma, qualquer crime que haja morte da vítima, ainda que causada dolosamente.*

Contra esse acórdão do STJ, porém, foi interposto no **Supremo Tribunal Federal** o Recurso Extraordinário 351.487/RR[74]. No respectivo julgamento, opostamente ao

---

72 Ob. cit., p. 587.

73 STJ, 5.ª Turma, Rel. Min. Jorge Scartezzini, *DJ* 30.10.2000.

74 STF, Tribunal Pleno, Rel. Min. Cezar Peluso, *DJ* 10.11.2006.

entendimento do STJ, compreendeu o Pretório Excelso que o genocídio caracteriza um crime autônomo contra bem jurídico coletivo, sendo esse crime diverso dos ataques individuais que compõem as modalidades de sua execução. Como, na espécie, tais ataques consistiam em homicídios, dever-se-ia considerar como ocorrente *continuidade delitiva entre os vários homicídios perpetrados*, configurando-se, por outro lado, entre esse crime continuado de homicídio e o crime autônomo de genocídio situação caracterizada como *concurso formal impróprio* (cada homicídio praticado e o genocídio teriam resultado de desígnios autônomos). Nesse contexto, ocorrendo concurso formal impróprio entre os crimes de homicídio e o crime de genocídio, a competência para julgá-los, em razão da conexão, deveria estar afeta ao Tribunal do Júri. Sem embargo de agasalhar essa posição, o Recurso Extraordinário interposto contra o acórdão do STJ teve negado provimento, mantendo-se a competência do Juiz Federal Singular. Isto porque, para o deslocamento da competência para o Tribunal do Júri, seria necessário reconhecer, no massacre Yanomami, o referido concurso formal impróprio entre os homicídios em continuidade delitiva e o crime de genocídio, e, no caso em tela, os acusados foram condenados apenas por genocídio. Logo, o reconhecimento do homicídio importaria *reformatio in pejus,* o que é inaceitável.

Em suma, diferentes os entendimentos adotados no STJ e no STF, infere-se que o tem permanece controvertido no que toca à competência para julgamento do genocídio quando praticado sob a forma de homicídios.

COMPETÊNCIA PARA JULGAMENTO DO GENOCÍDIO QUANDO PRATICADO SOB A FORMA DE CONDUTAS QUE, ISOLADAMENTE, CONSTITUEM CRIMES DOLOSOS CONTRA A VIDA

Posição adotada pelo SUPERIOR TRIBUNAL DE JUSTIÇA	Posição adotada pelo SUPREMO TRIBUNAL FEDERAL
"O crime de genocídio tem objetividade jurídica, tipos objetivos e subjetivos, bem como sujeito passivo, inteiramente distintos daqueles arrolados como crimes contra a vida. Assim, a ideia de submeter tal crime ao Tribunal do Júri encontra óbice no próprio ordenamento processual penal, porquanto não há em seu bojo previsão para este delito, sendo possível apenas e somente a condenação dos crimes especificamente nele previstos, não se podendo neles incluir, desta forma, qualquer crime que haja morte da vítima, ainda que causada dolosamente" (REsp 222.653/RR, *DJ* 30.10.2000).	Na hipótese de crime de genocídio praticado sob a forma de condutas que, isoladamente, constituem crimes dolosos contra a vida, ocorre o seguinte: **continuidade delitiva entre os diversos crimes de homicídio**, cuja pena há de atender o disposto no art. 71 do Código Penal; e **concurso formal impróprio** (art. 70, *caput*, segunda parte, do Código Penal) entre o crime de homicídio majorado pela continuidade delitiva e um crime autônomo de genocídio, já que, no contexto desta relação, cada homicídio praticado e o genocídio resultaram de desígnios autônomos (RExt 351.487/RR, *DJ* 10.11.2006).
Operando-se, na conduta, apenas um crime de genocídio, a competência para seu julgamento é do **JUIZ SINGULAR FEDERAL**.	Operando-se, na conduta, crime continuado entre os diversos homicídios, e concurso formal impróprio entre esse crime continuado e o crime autônomo de genocídio, a competência para julgamento de todos, em face da conexão, é do **TRIBUNAL DO JÚRI**, realizado este, porém, na esfera federal

E se o genocídio, independentemente da modalidade sob a qual tenha sido praticado (letras *a*, *b*, *c*, *d* ou *e* do art. 1.º da Lei 2.889/1956), for conexo a outro crime de homicídio? Considere-se, como exemplo, a hipótese em que vários agentes em coautoria, após matarem 50 pessoas de uma comunidade indígena em atitude visando ao extermínio do grupo humano de que faziam parte, venham, dias depois, a matar duas testemunhas que presenciaram o fato. Nesse caso, por força da conexão entre o crime de genocídio e os crimes dolosos contra a vida (os homicídios), a competência para julgá-los, todos, será do Tribunal do Júri, à luz do que dispõe o art. 5.º, XXXVIII, da CF, combinado com os arts. 78, I, e 74, § 1.º, ambos do CPP.

9.4.3. Justiça Estadual ou Justiça Federal?

Como regra, a competência para o processo e julgamento dos delitos praticados com intuito genocida será da **Justiça Estadual**. Entretanto, em casos específicos, por exceção, tal competência poderá ser atribuída ou transferida à **Justiça Federal**. Consistem em:

a) Situação prevista no art. 109, V-A, da CF: Refere-se esse dispositivo à competência da Justiça Federal para julgar *as causas relativas a direitos humanos a que se refere o § 5.º deste artigo*. Trata-se de dispositivo introduzido pela Emenda Constitucional 45/2004, federalizando os crimes perpetrados contra os direitos humanos a que se refere o mencionado § 5.º. Esse parágrafo, por sua vez, aduz que, "nas hipóteses de grave violação de direitos humanos, o Procurador-Geral da República, com a finalidade de assegurar o cumprimento de obrigações decorrentes de tratados internacionais de direitos humanos dos quais o Brasil seja parte, poderá suscitar, perante o STJ, em qualquer fase do inquérito ou processo, incidente de deslocamento de competência para a Justiça Federal".

Ora, o genocídio é crime que afeta gravemente os direitos humanos fundamentais à vida, liberdade, religião, igualdade e dignidade da pessoa humana.

Sendo assim, a despeito da regra geral de competência da *Justiça Estadual* para sua apreciação, levando-se em conta as peculiaridades do caso concreto e, em especial, a realidade do Estado da Federação em que o delito ocorreu, possibilita-se ao Procurador-Geral da República representar junto ao STJ, por meio do **incidente de deslocamento de competência**, no sentido da remessa do feito à Justiça Federal. Tal faculdade prevista no art. 109, § 5.º, da Carta Republicana considera que, tendo o Brasil ratificado os tratados internacionais que coíbem os delitos contra os direitos humanos, compete à União Federal a responsabilidade pela sua apuração e repressão. Especificamente em relação ao genocídio, o Brasil, por meio do Decreto 30.822/1952, ratificou a Convenção para Prevenção e Repressão ao Crime de Genocídio de 1948.

Discussão que poderia surgir respeita à razão pela qual a previsão inserida no art. 109, V-A, da CF, por si, não é suficiente para que se considere, em qualquer caso, o genocídio como de competência da Justiça Federal. Segundo a jurisprudência pátria, isto ocorre porque a referência genérica utilizada pelo dispositivo ao referir-se às "causas relativas a direitos humanos", sem a definição de um rol específico de crimes, condiciona o enquadramento de uma conduta como *grave violadora dos direitos humanos* à análise de cada situação de fato, de suas circunstâncias e de suas peculiaridades. Destarte, o deslocamento à competência federal não poderá levar em conta unicamente a natureza intrínseca do crime, dependendo sempre da demonstração concreta de risco de descumprimento de obrigações decorrentes de tratados internacionais firmados pelo Brasil, resultante da inércia, negligência, falta de vontade política ou de condições reais do Estado-membro, por suas instituições, em proceder à devida persecução penal[75].

---

[75] STJ, CC 7.455/PA, 3.ª Seção, *DJ* 22.11.2007.

b) A existência de competência *ratione materiae* da Justiça Federal para a tutela dos interesses que tenham motivado a ação genocida: Contempla-se, nesse caso, a hipótese em que a competência da Justiça Federal é constitucionalmente definida em relação aos bens, direitos e interesses atingidos ou no que respeita ao grupo humano alvo do crime. Essa ordem de motivação, aliás, é que conduziu o STJ e o STF a inclinarem-se pela competência da Justiça Federal para o processo e julgamento de garimpeiros acusados do massacre de grupo indígena integrante da nação *Yanomami*, concluindo-se, na oportunidade, que "a competência para julgar a ação penal em que imputada a figura do genocídio, praticado contra indígenas na disputa de terras, é da Justiça Federal"[76], em face do disposto no art. 109, XI, da CF.

9.5. QUESTÕES RELEVANTES

Competência para o processo e julgamento dos crimes dolosos contra a vida praticados por militar contra civil: crime intencional contra a vida cometido contra civil, ainda que praticado por policial militar (federal ou estadual), não atrai a competência da Justiça Castrense, nos termos do disposto no parágrafo único do art. 9.º do Código Penal Militar, com as alterações introduzidas pela Lei 9.299/1996 ("os crimes de que trata este artigo, quando dolosos contra a vida e cometidos contra civil, serão da competência da justiça comum"). Tal regra vem ao encontro da previsão do art. 125, § 4.º, da Constituição Federal, ao dispor que "compete à Justiça Militar estadual processar e julgar os militares dos Estados, nos crimes militares definidos em lei e as ações judiciais contra atos disciplinares militares, *ressalvada a competência do júri* quando a vítima for civil [...]" (grifamos).

Entretanto, tratando-se homicídio praticado por militar contra militar, a competência será da Justiça Militar, pois não incidentes as previsões legal e constitucional referidas. Lembre-se, ademais, que o homicídio é considerado um *crime militar impróprio*, vale dizer, conduta que se tipifica tanto no Código Penal Militar (art. 205) como no Código Penal Comum (art. 121).

Competência para o processo e julgamento de crime comum praticado contra Juiz ou Promotor eleitoral no exercício das funções: suponha-se, por exemplo, a hipótese de um desacato praticado contra um Juiz eleitoral durante uma audiência. Ora, inicialmente, deve-se levar em conta que a competência criminal da Justiça Eleitoral se restringe ao processo e julgamento dos crimes tipicamente eleitorais, o que não ocorre com o desacato, previsto no art. 331 do Código Penal e que configura crime comum praticado por particular contra a administração em geral. Por outro lado, o Juiz eleitoral é órgão jurisdicional de cunho federal, restando, pois, evidenciado o interesse da União em preservar a própria administração. Destarte, resta afastada a competência da Justiça Eleitoral para o processo e julgamento do crime em tela, tal incumbindo à Justiça Federal, *ex vi* do art. 109, I, da Carta da República.

Competência para o julgamento do *habeas corpus* impetrado contra ato das Turmas Recursais dos Juizados Especiais Criminais: dispunha a Súmula 690 do Excelso Pretório que "compete originariamente ao Supremo Tribunal Federal o julgamento de *habeas corpus* contra decisão de turma recursal de juizados especiais criminais". Não obstante, na atualidade, conforme o entendimento firmado a partir do julgamento do HC 86.834 (Informativo 437), que implicou na superação da precitada disposição sumular, entende-se competir aos Tribunais de Justiça ou Tribunais Regionais Federais julgar *habeas corpus* contra ato de Turma Recursal dos Juizados Especiais Criminais.

---

[76] STJ, REsp 222.653/RR, *DJ* 30.10.2000.

Competência para decisão sobre o conflito de atribuições entre Ministério Público Federal e Ministério Público Estadual: no âmbito da ACO 843 (j. 05.06.2020), analisando conflito de atribuições entre o Ministério Público do Estado de São Paulo e o Ministério Público Federal, compreendeu o Plenário do STF que tal conflito deve ser dirimido pelo Conselho Nacional do Ministério Público. Com isto, ficou superada a orientação anterior da Corte, adotada em 19.05.2016 no julgamento da ACO 924/MG, segundo a qual tal conflito deveria ser resolvido pelo Procurador-Geral da República.

Competência para julgamento de crime cometido por policial federal no exercício de suas funções: compete à Justiça Federal o respectivo processo e julgamento. Tratando-se de delito doloso contra a vida e considerando que a instituição do Tribunal do Júri é assegurada pela Carta Magna, o julgamento é de incumbência do júri federal, expressamente previsto no art. 4º do Decreto-lei 253/1967, cabendo a sua presidência ao Juiz federal que competir o processamento da respectiva ação penal.

Competência para o processo e julgamento de crime de furto de valores depositados em conta bancária, praticado pelo agente por meio da internet: o Código de Processo Penal adotou, para fins de fixação da competência em matéria penal, a teoria do resultado, segundo a qual é competente para apurar a infração penal, aplicando a medida cabível ao agente, o juízo do foro onde se deu a consumação do delito, ou onde o mesmo deveria ter se consumado, na hipótese de crime tentado. Ora, no crime de furto, a infração consuma-se no local onde ocorre a retirada do bem da esfera de disponibilidade da vítima, isto é, no momento em que ocorre o prejuízo advindo da ação criminosa. Especificamente quanto à hipótese de fraude eletrônica para subtração de valores, o desapossamento da *res furtiva* se dá de forma instantânea, já que o dinheiro é imediatamente retirado da esfera de disponibilidade do correntista. Assim, na esteira do entendimento adotado pelo STJ, a competência para processar e julgar o delito em questão é do lugar de onde o dinheiro foi retirado, em atenção à norma do art. 70 do CPP.

Acesse o
MATERIAL SUPLEMENTAR

Entre no Ambiente de Aprendizagem através das instruções contidas na orelha deste livro e acesse os conteúdos exclusivos desta edição:
- questões de concursos;
- videoaulas dos principais temas;
- mapas mentais;
- *ebook* de resumos de cada capítulo.

CAPÍTULO 10

Procedimentos Comum e Especial

10.1. CONSIDERAÇÕES GERAIS

10.1.1. O procedimento comum e o procedimento especial

Dispõe o art. 394 do CPP que o procedimento será *comum* ou *especial.*

Procedimento especial é todo aquele previsto no âmbito do Código de Processo Penal ou de Leis Especiais para as hipóteses legais específicas, incorporando regras próprias de tramitação processual visando à apuração dos crimes que constituem o objeto de sua disciplina. *Exemplos*: Procedimento dos crimes de responsabilidade dos funcionários públicos (arts. 513 a 518); Procedimento dos crimes contra a honra (arts. 519 a 523); Procedimento relativo aos processos de competência do tribunal do júri (arts. 406 a 497); Lei de Drogas (Lei 11.343/2006); Procedimento dos crimes de competência originária dos tribunais (Lei 8.038/1990) etc.

Procedimento comum é o rito padrão ditado pelo Código de Processo Penal para ser aplicado residualmente, ou seja, na apuração de crimes para os quais não haja procedimento especial previsto em lei (art. 394, § 2.º). De acordo com o art. 394, § 1.º, do CPP, o procedimento comum subdivide-se em três espécies, condicionando-se a respectiva aplicação à quantidade da pena máxima cominada *in abstrato* e, conforme o caso, à natureza da infração. Consistem:

- **Procedimento comum ordinário:** adequado para a apuração de crimes cuja sanção máxima cominada for igual ou superior a quatro anos de pena privativa de liberdade (art. 394, § 1.º, I).
- **Procedimento comum sumário:** destinado à apuração de crimes cuja sanção máxima cominada seja inferior a quatro anos de pena privativa de liberdade (art. 394, § 1.º, II), excluindo-se, porém, as que devam ser apuradas por meio do rito sumaríssimo
- **Procedimento comum sumaríssimo:** cabível em relação às infrações de menor potencial ofensivo, como tal definidas as contravenções penais e os crimes a que a lei comine pena máxima não superior a dois anos, cumulada ou não com multa (art. 394, § 1.º, III). Cuida-se, em verdade, do rito adequado à apuração das infrações de competência dos juizados especiais criminais, conforme dispõe o art. 61 da Lei 9.099/1995.

Cabe ressaltar, entretanto, que há delitos cuja apuração, apesar de submeter-se ao procedimento comum (dada a ausência de previsão de rito especial), não obedecerá aos critérios do art. 394, § 1.º, do CPP, em face da existência de previsão legal expressa determinando regras distintas. Isto ocorre, muito especialmente, nas seguintes hipóteses:

1) **Crimes tipificados no Estatuto da Pessoa Idosa[1] (Lei 10.741/2003) cuja pena máxima não ultrapasse a quatro anos de prisão:** De acordo com o que dispõe o art. 94 do aludido Estatuto, o procedimento a ser adotado nestes casos será o previsto na Lei 9.099/1995, que, na atualidade, corresponde ao *procedimento sumaríssimo* previsto no art. 394, § 1.º, III, do CPP. Não se aplica, portanto, o rito comum sumário a tal ordem de infrações. Por outro lado, em relação aos demais crimes definidos na Lei 10.741/2003 a que cominada pena máxima superior a quatro anos, permanecem fora do alcance das disposições da Lei 9.099/1995, sendo processados normalmente segundo o rito geral previsto para a respectiva espécie delituosa (procedimento comum ordinário ou especial).
2) **Crimes praticados mediante violência doméstica e familiar contra a mulher (Lei 11.340/2006):** Trata-se da Lei Maria da Penha, estabelecendo seu art. 41 que aos crimes praticados com violência doméstica e familiar contra a mulher não se aplica a Lei 9.099/1995, independentemente da quantidade e natureza da pena prevista no tipo penal incriminador (v.g., lesões corporais, ameaça, etc.). Portanto, em relação a esta ordem de crimes, não será utilizado o procedimento sumaríssimo, devendo sua verificação atender o procedimento comum ordinário, se for o caso de infração cuja pena máxima privativa da liberdade cominada seja igual ou superior a quatro anos de prisão (art. 394, § 1.º, I); o procedimento comum sumário, se for hipótese em que o máximo da pena de prisão prevista seja inferior a quatro anos (art. 394, § 1.º, II); ou o procedimento especial adequado à espécie, v.g., rito do júri.
3) **Crimes falimentares (Lei 11.101/2005):** Determina o art. 185 da Lei 11.101/2005 que, uma vez recebida a denúncia ou a queixa subsidiária, *observar-se-á o rito previsto nos arts. 531 a 540 do CPP* (art. 185). Ora, com as alterações introduzidas ao Código de Processo Penal pela Lei 11.719/2008, os arts. 531 a 540 citados passaram a corresponder ao procedimento sumário cujos atos estão agora sequenciados nos arts. 531 a 536 do CPP. Isto quer dizer que, independentemente de o apenamento máximo previsto a tal espécie de delitos ser inferior, igual ou superior a quatro anos, será aplicável, na respectiva apuração, o *procedimento sumário*, nos termos disciplinados nos aludidos arts. 531 a 536 do CPP.

10.1.2. Os arts. 395 a 397 do CPP e sua aplicação geral e irrestrita a qualquer procedimento de primeiro grau

Estabelece o art. 394, § 4.º, que *as disposições dos arts. 395 a 398 deste Código aplicam-se a todos os procedimentos penais de primeiro grau, ainda que não regulados neste Código.* Com tal previsão, infere-se que, em princípio, a parte do procedimento comum incorporada aos citados arts. 395 a 398 (em verdade, 395 a 397, pois revogado o art. 398) deverá ser aplicada a todos os demais ritos de primeiro grau, mesmo os especiais.

Em que pese essa explicitude do art. 394, § 4.º, verificaremos no decorrer deste Capítulo que sua aplicação não é absoluta, havendo ressalvas que decorrem muito especialmente da impossibilidade jurídica de conciliação das regras preexistentes no ordenamento jurídico com o que dispõe a nova redação dos arts. 396 e 397.

---

[1] A Lei 14.423/2022, alterando a Lei 10.741/2003, substituiu as expressões "idoso" e "idosos", em todos os dispositivos nos quais empregadas, por "pessoa idosa" e "pessoas idosas", respectivamente.

10.1.2.1. *Rejeição da denúncia e da queixa-crime (art. 395 do CPP)*

O art. 395 do CPP trata das causas de rejeição da denúncia ou da queixa-crime, estabelecendo que ocorrerá nos casos em que:

I. For manifestamente inepta: dá-se a inépcia da inicial quando lhe faltarem os requisitos essenciais previstos no art. 41 do CPP, quais sejam, a exposição do fato criminoso com todas suas circunstâncias e a qualificação mínima do acusado ou elementos pelos quais se possa identificá-lo, além de outros exigidos pela doutrina, como o endereçamento ao juízo competente, a assinatura do membro do Ministério Público ou do advogado do querelante e redação em vernáculo. Logo, impedir o Estado, de antemão, de exercer a função jurisdicional, coibindo-o de sequer realizar o levantamento dos elementos de prova para a verificação da verdade dos fatos, tudo sob o pálio da inépcia da inicial, constitui uma hipótese de extrema excepcionalidade, não sendo aceitável seu reconhecimento quando meros requisitos acidentais não estiverem presentes (*v.g.*, a correta capitulação do crime, que pode ser objeto de *emendatio libelli* independente até mesmo de aditamento posterior, nos termos do art. 383 do CPP).

II. Faltar pressuposto processual ou condição para o exercício da ação penal: consideram-se como *pressupostos processuais* o desencadeamento da ação penal por meio da denúncia ou da queixa; a competência do juízo; a existência de partes que possam estar validamente em juízo em nome próprio ou alheio; e a originalidade da demanda (inocorrência de litispendência ou coisa julgada). Já as *condições para o exercício da ação penal* têm pertinência não apenas em relação às condições de procedibilidade, como a representação do Ministério Público e a requisição do Ministro da Justiça nos crimes em que a ação penal estiver condicionada a tais formalidades, como também às condições gerais da ação relacionadas à existência de legitimidade *ad causam* ativa e passiva, possibilidade jurídica do pedido de condenação e interesse de agir.

III. Faltar justa causa para o exercício da ação penal: respeita, em linhas gerais, à existência de um lastro probatório mínimo que torne idônea a imputação realizada na denúncia ou na queixa. Não haverá justa causa para ação penal, por exemplo, quando intentada sem que haja prova da materialidade do crime ou quando ausentes indícios de autoria.

10.1.2.2. *Citação do acusado e resposta à acusação (art. 396 do CPP)*

O art. 396 do CPP dispõe que, nos procedimentos ordinário e sumário, oferecida a denúncia ou queixa, o juiz, se não a rejeitar liminarmente, recebê-la-á e ordenará a citação do acusado para responder à acusação, por escrito, no prazo de dez dias. Da leitura do artigo depreende-se que, uma vez ajuizada a inicial acusatória, caberá ao juiz verificar se, eventualmente, não se perfazem as situações mencionadas no art. 395 do CPP. Concorrendo qualquer das situações referidas nos incisos I, II e III do art. 395, deverá ele rejeitar liminarmente a exordial. Caso contrário, deverá receber a denúncia ou a queixa-crime e determinar a citação do acusado para apresentar resposta, em dez dias.

Não localizado para citação pessoal nem sendo hipótese que justifique a citação por hora certa, será o imputado citado por edital, caso em que o prazo para a apresentação de resposta apenas começará a fluir a partir de seu comparecimento pessoal ou do defensor constituído, conforme dispõe o art. 396, parágrafo único, do CPP. Até que isto ocorra, o processo criminal permanecerá suspenso e, também, suspensa a fluência do prazo prescricional, consoante disciplina do art. 366 do mesmo Código.

Assunto que ensejava controvérsia dizia respeito à constitucionalidade da **suspensão indefinida do prazo da prescrição** determinada pelo mencionado dispositivo. Veja-se que, enquanto no STJ há muito tempo se compreende que o período máximo de suspensão do prazo prescricional, na hipótese do art. 366 do CPP, deve corresponder ao que está fixado no art. 109 do CP (prazo da prescrição), observada a pena máxima cominada para a infração penal (posição esta, inclusive, sedimentada por meio de sua Súmula 415[2]), no STF vigorava posição oposta, vale dizer, a de que não haveria óbice à indefinição do prazo de suspensão da prescrição previsto no art. 366 do CPP, não implicando essa situação no estabelecimento de novo caso de imprescritibilidade além dos previstos na Constituição Federal. Pois bem, na atualidade o impasse não mais existe. Isto porque o Plenário do Supremo Tribunal Federal, em 04.12.2020, no julgamento do Recurso Extraordinário 600.851 RG/DF, em regime de repercussão geral[3] (com efeito vinculante, portanto, sobre os demais Órgãos do Poder Judiciário), fixou a tese de que "em caso de inatividade processual decorrente de citação por edital, ressalvados os crimes previstos na Constituição Federal como imprescritíveis, é constitucional limitar o período de suspensão do prazo prescricional ao tempo de prescrição da pena máxima em abstrato cominada ao crime, a despeito de o processo permanecer suspenso". Como se vê, hoje em dia, os Tribunais Superiores encontram-se alinhados no sentido de que, efetivamente, o prazo máximo de suspensão do prazo prescricional na hipótese do art. 366 deve ser aquele em que prescreve o crime imputado, retornando, a partir daí, a correr a prescrição, sem embargo de continuar paralisado o processo até que **seja citado o réu pessoalmente** (caso em que a ação penal terá prosseguimento) ou que ocorra a extinção da punibilidade.

E se o agente, ao tempo do fato, contava com menos de 21 anos de idade? Pensamos que, nesse caso, deve-se aplicar, para a definição do tempo máximo de suspensão do prazo prescricional, o redutor estabelecido no art. 115, 1ª parte, do Código Penal, que assim determina: *"são reduzidos de metade os prazos de prescrição quando o criminoso era, ao tempo do crime, menor de 21 (vinte e um) anos [...]"*.

E se, encontrando-se suspenso o processo criminal, em vez da citação pessoal do réu, sobrevier a sua citação por hora certa, nos termos do art. 362 do CPP c/c os arts. 252 a 254 CPC/2015)? Esta modalidade citatória também deve permitir a retomada do andamento do processo suspenso? Apesar de vozes em sentido oposto, entendemos que sim, pois a citação por hora certa lastreia-se na suspeita fundada de que o réu está se ocultando para não ser citado, permitindo, assim como ocorre quando pessoalmente citado, a tramitação processual – tanto é que refere o mencionado art. 362 que *"completada a citação com hora certa, se o acusado não comparecer, ser-lhe-á nomeado defensor dativo"*.

Perceba-se que, no atual sistema processual, o réu deve ser citado para *apresentar resposta à acusação* e não para o seu *interrogatório*, ato este que, como veremos adiante, é realizado depois de esgotada a fase instrutória. *E qual deve ser o **conteúdo** dessa resposta?* Nesse enfoque, sempre discordamos da posição adotada por segmento expressivo, no sentido de que essa manifestação deve ser elaborada de forma objetiva, resumida, limitada ao requerimento de provas, sem adentrar no mérito para não antecipar a tese defensiva ao acusador. Entendemos, pois, que, dependendo das peculiaridades do caso concreto, quanto mais cedo buscar o defensor formar o convencimento do juiz sobre a inocência do réu ou motivos determinantes de sua conduta, mais fácil será a aceitação da tese defensiva ao final do processo. No atual regramento introduzido pela Lei 11.719/2008 ao Código de Processo Penal, confirmou-se em termos legais essa nossa posição, estabelecendo o art. 396-A que, "*na resposta, o acusado poderá arguir preliminares e alegar*

[2] Súmula 415 do STJ: "O período de suspensão do prazo prescricional é regulado pelo máximo da pena cominada".

[3] Apreciação do Tema 438 da repercussão geral antes reconhecida no RExt 600.851/DF.

tudo o que interesse à sua defesa, oferecer documentos e justificações, especificar as provas pretendidas e arrolar testemunhas, qualificando-as e requerendo sua intimação, quando necessário". A importância de ater-se o advogado a este novo regramento, evitando a formulação de uma defesa vaga, genérica, restrita à afirmação de que "a inocência será provada ao final do processo", justifica-se na circunstância de que, se forem convincentes os termos da resposta e os elementos probatórios a ela acostados, poderá o juiz, constatando a ocorrência de qualquer das situações mencionadas no art. 397 do CPP, absolver sumariamente o réu em julgamento antecipado do processo. Evidentemente, a maior ou menor amplitude argumentativa da resposta dependerá, sempre, da hipótese concreta *sub judice*, pois, em primeiro lugar, o art. 396-A não chega a ser cogente no sentido de impor à defesa o aprofundamento na tese ("na resposta o acusado **poderá** arguir preliminares e alegar tudo o que interesse à sua defesa...") e, em segundo, haverá situações nas quais, por estratégia, talvez não convenha à defesa antecipar seus argumentos, ainda mais diante da atual normatização do procedimento comum, em que o interrogatório do réu foi relegado para momento posterior à produção do restante da prova oral (arts. 400 e 531 do CPP).

10.1.2.3. Possibilidade de julgamento antecipado do processo com absolvição sumária do réu (art. 397 do CPP)

Oferecida a resposta pelo acusado, os autos deverão ser conclusos ao juiz, ocasião em que verificará a possibilidade de antecipar, mediante juízo de valor, o resultado final da demanda, para o fim de absolver sumariamente o acusado, com fundamento no art. 397. Ressalta-se que, nesta oportunidade, a decisão do magistrado deverá louvar-se em critério eminentemente *pro societate*, o que lhe impõe, na dúvida, não absolver o réu e determinar o prosseguimento normal do processo.

São causas de absolvição sumária, nos termos do precitado dispositivo legal:

I – Existência manifesta de causa excludente de ilicitude: é preciso que os elementos de convicção até então angariados ao processo permitam ao magistrado *certeza absoluta* ("existência manifesta") quanto a ter o acusado praticado a conduta imputada ao abrigo de causas de exclusão da ilicitude, quais sejam, a legítima defesa, o estado de necessidade, o exercício regular de direito e o estrito cumprimento do dever legal. Possuindo o juiz dúvidas acerca da efetiva ocorrência dessas situações, não poderá absolver sumariamente o réu em julgamento antecipado, diferentemente do que ocorre com a sentença proferida ao final do processo, quando a dúvida permite a absolvição (art. 386, VI, *in fine*).

II – Existência manifesta de causa excludente da culpabilidade do agente, salvo inimputabilidade: também aqui é necessário juízo de certeza, isto é, prova estreme de dúvidas quanto à ocorrência de excludentes de culpabilidade. Na medida em que o art. 397, II, *fine*, do CPP ressalva a inimputabilidade do acusado como motivo de absolvição sumária, conclui-se que as excludentes de culpabilidade que permitem tal absolvição abrangem o erro de proibição inevitável (art. 21 do CP), a coação moral irresistível e a obediência hierárquica à ordem não manifestamente ilegal (art. 22 do CP) e a embriaguez fortuita completa (art. 28, § 1.º, do CP).

Apesar de não estar expresso, é evidente que a inimputabilidade ressalvada no dispositivo é aquela causada pela doença mental ou pelo desenvolvimento mental incompleto ou retardado à época do fato. A exceção legal justifica-se na circunstância de que a absolvição sumária fundamentada exclusivamente na inimputabilidade conduziria o juiz à imposição concomitante de medida de segurança. Trata-se da chamada absolvição imprópria. Melhor, então, em vez de absolvê-lo desta forma, prosseguir com o processo, pois no curso da instrução poderão surgir provas que permitam ao magistrado, no momento da sentença, absolvê-lo por motivo outro que não a inimputabilidade decorrente da doença mental e, assim, deixar de aplicar a medida de segurança. É o caso, por exemplo, de reconhecer o juiz que, apesar de inimputável à época do fato, agiu o réu em situação de evidente legítima defesa própria. Nesta hipótese, será ele absolvido com base na excludente de ilicitude e, logicamente, sem a aplicação de medida de segurança, situação que não seria possível se, antes da instrução, pudesse o juiz absolvê-lo unicamente a partir da consideração de sua inimputabilidade.

III – Não constituir o fato infração penal: trata-se da hipótese de atipicidade da conduta. Por exemplo, denunciado por estelionato sob a modalidade de emissão de cheque sem suficiente provisão de fundos, demonstra o acusado em sua resposta que o cheque emitido foi pré-datado, o que descaracteriza o crime do art. 171, § 2.º, VI, do CP, caracterizando-se a conduta como mero ilícito civil, sem qualquer repercussão criminal.

IV – Encontrar-se extinta a punibilidade: verifica-se, aqui, um verdadeiro paradoxo jurídico, considerando o legislador causa de *absolvição* o fato de já se encontrar extinta a punibilidade, por exemplo, pela prescrição. Tecnicamente, tal situação não deveria ser objeto de decisão absolutória, mas, sim, de pronunciamento autônomo incidental ao processo criminal, acarretando-lhe a extinção prematura e o consequente arquivamento. Imagine-se, por exemplo, a morte do réu no curso do processo. Ora, a morte do agente é causa extintiva da punibilidade, como se infere do art. 107, I, do CP. E, logicamente, não seria razoável cogitar que pudesse o magistrado, diante da certidão de óbito do acusado que lhe tenha sido apresentada pelo advogado junto com a resposta a que alude o art. 396 do CPP, *absolver sumariamente o réu morto* com base no art. 397, IV. Neste contexto, é evidente que, constatando a ocorrência de causa extintiva da punibilidade, deve o juiz, simplesmente, declará-la nos autos, independente de um veredicto absolutório.

A decisão que absolve o réu nos casos do art. 397 do CPP é recorrível? Sendo o caso de *absolvição sumária*, é evidente o cabimento de apelação fulcrada no art. 593, II, do CPP. Cabe alertar que não se trata de hipótese que justifique a utilização da apelação contemplada no inciso I do citado dispositivo, que se destina à sentença de absolvição. Isso porque, sem embargo do tratamento impróprio que lhe confere o Código e apesar de acarretar a extinção do processo com exame de mérito, a absolvição sumária não possui natureza de sentença e sim de decisão interlocutória mista terminativa. Afinal, trata-se de decisão proferida incidentalmente ao feito, vale dizer, proferida antes de esgotados todos os atos do rito, como é exigido para que se tenha uma sentença em sentido técnico.

E quando o juiz não absolver o réu nesta etapa do processo, determinando o prosseguimento do feito com designação de audiência? Cabe algum recurso? Há duas orientações aqui:

> **Primeira** *(posição minoritária):* o art. 397 introduz uma fase procedimental de admissão ou não da acusação, nos mesmos moldes do que se dá com a decisão de pronúncia no procedimento dos crimes dolosos contra a vida. Destarte, possuindo tal manifestação natureza de decisão interlocutória mista não terminativa, é possível à defesa insurgir-se mediante **recurso em sentido estrito**, sem efeito suspensivo, por interpretação extensiva da previsão incorporada ao art. 581, IV, do CPP.
>
> **Segunda** *(posição majoritária):* é **irrecorrível** a decisão que determina o prosseguimento da marcha processual, deixando de absolver sumariamente o réu. Por esta linha de pensamento, logo após a apresentação da resposta do acusado, poderá o juiz absolvê-lo sumariamente, caso entenda que os elementos acostados com a resposta à acusação conduzem a essa solução, ou, então, denegar tal absolvição, passando à etapa seguinte do rito – aprazamento da audiência de instrução – sem pronunciamento aprofundado em relação ao mérito da ação penal. Por

óbvio, quando se fala que é dispensável "pronunciamento aprofundado" do juiz sobre o mérito da ação penal, não se está dizendo que é desnecessário o mínimo de fundamentação. Pelo contrário. Ainda que de modo conciso, impõe-se ao juiz mencionar, em relação aos pontos que dispensam produção probatória, as teses ventiladas na resposta à acusação, referindo as razões pelas quais não as acolhe e, por isso mesmo, denega a absolvição sumária pretendida[4]. Para os adeptos dessa orientação, a decisão denegatória da absolvição sumária constitui mera confirmação do recebimento da denúncia, descabendo, então, cogitar a existência de algum recurso de que possa dispor a parte para reverter essa situação[5]. **Mas atenção:** mesmo os seguidores dessa corrente (no sentido da irrecorribilidade) concordam que, se a denegação da absolvição sumária ocorrer a partir de afastamento da tese de extinção da punibilidade (esta, paradoxalmente, também é motivo de absolvição sumária, consoante art. 397, IV, do CPP), nesse caso é cabível, sim, impugnação, que deve ser feita mediante o recurso em sentido estrito previsto no art. 581, IX, do CPP, dispositivo este que contempla a hipótese de indeferimento da extinção da punibilidade, pela prescrição ou outra causa.

10.2. PROCEDIMENTO COMUM ORDINÁRIO (ARTS. 394, § 1.º, I, E 395 A 405 DO CPP)

10.2.1. Sequência dos atos que compõem o procedimento

Conforme previsto no art. 394, § 1.º, I, do CPP, o procedimento comum ordinário deve ser aplicado ao processo criminal quando tiver por objeto crime cuja **sanção máxima cominada for igual ou superior a quatro anos de pena privativa de liberdade**, desimportando tratar-se de reclusão ou detenção.

É constituído das seguintes etapas:

a) Oferecimento da denúncia ou queixa-crime: a inicial acusatória deve conter os requisitos do art. 41 do CPP, instruídas, ainda, com o mínimo de lastro probatório quanto à autoria e à materialidade do fato. Neste momento, deverão ser arroladas as testemunhas da acusacão, até o máximo de oito, abstraídas nesse número as não compromissadas (art. 401), o ofendido e os peritos que tenham atuado no feito. Quanto a estas duas últimas categorias, sua desconsideração no máximo legal decorre da circunstância de que não são testemunhas no sentido técnico do termo, tanto que tratados à parte pelos arts. 400 e 531 do CPP ao disciplinarem a ordem de produção da prova oral em audiência. Embora não mencionado, reputamos que essa quantificação das testemunhas em oito dá-se, relativamente à acusação, por fato imputado. Destarte, atribuindo a inicial, por exemplo, dois crimes a um mesmo réu ou a réus distintos, poderão ser arroladas até 16 testemunhas. O número não se eleva, contudo, na hipótese de apenas um fato ser atribuído a dois ou mais réus.

Lembre-se, ademais, que, em se tratando de acusado preso, a exordial deverá ser oferecida no prazo de cinco dias e, se estiver solto, em quinze dias (art. 46).

b) Rejeição liminar ou recebimento: conclusa a peça vestibular ao juiz, este poderá rejeitá-la liminarmente, caso constate a ocorrência de qualquer das situações previstas no art. 395 do CPP. Visando não incorrer em tautologia, remetemos o leitor ao *item 10.1.2.1*, retro, em que examinamos cada causa de rejeição em separado.

Não sendo, pois, caso de rejeição liminar, procederá o magistrado ao recebimento da inicial (art. 396 do CPP).

---

4 STJ, RHC 41992/MS, *DJe* 01.08.2016.

5 TJRS, Apelação Criminal 70055114110, j. 05.09.2013.

c) Recebimento pelo magistrado (art. 396): momento processual importante, eis que constitui marco interruptivo da prescrição (art. 117, I, do CP), não afetando esta regra o fato de dispor o art. 363 do CPP que *o processo terá completada a sua formação quando realizada a citação do acusado.*

Existe segmento doutrinário compreendendo que, a despeito da referência do art. 396 ao *recebimento* da inicial nesta fase, o efetivo recebimento da denúncia ocorreria apenas após a apresentação da resposta à acusação prevista no art. 396-A. Tal impasse decorre da circunstância de que o art. 399, ao tratar da fase posterior à citada resposta, também se refere ao *recebimento* da exordial.

Data venia, compreendemos que a impropriedade não está no art. 396, mas, sim, no art. 399. Isso porque, após a apresentação da resposta do acusado, contempla o art. 397 a possibilidade de absolvição sumária do imputado caso ocorram as situações nele previstas. Ora, compreender que o recebimento da peça vestibular somente ocorre na fase do art. 399 importa em concluir, também, que será possível ao magistrado absolver sumariamente com base no art. 397 *antes* de recebida a denúncia ou a queixa e antes de se ter, propriamente, um processo, o que se afigura juridicamente impossível. Lembre-se de que, de acordo com o art. 363, somente com a citação do acusado é que estará completa a relação processual e esta, segundo termos do art. 396, ocorre após o recebimento. Portanto, o verdadeiro recebimento da inicial constitui marco interruptivo da prescrição e ocorrerá logo depois de oferecida essa peça, caso não seja hipótese de rejeição liminar, sem embargo de o juiz, na fase do art. 399, à luz dos argumentos colacionados na resposta à acusação (art. 396-A), poder rever este recebimento e, inclusive, reconsiderar essa decisão caso se convença de que a inicial, ao contrário de sua conclusão inicial, não preenche os requisitos do art. 41 do CPP. Não é outra, aliás, a orientação do STJ:

> "II – Com o advento da Lei n. 11.719/08, que modificou o Código de Processo Penal, divisam-se dois momentos em que o magistrado manifestar-se-á acerca do cumprimento dos requisitos de admissibilidade da denúncia, quais sejam, os artigos 396 e 399, do Código de Processo Penal. III – Em um primeiro momento, na fase do art. 396, do CPP, é lícito ao magistrado, expondo, de forma sucinta, as razões do seu convencimento acerca dos indícios de autoria e prova da materialidade, receber a proemial acusatória sem ingressar no *meritum causae* da acusação. IV – Posteriormente, à luz de resposta à acusação que avente preliminares, bem como teses conducentes à absolvição sumária, na forma dos arts. 396-A, *caput*, e 397, do CPP, deverá o juiz debruçar-se novamente sobre a denúncia, verificando a presença dos requisitos do art. 41, do CPP e a não incorrência em vícios do art. 395, do mesmo diploma legal, proferindo, desta feita, manifestação fundamentada, devendo se acautelar para não antecipar o julgamento da causa." (Habeas Corpus, 358115/SC, *DJ* 21.02.2017)

d) Citação do acusado para resposta (art. 396): uma vez recebida a denúncia ou a queixa, ordenará o magistrado a citação pessoal do acusado para responder à acusação, por escrito, no prazo de dez dias. Não sendo possível a *citação pessoal*, determinará o juiz:

- *Citação por edital (arts. 361 e 363, § 1.º)*, com prazo de 15 dias, caso o réu não seja encontrado no endereço fornecido e tenham sido esgotadas as possibilidades de localizá-lo. Neste caso, atendendo o acusado à citação editalícia, o prazo para a defesa começará a fluir a partir do comparecimento pessoal do acusado ou do defensor constituído (art. 396, parágrafo único). Se, opostamente, não comparecer e tampouco constituir defensor, o processo ficará suspenso, assim como o lapso prescricional (art. 366), sem embargo de o processo retomar seu prosseguimento normal caso venha o acusado, em qualquer tempo, a fazer-se presente nos autos (art. 363, § 4.º).

- *Citação por hora certa (art. 362)*, no caso em que se verificar que o réu se oculta para não ser citado. Antes da alteração legislativa introduzida pela Lei 11.719/2008, procedia-se, em tais casos, à citação por edital, com prazo de cinco dias. Na atualidade, isto não mais ocorre, dispondo o art. 362 do CPP que, *verificando que o réu se oculta para não ser citado, o oficial de justiça certificará a ocorrência e procederá à citação com hora certa, na forma estabelecida nos arts. 227 a 229 do CPC/1973* (matéria regrada nos arts. 252 a 254 do CPC/2015).

1. De acordo com o CPC/2015, nos condomínios edilícios ou loteamentos com controle de acesso, pode o oficial de justiça realizar a referida intimação na pessoa do funcionário da portaria encarregado de receber a correspondência (art. 252, parágrafo único); 2) A citação com hora certa é efetivada ainda que a pessoa da família ou o vizinho, que houver sido intimado, esteja ausente, ou se, embora presente, a pessoa da família ou o vizinho se recusar a receber o mandado (art. 253, § 2.º); 3) O oficial de justiça fará constar do mandado a advertência de que será nomeado curador especial se houver revelia (art. 253, § 4.º); 4) Depois de feita a citação com hora certa, cabe ao escrivão enviar ao citando, no prazo de dez dias (contado da data da juntada do mandado aos autos), carta, telegrama ou correspondência eletrônica, dando-lhe ciência do ocorrido e da citação realizada (art. 254).

Questão importante respeita à possibilidade de ser realizada no processo criminal a chamada *citação imprópria*, vale dizer, aquela realizada na pessoa do curador nomeado ao acusado que, incapaz na época da prática da infração penal, assim permanece no momento da citação a ponto de não ter condições de compreender os seus termos. Em tese, mostra-se viável esta modalidade citatória em razão do que prevê o art. 151 do Código de Processo Penal, no sentido de que, reconhecida em incidente de insanidade mental a incapacidade ao tempo do fato, o processo terá prosseguimento por meio de curador.

Entendemos que a solução deste impasse, na realidade, há de ser ditada pelo bom-senso.

Em primeiro lugar, não existe, na legislação, previsão de que o processo penal persista paralisado quando, *ao tempo da infração penal*, foi o acusado reconhecido incapaz – inimputável (art. 26, *caput*, do CP) ou semi-imputável (art. 26, parágrafo único, do CP). Pelo contrário, o art. 151 do CPP refere que, neste caso, o processo *prosseguirá* com a presença de curador. A situação difere, portanto, da prevista no art. 152 do CPP, que trata da incapacidade superveniente ao fato e persistente à época do processo, caso em que o feito ficará paralisado até o restabelecimento do acusado ou a extinção da punibilidade pela prescrição.

Ora, não gozando o réu de plenitude mental à época da infração penal, não se pode considerar *válida* (art. 564, III, "e", do CPP) a citação realizada unicamente na sua pessoa, quanto mais se desatender ele o chamado judicial, mantendo-se revel.

Desta forma, entendemos que, em qualquer hipótese, deve o oficial de justiça tentar proceder à citação pessoal do acusado. Percebendo sua incapacidade de compreensão, deverá certificar esta situação, deixando de cumprir o mandado citatório. Se, ao contrário, constatar ao menos certa capacidade de entendimento, deverá citá-lo, certificando sua percepção quanto a eventuais sinais de alienação mental. Independentemente de uma ou outra situação, deverá, também, ser ordenada pelo juiz a citação por meio do curador nomeado por ocasião da instauração do incidente (art. 149, § 2.º), até porque, não fosse assim, desapareceria o sentido do art. 151 do CPP ao dispor que, nestes casos, o *processo prosseguirá com a presença de curador.*

e) Resposta do acusado (art. 396-A): preceitua o art. 396-A do CPP que, na resposta, o acusado poderá arguir preliminares e alegar tudo o que interessa à sua defesa, oferecer documentos e justificações, especificar as provas pretendidas e arrolar testemunhas, qualificando-as e requerendo sua intimação, quando necessário. Nesta fase, poderão ser arroladas até oito testemunhas, não se computando neste número aquelas não sujeitas a compromisso, conforme se infere do art. 401. Esse número deve ser considerado por fato e por réu. Deste modo, um mesmo fato atribuído a dois réus permite que 16 testemunhas sejam arroladas, o mesmo ocorrendo se dois fatos forem imputados a um só acusado.

Situação por vezes ocorrente é deixar o defensor de arrolar testemunhas na resposta do acusado. Neste caso, questiona-se a possibilidade de indicação do rol em momento posterior. Parte da doutrina entende que isto é viável, compreendendo que constitui cerceamento de defesa o indeferimento do pedido de oitiva de testemunhas não arroladas no momento do art. 396-A do CPP. Não concordamos com esta orientação e com ela também não concorda o STJ, em que prevalece o entendimento de que a resposta à acusação é o momento adequado para que sejam arroladas as testemunhas de defesa, de sorte que, esgotado o prazo para sua apresentação, a consequência é a preclusão consumativa, não sendo o juiz obrigado a ouvir testemunhas indicadas extemporaneamente pela parte. *E quanto à substituição de testemunha arrolada?* Na medida em que tumultua a fase instrutória e desequilibra a paridade que deve existir entre as partes, apenas excepcionalmente pode o juiz admitir tal substituição, vale dizer, quando apresentadas justificativas plausíveis, demonstrando-se que os depoimentos das novas testemunhas, de fato, podem contribuir na busca da verdade real[6].

Note-se que, no contexto atual do rito comum ordinário, a resposta do acusado vem em substituição à extinta defesa prévia, peça na qual a tendência da defesa sempre foi a de não adiantar sua tese, por entender que isto facilitaria o trabalho da acusação. Por essa razão, os argumentos expendidos eram genéricos, limitados, na maior parte das vezes, à afirmação de que, em alegações finais, seria comprovada a inocência.

Não obstante, como se verá na etapa seguinte, o procedimento ordinário permite ao magistrado, logo após a apresentação da resposta do acusado, proceder a sua absolvição sumária, caso constate a ocorrência das hipóteses arroladas no art. 397. Portanto, longe de se considerar, agora, essa resposta algo destinado, unicamente, à apresentação do rol de testemunhas e sem poder de convencimento. Pelo contrário. Visa, sobretudo, proporcionar ao acusado a possibilidade de trazer aos autos argumentos que possam conduzir ao julgamento antecipado do processo e sua absolvição sumária antes mesmo de ter sido desencadeada a fase instrutória. Não é por menos que dispõe o art. 396-A que, em seu âmbito, poderá o acusado *alegar tudo o que interesse à sua defesa*, acostando documentos e especificando provas.

E se, devidamente citado, o acusado não apresentar resposta no prazo legal? Neste caso, dispõe o art. 396-A, § 2.º, que o juiz nomeará defensor para oferecê-la, concedendo-lhe vista dos autos por dez dias. Infere-se dessa previsão legal que a apresentação de *resposta à acusação* pela defesa técnica, na atualidade, é formalidade obrigatória, ficando prejudicada, pelos termos do procedimento comum ordinário, a discussão existente sob a égide da legislação anterior acerca de ser obrigatória ou facultativa a apresentação de *defesa prévia* (como era rotulada essa peça).

f) Julgamento antecipado do processo e absolvição sumária do acusado (art. 397): com a resposta do acusado, quer oferecida pelo advogado por ele constituído, quer pelo defensor dativo que lhe tenha sido nomeado, sobrevém ao magistrado a possibilidade de proceder ao julgamento antecipado da demanda penal, absolvendo sumariamente o réu, desde que reconheça a ocorrência de qualquer das situações contempladas no art.

[6] STJ, RHC 51.581/RJ, *DJ* 03.08.2015.

397 do CPP. Como se vê, tal forma de absolvição, incidental ao processo, antes prevista unicamente em relação ao procedimento do júri, agora, em tese, é estendida a todos os procedimentos de primeiro grau, em face do que dispõe o art. 394, § 4.º, do CPP.

O julgamento antecipado poderá ocorrer nas seguintes hipóteses: existência manifesta de causa excludente de ilicitude; existência manifesta de causa excludente de culpabilidade do agente, salvo inimputabilidade; atipicidade do crime imputado; e, por fim, ocorrência de causa extintiva da punibilidade. **Importante:** apesar da explicitude do art. 397 do CPP, no sentido de que, nessa fase, o processo apenas poderá ser extinto se concorrer qualquer das situações nele previstas, o STJ tem admitido que o juiz de 1.º Grau, não verificando a incidência das situações previstas naquele dispositivo, porém constatando, a partir da resposta à acusação, a ocorrência de alguma das hipóteses de rejeição da denúncia ou da queixa contempladas no art. 395, do CPP, **reconsidere** sua anterior decisão de recebimento da peça acusatória e passe a rejeitá-la[7]. Atente-se que tal orientação não implica dizer que pode o juiz, em qualquer momento antes da sentença, reconsiderar o recebimento da inicial acusatória. Não é isto. O que vem sendo admitido pelo STJ, isto sim, é a possibilidade de que esta reconsideração seja feita pelo Magistrado até o momento imediatamente posterior à apresentação da resposta escrita, levando em consideração, muito especialmente, os argumentos trazidos pela defesa nessa resposta. Passada esta fase, opera-se a preclusão *pro judicato* como óbice à retratação.

g) Audiência de instrução, interrogatório e julgamento (art. 399): estabelece o art. 399 do CPP *que,* recebida a denúncia ou a queixa, o juiz designará dia e hora para a audiência, ordenando a intimação do acusado, de seu defensor, do Ministério Público e, se for o caso, do querelante e do assistente. Em face do que dispõe o art. 201, § 2.º, do CPP, será necessário, também, notificar quanto ao ato o ofendido (vítima), ainda que não esteja ocupando a posição de querelante ou de assistente do Ministério Público e mesmo que não tenha sido requerido seu depoimento por qualquer das partes. Isso ocorre porque, conforme consta do citado art. 201, trata-se de direito do ofendido ser comunicado da data da audiência de instrução.

Outro aspecto a observar é o de que, segundo pensamos, apesar da redação imperfeita do dispositivo, não está ele prevendo que a denúncia ou a queixa serão *recebidas* apenas neste momento, pois isto já ocorreu antes da citação (ver letra *c*, retro). Tanto, aliás, que facultada ao juiz a absolvição sumária do acusado após o oferecimento da resposta a que alude o art. 396-A. Ademais, levando-se em consideração que a formação do processo apenas se completa com a citação do réu (art. 363), é evidente que não contemplaria o legislador o absurdo jurídico de possibilitar uma absolvição antes mesmo do recebimento da exordial. Então, a despeito de sua impropriedade redacional, cremos que o art. 399, ao dispor que *recebida a denúncia ou a queixa, o juiz designará dia e hora para audiência*, está se referindo ao momento seguinte à apresentação da resposta do acusado quando detectar o juiz não ser hipótese que autorize a absolvição sumária – como se dissesse, enfim: "quando não tiver sido rejeitada liminarmente a inicial e também não tiver sido o caso de absolvição sumária, o juiz designará dia e hora para audiência".

Tal solenidade judicial (a audiência) deverá ser realizada no prazo máximo de 60 dias (art. 400, *caput*). A lei não especifica o *dies a quo* desse prazo. Entendemos que deverá ser computado a partir da data do despacho do magistrado designando a audiência.

Objetivando agilizar a marcha processual e concentrar ao máximo a realização dos atos processuais, estabeleceu o art. 400, § 1.º, que *as provas serão produzidas numa só*

---

7 STJ, AgRg no REsp 1734084/MT, *DJ* 02.08.2018.

audiência, podendo o juiz indeferir as consideradas irrelevantes, impertinentes ou protelatórias. Evidentemente, esse parágrafo está se referindo à prova oral mencionada no *caput* do dispositivo – declarações do ofendido, depoimento das testemunhas de acusação e defesa e interrogatório do réu – e não a outras provas cuja natureza exija realização *a posteriori* (requisição de documentos, novas perícias etc.). Frise-se, também, que o legislador, ao fazer menção à *audiência única,* teve por finalidade estabelecer que toda a prova oral será realizada na mesma solenidade, ao contrário do que ocorria antes das reformas de 2008 em que o interrogatório era realizado em uma audiência, enquanto a oitiva de testemunhas e colheita de outras provas orais ocorriam em audiência distinta. Por fim, tenha-se em mente que nada obsta que a audiência única seja desmembrada em várias solenidades, ou seja, que se inicie em uma determinada data, mas que, pela impossibilidade de produção de todas as provas nesse mesmo dia (*v.g.* pelo número excessivo de testemunhas a serem ouvidas, em razão da ausência de testemunha notificada para o ato; em face do adiantado da hora etc.), tenha seu prosseguimento em outra ou outras datas distintas.

Pois bem, caso todas as pessoas notificadas estejam presentes ao ato, deverá o juiz, no curso da instrução, proceder-lhes à oitiva na seguinte ordem:

1. *Tomada das declarações do ofendido:* Conforme dispõe o art. 201, *caput*, sempre que possível, o ofendido será qualificado e perguntado sobre as circunstâncias da infração, quem seja ou presuma ser seu autor, as provas que possa indicar, tomando-se por termo suas declarações. Por outro lado, se, intimado para esse fim, deixar de comparecer sem motivo justo, poderá ser conduzido à presença da autoridade.
2. *Inquirição das testemunhas de acusação e, após, das arroladas pela defesa:* Embora seja esta a ordem prevista no art. 400 do CPP, não necessita ser observada quando se tratar de testemunha que, por residir fora da comarca, deva ser ouvida por precatória. Destarte, nada impede a oitiva de testemunha de defesa na comarca em que corre o processo, mesmo que haja, pendente de oitiva, testemunha de acusação no juízo deprecado. Neste aspecto, harmoniza-se o art. 400, *caput*, com o disposto no art. 222, § 1.º, este último dispondo que a expedição da precatória não suspende a instrução criminal (ver *capítulo 8, item 8.14.11.1*).

É lícito a qualquer das partes proceder à desistência unilateral de testemunha arrolada? Segundo o art. 401, § 2.º, as partes poderão desistir da inquirição de testemunhas arroladas, ressalvado o previsto no art. 209 do CPP, que trata da possibilidade de o juiz, quando julgar necessário, ouvir outras testemunhas além das indicadas pelas partes. Não exige a lei, para que haja a desistência de testemunha por qualquer dos sujeitos processuais, a aquiescência da parte *ex adversa*. Apesar disso, há orientação no sentido de que, tratando-se de **testemunha de acusação**, a concordância da defesa deve sim ser uma condição para que possa o magistrado homologar a desistência. Dizem isso ao fundamento de que, eventualmente, a defesa tem interesse na inquirição de determinada testemunha e apenas não a arrola pelo fato de já tê-lo sido pela acusação. Nesse caso, então, a desistência incondicional pela acusação acarretaria prejuízo à defesa do acusado. No entanto, essa posição é minoritária, sendo tendência nos tribunais pátrios o entendimento de que é válida a desistência da oitiva de testemunha arrolada pela acusação, independentemente da intimação da parte contrária a respeito, não configurando esse comportamento cerceamento de defesa. Consideram, para tanto, que a acusação tem plena discricionariedade em desistir da inquirição das testemunhas que tenha indicado, mesmo porque, fossem elas também de interesse da defesa, deveria tê-las arrolado no momento oportuno. Nesse caso, as testemunhas seriam comuns da acusação e da defesa, não podendo uma das partes delas desistir sem a aquiescência da outra.

De acordo com o art. 212 do CPP, as perguntas serão formuladas pelas partes *diretamente à testemunha* (regra esta aplicável a qualquer procedimento penal), não admitindo o juiz aquelas que puderem induzir a resposta, não tiverem relação com a causa ou importarem na repetição de outra já respondida. Abolido, portanto, na fase instrutória do processo, o sistema presidencialista de inquirição das testemunhas, segundo o qual as perguntas das partes deveriam ser feitas por meio do juiz. Não obstante, cabe lembrar que, no interrogatório do réu (art. 188 do CPP), assim como em relação às perguntas realizadas ao réu ou às testemunhas pelos jurados em plenário de julgamento pelo júri (arts. 473, § 2.º, e 474, § 2.º, ambos do CPP), persiste a necessidade de inquirição por intermédio do juiz.

Por fim, anote-se que, como o art. 212, parágrafo único, estabelece que *sobre os pontos não esclarecidos, o juiz poderá complementar a inquirição*, conclui-se que, na atualidade, após qualificar a testemunha, deverá o magistrado imediatamente passar a palavra à parte que a arrolou para formulação de suas perguntas e, depois, à parte contrária para esse mesmo fim. Quanto às perguntas do próprio juiz, serão feitas após as indagações das partes, caso entenda necessária essa complementação para esclarecer pontos que considerar duvidosos no depoimento.

OBSERVAÇÃO: A doutrina tem oscilado quanto à correta interpretação do art. 212 do CPP, no que tange ao momento em que o magistrado realizará perguntas às testemunhas. Alguns sustentam que persiste a ordem natural de inquirição, devendo, inicialmente, o juiz que preside a audiência, formular suas perguntas e, depois, oportunizar os questionamentos das partes, que serão feitos diretamente à testemunha. Outros, entre os quais nos incluímos, compreendem que o parágrafo único do art. 212, incluído pela Lei 11.719/2008, determina que as partes devem iniciar a inquirição, sendo que, somente depois, é que, se houver pontos a complementar, fará suas próprias indagações. Remetemos, nesse enfoque, o leitor ao *capítulo 8, item 8.14.10.2*.

3. *Esclarecimentos dos peritos:* é preciso, neste caso, que a parte interessada tenha requerido, previamente, a notificação dos peritos (art. 400, § 2.º). Tal faculdade, porém, deve se adaptar à previsão do art. 159, § 5.º, I, estabelecendo que durante o curso do processo judicial é permitido às partes, quanto à perícia, requerer a oitiva dos peritos para esclarecerem a prova ou para responderem a quesitos, desde que o mandado de intimação e os quesitos ou questões a serem esclarecidas sejam encaminhados com antecedência mínima de dez dias.
4. *Acareações:* a incomunicabilidade entre as pessoas que devam ser submetidas à acareação é fundamental para o êxito desse ato. Assim, antevendo a possibilidade de o juiz determinar esta providência (e, claro, também para evitar constrangimentos ou intimidações), os arts. 201, § 4.º, e 210, parágrafo único, contemplam que, antes do início da audiência e no curso de sua realização, será reservado espaço separado para a vítima e as testemunhas.
5. *Reconhecimento de pessoas e coisas:* deverá ser feito em observância ao disposto nos arts. 226 a 228 do Código de Processo Penal.
6. *Interrogatório do acusado:* este ato é relegado à providência final, vale dizer, depois de produzida a prova oral (vítima, testemunhas, perito etc.), devendo ser realizado de acordo com as regras estatuídas nos arts. 185 a 196 do CPP.

OBSERVAÇÃO: Sempre que possível, o registro dos depoimentos do ofendido, testemunhas e investigado será feito por meio de gravação magnética, estenotipia, digital ou técnica similar, inclusive audiovisual, obtendo-se, assim, maior fidelidade das informações (art. 405, § 1.º). Neste último caso – registro por meio audiovisual – será encaminhado às partes cópia do registro original, sem a necessidade de transcrição (art. 405, § 2.º).

h) Requerimento de diligências e alegações finais orais: depois de produzidas as provas orais em audiência, sendo encerrada a instrução, facultará o juiz ao Ministério Público, ao querelante e ao assistente, e, a seguir, ao acusado, requererem as diligências cuja necessidade se origine de circunstâncias ou fatos apurados na instrução (art. 402), as quais poderão ser indeferidas pelo juiz se as considerar irrelevantes, impertinentes ou protelatórias (simetria ao art. 400, § 1.º).

OBSERVAÇÃO: Descabe recurso da decisão do juiz que defere ou indefere as diligências pretendidas. Entretanto, contra o deferimento, se evidenciado o caráter meramente protelatório ou a evidente ausência de fundamento da providência solicitada, poderá o interessado ingressar com **correição parcial** ou até mesmo **mandado de segurança** (que não possuem natureza recursal). Caso, opostamente, sejam indeferidas, a atuação processual da parte prejudicada dependerá do procedimento adotado pelo juiz em audiência. Assim, se logo após o indeferimento o juiz proferir sentença em audiência, na forma do art. 403, *caput*, do CPP, restará ao prejudicado **apelar** da sentença, arguindo, em preliminar, nulidade processual por cerceamento de acusação ou de defesa, conforme o caso. Se, contudo, relegar o juiz a prolação da sentença para momento posterior, na forma do que lhe é autorizado pelo art. 403, § 3.º, do CPP, poderá o interessado, nesse interregno entre o encerramento da audiência e a publicação da sentença, deduzir impugnações como o ***habeas corpus***, o **mandado de segurança** e a própria **correição parcial** para tentar modificar a decisão judicial que indeferiu as diligências oportunamente requeridas.

Nesta fase que se segue à produção da prova oral em audiência, duas situações distintas poderão ocorrer:

***Primeira:* As partes não requerem qualquer diligência ou são indeferidas pelo juiz as diligências postuladas.** Em tal situação, o juiz oportunizará, imediatamente, às partes, a apresentação de *alegações finais orais*, concedendo, primeiro à acusação e, após, à defesa, o prazo de vinte minutos, prorrogáveis por mais dez (art. 403). Havendo mais de um acusado, o tempo previsto para a defesa de cada um será individual (§ 1.º). Se houver assistente de acusação habilitado nos autos, este, após o tempo do Ministério Público, terá dez minutos para suas alegações. Nesse caso, o tempo destinado às alegações da defesa, a serem oferecidas logo depois, também será acrescido desse quantitativo. Vencida esta etapa, proferirá o juiz, em audiência, **sentença**, sem embargo da possibilidade a ele conferida pelo art. 403, § 3.º, no sentido de, em vista da complexidade do caso ou do número de acusados, conceder às partes o prazo de cinco dias, sucessivamente, para apresentação de *memoriais escritos*, caso em que ele, magistrado, terá o prazo de dez dias após a conclusão dos autos para proferir sentença (art. 403, § 3.º).

***Segunda:* O juiz determina diligências *ex officio* ou defere as que tenham sido requeridas pelas partes:** nessa hipótese, a audiência será concluída sem as alegações finais orais (art. 404, *caput*). Atente-se, no enfoque relativo à atuação judicial de ofício, que o art. 3º-A do CPP (introduzido pela Lei 13.964/2019), proíbe a produção probatória pelo juiz em prol da acusação, implicitamente permitindo que o faça apenas em favor da defesa. Por se tratar de previsão anti-isonômica e atentatória ao sistema acusatório, reputamos inconstitucional essa distinção, devendo-se entender vedada a atuação oficiosa do juiz em favor de qualquer das partes. Inadmissível, enfim, tanto o juiz-acusador quanto juiz-defensor. Registre-se que referido dispositivo (o art. 3º-A) teve a sua eficácia suspensa em razão de medida cautelar deferida no STF no âmbito das ADIs 6.298, 6.299, 6.300 e 6.305, suspensão esta que persistia por ocasião do fechamento da presente edição deste livro. Independentemente, porém, da subsistência ou de eventual revogação dessa medida cautelar (quer incidentalmente, quer em razão de provimento daquelas ADIs), compreendemos que a produção probatória *ex officio* pelo juiz deve ser viabilizada apenas quando realizada para dirimir dúvidas surgidas a partir das provas requeridas pelas partes. A propósito do tema, pela importância e complexidade, remetemos o leitor ao capítulo 8, tópico 8.2.2, em que aprofundamos o exame.

Cumpridas as diligências requeridas ou as que tiverem sido determinadas oficiosamente, serão acusação e defesa notificadas para a apresentação de memoriais escritos no prazo de cinco dias, sucessivamente, proferindo o juiz, depois, sentença em dez dias (art. 404, parágrafo único). Questão discutida respeita à obrigatoriedade ou não de tais memoriais (antes chamados de alegações finais). Sob a ótica da defesa, a posição dominante sempre foi no sentido da imprescindibilidade de sua apresentação, tal se constituindo em corolário da ampla defesa, já que se trata do último momento que se manifesta, nos autos, o advogado, antes da sentença. Já no enfoque acusatório, sendo crime de ação pública, o não oferecimento não produz reflexos na regularidade do processo. Tratando-se, contudo, de crime de ação penal privada exclusiva, é obrigatório ao querelante não apenas que os apresente, mas também que postule a condenação, sob pena de extinção da punibilidade pela perempção (art. 60, III, do CPP).

OBSERVAÇÃO: Conforme se percebe do art. 403, havendo mais de um réu, o tempo destinado em alegações finais orais para a defesa de cada um será considerado individualmente. Para sustentação relacionada a dois réus, por exemplo, terá o advogado o tempo estipulado em 40 minutos (20 min. + 20 min.). Ora, por uma questão de paridade de armas, compreendemos que, em tal contexto, também a acusação deverá ter seu tempo de fala multiplicado pelo número de acusados.

i) Sentença: como se viu, se realizadas as alegações finais em audiência, de forma oral, poderá o juiz, na própria solenidade judicial, proferir a decisão (art. 403, *caput*). Se entender o magistrado por substituir as alegações orais por memoriais escritos em face da complexidade do caso, do número de acusados (art. 403, § 3.º) ou da necessidade de serem realizadas diligências (art. 404, parágrafo único), faculta-se ao juiz o prazo de dez dias, após lhe serem conclusos os autos, para prolatar a sentença.

Em relação à sentença, importante inovação foi estatuída pelo Código no art. 399, § 2.º, ao instituir, no processo penal, o *princípio da identidade física do juiz*, disciplinando que o juiz que presidiu a instrução deverá proferir a sentença. Apesar do caráter cogente aparentemente incorporado a essa norma, é evidente que, sob pena de graves prejuízos à instrução criminal, à celeridade e economia processual e à efetividade do processo penal, deve-se ressalvar de sua incidência situações excepcionais relacionadas à impossibilidade temporária ou definitiva de permanecer o Juiz oficiando no processo, muito especialmente aquelas em que tiver sido ele convocado para atuar junto aos tribunais, licenciado, afastado por qualquer motivo, promovido ou aposentado, casos em que o seu sucessor assumirá o impulso e julgamento do processo criminal.

j) Lavratura do termo de audiência: estabelece o art. 405 do CPP que, do ocorrido em audiência, será lavrado termo assinado pelo juiz e pelas partes, contendo breve resumo dos fatos relevantes ocorridos no curso da solenidade.

10.2.2. Esquema dos atos que compõem o procedimento comum ordinário

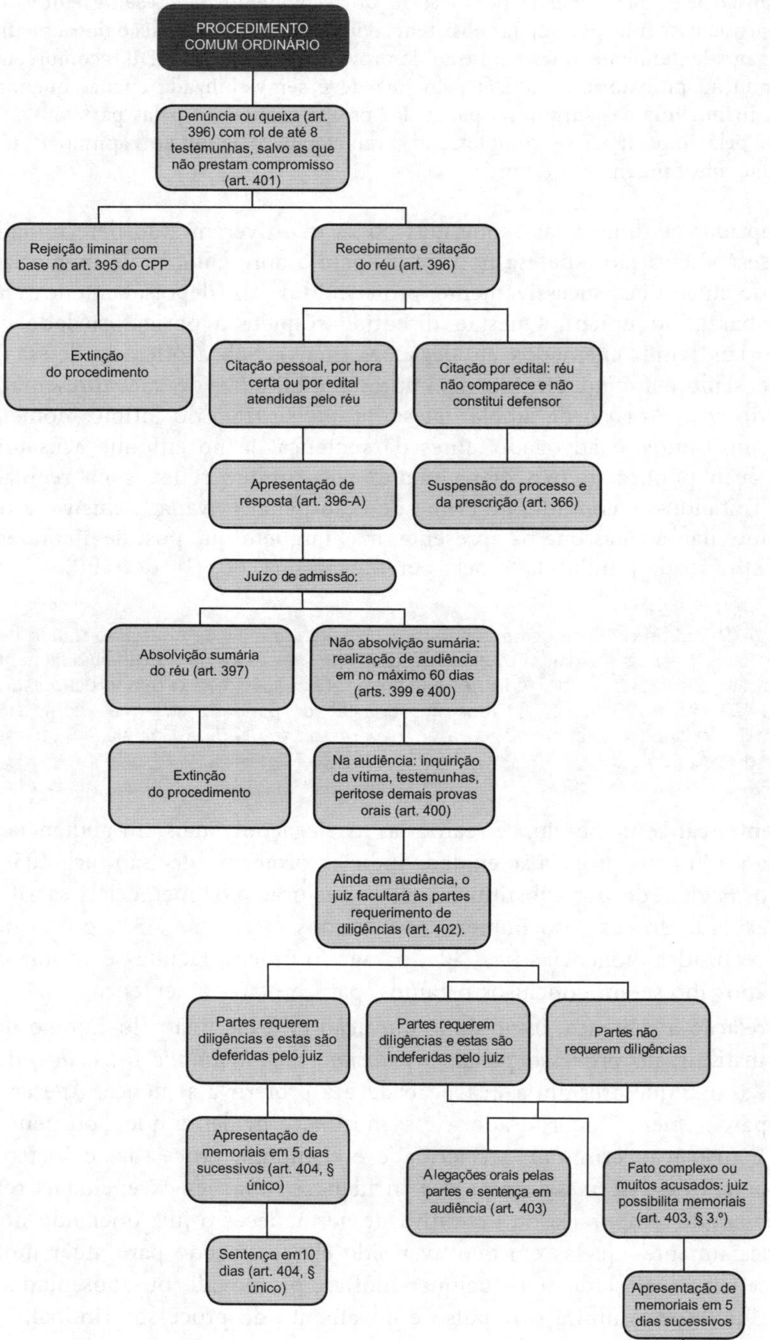

10.3. PROCEDIMENTO COMUM SUMÁRIO (ARTS. 394, § 1.º, II, E 531 A 536 DO CPP)

10.3.1. Sequência dos atos que compõem o procedimento

Segundo dispõe o art. 394, § 1.º, II, do CPP, o procedimento comum sumário deverá ser aplicado ao processo criminal quando tiver por objeto crime cuja **sanção máxima cominada seja inferior a quatro anos de pena privativa de liberdade**, não importando a natureza dessa pena, vale dizer, se reclusão ou detenção.

Necessário, porém, excluir da abrangência desse rito as infrações de menor potencial ofensivo (as contravenções penais e os crimes cuja pena máxima não ultrapasse dois anos, cumulada ou não com multa) quando em tramitação perante o juizado especial criminal, pois, de acordo com o art. 394, § 1.º, III, do CPP, nesses casos, o procedimento aplicável será o sumaríssimo. Contudo, se as infrações de competência do JECRIM forem encaminhadas ao juízo comum, *v.g.*, em razão da necessidade de citação editalícia ou da complexidade dos fatos, deverão ser apuradas por meio do procedimento sumário, *ex vi* do que estabelece o art. 538 do CPP.

Apesar de a disciplina do procedimento comum sumário encontrar-se prevista nos arts. 531 a 536 do CPP, é preciso considerar, de plano, o que dispõe o art. 394, § 4.º. Precitado dispositivo estatui que as disposições dos arts. 395 a 398 deste Código aplicam-se a todos os procedimentos de primeiro grau, ainda que não regulados neste Código.

Como já abordamos no *item 10.1.2 deste capítulo*, os arts. 395, 396 e 397 (art. 398 está revogado expressamente, sendo impropriedade da lei a referência a ele) tratam, respectivamente, das hipóteses de rejeição da denúncia ou da queixa, da citação do acusado para resposta preliminar em dez dias e da possibilidade de absolvição sumária do réu pelo juiz antes mesmo de iniciar-se a fase instrutória propriamente dita. Portanto, tais etapas deverão ser inseridas na normatização do procedimento sumário inserta aos arts. 531 a 536, sem embargo da possibilidade de aplicação subsidiária de outras disposições inerentes ao rito comum ordinário, conforme reza o art. 394, § 5.º.

Neste contexto, será o procedimento comum sumário constituído das seguintes etapas:

a) Oferecimento de denúncia ou queixa-crime, observados os requisitos do art. 41 do CPP. Enquanto no procedimento comum ordinário poderão ser arroladas até oito testemunhas, no rito comum sumário o número máximo é de *cinco*, não computadas as que não forem sujeitas a compromisso, nos termos do art. 401, § 1.º, aplicável por força do art. 394, § 5.º.

b) Observância, pelo juiz, das regras dos arts. 395 a 397, aplicáveis a qualquer rito em razão do que prevê o art. 394, § 4.º:

- Possibilidade de rejeição liminar da inicial, caso ocorrentes as situações contempladas no art. 395.
- Não sendo o caso dessa rejeição, procederá o juiz ao recebimento da denúncia ou queixa, determinando a citação do acusado para apresentar resposta em dez dias, momento em que poderá arguir preliminares e alegar tudo o que interesse à sua

defesa (art. 396), além de arrolar testemunhas até o máximo de cinco (art. 532), excluindo-se desse número as não compromissadas. Se não oferecer tal manifestação, o juiz procederá à nomeação de defensor dativo para esse fim. Observe-se que a citação do réu para resposta deverá ser pessoal, como regra. Não localizado, far-se-á via edital (arts. 361 e 363, § 1.º), facultada, ainda, a citação por hora certa caso constatado que o réu se oculta para não ser citado (art. 362).

- Apresentada a resposta, serão os autos conclusos ao juiz, que poderá, em julgamento antecipado, absolver sumariamente o acusado, caso constate, nos termos do art. 397, a existência manifesta de causa excludente de ilicitude ou de culpabilidade (salvo inimputabilidade), a atipicidade da conduta ou que já se encontra extinta a punibilidade (por exemplo, em razão das causas previstas no art. 107 do CP).

c) Audiência de instrução, interrogatório e julgamento (art. 531): vencidas essas etapas e não tendo ocorrido a absolvição sumária prevista no art. 397 do CPP, segue-se a audiência para colheita de prova oral, que deverá ser aprazada para daí a, no máximo, 30 dias. Nessa oportunidade, procederá o juiz à tomada de declarações do ofendido, se possível, à inquirição das testemunhas arroladas pela acusação e pela defesa, nesta ordem, bem como aos esclarecimentos dos peritos, às acareações e ao reconhecimento de pessoas, interrogando-se, em seguida, o acusado e procedendo-se, finalmente, ao debate oral pelas partes.

Anote-se que o art. 533 determina que se apliquem ao rito comum sumário as regras do art. 400, pertinentes à audiência do rito comum ordinário. Reza esse dispositivo que as provas orais (depoimentos do ofendido, testemunhas, peritos e réus) serão produzidas em uma só audiência, podendo o juiz indeferir as consideradas irrelevantes, impertinentes ou protelatórias (§ 1.º). Dispõe, ainda, que a prestação de esclarecimentos pelos peritos dependerá de requerimento prévio das partes (§ 2.º).

Outro aspecto a ser considerado é que, segundo estabelece o art. 535, neste procedimento, nenhum ato será adiado, salvo quando imprescindível a prova faltante, devendo o magistrado determinar a condução coercitiva de quem, notificado, injustificadamente, deixar de fazer-se presente. A regra legal, contudo, parece-nos que deva ser analisada diante das peculiaridades do caso concreto, impondo-se, em situações excepcionais, o adiamento. Imagine-se, pois, que determinada testemunha, ausente à audiência, não seja localizada pelo oficial de justiça no ato da condução coercitiva determinada pelo juiz. Ora, em tal caso, será necessário flexibilizar o rigor do art. 535, permitindo-se o aprazamento de nova data para a continuação da audiência.

d) Alegações orais: produzida em audiência a prova oral, concederá o juiz às partes, em seguida, a palavra para alegações finais orais. Nesse momento, acusação e defesa terão vinte minutos, prorrogáveis por mais dez, para sustentação. Havendo mais de um acusado, o prazo para a defesa de cada um será individual (art. 534, § 1.º). Caso exista assistente de acusação habilitado, este poderá se manifestar em dez minutos após o Ministério Público, caso em que o tempo a este concedido será acrescido ao tempo da defesa (art. 534, § 2.º). Como já examinamos no estudo do rito comum ordinário, pensamos que a igualdade de armas exige que, se à defesa for concedido maior prazo em razão do número de réus (2 réus = 40 minutos), o mesmo deve ser assegurado à acusação.

Cabe ressaltar que, no rito comum sumário, inexiste a previsão de oportunidade para que as partes requeiram diligências complementares ao juiz, ao contrário do que ocorre no rito comum ordinário. Tal, porém, não significa que haja uma proibição neste sentido, até porque, sem dúvida, casos haverá em que será necessária, antes da sentença, a realização de diligências consideradas imprescindíveis à elucidação dos fatos.

Não há, também, a previsão de que possam os debates ser substituídos por memoriais escritos, impondo-se, pelo regramento legal, que em seguida às alegações orais, o juiz profira sentença em audiência (art. 534). Mais uma vez, contudo, entendemos que a regra pode ser flexibilizada em dadas situações, por exemplo, o número elevado de acusados - mesmo porque o art. 394, § 5.º, estabelece a possibilidade de aplicação subsidiária das regras do procedimento ordinário ao sumário. Não havendo, em tal proceder, prejuízo às partes, não há de se falar em qualquer nulidade que possa daí decorrer. A propósito da substituição de debates orais por alegações escritas, já se decidiu que, *"se o juiz concede prazo para a juntada de memoriais, não se pode afirmar que essa determinação influiu na apuração da verdade. Da mesma forma, não causa prejuízo a nenhuma das partes. Em lugar de prejuízo, são aquinhoadas com vantagens, pois podem examinar os autos com mais calma e tem maior tempo para estudar e oferecer a manifestação final"* (RT 658/306).

e) Sentença: no rito comum sumário, devendo a sentença ser proferida em audiência, o princípio da identidade física do juiz (art. 399, § 2.º, do CPP) terá aplicação natural. Contudo, ainda que situações excepcionais obriguem à prolação de sentença em momento posterior (necessidade de melhor exame da prova, por exemplo), tal princípio deverá ser observado (ressalvadas de sua incidência, por óbvio, situações relacionadas à impossibilidade temporária ou definitiva de permanecer o Juiz oficiando no processo - gozo de licença, promoção, remoção etc.), pois não haveria sentido algum de sua imposição existir apenas em relação ao rito comum ordinário.

OBSERVAÇÃO: Como já dissemos antes, em se tratando de infração de menor potencial ofensivo, de competência do JECRIM e, logo, sujeita ao rito sumaríssimo (art. 394, § 1.º, III), dispõe o art. 538 do CPP que, se houver a necessidade de encaminhamento pelo juizado especial ao juízo comum das peças lá existentes, **observar-se-á o rito sumário**. Isto ocorrerá na hipótese em que se fizer necessária a citação por edital, o que, nos termos do **art. 66 da Lei 9.099/1995**, não é admitido no procedimento dos Juizados Especiais Criminais, devendo os autos ser encaminhados ao juízo comum (art. 66, parágrafo único). Outra situação que também autoriza essa remessa é a complexidade do caso, conforme previsto no **art. 77, § 2.º, da Lei 9.099/1995**. Por fim, a hipótese de **concurso de crimes**, quando a soma das penas máximas superar o patamar de dois anos, conforme entendimento jurisprudencial consolidado.

10.3.2. Esquema dos atos que compõem o procedimento comum sumário

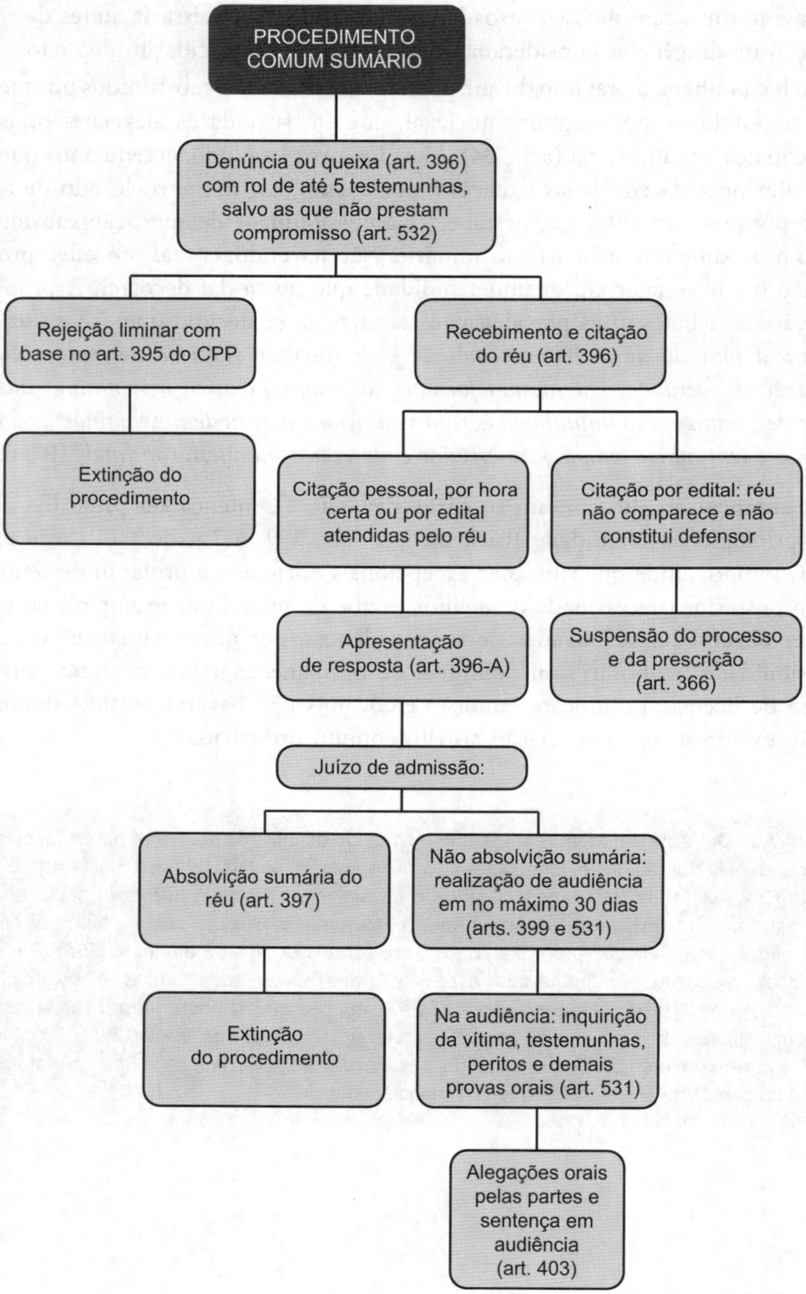

10.3.3. Diferenças entre o procedimento comum ordinário e o procedimento comum sumário

Trata-se de procedimentos penais semelhantes, sendo apenas as seguintes as diferenças existentes entre eles:

Procedimento Comum Ordinário	Procedimento Comum Sumário
Apuração de infrações penais com pena máxima cominada igual ou superior a quatro anos.	Apuração de infrações penais com pena máxima cominada inferior a quatro anos, ressalvadas as infrações de competência do Juizado Especial Criminal, que obedecem ao rito sumaríssimo.
Poderão ser arroladas pela acusação e defesa até oito testemunhas, ressalvadas as não compromissadas e as referidas (art. 400).	Poderão ser arroladas pela acusação e defesa até cinco testemunhas, ressalvadas as não compromissadas e as referidas (art. 532).
A audiência para produção da prova oral deve ser aprazada em até 60 dias (art. 400), iniciando-se esta contagem, a nosso ver, da data em que o magistrado receber os autos para esse fim.	A audiência deverá ser aprazada em até 30 dias (art. 531), sendo, igualmente, *dies a quo* a data da conclusão do processo ao juiz.
Encerrada a produção da prova oral, será facultado pelo juiz às partes requererem diligências (art. 402).	Não há a previsão legal acerca da possibilidade de requerimento de diligências no procedimento comum sumário, devendo o magistrado, logo após a produção da prova oral, oportunizar à acusação e à defesa o oferecimento de alegações orais, proferindo, depois, sentença em audiência (art. 534). Não obstante, em casos excepcionais, mostrando-se imprescindível ao desfecho do processo a realização de diligências, reputamos que o juiz pode e deve deferi-las, a fim de evitar nulidade processual por cerceamento de acusação ou de defesa.

10.4. JUIZADOS ESPECIAIS CRIMINAIS – FASE PRELIMINAR E PROCEDIMENTO COMUM SUMARÍSSIMO (ART. 394, § 1.º, III, DO CPP, E ARTS. 77 A 81 DA LEI 9.099/1995)

Estabelece o art. 394, § 1.º, III, do CPP que o procedimento sumaríssimo é o aplicável aos processos que tiverem por fim a apuração das infrações de menor potencial ofensivo *na forma da lei*. A *lei*, no caso, é a 9.099/1995, que instituiu os Juizados Especiais Criminais, correspondendo o procedimento sumaríssimo às previsões dos arts. 77 a 81 daquele diploma.

10.4.1. Considerações gerais sobre os Juizados Especiais Criminais

Os Juizados Especiais Criminais, no âmbito da Justiça Estadual, estão regulados pela Lei 9.099/1995, e, na esfera federal, pela Lei 10.259/2001. São destinados à conciliação, ao julgamento e à execução das infrações de menor potencial ofensivo, como tais consideradas **as contravenções penais e os crimes a que a lei comine pena máxima não superior a dois anos, cumulada ou não com multa.** Essa abrangência conceitual das infrações de menor potencial ofensivo é dada pelo art. 61 da Lei 9.099/1995, com aplicação na esfera federal por força do art. 1.º da Lei 10.259/2001.

A criação dessa nova espécie de jurisdição penal atendeu ao disposto no art. 98, I, da Constituição Federal, ao dispor que *a União, no Distrito Federal e nos Territórios, e os Estados criarão juizados especiais, providos por juízes togados, ou togados e leigos, competentes para a conciliação, o julgamento e a execução de causas cíveis de menor complexidade e infrações penais de menor potencial ofensivo, mediante os procedimentos oral e sumaríssimo, permitidos, nas hipóteses previstas em lei, a transação e o julgamento de recursos por turmas de juízes de primeiro grau.*

Objetivando concretizar os objetivos pelos quais o legislador constituinte previu a instituição dos juizados especiais – especialmente agilizar a prestação jurisdicional, solucionar conflitos por meio de conciliação entre as partes e assegurar maior proteção à vítima –, a Lei 9.099/1995 estabeleceu algumas **medidas despenalizadoras**. Consistem, *primeiro*, na composição dos danos cíveis sofridos pela vítima, o que, nos crimes de ação penal pública condicionada e de ação penal privada, implica renúncia ao exercício dos direitos de representação e de queixa, respectivamente, impedindo, nesses casos, o desencadeamento do processo criminal; *segundo*, na proposta de aplicação imediata de pena não privativa de liberdade ao autor do fato que, aceita e devidamente cumprida, também obstaculiza a instauração da ação penal; e, *terceiro*, no instituto da suspensão condicional do processo, que pode ser determinada pelo juiz a partir de proposta do Ministério Público por ocasião do oferecimento da denúncia, desde que se trate de infração a que cominada pena mínima igual ou inferior a um ano e que atendidos pelo acusado os demais requisitos estipulados no dispositivo. As duas primeiras hipóteses encontram-se incorporadas aos arts. 62 e 72 da Lei 9.099/1995 e, a última, no art. 89 desse diploma, sendo que todas elas impedem, em princípio (normalmente essas situações são homologadas pelo juiz antes do recebimento da denúncia ou da queixa), o desencadeamento do processo criminal. Caso, porém, aplicadas no seu curso (existe essa hipótese, como veremos em tópicos seguintes), terão elas o condão de obstar o prosseguimento do feito.

Outro aspecto importante a considerar é o caráter **descarcerizador** da Lei 9.099/1995, tanto que, em seu art. 69, parágrafo único, estabelece que "ao autor do fato que, após a lavratura do termo, for imediatamente encaminhado ao juizado ou assumir o compromisso de a ele comparecer, não se imporá prisão em flagrante, nem se exigirá fiança (...)". Neste contexto, depreende-se que, surpreendido o agente em situação de flagrância de infração considerada como de menor potencial ofensivo, será ele capturado e apresentado ao Delegado de Polícia. Concordando ele em comparecer ao juizado especial criminal quando encaminhado pela autoridade policial ou assumindo ele o compromisso de fazê-lo, não será lavrado o auto de prisão em flagrante, mas tão somente o termo circunstanciado correspondente à infração cometida, podendo ser liberado incontinenti. Se, porém, recusar-se o autor do fato ao comparecimento imediato ao Juizado ou a subscrever o termo de compromisso de comparecer à sua sede quando determinado, nessa hipótese deverá a autoridade policial proceder normalmente à lavratura do auto de prisão em flagrante e demais formalidades do art. 304 e seguintes do Código de Processo Penal.

Perceba-se, por fim, que o conceito de **infração de menor potencial ofensivo** não se confunde com aquelas que informam o **princípio da insignificância.** No primeiro caso, existe ofensividade a bem juridicamente tutelado, porém é esta presumidamente inferior à de outros crimes tipificados na legislação penal. Já no segundo considera-se que a ofensividade é de tal modo insignificante que conduz à atipicidade material da conduta. Ademais, se, para o enquadramento da conduta no conceito de infração de menor potencial ofensivo basta atentar ao apenamento máximo cominado *in abstrato*, o mesmo não ocorre com as infrações consideradas de lesividade insignificante, que exigem, para que assim se enquadrem, a presença de certos vetores, tais como (a) a mínima ofensividade da conduta do agente, (b) a nenhuma periculosidade social da ação, (c) o reduzidíssimo grau de reprovabilidade do comportamento e (d) a inexpressividade da lesão jurídica provocada.

10.4.2. Princípios e objetivos

O art. 62 da Lei 9.099/1995 estabelece os princípios que devem informar os Juizados Especiais Criminais, bem como os objetivos da aplicação do rito.

Princípios e objetivos, gize-se, são conceitos diferentes e não se confundem.

Assim, reger-se-ão os Juizados pelos **princípios** da oralidade, simplicidade, informalidade, economia processual, celeridade e publicidade.

a) **Oralidade:** No rito atinente ao Juizado Especial Criminal, estabelece a Lei 9.099/1995 o predomínio da palavra falada sobre a palavra escrita. E isto fica muito claro, por exemplo, na contemplação da denúncia e queixa orais (art. 77, *caput,* e § 3.º), da defesa preliminar oral (art. 81, *caput,* 1.ª parte), dos debates orais (art. 81, *caput,* parte final) e da possibilidade de embargos declaratórios orais (art. 83, § 1.º). Note-se que a prevalência da oralidade decorre, inclusive, de disciplina constitucional, prevendo o art. 98, I, da CF que os juizados especiais terão competência para julgamento de infrações penais de menor potencial ofensivo *mediante os procedimentos oral e sumaríssimo.*

b) **Simplicidade:** Incluído no art. 62 da Lei 9.099/1995 pela Lei 13.603/2018, o princípio em questão nada insere de concreto na disciplina dos Juizados Especiais Criminais, mesmo porque já estava presente no art. 2.º daquele diploma, no Capítulo pertinente às "Disposições Gerais". A simplicidade, enfim, significa apenas que a tramitação dos processos perante o JECRIM deve ser feita sem rigorismo formal excessivo, com emprego, pelos sujeitos processuais, de linguagem clara e objetiva nas suas manifestações – nada, enfim, que já não estivesse inserido no âmbito do princípio da informalidade, que já constava na redação do citado art. 62.

c) **Informalidade:** Desde que observadas as garantias constitucionais – devido processo legal, contraditório e ampla defesa –, caracteriza-se o procedimento do JECRIM pela ausência de rigor formal em vários atos praticados no seu curso. Esse princípio concretiza-se em diversas previsões da Lei 9.099/1995, a saber:

- Art. 64. Possibilita a prática de atos processuais no período noturno e em qualquer dia da semana.
- Art. 65, *caput* e § 1.º. Refere que os atos processuais serão válidos desde que alcancem a finalidade a que se destinam, não se pronunciando qualquer nulidade sem a comprovação do efetivo prejuízo à parte.
- Art. 65, § 2.º. Dispõe que a prática de atos processuais em Comarca diversa poderá ser solicitada por qualquer meio hábil de comunicação. Dispensa-se, via de consequência, a utilização da carta precatória.
- Art. 65, § 3.º. Estabelece a necessidade de registro escrito, unicamente, para os atos considerados essenciais, podendo aqueles realizados em audiência ser gravados em fita magnética ou equivalente.
- Art. 67, *caput.* Determina a intimação dos atos por meio de correspondência (com aviso de recebimento) ou, sendo necessária sua realização por meio de oficial de justiça, a dispensa de mandado ou carta precatória.
- Art. 81, § 3.º. Prevê a dispensa do relatório na sentença, seja ela absolutória ou condenatória.
- Art. 82, § 5.º. Dispensa a lavratura de acórdão no caso de a Turma Recursal, no julgamento de apelação, confirmar a sentença por seus próprios fundamentos.

d) **Economia processual:** Trata-se de princípio que se traduz pela máxima *maior número de atos processuais no menor tempo possível.* É necessário, por óbvio, que não sejam atropelados termos legalmente previstos ou violadas, de qualquer modo, as garantias do contraditório e da ampla defesa. Esse princípio está bem delineado na previsão de audiência única para a realização dos seguintes atos: apresentação de resposta à acusação pelo advogado do autor do fato, recebimento da denúncia, oitiva de testemunhas e realização de outras provas, interrogatório do réu, debates orais e prolação de sentença (art. 81, *caput* e § 1.º).

e) **Celeridade:** O Poder Judiciário deve empregar o máximo de agilidade possível na solução ao conflito estabelecido entre as partes. E isso é visível em previsões como a do art. 70 da Lei 9.099/1995, dispondo *a contrario sensu* que, na hipótese de flagrante, comparecendo perante o Juizado Especial Criminal o autor do fato e a vítima, o juiz, dentro do possível, deve realizar imediatamente a audiência preliminar; e a do art. 80 da mesma lei ao dizer que nenhum ato será adiado, determinando o Juiz, quando imprescindível, a condução coercitiva de quem a ele deva comparecer. Em verdade, o princípio da celeridade nem mesmo precisaria estar dito em lei, pois, ao fim e ao cabo, constitui causa e consequência dos demais – oralidade, informalidade e economia processual.

f) **Publicidade:** Decorre do art. 64 da Lei 9.099/1995 ao dispor que *os atos processuais serão públicos.* Desnecessária a previsão legal. Afinal, o **princípio da publicidade** está previsto expressamente no art. 93, IX, 1.ª parte, da Constituição Federal, representando o dever que assiste ao Estado de atribuir transparência a seus atos, reforçando, com isso, as garantias da independência, imparcialidade e responsabilidade do juiz. Além disso, consagra-se como uma garantia para o acusado, que, em público, estará menos suscetível a eventuais pressões, violências ou arbitrariedades. Atente-se que, embora assegurada nos referidos dispositivos, é certo que, no âmbito processual penal, a publicidade comporta algumas exceções, o que faz inferir não ser absoluta essa garantia. Trata-se da chamada **publicidade restrita**, segundo a qual determinados atos processuais, audiências e sessões serão públicos apenas para as partes, seus procuradores e um número reduzido de indivíduos. A *publicidade restrita*, em nível de Constituição Federal, está alicerçada no art. 5.º, tanto no inciso X, ao dispor que *são invioláveis a intimidade, a vida privada, a honra e a imagem das pessoas,* como no inciso LX, ao preconizar que *a lei poderá restringir a publicidade dos atos processuais quando a defesa da intimidade ou o interesse social o exigirem;* e, também, no próprio art. 93, IX, 2.ª parte, quando estabelece que *todos os julgamentos dos órgãos do Poder Judiciário serão públicos, e fundamentadas todas as decisões, sob pena de nulidade, podendo a lei limitar a presença, em determinados atos, às próprias partes e a seus advogados, ou somente a estes, em casos nos quais a preservação do direito à intimidade do interessado no sigilo não prejudique o interesse público à informação.*

Já quanto aos **objetivos**, consistem na *reparação dos danos civis causados com a infração penal* e na *substituição da pena privativa da liberdade por outra que não tenha essa natureza.* Perceba-se que essas finalidades previstas em lei estão incorporadas ao art. 72 da Lei 9.099/1995 dispondo este que, na audiência preliminar, presentes o representante do Ministério Público, o autor do fato e a vítima e, se possível, o responsável civil, o Juiz esclarecerá sobre a possibilidade da composição dos danos e da aceitação da proposta de aplicação imediata de pena não privativa de liberdade; e também no art. 74 do mesmo diploma, quando refere que a composição dos danos civis, homologada pelo juiz mediante sentença irrecorrível, terá eficácia de título a ser executado no juízo civil competente (*caput*), implicando, ainda, nos crimes de ação penal privada e de ação penal pública condicionada, renúncia ao direito de queixa ou representação, respectivamente.

10.4.3. Competência

10.4.3.1. *Competência* ratione loci

Há três teorias que procuram definir o *lugar do crime* para fins de fixação do foro competente para o processo e julgamento: *teoria da atividade*, *teoria do resultado* e *teoria da ubiquidade*.

O Código de Processo Penal, no art. 70, adotou, como regra geral, a **teoria do resultado**, considerando competente para o processo e julgamento o juízo do lugar onde a infração se consumou, ou, sendo hipótese de tentativa, o local onde o último ato de execução foi praticado. Este critério, de longa data, vem balizando a solução de impasses em relação a casos especiais. Por exemplo, o crime de falso testemunho prestado por meio de carta precatória. Esse crime, na visão dos tribunais, consuma-se no momento em que a testemunha profere afirmação falsa, nega ou cala a verdade. Logo, é competente para sua apuração não o local em que tramita o processo criminal, mas, sim, o Juízo do lugar onde foi prestado o depoimento.

Não obstante, há casos que ressalvam a regra geral do art. 70 do CPP, considerando-se competente o lugar em que foi realizada a conduta típica, vale dizer, o lugar da ação ou omissão que resultou na prática da infração penal. São hipóteses em que se aplica a **teoria da atividade**. Para muitos, esta deve ser a teoria adotada nas hipóteses de *crimes dolosos contra a vida* em que o resultado *morte* ocorra em lugar diverso daquele onde sucederam os atos executórios (v. *item 9.2.4.1.2*).

Por fim, há situações em que o Código contemplou a **teoria da ubiquidade**, considerando como local do crime tanto o lugar em que se processou a ação ou omissão quanto aquele em que ocorreu ou deveria ter ocorrido o resultado. É o que ocorre nas hipóteses do art. 70, §§ 1.º e 2.º, do Código de Processo Penal, que disciplina a competência nos chamados *crimes a distância*, como tal considerados aqueles que têm a sua execução iniciada em um determinado país e a sua consumação em outro (v. *item 9.2.4.1.3*).

E qual dessas teorias é adotada pelo art. 63 da Lei 9.099/1995, ao dispor que "a competência do Juizado será determinada pelo lugar em que foi praticada a infração penal"? Há divergências aqui. Para uns, a expressão *lugar em que foi praticada a infração penal* tem a ver com o local em que se deu a conduta do agente, vale dizer, a ação ou omissão. Aderimos a essa orientação que, aliás, parece majoritária na doutrina; para outros, a referência legal concerne ao local da consumação do crime ou, no caso de tentativa, o lugar onde o último ato de execução foi realizado. Para os adeptos dessa corrente, a competência territorial do JECRIM estabelecida no precitado art. 63 da Lei 9.099/1995 deve se harmonizar com a regra geral do art. 70 do CPP. E, ainda, há quem entenda de modo eclético, vale dizer, que a Lei 9.099/1995 permite o processo e o julgamento das infrações de menor potencial ofensivo tanto no local da ação ou omissão quanto no lugar de sua consumação.

10.4.3.2. *Competência* ratione materiae

Na fixação da competência dos Juizados Especiais Criminais, tanto na Justiça Estadual como na Federal, não importa a eventual previsão legal de rito especial para o crime em apuração, sendo bastante que **a pena máxima abstratamente prevista não ultrapasse o patamar estabelecido em lei (dois anos)**, tal como disciplina o art. 61 da Lei 9.099/1995. Desse modo, o autor de crime de calúnia (que possui rito especial ditado pelos arts. 519 a 523 do CPP), terá direito aos benefícios do Juizado Especial, já que para tal infração é cominada pena de seis meses a dois anos.

O critério eleito para definir a competência dos juizados é, efetivamente, o *quantum* máximo da pena privativa de liberdade abstratamente cominada, sendo irrelevante a eventual

previsão alternativa de pena de multa. Considere-se, como exemplo, o crime do art. 38 da Lei 9.605/1998, consistente em *destruir ou danificar floresta considerada de preservação permanente, mesmo que em formação, ou utilizá-la com infringência das normas de proteção*. Nesse caso, a pena estabelecida é de *detenção, de um a três anos, ou multa, ou ambas as penas cumulativamente*. Independentemente da possibilidade de aplicar o juiz, unicamente, a pena de multa, é certo que o delito não se insere na competência dos Juizados Especiais Criminais, devendo ser processado e julgado perante o juízo comum, pois o máximo da pena privativa de liberdade prevista ultrapassa dois anos[8].

Sem embargo, da aparente simplicidade do art. 61 da Lei 9.099/1995, deve-se atentar ao fato de que não é toda e qualquer infração de menor potencial ofensivo que se submete ao Juizado Especial Criminal. Há exceções.

Assim, por força do art. 90-A da Lei 9.099/1995, a disciplina prevista nessa lei não se aplica aos **crimes militares**, pouco importando que a pena máxima cominada seja igual ou inferior a dois anos. A mesma situação ocorre em relação aos **crimes praticados com violência doméstica e familiar contra a mulher** quando se enquadrarem na abrangência dos arts. 5.º e 7.º da Lei 11.340/2006 (Lei Maria da Penha), hipóteses em que, independentemente da pena prevista, não serão aplicadas as regras da Lei 9.099/1995 por força do que preceitua o art. 41 daquele diploma. Nesse contexto, é conclusivo que, em ambos os casos citados (crimes militares e crimes com violência doméstica e familiar contra a mulher), não serão admitidas a transação penal tampouco a aplicação de qualquer outra regra estabelecida na Lei 9.099/1995.

No tocante aos **crimes eleitorais** (assim considerados os definidos no Código Eleitoral e legislação posterior correlata), deve-se afastar, de pronto, a possibilidade de submeter-se a sua análise e julgamento aos Juizados Especiais Criminais. Isto porque, muito embora a atual Constituição Federal não estabeleça de maneira clara e precisa a competência da Justiça Eleitoral (o art. 121 da CF diz, simplesmente, que Lei Complementar estabelecerá a competência da Justiça Eleitoral), doutrina e jurisprudência consideram que o art. 35, II, do Código Eleitoral[9], ao dispor que cabe aos juízes eleitorais o julgamento de crimes eleitorais e comuns conexos, foi recepcionado como se lei complementar fosse. Sendo assim, crimes eleitorais com apenamento máximo igual ou inferior a dois anos, apesar de classificáveis como infrações de menor potencial ofensivo, não são julgados nos Juizados Especiais Criminais, mas, sim, pela Justiça Eleitoral. Sem embargo, admite-se a aplicação em tal ordem de infrações dos benefícios despenalizadores elencados na Lei 9.099/1995, salvo se a pena privativa de liberdade estiver cumulada com outra espécie de punição, como ocorre no art. 334 do Código Eleitoral ao estabelecer, como sanções, "detenção de seis meses a um ano e cassação do registro se o responsável for candidato".

Existiam controvérsias em relação ao Estatuto da Pessoa Idosa (Lei 10.741/2003) em face de o art. 94 desse diploma estabelecer que aos crimes previstos nesta Lei, cuja pena máxima privativa de liberdade não ultrapasse 4 (quatro) anos, aplica-se o procedimento previsto na Lei n.º 9.099, de 26 de setembro de 1995, e, subsidiariamente, no que couber, as disposições do Código Penal e do Código de Processo Penal. Na atualidade, porém, não subsiste qualquer discussão, pois o STF, no julgamento da Ação Direta de Inconstitucio-

---

8 Em prova aplicada no ano de 2012, relativa ao Concurso Público para Juiz de Direito do Estado do Pará, a seguinte alternativa foi apresentada: "(A) De acordo com a jurisprudência do STJ, o critério eleito para definir a competência dos juizados especiais criminais é o *quantum* máximo da pena privativa de liberdade abstratamente cominada, a despeito da previsão de pena alternativa de multa". O enunciado, como se abordou neste Capítulo, está correto.

9 "Art. 35, II – Compete aos juízes: [...] II – processar e julgar os crimes eleitorais e os comuns que lhe forem conexos, ressalvada a competência originária do Tribunal Superior e dos Tribunais Regionais".

nalidade 3.096/DF (*DJ* 16.06.2010), ajuizada pela Procuradoria-Geral da República, compreendeu que o citado dispositivo legal deve ser interpretado em prol de seu destinatário, e não do agente violador da lei, daí decorrendo a orientação de que aos crimes tipificados no Estatuto cuja pena máxima privativa de liberdade não ultrapasse a **dois anos**, aplica-se a integralidade da Lei 9.099/95, assim como todos os benefícios despenalizadores nela previstos. Agora, tratando-se de infrações previstas no referido Estatuto com apenamento máximo **superior a dois anos e que não ultrapasse a quatro**, aplica-se a Lei 9.099/1995 apenas no aspecto procedimental, visando, com isso, conferir maior celeridade ao processo. Contudo, não se aplicam ao réu, neste último caso, as medidas despenalizadoras contempladas naquela lei (conciliação, composição civil de danos e transação penal). E no tocante ao instituto da suspensão condicional do processo (art. 89 da Lei 9.099/95)? Não há qualquer impedimento à sua aplicação, independentemente da pena máxima estabelecida, bastando que a mínima não seja superior a um ano. E quando se tratar de crimes com pena máxima superior a quatro anos? Neste caso, na falta de disciplina expressa, o rito a ser aplicado é o comum ordinário, nos termos do art. 394, § 1.º, I, do CPP.

Questão que tem sido alvo de debates refere-se à aplicação da Lei 9.099/1995 na hipótese de **crimes praticados contra crianças e adolescentes.** A polêmica teve início após a edição da Lei 14.344, de 24.05.2022 (a chamada Lei Henry Borel) que, a par de criar mecanismos para a prevenção e o enfrentamento da violência doméstica e familiar contra a criança e o adolescente, inseriu no § 1.º do art. 226 da Lei 8.069/1990 (Estatuto da Criança e do Adolescente – ECA) a previsão de que "aos crimes cometidos contra a criança e o adolescente, independentemente da pena prevista, não se aplica a Lei n.º 9.099, de 26 de setembro de 1995". A partir desta regra, surgiu o questionamento quanto à abrangência dessa proibição, alguns compreendendo que, doravante, a Lei 9.099/1995 não pode ser aplicada na apuração de qualquer delito em que figure como vítima pessoa menor de 18 anos, enquanto outros entendem que a vedação alcança apenas os crimes tipificados no ECA. Acerca dessa controvérsia, compreendemos que, tenha ou não sido a intenção do legislador afastar o regramento da Lei dos Juizados Especiais Criminais apenas da persecução dos crimes descritos na Lei 8.069/1990, foi isto o que fez. Basta atentar que a proibição em questão não está inserida, genericamente, no âmbito da Lei 14.344/2022, o que permitiria a conclusão de seu alcance a qualquer delito que tivesse como vítima criança ou adolescente. Ao contrário, tal restrição foi instituída no âmbito do ECA, inserida como um parágrafo do art. 226, o qual trata dos "crimes definidos nesta Lei". A hipótese difere, por exemplo, da normatização da Lei 11.340/2006 (Lei Maria da Penha), que, no seu próprio corpo, em seu art. 41, dispõe que "aos crimes praticados com violência doméstica e familiar contra a mulher, independentemente da pena prevista, não se aplica a Lei n.º 9.099, de 26 de setembro de 1995", regra esta que, por seu caráter geral, aplica-se à apuração de qualquer delito que tenha como vítima a mulher em contexto de violência doméstica e familiar. Logo, com respeito às vozes que se levantam no sentido oposto, compreendemos que, de fato, o impedimento legal à aplicação da Lei 9.099/1995 incide apenas sobre os delitos tipificados no ECA, não alcançando, portanto, aqueles previstos no Código Penal e em outros diplomas e que tenham como ofendidas pessoas menores de 18 anos.

Outra referência importante diz respeito à competência dos Juizados Especiais Criminais perante as hipóteses de **concurso material**, **concurso formal** e **crime continuado**. Entende o STJ, "na hipótese de concurso de crimes, a pena considerada para a fixação da competência é a resultante da soma, no caso de concurso material, ou da exasperação, quando se tratar de concurso formal ou de crime continuado, das penas máximas cominadas às infrações"[10].

---

[10] STJ, HC 82.258/RJ, *DJ* 23.08.2010 e AgRg no AREsp 875.258/PR, *DJ* 26.06.2016. No mesmo sentido: TJRS, Conflito de Jurisdição 0050321884, j. 10.07.2014.

Nesse passo, denunciado o agente, por exemplo, pela prática de crimes de desobediência (pena de 15 dias a 6 meses, e multa) e desacato (pena de 6 meses a 2 anos, ou multa), ocorridos no mesmo contexto, em concurso material, resta afastada a competência do juizado especial criminal, haja vista que o resultado da soma das penas máximas atribuídas abstratamente a esses crimes supera os dois anos previstos no art. 61 da Lei 9.099/1995 ao definir o que seja infração de menor potencial ofensivo.

No aspecto relativo à competência do JECRIM na hipótese de concurso de crimes, há outra questão importante a ser examinada: trata-se da **perpetuação da jurisdição** do Juízo Comum quando realizada a absolvição em razão de um dos delitos, sendo o delito remanescente de competência do JECRIM. Em outras palavras, questiona-se: nessa hipótese, o delito remanescente deve ser encaminhado ao Juizado Especial para que lá seja julgado ou permanece competente o Juízo Com em face da *perpetuatio jurisdicionis*? Considere-se, para ilustrar, a seguinte hipótese: determinado indivíduo foi denunciado pela prática de resistência (art. 329, *caput*, CP, detenção de 2 meses a 2 anos) e lesão corporal leve (art. 129, *caput*, CP, detenção de 3 meses a 1 ano) em concurso material Nesse caso, em que pese ambos os delitos imputados se situem no âmbito da competência do Juizado Especial Criminal, a tramitação do processo criminal ocorrerá em sede de Justiça Comum em face da circunstância de as penas máximas cominadas aos crimes, somadas, resultarem quantidade superior à prevista no art. 61 da Lei 9.099/1995. Imagine-se, porém, que, ao sentenciar, o magistrado absolva o réu pelo crime de lesões corporais. Nesse caso, pergunta-se: *deverá o juiz proceder ao julgamento do crime remanescente ou, ao contrário, deverá aguardar o trânsito em julgado da absolvição pelas lesões e, após, encaminhar o crime de resistência ao JECRIM para que lá seja julgado?* Incide, nesse caso, a previsão do art. 81 do CPP, que consagra o instituto da *perpetuatio jurisdicionis*. Prevê esse dispositivo que, *verificada a reunião dos processos por conexão ou continência, ainda que no processo da sua competência própria venha o juiz ou tribunal a proferir sentença absolutória ou que desclassifique a infração para outra que não se inclua na sua competência, continuará competente em relação aos demais processos*. Logo, no exemplo dado, em que absolvido o réu de um dos crimes descritos na exordial, tal situação não implicará **modificação de competência do juízo**, permanecendo o Juízo Comum competente para o julgamento do crime de resistência. Idêntica solução tem lugar na hipótese em que, denunciado o réu pela prática de infração de menor potencial ofensivo em concurso material com outra que não possua essa natureza, sobrevenha, quanto a esta última, a sua absolvição. Tal situação não subtrai da Justiça Comum a competência quanto ao crime de menor potencial ofensivo em razão da regra da *perpetuatio jurisdictionis*.

Perceba-se que tal situação não se confunde com a prevista no art. 383, § 2.º, do Código de Processo Penal, pelo qual, se o juiz reconhecer a possibilidade de nova definição jurídica do fato que implique alteração da competência – por exemplo: em vez de tráfico de drogas (art. 33 da Lei 11.343/2006, com pena de 5 a 15 anos), a posse para consumo pessoal (art. 28 da Lei 11.343/2006, sem previsão de pena privativa de liberdade) – deverá encaminhar o processo ao juízo competente. Nesse caso, é o próprio fato imputado que está recebendo nova tipificação (v. item 10.14.5.1). Já no caso da *perpetuatio jurisdicionis*, não há desclassificação dos fatos imputados em concurso, mas, sim, a absolvição de um deles, permanecendo o juízo comum competente para decidir o delito remanescente.

Por fim, deve-se considerar a possibilidade de incidirem **causas de aumento de pena**. Nesse caso, a definição acerca da competência ou não dos juizados deve ser realizada a partir da incidência, sobre a pena máxima cominada *in abstrato* ao delito, do índice que mais aumente essa pena. Por sua vez, perfazendo-se **causas de diminuição de pena**, deve-se aplicar o índice que menos diminua a pena. Em outras palavras, deve-se verificar, sempre, o maior apenamento possível. Logo, surge a competência do Juizado Especial Criminal se, em decorrência da incidência das referidas causas de aumento ou diminuição, a pena máxima restar igual ou inferior a dois anos. Caso contrário, a análise do julgamento da infração penal caberá ao Juízo Comum. De acordo com esse raciocínio, a verificação da competência do JECRIM na hipótese do crime tentado, por exemplo, condiciona-se a que a pena máxima cominada ao crime diminuída de 1/3 (de acordo com o art. 14, II, do CP, 1/3 é o coeficiente que implica menor redução de pena em face da tentativa) reste em patamar igual ou inferior a dois anos.

10.4.3.3. Competência ratione personae

A competência *ratione personae* concerne à condição funcional ou à qualidade das pessoas acusadas. Relativamente às infrações de menor potencial ofensivo, tratando-se o autor do fato de pessoa a quem se reconheça **prerrogativa de função**, deverão ser obedecidas as disposições legais ou constitucionais pertinentes a esse critério de fixação da competência. É o caso, por exemplo, de um Prefeito Municipal ter imputado contra si crime ambiental praticado no exercício da função e em razão dela, caso em que deverá ser processado perante o Tribunal de Justiça do Estado. O rito de apuração, contudo, não será o sumaríssimo, mas, sim, o procedimento de competência dos tribunais ditado pela Lei 8.038/1990 c/c a Lei 8.658/1993, sem prejuízo da possibilidade de aplicação dos benefícios da Lei 9.099/1995, *v.g.*, a proposta de transação penal, se cabível no caso concreto.

10.4.4. Hipóteses de conexão ou continência

A *conexão* e a *continência* são hipóteses de modificação da competência que ocorrem apenas nas condições expressamente previstas – a primeira, no art. 76 do CPP, e a segunda, no art. 77 do mesmo diploma legal.

Por *conexão* entende-se o nexo existente entre duas ou mais infrações quando estas se encontrarem "entrelaçadas por um vínculo que aconselha a junção dos processos, propiciando, assim, ao julgador perfeita visão do quadro probatório e, de consequência, melhor conhecimento dos fatos, de todos os fatos, de molde a poder entregar a prestação jurisdicional com firmeza e justiça"[11].

Já na *continência*, "como o próprio nome está a indicar, uma causa está contida na outra, não sendo possível a cisão. Como a continência se verifica na hipótese de concurso de pessoas (coautoria e participação) – e aí a *causa petendi* – e nos casos em que se aplique a regra contida na primeira parte do art. 70 do CP – arts. 73, segunda parte, e 74 –, conclui-se que, como o fato é o mesmo (no caso de coautoria e participação) ou a conduta é uma só (é a hipótese do concurso formal), podemos afirmar que a continência está em função da identidade da *causa petendi* ou da *unidade da conduta*"[12].

Examinando-se as hipóteses contempladas nos arts. 76 e 77 do CPP, verifica-se que a diferença substancial entre os institutos está no fato de que, enquanto na *conexão* haverá necessariamente pluralidade de condutas, na *continência* haverá uma só conduta, gerando um ou vários resultados. De qualquer forma, é importante ter em vista que, para fins de enquadramento em um ou outro caso, é irrelevante o número de agentes envolvidos na prática criminosa, isto é, se um ou mais – evidentemente, nos incisos dos arts. 76 e 77 há situações de conexão e de continência que exigem pluralidade de sujeitos ativos.

Pois bem, em sede de Juizado Especial Criminal, tratando dos referidos institutos processuais, dispõe o art. 60 da Lei 9.099/1995 (e também o art. 2.º da Lei 10.259/2001) que os juizados têm competência para a conciliação, o julgamento e a execução das infrações penais de menor potencial ofensivo, **respeitadas as regras de conexão e continência**. Por sua vez,

---

[11] TOURINHO FILHO, Fernando da Costa. *Processo penal*. 27. ed. São Paulo: Saraiva, 2005. v. 2, p. 197-198.

[12] Idem, ibidem, p. 203-204.

estabelece o parágrafo único do mesmo artigo que, na reunião de processos, perante o juízo comum ou o tribunal do júri, decorrentes da aplicação das regras de **conexão e continência**, observar-se-ão os institutos da transação penal e da composição dos danos civis.

Com essas disciplinas, pretendeu o legislador, nitidamente, evitar atrasos e decisões contraditórias que poderiam decorrer do julgamento de processos envolvendo crimes conexos em foros diferentes. Destarte, se determinado indivíduo cometer homicídio e lesões corporais leves (o primeiro de competência do Júri e o segundo, dos Juizados Especiais Criminais), ambos os crimes serão atraídos para o Juízo do Júri, prevalente que é por força da conexão (art. 60, *caput*, última parte). Independentemente dessa atração, em relação às lesões, antes do oferecimento de denúncia, deverá ser oportunizada a composição de danos civis que delas tenham decorrido, bem como, se não houver óbices legais, a própria transação penal. Proposta pelo Ministério Público e aceita pelo autor do fato a transação penal, será o agente denunciado e processado apenas pelo homicídio.

Há quem defenda a inconstitucionalidade do art. 60, parágrafo único, da Lei 9.099/1995. Consideram, para tanto, que a competência dos Juizados Especiais Criminais está fixada no art. 98, I, da Constituição Federal, não podendo ser alterada por lei ordinária. Nesse passo, existindo conexão ou continência entre infração de menor potencial ofensivo e outro delito qualquer sem essa natureza, dever-se-ia efetuar a separação dos processos, sendo a primeira encaminhada ao JECRIM e a segunda, ao seu juízo original. O entendimento é minoritário na jurisprudência pátria.

10.4.5. Competência dos juizados perante a *emendatio libelli* e a *mutatio libelli*

10.4.5.1. Emendatio libelli

Trata-se da hipótese na qual o juiz, ao condenar ou pronunciar o réu, atribui nova definição jurídica ao fato descrito, sem, porém, acrescentar a esse mesmo fato qualquer circunstância ou elemento que já não estivesse descrito na inicial acusatória. Referindo-se à sentença condenatória, dispõe, com efeito, o art. 383 do CPP que "o juiz, sem modificar a descrição do fato contida na denúncia ou queixa, poderá atribuir-lhe definição jurídica diversa, ainda que, em consequência, tenha de aplicar pena mais grave". Por outro lado, tratando da decisão de pronúncia, estipula o art. 418 do CPP que "o juiz poderá dar ao fato definição jurídica diversa da constante da acusação, embora o acusado fique sujeito a pena mais grave".

Na *emendatio libelli*, em verdade, **inexistem acréscimos** na decisão judicial quanto ao fato inicialmente atribuído e que consta na denúncia ou na queixa. Por isso mesmo é que facultam os arts. 383 e 418 do CPP o reconhecimento pelo juiz de crime cuja capitulação importe em aplicação de pena mais grave independentemente de qualquer providência prévia relacionada à concessão de novas oportunidades de defesa ao réu. Exemplo: denunciado o agente por crime de roubo capitulado no art. 157 do CP, sobrevém, no curso da instrução, a prova de que não houve violência nem grave ameaça. Diante disso, o juiz, suprimindo da inicial a referência à violência e à ameaça, condena o réu por furto simples. Há, nesse caso, *emendatio libelli*, já que o furto se encaixa na descrição do roubo. Defendendo-se de um roubo, defende-se o acusado de *furto + violência/ameaça*. Desta sorte, basta retirar de um roubo as circunstâncias "violência e grave ameaça" e já se tem caracterizada a subtração que tipifica o furto.

Eventualmente, a desclassificação provocada pela *emendatio libelli* pode importar em **modificação de competência do juízo**. Constatando tal hipótese, caberá ao juiz, fundamentadamente, realizar a desclassificação que caracteriza a *emendatio libelli*, sem, contudo, proceder ao juízo de condenação ou de absolvição. Essa decisão deverá ter sua fundamentação restrita à tipificação do crime, sem externar qualquer outro juízo de mérito tampouco pronunciar-se acerca da condenação ou absolvição. Não havendo juízo de *condenação* ou de *absolvição*, esse pronunciamento não pode, obviamente, ser caracterizado como uma sentença *stricto sensu*, mas, sim, como uma *decisão definitiva*, sendo apelável nos termos do art. 593, II, do CPP. Transitada em julgado essa manifestação, deverá o juiz ordenar a remessa do processo ao juízo agora considerado competente, para que lá tenha prosseguimento (art. 383, § 2.º, do CPP). É o caso, por exemplo, de constatar o Juiz, no Juízo Comum, a possibilidade da desclassificação do crime de tráfico de drogas imputado ao réu (art. 33, *caput*, da Lei 11.343/2006) para a forma privilegiada de oferecimento eventual e gratuito (art. 33, § 3.º, da Lei 11.343/2006). Sendo este último de competência do Juizado Especial Criminal, após efetuar a desclassificação, caberá ao magistrado remeter o processo ao JECRIM, onde será realizada proposta de transação penal ou, não sendo esta viável, prolatada a sentença.

10.4.5.2. Mutatio libelli

No curso da instrução do processo, podem surgir novas provas quanto a elementos ou circunstâncias da imputação que não estejam contidos na denúncia ou na queixa e que, se reconhecidos pelo juiz, importem em alteração do fato *para mais*. Trata-se da *mutatio libelli* – situação em que o juiz, condenando ou pronunciando o réu, atribui ao fato nova definição jurídica, mediante o acréscimo de circunstâncias não mencionadas na denúncia ou na queixa-crime. Nesses casos, como há evidente prejuízo ao acusado, não poderá ser o indivíduo condenado ou pronunciado pelo novo crime sem que adotadas, antes, as providências referidas no art. 384 do CPP, que incluem o aditamento da peça acusatória pelo Ministério Público e consequente imputação dos novos elementos ou circunstâncias surgidos na instrução criminal. Assim, inversamente ao ilustrado no tópico anterior, considere-se que, na instrução criminal de processo por furto, surjam provas da ocorrência de violência ou grave ameaça contra a vítima (o crime é de roubo, portanto). Considerando que a atribuição de roubo em vez de furto importa em reconhecer o juiz, na sentença, as elementares da violência ou da grave ameaça, as quais não foram mencionadas na denúncia, impõe-se aqui a aplicação prévia do disposto no art. 384 do Código de Processo Penal como condição para que possa o juiz condenar o réu pelo delito do art. 157 do Código Penal.

Todavia, assim como ocorre na *emendatio libelli,* também em sede de *mutatio libelli*, por força do art. 384, § 3.º, do CPP, tem aplicação a regra do § 2.º do art. 383, determinando que, "tratando-se de infração da competência de outro juízo, a este serão encaminhados os autos". Assim, se ao examinar o aditamento constatar o magistrado que o novo crime descrito é de competência de juízo diverso, caberá a ele encaminhar o processo a tal juízo. Exemplo: denunciado o acusado por receptação dolosa (pena de reclusão de um a quatro anos, alheio à competência do JECRIM), surge no curso da instrução a prova de que se trata de receptação culposa (pena de detenção de um mês a um ano e, portanto, de competência do JECRIM). Considerando que tal desclassificação importa no reconhecimento de imprudência ou negligência do réu no ato de adquirir ou receber o bem, circunstâncias estas não descritas na denúncia, não poderá o magistrado proferir sentença condenatória pelo crime culposo sem que tenham sido adotadas as providências do art. 384 do CPP, não importando o fato de à receptação culposa ser cominada pena inferior à do delito originariamente imputado[13]. Nesse caso, se, vislumbrando a nova capitulação, realizar o Ministério Público aditamento à denúncia visando à imputação da receptação culposa, caberá ao Juiz encaminhar o processo ao Juizado Especial Criminal para que lá seja analisada a possibilidade de transação penal e, não ocorrendo esta, prosseguimento e julgamento do feito[14].

---

13 TJRS, Apelação Crime 70053621173, j. 19.06.2013; Apelação Crime 70049738966, j. 25.10.2012.

14 Não é tranquilo o entendimento de que na desclassificação do crime imputado na modalidade dolosa para a forma culposa ocorre *mutatio libelli*. No STF, por exemplo, já se decidiu que a desclassificação do crime de peculato doloso para peculato culposo não implica *mutatio*, mas, sim, *emendatio*, sendo dispensável a adoção prévia das medidas previstas no art. 384 do CPP.

10.4.6. Natureza da competência dos Juizados

Discute-se a natureza da competência legalmente estabelecida aos Juizados Especiais Criminais. Trata-se, afinal, de **competência absoluta** ou de **competência relativa**? Atente-se que essa definição releva muito especialmente na solução jurídica a ser conferida para a hipótese em que um delito de competência originária do JECRIM (crime de ameaça, por exemplo, cuja pena é de um a seis meses, ou multa) seja, por equívoco, processado e julgado perante o Juízo Comum. Há duas correntes aqui:

> ***Primeira:*** As normas de competência *ratione materiae* são de ordem pública, pois decorrem, explícita ou implicitamente, de previsão constitucional. No caso do JECRIM, inclusive, há previsão expressa da competência para a análise das infrações de menor potencial ofensivo no art. 98, I, da CF. Logo, a tramitação **injustificada** (a Lei 9.099/1995 contempla exceções, como veremos a seguir) de processo relativo a infração de menor potencial ofensivo no Juízo Comum produz nulidade absoluta, podendo ser declarada em qualquer tempo e grau de jurisdição, observada, por óbvio, a disposição da Súmula 160 do STF, que proíbe aos tribunais declararem *ex officio,* contra o réu, nulidades não arguidas em recurso da acusação.
>
> ***Segunda:*** É relativa a competência do JECRIM para julgamento das infrações de menor potencial ofensivo. Isto porque a Constituição Federal, quando previu, no seu art. 98, I, a instituição dos Juizados Especiais Criminais pela União e pelos Estados, pressupôs, por óbvio, a necessidade de uma lei que assim determine. E tal lei, no caso, é a Lei 9.099/1995, que, na sua disciplina, prevê expressamente hipóteses de modificação da competência dos Juizados Especiais Criminais e consequente encaminhamento dos processos relativos a infrações de menor potencial ofensivo ao Juízo Comum para que lá sejam apuradas e julgadas. Isto ocorre nos casos de conexão ou continência de infração de menor potencial ofensivo com crime alheio à competência do JECRIM (art. 60), nas hipóteses em que houver necessidade de citação editalícia do autor do fato (art. 66, parágrafo único) e nas situações de complexidade dos fatos sob apuração (art. 77, §§ 2.º e 3.º). Ora, as normas de competência absoluta são imodificáveis. Sendo assim, na medida em que, como visto, a própria Lei 9.099/1995 estabelece determinadas causas de modificação da competência (consideradas constitucionais pelos Tribunais Superiores), é evidente que, mesmo nos casos em que não incidam tais causas, o afrontamento à competência do JECRIM deve ser considerado causa de nulidade relativa, sujeita, portanto, à arguição oportuna pela parte interessada sob pena de preclusão.

Aderimos a essa corrente, ressaltando, no entanto, que a regularidade do processo criminal condiciona-se a que, mesmo tramitando no juízo comum, seja analisada a possibilidade de composição dos danos cíveis e de aplicação dos institutos despenalizadores previstos na Lei 9.099/1995 – transação penal e suspensão condicional do processo. Uma vez atentadas essas peculiaridades, nenhum prejuízo advirá para o réu a tramitação, no Juízo Comum, de processo de competência do JECRIM, pois os procedimentos comum ordinário e comum sumário eventualmente aplicados são mais amplos do que o rito sumaríssimo, facultando, inclusive, maiores oportunidades de defesa.

10.4.7. Conflito de competência entre órgãos jurisdicionais do Juizado Especial Criminal e do Juízo Comum

Não é incomum o surgimento de conflito de competência entre Juizado Especial Criminal e Juízo Comum.

Há até certo tempo atrás, tal questão era resolvida pela Súmula 348 do STJ, dispondo que *compete ao Superior Tribunal de Justiça decidir os conflitos de competência entre juizado especial federal e juízo federal, ainda que da mesma seção judiciária.*

No entanto, tal entendimento no sentido da competência do STJ para a solução dos referidos conflitos perdeu espaço a partir do julgamento pelo **Supremo Tribunal Federal** do Recurso Extraordinário 590.409/RJ (*DJ* 29.10.2009), firmando-se nesse Pretório a orientação de que aos Tribunais Regionais Federais compete o julgamento dos conflitos de competência que surgirem entre Juiz do Juizado Especial Criminal Federal e Juiz de Primeiro Grau da Justiça Federal Comum. A partir daí, também o **Superior Tribunal de Justiça** revisou seu entendimento e, ao julgar o Conflito de Competência 107.635/PR (j. 17.03.2010), deliberou pelo cancelamento da Súmula 348, editando, posteriormente, a Súmula 428 no sentido de que *compete ao Tribunal Regional Federal decidir os conflitos de competência entre juizado especial federal e juízo federal da mesma seção judiciária.*

Ora, se, na esfera federal, os conflitos são resolvidos dessa forma, detecta-se que, *mutatis mutandis,* no âmbito estadual, o conflito entre JECRIM e Juízo Comum do mesmo Estado deve ser resolvido pelo respectivo Tribunal de Justiça. É o caso, por exemplo, do conflito entre o JECRIM de uma Comarca do Rio Grande do Sul e o Juiz do Juízo Comum de outra Comarca do mesmo Estado.

E se o conflito se estabelecer entre Juizado Especial Criminal Federal vinculado ao TRF de uma região (v.g., *da 4.ª Região) e órgão do Juízo Comum vinculado ao TRF de outra* (v.g., *da 3.ª Região)*? Nessa hipótese, tratando-se de conflito de competência envolvendo juízes vinculados a tribunais distintos, a competência para a decisão será do STJ, *ex vi* do art. 105, I, *d,* da CF. A mesma situação ocorre em nível estadual, vale dizer, se o conflito se estabelecer, por exemplo, entre juiz do JECRIM do Paraná e juiz do Juízo Comum de São Paulo.

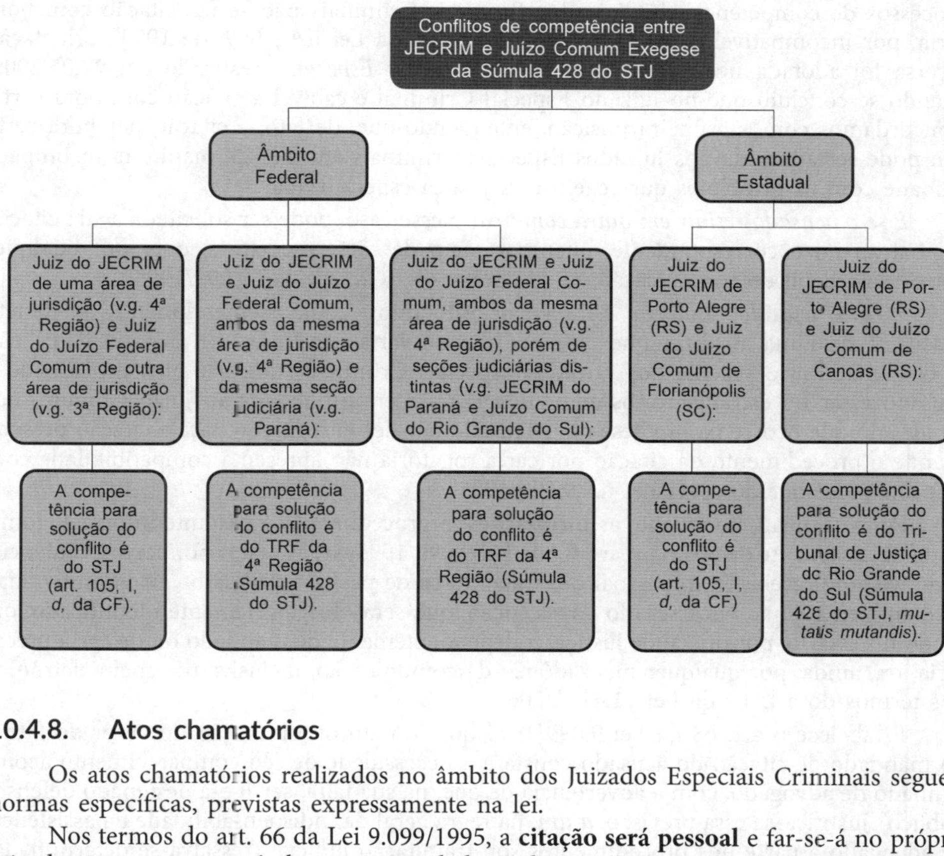

10.4.8. Atos chamatórios

Os atos chamatórios realizados no âmbito dos Juizados Especiais Criminais seguem normas específicas, previstas expressamente na lei.

Nos termos do art. 66 da Lei 9.099/1995, a **citação será pessoal** e far-se-á no próprio Juizado, sempre que possível, ou por mandado. O dispositivo insere evidente impropriedade terminológica ao referir-se à *citação pessoal* e à *citação por mandado,* já que a citação por mandado, sendo realizada por meio de oficial de justiça, é uma forma de citação pessoal.

Descabe a citação por **via postal ou qualquer outro meio de comunicação**.

Também não se permite a **citação por meio eletrônico**, conforme expressa previsão do art. 6.º da Lei 11.419/2006.

Por fim, é inadmissível a **citação editalícia**.

Destarte, se em qualquer hipótese não for localizado o acusado para citação pessoal, deverão os autos ser encaminhados ao Juízo Comum (art. 66, parágrafo único), em que será adotado o procedimento sumário previsto no art. 531 e seguintes do Código de Processo Penal (art. 538 do CPP). Se, remetidos os autos ao Juízo Comum, aqui for localizado o acusado e citado ele pessoalmente, nem por isso o processo é restituído ao Juizado Especial Criminal, permanecendo em tramitação no Juízo Comum segundo o rito sumário. Sem embargo, como dissemos antes, deverá ser analisada, no Juízo Comum, a possibilidade de aplicação dos institutos despenalizadores contemplados na Lei 9.099/1995 – composição civil dos danos, transação penal e suspensão condicional do processo.

Considerando os termos peremptórios do art. 60 da Lei 9.099/1995, pensamos também ser inadmissível, em sede de Juizado Especial, a *citação por hora* certa instituída pelo art. 362 da Lei 11.719, de 20.06.2008, destinada ao acusado que, presumidamente, estiver se ocultando para evitar a citação[15]. Mas atenção: a matéria é controvertida. Basta observar que, enquanto no Enunciado extraído *do II Encontro de Juízes dos Juizados Especiais do Estado de Minas Gerais*, ocorrido em 22.08.2008, deliberou-se no sentido de que "nos processos de competência dos Juizados Especiais Criminais não se faz citação com hora certa, por incompatível com o disposto no art. 66 da Lei n.º 9.099, de 1995", orientação diversa foi adotada no *Fórum Nacional de Juizados Especiais*, realizado em 27.05.2009, quando se concluiu que no Juizado Especial Criminal é cabível a citação com hora certa. Concordamos com a primeira posição, entendendo que, de fato, a citação por hora certa não pode ser admitida nos Juizados Especiais Criminais em face de manifesta incompatibilidade com os princípios que regem essa justiça especializada.

E se o acusado residir em outra comarca? Nesse caso, pode ser solicitada a sua citação pessoal ao juízo correspondente, quer por meio de carta precatória, quer por qualquer outro meio hábil de comunicação, *ex vi* do art. 65, § 2.º, da Lei 9.099/1995.

E se o acusado reside no estrangeiro? Adotamos, aqui, o entendimento de Renato Brasileiro de Lima ao dizer que "a expedição de carta rogatória (art. 368 do CPP) não se coaduna com o sistema dos Juizados Especiais Criminais, de sorte que, no caso de o acusado estar no estrangeiro, os autos deverão ser encaminhados ao Juízo Comum, nos moldes do que ocorre na hipótese de o acusado não ser encontrado para a citação pessoal, eis que o procedimento da citação por carta rogatória não apresenta compatibilidade com os princípios adotados pela Lei n.º 9.099/1995"[16].

Por seu turno, no tocante às **intimações**, o procedimento é bastante informal, admitindo-se, consoante disposto no art. 67 da Lei 9.099/1995, sejam feitas por correspondência, com aviso de recebimento pessoal ou, tratando-se de pessoa jurídica ou firma individual, mediante entrega ao encarregado da recepção, que será obrigatoriamente identificado, ou, sendo necessário, por oficial de justiça, independentemente de mandado ou de carta precatória, ou, ainda, por qualquer meio idôneo de comunicação, inclusive por meio eletrônico nos termos do art. 1.º da Lei 11.419/2006.

Estabelece o art. 68 da Lei 9.099/1995 que "do ato de intimação do autor do fato e do mandado de citação do acusado constará a necessidade de seu comparecimento acompanhado de advogado, com a advertência de que, na sua falta, ser-lhe-á designado defensor público". Justifica-se essa previsão, *a um*, na regra geral da indispensabilidade da assistência de advogado à parte nos procedimentos sob tramitação judicial (ressalva-se determinadas

---

15 Nesse sentido: TJRS, Conflito de Jurisdição 70060334455, j. 31.07.2014.

16 LIMA, Renato Brasileiro de. *Legislação criminal especial comentada*. Niterói: Impetus, 2013. p. 217.

situações em que autorizada a postulação pessoal, como a impetração de *habeas corpus*, o direito de petição do preso ao Juiz da Execução Penal, a interposição de recurso por termo nos autos etc.), e, *a dois*, na circunstância de que, em diversos momentos, a própria Lei 9.099/1995 condiciona a realização do ato à presença de defensor, a exemplo dos arts. 72 (audiência preliminar), 76, § 3.º (exame da proposta de transação penal), e 81 (audiência no curso do procedimento sumaríssimo).

10.4.9. Fase preliminar

A disciplina dos Juizados Especiais Criminais, determinada pela Lei 9.099/1995, não previu a instauração de **inquérito policial** para apuração das *infrações de menor potencial ofensivo*. Nesses casos, estabelece o art. 69 daquele diploma que deve ser lavrado o **termo circunstanciado**, que se constitui de uma peça semelhante a um boletim de ocorrência policial, incorporando, porém, em seu conteúdo, narrativa mais detalhada do fato registrado, com a indicação do autor do fato, do ofendido e do rol de testemunhas. Competentes para sua lavratura serão as polícias civil e federal, conforme o caso. Sem embargo, o Plenário Virtual do STF, em 26.06.2020, ao julgar a ADI 3807, proposta pela Associação dos Delegados de Polícia do Brasil em relação ao art. 48, § 3º, da Lei 11.343/2006, deliberou no sentido de que "a lavratura de termo circunstanciado não configura atividade investigativa e, portanto, não é função privativa de polícia judiciária". Com isto, o STF abriu caminho para lavratura de TC por outras instituições policiais, a exemplo da Polícia Militar e da Polícia Rodoviária Estadual (v. tópico 4.16, Capítulo 4).

O termo circunstanciado não pode conduzir ao **indiciamento** do autor do fato. Isto se justifica em duas circunstâncias: primeira, a simplicidade que caracteriza esse termo, e, segunda, o fato de que o ato da indiciação conduz ao registro da imputação nos assentamentos pessoais do indiciado[17], o que não ocorre no caso das infrações de competência dos Juizados Especiais Criminais, relativamente às quais determina o art. 76, § 6.º, da Lei 9.099/1995 que a sanção imposta em razão de transação penal não constará de certidão de antecedentes criminais e não produzirá efeitos civis. Ora, se em fase mais adiantada do procedimento preliminar instituído pela Lei 9.099/1995 – momento da aceitação de proposta de transação penal – veda-se que constem registros nos assentamentos do envolvido, com muito mais razão isso também não poderá ser aceito quando se trata de um simples termo circunstanciado instaurado no âmbito policial.

Lavrado o termo circunstanciado, é necessário distinguir duas situações:

1) **Não é hipótese de flagrante**, sendo a lavratura decorrente de registro de ocorrência policial ou de ciência, pela autoridade policial, de infração de menor potencial ofensivo sujeita a ação penal pública incondicionada. Nesse caso, prevê o art. 69 da Lei 9.099/1995 que o termo circunstanciado deverá ser encaminhado ao Juizado. Embora o dispositivo disponha que o termo será enviado ao Juizado com o autor do fato e a vítima, isto, na prática, dificilmente ocorre. O que acontece, em verdade, é a notificação posterior dos envolvidos para comparecerem ao Juizado em data aprazada.
2) **É hipótese de flagrante**. Incide aqui a regra do art. 69, parágrafo único, dispondo que "ao autor do fato que, após a lavratura do termo, for imediatamente encaminhado ao juizado ou assumir o compromisso de a ele comparecer, não se imporá prisão em flagrante, nem se exigirá fiança (...)". Como se vê, o dispositivo legal não está proibindo a prisão em flagrante em relação às infrações de menor potencial ofensivo, mas

[17] Trata-se de construção realizada a partir da exegese do art. 23 do CPP, pois, na realidade, o Código de Processo Penal não regulamenta o ato de indiciamento, nele inexistindo qualquer disposição legal a respeito.

simplesmente referindo que não haverá a lavratura do auto tampouco o arbitramento de fiança *caso o autor do fato aceite* comparecer imediatamente à sede do Juizado Especial ou assuma o compromisso de fazê-lo tão logo notificado para esse fim.

Veja-se que, muito embora, nas infrações de menor potencial, a regra seja a lavratura de termo circunstanciado, não é impossível que, em caso de flagrante, sua apuração venha a ocorrer no âmbito de **inquérito policial**. Imagine-se, por exemplo, que, flagrado na prática de infração de menor potencial ofensivo, o autor do fato não aceite comparecer imediatamente à sede do juizado especial criminal ou se negue a assumir o compromisso de fazê-lo em momento posterior. Nessa hipótese, por interpretação *a contrario sensu* do art. 69, parágrafo único, da Lei 9.099/1995, poderá ser lavrado o auto de prisão em flagrante em relação a ele, peça esta que se inclui como uma das formas de início do inquérito policial. Nesse caso, há divergências doutrinárias sobre a possibilidade de **indiciamento** do agente. Parte da doutrina entende que não é possível esse indiciamento, sob o argumento de que as infrações de menor potencial ofensivo possuem disciplina própria, não contemplando sistemática legal que permita o indiciamento e as consequências dele resultantes. Particularmente, aderimos à corrente oposta, ou seja, no sentido da possibilidade de indiciação do autor do fato em face da prática de infração de menor potencial ofensivo quando forem estas apuradas no âmbito de inquérito policial. Não se pode esquecer que a Lei 9.099/1995, embora seja um diploma especial perante o Código de Processo Penal, não o derroga – tanto que determina, no art. 92, a aplicação desse diploma em caráter subsidiário. Nessa mesma linha já se pronunciou o STJ[18].

Seja ou não hipótese de flagrante, uma vez aportando o termo circunstanciado ao Juizado, a próxima etapa do procedimento será a realização de **audiência preliminar** (art. 70). Perceba-se que, de acordo com o art. 69, parágrafo único, da Lei 9.099/1995, em caso de violência doméstica, o juiz poderá determinar, como medida de cautela, o afastamento do autor do fato do lar, domicílio ou local de convivência com a vítima. Abre-se aqui um parêntese para alertar que referido parágrafo não incide nas hipóteses de violência doméstica e familiar contra a mulher, tendo em vista a literalidade do art. 41 da Lei 11.340/2006 ao estabelecer que "aos crimes praticados com violência doméstica e familiar contra a mulher, independentemente da pena prevista, não se aplica a Lei 9.099, de 26 de setembro de 1995". Logo, a aplicabilidade do dispositivo está restrita às situações de violência doméstica não abarcadas pela lei referida, como, por exemplo, a violência perpetrada contra o cônjuge (homem) ou companheiro ou contra pessoas de convivência do autor do fato, ainda que não haja relação formal de parentesco.

A regra do art. 69, parágrafo único, possuía especial relevância na redação pretérita do art. 129, § 9.º, do Código Penal, que contemplava, para a lesão corporal praticada em situação de violência doméstica, a pena de três meses a um ano, contexto este que a incluía na classificação de infração de menor potencial ofensivo. Considerando, porém, o novo apenamento conferido ao tipo penal pelo art. 44 da Lei 11.340/2006 – pena de três meses a três anos, deixou a conduta de ser considerada infração de menor potencial ofensivo, acarretando, em consequência, a inaplicabilidade ao caso do art. 69, parágrafo único, em questão. Destarte, na atualidade, o afastamento do agressor do local de convivência com o ofendido nestas hipóteses pode ser alcançado mediante a aplicação de medidas cautelares diversas da prisão elencadas no art. 319 do CPP, especialmente a de *proibição de manter contato com pessoa determinada quando, por circunstâncias relacionadas ao fato, deva o indiciado ou acusado dela permanecer distante* (inciso III).

---

18 STJ, HC 192.615 (decisão monocrática), *DJ* 22.02.2011.

Pois bem, não sendo a **audiência preliminar** realizada imediatamente após o encaminhamento do termo circunstanciado a Juízo, prevê o art. 70 da Lei 9.099/1995 que deverá a solenidade judicial ser aprazada para data próxima, cientificando-se o autor do fato e a vítima ou, caso não estejam presentes no momento do aprazamento, intimando-se eles, bem como eventual responsável civil para comparecerem ao ato na data marcada (art. 71). Lembre-se que essa intimação, relativamente ao autor do fato, deverá observar os termos do art. 68, segundo o qual, no respectivo mandado, constará a necessidade de seu comparecimento acompanhado de advogado, com a advertência de que, na sua falta, ser-lhe-á designado defensor público.

A **audiência preliminar** antecede o oferecimento da denúncia ou da queixa. Sua finalidade, no âmbito dos Juizados Especiais Criminais, é obter a composição civil dos danos e verificar a possibilidade de aplicação imediata ao autor do fato de pena não privativa de liberdade (transação penal), elidindo-se, assim, a instauração de processo criminal. Tendo em vista essas finalidades – que, ao fim e ao cabo, possuem caráter nitidamente conciliatório –, a eventual ausência do autor do fato ou do ofendido não impõe, necessariamente, a condução coercitiva, significando, tão somente, a ausência de interesse na conciliação dos danos ou na aceitação de transação penal.

Presentes, na **audiência preliminar**, o autor do fato, a vítima e, sendo o caso, o responsável civil, acompanhados por seus advogados, o juiz ou o conciliador a que alude o art. 73 indagará das partes sobre a existência de dano civil a ser reparado e se há possibilidade de composição (art. 72). Nesse momento, considerando a natureza meramente patrimonial dos interesses em discussão, não há intervenção do Ministério Público, ressalvada, por óbvio, a existência de interesses de incapazes a serem tutelados. Havendo danos cíveis e sendo estes compostos, será o acordo reduzido a escrito e homologado pelo juiz por meio de sentença irrecorrível, a qual terá eficácia de título executivo (art. 74). Quanto aos reflexos dessa composição na continuidade do procedimento, tudo depende da natureza da ação penal pertinente ao crime em apuração – *pública incondicionada, pública condicionada* ou *privada*. Veja-se:

a) Composição civil nas infrações de ação penal pública incondicionada

Sendo o caso de infração a ser apurada mediante ação penal pública incondicionada, a composição civil não interfere no prosseguimento do rito, ressalvando-se a hipótese dos crimes ambientais de menor potencial ofensivo, pois em relação a estes dispõe o art. 27 da Lei 9.605/1998 que "a proposta de aplicação imediata de pena restritiva de direitos ou multa, prevista no art. 76 da Lei n.º 9.099, de 26 de setembro de 1995, somente poderá ser formulada desde que tenha havido a prévia composição do dano ambiental, de que trata o art. 74 da mesma lei, salvo em caso de comprovada impossibilidade".

Pois bem, abstraída a hipótese contemplada no referido art. 27 da Lei 9.605/1998, a verdade é que, nas infrações de menor potencial ofensivo que se processam mediante ação penal pública incondicionada, tenha ou não ocorrido acordo entre os envolvidos relativamente aos danos decorrentes da infração, a audiência preliminar terá prosseguimento, cabendo ao juiz que preside o JECRIM, como ato seguinte, perguntar ao Ministério Público se realizará proposta de transação penal visando à aplicação imediata de pena restritiva de direito ou multa ao autor do fato (art. 76). Nesse momento, duas situações podem surgir:

- **Há proposta de transação penal, sendo ela aceita pelo autor do fato:** muito embora, na ação penal pública, vigore o *princípio da obrigatoriedade*, tratando-se de infrações de menor potencial ofensivo, adota-se o **princípio da obrigatoriedade regrada**, também chamado de **princípio da discricionariedade regrada**, viabilizando-se ao Ministério Público, diante da presença dos requisitos legais, deixar de propor a ação penal e oferecer ao autor do fato a aplicação imediata de pena não privativa de liberdade, encerrando-se, assim, o procedimento.

- **Não há proposta de transação penal pelo Ministério Público em face da ocorrência dos óbices previstos no art. 76, § 2.º, da Lei 9.099/1995**, ou, então, **há essa proposta, mas não é aceita pelo autor do fato:** nessa hipótese, caberá ao juiz, no prosseguimento da audiência, mais uma vez, devolver a palavra ao Ministério Público para as providências cabíveis. A respeito, dispõe o art. 77 que o Ministério Público, se não for hipótese de arquivamento e não houver necessidade de diligências, realizará, imediatamente, denúncia oral, prosseguindo-se o feito no Juizado Especial Criminal segundo o *procedimento sumaríssimo (arts. 77 a 81 da Lei 9.099/1995)*. Saliente-se que, se a complexidade ou as circunstâncias do caso não permitirem a denúncia imediata, poderá o *Parquet* requerer ao juiz o encaminhamento das peças existentes ao Juízo Comum (art. 77, § 2.º), em que, ajuizada a ação penal, *o processo seguirá o rito sumário contemplado nos arts. 531 a 536 do CPP, em face do que dispõe o art. 538 do mesmo Código.*

b) Composição civil nas infrações de ação penal pública condicionada

Tratando-se de infração de ação penal pública condicionada à representação do ofendido, a composição dos danos civis acarreta renúncia automática do direito de representação, operando-se, via de consequência, o término da audiência e a extinção do procedimento (art. 74, parágrafo único, da Lei 9.099/1995). Não havendo, entretanto, essa composição, a audiência prosseguirá (art. 75 da Lei 9.099/1995), questionando o juiz ao ofendido se deseja ou não representar contra autor do fato. Nesse momento, poderá ocorrer:

- **O ofendido não oferece representação:** encerra-se, nesse caso, a audiência e extingue-se o procedimento em face da impossibilidade de adoção de qualquer medida pelo Ministério Público, pois está ausente condição de procedibilidade que lhe permita propor a transação penal ou deduzir ação penal relativamente ao fato.
- **O ofendido oferece representação:** diante da legitimidade agora conferida ao Ministério Público para agir, o juiz indagará ao promotor se pretende oferecer proposta de transação penal. Nesse sentido, segue-se o mesmo raciocínio analisado no item anterior, quando tratamos dos crimes de ação penal pública incondicionada:
  - **É realizada a proposta de transação pelo Ministério Público e são aceitos os termos pelo autor do fato:** aceita a proposta pelo autor do fato e seu defensor, será ela submetida à homologação do Juiz (art. 76, § 4.º), não acarretando registro de antecedentes criminais ou reincidência. Da decisão homologatória caberá apelação (§ 5.º).
  - **Não é realizada a proposta de transação pelo Ministério Público em face da incidência dos óbices previstos no art. 76, § 2.º, da Lei 9.099/1995**, ou, se realizada, **não é ela aceita pelo autor do fato:** o juiz facultará ao Ministério Público, no curso da audiência, apresentar denúncia oral, sem embargo de poder esse Órgão postular diligências complementares e, até mesmo, requerer o arquivamento do termo circunstanciado (art. 77).

c) Composição civil nas infrações de ação penal privada

Assim como ocorre em relação aos crimes de ação penal pública condicionada, também nos delitos de ação penal privada a ocorrência de composição entre os envolvidos quanto aos danos decorrentes da infração implica renúncia automática do direito de queixa, operando-se o término da audiência e a extinção do procedimento (art. 74, parágrafo único, da Lei 9.099/1995).

Não havendo, entretanto, essa composição, a audiência terá seguimento (art. 75 da Lei 9.099/1995).

Discute-se a possibilidade de proposta de transação penal quando se trata de crime de ação privada. Majoritariamente tem-se considerado viável sua ocorrência, e, para uma primeira corrente, quem possui legitimidade para a dedução da proposta é o *Ministério*

Público, sob o fundamento de que o particular não pode transacionar penas[19]. Outra posição compreende ser do *ofendido* essa legitimação, alegando-se, nesse caso, que, sendo ele o titular exclusivo da ação penal, descabe ao Ministério Público interferir mediante a elaboração de proposta de transação penal com o autor do fato que, se por ele aceita e cumprida, impedirá o desencadeamento do processo criminal. No âmbito do STJ, não apenas se entende possível a proposta de transação penal nos crimes de ação privada exclusiva, como, ainda, sustenta-se a legitimidade do ofendido para esse fim[20-21]. Já decidiu essa Corte, inclusive, que, havendo manifestação contrária do querelante, vale dizer, no sentido de que não tem interesse na aplicação de qualquer instituto penal despenalizador, não é aplicável o instituto da transação penal[22]. De qualquer modo, independentemente da posição adotada, é certo que, não formulada a proposta de transação penal pelo ofendido ou pelo Ministério Público, descabe ao juiz procedê-la de ofício.

Levando-se em conta essa inclinação jurisprudencial no sentido da viabilidade de proposta de transação penal nos crimes de ação penal privada, conclui-se que, não havendo composição dos danos cíveis, as seguintes hipóteses poderão ocorrer:

- **Há proposta de transação penal, sendo ela aceita pelo autor do fato:** aceita a proposta pelo autor do fato e seu defensor, será ela submetida à homologação do juiz (art. 76, § 4.º), não acarretando registro de antecedentes criminais ou reincidência. Da decisão homologatória caberá apelação (§ 5.º).
- **Não é feita proposta de transação penal**, ou, se realizada, **não é aceita pelo autor do fato:** prossegue-se, nesse caso, a audiência, facultando o Juiz ao ofendido ajuizar queixa oral. Nesse sentido, incide o disposto no art. 77, § 3.º, dispondo que "na ação penal de iniciativa do ofendido poderá ser oferecida queixa oral, cabendo ao Juiz verificar se a complexidade e as circunstâncias do caso determinam a adoção das providências previstas no parágrafo único do art. 66 desta Lei". Isto significa que, de regra, a ação penal intentada por meio da queixa-crime oral tramitará no Juizado Especial Criminal de acordo com o *procedimento sumaríssimo (arts. 77 a 81 da Lei 9.099/1995)*. Entretanto, se o juiz reputar complexo o fato, poderá determinar a remessa do feito ao juízo comum, para que lá seja instaurado o processo criminal, caso em que este terá prosseguimento *com adoção do rito sumário (art. 538 do CPP)*.

10.4.10. A transação penal

10.4.10.1. Considerações gerais

A transação penal possui natureza de acordo.

Conforme se infere da letra do art. 76 da Lei 9.099/1995, nos crimes de ação penal pública incondicionada e condicionada (exige-se, neste último caso, representação do ofendido ou de quem o represente), cabe ao Ministério Público a iniciativa da proposta de transação penal, sendo absolutamente irrelevante a eventual oposição do ofendido a respeito. Já nos crimes de ação penal privada, como dissemos no *tópico 10.4.9*, prevalece a orientação no sentido de que cabe ao ofendido realizá-la. Lembre-se, por oportuno, que nos crimes de ação penal pública condicionada e nos delitos de ação penal privada a fase procedimental

---

19 No XXVII FONAJE (Fórum Nacional dos Juizados Especiais), realizado entre os dias 26 e 28.05.2010, em Palmas (TO), foi aprovado o Enunciado 112, segundo o qual "na ação penal de iniciativa privada, cabem transação penal e a suspensão condicional do processo, mediante proposta do Ministério Público".

20 STJ: RHC 102381/BA, DJ 17.10.2018; APn 634/RJ, DJ 21.03.2012; HC 60.933/DF, DJ 23.06.2008; HC 31.527/SP, DJ 28.03.2005; ED no HC 33.929/SP, DJ 29.11.2004.

21 STJ, APn 634/RJ, *DJ* 03.04.2012.

22 STJ, REsp. 1.374.213/MG, *DJ* 19.08.2013.

relativa à transação penal somente é alcançada se não houver prévia composição dos danos cíveis. Isto porque, diversamente do que ocorre em relação aos crimes de ação penal pública incondicionada, naqueles casos a composição civil implica renúncia ao direito de representação e de queixa, acarretando, por consequência, a extinção do procedimento.

Ordinariamente, é na própria audiência preliminar que o juiz faculta ao Ministério Público (crimes de ação penal pública), ou ao ofendido (crimes de ação penal privada), a efetivação da proposta de transação, sendo esta, então, realizada oralmente.

Entretanto, nada obsta que tais legitimados, visando a uma melhor análise do fato em discussão, das suas circunstâncias e consequências, requeiram ao juiz a apresentação da proposta posteriormente, podendo fazê-lo por escrito, em prazo assinalado pelo magistrado. Nesse caso, apresentada a proposta, será instado o autor do fato e seu procurador a manifestarem aceitação ou não quanto aos respectivos termos, também em prazo estabelecido pelo juiz.

Se, como vimos no *tópico 10.4.9*, a regra geral é a de que a proposta de transação penal seja realizada antes do oferecimento da denúncia ou da queixa, haverá casos em que tal apresentação é feita posteriormente. E isso pode acontecer em três situações:

- *Hipótese de* emendatio libelli. Ilustra-se: determinado indivíduo é denunciado por incurso no art. 243 da Lei 8.069/1990 (detenção de 2 a 4 anos), em face de fornecer bebida alcoólica a adolescente. Conclusos os autos para sentença, verifica o juiz que, na verdade, o fato descrito amolda-se à descrição da contravenção penal prevista no art. 63 da LCP (prisão simples de 2 meses a 1 ano), desclassificando, então, a infração penal (nesse momento não poderá emitir juízo de valor, nem para condenar, nem para absolver o réu). Tal situação configura *emendatio libelli* (v. *tópico 10.4.5.1*) e, sendo contravenção uma infração de menor potencial ofensivo, obriga o juiz à remessa dos autos ao Juizado Especial Criminal, conforme determina o art. 383, § 2.º, do Código de Processo Penal. Nesse caso, ainda que já haja processo instaurado, caberá ao Ministério Público, no JECRIM, analisar a possibilidade de apresentação de proposta de transação penal.
- *Hipótese de* mutatio libelli. Exemplifica-se: denunciado o réu por incurso no art. 33 da Lei 11.343/2006 em face de trazer consigo droga para fins de tráfico (reclusão de 5 a 15 anos), entende o juiz, ao examinar os autos para fins de sentença, que a conduta amolda-se ao tipo do art. 28 da mesma Lei (sem previsão de pena privativa de liberdade), pois, no seu entender, trazia a droga para fins de consumo pessoal. Trata-se, de acordo com a orientação que adotamos, de hipótese de *mutatio libelli*. Note-se que, nesse momento, deve o juiz simplesmente reconhecer a possibilidade da nova definição jurídica do fato, não podendo, também aqui, emitir juízo de valor para condenar ou absolver o réu. Pois bem. Vislumbrando a possibilidade desse novo enquadramento do fato, cabe ao Ministério Público aditar a denúncia (art. 384, *caput,* do CPP) visando à imputação da infração do art. 28 da Lei de Drogas. Feito esse aditamento, deverá o Juiz encaminhar o processo ao Juizado Especial Criminal para que lá seja analisada a possibilidade de transação penal. E também aqui será irrelevante a circunstância de já existir denúncia previamente recebida.
- *Hipótese do réu que, citado por edital no Juízo Comum, comparece em juízo.* Veja-se o seguinte caso: o autor do fato não comparece à audiência preliminar. Em consequência, oferece o Ministério Público denúncia oral. Ordenada pelo Juiz do JECRIM a citação pessoal, não é ele localizado. Segue-se, então, a remessa dos autos ao Juízo Comum, nos termos do art. 66, parágrafo único, da Lei 9.099/1995, para fins de citação editalícia. Se, no âmbito do Juízo Comum, for localizado o acusado e citado ele pessoalmente, nem por isso o processo será devolvido ao Juizado Especial Criminal, permanecendo em tramitação no Juízo Comum segundo o rito sumário (art. 538 do CPP). Sem embargo, caberá ao Ministério Público analisar a possibilidade de transação penal, realizando-a ou, se entender não cabível, fundamentando tal recusa.

10.4.10.2. Requisitos da transação penal

Existem determinados pressupostos estabelecidos em lei cuja observância é condição fundamental para a efetivação da proposta de transação penal pelos legitimados e sua homologação pelo Juiz. São eles:

- *Não ser hipótese de arquivamento do termo circunstanciado (art. 76,* caput*).* Sendo caso de arquivamento do termo circunstanciado, é evidente que esta deve ser a solução adotada, descabendo a efetivação de proposta de transação penal. Utilizando-se de analogia ao que dispõem o art. 395 (em relação às causas que ensejam a rejeição da denúncia) e o art. 397 (em relação aos motivos que conduzem à absolvição sumária), ambos do Código de Processo Penal, infere-se que o pedido de arquivamento ao Juiz poderá ocorrer nos seguintes casos: *falta de pressuposto processual ou de condição para o exercício da ação penal; falta de justa causa para o exercício da ação penal; existência manifesta de causa excludente da ilicitude do fato; existência manifesta de causa excludente da culpabilidade do agente, salvo a inimputabilidade; atipicidade da conduta* e *ocorrência de causa extintiva da punibilidade.*
- *Não ter sido o autor da infração condenado, pela prática de crime, à pena privativa de liberdade, por sentença definitiva (art. 76, § 2.º, I).* O dispositivo refere que obstaculiza a proposta de transação penal o fato de já ter sido o autor da infração condenado por sentença irrecorrível, pela prática de **crime**, à **pena privativa de liberdade**. Logo, não impedem a benesse condenação anterior à pena restritiva de direito ou de multa, bem como condenação pelo cometimento de contravenção penal. Compreendemos que a condenação anterior que obsta a transação é aquela cujo trânsito em julgado ocorreu antes da audiência preliminar, não importando a circunstância de esse trânsito, eventualmente, ter ocorrido após a prática do fato objeto da transação. Perceba-se que a lei não faz distinção em relação ao tempo decorrido entre a extinção da respectiva pena e o novo crime praticado. Diante disto, consideramos que, para o efeito de obstar a transação penal, não importa se a infração de menor potencial ofensivo agora praticada ocorreu dentro ou depois do período depurativo de cinco anos que informa a reincidência. Sem embargo, salientamos que esta questão até hoje não está sedimentada, muitos entendendo que, decorridos cinco anos da extinção da pena pela do crime pelo qual anteriormente condenado o agente, há possibilidade de ser beneficiado pela transação penal.
- *Ter sido o agente beneficiado anteriormente, no prazo de cinco anos, pela aplicação de pena restritiva ou multa (art. 76, § 2.º, II).* Refere-se a norma àquele que, nos cinco anos anteriores, já foi agraciado com o benefício da transação penal. Também ele não fará jus à nova transação.
- *Não indicarem os antecedentes, a conduta social e a personalidade do agente, bem como os motivos e as circunstâncias, ser necessária e suficiente a adoção da medida (art. 76, § 2.º, III).*
- Antecedentes: Trata-se do registro do envolvimento do autor do fato em outros feitos. Entendemos que não incidem aqui, ainda que por analogia, os termos da Súmula 444 do STJ que proíbe a consideração de ações penais em curso para fins de fixação da pena-base. Isto porque o desvalor aos antecedentes para fins de transação penal, ao contrário do que ocorre em relação ao cálculo da pena, não possui relação com decisão de mérito (a sentença penal condenatória), mas, simplesmente, impede a concessão de benefício a quem está sendo acusado pelo envolvimento em outro ou outros crimes[23].

[23] Em 26.06.2019, editou o STJ a Súmula 636, dispondo esta que "a folha de antecedentes criminais é documento suficiente a comprovar os maus antecedentes e a reincidência". Com isto, esvaziou-se o entendimento de que

- Conduta social: Refere-se ao estilo de vida do réu, correto ou inadequado, perante a sociedade, sua família, ambiente de trabalho, círculo de amizades, vizinhança etc.[24].
- Personalidade: É o perfil subjetivo do réu, nos aspectos moral e psicológico, pelo qual se analisa se tem ou não caráter voltado à prática de infrações penais[25].
- Motivos: Trata-se das razões que levaram o agente a praticar a infração, alertando-se, todavia, que utilização deste fator condiciona-se a que a motivação não faça parte do tipo penal. O intuito de vingança, por exemplo, pela torpeza, é motivação que pode conduzir o Ministério Público a não realizar a proposta de transação penal em relação ao autor do fato em crime de lesões corporais.
- Circunstâncias: É o contexto fático que envolveu a prática do delito. Desaconselha-se, por exemplo, a proposta de transação penal ao indivíduo flagrado usando drogas em frente a uma escola (no caso do art. 28 da Lei 11.343/2006).

10.4.10.3. Oferecimento da proposta de transação penal

Realizada na audiência preliminar a proposta de transação penal pelo Ministério Público (crimes de ação pública) ou pelo ofendido (crimes de ação privada) visando à aplicação imediata de pena restritiva de direitos ou multa, será ela submetida à consideração do autor do fato e do seu defensor.

Conforme se infere do art. 76, § 3.º, da Lei 9.099/1995, a proposta de transação penal, para que produza efeitos, deve ser aceita pelo autor do fato e seu defensor. Se houver divergência entre eles, um aceitando e outro recusando, há quem diga que deve prevalecer a opinião do advogado, já que este, mais do que o réu, tem condições de antever a solução jurídica que melhor o aproveita. Defendem, ainda, para subsidiar tal entendimento, a interpretação analógica da Súmula 705 do STF, dizendo que "a renúncia do réu ao direito de apelação, manifestada sem a assistência do defensor, não impede o conhecimento da apelação por este interposta". Pensamos diferente, reputando inaplicáveis à espécie considerações acerca da analogia a tal Súmula. Logo, se o autor do fato aceitar ou recusar a proposta de transação penal, esta deve ser a vontade prevalente, e não a de seu advogado, cujo papel na audiência preliminar deve ser, simplesmente, o de dar assistência jurídica ao seu patrocinado, orientando-o quanto à melhor solução para o desiderato da demanda, mas não lhe impondo este ou aquele comportamento.

Pois bem, caso **não seja aceita** a proposta pelo autor do fato, se não houver a necessidade de novas diligências investigatórias e se a complexidade do fato não recomendar o encaminhamento ao Juízo Comum, segue a audiência com o oferecimento de denúncia ou queixa oral, seguindo-se daí em diante os demais atos relativos ao procedimento sumaríssimo (arts. 77 a 81 da Lei 9.099/1995). Ao contrário, **sendo aceita** a proposta, caberá ao juiz homologá-la, se entender presentes os requisitos legais para a benesse, ou não homologá-la, caso entenda ausentes tais pressupostos ou inadequados os termos e condições da proposta ao caso concreto (art. 76, § 3.º). Se, aceita a proposta pelo autor do fato, for ela homologada pelo juiz, este aplicará a pena restritiva ou a multa estabelecidas na transação.

Note-se que o pronunciamento judicial quanto à homologação ou não do acordo deve ocorrer imediatamente após o oferecimento da proposta, sendo defeso ao juiz condicionar a homologação do acordo ao seu efetivo cumprimento.

A decisão homologatória não importará em reincidência (art. 76, § 4.º) tampouco produzirá os efeitos penais e extrapenais relativos à sentença condenatória, tais como o

---

apenas certidões cartorárias poderiam ser utilizadas para tais fins. Por óbvio, a folha de antecedentes a que se refere a Súmula 636 é a expedida pelo Poder Judiciário a partir das informações constantes em seus sistemas e que, normalmente, é acostada ao inquérito policial que aporta em Juízo pelo serviço de distribuição do fórum.

[24] MASSON, Cleber. *Código penal comentado*. 2. ed. São Paulo: Método, 2014. p. 312.

[25] Idem, ibidem, p. 312.

direito à reparação do dano civil *ex delicto* e a perda do cargo, emprego ou função (art. 76, § 6.º). E seu registro será feito apenas com a finalidade de impedir o mesmo benefício no prazo de cinco anos (art. 76, § 2.º, II).

Há controvérsias acerca da natureza da decisão que homologa a transação. Para uns, a decisão homologatória é de natureza *condenatória imprópria,* uma vez que, conquanto aplique pena, não gera os efeitos normalmente produzidos na sentença de mérito que condena o réu. Para outros, sua natureza é declaratória. E há quem diga ainda que não é absolutória nem condenatória, mas, conforme decorre do tratamento legal, uma simples *decisão homologatória de transação penal.* Aderimos a esta última corrente.

Da decisão que homologar a transação penal (denominada impropriamente de "sentença" na lei) cabe a apelação a que alude o art. 82 da Lei 9.099/1995 (art. 76, § 5.º). E, tratando-se de decisão interlocutória mista não terminativa, também aquela que não a homologa enseja apelação – não a do art. 82 (o art. 76, § 5.º, apenas submete a essa apelação a decisão homologatória), mas, sim, a prevista no art. 593, II, do Código de Processo Penal, lá rotulada como *decisão com força de definitiva.*

Discute-se a possibilidade de o assistente de acusação recorrer da decisão homologatória da transação penal. A despeito de divergências, compreendemos que essa faculdade recursal apenas existe quando, realizada a transação após o oferecimento da denúncia (não há previsão legal de atuação do assistente na fase que antecede o recebimento da denúncia), for manifesta a violação da lei na sua efetivação. É o caso, por exemplo, de ter o juiz homologado transação penal ofertada pelo Ministério Público a indivíduo já beneficiado com a transação penal nos cinco anos anteriores, em franca violação à regra do art. 76, § 2.º, II, da Lei 9.099/1995.

10.4.10.4. *Recusa em oferecer a proposta de transação penal*

Na linha de reiteradas decisões, pensamos que o réu não possui **direito subjetivo** à transação penal. Necessária, contudo, manifestação fundamentada do Ministério Público na hipótese de sua recusa na efetivação da proposta. Perceba-se que, mesmo se o juiz não reputar legalmente adequadas as razões externadas pelo promotor para não propor ao autor do fato a transação penal, descabe a ele realiza-la *ex officio,* pois tal proposta, na letra do art. 75 da Lei 9.099/1995, constitui atribuição exclusiva do Ministério Público. Neste cenário, indaga-se: *qual deve ser o procedimento do magistrado se entender que não procedem os motivos trazidos pelo Ministério Público para recusa ao acordo?*

Pois bem, para esta hipótese (discordância do juiz), sempre se entendeu pela aplicação, por simetria, da Súmula 696 do STF, segundo a qual *reunidos os pressupostos legais permissivos da suspensão condicional do processo, mas se recusando o promotor de justiça a propô-la, o juiz, dissentindo, remeterá a questão ao Procurador-Geral, aplicando-se por analogia o art. 28 do Código de Processo Penal.* Lembre-se que esse dispositivo, na redação anterior à Lei 13.964/2019 (redação essa que vigorava à época da edição daquela súmula), tratava da hipótese em que o juiz, discordando da manifestação do membro do Ministério Público ao promover o arquivamento do inquérito policial, remetia a questão ao Procurador-Geral de Justiça (no âmbito do Ministério Público Estadual) ou às Câmaras de Coordenação e Revisão (no âmbito do Ministério Público Federal) para análise, ficando vinculado, então, ao que fosse deliberado por estes órgãos ministeriais. Aplicada esta orientação à hipótese da recusa do promotor em transacionar, inferia-se que, remetidos os autos ao Procurador-Geral, havendo a sua concordância com a posição do promotor recusante, deveriam aqueles ser restituídos ao juiz, o qual ficaria obrigado a dar seguimento ao expediente, dando vista ao membro do Ministério Público para o oferecimento de denúncia, se for o caso (pode ocorrer que o promotor entenda, por exemplo, necessária a realização de diligências a cargo da autoridade policial). Na hipótese, porém, de discordância com o entendimento do promotor, caberia ao Procurador-Geral designar outro promotor para oferecer a proposta de transação. Idêntico procedimento, aliás, teria lugar na hipótese de o Juiz não concordar com as condições estabelecidas na proposta do Ministério Público.

Na atualidade, porém, as coisas não são tão simples. Isto porque a referida Lei 13.964/2019, ao conferir nova redação ao citado art. 28 do CPP, subtraiu a atribuição do Juiz para análise do arquivamento do inquérito policial, decisão esta que passou a ser exclusiva do Ministério Público. Enfim, de acordo com essa nova disciplina, ao promover o arquivamento do inquérito, cabe ao promotor de justiça, simplesmente, enviar esta manifestação ao órgão superior que tiver atribuição para revisar suas decisões, não mais se sujeitando tal arquivamento ao crivo do Juiz. Diante desta normatização, é de se questionar a subsistência dos termos da Súmula 696 do STF, já que, com a alteração redacional do art. 28 citado, visou o legislador limitar a atuação jurisdicional do juiz na fase anterior ao recebimento da denúncia ou da queixa. Pois bem, a nosso ver, a modificação legislativa não implicou em superação da Súmula 696 do STF, podendo o juiz aplicá-la na hipótese de recusa do membro do Ministério Público em propor a transação penal, quando discordar ele dessa posição, ficando o respectivo exame a cargo da *instância de revisão ministerial* a que se refere a nova redação do art. 28. Veja-se que, ao contrário do que era previsto na redação original desse dispositivo em relação à discordância do juiz com o arquivamento do inquérito policial, que pressupunha o exame das provas do expediente policial, o mesmo não ocorre na situação em foco, já que o termo circunstanciado (art. 69, *caput*, da Lei 9.099/1995) é expediente policial simplificado, incorporando, no mais das vezes, apenas o boletim de ocorrência policial e outros elementos que puderam ser obtidos pelo delegado de modo sumário, não sendo realizados, no seu bojo, atos de investigação policial nos termos previstos no art. 6º do CPP. Logo, a discordância do juiz em relação ao entendimento do membro do Ministério Público em não propor a transação penal não decorre de convencimento formado a partir da análise de um conjunto de provas produzidas pelo delegado ao longo da investigação criminal, que se revelem indicativas de autoria e materialidade quanto à prática de um fato típico, mas, sim, de elementos concisos de convicção, constatados a partir de singelo exame do que consta no termo circunstanciado. Logo, não há porque se considerar superada a mencionada súmula do STF.

Mas, atenção: como dissemos ao longo deste capítulo, a nova redação do art. 28 do CPP teve a sua eficácia suspensa em razão de medida cautelar deferida no STF no âmbito das ADIs 6.298, 6.299, 6.300 e 6.305, suspensão esta que persistia por ocasião do fechamento da presente edição deste livro. Logo, apesar de defendermos a persistência dos termos da Súmula 696 do STF mesmo diante da disciplina atribuída àquele dispositivo pela Lei 13.964/2019, impõe-se ao leitor acompanhar a tramitação daquelas ações a fim de manter-se atualizado acerca da subsistência ou de eventual revogação da aludida medida cautelar.

E se, nos crimes de ação penal privada, o ofendido recusar o oferecimento de proposta? A propósito do tema, parcela da jurisprudência tem entendido que *é inadmissível facultar-se ao ofendido o arbítrio de negar ao querelado a transação penal, ou, ainda, a prerrogativa de propor medidas extremamente gravosas que acabam por inviabilizar na prática a aceitação do acordo*[26]. Nessa linha, a recusa injustificada do ofendido no oferecimento da proposta de transação ensejaria o exame pelo Ministério Público da possibilidade de transação. Compreendem os adeptos desta orientação, enfim, que, no caso de recusa do ofendido, é dever do Ministério Público, na condição de *custos legis*, assegurar ao querelado o direito ao benefício, formulando desde logo a proposta despenalizadora em patamares aceitáveis, de acordo com a praxe forense[27]. Sem embargo dessa orientação, ousamos discordar. Filiamo-nos ao pensamento de que, se o autor do fato não possui direito subjetivo à proposta de transação penal e se a natureza dos interesses tutelados diante da prática de crimes de ação penal privada volta-se aos interesses do ofendido, a sua recusa em ofertar a transação penal não transfere para o Ministério Público a possibilidade de fazê-lo, implicando, portanto, o prosseguimento do rito.

---

[26] TJSP, AGR 529101792010826000-SP 0529101-79.2010.8.26.000, j. 17.08.2011.

[27] TJSP, AGR 529101792010826000-SP 0529101-79.2010.8.26.000, j. 17.08.2011.

10.4.11. Esquema dos atos que compõem a fase preliminar nos Juizados Especiais Criminais

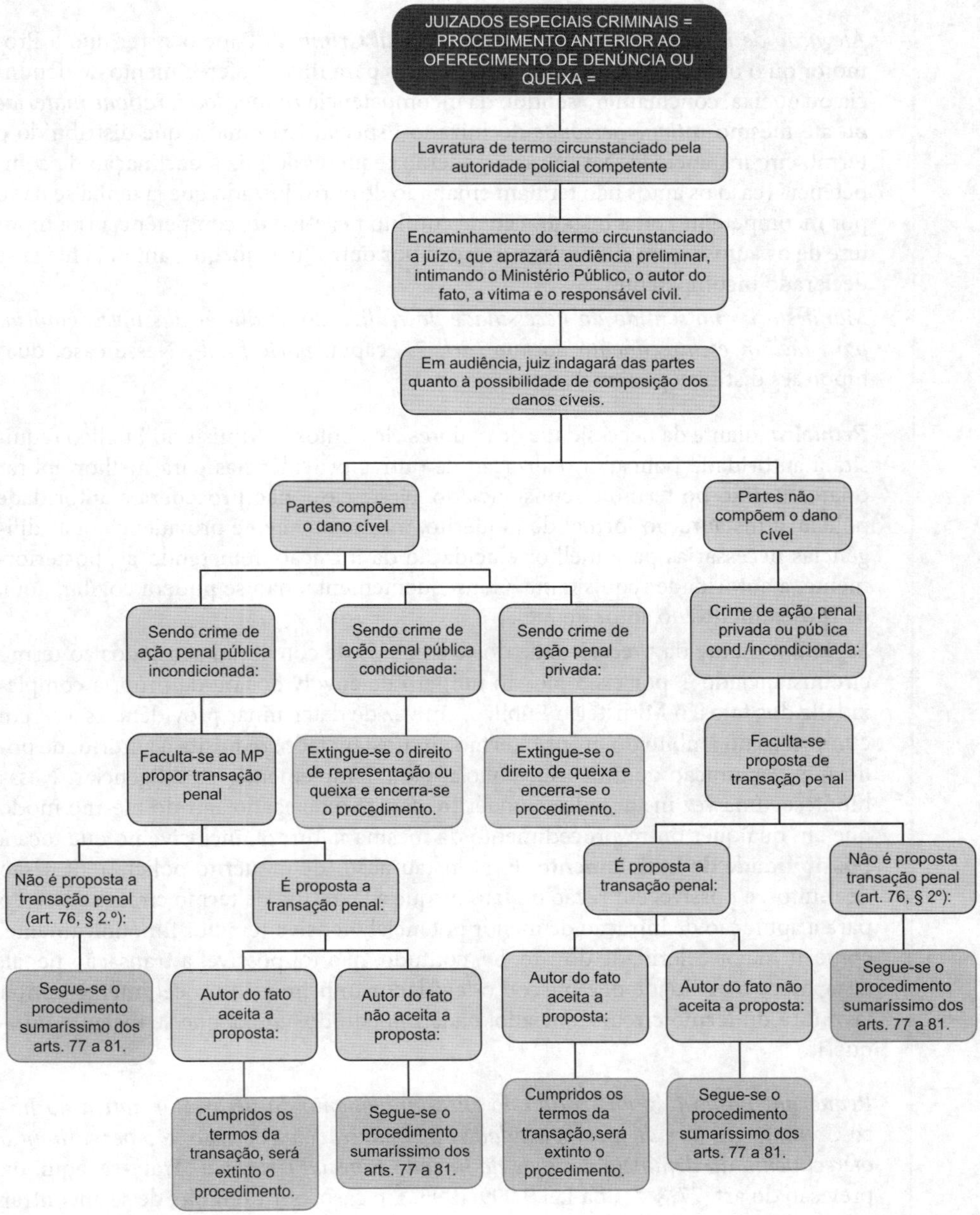

10.4.12. Procedimento sumaríssimo (arts. 77 a 81 da Lei 9.099/1995)

Não oferecida a transação penal ao autor do fato em razão dos impedimentos elencados no art. 76, § 2.º, da Lei 9.099/1995 (*v. item 10.4.10.2*), ou se, realizada a proposta, não for ela aceita, caberá ao juiz, no prosseguimento da audiência, mais uma vez, devolver a palavra ao Ministério Público (crimes de ação pública) ou ao ofendido (crimes de ação privada) para as providências cabíveis, que, por exegese do art. 77 da Lei 9.099/1995, poderão consistir:

- *Alegação de incompetência do Juizado Especial Criminal.* Pode ocorrer que o Promotor ou o ofendido, ao examinarem os fatos para fins de oferecimento de denúncia ou queixa, concluam no sentido da incompetência *ratione locci, ratione materiae* ou até mesmo *ratione personae* do Juizado Especial Criminal a que distribuído o termo circunstanciado. Nesse caso, poderão requerer ao Juiz a declinação da competência (caso os autos não tenham emanado de outro Juizado que já tenha se dado por incompetente) ou a instauração de conflito negativo de competência (na hipótese de os autos terem sido encaminhados por outro Juizado, que, antes, já havia se declarado incompetente).
- *Manifestação no sentido da necessidade da realização de diligências investigatórias para melhor esclarecimento do fato (art. 77,* caput, *parte final).* Nesse caso, duas hipóteses distintas podem ocorrer:

  Primeira: diante da necessidade de maiores elementos, o Ministério Público requisita à autoridade policial a realização de outras providências para melhor apurar o fato contido no termo circunstanciado. Neste caso, não procederá a autoridade policial à instauração formal de inquérito, mas tão somente providenciará as diligências necessárias para melhor elucidação da infração, remetendo-as, posteriormente, à autoridade requisitante. Consequentemente, não se poderá cogitar, aqui, de **indiciamento** do autor do fato.

  Segunda: diante da precariedade dos elementos de convicção acostados ao termo circunstanciado e, por exemplo, do número de envolvidos ou da própria complexidade dos fatos, o Ministério Público, em vez de determinar providências a serem cumpridas no âmbito do próprio termo circunstanciado, requisita à autoridade policial a instauração de inquérito policial para complementar as diligências. Nessa hipótese, uma vez instaurado o inquérito, deverá o delegado agir do mesmo modo que em qualquer outro procedimento da mesma natureza, inclusive no que toca à **possibilidade de indiciamento**. E tal instauração (de inquérito policial), na visão de muitos, é possível em razão do fato de que a lavratura de termo circunstanciado para a apuração de infração de menor potencial ofensivo tem por fim, unicamente, conferir maior celeridade do rito. Se, contudo, não foi possível a transação penal, desaparece a agilidade que buscou o legislador imprimir ao procedimento com a lavratura do termo circunstanciado, nada impedindo, então, que se instaure o inquérito.

- *Requerimento ao Juiz no sentido do encaminhamento da peça informativa ao Juízo Comum, em face de a complexidade ou circunstâncias do caso não permitirem o oferecimento da denúncia em sede de Juizado Especial Criminal.* Trata-se, aqui, da previsão do art. 77, § 2.º, da Lei 9.099/1995. É o caso, por exemplo, de se encontrar sob apuração fato envolvendo várias pessoas que se qualifiquem, reciprocamente, como autores e vítimas.
- *Oferecimento de denúncia oral,* reduzida esta a termo na audiência preliminar. Para o oferecimento da denúncia, que será elaborada com base no termo de ocorrência referido no art. 69 desta Lei, com dispensa do inquérito policial, prescindir-se-á do exame do corpo de delito quando a materialidade do crime estiver aferida por

boletim médico ou prova equivalente (art. 77, § 1.º). Nesse caso, prosseguirá o feito no Juizado segundo o procedimento sumaríssimo (arts. 77 a 81).

O procedimento sumaríssimo de apuração das infrações de menor potencial ofensivo é bastante simples, sendo regrado de forma objetiva nos arts. 77 a 81 da Lei 9.099/1995. Portanto, a cautela que se deve ter em sua aplicação diz respeito a como se poderá harmonizar a sequência de atos processuais ditada nos referidos dispositivos com o que consta no art. 394, § 4.º, do CPP, ao estatuir que *as disposições dos arts. 395 a 397*[28] *deste Código aplicam-se a todos os procedimentos penais de primeiro grau, ainda que não regulados neste Código* – o **art. 395** elenca as causas de rejeição da denúncia e da queixa; o **art. 396** estabelece a citação do réu, após o recebimento da denúncia ou da queixa, para apresentar resposta à acusação; o **art. 396-A** disciplina as teses possíveis de serem versadas na resposta à acusação e, por fim, o **art. 397** regulamenta a absolvição sumária do réu.

Pois bem, no tocante ao **art. 395 do CPP**, não existe qualquer questionamento relativo à sua aplicação, não só no procedimento sumaríssimo do JECRIM, como também em qualquer outro rito. Afinal, referido dispositivo elenca os motivos pelos quais o Juiz pode rejeitar a denúncia ou a queixa, os quais, evidentemente, têm aplicação em qualquer hipótese. São eles: *inépcia da denúncia, falta de pressuposto ou condição para o exercício da ação penal* e *falta de justa causa para o exercício da ação penal.*

Já em relação à aplicação do **art. 396 do CPP** é necessária uma análise mais cautelosa diante da norma do art. 81 da Lei 9.099/1995. Prende-se a dúvida ao fato de estabelecer o art. 396 do CPP que a resposta do acusado será apresentada *após recebida a denúncia ou a queixa*, conflitando, portanto, com o preceituado no art. 81 da Lei 9.099/1995 ao determinar que tal resposta ocorrerá *antes do recebimento da inicial.* Considerando que essas normas consagram momentos distintos para a apresentação da resposta do acusado e levando em conta que, de acordo com o que reza o próprio art. 81 da Lei 9.099/1995, os atos que constituem o procedimento sumaríssimo, após a citação do réu, deverão ser praticados na única audiência prevista para o rito, duas soluções se apresentam aqui:

a) *Aplicam-se ao procedimento sumaríssimo tanto o art. 81 da Lei 9.099/1995 como o art. 396 do CPP:* nesse caso, é necessário entender que, na audiência a que alude o citado art. 81 da Lei 9.099/1995, o juiz, antes de receber a inicial, possibilitará ao acusado apresentar a resposta prevista em tal artigo, oportunidade na qual poderá, inclusive, alegar qualquer das vertentes contempladas no art. 395 do CPP visando à rejeição da inicial. Recebida, porém, a denúncia ou a queixa, mais uma vez possibilitará o juiz ao advogado do acusado manifestar-se agora para que apresente a resposta prevista no art. 396 do CPP, abordando a eventual ocorrência das hipóteses mencionadas no art. 397 do CPP, cujo acolhimento pelo juiz ensejará a absolvição sumária (presença manifesta de excludentes de ilicitude ou de culpabilidade, atipicidade da conduta e presença de causa extintiva da punibilidade). Não acontecendo essa situação, terão início os atos de instrução.

b) *Não se aplica ao procedimento sumaríssimo o disposto no art. 396 do CPP:* seguindo-se essa orientação, deve-se compreender que, na audiência mencionada no art. 81 da Lei dos Juizados Especiais, antes de recebida a inicial, o juiz facultará ao advogado do acusado apresentar a resposta prevista nesse dispositivo, momento em que deverá abordar toda a matéria que interesse à defesa, vale dizer, tanto os motivos que poderão ensejar à rejeição da denúncia ou queixa (art. 395 do CPP) quanto aqueles que, no caso de recebimento da peça vestibular, poderão conduzir à absolvição sumária do acusado (art. 397). Sendo recebida a denúncia ou a queixa-crime

---

[28] Lembre-se de que o art. 398 do CPP está revogado, sendo imprópria sua menção no art. 394, § 4.º, do CPP.

e não absolvido sumariamente o réu, seguir-se-ão os atos instrutórios (oitiva da vítima, testemunhas etc.). Parece-nos que essa é a solução mais razoável e, inclusive, a que deve ter sido a intenção do legislador ao editar a Lei 11.719/2008, pois sem embargo da regra geral do art. 394, § 4.º (aplicação irrestrita dos arts. 395 a 397 a todos os procedimentos de primeiro grau), o próprio art. 396, ao tratar dessa resposta posterior ao recebimento da inicial, refere-se, unicamente, aos *procedimentos ordinário e sumário*, nada mencionando sobre o *sumaríssimo*. Além do mais, possibilitar duas defesas ao acusado (a prevista no art. 81 da Lei 9.099/1995 e a tratada no art. 396 do CPP) na única audiência que compõe o rito sumaríssimo é entendimento que vai de encontro à celeridade que deve informar o rito de apuração das infrações nos Juizados Especiais Criminais. **E esse entendimento tem sido o trilhado por expressiva parcela da jurisprudência**[29-30].

Relativamente ao **art. 397 do CPP**, trata-se de dispositivo que introduziu no sistema jurídico brasileiro a possibilidade de julgamento antecipado do processo penal com a absolvição do acusado antes de iniciada a fase instrutória. Não se ignora que, em razão de seu conteúdo eminentemente favorável ao réu, muitos consideram que tal artigo não pode ter sua aplicação excluída de qualquer procedimento criminal que deva tramitar perante o juiz singular (ressalvado o procedimento do júri, que se rege por normas próprias, *ex vi* do art. 394, § 3.º, do CPP). Pensamos diferente. Com efeito, revisando o entendimento que adotávamos, tornamo-nos mais flexíveis na análise da aplicação do art. 397 perante o procedimento sumaríssimo. Assim, considerando a inaplicabilidade, a nosso ver, do art. 396 a esse procedimento e tendo em vista que antevemos na defesa preliminar, a que alude o art. 81 da Lei 9.099/1995, a possibilidade de serem invocadas não só as razões do art. 395, como também as mencionadas no art. 397, compreendemos não haver qualquer razão para obrigar o juiz, depois do recebimento da inicial, a examinar novamente a incidência dos motivos do art. 397. Até porque, observe-se: no procedimento sumaríssimo do JECRIM, oferecida a denúncia ou a queixa oral, realiza-se a citação do réu, ficando ele cientificado da data aprazada para audiência de instrução e julgamento. E, nessa audiência, será apresentada a resposta à acusação pelo defensor, seguindo-se o recebimento da inicial acusatória (se for o caso), oitiva de testemunhas, interrogatório do réu e sentença. Como se vê, entre o recebimento da denúncia ou da queixa e inquirição de testemunhas nenhum outro elemento é trazido ao juiz de sorte a modificar a convicção que o conduziu a receber a inicial. Logo, descabido juízo de absolvição sumária nesse interregno.

Último aspecto a ser analisado antes de se ingressar no exame das fases do procedimento criminal no âmbito dos Juizados Especiais Criminas refere-se à forma de contagem dos **prazos processuais**, legais e judiciais. Este enfrentamento é necessário não apenas porque o art. 219 Código de Processo Civil (Lei 13.105/2015) estabelece que "na contagem de prazo em dias, estabelecido por lei ou pelo juiz, computar-se-ão somente os dias úteis", como também pelo fato de a Lei 13.728, de 31.10.2018, ao introduzir art. 12-A à Lei 9.099/1995, determinar, no âmbito dos Juizados Especiais **Cíveis**, que a contagem seja feita em dias úteis, inclusive para interposição de recursos. Neste cenário, então, indaga-se: *a disciplina cível de prazos deve ser aplicada na seara criminal?* Não. Tal regramento não releva no âmbito criminal, quer nos procedimentos regrados pelo Código de Processo Penal, quer nos instituídos em legislações especiais (a exemplo da Lei 9.099/95). Isto porque, embora não se ignore a possibilidade de aplicação analógica da legislação processual civil ao processo penal (prática seja autorizada pelo art. 3.º do CPP), condiciona-se essa

29 Turmas Recursais Criminais/RS, Correição Parcial 71002090793, j. 25.05.2009.

30 Turmas Recursais Criminais/SP, Apelação 0002969-10.2008.8.26.0001, j. 12.11.2010.

aplicação à existência de omissão na legislação processual penal. E, em relação a prazos, inexiste tal omissão no CPP, sendo expresso o seu art. 798 ao estipular que todos os prazos serão contínuos e peremptórios, não se interrompendo por férias, domingo ou dia feriado[31].

Dito isto, passa-se à análise das etapas do procedimento sumaríssimo:

a) Oferecimento de denúncia ou queixa-crime oral: como vimos anteriormente, vencida a fase prevista nos arts. 69 a 76 da Lei 9.099/1995, sem que tenha sido possível a efetivação de transação penal (quer pelo não comparecimento do autor do fato à audiência preliminar, quer pelo descabimento da proposta de transação diante das peculiaridades do caso concreto, quer pela recusa à transação pelo autor da infração), será oferecida, em regra, na própria audiência preliminar, denúncia ou queixa-crime oral, conforme se trate, respectivamente, de crime de ação penal pública ou privada (art. 77, *caput*, e § 3.º). Pode acontecer de serem requeridas ao juiz, na audiência, diligências reputadas imprescindíveis para viabilidade da acusação. Nesse caso, interrompida a audiência para o cumprimento das providências solicitadas, não será necessário, depois, o aprazamento de nova audiência unicamente com a finalidade de ser oferecida a denúncia ou a queixa oral, podendo essas peças ser apresentadas por escrito. De mais a mais, a verdade é que é bastante comum, na praxe forense, em razão do número de audiências aprazadas para um mesmo dia, estabelecer o juiz a apresentação posterior da inicial, na forma escrita, não havendo aí qualquer irregularidade.

O fato de serem ofertadas oralmente não afasta a necessidade de observarem a denúncia e a queixa os requisitos do art. 41 do Código de Processo Penal, sem o que serão elas ineptas e deverão ser rejeitadas (art. 395, I, do CPP).

Desnecessário, no momento do oferecimento da denúncia ou da queixa, exame de corpo de delito, bastando que o vestígio deixado pela infração esteja atestado por boletim médico ou prova equivalente (art. 77, § 1.º). Isso não quer dizer que esteja dispensado o mínimo de prova da materialidade. Esta, assim como os indícios de autoria e os indicativos de tipicidade da conduta, é que atribui *justa causa* ao recebimento da peça acusatória.

E vamos além para dizer que o *boletim médico ou prova equivalente* bastam, inclusive, para fins de prolação de sentença condenatória, não se exigindo, também nessa sede, formal exame de corpo de delito. Nesse sentido é a orientação de grande parte da jurisprudência, compreendendo-se que *na justiça especial o rigor formal da lei processual ordinária deve ser abrandado, podendo-se prescindir do exame de corpo de delito quando a materialidade do crime estiver aferida por boletim médico ou prova equivalente, sendo hábil para a condenação nos casos em que confortado por outros elementos de prova.*

Outro aspecto a considerar é o de que a inicial acusatória é o momento oportuno para que sejam arroladas as testemunhas de acusação. Embora haja divergências quanto ao número de testemunhas facultadas para cada parte no rito sumaríssimo, já que a lei é silente, cremos que, por analogia ao rito comum sumário, será de cinco (excluindo-se as não compromissadas), desimportando se a hipótese em apuração é de *crime* ou de *contravenção*. Essa simetria se justifica em face do que dispõe o art. 538 do CPP, ao regrar que, encaminhada ao juízo comum infração de menor potencial ofensivo para que lá seja apurada (*v.g.*, na hipótese do art. 66, parágrafo único, da Lei 9.099/1995), o procedimento adotado será o sumário, rito este que limita em cinco o máximo de testemunhas a serem arroladas.

b) Citação do acusado: se estiver presente o acusado à audiência em que oferecida a inicial acusatória, será ele imediatamente citado e cientificado da data da audiência de instrução e julgamento (também serão cientificados a respeito o Ministério Público, a

31 STJ, AgRg no AREsp 951.475/RS, j. 15.09.2016.

vítima, o responsável civil e seus advogados). Caso ausente, ordenará o magistrado a sua citação pessoal, comunicando-o, outrossim, quanto à audiência de instrução e de que a esse ato deverá comparecer acompanhado de advogado bem como trazer suas testemunhas ou apresentar requerimento para intimação no prazo de até cinco dias antes da data aprazada (§ 1.º). Reitere-se que não é possível a citação editalícia (art. 361 do CPP) ou por hora certa (art. 362 do CPP) em sede de Juizado Especial, razão pela qual, não sendo localizado o autor do fato, dispõe o parágrafo único do art. 66 da Lei 9.099/1995 devam os autos ser encaminhados ao juízo comum.

Quanto ao ofendido e às testemunhas que deseja arrolar, as intimações serão realizadas na forma prevista no art. 67 da Lei 9.099/1995, vale dizer, por correspondência, com aviso de recebimento pessoal ou, tratando-se de pessoa jurídica ou firma individual, mediante entrega ao encarregado da recepção, que será obrigatoriamente identificado, ou, sendo necessário, por oficial de justiça, independentemente de mandado ou de carta precatória, ou ainda por qualquer meio idôneo de comunicação.

c) Audiência de instrução e julgamento: na data aprazada, se na audiência preliminar não houve a possibilidade de composição civil dos danos ou de oferecimento de proposta de transação penal (em razão da ausência do autor do fato àquela solenidade, por exemplo), o juiz, antes de iniciar o ato, deverá tentar essa conciliação (art. 79 da Lei 9.099/1995). Não obtendo êxito, dará sequência à audiência de instrução, procedendo aos seguintes atos:

- **Facultará à defesa responder à acusação:** trata-se da defesa prevista no art. 81, *caput*, da Lei 9.099/1995. Adotando-se o entendimento no sentido de que não são aplicáveis ao rito sumaríssimo os arts. 396 e 397 do CPP, é nessa defesa que poderá o defensor tratar das matérias referidas nos arts. 395 e 397 do Código, além de arguir preliminares, alegar tudo o que interessa à defesa, oferecer documentos e acostar justificações (art. 396-A do CPP).

  De acordo com o art. 81 da Lei 9.099/1995, a resposta à acusação será realizada oralmente. Todavia, não é incomum trazê-la o defensor por escrito, requerendo seja acostada aos autos. É claro que, nesse caso, a aceitação pelo juiz da peça escrita condiciona-se a que se trate de alegações objetivas e passíveis de exame imediato, tanto por ele quanto pela parte autora (ao autor da ação penal releva conhecer as teses defensivas visando inquirir as testemunhas a respeito).

  Constitui nulidade processual o recebimento da denúncia ou da queixa pelo juiz sem oportunizar, previamente, ao defensor responder à acusação. Afinal, *o art. 81 da Lei 9.099/1995 determina, de forma expressa, que, ao abrir a audiência de instrução, o magistrado deve conceder a palavra ao defensor para resposta à acusação, somente após a qual poderá deliberar sobre o recebimento ou não da denúncia. Trata-se, na verdade, da primeira e única oportunidade na qual a defesa poderá falar nos autos antes do encerramento da instrução processual, já que, de acordo com os demais termos do referido dispositivo, na mesma audiência serão realizados os debates orais e proferida a sentença*[32].

- **Rejeitará ou receberá:** oferecida a resposta do acusado, o juiz, na mesma solenidade, poderá **rejeitar liminarmente** a peça acusatória, fundamentando-se em qualquer das situações previstas nos arts. 395 e 397 do CPP: *falta de pressuposto processual ou de condição para o exercício da ação penal; falta de justa causa para o exercício da ação*

[32] STJ, RHC 35.239/DF, *DJ* 29.05.2013.

penal; existência manifesta de causa excludente da ilicitude do fato; existência manifesta de causa excludente da culpabilidade do agente, salvo a inimputabilidade; atipicidade da conduta e ocorrência de causa extintiva da punibilidade. A decisão de rejeição pode ser atacada mediante a apelação a que alude o art. 82 da Lei 9.099/1995.

Se não concorrerem os motivos que ensejam a rejeição, deverá a inicial ser recebida, prosseguindo-se o rito. Discute-se a necessidade de fundamentação dessa decisão, já que existe a fase prévia de defesa em que podem ser alegadas, inclusive, questões relacionadas ao mérito. Embora haja segmento doutrinário vislumbrando a necessidade de motivação, a verdade é que, também nesses casos, os tribunais parecem orientar-se no sentido oposto, considerando prescindível fundamentação em tal pronunciamento em face da ausência de carga decisória plena[33]. Concordamos com essa orientação, compreendendo que, independentemente do rito, o recebimento da denúncia ou da queixa, diversamente do que ocorre em relação à rejeição, constitui simples juízo de admissibilidade, não sendo momento próprio para que se aprofunde o juiz na análise das circunstâncias e das provas do fato.

- **Procederá à inquirição da vítima e testemunhas, bem como interrogatório do acusado:** entendendo-se que não se aplicam ao rito sumaríssimo os arts. 396 do CPP (resposta à acusação pós-recebimento da denúncia ou da queixa) e 397 do mesmo diploma (absolvição sumária pós-resposta à acusação), a próxima etapa do processo é a produção da prova oral requerida – oitiva das testemunhas. Perceba-se a incidência, aqui, do art. 81, § 1.º, à Lei 9.099/1995, dispondo que "todas as provas serão produzidas na audiência de instrução e julgamento, podendo o Juiz limitar ou excluir as que considerar excessivas, impertinentes ou protelatórias".

  As testemunhas de acusação deverão ser arroladas na denúncia ou na queixa, em conformidade com o disposto no art. 41, *fine,* do CPP. No que concerne às testemunhas de defesa deverão ser trazidas pelo réu na data aprazada para a audiência, *ex vi* do art. 78, § 1.º, da Lei 9.099/1995. No entanto, esse mesmo dispositivo estabelece que poderá a defesa apresentar requerimento para as intimações de suas testemunhas, conquanto que o faça no prazo de até cinco dias antes da realização da audiência.

  As testemunhas poderão ser intimadas por meio de correspondência, com aviso de recebimento pessoal ou, sendo necessário, por oficial de justiça, independentemente de mandado ou carta precatória, ou ainda por qualquer meio idôneo de comunicação (art. 78, § 5.º, c/c o art. 67, ambos da Lei 9.099/1995).

  O art. 80 da Lei 9.099/1995 diz que nenhum ato será adiado, determinando o Juiz, quando imprescindível, a condução coercitiva de quem deva comparecer. E essa regra, logicamente, aplica-se à prova testemunhal.

  Não fica vedada a expedição de carta precatória na esfera do JECRIM para oitiva de testemunha que se encontre no âmbito de Comarca diversa. Independentemente, tal providência é desnecessária nessa sede em razão do que dispõe o art. 65, § 2.º, da Lei 9.099/1995, no sentido de que "a prática de atos processuais em outras comarcas poderá ser solicitada por qualquer meio hábil de comunicação", o que inclui *fax* e *e-mail.*

  Ouvidas a vítima e as testemunhas de acusação e defesa, segue-se o interrogatório do acusado (art. 81 da Lei 9.099/1995).

33 TJRS, 3.ª Câmara Criminal, HC 70022106942, j. 29.11.2007.

- **Debates orais:** finalizados os atos de colheita da prova oral, o magistrado oportunizará às partes a realização de debates orais (art. 81, *caput*). Embora não haja previsão legal, na prática é comum a substituição desses debates por memoriais escritos, a serem apresentados em prazo assinalado pelo juiz.
- **Sentença (arts. 81 e 82):** realizados os debates orais, será proferida sentença em audiência. Essa decisão, até mesmo em razão da oralidade que informa esse procedimento, dispensa relatório (art. 81, § 3.º). Obviamente, a fundamentação plena é sempre necessária, pois se trata de exigência constitucional (art. 93, IX, da CF).

10.4.13. Vias de impugnação e de saneamento

10.4.13.1. Apelação (art. 82 da Lei 9.099/1995)

No âmbito da Lei 9.099/1995, a apelação é cabível nos seguintes casos:

a) *Contra a decisão de rejeição da denúncia ou da queixa-crime (art. 82,* caput, *da Lei 9.099/1995).* A disciplina legal difere, aqui, daquela incorporada ao Código de Processo Penal, em que previsto contra a decisão de não recebimento da inicial o manejo do recurso em sentido estrito (art. 581, I, do CPP).

b) *Contra a sentença de condenação ou de absolvição proferida pelo Juiz Singular (art. 82,* caput, *da Lei 9.099/1995).*

c) Contra a decisão que homologa a transação penal (art. 76, § 5.º, da Lei 9.099/1995).

A apelação aqui não observará a disciplina dos arts. 593 e seguintes do Código de Processo Penal, mas, sim, o regramento do art. 82 da Lei 9.099/1995. Logo, será interposta no prazo de dez dias, por meio de petição escrita, já acompanhada das razões. O recorrido será intimado para apresentar contrarrazões no mesmo prazo. O recurso não será julgado pelo Tribunal de Justiça, mas, sim, por uma Turma Recursal, composta de três juízes em exercício no primeiro grau de jurisdição, reunidos em sessão. E, da data da sessão, serão intimadas as partes pela imprensa (salvo o Ministério Público, cuja intimação é sempre pessoal). Se, ao julgar a apelação, entender a Turma Recursal por confirmar a sentença, a súmula do julgamento servirá de acórdão (art. 82, § 5.º). A essa técnica dá-se o nome de **fundamentação *per relationem* (ou *ad relationem*)**, facultando-se, enfim, à Turma Recursal adotar como razões de decidir os fundamentos incorporados à sentença. Note-se que em reiteradas decisões tem o STF considerado legítima e plenamente compatível a motivação *per relationem* com a exigência imposta pelo art. 93, inciso IX, da Constituição da República.

Apelação Disciplinada pelo Código de Processo Penal	Apelação Disciplinada pela Lei 9.099/1995
Interposição e, após, intimação para razões e contrarrazões em prazos sucessivos.	Interposição já acompanhada das razões.
Interposição em cinco dias. Razões em oito ou três dias, conforme se trate de crime ou de contravenção, respectivamente (art. 600, *caput*, do CPP), prazos que fluem a partir da intimação pelo juízo para esse fim.	Interposição e razões, de forma simultânea, a serem apresentadas em dez dias (art. 82, § 1.º, da Lei 9.099/1995).

Apelação Disciplinada pelo Código de Processo Penal	Apelação Disciplinada pela Lei 9.099/1995
Interposição por petição ou termo nos autos.	Interposição apenas por petição escrita (art. 82, § 1.º, da Lei 9.099/1995).
Imprescindibilidade do acórdão formal.	Possibilidade de a súmula do julgamento servir de acórdão, na hipótese, e de ser confirmada a decisão de 1.º grau por seus próprios fundamentos.

10.4.13.2. Embargos declaratórios

Da sentença proferida pelo Juiz Singular ou do acórdão da Turma recursal são oponíveis **embargos declaratórios** visando sanar eventual obscuridade, contradição ou omissão.

Esses embargos também não se sujeitam ao regramento do CPP, mas, sim, ao que dispõe o art. 83 da Lei 9.099/1995.

Assim, enquanto no Código de Processo Penal os embargos apenas podem ser opostos por meio de petição escrita, nos Juizados Especiais Criminais podem ser ingressados por *escrito ou oralmente* (art. 83, § 1.º, da Lei 9.099/1995).

Também é distinto o prazo, pois no JECRIM a oposição poderá ocorrer em **cinco dias** (art. 83, § 1.º), lapso este superior ao previsto no Código de Processo Penal (dois dias).

Por fim, é importante destacar o seguinte: antes da vigência da Lei 13.105/2015 (instituiu o novo CPC), dispunha o art. 83, § 2.º, da Lei 9.099/1995 que, quando opostos em relação à sentença do juiz, os embargos possuíam *efeito de suspensão*, e não de interrupção sobre o prazo da apelação. Isto fazia com que, após a intimação da decisão dos aclaratórios, não dispusesse o embargante da integralidade do prazo para apelar (dez dias), devendo-se daí descontar o número de dias transcorridos até o ingresso dos embargos. Tal efeito de suspensão, porém, ocorria tão somente nos embargos contra decisões do juiz do JECRIM (o art. 83, § 2.º, era expresso nesse sentido), não alcançando os embargos aos acórdãos das turmas recursais, relativamente aos quais, por analogia ao CPC, permanecia o efeito de *interrupção*, o que importava em devolução do prazo integral para interposição de outros recursos. Na atualidade, tal situação não subsiste, tendo em vista a nova redação determinada pelo art. 1.066 do CPC/2015 ao precitado art. 83, § 2.º, da Lei 9.099/1995, dispondo que os embargos manejados no âmbito do JECRIM, quer contra sentença do juiz, quer contra acórdão das turmas recursais sempre *interrompem* o prazo para interposição de outros recursos.

O CPC/2015 mantém a regra estipulada no revogado CPC/1973 no sentido de que os embargos declaratórios interrompem o prazo para a interposição do recurso cabível contra a decisão proferida, acrescentando, apenas, no art. 1.026, que tais embargos não possuem efeito suspensivo. Dispõe esse artigo: "Os embargos de declaração não possuem efeito suspensivo e interrompem o prazo para a interposição de recurso".

10.4.13.3. Recurso em sentido estrito

É discutível o cabimento do recurso em sentido estrito no âmbito das decisões proferidas no Juizado Especial Criminal. Para alguns, descabe o manejo dessa via impugnativa, sob a alegação de que a Lei 9.099/1995, sendo lei especial, apenas contempla no seu bojo a apelação (art. 82) e os embargos declaratórios (art. 83). Para outros, é cabível sim a interposição de recurso em sentido estrito, *primeiro* porque o art. 92 da Lei 9.099/1995 determina a aplicação subsidiária das disposições do Código Penal e do Código de Processo Penal, no que não forem incompatíveis com essa Lei; e, *segundo*, pelo fato de que o entendimento no sentido da não aplicação subsidiária do sistema recursal estatuído no Código de Processo Penal importaria em tornar irrecorrível uma série de decisões relevantes que podem vir a ser tomadas no curso do procedimento sumaríssimo, a exemplo daquela que conclui pela incompetência do juizado (art. 581, II, do CPP) e da que reconhece a prescrição ou outra causa extintiva da punibilidade (art. 581, VIII, do CPP). Aderimos a este último entendimento – no sentido do cabimento do RSE, sendo esta, também, a orientação trilhada por expressiva parcela da jurisprudência.

10.4.13.4. *Recursos extraordinário e especial*

As decisões de única ou última instância – das Turmas Recursais, portanto – proferidas na esfera dos Juizados Especiais Criminais, quando versarem sobre matéria constitucional comportam a interposição de recurso extraordinário, mas não do especial.

Isto ocorre porque o art. 102, III, da Constituição Federal, ao prever as hipóteses de cabimento do **recurso extraordinário**, refere como adequada essa insurgência *às causas decididas em única ou última instância*, não fazendo menção à origem do julgado. Logo, presta-se o recurso extraordinário para impugnar qualquer acórdão contra o qual não seja cabível nenhuma outra irresignação, podendo ser tanto aquele oriundo de Tribunal de Justiça e de Tribunal Regional Federal como também o proveniente de Turma Recursal de Juizado Especial Criminal. Não é outro o comando da Súmula 640 do STF, quando, na sua parte final, preceitua o cabimento do recurso extraordinário contra decisão proferida *por turma recursal de juizado especial cível e criminal.* Ressalte-se, todavia, que, não obstante essa normatização sumular, a questão relativa ao manejo do recurso extraordinário, em termos de doutrina, não é pacífica, tendo em vista o requisito da *repercussão geral* da matéria constitucional que deve ser tratada nesse recurso (art. 102, § 3.º, da CF), o que, para alguns, jamais estaria presente nas infrações de competência dos JECRIM, consideradas como de *menor potencial ofensivo.*

Já em relação ao **recurso especial** é diferente, pois, quanto a este, o art. 105, III, da Constituição Federal refere, expressamente, seu cabimento em relação à*s causas decididas, em única ou última instância, pelos Tribunais Regionais Federais ou pelos tribunais dos Estados, do Distrito Federal e Territórios.* Assim, inviável seu manejo, por exemplo, em relação a uma decisão de Turmas Recursais dos Juizados Especiais Criminais, pois estas não são *tribunais*. Este, aliás, é o comando da Súmula 203 do STJ ao regrar que *não cabe recurso especial contra decisão proferida por órgão de segundo grau dos Juizados Especiais.*

10.4.13.5. Habeas corpus

O *habeas corpus* é o remédio adequado àquele que sofre ou está ameaçado de sofrer violência ou coação em sua liberdade de locomoção, por ilegalidade ou abuso de poder[34].

[34] Art. 5.º, LXVIII, Constituição Federal.

Na medida em que não há qualquer restrição constitucional, nada obsta seu manejo em relação à infração de menor potencial ofensivo, não importando se classificada esta como crime ou contravenção. Sem embargo, é necessário que se trate de infração a que cominada em abstrato pena de prisão, cumulada ou não com multa, pois, no dizer da Súmula 693 do STF, *não cabe* habeas corpus *contra decisão condenatória pena de multa, ou relativo a processo em curso por infração penal a que a pena pecuniária seja a única cominada.*

Tratando-se de impetração de *habeas corpus* contra ato de **magistrado do Juizado Especial Criminal**, a competência para seu julgamento será da Turma Recursal.

Já em relação ao *habeas corpus* impetrado contra **decisão das Turmas Recursais dos Juizados Especiais Criminais Estaduais**, chegou a ser sumulado o entendimento de que deveria ser julgado pelo STF (Súmula 690). Não obstante esse verbete, o próprio Supremo modificou seu entendimento, passando a decidir no sentido de sua incompetência para julgamento de *habeas corpus* contra decisões das Turmas Recursais estruturadas no âmbito dos Juizados Especiais Criminais, acrescentando que tal incumbe aos Tribunais de Justiça ou aos Tribunais Regionais Federais, conforme o caso. Essa, inclusive, foi a deliberação adotada no exame da *questão de ordem* levantada no julgamento do HC-QO 86.009/DF (*DJ* 27.04.2007), ocasião em que ficou consignado *que o Supremo Tribunal Federal, modificando sua jurisprudência, assentou a competência dos Tribunais de Justiça estaduais para julgar* habeas corpus *contra ato de Turmas Recursais dos Juizados Especiais.* Quanto à razão pela qual o STF modificou seu entendimento, deixando de aplicar o disposto na sua Súmula 690, reside no fato de que os juízes integrantes das Turmas Recursais dos juizados especiais estão submetidos, nos crimes comuns e nos de responsabilidade, à jurisdição do Tribunal de Justiça ou do Tribunal Regional Federal. Sendo assim, por simetria, a esses tribunais incumbe o julgamento dos *habeas corpus* impetrados contra ato que tenham praticado (STF, HC 86.834/SP, *DJ* 09.03.2007).

10.4.13.6. Mandado de segurança

Em sintonia com o art. 5.º, LXIX, da CF, dispôs em seu art. 1.º que a essa via impugnativa destina-se a tutela de direito líquido e certo, violado ou ameaçado em decorrência de ilegalidade ou abuso de poder cometidos por autoridade, independentemente de sua categoria e das funções que exerça. Na esfera infraconstitucional, a disciplina do mandado de segurança encontra-se na Lei 12.016/2009. Por **direito líquido e certo** compreende-se aquele em relação ao qual não há nenhuma dúvida quanto à sua existência, encontrando-se delimitado na sua extensão e comprovado de plano.

Desde que presentes os requisitos legais e os pressupostos de sua impetração, nada obsta o manejo do *mandamus* no âmbito do JECRIM. Nesse caso, às **Turmas Recursais** caberá o julgamento dos mandados de segurança impetrados contra ato dos *juízes dos Juizados Especiais Criminais.* **E quando o mandado de segurança for impetrado contra ato das Turmas Recursais?** Paradoxalmente, também nesse caso a competência para o julgamento está afeta às Turmas Recursais. Essa questão gerou sérias divergências, entendendo muitos inconstitucional, sob o enfoque da ampla defesa e da garantia do duplo grau, o julgamento, pelas próprias Turmas, de mandados de segurança impetrados contra atos seus. Não obstante, o tema foi consolidado com a aprovação pelo STJ, em 18.03.2009, da Súmula 376, segundo a qual *compete à turma recursal processar e julgar o mandado* *de segurança contra ato de juizado especial*, não diferenciando a Corte se este ato provém de juízes do JECRIM ou de suas Turmas Recursais. E, no mesmo sentido é a posição sufragada no STF[35].

10.4.13.7. Revisão criminal

Desde que presentes as hipóteses do art. 621 do CPP, não há como não admitir o manejo da revisão criminal em relação a sentenças condenatórias transitadas em julgado proferidas na órbita dos Juizados Especiais Criminais. Afinal, condenado no JECRIM, estará sujeito o réu aos efeitos normais pertinentes a qualquer condenação.

Além do mais, se a própria Lei 9.099/1995, no art. 59, proibiu a dedução de ação rescisória apenas em relação às decisões proferidas no Juizado Especial Cível, silenciando em relação aos Juizados Criminais, parece evidente que, implicitamente, admitiu a possibilidade da revisional nessa sede.

Questão relevante é saber a que órgão estará afeto o julgamento da revisão criminal contra decisão dos Juizados Especiais. Há duas correntes:

> ***Primeira:*** a competência concerne aos órgãos colegiados dos Tribunais de Justiça ou Tribunais Regionais Federais, conforme seja a decisão impugnada proferida, respectivamente, no âmbito dos Juizados Estaduais ou Juizados Federais Assim, o mesmo órgão a que afeto o julgamento das ações revisionais contra as decisões proferidas no juízo comum deverá realizar o julgamento no caso de impugnação às sentenças dos juizados especiais. Trata-se de posição minoritária.
>
> ***Segunda:*** a competência para o julgamento da revisão criminal em casos tais será da própria Turma Recursal dos Juizados Especiais Criminais. Este é o entendimento majoritário, agasalhado, inclusive, pelo STJ ao aduzir que "nos moldes preconizados na Constituição Federal, para competência do julgamento das revisões criminais, em que os órgãos de segunda instância possuem competência para conhecer de revisões criminais interpostas contra órgão jurisdicionais de primeira instância, e das suas próprias, **deve-se concluir que, sendo as Turmas Recursais órgãos de segunda instância dos Juizados Especiais, são competentes para julgar as revisões criminais de suas próprias decisões**, à semelhança do que ocorre com o Supremo Tribunal Federal (art. 102, I, "j", da CF), com o Superior Tribunal de Justiça (art. 105, I, "e", da CF) e com os Tribunais Regionais Federais (art. 108, I, "b", da CF)"[36].

Mais uma vez abordando essa *quaestio*, reiterou o STJ esse posicionamento no julgamento do Conflito de Competência 47.718 (j. 13.08.2008), acrescentando que, "apesar da ausência de expressa previsão legal, mostra-se cabível a revisão criminal no âmbito dos Juizados Especiais, decorrência lógica da garantia constitucional da ampla defesa, notadamente quando a legislação ordinária vedou apenas a ação rescisória, de natureza processual cível. É manifesta a incompetência do Tribunal de Justiça para tomar conhecimento de revisão criminal ajuizada contra *decisum* oriunda dos Juizados Especiais. A falta de previsão legal específica para o processamento da ação revisional perante o Colegiado Recursal não impede seu ajuizamento, cabendo à espécie a utilização subsidiária dos ditames previstos no Código de Processo Penal. Caso a composição da Turma Recursal impossibilite a perfeita obediência aos dispositivos legais atinentes à espécie, mostra-se viável, em tese, a convocação dos magistrados suplentes para tomar parte no julgamento, solucionando-se a controvérsia e, principalmente, resguardando-se o direito do agente de ver julgada sua ação revisional. Competência da Turma Recursal".

---

35 STF, Tribunal Pleno, MS 25.614 Agr/SP, Rel. Min. Dias Toffoli, *DJ* 01.06.2011.

36 STJ, REsp 470.673/RS, DJ 04.08.2003; STJ, CC 47.718/RS, j. 13.08.2008; TJMG, RVCR 0685996-21.2016.8.130000, DJ 10.03.2017.

10.4.14. Esquema dos atos que compõem o procedimento sumaríssimo

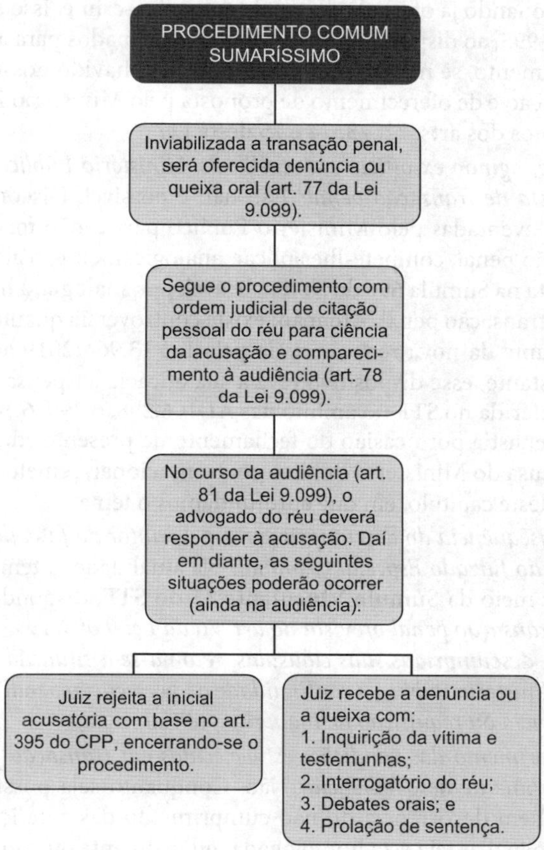

10.4.15. Questões relevantes

a) *Causas de aumento ou diminuição de pena são consideradas para fins de definição da competência dos Juizados Especiais Criminais?* Sim. Nesse caso, tratando-se de *majorantes* (*v.g.*, crime continuado), deve-se aplicar o máximo previsto sobre a pena máxima abstratamente cominada. Sendo o caso de *minorante* (*v.g.*, tentativa), aplica-se o mínimo estabelecido sobre a pena máxima estipulada pelo artigo incriminador. Em qualquer hipótese, restando a pena máxima inferior a *dois anos*, será possível a aplicação das regras previstas na Lei 9.099/1995. *Exemplo*: Compete à Justiça Comum, e não ao Juizado Especial Criminal, processar e julgar o crime de calúnia (pena: seis meses a dois anos de detenção) em que esteja presente a majorante prevista no art. 141, II, do Código Penal (calúnia contra funcionário público, em razão de suas funções), tendo em vista que a referida causa especial de aumento de pena eleva a sanção máxima cominada para aquele crime para além do limite de dois anos.

b) *O não comparecimento do autor do fato à audiência preliminar e o subsequente oferecimento de denúncia oral impedem a posterior tentativa de composição dos danos civis ou a proposta de transação penal?* Se na fase preliminar não foram possíveis as referidas tratativas, nada impede que se busque a aplicação em momento posterior, vale dizer, quando já ofertada denúncia ou queixa-crime. Isso se infere do art. 79 da Lei 9.099/1995, ao dispor que "no dia e hora designados para a audiência de instrução e julgamento, se na fase preliminar não tiver havido possibilidade de tentativa de conciliação e de oferecimento de proposta pelo Ministério Público, proceder-se-á nos termos dos arts. 72, 73, 74 e 75 desta Lei".

c) *Pode o juiz, agindo ex officio e à revelia do Ministério Público, efetuar ao autor do fato proposta de transação penal?* Isso não é possível. Discordando o magistrado das razões aventadas pelo Ministério Público para a não formulação da proposta de transação penal, compete-lhe aplicar, analogicamente, o art. 28 do CPP, solução esta prevista na Súmula 696 do STF, aplicável, por analogia, à hipótese de recusa ministerial à transação penal. **Atenção:** existe controvérsia quanto à subsistência desta súmula diante da nova redação dada pela Lei 13.964/2019 ao citado art. 28. Não fosse o bastante, esse dispositivo teve a sua eficácia suspensa em razão de medida cautelar deferida no STF no âmbito das ADIs 6.298, 6.299, 6.300 e 6.305, suspensão esta que persistia por ocasião do fechamento da presente edição deste livro. Logo, sobre a recusa do Ministério Público em transacionar, remetemos o leitor ao tópico 10.4.10.4 deste capítulo, em que aprofundamos o tema.

d) *Qual a consequência do descumprimento, pelo autor do fato, da pena transacionada no âmbito do Juizado Especial Criminal?* Na atualidade, o tema encontra-se consolidado por meio da **Súmula Vinculante 35 do STF**, dispondo esta que *a homologação da transação penal prevista no art. 76 da Lei 9.099/1995 não faz coisa julgada material e, descumpridas suas cláusulas, retoma-se a situação anterior, possibilitando-se ao Ministério Público a continuidade da persecução penal mediante oferecimento de denúncia ou requisição de inquérito policial.*

e) *O descumprimento das condições estabelecidas em transação penal enseja a imputação do crime de desobediência?* Não. Conquanto seja possível a propositura de ação penal em decorrência do não cumprimento das condições estabelecidas em transação penal, esteja esta homologada judicialmente ou não, não há de se cogitar, na hipótese, em imputação, ao autor do fato, do crime de desobediência previsto no art. 330 do Código Penal.

f) *Nas infrações de menor potencial ofensivo que exigem representação do ofendido (delitos de ação penal pública condicionada), designando o juiz audiência preliminar para data além de seis meses da ocorrência do fato, ocorre a decadência do direito de representar?* Existem, basicamente, três posições distintas sobre essa questão:

Primeira: A simples lavratura do Termo Circunstanciado realizada a partir do comparecimento da vítima na Delegacia de Polícia vale como representação, não sendo necessária uma representação formal. Quanto ao disposto no art. 75 da Lei 9.099/1995, prevê, unicamente, a ratificação judicial da representação. Logo, ainda que a audiência preliminar seja aprazada para tempo superior a seis meses da ciência do fato e de sua autoria, não ocorre a decadência.

Segunda: É necessária representação formal, no prazo de seis meses a contar da ciência do fato e de sua autoria. Contudo, tal representação pode ser oferecida por ocasião da lavratura do Termo Circunstanciado. Também aqui se entende que o art. 75 da Lei 9.099/1995 contempla apenas a ratificação judicial da representação.

Terceira: O art. 75 da Lei 9.099/1995 constitui exceção ao art. 38 do CPP (mesmo porque esse dispositivo, ao prever o prazo de seis meses para representar, após a ciência da autoria, refere: "salvo disposição em contrário..."). Portanto, na hipótese de infração de menor potencial ofensivo exigente de representação, o marco inicial da fluência do prazo decadencial conta-se da data da audiência preliminar. Concordamos com esta última orientação, mesmo porque o art. 75, parágrafo único, da Lei 9.099/1995 dispõe que "o não oferecimento da representação na audiência preliminar não implica decadência do direito, que poderá ser exercido no prazo previsto em lei", sugerindo, portanto, que *dies a quo* do prazo decadencial, realmente, seja a data da audiência preliminar.

10.5. PROCEDIMENTO DE APURAÇÃO DOS CRIMES FALIMENTARES (ARTS. 503 A 512 DO CPP)

10.5.1. Considerações gerais

A Lei 11.101/2005, em vigor a partir de 09.06.2005, revogou, com ressalva aos processos já iniciados ao tempo de sua vigência (art. 200 c/c o art. 192), o antigo Decreto-lei 7.661/1945, estatuindo, via de consequência, diferente sistemática procedimental para apuração dos crimes falimentares.

Assim como ocorria na antiga lei de quebras, também na Lei 11.101/2005 persiste o caráter público dos crimes que define, vale dizer, são todos de *ação penal pública incondicionada* (art. 184), facultado, na omissão do Ministério Público em oferecer denúncia no prazo legal, o ingresso de ação penal privada subsidiária da pública (art. 184, parágrafo único).

10.5.2. Aspectos relativos ao novo procedimento de apuração dos crimes falimentares introduzido pela Lei 11.101/2005

Antes de analisar, propriamente, as peculiaridades do rito instituído pela nova lei falimentar, é necessário que se proceda a breves considerações em torno de alguns regramentos inseridos na Lei 11.101/2005, os quais relevam na verificação do procedimento criminal.

Inicialmente, cabe ressaltar a previsão dos institutos da **recuperação extrajudicial** e da **recuperação judicial,** estatuídos em substituição à concordata. Por meio da *recuperação extrajudicial* a empresa apresenta a seus credores plano de recuperação homologado judicialmente, abrangendo o universo de dívidas, à exceção dos débitos trabalhistas e fiscais. Já mediante a *recuperação judicial*, a empresa negocia o plano de recuperação com todos seus credores, inclusive com os trabalhistas e com o fisco, podendo ocorrer a convolação em *falência*, caso ocorrentes as causas que a autorizam (art. 73).

Outro aspecto importante se refere à extinção da figura do síndico, cujas atribuições, *mutatis mutandis*, passaram a ser exercidas pelo **administrador judicial**, nomeado pelo juiz ao deferir o processamento da recuperação judicial ou ao decretar a quebra da empresa.

Ademais, tenha-se em mente que, em consonância com o art. 179 da Lei 11.101/2005, tanto no curso da recuperação judicial e da recuperação extrajudicial como também na falência, **equipararam-se** ao devedor ou ao falido, para efeitos penais, os sócios, diretores, gerentes, administradores e conselheiros da empresa, bem como o administrador judicial.

Por fim, não foi prevista a figura do **inquérito judicial**, cuja conclusão, nos termos da antiga lei de quebras, marcava, embora não obrigatoriamente, o início do prazo para que o Ministério Público oferecesse denúncia por crime falimentar.

Vistas estas questões, passa-se, pois, ao exame das principais questões procedimentais ditadas pela lei *in examen*:

a) Condições de punibilidade: dispõe o art. 180 da Lei 11.101/2005 que a decisão que decreta a falência, a que concede a recuperação judicial e a que concede a recuperação extrajudicial, é condição objetiva de punibilidade das infrações penais descritas nesse diploma. Precitado dispositivo, portanto, condiciona a atuação estatal, no âmbito criminal, à decretação da falência, à concessão da recuperação extrajudicial ou à concessão da recuperação judicial, razão pela qual, antes dessas providências, a polícia judiciária e o Ministério Público (e também os credores habilitados e o administrador judicial em relação à ação penal privada subsidiária da pública) não poderão atuar na seara falimentar por falta da mencionada condicionante. Não há, enfim, justificativa para o oferecimento da denúncia ou da queixa sem o implemento de condição essencial para o exercício da ação penal.

b) Prazo para oferecimento de denúncia pelo Ministério Público: conforme já expusemos, todos os crimes previstos na Lei 11.101/2005 são de ação penal pública incondicionada, devendo, portanto, o processo respectivo ser iniciado mediante denúncia do Ministério Público. Possível, contudo, na inércia do Promotor de Justiça no prazo legal, o ingresso de queixa subsidiária, pelo administrador judicial ou por qualquer credor habilitado.

Abolindo a figura do *inquérito judicial* (cuja vista, pela antiga lei falimentar, constituía para o Ministério Público o *dies a quo* do prazo para ajuizamento da ação penal), estabeleceu a nova lei duas possibilidades distintas quanto ao prazo para oferecimento de denúncia:

> ***Primeira***: Decretada a falência ou concedida a recuperação judicial, será o Ministério Público intimado destas decisões. Procedida tal intimação, refere o art. 187 que o Ministério Público "promoverá imediatamente a competente ação penal, ou, se entender necessário, requisitará a abertura de inquérito policial". A lei não estabelece o que se deve entender por "imediatamente". Cremos que tal expressão não tenha sentido temporal, traduzindo, isto sim, a possibilidade de ajuizar o *Parquet* a ação penal independente de inquérito policial, se dispuser de elementos para tanto (em síntese: ou ajuíza a ação penal ou opta por requisitar inquérito policial). Esta interpretação extrai-se da norma inserida ao § 1.º do mesmo artigo, dispondo que "o prazo para oferecimento da denúncia regula-se pelo art. 46 do Decreto-Lei nº 3.689, de 3 de outubro de 1941 – Código de Processo Penal, salvo se o Ministério Público, estando o réu solto ou afiançado, decidir aguardar a apresentação da exposição circunstanciada de que trata o art. 186 desta Lei, devendo, em seguida, oferecer a denúncia em 15 (quinze) dias" (veja-se que o art. 186 remete ao art. 22, III, letra *e*, o qual, por sua vez, se refere ao relatório a ser apresentado pelo administrador judicial sobre as causas da falência e eventual responsabilidade civil e penal dos envolvidos). Pois bem, conjugando o § 1º do art. 187 com a previsão do respectivo *caput*, concluímos que o prazo a ser considerado será de 5 ou 15 dias, caso esteja, respectivamente, presa ou solta a pessoa a ser denunciada, devendo ser contado da intimação da sentença de quebra ou concessiva da recuperação judicial (se já dispuser o Ministério Público de elementos suficientes para denunciar independentemente de procedimento policial), ou, no caso de ter sido requisitado inquérito policial, da data em que este procedimento aportar na Promotoria de Justiça.
>
> ***Segunda:*** Estando em liberdade a pessoa a ser denunciada, pode ocorrer que o Ministério Público entenda necessário e pertinente aguardar a apresentação, pelo administrador judicial, do relatório previsto no art. 22, III, e da Lei 11.101/2005, o qual conterá as causas da falência, o procedimento do devedor, antes e depois da sentença, e outras informações a respeito da conduta do devedor e de outros responsáveis, se houver, por atos que possam constituir crime relacionado com a recuperação judicial ou com a falência, ou outro delito conexo a estes (art. 186). Este relatório, importante mencionar, será apresentado pelo administrador judicial nomeado na sentença que decretou a quebra no prazo de 40 dias após prestar compromisso (art. 22, III, "e"). Ora, optando por esta possibilidade (o que só pode ocorrer, reitere-se, se estiver em liberdade o indivíduo), terá o Ministério Público o prazo de 15 dias, após ser intimado do precitado relatório, para oferecer denúncia (art. 187, § 1.º).

c) Ação penal privada subsidiária da pública: estabelece o art. 184, parágrafo único, que "decorrido o prazo a que se refere o art. 187, § 1.º, sem que o representante do Ministério Público ofereça denúncia, qualquer credor habilitado ou o administrador judicial poderá oferecer ação penal privada subsidiária da pública, observado o prazo decadencial de 6 (seis) meses".

Como se vê, a Lei Falimentar incorpora a possibilidade de ingresso de ação penal privada subsidiária da pública, caso o Ministério Público, no prazo máximo de 15 dias após a intimação do relatório do administrador judicial previsto nos arts. 22, III, "e", e 186, ambos da Lei 11.101/2005 (observadas, é óbvio, as regras normais de contagem dos prazos processuais), mantenha-se inerte quanto ao oferecimento de denúncia. Tal faculdade, contudo, assiste ao administrador judicial e aos credores habilitados apenas pelo prazo de seis meses a partir do final do prazo ministerial. Decorrido esse lapso, perdem a legitimidade para queixa subsidiária.

d) Juízo competente: reza o art. 183 da Lei 11.101/2005 que "compete ao juiz criminal da jurisdição onde tenha sido decretada a falência, concedida a recuperação judicial ou homologado o plano de recuperação extrajudicial, conhecer da ação penal pelos crimes previstos nesta Lei". Em síntese, com a nova regulamentação procedimental, dissipou-se a inútil previsão incorporada ao antigo decreto de quebras, no sentido de que a denúncia fosse ajuizada no juízo falimentar e, após recebida, encaminhada ao juízo criminal comum.

e) Prescrição: a Lei 11.101/2005, fulminando as complexas regras de contagem do prazo prescricional previstas no revogado Decreto-lei 7.661/1945, estabelece no art. 182 que "*a prescrição dos crimes previstos nesta Lei reger-se-á pelas disposições do Código Penal, começando a correr do dia da decretação da falência, da concessão da recuperação judicial ou da homologação do plano de recuperação extrajudicial*". Agora, se o processo penal for inaugurado após a concessão da recuperação judicial ou homologação do plano de recuperação extrajudicial, sobrevindo a decretação da falência do devedor, tal decisão, mais uma vez, interrompe a contagem da prescrição, consoante se depreende do parágrafo único do citado dispositivo:

> "Parágrafo único. A decretação da falência do devedor interrompe a prescrição cuja contagem tenha iniciado com a concessão da recuperação judicial ou com a homologação do plano de recuperação extrajudicial".

10.5.3. Procedimento de apuração dos crimes falimentares (art. 185 da Lei 11.101/2005)

Determina o art. 185 da Lei 11.101/2005 que, uma vez recebida a denúncia ou a queixa subsidiária, *observar-se-á o rito previsto nos arts. 531 a 540 do CPP*. Com as alterações introduzidas ao Código de Processo Penal pela Lei 11.719/2008, os arts. 531 a 540 citados passaram a corresponder ao **procedimento sumário cujos atos estão agora sequenciados nos arts. 531 a 536 do CPP**. Tocante aos dispositivos remanescentes mencionados no art. 185 da Lei Falimentar – arts. 537, 539 e 540 –, foram expressamente revogados pelo art. 3.º da Lei 11.719/2008. Já o art. 538 refere-se à aplicação do rito comum sumário às infrações de menor potencial ofensivo, quando encaminhadas ao juízo comum.

Muito embora o art. 394, § 1.º, II, do CPP, estabeleça que o *rito comum sumário* destina-se à apuração dos crimes a que cominada pena privativa de liberdade inferior a quatro anos, tal regra é absolutamente irrelevante quando se tratar dos tipos penais falimentares. Isto quer dizer que, independentemente de o apenamento máximo previsto a tal espécie de delitos ser inferior, igual ou superior a quatro anos, o procedimento aplicável na respectiva apuração será o *sumário*, nos termos disciplinados nos arts. 531 a 536 do CPP (*item 10.3.1*) e que envolvem, em face do que reza o art. 394, § 4.º, do mesmo Código, a aplicação das regras dos arts. 395 a 397, pertinentes, respectivamente, às causas de rejeição da denúncia e da queixa, à resposta à acusação e aos motivos determinantes de julgamento antecipado do processo com absolvição sumária do réu[37]. O mesmo ocorre em relação aos demais aspectos processuais não regulamentados – *requisitos da denúncia ou da queixa, recebimento da denúncia, formas de citação, modelo de interrogatório, atos chamatórios (intimações e notificações), formalidades da sentença etc.* –, que, no silêncio da Lei 11.101/2005, devem observar, subsidiariamente, as normas do Código de Processo Penal, *ex vi* do art. 188 ao dispor que "aplicam-se subsidiariamente as disposições do Código de Processo Penal, no que não forem incompatíveis com esta lei".

Veja-se que o fato de a tramitação do processo relativo aos crimes falimentares seguir o rito sumário não elide o seu caráter de *procedimento especial*. Este atributo, com efeito, decorre das peculiaridades mencionadas no tópico anterior (*10.5.2*), como, por exemplo, a circunstância de ser *condição objetiva de punibilidade* a sentença que decreta a falência ou aquela que concede a recuperação judicial e extrajudicial.

E se o crime falimentar se caracterizar como infração de menor potencial ofensivo?[38] De plano, é necessário mencionar que a Lei 11.101/2005 aumentou, consideravelmente, as penas antes previstas aos crimes falimentares. Logo, na atualidade, apenas o tipo penal do art. 178 daquele diploma (omissão dos documentos contáveis obrigatórios) possui cominada pena máxima de dois anos. Pois bem, no que se refere ao procedimento de apuração deste crime, há divergências na doutrina e na jurisprudência:

> ***Primeira corrente:*** Compreende que a tramitação do processo respectivo deve obedecer, efetivamente, ao rito comum sumário, devido à literalidade do art. 185 da Lei 11.101/2005.
>
> ***Segunda corrente:*** Aduz que, sem embargo do que prevê o art. 185, nada obsta a submissão do delito contemplado no art. 178 do mesmo diploma ao procedimento sumaríssimo do Juizado Especial Criminal.

Embora não se possa falar em posição majoritária, em face da controvérsia que, apesar do tempo decorrido desde a vigência da Lei 11.101/2005, ainda existe sobre o tema, aderimos a este segundo entendimento. Afinal, a mudança do procedimento ordinário na apuração dos crimes falimentares (antes imposto pelos revogados arts. 503 a 512 do CPP) para o sumário visou à maior agilização dos processos penais envolvendo tal ordem de crimes. Sendo assim, não há razão jurídica para excluir, na verificação do crime tipificado no art. 178 da Lei Falimentar, a possibilidade de transação penal e, caso inexitosa esta, a observância ao procedimento sumaríssimo da Lei 9.099/1995, tal como ocorre em vários outros delitos sujeitos a procedimento especial.

É possível a aplicação do instituto da suspensão condicional do processo do art. 89 da Lei 9.099/1995 aos crimes com apenamento mínimo igual a 1 (um) ano? Desde que não incidam as vedações existentes no próprio art. 89, não vislumbramos qualquer impedimento a sua aplicação, pois a suspensão condicional do processo é instituto que leva em conta a quantidade de pena prevista no tipo penal, não aderindo a este ou aquele procedimento específico.

---

37 V. nota 1, retro.

38 QUESTÃO DE CONCURSO PÚBLICO: "Em sendo um delito falimentar, com pena menor de 02 anos, qual o rito cabível para o julgamento? Como deve ser o procedimento?" (Concurso de Ingresso na Carreira do Ministério Público do Rio de Janeiro – 2009).

10.6. PROCEDIMENTO DOS CRIMES PRATICADOS POR FUNCIONÁRIOS PÚBLICOS CONTRA A ADMINISTRAÇÃO PÚBLICA (ARTS. 513 A 518 DO CPP)

10.6.1. Considerações gerais

Destina-se à apuração dos crimes praticados por funcionários públicos contra a administração pública.

O conceito de **funcionário público**, para efeitos penais, é bastante amplo, incluindo quem, embora transitoriamente ou sem remuneração, exerce cargo, emprego ou função pública, a este se equiparando, também, quem exerce cargo, emprego ou função em entidade paraestatal, e quem trabalha para empresa prestadora de serviço contratada ou conveniada para a execução de atividade típica da Administração Pública (art. 327 do CP).

E, quanto aos **crimes funcionais**, podem ser classificados em *próprios* ou *impróprios*. Os primeiros são aqueles em que a conduta apenas é ilícita quando praticada por um funcionário público, não havendo qualquer tipificação caso perpetrada pelo particular, tal como ocorre com os delitos de prevaricação e de abandono de função. Os segundos, aqueles cuja conduta é penalmente relevante independentemente de ser ou não o agente funcionário público, modificando-se tão somente a tipificação do crime, como é o caso do peculato, que é o crime resultante da apropriação ou furto perpetrado por funcionário público, ações estas que, se praticadas por particulares, terão enquadramento nos arts. 155 ou 168 do Estatuto Repressivo. Sem embargo dessa distinção, desde que o agente seja um funcionário público ou a ele equiparado no exercício da função pública e que o delito esteja sendo praticado contra a administração pública, tanto os *crimes funcionais próprios* como os *impróprios* serão processados segundo o rito especial ditado pelo Código de Processo Penal. É o caso das infrações previstas nos arts. 312 a 326 do CP e no 3.º da Lei 8.137/1990.

Frise-se que, tratando-se de crimes cometidos por funcionários públicos, ainda que nesta condição, contra particular, não há a incidência do rito especial. É, por exemplo, o caso da conduta tipificada no art. 151, § 3.º, do CP. Do mesmo modo, crimes praticados por particulares contra a administração pública (arts. 328 a 337 do CP) e crimes contra a administração da justiça (arts. 338 a 359 do CP) também não seguem o rito especial em análise.

10.6.2. Atos que compõem o procedimento

Na apuração dos crimes de responsabilidade dos funcionários públicos, estabelece o Código de Processo Penal procedimento diferenciado conforme o caráter inafiançável ou afiançável do delito.

Tratando-se de **crime inafiançável**, o rito previsto é praticamente idêntico ao *procedimento comum ordinário*, dele se diferenciando apenas em razão do que prevê o art. 513 do CPP, no sentido de que a queixa ou a denúncia será instruída com documento ou justificação que façam presumir a existência do delito *ou com declaração fundamentada da impossibilidade de apresentação de qualquer dessas provas*, sugerindo esta última parte do dispositivo a possibilidade de oferecimento da inicial sem a prova pré-constituída da materialidade do crime.

Por outro lado, sendo hipótese de **crime afiançável**, estabelece o art. 514 do CPP que, antes do recebimento da inicial, deve o acusado ser notificado para apresentação de defesa preliminar, seguindo-se, de resto, a disciplina do *procedimento comum ordinário*.

Na atualidade, tendo em vista a nova disciplina introduzida pela Lei 12.403/2011 ao Código de Processo Penal, tal distinção perdeu completamente a relevância. Isto porque, nos termos do art. 323 do CPP alterado pela referida lei, são inafiançáveis apenas os *crimes de racismo, tortura, tráfico ilícito de entorpecentes e drogas afins, terrorismo, os crimes definidos como hediondos e aqueles cometidos por grupos armados, civis ou militares, contra a ordem constitucional e o Estado Democrático*. Considerando que, neste rol, não está inserido qualquer dos crimes de responsabilidade dos funcionários públicos, infere-se que tais delitos, agora, são todos **afiançáveis**.

Deste modo, independentemente de qual tenha sido o crime praticado, para definição do procedimento deve-se conciliar o rito ditado pelos arts. 514 a 518 do CPP com o estabelecido no art. 394, § 4.º (redação da Lei 11.719/2008) do mesmo Código, ao prever que *as disposições dos arts. 395 a 398 aplicam-se a todos os procedimentos de primeiro grau*. Lembre-se que o art. 395 respeita às causas que autorizam a rejeição liminar da denúncia ou da queixa; o art. 396, ao prazo de dez dias para que o acusado possa responder à acusação; o art. 396-A, ao teor dessa resposta; e o art. 397, aos motivos que permitem ao julgador decidir antecipadamente pela absolvição do réu, antes mesmo de iniciar-se a fase instrutória. Quanto ao art. 398, sua referência é imprópria, pois se trata de disposição revogada.

Neste contexto, infere-se que, na atual concepção legislativa, o procedimento de apuração dos crimes de responsabilidade dos funcionários públicos compõe-se da seguinte ordem de atos:

a) Oferecimento da denúncia e da queixa-crime: a inicial deverá observar os requisitos do art. 41 do CPP, instruída, ainda, com os documentos ou justificações que façam presumir a existência do crime ou declaração fundamentada quanto à impossibilidade de fazê-lo (art. 513). Não previsto número diferenciado de testemunhas, poderão ser arroladas até o máximo de oito (descontadas as não compromissadas), o que se conclui não apenas pela simetria deste procedimento com o rito comum ordinário (a diferença está, unicamente, na fase de defesa preliminar que antecede ao recebimento da denúncia), como em razão da aplicação subsidiária do procedimento ordinário aos procedimentos especiais determinada pelo art. 394, § 5.º.

b) Autuação e notificação para resposta preliminar em 15 (quinze) dias (art. 514): não sendo o caso de rejeição liminar com fundamento no art. 395 do CPP, determinará o juízo a notificação do acusado para responder à acusação. Segundo a norma do art. 514 do CPP, essa notificação deverá ser pessoal ao acusado, e, se não localizado ou residente em comarca distinta, deve o magistrado proceder à nomeação de defensor dativo para apresentá-la. Perceba-se que, a despeito da explicitude do art. 514, parágrafo único, determinando a nomeação de defensor dativo para oferecer a defesa quando se encontrar o acusado fora da jurisdição do juiz, há forte tendência doutrinária em aceitar que a notificação seja feita, sim, por meio de carta precatória, compreendendo-se, pois, descabida a vedação legal.

c) Deliberação quanto ao recebimento ou rejeição da inicial: apresentada a defesa preliminar, os autos serão conclusos ao magistrado, que terá duas opções:

- **Rejeitar a denúncia ou a queixa**, se verificar a ocorrência de qualquer das hipóteses do art. 395 do CPP ou se concluir no sentido da inexistência do crime ou da improcedência da ação (art. 516 do CPP).
- **Receber a exordial acusatória**, ordenando, então, a citação do acusado para, em dez dias, responder à acusação com base no art. 396 do CPP, ocasião em que poderá o advogado *arguir preliminares e alegar tudo o que interessa à sua defesa, oferecer documentos e justificações, especificar as provas pretendidas e arrolar testemunhas, qualificando-as e requerendo sua intimação, quando necessário* (art. 396-A).

d) Prosseguimento segundo os termos do rito comum ordinário (art. 518 do CPP): recebida a exordial, ordenada a citação do réu e apresentada a resposta do acusado (arts. 396 e 396-A), determinará o magistrado o prosseguimento do processo nos exatos termos previstos para o procedimento ordinário. Isto significa que, a partir deste momento, caberá ao magistrado analisar a possibilidade de absolvição sumária do acusado com base em qualquer das hipóteses referidas no art. 397 do CPP. Não sendo o caso de absolvição sumária nesta etapa, aprazará o juiz audiência de instrução e interrogatório para daí a no máximo 60 dias (art. 400, *caput*). Em audiência, produzida a prova oral segundo a ordem legal, facultará o magistrado às partes requerer diligências (art. 402). Não requeridas diligências ou sendo estas indeferidas pelo juízo, as partes apresentarão alegações orais e, depois, será proferida decisão, sem prejuízo da possibilidade de o magistrado, considerando a complexidade dos fatos ou o número de acusados, substituir tais alegações por memoriais escritos e proferir, após, sentença em dez dias (art. 403, § 3.º). Sendo, opostamente, requeridas e deferidas diligências, após o cumprimento destas, as partes serão notificadas para apresentarem memoriais escritos, sendo, depois, proferida a sentença (art. 404, parágrafo único).

10.6.3. Questões controvertidas pertinentes ao rito

10.6.3.1. Crime praticado durante o exercício funcional, deixando o agente de ser funcionário público em momento posterior

Embora alguns doutrinadores sustentem que o resguardo da função pública justificaria a utilização do rito especial mesmo que dela tenha se afastado o funcionário acusado, está consolidado na jurisprudência o entendimento no sentido contrário. Em outras palavras, o procedimento especial apenas tem lugar quando o acusado estiver no exercício da função pública no momento em que recebida a inicial e o crime praticado tiver relação com essa função, consoante deliberado pelo STF na Ação Penal 937, julgamento de 03.05.2018 (abordamos o tema no Capítulo 9, tópico 9.2.2.3). Aliás, entendendo necessário limitar a aplicação de procedimentos especiais e a permissão de foros especiais apenas a quem está no exercício da função pública que enseja tais prerrogativas, o próprio STF já havia revogado a Súmula 394, a qual estabelecia que, "cometido o crime durante o exercício funcional, prevalece a competência especial por prerrogativa de função, ainda que o inquérito ou a ação penal sejam iniciados após a cessação daquele exercício".

10.6.3.2. Falta de notificação para apresentação da resposta preliminar prevista no art. 514 quando se tratar de crime funcional afiançável

O tema é controvertido, havendo divergências entre o STF e o STJ a respeito.

No âmbito do STF, entende-se que é indispensável a defesa preliminar nas hipóteses do art. 514 do Código de Processo Penal, mesmo quando a denúncia é lastreada em inquérito policial, já que a finalidade precípua dessa defesa é a de evitar a propositura de ações penais temerárias contra funcionários públicos.

Já no STJ, consagrou-se entendimento oposto, compreendendo-se, nos termos da Súmula 330, que "é desnecessária a resposta preliminar de que trata o art. 514 do Código de Processo Penal, na ação penal instruída por inquérito policial".

Sem embargo dessa divergência, compreendemos que a posição externada pela Súmula 330 do STJ, é a mais acertada. Afinal, se o acusado já teve a oportunidade de apresentar suas justificativas na fase extrajudicial e se estas não foram suficientes para convencer o Ministério Público quanto ao não ajuizamento da ação penal, parece desnecessário renovar-lhe essa oportunidade, até porque, em tese, não serão diferentes seus argumentos de defesa.

De todo o modo, cabe ressaltar que ambas as Cortes Superiores – STF e STJ – compreendem que a nulidade eventualmente configurada em razão da falta de notificação para defesa preliminar é relativa, devendo ser arguida tempestivamente, com demonstração de prejuízo, sob pena de preclusão.

10.6.3.3. Funcionário público com foro por prerrogativa de função

O rito especial previsto no art. 514 e seguintes do CPP *não se aplica* a quem possua prerrogativa de foro junto ao STF, STJ, Tribunais de Justiça dos Estados e Tribunais Regionais Federais. Isso porque, sendo o acusado detentor de foro especial no STF e no STJ e se encontrando no exercício da função, o procedimento a ser aplicado é o previsto nos arts. 1.º a 12 da Lei 8.038/1990. A mesma situação ocorre com quem detenha prerrogativa de função junto aos Tribunais de Justiça e Tribunais Regionais Federais (Juízes de Direito, Promotores de Justiça etc.), relativamente aos quais a Lei 8.658/1993 (art. 1.º) estende as disposições da precitada Lei 8.038/1990.

10.6.3.4. Coautor particular

Considerando que o objetivo da defesa preliminar é o resguardo da função pública, não possui direito à notificação para defesa preliminar o particular que seja coautor ou partícipe do crime praticado pelo funcionário público.

10.6.3.5. Concurso de crimes: crime funcional e crime não funcional

Considere-se a hipótese em que tenham sido imputados ao agente crimes de falsidade ideológica (art. 299 do CP) e concussão (art. 316 do CP), em concurso material. Neste caso, tratando-se de imputação de crime não funcional e de crime funcional, não se aplica a defesa preliminar prevista no art. 514 do CPP.

10.7. PROCEDIMENTO DOS CRIMES CONTRA A HONRA (ARTS. 519 A 523 DO CPP)

10.7.1. Considerações gerais

O procedimento dos crimes contra a honra encontra-se disciplinado nos arts. 519 a 523 do CPP. Embora estes dispositivos estejam inseridos em capítulo do Código de Processo Penal que trata "do processo e do julgamento dos crimes de calúnia e injúria"[39], é evidente que se aplicam, também, à apuração da *difamação.* A omissão do Código a respeito deve-se à circunstância de que, à época em que este foi editado, o Código Penal não estabelecia a difamação como um tipo penal autônomo.

Trata-se, na verdade, de rito em que atos são idênticos aos previstos para o procedimento comum ordinário, agregando-se, apenas, as seguintes modificações:

- *Previsão de audiência de tentativa de conciliação* previamente ao recebimento da inicial acusatória (art. 520 do CPP);
- Possibilidade de serem deduzidas, em determinados casos, as exceções da verdade e da notoriedade do fato (art. 523 do CPP).

[39] Capítulo III, do Título II, do Livro II, do Código de Processo Penal.

É importante destacar que o procedimento dos arts. 519 a 523 do CPP não é, em regra, aplicável às infrações contra a honra consideradas de menor potencial ofensivo (assim compreendidas aquelas em que a pena cominada ao crime não é superior a dois anos), caso em que o rito a ser observado será o **sumaríssimo** da Lei 9.099/1995 (arts. 77 a 81). Isto, aliás, ocorre na maioria dos crimes contra a honra. Na verdade, delitos contra a honra tipificados no Código Penal com apenamento máximo *in abstrato* superior a dois anos e, portanto, sujeitos ao procedimento especial ditado pelo Código de Processo Penal são os seguintes:

- *Crime de injúria qualificada*, previsto no art. 140, § 3.º, do CP, que possui apenamento máximo de três anos de reclusão[40]. Trata-se de crime de ação penal pública condicionada.
- *Crime de calúnia*, quando majorado em face da previsão do art. 141 do CP, que determina o acréscimo de 1/3 sobre a pena[41]. Trata-se de crime de ação penal pública condicionada à requisição do Ministro da Justiça no caso do inciso I; de ação penal pública condicionada à representação do ofendido no caso do inciso II (lembre-se que, de acordo com a Súmula 714 do STF, "é concorrente a legitimidade do ofendido, mediante queixa, e do Ministério Público, condicionada à representação do ofendido, para a ação penal por crime contra a honra de servidor público em razão do exercício de suas funções"); e de ação penal privada, na hipótese dos incisos III e IV do mesmo artigo.

E se for o caso de crimes contra a honra praticados sob a forma de violência doméstica e familiar contra a mulher (violência moral), *nos termos definidos no art. 7.º, V, da Lei 11.340/2006?* Nestas hipóteses, o procedimento de apuração será o disciplinado nos arts. 519 a 513 do CPP independentemente de a pena máxima cominada ser igual ou inferior a dois anos. Isto porque o art. 41 daquele diploma (Lei Maria da Penha) exclui, peremptoriamente, dos crimes que recebam a sua incidência, a aplicação da Lei 9.099/1995. Assim, a prática de calúnia, injúria ou difamação que caracterize violência doméstica ou familiar contra a mulher não poderá ser apurada mediante o procedimento sumaríssimo contemplado na precitada Lei 9.099/1995, e sim de acordo com o rito especial previsto no CPP.

Perceba-se que, em se tratando de **crimes contra honra apurados mediante ação penal privada**, o procedimento tipificado nos referidos dispositivos do CPP é aplicado na sua integralidade, envolvendo a audiência prévia de tentativa de conciliação, possibilidade de exceções da verdade e da notoriedade do fato e demais atos que compõem o procedimento comum ordinário. Sendo hipótese de **crimes de ação penal pública**, resta afastada a fase prévia da audiência de conciliação devido à indisponibilidade que, salvo exceções legais, rege esta espécie de demanda. Neste último caso, o procedimento de apuração será o próprio rito comum ordinário, sem embargo de não ficar obstado o manejo das exceções da verdade e da notoriedade do fato.

Pode ocorrer, também, que, iniciada a ação penal no Juizado Especial Criminal, sobrevenha o encaminhamento da demanda ao juízo comum, por exemplo, em face da

---

[40] A Lei 14.532, de 11.01.2023, atribuiu nova redação ao art. 140, § 3.º, do Código Penal, limitando sua incidência às hipóteses em que a injúria envolver a utilização de elementos referentes à religião ou à condição de pessoa idosa ou com deficiência, sendo mantida sua apuração mediante ação penal pública condicionada à representação do ofendido. A referida Lei 14.532, ainda, incluiu na Lei 7.716/1989 (que define os crimes resultantes de preconceito de raça ou de cor) a conduta de "injuriar alguém, ofendendo-lhe a dignidade ou o decoro, em razão de raça, cor, etnia ou procedência nacional", tipificando-a no art. 2.º-A daquele diploma, crime este de ação penal pública incondicionada. Com esta última disciplina, a injúria racial passou a assumir natureza equiparada à de crime de racismo, sendo inafiançável e imprescritível, a teor do disposto no art. 5.º, XLII, da CF.

[41] Alterados pela Lei 13.964/2019, os §§ 1º e 2º do art. 141 do Código Penal passaram a dispor, respectivamente, que "se o crime é cometido mediante paga ou promessa de recompensa, aplica-se a pena em dobro" e que "se o crime é cometido ou divulgado em quaisquer modalidades das redes sociais da rede mundial de computadores, aplica-se em triplo a pena".

necessidade de citação editalícia (art. 66, parágrafo único, da Lei 9.099) ou da complexidade e circunstâncias do caso (art. 77, § 3.º, da Lei 9.099/1995)? Nesta hipótese, o processo seguirá o **rito comum sumário**, *ex vi* do que dispõe o art. 538 do CPP, no sentido de que "nas infrações penais de menor potencial ofensivo, quando o juizado especial criminal encaminhar ao juízo comum as peças existentes para a adoção de outro procedimento, observar-se-á o procedimento sumário previsto neste Capítulo".

Por fim, cumpre referir que existem determinados **crimes contra a honra, previstos em legislação especial**, aos quais não se aplicam nem o procedimento de apuração ditado pelo Código de Processo Penal (arts. 519 a 523), nem o regrado pela Lei 9.099/1995. Observe-se:

- Delitos tipificados no Código Eleitoral: Estes crimes possuem rito específico, estabelecido nos arts. 355 a 364 do Código Eleitoral, com aplicação subsidiária do Código de Processo Penal. De qualquer modo, nada obsta, na sua apuração, a aplicação das normas da Lei 9.099/1995 no tocante à composição dos danos cíveis (art. 74 da Lei 9.099/1995) e à possibilidade de transação penal (art. 76 da Lei 9.099/1995).
- Delitos tipificados no Código Penal Militar: Por terem seu processamento norteado pelas regras específicas previstas no Código de Processo Penal Militar, não há que se cogitar de aplicação do procedimento especial ditado pelo CPP. Também se exclui, aqui, o procedimento sumaríssimo da Lei 9.099/1995, tendo em vista que este diploma, no art. 90-A, é expresso ao dispor que "as disposições desta Lei não se aplicam no âmbito da Justiça Militar".

A partir de tudo isto, pode-se concluir que, na verdade, a apuração dos crimes contra a honra pode se realizar segundo vários procedimentos, dependendo da pena fixada, da natureza da ação penal (pública ou privada) e do diploma legal em que tipificados.

Para facilitar a compreensão, observe-se o seguinte esquema:

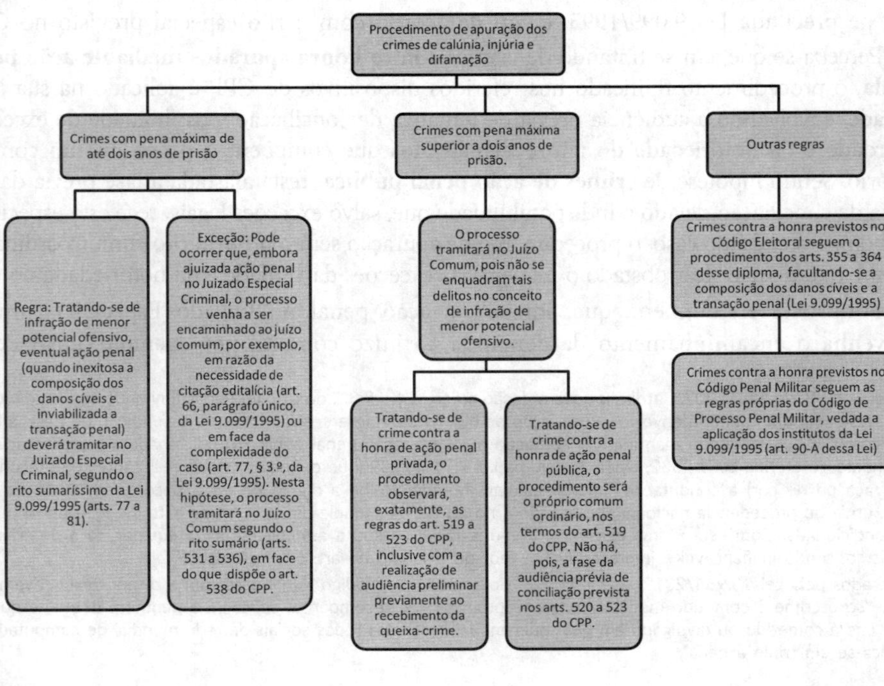

10.7.2. Atos que compõem o rito

a) Ajuizamento da ação penal e audiência de tentativa de conciliação: oferecida a queixa-crime (máximo de oito testemunhas, exceto as não compromissadas, conforme se infere do art. 401), deverá o magistrado, antes de recebê-la, ordenar a notificação do querelante e do querelado para comparecerem à *audiência de tentativa de conciliação* (art. 520 do CPP), a qual se realizará sem a presença de advogados. Evidentemente, sendo a queixa manifestamente inepta, deve o juiz indeferi-la de plano (art. 395 do CPP), não sendo necessário aprazar a audiência. Aprazada, porém, que venha a ser a solenidade judicial, nela serão ouvidas as partes separadamente, iniciando-se pelo querelante e, depois, pelo querelado. Após ouvi-los, entendendo viável o acerto, o juiz buscará promover o entendimento entre as partes. Havendo a conciliação, será assinado termo de desistência da ação penal, arquivando-se o feito. Frise-se que no termo não serão mencionados os acontecimentos havidos na audiência, tão somente o resultado. Por outro lado, se restar inexitosa a tentativa conciliatória, caberá ao juiz proceder ao seu recebimento, ordenando a citação do réu para resposta em 10 dias (art. 396 do CPP).

Há controvérsias quanto à natureza jurídica da audiência de tentativa de conciliação. Alguns, como Tourinho Filho, entendem tratar-se de **condição de procedibilidade imprópria**, já que não é exigida para a propositura da ação penal, mas, sim, para o seu prosseguimento (opondo-se às condições de procedibilidade próprias, que são exigidas para o ingresso da ação). Outros, a exemplo de Fernando Capez, aduzem tratar-se de uma **condição de prosseguibilidade** da ação penal. Esta última traduz a posição dominante.

A ausência de aprazamento desta audiência consubstancia constrangimento ilegal, produzindo nulidade processual em face da omissão de formalidade essencial (art. 564, IV, do CPP). Tendo em vista a moderna tendência de *relativização das nulidades*, compreendemos que a falta de aprazamento da solenidade conciliatória implica nulidade relativa, sujeita, para que seja decretada, à arguição em tempo oportuno e à demonstração de prejuízo. *E se a audiência de tentativa de conciliação for realizada após o recebimento da queixa-crime?* Neste caso, já decidiu o STJ que "em que pese a audiência de conciliação tenha ocorrido em momento posterior ao recebimento da queixa, certo é que o ato cumpriu sua finalidade, isto é, foi oportunizado às partes uma tentativa de reconciliação antes de se prosseguir com a ação penal"[42], motivo pelo qual não há falar em nulidade aqui. Não concordamos com esse pensamento, vislumbrando, na hipótese, nulidade de ordem relativa capaz de conduzir à anulação da decisão de recebimento da queixa – até porque, sob o ponto de vista do querelado, é processualmente mais vantajosa a conciliação (caso exitosa) realizada antes do recebimento da queixa-crime do que após esse momento, já que tal pronunciamento judicial implica a instauração de processo criminal, passando ele do *status* de acusado para o de réu.

Pode acontecer, entretanto, que, apesar de designada a audiência de tentativa de conciliação pelo juiz, a ela não compareça o querelante ou o querelado. Tocante à **ausência do querelante**, se injustificada, há duas posições a respeito. Para uma, esta desídia do autor da ação penal privada importa em perempção, nos termos do art. 60, III, do CPP. Para outra, o processo deve ter prosseguimento, inexistindo razão para extingui-lo simplesmente porque deixou o querelante de comparecer a uma audiência de conciliação, devendo isto ser interpretado como ausência de vontade em transigir. Considera esta última orientação, ademais, o fato de que a perempção é causa extintiva da punibilidade que fulmina a ação penal privada e, como a audiência de conciliação ocorre antes do recebimento da queixa, não há, ainda, nesse momento, ação penal a ser extinta. Aderimos a esta última linha de raciocínio, que, por sinal, espelha a orientação dominante nos tribunais pátrios.

---

42 STJ, HC 112.003/DF, 5.ª Turma, Rel. Min. Jorge Mussi, *DJ* 16.11.2010.

Por outro lado, em relação à **ausência do querelado**, duas soluções apresentam-se ao magistrado: receber a ação penal e ordenar seu prosseguimento ou determinar a condução coercitiva do querelado com base no art. 260 do CPP (desde que resida na sede do juízo processante, logicamente). De todo o modo, a ausência do querelado não acarreta, para ele, nenhum ônus ou sanção processual. A propósito do comparecimento do acusado aos atos do processo, remetemos o leitor ao *capítulo 3, item 3.1.3.3*, em que abordamos o tema com maior profundidade.

b) Recebimento da queixa-crime, citação e resposta à acusação: não havendo conciliação, o magistrado, verificando não ser o caso de rejeição da inicial com fundamento no art. 395 do CPP, receberá a queixa, determinando a citação do querelado para responder à acusação em dez dias (art. 396), oportunidade em que poderá o advogado *arguir preliminares e alegar tudo o que interessa à sua defesa, oferecer documentos e justificações, especificar as provas pretendidas e arrolar testemunhas, qualificando-as e requerendo sua intimação, quando necessário* (art. 396-A).

c) Exceção da verdade e exceção da notoriedade do fato (art. 523): contemporaneamente à apresentação da resposta (arts. 396 e 396-A do CPP), poderá o querelado, em petição distinta, apresentar *exceção da verdade* ou *exceção da notoriedade do fato.*

A *exceção da verdade* consiste na oportunidade assegurada ao réu para demonstrar a veracidade das afirmações consideradas ofensivas pelo querelante. É admitida nos seguintes casos:

- No processo por crime de calúnia (art. 138, § 3.º, do CP): Como a imputação de calúnia implica dizer que o querelado atribuiu falsamente ao querelante fato definido como crime, nada mais razoável do que possibilitar ao primeiro demonstrar que sua afirmação foi verdadeira, o que torna atípica sua conduta. Não obstante, há hipóteses em que, mesmo na calúnia, a lei proíbe o manejo deste expediente processual. Basta observar que, nos termos do art. 138, § 3.º, do Código Penal, não será possível o uso da exceção da verdade no crime de calúnia, se "constituindo o fato imputado crime de ação privada, o ofendido não foi condenado por sentença irrecorrível", "se o fato é imputado a qualquer das pessoas indicadas no n.º I do art. 141" e "se do crime imputado, embora de ação pública, o ofendido foi absolvido por sentença irrecorrível".

  O crime de *denunciação caluniosa* admite exceção da verdade? Não, pois a lei penal dispõe que só é cabível tal medida nos processos por **crimes contra a honra**, não prevendo sua dedução nos **crimes contra a administração da Justiça**, como é o caso da denunciação caluniosa. A denunciação caluniosa difere do crime de calúnia, pois, enquanto esta última se perfaz com a atribuição a alguém de fato definido como crime (art. 138 CP), a denunciação caluniosa consiste em dar causa à instauração de inquérito policial, de procedimento investigatório criminal, de processo judicial, de processo administrativo disciplinar, de inquérito civil ou de ação de improbidade administrativa contra alguém, imputando-lhe crime, contravenção, infração ético-disciplinar ou ato ímprobo de que o sabe inocente (art. 339 CP, alterado pela Lei 14.110/2020). O crime de *denunciação caluniosa* é, enfim, mais amplo que o delito de *calúnia* e absorve esta última. Atente-se que, com a alteração do art. 339 do Código Penal pela citada Lei 14.110, o tipo penal da denunciação caluniosa ganhou maior abrangência se comparado com sua redação anterior, pois além da imputação falsa de crime ou contravenção, passou a abarcar também a imputação falsa de infração ético-disciplinar e de ato de improbidade, desde que, por óbvio, como consequência destas atribuições, sejam desencadeadas providências extrajudiciais ou judiciais, de ordem criminal, administrativa, civil, para a respectiva apuração.

- No processo por crime de difamação praticado contra funcionário público no exercício de suas funções (art. 139, parágrafo único, do CP): O permissivo da exceção da verdade, neste caso, visa ao interesse da administração pública. Agora, não sendo o caso de ofensa a servidor em razão do exercício das suas funções, a *exceptio veritatis* será inadmissível no crime de difamação. Isto porque tal crime configura-se com a atribuição de fato ofensivo à honra. Como a ninguém é permitido invocar a posição de censor da vida alheia, o delito configura-se independentemente de ser verdadeira ou falsa a afirmação realizada.

Por outro lado, a *exceção da notoriedade do fato* é aquela que visa demonstrar que a afirmação realizada pelo réu não causa reação no meio social, já que respeita a fato conhecido por todos. É cabível apenas na difamação, independentemente da condição do ofendido (funcionário público ou não).

OBSERVAÇÃO IMPORTANTE: Parte da doutrina considera que a *exceção da verdade* não é oponível no crime de difamação, mas apenas a *exceção da notoriedade do fato*. Neste sentido, Guilherme de Souza Nucci referindo que *"a exceção da verdade diz respeito ao crime de calúnia (imputar a alguém, falsamente, fato definido como crime), enquanto a exceção da notoriedade do fato refere-se ao delito de difamação de funcionário público, no exercício das suas funções (imputar a alguém fato ofensivo à sua reputação)".* Discordamos, porém, deste entendimento, mesmo porque a exceção da verdade está prevista no Código Penal tanto em relação à calúnia (art. 138, § 3.º), quanto no tocante à difamação (art. 139, parágrafo único, do Código Penal), vinculando-se, neste último caso, a que se trate de crime praticado contra funcionário público no exercício das suas funções. Portanto, aderimos à posição de que, enquanto na calúnia é possível apenas a exceção da verdade, na difamação admite-se tanto a exceção da verdade (desde que se trate de crime cometido contra funcionário público no exercício das suas funções, a teor do citado art. 139, parágrafo único, do CP), quanto a exceção da notoriedade do fato (esta independente de quem tenha sido a pessoa difamada).

Não se admitem as exceções da verdade e da notoriedade do fato no *crime de injúria*, pois, neste caso, é violada a honra subjetiva da pessoa, não importando a verdade ou a notoriedade do que foi afirmado pelo réu.

Tangente ao **processamento** destas exceções, deverão ser apresentadas, sob pena de preclusão, até o final do prazo da resposta, por analogia ao art. 108 do CPP. Há, contudo, entendimento diverso sustentando a possibilidade da apresentação em qualquer tempo no processo. Nela poderão ser arroladas testemunhas, cujo número, somado às que já foram relacionadas na resposta oferecida, não exceda a oito, que é o máximo permitido para o rito. Uma vez deduzida pelo excipiente, será juntada aos próprios autos do processo criminal, ao contrário do que ocorre com as demais exceções, que são autuadas em apartado (art. 111 do CPP). O magistrado, então, deverá suspender o curso do processo principal, intimando o autor da ação penal para apresentar contestação no prazo de dois dias (art. 523 do CPP). Aqui também poderão ser alistadas testemunhas, com o cuidado de que o número, somado às arroladas na queixa-crime, não exceda ao máximo permitido no rito. Nada impede, porém, sejam substituídas, na contestação à exceção, testemunhas arroladas inicialmente na peça acusatória. Após a contestação, determinará o juiz o prosseguimento do processo criminal, segundo o rito comum ordinário.

Outras questões relevantes:

A exceção da verdade é cabível apenas quando a imputação versar sobre crime contra a honra de ação penal privada? Em regra, os crimes de calúnia e difamação são apurados mediante ação penal privada. Entretanto, procede-se mediante ação pública condicionada a requisição do Ministro da Justiça, se cometido contra o Presidente da República ou Chefe de Governo estrangeiro, e mediante ação pública condicionada a representação do ofendido, se praticado contra funcionário público em razão de suas funções (art. 145 do CPP). Lembre-se que, neste último caso, incide ainda a Súmula 714 do STF, dispondo que "é concorrente a legitimidade do ofendido, mediante queixa, e do Ministério Público, condicionada à representação do ofendido, para a ação penal por crime contra a honra de servidor público em razão do exercício de suas funções". Pois bem. Relativamente ao cabimento da exceção da verdade, tem-se compreendido que pode ser deduzida tanto na hipótese de ação penal privada como no caso de ação penal pública, constituindo mera impropriedade redacional a referência que faz o art. 523 do CPP unicamente ao *querelante* (titular da ação penal privada). Sendo o caso de ação pública, uma vez apresentada a exceção da verdade, será notificado para apresentar a respectiva contestação, em dois dias, o Ministério Público.

Cabe recurso contra a decisão do juiz da lide principal que não admitir a juntada da exceção da verdade ou da notoriedade do fato aos autos do processo principal, indeferindo-as de plano (v.g., por entender não ser hipótese que as autorize)? Neste caso, vislumbramos duas possibilidades: uma, o excipiente poderá impugnar esta decisão por meio de apelação embasada no art. 593, II, do CPP, pois, importando na extinção prematura da exceção, caracteriza-se ela como *decisão interlocutória mista terminativa (decisão definitiva, na linguagem do referido art. 593, II)*; outra, aguardar a sentença final e, se houver condenação, apelar com base no art. 593, I, do CPP, suscitando, em preliminar, nulidade processual em face da violação à ampla defesa decorrente da inadmissão da *excepctio*.

E se o juiz, apesar de admitir a juntada da exceção ao processo, ao julgá-la, desacolher seus termos reputando não provada a verdade nela sustentada? É preciso ter em vista que o julgamento desta exceção ocorre na própria sentença final do processo, no momento imediatamente anterior ao enfrentamento da imputação realizada na inicial acusatória. Trata-se, na realidade, de questão prejudicial ao julgamento da ação penal, pois o veredicto nesta demanda vincula-se à conclusão do juiz acerca daquela exceção. Logo, se desacolhida na sentença final, caberá ao excipiente, caso condenado, insurgir-se por meio de apelação da sentença (art. 593, I, do CPP).

Considere-se que tenha sido ajuizada ação penal contra alguém em face de difamação praticada contra funcionário público no exercício das funções. Se, no curso do processo criminal, deixar o difamado de exercer a função pública, poderá o réu, mesmo assim, ingressar com a exceção da verdade a que se refere o art. 139, parágrafo único, do Código Penal? A resposta afigura-se negativa. Isto porque, se o ofendido não mais ocupa a função pública cujo exercício motivou a difamação, desaparece a razão de ser da permissão da *exceptio veritatis* inserida ao art. 139, parágrafo único, do CP, qual seja, apurar a verdade dos fatos que envolveram o servidor público para, se for o caso, responsabilizá-lo ou, até mesmo, afastá-lo da função no exercício da qual tenha se comportado de modo indigno. Ora, se o ofendido não mais ocupa a função pública, tais objetivos ficam prejudicados.

Como se processam a instrução e o julgamento da exceção da verdade quando o querelante for detentor de foro por prerrogativa de função? A resposta a esta questão encontra-se no art. 85 do CPP, dispondo que, "nos processos por crime contra a honra, em que forem querelantes as pessoas que a Constituição sujeita à jurisdição do Supremo Tribunal Federal e dos Tribunais de Apelação, àquele ou a estes caberá o julgamento, quando oposta e admitida a exceção da verdade". Pois bem, considere-se que pessoa detentora de foro especial no Supremo Tribunal Federal e em Tribunais de Apelação (Tribunais de Justiça do Rio Grande do Sul, Tribunal Regional Federal da 4.ª Região etc.) tenha ajuizado, em determinada Comarca, queixa-crime contra alguém sem foro especial, imputando-lhe o cometimento de crime contra a honra. Considere-se, outrossim, que este querelado, após citação, venha a oferecer exceção da verdade em relação ao fato que lhe foi atribuído. Neste caso, de acordo com dispositivo em exame, o julgamento da exceção da verdade deverá ser feito pelo tribunal junto ao qual precitado querelante deveria ser julgado caso estivesse na posição de réu. *Exemplo.* Um advogado, sendo processado pela prática de calúnia contra juiz de direito estadual, opõe exceção da verdade nos autos da respectiva ação penal. Considerando que os juízes estaduais possuem foro especial por prerrogativa de função junto ao Tribunal de Justiça do Estado a que vinculados (art. 96, III, CF), a este Tribunal caberá o julgamento da *exceptio veritatis.* Em outras palavras, desloca-se para o Tribunal respectivo a competência para o julgamento da exceção da verdade. Note-se que, embora o artigo refira-se apenas à exceção da verdade deduzida contra quem for detentor de prerrogativa de foro no Supremo Tribunal Federal e Tribunais de Apelação, é evidente que a mesma disciplina se aplica também às pessoas com foro especial por prerrogativa de função em outros Tribunais, como o Superior Tribunal de Justiça e o Tribunal Superior Eleitoral.

O art. 85 do CPP aplica-se aos crimes de ação penal pública? Discute-se a aplicação do art. 85 do CPP na hipótese de exceção da verdade oposta diante de imputação de calúnia por meio de ação pública (art. 145, parágrafo único, do CP). Parte da doutrina compreende que "o dispositivo processual penal somente tem aplicabilidade na hipótese de a persecução penal ser promovida por meio de ação penal privada (queixa-crime), ficando, consequentemente, afastada sua incidência onde a ação penal é pública condicionada à representação do ofendido, como acontece quando o crime contra a honra é praticado contra funcionário público, em razão de suas funções (art. 145, parágrafo único, c/c o art. 141, II, do CP), ou condicionada à requisição do Ministro da Justiça, quando o crime em tela tem como sujeito passivo da ação típica o Presidente da República ou chefe de governo estrangeiro (art. 145, parágrafo único, c/c o art. 141, I, do CP)..."[43]. Discordamos dessa orientação, pois o deslocamento da competência para julgamento da exceção da verdade, na hipótese do art. 85 do CPP, justifica-se pelo fato de que tal exceção, por ficção jurídica, coloca o ofendido de crime de calúnia detentor de prerrogativa de foro na posição de acusado, podendo inclusive ser responsabilizado criminalmente pela prática do crime objeto da exceção. Ora, tal situação não se modifica pelo fato de o crime de calúnia ser objeto de processo instaurado mediante ação pública, principalmente porque, como vimos antes, também nesse caso é possível ao acusado opor a *exceptio veritatis.* Imagine-se, a título de ilustração, que, na comarca de Porto Alegre, o Ministério Público ofereça denúncia contra João por imputação falsa de crime (calúnia) em relação ao juiz de direito Pedro em razão de suas funções. Considere-se que João oponha exceção da verdade, afirmando ser verdadeira a atribuição de crime feita ao referido juiz. Nesse caso, considerando o foro especial que assiste a Pedro, a exceção, depois de admitida e processada pelo juízo de origem, deverá ser encaminhada ao Tribunal de Justiça para julgamento por força do art. 85 do CPP. Afinal, se, nesse Colegiado, for julgada procedente, isto implica reconhecer que Pedro, realmente, praticou o crime que lhe foi atribuído por João, seguindo-se daí a adoção das medidas cabíveis para sua responsabilização criminal. Portanto, o motivo que justifica o deslocamento da competência para a instância superior na hipótese de *exceptio veritatis* movida em processo de ação penal privada, sendo o ofendido detentor de foro por prerrogativa de função, ocorre também no caso de ter sido movida ação penal pública, não havendo razão para tratamento diferenciado entre uma e outra situação.

No caso do art. 85 do CPP, em que momento deve ser feita a remessa da exceção da verdade ao tribunal competente para seu julgamento? Como vimos, a exceção da verdade deve ser proposta nos próprios autos da ação penal movida pelo querelante detentor de prerrogativa de foro. Seu ingresso, portanto, dá-se perante o juiz que oficia no feito, o

[43] MOSSIN, Heráclito Antônio. *Comentários ao Código de Processo Penal, à luz da doutrina e da jurisprudência.* São Paulo: Manole, 2005. p. 208.

qual ordenará a citação do excepto para contestar a exceção. Após a contestação, o juiz procederá ao juízo de admissibilidade, isto é, decidirá se admite a exceção, ordenando sua juntada aos autos do processo principal, ou se a indefere, o que pode ocorrer, por exemplo, se entender não ser hipótese que a autorize. Sendo a exceção admitida, caberá ao juiz iniciar a fase instrutória, procedendo à colheita das provas. Somente após esta fase, isto é, depois de instruída a exceção da verdade, é que ocorrerá o deslocamento da competência, encaminhando-se os autos ao tribunal competente para decisão. Se, nesta sede, a exceção da verdade for julgada improcedente, cessa o motivo de competência do tribunal, devendo os autos baixar à instância de origem para julgamento da ação penal movida pelo querelante; se for julgada procedente, deverá o tribunal encaminhar cópia dos autos ao Ministério Público para apuração da responsabilidade criminal do querelante pelo crime cuja prática foi afirmada no julgamento da exceção. Neste último caso, retornando os autos à instância de origem, restará ao juiz absolver o querelado da calúnia que lhe foi atribuída.

O art. 85 do CPP aplica-se ao crime de difamação? Tratando dos processos por crime contra a honra, o art. 85 do Código disciplina o julgamento da exceção da verdade eventualmente apresentada pelo querelado contra o querelante detentor de foro especial por prerrogativa de função. Considerando que, como vimos na questão anterior (*supra*), a exceção da verdade é oponível apenas no caso de imputação de calúnia e de difamação praticada contra funcionário público no exercício de suas funções, uma interpretação literal do referido art. 85 permite concluir que é ele aplicável a ambos os casos, vale dizer, tanto nos processos por crime de calúnia quanto nos processos por crime de difamação. Não é esse, porém, o entendimento da jurisprudência dominante, que vislumbra o deslocamento da competência previsto no citado dispositivo unicamente na hipótese de exceção da verdade oposta em processo criminal por *calúnia*, não ocorrendo, portanto, quando a imputação for de difamação. Explica-se: A calúnia consiste em imputar falsamente a alguém fato definido como crime. Se um detentor de prerrogativa de foro a quem imputada a prática de crime, sentindo-se ofendido em sua honra, ajuizar queixa-crime contra seu ofensor atribuindo-lhe o delito de calúnia, poderá ele (o ofensor) propor a exceção da verdade com a pretensão de comprovar que a imputação de crime feita ao querelante, realmente, é verdadeira. Ora, se for julgada procedente essa exceção, tal decisão implica reconhecer que o querelante praticou o crime imputado pelo querelado, o que impõe sejam adotadas as providências para que responda ele criminalmente pelo cometimento desse delito. Em síntese, com a exceção da verdade, o acusador passa à condição de acusado. Daí por que o julgamento dessa exceção em processos por calúnia, no qual figurar como querelante detentor de foro por prerrogativa de função, deve ser realizado pelo próprio tribunal competente para apreciar eventual processo criminal que lhe seja movido. Agora, sendo o caso de exceção da verdade proposta nos autos de queixa-crime imputativa de *difamação*, não se justifica o deslocamento da competência de seu julgamento para o tribunal. É que, nesse caso, a procedência da exceção não implicará o reconhecimento de que o querelante praticou infração penal de forma a possibilitar o ajuizamento de ação penal contra ele. Nesse sentido, aliás, está pacificada a orientação do STF, considerando aplicável o art. 85 do CPP apenas "se ocorrente a hipótese em que a exceção da verdade tenha por objeto a imputação da prática de fato criminoso ao titular de foro por prerrogativa de função, ou seja, quando o excipiente esteja a responder por calúnia e não por simples difamação"[44], e, também, a linha de pensamento do STJ, para quem, "ainda que o ofendido goze de foro especial por prerrogativa de função, não se aplica o disposto no art. 85 do Código de Processo Penal quando o fato imputado não for definido como crime, mas apenas ofensivo à sua reputação"[45].

---

[44] STF, EV 522/RJ, *DJ* 03.09.1993. No mesmo sentido: EV 541 QO/DF, *DJ* 22.10.1992.

[45] STJ, HC 29.862/SP, *DJ* 06.02.2006.

d) Prosseguimento segundo o rito ordinário: apresentada resposta à acusação (arts. 396 e 396-A), tenha sido ou não oferecida a exceção da verdade (ou da notoriedade do fato), caberá ao magistrado analisar a possibilidade de absolvição sumária do acusado (art. 397 do CPP). Sendo este o caso – de absolvição –, não será necessário instruir a exceção da verdade e suspender o processo criminal, cabendo ao juiz, desde logo, mesmo antes da intimação do autor da ação penal para contestar a exceção, proceder à referida absolvição. Não sendo esta a hipótese, aprazará audiência de instrução para, daí a no máximo 60 dias (art. 400, *caput*), serem ouvidas as testemunhas arroladas tanto quanto ao fato objeto da ação penal quanto àqueles consignados na exceção da verdade, bem como interrogado o réu. Produzida a prova oral segundo a ordem legal, facultará o juiz às partes requerer diligências (art. 402). Não requeridas diligências ou sendo estas indeferidas, as partes apresentarão alegações orais e, depois, será proferida decisão, sem prejuízo da possibilidade de o magistrado, considerando a complexidade dos fatos ou o número de acusados, substituir tais alegações por memoriais escritos e proferir, após, sentença em dez dias (art. 403, § 3.º). Se, opostamente, as diligências requeridas tiverem sido deferidas, após o cumprimento destas, as partes serão notificadas para apresentarem memoriais escritos (art. 404, parágrafo único).

e) Sentença: Vencida a instrução e apresentadas alegações pelas partes, não sendo o caso de querelante com prerrogativa de foro (caso em que o julgamento da exceção da verdade desloca-se para o tribunal competente), proferirá o juiz sentença final, apreciando, inicialmente, a exceção da verdade e, no momento seguinte, a imputação realizada na inicial acusatória. Se entender que a exceção procede, o juiz absolverá o querelado, determinando as providências para que seja o querelante (no caso de ação penal privada) ou o funcionário público (no caso de ação penal pública), processado criminal ou administrativamente em razão do fato por ele praticado e cuja veracidade foi afirmada no julgamento da *exceptio veritatis*. Se, ao contrário, o juiz considerar improcedente a exceção da verdade, passará ao julgamento do mérito da ação penal intentada, absolvendo ou condenando o querelado.

10.7.3. Pedido de explicações (art. 144 do Código Penal)

Estabelece o art. 144 do CP que, "se, de referências, alusões ou frases, se infere calúnia, difamação ou injúria, quem se julga ofendido pode pedir explicações em juízo. Aquele que se recusa a dá-las ou, a critério do juiz, não as dá satisfatórias, responde pela ofensa".

Como se vê, trata-se o *pedido de explicações* de uma medida preliminar ao ingresso de ação penal por crime contra a honra, que visa obter do suposto ofensor um esclarecimento sobre o real sentido de suas expressões. Imagine-se, por exemplo, que, na contestação a uma ação civil pública ingressada pelo Ministério Público, venha a ser dito que "o promotor de justiça está defendendo interesses de terceiros sob o manto do Ministério Público". Esta frase, no mínimo, é capaz de gerar dúvida quanto ao seu verdadeiro sentido, já que, se por um lado, o ingresso de ação civil pública visa à defesa de interesses difusos ou coletivos, que são interesses de terceiros, por outro, a forma como realizada a construção gramatical permite que seja interpretada de forma ofensiva ao promotor subscritor daquela ação civil. Neste contexto, faculta-se ao agente do Ministério Público, em vez de iniciar ação penal contra o advogado que assinou a contestação ultrajante, pedir-lhe explicações quanto ao que, efetivamente, quis dizer com sua afirmação.

Frise-se que tal procedimento – pedido de explicações – não é obrigatório, mas é conveniente seu ingresso quando se verificar ambiguidade em relação a expressões potencialmente ofensivas.

O pedido, na verdade, possui natureza jurídica de uma interpelação, processando-se com base nos arts. 726 e seguintes do CPC/2015. Deduzida a postulação no juízo criminal, será o autor da frase notificado para comparecer a juízo e prestar os devidos esclarecimentos. Fornecidas as explicações e consignadas estas, ou certificada a recusa do suposto ofensor em fazê-lo, serão os autos do pedido de explicações entregues a quem as requereu, que tanto poderá deixar transcorrer o prazo decadencial para o exercício da ação penal, como ajuizar a ação penal correspondente.

No CPC/2015 a disciplina *da notificação e da interpelação*, em relação ao regramento dos arts. 867 e seguintes do revogado CPC/1973, foi ampliada e detalhada pelo legislador, estabelecendo os arts. 726 e 727, respectivamente, que "quem tiver interesse em manifestar formalmente sua vontade a outrem sobre assunto juridicamente relevante, poderá notificar pessoas participantes da mesma relação jurídica para dar-lhes ciência de seu propósito" e que "também poderá o interessado interpelar o requerido, no caso do art. 726, para que faça ou deixe de fazer o que o requerente entenda ser de seu direito". Regramento importante consta no art. 728, facultando ao juiz ouvir o requerido, previamente à sua notificação para prestar esclarecimentos, se houver suspeita de que o requerente pretende alcançar fim ilícito com a interpelação ou se tiver sido requerida a averbação da notificação em registro público.

Deve-se ressaltar que, apesar da redação imprópria do art. 144 do Código Penal, sugerindo que cabe ao juiz que instruir o pedido de explicações julgá-las satisfatórias ou não, a verdade é que, nessa fase, o magistrado não realiza qualquer julgamento. Caso haja ação penal, apenas nesse caso é que se pronunciará o juiz sobre as explicações dadas, podendo tanto rejeitar a queixa-crime, caso se convença que os esclarecimentos fornecidos evidenciam a atipicidade do fato imputado (faltando, assim, justa causa para a ação penal – art. 395, III, do CPP), como, ao final do processo, utilizar ditas explicações como elemento de convicção para absolver o réu.

E se for indeferido o pedido de explicações, deixando o juiz de processá-lo? Esse pronunciamento é apelável, com base no art. 593, II, do CPP, pois se trata de decisão interlocutória mista terminativa (decisão definitiva) contra a qual não há previsão de cabimento do recurso no sentido estrito.

10.8. PROCEDIMENTO DOS CRIMES CONTRA A PROPRIEDADE IMATERIAL (ARTS. 524 A 530 DO CPP)

10.8.1. Considerações gerais

O procedimento de apuração dos crimes contra a propriedade imaterial, mormente após a promulgação da Lei 10.695, de 1.º de julho de 2003, depende da natureza da ação penal correspondente a cada figura típica prevista.

Assim, em se tratando de crime de **ação penal privada**, as etapas procedimentais serão aquelas regulamentadas pelos arts. 524 a 530 do CPP, conforme determinação do art. 530-A desse diploma legal. Sendo, ao contrário, crime de **ação penal pública (incondicionada ou condicionada)**, o rito será aquele determinado pelos arts. 530-B a 530-H, segundo se depreende do mandamento inserido ao art. 530-I da Lei Adjetiva.

São crimes de *ação penal pública* os previstos no art. 191 da Lei 9.279/1996 (por força do art. 199 da mesma Lei) e nos §§ 1.º, 2.º e 3.º, do art. 184, do CP, bem como aqueles perpetrados em desfavor de entidade de direito público, autarquia, empresa pública, sociedade de economia mista ou fundação instituída pelo Poder Público (art. 186, II, III e IV, do CP). Opostamente, procedem-se mediante *queixa-crime* os delitos tipificados nos arts. 183 a 190, 192 a 195 da Lei 9.279/1996, bem como a figura incriminada no art. 184, *caput*, do CP (art. 186, I, do CP). Todos os demais crimes previstos no Código Penal, inclusive a figura do art. 185 (esta por força de revogação expressa ditada pelo art. 4.º da Lei 10.695/2003) encontram-se revogados.

Seja uma, seja outra a natureza da ação penal, é certo que as peculiaridades atinentes ao processo dos crimes contra a propriedade imaterial ocorrem apenas na **fase pré-processual**, encontrando-se relacionadas unicamente à materialização do vestígio deixado com a produção ou reprodução ilícita (se for o caso de infração que deixa vestígio). Isso porque, oferecida e recebida a inicial acusatória, o procedimento a ser seguido, de qualquer forma, será idêntico ao **rito comum ordinário** (ver *item 10.2*), conforme estatui o art. 524 do CPP.

Necessário abrir um parêntese para explicitar que, ao modificar o Código de Processo Penal no que toca ao procedimento em exame, a Lei 10.695/2003 incorporou dois graves defeitos legislativos, a saber:

> *Primeiro*, no art. 530-I. Este dispositivo preconizou que são aplicáveis aos crimes de ação penal pública as disposições dos arts. 530-B a 530-H. Ocorre que ditos artigos nada estabeleceram quanto ao procedimento a ser seguido após o recebimento da denúncia. Desse modo, diante da lacuna deixada pelo legislador, alternativa não resta senão a de concluir pela aplicação extensiva do art. 524, aplicável aos crimes de ação penal privada por força do art. 530-A, também, aos crimes de ação penal pública.
>
> *Segundo*, no art. 530-B e seguintes. Quanto a estes dispositivos, a Lei 10.695/2003 direcionou o procedimento neles previsto apenas à apuração das figuras típicas previstas nos §§ 1.º, 2.º e 3.º, do art. 184, do CP (todos de ação penal pública), para, somente depois, no art. 530-I, dizer que são eles aplicados a todos os demais crimes contra a propriedade imaterial quando forem apurados mediante ação penal pública.

10.8.2. Peculiaridades pré-processuais do rito de apuração dos crimes de ação penal privada (arts. 524 a 530-A do CPP)

O procedimento judicial, como já dissemos, é exatamente igual ao rito comum ordinário. Assim, as modificações introduzidas pelos arts. 525 a 530 referem-se tão somente à fase pré-judicial, que comporta as seguintes peculiaridades:

a) Obrigatoriedade da perícia: tratando-se de infração que deixa vestígios, é indispensável que a queixa seja instruída com a perícia realizada nos objetos que constituem o corpo de delito, nos termos do art. 525 do CPP. Trata-se a prova pericial de condição de procedibilidade para a ação penal, não admitindo o suprimento por outro meio de prova. Desaparecendo os vestígios, a perícia deverá ser indireta (realizada pelos peritos à vista de outros elementos que não o contato direto com o objeto).

b) Providências preliminares à ação penal: a Lei 9.279/1996 condiciona o ingresso da ação penal à colheita preliminar de determinadas provas, tais como a apreensão do material que representa a violação da propriedade imaterial, da marca falsificada, entre outras. Pois bem. Tratando-se de crime de ação penal privada, o requerimento destas diligências ao juiz, pelo constrangimento que representam, deverá ser acompanhado da prova do direito de ação, ou seja, legitimidade *ad causam* ativa do postulante.

c) A busca e apreensão: provada a legitimidade ativa e deferida pelo magistrado à busca e apreensão, esta será cumprida por **dois peritos** por ele nomeados, os quais verificarão, inicialmente, a existência de fundamento para apreensão. Realizada ou não a apreensão, os *experts* apresentarão ao juízo laudo pericial no prazo de três dias acerca do que constataram (art. 527 do CPP). Gize-se que tal providência é concretizada sem a oitiva da parte contrária. Outro aspecto relevante é a circunstância de que, previamente à perícia, podem formular quesitos o juiz, o Ministério Público e a parte que se diz prejudicada, mas não a parte contrária (provável acusado), a qual não poderá sequer contestar as diligências realizadas e seus resultados, já que não há contraditório neste momento que precede o processo propriamente dito.

OBSERVAÇÃO: O art. 527 do CPP exige que dois peritos realizem a perícia. Apesar da modificação introduzida pela Lei 11.690/2008 ao art. 159, *caput*, do CPP, facultando sejam as perícias em geral realizadas por apenas um perito oficial (o § 1.° requer dois peritos apenas quando se tratar de exame realizado por peritos leigos), tal regra não parece se aplicar ao procedimento dos crimes contra a propriedade imaterial, mesmo porque o art. 527 refere-se à redação original do Código, época em que, assim como hoje, não se exigia que mais de um técnico realizasse o exame. Além do mais, trata-se de procedimento especial, regido, portanto, por normas próprias.

d) **Homologação pelo juiz:** encerradas as diligências e apresentado o laudo, serão os autos conclusos ao juiz para homologação. Essa homologação não importa em julgamento definitivo sobre a materialidade do crime, a qual poderá ser revista mais tarde, em juízo, quando, havendo o processo instaurado, presente estará o contraditório. Entende-se apelável a decisão que homologa o laudo pericial (art. 593, II, do CPP).

e) **Prazo decadencial (art. 529 do CPP):** há dúvidas na doutrina e na jurisprudência quanto à possibilidade de serem harmonizadas as regras *dos arts. 103 do CP e 38 do CPP*, que estabelecem a decadência do direito de queixa em seis meses a partir da data do conhecimento da autoria do crime, com a disciplina do *art. 529 do CPP*, este último dispondo que nos crimes contra a propriedade imaterial de ação privada não se admitirá a queixa se decorrido o prazo de 30 dias, após a homologação do laudo.

Uma parte da doutrina compreende que não há, propriamente, conflito entre essas previsões, que podem ser compatibilizadas. Em síntese, o conhecimento quanto ao autor do crime faz iniciar-se a fluência do prazo decadencial de *seis meses* para o ingresso da ação penal. Adotadas as providências preliminares dentro desse prazo e homologado o laudo no mesmo interregno, dessa data (da homologação) correrá o prazo de *30 dias* para o ajuizamento da queixa, caso em liberdade o imputado. Agora, se ocorreu prisão em flagrante e, convertido este em preventiva, não foi posto em liberdade o agente, tal lapso para o ingresso da ação penal será de oito dias (arts. 529 e 530). Trilha esta orientação Guilherme de Souza Nucci[46].

Outro segmento, aderindo ao entendimento oposto, sustenta que o prazo é sempre de 30 dias (ou de oito dias, se preso o agente) a contar da homologação do laudo, até porque os arts. 103 do CP e 38 do CPP, ao estabelecerem o prazo decadencial de seis meses, ressalvam a existência de disposição em contrário, na qual se enquadraria a regra do art. 529 do CPP.

Independente de se aderir a uma ou outra linha de pensamento, é certo que, em qualquer caso, produzido o laudo pericial e constatada a materialidade do crime, o prazo de 30 dias para o oferecimento da peça acusatória, flui a partir da **intimação da sentença de homologação** do laudo pericial. Esta, então, é que deve ser a data a ser considerada como termo inicial do prazo de decadência.

Evidentemente, se o crime não deixar vestígios, e, portanto, for dispensável a perícia, o prazo decadencial será sempre de seis meses, conforme preceituam os arts. 103 do CP e 38 do CPP.

f) **Ajuizamento da ação penal:** uma vez materializada a produção ou reprodução ilícita e sobrevindo o ajuizamento de ação penal, seguir-se-á, após o recebimento da queixa, o rito comum ordinário (*item 10.2*).

46 Idem, p. 736.

10.8.3. Peculiaridades pré-processuais do rito de apuração dos crimes de ação penal pública (arts. 530-B a 530-I do CPP)

Também aqui, conforme observamos antes, uma vez materializado o vestígio da infração e ajuizada a ação penal, o procedimento judicial de apuração dos crimes contra a propriedade imaterial nada mais é do que o próprio rito comum ordinário. Assim, as modificações introduzidas pelos arts. 530-B a 530-H referem-se à fase pré-judicial.

Observe-se que, ao contrário do que ocorre nos crimes de ação penal privada, em que a perícia deverá ser requerida pelo ofendido ao juiz instruído com prova do direito de ação, sendo crime de ação penal pública (incondicionada ou condicionada) e deixando vestígios a infração, a autoridade policial, observadas as restrições constitucionais à busca domiciliar, poderá realizar *ex officio* a apreensão dos bens ilicitamente produzidos ou reproduzidos, juntamente com os equipamentos que possibilitaram a existência de tais bens (desde que caracterizado que se destinam precipuamente à prática do ilícito), lavrando-se, ato contínuo, auto circunstanciado de apreensão subscrito, no mínimo, por duas testemunhas. Os bens apreendidos serão periciados por perito oficial (basta um *expert*, conforme consta do art. 530-D) ou, na falta deste, por pessoa tecnicamente habilitada, produzindo-se laudo que deverá integrar o inquerito ou o processo, sendo, a seguir, depositados junto aos titulares dos direitos autorais violados. Ainda, nos termos do art. 530-F, não havendo a necessidade de preservação do corpo de delito, poderá o juiz determinar, a requerimento da vítima, a destruição da produção ou reprodução apreendida, desde que não haja impugnação quanto à sua ilicitude ou que se trate de hipótese na qual a ação penal não possa ser iniciada devido à indeterminação do autor do ilícito.

Uma vez materializada a produção ou a reprodução ilícita, sobrevindo o ajuizamento de ação penal, seguir-se-á, após o recebimento da denúncia, o rito comum ordinário, nos mesmos moldes do que ocorre quando se trata de crime de ação penal privada, como já expusemos retro.

Por fim, cumpre frisar, nos processos iniciados mediante denúncia (descabe a assistência à acusação em processos iniciados mediante queixa), a possibilidade aberta pelo art. 530-H, facultando às associações de titulares de direitos de autor, em nome próprio, funcionar como assistente de acusação nos processos relativos a crimes de ação penal pública (art. 530-I), quando praticados em detrimento de qualquer de seus associados.

10.9. PROCEDIMENTO DO CRIME DE ABUSO DE AUTORIDADE (LEI 13.869/2019)

A Lei 13.869, de 05.09.2019, passou a definir e disciplinar as condutas que configuram crimes de abuso de autoridade, estabelecendo, além disto, diversas outras normas de caráter material e processual.

Previamente à sua edição, era a Lei 4.898, de 09.12.1965 (agora revogada pela citada Lei 13.869/2019), que tipificava estes delitos e estabelecia o rito processual para respectiva apuração. Tal procedimento, contudo, vinha sendo pouco utilizado, já que, em face da pena privativa de liberdade máxima então cominada – detenção de *dez dias a seis meses* (art. 6.º, § 3.º, da Lei 4.898/1965) – as condutas ensejadoras do abuso de autoridade configuravam *infrações de menor potencial ofensivo*, enquadrando-se na competência do Juizado Especial Criminal e conduzindo, com isto, à incidência do rito sumaríssimo definido na Lei 9.099/1995.

Essa previsão de rito especial, antes presente na lei revogada, não se repetiu na Lei 13.869/2019, estabelecendo o art. 39 desse diploma a aplicação, no processo e julgamento dos delitos previstos, das disposições do Código de Processo Penal e da Lei 9.099/1995.

Neste cenário, caracterizando-se a conduta como *crime de menor potencial ofensivo* (pena privativa de liberdade máxima não superior a dois anos, cumulada ou não com multa, *ex vi* do art. 61 da Lei 9.099/95), o procedimento a ser obedecido é, em regra, o **sumaríssimo**, contemplado nos arts. 77 a 81 da referida Lei 9.099. Diz-se "em regra" porque a própria Lei 9.099 contempla, nos arts. 66, parágrafo único (não localização do autor do fato para citação pessoal) e 77, § 2.º (complexidade do caso) hipóteses de deslocamento do processo para o Juízo comum, caso em que o rito aplicável será o sumário, consoante art. 538 do CPP. Sendo o caso, porém, de infração penal alheia à competência do JECRIM, o rito aplicável levará em conta o regramento do art. 394, § 1.º, I e II, do CPP: **procedimento comum ordinário**, quando a sanção máxima cominada for igual ou superior a quatro anos de pena privativa de liberdade; ou o **procedimento comum sumário**, na hipótese de apenamento máximo superior a dois anos (se a pena for aquém deste patamar o rito é o sumaríssimo, como dissemos) e inferior a quatro anos de prisão.

De resto, em termos de regras processuais, nada acrescenta a Lei 13.869/2019, limitando-se a reproduzir o regramento já presente em outros diplomas gerais, especialmente no Código de Processo Penal. Veja-se que, no Capítulo III – "DA AÇÃO PENAL", após determinar que os crimes de abuso de autoridade são de ação penal pública incondicionada, limita-se o art. 3.º, repisando os arts. 29 e 38 do CPP, a prever a admissibilidade da ação penal privada subsidiária da pública na hipótese de inércia do Ministério Público no prazo legal (§ 1.º), faculdade esta que deverá ser exercida no prazo de seis meses, contado da data em que se esgotar o prazo para oferecimento da denúncia (§ 2.º). Já no CAPÍTULO V – "DAS SANÇÕES DE NATUREZA CIVIL E ADMINISTRATIVA", refere o art. 6.º que a aplicação das penas correspondentes aos crimes definidos na lei independe das sanções de natureza civil ou administrativa cabíveis. Na sequência, dispõe o art. 7.º sobre a independência das responsabilidades civil e administrativa em relação à criminal, não sendo possível, contudo, questionar naquelas esferas aspectos relativos à existência e autoria do fato quando isto já estiver decidido no juízo penal, regra esta simétrica ao que dispõem o art. 66 do CPP e o art. 935 do Código Civil. Ainda no Capítulo V, contempla o art. 8.º que *faz coisa julgada em âmbito cível, assim como no administrativo-disciplinar, a sentença penal que reconhecer ter sido o ato praticado em estado de necessidade, em legítima defesa, em estrito cumprimento de dever legal ou no exercício regular de direito*, disposição equivalente ao que prevê o art. 65 do CPP. Por fim, em termos de dispositivos de conteúdo processual, atribui a Lei 13.869, no Capítulo VIII – DISPOSIÇÕES GERAIS, nova redação ao art. 2.º da Lei 7.960/1989, estabelecendo que, no caso de prisão temporária, o mandado conterá, necessariamente, o período de duração da medida e o dia em que o preso deverá ser libertado, cabendo à autoridade responsável pela custódia, nessa data, colocá-lo em liberdade, independentemente de nova ordem do juiz, salvo se já tiver sido comunicada da prorrogação da prisão temporária ou de sua conversão em preventiva.

10.10. PROCEDIMENTO DE APURAÇÃO DOS CRIMES DE IMPRENSA (LEI 5.250/1967)

Encontra-se prejudicada esta abordagem. Isso porque o STF, nos autos da **Ação de Descumprimento de Preceito Fundamental 130-7/DF**, declarou, em 30 de abril de 2009, a não recepção, pela CF/1988, da Lei 5.250/1967 (Lei de Imprensa), afastando-a, portanto, do ordenamento jurídico pátrio.

Com essa decisão, juízes e tribunais deverão aplicar as figuras tipificadas no Código Penal e as normas procedimentais gerais previstas no Código de Processo Penal para a apuração dos crimes contra a honra, quer sejam ou não cometidos por meio da imprensa.

10.11. PROCEDIMENTO DE APURAÇÃO DOS CRIMES RELACIONADOS A DROGAS (LEI 11.343/2006)

10.11.1. Considerações gerais

O procedimento de tóxicos foi regulamentado, inicialmente, pela Lei 6.368/1976. Posteriormente, foi editada a Lei 10.409/2002, incorporando alterações procedimentais. Na atualidade, referidos diplomas legais encontram-se revogados, em consequência da entrada em vigor da Lei 11.343/2006, que estabeleceu os tipos penais correspondentes a condutas relacionadas a drogas e introduziu o novo procedimento penal de apuração.

10.11.2. A prova da materialidade

O art. 50, § 1.º, da Lei 11.343/2006, estabelece que, para fins de lavratura do auto de prisão em flagrante e estabelecimento de materialidade a possibilitar o oferecimento e recebimento de denúncia, é suficiente **auto de constatação** firmado por perito oficial ou, na falta deste, por pessoa idônea (chamado de perito leigo). Posteriormente, no § 2.º, estabelece a ausência de impedimento para que o perito que tenha firmado o auto de constatação venha a ser um dos que firmarão o *laudo definitivo*. Pela redação do dispositivo, percebe-se que o auto de constatação assume natureza de *laudo provisório*, justificando, com base nele, a lavratura do auto de prisão em flagrante, bem como o início da ação penal, mas jamais a condenação do réu. Para esse fim, deverá ser firmado **laudo toxicológico definitivo**.

Em relação ao *laudo provisório*, cabe observar que a palavra *perito* é utilizada no singular no art. 50, § 1.º, daí se concluindo que poderá ser confeccionado por apenas um *expert*, oficial ou não.

Já quanto ao *laudo toxicológico definitivo*, sempre se compreendeu que deveria ser elaborado por dois profissionais, não apenas porque o art. 50, § 2.º, da Lei de Drogas refere que o perito que subscreveu o laudo provisório não ficará impedido de "participar" da elaboração do definitivo (a palavra "participar" sugere a realização desse exame por no mínimo dois peritos), mas também em razão do que dispunha o art. 159, *caput*, do CPP, previamente à vigência da Lei 11.690/2008, no sentido de que as perícias em geral deveriam ser efetivadas por dois *experts*. Todavia, com o advento da citada Lei 11.690/2008, passou o art. 159, *caput*, do CPP, a dispor que, em se tratando de perícia realizada por órgão oficial, basta *um perito*, exigindo-se *dois* apenas quando se tratarem de peritos leigos (art. 159, § 1.º). Neste contexto, duas orientações surgiram:

> ***Primeira:*** tratando-se a Lei 11.343/2006 de diploma especial e considerando que o art. 50, § 2.º, ao dispor que o perito que realizar o laudo provisório não ficará obstado de *participar* do laudo definitivo (o que sugere o mínimo de dois peritos em sua realização, pois ninguém participa de algo sozinho), permanece a exigência de que este exame seja confeccionado por dois peritos, oficiais ou leigos, nada impedindo que seja um deles aquele que firmou o laudo provisório.
>
> ***Segunda:*** ao tratar do laudo toxicológico definitivo, a Lei 11.343/2006 não é explícita quanto ao número de peritos que devam firmá-lo, impondo-se, para tanto, que se socorra à aplicação subsidiária do Código de Processo Penal. Considerando que, pela nova redação conferida ao art. 159 do CPP, bastará que um profissional realize o exame, quando oficial, exigindo-se o mínimo de apenas dois quando se tratar de peritos leigos, tal deve ser a regra aplicável, também, ao laudo toxicológico definitivo em crimes de drogas. Todavia, sendo esse laudo realizado por apenas um profissional, será imperioso considerar como impedido o perito que tenha firmado o laudo provisório, excetuando-se, neste caso, o disposto no art. 50, § 2.º, da Lei 11.343/2006. Aderimos a essa linha de pensamento, considerando-a adequada ao móvel das reformas do CPP determinadas pelas Leis 11.690/2008 e 11.719/2008, qual seja, a simplificação dos procedimentos judiciais.

10.11.3. Colaboração do criminoso (colaboração ou delação premiada)

Estabelece o art. 41 da Lei 11.343/2006 que *o indiciado ou acusado que colaborar voluntariamente com a investigação policial e o processo criminal na identificação dos demais coautores ou partícipes do crime e na recuperação total ou parcial do produto do crime, no caso de condenação, terá pena reduzida de um terço a dois terços.*

Esta previsão legal difere muito da anterior disposição do art. 32 da revogada Lei 10.409/2002, que distinguia o benefício a ser concedido ao colaborador conforme sua participação efetiva na prisão dos demais envolvidos e na apreensão do produto do crime ocorrida antes ou depois do oferecimento da denúncia.

Agora, não há essa distinção, prevendo a lei o mesmo benefício, indistintamente, para ambas as situações – tanto a que se refere a *indiciado* ou *acusado* (embora, tecnicamente, correto seria falar em *indiciado* ou *réu*, já que a expressão *acusado* refere-se àquele que incorpora o polo passivo de denúncia ou queixa sem que tenham estas peças sido ainda recebidas).

A colaboração premiada contemplada na Lei de Drogas não tem o condão de isentar de pena o indivíduo (perdão judicial), importando, tão somente, em **redução de pena**, a qual ficará condicionada aos seguintes requisitos:

a) Existência de um inquérito com indiciamento ou processo criminal contra o autor da delação.

b) *Voluntariedade* na colaboração, que deve ser feita independente de qualquer coação. A lei não exige *espontaneidade*, vale dizer, vontade íntima e desejo sincero de contribuir com a Justiça. Destarte, é voluntária (embora não seja espontânea) a delação, quando provocada pela autoridade policial ou judiciária ao expor ao investigado ou acusado as vantagens de sua colaboração, ou até mesmo quando aconselhada por defensor.

c) Necessário que se trate de hipótese em que configurado concurso de agentes na prática dos delitos tipificados na Lei 11.343/2006. Não haverá a incidência do benefício do art. 41 da Lei de Drogas, caso o investigado ou réu venha a delatar seus comparsas em outros delitos não relacionados a tóxicos.

d) Identificação dos demais coautores ou partícipes do crime. Bastante rigorosa a lei neste aspecto, exigindo-se que o colaborador contribua para que sejam descobertos todos os coautores ou partícipes do crime em apuração.

e) Recuperação total ou parcial do produto do crime, como tal considerada a própria droga e não o lucro ou vantagem que a traficância conferiu aos criminosos (*v.g.*, bens adquiridos, os quais serão objeto de confisco no momento próprio). Observe-se, a propósito disto, que o art. 41 refere-se ao *produto do crime*, e não ao *proveito do crime*.

f) Existência de sentença condenatória: será por ocasião da sentença, na oportunidade da fixação da pena, que o magistrado deverá proceder à redução de pena comandada no art. 41. Assim, não se fala em redução da pena *in abstrato*, vale dizer, antes da condenação, visando, por exemplo, ao enquadramento da conduta junto à Lei 9.099/1995. Quanto ao grau de redução – um terço ou dois terços –, deverá o magistrado, por ocasião da terceira fase do cálculo da pena, sopesar fatores como: *1. A confissão foi espontânea (resultado do sincero arrependimento) ou meramente voluntária (decorrente de aconselhamentos e/ou demonstração da vantagem de sua prestação)? 2. Todos os delatados foram, efetivamente, identificados e processados? 3. A recuperação da droga foi parcial ou total?* Tais fatores, pois, conjuntamente analisados, é que deverão incorporar a fundamentação do magistrado ao decidir a quantidade de redução de pena adequada ao caso concreto.

Perceba-se, por fim, que não há direito líquido e certo a acordo de delação premiada. Logo, descabe ao imputado, por exemplo, diante da recusa do Ministério Público em concretizar tal acordo, buscar em juízo que lhe seja assegurada sua efetivação. O Poder Judiciário, enfim, não pode compelir Delegado e Promotor/Procurador da República a firmar o pacto de colaboração[47].

10.11.4. Síntese do procedimento judicial previsto na Lei 11.343/2006

Na sistemática dos arts. 48 a 59 da Lei de Drogas, o procedimento de apuração das infrações é bastante simples: Oferecida a denúncia pelo Ministério Público, segue-se a notificação do acusado para oferecer defesa prévia, por escrito, em dez dias (art. 55, *caput*), momento em que poderá arguir preliminares, invocar teses defensivas, acostar documentos e arrolar testemunhas (art. 55, § 1.º). Apresentada a defesa, decidirá o juiz pela rejeição ou pelo seu recebimento da denúncia (art. 55, § 4.º). Se receber a inicial, designará data para audiência de instrução e julgamento, ordenando a citação pessoal do acusado (art. 56). Nessa audiência, o réu será interrogado, realizando-se, em seguida, a inquirição das testemunhas. Encerrada a instrução, procede-se aos debates orais, primeiro a acusação, depois a defesa (art. 57). Encerrados os debates, será proferida sentença pelo Juiz ou, se não o fizer de imediato, no prazo de dez dias (art. 58).

Não obstante essa simplicidade do rito, com a vigência da Lei 11.719/2008, o procedimento da Lei de Drogas foi alcançado pela regra do art. 394, § 4.º, que determina a aplicação irrestrita a todos os procedimentos de Primeiro Grau dos arts. 395 a 397 do Código de Processo Penal. Com isso, fez-se necessária a adaptação do rito de apuração dos crimes relacionados a drogas ao novo regramento, contemplando-se, em suas fases, as normatizações estabelecidas pelos referidos dispositivos do CPP.

Em decorrência, na atualidade, deve-se observar a seguinte sequência de atos.

a) Denúncia (art. 54): oferecimento, no prazo de dez dias (se não for o caso de arquivamento ou de requisição de diligências), a contar do recebimento do inquérito policial, de relatório de Comissão Parlamentar de Inquérito ou de peças de informação pelo Ministério Público. Trata-se de prazo único, não importando se o indiciado está preso ou solto. Se tal prazo for ultrapassado injustificadamente, e se for o caso de indiciado preso, configurar-se-á, em tese, constrangimento ilegal, possibilitando a sua liberação. Sendo hipótese de indiciado solto, nenhuma consequência processual advirá do excesso de prazo, conquanto, se injustificado, possa responder agente do *Parquet* disciplinarmente. Cinco é o número máximo de testemunhas a serem arroladas na denúncia, nos termos do art. 54, III, da Lei 11.343/2006.

b) Notificação do acusado para defesa preliminar (art. 55): conclusa a denúncia ao magistrado e não sendo o caso de rejeição liminar, este providenciará a notificação do acusado para oferecer resposta (tratada como *defesa prévia* no art. 55, *caput*, e como *defesa preliminar* no § 1.º do mesmo artigo) pelo prazo de dez dias, oportunidade em que poderá arguir preliminares, invocar todas as razões de defesa que julgar pertinentes, acostar documentos, especificar provas e arrolar até cinco testemunhas. No mesmo prazo dessa defesa, poderá o acusado opor exceções (exceção de incompetência do juízo, de litispendência, de coisa julgada, de ilegitimidade e de suspeição do juiz), as quais serão processadas em apartado, nos termos dos arts. 95 a 113 do CPP (art. 55, § 2.º), e não importarão em suspensão do processo, salvo quando, tratando-se de exceção de suspeição, a parte contrária reconhecer a relevância dos argumentos do excipiente, conforme reza o art. 102 do CPP.

---

[47] STF, Agravo Regimental em Mandado de Segurança 35.693/DF, 2.ª Turma, j. 28.05.2019.

E se o acusado, conquanto regularmente notificado, não apresentar resposta à notificação no prazo legal? Nessa hipótese, deverá o magistrado nomear defensor para oferecê-la, tendo este o prazo de dez dias para tanto (art. 55, § 3.º).

c) Decisão do juiz de recebimento ou rejeição da inicial (art. 55, §§ 4.º e 5.º): apresentada a defesa, o juiz, em cinco dias, deverá decidir se rejeita a denúncia, caso entenda ocorrentes quaisquer das situações arroladas no art. 395 do CPP, ou se a recebe. Se entender necessário, previamente a essa decisão, poderá, no prazo de dez dias, determinar a apresentação do preso, bem como a realização de diligências, exames e perícias.

A decisão de **rejeição da denúncia** deverá ser fundamentada, explicitando o Juiz os motivos pelos quais assim entendeu. Questiona-se, todavia, se também o **recebimento** da inicial também deve ser motivado. Muitos entendem que sim, argumentando que, se o rito contempla uma fase preliminar de defesa, não haveria sentido facultar ao juiz o recebimento da inicial sem refutar os argumentos expostos pelo defensor do acusado. Todavia, a maioria entende que não há essa necessidade, mesmo porque o recebimento da denúncia possui conteúdo decisório mitigado, dispensando-se fundamentação a respeito[48].

De acordo com o art. 56, § 1.º, tratando-se o réu de servidor público e sendo acusado de tráfico ilícito de entorpecentes, poderá o magistrado determinar, sempre fundamentadamente, seu afastamento do local em que exerce a atividade de interesse público.

d) Citação do acusado e designação de dia e hora para audiência (art. 56): dispõe o art. 56 da Lei 11.343/2006 que, recebida a inicial, designará o juiz data para a audiência de interrogatório, instrução, debates e julgamento, determinando, também, a citação do réu e a notificação do Ministério Público, do assistente, se for o caso, e requisitará os laudos periciais necessários.

Na verdade, neste momento é que surge a dificuldade em se harmonizar a disciplina procedimental da Lei de Drogas com o que dispõe o art. 394, § 4.º, do CPP. O impasse decorre, sobretudo, do fato de que a Lei de Drogas, no art. 55, § 1.º, contempla, como vimos (letra *b*, retro), a apresentação, pelo denunciado, de uma *defesa prévia* em momento **anterior** ao recebimento da peça vestibular, ao passo que os arts. 396 e 396-A do CPP preveem o oferecimento de *resposta à acusação* pelo réu **posteriormente** a essa fase. Ocorre, porém, que o art. 55, § 1.º, da Lei 11.343/2006 e o art. 396 do CPP possuem regras praticamente idênticas. Observe-se:

Art. 55, § 1.º, da Lei 11.343/2006: Na resposta, consistente em defesa preliminar e exceções, o acusado poderá arguir preliminares e invocar todas as razões de defesa, oferecer documentos e justificações, especificar as provas que pretende produzir e, até o número de 5 (cinco), arrolar testemunhas.	**Art. 396-A do Código de Processo Penal:** Na resposta, o acusado poderá arguir preliminares e alegar tudo o que interesse à sua defesa, oferecer documentos e justificações, especificar as provas pretendidas e arrolar testemunhas, qualificando-as e requerendo sua intimação, quando necessário.

Diante disso, indaga-se a necessidade de se assegurar ao acusado, no rito em exame, ambos os momentos de defesa, já que o teor das arguições, nas duas hipóteses, é praticamente idêntico. Existem duas orientações aqui:

- **Coexistem os dois momentos de defesa:** segundo esse entendimento, logo após o recebimento da exordial, deverá o juiz determinar a citação do acusado para a resposta a que alude o art. 396, oportunidade em que poderá o advogado insistir nos argumen-

[48] STJ, 5.ª Turma, HC 144.303/GO, *DJ* 07.06.2010.

tos já utilizados na defesa prévia apresentada antes do recebimento da denúncia com base no art. 55, § 1.º, da Lei de Drogas, ou invocar novas teses. Depois, será facultado ao magistrado absolver sumariamente o réu, se entender ocorrentes quaisquer das hipóteses do art. 397 do CPP. Não sendo esse o caso, deverá aprazar audiência de instrução e julgamento na forma prevista no art. 56 e seguintes da Lei de Drogas.

- **Não se aplica ao rito de drogas o momento de resposta previsto no art. 396 do CPP:** leva-se em consideração, nesse caso, que, dada a identidade entre o que dispõe o art. 55, § 1.º, da Lei de Drogas e o art. 396-A do CPP, não só por uma questão de economia processual, como também pela aplicação do princípio da especialidade (prevalência do rito especial), apenas a defesa prevista no primeiro deles será facultada, restando prejudicada a manifestação rotulada no segundo. Trilhando-se essa linha de pensamento, logo após o recebimento da denúncia, verificará o magistrado a possibilidade de absolver sumariamente o acusado com base no art. 397 do CPP. Não o fazendo, procederá à citação para audiência de interrogatório, instrução, debates e julgamento referida no art. 56 e seguintes da Lei de Drogas.

Divergências à parte, a verdade é que, na rotina forense, a segunda orientação tem sido a observada pela maioria dos juízes e referendada pela jurisprudência, entendendo-se que não há qualquer nulidade no procedimento de facultar ao acusado apenas a defesa do art. 55, § 1.º, da Lei 11.343/2006 e não lhe oportunizar a manifestação escrita prevista no art. 396-A do Código de Processo Penal, já que ambas têm conteúdo praticamente idêntico, sendo desnecessária a apresentação das duas. *E se, a despeito dessa orientação, deixar o Juiz de notificar o acusado para a defesa do art. 55, § 1.º, da Lei 11.343/2006, facultando, em vez disso, apenas a defesa do art. 396-A do CPP?* Nem por isto haverá nulidade absoluta do processo criminal. Pelo contrário. A nulidade que se estabelece nesse caso é apenas relativa, o que exige arguição em tempo oportuno e, sobretudo, a demonstração quanto à ocorrência de prejuízo. Considera-se, enfim, que, apesar de a Lei 11.343/2006 estabelecer rito processual próprio, prevendo a notificação do acusado para oferecer defesa prévia escrita após o oferecimento e antes do recebimento da denúncia, a inversão dessa ordem não acarreta, necessariamente, presunção de prejuízo à defesa, pois, como sobredito, a resposta à acusação prevista no art. 396 do CPP em tudo se assemelha à defesa preliminar prevista no art. 55 da Lei de Drogas[49].

e) Audiência de interrogatório, instrução, debates e julgamento (art. 57): essa audiência deverá ser realizada, dentro de, no máximo, 30 dias após o recebimento da denúncia, salvo se determinada perícia para atestar dependência de drogas, caso em que o prazo é aumentado para 90 dias.

Na data aprazada para a solenidade judicial, segundo dispõe o referido art. 57, deveria o juiz proceder ao interrogatório do acusado e, depois, à oitiva de todas as testemunhas arroladas. Entretanto, há um problema aqui. Como vimos nos tópicos anteriores, as alterações introduzidas pelas Leis 11.689/2008 e 11.719/2008 no Código de Processo Penal deslocaram, no procedimento comum ordinário, no procedimento do júri e no procedimento comum sumário, o interrogatório para o momento posterior à produção da prova oral em audiência (arts. 400, 411 e 531 do CPP, respectivamente), circunstância esta bastante favorável ao acusado já que, em regra, os depoimentos das testemunhas são prestados diante do réu e, não bastasse, tem ele, antes de iniciar o seu interrogatório, direito

49 "A jurisprudência do Superior Tribunal de Justiça é no sentido de que a não observância do rito procedimental previsto na Lei de Drogas – ausência de notificação para apresentação de defesa preliminar, antes do recebimento da denúncia, nos termos do art. 55 da Lei n. 11.343/2006 – gera nulidade relativa" (STJ, RHC 94446/MS, 5.ª TURMA, *DJ* 25.05.2018).

de entrevista reservada com seu defensor (art. 185, § 5.º, do CPP), prerrogativas estas que permitem, ao prestar sua versão dos fatos, adequá-la ao relato das testemunhas, contrapor esses relatos, justificar fatos narrados etc. Diante dessa constatação e por compreender injustificável a subsistência de disciplinas legais diferentes no tocante ao momento da realização do interrogatório do réu, o Plenário do STF, a partir do julgamento do *Habeas Corpus* 127.900/AM (*DJe* 03.08.2016), firmou a orientação de que "a norma inscrita no art. 400 do Código de Processo Penal comum aplica-se [...] aos processos penais militares, aos processos penais eleitorais **e a todos os procedimentos penais regidos por legislação especial**". E o STJ seguiu na mesma linha, passando a decidir no sentido de que "o interrogatório passa a ser sempre o último ato da instrução, mesmo nos procedimentos regidos por lei especial" (HC 397382/SC, *DJe* 14.08.2017). Logo, hoje em dia, também no rito da Lei de Drogas, o interrogatório do réu deve ser relegado para depois da produção das demais provas em audiência.

Pois bem, finalizada a instrução e interrogado o réu, sobrevêm a fase dos debates orais, momento em que o Magistrado concederá a palavra, sucessivamente, ao Ministério Público e ao defensor, possuindo cada qual o prazo de 20 minutos, prorrogáveis por mais dez, a critério do juiz.

f) Sentença: encerrados os debates, o juiz proferirá sentença imediatamente, podendo, porém, optar por determinar que lhe venham os autos conclusos para proferir sentença em momento posterior, em dez dias.

10.11.5. Concurso de crimes

Estabelece o art. 48, § 1.º, da Lei 11.343/2006 que "*o agente de qualquer das condutas previstas no art. 28 desta Lei, salvo se houver concurso com os crimes previstos nos arts. 33 a 37 desta Lei, será processado e julgado na forma dos arts. 60 e seguintes da Lei nº 9.099, de 26 de setembro de 1995, que dispõe sobre os Juizados Especiais Criminais*". Ora, o art. 28 tipifica o agir de quem possui drogas para consumo pessoal, enquanto os arts. 33 a 37 contemplam as diversas condutas relacionadas ao tráfico. Com a regra do citado art. 48, § 1.º, o legislador objetivou:

1. Determinar, para o **consumidor de drogas** (art. 28), a aplicação do procedimento preliminar inerente às infrações de menor potencial ofensivo e, se inexitosa ou inviabilizada a proposta de transação penal pelo Ministério Público, a utilização do procedimento sumaríssimo previsto na Lei 9.099/1995 para a respectiva apuração. Note-se que o usuário *não estará jamais sujeito à prisão* (art. 48, § 2.º, da Lei 11.343/2006), nem mesmo em flagrante. Logo, se flagrado na prática das condutas do art. 28, deverá ele ser levado pela autoridade policial ao Juizado Especial Criminal, se disponível no momento, ou assumir o compromisso de comparecer naquele juízo quando for chamado. Recusando-se a assumir tal compromisso, nada poderá ser feito pela autoridade policial a não ser liberá-lo mesmo assim, pois, diante da vedação à prisão, resta inaplicável o art. 69, parágrafo único, da Lei 9.099/1995, que, *a contrario sensu*, autoriza a lavratura de auto de prisão em flagrante nesse caso.

2. Proibir o **usuário-traficante** (aquele a quem se impute o art. 28 em concurso com os arts. 33 a 37), de usufruir dos benefícios despenalizadores da Lei 9.099/1995. Como bem exemplifica Luiz Flávio Gomes, imagine-se que o indivíduo tenha cedido sua casa para traficância e, além disso, tenha sido surpreendido em posse de drogas para consumo pessoal. Pela exegese do art. 48, § 1.º, da Lei de Drogas, deverá ele ser processado de acordo com o rito previsto nos arts. 55 e seguintes do mesmo diploma, não se podendo

cogitar, por exemplo, de proposta de transação penal unicamente em relação ao crime do art. 28. Neste caso, resta afastada a incidência da parte final do art. 60, parágrafo único, da Lei 9.099/1995, estabelecendo que "na reunião de processos, perante o juízo comum ou o tribunal do júri, decorrentes da aplicação das regras de conexão e continência, *observar-se-ão os institutos da transação penal e da composição dos danos civis*". Em resumo, é possível dizer que, para o indivíduo que além de usuário, dedica-se ao comércio de drogas, a infração do art. 28 deixa de ser considerada como *de menor potencial ofensivo*, alterando-se, consequentemente, a competência instituída como regra para esse tipo de conduta, já que o processo deverá tramitar perante o Juízo Comum, e não mais no Juizado Especial Criminal.

E se for hipótese de concurso entre as condutas do art. 28 e a figura do art. 33, § 3.º, da Lei 11.343/2006? Conforme demonstramos, o art. 48, § 1.º, é expresso em excluir a aplicação do procedimento da Lei 9.099/1995 quando houver concurso entre o art. 28 e os tipos dos arts. 33 a 37 da Lei de Drogas, mesmo sendo o primeiro, isoladamente, uma infração de menor potencial ofensivo. Ocorre, porém, que o art. 33, § 3.º, do mesmo diploma, incriminando a entrega eventual e gratuita de drogas, constitui-se, também, infração de menor potencial ofensivo, já que a pena máxima cominada é inferior a dois anos. Nesta hipótese, tem-se entendido que o concurso entre os dois tipos penais – art. 28 e art. 33, § 3.º – não afasta a competência dos Juizados Especiais Criminais, ao contrário do que sugere a literalidade do precitado art. 48, § 1.º.

E se ocorrer concurso entre crime de tráfico e crime sujeito ao procedimento comum ordinário? O rito a ser seguido deverá ser o ordinário, pois, sendo mais amplo do que o previsto na Lei de Drogas, permite ao réu maior oportunidade de defesa[50].

10.12. PROCEDIMENTO DE APURAÇÃO DAS INFRAÇÕES DE COMPETÊNCIA ORIGINÁRIA DOS TRIBUNAIS (LEIS 8.038/1990 E 8.658/1993)

A Lei 8.038/1990, nos arts. 1.º a 12, estabeleceu o procedimento dos crimes de competência originária no âmbito do *Supremo Tribunal Federal* e do *Superior Tribunal de Justiça*. Posteriormente, com a vigência da Lei 8.658/1993, estendeu-se às ações penais originárias de competência dos *Tribunais de Justiça dos Estados* e dos *Tribunais Regionais Federais* o mesmo rito da Lei 8.038/1990.

Questão importante a discutir refere-se à aplicabilidade do art. 394, § 4.º, do CPP à espécie procedimental em exame. Isso porque o precitado dispositivo determina a aplicação dos arts. 395 a 397 a *todos os procedimentos de Primeiro Grau*, sejam eles regulados ou não no Código de Processo Penal. Ora, indubitavelmente, todos os procedimentos de competência originária dos tribunais são ritos de *Primeiro Grau*, na medida em que um tribunal apenas age na condição de *Segundo Grau* quando julga recursos que se inserem em sua própria competência.

Sem embargo dessa conclusão, cremos que, na verdade, o art. 394, § 4.º, do CPP, incorpora impropriedade terminológica, sendo evidente a intenção do legislador em ressalvar da aplicação obrigatória dos arts. 395 a 397 do CPP os procedimentos de competência originária dos colegiados.

Ademais, cabe ressaltar que, ao fim e ao cabo, as regras dos arts. 395 a 397 já se encontram implicitamente inseridas no procedimento ditado pela Lei 8.038/1990. Observe-se, pois, que esse diploma refere que, após o oferecimento da denúncia ou da queixa

50 QUESTÃO DE CONCURSO: "Em relação ao procedimento da Lei nº 11.343/2006, indaga-se: Que rito procedimental deve ser seguido no caso de haver concurso de crime de tráfico de drogas com latrocínio consumado?" (Ministério Público do Estado do Rio de Janeiro – 2007).

e a notificação do acusado para resposta preliminar (art. 4.º da Lei 8.038/1990), *o relator pedirá dia para que o Tribunal delibere sobre o recebimento, a rejeição da denúncia ou da queixa, ou a improcedência da acusação, se a decisão não depender de outras provas* (art. 6.º da Lei 8.038/1990). Ora, a rejeição ventilada neste artigo só poderá estar fundamentada nas situações do art. 395 do CPP. Por outro lado, a consideração de que improcedente a acusação nada mais é do que julgamento antecipado da lide penal, simetricamente ao previsto no art. 397 do CPP. Por fim, a resposta prevista no art. 396 do CPP harmoniza-se com a fase de defesa prévia de que trata o art. 8.º da Lei 8.038/1990.

Destarte, em vista destas conclusões, compreende-se que, nas ações penais originárias cujo processo e julgamento sejam de incumbência dos Tribunais de Justiça dos Estados, Tribunais Regionais Federais, Superior Tribunal de Justiça e STF, o procedimento a ser observado será o seguinte:

a) **Ajuizamento da ação penal ou pedido de arquivamento:** com vistas do inquérito policial ou das peças de informação, o Ministério Público deverá oferecer denúncia ou promover o respectivo arquivamento no prazo de 15 dias, se o investigado estiver solto. Encontrando-se preso, o prazo para o ajuizamento da inicial será de cinco dias. Caso o Ministério Público entenda necessária a realização de diligências complementares, estas poderão ser deferidas pelo Relator, interrompendo-se o prazo para o oferecimento da denúncia, caso esteja **solto** o indiciado. Encontrando-se **preso**, as diligências complementares não interromperão o prazo para denúncia, salvo se o Relator, ao deferi-las, conceder liberdade provisória ou revogar a prisão preventiva que tiver sido decretada em relação ao indiciado (art. 1.º da Lei 8.038/1990).

b) **Resposta:** apresentada denúncia ou queixa ao Tribunal competente, será o acusado notificado para oferecer resposta no prazo de 15 dias, entregando a ele cópia da inicial, do despacho do relator e dos documentos que este indicar. Desconhecido o paradeiro do acusado ou criando este dificuldades para que o oficial proceda à sua notificação (escondendo-se, por exemplo), será ele notificado por edital para que compareça ao Tribunal em cinco dias, quando terá vista dos autos pelo prazo de 15 dias, a fim de apresentar a resposta à denúncia ou à queixa (art. 4.º da Lei 8.038/1990).

c) **Notificação do autor da ação:** se, com a resposta apresentada, forem expostos novos documentos, será intimada a parte contrária para manifestar-se sobre eles, no prazo de cinco dias (art. 5.º da Lei 8.038/1990).

d) **Pedido de pauta pelo relator:** segue-se, então, pedido do Relator para que o órgão colegiado competente do Tribunal delibere acerca do recebimento da inicial, de sua rejeição (caso ocorrentes as hipóteses do art. 395 do CPP), ou, de plano, pela improcedência da acusação, caso esta decisão não dependa de outras provas. Nesta oportunidade, será facultada sustentação oral pelo prazo de 15 minutos, primeiro à acusação e depois à defesa. Encerrados os debates, o Tribunal passará a deliberar (art. 6.º da Lei 8.038/1990).

OBSERVAÇÕES IMPORTANTES:

1) Nos termos da Lei 8.038/90 (art. 6.º), o Relator não poderá decidir sozinho quanto ao **recebimento** ou a **rejeição da exordial**, bem como sobre a **improcedência da acusação**, impondo-se ao Tribunal, de forma colegiada, deliberar a respeito. Compete ao Relator, contudo, decidir monocraticamente sobre o arquivamento de inquérito policial ou peças de informação postulado pelo Ministério Público, sem embargo da possibilidade de submeter ao Colegiado do Tribunal o exame do pedido (art. 3.º, I); sobre a extinção da punibilidade do investigado ou acusado (art. 3.º, II) e sobre a convocação (espécie de delegação) de desembargadores dos Tribunais de

Justiça, de desembargadores dos Tribunais Regionais Federais e de Juízes das Varas Criminais para atuarem no interrogatório e nos atos de instrução dos processos de competência originária (art. 3.º, III, com a redação da Lei 12.019/2009).

2) a decisão que rejeita a denúncia ou a queixa enseja recurso especial ou extraordinário. Jamais será cabível, nesses casos, o recurso em sentido estrito, adequado apenas contra decisões de juiz singular; e tampouco agravo, já que este, seja o previsto nos regimentos internos dos Tribunais de Justiça ou dos Tribunais Regionais Federais, seja o estabelecido pelo art. 39 da Lei 8.039/1990, é adequado contra as decisões monocráticas proferidas pelos Presidentes dos Tribunais ou pelos Relatores no âmbito de suas competências, o que não é o caso ora tratado, em que, como se viu, a decisão de recebimento ou rejeição da exordial, bem como de sua eventual improcedência, depende de pronunciamento de órgão colegiado.

e) **Recebimento da inicial acusatória:** de acordo com o art. 7.º da Lei 8.038/1990, recebida a denúncia ou a queixa, o relator deverá determinar a citação do acusado.

f) **Interrogatório do acusado:** de acordo com o art. 7.º da Lei 8.038/1990, nesse momento do rito **deveria ocorrer o interrogatório do réu**. Todavia, como vimos nos tópicos anteriores, as alterações introduzidas pelas Leis 11.689/2008 e 11.719/2008 no Código de Processo Penal deslocaram, no procedimento comum ordinário, no procedimento do júri e no procedimento comum sumário, o interrogatório para o momento posterior à produção da prova testemunhal em audiência (arts. 400, 411 e 531 do CPP, respectivamente), circunstância esta processualmente benéfica ao acusado. Especificamente em relação ao rito da Lei 8.038/1990, em que pese tenham os Tribunais Superiores, por muito tempo, em face do princípio da especialidade, referendado o entendimento da não aplicação dessa disciplina, mantendo o ato do interrogatório na fase anterior à oitiva das testemunhas, tal orientação não mais subsiste. Isto porque o Plenário do STF, no julgamento do *Habeas Corpus* 127.900/AM (*DJe* 03.08.2016), firmou orientação de que a norma inscrita no art. 400 do CPP aplica-se **a todos os procedimentos penais regidos por legislação especial**. Alinhando-se com esta posição, o STJ passou também a decidir no sentido de que "o interrogatório passa a ser sempre o último ato da instrução, mesmo nos procedimentos regidos por lei especial" (HC 397382/SC, *DJe* 14.08.2017). Nesse cenário, infere-se que, na atualidade, também no procedimento da Lei 8.038/1990, o interrogatório deverá ocorrer após a oitiva das testemunhas, consoante demonstraremos na sequência das fases em exame.

g) **Defesa prévia:** o prazo para a defesa prévia (persiste essa nomenclatura, pois não afetado o procedimento da Lei 8.038/1990 pelos arts. 394, § 4.º, 396 e 396-A, do CPP) será de cinco dias (art. 8.º da Lei 8.038/1990).

h) **Instrução:** desse momento em diante, determina o art. 9.º da Lei 8.038/1990 que se proceda à instrução, nos termos do procedimento comum (leia-se: procedimento comum ordinário, em face das alterações determinadas pela Lei 11.719/2008) ditado pelo CPP. A Lei 8.038/1990 é silente quanto ao número de testemunhas passíveis de serem arroladas pelas partes na denúncia e na defesa prévia. Nesse contexto, cremos que devam aplicar-se, subsidiariamente, as regras estabelecidas pelo Código de Processo Penal para procedimento ordinário: oito testemunhas por fato para cada parte.

i) **Interrogatório do acusado:** o relator procederá, agora, ao interrogatório do réu. Nos termos dos arts. 3.º, III, e 9.º, § 1.º, da Lei 8.038/1990, o relator poderá delegar a realização desse ato, assim como de qualquer outro pertinente à instrução, a membros dos Tribunais dos Estados, Tribunais Regionais Federais ou Juízes de Varas Criminais, conforme o caso.

j) **Diligências:** concluída a inquirição das testemunhas e interrogado o réu, a acusação e a defesa serão intimadas para, querendo, requererem diligências, no prazo de cinco dias (art. 10 da Lei 8.038/1990).

k) Alegações escritas: cumpridas as diligências ou não tendo estas sido requeridas ou deferidas, determinará o Relator sejam acusação e defesa intimadas, sucessivamente, para apresentarem alegações escritas, no prazo de 15 dias (art. 11 da Lei 8.038/1990). Havendo assistente de acusação, o prazo será comum ao do Ministério Público. Igualmente, havendo mais de um réu, também é comum o prazo para todos. Tratando-se de ação penal privada, o Ministério Público terá vista dos autos para manifestar-se, no mesmo prazo (15 dias), após as alegações das partes.

l) Saneamento: segue-se a fase de saneamento. Neste momento de acordo com o art. 11, § 3º, poderá o Relator determinar, de ofício, a realização de provas reputadas imprescindíveis ao julgamento do processo. **Mas, atenção**: no enfoque relativo à atuação judicial de ofício, deve-se atentar que o art. 3º-A do CPP (introduzido pela Lei 13.964/2019), proíbe a produção probatória pelo juiz em prol da acusação, implicitamente permitindo que o faça apenas em favor da defesa. Por se tratar de previsão anti-isonômica e atentatória ao sistema acusatório, reputamos inconstitucional essa distinção, devendo-se entender vedada a atuação oficiosa do juiz em favor de qualquer das partes. Inadmissível, enfim, tanto o juiz-acusador quanto juiz-defensor. Registre-se, contudo, que referido dispositivo (o art. 3º-A) teve a sua eficácia suspensa em razão de medida cautelar deferida no STF no âmbito das ADIs 6.298, 6.299, 6.300 e 6.305, suspensão esta que persistia por ocasião do fechamento da presente edição deste livro. Independentemente, porém, da subsistência ou de eventual revogação dessa medida cautelar (quer incidentalmente, quer em razão de provimento daquelas ADIs), compreendemos que a produção probatória *ex officio* deve ser viabilizada apenas quando realizada para dirimir dúvidas surgidas a partir das provas requeridas pelas partes, raciocínio este aplicável, por óbvio, ao rito em exame. A propósito do tema, pela importância e complexidade, remetemos o leitor ao capítulo 8, tópico 8.2.2, em que aprofundamos o exame.

m) Julgamento: finda a instrução, o Tribunal procederá ao julgamento, na forma determinada pelo respectivo regimento interno, ressaltando-se que a acusação e a defesa, por ocasião da sessão, terão, sucessivamente, nessa ordem, prazo de uma hora para sustentação oral, assegurado ao assistente 1/4 do tempo da acusação (art. 12 da Lei 8.038/1990).

10.13. PREFEITOS MUNICIPAIS: O PROCEDIMENTO DO DECRETO-LEI 201/1967 DIANTE DAS REGRAS DA LEI 8.038/1990

O Decreto-lei 201/1967, que dispõe sobre a responsabilidade de Prefeitos, insere condutas que podem ser classificadas em duas ordens:

a) **Crimes funcionais praticados por Prefeitos:** Trata-se das figuras típicas elencadas no art. 1.º do Decreto-lei 201/1967. Embora chamadas pela lei, impropriamente, de *crimes de responsabilidade*, estas infrações, na verdade, são crimes comuns, de ação penal pública incondicionada, puníveis com a pena de reclusão de dois a doze anos e de detenção de três meses a três anos. A denúncia em relação a esta ordem de delitos compete ao Ministério Público e seu julgamento ao Poder Judiciário, não possuindo as Câmaras Municipais competência para autorizar ou não o ajuizamento da ação penal. Frise-se que sujeito ativo destes crimes são os prefeitos municipais. Logo, vereadores poderão responder por tais delitos somente quando forem alcançados pelo disposto no art. 29 do Código Penal.

b) **Infrações político-administrativas cometidas por Prefeitos ou Vereadores:** Estão arroladas nos arts. 4.º e 7.º do Decreto-lei 201/1967. São aquelas sujeitas a julgamento pelas Câmaras de Vereadores. Embora, segundo a doutrina clássica, estas sejam as condutas que podem, verdadeiramente, ser rotuladas como *crimes de responsabilidade,* assim não pensamos. Aderimos, enfim, ao entendimento (majoritário) de que não constituem elas *crime* em sentido estrito, pois, além de estarem submetidas a julgamento pelo Poder Judiciário, também não estão sujeitas a sanções de ordem penal, e sim à cassação do mandato, consequência esta de ordem política.

Acerca desta distinção, já se manifestou o STJ em diversas oportunidades, sempre enfatizando as consequências próprias decorrentes do cometimento de infração caracterizada como *de responsabilidade* ou *político-administrativa.* A propósito, salientou aquela Corte que "*os crimes previstos no art. 1.º do DL 201/1967 configuram, na melhor exegese, crimes funcionais, sujeitos a processo e julgamento pelo Poder Judiciário, independentemente de autorização do órgão legislativo municipal*". Por outro lado, "*o art. 4.º do DL 201/1967 elenca as infrações político-administrativas, em que se prevê a perda do mandato, sendo julgadas pela Câmara Municipal*"[51]. No mesmo sentido, o STF, dizendo que "*os crimes denominados de responsabilidade, tipificados no art. 1.º do DL 201, de 1967, são crimes comuns, que deverão ser julgados pelo Poder Judiciário, independentemente do pronunciamento da Câmara dos Vereadores (art. 1.º), são de ação pública e punidos com pena de reclusão e de detenção (art. 1.º, par. 1.º) e o processo e o comum, do CPP, com pequenas modificações (art. 2.º). No art. 4.º, o DL 201, de 1967, cuida das infrações político-administrativas dos prefeitos, sujeitos ao julgamento pela Câmara dos Vereadores e sancionadas com a cassação do mandato. Essas infrações é que podem, na tradição do direito brasileiro, ser denominadas de crimes de responsabilidade*"[52].

É importante considerar que o DL 201, além de definir as condutas do prefeito municipal consideradas como crimes, incorpora também normas procedimentais, dispondo em seu art. 2.º que *o processo dos crimes definidos no artigo anterior é o comum do juízo singular, estabelecido pelo Código de Processo Penal*, com as modificações previstas em seus três incisos.

Ocorre, porém, que referido diploma foi editado em 27 de fevereiro de 1967, época na qual o Chefe do Executivo Municipal não era detentor de foro especial por prerrogativa de função, ao contrário do que ocorre na atualidade, em que possui privilégio de foro (art. 29, X, da CF), assistindo-lhe o direito de ser processado e julgado nos Tribunais de Justiça ou Tribunais Regionais Federais.

Ora, considerando que o rito de apuração dos crimes de competência originária desses tribunais é o disciplinado nos arts. 1.º a 12 da Lei 8.038/1990 (observado o disposto no art. 1.º da Lei 8.658/1993), conclui-se que este deverá ser o procedimento de apuração dos crimes tipificados no DL 201/1967 que tenham sido cometidos pelo Prefeito que estiver no exercício do mandato no momento em que oferecida a inicial.

Atente-se que, em 03.05.2018, o Plenário do Supremo Tribunal Federal, no julgamento da **Questão de Ordem na Ação Penal 937**, adotou, em relação aos *parlamentares federais,* nova orientação sobre o tema, condicionando a prerrogativa de função não apenas a que o *crime tenha sido praticado no exercício do cargo que a confere* como também a que *se trate de infração relacionada à função exercida* (aprofundamos este assunto no Capítulo 9, tópico 9.2.2.3.1). E esta posição, apesar de restrita a *deputados federais* e *senadores,* vem sendo aplicada a pessoas detentoras de mandato eletivo com prerrogativa de foro perante

---

51 RESP 38.469/SC, 6.ª Turma, Rel. Min. Vicente Leal, *RSTJ* vol. 86, p. 383.

52 STF, HC 70.671/PI, *DJ* 19.05.1995.

outros tribunais, a exemplo dos Deputados Estaduais[53], Governadores[54], Ministros de Estado[55] e, também, **Prefeitos Municipais**[56]. De qualquer modo, para fins de apuração dos crimes tipificados no DL 201/1967, tal entendimento do STF não releva, já que se trata de delitos naturalmente relacionados às funções exercidas. Logo, o fundamental para a verificação da existência ou não de foro por prerrogativa de função e, consequentemente, do rito aplicável na apuração daquelas infrações, continua sendo a constatação de estar ou não o prefeito no exercício de suas funções por ocasião do recebimento da denúncia.

Em síntese, na atualidade, tocante aos crimes tipificados no art. 1.º do Decreto-lei 201/1967, a situação é a seguinte:

a) Prefeito persiste no exercício do cargo por ocasião do recebimento da denúncia: cometendo delito tipificado no citado Decreto-lei, o rito a ser aplicado para a apuração será o estabelecido na Lei 8.038/1990 (em face do previsto na Lei 8.658/1993) em decorrência da prerrogativa de foro que lhe é atribuída.

b) Prefeito não mais está no exercício do cargo no momento do recebimento da denúncia: Neste caso, tendo praticado crimes tipificados no Decreto-lei 201/1967, o procedimento de apuração deverá ser o **comum** (art. 2.º, *caput*, do Decreto-lei 201/1967), estabelecido no Código de Processo Penal, com as modificações constantes do art. 2.º, I a III, do mencionado Decreto-lei. Observe-se que, anteriormente à vigência da Lei 11.719/2008, a expressão **rito comum** era sinônima de **rito ordinário**. Entretanto, hoje, por *rito comum* compreende-se um gênero do qual são espécies os ritos ordinário, sumário e sumaríssimo (art. 394). Em vista dessa alteração legislativa, compreendemos que o procedimento a ser aplicado à apuração dos crimes previstos no Decreto-lei 201/1967, quando inexistente o direito a foro por prerrogativa de função, deverá ser aquele que, antes correspondia ao *rito comum*, mas que, hoje, está rotulado como **procedimento ordinário**, abrangendo a sequência de atos prevista nos arts. 396 a 405 do CPP, observadas as seguintes modificações:

- Antes de receber a denúncia, o juiz ordenará a notificação do acusado para apresentar defesa prévia, no prazo de cinco dias. Se o acusado não for encontrado para a notificação, ser-lhe-á nomeado defensor, a quem caberá apresentar a defesa, dentro no mesmo prazo (art. 2.º, I, do Decreto-lei 201/1967);
- Se o crime imputado consistir na apropriação, desvio ou utilização indevida de bens, rendas ou serviços públicos, ao receber a denúncia, o juiz deverá manifestar-se, obrigatória e motivadamente, sobre a aplicação de medidas cautelares de caráter pessoal ao acusado (prisão preventiva ou medidas cautelares diversas da prisão contempladas nos arts. 319 e 320 do CPP) (art. 2.º, II, do Decreto-lei 201/1967 c/c o art. 282, § 6.º, do CPP); e
- Do despacho, concessivo ou denegatório, de prisão preventiva caberá recurso em sentido estrito para o Tribunal competente, no prazo de cinco dias, em autos apartados, o qual terá efeito suspensivo (art. 2.º, III, do Decreto-lei 201/1967).

E quanto aos vereadores, que não possuem foro por prerrogativa de função? Independentemente de estarem ou não no exercício do mandato, serão processados e julgados pelas regras pertinentes ao rito de apuração do crime que cometeram, como qualquer pessoa.

53 STF, Inq. 4204 Agr/DF, *DJ* 19.09.2018.
54 STJ, Agravo Regimental na Ação Penal Originária 866/DF.
55 STF, Inq. 4703 QO/DF, *DJ* 01.10.2008.
56 STF, ARE 1232434 AgR,/SE, *DJ* 23.03.2020.

10.14. PROCEDIMENTO RELATIVO AOS PROCESSOS DA COMPETÊNCIA DO TRIBUNAL DO JÚRI (ARTS. 406 A 497 DO CPP)

A partir da Lei 11.689, de 09.06.2008, alterou-se substancialmente o procedimento de apuração dos crimes dolosos contra a vida. Com efeito, antes regulamentado nos arts. 394 a 497 do CPP, esse rito era idêntico ao ordinário até a fase de encerramento da instrução, oportunidade em que se iniciavam as diferenças. Pela atual concepção, o procedimento do júri encontra-se regulamentado nos arts. 406 a 497 do CPP, incorporando disciplina absolutamente autônoma em relação aos demais procedimentos.

Apesar dessa autonomia, chegou a gerar polêmica na doutrina a questão relativa à incidência ou não do *art. 394, § 4.º, do CPP* no rito do júri. Referido dispositivo, como já vimos, inserido na disciplina do rito comum ordinário, determina a aplicação dos arts. 395, 396, 396-A e 397 do CPP a todos os procedimentos de 1.º Grau.

Ora, quanto ao *art. 395*, na medida em que cuida das causas de rejeição da denúncia e da queixa, não há dúvida acerca da sua aplicação irrestrita a todo e qualquer procedimento, já que a sua disciplina vem em substituição à do revogado art. 43 do CPP.

Já em relação aos *arts. 396 e 396-A*, é evidente a inaplicabilidade ao rito dos crimes dolosos contra a vida, pois este já insere, no art. 406, *caput*, e § 3.º, o momento da resposta à acusação contemplado naqueles dispositivos.

Neste contexto, o único impasse refere-se à regra do art. 397 do CPP, relativa à fase de absolvição sumária contemplada por esse artigo ao disciplinar o procedimento comum. Ora, a despeito da amplitude do § 4.º do art. 394 do CPP, não se pode perder de vista que o § 3.º desse mesmo dispositivo estabelece que *nos processos de competência do Tribunal do Júri o procedimento observará as disposições estabelecidas nos arts. 406 a 497 deste Código*, determinando, assim, uma regulamentação especial, imune à disciplina do procedimento comum e, via de consequência, à norma do art. 397. A reforçar a linha de pensamento que defendemos, deve ser ressaltado o fato de que o procedimento do júri também insere uma etapa na qual poderá o juiz absolver sumariamente o réu, a qual está prevista no art. 415 do CPP. Na verdade, a maior diferença entre a etapa de absolvição sumária prevista pelo art. 397 e aquela regrada no art. 415 refere-se ao momento em que ocorrem dentro dos respectivos procedimentos, pois, enquanto o art. 397 do CPP prevê a possibilidade de absolvição sumária no rito comum *antes* do início da fase instrutória, o art. 415 do mesmo diploma estabelece que tal poderá ocorrer no rito do júri apenas *após* o encerramento da instrução, diferenciação esta que se justifica na natureza dos delitos sujeitos ao julgamento popular: crimes dolosos contra a vida, de maior gravidade, impondo-se ao magistrado produzir a prova requerida pelas partes antes de decidir pela absolvição sumária, decisão esta que, em última análise, implica subtrair dos jurados a competência para julgar o fato.

Por tudo isso, pensamos que o procedimento do júri, efetivamente, encontra-se integralmente regulamentado nos arts. 406 a 497 do CPP, tal como reza o art. 394, § 3.º, desse diploma, não comportando, após recebida a denúncia ou a queixa, a aplicação das disposições pertinentes a qualquer outra modalidade procedimental. Neste sentido, aliás, já decidiu o STJ, aduzindo que "*nos processos que tramitam pelo rito do Tribunal do Júri, a avaliação acerca da absolvição é regulada pelo art. 415 do Código de Processo Penal*", razão pela qual "*não se aplica a regra do art. 397*"[57].

10.14.1. Considerações gerais

Estão sujeitos a júri popular, pela sua natureza de crimes dolosos contra a vida, o *homicídio, o aborto, o infanticídio* e o *induzimento, auxílio ou instigação ao suicídio*. Como se

[57] STJ, RHC 68765/ES, Quinta Turma, Rel. Min. Reynaldo Soares da Fonseca, *DJ* 28.11.2016. No mesmo sentido: HC 172.925/SC, *DJ* 05.02.2016 e HC 336.606/RS, *DJ* 31.03.2016.

verá ao longo deste capítulo, também serão, em regra, decididos pelo Tribunal Popular os delitos conexos e continentes a estes, dada à *vis atractiva* determinada pelo art. 78, I, do CPP.

O procedimento é dividido em duas partes: a primeira, denominada ***judicium accusatione*** ou **sumário da culpa**, abrangendo os atos praticados desde o recebimento da denúncia até a pronúncia; e a segunda, chamada ***judicium causae***, compreendendo os atos situados entre a pronúncia e o julgamento pelo Tribunal do Júri. Por isso é que se diz que o rito do júri é *escalonado, bipartido. E por que essa divisão em duas fases*? Ora, o julgamento popular, na medida em que expõe o réu perante a sociedade, envolve um grave constrangimento. Sendo assim, no Estado Democrático de Direito, sob pena de se ter um constrangimento ilegal, não se pode colocar o indivíduo no banco dos réus quando não haja, por exemplo, o mínimo de elementos apontando que tenha ele praticado o fato, ou quando evidente a licitude de seu agir. Por isso é que, no rito do júri, logo após o encerramento da instrução e a manifestação das partes, obrigatoriamente o juiz deverá manifestar-se quanto a admitir ou não a acusação feita ao réu na denúncia de um crime doloso contra a vida, filtrando cada acusação de modo a impedir que, processos sem o mínimo de lastro probatório, conduzam o réu a júri popular.

10.14.2. O *judicium acusationes* – procedimento da primeira fase

Esta primeira fase do procedimento de apuração dos crimes dolosos contra a vida está disciplinada nos arts. 406 a 421 do CPP, constituindo-se dos seguintes atos processuais:

a) Oferecimento da denúncia ou queixa-crime subsidiária: obediente aos requisitos do art. 41 do CPP, a inicial deverá conter a exposição do fato criminoso com todas as suas circunstâncias, a qualificação do acusado ou elementos pelos quais se possa identificá-lo, a classificação do crime e o rol de testemunhas.

Quanto ao número de testemunhas a serem arroladas, dispõe o art. 406, § 2.º, que não poderá ser superior a **oito.** Há dúvida quanto a se tratar de oito testemunhas fixas, ou de oito testemunhas por cada fato imputado ao réu. Embora isso possa prejudicar a celeridade do processo, concordamos com essa última posição. Imaginem-se dez fatos imputados a um réu: se apenas oito testemunhas pudessem ser arroladas, dois fatos ficariam sem prova. Importante: quando referimos oito testemunhas por fato imputado ao réu, queremos dizer oito testemunhas por fato e não por fato delituoso. Veja-se: 1) Um indivíduo provoca, dolosamente, uma explosão, matando dez pessoas. Neste caso, apenas oito testemunhas devem ser arroladas, pois houve apenas uma conduta, embora esta tenha provocado dez crimes; 2) Um indivíduo comete dez homicídios em contextos diferentes. Neste caso, em tese 80 testemunhas poderiam ser trazidas por cada parte, pois houve dez condutas, geradoras de dez crimes.

Observe-se, outrossim, que, opostamente ao que ocorre no rito comum ordinário (art. 401, § 1.º), no procedimento do júri não são ressalvadas do quantitativo legal máximo as testemunhas não compromissadas. Cremos, porém, que se impõe, aqui, aplicar analogia, não se computando desse máximo as testemunhas não sujeitas a compromisso (art. 208).

E quanto aos peritos que devam comparecer em audiência para prestar esclarecimentos? Não se incluem no cômputo. Isso porque não foi essa espécie de depoimento considerada como um *testemunho* pelo legislador. Basta ver que o próprio art. 411, *caput*, do CPP, quando estabelece a ordem de produção da prova oral em audiência, refere que os esclarecimentos dos peritos serão prestados após a inquirição das testemunhas. Além disso, o § 1.º desse mesmo artigo preceitua que *os esclarecimentos dos peritos dependerão de prévio requerimento e de deferimento pelo juiz*, não se confundindo, portanto, também por esse motivo, com o rol de testemunhas que deve acompanhar a inicial nos termos do art. 41 do CPP.

b) Rejeição liminar ou recebimento da inicial: constatando a ocorrência de qualquer das hipóteses mencionadas no art. 395 do CPP – *inépcia da inicial, falta de pressuposto processual ou de condição para o exercício da ação penal* e *falta de justa causa para a ação penal* (v. *item 10.1.2.1*) –, poderá o juiz rejeitar liminarmente a denúncia ou a queixa. Não sendo este o caso, procederá ao seu recebimento, ordenando a citação do acusado para resposta.

c) Citação do acusado: poderá ser realizada por qualquer dos critérios previstos em lei. Como regra, deverá ele ser citado pessoalmente. Não localizado, será cabível a sua citação por edital (arts. 361 e 363, § 1.º). Verificando o oficial de justiça que o réu está se ocultando para evitar a citação, esta poderá ser feita por hora certa (art. 362).

d) Resposta do acusado: o acusado terá o prazo de dez dias para responder à acusação, que será contado a partir do efetivo cumprimento do mandado ou do comparecimento, em juízo, do acusado ou de defensor constituído, no caso de citação inválida ou por edital (art. 406, § 2.º). Iniciada a fluência do prazo e decorrido este sem que seja apresentada essa resposta, deverá o juiz, sob pena de nulidade, proceder à nomeação de defensor dativo, que terá reaberto o prazo de dez dias para oferecê-la (art. 408). Ao responder a acusação, poderá o acusado arguir preliminares e alegar tudo o que interesse a sua defesa, oferecer documentos e justificações, especificar as provas pretendidas e arrolar testemunhas, até o máximo de oito, qualificando-as e requerendo sua intimação, quando necessário (art. 406, § 3.º). Tendo em vista esse conteúdo possível de ser arguido, é inequívoco que essa forma de defesa assume caráter de verdadeira contestação, bem diferente da tradicional defesa prévia, limitada que era às alegações genéricas de inocência e à apresentação de rol de testemunhas.

e) Oitiva da acusação: apresentada a defesa, o juiz deverá notificar o Ministério Público ou o querelante para se manifestarem sobre eventuais preliminares arguidas na resposta do réu ou sobre documentos que, com ela, tenham sido acostados, no prazo de cinco dias (art. 409). Considerando que essa manifestação tem caráter de *réplica*, compreendemos que, mesmo não havendo arguição de prefaciais ou juntada de documentos, essa vista à acusação quanto aos argumentos defensivos será obrigatória (salvo, evidentemente, a hipótese de resposta vaga, sem nenhum conteúdo de mérito), importando a sua ausência em nulidade, que deverá ser considerada de natureza relativa, vale dizer, sujeita à alegação em tempo oportuno e demonstração de prejuízo.

f) Aprazamento de audiência de instrução, interrogatório, debates e decisão: após ter sido oportunizada à acusação falar sobre a resposta apresentada pelo réu, designará o magistrado, para daí até o máximo de dez dias, audiência para inquirição das testemunhas arroladas no processo e realização das diligências que tenham sido requeridas pelas partes (art. 410). Evidentemente, as *diligências* a que se refere o Código são aquelas que podem ser realizadas em audiência, como esclarecimentos de peritos (que dependerão sempre de requerimento prévio, na forma dos arts. 159, § 5.º, I, e 411, § 1.º), acareações e reconhecimentos (art. 411). Visando concentrar ao máximo os atos processuais, ficou estabelecido que todas as provas (orais) serão produzidas em uma só audiência, podendo o juiz indeferir aquelas que considerar irrelevantes, impertinentes ou protelatórias (art. 411, § 2.º), bem como ordenar a condução coercitiva à audiência de quem, regularmente notificado, a ela deva comparecer (art. 411, § 7.º).

Em audiência, a prova oral será produzida na seguinte ordem: 1.º) declarações do ofendido, se possível; 2.º) declarações das testemunhas de acusação e defesa, nessa ordem; 3.º) esclarecimentos dos peritos, acareações e reconhecimento de pessoas ou coisas; 4.º) interrogatório do acusado.

Esgotada a instrução probatória e não sendo o caso de aplicação da regra pertinente à *mutatio libelli* estabelecida no art. 384 do CPP (art. 411, § 3.º), passar-se-á à fase de debates orais, concedendo-se a palavra primeiro à acusação e, depois, à defesa, pelo prazo de 20 minutos, prorrogáveis por mais dez (art. 411, § 4.º). Havendo assistente de acusação habilitado nos autos, a este será facultado se pronunciar em dez minutos, logo após a manifestação do promotor de justiça, caso em que esse tempo será acrescido ao previsto para a defesa manifestar-se (art. 411, § 6.º). Se houver mais de um acusado, o tempo para a acusação e a defesa de cada um deles será individual (art. 411, § 5.º).

Ao contrário do que ocorre no procedimento comum ordinário (arts. 403, § 3.º, e 404, parágrafo único), não se contempla, aqui, a possibilidade de serem os debates orais substituídos por memoriais escritos. Tampouco a complexidade do fato ou o número de acusados autorizam essa providência. Pelo contrário. Contempla-se, no art. 411, § 7.º, que nenhum ato será adiado, ressalvando-se, tão somente, a hipótese de que seja reconhecido como imprescindível à prova do processo. Independentemente dessa normatização, não concebemos nenhum impedimento a que se aplique, excepcionalmente, no procedimento do júri, por analogia, o permissivo dos arts. 403, § 3.º, e 404, parágrafo único, até porque se trata de dispositivos que se inserem no âmbito do procedimento comum ordinário, o qual possui a natureza de *rito-padrão*. Trata-se de uma solução de bom senso e cuja necessidade já pode ser prognosticada por qualquer operador do direito. Obviamente, esta possibilidade só pode existir na primeira fase do Júri, do sumário da culpa.

Encerrados, pois, os debates orais, o juiz proferirá sua decisão quanto à admissibilidade da acusação inserta na denúncia ou na queixa, ou, então, o fará em dez dias, ordenando, para tanto, que os autos lhe sejam conclusos (art. 411, § 9.º). Neste momento, faculta-se ao magistrado **pronunciar o réu**, **impronunciá-lo**, **absolvê-lo sumariamente** ou **desclassificar a infração penal**.

g) Prazo para conclusão do sumário da culpa: Pelo que se infere do art. 412 do CPP, a primeira fase do procedimento do júri deverá ser concluída no prazo máximo de 90 dias. Acreditamos que tenha sido intenção do legislador fixar como *dies a quo* desse prazo a data do recebimento da denúncia ou da queixa, já que aposto o dispositivo no final da *Seção I do Capítulo II*, que trata da *acusação e da instrução preliminar*. De qualquer modo, a verdade é que a fixação desse prazo exíguo para a conclusão do sumário da culpa (1.ª fase do procedimento do júri) bem demonstra que o legislador não conhece a realidade brasileira, pois dificilmente a instrução de um processo por crime doloso contra a vida poderá ser concluído nesse prazo. Em consequência dessa previsão, encontrando-se preso cautelarmente o acusado e não sendo observado esse lapso, possibilitar-se-á o manejo de *habeas corpus* visando à imediata liberação do réu.

10.14.3. Decisão de pronúncia (art. 413 do CPP)

10.14.3.1. Generalidades

A *pronúncia* é a única das decisões, dentre as quatro citadas no tópico anterior, que importa em prosseguimento do processo criminal na vara onde tramita e subsequente julgamento do réu perante o Tribunal do Júri. Quando *pronuncia*, está o magistrado julgando admissível a acusação incorporada à denúncia ou à queixa subsidiária.

A *pronúncia* está condicionada à existência de indícios suficientes de autoria e prova da materialidade do fato. Como se vê, relativamente à *autoria delitiva*, basta um juízo de probabilidade, não sendo necessário, para o fim de pronunciar o réu, que o juiz se convença a respeito. Agora, no tocante à *materialidade*, aqui é preciso que o magistrado esteja convencido, não sendo suficiente a dúvida acerca da existência do crime. Na ausência destes elementos, vale dizer, de probabilidade de autoria e certeza quanto à efetiva ocorrência do delito, a hipótese será de *impronúncia* (art. 414 do CPP).

É preciso, ainda, que haja indicativos de que o agente obrou com dolo de matar. Não se depreendendo isso da prova coligida aos autos, deverá o juiz proceder à *desclassificação* (art. 419 do CPP) para outra infração penal não dolosa contra a vida, o que acarreta a remessa do processo ao juízo comum.

Por fim, condiciona-se a pronúncia a que não haja prova inequívoca quanto à ocorrência de quaisquer das situações que, previstas no art. 415 do CPP, possam conduzir à *absolvição sumária* do réu, quais sejam: estar provada a inexistência do fato; estar provado que o réu não concorreu para a infração penal como autor ou partícipe; não constituir o fato infração penal; e, por fim, a presença de excludentes de ilicitude ou de causas que isentem o réu de pena (salvo a inimputabilidade).

Reitera-se que, neste momento processual, vigora o princípio *in dubio pro societate*. Isto quer dizer que, ressalvado o aspecto relacionado à materialidade do crime (aqui é necessário juízo de certeza, consoante se infere da redação do *caput* dos arts. 413 e 414), existindo qualquer dúvida quanto à ocorrência das causas que implicam o afastamento da competência do júri, cabe ao juiz pronunciar o réu. Não se ignora, por certo, a existência de corrente apregoando a não incidência do postulado *in dubio pro societate*, e sim, também nesta fase do processo dos crimes dolosos contra a vida, do *in dubio pro reo*. Tal orientação, porém, é minoritária e não possui fôlego nos Tribunais Superiores, onde persiste o entendimento de que "a decisão de pronúncia constitui juízo de admissibilidade da acusação, não exige a certeza necessária à condenação", sendo que "eventuais dúvidas, nessa fase, devem ser solucionadas sempre à luz do princípio ***in dubio pro societate***"[58-59].

OBSERVAÇÃO: a ausência de provas quanto à existência do fato e a ausência de indícios de autoria ou participação do réu conduzem à **impronúncia** (art. 414). Entretanto, a certeza de que o fato não existiu e a certeza de que o réu não foi autor nem partícipe do fato levam à **absolvição sumária** (art. 415, I e II). Trata-se, portanto, de situações distintas.

Discute-se a possibilidade de a pronúncia fundamentar-se apenas na prova produzida na fase investigativa. Há posições antagônicas aqui:

Primeira corrente: não é legítima a pronúncia que se baseia, unicamente, nos elementos coligidos no curso da investigação. Considera-se, em primeiro lugar, a regra do art. 155 do CPP, segundo a qual o juiz, na formação de seu convencimento, deve utilizar a prova produzida em contraditório judicial, sendo vedadas decisões alicerçadas apenas nos elementos angariados na fase investigativa; e, em segundo, a circunstância de que, na fase investigatória não são observadas as mesmas garantias que assistem ao réu na fase judicial da persecução criminal. Este entendimento, embora não traduza a visão da unanimidade dos seus Ministros, vem sendo adotado no STF, sob o fundamento de que "*o sistema jurídico-constitucional brasileiro não admite nem tolera a possibilidade de prolação de decisão de pronúncia com apoio exclusivo em elementos de informação produzidos, única e unilateralmente, na fase de inquérito policial ou de procedimento de investigação criminal instaurado pelo Ministério Público, sob pena de*

58 STJ: AgRg no AREsp 1.695.513/TO, *DJ* 03.09.2020; HC 542.175/SC, *DJ* 24.08.2020 e AgRg nos EDcl no AREsp 1.613.816/MT, *DJ* 17.06.2020.

59 STF: ARE 1.244.706 AgR, *DJ* 20.12.2019; ARE 986.566 AgR, *DJ* 30.08.2017; ARE 1.216.794 AgR-ED, *DJ* 10.10.2019, entre muitos outros julgamentos.

frontal violação aos postulados fundamentais que asseguram a qualquer acusado o direito ao contraditório e à plenitude de defesa"[60].

Segunda corrente: não há ilegalidade na decisão de pronúncia que se lastreia apenas em elementos coligidos na fase investigativa. Leva-se em conta, aqui, a natureza do juízo realizado na decisão de pronúncia, qual seja, juízo de simples admissibilidade da acusação, em nada se assemelhando a sucumbência que dela decorre à produzida pela sentença condenatória. Trata-se da posição agasalhada pelo Superior Tribunal de Justiça, para o qual "a prova realizada em sede policial é apta a autorizar a pronúncia, desde que, a partir da sua análise, seja possível se colher indícios suficientes de autoria. Cumpre registrar que a pronúncia não exige plena prova da autoria, sendo suficiente os indícios de que nessa fase podem ser fundados em provas produzidas tão somente no inquérito policial".[61]

Aderimos a esta última orientação. Consideramos, enfim, que, encerrando a pronúncia mero juízo de admissibilidade da acusação quanto à prática de crime doloso contra a vida, para sua prolação basta que haja certeza da materialidade do crime imputado e indícios suficientes de sua autoria, elementos que podem ser legitimamente demonstrados pela prova obtida na fase investigativa. E quanto à suposta violação aos termos do art. 155 do CPP, destacamos que esse dispositivo estabelece uma disciplina própria do **sistema do livre convencimento** (v. *item 8.1.6.1*), sistema este que, muito embora seja a regra no processo penal brasileiro para aferição da prova, não se aplica aos julgamentos levados a efeito pelo Tribunal do Júri, em que vigora o **sistema da íntima convicção** (v. *item 8.1.6.2*), facultando-se aos jurados decidir à revelia de qualquer fundamentação, inclusive, a nosso ver, a partir de provas angariadas na fase investigativa, independentemente de terem sido confirmadas em juízo. Ora, se a prova policial, na ausência de qualquer outro elemento de convicção, basta para sustentar veredicto condenatório do Conselho de Sentença sem que seja este considerado contrário à prova dos autos, com mais razão pode essa prova ser levada em conta em sede de pronúncia, decisão esta que não implica condenar o réu, mas, tão somente, sujeitá-lo a julgamento pelo tribunal popular[62].

10.14.3.2. Natureza da decisão de pronúncia

Possui conteúdo eminentemente *declaratório*, como se infere do art. 413, *caput* e § 1.º, do CPP. O magistrado, em síntese, limita-se a proclamar a admissibilidade da acusação, para que seja o réu julgado pelo júri popular.

Em termos processuais, classifica-se como *decisão interlocutória mista não terminativa*, pois encerra uma fase do procedimento (*judicium acusationes*) sem pôr fim ao processo.

10.14.3.3. Coisa julgada

A decisão de pronúncia faz **coisa julgada formal**, já que, preclusas as vias impugnativas, torna-se imodificável. Ressalva-se desta imutabilidade apenas a hipótese de verificação superveniente de circunstância que modifique a classificação do delito, pois, nesse caso, será possível postular a retificação da pronúncia, conforme implicitamente autorizado pelo art. 421, §§ 1.º e 2.º, do CPP. *Exemplo*: *denunciado e pronunciado o réu por tentativa de homicídio, sobrevém, após a pronúncia, a morte da vítima em razão das lesões provocadas.*

---

60 STF, HC 180.144/GO, 2ª Turma, j. 02 e 09.10.2020.

61 STJ, RHC 134.672/RN, 5ª Turma, *DJ* 20.10.2020. No mesmo sentido: AgRg no AREsp 1.609.833/RS, 6ª Turma, *DJ* 16.20.2020.

62 STJ, AgRg no HC 578.458/RN, *DJ* 25.06.2020. No mesmo sentido: STJ, AgRg no AREsp 1.610.227/RS, *DJ* 15.06.2020; AgRg no AREsp 1.601.070/SE, *DJ* 11.05.2020 e AgRg no HC 547.442/MT, *DJ* 15.05.2020.

Em tal hipótese, de acordo com o § 1.º do art. 421, caberá ao juiz ordenar a remessa dos autos ao Ministério Público. Embora silente o Código quanto à razão dessa vista ao promotor, é evidente que esse encaminhamento tem em vista a finalidade de aditamento da inicial e, depois, por simetria ao que dispõe o art. 411, § 3.º, do CPP, aplicação das regras do art. 384 e parágrafos do mesmo diploma. Efetivadas as providências referidas nesse artigo, o processo deverá ser, novamente, concluso ao juiz, que, então, prolatará a nova decisão de pronúncia, se for o caso (§ 2.º).

Por outro lado, a referida decisão **não faz coisa julgada material**, pois, embora tenha sido o acusado pronunciado pela prática de determinado delito, poderá, em determinadas condições, vir a ser condenado por crime diverso. *Exemplo*: *pronunciado o acusado por homicídio qualificado, nada impede venha a ser condenado, no final, por homicídio culposo, na hipótese de o Conselho de Sentença negar o dolo e remeter o processo à decisão do magistrado.*

10.14.3.4. Conteúdo

Como qualquer decisão judicial, a pronúncia deve ser fundamentada, mas não de forma muito profunda, sob pena de incorrer em *excesso de linguagem*, circunstância esta que a tornará nula. Neste sentido, estabelece o art. 413, § 1.º, que a fundamentação da pronúncia **limitar-se-á** à indicação da materialidade do fato e da existência de indícios suficientes de autoria ou de participação. Igual situação ocorre em relação ao exame das teses defensivas (relacionadas, por exemplo, à negativa de autoria, ausência de dolo ou presença de excludentes de ilicitude), que também deverão ser apreciadas com superficialidade, não podendo o magistrado afastá-las de forma peremptória. Todo este cuidado justifica-se no intuito de evitar que os termos da pronúncia possam influenciar de qualquer modo o ânimo dos jurados por ocasião do *veredicto*. Observe-se, afinal de contas, que, embora o art. 478, I, do CPP tenha vedado às partes, sob pena de nulidade, qualquer alusão à decisão de pronúncia em plenário de julgamento, não proibiu os jurados de manusearem os autos do processo criminal e, dessa forma, manterem contato com os termos da pronúncia. Bem pelo contrário. O art. 472, parágrafo único, do CPP preceitua que, após instalada a sessão de julgamento, os jurados receberão *cópias da pronúncia ou, se for o caso, das decisões posteriores que julgaram admissível a acusação e do relatório do processo.* **Mas atenção:** *a despeito dessa disciplina – que exige comedimento do juiz no enfrentamento da prova coligida ao processo – tem-se admitido, por critério de economia processual e visando à celeridade do procedimento, que, uma vez constatado, pelo tribunal competente, no julgamento de recurso contra a sentença de pronúncia, ter incorrido o juiz prolator em excesso de linguagem, em vez da anulação integral dessa decisão, seja o trecho viciado, simplesmente rasurado, de forma a que reste impedida sua leitura pelos membros do Conselho de Sentença caso venham estes a manusear os autos do processo criminal, muito especialmente quando não for extenso o trecho em que se operou o indevido aprofundamento na prova*[63].

Outro aspecto importante a salientar é que inovou o legislador ao admitir que, na pronúncia, possa o juiz manifestar-se quanto a **causas de aumento de pena**, muito especialmente as previstas na Parte Especial do Código Penal, por exemplo, o fato de ter sido o homicídio doloso cometido contra pessoa menor de 14 ou maior de 60 anos (art. 121, § 4.º, 2.ª parte, do CP). Perceba-se que o mesmo não ocorre em relação à definição da modalidade de con-

---

[63] "[...] Dessa forma, tendo em vista que há excesso de linguagem em pequeno trecho da sentença de pronúncia, essa Corte Superior, diante do princípio da celeridade processual, admite que se proceda à rasura do trecho maculado, sem a necessidade de se anular todo o *decisum*. Precedentes." (STJ, AgRg no AREsp 1.452.839/GO, *DJ* 15.06.2020).

curso de crimes incidente no processo na hipótese de estar sendo pronunciado o réu por mais de uma infração. O concurso formal próprio (art. 70, 1.ª parte, do CP), por exemplo, em que pese constitua uma causa de aumento de pena, é matéria cuja ocorrência não pode ser analisada em sede de pronúncia, mas, sim, pelo Juiz Presidente do Tribunal do Júri, por ocasião da sentença que se segue ao veredicto condenatório dos Jurados, já que se trata de questão intrinsecamente ligada à dosimetria da pena[64].

No tocante à presença ou não de **qualificadoras** (*v.g.*, motivo fútil, motivo torpe ou qualquer outra elencada no art. 121, § 2.º, do CP), trata-se de questão cujo enfrentamento na pronúncia já era previsto sob a égide da legislação anterior às alterações promovidas pela Lei 11.689/2008.

A despeito da possibilidade de decidir o Juiz, na pronúncia, sobre a incidência de causas de aumento de pena e qualificadoras, cabe consignar que, tanto em uma situação quanto em outra, o reconhecimento condiciona-se a que a denúncia as tenha agregado ao fato descrito, não podendo isto ser feito pelo magistrado *ex officio*.

E quanto às causas de diminuição de pena? É vedada a inclusão de causas de diminuição de pena, como, por exemplo, a *privilegiadora do homicídio* (art. 121, § 1.º, do CP), o que se deflui da própria redação do art. 413, § 1.º, ao referir-se, tão somente, a *causas de aumento de pena*. O mesmo ocorre com relação a atenuantes e agravantes, circunstâncias estas que deverão ser decididas pelo juiz, após a votação dos quesitos, caso tenham sido objeto de requerimento das partes durante os debates realizados no curso da sessão do júri (arts. 476 e 492, I, *b*).

10.14.3.5. Alteração na classificação do crime

A alteração da classificação do crime na decisão de pronúncia pode ocorrer a partir de duas situações distintas:

Primeira, por meio de *emendatio libelli*: Trata-se da hipótese prevista no art. 418 do CPP, ao dispor que o juiz poderá dar ao fato definição jurídica diversa da que constar na denúncia ou na queixa subsidiária, ainda que, em consequência, fique o réu sujeito a pena mais grave. A *emendatio libelli* pressupõe que a nova definição não implique reconhecimento de elemento ou circunstância não contida na inicial acusatória, dos quais, portanto, o réu não tenha se defendido. Como exemplo, cite-se o julgamento do HC 75.961/SP, pelo STJ (*DJ* 22.09.2008), em que, *denunciado o réu de homicídio qualificado pelo meio cruel (art. 121, § 2.º, III, do Código Penal), foi ele pronunciado por homicídio qualificado ante a impossibilidade de defesa da vítima (art. 121, § 2.º, inciso IV, do Código Penal)*. Ao analisar a hipótese, compreendeu o STJ que a situação era de simples *emendatio libelli*, não reclamando aditamento da denúncia, pois a nova definição jurídica ao fato descrito não decorreu de reconhecimento de circunstâncias novas das quais ao réu não tenha sido oportunizado defender-se, mas, sim, de *outra interpretação do mesmo fato narrado na denúncia*.

Segunda, por meio da *mutatio libelli*: Incide, aqui, a regra do art. 411, § 3.º, do CPP, segundo a qual, encerrada a instrução probatória, aplicar-se-á, se for o caso, o art. 384 do CPP. Contempla-se, neste caso, a situação em que, diante das provas coligidas na instrução criminal, entende o juiz ser o caso de pronunciar o réu por outro delito, reconhecendo, para tanto, circunstância ou elemento que não integra a inicial acusatória. É o caso, por exemplo, de pretender o magistrado pronunciar por homicídio qualificado a ré acusada de infanticídio. Ora, tal procedimento implica reconhecimento de dolo de matar, além de qualificadora, a quem está denunciada por

[64] STJ, AgRg/REsp. 1547927/SP, 6.ª Turma, Rel. Min. Sebastião Reis Junior, *DJ* 05.11.2015.

agir sob influência de estado puerperal. Logo, é necessário que haja aditamento da exordial pelo Ministério Público e adoção das demais formalidades do art. 384 do CPP. Adotadas estas providências, poderá o juiz pronunciar a acusada pelo delito do art. 121, § 2.º, do CP.

10.14.3.6. *Efeitos da decisão de pronúncia*

Em síntese, a decisão de pronúncia produz os seguintes efeitos:

1. *Submete o acusado a júri popular.* Trata-se da única das quatro decisões possíveis nesta fase (pronúncia, impronúncia, absolvição sumária e desclassificação) que importa em julgamento do réu pelo Tribunal do Júri. Basta observar que a impronúncia (art. 414) e a absolvição sumária (art. 415) acarretam a extinção prematura do processo. Quanto à desclassificação, de outra sorte, acarretam a remessa dos autos ao juízo competente (art. 419).
2. *Limita as teses acusatórias a serem apresentadas aos jurados.* Portanto, ainda que tenha sido o acusado, por exemplo, denunciado por homicídio qualificado, caso venha a ser pronunciado por homicídio simples, em sessão de julgamento o promotor de justiça não poderá fazer menção à qualificadora afastada pelo juiz e tampouco poderá esta ser objeto de quesitação aos jurados.
3. *Interrompe a prescrição.* Dispõe o art. 117, II, do CP que a **decisão de pronúncia** é causa interruptiva da prescrição, desimportando a circunstância de o Tribunal do Júri, eventualmente, desclassificar a infração penal pela qual foi pronunciado o réu para outra (Súmula 191 do STJ). Se houver recurso da decisão de pronúncia, estabelece o art. 117, III, do CP que também interrompe a prescrição a **decisão confirmatória da pronúncia**.

10.14.3.7. *Pronúncia e crimes conexos não dolosos contra a vida*

Considere-se que o réu tenha sido acusado pela prática de crime doloso contra a vida e de outro crime conexo sem a mesma natureza. Por exemplo, homicídio e estupro. Nesse caso, entendendo o magistrado existir viabilidade acusatória em relação ao homicídio, que é o crime prevalente, deverá pronunciar o réu, limitando-se, contudo, ao exame das questões afetas ao homicídio, sem adentrar em qualquer aspecto de mérito em relação ao estupro. Quanto a esse crime, a manifestação do juiz será limitada à sua remessa a julgamento popular em consequência da conexão estabelecida com o delito que atraiu a competência do júri, *in casu*, o homicídio.

Nesse mesmo sentido é o posicionamento de Guilherme de Souza Nucci quando sustenta *não caber ao Magistrado, elaborando o juízo de admissibilidade da acusação, em relação aos crimes dolosos contra a vida, analisar se é procedente ou não a imputação feita pelo órgão acusatório no tocante aos delitos conexos. Havendo infração penal conexa, incluída na denúncia, devidamente recebida, pronunciado o réu pelo delito doloso contra a vida, deve o juiz remeter a julgamento pelo Tribunal Popular os conexos, sem proceder qualquer análise de mérito ou de admissibilidade quanto a eles*[65].

Pela mesma razão, firmou o STJ jurisprudência no sentido da impossibilidade de aplicação, na pronúncia, do **princípio da consunção** entre o delito doloso contra a vida e o outro sem essa natureza que lhe foi imputado em conexão. Tome-se como exemplo a hipótese em que tenha o Ministério Público denunciado o réu por homicídio e porte

---

65 NUCCI, Guilherme de Souza. *Tribunal do Júri*. 5.. ed. Rio de Janeiro: Forense, 2014, p. 112.

ilegal da arma de fogo, com a qual praticou aquele crime. Ora, nessas situações, é comum a defesa trazer a tese de que o porte ilegal da arma foi crime-meio para o cometimento do homicídio, devendo ser por este último absorvido. A análise dessa tese, entretanto, não pode ser realizada na decisão de pronúncia, por encontrar óbice na competência do Tribunal do Júri para julgar os crimes dolosos contra a vida e os a ele conexos, bem como na soberania dos veredictos.

Sem embargo de tudo isso, deve-se registrar a existência de forte orientação em sentido oposto, vale dizer, de que, na pronúncia, pode o magistrado examinar, embora superficialmente, aspectos relacionados ao mérito do delito conexo. Compreende-se, aqui, que, se a conexão faz com que o delito conexo se submeta ao mesmo rito estabelecido para processamento e julgamento dos crimes dolosos contra a vida, não há razão para o crime conexo não passar pela admissibilidade do Juiz de Direito. Portanto, à luz desse raciocínio, os crimes conexos também devem se submeter ao juízo de admissibilidade da acusação, havendo possibilidade de ensejarem impronúncia, absolvição sumária ou desclassificação.

Mas atenção: independentemente dessa controvérsia envolvendo os crimes conexos, a verdade é que, mesmo em relação ao crime doloso contra a vida, a análise meritória deve ser realizada superficialmente a fim de não interferir no veredicto dos jurados por ocasião do julgamento em plenário. Exame aprofundado da prova nesta sede importa em *excesso de linguagem* e, consequentemente, nulifica a pronúncia (v. *item 10.14.3.4*).

10.14.3.8. *Intimação da pronúncia*

Anteriormente à Lei 11.689/2008, tratando-se de crime doloso contra a vida inafiançável (homicídio qualificado, por exemplo), além da intimação do defensor, era obrigatória a intimação pessoal do réu, não sendo admitido o uso da via editalícia. Destarte, não sendo localizado o réu para a intimação pessoal, suspendia-se o processo até que fosse ele localizado, suspensão esta denominada pela doutrina como *crise de instância*. Sendo afiançável a infração (*v.g.*, o infanticídio), não localizado o acusado para intimação pessoal, possibilitava-se a intimação por edital.

Com as alterações procedimentais introduzidas pela referida Lei, modificou-se essa normatização. Assim, na atualidade, a intimação da pronúncia deverá, como regra, ser realizada ao réu **pessoalmente**. Não localizado ele para intimação pessoal, será, em qualquer caso (afiançável ou não o crime), intimado por edital (art. 420, I e parágrafo único)[66].

Todavia, além do réu, também deverá ser intimado o seu defensor. Tratando-se de **defensor nomeado pelo juiz**, a intimação será pessoal (art. 420, I). Sendo hipótese de **defensor constituído**, far-se-á a intimação por meio de publicação no órgão oficial (art. 420, II).

Quanto ao **advogado do querelante e ao advogado do assistente de acusação**, a intimação da pronúncia será feita, igualmente, mediante publicação no órgão oficial de imprensa (art. 420, II).

Por fim, em relação ao **Ministério Público**, a intimação deve ser pessoal, não apenas em atenção ao que dispõe o art. 420, I, do CPP, como também em face da regra geral determinada pelo art. 370, § 4.º, desse diploma e da prerrogativa assegurada no art. 41, IV, da Lei 8.625/1993.

---

[66] Questão de Concurso: "José foi procurado para ser citado em abril de 2007, por prática do delito do art. 121 do CP e, sendo encontrado, foi citado para ser interrogado, mas por sua contumácia, ou seja, por sua própria vontade não compareceu ao ato de interrogatório e nem constituiu advogado, prosseguindo, assim, o processo, à sua revelia, sendo-lhe nomeado defensor público. Pronunciado, em outubro de 2009, não foi localizado ao ser procurado para intimação da pronúncia. O Magistrado em 05/10/2009 determinou publicação de edital, mas o réu não foi localizado no endereço que constava dos autos. O defensor público peticionou pedindo a suspensão do processo, nos termos do art. 366 do CPP. Autos com vista ao Ministério Público qual deveria ser a promoção?" (Ministério Público do Estado do Rio de Janeiro – 2009).

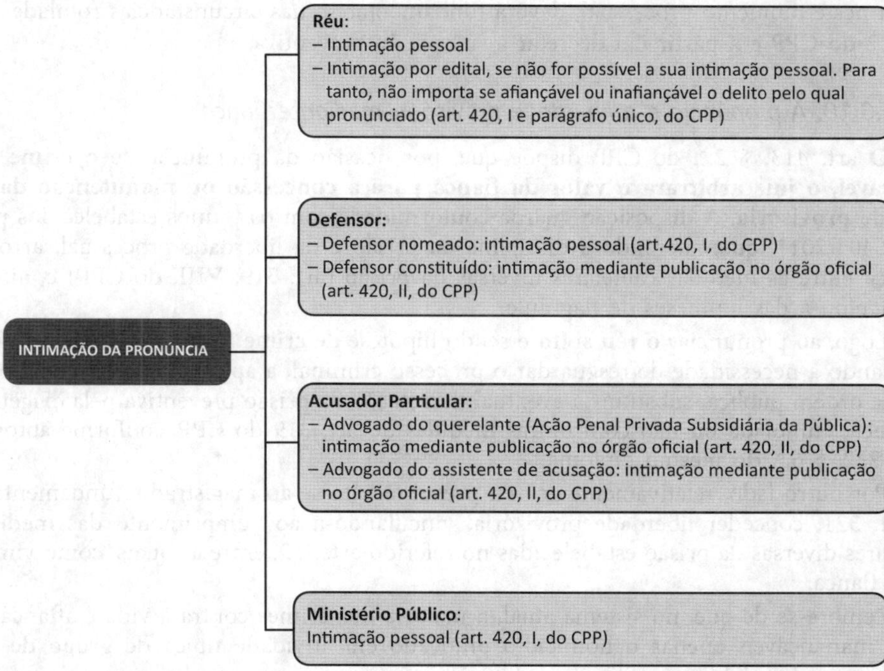

10.14.3.9. A pronúncia e a prisão do réu solto

A atual normatização inserta ao Código de Processo Penal não agasalhou a chamada **prisão da pronúncia** como modalidade autônoma de prisão provisória. Extinguiu-se, assim, o sistema previsto na primitiva redação do art. 408 do CPP, o qual dispunha que, ao pronunciar o réu, o juiz deveria recomendá-lo à prisão onde já se encontrasse ou determinar a sua prisão para que aguardasse preso a data do julgamento pelo júri (§ 1.º), salvo se fosse primário e de bons antecedentes, hipótese na qual poderia o magistrado deixá-lo em liberdade.

Na atualidade, o regramento adotado pelo Código em relação à possibilidade de prisão do pronunciado é o constante no art. 413, § 3.º, do CPP, o qual estabelece que na pronúncia "o juiz decidirá, motivadamente, no caso de manutenção, revogação ou substituição da prisão ou medida restritiva de liberdade anteriormente decretada e, **tratando-se de acusado solto, sobre a necessidade da decretação da prisão ou imposição de quaisquer das medidas previstas no Título IX do Livro I deste Código**". Como se vê, embora o dispositivo ainda faculte ao magistrado manter ou ordenar a prisão do acusado por ocasião da pronúncia, faz referência expressa às *medidas previstas no Título IX do Livro I* do Código de Processo Penal. E, dentre estas medidas, a única que implica a constrição da liberdade é a **prisão preventiva**, já que a própria prisão em flagrante, na disciplina posterior às alterações ditadas pela Lei 12.403/2011, exige conversão em preventiva para que possa manter o flagrado sob custódia (art. 310, II, do CPP).

Por isso, então, é que se sustenta não existir mais a chamada *prisão resultante da pronúncia* como uma espécie de prisão provisória. A pronúncia, por si só, não poderá implicar prisão do acusado, ainda que aliada ao fato de não contar ele com bons antecedentes ou de ser reincidente. Em qualquer caso, para que possa o magistrado ordenar a segregação do réu neste momento processual, deverá fundamentar-se nas circunstâncias rotuladas no art. 312 do CPP e a partir daí decretar a sua prisão preventiva.

10.14.3.10. A pronúncia e a liberdade provisória mediante fiança

O art. 413, § 2.º, do CPP dispõe que, por ocasião da pronúncia, **se o crime for afiançável, o juiz arbitrará o valor da fiança para a concessão ou manutenção da liberdade provisória**. A disposição guarda conformidade com os termos estabelecidos pela Lei 12.403/2011, que, alterando a disciplina da prisão e da liberdade processual, arrolou a fiança entre as medidas cautelares diversas da prisão (art. 319, VIII, do CPP) e, ainda, desvinculou-a das hipóteses de flagrante.

Logo, ao pronunciar o **réu solto** e sendo hipótese de crime afiançável, poderá o juiz, verificando a necessidade de resguardar o processo criminal, a aplicação da lei penal ou a própria ordem pública, substituir a eventual decretação da prisão preventiva pela exigência de fiança, cumulada ou não com outras medidas do art. 319 do CPP, conforme autoriza o art. 282, § 6.º, do mesmo diploma.

Por outro lado, relativamente ao **réu preso**, faculta-se ao magistrado, fundamentado no art. 321, conceder liberdade provisória, vinculando-a ao cumprimento das medidas cautelares diversas da prisão estabelecidas no referido art. 319, entre as quais, como vimos, está a fiança.

Lembre-se de que, no sistema atual, a maioria dos crimes contra a vida é afiançável, sendo inafiançáveis apenas o homicídio praticado em atividade típica de grupo de extermínio e o homicídio qualificado, os quais, consumados ou tentados, possuem caráter hediondo (art. 1.º, I, da Lei 8.072/1990).

A respeito, remetemos o leitor ao Capítulo 11, itens 11.8 e 11.11.4, em que abordamos, também, o tema.

10.14.3.11. Recurso

Contra a decisão de pronúncia é cabível o **recurso em sentido estrito**, com base no art. 581, IV, do CPP.

10.14.4. Decisão de impronúncia (art. 414 do CPP)

10.14.4.1. Generalidades

A *impronúncia* está prevista no art. 414 do CPP, dispondo que, "não se convencendo da materialidade do fato ou da existência de indícios suficientes de autoria ou de participação, o juiz, fundamentadamente, impronunciará o acusado". Não obstante, "enquanto não ocorrer a extinção da punibilidade, poderá ser formulada nova denúncia ou queixa se houver prova nova". Como se vê, fundamenta-se esta decisão na inexistência de indícios suficientes de autoria ou na ausência de prova da materialidade do fato. Trata-se de decisão interlocutória mista terminativa, pois acarreta a extinção do processo.

10.14.4.2. Renovação do processo

Conforme se deflui do parágrafo único do art. 414 do CPP, a decisão de impronúncia não impede novo ajuizamento da ação penal na hipótese de novas provas surgirem antes que ocorra a extinção da punibilidade, por exemplo, pela prescrição ou pela morte do réu.

Não se trata de prosseguimento da mesma ação penal, pois, uma vez transitada em julgado a impronúncia, a consequência é a imutabilidade da decisão dentro do processo em que exarada e a extinção do feito. Assim, uma nova denúncia ou queixa há de ser oferecida, inaugurando-se outra ação penal.

Atente-se que as *novas provas* que autorizam o reingresso de ação penal contra o réu em relação ao mesmo fato pelo qual já foi processado são as *substancialmente novas*, ou seja, até então desconhecidas. Provas *formalmente novas*, quer dizer, conhecidas mas não requeridas no curso do processo, não autorizarão, como regra, o oferecimento de nova inicial.

10.14.4.3. Impronúncia e crimes conexos não dolosos contra a vida

Proferindo o magistrado decisão de impronúncia em relação ao crime doloso contra a vida, não pode se manifestar, desde logo, com referência ao crime conexo que não possua essa natureza. Relativamente a este, deverá aguardar o trânsito em julgado da sentença de impronúncia para somente depois julgá-lo, se for o competente, ou remetê-lo à apreciação do juiz que o seja. Nessa hipótese, portanto, o delito conexo não será julgado pelo Tribunal Popular, mas, sim, pelo juiz singular.

10.14.4.4. Recurso

Contra a decisão de impronúncia é cabível **apelação**, conforme dispõe o art. 416 do CPP. Antes da vigência da Lei 11.689/2008, esta decisão era impugnável por meio de recurso em sentido estrito, pois contemplada esta modalidade recursal na 2.ª parte (hoje revogada pelo art. 2.º da referida Lei 11.689/2008) do art. 581, IV, do Código.

Embora a apelação e o recurso em sentido estrito tenham o mesmo prazo de interposição (cinco dias) e sejam julgados pelo mesmo órgão em segundo grau (Câmara dos Tribunais de Justiça ou Turma dos Tribunais Regionais Federais), a previsão do cabimento da primeira em vez do segundo em relação à impronúncia produz uma consequência processual importante, qual seja, a impossibilidade de o juiz retratar-se da decisão antes de encaminhar o recurso ao tribunal respectivo para julgamento. É que, ao contrário do RSE (art. 589), a apelação não oportuniza ao prolator da decisão recorrida dela se retratar – não possui, enfim, efeito regressivo.

10.14.4.5. Impronúncia e despronúncia

São conceitos que não se confundem.

Ocorre a *impronúncia* na hipótese em que o juiz que conduz o processo, na fase da admissibilidade da acusação, conclui pela inexistência de indicativos de autoria ou de prova de materialidade do fato. Por essa razão, deixa de submeter o acusado ao Tribunal do Júri, determinando o arquivamento do processo criminal.

Por outro lado, a *despronúncia* é decisão que tem lugar em duas situações: primeira, quando, diante de recurso em sentido estrito interposto contra a pronúncia, o próprio juiz prolator daquela decisão, utilizando-se do juízo de retratação que é inerente ao RSE (art. 589 do CPP), reconsidera sua decisão anterior, não submetendo o acusado a júri popular; segunda, na hipótese em que o juiz não se retrata da pronúncia, mas o tribunal, julgando o recurso em sentido estrito interposto, revoga tal pronunciamento e determina o arquivamento do processo criminal.

Em qualquer caso – impronúncia ou despronúncia –, incide o permissivo do art. 414, parágrafo único, do CPP, dispondo que, enquanto não ocorrer a extinção da punibilidade, poderá ser formulada nova denúncia ou queixa se houver prova nova.

10.14.5. Desclassificação (art. 419 do CPP)

10.14.5.1. Cabimento e consequências

Refere o art. 419 do CPP que, "quando o juiz se convencer, em discordância com a acusação, da existência de crime diverso dos referidos no § 1.º do art. 74 deste Código e não for competente para o julgamento, remeterá os autos ao juiz que o seja". Ocorre essa situação quando o juiz, recebendo o processo criminal para fins de análise da viabilidade acusatória, conclui que não há qualquer indicativo da existência de dolo de matar, circunstância esta que afasta a competência do Juízo do Júri para o seu julgamento. O crime, enfim, poderá ser qualquer outro que não seja doloso contra a vida – homicídio culposo, lesões corporais seguidas de morte, rixa qualificada pelo resultado morte, abandono de recém-nascido etc.

Chegou-se a discutir se, na decisão desclassificatória, pode o juiz da Vara do Júri consignar o delito não doloso contra a vida que, no seu entendimento, ocorreu na hipótese examinada, dizendo, por exemplo, que *desclassifica o delito de homicídio doloso descrito na denúncia para o crime de homicídio culposo*. Entende-se que não lhe cabe tal juízo. Logo, em caso de imputação de homicídio doloso, detectando ele a ausência de dolo de matar, incumbe-lhe, simplesmente, dispor que *desclassifica o delito de homicídio doloso descrito na denúncia para outro de competência do juiz singular,* sem, porém, declinar qual é o delito não doloso contra a vida que, na sua ótica, se perfaz na espécie. Essa definição caberá ao juízo para onde for encaminhado o processo por força da desclassificação, que é quem vai julgar o processo.

Outra questão importante respeita às providências que deverão ser adotadas pelo juiz que atua junto à vara a que remetido o processo criminal tão logo este aporte naquele juízo, já que o art. 419, ao contrário do que dispunha a lei anterior (o art. 410 do CPP determinava vista às partes para eventuais diligências e para alegações finais antes de ser prolatada sentença), é silente. Em nossa concepção, duas hipóteses poderão ocorrer:

a) **A desclassificação não importa em acréscimo de circunstância ou elemento novo ao fato descrito na inicial acusatória**. *Exemplo: Ao imputar crime de homicídio, narrou a denúncia que o acusado, desferindo um tiro contra a vítima, atingiu-a na perna esquerda, produzindo-lhe a lesão corporal descrita no auto de necropsia acostado ao processo, vindo aquela a falecer em decorrência de rompimento da artéria femoral.* Ora, se entender o Juiz da vara do júri que a região do corpo em que atingida a vítima e a circunstância de um único disparo não indicam dolo de matar, deverá, aplicando o art. 419 do CPP, remeter o processo ao juízo criminal comum. Caso, nesse juízo, entenda o Magistrado que o crime praticado foi de *lesão corporal seguida de morte,* poderá, imediatamente, proferir sentença absolvendo ou condenando o réu por esse crime, independentemente de qualquer manifestação prévia das partes. Isso porque, ao defender-se do homicídio imputado nas condições narradas, implicitamente já se defendeu o acusado do crime de lesão corporal seguida de morte, não havendo, na desclassificação, nenhuma inovação em termos de acréscimo de circunstância ou elemento ao fato originalmente constante da inicial.

b) **A desclassificação importa em acréscimo de circunstância ou elemento novo ao fato descrito na inicial acusatória.** *Exemplo: Atribuindo crime de tentativa de homicídio, descreve a denúncia que o acusado desferiu contra a vítima, com uso de uma pistola, um tiro que lhe atingiu o braço direito, apenas não consumando o resultado morte por circunstâncias alheias à sua vontade.* Se, na fase de admissibilidade da acusação, entender o juiz da vara do júri que o fato não se caracteriza um crime doloso contra a vida, deverá, tal como no caso anterior, proceder ao encaminhamento do processo ao juízo criminal comum. Se, contudo, nessa outra sede, constatar o magistrado que a hipótese reclama o reconhecimento de lesões corporais de natureza grave, eis que, comprovada a debilidade permanente do membro atingido, não poderá ele proferir sentença condenatória sem antes adotar as providências a que alude o art. 384 do CPP, que disciplina as regras da *mutatio libelli*. Se o fizesse à revelia dessas providências, estaria proferindo uma decisão nula, pois teria reconhecido na sentença um elemento novo que, não descrito na denúncia, também não foi objeto de defesa pelo réu – no caso, a debilidade permanente do membro atingido.

E se a desclassificação importar em deslocamento para crime mais grave, como de homicídio simples (penas de 6 a 20 anos) para latrocínio (penas de 15 a 30 anos)? Ainda assim, a regra a ser aplicada é a constante do art. 419 do CPP. Entretanto, importando essa desclassificação em reconhecimento de elemento ou circunstância não descrita na inicial (no exemplo, o dolo patrimonial), deverá ser observada no juízo competente para o julgamento, antes de o juiz sentenciar, a regra do art. 384 do CPP para evitar prejuízo maior à defesa. É necessário, enfim, o aditamento da denúncia pelo Ministério Público e demais providências estatuídas naquele dispositivo, conforme determina o art. 411, § 3.º, do CPP, aplicável à espécie por simetria.

Pode o magistrado que receber o processo divergir do encaminhamento realizado e suscitar conflito de competência? Imagine-se que o juiz da Vara do Júri, diante de processo criminal por homicídio, desclassifique o crime para outro não doloso contra a vida, determinando o encaminhamento do processo ao juízo comum. Redistribuído o feito à Vara Criminal Comum, imagine-se que o respectivo juiz entenda que se trata sim de crime doloso contra a vida. Nesse caso, para uma **primeira corrente**, não poderá o Juiz da Vara Criminal Comum suscitar conflito de competência. Isso porque o efetivo encaminhamento do processo à sua apreciação ocorreu apenas depois do trânsito em julgado da decisão desclassificatória. Ora, se o Ministério Público e a defesa não discordaram dessa decisão, deixando de recorrer, não será lícito ao juiz da Vara Comum, agora, insistir em restabelecer a imputação anterior. Há, contudo, uma **segunda posição**, que parece prevalente, aduzindo o oposto, vale dizer, no sentido de que é sim possível ao magistrado do juízo comum suscitar conflito nesse caso, pois se trata de questão que envolve competência *ratione materiae*, competência esta de natureza absoluta e, portanto, inatingível pela preclusão.

A desclassificação de um crime doloso contra a vida sempre importará em remessa do processo ao juízo criminal comum? Embora seja esta a regra que se depreende do art. 419 do CPP, ressalva-se de sua incidência a hipótese em que mais de um crime doloso contra a vida (todos conexos) tenha sido imputado ao réu em um mesmo processo, com a desclassificação pelo juiz de apenas um deles, e a pronúncia do delito remanescente. *Exemplo:* Considere-se que o réu responda a processo criminal pela prática de dois homicídios conexos. Suponha-se que, por ocasião do juízo de admissão, o magistrado entenda por desclassificar um dos crimes imputados para outro que não seja afeto à competência do júri, proferindo em relação a remanescente decisão de pronúncia. Nesse caso, o crime pelo qual se operou a desclassificação não será encaminhado ao juízo criminal comum, tampouco ocorrerá a cisão do feito. Como se trata de crimes conexos, o crime de homicídio que foi objeto da pronúncia continuará atraindo ao julgamento pelo júri o delito que, agora, restou desclassificado para outro não doloso contra a vida.

10.14.5.2. Recurso

Ao contrário do que ocorre com a pronúncia, a impronúncia e a absolvição sumária, não existe previsão expressa de via impugnativa contra a decisão de desclassificação. Compreende-se, entretanto, cabível o **recurso em sentido estrito** fulcrado no art. 581, II, do CPP. Parte-se do princípio de que, ao desclassificar a infração penal para outra que não seja de competência do júri, nada mais está fazendo o magistrado do que concluir, de ofício, pela incompetência daquele juízo, razão pela qual se mostra adequado o manejo dessa via impugnativa contra tal modalidade de decisão.

10.14.6. Absolvição sumária (art. 415 do CPP)

10.14.6.1. Generalidades

O art. 415 do CPP trata da *absolvição sumária*, cabível quando, de *forma inequívoca*, constatar o juiz, a partir da prova angariada na fase instrutória, qualquer das seguintes situações:

- **Estar provada a inexistência do fato (art. 415, I).**
- **Estar provado que o réu não concorreu para o crime como autor ou partícipe (art. 415, II).**
- **Não constituir o fato infração penal (art. 415, III).**
- **Existir circunstância que isente o réu de pena (art. 415, IV, 1.ª parte):** abrangem-se, neste caso, as descriminantes putativas (art. 20, § 1.º, 1.ª parte, do Código Penal) e as excludentes de culpabilidade propriamente ditas, quais sejam, o erro de proibição inevitável (art. 21 do CP), a coação moral irresistível e a obediência hierárquica à ordem não manifestamente ilegal (art. 22 do CP) e a embriaguez fortuita completa (art. 28, § 1.º, do CP).
- **Causa de isenção de pena consubstanciada na inimputabilidade por doença mental, quando esta se tratar da única tese defensiva (art. 415, IV, 1.ª parte, e parágrafo único).** Embora seja a inimputabilidade por doença mental ou desenvolvimento mental incompleto ou retardado uma causa de exclusão de pena, estabelece o art. 415, parágrafo único, que, com base nela, o juiz apenas poderá absolver sumariamente o réu quando for a única tese da defesa. Isto se justifica pelo fato de que tal motivo de absolvição obriga o magistrado à imposição concomitante de medida de segurança – a chamada absolvição sumária imprópria. Assim, havendo outra tese defensiva, deve-se submeter o acusado a júri popular, já que nessa sede sempre haverá a possibilidade de ser ele absolvido sem imposição de medida de segurança, caso acolhida a outra tese absolutória pelo Conselho de Sentença. Cabe ressaltar que esta solução já vinha sendo apregoada pela jurisprudência mesmo antes da vigência da Lei 11.689/2008 (Informativo 462 do STJ). De qualquer sorte, lembre-se que o inimputável por doença mental é *isento de pena*, não podendo, desta forma, ser condenado. Portanto, se, submetido a júri, não acolherem os jurados a tese absolutória, restará ao juiz, com fundamento no art. 26, *caput*, do CP, após votação dos quesitos, proferir sentença de absolvição com a imposição de medida de segurança.
- **Existir circunstância que exclua o crime (art. 415, IV, 2.ª parte):** trata-se, neste caso, das excludentes de ilicitude ou de antijuridicidade previstas no art. 23 do Código Penal, quais sejam, legítima defesa, estado de necessidade, exercício regular de direito ou estrito cumprimento do dever legal.

OBSERVAÇÕES IMPORTANTES

1) a semi-imputabilidade (art. 26, parágrafo único, do CP), isoladamente considerada, jamais poderá conduzir à absolvição do réu, já que não isenta de pena, tão somente importando na redução da pena imposta de um a dois terços.

2) reitere-se que, vigorando, nesta fase processual, o princípio *in dubio pro societate*, somente a prova estreme de dúvidas quanto à efetiva ocorrência das situações mencionadas no *caput* do art. 415 poderá conduzir à absolvição sumária. Havendo qualquer dúvida, a solução deverá ser a pronúncia, submetendo-se o acusado a julgamento pelo Tribunal Popular.

10.14.6.2. Recurso

Contra a decisão de absolvição sumária, é cabível **apelação**, conforme dispõe o art. 416 do CPP. Antes da vigência da Lei 11.689/2008, esta decisão era impugnável por meio de recurso em sentido estrito, pois contemplada esta modalidade recursal no art. 581, VI, do Código, hoje revogado expressamente.

10.14.6.3. Absolvição sumária e crimes conexos

Imaginemos a seguinte situação: *João é denunciado pela prática de crime de homicídio contra Pedro e por lesão corporal seguida de morte em relação a Joaquim. Por se tratar de crimes conexos, imprime o juiz de direito, a ambos, o rito do júri. Em sede de admissibilidade da acusação, porém, constata, sem nenhuma dúvida, terem sido ambos os delitos cometidos ao abrigo da legítima defesa.* Como deverá proceder o magistrado nesse caso? Deverá absolver sumariamente apenas o crime doloso contra a vida, não se pronunciando em relação ao conexo. Uma vez transitada em julgado a absolvição sumária quanto ao homicídio, cumprirá, então, ao magistrado julgar o conexo, se for o competente, ou determinar a remessa do processo ao juiz que o seja para a decisão a ele relativa.

10.14.7. Inclusão de pessoas e cisão facultativa

O art. 417 do CPP prevê que, se houver indícios de autoria ou de participação de outras pessoas não incluídas na acusação, o juiz, ao pronunciar ou impronunciar o acusado, determinará o retorno dos autos ao Ministério Público, por 15 dias, aplicável, no que couber, o art. 80 do CPP, que trata da cisão facultativa do processo.

Esta regra, basicamente, repete o que já dispunha o art. 408, § 5.º, anteriormente à vigência da Lei 11.689/2008. Significa que, com vista dos autos, o promotor de justiça terá duas possibilidades: uma, aditar a denúncia e incluir novos acusados, os quais serão citados, devendo ser realizada nova instrução quanto a estes; outra, oferecer denúncia em separado, com instauração de novo processo, na forma autorizada pelo art. 80 do CPP. Esta última solução justifica-se não apenas por uma questão de economia processual, mas também para evitar atraso no andamento do processo em relação ao acusado que já foi pronunciado.

10.14.8. O *judicium causae* – procedimento da segunda fase

Nos termos do art. 421 do CPP, uma vez preclusa a decisão de pronúncia, os autos serão encaminhados ao juiz-presidente do Tribunal do Júri com vistas à preparação do processo para o julgamento perante o Conselho de Sentença, seguindo-se, a partir daí, o disposto nos arts. 422 a 424.

> **ATENÇÃO:** Sem embargo de a literalidade do 421 do CPP permitir a conclusão de que, apenas depois de esgotadas todas as possibilidades de recurso contra a pronúncia e de transitada esta em julgado é que poderá o juiz ordenar as providências pertinentes à realização do julgamento pelo júri, o Supremo Tribunal Federal consolidou o entendimento em sentido oposto. Compreende a Corte, enfim, que o art. 421 do CPP, ao condicionar o julgamento pelo júri à preclusão da pronúncia, deve ter sua aplicação restrita aos recursos ordinários – RSE interposto pela defesa contra a pronúncia (caso desprovido ou apenas parcialmente provido); apelação interposta contra a impronúncia ou absolvição sumária (caso provida), embargos infringentes (caso desacolhidos) e embargos declaratórios. De acordo com essa linha de pensamento, a interposição eventual de recursos especial, extraordinário e outros que lhe seguirem não implica óbice à realização do júri. Nesse sentido: "A pendência de recursos especial e extraordinário, que tenham sido

interpostos contra a decisão de pronúncia, não deve ser óbice à realização do julgamento pelo Tribunal do Júri. O artigo 421 do Código de Processo Penal, no que condiciona a realização do Júri à preclusão da decisão de pronúncia deve ser interpretado como significando o esgotamento dos recursos ordinários" (STF, HC 134.900/RS, 2ª Turma, j. 11.10.2016); "A preclusão a que se refere o art. 421 do CPP diz respeito apenas às decisões com recursos previstos para as instâncias ordinárias, razão pela qual a pendência de recursos de natureza extraordinária não impede a realização do **júri**. Precedentes" (STF, HC 130.314/DF, 2ª Turma, J. 26.10.2016); "A legislação processual não prevê efeito suspensivo a recurso especial (artigos 421 e 637 do CPP), e, portanto, a preclusão a que se refere o art. 421 do CPP diz respeito apenas às decisões com recursos previstos para as instâncias ordinárias, razão pela qual a pendência de recursos de natureza extraordinária não impede a realização do júri" (STF, HC 128.684 AgR/SP, 1ª Turma, j. 05.10.2018); "A pendência de recursos especial e extraordinário, que tenham sido interpostos contra a decisão de pronúncia, não é óbice à realização do julgamento pelo Tribunal do Júri" (STF, HC 169.641 AgR-ED, 2ª Turma, j. 23.08.2019).

Ao receber os autos do processo, caberá ao juiz determinar a notificação do Ministério Público ou do querelante (no caso da ação penal privada subsidiária), e do advogado do réu, para que, no prazo de cinco dias, apresentem, querendo, o rol de testemunhas que deverão prestar depoimento em plenário, até o máximo de cinco, oportunidade em que poderão, outrossim, juntar documentos e requerer diligências (art. 422). Não integram esse número, evidentemente, eventuais vítimas do(s) crime(s), relativamente às quais não existe limitação de arrolamento. Afinal, a figura do ofendido não integra a disciplina da prova testemunhal. Tanto é assim que os regramentos de um e outro meio de prova são estabelecidos em artigos distintos (o depoimento do ofendido é regrado no art. 201, ao passo que o depoimento de testemunhas é disciplinado nos arts. 202 e seguintes). Além disso, em vários dispositivos do CPP fez o legislador menção diferenciada em relação aos respectivos depoimentos (arts. 400, 411 etc.). Por óbvio, tal ausência de limitação em relação ao número de ofendidos a serem ouvidos não implica dizer que está obrigado o juiz a deferir a inquirição de todos os que tiverem sido arrolados, impondo-se a observância, em cada caso, dos princípios da razoabilidade e da proporcionalidade, levando-se em consideração a quantidade de fatos imputados ao acusado. *E se for arrolada testemunha que não resida na comarca em que será realizado o julgamento pelo Júri?* Parcela da doutrina entende que, neste caso, a testemunha deverá ser inquirida por meio de carta precatória, devendo esta ser cumprida e devolvida antes da data aprazada para o julgamento. Outros, representando a jurisprudência prevalente, aduzem que a permissão legal de que sejam arroladas testemunhas para a sessão de julgamento visa a que prestem elas seus depoimentos perante os jurados que, além da possibilidade de questioná-las, poderão observar suas reações e, daí, extrair suas impressões pessoais a seu respeito. E tais objetivos restarão esvaziados se colhido o depoimento, previamente ao júri, por meio de precatória. Logo, em que pese a testemunha que resida fora da comarca deva ser notificada a respeito da pretensão de sua oitiva por alguma das partes e da data do julgamento, a verdade é que não está ela obrigada a comparecer ao Tribunal do Júri para depor, ainda que tenha sido arrolada com cláusula de imprescindibilidade (art. 461 do CPP).

Após deliberar sobre os requerimentos de provas a serem produzidas ou exibidas em plenário de julgamento, e depois de realizadas as diligências eventualmente deferidas, o juiz ordenará as providências necessárias para sanar eventuais nulidades ou esclarecer fato que interesse ao julgamento da causa. Em seguida, fará relatório sucinto do processo, aprazando data para sessão (art. 423).

Como se vê, inexistem, na atual concepção normativa, as fases de libelo e contrariedade ao libelo, bastando, agora, que as partes, no prazo legal, requeiram as provas que pretendem produzir em plenário. Neste contexto, o que delimitará a acusação em plenário do júri será a pronúncia, da qual o órgão acusador não poderá se afastar no que respeita à imputação do tipo básico ou derivado e das causas de aumento de pena que tenham sido reconhecidas.

Ademais, conforme dispõe o art. 479 do CPP, eventuais documentos que desejem as partes ler em plenário, ou objetos que pretendam exibir, deverão ser acostados aos autos com a antecedência mínima de três dias úteis, dando-se ciência à outra parte. Segundo se depreende do parágrafo único do citado dispositivo, inserem-se na exigência legal jornais ou qualquer outro escrito, bem como a exibição de vídeos, gravações, fotografias, laudos, quadros, croqui ou qualquer outro meio assemelhado, cujo conteúdo versar sobre a matéria de fato submetida à apreciação e julgamento dos jurados. **E quanto à leitura de referências doutrinárias e excertos de jurisprudência aos jurados?** Desde que não digam respeito ao caso submetido a julgamento, não há qualquer vedação a esse procedimento, tampouco se enquadra ele no regramento do art. 479 em exame, podendo, assim, ser realizado pelas partes como subsídio para o convencimento do Conselho de Sentença.

10.14.9. Desaforamento

Excetuando as regras gerais de competência disciplinadas no art. 69 do CPP, o desaforamento consiste no deslocamento do julgamento pelo júri para Comarca distinta daquela onde tramitou o processo criminal. Tocante às hipóteses que o autorizam, encontram-se disciplinadas nos arts. 427 e 428 do CPP, quais sejam:

- *Interesse da ordem pública*: é a intranquilidade social e os distúrbios locais que poderão ocorrer com a realização do julgamento na Comarca onde o processo tramitou. Reportagens sensacionalistas publicadas rotineiramente na imprensa não acarretam, de per si, a conclusão no sentido de que a ordem pública exija a modificação da competência para o julgamento.
- *Dúvida sobe a imparcialidade dos jurados*: hipótese na qual a comoção existente na Comarca, pela gravidade do crime ou sua autoria, é de proporção tal que acarreta a dedução no sentido da existência de uma tendência prévia da sociedade local para absolver ou condenar o réu, independentemente do que vier a ser debatido no plenário do júri.
- *Segurança pessoal do réu*: autorizam, também, o desaforamento evidências no sentido de que, realizado o julgamento no foro do processo, haverá riscos à integridade física do acusado, sem que haja, de parte do Estado, por meio dos efetivos policiais existentes, a garantia no sentido de que será possível evitar atentados à sua pessoa.
- *Não aprazamento de data para o júri no prazo de até seis meses contados do trânsito em julgado da pronúncia, quando comprovado o excesso de serviço (art. 428)*: trata-se, em síntese, do atraso na designação de data para a realização do julgamento popular justificado no **excesso de serviço**. Não se inclui no cômputo do prazo de seis meses superveniente à preclusão da pronúncia o tempo de atraso decorrente de adiamentos, diligências ou incidentes do interesse da defesa (§ 1.º). Por outro lado, não havendo comprovado excesso de serviço ou existência de processos aguardando julgamento em quantidade que ultrapasse a possibilidade de apreciação pelo Tribunal do Júri nas reuniões periódicas previstas para o exercício, o acusado poderá requerer ao segundo grau (tribunal) que determine a imediata realização do julgamento, não ocorrendo, portanto, nessa hipótese, motivo para desaforamento (§ 2.º).

Nos casos do **art. 427, *caput*** – interesse da ordem pública, dúvida sobre a imparcialidade do júri e segurança pessoal do réu –, o desaforamento poderá ser determinado pelo Tribunal competente a partir de requerimento de qualquer das partes (Ministério Público, querelante, assistente de acusação ou defesa) e inclusive pelo juiz, mediante representação àquele Colegiado. Já na situação prevista no **art. 428, *caput***, são legitimadas para o pedido apenas as partes, não sendo possível aceitar que o faça o Juiz por sua própria iniciativa. Isto se infere tanto da literalidade do dispositivo, ao referir que, além da parte contrária, também o juiz presidente deve ser ouvido a respeito do pedido (a norma não ressalva a possibilidade de a representação ter sido feita pelo próprio magistrado), quanto da circunstância de a hipótese de desaforamento relacionada à delonga na realização do júri não estar subordinada ao *caput* do art. 427, sendo prevista em dispositivo próprio.

O desaforamento, necessariamente, deve ser realizado entre comarcas vizinhas? Apesar de o art. 427 fazer menção ao "desaforamento do julgamento para outra comarca da mesma região", compreendemos que circunstâncias relacionadas à repercussão do fato para além da comarca natural do processo são capazes justificar a transferência do júri para local distante, a fim de assegurar efetividade aos motivos que determinaram a mudança de lugar do julgamento. Nesse sentido, a propósito, já decidiu o STF, sustentando que "por haver dúvida sobre a imparcialidade do júri, é idônea a decisão de desaforamento para a comarca da Capital, com exclusão das comarca vizinhas, quando demonstrado, pelo juiz da causa (e, portanto, próximo aos fatos), que o foro escolhido é o local onde com mais isenção se poderá realizar o julgamento"[67-68].

O desaforamento pode ser ordenado, de ofício, pelo tribunal a que vinculado juiz presidente? Isto não é possível, nem nas situações do art. 427, *caput* nem no caso do art. 428, *caput*. Para ilustrar, imagine-se a hipótese em que determinado réu, preso preventivamente há mais de um ano, impetre *habeas corpus* junto ao tribunal competente, alegando constrangimento ilegal por excesso de prazo na prisão. Considere-se que, nas informações requisitadas pelo Desembargador Relator ao Juiz da comarca de origem, tenha este informado que o processo já se encontra pronto para o Júri, o qual está aprazado para daqui a sete meses. Suponha-se, por fim, que a câmara criminal, ao julgar dito *habeas*, compreenda justificável a delonga da tramitação na complexidade da apuração e na dedução de recursos ao longo do processo, não vislumbrando, contudo, motivo para não aprazamento do júri em data próxima. Pois bem, nesse caso, conquanto não seja possível a ordem de desaforamento, pelo tribunal, à revelia de pedido das partes, poderá a câmara, por simetria ao disposto no art. 428, § 2º, do CPP, conceder *habeas corpus* de ofício, não necessariamente para liberar o acusado, mas, sim, para ordenar a imediata realização do Júri. Perceba-se que a mesma solução poderia ter sido conferida se o julgamento estivesse aprazado para momento que, conquanto anterior a seis meses, ainda assim fosse considerado, em razão da ausência de justificativa plausível pelo Juiz *a quo*, tempo demasiado para o aprazamento da sessão de julgamento.

O pedido de desaforamento deve ser feito após o trânsito em julgado da decisão de pronúncia e antes do julgamento. Na pendência de recurso contra a decisão de pronúncia ou quando efetivado o julgamento, não se admitirá a sua dedução, salvo, nesta última hipótese, quanto a fato ocorrido durante ou após a realização de julgamento anulado (art. 427, § 4.º).

---

[67] STF, RHC 126.401/MG, 2ª Turma, j. 24.03.2015.

[68] O Tribunal de Justiça do Rio Grande do Sul, no julgamento de pedido de desaforamento relativo à sessão de julgamento dos acusados por 242 mortes envolvendo incêndio na Boate Kiss, na cidade gaúcha de Santa Maria, ocorrido em 27 de janeiro de 2013, apreciando a *quaestio*, manifestou-se no sentido de que "se o desaforamento não atua sobre os fatores humanos personalíssimos mobilizados [a emoção e o sofrimento], a desterritorialização do local da tragédia, com a convocação da mais distante (geográfica e simbolicamente) justiça da capital do Estado, torna muito razoável a conjectura de que a autocontenção dos mais diretamente atingidos (vítimas sobreviventes e familiares) será favorecida pelo ambiente mais neutro, menos carregado de lembranças, associações, idiossincrasias. [...] 7. No caso em tela, a ordem da magnitude da tragédia e o centro regional que Santa Maria irradia, inclusive na mobilidade da população universitária, o que explica as diversas vítimas de fora da cidade, tornam a solução legal protocolar (o deslocamento para comarcas da mesma região, pior quanto mais próxima) inócua e desaconselhável. Já na Comarca de Porto Alegre, a par da estrutura, até pela escala e frequência de sessões, são maiores as chances de um julgamento mais imparcial, justo porque mais distante. Recurso provido. Por maioria (Desaforamento de Julgamento nº 70084027671, Primeira Câmara Criminal, j. 10.09.2020).

Não é admitida dilação probatória no processamento do pedido de desaforamento. Logo, a prova quanto à ocorrência das situações permissivas do desaforamento deve estar preconstituída e acostada à petição.

No tocante ao procedimento, o pedido do interessado ou a representação do juiz serão distribuídos imediatamente e terão preferência de julgamento na Câmara ou Turma competente. Considerando que a sua tramitação pode não ser rápida (já que exige, inclusive, que se peçam informações ao juiz da Vara do Júri em que tramita o processo, conforme refere o art. 427, § 3.º), poderá o Desembargador-Relator a que fora distribuído conferir-lhe, liminarmente, efeito suspensivo (art. 427, § 2.º), desde que se trate de situação excepcional e de evidente plausibilidade da postulação. *E se o julgamento do réu pelo Tribunal do Júri for realizado antes da decisão acerca do pedido de desaforamento?* Fica prejudicado, nesta hipótese, o pedido de desaforamento, que nem mesmo necessitará ser deliberado pelo Câmara ou Turma a que distribuído. Neste caso, se a parte que o havia requerido, entender que sofreu prejuízo pelo fato de ter sido o réu julgado na comarca original, poderá arguir a nulidade do julgamento em sede de apelação (art. 593, III, a, do CPP), buscando, então, um novo júri.

Ressalte-se que, nos termos da Súmula 712 do STF, *é nula a decisão que determina o desaforamento de processo da competência do júri sem audiência da defesa*. A despeito dessa limitação determinada pela Súmula ("sem audiência da defesa"), por questão de isonomia processual, reputamos que a mesma regra dever ser aplicada quando se trata de pedido de desaforamento realizado pela defesa, impondo-se, nesse caso, a oitiva da acusação. Tanto, aliás, deve ser assim, que, na hipótese de pedido de desaforamento justificado na demora na realização do júri (mais de seis meses contados do trânsito em julgado da pronúncia), faz o art. 428 expressa referência à oitiva da "parte contrária", o que abrange tanto a acusação quanto a defesa acerca do requerimento feito por um e por outro, não havendo, então, razão lógica para a não aplicação da mesma disciplina no caso de pedido formulado a partir das situações previstas no art. 427. Por razão semelhante, quando se tratar de representação pelo desaforamento formulada ao tribunal pelo próprio juiz, defendemos que a ambas as partes – acusação e defesa – deve ser oportunizada manifestação antes da deliberação definitiva pelo tribunal competente a respeito.

Questão derradeira refere-se à possibilidade de **reaforamento**[69] do júri que, antes, tenha sido objeto de desaforamento. A despeito de certa oscilação, aderimos ao entendimento de que, ainda que cessados os motivos que, originariamente, conduziram o tribunal a autorizar o desaforamento, este, **em tese**, é definitivo, não sendo possível, portanto, *reaforar* o julgamento pelo Júri, vale dizer, autorizar o seu retorno à comarca em que tramitou o processo criminal. Dissemos **"em tese"** porque, se no Juízo para o qual operado o desaforamento, também surgirem as razões previstas nos arts. 427 e 428, poderá ser ordenada nova transferência do local a ser realizado o Júri, nada obstando, nessa hipótese, que o seja para a própria comarca de origem (caso em que se teria um *reaforamento*) se lá tiverem desaparecido os motivos que conduziram ao primeiro desaforamento.

10.14.10. Habilitação do assistente de acusação

Apesar de estabelecerem os arts. 268 e 269 do CPP que o assistente de acusação poderá ser admitido em qualquer fase da ação penal pública, antes do trânsito em julgado da sentença, relativamente à sua atuação em plenário de julgamento pelo tribunal do júri, introduziu o art. 430 do CPP regra de exceção, dispondo que, para essa finalidade, o assistente somente será admitido se tiver requerido sua habilitação até cinco dias antes da data da sessão na qual pretenda atuar.

[69] A possibilidade de *reaforamento* do júri foi questionada na prova oral (realizada no ano de 2020) do concurso para ingresso na carreira do Ministério Público de Minas Gerais.

10.14.11. A sessão de julgamento

A Lei 11.689/2008 estabeleceu várias inovações em relação ao regramento antes incorporado ao Código de Processo Penal no que respeita à sessão de julgamento. Como aspectos principais, destacam-se:

1. Possibilidade de realização do julgamento sem a presença do réu (art. 457): o julgamento não será adiado pelo não comparecimento do acusado solto, do assistente de acusação ou do advogado do querelante, quando tiverem sido regularmente notificados a comparecer. Sob a égide do procedimento anterior à Lei 11.689/2008, o julgamento sem a presença do acusado poderia ocorrer apenas quando fosse afiançável o crime doloso contra a vida a ele imputado. Em se tratando de crime inafiançável, não se possibilitava o julgamento do réu ausente, de sorte que, enquanto não localizado, o processo permanecia suspenso (fenômeno denominado pela doutrina de *crise de instância*). Tal sistema importava em condescendência do legislador com a má-fé do réu, conduzindo, muitas vezes, à sua impunidade, já que durante o período em que o processo estava paralisado a prescrição fluía normalmente.

2. Testemunhas faltosas (arts. 458 e 461): o não comparecimento injustificado da testemunha que tiver sido regularmente notificada importa em crime de desobediência, sem prejuízo da aplicação da multa de um a dez salários-mínimos. Observe-se que o julgamento não será adiado se a testemunha deixar de comparecer, salvo se uma das partes tiver requerido a sua intimação por mandado, na oportunidade de que trata o art. 422 do CPP, declarando não prescindir do depoimento e indicando a sua localização. Se, intimada, a testemunha arrolada em caráter imprescindível não se fizer presente, o juiz-presidente suspenderá os trabalhos e mandará conduzi-la ou adiará o julgamento para o primeiro dia desimpedido. *E se a testemunha não for localizada pelo oficial de justiça no local indicado pela parte que a arrolou?* Nesse caso, o julgamento será realizado normalmente, pois a indicação do endereço da testemunha é obrigação da parte interessada. *E se tiver sido arrolada, em caráter imprescindível, testemunha que resida fora da Comarca?* Como já dissemos (tópico 10.14.8 deste capítulo), é prevalente a orientação de que não apenas ela não está obrigada a comparecer para depor (poderá fazê-lo apenas se o quiser), como também é inconcebível sua inquirição mediante carta precatória, já que isto se desvirtua da finalidade do seu arrolamento para o Plenário do Júri – facultar aos jurados a realização de perguntas e possibilitar a eles extrair suas impressões pessoais quanto ao depoimento prestado.

3. Recusa de jurado sorteado pelas partes e cisão do julgamento (arts. 467 a 469): Por ocasião do sorteio dos sete jurados que integrarão o Conselho de Sentença, cada uma das partes poderá realizar até três recusas injustificadas. Para recusas justificadas (*v.g.*, motivo de impedimento ou suspeição do jurado), evidentemente, não há esse limite. Imagine-se a hipótese em que os réus *A* e *B* devam ser julgados por crime de homicídio perpetrado em concurso de agentes em relação à vítima *C*, encontrando-se eles assistidos por defensores distintos. Instalada a sessão de julgamento, procederá o juiz-presidente ao sorteio dos sete jurados que formarão o Conselho de Sentença (art. 467). À medida que as cédulas contendo o nome dos sorteados forem sendo retiradas da urna, o magistrado fará a leitura e facultará, inicialmente aos defensores dos réus *A* e *B*, e, depois deles, à acusação, manifestarem-se sobre a aceitação ou recusa do jurado (art. 468, *caput*). Considerando que cada uma das partes pode recusar, imotivadamente, até três jurados, aquele que for recusado por qualquer delas (no exemplo, pelo advogado do réu *A*, pelo advogado do réu *B* ou pelo Ministério Público) será imediatamente excluído da sessão de julgamento, prosseguindo-se o sorteio para formação do Conselho de Sentença com os jurados remanescentes (art. 468, parágrafo único).

Alerta-se que, havendo dois ou mais réus e sendo estes representados pelo mesmo advogado no Tribunal do Júri, pode o causídico recusar até três jurados para cada um dos acusados. Como referido pelo STJ, "o direito às três recusas imotivadas é garantido ao acusado, e não à defesa, ou seja, cada um dos réus terá direito às suas três recusas imotivadas, sob pena de violação da plenitude de defesa"[70].

Se, em razão das recusas levadas a efeito pelas partes, não for possível obter o número de sete jurados para a formação do Conselho de Sentença, haverá a separação dos julgamentos (art. 469, § 1.º), submetendo-se ao júri, na data aprazada, apenas um dos réus – réu *A* ou réu *B*. *E, neste caso, qual dos réus deverá ser julgado em primeiro lugar?* O próprio Código de Processo Penal, no art. 469, § 2.º, estabelece o critério de escolha, aduzindo que, determinada a separação dos julgamentos, será julgado em primeiro lugar o acusado a quem foi atribuída a autoria do fato, relegando-se para momento posterior o julgamento do partícipe. Sendo o caso de réus em *coautoria*, observar-se-á o critério estabelecido no art. 429 do CPP, qual seja:

1) Julgamento preferencial do acusado que estiver preso;
2) Se ambos estiverem presos, terá preferência aquele que estiver a mais tempo na prisão;
3) Caso se encontrem os réus em igualdade de condições, a preferência se estabelece ao acusado precedentemente pronunciado.

Qual o sentido de precedentemente pronunciado? Como refere com muita propriedade o Promotor de Justiça *Daniel Bernoulli Lucena de Oliveira* (Ministério Público do Distrito Federal e Territórios), trata-se da "sequência dos réus exposta na decisão de pronúncia, que, por sua vez, deve corresponder à disposição expressa lá na peça inaugural, proposta pelo Ministério Público (ou mesmo pelo querelante), em função do princípio da correlação. Assim, a ordem – aparentemente despretensiosa – da qualificação dos coautores na denúncia (ou queixa) poderá definir qual dos réus será julgado primeiro, influir na estratégia a ser utilizada em plenário e, finalmente, ser determinante na condenação ou na absolvição dos acusados" (A ordem da qualificação dos coautores na denúncia e seus reflexos no desmembramento em plenário. Disponível em: <www.mpdft.gov.br>. Acesso em: 11.02.2016).

Como se vê, modificou-se, com o advento da Lei 11.689, de 09.06.2008, o sistema adotado pela anterior redação do art. 461, que determinava a separação dos julgamentos quando, havendo dois ou mais réus com advogados distintos, o jurado aceito por um deles e recusado por outro, fosse aceito pelo Ministério Público. Na vigência dessa normatização, cindia-se o julgamento, persistindo o júri em relação ao réu cujo defensor tivesse concordado com o jurado sorteado.

Em razão da citada alteração legislativa de 2008, a menção ao art. 461 realizada pelo art. 79, § 2.º, *in fine*, do CPP, na atualidade, deve ser considerada como relativa ao art. 469 do mesmo Código, já que este substituiu aquele no que concerne ao regramento sobre a separação de julgamento de corréus na hipótese de recusa de jurados pelos respectivos defensores. O art. 461, com efeito, trata, hoje, de questão diversa da vertente afeta à recusa de jurados.

4. Aspectos relativos à instrução e interrogatório do réu em plenário de julgamento (arts. 473 a 475): em sessão de julgamento pelo júri, os atos instrutórios observarão as seguintes regras:

- Testemunhas arroladas para prestarem depoimento em plenário serão perguntadas diretamente pelo Ministério Público e pela defesa. Questionamentos dos jurados, porém, serão feitos por meio do juiz.

---

70 STJ, REsp 1.540.151/MT, 6.ª Turma, Rel. Min. Sebastião Reis Junior, j. 08.09.2015.

- As partes e os jurados poderão requerer ao juiz acareações, reconhecimentos de pessoas ou coisas e esclarecimentos dos peritos.
- Não há, na atual regulamentação, a possibilidade anteriormente conferida às partes de requererem ao juiz, previamente aos debates, a *leitura irrestrita* de peças do processo. Agora, nos termos do art. 473, § 3.º, do CPP, partes e jurados poderão requerer, unicamente, que sejam lidas por servidor as peças que se refiram exclusivamente às provas colhidas por carta precatória e às provas cautelares, antecipadas ou não repetíveis, *v.g.*, teor degravado de interceptação telefônica realizada no curso do inquérito policial mediante ordem judicial.
- Não se permitirá o uso de algemas no acusado durante o período em que permanecer no plenário do júri, salvo se esta providência for absolutamente necessária à ordem dos trabalhos, à segurança das testemunhas ou à garantia da integridade física dos presentes.
- Por ocasião do interrogatório, após a formulação das perguntas ao réu pelo juiz-presidente, faculta-se ao Ministério Público, ao assistente, ao querelante (na hipótese de ação penal privada subsidiária da pública) e ao defensor, nessa ordem, formularem, diretamente, perguntas ao acusado (art. 474, § 1.º). Já os jurados, caso haja algum questionamento a ser feito ao réu, deverão fazê-lo por meio do juiz (art. 474, § 2.º).

5. Debates em plenário (arts. 476 a 479): trata-se do momento em que acusação e defesa explanarão perante os jurados suas teses, examinando as provas angariadas ao processo. Neste enfoque, os seguintes aspectos relevam: a ordem da exposição, o tempo de explanação e, por fim, os limites impostos às partes.

- *Ordem:* Abertos os debates, o juiz concederá a palavra, inicialmente ao Ministério Público (art. 476, *caput*), que fará a exposição da tese acusatória nos limites da pronúncia ou das decisões posteriores que a tenham modificado, sustentando as agravantes que entender adequadas ao caso. O assistente de acusação eventualmente habilitado terá a palavra após o *parquet* (art. 476, § 1.º). Tratando-se de ação penal privada subsidiária da pública, primeiro terá a palavra o querelante subsidiário e, após, o promotor de justiça, salvo se este houver retomado a titularidade da demanda em face da negligência do primeiro (art. 476, § 2.º). Depois da acusação, abre-se à defesa a possibilidade de expor seus argumentos ao Conselho de Sentença.
- *Tempo de explanação:*
  - Havendo *um réu* sob julgamento, o tempo destinado à acusação e à defesa será de uma hora e meia para cada, e de uma hora para a réplica e para tréplica (art. 477, *caput*):

Tempo normal:
Promotor de Justiça – 1h30min
Defesa do Réu 1 – 1h30min
Réplica e tréplica:
Promotor de Justiça – 1h
Defesa do Réu 1 – 1h

  - Havendo mais de um réu, o tempo para a acusação e para a defesa será duas horas e meia e de duas horas para réplica e da tréplica (art. 477, § 2.º):

Tempo normal:
Promotor de Justiça ➔ 2h30min
Defesa dos Réus 1 e 2 ➔ 2h30min
Réplica e tréplica:
Promotor de Justiça ➔ 2h
Defesa do Réu ➔ 2h

– Se houver mais de um acusador ou mais de um defensor, estabelece o art. 477, § 1.º, do CPP que estes combinarão entre si a distribuição do tempo. Na falta de acordo, referido tempo será dividido pelo juiz-presidente **de forma a não exceder o máximo previsto no *caput* do dispositivo.** Esta normatização, como se vê, não resolve definitivamente o impasse há muito existente no que toca à divisão entre o período de fala destinado ao Ministério Público e ao assistente, pois se refere apenas à figura do acusador *lato sensu*. Em que pesem opiniões contrárias, compreendemos que, para a definição do interregno em que cada qual poderá se manifestar perante os jurados, deverá o juiz-presidente utilizar analogia ao disposto no art. 411 do CPP, que respeita ao tempo do promotor e do assistente por ocasião dos debates que antecedem a pronúncia, concedendo a este último metade do tempo do primeiro.

Exemplo: Julgamento de apenas 1 réu, havendo assistente de acusação e um advogado na defesa:
- Promotor de Justiça e Assistente de acusação ➔ 1h30min
- Um advogado na defesa do Réu ➔ 1h30min

Regra: Divisão do tempo por livre acordo entre promotor e Assistente de acusação (art. 477, § 1.º, 1.ª parte, do CPP)

Exceção: Não havendo acordo, o juiz deverá estabelecer o tempo de cada um (art. 477, § 1.º, 2.ª parte, do CPP):
- **Ministério Público: 45 minutos**
- **Assistente de Acusação: 45 minutos**
- **Defesa: 90 minutos (1h30min)**

Exemplo: Julgamento de 2 réus, não havendo assistente de acusação, mas se encontrando cada réu assistido por um advogado.
- Promotor de Justiça ➔ 2h30min
- Dois advogados na defesa dos Réus 1 e 2 ➔ 2h30min

Regra: Divisão do tempo por livre acordo entre os advogados dos Réus 1 e 2 (art. 477, § 1.º, 1.ª parte, do CPP).

Exceção: Não havendo acordo, o juiz deverá estabelecer o tempo de cada advogado (art. 477, § 1.º, 2.ª parte, do CPP):
- **Ministério Público: 150 minutos (2h30min)**
- **Advogado do Réu 1: 75 minutos**
- **Advogado do Réu 2: 75 minutos**

- *Limites à exposição das teses em plenário:* No decorrer dos debates, algumas regras deverão ser observadas pela acusação e pela defesa não só para preservar a ordem dos trabalhos, como, também, para evitar posterior anulação da sessão de julgamento em face de eventual recurso interposto pelo sucumbente. Consistem:
  a) As partes não poderão fazer aos jurados referências quanto à decisão de pronúncia ou às decisões posteriores que julgaram admissível a acusação (art. 478, I, 1.ª parte);
  b) Vedada a utilização de argumentos relacionados à determinação do uso de algemas durante o julgamento, visando beneficiar ou prejudicar o acusado (art. 478, I, 2.ª parte);

c) Proibida a referência, em prejuízo do réu, a seu silêncio nas oportunidades em que interrogado (art. 478, II);

d) Vedada a manifestação sobre circunstâncias ou elementos alheios aos fatos objeto de apuração nos autos e a utilização de linguagem, de informações ou de material que ofendam a dignidade da vítima ou de testemunhas (art. 474-A, incluído pela Lei 14.245/2021);

e) Os apartes deverão ser requeridos ao magistrado, podendo ser autorizados por até três minutos, sendo esse tempo acrescido ao de quem tiver sido aparteado (art. 497, XII);

f) A réplica é faculdade da acusação. Logo, não é obrigatória, ainda que, no curso dos debates, a acusação faça referências sugestivas de que pretenderá exercer esse direito após a exposição da defesa. Em consequência, se esta não esgotar suas teses no tempo ordinário, reservando uma ou mais para expor durante a tréplica, correrá o risco de não ter oportunidade para sustentar os argumentos postergados perante o Conselho de Sentença, caso a acusação resolva não ir à réplica;

g) Na medida em que o art. 476, § 4.º, assegura o direito de réplica à *acusação*, conclui-se que tanto o Ministério Público quanto o assistente de acusação e, se for o caso, o querelante subsidiário poderão utilizar esse direito autonomamente. Idêntica conclusão tem lugar quando se trata de defesa exercida por mais de um advogado em relação a réus distintos;

h) Não pretendendo replicar, descabe à acusação, tão logo indagada pelo juiz a respeito, tecer comentários, tais como "não é necessário, pois os fatos estão suficientemente comprovados", pois, se o fizer, abrirá à defesa o direito à tréplica, que poderá exercê-lo pela integralidade do tempo previsto no art. 477, *caput*, e seu § 2.º;

i) Descabe à defesa inovar a tese defensiva na tréplica. Revendo posicionamento anterior, muito especialmente em face de decisões proferidas pelo Superior Tribunal de Justiça[71], entendemos inviável a inovação da tese defensiva apenas em tréplica, uma vez que se trata de ato que macula severamente o princípio do contraditório. Não se desconhece que a defesa do réu no processo criminal deve ser exercida com plenitude, a fim de evitar qualquer injustiça ou erro. Entretanto, tal direito não pode sobrepor-se de tal maneira que viole o devido processo legal, impedindo o efetivo exercício do contraditório pela acusação.

6. Diligências de plenário (art. 481): preceitua o Código de Processo Penal que, se a verificação de qualquer fato, reconhecido como essencial para o julgamento da causa, não puder ser realizada imediatamente, o juiz-presidente dissolverá o Conselho de Sentença, ordenando a realização das diligências entendidas necessárias. Se a diligência consistir na produção de prova pericial, o juiz, desde logo, nomeará perito e formulará quesitos, facultando às partes também formulá-los e indicar assistentes técnicos, no prazo de cinco dias. Neste caso, cumprida a diligência, será aprazada nova data para sessão de julgamento, refazendo-se todos os atos que já tinham sido efetivados na sessão anterior, inclusive sorteio de novos jurados, inquirição das testemunhas arroladas, interrogatório do réu e demais fases. *Exemplo*: *no curso do julgamento, ao interrogar o réu, constata o juiz a possibilidade de que não esteja ele completamente capaz. Neste contexto, deverá dissolver o conselho e submetê-lo a incidente de insanidade mental.* Realizado este procedimento, conforme seja o resultado, aprazará o magistrado nova data para a realização do júri.

---

[71] "Esta Corte possui entendimento de que a inovação de tese defensiva na fase de tréplica, no Tribunal do Júri, viola o princípio do contraditório, porquanto impossibilita a manifestação da parte contrária acerca da *quaestio*" (STJ, AgRg no AREsp 538.496/PA, *DJe* 01.09.2015).

7. Quesitação (arts. 482 a 491): a Lei 11.689/2008 estabeleceu importante inovação em relação aos quesitos a serem formulados aos jurados. O modelo atual, com efeito, mostra-se bastante simplificado em relação à normatização anterior, o que, por certo, importará na redução do número de julgamentos anulados pelos tribunais em razão de problemas de quesitação.

De qualquer sorte, independentemente desta maior simplicidade do questionário, permanece a necessidade de que se mantenha o juiz-presidente atento, na elaboração dos quesitos, acerca dos termos da pronúncia, do teor do interrogatório do réu e do que tenha sido alegado pelas partes por ocasião dos debates. Ademais, deve elaborá-los de forma objetiva e clara, a fim de que possam ser respondidos, simplesmente, com as palavras "sim" e "não".

Em relação à ordem de formulação, encontra-se prevista no art. 483 do CPP, dispondo que os jurados serão indagados, sucessivamente, sobre:

I – Materialidade do fato (483, I): refere-se este 1.º quesito à *ocorrência material do fato, assim como, na hipótese de ter sido consumado o crime contra a vida pelo qual pronunciado o agente, ao nexo causal entre a conduta do agente e o resultado morte (letalidade).*

"No dia 13 de janeiro de 2015, por volta das 14 horas, na Rua Brasil, interior da residência de n.º 400, Bairro Navegantes, em Porto Alegre, a vítima JOÃO foi atingida por disparos de arma de fogo, que lhe causaram as lesões descritas no auto de necropsia da fl. 30, provocando-lhe a morte?"

RESPOSTA:

– SIM: prossegue a quesitação.

– NÃO: o réu está absolvido, pois negada a materialidade e/ou a letalidade.

II – Autoria ou participação: No 2.º quesito, deverão os jurados afirmar ou negar o envolvimento do réu no fato imputado.

"O réu PEDRO, efetuando os disparos que atingiram a vítima JOÃO, concorreu para a prática do fato?"

RESPOSTA:

– SIM: Prossegue a quesitação.

– NÃO: O réu está absolvido, pois negado seu envolvimento no crime.

Discute-se sobre a necessidade de prosseguimento da quesitação na hipótese de, sendo a *negativa de autoria* a única tese defensiva, terem os jurados respondido "sim" ao quesito em exame. Há quem diga que, em tal situação, é dispensável o prosseguimento da quesitação, implicando a resposta afirmativa à autoria ou participação do réu em sua automática condenação. Trilhamos orientação diversa e compreendemos que, mesmo nesse caso, a formulação do quesito genérico da absolvição (quesito seguinte) é obrigatória, pois atende não apenas à previsão legal incorporada ao art. 483 do CPP, como também ao sistema deliberativo que fundamenta os julgamentos pelo Tribunal do Júri, qual seja, o de que os jurados decidem por sua íntima convicção, não sendo impossível que venham a absolver o réu por motivos diferentes dos alegados pela defesa em plenário.

III – Se o acusado deve ser absolvido: Uma vez reconhecidas materialidade, letalidade e autoria do crime objeto do julgamento, indaga-se aos jurados se o réu deve ser absolvido ou não.

"O jurado absolve o acusado?"

RESPOSTA:

- SIM: O réu está absolvido, encerrando-se a votação.
- NÃO: O réu está condenado, prosseguindo-se a votação com indagação sobre causas de diminuição de pena eventualmente alegadas pela defesa em plenário e sobre qualificadoras ou causas de aumento de pena reconhecidas na pronúncia.

Observe-se que, se, por um lado, a linguagem simples empregada neste questionamento permite a cada jurado decidir o destino do réu sem margem para interpretações equivocadas do quesito, por outro, essa forma de quesitação pode ser prejudicial ao acusado quando houver mais de uma tese defensiva. Imagine-se que a defesa tenha sustentado em plenário as teses de legítima defesa real e de legítima defesa putativa. Ora, a primeira, se acolhida, implicará coisa julgada na esfera cível, ao contrário da segunda, que não produz esse reflexo. Contudo, sendo formulado apenas um quesito em relação a ambas e sendo este respondido positivamente pelo Conselho de Sentença, não se terá como saber qual delas foi a escolhida, prejudicando, a nosso ver, o reconhecimento da coisa julgada cível. Por isso, então, é que defendemos, na hipótese em que haja várias teses defensivas, a realização do quesito em exame em relação a cada uma delas.

IV – Se existe causa de diminuição de pena alegada pela defesa: Respondido "não" ao quesito anterior e encontrando-se, assim, condenado o réu, o juiz-presidente formulará, logo após, quesito sobre causa de diminuição de pena eventualmente sustentada pela defesa em Plenário. Neste caso, reputamos que o quesito não poderá ser genérico, tal significando que cada uma das causas sustentadas pelo advogado deverá ser objeto de questionamento próprio. Por exemplo:

"O réu agiu sob o domínio de violenta emoção logo em seguida à injusta provocação da vítima?"
RESPOSTA:
- SIM: É reconhecida a causa de diminuição, devendo o juiz, ao prolatar sentença, sopesá-la na pena.
- NÃO: É negada a causa de diminuição, razão pela qual não refletirá na pena posteriormente imposta pelo Juiz-Presidente.

V – Se existe circunstância qualificadora ou causa de aumento de pena reconhecidas na pronúncia ou em decisões posteriores que julgaram admissível a acusação: Para que sejam objeto de quesitação, as qualificadoras e majorantes devem ter sido reconhecidas na pronúncia, lembrando-se que, consoante examinamos no item 10.14.3.4, as modalidades de concurso de crimes (concurso formal, por exemplo), conquanto constituam causas de aumento de pena, não devem ser enfocadas naquela decisão. Pois bem, também aqui – tratando-se de qualificadoras e causas de aumento – compreendemos que não é possível a formulação de um quesito genérico sobre tais questões, impondo-se o questionamento de cada uma delas em separado. Ilustra-se:

"O crime foi cometido por motivo torpe, qual seja, vingança?"
RESPOSTA:
- SIM: É reconhecida a qualificadora, devendo o juiz levá-la(s) em conta na sentença.
- NÃO: É negada a qualificadora, razão pela qual não refletirá na pena.

"O crime foi cometido por motivo fútil, qual seja, uma discussão banal?"
RESPOSTA:
- SIM: É reconhecida a qualificadora, devendo o juiz levá-la(s) em conta na sentença.
- NÃO: É negada a qualificadora, razão pela qual não refletirá na pena.

"O crime foi cometido contra vítima maior de 60 anos?"
RESPOSTA:
- SIM: É reconhecida a causa de aumento, devendo o juiz levá-la(s) em conta na sentença.
- NÃO: É negada a causa de aumento, razão pela qual não refletirá na pena.

"O crime foi cometido contra vítima menor de 14 anos?"
RESPOSTA:
- SIM: É reconhecida a causa de aumento, devendo o juiz levá-la(s) em conta na sentença.
- NÃO: É negada a causa de aumento, razão pela qual não refletirá na pena.

---

§ 4.º Sustentada a desclassificação da infração para outra de competência do juiz singular, será formulado quesito a respeito, para ser respondido após o 2.º (segundo) ou 3.º (terceiro) quesito, conforme o caso: Nesta hipótese, serão os jurados questionados sobre a ocorrência de dolo de matar na conduta do réu. Se responderem eles negativamente a esse quesito, opera-se a denominada *desclassificação própria*, o que implica o deslocamento, para o juiz, da competência para o julgamento, podendo ele, então, condenar ou absolver o réu.

Frise-se que, invocada essa tese desclassificatória pela defesa, deverá ela ser indagada aos jurados logo após o 2.º quesito, ou seja, após a afirmação do envolvimento do réu e imediatamente antes do questionamento quanto a sua absolvição ou não. Quanto à referência do § 4.º no sentido de que o questionamento poderá ser feito após o 3.º quesito, consideramos uma impropriedade legislativa. Isso porque a resposta "não", pelos jurados, ao 3.º quesito implicará condenação do réu por crime doloso contra a vida. Assim, parece-nos evidente que o quesito referido no § 4.º deve ser feito após o 2.º e antes do 3.º, evitando-se pronunciamento dos jurados sobre o mérito de condenar ou absolver.

"O réu quis o resultado ou assumiu o risco de produzir a morte da vítima?"
RESPOSTA:
- SIM: Importa em afirmação do dolo de matar, prosseguindo-se o questionário, com a votação do quesito relativo à absolvição.
- NÃO: Acarreta a desclassificação própria, cabendo ao juiz decidir se condena ou absolve o réu por crime não doloso contra a vida, bem como definir a respectiva tipificação.

---

§ 5.º Sustentada a tese de ocorrência do crime na sua forma tentada ou havendo divergência sobre a tipificação do delito, sendo este da competência do Tribunal do Júri, o juiz formulará quesito acerca destas questões, para ser respondido após o segundo quesito.

Esta disposição, como se vê, contempla duas situações:

1.ª parte: trata-se da hipótese em que foi o réu pronunciado por tentativa de homicídio. Deverão os jurados ser questionados da seguinte forma:

"Assim agindo, o réu deu início ao ato de matar a vítima, o que não se consumou por circunstância alheia à sua vontade?"
RESPOSTA:
- SIM: Prossegue-se a quesitação.
- NÃO: A resposta negativa a este quesito, assim como ocorre com eventual tese negativa de dolo, implica desclassificação própria, afastando-se a competência do Tribunal do Júri e atribuindo-se ao juiz a competência para julgar o fato, absolver ou condenar o réu e, nesse último caso, definir a classificação do crime.

2.ª parte: neste caso, o réu foi pronunciado pela prática de um determinado crime doloso contra a vida (p. ex.: homicídio), porém a defesa, em plenário, sustenta tratar-se de crime doloso contra a vida diverso (p. ex.: infanticídio). Neste caso, deverá ser formulado quesito correspondente à tese defensiva:

"Assim agindo, a ré se encontrava sob influência do estado puerperal?"
RESPOSTA:
- SIM: Respondendo positivamente a esse quesito, restará afastado o dolo de homicídio e, em consequência, inviabilizada a condenação por esse crime. Prosseguir-se-á, então, a quesitação, podendo a ré, no máximo, ser condenada por infanticídio.
- NÃO: A resposta negativa implica rejeição da tese defensiva de infanticídio, prosseguindo-se a quesitação pelo homicídio.

---

8. Sentença do juiz-presidente: Em seguida à votação dos quesitos, o juiz-presidente prolatará sentença, atendendo aos critérios do art. 492. Relativamente a esse dispositivo, duas regras em especial merecem destaque, ambas tratando da hipótese de que os jurados tenham desclassificado a infração penal imputada na denúncia para outra. Assim:

Desclassificação do crime doloso contra a vida para modalidade delituosa que permita aplicação dos benefícios da Lei 9.099/1995: Estabelece o art. 492, § 1.º, do CPP que, se houver desclassificação da infração dolosa contra a vida para outra, de competência do juiz singular, ao presidente do Tribunal do Júri caberá proferir sentença, aplicando, quando o delito resultante da nova tipificação for considerado pela lei como infração penal de menor potencial ofensivo, o disposto no art. 69 e seguintes da Lei 9.099, de 26.09.1995. Com isto, fica claro que os institutos despenalizadores da Lei 9.099 (composição civil, transação penal, suspensão condicional do processo) deverão ser aplicados perante a vara do Júri, não havendo que se remeter o processo àquela sede especial. *Exemplo:* Por ocasião da votação dos quesitos, os jurados desclassificam o crime de tentativa de homicídio para lesões corporais leves. Neste caso, exsurge a competência do juiz para o julgamento. Não obstante, o crime de lesões corporais não será julgado imediatamente pelo juiz da vara do júri, que deverá proferir sentença limitada à declaração de que os jurados efetuaram a desclassificação, aguardando, então, o trânsito em julgado da decisão desclassificatória. Preclusa a decisão do júri, a vítima será intimada para oferecer representação, designando-se, após, a audiência preliminar, para composição dos danos civis (art. 74 da Lei 9.099/1995) ou transação penal (art. 76 da Lei 9.099/1995). De igual modo procederá o juiz-presidente se a desclassificação ocorrer para um crime cuja pena mínima seja igual ou inferior a um ano (*v.g.*, tentativa de homicídio para lesões corporais graves), o que importa dizer que, também neste caso, o crime não será julgado imediatamente, impondo-se ao juiz, após o trânsito em julgado da decisão desclassificatória, abrir vista ao Ministério Público a fim de que se manifeste acerca da possibilidade da suspensão condicional do processo (art. 89 da Lei 9.099/1995).

Desclassificação do crime doloso contra a vida e consequência desta decisão perante os delitos conexos sem essa natureza: Dispõe o art. 492, § 2.º, do CPP que, em caso de desclassificação do crime doloso contra a vida, o crime conexo que não possua essa natureza será julgado pelo juiz-presidente do Tribunal do Júri, aplicando-se, no que couber, o disposto no § 1.º. Como se vê, a desclassificação do crime doloso contra a vida que atraiu a competência do júri para julgamento dos conexos sem essa natureza importa em transferir para o juiz a competência para o julgamento dessas infrações.

9. Questões relevantes sobre a quesitação: A despeito das inovações expressamente determinadas pela Lei 11.689/2008 em relação ao procedimento do júri, há alguns outros aspectos que devem ser analisados. Consistem:

1. *Como deve ser realizada a quesitação na hipótese de mais de um réu estar sob julgamento ou mais de um crime se encontrar em apreciação na mesma sessão do Tribunal do Júri?* Neste caso, os quesitos relativos a cada réu ou a cada crime serão formulados em séries distintas (art. 483, § 6.º). Isto significa que a ordem de quesitos estabelecida no art. 483 deve ser refeita pelo magistrado para cada acusado e em relação a cada crime submetido a julgamento pelo Conselho de Sentença.
2. *Alcançado o veredicto final com o 4.º voto no mesmo sentido, é necessária a abertura dos votos remanescentes?* Não. Primeiro, porque o art. 483, §§ 1.º e 2.º, do CPP assim determina, expressamente, e, segundo, porque tal procedimento não acarreta qualquer prejuízo ao acusado, não caracterizando, desse modo, nulidade sequer relativa.
3. *Se determinada testemunha prestar falsas declarações em Plenário do Júri, pode o juiz-presidente, a requerimento de qualquer das partes, determinar a extração de có-*

pias desse depoimento com vistas à apuração do crime de falso testemunho? Tendo em vista o que dispõe o art. 211, parágrafo único, do CPP, cabe ao Conselho de Sentença deliberar acerca da necessidade de extração de cópias e envio para o Ministério Público tomar as providências necessárias à apuração de eventual crime de falso testemunho, ocorrido durante o julgamento perante o júri. Logo, deverá ser formulado aos jurados, após a quesitação do crime de competência do júri, quesito especial sobre a ocorrência do falso testemunho, sendo que, apenas se afirmada a prática deste delito, é que poderá o magistrado ordenar as medidas cabíveis para a respectiva apuração.

4. *A inimputabilidade em razão de doença mental ou desenvolvimento mental incompleto ou retardado deve ser quesitada aos jurados?* Essa inimputabilidade, disciplinada no art. 26 do Código Penal, constitui causa de isenção de pena. Ora, analisando-se o art. 483 do CPP, percebe-se que não há previsão de que sejam quesitadas aos jurados as circunstâncias que isentam o réu de pena. Quesitam-se, isso sim, as *causas de redução de pena* (art. 483, IV) e as *causas de aumento de pena* (art. 483, V). A semi-imputabilidade, por exemplo, constituindo-se em causa de redução de pena, deve ser quesitada, podendo ser tanto afirmada como negada pelos jurados. Sem embargo dessa disciplina legal, que não prevê a quesitação da inimputabilidade, sempre defendemos que, se arguida a inimputabilidade e desde que tenham os jurados respondido "sim" ao quesito genérico de absolvição (art. 483, III e § 2.º – "O jurado absolve o acusado?"), cabe ao juiz realizar quesito específico para essa tese. Isto se justifica no fato de que o reconhecimento da inimputabilidade conduz à imposição de medida de segurança. Agora, na hipótese de resposta negativa ao quesito genérico de absolvição, afastada estará a tese de inimputabilidade, ficando prejudicada a formulação de quesito específico. *E por que tal quesito deverá ser formulado apenas se responderem os jurados afirmativamente ao quesito genérico da absolvição*? Por uma razão bem simples: a inimputabilidade do réu ao tempo do fato, para conduzir à aplicação de medida de segurança, pressupõe juízo de absolvição – é a chamada *absolvição imprópria*, cabível quando, no exame dos fatos e das provas, conclua-se que, se não fosse a inimputabilidade, caberia a condenação do réu. Evidentemente, havendo sido a tese da inimputabilidade defendida em Plenário, caberá ao juiz explicar ao Conselho de Sentença, previamente à submissão dos quesitos, a sistemática de votação e as consequências do "sim" e do "não" ao quesito genérico de absolvição e, sendo este afirmado, das repostas "sim" e "não" ao quesito específico relativo à inimputabilidade.

Para melhor ilustrar, considere-se o seguinte caso concreto:

Determinado réu, processado criminalmente por homicídio, alegou, no curso da ação penal, ter agido legítima defesa. Por entender não suficientemente comprovada essa tese, exarou o juízo *decisão de pronúncia*, determinando a sua submissão a julgamento pelo Tribunal do Júri. Ocorre que, antes do julgamento em Plenário, requereu a defesa a instauração de incidente de insanidade mental, o qual, realizado, concluiu pela *inimputabilidade do réu ao tempo do fato*. Submetido a julgamento pelo Tribunal do Júri, sustentou a defesa, em plenário, as duas teses, quais sejam, a ocorrência da legítima defesa e a inimputabilidade em razão de doença mental ao tempo do fato. Realizado julgamento pelo júri, responderam os jurados afirmativamente aos quesitos da materialidade e letalidade (art. 483, I), afirmativamente ao quesito da autoria (art. 483, II) e afirmativamente ao quesito genérico da absolvição (art. 483, III). Ora, se a absolvição tiver ocorrido por terem os jurados considerado que o réu agiu em legítima defesa, não poderá o juiz aplicar medida de segurança (ocorre a chamada absolvição própria). Todavia, se o motivo do veredicto tiver sido a inimputabilidade, impõe-se ao juiz a imposição de tal medida (ocorre a denominada absolvição imprópria). Sem embargo destas conclusões, é certo que a simples resposta dos jurados ao quesito genérico do art. 483, III, do CPP – *O jurado absolve o acusado?* – não permite identificar qual a tese por eles agasalhada para absolver o réu (legítima defesa ou inimputabilidade). E as consequências de uma e outra, como visto, são distintas. Por tal razão, pois, é que se vem defendendo que, nesses casos, após respondido afirmativamente ao quesito genérico da absolvição, deverá formular o Juiz-Presidente do Tribunal do Júri outro quesito, questionando aos jurados se "o réu, ao tempo do fato, era inteiramente incapaz de compreender o caráter ilícito de sua conduta e de se determinar de acordo com este entendimento". Esta formulação possibilitará ao juiz identificar se estão os jurados absolvendo o réu com ou sem medida de segurança, elidindo a dúvida a respeito.

Pois bem, agasalhado tal entendimento – necessidade de formulação de quesito específico quando sustentada, em plenário, tese da inimputabilidade do réu ao tempo do fato, as seguintes situações podem ocorrer:

<table>
<tr><th colspan="3">Formulação de Quesito Específico Acerca da Inimputabilidade</th></tr>
<tr><td colspan="3">1.º quesito – materialidade e letalidade: resposta SIM.
2.º quesito – autoria: resposta SIM.
3.º quesito – genérico de absolvição: resposta ____
4.º quesito – inimputabilidade do réu ao tempo do fato: resposta____</td></tr>
<tr><td>AFIRMADO o 3.º quesito e NEGADO o 4.º quesito: Réu está absolvido sem medida de segurança.</td><td>AFIRMADO o 3.º quesito e AFIRMADO o 4.º quesito: Réu está absolvido com medida de segurança.</td><td>NEGADO o 3.º quesito: Fica PREJUDICADO o 4.º quesito, pois o réu está condenado. Se, na fase executória, constatar o juízo da execução que persiste a inimputabilidade, poderá determinar a internação em estabelecimento psiquiátrico (art. 41 do CP) ou converter a pena em medida de segurança (art. 183 da LEP).</td></tr>
</table>

Note-se que, reconhecida em incidente de insanidade mental a inimputabilidade do acusado, pode ocorrer que, sendo esta quesitada aos jurados, venham eles a negá-la, entendendo, em desacordo com o laudo pericial, que o réu possuía capacidade de compreensão e de autodeterminação à época do fato. Esta negativa, por si, não implica, necessariamente, em se considerar o veredicto como sendo "manifestamente contrário à prova dos autos" (art. 593, III, *d* e § 3.º do CPP), já que outros elementos existentes nos autos podem conduzir o Conselho de Sentença a assim concluir. Ademais, deve-se ter em mente que o art. 182 do CPP permite ao juiz (e, obviamente, também aos jurados, que são os juízes do fato no Tribunal do Júri) discordar, total ou parcialmente, do laudo pericial.

Mas, atenção: embora compreendamos correta a orientação no sentido da necessidade de quesitação da inimputabilidade do réu ao tempo do fato quando esta for uma das teses defensivas e tiverem os jurados respondido afirmativamente ao quesito genérico de absolvição (art. 483, III, do CPP), a questão ainda gera dúvidas. Atente-se, ademais, que no STJ, inequivocamente, a tendência é no sentido da desnecessidade daquela quesitação, bastando, na ótica desse tribunal, a efetivação do quesito genérico, cuja resposta afirmativa pelos jurados implicará absolvição sem imposição de medida de segurança[72].

[72] "[...] 3. Não há mais quesitação específica quanto às teses defensivas porque o Legislador Pátrio, ao editar a Lei n. 11.689/2008, adotou a quesitação genérica. Dessa forma, não há que se falar em necessidade de indagação

10.14.12. Desclassificação própria e desclassificação imprópria em plenário de julgamento

Anteriormente ao advento da Lei 11.689/2008, era consolidado o entendimento de que a votação dos quesitos pelo Conselho de Sentença poderia, eventualmente, conduzir a duas formas de desclassificação: a **desclassificação própria** e a **desclassificação imprópria**.

A possibilidade de efetivarem os jurados a *desclassificação própria*, como vimos antes, persiste no ordenamento atual, ocorrendo quando eles, ao serem quesitados, afastam o dolo de matar. Por exemplo:

a) Diante de julgamento do réu pelo crime de tentativa de homicídio, sendo formulado, em atenção ao art. 483, § 5.º, do CPP, o quesito *"Assim agindo, o réu deu início ao ato de matar a vítima, o que não se consumou por circunstância alheia à sua vontade?"*, respondem eles "não". Isto importa em afastar a intenção de matar e, consequentemente, em deslocar a competência do julgamento para o Juiz, que poderá absolver ou condenar o réu e, nesse último caso, definir a correta classificação do crime.
b) Pronunciado o réu por homicídio doloso, sustenta a defesa, em plenário do júri, que o delito foi culposo. Nesta hipótese, submetido aos Jurados, em observância ao art. 483, § 4.º, do CPP, o quesito *"O réu quis o resultado ou assumiu o risco de produzir a morte da vítima?"*, respondem eles negativamente. À semelhança da hipótese anterior, também aqui ocorre o deslocamento da competência do Conselho de Sentença para o Juiz, que é quem vai deliberar a respeito, absolvendo ou condenando o acusado.
c) Como se pode observar, na desclassificação própria, os jurados afastam a competência do Tribunal do Júri sem explicitar qual é o delito, podendo o juiz-presidente absolver o réu ou condená-lo, estabelecendo, nessa última hipótese, a respectiva definição jurídica. No exemplo "a" *supra*, negado o dolo de matar, poderá o juiz-presidente condenar o réu pelo crime de lesão corporal dolosa, lesão corporal culposa, exposição à perigo etc.

Dúvidas ainda existem quanto à subsistência, no regramento atual, da denominada *desclassificação imprópria*, assim compreendida aquela em que o conselho de sentença, entendendo estar configurado crime não doloso contra a vida, condena o réu por tal crime e, ao mesmo tempo, desloca, de forma imediata e independentemente da votação de qualquer outro quesito pertinente à pena (os previstos no art. 483, § 3.º, por exemplo), a competência ao juiz-presidente para estipular a pena cabível nos limites da nova infração reconhecida.

Na disciplina anterior à Lei 11.689/2008, tal modalidade desclassificatória ocorria, por exemplo, quando, por ocasião da votação dos quesitos pertinentes à legítima defesa – lembre-se que, na disciplina pretérita, não se formulava o quesito genérico da absolvição (hoje previsto no art. 483, III), impondo-se ao juiz, no caso de tese defensiva da legítima defesa, quesitar aos jurados cada um dos requisitos dessa excludente –, os jurados, após afastarem essa tese com negativa ao quesito *"O réu utilizou, moderadamente, os meios necessários para repelir a injusta agressão?"* respondiam positivamente ao quesito do excesso culposo, vinculando o juiz, portanto, à condenação por homicídio culposo. É possível dizer que, nestes casos, os jurados desclassificavam a infração, já condenando o réu – daí a denominação *desclassificação imprópria*.

---

acerca da tese de inimputabilidade do Réu, uma vez que, como visto, se encontra abrangida no quesito único referente à absolvição do acu-sado que, no caso dos autos, foi devidamente formulado pelo Juiz Presidente" (STJ, HC 524571/ES, Sexta Turma, *DJ* 22.02.2021).

Ocorre que, na atualidade, como já se disse e repetiu, o modelo de quesitação disciplinado pelo Código de Processo Penal não contempla a análise, pelos membros do júri, dos requisitos pertinentes ao reconhecimento de cada tese de defesa. Pergunta-se, tão somente, *"O jurado absolve o acusado?"*, implicando a resposta "sim" em absolvição, não sendo possível saber, no caso de mais de uma tese defensiva ter sido exposta, qual a acolhida pelo Conselho de Sentença para absolver o réu – diferentemente da sistemática anterior em que cada tese era objeto de quesitação própria. Neste contexto, diante da previsão do quesito genérico da absolvição, muitos sustentam que hoje, diante da nova sistemática de questionário, não mais é possível falar em *desclassificação imprópria*.

Sem embargo dessa orientação, a verdade é que, na atualidade, a orientação da maioria é a da subsistência da possibilidade de *desclassificação imprópria*. Delmar Pacheco da Luz, Procurador de Justiça, no Ministério Público do Rio Grande do Sul, comentando a respeito, aduz que "uma das hipóteses dessa desclassificação é a participação dolosamente distinta prevista no § 2.º do art. 29 do Código Penal. Ao sustentar essa tese, a defesa deverá declarar expressamente de qual delito o acusado quis participar. Assim, respondendo o réu como mandante de um homicídio, poderá sustentar a defesa que ele queria participar tão somente de lesão corporal, já que admite haver determinado ao executor que aplicasse uma surra no ofendido"[73].

A persistência da *desclassificação imprópria* no ordenamento vigente vem sendo afirmada, também, pelo STJ. Isso ocorreu, por exemplo, no caso retratado pelo julgamento do HC 125.069/SP (08.02.2011). Tratava-se da hipótese em que o réu havia sido denunciado por homicídio, tendo o MP, em plenário, modificado a tese acusatória e sustentado a ocorrência de latrocínio. Formulado ao conselho de sentença sobre a finalidade da violência empregada pelo réu contra a vítima, afirmaram os jurados que o objetivo da conduta foi a subtração de um cheque. Com isto, sob a ótica do STJ, ocorreu hipótese de *desclassificação imprópria*, já que os jurados condenaram o réu por crime não doloso contra a vida, deslocando, porém, à competência do juiz-presidente a fixação da pena.

Além do mais, há entendimento jurisprudencial no sentido de que, diante da necessidade de assegurar a plenitude de defesa, a simplificação do questionário a ser submetido aos jurados não afasta a exigência de "serem formulados ao júri quesitos que representam desdobramento lógico das respostas dadas aos quesitos obrigatórios, previstos no art. 483 do CPP"[74]. De acordo com essa orientação, se a tese sustentada pela defesa em plenário for a de legítima defesa e se esta restar implicitamente rechaçada pelos jurados ao responderem negativamente ao terceiro quesito – *"O jurado absolve o acusado?"* –, será obrigatória a formulação de quesito relacionado ao *excesso culposo*, pois este é consectário lógico e natural do afastamento de um dos requisitos da legítima defesa, que é o da *moderação no uso dos meios necessários para repelir injusta agressão*. Para ilustrar, considere-se que tenha sido *Pedro* pronunciado por homicídio simples contra *João*, causando-lhe a morte por meio de disparos de arma de fogo, e que, em plenário, sustente o advogado a tese da legítima defesa. Ora, aderindo o juiz-presidente à orientação de que é necessário quesitar o excesso culposo se rejeitada pelos jurados a mencionada excludente, deverá prosseguir à seguinte quesitação:

---

73 Tribunal do Júri: a nova quesitação. Disponível em: <www.jusbrasil.com.br>. Acesso em: 21 jul. 2008.

74 TJRS, Apelação n.º 70064753098, j. 01.10.2015.

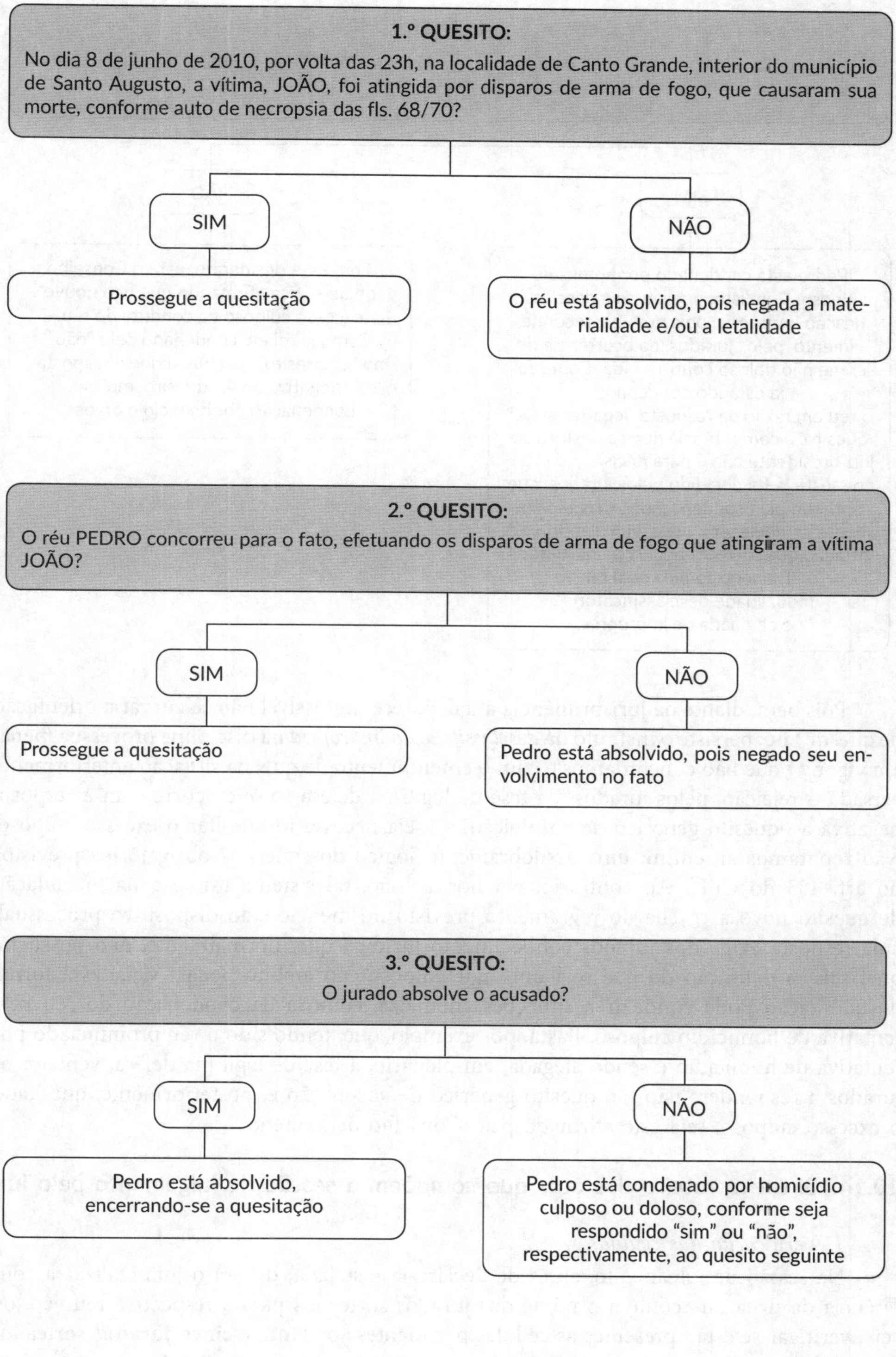
1.º QUESITO:
No dia 8 de junho de 2010, por volta das 23h, na localidade de Canto Grande, interior do município de Santo Augusto, a vítima, JOÃO, foi atingida por disparos de arma de fogo, que causaram sua morte, conforme auto de necropsia das fls. 68/70?
SIM
NÃO
Prossegue a quesitação
O réu está absolvido, pois negada a materialidade e/ou a letalidade
2.º QUESITO:
O réu PEDRO concorreu para o fato, efetuando os disparos de arma de fogo que atingiram a vítima JOÃO?
SIM
NÃO
Prossegue a quesitação
Pedro está absolvido, pois negado seu envolvimento no fato
3.º QUESITO:
O jurado absolve o acusado?
SIM
NÃO
Pedro está absolvido, encerrando-se a quesitação
Pedro está condenado por homicídio culposo ou doloso, conforme seja respondido "sim" ou "não", respectivamente, ao quesito seguinte

4.º QUESITO:

Ao efetuar os disparos de arma de fogo contra a vítima JOÃO, o acusado PEDRO excedeu, culposamente, os limites da legítima defesa?

SIM

Pedro está condenado por homicídio culposo. Com isto, operou-se a desclassificação imprópria, pois houve o reconhecimento, pelos jurados, da ocorrência de crime não doloso contra a vida. Contudo, já estando condenado o réu em razão da resposta negativa ao 3.º quesito, a competência que se desloca ao juiz presidente não é para decisão do mérito – este já foi decidido pelos jurados, que optaram pela condenação –, mas tão somente estabelecer a pena, vinculando-se à infração que foi reconhecida pelos jurados. Daí a razão pela qual tal modalidade desclassificatória é chamada de imprópria

NÃO

Com esse desiderato, está o Conselho de Sentença afirmando que não houve excesso culposo na conduta do réu. Como já foi ele condenado pelo "não" ao 3.º quesito, conclui-se que a resposta negativa ao 4.º quesito implica condenação por homicídio doloso

Pois bem, diante da jurisprudência atual, parece impossível não se curvar à orientação de que, de fato, persiste o instituto da *desclassificação imprópria* na disciplina processual penal em vigor. O que não concordamos é com o entendimento de que, na situação anteriormente versada – rejeição, pelos jurados, da tese de legítima defesa (o que ocorre com a resposta negativa ao quesito genérico de absolvição) –, seja necessário quesitar o excesso culposo. Não reputamos aí, enfim, um "desdobramento lógico dos quesitos obrigatórios previstos no art. 483 do CPP". Ao contrário, em nossa visão, tal sistema importa na formulação de quesito novo à revelia do regramento previsto no mencionado dispositivo processual, cuja resposta exige dos jurados conhecimento jurídico que, normalmente, não possuem, qual seja, a definição do que seja um "agir culposo" no âmbito penal. Mais: essa forma de quesitação pode conduzir a situações anômalas, como a da condenação do réu pela tentativa de homicídio culposo. Basta, por exemplo, que, tendo sido o réu pronunciado por tentativa de homicídio e sendo alegada, em plenário, a tese de legítima defesa, venham os jurados a responder "não" ao quesito genérico de absolvição e, posteriormente, quesitado o excesso culposo, seja este afirmado pelo Conselho de Sentença.

10.14.13. Breve roteiro dos atos que compõem a sessão de julgamento pelo júri

1. Verificação das cédulas

Na sessão de julgamento, antes de declará-la instalada, deverá o juiz realizar a conferência da urna que contém o nome dos jurados sorteados para a respectiva reunião, ou seja, verificar se estão presentes as cédulas pertinentes aos **vinte e cinco jurados** sorteados em conformidade com o art. 433. Ato contínuo, determinará ao escrivão que proceda à chamada para confirmação dos presentes (art. 462).

2. Instalação da sessão

Se, na sessão de julgamento, tiverem comparecido pelo menos **quinze jurados**, o juiz deverá declarar instalados os trabalhos (art. 463), desimportando, para fins deste cômputo, que, entre os presentes, haja jurados que não possam participar do conselho de sentença por motivos de suspeição ou impedimento (art. 466 c/c o art. 463, § 2.º). Não havendo o número mínimo, procederá o magistrado ao sorteio de jurados suplentes em número correspondente aos que faltaram, e designará nova data para a sessão (art. 464). A ausência injustificada do jurado à sessão de julgamento acarreta-lhe a imposição de multa, que será fixada pelo juiz entre um a dez salários-mínimos, de acordo com sua condição econômica (art. 442).

3. Esclarecimentos do juiz

Instalada a sessão, o magistrado esclarecerá aos jurados sobre os impedimentos, suspeições e incompatibilidades, advertindo, outrossim, acerca da incomunicabilidade dos membros do Conselho de Sentença (arts. 448, 449 e 466).

4. Formação do Conselho de Sentença

Ato contínuo, será realizado o sorteio de **sete jurados** para a composição do Conselho de Sentença, podendo a defesa e o Ministério Público efetuar até três recusas imotivadas (arts. 467 e 468).

5. Exortação e compromisso

Conforme reza o art. 472, formado o Conselho de Sentença, o juiz-presidente fará aos jurados a seguinte exortação: "Em nome da lei, concito-vos a examinar esta causa com imparcialidade e a proferir a vossa decisão de acordo com a vossa consciência e os ditames da justiça". Os jurados, neste momento, serão chamados individualmente pelo nome e deverão responder, como forma de compromisso: "Assim o prometo".

6. Entrega de cópia de peças

Em seguida, cada membro do Conselho de Sentença receberá cópias da pronúncia ou, se for o caso, das decisões posteriores que julgaram admissível a acusação e do relatório do processo. Reitera-se que, a despeito da entrega destas cópias aos jurados, não poderão as partes, sob pena de nulidade, fazer-lhes menção por ocasião dos debates (art. 478, I).

7. Instrução em plenário

Prestado o compromisso pelos jurados, será iniciada a instrução plenária quando o juiz-presidente, o Ministério Público, o assistente, o querelante e o defensor do acusado tomarão, sucessiva e diretamente, as declarações do ofendido, se possível, e inquirirão as testemunhas arroladas pela acusação (art. 473). Para a inquirição das testemunhas arroladas pela defesa, o defensor do acusado formulará as perguntas antes do Ministério Público e do assistente, mantidos, no mais, a ordem e os critérios estabelecidos neste artigo (§ 1.º). Como se vê, em relação aos precitados sujeitos processuais, adotou a Lei 11.689/2008 o sistema *direct* e *cross examination*, segundo o qual as perguntas são realizadas pelas partes **diretamente** a quem esteja sob inquirição. Já quanto às perguntas facultadas aos jurados ao ofendido e testemunhas, deverão ser feitas por intermédio do juiz presidente (§ 2.º). Outro aspecto importante respeita ao fato de que as partes e os jurados poderão requerer acareações, reconhecimento de pessoas e coisas e esclarecimento dos peritos, bem como a leitura de peças que se refiram, exclusivamente, às provas colhidas por carta precatória e às provas cautelares, antecipadas ou não repetíveis (§ 3.º).

8. Interrogatório do réu

A seguir, será o acusado interrogado (art. 474). O Ministério Público, o assistente, o querelante e o defensor, nessa ordem, poderão formular, diretamente, perguntas ao acusado (§ 1.º). Os jurados, tal como ocorre em relação à inquirição da vítima e das testemunhas, formularão perguntas por intermédio do juiz-presidente (§ 2.º). Visando evitar interferência no ânimo dos jurados, vedou o legislador o uso de algemas no acusado durante o período em que permanecer no plenário do júri, salvo se absolutamente necessário à ordem dos trabalhos, à segurança das testemunhas ou à garantia da integridade física dos presentes (§ 3.º).

9. Debates

Tempo. Superada a fase instrutória, iniciam-se os debates, ocasião em que acusação e defesa arguirão suas teses perante o Conselho de Sentença. O prazo para a acusação e para a defesa será de uma hora e meia para cada um, facultando-se, após, mais uma hora a título de réplica e uma hora para tréplica (art. 477). Havendo mais de um acusado, o tempo para a acusação e para a defesa será acrescido de uma hora e dobrado para réplica e tréplica.

Apartes. Objetivando evitar interferências excessivas de qualquer dos polos no curso da exposição que estiver sendo realizada pela parte *ex adversa*, dispôs a lei que compete ao juiz regulamentar, durante os debates, a intervenção de uma das partes, quando a outra estiver com a palavra, podendo conceder **até** três minutos para cada *aparte*. Os apartes, então, deverão ser requeridos ao magistrado e, se por ele permitidos, serão acrescidos ao tempo de quem tiver sido aparteado (art. 497, XII).

10. Consulta aos jurados

Finalizados os debates, o juiz indagará aos jurados se estão habilitados a julgar (art. 480, § 1.º).

11. Dissolução do Conselho de Sentença

Se houver necessidade de diligência essencial que não puder ser realizada imediatamente, ou prova pericial, o juiz dissolverá o Conselho, para que estas sejam realizadas (art. 481). Posteriormente, aprazará nova sessão de julgamento, ocasião em que os trabalhos serão reiniciados, inclusive com o sorteio de novos jurados.

12. Leitura e explicação dos quesitos

Nada havendo a ser diligenciado, o juiz, em plenário, procederá à leitura dos quesitos e perguntará às partes se há qualquer reclamação ou impugnação, explicando aos jurados, outrossim, o significado de cada um dos questionamentos que lhes serão submetidos à votação (art. 484).

13. Votação

Não havendo dúvida a ser esclarecida, o juiz-presidente, os jurados, o Ministério Público, o assistente, o querelante, o defensor do acusado, o escrivão e o oficial de justiça dirigir-se-ão à sala especial a fim de ser procedida a votação dos quesitos pelos jurados (art. 485), sendo, nessa oportunidade, as deliberações tomadas por maioria de votos (art. 489).

14. Sentença

Sentença condenatória ou absolutória. Em seguida à votação dos quesitos, o juiz-presidente prolatará sentença, atendendo aos critérios do art. 492. Perceba-se que, diante da alteração determinada pela Lei 13.964/2019, o art. 492, I, *"e"*, passou a dispor que, na hipótese de condenação, o juiz-presidente, na sentença, *"mandará o acusado recolher-se ou recomendá-lo-á à prisão em que se encontra, se presentes os requisitos da prisão preventiva, ou, no caso de condenação a uma pena igual ou superior a 15 (quinze) anos de reclusão, determinará a execução provisória das penas, com expedição do mandado de prisão, se for o caso, sem prejuízo do conhecimento de recursos que vierem a ser interpostos*". Na sequência, refere o § 3º do mesmo artigo que "*o presidente poderá, excepcionalmente, deixar de autorizar a execução provisória das penas de que trata a alínea e do inciso I do caput deste artigo, se houver questão substancial cuja resolução pelo tribunal ao qual competir o julgamento possa plausivelmente levar à revisão da condenação*". Cotejando-se estas normas, infere-se que, como regra, na sentença condenatória proferida a partir da deliberação dos jurados, o juiz-presidente apenas poderá ordenar a prisão do réu ou mantê-lo preso a título de prisão preventiva, caso presentes os requisitos legais. Ressalva-se, contudo, a situação em que a pena aplicada seja igual ou superior a 15 (quinze) anos de reclusão, caso em que deverá ele determinar a "execução provisória das penas" (art. 492, inc. I, letra "e", 2ª parte). Mesmo nesta hipótese, porém, poderá, em caráter excepcional, deixar de autorizar a execução provisória, caso perceba a ocorrência de "questão substancial" que, se for submetida à deliberação do tribunal competente para julgamento, possa, eventualmente, conduzir "à revisão da condenação" (art. 492, § 3º). A propósito do tema, pela sua relevância e extensão, remetemos o leitor ao Capítulo 13, tópico 13.5.2.1, em que o abordamos com a necessária profundidade, inclusive historiando a sequência de acontecimentos havidos no âmbito do STF desde o ano de 2009 até o momento atual.

10.15. ESTATUTO DA PESSOA IDOSA (LEI 10.741/2003)

10.15.1. Considerações gerais

A Lei 10.741, de 03.10.2003, inicialmente conhecida por "Estatuto do Idoso" e agora rotulada de "Estatuto da Pessoa Idosa" (modificação determinada pela Lei 14.423/2022), introduziu um conjunto de normas destinadas a regular os direitos assegurados às pessoas com idade igual ou superior a sessenta anos. Para tanto, definiu preceitos fundamentais em relação às pessoas idosas, consagrou que é obrigação da família, da comunidade, da sociedade e do poder público assegurar à pessoa idosa, com absoluta prioridade, a efetivação do direito à vida, à saúde, à alimentação, à educação, à cultura, ao esporte, ao lazer, ao trabalho, à cidadania, à liberdade, à dignidade, ao respeito e à convivência familiar e comunitária (art. 9.º) e criou tipos penais específicos. O Estatuto previu ainda que se considera violência contra a pessoa idosa qualquer ação ou omissão praticada em local público ou privado que lhe cause morte, dano ou sofrimento físico ou psicológico, devendo os casos de suspeita ou confirmação dessa ordem de violência ser objeto de notificação compulsória pelo serviços de saúde à autoridade sanitária, bem como obrigatoriamente comunicados a quaisquer dos seguintes órgãos: autoridade policial, Ministério Público, Conselho Municipal da Pessoa Idosa, Conselho Estadual da Pessoa Idosa e Conselho Nacional da Pessoa Idosa (art. 19).

Em que pese a maior parte dos dispositivos referir-se a direitos sociais e obrigações familiares, evidenciando a preocupação do legislador em garantir uma vida digna às pessoas idosas, é certo que assume especial importância o tema relativo às figuras penais instituídas pelo Estatuto e aos respectivos procedimentos de apuração, cuja análise realizamos nos tópicos que seguem.

10.15.2. Procedimento de apuração dos crimes tipificados no Estatuto

10.15.2.1. Crimes cuja pena máxima não ultrapasse quatro anos de prisão

Dispõe o art. 94 da Lei 10.741/2003 que aos crimes previstos nesta Lei, cuja pena máxima privativa de liberdade não ultrapasse 4 (quatro) anos, aplica-se o procedimento previsto na Lei n.º 9.099, de 26 de setembro de 1995, e, subsidiariamente, no que couber, as disposições do Código Penal e do Código de Processo Penal. O alcance do dispositivo foi alvo de controvérsias, pois, de um lado, estabelece que todos os crimes previstos no Estatuto da Pessoa Idosa com apenamento máximo igual ou inferior a quatro anos devem sujeitar-se ao procedimento da Lei dos Juizados Especiais Criminais, e, de outro, a Lei 9.099/1995, para além de prever institutos despenalizadores, insere o procedimento aplicável a infrações de menor potencial ofensivo, assim consideradas "as contravenções penais e os crimes a que a lei comine pena máxima não superior a 2 (dois) anos, cumulada ou não com multa" (art. 61). Pois bem, do cotejo dessas duas regras, alguns compreendiam que, na apuração dos crimes tipificados no Estatuto da Pessoa Idosa com apenamento máximo não superior ao aludido patamar (quatro anos), deveriam incidir as regras aplicáveis às infrações de menor potencial ofensivo, quer no tocante aos benefícios nela previstos, quer em relação ao procedimento aplicável. Outros, porém, consideravam que, sob pena de grave paradoxo jurídico, na referida ordem de crimes, apenas o procedimento da Lei dos Juizados Especiais Criminais poderia ser aplicado, mas não os instrumentos despenalizadores.

Na atualidade, contudo, a discussão está superada, pois o STF, no julgamento da Ação Direta de Inconstitucionalidade 3.096/DF (*DJ* 16.06.2010), ajuizada pela Procuradoria-Geral da República, compreendeu que o art. 94 do Estatuto da Pessoa Idosa deve ser interpretado em prol de seu destinatário, e não do agente violador da lei.

Nesse viés, deliberou a Corte que, aos crimes tipificados no Estatuto cuja pena máxima privativa de liberdade não ultrapasse a dois anos, aplica-se a integralidade da Lei 9.099/1995, assim como todos os benefícios despenalizadores nela previstos.

Agora, tratando-se de infrações previstas no referido Estatuto com apenamento máximo superior a dois anos e que não ultrapasse a quatro, aplica-se a Lei 9.099/1995 apenas no aspecto procedimental, visando, com isso, conferir maior celeridade ao processo. Contudo, não se aplicam ao réu, neste último caso, as medidas despenalizadoras contempladas naquela lei (conciliação, composição civil de danos e transação penal).

E no tocante ao instituto da suspensão condicional do processo (art. 89 da Lei 9.099/95)? Não há qualquer impedimento à sua aplicação, independentemente da pena máxima estabelecida, bastando que a mínima não seja superior a um ano.

10.15.2.2. *Crimes cuja pena máxima ultrapasse quatro anos de prisão*

Para apuração dos crimes definidos no Estatuto da Pessoa Idosa com pena máxima superior a quatro anos, na falta de disciplina expressa, o rito a ser aplicado é o comum ordinário (rito padrão), nos termos do art. 394, § 1.º, I, do CPP. Inaplicável, como se vê, às infrações tipificadas no Estatuto, o procedimento comum sumário contemplado no art. 394, § 1.º, II, do CPP, já que este é previsto para delitos punidos com pena máxima inferior a quatro anos de prisão e, de acordo com o disposto no art. 94 da Lei 10.741, nestes casos, a apuração é realizada por meio do procedimento sumaríssimo disciplinado nos arts. 77 a 81 da Lei 9.099.

10.15.3. Procedimento de apuração de crimes praticados contra pessoa idosa não tipificados na Lei 10.741/2003

Para definição do procedimento de apuração dos crimes praticados contra pessoa idosa não definidos na Lei 10.741/2003, deve-se utilizar, na falta de procedimento especial, a regra do art. 394, § 1.º, do CPP, que preceitua:

- **Procedimento comum ordinário**: adequado para a apuração de crimes cuja sanção máxima cominada for igual ou superior a quatro anos de pena privativa de liberdade (art. 394, § 1.º, I).

- **Procedimento comum sumário**: destinado à apuração de crimes cuja sanção máxima cominada seja inferior a quatro anos de pena privativa de liberdade (art. 394, § 1.º, II), excluindo-se, porém, as que devam ser apuradas por meio do rito sumaríssimo.
- **Procedimento comum sumaríssimo**: cabível em relação às infrações de menor potencial ofensivo, como tais definidas as contravenções penais e os crimes a que a lei comine pena máxima não superior a dois anos, cumulada ou não com multa (art. 394, § 1.º, III).

Logo, se a pessoa idosa for vítima, por exemplo, de um crime de furto simples (pena: um a quatro anos de reclusão), será o autor do delito processado pelo rito comum ordinário, ou seja, com base no disposto nos arts. 394, § 1.º, I, e 395 a 405 do CPP. Entretanto, precitado furto terá sua pena agravada, conforme previsão do art. 61, II, *h*, do CP, que contempla a agravante genérica de crime cometido contra maior de 60 anos. Neste caso, obviamente, não incidirá o procedimento previsto no art. 94 da Lei 10.741/2003, já que não se trata de crime tipificado no Estatuto da Pessoa Idosa.

Todavia, havendo procedimento especial previsto no Código de Processo Penal ou em leis especiais, este deverá ser o aplicado. É o caso, por exemplo, dos crimes dolosos contra a vida praticados contra pessoas idosas, que têm sua verificação realizada por meio do procedimento do júri contemplado nos arts. 406 a 497 do CPP.

10.16. VIOLÊNCIA DOMÉSTICA E FAMILIAR CONTRA A MULHER (LEI 11.340/2006)

10.16.1. Considerações gerais

A Lei 11.340/2006, rotulada como *Lei Maria da Penha*, entrou em vigor em 22.09.2006, com o objetivo de fornecer instrumentos eficazes no combate à violência doméstica e familiar praticada contra a mulher.

Na verdade, a preocupação em implementar mecanismos que importassem em maior punição a essa ordem de violência surgiu bem antes da lei em exame, como se constata da Lei 10.455/2002, que acrescentou parágrafo único ao art. 69 da Lei 9.099/1995, incorporando a medida cautelar de afastamento do agressor do lar conjugal, a ser decretada pelo juiz no âmbito do Juizado Especial Criminal, no caso de violência doméstica; e, ainda, da Lei 10.886/2004, que previu um subtipo de lesão corporal de natureza leve, aumentando a pena mínima de três para seis meses de detenção caso praticada em caráter de violência doméstica.

Tais iniciativas, contudo, não foram suficientes para reduzir os índices de agressão contra a mulher, obrigando-se o legislador à adoção de medidas mais enérgicas e eficazes, as quais vieram consubstanciadas na Lei 11.340/2006.

10.16.2. Conceito e formas de violência doméstica e familiar contra a mulher

10.16.2.1. Abrangência

Dispõem os arts. 5.º e 7.º da Lei Maria da Penha:

> Art. 5.º Para os efeitos desta Lei, configura violência doméstica e familiar contra a mulher qualquer ação ou omissão baseada no gênero que lhe cause morte, lesão, sofrimento físico, sexual ou psicológico e dano moral ou patrimonial:
> I – no âmbito da unidade doméstica, compreendida como o espaço de convívio permanente de pessoas, com ou sem vínculo familiar, inclusive as esporadicamente agregadas;

II – no âmbito da família, compreendida como a comunidade formada por indivíduos que são ou se consideram aparentados, unidos por laços naturais, por afinidade ou por vontade expressa;
III – em qualquer relação íntima de afeto, na qual o agressor conviva ou tenha convivido com a ofendida, independentemente de coabitação.
Parágrafo único. As relações pessoais enunciadas neste artigo independem de orientação sexual.
Art. 7.º São formas de violência doméstica e familiar contra a mulher, entre outras:
I – a violência física, entendida como qualquer conduta que ofenda sua integridade ou saúde corporal;
II – a violência psicológica, entendida como qualquer conduta que lhe cause dano emocional e diminuição da autoestima ou que lhe prejudique e perturbe o pleno desenvolvimento ou que vise degradar ou controlar suas ações, comportamentos, crenças e decisões, mediante ameaça, constrangimento, humilhação, manipulação, isolamento, vigilância constante, perseguição contumaz, insulto, chantagem, violação de sua intimidade, ridicularização, exploração e limitação do direito de ir e vir ou qualquer outro meio que lhe cause prejuízo à saúde psicológica e à autodeterminação (redação determinada pela Lei 13.772/2018, acrescentando a *violação da intimidade* como forma de violência psicológica contra a mulher no âmbito doméstico e familiar);
III – a violência sexual, entendida como qualquer conduta que a constranja a presenciar, a manter ou a participar de relação sexual não desejada, mediante intimidação, ameaça, coação ou uso da força; que a induza a comercializar ou a utilizar, de qualquer modo, a sua sexualidade, que a impeça de usar qualquer método contraceptivo ou que a force ao matrimônio, à gravidez, ao aborto ou à prostituição, mediante coação, chantagem, suborno ou manipulação; ou que limite ou anule o exercício de seus direitos sexuais e reprodutivos;
IV – a violência patrimonial, entendida como qualquer conduta que configure retenção, subtração, destruição parcial ou total de seus objetos, instrumentos de trabalho, documentos pessoais, bens, valores e direitos ou recursos econômicos, incluindo os destinados a satisfazer suas necessidades;
V – a violência moral, entendida como qualquer conduta que configure calúnia, difamação ou injúria.

Como se vê, nesses dispositivos estabeleceu a Lei 11.340/2006 a extensão conceitual do que seja a violência doméstica e familiar, disciplinando, outrossim, as respectivas formas. Estas definições são importantes, pois delas depende o enquadramento do caso concreto na sistemática protetiva instituída no aludido diploma legal. Ocorre que referidos dispositivos inserem conceitos demasiadamente genéricos, permitindo, por exemplo, que se entenda configurada violência doméstica a partir de um *sofrimento sexual por omissão em razão da negativa do marido em se relacionar intimamente com a esposa* (art. 5.º, *caput*), situação esta que, no mínimo, é questionável e não pode ser comparada, em termos de gravidade, à hipótese de uma agressão física por ele praticada.

Considerando esta circunstância – a abrangência da Lei Maria da Penha – e tendo em vista que a sua interpretação não pode conduzir a absurdos, conclui-se necessário verificar, casuisticamente, o enquadramento ou não da conduta do agente aos termos da Lei 11.340/2006, evitando-se, assim, excessos interpretativos que impliquem vulgarizar a aplicação das importantes normas protetivas inseridas no âmbito desse diploma.

E esta prudência na interpretação da conduta configuradora de violência sujeita às normas da Lei Maria da Penha é ainda mais necessária se levado em conta que muitos crimes tipificados no Código Penal ou em leis extravagantes podem, em princípio, ser alcançados pela normatização nela contemplada.

Pois bem, com o objetivo de evitar excessos interpretativos, o Superior Tribunal de Justiça, em sua composição majoritária, consolidou o entendimento no sentido de que, para o enquadramento dos fatos à disciplina protetiva da Lei Maria da Penha, mostra-se necessária a presença de determinados requisitos, muito especialmente relação íntima de afeto, motivação de gênero e situação de vulnerabilidade. Logo, não se constando, no caso concreto, situação de violência em contexto caracterizado por relação de poder e submissão revelados pela presença cumulativa dos mencionados requisitos, deixa de incidir a Lei 11.340/2006. Insistimos: é sempre necessário verificar as peculiaridades do caso. Além de esposa, da companheira e da própria *amante*, podem estar no âmbito de abrangência dos delitos de violência doméstica e integrar o polo passivo da ação criminosa a mãe, a filha, a neta, a sogra, a avó do agressor ou qualquer outra pessoa que mantenha vínculo familiar ou afetivo com ele. Uma relação de namoro, por exemplo, pode reclamar ou não a incidência da Lei Maria da Penha. Em outra banda, já se decidiu que o termo *relação íntima de afeto* não pode abarcar um relacionamento passageiro, efêmero, fugaz, casual ou esporádico, sendo necessária, nessa ótica, relação relativamente duradoura para incidência do diploma[75]. **Atenção:** questão muito debatida referia-se à necessidade de *coabitação* para incidência dos termos da Lei Maria da Penha. Todavia, com a edição da Súmula 600 do STJ (*DJe* 27.11.2017), superou-se, de uma vez por todas, o impasse, dispondo tal enunciado que "para configuração da violência doméstica e familiar prevista no art. 5.º da Lei 11.340/2006 (Lei Maria da Penha), não se exige a coabitação entre autor e vítima".

10.16.2.2. Sujeitos

Sujeito passivo (ofendido) tutelado pela lei em exame é a mulher, não importando aspectos etários (criança, adolescente, adulto, idoso). Também não interessam as motivações do comportamento do agressor, sendo suficiente que a violência contra a mulher tenha ocorrido em ambiente doméstico, familiar ou em relação de afeto ou intimidade entre o agente e a ofendida. Irrelevantes, ainda, questões relacionadas à orientação sexual (heterossexual, bissexual ou homossexual), conforme se extrai do art. 5.º, parágrafo único. Discute-se a possibilidade de aplicação das normas protetivas instituídas pela Lei Maria da Penha às hipóteses de transexuais e travestis. Segundo Maria Berenice Dias "lésbicas, transexuais, travestis e transgêneros, que tenham identidade social com o sexo feminino, estão ao abrigo da Lei Maria da Penha. A agressão contra elas no âmbito familiar constitui violência doméstica. Ainda que parte da doutrina encontre dificuldade em conceder-lhes o abrigo da Lei, descabe deixar à margem da proteção legal aqueles que se reconhecem como mulher"[76]. Thiago Garcia Ivassaki, analisando o tema, faz distinção que, ao nosso ver, muito bem se amolda ao espírito da Lei Maria da Penha e aos motivos que conduziram à sua edição. Refere o doutrinador, quanto à transexual feminina, que "pode sim ser protegida pela Lei Maria da Penha, independentemente da realização de cirurgia de mudança de sexo e de alteração no registro civil. Basta que ela se identifique como mulher, no seu jeito de ser, de pensar, de agir, de se vestir, de modo que fique resplandecente que nasceu no corpo errado". Tocante ao travesti, sustenta Ivassaki que "se o homem se veste de mulher, mas se conforma com o seu sexo biológico, mesmo que se identifique com o gênero oposto, por si só, tal condição não é suficiente para atrair a Lei Maria da Penha, diploma legal cuja finalidade tem clareza solar: proteger a mulher!". Finalmente, em relação ao intersexual (gênero semântico que abrange os hermafroditas ou andrógenos), diz o autor que "a Lei Maria da Penha pode ser aplicada para proteger os intersexuais, desde que haja identificação integral e contínua com o sexo feminino"[77]. E tal orientação, vale dizer, a de que a incidência das normas protetivas instituídas pela Lei Maria da Penha não está restrita a mulher biologicamente considerada, cada vez mais vem sendo respaldada pela jurisprudência. No âmbito do Superior Tribunal de Justiça, por exemplo, já se decidiu pelo afastamento do critério puramente biológico para efeitos de aplicação da lei

---

75 STJ, *Habeas Corpus* 357.827/SC, *DJ* 27.08.2018; Conflito de Competência 100654/MG, *DJ* 13.05.2009.

76 DIAS, Maria Berenice. *A Lei Maria da Penha na Justiça*: a efetividade da Lei 11.310/2006 de combate à violência doméstica e familiar contra a mulher. 2. ed. São Paulo: RT, 2010.

77 IVASSAKI, Thiago Garcia. *Tudo o que você precisa saber sobre*: delegado de polícia, lei Maria da Penha e princípio da insignificância. São Paulo: Rideel, 2019. Capítulo 3. Tópicos 3.3, 3.5 e 3.8.

em questão, salientando que "em uma perspectiva não meramente biológica, portanto, mulher trans mulher é", sendo, portanto, a esta aplicável a tutela legal[78].

E quanto à pessoa do sexo masculino em situação de vulnerabilidade, a exemplo das extremamente debilitadas? Compreendemos que, muito embora se faculte à pessoa do sexo masculino socorrer-se do Poder Judiciário com vista à obtenção de medidas que façam cessar agressões de que esteja sendo vítima e ainda que se trate de delito oriundo das relações domésticas, não incide, aqui, a Lei Maria da Penha. Logo, sendo homem o lesado, em seu favor serão cabíveis medidas cautelares contempladas na legislação processual penal (as estatuídas no art. 319 do CPP) e civil, além daquelas ditadas pelo poder geral de cautela que é ínsito ao exercício da jurisdição e que, inclusive, poderão ser providências análogas às contempladas na Lei 11.340/2006 em prol da mulher – afastamento do agressor do lar, por exemplo. Sobre o tema, cabe também registrar, pela pertinência e propriedade, o pensamento de Ivassaki, ao referir que "permitir a incidência da Lei Maria da Penha para favorecer homens representa desvirtuamento da sua finalidade essencial. Esse diploma legal foi criado para proteger um grupo específico de seres humanos: as mulheres. Elas são alvos de discriminações históricas, de tratamentos desiguais, de diferenças físicas incomparáveis e de ataques constantes. Sem dúvida, tais constatações justificam a elaboração de uma lei para tutelar exclusivamente os direitos femininos"[79].

Por outro lado, em relação ao **sujeito ativo (autor da infração)** da violência, poderá ser qualquer pessoa coligada à ofendida por vínculo afetivo, familiar ou doméstico, independentemente de pertencer ao sexo masculino ou feminino. Afinal, a Lei Maria da Penha não faz qualquer restrição quanto ao gênero de quem agride, mas, sim, ao gênero de quem sofre a agressão. Em resumo, é o gênero da vítima que conduz à incidência da Lei 11.340/2006. Logo, conforme referimos alhures, aplica-se a lei à mulher que agride outra mulher com quem tenha relação afetiva, de marido contra esposa, de filho ou filha contra mãe, de neto contra avó, de travesti contra mulher, de companheiro contra companheira etc. Sem embargo desse raciocínio, que espelha a visão majoritária, deve-se atentar que há orientação em sentido oposto, vale dizer, de que a Lei Maria da Penha não se aplica aos casos de agressão que envolvam duas mulheres, por não ocorrer, nessas hipóteses, situação de hipossuficiência[80].

10.16.3. A não aplicação dos institutos despenalizadores da Lei 9.099/1995 (art. 41)

Estabelece o art. 41 da Lei 11.340/2006 que aos crimes praticados com violência doméstica e familiar contra a mulher não se aplica a Lei 9.099/1995, independentemente da quantidade e natureza da pena prevista no tipo penal incriminador.

Referido dispositivo, por muito tempo, rendeu controvérsias, entendendo muitos que a proibição a ele incorporada importa em ofensa ao art. 5.º, I, da Constituição Federal (princípio da igualdade de gênero) e ao art. 98, I, da mesma Carta (que prevê a criação dos juizados especiais criminais e alguns de seus institutos despenalizadores). A discussão, contudo, ficou prejudicada a partir do julgamento, pelo Plenário do STF, em 09.02.2012, da **Ação Direta de Inconstitucionalidade 4.424**, ajuizada pela Procuradoria-Geral da República, e da Ação Declaratória de Constitucionalidade 19, proposta pela Presidência da República. Nessa opor-

78 STJ, REsp 1.977.124/SP, 6.ª Turma, Rel. Min. Rogerio Schietti Cruz, j. 05.04.2022, DJe 22.04.2022.

79 Op. cit., p. 70.

80 TJMG, 5.ª Câmara Criminal, Conflito de Jurisdição 1.0000.13.089193-0/000 0891930-8.2013.8.13.0000, Rel. Des. Alexandre Victor de Carvalho, j. 08.04.2014.

tunidade, sufragou o Excelso Pretório o entendimento de que é plenamente constitucional o art. 41 da Lei 11.340/2006, afirmando que esse dispositivo legal se coaduna com o princípio da igualdade e atende à ordem jurídico-constitucional, no que concerne ao necessário combate ao desprezo às famílias, considerada a mulher como célula básica[81].

A proibição de que se aplique a Lei 9.099/1995 aos crimes abrangidos pela Lei Maria da Penha traz consequências importantes, a saber:

- Apuração mediante a instauração de inquérito policial, não se podendo cogitar da lavratura de simples *termo circunstanciado*.
- Proibição quanto à aplicação dos institutos da transação penal, suspensão condicional do processo e composição dos danos cíveis como forma de conduzir à extinção da punibilidade. Neste sentido, a propósito, a Súmula 536 do STJ, dispondo que "a suspensão condicional do processo e a transação penal não se aplicam na hipótese de delitos sujeitos ao rito da Lei Maria da Penha".
- A inicial acusatória deverá assumir, obrigatoriamente, a forma escrita, vedadas a denúncia e a queixa orais, tal como previsto no rito dos Juizados Especiais Criminais.
- Afastada a competência dos Juizados Especiais Criminais, também não haverá possibilidade de serem interpostos recursos às Turmas Recursais, devendo aqueles ser apreciados, portanto, pelo Tribunal de Justiça.
- Opostamente ao preceituado na Lei 9.099/1995 em relação às infrações de menor potencial ofensivo, nos casos de violência doméstica e familiar contra a mulher ficam autorizadas a prisão em flagrante e a lavratura do respectivo auto, assim como o arbitramento de fiança e a instauração de inquérito policial (com a medida paralela prevista no art. 12, III e §§ 1.º e 2.º, da Lei 11.340/2006).
- No tocante ao procedimento judicial de apuração dos crimes cometidos no contexto da Lei Maria da Penha, será o **procedimento comum ordinário**, se for o caso de infração a que a pena máxima privativa da liberdade seja igual ou superior a quatro anos de prisão (art. 394, § 1.º, I); o **procedimento comum sumário**, se for hipótese de infração a que a pena máxima privativa da liberdade seja inferior a quatro anos de prisão (art. 394, § 1.º, II); ou o **procedimento especial** adequado à modalidade delituosa em questão (é o caso do **procedimento do júri**, se for hipótese de infração dolosa contra a vida – art. 394, § 3.º).

10.16.4. Competência (arts. 13 a 16)

Os arts. 1.º, 14, *caput*, e 29 da Lei 11.340/2006 previram a instituição de Juizados de Violência Doméstica e Familiar contra a Mulher. Tais juizados, com competência cível e criminal, serão órgãos da justiça comum, podendo ser criados por cada ente federativo, de acordo com as suas próprias realidades, observadas a conveniência e a possibilidade orçamentária de sua instalação. Estes juizados não se inserem na estrutura dos Juizados Especiais Criminais. Neste viés, eventual recurso interposto contra sentença proferida no seu âmbito deve ser julgado pelos Tribunais de Justiça. Neste sentido: *"Compete ao Tribunal de Justiça, e não à Turma Recursal, julgar recurso de apelação aviado contra decisão do Juizado de Violência Doméstica"*[82]. Não obstante este raciocínio, deve-se frisar que, em alguns Estados da Federação, disposições normativas dos Tribunais de Justiça ou

[81] Informativo 654 do Supremo Tribunal Federal.

[82] STJ, CC 111.905/RJ, *DJ* 02.08.2010.

Leis Estaduais têm ampliado a competência dos Juizados Especiais Criminais para que abranjam também o processo das causas relativas à violência doméstica e familiar contra a mulher. Examinada esta questão pelo STJ, concluiu a Corte, no julgamento do Conflito de Competência 97.456/DF[83], pela legalidade dessas regulamentações, observando que os Tribunais possuem competência privativa para dispor *sobre "a competência e o funcionamento dos respectivos órgãos jurisdicionais e administrativos"* (art. 96, I, *a*, da CF), sendo que a ampliação de competência dos Juizados Especiais Criminais para julgamento dos crimes envolvendo violência doméstica e familiar contra a mulher não implica permitir a aplicação dos benefícios contemplados na Lei 9.099/1995, o que é vedado pelo art. 41 da Lei 11.340/2006 e rejeitado pela jurisprudência.

Importante mencionar que o art. 33 da lei previu regra de transição, dispondo que, enquanto não estruturados os juizados de violência doméstica e familiar contra a mulher, as varas criminais acumularão as competências cível e criminal para conhecer e julgar as causas decorrentes da prática de violência doméstica e familiar contra a mulher, garantindo-se o direito de preferência, nas varas criminais, para o processo e julgamento dessa ordem de causas.

Neste contexto, depreende-se que, na pendência da criação dos aludidos Juizados de Violência Doméstica e Familiar contra a Mulher, ao juiz criminal, além de sua competência nessa própria esfera (penal), caberá atender questões atinentes às medidas protetivas de urgência (art. 22), que, na maioria, têm evidente caráter cível, assim procedendo em razão da delegação legal de competência que lhe é determinada pelo art. 33 e com o objetivo de garantir o atendimento imediato à mulher vítima de violência doméstica e familiar.

Perceba-se que tal competência exige a combinação de dois fatores:

Primeiro: Tenha sido a violência praticada contra a mulher.

Segundo: A mulher deverá fazer parte do âmbito doméstico, familiar ou de relacionamento íntimo do agente do fato.

Logo, não importa o local em que seja praticada a violência (em casa ou fora dela), já que não será o lugar da ofensa que estabelecerá a competência das varas criminais. Importa, isto sim, o vínculo mantido com o agente do fato. *Exemplo: duas amigas, durante um passeio, se desentendem em razão do interesse afetivo manifestado por ambas em relação a uma terceira pessoa. Em razão disto, trocam tapas, gerando lesões corporais leves recíprocas. Neste caso, não incidirá a Lei 11.340/2006, pois a hipótese não se enquadra no conceito de violência doméstica e familiar. Haverá, então, a incidência da Lei 9.099/1995. Agora, se, na mesma hipótese, as lesões tiverem sido perpetradas por duas mulheres homossexuais conviventes e motivadas, por exemplo, por ciúmes em decorrência do interesse sentimental manifestado por uma delas em prol de uma outra pessoa, daí sim as infrações estariam sujeitas às regras da Lei 11.340/2006, alheias ao âmbito da Lei 9.099/1995.*

E quando se tratar de processo por crime doloso contra a vida cometido no contexto de violência doméstica e familiar contra a mulher? Nesta hipótese, já decidiu o STJ que, "ressalvada a competência do Tribunal do Júri para o processo e julgamento dos crimes dolosos contra a vida, não importa nulidade o processamento do feito perante o Juizado Especial Criminal e de Violência Doméstica, até a fase de pronúncia"[84]. Independentemente,

[83] STJ, 3.ª Seção, Rel. Min. Maria Thereza de Assis Moura, j. 11.02.2009, *DJe* 20.02.2009. No mesmo sentido: STJ, HC 187098/DF, 5.ª Turma, Rel. Min. Gilson Dipp, j. 17.05.2011, *DJ* 27.05.2011.

[84] STJ, HC 294.952/SC, *DJ* 04.05.2015.

nada impede que leis locais de organização judiciária disciplinem, nestes mesmos casos, a competência da Vara do Júri para o processo em todas as suas fases.

Atente-se que existia segmento doutrinário reputando inconstitucional o art. 33 da Lei 11.340/2006, sob o fundamento de que a previsão nele inserta ofende o art. 96, I, "a", da Constituição Federal, dispondo que compete privativamente aos tribunais dispor sobre a competência e o funcionamento dos respectivos órgãos jurisdicionais e administrativos; e o art. 125, § 1.º, da mesma Carta, estabelecendo que "a competência dos tribunais será definida na constituição do Estado, sendo a lei de organização judiciária de iniciativa do Tribunal de Justiça". Tal discussão, entretanto, perdeu a razão de ser a partir do julgamento, pelo Plenário do STF, em 9 de fevereiro de 2012, da Ação Declaratória de Constitucionalidade 19, movida pela Presidência da República, ocasião em que foi considerado constitucional o mencionado art. 33. Na oportunidade, concluiu o Excelso Pretório que, por meio do referido art. 33, a Lei Maria da Penha não criou varas judiciais, não definiu limites de comarcas e não estabeleceu o número de magistrados a serem alocados nos Juizados de Violência Doméstica e Familiar. Apenas facultou a criação desses juizados e atribuiu ao juízo da vara criminal a competência cumulativa de ações cíveis e criminais envolvendo violência doméstica contra a mulher, haja vista a necessidade de conferir tratamento uniforme, especializado e célere, em todo território nacional, às causas sobre a matéria. Enfatizou a Corte, outrossim, que a Lei 11.340/2006 não implicou obrigação, mas sim faculdade de criação dos Juizados de Violência Doméstica e Familiar contra a Mulher, conforme disposto nos arts. 14, *caput*, e 29 do mesmo diploma[85].

Finalmente, cabe examinar a questão relacionada à aplicação, na esfera criminal, do art. 15 da Lei Maria da Penha, o qual dispõe sobre a possibilidade de a ofendida optar, para os processos cíveis regidos por esse diploma, entre o Juizado do seu domicílio ou de sua residência (inc. I), do lugar do fato em que se baseou a demanda (inc. II) ou do domicílio do agressor. Imagine-se, para ilustrar, que determinada mulher seja vítima, em São Paulo (SP), de lesão corporal praticada por seu companheiro em contexto de violência doméstica. Considere-se que esta mesma mulher, posteriormente ao fato, mude seu domicílio para Belo Horizonte (MG), lá registrando ocorrência policial contra o agressor. Pois bem, há quem diga que, nessa hipótese, diante da regra do citado art. 15, inc. I, poderia o Ministério Público ajuizar ação penal em São Paulo, diante da opção manifestada pela ofendida. Discordamos. Isto porque referido dispositivo legal é expresso ao condicionar sua aplicação aos processos cíveis. E não se alegue a possibilidade de sua incidência por analogia, eis que, no âmbito criminal, existe disciplina própria a ser aplicada ao caso, consubstanciada no art. 70 do CPP, estabelecendo que "a competência será, de regra, determinada pelo lugar em que se consumar a infração, ou, no caso de tentativa, pelo lugar em que for praticado o último ato de execução". Este, inclusive, é o entendimento sedimentado no STJ, recentemente deliberando que "a previsão do art. 15 da Lei Maria da Penha é expressa e não deixa dúvida de que a sua aplicação é limitada aos feitos cíveis. A flexibilização da regra para incidi-la em feitos criminais seria uma analogia in malam partem. A rigor, não seria sequer analogia, pois existindo previsão expressa no Código de Processo Penal, não há omissão legislativa a ser suprida por analogia. Na verdade, estaria se afastando um dispositivo cogente do Estatuto Processual Penal para se aplicar uma regra processual que é expressamente dirigida aos feitos de natureza cível. Havendo regra expressa de fixação da competência penal, o deslocamento da competência da persecução criminal para Juízo diverso daquele estabelecido no Código de Processo Penal, pela aplicação de regra processual civil, caracterizaria evidente ofensa ao princípio do juízo natural. Além

---

85 Informativo 654 do Supremo Tribunal Federal.

disso, admitir a possibilidade da ação ser proposta no domicílio da Vítima, inclusive quando decorrentes de mudança de domicílio posterior aos fatos delituosos, abriria a possibilidade de 'escolha' do Juízo em que seria proposta a ação penal, ofendendo, também o referido princípio constitucional"[86].

10.16.5. Proibição de aplicação de penas de multa e cestas básicas (art. 17)

O art. 17 da Lei *Maria da Penha* proíbe, nas hipóteses de violência doméstica e familiar contra a mulher, a aplicação de penas de cesta básica ou outras de prestação pecuniária, bem como a substituição de pena que implique o pagamento isolado de multa.

Evidentemente, o intuito do legislador foi evitar que, via indireta, o resultado concreto do procedimento instituído pela Lei 11.340/2006 resultasse idêntico ao que decorreria da incidência da Lei 9.099/1995, cujos termos não se aplicam à espécie. Outro aspecto importante a ressaltar é o de que, embora não tenha a lei proibido a aplicação de penas restritivas de direito (as quais, se descumpridas, ensejam a conversão em prisão, nos termos do art. 44, § 4.º, do CP), o STJ, em 18.09.2017, seguindo a mesma linha de pensamento adotada no STF em diversos julgamentos, publicou a Súmula 588, prevendo que "a prática de crime ou contravenção penal contra a mulher com violência ou grave ameaça no ambiente doméstico impossibilita a substituição da pena privativa de liberdade por restritiva de direitos". Andou certo o STJ ao editar o referido enunciado, mesmo porque adequado à disciplina do art. 44, I, do CP, que permite a aplicação de penas substitutivas apenas quando a infração penal é praticada sem violência ou grave ameaça à pessoa. E se for o caso de infração penal praticada em ambiente doméstico sem violência ou grave ameaça à pessoa – crime de injúria, por exemplo? Nesse caso não incide o preceito sumular, sendo viável, em consequência, a substituição da pena privativa de liberdade por restritiva de direitos, desde que atendidas, por óbvio, a norma do art. 17 da Lei Maria da Penha e as demais condicionantes do art. 44 do CP.

Conveniente, por fim, abrir um parêntese aqui para referir que, na contramão da orientação legal que confere rigor no tratamento dos agentes de crimes praticados com violência doméstica e familiar contra a mulher, frequentemente são trazidas ao Poder Judiciário teses relacionadas à aplicação do **princípio da insignificância** sob o fundamento de que a conduta não se revestiu de maior gravidade. Isto, porém, constitui verdadeira heresia jurídica. Afinal, a incidência do *princípio da insignificância* requer o exame das peculiaridades do caso concreto, analisando-se, entre outros fatores, o maior ou menor grau de censurabilidade do comportamento do agente, o bem jurídico tutelado e a natureza do crime. Diante dessa premissa, é evidente a inaplicabilidade de tal princípio aos crimes cometidos com violência no ambiente doméstico, cuja gravidade é sempre presumida, não podendo ser relativizada ainda que se trate a conduta do réu de um tapa ou de um *simples* empurrão. Não foi por outra razão, aliás, que publicou o STJ, também em 18.09.2017, a Súmula 589, estabelecendo que "é inaplicável o princípio da insignificância nos crimes ou contravenções penais praticados contra a mulher no âmbito das relações domésticas".

10.16.6. Medidas protetivas (arts. 11, 22, 23 e 24)

Estabelece a Lei *Maria da Penha* diversas medidas de proteção à mulher, com natureza jurídica e iniciativas distintas:

---

[86] STJ, Conflito de Competência n.º 187.852/SP, Terceira Seção, relatora Ministra Laurita Vaz, julgado em 09.11.2022.

a) Medidas a cargo da autoridade policial (art. 11): trata-se de medidas de ordem administrativa, a serem adotadas por ocasião do atendimento à mulher em situação de violência doméstica e familiar:

> I – garantir proteção policial, quando necessário, comunicando de imediato ao Ministério Público e ao Poder Judiciário;
>
> II – encaminhar a ofendida ao hospital ou posto de saúde e ao Instituto Médico Legal;
>
> III – fornecer transporte para a ofendida e seus dependentes para abrigo ou local seguro, quando houver risco de vida;
>
> IV – se necessário, acompanhar a ofendida para assegurar a retirada de seus pertences do local da ocorrência ou do domicílio familiar;
>
> V – informar à ofendida os direitos a ela conferidos nesta Lei e os serviços disponíveis.

Independentemente da adoção destas medidas, estabelece o art. 12 os procedimentos que deverão ser adotados pelo delegado na condução do inquérito policial em todos os casos envolvendo violência doméstica e familiar contra a mulher (além, por óbvio, dos procedimentos gerais de investigação previstos no Código de Processo Penal). Dispõe esse artigo que, comunicado o fato, deverá a autoridade policial ouvir a ofendida, lavrar o boletim de ocorrência, tomar a termo sua representação e, na sequência, determinar (sendo o caso) que se proceda a exame de corpo de delito e outras perícias que se fizerem necessárias, identificar e ouvir o agressor, inquirir eventuais testemunhas e colher todas as provas necessárias para o esclarecimento do fato e de suas circunstâncias. Outra providência necessária de parte do delegado na instrução do procedimento policial consiste na juntada aos autos da sua folha de antecedentes criminais e informações acerca de outras ocorrências policiais que tenham sido registradas contra ele, além de indicar eventual existência de mandado de prisão.

Mais: incluído pela Lei 13.880/2019, o inciso VI-A do art. 12 estabelece ao delegado a incumbência de verificar, por meio de pesquisa em banco de dados, se o agressor possui registro de porte ou posse de arma de fogo. Caso o tenha, deverá notificar o fato caracterizado como violência doméstica à instituição responsável pela concessão do registro ou da emissão do porte (Polícia Federal ou Comando do Exército, conforme o caso) bem como juntar essa informação ao inquérito policial. Perceba-se que o dispositivo legal apenas refere a *notificação da ocorrência*. Embora nada refira acerca das providências a serem adotadas por aquela instituição, é óbvio que a esta incumbe, diante da ciência do ocorrido, suspender ou restringir, imediatamente, o registro de porte ou posse do armamento, antecipando-se, com isto, o provimento judicial do art. 22, I, que prevê como medida protetiva de urgência que obriga o agressor a de "suspensão da posse ou restrição do porte de armas". A propósito, o próprio delegado, por ocasião da aludida notificação, já deve apontar as razões e a necessidade destas medidas.

ATENÇÃO: se, mesmo não concluída a investigação, houver pedido da ofendida no sentido da concessão de medidas protetivas de urgência cuja apreciação seja de competência judicial, caberá ao delegado, no prazo máximo de quarenta e oito horas, remeter ao Poder Judiciário tal pleito, fazendo-o em *expediente apartado* (autos distintos do inquérito em andamento) e nele inserindo os elementos até o momento já angariados, muito especialmente a informação relativa à existência de registro de porte ou posse de que trata o referido inciso VI-A. Recebido o expediente, caberá ao Juiz, nos termos do art. 18, no prazo de quarenta e oito horas, decidir sobre as medidas protetivas de urgência que se revelarem adequadas ao caso, determinar o encaminhamento da vítima a órgão de assistência judiciária (sendo o caso, é claro), notificar o Ministério Público com vista à adoção das providências cabíveis à espécie e determinar a apreensão imediata de arma de fogo que, de acordo com notícia incorporada pela autoridade policial ao expediente (consoante art. 12, VI-A) esteja sob a posse do agressor. Perceba-se que, sendo cogente o dispositivo (utiliza a expressão "caberá ao juiz" seguida de verbos no infinitivo), tais providências são obrigatórias, não havendo espaço (salvo no caso do inc. II) para discricionariedade do Juiz.

b) Medidas protetivas de urgência: subdividem-se em duas ordens, dispondo o art. 19 que poderão ser concedidas pelo juiz, a requerimento do Ministério Público ou da ofendida (conforme o caso, como veremos a seguir):

b.1) Medidas protetivas destinadas ao agressor (art. 22): uma vez constatada a prática de violência doméstica e familiar contra a mulher, o juiz poderá aplicar, de imediato, ao agressor, em conjunto ou separadamente, as seguintes medidas protetivas de urgência, entre outras:

I – suspensão da posse ou restrição do porte de armas, com comunicação ao órgão competente, nos termos da Lei 10.826, de 22.12.2003;

II – afastamento do lar, domicílio ou local de convivência com a ofendida;

III – proibição de determinadas condutas, entre as quais:

a) aproximação da ofendida, de seus familiares e das testemunhas, fixando o limite mínimo de distância entre estes e o agressor;

b) contato com a ofendida, seus familiares e testemunhas por qualquer meio de comunicação;

c) frequentação de determinados lugares a fim de preservar a integridade física e psicológica da ofendida;

IV – restrição ou suspensão de visitas aos dependentes menores, ouvida a equipe de atendimento multidisciplinar ou serviço similar;

V – prestação de alimentos provisionais ou provisórios.

VI – comparecimento do agressor a programas de recuperação e reeducação (medida incluída pela Lei 13.984/2020); e

VII – acompanhamento psicossocial do agressor, por meio de atendimento individual e/ou em grupo (medida incluída pela Lei 13.984/2020).

As medidas previstas nos incisos I, II e III são cautelares de natureza penal. Assim, caso se relacionem a uma infração penal de natureza pública, muitos entendem que podem ser requeridas ao juiz unicamente pelo Ministério Público e não pela ofendida. Isto ocorre porque tais medidas não objetivam apenas a proteção da vítima, mas se destinam também e precipuamente ao ofensor. Embora não haja unanimidade, a jurisprudência tende a orientar-se da inocorrência dessa legitimação exclusiva do *parquet*, mesmo porque "a aplicação das medidas protetivas previstas na Lei n.º 11.340/06 não está vinculada à propositura de ação penal, uma vez que o que se busca com a providência de urgência, precipuamente, é resguardar a integridade física e moral das partes, sendo certo que a proteção à vítima de violência doméstica não pode ficar à mercê de outros feitos, mesmo porque há hipóteses em que a vítima de violência sequer detém poder ou legitimidade para a propositura dessas ações"[87].

Por outro lado, no tocante às medidas previstas nos incisos IV e V, possuindo natureza civil (direito de família), podem ser requeridas pela ofendida, obviamente, por intermédio de advogado.

---

[87] STJ, REsp 1660497, decisão monocrática, Rel. Min. Sebastião Reis Júnior, *DJ* 27.02.2018.

b.2) Medidas protetivas destinadas à ofendida (arts. 23 e 24): estas medidas podem ser de **caráter pessoal (art. 23)** e de **caráter patrimonial (art. 24).**

Em relação às medidas de *caráter pessoal*, além de outras, o juiz poderá determinar, caso seja necessário, as seguintes providências (art. 23):

> I – encaminhar a ofendida e seus dependentes a programa oficial ou comunitário de proteção ou de atendimento;
>
> II – determinar a recondução da ofendida e a de seus dependentes ao respectivo domicílio, após afastamento do agressor;
>
> III – determinar o afastamento da ofendida do lar, sem prejuízo dos direitos relativos a bens, guarda dos filhos e alimentos;
>
> IV – determinar a separação de corpos.
>
> V – determinar a matrícula dos dependentes da ofendida em instituição de educação básica mais próxima do seu domicílio, ou a transferência deles para essa instituição, independentemente da existência de vaga (incluído pela Lei 13.882/2019). Perceba-se que, independentemente dessa previsão, o art. 9.º, § 7.º confere à mulher em situação de violência doméstica e familiar prioridade para matricular seus dependentes, bastando a apresentação dos documentos comprobatórios do registro da ocorrência policial ou do processo de violência doméstica e familiar em curso. Tratando-se de prioridade legalmente conferida, problemas como a ausência de vagas não podem ser óbice ao cumprimento da regra, devendo, neste caso serem os referidos dependentes matriculados como alunos excedentes. Atente-se, outrossim, que o mesmo dispositivo, no § 8.º, contempla que os dados da ofendida e de seus dependentes matriculados ou transferidos serão sigilosos, com acesso reservado ao Juiz, ao Ministério Público e aos órgãos competentes do poder público.

No *âmbito patrimonial*, o juiz poderá determinar medidas para a proteção dos bens da sociedade conjugal ou daqueles de propriedade particular da mulher. As medidas, que poderão ser concedidas liminarmente e sem prejuízo de outras, são as seguintes (art. 24):

> I – restituição de bens indevidamente subtraídos pelo agressor à ofendida;
>
> II – proibição temporária para a celebração de atos e contratos de compra, venda e locação de propriedade em comum, salvo expressa autorização judicial;
>
> III – suspensão das procurações conferidas pela ofendida ao agressor;
>
> IV – prestação de caução provisória, mediante depósito judicial, por perdas e danos materiais decorrentes da prática de violência doméstica e familiar contra a ofendida.

Parcela doutrinária compreende que as medidas do art. 23, incisos I, II e V, possuem natureza administrativa. Sendo assim, em que pese atribuída ao juiz a respectiva determinação, nada impediria fossem providenciadas diretamente pelo Ministério Público, a teor da faculdade conferida pelo art. 26, inciso I.

No que tange às previsões do art. 23, incisos III e IV, envolvendo questões afetas ao direito de família, bem como às medidas estatuídas nos incisos do art. 24, que têm natureza patrimonial, devem ser requeridas ao Poder Judiciário, por intermédio de advogado.

E quanto ao delegado de polícia? Possui legitimidade para definir e aplicar medidas protetivas de urgência? Até a vigência da Lei 13.827, de 13.05.2019, tal competência era, apenas, do Poder Judiciário, não havendo qualquer exceção a esta regra. Em meados de 2017, inclusive, chegou a ser aprovado projeto de lei que, alterando a Lei Maria da Penha, permitia aos delegados ordenar a aplicação provisória, até que houvesse deliberação judicial, de medidas protetivas de urgência em caso de risco real ou iminente à vida ou à integridade física ou psicológica da mulher e de seus dependentes. A previsão, entretanto, foi vetada pela Presidência da República, restando sancionada e publicada a Lei 13.505/2017 sem a inclusão de tal permissivo. Contudo, sancionada a citada Lei 13.827/2019, foi acrescentado à Lei Maria da Penha o art. 12-C, dispondo que, verificada a existência de risco atual ou iminente à vida ou à integridade física da mulher em situação de violência doméstica e familiar, ou de seus dependentes, o agressor deverá ser imediatamente afastado do lar, domicílio ou local de convivência com a ofendida, devendo esta medida ser determinada pelo juiz (art. 12-C, I), sem embargo de poder ordená-la, também, o "delegado de polícia, quando o Município não for sede de comarca" (art. 12-C, II) ou o "policial, quando o Município não for sede de comarca e não houver delegado disponível no momento da denúncia" (art. 12-C, III). Perceba-se que, neste último caso, a referência a "policial" é ampla, abrangendo qualquer policial integrante de polícias com atribuição de investigação (polícias civil e federal) ou de policiamento ostensivo e de preservação da ordem pública (polícia militar), independentemente do cargo ou patente, podendo ser, por exemplo, um investigador ou um escrivão no âmbito da polícia civil, um soldado na esfera da polícia militar etc. De acordo com o art. 12-C, § 1.º, uma vez comandado o afastamento pelo delegado ou por outro policial, impõe-se a comunicação da medida aplicada ao juiz no prazo máximo de 24 horas, o qual deverá, em igual prazo, decidir sobre a sua manutenção ou revogação, com ciência concomitante ao Ministério Público. Note-se que, imediatamente após a edição da Lei 13.827/2019, surgiram posições doutrinárias asseverando a inconstitucionalidade material dos referidos incisos II e III e do § 1.º do art. 12-C em face de suposta violação ao princípio da jurisdicionalidade, princípio este segundo o qual todo e qualquer provimento cautelar que implique em privação da liberdade do indivíduo e de seus bens condiciona-se à existência de determinação judicial fundamentada. Aderindo a esta orientação, apressou-se a Associação dos Magistrados Brasileiros (AMB) em ajuizar, junto ao STF, Ação Direta de Inconstitucionalidade 6.138. Essa ação, porém, foi julgada improcedente em 23.03.2022 (DJe 09.06.2022), sendo validados pelo Excelso Pretório os citados dispositivos, em acórdão assim ementado:

> Dignidade da pessoa humana e necessidade de medidas eficazes para prevenir a violência contra a mulher. Constitucionalidade de medida protetiva de urgência correspondente ao afastamento imediato do agressor do local de convivência com a ofendida excepcionalmente ser concedida por delegado de polícia ou policial. Imprescindibilidade de referendo pela autoridade judicial. Legítima atuação do aparato de segurança pública para resguardar direitos da vítima de violência doméstica e familiar. Improcedência.
>
> 1. A autorização excepcional para que delegados de polícia e policiais procedam na forma do art. 12-C II e III, e § 1º, da Lei nº 11.340/2006 (Lei Maria da Penha), com as alterações incluídas pela Lei nº 13.827/2019, é resposta legislativa adequada e necessária ao rompimento do ciclo de violência doméstica em suas fases mais agudas, amplamente justificável em razão da eventual impossibilidade de obtenção da tutela jurisdicional em tempo hábil.
>
> 2. Independentemente de ordem judicial ou prévio consentimento do seu morador, o artigo 5º, inciso XI, da Constituição Federal admite que qualquer do povo, e, com maior razão, os integrantes de carreira policial, ingressem em domicílio alheio nas hipóteses de flagrante delito ou para prestar socorro, incluída a hipótese de excepcional urgência identificada em um contexto de risco atual ou iminente à vida ou à integridade física ou psicológica da mulher em situação de violência doméstica e familiar, ou de seus dependentes.
>
> 3. Constitucionalidade na concessão excepcional de medida protetiva de afastamento imediato do agressor do local de convivência com a ofendida sob efeito de condição resolutiva.
>
> 4. A antecipação administrativa de medida protetiva de urgência para impedir que mulheres vítimas de violência doméstica e familiar permaneçam expostas às agressões e hostilidades

ocorridas na privacidade do lar não subtrai a última palavra do Poder Judiciário, a quem se resguarda a prerrogativa de decidir sobre sua manutenção ou revogação, bem como sobre a supressão e reparação de eventuais excessos ou abusos.

5. Ação Direta de Inconstitucionalidade julgada improcedente.

Estão sujeitas à impugnação as decisões judiciais que deferem e indeferem medidas protetivas? Não há na Lei 11.340/2006 previsão de recurso adequado. Sem embargo, contra o **indeferimento** de medidas protetivas fixadas com base na Lei Maria da Penha, reputamos possível a interposição de apelação (art. 593, II, do CPP), tendo em vista que tal ordem de decisão possui caráter terminativo. Já em relação ao seu **deferimento**, concordamos com a linha jurisprudencial que aceita a impetração da ação autônoma de *habeas corpus*. O que divergimos totalmente, isto sim, é da orientação que aceita a interposição, em um e outro caso, do agravo de instrumento. Afinal, havendo vias impugnativas próprias à esfera penal, não há razão para se aplicar, com supedâneo no CPC, recurso não previsto para a jurisdição criminal.

Está sujeita à impugnação a decisão do delegado ou de outro policial que, nas hipóteses do art. 12-C, II e III, da Lei 11.340/2006, defere ou indefere a medida protetiva de afastamento do agressor do lar, domicílio ou local de convivência com a vítima? Inequivocamente, tal afastamento implica em restrição, ainda que parcial, à liberdade de locomoção do indivíduo. Logo, contra a decisão do juiz, do delegado ou de outro policial que determiná-lo, é cabível a impetração de *habeas corpus*. Tocante à competência para o julgamento desta ação heroica, será do tribunal caso a decisão de afastamento tenha emanado do juiz ou, mesmo se oriunda de ato do delegado ou de outro policial, tiver sido por ele (juiz) mantida; ou será do juiz, na hipótese de a determinação de afastamento do agressor pelo delegado ou outro policial ainda não ter sido judicialmente apreciada (é o caso, por exemplo, de, ordenada a medida pelo delegado, não ter ele efetuado a comunicação ao juiz no prazo de vinte quatro horas, consoante prevê o art. 12-C, § 1.º). *E em relação ao indeferimento da medida de afastamento?* Descabe, nesta situação, qualquer medida autônoma, restando como única alternativa a postulação da medida ao juiz, com base no art. 12-C, I.

Quais são as consequências advindas para o agressor na hipótese de descumprimento de medidas protetivas de urgência previstas na Lei Maria da Penha? A violação dessas medidas pode ensejar a decretação da prisão preventiva do agente com base no art. 313, III, do CPP (tratamos do tema no Capítulo 11, item 11.7.8.3). Independentemente dessa possibilidade, por força do art. 24-A da Lei 11.340/2006, inserido pela Lei 13.641/2018, tratando-se de medidas **judicialmente** determinadas, tal descumprimento também caracteriza fato típico, punido com detenção de três meses a dois anos, sendo irrelevante, para a configuração do crime, a competência cível ou criminal do juiz que impôs as restrições (§ 1.º). Vai mais longe o dispositivo, ainda, estabelecendo que, na hipótese de prisão em flagrante do agressor, apenas o juiz poderá conceder fiança (§ 2.º). *E se houver o descumprimento da medida protetiva de afastamento do agressor do lar, domicílio ou local de convívio com a pessoa ofendida, assim determinado pelo* **delegado ou outro policial** *a partir do permissivo do art. 12-C, II e III, da Lei Maria da Penha?* Restará, aqui, postular ao juiz competente a decretação da prisão preventiva, cabendo registrar que a conduta do agente, nessa hipótese, não encontra tipificação no art. 24-A citado, pois o enquadramento neste dispositivo exige que se trate de descumprimento de *decisão judicial*.

Atente-se, por fim, que, sem distinguir a natureza das medidas protetivas judicialmente impostas (sejam as que obrigam o agressor, sejam as destinadas à ofendida), dispõe o art. 38-A (incluído pela Lei 13.827/2019) e o respectivo parágrafo único (incluído pela Lei 14.310/2022), que o juiz, logo após a concessão, deverá providenciar o registro dessas medidas em banco de dados mantido e regulamentado pelo Conselho Nacional de Justiça, ao qual poderão ter acesso instantâneo o Ministério Público, a Defensoria Pública e os órgãos de segurança pública e de assistência social, para fins de fiscalização e garantia da efetividade das providências determinadas.

10.16.7. Possibilidade de prisão preventiva (art. 20)

A fim de evitar tautologia, remetemos, neste ponto, ao Capítulo 11, itens 11.3.2 e 11.7.8.3, em que é abordado, com a necessária profundidade, o instituto da prisão preventiva nos crimes que envolvam violência doméstica e familiar não apenas contra a *mulher*, como também contra *criança, adolescente, pessoa idosa, enfermo ou pessoa com deficiência.*

10.16.8. A retratação da representação nos crimes de ação penal pública condicionada (art. 16)

O art. 16 da Lei 11.340/2006 preconiza que, nas ações penais públicas condicionadas à representação da ofendida, somente será admitida *a renúncia à representação* perante o juiz, em audiência especialmente designada com tal finalidade, antes do recebimento da denúncia e ouvido o Ministério Público.

Da leitura desse dispositivo constata-se, de plano, que insere uma inadequação legislativa, eis que não se trata, propriamente, de *renúncia* à representação a situação nele posta, já que por *renúncia* compreende-se um fato impeditivo, que ocorre antes da realização do ato e não após este se encontrar perfectibilizado. Enfim, não há como *renunciar* algo que já está feito. Compreende-se, então, que, na realidade, o que pretendeu o legislador no art. 16 da Lei 11.340/2006 foi estabelecer a possibilidade de retratação da representação, condicionando a sua validade a que seja feita perante o juiz, ouvido o Ministério Público.

Perceba-se que o precitado art. 16, de modo implícito, autoriza ao magistrado aferir, diante do caso concreto, acerca da real espontaneidade do ato de retratação da vítima. Se, porventura, constatar o juiz que razões outras motivaram o desinteresse da ofendida no prosseguimento da ação penal (ingerência ou coação do agressor, por exemplo), poderá desconsiderar esta sua manifestação de vontade e, por conseguinte, determinar o prosseguimento da ação penal.

Outro aspecto a ser atentado é o de que tal audiência não é obrigatória em todos os processos por crime de ação penal pública condicionada envolvendo violência doméstica e familiar contra a mulher, devendo ser realizada apenas quando houver prévia manifestação da vítima no sentido da retratação da representação e desde que isto ocorra antes do recebimento da inicial. *A contrario sensu*, vale dizer, se a vítima não toma a iniciativa de levar ao conhecimento da autoridade policial ou judiciária sua vontade em se retratar, não pode o juiz designar *ex officio* essa audiência, visando, por exemplo, ratificar a representação já oferecida.

Controvérsias surgiram em relação ao alcance do referido art. 16 na hipótese do crime de lesão corporal leve. Isto porque, se por um lado o art. 88 da Lei 9.099/1995 estabelece que a apuração desse crime condiciona-se à representação do ofendido, por outro o art. 41 da Lei 11.340/2006 disciplina que não se aplicam aos crimes praticados no contexto da violência doméstica e familiar contra a mulher as disposições da Lei 9.099/1995. Neste viés, surgiram duas correntes: uma, entendendo que, se praticado aquele delito contra mulher em atitude de violência doméstica e familiar, deve ser apurado mediante ação penal pública incondicionada, não havendo falar, assim, em retratação da representação com base no art. 16 da Lei; outra, considerando que o crime de lesão corporal de natureza leve depende de representação em qualquer hipótese, podendo a ofendida, se quiser, dela se retratar.

Considerando esse impasse, a Procuradoria-Geral da República intentou perante o STF a *Ação Direta de Inconstitucionalidade 4.424*, objetivando conferir ao art. 16 da Lei 11.340/2006 *interpretação conforme a Constituição Federal* para que fosse restringida a sua aplicação apenas aos crimes em que a necessidade de representação esteja prevista em ato normativo distinto da Lei 9.099/1995 (por exemplo, o crime de ameaça, que se procede mediante ação penal pública condicionada por força do art. 147, parágrafo único, do Código Penal).

No julgamento dessa ação, em 9 de fevereiro de 2012, compreendeu o Plenário do STF que, efetivamente, nos crimes de lesão corporal leve e culposa praticados contra a mulher no ambiente doméstico, atua-se mediante ação penal pública incondicionada, independentemente da representação da vítima, entendimento este que afasta, na hipótese, a possibilidade de aplicação do art. 16 da Lei Maria da Penha. Posteriormente, editou o STJ a Súmula 542 prevendo que "a ação penal relativa ao crime de lesão corporal resultante de violência doméstica contra a mulher é pública incondicionada". Não obstante, tem-se afirmado permanecer a necessidade de representação para crimes em que esta exigência venha disposta em diplomas diversos da Lei 9.099/1995, como o de ameaça (art. 147 do CP), de injúria com utilização de elementos relativos à religião ou à condição de pessoa idosa ou com deficiência (art. 140, § 3.º, c/c art. 145, parágrafo único, 2.ª parte, do CP) etc.[88]

10.16.9. Ressarcimento dos custos relacionados aos serviços de saúde e à colocação de dispositivos de segurança (Lei 13.871/2019)

A Lei 13.871, de 17 de setembro de 2019, incluiu no art. 9.º da Lei 11.340/2006, os §§ 4.º a 6.º, os quais estabelecem normas relacionadas ao ressarcimento ao poder público, pelo agressor, de despesas decorrentes de fatos envolvendo violência doméstica e familiar.

Considerando a impertinência de o Estado, por meio do Sistema Único de Saúde (SUS), custear o tratamento da vítima, determinou o legislador, muito corretamente, que o agressor ressarça, integralmente, de acordo com a tabela SUS, os respectivos custos, sendo os recursos arrecadados recolhidos ao Fundo de Saúde do ente federado responsável pelas unidades de saúde que prestaram os serviços (§ 4.º). *E quanto às despesas realizadas pela vítima em hospitais ou instituições de saúde privada?* Destas não cuidou a Lei 13.871/2019. E, de fato, não precisaria ter feito, já que tal reparação é efeito obrigatório e automático da sentença penal (transitada em julgado) que condenar o agente por qualquer crime que tiver causado prejuízo patrimonial, ou até mesmo moral, ao ofendido, *ex vi* do art. 91, I, do CP, do art. 63 do CPP, do art. 935 do CC e do art. 515, VI, do CPC.

Mais: levando em consideração as peculiaridades do caso (gravidade do fato, antecedentes criminais e personalidade do agressor, condição da vítima, situação de perigo iminente etc.), pode revelar-se conveniente, além do eventual monitoramento eletrônico do agente por vezes imposto como medida cautelar diversa da prisão (art. 319, IX, do CPP), também o monitoramento da própria vítima, a ela disponibilizando-se equipamento que lhe permita acionar agentes de segurança pública no caso de o agressor dela se aproximar, muito especialmente quando houver medida protetiva proibindo-o de tal aproximação (art. 22, III, *a*, da Lei Maria da Penha). Neste caso, ao autor da violência incumbirá ressarcir os custos decorrentes do dispositivo de segurança (§ 5.º).

Por fim, prevê o § 6.º do art. 9.º que tais ressarcimentos não poderão importar ônus de qualquer natureza ao patrimônio da mulher e dos seus dependentes, tampouco configurar atenuante da pena ou ensejar sua substituição. Daí se infere que:

[88] Informativo 654 do Supremo Tribunal Federal.

- O agressor, para o custeio das mencionadas despesas, não poderá, por exemplo, vender qualquer bem ou utilizar-se de dinheiro que pertença também à ofendida ou a seus dependentes.
- Não pode o juiz, em eventual sentença condenatória, abrandar a pena imposta, por exemplo, com base no art. 65, III, *b*, do Código Penal, que prevê como circunstância atenuante ter o agente *"procurado, por sua espontânea vontade e com eficiência, logo após o crime, evitar-lhe ou minorar-lhe as consequências, ou ter, antes do julgamento, reparado o dano"*.
- Não implica, de modo algum, mitigação ou flexibilização da regra do art. 17 da Lei 11.340/2006 no sentido de que *"é vedada a aplicação, nos casos de violência doméstica e familiar contra a mulher, de penas de cesta básica ou outras de prestação pecuniária, bem como a substituição de pena que implique o pagamento isolado de multa"*. Perceba-se que, reforçando o rigor da disposição legal, editou o STJ a Súmula 588, estabelecendo que *"prática de crime ou contravenção penal contra a mulher com violência ou grave ameaça no ambiente doméstico impossibilita a substituição da pena privativa de liberdade por restritiva de direitos"*.

10.17. SUSPENSÃO CONDICIONAL DO PROCESSO (ART. 89 DA LEI 9.099/1995)

10.17.1. A proposta de suspensão: condições, prazo e legitimidade

Estabelece o art. 89 da Lei 9.099/1995 que, se a pena mínima cominada ao crime for igual ou inferior a *um ano*, o Ministério Público, ao oferecer a denúncia, poderá propor a suspensão do processo, por *dois a quatro anos*, desde que o acusado não esteja sendo processado ou não tenha sido condenado por outro crime, presentes os demais requisitos que autorizariam a suspensão condicional da pena (art. 77 do Código Penal).

A partir daí, depreende-se que são os seguintes os requisitos para a suspensão:

1) Pena mínima cominada ao crime não superior a um ano: Releva, neste enfoque, apenas o apenamento mínimo não superior a um ano de prisão, sendo indiferentes aspectos relativos à natureza do crime (doloso ou culposo), à espécie da pena cominada (reclusão ou detenção), bem como à circunstância de tratar-se ou não de infração sujeita a procedimento especial. Por uma questão de coerência e de analogia *in bonam partem*, a despeito da referência a *crime*, nada impede a aplicação da benesse em sede de *contravenções penais*, já que constitui infração penal de menor gravidade que o *crime* propriamente dito.

2) Não esteja o acusado sendo processado por outro crime: Parte da doutrina considera inconstitucional esta exigência, sob o fundamento de que a proibição do benefício pelo fato de estar sendo processado o agente implicaria violação do princípio da presunção de inocência. Não obstante esta orientação, é certo que os Tribunais Superiores têm agasalhado posição oposta, inclinando-se no sentido da inadmissibilidade da suspensão condicional do processo em relação ao agente que está sendo processado pela prática de outro delito, mesmo que não haja condenação. Parte-se do princípio de que a suspensão condicional do processo consiste em exceção à regra da indisponibilidade da ação penal pública, sendo facultado ao legislador, portanto, o estabelecimento de critérios para o seu deferimento[89].

E quando se tratar de agente que esteja sendo processado pela prática de contravenção penal? Não se impede a suspensão. Ora, se o art. 89, § 4.º, da Lei 9.099/1995, apenas

[89] STJ, HC 342.438/RS, *DJ* 22.04.2016; STJ, HC 115.815/RJ, *DJ* 18.05.2011; STF, HC 85.106/SP, *DJ* 04.03.2005.

faculta (não obriga) a revogação da suspensão quando o agente vem a ser processado, no seu curso, por contravenção, é evidente que o fato de já estar sendo processado por essa ordem de infração não tem força para obstar a benesse legal.

E quando o acusado já foi beneficiado com a suspensão condicional em processo anterior? Pensamos que deva ser aplicada, por analogia, a regra do art. 76, § 2.º, II, da Lei 9.099/1995, que estabelece a impossibilidade de nova transação penal quando houver ocorrido a anterior concessão do benefício sem que, desde então, tenha passado o prazo de cinco anos. *Contrario sensu,* o deferimento da benesse quando já transcorrido tal lapso não fica obstado. Neste sentido, a propósito, o entendimento do Superior Tribunal de Justiça, decidindo que "o prazo de 5 (cinco) anos para a concessão de nova transação penal, previsto no art.76, § 2º, inciso II, da Lei n. 9.099/95, aplica-se aos demais institutos despenalizadores por analogia, estendendo-se, pois, à suspensão condicional do processo"[90].

3) Não tenha sido o acusado condenado por outro crime: Também sob a ótica deste requisito existe controvérsia, entendendo muitos que se o novo crime foi praticado após o decurso do prazo da reincidência, vale dizer, depois dos cinco anos subsequentes ao término da pena cominada em face do crime anterior, não há óbice à suspensão. Neste sentido, já decidiu o STF, compreendendo que *a melhor interpretação do art. 89 da Lei 9.099/1995 é aquela que faz associar a esse diploma normativo a regra do inciso I do art. 64 do Código Penal, de modo a viabilizar a concessão da suspensão condicional do processo a todos aqueles acusados que, mesmo já condenados em feito criminal anterior, não podem mais ser havidos como reincidentes, dada a consumação do lapso de cinco anos do cumprimento da respectiva pena*[91]. Em sentido oposto pronunciou-se o STJ, observando que *não faz jus à suspensão condicional do processo o agente que possui condenação anterior, independente da sua data ultrapassar os cinco anos anteriores ao novo fato*[92] e que *a existência de condenação pretérita, ainda que alcançada pelo período depurador, é apta a inviabilizar a concessão do sursis processual*[93]. Em que pesem as divergências e o fato de a primeira corrente possuir número considerável de adeptos, aderimos a esse último entendimento, sinalando, outrossim, que, para obstar o *sursis* processual, não importa se o crime pelo qual foi condenado o agente é doloso ou culposo, pois a lei nada distingue a respeito. *E se for o caso de agente condenado anteriormente pela prática de contravenção penal?* Neste caso, compreendemos que condenação não obsta a proposta de suspensão, tendo em vista que a lei é expressa ao referir que a vedação existe na hipótese de condenação anterior pela prática de *crime*. Ora, estender a proibição, também, em relação às contravenções penais implicara, a nosso ver, interpretação *in malam partem*, o que não se pode admitir. Além do mais, quando foi intenção do legislador referir-se a contravenções, estipulou a terminologia própria. Basta atentar ao que dispõe o art. 89, § 4.º, da Lei 9.099/1995, facultando a revogação da suspensão quando, no seu curso, for o indivíduo processado por contravenção.

4) Presença dos requisitos exigidos pelo art. 77 do Código Penal para a suspensão condicional da pena: Trata-se dos requisitos gerais exigidos para o deferimento da suspensão condicional da pena, previstos no art. 77, II, do Código Penal, quais sejam, a culpabilidade, os antecedentes, a conduta social e a personalidade do agente, bem como os motivos e as circunstâncias da infração. Quanto à previsão do art. 77, I, do CP (não se tratar de reincidente em crime doloso), resta, em tese, prejudicada sua aplicação, já que,

---

90 STJ, HC 370047/PR, DJ 01.12.2016.

91 STF, HC 88.157/SP, 1.ª Turma, Rel. Min. Carlos Britto, *DJ* 30.03.2007.

92 STJ, RHC 21.294/SC, 5.ª Turma, Rel. Min. Jane Silva, *DJ* 1.º.10.2007.

93 STJ, RHC 91575/MG, *DJ* 29.06.2018.

nos termos do art. 89 da Lei 9.099/1995, basta, para impedir a suspensão, que esteja o agente respondendo ou tenha sido condenado por outro crime. E, por fim, também afastado o pressuposto do art. 77, III, do CP (impossibilidade de substituição por pena restritiva de direitos), tendo em vista que, suspenso o processo, não há falar-se, obviamente, em aplicação de pena que possa ou não ser substituída por outra.

Na concepção dos Tribunais Superiores, a proposta de suspensão condicional do processo não é, propriamente, um direito subjetivo do acusado, mas, sim, um poder-dever inerente ao Ministério Público, a ser exercido quando presentes os pressupostos legais. Compreendendo não ser hipótese que autorize o benefício, impõe-se ao Ministério Público aduzir em manifestação acostada à denúncia quais são os fundamentos deste seu entendimento.

Pode ocorrer de o Ministério Público deixar de oferecer a proposta de suspensão do processo e o juiz não compartilhar deste entendimento. Neste caso, descabendo ao magistrado oferecê-la *ex officio*, a solução aplicável foi prevista Súmula 696 do STF, segundo a qual *reunidos os pressupostos legais permissivos da suspensão condicional do processo, mas se recusando o promotor de justiça a propô-la, o juiz, dissentindo, remeterá a questão ao Procurador-Geral, aplicando-se por analogia o art. 28 do Código de Processo Penal*. Lembre-se que esse dispositivo, na redação anterior à vigência da Lei 13.964/2019 (redação essa que vigorava à época da edição daquela súmula) tratava da hipótese em que o juiz, discordando da manifestação do membro do Ministério Público ao promover o arquivamento do inquérito policial, remetia a questão ao Procurador-Geral de Justiça para análise, ficando o juiz vinculado ao que por ele fosse deliberado. Aplicada esta regra à situação em foco, tinha-se que, havendo a concordância do Procurador-Geral com a posição do promotor de origem em não propor a suspensão condicional do processo, deveriam os autos ser restituídos ao juiz para dar impulso e, ao final, proceder ao julgamento do processo criminal, condenando ou absolvendo o réu. Na hipótese, porém, de discordância com o entendimento do promotor, caberia ao Procurador-Geral designar outro promotor para oferecer a proposta de suspensão. Na atualidade, porém, as coisas não são tão simples. Isto porque a Lei 13.964/2019 conferiu nova redação ao citado art. 28 do CPP, subtraindo a atribuição do Juiz para análise do arquivamento do inquérito policial, decisão esta que passou a ser exclusiva do Ministério Público. Enfim, de acordo com essa nova disciplina, ao promover o arquivamento do inquérito, cabe ao promotor de justiça, simplesmente, enviar esta manifestação ao órgão superior que tiver atribuição para revisar suas decisões, não mais se sujeitando tal arquivamento ao crivo do Juiz. Diante desta normatização, é de se questionar a subsistência dos termos da Súmula 696 do STF, já que, com a alteração redacional do art. 28 citado, visou o legislador limitar a atuação jurisdicional do juiz na fase anterior ao recebimento da denúncia ou da queixa. Pois bem, a nosso ver, a modificação legislativa não implicou em superação da Súmula 696 do STF, podendo o juiz aplicá-la na hipótese de recusa do membro do Ministério Público em propor o *sursis* processual, quando discordar ele dessa posição, ficando o respectivo exame a cargo da *instância de revisão ministerial* a que se refere a nova redação do art. 28. Veja-se que, ao contrário do que era previsto na redação original desse dispositivo em relação à discordância do juiz com o arquivamento do inquérito policial, que pressupunha sua ingerência em aspectos de mérito (exame das provas do expediente policial), o mesmo não ocorre na situação em exame, já que a proposta de suspensão condicional do processo deve ocorrer após o oferecimento da inicial acusatória, na qual já estabelecida a classificação do delito imputado como conduta sujeita ao apenamento mínimo de um ano, que é aquele que permite a suspensão condicional. Em outras palavras, aqui, a discordância do juiz em relação ao entendimento do membro do Ministério Público não exige análise de aspectos relativos a provas, que foi o que buscou o legislador afastar com os novos termos determinados ao art. 28 do CPP. Logo, não há porque se considerar superada a mencionada súmula do STF. **Mas, atenção**: como dissemos ao longo deste capítulo, a nova redação do art. 28 do CPP teve a sua eficácia suspensa em razão de medida cautelar deferida no STF no âmbito das ADIs 6.298, 6.299, 6.300 e 6.305, suspensão esta que persistia por ocasião do fechamento da presente edição deste livro. Logo, apesar de defendermos a persistência dos termos da Súmula 696 do STF mesmo diante da disciplina atribuída àquele dispositivo pela Lei 13.964/2019, impõe-se ao leitor acompanhar a tramitação daquelas ações a fim de manter-se atualizado acerca da subsistência ou de eventual revogação da aludida medida cautelar.

Situação que se tornou controvertida após o advento da Lei 11.719/2008 diz respeito ao momento de submissão da proposta ao acusado. Isto porque, antes do surgimento do mencionado diploma legal, quando a audiência de interrogatório realizava-se no início do procedimento, nessa oportunidade é que era submetida ao denunciado a referida proposta de suspensão, podendo ele aceitá-la ou não. Entretanto, na atualidade, quer em razão de lei expressa (por exemplo: o art. 400 do CPP, pertinente ao procedimento comum ordinário), quer por força da orientação sedimentada nos Tribunais Superiores (relativamente aos procedimentos regidos por leis especiais), o interrogatório foi relegado ao último ato da instrução, vale dizer, para depois de esgotada a produção probatória no processo criminal. E tal situação gera dúvida quanto à oportunidade processual na qual o magistrado deve expor ao réu a proposta de suspensão condicional formalizada pelo Ministério Público. Três são as alternativas que se apresentam para tanto:

- **Deve ser feita por ocasião da audiência, depois da produção da prova oral requerida (ofendido, testemunhas, esclarecimentos dos peritos etc.) e logo antes de se realizar o interrogatório.** Aceitando a proposta, não será o réu interrogado. Caso não a aceite, realiza-se o interrogatório. A solução apresenta vantagens e desvantagens. Como vantagem, o fato de que, se descumpridas as condições impostas ao acusado e o processo posteriormente retomar seu curso, já terão sido ouvidas vítima e testemunhas, evitando-se o prejuízo processual causado por uma instrução tardia, quando muitos detalhes importantes do delito acabam caindo no esquecimento das pessoas que devem ser ouvidas. Como desvantagem, a perda inútil de tempo com a colheita de todas as provas para, somente depois, suspender-se o processo criminal, suspensão esta que, se cumpridas as respectivas condições, resultará em posterior extinção da punibilidade.
- **Deve ser feita por ocasião da audiência, como primeira providência a ser realizada nesta solenidade, antes da oitiva do ofendido, das testemunhas, dos peritos e do próprio interrogatório.** Entendemos que esta possibilidade se harmoniza com a agilidade que pretendeu o legislador conferir ao processo criminal. Tal solução, todavia, gera o inconveniente de que a proposta de suspensão será realizada na mesma audiência para a qual já estão notificados a comparecer vítima, testemunhas e, eventualmente, peritos, acarretando incômodo e prejuízo financeiro a estas pessoas, que terão se deslocado inutilmente à sede do juízo; e, também, prejuízo ao interesse da justiça, em razão do maior espaço de tempo disponibilizado pelo juiz para esse ato, levando em conta o número de testemunhas arroladas e que, se não aceita a proposta, deverão ser ouvidas.
- **Deve ser feita após a citação e previamente à audiência de instrução, designando-se data extraordinária para a qual o acusado será intimado a comparecer com o fim único de realizar-se a ele a proposta de suspensão.** A nosso modo de ver, é a solução correta e a que mais se aproxima da normatização que vigorava na oportunidade em que foi editado o art. 89 da Lei 9.099/1995. Não sendo a proposta aceita pelo réu, o juiz designará audiência para instrução, interrogatório, alegações

finais orais e julgamento. Aceitando-a, deixará o magistrado de efetuar esse aprazamento, passando a aguardar o cumprimento, pelo réu, das condições estabelecidas na proposta do Ministério Público.

OBSERVAÇÃO: Adotando-se a terceira das alternativas citadas – designação de audiência extraordinária para realização da proposta ao réu –, cremos que, por economia processual, poderá o magistrado fazer acostar ao próprio mandado de citação (art. 396 do CPP) do réu a proposta de suspensão realizada pelo Ministério Público, a fim de que, ao apresentar a resposta à acusação (art. 396-A do CPP), manifeste-se a defesa sobre a possibilidade de aceitação ou não dos termos ventilados pelo promotor. Havendo esta possibilidade, designará o magistrado audiência unicamente para que seja formalizada a proposta ao acusado, diante de seu defensor. Silenciando o réu, ou manifestando-se contrariamente à aceitação, não será necessária a designação da audiência sugerida, passando o magistrado à análise das vertentes do art. 397 do CPP, e, não sendo o caso de julgamento antecipado do processo, ao aprazamento de audiência de instrução, interrogatório, debates e julgamento. Evidentemente, nada obsta que, por ocasião desta audiência, seja renovada a proposta de suspensão.

É lícito ao juiz, em vez do aprazamento de audiência, submeter ao acusado a proposta de suspensão condicional do processo por mandado, a ser cumprido por oficial de Justiça? Não. Veja-se que o art. 89, § 1.º, da Lei 9.099/1995 estabelece que a aceitação da proposta de suspensão condicional do processo deve se dar, pelo acusado e seu defensor, na presença do juiz. Tal dicção confirma a necessidade de designação de audiência específica para o oferecimento da proposta, inclusive como forma de garantir que a acusada tenha efetivo conhecimento de seus termos, somente os aceitando quando devidamente orientada por seu defensor.

Pois bem, realizada a proposta pelo Ministério Público, sendo ela aceita pelo acusado, caberá ao juiz suspender o curso do processo, fixando o período de prova de *dois a quatro anos*, sob as seguintes condições (estabelecidas conforme as peculiaridades do caso concreto): *obrigação de reparar o dano, salvo impossibilidade de fazê-lo; proibição de frequentar determinados lugares; proibição de ausentar-se da comarca onde reside sem autorização do juiz* e *comparecimento pessoal e obrigatório a juízo, mensalmente, para informar e justificar suas atividades* (art. 89, § 1.º, I a IV, da Lei 9.099). Além destas, poderá o juiz, ainda, especificar outras condições a que ficará subordinada a suspensão, desde que adequadas ao fato e à situação pessoal do acusado (art. 89, § 2.º, da Lei 9.099). Na linha trilhada pelo STJ por ocasião do julgamento de recurso repetitivo, "não há óbice a que se estabeleçam, no prudente uso da faculdade judicial disposta no art. 89, § 2.º, da Lei n. 9.099/1995, obrigações equivalentes, do ponto de vista prático, a sanções penais (tais como a prestação de serviços comunitários ou a prestação pecuniária), mas que, para os fins do *sursis* processual, se apresentam tão somente como condições para sua incidência"[94]. Expirado o prazo probatório estipulado sem que tenha ocorrido a revogação da benesse ou incorrido em conduta que autorize essa revogação (posteriormente descoberta), o juiz declarará extinta a punibilidade do agente (art. 89, § 5.º, do CPP).

E se, realizada a proposta, não for aceita pelo acusado? Tratando-se de ato bilateral, a proposta de suspensão exige aceitação. Não ocorrendo esta, o processo prosseguirá em seus ulteriores termos (art. 89, § 7.º, da Lei 9.099).

Perceba-se que o fato de o Ministério Público realizar a proposta não obriga o juiz, necessariamente, a deferir a suspensão. Tanto que o art. 89, § 1.º, da Lei 9.099 refere que, aceita a proposta pelo acusado e seu defensor, o juiz *poderá suspender o processo*. Daí se infere que, entendendo ausentes as condicionantes legais, possibilita-se ao juiz, fundamen-

[94] STJ, REsp repetitivo 1.498.034/RS, 3.ª Seção, Rel. Min. Rogério Schietti Cruz, *DJ* 02.12.2015.

tadamente, não realizar a suspensão e prosseguir o processo criminal. Tal decisão enseja a interposição, por critério de interpretação extensiva, do recurso em sentido estrito estipulado no art. 581, XI, do CPP, impugnação esta prevista em relação à decisão que negar a suspensão condicional *da pena*. Não fica afastada, contudo, a possibilidade de optar o insurgente pela impetração de *habeas corpus*, que, neste caso, não terá a conotação de substituto recursal (o que não é aceito pela jurisprudência), haja vista que o cabimento do RSE anteriormente aventado não está contemplado expressamente em lei, decorrendo, repita-se, de interpretação extensiva de outra norma.

Oferecida e aceita a suspensão do processo, durante o seu prazo não correrá a prescrição, *ex vi* do art. 89, § 6.º, do CPP.

10.17.2. Revogação da suspensão

A revogação da suspensão condicional do processo será **obrigatória** se, *no curso do prazo* o beneficiário não efetuar, sem motivo justificado, a reparação do dano ou se vier a ser processado por outro crime (art. 89, § 3.º, da Lei 9.099). *E se for ele absolvido neste novo processo* (v.g., *a absolvição sumária prevista no art. 397 do CPP)?* Neste caso, transitando em julgado a decisão absolutória, deverá haver a *repristinação* do benefício revogado. *Repristinação*, neste caso, equivale à restauração da situação jurídica anterior, isto é, o restabelecimento da suspensão condicional do processo que havia sido revogada em razão de ter sido o beneficiado processado por outro crime. Isto porque não estará o agente sendo "processado por outro crime", nos termos referidos no art. 89, § 3.º, da Lei 9.099. Interpretação contrária, isto é, a de que o simples oferecimento da denúncia autoriza, de modo irreversível, a revogação do *sursis* processual, não guarda sintonia com os princípios da ampla defesa, do devido processo legal e da boa-fé processual.

Por outro lado, será **facultativa** tal revogação caso o beneficiário venha a ser processado, *no curso do prazo*, pela prática de contravenção penal ou se descumprir qualquer outra condição imposta (art. 89, § 4.º, da Lei 9.099).

Pode ocorrer, entretanto, que a constatação de que o acusado descumpriu condições impostas ou respondeu a processo criminal no período de prova da suspensão ocorra apenas depois de já terminado este período. Embora haja controvérsias, já que os §§ 3.º e 4.º do art. 89 são expressos ao estabelecer que tal revogação deve ocorrer *no curso do prazo* da suspensão, decidiu o STJ, em sede de julgamento na forma de recurso repetitivo, que o término do período de prova sem revogação do *sursis* processual não enseja, automaticamente, a decretação da extinção da punibilidade, que somente tem lugar depois de certificado que o acusado cumpriu as obrigações estabelecidas e não veio a ser denunciado por novo delito durante a fase probatória. Logo, é possível a revogação do benefício mesmo que apenas depois de esgotado o período de prova seja constatado o descumprimento de condição imposta ou a prática de crime ou contravenção, mesmo porque tal decisão é meramente declaratória[95]. **Mas atenção:** em 01.10.2018, publicou o STJ a Súmula 617, segundo a qual "a ausência de suspensão ou revogação do livramento condicional antes do término do período de prova enseja a extinção da punibilidade pelo integral cumprimento da pena". Este verbete, como se vê, refere-se, tão somente, ao livramento condicional, nada tendo a ver com o instituto da suspensão condicional do processo. No entanto, como a súmula concretiza o entendimento do STJ no sentido de que deve se operar a extinção

---

[95] STJ, REsp repetitivo 1.498.034/RS, 3.ª Seção, Rel. Min. Rogério Schietti Cruz, *DJ* 02.12.2015. No mesmo sentido: RHC 95.804/DF, *DJ* 30.04.2018; AgRg no HC 563.607/ES, *DJ* 20.04.2020 e AgRg no REsp 1.872.493/SP, *DJ* 22.09.2020.

da punibilidade em face do término do período de prova do livramento condicional sem que antes tenha ocorrido a sua suspensão ou revogação e como tal situação guarda certa simetria com a questão tratada neste tópico, orienta-se o leitor a acompanhar a evolução da jurisprudência sobre o tema, pois não é improvável que, também em relação à extinção da punibilidade pelo decurso do período de prova do *sursis processual,* reveja o STJ a sua posição e passe a adotar entendimento idêntico.

Finalmente, no tocante à impugnação cabível contra a decisão que revoga o *sursis processual,* aceitamos, mais uma vez por critério de interpretação extensiva, a utilização do recurso em sentido estrito fundamentado no art. 581, XI, do CPP, que é o previsto contra a decisão que revoga a suspensão condicional *da pena.*

10.17.3. Questões importantes

Pode o querelante efetuar a proposta de suspensão no âmbito da ação penal privada? Entendemos que, por analogia *in bonam partem* à legitimidade conferida ao Ministério Público, pode sim o querelante realizar a proposta de suspensão condicional do processo nas ações penais exclusivamente privadas (na ação penal subsidiária da pública não possui esta faculdade). Esta a posição do STJ, que considera possível o *sursis* processual nas ações penais privadas, enfatizando, porém, que a legitimidade para eventual proposta de *sursis* processual é faculdade do querelante. Ele decidirá acerca da aplicação do benefício da suspensão condicional do processo nas ações penais de sua iniciativa[96]. Havendo manifestação contrária do querelante, vale dizer, no sentido de que não tem interesse na aplicação de qualquer instituto penal despenalizador, não é aplicável o instituto do *sursis* processual[97].

A decisão do juiz que estabelece o prazo da suspensão e impõe as condições que devem ser cumpridas pelo acusado enseja recurso? Sim. Caso o Ministério Público não concorde com o período fixado pelo juiz ou até mesmo com os condicionamentos impostos, poderá ingressar com recurso em sentido estrito fundamentado, por critério de interpretação extensiva, no art. 581, XI, do CPP, que contempla o cabimento dessa insurgência em relação à decisão que conceder a suspensão condicional *da pena.* Sem embargo, muitos defendem, em vez do RSE, o cabimento da apelação fundamentada no art. 593, II, do Código de Processo Penal.

É possível a suspensão do processo nas hipóteses de concurso de crimes (concurso material, concurso formal e crime continuado), quando as penas mínimas de cada crime, somadas ou exasperadas, ultrapassarem o limite de um ano? Esta questão é resolvida pela **Súmula 243 do STJ**, dispondo que o benefício da suspensão do processo não é aplicável em relação às infrações penais cometidas em concurso material, concurso formal ou continuidade delitiva, quando a pena mínima cominada, seja pelo somatório, seja pela incidência da majorante, ultrapassar o limite de um ano; e, também, pela **Súmula 723 do STF** ao estipular que não se admite a suspensão condicional do processo por crime continuado, se a soma da pena mínima da infração mais grave com o aumento mínimo de um sexto for superior a um ano. *Exemplo:* Considere-se que o agente está sendo denunciado por diversos crimes de estelionato, praticados em continuidade delitiva. Muito embora a pena mínima do estelionato seja igual a um ano, fica impedida a suspensão condicional do processo já que tal quantitativo,

[96] STJ, HC 187.090/MG, 5.ª Turma, Rel. Min. Adilson Vieira Macabu, *DJ* 21.03.2011. No mesmo sentido: RHC 102381/BA, *DJ* 17.10.2018 e APn 634/RJ, *DJ* 21.03.2012.

[97] STJ, REsp 1374213/MG, 5.ª Turma, Rel. Min. Campos Marques, *DJ* 19.08.2013.

exasperado em um sexto (1/6) em face do crime continuado (art. 71 do Código Penal), supera o limite estabelecido pelo art. 89 para a suspensão do processo.

Aplica-se o instituto da suspensão condicional do processo aos processos de competência da Justiça Militar? Não, pois o art. 90-A da Lei 9.099 é expresso em afirmar que "as disposições desta Lei não se aplicam no âmbito da Justiça Militar".

A suspensão condicional do processo é cabível no âmbito das infrações cometidas com violência doméstica e familiar contra a mulher? Estabelece o art. 41 da Lei *Maria da Penha* que aos crimes praticados com violência doméstica e familiar contra a mulher não se aplica a Lei 9.099/1995, independentemente da quantidade e natureza da pena prevista no tipo penal incriminador. Isto significa dizer que, no procedimento de apuração desta ordem de infrações, não será cabível cogitar-se de suspensão condicional do processo. Neste sentido, aliás, a Súmula 536 do STJ, dispondo que "a suspensão condicional do processo e a transação penal não se aplicam na hipótese de delitos sujeitos ao rito da Lei Maria da Penha".

Operando-se, pelo Juiz do processo, a desclassificação do crime originalmente imputado, que não admitia a suspensão condicional, para outro cuja pena mínima permita esse benefício, deve ser oportunizada ao Ministério Público a realização da proposta? Sob pena de nulidade da eventual sentença condenatória que venha a ser proferida, impõe-se ao juiz facultar ao Ministério Público a realização da proposta de suspensão do processo neste caso[98]. Considere-se, por exemplo, que o agente tenha sido denunciado pelo crime de roubo. Não obstante, por ocasião da sentença, resolve o juiz desclassificar a conduta para furto, por reputar inexistentes as elementares da violência e da grave ameaça. Em tal caso, efetuada a desclassificação, é dever do juiz, antes de se pronunciar quanto à condenação do réu, abrir vista ao Ministério Público para que se manifeste quanto à possibilidade de propor a suspensão. Caso entenda o Ministério Público por não realizar esta proposta (*v.g.*, pelo fato de já estar respondendo o réu a outro processo), os autos retornarão ao juiz para, aí sim, *decidir se absolve ou condena o acusado, fixando, neste último caso, a respectiva pena.* Idêntico entendimento tem lugar na hipótese de procedência parcial da denúncia, isto é, quando entender o juiz no sentido da possibilidade de condenação por apenas uma ou algumas das infrações imputadas, cuja soma ou exasperação das penas mínimas cominadas não ultrapasse um ano. Esta, a propósito, a inteligência da **Súmula 337 do STJ** ao dispor que *é cabível a suspensão condicional do processo na desclassificação do crime e na procedência parcial da pretensão punitiva.*

E se, uma vez condenado o réu por crime que não permita a suspensão condicional do processo, sobrevier, em grau de recurso, a desclassificação para delito cuja pena mínima admita esse benefício, deve o tribunal, antes de concluir o julgamento, baixar os autos ao Primeiro Grau, a fim de que seja facultado ao Ministério Público propor a suspensão? Sim, de acordo com parcela majoritária da jurisprudência. No próprio STJ, inclusive, por inteligência de sua Súmula 337 e com base no art. 383, § 1º, CPP, encontram-se julgamentos no sentido de que, mesmo que a desclassificação ocorra em Segundo Grau no julgamento de recurso da defesa, deve o tribunal respectivo desconstituir o veredicto condenatório proferido na sentença e determinar a baixa dos autos ao Juízo *a quo* a fim de que lá seja dada vista ao Ministério Público para que avalie a possibilidade de oferecimento de proposta de suspensão condicional do processo ao réu. Caso não realizada essa proposta pelo Promotor, caberá ao Juiz novamente sentenciar o feito, fazendo-o agora, nos limites da desclassificação realizada pelo tribunal. Justifica-se esta orientação no intuito de evitar

---

98 STJ, HC 110.822/SP, *D.* 15.06.2011.

prejuízo ao acusado, pois se o crime para o qual operada a desclassificação tivesse, já no início do processo, sido o imputado na denúncia, poderia ele ter aceitado o benefício do *sursis* processual e, consequentemente, evitado o juízo condenatório[99].

Proferida sentença condenatória sem que tenha o Ministério Público ofertado a proposta de suspensão condicional no curso da ação penal, ainda que presentes todos os seus requisitos, pode o Defensor, posteriormente, em qualquer tempo e grau de jurisdição, requerer sua concessão? Não. Se Juiz, acusado e defensor não se manifestaram no curso do processo no sentido de provocar o Ministério Público para avaliar a possibilidade de suspensão condicional e se, ao final, sobreveio sentença condenatória, ocorre a preclusão do pleito. Imagine-se que tenha sido o réu denunciado pelo delito de falsidade ideológica (art. 299 do CP), cuja pena mínima é de um ano de reclusão, silenciando o Ministério Público quanto ao *sursis* processual (nem o propõe, nem justifica a razão pela qual não o faz). Se, uma vez condenado, a defesa desse réu apelar, não poderá alegar qualquer nulidade pela falta de pronunciamento do Promotor de Justiça quanto à viabilidade ou não da suspensão condicional, pois se operou a preclusão da oportunidade de buscar esse benefício[100]. E, com muito mais razão, também não poderá fazê-lo em sede de revisão criminal, caso tenha ocorrido o trânsito em julgado da decisão condenatória[101].

Tratando-se de crime contra a honra de servidor público, em razão do exercício de suas funções e sendo oferecida queixa-crime pelo ofendido (há legitimidade concorrente do ofendido e do Ministério Público para o ingresso da ação penal neste caso, conforme Súmula 714 do STF), admite-se que a proposta de suspensão condicional seja oferecida tanto pelo Ministério Público quanto pelo querelante? Não. Sendo a ação penal intentada mediante queixa-crime, a legitimidade para o oferecimento da proposta de suspensão não será do Ministério Público, mas, sim, do querelante[102].

10.18. INSTAURAÇÃO DE COLEGIADO NOS PROCEDIMENTOS ENVOLVENDO CRIMES PRATICADOS POR ORGANIZAÇÕES CRIMINOSAS (LEI 12.694/2012)

A crescente incidência de ameaças e a ocorrência de atentados à integridade física de juízes conduziram o legislador a editar a Lei 12.694, de 24.07.2012, estabelecendo mecanismos de proteção à magistratura. Entre as medidas previstas, contempla o art. 1.º a possibilidade de instauração de um colegiado de juízes em primeiro grau de jurisdição para a prática de atos processuais e tomada de decisões nos processos ou procedimentos que tenham por objeto crimes praticados por **organização criminosa.** Note-se que, embora o art. 2.º da referida Lei 12.694 tenha conceituado *organização criminosa* como *a associação, de 3 (três) ou mais pessoas, estruturalmente ordenada e caracterizada pela divisão de tarefas, ainda que informalmente, com o objetivo de obter, direta ou indiretamente, vantagem de qualquer natureza, mediante a prática de crimes cuja pena máxima seja igual ou superior a 4 (quatro) anos ou que sejam de caráter transnacional*, esta definição não subsistiu por muito tempo. Com efeito, em menos de um ano de vigência da Lei 12.694/2012, sobreveio

---

99 STJ: REsp 1.825.750/MG, j. 07.11.2019; HC 302.544/DF, *DJ* 23.02.2015 e HC 162.807/SP, *DJ* 21.05.2012.

100 STJ, AgRg no AREsp 1.273.432/RJ, *DJ* 20.05.2020.

101 "[...] a jurisprudência desta Corte Superior de Justiça é no sentido de que, por se tratar de nulidade relativa, é alcançada pela preclusão a alegação formulada após a prolação de sentença condenatória, em que se aponta a falta de oferta de suspensão condicional do processo [...]". (STJ, AgRg no REsp 1.803.460/SC, *DJ* 20.05.2019). No mesmo sentido: STJ: AgRg nos EDcl no REsp 1.795.893/PE, *DJ* 30.06.2020; AgRg no RHC 124.609/SP, *DJ* 02.06.2020 e AgRg no AREsp 1.562.777/ES, *DJ* 13.02.2020.

102 STJ, HC 187.090/MG, *DJ* 21.03.2011; STF HC 85.312/GO, *DJ* 01.10.2004.

a Lei 12.850/2013 conceituando *organização criminosa* como *"a associação de 4 (quatro) ou mais pessoas estruturalmente ordenada e caracterizada pela divisão de tarefas, ainda que informalmente, com objetivo de obter, direta ou indiretamente, vantagem de qualquer natureza, mediante a prática de infrações penais cujas penas máximas sejam superiores a 4 (quatro) anos ou que sejam de caráter transnacional"* (art. 1.º, § 1.º). Diante desta nova regulamentação, parece-nos evidente que se operou a revogação tácita do art. 2.º da Lei 12.694/2012, passando a se considerar, para todos os fins (inclusive a formação do colegiado instituído pelo art. 1.º da Lei 12.694/2012), a definição inserida na Lei 12.850.

OBSERVAÇÃO: Considerando que a Lei 12.850/2013 não revogou expressamente a Lei 12.694/2012, a nosso ver ainda vigem os dispositivos desta última, à exceção daqueles que, estabelecendo disciplina contrária à nova lei, foram por esta revogados tacitamente. Logo, continuam em vigor as normas da Lei 12.694/2012 que determinam a instituição do colegiado de primeiro grau; a ampliação do porte de arma àqueles que trabalham no combate ao crime organizado; a faculdade de alienação antecipada de produtos oriundos de organizações criminosas; a previsão, como efeito extrapenal da condenação, do perdimento de bens que, mesmo não relacionados com os crimes praticados pela organização, sejam de seus membros, entre outras questões.

O colegiado será instaurado pelo juiz do processo, em decisão fundamentada, na qual indicará os motivos e as circunstâncias que acarretam o risco à sua integridade física, cientificando a respeito a Corregedoria do Tribunal a que vinculado (art. 1.º, § 1.º). Na sua composição, farão parte o juiz originário do processo e outros dois juízes escolhidos por sorteio eletrônico dentre aqueles de competência criminal em exercício no primeiro grau de jurisdição (art. 1.º, § 2.º). Esta forma de escolha – sorteio eletrônico em vez de indicação – assegura a independência e a imparcialidade do órgão julgador.

De acordo com a Lei 12.694/2012, o colegiado pode ser convocado para a prática de qualquer ato processual, especialmente: *a) decretação de prisão preventiva ou de medidas assecuratórias; b) concessão de liberdade provisória ou revogação de prisão; c) sentença; d) progressão ou regressão de regime de cumprimento de pena; e) concessão de liberdade condicional; f) transferência de preso para estabelecimento prisional de segurança máxima; e g) inclusão do preso no regime disciplinar diferenciado* (art. 1.º, *caput*). Considerando que a lei faculta aos juízes reunidos a prática de *qualquer ato processual*, infere-se que é meramente exemplificativo o rol do art. 1.º, I a VII, da lei. E mais: infere-se também que não apenas atos decisórios poderão estar afetos ao colegiado, mas também a prática de atos instrutórios do processo, tais como a oitiva de testemunhas, a determinação de provas e o próprio interrogatório do réu. Independentemente desta abrangência, deve-se ressaltar que a competência do colegiado limita-se ao ato para o qual foi convocado (art. 1.º, § 3.º), sendo absolutamente nulos quaisquer atos ou deliberações alheios a essa convocação e, portanto, sujeitos à sua desconstituição, quer por meio dos recursos previstos na legislação processual penal (p. ex., a apelação da sentença), quer por meio de ações autônomas de impugnação, como o *habeas corpus*, o mandado de segurança e a correição parcial.

Aspecto controvertido respeita ao momento em que é possível a instauração do colegiado, isto é, se apenas depois de instaurado o processo criminal ou se também é viável a sua convocação no curso de procedimentos de investigação para deliberação sobre determinadas questões que podem surgir nessa fase, como, por exemplo, a decretação da prisão preventiva dos integrantes do grupo criminoso. Em que pesem as divergências, aderimos ao entendimento de que o colegiado pode ser formado tanto no curso do processo quanto na fase investigativa. Não se ignora que a Lei 12.694/2012 refere-se à instauração do colegiado para a prática de *atos processuais* (art. 1.º, *caput*), sugerindo, com isto, a necessidade de processo criminal já instaurado. Em outro momento, refere-se a lei a participação no órgão do *juiz do processo* (art. 1.º, § 2.º). Não obstante estas previsões, deve-se levar em conta que a própria Lei 12.694 autoriza a formação do colegiado *em processos ou procedimentos* (art. 1.º, *caput*). Como se vê, o uso da conjunção alternativa *"ou"* evidencia a possibilidade de estar em andamento *um processo* ou *um procedimento*, podendo este ser um inquérito policial ou uma investigação conduzida pelo Ministério Público, por exemplo. Se, em vez de *"ou"*, tivesse o legislador empregado a conjunção *"e"* – processo e procedimento –, até se poderia entender como sendo empregada a palavra *procedimento* no sentido de rito processual. Não é isto o que ocorre, porém. Além disso, não se pode ignorar que o objetivo implícito da formação do órgão julgador colegiado de primeiro grau é reduzir as pressões e as retaliações que muitas vezes incidem sobre o juiz individual, o que pode ocorrer tanto no curso da instrução do processo quanto na fase anterior à instauração da ação penal. Por estes motivos, entendemos que não há objeção à adoção da medida legal também quando for provocado o juiz a se manifestar no âmbito de procedimentos de investigação, devendo a expressão *ato processual* empregada no art. 1.º, *caput*, da lei ser interpretada como referente a qualquer medida que dependa de pronunciamento judicial.

As reuniões do colegiado poderão ser sigilosas quando houver risco de que a publicidade resulte em prejuízo à eficácia das decisões (art. 1.º, § 4.º). Embora exista corrente doutrinária sustentando a inconstitucionalidade desta previsão, reputamos perfeitamente possível atribuir caráter sigiloso às reuniões quando presente o motivo legal. Afinal, na prática forense, as decisões costumam ser tomadas pelos juízes dentro de seus gabinetes, obtendo publicidade apenas quando juntadas ao processo. Ademais, as reuniões do colegiado não se equiparam às sessões realizadas no âmbito dos tribunais, em que assegurados às partes o direito à prévia intimação e a participação ativa mediante sustentação oral. Por fim, deve-se observar que a efetividade das decisões judiciais atende ao interesse social e o art. 5.º, LX, da Constituição Federal estabelece que a lei poderá restringir a publicidade dos atos processuais quando o interesse social o exigir.

Harmonizando-se com a disciplina do art. 93, IX, da Constituição Federal, estabelece a Lei 12.694/2012 que todas as decisões do colegiado deverão estar devidamente fundamentadas, sendo, ainda, firmadas por todos os juízes que o compõem (art. 1.º, § 6.º, 1.ª parte).

Outra questão importante que emerge da disciplina legal respeita à proibição de que, na publicação das decisões, haja referência a eventual voto divergente de qualquer dos membros do colegiado (art. 1.º, § 6.º, 2.ª parte). A partir desta regra, conclui-se que a decisão externada pelo órgão julgador será apenas aquela que representar o entendimento da maioria dos juízes, muito embora, repita-se, deva estar firmada por todos os integrantes, inclusive pelo autor do voto divergente. Com este regramento, mais uma vez objetivou o legislador impedir a influência de organizações criminosas sobre os membros do colegiado, evitando que se tornem alvo de ameaças ou de pressões de qualquer natureza.

Não se pode perder de vista que, nos termos do art. 1.º da Lei 12.694/2012, a instauração do colegiado somente é possível nos processos ou procedimentos que tenham por objeto crimes praticados por organização criminosa, assim compreendida a associação definida no art. 1.º, § 1.º, da Lei 12.850/2013. Sem embargo desta exigência legal, é certo que a lei não impõe como condição para a instauração do colegiado que todos os integrantes da organização criminosa sejam conhecidos e tampouco que figurem como réus no mesmo processo. Logo, basta que esteja evidenciado tratar-se de crime organizado praticado por associação estruturada nos termos legalmente previstos.

Por fim, alerta-se que, no âmbito doutrinário, tem sido muito discutida a constitucionalidade dos colegiados de primeiro grau, entendendo alguns que as únicas situações que viabilizam a sua instituição ocorrem em relação aos julgamentos pelo tribunal do júri e no âmbito da justiça militar, conforme autorizam os arts. 5.º, XXXVIII, e 125, § 3.º, da Constituição Federal, respectivamente. Além disso, a atuação de outros juízes implicaria violação ao princípio do juiz natural. Não obstante esta orientação, compreendemos no sentido da possibilidade jurídica de instituição dos referidos colegiados, pois não existe qualquer norma constitucional estabelecendo que o exercício da jurisdição em primeiro grau seja, necessariamente, reservado ao juiz monocrático. Consideramos, além disso, que a formação dos colegiados traz garantias adicionais ao acusado ou condenado, pois há menor risco de erro judicial nas decisões tomadas por vários juízes em conjunto do que naquelas proferidas por apenas um magistrado. Este último entendimento – constitucionalidade dos colegiados – foi agasalhado pelo STF no julgamento da Ação Direta de Inconstitucionalidade 4.414/AL (j. 31.05.2012), ajuizada pelo Conselho Federal da Ordem dos Advogados do Brasil, contra a Lei 6.806/2007, do Estado de Alagoas, que, ao criar Vara Criminal Especializada para processar e julgar delitos praticados por organizações criminosas, atribuiu a titularidade coletiva de vários juízes. Por outro lado, quanto ao princípio do juiz natural, também não vislumbramos violação. Afinal, este postulado decorre do art. 5.º, LIII, da Constituição Federal e tem por objetivo assegurar ao acusado o direito de ser submetido a processo e julgamento por órgão do Poder Judiciário regularmente investido, imparcial e previamente conhecido segundo regras objetivas de competência. Em consequência, fica proibida a criação de tribunais ou juízos de exceção, assim como a designação de magistrado para atuar em um caso específico e determinado. Estas situações, porém, não se confundem com os colegiados de primeiro grau previstos no art. 1.º da Lei 12.694/2012 em que o juiz originário do processo continua atuando mesmo após convocado o colegiado e, quanto aos demais integrantes, não serão indicados ou designados a partir de critérios políticos (o que efetivamente enfraqueceria a instituição e afastaria a garantia constitucional do juiz natural), mas, sim, escolhidos abstratamente por meio de sorteio eletrônico entre juízes que exerçam a jurisdição criminal.

Acesse o
MATERIAL SUPLEMENTAR

Entre no Ambiente de Aprendizagem através das instruções contidas na orelha deste livro e acesse os conteúdos exclusivos desta edição:
- questões de concursos;
- videoaulas dos principais temas;
- mapas mentais;
- *ebook* de resumos de cada capítulo.

CAPÍTULO 11

Prisão Processual – Medidas Cautelares Diversas da Prisão. Liberdade Provisória

11.1. A LEI 12.403, DE 4 DE MAIO DE 2011: ASPECTOS GERAIS

Publicada em 5 de maio de 2011 e com vigência a partir de 4 de julho do mesmo ano, a Lei 12.403 alterou substancialmente a disciplina relativa à **prisão e à liberdade provisória**, antes estabelecida no Livro I, Título IX, do Código de Processo Penal. Considerando que as modificações instituídas nesse diploma visaram a adequação das normas que restringem o direito à liberdade ao sistema acusatório que informa o processo penal constitucional brasileiro e tendo em vista a relevância destas alterações para a compreensão da jurisprudência atual sobre o tema e das alterações determinadas pela Lei 13.964/2019 (o denominado *pacote anticrime*), orientamos o leitor a atentar ao comparativo realizado nos tópicos 11.1.1 e 11.1.2 em relação às inovações da referida Lei 12.403/2011 frente às regras que lhe antecederam.

11.1.1. Noções introdutórias sobre as alterações determinadas pela Lei 12.403/2011

Na disciplina do Código de Processo Penal de 1941, duas eram as condições a que poderia estar submetido o agente no curso da investigação criminal e no decorrer do processo penal: sob *prisão provisória* ou em *liberdade*.

Com as reformas introduzidas pela Lei 12.403/2011, este sistema foi abandonado, dando lugar a outro, polimorfo, que se caracteriza pela **multicautela,** na medida em que submete o imputado a um terceiro *status*, que não implica prisão e, ao mesmo tempo, não importa em liberdade total: trata-se da sua sujeição às *medidas cautelares diversas da prisão*, que se encontram listadas nos arts. 319 e 320 do CPP.

Em síntese, correto deduzir que, após a vigência da reforma processual ditada pela Lei 12.403/2011, o indivíduo submetido a uma investigação criminal ou que responde a um processo judicial passou a estar sujeito a três tratamentos distintos: aguardar em liberdade o trânsito em julgado da decisão proferida na ação penal; permanecer sob prisão provisória e, por fim, submeter-se a outras restrições alternativas à privação da liberdade.

Observe-se que o art. 319 do CPP, quando elencou as nove medidas cautelares alternativas, rotulou-as de *medidas cautelares diversas da prisão.* Este dispositivo, tal como o art. 320 (que trata da proibição de ausentar-se do País), foi incorporado ao Capítulo V do Título IX, que trata *das outras medidas cautelares* (os Capítulos III e IV versam, respectivamente, sobre a prisão preventiva e a prisão domiciliar como forma de cumprimento da prisão preventiva). Assim, em termos legais, fica evidente que a reforma determinada pela Lei 12.403/2011 consagrou a natureza da prisão processual como a de uma **medida cautelar,** como, aliás, já era há muito tempo reconhecido em nível de doutrina e jurisprudência. Isto foi importante porque referendou, de uma vez por todas, a exigência dos requisitos das medidas cautelares em geral para a prisão processual, quais sejam, o *periculum in mora* e o *fumus boni iuris:* o primeiro traduzindo o risco à efetividade do processo penal causado pela liberdade plena do réu em face da ordem pública ou econômica, da conveniência à instrução criminal e da aplicação da lei penal; e o segundo, a existência de indícios suficientes de autoria e de prova da existência do crime[1].

Ainda em relação à prisão provisória, é preciso considerar o fato de que a Lei 12.403/2011 **pôs fim à possibilidade de ser alguém mantido preso em razão do flagrante delito**. Logo, para que permaneça o flagrado sob segregação, tornou-se necessária a conversão, pelo juiz, da prisão em flagrante em uma prisão preventiva, desde que presentes os requisitos que autorizam essa medida e que não seja adequada ou suficiente a aplicação das demais medidas acautelatórias não privativas da liberdade estipuladas nos arts. 319 e 320 (art. 310, II). Ora, se o flagrante prende, mas não é hábil a manter o indivíduo preso, deflui-se que, no atual sistema, perdeu ele a natureza de prisão cautelar, subsistindo como tal, no sistema processual penal, apenas, as seguintes:

1) a **prisão preventiva**, já que possibilita a manutenção do indivíduo sob segregação, independentemente do trânsito em julgado de sentença condenatória, tendo como objetivo *lato sensu* garantir que se concretize o resultado final da demanda; e
2) a **prisão temporária,** modalidade de prisão provisória disciplinada na Lei 7.960/1989, à qual também se agrega natureza cautelar em face de seu objetivo de tutela das investigações criminais, quando constatado que a segregação do investigado é imprescindível para a realização de diligências consideradas necessárias ao êxito do inquérito.

Não obstante estas conclusões, é certo que, no momento compreendido entre a voz de prisão e o recebimento, pelo Juiz, do respectivo auto de prisão em flagrante, existe uma segregação. Na busca de explicar a natureza jurídica da prisão em flagrante nesse intervalo, correntes opostas surgiram na doutrina, alguns compreendendo tratar-se de uma *cautelar provisória ou efêmera*, subsistente apenas até o momento em que o Juiz receber o auto de prisão em flagrante, já que, nessa ocasião, obriga-se ele a adotar uma das providências rotuladas no art. 310 do CPP; e outros, ao contrário, vislumbrando o flagrante, no referido interregno, como uma forma de *prisão precautelar*, com duração limitada no tempo a um acontecimento previsto em lei que, no caso, é o recebimento do respectivo auto de prisão pelo juiz e subsequente adoção das medidas consagradas no art. 310, entre as quais se encontra a prisão preventiva – esta sim, com natureza de prisão cautelar. Trata-se da posição que adotamos.

---

[1] Parcela da doutrina opta por substituir estas expressões, em sede de processo penal, por *periculum in libertatis* e *fumus comissi delicti*.

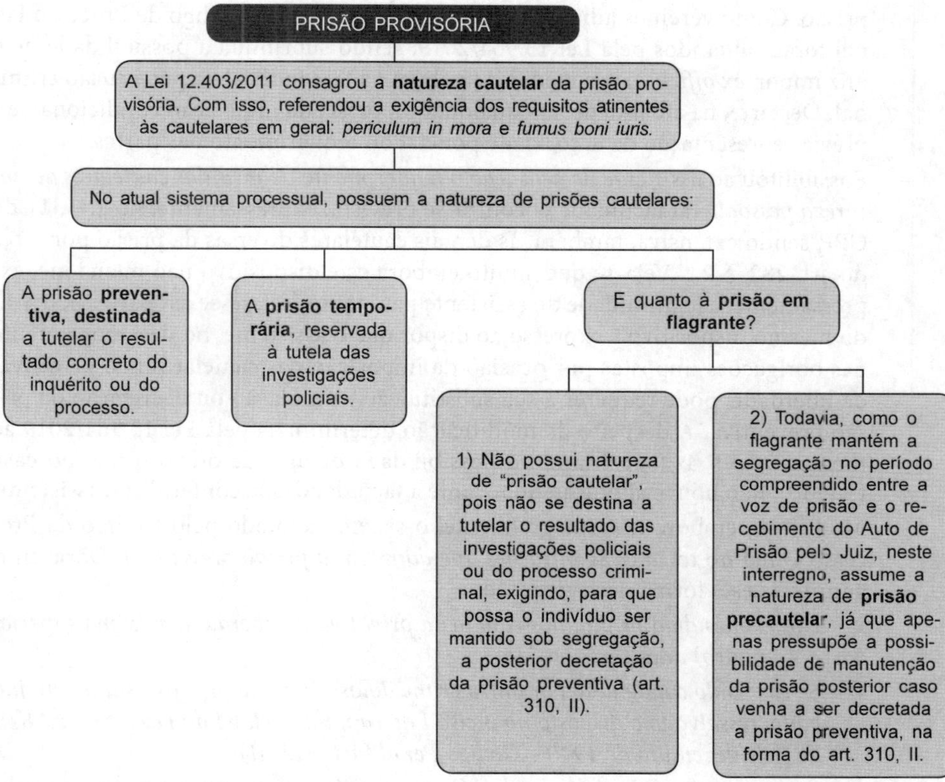

Não ficaram nestas, porém, as alterações promovidas. Pelo contrário, outras foram estabelecidas, as quais serão objeto de análise ao longo deste capítulo. De qualquer modo, para que desde já tenha o leitor um panorama geral das regras pertinentes à prisão e liberdade provisória, destacamos, abaixo, as principais que foram instituídas pela referida Lei 12.403/2011. Com efeito, esta lei:

- Disciplinou, no art. 282, § 6º, a *excepcionalidade da prisão preventiva* frente a outras medidas cautelares que não impliquem privação da liberdade. Por conseguinte, antes de decretar a prisão cautelar, cabe ao juiz verificar se, porventura, são cabíveis quaisquer das medidas cautelares diversas da prisão arroladas no Código de Processo Penal. Embora alterada a redação do dispositivo pela Lei 13.964/2019, a característica da *excepcionalidade* não restou afetada pela modificação legislativa.
- Estabeleceu, no art. 282, § 3º, que, ressalvados os casos de urgência ou de ineficácia da medida a ser imposta, será exigida a observância do *contraditório* como condição prévia para que o Juiz determine as medidas cautelares de natureza pessoal. Evidentemente, a exigência desse contraditório requer compatibilidade com a medida, não sendo razoável, por exemplo, cogitá-lo diante da decretação de uma prisão preventiva ou temporária. Também aqui houve modificação determinada pela citada Lei 13.964/2019, sendo, contudo, apenas detalhadas providências a serem adotadas pelo juiz para fins de efetivação da regra legal.
- Coibiu, nos arts. 282, § 2º e 311, o decreto de *medidas cautelares de ofício* na fase das investigações, seja a prisão preventiva, sejam as demais medidas diversas da

prisão. Como veremos adiante, referidos dispositivos do Código de Processo Penal foram alterados pela Lei 13.964/2019, sendo suprimida a possibilidade de o juiz impor, *ex officio*, essas medidas também na fase judicial da persecução criminal. Destarte, na atualidade, em qualquer hipótese, tal imposição condiciona-se a prévia representação da autoridade policial ou requerimento das partes.

- Possibilitou ao *assistente de acusação o requerimento de medidas cautelares de natureza pessoal*. Tal faculdade encontra-se prevista, expressamente, no art. 311 do CPP, sendo extensiva, também, às demais cautelares diversas da prisão por força do art. 282, § 2.º. Veja-se que, muito embora este dispositivo não mencione, expressamente, a legitimidade do assistente para tanto (refere-se às "partes"), o § 4.º do mesmo dispositivo é expresso ao dispor que o assistente, no descumprimento das obrigações impostas por ocasião da imposição das cautelares não privativas da liberdade, pode requerer a sua substituição, cumulação ou decretação da prisão preventiva. A despeito da modificação determinada pela Lei 13.964/2019 ao mencionado § 4º (suprimindo a possibilidade de agir de ofício o juiz no caso tratado), não houve alteração no tocante a faculdade nele conferida ao assistente.
- Modificou, embora não integralmente, o sistema adotado pelo Código de Processo Penal no tocante às *infrações que admitem a prisão preventiva*. Doravante, admite-se esta forma de segregação:
  - *Nos crimes dolosos punidos com pena privativa de liberdade máxima superior a 4 (quatro) anos (art. 313, I);*
  - *Se tiver sido condenado por outro crime doloso, em sentença transitada em julgado, ressalvado o disposto no inciso I do caput do art. 64 do Decreto-lei 2.848, de 7 de dezembro de 1940 – Código Penal (art. 313, II);*
  - *Se o crime envolver violência doméstica e familiar contra a mulher, criança, adolescente, pessoa idosa, enfermo ou pessoa com deficiência, para garantir a execução das medidas protetivas de urgência (art. 313, III);*
  - *Também será admitida a prisão preventiva quando houver dúvida sobre a identidade civil da pessoa ou quando esta não fornecer elementos suficientes para esclarecê-la, devendo o preso ser colocado imediatamente em liberdade após a identificação, salvo se outra hipótese recomendar a manutenção da medida (art. 313, § 1º);*
  - *A prisão preventiva também poderá ser decretada em caso de descumprimento de qualquer das obrigações impostas por força de outras medidas cautelares (art. 312, § 1º e 282, § 4.º).*
- Instituiu a *prisão (preventiva) domiciliar*, consistente no recolhimento do indiciado ou do acusado em sua residência, como forma de cumprimento da prisão preventiva (arts. 317 e 318).
- Determinou à autoridade policial a obrigação de comunicar a prisão em flagrante de qualquer pessoa e o local onde se encontre, não apenas ao Juiz e à família do preso ou pessoa por ele indicada, conforme já se previa na legislação anterior, mas também ao *Ministério Público* (art. 306).
- Estabeleceu a possibilidade de condicionamento da *liberdade provisória às medidas cautelares previstas no art. 319 do CPP* (art. 321).
- Modificou *critérios para definição de afiançabilidade e inafiançabilidade* (arts. 323 e 324), não mais se levando em conta, agora, a pena mínima cominada ao crime, tal como ocorria na legislação anterior.

- Possibilitou ao Delegado de Polícia arbitrar fiança nas hipóteses em que a pena máxima cominada ao crime *não seja superior a quatro anos* (art. 322), abandonando, com isso, o critério anterior que, levando em consideração a natureza da pena estabelecida, facultava à autoridade policial conceder fiança unicamente em relação às infrações apenadas com detenção ou prisão simples.
- Readequou *os parâmetros de fixação* e os *valores* pertinentes à fiança (art. 325, I e II).

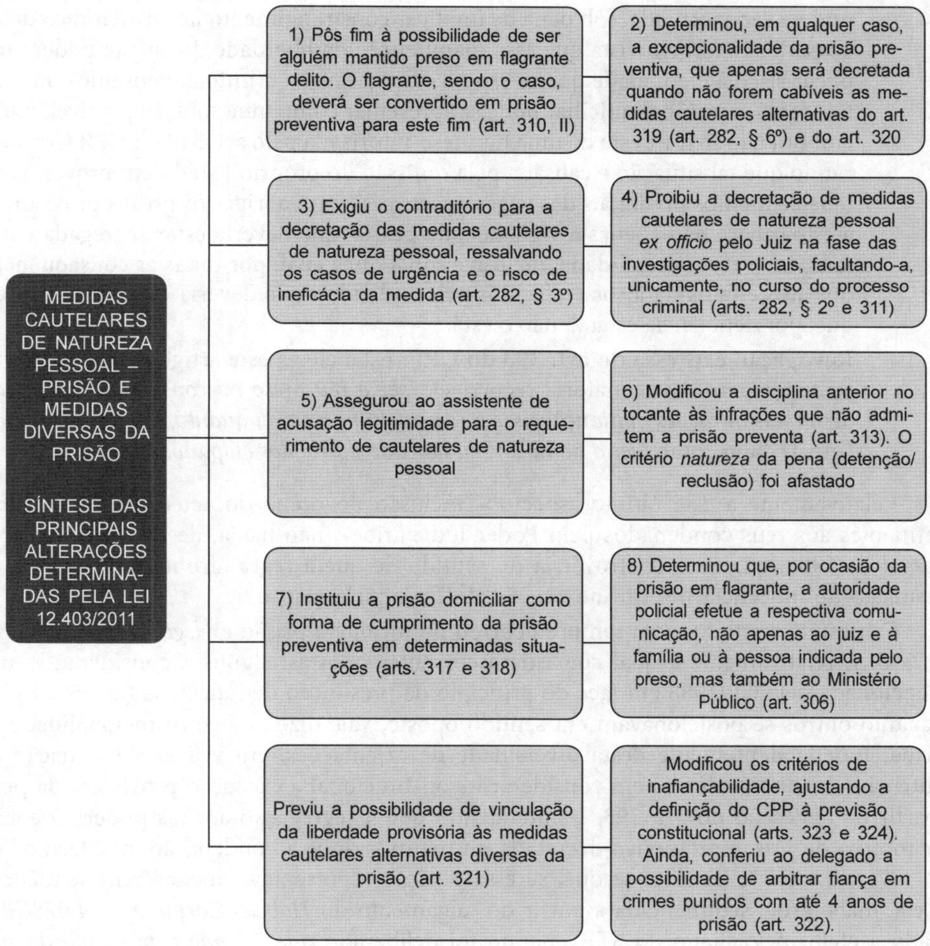

11.1.2. Modificações determinadas pela Lei 12.403/2011 em outros institutos

Além dos aspectos mencionados, que se referem, primordialmente, à decretação das medidas cautelares de natureza pessoal, outras alterações relevantes foram determinadas pela Lei 12.403/2011:

- **Separação obrigatória entre os presos provisórios e os presos definitivos:** Antes da entrada em vigor da Lei 12.403/2011, estabelecia o art. 300 do CPP que, "sempre que possível, as pessoas presas provisoriamente ficarão separadas das que já estiverem definitivamente condenadas". Com a alteração legislativa, a ressalva *sempre* *que possível* foi suprimida do texto legal, passando a dispor o precitado artigo que as pessoas presas provisoriamente **ficarão separadas** das que já estiverem definitivamente condenadas, nos termos da Lei de Execução Penal.

Como se vê, devido aos termos cogentes do art. 300, a colocação dos presos provisórios e dos presos definitivos em celas separadas deixou de ser uma opção na hipótese da inexistência de vagas ou de estrutura carcerária, para ser uma obrigação do Estado. Não sendo possível cumprir este comando, a prisão provisória não poderá ser executada, sob pena de implicar constrangimento ilegal ao indiciado ou acusado. Tendo em vista que essa manutenção da liberdade do agente poderá implicar risco à efetividade que se espera da persecução criminal, pensamos que, em tais casos, a prisão domiciliar pode se apresentar como uma solução possível, muito embora não se trate esta de uma hipótese autorizada pelo art. 318 do CPP. Considerando que tal situação é causada pela omissão do próprio Estado em prover os estabelecimentos prisionais das vagas necessárias para abrigar os presos provisórios, a este caberá não apenas a vigilância da pessoa que deveria estar segregada como também a responsabilidade, inclusive sob a ótica civil, por todas as consequências dos atos e fatos danosos realizados pelo indivíduo que deveria estar custodiado e que, por deficiência estatal, não o está.

- **Revogação expressa do art. 393 do CPP:** Estabelecia este artigo, como efeitos da sentença penal condenatória recorrível, *"ser o réu preso ou conservado na prisão, assim nas infrações inafiançáveis, como nas afiançáveis, enquanto não prestar fiança"* (inc. I), bem como *"ser o nome do réu lançado no rol dos culpados"* (inc. II).

Relativamente a este último aspecto – inclusão do nome do acusado nos registros pertinentes aos réus condenados pelo Poder Judiciário –, não havia, desde a Constituição Federal de 1988, qualquer controvérsia no sentido de que a regra afrontava a garantia da presunção de inocência inscrita no art. 5.º, LVII daquela Carta.

O mesmo, contudo, nem sempre ocorreu no tocante à prisão *ex lege*[2] determinada no art. 393, I, relativamente à qual coexistiam correntes opostas, alguns a considerando não recepcionada pela CF/1988 em face do princípio da presunção de inocência (art. 5.º, LVII), enquanto outros se posicionavam em sentido oposto, vale dizer, da constitucionalidade da norma. Independentemente desta diversidade de orientações, era visível a inclinação da doutrina e da jurisprudência em considerar inconstitucional a execução provisória da pena a partir da aplicação do art. 393, I, entendendo que a segregação apenas poderia ocorrer por motivo de *prisão preventiva* decretada ou mantida após a condenação, nos termos do art. 387, § 1.º, do CPP. Note-se que, se essa posição representava apenas uma tendência, foi ela, mais tarde, sedimentada a partir do julgamento do *Habeas Corpus n.º 84.078/MG*, levado a efeito pelo Pleno do STF, quando foi deliberado que *"ofende o princípio da não culpabilidade a execução da pena privativa de liberdade antes do trânsito em julgado da sentença condenatória, ressalvada a hipótese de prisão cautelar do réu, desde que presentes os requisitos autorizadores previstos no art. 312 do CPP"*[3].

Por conseguinte, andou certo o legislador em afastar do mundo jurídico o art. 393, pois evidente sua não recepção pela ordem constitucional vigente frente à garantia da presunção de inocência inserta no art. 5.º, LVII, da CF. Afinal, contemplava, como regra, a prisão do réu consecutiva à sentença penal não transitada em julgado, estabelecendo, ainda, nas mesmas condições, o lançamento de seu nome no rol dos culpados.

---

2 Considera-se prisão *ex lege* aquela determinada por lei, independentemente da verificação de sua efetiva necessidade, à luz das circunstâncias próprias do caso concreto, pelo Poder Judiciário.

3 STF, Tribunal Pleno, *DJ* 26.02.2009.

Mas atenção: se, no momento que se segue à prolação da sentença condenatória em 1.º grau subsiste a orientação referendada no sobredito HC 84.078/MG, no sentido de que a decretação ou manutenção da prisão condiciona-se à demonstração de que estão presentes os requisitos e fundamentos da prisão preventiva, o mesmo nem sempre ocorreu quando, havendo recurso da defesa contra a sentença condenatória ou da acusação em relação à sentença absolutória, decide o tribunal pela condenação do réu. Nesta hipótese, em meados do ano de 2016, decidiu o STF, por ocasião do julgamento do *Recurso Extraordinário 964.246/SP* (deliberado em regime de repercussão geral), que, uma vez determinada ou mantida a condenação do réu pelos Tribunais de Justiça ou Tribunais Regionais Federais, a pena privativa de liberdade poderia ser executada provisoriamente, sem que se considerasse violado o princípio constitucional da presunção de inocência. Todavia, em 07.11.2019, por ocasião do julgamento definitivo das Ações Declaratórias de Constitucionalidade 43, 44 e 54, propostas, respectivamente, pelo Partido Nacional Ecológico, pelo Conselho Federal da OAB e pelo Partido Comunista do Brasil em relação ao art. 283 do CPP, restabeleceu o Plenário do Supremo Tribunal Federal **o entendimento no sentido da impossibilidade de execução provisória da pena antes de esgotados todos os recursos e do trânsito em julgado da decisão condenatória**, sob pena de violação ao art. 5.º, LVII, da CF. Logo, na atualidade, a posição vigorante é a de que, *em regra*, antes desse trânsito, a segregação do indivíduo apenas pode ocorrer a título de prisão cautelar, quando presentes os respectivos pressupostos. Lembre-se por oportuno, que, nos termos do art. 102, § 2.º, da CF, "as decisões definitivas de mérito, proferidas pelo Supremo Tribunal Federal, nas ações diretas de inconstitucionalidade e nas ações declaratórias de constitucionalidade produzirão eficácia contra todos e efeito vinculante, relativamente aos demais órgãos do Poder Judiciário e à administração pública direta e indireta, nas esferas federal, estadual e municipal". Isto significa que o resultado destas demandas é de observância obrigatória em todas as esferas do Poder Judiciário e nas demais mencionadas no dispositivo constitucional. **Atenção:** dissemos "em regra" porque, com a vigência da Lei 13.964/2019 (o denominado pacote anticrime), foi parcialmente modificada a redação do art. 492 do CPP, que trata da sentença condenatória proferida a partir de julgamentos pelo Tribunal do Júri. Assim, o inciso I, letra "e" desse artigo passou a estabelecer que, no caso de condenação, o juiz "*mandará o acusado recolher-se ou recomendá-lo-á à prisão em que se encontra, se presentes os requisitos da prisão preventiva, ou, no caso de condenação a uma pena igual ou superior a 15 (quinze) anos de reclusão, determinará a execução provisória das penas, com expedição do mandado de prisão, se for o caso, sem prejuízo do conhecimento de recursos que vierem a ser interpostos*". A propósito do tema, pela sua relevância e extensão, remetemos o leitor ao Capítulo 13, tópico 13.5.2.1, em que o abordamos com a necessária profundidade, inclusive historiando a sequência de acontecimentos havidos no âmbito do STF desde o ano de 2009 até o momento atual.

- **Extinção da prisão especial para os jurados:** O art. 439 do CPP dispunha que "o exercício efetivo da função de jurado constituirá serviço público relevante, estabelecerá presunção de idoneidade moral e *assegurará prisão especial, em caso de crime comum, até o julgamento definitivo*". Esta última parte do dispositivo foi suprimida pela Lei 12.403/2011, passando o dispositivo a regrar que "o exercício efetivo da função de jurado constituirá serviço público relevante e estabelecerá presunção de idoneidade moral". Existe, entretanto, posição doutrinária no sentido de que ainda persiste a prisão especial para o jurado, pelo fato de não ter sido modificada a regra do art. 295, X, do CPP, que assim determina.

- **Revogação expressa do art. 595 do CPP:** Referia o artigo 595 do CPP que a fuga do réu após ter apelado acarretava deserção do seu recurso. Também neste enfoque inseria o Código de Processo Penal norma que afrontava a Constituição da República, em especial a garantia do duplo grau de jurisdição, que decorre dos termos dessa Carta. Não é por menos que, em 29.04.2008, editou o STJ a Súmula 347, preceituando que *o conhecimento do recurso de apelação do réu independe de sua prisão*, afastando, assim, a aplicabilidade do precitado art. 595. Logo, a revogação expressa do mencionado dispositivo pela Lei 12.403/2011 veio ao encontro da ordem constitucional em vigor.

11.2. MEDIDAS CAUTELARES (PRISÃO E MEDIDAS DIVERSAS DA PRISÃO): CARACTERÍSTICAS, PRINCÍPIOS INFORMADORES E REQUISITOS DE APLICAÇÃO

11.2.1. Características: jurisdicionalidade, provisoriedade, revogabilidade, excepcionalidade, substitutividade e cumulatividade

As medidas cautelares de natureza pessoal, assim compreendidas a **prisão preventiva** (ainda que cumprida sob a forma de prisão domiciliar nos termos dos artigos 317 a 318-A) e as demais **medidas diversas da prisão**, apresentam as seguintes características:

1) Jurisdicionalidade: Devem ser impostas pelo Poder Judiciário, excetuando-se desta regra apenas o disposto no art. 322 do CPP, que possibilita à autoridade policial arbitrar fiança nos crimes cuja pena máxima não seja superior a quatro anos de prisão. Lembre-se que, na literalidade do art. 319, VIII, do CPP a fiança também possui natureza de *medida cautelar.*

2) Provisoriedade: Como se vê do art. 282, I, do CPP, norteia a aplicação das medidas cautelares a *necessidade.* Daí se infere que devem elas vigorar apenas enquanto perdurar a situação de urgência que justificou sua decretação.

O atributo da provisoriedade ainda se encontra implícito em determinadas medidas, como é o caso do art. 319, IV, do CPP, dispondo sobre a proibição de se ausentar o agente da Comarca *quando* a sua permanência seja conveniente ou necessária para a investigação ou instrução. Ora, no momento em que esta disponibilidade na sede da comarca deixar de ser necessária, a medida deverá ser revogada em face da cessação das razões que a motivaram. É o caso, por exemplo, de já se ter esclarecido a versão dos fatos, que se mostrava contraditória frente às conclusões da perícia técnica; ou, então, quando já realizados os atos processuais para os quais sua presença mostrava-se imprescindível (*v.g.*, reprodução simulada do crime, reconhecimentos, acareações etc.).

O mesmo pode ser detectado, também, no art. 319, VI, prevendo a suspensão do exercício de função pública ou de atividade de natureza econômica ou financeira *quando* houver justo receio de sua utilização para a prática de infrações penais. Se, por qualquer razão, revelar-se superada a situação que determinou a aplicação da medida cautelar, impõe-se a cessação da restrição imposta, com o restabelecimento da situação anterior.

3) Revogabilidade: É característica coligada à *provisoriedade*, corporificando-se no art. 282, § 5.º, 1.ª parte, do CPP, ao dispor que o juiz poderá revogar a medida cautelar quando verificar a falta de motivo para que subsista.

Na verdade, é preciso considerar que, em se tratando das medidas cautelares de natureza pessoal, sua decretação condiciona-se à análise dos princípios da *necessidade* e *adequação* consagrados art. 282, I e II do CPP, e dos requisitos das cautelares em geral, consubstanciados no *periculum in mora* e no *fumus boni iuris.*

Ora, se para a imposição das medidas cautelares tais elementos devem estar presentes, é intuitivo que apenas podem elas subsistir enquanto os mesmos elementos persistirem. Tal situação atende aos postulados da cláusula *rebus sic stantibus,* que pode ser lida como "enquanto as coisas estiverem assim".

A cláusula *rebus sic stantibus* norteia as decisões cautelares no processo civil e tem aplicação inequívoca no âmbito criminal. Isto quer dizer que a sentença cautelar criminal reflete a situação fática e jurídica existente no momento em que proferida, impondo-se a persistência do comando a ela inserido enquanto esse mesmo contexto se mantiver. Se o reverso ocorrer, desfazendo-se o cenário que justificou a determinação das providências emergenciais, caberá ao Poder Judiciário *revogá-las,* restabelecendo a situação anterior à decretação.

4) Excepcionalidade: As medidas cautelares devem ser aplicadas em hipóteses emergenciais, com o objetivo de superar situações de perigo à sociedade, ao resultado prático do processo ou à execução da pena. Portanto, é certo que sua utilização, no curso da investigação ou do processo, deve ocorrer como exceção, mesmo porque implicam, em maior ou menor grau, restrição ao exercício de garantias asseguradas na Constituição Federal.

Especificamente em relação à prisão preventiva, o atributo da *excepcionalidade* deve ser visto sob dois ângulos: *excepcionalidade geral*, significando que, assim como as demais cautelares, deve ser decretada apenas quando devidamente amparada pelos requisitos legais, em observância ao princípio constitucional da presunção de inocência, sob pena de antecipar a reprimenda a ser cumprida quando da condenação; e, ainda, *excepcionalidade restrita,* isto é, aquela relacionada a sua supletividade diante das demais providências cautelares diversas da prisão, em face do que dispõe o art. 282, § 6.º, no sentido de que *"a prisão preventiva somente será determinada quando não for cabível a sua substituição por outra medida cautelar, observado o art. 319 deste Código, e o não cabimento da substituição por outra medida cautelar deverá ser justificado de forma fundamentada nos elementos presentes do caso concreto, de forma individualizada".*

5) Substitutividade: Esta característica decorre do art. 282, § 4.º, 2.ª parte, facultando ao juiz, no caso de descumprimento de medida cautelar imposta, substituí-la por outra; e, também, do § 5.º do mesmo dispositivo, conferindo a mesma faculdade ao juiz quando verificar a falta de motivo para que subsista a providência cautelar antes aplicada. Note-se que a própria decretação da prisão preventiva contemplada no art. 282, § 4.º como decorrência da desobediência a qualquer das providências do art. 319 satisfaz a característica da substitutividade, já que tal segregação também se classifica como uma medida cautelar de natureza pessoal.

6) Cumulatividade: Estabelece o art. 282, § 1.º que as medidas cautelares poderão ser aplicadas isolada ou cumulativamente. Esta faculdade encontra-se prevista, ainda, no § 4.º do mesmo dispositivo, pois, ao tratar do descumprimento injustificado de providências aplicadas, possibilita ao juiz tanto substituí-la como impor outra em *cumulação.*

Observe-se que, em qualquer caso, deve ser observada a *necessidade* e *adequação* das medidas aplicadas em face dos fins visados (art. 282, I e II), bem como a *compatibilidade lógica* das providências cumuladas.

Exemplos:

- O recolhimento domiciliar no período noturno e nos dias de folga (art. 319, V) apresenta-se logicamente compatível com o monitoramento eletrônico (art. 319, IX), caso aplicados conjuntamente.

- Por outro lado, o mesmo monitoramento eletrônico (art. 319, IX) não apresenta, em tese, compatibilidade lógica com a suspensão para o exercício de função pública ou de atividade de natureza econômica ou financeira (art. 319, VI), pois o objetivo desta última medida é afastar o agente do cargo, emprego ou função ocupado, do qual poderia se prevalecer para a prática de novas infrações.

Evidentemente, a averiguação desta compatibilidade não pode levar em consideração, apenas, a natureza das medidas aplicadas, mas sobretudo as peculiaridades do caso concreto sob apreciação judicial.

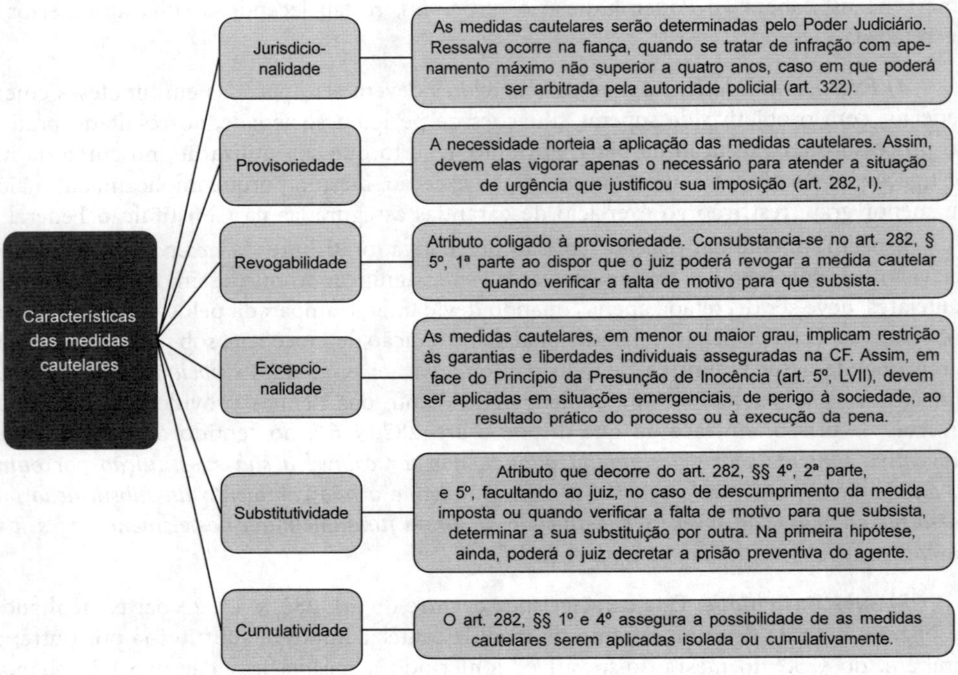

11.2.2. Princípios informadores: necessidade, adequação e proporcionalidade em sentido estrito (art. 282, I e II)

A *prisão* e as *demais providências diversas da prisão* constituem **medidas cautelares,** mais precisamente **medidas cautelares de natureza pessoal**, embora não utilizada essa nomenclatura pela nova disciplina legal. Afinal, destinam-se à pessoa do indiciado ou do acusado, em oposição àquelas que incidem sobre o seu patrimônio (sequestro, arresto e hipoteca legal – arts. 125 a 144 do CPP), denominadas de *medidas assecuratórias,* mas que, ao fim e ao cabo, consistem em verdadeiras *medidas cautelares de natureza real.*

Outro aspecto a atentar é o de que estas *medidas cautelares de natureza pessoal* estão reguladas **conjuntamente** no Título XI do Livro I do Código de Processo Penal, a elas incidindo, então, a regra do art. 282, que dispõe:

> Art. 282. As medidas cautelares previstas neste Título deverão ser aplicadas observando-se a:
>
> I – necessidade para aplicação da lei penal, para a investigação ou a instrução criminal e, nos casos expressamente previstos, para evitar a prática de infrações penais;

II – adequação da medida à gravidade do crime, circunstâncias do fato e condições pessoais do indiciado ou acusado.

Quis o legislador, dessa forma, que tanto para a *prisão* como para as *demais medidas cautelares diversas da prisão* fossem observadas a **necessidade** e a **adequação** como critérios norteadores de sua aplicação. Tais elementos são impostos pela norma a título de **princípios** e devem nortear e fundamentar a decisão do Juiz sobre aplicar ou não as providências cautelares, bem como eleger qual delas se mostra cabível ao caso concreto.

Art. 282, I – Necessidade para aplicação da lei penal, para a investigação ou para a instrução criminal e, nos casos expressamente previstos, para evitar a prática de infrações penais.

A *necessidade* relaciona-se com o risco verificado no caso concreto enquanto se aguarda o provimento judicial definitivo por meio do trânsito em julgado da sentença, risco este que guarda estreita correspondência com os *fundamentos* que justificam a decretação da prisão preventiva, previstos no art. 312 do CPP:

- *Necessidade para aplicação da lei penal*: trata-se do risco de fuga. Neste caso, a aplicação do princípio informador rotulado no artigo 282, I confunde-se com um dos fundamentos dessa forma de segregação contemplado no art. 312, consistente no objetivo de *assegurar a aplicação da lei penal.*
- *Necessidade para a investigação ou para a instrução criminal:* é nítido o objetivo de garantir a efetividade da colheita de provas, seja na fase que antecede a instauração do processo criminal, seja no curso da instrução processual penal. O princípio guarda evidente simetria com outro fundamento da prisão preventiva previsto no art. 312, qual seja a *conveniência da instrução criminal.*
- *Necessidade para evitar a prática de infrações penais, nos casos expressamente previstos*: a finalidade de evitar a prática de novas infrações penais, quando se tratar de prisão preventiva, corresponde ao fundamento da *garantia da ordem pública* assegurado no art. 312.

Nesta linha, conclui-se que, relativamente ao **princípio da necessidade**, tanto a *prisão preventiva* quanto as *medidas cautelares alternativas* dos arts. 319 e 320 poderão ser aplicadas quando, efetivamente, revelarem-se *necessárias para a aplicação da lei penal, para a investigação ou instrução criminal* e *para evitar a prática de novas infrações penais*, tal como externado no art. 282, I, do CPP.

Repisa-se, pela importância, que, relativamente à **prisão preventiva**, os mesmos elementos do art. 282, I se repetem no art. 312, constituindo-se os fundamentos dessa custódia, muito embora se agregue a possibilidade de sua decretação para a garantia da *ordem econômica*.

Já no que toca às **medidas cautelares alternativas dos arts. 319 e 320**, não havendo dispositivo específico quanto aos respectivos fundamentos, depreende-se que os nortes serão apenas aqueles elencados no citado art. 282, I. Em decorrência, resta incabível a determinação autônoma de medidas cautelares alternativas visando à *garantia da ordem econômica*, para hipóteses que não admitem a prisão preventiva (art. 313, *a contrario sensu*), visto que tal situação está contemplada, unicamente, no art. 312 e não no art. 282, I.

Observe-se que, de acordo com parcela da doutrina, nestes mesmos casos (hipóteses alheias às previstas no art. 313 do CPP), também seria descabida a imposição de medidas cautelares alternativas com o fim de *evitar a prática de novas infrações penais*. Isso porque, consoante dispõe o art. 282, I, *fine*, tal motivação é possível apenas *nos casos expressamente previstos*. Segundo essa linha de pensamento, como não há expressa previsão, em qualquer dispositivo, de que medidas cautelares diversas da prisão sejam decretadas para garantia da ordem pública, sendo esta fundamentação inerente à prisão preventiva, apenas esta última medida poderia ser aceita em casos tais. Discordamos, contudo, dessa orientação, pois entre as medidas cautelares diversas da prisão algumas possuem explícito o objetivo de evitar a prática de novas infrações penais. É o caso, por exemplo, do provimento contemplado no art. 319, II, consistente na *proibição de acesso ou frequência a determinados lugares quando, por circunstâncias relacionadas ao fato, deva o indiciado ou acusado permanecer distante desses locais para evitar o risco de novas infrações*, e da medida estipulada no mesmo art. 319, VI, relativa à *suspensão do exercício de função pública ou de atividade de natureza econômica ou financeira quando houver justo receio de sua utilização para a prática de infrações penais*. Além destas, o próprio *recolhimento domiciliar no período noturno e nos dias de folga quando o investigado ou acusado tenha residência e trabalho fixos* (art. 319, V) e a *monitoração eletrônica* (art. 319, IX), implicitamente, trazem o mesmo fim. Logo, cogitar da impossibilidade de aplicação de medidas cautelares diversas da prisão em hipóteses não elencadas no art. 313 do CPP, quando o objetivo for evitar a prática de novas infrações penais, implica limitar a utilização do art. 319, o que reputamos despropositado.

Art. 282, II – Adequação da medida à gravidade do crime, circunstâncias do fato e condições pessoais do indiciado ou acusado.

Concerne a *adequação* à pertinência abstrata da medida em face do crime sob apuração e do indivíduo que deverá cumpri-la. Não haveria sentido, por exemplo, na aplicação de recolhimento domiciliar noturno e nos dias de folga (art. 319, V), cumulada com monitoração eletrônica (art. 319, IX), a quem se atribua a autoria de diversos crimes de estelionato por meio da internet, quando o objetivo visado com a imposição cautelar, simplesmente, seja evitar a reiteração da conduta criminosa.

Outro exemplo: No julgamento de *Habeas Corpus* impetrado por indivíduo preso em flagrante em face de violência doméstica praticada contra ex-companheira, o Tribunal de Justiça de São Paulo impôs a proibição de se aproximar o agente da ofendida, de seus familiares e das testemunhas; a proibição de manter contato com estas pessoas por qualquer meio de comunicação; a obrigação de comparecimento bimestral a juízo; e, por fim, o recolhimento domiciliar no período noturno e nos dias de folga, esta última sob o fundamento de que, em tais períodos, havia maior probabilidade de encontrar-se o agente com a vítima. Como se vê, todos estes provimentos, além de *necessários* (art. 282, I) no caso concreto, *relacionam-se abstratamente* (art. 282, II) com os interesses que se objetiva tutelar – na espécie, a integridade da ofendida e o resultado do processo[4].

Não obstante o art. 282, I e II, do CPP tenha estabelecido, como *princípios informadores* das medidas cautelares, apenas a *necessidade* e a *adequação*, há forte segmento doutrinário e jurisprudencial sustentando, também, a necessidade de observância da **proporcionalidade em sentido estrito**, consistente no juízo de ponderação entre os danos causados com a aplicação da medida cautelar restritiva e os resultados que com ela serão auferidos, a fim de, com isto, verificar-se se o ônus imposto é proporcional à relevância do bem jurídico que se pretende resguardar. Para quem assim defende, da *proporcionalidade em sentido estrito*

[4] TJSP, *Habeas Corpus* n.º 0120967-94.2011.8.26.0000, j. 10.08.2011.

decorre o **princípio da homogeneidade**, pelo qual não se deve admitir seja o acusado submetido, no curso do processo, a gravame superior ao que poderá estar sujeito no caso de eventual provimento condenatório, vinculação esta implicitamente consagrada no momento em que o legislador, no art. 282, II, relacionou a *adequação da medida* à gravidade do crime. A partir dessa ótica, então, ressalvada a presença de elementos que apontem a elevada periculosidade social do agente, não caberia a decretação da prisão preventiva (que guarda simetria com o regime fechado) do indivíduo primário, que esteja sendo processado por tentativa de furto qualificado, pois, neste caso, é pouco provável que, em caso de condenação, lhe seja imposto regime mais gravoso do que o semiaberto. Perceba-se, porém, que, apesar de esta posição ser trilhada por parcela expressiva da doutrina e da jurisprudência, não pode ela ser considerada como definida. No próprio Superior Tribunal de Justiça, por exemplo, prevalece a posição no sentido de que, como a prisão preventiva não é antecipação de pena, mas, sim, uma forma de segregação cautelar que visa garantir a segurança social e a efetividade que se espera do processo criminal, nada há de ilegal na restrição da liberdade quando cumpridos os requisitos dos arts. 312 e 313, do CPP, ainda que, em tese, a pena a ser aplicada pelo crime cometido possa ensejar, mais tarde, início de cumprimento da pena em regime diverso do fechado. Compreende essa Corte, enfim, que não cabe ao Poder Judiciário, *em um exercício de futurologia, determinar, de antemão, a pena futura a ser fixada ao agente.* Isto porque *a concreta aplicação da pena, em caso de condenação, compete ao magistrado por ocasião da prolação de sentença, com a devida análise do conjunto probatório*, não se podendo falar, então, no curso da persecução criminal, no descabimento da prisão preventiva sob o argumento da ausência de homogeneidade com a pena a ser eventualmente imposta[5].

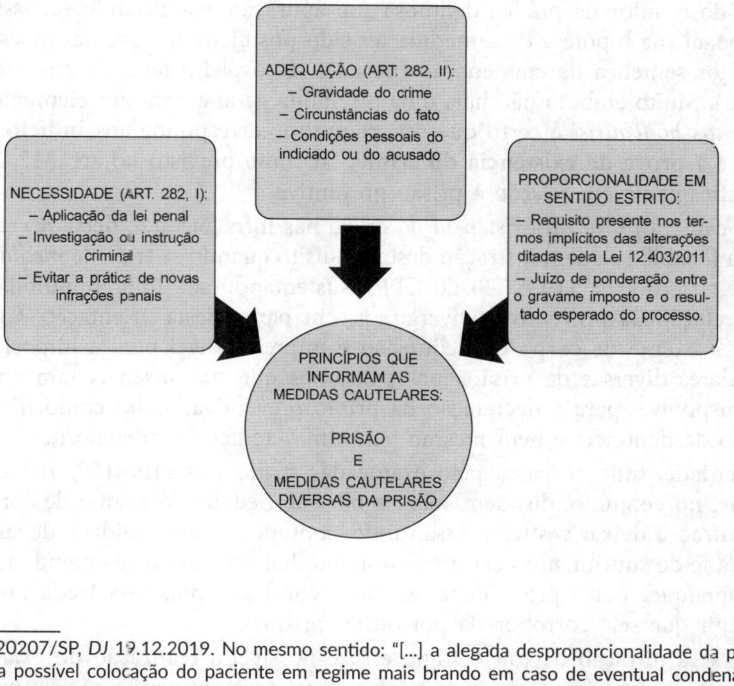

5 STJ, RHC 120207/SP, *DJ* 19.12.2019. No mesmo sentido: "[...] a alegada desproporcionalidade da prisão cautelar, em razão da possível colocação do paciente em regime mais brando em caso de eventual condenação, não merece guarida nesta seara processual, porquanto não cabe a esta Corte Superior, em um exercício de futurologia, determinar, de antemão, a pena futura a ser fixada ao paciente. A concreta aplicação da pena, em caso de condenação, é um exercício que compete ao magistrado por ocasião da prolação da sentença, com a devida análise do conjunto probatório, sabidamente inviável de ser realizado nesta estreita via do mandamus, ou de seu recurso ordinário. Precedentes" (STJ, AgRg no HC 684789/RS, *DJ* 22.09.2021).

11.2.3. Requisitos das medidas cautelares em geral

Tratando-se a prisão preventiva e as medidas alternativas dos arts. 319 e 320 do CPP de provimentos de natureza cautelar, é intuitivo que a sua decretação vincula-se, também, à demonstração do *periculum in mora* e do *fumus boni iuris.*

O ***periculum in mora* (ou *periculum libertatis*)** corresponde à efetiva demonstração de que a liberdade plena do agente (sem qualquer restrição, obrigação ou condicionamento) poderá colocar em risco a aplicação da pena que venha a ser imposta, o resultado concreto do processo ou a própria segurança social. Este requisito confunde-se com os vetores a que estão vinculados o princípio da necessidade, consagrado no art. 282, I, do CPP, os quais consistem na **necessidade para aplicação da lei penal, para a investigação ou a instrução criminal e, nos casos expressamente previstos, para evitar a prática de infrações penais**. Especificamente em relação à prisão preventiva, coliga-se aos fundamentos previstos no art. 312, 1.ª parte, do CPP, quais sejam, a **garantia da ordem pública ou econômica, a conveniência da instrução criminal ou a aplicação da lei penal**. Veja-se que, mais recentemente, conferiu a Lei 13.964/2019 nova redação ao art. 312, acrescentando, na sua parte final, outro condicionamento da prisão preventiva, qual seja, o *"perigo gerado pelo estado de liberdade do imputado"*, inclusão esta que, conforme vemos adiante (típico 11.7 deste capítulo), nada acrescenta em termos práticos, já que, a grosso modo, pela amplitude da redação legal, pode abranger o perigo de recidiva criminosa (o que insere a garantia da ordem pública), o perigo à efetividade da apuração processual penal (o que abrange a conveniência da instrução criminal) e o perigo à exequibilidade da pena (o que compreende a segurança da aplicação da lei penal).

Já o ***fumus boni iuris* (ou *fumus comissi delicti*)** traduz o juízo *ex ante*, ainda que no campo das probabilidades, de que a pessoa contra quem se dirige a medida cautelar possa ter sido o autor da prática delituosa sob apuração, viabilizando-se, assim, uma futura ação penal (na hipótese de a medida ter sido postulada na fase das investigações) ou uma posterior sentença de condenação (no caso de o pleito ter sido realizado no curso do processo). Muito embora não haja uma disciplina geral acerca dos elementos que compõem o *fumus boni iuris,* é certo que este requisito corresponde aos **indícios suficientes de autoria** e à **prova da existência do crime**, tal como previsto no art. 312, 2.ª parte, do CPP, especificamente em relação à prisão preventiva.

No tocante à *prova da existência do crime* nas infrações que deixam vestígios, parte da doutrina flexibiliza a demonstração deste requisito quando se trata de *medidas cautelares diversas da prisão* (arts. 319 e 320 do CPP), sustentando sua imprescindibilidade apenas para a decretação da preventiva. Divergimos, em parte, desta orientação. Concordamos, enfim, que o exame de corpo de delito não é imprescindível para a imposição das medidas cautelares diversas da prisão, mas pensamos que sua ausência também não é um óbice intransponível para a decretação da prisão preventiva, assim como não o é para o recebimento da denúncia e nem mesmo para um veredicto condenatório.

Na verdade, tudo se passa pelo exame das regras dos arts. 158, 167 e 564, III, *b,* do CPP que, no conjunto, dispõem sobre a obrigatoriedade do exame de corpo de delito quando a infração deixar vestígio, ressalvando, contudo, na inviabilidade de sua realização, a possibilidade de suprimento pela prova testemunhal (ou, como se entende na concepção atual, por qualquer outra prova lícita, exceto a confissão, pois ressalvada no art. 197 do CPP ao exigir que seja corroborada por outras provas).

Logo, se a infração deixou vestígio e se é possível a realização do exame de corpo de delito, este é necessário sim, quer para a decretação da prisão preventiva, quer para as demais medidas cautelares alternativas. Agora, se os vestígios desapareceram e, por isto, resta inviável a realização da prova pericial, deve-se verificar a possibilidade de suprimento da mencionada perícia por outros meios de prova, seja para a prisão, seja para os demais provimentos cautelares. O que não aceitamos é que os requisitos destinados à comprovação da materialidade sejam distintos, conforme se trate de preventiva ou de outra medida não privativa de liberdade a cautelar imposta, mesmo porque estas últimas, se descumpridas, podem implicar em conversão na primeira, a teor dos arts. 282, § 4.º, e 312, § 1º, ambos do CPP.

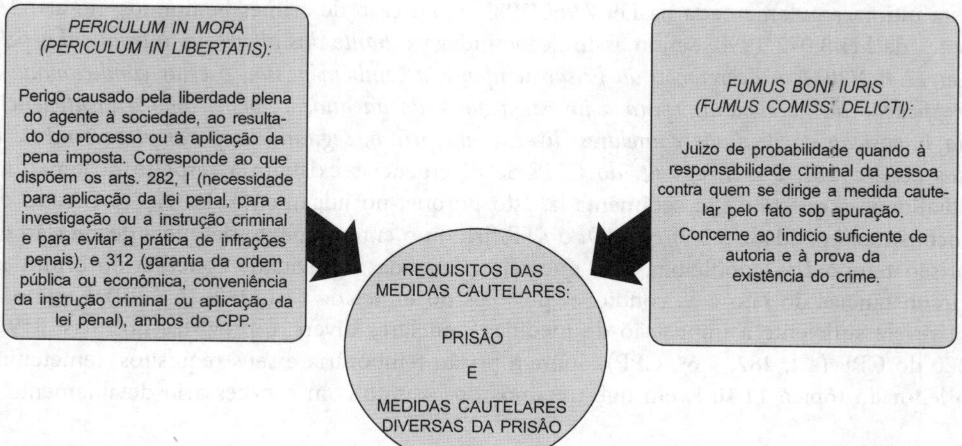

11.2.4. A aplicação do art. 282 à prisão temporária

Até meados de 2008, cinco formas de prisões provisórias coexistiam no processo penal brasileiro, todas incorporando natureza cautelar, não apenas pelas suas finalidades precípuas como também pela legitimidade para manter, *per si*, o indivíduo sob segregação: *prisão preventiva, prisão em flagrante, prisão temporária, prisão da pronúncia* e *prisão da sentença condenatória recorrível* – as duas últimas, de manifesta inconstitucionalidade.

Com a vigência da Lei 11.689, de 09.06.2008, alterando o procedimento de apuração dos crimes dolosos contra a vida, deixou de subsistir no ordenamento processual a **prisão da pronúncia**, antes contemplada na antiga redação do art. 408 do CPP. Este artigo autorizava o juiz, por ocasião da pronúncia, a decretar a imediata prisão do réu, para que aguardasse preso a data do julgamento pelo júri, salvo se primário e de bons antecedentes. Na atualidade, o regramento adotado pelo Código é o constante no art. 413, § 3.º, o qual, embora ainda faculte ao magistrado manter ou ordenar a prisão do acusado por ocasião da pronúncia, determina que o faça fundamentadamente. Veja-se que o art. 413 refere-se às *medidas previstas no Título IX do Livro I* do Código de Processo Penal. Ora, entre estas medidas, apenas a prisão preventiva possui aptidão para privar ou manter o agente privado da liberdade.

Por outro lado, entrando em vigor a Lei 12.403/2011, esta revogou, expressamente, o art. 393 do CPP, que, em seu inciso I, contemplava a chamada **prisão da sentença condenatória recorrível**. Dispunha esse artigo, como efeito da sentença condenatória recorrível, *ser o réu preso ou conservado na prisão, assim nas infrações inafiançáveis, como nas afiançáveis, enquanto não prestar fiança*. Assim, na atualidade, a disciplina em vigor é a do art. 387, § 1.º, do CPP, segundo a qual a prisão que pode ser imposta na sentença condenatória recorrível é a preventiva, quando presentes os requisitos legais.

Por fim, tocante à **prisão em flagrante**, também foi atingida pela Lei 12.403/2011, pois teve suprimida a sua autonomia para manter o flagrado sob custódia, exigindo, para este fim, sua conversão em preventiva, *ex vi* do que dispõe o art. 310, II, do CPP. Logo, a esta forma de prisão não se pode mais atribuir natureza cautelar, assumindo um caráter meramente precautelar diante da prisão preventiva.

A conclusão a que se chega, então, é a de que, no sistema atual, restam como prisões cautelares, em sua própria essência, apenas a **prisão preventiva** e a **prisão temporária,** esta última regulamentada na Lei 7.960/1989, e, no caso de crimes hediondos, no art. 2.º, § 4.º, da Lei 8.072/1990. Sendo assim, cabe indagar: *diante das alterações introduzidas pela Lei 12.403/2011, a decretação da prisão temporária também passou a estar condicionada à verificação da necessidade (para a investigação) e da adequação, bem como à insuficiência da imposição de medidas cautelares diversas da prisão, segundo os parâmetros estabelecidos no art. 282, I e II, e § 6º, do CPP?* Se divergências existiam a respeito do tema, na atualidade a questão está sedimentada. Isto porque, no julgamento das Ações Diretas de Inconstitucionalidade 3.360 e 4.109, o STF firmou o entendimento de que a decretação da prisão temporária condiciona-se a que seja adequada à gravidade concreta do crime, às circunstâncias do fato e às condições pessoais do indiciado (art. 282, II, CPP) e que não se revele suficiente a imposição de medidas cautelares diversas, previstas nos arts. 319 e 320 do CPP (art. 282, § 6º, CPP). Sobre a prisão temporária e seus requisitos, remetemos o leitor ao tópico 11.10.1, em que tratamos do assunto com o necessário detalhamento.

11.3. MEDIDAS CAUTELARES (PRISÃO E MEDIDAS DIVERSAS DA PRISÃO): OPORTUNIDADE, LEGITIMIDADE, PROCEDIMENTO CONTRADITÓRIO, RECURSOS, IMPUGNAÇÕES E DETRAÇÃO

11.3.1. Oportunidade

No aspecto relativo à oportunidade em que podem ser decretadas as medidas cautelares de natureza pessoal, estabelece o art. 282, § 2.º do CPP que "as medidas cautelares serão decretadas pelo juiz a requerimento das partes ou, quando no curso da investigação criminal, por representação da autoridade policial ou mediante requerimento do Ministério Público". Regra simétrica, embora direcionada especificamente à prisão preventiva, consta no art. 311 do mesmo Código, o qual dispõe que "em qualquer fase da investigação policial ou do processo penal, caberá a prisão preventiva decretada pelo juiz, a requerimento do Ministério Público, do querelante ou do assistente, ou por representação da autoridade policial". Logo, infere-se que tanto as medidas cautelares diversas da prisão quanto a prisão preventiva poderão ser decretadas tanto na fase das investigações criminais quanto no curso do processo criminal.

Veja-se que, a despeito de o art. 311 citado referir, quanto à prisão preventiva na fase pré-processual, à sua decretação no curso da "investigação policial", é evidente o seu cabimento, também, na hipótese de expedientes de investigação criminal que não tramitem em sede de delegacia de polícia. É o caso dos procedimentos **presididos pelo Ministério Público**, os quais, sendo instaurados para apurar a prática de infrações penais, possuem o caráter de *investigação criminal*, ajustando-se à hipótese de incidência do art. 282, § 2.º, do CPP, dispositivo este que abrange as medidas cautelares diversas da prisão quanto a prisão preventiva.

E quando se tratar de procedimentos que não possuam a conotação específica de investigação criminal ou processo penal, tais como processos administrativos, sindicâncias, inquéritos civis e Comissões Parlamentares de Inquérito? Nestes casos, nem a prisão preventiva nem as medidas cautelares dos arts. 319 e 320 devem ser admitidas.

11.3.2. Legitimidade

De acordo com o art. 282, § 2.º, do Código de Processo Penal, as medidas cautelares serão decretadas *pelo juiz a requerimento das partes ou, quando no curso da investigação criminal, por representação da autoridade policial ou mediante requerimento do Ministério Público*. Já o § 4.º do mesmo dispositivo, tratando da desobediência a estas cautelares, preceitua que *no caso de descumprimento de qualquer das obrigações impostas, o juiz, mediante requerimento do Ministério Público, de seu assistente ou do querelante, poderá substituir a medida, impor outra em cumulação, ou, em último caso, decretar a prisão preventiva, nos termos do parágrafo único do art. 312 deste Código*.

Especificamente no que toca à prisão preventiva, refere o art. 311 que, em qualquer fase da investigação policial ou do processo penal, caberá a prisão preventiva decretada pelo juiz, a requerimento do Ministério Público, do querelante ou do assistente, ou por representação da autoridade policial.

Perceba-se que o art. 282, §§ 2º e 4º e o art. 311 citados contemplavam a possibilidade de o juiz, no curso do processo criminal, adotar as providências mencionadas *ex officio,* o que lhe seria vedado, contudo, na fase das investigações criminais. Com a vigência da Lei 13.964/2019, porém, foi alterada a redação desses parágrafos, excluindo-se a possibilidade de decidir o juiz oficiosamente em qualquer situação (tanto na etapa investigativa como na fase judicial).

A partir dessas regras, extraem-se as seguintes conclusões no que concerne à legitimação para as medidas cautelares de natureza pessoal, tratadas no Título IX do Livro I do CPP, seja a prisão preventiva, sejam as demais elencadas nos arts. 319 e 320:

***Primeira:* O juiz não possui legitimidade, em qualquer fase da persecução, para decretar medidas cautelares pessoais *ex officio,* seja a prisão preventiva, sejam outras medidas de natureza distinta.** A sua atuação, enfim, está condicionada, na fase das investigações criminais, à representação da autoridade policial ou a requerimento do Ministério Público; e, na fase judicial da persecução, a requerimento das partes, entendendo-se como tal o Ministério Púbico, o assistente de acusação e o querelante. Apesar das controvérsias, pensamos que a exigência de provocação prévia do Juiz acerca da custódia e das medidas do art. 319 do CPP não o impede de decretá-las por fundamento diverso daquele que motivou a representação da autoridade policial ou o requerimento da parte, pois não há condicionamento legal nesse sentido, tampouco sendo possível cogitar em violação ao princípio da congruência, já que o decreto das medidas cautelares pessoais é realizado em juízo de estrita prelibação, vale dizer, sem análise aprofundada de elementos de mérito.

E quando se tratar de crime cometido com violência doméstica e familiar contra a mulher? Parte da doutrina sustenta, com base no art. 20 da Lei 11.340/2006, que persiste, neste caso, em prol da mulher ofendida, a legitimidade *ex officio* do juiz para decretar a prisão preventiva. Prevalece, entretanto, a posição contrária, qual seja, a de que não é possível, também nesta hipótese, o magistrado agir de ofício.

E quanto à prisão preventiva decretada na sentença condenatória? Não consideramos possível, também neste caso, ressalvar a proibição de o juiz decretar, de ofício, a prisão preventiva. Não ignoramos, por certo, o teor do art. 387, § 1.º, do CPP, ao dispor que o juiz, na sentença condenatória, decidirá, fundamentadamente, sobre a manutenção ou imposição da prisão preventiva ou outra medida cautelar. Este dispositivo, contudo, não estabelece uma forma específica de prisão preventiva, sendo a custódia nele tratada a mesma disciplinada no art. 311 e seguintes do Código no que tange a seus pressupostos, fundamentos, tempo e legitimidade, regramento este que, portanto, deverá ser observado[6].

---

[6] A propósito do tema: STJ, AgRg no HC 699.150/RJ, 5.ª Turma, Rel. Min. Reynaldo Soares da Fonseca, j. 08.02.2022, *DJe* 15.02.2022 e AgRg no HC 713.215/SP, 5.ª Turma, Rel. Min. Joel Ilan Paciornik, j. 09.08.2022, *DJe* 15.08.2022.

Obviamente, se o réu já está preso no momento da sentença, a manutenção dessa custódia dispensa provocação, podendo ser ordenada de ofício pelo juiz.

E quanto ao restabelecimento de prisão preventiva que foi decretada e, depois, revogada? Não há dificuldade aqui, pois o art. 316, *caput*, do CPP faculta ao juiz, de ofício ou mediante provocação, tanto na investigação quanto no processo, restabelecer a custódia que havia sido revogada caso sobrevenham razões que autorizem esta providência.

E quando se tratar de medidas cautelares pessoais (prisão preventiva e medidas diversas) resultantes de conversão da prisão em flagrante a partir da regra do art. 310, II, do CPP? Esta hipótese difere daquela em que, diante de uma investigação ou processo em andamento, o juiz, *ex officio*, impõe medidas cautelares ao indiciado por entender presentes os respectivos requisitos. Isto é proibido pelos arts. 282, § 2.º, e 311 do CPP. No caso do art. 310, com efeito, o que se tem são providências obrigatórias que devem ser adotadas pelo juiz ao receber o auto de prisão em flagrante. Diante disso, antes da Lei 13.964/2019, era posição majoritária a de que não implicava rompimento do sistema acusatório a conduta do magistrado que, oficiosamente, adotasse qualquer das soluções inseridas aos incisos do art. 310, ainda que fosse a própria prisão preventiva, pois apenas estaria ele cumprindo determinação legal. Todavia, com a edição daquela legislação, acirraram-se as discussões, surgindo duas correntes:

> ***Primeira:*** a Lei 13.964/2019 não modificou a redação do inciso II do art. 310, persistindo este a dispor, como uma das faculdades judiciais subsequentes ao recebimento do auto de prisão em flagrante pelo juiz, a sua conversão em prisão preventiva ou em medidas cautelares diversas, sem qualquer condicionamento à existência de representação policial ou requerimento do Ministério Público a respeito. Como reforço a esta orientação, o fato de que, mesmo sendo modificada a redação do *caput* do art. 310 e nele prevista a obrigatoriedade da audiência de custódia, nada foi disciplinado quanto à imprescindibilidade de provocação do juiz para os efeitos das providências referidas no inciso II.
>
> ***Segunda:*** descabe, agora, a conversão da prisão em flagrante em preventiva ou em outras medidas cautelares pessoais. Isto, primeiro, por interpretação sistêmica das alterações determinadas pela Lei 13.964/2019, excluindo de vários dispositivos a possibilidade de proceder o juiz *ex officio* em qualquer fase da persecução; e, segundo, pelo fato de que, com a modificação inserida no art. 310, *caput*, ficou estabelecido que as providências previstas nos incisos I (relaxamento da prisão), II (conversão do flagrante) e III (concessão de liberdade provisória) devem ser adotadas no âmbito de audiência de custódia, designada esta no prazo máximo de 24 horas após a realização da prisão, com a presença do flagrado, do seu advogado e do Ministério Público, contexto este que evidencia a impossibilidade da decretação de medidas cautelares pessoais *ex officio*. Logo, se, inexistindo representação do delegado pela prisão preventiva no âmbito do auto de prisão em flagrante, não se fizer presente o Ministério Público à audiência de custódia ou se, mesmo presente, não requerer a decretação daquela medida, caberá ao juiz, obrigatoriamente, conceder liberdade provisória ao flagrado.

O tema está consolidado nos Tribunais Superiores.

No âmbito do STF, com efeito, de há muito vem-se decidindo pela impossibilidade de o juiz converter, oficiosamente, a prisão em flagrante em preventiva, compreendendo que "*a Lei nº 13.964/2019, ao suprimir a expressão 'de ofício' que constava do art. 282, §§ 2º e 4º, e do art. 311, todos do Código de Processo Penal, vedou, de forma absoluta, a decretação da prisão preventiva sem o prévio requerimento das partes ou, quando no curso da investigação criminal, por representação da autoridade policial ou mediante requerimento do Ministério Público, não mais sendo lícita, portanto, com base no ordenamento jurídico vigente, a atuação* ex officio *do Juízo processante em tema de privação cautelar da liberdade. A interpretação do art. 310, II, do CPP deve ser realizada à luz dos arts. 282, §§ 2º e 4º, e 311, do mesmo esta-*

tuto processual penal, a significar que se tornou inviável, mesmo no contexto da audiência de custódia, a conversão, de ofício, da prisão em flagrante de qualquer pessoa em prisão preventiva, sendo necessária, por isso mesmo, para tal efeito, anterior e formal provocação do Ministério Público, da autoridade policial ou, quando for o caso, do querelante ou do assistente do MP"[7].

E, superando a divergência de entendimentos antes existente entre as suas duas turmas criminais (Quinta e Sexta Turmas), alinhou-se o STJ à orientação do STF, firmando-se no sentido de que "em razão do advento da Lei n. 13.964/2019 não é mais possível a conversão ex officio da prisão em flagrante em preventiva"[8].

E quando o Ministério Público, em audiência de custódia, requerer a aplicação de medidas cautelares diversas, é permitido ao juiz decretar a prisão preventiva? No STF, tem-se decidido que o juiz não pode decretar a prisão preventiva nesse caso, pois configura prisão de ofício, infringindo a disciplina do Código de Processo Penal relacionadas à prisão provisória[9]. No mesmo sentido, embora não de modo consolidado, tem decidido o STJ[10].

***Segunda:* Está impedido o juiz, no caso de descumprimento de medida cautelar diversa da prisão imposta a requerimento de qualquer dos legitimados, de *ex officio*, substituí-la por medida distinta, impor outra em cumulação ou, até mesmo, decretar a prisão preventiva do investigado**. Isto porque, conforme já dissemos, o art. 282, § 4.º, do CPP autoriza o juiz, nesta situação, a agir "mediante requerimento do Ministério Público, de seu assistente ou do querelante".

11.3.3. Procedimento contraditório

O art. 282, § 3.º, do Código de Processo Penal, modificado pela Lei 13.964/2019, preceitua que, "*ressalvados os casos de urgência ou de perigo de ineficácia da medida, o juiz, ao receber o pedido de medida cautelar, determinará a intimação da parte contrária, para se manifestar no prazo de 5 (cinco) dias, acompanhada de cópia do requerimento e das peças necessárias, permanecendo os autos em juízo, e os casos de urgência ou de perigo deverão ser justificados e fundamentados em decisão que contenha elementos do caso concreto que justifiquem essa medida excepcional.*".

Como se vê, tratando-se de hipótese em que houve **pedido** de aplicação de provimento cautelar de natureza pessoal levado a efeito pelos legitimados contemplados em lei, há previsão de um *procedimento contraditório* para a imposição destas medidas, exigindo-se, **como regra**, que seja previamente intimada a parte contra quem está sendo requerida a providência, oportunizando-se a esta manifestar-se no prazo de cinco dias. Por ocasião dessa intimação, deverão lhe ser entregues "cópia do requerimento e das peças necessárias" (certamente, quis referir-se o legislador, aqui, aos documentos importantes que instruem o pedido de aplicação da medida).

Nos termos do art. 282, § 2.º, do CPP, este *pedido* de aplicação das medidas cautelares será realizado sob a forma de representação da autoridade policial ou de requerimento do Ministério Público, do querelante ou do assistente de acusação. Todavia, levando em conta os termos do § 3.º do mesmo artigo, depreende-se que não importa a natureza da manifestação realizada ao Juiz, vale dizer, se uma *representação* do Delegado de Polícia na fase das investi-

---

7 STF, HC 188.888/MG, 2ª Turma, *DJ* 15.12.2020. No mesmo sentido: HC 186.421, 2ª Turma, *DJ* 17.11.2020.

8 STJ: AgRg no HC 754.506/MG, 5.ª Turma, Rel. Min. Reynaldo Soares da Fonseca, j. 16.08.2022, *DJe* 22.08.2022; RHC 131.263/GO, 3ª Seção, Rel. Min. Sebastião Reis Junior, *DJ* 15.04.2021; EDcl no AgRg no HC 653.425/MG, 6.ª Turma, Rel. Min. Sebastião Reis Júnior, j. 16.11.2021, *DJe* 19.11.2021.

9 STF, HC 217.196, Rel. Min. Gilmar Mendes, decisão monocrática de 30.06.2022.

10 "[...] Tratando-se de requerimento do Ministério Público limitado à aplicação de medidas cautelares ao preso em flagrante, é vedado ao juiz decretar a medida mais gravosa, a prisão preventiva, por configurar uma atuação de ofício" (AgRg no HC 754.506/MG, 5.ª Turma, Rel. Min. Reynaldo Soares da Fonseca, j. 16.08.2022, *DJe* 22.08.2022).

gações policiais ou se um *requerimento* dos demais legitimados nessa mesma fase ou no curso do processo, pois, a respeito de qualquer delas, bem como dos documentos que as acompanharem, deverá o agente ser intimado a se pronunciar previamente à deliberação judicial.

Não obstante esta disciplina, excetuou o art. 282, § 3.º da necessidade de contraditório prévio as hipóteses de **urgência** na apreciação da medida, bem como aquelas em que a prévia ciência pelo agente possa implicar **perigo de ineficácia** do provimento judicial. Absolutamente pertinente esta ressalva legal. De fato, a imposição de contraditório prévio deve exigir compatibilidade em relação à natureza da medida cautelar e às circunstâncias do caso concreto, pois é inequívoco que, em determinadas hipóteses, a prévia ciência do acusado pode vir a frustrar os objetivos pretendidos com a aplicação da medida. E não se diga que, em tais casos, haverá prejuízo à ampla defesa ou ao contraditório, visto que, nestas situações, o exercício de tais garantias é postergado para momento posterior à deliberação judicial. Não há, enfim, uma privação ao contraditório e à ampla defesa, mas, sim, uma postergação plenamente justificada pelas circunstâncias próprias do caso submetido à apreciação do juízo.

Exemplos:

- Não é possível cogitar de contraditório prévio para a imposição de **medida cautelar de prisão**, seja qual for o motivo pelo qual esteja sendo requerida a custódia, por razões óbvias.
- Deve ser decretada *inaudita altera parte* a internação provisória do indivíduo (art. 319, VIII) que, acusado de crime com violência ou grave ameaça, era comprovadamente inimputável à época do fato e apresenta, agora, sério risco de reincidir na prática delituosa.

Quanto ao modo como será exercido o contraditório postergado ou diferido nestes casos, na ausência de um modelo legal, deverá ser realizado por meio das formas clássicas – petição ao juiz, no sentido da revogação da medida ou de sua substituição por outra que importe menor sacrifício ao agente, impetração de *habeas corpus* ou, até mesmo, se verificada hipótese de *error in procedendo*, dedução de pedido de correição parcial.

Atente-se que, antes da vigência da Lei 13.964/2019, que conferiu nova redação ao 282, § 3º, limitava-se o dispositivo a mencionar a dispensa do contraditório prévio nos casos de "urgência ou de perigo de ineficácia da medida". Neste cenário, embora não fosse a postura adequada, a praxe forense era o juiz, simplesmente, decretar a medida cautelar, deixando de ordenar a intimação do indivíduo alvo da providência. Mantinha, enfim, no enfoque relativo à instauração do contraditório, uma postura passiva, simplesmente omitindo o comando de intimação. Com a modificação legislativa, cabe ao Juiz justificar os motivos que configuram a *urgência* e o *perigo de ineficácia* a partir dos quais está deixando de facultar o contraditório prévio. Reputamos, porém, que a ausência desta justificativa não contamina a determinação judicial quando a urgência e o risco de ineficácia estiverem ínsitos à medida cautelar, como é o caso da prisão preventiva.

Questão importante refere-se à hipótese prevista no art. 282, § 4º, do CPP, que contempla, para o caso de descumprimento de medidas cautelares diversas da prisão, a possibilidade de o juiz *substituir a medida, impor outra em cumulação, ou, em último caso, decretar a prisão preventiva. Regra idêntica está contemplada no art. 312, § 1º, do CPP.* Pergunta-se: *nesta hipótese, deve ser exigido, igualmente, o contraditório prévio?* Em que pese respeitadas vozes em sentido oposto, compreendemos que, nesta hipótese, não é necessário o contraditório prévio. Veja-se que o art. 282, § 4.º, cuida de quem já se encontra sob certo grau de restrição em sua liberdade e, nesta condição, deixa de cumprir o comando judicial. Ora, em tal caso, o agente, devidamente admoestado por ocasião da imposição do provimento cautelar, já tem o prévio conhecimento das consequências de sua omissão, cabendo a ele, portanto, o ônus de comunicar ao juízo, a ele comparecer ou fazer-se representar no intuito de justificar a situação de impedimento quanto ao cumprimento da obrigação imposta. Muito diferente, pois, a situação em exame daquela tratada no art. 282, § 3.º, em que o agente ainda não se encontra sob medida cautelar em face da infração penal pela qual se pretende a aplicação do provimento restritivo.

11.3.4. Recursos e impugnações

Relativamente à **prisão preventiva**, a decisão que *indeferi-la* enseja recurso em sentido estrito, conforme dispõe o art. 581, V, do Código de Processo Penal. Já o *deferimento*, na sistemática do CPP, não enseja recurso em sentido estrito, permitindo apenas a impetração de *habeas corpus*, que possui natureza de ação autônoma de impugnação.

No tocante às **medidas cautelares diversas da prisão,** porém, não há previsão de qualquer recurso na legislação. Não obstante, contra o respectivo *indeferimento*, reputamos possível a utilização do mesmo recurso em sentido estrito, cabível no caso de indeferimento da cautelar de prisão preventiva, por interpretação extensiva do art. 581, V. Trata-se de permitir, em caráter excepcional, o manejo do RSE contra uma decisão que, apesar de não expressamente arrolada no art. 581 do CPP entre suas hipóteses de cabimento (indeferimento de cautelar distinta da prisão), é conceitualmente muito próxima a outra para a qual a lei admite sua dedução (indeferimento da cautelar de prisão). A propósito da interpretação extensiva como critério de verificação do cabimento do recurso em sentido estrito, sugerimos a leitura do *Capítulo 14, item 14.7.1.*

Agora, relativamente ao *deferimento* das cautelares diversas da prisão, é preciso distinguir duas situações:

A. *Trata-se de cautelares deferidas em hipóteses nas quais pode incidir o art. 313 do CPP, que contempla os casos em que se admite a prisão preventiva:* Neste caso, não há dúvidas quanto ao cabimento do *habeas corpus*. Afinal, o deferimento da medida cautelar, aqui, poderá implicar, no caso de transgressão, decisão judicial de conversão na prisão preventiva (art. 282, § 4.º, e 312), privando-se, assim, o indivíduo de sua liberdade de locomoção.

B. *Trata-se de cautelares deferidas em casos que não admitem a decretação da prisão preventiva (art. 313 do CPP, "a contrario sensu"):* Nesta situação, é preciso mencionar a existência de duas correntes opostas acerca da possibilidade ou não de conversão das medidas cautelares descumpridas em prisão preventiva. Dependendo da corrente adotada, a via impugnativa cabível para o insurgimento contra a decisão deferitória da medida cautelar diversa da prisão será o mandado de segurança ou o *habeas corpus*. Observe-se:

- *1.ª Corrente:* Tratando-se de medidas cautelares alternativas deferidas em hipóteses alheias às previstas no art. 313 do CPP, não será possível a sua conversão em prisão preventiva, caso restem descumpridas. Segundo esta linha de pensamento, o deferimento das mencionadas cautelares jamais implicará risco de prisão, não podendo, via de consequência, ensejar a impetração de *habeas corpus*. Por conseguinte, para que não reste sem impugnação a decisão deferitória da cautela nesses casos, resta aceitar a dedução do mandado de segurança, que se apresenta, em termos constitucionais, como sucedâneo natural do *habeas corpus* nos casos em que preenchidos seus pressupostos de cabimento.

- *2.ª Corrente:* As condições de admissibilidade do art. 313 do CPP não são exigidas para a decretação da prisão preventiva, na hipótese de descumprimento das medidas cautelares alternativas. Cogitar o contrário implicaria em deixar o cumprimento das obrigações impostas por força destes provimentos à mercê da vontade do agente, pois, de qualquer modo, não poderia ser forçado a tanto. Destarte, havendo a possibilidade de conversão em prisão da cautelar alternativa também nesta hipótese, deve-se reconhecer o *habeas corpus* como remédio cabível em relação à decisão judicial que as deferir. Trata-se da posição que adotamos.

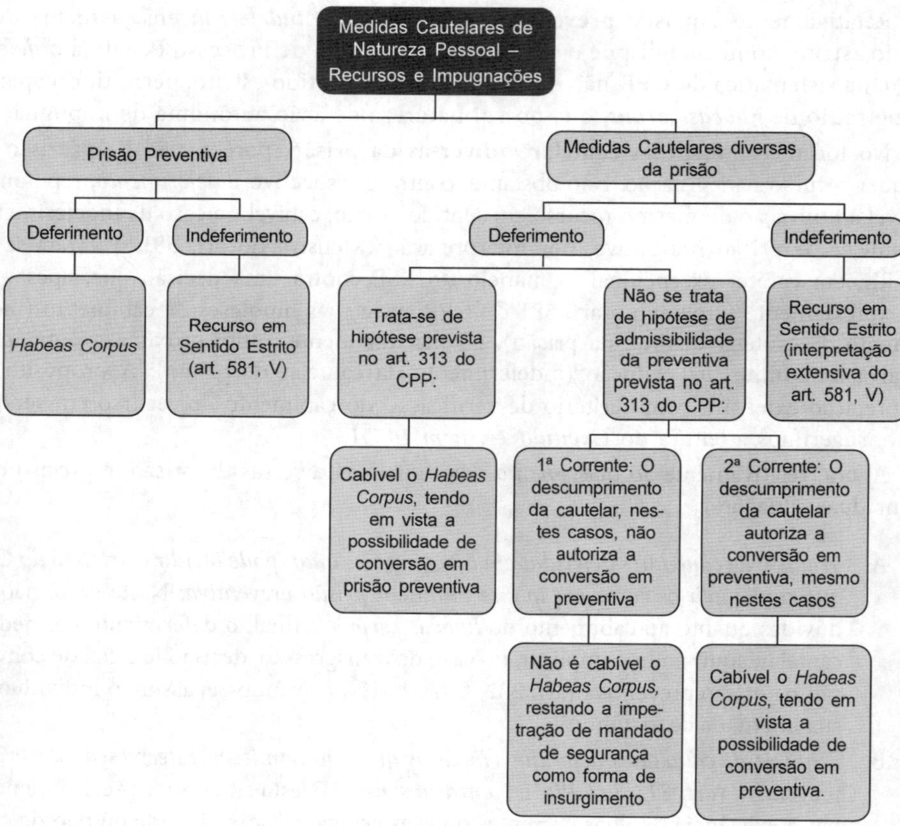

Atente-se que o delegado de polícia não possui legitimidade, quer para interposição de recursos, quer para a dedução de *habeas corpus*. Se indeferida sua **representação** visando à imposição de medidas cautelares de natureza pessoal, eventual recurso poderá ser interposto pelo Ministério Público, apenas (lembre-se que, na fase das investigações policiais, não se pode falar em querelante ou assistente de acusação, que são os demais legitimados contemplados no art. 282, § 2.º, já que tais sujeitos somente intervêm quando há processo judicial).

11.3.5. Detração

Tratando-se de prisão provisória, assim compreendida toda a forma de prisão que ocorra antes do trânsito em julgado da sentença condenatória (englobando, portanto, a prisão preventiva e a prisão temporária), é certo que o respectivo tempo deve ser abatido da pena privativa de liberdade, *ex vi* do art. 42 do Código Penal e do art. 387, § 2.º, do

CPP. Inclusive, de acordo com o art. 1.º da Lei 12.736/2012, a detração deverá ser considerada pelo juiz que proferir a sentença. Perceba-se que a detração deve ser aplicada independentemente do local de cumprimento da prisão processual, que poderá ser no presídio, domicílio ou até mesmo em hospital[11].

Dúvidas existem em relação à possibilidade de detração das medidas cautelares diversas da prisão estipuladas nos arts. 319 e 320 do CPP, já que o Código de Processo Penal nada estabelece a respeito.

Ora, a detração apenas pode ocorrer entre penas da mesma espécie. Sendo assim, compreendemos que, na ausência de uma disciplina legal expressa, não é aceitável que medidas cautelares que não impliquem privação da liberdade possam implicar abatimento da pena de prisão imposta ao réu condenado.

Na verdade, é preciso ver caso a caso.

Assim, a **internação provisória do acusado (art. 319, VII, do CPP)**, evidentemente, deve permitir a detração, a partir, inclusive, do que dispõe o próprio art. 42 do Código Penal quando refere que se computa na pena privativa de liberdade e na medida de segurança o tempo de internação em hospital de custódia e tratamento psiquiátrico ou outro estabelecimento adequado.

Tocante ao **recolhimento domiciliar no período noturno e nos dias de folga (art. 319, V, do CPP)**, sempre defendemos o entendimento de que o respectivo período deve ser objeto de detração. Essa orientação foi sedimentada no STJ muito especialmente a partir do julgamento do Habeas Corpus 455.097/PR (em 14.04.2021)[12], compreendendo que "o réu submetido a recolhimento noturno domiciliar e dias não úteis - ainda que se encontre em situação mais confortável em relação àqueles a quem se impõe o retorno ao estabelecimento prisional –, 'não é mais senhor da sua vontade', por não dispor da mesma autodeterminação de uma pessoa integralmente livre." Mais recentemente, em 23.11.2022, no julgamento do Recurso Especial 1.977.135/SC, a Terceira Seção do STJ, na sistemática dos recursos repetitivos, fixou a tese de que "o período de recolhimento obrigatório noturno e nos dias de folga, por comprometer o *status libertatis* do acusado, deve ser reconhecido como período a ser detraído da pena privativa de liberdade e da medida de segurança, em homenagem aos princípios da proporcionalidade e do *non bis in idem*", independentemente de se encontrar ou não o indivíduo sob monitoramento eletrônico, considerando, outrossim, que "as horas de recolhimento domiciliar noturno e nos dias de folga devem ser convertidas em dias para contagem da detração da pena" e que "e no cômputo total remanescer período menor que vinte e quatro horas, essa fração de dia deverá ser desprezada" (Tema Repetitivo 1155).

No que concerne às demais medidas cautelares restritivas estabelecidas no art. 319 do CPP, pensamos que a possibilidade de detração deve ser condicionada à observância de dois fatores: *primeiro*, que tenha sido a pena privativa de liberdade imposta ao condenado substituída por restritiva de direitos; e *segundo*, que a pena restritiva de direitos aplicada apresente identidade ou, ao menos, compatibilidade lógica com a medida cautelar restritiva a que submetido o réu no curso da investigação ou do processo.

Levando em conta estes critérios, pode-se admitir, por exemplo, a detração da providência cautelar de **proibição de acesso ou frequência a determinados lugares (art. 319, II, do CPP)** em relação à pena restritiva de interdição temporária de direitos consistente na *proibição de frequentar determinados lugares* (art. 47, IV, do CP); do mesmo modo, a medida cautelar de **suspensão do exercício de função pública ou de atividade de natureza**

---

11 STJ, AgRg no AgRg nos EDcl no HC 442.538/PR, j. 05.03.2020.

12 3.ª Seção, Rel. Min. Laurita Vaz.

econômica ou financeira (art. 319, VI, do CPP) pode ser detraída da pena restritiva de *proibição do exercício de cargo, função ou atividade pública* (art. 47, I, do CP).

Não se deve admitir, por outro lado, a detração da **monitoração eletrônica (art. 319, IX, do CPP)**, salvo combinada com a medida de recolhimento domiciliar. Nesse caso, contudo, a detração ocorrerá, não em razão da monitoração eletrônica em si, mas sim pela restrição à liberdade de locomoção provocada pelo recolhimento domiciliar obrigatório.

Do mesmo modo, absolutamente despropositado falar-se em detração da **fiança (art. 319, VIII, do CPP),** mesmo porque esta consiste em garantia que ou é restituída ao apenado após os descontos legais (arts. 336 e 347 do CPP) ou é julgada perdida na hipótese de não se apresentar o condenado para cumprimento da pena definitivamente imposta (art. 344 do CPP).

Por fim, também não são passíveis de detração as medidas de **comparecimento obrigatório em juízo (art. 319, I, do CPP), de proibição de contato com pessoa determinada (art. 319, III, do CPP), de proibição de ausentar-se da Comarca (art. 319, IV) e de proibição de ausentar-se do País,** primeiro em razão da ausência de uma pena restritiva de direitos que possa ser considerada da mesma espécie ou simétrica a estas cautelares; e, segundo, por oferecerem grau reduzido de restrição à liberdade do indivíduo em comparação com outras medidas de maior caráter restritivo (*v.g.*, internação e recolhimento domiciliar).

11.4. MEDIDAS CAUTELARES DIVERSAS DA PRISÃO (ARTS. 319 E 320)

11.4.1. Regras gerais de aplicação

11.4.1.1. Aplicação restrita a infrações punidas com pena privativa de liberdade

Infere-se do art. 283, § 1.º, do CPP que as medidas cautelares de natureza pessoal, aí incluídas tanto a prisão preventiva como os provimentos cautelares diversos da prisão, apenas poderão ser decretadas em relação a crimes a que cominada pena privativa de liberdade isolada, cumulativa ou alternativamente. Descabida, por exemplo, a imposição de tais medidas nas hipóteses dos arts. 303 e 304 da Lei 4.737/1965 (Código Eleitoral), visto que se tratam de infrações a que cominada, apenas, pena de multa.

Veja-se que esta previsão vincula-se intrinsecamente ao disposto no art. 282, II, do CPP, que, referindo-se ao **princípio da adequação das cautelares**, estatui a gravidade do crime como um dos parâmetros de verificação. Ora, inequivocamente, o condicionamento de que se trate de crimes sujeitos a pena privativa da liberdade aqueles sujeitos à aplicação das referidas medidas vem a ser um critério mínimo de gravidade do crime, abaixo do qual os provimentos cautelares não podem ser admitidos. Isto ocorre não apenas em face das restrições que os provimentos dos arts. 319 e 320 impõem, por si, aos indiciados ou acusados (algumas dessas medidas apresentam reduzido grau de lesividade), mas também em razão das consequências que podem advir na hipótese de seu descumprimento, entre as quais a decretação da prisão preventiva (arts. 282, § 4.º, e 312, § 1º).

11.4.1.2. Aplicação das medidas cautelares diversas da prisão: caráter autônomo, ou em substituição à prisão preventiva, ou como obrigação decorrente da liberdade provisória

As medidas cautelares alternativas podem ser aplicadas no sistema processual vigente sob três óticas distintas:

1) Aplicação autônoma, sem o caráter substitutivo da prisão preventiva: Considere-se que um indivíduo, primário e que não aceitou a proposta de suspensão condicional do processo do art. 89 da Lei 9.099/1995, encontra-se respondendo a processo criminal por furto simples, sujeito, portanto, a uma pena de até 4 anos de prisão. Não sendo reincidente em crime doloso, descabe, para ele, a prisão preventiva, ainda que presentes os respectivos fundamentos, *ex vi* do que dispõe o art. 313, I e II, do CPP. Se, no curso deste processo, entender o juiz necessária e adequada a aplicação de qualquer das medidas estipuladas nos arts. 319 e 320 do CPP, nada obsta que o faça, desde que provocado por qualquer dos legitimados legais (art. 282, § 2.º, do CPP). Poderá, por exemplo, aplicar o provimento de comparecimento periódico para informar e justificar suas atividades a juízo (art. 319, I); ou impor esta medida cumulada com a de proibição de contato com o ofendido (art. 319, I e III).

Note-se que, no exemplo, a imposição judicial não teve o objetivo principal de substituir a prisão preventiva, já que o crime, em face da sua pena máxima e da condição pessoal do acusado de não reincidente em crime doloso, não é sujeito a esta forma de custódia (art. 313, I e II do CPP).

E se, neste mesmo caso, o acusado descumprir a condição imposta? Em que pese a existência de correntes opostas, aderimos ao entendimento no sentido de que o descumprimento das obrigações decorrentes das medidas cautelares sempre autoriza a decretação da prisão preventiva, ainda que não se trate de hipótese contemplada no art. 313. De resto, encaminhamos o leitor ao item 11.4.1.5, abaixo.

2) Aplicação em caráter substitutivo da prisão preventiva (art. 282, § 6.º): Suponha-se que, no curso da investigação policial ou do processo criminal, instado pelos legitimados do art. 311, constate o juiz a presença inequívoca dos pressupostos que autorizam a decretação da prisão preventiva. Em tal caso, por força do que reza o art. 282, § 6.º, do CPP, caberá ao juiz examinar a possibilidade de aplicação, quer isoladas, quer cumuladas umas com as outras, das medidas previstas no art. 319 e no art. 320, já que estas, por força de lei, possuem natureza substitutiva daquela prisão nas hipóteses que a autorizam. (art. 313). Neste diapasão, apenas será facultado ao juiz decretar a prisão preventiva se, fundamentadamente, demonstrar a impossibilidade de substituí-la eficazmente por outro provimento alternativo dentre os previstos nos mencionados arts. 319 e 320. Atente-se que, antes da vigência da Lei 13.964/2019, que conferiu nova redação ao 282, § 6º, limitava-se o dispositivo a mencionar que *"a prisão preventiva será determinada quando não for cabível a sua substituição por outra medida cautelar"*. Com a alteração legislativa, porém, inseriu-se a referência de que *"o não cabimento da substituição por outra medida cautelar deverá ser justificado de forma fundamentada nos elementos presentes do caso concreto, de forma individualizada"*. Esta cautela do legislador foi pertinente. Isto porque, na praxe forense, via-se, com frequência, fundamentações genéricas acerca do descabimento da substituição da preventiva pelas cautelares dos arts. 319 e 320 do CPP, limitando-se a decisão a sustentar o risco de ineficácia a partir de aspectos ligados à natureza ou gravidade da infração. Agora isto não basta. Sob pena de constrangimento ilegal, impugnável por meio de *habeas corpus*, o não cabimento das cautelares diversas da prisão deve ser justificado, circunstanciadamente, a partir das peculiaridades do caso concreto, que deverão ser expostas na decisão segregatória. E, sendo a custódia determinada em relação a mais de um investigado ou réu, tal análise deve ser realizada, separadamente, em relação a cada um deles.

3) Aplicação vinculada ao benefício da liberdade provisória (art. 321): Estabelece o art. 310, *caput*, do CPP que, recebido o auto de prisão em flagrante e realizada audiência de custódia, o juiz deverá, fundamentadamente, adotar uma das seguintes soluções: relaxar a prisão ilegal (inc. I), converter a prisão em preventiva, quando presentes os requisitos constantes do art. 312 e se revelarem inadequadas ou insuficientes as medidas cautelares diversas da prisão (inc. II), ou **conceder liberdade provisória**, com ou sem fiança (inc. III).

Neste contexto, depreende-se que a definição de *liberdade provisória* concerne à de instituto relacionado à prisão em flagrante, quando, não sendo ilegal esta prisão, também não se encontram presentes os requisitos que autorizam a decretação da prisão preventiva.

Pois bem, como se infere do art. 321, ao conceder tal liberdade, poderá o juiz impor, como obrigações, qualquer das medidas do art. 319 (e agregamos: também a do art. 320, omitida no art. 321).

11.4.1.3. Aplicação isolada ou cumulativa

O art. 282, I e II, do CPP estabelece que as medidas cautelares serão aplicadas em atenção aos critérios da necessidade e da adequação. Pois bem. Estes mesmos critérios, examinados diante do caso concreto, podem levar o juiz a concluir tanto pela imposição de apenas uma medida cautelar isolada como pela conveniência de aplicá-la cumulativamente com outra, ou até mesmo com mais de uma.

Considere-se, por exemplo, um processo criminal por crime de estelionato, em que imputado a acusado primário a obtenção de vantagem ilícita em prejuízo de diversas vítimas, ao longo de várias ações cometidas em determinado período de tempo. Considerando a natureza do crime, voltado a induzir em erro inúmeras pessoas de boa-fé mediante artifício, ardil ou fraude, poderia o juiz, levando em conta a *necessidade* (para evitar a prática de novas infrações penais) e a *adequação* (à gravidade do crime e circunstâncias do fato), impor ao agente as medidas de comparecimento periódico a juízo para informar e justificar suas atividades e a proibição de ausentar-se da Comarca, previstas no art. 319, I e IV, respectivamente. Dependendo das dimensões do fato, nada impediria, ainda, a aplicação do recolhimento domiciliar no período noturno e nos dias de folga (art. 319, V), visando, com isso, dificultar a prática de novas infrações.

11.4.1.4. Legitimidade e contraditório

Os temas pertinentes à legitimidade e ao contraditório já foram enfrentados nos *tópicos 11.3.2* e *11.3.3*, respectivamente. Assim, para evitar inútil repetição, a eles nos reportamos.

11.4.1.5. Descumprimento das obrigações impostas

Como já dissemos em mais de uma oportunidade, três são as possibilidades que assistem ao juiz se vierem a ser desobedecidas, injustificadamente, pelo indiciado ou acusado, as obrigações decorrentes das medidas acautelatórias diversas da prisão:

1) Substituição por outra medida não privativa da liberdade, podendo inclusive ser mais de uma.
2) Cumulação da medida já imposta com outra ou outras que se mostrarem necessárias e adequadas ao caso concreto.
3) Nada disto sendo possível (o art. 282, § 4.º, refere-se "em último caso"), a decretação da prisão preventiva do indiciado ou acusado renitente.

Sem embargo da aparente simplicidade da regra, duas questões dela decorrem e exigem análise: *uma*, relativa à necessidade de contraditório prévio; e, *outra*, pertinente à possibilidade de conversão da cautelar descumprida em prisão preventiva, nos casos alheios às hipóteses previstas no art. 313 do CPP (dispositivo que elenca os casos em que essa forma de custódia é admitida).

Ora, relativamente à **necessidade de ser instaurado contraditório prévio** à substituição, cumulação ou conversão em preventiva da cautelar descumprida, por analogia ao disposto no art. 282, § 3.º (que exige o mesmo contraditório como regra para a imposição das cautelares em geral, ressalvados os casos de urgência ou de risco de ineficácia da medida), reputamos desnecessário, pelos motivos referidos no tópico 11.3.3 deste Capítulo, ao qual remetemos o leitor.

De outra banda, quanto ao segundo impasse, pertinente à viabilidade ou não de conversão em prisão preventiva das cautelares não cumpridas, quando estivermos diante de situação que, isoladamente, não admita a decretação da custódia, há duas linhas de pensamento:

> ***1.ª Corrente:*** Não é possível aplicar a regra dos arts. 282, § 4.º, *fine* e 312, § 1º e, em decorrência, converter a medida não cumprida em prisão preventiva, já que a hipótese é alheia ao art. 313 do CPP, que contempla os casos em que esta custódia é admitida. Resta ao juiz, então, substituir a medida descumprida por outra, ou estabelecer nova medida em cumulação, nos termos do art. 282, § 4.º, 1.ª e 2.ª partes.
>
> ***2.ª Corrente:*** As limitações do art. 313 do CPP não se aplicam aos casos de descumprimento das obrigações impostas por força de medidas cautelares alternativas, sob pena de o indiciado ou acusado cumpri-las, apenas, se o quiser. É a posição que acolhemos, mesmo porque o art. 282, § 4.º, estabelece uma regra geral para o descumprimento destes provimentos, sendo esta disciplina localizada, topograficamente, em Capítulo anterior ao que regulamenta a prisão preventiva e no qual se contemplam as infrações que permitem esta forma de segregação. Lembre-se, porém, que tal conversão, nos termos explícitos do referido § 4.º, é cabível tão somente quando não for possível determinar a substituição ou cumulação da medida descumprida por outra – "ou, em último caso, decretar a prisão preventiva (art. 312)".

11.4.1.6. *Revogação e substituição*

Trata-se de atributo semelhante ao previsto no art. 316 para a prisão preventiva, onde consta que o juiz poderá revogar a prisão preventiva se, no correr do processo, verificar a falta de motivo para que subsista, bem como de novo decretá-la, se sobrevierem razões que a justifiquem. Em verdade, uma e outra situação estão intimamente relacionadas à característica da *provisoriedade,* que é ínsita a qualquer medida cautelar. Como já abordamos o tema, sugerimos a leitura do item 11.2.1, retro, relativo aos atributos da *provisoriedade* e da *revogabilidade* dos provimentos cautelares.

11.4.1.7. *Duração*

Não existe, no Código de Processo Penal, referência a prazo de duração das medidas cautelares pessoais. Pelo contrário. O art. 282, § 5.º, desse diploma estabelece que "o juiz poderá, de ofício ou a pedido das partes, revogar a medida cautelar ou substituí-la quando verificar a falta de motivo para que subsista, bem como voltar a decretá-la, se sobrevierem razões que a justifiquem". Logo, tais medidas podem ser mantidas enquanto perdurar o feito ou até quando o juízo entender necessária sua imposição. Não é outra, aliás, a posição já adotada no STJ, compreendendo a corte que "não há disposição legal que restrinja o prazo das medidas cautelares diversas da prisão, as quais podem perdurar enquanto presentes os requisitos do art. 282 do Código de Processo Penal, devidamente observadas as peculiaridades do caso e do agente"[13].

Lembre-se de que, como dissemos antes, as medidas cautelares penais regem-se pela cláusula *rebus sic stantibus.* Isso quer dizer que a sentença cautelar criminal reflete a situação fática e jurídica existente no momento em que proferida, impondo-se a persistência do comando a ela inserido enquanto esse mesmo contexto se mantiver. Se o reverso ocorrer, desfazendo-se o cenário que justificou a determinação das providências emergenciais, caberá ao Poder Judiciário *revogá-las,* restabelecendo a situação anterior à decretação.

11.4.2. Medidas em espécie

As medidas cautelares diversas da prisão elencadas nos arts. 319 e 320 do Código de Processo Penal implicam restrições às garantias e liberdades individuais. Logo, deve-se considerar taxativo o rol apresentado naqueles dispositivos, sendo vedada a sua ampliação por critérios de interpretação extensiva.

Consistem tais medidas nas seguintes:

11.4.2.1. Comparecimento periódico em juízo, no prazo e nas condições fixadas pelo juiz, para informar e justificar atividades (art. 319, I)

Trata-se de provimento cautelar que atende a duas finalidades básicas: cientificar o juízo de que o acusado permanece à sua disposição para a prática dos atos que se fizerem necessários à persecução penal, e, também, mantê-lo informado quanto às atividades que vêm sendo por ele exercidas no interregno entre as apresentações.

A medida em exame assemelha-se à prevista no art. 89, § 1.º, IV, da Lei 9.099/1995, que, tratando da suspensão condicional do processo, estabelece, como uma das condições a ser cumprida pelo acusado durante o período de prova, o seu comparecimento pessoal e obrigatório a juízo, mensalmente, para informar e justificar suas atividades. Dela se diferencia, contudo, em especial pelas seguintes razões:

a) Para a suspensão condicional do processo, determina a Lei 9.099/1995 que as apresentações do acusado sejam *mensais.* Em se tratando da cautelar contemplada no art. 319, I, do CPP, não é estabelecida periodicidade, ficando ao encargo do Juiz estabelecer o lapso de tempo a ser observado pelo acusado entre uma e outra apresentação. Destarte, ao aplicar a medida, deve o magistrado, de plano, predeterminar esse período.
b) Ao contrário do art. 89 da Lei 9.099/1995, não se refere o art. 319, I, do CPP a *comparecimento pessoal* do acusado a juízo. É evidente, porém, que a omissão decorreu de lapso legislativo, impondo-se que tal comparecimento a juízo seja pessoal. Afinal, as medidas cautelares destinam-se à pessoa do investigado ou do acusado, não sendo razoável, obviamente, cogitar da possibilidade de seu cumprimento por meio de interposta pessoa, independentemente de quem seja o terceiro, da forma de representação e da natureza da medida imposta.

Uma vez imposta a medida cautelar, para que se tenha esta como efetivamente cumprida não é suficiente o simples **comparecimento** do acusado em juízo, **informando** as suas ocupações no período. É preciso, também, que **justifique** as atividades lícitas que vem desenvolvendo, isto é, comprove-as, se possível documentalmente. Não sendo viável realizar esta comprovação, deverá o acusado relatar esta situação ao servidor do cartório,

[13] STJ, AgRg no HC 737.657/PE, 5.ª Turma, Rel. Min. Reynaldo Soares da Fonseca, j. 14.06.2022.

narrando a ele os meios de que dispõe para fazer a prova que lhe compete. Certificada esta situação no âmbito cartorário e conclusos os autos ao Juiz, caberá a este verificar a necessidade de realizar audiência para ouvir o acusado e, se julgar necessário, facultar-lhe a apresentação das provas de que dispõe quanto a sua ocupação, inclusive prova testemunhal.

11.4.2.2. Proibição de acesso ou frequência a determinados lugares quando, por circunstâncias relacionadas ao fato, deva o indiciado ou acusado permanecer distante desses locais para evitar o risco de novas infrações (art. 319, II)

A medida tem lugar na hipótese em que constatar o juiz, pelas circunstâncias do fato que se atribui ao indiciado ou acusado, que a sua presença em determinados lugares pode ser um fator propício à reiteração de infrações penais.

Sua aplicação, entretanto, não pode ser imprecisa. Isto significa que, ao impor o provimento cautelar, deve o juiz especificar, de forma clara, a natureza dos lugares que o acusado não pode acessar ou frequentar. Evidentemente, não é necessário nominar este ou aquele estabelecimento, podendo fazê-lo pela natureza da atividade desenvolvida desde que não restem dúvidas quanto ao seu enquadramento ou não vedação, *v.g.*, proibição de acesso ou frequência a bares onde haja venda de bebidas alcoólicas, a praças e parques onde haja atividades desportivas, a estádios de futebol, a parques infantis etc.

A medida do art. 319, II, do CPP é *simétrica* às previstas no art. 78, § 2.º, do Código Penal (*sursis*), no art. 132, § 2.º, da Lei de Execuções Penais (livramento condicional), no art. 22, III, *c*, da Lei 11.340/2006 (medidas protetivas de urgência) e no art. 89, § 1.º, II, da Lei 9.099/1995 (suspensão condicional do processo). Note-se: simétrica sim, igual não. Com efeito, em todas as situações mencionadas a título de comparação, o condicionamento imposto por lei é, simplesmente, o de **proibição de frequentar determinados lugares**. Já no art. 319, II, existem dois outros fatores que não aparecem nas hipóteses contempladas naqueles diplomas. Consistem:

a) O dispositivo insere, também, a **proibição de acesso**, que se agrega à **proibição de frequência**. Ora, *frequentar* produz a ideia de "ir mais de uma vez", ao contrário de *acessar*, que pode ocorrer, inclusive, com apenas uma parada ou estada em certo local. Portanto, a obrigação do art. 319, II, do CPP apresenta maior rigor do que a condição assemelhada que aparece nos dispositivos citados do Código Penal, Lei de Execuções Penais e Lei 9.099/1995, importando a sua aplicação em proibição da presença física do agente no local objeto da restrição judicial, ainda que a título meramente eventual.

b) Muito embora seja notório que alguns lugares, em razão de sua natureza, localização, horário de funcionamento, público frequentador e até mesmo em face das opções de lazer que oferece (jogos, música etc.) facilitam a prática de infrações penais, na hipótese do art. 319, II, do CPP não será apenas este fator, objetivamente considerado, que poderá conduzir à imposição da medida cautelar em exame. A proibição deverá estar relacionada às **circunstâncias do fato**.

Exemplos:

1) Imagine-se que esteja o agente sendo investigado em inquérito policial ou acusado em processo penal por crime de lesões corporais graves, em face de desentendimento havido no decorrer de um jogo de futebol em estádio (sem evidências de que

estivesse alcoolizado), não sendo esta a primeira vez que responde por fatos desta natureza. Ora, nesta hipótese, totalmente justificada a aplicação da medida em tela no intuito de proibir seu acesso e frequência a estádios e congêneres, evitando-se, assim, o risco de reiteração desta ordem de conduta.

2) Suponha-se, agora, que, em decorrência desse mesmo fato, proibisse o juiz a sua frequência a bares e restaurantes em que haja venda de bebidas alcoólicas. Nesta hipótese, a medida restaria despropositada, em face da ausência de relação entre as circunstâncias do fato sob apuração e o provimento cautelar determinado pelo juízo.

3) Considere-se que o réu responde a processo criminal por lesões corporais graves cometidas contra sua esposa e filhos, fato este cometido em estado de embriaguez. Correta, neste caso, a aplicação da medida de proibição de frequentar estabelecimentos em que haja venda de bebidas alcoólicas, tendo em vista a congruência desta cautelar com as circunstâncias do fato – agressão das vítimas em estado de embriaguez.

A doutrina, de modo geral, tem questionado a eficácia desta cautelar sob o argumento de que sua fiscalização será difícil, para não dizer impossível, diante da realidade brasileira. Ora, considerando que nas grandes metrópoles esta dificuldade ou impossibilidade de fiscalização poderá frustrar os objetivos de sua imposição, revela-se aconselhável a imposição de outra medida cautelar alternativa em cumulação (por exemplo, a monitoração eletrônica prevista no art. 319, IX) ou em substituição, ou, não sendo isto possível, a própria decretação da prisão preventiva do indiciado ou acusado, nos termos contemplados pelo art. 282, § 6.º, do CPP. Agora, em Comarcas compostas de municípios menores e pequenas cidades, onde se costuma dizer que "todos se conhecem", compreendemos que a medida do art. 319, II, do CPP poderá ser positiva, bastando ao juiz, por exemplo, ao aplicar o provimento cautelar, determinar sua comunicação à Policia Civil, ao comando local da Brigada Militar e aos oficiais de justiça que atuam na comarca, solicitando que, caso constatado o descumprimento da ordem judicial, seja comunicado o juízo.

11.4.2.3. *Proibição de manter contato com pessoa determinada quando, por circunstâncias relacionadas ao fato, deva o indiciado ou acusado dela permanecer distante (art. 319, III)*

O provimento cautelar do art. 319, III, do CPP mantém correspondência com a previsão já existente no art. 22, III, *b*, da Lei 11.340/2006 (Lei Maria da Penha), ao estabelecer como medida protetiva de urgência destinada ao agressor, na hipótese de violência doméstica e familiar contra a mulher, a proibição de *contato com a ofendida, seus familiares e testemunhas por qualquer meio de comunicação*.

Apesar de a regra inscrita no Código de Processo Penal não ser expressa, referindo-se apenas à proibição de contato com **pessoa determinada**, entendemos que sua aplicação não tem a finalidade de restringir unicamente o contato do indiciado ou acusado com o **ofendido**, podendo alcançar, também, eventuais **corréus** e todas as pessoas que estejam sujeitas a intimidações, no intuito de frustrar ou prejudicar o aparecimento da verdade dos fatos, como é o caso das pessoas que presenciaram o evento criminoso e que já foram ou poderão ser arroladas e ouvidas como **testemunhas** no inquérito policial ou no processo criminal.

Lembre-se de que a proibição deve justificar-se em *circunstâncias relacionadas ao fato*. Neste bordo, não pode o juiz, por exemplo, deferir a cautelar em análise no intuito de evitar constrangimentos pelo réu a um perito nomeado para atuar no processo, pois este seu comportamento, se ocorrente, não teria origem nas circunstâncias do fato, mas, sim, no objetivo de prejudicar a instrução criminal. Tal situação, em verdade, enseja decretação de preventiva, já que nenhuma outra medida cautelar alternativa, em tese, amolda-se à vertente.

Outro aspecto importante refere-se à expressão **proibição de manter contato,** incorporada ao texto legal. Não olvidamos que a redação do art. 319, III, referindo-se à pessoa de que *deva o indiciado ou acusado permanecer distante*, sugere tratar-se proibição de contato pessoal. Sem embargo, compreendendo que a medida tem por finalidade não apenas proteger a integridade da pessoa em prol de quem é aplicada (ofendidos e testemunhas, principalmente), mas também evitar o comprometimento da prova em razão de atitudes do agente, e tendo em vista que o seu comportamento intimidatório pode se externar não somente pelo contato direto, mas também através de outros meios de comunicação, reputamos que nada impede, inclusive em face da leitura do dispositivo análogo existente na Lei 11.340/2006 (art. 22, III, *b*), que, ao impor a medida cautelar restritiva do art. 319, III, determine o magistrado a proibição de qualquer tipo de contato com a pessoa protegida, isto é, não apenas o contato direto e pessoal como também aquele externado por outros meios – telefone, e-mail, correspondência etc.-, os quais devem ser explicitados na decisão judicial. Trata-se de conferir efetividade à tutela prevista na legislação.

A proibição de contato autoriza o magistrado a fixar limites métricos de aproximação da pessoa protegida? Entendemos possível. A propósito, existe previsão desta cautelaridade no art. 22, III, *a*, da Lei 11.340/2006, quando estabelece, para as hipóteses de violência doméstica e familiar contra a mulher, a possibilidade de impor o juiz, a título de medida protetiva de urgência, a proibição de *aproximação da ofendida, de seus familiares e das testemunhas, fixando o limite mínimo de distância entre estes e o agressor.* Certo que não há esta literalidade no art. 319, III, do CPP. No entanto, o dispositivo refere-se à proibição de *contato* e justifica esta vedação na necessidade de que o indiciado ou acusado permaneça *distante* de pessoa determinada por circunstâncias relacionadas ao fato. Ora, *distância* é algo que pode ser mensurado e, no caso concreto, a plena eficácia da medida cautelar pode exigir esta providência Imagine-se, pois, que o acusado, pessoa de reduzidas condições econômicas, e a vítima da qual deva ele se manter afastado, residam na mesma rua. Não havendo como determinar o juiz que o réu mude de endereço, resta a ele fixar um limite mínimo, em metros, a ser observado pelo réu em relação à ofendida, proibindo-o, ainda, de realizar qualquer forma de contato com ela.

11.4.2.4. *Proibição de ausentar-se da Comarca quando a permanência seja conveniente ou necessária para a investigação ou instrução (art. 319, IV)*

Objetiva-se impor ao indiciado ou acusado a obrigação de permanecer no distrito da culpa. Em consequência, eventuais mudanças de endereço que impliquem deslocamento para outra Comarca deverão ser precedidas de **autorização prévia** do Juízo que aplicou a medida cautelar, sob pena de conversão em prisão preventiva, *ex vi* do art. 282, § 4.º, do CPP.

Aplicada a obrigação, fica vedado ao agente qualquer afastamento da Comarca, não importando o tempo do deslocamento. Difere, pois, a medida cautelar da previsão incorporada ao art. 328 do CPP que, tratando do réu em liberdade mediante pagamento de fiança, exige prévia comunicação à autoridade processante quanto ao local onde será encontrado apenas quando se tratar de afastamento por lapso superior a oito dias.

E quando se trata de mudança de endereço entre as cidades que compõem a mesma Comarca? É situação comum uma Comarca jurisdicionar mais de um município. No Estado de São Paulo, por exemplo, a *Comarca de Caçapava abrange os municípios de Caçapava e Jambeiro*; já a *Comarca de Capivari responde pelos municípios de Capivari, Elias Fausto, Mombuca, Rafard e Monte Mór.* Considerando que o provimento cautelar do art. 319, IV tem por objetivo assegurar a presença do indiciado ou do acusado à disposição da autoridade que preside o inquérito policial, ou do juiz que conduz o processo criminal, a fim de que possa ele ser localizado para a prática dos atos para os quais sua presença for necessária ou conveniente, parece-nos evidente que mesmo as mudanças de endereço que ocorram entre as cidades que integram a mesma Comarca devem ser comunicadas ao juízo que impôs a medida cautelar, apesar de, neste caso, ser desnecessária uma autorização prévia. Basta, enfim, a **comunicação**. Este ponto de vista ainda se justifica porque, como vimos, a medida em exame também visa facilitar as investigações policiais (e não apenas a instrução criminal), sendo que o fato de uma Comarca abranger vários municípios não significa, necessariamente, que não haja, em cada um deles, delegacia de polícia própria com incumbência para investigar os fatos que ocorram dentro da sua circunscrição.

E quanto a mudanças de endereço dentro da mesma cidade? Em que pese haja doutrina em sentido oposto, compreendemos que a aplicação da medida do art. 319, IV, do CPP não restringe mudanças de endereço dentro da própria cidade. O dispositivo é claro ao referir-se à *proibição de ausentar-se da Comarca*. Em razão dos motivos já expostos, entendemos viável interpretá-lo extensivamente para o fim de estender seu comando à *proibição de ausentar-se, sem comunicação ao juízo, de uma das cidades que integra a Comarca para residir em outra*. Agora, daí a ampliar seu alcance para restringir a mudança de endereço residencial dentro da mesma cidade, há uma grande diferença, implicando isto em uma exegese aberta num tema que exige interpretação restritiva, pois versa sobre direitos e garantias individuais. Na verdade, pretendendo evitar a perda de contato com o agente em face de mudança de residência no âmbito do município, deve o juízo cumular a medida de proibição de ausentar-se da comarca (art. 319, IV) com a de comparecimento periódico a juízo para informar e justificar suas atividades (art. 319, I), visto que, por força desta última, a cada apresentação, pode captar o endereço atualizado do indivíduo. Claro que também não pode o agente desonerar-se completamente. Sabendo que há uma apuração criminal contra si, é do seu interesse manter o juízo informado quanto ao seu endereço atualizado, a fim de possibilitar a efetivação dos atos processuais pertinentes ao processo. Mesmo porque não se pode olvidar que a mudança de endereço no âmbito do município sem comunicação ao juízo quando já existe, imposta, a obrigação do art. 319, IV, pode ser confundida com transgressão da medida cautelar e ocasionar a decretação de sua prisão preventiva. Neste caso, para obter a revogação da custódia, estará obrigado a fazer a prova de que não violou a medida imposta, o que poderia ter feito antes, evitando, assim, o constrangimento provocado pela segregação.

Cabe ressaltar, que a aplicação da medida cautelar em análise não pode ser decorrência da simples instauração de uma investigação criminal ou de um processo penal contra o agente. É preciso que se atenha o Juiz à efetiva presença do pressuposto específico que a autoriza, qual seja a efetiva **necessidade ou conveniência para a investigação criminal ou instrução processual penal** (art. 319, IV, *fine*), condição esta que se confunde com o princípio geral das cautelares consubstanciado na *necessidade para a investigação ou instrução criminal* (art. 282, I). Isto ocorre quando a natureza do fato, as circunstâncias do caso concreto ou a prova até então produzida na investigação ou na instrução indicarem a necessidade de permanecer o indiciado ou acusado à disposição das autoridades competentes para a eventual produção de outros elementos que se fizerem necessários para o esclarecimento da infração.

Em termos de jurisprudência, a medida tem sido aplicada com frequência no intuito de assegurar a presença do acusado no curso do processo, a fim de prestar a sua versão dos fatos, bem como viabilizar a realização de diligências para as quais sua presença seja imprescindível (reconhecimentos, reconstituições, acareações etc.). Não raro, inclusive, vem cumulada com monitoração eletrônica (art. 319, IX, do CPP).

Independentemente disso, é importante lembrar que a previsão da cautelar *in examen* não revoga o privilégio *nemo tene tenetur se detegere*, supedâneo do princípio de que ninguém pode ser constrangido a produzir provas contra si mesmo – até porque este princípio tem embasamento constitucional. Logo, se, a despeito da imposição da medida, a produção da prova que se pretende com o seu deferimento depender de comportamento ativo do indiciado/acusado e se isto implicar em prejuízo à sua condição jurídica, não estará ele, de modo algum, obrigado a participar da diligência.

11.4.2.5. *Recolhimento domiciliar no período noturno e nos dias de folga quando o investigado ou acusado tenha residência e trabalho fixos (art. 319, V)*

Trata-se de medida cautelar que pressupõe três requisitos básicos, sem os quais não pode ser deferida:

1) Residência fixa;
2) Atividade laboral fixa;
3) Ocorrência de noites sem ocupação laboral e de dias de folga.

Tanto a *residência* como a *atividade laboral* fixas deverão ser devidamente comprovados. Não sendo possível a prova documental (*v.g.*, pela ausência de vínculo trabalhista na ocupação exercida), essa comprovação pode ser realizada em audiência aprazada pelo juiz, na qual poderão ser ouvidos o indiciado/acusado e eventuais testemunhas.

Ainda, é necessário que a *atividade laboral seja integralmente ou, ao menos parcialmente, exercida no período diurno*, existindo, ainda, *dias de folga*. Do contrário, revela-se impossível a aplicação da medida, tendo em vista os termos explícitos da lei que se refere a recolhimento domiciliar no *período noturno e nos dias de folga*.

Quanto à possibilidade de conferir interpretação extensiva ao art. 319, V, do CPP e aplicá-lo, também, a quem exerce atividade à noite, permitindo, destarte, seu recolhimento domiciliar no período diurno, entendemos descabida, já que estamos diante de norma que impõe limite à garantia da liberdade e, assim, deve ser interpretada restritivamente.

Por derradeiro, sinale-se que esta cautelar não possui medida correspondente na legislação, muito embora possa guardar alguma semelhança com a pena restritiva de direitos de "limitação de final de semana" (arts. 43, VI, e 48 do CP).

11.4.2.6. *Suspensão do exercício de função pública ou de atividade de natureza econômica ou financeira quando houver justo receio de sua utilização para a prática de infrações penais (art. 319, VI)*

Conforme se infere do art. 319, VI, do CPP, a medida é cabível nas hipóteses em que fundadas razões produzam o convencimento de que, se permanecer no cargo ou no exercício da atividade de natureza econômica ou financeira, o agente poderá se prevalecer dessa condição para continuar praticando infrações penais.

Trata-se de cautelar destinada, primordialmente, aos *funcionários públicos*, nos crimes contra a administração pública, tais como peculato, concussão, corrupção passiva, prevaricação, bem como aos *agentes de crimes contra instituições econômicas ou financeiras*, a exemplo dos delitos previstos nas Leis 7.492/1986 (crimes contra o sistema financeiro), 8.137/1990 (crimes contra a ordem tributária) e 9.613/1998 (lavagem de capitais), entre outras.

Independentemente dessa destinação precípua, não vemos óbice à imposição da medida também a quem não ostenta a condição de *funcionário público*. Afinal, o art. 319, VI, do CPP, além de contemplar a *suspensão do exercício de função pública*, insere também a *suspensão de atividade de natureza econômica*. E nesse âmbito parece-nos possível incluir também o particular no exercício de sua profissão. Imagine-se o caso do médico a quem se atribua a prática de atos de pedofilia. Nada impede, a nosso ver, seja determinada pelo juiz a medida cautelar em exame, determinando-se que se abstenha ele de atender crianças e adolescentes até o julgamento final do processo, medida esta menos gravosa do que eventual decretação da prisão preventiva.

E quanto aos *parlamentares federais*, que possuem imunidade processual e, assim, não podem sofrer privação da liberdade por força de mandado de prisão (art. 53, § 2.º, da CF)? A eles pode ser imposto o provimento do art. 319, VI? Depois de muita controvérsia, a questão foi decidida pelo STF, no julgamento da ADI 5526 (11.10.2017), da seguinte forma:

> ***Primeira:*** dispõe o Poder Judiciário de competência para impor medidas cautelares diversas da prisão a parlamentares (art. 319 do CPP).
>
> ***Segunda:*** se a execução dessas medidas cautelares impossibilitar, direta ou indiretamente, o exercício regular do mandato parlamentar, a decisão que as tenha aplicado deverá ser encaminhada à Câmara dos Deputados ou ao Senado no prazo de 24 horas, para que haja deliberação a respeito – isso por analogia ao art. 53, § 2.º, da CF (dispositivo que disciplina a prisão do parlamentar em flagrante de crime inafiançável).
>
> Nesse caso, poderá o Parlamento manter ou não o provimento cautelar aplicado pelo Poder Judiciário. Isso é o que ocorre com a medida cautelar diversa da prisão em exame, assim como em relação a outras, muito especialmente o "recolhimento domiciliar no período noturno" (art. 319, V, do CPP) e a "internação provisória" (art. 319, VII, do CPP). Por uma questão de simetria, o mesmo raciocínio deve ser aplicado aos deputados estaduais, isto por força dos arts. 27, § 1.º, e 32, § 3.º, da Constituição Federal.

ATENÇÃO: a aplicação da cautelar em exame requer a existência de relação entre a prática criminosa sob apuração e a função pública ou a atividade de natureza econômica ou financeira desenvolvida pelo agente, não se autorizando que seja imposta quando a infração penal objeto da persecução não apresentar esse vínculo. Em outras palavras, a prática do crime não basta. É necessário que haja indicativos de que o agente se utilizou das prerrogativas ou vantagens de sua função ou da atividade que exerce para a prática do delito ou, pelo menos, para realizá-lo com maior facilidade, com maior lucratividade ou com a certeza de que, nessa condição, serão menores as chances de ser descoberto.

A medida do art. 319, VI, do CPP, no que concerne à suspensão do exercício da função pública, assemelha-se à previsão do **art. 56, § 1.º, da Lei 11.343/2006 (Lei de Drogas)**, dispondo que o juiz, ao receber a denúncia pelos crimes dos arts. 33, *caput e § 1.º*, e 34 a 37, poderá determinar o afastamento cautelar do funcionário público de suas atividades, quando a este forem imputadas tais condutas. E assemelha-se também à disciplina do **art. 2.º, § 5.º, da Lei 12.850/2013 (organizações criminosas)** ao estabelecer que, "se houver indícios suficientes de que o funcionário público integra organização criminosa, poderá o juiz determinar seu afastamento cautelar do cargo, emprego ou função, sem prejuízo da remuneração, quando a medida se fizer necessária à investigação ou instrução processual".

Ainda em relação ao funcionário público, tratando-se o provimento do art. 319, VI, do CPP de uma **suspensão** do exercício da função pública, e não uma **perda** da função ou do cargo, não deverá ficar o agente, no período da suspensão, privado dos respectivos vencimentos – mesmo porque, ao final da ação penal, pode ocorrer de ser ele absolvido da imputação, caso em que o provimento liminar antes deferido deverá ser cassado, *ex vi* do art. 386, parágrafo único, II, do CPP[14]. Veja-se, além disso, que a medida cautelar em

[14] Art. 386, parágrafo único. "Na sentença absolutória, o juiz: [...] II – ordenará a cessação das medidas cautelares e provisoriamente aplicadas".

comento é ditada pela cautela, não se podendo afirmar que, se permanecesse em atividade, realmente praticaria o agente as novas infrações penais que, com o seu afastamento, se buscou evitar.

Por fim, deve-se atentar que esta cautelar não se confunde com o **efeito específico da sentença penal condenatória previsto no art. 92, I, do Código Penal**, relativo *à perda do cargo, função pública ou mandato eletivo quando aplicada pena privativa de liberdade por tempo igual ou superior a um ano, nos crimes praticados com abuso de poder ou violação de dever para com a Administração Pública; e quando for aplicada pena privativa de liberdade por tempo superior a quatro anos nos demais casos.* Nesses casos, como referimos, há um efeito da sentença penal condenatória, que pode ser aplicado apenas depois do seu trânsito em julgado, condicionando-se, ainda, à observância do binômio *natureza do delito x tempo de pena* ao qual condenado o réu. Por seu turno, na hipótese do art. 319, VI, do CPP o que se tem é um provimento cautelar, cujo objetivo é evitar a continuidade de infrações penais relacionadas ao exercício da função pública ou da atividade de natureza econômica ou financeira exercida pelo agente, sendo que a respectiva aplicação, uma vez preenchidos os requisitos gerais e específicos exigidos, pode ser feita desde logo, isto é, no curso da investigação criminal ou do processo penal.

11.4.2.7. *Internação provisória do acusado nas hipóteses de crimes praticados com violência ou grave ameaça, quando os peritos concluírem ser inimputável ou semi-imputável (art. 26 do CP) e houver risco de reiteração criminosa (art. 319, VII)*

A internação compulsória prevista no art. 319, VII, do Código de Processo Penal veio suprir, parcialmente, a lacuna existente no processo penal brasileiro desde a revogação, pela Lei de Execuções Penais (Lei 7.210/1984), dos arts. 378 a 380 do CPP, os quais contemplavam a *medida de segurança provisória*, assim compreendida aquela aplicada antes do trânsito em julgado da sentença. Atente-se que essa revogação não foi expressa e sim tácita, operando-se por meio do disposto nos arts. 171 e 172 da LEP, que passaram a exigir o trânsito em julgado da sentença como condição para aplicação da medida de segurança.

A impossibilidade jurídica de aplicação da medida de segurança provisória nos tempos que se seguiram à vigência da LEP impôs ao Poder Judiciário a necessidade de socorrer-se de analogia a dispositivos legais potencialmente aplicáveis para submeter à internação em hospital psiquiátrico ou estabelecimento congênere o indivíduo que, inimputável ou semi-imputável ao tempo da ação ou omissão, ostentasse quadro de insanidade no curso do processo, quando presentes os pressupostos da prisão preventiva.

Ora, é evidente que tal indivíduo, não se encontrando na plenitude de suas faculdades mentais, não poderia ser recolhido a presídio, impondo-se, devido à insanidade total ou parcial, sua internação. *A que título, porém, realizava-se essa internação?* Não havendo previsão legal, decretava-se a sua preventiva e convertia-se esta em internação, por analogia ao disposto no art. 150, *caput* (internação do indivíduo preso para efeitos de ser periciado em incidente de insanidade mental) e no art. 152, § 1.º (internação do acusado a quem sobrevém a incapacidade após a prática do fato criminoso), ambos do CPP. Em suma, preenchia-se, a partir desses artigos, uma lacuna existente na lei em face da revogação tácita, pela LEP, dos dispositivos que tratavam da matéria. Na ausência de outra solução que, ao mesmo tempo conciliasse a preservação da sociedade, do processo e da aplicação da lei penal com a necessidade de evitar constrangimento ilegal ao acusado, a jurisprudência considerava correta esta medida, entendendo que *a prisão preventiva é a medida adequada para assegurar que o acusado, doente mental, fique segregado, quando presentes os requisitos do art. 312 do Código de Processo Penal, como na hipótese, uma vez que não existe em nosso ordenamento jurídico, desde a reforma penal de 1984, a medida de segurança provisória*[15].

Na atualidade, como dissemos alhures, o impasse foi *parcialmente* resolvido. Diz-se "parcialmente" porque, ignorando tratar-se de questão forense frequente, no art. 319, VII, do CPP estabeleceu o legislador uma solução limitadíssima, na medida em que restringiu a aplicação da medida ali prevista a crime cometido mediante **violência ou grave ameaça**, impondo, ainda, que **haja risco de reiteração**.

Errou o legislador neste estabelecimento.

Errou uma vez, ao vincular o deferimento da cautelar apenas a crimes cometidos com *violência ou grave ameaça*. A medida deveria ter sua aplicação prevista em qualquer delito punido com pena privativa de liberdade e relativamente ao qual se constatasse, em incidente de insanidade mental, ser o acusado inimputável ou semi-imputável à época do fato. Lembre-se que, nestas hipóteses, de acordo com o art. 151 do CPP, o processo penal não fica paralisado, devendo prosseguir com a presença de curador.

E errou pela segunda vez, ao condicionar a imposição da medida ao *risco de reiteração* na prática das aludidas infrações. Imagine-se que não haja indicativos quanto ao risco de cometimento de novas infrações penais com violência ou grave ameaça. Considere-se, porém, que o acusado, atestado como inimputável ou semi-imputável à época do fato e cujo processo encontra-se em andamento com curador na forma do art. 151 do CPP, esteja ameaçando, com sua conduta, a instrução criminal. Suponha-se, ainda, que este mesmo acusado, insano ao tempo da ação ou omissão, permaneça com a saúde mental alterada, a ponto de entender o juiz inadequado ou insuficiente aplicar a ele outras medidas alternativas não privativas da liberdade dentre as previstas no art. 319. Neste caso, resta, unicamente, a decretação da prisão preventiva, desde que se trate de hipótese que a autorize entre as previstas no art. 313. Contudo, em face do seu estado mental, será necessário converter esta preventiva em internação, alcançando-se, via de consequência, o mesmo resultado previsto na cautelar do art. 319, VII, apenas por via transversa (analogia aos arts. 150, *caput*, e 152, § 1.º), já que o legislador deixou de prever a conveniência da instrução criminal como motivo para a mesma medida. A situação, como se vê, beira o absurdo.

Outro equívoco do legislador, ditado pela sua cautela extrema, mas que, ao fim e ao cabo, veio em prejuízo do agente, foi destinar o provimento em questão, unicamente, ao **acusado** – portanto, no curso do processo criminal –, ao contrário do que ocorre com outras medidas previstas no art. 319 (incisos II e III, por exemplo), as quais são admitidas tanto em relação ao *acusado* quanto ao *indiciado*. Logo, em princípio, não se pode considerar a possibilidade da internação provisória a que alude o art. 319, VII, em relação ao indiciado durante a fase das investigações policiais, de forma oposta ao que se previa no art. 378, II, do CPP, ao tempo em que vigorava o instituto da medida de segurança provisória (antes de sua revogação pela LEP). Neste caso, pergunta-se: *levando em conta que o incidente de insanidade mental também pode ser instaurado no curso do inquérito policial (art. 149, § 1.º) e considerando que, eventualmente, pode este exame concluir no sentido da inimputabilidade ou semi-imputabilidade do investigado à época do fato, qual deve ser a providência adotada pelo juiz na hipótese de se encontrar o agente nas condições que ensejam sua prisão preventiva, muito especialmente se a insanidade mental ainda for persistente nessa fase (do inquérito)?* Ora, independentemente de se tratar ou não de infração cometida com violência ou grave ameaça, na impossibilidade de adoção de qualquer das providências cautelares alternativas (art. 282, § 6.º), só restará ao juiz decretar a preventiva (se incidirem os permissivos do

---

15 STJ, RHC 22.666/PR, *DJ* 13.10.2008.

art. 313) e, ato contínuo, convertê-la, sim, em internação – não a internação provisória do art. 319, VII, pois esta o legislador proibiu na fase das investigações, mas, sim, a outra, já examinada alhures, imposta desde os tempos da revogação tácita dos arts. 373 a 380 do CPP, por força de construção jurisprudencial, na ausência de outra medida a ser aplicada: analogia aos arts. 150, *caput,* e 152, § 1.º, do CPP.

Em derradeiro, cumpre sinalar que a medida cautelar de internação provisória prevista no art. 319, VII, tem sua aplicação restrita aos acusados de crimes cometidos com violência ou grave ameaça que tiveram apurada sua inimputabilidade ou semi-imputabilidade **ao tempo da infração penal** e que, no curso do processo criminal contra eles ajuizado (art. 151 do CPP), demonstraram o risco de reiteração provocado, muito especialmente, pela periculosidade decorrente da persistência da doença mental. Detecta-se tal limitação em face da alusão, no art. 319, VII, ao art. 26 do Código Penal, que se refere, especificamente, à doença mental, à perturbação da saúde mental e ao desenvolvimento mental incompleto ou retardado *ao tempo da ação ou omissão.*

Por conseguinte, o art. 319, VII, **não se aplica às hipóteses de incapacidade superveniente** (doença mental posterior à prática do crime), mesmo porque, para tal situação, que implica suspensão do processo até o restabelecimento do acusado ou a prescrição do crime, existe dispositivo legal aplicável consistente no art. 152, § 1.º, do CPP, prevendo a possibilidade de internação independentemente da natureza do crime perpetrado. Claro que essa internação exige justificativa (não é, portanto, automática), a qual, reputamos, sejam as mesmas que autorizam o decreto da prisão preventiva.

Observe-se que existe orientação doutrinária compreendendo que o precitado art. 152, § 1.º, não fora recepcionado pela Carta Republicana de 1988. Aduzem os defensores desta posição que este dispositivo, ao viabilizar a internação do indivíduo a quem sobreveio a incapacidade até que ele se restabeleça, estaria consagrando a possibilidade de uma privação da liberdade *ad aeternum,* sem que tenha ocorrido julgamento, em franca violação ao princípio da presunção de inocência. Dada máxima vênia, não concordamos com este entendimento, aderindo à linha de pensamento que entende possível interpretar o dispositivo conforme a Constituição Federal, bastando que se determine a internação nele prevista, não pelo tempo necessário ao restabelecimento do indivíduo, mas enquanto perdurar a sua periculosidade, limitada, de qualquer sorte, à prescrição da pretensão punitiva do Estado. Após isto, eventual internação somente poderá ocorrer na esfera cível, por meio do procedimento cabível. A propósito, consignou o STJ em relação à aplicabilidade do art. 152, § 1.º, do CPP que tal dispositivo processual *não estabelece período máximo para a internação do acusado no manicômio judiciário, que, como no caso dos autos, poderá permanecer por anos inserido nessa medida. Na hipótese de nunca apresentar melhora em seu quadro clínico, a internação do réu se encerrará, tão somente, com a prescrição da pretensão punitiva estatal*[16].

11.4.2.8. *Fiança, nas infrações que a admitem, para assegurar o comparecimento a atos do processo, evitar a obstrução do seu andamento ou em caso de resistência injustificada à ordem judicial (art. 319, VIII)*

À exceção das infrações para as quais a legislação processual penal e a Constituição Federal, expressamente, afastam a possibilidade de fiança, as demais serão, todas, afiançáveis.

Na atualidade, a regra, portanto, é a afiançabilidade, com ressalva dos casos previstos. Lembre-se de que não subsiste mais o fator *quantidade de pena* como óbice à fiança, tal como era previsto no Código de Processo Penal antes das alterações determinadas pela

[16] STJ, *Habeas Corpus* 120.554/SP, *DJ* 08.06.2009.

Lei 12.403/2011, quando se entendia serem inafiançáveis as infrações cuja pena mínima fosse superior a dois anos de reclusão.

Quanto às situações de inafiançabilidade, o art. 323 do CPP foi ao encontro do texto inscrito no art. 5.º, XLII, XLIII e XLIV da Constituição Federal, estabelecendo que *não será concedida fiança nos crimes de racismo; nos crimes de tortura, tráfico ilícito de entorpecentes e drogas afins, terrorismo e nos definidos como crimes hediondos; e nos crimes cometidos por grupos armados, civis ou militares, contra a ordem constitucional e o Estado Democrático.*

Pois bem, nas hipóteses em que não houver vedação legal à fiança, estabelece o art. 319, VIII, do CPP que esta poderá ser concedida para atender uma das seguintes finalidades:

- *Assegurar que o agente compareça a todos os atos do processo:* Harmoniza-se esta finalidade com o disposto no art. 327 do CPP, dispondo sobre a obrigação do afiançado de comparecer a todos os **atos do inquérito e da instrução criminal** sempre que intimado pela autoridade.
- *Evitar que obstrua o seu andamento*: trata-se de qualquer ato praticado pelo agente em prejuízo da regular tramitação do processo, por exemplo, retardando providências a seu cargo, requerendo diligências infundadas, esquivando-se da intimação para atos processuais etc.
- *No caso de resistência injustificada à ordem judicial:* neste caso, o objetivo da fiança é evitar que o agente resista, injustificadamente, a determinações judiciais, as quais, inclusive, poderão ser aquelas que tiverem aplicado outras medidas cautelares.

Cabe ressaltar que o legislador conferiu **autonomia** à fiança. Assim, desde que se trate de crimes afiançáveis, poderá ela ser aplicada de forma isolada ou cumulada com outras cautelares (arts. 282, § 1.º e 319, § 4.º), podendo, ainda, ser aplicada a crimes que admitam ou não a prisão preventiva (art. 313). Tratando-se, porém, de infração que admita a decretação da prisão preventiva, é claro que a aplicação da cautelar de fiança, a exemplo dos demais provimentos cautelares alternativos, terá preferência em relação à decretação da custódia, nos termos exatos do art. 282, § 6.º, do CPP. Também, a prestação de fiança, assim como as demais cautelares alternativas, poderá ser uma das condições para a concessão de liberdade provisória, *ex vi* do art. 321 do CPP.

Esta **natureza autônoma** atribuída à fiança ganha relevância, se comparado o modelo atual com a disciplina incorporada ao Código de Processo Penal antes da vigência da Lei 12.403/2011. Isto porque, naquela época, ao contrário do que agora ocorre, a fiança encontrava-se diretamente relacionada à **prisão em flagrante**. Em verdade, agregava-se ela a uma das formas de liberdade provisória previstas em lei – a chamada *liberdade provisória permitida com fiança.*

De resto, encaminhamos o leitor ao *item 11.11.3.1 deste Capítulo*, em que abordamos a fiança de modo específico.

11.4.2.9. Monitoração eletrônica (art. 319, IX)

Trata-se de forma de controle judicial dos movimentos do indivíduo, realizada no curso das investigações policiais ou durante o processo criminal, podendo ser feita, por exemplo, por meio de pulseiras ou tornozeleiras. O expediente é simétrico àquele autorizado pela Lei 7.210/1984 (arts. 146-B a 146-D), com a diferença de que este se destina aos réus já condenados por decisão transitada em julgado, nos casos de saída temporária no regime semiaberto e de prisão domiciliar.

Este sistema poderá ser bastante útil, não apenas às autoridades a que incumbe a persecução penal, como também aos próprios indiciados ou acusados, já que pode substituir a fiscalização direta (pessoal), muitas vezes realizada por agentes da polícia e, principalmente, a própria prisão preventiva.

Em que pese a existência de opiniões contrárias, a medida não implica, a nosso ver, qualquer atentado ao *princípio da dignidade da pessoa humana*, pois, desde que o agente se submeta corretamente às condições do monitoramento, não sofrerá ele restrições maiores do que as decorrentes do uso de um aparelho eletrônico que pode ficar oculto sob suas roupas. Além do mais, ainda que se possa cogitar da ocorrência de alguma forma de violação ao princípio da dignidade da pessoa humana com tal monitoramento, é óbvio que o grau de lesividade daí decorrente é bem inferior àquele que advém, por exemplo, de uma prisão preventiva, ainda mais se levarmos em conta a realidade de nosso sistema prisional.

A monitoração eletrônica é medida cautelar que, se devidamente implantada, poderá contribuir para a eficácia de outros provimentos alternativos à prisão. Assim, como exemplo pode ser imposta com as medidas de *proibição de acesso ou frequência a determinados lugares (art. 319, II)*, de *proibição de ausentar-se da Comarca (art. 319, IV)* e com a *obrigação de recolhimento domiciliar no período noturno e nos dias de folga (art. 319, V)*, auxiliando na respectiva fiscalização. Ainda, sua aplicação é recomendada nas hipóteses de crimes de trânsito, quando, no curso do inquérito ou processo, tem o agente suspensa a habilitação para dirigir veículo automotor.

Uma vez aplicada a monitoração, deverá ser advertido o indiciado ou acusado acerca das consequências da violação dos fins pelos quais imposto o controle de seus movimentos, bem como de eventuais procedimentos de retirada desautorizada do equipamento. No primeiro caso, frustrando o agente os objetivos da monitoração (*v.g.*, frequentando lugares a que estava proibido), poderá o juiz, dependendo das circunstâncias do caso, aplicar outra medida em substituição ou cumulação antes de decretar a preventiva (art. 282, § 4.º). Na hipótese de retirada do aparelho de monitoração pelo próprio agente, pensamos que a medida correta a ser adotada pelo juízo é a imediata decretação da sua prisão preventiva, já que a atitude revela a firme intenção em não se submeter à fiscalização imposta por determinação judicial.

Cabe mencionar, por fim, que, em 17.11.2017, publicou o Conselho Nacional de Política Criminal e Penitenciária a Resolução 05, dispondo sobre a política de implantação de monitoração eletrônica, disciplinando os princípios que a regem, suas condicionantes, o procedimento no caso de constatação do descumprimento, entre outras regras.

11.4.2.10. Proibição de ausentar-se do País (art. 320)

Estabelece o art. 320 do Código de Processo Penal que "a proibição de ausentar-se do País será comunicada pelo juiz às autoridades encarregadas de fiscalizar as saídas do território nacional, intimando-se o indiciado ou acusado para entregar o passaporte, no prazo de 24 (vinte e quatro) horas".

Muito embora não integre a relação do art. 319, trata-se a *proibição de ausentar-se do País,* sem dúvida, de mais uma medida cautelar diversa da prisão prevista no CPP. Mais: considerando que o art. 320 integra o Título IX do Livro I do CPP, infere-se que a ela são aplicáveis todos os comandos do art. 282, muito especialmente:

1) Observância dos princípios da necessidade e adequação (*caput*);
2) Possibilidade de sua aplicação isolada ou cumulada com outra medida (§ 1.º);
3) Legitimidade do juiz para decretá-la, no curso das investigações, diante de representação da autoridade policial ou requerimento do Ministério Público; e, durante o pro-

cesso, unicamente a partir de requerimento do Ministério Público, do querelante ou do assistente de acusação (§ 2º). É vedada, como se vê, a decretação *ex officio;*

Uma vez decretado o provimento cautelar, se não atendida, injustificadamente, pela parte requerida, a intimação para entrega do passaporte no prazo estipulado (24 horas), poderá o juiz, com base no art. 282, § 4º, a partir de provocação do Ministério Público, do assistente de acusação ou do querelante, decretar incontinenti a prisão preventiva do agente. Afinal, ressalvadas peculiaridades do caso concreto, é certo que a natureza da medida imposta e o subsequente comportamento do agente (não efetuando a entrega do passaporte apesar de intimado para esse fim) afastam, em tese, a cogitação quanto à possibilidade de substituição ou da cumulação da medida com outra nesse caso.

Esta medida, a exemplo das demais cautelares alternativas, também **possui preferência de aplicação em relação à prisão preventiva**. Tal observação é necessária tendo em vista que o art. 282, § 6.º, quando refere a excepcionalidade dessa forma de custódia, faz remissão expressa apenas às cautelares do art. 319, silenciando em relação ao art. 320. Isto se deve a evidente lapso do legislador, mesmo porque não haveria sentido em determinar que outras medidas, como a *proibição de ausentar-se da Comarca*, sejam aplicadas previamente à prisão do indivíduo apenas por se encontrarem no rol do art. 319 e que a mesma regra não seja aplicável à proibição de ausentar-se do País, provimento este que, de certo modo, até pode se revelar de maior eficácia em face da retenção do passaporte.

E quanto à exigência de contraditório prévio, nos termos disciplinados pelo art. 282, § 3.º? Depende do caso concreto. Não há, enfim, uma incompatibilidade absoluta entre a natureza da medida e a exigência desse contraditório, ao contrário do que ocorre, por exemplo, com a prisão preventiva. Logo, a regra deve ser a efetivação da intimação prevista no referido dispositivo. Entretanto, se, na hipótese concreta, houver grande risco ou iminência de fuga, cabe ao juiz decretar a medida sem o contraditório prévio, comunicando-a, incontinenti, às autoridades que fiscalizam a fronteira e ordenando que se proceda à intimação do agente para que entregue seu passaporte. O contraditório, neste caso, será diferido, ou seja, realizado após a intimação do indiciado ou acusado para entrega do passaporte, momento em que o risco de evadir-se ele do território nacional já estará reduzido, em face do deferimento da mencionada cautelar e de sua comunicação às autoridades competentes.

Por fim, diante da previsão incorporada ao art. 320 do CPP, resta prejudicada a orientação jurisprudencial antes firmada no âmbito do STJ, no sentido da ilegalidade da apreensão de passaporte do indivíduo beneficiado pela concessão de liberdade provisória. Ora, esse entendimento alicerçava-se, sobretudo, no argumento de que tal providência afrontava a garantia do art. 5.º, II, da Carta Republicana ao preceituar que "ninguém será obrigado a fazer ou deixar de fazer alguma coisa senão em virtude de lei". Considerando que agora existe lei dispondo sobre o tema, houve, muito acertadamente, a revisão de entendimento pelo STJ, passando essa Corte a legitimar a aplicação da medida restritiva positivada no art. 320 do CPP (nesse sentido, aliás, o HC 357.814/PR, *DJ* 24.02.2017, e o RHC 82.055/SP, *DJ* 28.08.2017).

11.5. PRISÃO PROVISÓRIA

11.5.1. Considerações gerais

A prisão provisória é aquela que ocorre antes do trânsito em julgado da sentença condenatória.

Não tem por objetivo a punição do indivíduo, mas, sim, impedir que venha ele a praticar novos delitos (relacionados ou não com aquele pelo qual está segregado) ou que sua conduta interfira na apuração dos fatos e na própria aplicação da sanção correspondente ao crime praticado.

Possui natureza eminentemente **cautelar**, razão pela qual não viola o princípio da presunção de inocência, tampouco qualquer outro direito ou garantia assegurados na Constituição Federal. Esta cautelaridade restou consagrada no próprio Código de Processo Penal, por exemplo, no art. 319 que, ao arrolar determinados provimentos cautelares alternativos, denomina-os de *medidas cautelares diversas da prisão*, deixando claro, com isto, tratar-se a prisão provisória, também, de uma medida de natureza cautelar.

De acordo com o art. 283 do CPP, *ninguém poderá ser preso senão em flagrante delito ou por ordem escrita e fundamentada da autoridade judiciária competente, em decorrência de prisão cautelar ou em virtude de condenação criminal transitada em julgado.* O dispositivo guarda relação com o disposto no art. 5.º, LXI, da Constituição Federal, segundo o qual *ninguém será preso senão em flagrante delito ou por ordem escrita e fundamentada de autoridade judiciária competente, salvo nos casos de transgressão militar ou crime propriamente militar, definidos em lei.* A partir daí, constata-se que a prisão provisória do indivíduo apenas pode decorrer de:

1) **Prisão em flagrante.**
2) Ordem escrita da autoridade judiciária competente, resultante de **prisão temporária (Lei 7.960/1989)** ou de **prisão preventiva**.

Não obstante a literalidade destes preceitos, que decorrem da Lei e da Constituição Federal, é necessário ter em vista que o art. 310 do CPP, referindo-se ao procedimento a ser adotado no âmbito do Poder Judiciário após recebido o auto de prisão em flagrante e realizada audiência de custódia, estabeleceu que, se não relaxar essa prisão sob o fundamento de sua ilegalidade (inc. I) ou não conceder liberdade provisória com ou sem fiança ao flagrado (inc. III), cabe ao juiz convertê-lo em prisão preventiva[17], desde que presentes os requisitos que autorizam essa medida e que não seja adequada ou suficiente a aplicação das demais medidas acautelatórias não privativas da liberdade contempladas no art. 319 do CPP (inc. II). Diante desta previsão, infere-se que a **prisão em flagrante** não é hábil a manter o agente flagrado sob custódia, exigindo-se, para esta finalidade, que o juiz converta-o em prisão preventiva. Neste cenário, é inequívoco que a prisão em flagrante não possui, no regramento em vigor, o atributo da **cautelaridade**. Veja-se que *prisão cautelar* é aquela que tem por objetivo *lato sensu* garantir o resultado prático das investigações e do processo. Para tanto, é necessário que, além de prender momentaneamente o indivíduo, seja hábil a mantê-lo preso pelo tempo necessário à tutela que se pretendeu com a decretação da custódia, como é o caso da *prisão preventiva*, ou pelo lapso objetivamente previsto em lei como sendo o máximo aceitável para esta finalidade em face dos motivos que determinaram a segregação, como é a hipótese da *prisão temporária*. Nada disto, porém, ocorre na *prisão em flagrante*, em que, independentemente de qualquer finalidade de tutela, deve perdurar apenas pelo tempo correspondente entre a voz de prisão, lavratura do respectivo auto e seu recebimento no âmbito do Poder Judiciário.

O art. 283 do CPP, com a redação da Lei 12.403/2011, substituiu o comando inserido na redação pretérita do art. 282, que, além da prisão decorrente do flagrante e da ordem escrita da autoridade competente, também estabelecia a chamada **prisão da pronúncia.** Esta forma de custódia já havia sido extirpada do ordenamento jurídico pela Lei 11.689, de 20.06.2008, que alterou o procedimento de apuração dos crimes dolosos contra a vida. Basta ver que a nova redação do art. 413, § 3.º, do CPP estabelece que, na decisão de pronúncia, *o juiz decidirá, motivadamente, sobre a manutenção, revogação ou substituição da prisão ou*

---

17 Remetemos o leitor, aqui, ao tópico 11.3.2 deste Capítulo, em que abordamos a questão relacionada à conversão da prisão em flagrante em preventiva *ex officio* pelo Juiz.

medida restritiva de liberdade anteriormente decretada e, tratando-se de acusado solto, sobre a necessidade da decretação da prisão ou imposição de quaisquer das medidas previstas no Título IX do Livro I deste Código. Considerando que, entre as prisões contempladas no Título IX do Livro I, encontram-se apenas a prisão em flagrante e a prisão preventiva, depreende-se que, efetivamente, foi suprimida do ordenamento pátrio, como forma autônoma de segregação provisória, a prisão decorrente da pronúncia, devendo-se compreender que, pronunciado o réu, caso se encontre ele em liberdade, poderá o magistrado prendê-lo apenas por meio da *prisão preventiva*, desde que presentes, é claro, os pressupostos que a autorizam e que não sejam cabíveis as medidas cautelares alternativas a essa prisão (art. 282, § 6.º).

Igual raciocínio deve ser aplicado **à prisão decorrente da sentença penal condenatória recorrível**, antes contemplada nos arts. 393, I, e 594, ambos do CPP, para o condenado reincidente ou com maus antecedentes. O art. 594 foi revogado expressamente pelo art. 3.º da Lei 11.719, de 20.06.2008. Já em relação ao art. 393, I, foi revogado expressamente pela Lei 12.403/2011. Não fosse o bastante, dispõe o art. 387, § 1.º, do CPP (redação dada pela Lei 12.736/2012) que, ao proferir sentença condenatória, o juiz decidirá, fundamentadamente, sobre a manutenção ou, se for o caso, a imposição de *prisão preventiva* ou de outra medida cautelar, sem prejuízo do conhecimento da apelação que vier a ser interposta. Portanto, também aqui se detecta que a única prisão que pode ser estabelecida ao condenado em sentença recorrível é a preventiva, quando constatados os requisitos que a ensejarem.

Note-se que está absolutamente superada a chamada *prisão para averiguações*, instrumento este largamente utilizado em épocas ditatoriais, por meio do qual a polícia civil ou militar conduzia pessoas suspeitas de serem procuradas às sedes das delegacias, a pretexto de serem averiguadas. Tal procedimento, além de violar o art. 5.º, LXI, da Constituição Federal, configura, no mínimo, o crime de abuso de autoridade tipificado no art. 9.º, *caput*, da Lei 13.869/2019, adequando-se à conduta de "decretar medida de privação da liberdade em manifesta desconformidade com as hipóteses legais".

11.5.2. Efetivação da prisão: tempo e forma de execução

Dispõe o art. 283, § 2.º, do CPP que a prisão poderá ser efetuada em **qualquer dia e a qualquer hora**, respeitadas as restrições constitucionais quanto à inviolabilidade do domicílio.

De fato, essa regulamentação não poderia ser diferente, pois, se a prisão provisória possui natureza cautelar, é natural que haja urgência no seu cumprimento, o que não seria compatível com o estabelecimento de normas rígidas de horário para tanto.

Entretanto, deverão ser observadas as restrições previstas na *Lex Fundamentalis* quanto à violação do domicílio, isto é, aquelas previstas no art. 5.º, XI, dispondo que "a casa é o asilo inviolável do indivíduo, ninguém nela podendo penetrar sem consentimento do morador, salvo em caso de flagrante delito ou desastre, ou para prestar socorro, ou durante o dia por determinação judicial". A propósito do ingresso em domicílio sem mandado judicial nos casos autorizados pela Constituição Federal, é importante atentar às hipóteses de *crimes permanentes*, assim considerados aqueles cuja consumação se protrai no tempo, possibilitando a prisão em flagrante durante qualquer momento do processo consumatório. É o que ocorre nos crimes de posse de drogas para fins de tráfico, posse ilegal de armas, associação criminosa etc. Nestas situações, então, por força do próprio dispositivo constitucional referido, é possível o ingresso em domicílio à revelia de prévia ordem judicial. Mas atenção: independentemente dessa possibilidade, deve-se atentar que o STF, em regime de repercussão geral, no julgamento do Recurso Extraordinário n.º 603.616/TO (*DJ* 10.05.2016), firmou o entendimento de que, mesmo se operada situação de flagrância em decorrência da prática de **crime permanente** no interior da casa o ingresso desautorizado de policiais tem sua validade condicionada à preexistência de **fundadas razões** que tenham justificado a invasão domiciliar no momento em que realizada, não sendo suficiente, por exemplo, a mera intuição dos policiais ou a suspeita decorrente de uma informação anônima.

Coerente com o regramento constitucional do art. 5.º, IX, foi recepcionado pela Constituição Federal de 1988 o art. 293 do CPP, dispondo que, "se o executor do mandado verificar, com segurança, que o réu entrou ou se encontra em alguma casa, o morador será intimado a entregá-lo, à vista da ordem de prisão. Se não for obedecido imediatamente, o executor convocará duas testemunhas e, sendo dia, entrará à força na casa, arrombando as portas, se preciso; sendo noite, o executor, depois da intimação ao morador, se não for atendido, fará guardar todas as saídas, tornando a casa incomunicável, e, logo que amanheça, arrombará as portas e efetuará a prisão".

Quanto à **forma de execução** da prisão, preceitua o art. 284 do CPP que não será permitido o emprego de força, salvo a indispensável no caso de resistência ou de tentativa de fuga do preso. Com isso, depreende-se que o legislador pretendeu evitar toda a forma de violência desnecessária no ato de prisão do indivíduo, autorizando apenas o uso da força indispensável para a sua efetivação. No tocante à intensidade dessa força, deverá ser aquela proporcional ao grau e à natureza da resistência oferecida pela pessoa a ser presa. Se esta resistir ativamente, *v.g.*, agredindo os policiais, a mesma conduta poderá ser realizada por estes no intuito de cumprir a segregação. Tratando-se, porém, de resistência meramente passiva, cabe aos executores empregar tão somente a força física que se mostrar imprescindível para realizar a detenção.

Não é impossível que a resistência à prisão em flagrante ou ao cumprimento do mandado de prisão provenha de terceiros. Neste caso, o executor e as pessoas que o auxiliam poderão usar dos meios necessários para defender-se ou para vencer a resistência em relação a estes, lavrando, de tudo isto, auto circunstanciado subscrito, também, por duas testemunhas (art. 292 do CPP).

No que tange ao uso de algemas no preso, é questão objeto da *Súmula Vinculante 11 do Supremo Tribunal Federal*, dispondo que só é lícito o uso de algemas em casos de resistência e de fundado receio de fuga ou de perigo à integridade física própria ou alheia, por parte do preso ou de terceiros, justificada a excepcionalidade por escrito, sob pena de responsabilidade disciplinar, civil e penal do agente ou da autoridade e de nulidade da prisão ou do ato processual a que se refere, sem prejuízo da responsabilidade civil do Estado. **Atenção:** introduzido pela Lei 13.434/2017, dispõe o parágrafo único do art. 292 do CPP ser "vedado o uso de algemas em mulheres grávidas durante os atos médico-hospitalares preparatórios para a realização do parto e durante o trabalho de parto, bem como em mulheres durante o período de puerpério imediato". Referido diploma legal, que tem em vista dar efetividade ao princípio da dignidade da pessoa humana, consagrou, em termos de lei federal, a regulamentação do art. 199 da Lei 7.210/1984 (Lei de Execução Penal) antes já determinada pelo art. 3.º do Decreto 8.858/2016, que disciplina de modo similar.

11.5.3. Mandado de prisão: conteúdo, formalidades e exibição

Em se tratando de prisão ordenada pela autoridade judiciária (abstraído o flagrante, portanto), esta determinará a expedição do respectivo mandado, que deverá preencher os seguintes requisitos formais (art. 285, parágrafo único, do CPP):

a) Subscrição pelo Juiz que determinou sua expedição;
b) Identificação da pessoa a ser presa por seu nome, alcunha ou sinais característicos. A nosso ver, embora o dispositivo legal utilize a conjunção "ou", sugerindo a sufici-

ência de apenas um desses elementos, no mandado deve constar toda a qualificação disponível do indivíduo e, apenas quando estes dados não forem conhecidos, os sinais característicos pelos quais se possa identificá-lo;

c) Referência à infração penal que motivou a prisão;

d) Declaração do valor da fiança quando, tratando-se de infração afiançável, tenha sido aquela arbitrada;

e) Destinação a quem tiver qualidade para executá-lo – trata-se, normalmente, da autoridade policial e seus agentes, podendo ser também o oficial de justiça. Particulares, assim como funcionários públicos de outras categorias que não exerçam atividades vinculadas à segurança pública, não possuem autorização legal e constitucional para a efetivação de ordem de prisão, nem mesmo por delegação, segundo cremos. *E quanto às guardas municipais?* Antes da Lei 13.022/2014 (Estatuto Geral das Guardas Municipais), quando as guardas municipais não podiam realizar policiamento ostensivo e exercer funções relacionadas à manutenção da ordem pública e à preservação da incolumidade física das pessoas – o que era *munus* exclusivo dos agentes de segurança pública –, compreendíamos que não lhes era permitido atuar no cumprimento de mandados de prisão. Todavia, tendo sido ampliadas pela lei referida as atribuições das guardas municipais com a inclusão das sobreditas funções, não vemos mais qualquer obstáculo a que possam receber designação para a execução de ordem judicial de prisão.

Faculta-se ao particular, sabendo que contra determinada pessoa há ordem judicial de prisão, proceder à sua detenção, chamando, em seguida, a força policial? Compreendemos que o particular não possui esta liberalidade. Não lhe é lícito, enfim, realizar a detenção do indivíduo, ainda que por curto espaço de tempo, a pretexto de aguardar o comparecimento dos legítimos executores do mandado de prisão. Afinal, isto implica restrição da liberdade, o que não é facultado ao particular fora das hipóteses de flagrante (art. 301 do CPP). Independentemente, não vislumbramos, caso ocorra essa detenção pelo particular, ilegalidade na prisão posteriormente efetuada pelo executor legitimado. Afinal, o título que justificou a prisão – a decisão judicial segregatória – permanece incólume, ocorrendo a ilegalidade apenas no momento que antecede à execução da prisão. Logo, não há razão para invalidar o comando de prisão preventiva, tampouco para liberar o indivíduo e, posteriormente, novamente prendê-lo, desta feita sem a intervenção do particular.

Uma vez ordenada a expedição do mandado de prisão, este deverá ser confeccionado em **duplicidade**, vale dizer, em duas cópias originais, devendo ambas ser assinadas pelo Juiz. Este o sentido do art. 286 do Código de Processo Penal, ao dispor que "o mandado será passado em duplicata", não se contentando, portanto, o legislador com a feitura de apenas uma via e a extração de uma fotocópia. Isto ocorre porque um dos exemplares deverá ser entregue ao preso logo depois da prisão com a declaração do dia, hora e lugar em que realizada essa diligência, seguindo-se, ato contínuo, o recibo do preso no mandado remanescente, que deverá retornar aos autos. Se o detido recusar fornecer sua subscrição, não souber ou não puder fazê-lo, o fato será mencionado em certidão lavrada pelo executor, assinada por duas testemunhas. Cumpre-se, assim, o disposto no art. 5.º, LXIV, da CF, dispondo que o preso tem direito à identificação dos responsáveis por sua segregação, o que alcança não apenas o executor do mandado de prisão (art. 291), mas também o juiz que a ordenou.

No tocante à referência ao **dia e hora** da prisão, releva para que possa ser realizado o controle quanto ao tempo exato de privação da liberdade pessoal do indivíduo, muito especialmente nas hipóteses em que a prisão possui prazo certo, como é o caso da prisão temporária, cujo lapso é de cinco dias prorrogáveis por mais cinco, conforme estabelece o art. 2.º, *caput*, da Lei 7.960/1989, e, em se tratando de crimes hediondos, de trinta dias prorrogáveis por mais trinta, nos termos do art. 2.º, § 4.º, da Lei 8.072.1990.

Eventualmente, pode ocorrer que **não seja possível a exibição do mandado** à pessoa que deva ser presa. Considere-se, por exemplo, a hipótese em que policiais, durante a madrugada, deparem-se, em via pública, com indivíduo perigoso, já conhecido de operações anteriores, em relação ao qual sabem existir mandado de prisão pela prática de crime de roubo. Nesta situação, estabelece o art. 287 do CPP, com a alteração determinada pela Lei 13.964/2019, que, *"se a infração for inafiançável, a falta de exibição do mandado não obstará a prisão, e o preso, em tal caso, será imediatamente apresentado ao juiz que tiver expedido o mandado, para a realização de audiência de custódia"*, como tal compreendido o ato da apresentação, ao juiz competente, da pessoa presa, a fim de ser ouvida sobre as circunstâncias em que ocorreu sua prisão (no tópico 11.12 deste Capítulo tratamos do tema relativo à *audiência de custódia*). Obviamente, em comarcas com diversas varas criminais, a regra do art. 287 deve ser interpretada com bom senso, apresentando-se o preso ao Juiz Plantonista, para que sejam realizadas as diligências necessárias com vista à localização do mandado de prisão.

11.5.4. Prisão do indivíduo que se encontra em território de outra Comarca

Estabelece o art. 289 do CPP, que, se o acusado estiver no território nacional, mas fora da jurisdição do juiz que ordenou a prisão, esta será deprecada, devendo constar da carta precatória o inteiro teor do mandado. Em tal caso, a precatória deverá obedecer aos requisitos formais dispostos no art. 354 do CPP, no que forem cabíveis, sem embargo de incorporar o inteiro teor do mandado de prisão, sendo este expedido em duas vias, a fim de viabilizar o cumprimento do art. 286 do CPP.

Havendo **urgência**, preceitua o art. 289, § 1.º, que o juiz poderá requisitar a prisão por *qualquer meio de comunicação*, do qual deverá constar o motivo da prisão, bem como valor da fiança, se arbitrada.

De qualquer forma, é certo que, agora, com a abertura conferida pelo texto legal à possibilidade de ser utilizado, em vez da carta precatória, *qualquer meio de comunicação* como forma de transmissão do mandado, simplificou-se bastante a execução da prisão e, consequentemente, reduziu-se também o risco de fuga do indivíduo a quem se dirige a prisão nas hipóteses de urgência no seu cumprimento, podendo ser utilizados, com amparo legal, meios como transmissões via intranet, e-mail e a própria via telefônica (neste último caso deverá ser lavrada certidão ou termo, tanto no juízo requisitante como no requisitado, firmado pelo juiz ou por quem seja detentor de fé pública, documentando-se a ocorrência e o preenchimento de suas formalidades).

Apesar de o art. 289, § 1.º, não prever a necessidade de autenticação da assinatura do juiz que tiver ordenado a prisão, estabeleceu, no § 2.º, que a autoridade requisitada tomará as precauções necessárias para averiguar a autenticidade da comunicação. Em outras palavras, cabe a esta verificar junto ao Órgão de que proveio a ordem judicial se, efetivamente, é ela autêntica antes de cumpri-la. Trata-se, enfim, de medida de cautela, incorporada pelo legislador no intuito de evitar a realização de prisões a partir de comunicações eventualmente inidôneas.

Uma vez efetivada a prisão, caberá ao juiz processante providenciar a remoção do preso, no prazo máximo de **trinta dias**, contados da efetivação da medida (art. 289, § 3.º). Levando em conta que a presença do acusado na sede da Comarca ou no local onde deverá permanecer à disposição do juízo, aguardando a tramitação do processo, é de interesse do juízo que ordenou a prisão, revela-se correta esta obrigação que lhe foi delegada por lei, no sentido de adotar as providências pertinentes à respectiva remoção.

Externando regra simétrica à do art. 289, §§ 1.º e 2.º, porém direcionada aos executores da prisão (normalmente agentes policiais), estabelece o art. 299 que a captura poderá ser requisitada, à vista de mandado judicial, por *qualquer meio de comunicação*, tomadas pela autoridade, a quem se fizer a requisição, as precauções necessárias para averiguar a autenticidade desta. Faculta-se, por exemplo, à autoridade policial de uma determinada circunscrição comunicar-se com a de outra, por qualquer meio de comunicação (telefone, e-mail, intranet, fax etc.), solicitando a prisão de uma determinada pessoa, bastando que tenha em seu poder a respectiva ordem judicial. À autoridade que deva cumprir a solicitação, por outro lado, caberá atuar no sentido de confirmar a autenticidade daquela solicitação.

Observe-se, finalmente, que, tanto no art. 289, §§ 1.º e 2.º, quanto no art. 299, há a referência ao termo *requisição*. Ora, *requisitar* tem o sentido de *ordenar*, não sendo tecnicamente correto o seu emprego quando se trata de comunicação levada a efeito entre autoridades de igual hierarquia, *v.g.*, de um juiz em relação a outro juiz, ou de um delegado de polícia em referência a outro delegado de polícia. Em verdade, o poder requisitório se estabelece por força de lei, como, por exemplo, do Ministério Público em relação a diligências investigatórias a serem realizadas pelo delegado de polícia. Portanto, sem embargo da terminologia empregada nos referidos dispositivos, alertamos que, conforme sejam as pessoas envolvidas nos polos da comunicação de prisão, não será correto utilizar a palavra *requisição*, mas, sim, *solicitação*.

11.5.5. A hipótese de perseguição do indivíduo que ingressa em território sujeito a outra jurisdição

Se, em regra, o mandado de prisão do indivíduo que reside em jurisdição distinta deve ser cumprido por meio de carta precatória, no art. 290 o Código de Processo Penal contemplou uma exceção: trata-se da hipótese do indiciado ou do réu que, sendo **perseguido**, avança sobre o território de outra comarca. De acordo com o dispositivo, no caso nele previsto, o executor poderá efetuar a prisão do sujeito no lugar onde o alcançar, devendo, contudo, apresentá-lo imediatamente, à autoridade local. Não importa, aqui, se as fronteiras são entre Comarcas ou Estados limítrofes, pois o que se objetiva é que uma perseguição não seja interrompida por questões formais, relacionadas a motivos de circunscrição ou competência do executor.

Note-se que a lei é explícita quanto às situações nas quais se entende que ocorre **perseguição**, considerando como tais:

1. Hipótese em que o executor avista o réu e segue em seu encalço sem interrupção, ainda que depois o tenha perdido de vista.
2. Situação na qual o executor, tomando ciência por indícios ou por informações fidedignas de que o réu, há pouco tempo, passou em determinada direção, segue no seu encalço.

Quanto à *autoridade local* mencionada no art. 290, à qual deve o preso ser apresentado, não é claro o referido dispositivo. Concordamos com o entendimento de que, presente mandado de prisão em mãos do executor, referida autoridade será a *autoridade policial*. Caso contrário, deverá o preso ser apresentado à *autoridade judiciária* do lugar em que efetuada a prisão, a fim de que esta possa, mediante diligências, obter informações quanto à legalidade da privação da liberdade junto ao juízo onde o mandado supostamente foi expedido. Agora, se a hipótese é de flagrante, é evidente que a apresentação será à autoridade policial do lugar da captura, que providenciará a lavratura do respectivo auto de prisão, com posterior encaminhamento ao juiz local para verificar a legalidade da prisão, adotando as providências referidas no art. 310, I, II ou III do CPP – *relaxamento da prisão ilegal; aplicação das medidas cautelares alternativas do art. 319 ou, na inadequação ou insuficiência, conversão em prisão preventiva; concessão de liberdade provisória, com ou sem fiança*. Cumpridas as providências referidas e não ocorrendo irregularidades na prisão, no **caso de mandado**, o preso será transferido ao local de origem e, na **hipótese de flagrante**, os autos respectivos serão enviados ao juízo competente para prosseguimento das investigações criminais e, se for o caso, instauração do processo.

11.5.6. Prisão com base em informações de sistema virtual de dados

Questão bastante controvertida respeitava à possibilidade de alguém, encontrando-se fora do distrito da culpa, ser preso e mantido na prisão a partir de **informações constantes de sistema virtual de dados**, sem que tenha sido expedida carta precatória de prisão.

Duas correntes existiam: Uma primeira linha de pensamento compreendia que tipificava constrangimento ilegal à liberdade a segregação de agente em local diverso do distrito da culpa, apenas com base em mandado de prisão virtual, desacompanhado da respectiva Carta Precatória, com o inteiro teor da decisão[18]; e, outra, em sentido oposto, considerava que a ausência de carta precatória de prisão não acarretava violação grave. Neste sentido, a propósito, vinha entendendo o STF[19].

Na atualidade, esta polêmica parece superada com a inserção do art. 289-A ao Código de Processo Penal, determinando que o mandado de prisão, uma vez expedidc pela autoridade judiciária, seja imediatamente registrado junto ao Conselho Nacional de Justiça (CNJ), que deverá manter um banco de dados destinado a este fim (*caput*). A propósito desse banco de dados, hoje está regulamentado pela Resolução do CNJ n.º 417, de 20.09.2021.

Pois bem, uma vez registrado o mandado de prisão, qualquer agente policial poderá efetuar a prisão nele determinada, ainda que se fora da competência territorial do juiz que o expediu (§ 1.º). Não obstante, uma vez efetuada essa prisão, deverá ela ser comunicada ao juiz do local de cumprimento da medida, cabendo a este, a partir de certidão extraída do registro do Conselho Nacional de Justiça, informar a ocorrência ao juízo que decretou a prisão (§ 3.º).

E se, apesar de expedido o mandado de prisão, não se encontrar registrado junto ao banco de dados do Conselho Nacional de Justiça? Nem por isto ficarão os agentes policiais localizados em competência territorial diversa do juiz que o expediu impedidos de realizar a prisão. Nessa hipótese, a disciplina encontra-se no art. 289-A, § 2.º, dispondo que "qualquer agente policial poderá efetuar a prisão decretada, ainda que sem registro no Conselho Nacional de Justiça, adotando as precauções necessárias para averiguar a autenticidade do mandado e comunicando ao juiz que a decretou, devendo esse providenciar, em seguida, o registro do mandado na forma do *caput* deste artigo".

O preso deverá ser informado dos direitos previstos no art. 5.º, LXIII, da CF. Não informando o nome de advogado para assisti-lo, deverá a prisão ser comunicada à Defensoria Pública (§ 4.º).

Por derradeiro, é importante que não haja dúvidas de que o preso trata-se, efetivamente, daquele a quem se dirige o mandado de prisão. Existindo dúvidas razoáveis sobre a sua identidade, deverão ser adotadas, imediatamente, as medidas cabíveis para o respectivo esclarecimento, mantendo-se a custódia. A mesma regra é aplicável no caso de existirem dúvidas acerca da legitimidade da pessoa do executor da prisão (§ 5.º).

---

[18] TJMT, HC 44.754, j. 18.02.2003.

[19] STF, HC 87.712/GO, *DJ* 16.12.2005.

11.5.7. Prisão especial

Em que pese a Constituição Federal, no seu art. 5.º, *caput*, estabelecer o princípio da igualdade, segundo o qual "todos são iguais perante a lei, sem distinção de qualquer natureza", o Código de Processo Penal e a legislação especial asseguram a determinadas categorias o direito de permanecerem em celas ou estabelecimentos penais distintos da prisão comum até o trânsito em julgado da sentença penal condenatória. Trata-se da **prisão especial**, assim considerada a modalidade de segregação que se justifica no cargo ou função exercida pelas pessoas beneficiadas.

A prisão especial não configura uma modalidade específica de prisão cautelar, mas, sim, uma forma de cumprimento dessa prisão. Em tese, pode alcançar apenas o agente que estiver sujeito à prisão *antes de condenação definitiva*, vale dizer, o **preso provisório**. Portanto, com o trânsito em julgado de sentença penal condenatória, deixa de existir o direito à prisão especial, devendo o condenado submeter-se ao regime normal de cumprimento da pena. Sem embargo desta regra, existem determinadas hipóteses legais em que terão os respectivos presos direito a cela separada dos outros **mesmo após a condenação definitiva**, a fim de evitar constrangimentos e intimidações físicas e morais durante a execução da pena:

- *Art. 84, § 2.º, da Lei de Execuções Penais*, relativo ao preso que, ao tempo do fato, era funcionário da Administração da Justiça Criminal;
- *Art. 18, II, "e", da Lei Complementar 75/1993*, relativo aos membros do Ministério Público da União;
- *Art. 44, III, da Lei Complementar 80/1994*, relativo aos membros da Defensoria Pública da União; e
- *Art. 40, § 3.º, da Lei 4.878/1965*, relativo aos integrantes da Polícia Civil do Distrito Federal e da União.

No âmbito do Código de Processo Penal, a prisão especial encontra-se prevista no art. 295, alterado pela Lei 10.258/2001, assegurando ao rol de pessoas nele previsto *direito ao recolhimento em local distinto da prisão comum*, por exemplo, distritos policiais (§ 1.º), bem como o direito de, sendo necessário o seu traslado ao fórum ou delegacia, *não ser transportado juntamente com presos que não detenham o mesmo privilégio* (§ 4.º). No tocante aos demais direitos e deveres do preso especial, serão os mesmos do preso comum.

Editada em 1967, previa a Lei 5.256 que, nas localidades em que não houvesse estabelecimento adequado ao recolhimento dos indivíduos com direito à prisão especial, o juiz, considerando a gravidade das circunstâncias do crime, poderia autorizar a prisão do réu ou indiciado na própria residência, de onde este não poderá afastar-se sem prévio consentimento judicial. Tratava-se da previsão de **prisão domiciliar** ao preso especial. Contudo, em vista das alterações introduzidas ao art. 295, § 2.º, do Código de Processo Penal pela referida Lei 10.258/2001, permitindo ao indivíduo permanecer sob prisão especial no estabelecimento comum, apenas em cela distinta dos demais, essa previsão da prisão domiciliar perdeu bastante de sua aplicação.

Situação por vezes ocorrente é a de se encontrar o segregado provisório em prisão especial por força de um determinado crime e sobrevir condenação definitiva a pena privativa de liberdade em razão de outro. Nesta hipótese, passando ele a ostentar condenação criminal com trânsito em julgado, ainda que em outra ação penal, perderá o direito à prisão especial. Isto ocorre porque o agente que possui condenações criminais com trânsito em julgado deixa de ser preso provisório, ainda que tenha contra si outras ações penais em andamento.

Veja-se, ademais, que a prisão especial não obsta a progressão de regime. Com efeito, de acordo com a Súmula 717 do STF, *não impede a progressão de regime de execução da pena, fixada em sentença não transitada em julgado, o fato de o réu se encontrar em prisão especial.* Claro que, para tanto, deverá ele preencher os requisitos estipulados pela Lei de Execuções Penais (art. 112 da Lei 7.210/1984).

São as seguintes as categorias beneficiadas com a prisão especial pelo art. 295 do CPP:

I – os ministros de Estado;

II – os governadores ou interventores de Estados ou Territórios, o prefeito do Distrito Federal, seus respectivos secretários, os prefeitos municipais, os vereadores e os chefes de Polícia:

- Quanto aos "interventores de Estado", trata-se da previsão incorporada ao art. 36, § 1.º, da Constituição Federal, dispondo que "o decreto de intervenção, que especificará a amplitude, o prazo e as condições de execução e que, se couber, nomeará o interventor, será submetido à apreciação do Congresso Nacional ou da Assembleia Legislativa do Estado, no prazo de vinte e quatro horas". Referido parágrafo relaciona-se com os arts. 34 e 35, os quais preceituam as hipóteses de intervenção da União nos Estados, Distrito Federal e Municípios, e dos Estados nos Municípios.
- Não existe mais a figura do "Prefeito do Distrito Federal", devendo-se entender como tal o "Governador do Distrito Federal".

III – os membros do Parlamento Nacional, do Conselho de Economia Nacional e das Assembleias Legislativas dos Estados;

- Por "membros do Parlamento Nacional" compreenda-se os "membros do Congresso Nacional".
- O "Conselho de Economia Nacional" foi extinto na organização constitucional em vigor.

IV – os cidadãos inscritos no "Livro de Mérito";

- Instituído pelo Decreto-lei 1.706/1939, o "Livro de Mérito" destina-se a receber a inscrição dos nomes das pessoas que, por doações valiosas ou pela prestação desinteressada de serviços relevantes, hajam notoriamente cooperado para o enriquecimento do patrimônio material ou espiritual da Nação e merecido o testemunho público do seu reconhecimento (art. 1.º).

V – os oficiais das Forças Armadas e os militares dos Estados, do Distrito Federal e dos Territórios;

- O dispositivo abrange os oficiais das Forças Armadas e os oficiais das Polícias Militares, aí se incluindo, obviamente, os pertencentes ao Corpo de Bombeiros. Por outro lado, quanto aos militares que não se enquadrem na categoria de "oficiais", aplica-se a regra do art. 296, devendo ser colocados, na hipótese de prisão provisória, em estabelecimentos militares. Muito embora a lei não se refira a estes como "prisão especial", a verdade é que o são, na prática, pois se tratam de estabelecimentos diversos daqueles destinados aos presos comuns.

VI – os magistrados;

VII – os diplomados por qualquer das faculdades superiores da República;

- No âmbito da Arguição de Descumprimento de Preceito Fundamental 334, proposta pela Procuradoria-Geral da República no ano de 2015, discute-se a validade da prisão especial para pessoas com diploma de curso superior, asseverando-se que tal prerrogativa fere o preceito fundamental da isonomia (arts.

3.º, IV, 5.º, caput, CF). Referida ADPF ainda não havia sido julgada por ocasião do fechamento da presente edição deste livro. Assim, pela relevância do tema, orienta-se o leitor a acompanhar a respectiva tramitação.

VIII – os ministros de confissão religiosa;

IX – os ministros do Tribunal de Contas;

X – os cidadãos que já tiverem exercido efetivamente a função de jurado, salvo quando excluídos da lista por motivo de incapacidade para o exercício daquela função;

- O dispositivo contempla a prisão especial para os cidadãos que *tiverem exercido efetivamente a função de jurado*. A respeito do cabimento da prisão especial, neste caso, sempre houve controvérsias. Alguns entendiam que o *exercício efetivo da função de jurado* exigia a participação em julgamento pelo júri, vale dizer, uma das sete pessoas sorteadas. Outros, ao contrário, aderiam à orientação de que bastava o comparecimento do jurado no dia da sessão, ainda que não fosse sorteado para compor o Conselho de Sentença. Na atualidade, essa diversidade de orientações não apresenta relevância eis que tacitamente revogada, a nosso ver, a prisão especial do art. 295, X, do CPP, em face da alteração determinada pela Lei 12.403/2011 ao art. 439 do CPP. Basta observar que, antes da vigência desse diploma legal, dispunha o art. 439 que *o exercício efetivo da função de jurado constituirá serviço público relevante, estabelecerá presunção de idoneidade moral* e assegurará prisão especial, em caso de crime comum, até o julgamento definitivo. Com a nova redação que lhe foi conferida, foi suprimida esta última parte do dispositivo, limitando-se a regrar que *o exercício efetivo da função de jurado constituirá serviço público relevante e estabelecerá presunção de idoneidade moral*. Neste contexto, impossível não cogitar da revogação tácita da prisão especial para os jurados.

XI – os delegados de polícia e os guardas-civis dos Estados e Territórios, ativos e inativos.

Observe-se que o rol do art. 295 não é taxativo. Tanto é que, em seu § 1.º, faz referência à previsão incorporada em outras leis. Logo, por força de legislação específica, outras categorias também poderão usufruir da **prisão especial**, como é o caso:

a) dos dirigentes de entidades sindicais e representativas de empregados, empregadores, profissionais liberais, agentes e trabalhadores autônomos (Lei 2.860/1956);
b) dos servidores do departamento federal de segurança púbica com exercício de atividade estritamente policial (Lei 3.313/1957);
c) dos pilotos de aeronaves mercantes nacionais (Lei 3.988/1961);
d) dos policiais civis da União e do Distrito Federal (Lei 4.878/1965);
e) dos funcionários da polícia civil dos Estados e Territórios (Lei 5.350/1967);
f) dos oficiais da marinha mercante (Lei 5.606/1970);
g) dos vigilantes e transportadores de valores (Lei 7.102/1983);
h) dos professores de 1.º e 2.º graus (Lei 7.172/1983); e
i) dos Conselheiros tutelares (Lei 8.069/1990).

Sem embargo destas situações, existem categorias de *presos provisórios* para as quais leis especiais asseguram o direito de ficarem detidos em **sala de Estado-Maior das Forças Armadas**, o que vem a ser, também, uma forma de prisão especial que, na visão da doutrina, afigura-se ainda "mais especial".

O que é *sala de Estado-Maior*? Considerando que *Estado-Maior das Forças Armadas* é o conjunto de Oficiais que tem por objetivo assessorar as decisões de um Comandante militar, infere-se como *sala de Estado-Maior* qualquer recinto ou compartimento que, localizado no âmbito de uma instituição militar, possa vir a ser utilizado por este grupo para o exercício de suas funções. Trata-se, como o nome sugere, de uma "sala" e não de uma "cela"[20].

Entretanto, importante referir que, para as categorias a que assegurado o recolhimento nessa ordem de recinto, há forte tendência no sentido de se flexibilizar a exigência de *sala de Estado-Maior*, admitindo-se a efetivação da custódia em "qualquer espaço em unidade estatal de segregação provisória que atenda aos atributos de instalações e comodidades condignas"[21], seja "em estabelecimento castrense ou não, dotadas de conforto mínimo e instalações sanitárias adequadas, em ambiente que não seja guarnecido com grades e outros dispositivos ostensivos de contenção que, eventualmente, se equiparem a uma cela"[22], sem que isto descaracterize a prerrogativa conferida às categorias beneficiadas.

Pois bem, entre as hipóteses que ensejam o recolhimento a sala de Estado-Maior, arrola-se:

- Art. 7.º, V, da Lei 8.906/1994 (Estatuto da Ordem dos Advogados do Brasil): Assegura ao **advogado** o direito de não ser recolhido preso, antes de sentença transitada em julgado, senão em sala de Estado-Maior, com instalações e comodidades condignas e, na sua falta, em prisão domiciliar. Note-se que o STF, no julgamento da Ação Direta de Inconstitucionalidade n.º 1.127/DF (em 17.05.2006), afastou do mundo jurídico a expressão "assim reconhecidas pela OAB", antes incorporada ao dispositivo na sua redação original;
- Art. 40, V, da Lei 8.625/1993, estatuindo como prerrogativa do membro do Ministério Público a de "ser custodiado ou recolhido à prisão domiciliar ou à sala especial de Estado-Maior, por ordem e à disposição do Tribunal competente, quando sujeito a prisão antes do julgamento final". No mesmo sentido, o art. 18, II, *e*, da LC 75/1993, assegurando ao membro do Ministério Público da União a prerrogativa de "ser recolhido à prisão especial ou à sala especial de Estado-Maior, com direito a privacidade e à disposição do tribunal competente para o julgamento, quando sujeito a prisão antes da decisão final; e a dependência separada no estabelecimento em que tiver de ser cumprida a pena".
- Art. 33, III, da *Lei Complementar 35/1979*, garantindo, como prerrogativa do magistrado, "ser recolhido a prisão especial, ou a sala especial de Estado-Maior, por ordem e à disposição do Tribunal ou do órgão especial competente, quando sujeito a prisão antes do julgamento final"; e
- Arts. 44, III, e 128, III, da LC 80/1994, garantindo ao membro da Defensoria Pública a prerrogativa de "ser recolhido à prisão especial ou à sala especial de Esta-

20 "Deveras, a expressão 'sala de Estado-Maior' segundo o Pretório Excelso, equivale a uma dependência em estabelecimento castrense sem grades, com instalações condignas. É dizer: No julgamento do *Habeas Corpus* 181.231/RO, assim deliberou o Superior Tribunal de Justiça: 'Por Estado-Maior se entende o grupo de oficiais que assessoram o Comandante de uma organização militar (Exército, Marinha, Aeronáutica, Corpo de Bombeiros e Polícia Militar); assim sendo, 'sala de Estado-Maior' é o compartimento de qualquer unidade militar que, ainda que potencialmente, possa por eles ser utilizado para exercer suas funções. A distinção que se deve fazer é que, enquanto uma 'cela' tem como finalidade típica o aprisionamento de alguém -e, por isso, de regra contém grades –, uma 'sala' apenas ocasionalmente é destinada para esse fim. De outro lado, deve o local oferecer 'instalações e comodidades condignas', ou seja, condições adequadas de higiene e segurança" (3.ª Turma, Rel. Min. Vasco Della Giustina, *DJ* 14.04.2011).

21 STF, Reclamação 14.267, Rel. Min. Gilmar Mendes, *DJ* 30.10.2014.

22 STF, Reclamação 37.010, Rel. Min. Carmen Lúcia, *DJ* 02.12.2019.

do-Maior, com direito à privacidade e, após sentença condenatória transitada em julgado, ser recolhido em dependência separada, no estabelecimento em que tiver de ser cumprida a pena".

11.6. PRISÃO EM FLAGRANTE

11.6.1. Natureza jurídica

O *flagrante* é forma de prisão autorizada expressamente pela Constituição Federal (art. 5.º, XI). Rege-se pela causalidade, pois o *flagrado* é surpreendido no decorrer da prática da infração ou momentos depois. Inicialmente, funciona como **ato administrativo**, dispensando autorização judicial. Portanto, apenas se converte em **ato judicial** no momento em que ocorre a sua comunicação ao Poder Judiciário, a fim de que seja analisada a legalidade da detenção e adotadas as providências determinadas no art. 310 do CPP.

Antes das alterações ao Código de Processo Penal pela Lei 12.403/2011, predominava o entendimento de que sua natureza jurídica era a de *prisão cautelar*, sendo capaz de manter, por si, o agente segregado enquanto isto fosse necessário para garantir o resultado concreto da investigação criminal ou do processo penal. Enfim, o indivíduo poderia permanecer preso em flagrante por tempo indeterminado no correr do inquérito ou do processo, podendo isto perdurar até o final da demanda se assim justificassem as circunstâncias do caso concreto.

No entanto, passando a vigorar as mudanças inseridas pela referida Lei 12.403/2011, o art. 310, II, do CPP suprimiu do flagrante esta legitimidade para manter o flagrado sob segregação no período que se segue ao recebimento do respectivo auto de prisão pelo juiz. Dispôs, com efeito, esse artigo que, para este fim, será necessária a conversão da prisão em flagrante em preventiva, desde que presentes os requisitos do art. 312 do CPP e que não seja adequada ou suficiente a aplicação das medidas cautelares diversas da prisão arroladas no art. 319 do CPP[23].

Ora, se a prisão em flagrante não possui o atributo de manter o agente sob custódia após o recebimento do auto de prisão pelo juiz, exigindo para tanto a sua conversão em preventiva, resta conclusivo que não pode ser considerada uma *prisão cautelar*. Afinal, se houver a necessidade de tutelar a investigação ou o processo, é a prisão preventiva que deve ser decretada como resultado da conversão do flagrante. Por conseguinte, é a **prisão preventiva que possui natureza cautelar** e não a prisão em flagrante que, por anteceder à preventiva no regramento do art. 310, II, do CPP, assume a natureza de **prisão precautelar**.

Sem embargo, o tema é discutível, havendo quem defenda tratar-se, ainda hoje, o flagrante de prisão cautelar, porém uma **cautelar efêmera ou provisória**, vale dizer, com duração limitada ao período situado entre a voz de prisão e a adoção, pelo juiz, das providências judiciais que se seguem ao recebimento do auto de prisão em flagrante.

Adotamos a primeira orientação, não concebendo natureza cautelar ao flagrante, nem mesmo em caráter efêmero ou provisório. Isto porque *prisão cautelar é aquela que tem fim de tutela, garantia, resguardo da investigação ou do processo.* Ora, nada disso ocorre com a prisão em flagrante que, mesmo no interregno compreendido entre a voz de prisão e a adoção das providências do art. 310 do CPP pelo juiz, apenas se mantém por uma questão de ordem procedimental (o procedimento do flagrante), absolutamente desvinculada de qualquer fim de garantia da investigação ou do processo.

---

23 Remetemos o leitor, aqui, ao tópico 11.3.2 deste Capítulo, em que abordamos a questão relacionada à conversão da prisão em flagrante em preventiva *ex officio* pelo Juiz.

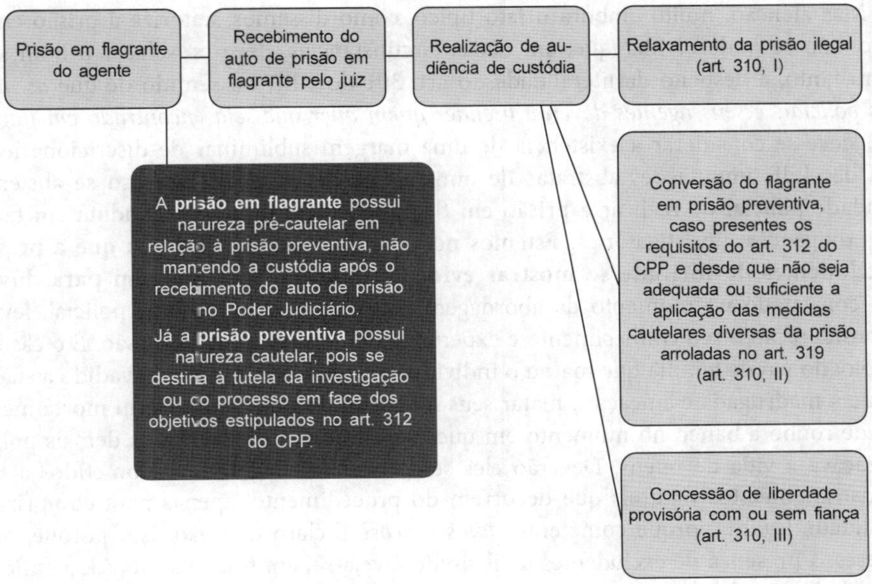

11.6.2. A prisão em flagrante e o fato típico. A ilicitude e a culpabilidade

Para a efetivação da prisão em flagrante, importa, sobretudo, a prática do **fato típico**, não a impedindo aspectos relativos à **ilicitude da conduta** ou à **culpabilidade do agente**.

Relativamente ao indivíduo que tem sua conduta amparada por *excludentes de ilicitude*, tanto esta circunstância não impede a sua prisão em flagrante que o próprio Código de Processo Penal, no art. 310, § 1º, refere que se o juiz verificar, pelo auto de prisão em flagrante, que o agente praticou o crime nas condições constantes dos incisos I a III do *caput* do art. 23 do Código Penal (excludentes de ilicitude consistentes no estado de necessidade, legítima defesa, estrito cumprimento do dever legal e exercício regular de direito), poderá, fundamentadamente, conceder ao acusado liberdade provisória, mediante termo de comparecimento a todos os atos processuais, sob pena de revogação. Então, é plenamente possível que, a despeito da eventual presença de excludentes de ilicitude, tenha o agente recebido voz de prisão, sendo lavrado o respectivo auto de prisão em flagrante e encaminhado este, oportunamente, ao Poder Judiciário para os fins do art. 310, I, II ou III e § 1º, relegando-se ao juiz a análise quanto à potencial presença destas excludentes no agir do flagrado.

Igual situação ocorre em relação às causas que *excluem a culpabilidade*, *v.g.*, a inimputabilidade em razão de doença mental, a embriaguez fortuita completa, o erro de proibição etc. Ressalva-se aqui, obviamente, a inimputabilidade em razão da idade (art. 27 do CP), já que o procedimento do ato infracional praticado por adolescente encontra-se disciplinado na Lei 8.069/1990. Inclusive, a lei processual penal sequer inseriu a hipótese do agente que cometeu o fato supostamente abrigado por *excludentes de culpabilidade* na previsão do art. 310, § 1º, que contempla unicamente a liberdade provisória àquele que o pratica amparado por *excludentes de ilicitude*. Claro que isto não quer dizer que não possa ele aguardar em liberdade o desiderato da persecução penal. Contudo, outros aspectos deverão ser examinados para que o benefício lhe seja concedido, não sendo relevante ou suficiente a presença das causas de isenção de pena em si.

Mas atenção: muito embora o fato típico, como dissemos, autorize a prisão em flagrante, não se pode olvidar que, em dadas circunstâncias, deve prevalecer o bom senso. E, para tanto, a despeito da literalidade do art. 301 do CPP, no sentido de que *as autoridades policiais e seus agentes deverão prender quem quer que seja encontrado em flagrante delito,* deve-se considerar a existência de uma margem subliminar de discricionariedade, capaz de elidir imputações abstratas de omissão no dever de ofício, caso se abstenha a autoridade policial de realizar a prisão em flagrante, preterindo essa conduta em face de outras diligências investigatórias. Estamos nos referindo às **situações em que a presença de excludentes de ilicitude se mostrar evidente, notória, sem margem para dúvidas,** assim constatado no momento da abordagem realizada pela autoridade policial, levando em consideração o seu conhecimento e experiência no exercício da profissão. É o caso, por exemplo, do pai de família que matou o indivíduo armado, o qual havia invadido a sua casa durante a madrugada e ameaçava matar seus filhos; ou do policial que feriu mortalmente o autor de roubo a banco no momento em que este desferia tiros contra os demais policiais e ameaçava a vida de reféns. Deverão eles ser presos em flagrante e submetidos a todos os constrangimentos naturais que decorrem do procedimento, apenas para cumprir uma formalidade legal e porque cometeram *fatos típicos*? É claro que não. Isto porque, nessas hipóteses, a presença de excludentes de ilicitude revela-se, em tese, inafastável, justificando a não efetivação da prisão em flagrante, sem embargo da necessidade de ser instaurado inquérito policial para a apuração completa dos fatos e seu posterior encaminhamento ao Poder Judiciário. Perceba-se, todavia, que o mesmo raciocínio não pode ser aplicado na hipótese de *excludentes de culpabilidade* (salvo a decorrente da menoridade), já que, quanto a estas, apenas ao juiz cabe realizar o exame acerca da respectiva configuração no momento oportuno.

11.6.3. O flagrante nas infrações de menor potencial ofensivo e nas infrações penais culposas

11.6.3.1. Prisão em flagrante nas infrações de menor potencial ofensivo

De acordo com o art. 61 da Lei 9.099/1995, "consideram-se infrações de menor potencial ofensivo, para os efeitos desta Lei, as contravenções penais e os crimes a que a lei comine pena máxima não superior a 2 (dois) anos, cumulada ou não com multa". Por outro lado, dispõe o art. 69, parágrafo único, do mesmo diploma, que *"ao autor do fato que, após a lavratura do termo, for imediatamente encaminhado ao juizado ou assumir o compromisso de a ele comparecer, não se imporá prisão em flagrante, nem se exigirá fiança. Em caso de violência doméstica, o juiz poderá determinar, como medida de cautela, seu afastamento do lar, domicílio ou local de convivência com a vítima"*.

Neste contexto, depreende-se que, surpreendido o agente em situação de flagrância de **infração considerada como de menor potencial ofensivo,** será ele capturado e apresentado ao Delegado de Polícia. Concordando ele em comparecer ao juizado especial criminal quando encaminhado pela autoridade policial ou assumindo o compromisso de fazê-lo, não será lavrado o auto de prisão em flagrante, mas tão somente o termo circunstanciado correspondente à infração cometida, podendo ser liberado *incontinenti.*

Se, porém, recusar-se ao comparecimento imediato ao Juizado ou a subscrever o termo de compromisso de comparecer à sua sede quando determinado, nesta hipótese deverá a autoridade policial proceder normalmente à lavratura do auto de prisão em flagrante e demais formalidades do art. 304 e seguintes do CPP.

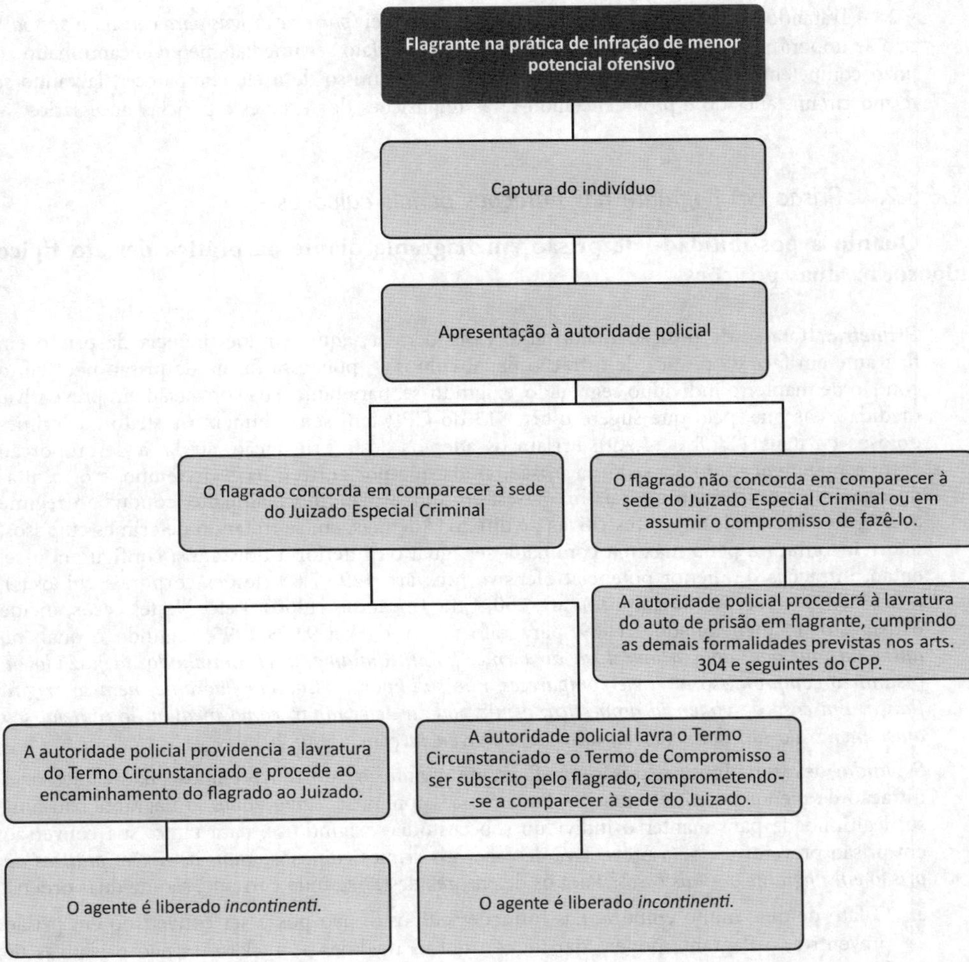

Veja-se que tal situação não implica dizer que ficará o agente preso, pois, é possível que obtenha liberdade provisória mediante fiança concedida pelo próprio Delegado de Polícia, que tem esta faculdade nas hipóteses de infrações punidas com pena máxima não superior a 4 (quatro) anos de prisão (art. 322 do CPP).

Atente-se, finalmente, que que em outras Leis Especiais também há regramentos semelhantes àqueles incorporados ao art. 69, parágrafo único, da Lei 9.099/1995, e em relação aos quais se aplicam, portanto, as mesmas conclusões inerentes à lavratura ou não do auto de prisão em flagrante, anteriormente expostas. Assim ocorre no **art. 301 da Lei 9.503/1997 (Código de Trânsito Brasileiro)**:

> "Art. 301 – Ao condutor de veículo, nos casos de acidentes de trânsito de que resulte vítima, não se imporá a prisão em flagrante, nem se exigirá fiança, se prestar pronto e integral socorro àquela".

E, também, no **art. 48, § 2.º, da Lei 11.343/2006 (Lei de Drogas)**:

> "Art. 48 – [...]

§ 2.º – Tratando-se da conduta prevista no art. 28 desta Lei *(porte de drogas para consumo pessoal)*, não se imporá prisão em flagrante, devendo o autor do fato ser imediatamente encaminhado ao juízo competente ou, na falta deste, assumir o compromisso de a ele comparecer, lavrando-se termo circunstanciado e providenciando-se as requisições dos exames e perícias necessários."

11.6.3.2. Prisão em flagrante nas infrações penais culposas

Quanto à possibilidade de prisão em flagrante diante da prática de fato típico culposo, há duas posições

Primeira: trata-se de posição majoritária. Considera-se, aqui, a impertinência da prisão em flagrante em face da prática de infração penal culposa[24], pois essa forma de prisão não tem o condão de manter o indivíduo segregado, exigindo-se, para tanto, sua conversão em preventiva, medida estas que, pelo que sugere o art. 313 do CPP, tem seu cabimento restrito aos crimes dolosos (v. itens 11.7.8 e 11.7.9). Frisam os adeptos desta orientação, ainda, a desproporção entre a manutenção do acusado na prisão, ainda que por curto espaço de tempo, e o resultado esperado do processo em tais hipóteses, em que a pena, normalmente, conduz ao regime aberto ou à substituição por restritivas de direito. Ademais, em se tratando de crimes culposos, não é incomum a pena máxima cominada ser igual ou inferior a dois anos, configurando-se, então, infrações de menor potencial ofensivo, *v.g.*, art. 129, § 6.º (lesões corporais culposas), art. 180, § 3.º (receptação culposa), art. 250, § 1.º (incêndio culposo) etc. Nestes casos, incide o disposto no mencionado art. 69, parágrafo único, da Lei 9.099/1995, segundo o qual *"ao autor do fato que, após a lavratura do termo, for imediatamente encaminhado ao juizado ou assumir o compromisso de a ele comparecer, não se imporá prisão em flagrante, nem se exigirá fiança. Em caso de violência doméstica, o juiz poderá determinar, como medida de cautela, seu afastamento do lar, domicílio ou local de convivência com a vítima"*.

Segunda: deve-se admitir a prisão em flagrante quando o fato típico culposo não caracterizar infração de menor potencial ofensivo. Pergunta-se, porém: *se, como vimos,* o flagrante não possui legitimidade para manter o indivíduo sob custódia, exigindo-se, para tanto, sua conversão em prisão preventiva e se a preventiva descabe nos crimes culposos, *quais as razões práticas da prisão em flagrante em tais casos?* Para os defensores desta segunda corrente, são de duas ordens:

a. O fato de que, muito embora, nas infrações culposas, não possa ser convertido em prisão preventiva, o flagrante poderá dar lugar a outras medidas acautelatórias não privativas de liberdade dentre as estipuladas nos arts. 319 e 320 do CPP, que, aliás, têm preferência à preventiva em qualquer hipótese (art. 310, II);
b. Segunda, a circunstância de que o descumprimento injustificado de medidas cautelares diversas da prisão, não sendo cabível outra em substituição ou cumulação, sempre viabiliza a conversão em prisão preventiva (arts. 282, § 4.º e 312, § 1º), ainda que não se esteja diante de hipótese não contemplada no rol do art. 313 do CPP. Então, por esta via indireta, seria possível alcançar a prisão preventiva do indivíduo pela prática de crime culposo. Sinale-se, todavia, a existência de corrente oposta, isto é, no sentido de que descabe a conversão das medidas cautelares em prisão preventiva quando se tratar de hipótese que, por si, não permite a decretação desta custódia (v. *item 11.4.1.5*).

11.6.4. Flagrante próprio, impróprio ou presumido

Classifica-se o flagrante em três modalidades:

1) Flagrante próprio (art. 302, I e II, do CPP): caracteriza-se quando o agente está cometendo a infração penal ou acabou de cometê-la. Na hipótese do inciso I, havendo a

---

24 STJ, APn 189/RS, Corte Especial, Rel. Min. Garcia Vieira, DJ 14.04.2003.

interferência de terceiros no momento em que o agente está praticando o fato típico, é comum a figura da tentativa, o que não ocorre no caso do inciso II, contemplando hipótese na qual o delito já foi consumado. Observe-se que, neste último caso, a expressão "acaba de cometê-la" deve ser interpretada de forma totalmente restritiva, contemplando a hipótese do indivíduo que, imediatamente após a consumação da infração, vale dizer, sem o decurso de qualquer intervalo temporal, é surpreendido no cenário da prática delituosa.

2) Flagrante impróprio ou quase flagrante (art. 302, III, do CPP): ocorre na hipótese em que o agente, muito embora não tenha sido surpreendido cometendo a infração ou acabando de cometê-la, é perseguido, logo após esses atos, de forma ininterrupta pela autoridade, pelo ofendido ou por qualquer pessoa, sendo, ao final, localizado e preso. Como se vê, para a validade dessa prisão não importa se o sujeito ativo da infração havia apenas iniciado os atos de execução e foi interrompido por circunstâncias alheias à sua vontade[25], ou, ao contrário, se já havia consumado o seu intento. De qualquer forma, a caracterização do flagrante impróprio exige que a perseguição do agente tenha sido empreendida logo após a consumação ou a prática dos atos executórios interrompidos. Não havendo uma definição preestabelecida em lei quanto ao que seja "logo após", compreende-se como tal a perseguição que se inicia ato contínuo à execução do delito.

Não se exige que a perseguição esteja ocorrendo com a percepção visual do agente, pois não é este o sentido da lei. Assim, como *perseguição ininterrupta* entende-se as constantes diligências, sem intervalos longos, realizadas com o intuito de localização e prisão do criminoso, sendo irrelevante, outrossim, o tempo de sua duração, que poderá estender-se até mesmo por vários dias. Esta é a orientação consolidada nos Tribunais Superiores, entendendo-se que, "iniciada a perseguição logo após o crime, sendo ela incessante nos termos legais, não importa o tempo decorrido entre o momento do crime e a prisão dos seus autores. Tem-se admitido pacificamente que esse tempo pode ser de várias horas ou mesmo de dias"[26].

Evidentemente, embora não seja necessário conhecimento quanto à exata identidade do agente, é preciso que haja a ciência de quem seja o perseguido, senão pelo nome ou alcunha, ao menos pelas características físicas. A propósito, cabe atentar ao entendimento já adotado no STJ no sentido de que "o período necessário às investigações preliminares, em momento imediato ao conhecimento da infração, para se chegar ao nome do [agente], não tem o condão de descaracterizar a situação de flagrância, configurando, em verdade, o flagrante impróprio descrito no art. 302, inciso III, do Código de Processo Penal"[27].

Assim, meras diligências voltadas à investigação de quem seja o autor do crime com a sua posterior perseguição para prisão descaracterizam o flagrante impróprio.

3) Flagrante presumido ou ficto (art. 302, IV, do CPP): perfaz-se em relação ao indivíduo que, *logo depois* da prática da infração, é encontrado portando instrumentos, armas, objetos ou papéis que indiquem, presumidamente, ter sido ele o autor do crime.

Assim como na hipótese anterior (art. 302, III, quanto à expressão "logo após"), também o art. 302, IV, não define o alcance temporal exato da expressão "logo depois". Nesse cenário, há divergências quanto a "logo depois" permitir maior ou menor elastério temporal do que "logo após". Em nossa concepção, "logo depois" significa algo que, embora ocorra em seguida à infração penal, permite lapso um pouco maior do que aquele exigido para

---

25 TRF 2.ª Região, HC 2314.2001.02.01.001326-0, *DJ* 09.04.2002.

26 Citação da doutrina de Júlio Fabbrini Mirabete no âmbito do HC 126.980, 5.ª Turma do STJ, *DJ* 08.09.2009.

27 STJ, HC 612264/SC, *DJ* 10.08.2021.

a perfectibilização do flagrante próprio e do flagrante impróprio. Em sentido oposto, Delmanto Junior, citado por Nucci[28], concebe que a expressão "logo depois" do inciso IV deve ser interpretada de forma ainda mais restritiva que a expressão "logo após" do inciso III.

Em síntese:

- *Flagrante próprio (art. 302, II)*: a expressão "acaba de cometê-la" tem sentido de absoluta imediatividade, inocorrendo qualquer espaço de tempo entre o início dos atos de execução ou consumação da infração penal e o momento em que o agente é surpreendido por terceiros.
- *Flagrante impróprio (art. 302, III)*: a expressão "logo após" tem sentido de relativa imediatividade entre a consumação da infração e o início dos atos de perseguição. Compreende, enfim, o tempo necessário para que sejam adotadas as primeiras medidas visando à descoberta do crime, à identificação de seu autor e às providências iniciais de perseguição.
- *Flagrante presumido (art. 302, IV)*: a expressão "logo depois" permite o decurso de hiato temporal superior ao do flagrante impróprio entre a prática do delito e o momento em que localizado o agente.

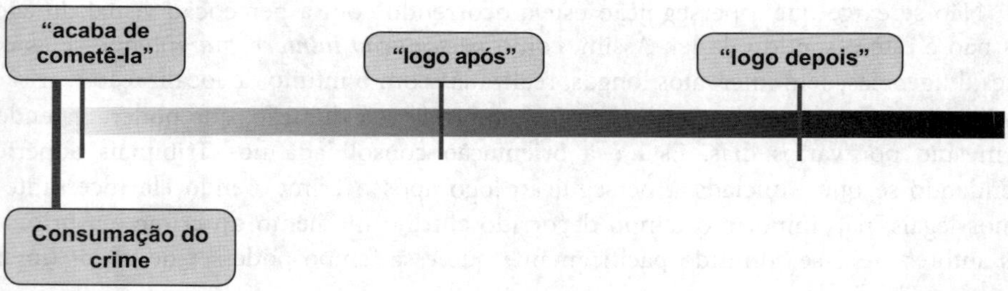

Muito especialmente nos flagrantes impróprio e presumido, pode ocorrer de resultar infundada a suspeita que motivou a prisão, caso em que poderá esta ser relaxada pela própria autoridade policial, conforme se depreende do art. 304, § 1.º, do CPP, a *contrario sensu*. É o caso, enfim, de a suspeita não se confirmar, como na hipótese de o agente ter sido preso pela presunção de ter sido autor do roubo de determinada importância da vítima e, conduzido à delegacia de polícia e submetido a reconhecimento, resultar negativa essa diligência. Deverá, então, ser ele imediatamente liberado. Note-se que, apesar de comumente falar-se, nesses casos, em relaxamento da prisão, concordamos com o raciocínio de que, na verdade, o que ocorre é apenas uma não ratificação, pelo delegado, da prisão realizada pelo condutor. Afinal, tecnicamente, o ato de *relaxar* o flagrante possui natureza jurisdicional, ocorrendo na oportunidade do art. 310 do CPP, quando, ao receber o respectivo auto, reputar o Juiz ilegal a prisão. E isto não ocorre na hipótese que ora tratamos, em que o delegado não chega a concluir a lavratura do auto prisional. Tal situação, em que o delegado formaliza a não ratificação da prisão, é doutrinariamente denominada de *auto de prisão em flagrante negativo, ou criptoflagrante*, ou *flagrante obtuso*.

---

28 *Código de processo penal comentado*, 2007, p. 570.

11.6.5. Sujeito ativo da prisão em flagrante

No tocante ao **sujeito ativo**, o flagrante classifica-se como *facultativo* ou *obrigatório* (art. 301 do CPP).

Facultativo é aquele que pode ser realizado por qualquer pessoa do povo ao perceber situação de flagrância, caso em que a privação da liberdade do flagrado e eventuais consequências físicas que lhe advenham em razão do uso de força (a necessária) para efetuar a prisão justificam-se na excludente de ilicitude do *exercício regular de direito* (art. 23, III, 2.ª parte, do CP).

Obrigatório é aquele que deve ser realizado pela autoridade policial e seus agentes, sob pena de sanção disciplinar e, conforme o caso, responsabilidade penal. A ação de prender, neste caso, dá-se em nome do *estrito cumprimento de dever legal* (art. 23, III, 1.ª parte, do CP). Sem embargo desta disciplina, salientamos que, mesmo no *flagrante obrigatório*, é necessário conferir à autoridade policial uma determinada margem de discricionariedade, permitindo-se que não realize a prisão quando a ação do agente se der, evidentemente e sem margem para dúvidas no momento da abordagem, ao abrigo de excludente de ilicitude. Isto ocorre porque, conforme demonstramos alhures (*item 11.6.2*), a prisão em flagrante requer, unicamente, a prática de fato típico, não a impedindo aspectos relativos à ilicitude da conduta ou a culpabilidade do agente, ressalvada, quanto a esta última, a inimputabilidade decorrente da menoridade (art. 27 do CP). Sendo assim, se considerarmos que a autoridade policial e seus agentes *devem*, sempre, prender em flagrante quem, por exemplo, surpreenderem cometendo um fato típico ou acabando de cometê-lo (art. 301 do CPP), poderemos chegar ao extremo de exigir a prisão em flagrante do policial militar que, para salvar a vida do refém de um roubo, viu-se na contingência de desferir um tiro contra o autor daquele crime, o que seria um paradoxo. Logo, em situações de exclusão da ilicitude estreme de dúvidas, a prisão em flagrante pode não ser efetuada, sem que haja risco de qualquer responsabilização penal ou administrativa à autoridade policial que assim proceder, em que pese inquérito deva ser instaurado para a devida apuração dos fatos.

Os integrantes das guardas municipais encontram-se na posição de sujeitos ativos do flagrante *obrigatório* ou do flagrante *facultativo*? Antes da Lei 13.022/2014 (Estatuto Geral das Guardas Municipais), quando as guardas municipais não podiam realizar policiamento ostensivo e exercer funções relacionadas à manutenção da ordem pública e à preservação da incolumidade física das pessoas – o que era *munus* exclusivo dos agentes de segurança pública –, compreendíamos que, embora pudessem, não estavam obrigadas a agir diante de hipótese de flagrante delito. Contudo, na medida em que a referida lei ampliou as atribuições das guardas municipais, incorporando-lhes as sobreditas funções, passamos a entender que, daí em diante, passaram a ter, sim, o dever legal de efetuar a prisão do indivíduo em situação de flagrância. Aliás, mesmo antes da vigência da mencionada lei não era pacífica a natureza jurídica das guardas municipais, chegando o próprio STJ a deliberar no sentido de que *embora exista norma constitucional (art. 144, § 8.º, da CF) limitando a função da guarda municipal à proteção dos bens, serviços e instalações do município, [...] a lei processual penal, em seu art. 301, disciplina que "qualquer do povo poderá e as autoridades policiais e seus agentes deverão prender quem quer que seja encontrado em flagrante delito"*[29]. Na mesma oportunidade, o Ministro Relator validou o entendimento de que, a despeito da limitação da atividade funcional dos guardas municipais trazidas pelo art. 144, § 8.º, da CF, tal dispositivo *"não retira de seus membros a condição de agentes da autoridade, e como tal autorizados à prática de atos de defesa da sociedade"*.

[29] STJ, HC 109.105/SP, *DJ* 22.03.2010.

11.6.6. Sujeito passivo da prisão em flagrante

Sujeitos passivos do flagrante são, em princípio, todos aqueles que forem surpreendidos em quaisquer das situações mencionadas no art. 302 do CPP. Todavia, ressalvam-se algumas categorias de pessoas que, pela sua própria condição ou pela função que exercem, recebem tratamento especial, a saber:

11.6.6.1. Menores de 18 anos

É preciso diferenciar, aqui, se o flagrante de ato infracional ocorreu em relação a criança (quem ainda não completou doze anos de idade) ou a adolescente (quem já alcançou os doze anos, mas não atingiu os dezoito).

Tratando-se de *criança*, esta jamais estará sujeita à privação da liberdade em razão da prática de ato infracional (art. 101, § 1.º, do ECA). Assim, flagrada em conduta descrita na legislação como crime ou contravenção penal (art. 103 da Lei 8.069/1990), deverá ser apresentada ao Conselho Tutelar ou à Justiça da Infância e Juventude para aplicação da medida de proteção que se fizer adequada (arts. 101, 105 e 136, I, da Lei 8.069/1990).

Sendo, porém, *adolescente*, é possível sua apreensão (não prisão) em flagrante de ato infracional, caso em que deverá ser apresentado imediatamente à autoridade policial. Esta, após ouvi-lo, poderá liberá-lo aos pais ou responsáveis, ou, caso não considere prudente esta liberação, apresentá-lo ao Ministério Público imediatamente ou no prazo máximo de vinte e quatro horas (art. 175, *caput* e § 1.º, da Lei 8.069/1990). Tomadas suas declarações pelo Promotor de Justiça, este poderá adotar uma das seguintes medidas (art. 180 da Lei 8.069/1990): promover o arquivamento do expediente policial, conceder remissão ao infrator ou oferecer representação (peça simétrica a uma denúncia do Ministério Público, que deflagra o procedimento judicial de apuração do ato infracional). Qualquer que seja a postura adotada pelo promotor entre estas três mencionadas, deverá liberar, prontamente, o infrator, salvo quando, decidindo pela representação, entender pertinente mantê-lo sob internação provisória (com duração máxima e improrrogável de 45 dias – art. 183 da Lei 8.069/1990). Neste caso, a medida restritiva da liberdade deverá ser requerida ao juiz da infância e da juventude, pois o promotor, a partir dessa fase do procedimento, não tem poderes para manter, por sua própria determinação, o adolescente segregado (arts. 179 a 183).

11.6.6.2. Presidente da República

De acordo com o art. 86, § 3.º, da CF, somente pode ser preso pela prática de crime comum após sentença condenatória, intuindo-se, pois, que não está sujeito à prisão em flagrante.

11.6.6.3. Governador de Estado

Não há previsão na Constituição Federal de que o Governador de Estado não possa ser preso provisoriamente.

Diante deste silêncio do legislador, algumas Constituições Estaduais inseriram tal previsão, como ocorreu em São Paulo (art. 49, § 5.º) e na Lei Orgânica do Distrito Federal (art. 103, § 3.º). Frise-se, porém, que, em ambos os casos[30], o STF deliberou no sentido da

[30] STF, ADI 1.020/DF e ADI 1.021/SP, ambas julgadas em 19.10.1995.

inconstitucionalidade das respectivas disposições, sob o argumento de que nem os Estados da Federação nem o Distrito Federal detêm competência para outorgar ao Governador a prerrogativa extraordinária da imunidade à prisão em flagrante, à prisão preventiva e à prisão temporária, pois a disciplina dessas modalidades de prisão cautelar submete-se, com exclusividade, ao poder normativo da União Federal, por efeito de expressa reserva constitucional de competência definida pela Carta da República (art. 22, I, da CF). Tal entendimento foi implicitamente agasalhado no julgamento, em 03.05.2017, pelo Tribunal Pleno do STF, da ADI 5540/MG, oportunidade em que, embora tratando de tema diverso (a ação versava sobre inconstitucionalidade de dispositivo da Constituição Estadual exigindo autorização da Assembleia Legislativa para o processamento e julgamento de Governador por crime comum perante o STJ), referendou a inconstitucionalidade de previsões estaduais que afastem a possibilidade de prisão provisória de Governadores, por implicar usurpação de competência legislativa da União e ofensa ao Princípio Republicano.

Agravando a polêmica sobre o tema, no próprio STJ, chegou-se a decidir que, "em razão do princípio da simetria, é aplicável aos governadores a regra segundo a qual, nas infrações comuns, não estarão sujeitos à prisão, enquanto não sobrevier sentença condenatória..." (HC 2.271/PB, j. 05.09.1994).

A nosso ver, plenamente correta a posição do Excelso Pretório no sentido da inexistência de vedação à prisão em flagrante de Governador de Estado, não se podendo aplicar, quer por analogia, quer por interpretação extensiva ou por simetria, a regra prevista no art. 86, § 3.º, da CF para o Presidente da República. Neste enfoque, concordamos inteiramente com a posição de Silvio Maciel, quando preleciona: "Não há, portanto, como se estender a governadores (do Distrito Federal ou dos Estados) a prerrogativa estampada no art. 86, § 3.º, da CF diante do silêncio eloquente da Constituição que, deliberadamente, não quis permitir essa exclusiva imunidade presidencial a outras autoridades dos demais entes federativos. Não há que se falar, pois, na incidência do princípio da simetria constitucional que ocorre, por exemplo, quanto às imunidades dos deputados federais e senadores que são, por disposição expressa da Constituição, estendidas aos deputados estaduais (art. 27, § 1.º c/c art. 53, *caput* e § 2.º, da CF). Em outras palavras, quando o legislador constituinte pretendeu oferecer imunidade processual a titulares de mandatos eletivos estaduais (ou distritais), o fez de maneira expressa, como nesse caso das mencionadas imunidades dos parlamentares federais estendidas aos deputados estaduais"[31].

11.6.6.4. *Magistrados e membros do Ministério Público*

Relativamente aos **magistrados,** estabelece o art. 33, II, da Lei Orgânica da Magistratura Nacional – Lei Complementar 35/1979 –, como prerrogativa, a de não ser preso senão por ordem escrita do Tribunal ou do órgão especial competente para o julgamento, *salvo em flagrante de crime inafiançável, caso em que a autoridade fará imediata comunicação e apresentação do magistrado ao Presidente do Tribunal a que esteja vinculado.*

Com relação aos **membros do Ministério Público**, estipula o art. 40, III, da Lei 8.625/1993, que constitui prerrogativa a de ser preso somente por ordem judicial escrita, *salvo em flagrante de crime inafiançável, caso em que a autoridade fará, no prazo máximo de vinte e quatro horas, a comunicação e a apresentação do membro do Ministério Público ao Procurador-Geral de Justiça.* No mesmo caminho, segue o art. 18, II, *d,* da Lei Complementar 75/1993, relativa aos **membros do Ministério Público da União**, dispondo sobre a

[31] MACIEL, Silvio. "Possibilidade de Prisão Cautelar de Governador". Disponível em: <http://www.lfg.com.br>. Acesso em: 10 fev. 2012.

prerrogativa de ser preso ou detido somente por ordem escrita do tribunal competente *ou em razão de flagrante de crime inafiançável, caso em que a autoridade fará imediata comunicação àquele tribunal e ao Procurador-Geral da República, sob pena de responsabilidade.*

A partir destes regramentos, observa-se que tanto os magistrados quanto os membros do Ministério Público somente podem ser presos em flagrante pela prática de **crime inafiançável**.

E mais: perfazendo-se situação flagrancial envolvendo estes sujeitos passivos, o respectivo auto de prisão não poderá ser presidido pelo delegado de polícia, devendo sê-lo, no caso dos juízes, pelo *Presidente do Tribunal* a que vinculado e, no caso dos membros do Ministério Público, *pelo Procurador-Geral.* Isto ocorre porque, por um lado, o auto de prisão em flagrante é forma de início de investigação criminal, já que no seu bojo são tomados os depoimentos do condutor, de eventuais testemunhas e do próprio conduzido; e, por outro, conforme se infere do art. 33, parágrafo único, da LC 35/1979, do art. 41, parágrafo único, da Lei 8.625/1993 e do art. 18, parágrafo único, da LC 75/1993, o delegado de polícia não possui atribuições para apurar as infrações penais praticadas por juízes e promotores. Note-se que estes dispositivos estabelecem que, se no curso de investigação policial, houver indício da prática de crime por parte de magistrado ou de membro do Ministério Público, a autoridade policial, civil ou militar, deverá remeter os respectivos autos ao Tribunal ou órgão especial competente para o julgamento (no caso dos magistrados) e ao Procurador-Geral de Justiça ou da República (no caso dos membros do Ministério Público), a fim de darem prosseguimento às investigações.

Neste contexto, infere-se que, se capturados pela autoridade policial, civil ou militar, em situação de flagrante de crime inafiançável, magistrados (em razão do art. 33, II, da LC 33/1979) e membros do Ministério Público (por força dos arts. 40, III, da Lei 8.625/1993 e 18, II, *d,* da LC 75/1993) deverão ser apresentados, respectivamente, ao Presidente do Tribunal e ao Procurador-Geral. A estes, ou a quem delegarem, caberá a lavratura do auto de prisão em flagrante, assim como o prosseguimento das diligências investigatórias cabíveis.

Cabe ressaltar que eventual apreensão de magistrados ou membros do Ministério Público, realizada pela autoridade policial sob a consideração de flagrância, e subsequente apresentação ao Presidente do Tribunal e ao Procurador-Geral não vinculam estes últimos à lavratura do respectivo auto de prisão. Com efeito, podem eles, a partir da valoração objetiva dos fatos que lhes foram apresentados, concluir no sentido de que a hipótese não configura flagrante de crime inafiançável e, assim, deixar de proceder os atos destinados à segregação provisória da liberdade, sem prejuízo de serem ordenadas outras diligências investigatórias para a devida apuração dos fatos.

11.6.6.5. Membros do Congresso Nacional

Admite-se a prisão em flagrante apenas quando se tratar de crime inafiançável, impondo-se, nas vinte e quatro horas seguintes, o encaminhamento dos autos à respectiva Casa Legislativa, para que, pelo voto da maioria de seus membros, resolva sobre a prisão (art. 53, § 2.º, da CF).

Quanto aos membros das Assembleias Legislativas Estaduais, utiliza-se, em tese, o mesmo raciocínio, por força do art. 27, § 1.º, da Carta Política, dispondo que a tais parlamentares aplicam-se as regras desta Constituição sobre sistema eleitoral, *inviolabilidades, imunidades*, remuneração, perda de mandato, impedimentos e incorporação às Forças Armadas.

A propósito da prisão e do processo criminal em relação aos membros do Congresso Nacional, remetemos ao Capítulo 2, item 2.4.2.2, em que tratamos das imunidades processuais que lhes assistem de forma aprofundada.

11.6.6.6. *Diplomatas estrangeiros*

Diplomatas estrangeiros são os que representam o governo de seu Estado junto ao governo de outra nação, citando-se como exemplo o embaixador. Quanto a estes, em decorrência de tratados e convenções internacionais, não podem ser presos em flagrante delito, tendo em vista a regra de que o processo penal reger-se-á em todo o território brasileiro pelo Código de Processo Penal, *ressalvados os tratados, as convenções e as regras de Direito Internacional* (art. 1.º, I, do CPP). Destarte, é coibida a prisão em flagrante.

Tal imunidade diplomática decorre, principalmente, da aplicação da Convenção de Viena de 1961, ratificada no Brasil, prevendo absoluta inviolabilidade a todos os agentes diplomáticos, bem como aos seus entes familiares e funcionários das organizações internacionais em atividade. A imunidade também é aplicada extensivamente aos chefes de Estado em passagem por países estrangeiros, bem como aos representantes de Estado, quando em atividade no exterior. Por outro lado, quanto aos cônsules, gozam de uma imunidade restrita, compreendendo somente os atos praticados no âmbito de suas atividades funcionais. Destarte, para os demais atos, estarão perfeitamente sujeitos à legislação nacional, inclusive quanto à possibilidade de flagrante.

Tratamos das imunidades diplomáticas no *Capítulo 2, item 2.4.1*, ao qual remetemos o leitor para evitar repetição de argumentos.

11.6.6.7. *Agente que presta socorro à vítima após acidente de trânsito*

Como referimos alhures (*item 11.6.3*), por força do art. 301 da Lei 9.503/1997 (Código de Trânsito Brasileiro), não está sujeito à prisão em flagrante o agente que presta socorro à vítima após acidente de trânsito.

Por outro lado, quando ocorrer o crime e omitir-se o agente na prestação de socorro, agrava-se a sua situação jurídica, incidindo, então, causas de aumento de pena (art. 302, § 1.º, III, e 303, § 1.º, ambos da Lei 9.503/1997).

11.6.6.8. *Indivíduo que se apresenta espontaneamente à autoridade*

Inexistindo flagrante por apresentação, não se impõe a prisão em flagrante ao indivíduo que se apresenta de modo espontâneo à autoridade competente após o cometimento da infração penal. Este entendimento decorre da redação incorporada ao art. 304 do CPP, sugerindo a necessidade de que, para que haja a prisão em flagrante, seja o suspeito *apresentado* à autoridade – compreenda-se: quem é *apresentado*, o é por alguém, pois quisesse o legislador permitir o flagrante por apresentação espontânea, teria mencionado que "apresentado ou apresentando-se o agente à autoridade policial, ouvirá esta...".

11.6.6.9. *Advogados*

De acordo com o art. 7.º, § 3.º, da Lei 8.906/1994 (Estatuto da Advocacia), "o advogado somente poderá ser preso em flagrante, por motivo de exercício da profissão, em caso de crime inafiançável, observado o disposto no inciso IV deste artigo". Por sua vez, o citado inciso IV assegura ao advogado o direito de "ter a presença de representante da OAB, quando preso em flagrante, por motivo ligado ao exercício da advocacia, para lavratura do auto respectivo, sob pena de nulidade e, nos demais casos, a comunicação expressa à seccional da OAB".

A partir deste regramento, deduz-se que a incidência da regra legal estabelecida no art. 7.º, § 3.º, da Lei 8.906/1994, restringindo a prisão em flagrante delito do advogado, condiciona-se a que o crime em tese cometido seja *inafiançável* e que o *advogado esteja no exercício de sua profissão*, isto é, tenha se apresentado como advogado e esteja na defesa de algum interesse que lhe tenha sido confiado, independentemente de ter ou não juntado procuração, ou peticionado nos autos. Excedendo-se o advogado, porém, aos limites da profissão da advocacia, não estará protegido pela norma estatutária, sujeitando-se às regras comuns da prisão em flagrante.

E quando se tratar de flagrante por crime afiançável?

Note-se primeiramente que, em relação à fiança, após a vigência das alterações ao Código de Processo Penal pela Lei 12.403/2011, a regra passou a ser a de que as infrações sejam afiançáveis, independentemente do *quantum* de pena cominado e da natureza desta pena (reclusão, detenção ou prisão simples). Ressalvam-se, assim, as exceções legais de inafiançabilidade contempladas nos arts. 323 e 324 do CPP (que guardam correspondência com o disposto no art. 5.º, XLII, XLIII e XLIV, da Constituição Federal), bem como as previstas na legislação especial (por exemplo, o art. 31 da Lei 7.492/1986, relativo aos crimes contra o sistema financeiro punidos com reclusão).

Ora, relativamente à situação do advogado, interpretando-se a norma legal inscrita no precitado art. 7.º, § 3.º, da Lei 8.906/1994, detecta-se que impede ela a prisão em flagrante delito do advogado que, "por motivo de profissão", venha a cometer delito classificado como afiançável. Neste caso, cremos que o caminho a ser trilhado pela autoridade policial deve ser o registro da ocorrência e a instauração do respectivo inquérito, sem prejuízo do encaminhamento de cópia dessa ocorrência à seccional da OAB.

A contrario sensu, flagrado o advogado na prática de crime afiançável por motivos **estranhos** ao exercício da advocacia, nada impede a execução normal da sua prisão, sempre se ressalvando a necessidade de comunicação expressa, a respeito, à seccional da OAB.

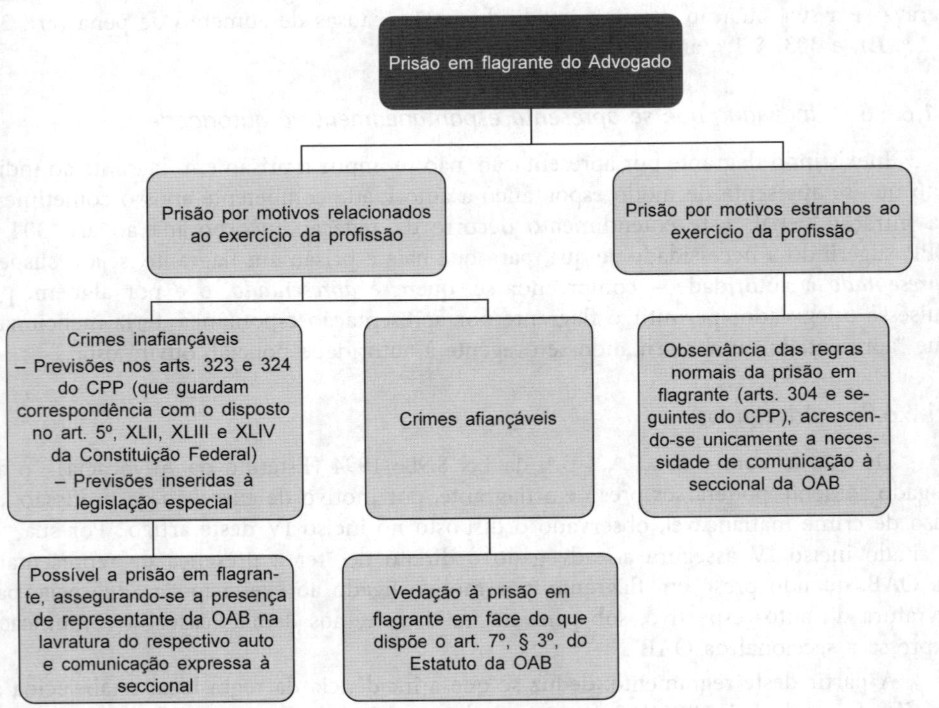

11.6.6.10. Autor de infração de menor potencial ofensivo

O art. 61 da Lei 9.099/1995 define infrações de menor potencial ofensivo como sendo as contravenções penais e os crimes a que a lei tenha cominado pena máxima não superior a dois anos, cumulada ou não com multa.

Conforme se depreende do art. 69, parágrafo único, da mesma lei, não se imporá prisão em flagrante nem se exigirá fiança a quem, a despeito de ter sido flagrado na prática dessa ordem de delito, após a lavratura do respectivo termo, for imediatamente encaminhado ao juizado ou assumir o compromisso de a ele comparecer.

E se o autor do fato recusar-se a esse comparecimento? Nessa hipótese, estará sujeito à prisão em flagrante da mesma forma que o estaria caso tivesse cometido qualquer outra natureza de infração penal.

Sobre o tema relacionado ao flagrante nas infrações de menor potencial ofensivo, dele tratamos no *item 11.6.3*, ao qual remetemos o leitor.

11.6.6.11. Indivíduo flagrado na posse de drogas para consumo pessoal (art. 28 da Lei 11.343/2006)

A doutrina discute a natureza (trata-se ou não de *crime*?) da conduta prevista no art. 28 da Lei 11.343/2006, que tipifica a conduta de quem adquire, tem em depósito, transporta ou traz consigo, para consumo pessoal, drogas sem autorização ou em desacordo com a determinação legal ou regulamentar.

Móvel da controvérsia reside no fato de que as sanções previstas para essa infração poderão ser apenas advertência sobre os efeitos das drogas, prestação de serviços à comunidade e medida educativa de comparecimento a programa ou curso educativo, não havendo, portanto, qualquer possibilidade de imposição de pena privativa de liberdade, nem mesmo por conversão. E, de acordo com o art. 1.º da Lei de Introdução ao Código Penal, somente se considera crime a conduta para a qual é prevista pena de prisão, alternativa ou cumulativamente.

Luis Flávio Gomes[32], analisando o precitado art. 28, aduz que não se trata de *infração administrativa*, já que as sanções cominadas devem ser aplicadas pelo juiz dos juizados criminais; e, também, não caracteriza um *crime*, pois o fato não é punido com reclusão ou detenção (art. 1.º da LICP). Resta, então, a classificação como *infração penal "sui generis"*, ou seja, modalidade que se insere ao lado dos crimes e das contravenções, mas que deles se distingue por não contemplar pena de prisão entre suas sanções.

De outra sorte, Fernando Capez (em posição a que nos filiamos) considera que não houve a descriminalização da conduta, persistindo o fato a ter natureza de crime, na medida em que a própria Lei a inseriu no capítulo relativo aos crimes e penas (Capítulo III da Lei 11.343/2006). Além do mais, as sanções lá previstas apenas podem ser aplicadas por juiz criminal e não por autoridade administrativa, e, ainda, mediante o devido processo legal. Quanto ao conceito de crime instituído pela Lei de Introdução ao Código Penal, afastando de sua incidência infrações não punidas com prisão, Capez considera-o ultrapassado, sem condições de ditar, na atualidade, os parâmetros para a sistemática criminal do século XXI[33].

Pois bem, independentemente da posição adotada quanto à natureza da conduta prevista no art. 28 da Lei 11.343/2006, é certo que, em face do que dispõe o art. 48, § 2.º, desse diploma, "não se imporá prisão em flagrante, devendo o autor do fato ser imediatamente encaminhado ao juízo competente ou, na falta deste, assumir o compromisso de a ele comparecer, lavrando-se termo circunstanciado e providenciando-se as requisições dos

---

32 GOMES, Luis Flávio; BIANCHINI, Alice; CUNHA, Rogério Sanches da; OLIVEIRA, Willian Terra de. *Nova lei de drogas comentada*. São Paulo: RT, 2006. p. 108-113.

33 CAPEZ, Fernando. "As inovações da Lei de Drogas". Disponível em: <http://www.direito.memes.com.br>. Acesso em: 23 out. 2008.

exames e perícias necessários". *E se o agente recusar-se a comparecer a juízo ou assumir o compromisso de fazê-lo?* Nesse caso, considerando a simetria do art. 48, § 2.º, da Lei 11.343/2006 com o que dispõe o art. 69 da Lei 9.099/1995, o procedimento aplicável, pela interpretação *a contrario sensu* do que está referido nesse último dispositivo, deveria ser a lavratura do auto de prisão em flagrante. Ocorre, todavia, que, na hipótese do art. 28 da Lei de Drogas, jamais será possível a imposição de pena privativa de liberdade. Neste contexto, resta inadmissível, também, seja determinada sua prisão, quer em flagrante, quer em outra modalidade de custódia provisória. Em síntese, nada restará a ser feito em termos de privação da liberdade do indivíduo em tal situação, restando apenas aguardar a tramitação do procedimento junto ao juizado especial criminal, com aplicação, ao final, se for o caso, da sanção correspondente dentre as previstas nos incisos I a III do art. 28 da Lei de Drogas. Abre-se um parêntese aqui para explicitar que, na eventual procedência da ação penal, a aplicação das sanções dispostas nesse art. 28 não tem o condão de produzir reincidência. Considera-se que, se mesmo a condenação pela prática de contravenções penais, que são puníveis com pena de prisão simples, não pode configurar reincidência, seria desproporcional levar em conta a conduta de porte de drogas visando ao consumo pessoal para considerar o indivíduo reincidente no caso de condenação por novo crime cometido dentro do período depurador[34].

11.6.6.12. *Indivíduo supostamente incapaz ou parcialmente capaz de compreender o caráter ilícito de sua conduta ou de se autodeterminar segundo este entendimento*

Não é incomum que o indivíduo flagrado na prática de infração penal revele sinais de alienação mental, levando a autoridade que preside a lavratura do auto de prisão em flagrante a concluir pelo seu possível enquadramento na situação do *caput* ou do parágrafo único do art. 26 do Código Penal, isto é, como inimputável ou semi-imputável, por doença mental ou desenvolvimento mental incompleto ou retardado ao tempo da ação ou omissão, respectivamente.

Esta situação, ainda que possa ter procedência, não impede a lavratura do auto de prisão, conquanto, *ad cautelam,* obrigue o delegado a garantir ao conduzido a presença de advogado durante todo o procedimento, mesmo que declare aquele que dispensa assistência jurídica.

Perceba-se que o auto de prisão em flagrante é uma das formas de início do inquérito policial. Sendo assim, realizada sua lavratura e suspeitando a autoridade que o presidiu da condição mental do flagrado, compete-lhe, no próprio documento que o materializa, representar ao juízo pela instauração de incidente de insanidade mental, nos termos do art. 149, § 1.º, do CPP. Ordenada essa instauração pelo juízo, a tramitação do incidente não terá qualquer interferência no andamento do inquérito desencadeado a partir do APF, já que, nos termos do art. 149, § 2.º, tal procedimento suspende apenas o andamento da ação penal, quando esta já estiver deduzida, não refletindo no curso do procedimento policial.

Demonstrando o flagrado periculosidade à segurança pessoal ou de outrem, ou se presentes os requisitos da prisão preventiva, durante a tramitação do incidente de insanidade mental, poderá o juiz determinar que permaneça ele internado em estabelecimento psiquiátrico ou, não havendo, em outro local que lhe repute adequado, conforme prevê o art. 150, *caput*, do CPP, não se aplicando, *in casu,* a medida cautelar diversa da prisão elencada no art. 319, VII, já que estabelecida sua previsão, unicamente, para o *acusado* – no curso do processo, portanto –, e não para o *indiciado* ou investigado (v. *item 11.4.2.7*).

[34] STJ, HC 453437, *DJ* 11.10.2018.

11.6.6.13. *Situação do eleitor, dos membros das mesas receptoras, dos fiscais de partido e dos candidatos*

De acordo com o art. 236, *caput*, da Lei 4.737/1965 (Código Eleitoral), "nenhuma autoridade poderá, desde 5 (cinco) dias antes e até 48 (quarenta e oito) horas depois do encerramento da eleição, prender ou deter qualquer eleitor, salvo em flagrante delito ou em virtude de sentença criminal condenatória por crime inafiançável, ou, ainda, por desrespeito a salvo-conduto". No § 1.º, estabelece o dispositivo que "os membros das mesas receptoras e os fiscais de partido, durante o exercício de suas funções, não poderão ser detidos ou presos, salvo o caso de flagrante delito; da mesma garantia gozarão os candidatos desde 15 (quinze) dias antes da eleição".

Trata-se da chamada imunidade eleitoral, estabelecida com o objetivo de resguardar o exercício do direito de voto, abrangendo o **eleitor**, os **membros das mesas receptoras e fiscais de partido** e, por último, os **candidatos.**

Da exegese do citado dispositivo legal, infere-se que, no período situado entre cinco dias antes até quarenta e oito horas após o término da eleição, nenhum eleitor poderá ser preso, salvo nas hipóteses elencadas no *caput* do art. 236 – flagrante delito (1), sentença condenatória em face da prática de crime inafiançável (2) e desrespeito a salvo-conduto (3).

Já os **membros das mesas receptoras** e **fiscais partidários**, quando estiverem no exercício das funções eleitorais, apenas podem ser presos em face de flagrante delito, mas não em face de sentença condenatória por crime inafiançável ou desrespeito a salvo-conduto.

Por último, quanto aos **candidatos**, possuem maior imunidade, já que, no prazo de quinze dias que anteceder ao pleito, ressalvada a hipótese de prisão em flagrante, não poderão ser presos (nem por sentença condenatória em razão de crime inafiançável, nem por desrespeito a salvo-conduto).

Lembre-se de que, tocante aos membros das mesas receptoras, fiscais de partido e candidatos, além das garantias específicas referidas, também lhes assiste, no que não colidir com estas, a garantia prevista no art. 236, *caput*, para os eleitores em geral.

Questões relevantes:

1. *A sentença condenatória por crime inafiançável, para o fim de ressalvar a imunidade eleitoral, deve estar transitada em julgado?* Há duas orientações aqui: uma, no sentido de que apenas a decisão condenatória irrecorrível pode excepcionar a disposição do art. 236 do Código Eleitoral; outra, entendendo que não é necessário que se opere o trânsito em julgado, bastando que a sentença seja passível de execução provisória. Considerando que, no julgamento das Ações Declaratórias de Constitucionalidade 43, 44 e 54, em 07.11.2019, considerou o STF que a execução provisória da pena ofende o princípio da presunção de inocência (abordamos o tema no Capítulo 13, tópico 13.5.2.1), a tendência atual é de prevalência primeira corrente citada.
2. *No período da imunidade eleitoral, viabiliza-se prisão civil em face de débito alimentar?* Não, pois inexiste ressalva a respeito no Código Eleitoral.
3. *Realizada a prisão em flagrante, é possível sua conversão em preventiva, nos termos do art. 310, II, do CPP?* Não. Em razão disso, considerando que o flagrante, por si, é inapto à manutenção da custódia, uma vez homologado pelo juiz, cabe a ele deferir ao flagrado, imediatamente, liberdade provisória, sendo irrelevante a eventual presença dos requisitos da prisão preventiva.
4. *É possível a prisão temporária no período da imunidade?* Não, pois o Código Eleitoral não excepciona essa modalidade de prisão cautelar.

OBSERVAÇÃO IMPORTANTE: a Câmara dos Deputados, em 16.11.2021, aprovou o Projeto de Lei Complementar n.º 112/2021, que institui o novo Código Eleitoral e revoga o atual. Ao tempo do fechamento desta edição de nosso livro, referido projeto ainda não havia sido objeto de deliberação no Senado Federal. Neste cenário, alertamos o leitor para a necessidade de acompanhar a respectiva tramitação. No texto aprovado, as modificações em relação à disciplina atual ocorrem apenas em relação aos prazos em que vedada a prisão em relação à data da eleição. Note-se:

NÃO PODERÃO SER PRESOS:	LEI 4.737/1965 ATUAL CÓDIGO ELEITORAL	PROJETO DE LEI COMPLEMENTAR 112/2021 NOVO CÓDIGO ELEITORAL
ELEITORES, SALVO EM FLAGRANTE DELITO OU POR SENTENÇA CRIMINAL CONDENATÓRIA POR CRIME INAFIANÇÁVEL, OU, AINDA, POR DESRESPEITO A SALVO-CONDUTO	5 dias antes e 48 horas depois do encerramento da eleição	3 dias antes e 24 horas depois do encerramento da eleição
MEMBROS DAS MESAS RECEPTORAS E FISCAIS DE PARTIDO, SALVO O CASO DE FLAGRANTE DELITO	Durante o exercício de suas funções	Durante o exercício de suas funções
CANDIDATOS, SALVO O CASO DE FLAGRANTE DELITO	15 dias antes da eleição	10 dias antes da eleição até o encerramento da votação

Esquema: Sujeitos ativo e passivo da prisão em flagrante

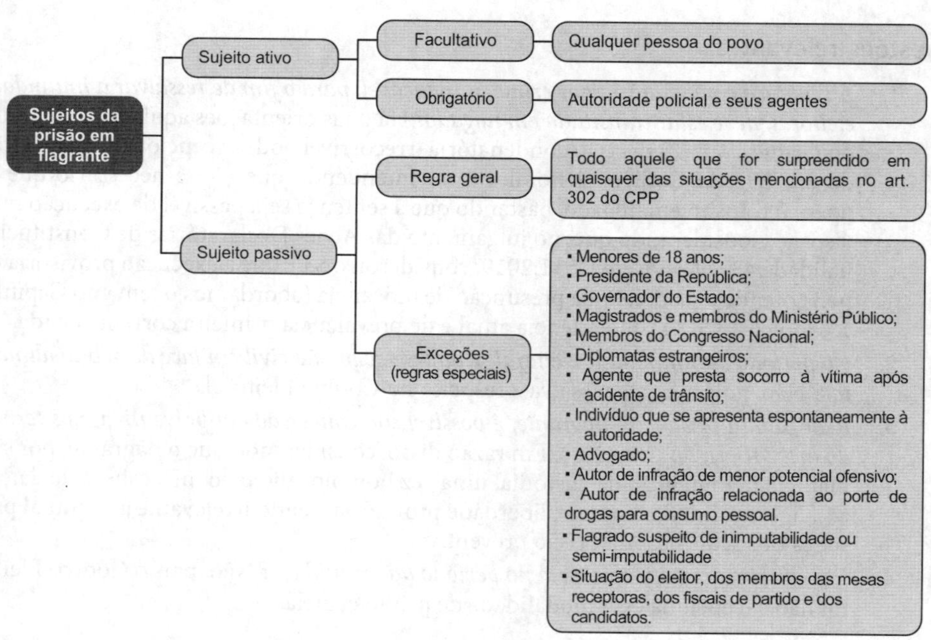

11.6.7. Flagrante em crimes habituais e permanentes

Crimes habituais são aqueles que não se consumam em apenas um ato, exigindo uma sequência de ações para que se perfaça o tipo penal. Para alguns, tal espécie de delito não admite prisão em flagrante. Tourinho Filho, por exemplo, considera que, quando a polícia prende o acusado em flagrante, está surpreendendo-o em um único ato e que o crime considerado habitual não se consuma com uma só ação, exigindo, ao contrário, pluralidade de atos, razão pela qual é impossível o flagrante nesse caso. Outros, a exemplo de Mirabete, compreendem possível a prisão em flagrante quando o agente for surpreendido na prática de um dos atos que compõem a conduta delituosa, exigindo-se, porém, prova inequívoca de atos anteriores. Em termos de maioria, prevalece a primeira orientação.

Crimes permanentes são aqueles cuja consumação dá-se com uma única ação, mas o resultado se prolonga no tempo. Neste caso, é plenamente viável a prisão em flagrante do sujeito ativo do delito durante todo o período da permanência. Exemplo típico de crime permanente é o cárcere privado (art. 148 do CP), que está em permanente consumação durante todo o período de cativeiro da vítima. Do mesmo modo, os crimes de associação criminosa (art. 288 do CP) e de associação para o tráfico de drogas (art. 35 da Lei 11.343/2006), nos quais a consumação protrai-se no tempo e, por isso mesmo, autoriza a atuação em flagrante durante cada momento em que subsistir vínculo associativo entre os consortes[35].

Questão importante a ser analisada no enfoque relativo aos *crimes permanentes* diz respeito à validade da prisão realizada a partir do ingresso em domicílio sem ordem judicial, quando constatada, no interior da casa, situação flagrancial. Considere-se, para ilustrar, que a polícia militar, suspeitando do armazenamento de drogas, para fins de tráfico, em determinada residência, nela ingressa e, localizando determinada quantidade de *cannabis sativa* (vulgarmente conhecida como *maconha*), já embalada para distribuição, efetua a prisão em flagrante das pessoas que lá se encontram. Ora, tratando-se a conduta flagrada de crime permanente, poder-se-ia concluir que nada há de ilícito ou ilegal na conduta dos policiais ao ingressarem na casa e procederem à prisão dos agentes, ainda que desprovidos da competente ordem judicial, *ex vi* da interpretação *contrario sensu* do art. 5.º, XI, da CF. No entanto, as coisas não são tão simples. Isso porque o STF, em regime de repercussão geral, no julgamento do Recurso Extraordinário n. 603.616/RO (*DJe* 10.05.2016), firmou o entendimento de que, mesmo se operada situação de flagrância em decorrência da prática de crime permanente no interior de residência, o ingresso desautorizado de policiais tem sua validade condicionada à preexistência de **fundadas razões** que tenham justificado a invasão domiciliar no momento em que realizada, não sendo suficiente, por exemplo, a mera suspeita decorrente de informação anônima. Na oportunidade, ressaltou o Excelso Pretório que a inobservância de tal postulado submete a autoridade executora ou seus agentes à responsabilidade disciplinar, civil e penal. Tal entendimento decorre de interpretação ampla do art. 240 do CPP, dispondo este que *proceder-se-á à busca domiciliar quando fundadas razões a autorizarem,* justificando-se, ainda, no intuito de evitar ingerências arbitrárias no domicílio. De acordo com o STF, não se pode perder de vista que, apesar de o flagrante legitimar o ingresso forçado em residência à revelia de determinação judicial, essa providência será objeto de **controle judicial *a posteriori***, condicionando-se a validade da prisão assim efetuada a que o Poder Judiciário, recebendo o auto de prisão em flagrante, constate a efetiva ocorrência de atos, fatos ou circunstâncias que, devidamente justificados, amparem a conduta dos policiais.

[35] STJ, HC 140.207/SC, *DJ* 21.09.2009.

Controle judicial prévio (ou *a priori*): é o exercido pelo Poder Judiciário antes do início da providência sujeita a esse controle, sendo requisito de observância obrigatória para sua validade e eficácia. Exemplo: a violação do sigilo telefônico, nas modalidades de interceptação e escuta, condiciona-se à existência de prévia ordem judicial, que somente será outorgada pelo juiz competente se constatar a presença dos requisitos constitucionais e legais que a autorizam.

Controle judicial subsequente (ou *a posteriori*): é o realizado pelo Poder Judiciário após a conclusão da providência sob sua análise, a fim de verificar a sua conformidade com a Constituição Federal e com a legislação infraconstitucional. Exemplo: a hipótese que anteriormente tratamos – ingresso desautorizado em domicílio, a partir da constatação de estado flagrancial de crime de natureza permanente. Nessa situação, o exame da validade do ato do flagrante será realizado pelo juiz ao receber o respectivo auto de prisão.

Perceba-se, por derradeiro, que o conceito de *crime habitual* e de *crime permanente* não possui qualquer relação com a definição jurídica de **crime continuado**. Os dois primeiros são conceitos relacionados à natureza do crime em face do seu momento consumatório. O último, ao contrário, refere-se à modalidade de concurso de crimes, cujo reconhecimento se prende a uma sequência de crimes distintos, cada qual consumado no seu momento próprio, mas que, pela identidade de natureza, proximidade temporal e espacial e semelhança de modos de execução, reputam-se os posteriores como sendo continuação dos anteriores. Trata-se a continuidade delitiva, na verdade, de ficção jurídica que importa em considerar vários delitos autônomos e independentes como crime único, exasperando-se-lhe a pena de um sexto até dois terços (art. 71 do Código Penal). Para fins de flagrante, na medida em que os delitos que compõem o crime continuado guardam, em termos fáticos, autonomia entre si, cada um deles permite, de forma independente em relação aos demais, a efetivação da prisão do agente, desde que consubstanciadas as hipóteses do art. 302 do CPP.

Em resumo:

HIPÓTESE	CARACTERIZAÇÃO	EXEMPLO	MOMENTO DO FLAGRANTE
Crime habitual	Delito único que se considera consumado a partir de várias condutas praticadas pelo agente.	*Curandeirismo*, que não resta consumado a partir de uma única conduta, exigindo uma sequência de atos, *v.g.*, diversos atendimentos realizados pelo agente a terceiros. Haverá, neste caso, um só crime, resultante das várias práticas realizadas pelo sujeito ativo.	1.ª posição: Não é possível o flagrante nesta modalidade, pois o delito não se perfaz a partir de um ato isolado. 2.ª posição: viável o flagrante se, no momento da prática de um dos atos, houver prova inequívoca dos atos anteriores perpetrados pelo mesmo agente.
Crime permanente	Delito único, cuja consumação se protrai no tempo, perdurando enquanto não cessar a atividade do agente.	*Cárcere privado, crime que persiste em consumação durante todos os instantes em que a vítima estiver privada de sua liberdade.*	O flagrante pode ser efetivado a qualquer momento.
Crime continuado	Diversos crimes da mesma espécie, perpetrados em condições de tempo, local e forma de execução semelhantes (art. 71 do CP).	*Vários crimes de furto, cometidos pelo mesmo agente, em datas distintas, porém próximas, sendo todos na mesma cidade ou em suas proximidades.*	Cada um dos crimes poderá ser objeto de prisão em flagrante, pois os delitos consumam-se em momentos próprios e de forma independente uns dos outros.

11.6.8. Flagrante esperado, provocado e forjado

Flagrante esperado: também chamado de intervenção predisposta da autoridade, é aquele em que a polícia (via de regra), sabendo, por fontes fidedignas que será praticado um crime, desloca-se até o local em que este deverá acontecer, aguardando o início dos atos de execução ou, conforme o caso, a própria consumação, realizando, ato contínuo, a prisão em flagrante de todos os envolvidos. Esta modalidade de flagrante é válida, implicando tentativa punível ou, até mesmo, a consumação do crime.

Exemplo: mediante uma interceptação telefônica autorizada judicialmente, descobre a autoridade policial que determinado navio atracará ao porto com grande carga de drogas camuflada em forma de mercadorias lícitas. Chegando a embarcação e iniciado o descarregamento, aproximam-se os policiais e, constatando a veracidade da informação, procedem à voz de prisão aos traficantes.

Flagrante provocado ou preparado: é aquele pelo qual o agente é instigado a praticar o crime, não sabendo que está sob a vigilância atenta da autoridade ou de terceiros, que só aguardam o início dos atos de execução para realizar o flagrante. Nesta hipótese, o flagrante não poderá ser homologado, pois se trata de evidente hipótese de crime impossível, já que ao agente foram facilitadas as condições para que perpetrasse a infração, objetivando-se, deliberadamente, criar situação de flagrância. Dispõe a Súmula 145 do STF: "não há crime quando a preparação do flagrante pela polícia torna impossível a sua consumação".

Gize-se que, nesses casos, pode não ser a polícia o agente provocador e, de qualquer forma, estará caracterizado o crime impossível.

Exemplo: proprietário de uma loja, desconfiado de que um funcionário esteja furtando valores do estabelecimento, em determinado dia, deixa-o sozinho no caixa, dirigindo-se para ambiente distinto, onde fica a observá-lo por meio de uma câmera escondida colocada especialmente para esse fim. No momento em que o funcionário se apropria de valores do caixa, sendo a ação percebida, prende-o em flagrante.

Nesse caso, a conduta não será punível e nem mesmo o flagrante poderá subsistir, já que, em primeiro lugar, houve um comportamento provocativo da vítima em relação ao flagrado, incitando-o à prática de crime em relação ao qual ainda não tinha este último praticado qualquer ato de execução; e, em segundo, em face da absoluta impossibilidade de consumar-se o crime nas circunstâncias expostas.

Situação que tem sido considerada como exceção válida às hipóteses de flagrante preparado é aquela em que o agente provocador induz o sujeito ativo à prática do crime, visando a descobri-lo e autuá-lo por delito preexistente ou contemporâneo ao que foi induzido a cometer.

Exemplo: policial disfarçado comparece perante indivíduo suspeito de traficar armas ilegais e manifesta interesse na respectiva aquisição. No momento em que o traficante alcança ao agente provocador a arma objeto da transação, nada impede seja ele autuado em flagrante delito.

Nesse caso, a autuação não ocorrerá pela "venda" da arma de uso restrito policial (pelo que seria ilegal o flagrante, em face da vedação imposta pela Súmula 145 do STF), mas, sim, pelo crime que preexistia a essa venda, qual seja o ato de ter consigo o objeto de uso proibido. *E se, no exemplo dado, o indivíduo não trazia a arma consigo nem a tinha em seu poder?* Contemple-se a hipótese de que, instado pelo agente provocador, o sujeito-alvo dirige até a casa de um terceiro e dele obtém a arma a ser traficada. Nesse caso, evidenciando a prova tratar-se a pessoa abordada pelo policial de mero intermediário na venda do artefato, incidirão os termos da Súmula 145 do STF, obstando-se a sua autuação em flagrante delito.

Flagrante forjado: é aquele no qual o fato típico não foi praticado, sendo simulado pela autoridade ou pelo particular com o objetivo direto de incriminar falsamente alguém. Caracteriza-se pela absoluta ilegalidade e sujeita o responsável a responder penalmente por essa conduta – abuso de autoridade ou denunciação caluniosa, conforme se trate ou não o responsável pela simulação criminosa de uma autoridade no exercício das funções.

Exemplo: a polícia, sem mandado judicial, invade casa de suspeito objetivando a apreensão de objetos que o incriminem. Nada encontrando, procura legalizar sua ação plantando, e logo em seguida encontrando, determinada quantidade de entorpecente dentro do armário do morador, que, então, é preso em flagrante delito.

11.6.9. Flagrante retardado

Também chamado de flagrante diferido, consiste na faculdade conferida à polícia no sentido de retardar a prisão em flagrante, visando obter maiores informações a respeito da ação dos criminosos.

É previsto, por exemplo, no art. 8.º da Lei 12.850/2013, quando faculta a ação controlada, que consiste em "retardar a intervenção policial ou administrativa relativa à ação praticada por organização criminosa ou a ela vinculada, desde que mantida sob observação e acompanhamento para que a medida legal se concretize no momento mais eficaz à formação de provas e obtenção de informações".

Idêntica figura está prevista no art. 53, II, da Lei 11.343/2006, possibilitando a "não atuação policial sobre os portadores de drogas, seus precursores químicos ou outros produtos utilizados em sua produção, que se encontrem no território brasileiro, com a finalidade de identificar e responsabilizar maior número de integrantes de operações de tráfico e distribuição, sem prejuízo da ação penal cabível".

11.6.10. Autoridade com atribuição para lavrar o auto de prisão em flagrante

Como regra, incumbirá a lavratura do auto de prisão em flagrante à **autoridade policial** do local onde for realizada a prisão, a qual não será, necessariamente, a do lugar em que foi perpetrada a infração penal. Tome-se assim, como exemplo, a hipótese em que o indivíduo tenha cometido um latrocínio em Florianópolis. Perseguido, vem a ser preso na circunscrição de Palhoça. À autoridade policial desta localidade é que deverá ser apresentado o flagrado, para fins de lavratura do auto de prisão em flagrante. Não obstante, nos prazos legais, deverá o delegado de polícia de Palhoça comunicar ao juízo de Florianópolis a prisão em flagrante, a este remetendo o auto de prisão para fins de verificação de sua legalidade e, se for o caso, homologação. Uma cópia do auto de prisão deverá, ainda, ser enviada à delegacia de polícia com circunscrição no local do crime em Florianópolis, com vistas à instauração de inquérito policial (lembre-se de que o auto de prisão em flagrante é uma das formas de início do inquérito) e prosseguimento das investigações.

Não havendo autoridade policial no local da prisão (por exemplo, lugares distantes, interioranos), o preso deverá ser apresentado à do lugar mais próximo, conforme se depreende dos arts. 290 e 308, ambos do CPP.

E mais: também o **juiz de direito**[36] poderá lavrar o flagrante, caso o delito tenha sido cometido em sua presença ou até mesmo contra ele e desde que esteja no exercício de suas funções nessa ocasião. É o que se conclui do art. 307 do CPP, ao dispor que, "quando o fato for praticado em presença da autoridade, ou contra esta, no exercício de suas funções, constarão do auto a narração deste fato, a voz de prisão, as declarações que fizer o preso e os depoimentos das testemunhas, sendo tudo assinado pela autoridade, pelo preso e pelas testemunhas e remetido imediatamente ao juiz a quem couber tomar conhecimento do fato delituoso, se não o for a autoridade que houver presidido o auto". Nesse caso, funcionará o juiz como condutor e autoridade que preside a lavratura do auto de prisão em flagrante ao mesmo tempo, situação esta que não implica qualquer vício ou constrangimento ao flagrado, já que se trata de possibilidade que decorre de comando legal expresso. Abre-se aqui um parêntese para esclarecer que é imprópria a menção feita pelo art. 307, ao prever a oitiva do flagrado antes da inquirição das testemunhas do flagrante. Assim, primeiro deverão ser coligidos os depoimentos destas e, por último, ouvido aquele, conforme a cronologia estabelecida pelo art. 304 do CPP, com a redação que lhe foi determinada pela Lei 11.113/2005.

Pois bem. Lavrado o auto de prisão pela autoridade policial, prevê o citado art. 307 do CPP que deverá ser encaminhado ao juiz competente. O objetivo desse encaminhamento é possibilitar ao Poder Judiciário o exame acerca da legalidade da prisão em flagrante, homologando ou relaxando a prisão. E se quem presidiu o auto de prisão foi o próprio juiz competente para a homologação? Nessa hipótese, desnecessário o encaminhamento do auto de prisão em flagrante a outro juiz, pois se presume a legalidade da prisão, já que, se tivesse constatado alguma irregularidade, não teria o juiz lavrado o documento. De qualquer sorte, tal presunção é apenas *juris tantum*. Assim, mesmo nessa situação, nada impede o flagrado, seu procurador ou qualquer pessoa de questionar, por meio de oportuna impetração de *habeas corpus*, a legalidade do flagrante.

*E quanto à **polícia legislativa**?* É prevalente a orientação de que tal atribuição é da polícia federal, podendo a polícia legislativa, tão somente, efetuar, sendo o caso, prisões em flagrante, caso em que o flagrado deverá ser apresentado à polícia federal para a lavratura do respectivo auto e prosseguimento da apuração. Já quanto à Súmula 397 do Excelso Pretório, dispondo que "o poder de polícia da Câmara dos Deputados e do Senado Federal, em caso de crime cometido nas suas dependências, compreende, consoante o regimento, a prisão em flagrante do acusado e a realização do inquérito", tal enunciado, na esteira da maioria, encontra-se superado.

11.6.11. Flagrante nos crimes de ação penal pública condicionada e de ação penal privada

Nada impede seja reconhecida situação de flagrância diante da prática de crimes de ação penal pública condicionada ou de ação penal privada, visto que inexiste ressalva na legislação a respeito. Não obstante, considerando que o auto de prisão em flagrante constitui-se em uma das formas de início de inquérito policial e tendo em vista que, nos crimes de ação penal pública condicionada e de ação penal privada, o inquérito não pode ser iniciado sem a representação ou o requerimento do ofendido ou seu representante, respectivamente (art. 5.º, §§ 4.º e 5.º, do CPP), é intuitivo que, para a validade do flagrante, será necessário que referidas manifestações de vontade instruam o auto de prisão, devendo, pois, a ele ser acostadas como condição para a homologação.

---

36 Parte da doutrina estende essa faculdade, também, a autoridades administrativas.

11.6.12. Lavratura do auto de prisão em flagrante (arts. 304 a 309 do CPP)

Uma vez apresentado o flagrado à autoridade com incumbência para lavrar o auto de prisão, deverá ele ser cientificado, previamente, quanto a seu **direito de não responder as perguntas formuladas**, bem como à **assistência de advogado**, conforme se depreende do art. 5.º, LXIII, da Constituição Federal.

Outra previsão inserida na Carta Republicana é a de que **a prisão seja comunicada imediatamente ao juiz competente e à família do preso ou à pessoa por ele indicada** (art. 5.º, LXII). Não obstante, o art. 306, *caput,* do CPP determina que "a prisão de qualquer pessoa e o local onde se encontre serão comunicados imediatamente ao juiz competente, ao Ministério Público e à família do preso ou à pessoa por ele indicada". Como se vê, esse artigo estabelece, a obrigação de que tal comunicação também seja realizada ao **Ministério Público**, rigor maior, inclusive, do aquele determinado pela própria Constituição Federal no referido art. 5.º, LXII, que exige apenas a comunicação ao juiz e à família do preso ou pessoa por ele indicada. Cabe notar que esta exigência de comunicação ao Ministério Público, prevista no mencionado art. 306 do CPP, não implica qualquer inconstitucionalidade, pois não dispensou as demais comunicações estipuladas no texto constitucional, apenas importando em mais uma garantia em favor do indivíduo privado de sua liberdade.

A despeito da palavra *imediatamente,* inserida no texto constitucional e na legislação infraconstitucional, sempre houve divergências quanto ao **prazo** para que sejam realizadas as comunicações ao juiz e à família do preso (e agora também ao Ministério Público). Há duas correntes:

> ***Primeira corrente:*** Esta comunicação deve ser feita, no máximo, concomitantemente à lavratura do auto de prisão, sob pena de relaxamento do flagrante. Isto porque sua obrigatoriedade decorre, sobretudo, da previsão incorporada ao referido art. 5.º, LXII, da CF, dispondo que "a prisão de qualquer pessoa e o local onde se encontre serão comunicados imediatamente ao juiz competente e à família do preso ou à pessoa por ele indicada", sugerindo-se, subliminarmente, comunicação de pronto, *incontinenti.*
>
> ***Segunda corrente:*** A comunicação da prisão à autoridade judicial deve ocorrer no prazo de vinte e quatro horas, por interpretação extensiva do art. 306, § 1.º, do CPP, sendo que, mesmo que assim não ocorra, o atraso ou mesmo a falta de comunicação, no prazo legal, à autoridade judiciária não têm o condão de nulificar a custódia, pois se trata de ato extrínseco à segregação. O STJ, aderindo a esta orientação, decidiu que "a alegada delonga para a comunicação da prisão em flagrante à autoridade judiciária não é capaz, por si só, de invalidar o auto de prisão, quando observados os demais requisitos legais e sobretudo em se considerando que o prazo que se alega extrapolado ter sido de menos de 24 (vinte e quatro) horas, o que, por certo, está absolutamente de acordo com o exigido pelo princípio da razoabilidade"[37].

Muito embora, em termos de posição topográfica dentro do Código de Processo Penal, o art. 306 venha localizado depois do art. 304, que trata dos procedimentos relacionados à lavratura do auto de prisão em flagrante em si, sempre compreendemos que a comunicação a que alude aquele dispositivo deve ser uma **providência, senão preliminar, ao menos concomitante** a essa lavratura. Afinal, refere-se o art. 306 a *comunicação imediata à prisão*, sendo este, também, o comando inserto ao art. 5.º, LXII, da CF ao dispor que *a prisão de qualquer pessoa e o local onde se encontre serão comunicados imediatamente ao*

[37] STJ, HC 141.216/GO, Rel. Min. Jorge Mussi, 5.ª Turma, *DJ* 29.03.2010. No mesmo sentido: STJ, RHC 26.054/PE, *DJ* 07.12.2009; TJSP e HC 990092449966, j. 05.01.2010.

juiz competente e à família do preso ou à pessoa por ele indicada. Logo, a comunicação extemporânea, conquanto, na dicção do STJ, possa não implicar a nulidade do auto de prisão, sujeita a autoridade policial à imputação de crime de abuso de autoridade (art. 12, *caput* e parágrafo único, II, da Lei 13.869/2019), bem como à responsabilização administrativa.

Realizada a apresentação do preso, incumbirá à autoridade que presidir o auto de prisão proceder da seguinte forma (art. 304 do CPP):

a) À oitiva do condutor, ou seja, da autoridade, do agente da autoridade ou do particular que deu a voz de prisão em flagrante.

Não pode ser aceita a chamada *prisão por delegação*, vale dizer, aquela em que a pessoa que deu a voz de prisão em flagrante transfere a terceiro (que não tenha auxiliado no ato da prisão) a detenção do flagrado para que seja apresentado à autoridade. Há, porém, orientação diversa, considerando como *condutor*, simplesmente, aquele que efetua a condução do preso à autoridade, reputando, portanto, desnecessário tenha ele presenciado a prática do delito e tampouco a prisão do agente, podendo ocorrer, por exemplo, que lhe tenha sido entregue o preso para que conduza até à autoridade incumbida da lavratura do auto.

O depoimento do condutor será colhido em termo próprio.

De acordo com o art. 304 do CPP, logo após a oitiva do condutor, a autoridade que está presidindo o ato deverá colher a sua assinatura, entregando-lhe cópia do termo de depoimento e o recibo de entrega do preso. Este comando legal objetiva evitar que o condutor, normalmente um policial, tenha que aguardar toda a lavratura do auto para, somente após, lançar sua assinatura e ser liberado, como ocorria antes da alteração redacional ditada pela Lei 11.113/2005.

b) À oitiva das testemunhas da infração, que devem ser no mínimo duas, dado que a referência é utilizada no plural pelo art. 304, *caput,* do CPP (fala-se em "testemunhas" e não em "testemunha").

Na esteira do entendimento dominante, não vicia o auto de prisão em flagrante a circunstância de que esteja fundamentado apenas nos testemunhos dos policiais que participaram da prisão do agente, considerando-se estes idôneos para este fim, mesmo porque sujeitos a posterior ratificação em juízo[38].

Não havendo testemunhas do fato, possível a substituição por duas outras que tenham presenciado a apresentação do preso à autoridade (art. 304, § 2.º). Admite-se, inclusive, que o próprio condutor possa ser uma das testemunhas, pois não há vedação legal.

Assim como ocorre em relação ao condutor, também as testemunhas não precisarão aguardar o término da lavratura do auto de prisão, devendo lançar suas assinaturas logo após o respectivo depoimento, sendo, então, prontamente liberadas.

No curso do procedimento, deve a autoridade que preside o ato zelar para que as testemunhas não se comuniquem entre si, evitando, igualmente, contato entre quem já tenha prestado depoimento e aqueles que estão por ser inquiridos.

c) À oitiva da vítima, se possível.

d) Ao interrogatório do preso. Por ocasião de seu interrogatório, poderá o flagrado optar por manter-se em silêncio, direito este que lhe é assegurado constitucionalmente, *ex vi* do art. 5.º, LXIII, da CF, e do qual deve ser alertado pela autoridade que preside a lavratura. Se, porém, resolver responder às perguntas formuladas, assim como ocorre

38 STJ, HC 138.655/SP, *DJ* 28.06.2011.

com o condutor e com as testemunhas, a versão do conduzido constará de termo próprio, confeccionado antes da lavratura propriamente dita do auto de prisão.

Questão que foi polêmica, embora hoje esteja superada, respeita ao flagrado menor de 21 anos, pois o art. 15 do CPP prevê que, nesse caso, deve estar obrigatoriamente acompanhado de curador. Ocorre que com o advento do Código Civil de 2002, equiparando as maioridades penal e civil – 18 anos –, tal regra restou prejudicada; aliás, não só ela como todas as demais que facultem privilégios processuais ao maior de 18 e menor de 21 anos, permanecendo, assim, em vigor apenas normas de direito material, as quais, conferindo direitos, não podem ser afetadas pela analogia *in malan partem* (por exemplo, a prescrição pela metade e a atenuante da menoridade). Destarte, atualmente, o tratamento processual a ser conferido ao menor de 21 anos é idêntico àquele que deva ser conferido ao flagrado que tenha idade superior a esta: direito à assistência por advogado, estando derrogados os arts. 15, 262 e 564, III, *c*, última parte, do CPP que, na fase policial e judicial, obrigavam à nomeação de curador.

E se constatar a autoridade policial, no momento da lavratura do auto de prisão em flagrante, tratar-se o agente de pessoa supostamente inimputável ou semi-imputável em razão de doença mental ou desenvolvimento mental incompleto ou retardado? Como já dissemos no início deste Capítulo, o flagrante envolve o fato típico, não o impedindo aspectos atinentes à ilicitude da conduta ou à culpabilidade do agente (salvo a inimputabilidade decorrente da idade). Assim, mesmo que não seja possível tomar as declarações do flagrado em razão do seu estado de alienação mental, nem por isso restam prejudicadas as demais formalidades que compõem o auto de prisão, que podem e devem ser realizadas pela autoridade policial, sem embargo de representar ao juízo – o que pode ser feito no próprio corpo do auto de prisão e flagrante – pela instauração do competente incidente de insanidade mental. Lembre-se de que o flagrante é forma de início do inquérito e que, nos termos do art. 149, § 1.º, do CPP, este exame "poderá ser ordenado ainda na fase do inquérito, mediante representação da autoridade policial ao juiz competente".

Considerando que o direito à assistência por advogado ao preso decorre da Constituição Federal (art. 5.º, LXIII), é evidente que a presença desse profissional nos atos que compõem a lavratura do auto de prisão em flagrante não pode ser vedada, podendo ele acompanhar a oitiva do condutor, das testemunhas e, logicamente, o interrogatório do flagrado. Independentemente desta conclusão, cabe ressaltar que a presença de advogado durante estes atos, conquanto seja um *direito*, não é uma condição necessária e obrigatória, sem a qual o auto de prisão em flagrante não possa ser lavrado e concluído. Afinal, este auto é forma de início do inquérito policial e o inquérito possui natureza inquisitorial, ao contrário do que ocorre com o processo judicial, em que as garantias da ampla defesa e do contraditório vigoram e sua plenitude. Tanto é assim que o art. 6.º, V, do CPP, tratando do interrogatório do investigado no curso do inquérito, refere que a autoridade policial deverá ouvir o indiciado, com observância, *no que for aplicável,* do disposto no Capítulo III do Título VII do Livro I do Código de Processo Penal, que se refere ao interrogatório judicial do acusado *(v. Capítulo 4, item 4.5).*

E mais: o próprio art. 306, § 1.º, do CPP pressupõe a possibilidade de ser ouvido o flagrado sem a presença de defensor, ao dispor que, se o autuado não informar o nome de seu advogado, cópia integral do auto de prisão em flagrante deverá ser encaminhada à Defensoria Pública. Neste contexto, infere-se que, para efeitos de lavratura do auto, indispensável é que tenha sido advertido o preso quanto ao seu direito constitucional à presença de advogado, e não necessariamente a efetiva presença deste profissional.

Ressalva-se, todavia, a hipótese em que, por ocasião da lavratura do auto de prisão, constate a autoridade que o preside a possibilidade de se tratar o flagrado de pessoa portadora de perturbação da saúde mental. Neste caso, se, a despeito da alienação mental, for possível interrogá-lo, a cautela recomenda a presença efetiva de advogado ao ato, a título de curador, por analogia ao art. 72, I, do CPC/2015, evitando-se, destarte, relaxamento posterior da prisão, sob o fundamento de que operado constrangimento ilegal ao flagrado em face de sua condição.

Assim como ocorria no art. 9.º do revogado CPC/1973, o art. 72, I, do CPC/2015 mantém a figura do curador especial, dispondo que sua nomeação tem lugar para o "incapaz, se não tiver representante legal ou se os interesses deste colidirem com os daquele, enquanto durar a incapacidade".

e) À lavratura do auto de prisão em flagrante. Esta formalidade somente será concretizada pelo escrivão após a oitiva dos condutores, testemunhas, vítima e flagrado. O auto de prisão em flagrante será subscrito pela autoridade (normalmente o Delegado de Polícia) e pelo conduzido. Nessa oportunidade, providenciará a autoridade a reunião dos demais depoimentos já colhidos e assinados. Na hipótese de o flagrado recusar-se a assinar, não souber ou não puder fazê-lo, o auto será assinado por duas testemunhas, chamadas de *fedatárias* ou *instrumentárias*, que tenham ouvido a leitura, na sua presença (art. 304, § 3.º).

Perceba-se que a Lei 13.257, de 08.03.2016, ao incluir o § 4.º no art. 304 do CPP, estabeleceu mais uma providência a ser cumprida pelo Delegado de Polícia por ocasião da lavratura do auto de prisão, determinando que nele conste "a informação sobre a existência de filhos, respectivas idades e se possuem alguma deficiência e o nome do contato de eventual responsável pelos cuidados dos filhos indicado pela pessoa presa". Quanto ao objetivo dessa disciplina, é, claramente, dar conhecimento às demais autoridades que atuam na persecução criminal (juiz e Ministério Público) e à defesa constituída, nomeada ou pública do preso, sobre a existência de filhos, menores ou com alguma deficiência, a fim de que possam ser requeridas ou adotadas as medidas necessárias para que não permaneçam eles sem assistência e responsável no período em que o pai ou a mãe estiverem contidos.

f) Vencidas essas etapas, em até vinte e quatro horas após a realização da prisão, deverá a autoridade policial **encaminhar ao juiz competente o auto de prisão em flagrante** (instruído com os depoimentos tomados no curso de sua lavratura, ofícios de comunicação da prisão em flagrante e outros documentos relevantes para aferição judicial da legalidade do flagrante) e, no caso de o autuado não ter informado o nome de seu advogado, cópia integral para a Defensoria Pública (art. 306, § 1.º).

No mesmo prazo, será entregue ao preso, mediante recibo, a **nota de culpa**, assinada pela autoridade, com o motivo da prisão, o nome do condutor e os das testemunhas (art. 306, § 2.º), sendo que tal recibo deverá integrar o rol de documentos que deverão acompanhar o auto de prisão quando encaminhado a juízo. Quanto à inserção do nome do condutor na nota de culpa, cabe referir que a própria Constituição Federal, no art. 5.º, LXIV, estabelece como garantia a de que sejam identificados ao preso *os responsáveis por sua prisão* (art. 5.º, LXIV). Caso o preso não queira subscrever o recibo ou não saiba assiná-lo, deverá o documento ser assinado por duas testemunhas, analogicamente ao disposto no art. 304, § 3.º, do CPP. A subscrição da nota de culpa, de forma alguma, implica em confissão ou reconhecimento das imputações feitas por ocasião da prisão.

O art. 12, parágrafo único, III, da Lei 13.869/2019 tipifica como abuso de autoridade o fato de não entregar ao preso, "no prazo de 24 (vinte e quatro) horas, a nota de culpa, assinada pela autoridade, com o motivo da prisão e os nomes do condutor e das testemunhas".

Ressalte-se que esses prazos não admitem dilatações, mesmo porque é a liberdade que está sendo cerceada. Destarte, a remessa do auto de prisão em flagrante ao juiz competente e, sendo o caso, de cópia à Defensoria Pública, assim como a entrega da nota de culpa ao autuado deverão ocorrer, rigorosamente, nas 24 horas que se seguirem ao momento da prisão (e não do término da lavratura do auto de prisão em flagrante). O descumprimento desse prazo pela autoridade policial, além de, eventualmente, configurar abuso de autoridade, possibilitará o relaxamento da prisão em flagrante pelo juiz.

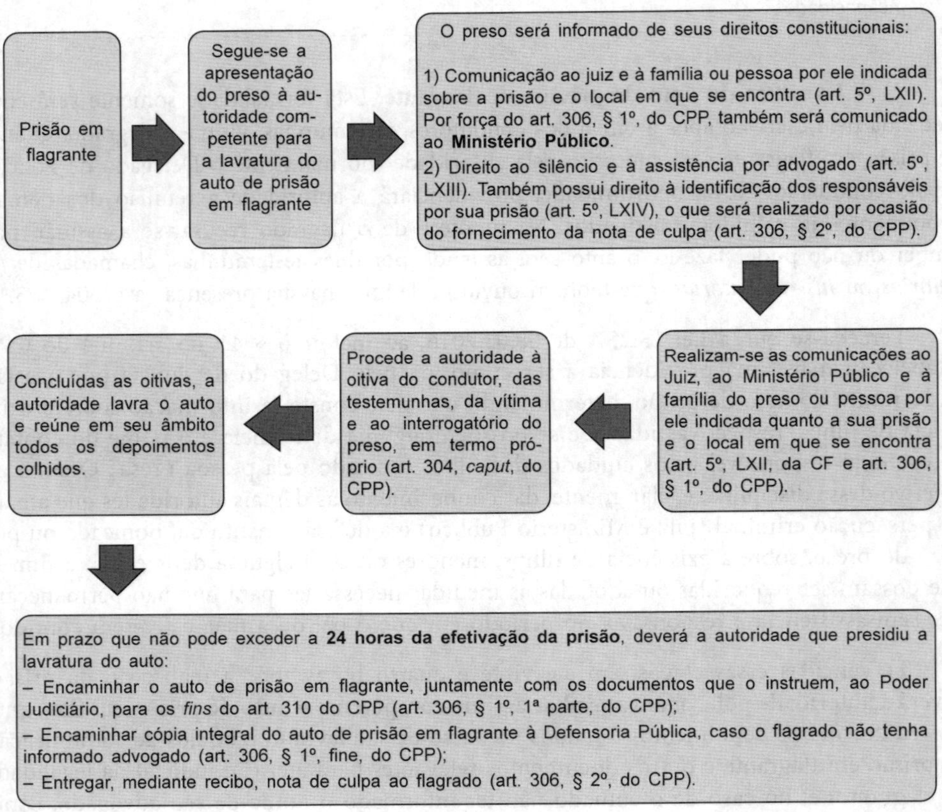

g) Aportando no Poder Judiciário o auto de prisão em flagrante, estabelece o art. 310, *caput,* do CPP (alterado pela Lei 13.964/2019) que caberá ao juiz, após recebê-lo, promover *audiência de custódia*, com a presença do flagrado, de seu advogado constituído ou de Defensor Público e de membro do Ministério Público. Por *audiência de custódia*, compreende-se o instrumento por meio do qual o indivíduo preso, levado à presença da autoridade judicial, será ouvido, analisando-se, na sequência, a legalidade da prisão e a necessidade de sua manutenção, não sendo nela tratados aspectos relativos ao mérito do fato pelo qual operado o flagrante (tratamos especificamente sobre o tema no item 11.12).

De acordo com o citado art. 310, *caput*, essa audiência deverá ser realizada "no prazo máximo de 24 (vinte e quatro) horas após a realização da prisão". Relativamente a esse prazo, reputamos descompassado com o procedimento do flagrante estabelecido pelo Código de Processo Penal. Veja-se, pois, que a audiência de custódia, conforme prevê o próprio art. 310, é realizada após o recebimento do auto de prisão pelo juiz. Por outro lado, segundo art. 306, § 1º, dispõe o delegado de polícia do prazo de 24 horas, contado da efetivação da prisão, para realizar o encaminhamento do referido auto a juízo. Neste cenário, infere-se a possibilidade de ocorrer sobreposição de prazos, dificultando-se ao Juiz a realização da audiência de custódia, no prazo legalmente estipulado, na hipótese de o delegado encaminhar o APF ao Poder Judiciário já no final do lapso de 24 horas desde a prisão do autuado. Considerando, pois, esta desconformidade legislativa, três correntes surgiram na doutrina no intuito de compatibilizar a nova redação do art. 310, *caput*, com o procedimento do flagrante contemplado no art. 306 e parágrafos:

> ***Primeira:*** diante da dicção legal, cabe ao juiz cumprir a norma em sua literalidade, realizando a audiência de custódia, efetivamente, no prazo de 24 horas da prisão em flagrante, ainda que o respectivo auto lhe tenha sido enviado já no final desse prazo. Ocorrendo esta hipótese – envio do auto de prisão pelo delegado quando já alcançadas as 24 horas da prisão –, a audiência de custódia deverá ser realizada imediatamente ao recebimento desse documento.
>
> ***Segunda:*** o art. 310, *caput*, deve ser interpretado dentro da sistemática legalmente estabelecida para a tramitação do flagrante desde a efetivação da prisão até o seu aporte ao Poder Judiciário. Segundo esta ótica, o prazo de 24 horas estabelecido no dispositivo para a efetivação da audiência de custódia deve ser contado, não da efetiva prisão, mas, sim, do momento em que o auto de prisão em flagrante for recebido pelo Juiz. Pensamos que esta corrente viola frontalmente a teleologia da norma inscrita no art. 310, que é a de possibilitar ao juiz, com a máxima celeridade, a verificação da legalidade do flagrante. Isto porque dará margem a que o indivíduo fique segregado, sem definição de sua situação jurídica, por até 48 horas – as 24 relativas ao envio, pelo delegado, do auto de prisão ao Poder Judiciário, e outras 24 para a efetivação da audiência de custódia, no âmbito da qual decidirá o juiz sobre o eventual relaxamento do flagrante, a sua conversão em preventiva ou medidas cautelares diversas e a concessão ou não de liberdade provisória (incisos, I, II e III do art. 310, *caput*).
>
> ***Terceira:*** Para melhor controle de prazos pelo juiz e também por lógica de procedimento, deve o prazo de 24 horas previsto no art. 310, *caput*, do CPP ser contado, não a partir da prisão em si, mas, sim, da *comunicação desta prisão ao juiz*. Não é outro, aliás, o comando da Resolução do Conselho Nacional de Justiça nº 213/2015, ato normativo este que buscou regulamentar a audiência de custódia quando ainda não havia previsão legal de sua efetivação. Essa resolução, com efeito, em seu art. 1º, dispõe que a apresentação do preso a juízo deve ocorrer "em até 24 horas da comunicação do flagrante". Aderimos a esta posição, a *um* porque otimiza a tramitação do flagrante a partir do estabelecimento de uma sequência lógica nos prazos e, a *dois*, porque esta interpretação não destoa do espírito legal (o de agilizar a aferição judicial da legitimidade da prisão em flagrante), já que, de acordo com o art. 306, *caput*, a aludida comunicação deve ser realizada "imediatamente ao juiz competente", além de ao Ministério Público e à família do preso ou pessoa por ele indicada.

Como já dissemos, de acordo com o art. 310, *caput*, do CPP, na audiência de custódia, além do flagrado, é necessária a presença, também, de advogado constituído (ou nomeado, apesar de a este não fazer menção o artigo) ou de membro da Defensoria Pública, bem como de membro do Ministério Público. Sem advogado presente, a audiência não pode ser realizada e, se o for, deve ser considerada inválida. A ausência do Promotor de Justiça, contudo, não deve impedir a realização do ato, conquanto possa implicar a liberação do preso caso entenda o juiz necessário, para conversão do flagrante em preventiva, a existência de requerimento neste sentido. A respeito da possibilidade ou não, na conjectura pós-Lei 13.964/2019, de o juiz proceder à conversão, *ex officio,* da prisão em flagrante em preventiva, remetemos ao tópico 11.3.2 deste capítulo, em que tratamos do tema.

Outro ponto relevante a analisar respeita ao fato de que, conquanto tenha previsto a necessidade da audiência de custódia, a Lei 13.964/2019 (que alterou o art. 310 do CPP), nada estabeleceu em termos de seu conteúdo e formalidades. Diante desta omissão legislativa e considerando, também, a natureza e finalidade dessa solenidade, reputamos possível aplicar os termos da citada Resolução do CNJ n.º 213/2015, determinando que o conduzido será entrevistado pelo Magistrado (art. 8.º, *caput*), que, após, oportunizará ao Ministério Público e à Defesa, nessa ordem, a realização de reperguntas (art. 8.º, § 1.º), sempre se ressaltando que os questionamentos realizados devem ser relativos às circunstâncias em que se realizou a prisão e não sobre o mérito do fato objeto do flagrante. Esgotados os questionamentos, o juiz facultará ao Ministério Público e à Defesa manifestarem-se, seguindo-se, após, decisão do juiz quanto à adoção das soluções previstas no art. 310, I, II e III. Veja-se que, seja qual for a decisão adotada e independentemente da natureza do crime cometido, a fundamentação é condição indispensável para a sua validade, decorrendo esta obrigatoriedade tanto do art. 310, *caput,* do CPP (*"...o juiz deverá, fundamentadamente:")* como também, e principalmente, do disposto no art. 93, IX, da Constituição Federal.

E se, embora comunicado o Juiz competente acerca da prisão em flagrante, não for realizada a audiência de custódia? Em termos de consequências de ordem processual, estabelece o § 4º do art. 310 que "*transcorridas 24 (vinte e quatro) horas após o decurso do prazo estabelecido no caput deste artigo, a não realização de audiência de custódia sem motivação idônea ensejará também a ilegalidade da prisão, a ser relaxada pela autoridade competente, sem prejuízo da possibilidade de imediata decretação de prisão preventiva*". Esse dispositivo, como se vê, dispõe que a não realização daquela solenidade, salvo por motivo justificado (por exemplo, o caso de ter sido necessária a internação hospitalar do flagrado em razão de ter ficado ferido em ação policial), contamina o procedimento do flagrante, tornando-o ilegal e acarretando, com isto, o relaxamento da prisão, muito embora não fique obstada a imediata decretação da prisão preventiva. Na verdade, pouca utilidade tem o dispositivo, já que permite decretação incontinenti da prisão preventiva do agente pelo fato em relação ao qual houve o relaxamento da prisão em flagrante em face da não realização da audiência de custódia. Ora, considerando que o flagrante, por si só, não é hábil a manter o indivíduo preso, exigindo-se, para tanto, sua conversão prisão preventiva caso presentes os respectivos requisitos, tem-se que, haja ou não a audiência de custódia e tenha ou não sido relaxado o flagrante, não fica, de qualquer modo, prejudicada a única forma pela qual pode o juiz, nesta fase procedimental, decretar a segregação do flagrado, qual seja, a prisão preventiva. De qualquer forma, deve-se mencionar que, no âmbito da Ação Direta de Inconstitucionalidade n.º 6.305, ajuizada pela Associação Nacional dos Membros do Ministério Público, o Ministro Luiz Fux, do Supremo Tribunal Federal, em 22 de janeiro de 2020, **deferiu medida cautelar suspendendo a eficácia do mencionado § 4º do art. 310.** Logo, até que haja eventual revogação dessa medida ou que seja a ADI julgada improcedente, o relaxamento do flagrante pelo só fato da não efetivação da audiência de custódia fica obstado, podendo o juiz, então, homologá-lo, adotando, após, qualquer das providências do art. 310, *caput.* Sendo assim, vale dizer, enquanto em vigor a precitada medida cautelar, as consequências decorrentes da falta daquela solenidade limitam-se àquelas previstas no § 3º desse artigo, o qual dispõe que *"a autoridade que deu causa, sem motivação idônea, à não realização da audiência de custódia no prazo estabelecido no caput deste artigo responderá administrativa, civil e penalmente pela omissão"*, aqui podendo se enquadrar, por exemplo, o Juiz que, comunicado da prisão em flagrante, deixar de aprazar a audiência e a autoridade que, possuindo a incumbência de apresentar ou de determinar a apresentação do preso ao Juiz, assim não proceder. **Atenção:** considerando que, à época do fechamento da presente edição deste livro, não havia deliberação definitiva acerca da precitada ADI, é necessário que o leitor acompanhe seu andamento, bem como as repercussões jurídicas do que vier a ser decidido pelo STF a respeito.

Pois bem, superado o aspecto relativo à não efetivação da audiência de custódia e considerando que esta seja realizada, são as seguintes decisões que, previstas nos incisos I, II e III do art. 310, poderão ser adotadas pelo juiz nessa solenidade: relaxamento da prisão ilegal (inc. I), conversão da prisão em flagrante em preventiva, quando presentes os requisitos constantes do art. 312 deste Código, e se revelarem inadequadas ou insuficientes as medidas cautelares diversas da prisão (inc. II); e, por fim, a concessão liberdade provisória, com ou sem fiança (inc. III).

Veja-se:

I – Relaxamento da prisão ilegal: A verificação da legalidade da prisão é a primeira providência a ser adotada pelo juiz. Considerando-a *ilegal*, deverá *relaxá-la, conforme o comando expresso do art. 310, I, do CPP*. Essa ilegalidade pode decorrer da forma como realizada a prisão em flagrante, da inobservância das formalidades legais pertinentes à lavratura do auto ou até mesmo da não caracterização de situação de flagrância.

A consequência do relaxamento é a imediata liberação do preso.

Evidentemente, o relaxamento não impede que prossiga a autoridade policial investigando a infração penal que motivou a prisão, tampouco a imposição, pelo juiz, de provimentos cautelares diversos da prisão ou mesmo a decretação da prisão preventiva do agente em relação ao mesmo fato. Estas últimas providências, inclusive, poderão estar incorporadas à própria decisão judicial de relaxamento. Atente-se, todavia, que, se, na hipótese de relaxamento, o juiz impuser medidas cautelares de natureza pessoal ao agente (provimentos cautelares diversos da prisão ou prisão preventiva), não estará ele agindo por força do art. 310, II, do CPP. Afinal, o relaxamento da prisão em flagrante equivale a sua invalidação, e um flagrante inválido não pode ser convertido em outra medida válida. Por conseguinte, a imposição das medidas cautelares, nesse caso, decorrerá da faculdade que a lei confere ao juiz de aplicá-las no curso da investigação criminal, sempre lembrando que o juiz não pode agir *ex officio*, sendo necessária a provocação da autoridade policial ou do Ministério Público em vista do que estabelecem os arts. 282, § 2.º, e 311, do CPP.

II – Conversão da prisão em flagrante em preventiva, quando presentes os requisitos constantes do art. 312 deste Código, e se revelarem inadequadas ou insuficientes as medidas cautelares diversas da prisão: Verificada a *legalidade do flagrante*, poderá o juiz convertê-lo em prisão preventiva desde que:

- Estejam *"presentes os requisitos constantes do art. 312 deste Código"*: Trata-se, logicamente, dos fundamentos da prisão preventiva, isto é, a **garantia da ordem pública, garantia da ordem econômica, conveniência da instrução criminal** e

segurança da aplicação da lei penal. A decretação da prisão preventiva condiciona-se a que, ao receber o auto de prisão em flagrante, o juiz realize a demonstração concreta da presença dos requisitos do art. 312, revelando, assim, a efetiva necessidade da medida constritiva da liberdade. O simples juízo valorativo sobre a gravidade do crime imputado não constitui fundamentação idônea para autorizar a prisão cautelar, caso desvinculado de outros fatores concretos que configure um daqueles fundamentos[39]. Note-se que, em relação aos **indícios de autoria** e à **prova da existência do crime**, tratam-se, em regra, de requisitos ínsitos à prisão em flagrante. De qualquer modo, é evidente que, se no caso concreto, houver incerteza quanto a estes elementos, restará obstada a segregação acautelatória, trazendo-se como exemplo a hipótese de, no flagrante de porte de drogas para fins de tráfico, não ter sido realizado o laudo provisório de constatação da natureza e quantidade do material apreendido referido no art. 50, § 1.º da Lei 11.343/2006 como indispensável à lavratura do flagrante nessa espécie de infração.

- Revelem-se *"inadequadas ou insuficientes as medidas cautelares diversas da prisão"*: Tal previsão guarda evidente sintonia com faculdade conferida ao juiz no art. 310, III, de **"conceder liberdade provisória"**, aliada ao disposto no art. 321, no sentido de que, **"ausentes os requisitos que autorizam a decretação da prisão preventiva, o juiz deverá conceder liberdade provisória, impondo, se for o caso, as medidas cautelares previstas no art. 319..."**. Em suma, resume-se esta exigência do art. 310, II a que não seja hipótese de concessão de liberdade provisória mediante a imposição de medidas alternativas diversas da prisão entre as previstas no art. 319 do CPP. Perceba-se que a fiança, referida no art. 310, III é, também, um dos provimentos cautelares inseridos no art. 319.
- Trate-se de hipótese legal que autoriza a prisão preventiva, dentre as estipuladas no art. 313 do CPP.

Lembre-se que, com a alteração redacional do art. 310 pela Lei 12.403/2011 operou-se o fim da autonomia do flagrante como forma de prisão hábil a manter o indivíduo sob custódia ao longo da investigação criminal ou no correr do processo criminal. Logo, presta-se o flagrante apenas para manter o indivíduo segregado no intervalo compreendido entre a sua efetivação e o recebimento do auto de prisão, no âmbito do Poder Judiciário, para, após realizada audiência de custódia, verificação de sua legalidade. A partir deste momento, não é suficiente o flagrante para que possa o agente permanecer segregado, sendo necessária, para tanto, a decretação da sua prisão preventiva, fundamentada na existência dos pressupostos incorporados ao art. 312 do CPP – *garantia da ordem pública ou econômica, conveniência da instrução criminal, segurança na aplicação da lei penal* e *perigo gerado pelo estado de liberdade do imputado,* condicionando-se, ainda, a que que não se mostre adequada ou suficiente a aplicação de medidas cautelares diversas da prisão dentre as contempladas no art. 319 (art. 310, II). Encontrando-se essa exigência – de conversão em preventiva – expressa na legislação, depreende-se que a manutenção do indivíduo sob custódia, a partir da mera situação de flagrância, depois do recebimento do auto de prisão no Poder Judiciário importa em constrangimento ilegal e, inclusive, em ato de abuso de

39 STJ, HC 200.509/MG, *DJ* 08.06.2011.

autoridade de parte do juiz criminal, viabilizando-se, com isso, a impetração de *habeas corpus* visando à imediata liberação do flagrado.

*A previsão do art. 310, II, do CPP possibilita ao juiz efetuar a conversão da prisão em flagrante em preventiva "*ex officio*", ou, opostamente, depende de provocação da autoridade policial ou do Ministério Público?* Esta hipótese difere daquela em que, diante de uma investigação ou de um processo em andamento, o juiz, *ex officio*, resolve impor medidas cautelares ao indiciado por entender presentes os respectivos requisitos. Isto se encontra proibido em face da literalidade dos arts 282, § 2.º, e 311 do CPP. No caso do art. 310, inciso II, com efeito, o que se tem são providências obrigatórias que devem ser adotadas pelo juiz ao receber o auto de prisão em flagrante, sob pena de constrangimento ilegal passível de *habeas corpus*. Diante disto, antes da vigência da Lei 13.964/2019, era entendimento majoritário nos Tribunais Superiores o de que não implicava rompimento do sistema acusatório a conduta do magistrado que, oficiosamente, adotasse qualquer das soluções inseridas aos incisos do art. 310, ainda que fosse a conversão do flagrante em medidas cautelares alternativas, ou, na impossibilidade, na própria prisão preventiva, pois apenas estaria ele cumprindo determinação legal. Todavia, com a edição daquela legislação, acirraram-se as discussões, surgindo correntes opostas sobre o tema, as quais analisamos no tópico 11.3.2 deste Capítulo, ao qual, para evitar tautologia, remetemos o leitor.

III – Concessão de liberdade provisória, com ou sem fiança: constatando a legalidade do flagrante (e, assim, afastando a possibilidade de seu relaxamento), cabe ao juiz analisar a viabilidade de conceder ao flagrado liberdade provisória. Veja-se que, muito embora tenha o legislador previsto a concessão de liberdade provisória no inciso III do art. 310 do CPP, não é esta providência que, no rol das elencadas naquele dispositivo, apresenta caráter **residual** diante das demais. Residual, sem dúvida, é a conversão do flagrante em prisão preventiva, prevista no inc. II daquele dispositivo, devendo ser imposta esta custódia apenas quando não for possível adotar o juiz nenhuma das outras medidas sugeridas no art. 310 – liberdade provisória com ou sem fiança, impondo ou não ao flagrado outras medidas cautelares alternativas à prisão.

Outro aspecto a observar, agora especificamente em relação à **liberdade provisória com fiança**, é que, após a vigência da Lei 12.403/2011, a natureza afiançável das infrações penais tornou-se regra. Enfim, suprimiram-se do Código de Processo Penal os critérios *quantidade* e *natureza da pena*, que, antes dessa disciplina, eram utilizados para a definição de um crime como afiançável. Hoje, *afiançáveis* são todas as infrações, ressalvadas aquelas sobre as quais o CPP (arts. 323 e 324), a Constituição Federal (art. 5.º, XLII, XLIII e XLIV) e as leis especiais dispuserem o contrário. Exatamente por isso, talvez, tenha sido a fiança incorporada pelo legislador ao rol de medidas cautelares diversas da prisão, consoante se infere do art. 319, VIII, do CPP.

Independentemente disso, a verdade é que, na prática forense, é comum a concessão da liberdade provisória sem a exigência da prestação de fiança diante da afirmação de que ausentes os requisitos da prisão preventiva. Isto, aliás, é o que prevê o art. 321 do CPP, que condiciona a liberdade provisória à observância ou cumprimento de uma ou mais medidas cautelares diversas da prisão previstas no art. 319 (entre as quais se encontra a fiança) apenas se estas providências mostrarem-se necessárias. Outra hipótese de liberdade provisória sem fiança está prevista no art. 310, § 1º, dispondo que se o juiz verificar, pelo auto de prisão em flagrante, que o agente praticou o fato nas condições constantes do art. 23, I a III, do Código Penal (excludentes de ilicitude), poderá, fundamentadamente, conceder ao acusado liberdade provisória, condicionada esta, simplesmente, ao comparecimento a todos os atos processuais.

De resto, para evitar antecipar o tema fora de seu contexto, remetemos o leitor ao tópico deste Capítulo relativo à *liberdade provisória,* em que são tratadas as formas e peculiaridades deste instituto de modo específico.

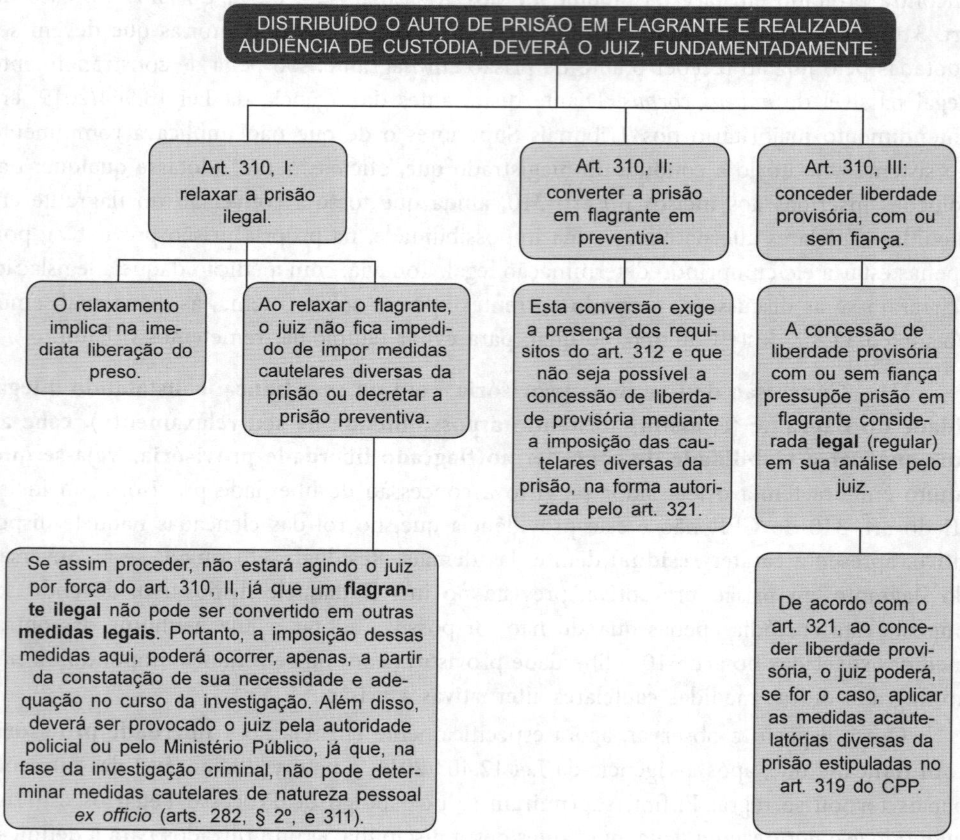

11.6.13. O flagrante e a apresentação espontânea

Aspecto bastante enfatizado na doutrina concerne ao descabimento da *prisão em flagrante por apresentação espontânea*, vale dizer, aquela em que o próprio suspeito apresenta-se perante a autoridade policial, sendo, então, preso sob o fundamento da flagrância.

Em que pese haja algumas discussões, prevalece a posição no sentido de que à autoridade não é lícito prender em flagrante a pessoa que se apresenta espontaneamente. Tal entendimento decorre, sobretudo, da exegese do art. 304, *caput*, do CPP, que usa a expressão *"apresentado o preso à autoridade competente..."*, pressupondo, portanto, que o sujeito ativo do delito já tenha recebido voz de prisão por ocasião da sua apresentação, pelo condutor, ao Delegado para lavratura do auto.

Exige, enfim, a lei, com vistas à lavratura do auto de prisão em flagrante, que o sujeito seja apresentado *por alguém* (no caso, o condutor) à autoridade competente, até porque, fosse diferente, teria utilizado o art. 304 a expressão *"apresentando-se alguém à autoridade competente..."*. Este é o entendimento do STF e do STJ há vários anos[40].

11.7. PRISÃO PREVENTIVA

11.7.1. Considerações gerais

A prisão preventiva é modalidade de segregação provisória, decretada judicialmente, desde que concorram os pressupostos que a autorizam e as hipóteses que a admitem (arts. 312 e 313 do CPP).

Possui **natureza cautelar**, já que tem por objetivo a tutela da sociedade, da investigação criminal/processo penal e da aplicação da pena.

Como qualquer medida cautelar, a preventiva pressupõe a existência de *periculum in mora* (ou *periculum libertatis*) e *fumus boni iuris* (ou *fumus comissi delicti*), o primeiro significando o risco de que a liberdade do agente venha a causar prejuízo à segurança social, à eficácia das investigações policiais/apuração criminal e à execução de eventual sentença condenatória, e o segundo, consubstanciado na possibilidade de que tenha ele praticado uma infração penal, em face dos indícios de autoria e da prova da existência do crime verificados no caso concreto.

Embora sua decretação deva ser excepcional, justificando-se apenas em hipóteses nas quais a permanência do indivíduo em liberdade possa, efetivamente, dificultar a realização da prestação jurisdicional, a prisão preventiva não importa em violação à garantia constitucional da presunção de inocência. Afinal, não se trata de pena, mas de uma segregação com objetivos nitidamente processuais, e, *além disso,* a própria Constituição Federal, implicitamente, admite a prisão do indivíduo antes da sentença condenatória definitiva, mesmo não sendo caso de flagrante delito. Basta observar que, no art. 5.º, LXI, prevê que "ninguém será preso senão em flagrante delito *ou por ordem escrita e fundamentada de autoridade judiciária competente*", não condicionando esta restrição da liberdade ao prévio trânsito em julgado de sentença condenatória. Além disso, no seu art. 5.º, LXVI, dispõe que "ninguém será levado à prisão ou nela mantido, *quando a lei admitir a liberdade provisória*, com ou sem fiança", dispositivo este que, interpretado *a contrario sensu*, sugere a possibilidade de o legislador ordinário, em determinados casos ou diante de certas circunstâncias, *não admitir a liberdade provisória* ao indivíduo, viabilizando, com isso, a permanência de sua prisão antes da condenação definitiva.

Sob pena de implicar constrangimento ilegal, além da observância aos pressupostos que a justificam (art. 312) e às hipóteses de sua admissão (art. 313), a decretação da custódia no caso concreto exige a constatação, pelo juiz, da impossibilidade de sua substituição por outra medida cautelar diversa da prisão, dentre as contempladas no art. 319 do CPP. Do contrário, independentemente da gravidade ou repugnância causada pelo delito, a prisão preventiva deverá ser reputada ilegal, pois utilizada pelo Poder Público como instrumento de punição antecipada e não como forma de prisão processual, consubstanciando clara violação ao princípio da presunção de inocência[41]. Este, aliás, é o comando do art. 282, § 6º, do CPP. A propósito deste artigo, cabe frisar que, antes da vigência da Lei 13.964/2019, que lhe conferiu nova redação, limitava-se o dispositivo a mencionar que *"a prisão preven-*

40 STF, RHC 61.442/MT, *DJ* 10.02.1984; STJ, HC 30.527/RJ, *DJ* 22.03.2004.

41 STJ, RHC 29.774/ES, *DJ* 01.07.2011.

tiva será determinada quando não for cabível a sua substituição por outra medida cautelar". Com a alteração legislativa, porém, inseriu-se a referência de que *"o não cabimento da substituição por outra medida cautelar deverá ser justificado de forma fundamentada nos elementos presentes do caso concreto, de forma individualizada"*. Esta cautela do legislador foi pertinente. Isto porque, na praxe forense, via-se, com frequência, fundamentações genéricas acerca do descabimento da substituição da preventiva pelas cautelares dos arts. 319 e 320 do CPP, limitando-se a decisão a sustentar o risco de ineficácia a partir de aspectos ligados à natureza ou gravidade da infração. Agora isto não basta. Sob pena de constrangimento ilegal, impugnável por meio de *habeas corpus*, o não cabimento das cautelares diversas da prisão deve ser justificado, circunstanciadamente, a partir das peculiaridades do caso concreto, que deverão ser expostas na decisão segregatória. E, sendo a custódia determinada em relação a mais de um investigado ou réu, tal análise deve ser realizada, separadamente, em relação a cada um deles.

11.7.2. Fases

De acordo com o art. 311 do CPP, a prisão preventiva é cabível em qualquer fase da **investigação policial ou do processo penal**.

Perceba-se que, em relação à fase pré-processual, apesar da referência expressa do dispositivo ao momento da "investigação policial", a possibilidade de imposição da prisão preventiva estende-se ao âmbito de **outras formas de investigação**, vale dizer, aquelas que, não obstante se tratem de *investigações criminais*, não possuam a natureza de uma *investigação policial*, pois não conduzidas pelo delegado. É o caso, por exemplo, das investigações criminais realizadas pelo Ministério Público na esfera da promotoria de justiça; e também dos procedimentos instaurados no âmbito dos Tribunais em relação às infrações penais cometidas por magistrados (art. 33, parágrafo único, da LC 35/1979) e das apurações acometidas ao Procurador-Geral de Justiça ou a quem este delegar no tocante aos crimes praticados por membros do Ministério Público (art. 41, parágrafo único, da Lei 8.625/1993), que, evidentemente, não constituem *investigações policiais*. Justifica-se este entendimento nas seguintes circunstâncias:

> ***Primeiro:*** Apesar de o art. 311 do CPP referir-se à fase das *investigações policiais*, o art. 282, § 2.º, traçando normas de caráter geral para as medidas cautelares de natureza pessoal (abrange, portanto, tanto a prisão preventiva como as medidas cautelares diversas da prisão), refere-se à respectiva decretação durante a *investigação criminal*. Não utiliza, como se vê, a expressão *investigação policial*. A partir daí, é possível concluir que, não obstante o art. 311 do CPP refira-se à decretação da prisão preventiva na fase das *investigações policiais*, sua imposição também é permitida no âmbito de outras *investigações criminais*, mesmo que não presididas pela autoridade policial.
>
> ***Segundo:*** Fosse a prisão preventiva, na fase pré-processual, admitida unicamente no curso de *investigações policiais* (apurações comandadas pela autoridade policial), como sugere a literalidade do art. 311, como restaria alcançado o fim de tutela que é próprio dessa custódia diante de procedimentos outros de investigação, como as já mencionadas *investigações criminais realizadas pelo Ministério Público* e as *apurações realizadas pelo Tribunal ou pelo Procurador-Geral de Justiça em relação a infrações penais cometidas, respectivamente, por magistrados e membros do Ministério Público*? Ora, apesar de estas formas de apuração subtraírem-se à explicitude do art. 311, temos a firme convicção de que é legalmente possível o decreto judicial da prisão preventiva nestes casos a partir dos elementos que forem carreados a tais expedientes quando presentes os pressupostos que autorizam a medida constritiva. Não seria razoável a Constituição Federal e a legislação ordinária facultarem tais investigações se, para assegurar o respectivo êxito, ou a segurança social, ou a execução da pena não pudessem os legitimados adotar as medidas cabíveis para a decretação da prisão preventiva do investigado.

Note-se que não se está, aqui, realizando interpretação extensiva do art. 311 – mesmo porque, tratando-se de norma que estabelece restrição à liberdade individual, não aceita esta forma de exegese -, mas, sim, conferindo a este dispositivo uma interpretação sistêmica, quer dizer, à luz da regra geral das medidas cautelares de natureza pessoal estipulada no art. 282, § 2.º do CPP, que permite sejam elas decretadas no curso das investigações criminais e não apenas no correr das investigações policiais.

A propósito deste mesmo raciocínio, cabe ressaltar que, no bojo de **procedimentos instaurados sem a finalidade específica de persecução penal** persiste a impossibilidade jurídica de que sejam determinadas medidas cautelares de natureza pessoal dentre as elencadas no Código de Processo Penal. É o caso de processos administrativos, sindicâncias, inquéritos civis e, até mesmo, de Comissões Parlamentares de Inquérito. Ressalva-se a possibilidade de que, a partir destes elementos, venham a ser instauradas investigações criminais pelos órgãos competentes. Neste caso, a prisão preventiva poderá ser requerida a partir da investigação criminal que tiver sido oficialmente instaurada.

Questão a ser enfrentada, e que divide a doutrina, concerne à possibilidade de ser decretada a prisão preventiva do investigado na **hipótese de o Ministério Público, após análise do inquérito policial, não oferecer denúncia contra o indiciado, optando por requisitar à autoridade policial diligências complementares**. *Exemplo:* Com vista de inquérito policial que indiciou João pelo crime de homicídio cometido por motivo fútil e com uso de recurso que impossibilitou a defesa do ofendido, entende o Ministério Público impossível o oferecimento da respectiva denúncia em face de contradição existente no auto de necropsia quanto à *causa mortis* do ofendido. Em razão disto, requisita diligências complementares à autoridade policial, visando o esclarecimento a respeito, a fim de conseguir descrever, adequadamente, o fato na peça incoativa, evitando-se futuras alegações de nulidade. Sem embargo, constata o promotor de justiça tratar-se João de indivíduo reincidente, sem residência fixa e ocupação lícita, com extensa folha de antecedentes criminais, havendo, ainda, o registro de testemunhas do fato no sentido de que estariam sendo intimidadas por ele. Diante deste quadro, poderia o Ministério Público requerer ao juízo a prisão preventiva de João, independentemente do não ajuizamento da ação penal?

Duas posições existem:

A primeira, no sentido de que não há essa possibilidade. Para os adeptos desta linha de pensamento, se o Ministério Público não dispõe de informações que lhe permitam o ajuizamento da ação penal, em tese, restaria obstaculizada, também, a custódia provisória, já que uma e outra são medidas que requerem a presença de elementos que apontem a autoria e de prova da existência do crime.

A segunda, no sentido da viabilidade do decreto prisional. Fundamentam-se os defensores desta posição, sobretudo, no fato de que o Código de Processo Penal admite a prisão preventiva na fase das investigações policiais. Sob essa ótica, é incoerente pensar que o investigado pode ser segregado *no curso do inquérito*, *v.g.*, pelo risco de sua fuga do distrito da culpa, mas não pode ter decretada ou mantida sua prisão preventiva na fase em que se aguarda o resultado de diligências complementares postuladas pelo Ministério Público *após o término do procedimento policial.*

Cremos, em verdade, que a solução a ser aplicada depende da natureza das diligências requeridas pelo Ministério Público ao receber o procedimento policial. Assim:

1.ª hipótese: Considere-se que, ao ter vista do inquérito, promove o Ministério Público argumentação no sentido de que, apesar da existência de indícios suficientes de autoria e de prova da materialidade do fato, há a necessidade de diligências complementares visando à melhor elucidação de fatos ou de circunstâncias relacionadas ao crime apurado. Nesse caso, plenamente possível a decretação da preventiva ou a manutenção da que tiver sido decretada na fase inquisitorial, pois a dúvida que motivou a atitude do promotor não está relacionada a aspectos concernentes à autoria e à materialidade do delito, que são os pressupostos da prisão cautelar.

2.ª hipótese: Imagine-se que, ao receber os autos do procedimento policial, requer ou determina o promotor de justiça a realização de diligências complementares, por reputar inexistentes ou muito frágeis os elementos indicativos da autoria ou da materialidade do crime. Nessa situação, entendemos que não poderá ser decretada ou mantida a prisão preventiva do investigado, pois, se a dedução da inicial acusatória, que requer apenas "indícios de autoria", não foi possível, com mais razão restará inviabilizada a prisão preventiva do suspeito, a qual, obrigatoriamente, deve assentar-se em "indício *suficiente* de autoria" (art. 312 do CPP).

No exemplo mencionado, se a contradição existente no laudo possuir natureza tal que coloca em dúvida a própria ocorrência de um fato típico – *a vítima morreu em face do homicídio ou de outra causa?* –, restaria inviabilizada a prisão preventiva, a nosso ver. Agora, se outra for a natureza desta dúvida – *a morte do ofendido decorreu de golpe na região torácica ou abdominal* –, não se colocando em xeque a relação de causalidade entre a morte e a conduta do agente, a custódia poderia ser decretada sem que daí decorra constrangimento de qualquer ordem.

11.7.3. Legitimação

Na medida em que o art. 5.º, LXI, da Constituição Federal estabelece que ninguém será preso senão em flagrante delito ou *por ordem escrita e fundamentada de autoridade judiciária competente,* salvo nos casos de transgressão militar ou crime propriamente militar, definidos em lei, torna-se evidente que o decreto da prisão preventiva exige necessariamente ordem judicial, sendo vedada a sua determinação por qualquer outra esfera.

Incide, enfim, o princípio da reserva constitucional de jurisdição, que, segundo J. J. Gomes Canotilho, importa *em submeter à esfera única de decisão dos magistrados a prática de determinados atos cuja realização, por efeito de verdadeira discriminação material de competência jurisdicional fixada no texto da Carta Política, somente pode emanar do juiz, e não de terceiros, inclusive daqueles a quem se haja eventualmente atribuído poderes de investigação próprios das autoridades judiciais*[42], como ocorre com as Comissões Parlamentares de Inquérito.

Logo, no aspecto pertinente à legitimação, resta examinar apenas as formas como poderá o juiz chegar à decisão de segregar o agente, as quais são previstas no art. 311 do CPP (alterado pela Lei 13.964/2019), dispondo que, *em qualquer fase da investigação policial ou do processo penal, caberá a prisão preventiva decretada pelo juiz, a requerimento do Ministério Público, do querelante ou do assistente, ou por representação da autoridade policial.*

Esse dispositivo, que é específico para a prisão preventiva, reitera o comando incorporado ao art. 282, § 2.º, do CPP ao tratar da legitimidade para as medidas cautelares de natureza pessoal em geral. Preceitua este artigo, com efeito, que *as medidas cautelares serão decretadas pelo juiz a requerimento das partes ou, quando no curso da investigação criminal, por representação da autoridade policial ou mediante requerimento do Ministério Público.*

Pois bem, a partir destas duas normas, infere-se que a prisão preventiva não poderá ser ordenada pelo juiz *ex officio* (ver tópico 11.3.2, acerca da conversão da prisão em flagrante em preventiva), podendo fazê-lo, então:

---

42 *Direito constitucional e teoria da Constituição.* Coimbra: Almedina, 1998, p. 580 e 586.

- Durante as **investigações policiais**, por meio de representação da autoridade policial ou de requerimento do Ministério Público.
- No curso do **processo penal**, por meio de requerimento do Ministério Público, do querelante ou do assistente de acusação.

A **legitimidade atribuída ao assistente de acusação** para requerer a prisão preventiva é faculdade legal que vem ao encontro da postura assumida pelo legislador a partir das reformas que vem sendo operadas no Código de Processo Penal, no sentido de estabelecer instrumentos à disposição do ofendido, não apenas no intuito de resguardar a sua integridade física, moral e patrimonial, como também de contribuir na produção de provas e na realização de atos processuais que auxiliem na obtenção do resultado concreto que se espera do processo criminal. Não é por menos que foram inseridos no CPP dispositivos como o art. 201, estabelecendo disciplina essencialmente protetiva do ofendido; o art. 387, IV, impondo ao juiz a fixação de indenização mínima ao ofendido por ocasião da sentença condenatória criminal; e, ainda, os arts. 400, 411 e 531, determinando a oitiva do ofendido em audiência sempre que possível.

A autoridade policial pode representar pela decretação da prisão preventiva após a instauração do processo criminal? A prisão preventiva decretada pelo juiz em face de representação da autoridade policial é aquela que tem por fim tutelar as investigações policiais. Ora, se não há uma investigação policial em andamento, desaparece, também, o interesse do delegado de polícia na custódia, dada a inexistência de uma investigação policial a ser tutelada. Portanto, entendemos que a autoridade policial apenas pode representar pela decretação da prisão preventiva enquanto houver uma investigação policial em curso.

Comissões Parlamentares de Inquérito podem requerer ao juiz a decretação da prisão preventiva? Embora haja divergências, compreendemos que inexiste essa faculdade, pois, em se tratando a prisão cautelar de ato restritivo de direito individual (direito à liberdade), descabem interpretações extensivas. Lembre-se de que, conforme a interpretação *a contrario sensu* do art. 5.º, LXVI, da Constituição Federal, relegou-se ao legislador ordinário a disciplina quanto às hipóteses de prisão provisória. Especificamente em relação à preventiva, tal regulamentação encontra-se incorporada ao art. 311 do CPP, o qual, no aspecto da legitimidade para provocá-la, é explícito em atribuí-la ao Ministério Público, ao assistente de acusação e ao querelante, por meio de requerimento, e ao delegado de polícia, por meio de representação. Destarte, entendendo ser hipótese que autoriza o decreto da custódia provisória, restará à Comissão Parlamentar de Inquérito dirigir-se ou à autoridade policial ou ao Ministério Público, expondo os motivos pelos quais entende necessária a segregação, para que estes órgãos, se assim o entenderem, realizem a devida provocação ao Poder Judiciário. *E quanto ao art. 3.º-A da Lei 1.579/1952, que dispõe sobre as Comissões Parlamentares de Inquérito*[43]*?* Não se ignora que esse artigo, introduzido pela Lei 13.367/2016, autoriza o presidente de CPI, por deliberação desta, a requerer medidas cautelares ao Juízo Criminal. Todavia, não se insere no seu âmbito qualquer permissivo para requerimento de prisão preventiva, ficando claro na sua redação que as únicas cautelares que podem ser solicitadas pelo presidente de CPI são aquelas que tenham por objetivo indisponibilizar bens do investigado em face da suspeita de sua proveniência ilícita. Sinale-se, por fim, que já houve iniciativas legislativas com vistas à alteração do art. 311 do CPP, tendo por objetivo a inclusão das CPIs como legitimadas ao requerimento da custódia. É o caso do Projeto de Lei 58/2007, ainda em tramitação, fundamentado na circunstância

---

43 Art. 3.º-A da Lei 1.579/1952: "Caberá ao presidente da Comissão Parlamentar de Inquérito, por deliberação desta, solicitar, em qualquer fase da investigação, ao juízo criminal competente medida cautelar necessária, quando se verificar a existência de indícios veementes da proveniência ilícita de bens".

de que "por não ter essa competência explicitada em lei, as Comissões Parlamentares de Inquérito veem sua capacidade investigativa diminuída, pois, para obter a decretação da referida medida acautelatória, dependem de requerimento do Ministério Público ou de representação da autoridade policial".

11.7.4. Pressupostos: indícios suficientes de autoria e prova da existência do crime (art. 312 do CPP)

A decretação da prisão preventiva exige, necessariamente, a presença de dois pressupostos fundamentais, os quais, conjugados, compõem o *fumus boni iuris* (*fumus comissi delicti*) sobre o qual deve assentar-se a medida. Consistem nos seguintes:

1. Indício suficiente de autoria: é aquele que, muito embora situado no campo da probabilidade, baseia-se em fatores concretos indicativos de que o indivíduo, efetivamente, possa ter praticado a infração penal sob apuração. Não se demanda, enfim, neste juízo provisório, prova plena de autoria, já que este é grau de certeza exigido por ocasião do mérito da ação penal, quando se visa à condenação do acusado.

Apesar de o art. 312 do CPP fazer referência a *indício suficiente* de *autoria,* é evidente que a preventiva não se destina, unicamente, a quem praticou atos de execução do crime, alcançando todos os indivíduos sujeitos a responsabilização penal pela sua prática, na forma do art. 29 do Estatuto Repressivo. Portanto, teria sido de melhor técnica a inserção, no texto legal, do requisito *indício suficiente de* autoria *ou de participação,* pois é isto que, na prática, efetivamente se requer para a decretação da custódia[44].

2. Prova da existência do crime: trata-se da documentação que demonstra, nos autos, a efetiva ocorrência da infração penal. A propósito, tenha-se em mente que *existência do crime* e sua *materialidade* não são expressões que possam ser usadas de forma indistinta, vale dizer, como sinônimas. Com efeito, todo crime está sujeito a ter sua *existência* atestada nos autos. Porém, apenas se deve falar em *materialidade* quando se trata de infrações que deixam vestígios.

Uma tentativa branca de homicídio, por exemplo, não possui materialidade a ser comprovada, pois não deixa vestígios. Neste caso, o que deverá ser demonstrado para fins de custódia cautelar é a efetiva existência do delito e não a sua materialidade. Neste bordo, tecnicamente inadequada a utilização do termo *materialidade* pelo legislador no art. 413, ao tratar da decisão de pronúncia. Teria sido preferível valer-se da expressão *existência*, que é mais ampla e abrange os delitos com e sem materialidade.

Já no caso do homicídio consumado, a situação é diferente, pois há, como resultado do crime, um cadáver, que se constitui no vestígio deixado pelo crime. Então, no homicídio, haverá materialidade a ser atestada.

Note-se que esta distinção não releva apenas em termos de semântica. Ocorre que, havendo materialidade, esta deve ser comprovada, em regra, por meio de exame de corpo de delito, direto ou indireto, conforme estatui o art. 158 do CPP. Na hipótese de não ser viável a produção da prova pericial em razão do desaparecimento dos vestígios, permite o art. 167 do mesmo diploma o suprimento da perícia pela prova testemunhal ou, conforme entendimento atual, por qualquer outra prova (prova documental, palavra da vítima etc.), exceto a confissão, que é ressalvada expressamente pela parte final do referido art. 158. Situação bastante comum de suprimento da prova pericial e comprovação da materialidade

---

44 O art. 417 do CPP, por exemplo, ao tratar da inclusão de acusados após o juízo de pronúncia, refere-se a indícios de autoria ou de participação.

por outro meio de prova ocorre nos crimes contra a dignidade sexual, em que a pessoa ofendida, por intimidação, constrangimento e repulsa, deixa de submeter-se aos exames médico-legais logo após a prática do fato, levando, com este comportamento, à perda dos sinais do crime. Nestas circunstâncias, a palavra da vítima auxilia na formação da convicção do julgador, comprovando, juntamente com outros elementos, a materialidade da infração.

11.7.5. Fundamentos: garantia da ordem pública ou econômica, conveniência da instrução criminal e segurança quanto à aplicação da lei penal

Trata-se dos motivos que ensejam a decretação da custódia e sobre os quais deve-se assentar a decisão judicial deferitória, sendo relacionados ao segundo requisito genérico das medidas cautelares, qual seja, o *periculum in mora* (*periculum libertatis*) – risco de que a demora das investigações ou da tramitação processual venha a prejudicar o ajuizamento da ação penal ou a prestação jurisdicional.

Consistem estes fundamentos nos seguintes: *garantia da ordem pública, garantia da ordem econômica, conveniência da instrução criminal* e *segurança da aplicação da lei penal.* Evidentemente, a prisão preventiva poderá ser decretada a partir da presença de apenas um destes elementos, não sendo necessária a coexistência de todos ao mesmo tempo. Todavia, se dois ou mais deles coexistirem, maior será a legitimidade do decreto prisional e, via de consequência, menores as possibilidades de sua revogação posterior.

Perceba-se que, mais recentemente, a Lei 13.964/2019 inseriu no art. 312, em sua parte final, o que alguns vem interpretando como mais uma condicionante da prisão preventiva: o *perigo gerado pelo estado de liberdade do imputado*". Não pensamos assim. Consideramos, enfim, que essa previsão não importa em qualquer inovação, tampouco podendo ser vista como um novo fundamento da custódia. Não passa, enfim, da explicitação do *periculum libertatis*, atributo este que, como dito, abrange os três fundamentos da prisão preventiva: garantia da ordem pública e econômica, conveniência da instrução criminal e segurança da aplicação da lei penal. Logo, absolutamente inócua a inovação legislativa em exame, pois não se constitui um novo fundamento da custódia, senão a versão englobante dos três já presentes na parte inicial do dispositivo. E não se diga que a menção legal à necessidade de *prova* do aludido perigo (*...prova da existência do crime e indício suficiente de autoria e de perigo gerado pelo estado de liberdade do imputado*) implicou em aumento do rigor legal para a decretação da custódia. Afinal, o requisito da *fundamentação* sempre esteve presente na decisão judicial que impõe a segregação cautelar, mesmo porque se trata de medida que importa em restrição do direito constitucional à liberdade. E tal fundamentação, por óbvio, apenas pode ocorrer em cima de provas, apontando o julgador os elementos que nele produzem a convicção quanto à presença das situações que ensejam a segregação. Logo, também no enfoque relativo à exigência de *provas* do *periculum libertatis,* não trouxe a Lei 13.964/2019 qualquer novidade.

Também introduzido pela mencionada Lei 13.964/2019, § 2º do art. 312, refere que "*a decisão que decretar a prisão preventiva deve ser motivada e fundamentada em receio de perigo e existência concreta de fatos novos ou contemporâneos que justifiquem a aplicação da medida adotada*". Sem embargo de algumas vozes já apregoarem que se trata a *contemporaneidade* de um novo fundamento da prisão cautelar, parece-nos evidente que não é esta a previsão legal. Por fundamentos da custódia compreendem-se os seus motivos ensejadores, vale dizer, às finalidades de sua decretação. Já a *contemporaneidade* não é atributo vinculado à *finalidade da segregação*, dizendo respeito, isto sim, à motivação da decisão judicial que decretar a custódia. Tanto é assim que o próprio texto legal refere a necessidade de decisão *fundamentada* em receio de perigo e existência concreta de fatos novos ou contemporâneos. Outra, aliás, não é a compreensão do STF, para o qual "*a 'contemporaneidade' diz respeito aos motivos ensejadores da prisão preventiva e não ao momento da prática supostamente criminosa em si, ou seja, é desimportante que o fato ilícito tenha sido praticado há lapso temporal longínquo, sendo necessária, no entanto, a efetiva demonstração de que, mesmo com o transcurso de tal período, continuam presentes os requisitos (i) do risco à ordem pública ou (ii) à ordem econômica, (iii) da conveniência da instrução ou, ainda, (iv) da necessidade de assegurar a aplicação da lei penal*"[45-46].

Situação semelhante à do § 2º do art. 312 ocorre com o disposto no § 2º do art. 313, igualmente introduzido pela Lei 13.964/2019, referindo que "*não será admitida a decretação da prisão preventiva com a finalidade de antecipação de cumprimento de pena ou como decorrência imediata de investigação criminal ou da apresentação ou recebimento de denúncia*". Esta regra, na sua redação, destoa das demais que estão presentes nos incisos I, II e III, bem como no § 1º, do art. 313, os quais relacionam, objetivamente, as situações fáticas que permitem a decretação da prisão preventiva – crimes dolosos punidos com pena de prisão máxima superior a 4 anos, crimes praticados pelo reincidente em crime doloso, crimes que envolvam violência doméstica e familiar e no caso de dúvida acerca da identidade civil da pessoa. Logo, a observância da restrição incorporada ao § 2º do art. 313 deve ser constatada diante da motivação da decisão que decretar a preventiva, da qual se deve depreender a presença dos requisitos e fundamentos dessa prisão, assim como a ocorrência das situações que a autorizam, permitindo seus termos, expressa ou implicitamente, a detecção de que a custódia não está sendo determinada como forma de antecipação de pena ou, simplesmente, como decorrência do desencadeamento de investigação criminal em relação ao suspeito da prática de infração ou do oferecimento de denúncia contra a pessoa que foi investigada ou indiciada.

Pois bem, considerado este cenário legal, infere-se que, a despeito das alterações realizadas pela Lei 13.964/2019 no art. 312, parte final e no § 2º deste dispositivo, bem como no § 2º do art. 313, persistem, como fundamentos da prisão preventiva, os quatro há muito já incorporados ao Código de Processo Penal – ordem pública, ordem econômica, instrução criminal e aplicação da lei penal.

11.7.5.1. Garantia da ordem pública

Entende-se justificável a prisão preventiva para a garantia da ordem pública quando a permanência do acusado em liberdade, pela sua elevada periculosidade, importar intranquilidade social em razão do **justificado receio de que volte a delinquir**.

Não bastam, para que seja decretada a preventiva com base neste motivo, ilações abstratas sobre a possibilidade de que venha o agente a delinquir, isto é, sem a indicação concreta e atual da existência do *periculum in mora*. É preciso, pois, que sejam apresentados fundamentos que demonstrem a efetiva necessidade da restrição cautelar para evitar a reiteração na prática delitiva.

Questão importante concerne à possibilidade de a **repercussão social intensa provocada pela gravidade da infração penal, por si, autorizar a privação cautelar da liberdade sob o manto da *garantia da ordem pública***. A respeito, predomina o entendimento de que isto

---

45 STF, HC 192519 AgR-Segundo, Primeira Turma, Rel. Min. Rosa Weber, *DJ* 10.02.2021.

46 No mesmo sentido: "[...] Ora, se, hipoteticamente, o réu comete o crime e, por exemplo, dez anos depois, ameaça uma testemunha que irá depor, a prisão preventiva pode ser decretada e é contemporânea à ameaça que ele realizou. A contemporaneidade não está relacionada, única e exclusivamente, à data do crime supostamente cometido, mas aos atos que comprometem a instrução processual e a ordem pública" (STF, HC 205884, Rel. Min. Gilmar Mendes, Decisão Monocrática, j. 15.09.2021).

não é possível, *pois, se admitirmos que sempre que a população se revoltar e clamar por justiça seja decretada a preventiva do infrator, não só estaremos tirando a imperiosa posição de isenção, imparcialidade e superioridade do Estado-juiz perante a sociedade, como também admitindo a utilização do próprio Estado para a perfectibilização da vingança privada.*[47] Neste sentido, também, a orientação do STF, decidindo que a mera afirmação de gravidade do crime e de clamor social, *de per si*, não são suficientes para fundamentar a constrição cautelar, sob pena de transformar o acusado em instrumento para a satisfação do anseio coletivo pela resposta penal[48].

Data venia, discordamos em parte dessa posição, não para sustentar que possa o magistrado, simplesmente com base no anseio da população por Justiça ou a partir de notícias sensacionalistas incorporadas a jornais e revistas, determinar a custódia provisória do investigado, mas, sim, no sentido de que deve ser admitida a prisão preventiva em hipóteses de real e inequívoco abalo social provocado pela prática de crimes de extrema gravidade, visando-se, destarte, não apenas ao restabelecimento do sossego social, como também à própria credibilidade das instituições, sobretudo do Judiciário.

O próprio STF, a par de predominar largamente o entendimento em sentido oposto, já deliberou que, *quando da maneira de execução do delito sobressair a extrema periculosidade do agente, abre-se ao decreto de prisão a possibilidade de estabelecer um vínculo funcional entre o "modus operandi" do suposto crime e a garantia da ordem pública.*[49]

Neste mesmo prisma, Guilherme de Souza Nucci[50], aduzindo, quanto à garantia da ordem pública, que *entende-se pela expressão a necessidade de se manter a ordem na sociedade, que, em regra, é abalada pela prática de um delito. Se este for grave, de particular repercussão, com reflexos negativos e traumáticos na vida de muitos, propiciando àqueles que tomam conhecimento da sua realização um forte sentimento de impunidade e de insegurança, cabe ao Judiciário determinar o recolhimento do agente. A garantia da ordem pública deve ser visualizada pelo binômio gravidade da infração + repercussão social.*

11.7.5.2. Garantia da ordem econômica

A *garantia da ordem econômica* é fundamento da prisão preventiva que foi incluído no art. 312 do Código de Processo Penal pela Lei 8.884/1994 (Lei Antitruste) e nele mantido na redação atual.

Na realidade, trata-se de uma variável da *garantia da ordem pública*, apenas um pouco mais específica do que esta, sendo relacionada a uma determinada categoria de crimes, quais sejam, aqueles que, de acordo com o art. 36, I a IV, da Lei 12.529/2011, tenham por objetivo limitar, falsear ou de qualquer forma prejudicar a livre concorrência ou a livre-iniciativa, dominar mercado relevante de bens ou serviços, aumentar arbitrariamente os lucros ou exercer de forma abusiva posição dominante.

Entre os crimes que podem ser praticados visando a estes objetivos, encontram-se, muito especialmente:

- Crimes contra economia popular, da Lei 1.521/51;
- Crimes contra o sistema praticados em detrimento do patrimônio de instituições financeiras ou de órgãos públicos (chamados crimes do colarinho branco), da Lei 7.492/1986;

---

47 THUMS, Gilberto; PACHECO, Vilmar Velho. *Leis antitóxicos*: crime, investigação e processo. Rio de Janeiro: Lumen Juris, 2004. p. 144.

48 STF, HC 100.012/PE, DJ 26.02.2010.

49 STF, HC 94.979/TO, DJ 02.04.2009.

50 *Código de processo penal comentado*. 4. ed., São Paulo: RT, p. 581.

- Crimes do Código de Defesa do Consumidor, da Lei 8.078/1990;
- Crimes contra a ordem tributária, econômica e relações de consumo, da Lei 8.137/1990;
- Crimes contra ordem econômica da Lei 8.176/1991;
- Crimes contra a propriedade industrial, da Lei 9.279/1996; e
- Crimes de lavagem de dinheiro, da Lei 9.613/1998.

Sendo a *garantia da ordem econômica* uma forma de *garantia da ordem pública,* sua utilização como fundamento para a decretação da prisão preventiva exige mais do que o enquadramento da conduta como um "crime contra ordem econômica", nos termos mencionados. É preciso que a gravidade da infração, a repercussão social causada e a probabilidade de reiteração da conduta criminosa imponham a medida como fator de tranquilidade e restabelecimento da paz social.

Dentro desta mesma linha deve ser a interpretação do art. 30 da Lei 7.492/1986, dispondo que, "sem prejuízo do disposto no art. 312 do Código de Processo Penal, aprovado pelo Decreto-lei n.º 3.689, de 3 de outubro de 1941, a prisão preventiva do acusado de crime previsto nesta lei poderá ser decretada em razão da magnitude da lesão causada". Por **magnitude da lesão causada** compreende-se a extensão do dano patrimonial provocado pelo agente nos crimes praticados contra o sistema financeiro nacional. Muito embora se trate de tema polêmico, havendo quem vislumbre na "magnitude da lesão causada" um elemento autônomo para fundamentar a custódia cautelar, o STF, em várias oportunidades, já se pronunciou no sentido de que este motivo apenas poderá fundamentar a prisão processual quando, no caso concreto, se concretizar algum dos motivos tradicionais da prisão preventiva previstos no art. 312, muito especialmente o risco de reiteração da conduta, o que, ao fim e ao cabo, implica na garantia da ordem econômica, variante, como se disse, da garantia da ordem pública. Aduziu, pois, o Excelso Pretório que *o vulto da lesão estimada, por si só, não constitui fundamento cautelar válido. No entanto, é pertinente conjugar a magnitude da lesão e a habitualidade criminosa, desde que ligadas a fatos concretos que demonstrem o "risco sistêmico" à ordem pública ou econômica, ou à necessidade da prisão para impedir a continuidade delitiva*[51].

11.7.5.3. Conveniência da instrução criminal

A prisão preventiva decretada para conveniência da instrução criminal é aquela que visa impedir que o agente, em liberdade, alicie testemunhas, forje provas, destrua ou oculte elementos que possam servir de base à futura condenação.

A despeito da terminologia empregada no dispositivo, essa medida não pode ser decretada apenas por se revelar *proveitosa* ou *vantajosa* à instrução, como sugere a interpretação literal da palavra "conveniência". É preciso que haja uma conotação de imprescindibilidade da segregação do agente para que a instrução criminal se desenvolva regularmente.

Sendo a custódia decretada unicamente com base no fundamento *in examen*, uma vez esgotada a instrução, não há mais razões para que subsista o decreto, impondo-se a revogação, conforme se infere dos arts. 316 e 282, § 5.º, ambos do CPP. Do contrário, passa a preventiva a se constituir uma forma de execução antecipada de pena, configurando constrangimento ilegal[52].

---

[51] STF, HC 86.758/PR, *DJ* 01.09.2006. No mesmo sentido: STF, HC 85.615/RJ, *DJ* 03.03.2006.

[52] STJ, HC 114.957/GO, *DJ* 08.03.2010.

11.7.5.4. *Segurança de aplicação da lei penal*

É motivo da prisão preventiva que se fundamenta no receio justificado de que o agente se afaste do distrito da culpa, impedindo a execução da pena imposta em eventual sentença condenatória.

Veja-se que a prisão preventiva é medida excepcional e deve ser decretada apenas quando devidamente amparada pelos requisitos legais, em observância ao princípio constitucional da presunção de inocência ou da não culpabilidade, sob pena de antecipar a reprimenda a ser cumprida quando da condenação[53]. Neste contexto, se motivada na *garantia de aplicação da lei penal*, não pode ser resultado de ilações abstratas no sentido de uma possível fuga do imputado, sendo necessária a demonstração da sua real intenção de se furtar à persecução criminal do Estado, obstaculizando, assim, a aplicação da lei penal.

Tema controvertido concerne à hipótese em que o agente deixa o distrito da culpa no intuito de **evitar sua prisão em flagrante**. Há duas correntes:

> ***Primeira:*** compreende que é sempre necessário averiguar o contexto fático-jurídico em que o agente se evadiu. Logo, a simples evasão do distrito da culpa – seja para evitar a configuração do estado de flagrância, seja para questionar a legalidade do flagrante – não basta, só por si, para justificar a decretação da privação cautelar da liberdade do indivíduo.
>
> ***Segunda:*** adotada por expressiva parcela da jurisprudência, sustenta que não se pode reconhecer legitimidade e, muito menos, conotação de direito natural de defesa ao indivíduo que cometeu um fato típico e põe-se em fuga para evitar as consequências imediatas que se seguem a esta prática.

Aderimos a esta última orientação, mesmo porque não conseguimos vislumbrar como a fuga do réu à prisão em flagrante pode não configurar um risco à aplicação da lei penal, a justificar a decretação de sua prisão preventiva. Claro que o raciocínio jurídico que envolve as possibilidades do art. 310 do CPP, ordinariamente, não é de conhecimento do agente que comete o fato típico, normalmente uma pessoa sem conhecimentos jurídicos. Não obstante, mesmo um leigo tem o senso da postura correta a adotar quando, sujeito a uma prisão em flagrante, não quer transparecer às autoridades policiais e judiciárias um comportamento sugestivo de intenção de fuga.

Finalmente, é preciso considerar que, por força do art. 282, § 6.º, do CPP, a decretação da prisão preventiva apenas é viável quando não for cabível a sua substituição por outra medida acautelatória diversa da prisão. Ora, no art. 319, IV e IX, encontram-se as medidas de *proibição de ausentar-se da Comarca* e de *monitoração eletrônica*, respectivamente. Já no art. 320 contempla-se a *proibição de ausentar-se do País*. Estes três provimentos cautelares, em tese, são capazes de substituir o decreto constritivo alicerçado na garantia de aplicação da lei penal. Destarte, apenas quando, em face das peculiaridades do caso concreto ou das condições pessoais do agente, revelarem-se potencialmente ineficazes para o fim de elidir o prognóstico de fuga do réu é que poderá o juiz decretar a prisão preventiva sob o fundamento em análise.

11.7.5.5. *Perigo gerado pelo estado de liberdade do imputado*

A condicionante introduzida pela Lei 13.964/2019 ao art. 312 do Código de Processo Penal, relativa ao *perigo gerado pelo estado de liberdade do imputado*, nada mais é do que a versão em português da expressão latina *periculum libertatis*, o que, conforme referimos anteriormente, abrange os três fundamentos da prisão preventiva: garantia da ordem pública e econômica, conveniência da instrução criminal e segurança da aplicação da lei penal.

---

[53] STJ, RHC 29.885/SP, *DJ* 01.08.2011.

Logo, como dissemos antes, absolutamente inócua a inovação legislativa em exame, pois não se constitui um novo fundamento da custódia, senão a versão englobante dos três já presentes na parte inicial do dispositivo.

E não se diga que a menção legal à necessidade de *prova* do aludido perigo (*...prova da existência do crime e indício suficiente de autoria e de perigo gerado pelo estado de liberdade do imputado*) implicou em aumento do rigor legal para a decretação da custódia. Afinal, o requisito da *fundamentação* sempre esteve presente na decisão judicial que impõe a segregação cautelar, mesmo porque se trata de medida que importa em restrição do direito constitucional à liberdade. E tal fundamentação, por óbvio, apenas pode ocorrer em cima de provas, apontando o julgador os elementos que nele produzem a convicção quanto à presença das situações que ensejam a segregação. Logo, também no enfoque relativo à exigência de *provas* do *periculum libertatis,* não trouxe a Lei 13.964/2019 qualquer novidade.

11.7.6. Excepcionalidade da prisão preventiva diante das medidas cautelares diversas da prisão (art. 282, § 6.º, do CPP)

Não é de hoje que a jurisprudência vislumbra na prisão preventiva uma medida excepcional, podendo ser decretada apenas quando devidamente amparada pelos requisitos legais previstos no art. 312 do CPP, em observância ao princípio constitucional da presunção de inocência, sob pena de antecipar a reprimenda a ser cumprida quando da condenação.

Tal excepcionalidade, em nível legislativo, está incorporada ao Código de Processo Penal, dispondo o art. 282, § 6.º, alterado pela Lei 13.964/2019, que *a prisão preventiva somente será determinada quando não for cabível a sua substituição por outra medida cautelar, observado o art. 319 deste Código, e o não cabimento da substituição por outra medida cautelar deverá ser justificado de forma fundamentada nos elementos presentes do caso concreto, de forma individualizada.*

Veja-se que a supletividade da prisão preventiva em face das outras medidas acautelatórias não ocorre apenas quando provocado o juiz à sua decretação pelos legitimados previstos em lei. Com efeito, também a conversão do flagrante em preventiva, de acordo com o art. 310, II, do CPP, condiciona-se a que se revelem *inadequadas ou insuficientes as medidas cautelares diversas da prisão*; e, igualmente, a custódia ordenada em razão do descumprimento dessas medidas, determinando o art. 282, § 4.º, que o juiz, nesse caso, *poderá substituir a medida, impor outra em cumulação, ou, em último caso, decretar a prisão preventiva.*

11.7.7. As condições pessoais do investigado ou réu e a gravidade do crime interferem na decretação da prisão cautelar?

Condições pessoais do indivíduo: em relação às condições pessoais do indivíduo, as de caráter *favorável* ao indiciado ou acusado – tais como primariedade, bons antecedentes, residência fixa etc. – não significam qualquer óbice para a decretação ou a manutenção do encarceramento cautelar, desde, é claro, que presentes os pressupostos legais e fáticos para a constrição provisória. No âmbito dos Tribunais Superiores, tem sido reiterado o entendimento de que "condições favoráveis, tais como primariedade, bons antecedentes e residência fixa, não têm o condão de, por si sós, desconstituírem a custódia processual, caso estejam presentes outros requisitos de ordem objetiva e subjetiva que autorizem a decretação da medida extrema"[54].

E quanto às condições pessoais desfavoráveis? O raciocínio, neste caso, é o oposto. Enfim, nada impede que, sendo negativas as aludidas condições, seja esta circunstância agregada aos demais fundamentos da medida constritiva para justificar a decretação ou

[54] STJ, HC 204.355/ES, *DJ* 28.06.2011.

manutenção da custódia. Nesse sentido: "A real periculosidade do réu reincidente e detentor de maus antecedentes, evidenciada nos atos de ameaça perpetrados contra as testemunhas e no fato de ter cometido o crime durante o cumprimento de outra pena em regime aberto, é motivação idônea capaz de justificar a manutenção da constrição cautelar, por demonstrar a necessidade de se resguardar a ordem pública e a regularidade da instrução criminal e garantir a aplicação da lei penal"[55].

Gravidade da infração penal: Sob este enfoque, é preciso distinguir a *gravidade objetiva da infração (gravidade abstrata),* que é aquela relacionada à natureza do crime cometido, da gravidade concernente ao *modus operandi* do agente (*gravidade concreta).*

Com efeito, é entendimento consolidado o de que a **gravidade objetiva da infração (gravidade abstrata)**, *por si,* não é suficiente para justificar a segregação do indivíduo antes do trânsito em julgado da sentença penal condenatória, em face do princípio da presunção de inocência. Assim como ocorre em relação ao acusado que apresenta predicados desqualificadores, tal gravidade até pode ser um dos fundamentos da custódia cautelar, mas não o único, impondo-se, pois, que esteja conjugado com os demais fundamentos do art. 312 do CPP[56]. *Exemplo*: homicídio cometido pelo agente mediante disparo de arma de fogo é um crime objetivamente grave, pois atenta contra a vida do ofendido. Entretanto, não será apenas por essa razão que o agente terá decretada sua prisão preventiva.

Diferente, contudo, é o que ocorre em relação à **gravidade decorrente do *modus operandi* do agente (gravidade concreta)**. É o caso, por exemplo, dos crimes cometidos com intensa crueldade, ou por meio de conduta que põe em risco a vida de muitas pessoas, ou com grande sofrimento físico ou moral durante a execução etc. Em tais casos, relevam as particularidades do caso concreto. São estas peculiaridades que, agregadas à forma de realização do crime ou aos atributos de quem o comete, revelam extrema periculosidade do agente, autorizando a imposição da restrição cautelar, no mínimo, para garantia da ordem pública. A partir desta ordem de argumentos, o STJ reconheceu a necessidade da custódia cautelar em relação ao agente que, movido por sentimento de vingança, desferiu contra vítima ferida e imobilizada um tiro na cabeça[57], assim como do indivíduo que, no curso de roubo a banco, realizou intensa troca de tiros com milicianos[58]. Outra não foi a posição do STF quando, apreciando a situação do agente a quem se imputava a posse para fins de tráfico de dois quilos de cocaína, deliberou no sentido de que a gravidade *in concreto* do delito ante o *modus operandi* empregado ensejava a decretação da prisão preventiva, para garantia da ordem pública, por força da expressiva periculosidade social do agente[59].

11.7.8. Hipóteses em que é admissível a decretação da prisão preventiva (art. 313 do CPP)

Estabelece o art. 313 do CPP que a prisão preventiva, presentes os pressupostos e fundamentos que a autorizam, será admitida nas seguintes hipóteses:

a) Crimes dolosos punidos com pena privativa de liberdade máxima superior a quatro anos (art. 313, I, do CPP);

[55] STJ, HC 84.134/SP, *DJ* 17.12.2007.
[56] STJ, RHC 29.346/RS, *DJ* 1.º08.2011.
[57] STJ, HC 197.460/GO, *DJ* 1.º08.2011.
[58] STJ, HC 29.373/PB, *DJ* 1.º08.2011.
[59] STF, HC 101.132/MA, *DJ* 1.º07.2011.

b) Indivíduo que comete um novo crime doloso nos cinco anos subsequentes ao cumprimento ou extinção da pena imposta em razão da prática de outro crime doloso anterior – o chamado reincidente em crime doloso (art. 313, II, do CPP);
c) Crimes que envolvam violência doméstica e familiar contra mulher, criança, adolescente, pessoa idosa, enfermo ou pessoa com deficiência, para garantir a execução das medidas protetivas de urgência (art. 313, III, do CPP);
d) Dúvida sobre a identidade civil da pessoa ou quando esta não fornecer elementos suficientes para esclarecê-la.

11.7.8.1. *Crimes dolosos punidos com pena privativa de liberdade máxima superior a quatro anos (art. 313, I, do CPP)*

Há, nesta hipótese, a necessidade de que se trate de *crimes dolosos*, o que exclui a sua decretação nas hipóteses de crimes culposos e de contravenções penais.

Exige-se, ademais, que a pena máxima cominada no tipo penal violado seja *superior a quatro anos de prisão*. Importante referir que essa limitação da prisão preventiva aos crimes com **apenamento máximo superior a quatro anos** não alcança o indivíduo a que se reconheça a condição de reincidente em crime doloso, assim considerado aquele que comete outro crime doloso nos cinco anos subsequentes ao cumprimento ou extinção da pena imposta em condenação anterior por outro crime doloso (computado o período de prova do *sursis* e do livramento condicional, conforme veremos no próximo item). É que, neste caso, o permissivo da prisão preventiva encontra-se no art. 313, II, do CPP, que não condiciona a sua decretação à pena máxima cominada ao tipo penal infringido. *Exemplos:*

1. *Se um indivíduo não reincidente, plenamente identificado, comete um crime de furto simples (art. 155 – pena: 1 a 4 anos de reclusão), não poderá ele ter decretada sua custódia ainda que concorram os fundamentos da prisão preventiva estipulados no art. 312 do CPP, pois a pena máxima cominada no tipo penal do furto é de quatro anos e a prisão preventiva, para o não reincidente em crime doloso, é admitida apenas quando o máximo da pena cominada for superior a esse patamar (art. 313, I, do CPP).*
2. *Se, porém, a mesma pessoa já ostentar condenação anterior por um roubo e tiver praticado o mencionado furto no período de cinco anos que se seguiram ao cumprimento ou extinção da pena pelo roubo, poderá ela ter sua prisão preventiva ordenada pelo juízo, desde que se revelem presentes os requisitos do art. 312 do CPP e que não sejam cabíveis as medidas acautelatórias diversas da prisão (art. 313, II, do CPP).*
3. *Agora, se o furto foi praticado após o decurso dos cinco anos que se seguiram ao cumprimento ou extinção da pena imposta em razão do roubo, volta a incidir a regra que condiciona a preventiva ao apenamento máximo superior a quatro anos, obstaculizando-se a preventiva do agente (art. 313, I e II, do CPP).*

Especial atenção deve ser dispensada nas hipóteses de concurso de crimes. Nestes casos, compreendemos que o cabimento da prisão preventiva em relação ao não reincidente deve ser examinado em conformidade com a operação prevista em lei para a respectiva modalidade de concurso, isto é, levando-se em conta o somatório ou a exasperação da pena máxima cominada, e não a pena de cada um dos crimes em concurso individualmente considerados. Assim:

- *Concurso material (art. 69, 'caput', do Código Penal).* Ocorre quando o agente, mediante mais de uma ação ou omissão, pratica dois ou mais crimes. Considerando que o concurso material importa na soma das penas correspondentes às infrações diversas, a verificação do cabimento da prisão preventiva deverá considerar o **somatório das penas máximas** cominadas a cada infração praticada em concurso. Será cabível a custódia para todos os crimes se, dessa operação, resultar total superior a quatro anos de prisão.
- *Concurso formal próprio (art. 70, 1.ª parte, do Código Penal).* Ocorre quando o agente, mediante uma ação ou omissão, pratica dois ou mais crimes, idênticos ou não. Reconhecido em sentença, o concurso formal próprio acarreta aplicação de somente uma das penas (a mais grave, ou, se idênticas, apenas uma delas), aumentada de um sexto até a metade. Destarte, para fins da preventiva, reputamos que se deva majorar a **pena máxima da infração mais grave** em **metade (1/2)**, que corresponde ao maior acréscimo. Resultando deste cálculo quantitativo superior a quatro anos de prisão, é cabível a prisão preventiva em relação a todos os delitos em concurso.
- *Concurso formal impróprio (art. 70, 2.ª parte, do Código Penal).* Ocorre quando o agente, mediante uma ação ou omissão, pratica dois ou mais crimes, resultantes estes de desígnios autônomos. Tendo em vista que o concurso formal impróprio importa na soma das penas de cada crime, aqui, à semelhança do concurso material, o cabimento da prisão preventiva define-se pelo **somatório das penas máximas** cominadas a cada infração cometida em concurso.
- *Crime continuado (art. 71 do Código Penal).* Ocorre quando o agente, mediante mais de uma ação ou omissão, pratica dois ou mais crimes da mesma espécie e em condições de tempo, lugar, maneira de execução e outras semelhantes. Quando reconhecido em sentença condenatória, o crime continuado importa na aplicação de somente uma das penas (a mais grave, ou, se idênticas, apenas uma delas) aumentada de um sexto até dois terços. Relativamente à decretação da prisão preventiva, quando imputados delitos em continuidade delitiva, reputamos que se deva majorar a **pena máxima da infração mais grave** em **dois terços (2/3)**, que corresponde ao maior acréscimo. Resultando deste cálculo quantitativo superior a quatro anos de prisão, poderá ser decretada a custódia em relação a todos os delitos em continuidade.

Esta orientação que defendemos vai ao encontro, *mutatis mutandis,* do entendimento já sumulado pelo STJ e pelo STF em relação ao benefício da suspensão condicional do processo contemplado no art. 89 da Lei 9.099/95, quando ocorrentes as hipóteses de concursos de crimes. Trata-se, pois, da *Súmula 243 do STJ*, dispondo que "o benefício da suspensão do processo não é aplicável em relação às infrações penais cometidas em concurso material, concurso formal ou continuidade delitiva, quando a pena mínima cominada, seja pelo somatório, seja pela incidência da majorante, ultrapassar o limite de 1 (um) ano", e da *Súmula 723 do STF,* preceituando que "não se admite a suspensão condicional do processo por crime continuado, se a soma da pena mínima da infração mais grave com o aumento mínimo de 1/6 (um sexto) for superior a 1 (um) ano".

Por outro lado, tratando-se de **causas de aumento** e **causas de diminuição de pena**, deve-se considerar a quantidade que mais aumente ou que menos diminua, respectivamente. Independentemente disso, a base de incidência deve ser, em qualquer caso, a pena máxima cominada ao delito. *Exemplos:*

- Considere-se que, na denúncia, atribua o Ministério Público a um determinado acusado, não reincidente, a prática de furto (simples) majorado pelo repouso noturno. Ora, a pena máxima cominada ao tipo penal do furto simples é de 4 anos, consoante art. 155 do CP, o que não autoriza a prisão preventiva. Não obstante, estabelece o § 2.º do mesmo dispositivo que a pena aumenta-se de 1/3 se o crime é praticado durante o repouso noturno. Ora, com esta majoração, a pena máxima do crime imputado resta superior a 4 anos, permitindo, via de consequência, o decreto da prisão preventiva.

– Imagine-se, agora, a imputação de tentativa de estelionato a denunciado não reincidente. O estelionato é punido com até 5 anos de prisão, consoante art. 171 do CP. Entretanto, em face da tentativa, esta pena deverá ser reduzida de 1/3 a 2/3, conforme dispõe o art. 14, parágrafo único, do Código Penal. Ora, aplicando-se sobre o apenamento máximo (5 anos) a redução mínima (1/3), a pena resulta em 3 anos e 4 meses, quantitativo este incompatível com a decretação da custódia na espécie.

E quanto às **agravantes** e **atenuantes**? Não podem ser levadas em consideração, tendo em vista que, opostamente às causas de aumento (majorantes) e diminuição (minorantes), não inserem uma quantidade específica de pena que deva ser acrescida ou reduzida em razão de sua incidência.

Já em se tratando de **qualificadoras**, não há qualquer dúvida, pois constituem tipos penais derivados, com limites mínimo e máximo de penas autônomos. Por conseguinte, é evidente que a verificação do cabimento da segregação cautelar deve ser realizada a partir do exame destes quantitativos. Considere-se, como exemplo, o crime de furto qualificado, sujeito a pena máxima de oito anos de reclusão. Este delito admite que seus agentes sejam presos preventivamente, ainda que não reincidentes. O mesmo não acontece com o furto simples, pois, quanto a este, o apenamento máximo previsto em lei é de quatro anos, não admitindo, assim, a custódia, salvo, reitere-se, em relação ao reincidente.

Dissemos alhures que, ao permitir a prisão preventiva nos *crimes dolosos* punidos com até quatro anos de prisão, o art. 313, I excluiu da sua disciplina a possibilidade de autorizar o juiz a decretação da medida nos **crimes culposos** e nas **contravenções penais**. Ora, relativamente aos crimes culposos, não há qualquer dúvida, decorrendo a vedação da exclusão explícita realizada pelos termos do dispositivo. Se fala em "crimes dolosos", é óbvio que o artigo afasta a possibilidade de decretação nos **crimes culposos**. Na realidade, questionamentos poderiam surgir em relação às **contravenções penais** em casos específicos. *Imagine-se, por exemplo, que, determinado indivíduo, denunciado no juizado especial criminal pela prática de contravenção penal, não seja localizado para citação pessoal, determinando o juiz, então, o encaminhamento dos autos ao juízo comum, para citação por edital e continuação do processo sob procedimento sumário (art. 66, parágrafo único, da Lei 9.099/1995 combinado com o art. 538 do CPP). Suponha-se que, realizada a citação editalícia, o denunciado não compareça e não constitua defensor. Ora, em tal caso, incidem os arts. 366 e 396, parágrafo único, ambos do CPP, impondo a suspensão do processo criminal e do prazo prescricional até que seja possível citar pessoalmente o acusado. Ocorre que o citado art. 366 autoriza, também, a decretação da prisão preventiva do réu.* Pergunta-se, então: *Tal medida poderia ser decretada na espécie, tendo em vista tratar-se de contravenção penal a infração sob apuração?* A resposta é negativa. Considerando os termos do art. 313 do CPP, não podem ser aplicadas às contravenções as hipóteses que autorizam a prisão preventiva. Estas se destinam aos agentes de crimes em sentido estrito, sujeitos à pena de reclusão ou detenção, e não aos contraventores[60].

---

[60] STJ, *Habeas Corpus* 179.742/MG, *DJ* 14.03.2011.

Finalmente, deve-se destacar que a prisão preventiva pode ser decretada tanto em relação a crimes punidos com **reclusão e detenção**. Na disciplina anterior à Lei 12.403/2011, condicionava o art. 313, I a que se tratasse de crimes punidos com reclusão, abrindo-se exceção, no inc. II do mesmo artigo, aos delitos punidos com detenção apenas quando vadio o agente, ou se houvesse dúvidas acerca de sua identidade e não fornecesse ele elementos para esclarecê-la. Tal condicionamento, agora, não mais subsiste, sendo que foi exterminada a chamada prisão preventiva do vadio. Assim, o infanticídio, por exemplo, que, de acordo com o art. 123 do Código Penal, é punido com dois a seis anos de detenção, poderá dar ensejo à prisão preventiva.

11.7.8.2. *Investigado ou acusado que comete um novo crime doloso nos cinco anos subsequentes ao cumprimento ou extinção da pena imposta em razão da prática de outro crime doloso anterior – o chamado reincidente em crime doloso (art. 313, II, do CPP)*

Estabelece o art. 313, II, do CPP que será admitida a decretação da prisão preventiva do investigado ou acusado que *tiver sido condenado por outro crime doloso, em sentença transitada em julgado, ressalvado o disposto no inciso I do "caput" do art. 64 do Decreto--Lei n.º 2.848, de 7 de dezembro de 1940 – Código Penal*. Por outro lado, o art. 64, I, do Código Penal, referido no dispositivo, tratando da reincidência, dispõe que *não prevalece a condenação anterior, se entre a data do cumprimento ou extinção da pena e a infração posterior tiver decorrido período de tempo superior a 5 (cinco) anos, computado o período de prova da suspensão ou do livramento condicional, se não ocorrer revogação.*

Como se vê, possibilita o art. 313, II que seja decretada a prisão preventiva do indivíduo que, já condenado anteriormente por um crime doloso, pratica, dentro do período que se seguir aos cinco anos posteriores ao cumprimento ou extinção da respectiva pena, um novo crime doloso, não importando se este é ou não punido com pena máxima superior a quatro anos. Também é irrelevante a natureza da pena, vale dizer, se detenção ou reclusão.

Veja-se que, para o efeito de gerar reincidência em *crime doloso*, basta que haja uma condenação transitada em julgado por outro crime dessa mesma natureza, não importando se em decorrência desta foi aplicada uma pena privativa de liberdade, restritiva de direitos ou multa[61]. *E se for condenação anterior por uma contravenção seguida da prática de um crime doloso?* Não há previsão de reincidência neste caso.

Outro aspecto importante a observar respeita à inclusão do período de prova do *sursis* e do livramento condicional que não tenham sido revogados, conforme dispõe o art. 64, I, *fine*.

Isto significa que, se o indivíduo foi condenado e cumpriu, por exemplo, três anos de ***sursis*** (art. 77 do CP), quando extinta sua pena sem que tenha sido revogado aquele benefício, restarão apenas mais dois anos para que essa condenação possa gerar reincidência.

Imagine-se, por outro lado, a situação do condenado a doze anos de reclusão, que obtenha **livramento condicional** após o cumprimento de quatro anos de pena, equivalentes a um terço do total (art. 83, I, do CP). Passados os oito anos remanescentes e sendo extinta sua pena sem que tenha ocorrido a revogação do livramento, essa condenação não poderá gerar reincidência, eis que já decorrido, no curso do referido benefício, lapso superior a cinco anos.

Ora, operada, em um e outro caso, a caducidade da condenação anterior para o fim de gerar reincidência, resta inviabilizada a aplicação da disciplina do art. 313, II, do

61 Há posição minoritária sustentando que a aplicação de pena de multa não gera reincidência.

CPP que possibilita a desconsideração da pena máxima do novo crime para efeitos de decretação da preventiva.

E se, em relação ao crime anterior, o agente foi beneficiado com o perdão judicial? O perdão judicial é causa extintiva da punibilidade prevista no art. 107, IX, do Código Penal, que faculta ao juiz deixar de aplicar a pena em hipóteses previstas, como por exemplo, no art. 249, § 2.º, do Código Penal, dispondo, em relação ao crime de *subtração de incapazes,* que, "no caso de restituição do menor ou do interdito, se este não sofreu maus-tratos ou privações, o juiz pode deixar de aplicar pena". Para os fins do perdão judicial, o juiz deve proferir a sentença condenatória. Todavia, ao final desta sentença, concede o perdão, deixa de aplicar a pena e julga extinta a punibilidade. Em que pese sua concessão pressuponha a condenação, dispõe a Súmula 18 do STJ que *a sentença concessiva do perdão judicial é declaratória da extinção da punibilidade, não subsistindo qualquer efeito condenatório.* Logo, uma vez transitada em julgado, tal decisão não produz reincidência. Em razão disto, se novo crime for cometido nos cinco anos subsequentes, não sendo apenado com reprimenda máxima superior a quatro anos, não poderá o indivíduo, em tese, ter sua prisão preventiva decretada, pois não incidirá o permissivo do art. 313, II, do CPP.

11.7.8.3. Crimes que envolvam violência doméstica e familiar contra a mulher, criança, adolescente, pessoa idosa, enfermo ou pessoa com deficiência, para garantir a execução das medidas protetivas de urgência (art. 313, III, do CPP)

Como se infere da redação legal, o art. 313, III, do CPP insere permissivo da prisão preventiva em relação a crimes cometidos com *violência doméstica e familiar contra a mulher, criança, adolescente, pessoa idosa, enfermo ou pessoa com deficiência,* com vista a garantir a execução de medidas protetivas de urgência. Sem embargo da aparentemente simplicidade da regulamentação, a verdade é que, dado o caráter demasiadamente genérico do dispositivo, várias questões surgiram em relação à sua exegese, gerando-se, em alguns casos, posições divergentes. Nesse cenário, para facilitar a compreensão do tema, abordaremos, nos tópicos a seguir, os requisitos da custódia cautelar aqui tratada e as principais questões que a envolvem.

a) Pena máxima cominada ao crime:

Para fins da prisão preventiva alicerçada no art. 313, III, do CPP, é irrelevante a pena máxima cominada ao crime. Em suma, não incide, aqui, a restrição existente no art. 313, I, do CPP, que condiciona a decretação da custódia a que seja a pena cominada superior a quatro anos de prisão, bastando que seja perpetrado mediante violência doméstica e familiar em relação às categorias de pessoas mencionadas no inc. III do mesmo artigo. E também não há restrição à natureza da pena abstratamente cominada ao crime praticado (reclusão ou detenção) ou a condições pessoais do agente (primário ou reincidente). Desta forma, desde que se perfaça a necessidade do acautelamento da pessoa ofendida na situação prevista no dispositivo, será viável a prisão preventiva de indivíduo primário a quem se impute, por exemplo, um crime de ameaça (art. 147 do CP), cuja pena máxima cominada não passa de seis meses de detenção.

b) Natureza da infração penal praticada:

Questão relevante, que decorre da amplitude do regramento incorporado ao art. 313, III, do CPP, concerne ao fato de que não limita a custódia nele prevista aos **crimes dolosos.** Logo, uma leitura superficial pode conduzir à impressão de que, com base nesse permissivo, é cabível a decretação da preventiva em relação a qualquer ordem de crimes, dolosos ou culposos. Tal orientação, contudo, não resiste à melhor análise do dispositivo tampouco à interpretação sistêmica de seus termos. Isto porque a hipótese de prisão preventiva em foco tem por objetivo garantir a execução de medidas protetivas de urgência aplicadas em razão de crimes praticados com violência doméstica e familiar contra mulher, criança, adolescente, pessoa idosa, enfermo ou pessoa com deficiência. Ora, ao fazer menção a crimes praticados com violência, insere o art. 313, III, de forma implícita, a conduta consciente e deliberada do agente em causar um dano às categorias de vítimas arroladas, daí emergindo, então, a ideia de dolo, e não a de culpa. Logo, está claro que, mesmo na situação do art. 313, III, a prisão preventiva apenas poderá ser decretada quando se tratar de **condutas dolosas.**

E quanto às contravenções penais? Imagine-se, para ilustrar, que, diante da prática de contravenção de vias de fato (art. 21 do Decreto-lei 3.688/1941), seja imposta, pelo juiz, ao ofensor a medida protetiva de urgência de proibição de manter contato com a ofendida (art. 22, III, b, da Lei 11.340/2006) e que esta determinação seja descumprida. Será cabível, nessa hipótese, a decretação da prisão preventiva com fundamento no art. 313, III? Não, pois ausente autorização legal para tanto (o art. 313, III, como vimos, refere-se a "crime"). No âmbito do STJ, com efeito, há muito se vem decidindo que *em se tratando de aplicação da cautela extrema, não há campo para interpretação diversa da literal, de modo que não existe previsão legal autorizadora da prisão preventiva contra autor de uma contravenção, mesmo na hipótese específica de transgressão das cautelas de urgência diversas já aplicadas*[62].

c) Sujeitos da proteção legal:

Outra controvérsia concerne aos **destinatários das medidas protetivas de urgência** que, pelo descumprimento ou potencialidade de descumprimento pelo ofensor, podem ensejar a sua custódia cautelar.

Ora, sendo o caso da **mulher vítima de violência doméstica e familiar,** não há qualquer dificuldade, pois as medidas protetivas de que trata o art. 313, III, do CPP são, notadamente, as previstas no art. 22 da Lei 11.340/2006, que se dirigem e obrigam o agressor. Ademais, correlato à disposição do Código, há o art. 20 da Lei Maria da Penha dispondo que "em qualquer fase do inquérito policial ou da instrução criminal, caberá a prisão preventiva do agressor, decretada pelo juiz, de ofício, a requerimento do Ministério Público ou mediante representação da autoridade policial". Abre-se um parêntese para explicitar que, a despeito da referência à violência doméstica e familiar contra a mulher prevista no dispositivo, não se deve restringir seu alcance à mulher biologicamente considerada, podendo a disciplina legal alcançar, por exemplo, a mulher transexual. A propósito do tema – sujeitos da tutela protetiva da Lei Maria da Penha –, remetemos o leitor ao Capítulo 10, tópico 10.16.2.2.

O mesmo ocorre na hipótese de **violência doméstica e familiar contra criança e adolescente,** estabelecendo a Lei 14.344/2022 (a denominada Lei Henry Borel), no seu art. 20, medidas protetivas de urgência que obrigam o agressor, implicando o respectivo descumprimento na possibilidade de prisão preventiva. Também nesse diploma, aliás, existe disciplina simétrica à do art. 313, III, do CPP, regrando o seu art. 17 que em qualquer fase do inquérito policial ou da instrução criminal, caberá a prisão preventiva do agressor, decretada pelo juiz, a requerimento do Ministério Público ou mediante representação da autoridade policial.

Em verdade, dúvidas surgem quando se trata das demais hipóteses que sobressaem da leitura do art. 313, III, do CPP, concernentes à decretação da prisão preventiva para garantir a execução de medidas protetivas de urgência em casos de **violência doméstica e familiar contra pessoa idosa, enfermo ou pessoa com deficiência.** Afinal, as Leis

---

62 STJ, *Habeas Corpus* 437.535/SP, 6.ª Turma, *DJ* 02.08.2018. No mesmo sentido: RHC 118.193/MG, 6.ª Turma, Rel. Min. Laurita Vaz, j. 18.02.2020, *DJe* 02.03.2020.

11.340/2006 e 14.344/2022, ao estipularem medidas cabíveis ao agressor nas situações de violência doméstica e familiar, são, como vimos, direcionadas, respectivamente, à mulher e à criança e ao adolescente, não abrangendo os demais sujeitos referidos no dispositivo citado. Tendo em vista esse paradoxo jurídico decorrente da literalidade do art. 313, III, duas linhas de pensamento coexistem:

> ***Primeira:*** as medidas previstas nas Leis 11.340/2006 e 14.344/2022 podem ser usadas, por analogia, para coibir e prevenir condutas que impliquem violência doméstica e familiar também em relação a outras vítimas, como pessoas idosas, enfermos ou pessoas com deficiência. Uma vez aplicadas em prol de qualquer dessas pessoas, o descumprimento ou potencialidade de descumprimento pelo agressor importará em motivo para decretação da prisão preventiva com base no art. 313, III, do CPP, desde que, por óbvio, não sejam cabíveis as medidas alternativas do art. 319 (art. 282, § 6.º).
>
> ***Segunda:*** as medidas protetivas de urgência estipuladas nas Lei 11.340/2006 e 14.344/2022 são direcionadas especificamente à mulher e à criança ou adolescente vítimas de violência doméstica e familiar, não sendo possível, assim, estendê-las a outros ofendidos. De acordo com essa ótica, sendo caso de violência doméstica e familiar cometida contra pessoa idosa, enfermo ou pessoa com deficiência, as medidas protetivas de urgência que podem ser adotadas e cujo descumprimento poderá conduzir à prisão preventiva do agente são aquelas que decorrem do poder geral de cautela que é inerente ao juiz, assim compreendida a faculdade judicial de autorizar, cautelarmente, medidas legalmente atípicas (aquelas que não estão descritas em lei) sempre que isto se revelar necessário para garantir, no caso concreto, a efetiva proteção à vítima da violência. Concordamos com essa posição.

d) Pressuposto específico da prisão preventiva baseada no art. 313, III, do CPP: Trata-se de saber, aqui, se, para a decretação da prisão preventiva com base no art. 313, III, do CPP, a despeito da literalidade do dispositivo, existe **necessidade de que medidas protetivas de urgência já fixadas tenham sido efetivamente descumpridas pelo agente.**

Para se ter uma ideia da relevância do tema, considere-se a seguinte situação fática: determinado indivíduo, primário, porém com vários antecedentes criminais e histórico de agressões físicas à vítima, motivado por ciúmes e inconformado com o recente rompimento da relação entre eles, comparece no local de trabalho de sua ex-companheira e aponta-lhe um revólver, dizendo que "se não ficar com ele, não ficará com mais ninguém". Ora, em casos como este, apenas a imposição de medidas protetivas, por si, pode não ser o bastante para impedir a ação do agente. E, ainda que impostas, o eventual descumprimento pelo agressor poderá significar a morte da vítima. Por outro lado, o cenário narrado não se amolda às situações que autorizam a prisão preventiva com base no art. 313, I e II, do CPP, já que o crime de ameaça é punido com pena máxima bem inferior a quatro anos e, no exemplo, o agente não é reincidente. Logo, a providência de maior eficácia que se apresenta é a decretação da prisão preventiva com base no art. 313, III, do CPP. Mas é possível isto? Afinal, o dispositivo é expresso ao referir que a custódia, nessa hipótese, destina-se a garantir a execução das medidas protetivas de urgência, sugerindo, com isto, a necessidade de que medidas previamente determinadas tenham sido descumpridas pelo agressor. Pois bem, há duas correntes aqui:

> ***Primeira:*** a prisão preventiva fundamentada no art. 313, III, apenas se viabiliza quando o agente, efetivamente, descumpre medidas protetivas de urgência. Segundo essa ótica, não poderia o juiz, no exemplo dado, decretar a prisão preventiva antes de aplicadas medidas em favor da ofendida e do seu descumprimento pelo ofensor.

> ***Segunda:*** nas hipóteses de violência doméstica e familiar, o decreto de prisão preventiva será admitido tanto para assegurar a eficácia das medidas protetivas de urgência impostas em face do seu efetivo descumprimento pelo agressor, como na hipótese em que existir o sério risco de ocorrer esse descumprimento e daí advirem graves consequências físicas ou psicológicas à pessoa ofendida. Aplicada essa orientação ao exemplo supra ilustrado, poderia o juiz proceder à imposição de medidas protetivas de urgência em favor da ofendida e, concomitantemente, decretar a sua prisão preventiva, levando em consideração, unicamente, a probabilidade de ineficácia daquelas providências. Lembre-se, por oportuno, que a jurisprudência não aceita a custódia cautelar do art. 313, III, sem que tenha ocorrido a prévia imposição das citadas medidas[63]. E atente-se, também, que a solução ora apontada presume a existência de prévia provocação ao juiz, sendo vedada a sua atuação *ex officio*.

Concordamos, plenamente, com essa segunda orientação, que, inclusive, parece ter ganhado fôlego com a edição da Lei 13.827/2019. Tal lei, com efeito, tratando especificamente da mulher vítima de violência doméstica, incluiu na Lei 11.340/2006 o art. 12-C, § 2.º, dispondo este que, nos casos de "risco à integridade física da ofendida ou à efetividade da medida protetiva de urgência, não será concedida liberdade provisória ao preso". Ora, se, de acordo com essa regra, o indivíduo preso pela prática de crime com violência doméstica deve ser mantido na prisão enquanto houver o risco à efetividade de medida protetiva, parece evidente que o mesmo fundamento pode e deve ser utilizado para a decretação de sua prisão cautelar. Registra-se, por oportuno, o dizer de Gustavo Badaró, asseverando que "nesses casos [refere-se o autor às hipóteses do art. 313, III, do CPP] não basta a simples natureza do delito, sendo acrescida uma exigência teleológica: a prisão se destinará a garantir a execução de medidas protetivas que já tenham sido decretadas, mas tenha havido descumprimento ou haja concreto perigo de descumprimento"[64].

11.7.8.4. Hipótese de dúvida sobre a identidade civil da pessoa ou quando esta não fornecer elementos suficientes para esclarecê-la (art. 313, § 1.º, do CPP, alterado pela Lei 13.964/2019)

Estabelece o art. 313, § 1º, do CPP que a preventiva será admitida *quando houver dúvida sobre a identidade civil da pessoa ou quando esta não fornecer elementos suficientes para esclarecê-la, devendo o preso ser colocado imediatamente em liberdade após a identificação, salvo se outra hipótese recomendar a manutenção da medida*. A redação sugere que a prisão preventiva, aqui, não está relacionada *diretamente* com a presença dos fundamentos do art. 312 do CPP, vinculando-se apenas *indiretamente* a estes pressupostos, muito especialmente à garantia da ordem pública e à aplicação da lei penal. Por que *indiretamente*? Porque a individualização do agente constitui formalidade essencial da denúncia e da queixa-crime (art. 41 do CPP), importando sua ausência na inépcia da peça e, consequentemente, em nulidade do processo criminal (art. 564, IV, do CPP), que é o instrumento utilizado pelo Estado para realizar o poder-dever de punir. Ora, se o *jus puniendi* estatal for obstaculizado pela inexistência de *processo criminal*, sendo esta ausência provocada pela impossibilidade de identificação do acusado, a consequência mínima que daí decorre é o prejuízo à aplicação da lei penal, sem falar na própria ameaça à ordem pública, pois não há dúvidas de que a

---

[63] "[...] 3. Na hipótese, não houve a prévia imposição de medidas protetivas à ré, de maneira que não há falar em incidência da hipótese prevista no art. 313, III, do CPP, o que não ocorreu na espécie." (STJ, RHC 112.110/MG, 6.ª Turma, *DJ* 12.09.2019). No mesmo sentido, o deliberado no RHC 126.457/RJ, 6.ª Turma, Rel. Min. Antonio Saldanha Palheiro, j. 18.08.2020, *DJe* 26.08.2020.

[64] *Processo penal.* Rio de Janeiro: Elsevier, 2012. p. 742.

prática de uma infração penal não submetida a qualquer apuração pelo Poder Judiciário conduz à impressão de impunidade, aumentando, assim, o risco de reincidência criminosa.

Outro impasse que decorre da referência legal de que deve *o preso ser colocado imediatamente em liberdade após a identificação* concerne à **autoridade que pode ordenar essa soltura**. Há duas orientações:

> ***Primeira:*** segundo esta corrente, devido à menção do art. 313, § 1º, à *soltura imediata*, esta, em regra, deverá ser realizada pela autoridade que mantém o indivíduo sob custódia, podendo ser, por exemplo, o delegado de polícia ou o diretor do estabelecimento penitenciário, salvo se referida autoridade verificar que a manutenção da medida se justifica em outro fundamento, caso em que deverá comunicar ao juiz para que este decida a respeito. Embora não se trate de maioria expressiva, a adoção deste entendimento é a tendência na atualidade.
>
> ***Segunda:*** em qualquer hipótese, a decisão sobre a liberação do agente cabe ao juiz. Então, assim que identificado o preso, cabe a autoridade (normalmente será a autoridade policial) que postulou a custódia comunicar ao juiz esta circunstância para que o Poder Judiciário proceda à liberação, sem prejuízo da possibilidade de manter a segregação se outras razões a autorizarem dentre as previstas no art. 312.

Finalmente, deve-se atentar que, de acordo com a segunda parte do art. 313, § 1º, do CPP, a prisão preventiva poderá ser decretada quando o indivíduo *não fornecer elementos suficientes* para o esclarecimento das dúvidas existentes sobre a sua identidade. Neste contexto, poder-se-ia questionar a constitucionalidade desta previsão tendo em vista o princípio ***nemo tenetur se detegere***, significando que o acusado não pode ser constrangido a produzir provas contra si. Nada há, porém, de inconstitucional na disposição. O direito ao silêncio, corolário do privilégio *nemo tenetur se detegere*, é aquele que se relaciona com a prestação de informações que podem incriminar o agente ou agravar a sua condição jurídica, não se relacionando ao fornecimento de dados relativos à própria qualificação (no que se inclui sua identificação). Tanto é que o art. 68 da Lei das Contravenções Penais tipifica a conduta de *recusar à autoridade, quando por esta, justificadamente, solicitados ou exigidos dados ou indicações concernentes à própria identidade, estado, profissão, domicílio e residência*. Portanto, está o agente obrigado a fornecer os dados relativos à sua qualificação. Não o fazendo, incide na contravenção referida – isto se o fato não constituir delito mais grave, *v.g.*, o fornecimento de nome errado, o que acarretaria a tipificação na conduta de falsa identidade prevista no art. 307 do Código Penal e, se houver apresentação de documento falso, também o delito previsto no art. 304 do mesmo diploma, condutas estas que não podem ser consideradas formas de autodefesa, como querem alguns.

11.7.8.5. Outras questões de admissibilidade da prisão preventiva relacionadas às hipóteses do art. 313 do CPP

Sem embargo do que dispõe o art. 313 do CPP ao relacionar as situações em que é admissível a decretação da prisão preventiva, é preciso lembrar que outras duas situações concorrem para a imposição da restrição cautelar: uma respeita às previsões dos arts. 282, § 4.º, e 312, § 1º. autorizando a segregação do indivíduo no caso de **descumprimento das medidas acautelatórias diversas da prisão** estipuladas no art. 319, e outra à **prisão preventiva consequente à prisão em flagrante**, na forma determinada pelo art. 310, II.

Diante deste quadro, é de se indagar se a determinação da custódia do agente, em tais hipóteses, exige que incidam as previsões do art. 313 do CPP, ou, ao contrário, se dispensam a verificação dos casos arrolados neste dispositivo.

De fato, o Código de Processo Penal não resolve tais situações.

Relativamente à **prisão preventiva que decorre do descumprimento das medidas cautelares diversas da prisão (arts. 282, § 4.º, e 312, § 1º do CPP)**, em que pese a existência de corrente oposta, compreendemos que não se aplicam as limitações do art. 313. Se injustificadamente o investigado/acusado descumprir referidos provimentos, não sendo cabível a substituição ou cumulação com outro da mesma natureza, pensamos que poderá ser decretada sua custódia, ainda que a vertente não se amolde aos casos listados no precitado art. 313. Tal orientação fundamenta-se em duas premissas básicas: *primeira*, a de que a não admissão da prisão preventiva em casos tais poderia tornar inócua a aplicação das medidas alternativas diversas da prisão, já que, ocorrendo a transgressão pelo agente, não ficaria ele sujeito à prisão preventiva; e, *segunda*, porque o art. 282, § 4.º, estabelece uma regra geral para o descumprimento das medidas cautelares diversas da prisão, sendo esta disciplina localizada, topograficamente, em Capítulo anterior ao que regulamenta a prisão preventiva, que é onde se encontra o art. 313, contemplando as infrações que permitem esta forma de segregação. De resto, considerando que esta matéria já foi enfrentada ao longo deste Capítulo, remetemos o leitor ao *item 11.4.1.5*, em que já abordamos o *thema*.

Por outro lado, no que tange à **prisão preventiva subsequente ao flagrante**, pensamos de forma diversa, ou seja, no sentido de que é necessária a observância das hipóteses do art. 313, a fim de evitar conferir tratamentos diferenciados a situações jurídicas assemelhadas. Considerem-se, pois, as seguintes situações:

1) O indivíduo "A" é preso em flagrante na prática de furto simples.
2) O indivíduo "B", embora surpreendido na prática do furto simples, consegue evadir-se, evitando a prisão em flagrante.

   Considere-se que, tanto "A" quanto "B" não sejam reincidentes, não havendo, por outro lado, qualquer dúvida acerca de suas identidades civis. Não obstante, suponha-se que respondem eles a vários processos criminais por crimes contra o patrimônio, o que sugere a presença dos fundamentos da prisão preventiva *garantia da ordem pública* e da *aplicação da lei penal*.

Ora, o crime de furto é punido com 1 a 4 anos de reclusão. Neste viés, não concorrem, em nenhum dos casos mencionados, os permissivos à prisão preventiva do art. 313 do CPP. Neste contexto, se entendermos que a *prisão preventiva decorrente de conversão do flagrante* não se prende à ocorrência das situações mencionadas nesse dispositivo, estaremos afirmando, também, que o indivíduo *"A"*, relativamente ao qual se perfectibilizou o flagrante, poderá ter sua prisão preventiva decretada, ainda que o furto não tenha cominada pena máxima superior a quatro anos. Por outro lado, quanto ao indivíduo *"B"*, por ter fugido ao flagrante, não poderá ter sua preventiva imposta pelo juízo, restando, pois, em situação de privilégio frente ao caso de *"A"*.

Outro exemplo:

Imagine-se que um médico e a enfermeira que o auxiliava, ambos primários, sejam surpreendidos logo após realizar aborto consentido pela gestante. O crime cometido, *in casu*, é o do art. 126, punido com 1 a 4 anos de reclusão. Suponha-se, todavia, que o médico consiga evitar a prisão em flagrante, fugindo do local, e que apenas a enfermeira seja presa. Se compreendermos que a conversão do flagrante em preventiva dispensa a análise do art. 313, chegaremos à conclusão de que a enfermeira poderá ter sua preventiva decretada, mas não o médico, que restará processualmente beneficiado com a fuga empreendida.

Logo, para evitar o paradoxo jurídico de conferir soluções jurídicas distintas a situações fáticas idênticas é que reputamos necessário considerar, para efeito de conversão do flagrante em preventiva, que se atente aos critérios do art. 313 do CPP.

Não se olvida, contudo, a existência de corrente oposta, compreendendo que a conversão do flagrante em preventiva independe da verificação do art. 313 do CPP. Lastreiam-se os adeptos desta linha de pensamento, pois, na circunstância de que o art. 310, II, ao tratar dessa conversão, refere-se apenas à presença dos fundamentos do art. 312, silenciando quanto ao art. 313.

Finalmente, cabe ressaltar que, ao defendermos a necessidade de observância do art. 313 do CPP para a *decretação da prisão preventiva em razão da conversão do flagrante* e adotarmos posição diametralmente oposta quando se trata da *custódia decorrente da transgressão de medidas cautelares diversas da prisão,* não estamos utilizando *um peso e duas medidas*. Trata-se, com efeito, de situações diferentes, pois enquanto a conversão do flagrante em preventiva é situação prevista em lei como uma das medidas a serem obrigatoriamente adotadas pelo juiz dentro do procedimento legal que se segue à autuação do flagrado (art. 310, I, II e III), o mesmo não ocorre com a preventiva decorrente do descumprimento injustificado de uma medida cautelar diversa da prisão. Neste último caso, pois, existe um comportamento do agente que não apenas implica desrespeito à autoridade do juiz que aplicou a medida cautelar diversa da prisão, como também reafirma a existência de potencial ameaça à segurança da ordem pública ou econômica, da instrução criminal e da aplicação da lei penal, conforme o caso.

11.7.9. Hipóteses em que não é admissível a decretação da prisão preventiva

O regramento incorporado ao Código de Processo Penal permite a conclusão de que não será admitida a decretação judicial da prisão preventiva nas seguintes hipóteses:

a) Nas contravenções penais: Não há dúvidas a este respeito. O próprio art. 312 do CPP condiciona a decretação da prisão preventiva à existência de prova da existência do *crime*, ficando implícita, pois, a proibição à medida quando se tratar de contravenção penal.

b) Quando houver provas de ter o agente praticado o fato sob a égide de excludentes de ilicitude: Dispõe o art. 314 do CPP que "a prisão preventiva em nenhum caso será decretada se o juiz verificar pelas provas constantes dos autos ter o agente praticado o fato nas condições previstas nos incisos I, II e III do *caput* do art. 23 do Decreto-Lei nº 2.848, de 7 de dezembro de 1940 – Código Penal", referindo-se, pois, ao indivíduo que agiu ao amparo da *legítima defesa, estado de necessidade, estrito cumprimento do dever legal ou exercício regular de direito*.

Essa regra guarda sintonia com o art. 310, § 1º, do CPP, que, ao tratar da liberdade provisória ao flagrado, estabelece que, "*se o juiz verificar, pelo auto de prisão em flagrante, que o agente praticou o fato em qualquer das condições constantes dos incisos I, II ou III do caput do art. 23 do Decreto-Lei nº 2.848, de 7 de dezembro de 1940 (Código Penal), poderá, fundamentadamente, conceder ao acusado liberdade provisória, mediante termo de comparecimento obrigatório a todos os atos processuais, sob pena de revogação*".

Absolutamente correto o legislador. Efetivamente, não haveria sentido em manter sob restrição cautelar o indivíduo para o qual as provas dos autos apontam ter agido de acordo com a lei, havendo, por isso mesmo, um prognóstico final de absolvição.

E quando se tratar de excludentes de culpabilidade, v.g., a embriaguez fortuita completa, a coação moral irresistível, o erro de proibição, a inexigibilidade de conduta diversa etc.? Muito embora não incluídas no art. 314 do CPP, cremos, por analogia, que também nestes casos não se justifica a decretação da preventiva pelo juiz.

Afinal, se nas hipóteses de exclusão da ilicitude o agir do agente não se mostra antijurídico, no caso das excludentes de culpabilidade é a reprovabilidade do comportamento que resta afetada. Ora, seja uma ou seja outra a hipótese, há, de qualquer modo, o prognóstico de que, ao final do processo, o indivíduo não seja privado da liberdade. Logo, não há razões para que as excludentes de ilicitude obstem a preventiva e o mesmo não ocorra com as causas que excluem a culpabilidade.

Necessário ressalvar destas considerações, contudo, a excludente de culpabilidade relativa à **inimputabilidade por doença mental**, pois, neste caso, é evidente que a periculosidade do agente pode autorizar a privação de sua liberdade. Isto ocorre, sobretudo, pelo fato de que este inimputável, apesar de isento de pena (art. 26, *caput*, do CP), está sujeito à aplicação de medida de segurança ao final do processo (art. 386, parágrafo único, III, do CPP e art. 97 do CP), sendo esta, indiscutivelmente, uma medida privativa da liberdade quando cumprida sob a forma de internação.

É admitida a prisão preventiva nos crimes culposos?

Examinando-se o art. 313, constata-se que, em relação às situações tratadas nos seus *incisos I e II*, não há dúvida de que se referem a hipóteses de custódia cabíveis apenas nos crimes dolosos, pois esses dispositivos são expressos a respeito desta circunstância.

Por outro lado, no que concerne ao *inciso III*, a natureza dolosa dos delitos a que se refere, embora não esteja expressa, fica implícita em face da finalidade da custódia nele prevista, qual seja para *garantir a execução* de medidas protetivas de urgência no caso de crimes que envolvam violência doméstica ou familiar contra os sujeitos arrolados. Indiscutivelmente, a previsão da preventiva, neste caso, parte da consideração da vontade potencial ou deliberada do agente em descumprir aquelas medidas, comportamento este que é próprio dos crimes dolosos e não dos culposos. De resto, remetemos o leitor ao *item 11.7.8.3*, em que abordamos o assunto com maior precisão.

Agora, no que tange à hipótese contemplada no *art. 313, § 1º, do CPP*, relativa à prisão preventiva quando houver dúvida sobre a identidade civil da pessoa, ou esta não fornecer elementos suficientes para esclarecê-la, inexiste, hoje, óbice a que seja decretada nos crimes culposos. Esta vedação ocorria na disciplina anterior, quando a menção a *crimes dolosos* como os que admitiam a preventiva encontrava-se no *caput* do art. 313. Como tal situação não persiste na atualidade e tendo em vista que o *parágrafo único* em análise não incorpora qualquer elemento que possa coibir a decretação da custódia nele prevista em relação aos crimes culposos, conclui-se que a medida, em tese, não está vedada, até mesmo com vista a possibilitar o desencadeamento da ação penal contra o agente (lembre-se que a individualização do acusado é um dos requisitos da denúncia e da queixa-crime, *ex vi* do art. 41 do CPP).

A apresentação espontânea do agente impede a decretação da prisão preventiva? Dispunha o art. 317 do CPP que "a apresentação espontânea do acusado à autoridade não impedirá a decretação da prisão preventiva nos casos em que a lei autoriza". Referido dispositivo, entretanto, foi revogado pela Lei 12.403/2011, sendo utilizado pelo legislador para disciplinar tema absolutamente distinto, qual seja o pertinente à prisão domiciliar como forma de cumprimento da prisão preventiva.

Independentemente dessa revogação, é certo que em nada se alterou o entendimento até então vigente. Em suma, tratando-se de **prisão preventiva**, persiste a orientação no sentido de que a apresentação espontânea não impedirá, de modo algum, a efetivação da custódia. No máximo, poderá acontecer de o juiz, diante dessa apresentação, compreender que o investigado/acusado tem a intenção de cumprir com suas obrigações processuais e não se afastar do distrito da culpa, deixando, em consideração a estes fatores, de ordenar sua custódia. Isto, porém, é questão de livre convencimento do magistrado à luz dos elementos postos a sua apreciação, não importando, de modo algum, em obstáculo à imposição da custódia quando presentes os pressupostos que a autorizam.

Perceba-se que situação bem diversa ocorre em relação à **prisão em flagrante**. Com efeito, como vimos nos *itens 11.6.6.8 e 11.6.13* deste Capítulo, não se permite a *prisão em flagrante* do indivíduo que se apresenta de modo espontâneo à autoridade competente após o cometimento da infração penal, impondo-se, para este fim, que seja apresentado por alguém (exegese do art. 304 do CPP).

11.7.10. Fundamentação (art. 315 do CPP)

Infere-se do art. 315 do CPP que o decreto da preventiva (regra aplicável também à prisão temporária, por interpretação extensiva desse dispositivo), assim como a sua substituição por medida cautelar diversa da prisão e a denegação da custódia provisória devem ser fundamentados quanto aos seus pressupostos e motivos ensejadores. Essa necessidade de motivação, na verdade, nem mesmo precisaria estar explícita no texto legal, já que é decorrência da própria Constituição Federal, estabelecendo esta, no seu art. 93, IX, que "todos os julgamentos dos órgãos do Poder Judiciário serão públicos, *e fundamentadas todas as decisões, sob pena de nulidade...*".

A despeito desta exigência – repita-se: legal e constitucional – de fundamentação da medida cautelar restritiva da liberdade, a verdade é que, na prática forense, encontrava-se, muitas vezes, decisões por demais genéricas, limitadas à referência vaga acerca da presença dos pressupostos e fundamentos da prisão cautelar ou à gravidade abstrata do delito atribuído ao investigado ou acusado, situação esta causadora de insegurança jurídica e que, ainda, dificultava a impugnação do provimento judicial. Pois bem, preocupado com este cenário, estabeleceu o legislador, por meio da Lei 13.964/2019, regras específicas, disciplinando a *motivação da decretação da prisão preventiva ou de qualquer outra medida cautelar*, normatização esta que foi introduzida nos §§ 1º e 2º do referido art. 315 do CPP, o primeiro dispondo sobre a fundamentação da decisão judicial e segundo estabelecendo quando não se tem como fundamentado o decreto cautelar. A não observância destas regras no provimento judicial implicará em constrangimento ilegal, impugnável mediante *habeas corpus* e, se confirmada a insuficiência de fundamentos pelo tribunal competente, na imediata revogação da constrição.

Para facilitar a compreensão, examinaremos estas regras a partir da redação dada pela citada Lei 13.964/2019 ao regramento inserido art. 315, § 1º e § 2º, incisos I a VI:

§ 1º Na motivação da decretação da prisão preventiva ou de qualquer outra cautelar, o juiz deverá indicar concretamente a existência de fatos novos ou contemporâneos que justifiquem a aplicação da medida adotada.

Trata-se da reprodução do art. 312, § 2º, de acordo com o qual *"a decisão que decretar a prisão preventiva deve ser motivada e fundamentada em receio de perigo e existência concreta de fatos novos ou contemporâneos que justifiquem a aplicação da medida adotada"*.

Apesar de a observância da *contemporaneidade* ter sido prevista, em termos normativos, apenas com a edição da Lei 13.964/2019, é certo que tal atributo já era exigido pelos tribunais pátrios para que se tivesse como legal o constrangimento imposto com a restrição da liberdade. No STJ, por exemplo, a jurisprudência, há muito tempo, "é firme em assinalar que a nova decretação da prisão preventiva deve evidenciar a contemporaneidade dos fatos indicativos da necessidade dessa medida cautelar"[65].

Veja-se que *contemporaneidade* é condição que tem sentido de *atualidade* entre o momento da decisão judicial que decretar a prisão preventiva e a situação caracterizadora de perigo concreto à ordem pública (p. ex.: a probabilidade de recidiva criminosa) ou econômica, à instrução criminal (p. ex.: o risco de inefetividade da apuração processual penal em face de intimidação do agente a testemunhas) e à aplicação da lei penal (p. ex: a potencialidade de evadir-se o imputado do distrito da culpa).

Cabe destacar que a constatação da *contemporaneidade* não está necessariamente vinculada à proximidade temporal do fato imputado ao agente. Logo, é possível reconhecê-la como argumento hábil à decretação da prisão preventiva quando, mesmo transcorrido lapso considerável desde a data do crime até o momento da expedição do decreto prisional, sobrevierem atos, fatos ou circunstâncias que apontem a ocorrência dos riscos que se pretende evitar com a prisão cautelar.

Suponha-se, para ilustrar, que certo indivíduo seja acusado de fraude à licitação no município X, permanecendo em liberdade no curso do processo, que já se alonga por dois anos. Durante a instrução, contudo, vem a notícia de que permanece ele na atuação criminosa, fazendo-o, agora, por meio de interpostas pessoas (laranjas). Realizada busca e apreensão na casa do agente, são encontrados documentos que indicam a persistência da conduta. Nesta hipótese, por óbvio, apesar do distanciamento da época do crime imputado, não há que se falar em *ausência de contemporaneidade,* tendo em vista o surgimento de fatos novos que justificam a custódia cautelar.

Outro exemplo: imagine-se que um indivíduo, acusado de crime grave, tenha permanecido em liberdade durante a instrução criminal, fase na qual compareceu a todos os atos para os quais intimado. Considere-se, porém, que, no âmbito da sentença condenatória, entendendo presente o risco de fuga diante, unicamente, da elevada pena aplicada, tenha o juiz decretado sua prisão preventiva sob o fundamento da garantia da aplicação da lei penal. Ora, em caso como este, não havendo notícia de qualquer embaraço ou entrave provocado pelo réu à tramitação do processo e não surgindo fatos novos a evidenciar a necessidade de aplicação da medida extrema, a segregação ordenada, em tese, constitui constrangimento ilegal.

Considere-se, agora, que determinada pessoa foi presa em flagrante pela prática de fato então capitulado como furto qualificado, sendo-lhe concedida liberdade provisória. Suponha-se que, tempo depois, seja oferecida denúncia, inovando o Ministério Público na capitulação do delito, atribuindo o cometimento de roubo e requerendo, na oportunidade a prisão preventiva em razão dessa modificação do enquadramento típico. Neste caso, a simples circunstância da imputação do delito de maior gravidade abstrata, sem a indicação de que, de alguma forma, o fato de responder solto ao processo criminal importará riscos à persecução penal ou à sociedade, por si, não satisfaz o princípio da contemporaneidade, impondo o indeferimento judicial da custódia.

Perceba-se que, até este momento, falamos no *princípio da contemporaneidade* como supedâneo da prisão preventiva. Entretanto, idênticas considerações se aplicam a qualquer outra medida cautelar diversa da prisão dentre as previstas nos arts. 319 e 320 do CPP, como refere, aliás, a literalidade do § 1º do art. 315. Exemplifica-se com a seguinte hipótese, objeto de deliberação pelo STJ[66]: um indivíduo, no exercício do segundo mandato como prefeito municipal, é denunciado por apropriação de bens públicos, tipificado no art. 1º, I, do Decreto-lei 201/1967, com pena de 2 a 12 anos, fato este cometido durante

[65] STJ, RHC 80297/MG, *DJ* 18.05.2017.

[66] STJ, *Habeas Corpus* 308698/BA, 5ª Turma, *DJ* 29.09.2015.

seu primeiro mandato, quatro anos antes. Por ocasião do oferecimento da denúncia, requer o Ministério Público, a partir do permissivo do art. 2º, II, do referido Decreto-lei, o afastamento do prefeito do cargo, fazendo-o sob o fundamento de prevenir a prática de novo delito na gestão atual. Analisando o caso, compreendeu aquela Corte no sentido do descabimento da medida cautelar requerida, tendo em vista que não foram delineados acontecimentos novos que indicassem a possibilidade de reiteração delituosa a ponto de ensejar o afastamento cautelar de prefeito, constando no acórdão, outrossim, que *"segundo remansosa jurisprudência desta Corte, o afastamento de prefeito do cargo, com fundamento no art. 2º, II, do DL 201/1967 deve respeitar o princípio da contemporaneidade, exigindo, para o seu deferimento, fundamentação lastreada em dados objetivos e concretos que demonstrem o perigo atual que a permanência no cargo pode acarretar para o município"*.

§ 2º Não se considera fundamentada qualquer decisão judicial, seja ela interlocutória, sentença ou acórdão, que:

A alteração introduzida pela Lei 13.964/2019 neste inciso reproduz, na definição do que se deva entender por *decisão judicial não fundamentada,* o estabelecido pelo art. 489, § 1º, do Código de Processo Civil. Registra-se que, conforme se infere da explicitude do § 2º em análise, as regras nele previstas incidem em qualquer provimento judicial, seja decisão proferida no curso da investigação ou do processo judicial, seja no âmbito da própria sentença de mérito ou do acórdão que julgar recurso das partes ou decidir em sede de competência originária. Neste cenário, considera-se como *não fundamentada* e, portanto, nula, a decisão que:

I – Limitar-se à indicação, à reprodução ou à paráfrase de ato normativo, sem explicar sua relação com a causa ou a questão decidida: trata-se da hipótese em que a decisão que impõe a medida cautelar limita-se a citar, transcrever ou interpretar o texto de dispositivo legal, sem, porém, demonstrar a sua incidência frente as peculiaridades do caso concreto. É o caso, por exemplo, de o juiz, ao decretar a prisão preventiva de alguém pela prática de tráfico de drogas, limitar-se a dizer que estão presentes os requisitos previstos no art. 312 do CPP, quais sejam, a garantia da ordem pública diante dos danos à saúde pública causados pela venda de drogas, e a conveniência da instrução criminal em face do poder de intimidação que agentes dessa ordem de crimes possuem sobre eventuais testemunhas, sem qualquer menção às particularidades da situação tratada.

II – Empregar conceitos jurídicos indeterminados, sem explicar o motivo concreto de sua incidência no caso: por "conceitos jurídicos indeterminados" compreendem-se aqueles que incorporam referências imprecisas ou vagas, produzindo dúvida sobre o respectivo significado e amplitude, bem como sobre a adequação do caso concreto a seus termos. Imagine-se, que, no âmbito de uma investigação criminal, a partir de representação do delegado de polícia, decrete o juiz a prisão preventiva do investigado sob o fundamento da gravidade do fato, eis que cometido em contexto de violência de gênero (conceito jurídico indeterminado), sem explicitar a razão pela qual a hipótese em exame amolda-se nesse tipo de violência. O decreto cautelar assim proferido é nulo, eis que não motivado a contento.

III – Invocar motivos que se prestariam a justificar qualquer outra decisão: tem-se aqui a hipótese de fundamentação genérica. Suponha-se, pois, que, determinado indivíduo esteja sendo processado por crime de posse ilegal de arma de fogo de uso proibido (crime hediondo, *ex vi* do art.1º, parágrafo único, II, da Lei 8.072/1990), sobrevindo requerimento do Ministério Público no sentido de sua prisão preventiva. Considere-se que, acolhendo o pedido do promotor de justiça, o magistrado decrete a custódia, dizendo que *"estão presentes os requisitos da prisão preventiva, pois se trata de delito doloso cuja pena máxima supera os quatro anos e há provas da materialidade e indícios da autoria, tratando-se, ademais, o crime* *de posse ilegal de arma de fogo de uso restrito de extrema gravidade, causador de enorme insegurança social*". Como se vê, o pronunciamento judicial possui conteúdo que se adéqua a qualquer situação fática semelhante, devendo ser considerado como não fundamentado. A propósito, de há muito é o entendimento dos tribunais no sentido da invalidade de decisões genéricas. No STJ, por exemplo, são reiteradas as decisões reconhecendo a nulidade do provimento judicial em que "o Magistrado singular se limita a referências à repercussão social do delito, à intranquilidade social e à ordem pública, bem como à gravidade abstrata do crime, sem indicação de elemento concreto indicador da necessidade da medida excepcional"[67].

IV – não enfrentar todos os argumentos deduzidos no processo capazes de, em tese, infirmar a conclusão adotada pelo julgador: apesar da literalidade do dispositivo quanto ao enfrentamento, na decisão relativa à aplicação de medidas cautelares pessoais, das teses trazidas pelas partes, a jurisprudência não está sedimentada quanto à obrigatoriedade de analisar o julgador, de modo expresso e individualizado, cada um destes argumentos. No âmbito do STJ, por exemplo, interpretando o disposto no art. 489, IV, do CPC, do qual é reprodução o art. 315, IV ora em exame, tem sido afirmado que "o julgador não está obrigado a refutar expressamente todos os argumentos declinados pelas partes na defesa de suas posições processuais, desde que pela motivação apresentada seja possível aferir as razões pelas quais acolheu ou rejeitou as pretensões deduzidas"[68]. Concordamos, integralmente, com essa linha de pensamento, reputando satisfazer o requisito legal e constitucional a exposição, no provimento judicial, de argumentos que permitam às partes a compreensão do pensamento do juiz acerca das teses versadas, ainda que o faça a partir de análise contextual.

V – limitar-se a invocar precedente ou enunciado de súmula, sem identificar seus fundamentos determinantes nem demonstrar que o caso sob julgamento se ajusta àqueles fundamentos: imagine-se que tenha a defesa realizado pedido de liberdade provisória em processo criminal de tráfico de drogas, sob o fundamento do excesso de prazo na tramitação, já que ultrapassado o lapso de 252 dias (tempo correspondente à soma de todos os prazos do procedimento estabelecido pela Lei 11.343/2006 – lei de drogas). Considere-se que, ao deliberar a respeito, cinja-se o juiz a invocar o precedente do STJ no julgamento do RHC 113732/SP (*DJ* 18.10.2019), segundo o qual "o prazo para a conclusão da instrução criminal não tem as características de fatalidade e de improrrogabilidade, fazendo-se imprescindível raciocinar com o juízo de razoabilidade para definir o excesso de prazo, não se ponderando a mera soma aritmética dos prazos para os atos processuais", não o adaptando à realidade fática e jurídica estampada nos autos a fim de demonstrar porque, na hipótese, a partir de critérios de razoabilidade e proporcionalidade, não ocorre o excesso de prazo alegado. Pois bem, a decisão assim proferida deve ser reputada não fundamentada e, portanto, nula. Eventual impetração de *habeas corpus* no tribunal competente poderá conduzir, ou à sua cassação e determinação de que outra decisão seja proferida ou à própria liberação do imputado.

VI – deixar de seguir enunciado de súmula, jurisprudência ou precedente invocado pela parte, sem demonstrar a existência de distinção no caso em julgamento ou a superação do entendimento: não há qualquer dificuldade aqui. A previsão traduz a hipótese em que, invocada pela parte precedente judicial na defesa de sua tese (consubstanciado ou não em súmula), o julgador, simplesmente, afasta sua aplicação ao caso, deixando de apontar a situação que o distingue do paradigma ou enunciado colacionados. Por óbvio, não está o dispositivo obrigando o juiz a comparar com a situação concreta submetida a seu exame toda e qualquer ementa ou excertos de jurisprudência trazidos a lume, mesmo porque é comum, em arrazoados das partes, a simples menção a inúmeros julgamentos levados a efeito pelos tribunais. Logo, a

[67] STJ, *Habeas Corpus* 484640/MG, *DJ* 07.10.2019.

[68] STJ, *Habeas Corpus* 464394/SP, *DJ* 04.06.2019.

incidência do inciso VI do art. 315 tem lugar no caso em que a parte, cotejando precedente, jurisprudência ou súmula com a hipótese concreta objeto de seu requerimento, sustenta a identidade de situações, apontando a necessidade de aplicação do mesmo entendimento e o juiz omite-se na apreciação ou afasta o precedente de modo vago e impreciso.

Especificamente em relação à fundamentação da decisão que decreta a prisão preventiva, deve-se ressaltar que, diante do que dispõe o art. 282, § 6.º, do CPP, no sentido de que a segregação provisória apenas poderá ser decretada quando não for cabível a sua substituição por outra medida cautelar diversa da prisão, também esta referência deverá integrar a decisão judicial que a ordenar, sob pena de nulidade. Quanto a este último aspecto, cabe destacar que, antes da vigência da Lei 13.964/2019, que conferiu nova redação ao 282, § 6º, limitava-se o dispositivo a mencionar que *"a prisão preventiva será determinada quando não for cabível a sua substituição por outra medida cautelar"*. Com a alteração legislativa, porém, inseriu-se a referência de que *"o não cabimento da substituição por outra medida cautelar deverá ser justificado de forma fundamentada nos elementos presentes do caso concreto, de forma individualizada"*. Esta cautela do legislador guarda sintonia com o previsto no art. 315, III, já examinado. Isto porque, como se disse antes, na praxe forense, via-se, com frequência, fundamentações genéricas acerca do descabimento da substituição da preventiva pelas cautelares dos arts. 319 e 320 do CPP, limitando-se a decisão a sustentar o risco de ineficácia a partir de aspectos ligados à natureza ou gravidade da infração. Agora isto não basta. Sob pena de constrangimento ilegal, impugnável por meio de *habeas corpus*, o não cabimento das cautelares diversas da prisão deve ser justificado, circunstanciadamente, a partir das peculiaridades do caso concreto, que deverão ser expostas da decisão segregatória. E, sendo a custódia determinada em relação a mais de um investigado ou réu, tal análise deve ser realizada, separadamente, em relação a cada um deles.

Questão importante concerne à possibilidade de o magistrado, no decreto prisional, limitar-se a acolher os fundamentos constantes de requerimento ou parecer do Ministério Público. Trata-se da chamada **fundamentação *per relationem***, assim compreendida a que faz remissão ao teor de outras manifestações ou peças processuais existentes nos autos. Há posições antagônicas a respeito. Sempre entendemos que, se o parecer ministerial contivesse a necessária fundamentação quanto aos motivos de fato e de direito que justificam a medida, nada impedia o acolhimento. Adepto dessa linha de pensamento, o próprio STJ chegou a decidir que nenhuma ilegalidade há em que adote o juiz a motivação deduzida pelo Ministério Público em pedido de decretação de custódia cautelar[69]. Idêntica posição foi agasalhada pelo STF, compreendendo que *a adoção do parecer do Ministério Público como razão de decidir pelo julgador, por si só, não caracteriza ausência de motivação, desde que as razões adotadas sejam formalmente idôneas ao julgamento da causa*[70]. Sem embargo dessa orientação que inspirava a jurisprudência dos Tribunais Superiores, reputamos que, a partir de interpretação sistêmica das regras incorporadas ao Código de Processo Penal pela Lei 13.964/2019, especialmente no art. 315, na atualidade, a motivação *per relationem* não deve bastar para que se considere fundamentada a decisão judicial, impondo-se ao julgador expor sua própria impressão acerca do caso concreto que lhe for submetido a deliberação. Evidentemente, nada impede que o juiz faça menção ou até mesmo transcreva a fundamentação apontada no requerimento do promotor de justiça ou no parecer por ele exarado. Todavia, a estas manifestações deve agregar fundamentos próprios, resultantes de sua análise pessoal dos fatos. Sobre a motivação *per relationem*, remetemos ao *capítulo 13, item 13.2.2*, onde aprofundamos o assunto.

69 STF, RHC 120351 Agr/ES, *DJ* 18.05.2015 e RHC 158575 AgR/SP, *DJ* 15.05.2019.

70 STJ, HC 465889/PR, *DJ* 11.03.2019.

11.7.11. Revogação e novo decreto (art. 316 do CPP)

Estabelece o art. 316 do CPP que *o juiz poderá, de ofício ou a pedido das partes, revogar a prisão preventiva se, no correr da investigação ou do processo, verificar a falta de motivo para que ela subsista, bem como novamente decretá-la, se sobrevierem razões que a justifiquem.* Este dispositivo contempla o *princípio da provisionalidade,* o qual, juntamente os princípios da excepcionalidade (art. 282, § 4º, parte final e § 6º) e da proporcionalidade (arts. 282, I e II, e 310, II, parte final) devem ser observados em relação à segregação provisória no curso da persecução penal. Hipótese bastante comum de incidência do art. 316 dá-se quando se fundamenta o decreto tão só na conveniência da instrução criminal. Vencida esta etapa do processo, deve a prisão, obviamente, ser revogada, nada impedindo seja decretada posteriormente no caso de outras razões autorizarem-na.

Note-se que o art. 316 do CPP é específico para a prisão preventiva. Não obstante, o art. 282, § 5.º, do CPP, dispõe que *o juiz poderá, de ofício ou a pedido das partes, revogar a medida cautelar ou substituí-la quando verificar a falta de motivo para que subsista, bem como voltar a decretá-la, se sobrevierem razões que a justifiquem.* Esta norma é simétrica à do art. 316, com a diferença de que apresenta caráter geral, sendo aplicável tanto em relação à prisão preventiva como às demais medidas cautelares diversas da prisão arroladas nos arts. 319 e 320.

A referência *poderá revogar,* inserida nos arts. 316 e 282, § 5.º, do CPP, não é apropriada, pois sugere a ocorrência de uma faculdade judicial, o que não ocorre. Afinal, sendo a prisão preventiva uma medida excepcional, correto é dizer que *deverá ser revogada* quando os fundamentos que a sustentam não mais subsistirem, pois, do contrário, passará a constituir execução antecipada da pena gerando constrangimento ilegal ao preso[71].

O aspecto relativo à manutenção ou revogação das medidas pessoais de caráter pessoal é, na verdade, norteado pela cláusula *rebus sic stantitus,* que pode ser lida como "enquanto as coisas estiverem assim". Isto implica dizer que a decisão judicial que decretar a prisão preventiva ou outra medida cautelar diversa da prisão deverá ser reflexo da situação existente no momento em que proferida, persistindo o comando a ela inserido enquanto esse mesmo contexto fático se mantiver. Se o reverso ocorrer e desfazer-se o cenário que justificou a determinação das providências emergenciais, caberá ao Poder Judiciário ordenar a respectiva revogação, restabelecendo a situação anterior.

Previsão importante foi inserida pela Lei 13.964/2019 ao parágrafo único do art. 316, dispondo este que "decretada a prisão preventiva, deverá o órgão emissor da decisão revisar a necessidade de sua manutenção a cada 90 (noventa) dias, mediante decisão fundamentada, de ofício, sob pena de tornar a prisão ilegal". Objetivou o legislador, aqui, dar efetividade ao já citado atributo da provisionalidade da prisão cautelar, assegurando-se ao indivíduo preso cautelarmente o exame periódico pelo Juiz, *ex officio,* da subsistência dos motivos que ensejaram a segregação e da necessidade de manutenção dessa providência. Veja-se que o dispositivo exige que seja fundamentada a decisão que resultar dessa revisão, o que implica a necessidade de reanálise formal dos fundamentos que conduziram o magistrado ao comando de prisão.

Perceba-se que, para os fins do parágrafo único em análise, é irrelevante a circunstância de ter sido a medida cautelar ordenada no curso da investigação ou na fase judicial. Em qualquer hipótese, obriga-se ao juiz à revisão da decisão, cabendo-lhe, se ordenada a custódia na fase investigativa, sendo o caso (hipótese excepcionalíssima de ter o juiz autorizado a dilatação do prazo da investigação para além do máximo previsto em lei), requisitar informações da autoridade que preside o expediente investigatório acerca do respectivo andamento.

---

71 STJ, HC 114.957/GO, *DJ* 08.03.2010.

Ainda em relação ao art. 316, parágrafo único, é de grande relevância a questão relacionada à sua incidência **após prolatada sentença condenatória**, quando, nessa sentença, tiver sido mantida ou decretada a prisão cautelar do réu. Ora, se, da decisão condenatória, for interposto recurso, não é improvável que, ao cabo dos 90 dias da última reavaliação quanto à necessidade de manutenção da segregação, os autos ainda se encontrem no tribunal para o respectivo julgamento. Pergunta-se, então: nesta hipótese, será necessário prosseguir na reanálise da custódia a cada 90 dias? A resposta a esta questão encontra-se no julgamento conjunto, pelo Tribunal Pleno do STF, em 09.03.2022, das Ações Diretas de Inconstitucionalidade 6.581/DF e 6.582/DF, a primeira ajuizada pelo Diretório Nacional do Partido Trabalhista Brasileiro e a segunda pela Associação dos Magistrados Brasileiros, objetivando a declaração da inconstitucionalidade do parágrafo único do art. 316 do Código de Processo Penal. Conferindo interpretação desse dispositivo conforme a Constituição, deliberou a Corte no sentido de que "o art. 316, parágrafo único, do Código de Processo Penal aplica-se até o final dos processos de conhecimento, onde há o encerramento da cognição plena pelo Tribunal de segundo grau, não se aplicando às prisões cautelares decorrentes de sentença condenatória de segunda instância ainda não transitada em julgado", frisando, outrossim, que "o artigo 316, parágrafo único, do Código de Processo Penal aplica-se, igualmente, nos processos onde houver previsão de prerrogativa de foro". Ao assim julgar, compreendeu o Excelso Pretório, enfim, que existe a necessidade de revisão nonagesimal até a decisão de Segundo Grau e também nos casos de competência originária dos tribunais, sendo que "a revisão periódica da necessidade e adequação da prisão cautelar, em segundo grau de jurisdição, deve ficar sob a responsabilidade do relator do caso, que possui a atribuição e competência para o controle revisional tanto de suas próprias decisões (quando o decreto for proferido inicialmente por ele próprio – inclusive, nas hipóteses de prerrogativa de foro) quanto pelos atos decisórios tomados em primeira instância". E foi mais longe o STF ao decidir, ainda, que, caso a decisão de Segundo Grau seja condenatória e mantida ou decretada a prisão do réu, cessa a obrigatoriedade da revisão nonagesimal, que não será, portanto, exigível no âmbito dos Tribunais Superiores na eventual hipótese de a eles aportarem recursos criminais.

E se, apesar de decretada a prisão preventiva, não tiver sido cumprido o respectivo mandado pelo fato de encontrar-se o investigado ou réu foragido? Não há, nesse caso, a necessidade de revisão da decisão que impôs a custódia, mesmo porque a condição de foragido do indivíduo basta, por si, para incidência do fundamento da prisão preventiva relacionado à garantia de aplicação da lei penal[72].

Derradeira polêmica sobre a exegese do art. 316, parágrafo único, do CPP tem a ver com a **inobservância do prazo de reanálise** fixado nesse dispositivo. A respeito dessa temática, o STF, também no âmbito das sobreditas Ações Diretas de Inconstitucionalidade 6.581/DF e 6.582/DF, sedimentou o entendimento de que "a inobservância da reavaliação prevista no dispositivo impugnado, após decorrido o prazo legal de 90 (noventa) dias, não implica a revogação automática da prisão preventiva, devendo o juízo competente ser instado a reavaliar a legalidade e a atualidade de seus fundamentos". Tomando-se como exemplo a hipótese de impetração de habeas corpus visando ao deferimento de liberdade provisória ao réu pelo fato de não ter sido revisada, em Primeiro Grau, a necessidade de sua manutenção

---

[72] "[...] 5. Assim, se o acusado – que tem ciência da investigação ou processo e contra quem foi decretada a prisão preventiva – encontra-se foragido, já se vislumbram, antes mesmo de qualquer reexame da prisão, fundamentos para mantê-la – quais sejam, a necessidade de assegurar a aplicação da lei penal e a garantia da instrução criminal –, os quais, aliás, conservar-se-ão enquanto perdurar a condição de foragido do acusado. Assim, pragmaticamente, parece pouco efetivo para a proteção do acusado, obrigar o Juízo processante a reexaminar a prisão, de ofício, a cada 90 dias, nada impedindo, contudo, que a defesa protocole pedidos de revogação ou relaxamento da custódia, quando entender necessário" (STJ, RHC 153.528/SP, 5.ª Turma, Rel. Min. Ribeiro Dantas,j. 29.03.2022, *DJe* 1.º.04.2022). No mesmo sentido: STJ, AgRg no RHC 156.595/TO, 6.ª Turma, Rel. Min. Laurita Vaz, j. 21.06.2022, *DJe* 27.06.2022.

no prazo de 90 dias, poderia o Tribunal, caso não constatasse outro motivo de ilegalidade do constrangimento decorrente da segregação cautelar, apesar de manter a prisão, determinar ao juiz que proceda à reavaliação quanto à sua efetiva necessidade, nos termos do art. 316, parágrafo único, do CPP. Sempre aderimos a esta orientação. Não ignoramos que, de fato, no citado parágrafo único do art. 316, em sua parte final, consta a ilegalidade da prisão como consequência do transcurso do período lá previsto sem que haja pronunciamento judicial ratificando a necessidade da custódia. Sem embargo, a verdade é que, em se tratando de prisão provisória, cuja decretação tem em vista, como fundamentos únicos ou cumulados, a preservação da tranquilidade social (em face do risco de recidiva criminosa), a lisura da prova realizada nas fases policial e judicial da persecução criminal e a efetividade do resultado concreto do processo criminal, não se pode, à revelia de uma interpretação sistêmica, estigmatizar de ilegal a constrição pelo só fato da expiração do tempo referido no mencionado dispositivo. Em outras palavras, são critérios de razoabilidade e de proporcionalidade os que devem incidir na interpretação da norma, não sendo coerente presumir o desaparecimento dos fundamentos que inspiraram a decretação da custódia em face da mera passagem do tempo legalmente estipulado para sua revisão, como se tal inatividade fosse sugestiva de desídia judicial, ou, pior, de que, com o não reexame, estivesse o Juízo, intencionalmente, buscando tergiversar não persistência dos motivos da prisão.

11.7.12. Duração da custódia: juízo de razoabilidade

A legislação não estabelece um prazo máximo de duração da prisão preventiva. Como se viu no tópico anterior, limita-se o art. 316 do CPP a dispor que deverá a custódia ser revogada se constatar o juiz a falta de motivos para que subsista, estabelecendo, outrossim, o respectivo parágrafo único a necessidade de revisão, pelo órgão jurisdicional emissor da decisão que ordenou a segregação, a cada 90 dias, da persistência dos motivos que a determinaram. Frise-se que a estipulação de tal lapso, ao contrário do que afirmam algumas vozes na doutrina, não importa na fixação de prazo máximo para duração da prisão preventiva. Trata-se, como já dissemos e repetimos ao longo deste capítulo, de prazo legalmente previsto para que o Juiz ou Tribunal reavaliem se, de fato, justifica-se a manutenção da prisão cautelar, pronunciando-se fundamentadamente a respeito.

Pois bem, a despeito da inexistência, em termos legais, de um tempo máximo pelo qual pode perdurar a prisão preventiva, na prática forense, é bastante comum a dedução de pedidos de revogação da medida, sob o fundamento de *excesso de prazo na prisão* em face da demora na conclusão da instrução criminal. Nesse bordo, surge o questionamento: **Quando resta configurado o alegado excesso de prazo?**

De acordo com a posição sufragada no STJ, o prazo para conclusão da instrução criminal sujeita-*se a um juízo de razoabilidade*, que pode ser definido como o senso jurídico comum segundo o qual não se considera ocorrente excesso de prazo na custódia quando a demora na marcha processual mostrar-se justificada. Depreende-se daí que o encerramento da instrução criminal, que conduz à fase decisória, não está vinculado a critérios rigorosos, tais como a soma dos prazos que compõem o procedimento criminal em andamento ou à não conclusão da instrução no prazo determinado em lei. Pelo contrário. Havendo inúmeros aspectos capazes de conduzir a uma tramitação processual menos célere do que a habitual, estes devem ser considerados na determinação do excesso. Entre eles, a complexidade da ação penal, a pluralidade de réus, a atuação da defesa e outras circunstâncias não imputáveis ao aparelho judiciário e à acusação[73].

---

[73] "A aferição do excesso de prazo reclama a observância da garantia da duração razoável do processo, prevista no art. 5º, LXXVIII, da Constituição Federal. Tal verificação, contudo, não se realiza de forma puramente matemáti-

Idêntico caminho é trilhado pelo STF, que, de há muito, apenas defere a ordem de *habeas corpus*, nos casos a envolver alegação de excesso de prazo em hipóteses excepcionais, nas quais a mora processual[74]:

a) Seja decorrência exclusiva de diligências suscitadas pela atuação da acusação, cuja imprescindibilidade não tenha sido demonstrada;
b) Resulte da inércia do próprio aparato judicial, em atendimento ao princípio da razoável duração do processo, nos termos do art. 5.º, LXXVIII; e, por fim,
c) Seja incompatível com o princípio da razoabilidade, ou, quando o excesso de prazo seja gritante.

Cabe lembrar, também, a existência de Súmulas pertinentes ao rotulado *excesso de prazo* na prisão, ressaltando-se, no âmbito do STJ, a *Súmula 21* ("pronunciado o réu, fica superada a alegação do constrangimento ilegal da prisão por excesso de prazo na instrução"), a *Súmula 52* ("encerrada a instrução criminal, fica superada a alegação de constrangimento por excesso de prazo") e a *Súmula 64* ("não constitui constrangimento ilegal o excesso de prazo na instrução, provocado pela defesa").

Por derradeiro, cabe ressaltar que o argumento relacionado ao excesso de prazo na prisão como fundamento da impetração de *habeas corpus* visando à cessão da ilegalidade do constrangimento provocado com a prisão processual é cabível não apenas quanto a delongas na conclusão da investigação criminal e da instrução processual penal, como, também, à demora no julgamento de recursos das partes. Ora, nos dois primeiros casos, se a segregação foi determinada pelo Juiz, este deve ser a autoridade coatora, contra a qual deve ser impetrado o *habeas corpus* que visa à revogação da custódia, sendo competente para julgamento o tribunal a que estiver vinculado (Tribunal de Justiça ou Tribunal Regional Federal). O mesmo ocorre quando, apesar de ter a prisão cautelar sido decretada pelo tribunal, por exemplo, no julgamento de recurso em sentido estrito interposto pela acusação (art. 581, V, do CPP), sobrevier, na vara criminal em que tramita o processo, o decurso de novo lapso temporal a justificar a impetração de outro *habeas corpus* sob o rótulo do excesso de prazo. Debitando-se, porém, o suposto excesso de prazo na prisão, à demora para deliberação, pelos tribunais, acerca de recursos interpostos pela acusação ou defesa, estes é que devem ser considerados autoridades coatoras, cabendo o julgamento dos *habeas corpus* impetrados aos Tribunais Superiores, conforme competências fixadas na Constituição Federal. Para ilustrar, suponha-se que determinado réu, que tenha respondido o processo criminal preso preventivamente, seja condenado e, na sentença, mantida a prisão cautelar. Considere-se que, tendo a defesa apelado da condenação, encontre-se o recurso pendente de julgamento no Tribunal de Justiça por tempo superior ao que seria o razoável para tal deliberação. Nesse caso, deve-se considerar como coator, não o juiz que ordenou a custódia, mas o tribunal que, injustificadamente, ainda não julgou o recurso interposto. E, sendo assim, a competência para julgamento do *habeas corpus* estará afeta ao Superior Tribunal de Justiça, consoante dispõe o art. 105, I, *c*, da CF[75].

ca. Demanda, ao contrário, um juízo de razoabilidade, no qual devem ser sopesados não só o tempo da prisão provisória, mas também as peculiaridades da causa, sua complexidade, bem como quaisquer fatores que possam influir na tramitação da ação penal" (STJ, HC 581.394/SP, *DJ* 19.10.2020).

[74] HC 106.448/RJ, *DJ* 14.04.2011.

[75] Art. 105 CF: "Compete ao Superior Tribunal de Justiça: I – processar e julgar, originariamente: c) os *habeas corpus* [...] quando o coator for tribunal sujeito à sua jurisdição [...]".

11.7.13. Prisão domiciliar (arts. 317 a 318-A do CPP)

A disciplina dos arts. 317 e 318 do Código de Processo Penal contempla a possibilidade de *substituição* da prisão preventiva pela prisão domiciliar. Trata-se, enfim, do recolhimento do indiciado ou acusado em sua residência, de onde apenas poderá sair com prévia autorização judicial.

Percebe-se, de plano, no referido art. 318, a ocorrência de impropriedade redacional na medida em que faz referência à *substituição* da prisão preventiva pela domiciliar, quando, na verdade, não ocorre *substituição* alguma. Isto porque o fato de o agente sair da unidade prisional para sua residência não faz desaparecer o título da segregação, que continua sendo uma **prisão preventiva**, apenas sendo esta efetivada fora do cárcere. Não por outra razão, aliás, é que, descabe cogitar da prisão domiciliar contemplada nos citados dispositivos do CPP quando ausentes os requisitos da prisão preventiva[76]. Neste cenário, em vez de *substituição da prisão preventiva pela domiciliar,* compreendemos correto falar que, nos arts. 317 a 318, o CPP disciplina uma **prisão preventiva domiciliar**, possibilitada quando o agente, comprovadamente, enquadrar-se em uma das seguintes situações:

> I – maior de 80 (oitenta) anos;
>
> II – extremamente debilitado por motivo de doença grave;
>
> III – imprescindível aos cuidados especiais de pessoa menor de 6 (seis) anos de idade ou com deficiência;
>
> IV – gestante;
>
> V – mulher com filho de até 12 (doze) anos de idade incompletos;
>
> VI – homem, caso seja o único responsável pelos cuidados do filho de até 12 (doze) anos de idade incompletos.

A prisão domiciliar, aqui, distingue-se daquela prevista no art. 117 da Lei 7.210/1984 (Lei de Execuções Penais), destinada ao preso que já está condenado por sentença definitiva e, nesta condição, cumpre pena em regime aberto. Dispõe, com efeito, esse artigo que *somente se admitirá o recolhimento do beneficiário de regime aberto em residência particular quando se tratar de: I – condenado maior de 70 anos; II – condenado acometido de doença grave; III – condenada com filho menor ou deficiente físico ou mental; IV – condenada gestante.*

Também não se confunde a prisão domiciliar dos arts. 317 e 318 do CPP com a medida cautelar diversa da prisão estipulada no art. 319, V, do CPP, consistente no *recolhimento domiciliar no período noturno e nos dias de folga*:

- Enquanto a **prisão domiciliar** não possui existência própria como prisão cautelar, apenas substituindo a prisão preventiva nas hipóteses estabelecidas em lei, o **recolhimento domiciliar do art. 319, V,** subsiste como uma medida cautelar que pode ser aplicada autonomamente (art. 282, § 1.º).
- Nas **hipóteses dos arts. 317 e 318 do CPP**, opera-se a decretação da preventiva, que, não obstante, tem determinado o seu cumprimento em forma de prisão domiciliar; já no caso do **art. 319, V, do CPP**, ocorre o inverso, pois o que o juiz impõe é uma medida cautelar diversa da prisão (o recolhimento domiciliar) que, entretanto, poderá vir a ser convertida em prisão preventiva, se descumprida injustificadamente pelo agente e se não for cabível sua substituição ou cumulação com outra não privativa da liberdade (arts. 282, § 4.º, e 312, § 1º do CPP).

---

[76] STJ, HC 564.485/MG, j. 01.09.2020.

- A **prisão domiciliar** que substitui a preventiva possui conotação de tempo integral, apenas podendo o agente ausentar-se da residência mediante autorização judicial (art. 317). Já na hipótese do **recolhimento domiciliar do art. 319, V**, deve ocorrer apenas no período noturno e nos dias de folga.
- Enquanto a **prisão domiciliar** destina-se a determinados beneficiários, levando em conta suas condições pessoais particularizadas, o objetivo presumível da medida cautelar de **recolhimento domiciliar no período noturno e nos dias de folga** é dificultar a prática de novas infrações penais.

Pois bem. Especificamente em relação ao que consta no art. 318 do CPP, com as alterações determinadas pela Lei 13.257/2016 e pela Lei 13.769/2018, é importante ter em vista que a efetivação da prisão preventiva sob a forma de prisão domiciliar nem sempre pode levar em conta a literalidade das hipóteses versadas naquele dispositivo, sendo necessária, em algumas situações, a análise do caso concreto. Assim:

11.7.13.1. Pessoa maior de 80 anos (art. 318, I)

Muito embora o Código de Processo Penal não exija, nesse caso, que outro requisito concorra com o fator etário, compreendemos que a substituição da prisão preventiva pela domiciliar deve levar em conta as condições pessoais do agente (precariedade do estado de saúde, impossibilidade de assistência médica efetiva na unidade prisional, primariedade, proximidade de implemento do tempo para progressão etc.) e a própria natureza do crime cometido. Imagine-se, por exemplo, a situação do preso provisório que, apesar de octogenário, está em boas condições de saúde e, ainda, em razão de seu direito à prisão especial, encontra-se recolhido em sala de Estado-Maior. Relativamente a essa pessoa, não vemos razão para autorizar a substituição da prisão preventiva pela domiciliar, pois, conquanto idosa, não está acometida de limitações de ordem física ou mental, ou padecendo dificuldades que justifiquem o deferimento do benefício. Embora se trate de tema controvertido, no âmbito do STJ, são encontrados muitos precedentes nesta direção, vale dizer, julgamentos em que a viabilidade do benefício ao indivíduo maior de 80 anos tem sido analisada diante das peculiaridades do caso concreto e não simplesmente em face da idade[77].

11.7.13.2. Pessoa extremamente debilitada por motivo de doença grave (art. 318, II)

Nesta hipótese, não é suficiente alegar que o agente se encontra debilitado. É necessária a efetiva comprovação de que depende ele de tratamento médico que não poderá ser fornecido no estabelecimento prisional para onde deva ser recolhido. Esta situação corresponde à estatuída no art. 117, II, da Lei 7.210/1984, dispondo sobre o deferimento da prisão-albergue domiciliar ao preso definitivo que se encontra em regime aberto. A propósito desta previsão, há muito a jurisprudência majoritária já se consolidou no sentido de que, para a concessão do benefício, é necessário *comprovar, de forma inequívoca, por dados empiricamente documentados, que a permanência no cárcere tem como consequência lógica agravar a moléstia do custodiado*[78].

---

[77] STJ, HC 231265/RJ, *DJ* 02.02.2015 e HC 446331/SP, *DJ* 17.09.2018.

[78] Ministro Gilmar Mendes, no julgamento do *Habeas Corpus* 105.304/PA (STF, 2.ª Turma, *DJ* 08.04.2011).

11.7.13.3. *Imprescindibilidade aos cuidados especiais de pessoa menor de 6 anos de idade ou com deficiência (art. 318, III)*

Duas são as situações que autorizam a prisão preventiva domiciliar aqui:

a) **Imprescindibilidade aos cuidados especiais de pessoa menor de 6 anos de idade:** observada a literalidade do dispositivo, infere-se que a regra em exame incide apenas na hipótese de a criança menor de 6 anos não ser filha do indivíduo sob preventiva. É o caso, por exemplo, de se tratar de criança sob sua guarda (abrangendo-se, aqui, tanto a guarda legal quanto a de fato) ou tutela. Isto porque, tratando-se de filho, as normas aplicáveis são as dos incisos V e VI do art. 318, dispondo, respectivamente, sobre a possibilidade do benefício à "mulher com filho de até 12 (doze) anos de idade incompletos" e ao "homem, caso seja o único responsável pelos cuidados do filho de até 12 (doze) anos de idade incompletos".

b) **Imprescindibilidade aos cuidados especiais de pessoa com deficiência, sendo irrelevante, neste caso, a idade**. Com a lei, aqui, refere-se à situação de imprescindibilidade, não deve, em tese, ser deferido o benefício na hipótese, por exemplo, de a pessoa com deficiência ser responsável por seus atos e apresentar plena autonomia.

No entanto, as coisas não são tão simples quanto parecem. Com efeito, apesar da aparente clareza destas regras, não se pode ignorar que o art. 318-A do CPP, introduzido pela Lei 13.769/2018, estabelece que a prisão preventiva imposta à mulher responsável por crianças ou pessoas com deficiência será substituída por prisão domiciliar quando o crime pelo qual estiver presa provisoriamente não tenha sido cometido com violência ou grave ameaça à pessoa ou contra seu filho ou dependente. Não exige o dispositivo, como se vê, a demonstração da *imprescindibilidade aos cuidados* da criança. E mais: enquanto o art. 318, III, refere que o juiz "poderá" deferir a prisão preventiva domiciliar nos casos de imprescindibilidade aos cuidados às pessoas mencionadas, o art. 318-A prevê que a prisão preventiva "será" substituída por prisão domiciliar, o que sugere cogência, vale dizer, obrigatoriedade da substituição. Percebam-se as diferenças:

DEFERIMENTO DA PRISÃO PREVENTIVA DOMICILIAR		
	ART. 318, III, CPP	ART. 318-A, CPP
DESTINATÁRIO DA REGRA	*Homem ou mulher.*	*Mulher.*
OBJETO DA PROTEÇÃO	*Pessoa menor de 6 anos ou com deficiência.*	*Criança (assim considerada a pessoa com até 12 anos incompletos) e a pessoa com deficiência*
HIPÓTESE	*Imprescindibilidade aos cuidados de menor de 6 anos ou pessoa com deficiência.*	*Basta ser responsável por criança ou pessoa com deficiência, não se referindo o dispositivo à situação de imprescindibilidade.*
COGÊNCIA	*Refere o dispositivo que poderá o juiz substituir a prisão preventiva pela domiciliar.*	*Dispõe o artigo que a prisão preventiva será substituída pela domiciliar.*

Como se vê, há uma superposição de normas distintas, as quais tratam de situações que, embora análogas, inserem diferenças importantes. E *como resolver esse impasse*? Por uma questão de hermenêutica e, também, a partir da consideração de que a norma posterior revoga a anterior naquilo em que com ela for incompatível, é evidente que a norma do art. 318, III, obrigatoriamente deve ser cotejada com a do art. 318-A, autorizando-se, com base em ambos, a prisão preventiva domiciliar quando:

a) A pessoa presa preventivamente **não for pai nem mãe** de criança, assim compreendido o menor com até 12 anos incompletos (art. 2.º da Lei 8.069/1990), pois, sendo pai ou mãe, o regramento incidente está no art. 318, V e VI, do CPP.
b) Tratar-se a pessoa presa preventivamente de homem que se reconheça **imprescindível** aos cuidados especiais de **menor de 6 anos de idade ou de pessoa com deficiência** (irrelevante da idade neste último caso). Para fins de concessão do benefício, aqui, a efetiva imprescindibilidade aos cuidados deverá estar comprovada. Incide, neste caso, a literalidade do art. 318, III.
c) Tratar-se a pessoa presa preventivamente de **mulher**, sendo ela **responsável** por criança (até 12 anos incompletos, portanto) ou pessoa com deficiência (neste último caso não importa a idade). Não é preciso, aqui, a comprovação da imprescindibilidade, bastando que seja comprovado que a criança ou a pessoa com deficiência vive sob a dependência e cuidados da mulher. E também não é exigido que a condição de "responsável" pela criança ou pela pessoa com deficiência decorra de um vínculo legal, como a guarda judicialmente concedida, a tutela ou a curatela, sendo suficiente a relação de dependência existente no plano fático.

Por óbvio, em relação à *pessoa com deficiência*, a deficiência capaz de gerar a incidência dos arts. 318, III, e 318-A do CPP é aquela que, seja física, seja intelectual, efetivamente impede ou impõe dificuldade considerável ao indivíduo em seu cotidiano. Logo, não deve, sob esse rótulo, ser deferido o benefício na hipótese, por exemplo, de a pessoa, embora com deficiência, ser absolutamente responsável por seus atos e apresentar plena autonomia.

Por fim, em relação à celeuma decorrente do fato de que o art. 318, III, estabelece que o juiz "poderá" substituir a prisão preventiva pela domiciliar, enquanto o art. 318-A refere que tal substituição "será" realizada nas hipóteses nele contempladas, não vemos qualquer dificuldade. Isto porque há muito a jurisprudência vem compreendendo que o uso do verbo "poderá" em normas que consagram benefícios processuais para o agente da infração (a exemplo do art. 26, parágrafo único, do CP e dos arts. 76 e 89 da Lei 9.099/1995) institui, na verdade, situações em que há um "poder-dever" para o juiz ou para o Ministério Público, não sendo viável o indeferimento quando presentes os pressupostos que autorizam a concessão. Logo, seja no caso do art. 318, III, seja na hipótese do art. 318-A, a verdade é que, constatada a ocorrência das situações neles previstas, deve o juiz conceder a prisão preventiva domiciliar, devendo eventual indeferimento ser motivado. Não há, enfim, mera faculdade ou discricionariedade nesses casos.

11.7.13.4. Gestante (art. 318, IV)

Até pouco tempo atrás, defendíamos a orientação de que não se poderia vislumbrar no dispositivo uma espécie de *direito subjetivo* da mulher em permanecer recolhida em domicílio apenas porque é gestante. Compreendíamos, enfim, que o art. 318, IV, do CPP apenas inseria um permissivo ao juiz no sentido de conceder a prisão domiciliar à gestante, sendo necessário, contudo, averiguar cada caso. Portanto, se, apesar da gravidez, as condições do cárcere ou a saúde da gestante ou do feto não revelassem a necessidade do benefício, este poderia ser indeferido sem que importasse ilegal constrangimento à presa.

Na atualidade, porém, tal entendimento não tem mais lugar.

Isto porque, no enfrentamento do ***Habeas Corpus* coletivo 143.641/SP**, impetrado pela Defensoria Pública da União, a 2.ª Turma do STF, **em 20.02.2018**, entendeu por conceder a ordem e determinar a substituição da prisão preventiva pela prisão domiciliar, entre outras situações, a todas "as mulheres presas, gestantes, puérperas ou mães de crianças e de pessoas com deficiência...", independentemente da apuração da imprescindibilidade da medida, facultando-se ao juiz, inclusive, se entender "que a prisão domiciliar se mostra inviável ou inadequada em determinadas situações", substituí-la por outras medidas alternativas dentre as previstas no art. 319 do CPP. Ressalvou o Colegiado, contudo (e pelo menos), as hipóteses de "crimes praticados por elas mediante violência ou grave ameaça, contra seus descendentes", bem como "de situações excepcionalíssimas, as quais deverão ser devidamente fundamentadas pelos juízes que denegarem o benefício" e o caso de se encontrar a presa beneficiária sob suspensão ou destituição do poder familiar por outro motivo que não a prisão de que está sendo liberada.

Mais adiante, a Lei 13.769/2018, introduzindo no CPP os arts. 318-A e 318-B, referendou, com poucas modificações tal entendimento, autorizando a prisão preventiva domiciliar à mulher gestante (sem prejuízo da possibilidade de aplicação concomitante das medidas alternativas previstas no art. 319 do CPP), desde que *não tenha cometido crime com violência ou grave ameaça à pessoa* (art. 318-A, I) e que *o crime não tenha sido praticado contra seu filho ou dependente* (art. 318-A, II).

Como se vê, nem a deliberação do STF no julgamento do HC 143.641/SP, nem os arts. 318-A e 318-B do CPP condicionam a prisão preventiva domiciliar à comprovação de sua imprescindibilidade diante das condições pessoais da gestante, situação esta que tem conduzido parte expressiva da doutrina ao entendimento de que, não sendo verificados os óbices relacionados ao crime cometido previstos nos incisos I e II do art. 318-A, existe a obrigatoriedade do deferimento do benefício à gestante. Não concordamos com essa orientação. Pensamos que, excepcionalmente e desde que o faça de modo fundamentado, pode o juiz, diante das peculiaridades do caso concreto, indeferir a prisão preventiva domiciliar à gestante quando reputar a absoluta falta de efetividade da medida diante dos motivos que conduziram à segregação cautelar. Imagine-se, por exemplo, a hipótese da mulher presa em flagrante pelo crime de tráfico de drogas, praticado em sua residência (onde apreendida grande quantidade de drogas), sendo ela, ainda, multirreincidente e suspeita de integrar organização criminosa em crimes da mesma natureza. Por óbvio, em casos como este, a prisão domiciliar não terá qualquer efetividade, pois não impedirá a continuidade do crime (praticando atos de comando a terceiros, por exemplo), a intimidação de testemunhas, o contato com outros envolvidos na organização visando forjar provas etc. Em reforço a este nosso entendimento, cabe destacar que, no próprio julgamento do HC 143.641/SP (2.ª Turma, j. 20.02.2018), cujos termos foram quase que reiterados pelo legislador nos arts. 318-A e 318-B do CPP, o STF ressalva a possibilidade de, em **"situações excepcionalíssimas"**, ser o benefício denegado, viabilizando, com isto, ao juiz, levando em consideração as particularidades da presa e do crime que conduziu à decretação da custódia, mantê-la segregada no sistema prisional e não em domicílio.

11.7.13.5. Mulher com filho de até 12 anos de idade incompletos (art. 318, V)

À semelhança do que ocorre em relação à gestante (art. 318, IV), também neste caso o art. 318, V, do CPP não exige situação de *imprescindibilidade aos cuidados do filho de até 12 anos incompletos*, regramento este que se harmoniza, completamente, com a norma superveniente do art. 318-A. Trata-se, em verdade, de previsões quase idênticas, diferenciando-se, unicamente, pelo fato de o art. 318-A estabelecer, como óbice à substituição a hipótese de *crime com violência ou grave ameaça à pessoa* (inc. I) ou *praticado contra seu filho ou dependente* (inc. II).

Mas atenção: uma interpretação precipitada do dispositivo pode conduzir à ideia de que faz jus à prisão preventiva domiciliar a mulher que tem filho de até doze anos incompletos, independentemente de qualquer outro condicionamento. Ora, é evidente que não pode ser este raciocínio. Tampouco cremos tenha sido este o intuito do legislador nessa mal redigida disposição. Fosse assim, poderia usufruir do benefício a pessoa que, conquanto *mãe* de infante com menos de doze anos, com ele não convive há vários anos, o que seria o mais completo dos absurdos; e, também, a mulher que se encontra presa preventivamente a partir de prisão em flagrante por delito de tráfico de drogas, realizado em sua própria residência, na presença de filho menor, o que também seria um contrassenso. Logo, é preciso analisar o caso concreto, podendo o juiz indeferir a prisão domiciliar à mulher cuja presença junto ao filho menor de 12 anos seja a ele nefasta. E tal orientação, muito embora não encontre apoio na literalidade *art. 318, V, e do art. 318-A* (ambos se referem, unicamente, à condição da presa como sendo mãe de pessoa menor de 12 anos, não fazendo qualquer outro condicionamento), sustenta-se na finalidade primeira da norma (impedir que o infante permaneça desamparado diante da prisão da genitora); na circunstância de que, por critérios de hermenêutica, a interpretação da lei não pode conduzir a absurdos; e, por fim, na deliberação do STF por ocasião do julgamento do mencionado *Habeas Corpus* 143.641/SP (2.ª Turma, j. 20.02.2018), cujos termos, repita-se, quase que foram copiados na redação do art. 318-A do CPP, ressalvando a possibilidade de, em **"situações excepcionalíssimas"**, ser o benefício negado à mulher presa preventivamente que é mãe de criança.

11.7.13.6. Homem, caso seja o único responsável pelos cuidados do filho de até 12 anos de idade incompletos (art. 318, VI)

Não basta que seja o homem preso preventivamente *responsável* sob o ponto de vista jurídico pelo filho menor de 12 anos (em face dos atributos inerentes ao poder familiar). É preciso que esta *responsabilidade* seja demonstrada no plano fático, observados, ainda, fatores outros, como as condições pessoais do agente, a natureza do crime cometido, seu *modus operandi, entre outros aspectos que, na visão do juízo, relevem para o exame da questão.* Por exemplo, seria um absurdo cogitar do retorno ao domicílio do indivíduo que foi preso preventivamente para garantir a execução de medida protetiva de urgência deferida em razão de crime praticado com violência envolvendo o filho do qual se intitula "o único responsável" ou do preso por tráfico de drogas que se utilizava do filho para essa atividade. Perceba-se que estes dois exemplos inserem situações que, na dicção do art. 318-A, incisos I e II, impedem a prisão preventiva domiciliar à mulher que seja mãe de criança. Ora, se os óbices existem em relação à genitora, com a mesma razão devem ser levados em consideração no tocante ao pai do menor de 12 anos.

Outra questão a apontar é a de que, ao contrário do que ocorre em relação à "mulher com filho de até 12 (doze) anos de idade incompletos" (art. 318, V), para o homem com filho da mesma idade exige-se, para que possa receber o benefício com base no art. 318, VI, que seja **o único responsável pelos cuidados do menor** – imprescindível a estes cuidados, portanto. Logo, se o infante, por exemplo, vive aos cuidados dos avós, não há porque lhe ser deferida a benesse aqui.

Por fim, deve-se atentar que, para o pronunciamento favorável do juiz a respeito da concessão da preventiva domiciliar, não basta a alegação do agente no sentido de se enquadrar nesta ou naquela situação. Pelo contrário. O art. 328, parágrafo único, é explícito ao dispor que "para a substituição, o juiz exigirá prova idônea dos requisitos estabelecidos neste artigo".

11.7.14. Esquema: pressupostos, fundamentos e hipóteses de admissibilidade da prisão preventiva

Sintetizando os tópicos examinados, pode-se estabelecer o seguinte regramento quanto às condições *lato sensu* exigidas para a decretação da prisão preventiva pelo Poder Judiciário:

1.ª Regra: Tratar-se de *uma das hipóteses* que admitem a restrição cautelar entre as previstas no art. 313 do CPP.

2.ª Regra: Presença de *ambos* os pressupostos autorizadores da medida – *indícios suficientes de autoria* e *prova da existência do crime (art. 312, 2.ª parte, do CPP).*

3.ª Regra: Configuração de pelo menos *um dos fundamentos* previstos em lei – *garantia da ordem pública/econômica*, ou *conveniência da instrução criminal*, ou *segurança quanto à aplicação da lei penal* (art. 312, 1.ª parte, do CPP). Lembre-se que estes três fundamentos constituem o *periculum litertatis*, assim considerado o *"perigo gerado pelo estado de liberdade do imputado"* (expressão introduzida no art. 312, parte final, pela Lei 13.964/2019).

4.ª Regra: Não ser cabível a substituição da custódia pelas medidas alternativas diversas da prisão contempladas nos arts. 319 e 320 do CPP (art. 282, § 6.º, do CPP).

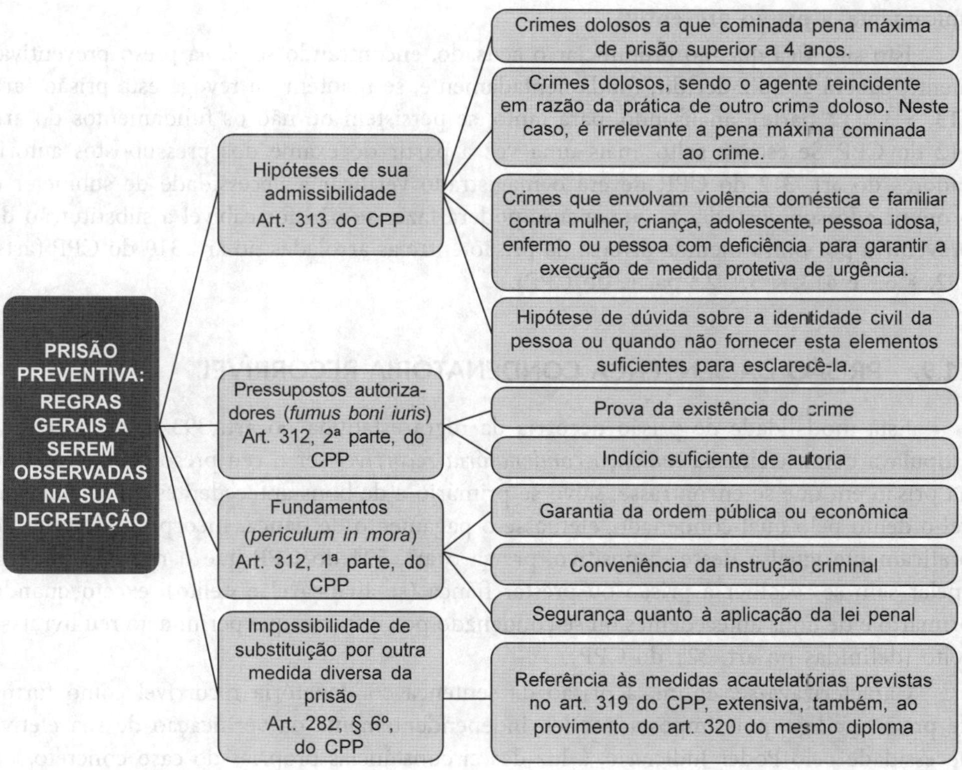

11.8. PRISÃO DA PRONÚNCIA

A partir da Lei 11.689, de 09.06.2008, o Código de Processo Penal aboliu a *prisão da pronúncia* como modalidade autônoma de prisão provisória. Com isso, modificou-se o sistema decorrente da primitiva redação do art. 408 do CPP, o qual dispunha que, ao pronunciar o réu, o juiz deveria recomendá-lo à prisão onde já se encontrasse ou determinar sua prisão para que aguardasse preso a data do julgamento pelo júri (§ 1.º), salvo se fosse primário e de bons antecedentes, hipótese na qual poderia o magistrado deixá-lo em liberdade. Enfim, a regra inserida ao Código era a prisão consequente à pronúncia, sendo a liberdade uma exceção ocorrente apenas quando primário e de bons antecedentes o pronunciado.

Na atualidade, o regramento adotado pelo CPP em relação à possibilidade de prisão do pronunciado é o constante no art. 413, § 3.º, do CPP, o qual estabelece que, na pronúncia, *o juiz decidirá, motivadamente, no caso de manutenção, revogação ou substituição da prisão ou medida restritiva de liberdade anteriormente decretada e, tratando-se de acusado solto, sobre a necessidade da decretação da prisão ou imposição de quaisquer das medidas previstas no Título IX do Livro I deste Código.*

Ora, considerando que, com as modificações determinadas pela Lei 12.403/2011, a prisão em flagrante passou a exigir conversão em preventiva para o fim de manter preso o agente (art. 310, II) e tendo em vista que, no âmbito do Código de Processo Penal, não há previsão de qualquer outra forma de prisão cautelar capaz de ser ordenada em relação ao réu pronunciado, depreende-se que a prisão a que alude o art. 413, § 3.º, pode ser, unicamente, a **prisão preventiva.**

Isto significa que, ao pronunciar o acusado, encontrando-se ele já preso preventivamente, caberá ao juiz decidir, fundamentadamente, se mantém ou revoga esta prisão (art. 413, § 3.º, 1.ª parte), analisando, para tanto, se persistem ou não os fundamentos do art. 312 do CPP. Se estiver solto, mais uma vez a partir do exame dos pressupostos autorizadores do art. 312 do CPP, deverá o magistrado verificar a necessidade de submeter o pronunciado sob custódia, o que apenas poderá fazer se não for cabível a substituição da preventiva por outra medida diversa da prisão entre as arroladas no art. 319 do CPP (arts. 282, § 6.º e 413, § 3.º, 2.ª parte, do CPP).

11.9. PRISÃO DA SENTENÇA CONDENATÓRIA RECORRÍVEL

Esta modalidade de prisão decorria da regra estatuída no art. 393, I, do CPP, que estipulava como efeito da *sentença condenatória recorrível* ser o réu preso ou conservado na prisão em que se encontrasse, salvo se primário e de bons antecedentes ou se, afiançável o delito pelo qual condenado, efetuasse o pagamento de fiança. Incorporando redação praticamente igual à desse dispositivo, previa o art. 594 do CPP que o réu não poderia apelar sem se recolher à prisão ou prestar fiança (se afiançável o delito), exceto quando primário e de bons antecedentes ou se condenado por infração que permita ao réu livrar-se solto (definidas no art. 321 do CPP).

Caracterizava-se, enfim, a prisão da sentença condenatória recorrível como forma de prisão *ex lege*, pois imposta por lei, independentemente da verificação de sua efetiva necessidade pelo Poder Judiciário, à luz das circunstâncias próprias do caso concreto.

Porém, com o advento da Lei 11.719, de 20.06.2008, esta *revogou expressamente* o art. 594 do CPP. Por outro lado, atribuiu nova redação ao art. 387, parágrafo único (atual § 1.º, na redação dada pela Lei 12.736/2012), do Estatuto Processual, passando este a dispor que, ao proferir sentença condenatória, *o juiz decidirá, fundamentadamente, sobre a manutenção ou, se for o caso, a imposição de prisão preventiva* ao acusado, daí decorrendo, a nosso ver, a revogação tácita do art. 393, I, do CPP. Desde então, a nosso ver, já se exterminara no ordenamento processual penal brasileiro esta forma de prisão.

Sem embargo, o tema relacionado à subsistência da prisão *ex lege* nos momentos posteriores à Lei 11.719/2008 persistiu controvertido. No âmbito do STJ, por exemplo, chegou-se a decidir que *a Lei 11.719/08, que alterou profundamente a sistemática do processo penal brasileiro e introduziu a proibição de prisão do réu para apelar, manteve, no entanto, o art. 393 do CPP, segundo o qual é efeito da sentença condenatória recorrível ser o réu preso ou conservado na prisão*[79].

De qualquer sorte, essa polêmica restou definitivamente solucionada com a vigência da Lei 12.403/2011, que, em seu art. 4.º, revogou expressamente a integralidade do art. 393 do CPP.

Neste contexto, depreende-se que, doravante, a única prisão que poderá ser determinada ao réu solto após a prolação da sentença penal condenatória e antes de seu trânsito em julgado é a **preventiva**, condicionada, obviamente, a que estejam presentes seus requisitos autorizadores, e, ainda, que não sejam cabíveis as medidas alternativas do art. 319 (art. 282, § 6.º), não mais subsistindo, pois, a *prisão da sentença condenatória recorrível* como uma forma própria e autônoma de prisão provisória.

E não poderia, efetivamente, ser outra a solução legal. Se o princípio da presunção de inocência é consagrado em nível constitucional, não é possível conceber, na prisão, um *efeito-regra* da sentença penal condenatória **recorrível**, mas, sim, uma *exceção*, aplicável apenas quando se revelarem no caso concreto os requisitos expressamente consagrados em lei.

11.10. PRISÃO TEMPORÁRIA (LEI 7.960/1989)

11.10.1. Considerações gerais e cabimento

A prisão temporária está regulamentada na Lei 7.960/1989, a qual, no art. 1.º, prevê as seguintes hipóteses de cabimento:

> I – Quando imprescindível para as investigações do inquérito policial;
>
> II – Quando o indiciado não tiver residência fixa ou não fornecer elementos necessários ao esclarecimento de sua identidade;
>
> III – Quando houver fundadas razões, de acordo com qualquer prova admitida na legislação penal, de autoria ou participação do indiciado, nos crimes de homicídio doloso, sequestro ou cárcere privado, roubo, extorsão, extorsão mediante sequestro, estupro, epidemia com resultado de morte, envenenamento de água potável ou alimentos ou medicamentos com resultado morte, associação criminosa (art. 288 do CP), genocídio, tráfico de drogas, crimes contra o sistema financeiro e crimes previstos na Lei do Terrorismo.[80]

Com a nova disciplina dos crimes contra a dignidade sexual, introduzida ao Código Penal pela Lei 12.015/2009, o estupro de vulnerável poderá ser enquadrado como hipótese que autoriza a prisão temporária? Inicialmente, deve-se ter em vista que o *estupro de vulnerável*, punido com pena de 8 a 15 anos de reclusão, caracteriza-se pela prática de qualquer ato libidinoso, conjunção carnal ou não, com menor de 14 anos (art. 217-A, *caput*, do CP), ou com pessoa de qualquer idade que, por enfermidade ou deficiência mental, não tenha o necessário discernimento, ou não possa oferecer resistência (art. 217-A, § 1.º, do CP). Considerando que o *estupro de vulnerável*

[79] STJ, HC 189.490/SP, 5.ª Turma, Rel. Min. Napoleão Nunes Maia Filho, *DJ* 05.04.2011.

[80] Prejudicada a referência ao atentado violento ao pudor, antes inserida ao art. 1.º, III, g, da Lei 7.960/1989, em razão da revogação do art. 214 do CP pela Lei 12.015/2009.

insere-se no contexto do que, antes da mencionada alteração legislativa, rotulava-se *estupro mediante violência presumida*, compreendemos que não há qualquer óbice ao decreto da prisão temporária diante desta modalidade delituosa, com base no art. 1.º, III, da Lei 7.960/1989.

Apesar da objetividade da lei, estabelecendo categoricamente os requisitos que autorizam a prisão temporária, havia divergências a respeito, coexistindo quatro orientações:

- A prisão temporária pode ser decretada desde que se faça presente qualquer uma das três hipóteses mencionadas no art. 1.º da Lei 7.960/1989.
- Apenas se viabiliza a prisão temporária quando as três situações mencionadas estiverem presentes, cumulativamente.
- É preciso que se configurem, cumulativamente, as hipóteses dos incisos I, II e III e, além disso, que se trate de uma das situações que autorizam a prisão preventiva.
- A prisão temporária é cabível somente em relação aos crimes referidos no art. 1.º, III, e desde que concorra pelo menos uma das hipóteses citadas nos incisos I e II.

Pois bem, na atualidade, a matéria encontra-se sedimentada. Veja-se, pois, que, no julgamento das Ações Diretas de Inconstitucionalidade 3.360 e 4.109, em 11.02.2022, o STF, ao tempo em que referendou a última das posições citadas (que sempre foi majoritária) agregou, como condicionamentos da prisão temporária, os requisitos da *contemporaneidade* e *subsidiariedade*, estabelecendo que esta modalidade de segregação é permitida apenas quando preenchidos, cumulativamente, os seguintes requisitos:

1. For imprescindível para as investigações do inquérito policial, constatada a partir de elementos concretos e não meras conjecturas, vedada a sua utilização como prisão para averiguações, em violação ao direito à não autoincriminação, ou quando fundada no mero fato de o representado não possuir residência fixa (inciso II);
2. Houver fundadas razões de autoria ou participação do indiciado nos crimes previstos no art. 1º, III, Lei 7.960/1989, vedada a analogia ou a interpretação extensiva do rol previsto no dispositivo;
3. For justificada em fatos novos ou contemporâneos que fundamentem a medida (art. 312, § 2º, CPP);
4. For adequada à gravidade concreta do crime, às circunstâncias do fato e às condições pessoais do indiciado (art. 282, II, CPP);
5. Não for suficiente a imposição de medidas cautelares diversas, previstas nos arts. 319 e 320 do CPP (art. 282, § 6º, CPP).

Assim como ocorre em relação à prisão preventiva, também a decretação da prisão temporária deve ser devidamente fundamentada, embasando-se o juiz em atos, fatos ou circunstâncias que indiquem a sua real necessidade e atendendo aos termos previstos na lei que a regulamenta. Do contrário, a decisão será nula, ensejando a revogação da custódia. Tal exigência decorre tanto do princípio constitucional do *estado de inocência*, inserido ao art. 5.º, LVII, da Constituição Federal, como da garantia de fundamentação das decisões judiciais, incorporada aos arts. 5.º, LXI, e 93, IX, da mesma Carta. Destarte, a decretação da prisão cautelar não pode emanar de um simples automatismo da lei ou da mera repetição, pelo magistrado, dos vocábulos componentes do dispositivo legal, impondo-lhe analisar o fato concreto para constatar se as circunstâncias da investigação realmente exigem a medida constritiva da liberdade. Mas atenção: A eventual ilegalidade no decreto de segregação temporária não tem o condão de anular os demais atos que dele decorram, mas apenas o de restabelecer a liberdade do indivíduo, porquanto a prisão só atinge a liberdade ambulatorial, não refletindo nas provas porventura derivadas da segregação[81]. Neste contexto, mesmo que seja considerada ilegal a prisão temporária, descabe extirpar dos autos os atos, provas e diligências decorrentes da prisão, tais como interrogatórios, acareações, reconhecimentos etc.

Outro aspecto importante a considerar refere-se ao fato de que a prisão temporária não pode ser decretada ou mantida após o recebimento da denúncia pelo juízo competente. Isso porque, como já dissemos, visa essa forma de custódia, primordialmente, a assegurar o êxito das investigações que antecedem ao ajuizamento da ação penal. Logo, se esta já foi ajuizada, desaparece o móvel que poderia conduzir o juiz a **ordenar** a custódia[82]. Por outro lado, se a prisão temporária do investigado já estiver em curso por ocasião do oferecimento da denúncia, ao receber esta peça deverá o juiz **revogar** a temporária ou alterar o título da prisão e decretar a prisão preventiva do acusado, condicionado este último procedimento, obviamente, a que não seja possível substituir a privação da liberdade ambulatorial por outra medida diversa da prisão (art. 282, § 6.º, do CPP).

11.10.2. Aplicação dos princípios e regras gerais das medidas cautelares pessoais regradas pelo Código de Processo Penal à prisão temporária

A bem da verdade, os aspectos fundamentais relativos às medidas cautelares pessoais disciplinadas no Código de Processo Penal e cuja incidência pode refletir na prisão temporária são dois:

> ***Primeiro***, relativo aos parâmetros estabelecidos no art. 282, I e II, do CPP, dispondo que as medidas cautelares de natureza pessoal elencadas no Título IX do Livro I serão aplicadas observando-se critérios de necessidade (para aplicação da lei penal, para a investigação ou a instrução criminal e, nos casos expressamente previstos, para evitar a prática de infrações penais) e adequação (à gravidade do crime, circunstâncias do fato e condições pessoais do indiciado ou acusado); e
>
> ***Segundo***, pertinente à regra do art. 282, § 6.º, do CPP estabelecendo que a prisão preventiva será determinada quando não for cabível a sua substituição por outra medida cautelar.

Pois bem, se havia divergências quanto ao ponto, o impasse deixou de existir a partir do julgamento das ADIs 3.360 e 4.109, citadas no tópico anterior, firmando-se, agora, o entendimento no sentido da aplicação destes regramentos em relação à prisão temporária, importando a inobservância em ilegalidade da medida, sendo, com isto, passível de revogação.

11.10.3. Prazo e legitimidade

Como regra, a custódia terá o *prazo* de cinco dias, podendo este lapso ser prorrogado por igual período, em caso de excepcional necessidade (art. 2.º, *caput*). Tratando-se, porém, de crimes hediondos e equiparados, dispõe o art. 2.º, § 4.º, da Lei 8.072/1990 que o prazo

[81] STJ, HC 96.245/RJ, *DJ* 16.11.2010.

[82] "Uma vez recebida a denúncia não mais subsiste o decreto de prisão temporária, que visa resguardar, tão somente, a integridade das investigações" (STJ, HC 44.987/BA, 5.ª Turma, *DJ* 13.03.2006).

da temporária será de trinta dias, prorrogáveis por igual tempo, desde que comprovada a extrema necessidade desse proceder. Perceba-se que, consoante refere o art. 2.º, § 8.º, da Lei 7.960/1989 (introduzido pela Lei 13.869/2019), o dia do cumprimento do mandado de prisão inclui-se no cômputo do prazo de prisão temporária.

Tocante à *legitimidade*, prevê o art. 2º, *caput*, que a prisão temporária será decretada pelo juiz mediante **representação da autoridade policial** ou **requerimento do Ministério Público**.

A lei não prevê legitimidade para o *ofendido* requerê-la no curso das investigações policiais. Mais: não sendo possível a decretação da medida depois de ajuizada a ação penal, descabe qualquer referência à legitimidade do *ofendido* enquanto querelante (art. 30 do CPP) ou na condição de assistente do Ministério Público (art. 268 do CPP).

Havia controvérsia quanto a poder o juiz decretá-la de ofício. Na atualidade, o impasse está superado, sendo certo que não tem esta faculdade. Isso porque, consoante referido alhures, o art. 2.º da Lei 7.960/1989 normatiza que a prisão temporária será determinada pelo juiz em face da representação da autoridade policial ou de requerimento do Ministério Público, vedando, portanto, *contrario sensu,* a decretação *ex officio*, solução esta que "deriva, justamente da conformação dada pela legislação processual brasileira ao sistema acusatório, em ordem a que, quando se tratar ainda da fase investigatória, **observe o juiz uma certa contenção**" (STJ, HC 360.896/PR, Decisão Monocrática Min. Felix Fischer, j. 08.08.2016, *DJe* 16.08.2016, âmbito da Operação "lava-jato"). Veja-se, ademais, que, por força da Lei 13.964/2019, perdeu o juiz legitimidade para decretar a prisão preventiva e medidas cautelares diversas da prisão inclusive na fase do processo, coisa que antes da vigência dessa legislação lhe era permitido. Logo, até mesmo por interpretação sistêmica, não podendo ele determinar, inclusive na fase judicial da persecução, a prisão preventiva e provimentos cautelares que não impliquem em prisão (aqueles previstos nos arts. 319 e 320 do CPP), muito menos é possível admitir que, no curso da investigação criminal, ordene, oficiosamente, medida restritiva da liberdade a título de prisão temporária.

Outra questão debatida refere-se à possibilidade de o Juiz, diante de representação da autoridade policial pela prisão preventiva do investigado, deixar de impor essa prisão e decretar, em seu lugar, a prisão temporária. Apesar de entendimentos em sentido contrário, não vemos óbice a que o Magistrado assim proceda. Afinal, apesar de a representação do delegado inserir pedido de decretação da prisão preventiva, não há como desconsiderar que tal pronunciamento encerra uma **provocação** ao Juiz, não implicando a prisão temporária decretada nessa hipótese, então, em agir de ofício de sua parte. Além disso, não há como se olvidar que a **prisão temporária, possuindo prazo determinado, é menos gravosa** do que a preventiva, já que esta pode ser prolongada até o trânsito em julgado da sentença penal. Logo, inexiste qualquer prejuízo na decretação da primeira em detrimento da segunda.

E quanto à prorrogação do prazo da prisão temporária *ex officio?* Duas posições existem:

Primeira: Embora a Lei 7.960/1989 não preveja expressamente essa possibilidade, não há qualquer ilegalidade na prorrogação determinada pelo juiz de ofício, desde que constate que se trata de "caso de extrema e comprovada necessidade", conforme dispõe o art. 2.º, *caput*, do referido diploma legal. Trata-se de posição minoritária.

Segunda: Espelhando o pensamento amplamente majoritário, compreende que, assim como não pode o magistrado decretar a custódia sem provocação dos legitimados, também lhe é vedada a prorrogação *ex officio*. Considera-se, pois, que essa forma de prisão destina-se às averiguações e quem deve comprovar a necessidade de prorrogação é a autoridade policial que investiga o crime e sua autoria, ou o Ministério Público, cabendo ao juiz apenas avaliar se a hipótese concreta autoriza a prorrogação sem que tal importe em violação ao direito à liberdade. Nesse sentido: "A prisão temporária é excepcional e restrita às averiguações por curto espaço, comprovado pela autoridade a extrema necessidade, a fim de que não seja tumultuada a investigação. Incabível prorrogação de ofício pelo juízo sob pena de tornar-se gratuita e configurar erro judiciário"[83].

11.10.4. Procedimento

Diante de representação da autoridade policial ou requerimento do Ministério Público, o juiz de direito terá o prazo de *vinte e quatro* horas para decidir fundamentadamente sobre a prisão. Caso a postulação tenha sido realizada pelo delegado de polícia, imprescindível, ainda, que, antes de se manifestar, o magistrado colha o parecer do Ministério Público (art. 2.º, § 1.º).

Tratando-se de modalidade de segregação cautelar, apenas pode ser decretada por meio de decisão fundamentada. A despeito de não se exigir fundamentação exaustiva, ao decretar a prisão temporária, o magistrado deve demonstrar, efetivamente, quais obstáculos pretende impedir que o imputado possa causar ao trabalho da autoridade policial[84]. Meras conjecturas de que o indiciado, em liberdade, poderá comprometer o desenvolvimento das investigações constituem motivação insuficiente, causadora de constrangimento ilegal, ensejando a revogação da prisão.

Deferida a segregação, será expedido mandado de prisão em duas vias, sendo uma entregue ao preso, a qual servirá de nota de culpa (art. 2º, § 4º). Gize-se que, por ocasião da decisão que deferir a custódia, poderá o magistrado, de ofício, a requerimento do Ministério Público ou do advogado, determinar que o preso lhe seja apresentado, solicitar informações da autoridade policial e submetê-lo a exame de corpo de delito (art. 2.º, § 3.º).

Efetuada a prisão, a autoridade policial deverá comunicar, imediatamente, a execução da medida ao juiz que a decretou, sob pena de incorrer em abuso de autoridade (art. 12, parágrafo único, inc. I, da Lei 13.869/2019). Deverá, outrossim, o delegado advertir o detido quanto a seus direitos constitucionais (art. 2.º, § 6.º).

Decorrido o prazo pelo qual decretada a temporária, o detido deverá ser colocado imediatamente em liberdade, salvo se, no seu curso, tiver sido autorizada a prorrogação desse prazo ou operada a decretação da prisão preventiva (art. 2.º, § 7.º). A não adoção dessa providência pela autoridade responsável pela custódia implicará, também aqui, em abuso de autoridade, conforme dispõe o art. 12, parágrafo único, inc. IV, da Lei 13.869/2019.

Contra a decisão que decreta a custódia, se ilegal o constrangimento daí decorrente, será cabível *habeas corpus*. Por outro lado, em relação ao indeferimento, compreende-se possível a interposição de recurso em sentido estrito, por interpretação extensiva do art. 581, V, do CPP.

11.10.5. Questões controvertidas

O tema relativo à prisão temporária, apesar dos poucos artigos que compõem a Lei 7.960/1989, comporta uma série de discussões em nível de doutrina e de jurisprudência. Dentre estas, cumpre destacar:

1) *É possível a decretação da medida com a finalidade de melhor elucidar o envolvimento dos indiciados na prática do crime?* Não. É evidente o constrangimento ilegal se a

[83] TJRS, HC 70012455168, DJ 22.09.2005.

[84] STJ, HC 187.869/MG, *DJ* 14.03.2011.

prisão temporária foi determinada tão somente "para uma melhor apuração de seus envolvimentos", sem a demonstração concreta da imprescindibilidade da medida[85].

2) *Alcançado o prazo máximo da prisão temporária, o investigado poderá ser posto em liberdade por ato próprio da autoridade policial, ou, para tanto, será necessária prévia expedição de alvará de soltura pela autoridade judicial?* Embora houvesse divergências sobre o assunto, de há muito predominava o entendimento de que, expirado o prazo para a qual determinada, poderia, sim, o delegado comandar a liberação do preso independentemente de alvará de soltura. Na atualidade, porém, a discussão está superada. Isto porque a Lei 13.869/2019, modificando o art. 2.º da Lei 7.960/89, determinou que *o mandado de prisão conterá necessariamente o período de duração da prisão temporária*, nele contando, ainda, *o dia em que o preso deverá ser libertado* (§ 4.º-A), sendo que, decorrido esse prazo contido no mandado, *a autoridade responsável pela custódia deverá, independentemente de nova ordem da autoridade judicial, por imediatamente o preso em liberdade, salvo se já tiver sido comunicada da prorrogação da prisão temporária ou da decretação da prisão preventiva* (§ 7.º). Como se vê, se antes podia, agora é obrigação do delegado determinar a imediata soltura do preso temporário tão logo expirar o prazo pelo qual decretada. Perceba-se que o fato de, vencido esse período, o delegado pedir ao juiz a prorrogação da custódia temporária ou representar pela sua conversão em prisão preventiva apenas o elidirá de ordenar a soltura se tal prorrogação ou conversão já lhe tiverem sido comunicadas pelo Juiz. Em suma, a simples postulação da prorrogação ou da conversão, caso ainda não deliberadas pelo magistrado e comunicadas ao delegado, não justificam a manutenção da custódia.

3) *Pode o delegado de polícia, independente de alvará de soltura, liberar o preso temporário antes do prazo pelo qual decretada a custódia caso alcance os resultados pretendidos já nos primeiros dias da segregação?* Não, a nosso ver. Compreendemos que, nesta hipótese, dependerá a autoridade policial de alvará de soltura emitido por ordem judicial, cabendo ressaltar que próprio art. 2.º, § 7.º, da Lei 7.960/89 determina a liberação do preso à revelia de ordem judicial quando já *decorrido o prazo* para o qual decretada a medida, nada referindo quanto à mesma possibilidade no curso desse lapso.

4) *Na hipótese de crimes hediondos, como deve ser conciliado o prazo de conclusão do inquérito policial previsto no art. 10 do CPP com o previsto para a prisão temporária?* A controvérsia decorre da circunstância de que, no caso de crimes hediondos, o prazo da prisão temporária pode chegar a 60 dias, ao passo que, de acordo com o art. 10 do CPP, encontrando-se preso o investigado, o inquérito deve ser concluído no prazo de 10 dias. Pois bem, há diversos entendimentos sobre o assunto. Particularmente, aderimos à posição de que, tratando-se de investigação de crimes hediondos e equiparados em que decretada a prisão temporária do suspeito, altera-se a regra geral de prazo de conclusão do inquérito policial. Logo, em tal caso, o delegado de polícia não ficará submetido ao lapso de *dez dias* fixado pelo art. 10 do CPP, mas, sim, ao determinado pela Lei dos Crimes Hediondos, podendo finalizar o inquérito no prazo de *30 dias*, ou, havendo prorrogação da prisão temporária, em até *60 dias*. Sobre o tema, remetemos ao Capítulo 4, item 4.6.3 deste livro.

[85] STJ, RHC 20.410/RJ, *DJ* 09.11.2009.

11.11. LIBERDADE PROVISÓRIA

11.11.1. Considerações gerais

Por *liberdade provisória* entende-se o instituto por meio do qual, em determinadas situações, concede-se ao indivíduo o direito de aguardar em liberdade o final do processo. A liberdade provisória poderá estar ou não vinculada ao cumprimento de condições. Uma vez deferida, nada impede venha a ser revogada, por exemplo, pelo não cumprimento das condições estabelecidas.

A liberdade provisória é um direito subjetivo do imputado nas hipóteses em que facultada por lei. Simples juízo valorativo sobre a gravidade genérica do delito imputado, assim como presunções abstratas sobre a ameaça à ordem pública ou a potencialidade a outras práticas delitivas não constituem fundamentação idônea a autorizar o indeferimento do benefício, se desvinculados de qualquer fator concreto revelador da presença dos requisitos do art. 312 do CPP.

Na primitiva redação do Código de Processo Penal, entendia-se que o conceito de *liberdade provisória* relacionava-se às seguintes hipóteses: a) benefício concedido ao preso em flagrante, no sentido de aguardar em liberdade a apuração criminal; b) permissivo da antiga redação do art. 408, § 2.º, do CPP, possibilitando ao réu pronunciado aguardar o julgamento pelo júri em liberdade; c) previsão do revogado art. 594, 2.ª parte, facultando ao magistrado deixar o réu condenado apelar em liberdade.

Com o advento da Lei 11.719/2008, modificada a redação do art. 408 (que restou substituído pelo atual art. 413) e revogado o art. 594, ficou o instituto da liberdade provisória limitado à prisão em flagrante. Em síntese, dizia-se que, diante de um flagrante legal, poderia o flagrado *ter concedido o benefício da liberdade provisória*, em oposição ao cidadão preso preventivamente, que estaria sujeito à *revogação de sua prisão preventiva*.

Não obstante, com a entrada em vigor das modificações determinadas pela Lei 12.403/2011, dispôs o art. 310 do CPP que, ao receber o auto de prisão em flagrante, *o juiz poderá, fundamentadamente: I – relaxar a prisão ilegal; II – converter a prisão em flagrante em preventiva, quando presentes os requisitos constantes do art. 312 deste Código, e se revelarem inadequadas ou insuficientes as medidas cautelares diversas da prisão; III –* ***conceder liberdade provisória, com ou sem fiança***. Por sua vez, o art. 321 do CPP passou a disciplinar que, *ausentes os requisitos que autorizam a decretação da prisão preventiva, o juiz deverá* ***conceder liberdade provisória****, impondo, se for o caso, as medidas cautelares previstas no art. 319 deste Código e observados os critérios constantes do art. 282 deste Código.*

Analisando estes dispositivos, parte da doutrina passou a entender que, se por um lado o regramento do art. 310, III, do CPP continua relacionando a liberdade provisória ao **flagrante**, por outro o art. 321 permite que se compreenda, também, como em liberdade provisória o **indivíduo que, mesmo não se encontrando preso em flagrante, tem a ele impostas pelo juiz as medidas cautelares diversas da prisão dos arts. 319 e 320**. Sob a ótica desta orientação a liberdade provisória traduz tanto o benefício concedido ao preso em flagrante de aguardar em liberdade o resultado da investigação policial e do processo criminal (art. 310, III), como a situação da pessoa que se encontra em cumprimento de medidas cautelares diversas da prisão (interpretação de que o art. 321 alcança o indivíduo que não se encontra preso por ocasião da aplicação de tais provimentos).

Assim não pensamos. Compreendemos, enfim que a liberdade provisória, mesmo com as alterações da Lei 12.403/2011, persiste como um benefício que apenas pode ser concedido ao indivíduo **preso em flagrante**. Isto porque não vislumbramos no art. 321 do CPP uma regra desvinculada da prisão em flagrante, mas, sim, uma norma que complementa o art. 310, III, do CPP. Perceba-se que o dispositivo refere-se a *conceder liberdade*. Ora, *concede-se liberdade* a quem não a tem. E se não a tem, é porque, na situação tratada no art. 321, está pressupondo o legislador hipótese em que esteja preso em flagrante o indivíduo. Fosse o caso de deixar alguém em liberdade, condicionando esta situação ao cumprimento de medidas alternativas diversas da prisão, não teria dito o legislador que o *"juiz deverá conceder liberdade provisória"*, mas, sim, *"manter a liberdade provisória, impondo, se for o caso, as medidas cautelares previstas no art. 319"*. E não foi isto que fez.

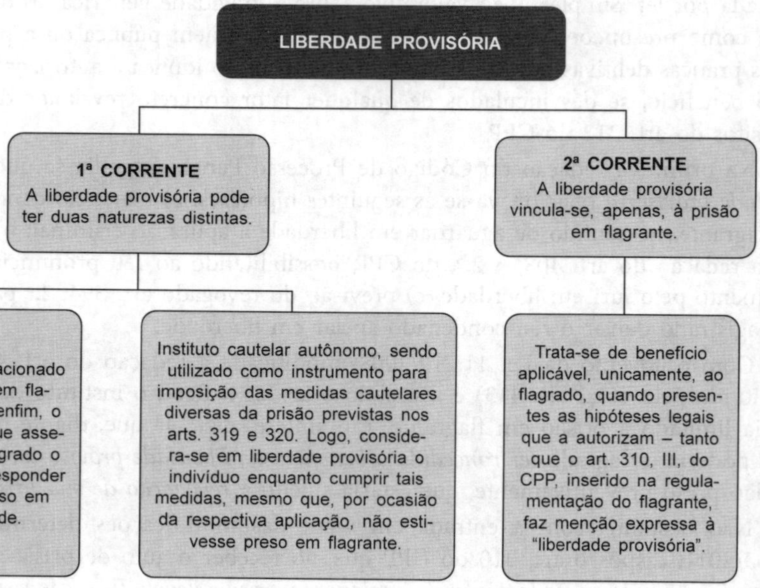

Na prática forense, não é incomum confundir os institutos da **concessão de liberdade provisória** com o **relaxamento** e a **revogação** da prisão. Não se trata, todavia, de situações idênticas:

- **Liberdade provisória:** Como dissemos, entendemos que a definição da liberdade provisória prende-se à hipótese do flagrante. Ocorrendo, pois, a prisão em flagrante do agente e não havendo qualquer ilegalidade no respectivo procedimento, poderá o juiz conceder liberdade provisória caso ocorram as situações que a justificam. Veja-se que o condicionamento da liberdade provisória à legalidade do flagrante decorre dos próprios termos do art. 310 do CPP. Este, com efeito, estabelece que a prisão em flagrante *ilegal* deverá ser relaxada pelo juiz (inciso I). Logo, a possibilidade de concessão de liberdade provisória (inciso III) apenas pode ser deferida quando se tratar de flagrante *legal*.

Reitere-se que há orientação compreendendo que também se encontra em liberdade provisória o indivíduo ao qual são impostas medidas cautelares diversas da prisão, mesmo não sendo hipótese de prisão em flagrante. Ainda que compartilhe desta posição, nem assim será possível desvincular a liberdade provisória de uma situação de *legalidade* anterior. Afinal, para que o indivíduo se submeta às restrições impostas por força dos provimentos cautelares determinados, é condição fundamental que a decisão que os tenha imposto esteja de acordo com a lei.

- **Relaxamento da prisão:** A expressão *relaxamento da prisão,* classicamente, sempre foi utilizada para definir a decisão judicial que invalida a prisão em flagrante, por reconhecer a ilegalidade de sua realização (atipicidade do fato, a efetivação da prisão ao arrepio da lei, a lavratura do auto com inobservância das formalidades previstas em lei e na Constituição etc.).

Independentemente, na atualidade, há a forte tendência na doutrina e na jurisprudência em se utilizar o verbo *relaxar* para a cessação de qualquer prisão ilegal (e não apenas o flagrante), em razão do que dispõe o art. 5.º, LXV, da CF, ao estabelecer que a prisão ilegal (qualquer forma de prisão, portanto) será imediatamente relaxada pela autoridade judiciária.

Neste contexto, uma prisão preventiva, por exemplo, decretada por meio de decisão não fundamentada ou em relação a crime que não a autoriza, está sujeita a relaxamento. O mesmo se diga em relação à prisão temporária.

- **Revogação da prisão:** é decisão que tem em vista um decreto anterior de *prisão preventiva* ou de *prisão temporária,* quando não concorrerem situações que conduzam ao reconhecimento da ilegalidade da constrição. Motiva-se na cessação dos atos, fatos e circunstâncias que levaram o magistrado a decretar a custódia (art. 316 do CPP). Na hipótese da prisão temporária, a revogação pode se fundamentar, também, no esgotamento do prazo pelo qual imposta. O termo não se aplica à prisão em flagrante, pois esta, quando *ilegal,* dá ensejo ao seu relaxamento (art. 310, I, do CPP), e, no caso de *legalidade,* à concessão de liberdade provisória, sendo o caso (art. 310, III, do CPP).

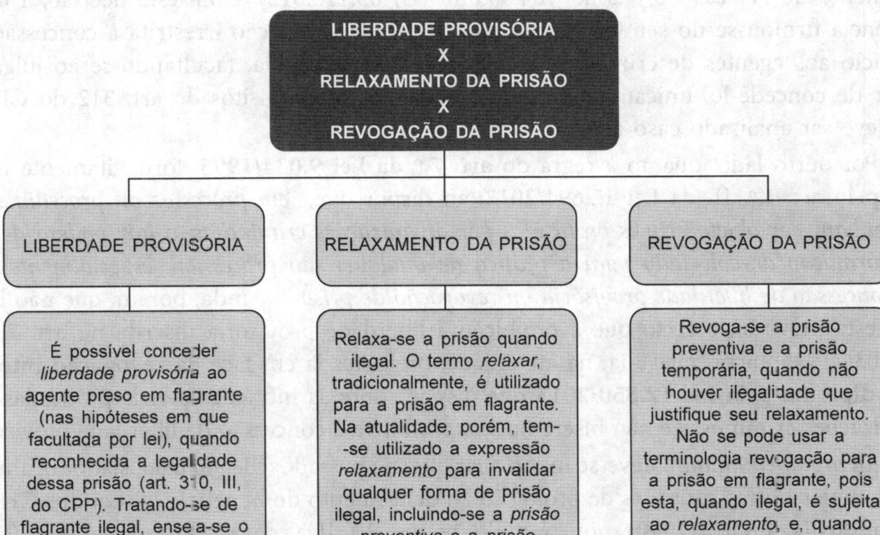

11.11.2. Classificação (arts. 321 a 350 do CPP)

A classificação da liberdade provisória, segundo a possibilidade de sua concessão, classifica-se da seguinte forma:

- Liberdade provisória obrigatória.
- Liberdade provisória permitida.

Além destas duas modalidades, a doutrina clássica inseria também a denominada **liberdade provisória proibida**. Tratava-se de situações em que a própria lei proibia a sua concessão de modo expresso, com ou sem prestação de fiança. Nestes casos, a vedação motivava-se em razões de política criminal, decorrendo da vontade do legislador em tratar com maior severidade determinadas categorias de crimes. A proibição à liberdade provisória, entretanto, não obstava o *relaxamento* da prisão em flagrante caso ilegalidades concorressem na efetivação da prisão ou nos procedimentos que revestiam a lavratura do respectivo auto. Assim, relaxada a prisão, deveria ser liberado o agente, salvo, é claro, se contemporaneamente ao relaxamento houvesse a decretação da prisão preventiva.

Em linhas gerais, as hipóteses de vedação à liberdade provisória consistiram nas seguintes:

- **Art. 44 da Lei 11.343/2006**, dispondo que os crimes relacionados à narcotraficância previstos nos arts. 33, *caput* e § 1.º, e 34 a 37 dessa Lei eram insuscetíveis de liberdade provisória.
- **Art. 7.º da Lei 9.034/1995**, estabelecendo que a impossibilidade de concessão de liberdade provisória aos agentes com intensa e efetiva participação em organização criminosa.

Ocorre que, relativamente ao **art. 44 da Lei 11.343/2006,** a proibição à liberdade provisória nele prevista foi declarada inconstitucional pelo STF, de forma incidental, no julgamento do *Habeas Corpus* n.º 104.339/SP (*DJ* 05.12.2012). Com esta decisão, a jurisprudência firmou-se no sentido de que está superada a vedação irrestrita à concessão do benefício aos agentes de crime relacionado à narcotraficância, facultando-se ao julgador deixar de concedê-lo, unicamente, quando presentes os requisitos do art. 312 do CPP, o que deve ser analisado caso a caso.

Por outro lado, quanto à regra do **art. 7.º da Lei 9.034/1995**, foi tacitamente revogada pelo art. 1.º, II, da Lei 12.694/2012, ao dispor que, "*em processos ou procedimentos que tenham por objeto crimes praticados por organizações criminosas, o juiz poderá decidir pela formação de colegiado para a prática de qualquer ato processual, especialmente: [...] II – concessão de liberdade provisória ou revogação de prisão*". Ainda, porém, que não houvesse esta previsão, é certo que a proibição à liberdade provisória inscrita no art. 7.º da Lei 9.034/1995 encontrar-se-ia, na atualidade, prejudicada em face da **revogação integral deste diploma pela Lei 12.850/2013** que dispõe sobre as infrações penais praticadas por organizações criminosas e não insere norma proibitiva à concessão de liberdade provisória.

Ad argumentandum, deve-se mencionar que, no passado, chegou o legislador ordinário a contemplar outras situações de proibição ao deferimento do benefício. A **Lei dos Crimes Hediondos (Lei 8.072/1990)**, por exemplo, no art. 2.º, II, vedava, expressamente, *a fiança e a liberdade provisória*. Em outras palavras, coibia o dispositivo a concessão de liberdade provisória com fiança e sem fiança. Entretanto, a restrição foi parcialmente eliminada da Lei dos Crimes Hediondos por força da Lei 11.464/2007, que conferiu nova redação ao precitado inciso II. Com isto, remanesceu apenas a vedação à liberdade provisória a partir da simples prestação de garantia pecuniária (fiança), passando-se a compreender que não ficava proibido o benefício quando constatada a ausência dos requisitos da prisão preventiva. No STJ, por exemplo, decidiu-se que, "com o advento da Lei n.º 11.464/07, que alterou a redação do art. 2.º, II, da Lei n.º 8.072/90, tornou-se possível a concessão de liberdade provisória aos crimes hediondos ou equiparados, nas hipóteses em que não estejam presentes os requisitos do art. 312 do Código de Processo Penal"[86]. Por sua vez, no STF, deliberou-se que "o fato em si da inafiançabilidade dos crimes hediondos e dos que lhe sejam equiparados não tem a antecipada força de impedir a concessão judicial da liberdade provisória, jungido que está o juiz à imprescindibilidade do princípio tácito ou implícito da individualização da prisão (não somente da pena). A inafiançabilidade da prisão, mesmo em flagrante (inciso XLIII do art. 5.º da CF), quer apenas significar que a lei infraconstitucional não pode prever como condição suficiente para a concessão da liberdade provisória o mero pagamento de uma fiança. A prisão em flagrante não pré-exclui o benefício da liberdade provisória, mas, tão só, a fiança como ferramenta da sua obtenção. A inafiançabilidade de um crime não implica, necessariamente, vedação do benefício à liberdade provisória, mas apenas sua obtenção pelo simples dispêndio de recursos financeiros ou bens materiais. Tudo vai depender da concreta aferição judicial da periculosidade do agente, atento o juiz aos vetores do art. 312 do Código de Processo Penal"[87].

Outra hipótese em que a lei proibia a liberdade provisória encontrava-se no **art. 21 da Lei 10.826/2003 (Estatuto do Desarmamento)**, dispositivo este que vedava a concessão do benefício com ou sem fiança aos indivíduos flagrados em posse ou porte ilegal de arma de fogo de uso restrito, comércio ilegal de arma de fogo e tráfico internacional de arma de fogo. Não obstante, a regra foi declarada inconstitucional pelo STF no julgamento da Ação Direta de Inconstitucionalidade 3.112/DF (em 02.05.2007), oportunidade em que sustentou o Excelso Pretório que a proibição à liberdade provisória mostrava-se desarrazoada, porquanto o texto da Constituição Federal não autoriza a prisão *ex lege*, em face dos princípios da presunção de inocência e da obrigatoriedade de fundamentação dos mandados de prisão pela autoridade judiciária competente.

E quanto à regra do **art. 12-C, § 2.º, da Lei 11.340/2006 (Lei Maria da Penha), incluída pela Lei 13.827/2019?** Referido dispositivo, com efeito, em relação aos crimes praticados com violência doméstica e familiar contra a mulher, dispõe que *"nos casos de risco à integridade física da ofendida ou à efetividade da medida protetiva de urgência, não será concedida liberdade provisória ao preso"*. Diante desta redação, não está o legislador contemplando, aqui, hipótese de liberdade provisória vedada? Parece-nos evidente que não. Não vemos, enfim, como intenção do legislador estabelecer, em tal disciplina, a proibição à concessão de liberdade provisória a todo e qualquer indivíduo preso em flagrante pela prática de crime cometido com violência doméstica e familiar contra a mulher, mesmo porque, como se viu anteriormente (em relação ao art. 44 da Lei 11.343/2006), vem norteando-se o Supremo Tribunal Federal no sentido da inconstitucionalidade de vedações genéricas (tão somente em razão da natureza da infração praticada) ao deferimento de tal liberdade. Neste cenário, o § 2.º do art. 12-C da Lei Maria da Penha deve ser interpretado de modo a conciliar-se com o regramento do art. 310 do CPP, norma esta que determina que o juiz, ao receber o auto de prisão em flagrante e realizar audiência de custódia, proceda, fundamentadamente, ao relaxamento da prisão ilegal (inc. I), à conversão do flagrante em preventiva quando estiverem presentes os respectivos requisitos e não se revelem adequadas ou suficientes as medidas cautelares diversas da prisão contempladas no art. 319 (inc. II), ou ao deferimento de liberdade provisória (inc. III). Veja-se que o risco à integridade física de outrem é condição que se insere no requisito processual da prisão preventiva concernente à *garantia da ordem pública* (art. 312, 1.ª parte). Especificamente no que se refere aos

[86] STJ, *Habeas Corpus* 199.907/ES, *DJ* 03.08.2011.

[87] STF, *Habeas Corpus* 110.844/RS, *DJ* 18.06.2012.

crimes praticados contra a mulher em contexto de violência doméstica, tal risco pode refletir, também, sobre o requisito da *conveniência da instrução criminal* (art. 312, 2ª parte), já que, nessa ordem delitos, é comum a prova do processo cingir-se à palavra da vítima. Sendo assim, desde que não seja pertinente a aplicação de medida cautelar diversa da prisão, perfazendo-se a situação de risco à vítima ou à efetividade do processo criminal, é evidente que a liberdade provisória, assim como ocorre em qualquer outro caso, não deve ser autorizada. Sob tal prisma, aliás, sequer teria sido necessário o legislador introduzir, na Lei Maria da Penha, o art. 12-C, § 2.º, pois toda a questão relativa ao deferimento ou não da aludida liberdade, nos casos de violência doméstica e familiar contra a mulher, é plenamente solucionável a partir dos ditames do art. 310, II, citado, preceito este de caráter geral.

E quanto à situação tratada no **§ 2º do art. 310 do CPP, introduzido pela Lei 13.964/2019,** ao referir que *"se o juiz verificar que o agente é reincidente ou que integra organização criminosa armada ou milícia, ou que porta arma de fogo de uso restrito, deverá denegar a liberdade provisória, com ou sem medidas cautelares"?* Não há dúvidas de que, neste caso, a vedação à liberdade provisória, independentemente de ter sido ou não condicionada à observância ou cumprimento de medidas cautelares diversas da prisão, é estabelecida em lei a partir da presunção de periculosidade do indivíduo considerado reincidente (lembre-se que a reincidência é condição provisória que subsiste nos cinco anos posteriores à extinção da pena decorrente de condenação por outro crime, *ex vi* do art. 64, I, do Código Penal), bem como daquele que integra organização criminosa armada ou milícia e, por fim, do flagrado portando arma de fogo de uso restrito. Quis o legislador, enfim, elevar o rigor do tratamento processual aos agentes de crime que se encontrem nas condições estabelecidas pelo dispositivo, pressupondo um *status* de periculosidade social. À exceção da referência por demais genérica feita ao *reincidente,* vale dizer, sem especificação quanto à natureza do crime objeto da recidiva, à forma de seu cometimento e à configuração de hipótese de multirreincidência, concordamos com as razões de fundo que conduziram o legislador à proibição de liberdade provisória nos demais casos previstos no dispositivo, pois se trata de condutas causadoras de graves danos à coletividade ou de meio para cometimento de crimes com esse mesmo potencial. Todavia, não é este o entendimento dos Tribunais Superiores. Conforme já demonstramos, várias foram as tentativas do legislador no sentido de estabelecer hipóteses de vedação à liberdade provisória com base, exclusivamente, na gravidade abstrata das condutas (tráfico de drogas, crimes hediondos etc.), sendo todas elas superadas, quer por força de leis revogadoras, quer por meio de controles difuso (realizado no caso concreto posto a julgamento) ou concentrado (efetivado, por exemplo, no âmbito de ADI) de constitucionalidade. Logo, na esteira do entendimento em vigor, a tendência é a de se considerar inconstitucional a proibição inserida no art. 310, § 2º, do CPP dado, repita-se, ao seu caráter de norma genérica, ensejando a obrigatória e quase que automática conversão do flagrante em prisão preventiva, à revelia do exame dos fundamentos do art. 312 do CPP. Considerando, porém, que, à época do fechamento da presente edição deste livro, não havia, ainda, posição definida a respeito, orienta-se o leitor a acompanhar a evolução do tema na jurisprudência, sobretudo no âmbito dos Tribunais Superiores.

Diante deste quadro, infere-se que, na atualidade, à exceção da hipótese do art. 310, § 2º, já examinada, não subsistem outros casos que se possa considerar como de *liberdade provisória proibida.*

11.11.2.1. *Liberdade provisória obrigatória*

É aquela imposta por lei, independentemente de prévia prestação de fiança. Na atualidade, as hipóteses mais comuns de sua ocorrência consistem nas seguintes previsões:

a) Infrações de menor potencial ofensivo (art. 69, parágrafo único, da Lei 9.099/1995): Dispõe o art. 69, parágrafo único, da Lei 9.099/1995 que *"ao autor do fato que, após a lavratura do termo, for imediatamente encaminhado ao juizado ou assumir o compromisso de a ele comparecer, não se imporá prisão em flagrante, nem se exigirá fiança. Em caso de violência doméstica, o juiz poderá determinar, como medida de cautela, seu afastamento do lar, domicílio ou local de convivência com a vítima."* Assim, constatando a autoridade policial uma situação de flagrância em razão da prática de infração penal de menor potencial ofensivo, deverá conduzir o autor do fato à delegacia de polícia. Este procedimento equivale a uma espécie de *detenção em flagrante e não a uma prisão em flagrante propriamente dita, já que não produz, necessariamente, as consequências próprias dessa última forma de constrição (lavratura do auto de prisão, nota de culpa etc.)*. Ato contínuo, será lavrado termo circunstanciado em relação ao fato. Efetivada esta providência e sendo o autor do fato imediatamente encaminhado ao Juizado Especial, ou assumindo ele o compromisso de comparecimento, não lhe será imposta prisão em flagrante e nem exigida a prestação de fiança. Caso não seja possível o seu encaminhamento imediato ao juizado (*v.g.*, ausência do juiz ou sua indisponibilidade no momento) e recuse-se o autor do fato a assumir o compromisso de a ele comparecer quando for chamado, caberá à autoridade policial efetuar sua prisão em flagrante, lavrando o respectivo auto. O mesmo procedimento é aplicável na hipótese de recusar o indivíduo ao comparecimento imediato ao juizado, quando possível esse encaminhamento. Conclui-se, então, que o parágrafo único do art. 69 da Lei 9.099/1995 não descarta a possibilidade de prisão em flagrante nos Juizados Especiais, apenas condicionando a que haja recusa do autor do fato em comparecer ao juizado.

b) Porte de drogas para consumo pessoal (art. 48, § 2.º, da Lei 11.343/2006): Referindo-se à conduta de porte de drogas para consumo pessoal, estabelece o art. 48, § 2.º, da Lei 11.343/2006 que, nesse caso, *não se imporá prisão em flagrante, devendo o autor do fato ser imediatamente encaminhado ao juízo competente ou, na falta deste, assumir o compromisso de a ele comparecer, lavrando-se termo circunstanciado e providenciando-se as requisições dos exames e perícias necessários*. Neste caso, ao contrário do previsto no art. 69 da Lei 9.099/1995, ainda que se recuse o agente a comparecer ao juízo ou assumir o compromisso de fazê-lo, nem assim haverá a possibilidade de sua prisão em flagrante, restando a autoridade policial liberá-lo. Afinal, o art. 48, § 2.º, é peremptório na proibição que estabelece à prisão em flagrante, não abrindo exceção à regra. Tanto é assim que o § 3.º desse mesmo artigo, tratando da hipótese de ausência de juiz na sede do Juizado Especial, refere que *as providências previstas no § 2.º deste artigo serão tomadas de imediato pela autoridade policial, no local em que se encontrar,* ***vedada a detenção do agente*** (grifamos). Isto quer dizer que incumbe à autoridade policial, imediatamente, proceder à lavratura do termo circunstanciado, não havendo possibilidade de ficar detido o autor do fato enquanto aguarda a presença do juiz. A solução dos §§ 2.º e 3.º é coerente com o sistema do art. 28 da Lei 11.343/2006, que, ao contemplar o tipo do porte de drogas para consumo pessoal, não insere pena privativa de liberdade, mas somente advertência sobre os efeitos das drogas, prestação de serviços à comunidade e medida educativa de comparecimento a programa ou curso educativo.

c) Acidentes de trânsito de que resultem vítimas, havendo prestação de socorro (art. 301 da Lei 9.503/1997): Preceitua o art. 301 da Lei 9.503/1997 que *ao condutor de veículo, nos casos de acidentes de trânsito de que resulte vítima, não se imporá a prisão em flagrante, nem se exigirá fiança, se prestar pronto e integral socorro àquela*. Ora, havendo um crime como decorrência do sinistro de trânsito e sendo proibidas tanto a prisão em flagrante quanto a exigência de fiança, infere-se que, também aqui, há hipótese de liberdade provisória obrigatória. Note-se que a situação inversa, vale dizer, a omissão de socorro diante da prática de crime de trânsito, não impede a prisão em flagrante e consequências daí decorrentes (por exemplo, a conversão em preventiva ou a imposição de medidas cautelares diversas da prisão) e, ainda, importa em causa de aumento de pena, *ex vi* do que estatui o art. 302, § 1.º, III, da Lei 9.503/1997.

d) Infrações que permitem ao réu livrar-se solto (art. 283, § 1.º, do CPP). De acordo com o art. 309 do CPP, "se o réu livrar-se solto, deverá ser posto em liberdade, depois de lavrado o auto de prisão em flagrante".

Tal dispositivo, antes da Lei 12.403/2011, conjugava-se com o que dispunha a redação passada do art. 321 do CPP, no sentido de que, ressalvada a hipótese de ser o agente vadio ou reincidente em crime doloso, livrar-se-ia solto, independente de fiança, quando flagrado na prática de infrações cujo máximo da pena privativa da liberdade cominada *in abstrato* pelo tipo penal fosse de até três meses, bem como aquelas que não fossem punidas com pena de prisão. Diante destas duas normas, compreendia-se que, se constatada situação de flagrância, deveria a autoridade policial, *após a lavratura do auto de prisão,* determinar a imediata soltura do indivíduo, independentemente de ordem judicial ou de arbitramento de fiança.

Com o advento da Lei 9.099/1995, referido procedimento (lavratura do flagrante + liberação imediata) teve reduzida sua aplicação, tendo em vista que tanto as infrações a que cominada pena privativa de liberdade máxima de até três meses como aquelas que não contemplam pena de prisão passaram a inserir-se no conceito de *infração de menor potencial ofensivo,* conduzindo, via de consequência, à aplicação do art. 69, *caput,* da Lei 9.099/1995. Logo, encaminhado o infrator ao Juizado Especial Criminal ou assumindo este o compromisso de a ele comparecer, *sequer haverá a lavratura do auto de prisão em flagrante,* salvo quando, reitere-se, não for possível o encaminhamento imediato do agente ao Juizado Especial Criminal e este não aceitar o compromisso de a ele comparecer quando chamado.

Não obstante, com a entrada em vigor da Lei 12.403/2011, a nova redação conferida ao art. 321 do CPP limitou-se a dispor que, "ausentes os requisitos que autorizam a decretação da prisão preventiva, o juiz deverá conceder liberdade provisória, impondo, se for o caso, as medidas cautelares previstas no art. 319 deste Código e observados os critérios constantes do art. 282 deste Código", nada referindo acerca de *infrações que permitam ao agente livrar-se solto.* Sem embargo, o art. 283, § 1.º, do CPP, alterado pela citada Lei 12.403/2011, estabeleceu que "as medidas cautelares previstas neste Título não se aplicam à infração a que não for isolada, cumulativa ou alternativamente cominada pena privativa de liberdade". Isto significa que, para tais infrações, descabe a prisão preventiva e tampouco as medidas cautelares diversas da prisão dos arts. 319 e 320. Sendo assim, entendemos que a atual redação do art. 283, § 1.º, do CPP continua inserindo, de modo implícito, **infrações que permitem ao indivíduo livrar-se solto** – aquelas a que não cominada de prisão –, de sorte que, mesmo que haja lavratura do auto de prisão em flagrante em face da não assunção do compromisso a que alude o art. 69, *caput,* da Lei 9.099/1995, deverá o agente ser posto em liberdade, por ordem da autoridade policial e independente de pronunciamento do juiz, *ex vi* do que dispõe o art. 309 do CPP, que não foi alterado ou revogado pela Lei 12.403/2011.

Ad cautelam, cabe frisar que há posição doutrinária compreendo que a incidência do art. 283, § 1.º, do CPP nas hipóteses de flagrante não implica *concessão de liberdade provisória,* mas simplesmente uma forma de *restituição da liberdade* em face de expresso comando legal. *Data venia,* não comungamos desta orientação, pois, uma vez efetivada a prisão em flagrante e lavrado o respectivo auto, sua liberação apenas pode ocorrer em razão de uma das formas previstas em lei, quais sejam o *relaxamento da prisão ilegal,* a *conversão em medida cautelar diversa da prisão* ou a *concessão de liberdade provisória,* não havendo um quarto gênero legal. Do contrário, teríamos que excluir, também, do instituto da *liberdade provisória* as hipóteses relativas aos mencionados art. 69, parágrafo único, da Lei 9.099/1995 (quando há comparecimento ao Juizado ou aceitação do compromisso em fazê-lo), art. 48, § 2.º, da Lei 11.343/2006 e art. 301 da Lei 9.503/1997, já que, nestas situações, sequer ocorre a lavratura do auto de prisão.

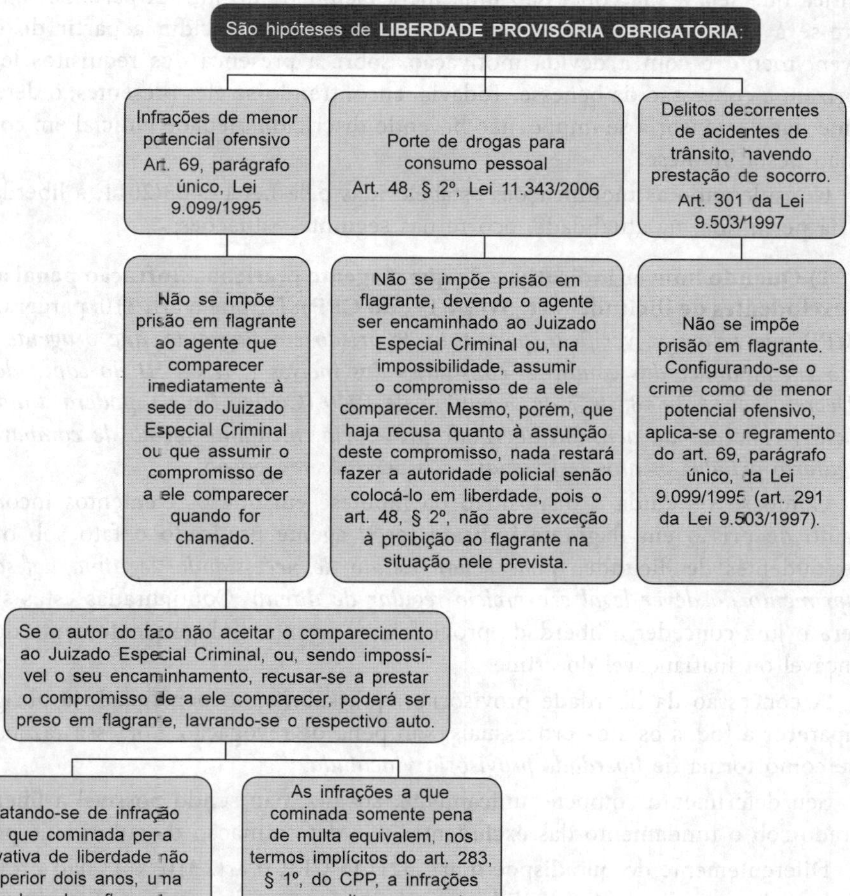

11.11.2.2. Liberdade provisória permitida

Ocorre nas hipóteses em que, apesar de regulares a prisão em flagrante e a lavratura do respectivo auto, constata o magistrado ser possível conceder ao flagrado o direito de responder ao processo em liberdade. Esta liberdade, nos casos previstos, poderá estar condicionada ao cumprimento de obrigações processuais impostas por lei. Ainda, poderá o juiz, conforme a hipótese, impor a prestação de fiança e de outras medidas cautelares diversas da prisão. A presença destas condicionantes situa a liberdade provisória no âmbito das chamadas *liberdades provisórias vinculadas.*

Apesar da nomenclatura utilizada nesta classificação (*liberdade permitida*), tal não significa que seja a sua concessão uma mera faculdade do juiz. A *permissividade*, pois, refere-se à possibilidade que assiste ao magistrado para decidir, a partir do seu livre convencimento e com a devida motivação, sobre a presença dos requisitos legais que autorizam a concessão da benesse. Todavia, encontrando-se eles presentes, o deferimento da liberdade provisória se impõe, não havendo discricionariedade judicial em concedê-la ou não nesta hipótese.

Considerando as modificações estabelecidas pela Lei 12.403/2011, a liberdade provisória permitida, na atualidade, ocorre nas seguintes situações:

1) Quando houver indicativos de que o agente praticou a infração penal abrigado por excludentes de ilicitude (art. 310, § 1º , do CPP): Dispõe o art. 310, parágrafo único, do CPP que *se o juiz verificar, pelo auto de prisão em flagrante, que o agente praticou o fato em qualquer das condições constantes dos incisos I, II ou III do caput do art. 23 do Decreto-Lei nº 2.848, de 7 de dezembro de 1940 (Código Penal), poderá, fundamentadamente, conceder ao acusado liberdade provisória, mediante termo de comparecimento obrigatório a todos os atos processuais, sob pena de revogação.*

Como se vê, cuida o dispositivo da hipótese em que os elementos incorporados ao auto de prisão em flagrante indicam ter o agente praticado o fato sob o amparo de excludentes de ilicitude, quais sejam *estado de necessidade, legítima defesa, estrito cumprimento do dever legal e exercício regular de direito*. Configuradas estas situações, deverá o juiz conceder a liberdade provisória ao agente, independentemente do caráter afiançável ou inafiançável do crime.

A concessão da liberdade provisória, aqui, submete o beneficiado à obrigação de comparecer a todos os atos processuais, sob pena de revogação. Por essa razão, classifica-se como forma de *liberdade provisória vinculada.*

Seu deferimento compete, unicamente, ao juiz, não sendo possível a liberação do flagrado sob o fundamento das excludentes por determinação da autoridade policial.

Diferentemente do que dispõe o art. 321 do CPP, o art. 310, § 1º não prevê a possibilidade de serem impostas medidas cautelares diversas da prisão, nos quais se inclui a fiança (art. 319, VIII). Desta forma, parece claro que a liberdade provisória fundamentada nas excludentes de ilicitude deva estar condicionada, unicamente, ao cumprimento da obrigação de comparecimento a todos os atos.

Questiona-se quanto à necessidade de *certeza* acerca da presença das excludentes de ilicitude, ou, ao contrário, se a *dúvida* a respeito é suficiente para que se proceda à liberação do flagrado. Na verdade, conquanto não se exija a plena convicção do julgador, a mera *possibilidade* de ter o agente obrado ao abrigo daquelas excludentes não autoriza a concessão do benefício. É preciso que a situação retratada pelos elementos que compõem o auto de prisão em flagrante conduza a um *juízo de probabilidade* de que a infração penal tenha sido praticada em estado de necessidade, legítima defesa, estrito cumprimento do dever legal e exercício regular de direito.

E quanto às excludentes de culpabilidade, v.g. a embriaguez fortuita completa, a coação moral irresistível, o erro de proibição, a inexigibilidade de conduta diversa etc.?

Muito embora não previstas no art. 310, § 1º, compreendemos que essas excludentes também possibilitam a concessão da liberdade provisória, já que também conduzem ao prognóstico de que o indivíduo, ao final do processo criminal, não será privado da liberdade. Assim, não há justificativa para que se conceda a benesse legal para quem as evidências apontam ter agido em legítima defesa, por exemplo, e negá-la ao indivíduo que, provavelmente, tenha praticado o fato sob coação moral irresistível.

Independentemente, deve-se observar que também exclui a culpabilidade a *inimputabilidade motivada por doença mental* ao tempo do fato e esta causa, por si, não é capaz de restituir a liberdade plena ao agente com base no art. 310, § 1º. Afinal, apesar de isento de pena (art. 26, *caput*, do CP), o inimputável nestas condições está sujeito a aplicação de medida de segurança ao final do processo (art. 386, parágrafo único, III, do CPP e art. 97 do CP).

2) Quando, embora afiançável o crime, não possui o flagrado condições econômicas para pagar a fiança (art. 350 do CPP): Preceitua o art. 350 do CPP que, "*nos casos em que couber fiança, o juiz, verificando a situação econômica do preso, poderá conceder-lhe liberdade provisória, sujeitando-o às obrigações constantes dos arts. 327 e 328 deste Código e a outras medidas cautelares, se for o caso*".

O dispositivo contempla a hipótese de indivíduo preso em flagrante de crime afiançável que, em razão de sua pobreza, não possui condições de prestar fiança. Considera-se *pobre*, nos termos do art. 32, § 1.º, do CPP, "a pessoa que não puder prover às despesas do processo, sem privar-se dos recursos indispensáveis ao próprio sustento da família".

A hipótese do art. 350 implica *liberdade provisória vinculada*, pois deverá o juiz condicioná-la às obrigações previstas nos arts. 327 e 328 do CPP. E mais: dependendo das peculiaridades do caso concreto, poderá o juiz também condicionar o benefício ao cumprimento de outras medidas cautelares alternativas dentre as previstas no art. 319 do CPP. De acordo com o art. 350, parágrafo único (que remete ao art. 282, § 4.º), o descumprimento injustificado de qualquer uma das obrigações ou medidas impostas autoriza o juiz substituir a fiança por medida diversa, determinar sua cumulação com outra medida cautelar, ou, em último caso, revogar a liberdade provisória e decretar a prisão preventiva do agente.

Observe-se que a imposição das obrigações estipuladas nos arts. 327 e 328 é obrigatória. Afinal, trata-se de hipótese que autoriza a exigência de fiança como condição para a liberdade, apenas sendo esta dispensada em razão da condição econômica do flagrado. Razoável, portanto, que se exija dele comportamento que forneça ao juízo o mínimo de segurança de que não se evadirá do distrito da culpa, tal como aconteceria se fosse prestada a fiança. Logo, o que é apenas *facultado* a partir do exame do caso concreto respeita à imposição das medidas cautelares diversas da prisão. Neste passo, compreendemos que a expressão *se for o caso,* prevista na parte final do art. 350, concerne, unicamente, à aplicação destas últimas medidas.

3) Quando ausentes os fundamentos da prisão preventiva (art. 321 do CPP): Dispõe o art. 321 do CPP que, *ausentes os requisitos que autorizam a decretação da prisão preventiva, o juiz deverá conceder liberdade provisória, impondo, se for o caso, as medidas cautelares previstas no art. 319 deste Código e observados os critérios constantes do art. 282 deste Código.*

Atente-se que, entre as medidas cautelares elencadas no art. 319, encontra-se a *fiança,* que, então, poderá ser exigida pelo juiz (observados os critérios da necessidade e da adequação previstos no art. 282, I e II) com a finalidade de *assegurar o comparecimento a atos do processo, evitar a obstrução do seu andamento ou em caso de resistência injustificada à ordem judicial* (art. 319, VIII), bem como aplicar outras medidas cautelares diversas da prisão entre as relacionadas no art. 319 do CPP.

Evidentemente, a exigência de fiança apenas poderá ser feita quando não incidentes os óbices dos arts. 323 e 324 do CPP e do art. 5.º, XLII a XLIV, da Constituição Federal, que estabelecem os casos de inafiançabilidade.

Uma vez concedida liberdade provisória *com fiança*, a manutenção desse benefício condiciona-se ao cumprimento das obrigações legais previstas nos arts. 327 e 328 do CPP, que consistem no comparecimento a todos os atos, proibição de mudar de residência sem prévia permissão do juiz e proibição de se ausentar da comarca por mais de oito dias sem comunicar o paradeiro. A transgressão imotivada destas obrigações, nos termos dos arts. 327 e 328, também conduz ao *quebramento da fiança,* o que tem como consequência a perda definitiva da metade do valor pago, facultando-se ao juiz, ainda, decidir sobre a imposição de outras medidas cautelares e, se for o caso, decretar a preventiva (arts. 343).

Também reputar-se-á *quebrada a fiança*, com as consequências daí decorrentes (art. 343), quando descumpridas as medidas cautelares diversas da prisão que, eventualmente, tenha o juiz imposto em cumulação com a fiança.

A situação não é diferente caso não imposta fiança, mas, sim, outras medidas cautelares do art. 319. Neste caso, preceituam os arts. 282, § 4.º, e 312, § 1º que, descumprida qualquer das obrigações impostas, o juiz poderá substituir a medida, impor outra em cumulação, ou, em último caso, decretar a prisão preventiva.

Note-se que estas providências, decorrentes da transgressão imotivada das obrigações processuais relacionadas à fiança ou ao descumprimento injustificado de outras medidas cautelares podem ser determinadas pelo juiz *mediante requerimento do Ministério Público, de seu assistente ou do querelante* (art. 282, § 4.º).

Por derradeiro, cabe ressaltar que, muito embora a redação do art. 321 autorize o raciocínio de que a liberdade provisória nele prevista é cabível tanto nas infrações afiançáveis como nas inafiançáveis, há orientação no sentido de que nas hipóteses de crimes inafiançáveis restam obstadas tanto a liberdade provisória *com fiança* como a liberdade *sem fiança,* evitando-se, assim, que, nos crimes inafiançáveis, que são mais graves, possa o agente ser liberado com menores restrições do que o seria nos crimes afiançáveis, nos quais é possível a garantia pecuniária. Sem embargo dessa orientação, é entendimento sedimentado na doutrina e na jurisprudência o de que a inafiançabilidade de certos delitos (a exemplo do tráfico de drogas), ainda que, estabelecida constitucionalmente, não significa óbice à liberdade provisória. Foi, inclusive, com suporte neste entendimento que o STF, no julgamento do *Habeas Corpus* 104339/SP, em 10.05.2012, declarou incidentalmente a inconstitucionalidade da proibição de liberdade provisória estabelecida no art. 44 da Lei 11.343/2006 aos flagrados na prática de tráfico ilícito de drogas[88].

[88] STF, *Habeas Corpus* 104.339/SP, *DJ* 06.12.2012.

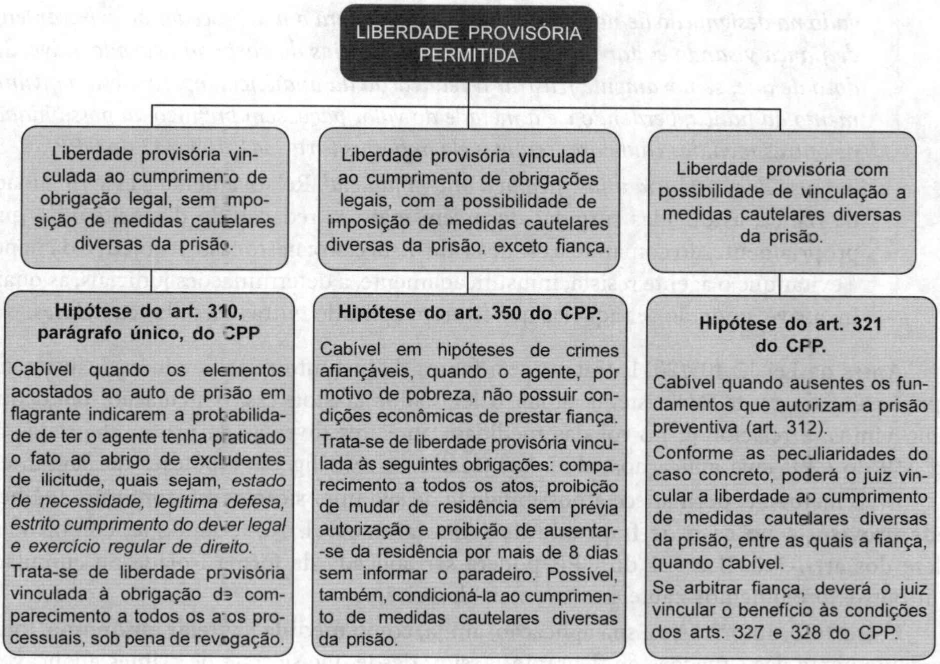

11.11.3. A fiança

11.11.3.1. Considerações gerais

A *fiança* constitui uma garantia prestada em prol da liberdade, com o objetivo *lato sensu* de garantir que o indiciado ou acusado cumprirá suas obrigações processuais. No dizer do art. 319, VIII do CPP, trata-se de medida cautelar que tem por finalidade "assegurar o comparecimento a atos do processo, evitar a obstrução do seu andamento ou em caso de resistência injustificada à ordem judicial" (art. 319, VIII, do CPP). Observe-se:

- *Assegurar que o agente compareça a todos os atos do processo:* este objetivo não é, propriamente, uma inovação. Com efeito, o Código de Processo Penal, no art. 327, já previa (e assim continua dispondo), para o afiançado, a obrigação de comparecer a todos os **atos do inquérito e da instrução criminal** sempre que intimado pela autoridade. Exatamente em razão desta previsão, incorporada ao art. 327, é que não há sentido na restrição feita pelo art. 319, VIII no sentido de que a fiança tem por objetivo assegurar o comparecimento a *atos do processo*, sendo evidente que a medida pode ser imposta com o mesmo fim em relação à obrigação de fazer-se presente o indiciado *a atos do inquérito*.
- *Evitar que obstrua o seu andamento*: refere-se a qualquer ato praticado pelo agente que possa prejudicar o regular andamento do processo, por exemplo, retardando diligências a seu cargo. *Imagine-se a hipótese em que a defesa do réu, arrolando testemunhas para depor em audiência, comprometa-se a trazê-las a juízo independentemente de intimação. Não obstante, na data aprazada, referidas testemunhas não comparecem. Considere-se que, diante da relevância dos testemunhos, insista o advo-*

gado na designação de nova data. Neste caso, poderá o juiz proceder ao arbitramento de fiança visando evitar novas atitudes protelatórias de parte do acusado, advertindo-o de que, se novamente frustrar a realização da audiência, operar-se-á o quebramento da fiança, perdendo ele a metade do valor pago, sem prejuízo da possibilidade de outras medidas cautelares serem a ele impostas (arts. 341, II, e 343 do CPP).

- *No caso de resistência injustificada à ordem judicial.* Relativamente a essa finalidade da fiança, as dúvidas surgidas decorrem mais da redação do dispositivo do que, propriamente, do comando a ele inserido. Está claro: neste caso, o objetivo da fiança é evitar que o agente resista, injustificadamente, a determinações judiciais, as quais, inclusive, poderão ser aquelas que tiverem aplicado outras medidas cautelares.

Antes da Lei 12.403/2011, tratava-se a fiança de instituto relacionado exclusivamente à prisão em flagrante. No sistema atual, o legislador afastou essa vinculação, tanto que, como vimos, a relacionou no rol das medidas cautelares diversas da prisão elencadas no art. 319 do CPP, cuja aplicação, sabidamente, não se restringe às hipóteses de flagrante.

Evidentemente, permanece a possibilidade de sua imposição como condição de **liberdade provisória no caso de flagrante de crime afiançável**. Neste enfoque, conforme se infere dos arts. 310, II e 321 do CPP, poderá ser aplicada de forma isolada ou cumulada com outros provimentos cautelares diversos da prisão.

Entretanto, autoriza-se a sua aplicação, ainda, como **medida cautelar autônoma**, independentemente das situações de flagrante. Assim, desde que se trate de crimes afiançáveis, também aqui poderá ela ser exigida de forma isolada ou cumulada com outras cautelares (arts. 282, § 1.º, e 319, § 4.º), sendo irrelevante a circunstância de se tratar ou não de hipótese legal que admita a prisão preventiva dentre as previstas no art. 313 do CPP, já que este Código não vincula a aplicação das medidas cautelares diversas da prisão a que incidam as situações previstas nesse dispositivo.

A liberdade provisória mediante arbitramento de fiança é sempre vinculada ao cumprimento de condições. A propósito, estabelecem os arts. 327 e 328 do CPP que *a fiança tomada por termo obrigará o afiançado a comparecer perante a autoridade, todas as vezes que for intimado para atos do inquérito e da instrução criminal e para o julgamento* e que o afiançado não poderá *mudar de residência, sem prévia permissão da autoridade processante, ou ausentar-se por mais de 8 (oito) dias de sua residência, sem comunicar àquela autoridade o lugar onde será encontrado*. A infringência a estas condições acarreta o quebramento da fiança, implicando perda da metade do seu valor, sem embargo de autorizar o juiz a decidir sobre a imposição de outras medidas cautelares diversas da prisão ou, se for o caso, decretar a prisão preventiva do beneficiado (art. 343 do CPP).

Uma vez que o art. 319, § 4.º, autoriza a cumulação da fiança com outros provimentos cautelares previstos naquele dispositivo, também constitui causa de *quebramento* a transgressão injustificada destas medidas.

O arbitramento da fiança pode ocorrer a **qualquer tempo** (no curso do inquérito ou do processo), desde que antes do trânsito em julgado da sentença penal condenatória (art. 334).

De acordo com o art. 322, encontrando-se o indivíduo preso em flagrante, **a autoridade policial** poderá conceder a fiança e proceder a liberação do flagrado nos casos de infrações a que cominada pena privativa de liberdade máxima não superior a 4 anos, sendo irrelevante, para tanto, se a infração é punida com reclusão, detenção ou prisão simples. Se a autoridade policial recusar ou retardar a concessão da fiança, o preso ou outra pessoa poderá, mediante *simples petição* (rotulada, na praxe forense, de *pedido de liberdade provisória*), requerer ao juiz competente o arbitramento, devendo ser proferida decisão no prazo máximo de 48 horas (art. 335 do CPP). Consoante o art. 332 do CPP, a autoridade policial a que incumbe o arbitramento da fiança é aquela que presidir o respectivo auto de prisão. **Mas atenção:** a regra do citado art. 322, possibilitando ao delegado a concessão de fiança em face do cometimento de infração de apenamento máximo não superior a 4 anos não impede que, mesmo dentro desse patamar, o legislador estabeleça que apenas o juiz pode conceder a medida em casos específicos. É o que ocorre, por exemplo, na hipótese de flagrante pelo crime de descumprimento de medida protetiva de urgência fixada com base na Lei Maria da Penha (Lei 11.340/2006), dispondo o art. 24-A, § 2.º, desse diploma (inserido pela Lei 13.641/2018) que apenas o juiz poderá conceder fiança em tal caso.

Questão controvertida concerne à possibilidade de ser concedida a fiança pelo Delegado de Polícia nas situações de **concurso material** e de **concurso formal** de crimes. Considere-se, por exemplo, a hipótese em que a autoridade policial, após abordar o suspeito, prenda-o em flagrante por receptação do veículo que está conduzindo (art. 180, *caput*, do CP) e pelo delito de porte ilegal de arma (art. 14 da Lei 10.826/2003). Ora, a pena máxima de cada um dos crimes é de quatro anos, inserindo-se nos limites previstos no art. 322 do CPP. Independentemente desta circunstância, entendemos que, em casos como este, detectada hipótese de concurso material de crimes, que impõe a soma de penas (art. 69 do CP), deve o delegado de polícia levar em conta, não a pena de cada infração individualmente considerada, mas, sim, a resultante do somatório destas penas, que no exemplo totaliza oito anos. Logo, apenas o juiz poderá decidir a fiança em tal caso. Raciocínio semelhante deve ser feito na hipótese de concurso formal de crimes, com a diferença de que, neste caso, em vez de soma, deve-se considerar somente uma das penas acrescida do grau máximo previsto no art. 70, 1.ª parte, do Código Penal, isto é, aumento da metade. Assim, imagine-se o caso em que um indivíduo, após colidir seu automóvel contra outro, tenha causado a morte de dois ocupantes, incorrendo em duplo homicídio culposo de trânsito (art. 302 da Lei 9.503/1997), em concurso formal. Neste caso, também será vedada ao delegado a concessão de fiança, eis que a pena máxima do homicídio culposo de trânsito (quatro anos), acrescida da exasperação máxima prevista para o concurso formal (metade da pena), totaliza seis anos, fazendo com que apenas o juiz possa decidir a respeito. *E se, em vez de causas de aumento, incidirem causas de diminuição de pena, tal como a **tentativa**?* Entendemos que a causa de redução de pena deve incidir sob a pena máxima para verificar o enquadramento ou não do caso concreto no permissivo do art. 322 do CPP. Contudo, ao contrário do que ocorre com as causas de aumento, leva-se em conta, aqui, o grau mínimo de redução. Como exemplo, suponha-se que alguém seja autuado pela prática de tentativa de estelionato. Este delito, na forma consumada, é punido com o máximo de cinco anos de pena. Reduzindo-se este quantitativo de um terço (grau mínimo da tentativa), chega-se a três anos e quatro meses de reclusão, permitindo-se, então, o arbitramento de fiança pelo delegado nos termos do art. 322 do CPP.

Outra questão: *O Delegado pode deixar de arbitrar fiança, no caso de delito punido com até quatro anos de prisão, quando presentes os requisitos da preventiva?* A tendência doutrinária é compreender que não lhe assiste esta faculdade. Nós, porém, não vamos tão longe assim e pensamos que é necessário ver caso a caso. Em primeiro lugar, deve-se ter em vista a norma do art. 335 do CPP, estabelecendo a possibilidade de o Delegado "recusar" ou "retardar" o arbitramento de fiança; em segundo lugar, a circunstância de que, nem sempre, a decretação da prisão preventiva está condicionada ao apenamento superior a quatro anos, como ocorre, por exemplo, em relação ao reincidente em crime doloso (art. 313, II, do CPP); e, em terceiro lugar, o art. 324, IV, do CPP é expresso ao proibir a concessão de fiança quando estiverem presentes os pressupostos da prisão preventiva. Então, se o Delegado de Polícia tiver condições de fundamentar sua negativa em arbitrar fiança nestes casos, pensamos não lhe ser imputável o cometimento de abuso de autoridade, podendo ele relegar esta decisão ao prudente arbítrio do juiz. *E nos crimes praticados com violência doméstica contra a mulher?* Seguimos o mesmo raciocínio, compreendendo que a fiança policial não é cabível em tais infrações, já que possibilitam elas a prisão preventiva independentemente da pena cominada (art. 313, III, do CPP). Tal entendimento, inclusive, foi referendado pela Comissão Permanente de Promotores da Violência Doméstica do Brasil (COPEVID), que referendou o seguinte: *Enunciado 6: Nos casos de violência doméstica e familiar contra a mulher, criança, adolescente, idoso, enfermo ou pessoa com deficiência, é vedada a concessão de fiança pela Autoridade Policial, considerando tratar-se de situação que autoriza a decretação da prisão preventiva, nos termos do art. 313, III, CPP.*

Por outro lado, em relação aos crimes com apenamento máximo superior a quatro anos de prisão, estabelece o art. 322, parágrafo único, do CPP que "a fiança será requerida ao juiz, que decidirá em 48 (quarenta e oito) horas". Em suma, **apenas o juiz**, com exclusividade, pode arbitrar a fiança nesses casos.

Segundo o art. 333 do CPP, a fiança será concedida independentemente de audiência do Ministério Público, que terá vista dos autos apenas depois de prestada aquela garantia. Em que pese a literalidade do dispositivo e a despeito da maioria doutrinária compreender de igual forma, sempre entendemos que, em se tratando de arbitramento pelo Juiz, o Ministério Público deve ser ouvido antes. Afinal, nos crimes de ação pública, o titular da ação penal é o Ministério Público, incumbindo-lhe, nesta condição, estabelecer a capitulação jurídica do fato praticado. Neste contexto, nada mais apropriado do que ouvi-lo previamente, o que lhe possibilitará emitir sua impressão quanto ao caráter afiançável ou não do crime e, também, sobre a respectiva tipificação, já que o valor da fiança leva em conta, entre outros fatores, a pena máxima do crime (art. 325, I e II, do CPP). Evidentemente, em se tratando de fiança concedida pela autoridade policial, revela-se impossível a oitiva prévia do Ministério Público, até porque o prazo para encaminhamento do auto de prisão em flagrante a juízo é exíguo (vinte e quatro horas após a realização da prisão, nos termos do art. 306, § 1.º, do CPP), implicando a transgressão desse prazo no relaxamento do flagrante.

11.11.3.2. Cabimento

Com as modificações determinadas pela Lei 12.403/2011, o Código de Processo Penal, além de permitir a exigência de fiança não apenas nos casos de flagrante, mas também a título de medida cautelar autônoma, desvinculou a *quantidade e natureza de pena* como motivo de inafiançabilidade. Na disciplina anterior eram afiançáveis apenas as contravenções penais, os crimes punidos com detenção e os delitos punidos com reclusão a que cominada pena mínima igual ou inferior a dois anos. Tais fatores, hoje, não mais subsistem, considerando-se afiançáveis todas as infrações, ressalvadas as hipóteses em que a lei processual penal ou a Constituição Federal dispuserem o contrário. Neste passo, apenas não poderá ser arbitrada fiança nos *crimes de racismo; nos crimes de tortura, tráfico ilícito de entorpecentes e drogas afins, terrorismo e os definidos como crimes hediondos; e nos crimes cometidos por grupos armados, civis ou militares, contra a ordem constitucional e o Estado Democrático* (art. 323 do CPP e art. 5.º, XLII, XLIII e XLIV da Constituição Federal), bem como aos *indivíduos que, no mesmo processo, tiverem quebrado fiança anteriormente concedida ou infringido, sem motivo justo, qualquer das obrigações a que se referem os arts. 327 e 328 do CPP; os que se encontrarem sob prisão civil ou militar; e aqueles a que se reconheçam presentes os motivos que autorizam a decretação da prisão preventiva* (art. 324 do CPP).

a) Crimes de racismo (art. 323, I): A Lei 7.716/1989 disciplina os crimes resultantes de preconceito de raça ou de cor. A impossibilidade de concessão de liberdade provisória com arbitramento de fiança decorre tanto da previsão incorporada ao art. 323, I, do CPP como de previsão constitucional (art. 5.º, XLII).

b) Crimes de tortura, tráfico, terrorismo e hediondos (art. 323, II): A inafiançabilidade destes crimes é, também, determinada pelo art. 5.º, XLIII, da Constituição Federal e pelo art. 2.º, II, da Lei dos Crimes Hediondos, não sendo, portanto regramento exclusivo do Código de Processo Penal.

c) Crimes cometidos por grupos armados, civis ou militares, contra a ordem constitucional e o Estado Democrático (art. 323, III): Trata-se dos crimes previstos nos arts. 359-I a 359-R do Código Penal, inseridos pela Lei 14.197/2021, que revogou expressamente a Lei 7.170/1983 (a denominada Lei de Segurança Nacional). Estes dispositivos estão contemplados no Código Penal sob o título "*Crimes Contra o Estado Democrático de Direito*", subdividindo-se em "*Crimes Contra a Soberania Nacional*" (arts. 359-I a 359-K), "*Crimes Contra as Instituições Democráticas*" (arts. 359-L e 359-M), "*Crimes Contra o Funcionamento das Instituições Democráticas no Processo Eleitoral*" (arts. 359-N e 359-P) e "*Crimes Contra o Funcionamento dos Serviços Essenciais*" (art. 359-R). Assim como no caso anterior, a vedação à fiança também está consagrada no art. 5.º, XLIV, da Constituição Federal.

d) Indivíduos que, no mesmo processo, tiverem quebrado a fiança anteriormente concedida ou infringido, imotivadamente, as obrigações a que se referem os arts. 327 e 328 do CPP (art. 324, I): Conforme referimos alhures, a fiança não é um pagamento definitivo pela liberdade, possuindo o sentido de *garantia* prestada pelo beneficiado de que, no curso da apuração penal, apresentará adequado comportamento processual. Neste sentido, estabelece o art. 319, VIII, que poderá ela ser exigida *para assegurar o comparecimento a todos os atos do processo, evitar a obstrução do seu andamento ou em caso de resistência injustificada à ordem judicial.*

Reitere-se, também, que o deferimento da liberdade provisória mediante o arbitramento e prestação de fiança sempre vincula o beneficiado ao cumprimento das obrigações estipuladas nos arts. 327 e 328 do CPP, quais sejam, o comparecimento a todos os atos do inquérito e da instrução, a proibição à mudança de residência sem prévia autorização e a vedação a que se ausente de sua residência por mais de oito dias sem comunicar seu paradeiro. Sem embargo, a fiança ainda poderá ser cumulada com outras medidas cautelares diversas da prisão, nos termos do art. 319, § 4.º.

Observados tais condicionamentos, a fiança está sujeita à restituição após o trânsito em julgado da sentença. No caso de absolvição ou extinção da ação penal, por exemplo, essa devolução é integral (art. 337). Havendo condenação, o valor da fiança será utilizado para pagamento das custas, da indenização do dano causado ao ofendido, da prestação pecuniária e de eventual pena de multa (art. 336), restituindo-se o saldo a quem a prestou (art. 347).

Não obstante, determinados incidentes relacionados à conduta do beneficiado podem conduzir ao **quebramento da fiança** no seu curso, acarretando a perda definitiva da metade do valor pago, em prejuízo de se facultar ao juiz a imposição de outras medidas cautelares e, até mesmo, a decretação da prisão preventiva (art. 343). Segundo a disciplina do art. 341 do CPP, julgar-se-á *quebrada a fiança* quando o agente não comparecer, sem motivo, para atos do processo que tenha sido intimado; deliberadamente praticar atos de obstrução ao andamento do processo; descumprir medida cautelar imposta cumulativamente com a fiança; resistir a ordem judicial; e praticar nova infração penal dolosa. Além disto, também importa no quebramento do benefício o descumprimento imotivado das obrigações processuais que decorrem da fiança (arts. 327 e 328).

Pois bem, se, no mesmo processo, for a fiança julgada quebrada em razão de qualquer destes motivos, não poderá ser novamente concedida, consoante estabelece o art. 324, I, do CPP. Considera-se que, se o indivíduo já foi agraciado com a fiança, e, a despeito disto, teve-a quebrada por quaisquer das circunstâncias mencionadas, não se pode admitir que venha, novamente, a usufruir do benefício em relação ao mesmo delito. Muito embora este dispositivo refira-se à impossibilidade de nova fiança aos que *no mesmo processo* tiverem quebrado a anteriormente concedida, reputamos que também o quebramento levado a efeito no mesmo *inquérito policial* em que prestada impede sua nova concessão. Afinal, independentemente do momento em que deferida, a fiança sempre possui a conotação de *garantia*, sentido este que fica prejudicado em razão da prática dos atos que conduzem ao quebramento, não importando o momento em que ocorram.

e) Em caso de prisão civil ou militar (art. 324, II): Em relação à **prisão civil**, muito embora o art. 5.º, LXVII, da Constituição Federal permita essa modalidade segregatória quanto ao responsável pelo inadimplemento voluntário e inescusável de *obrigação alimentícia* e do *depositário infiel*, o STF, em 16.12.2009, aprovou a Súmula Vinculante 25, estabelecendo que *é ilícita a prisão civil de depositário infiel, qualquer que seja a modalidade do depósito.* Na oportunidade, seguindo entendimento que já vinha sendo adotado em julgamentos anteriores, considerou o Excelso Pretório que, com a adesão do Brasil, em 1992 (portanto, posteriormente à promulgação da *Lex Fundamentallis*), à Convenção Americana sobre Direitos Humanos – Pacto de San José da Costa Rica –, não há mais base legal para a aplicação da parte final do art. 5.º, LXVII, da Constituição Federal, ou seja, para a prisão civil do depositário infiel. Isso porque a precitada Convenção, em seu art. 7.º, n. 7, estabeleceu que, "ninguém deve ser detido por dívidas", ressalvando apenas que "este princípio não limita os mandados de autoridade judiciária competente expedidos em virtude de inadimplemento de obrigação alimentar". Logo, na atualidade, a forma de privação da liberdade pessoal em comento é cabível tão somente para o **alimentante inadimplente**. E, quanto a este, de acordo com o art. 324, II, a fiança é inadmissível, até mesmo por uma questão de bom senso. Afinal, não se pode olvidar que a segregação do devedor de alimentos tem por objetivo compeli-lo a cumprir a obrigação que lhe foi imposta no sentido de pagar seu débito. Sendo assim, como permitir sua liberação mediante o pagamento de fiança, cujo valor poderia ser bem menor do que o montante da dívida que motivou a prisão?

De outra sorte, relativamente à **prisão militar,** trata-se daquela prevista no Regulamento Disciplinar do Exército (Decreto 4.346/2002), imposta pela autoridade militar a que subordinado o transgressor, a título de punição disciplinar, visando preservar a disciplina e o decoro da Instituição (art. 12, § 3º e 24, V, daquele regulamento). A adequação desta modalidade restritiva à Constituição Federal decorre do estabelecido no seu art. 5º, LXI, segundo o qual "ninguém será preso senão em flagrante delito ou por ordem escrita e fundamentada de autoridade judiciária competente, salvo nos casos de transgressão disciplinar ou crime propriamente militar, definidos em lei". Essa prisão, enfim, não possui natureza processual de medida cautelar, mas sim de pena, sendo esta, inclusive, a razão do descabimento de fiança com vista à sua revogação. Questão importante a atentar é a de que, a despeito da previsão constitucional, foi editada a Lei 13.967/2019, extinguindo a prisão disciplinar no âmbito das **Polícias Militares e dos Corpos de Bombeiros Militares dos Estados, dos Territórios e do Distrito Federal.** Veja-se que a possibilidade de aplicação dessa modalidade de restrição à liberdade no âmbito dessas categorias decorria do art. 18 do Decreto-Lei 667/1969, o qual dispunha que "as Polícias Militares serão regidas por Regulamento Disciplinar redigido à semelhança do Regulamento Disciplinar do Exército e adaptado às condições especiais de cada Corporação". Todavia, por meio da citada Lei 13.967/2019, foi alterada a redação do mencionado art. 18, passando este a dispor que "as polícias militares e os corpos de bombeiros militares serão regidos por Código de Ética e Disciplina, aprovado por lei estadual ou federal para o Distrito Federal, específica, que tem por finalidade definir, especificar e classificar as transgressões disciplinares e estabelecer normas relativas a sanções disciplinares, conceitos, recursos, recompensas, bem como regulamentar o processo administrativo disciplinar e o funcionamento do Conselho de Ética e Disciplina Militares, observados, dentre outros, os seguintes princípios: [...] VII – vedação de medida privativa e restritiva de liberdade". Como se vê, não apenas restou suprimido o paralelismo das normas disciplinares relativas às polícias militares com aquelas fixadas em Regulamento Disciplinar do Exército, como também ficou expressa, para os membros dessas corporações e dos corpos de bombeiros militares, a proibição de medida que importe em privação ou restrição da liberdade. Essa alteração legislativa recebeu severas críticas, sob o argumento de que "feriu a regra da simetria, na medida em que estabeleceu tratamento diverso para militares estaduais e do Distrito Federal, se comparado com os militares das Forças Armadas, particularmente do Exército, do qual são forças auxiliares e de reserva"[89]. Não por outra razão o governador do Estado do Rio de Janeiro intentou, perante o STF, a **Ação Direta de Inconstitucionalidade 6.595,** questionando a proibição de prisão disciplinar para as mencionadas categorias. Essa ADI foi julgada procedente pelo Excelso Pretório (julgamento em 23.05.2022, DJe 05.08.2022), sendo declarada a inconstitucionalidade formal e material da Lei Federal 13.967/2019. Nesse cenário, restabelecido o status quo ante, permanece, na atualidade, a possibilidade de prisão disciplinar aos integrantes das Polícias Militares e dos Corpos de Bombeiros Militares dos Estados, dos Territórios e do Distrito Federal.

f) Quando presentes os motivos que autorizam a prisão preventiva (art. 324, IV): Considerando que a fiança está prevista como uma das medidas cautelares diversas da prisão estipuladas no art. 319 (inc. VIII), a vedação do art. 324, IV deve ser harmonizada com o disposto no art. 282, § 6.º, segundo o qual "*a prisão preventiva somente será determinada quando não for cabível a sua substituição por outra medida cautelar, observado o art. 319 deste Código, e o não cabimento da substituição por outra medida cautelar deverá ser justificado de forma fundamentada nos elementos presentes do caso concreto, de forma individualizada*", bem como com o preceituado no art. 310, II, dispondo que a prisão em flagrante poderá ser convertida em preventiva *quando presentes os requisitos constantes do art. 312 deste Código, e se revelarem inadequadas ou insuficientes as medidas cautelares diversas da prisão.*

Interpretando-se, pois, estas regras de modo conjugado, deflui-se que a proibição à fiança deve ocorrer quando, presentes os fundamentos da prisão preventiva – *garantia da ordem pública/econômica, conveniência da instrução criminal e segurança na aplicação da lei penal* –, concluir o juiz não serem adequados ou suficientes os provimentos acautelatórios diversos da prisão.

---

[89] CARVALHO, Márcia Haydée Porto de; RAMOS, Paulo Roberto Barbosa. Vedação de prisão disciplinar para PMs e bombeiros é inconstitucional. Disponível em: https://www.conjur.com.br/2020-jan-24/opiniao-vedacao-prisao-disciplinar-pms-inconstitucional#author. Acesso em: 04.03.2020.

11.11.3.3. Valor da fiança

O **valor da fiança** não é estabelecido de forma aleatória pela autoridade, devendo obedecer aos parâmetros determinados pelo art. 325 do CPP, o qual leva em conta a pena máxima do crime pelo qual responde o agente. Assim:

> I – de 1 (um) a 100 (cem) salários mínimos, quando se tratar de infração cuja pena privativa de liberdade, no grau máximo, não for superior a 4 (quatro) anos;
>
> II – de 10 (dez) a 200 (duzentos) salários mínimos, quando o máximo da pena privativa de liberdade cominada for superior a 4 (quatro) anos.

Definidos estes limites mínimo e máximo, caberá à autoridade, sem ultrapassá-los, estipular o valor da fiança a ser prestado, o que fará levando em conta a natureza da infração, as condições pessoais e financeiras do indivíduo, sua vida pregressa, sua maior ou menor periculosidade e, por fim, a importância provável das custas do processo, conforme dispõe o art. 326 do CPP. O aspecto relacionado às condições financeiras releva em face do que dispõe o art. 325, § 1.º, no sentido de que *se assim recomendar a situação econômica do preso, a fiança poderá ser: I – dispensada, na forma do art. 350 deste Código; reduzida até o máximo de 2/3 (dois terços); ou aumentada em até 1.000 (mil) vezes.*

Perceba-se que, tratando-se de prisão em flagrante pela prática de crime tipificado no **Código de Defesa do Consumidor (Lei 8.078/1990)**, dispõe o art. 79 desse diploma que o valor da fiança, nas infrações de que trata este Código, será fixado pelo juiz, ou pela autoridade que presidir o inquérito, entre cem (100) e duzentas mil (200.000) vezes o valor do Bônus do Tesouro Nacional, com possibilidade de redução até a metade de seu valor mínimo e de aumento em até vinte vezes, se assim recomendar a situação econômica do agente. Extinto o BTN pela Lei 8.177/1991, foi esse índice substituído pela Taxa Referencial (TR), que passou a ser o critério de atualização da fiança nesses casos.

11.11.3.4. Incidentes, ocorrências ou vicissitudes a que está sujeita a fiança

Uma vez concedida, está sujeita a fiança a determinados incidentes, os quais estão previstos expressamente no Código de Processo Penal e que, por vezes, poderão acarretar a extinção da fiança e, até mesmo, a decretação da prisão preventiva do afiançado. Consistem estas vicissitudes no *reforço, cassação, quebramento* e *perdimento.* Além destes, deve ser examinada, ainda, a questão relacionada à sua *restituição* a quem a prestou. Assim:

a) Reforço (art. 340 do CPP): deve ser exigido o reforço da fiança quando o valor arbitrado for insuficiente porque fixado em quantitativo inferior aos patamares previstos no art. 325 do CPP; ou porque depreciados os bens dados em garantia; ou em razão de inovação na classificação do crime (art. 340 do CPP). *Exemplo:* Imagine-se que o indivíduo tenha sido flagrado pela autoridade policial e enquadrado, no respectivo auto de prisão, pela prática de furto simples (art. 155 do CP, pena de 1 a 4 anos), sendo arbitrada e prestada fiança de 5 salários mínimos (art. 325, I). Considere-se que, posteriormente, seja o imputado denunciado por furto qualificado (art. 155, § 4.º, CP, pena de 2 a 8 anos), delito também afiançável, mas que, em razão da pena mais severa, exige arbitramento de fiança de, ao menos, 10 salários mínimos (art. 325, II). Em tal caso, deverá ser exigido, pelo juiz, o *reforço* do valor pago.

Caso esse reforço não venha a ser prestado, a fiança será considerada inidônea (equivalente a torná-la *sem efeito*), o que implica a restituição do valor pago, atualizado, sem descontos (art. 337 do CPP). Em que pese a explicitude do art. 340, parágrafo único, do

CPP, dispondo que a falta de reforço acarreta o recolhimento do réu à prisão, é evidente que tal recolhimento exige decretação da prisão preventiva e esta, na disciplina dos arts. 282, § 6.º, e 310, II, apenas se viabiliza quando inadequadas ou insuficientes as medidas cautelares diversas da prisão dos arts. 319 e 320.

Logicamente, se, exigido reforço, não possuir o agente condições econômicas que o permitam efetivar essa complementação, nada impede que requeira ao juiz a dispensa de sua realização.

b) Cassação (arts. 338 e 339 do CPP): Ocorre em duas situações:

1) Fiança que se reconheça não cabível (art. 338): neste caso, a fiança é concedida por equívoco, quer porque não cabível na espécie, quer em razão da ausência de legitimidade da autoridade que a determinou. *Exemplo 1:* considere-se que o acusado já havia obtido liberdade provisória com fiança em oportunidade anterior, operando-se, porém, o quebramento dessa fiança em razão do seu não comparecimento a atos da instrução para os quais foi intimado (art. 341, I). Se, no mesmo processo, a fiança for novamente concedida pelo juiz, poderá o Ministério Público ingressar com recurso em sentido estrito contra essa decisão (art. 581, V), requerendo ao tribunal competente a cassação do benefício, pois, de acordo com o art. 324, I, não poderá ser concedida fiança aos que, no mesmo processo, tiverem quebrado fiança anteriormente concedida; *Exemplo 2:* Imagine-se que a autoridade policial conceda fiança a indivíduo flagrado na prática de estelionato (art. 171 do CP, pena de 1 a 5 anos). Ora, considerando que a pena máxima cominada a esse delito é superior a 4 (quatro) anos de prisão, não se facultava ao delegado a concessão de fiança, já que o art. 322 lhe atribui tal faculdade apenas nos crimes cuja pena privativa de liberdade máxima não ultrapasse aquele patamar. Assim, ao receber o auto de prisão em flagrante, deverá o juiz cassar aquele benefício, sem embargo da possibilidade de ele próprio deferir nova fiança, cumulada ou não com outras medidas cautelares (arts. 322, parágrafo único, e 319, § 4.º, do CPP).

2) Inovação na classificação do delito (art. 339): concerne à hipótese em que a autoridade concede fiança cogitando tratar-se de um determinado delito, que é afiançável. Não obstante, em momento posterior, a conduta recebe nova classificação jurídica, sendo enquadrada como crime inafiançável. *Exemplo:* diante de prisão em flagrante por homicídio simples, o juiz concede liberdade ao agente mediante pagamento de fiança. Todavia, encaminhado o auto de prisão a juízo e dada vista ao Ministério Público, sobrevém o oferecimento de denúncia por homicídio qualificado, crime hediondo e, portanto, inafiançável (art. 1.º, I, e art. 2.º, II, da Lei 8.072/1990. Neste caso, ao receber a ação penal, deverá o juiz proceder à cassação da fiança.

Ao cassar a fiança, deverá o juiz ordenar a restituição integral do valor pago, devidamente atualizado, a quem o tiver prestado. Isto ocorre por analogia ao art. 337 do CPP, que assim estabelece ao tratar das hipóteses de *fiança declarada sem efeito* (o que se dá quando não prestado o reforço exigido pelo juiz), de *sentença absolutória transitada em julgado* e de *extinção da ação penal.*

E mais: sendo cassada a fiança que garantia a liberdade, tal situação, em tese, deveria implicar no recolhimento do acusado à prisão. Todavia, no sistema em vigor, esta segregação exige a decretação da prisão preventiva, o que, por sua vez, nos termos dos arts. 282, § 6.º, e 310, II, ambos do CPP, condiciona-se a que não seja possível a sua substituição por outra medida cautelar diversa da prisão. Conclui-se, então, que ao cassar a fiança, cabe ao magistrado analisar a necessidade e possibilidade de aplicar ao imputado outras medidas cautelares diversas da prisão e, apenas se não forem adequadas ou suficientes essas medidas, poderá decretar a prisão preventiva do agente.

c) Quebramento (arts. 327, 328 e 341 do CPP): Ocorre o quebramento da fiança nas seguintes situações:

1) *Quando o afiançado descumpre as obrigações legais pertinentes à fiança concedida (arts. 327 e 328)*, quais sejam o comparecimento a todos os atos do inquérito ou processo, sempre que chamado; não mudar de residência sem prévia comunicação à autoridade respectiva e não se afastar de sua residência por mais de oito dias sem comunicação à polícia ou juízo.

2) Quando configurada a hipótese do art. 343 do CPP, estabelecendo-se que reputar-se-á quebrada a fiança quando o afiançado (art. 341, I a V):

> I – **Regularmente intimado para ato do processo, deixar de comparecer, sem motivo justo:** este inciso reitera a previsão do art. 327 do CPP, dispondo que a fiança será havida como quebrada se o afiançado não comparecer a todos os atos do inquérito ou do processo.
>
> II – **Deliberadamente praticar ato de obstrução ao andamento do processo:** Incluem-se, neste caso, os atos procrastinatórios do processo, como o requerimento de inúmeras diligências infundadas, sucessivas informações erradas quanto ao paradeiro de testemunha arrolada, a mudança de endereço sem comunicação ao juízo no intuito de dificultar intimações para audiências etc.
>
> III – **Descumprir medida cautelar imposta cumulativamente com a fiança:** Estabelece o art. 319, § 4.º, do CPP que a fiança poderá ser cumulada com outras medidas cautelares diversas da prisão. Pois bem, ocorrendo essa cumulação, a transgressão de qualquer dos provimentos acautelatórios impostos autoriza o quebramento da caução.
>
> IV – **Resistir injustificadamente a ordem judicial:** O dispositivo é amplo, permitindo o quebramento da garantia prestada na hipótese de o afiançado não atender, sem motivo, a determinações judiciais. *Exemplo:* O não comparecimento injustificado à perícia designada no âmbito de incidente de insanidade mental, para qual intimado o réu.
>
> V – **Praticar nova infração penal dolosa:** Não exige a lei a condenação do agente, sendo suficiente que o agente cometa infração dolosa. Evidentemente, a previsão legal não dispensa a análise do caso concreto, impondo-se ao juiz verificar se, efetivamente, a natureza e circunstâncias da infração, bem como a sua repercussão, impõem o quebramento.

O quebramento da fiança, na dicção do art. 343, possibilita ao juiz decidir sobre a imposição de outras medidas cautelares ou, se for o caso, a decretação da prisão preventiva. E mais: nos termos do mesmo artigo, tal decisão acarreta, também, a perda definitiva da metade do valor pago. Assim, transitando em julgado a sentença final, apenas a metade remanescente poderá ser restituída. Quanto ao destino do valor retido (não restituído), extrai-se do art. 346 que, uma vez deduzidas as custas, o valor da indenização do dano *ex delicto* (se for o caso), bem como o valor da prestação pecuniária e da pena de multa (se estabelecidas), será recolhido ao Fundo Penitenciário.

Oportuno lembrar que, em vista do que dispõe o art. 324, I, do CPP, o quebramento implica na impossibilidade de ser concedida nova fiança no mesmo processo.

d) Perdimento (art. 344 do CPP): Trata-se da perda definitiva da totalidade do valor pago. Dá-se quando o afiançado, condenado, não se apresenta para o início do cumprimento da pena definitivamente imposta. Isto pode ser evidenciado, por exemplo, no comportamento do indivíduo que, após o trânsito em julgado da sentença condenatória, muda de endereço sem comunicar ao juízo seu paradeiro, demonstrando, com isto, sua intenção de não cumprir o comando objeto da sentença; e, também, quando certificar o oficial de justiça sua constatação de que o réu está se ocultando no intuito de evitar sua condução ao presídio. Neste caso, após deduzidas as custas e demais encargos a que o acusado estiver obrigado, será o valor da fiança recolhido ao fundo penitenciário (art. 345).

Também a legislação especial contempla a perda da fiança. É o que ocorre no âmbito da Lei 9.613/1998, estabelecendo o art. 7.º, I (alterado pela Lei 12.683/2012), como efeito da condenação pelos crimes relacionados à lavagem de dinheiro, a perda dos bens, direitos e valores utilizados para prestar fiança, sempre ressalvado, por óbvio, o direito de eventuais lesados ou de terceiros de boa-fé.

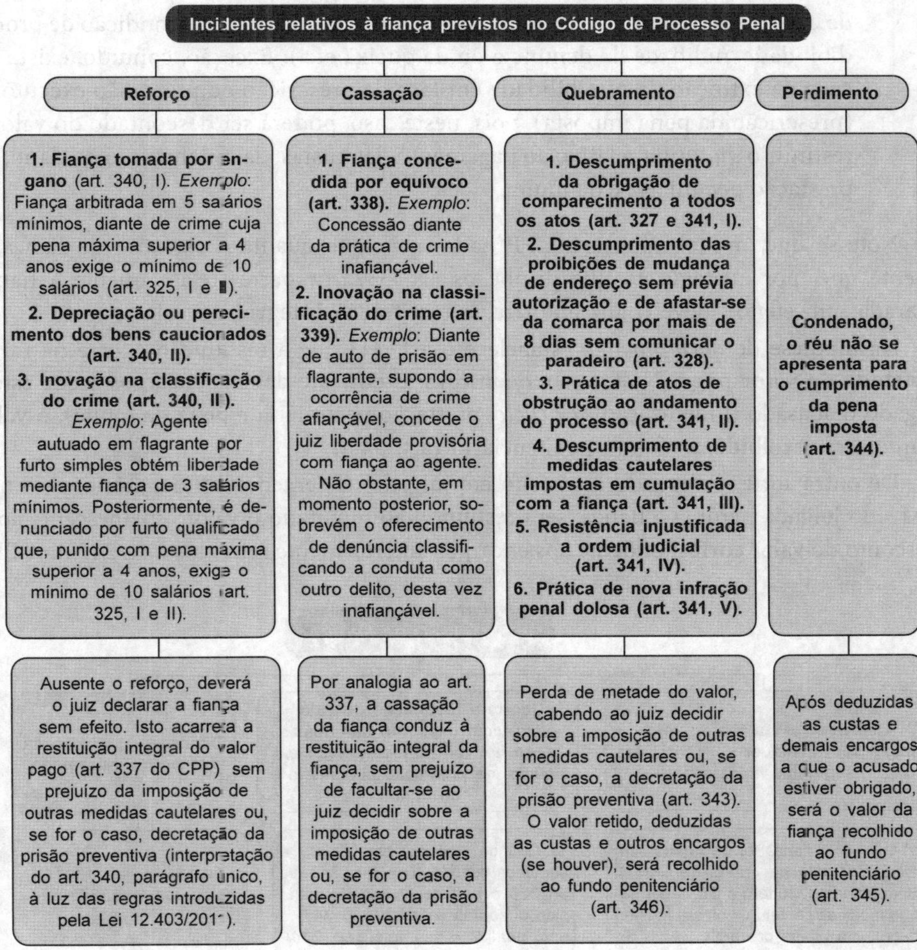

e) Restituição (art. 337 do CPP): Infere-se do art. 337 do CPP que o valor da fiança, devidamente atualizado, será restituído a quem a prestou sem qualquer desconto quando:

1) A fiança for declarada sem efeito: dispõe o art. 340, parágrafo único, a fiança será declarada sem efeito quando não for prestado o reforço exigido pelo juiz. Observe-se que, em determinadas situações, o CPP refere que a fiança será julgada inidônea, o que, na expressão do legislador, é sinônimo de torná-la sem efeito. Isto ocorre, por exemplo, no art. 581, V, quando previsto o cabimento do recurso em sentido estrito contra a decisão que conceder, negar, arbitrar, cassar ou **julgar inidônea a fiança.**
2) *Transitar em julgado sentença absolutória*: transitando em julgado absolvição criminal, não há, efetivamente, qualquer motivo para que a fiança não seja restituída, já que cessam, definitivamente, os motivos que poderiam autorizar a aplicação de medidas cautelares diversas da prisão ou a decretação da prisão provisória.

3) *For extinta a ação penal:* A extinção da ação penal por qualquer razão acarreta a restituição integral do valor pago, não importando se tal ocorre em face da extinção da punibilidade do réu motivada por uma das causas previstas em lei ou de outra razão que conduza a esse desiderato (ilegitimidade de parte, procedência de exceções de coisa julgada ou de litispendência, ausência de condição de procedibilidade, nulidade da denúncia ou da queixa etc.). Exceção, contudo, existe no caso da extinção da punibilidade em face da prescrição da pretensão executória (prescrição da pena imposta), pois, neste caso, poderá ser descontado do valor a restituir o *quantum* relativo ao pagamento das custas, da indenização do dano, da prestação pecuniária e da multa.

Note-se que, muito embora o CPP nada mencione quanto à *cassação* da fiança, é evidente que, por analogia ao que dispõe os art. 337, 1.ª parte (relativamente à fiança declarada sem efeito), deve o juiz autorizar a **restituição integral** do valor pago.

Na hipótese de *quebramento*, estabelece o art. 343 que a restituição ocorre na razão de **metade do valor pago**. Neste caso, deduzidas as custas e demais encargos a que esteja obrigado o acusado (indenização *ex delicto*, prestação pecuniária e pena de multa), o valor restante será recolhido ao fundo penitenciário (art. 346).

De outra sorte, ocorrendo o trânsito em julgado de sentença condenatória, caso não tenha sido julgada perdida a fiança, será restituído ao imputado o valor remanescente após o desconto do valor correspondente aos encargos anteriormente referidos (art. 347 do CPP).

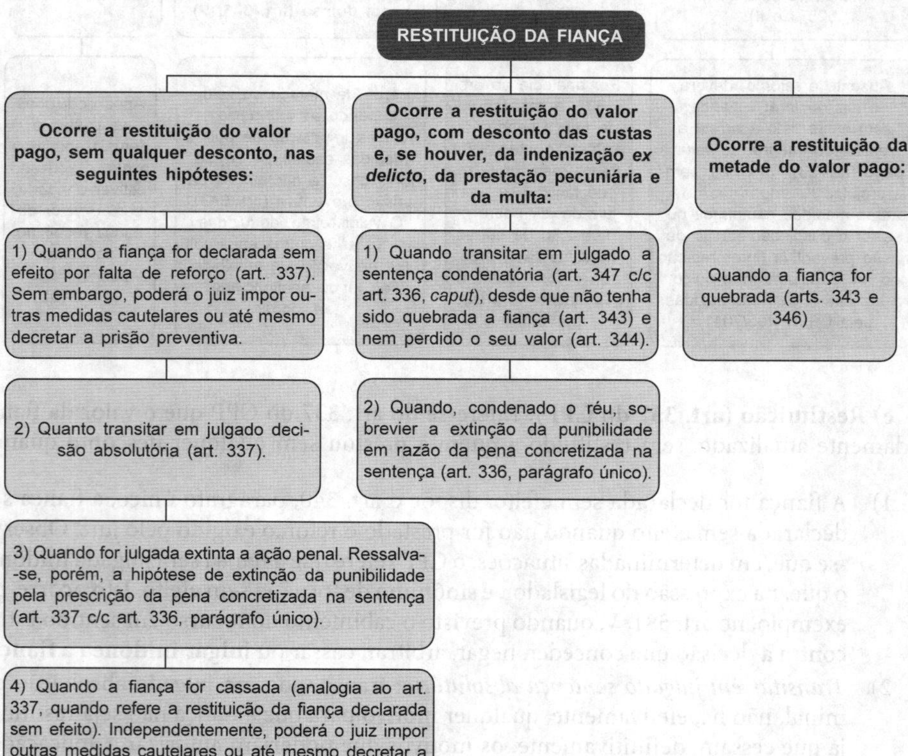

11.11.3.5. Recursos pertinentes à fiança

De acordo com o art. 581, V, do CPP, caberá **recurso em sentido estrito** da decisão do juiz que *conceder, negar, arbitrar, cassar ou julgar inidônea a fiança*. Não há previsão legal de efeito suspensivo. Portanto, sua interposição não impede que se produzam os efeitos da decisão atacada. Se cassada ou julgada inidônea a fiança, por exemplo, a dedução do RSE não obstaculiza a imposição de outras medidas cautelares diversas da prisão, ou, se for o caso, a decretação da prisão preventiva do acusado. Por outro lado, se concedida liberdade provisória com fiança, eventual RSE não impede que o agente, pagando a caução fixada, seja posto em liberdade.

Também enseja **recurso em sentido estrito** a decisão que *julgar quebrada a fiança ou perdido o seu valor*, consoante o art. 581, VII, do CPP. Nestes casos, há efeito suspensivo no RSE. Observe-se, para tanto, que o art. 584, *caput*, estabelece que o recurso terá efeito suspensivo no caso de perda da fiança, significando que, enquanto pendente o seu julgamento, o valor da fiança não pode ser recolhido ao fundo penitenciário. Por outro lado, em relação ao *quebramento*, refere o art. 584, § 3.º, que "o recurso do despacho (decisão, na verdade) que julgar quebrada a fiança suspenderá unicamente o efeito de perda da metade do seu valor", compreendendo-se daí que, neste caso, a dedução do RSE impede apenas que se disponibilize ao fundo penitenciário a parcela retida, mas não obsta a substituição da fiança por outra medida cautelar ou até mesmo pela decretação da preventiva do agente.

Independentemente destas considerações, é preciso recordar que, eventualmente, pode ocorrer de o juiz *conceder, negar, arbitrar, cassar, julgar inidônea* ou *julgar quebrada a fiança* no âmbito da própria sentença final. Nestes casos, o recurso cabível será a **apelação** alicerçada no art. 593, I ou III, *b*, do CPP. Isto porque, de acordo com o art. 593, § 4.º, quando cabível apelação, não poderá ser utilizado o recurso no sentido estrito, ainda que somente de parte da decisão se recorra.

Por fim, deve-se mencionar a possibilidade de impetração de ***habeas corpus*** (muito embora não possua natureza recursal, mas, sim, de *ação*), na hipótese de não ser concedida fiança ao agente nos casos em que a lei a autoriza (art. 648, V). Portanto, se o juiz negar-se a conceder fiança, é possível a impetração de *habeas corpus* para o tribunal a que estiver vinculado o magistrado. *E se o delegado de polícia recusar-se ao arbitramento de fiança nos casos que lhe confere a lei esta faculdade?* Neste caso, incide o art. 335 do CPP, dispondo que, "recusando ou retardando a autoridade policial a concessão da fiança, o preso, ou alguém por ele, poderá prestá-la, mediante simples petição, perante o juiz competente, que decidirá em 48 (quarenta e oito) horas". Na realidade, a *simples petição* referida no artigo consiste no chamado *pedido de liberdade provisória*, utilizado com frequência na praxe forense.

11.11.4. Liberdade provisória por ocasião da pronúncia

O art. 413, § 2.º, do CPP dispõe que, por ocasião da pronúncia, **se o crime for afiançável, o juiz arbitrará o valor da fiança para a concessão ou manutenção da liberdade provisória**. O dispositivo contempla duas situações: a *primeira* relativa ao acusado que se encontrava preso preventivamente, na ocasião em que pronunciado, e a *segunda* pertinente àquele que estava em liberdade.

Com relação ao acusado que estava preso, dispõe o art. 413, § 2.º que *se o crime for afiançável, o juiz arbitrará o valor da fiança para concessão [...] da liberdade provisória.* Ora, crimes contra a vida inafiançáveis, no sistema atual, são apenas o homicídio praticado em atividade típica de grupo de extermínio e o homicídio qualificado, pois são hediondos (art. 1.º, I, da Lei 8.072/1990), quer consumados, quer tentados. Abstraídas estas situações, pode ocorrer que, ao pronunciar o acusado, verifique o juiz que não mais se revelam presentes os fundamentos que autorizam a prisão preventiva. É o caso, por exemplo, de ter sido esta custódia ordenada, exclusivamente, em face da conveniência da instrução criminal. Nesta hipótese, de acordo com o referido art. 413, § 2.º, deverá o juiz conceder liberdade provisória ao acusado, sem prejuízo da possibilidade de exigir a prestação de fiança para este fim. **Atenção:** há quem defenda que, em casos tais, o arbitramento de fiança seria obrigatório. Todavia, não concordamos com essa orientação, mesmo porque a fiança está relacionada como uma das medidas cautelares diversas da prisão (art. 319, VIII, do CPP), devendo-se a sua imposição, portanto, reger-se pelos critérios da necessidade e da adequação (art. 282, I e II).

Por outro lado, no que concerne ao acusado que se encontrava em liberdade no momento da pronúncia, refere o art. 413, § 2.º, que *se o crime for afiançável, o juiz arbitrará o valor da fiança para a [...] manutenção da liberdade provisória.* Cuida-se, neste caso do indivíduo que, conquanto ausentes os fundamentos da prisão preventiva (do contrário, não seria cabível a fiança, *ex vi* do art. 324, IV, do CPP), revela-se necessária e adequada a imposição de fiança para que permaneça em liberdade, muito especialmente com o fim de assegurar o seu comparecimento à sessão de julgamento e evitar que pratique atos que possam obstruir o desiderato do feito.

Finalmente, consigne-se que, apesar de o art. 413, § 2.º, referir-se unicamente à fiança como condicionamento para concessão ou manutenção da liberdade provisória, não fica impedido o juiz de aplicar, em cumulação, outras medidas cautelares diversas da prisão, conforme autorizado pelo art. 319, § 4.º, do CPP.

11.12. AUDIÊNCIA DE CUSTÓDIA

Por *audiência de custódia* compreende-se o ato da apresentação, ao juiz competente, da pessoa presa, a fim de ser ouvida sobre as circunstâncias em que ocorreu sua prisão.

Até a vigência da Lei 13.964/2019, não havia previsão de realização dessa solenidade no Código de Processo Penal. Diante desta lacuna legislativa, para muitos doutrinadores, a audiência de custódia encontrava respaldo em tratados referendados pelo Brasil, muito especialmente na Convenção Americana sobre Direitos Humanos (Pacto de São José da Costa Rica, promulgado pelo Decreto Presidencial 678/1992), dispondo esta em seu art. 7.º, item 5, que "toda pessoa presa, detida ou retida deve ser conduzida, sem demora, à presença de um juiz". Destacavam referidos autores, ainda, que o art. 5.º, § 3.º, da Constituição Federal estabelece que "os tratados e convenções internacionais sobre direitos humanos que forem aprovados, em cada Casa do Congresso Nacional, em dois turnos, por três quintos dos votos dos respectivos membros, serão equivalentes às emendas constitucionais".

No âmbito do Supremo Tribunal Federal, a obrigatoriedade da efetivação da audiência de custódia foi reconhecida em decisão liminar proferida em 03.09.2015, nos autos da Arguição de Descumprimento de Preceito Fundamental 347, ocasião em que foi consignada a necessidade de apresentação da pessoa presa à autoridade judicial competente e determinado aos juízes e tribunais que realizassem, em até noventa dias, audiências de custódia, viabilizando o comparecimento do preso perante a autoridade judiciária no prazo máximo de 24 horas, contados do momento da prisão.

Na sequência deste pronunciamento do STF, e com base nos seus termos, editou o Conselho Nacional de Justiça a Resolução 213, de 15.12.2015 (em vigor a partir de 01.02.2016 e alterada pela Resolução 268, de 21.11.2018), dispondo sobre a apresentação de toda pessoa presa à autoridade judicial competente no prazo de 24 horas, contados da comunicação do flagrante ao juiz competente, para que seja ouvida (art. 1.º), devendo o mesmo procedimento ser assegurado "às pessoas presas em decorrência de cumprimento de mandados de prisão cautelar ou definitiva" (art. 13).

Sem embargo da precitada deliberação do Supremo, bem como dos termos da referida resolução do CNJ, por não vislumbrarem nestas determinações força vinculante, alguns tribunais continuaram a entender que a ausência da audiência de custódia não caracterizaria hipótese de constrangimento ilegal, "incumbindo ao Poder Judiciário de cada Estado conferir meios materiais à implementação da medida em suas comarcas, considerando questões regionais e demais peculiaridades"[90]. O próprio STJ, aliás, era enfático, compreendendo que "a não realização de audiência de custódia não é suficiente, por si só, para ensejar a nulidade da prisão preventiva, quando evidenciada a observância das garantias processuais e constitucionais"[91].

Pois bem, com a nova redação dada ao art. 310, *caput*, do CPP pela Lei 13.964/2019, o impasse relacionado à obrigatoriedade da realização da audiência de custódia nas **hipóteses de prisão em flagrante** restou superado. Este dispositivo, com efeito, tratando do procedimento a ser adotado pelo juiz após receber o auto de prisão em flagrante, estabeleceu que "*no prazo máximo de até 24 (vinte e quatro) horas após a realização da prisão, o juiz deverá promover audiência de custódia com a presença do acusado, seu advogado constituído ou membro da Defensoria Pública e o membro do Ministério Público*", ocasião em que deverá, fundamentadamente, relaxar a prisão considerada ilegal (inc. I), converter o flagrante em prisão preventiva caso não seja possível a substituição desta prisão por medidas cautelares diversas (inc. II) ou conceder liberdade provisória (inc. III). Na sequência, estabeleceu o § 3º do mesmo artigo que "*a autoridade que deu causa, sem motivação idônea, à não realização da audiência de custódia no prazo estabelecido no caput deste artigo responderá administrativa, civil e penalmente pela omissão*", aqui podendo se enquadrar, por exemplo, o Juiz que, comunicado da prisão em flagrante, deixar de aprazar a audiência e a autoridade que, possuindo a incumbência de apresentar ou de determinar a apresentação do preso ao Juiz, assim não proceder. Como se vê deste regramento, é inequívoca, agora, a obrigatoriedade da audiência de custódia no caso tratado no dispositivo.

E quando não se tratar de prisão em flagrante? Nas alterações determinadas pela Lei 13.964/2019, a obrigatoriedade de realização da audiência de custódia nas hipóteses de prisão cumprida por mandado, vale dizer, de **prisão preventiva**, de **prisão temporária** e de **prisão decorrente da sentença condenatória definitiva**, decorre, inicialmente, do art. 3º-B, § 1º, do CPP, o qual dispõe sobre a apresentação ao juiz das garantias, no prazo de

---

[90] TJRS, *Habeas Corpus* 70067327395, j. 16.12.2015.

[91] RHC 70.942/MG, *DJ* 12.09.2016.

24 horas, do indivíduo "*preso em flagrante ou por força de mandado de prisão provisória*". Considerando que essa norma teve sua **eficácia suspensa** por meio de medida cautelar deferida no STF pelo Ministro Luiz Fux, em 22.01.2020, no âmbito das Ações Diretas de Inconstitucionalidade 6.298, 6.299, 6.300 e 6.305 (ainda não julgadas definitivamente por ocasião do fechamento da presente edição deste livro), cabe utilizar o art. 287 do CPP como fundamento legal da obrigatoriedade da referida audiência também nos casos de prisão por mandado. Este dispositivo concerne à hipótese em que, tratando-se de infração inafiançável, conquanto existente mandado judicial de prisão, não tenha sido possível exibi-lo ao indivíduo no momento de sua detenção, caso em que será ele (o preso) "*imediatamente apresentado ao juiz que tiver expedido o mandado, para a realização de audiência de custódia*". Note-se que a referência à *audiência de custódia* aqui não está relacionada ao fato de que, no momento da prisão, não foi exibido o mandado (a consequência desta omissão é a necessidade de apresentação *imediata* em vez de em 24 horas), significando, isto sim, que, em qualquer hipótese de segregação judicialmente ordenada é necessária a efetivação daquela solenidade. Trata-se, enfim, de uma pressuposição de que a audiência de custódia é obrigatória em qualquer hipótese de prisão, conquanto inserida no âmbito de dispositivo que trata de situação diversa. Registre-se que a menção a "infração inafiançável" é feita no art. 287 apenas para possibilitar a prisão do indivíduo judicialmente ordenada sem a exibição do mandado, não se vinculando à obrigatoriedade da audiência de custódia que se subentende da parte final dessa disposição. Logo, infere-se que, para efeitos de se considerar necessária a audiência de custódia também nos casos de prisão por mandado, não importa se a hipótese é de crime inafiançável ou afiançável.

Admite-se a realização da audiência de custódia por meio de videoconferência? O referido art. 3º-B, § 1º, veda o emprego de videoconferência na audiência de custódia. Este dispositivo chegou a ser vetado pela Presidência da República, sob o fundamento de que "*a propositura legislativa, ao suprimir a possibilidade da realização da audiência por videoconferência, gera insegurança jurídica ao ser incongruente com outros dispositivos do mesmo código, a exemplo dos arts. 185 e 222 do Código de Processo Penal, os quais permitem a adoção do sistema de videoconferência em atos processuais de procedimentos e ações penais, além de dificultar a celeridade dos atos processuais e do regular funcionamento da justiça, em ofensa à garantia da razoável duração do processo*", bem como "*acarretar em aumento de despesa, notadamente nos casos de juiz em vara única, com apenas um magistrado, seja pela necessidade de pagamento de diárias e passagens a outros magistrados para a realização de uma única audiência, seja pela necessidade premente de realização de concurso para a contratação de novos magistrados*". O veto, entretanto, foi rejeitado pelo Congresso Nacional em 19.04.2021, sendo a norma inserida no ordenamento jurídico. Sem embargo da promulgação do aludido veto, sobreveio o ajuizamento, no STF, pela Associação dos Magistrados Brasileiros, da Ação Direta de Inconstitucionalidade n.º 6.841/DF, sob o fundamento de que o texto legal promulgado padece de inconstitucionalidade formal (o Congresso Nacional teria rejeitado o veto após a preclusão do prazo para que pudesse fazê-lo) e de inconstitucionalidade material (o dispositivo trata de matéria cuja proposta de regramento deve partir dos Tribunais, a teor do art. 96, I, *a*, da CF). Em 28.06.21, o Min. Nunes Marques deferiu parcialmente o pedido cautelar formulado no âmbito dessa ADI, suspendendo a eficácia da expressão "vedado o emprego de videoconferência" utilizada no art. 3º-B, § 1º, do Código de Processo Penal, permitindo a realização de audiências de custódia por meio de videoconferência, mas apenas enquanto durar a pandemia de Covid-19. Considerando que, ao tempo do fechamento da presente edição deste livro, dita ação direta ainda não havia sido julgada e tendo em vista a persistência da situação de pandemia da aludida doença, orienta-se o leitor, pela relevância do tema, a acompanhar a tramitação daquela demanda.

Perceba-se, finalmente, que não foi disciplinado pela Lei 13.964/2019, na alteração feita ao art. 310, *caput*, do CPP, o procedimento da audiência de custódia, vale dizer, a forma de sua condução pelo juiz. Neste cenário, compreendemos adequada a logística prevista pelo Conselho Nacional de Justiça na Resolução 213, de 15.12.2015 (alterada, como se disse, pela Resolução 268, de 21.11.2018. De acordo com essa normatização, na audiência de custódia o juiz, entre outras providências expressamente previstas, entrevistará a pessoa presa, dando-lhe ciência sobre seu direito de permanecer em silêncio; questionará se foram assegurados seus direitos constitucionais; indagará sobre as circunstâncias da prisão; verificará se foi realizado exame de corpo de delito; perguntará sobre o tratamento recebido em todos os locais por onde passou antes da apresentação à audiência e adotará medidas para sanar eventuais irregularidades (art. 8.º). Após essa oitiva pelo juiz, deferirá ele ao Ministério Público e à defesa técnica a realização de perguntas compatíveis com a natureza da audiência, não podendo estas – e a isto é importante atentar – versar sobre o mérito do fato sob apuração. Ao final, poderão as partes requerer o relaxamento da prisão em flagrante, a concessão da liberdade provisória sem ou com aplicação de medida cautelar diversa da prisão, a decretação de prisão preventiva e a adoção de outras medidas necessárias à preservação dos direitos do preso (art. 8.º, § 1.º). Proferida a decisão que resultar no relaxamento da prisão em flagrante, na concessão da liberdade provisória sem ou com a imposição de medida cautelar alternativa à prisão, ou quando determinado o imediato arquivamento do inquérito, a pessoa presa será prontamente colocada em liberdade, mediante a expedição de alvará de soltura, e será informada sobre seus direitos e obrigações, salvo se por outro motivo tenha que continuar presa (art. 8.º, § 5.º). A ata da audiência conterá, apenas e resumidamente, a deliberação fundamentada do magistrado quanto à legalidade e manutenção da prisão, cabimento de liberdade provisória sem ou com a imposição de medidas cautelares diversas da prisão, considerando-se o pedido de cada parte, como também as providências tomadas, em caso da constatação de indícios de tortura e maus-tratos (art. 8.º, § 3.º). Concluída a audiência de custódia, cópia da sua ata será entregue à pessoa presa em flagrante delito, ao Defensor e ao Ministério Público, tomando-se a ciência de todos, e apenas o auto de prisão em flagrante, com antecedentes e cópia da ata, seguirá para livre distribuição (art. 8.º, § 4.º).

Acesse o
MATERIAL SUPLEMENTAR

Entre no Ambiente de Aprendizagem através das instruções contidas na orelha deste livro e acesse os conteúdos exclusivos desta edição:
- questões de concursos;
- videoaulas dos principais temas;
- mapas mentais;
- *ebook* de resumos de cada capítulo.

CAPÍTULO **12**

Nulidades

12.1. CONSIDERAÇÕES GERAIS

No estudo dos *vícios* que podem atingir os atos processuais, é preciso partir do princípio de que o processo penal possui uma natureza eminentemente instrumental, vale dizer, existem procedimentos a serem seguidos. Esses procedimentos contemplam a realização de determinados atos, termos e solenidades, para os quais a lei reserva formalidades, objetivando, assim, garantir a realização plena do devido processo legal. Tendo em vista essa finalidade dos ritos processuais, deve-se concluir que toda vez que um ato se afastar da forma prevista pela lei, estará ele viciado, sendo essa mácula tanto maior ou menor conforme a intensidade desse distanciamento.

No tocante à definição da nulidade processual (*lato sensu*), a doutrina nacional diverge. Para Fernando Capez, por exemplo, a nulidade conceitua-se como um vício processual decorrente da inobservância de exigências legais, sendo capaz de invalidar o processo no todo ou em parte[1]. Por sua vez, José Frederico Marques refere-se à nulidade como uma "sanção que, no processo penal, atinge a instância ou o ato processual que não estejam de acordo com as condições de validade impostas pelo Direito objetivo"[2]. Já Mirabete adota posição eclética, aduzindo que a nulidade é, sob um aspecto, vício, e, sob outro, sanção, podendo ser definida como a inobservância das exigências legais ou como uma falha ou imperfeição que invalida ou pode invalidar o ato processual ou todo o processo[3-4].

12.1.1. Sistemas

Três são os sistemas utilizados no direito comparado para o reconhecimento de um ato como *viciado*:

- *Sistema formalista*: há a predominância do meio sobre o fim. Por este sistema, toda vez que o ato não for praticado da forma determinada em lei, estará irremediavelmente viciado, não importando se alcançou ou não seu objetivo.
- *Sistema legalista*: nulos são apenas os atos que assim considerar a lei, expressamente.

---

1 *Curso de processo penal*, p. 682.

2 *Elementos de direito processual penal*, v. 2, p. 397.

3 MIRABETE, Júlio Fabbrini. *Código de processo penal interpretado*. São Paulo: Atlas, 2003. p. 1.379-1.381.

4 Idem, *Processo penal*. São Paulo: Atlas, 2004. p. 641-644.

- *Sistema instrumental (instrumentalidade das formas)*: o fim do ato deve prevalecer sobre a forma como ele é praticado. É o sistema adotado no direito brasileiro, consoante se vê dos arts. 563 e 566 do CPP. Destarte, se o ato, ainda que desobediente à forma legal, alcançar seu objetivo, poderá ser validado.

12.1.2. Classificação dos vícios que podem atingir o ato jurídico

Apesar de a doutrina tradicional classificar os vícios que podem atingir um ato processual apenas em *nulidade absoluta* e *nulidade relativa*, tem-se reconhecido, na atualidade, outras duas ordens:

- *Inexistência:* O ato não existe e, não existindo, jamais poderá ser válido e eficaz.
- *Nulidade absoluta:* O ato existe, porém nunca será válido e eficaz.
- *Nulidade relativa*: O ato existe, não é válido nem eficaz. Contudo, poderá ser válido e produzir efeitos caso venha a ser sanado ou convalidado.
- *Irregularidade:* O ato existe, é válido e eficaz.

12.1.2.1. Inexistência

É o maior e mais grave de todos os vícios que podem macular um ato, atingindo-lhe elementos essenciais. Quando o ato for inexistente, não se fala em "nulidade", pois não pode ser nulo algo que não existe. Por esse mesmo motivo, também é desnecessário um pronunciamento judicial declaratório da inexistência. O ato inexistente é simplesmente desprezado, ignorado, desconhecido. *A hipótese de inexistência do ato não admite convalidação, uma vez que a única forma de sanar o defeito seria que fosse novamente praticado. Porém, essa nova prática não gera efeitos retroativos, ante a ausência de efeito jurídico mínimo que possa ser aproveitado do ato inexistente*[5]. Trata-se de um "não ato" ou de uma aparência de ato processual. Embora haja divergências jurisprudenciais e doutrinárias, tem-se entendido como inexistentes aqueles atos que não contêm a subscrição da autoridade que os edita, bem como os praticados por quem não detenha ou esteja privado, ainda que temporariamente, de capacidade objetiva (*v.g.*, a jurisdição em relação ao juiz e as atribuições em relação ao promotor de justiça) para praticá-los.

Exemplos:

- Denúncia subscrita apenas pelo estagiário do Ministério Público;
- Decisão de recebimento da denúncia sem subscrição do Juiz;
- Sentença proferida por juiz impedido em razão dos motivos do art. 252 do CPP;
- Nova sentença prolatada pelo juiz, nulificando, por sua própria iniciativa, sentença anterior de mérito proferida no mesmo processo;
- Determinação de arquivamento de decisão sujeita a reexame necessário, sem que esta providência tenha sido adotada (Súmula 423 do STF);
- Recurso interposto por advogado sem procuração nos autos (Súmula 115 do STJ);
- *Habeas corpus* apócrifo, vale dizer, sem a assinatura do impetrante.

Questão controvertida concerne à **sentença proferida por magistrado em período de férias**. Parcela da doutrina considera que a sentença exarada nestas condições é inexistente. Neste sentido, por exemplo, Fernando Capez[6], lembrando que, em férias ou em licença, não

---

[5] STF, AgRg no AREsp 85452/MG, *DJ* 10.03.2014.

[6] *Curso de processo penal*, 13. ed., p. 715.

pode o magistrado prestar jurisdição. Não obstante, o STF já decidiu que não há lei que proíba que o juiz trabalhe durante as férias, não havendo nisto nenhum impedimento sob o aspecto da prestação da tutela jurisdicional[7]. Aderindo à mesma posição, compreendeu o STJ que a sentença proferida pelo juiz em férias, mesmo havendo substituto, é válida[8], mormente se os autos foram conclusos ao juiz quando ainda se encontrava no pleno exercício de suas funções[9].

E quanto à decisão que julga extinta a punibilidade do réu com base em certidão de óbito falsa? Há duas orientações: uma, no sentido de que se trata de ato inexistente, à qual aderimos; outra, no sentido de que a hipótese gera nulidade absoluta. De qualquer sorte, é certo que esta ordem de decisão, uma vez reconhecida a mácula, não produzirá coisa julgada, podendo, assim, dar margem ao prosseguimento do processo prematuramente extinto. Neste sentido pronunciou-se o STF, compreendendo que "a decisão que, com base em certidão de óbito falsa, julga extinta a punibilidade do réu pode ser revogada, dado que não gera coisa julgada em sentido estrito"[10]. E não é outro o entendimento do STJ, decidindo que "o desfazimento da decisão que, admitindo por equívoco a morte do agente, declarou extinta a punibilidade, não constitui ofensa à coisa julgada"[11].

12.1.2.2. Nulidade absoluta

É vício que atinge normas de ordem pública, como tais consideradas aquelas que tutelam garantias ou matérias tratadas direta ou indiretamente pela Constituição Federal. O ato *existe*, porém, uma vez reconhecido o vício, jamais poderá ser considerado *válido* e *eficaz*. Sendo insanável, não está sujeito à preclusão.

Quanto à necessidade de demonstração do prejuízo na hipótese de nulidade absoluta, há divergências. Observe-se:

> **1.ª Corrente:** A nulidade absoluta gera prejuízo presumido às partes. Essa presunção, porém, não é *jure et jure*, e sim *juris tantum*, o que significa que admite prova em contrário. Em síntese: ao mesmo tempo em que se dispensa a quem alega a nulidade absoluta de comprovar o prejuízo sofrido, faculta-se à parte *ex adversa* (aquela que será a prejudicada pelo reconhecimento do vício), visando salvar a integridade do ato impugnado, demonstrar nos autos a inocorrência do prejuízo que foi estabelecido por força da presunção.
>
> **2.ª Corrente:** O princípio geral de que não se declara a nulidade do ato se dele não houver resultado prejuízo para as partes – *pas de nullité sans grief* – alcança tanto as nulidades relativas como as absolutas. Neste contexto, não se pode falar na existência de uma presunção de prejuízo, impondo-se, em qualquer caso, a devida comprovação. **Trata-se da posição adotada pelo STF e pelo STJ**[12].

A nulidade absoluta, em regra, pode ser arguida em qualquer tempo e grau de jurisdição. Tem-se compreendido, contudo, que a suscitação tardia, (p. ex., depois da prolação de decisão desfavorável), "quando óbvia a ciência do referido vício muito anteriormente à arguição, configura a chamada **nulidade de algibeira**, manobra processual que não se coaduna com a boa-fé processual", devendo ser rechaçada (STJ, REsp 1711463/SP, DJ 26.09.2019).Pode, ainda, ser declarada ex officio pelo juiz e, também, pelos tribunais, no julgamento de recursos, exceto quando, não sendo arguida em recurso da acusação e não sendo caso de reexame necessário, importar em prejuízo ao réu (Súmula 160 do STF). A propósito, são as reiteradas decisões de

7 STF, HC 76.874-1/DF, 2.ª Turma, *DJ* 30.10.1998.

8 STJ, HC 79.476/PR, *DJ* 20.08.2007.

9 STJ, RHC 2.130-9, 6.ª Turma, Rel. Min. José Cândido, j. 14.12.1992.

10 STF, HC 104.998/SP, *DJ* 09.05.2011; HC 84.525/MG, *DJ* 03.12.2004.

11 STJ, HC 31234/MG, *DJ* 09.02.2004.

12 STJ, HC 162.491/SC, *DJ* 15.08.2016; STF, ARE 984.373/BA, *DJ* 04.11.2016.

que não cabe ao Tribunal reconhecer de ofício, em prejuízo do réu, nulidade não invocada no recurso da acusação, ainda que ela seja de caráter absoluto.

Exemplos:

- As incompetências *ratione materiae* e *ratione personae* ensejam a nulidade absoluta do processo criminal.
- Realização do interrogatório do réu sem a presença de advogado.
- Ausência de intimação pessoal do defensor público ou do defensor constituído para a audiência ou sessão de julgamento.
- Não formulação de quesito obrigatório aos jurados por ocasião do julgamento pelo júri (Súmula 156 do STF).
- A ausência de intimação do advogado constituído pelo réu para o oferecimento de contrarrazões ao recurso interposto.
- Falta de notificação pessoal do defensor dativo para a prática de atos processuais (art. 370, § 4.º, do CPP).

Aspecto que deve ser mencionado respeita ao teor da Súmula 523 do STF, dispondo que a falta de defesa no processo penal constitui nulidade absoluta, mas a sua deficiência só o anulará quando houver prova de prejuízo para o réu. Ora, tanto a falta como a deficiência de defesa refletem na garantia constitucional da ampla defesa. Sendo assim, a nulidade, em ambas as hipóteses, deve ser considerada absoluta. Não obstante, calcada no princípio *pas de nullité sans grief*, a referida súmula reafirma a posição que, mesmo no caso das nulidades absolutas, é necessária a comprovação do prejuízo que sejam declaradas. Cabe frisar que, apesar de esta Súmula ter sido editada em 03.12.1969, seus termos continuam sendo aplicados nas Instâncias Superiores, decidindo o STF de forma reiterada no sentido de que a nulidade por deficiência na defesa do réu só deverá ser declarada se comprovado o efetivo prejuízo[13].

Outro ponto relevante concerne à proximidade conceitual entre os vícios da *inexistência* e da *nulidade absoluta*. Em que pese as características de ambas as máculas, por vezes, confundam-se, são graves as implicações que decorrem do reconhecimento de uma e de outra. Imaginemos, para ilustrar, duas hipóteses distintas:

HIPÓTESE 1	HIPÓTESE 2
Considere-se que, após o trânsito em julgado da sentença absolutória em relação ao acusado *Pedro de Tal*, venha o Ministério Público a descobrir que o juiz prolator era IMPEDIDO, por qualquer dos motivos elencados no art. 252 do CPP.	Considere-se que, após o trânsito em julgado da sentença absolutória em relação ao acusado *João de Tal*, venha o Ministério Público a descobrir que o juiz prolator era SUSPEITO, por qualquer dos motivos elencados no art. 254 do CPP.

No primeiro caso, caracteriza-se hipótese de **inexistência**, pois o impedimento priva o juiz de exercer a jurisdição no processo, conforme consta, expressamente, no *caput* do art. 252 referido. Como na inexistência, simplesmente, ignora-se o ato, nada obsta, em tese, que o Ministério Público adote providências no sentido do prosseguimento do feito para que seja sentenciado por juiz desimpedido, ingressando, por exemplo, com correição parcial em face da paralisação injustificada do processo que está arquivado *sem sentença* (afinal, a sentença inexiste!). **Mas atenção**: a despeito desse entendimento (no sentido de que a sentença absolutória transitada em julgado pode ser ignorada diante da mácula

[13] STF, HC 111.472/MG, *DJ* 25.06.2013.

da *inexistência*), a parcela majoritária da doutrina inclina-se em sentido oposto, sob o argumento de que a segurança jurídica do acusado, quanto à isenção de responsabilidade criminal em face da sentença absolutória, impede a desconsideração desta sentença e o refazimento dos atos considerados *inexistentes*.

Já na segunda hipótese a situação será de **nulidade absoluta** (art. 564, I, do CPP), pois a suspeição não priva o juiz de exercer a jurisdição. Ora, na nulidade o ato *existe* e, assim, para que nova sentença pudesse ser editada no caso mencionado, seria necessário desconstituir a primeira, que está viciada. Ocorre que não há instrumento jurídico para tanto, pois tanto a revisão criminal quanto o *habeas corpus* são vias utilizadas apenas *pro reu*. Resultado: nada poderia ser feito pelo Ministério Público na situação em tela.

12.1.2.3. *Nulidade relativa*

São nulidades relativas aquelas que atingem normas que não tutelam o interesse público, e sim o interesse privado da parte. Aqui o ato *existe*, mas sua *validade* e *eficácia* dependem da ocorrência de uma **condição suspensiva**, ou seja, de evento posterior que *suspenda* o óbice existente ao aproveitamento do ato e à produção de seus efeitos no processo penal: trata-se do **saneamento** (ou convalidação).

Ao contrário do que ocorre com a *inexistência* e à semelhança do que ocorre com a *nulidade absoluta*, o ato relativamente nulo exige pronunciamento judicial, decretando o magistrado a nulidade do ato.

O prejuízo deverá ser comprovado, não sendo possível o reconhecimento do vício a partir da mera presunção de que tenha a parte sofrido um dano processual em decorrência da inobservância de forma prevista em lei (art. 572, II).

Na medida em que não pode ser decretada de ofício pelo juiz, a nulidade relativa exige arguição pelo interessado, o que deve ser feito em momento processual oportuno, sob pena de preclusão (art. 572, I). Isto ocorre porque, opostamente ao que se dá com as nulidades absolutas, nas relativas é possível entender que a parte, com sua inércia, aceitou tacitamente os efeitos do ato viciado (art. 572, III), por exemplo, na hipótese de o magistrado, no procedimento comum ordinário, conceder prazo para memoriais substitutivos inferior ao legalmente previsto, sendo estes, de qualquer forma, apresentados no prazo fixado.

Exemplos:

- Incompetência do juízo *ratione loci*;
- Ausência de intimação do réu para audiência de oitiva de testemunhas quando presente o seu advogado constituído;
- Falta de intimação quanto à expedição de carta precatória;
- Falta de requisição do preso para assistir inquirição de testemunha mediante precatória;
- Inobservância da ordem de inquirição estabelecida no art. 212 do CPP, realizando o juiz os questionamentos iniciais para, apenas depois, oportunizar as perguntas das partes.

12.1.2.4. *Irregularidade*

É o menor de todos os vícios que pode atingir um ato jurídico, pois lhe afeta elementos acidentais. Aqui, o ato *existe*, é *válido* e *eficaz*.

A lei não comina nenhuma sanção ao ato irregular, que, assim, não precisa ser renovado.

No âmbito do Código de Processo Penal, materializa-se a irregularidade com a previsão do art. 569 do CPP, dispondo que as omissões da denúncia ou da queixa poderão ser supridas a qualquer tempo antes da sentença final.

Exemplos:

- Denúncia sem rol de testemunhas;
- Falta de pedido de citação ou de condenação na inicial acusatória;
- Falta do recibo de entrega do preso ao condutor do flagrante;
- Deferimento de compromisso à testemunha impedida de prestá-lo;
- Ausência de qualificação dos peritos no laudo de exame cadavérico.

Por vezes, uma simples irregularidade pode gerar nulidade processual, inclusive de ordem absoluta. *Exemplo:* Imagine-se a hipótese em que o mandado de citação tenha sido confeccionado com base em equivocada menção ao endereço do réu na denúncia (situação de mera irregularidade). Não sendo localizado o acusado, suponha-se que determine o magistrado a citação editalícia. Ora, essa citação será nula e deverá ser renovada, uma vez que, possuindo endereço conhecido no processo, deveria o réu ser citado pessoalmente (art. 564, III, *e*, 1.ª parte, do CPP). A denúncia irregular, todavia, não precisará ser aditada ou corrigida, bastando, repita-se, que seja renovado o ato citatório por meio da forma prevista em lei, cumprindo-se o mandado no correto endereço do réu.

12.1.2.5. Quadro-resumo das diferenças entre os vícios processuais

Para facilitar a compreensão, ilustram-se, abaixo, as diferenças entre os vícios apontados nos tópicos anteriores:

Ato irregular	Nulidade relativa	Nulidade absoluta	Inexistência
Vício sem nenhuma gravidade, sendo incapaz, por si, de gerar prejuízo. Destarte, o refazimento do ato irregular poderá ser procedido pelo juiz segundo seu livre-arbítrio, vale dizer, com absoluta discricionariedade.	Vício que, embora grave, decorre da violação de normas de interesse privado e sem nenhuma repercussão em nível constitucional. Seu reconhecimento depende de provocação do prejudicado, com demonstração do efetivo prejuízo. Quanto à terminologia a ser utilizada pelo juiz ao reconhecer a nulidade relativa, deve ser no sentido de **decretar** o vício. Tecnicamente, não se deve utilizar, portanto, o verbo *declarar*, que é próprio do reconhecimento das nulidades absolutas.	Vício com muita gravidade, pois decorre da violação de normas de ordem pública, ou seja, normas que de forma direta ou indireta afetam garantias tuteladas pela CF. Também aqui, na atual concepção, é necessária a comprovação do prejuízo como condição para o reconhecimento da nulidade. Quanto à terminologia a ser utilizada pelo juiz ao reconhecer a nulidade absoluta, deve ser no sentido de **declarar** o vício. Tecnicamente, não se deve utilizar, portanto, o verbo *decretar*, que é próprio do reconhecimento das nulidades relativas.	Vício gravíssimo, decorrente da violação de elementos constitutivos do ato jurídico processual. Tem-se um não ato, uma aparência de ato.
O ato existe, é válido e eficaz.	O ato existe, mas tem sua validade e eficácia condicionada a uma condição suspensiva, qual seja o saneamento (ou convalidação). Neste caso, a condição (o saneamento) *suspenderá* o óbice à validade e eficácia.	O ato existe, porém, uma vez declarado o vício, jamais poderá ser válido ou eficaz.	O ato não existe. Ora, não existindo, não pode ser válido nem eficaz.

Ato irregular	Nulidade relativa	Nulidade absoluta	Inexistência
Não há o que sanar. O vício pode persistir, sem que isso importe em comprometimento da validade do ato.	A nulidade relativa é sanável mediante a prática de certos atos.	É insanável. O vício continuará a macular o ato, não sendo possível o saneamento.	Não há falar em saneamento daquilo que não existe.
O vício decorre da violação de normas infraconstitucionais.	O vício decorre da violação de normas infraconstitucionais.	O vício decorre da violação direta ou indireta de normas constitucionais.	O vício pode surgir tanto em razão da violação de normas constitucionais como infraconstitucionais. Não há, portanto, uma relação direta a respeito.
A irregularidade afeta elementos meramente acidentais do ato jurídico.	A nulidade relativa afeta elementos que, embora sejam importantes à validade e eficácia do ato, possuem conteúdo eminentemente processual. Não se trata, enfim, de normas assecuratórias de direito, nas quais se poderia reconhecer um conteúdo material.	A nulidade absoluta afeta elementos importantes do ato. Não fica atingido, contudo, o plano da existência.	Trata-se de vício que atinge elementos essenciais do ato jurídico, impedindo que subsista no plano da existência.
Dispensa arguição ou declaração pelo juiz, dada a irrelevância da mácula.	A nulidade relativa exige provocação dos interessados.	A nulidade absoluta pode ser reconhecida *ex officio* ou mediante arguição das partes.	O juiz, simplesmente, desconsidera o ato, não se exigindo, para tanto, provocação das partes.
Sendo o vício irrelevante, não precisa ser declarado, pois não gera prejuízo.	Necessita de declaração judicial. O juiz deverá reconhecer a nulidade.	Exige pronunciamento judicial reconhecendo a nulidade absoluta.	Dispensa uma declaração de inexistência. Basta que o ato seja desprezado. Trata-se de um não ato, uma aparência de ato.
O vício, como se disse, é desconsiderado, não havendo falar, então, em tempo para sua arguição. Pretendendo a parte, **apenas por cautela**, argui-lo, isto deverá ocorrer antes da sentença ou do julgamento do recurso, conforme a fase processual em que tenha ocorrido.	Possui tempo certo, previsto em lei, para sua arguição. Não arguida nos intervalos legais, a nulidade relativa preclui. Como regra, o lapso de arguição é o estipulado no art. 571 do CPP. Não obstante, há situações em que a lei estabelece momentos próprios, como é o caso do art. 108 do CPP, aplicável apenas à incompetência territorial.	Não possui tempo certo para arguição, até porque, sendo vício insanável, jamais estará sujeita à preclusão.	Não há falar em tempo certo, podendo o vício ser detectado em qualquer tempo.

12.1.3. Princípios que informam as nulidades

12.1.3.1. Princípio do prejuízo

Previsto no art. 563 do CPP, significa que **não se decreta a nulidade relativa** e **não se declara a nulidade absoluta** sem que haja resultado prejuízo para qualquer das partes (*pas de nullité sans grief*), sendo isto cabalmente demonstrado pela parte interessada. Não mais vigora, enfim, a regra existente anos atrás no sentido de que as nulidades absolutas importavam em prejuízo presumido, dispensando-se, então, a respectiva comprovação.

Note-se que é absolutamente equivocada a tradução por vezes empregada ao *princípio do prejuízo* no sentido de que, "sem prejuízo, não há nulidade", pois este raciocínio conflita com a insanabilidade que caracteriza as nulidades absolutas. Portanto, em que pese seja definitiva a mácula do ato absolutamente nulo, sem possibilidade de saneamento ou convalidação, essa nulidade apenas não será **declarada** se ausente o prejuízo, o que não significa, repita-se, que o vício tenha deixado de existir.

Considere-se, por exemplo, que o réu, mesmo com endereço certo constante nos autos, venha a ser citado por edital. Haverá, nessa hipótese, *nulidade absoluta* por defeito de citação, uma vez que o vício afeta a garantia da ampla defesa que decorre da exigência de comunicação pessoal acerca do processo criminal instaurado. Não obstante, se o acusado, mesmo equivocadamente citado, constituir defensor e apresentar resposta à acusação (arts. 396 e 396-A), a nulidade não será reconhecida. Enfim, o ato citatório continuará nulo (afinal, a nulidade absoluta é insanável), mas não será declarada essa nulidade, dada a ausência de prejuízo.

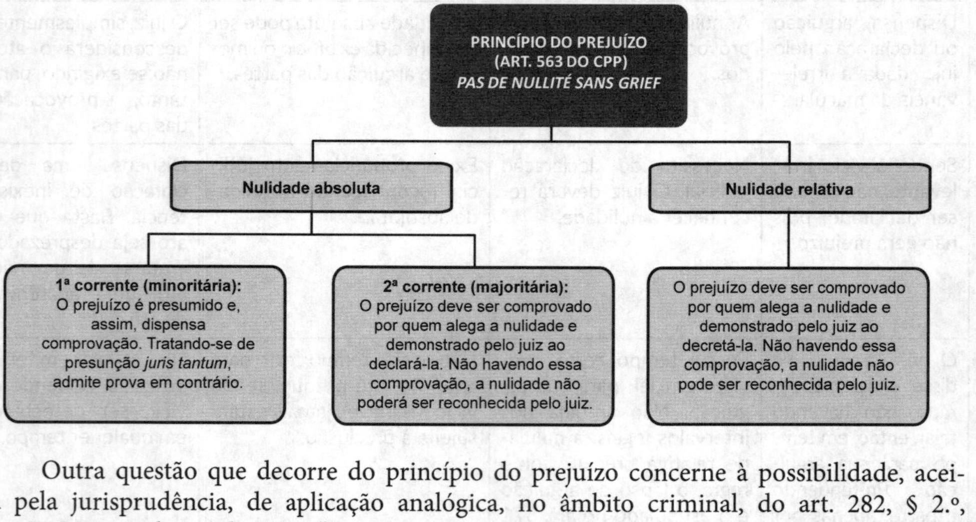

Outra questão que decorre do princípio do prejuízo concerne à possibilidade, aceita pela jurisprudência, de aplicação analógica, no âmbito criminal, do art. 282, § 2.º, do CPC/2015, dispondo que, "quando puder decidir o mérito a favor da parte a quem aproveite a decretação da nulidade, o juiz não a pronunciará nem mandará repetir o ato ou suprir-lhe a falta". Logo, se, ao examinar determinado processo, constatar o juiz que, a despeito da arguição de nulidade, absoluta ou relativa, será possível alcançar à parte supostamente prejudicada pelo vício o resultado que espera do processo, não deverá ele proclamar a nulidade. *Exemplo*: em razões de recurso contra sentença condenatória, a defesa do réu alega nulidade do processo, vez que o defensor constituído não foi notificado para a audiência de instrução, sendo esta, então, acompanhada por advogado nomeado pelo juízo, especialmente, para o ato. Analisando a apelação, contudo, percebe a câmara criminal do Tribunal de Justiça que, embora a mácula, a prova dos autos conduzirá à **absolvição do réu**. Nessa hipótese, pensamos que não deve o tribunal declarar a nulidade, mas, sim, proferir acórdão absolvendo o acusado. Trata-se, aqui, de aplicar o **princípio da primazia da decisão de mérito**, segundo o qual o juiz ou o tribunal pode desconsiderar um defeito processual, evitando a declaração (nulidade absoluta) ou decretação (nulidade relativa) da invalidade da ação penal, por prognosticar a ausência de prejuízo à parte que se beneficiaria com a nulificação.

12.1.3.2. Princípio do interesse

Disposto no art. 565, 2.ª parte, do CPP, significa que somente a parte prejudicada poderá alegar a nulidade. Sob o enfoque do Ministério Público, o princípio do interesse deve ser considerado em sentido bem mais amplo do que ocorre em relação à defesa, assistente de acusação e querelante. Isso porque, se em relação à defesa o interesse primordial é a *absolvição do réu*, e se no tocante ao querelante e ao assistente de acusação o interesse gira em torno da *condenação*, relativamente ao Ministério Público, mesmo sendo autor da ação penal, ocupa posição de *parte imparcial*, incumbindo-lhe tanto direcionar as providências necessárias à responsabilização penal do acusado quanto requerer, se for o caso, a sua absolvição (art. 385 do CPP), sempre zelando, ainda, pelo desenvolvimento regular do processo.

Contemplem-se as seguintes situações:

a) *Processo criminal em que não intimado o defensor constituído pelo réu para audiência de instrução, debates e julgamento, procede o juiz à nomeação de defensor para o ato. Este, porém, além de não realizar qualquer pergunta às testemunhas, limita-se a um inconsistente pedido de absolvição. Proferindo decisão, procede o magistrado à condenação do réu.* Ora, no caso narrado, o processo está viciado não apenas pela ausência de intimação do advogado constituído pelo réu, como também pela forma deficiente como atuou o defensor nomeado na audiência. Assim, nada impede o promotor de apelar em favor do réu arguindo a nulidade do processo. *Primeiro*, porque o Ministério Público não possui afã acusatório que justifique uma condenação à revelia do devido processo legal, e, *segundo*, porque não lhe interessa uma condenação viciada, passível de ser desconstituída em ulterior revisão criminal, o que, inclusive, poderia importar em reconhecimento futuro da prescrição.

b) *Processo criminal em que apesar de devidamente intimado, não compareceu o Ministério Público na audiência de instrução, interrogatório e debates. Apesar disso, sobreveio sentença condenatória.* Não poderá, evidentemente, em preliminar de apelação, a defesa alegar nulidade pela ausência do promotor à audiência, pois lhe falta interesse nessa arguição. Afinal, mesmo que o Ministério Público possa requerer a absolvição, isto apenas ocorrerá ao final do processo. No curso da instrução, é evidente que todas as manifestações do Ministério Público dar-se-ão no intuito de comprovar a responsabilidade penal do acusado.

A ausência de interesse na arguição de nulidade processual muitas vezes decorre da concordância das partes com a prática de determinados atos instrutórios ou com a desistência de sua realização. Para ilustrar essa situação, imagine-se que, embora arrolada a vítima na denúncia, sobrevenha manifestação da defesa concordando, expressamente, com o pedido de dispensa de sua oitiva formulado pelo Ministério Público. Neste caso, não poderá ela, mais tarde, pretender a anulação do julgamento pela falta de inquirição da ofendida em juízo, uma vez que, de acordo com o art. 565 do CPP, não possui interesse no reconhecimento da alegada nulidade.

Outra consequência do princípio do interesse é a proibição de que a nulidade seja arguida por quem a ela deu causa (art. 565, 1.ª parte, do CPP). Embora não mencionado em lei, compreende-se que tal vedação alcança tanto as hipóteses em que estiver comprovada a má-fé, vale dizer, o dolo da parte em produzir a nulidade para, depois, dela se beneficiar, como aquelas em que obrou com culpa, *v.g.*, por negligência processual.

Exemplos:

- *Hipótese de má-fé:* devidamente notificado para apresentar quesitos e indicar assistente técnico à perícia determinada pelo juiz, deixa o advogado decorrer *in albis* o prazo para tanto. Posteriormente, sendo-lhe desfavorável a sentença, apela alegando a nulidade da prova técnica produzida na fase instrutória pela não participação da defesa em sua realização. Referida preliminar, evidentemente, não poderá ser acolhida pelo Tribunal no julgamento do recurso.
- *Hipótese de negligência:* apesar de notificado para oferecer resposta à acusação, esta, por lapso, não é apresentada pelo advogado constituído pelo réu. Nesse contexto, procede o juiz à nomeação de defensor, que apresenta a resposta, sem, contudo, alegar a incompetência territorial, cujo prazo preclui se não invocada nesse momento (art. 108 do CPP). Neste caso, não poderá, posteriormente, o advogado constituído pelo réu, que foi relapso no cumprimento de seu dever profissional, alegar a nulidade processual por deficiência da defesa patrocinada pelo defensor nomeado e buscar, assim, reverter o quadro de preclusão da nulidade verificada no processo, pois deu causa a ela.

12.1.3.3. Princípio da convalidação

Própria das *nulidades relativas*, a convalidação ocorre se não arguidas no momento correto, gerando-se, com isso, a preclusão da oportunidade para fazê-lo. Está prevista no art. 572, I, do CPP, que trata das nulidades sanáveis. Observe-se que o *caput* desse dispositivo deve ser interpretado com cautela, visto que faz referência a apenas determinadas nulidades, quais sejam as previstas no art. 564, III, *d* e *e*, 2.ª parte, *g* e *h*, e IV, do CPP. Ocorre que, na atualidade, nem todas essas nulidades são consideradas relativas. Por outro lado, outras existem que são relativas na atual concepção e não se encontram referidas naquele artigo. Por exemplo, embora o art. 572, *caput*, trate a violação de formalidade essencial do ato (art. 564, IV) como uma nulidade sanável, na sistemática jurídica moderna essa forma de vício é considerada *nulidade absoluta* se afetar garantias, princípios ou preceitos de ordem constitucional, ou, até mesmo, causa de *inexistência*, caso comprometa elementos tão relevantes que obriguem a que seja o ato ignorado, desprezado, tratado como uma mera aparência de ato.

Outro ponto a atentar é o de que, embora seja a convalidação um atributo específico das nulidades relativas, alguns doutrinadores sustentam que pode atingir as *nulidades absolutas* em uma situação específica: na hipótese de trânsito em julgado, para a acusação, da sentença absolutória. Para os adeptos dessa corrente, levando em conta que revisão criminal é cabível apenas em face da sentença condenatória passada em julgado e considerando que a Súmula 160 do STF proíbe aos tribunais reconhecer contra o réu nulidades não arguidas no recurso da acusação, o trânsito em julgado da sentença absolutória importa em convalidar nulidades absolutas ocorridas no curso do processo, em razão da impossibilidade de seu reconhecimento posterior. Discordamos, porém, desse entendimento. Isso porque é característica das nulidades absolutas a insanabilidade, em face da natureza pública das normas violadas. Assim, o ato absolutamente nulo jamais poderá ser convalidado. No tocante à impossibilidade de ser reconhecida a mácula após o trânsito em julgado da decisão absolutória, isto não ocorre em face de eventual saneamento da nulidade absoluta. Pelo contrário, esta continua existindo, apenas não sendo viável um pronunciamento judicial declaratório a respeito em face da ausência de instrumento jurídico capaz de permitir a desconstituição dessa ordem de decisão.

12.1.3.4. Princípio da extensão, consequencialidade, causalidade ou contaminação

Este princípio encontra-se disposto no art. 573, § 1.º, do CPP, segundo o qual a nulidade de um ato ocasiona a nulidade dos que lhe forem consequência ou decorrência. Não é, portanto, a circunstância de serem um ou mais termos do processo posteriores ao ato declarado nulo que os torna nulificados, mas, sim, o fato de serem consequência ou decorrência daquele ato. No âmbito do STJ, reiteradas são as decisões no sentido de que, "no caso de declaração de nulidade de uma parte da ação penal, só se verifica a anulação de todo o feito, se a referida parte defeituosa maculá-lo por inteiro, não sendo possível a sua substituição. Ou, então, se os demais atos processuais dela dependam diretamente, de forma que causaria, também, a nulidade destes[14]". Mais recentemente, a mesma Corte, em que pese tenha reconhecido a nulidade absoluta do processo criminal em face da ausência de prova pericial para comprovação da materialidade, deliberou no sentido da possibilidade de preservação parcial de atos instrutórios, fazendo, exatamente, "em homenagem ao princípio da consequencialidade[15]". Enfim, a verdade é que, somente a partir da análise das peculiaridades do caso concreto e, sobretudo, da natureza do ato anulado e dos que lhe seguirem é que se poderá concluir pela invalidação ou não dos termos posteriores ao ato invalidado.

12.2. NULIDADES EM ESPÉCIE SEGUNDO A CLASSIFICAÇÃO DO CÓDIGO DE PROCESSO PENAL

O art. 564 do CPP arrola nulidades referentes ao *juízo*, *às partes* e às *formalidades dos atos processuais*. Esse rol é apenas exemplificativo, não exaurindo todas as possibilidades de nulidades processuais no âmbito do processo criminal. Destacam-se:

12.2.1. Nulidade por incompetência do juízo (art. 564, I, 1.ª parte, do CPP)

O art. 564, I, do CPP, ao tratar da incompetência do juízo, não estabeleceu disciplina diferenciada às incompetências *ratione materiae*, *ratione personae* e *ratione loci*. Contudo, na medida em que se instituiu a diferença entre as nulidades absolutas e as nulidades relativas, foi se consolidando, também, o entendimento de que essa distinção afetava o tratamento jurídico das nulidades decorrentes da incompetência do juízo, não apenas quanto à natureza da mácula daí decorrente, mas também em relação à forma de sua arguição e às consequências do respectivo reconhecimento.

---

14 STJ, RHC 10.199, 5.ª Turma, Rel. Min. Gilson Dipp, j. 06.03.2001.

15 STJ, AgRg no AREsp 1292313/PR, *DJ* 28.03.2019.

12.2.1.1. *Natureza da nulidade por incompetência do juízo*

Doutrina e jurisprudência consagraram o entendimento de que a nulidade por incompetência *ratione loci* possui natureza **relativa**, ao passo que as incompetências *ratione materiae* e *ratione personae* produzem nulidades **absolutas**. Coerentemente com essa posição, o STF editou a Súmula 706 estabelecendo o caráter relativo da nulidade decorrente da inobservância de critérios de prevenção, fenômeno jurídico este que tem aplicação restrita à *incompetência territorial*, não possuindo nenhuma relação com a incompetência motivada pela violação de regras relativas à *matéria* e à *pessoa*.

Esta diferença que se estabelece quanto à natureza jurídica das incompetências *ratione materiae, ratione personae* e *ratione loci* leva em conta a existência ou não de embasamento constitucional das normas que as regulamentam. Analisando-se o texto da Constituição Federal, verifica-se que esse diploma, embora de forma não exaustiva, incorporou normas de competência em razão da matéria e da pessoa. Não obstante, não contemplou qualquer dispositivo tratando de competência territorial. Sendo assim, vale dizer, se as duas primeiras formas mereceram previsão constitucional, é porque as regras que as disciplinam são de **ordem pública**, acarretando a sua violação nulidade absoluta. Já quanto à última delas, considerando que foi abstraída completamente da Carta Republicana e considerando que se trata de competência disponível (o art. 73 do CPP, por exemplo, preceitua que "nos casos de exclusiva ação privada, o querelante poderá preferir o foro de domicílio ou da residência do réu, ainda quando conhecido o lugar da infração"), deduz-se que é regida por normas de **ordem privada**, cujo afrontamento produz nulidade meramente relativa.

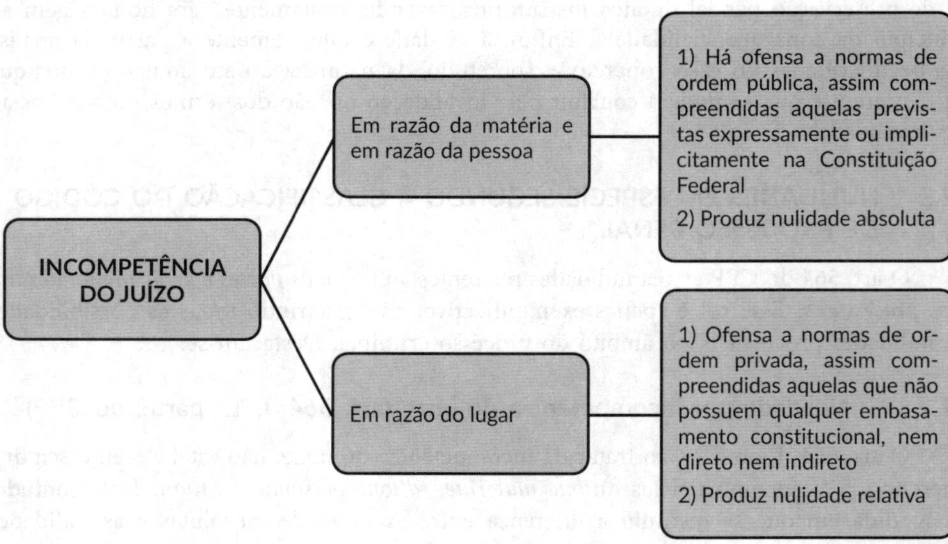

12.2.1.2. *Declaração* ex officio *e mediante provocação*

Sendo diferenciadas as naturezas das nulidades decorrentes da incompetência do juízo, distintas também são as formas de provocar o reconhecimento dessas nulidades pelo Juízo. Assim, as incompetências *ratione materiae* e *ratione personae* poderão ser declaradas não apenas por meio de arguição do interessado, como também de ofício pelo juiz, ao passo que a incompetência *ratione loci* tem seu reconhecimento judicial, em tese, condicionado à existência de provocação da parte interessada. Nesse sentido são os termos da Súmula 33 do STJ ao explicar que a incompetência relativa não pode ser declarada *ex officio* pelo juiz, verbete este aplicável, a nosso ver, tanto na esfera cível quanto no âmbito penal[16].

Mas atenção: falamos "em tese" porque existe o entendimento defendido por expressiva parcela da doutrina no sentido de que a incompetência relativa também pode ser reconhecida de ofício pelo juiz. Nesse sentido, Grinover, Scarance e Magalhães, entendendo que, "no processo penal, em que o foro comum é o da consumação do delito (CPP, art. 70), acima do interesse da defesa, é considerado o interesse público expresso no princípio da verdade real: onde se deram os fatos é mais provável que se consigam provas idôneas. Por isso, mitiga-se, no processo penal, a diferença entre a competência absoluta e a relativa: mesmo esta pode ser reconhecida de ofício pelo juiz (art. 109)"[17]. De acordo com essa orientação, a Súmula 33 do STJ é inaplicável ao processo penal, destinando-se, unicamente, aos processos cíveis.

Sem embargo disso, o STJ continua entendendo no sentido da aplicabilidade da sobredita súmula em matéria criminal, deliberando que, em se tratando de competência territorial, deve "ser arguida por meio de exceção de incompetência, e não por declinação de foro de ofício, ainda que se trate de matéria penal, na linha do preceito insculpido na Súmula 33/STJ"[18].

Atente-se que toda essa disciplina que envolve a declaração *ex officio* de nulidades absolutas concerne a **decisões adotadas em 1.º Grau**, pois quando se trata de julgamento de recursos da acusação pelos tribunais, há a restrição determinada pela Súmula 160 do STF, dispondo que é nulo o acórdão que reconhece, contra o réu, nulidades não arguidas no recurso da acusação, ressalvados os casos de recurso de ofício. Logo, infere-se o seguinte:

1) Tratando-se de processo em curso em 1.º Grau:
   - É possível o reconhecimento, pelo juiz, das incompetências *ratione materiae* e *ratione personae*, tanto de ofício como a requerimento de qualquer das partes.
   - A incompetência *ratione loci* exige provocação dos interessados.

2) Tratando-se de processo que se encontra em 2.º Grau:
   - No julgamento de recurso da defesa em relação à sentença condenatória, faculta-se ao tribunal, *ex officio*, reconhecer, em prol do réu, incompetências *ratione materiae* e *ratione personae*. A incompetência *ratione loci* exige arguição para ser decretada.
   - No julgamento de recurso da acusação em relação à sentença absolutória, o tribunal não pode reconhecer, *ex officio*, contra o réu, as incompetências *ratione materiae* e *ratione personae*, salvo se for hipótese que autorize reexame necessário (Súmula 160 do STF). A incompetência *ratione loci* exige arguição para ser decretada.

16 STJ, Conflito de Competência 134.775, Decisão Monocrática do Min. Moura Ribeiro, *DJ* 14.08.2014. No mesmo sentido: STJ, Conflito de Competência 118.560, Decisão Monocrática do Min. Nefi Cordeiro, *DJ* 05.09.2014.

17 *As nulidades no processo penal*, p. 41.

18 STJ, CC 134775/PA, decisão monocrática do Min. Moura Ribeiro, *DJe* 14.08.2014. No mesmo sentido: STJ, CC 134272/RO, 3.ª Seção, *DJe* 02.12.2015.

Esquema:

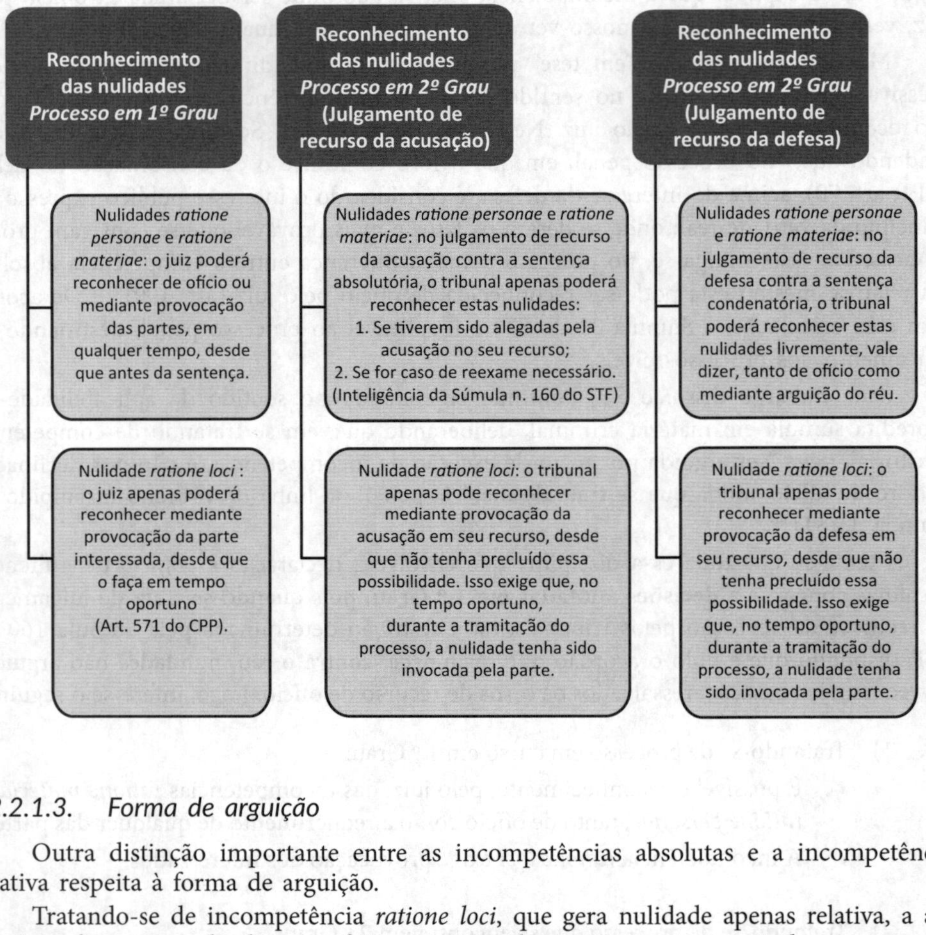

12.2.1.3. Forma de arguição

Outra distinção importante entre as incompetências absolutas e a incompetência relativa respeita à forma de arguição.

Tratando-se de incompetência *ratione loci*, que gera nulidade apenas relativa, a arguição pelo interessado deve ser feita por meio de exceção, a ser suscitada no prazo da resposta à acusação (art. 108 c/c o art. 396-A, ambos do CPP).

Já nas hipóteses de incompetências *ratione personae* ou *ratione materiae*, que têm natureza absoluta, é dispensado o ingresso de *exceção*, podendo ser suscitadas por meio de simples petição acostada ao processo criminal; verbalmente, em audiência, com consignação em ata pelo juiz; ou, até mesmo, como preliminar de uma peça processual (resposta à acusação, memoriais e razões de recurso). Destaca-se que não há, nesse caso, prazo para arguição, podendo isto ocorrer em qualquer tempo e instância recursal.

12.2.1.4. Consequências

No tocante aos efeitos do reconhecimento, por muito tempo prevaleceu o entendimento de que as incompetências *ratione materiae* e *ratione personae* (nulidades absolutas) importavam na invalidação obrigatória de todos os atos do processo, instrutórios ou decisórios, inexistindo a possibilidade de serem estes ratificados no juízo competente. Desta forma, apenas na hipótese de incompetência *ratione loci* (nulidade relativa) seria possível a ratificação dos atos instrutórios.

Todavia, na atual concepção jurisprudencial, a tendência dos Tribunais Superiores vem sendo a de aplicar o art. 567 do CPP às três formas de incompetência – *ratione materiae*, *ratione personae* e *ratione loci* –, concluindo-se daí que o reconhecimento dessas máculas importará em nulidade obrigatória apenas dos **atos decisórios**, sem prejuízo da possibilidade de ratificação dos demais atos praticados no juízo incompetente[19].

Quanto ao que se deva entender por "atos decisórios", há divergências. Alguns entendem tratar-se de qualquer ato que produza sucumbência às partes. Outros dizem que são decisórios apenas os atos que enfrentam o mérito, ainda que superficialmente. Há quem diga se tratar, unicamente, das decisões que interrompem a prescrição. Por fim, existe concepção no sentido de que, para os efeitos do referido art. 567 do CPP, deve-se considerar como "atos decisórios" apenas as decisões de admissibilidade da acusação no rito do júri (pronúncia, impronúncia, absolvição sumária e desclassificação)[20] e das sentenças finais de absolvição e condenação. Esta última posição parece-nos a mais acertada, encontrando eco no Supremo Tribunal Federal, cuja jurisprudência firmou-se no sentido da possibilidade de se estender a possibilidade de ratificação "a atos de relativo caráter decisório, cujo aproveitamento não afronte o contraditório e a ampla defesa" (HC 129.809/MT, *DJ* 20.04.2016). Segundo essa linha de pensamento, é possível aproveitar e ratificar todos os atos decisórios incidentais, a exemplo da decretação da prisão preventiva e do sequestro de bens, da homologação do incidente de insanidade mental, do julgamento de procedência do incidente de falsidade documental, entre muitos outros, sendo irrelevante, inclusive, se praticados por órgão jurisdicional absoluta ou relativamente incompetente[21]. E mais: de acordo com essa orientação, não é imprescindível a ratificação expressa, sendo viável aceitar a ocorrência de ratificação implícita dos atos realizados no juízo incompetente, o que se dá quando o magistrado reconhecido como competente pratica atos que conduzam à conclusão de que validou os anteriores[22].

E quando se tratar de modificação da competência provocada por causa superveniente? É possível o aproveitamento dos atos processuais, decisórios ou não, antes realizados? Sim, inclusive, aqui, com mais razão do que nos casos anteriormente analisados (incompetência do juízo em que tramitava o feito por motivo já existente ao tempo dos atos decisórios realizados). Ilustra-se com dois exemplos:

> ***Primeiro:*** O indivíduo é preso em flagrante, sendo autuado pela prática de crime de roubo de automóvel e de resistência com uso de arma – este último crime em face de tiros desferidos contra policiais que, logo após o fato, o perseguiam. Recebido o auto de prisão, é este distribuído a uma das varas criminais comuns da comarca, sendo homologado o flagrante e convertido em prisão preventiva pelo juiz (art. 310, II, do CPP). Posteriormente, com vista ao Ministério Público, é ele denunciado pelo roubo do veículo e por tentativa de homicídio contra os policiais. Em razão disso, o processo é distribuído à Vara do Júri. *Será necessária ratificação da prisão preventiva pelo Juízo do Júri nesse caso?*
>
> ***Segundo:*** O réu, deputado estadual, processado perante o Tribunal de Justiça por crime relacionado à função exercida, tem, nesse Tribunal, decretada sua prisão preventiva. Posteriormente, finalizado seu mandato e cessada a prerrogativa de função, é o processo criminal encaminhado a Juiz que oficia no local do fato. *Neste caso, é necessária a ratificação da prisão preventiva antes determinada?*

---

19 STJ, REsp 1.453.601/AL, *DJe* 12.02.2015. No mesmo sentido: STJ, HC 238.129/TO, *DJe* 25.02.2015; STF, AgR no RE 464.894/PI, *DJe* 15.08.2008.

20 STJ, EDcl nos EDcl no REsp 1453601/AL, *DJe* 17.06.2015.

21 STF, HC 94.372/SP, *DJe* 06.02.2009.

22 STJ, RHC 79.598/GO, *DJe* 28.04.2017.

Como se vê, no primeiro caso ocorreu o deslocamento de competência *ratione materiae*, enquanto, no segundo, o critério aplicável foi *ratione personae*, sendo ambas as competências de **ordem absoluta**. Independentemente, tanto na visão do STF quanto do STJ, na medida em que as prisões preventivas foram decretadas antes da ocorrência das referidas causas supervenientes de modificação da competência (remessa do processo ao juízo do júri no primeiro exemplo e encaminhamento do processo ao juiz de direito competente no segundo), tais decisões não devem ser invalidadas, sendo desnecessária, no âmbito do novo juízo, qualquer ratificação[23]. Em outras palavras, as decisões que decretaram a preventiva, simplesmente, são aproveitadas, independente de pronunciamento do juízo competente no sentido de que as ratifique. Em síntese:

Motivo de incompetência já existente ao tempo da prática dos atos processuais, muito embora ainda não constatado ou arguido pelas partes	**Atos decisórios:** devem ser anulados e renovados no juízo competente. **Demais atos:** podem ser ratificados no juízo competente.
Motivo de incompetência superveniente à prática dos atos processuais	**Atos decisórios e não decisórios:** podem ser aproveitados no juízo que se tornou competente, sequer havendo necessidade de ratificação. O juízo competente, enfim, recebe a ação penal no estágio processual em que se encontrar.

12.2.2. Nulidade por suspeição do juiz (art. 564, I, 2.ª parte, do CPP)

Os motivos que ensejam a suspeição encontram-se arrolados no art. 254 do CPP. Deverá ser reconhecida *ex officio* pelo magistrado sempre que constatar a ocorrência de quaisquer das situações mencionadas naquele dispositivo. Não o fazendo, poderá o magistrado ser recusado por qualquer das partes por meio de exceção de suspeição (art. 95, I, do CPP).

A exceção de suspeição deverá ser deduzida perante o próprio juiz considerado suspeito, que poderá acolhê-la ou não.

Uma vez arguida e reconhecida, a suspeição tanto pode ser causa de **nulidade relativa** dos atos processuais realizados pelo juiz excepto, quanto de **nulidade absoluta.** Produzirá *nulidade relativa* na hipótese de o juiz excepto acolher a exceção em relação a ele movida e afastar-se do processo, encaminhando-o ao juiz substituto de tabela (art. 99, do CPP). Por outro lado, dará causa a *nulidade absoluta* se, diante do não acolhimento da exceção pelo juiz excepto, for o incidente de suspeição encaminhado ao tribunal competente e neste vier a ser julgado procedente (art. 101, do CPP). De qualquer modo, tanto em um caso como em outro, considerando que a jurisprudência das Cortes Superiores é no sentido de que, independentemente da natureza da nulidade (relativa ou absoluta), a invalidação dos atos prende-se à ocorrência de prejuízo a qualquer das partes, a renovação dos atos anteriormente praticados pelo juiz excepto condiciona-se a que haja evidências desse prejuízo. Logo, não haverá sentido em determinar-se a renovação, por exemplo, de despachos de mero impulso do processo, do depoimento de testemunhas abonatórias ou de provas que não se mostraram desfavoráveis à parte a quem prejudicaria a suspeição do magistrado. A respeito do tema, remetemos o leitor ao Capítulo 7, tópico 7.2.3.5, em que tratamos da *validade dos atos praticados pelo juiz suspeito* com maior detalhamento.

Importante repisar que *suspeição* (art. 254 do CPP) não se confunde com *impedimento* (art. 252 do CPP). A primeira subtrai a capacidade subjetiva (parcialidade) do magistrado,

[23] STJ, HC 238.129/TO, *DJ* 25.02.2015.

caracterizando, como dissemos, hipótese de **nulidade**, absoluta ou relativa. Já a segunda priva o juiz de capacidade objetiva (jurisdição), conforme refere, expressamente, o *caput* do art. 252 do CPP. Sendo assim, os atos praticados pelo juiz impedido são **inexistentes**. Não obstante essa diferenciação, o procedimento para o reconhecimento do impedimento é idêntico ao previsto para a suspeição, conforme reza o art. 112 do CPP.

12.2.3. Nulidade por suborno do juiz (art. 564, I, parte final, do CPP)

Também é absoluta, por razões óbvias. Quando comprovada, pode gerar responsabilização penal tanto do juiz que recebeu a vantagem (corrupção, concussão ou, no mínimo, prevaricação) quanto daquele que a ofereceu. Observe-se que, por *suborno*, não se entende apenas a chamada "propina", mas qualquer vantagem que receba o juiz em proveito próprio ou alheio, *v.g.*, emprego a um parente, favores sexuais etc.

12.2.4. Nulidade por ilegitimidade da parte

Embora não faça o Código diferenciação expressa, a análise da nulidade por ilegitimidade de parte exige que se distinga a ilegitimidade *ad causam* da ilegitimidade *ad processum*.

12.2.4.1. Ilegitimidade ad causam

A nulidade por **ilegitimidade *ad causam*** possui natureza absoluta, referindo-se à capacidade de figurar alguém no polo ativo ou no polo passivo da relação processual. A esta modalidade não se aplica o art. 568 do CPP, que se refere à *ilegitimidade do representante da parte*, e não à *ilegitimidade de parte*.

Exemplos:

- Oferecimento de denúncia pelo Ministério Público em crime de ação penal privada (*ilegitimatio ad causam* ativa);
- Ingresso, pelo ofendido, de queixa-crime em delito de ação penal pública quando ainda não escoado o prazo do Ministério Público (*ilegitimatio ad causam* ativa);
- Denúncia oferecida pelo Ministério Público contra indivíduo que, à época do fato, não havia alcançado a maioridade penal (*ilegitimatio ad causam* passiva).

12.2.4.2. Ilegitimidade ad processum

A **ilegitimidade *ad processum*** decorre da impossibilidade de estar alguém agindo em juízo em nome próprio ou de outrem.

Exemplos:

- O ingresso de queixa-crime, em delito de ação penal privada, sem a juntada de instrumento de mandato confeccionado na forma do art. 44 do CPP, não legitima o advogado a manifestar-se em nome do querelante;
- Deve ser rejeitada pelo juiz a queixa-crime intentada por pessoa menor de 18 anos, sem estar devidamente representada por quem de direito (pai, mãe, tutor), pois não possui capacidade para agir em nome próprio;
- Inválida a representação oferecida em processo por crime de ação penal pública condicionada por quem não seja o legítimo representante legal da vítima menor, visto que não detém o subscritor legitimidade *ad processum* para falar em nome da vítima incapaz.

Quanto à natureza da nulidade por ilegitimidade *ad processum*, muitos consideram que se trata de nulidade relativa, reputando que este vício enquadra-se na disciplina do art. 568 do CPP, o qual possibilita o saneamento mediante ratificação dos atos processuais.

Outra posição, à qual nos filiamos, orienta-se no sentido de que a nulidade decorrente da ilegitimidade *ad processum* deve ser considerada absoluta, facultando-se a respectiva arguição a qualquer tempo, não somente em grau recursal, como também depois de transitada em julgado a decisão condenatória, em sede de revisão criminal. Para melhor compreensão do tema e para reforçar essa nossa posição, observe-se o seguinte exemplo:

> *Imagine-se que determinado indivíduo tenha sido condenado por crime de injúria praticada com utilização de elementos relativos à religião ou à condição de pessoa idosa ou com deficiência*[24], *a partir de denúncia apresentada pelo Ministério Público com base em representação ofertada por quem não era o representante legal da vítima menor. Suponha-se também que esta mácula não tenha sido arguida pela defesa no decorrer do processo, sendo alegada apenas na fase recursal.* A hipótese, como se vê, é de ilegitimidade *ad processum*. Se esta nulidade for considerada *relativa*, o seu reconhecimento em sede de julgamento do recurso interposto estará condicionado a que, no curso do processo, tenha a defesa arguido o vício, sob pena de considerar-se, agora, preclusa a oportunidade para fazê-lo. Por outro lado, se a nulidade narrada no exemplo for considerada *absoluta*, poderá, sem qualquer óbice, ser arguida em sede de apelação, independentemente de ter ou não ocorrido sua arguição antes da sentença. Ora, parece-nos evidente que, no caso ilustrado, a própria natureza da situação posta exige que se considere possível a arguição do vício a qualquer momento, inclusive depois de passar em julgado a condenação. Logo, a nosso sentir, impõe-se que seja considerada como absoluta a nulidade operada na espécie. Quanto à regra do art. 568 do CPP, permitindo o saneamento (que é atributo próprio das nulidades relativas) da nulidade por ilegitimidade do representante da parte, deve ser interpretada, não como um permissivo de *saneamento* propriamente dito, mas, sim, no sentido de que, ratificados os atos processuais pelo verdadeiro representante da parte, a nulidade absoluta não será declarada em face da ausência de prejuízo (art. 563 do CPP).

12.2.5. Nulidade por falta de denúncia, queixa-crime ou representação e, nos processos de contravenções penais, de portaria ou de auto de prisão em flagrante (art. 564, III, "a", do CPP)

Permanece vigente apenas a primeira parte do dispositivo (*falta de denúncia, queixa--crime* ou representação). Quanto à segunda parte (*falta de portaria ou de auto de prisão em flagrante*), encontra-se prejudicada em face da não recepção, pela Constituição Federal de 1988, do *procedimento judicialiforme*, que era previsto na antiga redação do art. 531 do CPP e que permitia, em relação às contravenções penais, o início do processo criminal mediante auto de prisão em flagrante ou portaria expedida pela autoridade policial ou judiciária independentemente do oferecimento de denúncia ou queixa-crime. Por outro lado, deve-se acrescentar ao inciso em análise a *nulidade pela falta de requisição do Ministro da Justiça*, visto que esta também pode ser uma condição para o ingresso da ação penal pública, quando a lei assim o exigir.

---

24 A Lei 14.532, de 11.01.2023, atribuiu nova redação ao art. 140, § 3.º, do Código Penal, limitando sua incidência às hipóteses em que a injúria envolver a utilização de elementos referentes à religião ou à condição de pessoa idosa ou com deficiência, sendo mantida sua apuração mediante ação penal pública condicionada à representação do ofendido. A referida Lei 14.532, ainda, incluiu na Lei 7.716/1989 (que define os crimes resultantes de preconceito de raça ou de cor) a conduta de *"injuriar alguém, ofendendo-lhe a dignidade ou o decoro, em razão de raça, cor, etnia ou procedência nacional"*, tipificando-a no art. 2.º-A daquele diploma, crime este de ação penal pública incondicionada. Com esta última disciplina, a injúria racial passou a assumir natureza equiparada à de crime de racismo, sendo inafiançável e imprescritível, a teor do disposto no art. 5.º, XLII, da CF.

OBSERVAÇÃO: Na atualidade, o art. 564, III, *a*, deve ser interpretado da seguinte forma: "a) A denúncia ou a queixa, e, quando lei o exigir, a representação do ofendido ou a requisição do Ministro da Justiça".

Alerte-se que, na espécie, refere-se a lei à nulidade pela falta das peças processuais elencadas na alínea *a* e não à hipótese na qual, embora presentes, não preencham os requisitos legais. Neste último caso, incide o art. 564, IV, do CPP, que se refere à nulidade por inobservância das formalidades essenciais do ato.

Evidentemente, é difícil conceber que, na atualidade, com toda a estrutura de que dispõem os Órgãos do Poder Judiciário, venha um processo a ser iniciado *sem denúncia ou queixa-crime*, tal como previsto no art. 564, III, *a*, do CPP. Entretanto, é necessário ter em vista que a redação desse dispositivo, ao contemplar tal causa de nulidade processual, remonta a época em que editado o Código de Processo Penal, retratando, portanto, a realidade da década de 1940.

Por outro lado, são frequentes as hipóteses de *ausência de representação do ofendido* nos crimes de ação penal pública condicionada, ocasionando a anulação de processos criminais. Isto ocorre porque referida *autorização* configura-se em requisito indispensável de procedibilidade da ação penal, obstando, inclusive, o recebimento da exordial acusatória. Destarte, sua falta não pode ser convalidada, mesmo porque, nos crimes que a exigem, conflitando os interesses da vítima, não pretendendo a apuração dos fatos, e do Estado, desejando essa apuração, deve prevalecer a defesa da intimidade daquela.

12.2.6. Nulidade pela falta do exame de corpo de delito (art. 564, III, "b", do CPP)

O art. 158 do CPP dispõe sobre a indispensabilidade do exame de corpo de delito quando se tratar de infrações que deixam vestígios (*v.g.*, homicídio, estupro, lesão corporal etc.), não podendo esse meio de prova ser suprido nem mesmo pela confissão do acusado. Apesar dessa disciplina, o próprio Código de Processo Penal, no art. 167, prevê a possibilidade de suprimento do referido exame pela prova testemunhal, na hipótese de haverem desaparecido os vestígios.

O STJ, no passado, chegou a considerar prejudicada a vedação ao suprimento da prova pericial pela confissão, referindo que a Constituição da República resguarda serem admitidas as provas que não forem proibidas por lei, razão pela qual teria sido afetada a cláusula final do art. 158 do CPP (RHC 2.454/RN, *DJ* 12.04.1993). Não obstante, na atualidade prevalece o entendimento de que, conquanto a prova testemunhal não seja a única apta a suprir a falta do exame de corpo de delito na hipótese de terem desaparecido os vestígios, **a confissão, isoladamente, não é prova hábil a esse suprimento, sendo necessário, para tanto, que concorram outras provas**.

Mesmo em delitos graves, como o homicídio e outros que deixam vestígios, não há a menor dúvida de que se viabiliza o oferecimento de denúncia e até mesmo a condenação do réu quando, apesar de ausente a prova pericial, outro meio lícito de prova for capaz de supri-lo, à exceção, repita-se, da confissão. Isto ocorre devido ao entendimento de que *exame de corpo de delito* não se confunde com *exame técnico do vestígio*, traduzindo-se como o conjunto de elementos sensíveis que trazem certeza quanto à ocorrência do fato criminoso. A propósito, reiteradas decisões do STF compreendem que "o exame de corpo de delito indireto, fundado em prova testemunhal idônea e/ou em outros meios de prova consistentes (CPP, art. 167) revela-se legítimo, desde que, por não mais subsistirem vestígios sensíveis do fato delituoso, não se viabilize a realização do exame direto"[25].

[25] STF, HC 85.955/RJ, *DJ* 22.08.2008.

No tocante ao número de peritos que devem subscrever o laudo, de acordo com o art. 159, basta **um perito oficial**. Não havendo peritos oficiais, o laudo poderá ser feito por peritos leigos (peritos nomeados pelo delegado ou pelo juiz), sendo necessário, neste caso, que pelo menos **dois *experts*** realizem o exame (art. 159, *caput* e § 1.º).

Evidentemente, o art. 159 do CPP contempla a regra geral das perícias, não se aplicando a situações disciplinadas por norma específica.

Exemplos:

1) No processo dos crimes contra a propriedade imaterial de *ação penal pública* (art. 530-I, do CPP), estabeleceu o art. 530-D do CPP que, "subsequente à apreensão, será realizada, *por perito oficial*, ou, na falta deste, *por pessoa* tecnicamente habilitada, perícia sobre todos os bens apreendidos e elaborado o laudo que deverá integrar o inquérito policial ou o processo" (grifamos). A utilização das palavras "perito" e "pessoa" no singular sugere a possibilidade de realização do laudo por apenas um *expert*, seja ele perito oficial, seja perito leigo. Por outro lado, tratando-se de crime contra a propriedade imaterial de *ação penal privada* (aos quais deve ser aplicado o rito dos arts. 524 a 530, por força do que reza o art. 530-A, todos do CPP), dispõe o art. 527 do CPP que "a diligência de busca ou de apreensão será realizada por *dois peritos* nomeados pelo juiz".
2) Cuidando-se de crime relacionado ao porte ilegal de drogas, o art. 50, § 1.º, da Lei 11.343/2006 estabelece que, para efeito de lavratura do auto de prisão em flagrante e oferecimento de denúncia (fala-se em estabelecimento de materialidade), bastará o laudo provisório de constatação da natureza da substância apreendida, o qual poderá ser subscrito por apenas um perito, seja oficial, seja leigo. Ressalte-se que, neste caso, para fins de condenação, será preciso o laudo toxicológico definitivo, o qual, por não estar disciplinado na Lei de Drogas, submete-se à regra geral do art. 159 do CPP.

12.2.7. Nulidade pela ausência de defensor (art. 564, III, "c", do CPP)

Refere o dispositivo que haverá nulidade pela falta de "nomeação de defensor ao réu presente, que não o tiver, ou ao ausente, e de curador ao menor de 21 anos".

No tocante à última parte do inciso ("e de curador ao menor de 21 anos"), está prejudicada em decorrência da revogação do art. 194 do CPP, que previa a obrigatoriedade de curador ao réu menor de 21 anos de idade. Observe-se que não impede esta conclusão o teor do art. 262 do CPP, que, incorporando regra idêntica à que integrava o art. 194, inexplicavelmente ainda não foi retirado do Código pelo legislador. Afinal, é óbvio que se encontra ele tacitamente revogado, não apenas pela exclusão do citado art. 194 do ordenamento jurídico, como também pelo advento do Código Civil em vigor, o qual equiparou a maioridade civil à penal e, em consequência, tornou inaplicável qualquer norma processual que estabeleça privilégios processuais ao menor de 21 anos.

Neste contexto, permanecem vigentes apenas as nulidades consagradas nas duas primeiras partes do art. 564, III, *c* ("falta de nomeação de defensor ao réu presente, que não o tiver, ou ao ausente"), obrigando o juiz à designação de advogado ao réu que não tenha condições de constituí-lo, bem como ao revel citado pessoalmente.

Estabeleceu o art. 396-A, § 2.º, do CPP que, depois de recebida a denúncia e citado o réu, se "não apresentada a resposta no prazo legal, ou se o acusado, citado, não constituir defensor, o juiz nomeará defensor para oferecê-la, concedendo-lhe vista dos autos por 10 (dez) dias". Com isso, a nulidade prevista no art. 564, III, *c*, do CPP tornou-se ainda mais abrangente, incidindo também na hipótese em que, omitindo-se o defensor do réu na apresentação de resposta à acusação, deixar o juiz de proceder à nomeação de outro para esse fim.

Relativamente ao revel que, citado por edital, não comparecer ao interrogatório nem constituir advogado, como isto implicará a suspensão do processo criminal (art. 366 do CPP), dispensa-se a nomeação imediata de defensor, salvo se for necessária a realização de provas no período da suspensão para evitar prejuízos futuros à instrução. Nesse caso, deverá ser providenciada a nomeação de defensor dativo ou chamado defensor público para acompanhar os respectivos atos processuais, sob pena de **nulidade absoluta**. Perceba-se que, nos crimes de lavagem ou ocultação de bens, direitos e valores, em decorrência de previsão expressa na Lei 9.613/1998 (art. 2.º, § 2.º), não se aplica a regra do art. 366 do CPP. Então, nestes casos, será possível o prosseguimento do processo, mesmo em relação ao réu revel citado por edital, impondo-se ao magistrado nomear-lhe defensor a fim de patrocinar sua defesa e acompanhar os atos instrutórios do processo.

Outras questões relevantes:

É obrigatória a assistência de advogado por ocasião do interrogatório presidido pela autoridade policial no curso do inquérito? Não. Tratando-se o inquérito de um **procedimento inquisitorial,** destinado a angariar informações necessárias à elucidação de crimes, não há ampla defesa no seu curso. E, como vimos antes (Capítulo 4, item 4.3), não afeta essa natureza inquisitiva a modificação determinada pela Lei 13.245/2016 ao Estatuto da OAB (Lei 8.906/1994), que passou a estabelecer, no seu art. 7.º, inciso XXI, como direito do advogado "assistir a seus clientes investigados durante a apuração de infrações, sob pena de nulidade absoluta do respectivo interrogatório ou depoimento e, subsequentemente, de todos os elementos investigatórios e probatórios dele decorrentes ou derivados, direta ou indiretamente [...]". Afinal, referida alteração legislativa não modificou o Código de Processo Penal de modo a estabelecer a obrigatoriedade da assistência de advogado ao investigado durante o inquérito. Não foi isto, enfim, o que fez o legislador. O que fez, isto sim, foi assegurar o direito do advogado em assisti-lo, não podendo esse direito, quando requerido o seu exercício, ser obstado sob pena, agora sim, de nulidade do interrogatório, do depoimento e de todos os atos que daí decorrerem.

Ocorre a nulidade prevista no art. 564, III, *c*, do Código de Processo Penal na hipótese em que, apesar de estar o acusado assistido por defensor, revela-se deficiente a sua defesa? Nesse caso, apenas será decretada a nulidade se comprovado o efetivo prejuízo. É que incide, aqui, a Súmula 523 do STF, dispondo que a falta de defesa é causa de nulidade absoluta, mas que a sua deficiência apenas vicia o processo criminal quando houver prova do prejuízo causado ao acusado – nulidade relativa, portanto. Sem embargo de a referida súmula ser utilizada com frequência pelos tribunais, entendemos que, na atual concepção jurídica, essa aplicação deve ocorrer com cautela, não sendo irrazoável cogitar da pertinência de seu cancelamento pelo Excelso Pretório, em face do sistema constitucional vigente. Mesmo porque, sendo relativa a natureza da nulidade por deficiência de defesa, não poderia ser declarada *ex officio* pelo Judiciário, exigindo provocação pelos interessados. E isso, por si, já importa em uma dificuldade a mais no reconhecimento da mácula provocada pela má defesa, pois é claro que o advogado que tenha sido relapso no patrocínio de seu cliente não tomará a iniciativa de suscitar essa ordem de nulidade (e nem mesmo poderia fazê-lo em face da regra do art. 565 do CPP, segundo a qual é defeso à parte arguir nulidade que tenha dado causa).

Existindo defensor constituído e fazendo-se este ausente nos atos processuais, como deverá proceder o juiz? Evidentemente, o réu não poderá ser processado sem defensor tampouco realizados atos processuais sem que seja facultada a presença do advogado. Isto decorre não apenas dos arts. 261 ("nenhum acusado, ainda que ausente ou foragido, será processado ou julgado sem defensor") e 564, III, *c*, do CPP, como também e principalmente das garantias constitucionais da ampla defesa e do contraditório e da indispensabilidade do advogado prevista no art. 133 da Carta Política. Eventualmente, porém, pode ocorrer de o defensor não comparecer a atos do processo para o qual tenha sido regularmente notificado, *v.g.*, audiência de instrução. Nesse caso, dispõe o art. 265, §§ 1.º e 2.º, do CPP que a audiência poderá ser adiada se, *por motivo justificado*, o defensor não puder comparecer, incumbindo-lhe provar esse impedimento até a abertura da audiência. Não o fazendo, "o juiz não determinará o adiamento de ato algum do processo, devendo nomear defensor substituto, ainda que provisoriamente ou só para o efeito do ato". Com essa disciplina, introduzida pela Lei 11.719/2008, parece superada a discussão antes existente quanto à necessidade de que, antes dessa nomeação, fosse facultado ao réu constituir outro defensor para continuar sua defesa.

Atente-se que bem diversa é a situação em que há *renúncia* pelo advogado constituído em continuar patrocinando os interesses do réu. Nesse caso, não há dúvidas de que é obrigatória a intimação do acusado para constituir outro defensor, não bastando a nomeação, pelo juízo, de defensor dativo, providência esta que apenas poderá ocorrer caso o réu permaneça inerte.

As manifestações do advogado do réu devem ser sempre fundamentadas, sob pena de considerar-se ausente ou insuficiente a defesa? A regra deverá ser a apresentação de argumentos capazes de formar a convicção do magistrado em favor do réu. Defesa meramente formal, vale dizer, limitada a um pedido vago e sem sustentação de absolvição, a nosso ver, caracteriza deficiência e leva à anulação do feito. No tocante às manifestações da defensoria pública e do defensor dativo, essa obrigação decorre de lei expressa, consubstanciada no art. 261, parágrafo único, do CPP, com a alteração da Lei 10.792/2003.

A resposta do réu à acusação, prevista nos arts. 396 e 396-A do CPP, sempre deve ser fundamentada? Previamente à vigência da Lei 11.719/2008, sustentava-se que a *defesa prévia* deveria ser uma peça objetiva, resumida, limitando-se ao requerimento de provas, sem adentrar no mérito para não antecipar a tese defensiva ao acusador. Sempre discordamos dessa posição, *a um*, por reputar que o acusador, em geral, não dependia da leitura da defesa prévia para depreender qual a linha defensiva a ser seguida pelo réu, e, *a dois*, por considerarmos que, quanto mais cedo buscasse o defensor formar o convencimento do julgador sobre a inocência ou motivos determinantes de sua conduta, mais fácil seria a aceitação da tese defensiva. Na atualidade, vindo ao encontro dessa nossa orientação, estabeleceu o art. 396-A do CPP que, na resposta, o acusado poderá arguir preliminares e alegar tudo o que interesse à sua defesa, oferecer documentos e justificações, especificar as provas pretendidas e arrolar testemunhas, qualificando-as e requerendo sua intimação, quando necessário. Considerando a possibilidade de que o acolhimento de seus termos conduz o juiz à absolvição sumária do acusado (art. 397 do CPP), parece-nos que agora, mais do que nunca, a prudência e a boa técnica profissional recomendam que a defesa, desde logo, adentre em matéria de mérito, antecipando ao magistrado toda a tese defensiva. Não se esqueça, ainda, que, em face da previsão estatuída no art. 396-A, no sentido de que na resposta o acusado poderá *arguir preliminares*, este será o momento máximo para a arguição de nulidades relativas que, porventura, tenham ocorrido nesta fase inicial do processo, sob pena de preclusão.

A ausência de resposta à acusação, quando devidamente notificado o advogado a apresentá-la, implica em nulidade processual? Disciplina o art. 396-A, § 2.º, do CPP. que, se não for apresentada a resposta no prazo legal, o juiz nomeará defensor para oferecê-la, concedendo-lhe vista dos autos por dez dias. A partir destes termos infere-se que, em tese, caracterizará nulidade a omissão do magistrado em proceder a nomeação de outro defensor para apresentar a resposta nos termos dispostos no mencionado dispositivo. Independentemente dessa regra, deve-se lembrar que, mesmo nos casos de nulidade absoluta, a demonstração do prejuízo é condição inafastável para o reconhecimento do vício. Logo, se apesar de inobservada pelo juiz a norma do art. 396-A, § 2.º, do CPP, daí não resultar prejuízo concreto ao réu, a nulidade não deverá ser reconhecida. Idêntico raciocínio tem cabimento na hipótese em que a resposta à acusação deixar de ser acostada aos autos em face de sua intempestividade.

12.2.8. Nulidade pela falta de notificação do Ministério Público para intervir (art. 564, III, "d", do CPP)

O dispositivo trata de duas situações distintas, referindo-se, primeiramente, à ausência de intervenção do promotor de justiça na ação penal pública e, em um segundo momento, à sua não intervenção na ação penal privada subsidiária da pública. Assim:

a. Falta da intervenção do Ministério Público em todos os termos da ação por ele intentada (art. 564, III, *d*, 1.ª parte). A ausência de notificação do promotor de justiça para intervir em todos os termos da ação penal pública é causa de *nulidade absoluta*. Isto ocorre porque nessa natureza de ação o Ministério Público é o titular da demanda criminal, importando a falta de sua intervenção, quando não instado para tanto, na quebra da isonomia entre as partes e no consequente cerceamento da acusação. Evidentemente, se, apesar de não ter sido notificado, comparecer o promotor em determinado ato processual, a nulidade absoluta, embora ocorrente, não será declarada pelo juiz, devido à existência de prejuízo.

E se o Ministério Público, regularmente notificado, deixar injustificadamente de intervir? Nessa hipótese, a omissão poderá, quando muito, dar causa à *nulidade relativa*, sujeita à demonstração de prejuízo concreto para que seja decretada.

b. Falta de intervenção do Ministério Público nos termos da ação penal intentada pela parte ofendida, quando se tratar de crime de ação pública (art. 564, III, *d*, 2.ª parte). Esta previsão refere-se à ausência de intervenção do Ministério Público na ação penal privada subsidiária da pública. Desimporta se foi ou não o promotor notificado para intervir, ocorrendo, em qualquer das hipóteses, "*nulidade* relativa", sujeita à arguição em tempo oportuno e à efetiva comprovação de prejuízo para que seja reconhecida. É que nesse tipo de ação penal titular é o particular que a intentou, não implicando a falta de intervenção do promotor, necessariamente, em cerceamento de acusação. *Exemplo*: Considere-se que, por não ter sido intimado, o Ministério Público deixa de comparecer à audiência de oitiva das testemunhas de acusação. Ao ato, também não se faz presente o querelante, apesar de cientificado. Se assim mesmo a audiência for realizada, será evidente o prejuízo causado pelo não chamamento do *Parquet*, visto que, se estivesse presente, teria reassumido a titularidade da ação penal em razão da negligência do particular que a deduziu. Em consequência, a audiência deverá ser anulada, renovando-se os testemunhos colhidos. Agora, se, no mesmo caso, o particular autor da ação penal tivesse comparecido à solenidade, não haveria, em tese, prejuízo à acusação capaz de conduzir à anulação da audiência em face da ausência do promotor.

12.2.9. Nulidade pela falta de citação do réu para se ver processar, falta do interrogatório do réu presente e não abertura dos prazos legais (art. 564, III, "e", do CPP)

A disposição, como se pode ver, envolve três situações diferentes, quais sejam:

a. Falta da citação do réu para ver-se processar (art. 564, III, *e*, 1.ª parte). A ausência da citação do réu importa em *nulidade absoluta*. Mas, se o acusado, apesar de não ter sido citado, comparecer ao ato do interrogatório, fica sanado o vício decorrente da falta de citação. Tal entendimento decorre da exegese do art. 570 do CPP, dispondo que "a falta ou a nulidade da citação, da intimação ou notificação estará sanada, desde que o interessado compareça, antes de o ato consumar-se, embora declare que o faz para o único fim de argui-la". Veja-se que o termo "saneamento" utilizado no dispositivo é impróprio, pois, sendo absoluta, a nulidade não está sujeita a essa ordem de efeito. Logo, o comparecimento do réu não implica um "saneamento" propriamente dito, mas apenas impede o reconhecimento da mácula em face da ausência de prejuízo. Sob o ponto de vista eminentemente técnico, a verdade é que, com a alteração ao CPP determinada pela Lei 11.719/2008, não seria possível manter tal raciocínio. Isso porque, conforme passou a estabelecer o art. 363, *caput*, do CPP, *o processo terá completado a sua formação quando realizada a citação do acusado*. Neste contexto, seria impossível conceber que a falta de citação pudesse, em qualquer circunstância e sob qualquer pretexto, ficar superada ou ser tida como sanada, pois, sem o ato citatório, simplesmente, não se tem processo validamente instaurado. Independentemente desse quadro, os tribunais continuam mantendo a orientação clássica no sentido de que, se mesmo depois de infrutífera a citação do agente, comparecer ele em juízo e tomar ciência dos termos da acusação contra si formulada, fica superada a nulidade da citação[26].

E quando se tratar de ato citatório efetivado de forma inválida? A citação inválida produz a mesma nulidade que decorre da falta de citação: *nulidade absoluta*. Contudo, se, apesar da citação viciada, o réu dela tomar conhecimento, constituindo advogado e apresentando a resposta a que aludem os arts. 396 e 396-A do CPP, não será declarada a nulidade, pois não ocorrente prejuízo.

OBSERVAÇÕES:

a. Embora o Código de Processo Penal não estabeleça expressamente, utilizando-se, muitas vezes, de terminologia imprópria, citação é ato que não se confunde com notificação e intimação. Com efeito, *cita-se* o réu quanto à acusação que lhe é feita na denúncia ou na queixa, comunicando-se a este acerca da instauração do processo; *notifica-se* qualquer das partes quanto a determinado ato que lhes compete realizar ou intervir, *v.g.*, para uma audiência aprazada para data futura; por fim, *intimam-se* a acusação e a defesa quanto a atos passados, *v.g.*, da sentença condenatória já proferida pelo juiz.

b. A citação inválida, desprovida de validade e eficácia, tem sido rotulada pela doutrina de **citação circunducta** (por circunducto compreende-se o ato nulo ou ineficaz, ou seja, que não se realizou de acordo com a regra).

A citação, como regra, deve ser feita *pessoalmente*, vale dizer, por meio de servidor com fé pública, dando ciência ao acusado da imputação. Não sendo possível a citação pessoal do réu em face de sua não localização, admite-se a citação por *edital* com prazo de 15 dias (arts. 361 e 363, § 1.º, do CPP). Verificando o oficial de justiça que o réu se oculta para não ser citado, deverá ele certificar essa ocorrência e proceder à *citação com hora certa*, na forma estabelecida nos arts. 252 a 254 do CPC/2015, *ex vi* do art. 362 do Código de Processo Penal (este último dispositivo faz alusão aos arts. 227 a 229 do revogado CPC/1973).

Questão discutível refere-se à *citação imprópria*, ou seja, aquela realizada na pessoa do curador do acusado incapaz à época do crime, assim reconhecido em incidente de insanidade mental instaurado antes do recebimento da denúncia, quando tal incapacidade persistir no momento da citação a ponto de impossibilitar o denunciado de entendê-la. Entendemos plenamente possível a citação do réu, neste caso, na pessoa do referido curador, em razão da regra do art. 151 do CPP, dispondo que, se, ao tempo do fato, for o indivíduo

[26] STJ, RHC 43.148/RJ, *DJ* 14.08.2014.

incapaz, o processo prosseguirá na presença de curador. Afinal, não se encontrando em estado de plenitude mental à época da citação, não se pode considerar *válido* (art. 564, III, *e*, do CPP) o ato chamatório realizado unicamente na pessoa do réu impossibilitado de compreender os seus termos e consequências.

Citação pessoal do réu solto (própria)	Realizada diretamente à pessoa do réu, comunicando-lhe o oficial de justiça o teor da acusação incorporada na denúncia ou na queixa. Constitui a regra no processo penal.
Citação pessoal do réu preso	Deve ser realizada pessoalmente, por meio de mandado (art. 360 do CPP). Além disso, impõe-se a requisição ao diretor do estabelecimento penitenciário no sentido de que seja o réu apresentado em juízo.
Citação pessoal do funcionário público	Deve ser realizada pessoalmente, por meio de mandado, se for o caso de servidor ativo. Além disso, é necessária a notificação ao chefe da repartição pública respectiva quanto à data e horário em que o funcionário deverá comparecer a juízo.
Citação pessoal do militar	Deverá o magistrado expedir ofício requisitório ao comandante da guarnição, o qual deverá conter os mesmos requisitos do mandado citatório, para que esse destinatário (e não o oficial de justiça) cientifique o acusado da imputação que lhe está sendo feita (art. 358 do CPP).
Citação pessoal por carta precatória	Citação realizada quando o réu, embora em território nacional, encontrar-se fora da jurisdição do juízo em que tramita o processo. No juízo deprecado, o acusado será citado por mandado. Não localizado, retornará a precatória ao juízo de origem, podendo este autorizar a publicação de edital.
Citação pessoal por carga rogatória	Cabível na hipótese em que o réu se encontra em território estrangeiro, em local conhecido (art. 368 do CPP). Não sendo encontrado, a rogatória retornará sem cumprimento para que o juízo de origem ordene, se for o caso, a citação por edital. Também serão citadas por rogatória as autoridades diplomáticas que se encontrem em legações estrangeiras, bem como os respectivos funcionários (art. 369 do CPP).
Citação por edital	Contemplada nos arts. 361 e 363, § 1.º, é adequada à hipótese em que não localizado o réu para citação pessoal. Nesse caso, o edital terá o prazo de 15 dias.
Citação por hora certa	Prevista no art. 362, é utilizável quando constatar o oficial de justiça que o réu se oculta para evitar a citação. Não possuía previsão no âmbito criminal, sendo introduzida ao Código de Processo Penal pela Lei 11.719/2008.

b. Falta do interrogatório do réu, quando presente (art. 564, III, *e*, 2.ª parte). Em tese, o art. 564, III, *e*, 2.ª parte, tem aplicação tanto na hipótese de ausência de designação de interrogatório como também na situação em que o réu, não tendo comparecido à audiência apesar de citado pessoalmente, se faça presente em momento posterior, quer em razão de sua prisão, quer pelo comparecimento espontâneo a juízo manifestando o desejo de ser interrogado ou assistindo a outros atos processuais. *E se, a despeito dessa presença posterior do réu, deixar o juiz de aprazar novo interrogatório?* Duas posições:

Primeira: O interrogatório não é apenas um meio de prova, caracterizando-se, sobretudo, como meio de defesa do réu. Portanto, se foi notificado pessoalmente e não se fez presente à audiência, o seu comparecimento posterior impõe ao juiz o dever de aprazar nova data para o interrogatório, sob pena de nulidade, embora possua esta caráter meramente relativo. A propósito: "Ainda que tenha sido declarado revel, tendo comparecido em juízo, é direito do réu ser interrogado"[27].

Segunda: Se devidamente notificado, deixou o réu, injustificadamente, de comparecer ao interrogatório, não é necessário aprazar nova data para esse fim, ainda que, fazendo-se presente em juízo, requeira essa providência ao magistrado[28]. Aderimos a esta última orientação.

c. Falta dos prazos concedidos à acusação e à defesa (art. 564, III, *e*, 3.ª parte). Refere-se à não abertura ou redução, pelo juiz, dos prazos legais concedidos à acusação ou defesa. A nulidade poderá ser absoluta ou relativa, dependendo do caso concreto.

Exemplo 1: A não concessão à defesa do prazo de dez dias previsto no art. 406 do CPP para oferecimento de resposta à denúncia imputativa de crime doloso contra a vida constitui *nulidade absoluta*, uma vez que se trata do momento previsto em lei para que possa o réu arguir preliminares e alegar tudo o que interesse à sua defesa, oferecer documentos e justificações, especificar as provas pretendidas e arrolar testemunhas;

Exemplo 2: A falta de notificação do Ministério Público para, em cinco dias, apresentar réplica a essa resposta, nos termos previstos no art. 409 do CPP, parece-nos importar em *nulidade relativa*, condicionada a arguição no tempo oportuno pelo promotor de justiça, sob pena de preclusão. Isso porque ainda será facultado ao Ministério Público manifestar-se quanto aos termos da resposta ofertada pela defesa por ocasião dos debates orais que antecedem a decisão de pronúncia (art. 411);

Exemplo 3: A ausência de notificação das partes para, querendo, apresentarem quesitos e indicarem assistente técnico à perícia judicialmente determinada (art. 159, § 3.º, do CPP) afigura-se, igualmente, *nulidade relativa*, devendo ser suscitada *oportuno tempore* para evitar a convalidação.

E se, apesar de realizada a notificação da parte para a prática de ato procedimental, esta omitir-se? A ocorrência ou não de nulidade neste caso, bem como a respectiva natureza, também depende da hipótese concreta *in examen*. A não apresentação de resposta à acusação, nos termos dos arts. 396 e 396-A do CPP, por exemplo, poderá ser causa de nulidade absoluta caso o magistrado, diante da inércia da defesa, não proceda à nomeação de defensor para oferecê-la (art. 396-A, § 2.º). Agora, o fato de silenciar o advogado quanto ao despacho do juiz, determinando que fosse informado o endereço correto de testemunha não localizada, pode, quando muito, produzir nulidade relativa, condicionada esta à comprovação do prejuízo nos termos da Súmula 523 do STF.

12.2.10. Nulidades no procedimento do júri (art. 564, III, "f" a "l", do CPP)

Trata-se das nulidades ocorrentes no rito de apuração dos crimes dolosos contra a vida. Entre os principais aspectos a serem atentados nessa ordem de previsão, destacam-se:

a. Nulidade por falta ou invalidade da decisão de pronúncia (art. 564, III, *f*, do CPP). Obrigatório, como condição para submissão do acusado a júri popular, que tenha sido ele antes pronunciado pelo juiz. A pronúncia (art. 413 do CPP) importa no reconhecimento de que é admissível a imputação de ter o réu praticado um crime doloso contra a vida, marcando o encerramento da primeira etapa (*judicium acusationes*) e inaugurando a segunda fase do rito do júri (*judicium causae*). Quanto à sua natureza, apresenta-se como decisão interlocutória mista não terminativa, vale dizer, extingue uma fase do procedi-

---

27 TJRS, Apelação 70044368611, *DJ* 30.08.2012.

28 STJ, HC 82.661/RR, 6.ª Turma, *DJ* 25.08.2008.

mento sem pôr termo ao processo. Não se trata, portanto, de *sentença* no sentido técnico do termo, sendo correto o tratamento que lhe foi dispensado no art. 420 ao referir-se à intimação quanto à *decisão* de pronúncia e não à *sentença de pronúncia.*

Até o advento da Lei 11.689/2008, dispunha o Código de Processo Penal que, tratando-se de crimes inafiançáveis (*v.g.*, o homicídio qualificado), deveria o réu ser intimado pessoalmente da pronúncia, não bastando a intimação de seu defensor. Fosse, ao contrário, hipótese de crimes contra a vida afiançáveis (*v.g.*, o infanticídio e o aborto consentido pela gestante), caso não localizado o réu para sua intimação pessoal, admitia-se a intimação por meio de edital. Na atualidade, não existe mais esta restrição, dispondo o art. 420 que a intimação da pronúncia será feita *pessoalmente* ao acusado, ao defensor nomeado e ao Ministério Público e, por *publicação no órgão oficial*, ao defensor constituído, ao querelante e ao assistente de acusação. Não obstante, se não localizado o acusado para intimação pessoal, poderá ele, em qualquer caso, afiançável ou não o delito, ser intimado por *edital.* Neste contexto, depreende-se que não ocorre mais, nesta etapa do procedimento do júri, a chamada *crise de instância*, fenômeno jurídico que impunha a suspensão do processo criminal até a localização do acusado que respondesse por crime contra a vida inafiançável para fins de intimação pessoal da pronúncia.

Outro aspecto a atentar refere-se ao fato de que tanto a falta de fundamentação na pronúncia quanto o seu aprofundamento demasiado na prova (*excesso de linguagem*) acarretam nulidade absoluta da decisão. Isto significa que, embora deva ser fundamentada, essa motivação não pode aprofundar o exame da prova a ponto de poder interferir na convicção dos jurados por ocasião do plenário de julgamento. As teses defensivas relacionadas à negativa de autoria, à ausência de dolo ou presença de excludentes de ilicitude devem ser apreciadas com superficialidade, não podendo o magistrado afirmá-las ou afastá-las de forma peremptória. Esta, a propósito, é a regra que se infere do art. 413, § 1.º, do CPP, ao dispor que "a fundamentação da pronúncia limitar-se-á à indicação da materialidade do fato e da existência de indícios suficientes de autoria ou de participação, devendo o juiz declarar o dispositivo legal em que julgar incurso o acusado e especificar as circunstâncias qualificadoras e as causas de aumento de pena".

Não se olvida que, diante da proibição determinada pelo art. 478 do CPP, vedando às partes fazer qualquer referência aos jurados quanto aos termos da pronúncia, parte da doutrina compreende que o *excesso de linguagem* poderá importar, quando muito, em nulidade relativa. *Data venia,* não concordamos com esse raciocínio e reputamos que a nulidade daí decorrente é, de fato, absoluta. Isso porque, muito embora acusação e defesa não possam fazer referências da pronúncia aos jurados, estes receberão cópia dessa decisão (art. 472, parágrafo único, do CPP), sendo-lhes, ainda, facultado o livre manuseio dos autos (art. 480, § 3.º, do CPP). Além disso, o art. 480, § 3.º, do CPP dispõe que os jurados terão acesso aos autos, o que evidencia a possibilidade de indevida influência". Nesse contexto, é evidente que o Conselho de Sentença poderá ter acesso à pronúncia e sofrer a influência dos seus termos, caso esteja muito aprofundada na análise da prova.

No tocante às qualificadoras do crime que tenham sido descritas na peça acusatória, devem, como se vê da redação do precitado art. 413, § 1.º, ser objeto de exame pelo juiz na pronúncia, quer para mantê-las, quer para afastá-las. Considerando que se trata de decisão que deve se limitar a um juízo remoto sobre o mérito, também nesse aspecto deverá ser comedido o magistrado em sua motivação, cingindo-se a afirmar ou negar a existência de indicativos acerca da presença das qualificadoras imputadas. Observe-se que, se não estiverem atribuídas na denúncia, não poderá o juiz reconhecê-las na pronúncia.

Por outro lado, também pode ser objeto de deliberação na pronúncia a questão relativa às *causas de aumento de pena,* por exemplo, o fato de ter sido o homicídio doloso cometido contra pessoa menor de 14 ou maior de 60 anos (art. 121, § 4.º, 2.ª parte, do CP). Evidentemente, assim como ocorre em relação às qualificadoras, também aqui é necessário que a inicial acusatória tenha agregado ao fato descrito a respectiva causa de aumento, não podendo tal reconhecimento ser feito pelo magistrado *ex officio* na pronúncia. **E quanto às causas de diminuição de pena?** É vedada a inclusão de causas de diminuição de pena, como a *privilegiadora do homicídio* (art. 121, § 1.º, do CP), o que se deflui da própria redação do art. 413, § 1.º, ao referir-se, tão somente, a *causas de aumento de pena*.

Relativamente às *atenuantes e agravantes*, sempre se entendeu que, sobre elas, não poderia se manifestar a pronúncia, cabendo aos jurados decidir sobre a sua ocorrência ou não. Embora, com a atual normatização, o art. 483 tenha suprimido da quesitação ao Conselho de Sentença a questão relativa às agravantes e atenuantes, permanece a vedação da sua análise na pronúncia, conforme se verifica no art. 413, § 1.º, ao dispor que essa decisão apenas enfrentará as questões afetas a autoria, materialidade, qualificadoras e causas de aumento de pena.

É lícito ao juiz, na pronúncia, alterar a classificação do crime? Para responder a essa pergunta, é preciso verificar a natureza da infração penal para a qual operada a desclassificação, bem como a descrição do fato constante na peça acusatória. Isso porque, se a alteração da classificação do crime não implicar reconhecimento de circunstâncias ou elementos que não estejam descritos na denúncia, bastará ao juiz realizar a desclassificação, pronunciando o réu pela nova capitulação, conforme autorizado pelo art. 418 do CPP. Considere-se, por exemplo, que, ao imputar homicídio, o Ministério Público descreva o contexto no qual cometido, entendendo tratar-se de infração qualificada pelo motivo fútil – ciúmes. Entretanto, por ocasião da pronúncia, compreende o magistrado que o ciúme constitui a qualificadora do motivo torpe. Nesse caso, nada impedirá a pronúncia pelo homicídio qualificado por motivo torpe, pois a circunstância que gerou a torpeza está prevista na inicial, apenas sendo interpretada de forma diferente pelo juiz em relação ao entendimento do promotor. Agora, se, opostamente, a nova classificação importar em reconhecimento de circunstâncias ou elementos não referidos na inicial e, portanto, dos quais o acusado não se tenha defendido, nesse sentido a pronúncia pelo tipo ou subtipo diverso do imputado condiciona-se, nos termos do art. 411, § 3.º, do CPP, a que haja prévio aditamento pelo Ministério Público e obediência prévia à disciplina do art. 384 do mesmo diploma. É o caso, por exemplo, de ter a denúncia descrito crime de infanticídio, sob o fundamento de que a ré matou o próprio filho, logo após o parto, na influência do estado puerperal, mas que, em razão da prova colhida na instrução, pretenda o juiz pronunciá-la por homicídio, reconhecendo na sua conduta o dolo de matar.

b. Nulidade pela não apresentação do libelo ou não entrega da respectiva cópia ao réu (art. 564, III, *f*). Previamente à entrada em vigor da Lei 11.689/2008, que alterou o procedimento de apuração dos crimes dolosos contra a vida (arts. 406 a 497 do CPP), o libelo traduzia-se como peça processual obrigatória. Era por meio dele que o Ministério Público antecipava à defesa os quesitos pertinentes à tese acusatória, os quais, posteriormente, seriam submetidos à votação pelos jurados. Exatamente em razão desse objetivo do libelo, estabelecia o Código de Processo Penal, também, a obrigatoriedade de entrega de sua cópia ao réu, não bastando a intimação do defensor para a apresentação do chamado contralibelo. Alterado, porém, o procedimento do júri, foi extinto o libelo como fonte dos quesitos da acusação, restando, com isso, prejudicada a causa de nulidade em análise.

c. Nulidade em decorrência da não intimação do réu para a sessão de julgamento pelo Tribunal do Júri quando a lei não permitir o julgamento à revelia (art. 564, III, *g*). Prejudicada, igualmente, esta hipótese legal. Isso porque, no regramento incorporado pela Lei 11.689/2008, desapareceu a vedação antes existente no sentido de que o julgamento do réu pela prática de crime doloso contra a vida, se inafiançável, não podia ser realizado à sua revelia. Pelo contrário. Com nova redação, passou a dispor o art. 457, *caput*, do CPP que o julgamento não será adiado pelo não comparecimento do *acusado solto*, não fazendo o dispositivo nenhuma distinção acerca da natureza afiançável ou inafiançável do crime imputado. Tratando-se de *acusado preso*, este, obviamente, apenas não comparecerá à sessão se não for conduzido pelos órgãos competentes ao local de sua realização. Nesse caso, dispõe o art. 457, § 2.º, do CPP que o julgamento deverá ser adiado para o primeiro dia desimpedido da mesma reunião, salvo se houver pedido de dispensa de comparecimento subscrito por ele e seu defensor.

d. Nulidade pela falta de intimação das testemunhas arroladas no libelo e na contrariedade, nos termos estabelecidos pela lei (art. 564, III, *h*). As testemunhas de plenário, até o máximo de cinco, deverão ser arroladas pelas partes quando intimadas para esse fim, o que ocorrerá após o trânsito em julgado da pronúncia, conforme estabelecem os arts. 421, *caput*, e 422 do CPP. Neste momento, extrai-se do art. 461 do CPP que acusação e defesa poderão proceder de duas formas:

– Indicação de testemunhas **com cláusula de imprescindibilidade:** Trata-se da hipótese em que a parte interessada, ao arrolar uma ou mais testemunhas, declara não prescindir dos respectivos depoimentos. Nesse caso, deverá requerer a intimação das testemunhas consideradas imprescindíveis por mandado, a ser cumprido por oficial de justiça nos endereços que indicar. Se, devidamente intimadas, essas testemunhas não comparecerem, caberá ao juiz-presidente adotar uma das seguintes providências (art. 461, *caput*, 2.ª parte, e § 1.º, do CPP): 1.ª) Suspender os trabalhos e mandar conduzir imediatamente as testemunhas faltosas; 2.ª) Adiar o julgamento para o primeiro dia desimpedido, ordenando, igualmente, a condução coercitiva das testemunhas que, injustificadamente, não se fizeram presentes.
– Indicação de testemunhas **sem cláusula de imprescindibilidade:** Nesta situação, se requerida a intimação das testemunhas pelo interessado e se, apesar de adotadas pelo juízo as providências necessárias a essa intimação, deixarem elas de comparecer à sessão, o julgamento não será adiado (art. 461, *caput*, 1.ª parte, do CPP), ficando sob a discricionariedade do juiz-presidente ordenar ou não a condução coercitiva.

Pois bem, em um e outro caso, havendo requerimento das partes, é certo que deverá o juízo adotar as providências necessárias à intimação da testemunha. A ausência das medidas necessárias a essa intimação (*v.g.*, por falha do cartório ou por lapso do juiz em determiná-las) importará, caso seja realizado o julgamento, em nulidade processual, tipificada no art. 564, III, *h*, do CPP. Quanto à natureza desse vício, compreendemos tratar-se de *nulidade absoluta*, não se aplicando a regra de convalidação instituída no art. 572, I, do CPP, em face do evidente prejuízo causado à parte que, embora tenha arrolado suas testemunhas no tempo certo, viu-se privada da respectiva oitiva em face de vício ocorrido na preparação do julgamento em plenário. Cabe ressaltar que a hipótese diverge daquela em que, *não havendo cláusula de imprescindibilidade* do depoimento da testemunha, esta não comparece ao julgamento, em que pese tentada pelo juízo a sua intimação no endereço indicado pela parte. Neste último caso, é evidente que o julgamento deverá ser realizado.

E se a testemunha, apesar de não intimada, comparecer espontaneamente à sessão de julgamento? Ausente prejuízo, não será declarada a nulidade decorrente da falta de intimação.

E se a testemunha, arrolada em caráter imprescindível, não for localizada pelo oficial de justiça no endereço informado pela parte? Caberá ao juiz determinar a intimação de quem a arrolou para que decline o paradeiro da testemunha em prazo hábil. Omitindo-se a parte, ou então fornecendo, novamente, endereço no qual resulte inexitosa a tentativa de intimação, o julgamento poderá ser realizado normalmente na data aprazada (art. 461, § 2.º, do CPP).

e. Nulidade pela ausência do *quorum* mínimo de 15 jurados para a constituição do Conselho de Sentença (art. 564, III, *i*). A presença do mínimo *de quinze* dos *vinte e cinco* jurados convocados é condição *sine qua non* para que proceda o juiz à instalação da sessão de julgamento. Ausente este *quorum*, deverá o magistrado, sob pena de nulidade absoluta, adiar o júri (art. 463 do CPP).

f. Nulidade pela ausência de sorteio de sete jurados para composição do Conselho de Sentença (art. 564, III, *j*, 1.ª parte). É evidente que o julgamento pelo Tribunal do Júri exige Conselho de Sentença formado por sete jurados, sorteados entre os vinte e cinco convocados para a respectiva reunião. Dispõe, a propósito, o art. 467 do CPP que, "verificando que se encontram na urna as cédulas relativas aos jurados presentes, o juiz presidente sorteará 7 (sete) dentre eles para a formação do Conselho de Sentença".

g. Nulidade pela inobservância do comando legal de incomunicabilidade entre os jurados (art. 564, III, *j*, 2.ª parte). O Tribunal do Júri possui, como uma de suas características, o sigilo das votações. Para o resguardo deste sigilo, estabelece o art. 466, § 1.º, do CPP a incomunicabilidade entre os jurados, cuja violação acarreta nulidade do julgamento. Discute-se na doutrina a natureza dessa nulidade, muito embora, em termos de jurisprudência, seja predominante o entendimento de que se trata de *nulidade relativa*, condicionando-se o seu reconhecimento a que seja arguida no momento oportuno e à demonstração do efetivo prejuízo. Note-se que a incomunicabilidade não implica isolamento absoluto dos membros do Conselho de Sentença, apenas se coibindo que o jurado, exteriorizando sua forma de decidir, venha a influir na decisão dos demais.

h. Nulidade na formulação dos quesitos aos jurados (art. 564, III, *k* e parágrafo único). Esgotados os debates, procederá o juiz-presidente à leitura dos quesitos que serão submetidos ao Conselho de Sentença para votação.

No tocante aos quesitos pertinentes à *tese acusatória*, serão formulados a partir dos limites atribuídos na decisão de pronúncia. Assim, se afastada naquela decisão uma qualificadora imputada na denúncia, ela não poderá ser objeto de quesitação aos jurados.

No que concerne aos quesitos da *defesa* devem guardar correspondência com todas as teses incorporadas ao processo, ainda que a tese pessoal do réu exposta por ocasião de seu interrogatório venha a ser distinta daquela apresentada pela defesa técnica em plenário. Evidentemente, essa observação pertinente ao questionário das teses defensivas respeita, unicamente, a aspectos da classificação do crime ou questões que interfiram na fixação da pena (existência de privilegiadora, por exemplo), já que, em relação às teses absolutórias, devido à forma de quesitação estabelecida pelo art. 483, III e § 2.º, do CPP ("O jurado absolve o acusado?"), não são mais objeto de indagação em separado aos jurados.

É discutível a natureza da nulidade decorrente de vício na quesitação. Isso porque, se por um lado a Súmula 156 do STF dispõe ser absoluta a nulidade pela ausência de quesito obrigatório, por outro o próprio Excelso Pretório, às vezes, tem considerado que é indispensável a arguição *oportuno tempore* da mácula sob pena de preclusão[29] – lembre-se que a preclusão é atributo das nulidades relativas. No âmbito do STJ, o mesmo posicionamento vem sendo adotado, decidindo-se que "as possíveis irregularidades na quesitação devem

[29] STF, HC 170597 AgR/ES, DJ 15.09.2019.

ser arguidas no momento oportuno, devendo constar em ata de julgamento, sob pena de preclusão, nos termos do art. 571, VIII, do Código de Processo Penal"[30]. Na verdade, entendemos que a adoção de uma ou outra orientação deve considerar as peculiaridades do caso concreto. Assim, embora a regra geral deva ser a arguição do defeito de quesitação em plenário, sob pena de preclusão, deve-se admitir que o vício seja suscitado em momento posterior (*v.g.*, em sede de apelação) quando a quesitação equivocada ou deficiente possa ter causado prejuízo às teses das partes ou induzido os jurados a erro ou dúvida sobre o fato objeto de sua apreciação. *Exemplo:* Por ocasião do julgamento pelo Júri, formula o magistrado apenas um quesito em relação à autoria de dois crimes, afrontando o disposto no art. 483, § 6.º, do CPP. O prejuízo, neste caso, é evidente e produz nulidade absoluta, pois obriga os jurados a condenar ou absolver o réu por ambos os delitos, subtraindo-lhes a possibilidade de o condenarem em relação a um deles e o absolverem pelo crime remanescente.

12.2.11. Nulidade pela falta da sentença (art. 564, III, "m", do CPP)

Não se trata, ao contrário do que muitos sustentam, da sentença sem os requisitos essenciais, pois esta é nulificada a partir do art. 564, IV, do CPP. Por estranho que pareça, a nulidade, aqui, refere-se ao processo criminal pela falta da sentença enquanto fórmula processual. A hipótese é de difícil ocorrência, porém não impossível. *Imagine-se que o juiz, recebendo determinado processo concluso para sentença, ordene o seu arquivamento, confundindo-o com outro feito envolvendo o mesmo réu e que já contém certidão de trânsito em julgado de sentença absolutória.* Em tal hipótese, este pronunciamento judicial de arquivamento será nulo, pois, embora finalizada a instrução do processo criminal, foi ordenado sem a prolação de sentença de condenação ou de absolvição ou de outra decisão que lhe possa acarretar a extinção prematura (p. ex., a extinção da punibilidade pela prescrição do crime, pela morte do agente, pela perempção etc.).

Outra hipótese que poderia receber a incidência do art. 564, III, *m*, do CPP respeita aos atos que se seguirem à sentença proferida por juiz impedido. Ora, na medida em que o impedimento priva o juiz de exercer jurisdição no processo em que configurado (art. 252 do CPP), a sentença proferida pelo magistrado que se encontrar nessa situação será considerada *inexistente*, conforme expressiva corrente doutrinária e jurisprudencial. Logo, os atos que a ela se seguirem – julgamento de apelação, por exemplo – serão considerados nulos (v. tópicos 12.1.2.1 e 12.1.2.2 deste Capítulo).

12.2.12. Nulidade pela ausência do recurso de ofício (art. 564, III, "n", do CPP)

Refere-se à ausência do recurso de ofício, nos casos em que a lei o estabelece.

Questão que merece relevo é se, na atual sistemática constitucional, ainda subsiste esse reexame necessário. Com efeito, há posição (minoritária) no sentido de que, não recepcionada tal possibilidade pela atual Constituição, a qual teria prejudicado todo e qualquer dispositivo processual que obrigasse os juízes a recorrerem de ofício de suas decisões, pois isto importaria em tácita violação da imparcialidade que é inerente à magistratura.

Sem embargo desse posicionamento, prevalece a posição, inclusive no STF (Súmula 423), no sentido de que subsiste o reexame necessário como condição de eficácia da decisão judicial nos casos em que a lei o estabelece. Isso porque não se trata propria-

---

[30] STJ, REsp 1.247.626/RJ, DJ 21.09.2011. No mesmo sentido: HC 433673/RS, DJ 25.03.2019; AgRg no HC 487748/MT, DJ 14.05.2019 e AgRg nos EDcl no REsp 1775281/SP, DJ 19.11.2019.

mente de um recurso, mas, sim, de providência acauteladora que tem por finalidade dar maior proteção aos interesses que reclamam exame mais aprofundado. Destarte, parece evidente que não se encontra revogado o instituto, que se fundamenta em hipóteses de gravame presumido.

Na legislação processual penal, são previstos os seguintes casos de reexame necessário: 1) decisão concessiva de *habeas corpus* em 1.º Grau (art. 571, I, do CPP); 2) decisão concessiva da reabilitação criminal (art. 746 do CPP); 3) sentença absolutória e decisão de arquivamento de inquérito policial, no caso de crimes contra economia popular e saúde pública (art. 7.º da Lei 1.521/1951); e 4) sentença concessiva em mandado de segurança (art. 14, § 1.º, da Lei 12.016/2009). Atente-se que a hipótese prevista no art. 574, II, do CPP, relativa ao recurso de ofício contra a absolvição sumária no procedimento do júri, encontra-se tacitamente revogada (v. Capítulo 14, item 14.6.3, deste livro).

12.2.13. Nulidade pela ausência de intimação das partes quanto às decisões recorríveis (art. 564, III, "o", do CPP)

Qualquer decisão que acarrete sucumbência e que seja passível de recurso deve ser cientificada às partes, aqui se abrangendo, inclusive, a figura do assistente de acusação, quando habilitado. A ausência dessa intimação importará em nulidade da certidão de trânsito em julgado e reabertura do prazo para que o prejudicado, agora intimado, possa insurgir-se contra a respectiva decisão.

Anote-se que, com a vigência da Lei 11.690/2008, o art. 201, § 2.º, do CPP passou a disciplinar que o ofendido será comunicado dos atos processuais relativos à sentença e aos respectivos acórdãos que a mantenham ou modifiquem. Ao assim dispor, estabeleceu o legislador ao magistrado a obrigatoriedade de comunicar à vítima do delito – ainda que não habilitada como assistente – das decisões judiciais finais de mérito proferidas no processo. A omissão do julgador quanto à realização dessa comunicação, à semelhança do que ocorre em relação às partes, poderá prejudicar o trânsito em julgado ou, ao menos, retardá-lo para momento posterior.

12.2.14. Nulidade em razão da inobservância de formalidade que constitua elemento essencial do ato (art. 564, IV, do CPP)

Como *formalidades essenciais* compreendem-se todas aquelas sem as quais o ato processual não pode ser realizado válida e eficazmente.

Questão que tem gerado controvérsia nos tribunais concerne à aplicabilidade, nos dias de hoje, do art. 572 do CPP, o qual, referindo-se à nulidade prevista no art. 564, IV, do CPP (entre outras lá mencionadas), aduz que esta poderá ser sanada em determinadas circunstâncias, sugerindo, portanto, que a omissão de formalidade essencial deva ser considerada uma causa de *nulidade relativa*. O paradoxo decorre do fato de que não é incomum encontrar decisões dos tribunais concluindo no sentido da *nulidade absoluta* ou até mesmo de *inexistência* do ato, em razão da omissão quanto à formalidade considerada indispensável à sua prática.

Em verdade, na análise dessa polêmica, é preciso considerar que o art. 572 remonta à época em que editado o Código de Processo Penal, o que se deu sob a égide da Constituição de 1937, uma Carta outorgada, de cunho ditatorial. Assim, na atualidade, referido artigo não pode ser interpretado literalmente, impondo-se a sua exegese à luz das garantias consagradas na Constituição Federal de 1988, muito especialmente aquelas relacionadas à ampla defesa, contraditório e devido processo legal.

Com isso, deve-se entender que, independentemente do que dispõe o art. 572, o ato praticado com inobservância de suas formalidades essenciais tanto poderá ser *absolutamente nulo* como *relativamente nulo* e, até mesmo, *inexistente*, tudo dependendo do caso concreto e, sobretudo, do maior ou menor interesse público integrado à norma processual violada.

Exemplos:

a) *Sentença sem a subscrição do juiz.* A assinatura do juiz é formalidade essencial, pois confere autenticidade à sentença judicial. Se ausente essa subscrição e se não mais for possível ao juiz prolator lançá-la (*v.g.*, em razão do seu falecimento), tal sentença será considerada **ato inexistente**, incapaz de produzir qualquer efeito, desimportando a circunstância de ter sido publicada e registrada pelo escrivão no livro próprio.

b) *Denúncia com descrição do fato incompleta ou imprecisa, violando os requisitos essenciais dispostos no art. 41 do CPP.* A narrativa adequada do fato é formalidade imprescindível da denúncia, sob pena de reconhecer a **nulidade absoluta** desta, pela inépcia, e de todos os atos processuais que dela decorreram ou foram consequência. Isso ocorre porque é do fato descrito que o acusado se defende no processo criminal. **Mas atenção**: A arguição de inépcia da denúncia deve ser realizada antes de ser proferida a sentença penal condenatória. Após este momento, tal alegação estará coberta pela preclusão.

c) *Audiência realizada no juízo deprecado sem que as partes tenham sido intimadas da expedição da carta precatória.* Embora desnecessária a intimação das partes quanto à data da audiência no juízo deprecado (Súmula 273 do STJ), dispõe o art. 222 do CPP que deverão elas ser intimadas da expedição da carta precatória. Tal intimação, portanto, é formalidade essencial, inerente à precatória. Não obstante, sua ausência vem sendo considerada **nulidade relativa** (Súmula 155 do STF), sujeita à demonstração do prejuízo e à arguição em tempo oportuno para que seja declarada.

d) *Ausência de intimação do recorrido para apresentar resposta ao recurso interposto pela parte contrária:* Essa intimação é condição para a regularidade na tramitação do recurso interposto, mesmo porque constitui o termo inicial do prazo para o oferecimento das respectivas contrarrazões. Logo, a sua ausência constitui **nulidade absoluta**. Evidentemente, se a despeito de não realizada a intimação, forem as contrarrazões apresentadas, a nulidade, em que pese absoluta, não restará declarada em razão da ausência de prejuízo (art. 563 do CPP).

e) *A nomeação de defensor* ad hoc, *pelo Juízo, antes que seja facultado ao réu o direito de constituir um novo advogado:* em razão da ofensa ao princípio da ampla defesa, a nomeação de advogado dativo sem a prévia concessão de oportunidade ao réu para constituir profissional de sua confiança constitui **nulidade absoluta**, nos termos do art. 564, IV, do CPP.

12.2.15. Nulidade decorrente da carência de fundamentação

Introduzido pela Lei 13.964/2019, o inciso V do art. 564 do Código de Processo Penal estabelece a nulidade *em decorrência de decisão carente de fundamentação.* Absolutamente desnecessária esta previsão. Isto porque motivação é imperativo constitucional (art. 93, IX, da CF), sendo, por óbvio, absolutamente nulas as decisões judiciais despidas de fundamentação. Ademais, o inciso IV do mesmo dispositivo contempla a nulidade por *inobservância de formalidade que constitua elemento essencial do ato* e, por óbvio, a motivação se inclui entre estas formalidades.

Na verdade, em temos de alteração normativa determinada pela citada Lei 13.964/2019 no tocante à motivação das decisões judiciais, releva pontuar apenas a redação conferida ao

§ 2º do art. 315 do CPP. Este dispositivo, conquanto incluído no Capítulo III do Título IX desse Código, possui, a nosso ver, caráter de norma geral, devendo, portanto, ser aplicado a qualquer pronunciamento judicial. Isto, aliás, se depreende da sua própria redação, ao referir que *não se considera fundamentada qualquer decisão judicial, seja ela interlocutória, sentença ou acórdão*. Neste cenário, há de se entender como sem fundamentação ou, no mínimo, com fundamentação deficiente a decisão que *"I – se limitar à indicação, à reprodução ou à paráfrase de ato normativo, sem explicar sua relação com a causa ou a questão decidida; II – empregar conceitos jurídicos indeterminados, sem explicar o motivo concreto de sua incidência no caso; III – invocar motivos que se prestariam a justificar qualquer outra decisão; IV – não enfrentar todos os argumentos deduzidos no processo capazes de, em tese, infirmar a conclusão adotada pelo julgador; V – se limitar a invocar precedente ou enunciado de súmula, sem identificar seus fundamentos determinantes nem demonstrar que o caso sob julgamento se ajusta àqueles fundamentos; VI – deixar de seguir enunciado de súmula, jurisprudência ou precedente invocado pela parte, sem demonstrar a existência de distinção no caso em julgamento ou a superação do entendimento"*. Acerca de cada uma destas hipóteses, para evitar inútil repetição, remetemos o leitor, ao Capítulo 11, tópico 11.7.10, em que realizamos análise com o devido detalhamento.

12.3. MOMENTOS PARA ARGUIÇÃO DAS NULIDADES

O art. 571 do CPP estabelece o tempo de arguição das nulidades, utilizando-se, para tanto, de dois critérios: a **natureza do procedimento** e a **fase em que ocorre o vício**. Embora esse dispositivo não faça nenhuma distinção, sua aplicabilidade é restrita às *nulidades relativas*, visto que, quanto às absolutas, podem ser arguidas em qualquer momento, não se sujeitando a regras de preclusão.

Cabe ressaltar, entretanto, que, com as modificações introduzidas pelas Leis 11.689/2008 e 11.719/2008 ao procedimento comum e ao rito do júri, vários regramentos do art. 571 tornaram-se inócuos, dado que relativos a fases procedimentais que não mais existem. É o caso, por exemplo, da referência ao art. 406 do CPP (art. 571, I), que correspondia às alegações escritas no procedimento do júri, hoje substituídas por alegações orais (atual redação do art. 411); e, também, da menção ao art. 500 do CPP (art. 571, II), pertinente às alegações finais no procedimento ordinário, transformadas, na atual concepção desse rito, em alegações finais orais (atual redação do art. 403).

Em suma, em vista da nova legislação, passou a ser necessária outra interpretação dos incisos que compõem o art. 571 do CPP, redefinindo-se o momento oportuno em que deva a parte interessada realizar a arguição das nulidades relativas.

12.3.1. Momentos de arguição das nulidades relativas no procedimento do júri

12.3.1.1. Considerações gerais sobre o procedimento do júri instituído pela Lei 11.689/2008

O procedimento inicia-se com o oferecimento de denúncia ou queixa-crime subsidiária.

Oferecida a inicial acusatória, caso recebida pelo juiz (é possível que venha a ser rejeitada liminarmente, se ocorrentes quaisquer das hipóteses do art. 395), este ordenará a citação do réu para responder à acusação no prazo de dez dias (art. 406), oportunidade em que poderá arguir preliminares e alegar tudo o que interessa à sua defesa, oferecer documentos e justificações, especificar as provas pretendidas e arrolar testemunhas (art. 406, § 3.º).

Apresentada esta resposta, o juiz determinará a notificação do autor da ação penal para se pronunciar sobre as preliminares eventualmente arguidas e sobre os documentos juntados, em cinco dias (art. 409).

A partir deste momento, inicia-se a fase instrutória.

Na audiência, a prova oral será produzida na seguinte ordem (art. 411): declarações do ofendido, se possível; declarações das testemunhas arroladas, até o máximo de oito para cada parte (art. 406, §§ 2.º e 3.º); esclarecimentos dos peritos; acareações; reconhecimento de pessoas ou coisas e, por fim, o interrogatório do acusado.

Finalizados estes atos, na mesma audiência concederá o juiz a palavra à acusação e à defesa, por vinte minutos, prorrogáveis por mais dez, para alegações orais. Se houver assistente, este poderá manifestar-se após o Ministério Público, pelo tempo de dez minutos, prorrogáveis por mais dez, acrescentando-se igual período ao tempo de manifestação da defesa. Encerradas as alegações, o juiz proferirá decisão em audiência ou o fará em dez dias, ordenando, para tanto, a conclusão dos autos. Nessa oportunidade, poderá:

1. *Pronunciar* o réu (art. 413), submetendo-o a júri popular;
2. *Impronunciar* o réu (art. 414), arquivando o feito;
3. *Absolver sumariamente* o réu (art. 415), arquivando o processo;
4. *Desclassificar a infração penal* para outra não dolosa contra a vida (art. 419), remetendo o processo ao juízo competente.

Sendo hipótese de pronúncia, com o trânsito em julgado desta decisão os autos retornarão ao juiz para que sejam adotadas as providências de preparação e organização da sessão de julgamento em plenário (arts. 421 e seguintes).

12.3.1.2. *Tempo máximo de arguição das nulidades relativas no procedimento do júri*

Neste enfoque, é necessária a reinterpretação do inciso I do art. 571, que determina, como tempo certo de arguição das nulidades relativas que ocorram até o final da fase instrutória, o momento das *alegações escritas* previstas na antiga redação do art. 406. É que não há mais, como se viu alhures, esta fase no procedimento do júri, dado que transformadas pela Lei 11.689/2008 em alegações orais, que devem ser deduzidas em audiência após a produção da prova oral, conforme regrado no art. 411.

Entretanto, ainda é possível aplicar literalmente o disposto nos incisos V, VII e VIII do art. 571, pois dizem respeito a etapas procedimentais não afetadas pela Lei 11.689/2008.

Assim:

a) Nulidades ocorridas até o encerramento da instrução deverão ser arguidas por ocasião das alegações orais a que alude o art. 411, § 4.º. Como dissemos, na vigência da legislação anterior à edição da Lei 11.689/2008, eram as alegações escritas, então previstas no art. 406 do CPP, que consubstanciavam o momento processual máximo de arguição de nulidades relativas ocorrentes até o final da fase instrutória do procedimento do júri (art. 571, I, do CPP). Considerando que precitadas *alegações escritas* foram substituídas por *alegações orais*, é correto entender que no âmbito desta ordem de alegações é que devam ser suscitadas as nulidades relativas havidas até o encerramento da instrução.

b) Nulidades ocorridas na fase posterior à pronúncia e antes do júri deverão ser invocadas logo depois de anunciado o julgamento e apregoadas as partes. Este raciocínio decorre da interpretação do art. 571, V, do CPP, que não restou prejudicado com a alteração legislativa ditada pela Lei 11.689/2008.

E se a nulidade relativa ocorrer na própria decisão de pronúncia? Neste caso, deverá o vício ser arguido mediante a interposição de recurso em sentido estrito contra essa decisão (art. 581, IV, do CPP), mesmo porque não podem as partes postular a anulação da decisão pelo próprio juiz que a proferiu, dependendo essa solução do pronunciamento de um órgão jurisdicional superior.

c) Nulidades verificadas no curso do julgamento pelo júri deverão ser suscitadas logo depois que ocorrerem. Aplica-se, *in casu*, o art. 571, VIII, do CPP. Exemplo de nulidade prevista no Código de Processo Penal sujeita a ocorrer no curso da sessão de julgamento é a que decorre da violação ao art. 478 do CPP, introduzido pela Lei 11.689/2008, que proibiu às partes de fazerem referência, durante os debates, *à decisão de pronúncia, às decisões posteriores que julgaram admissível a acusação ou à determinação do uso de algemas*, bem como *ao silêncio do acusado ou à ausência de seu interrogatório*. E qual a natureza dessa nulidade? Pensamos que deve ser considerada uma nulidade relativa, sujeita, portanto, à arguição oportuna e à demonstração de efetivo prejuízo para ser declarada. Logo, se o trecho da pronúncia referido aos jurados pelo Ministério Público ou pelo Defensor não possuir qualquer autoridade para interferir no convencimento íntimo dos jurados, não há razão para ser reconhecida a nulidade do julgamento, o qual poderá manter-se íntegro.

d) Nulidades ocorridas após a decisão de primeira instância deverão ser invocadas em preliminares de razões recursais ou logo depois de anunciado o julgamento da impugnação pelo tribunal competente e apregoadas as partes. Trata-se, aqui, da literalidade do art. 571, VII, do CPP. Ressalte-se que, conquanto o dispositivo em exame seja expresso às nulidades relativas *posteriores* à decisão de primeira instância, também as anteriores a essa decisão poderão integrar as preliminares das razões recursais, desde que, arguidas em tempo certo, não tenham sido atingidas pela preclusão. É o caso, por exemplo, de uma nulidade relativa suscitada perante o juiz-presidente no momento oportuno, não sendo, porém, acolhida por ele. Ora, nada impede que essa vertente seja trazida, agora, à apreciação do tribunal em preliminar da apelação interposta contra a sentença.

Por fim, é evidente que, também com base no art. 571, VII, poderão ser arguidas as nulidades da própria sentença, *v.g.*, a nulidade da sentença do juiz-presidente que não considera, na fixação da pena, determinada qualificadora reconhecida pelos jurados por ocasião da votação dos quesitos.

e) Nulidades no julgamento do recurso pelo tribunal competente deverão ser suscitadas logo depois que ocorrerem. Esta regra é extraída do art. 571, VIII, do CPP.

12.3.2. Nulidades relativas aos procedimentos comum e especiais

12.3.2.1. Considerações gerais sobre os procedimentos comum e especiais

Alterando as formas procedimentais do Código de Processo Penal, estabeleceu a Lei 11.719/2008 que o procedimento será **comum** ou **especial** (art. 394, *caput*).

O **procedimento comum**, que é aplicável, residualmente, às situações para as quais a lei não estipular procedimento especial, (art. 394, § 2.º), subdivide-se em:

- **Procedimento comum ordinário (art. 394, § 1.º, I)**: quando tiver por objeto crime cuja sanção máxima cominada for igual ou superior a quatro anos de pena privativa de liberdade;
- **Procedimento comum sumário (art. 394, § 1.º, II)**: quando tiver por objeto crime cuja sanção máxima cominada seja inferior a quatro anos de pena privativa de liberdade;
- **Procedimento comum sumaríssimo (art. 394, § 1.º, III)**: destinado às infrações penais de menor potencial ofensivo, na forma da lei.

Já os **procedimentos especiais** são aqueles previstos em lei para a apuração de determinadas espécies de crimes, podendo ser estabelecidos no âmbito do próprio Código de Processo Penal (rito do júri, crimes funcionais, crimes contra a honra e crimes contra a propriedade imaterial) ou em legislação extravagante (drogas, crimes falimentares, crimes eleitorais, lavagem de dinheiro etc.).

Pois bem, havendo diferentes formas procedimentais, conclui-se que a verificação do procedimento observado em cada caso é condicionante obrigatória para que seja estabelecido o tempo certo de arguição das nulidades relativas.

12.3.2.2. *Tempo máximo de arguição das nulidades relativas no rito ordinário (crimes cuja pena máxima cominada for igual ou superior a quatro anos de prisão)*

O procedimento comum ordinário é o rito padrão, cujas disposições são aplicadas aos demais procedimentos – sumário, sumaríssimo e especiais – de forma subsidiária (art. 394, § 5.º, do CPP).

Inicia-se esta modalidade procedimental com o oferecimento de denúncia ou queixa, que poderão ser rejeitadas liminarmente se ocorrentes as situações do art. 395 do CPP. Não sendo este o caso, o magistrado receberá a inicial e ordenará a citação do acusado para responder à acusação em dez dias. Na resposta, o acusado poderá arguir preliminares e alegar tudo o que interesse à sua defesa, oferecer documentos e justificações, especificar as provas pretendidas e arrolar testemunhas, qualificando-as e requerendo sua intimação, quando necessário (art. 396-A).

Apresentada a resposta, poderá o juiz absolver sumariamente o réu (art. 397) se verificar a existência manifesta de excludente de ilicitude, de excludente de culpabilidade (salvo a inimputabilidade) e de atipicidade do fato. A extinção da punibilidade, embora considerada uma causa de absolvição pelo art. 397, IV, evidentemente não possui essa natureza, podendo ser declarada em qualquer fase processual.

Não ocorrendo a absolvição sumária, o juiz designará dia e hora para a audiência, ordenando a notificação do acusado, de seu defensor, do Ministério Público e, se for o caso, do querelante e do assistente (art. 399). Nessa solenidade, que deverá ser realizada no máximo em 60 dias, serão ouvidos o ofendido, as testemunhas (até o máximo de oito para acusação e oito para defesa), prestados esclarecimentos pelos peritos, realizadas acareações e reconhecimentos, sendo, ao final, interrogado o réu (art. 400).

Encerrada a instrução, se não houver requerimentos de diligências ou se forem estes indeferidos, as partes procederão a alegações finais orais, proferindo o juiz, em seguida, sentença em audiência (art. 403). Sem embargo, faculta a lei ao juiz, considerando a complexidade do caso ou o número de acusados, conceder às partes o prazo de cinco dias sucessivamente para a apresentação de memoriais escritos no lugar das alegações orais. Vencido esse prazo, com ou sem a apresentação dos memoriais, os autos deverão retornar ao juiz, que terá o prazo de dez dias para proferir a sentença (art. 403, § 3.º).

Pois bem. Considerando esta disciplina introduzida ao rito comum ordinário pela Lei 11.719/2008, é conclusivo que, assim como ocorre em relação ao rito do júri, também aqui é necessário adaptar os momentos de arguição das nulidades relativas contemplados no art. 571, que passam a ser os seguintes:

a) Nulidades ocorridas até o encerramento da instrução deverão ser arguidas por ocasião das alegações finais orais a que alude o art. 403, *caput*, ou nos memoriais substitutivos referidos no § 3.º desse dispositivo. Na vigência da legislação anterior à edição da Lei 11.719/2008, era a fase das *alegações finais escritas*, então previstas no art. 500 do CPP, que consubstanciava o momento processual máximo para arguição de nulidades relativas no procedimento ordinário e nos procedimentos especiais que o adotassem (art. 571, II, do CPP). Considerando que tais alegações foram substituídas por *alegações finais orais*, deve-se entender que é no âmbito destas alegações que devem, agora, ser suscitadas as nulidades relativas havidas até o encerramento da instrução. Caso substituídas por memoriais escritos, conforme autorizado pelo art. 403, § 3.º, do CPP, nesta manifestação é que as nulidades até então ocorrentes deverão ser suscitadas.

b) Nulidades ocorridas após a decisão de primeira instância e antes do julgamento do recurso interposto deverão ser invocadas nas razões recursais ou logo depois de anunciado o julgamento da impugnação e apregoadas as partes. Trata-se da hipótese prevista no art. 571, VII, do CPP, possibilitando ao prejudicado arguir, como preliminar de razões recursais ou no momento do julgamento da impugnação, depois de apregoadas as partes, nulidades ocorridas após a prolação da sentença. Note-se que, apesar da limitação expressa no art. 571, VII, referindo-se apenas às máculas posteriores à decisão de primeiro grau, também as nulidades da própria sentença poderão ser ventiladas nas razões de recurso a título de preliminares.

c) Nulidades no julgamento do recurso pelo tribunal competente deverão ser suscitadas logo depois que ocorrerem. Isso decorre da previsão incorporada ao art. 571, VIII, do CPP, abrangendo toda a ordem de nulidades relativas que se perfaçam no curso da sessão de julgamento do recurso pelo órgão colegiado competente.

12.3.2.3. Tempo máximo de arguição das nulidades relativas no rito sumário (crimes cuja pena máxima cominada seja inferior a quatro anos de prisão)

Em razão do que dispõe o art. 394, § 4.º, aplicam-se ao *procedimento comum sumário* quase que as mesmas regras do *procedimento comum ordinário*, a saber: início do procedimento com denúncia ou queixa-crime; possibilidade de rejeição da inicial acusatória nas hipóteses do art. 395 do CPP; recebimento da denúncia ou queixa, sendo o caso; citação do acusado para resposta; oferecimento de resposta nos termos do art. 396-A; viabilidade de absolvição sumária na forma do art. 397; e, como etapa final, designação de audiência para colheita das provas orais (depoimento do ofendido, depoimento de testemunhas, esclarecimentos dos peritos, acareações, reconhecimento de pessoas ou coisas e interrogatório do réu), debates e julgamento. Logo, a diferença entre esses dois ritos consiste, apenas, nas seguintes:

- Prazo máximo de 30 dias para a realização de audiência (no procedimento ordinário esse prazo é de 60 dias);
- O número máximo de testemunhas será de cinco para cada parte (no procedimento ordinário esse número é de oito);
- Ausência de oportunidade para requerimento, na audiência, de diligências complementares pelas partes (ao contrário do que ocorre no procedimento ordinário, em que as partes, ao final da audiência, poderão requerer diligências cuja necessidade se origine de circunstâncias ou fatos apurados na instrução);
- Ausência de previsão legal quanto à substituição dos debates orais por alegações escritas (essa faculdade está prevista, unicamente, no rito ordinário).

Tendo em vista esta simetria entre os *procedimentos ordinário* e *sumário*, e considerando que as diferenças apontadas não afetam a ordem dos atos que os compõem, deflui-se que a adequação do art. 571, III, do CPP à nova forma do rito sumário conduz aos seguintes momentos de arguição das nulidades relativas:

a) Nulidades que ocorram até o encerramento da instrução deverão ser arguidas por ocasião dos debates a que alude o art. 531. Se os ritos ordinário e sumário apresentam sequência de atos semelhantes, não há razão para que se estabeleça, nesse último procedimento, tempo *intermediário* para arguição das nulidades relativas, qual seja o momento do início da audiência de instrução, tal como apregoa a literalidade do art. 571, III, 2.ª parte, do CPP. Na verdade, isto se justificava à época em que o rito sumário apresentava contorno diverso do atual, com realização do interrogatório antes da audiência de produção de prova oral e tramitação simplificada em relação ao procedimento ordinário. Portanto, na atualidade, é a fase dos *debates* que se seguem ao encerramento da instrução que deverá ser considerada o momento final para que as partes suscitem nulidades relativas até então ocorrentes, sob pena de preclusão.

b) Nulidades que ocorram após a decisão de primeira instância e antes do julgamento do recurso interposto deverão ser invocadas nas razões recursais ou logo depois de anunciado o julgamento da impugnação e apregoadas as partes (art. 571, VII). Assim como referimos no *item 12.3.2.2 – b* acerca do procedimento comum ordinário, também no rito sumário deve-se entender como possível a arguição, nas razões de recurso, das nulidades relativas que ocorram após a decisão de primeira instância e antes do julgamento do recurso interposto, bem como aquelas da própria sentença e até mesmo as anteriores a ela, desde que, nesse último caso, tenham sido invocadas em tempo oportuno, no curso do processo (não preclusas, portanto).

c) Nulidades no julgamento do recurso pelo tribunal competente deverão ser suscitadas logo depois que ocorrerem (art. 571, VIII). Trata-se das nulidades relativas que ocorram durante a sessão de julgamento levada a efeito pelo órgão colegiado do tribunal que estiver apreciando o recurso interposto.

12.3.2.4. *Tempo máximo de arguição das nulidades relativas nos procedimentos especiais que adotem as normas relativas ao procedimento ordinário*

Nos procedimentos que contenham, em sua disciplina, a referência às normas do rito ordinário, as nulidades relativas deverão ser arguidas nas mesmas oportunidades adequadas àquele rito (item *12.3.2.2*). É o caso, por exemplo, do rito dos crimes funcionais, tal como previsto nos arts. 517 e 518 do CPP, e do rito dos crimes contra a propriedade imaterial, consoante normatização do art. 524 do CPP do mesmo diploma legal, considerada, em ambos os casos, a fase posterior a recebimento da inicial acusatória.

12.3.2.5. *Observação quanto ao disposto no art. 571, IV, do CPP*

Estabelece esse dispositivo que as nulidades (relativas) ocorridas no processo regulado no Capítulo VII do Título II do Livro II do Código de Processo Penal deverão ser suscitadas logo depois de aberta a audiência. Prejudicada, contudo, esta regra, pois o procedimento a que se refere dizia respeito à aplicação de medida de segurança por fato não criminoso, hoje extinto.

12.3.2.6. *Atual exegese do art. 571, VI, do CPP*

Dispõe o art. 571, VI, do CPP que as nulidades (relativas) da instrução criminal, nos processos de competência originária do STF, deverão ser arguidas nos prazos a que se refere o art. 500 do CPP.

O dispositivo exige reinterpretação. Isso porque aos procedimentos de competência originária do STF e do STJ aplica-se o rito previsto na Lei 8.038/1990. Assim, nesses casos, a arguição das nulidades relativas deve ser feita no prazo do art. 11 da lei referida, que consagra o momento para alegações escritas naquele rito. Saliente-se, ademais, que o mesmo procedimento é aplicável aos crimes de competência originária dos Tribunais de Justiça e dos Tribunais Regionais Federais, pois a eles extensivo em razão do disposto na Lei 8.658/1993.

Esquema:

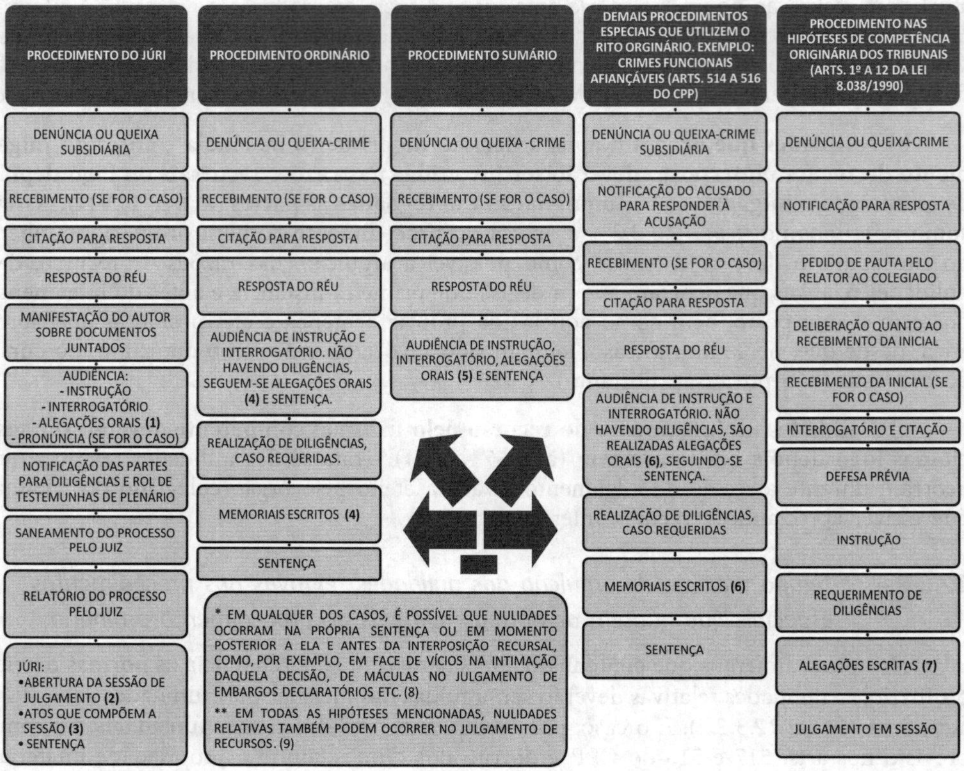

Com base no esquema e em apertada síntese da análise realizada no *item 12.3*, chega-se às seguintes conclusões no tocante ao tempo certo para arguição das *nulidades relativas* – sempre lembrando que, tangente às *nulidades absolutas*, é dispensável esse exame, pois estas não se sujeitam a regras temporais de provocação:

a) Nulidades relativas no procedimento do júri:

- Se ocorrerem até o término da instrução criminal, deverão ser invocadas nas alegações orais que antecedem a pronúncia, nos termos do art. 571, I – ver n. **(1)** no esquema.
- Se ocorrerem após a pronúncia e antes do júri, deverão ser alegadas depois de anunciado o julgamento e apregoadas as partes, conforme o art. 571, V – ver n. **(2)** no esquema.
- Se ocorrerem no curso do julgamento pelo júri, deverão ser alegadas logo após ocorrerem, consoante o art. 571, VIII – ver n. **(3)** no esquema.

b) Nulidades relativas no procedimento ordinário:

- Se ocorrerem até o encerramento da instrução criminal, deverão ser invocadas nas alegações orais ou em memoriais escritos, conforme a hipótese que ocorrer no caso concreto. Trata-se, neste caso, de interpretação do art. 571, II, à luz das alterações introduzidas ao procedimento ordinário pela Lei 11.719/2008 – ver n. **(4)** no esquema.

c) Nulidades relativas no procedimento sumário:

- Se ocorrerem até o encerramento da instrução criminal, deverão ser invocadas nas alegações orais. Trata-se, neste caso, de analogia à disciplina empregada para o procedimento ordinário, em vista da semelhança hoje existente entre este e o rito sumário – ver n. (5) no esquema.

d) Nulidades relativas nos procedimentos especiais que incorporem o rito ordinário:

- Se ocorrerem até o encerramento da instrução criminal, deverão ser invocadas nas alegações orais ou em memoriais escritos, conforme a hipótese que ocorrer no caso concreto. Afinal, se estivermos diante de procedimentos especiais que incorporem etapas do rito ordinário, nada mais natural do que as nulidades relativas serem invocadas em idênticas fases – ver n. **(6)** no esquema.

e) Nulidades relativas no procedimento de competência originária dos Tribunais dos Estados, dos Tribunais Regionais Federais e dos Tribunais Superiores (STJ e STF):

- Na redação do art. 571, VI, do CPP, pertinente ao revogado procedimento de apuração nos casos de competência originária do STF, contemplava-se as extintas alegações finais do art. 500 do CPP como prazo fatal para arguição das nulidades relativas. Hoje, sendo esse procedimento ditado pelos arts. 1.º a 12 da Lei 8.038/1990 (bem mais amplo, pois abrange as regras de competência originária não apenas do STF, mas também dos processos criminais iniciados perante o STJ, os Tribunais Regionais Federais e os Tribunais de Justiça dos Estados), deve-se considerar como sendo tal momento as alegações previstas no art. 11 daquela Lei que, dessa forma, substituem aquelas antes estabelecidas no art. 500. Ver, a propósito, n. **(7)** no esquema.

f) Nulidades relativas que ocorram na sentença ou em momento posterior a esta (independente do procedimento):

- Tal ordem de nulidades deverá ser suscitada nas razões de recurso, de acordo com o estabelecido pelo art. 571, VII, do CPP. Muito embora precitado dispositivo refira-se apenas aos vícios acontecidos *após a decisão de primeira instância*, nada impede, por óbvio, que abranja as nulidades surgidas no âmbito da própria sentença, mesmo porque, se não forem estas arguidas em preliminar de recurso, não haverá outro momento para que sejam invocadas. Ver n. **(8)** no esquema.

g) Nulidades relativas que ocorram durante as sessões de julgamento dos recursos interpostos:

- Nos termos do art. 571, VIII, devem ser invocadas logo depois de ocorrerem – ver n. **(9)** no esquema.

12.4. NULIDADE DE INQUÉRITO POLICIAL

O enfoque pertinente à impossibilidade de ser nulo o inquérito policial já foi por nós examinado neste livro no Capítulo 4. Na oportunidade, dissemos que, na medida em que se despe a sua confecção de formalidades sacramentais (a lei não estabelece um procedimento rigoroso para sua feitura) e sendo peça meramente informativa, não há de se cogitar de nulidade do inquérito policial como um todo.

Isto não significa, evidentemente, que uma determinada prova produzida no inquérito não possa vir a ser considerada nula. Nessa hipótese, porém, a *prova* é que será nula e não o *inquérito policial* no bojo do qual foi ela realizada.

Exemplos:

> *Considere-se que a perícia realizada na fase inquisitorial foi feita por peritos não oficiais desprovidos de curso superior. Em tal caso, em regra, tem sido reconhecido a nulidade do exame pericial em face da violação ao art. 159, § 1.º, do CPP, mas nem por isso o inquérito policial ficará integralmente contaminado.* **Atenção**: dissemos "em regra" porque, tratando-se de perícia singela, tem-se entendido que a ausência de curso superior importa em mera irregularidade, não maculando a perícia. É o caso, por exemplo, do exame de potencialidade lesiva de arma de fogo realizado por policiais nomeados. Ora, ainda que não tenha constado no laudo que possuem curso superior, é indiscutível que, na condição de policiais, têm estes a necessária habilitação técnica para constatar a eficácia de arma de fogo. Do mesmo modo, a aferição dos danos causados pelo arrombamento de uma porta para perpetração de furto na residência da vítima torna inexigível qualquer qualificação específica para sua realização, dado à natureza singela do exame. Em ambos os casos, portanto, a ausência de curso superior não vicia a perícia.
>
> *Outra situação é a realização do interrogatório do investigado sem a presença de seu advogado, em que pese tenha o causídico manifestado interesse em assisti-lo no ato. Neste caso, por incidência do art. 7.º, XXI, da Lei 8.906/1994, o interrogatório será nulo, assim como todas as provas que, direta ou indiretamente, dele sejam decorrência. Sobre o tema, remetemos o Leitor ao Capítulo 4, tópico 4.3, em que o abordamos com o necessário detalhamento.*

Ressalte-se, todavia, que, mesmo não podendo ser nulificado, um inquérito no qual as diligências investigatórias desobedeçam às formalidades legais perde muito de seu valor como fonte de convencimento do juiz. Tal circunstância, aparentemente irrelevante pelo fato de não poder o juiz, em regra, fundamentar-se unicamente na prova policial para condenar o réu (art. 155, *caput*, do CPP), pode acarretar sérios prejuízos à efetividade da Justiça se considerarmos que, por vezes, o inquérito é a única base de fundamentação do magistrado para determinadas decisões, *v.g.*, a decretação da prisão preventiva do indiciado na fase que antecede a instrução processual, a ordem de sequestro de bens, a determinação de diligência de busca e apreensão etc.

Acesse o
MATERIAL SUPLEMENTAR

Entre no Ambiente de Aprendizagem através das instruções contidas na orelha deste livro e acesse os conteúdos exclusivos desta edição:
- questões de concursos;
- videoaulas dos principais temas;
- mapas mentais;
- *ebook* de resumos de cada capítulo.

CAPÍTULO 13

Sentença Penal

13.1. CONSIDERAÇÕES GERAIS SOBRE OS ATOS JURISDICIONAIS

Lato sensu, os **atos jurisdicionais** são classificados em duas ordens:

- **Despachos de mero expediente:** aqueles destinados ao impulso do processo, sem qualquer carga decisória.
- **Decisões:** pronunciamentos que produzem sucumbência, destinados a resolver incidentes processuais ou pôr fim a processo.

Relativamente a essa última modalidade, diversas subclassificações têm sido formuladas pela doutrina. Apesar de algumas destas divisões terem por objetivo apenas sistematizar as decisões do juiz no contexto do processo penal, há situações em que a constatação da natureza do pronunciamento judicial é condição indispensável para que se possa definir o recurso cabível à hipótese concreta.

Dentre as principais classificações estabelecidas, destacam-se as seguintes:

a) Sentenças definitivas de condenação ou de absolvição, decisões interlocutórias simples e decisões interlocutórias mistas (terminativas ou não terminativas): consagrada pela doutrina e jurisprudência majoritárias, esta classificação possui importância fundamental quando se trata de definir o recurso cabível diante de uma determinada decisão judicial, em especial naquelas hipóteses em que a lei não é expressa a respeito.

- *Sentenças definitivas de condenação ou de absolvição:* são aquelas que põem fim ao processo, absolvendo ou condenando o réu, depois de esgotadas todas as etapas do procedimento.
- *Decisões interlocutórias:*
  - *Decisões interlocutórias simples:* são aquelas que resolvem incidentes processuais ou questões atinentes à regularidade do processo, sem extinguir o procedimento ou uma de suas etapas. *Exemplos*: Decretação da prisão preventiva, recebimento da denúncia, procedência da exceção de incompetência, desclassificação levada a efeito no procedimento do júri (art. 419 do CPP) etc.

- *Decisões interlocutórias mistas:* são aquelas que, julgando ou não o mérito, põem fim ao procedimento ou a uma de suas fases.
- *Interlocutórias mistas terminativas (ou decisões definitivas):* são as decisões que põem fim ao procedimento. *Exemplos*: rejeição da denúncia, impronúncia, procedência das exceções de coisa julgada e de litispendência, absolvição sumária[1] nas fases dos arts. 397 e 415 do CPP etc.
- *Interlocutórias mistas não terminativas (ou com força de definitivas)*: são as decisões que põem fim a uma etapa do rito. *Exemplo*: pronúncia, que extingue a primeira etapa do procedimento dos crimes dolosos contra a vida (*juditium acusationes*), dando início à segunda fase desse rito (*juditium causae*).

b) Decisões executáveis e não executáveis e condicionais: leva-se em conta, neste caso, a eficácia produzida pela decisão no sentido de admitir ou não sua execução imediata.

- *Decisões executáveis:* são aquelas que podem ser executadas imediatamente. *Exemplo*: a sentença absolutória proferida pelo juiz, que importa em imediata liberdade ao réu nos termos do art. 596 do CPP.
- *Decisões não executáveis:* são aquelas que, opostamente, não admitem execução imediata, condicionando-se ao trânsito em julgado. *Exemplos*: a sentença condenatória, pois a pena nela estabelecida não pode ser executada antes do respectivo trânsito em julgado sob pena de infringência ao princípio constitucional da presunção de inocência; a sentença que impõe medida de segurança, dispondo o art. 171 da Lei 7.210/1984 que somente depois de transitada em julgado será expedida a guia para a execução; e a decisão que extingue a medida de segurança, que, na disciplina do art. 179 da Lei 7.210/1984, apenas viabiliza a desinternação ou liberação do indivíduo após a preclusão ou o esgotamento de todas as vias recursais.

c) Decisões subjetivamente simples, subjetivamente plúrimas e subjetivamente complexas: esta forma de classificação considera a condição do órgão prolator:

- *Decisões subjetivamente simples:* são aquelas proferidas por apenas um órgão monocrático. *Exemplo*: a sentença do juiz singular que condena o réu.
- *Decisões subjetivamente plúrimas:* são aquelas que provêm de um órgão colegiado homogêneo, como câmaras, turmas, grupos e seções dos tribunais. *Exemplo*: acórdão que, julgando apelação da defesa, absolve o réu.
- *Decisões subjetivamente complexas:* são aquelas que resultam do pronunciamento de mais de um órgão. Exemplo clássico ocorre nos julgamentos afetos ao Tribunal do Júri, em que ao Conselho de Sentença incumbe decidir sobre o crime e sua autoria, e, ao Juiz que preside a sessão, fixar, em caso de condenação, a pena cabível, ou declarar sua absolvição caso assim decidam os jurados.

d) Decisões suicidas e decisões vazias: classificação sem qualquer finalidade prática, utilizada por alguns doutrinadores.

- *Decisões suicidas:* são aquelas em que o dispositivo (ou conclusão) não se coaduna com a fundamentação, sendo nulas caso não corrigidas mediante oportuna oposição de embargos declaratórios.

---

1 A absolvição sumária extingue o processo de forma incidental, vale dizer, antes de esgotadas todas as etapas do rito. Por isso, não é uma *sentença definitiva*, e sim uma *decisão interlocutória*.

- *Decisões vazias:* são aquelas que não incorporam a necessária fundamentação, infringindo o art. 93, IX, da CF e o art. 381, III e IV, do CPP. Trata-se de pronunciamentos absolutamente nulos, sem a possibilidade de correção ou saneamento.

e) **Decisões declaratórias, constitutivas positivas e constitutivas negativas:**

- *Decisões declaratórias:* são aquelas que se limitam a declarar uma situação jurídica preexistente. *Exemplos*: a decisão judicial que reconhece a extinção da punibilidade pela morte do réu, pela prescrição, pelo cumprimento das condições acordadas em transação penal etc.; e o pronunciamento do juiz que anula o processo penal em face da constatação de uma nulidade absoluta (lembre-se de que nestas, ao contrário das relativas, o ato existe, mas não é válido e nem eficaz, sendo essa a razão pela qual a nulidade absoluta é *declarada* e não *decretada*).
- *Decisões constitutivas positivas:* são aquelas que fazem surgir uma nova situação jurídica. *Exemplo*: a decisão concessiva da reabilitação criminal, que conduz o réu a um novo *status* – o de reabilitado.
- *Decisões constitutivas negativas:* são aquelas que importam em desconstituir um ato jurídico anterior, até então válido e eficaz. *Exemplo*: a Revisão Criminal é ação penal de natureza constitutiva negativa, porquanto o seu objeto é desfazer uma sentença com trânsito em julgado.

13.1.1. Despachos de mero expediente

Por despachos de mero expediente compreendem-se os atos ordinatórios do processo, ou seja, aqueles que têm por objetivo impulsioná-lo, relacionados ao cumprimento das várias etapas que integram cada procedimento legalmente previsto. *Exemplos:* determinação de que seja o réu citado, de que sejam intimadas testemunhas arroladas, vista às partes para que se manifestem sobre desistência de testemunhas, aprazamento de audiências etc.

Tratando-se de manifestações sem carga decisória, caracterizam-se pela **irrecorribilidade, muito embora possam ensejar correição parcial** pelo prejudicado se forem exarados ao arrepio da lei. Afinal, não se pode ignorar que os despachos objetivam *ordenar* a sequência de atos do procedimento, de forma a permitir que o processo alcance sua última etapa, que é a sentença. Se, em vez de por *ordem aos atos* do processo, os despachos exarados pelo juiz importarem em *inversão na ordem desses atos,* provocando tumulto processual, surge o fenômeno chamado de inversão tumultuária, que é um dos móveis do pedido correicional. Lembre-se de que a correição parcial, em princípio, não possui natureza recursal, mas, sim, de uma medida de caráter administrativo-disciplinar oponível contra atos de magistrado praticados por *error in procedendo* (erro de procedimento) ou abuso de poder.

13.1.2. Sentenças definitivas de condenação ou de absolvição

Também chamadas de sentenças *stricto sensu*, estes atos encontram-se em extremo oposto aos despachos de mero expediente. Possuem carga decisória plena (julgam o mérito da causa em todos os seus aspectos) e importam na condenação ou na absolvição do réu depois de esgotadas todas as etapas procedimentais previstas em lei. *Condenatórias* são as que acolhem o pedido formulado na inicial acusatória, aplicando ao réu uma pena (privativa da liberdade, restritiva de direitos ou multa). Por outro lado, quanto às *absolutórias*, podem ser *próprias*, como tais consideradas aquelas que julgam improcedente a acusação inserida na ação penal, importando em reconhecimento da inocência do réu ou da ausência de comprovação de sua responsabilidade criminal pelo fato imputado; ou, *impróprias*, que são as que absolvem o réu com imposição medida de segurança em razão do reconhecimento da sua inimputabilidade total ao tempo do fato (art. 386, VI, 2.ª parte, e parágrafo único, III, do CPP).

É preciso ter em mente que nem toda *decisão absolutória* caracteriza-se como *sentença "stricto sensu"*, subtraindo-se desta classificação a decisão que, em julgamento antecipado do processo, absolve sumariamente o réu com fundamento nos arts. 397 (procedimento comum) ou 415 (procedimento do júri) do CPP. É que, apesar de absolutória, essa decisão surge incidentalmente ao processo, vale dizer, acarreta sua extinção antes de esgotadas todas as etapas previstas em lei para o respectivo procedimento. Logo, não possui natureza de *sentença "stricto sensu"*, em que pese tenha sido impropriamente tratada como tal (assim como a impronúncia) no art. 416 do CPP.

Quanto ao órgão de que emanam, as sentenças definitivas de condenação ou absolvição poderão ser exaradas pelo juiz singular no julgamento dos crimes de sua própria competência ou pelo juiz-presidente do Tribunal do Júri a partir de deliberação levada a efeito pelos jurados.

Na medida em que geram sucumbência a uma das partes ou até mesmo a ambas (sucumbência recíproca), as sentenças sempre poderão ser impugnadas. Em regra, o recurso cabível será a **apelação** (art. 593, I e III, do CPP). Entretanto, existe uma hipótese de sentença que não admite apelação, qual seja, a que decide imputação de crime político[2], pois, neste caso, a própria Constituição Federal refere ser cabível **recurso ordinário constitucional para o Supremo Tribunal Federal**, *ex vi* do art. 102, II, *b* (v. Capítulo 14, tópico 14.17.1).

13.1.3. Decisões interlocutórias

As decisões interlocutórias integram uma classificação intermediária entre os despachos de mero expediente e as sentenças propriamente ditas. Possuem carga decisória, podendo acarretar ou não a extinção do processo, conforme o caso. Em termos de regra geral e para facilitar sua identificação, é possível afirmar que, no processo de conhecimento, o enquadramento de uma determinada manifestação judicial como *decisão interlocutória* ocorre de forma residual, ou seja, deve-se considerar como tais os pronunciamentos que não possam ser enquadrados nem como *despachos de mero expediente* e nem como *sentenças "stricto sensu"*.

Há duas ordens de decisões interlocutórias:

a) Decisões interlocutórias simples: constituem a maioria das decisões judiciais e destinam-se a solucionar incidentes que venham a surgir antes da sentença, sem, porém, acarretar qualquer extinção, seja do processo, seja de uma fase do respectivo procedimento. *Exemplos*: decretação da prisão preventiva, concessão de liberdade provisória, relaxamento da prisão em flagrante, deferimento ou indeferimento da habilitação do assistente de acusação, desclassificação (art. 419 do CPP), recebimento da denúncia e da queixa-crime etc. Esta forma de pronunciamento judicial é impugnável por meio de **recurso em sentido estrito**,

---

[2] Os crimes políticos estavam contemplados na Lei 7.170/1983 – a chamada Lei de Segurança Nacional. Diante da revogação expressa desse diploma pela Lei 14.197, de 1.º.09.2021, que inseriu no Código Penal os Crimes Contra o Estado Democrático de Direito (arts. 359-I a 359-R), estas são as condutas que tipificam, agora, os crimes políticos. A competência para o julgamento destes delitos é exclusiva da Justiça Federal, consoante dispõe o art. 109, IV, da Constituição Federal.

quando houver previsão legal dessa via impugnativa para o caso concreto em análise. Não havendo possibilidade de ingresso desse recurso, poderá ser atacada por meio de *habeas corpus*, mandado de segurança ou correição parcial, que não possuem natureza recursal. A título de ilustração, ressalta-se que, nos exemplos citados, o *relaxamento da prisão em flagrante* é decisão contra a qual existe previsão de recurso em sentido estrito, podendo ser impugnado por meio dessa via (art. 581, V, do CPP). Já o *indeferimento da habilitação do assistente* é decisão que não possui previsão legal *expressa* de um recurso para impugná-lo, dispondo, inclusive, o art. 273 do CPP que se trata de decisão irrecorrível. Não obstante, é consolidado o entendimento de que tal decisão pode ser atacada via mandado de segurança.

b) Decisões interlocutórias mistas: são pronunciamentos do juiz que ocorrem antes da sentença final, possuindo, obviamente, carga decisória. Diferenciam-se das decisões interlocutórias simples porque, ao contrário destas, acarretam a extinção do processo (provocando o respectivo arquivamento) ou a extinção de uma fase do procedimento criminal. Produzindo sucumbência, serão sempre impugnáveis. **O recurso cabível nesta ordem de decisões é o recurso em sentido estrito, desde que haja previsão legal. Não havendo, serão sempre apeláveis, com fundamento no art. 593, II, do CPP.** Subclassificam-se as decisões interlocutórias mistas em:

- **Decisões interlocutórias mistas terminativas:** também chamadas de *decisões definitivas*, são aquelas que, conquanto não possuam natureza de sentença, acarretam a extinção do processo ou do procedimento. *Exemplos:* rejeição da denúncia, não recebimento da queixa, acolhimento das exceções de ilegitimidade de parte, coisa julgada e litispendência, absolvição sumária[3] (arts. 397 e 415 do CPP), impronúncia[4] (art. 414 do CPP) etc.
- **Decisões interlocutórias mistas não terminativas:** também chamadas de *decisões com força de definitivas*, são as que, a despeito de não acarretarem a extinção *do processo*, extinguem uma etapa do procedimento. A respeito, o *único exemplo aceito* pela unanimidade da doutrina *é a pronúncia*, que encerra a primeira etapa do procedimento do júri (*juditium acusationes*) e inaugura a segunda fase (*juditium causae*). Compreendemos, porém, que também podem enquadrar-se nesta classificação as decisões que rejeitam as defesas preliminares (antes do recebimento da denúncia ou da queixa) previstas em algumas formas procedimentais, já que nestes casos a decisão do magistrado que desacolhe a defesa oferecida e recebe a denúncia está extinguindo uma fase *do procedimento (a fase da defesa preliminar) e dando início a outra (o início do processo penal propriamente dito). Exemplos:* desacolhimento da defesa preliminar prevista no art. 514 do CPP em relação aos crimes funcionais afiançáveis imputados a funcionários públicos; desacolhimento da defesa prévia prevista no art. 55 da Lei 11.343/2006 em crimes relacionados a drogas; e desacolhimento da defesa preliminar prevista no art. 81 da Lei 9.099/1995.

Segundo parte da doutrina, as decisões interlocutórias não importam em qualquer manifestação quanto a aspectos de mérito. A afirmação, contudo, não procede. Não há a menor relevância para que se classifique uma decisão como *interlocutória* no fato de haver

---

3 Impropriamente chamada de *sentença* no art. 416 do CPP.

4 V. nota anterior.

ou não abordagem de aspectos relativos ao mérito. Isso porque não é apenas na sentença condenatória e na sentença absolutória que há exame meritório. Tal ocorre, em verdade, cada vez que o magistrado, para decidir, necessita adentrar, ainda que superficialmente, em questões relativas à autoria, à materialidade, à tipicidade, à presença de qualificadoras etc. Veja-se:

1. *Desclassificação operada no procedimento dos crimes dolosos contra a vida* (art. 419 do CPP): trata-se de **decisão interlocutória simples**, embora envolva prejulgamento de mérito, pois de outro modo não poderia o juiz afirmar que o crime imputado não é doloso contra a vida e, portanto, desclassificá-lo para outro, encaminhando o processo ao juízo comum.
2. *Absolvição sumária* (arts. 397 e 415 do CPP): trata-se, como vimos antes (*item 13.1.3*), de **decisão interlocutória mista terminativa**, pois extingue o processo e absolve o réu em julgamento antecipado do processo (por isso não é sentença *stricto sensu*). E, inequivocamente, adentra em aspectos de mérito, por exemplo, quando reconhece a presença inequívoca de causa excludente de ilicitude.
3. *Pronúncia* (art. 413 do CPP): trata-se de **decisão interlocutória mista não terminativa**, já que apenas extingue uma fase do procedimento do júri. Sem embargo, essa decisão efetua prejulgamento de mérito ao afirmar a existência de indícios de autoria e de prova da materialidade do crime, manter ou afastar qualificadoras etc.
4. *Não recebimento da denúncia em face da ausência de requisitos formais:* trata-se de **decisão interlocutória mista terminativa**, a qual, todavia, não importa em qualquer enfrentamento de mérito, já que se limita a desacolher a inicial por considerá-la inepta, *v.g.*, pela precária individualização do acusado.

Em todos esses exemplos, as decisões foram classificadas como *interlocutórias*, sem embargo de não ocorrer o enfrentamento de mérito em apenas uma delas. Isso demonstra que é absolutamente equivocado o entendimento de que nessa espécie de decisão não há qualquer análise meritória.

13.1.4. Identificação da natureza dos pronunciamentos judiciais

Visando-se facilitar a compreensão do tema, pode-se concluir que a identificação de um pronunciamento judicial como *despacho de mero expediente*, *decisão interlocutória* ou *sentença* pode ser facilmente realizada pelo critério da residualidade. Basta que se façam, pela ordem, os seguintes questionamentos:

1) Trata-se de um mero comando de impulso processual? Em caso positivo, haverá **despacho de mero expediente**.
2) Trata-se de uma decisão condenatória ou absolutória proferida pelo magistrado após esgotar todas as fases do procedimento? Em caso positivo, haverá **sentença**.
3) Trata-se de uma decisão que, não sendo despacho nem sentença, põe termo ao processo, importando em seu arquivamento? Em caso positivo, haverá **decisão interlocutória mista terminativa**.
4) Trata-se de uma decisão que, não sendo despacho nem sentença, põe termo a uma fase do processo, dando início a outra, sem importar em seu arquivamento? Em caso positivo, haverá **decisão interlocutória mista não terminativa**.

Esquema:

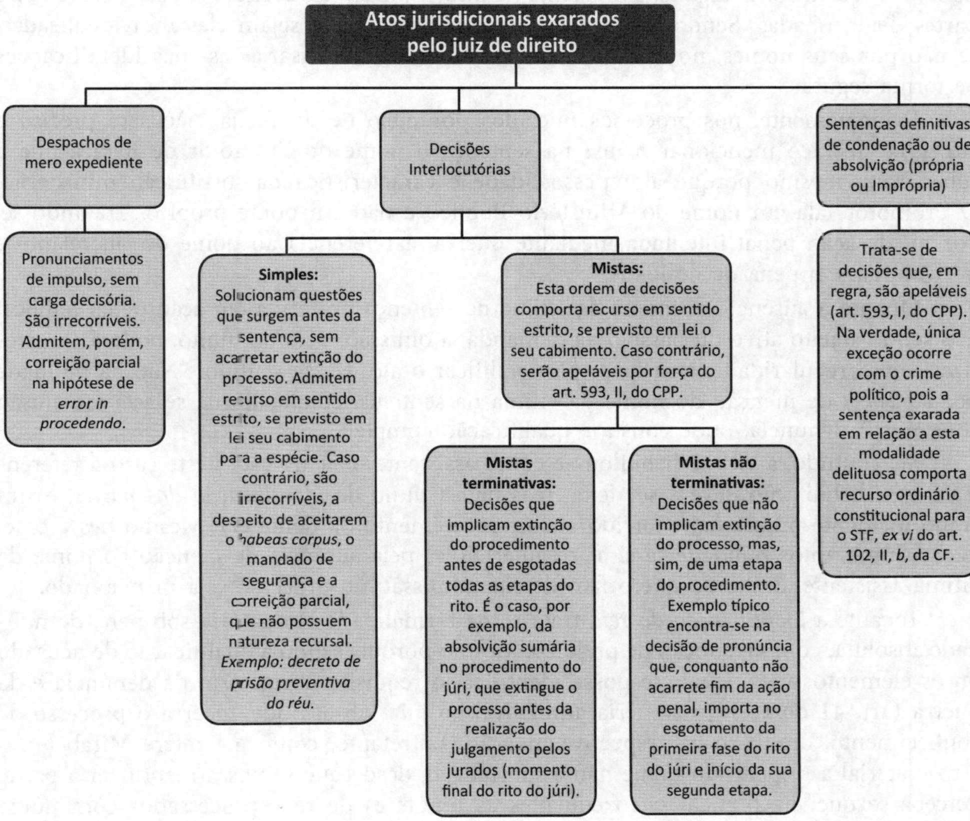

13.2. SENTENÇAS DEFINITIVAS DE CONDENAÇÃO OU DE ABSOLVIÇÃO: REQUISITOS FORMAIS

O Código de Processo Penal, no art. 381 e seguintes, disciplina os requisitos formais da sentença penal. A ausência dessas formalidades torna viciada a decisão, sendo que a natureza dessa mácula pode oscilar de uma simples irregularidade até a inexistência do ato, dependendo do caso concreto.

13.2.1. Relatório

Trata-se do primeiro requisito obrigatório da sentença criminal, encontrando-se previsto, implicitamente, no art. 381, I e II, do CPP, quando dispõem que a sentença conterá "os nomes das partes ou, quando não possível, as indicações necessárias para identificá-las" e "a exposição sucinta da acusação e da defesa". Em linhas gerais, o relatório consiste no resumo das principais etapas do procedimento e dos incidentes que, eventualmente, tenham sido suscitados ou resolvidos no curso do processo.

Ressalvada a hipótese prevista no art. 81, § 3.º, da Lei 9.099/1995, que dispensa o relatório nas sentenças do Juizado Especial Criminal, a ausência dessa formalidade é causa de *nulidade absoluta* da sentença, já que se trata de formalidade essencial do ato (art. 564, IV, do CPP).

A exigência de **identificação das partes**, prevista no art. 381, I, do CPP, justifica-se no fato de que a coisa julgada, consistente na imutabilidade da decisão, apenas ocorre entre partes determinadas. Sendo assim, há a necessidade de que sejam elas individualizadas, se não por seus nomes, no mínimo com as indicações necessárias às suas identificações de forma segura.

Evidentemente, nos processos iniciados por meio de denúncia, não será preciso e até seria atécnico mencionar o juiz na sentença o nome do Promotor de Justiça que a subscreveu, mesmo porque a impessoalidade é característica da instituição ministerial. O Promotor fala em nome do Ministério Público e não em nome próprio. Tratando-se, porém, de ação penal intentada mediante queixa, a referência ao nome do querelante é obrigatória, sob pena de nulidade.

Quanto à ausência do nome da vítima na sentença proferida em ação penal pública, não sendo sujeito ativo ou passivo da demanda, a omissão, quando muito, poderá caracterizar uma irregularidade, sem força para nulificar o ato. Nesse sentido: "Não há nulidade por ausência de menção do nome da vítima na sentença condenatória, se esta faz alusão constante à denúncia, onde consta a qualificação completa[5].

Se, contudo, a vítima habilitou-se como assistente de acusação, neste caso a referência a essa habilitação deverá ser feita, mas não a título de *identificação das partes,* e sim como incidente processual ocorrido após o recebimento da denúncia. Mesmo nesse caso, não vislumbramos nulidade (e sim irregularidade) pela ausência de menção ao nome da vítima-assistente, bastando que o fato de sua admissão no processo seja mencionado.

Tocante à *identificação do réu*, trata-se de formalidade obrigatória sob pena de nulidade absoluta, com presunção de prejuízo. Mesmo porque, sendo a qualificação do acusado ou os elementos pelos quais se possa identificá-lo requisito obrigatório da denúncia e da queixa (art. 41 do CPP), não seria admissível ao juiz, no ato que encerra o processo de conhecimento, omitir-se na respectiva menção. Entretanto, conforme refere Mirabete[6], o erro material a respeito do nome não é substancial, desde que se possa identificar a parte. Perceba-se que, na prática, são frequentes as hipóteses de réus processados com nome falso, não importando esta situação em nulidade quando não houver dúvida de que a pessoa acusada é, fisicamente, aquela contra quem se pretendeu imputar o fato criminoso.

Por outro lado, relativamente à exigência de **exposição sucinta da acusação e da defesa**, consiste na referência, pelo magistrado, às teses acusatórias e defensivas suscitadas no processo, importando a ausência, mais uma vez, em causa de nulidade. Não é necessário, para fins de cumprir esta exigência legal, que o relatório seja minucioso quanto à referência às teses das partes, sendo suficiente que ao delinear as fases do procedimento criminal faça menção aos argumentos por elas deduzidos perante o juiz. E se, ausente menção às teses das partes no relatório, forem estas apreciadas na fundamentação? Segundo o princípio *pas de nullité sans grief*, evidenciado no art. 563 do CPP, não há que se falar em declaração de nulidade se não estiver concretamente demonstrado o prejuízo. Assim, afasta-se a mácula de nulidade se, mesmo existente o defeito no relatório, o *decisum* analisa em seu bojo a prova coletada em face dos argumentos oferecidos pelos interessados.

13.2.2. Motivação

A motivação é requisito geral das decisões judiciais, decorrendo de previsão inserida na própria Constituição Federal (art. 93, IX, da CF). Em nível de legislação infraconsti-

5 STJ, HC 89.324/PE, *DJ* 03.03.2008.

6 MIRABETE, Júlio Fabbrini. *Processo penal*. 18. ed. São Paulo: Ed. Atlas, 2006. p. 486.

tucional, muito especialmente no que se refere às *sentenças definitivas de condenação e de absolvição*, a exigência de fundamentação encontra-se tipificada no art. 381 do CPP, mais precisamente nos incisos III e IV desse dispositivo.

Consiste a motivação no raciocínio lógico realizado pelo juiz a partir do contexto probatório inserido ao processo. Certo que o art. 155 do CPP estabelece que o juiz formará sua convicção pela livre apreciação da prova produzida sob o contraditório judicial, mas isto não significa que esteja dispensado de justificar suas posições. Tem liberdade para decidir, explicitando, porém, os respectivos motivos.

Na verdade, julgamentos despidos de motivação apenas são admitidos quando se tratar de questões afetas ao Tribunal do Júri, já que, neste caso, os juízes, que são os jurados, decidem pela íntima convicção, sem se atrelar, necessariamente, aos elementos de convicção angariados ao processo. Tanto é assim que a apelação contra decisões do Tribunal do Júri sob o fundamento de que o veredicto foi manifestamente contrário à prova dos autos é cabível apenas uma vez, não podendo ser novamente deduzida caso, em novo julgamento, tornem os jurados a decidir contra a prova carreada ao processo (art. 593, III, *d*, e § 3.º, do CPP).

A motivação deverá abranger tanto as *matérias de fato* relativas à autoria e à materialidade como as *matérias jurídicas* que constituem as teses de acusação e defesa. Além disso, devem ser indicados os dispositivos de lei incidentes no caso concreto. A ausência dessa indicação implica em nulidade absoluta da decisão, salvo se, apesar de não mencionados expressamente tais artigos, houver referência implícita a eles. *Exemplo:*

> Considere-se que, na sentença condenatória, embora não faça menção expressa ao art. 17 do Código Penal, afaste o juiz a tese de crime impossível arguida pela defesa salientando que, no seu entendimento, sendo eficaz o meio empregado na prática delituosa e adequado o objeto utilizado, o crime poderia ter se consumado.

Como se vê, nesta hipótese, o silêncio da decisão quanto ao art. 17 do Estatuto Repressivo não acarretou qualquer prejuízo à defesa, já que o teor desse dispositivo foi examinado pelo juiz frente à situação concreta tratada nos autos. Daí por que não se há cogitar de nulidade da sentença proferida. Lembre-se de que as nulidades absolutas, assim como as relativas, exigem comprovação do prejuízo. Não havendo prejuízo, não se declara a nulidade.

A exigência de fundamentação na sentença não importa em obrigar o juiz a manifestar-se, de forma direta e expressa, em relação a todas as ponderações das partes. Obviamente, devem ser examinadas todas as teses apresentadas pela acusação e defesa, sob pena de nulidade. Tal análise, contudo, pode ser feita contextualmente, sem a necessidade de resposta individualizada a todos os argumentos. Esse é o entendimento dominante na visão dos tribunais, compreendendo-se que, "para cumprir a determinação constitucional de fundamentação das decisões judiciais, é desnecessário que o Magistrado transcreva ou responda a toda sorte de alegações suscitadas no transcorrer do processo penal, bastando que examine as circunstâncias fáticas e jurídicas relevantes, podendo, na fundamentação, apresentar tese contrastante com aquela defendida pelas partes, valer-se da doutrina e da jurisprudência, além, por óbvio, das provas produzidas, desde que fique claro, em sua exposição, as razões que embasaram o seu convencimento"[7]. Na esteira desse raciocínio, pode-se concluir, então, que a exigência de fundamentação não significa, necessariamente, **motivação extensa**, sendo lícito ao juiz justificar suas decisões objetivamente, bastando que externe as razões de seu convencimento, de forma a permitir que a defesa possa apresentar argumentos contrários em eventual impugnação que venha a propor.

7 STJ, HC 89.324/PE, *DJ* 03.03.2008.

Questão importante no enfoque da motivação da sentença refere-se à denominada **fundamentação *ad relationem* (ou *per relationem*)**. Trata-se da hipótese em que o juiz, na sentença (e isso também se estende aos acórdãos proferidos pelos tribunais), deixa de utilizar fundamentação de sua lavra para acolher *manifestação das partes* ou o teor de outra decisão judicial. Quanto à validade das decisões emanadas do Poder Judiciário utilizando-se dessa forma de fundamentação, há duas orientações:

> ***Primeira:*** Não há vedação a que utilize o Poder Judiciário de motivação *ad relationem*. Trata-se do entendimento majoritário, ao qual também aderimos. **Mas cuidado**: admitir esta forma de fundamentação não importa autorizar a mera referência à decisão tomada como fundamento do *decisum*. Não basta, enfim, para suprir a exigência constitucional de fundamentação das decisões judiciais, a simples transcrição, por exemplo, de parecer do Ministério Público. É necessário que sejam apontados, de forma expressa, quais os excertos do decisório foram invocados para afastar as teses recursais[8].
>
> ***Segunda:*** O emprego da fundamentação *ad relationem* é inconstitucional, afrontando o disposto no art. 93, IX, da CF. Neste sentido, observa Magalhães Gomes que tal prática, "além de não atender a apontada exigência de legitimidade, transferindo o ônus de motivar a sujeito diverso, também pode comprometer um dos objetivos processuais da motivação, que é assegurar a imparcialidade da decisão, pois não é certo que as próprias razões do provimento sejam dadas por uma das partes"[9].

Por fim, cabe ressaltar que a sentença deve se ater ao objeto do processo, não podendo implicar em julgamento *citra petita, ultra petita* ou *extra petita:*

> ***Sentença citra petita*** é aquela que não analisa todos os fatos articulados na denúncia ou na queixa. Embora seja nula, é possível o saneamento da omissão mediante a oposição de embargos declaratórios. Caso estes não sejam opostos, restará ao prejudicado alegar em preliminar de apelação a nulidade integral da sentença, buscando a sua cassação para que outra seja proferida pelo magistrado de 1.º Grau.
>
> **Sentença *ultra petita*** é aquela que vai além do que consta no pedido formulado pelo autor (*v.g.*, condenando por roubo e estupro indivíduo acusado apenas do primeiro desses crimes). Tal decisão será absolutamente nula na parte em que extrapolar a imputação.
>
> **Sentença *extra petita*** *é* aquela que reconhece objeto de natureza diversa à daquele requerido na inicial (*v.g.*, condenando por furto o indivíduo acusado de estelionato). Esta modalidade decisória é absolutamente nula, não sendo possível saná-la nem mesmo por embargos de declaração, pois não se trata, neste caso, de omissão do *decisum*, mas de flagrante desobediência ao princípio da correlação entre o fato imputado e a decisão judicial.

13.2.3. Dispositivo

Como terceiro requisito da sentença, surge o *dispositivo* (art. 381, V, do CPP). Trata-se da conclusão da sentença, isto é, o momento em que, levando em consideração o raciocínio lógico realizado na etapa anterior, o julgador condena ou absolve o réu, indicando os respectivos dispositivos legais.

Nesta fase, tratando-se de *sentença condenatória*, deverá o juiz consignar o tipo legal (artigo de lei) em que inserida a conduta criminosa pela qual está sendo responsabilizado o réu. A falta dessa indicação é causa de nulidade, que, todavia, estará sanada se tiver sido feita referência ao *nomen iuris* do crime.

---

8 STJ, AgRg no RHC 59.762/RS, *DJ* 10.09.2016.

9 *A motivação das decisões penais*. São Paulo: RT, 2001, p. 201-202.

Já na *sentença absolutória*, impõe-se ao magistrado declinar o respectivo fundamento dentre os incorporados aos arts. 386, 397 ou 415 do CPP, *v.g.*, a atipicidade da conduta, a ausência de provas de autoria, o agir sob o amparo de excludente de ilicitude etc. Esta referência é importante pelo fato de que, em determinadas hipóteses, a sentença penal absolutória elide a obrigação de indenizar, assegurando-se ao réu absolvido a certeza de que contra si não poderá ser intentada ação de reparação de danos pelo ofendido. Isto ocorre nas hipóteses previstas nos arts. 65 do CPP e 935 do Código Civil, o primeiro tratando da decisão que reconhece ter sido o fato praticado ao abrigo de excludentes de ilicitude, e o segundo, da hipótese em que a sentença penal considera provada a inexistência do fato imputado ou provada a circunstância de não ter o réu concorrido para a prática da infração penal[10]. Perceba-se que a falta de menção, na sentença absolutória, ao inciso dos arts. 386, 397 ou 415 do CPP, no qual ela se sustenta, não implicará nulidade se, pelo teor de sua motivação, for possível deduzir, com certeza, qual seja esse fundamento. Incide, neste caso, o princípio geral de que nenhuma nulidade será declarada se não houver causado prejuízo a qualquer das partes (art. 563 do CPP).

13.2.4. Autenticação

Consiste no quarto requisito da sentença (art. 381, VI, do CPP), correspondendo à aposição da assinatura do juiz. A sua falta torna a sentença **inexistente**, pois é a subscrição pelo julgador que lhe confere autenticidade.

Quando proferida oralmente em audiência, muitas vezes a sentença é registrada pelo método da estenotipia ou gravada por sistemas de informática. Nestas hipóteses, o pronunciamento somente terá valor como decisão judicial no momento em que o juiz, após conferência e revisão, assiná-la.

Outra formalidade é a rubrica pelo juiz em todas as folhas da sentença, nos termos do art. 388 do CPP. Reputamos, todavia, como simples irregularidade a ausência desta rubrica, mesmo porque o STJ já decidiu pela irrelevância de sua falta, considerando, para tanto, que "a interpretação jurídica não pode prender-se a dados formais secundários"[11].

13.3. ESGOTAMENTO DA INSTÂNCIA COMO EFEITO DA SENTENÇA PENAL ABSOLUTÓRIA E DA SENTENÇA PENAL CONDENATÓRIA

O **esgotamento da instância** é efeito genérico da sentença, seja ela absolutória ou condenatória. Quer dizer que, uma vez proferida, não mais poderá ser modificada pelo seu prolator, salvo nos seguintes casos:

a) Para correção de **erros materiais**, caso em que a alteração do *decisum* pode ocorrer até mesmo *ex officio*. Note-se que o conceito de erro material apenas abrange a inexatidão quanto a aspectos objetivos, não resultantes de entendimento jurídico, como um cálculo errado, a ausência de palavras, a digitação errônea e hipóteses similares. Assim, prolatada regularmente uma sentença, não será possível ao próprio juiz, sob o manto do *erro material*, quebrar o devido processo legal e mudar a essência do decidido em aspectos relativos ao mérito, por exemplo. Nem mesmo nulidades absolutas, que, como regra, admitem reconhecimento *ex officio*, poderão ser declaradas pelo juiz após o esgotamento da instância.

---

10 Ver Capítulo 6 deste livro, em que tratamos das situações de absolvição criminal que produzem coisa julgada cível.

11 STJ, RHC 3.155/SP, *DJ* 08.11.1993.

b) Com vistas ao suprimento ou esclarecimento de omissões, obscuridades, contradições ou ambiguidades, quando tiverem sido opostos embargos declaratórios, nos termos autorizados pela lei processual.

c) Na hipótese de interposição de recurso com efeito regressivo, isto é, recurso que permita ao prolator retratar-se da decisão recorrida antes do encaminhamento ao Órgão competente para seu julgamento na instância superior, a exemplo do que ocorre com o recurso em sentido estrito (art. 589 do CPP).

13.4. SENTENÇA PENAL ABSOLUTÓRIA

13.4.1. Fundamentos da absolvição

A sentença absolutória é aquela que julga improcedente a acusação por qualquer das razões mencionadas no art. 386 do CPP, quais sejam:

I. Estar provada a inexistência do fato: nesta situação, o juiz criminal constata a partir da prova coligida ao processo que o fato imputado na denúncia ou queixa evidentemente não ocorreu. Esta modalidade de absolvição, consoante a regra do art. 935 do Código Civil, faz coisa julgada no cível, afastando a possibilidade de ingresso posterior de ação de reparação dos danos supostamente causados com a infração penal.

II. Não haver prova da existência do fato: trata-se da hipótese em que não foi comprovada a materialidade ou a existência do fato imputado. Este fundamento da sentença não produz qualquer reflexo na esfera cível, sendo possível, a despeito da absolvição operada no juízo criminal, acionar o ofensor no juízo cível visando ao pagamento de indenização. Tal ausência de reflexo civil decorre, primeiramente, da circunstância de que o art. 935 do CC apenas proíbe a dedução de ação civil de indenização quando a questão afeta à inexistência do delito tiver sido *decidida* na esfera penal. Ora, se a absolvição penal fundamentou-se na ausência de provas de ocorrência do fato típico, é porque não *decidiu* sobre a inexistência do fato, apenas afirmando que não há provas de que este tenha efetivamente ocorrido. Em segundo lugar, há que se referir, também, a regra expressa do art. 66 do CPP, dispondo que "não obstante a sentença absolutória no juízo criminal, a ação civil poderá ser proposta quando não tiver sido, categoricamente, reconhecida a inexistência material do fato".

III. Não constituir o fato infração penal: trata-se do reconhecimento da atipicidade da infração descrita na inicial. Em princípio, também nesta espécie de absolvição criminal não haverá qualquer efeito civil sobre a obrigação de indenizar, que poderá ser normalmente discutida no juízo cível por meio da ação própria. Contudo, no caso de imputação de crime culposo, levando em conta que tanto na esfera penal quanto na órbita civil externa-se a culpa por meio do agir *imprudente, negligente* ou *imperito*, entendemos que se o indivíduo for absolvido no processo criminal sob o fundamento de que está comprovado que sua conduta não se enquadrou em qualquer daquelas formas de comportamento, a absolvição criminal também deve refletir no cível. Isso porque, nesse caso, as razões da atipicidade criminal terão sido as mesmas da atipicidade civil, quais sejam, ausência de imprudência, negligência ou imperícia, implicando paradoxo jurídico pensar que possa o juízo criminal afastar peremptoriamente a culpa e que, malgrado esta situação, possa a mesma culpa ser reconhecida no campo da responsabilidade civil pela obrigação de indenizar.

IV. Estar provado que o réu não concorreu para a infração penal: trata-se de motivo de absolvição incorporado pela Lei 11.690, de 9 de junho de 2008, ao modificar a redação do art. 386 do CPP. Anteriormente, previa-se neste inciso apenas a absolvição pela inexistência de provas de ter o réu concorrido para a infração penal, situação esta que, agora, foi relegada ao inciso V. Esta distinção realizada pelo legislador releva em face da coisa julgada cível que, por interpretação do art. 935 do Código Civil, é produzida pela sentença penal que reconhece não ter o réu concorrido para a infração penal, ao contrário do que ocorre quando se limita o magistrado a absolvê-lo sob o fundamento de que não há provas de autoria ou participação, pois neste último caso fica aberto o flanco para que, no cível, busque a vítima produzir esta prova com vistas à obtenção de indenização por parte do réu.

V. Não existir prova de ter o réu concorrido para a infração penal: a hipótese diverge daquela em que a absolvição fundamenta-se na circunstância de "estar comprovado que o réu não concorreu para a infração penal", que tem previsão específica no art. 386, IV, do CPP. Tratando-se desta última situação, haverá coisa julgada cível, *ex vi* do art. 935 do CC, o que não ocorre com a absolvição fulcrada no inciso em comento (V).

VI. Existirem circunstâncias que excluam o crime ou isentem o réu de pena (arts. 20, 21, 22, 23, 26 e § 1.º do art. 28, todos do Código Penal), ou mesmo se houver fundada dúvida sobre a sua existência: neste caso, vislumbram-se três fundamentos distintos da absolvição criminal:

- *Absolvição fundada em circunstâncias que excluam o crime:* também conhecidas como *excludentes de ilicitude ou de antijuridicidade*, são as tratadas no **art. 23 do Código Penal**, consistindo na *legítima defesa*, no *estado de necessidade*, no *estrito cumprimento do dever legal* e no *exercício regular de direito*. Não se inserem nesta previsão as descriminantes putativas (aquelas motivadas pelo erro do agente, *v.g.*, indivíduo que, supondo estar em legítima defesa, desfere um tiro em alguém que, mais tarde, constata-se que não tinha intenção de agredi-lo), já que estas não excluem a ilicitude. Outro aspecto a atentar é que, muito embora a absolvição fundada em excludentes de ilicitude produza coisa julgada no cível, *ex vi* do art. 65 do CPP, tal coisa julgada não prejudica o direito de terceiros. Exemplo: *João*, ao desferir um tiro contra *Pedro*, atinge este e também *Miguel*, um transeunte que passava nas proximidades, causando lesões graves em ambos. Posteriormente, vem a ser absolvido sob o fundamento de que agiu em legítima defesa em relação a *Pedro*. Neste contexto, *Pedro* não terá ação civil contra *João* para obter o ressarcimento dos danos patrimoniais que lhe foram causados pelo custo do tratamento médico e período de hospitalização. Não obstante, *Miguel*, terceiro completamente estranho à relação de perigo formada entre os outros dois, poderá buscar judicialmente contra *João* a reparação de seus prejuízos, cabendo a *João*, depois, ingressar com ação de regresso contra *Pedro*.
- *Causas que isentem o réu de pena:* abrangem as *causas* previstas no **art. 20, § 1.º, 1.ª parte**, do CP (descriminantes putativas) e as excludentes de culpabilidade propriamente ditas consagradas nos **arts. 21** (erro de proibição inevitável), **22** (coação moral irresistível e obediência hierárquica à ordem não manifestamente ilegal), **26, *caput*** (inimputabilidade por doença mental ou desenvolvimento mental incompleto ou retardado), e **28, § 1.º** (embriaguez fortuita completa), todos do Código Penal. Note-se que, neste caso, em princípio, a absolvição criminal não produz qualquer reflexo na obrigação de indenizar. Sem embargo, deve-se ressaltar a existência de forte posição no sentido de que a absolvição sob o fundamento das descriminantes putativas produzirá coisa julgada na esfera cível quando a falsa percepção da realidade em que incorreu o agente não tiver decorrido de sua negligência na apreciação dos fatos. Nesse sentido, esclarece Humberto Theodoro Júnior que "a legítima defesa putativa se equipara à real, para efeito de excluir a ilicitude da reação.

O direito penal isenta de pena tanto o autor da legítima defesa real como o da legítima defesa putativa. Mas, segundo certa doutrina, para o agente ficar isento do dever de indenizar, é preciso que não tenha incorrido culposamente na suposição errônea da agressão, que de fato inexistiu"[12].

- *Fundada dúvida sobre a existência de circunstâncias que excluam o crime ou de causas que isentem o réu de pena:* contempla-se a hipótese em que, muito embora não haja certeza quanto à efetiva ocorrência destas situações, haja fundada dúvida a respeito. Em verdade, esta previsão revela-se absolutamente desnecessária, *a um*, porque é da essência do direito penal e processual penal que a dúvida resolva-se em favor do acusado (*in dubio pro reo*) e, *a dois*, pelo fato de que, havendo incerteza quanto à ocorrência de tais excludentes de ilicitude, dolo ou culpabilidade, restaria possível ao juiz absolver o réu com base no art. 386, VII, do CPP, que possui caráter residual. Sem embargo de tudo isso, cabe ponderar que a absolvição fundada em **dúvida** quanto à presença de excludente, seja ela qual for, não produzirá reflexos civis com o fim de excluir a obrigação de indenizar. Tal ocorre unicamente quando o magistrado criminal afirmar, categoricamente, ter o acusado agido ao amparo de **excludente de ilicitude**, ressalvando-se, ainda assim, o direito de terceiros como expusemos alhures. Este, aliás, o sentido do art. 65 do CPP ao dispor que "faz coisa julgada no cível a sentença penal que **reconhecer** [juízo de certeza, portanto] ter sido o ato praticado em estado de necessidade, em legítima defesa, em estrito cumprimento de dever legal ou no exercício regular de direito".

VII. Não existir prova suficiente para a condenação: motivo residual, aplicável quando a prova dos autos revelar-se frágil, impondo-se a absolvição em razão do princípio *in dubio pro reo*. Evidentemente, tal espécie de absolvição não gera qualquer repercussão na esfera cível, não obstando que venham o ofendido ou sucessores a mover ação ordinária de indenização em relação ao acusado.

ATENÇÃO: em que pese os regramentos do Código de Processo Penal (arts. 65 e 66) e do Código Civil (art. 935), anteriormente referidos, limitem o efeito vinculante da absolvição criminal em relação à esfera cível, apenas aos casos dos incisos I, IV e VI (1ª parte) do art. 386, em se tratando da ação de improbidade administrativa, qualquer outro fundamento de absolvição criminal obstaculiza a respectiva tramitação, desde que confirmada esta absolvição por órgão jurisdicional colegiado (v. tópico 13.4.2.2, abaixo).

13.4.2. Efeitos da sentença absolutória

13.4.2.1. Efeito principal

Como *efeito principal* da **sentença absolutória própria** (absolvição sem imposição de medida de segurança) está a liberdade do réu, não importando, para tanto, fatores outros como seus antecedentes, a circunstância de ter ou não transitado em julgado a decisão absolutória e a natureza do crime pelo qual processado. Assim, caso esteja preso, deverá ser imediatamente posto em liberdade, não ficando suspenso este efeito pela superveniência de recurso da acusação. Neste sentido, dispõe o art. 386, parágrafo único, I, do CPP, que na sentença absolutória o juiz "mandará, se for o caso, pôr o réu em liberdade". E, igualmente, o art. 596 do mesmo diploma ao estabelecer que "a apelação da sentença absolutória não impedirá que o réu seja posto imediatamente em liberdade".

---

[12] *In Comentários ao Novo Código Civil*. Vol. III, Tomo II, 3. ed., Rio de Janeiro: Forense, 2005, p. 138.

Observe-se que a expressão "*se for o caso*", incorporada ao art. 386, parágrafo único, I, do CPP, na atualidade, não tem qualquer aplicação. Justificava-se à época em que editado o Código de Processo Penal, quando dispunha o art. 596 do CPP que, se o crime imputado tivesse cominada pena máxima igual ou superior a oito anos de reclusão, o réu preso, ainda que absolvido, permaneceria segregado até o julgamento da apelação eventualmente interposta pela acusação. Revogada, porém, essa redação dada pela Lei 263/1948, o Código de Processo Penal passou a vedar que o réu absolvido seja mantido preso pelo delito em que operada a absolvição.

E quando se tratar de **sentença absolutória imprópria**? Entende-se por absolvição imprópria aquela que, reconhecendo a inimputabilidade do acusado em virtude de doença mental ao tempo do fato, impõe a ele medida de segurança (art. 26, *caput*, do CP, e art. 386, VI, 2.ª parte e parágrafo único, III, do CPP). Nesta hipótese, duas situações poderão ocorrer:

a) *O indivíduo, apesar de inimputável ao tempo do fato, respondeu ao processo em liberdade.* Absolvido o réu com a imposição de medida de segurança, deverá continuar em liberdade, salvo se a sua internação em estabelecimento psiquiátrico mostrar-se necessária antes mesmo do trânsito em julgado da sentença. Note-se que tal internação não significa aplicação de medida de segurança provisória. Medida de segurança, com efeito, apenas poderá ser aplicada após transitada em julgado a decisão que a impuser (art. 171 da Lei de Execução Penal), encontrando-se prejudicado o disposto no art. 596, parágrafo único, do CPP, ao preconizar a aplicação provisória da medida segurança. A internação, então, há de ser aquela prevista no art. 319, VII, do CPP, caso se trate de crime praticado mediante violência ou grave ameaça e houver risco de reiteração, ou, nos demais casos, a contemplada no art. 152, § 1.º, do CPP, aplicada analogicamente, visando apenas conter e tratar o indivíduo em local adequado até que, transitando em julgado a decisão, possa ter início a execução da medida de segurança. Sobre esse tema, remetemos ao Capítulo 11, item 11.4.2.7, em que o abordamos com maior profundidade.

b) *O indivíduo, no curso do processo, foi internado em estabelecimento psiquiátrico, encontrando-se nesta condição no momento da sentença.* Nesta hipótese, se já estava internado antes, em tese, assim deverá continuar, até que transite em julgado a absolvição imprópria e possa ser executada a medida de segurança. Evidentemente, constatando o magistrado a superveniente cessação dos motivos que justificaram a segregação incidental, deverá autorizar sua desinternação, a fim de que aguarde solto o trânsito em julgado da decisão.

13.4.2.2. *Efeitos secundários*

Trata-se de outros efeitos que podem ser produzidos pela sentença absolutória em relação a hipóteses específicas, como, por exemplo:

a) Levantamento do sequestro incidente sobre bens do acusado supostamente adquiridos com o produto da infração penal (art. 131, III, do CPP);
b) Cancelamento da hipoteca legal e do arresto determinados sobre o patrimônio lícito do acusado (art. 141 do CPP);
c) Restituição integral da fiança (art. 337 do CPP);
d) Impedimento à ação civil de indenização quando fundada a absolvição em excludentes de ilicitude (art. 65 do CPP) ou no entendimento do juiz de que está demonstrada a inexistência do fato ou que o réu não concorreu para a infração penal (art. 935 do CC);
e) Impedimento à ação de improbidade administrativa quando lastrada a absolvição criminal no entendimento de que está comprovada a inexistência da conduta ou o

não envolvimento do réu, consoante regramento do § 3º do art. 21 da Lei 8.429/1992, incluído pela Lei 14.230/2021. Por óbvio, em que pese não referida no citado dispositivo da Lei 8.429, a comprovação da inexistência do fato na esfera criminal também deve repercutir na ação de improbidade administrativa, em face do que dispõe o art. 935 do CC. Esta, aliás, a orientação de há muito sufragada no STJ, já deliberando no sentido da "*independência entre as instâncias administrativa, civil e penal, salvo se verificada absolvição criminal por inexistência do fato ou negativa de autoria*"[13];

f) Impedimento à tramitação da ação de improbidade administrativa, no caso de absolvição criminal em ação penal que se discuta os mesmos fatos, bastando, neste caso, que esta absolvição **tenha sido confirmada por decisão colegiada**, conforme dispõe o § 4º do art. 21 da Lei 8.429/1992, incluído pela Lei 14.230/2021. Aqui é necessário atentar a duas questões: primeira, o fato de que a incidência do dispositivo ocorre em qualquer hipótese de absolvição criminal dentre as previstas no art. 386 do CPP, podendo abranger, por exemplo, a simples falta de provas para o juízo condenatório (hipótese do inc. VII); e, segunda, a circunstância de que, se os efeitos da absolvição criminal nos casos anteriormente examinados (levantamento do sequestro, restituição da fiança etc.) condicionam-se ao respectivo trânsito em julgado, na hipótese do § 4º em exame o necessário trancamento da ação de improbidade ocorre a partir da simples confirmação da absolvição por decisão colegiada de tribunal, não sendo necessário aguardar aquele trânsito. Portanto, se o juiz singular absolveu, por inexistência de provas, determinado réu que responde à ação por ato de improbidade em razão do mesmo fato, a confirmação desta absolvição pelo tribunal de justiça basta para que cesse a tramitação daquela ação, independentemente do julgamento de eventual recurso especial que tenha sido interposto.

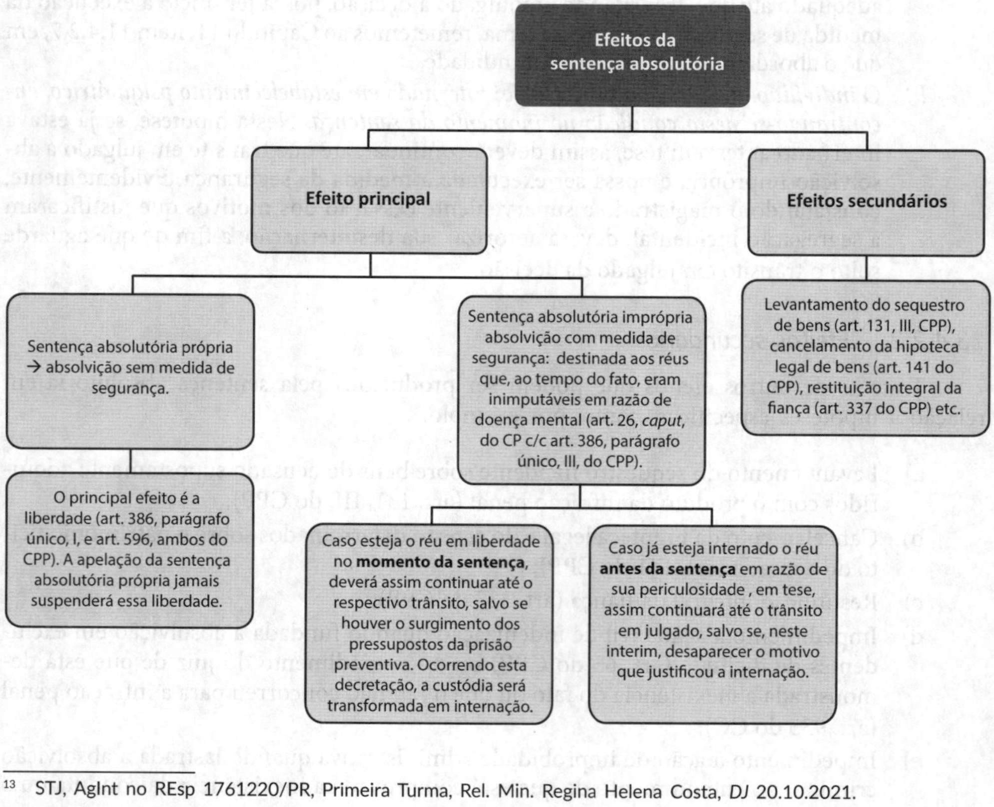

[13] STJ, AgInt no REsp 1761220/PR, Primeira Turma, Rel. Min. Regina Helena Costa, *DJ* 20.10.2021.

13.5. SENTENÇA PENAL CONDENATÓRIA

13.5.1. Considerações gerais

A sentença penal condenatória é aquela que reconhece a responsabilidade criminal do acusado em decorrência de infração a uma norma penal incriminadora, imputando-lhe, em consequência, uma pena. Exige, deste modo, comprovação plena acerca da autoria e da materialidade do delito imputado, não bastando um mero juízo de possibilidade ou probabilidade.

13.5.2. Efeitos da sentença penal condenatória

Classificam-se os efeitos da sentença penal condenatória em *efeito principal*, correspondente à aplicação da pena e à imposição de medida de segurança; e em *efeitos secundários.*

Os *efeitos secundários* subdividem-se em *efeitos de natureza penal* e em *efeitos de natureza extrapenal.*

São *efeitos secundários de natureza penal* a inclusão do nome do réu no rol dos culpados e os efeitos reflexos da sentença, estes últimos assim denominados pelo fato de se projetarem em relação jurídica distinta daquela em que proferida a decisão.

Já os *efeitos secundários de natureza extrapenal* correspondem, no Código Penal, à previsão do art. 91, que insere consequências genéricas e obrigatórias; e à disposição do art. 92, concernente a decorrências específicas da decisão, a exemplo da perda da função pública e ao confisco dos instrumentos do crime e dos bens adquiridos com o proveito da infração. Como se verá a seguir, não apenas no Código Penal, mas também na Constituição Federal há a previsão de efeitos de natureza extrapenal.

13.5.2.1. Efeito principal ou primário da decisão condenatória

É **efeito principal ou primário** da sentença condenatória transitada em julgado a *aplicação da sanção penal* estabelecida nessa decisão, o que abrange a fixação da pena (privativa de liberdade, restritiva de direito e multa) e a imposição de medida de segurança ao acusado que, ao tempo do fato, era semi-imputável nos termos dos arts. 26, parágrafo único e 98, ambos do CP (lembre-se que a medida de segurança, embora não tenha natureza de *pena,* possui caráter sancionatório). *E quanto aos inimputáveis?* Não estão estes sujeitos a condenação, pois são isentos de pena nos termos do art. 386, VI, 2.ª parte, do CPP. Logo, se o indivíduo, ao tempo do fato, era inimputável em razão de *"doença mental ou desenvolvimento mental incompleto ou retardado"*, deverá ser absolvido, propriamente (hipótese em que, se fosse ele imputável ao tempo do fato, deveria, efetivamente, ser absolvido) ou impropriamente (situação em que, se fosse ele imputável ao tempo do fato, deveria ser condenado).

Relativamente ao efeito penal em exame, releva a questão pertinente à possibilidade de execução imediata da pena ou da medida de segurança, vale dizer, antes do trânsito em julgado da sentença condenatória. Isto não é possível. Observe-se:

a) Quanto à **medida de segurança**: não há discussão a respeito, pois o art. 171 da Lei 7.210/1984 (Lei de Execução Penal) é expresso no sentido de que apenas após transitar em julgado a sentença que aplicar medida de segurança, será esta executada.

b) Quanto às **penas restritivas de direitos**: embora a jurisprudência tenha chegado a oscilar a respeito da viabilidade de execução provisória das penas restritivas de direito, o tema, na atualidade, está sedimentado, compreendendo-se no sentido da impossibilidade desta execução, inclusive por força do que dispõe o art. 147 da Lei 7.210/1984 – "*transitada em julgado a sentença que aplicou a pena restritiva de direitos, o Juiz da execução, de ofício ou a requerimento do Ministério Público, promoverá a execução, podendo, para tanto, requisitar, quando necessário, a colaboração de entidades públicas ou solicitá-la a particulares*".

c) Quanto à **pena de multa**: não está sujeita, em regra, à execução provisória a teor do art. 160 da Lei 7.210/1984, o qual condiciona a exigibilidade dessa pena ao trânsito em julgado da decisão condenatória. Ressalva-se, contudo, a hipótese de decisão condenatória do Tribunal do Júri, quando fixada pena privativa de liberdade igual ou superior a 15 (quinze) anos, caso em que o art. 492, I, *e*, do Código de Processo Penal, incluído pela Lei 13.964/2019, autoriza a "execução provisória das penas" (o uso da palavra *penas* no plural sugere a extensão desta possibilidade também à pena de multa). De qualquer modo, dada a relativa recenticidade da alteração legislativa e a ausência de posição consolidada, recomenda-se ao leitor atentar à evolução da jurisprudência sobre o tema.

d) Quanto à **pena privativa de liberdade:** o tema relacionado à execução provisória desta natureza de pena foi objeto de modificações de entendimento no Supremo Tribunal Federal nos últimos anos. Perceba-se:

– No julgamento do *Habeas Corpus 84.078/MG*, em 05.02.2009, consagrou o STF a tese no sentido de que a **prisão antes do trânsito em julgado da condenação somente poderia ser decretada a título cautelar (prisão preventiva, temporária ou em flagrante)**, sob pena de "restrição do direito de defesa, caracterizando desequilíbrio entre a pretensão estatal de aplicar pena e o direito, do acusado, de elidir essa pretensão".

– Esta orientação vigorou no STF até o julgamento do *Habeas Corpus 126.292/SP*, em 17.02.2016, quando, reformulando seu entendimento, o Plenário do STF deliberou no sentido de que se viabilizava a execução provisória da pena quando, diante de recurso da defesa, **ocorresse a confirmação da sentença condenatória em Segundo Grau** (raciocínio que, por óbvio, também alcançava a hipótese de reforma da sentença absolutória em face de recurso da acusação e consequente condenação do réu pelo tribunal), ponderando ainda que isto não ofenderia o princípio constitucional da presunção de inocência, sendo indiferente, nesse caso, a presença ou não dos pressupostos da prisão preventiva.

– Em 05.10.2016, pronunciando-se acerca das liminares requeridas nas *Ações Declaratórias de Constitucionalidade 43 e 44* propostas, respectivamente, pelo Partido Nacional Ecológico e pelo Conselho Federal da OAB em relação ao art. 283 do CPP (dispositivo que, agora em nível infraconstitucional, para além das hipóteses de prisão cautelar, condiciona a prisão do indivíduo em decorrência de sentença condenatória ao respectivo trânsito em julgado), o STF ratificou o entendimento adotado no julgamento do referido HC 126.292/SP, compreendendo, pela apartada maioria de 6 votos a 5, que **o referido art. 283 não impedia o início do cumprimento da pena após esgotadas as instâncias ordinárias.**

– Mais tarde, em 11.11.2016, no julgamento do *Recurso Extraordinário 964.246/SP*, **o Plenário virtual do STF reafirmou a mencionada orientação**. Tratando-se, neste caso, de deliberação meritória realizada após reconhecimento da repercussão geral da matéria, a tese firmada pelo Excelso Pretório. Daí, então, passou a ser aplicada nos processos em curso nas instâncias inferiores. Importante ressaltar que, a despeito da consolidação desse entendimento, foi estabelecido que tal não implicava na conclusão de que, imediatamente após o julgamento da apelação que produziu o acórdão condenatório nos Tribunais de Justiça ou Tribunais Regionais Federais, pudesse ser expedido mandado de prisão do réu com vista à execução provisória da pena. Pelo contrário. STF e STJ, sobre o tema, enfatizavam que a prisão do réu condenado apenas poderia ocorrer depois de esgotada a tramitação em Segunda Instância, vale dizer, após o decurso do prazo para oposição de eventuais embargos infringentes ou de embargos de declaração, ou, se tendo sido opostos tais embargos, tivesse ocorrido o respectivo julgamento, com manutenção da condenação.

Sem embargo destas oscilações, em 07.11.2019, por ocasião do julgamento definitivo das Ações Declaratórias de Constitucionalidade 43, 44 e 54, propostas, respectivamente, pelo Partido Nacional Ecológico, pelo Conselho Federal da OAB e pelo Partido Comunista do Brasil em relação ao art. 283 do CPP, consagrou o Plenário do STF **o entendimento no sentido da impossibilidade de execução provisória da pena antes de esgotados todos os recursos e do trânsito em julgado da decisão condenatória**[14], sendo esta a orientação que hoje vigora. Considerou o STF, enfim, que o art. 5.º, LVII, da CF, segundo o qual "ninguém será considerado culpado até o trânsito em julgado de sentença penal condenatória" não enseja qualquer controvérsia em sua interpretação. Logo, antes daquele trânsito, a segregação do indivíduo, **como regra**, apenas pode ocorrer a título de prisão cautelar, quando presentes os respectivos pressupostos. Dissemos "como regra" porque, com a vigência da Lei 13.964/2019 (o denominado pacote anticrime), foi parcialmente modificada a redação do art. 492 do CPP, que trata da sentença condenatória proferida a partir de julgamentos pelo Tribunal do Júri. Assim, o inciso I, letra "e" desse artigo passou a estabelecer que, no caso de condenação, o juiz "*mandará o acusado recolher-se ou recomendá-lo-á à prisão em que se encontra, se presentes os requisitos da prisão preventiva, ou, no caso de condenação a uma pena igual ou superior a 15 (quinze) anos de reclusão, determinará a execução provisória das penas, com expedição do mandado de prisão, se for o caso, sem prejuízo do conhecimento de recursos que vierem a ser interpostos*". Já o § 3º do mesmo dispositivo passou a estabelecer que "*o presidente poderá, excepcionalmente, deixar de autorizar a execução provisória das penas de que trata a alínea e do inciso I do caput deste artigo, se houver questão substancial cuja resolução pelo tribunal ao qual competir o julgamento possa plausivelmente levar à revisão da condenação*". Pois bem, da conjugação de todas estas regras (art. 597 e art. 492, I, "e" e § 3º), infere-se a seguinte disciplina:

- **Regra geral:** ao proferir sentença condenatória, o juiz, quer nos processos de competência do juiz singular (art. 387, § 1º), quer nos processos de competência do Tribunal do Júri (art. 492, inc. I, letra "e", 1ª parte), apenas poderá ordenar a prisão do réu ou mantê-lo preso a título de prisão preventiva, caso presentes os requisitos legais. Descabe, então, *como regra*, a prisão a título de execução provisória da pena, orientação esta que, inclusive, foi referendada pelo Plenário do STF no julgamento das Ações Declaratórias de Constitucionalidade 43, 44 e 54, em 07.11.2019, quando considerou que a execução provisória da pena ofende o princípio da presunção de inocência (abordamos o tema no Capítulo 13, tópico 13.5.2.1)

[14] Lembre-se de que, nos termos do art. 102, § 2.º, da CF, "as decisões definitivas de mérito, proferidas pelo Supremo Tribunal Federal, nas ações diretas de inconstitucionalidade e nas ações declaratórias de constitucionalidade produzirão eficácia contra todos e efeito vinculante, relativamente aos demais órgãos do Poder Judiciário e à administração pública direta e indireta, nas esferas federal, estadual e municipal". Isto significa que o resultado destas demandas é de observância obrigatória em todas as esferas do Poder Judiciário e nas demais mencionadas no dispositivo constitucional.

- **Exceção**: hipótese de sentença condenatória prolatada a partir de julgamento pelo Tribunal do Júri, quando a pena aplicada for igual ou superior a 15 (quinze) anos de reclusão, caso em que poderá o Juiz Presidente determinar a "execução provisória das penas", nos termos do art. 492, inc. I, letra "e", 2ª parte, do CPP (veja-se que o uso da palavra *pena* no plural sugere que o comando legal abrange tanto a pena de prisão quanto a de multa). Mesmo neste caso, todavia, prevê o art. 492, § 3º, que, em caráter excepcional, poderá o Juiz Presidente não autorizar a execução provisória, caso perceba a ocorrência de "questão substancial" que, se for submetida à deliberação do tribunal competente para julgamento, possa, eventualmente, conduzir "à revisão da condenação" (art. 492, § 3º). Perceba-se que, por "questão substancial", no sentido empregado pelo dispositivo, deve-se compreender a arguição capaz de conduzir, independentemente de análise aprofundada, ao prognóstico no sentido da viabilidade de eventual tese recursal e de sua potencialidade para invalidar o julgamento levado a efeito pelos jurados ou produzir alteração na pena fixada para limite aquém aos quinze anos que levaram o Juiz Presidente a ordenar a execução provisória das penas fixadas. Ilustra-se, como exemplo, a situação em que percebe o juiz que, a despeito da soberania dos jurados, há probabilidade de que, em eventual apelação da decisão, seja reconhecida pelo Tribunal de Justiça a tese de veredicto manifestamente contrário à prova dos autos, acarretando, em consequência, a determinação de renovação do julgamento (art. 593, III, *d*, e § 3º). Independentemente, porém, da intenção do legislador em aumentar o rigor da disciplina processual em relação aos condenados na hipótese prevista no dispositivo, três considerações precisam ser feitas:
  - ***Primeira:*** a questão relacionada à constitucionalidade do art. 492, I, *e*, 2ª parte ao autorizar a execução provisória das penas impostas, ainda que o faça a partir do *quantum* de privação da liberdade estabelecido (o que é sugestivo de conduta com gravidade além daquela que naturalmente decorre do crime de homicídio). Prende-se a discussão ao fato de que, conforme mencionamos, o STF, no julgamento das Ações Declaratórias de Constitucionalidade 43, 44 e 54, em 07.11.2019, considerou inconstitucional a execução provisória da pena, não ressalvando aspectos relativos à sua natureza ou quantidade. Veja-se que à época do fechamento da presente edição, tramitava, no STF, o RExt 1.235.340/SC, com repercussão geral, discutindo a execução provisória da condenação pelo júri, independentemente do *quantum* de pena. Pela relevância da matéria, recomenda-se o leitor a acompanhar a conclusão deste julgamento, cujo teor repercutirá na interpretação do citado art. 492, I, e, do Código de Processo Penal.
  - ***Segunda:*** a impropriedade técnica da previsão no sentido de que pode o Juiz Presidente deixar de ordenar a execução provisória "se houver questão substancial cuja resolução pelo tribunal" possa refletir na decisão recorrida. Isto porque, para tal estipulação, precisará o juiz presumir que haverá um recurso defensivo, bem como a tese que neste recurso será esboçada.
  - ***Terceira:*** a impropriedade, agora de ordem jurídica, que decorre do art. 492, § 3º, ao ventilar a possibilidade de o tribunal competente proceder à "revisão da condenação", o que descabe no sistema processual e constitucional vigente, pois, como é sabido, em se tratando de condenação levada a efeito pelo Tribunal do Júri, o máximo que pode ser feito pelo tribunal competente para julgamento de apelação é a anulação da sessão de julgamento e determinação que outra seja realizada, ou, então, a invalidação ou reforma da sentença proferida pelo Juiz Presidente, mas, jamais, *rever a condenação.*

13.5.2.2. *Efeitos secundários da decisão condenatória*

Classificam-se em **efeitos de natureza penal e de natureza extrapenal.**

Os efeitos de natureza penal consistem na inclusão do nome do réu no rol dos culpados e nos denominados efeitos reflexos da condenação:

a) Quanto à **inclusão do nome do réu no rol dos culpados**, trata-se do registro efetivado no livro cartorário destinado ao nome do condenado, à sua qualificação e à referência ao processo em que se operou a condenação. Embora esse registro seja uma decorrência obrigatória da sentença condenatória, deverá ser feito apenas depois do trânsito em julgado da condenação, em atenção ao princípio constitucional da presunção de inocência rotulado no art. 5.º, LVII, da Carta Política. Veja-se que o art. 393, II, do CPP, dispunha que a inclusão do nome do réu no rol dos culpados constituía efeito da sentença condenatória recorrível (não transitada em julgado). Precitado dispositivo, a toda evidência, afrontava o princípio constitucional da presunção de inocência, sendo, portanto, adequada a sua revogação pela Lei 12.403/20110. Observação: Discute-se a possibilidade da inclusão do nome do réu no rol dos culpados na hipótese de condenação pelo crime do art. 28 da Lei 11.343/2006 (posse de drogas para uso próprio), quando for aplicada apenas a pena de advertência prevista no dispositivo. A respeito, muitos entendem, a partir de interpretação sistemática do art. 84, parágrafo único, da Lei 9.099/1995 (a apuração da conduta do citado art. 28 sujeita-se à competência dos Juizados Especiais Criminais), que isto não é viável[15].

b) Os **efeitos penais reflexos**, por sua vez, são aqueles que, produzidos em um determinado processo, refletem em relação jurídica distinta. Exemplos:

- Uma condenação transitada em julgado em determinado processo poderá acarretar a revogação do *sursis* e do livramento condicional deferidos em razão de condenação em processo diverso (arts. 81 e 86 do CP);
- A superveniência de condenação a pena privativa de liberdade pode implicar na reconversão de pena restritiva de direitos que já esteja sendo cumprida pelo apenado, quando inviabilizado o adimplemento simultâneo de ambas. É o caso, por exemplo, de o réu condenado estar cumprindo a pena restritiva de prestação de serviços à comunidade e, no seu curso, sobrevir nova condenação a pena privativa de liberdade em regime fechado (art. 44, § 5.º, do CP).
- A regressão do regime carcerário pode ser um efeito reflexo de condenação em outro processo por crime cometido antes ou durante a execução da pena (arts. 111, parágrafo único, e 118, II, da LEP);
- A reabilitação criminal em relação à condenação anterior será revogada se o reabilitado for novamente condenado, como reincidente, por decisão definitiva, a pena que não seja de multa (art. 95 do CP).
- A reincidência também é considerada pela doutrina um efeito reflexo da sentença condenatória, pois o indivíduo apenas poderá ser considerado reincidente se for condenado por fato praticado no máximo até cinco anos após o cumprimento da pena imposta em razão de condenação anterior.

Já os efeitos de natureza extrapenal classificam-se em efeitos genéricos e **efeitos específicos**, destacando-se, também, os **efeitos decorrentes de previsão constitucional.**

---

[15] Art. 84 da Lei 9.099/1995: "Art. 84. Aplicada exclusivamente pena de multa, seu cumprimento far-se-á mediante pagamento na Secretaria do Juizado. Parágrafo único. Efetuado o pagamento, o Juiz declarará extinta a punibilidade, determinando que a condenação não fique constando dos registros criminais, exceto para fins de requisição judicial".

Os **efeitos extrapenais genéricos** da sentença condenatória encontram-se previstos no art. 91 do Código Penal. Operam-se *ex lege, e* independem de declaração e de motivação pelo juiz. Trata-se de efeitos obrigatórios e vinculativos, não podendo o réu deles se eximir. Logo, a única condição para que se cumpram é o trânsito em julgado. Consistem em:

1) Obrigação de reparar o dano (art. 91, I, do CP): a sentença condenatória vincula o juízo cível. Dessa forma, uma vez transitada em julgado a condenação, assume a sentença a característica de título executivo judicial (art. 515, VI, do CPC/2015), podendo ser executada pela vítima ou seus herdeiros (art. 63 do CPP), independentemente de prévia ação de indenização. Trata-se, pois, de exceção à regra da independência entre as responsabilidades civil e a penal. Mais: a Lei 11.719, de 20 de junho de 2008, ao conferir nova redação ao art. 387, IV, do CPP, estabeleceu que, na sentença condenatória, o juiz fixará o *valor mínimo para reparação dos danos causados pela infração, considerando os prejuízos sofridos pelo ofendido.* Este arbitramento do *quantum* indenizatório realizado no juízo criminal, conquanto não impeça a vítima de apurar, no juízo cível, o prejuízo efetivamente sofrido, faz com que a sentença penal assuma, desde logo, a característica de título líquido, possibilitando ao ofendido, quanto ao montante já fixado, ajuizar, imediatamente após o seu trânsito em julgado, a ação de execução *ex delicto* prevista no art. 63, *caput*, do CPP. De resto, encaminhamos o leitor ao *Capítulo 6, item 6.4.1.2,* em que tratamos especificamente da **quantificação do dano indenizável** e da **indenização mínima fixada na sentença condenatória** (art. 387, IV, do CPP).

2. Perda, em favor da União, dos instrumentos utilizados na prática do crime, desde que consistam em objetos que estejam em situação de ilegalidade por ocasião da prática da infração (art. 91, II, a, do CP): cuida-se do confisco, incidente, **em regra**, apenas sobre os objetos proibidos ou que se encontram em situação de ilegalidade no momento da prática da conduta típica, e não sobre qualquer instrumento utilizado na prática da infração penal – tanto é que o art. 91, II, "a", do CP, condiciona a proibição de restituição a que sejam coisas cujo *fabrico, alienação, porte, uso ou detenção constituam fatos ilícitos.*

> **Exemplo 1:** Certa pessoa, que não possui autorização para portar arma de fogo, valendo-se desta e efetuando disparos, mata alguém, sendo condenado por sentença transitada em julgado. Ora, tratando-se de instrumento que se encontrava em situação de ilegalidade, deverá ser confiscado, não podendo ser restituído ao agente, mesmo depois de cumprida sua pena.
>
> **Exemplo 2:** Considere-se, agora, que o agente tenha sido condenado pelo crime de falsificação de documentos, o qual praticou com o uso de sua impressora particular. Apreendido esse equipamento, poderá ser restituído a ele, inclusive antes do trânsito em julgado da sentença, pois não se trata de objeto de uso ou porte proibido.
>
> **Exemplo 3:** Suponha-se que um indivíduo venha a matar um desafeto, atropelando-o, dolosamente, na direção de veículo furtado de terceiro de boa-fé. Nesse caso, referido automóvel encontrava-se em condição ilegal (visto que objeto de furto) quando praticado o atropelamento. Não obstante, tratando-se de bem pertencente a outrem, deverá ser restituído ao legítimo titular, pois o art. 91, II, do CP, ressalva do confisco a hipótese em que o instrumento do crime pertença a terceiro de boa-fé.

ATENÇÃO: independentemente dessa previsão do art. 91, II, *a*, do Código Penal – que, repita-se, concerne apenas aos instrumentos em situação de ilegalidade por ocasião da prática criminosa –, o art. 91-A, § 5º, do mesmo código, incluído pela Lei 13.964/2019 estabeleceu exceção segundo a qual "os instrumentos utilizados para a prática de crimes por organizações criminosas e milícias deverão ser declarados perdidos", sem qualquer alusão à necessidade de que se tratem de instrumentos cujo *fabrico alienação*, porte uso ou detenção constituam, por si, fatos ilícitos. Em resumo, bens ou instrumentos, mesmo lícitos, utilizados na prática daquelas ordens de crimes, estão sujeitos ao confisco, em favor da União ou do Estado (conforme se trate de crime da Justiça Federal ou Estadual, respectivamente), "ainda que não ponham em perigo a segurança das pessoas, a moral ou a ordem pública, nem ofereçam sério risco de ser utilizados para o cometimento de novos crimes" (§ 5°, última parte). Note-se que, em termos de legislação especial, a previsão desta espécie de confisco não é, propriamente novidade, sendo contemplada, por exemplo, na Lei de Drogas (art. 61 da Lei 11.343/2006).

3. Perda, em favor da União, do produto do crime ou de qualquer bem ou valor que constitua proveito auferido pelo agente com a prática do fato criminoso (art. 91, II, b, do CP): em face da abrangência desse efeito da condenação, é necessário, para a compreensão de seus reflexos, realizar algumas distinções. Perceba-se:

Produto do crime

Como *produto do crime* compreendem-se os bens diretamente obtidos a partir da prática criminosa. É o caso do carro furtado, da droga apreendida, do dinheiro roubado etc. Como regra, a medida cabível nestes casos é apreensão, normalmente executada pela autoridade policial, em obediência às regras dos arts. 240 a 250 do Código de Processo Penal. Efetuada esta apreensão, se o produto do crime não for reclamado por eventual interessado no prazo de 90 dias com a comprovação de seu direito, decretará o juiz a perda, ordenando a venda em leilão. O dinheiro apurado reverterá em favor da União, o que não couber à vítima do crime ou a terceiro de boa-fé (art. 122 do CPP).

Proveito do crime

Também estão sujeitos ao confisco os *bens ou valores que constituam proveito auferido pelo agente com a prática do fato criminoso.* Enquadram-se aqui os bens adquiridos pelo agente com o proveito da infração penal, como o imóvel comprado com o valor subtraído de um banco e o dinheiro angariado com a venda de um carro furtado. Esses bens estão sujeitos à medida assecuratória de sequestro, disciplinada nos arts. 125 a 133 do Código de Processo Penal, que pode ser decretada tanto no curso do processo como na fase anterior ao ajuizamento da denúncia ou da queixa. A menos que seja comprovada a origem lícita dos bens sequestrados, com o trânsito em julgado sentença condenatória, serão eles avaliados e vendidos em leilão, revertendo o valor apurado para a União, sempre ressalvado o direito do lesado ou de terceiro de boa-fé (art. 133 do CPP).

Bens ou valores equivalentes

Em razão das dificuldades por vezes existentes para encontrar ou rastrear o produto e os proventos do crime, estabelece o art. 91, § 1.º, do Código Penal que o juiz poderá decretar a perda em favor de **bens ou valores equivalentes** ao produto ou proveito do crime, quando estes não forem encontrados ou quando se localizarem no exterior. Embora estabelecido no âmbito do art. 91, não se pode verificar nesta previsão a natureza de um *efeito* autônomo, da mesma forma que o são os previstos nos incisos I e II do mesmo dispositivo. Isto porque ao contrário destes, não há, aqui, nem obrigatoriedade nem automaticidade, condicionando-se a sua aplicação à existência de uma deliberação judicial que deverá ser tomada em conformidade com o caso concreto submetido a análise do juiz, muitos defendendo, ainda, a necessidade de pedido expresso da acusação.

Ao inserir esta possibilidade no Código Penal, seguiu o legislador a tendência do direito internacional relativa à necessidade de possibilitar o confisco, não apenas dos bens obtidos com a prática criminosa (*object confiscation*), mas também dos valores equivalentes (*value confiscation*), já que é bastante comum, principalmente nas hipóteses que envolvem lavagem de dinheiro e crime organizado, a adoção pelos criminosos de estratégias e mecanismos visando à ocultação do proveito do crime. Nestas situações, portanto, o confisco poderá recair em qualquer outro bem ou valor do acusado, ainda que lícitos. Logo, se for constatado, por exemplo, que o réu encaminhou os valores obtidos com a prática criminosa para determinado paraíso fiscal no exterior, poderá o juiz ordenar o confisco de valores equivalentes ou de propriedades de valor equivalente existentes no Brasil.

Confisco alargado ou confisco ampliado de bens

Relevante inclusão ao Código Penal determinada pela Lei 13.964/2019 refere-se ao art. 91-A, dispondo este que, na hipótese de ser o indivíduo condenado por crime a que a lei comine pena máxima superior a 6 (seis) anos, poderá ser decretada a perda, como produto ou proveito do crime, dos **bens correspondentes à diferença entre o valor do patrimônio do condenado e aquele que seja compatível com o seu rendimento lícito**.

A despeito de o legislador ter contemplado a regra no capítulo relativo aos "efeitos da condenação" e a inserido no Código Penal, topograficamente, na sequência dos efeitos genéricos do art. 91 e antes dos efeitos específicos do art. 92, a verdade é que, também aqui, não se está diante de um efeito automático e obrigatório, já que exige pronunciamento judicial fundamentado quanto à ocorrência das situações contempladas no art. 91-A, sendo vinculado à existência de prévio requerimento do Ministério Público, por ocasião do oferecimento da denúncia, bem como à estipulação, na sentença, do valor da diferença apurada e à indicação dos bens cuja perda for decretada.

Trata-se de instituto importado de outros países da Europa e de inequívoca pertinência no Brasil visando evitar o locupletamento ilícito do agente, muito especialmente nas hipóteses em que, pela natureza da infração ou pela dimensão de sua prática, não for possível mensurar o montante por ele auferido com a conduta criminosa, a exemplo dos crimes de tráfico de drogas, lavagem de dinheiro, associação criminosa, contrabando e descaminho, lenocínio e tráfico de pessoas, tráfico de influência, comércio ilegal de armas de fogo, crimes contra administração pública, entre muitos outros.

Por óbvio, não se trata, aqui, de "aproveitar" o fato de ter sido o réu condenado por determinado crime que lhe produziu enriquecimento ilícito para ordenar o confisco de todo e qualquer patrimônio que se revele incompatível com seus rendimentos lícitos. Imagine-se, para ilustrar, a hipótese de o indivíduo, a partir de crime de estelionato, ter causado à vítima prejuízo de R$ 50.000,00, locupletando-se com este valor. Neste caso, estão sujeitos à perda, além do próprio produto do crime (por exemplo, a parcela deste valor recebido em pecúnia, que se encontrava escondida em sua residência), também o respectivo proveito (alcançando-se, aqui, todos os bens adquiridos pelo agente com o produto da infração penal), a teor do art. 91, II, *b*, do Código Penal. Não sendo identificados ou localizados estes bens, fica autorizada pelo art. 91, § 1º, do mesmo código a decretação da perda de bens ou valores equivalentes. Considere-se, agora, uma outra hipótese: no curso de investigação criminal, vem a ser apurado, a partir de prova testemunhal, de elementos documentados, de registros ambientais e de colaborações premiadas, o cometimento de atos de corrupção e de lavagem de dinheiro, causando prejuízo de bilhões aos cofres públicos. Imagine-se que, em decorrência da abrangência do esquema de cartel e de corrupção, bem como da cadeia de pessoas envolvidas e do seu espelhamento em diversos setores da economia, a despeito da elucidação dos crimes, da identificação dos principais envolvidos e da quantificação do prejuízo causado, não seja possível mensurar, com precisão, o *quantum* de enriquecimento ilícito daqueles agentes, apurando-se, entretanto, a existência, em nome próprio ou sob a fachada de terceiros, a existência de património absolutamente incompatível com o rendimento obtido a partir da atividade lícita exercida, bens estes adquiridos contemporaneamente ou após o início dos atos de corrupção elucidados. Pois bem, sobre esta ordem de bens é que pode incidir o comando do art. 91-A do Código Penal no tocante ao efeito da condenação nele previsto.

Levando em conta o contexto que, via de regra, contorna a apuração dos crimes que conduzirão à aplicação do confisco alargado – infrações muitas vezes cometidas por organizações ou associações criminosas estruturadas e aparelhadas, em contexto de lavagem de dinheiro, com utilização dos chamados *laranjas* e outros artifícios e ardis que impedem ou, no mínimo, dificultam sobremaneira a detecção da ilicitude da forma como obtidos os bens e valores – definiu o art. 91-A, em seu § 1º, o que se deva entender como "patrimônio do condenado" sujeito à decretação da perda, estendendo-a aos seguintes:

> I – bens de sua titularidade, ou em relação aos quais ele tenha o domínio e o benefício direto ou indireto, na data da infração penal ou recebidos posteriormente: ilustra-se, aqui, com o imóvel ocupado ou utilizado com frequência pelo réu, seus familiares ou pessoas a ele vinculadas, ou em relação aos quais pratica atos típicos de proprietário (reformas, decoração, móveis sob medida, locação etc.)
>
> II – bens transferidos a terceiros a título gratuito ou mediante contraprestação irrisória, a partir do início da atividade criminal: trata-se dos bens doados ou alienados a título gratuito ou com reduzida oneração, implicando a transferência na presunção de que se trata de ato de desfazimento praticado com objetivo de preservação do patrimônio em relação a eventuais medidas judiciais de constrição.

Consoante referimos alhures, a perda de bens, aqui, "deverá ser requerida expressamente pelo Ministério Público, por ocasião do oferecimento da denúncia, com indicação da diferença apurada", nos termos do art. 91-A, § 3º. Correta a previsão, pois viabiliza a instauração do contraditório e possibilita ao acusado a produção das provas necessárias para demonstrar a licitude do patrimônio considerado incompatível com os seus rendimentos lícitos. Neste enfoque, cabe frisar a impropriedade redacional do art. 91-A, § 2º, ao dispor que "o condenado poderá demonstrar a inexistência da incompatibilidade ou a procedência lícita do patrimônio". A impropriedade de que falamos diz respeito à palavra "condenado". Ora, na medida em que é na sentença condenatória que o juiz deve "declarar o valor da diferença apurada e especificar os bens cuja perda for decretada" (art. 91-A, § 4º), é intuitivo que a faculdade probatória quanto à legitimidade de seu patrimônio deve ser exercida no curso do processo criminal, quando não está ele, ainda, *condenado*, possuindo o *status* de *réu*.

Parte da doutrina tem criticado o confisco alargado sob o fundamento de que implica em presunção de que o patrimônio excedente ao permitido pelos rendimentos lícitos decorre de prática criminosa, acarretando, com isto, inversão do ônus da prova, já que se exige do acusado a comprovação da origem lícita desse patrimônio. Concordamos que, de fato, há inversão do ônus da prova no regramento do confisco alargado. Todavia, não vemos nisto qualquer ilegalidade, tampouco inconstitucionalidade. Isto porque, em *primeiro lugar*, atribuir ao Ministério Público a incumbência de comprovar a ilicitude do patrimônio importaria na absoluta inocuidade da regra em face das circunstâncias que, normalmente, revestem a prática das infrações sujeitas à sua incidência, anteriormente explicitadas; e, em *segundo*, pelo fato de que, sendo legítima a aquisição do patrimônio, não há dificuldade alguma e muito menos prejuízo para o réu em explicar a sua origem lícita[16], nos termos, inclusive, do que lhe faculta o art. 91-A, § 2º, do CP.

Perda de bens: efeito da condenação e pena restritiva de direitos:

Outro aspecto a mencionar é que não se confundem a *perda de bens como efeito da condenação transitada em julgado* (art. 91, II, *b*) e a *perda de bens como pena restritiva de direito aplicada em substituição à pena privativa da liberdade* (art. 43, II, do CP). No **primeiro caso**, o confisco do patrimônio decorre de efeito automático da condenação, de natureza extrapenal. Destarte, morto o réu após o trânsito em julgado da condenação e antes de operar-se a perda dos bens adquiridos com o produto do ilícito, nada impede que sejam tais bens confiscados para fins de cumprimento da regra estabelecida no art.

16 Neste sentido: TRF, 2.ª Região, 2.ª Turma, Apelação 200751018073819, j. 20.07.2008.

91 do Código Penal. Já no **segundo caso**, a perda dos bens constitui-se verdadeira pena restritiva de direito. Assim, na morte do réu pós-condenação, mas antes do confisco dos bens, fica este prejudicado, em razão do *princípio da intranscendência da pena*, segundo o qual esta não pode passar da pessoa do condenado. Tal distinção encontra-se contemplada no próprio texto do art. 5.º, XLV, da Constituição Federal, quando reza que "nenhuma pena passará da pessoa do condenado, podendo a obrigação de reparar o dano e a decretação do perdimento de bens ser, nos termos da lei, estendidas aos sucessores e contra eles executadas, até o limite do valor do patrimônio transferido".

Outras hipóteses de perda de bens previstas na CF e em legislação especial

Por fim, deve-se ressaltar que hipóteses de perda de bens ainda são contempladas na Constituição Federal e na legislação ordinária como efeitos da condenação. *Exemplos*: **art. 243 da Constituição Federal**, prevendo a expropriação, sem indenização, de glebas usadas para culturas ilegais de plantas psicotrópicas ou para exploração de trabalho escravo e o confisco de bens apreendidos em decorrência dessas práticas; **art. 20, § 4.º, da Lei 7.716/1989**, dispondo ser efeito da condenação transitada em julgado a destruição do material apreendido, mencionado no § 1.º do mesmo dispositivo; **art. 7.º, I, da Lei 9.613/1998** (alterado pela Lei 12.683/2012), estatuindo, como efeito da condenação, a perda, em favor da União e dos Estados, dos bens, direitos e valores relacionados, direta ou indiretamente, à prática dos crimes de lavagem, inclusive aqueles utilizados para prestar fiança; e **art. 63, I, da Lei 11.343/2006**, prevendo o perdimento do produto, direito, bem ou valor dos crimes relacionados ao tráfico de drogas ou que constituam proveito auferido com sua prática.

> **OBSERVAÇÃO:** de acordo com o STF, os efeitos obrigatórios do art. 91 do CP decorrem da sentença penal condenatória. Logo, não se aplicam na hipótese de transação penal (art. 76 da Lei 9.099/1995), cuja decisão possui natureza meramente homologatória, não produzindo coisa julgada material e não implicando responsabilidade criminal ao autor do fato. Logo, as consequências que decorrem da transação penal são, apenas, as acordadas consensualmente, entre as partes (STF, RE 795567/PR, Rel. Min. Teori Zavascki, *DJ* 09.09.2015).

Por sua vez, os **efeitos extrapenais específicos** encontram-se previstos no art. 92 do Código Penal. Não são automáticos e tampouco obrigatórios, dependendo, para que se operem, de declaração fundamentada na sentença condenatória. Esta motivação deve ser direcionada à demonstração de que, além de se tratar de hipótese que autoriza a aplicação do efeito, este se mostra adequado ao caso concreto que gerou a condenação. Tome-se como exemplo o efeito do art. 92, I, "a", do Código Penal, relativo à possibilidade de perda do cargo público na hipótese de condenação à pena privativa de liberdade igual ou superior a um ano por crime praticado com abuso de poder. Em tal caso, não será suficiente, para que o juiz determine a perda do cargo ocupado pelo réu, a presença dos critérios objetivos previstos na lei (*pena privativa da liberdade superior a um ano + crime praticado com abuso de poder*). Para a imposição da consequência extrapenal, exige-se que a decisão esteja fundamentada de forma concreta, nos moldes previstos no art. 93, IX, da Constituição Federal, em circunstâncias de caráter particular que recomendem a aplicação de tal medida. São os seguintes estes efeitos:

1. Perda do cargo, função pública ou mandato eletivo, quando aplicada pena privativa de liberdade por tempo igual ou superior a *um ano*, nos crimes praticados com abuso de poder ou violação de dever para com a Administração Pública, assim como na hipótese de condenação pela prática de qualquer outro delito, quando for aplicada pena privativa de liberdade por tempo superior a *quatro anos* (art. 92, I, do CP): para efeitos penais, distintamente do que ocorre no âmbito do direito administrativo, considera-se funcionário público quem, embora transitoriamente ou sem remuneração, exerce cargo, emprego ou função pública. Destarte, para a caracterização do conceito de *funcionário público*, é desnecessária a permanência ou remuneração pelo Estado, pois, além de *cargo ou emprego*, a lei penal menciona *função pública*, deixando claro que, na ótica penal, para que seja alguém considerado funcionário público, basta o simples exercício de uma *função pública*. Neste contexto, exercendo o indivíduo as atribuições pertinentes a um cargo ou, simplesmente, uma função pública, poderá estar sujeito à perda, caso seja isto motivadamente declarado no âmbito da própria sentença condenatória – desde, é claro, que ocorrentes as situações mencionadas no art. 92, I, do Estatuto Repressivo.

A aplicação deste efeito não está condicionada à existência de requerimento expresso na denúncia ou queixa a respeito. Esta é a posição do STF ao decidir que "sendo a perda do cargo público, conforme disposto no artigo 92 do Código Penal, consequência da condenação, mostra-se dispensável a veiculação, na denúncia, de pedido visando à implementação"[17]. Também a do STJ, julgando que "não é imprescindível que a possibilidade de perda do cargo público conste da denúncia, porquanto decorrente de previsão legal expressa, como efeito da condenação, nos termos do art. 92 do CP"[18].

O efeito de perdimento é restrito ao cargo público ou à função pública desempenhada pelo agente no momento do delito, em face de crime praticado no exercício desse cargo, utilizando-se ele da função que exerce. Logo, se o delito é praticado enquanto o agente é titular de um determinado cargo, mas, depois, vem a assumir cargo distinto (em razão de novo concurso público, por exemplo), não poderá ser determinada a perda deste último, salvo se evidenciada clara correlação da nova função com a pertinente ao cargo anterior[19].

Diante do trânsito em julgado de sentença penal condenatória que decreta a perda do cargo ou função pública, a autoridade administrativa tem o dever de proceder à demissão do servidor ou à cassação da aposentadoria, independentemente da instauração de processo administrativo disciplinar, que se mostra desnecessária. Isso porque qualquer resultado a que chegar a apuração realizada no âmbito administrativo não terá o condão de modificar a força do decreto penal condenatório.

Evidentemente, o efeito extrapenal em exame não se aplica a *juízes e membros do Ministério Público*, que têm assegurada a vitaliciedade nos arts. 95, I, e 128, § 5.º, I, "a", ambos da CF, somente podendo ser demitidos mediante ação judicial própria.

Questão controvertida refere-se aos *senadores e deputados federais*. Isso porque, relativamente a estes, a Constituição Federal, em tese, condiciona a perda do mandato em face da sentença penal condenatória transitada em julgado à que haja deliberação nesse sentido por maioria absoluta da Câmara dos Deputados ou do Senado Federal, mediante provocação da respectiva Mesa ou de partido político representado no Congresso Nacional, assegurada, ainda, a ampla defesa (art. 55, VI e § 2.º, da CF). A mesma regra, teoricamente, estende-se aos **deputados estaduais,** em face do que estabelecem os arts. 27, § 1.º, e 32, § 3.º, ambos da CF, não alcançando, porém, os *vereadores*, que se submetem integralmente à disciplina do art. 92, I, do CP.

Ocorre que, inovando sobre o tema, em 17.12.2012, o STF, no julgamento da Ação Penal Originária 470/MG, relativa ao caso conhecido como "mensalão", decidiu, por maioria de votos, que *uma vez condenado criminalmente um réu detentor de mandato eletivo, caberá ao Poder Judiciário decidir, em definitivo, sobre a perda do mandato,* não competindo *ao Poder Legislativo deliberar sobre aspectos da decisão condenatória criminal, emanada do Poder Judiciário, proferida em detrimento de membro do Congresso Nacional.* Em consequência, fica *afastada a incidência do § 2.º do art. 55 da Lei Maior, quando a perda do mandato parlamentar for decretada pelo Poder Judiciário como um dos efeitos da condenação criminal transitada em julgado,* cabendo ao Poder Legislativo, *apenas, dar fiel execução à decisão da Justiça e declarar a perda do mandato, na forma preconizada na decisão jurisdicional.*

Mas, menos de um ano depois, em 08.08.2013, o mesmo Tribunal, agora no julgamento da Ação Penal Originária 565/RO, em que figurava Senador da República no

---

17 STF, HC 93.515/PR, *DJ* 01.07.2009.

18 STJ, HC 305.500/SP, *DJe* 17.10.2016.

19 STJ, REsp 1452935/PE, *DJ* 17.03.2017.

exercício do mandato como réu, também por maioria de votos, mudou sua jurisprudência, compreendendo aplicável à hipótese a literalidade do art. 55, inciso VI, e § 2.º, da CF, razão pela qual, a despeito da condenação criminal operada pelo Poder Judiciário, *a perda do mandato eletivo deverá ser declarada pelo Senado Federal*. Em suma, de acordo com essa linha de pensamento, em se tratando de senador ou deputado federal condenado criminalmente, compete à respectiva Casa Legislativa (Senado ou Câmara de Deputados) deliberar sobre a eventual perda do mandato.

Buscando uma solução intermediária, a 1.ª Turma do STF, no julgamento das Ações Penais Originárias 694/MT (02.05.2017) e 863/SP (23.05.2017), em relação a parlamentares federais condenados por decisões transitadas em julgado, deliberou no sentido de que o automatismo da perda do mandato condiciona-se à verificação do enquadramento ou não do parlamentar nas hipóteses tratadas nos arts. 55, III, e 56, II, ambos da CF:

Art. 55. Perderá o mandato o Deputado ou Senador:
I – que infringir qualquer das proibições estabelecidas no artigo anterior;
II – cujo procedimento for declarado incompatível com o decoro parlamentar;
III – que deixar de comparecer, em cada sessão legislativa, à terça parte das sessões ordinárias da Casa a que pertencer, salvo licença ou missão por esta autorizada;
IV – que perder ou tiver suspensos os direitos políticos;
V – quando o decretar a Justiça Eleitoral, nos casos previstos nesta Constituição;
VI – que sofrer condenação criminal em sentença transitada em julgado.
[...]
§ 2.º Nos casos dos incisos I, II e VI, a perda do mandato será decidida pela Câmara dos Deputados ou pelo Senado Federal, por maioria absoluta, mediante provocação da respectiva Mesa ou de partido político representado no Congresso Nacional, assegurada ampla defesa. (Redação dada pela EC 76/2013)
§ 3.º Nos casos previstos nos incisos III a V, a perda será declarada pela Mesa da Casa respectiva, de ofício ou mediante provocação de qualquer de seus membros, ou de partido político representado no Congresso Nacional, assegurada ampla defesa.
[...]"
Art. 56. Não perderá o mandato o Deputado ou Senador:
[...]
II – licenciado pela respectiva Casa por motivo de doença, ou para tratar, sem remuneração, de interesse particular, **desde que, neste caso, o afastamento não ultrapasse cento e vinte dias por sessão legislativa.**

Realizou o Colegiado, enfim, o seguinte raciocínio:

1) O art. 55, III, da CF, contempla a perda do mandato do deputado ou senador que, salvo autorização da respectiva Casa Legislativa, deixar de comparecer, em cada sessão legislativa (calendário anual de trabalho legislativo), à terça parte das sessões ordinárias (reuniões plenárias que ocorrem na forma do regimento interno). Para tal situação, não incide a previsão do § 2.º do mesmo artigo, que condiciona a perda do mandato à deliberação da Câmara dos Deputados ou Senado Federal por maioria absoluta – opostamente ao que ocorre com a hipótese do inc. VI, que se refere à perda do mandato em razão de condenação criminal transitada em julgado, para a qual vigora a regra do precitado parágrafo. Incide, no caso do inc. III, isto sim, a disciplina do § 3.º do citado dispositivo, no sentido de que "nos casos previstos nos incisos III a V, a perda será declarada pela mesa da Casa respectiva, de ofício ou mediante provocação de qualquer de seus membros, ou de partido político representado no Congresso Nacional, assegurada ampla defesa".
2) O art. 56, II, da CF, interpretado *contrario sensu*, estabelece a perda do mandato do Deputado ou Senador que, mesmo licenciado pela respectiva Casa Legislativa, permaneça afastado por período superior a cento e vinte dias.

3) Logo, a perda do mandato de parlamentar será automática nestas duas hipóteses, casos em que independerá de deliberação do Plenário da Casa Legislativa, sendo essa perda apenas declarada pela respectiva Mesa, nos termos do art. 55, § 3.º, da CF. Isso porque, em tais casos, ficando o parlamentar material e juridicamente impossibilitado de comparecer às sessões, não se justifica a perda do mandato por deliberação política do Plenário – afinal, não há juízo político a ser feito –, cabendo, simplesmente, uma declaração da Mesa Diretora a partir do que tiver sido determinado pelo STF. Exemplo de situação em que pode incidir a regra do art. 55, III, e/ou a regra do art. 56, II, ambos da CF, é a do parlamentar condenado em regime inicial **fechado** a tempo de pena que o impeça de comparecer à terça parte das sessões ordinárias realizadas na sessão legislativa em curso ou à respectiva Casa Legislativa por mais de 120 dias. A mesma automaticidade não ocorrerá se condenado ele nos regimes iniciais **semiaberto** ou **aberto**, que não implicam, em tese, óbice intransponível ao exercício das funções parlamentares.

Sem embargo desta solução – que nos parece lógica e juridicamente adequada –, a 2.ª Turma do STF, no julgamento da Ação Penal Originária 996/DF (29.05.2018), deliberou no sentido de que em nenhuma hipótese a perda do mandato será automática, exigindo-se, em qualquer caso, deliberação da Câmara dos Deputados ou do Senado Federal a respeito, na forma estabelecida pelo art. 55, VI, § 2.º, da Constituição Federal. Reafirma, como se vê, esse Colegiado, o entendimento adotado em meados de 2013 no julgamento da Ação Penal Originária 565/RO, referida alhures.

Resumindo:

PARLAMENTARES:
Perda do mandato em decorrência de condenação criminal transitada em julgado (art. 92, I, do CP)

1ª Orientação
Decisão do Plenário do STF na APN 470/MG, em 17.12.2012
A perda do mandato como efeito da decisão penal condenatória decorre, unicamente, de pronunciamento do Poder Judiciário, não se vinculando a qualquer deliberação dos Poderes legislativo e Executivo. Considera-se que, implicando a condenação criminal na suspensão dos direitos políticos (art. 15, III da CF), é inaplicável o art. 55 § 2º, da CF.

2ª Orientação
Decisão do Plenário do STF na APN 565/RO, em 08.08.2013
Decisão da 2ª Turma do STF na APN 696/DF, em 29.05.2018
Transitada em julgado a decisão penal condenatória, a perda do mandato judicialmente determinada como efeito da condenação condiciona-se a que haja deliberação nesse entido, tomada por maioria absoluta da Câmara dos Deputados ou do Senado Federal, mediante provocação da respectiva Mesa ou de partido político representado no Congresso Nacional, assegurada, ainda, a ampla defesa, conforme dispõe o art. 55, VI e § 2º, da CF.

3ª Orientação
Decisão da 1ª Turma do STF na APN 694/MT, em 02.05.2017
Decisão da 1ª Turma do STF na APN 863/SP, em 23.05.2017
Como regra, a perda do mandato depende de deliberação da Casa Legislativa (art. 55, VI e § 2º, da CF). Entretando, se condenado, em regime fechado, à pena que não permita ao Parlamentar comparecer, em cada sessão legislativa, à terça parte das sessões ordinárias (art. 55, III, da CF), ou que o mantenha afastado por lapso superior a 120 dias (art. 55, I, da CF), a Mesa Diretora da Câmara ou do Senado deve limitar-se a declarar a perda do mandato determinada pelo STF (art. 55, § 3º, da CF).

Como se vê – muito especialmente em razão das divergências entre os posicionamentos das 1.ª e 2.ª Turmas do STF –, o tema em debate está longe de ser consolidado. Por esta razão, **alerta-se o Leitor quanto à necessidade de acompanhamento da jurisprudência a respeito.**

Atente-se que o Código Penal não esgota as hipóteses nas quais o acusado pode perder função, cargo ou emprego públicos, bem como o mandato eletivo em decorrência da condenação, existindo outras situações no âmbito da legislação especial, quais sejam:

- Hipótese do **art. 16 da Lei 7.716/1989 (crimes resultantes de preconceito de raça e cor)**, estabelecendo, como *efeito da condenação*, a perda de cargo ou função pública (acrescentamos, também, o emprego público). Nesta hipótese, o efeito não será automático, impondo-se ao juiz criminal fundamentar, na sentença, a pertinência de sua aplicação e a incompatibilidade entre a prática delituosa pela qual operada a condenação e o exercício da atividade pública pelo servidor condenado (art. 18).
- Situação do **art. 1.º, § 5.º, da Lei 9.455/1997 (Lei de Tortura)**, estabelecendo-se que a condenação "acarretará a perda do cargo, função ou emprego público e a interdição para o seu exercício pelo dobro do prazo da pena aplicada". Em que pese haja divergências, tem-se compreendido que a *perda* ocorrerá em relação ao cargo, função ou emprego dos quais tenha se utilizado o agente para cometer o crime, enquanto a *interdição* refere-se a outro cargo, função ou emprego por ele exercidos. Pois bem, seja *perda* ou *interdição*, tendo em vista os termos cogentes do art. 1.º, § 5.º ("acarretará a perda [...] e a interdição [...]), reputamos que, uma vez declarados na sentença, bastará à administração pública, após o trânsito em julgado da condenação, executar o ato de exclusão ou afastamento do servidor. Logo, tem-se, na espécie, um *efeito da condenação, automático e obrigatório*. "A perda do cargo público é efeito automático e obrigatório da condenação pela prática do crime de tortura (art. 1.º, § 5.º, da Lei 9.455/1997), prescindindo inclusive de fundamentação"[20].
- Previsão do **art. 7.º, II, da Lei 9.613/1998 (Lavagem de Dinheiro),** disciplinando como *efeito da condenação criminal, automático, obrigatório* e não exigente de fundamentação, a interdição do exercício de cargo ou função pública de qualquer natureza pelo dobro do tempo da pena privativa de liberdade aplicada.
- Disciplina do **art. 2.º, § 6.º, da Lei 12.850/2013**, no sentido de que a condenação com trânsito em julgado do funcionário público pelo fato de integrar organização criminosa acarreta a perda do cargo, função, emprego ou mandato eletivo e a interdição para o exercício de função ou cargo público pelo prazo de 8 (oito) anos subsequentes ao cumprimento da pena.

OBSERVAÇÃO: o art. 83 da Lei 8.666/1993 (Lei de Licitações) dispõe que os servidores públicos condenados pela prática dos crimes que define, ainda que na forma tentada, estão sujeitos, além das sanções penais, à perda de cargo, emprego, função ou mandato eletivo. Ocorre que, em 1.º.04.2021, sobreveio a Lei 14.133, revogando imediatamente os crimes previstos na referida Lei 8.666/1993 (os crimes em licitações e contratos administrativos foram inseridos nos arts. 337-E a 337-O do Código Penal) e, após dois anos, os demais dispositivos desse diploma, dentre os quais se encontra o referido art. 83. Ora, decorrido esse prazo de dois anos e operada a revogação completa da Lei 8.666/1993, restam inaplicáveis, obviamente, os efeitos previstos nesse dispositivo. Aliás, antes mesmo de se perfazer o mencionado lapso, já ficou prejudicada a aplicação do art. 83, pois se refere aos "crimes definidos nesta Lei" (a Lei 8.666/1993), figuras estas que, reitera-se, foram revogadas.

---

[20] STJ, HC 134.218/GO, *DJ* 08.09.2009.

Outro aspecto concerne ao que estabelece o art. 93, parágrafo único, do Código Penal, no sentido de que a *reabilitação criminal atingirá também os efeitos do art. 92 do mesmo diploma, vedada a reintegração na situação anterior nos casos dos incisos I e II.* Isto não quer dizer que o indivíduo que tenha perdido seu cargo, função ou emprego público, bem como seu mandato eletivo, esteja definitivamente privado da possibilidade de voltar ao serviço público ou de exercer cargo de natureza política. Significa, isto sim, que a reabilitação não reintegra, automaticamente, o condenado à atividade pública ou política da qual foi afastado, nada impedindo que venha novamente a exercer função pública ou a ocupar cargo político, desde que por meio de uma nova investidura (concurso público ou eleição).

2. Incapacidade para o exercício do poder familiar, da tutela ou da curatela nos crimes dolosos sujeitos à pena de reclusão cometidos contra outrem igualmente titular do mesmo poder familiar, contra filho, filha ou outro descendente ou contra tutelado ou curatelado (art. 92, II, do CP, alterado pela Lei 13.715/2018): a incapacidade, prevista no art. 92, II, do CP, como efeito da sentença condenatória, independe da quantidade de pena aplicada, sendo o bastante que se trate de crime doloso, punido com reclusão e que, por sua natureza, reiteração ou modo de execução, revele-se incompatível com o exercício de poder familiar, tutela ou curatela. Em reforço à disposição do Código Penal, estabelece o art. 23, § 2.º, da Lei 8.069/1990 (modificado pela Lei 13.715/2018) que *"a condenação criminal do pai ou da mãe não implicará a destituição do poder familiar, exceto na hipótese de condenação por crime doloso sujeito à pena de reclusão contra outrem igualmente titular do mesmo poder familiar ou contra filho, filha ou outro descendente".*

Perceba-se que, previamente à entrada em vigor da Lei 13.715/2018, a incapacitação para o exercício do poder familiar, da tutela ou da curatela poderia ser determinada em sentença condenatória apenas nas hipóteses de o crime doloso ter sido praticado contra filho, tutelado ou curatelado.

Sobrevindo, porém, a referida modificação legal, aumentou o legislador o alcance do efeito específico do art. 92, II, do CP para, em relação à incapacitação para o exercício do poder familiar, abarcar, além da hipótese de crime doloso, punido com reclusão, praticado contra filho, tutelado ou curatelado, também os condenados por esta mesma ordem de infração quando cometida *contra outrem igualmente titular do mesmo poder familiar* e contra *outro descendente* (além dos próprios filhos). Exemplos:

- **Crime doloso punido com reclusão contra filho:** considere-se a hipótese do indivíduo que é condenado por tentar matar um dos seus filhos. Reconhecendo a pertinência e a adequação do efeito à hipótese concreta, poderá o juiz, na sentença, determinar, fundamentadamente, a sua incapacitação para o exercicio do poder familiar em relação ao filho que foi vítima da conduta homicida. E mais: poderá o magistrado, também motivadamente, estender esse mesmo gravame no tocante aos demais filhos que não foram vítimas do crime objeto da condenação. Em resumo, será lícito ao juiz comandar a incapacitação para o poder familiar não apenas em relação ao filho que foi o ofendido na ação, mas, também, em relação ao restante da prole. Há, todavia, uma diferença fundamental entre estes dois comandos, consistente na circunstância de que, relativamente ao filho que foi vítima do delito, o efeito da incapacitação para o exercício do poder familiar será *permanente, não podendo ser revertido*; já no tocante aos demais filhos, será possível a reversão, com retomada do poder familiar, caso o condenado venha a ser beneficiado com a reabilitação criminal de que trata o art. 93 do CP. Esta, inclusive, é a interpretação consagrada pela jurisprudência sobre o art. 93, parágrafo único, do Código Penal, quando preceitua que a reabilitação poderá atingir os efeitos do art. 92, vedada a reintegração na situação anterior nos casos dos incisos I e II[21]. Ressalta-se que este mesmo raciocínio – pertinente à incapacitação para o exercício poder familiar em relação aos filhos – estende-se às hipóteses de tutela e curatela, quando, havendo mais de um tutelado ou curatelado, um deles tiver sido vítima do crime praticado pelo tutor ou curador de todos.

- **Crime doloso punido com reclusão praticado contra outrem igualmente titular do mesmo poder familiar:** cuida-se, neste caso, da hipótese em que o agente é condenado pela prática de crime doloso punido com reclusão contra pessoa que, igualmente, detém o poder familiar sobre a mesma prole. Trata-se, por exemplo, da hipótese do indivíduo que é condenado por ceifar a vida de sua ex-mulher, caso em que se possibilita ao juiz, na sentença, determinar a incapacitação para o exercício do poder familiar em relação aos filhos de ambos, fazendo-o, por óbvio, de modo fundamentado, à luz das peculiaridades do caso concreto.
- **Crime doloso punido com reclusão praticado contra descendentes que não sejam os filhos – trata-se do "outro descendente" a que alude o art. 92, II, do CP:** é o caso, por exemplo, de crime doloso punido com reclusão cometido contra neto. Considere-se, para ilustrar, a seguinte hipótese: *Armando* possui dois filhos, *Tito* (26 anos) e *Miguel* (12 anos). Considere-se que *Armando* venha a ser condenado por estupro praticado contra sua neta, *Maria* (8 anos), filha de *Tito*. Neste caso, com base no permissivo do art. 92, II, do CP, poderá o juiz, motivadamente, determinar a incapacitação de *Armando* para o exercício do poder familiar em relação ao filho menor, *Miguel*. Em suma, a condenação pelo crime praticado contra a neta, *Maria,* produzirá reflexo no poder familiar exercido sobre *Miguel*. **Mas cuidado:** uma intepretação precipitada do dispositivo em exame poderia, no caso exemplificado, conduzir ao pensamento de que, uma vez condenado, *Armando* ficaria incapacitado para exercer o poder familiar sobre a neta violentada, *Maria* (hipótese, por exemplo, de seus pais terem falecido). Tal raciocínio é absolutamente equivocado. Isto porque o poder familiar apenas pode ser exercido pelos pais (art. 1.634 do Código Civil), jamais por avô ou qualquer outro parente ou pessoa, sendo irrelevante o fato, por exemplo, de estarem mortos os pais ou de terem eles sido destituídos do poder familiar.

Frise-se, mais uma vez, que o efeito em análise é próprio da condenação pela prática de crime doloso, não se estendendo aos delitos culposos e às contravenções penais. E repisa-se, por fim, que, em se tratando de *efeito específico*, sua aplicação fica restrita aos casos em que a declaração da incapacidade seja **necessária e conveniente**, nos termos de exaustiva fundamentação do magistrado no corpo da sentença condenatória.

3. Inabilitação para dirigir veículo quando utilizado como meio para a prática de crime doloso (art. 92, III, do CP): Trata-se de efeito aplicável na hipótese de constituir o automóvel um *meio* utilizado para a prática de crime intencional. *Exemplo:* indivíduo que, utilizando-se de seu veículo, atropela e mata dolosamente um desafeto. Não importa se o agente dirigia automóvel seu, de terceiro, furtado, roubado, receptado etc. Também

21 TJPR, Acórdão 7.299, j. 15.06.2000.

é irrelevante se já possuía habilitação. Não se tratando de pessoa habilitada a conduzir automóvel, pelo período da inabilitação, ficará impedido de retirar Carteira Nacional de Habilitação. Evidentemente, refere-se o art. 92, III, do CP, a veículos automotores ou elétricos, não se podendo impor a interdição quanto a veículos de propulsão humana, tração animal ou outros para os quais não é exigida autorização ou habilitação.

Não se confunde este efeito (extrapenal) com o disposto no art. 292 do Código de Trânsito Brasileiro. Neste último caso, tem-se uma *pena*, que pode ser imposta isolada ou cumulativamente com as demais penalidades previstas em razão de condenação por crime tipificado naquela lei. Já na situação do art. 92, III, do Código Penal, o que se tem é um *efeito* da decisão condenatória, incidente na hipótese contemplada no dispositivo (veículo utilizado como instrumento da prática de crime doloso).

Essa ordem de efeito é atingida plenamente pela reabilitação criminal, conforme se depreende da regra do art. 93, parágrafo único, do Estatuto Repressivo. Isso significa dizer que, reabilitado o indivíduo, este retoma automaticamente a possibilidade de conduzir veículos automotores ou de habilitar-se a essa finalidade.

Reitera-se que as previsões dos arts. 91 e 92 do Código Penal, no tocante aos efeitos extrapenais da sentença condenatória, possuem natureza de **regramento geral**, não excluindo, não impedindo e não se incompatibilizando com regras específicas previstas em legislação especial para casos determinados, as quais prevalecem nas situações a que se referem em face do *princípio da especialidade*. Além das situações mencionadas ao longo deste tópico, cabe destacar, como exemplo de disciplina especial que se sobrepõe à geral, o regrado na Lei 13.869/2019, relativamente aos efeitos da condenação por **crimes de abuso de autoridade**. Nessa legislação, o art. 4.º, I, pouco inova em relação ao estipulado no art. 91, I, do CP, referindo como efeito da sentença penal condenatória "*tornar certa a obrigação de indenizar o dano causado pelo crime, devendo o juiz, a requerimento do ofendido, fixar na sentença o valor mínimo para reparação dos danos causados pela infração, considerando os prejuízos por ele sofridos*". Difere, contudo, quanto ao efeito previsto no art. 4.º, II, no sentido da "*inabilitação para o exercício de cargo, mandato ou função pública, pelo período de 1 (um) a 5 (cinco) anos*", que não possui previsão correspondente nos arts. 91 e 92 do Estatuto Repressivo. Já quanto ao efeito do art. 4.º, III, consistente na "*perda do cargo, do mandato ou da função pública*", ao contrário do que faz o art. 92, I, do Código Penal, está previsto de forma desvinculada da quantidade de pena pela qual condenado o réu. E mais: de acordo com o art. 4.º, parágrafo único, da Lei 13.869, os efeitos dos incisos II e III deste artigo têm sua imposição condicionada à "*ocorrência de reincidência em crime de abuso de autoridade*", relação esta que não encontra paralelismo nos efeitos estipulados nos arts. 91 e 92 do Código Penal. Outra hipótese relevante a ser mencionada refere-se à previsão específica do **art. 278-A do Código de Trânsito Brasileiro** – Lei 9.503/1997 (dispositivo introduzido pela Lei 13.804/2019), ao dispor que o condutor que se utilizar de veículo para a prática dos crimes de receptação, descaminho e contrabando, uma vez condenado por um desses crimes em decisão judicial transitada em julgado, terá cassado seu documento de habilitação ou será proibido de obter a habilitação para dirigir veículo automotor pelo prazo de 5 (cinco) anos. Embora não haja posição consolidada acerca da automaticidade desse efeito, defendemos a orientação de que sua incidência é obrigatória nos casos arrolados no dispositivo, pois a norma utiliza semântica cogente ao dizer que o agente "*terá* cassado seu documento de habilitação ou *será* proibido de obter a habilitação para dirigir veículo automotor". Logo, segundo pensamos, basta ao juiz, na sentença, determinar que seja oficiado aos órgãos competentes de trânsito comunicando a inabilitação, independentemente de requerimento do Ministério Público na denúncia, tampouco sendo necessário ao juiz justificar a pertinência da aplicação do efeito ao caso concreto. O efeito em questão ocorre *ex lege*, enfim.

Finalmente, também como efeitos de natureza extrapenal da decisão condenatória estão aqueles **decorrentes de previsão constitucional**, aplicáveis aos sentenciados que sofrerem condenação criminal com trânsito em julgado. São eles:

1. Suspensão dos direitos políticos: Nos termos do art. 15, III, da Carta da República, a condenação criminal transitada em julgado, enquanto perdurarem seus efeitos, acarreta, automática e obrigatoriamente, a suspensão dos direitos políticos do condenado. A suspensão cessa apenas com o cumprimento ou a extinção da pena, independendo de reabilitação ou de prova de reparação de danos (Súmula 9 do TSE)[22].

O referido art. 15, III, da Constituição Federal aplica-se como consequência direta e imediata do trânsito em julgado da condenação, independente de fundamentação na sentença a respeito. Além disso, como refere Alexandre de Moraes[23], é indiferente o tipo de infração penal cometida, abrangendo não só aquelas decorrentes da prática de crimes dolosos ou culposos, mas também as decorrentes de contravenção penal, independentemente da aplicação de pena privativa de liberdade, pois a *ratio* do citado dispositivo é permitir que os cargos públicos eletivos sejam reservados somente para os cidadãos insuspeitos, preservando-se a dignidade da representação democrática. Nessa esteira, também, já se pronunciou o STF, observando que "não é o recolhimento do condenado à prisão que justifica a suspensão de seus direitos políticos, mas o juízo de reprovabilidade expresso na condenação"[24].

Outro aspecto a atentar é que a suspensão dos direitos perdura pelo tempo em que persistirem as sanções impostas ao condenado, não importando o fato de encontrar-se ele em gozo de livramento condicional, suspensão condicional da pena (*sursis*) ou prisão domiciliar.

2. Impedimento à naturalização: conforme estabelecido no art. 12, II, "b", da Constituição Federal, consideram-se brasileiros naturalizados "os estrangeiros de qualquer nacionalidade, residentes na República Federativa do Brasil há mais de quinze anos ininterruptos e **sem condenação penal**, desde que requeiram a nacionalidade brasileira" (grifamos). Portanto, a existência de condenação criminal transitada em julgado obsta o processo de naturalização do estrangeiro.

3. Submissão do oficial, condenado à pena privativa da liberdade superior a dois anos, a julgamento de indignidade do oficialato ou incompatibilidade: Trata-se da previsão incorporada ao art. 142, § 3.º, VII, da Constituição Federal.

---

22 "A suspensão de direitos políticos decorrente de condenação criminal transitada em julgado cessa com o cumprimento ou a extinção da pena, independendo de reabilitação ou de prova de reparação dos danos".

23 MORAES, Alexandre de. *Direito constitucional*. 24. ed. São Paulo: Atlas, 2009.

24 STF, RExt 577.012/MG, *DJ* 25.03.2011.

13.5.2.3. *Esquema relativo aos efeitos da sentença condenatória transitada em julgado*

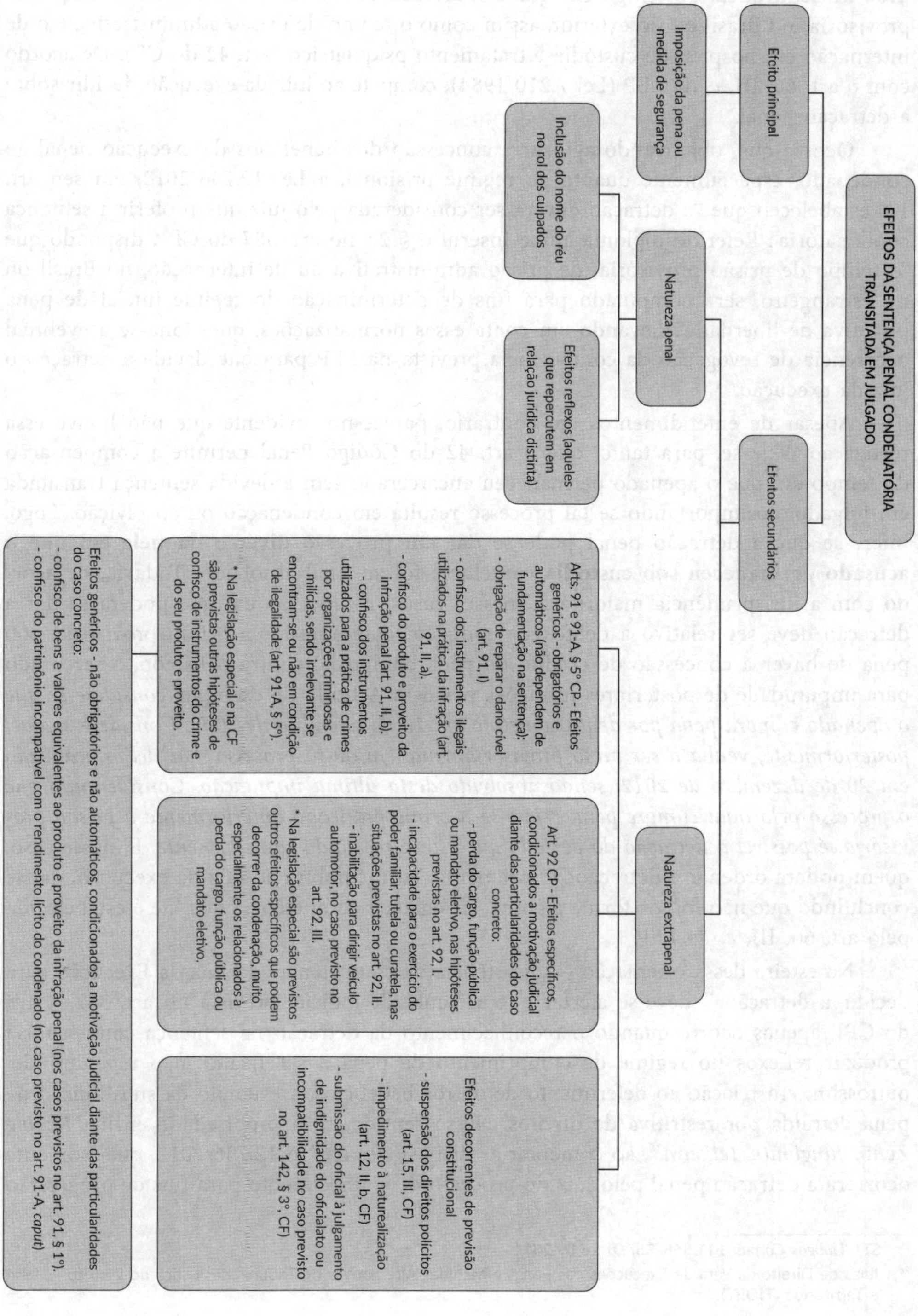

13.5.3. Detração

Compreende-se por *detração* o cômputo, na **pena privativa de liberdade** e na **medida de segurança**, do tempo em que o indivíduo esteve recolhido em razão de prisão provisória, no Brasil ou no exterior, assim como o tempo de prisão administrativa e o de internação em hospital de custódia e tratamento psiquiátrico (art. 42 do CP). De acordo com o art. 66, III, *c*, da LEP (Lei 7.210/1984), compete ao juiz da execução decidir sobre a detração penal.

Ocorre que, objetivando agilizar a concessão dos benefícios da execução penal ao condenado, especialmente quanto ao regime prisional, a Lei 12.736/2012, em seu art. 1.º, estabeleceu que "a detração deverá ser considerada pelo juiz que proferir a sentença condenatória". Referido diploma ainda inseriu o § 2.º no art. 387 do CPP, dispondo que "o tempo de prisão provisória, de prisão administrativa ou de internação, no Brasil ou no estrangeiro, será computado para fins de determinação do regime inicial de pena privativa de liberdade". Levando em conta essas normatizações, questiona-se a eventual ocorrência de revogação da competência prevista na LEP para que decida a detração o juiz da execução.

Apesar de entendimentos em contrário, parece-nos evidente que não houve essa revogação. Veja-se, para tanto, que o art. 42 do Código Penal permite a compensação do tempo em que o apenado permaneceu encarcerado sem a devida sentença transitada em julgado, desimportando se tal processo resulta em condenação ou absolvição. Logo, infere-se que a detração penal pode se dar em **processo diverso daquele em que o acusado permaneceu sob custódia cautelar** e foi ao final absolvido. Todavia, de acordo com a jurisprudência majoritária, nesses casos, o processo em que poderá se dar a detração deve ser relativo a delito cometido em data anterior à prisão provisória, sob pena de haver a concessão de crédito de pena cumprida, contra o Estado, a ser usado para impunidade de posteriores infrações penais[25]. A título de exemplo, *considere-se que o apenado cumpra pena por delito cometido em 10 de setembro de 2005. Considere-se que, posteriormente, venha a ser preso provisoriamente em outro processo, por delito praticado em 20 de dezembro de 2012, sendo absolvido desta última imputação. Considerando que o processo pelo qual cumpre pena refere-se a crime praticado anteriormente à prisão provisória, é possível a detração do período que esteve recolhido cautelarmente*. E, nesse caso, quem poderá ordenar a detração? Obviamente, tal incumbirá ao juiz da execução, daí se concluindo que não foi, de forma alguma, revogada a competência que lhe é estabelecida pelo art. 66, III, *c*, da LEP.

Na esteira dessa orientação – subsistência da competência do Juiz da Execução para decidir a detração – deve-se alertar que a faculdade judicial prevista no art. 387, § 1.º, do CPP apenas ocorre quando o reconhecimento da detração na sentença condenatória produzir reflexos no regime de cumprimento da pena a ser fixado, não repercutindo, outrossim, em relação ao deferimento de outros benefícios, a exemplo da substituição da pena detraída por restritiva de direitos. Nesse sentido, com propriedade ensina *Rejane Zenin Jungbluth Teixeira*[26], ao comentar as disposições da Lei 12.736/2012, que "somente ocorrerá a detração penal pelo juiz do processo de conhecimento para fins de progressão

---

[25] STJ, *Habeas Corpus* 141.568/RS, *DJ* 26.09.2011.

[26] Juíza de Direito da Vara de Execuções das Penas e Medidas Alternativas do Tribunal de Justiça do Distrito Federal e Territórios (TJDFT).

de regime de pena. Isso significa que, nas hipóteses em que a detração não é hábil a modificar o regime, não haverá cômputo inferior de pena a ser realizado, sob pena de o juízo de conhecimento invadir a competência do juízo da execução, pois o art. 66, III, "c", da LEP, não restou alterado pela Lei 12.736/2012 nesse particular. A detração a ser realizada pelo juiz de conhecimento, conforme determinado pela nova lei, é apenas para fins de regime de pena, em relação tão somente ao início de cumprimento da reprimenda. Se este não for alterado, não pode haver cálculos para diminuir a reprimenda. Nesse caso, o juiz disporá que deixa de aplicar a detração prevista no § 2.º do art. 387 do Código de Processo Penal, vez que o regime não será modificado, não obstante o período de prisão preventiva do sentenciado. Pensar de modo diverso significa invadir seara de competência do juízo da execução, incidindo à espécie nulidade indicada no art. 564, inciso I, do Código de Processo Penal. Além disso, essa consideração equivocada do tempo de detração, como se desconto fosse, ensejaria perplexidades, como a de que o tempo de custódia cautelar tivesse cômputo diverso do tempo de recolhimento próprio da execução penal em sentido estrito."[27]

Outra situação: Considere-se que determinado indivíduo tenha permanecido preso provisoriamente por um ano e que, ao ser condenado, teve a pena privativa de liberdade suspensa condicionalmente por dois anos. Nesse caso, o fato da prisão cautelar não refletirá no período de prova, que permanecerá sendo de dois anos. Caso, porém, o *sursis* venha a ser revogado, sendo o condenado submetido ao cumprimento integral da pena, por óbvio, fará jus à detração, que será ordenada pelo juiz da execução.

Perceba-se que, relativamente à consideração da detração na sentença, não estabeleceu a Lei 12.736/2012 uma nova fase no critério trifásico de dosimetria da pena. Persistem as mesmas etapas: *1.ª fase – exame das circunstâncias judiciais do art. 59 do CP; 2.ª fase – incidência de agravantes e atenuantes; e 3.ª fase – causas de aumento e de diminuição da pena*. Logo, a detração realizada na sentença deve ocorrer depois de já concluída a dosimetria e antes da fixação do regime inicial de cumprimento. Nesse último aspecto, aliás, foi relevante a modificação no sistema legal. Basta ver que, antes da vigência da Lei 12.736, se um réu primário, acusado de homicídio qualificado, tivesse permanecido provisoriamente preso por três meses e ao final fosse aplicada a ele a sanção de oito anos e dois meses de reclusão, deveria o juiz, na sentença, fixar o regime fechado como forma inicial de cumprimento da pena (réu primário, pena superior a 8 anos = regime inicial fechado, *ex vi* do art. 33, § 2.º, *a*, do CP). Já no atual regramento, tendo em vista a determinação do art. 387, § 2.º, do CPP, no sentido de que o tempo de prisão provisória será computado na sentença para fins de determinação do regime inicial de pena privativa de liberdade, caberá ao magistrado detrair da pena total fixada, no ato da prolação, os três meses de prisão cautelar, daí resultando pena de 7 anos e onze meses de reclusão e, consequentemente, a fixação, desde logo, do regime semiaberto (réu primário, pena superior a 4 anos e não superior a 8 anos = regime semiaberto, *ex vi* do art. 33, § 2.º, *b*, CP).

ATENÇÃO: existe corrente no sentido de que a detração, no âmbito da sentença condenatória, apenas poderá ser autorizada quando o tempo de prisão provisória for igual ou superior àquele exigido para a progressão de regime em sede de execução criminal. A partir desse raciocínio,

[27] Disponível em: <http://www.tjdft.jus.br/institucional/imprensa/artigos/2012/lei-12-736-12-e-a-nova-detracao-penal-juiza-rejane-zenir-jungbluth-teixeira>.

no exemplo anterior (condenado à pena de 8 anos e 2 meses de reclusão, que esteve preso provisoriamente por 3 meses), a detração não poderia ser determinada na sentença, já que o período de *3 meses* não corresponde ao mínimo de 40% da pena total de 8 anos e 2 meses, lapso este necessário para a progressão de regime do condenado primário pela prática de crime hediondo (art. 112, V, da Lei 7.210/1984, alterado pela Lei 13.964/2019). Trata-se, porém, de **posição minoritária**, sem respaldo nos Tribunais Superiores. Enfim, a orientação prevalente é a de que, não tratando a regra do art. 387, § 2.º, do CPP, de hipótese de progressão de regime, mas, sim, de fixação originária do regime de cumprimento da pena, não se condiciona sua aplicação à verificação do requisito objetivo (tempo de cumprimento de pena) previsto na Lei 7.210/1984 para o deferimento do benefício da progressão. Afinal, o citado art. 387 não faz menção a isso e, se há contrassenso desse dispositivo frente ao estabelecido pelas citadas leis especiais (LEP e Lei dos Crimes Hediondos), tal não pode ser interpretado em desfavor do réu. Disso resulta, ao fim e ao cabo, que descabe ao juiz da ação penal, na sentença, avaliar o adimplemento dos requisitos objetivo e subjetivo (este relacionado ao mérito do apenado) para o fim de realizar a detração e, a partir daí, fixar regime menos gravoso ao réu. Nesse sentido: "2. A previsão inserida no § 2.º do art. 387 do Código de Processo Penal não se refere à verificação dos requisitos para a progressão de regime, instituto que se restringe à execução penal, como entendeu o juízo, mas a possibilidade de, no momento oportuno da prolação da sentença, ser estabelecido regime inicial mais brando, em razão da detração. 3. A detração demanda a análise objetiva sobre a eventual redução da pena para patamar mais brando, mas consideradas as balizas previstas no § 2.º do art. 33 do Código Penal." (STJ, RHC 86286/BA, *DJe* 1.º.09.2017)

Questão relevante concerne à influência ou não da detração no cálculo da **prescrição em concreto**. Imagine-se que determinado réu, que ficou preso cautelarmente por dois anos, seja condenado a cinco anos de reclusão. *Nesta hipótese, o cálculo do prazo prescricional deverá levar em conta o total da pena imposta (cinco anos) ou a pena remanescente, após detraído o período da prisão provisória (três anos)?* Pensamos que, não obstante o regime de início de pena deva considerar a detração por força do aludido art. 387, § 2.º, do CPP, a prescrição deve ser calculada sobre o montante total de pena encontrado a partir do critério trifásico de dosimetria que, no exemplo, é de cinco anos.

13.6. PRINCÍPIO DA CORRELAÇÃO E PRINCÍPIO DA CONSUBSTANCIAÇÃO. *MUTATIO LIBELLI* E *EMENDATIO LIBELLI*

A *emendatio libelli* e a *mutatio libelli* são institutos próprios da sentença condenatória e da decisão de pronúncia, implicando nova definição jurídica do fato. É por meio da *emendatio* e da *mutatio* que o juiz, ao sentenciar, atribui ao fato descrito uma capitulação (artigo) distinta daquela originariamente incorporada à denúncia ou à queixa. Diferem-se, contudo, as duas hipóteses pelo fato de que, enquanto na *emendatio libelli* esta definição jurídica diversa não decorre do reconhecimento de circunstâncias das quais o réu não se tenha defendido, na *mutatio libelli* ocorre exatamente o contrário, isto é, o juiz *acrescenta* ao fato descrito circunstâncias ou elementos que, por não integrarem a descrição realizada na peça vestibular, não foram objeto de defesa no curso normal da marcha processual.

Na realidade, o estudo desses institutos está intimamente relacionado a dois princípios básicos em matéria de sentença penal: *primeiro*, o **princípio da consubstanciação**, segundo o qual o réu defende-se dos fatos descritos na denúncia ou na queixa-crime e não da capitulação; e, *segundo*, o **princípio da correlação da sentença**, traduzindo-se este como a necessidade de amoldar a sentença aos fatos descritos na inicial acusatória.

13.6.1. *Emendatio libelli* (art. 383 do CPP)

Trata-se da hipótese na qual o juiz, ao condenar ou pronunciar o réu, atribui nova definição jurídica ao fato descrito, sem, porém, acrescentar a esse mesmo fato qualquer circunstância ou elemento que já não estivessem descritos na inicial e dos quais, portanto, o acusado não se tenha defendido. Referindo-se à sentença condenatória, dispõe, com efeito, o art. 383 do CPP que "o juiz, sem modificar a descrição do fato contida na denúncia ou queixa, poderá atribuir-lhe definição jurídica diversa, ainda que, em consequência, tenha de aplicar pena mais grave". Por outro lado, em relação à pronúncia, regra simétrica está incorporada ao art. 418 do CPP, segundo o qual "o juiz poderá dar ao fato definição jurídica diversa da constante da acusação, embora o acusado fique sujeito a pena mais grave".

Neste contexto, e levando em conta o regramento inserido ao Código de Processo Penal, três formas de *emendatio libelli* são passíveis de aplicação pelo juiz diante do caso concreto que esteja sob sua análise:

1) ***Emendatio libelli* por defeito de capitulação:** situação na qual o juiz profere sentença condenatória ou decisão de pronúncia em conformidade exata com o fato descrito na denúncia ou na queixa. Sem embargo, reconhece que tal fato amolda-se ao dispositivo penal distinto daquele que constou na inicial. *Exemplo:* denunciado o acusado por roubo, mas, por equívoco, capitulada esta infração na denúncia como o art. 147 do CP (crime de ameaça). Na sentença, o juiz poderá condenar o réu pelo crime descrito (roubo), esclarecendo, porém, que se trata de conduta que tem enquadramento no art. 157 do Estatuto Repressivo, cuja pena, evidentemente, é maior do que a relativa ao artigo equivocadamente atribuído na denúncia.

2) ***Emendatio libelli* por interpretação diferente:** examinando a descrição do fato constante da denúncia ou da queixa, realiza o juiz interpretação diferente da que o fez o Ministério Público ou o querelante quanto ao enquadramento da conduta narrada. *Exemplo:* Considere-se que tenha sido denunciado o agente por homicídio qualificado por meio cruel, por ter cortado a garganta de colega de cela enquanto este dormia, causando-lhe morte instantânea. Entendendo o magistrado que esse fato, tal como narrado, não configura a qualificadora do meio cruel (art. 121, § 2.º, III, CP), mas, sim, a qualificadora do uso de recurso que impossibilitou a defesa do ofendido (art. 121, § 2.º, IV, CP), poderá reconhecer essa última circunstância independente de qualquer aditamento da inicial pelo Ministério Público. É que, nesse caso, a nova definição jurídica atribuída não terá sido decorrência de qualquer inovação ao fato descrito, mas, sim, de interpretação diversa quanto ao enquadramento desse mesmo fato[28].

3) ***Emendatio libelli* por supressão de circunstância**: neste caso, o magistrado atribui nova capitulação ao fato imputado em razão da não constatação, pelas provas angariadas na fase instrutória, de elemento ou circunstância que estejam contidos na inicial. Em suma, há, aqui, modificação fática, mas não para acrescentar, e sim para subtrair circunstâncias do fato descrito, importando esta simples supressão na mudança de classificação jurídica (artigo). *Exemplo:* denunciado o acusado

---

[28] STJ, HC 75.691/SP, *DJ* 22.09.2008.

por crime de roubo capitulado no art. 157 do CP, sobrevém, no curso da instrução, a prova de que não houve violência nem grave ameaça. Diante disso, o juiz, suprimindo da inicial a referência à violência e à ameaça, condena o réu por furto simples. Há, neste caso, *emendatio libelli*, já que o furto se encaixa na descrição do roubo. Defendendo-se de um roubo, defende-se o acusado de *furto + violência/ameaça*. Desta sorte, basta retirar de um roubo as circunstâncias "violência e grave ameaça" e já se tem caracterizada a subtração que tipifica o furto.

Eventualmente, a desclassificação provocada pela *emendatio libelli* pode importar em **modificação de competência do juízo**. Constatando tal hipótese, caberá ao juiz, fundamentadamente, realizar a desclassificação que caracteriza a *emendatio libelli*, sem, contudo, proceder ao juízo de condenação ou de absolvição. Essa decisão deverá ter sua fundamentação restrita à tipificação do crime, sem externar qualquer outro juízo de mérito tampouco pronunciar-se acerca da condenação ou absolvição. Não havendo juízo de *condenação* ou de *absolvição*, esse pronunciamento não pode, obviamente, ser caracterizado como uma sentença *stricto sensu*, mas, sim, como uma *decisão interlocutória*, ensejando, assim, impugnação por meio de recurso em sentido estrito previsto no art. 581, II, do CPP[29]. Transitada em julgado essa manifestação, deverá o juiz ordenar a remessa do processo ao juízo agora considerado competente, para que lá tenha prosseguimento (art. 383, § 2.º, do CPP). É o caso, por exemplo, da desclassificação do crime de tráfico de drogas (art. 33, *caput*, da Lei 11.343/2006) para a forma privilegiada de oferecimento eventual e gratuito (art. 33, § 3.º, da Lei 11.343/2006). Sendo este último de competência do Juizado Especial Criminal, após efetuar a desclassificação, caberá ao magistrado remeter o processo ao JECRIM, onde será realizada proposta de transação penal ou, não sendo esta viável, prolatada a sentença.

E se o crime para o qual foi operada a desclassificação provocada pela *emendatio libelli* tiver cominada pena mínima abstrata igual ou inferior a um ano, possibilitando, em consequência, a suspensão condicional do processo a que alude o art. 89 da Lei 9.099/1995? Nesta hipótese, preceitua o art. 383, § 1.º, do CPP, que "o juiz procederá de acordo com o disposto em lei". Em síntese, simetricamente à situação anteriormente analisada, deverá o magistrado criminal proferir, fundamentadamente, decisão desclassificatória e, antes de manifestar-se quanto à condenação ou absolvição, facultar vista ao Ministério Público quanto à possibilidade de ser efetivado ao acusado o *sursis* processual. Entendendo o *Parquet* não ser o caso de efetuar essa proposta (*v.g.*, pelos péssimos antecedentes do indivíduo), ou sendo ela efetuada pelo Promotor de Justiça e recusada pelo réu, retornarão os autos ao juiz para prosseguir sua decisão e decidir quanto à condenação ou absolvição do imputado. Esta postura que deve ser adotada pelo juiz encontra apoio na Súmula 337 do STJ, ao estabelecer que "é cabível a suspensão condicional do processo na desclassificação do crime e na procedência parcial da pretensão punitiva".

---

[29] Analisando hipótese de desclassificação do crime de tráfico de drogas para a infração do art. 28 da Lei 11.343/2006 (posse de droga para uso próprio) e consequente remessa do processo ao Juizado Especial Criminal, consignou a Segunda Câmara Criminal do Tribunal de Justiça do Rio Grande do Sul que "o Recurso em Sentido Estrito apresenta-se como adequado, ante os termos do art. 581, inc. II, do CPP, pois a desclassificação, no caso (com determinação de remessa ao Juizado Especial), equivale ao reconhecimento de incompetência do juízo" (TJRS, Recurso em Sentido Estrito 70029552395, Rel. Des. Marco Aurélio de Oliveira Canosa, j. 28.03.2013).

Exemplo: Considere-se que tenha sido o réu denunciado por roubo praticado mediante violência real causadora de lesões corporais graves (art. 157, § 3.º, do CP – pena: 7 a 15 anos). Suponha-se que, no curso da instrução, venha a ficar comprovado que não houve qualquer subtração ou tentativa de subtração do patrimônio da vítima pelo réu, reclamando-se a desclassificação do crime descrito de roubo para lesões corporais graves (art. 129, § 1.º, do CP – pena: 1 a 5 anos). A hipótese, evidentemente, não importa em qualquer acréscimo de circunstâncias ao fato descrito, caracterizando-se como *emendatio libelli* (roubo = subtração + lesões corporais – portanto, ao defender-se de roubo, já se defendeu o réu do crime de lesões). Ora, se tivesse atribuído a denúncia, desde o início do processo, o crime de lesões graves, teria sido possível ao Promotor de Justiça propor ao acusado a suspensão condicional do processo a que alude o art. 89 da Lei 9.099/1995, pois a pena mínima cominada a tal infração é de um ano. Considerando, todavia, que a inicial atribuiu o delito de roubo, que tem apenamento mínimo de quatro anos, restou inviabilizada essa medida. Destarte, para não causar prejuízo ao réu, impõe-se que o magistrado, ao receber conclusos os autos para a sentença, proceda à desclassificação do crime de roubo para lesões graves, restringindo-se, contudo, ao aspecto da correta tipificação da conduta, isto é, sem qualquer juízo acerca da condenação ou absolvição. Depois de realizada essa desclassificação, deverá o juiz determinar vista do processo ao Ministério Público para que se manifeste quanto à possibilidade de propor ao acusado o *sursis* processual de que trata o art. 89 da Lei 9.099/1995. Nesse contexto, poderão ocorrer as seguintes situações:

1. O Ministério Público entende não ser hipótese de propor a suspensão condicional do processo, em face da ausência das condições previstas no art. 89, *caput*, da Lei 9.099/1995. Neste caso, os autos retornarão ao juiz que poderá:

a. **Discordar do Ministério Público:** o andamento a ser dado juiz, neste caso, foi previsto na Súmula 696 do STF, segundo a qual *reunidos os pressupostos legais permissivos da suspensão condicional do processo, mas se recusando o promotor de justiça a propô-la, o juiz, dissentindo, remeterá a questão ao Procurador-Geral, aplicando-se por analogia o art. 28 do Código de Processo Penal.* Lembre-se que esse dispositivo, na redação anterior à vigência da Lei 13.964/2019 (redação essa que vigorava à época da edição daquela súmula) tratava da hipótese em que o juiz, discordando da manifestação do membro do Ministério Público ao promover o arquivamento do inquérito policial, remetia a questão ao Procurador-Geral de Justiça para análise, ficando o juiz vinculado ao que por ele fosse deliberado. No exemplo anterior, aplicada esta regra, tinha-se que, havendo a concordância do Procurador-Geral com a posição do promotor de origem em não propor a suspensão, deveriam os autos ser restituídos ao juiz para julgamento do processo criminal, condenando ou absolvendo o réu pelo crime de lesões corporais graves. Na hipótese, porém, de discordância com o entendimento do promotor, caberia ao Procurador-Geral designar outro promotor para oferecer a proposta de suspensão. Na atualidade, porém, as coisas não são tão simples. Isto porque a Lei 13.964/2019 conferiu nova redação ao citado art. 28 do CPP, subtraindo a atribuição do Juiz para análise do arquivamento do inquérito policial, decisão esta que passou a ser exclusiva do Ministério Público. Enfim, de acordo com essa nova disciplina, ao promover o arquivamento do inquérito, cabe ao promotor de justiça, simplesmente, enviar esta manifestação ao órgão superior que tiver atribuição para revisar suas decisões, não mais se sujeitando tal arquivamento ao crivo do Juiz. Diante desta normatização, é de se questionar a subsistência dos termos da Súmula 696 do STF, já que, com a alteração redacional do art. 28 citado, visou o legislador limitar a atuação jurisdicional do juiz na fase anterior ao recebimento da denúncia ou da queixa. Pois bem, a nosso ver, a modificação legislativa não implicou em superação da Súmula 696 do STF, podendo o juiz aplicá-la na hipótese de recusa do membro do Ministério Público em propor o *sursis* processual, quando discordar ele dessa posição, ficando o respectivo exame a cargo da *instância de revisão ministerial* a que se refere a nova redação do art. 28. Veja-se que, ao contrário do que era previsto na redação original desse dispositivo em relação à discordância do juiz com o arquivamento do inquérito policial, que pressupunha sua ingerência em aspectos de mérito (exame das provas do expediente policial), o mesmo não ocorre na situação em exame, já que a proposta de suspensão condicional do processo deve ocorrer após o oferecimento da inicial acusatória, na qual já estabelecida a classificação do delito imputado como conduta sujeita ao apenamento mínimo de um ano, que é aquele que permite a suspensão condicional. Em outras palavras, aqui, a discordância do juiz em relação ao entendimento do membro do Ministério Público não exige análise de aspectos relativos a provas, que foi o que buscou o legislador afastar com os novos termos determinados ao art. 28 do CPP. Logo, não há porque se considerar superada a mencionada súmula do STF. **Mas, atenção**: como dissemos ao longo deste capítulo, a nova redação do art. 28 do CPP teve a sua eficácia suspensa em razão de medida cautelar deferida no STF no âmbito das ADIs 6.298, 6.299, 6.300 e 6.305, suspensão esta que persistia por ocasião do fechamento da presente edição deste livro. Logo, apesar de defendermos a persistência dos termos da Súmula 696 do STF mesmo diante da disciplina atribuída àquele dispositivo pela Lei 13.964/2019, impõe-se ao leitor acompanhar a tramitação daquelas ações a fim de manter-se atualizado acerca da subsistência ou de eventual revogação da aludida medida cautelar.

b. **Concordar com a posição do Ministério Público**: neste caso, deve o juiz prosseguir com a sentença, exarando juízo de condenação ou de absolvição – no exemplo, pelo crime de lesões corporais graves.

2. O Ministério Público entende que a hipótese permite a realização da proposta a que alude o art. 89 da Lei 9.099/1995. Neste caso, duas hipóteses poderão ocorrer:

a. *O réu aceita a proposta de suspensão do processo:* O processo ficará suspenso, aguardando-se o cumprimento pelo réu das condições estipuladas (art. 89, § 1.º, da Lei 9.099/1995).

b. *O réu não aceita a proposta de suspensão do processo:* Os autos retornam ao magistrado para prosseguir com a sentença, condenando ou absolvendo o acusado pelo crime de lesões corporais graves.

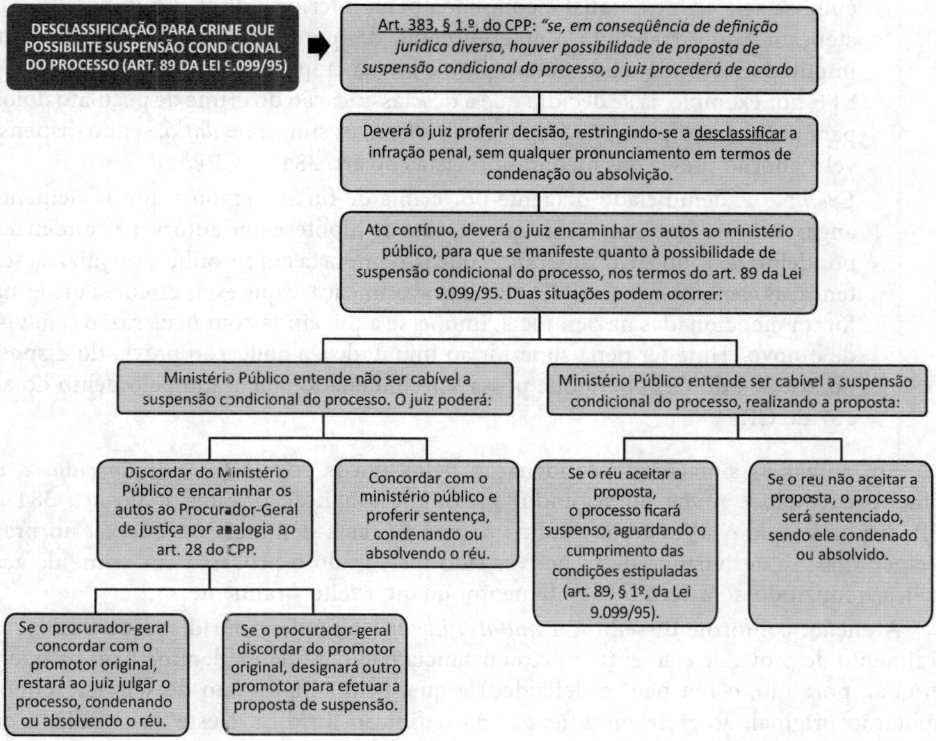

13.6.2. *Mutatio libelli* (art. 384 do CPP)

13.6.2.1. Considerações gerais e procedimento legal

No curso da instrução do processo, podem surgir novas provas quanto a elementos ou circunstâncias da imputação, os quais não estejam contidos na denúncia ou na queixa e que, se reconhecidos pelo juiz, importem em alteração do fato *para mais*. Trata-se da *mutatio libelli* – situação em que o juiz, condenando ou pronunciando o réu, atribui ao fato nova definição jurídica, mediante o acréscimo de circunstâncias não mencionadas na denúncia ou na queixa-crime. Nestes casos, como há evidente prejuízo ao acusado, não poderá ser o indivíduo condenado ou pronunciado pelo novo crime sem que adotadas, antes, as providências referidas no art. 384 do CPP, sendo irrelevante, para tanto, se a nova tipificação implica apenamento superior, igual ou inferior ao crime originalmente descrito.

- *Exemplo 1*: denunciado o acusado por receptação dolosa, surge no curso da instrução a prova de que se trata de receptação culposa. Considerando que tal desclassificação importa no reconhecimento de imprudência, negligência ou imperícia, circunstâncias estas não descritas na denúncia, não poderá o magistrado proferir sentença condenatória pelo crime culposo sem que tenham sido adotadas as providências do art. 384 do CPP, não importando o fato de que a receptação culposa seja crime ao qual é cominada pena inferior à do delito imputado. Mas atenção: Não é tranquilo o entendimento de que na desclassificação do crime imputado na modalidade dolosa para a forma culposa ocorre *mutatio libelli*. No STF, por exemplo, já se decidiu que a desclassificação do crime de peculato doloso para peculato culposo não implica *mutatio*, mas, sim, *emendatio*, sendo dispensável a adoção prévia das medidas previstas no art. 384 do CPP[30].

- *Exemplo 2*: denunciado o agente por crime de furto, demonstram os elementos angariados na fase instrutória que se trata de hipótese que autoriza a condenação por delito de roubo. Considerando que isto importa em reconhecer o juiz, na sentença, as elementares da violência ou grave ameaça, e que estas circunstâncias não foram mencionadas na denúncia, impõe-se aqui, ainda com mais razão (em vista de o novo crime ter pena superior ao imputado), a aplicação prévia do disposto no art. 384 do CPP, para que possa ser condenado o acusado pelo delito do art. 157 do CP.

Em ambas as situações, a condenação pelos novos crimes (*receptação culposa* no primeiro exemplo e *roubo* no segundo) pressupõe a aplicação anterior do art. 384 do CPP, dispondo que o Ministério Público deverá aditar a denúncia ou queixa, no prazo de cinco dias, se em virtude desta houver sido instaurado o processo em crime de ação pública, reduzindo-se a termo o aditamento, quando feito oralmente.

Atenção: conforme dissemos, a *mutatio libelli* é fenômeno jurídico que decorre do surgimento de prova de elemento ou circunstância não contida na denúncia ou na queixa (do qual, portanto, o réu não se defendeu) e que, pelo simples fato de seu acréscimo à imputação original, acarreta modificação da definição jurídica. Neste caso, pois, é que se aplica o procedimento conciso do art. 384. A situação difere, pois, daquela em que o aditamento implica modificação substancial da acusação, não sendo decorrência apenas do acréscimo, à acusação inicialmente descrita, de elemento ou circunstância antes não conhecidos. Exemplos: Imagine-se, por exemplo, que determinado indivíduo tenha sido denunciado pelo crime de exercício ilegal da medicina (art. 282 do CP), sendo descrito na denúncia que, mesmo não sendo médico, intitulando-se como tal, realizava consultas e prescrevia medicamentos a terceiros. Considere-se, porém, que, no curso da instrução, seja apurado que, na realidade, referido indivíduo atuava como traficante de drogas, vendendo, no seu pretenso "consultório" drogas ilícitas, sem qualquer cunho medicamental, a exemplo de cocaína, ecstasy, crack etc. Ora, este caso envolve modificação substancial da conduta imputada, não decorrendo a nova definição jurídica do simples acréscimo de circunstância ou elemento. Portanto, aqui, descabe a aplicação do procedimento breve do art. 384 do CPP, implicando o aditamento em reinício do processo, com cumprimento de todas as fases atinentes ao procedimento ordinário.

E se o Ministério Público se recusar ao aditamento? Neste caso, estabelece o art. 384, § 1.º, do CPP que será aplicado o disposto no art. 28 do CPP. Ocorre que, conforme dissemos, este artigo teve modificada sua redação pela Lei 13.964/2019, ficando subtraída do juiz a possibilidade de analisar o mérito da promoção de arquivamento do inquérito policial. Com isto, resta clara a intenção do legislador no sentido de afastá-lo de qualquer ingerência quanto à iniciativa acusatória. Ora, especificamente em relação à *mutatio libelli*, para discordar da recusa do membro do Ministério Público em promover o aditamento da inicial com vista a atribuir nova classificação jurídica ao crime objeto da ação penal, fatalmente, precisará o juiz ingressar, ainda que perfunctoriamente, em

---

30 STF, RHC 85.623/SP, *DJ* 31.03.2006; e STF, RHC 85.657/SP, *DJ* 05.05.2006.

aspecto relacionado à prova disponível, que, repita-se, foi o que visou o legislador impedir com nova redação do art. 28 do CPP. Logo, considerando que essa nova redação, apesar de ser relativa ao arquivamento do inquérito, deixa claro o objetivo legal de afastar o juiz de qualquer ingerência quanto à iniciativa acusatória e tendo em vista que o citado § 1º do art. 384 remete ao art. 28, reputamos que se operou revogação tácita desse parágrafo, o que implica dizer que, recusando-se o promotor ao aditamento da inicial, nada poderá fazer o juiz, cabendo-lhe, unicamente, dar continuidade à tramitação da ação penal, podendo, ao final, condenar o acusado pelo crime originalmente imputado ou, se reputar inocorrente essa figura típica, absolver o réu. **Mais uma vez, contudo, rogamos a atenção do leitor:** na esteira do que falamos antes, esta nova redação do art. 28 encontra-se com eficácia suspensa em razão de medida cautelar deferida no STF no âmbito das ADIs 6.298, 6.299, 6.300 e 6.305, suspensão esta que persistia por ocasião do fechamento da presente edição deste livro. Pois bem, enquanto subsistirem os efeitos dessa decisão, a redação aplicável é a do art. 28 anteriormente à que lhe foi determinada pela Lei 13.964/2019, com o que não fica impedido o juiz aplicar a literalidade do art. 384, § 1º. Se, porém, sobrevier sua revogação e, consequentemente, restabelecida a eficácia do aludido artigo, na esteira do entendimento que esposamos, dever-se-á ter como revogado dito § 1º. O cenário, enfim, é o seguinte:

1. Enquanto permanecer suspensa a eficácia da nova redação do art. 28 do CPP em face da sobredita medida cautelar, cumprirá ao juiz, dissentindo da recusa do promotor de justiça em realizar o aditamento, encaminhar os autos ao Procurador-Geral de Justiça, que poderá discordar do órgão ministerial que atua no feito e proceder ao aditamento da inicial ou designar outro promotor para fazê-lo; ou, então, concordar com o seu entendimento. Neste último caso, nada restará ao magistrado fazer, a não ser proferir sentença pelo crime constante da inicial.
2. Restabelecida, porém, a eficácia da redação dada ao art. 28 pela Lei 13.964/2019, nada restará ao juiz proceder, cabendo-lhe, apenas, prosseguir a tramitação do feito, julgando-o em consonância com imputação originalmente realizada.

Neste quadro de incertezas, salientamos a necessidade de acompanhar a tramitação das citadas ADIs, cujo desiderato, como vimos, interferirá diretamente nos limites da atuação jurisdicional do magistrado.

Anote-se que é fixado um prazo – cinco dias – para que o Promotor de Justiça realize o aditamento. Caso não seja este lapso observado, nem por isso ocorrerá preclusão, podendo o Promotor realizá-lo em momento posterior.

Sendo realizado o aditamento pelo Ministério Público, procederá o juiz à notificação da defesa do acusado para que se manifeste no prazo de cinco dias (art. 384, § 2.º).

Após, conclusos os autos, caberá ao magistrado decidir quanto à *admissão* ou não do aditamento. Caso não admitido (o que poderá ocorrer por qualquer das razões previstas no art. 395 do CPP), o processo prosseguirá o seu curso (art. 384, § 5.º). Recebido, contudo, o aditamento, compete ao juiz designar dia e hora para a continuação da audiência, com inquirição de testemunhas, novo interrogatório do acusado, realização de debates e julgamento (art. 384, § 2.º).

Observe-se que o art. 384, § 4.º, estabelece que, "havendo aditamento, cada parte poderá arrolar até 3 (três) testemunhas, no prazo de 5 (cinco) dias". Estas testemunhas poderão ser ou não as mesmas que já foram inquiridas anteriormente. Relativamente ao prazo para que sejam arroladas estas testemunhas, a redação do citado dispositivo é dúbia e permite duas interpretações:

Primeira: No sentido de que não foi intenção do legislador estabelecer outro prazo de cinco dias para manifestação das partes, além daquele já previsto no art. 384, *caput*, para o aditamento pelo Ministério Público, e no § 2.º do mesmo artigo, para fins de resposta pela defesa. Os cinco dias referidos no § 4.º seriam, então, os mesmos constantes no *caput* e § 2.º, razão pela qual, sob a ótica desta posição, será no aditamento e na resposta da defesa que as testemunhas deverão ser arroladas.

Segunda: Objetivou o legislador, no art. 384, § 4.º, possibilitar à acusação e à defesa arrolarem suas testemunhas em prazo que lhes será aberto após a apresentação da resposta pelo acusado, não coincidindo os cinco dias previstos naquele dispositivo com o prazo facultado ao Promotor de Justiça no *caput* e à defesa no § 2.º. A nosso ver, este é o entendimento que deflui da interpretação conjunta do art. 384 e seus parágrafos, em especial do § 2.º, quando refere que, após resposta do acusado e admissão do aditamento feito pelo Ministério Público, o juiz, *a requerimento de qualquer das partes, designará dia e hora para continuação da audiência*. Ora, estivessem as testemunhas já arroladas no aditamento e na resposta do réu, não haveria razão para contemplar-se um *requerimento das partes* para designação de audiência, já que este aprazamento seria consequência lógica e natural. Em outras palavras, entendemos que o aludido *requerimento das partes* previsto no art. 384, § 2.º, nada mais é do que o momento em que, devidamente notificadas, deverão elas cumprir o prazo de cinco dias disposto no § 4.º para arrolarem as testemunhas a serem inquiridas em audiência.

Preceitua o art. 384, § 4.º, *in fine*, que, com o aditamento, ficará *o juiz, na sentença, adstrito aos respectivos termos*. Isto quer dizer, apenas, que não poderá o juiz reconhecer circunstâncias outras que, ausentes na inicial, também não tiverem sido objeto do aditamento. Nada lhe impede, porém, de julgar o indivíduo pela prática do delito exposto na inicial, e não pelo crime objeto do aditamento, pois, de qualquer sorte, houve defesa a respeito do mesmo. Aplica-se aqui, enfim, a **teoria da imputação alternativa superveniente**, incidente na hipótese de *mutatio libelli* quando, diante de aditamento da denúncia pelo Ministério Público em decorrência de novos elementos ou circunstâncias surgidos na fase instrutória do processo criminal, uma nova imputação é feita ao réu, permitindo-se ao juiz, no momento da sentença, optar por julgá-lo com base na imputação original ou pela que sobreveio com o aditamento. Exemplos:

1. Imagine-se que tenha sido o agente denunciado por furto, surgindo, porém, no curso da instrução, prova de que a conduta envolveu violência. Tem-se, neste caso, hipótese de *mutatio libelli*. Isto porque o simples fato de ser acrescido o elemento *violência* à narrativa originalmente constante da denúncia é suficiente para deslocar a tipificação da conduta de furto para roubo. Suponha-se que, tenha havido aditamento pelo Ministério Público, atribuindo o crime de roubo (art. 384, *caput*). Após vista à defesa (art. 384, § 2.º), considere-se que tenha o magistrado recebido o aditamento, inquirindo as novas testemunhas arroladas, realizando debates e proferindo sentença. Nada obsta que, nessa oportunidade, entenda o magistrado por condenar o réu por **furto**, que era a imputação inicial, e não por **roubo**, que foi o objeto do aditamento, pois houve, no caso, possibilidade de defesa em relação a ambas as imputações.
2. Suponha-se que o Ministério Público tenha denunciado alguém pelo crime de furto, sobrevindo, após, evidências no sentido de que ocorreu, na verdade, uma apropriação indébita. Esta situação envolve *mutatio libelli* pois, a modificação da conduta originalmente descrita na denúncia decorre do simples acréscimo do elemento relativo à prévia posse do bem, o que, naturalmente, conduz à mudança do verbo nuclear de "subtrair" para "apropriar-se" (diz-se "naturalmente" porque ninguém pode subtrair coisa da qual está com a posse legítima). Considere-se, assim, que o

MP, com fulcro no art. 384 do CPP, tenha aditado a denúncia, atribuindo o delito de apropriação. Neste cenário, haverá, dentro do processo, duas imputações alternativas – furto ou apropriação indébita, podendo o juiz absolver o réu ou condená-lo por qualquer delas.

De qualquer forma, cabe destacar que o tema não é inteiramente consolidado, havendo parcela doutrinária compreendendo que, a partir da reforma introduzida pela Lei 11.719/2008, ficou excluída a possibilidade de o magistrado condenar o acusado pelo crime originalmente imputado, pois isto implicaria ferir o princípio da ampla defesa.

Por fim, cabe frisar que, também em sede de *mutatio libelli*, têm aplicação as regras constantes dos §§ 1.º e 2.º do art. 383, determinando que, "se em consequência da definição jurídica diversa, houver possibilidade de proposta de suspensão condicional do processo, o juiz procederá de acordo com o disposto em lei" e que "tratando-se de infração da competência de outro juízo, a este serão encaminhados os autos". Assim, se, com o aditamento à inicial, for possível a aplicação do art. 89 da Lei 9.099/1995, deverá o Ministério Público, desde logo, no próprio aditamento, realizar a proposta de suspensão do processo mediante as condições legais previstas nesse artigo. Não o fazendo, deverá ser instado pelo magistrado a manifestar-se a respeito, em face da nova capitulação atribuída ao crime. Por outro lado, se, ao examinar o aditamento, constatar o magistrado que o novo crime é de competência de juízo diverso, caberá a ele encaminhar o feito a tal juízo para que lá seja deliberado quanto à sua admissão ou não.

13.6.2.2. *A iniciativa do juiz em determinar vista dos autos ao Ministério Público para fins de aditamento*

Ao contrário do que previa o art. 384 antes da alteração determinada pela Lei 11.719/2008, nada consta, agora, nesse dispositivo, em termos de iniciativa do juiz em dar vista dos autos ao Ministério Público, para que realize o aditamento nele mencionado. Esta, inclusive, era questão que conduzia parte da doutrina a reputar inconstitucional o art. 384, sob o fundamento de que a possibilidade de o juiz desencadear o procedimento que resulta na *mutatio libelli* implicaria violação ao sistema acusatório, deslocando o juiz de sua necessária imparcialidade.

Observe-se:

Redação do art. 384, *caput*, antes da Lei 11.719/2008	Redação do art. 384, *caput*, após a Lei 11.719/2008
Se o juiz reconhecer a possibilidade de nova definição jurídica do fato, em consequência de prova existente nos autos de circunstância elementar, não contida, explícita ou implicitamente, na denúncia ou na queixa, baixará o processo, a fim de que a defesa, no prazo de oito dias, fale e, se quiser, produza prova, podendo ser ouvidas até três testemunhas.	Encerrada a instrução probatória, se entender cabível nova definição jurídica do fato, em consequência de prova existente nos autos de elemento ou circunstância da infração penal não contida na acusação, o Ministério Público deverá aditar a denúncia ou queixa, no prazo de 5 (cinco) dias, se em virtude desta houver sido instaurado o processo em crime de ação pública, reduzindo-se a termo o aditamento, quando feito oralmente.

Apesar destes termos inseridos na redação atual do art. 384, sempre reputamos que mantinha implícita a possibilidade de o juiz tomar a iniciativa em provocar o Promotor de

Justiça quanto ao aditamento da denúncia ou da queixa subsidiária quando entendesse ser hipótese de *mutatio libelli*. Fosse diferente, restaria sem sentido o art. 384, § 1.º, do CPP, ao dispor que "não procedendo o órgão do Ministério Público ao aditamento, aplica-se o art. 28 deste Código", disposição esta que possibilita ao julgador enviar os autos ao Procurador-Geral de Justiça quando houver recusa do aditamento pelo Promotor de Justiça.

Ocorre, porém, que, conforme dissemos no tópico anterior (13.6.2.1), a Lei 13.964/2019 conferiu nova redação ao art. 28 do CPP, o que implica a conclusão de que se operou a revogação tácita do art. 384, § 1º. Além do mais, essa nova disciplina, embora limitada à hipótese do arquivamento do inquérito policial, deixa clara a intenção do legislador no sentido de afastá-lo de qualquer ingerência quanto à iniciativa acusatória. E o aditamento, por óbvio, tem natureza de peça acusatória, já que importa em alteração da denúncia ou da queixa subsidiária. Neste cenário, é forçoso concluir que, a despeito de surgirem provas que possam implicar em definição jurídica do fato diversa da originalmente realizada, esse novo regramento do art. 28 implica suprimir do juiz qualquer iniciativa no sentido de provocar o Ministério Público ao aditamento. **Mas, atenção:** repetimos, aqui, que esta nova redação do art. 28 encontra-se com eficácia suspensa em razão de medida cautelar deferida no STF no âmbito das ADIs 6.298, 6.299, 6.300 e 6.305, suspensão esta que persistia por ocasião do fechamento da presente edição deste livro. Pois bem, enquanto subsistirem os efeitos dessa decisão, a redação aplicável é a do art. 28 anteriormente à que lhe foi determinada pela Lei 13.964/2019, com o que não fica impedido o juiz aplicar a literalidade do art. 384, § 1º, dispositivo este que, a nosso ver, amparava a possibilidade de sua iniciativa em provocar o Ministério Público ao aditamento.

13.6.2.3. *Recorribilidade*

Compreendendo-se, na atual concepção do art. 384 do CPP, que ainda seja possível ao juiz determinar vista dos autos ao Ministério Público para fins de aditamento quando constatar a possibilidade de nova definição jurídica do fato, tal pronunciamento será irrecorrível, pois dele não decorre qualquer sucumbência. É que tal manifestação do juiz não possui natureza jurídica de uma decisão, no sentido técnico do termo, sujeita à preclusão ou a trânsito em julgado. Apelável, isto sim, será a sentença do juiz exarada após, seja pelo crime objeto do aditamento (caso tenha sido este realizado), seja pelo delito originariamente imputado ao réu (na hipótese de recusa do Ministério Público ao aditamento e da concordância do Procurador-Geral de Justiça com essa posição).

13.6.2.4. Mutatio libelli *em crime de ação penal privada*

Na reforma introduzida ao CPP pela Lei 11.719/2008, persistiu, no *caput* do art. 384, o impasse jurídico já verificado na legislação anterior, qual seja, o fato de que se refere tão somente ao aditamento pelo Ministério Público da denúncia ou da queixa subsidiária – "(...) o Ministério Público deverá aditar a denúncia ou queixa, no prazo de 5 (cinco) dias, se em virtude desta houver sido instaurado o processo em crime de ação pública (...)". Diante disso, parte expressiva da doutrina considera que não há a possibilidade de aplicação da *mutatio libelli* na ação penal privada exclusiva, o que implicaria violação aos princípios da oportunidade e disponibilidade que informam essa natureza de ação. Apesar da interpretação literal do art. 384, efetivamente, conduzir a esse entendimento, sempre compreendemos que, por analogia à faculdade inerente ao Promotor de Justiça nos crimes de ação pública, também na ação privada exclusiva é de se conferir ao querelante igual faculdade, possibilitando a ele o aditamento da queixa, desde, é claro, que ainda não decorrido o prazo decadencial de seis meses contado da ciência do fato ou de sua autoria.

13.6.2.5. Mutatio libelli *em segundo grau*

O art. 617, inserido no Capítulo V, do Título II, do Código de Processo Penal, versando sobre o processo e julgamento das apelações, e dos recursos em sentido estrito nos tribunais, refere que "o tribunal, câmara ou turma atenderá nas suas decisões ao disposto nos arts. 383, 386 e 387, no que for aplicável". Não faz qualquer referência, portanto, ao art. 384 do CPP. A partir daí surgiu o entendimento consubstanciado na Súmula 453 do STF, no sentido de que, enquanto segunda instância, vale dizer, no julgamento de recursos, não poderá o instituto da *mutatio libelli* ser aplicado pelos Tribunais.

Assim, se no julgamento de uma apelação, o Órgão Recursal reconhecer que a definição jurídica correta para o fato é diversa daquela constante na inicial, não tendo sido aplicada a solução do art. 384 no curso do processo, a consequência será a absolvição do imputado, por inexistir outra alternativa. Observe o seguinte exemplo:

Considere-se que, denunciado e condenado por receptação dolosa, o réu apele ao Tribunal de Justiça, dizendo-se inocente. Examinando o recurso, entende a Câmara Recursal que o crime cometido foi, na verdade, receptação culposa. Neste caso, pergunta-se:

- ***Será o caso de desclassificar, simplesmente, a infração penal de dolo para culpa?*** Não, pois não houve a aplicação da regra do art. 384 do CPP na fase anterior à sentença. Destarte, a desclassificação operada pelo tribunal importaria em reconhecimento de imprudência ou negligência na conduta do réu sem que ele jamais tenha se defendido destas circunstâncias.
- ***Será o caso de anular a sentença e determinar ao juízo a aplicação do art. 384 do CPP?*** Não, pois a sentença não padece de qualquer vício que justifique a cassação.
- ***Será hipótese de o Tribunal aplicar o art. 384 do CPP?*** Não, pois é vedado ao segundo grau esse proceder, tanto pela Súmula 453 do STF como pelo art. 617 do CPP.
- **Restará, então, como solução residual, a absolvição.** De fato. Se, não sendo caso de *emendatio libelli*, ao julgar um recurso da defesa, o tribunal reconhecer que a definição jurídica correta para o fato criminoso é diversa daquela constante na inicial, não tendo sido aplicada a solução do art. 384 no curso do processo, a consequência será a absolvição do imputado, por inexistir outra alternativa.

Importante frisar que a vedação à *mutatio libelli* existe quando o tribunal atua como *segundo grau*. Logo, nada impede que venha a ser aplicado o instituto em hipóteses de prerrogativa de função (competência originária), pois, nesse caso, estará exercendo o tribunal posição de *1.º grau*.

Por outro lado, também nada obsta (pelo contrário, é até bastante comum) aos tribunais de aplicarem, quer no julgamento de recursos, quer nas hipóteses de prerrogativa de função, as regras da ***emendatio libelli***, pois tal aplicação é autorizada expressamente pelo art. 617 do CPP, não sendo, ainda, vedada pela Súmula 453 do Pretório Excelso[31].

13.6.3. *Emendatio libelli* e *mutatio libelli* no procedimento do júri

Estabelece o art. 418 do CPP que "o juiz poderá dar ao fato definição jurídica diversa da constante da acusação, embora o acusado fique sujeito a pena mais grave".

Cogita-se aqui da hipótese em que pretenda o Juiz, em sede de pronúncia, proceder à **desclassificação do crime doloso contra a vida atribuído na denúncia para outro,**

[31] "A *emendatio libelli* também pode ser aplicada em segundo grau desde que nos limites do art. 617 do CPP, que proíbe a *reformatio in pejus*" (STJ, HC 87.984/SC, *DJ* 22.04.2008).

igualmente doloso contra a vida, porém diverso daquele que foi descrito na inicial, sem que isso importe no reconhecimento de circunstância ou elemento não descrito na exordial. Ocorre, nesse caso, simples ***emendatio libelli***, o que faz incidir a literalidade do art. 418 do CPP. *Exemplo:* Ao oferecer denúncia, narra o Ministério Público que o agente matou a vítima, desferindo-lhe dois tiros pelas costas em face de um desentendimento anterior motivado pelo não pagamento de uma dívida. Se, a despeito dessa descrição, tiver o Ministério Público, na denúncia, capitulado a infração penal apenas como homicídio qualificado pelo motivo fútil, nada obsta ao Juiz de reconhecer, também, a qualificadora do recurso que impossibilitou a defesa do ofendido em face dos disparos terem ocorrido quando a vítima estava de costas para o agente. E isso não importará qualquer surpresa à defesa do réu, já que a circunstância que motivou a postura do Juízo em reconhecer a segunda qualificadora está descrita na inicial.

Agora, se a desclassificação importar em reconhecimento de circunstância ou elemento não atribuídos na inicial acusatória, não incide o art. 418 do Código de Processo Penal, mas, sim, a disciplina do art. 411, § 3.º, que determina a aplicação prévia do art. 384. Isso porque, nesse caso, estaremos diante de hipótese de ***mutatio libelli***. *Exemplo*: Denunciada a ré por homicídio, resolve o juiz, na pronúncia, desclassificar essa infração para infanticídio. Ora, isso implica reconhecer, na pronúncia, o estado puerperal, que não foi descrito na peça inaugural. Logo, tal reconhecimento implica surpresa à ré, sendo absolutamente irrelevante o fato do apenamento menor do infanticídio em relação ao homicídio. Daí a necessidade de aplicação da disciplina do art. 384, que pressupõe aditamento da denúncia pelo Ministério Público, descrevendo o promotor o estado puerperal e imputando, em razão disso, o crime de infanticídio. Anteriormente à alteração do rito do júri pela Lei 11.689/2008, havia quem entendesse possível tal desclassificação sumária, vale dizer, independentemente de oportunizar à defesa manifestação e produção de provas quanto à nova tipificação. O argumento era o de que a pronúncia não condena e, ademais, seria possível, no dia do júri, manifestar-se a defesa quanto às novas circunstâncias. Sempre discordamos dessa linha de pensamento, pois a pronúncia, ainda que não possua conteúdo condenatório, produz sucumbência grave ao réu, já que o submete a julgamento popular. Na atualidade, porém, a discussão está prejudicada, já que a solução aplicável em tais casos – utilização do art. 384 do CPP – decorre da previsão expressa incorporada ao art. 411, § 3.º, do CPP.

Mas, atenção: essas duas situações não se confundem com aquela em que procede o juiz, na fase da pronúncia, à desclassificação de crime doloso contra a vida para outro sem esta natureza. Nesse caso, aplicável é a regra do art. 419 do Código de Processo Penal, que pode exigir ou não a aplicação do art. 384 do Código de Processo Penal, conforme o caso. A respeito, para evitar tautologia, remetemos o leitor ao *Capítulo 10, item 10.14.5.1*.

Eventualmente, a aplicação das regras pertinentes à *mutatio libelli* no procedimento do júri pode conduzir a situações paradoxais, vale dizer, sem solução prevista em lei. *Exemplo:* Considere-se, a partir do caso ilustrado, que a ré tenha sido denunciada por homicídio do próprio filho, crime esse praticado alguns dias depois do nascimento. Suponha-se que, encerrada a instrução, o Juiz, compreendendo que o crime não configura homicídio e sim infanticídio (o que implica, como vimos, *mutatio libelli*), atendendo ao art. 411, § 3.º, do CPP, faculte ao Ministério Público aditar a inicial para os fins do art. 384 do CPP. Imagine-se, porém, que o Promotor entenda não ser caso de aditamento e que, após enviados os autos ao Procurador-Geral de Justiça nos termos do art. 384, § 1.º, do CPP, este concorde com o Promotor. Nesse caso, pergunta-se: qual a solução? *O que poderá fazer o Juiz já que, na sua ótica, o fato não é homicídio e sim infanticídio, recusando-se o Promotor, porém, a aditar a inicial e com este concordando o Procurador-Geral de Justiça*? Ora, consoante referimos, não há solução prevista na lei para esse caso. Afinal, não poderá o Juiz pronunciar a ré por infanticídio, já que não houve aditamento pelo Promotor (1). Também não se pode dele exigir que a pronuncie por homicídio, já que, na sua ótica, não foi este crime o que ocorreu (2). O caso também não é de impronúncia, pois não são ocorrentes as situações do art. 414 do CPP (3). E também não será hipótese de absolvição sumária, pois não se perfazem os casos do art. 415 do CPP (4). A nosso ver, inexistente solução legal para o caso e não podendo o juiz, simplesmente, extinguir a ação penal, caberá a ele, após declarar nos autos seu entendimento no sentido de que o fato não configura homicídio e sim infanticídio, suspender o processo criminal até que ocorra o aditamento ou que se opere a extinção da punibilidade pela ocorrência da prescrição, considerada, neste caso, a pena do infanticídio. Logicamente, tal decisão – de suspensão do processo criminal – enseja recurso em sentido estrito, fundamentado este na interpretação extensiva do art. 581, XVI, do Código de Processo Penal. Perceba-se, por oportuno, que tal solução – a suspensão processual – não é de todo estranha à disciplina do Código de Processo Penal, pois prevista nas hipóteses do art. 152 (hipótese de incapacidade mental superveniente do réu) e do art. 366 (caso do acusado que, citado por edital, não comparece nem constitui defensor).

13.6.4. Outros exemplos de *emendatio* e de *mutatio libelli*

Para melhor esclarecer a distinção entre os institutos da *emendatio* e da *mutatio*, seguem exemplos de situações comuns que costumam ocorrer na prática forense.

- **Desclassificação de estelionato para furto qualificado mediante fraude:** a hipótese é de *mutatio libelli*. Ocorre que, no estelionato, o agente emprega a fraude visando ao consentimento da vítima em aderir à conduta por ele pretendida. Já no furto qualificado mediante fraude, não há esse consentimento, sendo a fraude utilizada para distrair a vítima e possibilitar, dessa forma, que o indivíduo perpetre a subtração. Portanto, a desclassificação de estelionato para furto qualificado pela fraude importa em reconhecer o magistrado circunstância elementar pertinente ao furto, e não incorporada à descrição do estelionato – o *dissenso da vítima* em realizar o comportamento desejado pelo sujeito passivo. O oposto – desclassificação de furto qualificado pela fraude para estelionato – também importará em *mutatio libelli*, já que conduzirá o juiz a reconhecer o *consenso da vítima* com o desapossamento da *res*, circunstância esta não inserida na denúncia por furto.
- **Desclassificação de peculato** para **furto ou para apropriação indébita:** trata-se de *emendatio libelli*. Isso porque, atribuída a alguém a prática de peculato, em razão de crime patrimonial cometido no exercício da função pública, a simples supressão da circunstância "funcionário público" já faz surgir a figura do furto ou da apropriação. Não há, portanto, acréscimo de circunstâncias, na sentença, de que não tenha o réu se defendido, pois ao defender-se de peculato, automaticamente defendeu-se de subtração ou apropriação. A situação inversa – desclassificação de apropriação ou furto para peculato –, acarreta *mutatio*, já que exige o reconhecimento, pelo magistrado, de que a subtração ou apropriação fora praticada pelo agente na *condição de funcionário público*, não se encontrando esta circunstância elementar descrita na inicial acusatória.
- **Desclassificação de furto para receptação:** não há dúvidas de que o procedimento exige aplicação do disposto no art. 384 do CPP. Afinal, a conduta física de *subtrair* constante no art. 155 do CP é absolutamente diversa da conduta de *adquirir, receber, ocultar* e qualquer outra constante similar do art. 180 do CP. Destarte, tal ordem de desclassificação importaria em considerar o magistrado, na sentença, fundamento da condenação,

conduta diferente da descrita. Em síntese, ao defender-se de um furto, não se defendeu o réu de uma receptação. E a recíproca também seria verdadeira, fosse o caso.

- **Desclassificação de injúria para calúnia:** suponha-se que tenha a queixa-crime atribuído o delito de injúria ao querelado, aduzindo que este chamou o querelante de ladrão. Posteriormente, fica evidenciado pela prova dos autos que, em verdade, o acusado havia dito que o querelante *furtou seu aparelho celular,* tipificando-se, em tese, o delito de calúnia. A hipótese configura *mutatio libelli*, o que impede o magistrado de proceder à condenação por calúnia, pois, se assim o fizesse, estaria reconhecendo fato específico – *a falsa atribuição de furto do celular* –, conduta física esta da qual jamais se defendeu o réu.
- **Desclassificação de roubo para extorsão e vice-versa:** o roubo pressupõe o ato físico do agente de *subtrair coisa alheia móvel* mediante violência ou grave ameaça (art. 157 do CP). Já a extorsão, ao contrário, consuma-se com a atitude do sujeito ativo que, mediante violência ou grave ameaça, *constrange a vítima à prática de um determinado comportamento*. Trata-se, como se vê, de situações distintas, não podendo o magistrado desclassificar uma conduta sem antes ter sido aplicado o regramento inserido ao art. 384 do CPP (*mutatio libelli*), com o objetivo de possibilitar ao réu defender-se das novas circunstâncias emergentes nos autos e que conduzirão ao novel entendimento do magistrado na sentença.
- **Desclassificação de furto qualificado para furto simples:** evidentemente, trata-se de mera *emendatio libelli*, caracterizada pelo simples afastamento da qualificadora imputada sem acréscimo, na sentença, de circunstâncias novas não descritas. O oposto – condenação por furto qualificado do acusado denunciado por furto simples – importaria em *mutatio libelli*, já que a sentença surpreenderia o acusado ao reconhecer circunstância não descrita na peça acusatória.
- **Desclassificação do crime do art. 33 da Lei 11.343/2006 para o tipo do art. 28 da mesma lei:** É acontecimento normal indivíduos acusados de porte de drogas para fim de tráfico defenderem-se com a alegação de que traziam a droga para consumo próprio. Nesse caso, surge a indagação: *observados aspectos de competência, é possível ao Juiz condenar pelo art. 28 da Lei 11.343/2006 (porte de drogas para uso pessoal) indivíduo acusado pela prática da conduta do art. 33 da mesma lei (porte de drogas para mercancia), sem a prévia aplicação do art. 384 do Código de Processo Penal?* Entendemos que nada impede a referida desclassificação quando a finalidade de uso pessoal da droga tiver sido a própria tese defensiva do réu. Caso isso não ocorra – imagine-se que a versão do acusado seja a de que a droga apreendida em seu veículo não lhe pertencia, tendo sido lá *enxertada* por desafetos –, reputamos indispensável a aplicação da disciplina do art. 384 do CPP, não sendo lícito ao juiz, sem isso, desclassificar a conduta do art. 33 para a conduta do art. 28 da Lei 11.343/2006, pois implicaria surpreender a defesa com o reconhecimento de um *fim de agir* (uso próprio da droga) diverso daquele incorporado à denúncia (comércio da droga). Independentemente, não podemos ignorar que o tema é polêmico, havendo substrato jurisprudencial para sustentar tanto a orientação no sentido de que a desclassificação em exame caracteriza *emendatio libelli* como o entendimento de que se trata de *mutatio libelli.* Para ilustrar, perceba-se que o STJ, no julgamento do Recurso Especial 1.445.469/RS (5.ª Turma, Rel. Min. Marco Aurélio Bellizze, j. 18.08.2014), deliberou no sentido de que a hipótese envolve *emendatio libelli.* No entanto, pouco tempo antes, a mesma Turma esposou orientação diametralmente oposta no julgamento do Recurso Especial 1.435.727/RS (5.ª Turma, Rel. Min. Jorge Mussi, j. 16.06.2014), sustentando, na ocasião, tratar-se de situação que implica *mutatio libelli.*

- **Desclassificação de crime consumado para tentado:** essa situação implica *emendatio libelli*, já que tanto na hipótese de consumação quanto no caso de tentativa o agente inicia a execução da conduta descrita no verbo nuclear do tipo penal. A diferença está no fato de que, no primeiro caso, todos os requisitos necessários à configuração típica são alcançados, ao passo que, no segundo, circunstâncias alheias à vontade do agente impedem que seja obtido o resultado desejado. Em uma linguagem simplista, é correto dizer que a *conduta tentada* cabe dentro da *conduta consumada*. Logo, a condenação por crime tentado de conduta descrita como crime consumado não acarreta qualquer prejuízo à defesa.
- **Desclassificação de crime tentado para consumado:** opera-se, nesse caso, hipótese inversa à referida no tópico anterior. Logo, trata-se de *mutatio libelli*. Isto porque, para condenar por crime consumado fato descrito na modalidade tentada, será necessário ao Juiz, em tese, *acrescentar* na sentença uma circunstância ou um elemento que não ensejou a defesa do réu, já que não estava descrito na inicial: o fato de ter sido alcançado o resultado buscado com a conduta. Logo, como dito, em regra essa situação acarreta *mutatio libelli*, exigindo-se, sob pena de nulidade, a adoção prévia das providências do art. 384 do CPP. **Mas atenção:** se o novo enquadramento (de crime tentado para consumado) decorre de simples interpretação jurídica do mesmo fato descrito na inicial, o reconhecimento pelo juiz da consumação de crime atribuído sob a forma tentada caracterizará *emendatio libelli*, dispensando, portanto, aditamento da exordial e demais atos previstos no referido art. 384 do CPP. A título de exemplo, imagine-se que descreva a denúncia que, em determinado dia, horário e local, a agente, na condição de enfermeira particular da vítima, desta subtraiu um anel, escondendo-o entre seus pertences, fato este que apenas vem a ser descoberto horas depois por familiares da ofendida. Se, nesse caso, tiver o Ministério Público denunciado o delito na forma tentada, nada impede ao juiz de condenar a ré pelo crime consumado, pois, ao fazê-lo, não estará o Magistrado agregando novos elementos ou circunstâncias à descrição da denúncia, mas, simplesmente, interpretando juridicamente o mesmo fato de forma diversa da que o fez o Promotor.

13.7. SENTENÇA CONDENATÓRIA E PEDIDO DE ABSOLVIÇÃO

O art. 385 do CPP faculta ao juiz criminal, nos crimes de ação penal pública, condenar o réu, ainda que tenha o Ministério Público *opinado* pela absolvição. Na verdade, o uso do verbo *opinar* traduz impropriedade do legislador e contrasta com a posição exercida pelo Ministério Público na ação pública – a de autor. Portanto, o *parquet* não opinará pela absolvição nessa modalidade de ação penal, mas, sim, *pedirá* esta solução, se assim o entender.

Efetivamente, não poderia o Código dispor ao contrário. Afinal, por um lado, o processo penal, uma vez instaurado, tramita por impulso oficial, competindo ao juiz conduzi-lo à fase da sentença mediante o cumprimento do procedimento previsto em lei. Por outro, não se pode esquecer que vigora na ação penal pública o princípio da indisponibilidade, o que impede o Ministério Público de sua desistência. Ora, se o juiz não pode homologar pleito de desistência formulado pelo Ministério Público em delito de ação pública, nada mais natural do que lhe atribuir a lei a faculdade de condenar o réu mesmo que tenha se inclinado o promotor pelo pedido de absolvição, pois tal ordem de pedido, ao fim e ao cabo, acarreta a mesma consequência que decorreria da desistência da ação por seu autor, caso isso fosse possível: a impunidade do indivíduo acusado da prática de uma infração penal.

Não se ignora, por certo, que a legitimação exclusiva conferida ao Ministério Público pela Constituição Federal de 1988 chegou a levar alguns doutrinadores a cogitar da não recepção do art. 385 pela *Lex Fundamentallis.* Todavia, tal entendimento jamais espelhou a posição majoritária, sempre se considerando que, pelo princípio do livre convencimento, o fato de o promotor ter pedido a absolvição do réu na fase de sua manifestação final do processo não vincula o magistrado.

E quando se tratar de crime de ação penal privada exclusiva? Neste caso, é inaplicável a regra do art. 385 do CPP. É que nesta modalidade de processo criminal, o princípio vigorante é o da disponibilidade, podendo o querelante dele desistir caso não mais tenha interesse na punição do querelado. Assim, sobrevindo de parte do querelante pedido de absolvição, tal deverá ser interpretado pelo juízo como desistência da ação penal, o que o impede de prosseguir o feito com a prolação de sentença condenatória. E mais: a simples ausência de pedido de condenação na fase de debates orais, memoriais ou alegações finais já é suficiente, por si, para que o magistrado criminal esteja obrigado a proceder à extinção da punibilidade do réu mediante reconhecimento da perempção, nos exatos termos do art. 60, III, do CPP.

13.8. RECONHECIMENTO DE AGRAVANTES *EX OFFICIO* PELO JUIZ

Também decorre do art. 385 do CPP a possibilidade de que o juiz, nos crimes de ação pública, reconheça agravantes, mesmo que nenhuma tenha sido arguida pelo Ministério Público na denúncia. Neste sentido: "é possível o reconhecimento das agravantes pelo magistrado, ainda que não descritas na denúncia, porquanto, a recognição de agravante não envolve a questão da quebra de congruência entre a imputação e a sentença" (STJ, HC 335.413/SC, *DJ* 30.08.2016).

E quando se tratar de crime de ação penal privada? A faculdade judicial do reconhecimento de agravantes que não tenham sido invocadas pelo querelante não é extensiva aos crimes de ação penal privada, em que, ressalvada a aplicação das regras pertinentes a *emendatio libelli* (art. 383 do CPP), fica o juiz absolutamente atrelado, por ocasião da sentença, aos termos expostos na queixa-crime.

13.9. PUBLICAÇÃO DA SENTENÇA

De acordo com o art. 389, 1.ª parte, do CPP, a sentença será publicada em mão do escrivão, que lavrará nos autos o respectivo termo. A interpretação literal do dispositivo sugere que a publicação ocorre no momento em que é a sentença recebida pelo escrivão e por ele registrada, ou seja, transcrita no livro próprio. Independentemente desta exegese, a verdade é que, na maioria das comarcas, o registro da sentença e sua consequente divulgação é realizado em sistema informatizado, abolindo-se, assim, o chamado "livro de registro".

Não se confunde *publicação* da sentença com *intimação* das partes de seu teor. Publicação e intimação são atos distintos.

Até que haja a publicação, não existe, propriamente, a sentença. Há apenas uma expectativa de pronunciamento jurisprudencial, como ensina Mirabete. Trata-se, então, a publicação do ato que formaliza a sentença, sendo obrigatória, independentemente da natureza da ação penal – pública (condicionada ou incondicionada) ou privada.

Observe-se que desimporta, para fins de considerar-se publicada a sentença, a data nela aposta pelo juízo. A publicação, repisa-se, ocorre na data da entrega em cartório com registro em livro pela escrivania, devendo o escrivão certificar essa data no processo. *E se não houver tal certificação*? Se, em desobediência ao art. 389, do CPP, não constar, nos autos, a certidão de publicação da sentença, deve ser entendida como realizada esta no dia em que ocorreu o primeiro ato processual seguinte – a intimação de uma das partes, por exemplo.

Se a sentença for proferida em audiência, entende-se que se torna pública na medida em que está sendo ditada pelo juiz ao escrevente. O mesmo ocorre no caso da sentença proferida nos julgamentos pelo júri, que se considera publicada no momento em que o magistrado procede, ao final da sessão, à sua leitura. Em ambas as situações, será desnecessário o termo nos autos indicando a publicação, pois no próprio termo de audiência ou na ata de plenário já ficará consignado que publicada a decisão na respectiva data.

Uma vez confeccionada e publicada a sentença, não poderá mais o juiz alterá-la, salvo na oposição de oportunos embargos declaratórios ou na hipótese de ter ocorrido erro material, que pode ser retificado *ex officio*. Na hipótese de sentença condenatória recorrível, efeito importante da publicação é a interrupção da prescrição, conforme alteração introduzida ao Código Penal pela Lei 11.596/2007. Antes dessa modificação legislativa, previa-se como marco interruptivo "a sentença condenatória recorrível". Na atual redação, considera-se que se interrompe a prescrição "pela publicação da sentença ou acórdão condenatórios recorríveis" (art. 117, IV, do CP).

13.10. INTIMAÇÃO DAS PARTES DA SENTENÇA

A intimação das partes em relação à sentença deverá observar os seguintes critérios:

- **Ministério Público:** a intimação do *Ministério Público* deve ser sempre pessoal, nos termos dos arts. 370, § 4.º, 390, 798, § 5.º, e 800, § 2.º, todos do CPP.
- **Defensor nomeado**: deverá ser intimado pessoalmente (art. 370, § 4.º).
- **Defensor Público:** a intimação também deve ser pessoal, de acordo com o art. 44, I, da Lei Complementar 80/1994.
- **Defensor constituído pelo acusado e advogado do querelante e do assistente de acusação:** serão intimados mediante publicação no órgão oficial, conforme referem os arts. 370, § 1.º, e 391, ambos do CPP.
- **Acusado:** devem ser observadas, em princípio, as regras inseridas no art. 392 do CPP, dispondo que sejam feitas:

  I – ao réu, pessoalmente, se estiver preso;

  II – ao réu, pessoalmente, ou ao defensor por ele constituído, quando se livrar solto, ou, sendo afiançável a infração, tiver prestado fiança;

  III – ao defensor constituído pelo réu, se este, afiançável, ou não, a infração, expedido o mandado de prisão, não tiver sido encontrado, e assim o certificar o oficial de justiça;

  IV – mediante edital, nos casos do no II, se o réu e o defensor que houver constituído não forem encontrados, e assim o certificar o oficial de justiça;

  V – mediante edital, nos casos do no III, se o defensor que o réu houver constituído também não for encontrado, e assim o certificar o oficial de justiça;

  VI – mediante edital, se o réu, não tendo constituído defensor, não for encontrado, e assim o certificar o oficial de justiça.

Partindo deste regramento, a jurisprudência majoritária inclina-se no sentido de que, em se tratando de decisão condenatória, é necessária tanto a intimação pessoal do réu como a de seu defensor, observando-se, quanto a este último, o disposto no art. 370 do CPP. Já quanto ao réu solto, se assistido por **advogado constituído**, bastará a intimação do causídico. Se, por outro lado, estiver sendo patrocinado por **defensor público** ou **dativo**, aí sim será preciso, tal como ocorre em relação ao preso, a sua intimação pessoal ou, se não localizado, por edital com prazo de *90 dias* se for o caso de condenação a pena igual ou superior a *um ano de prisão*, e de *60 dias* se for o caso de condenação a outra pena (art. 392, § 1.º, do CPP). Cumpre lembrar que, na hipótese de intimação editalícia da sentença, o prazo da apelação somente se esgota cinco dias após o término do fixado no edital (art. 392, § 2.º, do CPP). Agora, se o réu foi localizado e intimado pessoalmente durante o período do edital, ficará este prejudicado, considerando-se que o prazo flui a partir da data em que se deu a ciência pessoal.

E no que tange à intimação da **sentença absolutória**? Segundo precedentes do Pretório Excelso, tratando-se de sentença absolutória, não ocorre nulidade na ausência de intimação pessoal do réu do teor dessa decisão[32], sendo suficiente a ciência de seu advogado a respeito, na forma prevista em lei.

Tratando-se de *intimação por mandado* a ser cumprido por oficial de justiça *ou por carta precatória*, o prazo começa a fluir da efetiva intimação, e não da juntada do mandado ou da precatória aos autos (Súmula 710 do STF).

Não existe no processo penal a *intimação por hora certa*, que, sob qualquer hipótese, pode ser confundida com o instituto da *citação por hora certa*, esta sim prevista no art. 362 do CPP ao réu que se oculta do oficial de justiça.

Quanto à **intimação da decisão de pronúncia**, deverá, como regra, ser realizada ao réu, *pessoalmente*, ainda que não esteja preso. Não localizado ele para intimação pessoal, será, em qualquer caso (afiançável ou inafiançável o crime), intimado por edital (art. 420, I e parágrafo único). Todavia, além do réu, também deverá ser intimado o seu defensor. Tratando-se de defensor nomeado, a intimação será *pessoal* (art. 420, I), o mesmo ocorrendo em relação ao Defensor Público. Sendo hipótese de defensor constituído, far-se-á a intimação por meio de publicação no *órgão oficial* (art. 420, II). Quanto ao advogado do querelante (na hipótese de ação penal privada subsidiária da pública) e ao advogado do assistente de acusação, a intimação da pronúncia será feita, igualmente, mediante *publicação no órgão oficial de imprensa* (art. 420, II). Já o Ministério Público, evidentemente, será *intimado pessoalmente* (art. 420, I).

Em relação às **intimações dos acórdãos proferidos no julgamento de recursos**, é consolidado na jurisprudência o entendimento de que não é preciso atentar aos preceitos do art. 392 do CPP, tampouco se faz necessária a intimação do acusado. Inexiste, neste caso, o rigor estabelecido em relação à sentença condenatória. Inclusive, em diversas oportunidades, tem se manifestado o STJ no sentido de que "a intimação pessoal do acusado, nos termos do art. 392, incisos I e II, do Código de Processo Penal, é necessária apenas em relação à sentença condenatória proferida em primeira instância, de tal sorte que a intimação dos acórdãos prolatados em segundo grau de jurisdição se aperfeiçoa com a publicação da decisão na imprensa oficial"[33], sempre ressalvando-se, por óbvio, as figuras do Ministério Público e do Defensor Público, cuja intimação, em qualquer hipótese, deve ser realizada pessoalmente.

E quando se tratar de acórdão decorrente do julgamento em foro por prerrogativa de função? Nestes casos, o Tribunal porta-se como 1.º grau e não como 2.º grau de jurisdição, já que está julgando ação penal originária, e não um recurso da parte vencida. Necessário, portanto, que seja observado o mesmo regramento existente em relação à intimação da sentença condenatória: para o réu solto, basta a intimação do defensor;

[32] STJ, HC 51.317/SP, 6.ª Turma, Rel. Min. Paulo Gallotti, *DJ* 05.11.2007.

[33] STJ, AgRg no HC 583234/RS, *DJ* 24.06.2020.

já para o réu preso é necessária a sua intimação pessoal e também de seu advogado. A propósito: "O fato de a sentença condenatória ter sido proferida por órgão colegiado do Tribunal de Justiça do Estado de Minas Gerais não retira do acórdão o caráter de decisão final de primeiro grau, pois este se equivale à sentença proferida pelo Juízo monocrático, em virtude de ser o primeiro *decisum* e não reexame de condenação. As regras dispostas no art. 392 do CPP devem ser aplicadas ao caso, pois não se trata de julgamento de segundo grau, no qual é abrandada a obrigatoriedade de intimação pessoal do réu e de seu defensor para que a publicação do acórdão ocorra na imprensa oficial"[34].

13.11. EMBARGOS DECLARATÓRIOS CONTRA SENTENÇA (ART. 382 DO CPP)

13.11.1. Cabimento

O art. 382 do CPP trata dos embargos declaratórios contra *sentença*. No caso de embargos contra acórdãos, a previsão encontra-se no art. 619 do mesmo Código. Ambos, entretanto, possuem os mesmos requisitos, vale dizer, existência de decisão *omissa* (não se pronuncia sobre um ponto relevante), *obscura* (não permite compreender o pensamento que lhe está incorporado), *ambígua* (possibilita duas ou mais interpretações) ou *contraditória* (insere fundamentos conflitantes).

13.11.2. Prazo e forma

Os embargos declaratórios, quando opostos contra sentença ou acórdão, devem ser deduzidos no prazo de *dois dias*, por meio de *petição escrita*, já instruída com as respectivas razões (arts. 382 e 619 do CPP). Não admitem a proposição por termo, como tal considerada a forma oral, reduzida a escrito pelo juiz, escrivão ou oficial de justiça.

Ressalvam-se destas regras os embargos opostos em sede de juizados especiais criminais, os quais estão disciplinados no art. 83 da Lei 9.099/1995, podendo ser confeccionados por *escrito* ou *oralmente*. Além disso, o prazo é dilatado, admitindo-se sua dedução em *cinco dias*.

13.11.3. Efeitos

Prevalece, na doutrina e jurisprudência, o entendimento de que os embargos declaratórios, uma vez opostos, *interrompem* o prazo para o recurso cabível, o qual fluirá, integralmente, após a decisão dos embargos, pouco importando tenham estes sido acolhidos ou rejeitados, bastando que tenham sido conhecidos. Não há que se falar, em suma, em *suspensão* (caso em que seria descontado o tempo decorrido antes da oposição).

> *Exemplo*: Intimado o Ministério Público da sentença condenatória no dia 12.03 (quarta-feira), vem a opor embargos declaratórios dois dias depois, vale dizer, em 14.03 (sexta-feira). Decididos os embargos e intimadas as partes no dia 19.05 (segunda-feira), disporá o *Parquet* da integralidade do prazo recursal (cinco dias) para a interposição da apelação, sem abatimento do tempo decorrido entre a intimação da decisão e o ingresso dos embargos (dois dias). Tal entendimento decorre do emprego da analogia com o art. 1.026 do CPC/2015, eis que silente, a respeito, o Codigo de Processo Penal. Portanto, no exemplo, o *dies a quo* do prazo da apelação será 20.05 (terça-feira), esgotando-se em 26.05 (segunda-feira), já que o dia 24.05, que corresponde ao término dos cinco dias, recai em sábado.

---

34 HC 74.550/MG, j. 17.05.2007, *DJ* 29.06.2007.

O art. 1.026 do CPC/2015 manteve a regra estipulada no art. 538 do revogado CPC/1973 no sentido de que os embargos declaratórios interrompem o prazo para a interposição do recurso cabível contra a decisão proferida, acrescentando apenas que tais embargos não possuem efeito suspensivo. Dispõe aquele artigo: "Os embargos de declaração não possuem efeito suspensivo e interrompem o prazo para a interposição de recurso".

E quanto aos embargos declaratórios regulamentados pela Lei 9.099/1995 (Juizados Especiais Criminais)? Antes da vigência da Lei 13.105/2015 (que instituiu o novo CPC), dispunha o art. 83, § 2.º, da Lei 9.099/1995 que, quando opostos em relação à sentença do juiz, os embargos possuíam *efeito de suspensão,* e não de interrupção sobre o prazo da apelação. Isto fazia com que, após a intimação da decisão dos aclaratórios, não dispusesse o embargante da integralidade do prazo para apelar (dez dias), devendo-se daí descontar o número de dias transcorridos até o ingresso dos embargos. Tal efeito de suspensão, porém, ocorria tão somente nos embargos contra decisões do juiz do JECRIM (o art. 83, § 2.º, era expresso nesse sentido), não alcançando os embargos aos acórdãos das turmas recursais, relativamente aos quais, por analogia ao CPC, permanecia o *efeito de interrupção*, o que importava em devolução do prazo integral para interposição de outros recursos. Na atualidade, tal situação não subsiste, tendo em vista a nova redação determinada pelo art. 1.066 do CPC/2015 ao precitado art. 83, § 2.º, da Lei 9.099/1995, dispondo que os embargos manejados no âmbito do JECRIM, quer contra sentença do juiz, quer contra acórdão das turmas recursais sempre *interrompem* o prazo para interposição de outros recursos.

Enfim:

Previsão legal dos embargos declaratórios	Prazo de oposição	Efeito em relação aos outros recursos
No Código de Processo Penal, se opostos contra sentença (art. 382)	2 dias	**Interrupção** dos prazos
No Código de Processo Penal, se opostos contra acórdão (art. 619)	2 dias	**Interrupção** dos prazos
Na Lei 9.099/1995, quer opostos contra sentença, quer opostos contra acórdão	5 dias	**Interrupção** dos prazos

13.12. REABILITAÇÃO CRIMINAL (ARTS. 93 A 95 DO CP)

13.12.1. Considerações gerais

Por *reabilitação* compreende-se a declaração judicial de que está o sentenciado reinserido no gozo de determinados direitos que haviam sido atingidos pela condenação transitada em julgado. Presentes os requisitos do art. 94 do Código Penal, deverá ser requerida ao juiz da sentença, já que não é contemplado este instituto pela Lei 7.210/1984 (Lei de Execuções Penais) e tampouco inserido entre as competências do juiz da execução, as quais estão arroladas no art. 66 da LEP.

O pedido de reabilitação deve ser formulado por quem tenha capacidade postulatória para estar em juízo, vale dizer, advogado regularmente inscrito nos quadros da Ordem dos Advogados do Brasil. Apenas o sentenciado pode pleitear a reabilitação, tratando-se de pleito personalíssimo seu. Falecendo ele, o direito não se transmite a seus sucessores.

Quanto à natureza jurídica da reabilitação, trata-se de instituto autônomo que visa suspender alguns efeitos penais da sentença condenatória. Logo, não se trata de causa extintiva da punibilidade, pois, em primeiro lugar, é sujeita à revogação, caso em que retorna o condenado ao *status quo ante* (a extinção da punibilidade, uma vez declarada pelo juiz por meio de decisão transitada em julgado, é irrevogável), e, em segundo lugar, foi disciplinada no Código Penal à parte do Título relativo à extinção da punibilidade. Essa natureza própria da reabilitação, aliás, é contemplada expressamente no item 82 da Exposição de Motivos relativa à nova Parte Geral do Código Penal, onde se lê que "a reabilitação não é causa extintiva da punibilidade e, por isso, ao invés de estar disciplinada naquele Título, como no Código Vigente, ganhou Capítulo próprio, no Título V. Trata-se de instituto que não extingue, mas tão somente suspende alguns efeitos penais da sentença condenatória, visto que a qualquer tempo, revogada a reabilitação, se restabelece o *statu quo ante*. Diferentemente, as causas extintivas da punibilidade operam efeitos irrevogáveis, fazendo cessar definitivamente a pretensão punitiva ou a executória".

Até o advento da Lei 7.209/1984, que alterou a Parte Geral do Estatuto Repressivo, a reabilitação se encontrava contemplada, unicamente, no Código de Processo Penal, nos arts. 743 a 750. Não obstante, com a novel normatização, passou a estar disciplinada, também, no Código Penal, por meio dos arts. 93 a 95. Este, lei posterior, revogou tacitamente, nos aspectos que lhe eram conflitantes, a normatização do CPP. Em síntese, dois são os dispositivos do CPP atingidos pelo CP:

- *Art. 743 do CPP*: mantém-se apenas a 1.ª parte do dispositivo, ao estabelecer que "a reabilitação será requerida ao juiz da condenação". Todavia, é certo que tacitamente revogada a 2.ª parte do art. 743, primeiro porque dispõe que a reabilitação será requerida após o decurso de *quatro ou oito anos* contados do término da pena (conforme se trate de condenado primário ou reincidente, respectivamente), conflitando, pois, com o art. 94 do Código Penal ao prever que o *dies a quo* para o pedido ocorrerá após o lapso de *dois anos* da época da extinção da pena; e, segundo, porque traz a referência à medida de segurança detentiva, instituto existente ao tempo da vigência da anterior Parte Geral do Código Penal, quando se permitia a aplicação de pena e medida de segurança ao condenado que apresentasse periculosidade (sistema do duplo binário, hoje superado pela adoção do sistema vicariante).
- *Art. 749 do CPP*: precitado dispositivo estabelecia que, revogada a reabilitação pelo juiz, apenas após dois anos poderia ser novamente requerida. Com a superveniência da nova Parte Geral do Código Penal, estabeleceu-se no art. 94, parágrafo único, que inexiste prazo para a efetivação de novo pedido de reabilitação, bastando ao sentenciado comprovar a presença dos requisitos que o facultam.

Abstraídas, pois, estas duas disposições, as demais existentes no âmbito do CPP em relação à reabilitação coexistem com as normas do Código Penal, pois não há conflito entre ambos os regramentos. Basicamente, é possível afirmar que, na atualidade, o Código de Processo Penal regula as normas procedimentais acerca do instituto, ao passo que o Código Penal trata de aspectos materiais, relacionados aos requisitos para o deferimento da reabilitação, seus efeitos e revogação.

13.12.2. Pressupostos da reabilitação

Encontram-se dispostos no art. 94 do Código Penal e consistem em:

- *Decurso do prazo de dois anos contados do cumprimento ou extinção da pena imposta*: o dispositivo não exige que a pena tenha sido necessariamente cumprida, referindo-se, também, à sua extinção por qualquer outra forma, como, por exemplo, prescrição, indulto, *abolitio criminis* etc. Observe-se, ademais, que, para efeitos de contagem do lapso de dois anos, poderá ser considerado o período em que o condenado esteve em livramento condicional ou sob suspensão condicional de sua pena (*sursis*), desde que tais benefícios não tenham sido revogados.

Em síntese:

Contagem do prazo de dois anos	
Hipótese	**Forma de contagem**
Extinção da pena pelo cumprimento integral	O prazo fluirá a partir do dia em que, efetivamente, ocorrer o cumprimento da pena, independente da data em que o juiz declarar, formalmente, essa extinção.
Sursis	O prazo de dois anos começará a fluir a partir da audiência admonitória. Assim, considerando que o prazo mínimo de suspensão condicional da pena já é de dois anos, conclui-se que não haverá, para o sentenciado que tenha usufruído *sursis* não revogado, período de carência após esgotado o prazo de suspensão, podendo, então, requerer a reabilitação imediatamente.
Livramento condicional	Assim como em relação ao *sursis*, considera-se, para efeito de contagem do prazo de dois anos para o pedido de reabilitação, o tempo em que o sentenciado esteve em gozo de livramento condicional não revogado, levando-se em conta, como *dies a quo*, a data da audiência admonitória. Destarte, se usufruiu de livramento por período igual ou superior a dois anos, extinta a pena, poderá, imediatamente, o sentenciado buscar sua reabilitação.
Pena de multa	O lapso de dois anos será contado a partir do pagamento integral ou declaração formal de sua extinção.

- *Tratar-se de condenado domiciliado no país:* condição esta que pode ser demonstrada por todos os meios de prova admitidos em direito.
- *Bom comportamento*: este requisito poderá ser comprovado pelas formas estatuídas no Código de Processo Penal, no art. 744 e seguintes, vale dizer, mediante certidões expedidas pelos órgãos públicos, mormente a polícia, dos locais onde o reabilitando tenha residido.
- *Reparação do dano causado à vítima*: Não obstante a explicitude do Código Penal quanto a este pressuposto, duas posições existem em relação à sua exigibilidade:

  Primeira: O requisito deve ser flexibilizado, tendo em vista que, na maior parte dos casos, os condenados, pobres, não dispõem de condições financeiras para assegurar tal reparação.

  Segunda: Para fins de cumprimento do requisito objetivo previsto no art. 94, inciso III, do CP, deve o condenado, necessariamente, ressarcir o dano causado pelo crime, ou demonstrar a absoluta impossibilidade de fazê-lo, ou exibir documento que comprove a renúncia da vítima ou a novação da dívida. Trata-se da posição dominante no STJ e no STF.

13.12.3. Extensão da reabilitação

Segundo dispõe o art. 93 do Código Penal, a reabilitação alcança quaisquer penas, podendo ser requerida em relação a quaisquer crimes, desde que cumprida a pena imposta, sejam satisfeitos os requisitos objetivos e subjetivos exigidos pelo Código Penal. Frisamos, contudo, que os reflexos da reabilitação limitam-se à suspensão de alguns efeitos da condenação, não rescindindo, de forma alguma, as condenações anteriores. Destarte, se o indivíduo, a despeito de ter sido declarado reabilitado, vier a praticar novo delito dentro do prazo do art. 64, I, do CP, e se por este crime for condenado, será considerado reincidente, importando essa nova condenação em revogação da reabilitação antes declarada (art. 95 do CP).

13.12.4. Efeitos

O art. 93 do Estatuto Repressivo afirma que a reabilitação garante o sigilo da condenação pela qual operada. A norma, entretanto, é absolutamente inócua. Veja-se: a reabilitação, como regra (salvo se computados prazos de livramento condicional e *sursis* não revogados), poderá ser requerida dois anos após o término da pena. Ocorre que o art. 202 da Lei de Execuções Penais – Lei 7.210/1984 – estabelece que, terminado o cumprimento da pena, não poderá o crime respectivo constar de qualquer certidão, salvo para registros de antecedentes internamente ao Poder Judiciário. Portanto, não é preciso reabilitar-se o indivíduo para que, em sua folha corrida, desapareça o registro da condenação pela qual tenha cumprido pena, bastando que tenha sido esta extinta.

Em verdade, o principal reflexo decorrente da decisão reabilitatória é aquele constante no art. 93, parágrafo único, do Código Penal, ao dispor que a reabilitação poderá atingir os efeitos da condenação previstos no art. 92, vedada a reintegração na situação anterior nos casos dos incisos I e II desse artigo. A partir daí, depreendem-se as seguintes conclusões:

Primeira: A reabilitação não produzirá qualquer reflexo em relação aos efeitos extrapenais automáticos e obrigatórios da sentença condenatória transitada em julgado, previstos no art. 91 do Código Penal.

Segunda: A reabilitação atingirá parcialmente os efeitos extrapenais da condenação tipificados no art. 92, I e II, do Código Penal, e importará em revogação obrigatória do efeito tratado no inciso III do mesmo dispositivo. Assim:

1) *Perda de cargo, função pública ou mandato eletivo (art. 92, I, do CP) pelo agente que tenha sido condenado à pena privativa da liberdade igual ou superior a um ano de prisão pela prática de crimes funcionais típicos (v.g., concussão, prevaricação, peculato etc.), ou por tempo superior a quatro anos pelo cometimento de delitos comuns (v.g., estelionato, roubo, homicídio etc.)*: nestas hipóteses, uma vez reabilitado, poderá o indivíduo candidatar-se, por concurso, a novo cargo ou função pública, bem como, em pleito eleitoral, ao exercício de outro mandato eletivo. Proíbe-se, contudo, a recondução automática ao cargo ou função de que fora demitido ou ao mandato de que fora afastado.
2) *Incapacidade para o exercício do poder familiar, da tutela ou da curatela nos crimes dolosos sujeitos à pena de reclusão cometidos contra outrem igualmente titular do mesmo poder familiar, contra filho, filha ou outro descendente ou contra tutelado ou curatelado (art. 92, II, do CP, alterado pela Lei 13.715/2018)*: aqui, a reabilitação restitui o poder familiar, assim como a faculdade de exercer o sentenciado a tutela e a curatela, salvo em relação aos filhos, tutelados e curatelados, que tiverem sido vítimas do crime em relação ao qual se operou a condenação. Quanto a estes, a incapacidade é permanente. *Exemplo:* **A** é pai das filhas menores **B**, **C** e **D**. Em processo criminal, é ele condenado por estupro praticado contra a filha **B**. Em razão disto, determina o juiz, na sentença, a incapacitação para o exercício do poder familiar em relação às três filhas. Neste caso, uma vez reabilitado criminalmente, poderá **A** voltar a exercer o poder familiar em relação às filhas **C** e **D**, mas não em relação à filha **B**, que foi a vítima do crime que produziu a condenação. Quanto a esta, a incapacitação é permanente.

3) *Inabilitação para dirigir veículo, quando utilizado como meio para a prática de crime doloso*: este efeito da condenação, uma vez declarado, subsiste enquanto não for concedida a reabilitação criminal. Todavia, uma vez deferida esta, torna-se o indivíduo novamente habilitado para dirigir, já que, pela exegese *a contrario sensu* do art. 93, parágrafo único, do CP, a reabilitação atinge totalmente o efeito do art. 92, III, do mesmo diploma.

13.12.5. Revogação da reabilitação criminal

Como já se viu, a reabilitação criminal não importa em extinção, mas em suspensão de alguns efeitos da condenação. Sendo assim, está sujeita à revogação, o que ocorrerá se presente a hipótese do art. 95 do Código Penal, qual seja, *a condenação superveniente do reabilitado, como reincidente, à pena que não seja a de multa.*

A revogação poderá ser decretada pelo magistrado *ex officio* ou a requerimento do Ministério Público, nos termos do art. 750 do Código de Processo Penal.

Revogada a reabilitação, os efeitos suspensos da condenação, em tese, deveriam ser revigorados. Independentemente deste raciocínio, a verdade é que apenas a inabilitação para dirigir veículos (art. 92, III, do CP) pode ser reativada com a revogação da reabilitação. Não se pode cogitar, por exemplo, que a superveniência da revogação permita a cassação do mandato do indivíduo que se elegeu a novo cargo depois de reabilitado, ou determinar a perda do cargo daquele que prestou concurso público. Também, paradoxal e até mesmo potencialmente prejudicial aos interesses dos incapazes, conceber-se a (re) suspensão do poder familiar, tutela e curatela. Por fim, não há de se cogitar em reaparecimento dos registros criminais para fins externos (folha corrida), pois estes registros, como já vimos, desaparecem com o cumprimento e extinção da pena (art. 202 da LEP), independendo da reabilitação.

13.12.6. Recurso cabível

Na vigência da anterior Parte Geral do Código Penal, como a reabilitação acarretava a extinção da punibilidade, era possível a dedução de recurso em sentido estrito com fundamento no art. 581, VIII ou IX, conforme fosse deferida ou indeferida a benesse. Na atualidade, superada essa natureza, esvaiu-se o cabimento dessa modalidade recursal. Inobstante, tem sido aceito o cabimento da apelação residual prevista no art. 593, II, do CPP.

Observe-se que a decisão concessiva da reabilitação criminal exige reexame necessário (art. 746 do CPP). Destarte, ainda que não haja recurso voluntário interposto pelo Ministério Público contra tal deliberação, impõe-se ao magistrado encaminhar, *ex officio* ao Tribunal, sua decisão, para reexame. Sem embargo de prevalecer o entendimento de que subsiste esta modalidade de recurso no ordenamento processual penal[35], necessário frisar que há orientação, conquanto minoritária, compreendendo não ter sido ele recepcionado pela *Lex Fundamentallis,* sob o fundamento de que "estão revogados, pelo artigo 129, I, da Constituição Federal, os dispositivos, de leis infraconstitucionais, que fixaram a necessidade de os Juízes monocráticos recorrerem de suas próprias decisões"[36].

---

35 TJSP, Reexame Necessário 03500534219878260009, 3.ª Câmara de Direito Criminal, j. 08.11.2011.

36 TJSP, Reexame Necessário 990092028995, 7.ª Câmara de Direito Criminal, r. 12.03.2010.

13.12.7. Síntese do procedimento reabilitatório

Visando facilitar a compreensão, segue, abaixo, breve esquema acerca dos requisitos e efeitos da reabilitação criminal.

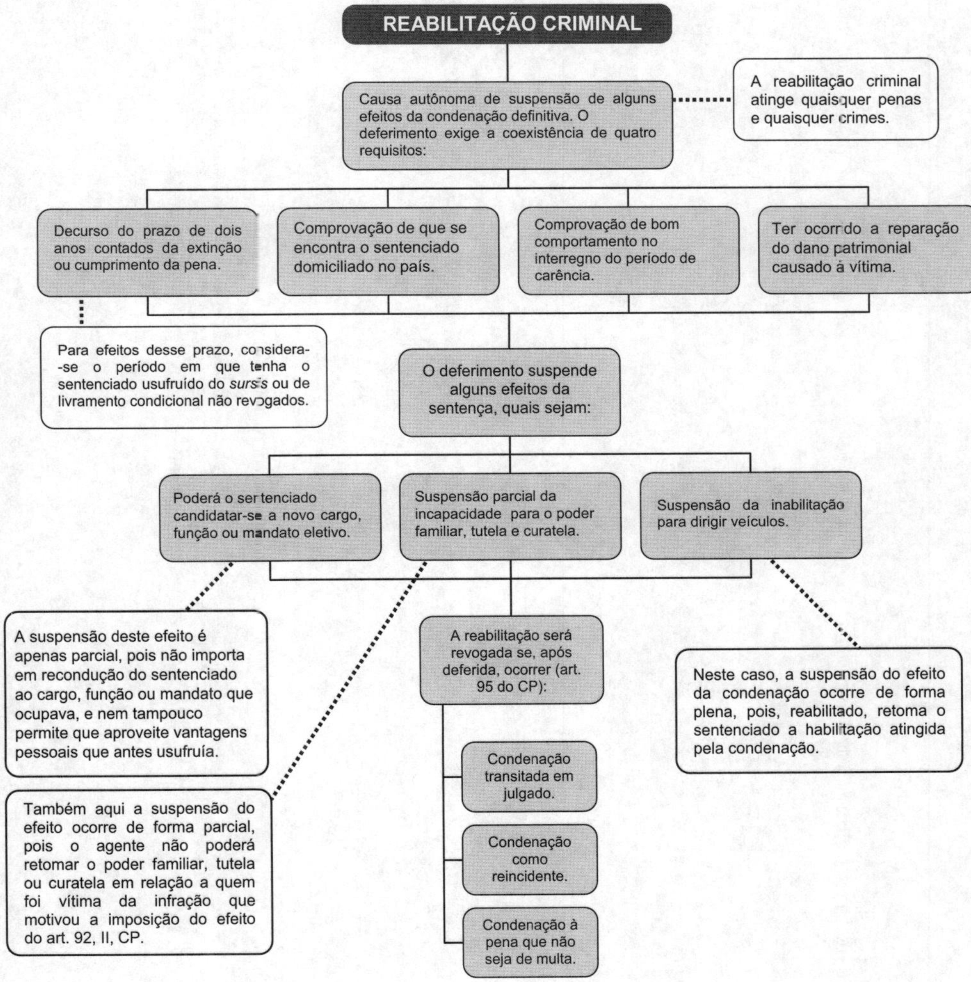

Acesse o
MATERIAL SUPLEMENTAR

Entre no Ambiente de Aprendizagem através das instruções contidas na orelha deste livro e acesse os conteúdos exclusivos desta edição:
- questões de concursos;
- videoaulas dos principais temas;
- mapas mentais;
- *ebook* de resumos de cada capítulo.

13.12.7. Síntese do procedimento reabilitatório

[illegible]

CAPÍTULO **14**

Recursos Criminais – Teoria Geral e Recursos em Espécie

14.1. CONSIDERAÇÕES GERAIS

14.1.1. Conceito, natureza jurídica e finalidades

Conforme ensina E. Magalhães Noronha, por **recurso** compreende-se "a providência legal imposta ao juiz ou concedida à parte interessada, objetivando nova apreciação da decisão ou situação processual, com o objetivo de corrigi-la, modificá-la ou confirmá-la"[1]. Nada mais é, enfim, do que o reexame de uma decisão.

A existência dos recursos justifica-se, primordialmente, na Constituição Federal, já que esta, ao organizar o Poder Judiciário em instâncias de diferentes categorias e permitir às instâncias superiores rever decisões das inferiores, instituiu o **princípio do duplo grau de jurisdição**. O duplo grau, em última análise, objetiva assegurar a efetiva prestação jurisdicional, traduzindo-se como um pressuposto necessário à justa composição da lide. Afinal, é evidente que uma segunda análise do contexto fático-jurídico que conduziu à decisão recorrida minimiza os riscos de uma eventual injustiça.

Não se ignora que há decisões irrecorríveis, por exemplo, a denegação da suspensão do processo em razão de questão prejudicial (art. 93, § 2.º, do CPP), a admissão ou inadmissão do assistente de acusação (art. 273 do CPP), a improcedência das exceções de incompetência, litispendência, coisa julgada e ilegitimidade de parte (*contrario sensu* ao art. 581, III, do CPP) e o reconhecimento da inexistência de repercussão geral no recurso extraordinário (art. 326 do Regimento Interno do STF). Isto, porém, ocorre apenas como exceção no ordenamento pátrio, e, mesmo assim, não impede, em alguns casos, em razão do grave ônus causado à parte pela decisão judicial, a dedução de ações como o *habeas corpus* e o mandado de segurança como forma de insurgência.

Quanto à natureza jurídica dos recursos, refere Hélio Tornaghi[2] que pode ser vista de diferentes modos: a) como desdobramento do direito de ação que vinha sendo exercido até o momento em que proferida a decisão; b) como nova ação dentro do mesmo processo; e, c) simplesmente, como um meio destinado a obter a reforma da decisão, não

---

[1] *Curso de direito processual penal*. 19. ed. São Paulo: Saraiva, 1999. p. 338.

[2] *Curso de processo penal*. 5. ed. São Paulo: Saraiva, 1988. v. 2, p. 319-320.

importando se provocado pelas partes ou se determinado *ex officio* pelo juiz nas hipóteses em que a lei o obriga a esta providência (*v.g.*, art. 574, I e II, do CPP). Esta última, aliás, a posição que seguimos.

14.1.2. Classificações

Os recursos podem ser classificados sob os seguintes prismas:

Quanto à obrigatoriedade:

1. *Recurso voluntário:* aquele em que a interposição condiciona-se, unicamente, à vontade da parte, que deverá provocar o reexame, isto é, tomar a iniciativa de recorrer sob pena de preclusão da decisão judicial. Trata-se da regra no sistema processual brasileiro. **Exemplos**: a apelação contra a sentença condenatória; o recurso em sentido estrito contra a pronúncia; os embargos infringentes contra o acórdão etc.
2. *Recurso de ofício:* refere-se às situações de reexame necessário, ou seja, aquelas em que a própria lei obriga à revisão da decisão judicial como condição para o trânsito em julgado. É o caso, por exemplo, da concessão de *habeas corpus*. Nesta hipótese, mesmo que não haja o recurso voluntário de parte do Ministério Público, deverá o juiz, *ex officio*, encaminhar sua decisão ao tribunal para que seja revista (art. 574, I, do CPP). Ainda há previsão de reexame necessário, no âmbito do Código de Processo Penal, em relação à decisão que concede a reabilitação criminal (art. 746 do CPP).

Quanto às fontes informativas:

1. *Recursos constitucionais:* são aqueles que têm as suas hipóteses de cabimento contempladas na Constituição Federal, sem prejuízo de que aspectos relacionados à forma, rito, prazo e tramitação estejam disciplinados em legislação infraconstitucional. É o caso dos recursos extraordinário (art. 102, III, da CF), especial (art. 105, III, da CF) e ordinário (arts. 102, II, e 105, II, ambos da CF).
2. *Recursos legais:* são os previstos no Código de Processo Penal e na legislação processual especial. **Exemplos:** a apelação (art. 593 do CPP); o recurso em sentido estrito (art. 581 do CPP; art. 294, parágrafo único, da Lei 9.503/1997; e art. 2.º, III, do Decreto-lei 201/1967); os embargos infringentes (art. 609, parágrafo único, do CPP); a carta testemunhável (art. 639 do CPP) etc.

Quanto aos pressupostos de admissão:

1. *Recursos genéricos:* baseiam-se no mero inconformismo da parte, sem exigir requisitos específicos para o seu cabimento. **Exemplo**: contra a sentença condenatória é cabível a apelação, não sendo necessária a observância de qualquer pressuposto especial para a utilização desse recurso além dos requisitos gerais que devem ser observados para as demais impugnações (tempestividade, forma, cabimento etc.).
2. *Recursos específicos:* são aqueles que possuem requisitos próprios para sua interposição, além dos pressupostos normais atinentes a qualquer recurso. **Exemplos:** o recurso especial, que exige o prequestionamento da matéria debatida; e o recurso extraordinário, que, além do prequestionamento, requer também a demonstração da repercussão geral da matéria constitucional nele versada (art. 102, § 3.º, da Constituição Federal).

Quanto à motivação:

1. *Recursos ordinários*: trata-se de impugnações que aceitam qualquer espécie de argumentação. Assim, podem ser analisados tanto aspectos relativos à prova angariada

aos autos quanto temas jurídicos. Relativamente ao direito invocado, também não há qualquer restrição, podendo ser de ordem estadual, federal ou constitucional, indistintamente. Exemplo: a apelação da sentença condenatória, em que o apelante pode não apenas invocar direito federal e constitucional, como também analisar em seu favor toda prova coligida ao processo.

2. *Recursos extraordinários:* nesta espécie de recursos, há limitações quanto à argumentação a ser utilizada pelo recorrente, sob pena de não admissão ou não conhecimento da impugnação. É o que ocorre, por exemplo, com os recursos especial e extraordinário, que não serão admitidos caso invocados aspectos relativos à prova dos autos (Súmulas 07 do STJ e 279 do STF, respectivamente). Além disso, no recurso especial, a abrangência da fundamentação é restrita à violação da lei federal, não sendo possível o seu manejo para questões concernentes ao malferimento de dispositivo constitucional (art. 105, III, a, da CF). Já o recurso extraordinário não se presta para enfrentar temas relacionados à violação direta da lei federal, mas, sim, de aspectos pertinentes à ofensa à Constituição Federal (art. 102, III, da CF).

14.2. JUÍZO DE ADMISSIBILIDADE DOS RECURSOS: A PRELIBAÇÃO

Todos os recursos estão sujeitos à **prelibação**, que consiste na verificação da presença dos pressupostos recursais de admissibilidade. Não há exceção nesse sentido, cabendo ressaltar que a maioria dos recursos possui duas verificações – uma realizada no juízo *a quo*, outra no juízo *ad quem*, a exemplo da apelação, do recurso em sentido estrito, do agravo em execução, entre tantos outros. Nestes casos, ainda que julgado admissível o recurso no juízo *a quo*, nada impede seja considerado inadmissível no juízo *ad quem*. Imagine-se, para ilustrar, que, diante de sentença condenatória, o réu ingresse com apelação junto à Vara Criminal em que proferida a decisão, sendo o recurso considerado tempestivo pelo juiz. Recebida a insurgência e encaminhada ao Tribunal, pode ocorrer de, naquela instância, a Câmara Recursal vir a considerá-lo intempestivo e, por isso, decida por não o conhecer.

Há impugnações, contudo, que possuem prelibação apenas em um grau de jurisdição. É o caso da *carta testemunhável*, que tem sua admissibilidade examinada tão somente em segundo grau, razão pela qual, ainda que intempestiva ou descabida, mesmo assim deverá ser encaminhada ao Tribunal competente, que decidirá pelo seu conhecimento ou não. O mesmo ocorre com os *embargos declaratórios*, os quais, opostos contra sentença (art. 382 do CPP) ou contra acórdão (art. 619 do CPP), são acolhidos ou desacolhidos pelo próprio órgão prolator da decisão.

Pois bem, quanto a estes pressupostos recursais, classificam-se em duas ordens: pressupostos recursais **objetivos** e pressupostos recursais **subjetivos**.

São os seguintes os pressupostos objetivos:

- Cabimento do recurso;
- Tempestividade da interposição;
- Forma legal;
- Preparo.

Por sua vez, os pressupostos subjetivos consistem:

- Legitimidade para recorrer;
- Interesse na interposição.

Apenas quando presentes todos estes requisitos é que o recurso interposto tem possibilidade de ser recebido e conhecido.

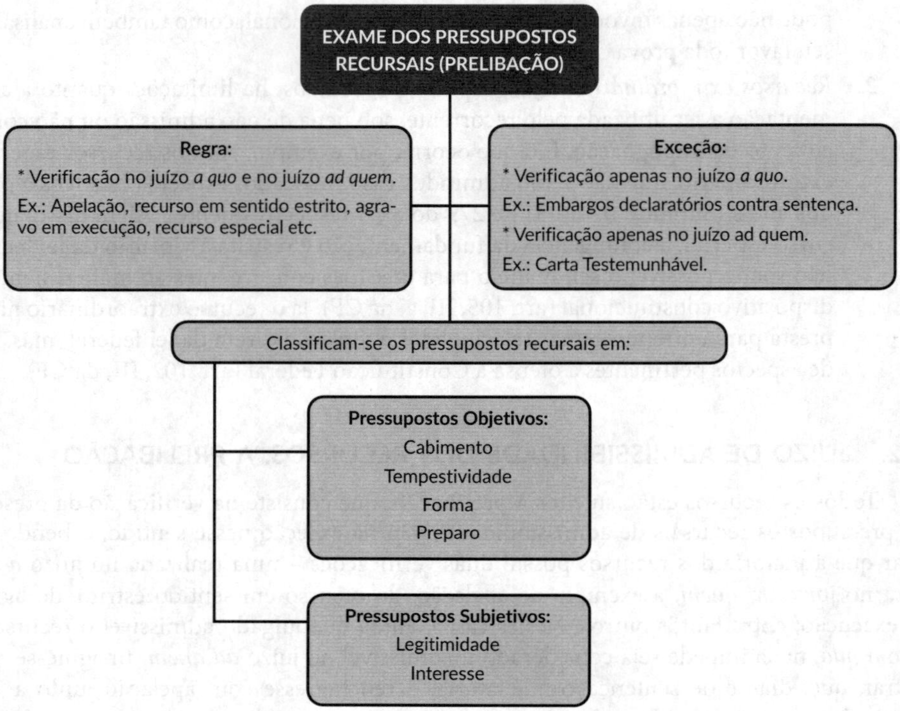

Atente-se que, ao definirmos **prelibação** como o juízo de admissibilidade, tratamos dessa expressão, exclusivamente, em matéria de recursos criminais. Contudo, o termo também possui outro significado, referindo-se, nesta segunda acepção, àquelas decisões que realizam um exame superficial do mérito, sem demandarem aprofundamento no caderno probatório. É o caso, por exemplo, do recebimento da denúncia, deliberação esta que não exige maior fundamentação, não se subsumindo à disciplina do art. 93, IX, da CF; e, também, da decisão de pronúncia, que se restringe à abordagem superficial da prova angariada aos autos para não interferir no convencimento dos jurados.

Prelibação não se confunde com **delibação.** Esta última, em matéria recursal, constitui a fase em que a questão debatida no recurso será enfrentada pelo órgão recursal. Logo, é certo referir que o juízo de prelibação (juízo de admissibilidade do recurso) antecede, cronológica e logicamente, o juízo de delibação (juízo de mérito do recurso).

14.2.1. Pressupostos recursais objetivos

14.2.1.1. Cabimento

É preciso que o recurso seja cabível para atacar a decisão em relação à qual tenha sido interposto. O *cabimento* envolve a conjugação de duas condições: a **recorribilidade** e a **adequação**.

A **recorribilidade** significa que a decisão impugnada deve estar sujeita a recursos. Deve-se ter atenção a esse aspecto, eis que existem diversas situações de irrecorribilidade no processo penal, como o indeferimento da suspensão do processo em virtude de questão prejudicial facultativa (art. 93, § 2.º, do CPP); a admissão ou não do assistente de acusação (art. 273 do CPP); a decisão na exceção de suspeição de perito ou serventuário da justiça (art. 105 do CPP): a decisão que conclui pela inexistência de repercussão geral no recurso extraordinário (art. 326 do Regimento Interno do STF) etc.

A **adequação**, por sua vez, traduz-se como a necessidade de que o recorrente utilize a via impugnativa correta para atacar a decisão, entre as previstas em lei. Não é a adequação, entretanto, uma condição inflexível, pois a própria lei processual prevê no art. 579 uma exceção denominada **princípio da fungibilidade**, que possibilita ao juízo *a quo* receber e ao juízo *ad quem* conhecer do recurso errado como se fosse o recurso certo.

> "Art. 579. Salvo a hipótese de má-fé, a parte não será prejudicada pela interposição de um recurso por outro.
>
> Parágrafo único. Se o juiz, desde logo, reconhecer a impropriedade do recurso interposto pela parte, mandará processá-lo de acordo com o rito do recurso cabível."

Da leitura desse dispositivo observa-se que, conquanto o princípio da *fungibilidade* possa socorrer o recorrente na hipótese de interposições equivocadas, sua aplicação não é absoluta, encontrando-se sujeita à observância de determinadas condições, que consistem:

a) **Inexistência de má-fé do recorrente**: é necessário que não seja constatado o equívoco deliberado do insurgente, com o objetivo de extrair de seu lapso alguma vantagem de ordem processual. Esta má-fé é presumida *jure et jure* (não admite prova em contrário) quando ocorrerem duas situações:

- *Não for observado o prazo previsto em lei para o recurso adequado*: isto significa que, embora possa o insurgente equivocar-se quanto ao recurso cabível, não é aceito que erre quanto ao prazo correto de interposição. Presume-se que obrou de má-fé quando intentou o recurso errado fora do prazo previsto em lei para o recurso certo. *Exemplo:* Em 1.º de março, a defesa é intimada da sentença condenatória, que enseja apelação em cinco dias. Em 16 de março, ingressa o advogado, contra aquela decisão, com recurso especial, que tem prazo de 15 dias para sua interposição. Evidentemente, este recurso não será recebido, pois ultrapassado o prazo do recurso correto (a apelação), precluindo, em consequência, a decisão condenatória.
- *O erro na interposição for considerado grosseiro*: sendo a lei expressa quanto ao recurso cabível e inexistindo qualquer divergência sobre tal aspecto, o equívoco na interposição do recurso será considerado *erro grosseiro*, afastando completamente a aplicação da fungibilidade. É preciso, então, que haja dúvidas quanto ao recurso correto, pois, na atual concepção, a fungibilidade não visa proteger a parte do erro do profissional, mas, sim, a evitar que a oscilação da jurisprudência quanto ao recurso correto cause prejuízo ao recorrente.

b) **Adequação do recurso equivocadamente interposto ao procedimento do recurso correto**: o princípio da fungibilidade não pode importar em supressão de etapa procedimental do recurso adequado. Em outras palavras, é necessário, por ocasião de sua aplicação, que sejam respeitadas todas as fases da via impugnativa correta, independentemente da instância que venha a reconhecer a impropriedade da via eleita. Afinal, se reconhecido o desacerto do recurso pelo **juiz**, estabelece o art. 579, parágrafo único, do CPP que deve este "mandar processá-lo de acordo com o rito do recurso cabível", nada mais lógico do que entender que a regra da adequação procedimental também deva ser aplicada pelo

juízo *ad quem* quando somente lá for reconhecida a impropriedade do recurso proposto. **Exemplo:** interposta apelação (art. 593, II, do CPP) contra determinada decisão, vem esta a ser recebida pelo juiz e encaminhada ao tribunal para julgamento. Entendendo a Câmara Recursal tratar-se de hipótese que enseja recurso em sentido estrito, não poderá, simplesmente, transformar a apelação nesse recurso e conhecê-la como tal, pois estaria suprimindo fase importante do rito do RSE, qual seja, o juízo de retratação, que não existe na apelação. Nesse caso, cumprirá ao Tribunal determinar a baixa da apelação fungibilizada em recurso em sentido estrito ao 1.º grau, facultando ao julgador monocrático a retratação. Apenas depois disso é que o recurso, retornando ao tribunal, poderá ser julgado.

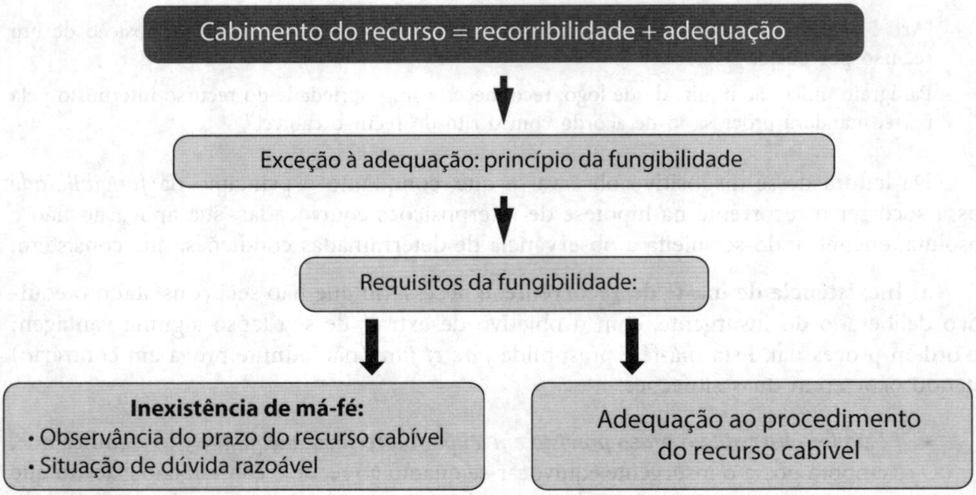

Atenção: o princípio da **fungibilidade** não se confunde com o fenômeno da **convolação**. Neste último caso, o recurso interposto está correto, sendo, entretanto, conhecido como se fosse outro. Justifica-se a convolação em duas circunstâncias distintas: primeira, o intuito de beneficiar o acusado, convolando-se a via impugnativa deduzida em outra que, processualmente, seja-lhe mais vantajosa; segunda, evitar prejuízo ao recorrente quando, embora tenha sido ingressado o recurso correto, estiverem ausentes outros pressupostos recursais, a exemplo da tempestividade. Exemplo: contra acórdão do Tribunal de Justiça que, por maioria de votos, reformou sentença absolutória e condenou o réu, opõe, a defesa, embargos declaratórios, objetivando sanar suposta omissão nos votos vencedores (tese defensiva não apreciada) e, com isso, obter a modificação da decisão da câmara, com a manutenção da absolvição realizada pelo juízo de 1.º Grau. Ao examinar os embargos de declaração, porém, constata o desembargador-relator a sua intempestividade, já que opostos no quarto dia contado da intimação do acórdão embargado (o prazo dos embargos de declaração é de dois dias, consoante art. 619, do CPP). Em casos como este, poderá o relator, em vez de não conhecer ditos embargos declaratórios, recebê-los como embargos infringentes, cujo prazo para oposição é de dez dias – mesmo porque, nos declaratórios, estava o embargante buscando a modificação do acórdão e não apenas o esclarecimento da omissão apontada. Com tal providência, o relator não apenas evitará a preclusão da matéria controvertida (sendo intempestivos, os embargos declaratórios não seriam conhecidos), como também permitirá ao réu maior vantagem processual, já que nos embargos infringentes o tema embargado é reexaminado por número maior de julgadores (cinco ou mais) do que ocorre nos embargos de declaração opostos contra acórdão da câmara (deliberados por três desembargadores).

Outro aspecto a atentar refere-se à **unirrecorribilidade (singularidade ou unicidade) recursal.** De acordo com este postulado, existirá apenas um recurso para atacar cada decisão, conquanto se ressalvem dessa regra os recursos extraordinário e especial, que devem ser interpostos no mesmo prazo, como condição para suas admissibilidades, na hipótese de a decisão atacada assentar-se, respectivamente, em bases constitucionais e infraconstitucionais, consoante Súmula 283, do STF, e Súmula 126, do STJ. Perceba-se que a unirrecorribilidade tem em vista razão de segurança jurídica, evitando-se que, se interposta mais de uma impugnação contra a mesma decisão, delas resultem decisões contraditórias. No âmbito legislativo, o princípio justifica a norma do art. 593, § 4.º, do CPP, segundo a qual "quando cabível a apelação, não poderá ser usado o recurso em sentido estrito, ainda que somente de parte da decisão se recorra". É com base na unirrecorribilidade, também, que muitos entendem consubstanciada a **preclusão consumativa** de novas razões de recurso, oferecidas em complementação às primeiras já apresentadas, ainda que não vencido o prazo para arrazoar. Em outras palavras, se oferecidas duas razões recursais contra a mesma decisão, a segunda peça deve ser desconsiderada. Em homenagem ao mesmo postulado, tem-se entendido, igualmente, que, se da decisão condenatória foi interposto e arrazoado recurso pela defesa, não se devem conhecer de novo recurso e novas razões apresentadas por novo advogado constituído pelo réu dentro do prazo recursal.

14.2.1.2. Tempestividade

Os prazos recursais são fatais, contínuos e peremptórios, não se interrompendo por férias, domingo ou dia feriado, nos termos do art. 798 do CPP. Não obstante esta regra seja inequívoca, há algumas questões que, pela importância, devem ser analisadas. Consistem:

- **Férias forenses:** A questão relativa à fluência ou não de prazos no período de férias forenses encontra-se prejudicada, em face do que dispõe o art. 93, XII, da Constituição Federal, com a redação determinada pela Emenda Constitucional 45, de 31.12.2004, excluindo essa forma de paralisação das atividades; determinando que seja ininterrupta a atividade jurisdicional; e, ainda, obrigando, como consequência desse regramento, que haja juízes em plantão permanente mesmo nos dias em que não haja expediente forense normal.

Atente-se, contudo, que a extinção das férias coletivas pela citada emenda constitucional não impede que *a lei estabeleça períodos em que os prazos devam permanecer suspensos*. Tanto, aliás, que o art. 798-A, *caput*, do Código de Processo Penal, incluído pela Lei 14.365/2022, determina a suspensão do curso dos prazos processuais nos dias compreendidos entre 20 de dezembro e 20 de janeiro (inclusive nessa data), ressalvando apenas as hipóteses de réus presos, nos processos vinculados a essas prisões (inc. I), os procedimentos regidos pela Lei 11.340/2006 – Lei Maria da Penha (inc. II) e as medidas consideradas urgentes, mediante despacho fundamentado do juízo competente (inc. III). Ainda, de acordo com o parágrafo único do mesmo dispositivo, "durante o período a que se refere o caput deste artigo, fica vedada a realização de audiências e de sessões de julgamento, salvo nas hipóteses dos incisos I, II e III do *caput* deste artigo". A propósito desse art. 798-A, cabe salientar que "não se aplica a situações anteriores à sua entrada em vigor. Isso porque o art. 2º do mesmo diploma legal veda a retroatividade, ainda que benéfica ao réu, por se tratar de norma puramente processual"[3].

[3] STJ, AgRg no AREsp 2.089.827/RJ, 5.ª Turma, Rel. Min. Jesuíno Rissato (Desembargador Convocado do TJDFT), j. 02.08.2022, DJe 22.08.2022. No mesmo sentido: STJ, AgRg no AREsp 2.142.339/SP, 5.ª Turma, Rel. Min. Joel Ilan Paciornik, j. 27.09.2022, DJe 30.09.2022.

- **Contagem do prazo recursal diante da nova disciplina introduzida pelo CPC/2015:** Em seu art. 219, prevê o novo Código de Processo Civil (Lei 13.105/2015) que "na contagem de prazo em dias, estabelecido por lei ou pelo juiz, computar-se-ão somente os dias úteis". Como se observa, aboliu o legislador, no âmbito cível, a contagem do prazo em dias corridos, devendo ser considerados apenas os dias úteis, afastando-se, então, a fluência de prazos em finais de semana ou feriados. Muito embora vozes tenham se levantado na defesa da tese de que a mesma disciplina também deveria ser aplicada no âmbito processual penal, consolidaram STF[4] e STJ a orientação de que, nessa esfera, o modo de contagem continua sendo o disciplinado pelo art. 798, *caput,* do CPP, segundo o qual todos os prazos serão contínuos e peremptórios, não se interrompendo por férias, domingo ou dia feriado. E tal orientação, ao ver dos mesmos tribunais, não ficou prejudicada pelo fato de a Lei 13.728, de 31.10.2018, ao introduzir art. 12-A à Lei 9.099/1995, determinar, no âmbito dos Juizados Especiais Cíveis, que a contagem dos prazos processuais legais e judiciais seja feita em dias úteis, inclusive para interposição de recursos. Isto porque, em primeiro lugar, precitada disciplina foi introduzida na Lei 9.099/1995 em seu Capítulo II, que trata dos Juizados Especiais Cíveis e, em segundo, o fato de que, embora não se ignore a possibilidade de aplicação analógica da legislação processual civil ao processo penal (prática autorizada pelo art. 3.º do CPP), condiciona-se essa aplicação à existência de omissão na legislação processual penal, o que, tendo em vista a regra do mencionado art. 798 do CPP, não ocorre em relação ao presente tema[5].
- **Prazo recursal para a defesa em relação à sentença condenatória:** O prazo flui a partir da intimação ou da prática de ato que revele ciência inequívoca dos termos da sentença (carga dos autos, por exemplo).

No tocante ao **defensor**, caso se trate de procurador constituído, deverá ser intimado mediante publicação no órgão oficial (art. 370, § 1.º, do CPP), escrito ou eletrônico (Lei 11.419/2006), a ele assegurado o prazo recursal previsto em lei. No caso do defensor dativo, a sua intimação deverá ser pessoal (art. 370, § 4.º, do CPP), contando-se, também, o prazo de forma normal (não há prazo em dobro)[6]. Já para o defensor público, além de ser intimado pessoalmente, tem assegurado o prazo em dobro (art. 44, I, da Lei Complementar 80/1994).

Tratando-se do **réu**, sua intimação deverá ser feita pessoalmente. Não localizado, deverá ser intimado por edital, e, nesse caso, o prazo recursal somente correrá após o término do fixado no edital – *90 dias* se for o caso de condenação a pena igual ou superior a *um ano de prisão*, e *60 dias* se for o caso de condenação a outra pena (art. 392, §§ 1.º e 2.º, do CPP).

Por muito tempo, compreendeu-se que, se tanto o defensor quanto o próprio réu, pessoalmente, possuem legitimidade para a interposição de recursos (art. 577, *caput,* do CPP), impunha-se a intimação de ambos em qualquer caso, não sendo suficiente a intimação de apenas um deles. Tal entendimento, na atualidade, não subsiste na sua plenitude, posicionando-se a jurisprudência no sentido de que o réu preso[7], de fato, deve ser intima-

---

4 Ver Informativo 845/2016, relativo ao Recurso Extraordinário 693.456.

5 STJ, AgRg no AREsp 951.475/RS, j. 15.09.2016.

6 Nos termos da jurisprudência consolidada no âmbito deste Superior Tribunal, "[p]ara valer-se da prerrogativa da contagem de prazos em dobro, deve, o advogado, integrar o quadro da assistência judiciária organizado e mantido pelo Estado, não se aplicando tal benesse aos defensores dativos, aos núcleos de prática jurídica pertencentes às universidades particulares e ainda, aos institutos de direito de defesa" (STJ, AgRg no AREsp 1789739/DF, *DJ* 08.10.2021).

7 AgRg no HC 693.963/PB, 6.ª Turma, Rel. Min. Rogerio Schietti Cruz, j. 04.10.2022, DJe 10.10.2022.

do da sentença condenatória, pessoalmente. Agora, quanto ao réu solto, se assistido por **advogado constituído**, bastará a intimação deste último. Se, por outro lado, estiver sendo patrocinado por **defensor público** ou **dativo**, aí sim será preciso, assim como ocorre em relação ao preso, a sua intimação pessoal ou, se não localizado, por edital[8].

E se, encontrando-se em liberdade o réu, ainda assim determinar o juiz a sua intimação da sentença, em que pese já tenha sido intimado seu advogado constituído? Não há qualquer irregularidade nesse *excesso de zelo* do julgador. Sem embargo, divide-se a jurisprudência quanto ao marco inicial do prazo para o ingresso do recurso cabível. Para uns, com efeito, na medida em que era desnecessária a intimação do réu, o prazo recursal terá início a contar da intimação do advogado constituído, sendo irrelevante a circunstância de o próprio réu, eventualmente, ter sido intimado em momento posterior a ele. Considere-se, por exemplo, que, da sentença condenatória, tenha sido o advogado do réu intimado no dia 1.º.03 (terça-feira), deixando de apelar no prazo legal (que se escoou no dia 07.03 – segunda-feira). De acordo com a orientação em exame, em caso como este, mesmo que venha o acusado a ser intimado da condenação posteriormente (de 08.03 em diante), não se reabrirá o prazo para a defesa técnica apelar da sentença. Se o fizer, tal apelação será intempestiva. Outra corrente, todavia, inclina-se em sentido oposto, compreendendo que o prazo recursal deve ser considerado a partir da última intimação, seja do advogado, seja do réu. Embora não se desconheça a existência de decisões monocráticas aderindo à primeira orientação citada[9], a verdade é que, em nível de colegiado, é a segunda corrente que prevalece na jurisprudência nacional, inclusive no STJ, sendo recorrentes os julgamentos dessa Corte no sentido de, se efetivada dupla intimação dos termos da sentença condenatória, vale dizer, não só do advogado, mas também do sentenciado, deverá prevalecer a data da última para início do prazo recursal[10].

E se, porventura, ocorrer a intimação apenas do defensor do réu preso, quais as consequências que poderão advir na hipótese de não ser interposto recurso? Nesta hipótese, a decorrência será a ausência de trânsito em julgado da sentença para a defesa, facultando-se a interposição de apelação a qualquer tempo, mesmo que já se encontre arquivado o processo de conhecimento – desde que antes da prescrição, por óbvio, já que se trata de causa extintiva da punibilidade equivalente, em termos de efeitos, à sentença absolutória.

E se, aportando ao tribunal apelação interposta pelo advogado, constatar o órgão colegiado competente para o julgamento que não foi realizada a intimação do réu preso quanto à sentença condenatória? Neste caso, a providência normalmente adotada no âmbito dos tribunais é a determinação de baixa do processo à vara de origem para que seja realizada a intimação do acusado, retornando, após, ao juízo *ad quem* para julgamento do recurso.

E se, mesmo não ocorrendo a intimação pessoal do réu preso em relação à sentença condenatória, o tribunal realizar o julgamento do recurso interposto pelo advogado? Essa hipótese releva muito especialmente no caso de tomar ciência o réu da condenação após o julgamento do recurso interposto pelo advogado. Pois bem, sobre o tema, muitos entendem que o julgamento do recurso, na situação narrada, produz nulidade relativa, possibilitando às Instâncias Superiores (STJ e STF) a anulação daquele julgamento, desde que, evidentemente, ocorra a efetiva demonstração do prejuízo sofrido pelo réu em face da ausência de sua intimação pessoal, ou, ao menos, da grande probabilidade de ter ocorrido esse prejuízo (*v.g.*, a situação em que o advogado, diante de condenação do réu pela prática de crime que negou ter praticado na fase do processo de conhecimento, recorrer unicamente

8 AgRg no HC 765.859/SP, 6.ª Turma, Rel. Min. Laurita Vaz, j. 27.09.2022, DJe 03.10.2022.

9 STJ, decisões monocráticas no AREsp 753838 e no AREsp 620042.

10 STJ, HC 493221/RO, DJ 10.04.2019 e AgRg no AgInt no ARESP 1410691/SP, *DJ* 04.09.2019.

da pena imposta). Aderimos a essa orientação. Outros, por uma questão de economia processual, reputam válido o julgamento realizado, conquanto se deva oportunizar ao réu, no prazo de cinco dias contados de sua intimação pessoal, interpor novo recurso a fim de impugnar questões eventualmente não tratadas na apelação anterior. E há quem defenda que nem o julgamento é nulo nem se deve facultar nova interposição recursal. Para estes, a deliberação, pelo tribunal, sobre o recurso interposto pelo advogado, ainda que à revelia da intimação pessoal do réu, produz preclusão consumativa.

Existe alguma relevância jurídica no tocante à ordem cronológica de intimação do advogado e do réu quanto à sentença condenatória? Existe linha de pensamento compreendendo que a intimação do defensor sempre deveria ser posterior à intimação do réu, sob pena de nulidade. Esse entendimento, contudo, é minoritário e absolutamente refutado pelos Tribunais Superiores, sendo reiteradas as decisões do STJ e do STF no sentido de que é indiferente qual deles for intimado em primeiro lugar.

Pensamos que a mesma normatização – necessidade de intimação do réu preso e de seu defensor – deve ser aplicada à intimação de **acórdãos proferidos nos casos de foro por prerrogativa de função**, pois nesses casos o Tribunal porta-se como 1.º grau, e não como 2.º grau de jurisdição, já que delibera sobre ação penal originária, e não sobre recurso da parte vencida.

Tratando-se, contudo, de **acórdão exarado a partir do julgamento de um recurso** (caso em que o Tribunal estará agindo como 2.º grau), não se aplica esta regra, bastando a intimação do advogado pela imprensa oficial, ou pessoalmente quando se cuidar de defensor público e defensor dativo[11].

- **Prazo recursal para o Ministério Público:** dispõe o art. 800, § 2º, do CPP que "os prazos do Ministério Público contar-se-ão do termo de vista, salvo para a interposição do recurso (art. 798, § 5.º)". Já o art. 798, § 5º, do mesmo Código estabelece que, "salvo os casos expressos, os prazos correrão: a) da intimação; b) da audiência ou sessão em que for proferida a decisão, se a ela estiver presente a parte; c) do dia em que a parte manifestar nos autos ciência inequívoca da sentença ou despacho". A partir destas duas normas, entendeu-se, durante muito tempo, que a fluência do prazo recursal para o Ministério Público deveria ter início com a *intimação pessoal*, tratando-se, pois, de exceção à regra geral de que tal contagem inicia-se com o *termo de vista*. Existiriam, enfim, critérios legais diferentes para contagem dos prazos ministeriais, conforme se tratasse ou não de *recurso* a manifestação do Promotor de Justiça. Ilustra-se:

1. Considere-se que, em audiência realizada em 28 de maio, quarta-feira, tivesse o juízo declarado encerrada a instrução e, em vez de passar a palavra às partes para alegações orais, facultado a apresentação de memoriais escritos no prazo de cinco dias, primeiro o Ministério Público e, depois, a defesa, ficando o Promotor de Justiça intimado desse prazo. Considere-se, porém, que apenas em 10 de junho, quinta-feira, o escrivão tivesse entregado o processo ao Ministério Público, mediante termo de vista. O prazo para o Promotor de Justiça manifestar-se, neste caso, teria como *dies a quo* a data de 11 de junho, sexta-feira, esgotando-se em 15 de junho, terça-feira.
2. No mesmo caso anterior, suponha-se que, na audiência, realizadas alegações orais, tivesse o magistrado proferido sentença absolutória, intimando da decisão todos os presentes, inclusive o Ministério Público. Nessa hipótese, desejando recorrer, com-

[11] STJ, AgRg nos EDcl no AREsp 269.139/SP, *DJ* 07.06.2013.

preendia-se que deveria ater-se o Promotor de Justiça à data em que foi intimado – 28 de maio, quarta-feira. O *dies a quo* para a dedução recursal seria, então, 29 de maio, quinta-feira, e o *dies ad quem*, 2 de junho, segunda-feira.

Sem embargo dessa disciplina, que decorre dos citados arts. 798, § 5º e 800, § 2º, o Superior Tribunal de Justiça, no julgamento, em 23.08.2017, do Recurso Especial 1349935/SE (submetido ao rito dos recursos repetitivos), ao discutir se a intimação do Ministério Público, realizada em audiência, determina o início do prazo para recorrer ou se o lapso recursal somente se inicia com a remessa dos autos com vista à instituição, fixou a tese no sentido de que "**o termo inicial da contagem do prazo para impugnar decisão judicial é, para o Ministério Público, a data da entrega dos autos na repartição administrativa do órgão, sendo irrelevante que a intimação pessoal tenha se dado em audiência, em cartório ou por mandado" (Tema Repetitivo 959)**. Compreendeu o Tribunal, na oportunidade, que, embora seja natural, nos casos em que haja decisão proferida em audiência, as partes presentes (defesa e acusação) dela tomarem conhecimento, "essa ciência do ato não permite ao membro do Ministério Público (e também ao integrante da Defensoria Pública) o exercício pleno do contraditório, seja porque o órgão Ministerial não poderá levar consigo os autos, seja porque não necessariamente será o mesmo membro que esteve presente ao ato a ter atribuição para eventualmente impugná-lo".

Diante dessa remodelação de entendimento pelo STJ, infere-se que, na atualidade, a despeito da literalidade do art. 800, § 2º, do CPP, os prazos para o Ministério Público, seja para manifestações no curso do processo (apresentação de memoriais, por exemplo), seja para interposição de recursos, sempre terão sua fluência a partir da data, certificada pelo cartório, de entrada do processo nos serviços administrativos do Ministério Público, sendo irrelevante, portanto, se a intimação do ato decisório ocorreu ou não em audiência[12]. Perceba-se que tal orientação não se distancia da compreensão do STF sobre o mesmo tema, recorrentemente decidindo essa Corte que "o termo inicial da contagem do prazo recursal começa a contar do recebimento dos autos na secretaria ou no órgão administrativo do Ministério Público" (HC 171793 AGR, DJ 16.08.2019). Interessante mencionar, inclusive, que, conforme referido no precitado aresto do STJ em alusão à posição do Excelso Pretório em torno do assunto, "o Ministro Roberto Barroso, ao analisar a Rcl. n. 17.694/RS (DJe 7/10/2014), destacou que *há, em relação ao Ministério Público, uma prerrogativa de ser intimado pessoalmente e com vista dos autos, para qualquer finalidade*". Neste cenário,

---

[12] Esclarecedor o aresto decorrente do julgamento, pelo STJ, do AgRg no AREsp 1.609.893/AL (DJ 26.06.2020), quanto, a partir da tese fixada no Recurso Especial 1.349.935/SE (o citado Tema 959), assim deliberou: "1. A jurisprudência desta Corte Superior é firme em assinalar que o termo inicial da contagem do prazo para impugnar decisão judicial é, para o Ministério Público, a data da entrega dos autos na repartição administrativa do órgão, sendo irrelevante que a intimação pessoal tenha se dado em audiência, em cartório ou por mandado. 2. Precedente da Terceira Seção deste Superior Tribunal de Justiça, no julgamento do REsp n. 1.349.935/SE, submetido ao rito dos recursos repetitivos, nos termos do art. 1.037, II, do CPC. 3. A distinção entre intimação do ato e início da contagem do prazo processual permite que se entenda indispensável – para o exercício do contraditório e a efetiva realização da missão constitucional do Ministério Público – que a fluência do prazo para a prática de determinado prazo peremptório somente ocorra a partir do ingresso dos autos na secretaria do órgão destinatário da intimação. Precedentes. 4. Assim, a não coincidência entre a intimação do ato decisório (em audiência ou por certidão cartorial) e o início do prazo para sua eventual impugnação é a única que não sacrifica, por meio reflexo, os direitos daqueles que, no âmbito da jurisdição criminal, dependem da escorreita e eficiente atuação do Ministério Público (a vítima e a sociedade em geral). Em verdade, o controle feito pelo representante do Ministério Público sobre a decisão judicial não é apenas voltado à identificação de um possível prejuízo à acusação, mas também se dirige a certificar se a ordem jurídica e os interesses sociais e individuais indisponíveis – dos quais é constitucionalmente incumbido de defender (art. 127, *caput*, da CF) – foram observados, i.e., se o ato para o qual foi cientificado não ostenta ilegalidade a sanar, ainda que, eventualmente, o reconhecimento do vício processual interesse, mais proximamente, à defesa".

é possível afirmar que, tanto em nível de STJ quanto de STF a matéria está sedimentada nos mesmos termos.

Consigne-se, por fim, que o Ministério Público não possui prazo em dobro para recorrer na esfera do processo penal, ao contrário do que ocorre no processo civil, *ex vi* do art. 180 do CPC/2015.

- **Prazo recursal e intimação por mandado ou precatória:** Trata-se de questão sumulada pelo Supremo Tribunal Federal, dispondo o Enunciado 710, em decisão de 24.09.2003, que, "no processo penal, contam-se os prazos da data da intimação, e não da juntada aos autos do mandado ou da carta precatória ou de ordem".

- **Prazo recursal e interposição por meio de instrumentos de transmissão de dados e imagens:** A Lei 9.800/1999 regulamentou essa questão, admitindo a interposição de recursos por esses sistemas, desde que aportem ao órgão competente dentro do prazo legal e que, até **cinco dias** após o final desse lapso, seja encaminhada a peça original.

Sem embargo dessa possibilidade, é importante considerar que cabe à parte que se utilizar dos referidos meios de transmissão diligenciar "pela qualidade do material transmitido, e por sua entrega ao órgão judiciário" (art. 4.º da Lei 9.800/1999). Não sendo legível o texto enviado por *fax*, ou não sendo efetuada a entrega do original dentro do prazo fixado legalmente, o ato praticado será tido como inexistente, não produzindo nenhum efeito. Outrossim, serão declaradas insubsistentes as providências jurisdicionais adotadas a partir de requerimentos dirigidos por meio de *fax*, caso não sejam ratificados nos moldes da lei comentada.

Por fim, observe-se que, de acordo com o art. 4.º, parágrafo único, da Lei 9.800/1999, "sem prejuízo de outras sanções, o usuário do sistema será considerado litigante de má-fé se não houver perfeita concordância entre o original remetido pelo fac-símile e o original entregue em juízo". Em síntese, terá que haver correspondência plena entre o texto enviado por *fax* e o teor da peça original protocolada no órgão judiciário.

- **Prazo recursal e intimação por meio eletrônico (Lei 11.419/2006):** A Lei 11.419/2006 permitiu a informatização de todos os processos judiciais, aplicando-se às esferas civil, penal e trabalhista, inclusive possibilitando, como regra, a comunicação de atos processuais – citações, intimações, notificações – por meio eletrônico (art. 1.º, *caput* e § 1.º). **Mas atenção:** no **processo criminal**, bem como nos feitos envolvendo a prática de ato infracional por adolescente, a citação fica afastada do permissivo legal (art. 6.º), não se admitindo seja feita *on-line*, o que se compreende em virtude da finalidade primordial desse ato de cientificar a acusação.

Em seu art. 4.º, a Lei 11.419/2006 prevê a criação de um Diário de Justiça eletrônico, a ser disponibilizado pela internet, considerando-se oficiais as publicações nele constantes, com dispensa de quaisquer outras publicações, ressalvados, evidentemente, os casos em que a lei exigir vista ou intimação pessoal (*v.g.*, Ministério Público, Defensor Público, Defensor Dativo e, em determinados casos, o próprio réu).

Nos termos estabelecidos pela lei em exame, as publicações efetuadas na página oficial eletrônica serão consideradas como **realizadas** no primeiro dia útil seguinte ao da sua disponibilização no diário eletrônico, iniciando-se, portanto, a fluência dos prazos processuais no primeiro dia útil que se seguir (art. 4.º, §§ 3.º e 4.º).

Exemplos:

- Disponibilizada no diário eletrônico uma intimação no dia 1.º (segunda-feira), considera-se como a própria publicação no dia 2 (terça-feira), fazendo com que o primeiro dia do prazo inicie-se no dia 3 (quarta-feira).

- Disponibilizada a intimação no diário eletrônico no dia 5 (sexta-feira), considerar-se-á como feita a publicação no dia 8 (segunda-feira), o que leva o prazo a fluir a partir do dia 9 (terça-feira).

Outro aspecto importante consta no art. 5.º da Lei, dispondo que os interessados que estiverem credenciados na forma do art. 2.º serão intimados por meio eletrônico, em portal próprio, dispensando-se a publicação no órgão oficial, seja este escrito, seja o próprio diário eletrônico. Nesse caso, as intimações serão consideradas realizadas no dia em que a pessoa a ser intimada realizar a consulta eletrônica ao conteúdo da intimação, sendo isto certificado nos autos pelo Cartório. Caso a consulta se dê em dia não útil, considerar-se-á realizada no primeiro dia útil seguinte.

E se o interessado, a quem for dirigida a intimação, não efetuar a consulta? Neste caso, estabeleceu o art. 5.º, § 3.º, a obrigatoriedade de as pessoas cadastradas realizarem a consulta no prazo máximo de dez dias corridos, contados da data do envio da intimação, sob pena de ser considerada como efetivada ao término desse prazo.

Importante mencionar que a aplicação das regras incorporadas à Lei 11.419/2006 depende de regulamentação pelos órgãos do Poder Judiciário, uma vez que lhes é facultado o desenvolvimento de sistemas de informatização do processo judicial, para torná-lo acessível, preferencialmente, pela rede mundial de computadores (art. 8.º). Não obstante, a Lei 11.419/2006 não estipula qualquer prazo para a implantação das providências que determina, deixando à opção de cada Tribunal adotar ou não um sistema de procedimento eletrônico e a total informatização dos autos.

- **Prazo recursal e erro, falta ou omissão dos funcionários ou do juiz:** É evidente que não pode restar prejudicada a parte que interpôs o recurso dentro do prazo legal, sendo este, porém, impulsionado ou despachado a destempo por lapsos do Cartório ou do magistrado. O art. 575 do CPP é expresso, dispondo que "não serão prejudicados os recursos que por erro, falta ou omissão dos funcionários, não tiverem seguimento ou não forem apresentados dentro do prazo". No mesmo diapasão, a Súmula 428 do STF, estabelecendo que "não fica prejudicada a apelação entregue em cartório no prazo legal, embora despachada tardiamente".

14.2.1.3. *Forma dos recursos sob o prisma da interposição*

O art. 578 do CPP estabelece que *os recursos serão interpostos por petição ou por termo nos autos*. Importante lembrar que, diferentemente do que ocorre na esfera cível, no âmbito penal alguns recursos têm a sua *interposição* propriamente dita realizada em momento distinto daquele em que devem ser oferecidas as *razões*. Portanto, quando refere o citado artigo do Código de Processo Penal que a *interposição* será feita por petição ou por termo, não está se referindo às *razões*, mas tão somente ao ato da parte, manifestando, a quem de direito, seu desejo de ver reexaminada a decisão recorrida por um órgão jurisdicional superior.

Logo:

- **Petição:** é a manifestação escrita quanto à vontade de recorrer, ou seja, aquela realizada sob a forma de um requerimento, vulgarmente conhecida como a "folha de rosto" do recurso.
- **Termo:** compreende-se como tal a manifestação oral de inconformidade, reduzida a escrito por quem tenha fé pública (*v.g.*, escrivão e oficial de justiça) ou presunção de autenticidade (como é o caso do juiz). *Exemplo:* Ao ser intimado da sentença condenatória pelo oficial de justiça, manifesta o réu sua vontade de

recorrer. Neste contexto, exara o meirinho certidão nos seguintes termos: "Certifico e dou fé que intimei o réu da sentença condenatória, entregando-lhe cópia dessa decisão bem como a contrafé. Na oportunidade, referiu ele sua vontade em recorrer da decisão".

É possível a interposição de recurso por e-mail*?* Não, segundo entendimento firmado no STF. Conforme esta Corte, muito embora a Lei 9.800/1999, como exceção à interposição direta de recurso, tenha permitido a utilização da transmissão de dados e imagens por meio de fac-símile ou outro similar (condicionando-se a validade da interposição à posterior apresentação do original), tal previsão não confere respaldo à sua dedução por *e-mail*[13].

Embora o art. 578 do CPP seja genérico, permitindo o entendimento de que *qualquer recurso* possa ser interposto, tanto por petição como por termo nos autos – até porque localizado esse dispositivo dentro do Capítulo I do Título II do Livro III do Código de Processo Penal, que trata das "disposições gerais" e dos "recursos em geral" –, a verdade é que, **apesar de qualquer recurso poder ser interposto por petição**, somente alguns podem ser deduzidos também por termo.

Assim, podem ser interpostos por petição e por termo os recursos que, no ato da interposição, não precisam estar acompanhados das respectivas razões, consistindo nos seguintes:

- *Recurso em sentido estrito*: interposição em cinco dias e posterior intimação para a apresentação das razões em dois dias (art. 586 c/c o art. 588 do CPP);
- *Apelação*: interposição em cinco dias e posterior intimação para a apresentação das razões em oito dias (art. 593 c/c o art. 600 do CPP). Ressalve-se, aqui, a apelação em sede de Juizado Especial Criminal, pois, neste caso, o art. 82 da Lei 9.099/1995 prevê expressamente que a interposição deva ser feita, unicamente, por petição escrita, sendo que as razões já devem ser apresentadas no mesmo ato;
- *Agravo em execução*: interposição em cinco dias e posterior intimação para a apresentação das razões em dois dias (por analogia ao recurso em sentido estrito, já que a Lei de Execução Penal não prevê forma e rito autônomos para esse recurso);
- *Carta testemunhável*: requerimento em 48 horas e posterior intimação para a apresentação das razões no mesmo prazo das razões do recurso denegado ou não encaminhado à instância superior (art. 640 c/c o art. 643 do CPP).

Por fim, cabe mencionar a possibilidade de oposição, por escrito ou oralmente, dos **embargos declaratórios previstos na Lei 9.099/1995**. É que, neste caso, embora as razões devam acompanhar a manifestação inicial, a interposição por termo é autorizada expressamente pelo art. 83 da citada lei. Lembre-se de que tais embargos possuem prazo de cinco dias para serem opostos. Se não forem deduzidos oralmente na própria audiência, deverão ser apresentados em cartório, facultando-se, igualmente, a forma escrita ou oral. Neste último caso, cremos que deverá limitar-se o escrivão a consignar em termo, resumida e objetivamente, qual a insurgência da parte, não sendo razoável exigir-lhe que escreva texto sob ditado da parte, a título de *razões de embargos*.

No tocante às demais hipóteses recursais, na medida em que exigem a apresentação de razões no mesmo ato da interposição e considerando que não há previsão legal autorizando a dedução oral, devem ser interpostas, unicamente, por petição escrita. É o caso, por exemplo, dos embargos declaratórios regulamentados pelo Código de Processo Penal,

[13] STF, HC 121225/MG, *DJ* 29.03.2017.

dos embargos infringentes, do recurso ordinário constitucional, do recurso especial, do recurso extraordinário, entre outros.

14.2.1.4. *Forma dos recursos sob o prisma das razões*

No tocante às razões dos recursos, especialmente quando podem ser apresentadas em momento posterior ao da interposição, surgem as seguintes questões:

- **Intempestividade das razões:** o oferecimento tardio das razões recursais traduz-se como mera irregularidade, não inviabilizando o pleno conhecimento do recurso[14].

- **Ausência de razões no recurso do Ministério Público:** a motivação é uma das formalidades essenciais do recurso e se externa pela apresentação das razões. No caso de o Ministério Público deixar de arrazoar, há divergências.

Para uns, a ausência de razões pelo *parquet* importa em nulidade, conduzindo ao não conhecimento da insurgência. A nulidade, sob essa ótica, decorre da aplicação do princípio da indisponibilidade da ação penal pública, sendo que a não apresentação de razões constitui uma forma de desistência tácita. Além disso, como o Ministério Público é obrigado a atuar em todos os termos da ação penal, não pode se recusar à prática de ato de ofício (no caso, a apresentação de razões). Por fim, devolvendo o recurso ministerial ao órgão *ad quem* o conhecimento apenas das matérias nele versadas, a ausência de razões impede que se detecte, exatamente, o objeto da interposição, além de dificultar a apresentação de contrarrazões pela defesa. Nestas condições, o recurso sem motivação equivale a uma impugnação inepta, não podendo ser conhecido[15].

Outra posição, à qual nos filiamos, é no sentido de que a ausência de razões ao recurso ministerial não pode, de per si, importar *desistência tácita*, pois ao Ministério Público é vedada essa postura (art. 576 do CPP). Ademais, o art. 601 do CPP, tratando da apelação, é expresso em dispor que, "findos os prazos legais, os autos subirão ao Tribunal com as razões ou sem elas", não especificando a condição do apelante. Assim, a única condição que se deve exigir para o conhecimento e julgamento do recurso acusatório desarrazoado é que tenha sido delimitado, na interposição, o objeto da insurgência, pois, caso contrário, não haveria, efetivamente, como o Tribunal conhecer da irresignação (pela inépcia, não pela desistência), em vista, como já se disse, do efeito devolutivo restrito que lhe é inerente.

- **Não oferecimento, pela defesa, de razões ao seu próprio recurso ou de contrarrazões ao recurso do Ministério Público:** parcela da jurisprudência considera possível o conhecimento do recurso da defesa, ainda que sem as competentes razões, assim como do recurso da acusação sem que tenha o advogado constituído pelo réu apresentado contrarrazões – desde que tenha ocorrido, evidentemente, a intimação válida do causídico para essas finalidades. Neste sentido já se pronunciou o STF em diversas oportunidades[16].

Outros reputam obrigatória a apresentação de mencionadas razões e contrarrazões, de modo que, aportando ao tribunal recurso sem estas peças, deverão os autos retornar à instância inferior para que seja o defensor novamente instado à sua apresentação. Não o fazendo, deve ser intimado o réu para que constitua outro advogado e, se mesmo assim não forem apresentadas sobreditas razões e contrarrazões, proceda o juiz à nomeação de outro profissional exclusivamente para esses fins. No STJ, tem sido adotada esta última posição[17].

---

14 STJ, HC 358.217/RS, *DJ* 31.08.2016.

15 TJSP, Apelação Criminal 1.023.218-3/6,29.08.2007, v.u., Voto 5.052.

16 RHC 121.889/SP, *DJ* 26.05.2014; HC 102.142/SP, *DJ* 26.08.2010; HC 91.251/RJ, *DJ* 17.08.2007.

17 HC 353.644/SP, *DJ* 31.05.2016; HC 249.445, *DJ* 23.02.2015; HC 126.035/SP, *DJ* 08.02.2010.

• **Razões dissociadas dos fundamentos da decisão impugnada**: trata-se da hipótese em que a parte sucumbente, nas razões recursais, não realiza impugnação específica sobre os fundamentos apontados na decisão judicial alvo do recurso, violando, com isso, o **princípio da dialeticidade** – princípio segundo o qual o recorrente tem o dever de indicar os motivos de sua contrariedade com a decisão recorrida e as razões pelas quais pretende seu reexame. Em se tratando da *defesa,* tem sido bastante discutida a possibilidade de o tribunal deixar de conhecer recurso com razões dissociadas dos termos da decisão recorrida, em face da regra do efeito devolutivo integral dos recursos do réu, sendo prevalente a orientação no sentido de que não deve ficar prejudicado o exame da impugnação pelo Colegiado, salvo, por óbvio, nas hipóteses de insurgências absolutamente genéricas, que impeçam a outra parte de exercer o contraditório e desrespeitem, em consequência, o postulado do devido processo legal. Todavia, sendo o caso de recurso da *acusação*, são frequentes as decisões em sentido oposto, vale dizer, de que, encontrando-se as razões recursais dissociadas dos termos da decisão recorrida, deve-se reconhecer a inépcia da peça recursal, já que "as razões recursais e a sua correlação com os fundamentos que embasaram a decisão recorrida são elementos imprescindíveis para a certificação de regularidade da peça de interposição do recurso"[18]. **Mas atenção**: todos concordam que, quer para a acusação, quer para a defesa, a violação ao *princípio da dialeticidade* impede o conhecimento dos recursos em duas hipóteses: uma, quando se trata de recursos extraordinário e especial, tendo em vista os termos da Súmula 284, do STF, (relativa ao recurso extraordinário, mas aplicada, por analogia, também ao recurso especial), dispondo que "é inadmissível o recurso extraordinário, quando a deficiência na sua fundamentação não permitir a exata compreensão da controvérsia"; e, outra, quando é o caso de recurso contra decisões proferidas no âmbito do Tribunal do Júri, situação que é explícita na Súmula 713, do STF, ao apontar que "o efeito devolutivo da apelação contra decisões do Júri é adstrito aos fundamentos de sua interposição".

14.2.1.5. *Preparo (pagamento antecipado das custas de processamento do recurso)*

O art. 806, § 2.º, do CPP estabelece que a ausência de preparo importa em deserção do recurso.

Esta regra aplica-se apenas aos casos de ação penal privada e destina-se, única e exclusivamente, ao querelante, não se aplicando aos demais legitimados recursais. Afinal, em primeiro lugar, quanto ao **Ministério Público**, obviamente, este não está sujeito a pagamento de custas em nenhuma das esferas perante as quais atua (cível, criminal, infância e juventude etc.). No que tange ao **assistente de acusação**, a despeito de existirem controvérsias, a verdade é que não existe previsão legal de preparo.

Por outro lado, quanto ao **recurso da defesa**, chegou a ser discutida a necessidade de preparo. Não obstante, na atualidade, a posição majoritária é a de que o réu apenas deverá ser intimado para o pagamento das custas após o trânsito em julgado da sentença condenatória, isto mesmo se não lhe tiver sido assegurado, na própria sentença, o benefício da assistência judiciária gratuita.

Ainda a respeito do preparo pelo réu, Guilherme de Souza Nucci entende que, tratando-se de crime de ação penal privada, ao querelado, sendo pessoa bem aquinhoada financeiramente, também assiste a obrigação de efetuar o preparo do recurso sob pena de deserção. *Data venia*, discordamos. Isso porque não há razão para distinção entre o réu na ação pública e o réu na ação privada, a ponto de, neste último caso, poder-lhe ser exigido o pagamento de custas como condição para recorrer. Além do mais, como

[18] TJRS, Agravo 70049479470, j. 29.08.2012.

seria feita a constatação da boa ou má situação econômica do querelado para decidir o magistrado no sentido da exigência ou não de preparo? Haveria, nesse caso, mais um incidente processual, sujeito à tramitação e à interposição de recursos, retardando ainda mais o julgamento do recurso e o consequente trânsito em julgado da decisão. Por fim, não se pode ignorar que, encontrando-se em jogo a liberdade do réu, mostra-se temerária a exigência de pagamento de custas como condição do recurso, já que eventual má apreciação do juiz quanto à condição econômica do condenado poderia redundar em lhe obstar a dedução da competente via recursal, impedindo-se, destarte, o acesso ao duplo grau, conforme facultado pela Constituição Federal.

Nesse contexto, conclui-se que apenas ao **querelante**, na ação penal privada, assiste a obrigação de preparo dos recursos, sob pena de deserção. Dúvida há se tal obrigatoriedade existe tanto na ação penal privada exclusiva quanto na subsidiária. Concordamos com a posição de que o dever existe apenas na *ação penal privada exclusiva*. Isso porque, na subsidiária, considerando que atua o querelante em lugar do Ministério Público, não pode ser submetido ao pagamento de custas ou outras despesas, uma vez que o interesse que está em discussão, em última análise, é o público e não o privado.

14.2.2. Pressupostos recursais subjetivos

14.2.2.1. Legitimidade para a interposição do recurso

O art. 577, *caput*, do CPP estabelece que são legitimados para a dedução recursal, no polo ativo, o *Ministério Público e querelante*, e, no polo passivo, *o réu (pessoalmente), seu procurador ou seu defensor*. Evidentemente, esse artigo trata apenas da legitimidade para manifestar a vontade em recorrer, pois, no tocante às razões, não poderá apresentá-las, por exemplo, o réu que não seja advogado.

Da exegese desse dispositivo, dois aspectos importantes sobressaem: primeiro, a questão da legitimação pessoal do réu para recorrer; e, segundo, a ausência do assistente de acusação no rol de legitimados recursais. Analisemos:

1. Faculdade outorgada ao réu de, pessoalmente, interpor recursos: trata-se de previsão restrita à manifestação de vontade em recorrer, e, ainda assim, aplicável unicamente aos casos em que a lei permite a apresentação de razões em momento posterior à interposição. O art. 577, *caput*, do CPP, com efeito, não confere ao réu sem capacidade postulatória o poder de arrazoar recursos, pois isto constitui ato privativo de advogado. Tanto é que, em se tratando de impugnações que exijam razões contemporâneas à interposição, inexiste a possibilidade de o acusado impugnar pessoalmente a decisão judicial.

Exemplos:

- Faculta-se ao réu, quando intimado pelo oficial de justiça em relação à decisão de pronúncia, manifestar a ele seu desejo em recorrer. Certificada essa vontade pelo meirinho, considera-se interposto o recurso em sentido estrito, bastando ao juiz intimar a defesa técnica para apresentar as respectivas razões. Isso porque o RSE é modalidade impugnativa que contempla duas fases na sua dedução: uma, a interposição, em cinco dias (art. 586 do CPP); outra, a apresentação de razões em dois dias (art. 588 do CPP).
- Não será lícito ao réu, porém, ingressar, pessoalmente (salvo se detiver capacidade postulatória), com recurso especial contra acórdão proveniente de tribunal de justiça, pois se trata esse recurso de insurgência que, obrigatoriamente, deve ser interposta já com as razões, *ex vi* dos arts. 321 do RISTF, 255 do RISTJ e 1.029 a 1.041 do CPC/2015

(estes últimos aplicáveis à esfera criminal por analogia, em face da revogação expressa do art. 26 da Lei 8.038/1990 pelo art. 1.072, IV, da Lei 13.105/2015). E, para razões, exige-se subscrição de advogado regularmente inscrito nos quadros da OAB.

2. Ausência do assistente de acusação no rol de legitimados do art. 577 do CPP: Essa omissão não decorreu de impropriedade legislativa tampouco de um descuido do legislador. Em verdade, o assistente de acusação não está previsto no referido dispositivo como legitimado recursal, porque nele estão arrolados os sujeitos processuais que podem ingressar com qualquer recurso entre os previstos em lei. São os chamados *legitimados gerais*, nos quais não se enquadra o assistente do Ministério Público, cuja legitimidade é **restrita** e **subsidiária (supletiva)**.

2.1 Legitimação restrita: Diz-se *restrita* a legitimação do assistente, porque, em tese, somente poderá ele recorrer nos casos expressamente previstos em lei, quais sejam:

a) Apelar da sentença, com fundamento no art. 598 do CPP;
b) Apelar da decisão de impronúncia, com fundamento no art. 584, § 1.º, c/c os arts. 416 e 598 do CPP;
c) Recorrer em sentido estrito da decisão que julgar extinta a punibilidade pela prescrição ou outra causa, com base no art. 584, § 1.º, c/c o art. 598 do CPP.

Há, ainda, preceito sumular estabelecendo o cabimento do recurso do assistente de acusação em relação ao **recurso extraordinário**, mas unicamente naqueles casos em que poderia ele recorrer das decisões do juiz singular, anteriormente citados. Trata-se da Súmula 210 do STF, dispondo que "o assistente do Ministério Público pode recorrer, inclusive extraordinariamente, na ação penal, nos casos dos arts. 584, § 1.º, e 598 do CPP". Registre-se que a citada súmula, hoje, deve ser interpretada extensivamente ao **recurso especial**, que nela não está previsto, unicamente, porque à época de sua edição não existia esse recurso, introduzido que foi a partir da Constituição Federal de 1988.

Embora não haja expressa previsão legal, entendemos que é preciso facultar legitimação recursal ao assistente, também, na hipótese de **absolvição sumária** prevista nos arts. 397 e 415 do CPP. Afinal, se pode o assistente se insurgir contra a decisão de impronúncia, que não impede o oferecimento de nova ação penal contra o réu se outras provas surgirem, não há razão para que não possa se voltar, também, contra a absolvição sumária, que se reveste de caráter definitivo e, uma vez transitada em julgado, é imodificável mesmo diante de novos elementos. *E quanto à decisão do juiz que, no procedimento do júri, **desclassifica** a infração penal imputada para outra não dolosa contra a vida, nos termos do art. 419, do CPP?* De fato, nem o art. 598 nem o art. 584, § 1.º, do CPP, contemplam faculdade recursal ao assistente para insurgir-se em relação à desclassificação operada na fase da pronúncia. Apesar disso, a jurisprudência majoritária, inclusive o STJ, tem compreendido no sentido de que o assistente pode, sim, recorrer nessa hipótese, justificando esta orientação no argumento de que a desclassificação equipara-se à decisão de impronúncia, decisão esta que comporta recurso do assistente.

Pensamos que também deve ser admitida a legitimação do assistente ministerial para usar dos **recursos cabíveis** na hipótese de o recurso que a lei lhe faculta não ser recebido pelo juiz. Do contrário, ficaria o assistente à mercê da vontade do magistrado, pois, eventualmente denegada sua impugnação, nada poderia opor. Assim, não recebida, por exemplo, a apelação contra a sentença que absolveu o réu, faculta-se ao assistente atacar essa decisão por meio de recurso em sentido estrito fulcrado no art. 581, XV, do CPP. Denegado que venha a ser esse recurso, nada lhe obsta a utilização de carta testemunhável (art. 639, I, do CPP) para insurgir-se contra essa decisão, pois a carta é o recurso cabível contra a decisão do juiz que não recebe o RSE.

Por fim, registre-se o teor da Súmula 208 do STF, no sentido de que "o assistente do Ministério Público não pode recorrer, extraordinariamente, da decisão concessiva de *habeas corpus*".

2.2 Legitimação subsidiária ou supletiva: Diz-se *subsidiária* ou *supletiva* a legitimidade recursal do assistente porque, mesmo nas hipóteses em que pode se insurgir, fica ele condicionado a que não tenha o Ministério Público recorrido da respectiva decisão. *E se o Ministério Público interpuser recurso contra a decisão judicial?* Neste caso, é necessário distinguir duas situações:

a) Sendo parcial o recurso do Ministério Público, poderá o assistente insurgir-se em relação à parte da decisão não abrangida pela impugnação do Promotor de Justiça.

b) Abrangendo o recurso ministerial toda a decisão recorrida, apenas poderá o assistente arrazoar tal insurgência. Neste caso, o recurso do Ministério Público terá duas razões recursais: as oferecidas pelo próprio promotor de justiça recorrente e aquelas deduzidas pelo assistente. Isto se extrai da parte final do art. 271 do CPP, quando refere que o assistente poderá "arrazoar os recursos interpostos pelo Ministério Público, ou por ele próprio, nos casos dos arts. 584, § 1.º, e 598". A exegese deste artigo permite concluir que o assistente de acusação poderá arrazoar todo e qualquer recurso interposto pelo Ministério Público, mas, quanto aos por ele próprio interpostos, apenas poderá oferecer razões nas hipóteses dos arts. 584, § 1.º, e 598, porque, simplesmente, apenas nestes casos é que pode ele recorrer.

Registre-se a existência de orientação, com a qual não concordamos em face da ausência de respaldo legal, no sentido de que a legitimação supletiva do assistente para recorrer condiciona-se não apenas à inércia do Promotor de Justiça (ou Procurador da República) diante de sentença absolutória, de decisão de impronúncia ou de decisão extintiva da punibilidade, mas também ao fato de que não tenha ele (Ministério Público) buscado estas soluções em suas manifestações no processo. Segundo esta orientação, se o Ministério Público, por exemplo, inclinou-se, em razões finais, pela absolvição do réu e foi este, de fato, absolvido pelo Juiz, descabe recurso do assistente.

O exercício da legitimidade recursal do assistente exige que esteja ele previamente habilitado nos autos por decisão judicial? A regra geral é a de que, para a prática de qualquer ato no processo, entre os elencados no art. 271 do CPP, necessita o assistente de acusação requerer previamente ao juiz a sua habilitação, comprovando sua legitimidade. Entretanto, **para recorrer, nas hipóteses em que isto lhe é facultado, não é necessária essa habilitação prévia**, valendo a própria interposição como pedido implícito de habilitação. Evidentemente, nessa hipótese, o recurso deverá estar instruído com a prova de que se trata o recorrente de uma das pessoas arroladas no art. 268 do CPP, ou seja, aquelas que podem figurar como assistente do Ministério Público na ação penal pública.

Qual o prazo de que dispõe o assistente para interpor apelação e recurso em sentido estrito nos casos em que a lei lhe faculta esses recursos? Embora o Código de Processo Penal tenha previsto que o prazo do recurso do assistente será de 15 dias e que este começará a fluir a partir do dia em que terminado o prazo do Ministério Público (art. 598, parágrafo único), o entendimento firmado na jurisprudência é o de que tal regra apenas incide quando se tratar de assistente não previamente habilitado. Tratando-se de assistente habilitado, o prazo recursal será de cinco dias[19], o que corresponde ao prazo normal da apelação e do recurso em sentido estrito. Considera-se que, sendo habilitado, é o assistente intimado formalmente da decisão judicial, não havendo motivo, portanto, para a concessão de prazo três vezes maior do que terá, por exemplo, o Ministério Público para recorrer da mesma decisão. O próprio defensor público possui prazo em dobro, e não em triplo. Observe-se, pois, a título de exemplo de contagem de prazos para o assistente, sob a ótica da posição em exame (considerados úteis os dias de início e término):

- **Assistente não habilitado:** intimado o Ministério Público em 1.º de março, seu prazo estender-se-á até 6 de março. Do dia 7 de março até o dia 21 de março, poderá o assistente não habilitado interpor seu recurso. Perceba-se que, relativamente ao assistente não habilitado, incide a Súmula 448 do STF, dispondo que "*o prazo para o assistente recorrer, supletivamente, começa a correr imediatamente após o transcurso do prazo do Ministério Público*".
- **Assistente habilitado:** intimado o Ministério Público em 1.º de março, seu prazo estender-se-á até 6 de março. Se o assistente for intimado antes do final do prazo do Ministério Público – no dia 2 de março, por exemplo –, seu prazo não terá início no dia 3, mas, sim, no dia 7 de março, esgotando-se no dia 11 do mesmo mês. Caso este assistente venha a ser intimado após o final do prazo do Ministério Público, *v.g.*, 10 de março, seu prazo correrá a partir da respectiva intimação, fluindo, neste caso, até 15 de março.

Por outro lado, em relação às demais impugnações facultadas ao assistente por força da interpretação da Súmula 210 do STF, o prazo recursal será o normal, vale dizer, aquele ordinariamente previsto para os respectivos recursos, haja vista a falta de disposição legal contemplando lapso maior para interposição. Atente-se, apenas, ao *dies a quo*, que sempre ocorrerá após o término do prazo do Ministério Público.

14.2.2.2. Interesse em recorrer

O interesse está previsto no art. 577, parágrafo único, do CPP, dispondo que não se admitirá recurso da parte que não tiver interesse na reforma ou modificação da decisão. É preciso, em síntese, que haja sucumbência, ou seja, disparidade entre o que foi postulado pela parte e o que foi deferido pelo juiz.

Embora não haja maiores dificuldades na verificação desse pressuposto, existem algumas questões que merecem destaque. São elas:

1. Interesse do réu em recorrer da sentença absolutória: o tema é consolidado no sentido de que o réu, mesmo absolvido, poderá apelar da sentença absolutória em duas situações:

a) *Quando pretender modificar o fundamento da absolvição com o objetivo de afastar eventual responsabilidade civil.*

[19] STJ, AgRg no REsp 1376266/SP, 6.ª Turma, *DJ* 23.06.2017. No mesmo sentido: "[...] a jurisprudência desta Corte é pacífica no sentido de que o prazo recursal será de 5 dias, caso o assistente já tenha se habilitado nos autos (art. 593 do CPP), e de 15 di-as, se ainda não estiver habilitado (art. 598 do CPP)" STJ, AgRg no HC 666908/SP, *DJ* 20.08.2021 (excerto do voto do Relator).

Com efeito, apesar da regra inscrita no art. 935, 1.ª parte, do Código Civil, dispondo que a responsabilidade civil é independente da criminal, existem situações de absolvição penal que vinculam o juízo civil, afastando, definitivamente, a obrigação de indenizar. São elas:

- Absolvição com base no art. 386, I, do CPP (estar provada a inexistência do fato), que faz coisa julgada no juízo cível por força do art. 935, 2.ª parte, do CC;
- Absolvição com base no art. 386, IV, do CPP (estar provado que o réu não concorreu para a infração), que produz coisa julgada no juízo cível também em razão do art. 935, 2.ª parte, do CC;
- Absolvição com base no art. 386, VI, 1.ª parte, do CPP (prova da ocorrência de causa que exclua o crime), que afasta a obrigação de indenizar em razão do art. 65 do CPP.

Logo, se for o réu absolvido por qualquer outra razão que não uma destas (p. ex. art. 386, II, que se refere à absolvição em face da ausência de provas da existência do fato), poderá apelar da sentença para modificar a motivação da decisão judicial, visando, assim, eximir-se de uma eventual demanda judicial de reparação de danos de parte do ofendido. Neste sentido, aliás, tem se pronunciado o STJ, já aduzindo que "*o réu absolvido por insuficiência de provas pode recorrer buscando a alteração do fundamento absolutório, desde que presente a sucumbência. Noutras palavras, como a sentença penal absolutória pode produzir efeitos em outros ramos do direito, pode o acusado absolvido recorrer quando preenchido o pressuposto do recurso que lhe confere legítimo interesse*"[20].

E se o crime pelo qual absolvido o réu, no contexto em que praticado, não tiver produzido dano indenizável? Ilustra-se: determinado indivíduo é processado criminalmente pelo crime de embriaguez ao volante, tipificado no art. 306 do Código de Trânsito Brasileiro, sendo absolvido com base no art. 386, VII, do CPP (ausência de provas suficientes para a condenação – fundamento que não gera coisa julgada cível). Neste cenário, em que pese nenhum dano cível tenha resultado do fato (p. ex., acidente de trânsito, com danos materiais) recorre a defesa requerendo seja mantida sua absolvição, porém com fulcro no art. 386, I, do Código de Processo Penal (comprovada a inexistência do fato – fundamento que produz coisa julgada cível). Este recurso não deverá ser conhecido em face da ausência de interesse em recorrer. Isto porque, embora tenha sido o acusado absolvido por motivo diverso dos que geram coisa julgada cível (art. 386, I, IV e VI, 1.ª parte, do CPP), não estará ele sujeito, na hipótese, a responsabilização na esfera cível, dado à inexistência de dano a ser reparado. Logo, não há razão para buscar a modificação do fundamento da sentença absolutória.

b) *Quando tiver sido o réu absolvido impropriamente, vale dizer, com a imposição de medida de segurança.*

Nesta hipótese, poderá o acusado insurgir-se contra a sentença absolutória visando retirar a medida de segurança imposta. Cabe lembrar que tal modalidade de absolvição (*imprópria*) apenas é admitida ao indivíduo que era, ao tempo do fato, totalmente incapaz de compreender o caráter ilícito de suas ações e de se autodeterminar de acordo com este entendimento (art. 26, *caput*, do CP), assim reconhecido em incidente de insanidade mental instaurado no curso do inquérito policial ou do processo criminal.

2. Interesse do assistente de acusação em recorrer para aumentar a pena do réu em caso de sentença condenatória: por muito tempo vigorou nos tribunais pátrios a posição de que não haveria esse interesse. Considerava-se, pois, que o objetivo do assistente,

[20] STJ, AgRg no Resp 1251271/RJ, *DJ* 30.04.2021.

na ação penal pública, seria, unicamente, o de auxiliar o Ministério Público a condenar o réu, já que a sentença condenatória é título passível de ser executado na esfera cível (art. 63 do CPP). Tal entendimento, porém, não mais prevalece, compreendendo a maioria da jurisprudência que o interesse do assistente de acusação não é unicamente a busca de indenização, podendo sim recorrer para aumentar a pena do réu, mesmo porque algumas violações jamais poderão ser reparadas ou compensadas mediante indenização pecuniária, por exemplo, a morte de um filho, a perda de um membro do corpo.

3. Interesse do Ministério Público em apelar da sentença absolutória proferida na ação penal exclusivamente privada quando o querelante não recorre: neste caso, predomina o entendimento de que não há esse interesse. É que, se o querelante pode dispor da ação penal, dela desistindo, perdoando o querelado e ainda renunciando ao prazo recursal, a não utilização do recurso contra a decisão absolutória importa em evidente desistência da ação, não podendo o promotor de justiça, nesse caso, insistir em seu prosseguimento, recorrendo da sentença. Nada impede, contudo, que recorra o Ministério Público da sentença condenatória proferida na ação penal privada, mesmo na inércia do querelante, visando ao aumento da pena atribuída. Observe-se que este entendimento não tem aplicação às *ações penais privadas subsidiárias da pública*, ou seja, aquelas ajuizadas pelo particular na inércia do Ministério Público em oferecer denúncia no prazo legal. Nesse caso, ainda que não recorra o assistente do *decisum* absolutório, nada impede venha o *Parquet* a interpor a competente apelação.

4. Interesse do Ministério Público em recorrer da sentença absolutória quando, em debates orais, memoriais ou alegações escritas, o próprio Ministério Público requereu essa absolvição: É necessário distinguir se trata-se do mesmo membro do Ministério Público (o que postulou a absolvição no curso do processo e o que recorre da sentença absolutória) ou de membros distintos.

a) Tratando-se do mesmo membro: tem-se admitido a interposição de recurso buscando a condenação do réu desde que sejam expostas as razões pelas quais houve a modificação de entendimento. Esta, aliás, tem sido a compreensão do STJ, já deliberando no sentido de que "*a independência funcional bem como a atuação como fiscal da ordem jurídica autorizam, ainda que ao mesmo membro, recorrer do pedido de absolvição, desde que justifique, motivadamente, a mudança de entendimento ou o surgimento de novos fatos*"[21].

b) Tratando-se de membros distintos: neste caso, existe maior flexibilidade. Compreende-se, enfim, que, diante da independência funcional dos membros da Instituição, é possível que um promotor de justiça, discordando do pedido de absolvição formulado por seu antecessor, recorra da sentença absolutória buscando a condenação. Considera-se, ademais, que a sucumbência do Ministério Público é fixada pelo pedido incorporado à denúncia – pedido de condenação. Logo, havendo absolvição, haverá dissonância entre o que foi pedido na inicial e o que foi deferido na sentença, não afastando essa sucumbência o pleito de absolvição realizado nas alegações que se seguem ao encerramento da instrução[22].

5. Interesse do Estado em recorrer da sentença penal que, no âmbito de sentença absolutória, o condena ao pagamento de custas processuais: proferindo sentença absolutória, é comum determinar o juiz, no ato sentencial, que o pagamento das custas processuais fique a cargo do Estado. Neste caso, possui o Ente Público interesse em re-

[21] STJ, AgRg no AREsp 1664921/RJ, *DJ* 20.08.2021. Citação realizada no voto do Relator.

[22] STJ: HC 259.293/MA, *DJ* 02.09.2014; ARE 725.491 AgR/RJ, *DJ* 16.06.2015.

correr? Muitos afirmam que não há esse interesse, tendo em vista não ser o Estado parte no processo criminal em que foi condenado ao pagamento de custas. Discordamos disso, reputando ser inequívoco o interesse estatal em recorrer diante da sucumbência sofrida nos autos da ação criminal. Afinal, ainda que, por não ser parte explícita no processo, não se considere o Estado um **sucumbente direto**, é inegável que, no mínimo, ocorre, na vertente, a chamada **sucumbência reflexa**, assim compreendida aquela que alcança pessoas que, mesmo fora da relação processual, são alcançadas por seus efeitos. E tal sucumbência reflexa, sem qualquer dúvida, é capaz de gerar interesse para a propositura do recurso cabível em relação à sentença que a produzir.

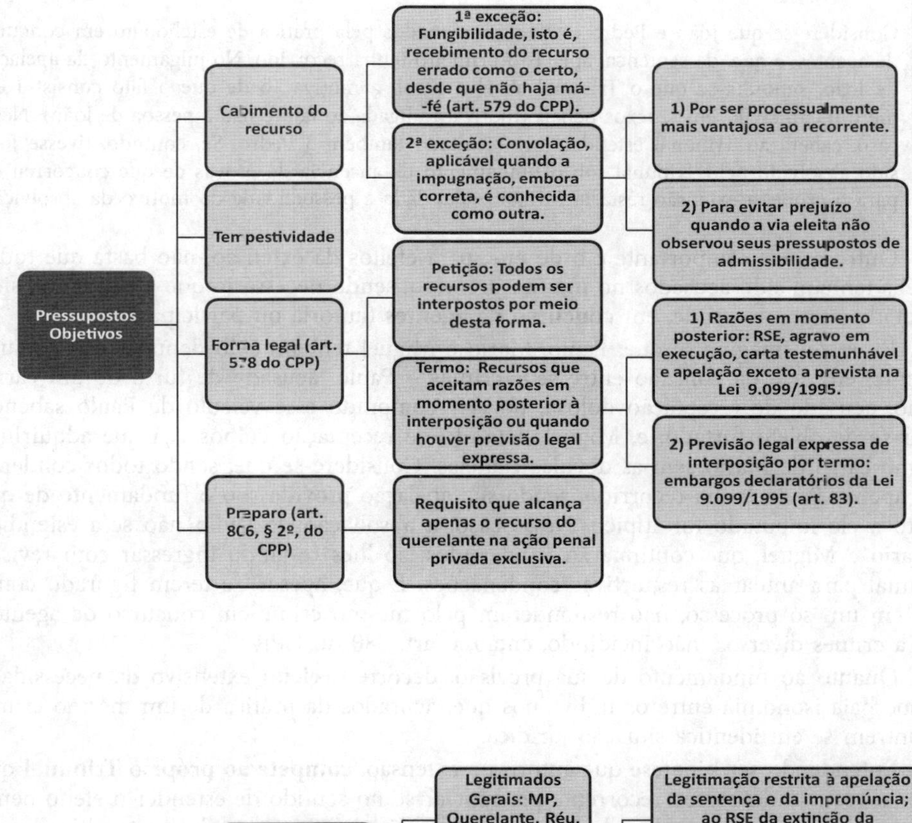

14.3. EFEITO EXTENSIVO DOS RECURSOS

Previsto no art. 580 do CPP, o *efeito extensivo* consiste na possibilidade de estender o resultado favorável do recurso interposto por um dos réus a outros acusados que não tenham recorrido. Apesar de disciplinado pelo Código no capítulo dos recursos, é aplicável também a outras vias impugnativas, como o *habeas corpus* e a correição parcial, que não possuem natureza recursal.

Registre-se que a extensão determinada pelo art. 580 não é irrestrita, apenas sendo possível em hipóteses nas quais o recurso interposto tenha sido provido por **razões não pessoais** do recorrente, por exemplo, a atipicidade ou a inexistência material do fato. Tratando-se de absolvição fundada em razões pessoais, *v.g.*, a ausência de provas de que o recorrente concorreu para o crime, não haverá essa extensão.

Exemplo:

Considere-se que João e Pedro estejam condenados pela prática de estelionato em concurso de agentes, e que, da sentença, apenas o primeiro tenha recorrido. No julgamento da apelação de João, suponha-se que o Tribunal absolva-o sob a motivação de que o fato consistiu em mero ilícito civil, sem reflexos penais (motivação ligada ao fato e não à pessoa de João). Neste caso, caberá ao Tribunal estender esse resultado também a Pedro. Se, contudo, tivesse João sido absolvido pelo Tribunal sob o fundamento da ausência de provas de que concorreu ele para o crime, a extensão restaria inviabilizada, dada à pessoalidade do motivo da absolvição.

Outro aspecto importante é o de que, para efeitos da extensão, não basta que todos os réus tenham sido acusados no mesmo processo, sendo necessário que a eles tenha sido imputado o mesmo crime, em **concurso de agentes** (autoria ou participação).

Exemplo: Imagine-se que, Paulo, Mário e Miguel tenham sido denunciados conjuntamente, em face da conexão entre seus crimes – Paulo, acusado de furto de um carro; Mário, acusado de receptação dolosa, por ter comprado esse veículo de Paulo sabendo tratar-se de objeto furtado; e, Miguel, acusado de receptação culposa, já que adquiriu o mesmo carro de Mário sem as devidas cautelas. Considere-se que, sendo todos condenados, apenas Paulo tenha recorrido, sendo sua apelação provida sob o fundamento de que o fato a ele imputado foi atípico. Nesse caso, a absolvição de Paulo não será estendida a Mário e Miguel, que continuarão condenados, só lhes restando ingressar com revisão criminal para anular as respectivas condenações. É que, apesar de terem figurado como réus em um só processo, não responderam pelo mesmo crime em concurso de agentes, mas a crimes diversos, não incidindo, então, o art. 580 do CPP.

Quanto ao fundamento de sua previsão, decorre o efeito extensivo da necessidade de que haja isonomia entre os indivíduos que, acusados da prática de um mesmo crime, encontrem-se em idêntica situação jurídica.

Entendendo ser hipótese que autoriza a extensão, **compete ao próprio Tribunal** que julgar o recurso do corréu recorrente pronunciar-se no sentido de estender o efeito benéfico que dele advir ao condenado remanescente. Não o fazendo, poderá este último opor embargos declaratórios no sentido de provocar a deliberação do Tribunal, ou, se preferir, desde logo ingressar com *habeas corpus* (se o crime imputado for punido com prisão[23]) ou mandado de segurança (caso o delito não seja punido com pena privativa da liberdade) junto à instância superior competente visando obter a aludida extensão.

14.4. DESISTÊNCIA DO RECURSO E RENÚNCIA AO DIREITO DE RECORRER

14.4.1. Desistência do recurso

É a manifestação de vontade do recorrente, depois de ter interposto seu recurso, no sentido do desinteresse no seguimento, processamento e julgamento.

23 Súmula 693 do STF.

Classifica-se como um **fato extintivo do recurso**.

A desistência é retratável dentro do prazo recursal. Considerando, por exemplo, um prazo com fluência entre os dias 2 e 6 de março, uma vez operada e homologada a desistência, nada impede que dela se retrate a defesa, desde que o faça antes do dia correspondente ao término do prazo recursal.

14.4.2. Renúncia ao direito de recorrer

A renúncia do direito à interposição recursal consiste na manifestação de vontade da parte, realizada antes da interposição do recurso, no sentido de abrir mão desta faculdade, antecipando o trânsito em julgado da decisão judicial.

Classifica-se como um **fato impeditivo do direito de recorrer**.

A renúncia é irretratável, constituindo causa de preclusão consumativa no processo penal. Assim, contemplando-se um prazo com fluência entre *2 e 6 de março*, caso venha a defesa a renunciar ao direito de recorrer nos primeiros dias do prazo recursal, sendo essa renúncia homologada pelo juiz, não poderá, mais tarde, ainda que antes do dia 6, voltar atrás nessa providência e interpor o recurso, pois o prazo consumou-se, vale dizer, esgotou-se definitiva e antecipadamente.

14.4.3. Quem pode desistir do direito de recorrer e renunciar ao direito de interpor o recurso?

O **Ministério Público**, por disposição legal expressa no art. 576 do CPP, não poderá desistir do recurso que haja interposto. Embora a lei seja omissa, entende-se que, se não lhe é facultado desistir de recursos, também não pode renunciar ao direito de fazê-lo, pois o fundamento é o mesmo: indisponibilidade da ação penal pública. A única forma de renúncia ao direito de recorrer que se permite ao Ministério Público é aquela que decorre do seu não exercício no prazo legal, pois, evidentemente, não está o promotor de justiça obrigado a recorrer em qualquer caso, podendo, perfeitamente, deixar de fazê-lo se estiver convencido do acerto da decisão judicial.

No tocante ao **querelante** e ao **assistente de acusação**, que são acusadores particulares, possuindo os respectivos advogados procuração com poderes especiais para tanto, vigora o princípio da disponibilidade plena, razão pela qual nada obsta a que procedam à desistência de impugnações oportunamente interpostas ou à renúncia ao direito de promovê-las.

Em relação à **defesa**, considera-se possível a desistência, condicionada esta a que não haja oposição do advogado e do próprio réu. Assim, se o advogado, mesmo que lhe tenha sido outorgada procuração com poderes especiais neste sentido, desistir do recurso interposto ou renunciar ao direito de recorrer, deverá o magistrado determinar a intimação pessoal do réu, fixando-lhe prazo para que se manifeste caso não concorde com o procedimento do defensor. Por outro lado, efetivada a desistência ou a renúncia pelo próprio réu, seu advogado deverá ser intimado quanto a esta atitude do acusado. Na oposição de um ou outro, prevalecerá a vontade de quem deseja prosseguir ou intentar o recurso, até mesmo porque o tribunal, vedada a *reformatio in pejus*, não poderá agravar a situação do condenado diante de recurso exclusivo da defesa. Esta, a propósito, a exegese que se extrai da Súmula 705 do STF, dispondo que "a renúncia do réu ao direito de apelação, manifestada sem a assistência do defensor, não impede o conhecimento da apelação por este interposta". Embora se refira o enunciado à *renúncia* (fato impeditivo dos recursos), é clara a sua aplicação, igualmente, às hipóteses de desistência.

Atenção: estas limitações quanto à desistência do recurso interposto ou à renúncia do direito de recorrer não significam, em absoluto, que exista, para qualquer dos envolvidos na relação processual, a obrigação de recorrer. Mesmo em relação à Defensoria Pública, o art. 18 da Lei Complementar 80/1994 (Lei Orgânica) estabelece como dever funcional "interpor recurso para qualquer grau de jurisdição e promover revisão criminal, **quando cabível**". E se, *mesmo cabível*, for desidioso o advogado, deixando de recorrer, nem por isto se poderá falar na ocorrência de nulidade, tampouco cogitar de devolução do prazo recursal. Fosse o contrário, todo e qualquer processo em que se olvidasse de recorrer o advogado deveria ser tachado de nulo, situação esta que atenta contra a lógica e o bom senso. A propósito do tema, muito acertadamente aduz Renato Brasileiro de Lima que, "mesmo nas hipóteses de atuação de defensor público ou dativo, prevalece o princípio da voluntariedade dos recursos, o que leva à conclusão de que a falta de interposição de apelo em ataque à decisão contrária aos interesses do acusado, por si só, não acarretaria nulidade"[24].

14.5. EFEITOS DOS RECURSOS

14.5.1. Efeito devolutivo

Todo recurso possui efeito devolutivo, significando que, com a sua dedução, devolve-se ao Poder Judiciário, por intermédio do juízo *ad quem*, o poder de revisar a decisão proferida no juízo *a quo*. A extensão dessa devolução, porém, é questão que depende de quem seja o recorrente. Assim:

1. Recurso da acusação:

1.1 Extensão do efeito devolutivo visando agravar a situação jurídica do réu condenado: o recurso da acusação, seja do Ministério Público, do assistente de acusação ou do querelante, possui efeito devolutivo bastante limitado quando se trata de agravar a condição do réu condenado ou absolvido com imposição de medida de segurança. Por conseguinte, não pode o Segundo Grau, no julgamento desta espécie de insurgência, reconhecer contra o réu mais do que estiver expresso no recurso acusatório. Tanto é que a Súmula 160 do STF é explícita no sentido de que é nulo o acórdão que reconhece contra o réu nulidade não arguida no recurso da acusação, excetuados os casos de reexame necessário (nas hipóteses de reexame necessário, a devolução é sempre integral). Desimporta, inclusive, se a nulidade é absoluta ou relativa. Implicando o reconhecimento da nulidade em decisão contrária aos interesses do acusado (*v.g.*, pelo fato de ter sido ele absolvido) e não tendo sido a mácula invocada em recurso da acusação, veda-se à Segunda Instância declará-la de ofício.

1.2 O efeito devolutivo do recurso da acusação em face da *reformatio in mellius*: Ocorre a *reformatio in mellius* quando o juízo *ad quem*, julgando recurso exclusivo da acusação para agravar a situação do réu condenado, atenua a pena, desclassifica a infração penal para outra menos grave ou o absolve da imputação pela qual condenado. É absolutamente consolidado o entendimento no sentido da possibilidade de aplicação desse efeito, em face da inexistência de vedação legal. No STJ, inclusive, tem-se decidido, reiteradamente, no sentido de que "é admitida a *reformatio in mellius* em sede de recurso exclusivo da acusação, sendo vedada somente a *reformatio in pejus*"[25].

2. Recurso da defesa:

2.1 Extensão do efeito devolutivo visando beneficiar o réu condenado (absolvendo-o, reduzindo-lhe a pena, anulando o processo etc.): Neste caso, a devolução que se

[24] LIMA, Renato Brasileiro de. *Manual de processo penal*. 3. ed. Salvador: JusPodivm, 2015. p. 1619.

[25] STJ, AgRg no REsp 1.186.155/PR, *DJ* 18.05.2016.

opera pelo recurso defensivo é, em regra, integral, podendo ser decididos em seu favor, no juízo *ad quem*, temas não enfrentados na impugnação. **Mas atenção:** o enfrentamento pelo órgão recursal de questões não abordadas no recurso defensivo constitui uma faculdade e não uma obrigatoriedade. Enfim, embora possa fazê-lo, não está o tribunal obrigado à análise de todos os elementos, provas e teses incorporadas ao processo quando não suscitadas no recurso. Isto ocorre porque o sistema recursal brasileiro é regido pelo **princípio da dialeticidade**, segundo o qual ao recorrente (seja acusação, seja defesa) assiste o ônus de demonstrar, com acuidade e precisão, as razões de seu inconformismo, vale dizer, os motivos pelos quais entende desacertada a decisão recorrida[26]. Em termos práticos, isto significa que pode o juízo *ad quem*, simplesmente, deixar de conhecer de recursos genéricos, assim compreendidos aqueles que não se insurgem claramente contra os termos da decisão combatida, impedindo a outra parte de exercer o contraditório e desrespeitando, em consequência, o postulado do devido processo legal.

Outra questão a que se deve atentar e que também ressalva o efeito devolutivo integral da apelação defensiva relaciona-se à Súmula 713 do STF, preceituando que "o efeito devolutivo da apelação contra decisões do júri é adstrito aos fundamentos da sua interposição". Assim, caso interposta a apelação com base no art. 593, III, *a*, do CPP, não poderá o apelante, por ocasião das razões, ampliar a interposição para nela inserir o fundamento da alínea *d*. Note-se que o referido verbete do Excelso Pretório não distingue a condição do apelante – acusação ou defesa –, aplicando-se, pelo menos em tese, de forma universal no processo penal.

2.2 O efeito devolutivo do recurso da defesa em face da *reformatio in pejus*: Por *reformatio in pejus* compreende-se o agravamento da situação jurídica do réu em face de recurso interposto exclusivamente pela defesa. Sobre este instituto, é necessário diferenciar duas situações – a *reformatio in pejus* direta e a *reformatio in pejus* indireta, ambas, em tese, igualmente proibidas:

> ***Reformatio in pejus* direta:** Corresponde ao agravamento da situação do réu pelo tribunal ao julgar recurso exclusivo da defesa. É sempre proibida, conforme se infere do art. 617, 2.ª parte, do CPP. *Exemplo:* O réu, condenado a oito anos de reclusão, apela para ver-se absolvido ou para ter reduzida a sua pena. Por ocasião do julgamento da apelação, o Tribunal, mesmo não havendo recurso da acusação, indefere as pretensões da defesa e, ainda, aumenta a pena do réu para dez anos de reclusão. Este julgamento, obviamente, é nulo, pois agravou a pena imposta ao réu sem que tenha havido recurso do Ministério Público, importando em *reformatio in pejus* direta.

Questão discutida respeita a saber se a proibição *à reformatio in pejus* direta refere-se apenas ao total da pena fixada (pena definitiva) ou se alcança o *quantum* estabelecido em cada uma das etapas anteriores do cálculo da pena (pena-base e pena provisória). Para ilustrar, imagine-se que o réu tenha sido condenado pelo juiz singular pela prática de furto qualificado à pena de 3 anos de reclusão nos seguintes termos:

- *Pena-base* de 2 anos e 6 meses (aumento de 6 meses sobre o mínimo legal, em face da culpabilidade, dos motivos determinantes e das consequências do crime);
- *Pena provisória* de 3 anos (aumento de 6 meses sobre a pena-base em face da reincidência);
- *Pena definitiva* de 3 anos, isto é, o mesmo *quantum* da pena-base por não existirem minorantes ou majorantes.

[26] STJ, AgRg no AREsp 936.478/SP, *DJ* 01.09.2016.

Considere-se, porém, que, ao julgar apelação interposta exclusivamente pela defesa, buscando a redução da pena, constate o tribunal que não houve reincidência, eis que a condenação considerada pelo juiz na sentença deu-se em relação a fato praticado posteriormente ao furto qualificado em julgamento. Não obstante, entende o tribunal que tal circunstância, aliada aos diversos inquéritos policiais e ações penais que responde o agente, revela a sua personalidade deturpada, voltada à prática de crimes contra o patrimônio, o que interfere nas circunstâncias judiciais que compõem a pena-base. Em razão disto, fixa a pena nos seguintes patamares:

- *Pena-base* de 2 anos e 8 meses (aumento de 8 meses sobre o mínimo legal em face das consequências do crime, dos motivos determinantes, das consequências do crime e da personalidade desfavorável);
- *Pena provisória* de 2 anos e 8 meses, isto é, o próprio *quantum* da pena-base em face da ausência de agravantes ou atenuantes;
- *Pena definitiva* de 2 anos e 8 meses, ou seja, o mesmo da pena provisória, por não existirem minorantes ou majorantes.

Como se vê, no julgamento da apelação, a pena definitiva foi fixada em 2 anos e 8 meses, portanto inferior aos 3 anos que haviam sido fixados na sentença. Todavia, a par dessa redução final, percebe-se que houve, pelo tribunal, a elevação da pena em uma das etapas da dosimetria (a etapa da pena-base). E neste cenário é que se indaga: é possível tal exasperação?

Ora, como se tratava de recurso exclusivo da defesa (o Ministério Público não recorreu visando ao aumento de pena), pensamos que não poderia o tribunal aumentar a pena-base. Cumpria-lhe, simplesmente, afastar a reincidência. Logo, mesmo reduzindo a pena final imposta ao agente, a nosso ver, obrou o acórdão em *reformatio in pejus*, pois elevou a pena-base. Evidentemente, houvesse recurso interposto pelo Ministério Público visando ao aumento da pena imposta, não haveria óbice algum à elevação da reprimenda em qualquer das etapas do respectivo cálculo. **Atenção, porém:** a despeito deste nosso entendimento, reiteramos que há impasse na jurisprudência. O próprio STJ, inclusive, já decidiu a respeito do tema que, para fins de verificação acerca da ocorrência ou não de *reformatio in pejus*, deve-se levar em conta, como parâmetro de aplicação, o *quantum* final de pena fixada, o que implica em facultar ao juízo *ad quem* revisar os fundamentos embasadores da dosimetria penal em cada uma das fases do cálculo da pena que antecedem à sua estipulação definitiva[27].

Outra situação: imagine-se a hipótese em que o juiz, ao condenar o réu pelo crime do art. 33 da Lei 11.343/2006 – tráfico de drogas –, tenha fixado a pena-base em 5 anos e 3 meses (acima do mínimo legal, portanto), fazendo-o por considerar, dentre as vetoriais do art. 59 do Código Penal, negativa a *culpabilidade*. Apelando ele ao Tribunal, compreende esse colegiado que a pena-base deve permanecer afastada do mínimo, mas não em face da *culpabilidade* e sim em razão da *personalidade* do agente. Ora, nesse caso, assim como no anterior, vislumbramos a ocorrência de *reformatio in pejus*, tendo em vista a negativação, pelo Tribunal, de vetor que, na sentença, havia sido considerado neutro pelo Juiz.

Questão também relevante concerne à possibilidade de o Tribunal, no julgamento de recurso exclusivo da defesa, proceder, de ofício, em prejuízo do condenado, à correção de erro material existente na sentença condenatória. Não há esta possibilidade. A jurisprudência pátria é no sentido de que a correção *ex officio* de erro material na sentença

---

27 STJ, REsp 1542007/MT, *DJ* 02.04.2018.

condenatória, em prejuízo do condenado, a partir de recurso exclusivo da defesa, implica reformatio *in pejus*, sendo, portanto, inadmissível[28].

> ***Reformatio in pejus* indireta:** Ocorre na hipótese em que, anulada a sentença por força de recurso exclusivo da defesa, outra vem a ser prolatada, agora impondo pena superior, ou fixando regime mais rigoroso, ou condenando por crime mais grave, ou qualquer outra circunstância que a torne, de qualquer modo, mais gravosa ao acusado. *Exemplo:* O réu, condenado a oito anos de reclusão, recorre invocando nulidade do processo. O Ministério Público não apela da decisão para aumentar a pena. Ao julgar o recurso, o tribunal acolhe o inconformismo da defesa e determina a renovação dos atos processuais na origem. Neste caso, não poderá a nova sentença, em tese, agravar a situação em que já se encontrava o réu (condenando-o a dez anos de prisão, por exemplo), sob pena de incorrer em *reformatio in pejus* indireta. Trata-se, aqui, do **efeito prodrômico** (alguns falam "podrômico") da sentença penal condenatória inicialmente prolatada e que restou anulada, impedindo que recurso exclusivo da defesa resulte, mesmo que de forma indireta, no agravamento da situação jurídica do condenado. Mas cuidado: a despeito da regra obstativa da *reformatio in pejus* indireta, duas questões, que por muito tempo ressalvaram a proibição, precisam ser enfrentadas: a primeira refere-se aos **julgamentos pelo júri** e, a segunda, à **nulidade decorrente da incompetência absoluta do juízo**.

- **Julgamentos pelo júri:** Anulado o julgamento levado a efeito pelo Tribunal do Júri em face de apelação exclusiva da defesa (art. 593, III, *a*, do CPP), pode ocorrer, por exemplo, de, no novo julgamento, serem reconhecidas pelos jurados qualificadoras não aceitas no primeiro júri. Nessa hipótese, parte da doutrina sustenta que nada impede seja a pena fixada em patamar superior à anteriormente atribuída, o que se justifica na soberania dos veredictos do júri. Outros, ao contrário, entendem que, mesmo nesse caso, é inviável o agravamento da pena, sob o fundamento de que a estabilidade das relações jurídicas impede que o réu seja prejudicado a partir de recurso por ele interposto. Nos Tribunais Superiores, compreende a maioria dos Ministros que, efetivamente, não pode o acusado, na renovação do julgamento provocada por recurso da defesa, ser condenado a pena maior do que a imposta na decisão anulada, ainda que com base em circunstância não reconhecida no julgamento anterior[29].

- **Incompetência absoluta do juízo (*ratione materiae* e *ratione personae*):** Por muito tempo, entendeu-se que a nulidade por incompetência absoluta do juízo era uma exceção admissível de *reformatio in pejus* indireta, pois a pena fixada por juízo absolutamente incompetente não poderia limitar a jurisdição do juízo competente. Entretanto, na atualidade, a orientação firmada nos tribunais é a de que não há como o Juiz competente impor ao réu uma nova sentença mais gravosa do que a anteriormente anulada, mesmo que esta anulação tenha ocorrido em face de incompetência absoluta, sob pena de *reformatio in pejus* indireta. A título de exemplo, considere-se a seguinte hipótese: Determinado réu é condenado pela Justiça Militar a pena de três anos de reclusão. Não obstante, a partir de apelação **exclusiva da defesa**, referido processo é integralmente anulado, em face da incompetência absoluta do Juízo Militar (incompetência *ratione materiae*). Renovada a acusação na Justiça Comum, a nova sentença não poderá fixar pena superior a três anos, tendo em vista que este é o teto estabelecido por força da primeira condenação. Se o fizer, estará incidindo em *reformatio in pejus* indireta.

Agora, outro caso: suponha-se que o réu tenha sido condenado na Justiça Federal à pena de cinco anos de reclusão e que, desta sentença, tenha apelado o Ministério Pú-

---

28 STJ, HC 103.460/RS, *DJ* 08.09.2011. No mesmo sentido: STJ, HC 257.376/PB, *DJ* 26.03.2013.

29 STJ, HC 328.577/MG, *DJ* 23.08.2016; HC 139621/RS, *DJ* 06.06.2016; HC 178.850/RS, *DJ* 13.09.2013.

blico, postulando o aumento da pena imposta, e também a defesa, alegando a nulidade do processo por incompetência absoluta do Juízo Federal. Considere-se que, ao deliberar sobre estes recursos, tenha o Tribunal reconhecido a incompetência absoluta da Justiça Federal, anulando o processo desde o seu início e, com isto, julgando prejudicado o recurso do Ministério Público. Nesta hipótese, renovado o processo na Justiça Estadual, poderá ser imposta na nova sentença pena superior aos cinco anos anteriormente fixados, sem que incorra em *reformatio in pejus indireta*. Isto ocorre porque, muito embora a anulação do processo tenha ocorrido a partir de recurso da defesa, **tal recurso não foi exclusivo**, havendo, também, recurso da acusação buscando aumento de pena. Destarte, não houve, para o réu, em nenhum momento, a segurança jurídica de que sua situação não poderia ser agravada. Em outras palavras, a pena não chegou a transitar em julgado para a acusação, podendo então a sentença proferida no novo processo estabelecer apenamento superior.

Para facilitar a compreensão do tema relativo ao efeito devolutivo dos recursos acusatório e defensivo, observe-se a seguinte tabela:

Natureza do recurso	Amplitude da devolução	Consequência do julgamento
Recurso acusatório interposto para agravar a situação do réu	Visando agravar a situação do réu, o efeito devolutivo é limitado ao objeto da interposição.	O tribunal, sob pena de nulidade, não poderá decidir contra o réu mais do que foi postulado no recurso acusatório, salvo nos casos de recurso de ofício (Súmula 160 do STF).
	Visando melhorar a situação do réu, esse recurso produz efeito devolutivo integral, facultando-se ao tribunal valer-se da *reformatio in mellius*.	Neste contexto, mesmo tendo o recurso acusatório sido interposto para prejudicar o réu, o tribunal poderá absolvê-lo, reduzir-lhe a pena, anular o processo ou atenuar o regime de pena.
Recurso defensivo interposto para beneficiar o réu	Possui efeito devolutivo integral para beneficiá-lo.	Isto significa que o tribunal, a despeito do princípio da dialeticidade, poderá decidir em favor do réu não apenas o que foi postulado no recurso interposto, mas também qualquer outro tema.
	Em regra, não possui efeito devolutivo para prejudicar o réu.	1) Julgando recurso exclusivo da defesa, o tribunal jamais poderá agravar-lhe a situação (vedação à *reformatio in pejus* direta – Art. 617 do CPP). 2) Anulada sentença condenatória pelo tribunal a partir de recurso exclusivo da defesa, a nova sentença não poderá impor pena superior à fixada na decisão anterior, sob pena de *reformatio in pejus* indireta. Para muitos, exceção a essa regra existe nos julgamentos afetos ao Tribunal do Júri quando, no segundo júri provocado por apelação do réu, os jurados decidirem de forma mais gravosa do que o fizeram no primeiro.

14.5.2. Efeito suspensivo

Em determinadas situações, a interposição do recurso suspende a execução da decisão atacada. Diz-se, nestes casos, que o recurso possui efeito suspensivo. Em verdade, tudo depende do recurso e da hipótese concreta. Em alguns casos, a lei é explícita quanto à existência ou não deste efeito. Quando, porém, é silente, parte da doutrina entende que, por analogia à lei processual civil, deve-se interpretar como presente o efeito suspensivo. Outros, aos quais nos filiamos, compreendem que a omissão legal importa na conclusão de que o recurso não suspende a decisão atacada, tanto que, em tais casos, para que se obtenha o efeito, é necessário pronunciamento judicial agregando-o ao recurso interposto.

a) *Exemplos de recursos que possuem efeito suspensivo:*

- Recurso em sentido estrito da decisão que julgar perdido o valor da fiança e daquela que denegar a apelação ou julgá-la deserta (art. 584, *caput*, do CPP);
- Recurso em sentido estrito contra a decisão de pronúncia: este recurso suspenderá o julgamento pelo júri (art. 584, § 2.º, do CPP), muito embora não suspenda eventual prisão preventiva ou outra medida cautelar restritiva que tenha sido determinada naquela decisão;
- Recurso em sentido estrito contra a decisão que julgar quebrado o valor da fiança: o recurso, aqui, suspenderá a perda da metade do valor da fiança paga (art. 584, § 3.º, do CPP), não suspendendo, entretanto, a prisão do agente ou a imposição, a ele, de outra medida cautelar diversa da prisão;
- Apelação da sentença condenatória (art. 597 do CPP): esta apelação possui, em regra, efeito suspensivo, o que implica dizer que, salvo hipótese de decretação ou de manutenção da prisão preventiva por ocasião da sentença condenatória, sua interposição contra a sentença condenatória impede a execução provisória da pena fixada. Diz-se "em regra" porque, de acordo com o § 4º do art. 492 do CPP, incluído pela Lei 13.964/2019, "*a apelação interposta contra decisão condenatória do Tribunal do Júri, quando fixada pena igual ou superior a 15 (quinze) anos de reclusão não terá efeito suspensivo*", sem embargo da possibilidade de o tribunal competente para seu julgamento (Tribunal de Justiça ou Tribunal Regional Federal), em determinadas condições, ter a faculdade de atribuir tal efeito, consoante dispõe o § 5º, incisos I e II, daquele artigo (remetemos o leitor, aqui, ao tópico 14.8.4, em que abordamos o tema com a devida profundidade).

b) *Exemplos de recursos que não possuem efeito suspensivo:*

- Hipóteses de recurso em sentido estrito não elencadas no art. 584, *caput*, e §§ 2.º e 3.º, do CPP;
- Apelação da sentença absolutória (art. 596 do CPP);
- Agravo da execução (art. 197 da Lei 7.210/1984);
- Recursos especial e extraordinário (art. 321, § 4.º, do RISTF; art. 255, *caput*, do RISTJ e art. 1.029, § 5.º, do CPC/2015, este último utilizado por analogia em face da revogação expressa do art. 27, § 2.º, da Lei 8.038/1990 pelo art. 1.072, IV, da Lei 13.105/2015). Sem embargo desta regra – a de que os recursos especial e extraordinário não possuem efeito suspensivo –, deve-se atentar que podem eles produzir tal efeito, de **forma indireta**, nas hipóteses em que a lei condicionar a execução da decisão recorrida ao respectivo trânsito em julgado. É o que ocorre no caso de seus manejos contra acórdão penal condenatório, caso em que esses recursos, **indiretamente**, impedirão (*suspenderão*) a execução da pena. Diz-se *indiretamente* porque, nesse caso, a não execução da pena imposta não decorre de aspectos relacionados a eventual efeito suspensivo dos recursos especial e extraordinário (que, como dissemos, não o possuem), mas, sim, da circunstância de que o art. 283 do CPP, ressalvando as hipóteses de prisões cautelares

(preventiva e temporária), condiciona a execução da pena privativa de liberdade ao trânsito em julgado da decisão. Ora, se há recursos especial e extraordinários interpostos e pendentes de julgamento, não se tem como operado o trânsito em julgado e, sem esse trânsito, a pena não pode ser executada, consoante, aliás, sedimentado pelo Plenário do STF no julgamento das já mencionadas ADCs 43, 44 e 54, ocorrido em 07.11.2019.

Questão relevante respeita à presença ou não do referido **efeito suspensivo indireto** na hipótese em que tiverem os recursos especial e extraordinário sido manejados contra a decisão de pronúncia. *Exemplo:* determinado indivíduo, denunciado por homicídio, após instrução do processo criminal é pronunciado pelo Juiz. Desta pronúncia, interpõe a defesa recurso no sentido estrito (art. 581, IV, do CPP). Julgado este recurso, a pronúncia é mantida pelo tribunal. Inconformada, deduz a defesa recurso especial para o STJ. Ora, pelas regras legais mencionadas, tal insurgência, que não possui efeito suspensivo previsto em lei, não deveria impedir o prosseguimento do processo, tampouco o julgamento pelo Júri. Ocorre, porém, que o art. 421 do CPP condiciona a realização desse julgamento à preclusão da pronúncia. Neste caso, pergunta-se: cotejada a regra da ausência de efeito suspensivo nos recursos especial e extraordinário com a exigência de que esteja preclusa a pronúncia para que o processo tenha prosseguimento, será possível ou não, na hipótese ilustrada, a continuidade do rito e a consequente realização do julgamento pelo Júri antes do julgamento do recurso especial interposto? Há duas posições aqui:

Primeira: enquanto não for julgado o recurso especial e esgotadas todas as vias impugnativas possíveis, o processo permanecerá suspenso, não sendo encaminhado à deliberação dos jurados. Portanto, de **forma indireta**, o manejo do recurso especial, no exemplo, suspenderá (efeito suspensivo) a execução da decisão inicialmente atacada (a pronúncia). E o mesmo raciocínio teria lugar na hipótese de eventual recurso extraordinário, caso tivesse sido interposto no caso narrado.

Segunda: o art. 421 do CPP, ao condicionar o julgamento pelo júri à preclusão da pronúncia, refere-se, unicamente, aos recursos ordinários – recurso em sentido estrito interposto contra a pronúncia, apelação interposta contra a impronúncia ou absolvição sumária, embargos infringentes e embargos declaratórios. De acordo com essa linha de pensamento, a interposição eventual de recursos especial, extraordinário e outros que lhe seguirem não implica óbice à realização do júri. Trata-se da orientação agasalhada no STF. Note-se: "A pendência de recursos especial e extraordinário, que tenham sido interpostos contra a decisão de pronúncia, não deve ser óbice à realização do julgamento pelo Tribunal do Júri. O artigo 421 do Código de Processo Penal, no que condiciona a realização do Júri à preclusão da decisão de pronúncia deve ser interpretado como significando o esgotamento dos recursos ordinários" (STF, HC 134.900/RS, 2ª Turma, j. 11.10.2016); "A preclusão a que se refere o art. 421 do CPP diz respeito apenas às decisões com recursos previstos para as instâncias ordinárias, razão pela qual a pendência de recursos de natureza extraordinária não impede a realização do **júri**. Precedentes" (STF, HC 130.314/DF, 2ª Turma, j. 26.10.2016); " A legislação processual não prevê efeito suspensivo a recurso especial (artigos 421 e 637 do CPP), e, portanto, a preclusão a que se refere o art. 421 do CPP diz respeito apenas às decisões com recursos previstos para as instâncias ordinárias, razão pela qual a pendência de recursos de natureza extraordinária não impede a realização do júri" (STF, HC 128.684 AgR/SP, 1ª Turma, j. 05.10.2018); "A pendência de recursos especial e extraordinário, que tenham sido interpostos contra a decisão de pronúncia, não é óbice à realização do julgamento pelo Tribunal do Júri" (STF, HC 169.641 AgR-ED, 2ª Turma, j. 23.08.2019)

Outra situação em que o recurso especial (art. 255, *caput*, do RISTJ, alterado pela Emenda Regimental n.º 22, de 16.03.2016) possui efeito suspensivo ocorre quando interposto da decisão que julgar o mérito de incidente de resolução de demandas repetitivas. Idêntico regramento pode ser aplicado ao recurso extraordinário, por força da disciplina incorporada aos arts. 1.029 e 1.036 a 1.041, todos do CPC/2015.

14.5.3. Efeito regressivo

Presente em alguns recursos, o efeito regressivo é aquele que permite ao prolator da decisão impugnada dela retratar-se antes do encaminhamento da insurgência ao juízo *ad quem*. Entre os recursos criminais ordinários, possuem este efeito o **recurso em sentido estrito** (art. 589 do CPP), a **carta testemunhável** (art. 643 do CPP) e o **agravo em execução** (este porque, segundo a doutrina e jurisprudência consolidadas, segue o rito do primeiro).

Ainda, poderão estar sujeitos ao efeito regressivo os **recursos extraordinário** e **especial**, consoante regramento dos arts. 1.040, II, e 1.041, *caput* e § 1.º, do CPC/2015. Embora os dispositivos mencionados integrem a lei processual cível, é inequívoca a sua aplicação também à esfera penal, já que têm por objetivo reduzir a sobrecarga de serviço nos Tribunais Superiores. Perceba-se que tanto no recurso extraordinário quanto no especial o efeito regressivo não estará presente em qualquer situação, mas tão somente em hipóteses de *múltiplos recursos repetitivos em relação à mesma controvérsia.* Nesses casos, conforme prevê o art. 1.036, § 1.º, do CPC/2015, caberá ao Tribunal de origem escolher dois ou mais entre os vários recursos interpostos e submetê-los ao crivo do Tribunal Superior respectivo, sobrestando o andamento dos demais. Caso o STF ou o STJ, conhecendo dos recursos representativos, der-lhes provimento, deverá o Tribunal de origem reapreciar os acórdãos que geraram os recursos que estão sobrestados. Neste momento, poderá **manter** a decisão original (caso em que os recursos suspensos terão examinada sua admissibilidade e, se presentes os requisitos, serão encaminhados ao STF ou STJ, conforme o caso) ou dela se **retratar** (hipótese na qual os recursos sobrestados serão considerados automaticamente inadmitidos, nos termos dos mencionados arts. 1.040, II, e 1.041, *caput* e § 1.º, do CPC/2015).

A respeito, pela importância e complexidade da matéria, remetemos o leitor aos *itens 14.13.4 e 14.13.5 deste Capítulo,* em que realizamos abordagem mais completa sobre a tramitação dos recursos extraordinário e especial.

14.5.4. Efeito translativo

Consiste na devolução ao órgão *ad quem* de toda a matéria não atingida pela preclusão. Em outras palavras, possui efeito translativo o recurso que, uma vez interposto, confere ao tribunal julgador o poder de decidir qualquer matéria, em favor ou contra qualquer das partes.

Possui esse efeito, por exemplo, o recurso *ex officio*, pois este viabiliza ao tribunal competente decidir tanto em prol da acusação como da defesa, sem estar atrelado aos limites impostos pela proibição da *reformatio in pejus*.

Para melhor ilustrar, considerem-se as seguintes hipóteses:

a) **Diante de sentença condenatória a pena de oito anos de reclusão por um crime de roubo, insurge-se a defesa postulando a absolvição e, como teses sucessivas, a anulação do processo e a redução da pena imposta. A acusação, por sua vez, não recorre.** Neste caso, ao julgar o apelo defensivo, não poderá o Tribunal, por exemplo, aumentar a pena imposta. Isso porque o recurso da defesa não *devolve* ao Tribunal o conhecimento de toda a matéria discutida nos autos, mas unicamente a faculdade de decidir em favor do réu ou de manter a decisão recorrida. Aumentar a pena imposta implicaria *reformatio in pejus,* o que é expressamente vedado pelo art. 617 do CPP. Conclui-se, então, que o recurso da defesa não possui efeito translativo.

b) **Diante de sentença que absolve o réu de crime de furto, recorre o Ministério Público postulando apenas a condenação do réu, sem mencionar a ocorrência de nulidade absoluta havida no curso do processo e que causou grave prejuízo à acusação.** Nesta hipótese, o Tribunal, ao julgar o recurso acusatório, estará restrito, no aspecto que contrariar os interesses do réu, ao pedido realizado pelo promotor: a condenação. Assim, ou condena o réu ou deixa-o absolvido, não podendo reconhecer, oficiosamente, a nulidade não arguida pela acusação, ainda que ela seja absoluta, em face dos termos da Súmula 160 do STF. Portanto, também o recurso da acusação não possui efeito translativo.

c) **Ao sentenciar processo por crime contra economia popular, decide o juiz por absolver o réu. Desta decisão não recorre o Ministério Público. Tendo em vista que se trata de decisão sujeita a reexame necessário (art. 7.º da Lei 1.521/1951), o juiz, *ex officio*, determina o seu encaminhamento ao Tribunal de Justiça, para confirmação ou reforma.** Neste caso, por ocasião do julgamento do recurso de ofício, poderá o Tribunal tanto manter a decisão absolutória como reformá-la e, em consequência, condenar o réu. Poderá, também, reconhecer nulidades, mesmo que isso venha contra os interesses do réu, conforme autoriza a Súmula 160 do STF, *in fine*. Depreende-se daí que o recurso *ex officio* possui efeito translativo, pois devolve ao Tribunal o poder de manifestar-se sobre qualquer matéria, não levando em conta se isto importa em beneficiar a acusação ou a defesa.

14.6. VOLUNTARIEDADE E REEXAME NECESSÁRIO (RECURSO *EX OFFICIO*)

14.6.1. Considerações gerais

O art. 574 do CPP estabelece a *voluntariedade* como regra geral dos recursos. Isto significa que a decisão judicial, uma vez prolatada, poderá ser revista apenas quando a parte sucumbente tomar a iniciativa de recorrer. Essa regra, porém, não é absoluta, encontrando exceção no próprio texto do artigo mencionado, o qual prevê situações de **reexame necessário**, vale dizer, hipóteses nas quais, ainda que não haja o recurso voluntário, obrigatoriamente deverá a decisão ser encaminhada pelo juiz prolator ao tribunal competente para a revisão.

O recurso *ex officio* fundamenta-se na presunção de que determinadas decisões, expressamente previstas, pela sua natureza, causam prejuízo potencial à sociedade, impondo-se, pois, a submissão obrigatória ao duplo grau de jurisdição como condição para que transitem em julgado (*ex vi* da Súmula 423[30] do STF).

Note-se que o cabimento do reexame necessário justifica-se, apenas, contra decisões de **juiz singular**, não sendo possível contra decisões colegiadas (câmaras, turmas), ainda que em processos de competência originária dos tribunais.

14.6.2. Constitucionalidade do reexame necessário

Embora minoritária, existe posição contrária ao recurso de ofício, sob o argumento da **inconstitucionalidade** dessa providência, já que, em primeiro lugar, importaria em deslocar o magistrado de sua inércia natural e, em segundo, porque o próprio art. 129, I, da Constituição Federal teria banido o reexame necessário do ordenamento jurídico brasileiro ao estabelecer o Ministério Público como titular da ação penal pública.

Discordamos desse entendimento, pois o reexame necessário não se constitui, propriamente, em um recurso na acepção legal do termo, mas, sim, em uma providência acauteladora, prevista na lei para que determinadas decisões, potencialmente prejudiciais aos legítimos

30 Súmula 423 do STF: "Não transita em julgado a sentença por haver omitido o recurso *ex officio*, que se considera interposto *ex lege*".

interesses da sociedade, sejam revistas pelos tribunais. Além disso, essa medida não importa em violação à imparcialidade do juiz, dado que este, ao submeter uma decisão sua ao 2.º Grau, não está agindo *voluntariamente* contra os interesses do investigado ou acusado, mas, simplesmente, cumprindo expressa disposição legal que assim determina. Como diz Antônio Scarance Fernandes, citado por Mirabete, não há, nas hipóteses legais de recurso de ofício, nova acusação ou, mesmo, alteração daquela originariamente oferecida pelo Ministério Público na denúncia, pois o reexame necessário pelo tribunal, assim como ocorre com o recurso voluntário, somente instaura uma nova fase procedimental e não outro processo. Fosse, aliás, inconstitucional o *reexame* necessário, o próprio Supremo Tribunal Federal, a quem compete zelar pela aplicação da Constituição Federal, teria revogado as Súmulas 160[31] e 423, que a ele fazem referência. No mesmo sentido – da **constitucionalidade** – é, também, a posição dominante nos Tribunais Superiores.

14.6.3. Previsões legais de reexame necessário

Três são as hipóteses nas quais está previsto o *reexame necessário* na sistemática do Código de Processo Penal:

- **Decisão concessiva de *habeas corpus* (art. 574, I):** Embora se trate de orientação minoritária, parte da doutrina considera prejudicada esta modalidade de recurso de ofício, sob o argumento de que este se justificava apenas à época da edição do Código, quando se entendia não ser facultado ao Ministério Público recorrer dessa espécie de decisão. Neste sentido, Ada Pellegrini Grinover e Guilherme de Souza Nucci. Na esteira do entendimento do STJ (RHC 17.143/SC, j. 17.12.2007), não concordamos com essa posição. Logo, compreendemos ainda em vigor o reexame necessário contra a decisão que conceder o *habeas corpus.*
- **Decisão que absolve sumariamente o réu nos termos do art. 411 (art. 574, II):** Esta modalidade de recurso oficial está **revogada**, pois o art. 574, II, do CPP, que o contempla, é específico em relação *aos casos do art. 411*. Ocorre que tal dispositivo não mais se refere à absolvição sumária, que, agora, está prevista no art. 415. Além disso, o precitado art. 411, antecipando-se ao art. 574, II, mencionava o reexame obrigatório da decisão que absolvesse sumariamente o réu, referência esta que não se repetiu no atual regramento do art. 415.
- **Decisão deferitória da reabilitação criminal (art. 746)**[32]**:** Nesta hipótese, inexistem controvérsias, sendo aceito o reexame necessário em relação à concessão da reabilitação: "O art. 746 do CPP, porque é norma de aplicação pelo juízo da condenação, não foi revogado pela Lei de Execuções Penais, subsistindo, pois, o recurso de ofício da sentença concessiva de reabilitação"[33].

Além das previsões existentes no âmbito do Código de Processo Penal (concessão do *habeas corpus*, absolvição sumária e deferimento de reabilitação criminal), o reexame necessário também está contemplado na legislação especial, nas seguintes hipóteses:

- **Decisão judicial que ordena, a pedido do Ministério Público, o arquivamento de inquérito policial que tenha investigado crimes contra economia popular ou saúde pública (art. 7.º da Lei 1.521/1951).**

---

31 Súmula 160 do STF: "É nula a decisão do Tribunal que acolhe, contra o réu, nulidade não arguida no recurso da acusação, ressalvados os casos de recurso de ofício".

32 O instituto da reabilitação criminal, com a reforma da parte geral do Código Penal, passou a ser regulamentado, no tocante aos requisitos materiais, efeitos, revogação e reiteração do pedido, pelo Código Penal (arts. 93 a 95). Assim, permaneceram em vigor, no Código de Processo Penal, unicamente as regras processuais, encontrando-se revogados tacitamente os arts. 743 e 749 desse diploma.

33 STJ, REsp 157415/SP, DJ 13.10.1998.

- **Sentença absolutória em processo criminal que tenha apurado crimes contra economia popular ou saúde pública (art. 7.º da Lei 1.521/1951).**
- **Sentença que conceder a segurança (art. 14, § 1.º, da Lei 12.016/2009):** Trata-se de hipótese prevista na Lei 12.016/2009, reproduzindo a regra existente no art. 12, parágrafo único, da revogada Lei 1.533/1951.

No entender de Nucci, dois outros casos também ensejariam reexame necessário: o *indeferimento liminar da revisão criminal pelo relator a que distribuída no órgão competente para seu julgamento* (art. 625, § 3.º); e o *indeferimento liminar da petição de habeas corpus pelo Presidente do Tribunal* (art. 663). Não concordamos, porém. Pensamos que referidos casos não ensejam reexame necessário. É que ambas as hipóteses citadas tratam de decisões desfavoráveis ao acusado e, por isso mesmo, incompatíveis com o motivo que conduziu o legislador ao estabelecimento de casos de revisão obrigatória da decisão judicial, qual seja a presunção de prejuízo à sociedade gerada por determinadas decisões. Destarte, na hipótese do art. 625, § 3.º, do CPP, a expressão "dando recurso" deve ser considerada não como um recurso de ofício, mas, sim, como um "facultando recurso" a um Órgão Superior Colegiado, o qual deverá ser o agravo interno (também chamado de agravo regimental) previsto no art. 39 da Lei 8.038/1990 e no art. 1.021 do CPC/2015. E idêntica situação ocorre em relação ao art. 663, possibilitando este ao Presidente do Tribunal (ou ao Relator, ou à autoridade judiciária competente, segundo dispuser o Regimento Interno) entender no sentido do indeferimento liminar da petição de *habeas corpus*, decisão esta igualmente agravável.

14.6.4. Coexistência do recurso de ofício com o recurso voluntário

Nas hipóteses previstas em lei, a revisão da decisão pela segunda instância em razão do recurso de ofício é obrigatória, ainda que tenha a parte, voluntariamente, interposto seu próprio recurso.

Isto ocorre pelo fato de que o reexame necessário devolve ao tribunal o conhecimento integral da matéria discutida no processo, ao contrário do que ocorre com o recurso da acusação, cuja devolução, no aspecto que visa agravar a situação do réu, é limitada às questões versadas na interposição.

Esta amplitude que se confere ao recurso de ofício é adotada pelo Supremo Tribunal Federal, implicitamente, na **Súmula 160**, vedando ao Tribunal reconhecer contra o réu nulidades, ainda que absolutas, não arguidas no recurso da acusação, salvo nos casos de recurso de ofício. Ora, se em casos de reexame necessário é lícito ao Tribunal declarar, mesmo em prejuízo do réu, nulidades não arguidas em recurso do Ministério Público, é intuitivo que o recurso oficial é obrigatório nas situações em que a lei o estabelece, não ficando prejudicado pelo ingresso do recurso voluntário. Por isso, absolutamente equivocada a prática adotada por muitos juízes quando, diante de situação que enseja reexame necessário, expressam em suas decisões que, "não havendo recurso voluntário, subam os autos de ofício ao tribunal".

Para melhor ilustrar, considerem-se as seguintes situações, ambas com interposição de recurso voluntário pelo sucumbente:

> *Hipótese "A"*: Acusado de crime de roubo é absolvido pelo juiz singular. Inconformado, recorre o Ministério Público sem arguir uma determinada nulidade absoluta que tenha ocorrido no curso do processo. Pela vedação imposta na Súmula 160 do STF, não poderá o Tribunal, julgando a apelação, declarar a nulidade do processo, pois, não se tratando de hipótese de reexame necessário, estaria reconhecendo contra o réu (que está absolvido) vício que não foi alegado na impugnação ministerial.
>
> *Hipótese "B"*: Considere-se, agora, que outro réu, a quem se atribui a prática de crime contra a economia popular, vem, igualmente, a ser absolvido pelo magistrado. Irresignado, também aqui recorre o Ministério Público, requerendo, unicamente, a condenação do acusado e nada

aduzindo quanto à nulidade absoluta ocorrida no curso da instrução. Nesse caso, considerando tratar-se de hipótese de recurso de ofício (art. 7.º da Lei 1.521/1951), poderá o Tribunal declarar a nulidade, ainda que esta não tenha sido levantada pelo Ministério Público. É que, em decorrência do reexame necessário, terá sucedido a devolução integral da matéria ao Tribunal, que poderá, mesmo contra o réu, decidir questões não versadas no recurso ministerial.

14.7. RECURSO EM SENTIDO ESTRITO (ARTS. 581 A 592 DO CPP)

14.7.1. Cabimento

Embora o recurso em sentido estrito destine-se a impugnar **decisões interlocutórias**, seu cabimento é restrito aos casos expressamente contemplados em lei. Portanto, não é possível equipará-lo ao agravo de instrumento do processo civil e, a partir daí, compreender que pode ser manejado contra **qualquer** decisão incidental no processo.

Sem embargo de se considerar peremptórias as situações de cabimento do RSE, é possível aceitar a **interpretação extensiva** (art. 3.º do CPP) das hipóteses previstas, permitindo-se, em caráter excepcional, o manejo desse recurso contra decisões que, apesar de não expressamente arroladas, sejam conceitualmente muito próximas ou que produzam sucumbência semelhante a uma hipótese legal de cabimento. *Exemplo:* A autoridade policial representa pela prisão temporária do investigado. O juiz, malgrado o parecer favorável do Ministério Público, indefere essa prisão. Ora, o indeferimento da *prisão temporária* não se encontra entre as situações previstas de RSE. Contudo, existe a previsão desse recurso para atacar a decisão que indefere a *prisão preventiva* (art. 581, V, do CPP). Assim, no exemplo, poderá o promotor (não o delegado de polícia, pois este não possui faculdade recursal) valer-se do RSE para atacar tal decisão, fazendo-o a partir de interpretação extensiva da hipótese prevista no art. 581, V, do CPP. Isto ocorre porque tanto uma quanto outra hipótese produzem a mesma consequência processual: a manutenção do investigado em liberdade.

É discutível o cabimento do recurso em sentido estrito no âmbito das decisões proferidas no Juizado Especial Criminal. Para alguns, descabe o manejo dessa via impugnativa, sob a apelação de que a Lei 9.099/1995, sendo lei especial, apenas contempla no seu bojo a apelação (art. 82) e os embargos declaratórios (art. 83). Para outros, é cabível, sim, a interposição de recurso em sentido estrito. *Primeiro* porque o art. 92 da Lei 9.099/1995 determina a apelação subsidiária das disposições do Código Penal e do Código de Processo Penal, no que não forem incompatíveis com essa Lei; e, *segundo*, pelo fato de que o entendimento no sentido da não aplicação subsidiária do sistema recursal estatuído no Código de Processo Penal importaria em tornar irrecorrível uma série de decisões relevantes que podem vir a ser tomadas no curso do procedimento sumaríssimo, a exemplo daquela que conclui pela incompetência do juizado (art. 581, II, do CPP) e da que reconhece a prescrição ou outra causa extintiva da punibilidade (art. 581, VIII, do CPP). Aderimos a este último entendimento – no sentido do cabimento do RSE, sendo esta, também, a orientação trilhada por expressiva parcela da jurisprudência.

No art. 581, *caput*, do CPP, contempla-se o cabimento do recurso em exame em relação a *decisões, despachos e sentenças*. Trata-se, porém, de impropriedade legislativa. O RSE é cabível unicamente contra **decisões interlocutórias.** Quanto aos **despachos** de mero expediente, são irrecorríveis, muito embora passíveis de impugnação por meio de correição parcial (que não é recurso) quando provocarem inversão tumultuária do processo. Já as **sentenças de condenação ou absolvição** são apeláveis (art. 593, I, do CPP), ressalvando-se desta regra apenas a hipótese de julgamento pela prática de crime político, que enseja recurso ordinário constitucional para o STF (art. 102, II, *b*, da CF), como se verá oportunamente (*item 14.17.1 – b*).

Por fim, note-se que o RSE ainda é previsto na legislação complementar em hipóteses específicas. São elas:

- **Lei 9.503/1997 (Código de Trânsito Brasileiro):** O art. 294 do Código de Trânsito Brasileiro refere que, *em qualquer fase da investigação ou da ação penal, havendo necessidade para a garantia da ordem pública, poderá o juiz, como medida cautelar, de ofício, ou a requerimento do Ministério Público ou ainda mediante representação da autoridade policial, decretar, em decisão motivada, a suspensão da permissão ou da habilitação para dirigir veículo automotor, ou a proibição de sua obtenção.* Pois bem, de acordo com o parágrafo único desse dispositivo, da decisão que decretar a suspensão ou a medida cautelar, bem como da que indeferir o requerimento do Ministério Público, caberá recurso em sentido estrito, sem efeito suspensivo.
- **Lei 1.508/1951:** O art. 6.º, parágrafo único, desta Lei permite o uso de recurso em sentido estrito contra a decisão judicial de arquivamento de inquérito policial instaurado para apurar as contravenções relacionadas ao jogo do bicho previstas nos arts. 58 e 60 do Decreto-lei 6.259/1944.
- **Decreto-lei 201/1967:** Este diploma regulamenta o procedimento de apuração dos chamados *crimes de responsabilidade* cometidos por Prefeitos e, no seu art. 2.º, III, insere hipóteses de cabimento de recurso em sentido estrito.

Antes, porém, de comentar estas situações que ensejam a interposição de RSE, faz-se necessário alertar o leitor quanto à **natureza das infrações tipificadas nos arts. 1.º e 4.º do Decreto-lei 201/1967**, as quais podem se situar tanto no âmbito conceitual dos *crimes de responsabilidade* quanto na condição de *infrações político-administrativas*. Por **crimes de responsabilidade**, com efeito, compreendem-se apenas os comportamentos tipificados no art. 1.º do DL 201/1967, os quais se tratam de crimes comuns (subclassificam-se em *crimes próprios*, já que exigem uma condição especial do sujeito ativo, que, no caso, deve ser o Prefeito Municipal; e em *crimes funcionais*, pois sua configuração requer esteja o agente no exercício do mandato eletivo) , apurados mediante ação penal pública, punidos com penas de reclusão e de detenção (art. 1.º, § 1.º), sujeitos a julgamento pelo Poder Judiciário, independentemente do pronunciamento da Câmara dos Vereadores (art. 1.º, *caput*). Por outro lado, quanto às condutas referidas no art. 4.º do mesmo Decreto, cuida-se, aqui, não de *crimes de responsabilidade,* mas, sim, de **infrações político-administrativas dos prefeitos**, *sujeitos ao julgamento pela Câmara dos Vereadores e sancionadas com a cassação do mandato*[34].

Perceba-se que, em relação ao cabimento do recurso em sentido estrito nas hipóteses contempladas no Decreto-lei 201/1967, relevam apenas aquelas primeiras condutas, vale dizer, as previstas no art. 1.º do Decreto, as quais, como dito, classificam-se como **crimes de responsabilidade**. Isto porque, nesse diploma, como referimos alhures, o cabimento do RSE está previsto no seu art. 2.º, III. E tal dispositivo faz expressa referência ao "processo dos crimes definidos no artigo anterior". Logo, repete-se, nenhuma relação há desse recurso com a apuração das **infrações político-administrativas.**

Ora levada em consideração a disciplina inserida no referido art. 2.º, *caput*, do Decreto-lei 201/1967, infere-se que a apuração dos chamados *crimes de responsabilidade* deveria, **em tese**, obedecer ao rito comum ordinário estabelecido no Código de Processo Penal, com as modificações previstas nos incisos I e II do mesmo artigo, segundo os quais, uma vez denunciado o agente, antes de receber a denúncia, caberá ao Juiz ordenar a sua notificação para apresentar defesa prévia[35], no prazo de cinco dias. Se o acusado não for encontrado

[34] STF, *Habeas Corpus* 70.671/PI, *DJ* 19.05.1995.

[35] A nomenclatura *defesa prévia*, aqui, parece-nos adequada, pois se trata de lei especial.

para a notificação, ser-lhe-á nomeado defensor, a quem caberá apresentar a defesa, dentro do mesmo prazo. Adotada essa providência, o juiz decidirá quanto ao recebimento ou rejeição da inicial acusatória. Deliberando o Juiz por receber a inicial acusatória, preceitua o art. 2.º, II, que deverá, obrigatória e motivadamente, decidir sobre a prisão preventiva do acusado e sobre o seu afastamento do exercício do cargo durante a instrução criminal, decisões estas passíveis de impugnação mediante o recurso em sentido estrito anteriormente referido (art. 2.º, III, do Decreto-lei), que deverá ser interposto para o Tribunal competente, no prazo de cinco dias, em autos apartados, com efeito suspensivo.

Mas cuidado: conforme referimos no parágrafo anterior, encontrando-se em apuração *crime de responsabilidade*, o rito a ser observado *"deveria, em tese"* (utilizamos esta expressão) ser o contemplado no aludido art. 2.º do Decreto-lei 201/67. E porque falamos *"em tese"*? Porque as coisas não são tão simples assim. Isso porque, não obstante a normatização prevista nesse art. 2.º, a verdade é que, com a promulgação da CF/1988, o prefeito municipal, **enquanto no exercício do mandato eletivo**, passou a deter prerrogativa de função, assistindo-lhe o direito de ser processado e julgado junto ao Tribunal de Justiça ou ao Tribunal Regional Federal (art. 29, X, da CF[36] e Súmula 702 do STF[37]), segundo o rito estatuído nos arts. 1.º a 12 da Lei 8.038/1990, não se lhe aplicando, então, as disposições procedimentais do Decreto-lei 201/1967, tampouco o procedimento comum ordinário estabelecido no CPP. Prejudicada, assim, em relação ao *prefeito no exercício do mandato*, a regra do cabimento do recurso em sentido estrito prevista no art. 2.º, III, do Decreto-lei 201/1967, já que a tramitação do processo criminal respectivo ocorrerá junto aos Tribunais citados, em competência originária. Logo, se for o Prefeito preventivamente preso ou afastado do cargo, não o será por determinação de juiz singular, mas do desembargador ou do órgão competente junto ao Tribunal respectivo, o que **inviabiliza o manejo do recurso em sentido estrito em relação à aludida decisão**, já que se trata este recurso de modalidade impugnativa que se dirige apenas contra decisão de *juiz singular*, jamais contra decisões de órgãos colegiados dos Tribunais ou decisões monocráticas do relator ou Presidente nos processos que lhe estejam afetos. Contra estes, as impugnações cabíveis poderão ser, unicamente, o recurso extraordinário (art. 102, III, da CF) e o recurso especial (art. 105, III, da CF), caso se trate de decisão emanada de câmaras dos Tribunais de Justiça ou de turmas dos Tribunais Regionais Federais; ou o agravo interno (art. 39 da Lei 8.038/90 e art. 1.021 do CPC/2015), se for o caso de decisão monocrática do Desembargador Relator nessas Cortes.

ATENÇÃO: no julgamento da APn 937, em 03.05.2018, o STF condicionou o foro por prerrogativa de função a que se trate de **crime cometido durante o exercício da função pública e em razão dela**. Tal julgamento, embora restrito a parlamentares federais, tem sido ampliado para alcançar, também, deputados estaduais, governadores, prefeitos, entre outros cargos. Esta orientação do STF, todavia, não afeta a consideração de que, relativamente aos crimes previstos no art. 1.º do DL 201/1967, o foro por prerrogativa de função condiciona-se, apenas, a que se trate de prefeito no exercício do mandato eletivo. Isto ocorre porque mencionadas condutas são classificadas como crimes funcionais próprios, significando isto que já estão, naturalmente, relacionadas às funções exercidas pelo Prefeito. Especificamente em relação aos reflexos da deliberação do STF em face da precitada ação penal, é tema tratado Capítulo 9, tópico 9.2.2.3, deste livro.

---

36 Art. 29 da CF: O Município reger-se-á por lei orgânica, votada em dois turnos, com o interstício mínimo de dez dias, e aprovada por dois terços dos membros da Câmara Municipal, que a promulgará, atendidos os princípios estabelecidos nesta Constituição, na Constituição do respectivo Estado e os seguintes preceitos: [...] X - julgamento do Prefeito perante o Tribunal de Justiça;

37 Súmula 702 do STF: "A competência do tribunal de justiça para julgar prefeitos restringe-se aos crimes de competência da justiça comum estadual; nos demais casos, a competência originária caberá ao respectivo tribunal de segundo grau".

Neste cenário, seria adequado dizer que o rito estabelecido nos incisos I e II e a previsão do RSE do inciso III do art. 2.º do Decreto-lei 201/1967 estão prejudicados, vale dizer, sem utilização na realidade jurídica atual? Não está correto este raciocínio. Em verdade, o procedimento estipulado pelo decreto-lei em questão – que remete ao procedimento comum regrado pelo CPP com as modificações inseridas nos referidos incisos I e II – continua subsistindo, sendo aplicado, porém, apenas em relação ao indivíduo que, sendo Prefeito à época do cometimento do delito, não mais está no exercício do cargo. Por outro lado, **quanto ao RSE contemplado no inciso III**, terá lugar neste mesmo caso, mais precisamente quando o recebimento da inicial acusatória ocorrer em tempo no qual já afastado o agente do mandato eletivo. De resto, para evitar inútil tautologia, remetemos ao Capítulo 10, tópico 10.13, em que abordamos o tema com maior detalhamento.

Para melhor ilustrar o cabimento do recurso em sentido estrito envolvendo a disciplina dos crimes de responsabilidade, observe-se o seguinte gráfico:

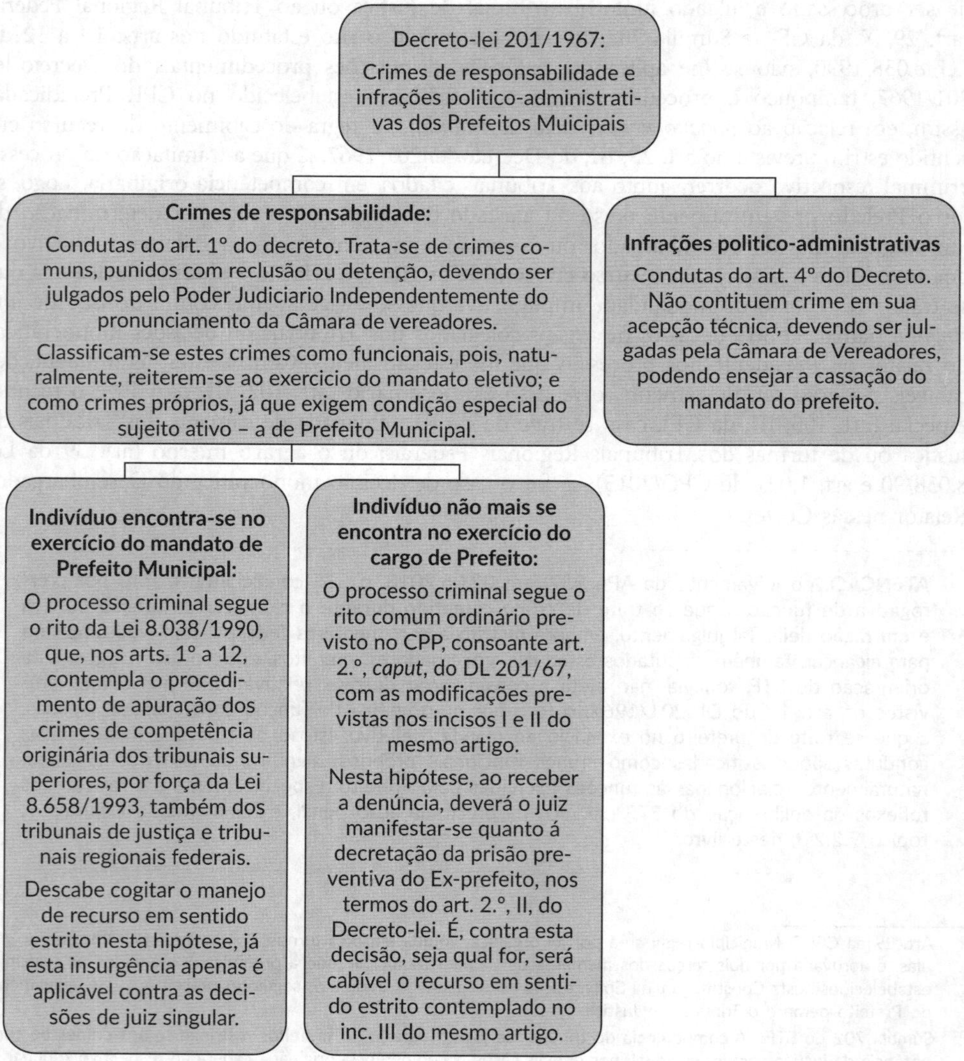

14.7.2. Hipóteses de cabimento previstas no art. 581 do CPP

I – Não recebimento da denúncia ou da queixa-crime

Natureza jurídica: O não recebimento da denúncia ou da queixa classifica-se como *decisão interlocutória mista terminativa*, pois, uma vez transitada em julgado, acarreta a extinção da inicial acusatória.

Comentários: Sempre defendemos a diferença entre as decisões de *não recebimento* da inicial e de sua *rejeição*, considerando a primeira como decorrência de motivos formais (e isso é motivo de inépcia), enquanto a segunda ocorreria nas hipóteses em que o julgador realizasse algum prejulgamento de mérito, mesmo que mínimo, para o não acolhimento da denúncia ou da queixa (*v.g.*, a falta de representação, que exige, de parte do juiz, a detecção que se trata de crime de ação penal pública condicionada). Essa distinção, se fosse aplicada na prática forense, relevaria especialmente no que toca ao recurso utilizável em um e outro caso, já que o art. 581, I, contempla o cabimento do recurso em sentido estrito apenas contra a decisão de **não recebimento**. Logo, em relação à **rejeição**, restaria a interposição da apelação prevista no art. 593, II, do CPP, pois esse é o recurso cabível contra aquelas decisões interlocutórias mistas que não comportam a propositura de RSE.

Não obstante, a verdade é que esta orientação que distingue *não recebimento* de *rejeição* é minoritária em termos de jurisprudência nacional e perdeu ainda mais seu espaço no cenário jurídico nacional com a nova redação do art. 395, I do CPP, determinada pela Lei 11.719/2008, ao dispor que a denúncia ou queixa será *rejeitada* quando for manifestada inepta. Com isso, revendo nossa posição, passamos a aderir ao entendimento de que não distingue as expressões *rejeição* e *não recebimento*, considerando-as sinônimas para efeitos processuais, o que importa dizer que, tanto em um como em outro caso, a via impugnativa correta é o recurso em sentido estrito previsto no art. 581, I, do CPP. Neste mesmo sentido, a Súmula 60 do Tribunal Regional Federal da 4.ª Região ao dispor que "*da decisão que não recebe ou que rejeita a denúncia cabe recurso em sentido estrito*".

> **ATENÇÃO:** O Tribunal de Justiça do Rio Grande do Sul, na contramão da orientação majoritária, ainda distingue *não recebimento* e *rejeição* da inicial acusatória, relegando aquele termo ao não acolhimento da peça vestibular por motivos relacionados a irregularidades formais e o último aos demais casos. Observe-se, para tanto, o seguinte excerto de acórdão do TJRS, extraído do RSE 70034999094, *DJ* 28.10.2010: "Com efeito, no que diz respeito ao cabimento do recurso, tratando-se de caso de rejeição da denúncia, o recurso cabível é a apelação e não o recurso em sentido estrito, reservado às hipóteses de não recebimento da denúncia ou queixa (art. 581, I, do CPP)". No mesmo sentido: Apelação 7005937745, j. 17.09.2014.

A par destas considerações, é importante ter em vista que, na legislação vigente, existe uma hipótese na qual a rejeição (ou não recebimento) da denúncia e da queixa comporta **apelação** por força de previsão legal expressa: trata-se da rejeição levada a efeito no âmbito dos Juizados Especiais Criminais, apelável por força do disposto no art. 82 da Lei 9.099/1995.

Questões polêmicas:

1) Ao recurso interposto contra o não acolhimento (não recebimento ou rejeição) da denúncia deve ser oportunizada a apresentação de contrarrazões pelo denunciado ou querelado? Sim. A matéria está consolidada por meio da Súmula 707 do Supremo Tribunal Federal, considerando causa de nulidade a falta de intimação do acusado para contra-arrazoar o recurso interposto contra rejeição da denúncia, não suprindo essa falta a nomeação de defensor dativo. Sinale-se, por oportuno, que, muito embora precitado verbete do Excelso Pretório refira-se à intimação do denunciado para oferecer contrarrazões ao recurso interposto da **rejeição da denúncia**, idêntica disciplina deve ser observada, também, nas hipóteses de ação penal privada – recurso contra a **rejeição da queixa-crime**, pois não há qualquer razão para limitar a sua incidência (da Súmula), exclusivamente, às hipóteses de ação penal pública.

2) Se provido pelo tribunal competente o recurso interposto contra a rejeição da denúncia ou queixa, determinando-se o seu recebimento, em que momento ocorrerá a interrupção da prescrição? O recebimento da denúncia e da queixa-crime, de acordo com o art. 117, I, do Código Penal, é marco interruptivo da prescrição. Até que isto ocorra, continuará fluindo o prazo prescricional, cujo *dies a quo* se deu com a prática delituosa. Se, porém, a denúncia ou a queixa forem rejeitadas pelo juiz e desta decisão for interposto recurso junto ao tribunal pelo respectivo interessado, dispõe a Súmula 709 do Supremo Tribunal Federal que, "salvo quando nula a decisão de primeiro grau, o acórdão que provê o recurso contra a rejeição da denúncia vale, desde logo, pelo recebimento dela". Isto significa que a própria decisão colegiada importa em recebimento da inicial acusatória e, consequentemente, interrupção do prazo prescricional (art. 117, I, do CP). Todavia, se nula a decisão de rejeição, impõe-se ao tribunal cassá-la, determinando ao juiz de 1.º grau proferir nova decisão, não podendo, então, o acórdão valer como recebimento da denúncia sob pena de estar suprimindo instância. E a interrupção da prescrição, neste caso, ocorrerá no momento em que exarado o recebimento da inicial.

3) O recebimento da denúncia e da queixa-crime pode ser impugnado? Não há previsão de qualquer recurso no Código de Processo Penal ou na legislação complementar que possa ser utilizado com esse objetivo. Independentemente, é firme o entendimento de que, em caráter excepcional, é admissível o trancamento da ação penal pela via de *habeas corpus*, especialmente no caso de inépcia da inicial acusatória ou quando emergir dos autos, de forma inequívoca, a ausência de indícios de autoria ou de prova da materialidade, a atipicidade da conduta ou a ocorrência de causa extintiva da punibilidade[38].

II – Decisão que conclui pela incompetência do juízo

Natureza jurídica: O reconhecimento da incompetência do juízo é decisão interlocutória simples, pois não importa em extinção do procedimento, e, sim, na sua remessa ao juízo competente.

Comentários: A hipótese prevista no art. 581, II, do CPP não se refere ao julgamento de exceção de incompetência, mas, sim, da decisão do magistrado que, *ex officio*, conclui no sentido da incompetência do juízo.

Nesse inciso enquadra-se, também, o recurso em sentido estrito contra a decisão que, no procedimento do Tribunal do Júri, entendendo não existirem indicativos de *animus necandi*, desclassifica o crime doloso contra a vida para outro sem esta natureza (art. 419 do CPP). É que, ao contrário do que ocorre com a pronúncia (art. 413 do CPP), com a impronúncia (art. 414 do CPP) e com a absolvição sumária (art. 415 do CPP), não existe previsão expressa de via impugnativa contra a decisão desclassificatória. Todavia, é induvidoso que, ao desclassificar a infração penal para outra que não seja de competência do

[38] "O trancamento do exercício da ação penal somente se dá em hipótese excepcional, quando, sem necessidade de incursão probatória, é inequívoca a atipicidade da conduta, a ausência de indícios mínimos de autoria e materialidade delitivas, a presença de alguma causa extintiva da punibilidade ou a inépcia formal da denúncia, de tal gravidade que impeça a compreen-são da imputação e, portanto, a ampla defesa" (HC 543.683/RJ, Sexta Turma, *DJ* 02.09.2021).

tribunal popular, nada mais está fazendo o juiz do que *concluir, de ofício, pela incompetência do juízo do júri*, razão pela qual adequada a modalidade de recurso em sentido estrito em exame contra essa forma de decisão.

É facultado ao juiz desclassificar a infração descrita na denúncia de crime doloso contra a vida para outro crime com a mesma natureza, por exemplo, de homicídio para infanticídio? Embora isso possa ocorrer, não importa, propriamente, em desclassificação, pelo menos não aquela prevista no art. 419 do CPP, impugnável mediante o RSE do art. 581, II, do CPP. Neste caso, o juiz estará, na verdade, pronunciando o réu por crime diverso, procedimento que lhe é lícito, observadas, por óbvio, as disciplinas dos arts. 418 e 411, § 3.º, do CPP. Em tal hipótese, o recurso cabível é aquele pertinente à decisão de pronúncia, qual seja o RSE do art 581, IV, do CPP.

Note-se que se consideram absolutas as incompetências *ratione materiae* e *ratione personae* e, relativa, a incompetência *ratione loci*. Portanto, em tese, somente as primeiras podem ser declaradas de ofício pelo magistrado, dependendo a incompetência relativa (*ratione loci*) de oportuna arguição pelo interessado, via exceção. Este, aliás, o teor da Súmula 33 do Superior Tribunal de Justiça (aplicável também no âmbito criminal), dispondo que "a incompetência relativa não pode ser declarada de ofício"[39].

III – Decisão que julga procedentes as exceções, salvo a de suspeição

Natureza jurídica: A procedência da exceção de incompetência classifica-se como *decisão interlocutória simples*, já que não importa em extinção do processo, mas, sim, na sua remessa ao juízo competente. Sendo hipótese de procedência de exceções de litispendência, coisa julgada e ilegitimidade de parte, a decisão assume a natureza de *interlocutória mista terminativa*, já que, ao contrário da incompetência, extingue o processo, conduzindo ao seu arquivamento.

Comentários: São cinco as exceções previstas no art. 95 do CPP: *incompetência do juízo, litispendência, coisa julgada, ilegitimidade de parte e suspeição*[40]. Além destas, também pode ser arguido por meio de exceção o *impedimento*[41], uma vez que o art. 112 do CPP dispõe que a este se aplicam as disposições pertinentes à exceção de suspeição.

No tocante às exceções de incompetência, litispendência, coisa julgada e ilegitimidade de parte, *são autuadas em apartado* e decididas pelo próprio juiz da causa (art. 111 do CPP). A decisão que as julgar **procedentes** poderá ser impugnada por meio de recurso em sentido estrito, fundamentado no art. 581, III, do CPP. Se forem julgadas **improcedentes**, entende a jurisprudência dominante ser cabível a impetração de *habeas corpus*, observando-se a limitação a esta medida imposta pela Súmula 693 do STF. Há quem sustente ser possível, contra a improcedência, o manejo de apelação fulcrada no art. 593, II, do CPP, sendo esta, contudo, posição minoritária.

Relativamente à exceção de suspeição do juiz, a procedência não é impugnável por meio de RSE em face da ressalva contida no art. 581, III, *in fine*, do CPP. A justificativa para o descabimento do recurso neste caso encontra-se no procedimento da exceção de suspeição, que é previsto nos arts. 98 a 102 do CPP. De acordo com estes dispositivos, uma vez arguida a suspeição do juiz que oficia no processo, a exceção será, primeiramente, encaminhada a ele para que decida pelo seu **acolhimento** ou **não acolhimento**, o que não se confunde com procedência *ou* improcedência. Em **caso positivo**, ou seja, decidindo por acolher a suspeição contra ele arguida e se autodeclarando suspeito, tal decisão será

[39] STJ, CC 134.272/RO, *DJ* 02.12.2015.

[40] A suspeição, também chamada de incapacidade subjetiva, ocorre nas situações do art. 254 do CPP.

[41] O impedimento, também chamado de incapacidade objetiva, ocorre nas hipóteses do art. 252 do CPP.

irrecorrível e terá como consequência o encaminhamento do processo ao juiz substituto (art. 99 do CPP). Em **caso negativo**, vale dizer, não se considerando suspeito o juiz, determinará ele seja a exceção autuada em apartado, oferecerá resposta nos mesmos autos e ordenará, ato contínuo, a remessa do incidente ao Tribunal competente para o julgamento definitivo (art. 100).

Recebendo os autos da exceção, o Tribunal é que decidirá pela sua **procedência** ou **improcedência** (art. 101). Ora, descabendo RSE contra decisão de tribunais (apenas contra ato do juiz singular), resta justificada nessa circunstância a razão pela qual o inciso III do art. 581 ressalva a exceção de suspeição do cabimento desse recurso. Quanto ao recurso cabível em relação à procedência ou improcedência da exceção de suspeição nos tribunais, dependerá do órgão que, conforme dispuser o respectivo regimento interno, tenha competência para julgá-la, mas não será o RSE. Por exemplo, no Tribunal de Justiça do Estado de São Paulo, compete à Câmara Especial julgar as exceções de suspeição e de impedimento opostas em relação aos juízes de primeiro grau (art. 33, parágrafo único, I, do Regimento Interno). Já no Tribunal de Justiça do Rio Grande do Sul incumbe às Câmaras Criminais Separadas tal decisão (art. 19, II, *b*, do Regimento Interno). Em ambos os casos, na medida em que a exceção é decidida por *câmaras*, restam o especial e o extraordinário como únicas vias recursais possíveis para o respectivo insurgimento.

Em resumo:

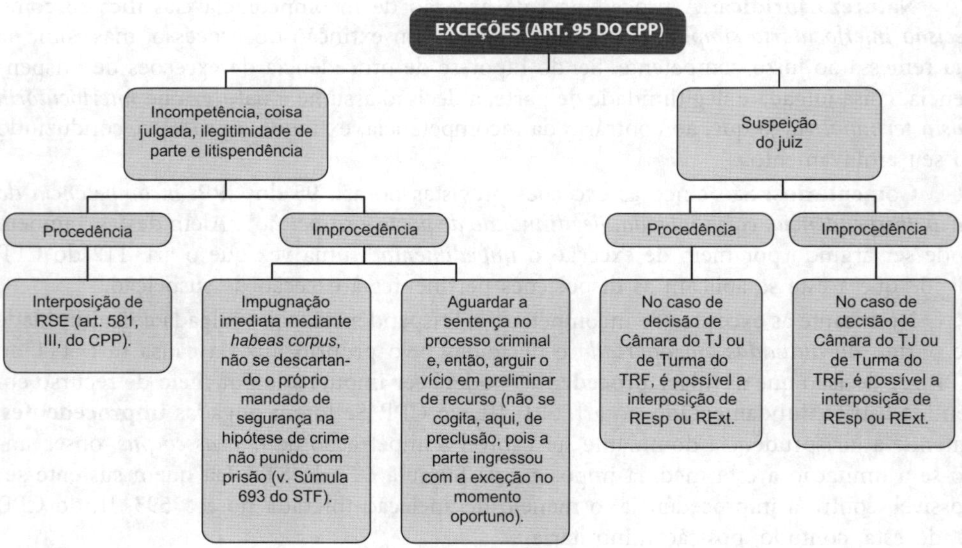

IV – Decisão que pronunciar o réu

Natureza jurídica: A decisão de pronúncia possui natureza de *interlocutória mista não terminativa*, pois exaure a primeira fase do procedimento de apuração dos crimes dolosos contra a vida – o *juditium acusationes* – e inaugura a segunda etapa desse rito – o *judictium causae*. Não acarreta, como se vê, a extinção do processo.

Comentários: No procedimento dos crimes dolosos contra a vida – rito do júri –, vencida a fase instrutória, sobrevém o momento no qual deverá o juiz decidir se admite ou não a acusação realizada contra o réu na denúncia.

Presentes indícios de autoria e prova da materialidade do fato, havendo indicativos de que agiu o agressor com dolo de matar e não caracterizadas as situações que permitiriam ao magistrado absolver desde logo o réu, deverá o magistrado **pronunciar** o réu (art. 413 do CPP), o que importa em admitir a acusação feita na exordial. Entre as decisões facultadas ao magistrado nesta fase do procedimento, a pronúncia é a única que implica submeter o acusado a julgamento pelo Tribunal Popular.

Pode ocorrer, contudo, que a prova carreada ao processo não seja suficiente para formar no magistrado a convicção mínima quanto à autoria do réu em relação ao delito imputado e à sua existência. Neste caso, incumbirá ao juiz **impronunciar** o réu, com base no art. 414 do CPP. Tal decisão tem natureza de interlocutória mista terminativa (em que pese tratada equivocadamente como sentença no art. 416 do CPP), visto que acarreta a extinção do processo antes do final do procedimento. Lembre-se de que nos termos do parágrafo único do citado dispositivo, se, embora arquivado o processo pelo trânsito em julgado da impronúncia, surgirem novas provas antes da extinção da punibilidade, nada impede que outro processo seja instaurado contra o réu. Não há, enfim, coisa julgada material na impronúncia, tão somente coisa julgada formal (preclusão das vias impugnativas). Na atualidade, a impronúncia é impugnável por meio de apelação, conforme dispõe o art. 416 do CPP, em face da alteração introduzida pela Lei 11.689/2008.

Por derradeiro, ocorrendo quaisquer das situações previstas no art. 415 do CPP (certeza quanto à inexistência do fato, prova inequívoca de que o réu agiu ao amparo de excludentes de ilicitude etc.), deverá o juiz **absolvê-lo sumariamente**. Essa decisão, também apelável nos termos do art. 416 do CPP, apesar de rotulada impropriamente como sentença nesse dispositivo, possui a natureza de interlocutória mista terminativa, assim como a impronúncia, pois extingue o processo antes do momento final do rito. Após o esgotamento das vias impugnativas, produz coisa julgada formal e material, o que obsta a propositura de nova ação penal em relação ao mesmo réu pelo mesmo fato, ainda que apareçam novas provas.

V, 1.ª parte – Decisão que conceder, arbitrar, negar, cassar ou julgar inidônea a fiança

Natureza jurídica das decisões: Todas as hipóteses contempladas neste dispositivo são *decisões interlocutórias simples*, pois restritas a decidir vicissitudes da fiança.

Comentários: O inciso em questão prevê o cabimento do recurso em sentido estrito contra a decisão do juiz que *conceder, negar, arbitrar* (art. 325 do CPP), *cassar* (arts. 338 e 339 do CPP) *ou julgar inidônea a fiança* (art. 340 do CPP):

- *Concessão*: a imposição da fiança pelo juiz pode ocorrer a três títulos: 1) Como medida cautelar autônoma; 2) Em caráter substitutivo da prisão preventiva (art. 282, § 6.º, do CPP); 3) Vinculada ao benefício da liberdade provisória (art. 321 do CPP). A respeito, remetemos ao Capítulo 11, item 11.4.1.2, em que tratamos do tema.
- *Negativa*: trata-se da decisão judicial que deixa de arbitrar a fiança sob o fundamento de que incabível por qualquer dos motivos previstos nos arts. 323 e 324 do CPP, ou que a reputa desnecessária ou inadequada no caso concreto (art. 282, I e II, do CPP).
- *Arbitramento*: refere-se ao valor fixado a título de fiança, que não é estabelecido aleatoriamente, mas deve observar os critérios previstos no art. 325 do CPP: *pena máxima atribuída ao delito pelo qual foi operada a prisão em flagrante + situação econômica do flagrado*. Outra observação importante refere-se ao fato de que a Lei 12.403/2011 readequou *os parâmetros de fixação* e os *valores* pertinentes à fiança (art. 325, I e II). Assim, com pena máxima cominada não superior a *quatro* anos de prisão, o valor da fiança deve ser arbitrado entre os limites de 1 a 100 salários mínimos. Se a pena máxima do crime for superior a 4 anos, o valor deve ser fixado no patamar entre 10 e 200 salários mínimos. Sem embargo, circunstâncias atinentes à situação econômica do réu

podem conduzir à *dispensa* da fiança (art. 325, § 1.º, I), *redução em até 2/3* (art. 325, § 1.º, II) ou *aumento em até 1000 vezes* (art. 325, § 1.º, III).

- *Cassação*: Ocorre em duas situações:
  1) *Fiança que se reconheça não cabível (art. 338):* neste caso, a fiança é concedida por equívoco, quer porque não cabível na espécie, quer em razão da ausência de legitimidade da autoridade que a determinou.
  2) *Inovação na classificação do delito (art. 339):* concerne à hipótese em que a autoridade concede fiança cogitando tratar-se de um determinado delito, que é afiançável. Não obstante, em momento posterior, a conduta recebe nova classificação jurídica, sendo enquadrada como crime inafiançável.
- *Inidoneidade*: a fiança será considerada inidônea quando, exigido o reforço, omitir-se o afiançado nessa prestação. O reforço da fiança deve ser exigido quando fixada em quantitativo inferior aos patamares previstos no art. 325 do CPP; quando depreciados os bens dados em garantia; e, por fim, quando houver inovação na classificação do crime (art. 340 do CPP).

V, 2.ª parte – Decisão que indefere requerimento ou revoga a prisão preventiva, relaxa a prisão em flagrante e concede liberdade provisória

Natureza jurídica das decisões: Trata-se de *decisões interlocutórias simples*, já que limitadas a decidir sobre a custódia provisória ou liberdade do indivíduo, sem nada extinguir em termos de inquérito, processo ou procedimento.

Comentários: O dispositivo é claro, permitindo o ingresso de recurso em sentido estrito em relação a decisões que importam em permanecer ou ser colocado em liberdade o investigado ou o réu.

E se for o caso de pronunciamento judicial em sentido oposto, isto é, decretando ou mantendo a prisão provisória do imputado? Inexistindo previsão de cabimento do RSE nessas hipóteses, o remédio será o *habeas corpus*. Com relação à previsão inscrita no art. 2.º, II e III, do Decreto-lei 201/1967, autorizando o manejo do recurso em sentido estrito contra a decisão que decretar a prisão preventiva nos casos de incidência desse diploma normativo, remetemos o tópico 14.7.1.

Por força de interpretação extensiva, a jurisprudência tem aceitado a utilização de RSE pelo Ministério Público alicerçado no art. 581, V, também em relação ao indeferimento da prisão temporária postulada pelo delegado no curso do inquérito.

Esse mesmo critério – interpretação extensiva – baliza também o entendimento de que o mesmo RSE pode ser utilizado no caso de indeferimento ou revogação das medidas cautelares diversas da prisão estipuladas no art. 319 do CPP. Trata-se de permitir, em caráter excepcional, o manejo do RSE contra uma decisão que, apesar de não expressamente arrolada no art. 581 do CPP entre suas hipóteses de cabimento (indeferimento de cautelar diversa da prisão), é conceitualmente muito próxima a outra para a qual a lei admite sua dedução (indeferimento da cautelar de prisão).

VI – Revogado pelo art. 4.º da Lei 11.689/2008

O inciso contemplava o cabimento de RSE em relação à absolvição sumária no procedimento do júri. Entretanto, essa previsão foi expressamente revogada por ocasião da alteração legislativa determinada pela Lei 11.689/2008, que estabeleceu novo procedimento de apuração dos crimes dolosos contra a vida (arts. 406 a 497 do CPP). Assim, na atualidade, o recurso cabível em relação à absolvição sumária é a apelação, conforme previsão expressa do art. 416 do CPP.

VII – Decisão que julga quebrada a fiança ou perdido o seu valor

Natureza das decisões: São *decisões interlocutórias simples*, pois nada extinguem – nem o inquérito ou processo, nem uma fase do procedimento.

Comentários: Além das previsões do art. 581, V (RSE da concessão, negativa, arbitramento, cassação e inidoneidade da fiança), dispõe o Código de Processo Penal sobre o cabimento do recurso em sentido estrito para situações em que o juiz repute *quebrada a fiança* ou *perdido o seu valor*.

- *Quebramento*: ocorrerá o quebramento da fiança nas seguintes situações:
  1) *Quando o afiançado descumpre as obrigações legais pertinentes à fiança concedida (arts. 327 e 328)*, quais sejam, o comparecimento a todos os atos do inquérito ou processo, sempre que chamado; não mudar de residência sem prévia comunicação à autoridade respectiva e não se afastar de sua residência por mais de oito dias sem comunicação à polícia ou juízo.
  2) *Quando configuradas as hipóteses do art. 341 do CPP*, estabelecendo que se reputará quebrada a fiança quando o afiançado regularmente intimado para ato do processo deixar de comparecer, sem motivo justo; deliberadamente praticar ato de obstrução ao andamento do processo; descumprir medida cautelar imposta cumulativamente com a fiança; resistir injustificadamente a ordem judicial; e praticar nova infração penal dolosa.
- *Perdimento:* trata-se da perda definitiva da totalidade do valor pago. Dá-se quando o afiançado, condenado, não se apresenta para o início do cumprimento da pena definitivamente imposta. Neste caso, depois de deduzidas as custas e demais encargos a que o acusado estiver obrigado, será o valor da fiança recolhido ao fundo penitenciário (art. 345).

VIII – Decisão que julga extinta a punibilidade pela prescrição ou outra causa

Natureza jurídica: Trata-se de *decisão interlocutória mista terminativa*, pois extingue o procedimento antes da fase sentencial.

Comentários: O recurso em sentido estrito previsto neste inciso tem **aplicação residual**, sendo utilizável apenas na hipótese em que a extinção da punibilidade não tenha ocorrido no **corpo da sentença condenatória** ou no âmbito da **Vara de Execuções Criminais**.

Com efeito, ocorrendo a extinção da punibilidade no âmbito da própria sentença condenatória, o recurso cabível será a apelação, ainda que o interessado pretenda recorrer unicamente dessa parte da sentença que determinou a extinção (art. 593, I, do CPP). Esta prevalência da apelação sobre o RSE decorre do art. 593, § 4.º, do CPP, o qual estabelece que, "quando cabível apelação, não poderá ser usado o recurso em sentido estrito, ainda que somente de parte da decisão se recorra". Exemplo de causa extintiva da punibilidade que deve ocorrer no corpo da sentença condenatória é o perdão judicial (art. 107, IX, do CP).

Se, por outro lado, a extinção da punibilidade ocorrer na fase da execução da pena, por determinação do Juiz da Execução Penal (art. 66, II, da Lei 7.210/1984), o recurso cabível será o agravo previsto no art. 197 da Lei de Execuções Penais, recurso este adequado a qualquer decisão em sede de execução criminal.

Por conseguinte, apenas quando nada disso acontecer, isto é, quando a extinção da punibilidade se der fora da sentença condenatória e alheia ao juízo das execuções criminais, é que será cabível o recurso em sentido estrito previsto no art. 581, VIII, do CPP. *Exemplo:* Extinção da punibilidade no curso do processo em face da prescrição do crime (art. 107, IV, do CP).

Aspecto importante a observar é o de que, no art. 397, IV, do Código de Processo Penal, o legislador fez inserir como motivo de *absolvição sumária* a extinção da punibilidade. Fosse possível aceitar tal paradoxo, seria obrigatório concluir no sentido do cabimento de apelação contra tal decisão. Tecnicamente, porém, a extinção da punibilidade não pode ser objeto de decisão absolutória, mas, sim, de pronunciamento autônomo incidental ao processo criminal, acarretando-lhe a extinção prematura e o consequente arquivamento. Imagine-se, por exemplo, a morte do réu no curso do processo. Ora, a morte do agente é causa extintiva da punibilidade, como se infere do art. 107, I, do CP. E, evidentemente, não seria razoável cogitar que pudesse o magistrado, diante da certidão de óbito do acusado que lhe tenha sido apresentada pelo advogado junto com a resposta a que alude o art. 396 do CPP, *absolver sumariamente o réu morto* com base no art. 397, IV. Neste contexto, compreendemos que, em verdade, constatando, no momento processual em questão, a ocorrência de causa extintiva da punibilidade, deve o juiz, simplesmente, declará-la nos autos independentemente de um veredicto absolutório, decisão esta impugnável mediante recurso em sentido estrito.

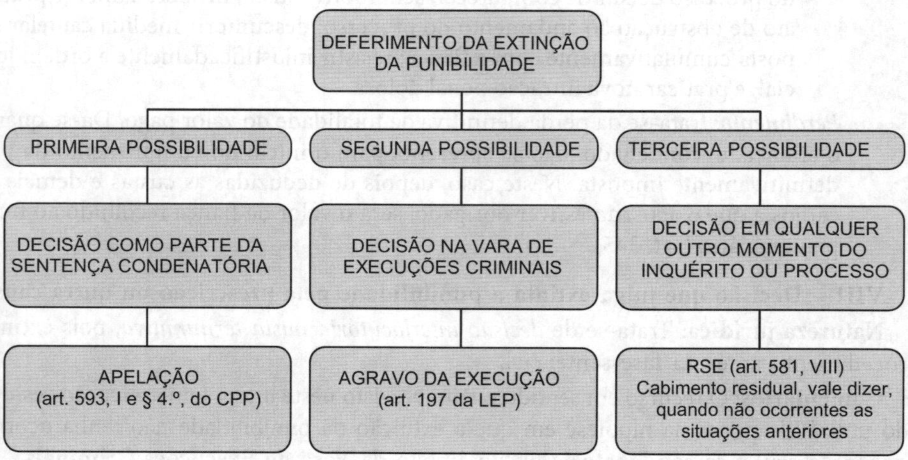

IX – Indeferimento da extinção da punibilidade pela prescrição ou outra causa

Natureza jurídica: O indeferimento do pedido de extinção da punibilidade constitui modalidade de *decisão interlocutória simples*, já que não implica o arquivamento do inquérito ou da ação penal.

Comentários: O mesmo raciocínio incorporado ao comentário anterior é aplicável ao RSE do indeferimento da extinção da punibilidade. Em suma, também aqui, o recurso em sentido estrito assume posição residual, sendo cabível tão somente quando a decisão indeferitória da extinção não ocorrer na própria sentença condenatória (caso em que a decisão será apelável) ou por decisão do juiz da execução criminal (hipótese que autoriza o uso do agravo previsto no art. 197 da Lei 7.210/1984).

Apesar de disciplinar o cabimento do RSE contra o indeferimento da extinção da punibilidade, o Código de Processo Penal também permite, em relação à mesma decisão, a impetração de *habeas corpus* (art. 648, VII, do CPP). Independentemente desta alternativa que se infere da lei, a regra deverá ser o uso do RSE, visto que o *habeas corpus* não deve ser usado como sucedâneo recursal, reservando-se, então, a impetração do *writ* a hipóteses excepcionais, mormente quando já estiver preclusa a oportunidade daquele recurso, por exemplo, pelo decurso de seu prazo.

X – Concessão e denegação do *habeas corpus*

Natureza jurídica: Trata-se de *decisões interlocutórias mistas terminativas*, pois, uma vez transitadas em julgado, acarretam a extinção do processo de *habeas corpus* deduzido pelo impetrante.

Comentários: Tanto a decisão concessiva quanto a denegatória do *habeas corpus* pelo juiz (jamais cabe recurso em sentido estrito em decisão de Câmara, Turma, Desembargador ou Ministro) ensejam a interposição de recurso em sentido estrito.

Lembre-se de que a concessão da ordem, a par de ensejar a interposição do recurso voluntário em análise, é hipótese de reexame necessário, conforme se depreende do art. 574, I, do CPP. Assim, mesmo que o Ministério Público, diante de decisão concessiva do *habeas corpus* pelo juiz, não ingresse com recurso em sentido estrito, deverá o magistrado, obrigatoriamente e sob pena de não transitar em julgado sua decisão, determinar o encaminhamento de sua decisão, de ofício, ao Tribunal a que estiver vinculado, para reexame.

Por outro lado, no tocante à decisão do juiz que denega a ordem, existia construção jurisprudencial no sentido de que se facultava ao prejudicado, em vez de optar pela via recursal, ingressar com novo *habeas corpus* junto à instância superior competente. Na atualidade, está superada esta orientação, pois o Supremo Tribunal Federal e o Superior Tribunal de Justiça consolidaram o entendimento de que o *habeas corpus* não pode ser utilizado como substituto de recurso previsto em lei. Neste bordo, denegado o *habeas corpus* pelo juiz, não se viabiliza ao prejudicado o ingresso de novo *writ* perante o tribunal competente, devendo ser interposto contra a decisão denegatória o recurso em sentido estrito previsto no art. 581, X, do CPP. Da mesma forma, denegada a medida pelos Tribunais de Justiça ou Tribunais Regionais Federais, a insurgência cabível é o recurso ordinário constitucional contemplado no art. 105, II, "a", da CF e não outro *habeas corpus* para tribunal superior[42].

XI – Decisão que conceder, negar ou revogar a suspensão condicional da pena (*sursis*)

Natureza jurídica: Dispõe o art. 157 da LEP que "o juiz ou Tribunal, na sentença que aplicar pena privativa de liberdade (...) deverá pronunciar-se, motivadamente, sobre a suspensão condicional, quer a conceda, quer a denegue". Daí se infere que, como regra geral, a competência para apreciar o cabimento ou não do *sursis* é do juiz, na sentença, ou do Tribunal, no acórdão exarado no julgamento de recurso das partes. Todavia, pode ocorrer que a sentença condenatória transite em julgado sem apreciar a questão relativa ao *sursis*. Neste caso, incide o art. 66, III, *d*, da LEP dispondo que compete ao juiz da execução decidir sobre a suspensão condicional da pena. Pois bem, sendo a suspensão decidida no processo de conhecimento, obrigatoriamente estará incorporada à *sentença condenatória*, fazendo parte desta decisão. Caso, porém, seja deliberada em sede de execução penal, assumirá o caráter de *decisão interlocutória simples*.

Comentários: Ocorrendo a concessão ou negativa do *sursis* no âmbito da **sentença condenatória**, o recurso cabível será a apelação (art. 593, I, do CPP), ainda que a parte prejudicada não pretenda recorrer da condenação em si, mas unicamente da parte que deferiu ou indeferiu o benefício (art. 593, § 4.º, do CPP). Portanto, não é nem mesmo jamais foi cabível RSE nesta hipótese. Por outro lado, se a concessão e a negativa do *sursis* provierem do **juiz da execução penal**, a via impugnativa correta será o agravo em execução

42 STJ, AgRg no HC 247.590/MG, *DJ* 11.09.2013; TJRS: *Habeas Corpus* 70070617030, j. 01.09.2016 e *Habeas Corpus* 7 0054478656, j. 29.05.2013.

previsto no art. 197 da Lei 7.210/1984 e adequado contra qualquer decisão exarada nas Varas de Execuções Criminais. E quanto à revogação do *sursis*? Nesse caso, ao contrário da *concessão* e da *negativa*, a competência é exclusiva do Juízo das Execuções, pois a este compete fiscalizar o cumprimento das condições estabelecidas. Portanto, o recurso cabível, na atualidade, é, unicamente, o agravo em execução previsto no art. 197 da LEP. Logo, infere-se que, relativamente às situações que envolvem a suspensão condicional da pena, encontra-se tacitamente revogado o inciso XI do art. 581, em análise.

XII – Decisão acerca do livramento condicional

Natureza jurídica: *Decisão interlocutória simples* em sede de execução penal.

Comentário: Dispositivo tacitamente revogado pela Lei 7.210/1984. Isso porque, exigindo o livramento condicional o cumprimento de um mínimo de pena, é evidente que somente pode ser deliberado pelo juiz da execução, sendo, portanto, *agravo* (art. 197 da LEP) o recurso cabível, independentemente de se tratar de instituto previsto no Código Penal e de sua caracterização como instituto de direito material.

XIII – Decisão que anular o processo, total ou parcialmente

Natureza jurídica: A decisão do juiz que anula total ou parcialmente o processo possui natureza de *interlocutória simples*, pois não tem como finalidade extinguir o processo, impondo apenas a renovação dos atos anulados ou, na impossibilidade, a desconsideração dos elementos de prova capazes de formar o convencimento do juiz (art. 157, *caput*, do CPP).

Comentários: Desde que recebida a inicial acusatória e que não haja ainda sentença, caso venha o juiz a invalidar todo o processo ou qualquer termo nele realizado, mesmo antes da fase instrutória, será cabível o recurso em sentido estrito, não importando se a decisão anulatória foi proferida pelo juiz *ex officio* ou se foi provocada por requerimento de qualquer das partes.

E se for o caso de decisão indeferitória de pedido de anulação? A impugnação a esse pronunciamento poderá ocorrer por meio de *habeas corpus*, mandado de segurança ou correição parcial, conforme a hipótese concreta. Evidentemente, nada impede que o prejudicado, em vez de ajuizar estas medidas, aguarde a sentença de mérito e, sendo esta desfavorável, sustente a nulidade em preliminar de apelação. Afinal, ainda que a nulidade tenha natureza relativa, o fato de ter sido arguida em momento oportuno impede que ocorra a preclusão pela circunstância de aguardar a fase sentencial para novamente invocá-la.

O reconhecimento da ilicitude de prova acostada aos autos é impugnável por RSE? O art. 157 do CPP estabelece que as provas ilícitas deverão ser desentranhadas dos autos e, se for o caso, inutilizadas. Embora não exista previsão expressa em lei de uma via recursal própria para impugnar a decisão que declarar a inadmissibilidade de prova juntada aos autos, reputamos cabível o RSE por interpretação extensiva do art. 581, XIII, do CPP. É que o reconhecimento da ilicitude é decisão que produz a mesma consequência processual da anulação, qual seja a vedação ao uso da prova como elemento de convicção.

XIV – Decisão que exclui ou inclui jurado na lista geral

Natureza jurídica: Embora não se trate de pronunciamento adotado no âmbito de um processo criminal ou no curso de um inquérito, classifica-se a decisão em tela como *interlocutória mista terminativa*, já que, uma vez transitada em julgado, acarreta o arquivamento do procedimento que materializou os atos de escolha dos jurados que poderão fazer parte das reuniões do Tribunal do Júri no ano seguinte.

Comentários: Anualmente, deverá o juiz-presidente do tribunal do júri de cada comarca alistar os jurados que poderão ser convocados no ano seguinte (art. 425 do CPP). Trata-se da *lista geral de jurados*, a qual será publicada até o dia 10 de novembro de cada ano (art. 426, § 1.º, do CPP). Desta lista, a cada **reunião** (mês do ano em que há julgamentos pautados) serão sorteados vinte e cinco jurados. Posteriormente, a cada **sessão** (julgamento pelo júri), novo sorteio é realizado para definição dos sete nomes que comporão o conselho de sentença.

Considerando que os jurados procedem ao julgamento dos crimes dolosos contra a vida em nome da sociedade, a composição da lista geral não poderia, efetivamente, ser irrecorrível. Por essa razão, previu o legislador no art. 581, XIV, do CPP a possibilidade de interposição de RSE visando ao insurgimento quanto a essa nominata.

Embora pouco utilizada, a importância dessa modalidade recursal reside nas diferenças existentes em relação às regras gerais do RSE. Ocorre que, enquanto esse recurso é normalmente interposto em cinco dias, devendo ser julgado por câmaras dos tribunais de justiça ou por turmas dos tribunais regionais federais, no caso do inc. XIV a interposição é feita no prazo de **20 dias**, cabendo o seu julgamento ao **desembargador-presidente do tribunal** (arts. 582, parágrafo único, e 586, parágrafo único, ambos do CPP). Além disso, este RSE pode ser deduzido não apenas pelo Ministério Público e advogados, como por qualquer pessoa (desde que representada por advogado) que resida na comarca abrangida pela lista, até mesmo o próprio jurado incluído ou excluído.

XV – Decisão que denegar a apelação ou julgá-la deserta

Natureza jurídica: *Decisão interlocutória simples.*

Comentários: A apelação será *denegada* (ou não recebida) pela ausência dos pressupostos recursais objetivos e subjetivos que compõem a sua admissibilidade. Por outro lado, será *julgada deserta* por falta de preparo (quando se tratar de apelação intentada pelo querelante).

O art. 595 do CPP estabelecia, ainda, como causa de deserção da apelação, a fuga do réu depois de haver apelado. Com a edição da Lei 12.403/2011, tal artigo foi expressamente revogado. Com isto, consagrou-se, em nível legislativo, o entendimento que já vinha sendo adotado pela maioria da jurisprudência no sentido de que não foi o art. 595 do CPP recepcionado pela atual Constituição Federal. Inclusive, no âmbito do Superior Tribunal de Justiça, a Súmula 347 estatuiu que *o conhecimento de recurso de apelação do réu independe de sua prisão.*

XVI – Decisão que ordena a suspensão do processo em virtude de questão prejudicial

Natureza jurídica: É modalidade de *decisão interlocutória simples*, já que não importa na extinção do processo, mas tão somente na sua suspensão.

Comentários: As *questões prejudiciais* de que trata este inciso são aquelas regulamentadas nos arts. 92 a 94 do CPP. São questões de natureza extrapenal que, por vezes, surgem no curso do processo criminal e interferem na *tipicidade* da conduta imputada.

Em relação aos reflexos destas questões no andamento da ação penal, é preciso verificar a respectiva natureza:

- *Questões prejudiciais pertinentes ao estado das pessoas (art. 92):* Acarretam a suspensão obrigatória do processo criminal até que haja decisão definitiva do juízo cível. É o caso, por exemplo, da nulidade do primeiro casamento invocada como tese de defesa no processo criminal por bigamia. O juízo penal, neste caso, está obrigado a suspender o processo criminal até que haja decisão definitiva na ação civil de anulação. Somente após esse trânsito é que o processo criminal voltará a ser impulsionado até a sentença.
- *Questões prejudiciais que não versam estado das pessoas (art. 93):* Aqui a suspensão do processo criminal é facultativa. Isto significa que o juiz poderá optar entre sus-

pender o processo penal para esperar o desiderato da ação civil, ou prosseguir no seu impulso sem aguardar esse resultado. A título de ilustração, considere-se que o réu, acusado da venda de bem alheio como se fosse próprio (estelionato), defenda-se da imputação aduzindo que o bem objeto da denúncia lhe pertence, pois está na sua posse há mais de vinte anos, havendo até mesmo ajuizado ação de usucapião para regularizar a propriedade. Nesta situação, o juiz do processo criminal terá a faculdade de suspendê-lo ou não.

Pois bem, quando o juiz do processo criminal suspendê-lo para aguardar a solução de questão prejudicial no juízo cível, possibilita-se à parte prejudicada com essa suspensão interpor *recurso em sentido estrito* fulcrado no art. 581, XVI, do CPP, não importando, para tanto, se é caso de suspensão obrigatória ou hipótese de suspensão facultativa. Isso ocorre porque a suspensão do processo penal motivada por estas questões importa também em suspensão do prazo prescricional (art. 116, I, do Código Penal). Entretanto, se o juiz, julgando *equivocadamente* estar diante de questão prejudicial, suspender a ação penal, a prescrição não ficará suspensa, podendo, mais tarde, ser declarada em grau de recurso a extinção da punibilidade. Por isso, então, é que o legislador facultou o manejo de RSE tanto em relação às questões de suspensão obrigatória como no tocante aos casos de suspensão facultativa.

XVII – Decisão acerca da unificação de penas

Natureza jurídica: *Decisão interlocutória simples* em sede de execução criminal.

Comentários: Por unificação de penas entende-se o reconhecimento, no juízo da execução, de causas de exasperação da pena imposta – *crime continuado* e *concurso formal próprio*. Tratando-se de questões decididas na fase da execução da pena (art. 66, III, "a", da Lei 7.210/1984), o recuso cabível também será o *agravo em execução* (art. 197 da LEP), revogada, pois, tal previsão inserta ao inciso XVII do art. 581 do CPP.

XVIII – Decisão que julga o incidente de falsidade

Natureza jurídica: De acordo com o art. 145, I, do CPP, o incidente de falsidade documental é autuado em apartado. Infere-se, portanto, que sua instauração importa na formação de um procedimento autônomo. Logo, a decisão que o resolve extingue esse procedimento, caracterizando-se como *interlocutória mista terminativa*.

Comentários: É cabível a interposição de recurso em sentido estrito, tanto na hipótese de procedência como no caso de improcedência do incidente de falsidade documental.

Alertamos o leitor que não é incomum, principalmente em questões de concursos públicos, cogitar o candidato no sentido de que a procedência é irrecorrível, reservando-se, destarte, o recurso em sentido estrito apenas para as hipóteses de improcedência. Tal raciocínio é absolutamente equivocado e decorre da regra inscrita no art. 145, IV, do CPP, ao dispor que, "se reconhecida a falsidade por decisão irrecorrível, (o juiz), mandará desentranhar o documento e remetê-lo, com os autos do processo incidente, ao Ministério Público". Veja-se que esse dispositivo não está preceituando a irrecorribilidade da decisão que, julgando procedente o incidente, determina o desentranhamento do documento considerado falso dos autos, mas, simplesmente, condicionando tal desentranhamento ao trânsito em julgado da decisão judicial.

XIX – Decisão que decretar a medida de segurança depois do trânsito em julgado da sentença

Natureza jurídica: *Decisão interlocutória simples* em sede de execução criminal.

Comentários: Apenas o juiz da execução criminal poderá determinar a aplicação de medida de segurança após o trânsito em julgado da sentença. Isto ocorrerá quando o indivíduo, definitivamente condenado, vier a apresentar problemas mentais no curso da execução da pena privativa da liberdade. Nesse caso, o juiz da vara de execuções, com base no art. 183 da Lei 7.210/1984, poderá converter a pena em medida de segurança. Importante ressaltar que essa conversão ditada pela LEP é definitiva. Destarte, ao contrário do que ocorre com a previsão do art. 41 do Código Penal (que prevê a simples internação do apenado em hospital para tratamento e não importa em conversão de pena em medida de segurança), ainda que o indivíduo venha a recuperar-se mentalmente antes do tempo que restava de pena, não retornará à penitenciária. Em outras palavras, cessando sua periculosidade, extingue-se a medida de segurança, devendo ocorrer a desinternação, independentemente de quanto tempo de pena faltaria para cumprir, caso estivesse preso.

Considerando, portanto, que a decisão em foco é exclusiva da Vara de Execuções Criminais, conclui-se que está revogado tacitamente o inciso XIX em comento, ensejando tal decisão, em vez do recurso em sentido estrito, o agravo em execução.

XX – Decisão que impuser medida de segurança por transgressão de outra

Natureza jurídica: *Decisão interlocutória simples* em sede de execução criminal.

Comentários: Trata-se de incidente da execução previsto no art. 184 da Lei de Execução Penal, dispondo que "o tratamento ambulatorial poderá ser convertido em internação se o agente revelar incompatibilidade com a medida".

Com efeito, a medida de segurança sob a forma de tratamento ambulatorial poderá ser convertida em medida de internação em hospital de custódia e tratamento psiquiátrico se o agente revelar incompatibilidade com a primeira. Esta incompatibilidade, aludida no art. 184 da LEP, pode externar-se de diversas formas, como, por exemplo, o não comparecimento ao local determinado pelos médicos nos dias previamente fixados, a não submissão ao tratamento prescrito e a constatação de aumento da periculosidade de modo que esta importe em risco à própria segurança do indivíduo tratado ou à de terceiros.

Como a decisão em tela é exclusiva do juízo das execuções, enseja o agravo como recurso hábil à sua impugnação (art. 197 da LEP). Em síntese, está revogado tacitamente o inciso XX.

XXI – Decisão que mantiver ou substituir a medida de segurança, nos casos do art. 774 do CPP

Natureza jurídica: Prejudicada.

Comentário: O art. 774 do CPP encontra-se tacitamente revogado, pois refere-se a dispositivo do Código Penal que foi revogado com a reforma da Parte Geral de 1984. Esta situação conduz à inaplicabilidade do recurso em sentido estrito previsto no art. 581, XXI, do CPP.

XXII – Decisão que revogar a medida de segurança

Natureza jurídica: *Decisão interlocutória simples* em sede de execução criminal.

Comentários: Trata-se da decisão judicial que extingue a medida de segurança em face da cessação da periculosidade do indivíduo, importando em sua desinternação ou liberação nos termos do art. 179 da LEP. Cuidando-se de decisão exclusiva do juízo das execuções penais, cabe agravo para impugná-la (art. 197 da LEP), restando tacitamente revogado este inciso XXII.

XXIII – Decisão que deixar de revogar a medida de segurança

Natureza jurídica: *Decisão interlocutória simples* em sede de execução criminal.

Comentário: É o indeferimento do pedido de revogação da medida de segurança, entendendo o juiz inocorrentes as situações previstas em lei que permitiram sua extinção (arts. 175 a 179 da LEP). Assim como na hipótese anterior, está revogado tacitamente este inciso, pois a decisão é privativa da vara de execuções, ensejando agravo (art. 197 da LEP).

XXIV – Decisão que converter a pena de multa em prisão

Natureza jurídica: Prejudicada a referência, em face da impossibilidade jurídica dessa decisão no momento atual.

Comentários: A conversão da multa em prisão era autorizada pelo art. 51 do Código Penal. Com a edição da Lei 9.268/1996, restou modificada a redação desse artigo, passando a dispor que, "transitada em julgado a sentença condenatória, a multa será considerada dívida de valor, aplicando-se-lhe as normas da legislação relativa à dívida ativa da Fazenda Pública, inclusive no que concerne às causas interruptivas e suspensivas da prescrição". Destarte, para efeitos de execução, perdeu a multa a sua natureza de pena, inviabilizando-se, em consequência, a sua conversão em prisão. Se, apesar da previsão legal, vier o juiz a converter multa em prisão, ilegal será esta privação da liberdade, pois destituída de justa causa, dando margem à impetração de *habeas corpus*. Diante dessa situação, restou prejudicada a faculdade recursal prevista no art. 581, XXIV, do CPP, eis que, repita-se, a situação nele prevista não mais existe.

E se a pena de multa não for paga? Neste caso, não podendo ser convertida em prisão, restará a sua execução. Perceba-se que, por muito tempo, foi prevalente nos Tribunais Superiores (o STJ chegou a editar a Súmula 521) o entendimento de que a multa criminal deveria ser executada por meio da adoção dos procedimentos próprios da execução fiscal no juízo da Vara da Fazenda Pública, afastando-se a competência da Vara das Execuções Penais. Na sequência desse raciocínio, entendiam ser da **Fazenda Pública**, por meio de sua Procuradoria, a legitimidade para promover a execução de pena de multa imposta em sentença penal condenatória e não do Ministério Público[43-44].

Todavia, em 13.12.2018[45], no julgamento da Ação Direta de Inconstitucionalidade 3150 (proposta pela Procuradoria-Geral da República), bem como no enfrentamento da 12.ª Questão de Ordem apresentada na Ação Penal 470, o STF mudou sua orientação, passando a entender como sendo do Ministério Público a prioridade cobrança da multa, devendo fazê-lo em Vara de Execução Criminal, podendo a Procuradoria da Fazenda Pública promover tal execução em Vara de Execução Fiscal com base na Lei de Execução Fiscal apenas na hipótese de inércia do Promotor de Justiça no prazo de 90 dias após o trânsito em julgado da sentença.

Mais recentemente, porém, editada a Lei 13.964/2019, foi parcialmente modificada a redação do art. 51 do Código Penal, passando este a dispor que "transitada em julgado a sentença condenatória, a multa será executada perante o juiz da execução penal e será considerada dívida de valor, aplicáveis as normas relativas à dívida ativa da Fazenda Pública, inclusive no que concerne às causas interruptivas e suspensivas da prescrição". Comparando-se esta redação com a anterior, depreende-se que a única modificação foi inserção do trecho "*a multa será executada perante o juiz da execução penal*". Pois bem, com tal comando, fixou-se, em termos legislativos, a competência única do *Juízo da Execução Penal* para a cobrança da pena de multa, afastando-se a competência do *Juízo da Execução Fiscal*. Considerando esta regra, embora não se ignorando vozes em sentido oposto, compreendemos que ficou

---

43 STJ, Agravo Regimental no Recurso Especial 1332225/MG, *DJ* 06.02.2013; Agravo Regimental no Recurso Especial 1333113/MG, *DJ* 09.10.2012; Agravo Regimental no Recurso Especial 1160207/MG, *DJ* 19.12.2011; Recurso Especial 1181905/RS, *DJ* 16.05.2011.

44 STF, *Habeas Corpus* 115405/SP, *DJ* 17.12.2012.

45 Disponível em: <http://redir.stf.jus.br/estfvisualizadorpub/jsp/consultarprocessoeletronico/ConsultarProcessoEletronico.jsf?seqobjetoincidente=2204004>.

superado o precitado entendimento do Supremo Tribunal Federal no que tange à legitimação supletiva da Procuradoria da Fazenda Pública, sendo **exclusiva atribuição do Ministério Público**, agora, a execução da pena de multa inadimplida pelo réu condenado, execução esta, repita-se, a ser promovida em **Vara de Execução Criminal**.

E quanto à Súmula 521 do STJ? Este verbete, que já estava prejudicado com a aludida mudança na jurisprudência do STF, está, agora, definitivamente superado pela modificação legislativa operada em relação ao art. 51 do Código Penal.

XXV – Decisão que recusar homologação à proposta de acordo de não persecução penal

Natureza jurídica: Trata-se de decisão interlocutória simples, pois nada extinguir em termos de inquérito, processo ou procedimento.

Comentários: Disciplinado no art. 28-A do CPP (incluído pela Lei 13.964/2019), consiste o *acordo de não persecução penal* no ajuste celebrado, em determinadas condições e presentes os requisitos legais, entre o Ministério Público e o investigado, acompanhado de seu advogado, por meio do qual são estipuladas condições cujo cumprimento implicará em não ajuizamento de ação penal e extinção da punibilidade (a propósito deste acordo, remetemos ao Capítulo 5, tópico 5.16, em que o abordamos com detalhamento). Uma vez formalizado, deve ser enviado ao juiz competente para efeito de homologação. Com vista a essa finalidade, deverá o juiz aprazar audiência (art. 28-A, § 4º), na qual, a partir da oitiva do investigado na presença de seu defensor, constatará a voluntariedade do ajuste e a sua legalidade. Perceba-se que descabe ao juiz qualquer análise acerca de mérito (enquadramento penal do fato objeto do ajuste, por exemplo) e do conteúdo do acordo, ressalvadas, neste último aspecto, apenas a verificação da pertinência das condições fixadas.

Na sequência, duas situações podem ocorrer:

1. O juiz recusa a homologação, por entender inadequadas, insuficientes ou abusivas as condições fixadas ou ilegal a sua celebração em face da inobservância dos requisitos que o vinculam: esta decisão enseja a interposição do recurso em sentido estrito contemplado no inciso XXV, em exame.
2. O juiz homologa o ajuste: não há previsão de recurso em relação a essa decisão, tampouco sendo possível a utilização do critério de interpretação extensiva como permissivo para o cabimento do recurso em sentido estrito previsto no art. 581, XXV. A omissão do legislador quanto à estipulação de recurso, aqui, justifica-se na ausência, em tese, de interesse em recorrer tanto de parte do Ministério Público quanto do investigado, já que o acordo submetido à homologação judicial foi proposto pelo primeiro com estipulação de obrigações que foram aceitas pelo segundo na presença de advogado. Dissemos "em tese" porque, conquanto improvável, não é impossível a ocorrência de ilegalidade na decisão homologatória. Imagine-se, por exemplo, que tal homologação tenha ocorrido sem a realização da audiência a que alude o art. 28-A, § 4º, destinada a verificar a voluntariedade do acordo por meio da oitiva do investigado na presença de seu defensor, bem como a sua legalidade. Neste caso, fica aberta a possibilidade de, mais tarde, ser impugnada a decisão homologatória, fazendo-o o investigado, por exemplo, ao fundamento de que não foi voluntária sua adesão ao ajuste. Tal impugnação, contudo, não poderá ocorrer pela via recursal, mas, sim, por meio de ação autônoma, especialmente o *habeas corpus*, muito embora não se possa descartar, também, a dedução de correição parcial (caso ainda haja prazo para tanto).

14.7.3. Prazo e forma de interposição

Como regra geral, o RSE deverá ser interposto no **prazo** de cinco dias (art. 586 do CPP). Esse prazo, entretanto, é ressalvado em duas situações:

- Hipótese do art. 581, XIV: Refere-se ao recurso da lista geral de jurados, que deverá ser protocolado no prazo de 20 dias, contados da publicação da lista definitiva (art. 586, parágrafo único);
- Recurso do assistente de acusação não previamente habilitado em relação à extinção da punibilidade do réu, a ser deduzido no prazo de 15 dias, contados a partir do final do prazo do Ministério Público (art. 584, § 1.º, c/c o art. 598, parágrafo único). A respeito da legitimidade do assistente para recorrer, remetemos ao item 14.2.2.1 deste Capítulo, no qual o assunto foi tratado de modo aprofundado.

Quanto à **forma**, o recurso poderá ser interposto tanto por petição como por termo nos autos. Basta ver que o art. 587 do CPP, ao disciplinar a indicação de peças para traslado, refere-se ao "respectivo termo" e ao "requerimento avulso" (petição).

Tratando-se de recurso em que as razões não precisam, necessariamente, estar acostadas à interposição, poderá o recorrente relegar a respectiva apresentação para momento posterior. Nesse caso, o prazo para apresentação será de dois dias, nos termos do art. 588 do CPP. Muito embora esse dispositivo sugira que o referido prazo deva correr de forma automática após a interposição do recurso ou a extração do traslado pelo escrivão, é entendimento consolidado no sentido de que sua fluência tem início apenas após a notificação do recorrente para esse fim.

14.7.4. Efeitos

O recurso em sentido estrito possui os seguintes efeitos:

a) Efeito devolutivo: como ocorre com todos os recursos, o RSE possui efeito devolutivo, o que significa a restituição ao Poder Judiciário da possibilidade de revisar decisão atacada.

b) Efeito regressivo: possui, ainda, efeito regressivo, eis que permite ao próprio juiz prolator retratar-se da decisão recorrida antes da remessa ao juízo *ad quem*. A previsão legal deste efeito encontra-se no art. 589 do CPP, dispondo que "com a resposta do recorrido ou sem ela, será o recurso concluso ao juiz, que, dentro de 2 (dois) dias, reformará ou sustentará o seu despacho, mandando instruir o recurso com os traslados que lhe parecerem necessários".

c) Efeito suspensivo: quanto a este efeito, como regra, o recurso em sentido estrito não o possui, ressalvadas as seguintes situações:

- *Contra a decisão que determinar a perda do valor da fiança (art. 584, caput, do CPP):* em se tratando de fiança, a regra é a sua devolução a quem a pagou, pois não se trata esse instituto de pagamento pela liberdade provisória, mas, sim, de uma garantia economicamente avaliável prestada no intuito de resguardar o inquérito policial ou o processo criminal. Assim, uma vez transitada em julgado **sentença absolutória**, deverá ser restituída integralmente a fiança a quem a prestou, devidamente atualizada (art. 337 do CPP). Ao contrário, passando em julgado **decisão condenatória**, o valor pago poderá ser utilizado para abater o montante das custas, da indenização do dano causado à vítima (caso haja dano indenizável), da prestação pecuniária e da pena de multa que tiver sido fixada (art. 336 do CPP), restituindo-se a quem o tiver prestado eventual saldo. Apesar desta normatização, estabelece o art. 344 do CPP que restará perdido na totalidade o valor da fiança, se, **condenado**, o acusado não se apresentar para o início do cumprimento da pena definitivamente imposta. Essa decisão de perda da fiança, porém, é passível de recurso em sentido estrito (art. 581, VII, do CPP), pois não é de todo improvável que não tenha ocorrido a fuga do condenado, mas, sim, um afastamento provisório seu do domicílio, por exemplo, em virtude de hospitalização, de cuidado de familiar doente etc. Como esse RSE, a teor do art. 584, *caput*, do CPP, possui efeito suspensivo, antes do seu julgamento não será cumprida a regra do art. 345 que determina seja o valor da fiança, depois de deduzidas as custas e encargos a que esteja obrigado o acusado, recolhido ao fundo penitenciário. Tal consequência da perda da fiança apenas poderá ser ordenada após o julgamento do RSE, caso improvido.

- *Contra a decisão que denegar a apelação ou julgá-la deserta* (art. 584, *caput*, do CPP): Até certo tempo atrás, esta previsão de efeito suspensivo possuía extrema importância para o acusado, pois impedia a execução provisória da sentença condenatória na pendência de julgamento do RSE. Exemplo: Suponha-se que o réu tenha sido condenado à pena privativa da liberdade, facultando-lhe o juiz o direito de apelar em liberdade em face da ausência de requisitos da prisão preventiva. Se, eventualmente, a apelação por ele interposta não fosse recebida, o efeito natural dessa decisão seria a prisão. Afinal, havia sido facultado "apelar em liberdade", e não "aguardar o trânsito em julgado em liberdade". Não obstante, se fosse interposto RSE contra a decisão que denegou a apelação, essa insurgência *suspenderia* a execução provisória da pena privativa de liberdade, em razão do efeito *suspensivo*, que é inerente ao RSE do art. 581, XV, do CPP. Na atualidade, a previsão de efeito suspensivo do RSE contra decisão que denegar ou julgar deserta a apelação perdeu sua relevância em face do entendimento no sentido de que a execução provisória da pena fixada em sentença condenatória antes do trânsito em julgado da condenação é inconstitucional por afetar a presunção de inocência, podendo o acusado ser preso antes desse trânsito apenas por força de prisão cautelar, quando presentes os respectivos pressupostos, daí decorrendo a irrelevância quanto a terem ou não previsão de efeito suspensivo os recursos interpostos após tal sentença. Cabe destacar que, em 07.11.2019, o STF, no julgamento das Ações Declaratórias de Constitucionalidade 43, 44 e 54, reafirmou, agora em caráter vinculante, o entendimento de que a execução provisória da pena ofende o princípio da presunção de inocência (no Capítulo 13, tópico 13.5.2.1, abordamos o tema relativo a referidas ADCs com a necessária profundidade).

Além destes dois casos previstos no art. 584, *caput*, do CPP, em que o RSE suspende a **plenitude** dos efeitos das respectivas decisões, há outros dois em que o recurso suspende apenas **parcialmente** esses efeitos. São eles:

- *Recurso contra a decisão de pronúncia:* estabelece o art. 584, § 2.º, do CPP que o recurso contra a pronúncia suspenderá *tão somente* o julgamento pelo Tribunal do Júri. A leitura desatenta deste dispositivo pode conduzir à falsa impressão de que o recurso interposto contra a decisão de pronúncia não impede a tramitação normal do processo, vedando apenas a realização do julgamento pelo júri. Tal conclusão, porém, mostra-se absolutamente equivocada, por duas razões: *primeira*, a circunstância de que o recurso em sentido estrito contra a pronúncia processa-se, como regra, nos próprios autos (art. 583, II, do CPP). Sendo assim, é evidente que não poderia o legislador preceituar a possibilidade de prosseguimento do feito na Vara do Júri, pois o processo ao qual incorporado o recurso deverá ser encaminhado ao Tribunal competente para o julgamento; e, *segunda*, o fato de que, conforme se extrai dos arts. 421 e 422 do CPP, depois de *preclusa a decisão de pronúncia* (quanto a este condicionamento, ver quadro no Capítulo 10, tópico 10.14.8) é que os autos do processo serão conclusos ao magistrado para as diligências legais que antecedem ao julgamento em plenário. Destarte, o sentido do art. 584, § 2.º, ao dispor que o recurso *suspende tão somente o julgamento pelo Júri*, não está fazendo referência ao procedimento em si, mas, sim, aos efeitos da pronúncia, quais sejam:

- *Submissão do réu a júri:* Trata-se de efeito natural da pronúncia, já que esta é a única, dentre as quatro possibilidades de decisões previstas nos arts. 413, 414, 415 e 419 do CPP, que conduz o acusado a julgamento popular. **Este efeito ficará suspenso pela interposição de RSE contra a pronúncia**, pois, como se viu, apenas quando *preclusa* essa decisão é que o processo poderá retomar seu prosseguimento.
- *Possibilidade de ser decretada a prisão preventiva ou impostas as medidas cautelares diversas da prisão arroladas no art. 319 (art. 413, § 3.º):* **Este efeito não ficará obstado pela interposição de RSE**, podendo ser executadas tais medidas, caso tenham sido determinadas na pronúncia.

• Recurso contra a decisão que julgar quebrado o valor da fiança: O quebramento da fiança dar-se-á quando o beneficiário descumpre as obrigações legais pertinentes à fiança concedida (arts. 327 e 328), quais sejam, o comparecimento a todos os atos do inquérito ou processo, sempre que chamado; não mudar de residência sem prévia comunicação à autoridade respectiva e não se afastar de sua residência por mais de oito dias sem comunicação à polícia ou juízo; e, também, quando configuradas as hipóteses do art. 341 do CPP, estabelecendo que se reputará quebrada a fiança quando o afiançado regularmente intimado para ato do processo deixar de comparecer, sem motivo justo; deliberadamente praticar ato de obstrução ao andamento do processo; descumprir medida cautelar imposta cumulativamente com a fiança; resistir injustificadamente a ordem judicial; e praticar nova infração penal dolosa. Essa decisão importa em duas consequências (art. 343 do CPP):

- *Perda definitiva de metade do valor pago, ficando apenas a outra metade sujeita a restituição a quem prestou a fiança:* Este efeito da decisão de quebramento **ficará suspenso** até o julgamento do RSE, em face do que dispõe o art. 584, § 3.º, do CPP.
- *Possibilidade de o juiz decidir sobre a imposição de outras medidas cautelares ou, se for o caso, a decretação da prisão preventiva.* Esta consequência **poderá ser executada imediatamente**, independentemente de estar preclusa ou não a decisão de quebramento, já que o citado art. 584, § 3.º, refere que o recurso contra a decisão que julgar quebrada a fiança suspenderá apenas a perda da metade do seu valor, não suspendendo, então, a aplicação de outras medidas cautelares, inclusive a prisão preventiva.

14.7.5. Formalidades na tramitação

Em regra, o RSE será processado por instrumento (traslado). Nesse caso, o recorrente, por ocasião da interposição, e o recorrido, ao apresentar contrarrazões, deverão indicar as peças dos autos que pretendem sejam trasladadas (fotocopiadas) pelo escrivão para instruírem o recurso, sem prejuízo de o próprio juiz determinar traslado de peças que compreenda importantes para o seu julgamento pelo tribunal (art. 587 do CPP). No instrumento, obrigatoriamente deverão constar as cópias da decisão recorrida e a certidão de sua intimação (art. 587, parágrafo único, do CPP). Além destas, acrescentamos também o instrumento procuratório, uma vez que se considera *inexistente* o recurso que aporta ao tribunal sem esse documento (Súmula 115 do STJ)[46].

Há, todavia, hipóteses nas quais o recurso não subirá ao tribunal por instrumento, mas, sim, nos próprios autos do processo, dispensando-se, evidentemente, a indicação de peças pelas partes. Isto ocorre nas situações previstas no art. 583 do CPP, quais sejam:

I) Quando se tratar de hipótese de recurso em sentido estrito "interposto" de ofício pelo juiz. Esta situação ocorre, na atualidade, apenas em relação à decisão concessiva de *habeas corpus* (art. 581, X, c/c o art. 574, I, ambos do CPP). Anteriormente à vigência da Lei 11.689/2008 também se admitia RSE *ex officio* em relação à absolvição sumária. Entretanto, em face da revogação do art. 581, VI, ficou suprimida a utilização do RSE nesse caso, sendo a apelação o recurso cabível contra essa ordem de absolvição (art. 416 do CPP).

II) Quando se tratar das hipóteses dos incs. I (não recebimento da denúncia ou queixa), III (procedência das exceções, salvo a suspeição), IV, 1.ª parte (pronúncia), VIII (extinção da punibilidade) e X (concessão ou denegação do *habeas corpus*) do art. 581 do CPP. Aqui, deve-se atentar a dois aspectos:

- *Quanto ao RSE da pronúncia (inc. IV)*: apesar de este inciso determinar que o recurso em sentido estrito contra a decisão de pronúncia seja processado nos próprios autos, há hipótese em que essa modalidade impugnativa subirá ao tribunal competente para o julgamento mediante traslado: trata-se da situação contemplada no art. 583, parágrafo único, dispondo que, "quando, havendo dois ou mais réus, qualquer deles se conformar com a decisão ou todos não tiverem sido ainda intimados". Isto ocorre porque, nestes casos, operar-se-á a cisão do processo criminal, que terá prosseguimento tão somente em relação aos acusados não recorrentes ou já intimados da pronúncia.
- *Quanto ao RSE da absolvição sumária (inc. VI)*: a redação original do art. 583, II, do CPP também determinava que o RSE contra a absolvição sumária deveria ser processado nos próprios autos. Ocorre que, como dissemos antes, descabe RSE em relação a essa decisão, não apenas porque o art. 4.º da Lei 11.689/2008 revogou expressamente o inc. VI do art. 581, como em razão de a nova redação do art. 416 estabelecer o cabimento da apelação em relação à absolvição sumária.

III) Quando não prejudicar o andamento do processo principal. É o que ocorre, por exemplo, com o RSE do art. 581, XVI, dirigido à decisão do juiz que ordenar a suspensão do processo em virtude de questão prejudicial. Encontrando-se suspenso o processo, não há prejuízo em que os respectivos autos subam ao tribunal juntamente com o recurso interposto.

14.7.6. Competência para o julgamento

É das câmaras dos Tribunais de Justiça e turmas dos Tribunais Regionais Federais a competência para o julgamento do recurso em sentido estrito. Este o alcance do art. 582 do CPP quando reza que "os recursos serão sempre para o Tribunal de Apelação". Quanto às ressalvas previstas nesse dispositivo ("salvo nos casos dos ns. V, X e XIV"), a única que subsiste é a do inciso XIV, cujo julgamento está afeto à presidência do Tribunal, restando prejudicadas as demais pelas reformas legislativas havidas após a edição do Código de Processo Penal.

46 "Na instância especial é inexistente recurso interposto por advogado sem procuração nos autos."

Gize-se, outrossim, que a expressão "tribunais de apelação" não é mais utilizada. Destarte, atualizando-se a redação do art. 582 em exame, teríamos a seguinte redação: "os recursos em sentido estrito serão sempre julgados pelas Câmaras dos Tribunais de Justiça ou pelas Turmas dos Tribunais Regionais Federais, salvo na hipótese do art. 581, XIV, cujo julgamento é afeto ao Presidente do Tribunal a que vinculado o juízo que organizou a lista geral de jurados impugnada".

14.7.7. Processamento

Interposto o recurso no prazo de cinco dias, serão os autos conclusos ao juiz para verificação de sua **admissibilidade**. Preenchidos os respectivos pressupostos, o juiz receberá a inconformidade, notificando-se as partes – primeiro recorrente, depois o recorrido – para **apresentação de razões e contrarrazões**, respectivamente, cada qual no prazo de dois dias (art. 588 do CPP). Apresentados ou não esses arrazoados, retornará o recurso ao juiz para o **juízo de retratação** (art. 589, *caput*, do CPP). Não se retratando, deverá o juiz encaminhar o recurso ao juízo *ad quem* para julgamento. Retratando-se, terá sido alcançado o resultado prático desejado, esgotando-se aí, em princípio, a tramitação do RSE.

Registre-se, todavia, que a parte prejudicada com a nova decisão provocada pela retratação do magistrado poderá não se conformar com essa solução, exsurgindo-se daí duas possibilidades:

1. Se a nova decisão provocada pela retratação ensejar recurso em sentido estrito, em vez de intentar novo recurso, deverá o interessado, por simples petição (art. 589, parágrafo único, do CPP), requerer a remessa do recurso já processado à instância superior, vedados novos arrazoados (razões e contrarrazões), não sendo mais lícito ao juiz retratar-se. *Exemplo*: diante do deferimento da extinção da punibilidade suscitada pela defesa, interpõe o Ministério Público oportuno recurso em sentido estrito (art. 581, VIII, do CPP), o qual é processado, vindo o juiz a retratar-se. Inconformada com essa retratação, poderá a defesa, com base no art. 589 do CPP, peticionar ao magistrado requerendo a remessa do recurso ministerial ao Tribunal, como se fosse recurso defensivo, hipótese na qual as razões da acusação valerão como contrarrazões e as contrarrazões da defesa, como razões. Mas isto somente é possível porque a decisão emergente da retratação – indeferimento de extinção da punibilidade – é atacável mediante recurso em sentido estrito (art. 581, IX, do CPP).
2. Se, porém, a nova decisão não estiver prevista no art. 581 do CPP, nada mais poderá ser promovido em termos de recurso em sentido estrito. Nessa hipótese, quando muito poderá o sucumbente opor-se por meio de outro recurso ou impugnação, se cabível. *Exemplo*: considere-se que o magistrado local vem a julgar procedente exceção de incompetência suscitada pela defesa. Inconformado, recorre o promotor de justiça em sentido estrito (art. 581, III, do CPP). Sendo processado o recurso, retrata-se o juiz da decisão anterior, decidindo pela improcedência daquela medida. Nesse caso, não poderá a defesa requerer por petição o seguimento do recurso ministerial ao Tribunal, nos termos mencionados no exemplo anterior, tendo em vista que a decisão resultante da retratação – improcedência de exceção de incompetência – não comporta recurso em sentido estrito.

14.7.8. Breve esquema acerca da tramitação do RSE

Em linhas gerais, é possível sintetizar o rito pelo qual se processa o recurso em sentido estrito do seguinte modo:

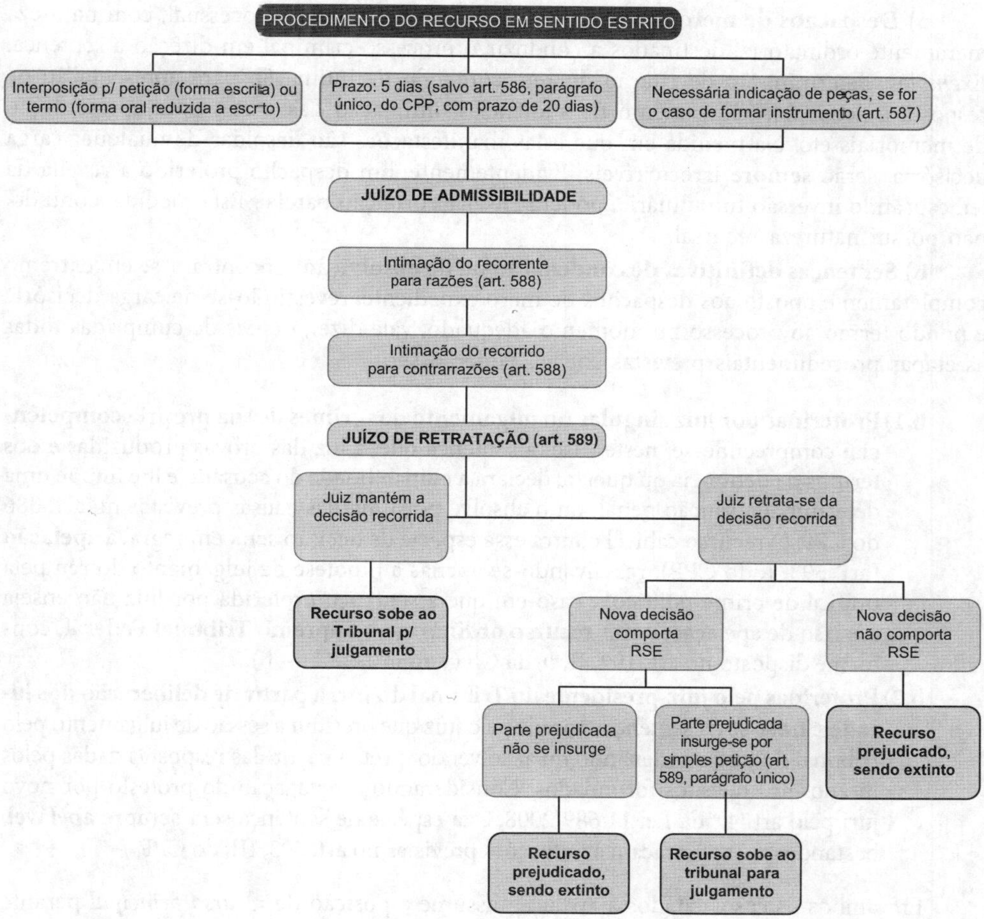

14.7.9. Fuga do réu e recebimento do recurso em sentido estrito

Na disciplina do Código de Processo Penal de 1941, dispôs o legislador, no art. 585, que o réu não poderá recorrer da pronúncia senão depois de preso. Com isto, autorizou-se ao juiz não receber o recurso em sentido estrito interposto contra tal decisão na hipótese em que foragido o pronunciado.

Todavia, com a promulgação da Lei 12.403/2011 firmou-se o entendimento de que o conhecimento do recurso em sentido estrito não pode estar condicionado à efetivação da custódia decretada da pronúncia. Essa lei, com efeito, revogou expressamente o art. 595 do CPP, que estabelecia a deserção da *apelação* em razão da fuga do réu condenado. Ora, considerando a simetria entre o citado art. 595 (tratando da apelação) e o art. 585 (relativo ao RSE), resta evidente que a revogação tácita do primeiro produz reflexos inexoráveis em relação ao segundo, atingindo frontalmente a possibilidade de sua aplicação.

14.8. APELAÇÃO (ARTS. 593 A 606 DO CPP)

14.8.1. Cabimento

O cabimento da apelação está relacionado à natureza das manifestações judiciais. Estas, na atual concepção, classificam-se de três formas:

a) Despachos de mero expediente: são os atos de impulso processual, com natureza meramente ordinatória, destinados a conduzir o processo criminal em direção à sentença. *Exemplos*: determinação de citação do réu, comando de intimação para apresentação de resposta à acusação, aprazamento de audiências, intimação das partes para apresentação de memoriais etc. Na medida em que estas manifestações são despidas de qualquer carga decisória, serão **sempre irrecorríveis**. Evidentemente, um despacho proferido à revelia da lei, causando inversão tumultuária, poderá ensejar correição parcial. Esta medida, contudo, não possui natureza recursal.

b) Sentenças definitivas de condenação ou de absolvição: Encontram-se em extremo completamente oposto aos despachos de mero expediente, revestindo-se de carga decisória e pondo termo ao processo no momento adequado, vale dizer, depois de cumpridas todas as etapas procedimentais previstas em lei. Poderão ser:

b.1) Proferidas por juiz singular no julgamento dos crimes de sua própria competência: compreende-se, neste caso, a sentença que, à luz das provas produzidas e dos termos da denúncia ou queixa, declara a culpabilidade do acusado e lhe impõe uma determinada sanção penal, ou o absolve por uma das causas previstas no art. 386 do CPP. O recurso cabível contra essa espécie de decisão será, em regra, a **apelação** (art. 593, I, do CPP), ressalvando-se apenas a hipótese de julgamento do réu pela prática de crime político[47], caso em que a sentença proferida por juiz não enseja recurso de apelação, e sim **recurso ordinário ao Supremo Tribunal Federal**, conforme disposto no art. 102, II, *b*, da CF (v. item 14.17.1 – b).

b.2) Proferidas pelo juiz-presidente do Tribunal do Júri a partir de deliberação dos jurados: trata-se da sentença exarada pelo juiz que presidiu a sessão de julgamento pelo tribunal do júri, condenando ou absolvendo o réu a partir das respostas dadas pelos jurados aos quesitos formulados. Considerando a revogação do protesto por novo júri pelo art. 4.º da Lei 11.689/2008, esta espécie de sentença será **sempre apelável**, bastando que se perfaçam as situações previstas no art. 593, III, do CPP.

Em ambos os casos citados a apelação assume a posição de *recurso principal* perante o recurso em sentido estrito, por força do disposto no § 4.º do art. 593. Isto significa que, mesmo que o sucumbente recorra somente de parte da sentença absolutória ou da sentença condenatória, persistirá a apelação como recurso cabível. *Exemplo:* considere-se que, ao sentenciar, o magistrado condene o réu, concedendo-lhe, ato contínuo, o perdão judicial. Ainda que o Ministério Público pretenda recorrer unicamente da parte da sentença que, deferindo o perdão, julgou extinta a punibilidade, o recurso correto será a apelação e não o RSE previsto no art. 581, VIII, do CPP, visto que a extinção da punibilidade terá ocorrido dentro da sentença e, de sentença, o recurso cabível é a apelação.

c) Decisões interlocutórias: compõem uma classificação intermediária entre os despachos e as sentenças propriamente ditas. Possuem carga decisória, podendo, eventualmente, acarretar a extinção do processo. Classificam-se em duas ordens:

c.1) Decisões interlocutórias simples: destinam-se a resolver questões incidentais que surjam antes da sentença sem acarretar qualquer extinção. *Exemplos*: decretação da prisão preventiva, concessão de liberdade provisória, homologação da prisão em

[47] Os crimes políticos estavam contemplados na Lei 7.170/1983 – a chamada Lei de Segurança Nacional. Diante da revogação expressa desse diploma pela Lei 14.197, de 1.º.09.2021, que inseriu no Código Penal os Crimes Contra o Estado Democrático de Direito (arts. 359-I a 359-R), estas são as condutas que tipificam, agora, os crimes políticos. A competência para o julgamento destes delitos é exclusiva da Justiça Federal, consoante dispõe o art. 109, IV, da Constituição Federal.

flagrante, habilitação do assistente de acusação, desclassificação (art. 419 do CPP), recebimento da denúncia etc. Contra as decisões interlocutórias simples, o único recurso possível é o **recurso em sentido estrito**, desde que haja previsão legal de sua utilização ou que seja possível a aplicação do critério de interpretação extensiva. Não sendo o caso de RSE, essas decisões serão irrecorríveis, muito embora possam aceitar, conforme o caso, o *habeas corpus*, o mandado de segurança e a correição parcial, que não possuem natureza recursal. **Jamais serão apeláveis.**

c.2) **Decisões interlocutórias mistas:** estas, por sua vez, subclassificam-se em duas espécies:

c.2.1) **Decisões interlocutórias mistas terminativas:** também chamadas de *decisões definitivas*, são aquelas que, conquanto não possuam natureza sentencial, extinguem o processo ou o procedimento prematuramente, vale dizer, antes do esgotamento de todas as etapas do rito e da prolação da sentença final de condenação ou absolvição. *Exemplos*: rejeição da denúncia, não recebimento da queixa, acolhimento das exceções de ilegitimidade de parte, coisa julgada e litispendência, extinção da punibilidade, impronúncia, absolvição sumária etc.

c.2.2) **Decisões interlocutórias mistas não terminativas:** também chamadas de *decisões com força de definitivas*, são as que, a despeito de não acarretarem o fim do processo, extinguem uma etapa do procedimento. É o que ocorre, por exemplo, com a *pronúncia*, que encerra a primeira etapa do procedimento do júri (*juditium acusationes*) e inaugura a segunda fase (*juditium causae*). Outro exemplo é a decisão que não homologa a proposta de transação penal realizada pelo Ministério Público e aceita pelo autor do fato no âmbito dos Juizados Especiais Criminais, encerrando, com isto, a fase preliminar ao oferecimento da denúncia ou queixa oral (art. 76, § 4.º, da Lei 9.099/1995). E, malgrado entendimentos contrários, compreendemos que também podem se enquadrar nesta classificação as decisões que rejeitam as defesas preliminares previstas em algumas formas procedimentais, já que nestes casos a decisão do magistrado que desacolhe a defesa oferecida e recebe a denúncia estará extinguindo uma etapa do procedimento (o momento da defesa preliminar) e, em consequência, dando início a outra fase (o início do processo penal propriamente dito). *Exemplos*: desacolhimento da defesa preliminar prevista no art. 514 do CPP nos crimes funcionais afiançáveis imputados a funcionários públicos; desacolhimento da defesa preliminar prevista no art. 55 da Lei 11.343/2006 em crimes relacionados a drogas; e desacolhimento da defesa preliminar prevista no art. 81 da Lei 9.099/1995.

Pois bem. Contra as decisões interlocutórias mistas, sejam terminativas, sejam não terminativas, o recurso cabível será o **recurso em sentido estrito**, desde que prevista em lei a sua utilização ou se possível justificar seu cabimento por interpretação extensiva de alguma das hipóteses contempladas na legislação. Não sendo hipótese de RSE, as interlocutórias mistas poderão ser impugnadas por meio da **apelação subsidiária (ou supletiva) prevista no art. 593, II, do CPP**. Destarte, ao referir-se esse dispositivo às "decisões definitivas ou com força de definitivas, proferidas por juiz singular, nas hipóteses não previstas no capítulo anterior", como tal devem-se compreender as "decisões interlocutórias mistas terminativas ou não terminativas, proferidas por juiz singular, nos casos em que não couber recurso em sentido estrito". Considerando que na hipótese do inciso II do art. 593 do CPP, opostamente ao que ocorre com os incisos I e III do mesmo dispositivo, a apelação possui caráter residual diante do recurso em sentido estrito, depreende-se inaplicável, aqui, a regra inserta no § 4.º do aludido art. 593, que dispõe sobre a prevalência da apelação sobre o RSE. Nesse caso, enfim, o RSE assume a posição de recurso principal e a apelação, de recurso subsidiário.

> **ATENÇÃO:** doutrinariamente, também se denomina de *apelação subsidiária ou supletiva* aquela intentada pelo assistente de acusação, habilitado ou não, na ausência de recurso do Ministério Público. Tal denominação é empregada pelo fato de a legitimidade recursal do assistente condicionar-se à não interposição de recurso pelo Ministério Público (art. 598 do CPP). Em outras palavras, o assistente de acusação apenas pode recorrer quando o Ministério Público não o fizer no prazo legal.

Tendo em vista a complexidade do tema que envolve esta relação entre a natureza da decisão recorrida e o cabimento da apelação, ora como **insurgência principal (art. 593, I e III, do CPP)** frente ao recurso em sentido estrito, ora como **insurgência subsidiária (art. 593, II, do CPP)** diante daquele recurso, apresenta-se, para facilitar a compreensão, o seguinte esquema:

Despachos de mero expediente →	▪ Sempre irrecorríveis; ▪ Podem admitir, contudo, correição parcial, se importarem em Inversão tumultuária do processo.
Sentenças condenatórias e absolutórias pelo juiz singular ou pelo tribunal do júri (art. 593, I e III, do CPP) →	▪ Regra geral: apeláveis (a apelação, nesse caso, prevalece sobre o RSE – art. 593, § 4.º); ▪ Exceção: condenação ou absolvição por crime político, que enseja recurso ordinário constitucional para o STF (art. 102, II, "b", da CF).
Decisões interlocutórias – Decisões interlocutórias simples →	Jamais serão apeláveis. Comportam RSE (se previsto em lei ou possível sua utilização por interpretação extensiva). Caso contrário, serão irrecorríveis, podendo, entretanto, ser impugnadas mediante *habeas corpus*, mandado de segurança e correição parcial (que não têm natureza recursal).
Decisões interlocutórias – Decisões interlocutórias mistas terminativas ou não terminativas →	Comportam RSE (se previsto em lei ou se possível sua utilização por interpretação extensiva). Não sendo o caso de RSE, serão sempre apeláveis (art. 593, II, do CPP). A apelação, portanto, nesse caso, é supletiva em relação ao RSE.

14.8.2. Apelação das decisões do Tribunal do Júri

O art. 593, III, do CPP contempla a apelação contra decisões do Tribunal do Júri, aduzindo, em suas alíneas *a, b, c* e *d* as matérias que poderão ser alegadas nesse recurso.

Registre-se que essa modalidade impugnativa é considerada um **recurso vinculado,** pois seu julgamento condiciona-se aos motivos de sua interposição. Por exemplo, se interposta a apelação com base no art. 593, III, *a,* do CPP, não poderá o apelante, por ocasião das razões, ampliar a interposição para nela inserir o fundamento da alínea *d.* Essa vinculação é determinada pela Súmula 713 do STF, segundo a qual *o efeito devolutivo das apelações do Tribunal do Júri é adstrito aos fundamentos de sua interposição. E se, na interposição da apelação contra decisão do Tribunal do Júri, não for indicada qualquer das alíneas do art. 593, III, do CPP?* Apesar dos termos da Súmula 713 do STF, não reputamos inepto o recurso, entendendo que, nesse caso, a apelação, implicitamente, abrange todos os fundamentos do referido art. 593, III.

Consistem, pois, nos seguintes os fundamentos que, arrolados nas quatro alíneas do citado dispositivo, podem ser invocados no recurso em exame:

a) Nulidade posterior à pronúncia: embora o Código de Processo Penal refirase, unicamente, às nulidades *posteriores* à decisão de pronúncia, sugerindo a preclusão das que forem anteriores a essa decisão, é óbvio que essa regra aplica-se somente às nulidades relativas e não às absolutas, pois essas últimas são insanáveis, podendo ser invocadas em qualquer tempo e grau de jurisdição. A impropriedade legislativa constatada nesta hipótese de cabimento da apelação decorre da época em que foi editado o Código, quando não se distinguiam as nulidades em absolutas e relativas.

Outro aspecto importante a considerar é o de que as nulidades relativas, para que sejam alegadas em grau de apelação, não poderão estar preclusas. É que esta ordem de vício, ao contrário das nulidades absolutas, possui tempo certo para arguição, sob pena de convalidação, tempo este que, no âmbito do Código de Processo Penal, é previsto no art. 571 e seus incisos do CPP. Assim, nulidades relativas ocorrentes após a pronúncia e antes do júri deverão ser arguidas, obrigatoriamente, logo no início do julgamento, depois de apregoadas as partes, nos termos do art. 571, V, do CPP. Não alegadas nesta oportunidade, ficarão preclusas e não poderão, mais tarde, ser alegadas em apelação da decisão do júri fulcrada na alínea "a" em exame.

Intentada apelação com fundamento em nulidade processual, caso provida, terá como consequência a invalidação do ato considerado nulo e de todos os que lhe seguirem, inclusive o próprio julgamento pelo júri. *E se, realizado o julgamento pelo júri em relação a mais de um crime praticado pelo agente, a nulidade alcançar apenas um deles?* Imagine-se, por exemplo, que, submetido o réu a júri popular pela prática de dois homicídios, em relação a um deles proceda o Ministério Público à leitura de trecho relevante da decisão de pronúncia, situação esta causadora de nulidade, conforme prevê o art. 478, I, do CPP. Ora, neste caso, salvo se houver relação de absoluta prejudicialidade em relação aos crimes imputados, parece evidente que deverá o Tribunal de Justiça, julgando a apelação interposta, determinar a anulação parcial do julgamento, vale dizer, apenas em relação ao delito em que se operou o vício patrocinado pelo Promotor.

Determinada a realização de um novo julgamento, sete novos jurados deverão compor o Conselho de Sentença, não se admitindo a reiteração de membro que tenha participado na sessão anterior (Súmula 206 do STF).

Em síntese:

- **Nulidades absolutas:** poderão ser arguidas na apelação fulcrada no art. 593, III, "a", do CPP, independente de terem ocorrido antes ou depois da pronúncia, pois são insanáveis.
- **Nulidades relativas:** poderão ser arguidas na apelação fulcrada nessa alínea apenas quando ocorrentes depois da pronúncia e desde que não tenham precluído pela falta de arguição *oportuno tempore*.

b) Sentença do juiz-presidente contrária à lei expressa ou à decisão dos jurados: O provimento desta apelação não implica novo julgamento pelo júri, mas tão somente retificação da sentença que contrariar a lei ou a decisão dos jurados (art. 593, § 1.º, do CPP). *Exemplo: condenado o réu por homicídio qualificado, fixa-lhe o juiz, na sentença, pena de 12 anos de reclusão em regime semiaberto.* Esta sentença contraria o disposto no art. 33, § 2.º, *a*, do Código Penal, que estabelece o regime inicial fechado para condenados à pena de prisão superior a oito anos, podendo, então, ser retificada pelo tribunal diante de apelação do Ministério Público fulcrada no art. 593, III, *b*, do CPP.

c) Erro ou injustiça na aplicação da pena: trata-se de equívoco do magistrado na quantificação da pena imposta, fixando-a, ou em patamar muito elevado, ou muito reduzido. A apelação fulcrada nesta alínea, uma vez provida, importará em retificação da reprimenda, adequando-a o tribunal competente aos parâmetros corretos (art. 593, § 2.º, do CPP).

d) Decisão dos jurados manifestamente contrária à prova dos autos: somente é *manifestamente contrária à prova dos autos* a decisão dos jurados que se dissocia, integralmente, de todos os segmentos probatórios aceitáveis dentro do processo. Assim, se houver provas que amparem a decisão do Conselho de Sentença, não se anula o julgamento com base nesta alínea *d*, não importando o fato de existir número maior de elementos apoiando a tese rejeitada pelos jurados. Se, uma vez interposta, for provida pelo tribunal a apelação embasada nesta alínea *d*, o réu será submetido a novo julgamento pelo júri (art. 593, § 3.º, 1.ª parte, do CPP), sendo que, também aqui, incidem os termos da Súmula 206 do STF, proibindo que, no julgamento posterior, participem jurados que atuaram no anterior.

A despeito da aparente singeleza do tema, existem certos aspectos que, pelas controvérsias, precisam ser examinados com maior cautela. Atente-se:

1. Possibilidade de interposição da apelação do art. 593, III, d, na hipótese em que os jurados tenham absolvido o réu a partir da resposta afirmativa ao quesito genérico previsto no art. 483, III: lembre-se de que, conforme tratamos no *Capítulo 10, tópico 10.14.11, item 7* (ao qual remetemos o leitor), o questionário feito aos jurados após os debates das partes inicia-se pelo quesito da *materialidade do fato* (art. 483, I). Afirmada esta, segue-se a quesitação da *autoria ou participação* (art. 483, II). Respondido afirmativamente também este segundo quesito, prossegue-se o questionário, formulando o Juiz Presidente aos jurados, então, o aludido *quesito absolutório genérico* (art. 483, III), consistente na seguinte pergunta: "*O jurado absolve o acusado*?" (art. 483, § 2.º, 2.ª parte). Reitera-se que este último quesito é realizado apenas na hipótese de os dois anteriores (*materialidade* e *autoria ou participação*) terem sido respondidos *afirmativamente* (art. 483, § 2.º, 1.ª parte).

Pois bem, tratando-se de veredicto absolutório decorrente da resposta negativa ao primeiro quesito (materialidade) e ao segundo quesito (autoria ou participação), caso haja manifesta contrariedade à prova dos autos, não há dúvida a respeito do cabimento da apelação do art. 593, III, d, podendo o tribunal, ao julgar esse recurso, anular o julgamento e determinar que outro seja realizado.

Divergências, na verdade, existem quando, apesar de os jurados afirmarem a materialidade do fato e a autoria ou participação do réu, responderem, também afirmativamente, ao quesito genérico de absolvição, caso em que não é possível determinar qual a razão que os conduziu ao resultado absolutório.

Com efeito, no âmbito do STJ, sedimentou-se a jurisprudência no sentido de que, ausente qualquer prova que conduza ao veredicto absolutório, deve-se considerar como manifestamente contrária a resposta afirmativa ao quesito genérico do art. 483, III, sendo possível, assim, o manejo da apelação do art. 593, III, d, buscando-se a invalidação do julgamento pelo júri, para que outro seja realizado. Compreende a Corte, enfim, que "não ofende o princípio da soberania dos veredictos a decisão do Tribunal local que, julgando recurso de apelação interposto pelo Ministério Público, anula decisão absolutória proferida pelo Conselho de Sentença com base no quesito genérico (art. 483, III, c/c § 2.º, do CPP) que se mostre manifestamente contrária à prova dos autos, determinando a realização de novo julgamento pelo Tribunal do júri"[48]. Com isto, revisou o STJ o seu entendimento

[48] STJ, AgRg no AREsp 1.821.209/MA, 5.ª Turma, Rel. Min. João Otávio de Noronha, j. 22.02.2022, *DJe* 24.02.2022. No mesmo sentido: AgRg no HC 482.056/SP, 6.ª Turma, Rel. Min. Antônio Saldanha Palheiro, j. 02.08.2022, *DJe*

anterior no sentido de que, sendo a negativa de autoria a única tese defensiva, a resposta afirmativa ao quesito da autoria (reconhecendo-se, portanto, o envolvimento do acusado no crime) seguida da resposta afirmativa ao quesito genérico de absolvição não possibilitaria, por si só, a anulação do julgamento, devendo ser interpretada como clemência de parte dos jurados.

Já no STF não há unanimidade entre os ministros. Veja-se que a Primeira Turma entende que, "reconhecida a materialidade do fato e a autoria do réu, sendo a negativa de autoria a única tese defensiva, a resposta positiva ao quesito genérico de absolvição enseja a possibilidade de interposição de apelação singular pelo Ministério Público, sob a alegação de decisão manifestamente contrária à prova dos autos (art. 593, III, 'd', do CPP), cujo provimento implicará tão somente na realização de novo júri, sem que esse substitua a decisão do Conselho de Sentença"[49]. Diferente, contudo, vem sendo a posição da Segunda Turma, para a qual a absolvição decorrente da resposta afirmativa ao quesito genérico não permite, em qualquer caso, a invalidação do júri sob o fundamento da manifesta contrariedade à prova dos autos. A Segunda Turma, enfim, adota a compreensão de que a absolvição pelo quesito genérico pode ocorrer por qualquer fundamento, vale dizer, tanto por questões de ordem jurídica como pelo acolhimento de teses defensivas e até mesmo por mera clemência. Logo, não havendo como saber a razão pela qual respondido afirmativamente ao quesito genérico de absolvição, não é possível, também, que seja considerada manifestamente contrário à prova dos autos o julgamento levado a efeito pelo Conselho de Sentença. A propósito: "Na reforma legislativa de 2008, alterou-se substancialmente o procedimento do júri, inclusive a sistemática de quesitação aos jurados. Inseriu-se um quesito genérico e obrigatório, em que se pergunta ao julgador leigo: 'O jurado absolve o acusado?' (art. 483, III, § 2.º, CPP). Ou seja, o júri pode absolver o réu sem qualquer especificação e sem necessidade de motivação. Considerando o quesito genérico e a desnecessidade de motivação na decisão dos jurados, configura-se a possibilidade de absolvição por clemência, ou seja, mesmo em contrariedade manifesta à prova dos autos. Se, ao responder o quesito genérico o jurado pode absolver o réu sem especificar os motivos, e, assim, por qualquer fundamento, não há absolvição com tal embasamento que possa ser considerada "manifestamente contrária à prova dos autos"[50].

Trilhamos a orientação do STJ. Compreendemos, enfim, que o fato da *clemência dos jurados* ao responderem afirmativamente ao *quesito genérico de absolvição* não impede a constatação apriorística da manifesta contrariedade à prova dos autos, situação esta que, se reconhecida pelo tribunal no julgamento da apelação acusatória fundada no art. 593, III, *d*, importará em novo julgamento popular, cuja decisão, agora, sim, será definitiva, diante da impossibilidade de manejo do mesmo recurso mais de uma vez (art. 593, § 3.º, 2.ª parte, CPP). Em realidade, tudo depende das particularidades do caso concreto. Imagine-se, por exemplo, a situação do indivíduo acusado de matar uma criança, como vingança de sua companheira, pelo fato de ter descoberto que a vítima não era seu filho. Suponha-se que tenha ele negado seu envolvimento, sendo esta tese (a única trazida pela defesa) refutada pelos jurados ao responderem afirmativamente ao quesito relativo à autoria (art. 483, II). Considere-se, contudo, que, na sequência da quesitação, respondam os jurados afirmativamente ao quesito absolutório genérico. Ora, ao assim proceder, na medida em

---

08.08.2022 e AgRg no AREsp 1.939.690/ES, 6.ª Turma, Rel. Min. Olindo Menezes (Desembargador Convocado do TRF 1ª Região), j. 14.12.2021, *DJe* 17.12.2021.

[49] STF, HC 146.672, 1.ª Turma, Rel. Min. Marco Aurélio, j. 13.08.2020, *DJe* 18.08.2020.

[50] STF, HC 185.068, 2.ª Turma, Rel. Min. Celso de Mello, j. 20.10.2020, *DJe* 18.11.2020. No mesmo sentido: RHC 192.431 AgR, 2.ª Turma, Rel. Min. Ricardo Lewandowski, j. 23.02.2021, *DJe* 11.05.2021 e HC 178.856, 2.ª Turma, Rel. Min. Celso de Mello, j. 10.02.2020, *DJe* 22.10.2020.

que a maioria do Conselho de Sentença reconheceu a autoria e, não obstante, absolveu o réu, operou-se hipótese de *absolvição por clemência*. Ocorre que a *clemência*, no cenário apontado, revela-se, aprioristicamente, inconcebível. Afinal, qual motivo poderia justificar a piedade dos jurados? Nada mais razoável, portanto, do que se admitir o recurso acusatório sob o fundamento da manifesta contrariedade à prova dos autos, visando submeter o acusado a novo júri. Agora, se nesse novo julgamento repetir-se o veredicto absolutório em idênticas condições, nada restará a fazer, pois, como dissemos e repetimos, a absolvição fundada no art. 593, III, *d*, do CPP, é cabível apenas uma vez.

De qualquer forma, diante das apontadas divergências, o Tribunal Pleno do STF, em 08.05.2020, no âmbito do Recurso Extraordinário com Agravo 122.5185[51], muito acertadamente reconheceu a repercussão geral da matéria debatida, fixando o Tema 1.087, nos seguintes termos: "Possibilidade de Tribunal de 2º grau, diante da soberania dos veredictos do Tribunal do Júri, determinar a realização de novo júri em julgamento de recurso interposto contra absolvição assentada no quesito genérico, ante suposta contrariedade à prova dos autos". Mencionado recurso ainda não havia sido julgado por ocasião do fechamento da presente edição deste livro. Sem embargo, é certo que a definição dessa questão pelo STF, quando ocorrer tal julgamento, eliminará, de uma vez por todas, qualquer discussão a respeito do assunto. Desse modo, pela relevância da matéria, revela-se imprescindível ao leitor acompanhar a tramitação e o julgamento do referido Recurso Extraordinário com Agravo, atentando ao respectivo resultado.

2. Constitucionalidade da apelação do art. 593, III, d, para a acusação: há quem defenda o entendimento de que a conjugação do princípio da ampla defesa com a regra constitucional da soberania dos jurados autoriza a interposição da apelação fundamentada na manifesta contrariedade à prova dos autos apenas pela defesa do réu, sendo vedada a sua dedução pelo polo acusatório (Ministério Público e assistência à acusação). Discordamos dessa linha de pensamento, na esteira, aliás, da maioria absoluta da jurisprudência. Compreendemos, enfim, que tal orientação importa em deslocar para apenas uma das partes mecanismo recursal para o qual a lei processual não estabelece esta limitação, violando, com isto, a isonomia processual, atentando contra a paridade de armas e afrontando o duplo grau de jurisdição. No STF, inclusive, a questão vem sendo tratada exatamente desta última forma, entendendo que "não é possível o estabelecimento de distinção interpretativa para fins de recursos apelatórios entre acusação e defesa, sob pena de ferimento ao princípio do contraditório, que impõe a condução dialética do processo (par conditio). A legislação brasileira é clara ao, expressamente, prever o recurso de apelação no Tribunal do Júri, tanto pela defesa, quanto pelo Ministério Público; e, não sendo interposto o apelo do Parquet, também pelo ofendido – ou seu cônjuge, ascendente, descendente ou irmão –, ainda que este não tenha sido habilitado como assistente, conforme prevê o art. 598, do Código de Processo Penal. Essa paridade quanto às hipóteses de interposição de apelação pela acusação e pela defesa garante proteção tanto ao acusado, como à sociedade, como corolário do duplo grau de jurisdição, pois prevalece o entendimento segundo o qual é cabível recurso de apelação, tanto pela acusação quanto pela defesa, contra decisões do Tribunal do Júri, uma vez que o Tribunal de Justiça ou o Tribunal Regional Federal não estarão substituindo a decisão dos jurados, mas apenas reconhecendo o manifesto equívoco na apreciação da prova e determinando a realização de outro julgamento pelo Tribunal do Júri, que será definitivo em relação ao mérito"[52].

---

51 Rel. Min. Gilmar Mendes.

52 STJ, HC 212.830/RR, Rel. Min. Alexandre de Moraes, j. 11.03.2022, *DJe* 14.03.2022

3. *Manifesta contrariedade à prova dos autos apenas no tocante ao reconhecimento de qualificadoras:* circunstância que por vezes ocorre é a decisão do Conselho de Sentença de dissociar-se da prova dos autos, não no tocante à condenação do réu em si, mas, sim, no aspecto relativo ao reconhecimento de qualificadora. Também nesse caso descabe ao tribunal, no julgamento da apelação, simplesmente afastar a qualificadora reconhecida sem respaldo na prova, incumbindo-lhe anular o julgamento para que outro seja realizado, oportunidade em que o novo Conselho de Sentença formado poderá deliberar no mesmo sentido do julgamento anterior, ou afastar a qualificadora antes reconhecida, ou até mesmo absolver o réu. **Mas atenção:** independentemente da aparente simplicidade dessa solução, há duas hipóteses que, envolvendo veredicto exarado pelo Tribunal do Júri supostamente contrário à prova dos autos, têm gerado controvérsia. São elas:

> ***Primeira:*** Situação em que, sendo acolhidas pelos jurados duas (ou mais) qualificadoras, apenas uma delas for utilizada pelo Juiz-Presidente para qualificar o crime, sendo a remanescente considerada para exasperar a pena-base a título de circunstância judicial. Neste caso, compreendendo o Tribunal de Justiça, no julgamento de apelação da defesa, ser contrária à prova dos autos somente a qualificadora aplicada para agravar a pena-base, será necessária a renovação do julgamento? Entendemos que não, detectando-se, nessa hipótese, uma paradoxal exceção à regra do art. 593, § 3.º, da Lei Adjetiva, ao dispor que, se a apelação se fundar no n.º III, d, deste artigo, e o tribunal ad quem se convencer de que a decisão dos jurados é manifestamente contrária à prova dos autos, dar-lhe-á provimento para sujeitar o réu a novo julgamento [...]. Considere-se, como exemplo, o caso em que, pronunciado o réu por homicídio qualificado pela utilização de recurso que dificultou a defesa do ofendido e pelo motivo fútil, tenham sido ambas as qualificadoras aceitas pelos jurados, levando o Juiz-Presidente a utilizar a primeira delas para qualificar o crime e a segunda para elevar a pena-base. Se, no julgamento de apelação defensiva, compreender o Tribunal de Justiça que o reconhecimento do recurso que dificultou a defesa da vítima (circunstância utilizada para qualificar o crime) afrontou a prova dos autos, deverá anular o julgamento para que outro seja realizado. Agora, se o entendimento for no sentido de que a qualificadora do motivo fútil (aplicada para exasperar a pena basilar) foi contrária à prova coligida ao processo, não será necessária a renovação do júri, bastando o afastamento dessa circunstância, pois, sendo a futilidade da conduta aplicada a título de circunstância judicial, passou, por ficção jurídica, a ter essa natureza, sendo bastante, então, que o Tribunal de Justiça proceda à sua exclusão e consequente redução proporcional da pena-base antes fixada.
>
> ***Segunda:*** Hipótese em que a circunstância reconhecida pelos jurados para qualificar o crime, embora se revele faticamente diante da prova dos autos, não corresponda ao sentido jurídico que lhe é dado pela lei. Ilustra-se a hipótese com o seguinte precedente: o Tribunal de Justiça do Rio Grande do Sul, no julgamento da Apelação Criminal 70064652084[53], afastou qualificadoras reconhecidas pelo Conselho de Sentença, sem determinar a submissão do réu a novo Júri. Tratava-se, na espécie, das qualificadoras do motivo fútil e do perigo comum. Na oportunidade, compreendeu a Câmara Criminal que o afastamento de ambas não implicava violação à soberania dos Jurados, já que o Colegiado não estava questionando, no plano fático, os motivos que levaram o Júri a reconhecê-las, mas, sim, a adequação, no plano jurídico, ao que se deveria entender como "motivo fútil" e "perigo comum". No respectivo acórdão, foi consignado que, "se a qualificadora imputada e reconhecida se mostra absolutamente improcedente, de tal maneira que sequer poderia ter sido submetida à análise do Conselho de Sentença, mantê-la caracterizaria evidente injustiça. Ademais, residindo sua improcedência em matéria jurídica (tratando-se, pois, de questão exclusivamente de direito, da qual não se pode exigir conhecimento dos juízes de fato – juridicamente leigos, como é sabido), a impropriedade no veredicto pode ser sanada

---

53 2.ª Câmara Criminal, Rel. Des. Luiz Mello Guimarães, j. 25.06.2015.

sem a necessidade de anulação do julgamento. Jurados que são soberanos para analisar matéria de fato, e não questões de direito sobre as quais não possuem o conhecimento técnico necessário". Equivocada, a nosso ver, essa tese, implicando seu acolhimento em ofensa à soberania do Tribunal do Júri, que decide por íntima convicção, cabendo aos jurados estabelecer, de acordo com esse critério, o perfazimento ou não das qualificadoras submetidas à sua apreciação, conferindo-lhe o sentido que julgarem adequado diante do contexto dos fatos, sem qualquer apego a definições de ordem jurídica.

4. Possibilidade de interposição apenas uma vez: conforme disciplina o art. 593, § 3.º, 2.ª parte, do CPP, a apelação em foco pode ser utilizada uma vez apenas. Se, anulado o julgamento, repetir-se o mesmo veredicto em um segundo júri, não poderá ser ela usada novamente. Isto decorre da circunstância de que os jurados decidem com base na sua íntima convicção. Ora, se, por duas vezes, o veredicto contrário à prova se mantém, é porque tanto o Conselho de Sentença do primeiro júri quanto o do segundo decidiram com base no conhecimento próprio em torno do fato e nos costumes locais, não se justificando uma segunda anulação pela mesma razão.

Questiona-se na doutrina se a apelação motivada na letra *d* pode ser usada apenas uma vez no processo ou uma vez para cada uma das partes. Prevalece a primeira orientação. De acordo com essa ótica, se, por exemplo, apelou o Ministério Público do veredicto absolutório com fundamento nessa alínea e foi o réu submetido a um segundo júri, sendo condenado, não o poderá fazer pelo mesmo motivo a defesa, e vice-versa (nada impede, por óbvio, a interposição de recurso contra este segundo veredicto com base nas demais alíneas do art. 593, III). Discordamos em parte desta posição. Diz-se "em parte" porque, de fato, caracterizaria um absurdo jurídico possibilitar a qualquer das partes, após realizado o segundo julgamento e alcançado resultado diverso do primeiro, recorrer com base no art. 593, III, d, do CPP buscando o mesmo desfecho que, por já ter sido considerado manifestamente contrário à prova dos autos, conduziu o tribunal a anular o primeiro júri e ordenar que outro fosse realizado. Pode ocorrer, entretanto, que, no segundo julgamento, tenham os jurados deliberado sobre matéria diversa do que o fizeram no primeiro, adotando solução que, na visão da parte prejudicada, afronta a integralidade dos elementos de convicção trazidos ao processo. Nesse caso, não coincidindo o objeto de ambas as interposições, reputamos possível ressalvar a regra do art. 593, § 3.º, do CPP e admitir uma segunda apelação pela alínea *d*.

Ilustra-se:

> Determinado indivíduo é denunciado pelo Ministério Público pela prática de homicídio qualificado pelo motivo torpe. Na resposta à acusação, sustenta a defesa a tese de negativa de autoria, tese esta, mais tarde, renovada pelo réu em seu interrogatório. No curso da instrução, a prova obtida é segura no sentido de que foi ele, sim, o autor do crime, restando, pois, esvaziada sua negativa a respeito. Sem embargo, nenhum elemento é produzido indicando a torpeza da conduta. Apesar desse cenário – ausência de qualquer indicativo da motivação torpe do delito –, entende o juiz por pronunciá-lo nos termos da denúncia, decisão esta que não é objeto de recurso. Submetido o acusado a julgamento perante o Tribunal do Júri, acolhem os jurados a tese de negativa de autoria e absolvem-no. Irresignado, o Ministério Público apela ao tribunal, aduzindo a manifesta contrariedade do veredicto à prova produzida no processo. Acolhido este recurso pelo Tribunal e ordenada a submissão do réu a novo julgamento, as seguintes situações podem ocorrer a partir desse novo júri:
>
> 1. O réu é novamente absolvido em face do acolhimento, pelos jurados, da tese de negativa de autoria: o Ministério Público não poderá recorrer novamente com base no art. 593, III, d, do CPP;

2. O réu é condenado por homicídio simples: a defesa, igualmente, não poderá apelar alegando contrariedade à prova do processo, pois o recurso já foi utilizado anteriormente pelo Ministério Público.

3. O réu é condenado por homicídio qualificado pelo motivo torpe: pensamos que, nessa hipótese, levando em conta a inexistência de qualquer elemento indicativo da torpeza, a defesa deve ter à sua disposição a apelação do art. 593, III, d, do CPP, diante da contrariedade à prova dos autos em face do reconhecimento da qualificadora levado a efeito pelos jurados. Por óbvio, nesse caso, se acolhida a tese defensiva, o julgamento será integralmente anulado, sendo outro realizado, podendo ocorrer a absolvição do réu, ou sua condenação por homicídio simples, ou sua condenação por homicídio qualificado. Em qualquer destas hipóteses, não poderão as partes – acusação e defesa – novamente recorrer com base na citada letra d.

14.8.3. Forma e prazos

No aspecto da **forma**, a apelação regulada pelo Código de Processo Penal poderá ser interposta tanto por *petição* como por *termo* nos autos. No tocante ao processamento, trata-se de recurso que deve subir ao tribunal competente para seu julgamento, em regra, inserida nos próprios autos do processo criminal, conforme estabelece o art. 603 do CPP. Há, porém, exceção a essa regra no art. 601, § 1.º, do CPP, ao dispor que o recurso subirá ao tribunal por traslado quando, havendo mais de um réu, nem todos tenham sido julgados ou nem todos tenham apelado da sentença. Estas previsões têm por objetivo evitar que se protele o encaminhamento do recurso do réu apelante ao tribunal enquanto se aguarda o julgamento do outro réu no mesmo processo, ou que se retarde o início da execução da pena do condenado que não interpôs apelação.

Quanto ao **prazo de interposição**, como regra geral, será de cinco dias (art. 593, *caput*, do CPP). Ressalva-se, contudo, a apelação do assistente de acusação, quando não previamente habilitado, em relação à sentença condenatória ou absolutória, que poderá ser deduzida no prazo de 15 dias, contados a partir do final do prazo do Ministério Público, nos termos do art. 598, parágrafo único, do CPP (v. *item 14.2.2.1* sobre a legitimidade recursal do assistente); e, também, a apelação cabível no âmbito da Lei 9.099/1995, que deve ser interposta já com as razões no prazo de dez dias (art. 82 daquele diploma).

Tratando-se de recurso em que as razões não precisam acompanhar a interposição, faculta-se ao apelante optar entre oferecê-las desde logo, ou relegá-las para momento posterior, isto é, quando notificado pelo juiz para esse fim (arts. 593 e 600 do CPP). Nesse último caso, o prazo para o oferecimento dessas razões será de oito dias, salvo nos processos relativos a contravenções penais, em que esse prazo será de três dias (art. 600, *caput*, do CPP).

Registre-se que parte da doutrina considera prejudicado esse prazo de três dias para a apresentação das razões de apelação nas contravenções penais, justificando essa posição na circunstância de que tais infrações têm seu julgamento afeto aos Juizados Especiais Criminais, devendo, então, a apelação da sentença seguir o rito previsto no art. 82 da Lei 9.099/1995, o qual não contempla esse prazo. Equivocado, a nosso ver, esse raciocínio, pois é plenamente possível que o julgamento de uma contravenção penal venha a ser realizado no Juízo Comum, e, nesse caso, o procedimento da respectiva apelação será o regulamentado pelo Código de Processo Penal. O próprio CPP, no art. 538, deixa claro que *nas infrações penais de menor potencial ofensivo, quando o juizado especial criminal encaminhar ao juízo comum as peças existentes para a adoção de outro procedimento, observar-se-á o procedimento sumário* e não as regras inseridas na Lei 9.099. Quanto às hipóteses em que uma infração de competência originária do JECRIM terá seu processo e julgamento deslocado para o juízo comum, contemplam-se as seguintes:

- Quando for necessária a citação por edital, o que, nos termos do art. 66 da Lei 9.099/1995, não é admitido no procedimento dos juizados especiais criminais, devendo os autos ser encaminhados ao juízo comum (art. 66, parágrafo único);
- Quando a complexidade do caso exigir esse deslocamento de competência, conforme previsto no art. 77, §§ 2.º e 3.º, da Lei 9.099/1995;
- Nas hipóteses de conexão entre uma contravenção e um crime de competência do juízo comum.

A relevância dessa discussão prende-se às diferenças procedimentais existentes entre a apelação regrada pelo Código de Processo Penal e aquela disciplinada pela Lei 9.099/1995. Veja-se:

APELAÇÃO DISCIPLINADA PELO CÓDIGO DE PROCESSO PENAL	APELAÇÃO DISCIPLINADA PELA LEI 9.099/1995
Interposição e, após, intimação para razões e contrarrazões em prazos sucessivos.	Interposição já acompanhada das razões.
Interposição em cinco dias. Razões em oito ou três dias, conforme se trate de crime ou de contravenção, respectivamente (art. 600, *caput*, do CPP), prazos que fluem a partir da intimação pelo juízo para esse fim.	Interposição e razões, de forma simultânea, a serem apresentadas em dez dias (art. 82, § 1.º, da Lei 9.099/1995).
Interposição por petição ou termo nos autos.	Interposição apenas por petição escrita (art. 82, § 1.º, da Lei 9.099/1995).

14.8.4. Efeitos

A apelação possui **efeito devolutivo**, pois devolve a matéria já decidida a reexame pelo órgão competente.

Quanto ao **efeito regressivo** (juízo de retratação), a apelação não o possui, jamais permitindo ao juiz voltar atrás na sentença recorrida, ao contrário do que ocorre com o recurso em sentido estrito e com o agravo em execução.

Já em relação ao **efeito suspensivo** a apelação poderá suspender ou não os efeitos da decisão atacada, dependendo essa definição da natureza da sentença. Assim:

a) Hipótese de sentença absolutória própria (sem medida de segurança) nos procedimentos de competência do juiz singular ou do Tribunal do Júri (arts. 593, I e III, do CPP): A sentença absolutória própria tem como consequência a imediata liberdade do réu, efeito esse que não é condicionado ao seu trânsito em julgado e também não fica prejudicado em face do ingresso de apelação pelo Ministério Público ou pelo acusador particular (assistente de acusação ou querelante). Essa regra, que não admite nenhuma exceção, decorre da exegese do art. 386, parágrafo único, I, do CPP, ao dispor que, na sentença absolutória, o juiz mandará, se for o caso[54], pôr o réu em liberdade, bem como do art. 596, *caput*, do CPP, quando estabelece que a apelação da sentença absolutória não

[54] O uso da expressão "se for o caso" decorre da circunstância de que, se não estiver preso o acusado no momento em que proferida a sentença absolutória, "não será o caso" de mandar colocá-lo em liberdade.

impedirá que o réu seja posto imediatamente em liberdade. Neste contexto, é correto afirmar que a **apelação da sentença absolutória própria não possui efeito suspensivo**, pois não suspende o efeito natural da absolvição, que é a liberdade.

b) Hipótese de sentença absolutória imprópria (com medida de segurança) nos procedimentos de competência do juiz singular ou do Tribunal do Júri (art. 593, I e III, do CPP): Neste caso, o efeito da sentença não será a liberdade, e sim a aplicação da medida de segurança (art. 386, parágrafo único, III, do CPP). Tendo em vista que a execução dessa medida pressupõe trânsito em julgado da sentença que a tenha determinado (art. 171 da Lei 7.210/1984), e considerando que a interposição de apelação protela esse trânsito, é conclusivo que a **apelação da absolvição imprópria possui efeito suspensivo indireto**. Diz-se *indireto* porque, embora não haja dispositivo legal atribuindo efeito suspensivo à apelação nesse caso, sua interposição retarda a ocorrência de coisa julgada, impedindo-se, em consequência, a execução da medida de segurança.

Evidentemente, nada impede que o juiz, no âmbito da sentença absolutória imprópria, reconhecendo a periculosidade do réu, determine a sua internação provisória com base no art. 319, VII, do CPP. Todavia, em face da expressa previsão incorporada a esse dispositivo, tal medida exige que se trate o crime imputado de infração cometida com violência ou grave ameaça e que haja risco de reiteração. *E se não for este o caso? E se, apesar do risco de reiteração ou da periculosidade do acusado, não estiver respondendo ele a processo por crime cometido com violência ou grave ameaça? E se não houver risco de reiteração da conduta, mas, sim, risco de fuga?* Ora, se não for adequada ou suficiente a aplicação da medida restritiva prevista no citado art. 319, VII, do CPP, possibilita-se ao magistrado decretar a prisão preventiva do acusado e, ato contínuo, determinar a sua internação em manicômio judiciário para que lá aguarde o trânsito em julgado da decisão e o posterior início da medida de segurança imposta. Tal procedimento, que se justifica na simetria existente entre a sentença de absolvição imprópria e a sentença condenatória, tem o aval da jurisprudência pátria, compreendendo-se que "a prisão preventiva é a medida adequada para assegurar que o acusado, doente mental, fique segregado, quando presentes os requisitos do art. 312 do Código de Processo Penal, como na hipótese, uma vez que não existe em nosso ordenamento jurídico, desde a reforma penal de 1984, a medida de segurança provisória" (STJ, RHC 22.666/PR, *DJ* 13.10.2008).

Registre-se, por fim, que a regra do art. 596, parágrafo único, do CPP, encontra-se prejudicada, tendo em vista que se refere à execução da medida de segurança provisoriamente aplicada (antes do trânsito em julgado da sentença), possibilidade esta que foi extirpada pela reforma penal de 1984 e pela lei de execuções penais.

c) Hipótese de sentença condenatória nos procedimentos de competência do juiz singular ou do Tribunal do Júri (art. 593, I e III, do CPP): Relativamente à sentença condenatória, duas disposições legais coexistiam no Código de Processo Penal:

- O art. 594, relativo à apelação da sentença condenatória à pena de prisão; e
- O art. 597, aplicável, por exclusão, à apelação da sentença condenatória às demais penas (multa ou restritiva de direitos).

Não obstante, com o advento da Lei 11.719/2008, esta, em seu art. 3.º, revogou expressamente o art. 594 do CPP. Com isso, apenas o art. 597 do CPP subsistiu. Tendo em vista que este dispositivo insere preceito genérico, não distinguindo a natureza da pena pela qual condenado o réu, é conclusivo que, com a revogação do art. 594, assumiu ele o papel de norma reguladora do efeito suspensivo da apelação em caso de sentença condenatória. Em consequência, é correto dizer que, na atualidade, **em regra**, a **apelação da sentença**

condenatória suspende a execução da pena, seja ela de multa, restritiva de direitos ou prisão, sem prejuízo, nesse último caso, da possibilidade que assiste ao magistrado de manter ou decretar a prisão preventiva do condenado quando presentes as condições que a autorizam (art. 387, § 1.º, do CPP).

Dissemos "em regra" porque, apesar dos termos peremptórios do art. 597, 1ª parte, o § 4ª do art. 492 do CPP, incluído pela Lei 13.964/2019, refere que não efeito suspensivo a **apelação das decisões condenatórias do Tribunal do Júri, quando fixada pena igual ou superior a 15 (quinze) anos de reclusão.** Logo, viabiliza-se, neste caso, mesmo diante do ingresso da apelação, a execução provisória das penas privativas de liberdade e de multa (não há distinção a respeito no mencionado parágrafo). Destaca-se, por oportuno, que esta previsão guarda sintonia com a regra do art. 492, I, "e", ao referir que o juiz presidente do Tribunal do Júri, "no caso de condenação a uma pena igual ou superior a 15 (quinze) anos de reclusão, determinará a execução provisória das penas...".

Atente-se, porém, que o § 5º do art. 492, ressalvando essa disciplina, estabelece que, em caráter excepcional, poderá o tribunal atribuir efeito suspensivo à apelação de que trata o § 4º, quando verificada a presença de dois requisitos cumulativos: *primeiro,* a constatação de que o recurso interposto não possui o propósito meramente protelatório e, *segundo,* o fato de esse recurso suscitar "questão substancial e que pode resultar em absolvição, anulação da sentença, novo julgamento ou redução de pena para patamar inferior a 15 (quinze) anos de reclusão". Nestas hipóteses, caberá ao recorrente pedir a concessão do efeito suspensivo, o que poderá fazer tanto incidentalmente na apelação (vale dizer, por ocasião da apresentação das respectivas razões) como "por meio de petição em separado dirigida diretamente ao relator, instruída com cópias da sentença condenatória, das razões da apelação e de prova da tempestividade, das contrarrazões e das demais peças necessárias à compreensão da controvérsia".

Registre-se que, por "questão substancial" deve-se compreender a arguição capaz de conduzir o Relator, independentemente de análise aprofundada (o que não seria próprio nesse momento), ao prognóstico no sentido da viabilidade da tese recursal e de sua potencialidade para anular a sentença, invalidar o julgamento levado a efeito pelos jurados ou produzir alteração na pena fixada para limite aquém aos quinze anos que levaram o Juiz Presidente a ordenar a execução provisória das penas fixadas (art. 492, I, *e,* do CPP).

Em síntese, relativamente ao efeito suspensivo da apelação da sentença condenatória, é possível concluir que:

- **Regra geral:** a apelação, seja da decisão do juiz singular, seja do veredicto do tribunal júri, possui efeito suspensivo (art. 597, 1ª parte, CPP). Isto significa que, na pendência do seu julgamento, não poderão ser executadas provisoriamente as penas impostas.
- **Exceção:** a apelação da decisão condenatória do Tribunal do Júri, quando fixada pelo Juiz Presidente pena privativa de liberdade igual ou superior a 15 anos, não possui efeito suspensivo, podendo ser objeto de execução provisória (art. 492, § 4º, do CPP). Apesar disto, é possível que o Desembargador Relator a que distribuído aquele recurso em Segundo Grau, atribua tal efeito quando constatar a presença de duas condições cumulativas: caráter não protelatório da apelação interposta e arguição, pelo recorrente, de questão substancial com potencialidade de acolhimento por ocasião do julgamento colegiado.

Abre-se, aqui, um parêntese para salientar a impropriedade jurídica existente no art. 492, § 5º, II, do CPP, no trecho em que, ao referir-se à presença de "questão substancial" como hábil à concessão de efeito suspensivo à apelação dos veredictos populares, aduz tratar-se daquela que "pode resultar em absolvição...", pois, como é juridicamente notório, a apelação das decisões do Tribunal do Júri apenas pode resultar em anulação de atos processuais ocorridos após a decisão de pronúncia, aí se incluindo a sessão de julgamento (art. 593, III, "a"), em reforma ou anulação da sentença do juiz presidente (art. 593, III, "b" e § 1º), em modificação da pena ou dos parâmetros da medida de segurança (art. 593, III, "c" e § 2º) e em renovação do julgamento pelo júri em face da manifesta contrariedade à prova dos autos (art. 593, III, "d" e § 3º), mas, jamais, em absolvição pelos tribunais de segundo grau, sob pena de violação à soberania dos jurados. Neste cenário depreende-se que, na interpretação do art. 492, § 5º, II referido, deve-se limitar a abrangência do que seja "questão substancial" àquela que possa resultar em "anulação da sentença, novo julgamento ou redução da pena para patamar inferior a 15 (quinze) anos de reclusão".

Há, também, que se atentar à questão relacionada à constitucionalidade do art. 492, I, e, 2ª parte ao autorizar a execução provisória das penas impostas. Prende-se a discussão ao fato de que, conforme mencionamos antes, o STF, no julgamento das Ações Declaratórias de Constitucionalidade 43, 44 e 54, em 07.11.2019, considerou inconstitucional a execução provisória da pena, não ressalvando aspectos relativos à natureza do crime objeto do processo e à quantidade da pena imposta. Em verdade, tal questão deverá ser definitivamente solucionada a partir do julgamento, pelo STF, do RExt 1.235.340/SC, com repercussão geral, discutindo a execução provisória da condenação pelo júri, independentemente do *quantum* de pena. Neste cenário, recomenda-se o leitor a acompanhar a conclusão deste julgamento, que foi iniciado em 04.05.2020, cujo teor repercutirá na interpretação do citado art. 492, I, e, do Código de Processo Penal.

E quanto às ressalvas previstas no art. 597 ao efeito suspensivo da apelação da sentença condenatória? Encontram-se prejudicadas pela reforma penal de 1984, bem como pela disciplina da Lei de Execuções Penais (Lei 7.210/1984). Veja-se que, na atualidade, inexiste a "aplicação provisória de interdições de direitos e de medidas de segurança", pois extirpada essa possibilidade do ordenamento jurídico. Prejudicada, igualmente, a ressalva feita ao caso de "suspensão condicional de pena" *(sursis)*, visto que o cumprimento desse benefício pressupõe a realização de audiência admonitória, a qual deve ser realizada apenas após o trânsito em julgado da condenação (art. 160 da LEP). Destarte, antes desse trânsito, não há audiência, e sem audiência não há início de cumprimento das condições do *sursis*.

d) Apelação das decisões interlocutórias mistas terminativas, também chamadas de decisões definitivas (art. 593, II, 1.ª parte, do CPP): Lembre-se, de início, que esta apelação é cabível apenas quando não houver previsão de recurso em sentido estrito (v. tópico 14.8.1, item c.2). É o caso da impronúncia, que implica extinção do processo. Pois bem, dada à simetria das decisões interlocutórias mistas terminativas, quanto a seus efeitos, com a sentença absolutória – afinal, ambas extinguem o procedimento sem a aplicação de qualquer sanção –, é correto dizer que a apelação, aqui, também *não possui efeito suspensivo*. Enfim, na pendência de seu julgamento, o processo não terá andamento. Em outras palavras, não fica suspenso o efeito da extinção da ação penal, que é o impedimento de sua continuidade. E, do mesmo modo, encontrando-se preso o réu, será ele imediatamente liberado, não ficando esta liberação obstada pelo fato do ingresso da apelação.

e) Apelação das decisões interlocutórias mistas não terminativas, também chamadas de decisões com força de definitivas (art. 593, II, 2.ª parte, do CPP): Deve-se rememorar que também esta apelação é viabilizada somente quando não for cabível recurso em sentido estrito (v. tópico 14.8.1, item c.2). Exemplo, por excelência, de decisão interlocutória mista não terminativa é a pronúncia, mas esta, como já vimos antes, enseja RSE (art. 581, IV), sendo o efeito suspensivo regulado no art. 584, § 2.º. Agora, outras decisões interlocutórias mistas não terminativas existem e são apeláveis. É o caso da decisão do juiz que, no procedimento dos crimes funcionais, rejeita a defesa preliminar do art. 514 do CPP e dá prosseguimento ao feito. Neste caso, é cabível a apelação do art. 593, II, 2.ª parte, do CPP, a qual, segundo pensamos, *não poderá ter efeito suspensivo*. Dito de outro modo: tal a apelação não suspende o efeito da rejeição da defesa preliminar, que é o prosseguimento imediato do processo. Logo, mesmo na pendência de seu julgamento pelo tribunal, faculta-se ao juiz impulsionar a ação penal normalmente. Sem embargo, registre-se que há entendimentos em sentido oposto, vislumbrando efeito suspensivo na apelação do art. 593, II.

f) Apelação da impronúncia e da absolvição sumária (art. 416 do CPP): A norma prevista no art. 416 do CPP, dispondo serem apeláveis tais decisões, é absolutamente inócua. Isto porque tanto a impronúncia como a absolvição sumária são decisões interlocutórias mistas terminativas, já que extinguem o feito prematuramente, vale dizer, antes de se esgotarem todas as fases do procedimento do júri (por isto não se classificam como *sentenças* propriamente ditas). Logo, assim como dissemos na *alínea d* deste tópico, se for interposta apelação, enquanto esta não for julgada, o processo em que impronunciado ou absolvido sumariamente o réu não terá andamento, quer dizer, não fica suspenso o efeito da impronúncia e da absolvição sumária, que é paralisação imediata do processo. E, como dissemos alhures, encontrando-se preso o acusado, será ele imediatamente liberado, não ficando esta liberação obstada pelo fato do ingresso da apelação. Conclusão: *não há, nesta apelação, efeito suspensivo*.

14.8.5. Tramitação

O exame das fases que compõem o procedimento da apelação, desde a sua dedução até a remessa ao juízo *ad quem*, passa, necessariamente pela distinção entre a apelação das decisões do **juízo comum** e o recurso das decisões do **juizado especial criminal**.

Assim:

1. Processamento da apelação regulada pelo Código de Processo Penal (regra): Interposta a apelação por petição ou termo nos autos, será conclusa ao juiz para a verificação dos pressupostos recursais de admissibilidade. A ausência de qualquer deles implica **denegação do recurso**, decisão esta impugnável por RSE (art. 581, XV, do CPP). Se, opostamente, estiverem presentes aqueles pressupostos, será a apelação **recebida** pelo juiz, seguindo-se a notificação do recorrente para apresentar suas razões, e, depois, a notificação do recorrido para contrarrazões (art. 600 do CPP). Havendo assistente de acusação habilitado, também este será notificado para, querendo, arrazoar o recurso (art. 600, § 1.º, do CPP). Observe-se, quanto ao assistente, que deve ele ser chamado após o Ministério Público. Vencidas essas etapas, a apelação será enviada ao tribunal competente para seu julgamento.

ATENÇÃO: Não é incomum a demora no julgamento da apelação pelo tribunal competente, o que dá margem, na hipótese de se encontrar preso o réu, à impetração de *habeas corpus* sob a alegação de constrangimento ilegal. Nestes casos, tem sido entendimento reiterado no STJ o de que deve ser levado em conta o *princípio da razoabilidade* e a *quantidade de pena* imposta na sentença condenatória. Neste contexto, já decidiu aquela Corte que os prazos para a finalização dos atos processuais não são peremptórios, podendo ser flexibilizados diante das peculiaridades do caso concreto, em atenção e dentro do princípio da razoabilidade. Logo, evidenciado que o intervalo decorrido desde o aforamento do recurso encontra-se dentro dos critérios da **razoabilidade**, não se vislumbra constrangimento ilegal passível de ser sanado mediante *habeas corpus*, especialmente considerando-se a **quantidade de pena** imposta.[55]

2. Processamento da apelação regulada pelo Código de Processo Penal (rito facultativo): O art. 600, § 4.º, do CPP faculta ao apelante, ao interpor a apelação, requerer ao juiz que lhe oportunize a apresentação de razões diretamente no tribunal. Nesse caso, depois de recebida, a apelação será encaminhada ao juízo *ad quem*, onde será aberta vista às partes para apresentação de razões e contrarrazões, nos prazos legais. A opção por esse procedimento é de livre escolha do apelante, não podendo o juiz negar sua aplicação. *Mutatis mutandis,* também não pode o magistrado impor esse rito caso não tenha sido postulado pelo recorrente no ato da interposição.

3. Processamento da apelação disciplinada pela Lei 9.099/1995: Será interposta unicamente por petição, já acompanhada das respectivas razões (art. 82, § 1.º, da Lei 9.099/1995). Imediatamente após sua propositura, será encaminhada ao juiz para verificação dos requisitos pertinentes à sua admissão. A ausência importa em não recebimento. Se, porém, estiverem presentes os pressupostos, segue-se a notificação do apelado para apresentar contrarrazões. Decorrido o prazo legal para esse fim, o recurso será encaminhado à Turma Recursal do Juizado Especial Criminal para julgamento.

14.8.6. Fuga do réu e deserção da apelação

Dispunha o art. 595 do CPP que a apelação deveria ser julgada deserta caso o réu condenado fugisse depois de haver apelado.

A despeito dessa disciplina, a maioria absoluta da jurisprudência já vinha considerando, há algum tempo, que **não fora o art. 595 do CPP recepcionado pela atual Constituição Federal**. Fundamentava-se esta orientação no fato de que a garantia do duplo grau de jurisdição, encontrando-se prevista no Pacto de São José da Costa Rica, é corolário do princípio do devido processo legal e, com isso, possui estatura constitucional.

Esse entendimento foi consagrado em nível legislativo com a redação dada pela Lei 11.719/2008 ao art. 387, parágrafo único (atual § 1.º, na redação dada pela Lei 12.736/2012), do CPP, o qual dispôs que o julgamento da apelação independe de ter sido efetivada a prisão preventiva eventualmente determinada na sentença ("[...] sem prejuízo do conhecimento da apelação que vier a ser interposta").

Independentemente, foi com a vigência das alterações impostas ao Código de Processo Penal pela Lei 12.403/2011 que se esgotou, definitivamente, o assunto. Precitada lei revogou expressamente o art. 595, não sendo mais lícito, na atualidade, condicionar-se o conhecimento e julgamento da apelação à prisão do réu.

E quanto à Súmula 9 do STJ dispondo que "a exigência da prisão provisória, para apelar, não ofende a garantia constitucional da presunção de inocência"? Absolutamente superado este verbete, não apenas em face da revogação do art. 595 do CPP, como também por força dos termos da Súmula 347 do STJ ao estabelecer que "o conhecimento de recurso de apelação do réu independe de sua prisão".

[55] STJ, HC 263.864/RS, *DJ* 01.08.2013. No mesmo sentido: HC 268.514/SP, *DJ* 13.08.2013; HC 194.601/BA, *DJ* 23.08.2013.

14.9. EMBARGOS INFRINGENTES (ART. 609, PARÁGRAFO ÚNICO, DO CPP)

14.9.1. Cabimento

Os *embargos infringentes* são destinados ao reexame de acórdãos de segunda instância proferidos pelos Tribunais de Justiça e pelos Tribunais Regionais Federais, desde que não unânimes (decisão por dois votos a um) e desfavoráveis ao réu. Nesse contexto, caracteriza-se como recurso privativo da defesa, regra esta que se ressalva tão somente nos embargos infringentes previstos no art. 538 do Código de Processo Penal Militar, o qual dispõe que o Ministério Público e o réu poderão opor embargos de nulidade, infringentes do julgado e de declaração, às sentenças finais proferidas pelo Superior Tribunal Militar.

Considerando que a previsão legal destes embargos encontra-se no Capítulo V do Título II do Código de Processo Penal, que cuida "do processo e do julgamento dos recursos em sentido estrito e das apelações", seu cabimento ocorrerá unicamente quando se tratar de acórdão que tenha julgado uma dessas duas modalidades de insurgência: apelação ou recurso em sentido estrito. Apesar dessa limitação, é predominante na jurisprudência pátria o entendimento de que também é possível a utilização destes embargos quando se tratar de julgamento por maioria de agravo em execução (art. 197 da Lei 7.210/1984), pois este segue a mesma forma e procedimento do RSE.

Ao disciplinar os embargos infringentes, refere-se o art. 609, parágrafo único, do CPP a "embargos infringentes e de nulidade". Tecnicamente, *embargos infringentes* é a nomenclatura adequada à hipótese em que o acórdão embargado tenha apresentado divergência em **matéria de mérito**, relegando-se o nome *embargos de nulidade* à impugnação de acórdãos divergentes em matéria de **nulidade processual**. Em síntese:

a) *Julgamento por dois a um, desfavorável ao réu* em matéria de mérito: embargos infringentes. *Exemplo:* acórdão que, por maioria, dá provimento a recurso da acusação, reformando a sentença absolutória e condenando o réu.

b) *Julgamento por dois a um, desfavorável ao réu* em matéria de nulidade processual: embargos de nulidade. *Exemplo:* acórdão que, por maioria, rejeita prefacial de nulidade suscitada pela defesa em sua apelação.

Perceba-se que a utilização deste recurso na esfera criminal independe da natureza da decisão de 1.º Grau. Isto significa que tanto poderão ser opostos em relação ao acórdão que tenha **confirmado** a decisão do juiz quanto ao acórdão que a tenha **reformado**. Veja-se, como ilustração:

a) Sentença condenatória – Defesa interpõe apelação – Câmara Criminal, por maioria de votos, *mantém* a sentença condenatória: São oponíveis embargos infringentes.

b) Sentença absolutória – Ministério Público interpõe apelação – Câmara Criminal, por maioria de votos, *reforma* a sentença absolutória, condenando o réu: São, igualmente, cabíveis estes embargos.

Por outro lado, descabem embargos infringentes ou de nulidade contra decisões das turmas recursais dos **Juizados Especiais Criminais**, ainda que se trate, por exemplo, de julgamento de apelação, contrário ao réu por maioria de votos. A razão, aqui, é a mesma antes mencionada: os embargos estão previstos no Capítulo V do Título II, que trata do *processo e do julgamento dos recursos em sentido estrito e das apelações pelos Tribunais de Apelação*. Ora, sendo expresso o Código de Processo Penal em sua referência a *Tribunais*, fica inviável o uso dos embargos contra decisão de Turma Recursal do Jecrim, que não é Tribunal. Além disso, a Lei 9.099/1995 não prevê os embargos infringentes como recurso passível de ser acolhido nos juizados especiais, restringindo-os a apelação e embargos de declaração.

Também não podem ser embargados acórdãos de 1.º Grau, vale dizer, aqueles exarados pelos tribunais no julgamento de crimes de sua **competência originária** (prerrogativa de função)[56]. É que o art. 609, parágrafo único, do CPP faz alusão às decisões de segunda instância. *Exemplo:* Determinado prefeito municipal, ainda em exercício do cargo, é denunciado junto ao Tribunal de Justiça. Ainda que venha a ser julgado e condenado por maioria de votos, não poderão ser opostos embargos contra essa decisão, mas tão somente os recursos especial e extraordinário.

14.9.2. Prazo. Forma. Competência para o julgamento

Quanto ao **prazo**, os embargos serão opostos em dez dias, contados da publicação do acórdão embargado.

Relativamente à **forma**, serão ingressados apenas por petição, não se admitindo termo, visto que as razões devem estar presentes no momento em que protocolado o recurso. A *petição* de oposição deverá ser dirigida ao Desembargador-Relator do acórdão embargado, enquanto as *razões* serão endereçadas ao respectivo órgão julgador.

A **competência** para o julgamento nos Tribunais Estaduais depende da organização judiciária de cada Unidade Federativa. Já nos Tribunais Regionais Federais, se opostos contra decisões das *turmas*, incumbe, normalmente, às *seções criminais*. Ressalte-se que, dependendo do Regimento Interno do respectivo Tribunal, o órgão a que afeto o julgamento dos embargos poderá ser composto de integrantes em número par, o que possibilitará a ocorrência de empate no julgamento. Se isto ocorrer, deve-se aplicar a regra do art. 615, § 1.º, do CPP, segundo a qual, *havendo empate de votos no julgamento de recursos, se o presidente do tribunal, câmara ou turma, não tiver tomado parte na votação, proferirá o voto de desempate; no caso contrário, prevalecerá a decisão mais favorável ao réu.*

14.9.3. Efeitos

Os embargos infringentes e de nulidade, assim como qualquer outro recurso, possuem **efeito devolutivo**, pois *devolvem* ao Poder Judiciário a possibilidade de rever a decisão anterior.

Há divergências quanto ao **efeito regressivo (juízo de retratação)**, entendendo alguns que os embargos possuem este efeito, uma vez que, por ocasião do seu julgamento pelo órgão competente, não ficarão impedidos de participar desembargadores que prolataram o acórdão embargado, podendo estes modificar o entendimento antes adotado e votar em sentido oposto ao que haviam decidido. A despeito dessa possibilidade (mudança de voto em relação ao julgamento anterior), não vislumbramos nos embargos um efeito regressivo. Basta observar que, por definição, possui efeito regressivo o recurso que permite ao órgão prolator da decisão impugnada voltar atrás em seus termos *antes* da sua remessa ao juízo *ad quem,* situação esta que não ocorre nos embargos, em que a eventual mudança de voto de parte dos desembargadores que tenham atuado no julgamento anterior ocorrerá *durante* o seu julgamento.

Por fim, quanto ao **efeito suspensivo**, o tema é controvertido, pois enquanto parte da doutrina entende que os embargos não o possuem, diante da ausência de previsão legal, outros se posicionam em sentido oposto, qual seja, o de que o silêncio da lei importa em considerar como presente esse efeito. Esta última é a posição majoritária. Particularmente, não aderimos a nenhum destes extremos, vale dizer, nem pela presença nem pela ausência

[56] STJ, AgRg nos EAg 1321228/MS, *DJ* 05.03.2013.

de efeito suspensivo. Ora, como vimos (14.9.1), são cabíveis os embargos apenas contra acórdãos que tenham julgado apelação, recurso em sentido estrito e agravo em execução. Neste cenário, pensamos que os embargos infringentes, no tocante ao efeito suspensivo, devem refletir o que ocorre com o recurso cujo julgamento não unânime e desfavorável ao réu motivou seu ingresso. Se tal recurso possuir efeito suspensivo, também os embargos infringentes devem tê-lo. Caso contrário, os embargos também não possuirão efeito suspensivo. Por exemplo:

a) A apelação da sentença condenatória possui efeito suspensivo (art. 597 do CPP). Considere-se, pois, que determinado indivíduo tenha sido condenado por vultosos estelionatos, ordenando o juiz, na sentença, a perda de bens adquiridos com o produto daqueles crimes. Imagine-se que, desta parte da sentença, seja interposta apelação pela defesa com o objetivo de reaver a disponibilidade dos bens cuja perda foi determinada. Suponha-se que o Tribunal de Justiça, julgando essa apelação, mantenha o perdimento dos bens, por dois votos a um. Suponha-se também que, contra este acórdão, sejam opostos embargos infringentes. Ora, estes embargos terão efeito suspensivo, tendo em vista que a apelação que gerou o acórdão embargado possui tal efeito. Isto significa que os bens cuja perda foi declarada não poderão ser objeto de venda judicial enquanto não julgados os embargos infringentes. Em outras palavras, a oposição destes embargos suspende a alienação judicial daqueles bens.

ATENÇÃO: especificamente em relação à pena imposta em decisão condenatória (seja sentença prolatada pelo juiz, seja acórdão proferido pelos tribunais), o Plenário do STF, no julgamento definitivo das Ações Declaratórias de Constitucionalidade 43, 44 e 54, em 07.11.2019, modificando o entendimento anterior (v. Capítulo 13, tópico 13.5.2.1), sedimentou a orientação no sentido da vedação da execução provisória da pena – privativa de liberdade, restritiva de direitos e multa –, compreendendo que sua aplicação apenas pode ocorrer a partir do trânsito em julgado da decisão penal condenatória. Ora, tal entendimento implica em conferir, indiretamente, efeito suspensivo a todo e qualquer recurso interposto contra decisão condenatória visando à absolvição do réu ou à nulificação do processo criminal, inclusive os embargos infringentes. Nesta hipótese, portanto, ainda que se desconsiderasse o efeito suspensivo dos embargos infringentes opostos contra o acórdão que julgou apelação da sentença condenatória, a pena aplicada não poderia ser executada em face da determinação do STF no julgamento das precitadas ações declaratórias de constitucionalidade – julgamento este com efeito vinculativo a todos os órgãos do Poder Judiciário, que, portanto, não poderão decidir de modo diverso.

b) O agravo em execução não possui efeito suspensivo (art. 197 da Lei 7.210/1984). Imagine-se que, da decisão do juiz que ordenou a regressão do regime semiaberto para o fechado, a defesa interponha agravo para o Tribunal de Justiça. Este agravo não suspenderá a decisão embargada, o que implica dizer que o apenado será inserido ao regime fechado, neste permanecendo enquanto não for julgado seu recurso. Considere-se que tal agravo seja decidido pelo tribunal contra o réu, por dois votos a um e que, desse acórdão, sejam opostos embargos infringentes. Estes embargos não terão efeito suspensivo, pois o agravo que gerou o acórdão embargado não o possuía. Logo, na pendência do julgamento dos embargos, continuará o condenado no regime fechado, não ficando suspensa a decisão que assim determinou.

14.9.4. Embargos infringentes e divergência parcial

Estabelece o art. 609, parágrafo único, do CPP que, "se o desacordo for parcial, os embargos serão restritos à matéria objeto de divergência". Isto significa que, se o acórdão decidir uma determinada matéria por unanimidade (3 x 0) e outra por maioria de votos

(2 x 1), apenas quanto a esta última poderão ser opostos os embargos infringentes, restando ao sucumbente insurgir-se quanto à parte unânime por meio do recurso especial ou do recurso extraordinário, ou até mesmo de ambos simultaneamente. *Exemplo:* Considere-se que o réu, condenado por crimes de estupro e roubo em concurso material, tenha apelado ao Tribunal de Justiça e que, no julgamento dessa apelação, a câmara competente tenha mantido as condenações, decidindo por maioria quanto ao estupro e por unanimidade quanto ao roubo. Diante deste quadro, desejando a defesa insurgir-se, deverá usar dos embargos infringentes em relação ao estupro, que foi a matéria divergente. Já quanto ao roubo, em que não houve desacordo, deverá ser interposto o recurso especial, ou o extraordinário, ou os dois ao mesmo tempo.

Pode a defesa, mesmo diante de acórdão com divergência parcial, ingressar com os recursos especial e extraordinário de todo o julgado, preterindo os embargos infringentes? Não. Se o fizer, os recursos especial e extraordinário apenas poderão ser julgados no que se refere à parte unânime do acórdão. Relativamente à matéria divergente, como não foram opostos embargos infringentes, aqueles recursos não serão admitidos, visto que têm seu cabimento condicionado ao esgotamento de todas as outras possibilidades recursais (Súmulas 281 do STF e 207 do STJ).

Deduzidos embargos infringentes em relação à matéria não unânime, quando terá início a fluência do prazo para o ingresso dos recursos especial e extraordinário da parte unânime? Há divergências aqui. Com efeito, para o Superior Tribunal de Justiça, o prazo para ingresso do **recurso especial** da parte unânime permanece sobrestado até que haja a intimação do recorrente quanto à decisão dos embargos infringentes opostos em relação à matéria divergente[57]. Já no Supremo Tribunal Federal, em relação ao **recurso extraordinário**, vislumbra-se orientação contrária, reputando inaplicável o sobrestamento de prazo para o ingresso de recurso extraordinário da parte unânime do acórdão recorrido, devendo este ser proposto simultaneamente (observados os respectivos prazos, por óbvio) aos embargos infringentes da parte não unânime, assim entendendo em face de sua Súmula 355, a qual estabelece que, "em caso de embargos infringentes parciais, é tardio o recurso extraordinário interposto após o julgamento dos embargos, quanto à parte da decisão embargada que não fora por eles abrangida".

A nosso ver, na atualidade, está correta a posição do STF, que deveria ser a aplicável para ambos os recursos (extraordinário e especial). Veja-se que, embrionariamente, a posição do STJ respaldava-se no art. 498 do revogado CPC/1973, que, cotejando os embargos infringentes com os recursos especial e extraordinário em matéria cível, contemplava a regra do sobrestamento do prazo para ingresso desses últimos recursos até o julgamento do primeiro. Considerando, todavia, que o teor do mencionado art. 498 não se repetiu no CPC/2015 – mesmo porque os embargos infringentes em matéria cível foram suprimidos desse Código –, não há justificativa legal para sobrestamento do prazo de ingresso do recurso especial da parte unânime, impondo-se considerar que o prazo de dez dias (art. 609, parágrafo único, do CPP) para oposição de embargos infringentes contra a parte divergente do acórdão e o prazo de quinze dias (art. 1.003, § 5º, do CPC/2015, aplicável à esfera criminal por analogia) para ingresso dos recursos especial e extraordinário contra a parte unânime deveriam ter início na mesma data.

14.9.5. Embargos infringentes no STF e no STJ

No **Supremo Tribunal Federal**, os embargos infringentes estão previstos nos arts. 333 a 336 de seu Regimento Interno, dispondo o primeiro deles que seu cabimento tem lugar em relação à decisão não unânime do Plenário ou da Turma que julgar procedente

57 STJ, AgRg na Pet no REsp 1.583.484/MG, j. 02.02.2017.

a ação penal; que julgar improcedente a revisão criminal; que julgar a ação rescisória; que julgar a representação de inconstitucionalidade e que, em recurso criminal ordinário, for desfavorável ao acusado. E de acordo com o art. 333, parágrafo único, do RISTF, "o cabimento dos embargos, em decisão do Plenário, depende da existência, no mínimo, de quatro votos divergentes, salvo nos casos de julgamento criminal em sessão secreta". Pois bem. Estes embargos deverão ser opostos no prazo de 15 dias, sendo imediatamente juntados aos autos em que proferida a decisão embargada. Ato contínuo, o Ministro-Relator do acórdão embargado determinará a abertura de vista ao recorrido para apresentação de contrarrazões no prazo de 15 dias. Transcorrido este prazo, com ou sem manifestação do recorrido, procederá o relator ao exame da admissibilidade do recurso. Sendo os embargos **admitidos**, far-se-á a sua distribuição, de acordo com o critério previsto no art. 76 do RISTF: "Se a decisão embargada for de uma Turma, far-se-á a distribuição dos embargos dentre os Ministros da outra; se do Plenário, serão excluídos da distribuição o Relator e o Revisor". O julgamento dos embargos está afeto ao Plenário do STF (art. 6.º, IV, do RISTF). Agora, existe a possibilidade de o Relator **não admitir os embargos**, aplicando, para tanto, a regra do art. 21, § 1.º, do RISTF no sentido de que "poderá o(a) Relator(a) negar seguimento a pedido ou recurso manifestamente inadmissível, improcedente ou contrário à jurisprudência dominante ou a Súmula do Tribunal...". Desta decisão caberá agravo para o Plenário (art. 335, § 2.º, do RISTF).

Independentemente desta normatização, é certo que o Supremo Tribunal Federal, no julgamento da Ação Penal Originária n.º 470, relativa ao caso conhecido como "mensalão", questionou a subsistência dos embargos infringentes previstos nos mencionados arts. 333 a 336 de seu Regimento Interno. A sequência dos acontecimentos que geraram a polêmica a respeito foi a seguinte:

1. No julgamento da Ação Penal Originária n.º 470, detentores de prerrogativa de foro junto ao STF, alguns acusados foram condenados pelo Plenário daquela Corte por maioria de votos, perfazendo-se a situação contemplada no art. 333, I e parágrafo único, do RISTF, que dispõe sobre o cabimento dos embargos infringentes em relação à decisão do Plenário, no julgamento de ação penal, quando houver, no mínimo, quatro votos divergentes.
2. Em razão disto, os condenados que se encontravam nesta situação opuseram, com base no referido artigo do RISTF, embargos infringentes.
3. Concluso o recurso ao relator do acórdão embargado, o Ministro Joaquim Barbosa, presidente do Supremo Tribunal Federal, entendeu por negar seguimento aos embargos infringentes, reputando-os descabidos. Em apertada síntese, argumentou o Ministro:
   a) O art. 333, inciso I e parágrafo único, do RISTF, que prevê a possibilidade de embargos infringentes contra decisão divergente do Plenário, não tem aplicabilidade, pois sua concepção ocorreu em época na qual o Excelso Pretório possuía competência normativa para dispor sobre processos de sua competência. Entretanto, com o advento da CF/1988, perdeu o STF tal atribuição, passando a submeter-se a leis editadas pelo Congresso Nacional para disciplinar processos e julgamentos de sua competência.
   b) Ainda que vencido este argumento (pois a CF/1988 recepcionou o RISTF com o *status* de lei ordinária), a contemplação dos embargos infringentes no Regimento Interno do STF encontra-se revogada tacitamente, já que a Lei 8.038/1990 (hoje parcialmente revogada pelo art. 1.072, IV, do CPC/2015), que

especifica quais os recursos cabíveis no âmbito do STF e do STJ, não prevê aquele recurso.

c) Finalmente, o despropósito dos embargos infringentes contra decisão do Plenário do STF evidencia-se na circunstância de que o seu julgamento dar-se-á pelo mesmo Órgão (o Plenário) que exarou a decisão embargada. Logo, o julgamento destes embargos implicaria mera repetição do que já foi anteriormente deliberado.

4. Esta decisão, porém, foi contestada pelos embargantes, que interpuseram agravos regimentais, a serem julgados pelo Órgão competente para o julgamento dos embargos infringentes caso houvesse a sua admissão – o Plenário.
5. E, no julgamento destes agravos, pelo quórum apertado de seis votos a cinco, prevaleceu a tese no sentido de que subsistem, no sistema recursal pátrio, os embargos infringentes contemplados no RISTF, não havendo que falar em sua revogação tácita em face da ausência de previsão na Lei 8.038/1990. Nesta oportunidade, votaram pelo provimento dos agravos regimentais os Ministros Luis Roberto Barroso, Teori Zavascki, Rosa Weber, Dias Toffoli, Ricardo Lewandowski e Celso de Mello. Já pelo improvimento manifestaram-se os Ministros Joaquim Barbosa, Luiz Fux, Cármen Lúcia, Gilmar Mendes e Marco Aurélio.

Como se vê, na atualidade, compreende o Excelso Pretório, embora o faça por maioria, no sentido da possibilidade de manejo dos embargos infringentes contra decisões do Supremo Tribunal Federal.

Já no **Superior Tribunal de Justiça**, a exegese dos arts. 260 a 262 do respectivo Regimento Interno – dispositivos que disciplinavam os embargos infringentes naquela Corte – indicava a ausência de previsão de seu cabimento em matéria criminal. Logo, apenas eram oponíveis contra o julgado não unânime proferido em apelação cível e em ação rescisória. Porém, com a revogação dos precitados artigos pela Emenda Regimental n.º 22, de 16.03.2016, e dado à ausência de previsão dos embargos infringentes no CPC/2015, compreende-se que, no âmbito do STJ, não mais é aceito o manejo desse recurso.

14.10. EMBARGOS DECLARATÓRIOS (ARTS. 619 E 620 DO CPP)

14.10.1. Cabimento

Definem-se como o instrumento facultado às partes visando à integração (não à substituição) de decisões judiciais, sejam estas acórdãos, sentenças ou decisões interlocutórias. Os vícios que ensejam seu ingresso são aqueles listados em lei. Consistem em:

1. **Ambiguidade:** Ocorre quando a decisão permite duas ou mais interpretações. Exemplo: considere-se que o Ministério Público, ao denunciar o réu, tenha requerido ao juiz a fixação da indenização mínima a que alude o art. 387, IV, do CPP, tanto a título de danos materiais (prejuízo efetivamente causado à vítima pela prática do crime) quanto por danos morais. Ao condenar o réu, contudo, limita-se o juiz a dizer que "estabelece o valor de R$ 1.000,00 a título de indenização mínima ao ofendido", ficando a dúvida se tal valor abarca tanto o dano material quanto o dano moral ou se apenas um destes e, neste último caso, qual deles.
2. **Obscuridade:** Hipótese em que o pensamento do julgador não está claro, ou se mostra incompreensível, ou não correspondente à realidade dos autos, disso tudo resultando ininteligibilidade da questão jurídica objeto da decisão. É o caso, por exemplo, de o juiz, diante do cometimento de outro crime pelo apenado durante a

execução da pena, determinar a imediata alteração da data inicial de contagem do prazo para benefícios futuros para o dia do trânsito em julgado da condenação pela prática do novo delito, quando, na verdade, ainda não existe sentença condenatória a respeito desse último crime

3. **Omissão:** Vício decorrente da falta de pronunciamento da decisão sobre ponto relevante. Exemplo: a condenação criminal do réu, com maus antecedentes, a oito anos de reclusão, sem estabelecer o regime em que deverá ser cumprida a pena – semiaberto ou fechado. Lembre-se que, a despeito das regras do art. 33, § 2.º, do CP, que disciplinam a fixação do regime carcerário a partir do binômio *quantidade de pena X condição de reincidente ou não do réu,* faculta-se ao juiz estabelecer regime mais gravoso, desde que o faça fundamentadamente (art. 33, § 3.º, do CP e Súmula 719 do STF).

4. **Contradição:** Contraditória é a decisão que encerra aspectos conflitantes. Exemplo: na sentença penal condenatória por roubo (pena de quatro a dez anos de prisão), ao proceder ao cálculo da pena, refere o juiz que, tendo em vista a inexistência de qualquer circunstância judicial negativa entre as previstas no art. 59 do CP, fixa a pena-base em cinco anos de reclusão (aumento de um ano, portanto). Ora, esta decisão é contraditória, pois, não ocorrendo a negativação de nenhum dos vetores do referido art. 59, impunha-se a estipulação da pena basilar no mínimo legal. Perceba-se que o vício que justifica a oposição dos embargos é a *contradição interna,* "a exemplo da grave desarmonia entre a fundamentação e as conclusões da própria decisão, capaz de evidenciar uma ausência de logicidade no raciocínio desenvolvido pelo julgador" (STJ, EDcl no AgInt na Reclamação 31.387/SC, *DJ* 29.08.2018). Logo, descabe alegar nessa via integrativa a ocorrência de *contradição externa,* assim considerada aquela que se verifica entre o julgado e outras decisões do mesmo tribunal acerca de casos análogos, ou entre o julgado e o entendimento da parte, ou entre aquele e o que foi deliberado no juízo *a quo.*

Em termos de legislação e regimentos dos tribunais, há previsão dos embargos declaratórios em relação a outras decisões, sendo exemplos:

- Decisões do juiz singular (art. 382 do CPP);
- Acórdãos dos tribunais (arts. 619 e 620 do CPP);
- Decisões do juiz singular e acórdãos das turmas recursais dos Juizados Especiais Criminais (art. 83 da Lei 9.099/1995);
- Acórdãos do STJ (arts. 263 a 265 do Regimento Interno do STJ);
- Acórdãos do STF (arts. 337 a 339 do Regimento Interno do STF).

Ao longo da abordagem que segue, trataremos primordialmente das regras gerais pertinentes aos embargos disciplinados pelo **Código de Processo Penal**, contra sentenças (art. 382 do CPP) e contra acórdãos dos Tribunais (arts. 619 e 620 do CPP), relegando para momento posterior o exame das peculiaridades atinentes aos embargos previstos na legislação especial e nos regimentos internos dos tribunais superiores.

14.10.2. Prazo e forma

Tanto os embargos declaratórios previstos no art. 382 do CPP quanto aqueles contemplados no art. 619 do mesmo diploma devem ser opostos em *dois dias,* contados da intimação da sentença ou publicação do acórdão embargado. Devem ser deduzidos por petição já acompanhada das respectivas razões, não se admitindo o termo. Não há intimação da parte contrária para contra-arrazoar os embargos, salvo se pretender o órgão julgador atribuir efeitos modificativos e não meramente integrativos da decisão embargada, situação da qual trataremos adiante (*item 14.10.4*).

Quando opostos contra sentença, deverão ser endereçados ao próprio juiz prolator. Tratando-se de acórdão, deverão ser dirigidos ao desembargador-relator.

14.10.3. Efeitos em relação ao prazo dos demais recursos

Em que pesem algumas divergências, predomina o entendimento de que os embargos declaratórios regulados no Código de Processo Penal, uma vez opostos, **interrompem** o prazo para o recurso cabível, o qual fluirá, integralmente, após a decisão dos embargos. *Exemplo:* Considere-se que, intimado o promotor de justiça da sentença condenatória no dia 1.º de março (quarta-feira), tenha ele oposto embargos declaratórios em 3 de março (sexta-feira). Se, da decisão dos embargos, o promotor for intimado em 9 de maio (quinta-feira), disporá ele da integralidade do prazo recursal para interposição da apelação (cinco dias = 14 de maio), não se abatendo o tempo decorrido entre a intimação da sentença condenatória e o ingresso dos embargos.

Como o Código de Processo Penal nada dispõe a respeito da consequência da oposição dos embargos em relação ao prazo de outros recursos, esse efeito de *interrupção* decorre de aplicação analógica do art. 1.026 do CPC/2015, que o prevê expressamente.

> O art. 1.026 do CPC/2015 mantém a regra estipulada no art. 538 do revogado CPC/1973 no sentido de que os embargos declaratórios interrompem o prazo para a interposição do recurso cabível contra a decisão proferida, acrescentando, apenas, que tais embargos não possuem efeito suspensivo. Dispõe o art. 1.026: "Os embargos de declaração não possuem efeito suspensivo e interrompem o prazo para a interposição de recurso".

A interrupção do prazo se opera no caso de serem desacolhidos os embargos? Sim. Eventual desacolhimento dos embargos não implica a perda do prazo do recurso cabível em relação ao julgado embargado.

E se não forem conhecidos? Suponha-se que, ingressados os embargos contra sentença, constate o juiz que estes foram intempestivos, deixando de conhecê-los. Nesta hipótese, o efeito de interrupção não se opera, devendo-se considerar como início do prazo recursal o primeiro dia útil seguinte à data da intimação da decisão embargada.

14.10.4. Embargos declaratórios com efeitos infringentes

Tema importante respeita à possibilidade de serem conferidos efeitos infringentes (modificativos) a embargos declaratórios. Afinal, trata-se os embargos de medida que visa à integração do julgado, e não à sua substituição. Considere-se, para tanto, o seguinte caso:

> *Ao julgar apelação da defesa, o tribunal resolve anular o processo pela ausência de defensor no interrogatório do réu. Intimado o procurador de justiça, este opõe embargos declaratórios agregando-lhes o pedido de que a Câmara se retrate do acórdão (efeito infringente), pois a subscrição do defensor do acusado consta no termo de interrogatório, materializando-se, então, a sua presença naquela solenidade.* **Pergunta-se: Neste caso, constatando o equívoco, poderá a própria Câmara, conferindo efeitos modificativos aos embargos declaratórios, voltar atrás no julgamento e validar o processo que havia anulado no acórdão embargado?**

No âmbito dos Tribunais Superiores, tem-se entendido possível conferir efeitos infringentes a embargos declaratórios, condicionando-se esta possibilidade à existência de erro grave na interpretação dos fatos, atos ou provas por ocasião do julgamento da ação penal ou do recurso. Neste contexto, afigura-se positiva a resposta à indagação feita no exemplo *supra*.

Mas atenção: Se o órgão julgador dos aclaratórios entender ser o caso, em tese, de aplicar os efeitos modificativos pretendidos, deverá antes determinar a intimação da parte contrária para impugná-los, sob pena de nulidade[58].

14.10.5. Embargos declaratórios no Juizado Especial Criminal

A regulamentação dos embargos declaratórios previstos no art. 83 da Lei 9.099/1995 é bem diferente da disciplina incorporada ao Código de Processo Penal, não em relação às hipóteses de cabimento, que são praticamente idênticas (apenas não se contemplando a *ambiguidade*), e sim quanto ao prazo, forma e efeitos.

Assim, enquanto no Código de Processo Penal os embargos apenas podem ser opostos por meio de petição escrita, nos Juizados Especiais Criminais podem ser ingressados por **escrito ou oralmente** (art. 83, § 1.º, da Lei 9.099/1995).

Também é distinto o prazo, pois no Jecrim a oposição poderá ocorrer em **cinco dias** (art. 83, § 1.º), lapso este superior ao previsto no Código de Processo Penal (dois dias).

Por fim, é importante destacar o seguinte: antes da vigência da Lei 13.105/2015 (instituiu o novo CPC), dispunha o art. 83, § 2.º, da Lei 9.099/1995 que, quando opostos em relação à sentença do juiz, os embargos possuíam *efeito de suspensão*, e não de interrupção sobre o prazo da apelação. Isto fazia com que, após a intimação da decisão dos aclaratórios, não dispusesse o embargante da integralidade do prazo para apelar (dez dias), devendo-se daí descontar o número de dias transcorridos até o ingresso dos embargos. Tal efeito de suspensão, porém, ocorria tão somente nos embargos contra decisões do juiz do JECRIM (o art. 83, § 2.º, era expresso nesse sentido), não alcançando os embargos aos acórdãos das turmas recursais, relativamente aos quais, por analogia ao CPC, permanecia o efeito de *interrupção*, o que importava em devolução do prazo integral para interposição de outros recursos. Na atualidade, tal situação não subsiste, tendo em vista a nova redação determinada pelo art. 1.066 do CPC/2015 ao precitado art. 83, § 2.º, da Lei 9.099/1995, dispondo que os embargos manejados no âmbito do JECRIM, quer contra sentença do juiz, quer contra acórdão das turmas recursais sempre *interrompem* o prazo para interposição de outros recursos.

14.10.6. Embargos declaratórios nos Regimentos Internos do STJ e STF

Considerando que o art. 619 do CPP, ao regulamentar os embargos declaratórios contra acórdãos, é restrito aos *tribunais de apelação* (nomenclatura utilizada à época da promulgação para designar os tribunais dos Estados e Tribunais Federais), *câmaras ou turmas,* nada referindo aos julgamentos levados a efeito nos tribunais superiores, foi necessário que estes tribunais disciplinassem o respectivo cabimento em seus regimentos internos.

Assim, no âmbito do Supremo Tribunal Federal, os embargos declaratórios contra os acórdãos lá exarados deverão ser opostos no prazo de **cinco dias** (art. 337, § 1.º, do RISTF e art. 1.023, *caput,* do CPC/2015). Já no Superior Tribunal de Justiça o **mesmo prazo** de ingresso deve ser considerado, em face da redação dada ao art. 263 de seu Regimento

58 STJ, HC 37.686/AM, 6.ª Turma, Rel. Min. Hamilton Carvalhido, *DJ* 07.11.2005.

Interno pela Emenda Regimental n.º 22, de 16.03.2016 (antes se contemplava o prazo de dois dias e agora fala-se que devem ser opostos no "prazo legal").

Quando tempestivos, os embargos declaratórios opostos no âmbito do STJ acarretam a **interrupção** do prazo de outros recursos (art. 265 do RISTJ, alterado pela Emenda Regimental n.º 22, de 16.03.2016). E no STF, a despeito de o art. 339, § 2.º, de seu Regimento Interno referir-se ao efeito de suspensão, entendemos que, igualmente, deve-se conferir efeito de **interrupção**, fazendo-se a partir da aplicação, por analogia, do art. 1.026, *caput*, do CPC/2015. Em ambos os casos, a referida interrupção não ocorre quando constatado que os embargos são manifestamente protelatórios.

14.11. AGRAVO EM EXECUÇÃO (ART. 197 DA LEI 7.210/1984)

14.11.1. Cabimento

Previsto no art. 197 da Lei 7.210/1984 (Lei de Execução Penal – LEP), o *agravo* é o recurso cabível contra qualquer decisão do juiz da Vara de Execuções Criminais, por exemplo, saída temporária, progressão e regressão de regime, livramento condicional, unificação de penas, *sursis*, incidentes da medida de segurança, conversões, homologação de faltas graves, trabalho externo etc.

Não há previsão de prazo, forma ou rito na LEP para esta modalidade recursal. Apesar disso, é consolidado o entendimento de que segue as mesmas normas que regem o recurso em sentido estrito, no que forem aplicáveis. Tal entendimento consolidou-se com a edição da Súmula 700 do STF, dispondo que "é de **cinco dias** o prazo para interposição de agravo contra decisão do juiz da execução penal" (grifamos).

Destarte, assim como o RSE, pode o agravo ser ingressado por **petição ou termo**, facultando-se a apresentação das razões em momento posterior à interposição. Nada obsta, é claro, que sejam estas apresentadas já no ato da dedução.

O agravo, como regra, subirá ao tribunal por instrumento (traslado). Para tanto, na interposição, deverão ser indicadas pelo recorrente as peças dos autos que considerar necessárias ao julgamento do recurso, sempre atentando aos documentos obrigatórios previstos no art. 587, parágrafo único, do CPP. Quanto ao recorrido, a indicação de peças deverá se dar no momento em que apresentar suas contrarrazões.

Em relação às **razões** e **contrarrazões**, por força do art. 588 do CPP, serão apresentadas no prazo de dois dias, contados da intimação dos interessados para essas finalidades.

14.11.2. Efeitos

Como toda via impugnativa, possui efeito **devolutivo**, implicando devolução ao Judiciário da matéria incorporada ao recurso.

Possui efeito **regressivo** em razão da já mencionada aplicação subsidiária do procedimento cabível para o recurso em sentido estrito.

Referente ao efeito **suspensivo**, dispõe o art. 197 da Lei 7.210/1984 que o agravo não o possui. Não obstante essa disposição legal, alguns tribunais, *excepcionalmente*, admitiam a via do mandado de segurança visando agregar ao agravo esse efeito. Tal orientação, contudo, não encontra mais eco na jurisprudência dos Tribunais Superiores que, sistematicamente, vêm compreendendo que a impetração de mandado de segurança como sucedâneo recursal visando à obtenção de efeito suspensivo a recurso que não o possua é inviável, pois nestes casos, carecendo de amparo legal a pretensão, não há direito líquido e certo a tutelar a ação mandamental. Referendando esta orientação, publicou o STJ, inclusive, a

Súmula 604 (*DJ* 05.03.2018), dispondo esta que *"o mandado de segurança não se presta para atribuir efeito suspensivo a recurso criminal interposto pelo Ministério Público"*. **E se reputar o Ministério Público fundamental, no caso concreto, a obtenção de efeito suspensivo?** Neste caso, a nosso ver, o efeito deve ser postulado ao juízo de origem (prolator da decisão recorrida) por ocasião da interposição do recurso. Não obtido, poderá o recorrente buscar seu deferimento por meio de requerimento dirigido ao relator a que distribuído o recurso no tribunal competente, demonstrando a teratologia da decisão recorrida; a sua evidente contrariedade à jurisprudência do tribunal; a sua manifesta ilegalidade ou, por fim, o perigo de ocorrência de dano irreparável ou de difícil reparação. Lembre-se de que, em se tratando de recursos extraordinário e especial, a disciplina relativa ao pleito de efeito suspensivo encontra-se no art. 1.029, § 5.º, do NCPC, aplicável, extensivamente, ao processo penal. **E quanto aos recursos da defesa?** A despeito de silenciar a Súmula 604 a respeito, é certo que o entendimento prevalente é o mesmo, cabendo ao apenado, portanto, valer-se das mesmas vias supramencionadas, podendo, ainda, na hipótese de sucumbência muito grave, optar pelo manejo do *habeas corpus* com vista à cessação do constrangimento. Atente-se, contudo, que o *habeas corpus* não pode ser utilizado como substituto de recursos. Portanto, a impetração da ação constitucional e a concessão da ordem, nesses casos, podem ocorrer, apenas, excepcionalmente e desde que se trate de ilegalidade flagrante ou de pronunciamento judicial evidentemente teratológico.

Outra situação que merece destaque diz respeito ao **agravo interposto contra a decisão que julga extinta a medida de segurança**, já que parte da doutrina vislumbra, nesse caso, hipótese legal de recurso com efeito suspensivo. É que, relativamente a essa decisão, dispõe o art. 179 da 7.210/1984 que a desinternação ou a liberação somente poderá ocorrer depois do trânsito em julgado da decisão que extinguir a medida. Nesse contexto, consideram os adeptos da referida posição que, se o Ministério Público ingressar com agravo, isto importará em adiamento do respectivo trânsito em julgado, *suspendendo-se,* por conseguinte, a liberdade do indivíduo.

Particularmente, não concordamos com a afirmação de que o agravo interposto contra a decisão que extingue a medida de segurança possa ter efeito suspensivo, mesmo porque o art. 197 da LEP, que o disciplina, é categórico em afirmar que tal recurso não possui efeito suspensivo, sem fazer qualquer ressalva. Logo, entendemos que o máximo que se pode ver na espécie é um **efeito suspensivo indireto**, ou seja, impossibilidade de execução daquela decisão pelo fato da interposição do agravo, diante da ausência de trânsito em julgado provocada pela dedução do recurso.

14.12. CARTA TESTEMUNHÁVEL (ARTS. 639 A 646 DO CPP)

14.12.1. Considerações gerais e características

Conforme dispõe o art. 639 do CPP, a carta testemunhável é o recurso cabível contra a decisão que **não receber o recurso interposto** pela parte ou que, após o recebimento, **obstaculizar o seu seguimento à instância superior**. Exemplos:

1) Ao examinar agravo da execução interposto pelo apenado, decide o juiz por não o receber sob o fundamento da intempestividade;
2) Após ter recebido recurso em sentido estrito deduzido pelo Ministério Público, reconsidera o magistrado essa decisão aduzindo que, em melhor análise dos autos, constatou o descabimento dessa modalidade impugnativa no caso concreto.

Apesar dessa aparente simplicidade, a carta testemunhável apresenta determinadas características que devem ser observadas. A inobservância do recorrente a estas peculiaridades pode acarretar o seu não conhecimento Instância Superior. Consistem:

a) É recurso de caráter subsidiário ou residual. A carta testemunhável tem seu cabimento condicionado ao descabimento de qualquer outra impugnação. O não recebimento da apelação, por exemplo, não permite ao apelante valer-se da carta testemunhável, pois há previsão expressa de recurso em sentido estrito, com base no art. 581, XV, do CPP, para o insurgimento contra essa decisão. Igualmente, descabe o manejo de carta testemunhável se, depois de recebida a apelação, o magistrado julgá-la deserta, pois também nesse caso será oponível o recurso em sentido estrito alicerçado no art. 581, XV, do CPP. Agora, se não recebido pelo juiz o recurso em sentido estrito, neste caso admite-se a carta, pois inexiste previsão de outro recurso contra a decisão denegatória desse recurso.

b) É cabível quando o julgamento do recurso denegado esteja afeto a uma instância superior. Esta conclusão se extrai do art. 645 do CPP, ao estatuir que o processo da carta testemunhável na **instância superior** seguirá o processo do recurso denegado. Inviabiliza-se, com isso, o manejo da carta testemunhável contra decisão denegatória de recurso que deva ser decidido na própria instância em que proferida a decisão recorrida, como é o caso dos embargos declaratórios opostos ao juiz contra sentença de sua lavra. É que tais embargos são decididos pelo prolator da decisão embargada, não seguindo para uma instância superior. *E qual o recurso cabível na hipótese de não conhecimento destes embargos declaratórios?* Inexiste uma modalidade recursal específica, restando ao prejudicado, unicamente, apelar da sentença, sustentando a sua nulidade em razão do vício que motivou o ingresso dos embargos não conhecidos.

c) A interposição não é dirigida a um órgão jurisdicional (juiz, desembargador), e sim ao escrivão (justiça estadual), diretor de secretaria (justiça federal) ou secretário da presidência do tribunal respectivo, conforme se extrai do art. 640 do CPP. Isto ocorre porque a carta não tem admissibilidade examinada na instância junto à qual proposta, mas unicamente no juízo *ad quem*. Em outras palavras, mesmo se intempestiva ou descabida, deverá ser encaminhada ao tribunal competente para seu julgamento, apenas este podendo deixar de conhecê-la sob o fundamento da ausência de pressuposto de admissibilidade. Por isso é que o art. 642 do CPP estabelece que o escrivão ou secretário do tribunal poderá ser suspenso se, por **qualquer pretexto**, não processar a carta testemunhável.

d) Não possui efeito suspensivo (art. 646 do CPP). O requerimento da carta testemunhável não impede o prosseguimento do processo criminal ou a execução da sentença que haja sido atacada pelo recurso não recebido ou obstado. Ressalva-se desta regra, evidentemente, a execução da pena fixada em sentença condenatória, o que implicaria violação ao princípio constitucional da presunção de inocência. *Exemplo:*

> Diante de sentença condenatória, a defesa interpõe apelação, não sendo esta, porém, recebida pelo juiz sob o fundamento da intempestividade. Nesta situação, o causídico interpõe recurso em sentido estrito (art. 581, XV, do CPP), o qual também vem a ser denegado pelo juiz. Se, contra essa decisão (não recebimento do RSE), a defesa requerer a extração de carta testemunhável, a despeito da ausência de efeito suspensivo nesse recurso, não poderá ser executada provisoriamente a pena fixada na sentença condenatória, tendo em vista a ausência do trânsito em julgado dessa sentença. Portanto, indiretamente, a carta testemunhável, nesse caso, impede que se opere o efeito penal principal da condenação, que é o cumprimento da pena.

14.12.2. Cabimento

Tendo em vista o exposto, muito especialmente o caráter supletivo da carta testemunhável, infere-se que o seu cabimento é restrito às seguintes hipóteses:

1. Não recebimento ou negativa de seguimento ao recurso em sentido estrito;
2. Não recebimento ou negativa de seguimento ao agravo da execução.

Independentemente destas situações, que inequivocamente ensejam a dedução da carta testemunhável, outras existem nas quais há controvérsia. Consistem:

- **Decisão do juiz que, após recebida a apelação, obstar-lhe o seguimento ao tribunal competente para o seu julgamento**. Como já vimos antes, se a apelação não for recebida pelo Juiz (em face de sua intempestividade, por exemplo) ou se, após seu recebimento, for julgada deserta por falta de preparo, a impugnação cabível é o recurso em sentido estrito, consoante dispõe o art. 581, XV, do CPP. Logo, descabido cogitar da carta testemunhável nestes casos, dado o caráter supletivo desse recurso frente aos demais previstos em lei. Sem embargo, todavia, desta aparente simplicidade do cabimento da carta testemunhável, uma questão tem sido objeto de divergências na doutrina: trata-se da hipótese em que, depois de ter recebido a apelação, reconsiderar o juiz esta decisão e impedir, por qualquer outra razão, sua remessa à instância superior. Imagine-se, por exemplo, que o juiz, após admitir a apelação da parte e depois de oferecidas razões e contrarrazões, assim se pronuncie: *"Considerando a intempestividade da apelação, agora constatada, reconsidero a decisão que a recebeu, deixando de encaminhá-la ao tribunal"*. Em tal caso, não havendo previsão explícita quanto ao cabimento do RSE (cujo cabimento, repita-se, é restrito à não admissão da apelação e ao reconhecimento de sua deserção), parte da doutrina considera que deve ser utilizada a carta testemunhável como forma de impugnação. Não concordamos com essa orientação. Aderimos, enfim, ao entendimento de que, por critério de interpretação extensiva do estabelecido no art. 581, XV, a decisão que obstar o seguimento da apelação comporta RSE, independentemente da razão pelo qual isto ocorra (deserção ou qualquer outro motivo) mesmo porque não há razão lógico-jurídico que justifique o cabimento de recursos diferentes contra decisões que acarretam a mesma sucumbência, qual seja, o não seguimento da apelação ao tribunal competente para seu julgamento.
- **Decisão que não admitir os recursos extraordinário e especial.** Muito embora o Código de Processo Penal, nos arts. 641 e 643, estabeleça o cabimento da carta testemunhável em relação à decisão que negar seguimento ao recurso extraordinário, tal previsão foi tacitamente revogada pelo art. 28 da Lei 8.038/1990, que estabelecia, para tal hipótese, o cabimento do agravo de instrumento. Considerando que também esse último dispositivo foi revogado (revogação determinada pelo art. 1.072, IV, do CPC/2015), na atualidade, no caso de inadmissão dos recursos extraordinário e especial, a via impugnativa correta, a ser deduzida nos próprios autos do processo criminal, é o **agravo** disciplinado no art. 1.042 do CPC/2015, ressalvando-se desse cabimento apenas a hipótese de não terem aqueles recursos sido admitidos na origem em razão de precedente do STF negando repercussão geral à matéria constitucional alegada ou de recursos

extraordinário e especial repetitivos sobre questão já decidida pelo STF ou STJ, respectivamente, no julgamento de recurso representativo da controvérsia (v. itens 14.13.4 e 14.13.5).

- Decisão do Presidente do Tribunal de Justiça ou do Tribunal Regional Federal que não admitir ou que negar seguimento ao recurso ordinário constitucional para o Superior Tribunal de Justiça. O recurso ordinário constitucional para o STJ (casos do art. 105, II, da CF), não possui juízo de admissibilidade perante o órgão prolator da decisão recorrida. Logo, descabe sua denegação ou impedimento de seu seguimento a esse tribunal (STJ) sob o fundamento na ausência de pressuposto recursal de admissibilidade. Caso, porém, isso ocorra, poderá a parte prejudicada deduzir, por analogia, o mesmo agravo previsto na lei processual civil (art. 1.042) contra a decisão que não admitir os recursos extraordinário e especial. O mesmo raciocínio tem lugar na hipótese de o Presidente de Tribunal Superior (STJ, por exemplo) não admitir ou negar seguimento a recurso ordinário constitucional para o STF (casos do art. 102, II, da CF), muito embora nesse caso, o agravo cabível seja o estipulado no art. 39 da Lei 8.038/1990, cabível contra decisão do Presidente do Tribunal, de Seção, de Turma ou de Relator que causar gravame à parte. Vamos mais longe, contudo, para dizer que, em ambas as hipóteses tratadas (não admissão de recurso ordinário no âmbito de tribunais de segundo grau ou de tribunais superiores), diante da manifesta ilegalidade da decisão denegatória ou obstativa de remessa do recurso ordinário ao tribunal competente para seu julgamento (STJ ou STF, conforme caso), o próprio mandado de segurança parece afigurar-se medida adequada para alcançar o processamento desse recurso.

14.12.3. Prazo, forma e rito

A carta deve ser requerida no prazo de *quarenta e oito horas* após a intimação da decisão que denegou ou obstou o seguimento do recurso. Não constando, na intimação, o horário em que tiver sido esta realizada, deve-se contar o prazo como *dois dias*.

Ingressada por petição ou por termo, deverá ser processada, sempre, por instrumento, o que importa dizer que, já no requerimento de sua extração, deve o testemunhante indicar peças para formação de traslado.

Na confecção da carta, a *petição* deverá ser endereçada ao chefe do cartório ou secretaria, respectivamente:

- Escrivão, se deduzida contra decisão denegatória de recurso por juiz estadual;
- Diretor de Secretaria, se ingressada contra decisão indeferitória de recurso por juiz federal;
- Secretário da Presidência, se requerida contra decisão da Presidência de Tribunal que não admitir recurso ordinário constitucional lá ingressado.

Depois de requerida a carta, deverá ser extraído o traslado (cópia) das peças indicadas, com a devida autuação. Quanto ao rito a ser observado daí em diante, será, como já dissemos, o mesmo do recurso denegado, conforme se verifica do art. 643 do CPP ao dispor que, "extraído e autuado o instrumento, observar-se-á o disposto nos arts. 588 a 592, no caso de recurso em sentido estrito, ou o processo estabelecido para o recurso extraordinário, se deste se tratar". Apesar de prejudicada a última parte deste artigo (em razão de não mais ser cabível a carta em relação ao recurso extraordinário, como referido antes), seus termos sugerem que pretendeu o legislador determinar que a carta possua idêntica tramitação à do recurso cuja denegação motivou sua interposição. Por exemplo:

Carta em relação à denegação do recurso em sentido estrito: após requerida no prazo legal de 48 horas, segue a carta o procedimento estabelecido pelo Código de Processo Penal para a tramitação do RSE.

Assim:

Requerimento ao escrivão em 48 horas (art. 640 do CPP) – extração de peças e autuação (art. 587, parágrafo único, do CPP) – intimação do recorrente para razões em 2 dias (art. 588 do CPP) – intimação do recorrido para contrarrazões em 2 dias (art. 588 do CPP) – juízo de retratação (art. 589 do CPP) – não havendo retratação, segue-se a remessa da Carta ao Tribunal competente (art. 591 do CPP).

Outro aspecto importante a observar, decorrente do fato de obedecer a carta ao rito do recurso obstado, diz respeito ao **efeito regressivo (juízo de retratação)**, que estará presente na carta testemunhável quando direcionada à decisão denegatória de recurso em sentido estrito ou de agravo em execução, pois se trata de recursos que também possuem esse efeito. Nesses casos, então, a petição da carta deverá incorporar o requerimento para que o escrivão ou o diretor de secretaria faça a sua conclusão ao magistrado, a fim de que mantenha ou reforme a decisão que não recebeu ou impediu o seguimento da inconformidade. Agora, se a carta tiver sido manejada em relação à decisão obstativa de recurso ordinário constitucional, como esta modalidade não possui efeito regressivo, a carta também não o terá, sendo despropositado o pleito de retratação.

Quanto às *razões*, deverão ser dirigidas ao órgão jurisdicional que teria competência para julgar o recurso obstado caso tivesse sido recebido e processado.

14.12.4. Possibilidade, no julgamento da carta, de enfrentamento da questão objeto do recurso denegado ou obstado

Como se vê da redação do art. 644 do CPP: "o Tribunal, câmara ou turma a que competir o julgamento da carta, se desta tomar conhecimento, mandará processar o recurso, ou, se estiver suficientemente instruída, decidirá logo, *de meritis*". Isto significa que, conhecida e julgada a carta, caso provida, poderá o Tribunal, se tiver elementos, decidir a própria matéria que gerou a interposição do recurso não recebido ou trancado pelo magistrado.

> *Exemplo:* Considere-se que, interposto recurso em sentido estrito pelo Ministério Público contra decisão que julgou extinta a punibilidade do réu, tenha sido este denegado ao fundamento de que intempestivo. Nesse contexto, adianta-se o Promotor de Justiça em requerer a extração de carta testemunhável, indicando peças do processo principal para formação do instrumento. Processada a carta e aportando ela ao Tribunal, caso venha este a entender que o recurso em sentido estrito era, efetivamente, tempestivo, poderá adotar uma das seguintes soluções: determinar o processamento desse recurso ou, desde logo, enfrentar a matéria que gerou sua interposição – a questão relativa ao acerto ou não da decisão que extinguiu a punibilidade do réu.

14.12.5. Esquema de situação envolvendo o manejo de carta testemunhável em relação à decisão denegatória de recurso em sentido estrito pelo juiz

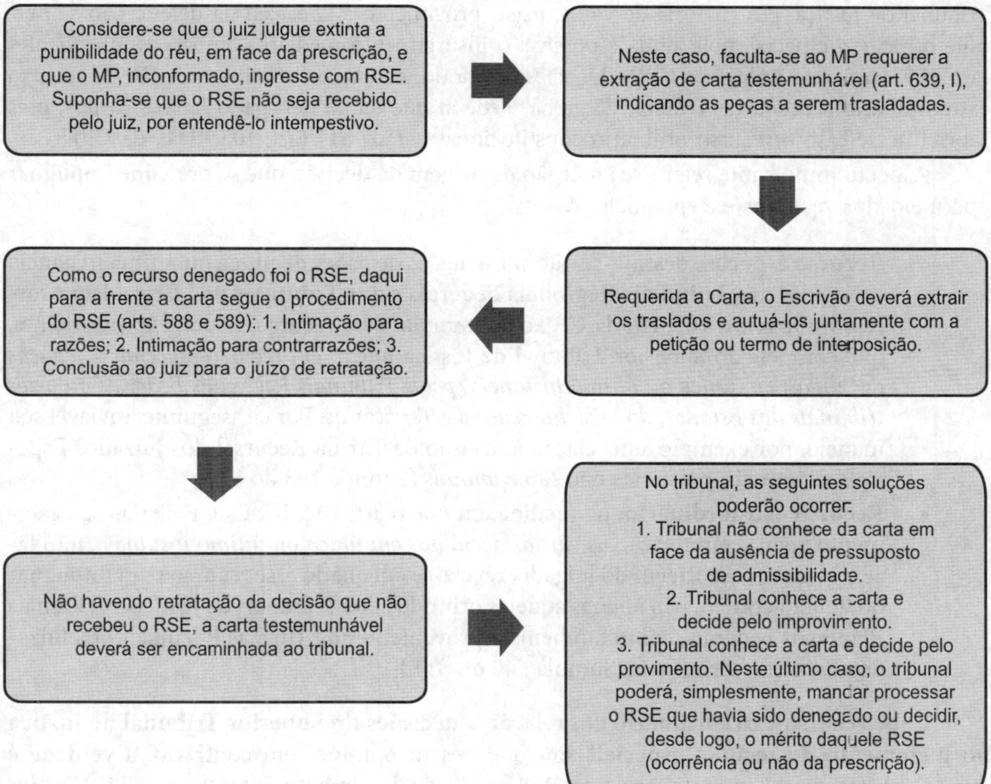

14.13. RECURSOS EXTRAORDINÁRIO E ESPECIAL (ARTS. 102, III, E 105, III, DA CONSTITUIÇÃO FEDERAL)

14.13.1. Considerações gerais

O **recurso extraordinário** (art. 102, III, da CF) destina-se à impugnação de *decisão de única ou última instância* que importe em violação da Constituição Federal, ressalvando-se que não é possível sua interposição contra acórdão que defere medida liminar (Súmula 735 do STF). Nesse caso, pode-se afirmar que o seu objetivo primordial é garantir o prevalecimento da ordem constitucional vigente, evitando-se que subsistam decisões atentatórias aos direitos e garantias consagrados na Lei Maior.

Já o **recurso especial** (art. 105, III, da CF) tem por objetivo submeter ao Superior Tribunal de Justiça decisões dos *Tribunais dos Estados e dos Tribunais Regionais Federais*, que tenham violado a lei federal ou que lhe tenham dado interpretação diversa da que foi dada por outro tribunal. Visa esse recurso, em última análise, uniformizar a interpretação da lei federal no território nacional.

Tanto o *recurso extraordinário* quanto o *recurso especial* destinam-se a **decisões de única ou última instância.** Isto quer dizer que o seu ingresso, além de depender da ocorrência de uma das situações de cabimento previstas nos arts. 102, III, e 105, III, da Constituição Federal, condiciona-se ao esgotamento de todas as outras vias recursais. Devem constituir, enfim, a única ou a última via recursal possível para impugnar a decisão. Destarte, se um acórdão do Tribunal de Justiça, por maioria de votos, negar provimento à apelação da defesa, não se permite o recurso especial, pois ainda é possível o insurgimento mediante embargos infringentes (art. 609, parágrafo único, do CPP). Do mesmo modo, não autoriza a interposição de recurso extraordinário acórdão de Tribunal Regional Federal que tenha denegado *habeas corpus*, pois cabível nesse caso o recurso ordinário constitucional para o STJ (art. 105, II, *a*, da CF).

Aspecto importante refere-se ao órgão de origem da decisão que se pretende impugnar por meio dos recursos excepcionais. Assim:

- **Recurso especial:** destina-se, tão somente, às decisões de única ou última instância provindas dos **Tribunais Regionais Federais e dos Tribunais de Justiça**. Isto ocorre porque o art. 105, III, da CF, ao contemplar esse recurso, refere, expressamente, que compete ao Superior Tribunal de Justiça *julgar, em recurso especial, as causas decididas, em única ou última instância, pelos Tribunais Regionais Federais ou pelos tribunais dos Estados, do Distrito Federal e Territórios*. Por conseguinte, inviável seu manejo, por exemplo, em relação à decisão de Turma Recursal dos Juizados Especiais Criminais, pois estas não são *tribunais* (Súmula 203 do STJ);
- **Recurso extraordinário:** na medida em que o art. 102, III, da CF dispõe seu cabimento apenas em relação às *causas decididas em única ou última instância*, não fazendo menção à origem do julgado, revela-se adequado esse recurso para impugnar qualquer acórdão, não apenas aqueles oriundos dos Tribunais de Justiça e Tribunais Regionais Federais, como também os provenientes de Turmas Recursais dos Juizados Especiais Criminais (Súmula 640 do STF).

Cabe recurso extraordinário em relação a decisões do Superior Tribunal de Justiça no julgamento de recurso especial? Em que pesem opiniões em contrário, a verdade é que tal hipótese está prevista nos arts. 268 a 270 do Regimento Interno do STJ. Não ignoramos que, dada a competência do STF para tratar, primordialmente, de questões afetas ao *texto constitucional* e considerando que ao STJ compete o exame de temas relativos à violação de *lei federal*, muito dificilmente poderá acontecer de matéria examinada pelo STJ em recurso especial ser reexaminada, no STF, no âmbito de recurso extraordinário.

14.13.1.1. Previsões constitucionais do recurso extraordinário

O art. 102, III, da CF prevê quatro hipóteses de cabimento do recurso extraordinário:

a) **Ofensa à Constituição Federal:** Neste caso, o recurso fundamenta-se na violação a dispositivo ou princípio da Constituição Federal. Aspecto controvertido refere-se à possibilidade de ser interposto o recurso extraordinário a partir da chamada *ofensa reflexa* ao texto constitucional, o que ocorre quando o acórdão afronta a Lei Maior por via indireta, isto é, a partir da violação à lei federal. Apesar de alguns entendimentos em contrário, no âmbito do STF a orientação é de que somente a violação direta da Carta Republicana autoriza o recurso extraordinário[59], tanto que editada a Súmula 636 no sentido de que "não cabe recurso extraordinário por contrariedade ao princípio constitucional da legalidade, quando a sua verificação pressuponha rever a interpretação dada a normas infraconstitucionais pela decisão recorrida".

[59] STF, AI 54.381 AgR/GO, *DJ* 17.04.2009.

– *Exemplos de ofensa direta à CF:*

1. Viola diretamente a Constituição Federal o acórdão do Tribunal de Justiça que afirma a competência da justiça estadual para o julgamento do crime de falsificação de certidão emitida por autarquia federal. Isto porque, de acordo com o art. 109, IV, daquela Carta, compete aos Juízes Federais processar e julgar as infrações penais praticadas em detrimento de bens, serviços ou interesse da União ou de suas entidades autárquicas ou empresas públicas. Destarte, admite-se o recurso extraordinário nesse caso.
2. Afronta diretamente o princípio constitucional da presunção da inocência previsto no art. 5.º, LVII, da Constituição Federal, ensejando recurso extraordinário o acórdão que, ao condenar o réu, determina que se proceda, antes mesmo do trânsito em julgado da condenação, a inscrição do seu nome no rol dos culpados.

– *Exemplo de ofensa indireta à CF:*

1. Acórdão que considera válida perícia feita por peritos não oficiais sem curso superior viola diretamente o art. 159, § 1.º, do CPP e indiretamente a garantia constitucional do devido processo legal. Independentemente desse malferimento reflexo da CF, apenas o recurso especial poderá ser interposto, sendo inadmissível o recuso extraordinário.
2. Considere-se que, ao julgar apelação da defesa, tenha o acórdão deliberado no sentido da validade da audiência de instrução em que invertida a ordem dos questionamentos realizados das testemunhas. Em tal caso, ocorrerá ofensa direta ao art. 212 do CPP (estabelecendo que primeiro as partes farão suas perguntas às testemunhas, podendo o juiz, depois, complementar essa inquirição) e violação indireta ao art. 5.º, LIV, da CF (princípio do devido processo legal). Portanto, o recurso cabível será o especial, sob o fundamento da ofensa à lei federal (*in casu*, o art. 212 do CPP), e não o recurso extraordinário, já que a violação ao devido processo legal ocorre por via reflexa.

O não cabimento do recurso extraordinário na hipótese de ofensa indireta ou reflexa à Constituição Federal é referendado, expressamente, no CPC/2015, ao dispor, no seu art. 1.033 que "se o Supremo Tribunal Federal considerar como reflexa a ofensa à Constituição afirmada no recurso extraordinário, por pressupor a revisão da interpretação da lei federal ou de tratado, remetê-lo-á ao Superior Tribunal de Justiça para julgamento como recurso especial". Essa regra, que consolida, no âmbito civil, o entendimento de que o recurso extraordinário requer a demonstração da ofensa direta ao texto constitucional, reverencia, implicitamente, os termos da Súmula 636 do STF, devendo ser aplicada também no **campo criminal**, já que não há razão para diferenciar a disciplina relacionada ao cabimento do recurso excepcional em uma e outra esfera.

---

b) **Decisão que declarar inconstitucional tratado ou lei federal:** No processo criminal, qualquer juízo ou tribunal pode exercer o chamado *controle incidental de constitucionalidade (ou difuso),* deixando de aplicar leis ou atos normativos sob o fundamento de que infringem dispositivo, princípio ou garantia inscrita na Lei Maior. Essa forma de controle, se realizada pelo juiz singular, ocorrerá no corpo de suas decisões, quando fundamentar o porquê de não aplicar determinada lei ao caso concreto. Todavia, se efetivada por órgãos colegiados dos tribunais (câmaras, turmas, grupos etc.), deverão estes observar a cláusula constitucional de reserva de plenário prevista no art. 97 da CF, dispondo que "somente pelo voto da maioria absoluta de seus membros ou dos membros do respectivo órgão especial poderão os tribunais declarar a inconstitucionalidade de lei ou ato normativo do Poder Público". Assim, se a câmara a que distribuído o recurso entender inconstitucional o dispositivo invocado pelo recorrente para defesa de sua tese, deverá suscitar o incidente de inconstitucionalidade ao Órgão Especial do respectivo tribunal, onde será deliberado a respeito. Realizada essa deliberação, aí sim poderá ser concluído o julgamento do recurso, aplicando-se ou não dispositivo questionado, conforme o que tiver sido decidido no incidente. Sem embargo desta regra, cabe ressaltar que há situação em que o órgão fracionário de um Tribunal (uma Câmara, por exemplo) pode decidir pela inconstitucionalidade de uma norma sem encaminhar a questão ao Órgão Especial do Tribunal e sem que, com isto, viole a cláusula de reserva de plenário: trata-se do que dispõe o art. 949, parágrafo único, do CPC/2015, aplicável em matéria penal por força do art. 3.º do Código de Processo Penal, relativo à hipótese em que já há prévio pronunciamento a respeito de parte do plenário ou do órgão especial do próprio Tribunal ou do Supremo Tribunal Federal. O citado dispositivo do CPC encontra fundamento em razões de ordem prática. Imagine-se, pois, que ao julgar uma apelação, a 2.ª Câmara Criminal do Tribunal de Justiça do Rio Grande do Sul tenha encaminhado ao Órgão Especial desse Tribunal a análise da constitucionalidade da Lei "X", vindo esta lei a ser considerada, efetivamente, inconstitucional e, portanto, não aplicável ao caso concreto. Imagine-se, agora, que a mesma Lei "X" seja, novamente, invocada em outro recurso, distribuído à 3.ª Câmara Criminal do mesmo Tribunal. Não haverá, logicamente, a necessidade de novo incidente de inconstitucionalidade ser suscitado perante o Órgão Especial do Tribunal de Justiça, pois se trata da mesma questão que já foi anteriormente decidida. Idêntica situação ocorre quando, a respeito da suposta inconstitucionalidade do tema versado, já houver pronunciamento do plenário do Supremo Tribunal Federal. **Mas atenção**: além da exceção prevista pelo art. 949, parágrafo único, do CPC/2015, outras três situações são trazidas pela doutrina permitindo aos órgãos fracionários dos tribunais manifestarem-se acerca da compatibilidade da norma em relação à Constituição Federal sem necessidade de encaminhamento da questão ao plenário: *primeira,* quando se tratar de dispositivo de lei anterior à CF, caso em que bastará ao órgão fracionário declarar que a norma não foi recepcionada pelo regramento constitucional que lhe foi posterior; *segunda,* quando se tratar de mera interpretação da lei conforme a Constituição Federal, estabelecendo a Câmara ou a Turma que a norma apenas pode ser considerada constitucional se interpretada em determinado sentido; e, *terceira,* quando se tratar de decisões das turmas recursais dos Juizados Especiais Criminais, que são compostas por Juízes de Primeiro Grau.

Pois bem, se, no julgamento de um recurso, um determinado Tribunal declarar a inconstitucionalidade de lei federal, viabilizar-se-á a interposição do recurso extraordinário fundamentado no art. 102, III, *b,* da CF, desde que se trate, é claro, de decisão de única ou última instância. *Exemplo:* Permite-se o recurso extraordinário contra o acórdão do Tribunal Regional Federal que, julgando apelação, considera inconstitucional o art. 142 do CPP, sob o fundamento de que a legitimidade do Ministério Público para ingressar o pedido de hipoteca legal como substituto processual da vítima pobre viola o art. 134 da CF. Este último dispositivo estabelece a atribuição da defensoria pública para o atendimento dos necessitados.

c) **Decisão que julgar válida lei ou ato do governo local contestado em face da Constituição Federal:** Por lei ou ato de governo local compreendem-se as normatizações municipais ou estaduais. Assim, justifica-se o recurso extraordinário com base na alínea *c* quando, diante da alegação de conflito entre a Constituição Federal e uma lei ou ato estadual ou municipal, o acórdão optar pela aplicação destas últimas, por entender que não infringem o texto constitucional. *Exemplo:* Determinado governo estadual edita uma lei estabelecendo que incorre, objetivamente, em crime de porte para fins de mercancia quem for flagrado portando quantidade superior a 50 g de drogas em desacordo com a determinação legal ou regulamentar. Condenado o réu a partir da aplicação dessa norma, apela ele ao tribunal invocando a inconstitucionalidade da referida lei estadual, visto que apenas a União pode legislar sobre direito penal. Julgando a apelação, o Tribunal de Justiça nega-lhe provimento, considerando válida a normatização local. Cabível, nesse caso, recurso extraordinário fundamentado no art. 102, III, *c*, da CF.

d) **Decisão que julgar válida lei local contestada em face de Lei Federal:** Trata-se de hipótese de recurso extraordinário introduzida pela Emenda Constitucional 45/2004, ao disciplinar a *reforma do Judiciário*. Com essa normatização, buscou o legislador concentrar no Supremo Tribunal Federal não apenas o controle da *constitucionalidade* das leis locais, que já lhe era afeto (art. 102, III, *c*, da CF), como também o controle da *legalidade* destas leis. Anteriormente à EC 45/2004, a mesma situação era objeto de recurso especial, de competência do Superior Tribunal de Justiça. *Exemplo:* Considere-se que, ao julgar extinta a pena do réu (art. 94 do CP), determine o juiz, com base em *lei estadual*, que permaneçam ativos, para fins de certidões eventualmente solicitadas, os registros da condenação. Considere-se, outrossim, que esse comando seja mantido pelo tribunal ao julgar recurso interposto pela defesa, no qual alegada a ilegalidade dessa norma local. Neste caso, justifica-se o ingresso de recurso extraordinário embasado no art. 102, III, *d*, da CF, pois o tribunal julgou válida lei estadual contestada em face do art. 202 da Lei 7.210/1984, que determina o sigilo da condenação depois de cumprida ou extinta a pena.

14.13.1.2. Previsões constitucionais do recurso especial

Segundo o art. 105, III, da CF, três são as hipóteses que autorizam a utilização do recurso especial:

a) **Contrariedade ou negativa de vigência a tratado ou lei federal:** *Contrariar* é decidir com ofensa à lei, ao passo que *negar vigência* é deixar de aplicá-la ou aplicar outra norma. Por *leis federais* compreendem-se as emanadas do Congresso Nacional (art. 22 da CF). Quanto aos *tratados*, a violação apenas justifica o ingresso de recurso especial quando tiverem sido ratificados pelo Congresso, pois somente estes têm validade no território nacional. Não se admite o recurso especial contra decisões que tenham violado resoluções administrativas, portarias, convênios, ainda que provenientes de órgãos federais. Também é incabível esse recurso quando a norma afrontada provier do legislativo estadual ou municipal. *Exemplo:* Se o acórdão do Tribunal de Justiça considerar válida a perícia realizada por apenas um perito não oficial em processo por crime de lesões graves, estará contrariando o disposto no art. 159, § 1.º, do CPP, que estabelece a obrigatoriedade de o exame de corpo de delito ser efetuado por dois peritos, quando não oficiais. Possível, então, o ingresso de recurso especial com base no art. 105, III, *a*, da CF. Perceba-se que, de acordo com a Súmula 518 do STJ, "para fins do art. 105, III, *a*, da Constituição Federal, não é cabível recurso especial fundado em alegada violação de enunciado de súmula".

b) **Decisão que julgar válido ato de governo local contestado em face da lei federal:** Pressupõe-se, nesse caso, a existência de conflito entre uma lei federal e um ato editado por autoridade estadual ou municipal. A hipótese é incomum na esfera criminal, tendo em vista que, sobre direito penal e direito processual penal, somente a União pode legislar. *Exemplo:* Há alguns anos, o Governo do Estado do Rio

Grande do Sul editou portaria estabelecendo que desenvolver velocidade superior a 96 km/h (20% da máxima permitida no País à época) importava em prática de direção perigosa. A condenação do motorista com base nessa portaria estadual, quando mantida em grau de recurso, ensejou dezenas de recursos especiais sob o fundamento de que, ao assim proceder, estava o tribunal validando um ato de governo local contestado em face da Lei das Contravenções Penais (à época, direção perigosa ainda não era crime, mas, sim, contravenção), lei esta que não estabelecia o critério velocidade como elemento ou circunstância do tipo contravencional.

c) **Decisão que der à lei federal interpretação divergente da que lhe haja atribuído outro tribunal:** É o recurso especial fundamentado no *dissídio pretoriano* ou *divergência jurisprudencial,* que pode ser utilizado em relação ao acórdão que, julgando um determinado fato, decide de forma diametralmente oposta ao entendimento de outro tribunal do País ao analisar questão idêntica. *Exemplo:* Ao condenar o réu, procede o juiz, na segunda etapa do cálculo da pena, à compensação entre a agravante da reincidência e a atenuante da confissão espontânea, entendendo serem elas igualmente preponderantes. Interposta apelação pelo Ministério Público contra essa decisão, mantém o Tribunal de Justiça, por unanimidade, o pronunciamento do juiz. Neste caso, desejando insurgir-se contra o acórdão, poderá o Ministério Público ingressar com recurso especial, colacionando paradigma de outro tribunal do País que, interpretando o art. 67 do Código Penal, ao apreciar a mesma situação fática, tenha entendido de modo diverso, ou seja, no sentido de que a reincidência prevalece sobre a confissão, razão pela qual o *quantum* de aumento de pena em face da primeira deve ser superior ao *quantum* de redução em razão da segunda[60].

Na esteira da **Súmula 13 do STJ**, é importante frisar a necessidade de que o paradigma utilizado provenha de *outro tribunal*, embora não necessariamente de um tribunal localizado em outro Estado ou que abranja outro território. Entende-se possível, por exemplo, ingressar com recurso especial alicerçado no dissídio contra um acórdão do Tribunal de Justiça de São Paulo, confrontando-o com outro do Tribunal Regional Federal da 3.ª Região, que abrange aquele Estado. Nada obstaria, também, que fosse usado um paradigma do próprio STJ. Não se poderia, contudo, utilizar a título de confronto um julgado proveniente de outra câmara do próprio TJSP.

Conforme inteligência da **Súmula 83 do STJ**, também não é possível a interposição do recurso especial com base no dissídio se, apesar das divergências na interpretação da lei federal por tribunais diferentes, já tiver o Superior Tribunal de Justiça se firmado no sentido da decisão recorrida, ainda que não haja súmula a respeito (Súmula 83 do STJ). *Exemplo:* O STJ já consolidou o entendimento de que a fixação, na sentença condenatória, da indenização mínima de vida à vítima a que alude o art. 387, IV, do CPP, exige que tenha sido requerida na denúncia ou na queixa-crime esta estipulação. Logo, não poderá ser admitido recurso especial interposto pelo Ministério Público contra acórdão de determinado tribunal de justiça que tenha deliberado nesse mesmo sentido, sob o fundamento da divergência com julgamento levado a efeito por outro tribunal que julgou em sentido oposto. Levará em conta o STJ, neste caso, que a sua orientação já está assentada no sentido da decisão recorrida.

Quanto à **comprovação da divergência** entre julgados, aplica-se, por analogia, o regramento do art. 1.029, § 1.º, do CPC/2015, dispondo que, "quando o recurso fundar-se em dissídio jurisprudencial, o recorrente fará a prova da divergência com a certidão, cópia ou citação do repositório de jurisprudência, oficial ou credenciado, inclusive em mídia eletrônica, em que houver sido publicado o acórdão divergente, ou ainda com a reprodução de julgado disponível na rede mundial de computadores, com indicação da respectiva fonte, devendo-se,

[60] No julgamento do Recurso Especial n.º 1.341.370/MT (*DJ* 17.04.2013), o STJ reafirmou o entendimento de que é possível a compensação entre a agravante da reincidência e a atenuante da confissão espontânea, observando que ambas são igualmente preponderantes.

em qualquer caso, mencionar as circunstâncias que identifiquem ou assemelhem os casos confrontados". Disciplina semelhante encontra-se no art. 255, § 1.º, do RISTJ.

Por fim, conforme se depreende do mesmo art. 1.029, § 1.º, do CPC/2015, em sua última parte ("...devendo-se, em qualquer caso, mencionar as circunstâncias que identifiquem ou assemelhem os casos confrontados"), é requisito inarredável à admissão do recurso especial fundamentado no art. 105, III, *c*, da CF o de que seja feito o **confronto analítico da divergência**, que consiste no cotejo entre partes do acórdão recorrido e trechos do acórdão paradigma, demonstrando-se que, embora ambos se referiram à mesma situação fática, a eles foram dadas soluções jurídicas distintas. **E atenção:** é firme no STJ a orientação de que a demonstração da divergência não se satisfaz com a simples transcrição de ementas, exigindo-se, efetivamente, a comparação dos trechos do acórdão recorrido e das decisões apontadas como divergentes, mencionando-se as circunstâncias que identifiquem ou assemelhem os casos confrontados (STJ, Agravo Regimental 481.241/RJ, *DJ* 16.12.2014).

14.13.2. Outros requisitos de admissibilidade dos recursos especial e extraordinário

Além dos pressupostos gerais de admissibilidade inerentes a qualquer recurso (cabimento, tempestividade, forma, interesse e legitimidade), existem determinados condicionamentos que, incorporados a súmulas do STF e do STJ, devem ser observados na interposição dos recursos extraordinário e especial, sob pena de não serem estes admitidos, quer pelo Presidente ou Vice-Presidente do Tribunal *a quo*, quer no próprio Tribunal Superior em relação aos recursos que lá aportarem. Considere-se, por exemplo, que pretenda o acusado insurgir-se contra acórdão unânime proferido pelo Tribunal de Justiça de determinado Estado no julgamento de apelação, sob o fundamento da ofensa à lei federal. Nesse caso, não sendo cabíveis outras impugnações, deverá interpor recurso especial perante a Presidência ou Vice-Presidência daquele Tribunal (conforme dispuser o respectivo regimento interno), que examinará a presença dos pressupostos legais e sumulares de admissibilidade. Admitido o recurso, será encaminhado ao STJ, onde, novamente, será examinada a presença dos requisitos de admissão. Contemplam-se, enfim, dois juízos de admissibilidade – um no Tribunal *a quo*, outro no Tribunal *ad quem*.

Registre-se que, muito embora haja verbetes no STF e no STJ estabelecendo, *mutatis mutandis,* disciplinas sumulares muito semelhantes em relação aos recursos extraordinário e especial, na ausência desse regramento específico nada impede o uso da analogia. Esta sistemática foi e ainda é bastante comum no Superior Tribunal de Justiça em relação a disposições sumulares do Excelso Pretório, *v.g.*, a Súmula 284 do STF, que, não encontrando correspondente naquela Corte, dispõe que "é inadmissível o recurso extraordinário quando a deficiência na sua fundamentação não permitir a exata compreensão da controvérsia". A título de ilustração, no exame da admissibilidade do Recurso Especial 1111685/SP (*DJ* 26.10.2009), entendeu a 5.ª Turma do STJ que "o recurso excepcional, quanto ao permissivo da alínea 'a', deve apresentar a indicação do texto infraconstitucional violado e a demonstração do alegado *error*, sob pena de esbarrar no óbice do verbete insculpido na Súmula n.º 284-STF (Precedentes)".

Entre as principais normatizações determinadas por súmulas dos Tribunais Superiores aos recursos constitucionais cabe referir as seguintes:

1. Exigência de prequestionamento da matéria objeto do recurso (Súmulas 282 e 356 do STF, e Súmula 320 do STJ):

O *prequestionamento* corresponde ao enfrentamento, no acórdão impugnado, do tema jurídico alegado no recurso. Trata-se de requisito de presença indispensável nos recursos extraordinário e especial, visto que os arts. 102, III, e 105, III, da CF, tratando destas impugnações, disciplinam o seu cabimento em relação às **causas decididas** em única ou última instância. Ora, *decidido* é apenas o tema enfrentado no acórdão recorrido. Neste contexto, pode-se definir o prequestionamento como a exigência formal de que a questão objeto dos recursos extraordinário e especial tenha sido apreciada pelo tribunal de origem.

Atente-se que, de acordo com o art. 1.034, parágrafo único, do CPC/2015, "admitido o recurso extraordinário ou o recurso especial por um fundamento, devolve-se ao tribunal superior o conhecimento dos demais fundamentos para a solução do capítulo impugnado". A partir desta norma, infere-se que, doravante, no âmbito cível, faculta-se ao STF e ao STJ apreciar toda a ordem de questões jurídicas relativas ao processo, podendo fazê-lo, inclusive, originariamente, vale dizer, mesmo que tais matérias não tenham sido apreciadas anteriormente pelo juiz singular ou pelos tribunais inferiores, dispensando-se, então, em relação a elas, a necessidade de prequestionamento. A exigência de prequestionamento, enfim, pelo novo diploma processual, subsiste apenas em relação às questões jurídicas que tenham sido alegadas pelo recorrente como fundamentos de seu recurso. Resta aguardar, agora, os pronunciamentos do STF e do STJ acerca da aplicação da regra cível aos **recursos criminais**, o que não temos dúvida que virá a ocorrer.

Questão que divide a jurisprudência concerne à natureza do prequestionamento que se exige para admissão dos recursos excepcionais. A esse respeito, classifica-se o prequestionamento em *explícito* e *implícito:*

Prequestionamento explícito é aquele que decorre da referência expressa, pelo acórdão recorrido, dos artigos de lei federal ou da Constituição Federal considerados afrontados pelo recorrente. **Prequestionamento implícito** é o enfrentamento, pelo acórdão objurgado, das teses jurídicas invocadas pelo recorrente sem a referência aos dispositivos legais e constitucionais que as sustentam.

No âmbito do *Superior Tribunal de Justiça*, prevalece a orientação de que não é imprescindível que o dispositivo federal alegado tenha sido expressamente mencionado no acórdão atacado, sendo suficiente o prequestionamento implícito do tema versado, ou seja, o debate acerca da tese incorporada ao recurso especial[61]. Por outro lado, na órbita do *Supremo Tribunal Federal*, vigora o entendimento oposto, compreendendo-se no sentido da impossibilidade do prequestionamento implícito. Considera-se, enfim, não prequestionado o dispositivo constitucional tido como violado se não foi ele mencionado no acórdão recorrido[62].

Aspecto a considerar refere-se à subsistência ou não, no âmbito criminal, da Súmula 320 do STJ, dispondo esta que não se reputa prequestionado tema federal quando seu enfrentamento ocorre apenas no âmbito de voto vencido no acórdão, pois este não expressaria o entendimento do órgão julgador. Idêntica, a respeito, sempre foi a orientação do Supremo Tribunal Federal, entendendo que "o voto vencido que tenha tratado de determinada matéria, isoladamente considerado, não satisfaz o requisito do prequestionamento"[63]. A controvérsia decorre da regra incorporada ao art. 941, § 3.º, do CPC/2015 (Lei 13.105, de 16.03.2015), prevendo este que "o voto vencido será necessariamente declarado e considerado parte integrante do acórdão para todos os fins legais, inclusive de pré-questionamento". Enfim, de acordo com a nova disciplina processual civil, é considerado prequestionado o tema infraconstitucional, ainda que seu enfrentamento ocorra apenas no voto vencido do acórdão. Com isto, é conclusivo que a citada súmula do STJ no **âmbito civil** resta atingida pelo fenômeno denominado *overruling,* também conhecido como "superação sumular

[61] STJ, AgInt no AREsp 689.034/SC, decisão monocrática, *DJ* 13.10.2016.
[62] STF, ARE 872.401/RS, *DJ* 18.12.2015.
[63] STF, ARE 740014 AgR/RS, 1.ª Turma, Rel. Min. Rosa Weber, *DJ* 08.11.2013.

normativa", que ocorre quando um determinado precedente é afastado pelo fato de ter se tornado obsoleto ou superado. Ora, a despeito da lacuna existente, tal regra, parece-nos, deve ser aplicada, igualmente, em relação aos **recursos criminais**, já que não há razão alguma para que se estabeleça regramento distinto para os recursos excepcionais, conforme deduzidos no campo civil ou na esfera criminal.

Como dissemos, no recurso extraordinário são tratadas questões afetas à observância da Constituição Federal, ao passo que no recurso especial enfocam-se temas relativos à interpretação da lei federal. Independentemente destas regras, já se questionou se o Superior Tribunal de Justiça, no recurso especial, pode examinar dispositivos da Constituição Federal para fins de prequestionamento. Entende-se que não. Com efeito, no âmbito do recurso especial, cabe ao Superior Tribunal de Justiça examinar questões afetas à lei federal, e não à Constituição da República, incumbindo esta ao Supremo Tribunal Federal em sede de recurso extraordinário. Portanto, inclusive para fins de prequestionamento, descabe ao STJ ingressar em temas relativos à violação de dispositivos constitucionais, sob pena de usurpação da competência do Pretório Excelso. Neste sentido: "Não cabe ao STJ, em recurso especial, mesmo com a finalidade de prequestionamento, a análise de suposta violação de dispositivos constitucionais, sob pena de usurpação da competência do STF"[64]. No mesmo sentido: "Quanto aos dispositivos constitucionais supostamente violados, cumpre observar que, embora seja dever de todo magistrado velar a Constituição, para que se evite supressão de competência do egrégio STF, não se admite apreciação, em sede de recurso especial, de matéria constitucional, ainda que para viabilizar a interposição de recurso extraordinário"[65]. **Mas atenção:** Isto não necessariamente significa que esteja o STJ privado de exercer o controle difuso da constitucionalidade, que é forma de controle que cabe a todos os órgãos judiciais. Considerando esta circunstância, no intuito de evitar que o STJ, ao exercer o controle difuso da constitucionalidade, incorra em usurpação da competência do STF para tratar de temas relacionados à matéria constitucional, consolidou-se a jurisprudência do Excelso Pretório no sentido de que tal controle apenas pode ser feito no âmbito do recurso especial pelo STJ quando **não tiver sido interposto recurso extraordinário simultaneamente.** Logo, se houve a interposição simultânea dos recursos extraordinário e especial, não pode o STJ adentrar na matéria constitucional, nem mesmo para fins de controle difuso, devendo remeter os autos ao STF para o julgamento do recurso extraordinário antes de analisar o recurso especial (lembre-se de que, na disciplina dos recursos extraordinário e especial simultâneos, a regra legal é a de que este último seja julgado pelo STJ antes do julgamento do primeiro pelo STF), sob pena de usurpação de sua competência. Neste sentido: "O Superior Tribunal de Justiça, ao negar seguimento ao recurso especial com fundamento constitucional, exerceu o chamado controle difuso de constitucionalidade, que é possibilitado a todos os órgãos judiciais indistintamente. Em tais casos, só haverá usurpação da competência do Supremo Tribunal Federal se da decisão da corte de origem foram interpostos, simultaneamente, recursos especial e extraordinário" (STF, Recl. 8163/PR, *DJ* 28.11.201). Cabe ressaltar, por oportuno, que a previsão no sentido de que o STJ, constatando a necessidade de enfrentamento de questão constitucional previamente ao exame do recurso especial, deverá encaminhar o processo ao STF com vista à análise prévia do recurso extraordinário, que se encontrava inserida no art. 27, § 5.º, da Lei 8.038/1990. Considerando, porém, a revogação expressa desse dispositivo pelo art. 1.072, IV, do CPC/2015, aplica-se, na atualidade, por analogia, o estabelecido no art. 1.031, § 2.º, desse Código que, ao fim e ao cabo, insere idêntico regramento:

[64] STJ, AgRg no AREsp 145082/PE, *DJ* 04.06.2012.

[65] STJ, AgRg no AREsp 48066/RJ, *DJ* 28.05.2012.

ART. 27 DA LEI 8.038/1990	ART. 1.031 DO CPC/2015
§ 3.º Admitidos os recursos, os autos serão imediatamente remetidos ao Superior Tribunal de Justiça.	Art. 1031. Na hipótese de interposição conjunta de recurso extraordinário e recurso especial, os autos serão remetidos ao Superior Tribunal de Justiça.
§ 4.º Concluído o julgamento do recurso especial, serão os autos remetidos ao Supremo Tribunal Federal para apreciação do recurso extraordinário, se este não estiver prejudicado.	§ 1.º Concluído o julgamento do recurso especial, os autos serão remetidos ao Supremo Tribunal Federal para apreciação do recurso extraordinário, se este não estiver prejudicado.
§ 5.º Na hipótese de o relator do recurso especial considerar que o recurso extraordinário é prejudicial daquele em decisão irrecorrível, sobrestará o seu julgamento e remeterá os autos ao Supremo Tribunal Federal para julgar o extraordinário.	§ 2.º Se o relator do recurso especial considerar prejudicial o recurso extraordinário, em decisão irrecorrível, sobrestará o julgamento e remeterá os autos ao Supremo Tribunal Federal.
§ 6.º No caso do parágrafo anterior, se o relator do recurso extraordinário, em despacho irrecorrível, não o considerar prejudicial, devolverá os autos ao Superior Tribunal de Justiça, para o julgamento do recurso especial.	§ 3.º Na hipótese do § 2.º, se o relator do recurso extraordinário, em decisão irrecorrível, rejeitar a prejudicialidade, devolverá os autos ao Superior Tribunal de Justiça, para o julgamento do recurso especial.

2. Embargos declaratórios deduzidos com o fim de prequestionamento (Súmula 356 do STF e Súmulas 98 e 211 do STJ): Muito frequentemente, os tribunais estaduais e federais deixam de se manifestar sobre todos os temas alegados no recurso interposto, inviabilizando, assim, em relação às matérias omitidas, a dedução dos recursos extraordinário e especial, pois não atendido o pressuposto do prequestionamento. Nesses casos, resta ao sucumbente ingressar com embargos declaratórios, incitando o tribunal *a quo* ao enfrentamento dos temas faltantes. Opostos estes embargos, as seguintes situações podem ocorrer:

a) *Os embargos declaratórios não são conhecidos:* É o caso, por exemplo, de o tribunal embargado reputá-los intempestivos. Neste caso, foi inútil sua dedução, correndo o embargante, ainda, o risco de perder o prazo para o ingresso de recursos extraordinário e especial, dado que, uma vez não conhecidos, os embargos não importarão em suspensão ou interrupção do prazo dos demais recursos cabíveis.

b) *Os embargos declaratórios são conhecidos e acolhidos:* Nesta hipótese, o tribunal local prequestionou os temas omitidos, permitindo ao recorrente, com segurança, deduzir em relação a todas as questões suscitadas os recursos excepcionais.

c) *Os embargos declaratórios são conhecidos, mas não acolhidos:* Cuida-se aqui da situação em que o tribunal *a quo*, em que pese conhecer os aclaratórios, nega-se a acolhê-los. Para melhor ilustrar, imagine-se que, *considerando omisso acórdão do Tribunal de Justiça de São Paulo que julgou apelação, o Ministério Público ingresse com embargos declaratórios visando ao prequestionamento de tema não abordado, sendo estes embargos, contudo, desacolhidos.*

Em hipóteses como esta última, o **Superior Tribunal de Justiça**, a partir de sua Súmula 211, entende que o desacolhimento dos embargos declaratórios pela Corte Paulista importaria em não se considerar suprido o requisito do prequestionamento. O STJ não aceita, enfim, o chamado *prequestionamento ficto,* que se considera ocorrente com a simples oposição dos aclaratórios, mesmo que o tribunal de origem não tenha, efetivamente, se pronunciado sobre as teses em discussão. Logo, restará ao prejudicado interpor recurso especial contra o acórdão do TJSP que desacolheu os embargos, alegando que este infringiu o disposto no art.

619 do Código de Processo Penal (dispositivo que estabelece o cabimento dos aclaratórios para suprir omissão, obscuridade, contradição ou ambiguidade). Com o recurso especial assim proposto, buscará o Ministério Público a cassação daquele acórdão e a determinação, pelo STJ, de que outro seja proferido pela Corte Paulista, desta vez prequestionando o tema omitido. Exitosa essa pretensão e acolhidos, agora, os embargos pelo TJSP, novo recurso especial deverá ser deduzido, agora em relação ao acórdão inicialmente proferido (o que julgou a apelação), visando à sua reforma.

E o **Supremo Tribunal Federal**, que até algum tempo atrás aceitava o *prequestionamento ficto* a partir de interpretação a *contrario sensu* da sua Súmula 356, passou a se comportar do mesmo modo que o STJ, vale dizer, no sentido de que a rejeição dos embargos declaratórios impede, sim, a interposição de recurso extraordinário contra o acórdão que julgou a apelação.

À margem disso tudo, a verdade é que, na atualidade, em **matéria cível**, a questão relacionada ao uso dos embargos declaratórios com vista ao prequestionamento de temas constitucionais ou infraconstitucionais não enfrentados no acórdão recorrido é resolvida de forma bastante simples pelo art. 1.025 do CPC/2015, ao estabelecer que *se consideram incluídos no acórdão os elementos que o embargante suscitou, para fins de pré-questionamento, ainda que os embargos de declaração sejam inadmitidos ou rejeitados, caso o tribunal superior considere existentes erro, omissão, contradição ou obscuridade*. Com esta disciplina, fica bem claro que, no **âmbito cível**, o Supremo Tribunal Federal, em relação aos recursos extraordinários, e o Superior Tribunal de Justiça, em relação aos recursos especiais, percebendo a ocorrência de erro, omissão, contradição ou obscuridade no acórdão recorrido, deverão considerar prequestionados os temas que foram objeto de embargos de declaração, ainda que não tenham estes sido admitidos ou que, admitidos, tenham sido rejeitados. Para ilustrar, considere-se que, relativamente a acórdão de Câmara Cível do Tribunal de Justiça do Rio Grande do Sul, tenha o Ministério Público oposto embargos declaratórios para suprir omissão relativamente a tema infraconstitucional sustentado em apelação. Imagine-se que tais embargos sejam rejeitados pelo Tribunal gaúcho sob o fundamento da inexistência da omissão apontada. Nesse caso, interposto pelo Ministério Público recurso especial ao STJ, verificando esta Corte que, de fato, há a omissão apontada, poderá, desde que constatada a presença dos demais requisitos de admissibilidade, proceder, imediatamente, ao julgamento do recurso especial, considerando, por ficção jurídica, prequestionado o tema que foi objeto dos embargos declaratórios desacolhidos. Em outras palavras, simplificando-se o procedimento recursal, não será necessária a prévia anulação, pelo STJ, do acórdão que julgou os embargos declaratórios e a determinação ao tribunal de origem de que outro seja proferido com o enfrentamento dos temas omitidos no julgamento original a fim de possibilitar ao Ministério Público, no exemplo, ingressar com recurso especial enfrentando a matéria. Tal recurso, enfim, poderá ser interposto desde logo. Resta, agora, aguardar o posicionamento do STJ e do STF acerca da aplicação ou não da nova disciplina processual civil aos recursos deduzidos na **esfera criminal**, o que se espera venha, de fato, a acontecer.

3. Recursos destinados ao exame de questões jurídicas (Súmula 279 do STF e Súmula 7 do STJ): Os recursos excepcionais são impugnações vinculadas à análise de questões jurídicas, não se prestando ao reexame de matéria de prova (álibis, depoimentos etc.). Este é o sentido das Súmulas 279 do STF e 7 do STJ ao regrarem que para simples reexame de prova são inadmissíveis os recursos extraordinário e especial.

4. Exigência de enfrentamento de todos os temas que sustentaram o acórdão impugnado (Súmula 283 do STF e Súmula 126 do STJ): Estabelece a Súmula 283 do STF que *é inadmissível o recurso extraordinário, quando a decisão recorrida assenta em mais de um fundamento suficiente e o recurso não abrange todos eles*. Semelhante regulamentação está incorporada à Súmula 126 do STJ, dispondo que *é inadmissível recurso especial, quando o acórdão recorrido assenta em fundamentos constitucional e infraconstitucional, qualquer deles* *suficiente, por si só, para mantê-lo, e a parte vencida não manifesta recurso extraordinário.* Portanto, se houver mais de um fundamento no acórdão recorrido, sendo cada um deles suficiente para mantê-lo, os recursos especial e extraordinário deverão abranger a todos, sob pena de não serem admitidos. Atente-se que esta disciplina refere-se apenas à hipótese em que o acórdão tenha deliberado **um tema jurídico sob a ótica de dois ou mais fundamentos legais distintos**, não abrangendo a hipótese de terem sido analisados **dois ou mais temas jurídicos, cada um sob a ótica de um determinado fundamento.** Veja-se:

UMA QUESTÃO JURÍDICA DECIDIDA SOB DOIS FUNDAMENTOS	DUAS QUESTÕES JURÍDICAS DECIDIDAS SOB DOIS FUNDAMENTOS DISTINTOS
Exemplo: Acórdão da 2.ª Câmara Criminal do Tribunal de Justiça, ao julgar apelação da defesa, anula o processo desde o interrogatório judicial do réu, eis que realizado este sem a presença de advogado. Ao assim decidir, considerou que a assistência da defesa técnica é imprescindível não apenas em face do que dispõe o art. 185 do CPP, como também em razão da garantia da ampla defesa inscrita no art. 5.º, LV, da CF. *Nesse caso, há uma só questão jurídica (nulidade do interrogatório) decidida sob dois fundamentos (art. 185 do CPP e art. 5.º, LV, da CF). Desejando recorrer desse acórdão, impõe-se ao Ministério Público ingressar com recurso especial visando desconstituir o argumento legal, e também com recurso extraordinário com o objetivo de desfazer a base constitucional daquela decisão. Apenas uma destas insurgências seria inútil, pois, ainda que derrubada a base atacada no recurso, subsistiria a outra a manter íntegro o acórdão.*	**Exemplo:** Acórdão da 1.ª Turma Criminal do Tribunal Regional Federal, ao julgar apelação interposta pela defesa, reforma a sentença de 1.º grau que condenou o réu por dois crimes de furto consumados, sob o fundamento de que o primeiro deu-se na modalidade tentada e o segundo foi crime impossível, pois praticado em local de vigilância intensa. *Nesse caso, tanto poderá o Ministério Público ingressar com recurso especial apenas em relação a um dos crimes como fazê-lo em relação a ambos. É que não se trata de um tema jurídico apreciado sob a ótica de dois fundamentos, mas de dois temas decididos sob motivações distintas. Destarte, não incidem, nessa situação, as disposições das Súmulas 283 do STF e 126 do STJ.*

5. Esgotamento das vias ordinárias (Súmula 281 do STF e Súmula 207 do STJ): Os recursos extraordinário e especial apenas serão admitidos caso se trate das únicas ou últimas instâncias recursais possíveis ao sucumbente, o que se deflui do próprio texto constitucional ao referir-se a **causas decididas em única ou última instância (arts. 102, III, e 105, III)**. Por conseguinte, não podem ser ingressados contra o acórdão do Tribunal de Justiça que denega *habeas corpus* impetrado contra ato do juiz de 1.º Grau, pois esta hipótese enseja recurso ordinário constitucional para o STJ (art. 102, II, *a*, da CF). Do mesmo modo, descabidas as vias excepcionais contra acórdão que, julgando apelação, decide contra o réu por maioria de votos, uma vez que esta situação reclama o manejo de embargos infringentes (art. 609, parágrafo único, do CPP).

6. Demonstração da violação da lei federal ou do texto constitucional (Súmula 284 do STF): É inadmissível o recurso deficiente, vale dizer, aquele não traz a efetiva demonstração da ofensa à lei federal ou à Constituição Federal. O recurso deve ser o mais claro possível, atentando-se, ainda, ao disposto no art. 1.029 do CPC/2015 (aplicável ao âmbito criminal por analogia, em face da revogação expressa do art. 26 da Lei 8.038/1990 pelo art. 1.072, IV, do referido Código), o qual preceitua que os recursos extraordinário e especial serão confeccionados em petições distintas, que conterão a exposição do fato e do direito invocado, a demonstração do cabimento do recurso e, finalmente, as razões de reforma da decisão recorrida.

14.13.3. A repercussão geral da matéria constitucional tratada no recurso extraordinário (art. 102, § 3.º, da CF) e a relevância das questões de direito federal infraconstitucional debatidas no recurso especial (art. 105, §§ 2.º e 3.º, da CF)

14.13.3.1. A repercussão geral da matéria constitucional discutida no recurso extraordinário

Trata-se de requisito de admissibilidade previsto no art. 102, § 3.º, da Constituição Federal, quando prevê que "o recorrente deverá demonstrar a repercussão geral das questões constitucionais discutidas no caso, nos termos da lei, a fim de que o Tribunal examine a admissão do recurso, somente podendo recusá-lo pela manifestação de dois terços de seus membros".

Este pressuposto, **que é exclusivo para o recurso extraordinário** (no recurso especial exige-se a demonstração da *relevância das questões de direito federal*, conforme trataremos no tópico seguinte), ainda não possui regulamentação específica para a matéria criminal. Entretanto, encontra-se regulado no Código de Processo Civil, cuja disciplina vem sendo aplicada analogicamente aos recursos extraordinários criminais, bem como no Regimento Interno do Supremo Tribunal Federal.

Nos termos do art. 1.035, § 2.º, do CPC/2015, o recorrente, ao interpor o recurso extraordinário, deverá demonstrar, para fins de apreciação exclusiva do Supremo Tribunal Federal, a existência de repercussão geral, considerando-se como tal toda ordem de questões relevantes sob o ponto de vista econômico, político, social ou jurídico, que ultrapassem os interesses subjetivos da causa, conforme dispõem o art. 1.035, § 1.º, do CPC/2015 e o art. 322 do RISTF. Conjugam-se, aqui, os requisitos da relevância e da transcendência, isto é, a questão debatida no recurso não apenas deve ser relevante nos aspectos mencionados (econômico, político, jurídico e social), mas, também, deve transcender para além dos interesses privados das partes na causa. Considerando que os conceitos jurídicos de relevância e transcendência são indeterminados, a verificação quanto à sua caracterização deve ser aquilatada no caso concreto apresentado ao Supremo Tribunal Federal.

REPERCUSSÃO GERAL = RELEVÂNCIA + TRANSCENDÊNCIA
Em que pese a aparente simetria entre o art. 543-A, § 2.º, do revogado CPC/1973 e o art. 1.035, § 2.º, do CPC/2015, ao estabelecerem que o recorrente deverá demonstrar, no recurso extraordinário, a repercussão geral da matéria constitucional debatida, há uma sutil diferença entre ambos: a forma dessa demonstração. Com efeito, pelo CPC/1973, a existência de repercussão geral deveria ser realizada em **preliminar**, exigência esta que não se repete no CPC/2015, nada impedindo, então, que a repercussão geral seja demonstrada no contexto das razões do recurso, isto é, sem a criação de um tópico próprio antecedente ao enfrentamento das questões relacionadas ao mérito da insurgência.

Independentemente da aludida definição da *repercussão geral*, esta é presumida na hipótese de ter o acórdão recorrido **inobservado súmula ou jurisprudência dominante do STF** ou **reconhecido, em plenário, a inconstitucionalidade de tratado ou de lei federal**, conforme se infere do art. 1.035, § 3.º, I e III, do CPC/2015. Com essa presunção, objetivou o legislador prestigiar a função do Pretório Excelso de uniformizar a interpretação do texto constitucional em todo o território nacional.

Conforme se infere do próprio art. 102, § 3.º, da CF, a competência para apreciação da existência de repercussão geral é **exclusiva do Supremo Tribunal Federal**, não se admitindo o pronunciamento do tribunal *a quo* a respeito sob pena de intromissão indevida na competência do Pretório Excelso. Acontecendo essa intromissão, é possível ao prejudicado valer-se do instituto da **reclamação**, previsto nos arts. 988 a 993 do CPC/2015 (aplicáveis à esfera penal por analogia, em face da revogação expressa, pelo art. 1.072, IV, desse Código, dos arts. 13 a

18 da Lei 8.038/1990 que, antes, disciplinavam o instituto) e nos arts. 156 a 162 do Regimento Interno do STF, visando afirmar a competência do STF para análise desse pressuposto.

Aportando o recurso extraordinário no STF, permite o art. 1.035, § 4.º, do CPC/2015 que terceiros se manifestem por ocasião do juízo pertinente à repercussão geral da questão debatida. Trata-se do chamado *amicus curiae*, que deverá estar representado por advogado, e que, uma vez admitido, poderá ofertar razões visando auxiliar no convencimento do STF acerca da existência ou não relevância no tema objeto do recurso extraordinário.

Se, examinando o recurso, o STF reconhecer a repercussão geral, o Ministro Relator determinará a suspensão do processamento de todos os processos pendentes, individuais ou coletivos, que versem sobre a questão e tramitem no território nacional. Contemporaneamente (art. 1.035, § 5.º, do CPC/2015), após vista, se necessário, ao Ministério Público (Procurador-Geral da República), adotará as providências para o julgamento do recurso (art. 325 do RISTF e art. 1.035, § 7.º, do CPC/2015).

ATENÇÃO: O Tribunal Pleno do STF, ao resolver Questão de Ordem no âmbito do Recurso Extraordinário 966.177/RS (em 07.06.2017), deliberou no sentido de que:

a) a suspensão de processamento prevista no § 5.º do art. 1.035 do CPC não consiste em consequência automática e necessária do reconhecimento da repercussão geral realizada com fulcro no caput do mesmo dispositivo, sendo da discricionariedade do relator do recurso extraordinário paradigma determiná-la ou modulá-la;

b) a possibilidade de sobrestamento se aplica aos processos de natureza penal;

c) em sendo determinado o sobrestamento de processos de natureza penal, opera-se, automaticamente, a suspensão da prescrição da pretensão punitiva relativa aos crimes que forem objeto das ações penais sobrestadas, a partir de interpretação conforme a Constituição do art. 116, I, do CP;

d) em nenhuma hipótese, o sobrestamento de processos penais determinado com fundamento no art. 1.035, § 5.º, do CPC abrangerá inquéritos policiais ou procedimentos investigatórios conduzidos pelo Ministério Público;

e) em nenhuma hipótese, o sobrestamento de processos penais determinado com fundamento no art. 1.035, § 5.º, do CPC abrangerá ações penais em que haja réu preso provisoriamente;

f) em qualquer caso de sobrestamento de ação penal determinado com fundamento no art. 1.035, § 5.º, do CPC, poderá o juízo de piso, no curso da suspensão, proceder, conforme a necessidade, à produção de provas de natureza urgente.

Agora, se for negada a existência de repercussão geral, tal decisão será irrecorrível e importará em não conhecimento do recurso extraordinário, como se vê do art. 1.035, *caput*, do CPC/2015, e do art. 326 do RISTF). Esta previsão, contudo, não exclui a possibilidade de **embargos de declaração**, que poderão ser opostos pela parte com o objetivo de ver aclaradas eventuais obscuridades, omissões, ambiguidades ou contradições na decisão; e, a nosso ver, também não impede a impetração de **mandado de segurança**, que não possui natureza recursal e, portanto, não viola a regra da irrecorribilidade. Neste caso, a competência para apreciar o *mandamus* será do próprio Plenário do STF.

Observe-se que, consoante o art. 1.035, § 8.º, do CPC/2015 e arts. 326 e 327 do RISTF, o pronunciamento do STF sobre a inexistência de repercussão geral em determinada matéria constitucional valerá para todos os recursos que versarem sobre questão idêntica. Portanto, caso venham a aportar ao Pretório Excelso recursos sobre matéria em relação à qual já haja decisão no sentido da ausência de repercussão geral, serão esses recusados de plano pela Presidência ou pelo Relator a que distribuído.

Sintetizando, na sistemática atual, o procedimento de verificação da repercussão geral ocorre da seguinte forma:

Aportando o recurso extraordinário ao STF, será distribuído a um Ministro-Relator, que examinará os requisitos de admissibilidade comuns a esta modalidade de impugnação (tempestividade, prequestionamento, regularidade formal do recurso, fundamentação suficiente etc.).
No regramento do CPC/2015, a eventual existência de vícios formais no recurso interposto não acarreta, obrigatória e peremptoriamente, a sua inadmissão pelo Relator, possibilitando-se a este determinar a intimação do recorrente para a respectiva correção ou, até mesmo, a desconsideração do vício. Isto fica bem claro no art. 932, parágrafo único, ao dispor que, "antes de considerar inadmissível o recurso, o relator concederá o prazo de 5 (cinco) dias ao recorrente para que seja sanado vício ou complementada a documentação exigível", e no art. 1.029, § 3.°, ao estabelecer, especificamente em relação aos recursos extraordinário e especial, que "o Supremo Tribunal Federal ou o Superior Tribunal de Justiça poderá desconsiderar vício formal de recurso tempestivo ou determinar sua correção, desde que não o repute grave". Tal disciplina, por óbvio, refere-se aos recursos excepcionais cíveis, condicionando-se a sua aplicação em matéria criminal a pronunciamento jurisprudencial ou normativo dos Tribunais Superiores.

→

Havendo óbices à admissão, o Relator negará seguimento (art. 932, III, 1.ª parte, do CPC/2015). Não sendo o caso, manifestar-se-á sobre a existência ou não de repercussão geral da matéria, encaminhando aos demais ministros, por meio eletrônico, cópia de sua manifestação. Esta remessa será dispensada se verificar o Relator que o recurso trata de questão cuja repercussão já foi afirmada pelo STF em outro momento, ou se a decisão recorrida contrariar súmula ou jurisprudência dominante no STF, caso em que a relevância do tema é presumida.
As hipóteses de presunção de repercussão geral encontram-se dispostas no art. 1.035, § 3.°, do CPC/2015, estabelecendo este que "haverá repercussão geral sempre que o recurso impugnar acórdão que: I – contrarie súmula ou jurisprudência dominante do Supremo Tribunal Federal; III – tenha reconhecido a inconstitucionalidade de tratado ou de lei federal, nos termos do art. 97 da Constituição Federal".

↓

Recebido o pronunciamento do(a) Relator(a), os demais Ministros encaminhar-lhe-ão, também por meio eletrônico, no prazo comum de vinte dias, manifestação sobre a questão da repercussão geral (art. 324, *caput*, do RISTF). Decorrido o prazo sem manifestações suficientes para recusa do recurso, reputar-se-á existente a repercussão geral (art. 324, § 1.°, do RISTF).

←

Na sequência, o Ministro-Relator juntará cópia das manifestações dos demais Ministros aos autos, definindo, a partir da respectiva análise, a existência ou não de repercussão geral da matéria constitucional tratada no recurso (art. 325 do RISTF).

↓

Se negada a repercussão geral, o recurso extraordinário não será conhecido. O Ministro-Relator, então, formalizará a decisão de recusa no recurso, comunicando-a ao Presidente do STF.
Tal decisão será irrecorrível (arts. 325 e 326 do RISTF) e valerá para todos os recursos sobre matéria idêntica, que serão indeferidos liminarmente, consoante regramentos dos arts. 1.035, § 8.°, do CPC/2015 e 327 do RISTF.

→

Se afirmada a repercussão geral, o Ministro Relator determinará a suspensão do processamento de todos os processos pendentes, individuais ou coletivos, que versem sobre a questão e tramitem no território nacional. Contemporaneamente (art. 1.035, § 5.°, do CPC/2015), após vista, se necessário, ao Ministério Público (Procurador-Geral da República), adotará as providências necessárias para o julgamento do recurso (art. 325 do RISTF).
A decisão sobre a repercussão geral constará de ata, que será publicada no Diário da Justiça (art. 1.035, § 11, do CPC/2015).

14.13.3.2. A relevância das questões de direito federal infraconstitucional debatidas no recurso especial

Trata-se de requisito de admissibilidade **próprio do recurso especial** (no recurso extraordinário exige-se a demonstração da repercussão geral da matéria constitucional, consoante abordado no tópico anterior), incluído no art. 105, §§ 2.º e 3.º, da CF pela Emenda Constitucional 125/2022.

Dispõe, com efeito, o citado § 2.º que, "no recurso especial, o recorrente deve demonstrar a relevância das questões de direito federal infraconstitucional discutidas no caso, nos termos da lei, a fim de que a admissão do recurso seja examinada pelo Tribunal, o qual somente pode dele não conhecer com base nesse motivo pela manifestação de 2/3 (dois terços) dos membros do órgão competente para o julgamento". Como se depreende, o mencionado dispositivo constitucional não estabelece a abrangência do requisito, relegando ao legislador ordinário tal definição. Sem embargo, o § 3.º, incisos I a VI, insere as situações nas quais a dita relevância é presumida, referindo-se às: *"I – ações penais; II – ações de improbidade administrativa; ações cujo valor da causa ultrapasse 500 (quinhentos) salários mínimos; IV – ações que possam gerar inelegibilidade; V – hipóteses em que o acórdão recorrido contrariar jurisprudência dominante do Superior Tribunal de Justiça; VI – outras hipóteses previstas em lei"*.

A partir desse regramento, observa-se que, para fins dos recursos especiais interpostos para impugnação de decisões adotadas no âmbito de processos criminais, não se exige a demonstração do pressuposto recursal em exame, pois a *relevância das questões de direito federal infraconstitucional* decorre de presunção estabelecida no texto constitucional, não havendo distinção, outrossim, quanto à natureza da ação penal (pública ou privada), tampouco em relação à condição da parte recorrente (acusação ou defesa).

Abstraídos, contudo, os recursos especiais interpostos para impugnação de decisões proferidas em ações penais, bem como os demais casos em que a *relevância das questões de direito federal infraconstitucional* é presumida, deve-se registrar que a competência para apreciação quanto à presença do requisito de admissibilidade em exame é **exclusiva do Superior Tribunal de Justiça,** não se viabilizando aos tribunais de origem dos acórdãos recorridos pronunciarem-se a respeito. Quanto ao procedimento de constatação da relevância, caberá ao legislador ordinário definir, tal como ocorre em relação ao pressuposto da repercussão geral no âmbito dos recursos extraordinário.

14.13.4. Múltiplos recursos extraordinários sobre idêntica controvérsia

Disciplina incorporada aos arts. 1.036 a 1.041 do CPC/2015 e com aplicação, por analogia, em matéria criminal concerne à hipótese de **múltiplos recursos extraordinários ingressados em relação à mesma controvérsia**.

Neste caso, de acordo com o art. 1.036, § 1.º, do CPC/2015, o presidente ou o vice-presidente do Tribunal de Justiça ou do Tribunal Regional Federal recorrido selecionará dois ou mais recursos representativos da controvérsia, que serão encaminhados ao Supremo Tribunal Federal para fins de afetação, determinando a suspensão do trâmite de todos os processos pendentes, individuais ou coletivos, que tramitem no Estado ou na região. Ao contrário da disciplina antes prevista no revogado CPC/1973, que não especificava o critério de escolha do recurso considerado como representativo da controvérsia, no CPC/2015 o tema foi disciplinado no art. 1.036, § 6.º, dispondo este que "somente podem ser selecionados recursos admissíveis que contenham abrangente argumentação e discussão a respeito da questão a ser decidida". Conforme ensinam MARINONI e MITIDIERO, para a escolha do recurso que deva ser enviado ao STF, se afigura apropriado que os Tribunais ouçam previamente as entidades de classe (por exemplo, OAB, MP etc.), podendo organizar sessão pública para tanto[66].

Aportando os recursos representativos da controvérsia no STF, se ainda não houver definição quanto à repercussão geral do tema constitucional neles debatidos, será realizada essa análise na forma exposta no tópico anterior (14.13.3). **Negada a repercussão geral**, os recursos representativos não serão conhecidos e, quanto aos que permaneceram sobrestados no tribunal de origem, considerar-se-ão automaticamente inadmitidos (art. 1.039, parágrafo único, do CPC/2015). Se, por outro lado, for **afirmada a repercussão geral**, os recursos representativos serão julgados em seu mérito pelo Plenário do STF.

Perceba-se que, se, porventura, no Tribunal de origem, por ocasião da seleção dos recursos representativos da controvérsia, não for adotada a providência de suspensão dos demais recursos que versam sobre a mesma matéria (*v.g.*, pelo desconhecimento de que se trata de assunto que já é objeto de outros recursos ingressados contra decisões de tribunais de outros Estados da Federação), o Ministro-Relator a que distribuído o recurso no STF, ao verificar que a mesma matéria já está afeta ao Colegiado (embora pendente de decisão), poderá comunicar tal circunstância ao Tribunal de origem para fins de suspensão dos recursos que lá ainda se encontrem e que tratem do mesmo assunto (art. 1.037, II, do CPC/2015).

Pois bem, uma vez afirmada a repercussão geral, o Ministro-Relator a que distribuídos os recursos representativos poderá solicitar informações ao Tribunal de origem sobre os motivos e a natureza da polêmica que gerou a dedução de diversos pleitos sobre a mesma matéria, as quais deverão ser prestadas em 15 dias (art. 1.038, III, do CPC/2015).

Para assegurar o respeito aos princípios do contraditório e da ampla defesa, permite-se que o Ministro-Relator no STF, na forma disposta no regimento interno desse Tribunal, e considerando a relevância da matéria, admita manifestação de pessoas, órgãos ou entidades com interesse na controvérsia (art. 1.038, I, do CPC/2015).

Na sequência, após vista ao Ministério Público Federal (art. 1.038, III, *fine* e § 1.º, do CPC/2015), o Ministro-Relator procederá ao relatório da situação em análise e o encaminhará aos demais Ministros do Colegiado (art. 1.038, § 2.º, do CPC/2015).

Depois disso, o processo será incluído em pauta, devendo ser julgado com preferência sobre os demais feitos, ressalvados os que envolvam réu preso e os pedidos de *habeas corpus* (art. 1.038, § 2.º, do CPC/2015), os quais sempre têm prioridade no julgamento.

Decidido o recurso extraordinário representativo do debate no âmbito do STF e publicado o respectivo acórdão, as seguintes situações poderão ocorrer:

a) **O recurso extraordinário representativo da controvérsia é provido no STF:** Nesse caso, os colegiados que proferiram os acórdãos impugnados (Tribunais de Justiça, Tribunais Regionais Federais ou turmas recursais dos Juizados Especiais Criminais) terão duas opções (art. 1.040, II, do CPC/2015):

---

66 MARINONI, Luiz Guilherme; MITIDIERO, Daniel. Repercussão geral no recurso extraordinário. São Paulo: RT, 2007. p. 60.

a.1) **Retratar-se** das decisões impugnadas nos recursos extraordinários sobrestados, adequando-as à orientação adotada pelo Supremo Tribunal Federal no julgamento do recurso representativo da controvérsia (art. 1.041, § 1.º, do CPC/2015). Obviamente, nesse caso, os recursos antes sobrestados restarão prejudicados.

a.2) **Manter** o entendimento que havia motivado o ingresso dos múltiplos recursos extraordinários. Sendo essa a posição adotada, os recursos extraordinários deduzidos em relação aos acórdãos que não foram objeto de retratação serão encaminhados ao STF para julgamento (art. 1.041, *caput*, do CPC/2015). Aportando ao STF, este poderá cassar ou reformar, liminarmente, os acórdãos contrários à orientação firmada no julgamento do recurso inicialmente encaminhado como representativo da controvérsia.

b) **O recurso extraordinário representativo da controvérsia é improvido no STF:** Nesse caso, os recursos sobrestados terão seguimento negado, porque deduzidos em sentido contrário à posição adotada pelo STF no julgamento do recurso representativo da controvérsia (art. 1.040, I, do CPC/2015).

14.13.5. Múltiplos recursos especiais sobre idêntica controvérsia

A disciplina relativa aos múltiplos recursos especiais sobre idêntica controvérsia encontra-se, igualmente, normatizada nos arts. 1.036 a 1.041 do CPC/2015. Referida disposição, aplicável analogicamente à matéria criminal, contém regramento semelhante ao estabelecido para os recursos extraordinários (tópico anterior), dela divergindo, apenas, no aspecto da repercussão geral, que não é verificado no recurso especial. Lembre-se, por oportuno, de que, apesar de a Emenda Constitucional 125/2022 ter incluído no art. 105, § 2.º, da CF, como requisito de admissibilidade do recurso especial, a demonstração da relevância da questão de direito federal infraconstitucional objeto da impugnação, tal relevância é presumida em relação a tal recurso quando interposto no âmbito de ações penais (art. 105, § 3.º, I, da CF). Logo, salvo previsão diversa da lei ordinária que vier a regulamentar dito pressuposto recursal (o § 2.º do art. 105 refere que a demonstração da citada relevância deverá ocorrer "*nos termos da lei*", sendo que até o encerramento da presente edição deste livro tal lei ainda não havia sido editada), o filtro da relevância das questões de direito federal infraconstitucional não deve refletir na sistemática de tramitação de múltiplos recursos especiais que versarem sobre a mesma controvérsia.

Dessa forma, constatada a existência de múltiplos recursos especiais relativos à mesma questão jurídica, o tribunal de origem (por exemplo, o Tribunal de Justiça do Rio de Janeiro) selecionará *dois ou mais recursos*, entre os vários ingressados, como representativos da controvérsia, encaminhando-os ao STJ. Quanto aos recursos remanescentes, ficarão sobrestados até o pronunciamento definitivo do STJ sobre as insurgências encaminhadas à sua deliberação (art. 1.036, § 1.º, do CPC/2015).

No STJ, distribuídos os recursos representativos ao Ministro-Relator, este poderá solicitar informações ao Tribunal de origem, as quais deverão ser prestadas em 15 dias (art. 1.038, III, do CPC/2015).

Assim como ocorre em relação ao recurso extraordinário repetitivo, também aqui se permite que o Ministro-Relator no STJ admita manifestação de pessoas, órgãos ou entidades com interesse na controvérsia (art. 1.038, I, do CPC/2015).

Depois de vista ao Ministério Público Federal (art. 1.038, III, *fine* e § 1.º, do CPC/2015), o Ministro-Relator procederá ao relatório da situação, encaminhando-o aos demais Ministros (art. 1.038, § 2.º, do CPC/2015).

Incluído, após, em pauta o recurso especial representativo, julgado pelo STJ e publicado o respectivo acórdão, as seguintes situações poderão ocorrer:

a) **O recurso especial representativo da controvérsia é provido no STJ:** Neste caso, os colegiados que proferiram os acórdãos impugnados (Tribunais de Justiça ou Tribunais Regionais Federais) terão duas opções (art. 1.040, II, do CPC/2015):

a.1) **Retratar-se** das decisões impugnadas nos recursos especiais sobrestados, adequando-as à orientação adotada pelo Superior Tribunal de Justiça no julgamento do recurso representativo da controvérsia (art. 1.041, § 1.º, do CPC/2015). Neste caso, os recursos antes sobrestados ficarão prejudicados. A respeito desta possibilidade de retratação, com muita propriedade, refere o processualista *Fredie Didier Jr.* que, "não obstante a previsão legal, a praxe tem relevado que, na hipótese de provimento do recurso especial julgado por amostragem, os tribunais de segunda instância estão mantendo seus acórdãos, não exercendo a retratação para seguir a orientação do STJ, o que tem tornado inefetiva e ineficaz a técnica de julgamento de recursos repetitivos. Com efeito, sem demonstrar qualquer diferença entre o caso concreto e a hipótese apreciada pelo STJ [*distinguishing* = distinção entre os casos concretos em cotejo], os tribunais têm mantido seus acórdãos, acarretando a remessa de uma grande quantidade de recursos especiais para o STJ"[67].

a.2) **Manter** o entendimento que havia motivado o ingresso dos múltiplos recursos especiais. Sendo esta a posição adotada, os recursos especiais deduzidos em relação aos acórdãos que não foram objeto de retratação serão encaminhados ao STJ para julgamento (art. 1.041, *caput*, do CPC/2015). Aportando ao STJ, este poderá cassar ou reformar, liminarmente, os acórdãos contrários à orientação firmada no julgamento do recurso inicialmente encaminhado como representativo da controvérsia.

b) **O recurso especial representativo da controvérsia é improvido no STJ:** Neste caso, os recursos sobrestados terão seguimento denegado, porque deduzidos em sentido contrário à posição adotada pelo STJ no julgamento do recurso representativo da controvérsia (art. 1.040, I, do CPC/2015).

Imagine-se, para ilustrar a situação exposta, a hipótese de que o Tribunal de Justiça de São Paulo, julgando apelação interposta pelo Promotor de Justiça, venha a confirmar a sentença apelada. Considere-se que, inconformado com esta decisão, ingressa o Ministério Público com recurso especial junto à Presidência do Tribunal de Justiça Paulista, insurgindo-se em relação ao acórdão que assim decidiu. Conclusa a inconformidade à Presidência do TJSP, o seguinte procedimento será adotado:

---

67 DIDIER JR., Fredie. Editorial 95. Disponível em: <http://www.frediedidier.com.br>. Acesso em: 10.02.2016.

1) Se verificar multiplicidade de recursos especiais com fundamento em idêntica matéria de direito, o Presidente ou Vice-Presidente do Tribunal de origem selecionará dois ou mais recursos representativos da controvérsia, encaminhando-os ao STJ, para deliberação. Quanto aos demais recursos envolvendo tema idêntico, ficarão sobrestados até o pronunciamento definitivo do STJ (art. 1.036, § 1.º, do CPC/2015).

2) Caso o Presidente do Tribunal de origem não adote a providência de suspensão (v.g., por desconhecer que se trata de matéria que já foi objeto de outros recursos ingressados contra decisões de tribunais de outros Estados da Federação), o Ministro-Relator a que foi distribuído o recurso no STJ, ao verificar que a mesma matéria já está afeta ao Colegiado (embora pendente de decisão), poderá comunicar tal circunstância ao Tribunal de origem para fins de suspensão dos recursos que lá ainda se encontrem e que tratem do mesmo assunto (art. 1.037, II, do CPC/2015).

3) Ao receber os autos com o recurso especial e escolhido como representativo da controvérsia discutida em vários outros recursos, o Ministro-Relator, no STJ, poderá requisitar informações ao Tribunal de origem sobre os motivos e a natureza da polêmica que gerou a dedução da grande quantidade de pleitos sobre a mesma matéria (art. 1.038, III, do CPC/2015).

4) Para assegurar o respeito aos princípios do contraditório e da ampla defesa, permite-se que o Ministro-Relator, no STJ, na forma disposta no respectivo regimento interno desse Tribunal, e considerando a relevância da matéria, admite manifestação de pessoas, órgãos ou entidades com interesse na controvérsia (art. 1.038, I, do CPC/2015).

5) Após, terá vista dos autos do recurso especial o Ministério Público Federal, para manifestação (art. 1.038, III, *fine* e § 1.º, do CPC/2015).

6) Transcorrido o prazo para o Ministério Público, o Ministro-Relator, junto ao STJ, procederá ao relatório da situação em análise e o encaminhará aos demais Ministros do Colegiado.

7) Ato contínuo, o processo será incluído em pautas na Seção ou na Corte Especial do Superior Tribunal de Justiça, devendo ser julgado com preferência sobre os demais feitos, ressalvados os que envolvam réu preso e os pedidos de *habeas corpus* (art. 1.038, § 2.º, do CPC/2015), os quais requerem urgência no julgamento e que, por isso mesmo, deverão receber ainda maior prioridade no respectivo julgamento (arts. 173, 177 e 180, combinados com o art. 157, todos do Regimento Interno do STJ).

8) Decidido o recurso especial no âmbito do STJ e publicado o acórdão que daí surgir, duas situações poderão ocorrer em relação aos recursos sobrestados:

8.1) O recurso especial representativo da controvérsia é improvido, isto é, o acórdão do STJ coincide com a orientação adotada nos acórdãos recorridos e destoa da tese esposada nos recursos especiais sobrestados: neste caso estes recursos suspensos terão segmento denegado, ou seja, não subirão ao Superior Tribunal de Justiça, pois desnecessário o julgamento (art. 1.040, I, do CPC/2015).

8.2) O recurso especial representativo da controvérsia é provido, isto é, o acórdão do STJ coincide com as teses esposadas nos recursos especiais sobrestados e destoa dos acórdãos proferidos no Tribunal de origem. Neste caso, o Tribunal de origem examinará, novamente, a irresignação que gerou acórdão atacado pelos recursos especiais suspensos, podendo (art. 1.040, II, do CPC/2015):

8.2.1) Retratar-se do seu entendimento anterior e adaptar a sua decisão ao entendimento adotado no âmbito do STJ ao julgar a mesma questão em outro processo. Ocorrendo esta hipótese, os recursos especiais antes suspensos restarão prejudicados, pois alcançado o resultado concreto pretendido pelo recorrente independentemente de submissão do processo a análise do STJ (art. 1.041, § 1.º, do CPC/2015).

8.2.2) Manter a decisão divergente, caso em que o Tribunal de origem encaminhará os recursos especiais que se encontravam suspensos ao Superior Tribunal de Justiça para decisão (art. 1.041, *caput*, do CPC/2015).

14.13.6. Efeitos dos recursos extraordinário e especial

Os recursos extraordinário e especial serão recebidos unicamente no efeito devolutivo. *Devolvem,* portanto, ao Poder Judiciário, por meio dos Tribunais Superiores, a possibilidade de reapreciar as questões jurídicas tratadas naqueles recursos, desde que, obviamente, prequestionadas.

O CPC/2015 amplia a extensão da devolução provocada pelos recursos extraordinário e especial. Com efeito, prevê o seu art. 1.034, parágrafo único, que, "admitido o recurso extraordinário ou o recurso especial por um fundamento, devolve-se ao tribunal superior o conhecimento dos demais fundamentos para a solução do capítulo impugnado". A partir desta norma, infere-se que, doravante, no âmbito cível, faculta-se ao STF e ao STJ apreciar toda a ordem de questões jurídicas relativas ao processo, podendo fazê-lo, inclusive, originariamente, vale dizer, mesmo que tais matérias não tenham sido apreciadas anteriormente pelo juiz singular ou pelos tribunais inferiores, dispensando-se, então, em relação a elas, a necessidade de prequestionamento. A exigência de prequestionamento, enfim, pelo novo diploma processual, subsiste apenas em relação às questões jurídicas que tenham sido alegadas pelo recorrente como fundamentos de seu recurso. Resta aguardar, agora, os pronunciamentos do STF e do STJ acerca da aplicação da regra cível aos **recursos criminais**, o que, segundo entendemos, deve ocorrer.

E quanto ao efeito **suspensivo?**

Como regra, os recursos excepcionais **não possuem efeito suspensivo**, o que significa que suas interposições não impedem a execução do acórdão atacado. Por exemplo, se em julgamento de agravo em execução o Tribunal de Justiça autorizar a progressão de regime do apenado, a eventual interposição de recursos extraordinário e especial pelo Ministério Público não impedirá que o beneficiado passe, desde logo, a usufruir das benesses do regime carcerário a que transferido. **Mas atenção:** A despeito da inocorrência de efeito suspensivo na interposição dos recursos extraordinário e especial, em casos excepcionais, tem-se admitido a obtenção desse efeito por meio de *pedido de medida cautelar.* Este pedido, se já tiverem sido aqueles recursos admitidos no tribunal de origem – Tribunal de Justiça ou Tribunal Regional Federal –, deve ser ajuizado diretamente no STF (no caso do recurso extraordinário) ou no STJ (no caso do recurso especial). Agora, se, interpostos os recursos, não houver, ainda, o tribunal recorrido se pronunciado quanto à sua admissibilidade ou se for o caso de insurgência sobrestada no tribunal de origem aguardando deliberação do STF ou STJ sobre recurso representativo da controvérsia (hipótese de recursos repetitivos), a competência para deliberar sobre o deferimento ou não do efeito suspensivo será do Presidente ou Vice-Presidente do tribunal de origem, e não do STF ou STJ. Esta é a inteligência das Súmulas 634 e 635 do Excelso Pretório. E, no mesmo sentido é, também, o regramento do art. 1.029, § 5.º, I a III, do CPC/2015. Atente-se, de qualquer modo, que o deferimento de efeito suspensivo aos recursos excepcionais viabiliza-se apenas nas hipóteses de teratologia da decisão recorrida, ou de sua evidente contrariedade à jurisprudência pacífica das Cortes Superiores, ou de sua manifesta ilegalidade, ou quando demonstrado o perigo de dano irreparável ou de difícil reparação. Imagine-se, para ilustrar, que o Juiz da Vara das Execuções Criminais de determinada Comarca conceda a prisão domiciliar a indivíduo com extenso saldo de pena a cumprir, sem que ocorram as hipóteses que autorizam o benefício dentre as previstas no art. 117 da Lei 7.210/1984 (Lei de Execuções Penais). Considere-se que tal decisão seja mantida pelo Tribunal de Justiça no julgamento de agravo interposto pelo Promotor. Ora, eventual recurso especial manejado pelo Ministério Público sob o fundamento da ofensa à lei federal (*in casu,* a LEP) não impedirá (dado à inexistência de efeito suspensivo no recurso) que o apenado, imediatamente, passe a usufruir da prisão domiciliar. Neste caso, tendo em vista a plausibilidade da tese recursal invocada e a probabilidade de prejuízo à sociedade (risco de evasão do preso, sentimento de ineficácia da pena estabelecida, descrédito do Poder Judiciário etc.), poderá o Ministério Público ingressar com *pedido de medida cautelar* visando à obtenção do efeito suspensivo do recurso e, assim, sustação dos efeitos da decisão atacada, permanecendo o indivíduo recluso enquanto se aguarda o julgamento do recurso proposto.

Outra situação que merece destaque respeita aos **recursos extraordinário e especial interpostos contra decisão condenatória. Possuem ou não efeito suspensivo? Impedem ou não a execução provisória da pena imposta?** O tema relacionado à execução provisória da pena (antes do trânsito em julgado da condenação) há muito tempo vinha sendo polemizado nos tribunais, sendo tendência da jurisprudência não mais admitir essa execução. Todavia, como já dissemos antes, em 11.11.2016, no julgamento do Recurso Extraordinário 964.246/SP, o Plenário do STF, por maioria, entendeu que a execução provisória da pena privativa de liberdade após a confirmação da sentença condenatória em Segundo Grau (raciocínio que, por óbvio, também alcançava a hipótese de reforma da sentença absolutória e consequente condenação do réu pelo tribunal) não ofendia o princípio constitucional da presunção de inocência, sendo indiferente a presença ou não dos pressupostos da prisão preventiva. Trilhando essa linha de pensamento, se, uma vez condenado o réu em 1.º grau, apelasse a defesa ao Tribunal de Justiça e esse tribunal mantivesse a condenação, poderia ele ter sua prisão decretada com vista à execução provisória da pena, *não suspendendo* esta prisão a eventual interposição dos recursos extraordinário e especial. Esta orientação prevaleceu até 07.11.2019, quando o Plenário do STF, por ocasião do julgamento definitivo das **Ações Declaratórias de Constitucionalidade 43, 44 e 54**, propostas, respectivamente, pelo Partido Nacional Ecológico, pelo Conselho Federal da OAB e pelo Partido Comunista do Brasil em relação ao art. 283 do CPP, restabeleceu o entendimento no sentido da impossibilidade de execução provisória da pena antes de esgotados todos os recursos e do trânsito em julgado da decisão condenatória, sob pena de violação ao art. 5.º, LVII, da CF. Logo, antes desse trânsito, a segregação do indivíduo apenas pode ocorrer a título de prisão cautelar, quando presentes os respectivos pressupostos. Aplicada essa orientação aos recursos extraordinário e especial, depreende-se que, apesar de estas insurgências não possuírem efeito suspensivo, *se deduzidos em relação à condenação*, produzem uma espécie de **efeito suspensivo indireto**, ou seja, impedem a execução da pena na medida em que obstam o trânsito em julgado da decisão. A respeito do tema, pela complexidade e em razão das polêmicas que dele decorrem, remetemos o leitor ao Capítulo 13, tópico 13.5.2.1, em que o examinamos com a necessária profundidade.

E quanto ao **efeito regressivo (juízo de retratação)?**

Em regra, também não o possuem os recursos constitucionais. Todavia, como já examinamos nos tópicos anteriores (*14.13.4* e *14.13.5*), na hipótese de múltiplos recursos terem sido deduzidos em relação à mesma matéria (recursos repetitivos), sendo provido o recurso representativo da controvérsia, será possível ao tribunal de origem retratar-se da decisão impugnada (arts. 1.040, II, e 1.041, § 1.º, do CPC/2015).

14.13.7. Questões processuais atinentes aos recursos extraordinário e especial

Disciplina legal: Aos recursos extraordinário e especial, a par da previsão inscrita nos arts. 102, III, e 105, III, da CF, aplica-se, em nível de legislação infraconstitucional, o regramento do CPC/2015 (arts. 1.029 a 1.041), tendo em vista, muito especialmente, a revogação expressa, pelo art. 1.072, IV, desse Código, dos arts. 26 e 27 da Lei 8.038/1990.

Prazo e forma de interposição: são interpostos no prazo de *15 dias* a contar da publicação do acórdão recorrido ou da intimação pessoal da parte, quando esta for necessária (*v.g.*, o Ministério Público e a Defensoria Pública). Questão relevante respeita à incidência, sobre este prazo, do disposto no art. 638 do CPP (alterado pela Lei 13.964/2019). Este dispositivo, com efeito, refere que *"o recurso extraordinário e o recurso especial serão processados e julgados no Supremo Tribunal Federal e no Superior Tribunal de Justiça na forma estabelecida por leis especiais, pela lei processual civil e pelos respectivos regimentos internos"*. A partir dessa previsão – especialmente na parte que se refere à "lei processual civil" – segmento da doutrina passou a defender que os recursos extraordinário e especial, no âmbito criminal, terão seu prazo de interposição contado na forma estabelecida pelo art. 219 do CPC, vale dizer, em dias úteis, aplicando-se no respectivo cômputo as demais regras previstas naquele Código, a exemplo do prazo em dobro facultado ao Ministério Público (art. 180 do CPC). Discordamos. Isso porque, em primeiro lugar, é sedimentado no STF e no STJ o entendimento de que as normas de contagem de prazos previstas no NCPC não se aplicam à esfera criminal, diante da existência de regra própria no CPP (art. 798) estabelecendo que os prazos são "contínuos e peremptórios, não se interrompendo por férias, domingo ou feriado"; e, em segundo, porque mencionado art. 638 do CPP refere-se ao "processamento" e "julgamento" dos recursos extraordinário e especial no STF e STJ. Logo, o dispositivo não parece alcançar o momento anterior à admissão desses recursos nos tribunais perante os quais interpostos (Tribunais de Justiça ou Tribunais Regionais Federais). Diante disso, reputamos como não afetada a forma de contagem do prazo para a interposição dos recursos extraordinário e especial, que, assim como os demais recursos, persiste em dias corridos[68], na forma do art. 798 do CPP, sendo inaplicáveis, outrossim, previsões específicas da esfera cível, a exemplo do citado prazo em dobro para o Ministério Público recorrer.

Por outro lado, no aspecto da *forma*, os recursos extraordinário e especial não podem ser interpostos por termo, unicamente por petição já acompanhada das devidas razões (art. 1.029 c/c art. 1.003, § 5.º, ambos do CPC/2015). Consigne-se que, de acordo com a Súmula 728 do STF, *é de três dias o prazo para a interposição de recurso extraordinário contra decisão do Tribunal Superior Eleitoral, contado, quando for o caso, a partir da publicação do acórdão, na própria sessão de julgamento, nos termos do art. 12 da Lei 6.055/1974, que não foi revogado pela Lei 8.950/1994.*

Procedimento: O ingresso dos recursos extraordinário e especial ocorre mediante petição já acompanhada de razões, estas obedientes aos requisitos determinados no art. 1.029 do CPC/2015. A **petição** será dirigida ao Desembargador Presidente ou Vice-Presidente do Tribunal de que proveio o acórdão recorrido, e as **razões**, às turmas criminais do STF ou do STJ, conforme se trate, respectivamente, de recurso extraordinário ou especial. Protocolizada a insurgência, será aberta vista à parte contrária para oferecer contrarrazões (art. 1.030 do CPC/2015). Após, obtém-se o parecer do Ministério Público, sobrevindo, então, decisão da Presidência ou Vice-Presidência do Tribunal recorrido quanto à admissão ou não do recurso, consoante art. 1.030, V, do CPC/2015 (sem prejuízo da possibilidade de adotar qualquer das providências dispostas nos incs. I a IV do mesmo artigo). Se a Presidência ou Vice-Presidência do Tribunal de origem *não o admitir*, resta ao prejudicado deduzir o **agravo** previsto no art. 1.042 do CPC/2015. Caso, opostamente, seja o recurso *admitido* no Tribunal *a quo*, será ele encaminhado ao respectivo Tribunal Superior (STF ou STJ).

Aportando o recurso ao respectivo Tribunal Superior, o Ministro-Relator, por força do art. 932, III e IV, do CPC/2015, após manifestação do Ministério Público, poderá

[68] Neste sentido: "Agravo regimental no agravo em recurso especial. Processual penal. Intempestividade do apelo nobre. Recesso forense. Não aplicação, na seara penal, dos arts. 219 e 220 do Código de Processo Civil. Agravo regimental desprovido. Concessão de habeas corpus de ofício. 1. Realizada a intimação do acórdão recorrido em 06/12/2018, o recurso especial só foi interposto em 18/01/2019, fora do prazo recursal de 15 dias, tendo em vista que os arts. 219 e 220 do Código de Processo Civil não são aplicáveis na seara penal. [...]" (AgRg no AREsp n. 2.148.733/SP, 6.ª Turma, Rel. Min. Laurita Vaz, j. 18.10.2022, DJe 24.10.2022).

negar-lhe seguimento, se manifestamente inadmissível, improcedente, prejudicado ou em confronto com súmula ou com jurisprudência dominante do Supremo Tribunal Federal, ou de Tribunal Superior.

Se, contudo, o Ministro-Relator deferir o processamento do recurso, nesse caso incide o art. 932, V, do CPC/2015, que lhe possibilita, independentemente de submissão ao Colegiado, dar-lhe provimento na hipótese de a **decisão recorrida** estar em manifesto confronto com súmula ou com jurisprudência dominante do STF, ou de Tribunal Superior.

Perceba-se que esta faculdade que assiste ao relator no sentido de julgar os recursos extraordinário e especial em decisão monocrática, na visão da jurisprudência consagrada, não ofende o **princípio da colegialidade**, já que o art. 1.021 do CPC/2015 (e assim também o fazia o art. 28, § 5.º, da Lei 8.038/1990, expressamente revogado pelo art. 1.072, IV, do referido CPC), contempla o cabimento de agravo interno, a ser julgado em colegiado, contra decisão monocrática dos Ministros dos Tribunais Superiores, sendo, ainda, objetivo do permissivo legal dar celeridade às decisões proferidas no âmbito dos Tribunais.

Não sendo, porém, hipótese que autorize decisão monocrática do Ministro-Relator acerca do recurso, caberá a este, ao deferir o respectivo processamento, pedir pauta para julgamento.

Registre-se, por fim, que a referência a dispositivos do Código de Processo Civil em relação à tramitação dos recursos extraordinário e especial, antes justificada apenas em critério de analogia (diante da inexistência de disciplina geral destes recursos quando manejados na esfera penal), encontra, agora, suporte no art. 638 do CPP, o qual, como dissemos alhures, passou a dispor que o processamento e julgamento desses recursos no STF e no STJ devem observar o estabelecido pela lei processual civil, além de eventuais previsões em leis especiais e de normas regimentais.

14.13.8. Sinopse das semelhanças e diferenças na regulamentação dos recursos extraordinário e especial

Apesar de sustentarem-se em bases constitucionais diferentes – o recurso especial visa à lei federal, ao passo que o extraordinário objetiva uniformizar a interpretação da própria Constituição Federal –, estes recursos assemelham-se em muitos aspectos. Em outros, apresentam características diametralmente opostas.

Observe-se:

RECURSO ESPECIAL	RECURSO EXTRAORDINÁRIO
Semelhanças	
1. São interpostos por meio de **petição instruída com as respectivas razões.** Não admitem propositura por termo, afastando-se, pois, nestes casos, a incidência do art. 578 do CPP. 2. Ambos deverão ser deduzidos no prazo de **15 dias.** A petição de interposição dos recursos será dirigida ao Presidente ou Vice-Presidente (conforme dispuser o regimento interno) do Tribunal em que proferida a decisão recorrida e as razões endereçadas a uma Turma do respectivo tribunal superior (STF, no caso do recurso extraordinário; STJ, no caso do recurso especial). As razões deverão conter os requisitos do art. 1.029, *caput*, I, II e III do CPC/2015, quais sejam: exposição do fato e do direito, demonstração do cabimento do recurso com referência à questão federal ou constitucional discutida e razões do pedido de reforma. A ausência destas formalidades conduzirá à inadmissão, com base na Súmula 284 do STF (aplicável também ao recurso especial). 3. Os recursos extraordinário e especial exigem o **prévio esgotamento de todas as instâncias ordinárias** possíveis. Isto porque os arts. 102, III, e 105, III, da CF referem ao respectivo cabimento contra decisões de única ou última instância. Além do mais, há as previsões das Súmulas 281 do STF e 207 do STJ estabelecendo a necessidade de que sejam esgotados todos os recursos como condição para seus ingressos.	

RECURSO ESPECIAL	RECURSO EXTRAORDINÁRIO
Semelhanças	
4. Trata-se de recursos que exigem o **prequestionamento** dos temas neles versados. Isto significa que não poderão ser enfocadas questões não deliberadas no acórdão recorrido. Esta condição decorre da expressão "causas decididas" aposta nos arts. 102, III, e 105, III, da CF. Apenas é "decidida" a matéria efetivamente enfrentada pelo tribunal recorrido. Não realizado o prequestionamento pelo acórdão recorrido, deverá a parte ingressar com embargos declaratórios para buscar a discussão do tema. A necessidade do prequestionamento e o manejo de embargos declaratórios para alcançá-lo constam também nas Súmulas 282 do STF e 211 do STJ. 5. Não podem ser utilizados os recursos especial e extraordinário com a **pretensão de reexame das provas dos autos** (*v.g.*, depoimentos de testemunhas, álibis, teor de perícias etc.). Destarte, destinam-se, unicamente à revisão de questões de caráter eminentemente jurídico. Inteligência das Súmulas 279 do STF e 7 do STJ. 6. Sustentando-se o acórdão recorrido sobre **dois argumentos, qualquer deles suficiente para mantê-lo ou não**, os recursos extraordinário e especial devem ser interpostos conjuntamente, muito embora em petições distintas. Trata-se da previsão das Súmulas 283 do STF e 126 do STJ. *Exemplo*: necessidade de advogado no interrogatório do réu. Imaginando-se que o acórdão, ao decidir pela imprescindibilidade do advogado no interrogatório, justifique essa cautela tanto no art. 185 do CPP como na garantia constitucional da ampla defesa. Caso pretendesse a acusação recorrer dessa decisão (alegando, por exemplo, que o ato ocorreu antes da alteração legislativa que passou a exigir defensor no interrogatório), deverá ingressar tanto com recurso especial para atacar o enfoque legal como com recurso extraordinário para insurgir-se em relação ao enfoque constitucional do acórdão recorrido. 7. Tanto o recurso especial como o recurso extraordinário são recebidos, unicamente, no **efeito devolutivo**. Assim, não possuem **efeito suspensivo**, muito embora, em casos excepcionais, admita-se a obtenção desse efeito por meio de pedido de medida cautelar (Súmulas 634 e 635 do STF, art. 1.029, § 5.º, do CPC/2015 e jurisprudência consolidada). Por derradeiro, como regra, não possuem **efeito regressivo (juízo de retratação)**, ressalvada, neste último caso, a hipótese de recursos extraordinário ou especial deduzidos em relação a matérias repetidas, quando providos, no âmbito do STF ou STJ, respectivamente, os recursos eleitos como representativos da controvérsia (v. itens *14.13.4 e 14.13.5*).	

RECURSO ESPECIAL	RECURSO EXTRAORDINÁRIO
Diferenças	
1. Trata-se de recurso com ênfase na **violação de lei federal pelo acórdão recorrido.**	1. Trata-se de recurso com ênfase na **violação da Constituição Federal** pelo acórdão recorrido. Exceção existe na alínea "d" do inciso III do art. 102 da Carta Política, em que previsto o cabimento de recurso extraordinário em relação à matéria que não possui origem constitucional.
2. Sempre julgado pelo **Superior Tribunal de Justiça**.	2. Sempre julgado pelo **Supremo Tribunal Federal.**
3. Cabível unicamente contra decisões de única ou última instância proferidas pelos **Tribunais dos Estados ou pelos Tribunais Regionais Federais** (previsão expressa do art. 105, III, da CF). Assim, não pode ser usado, por exemplo, contra decisão das Turmas Recursais dos Juizados Especiais, pois não são Tribunais (Súmula 203 do STJ).	3. Cabível contra qualquer decisão de única ou de última instância, pois o art. 102, III, da CF **não faz referência expressa à origem do acórdão recorrido.** Destarte, poderá ser utilizado contra decisão das Turmas Recursais dos Juizados Especiais (Súmula 640 do STF), acórdãos dos Tribunais Superiores (*v.g.*, STJ), além, obviamente, de acórdãos dos Tribunais dos Estados e dos Tribunais Regionais Federais.

RECURSO ESPECIAL	RECURSO EXTRAORDINÁRIO
Diferenças	
4. Não exige **requisito específico de admissibilidade**, além dos previstos nos arts. 1.029 e seguintes do CPC/2015 e nas disposições sumulares. Veja-se que, apesar de a Emenda Constitucional 125/2022 ter incluído, no art. 105, § 2.º, da CF o requisito de admissibilidade da **demonstração da relevância da questão de direito federal infraconstitucional** debatida no recurso especial, essa relevância é **presumida** quando tal recurso impugnar decisões judiciais proferidas no âmbito de ações penais (art. 105, § 3.º, I, da CF), independendo, portanto, de sua demonstração.	4. Exige um **requisito específico de admissibilidade, consistente na demonstração da repercussão geral** da questão constitucional recorrida. Trata-se de condição determinada pelo art. 102, § 3.º, da Constituição Federal, com a alteração introduzida pela Emenda 45/2004.

14.14. AGRAVO DA DECISÃO DENEGATÓRIA DE SEGUIMENTO DOS RECURSOS EXTRAORDINÁRIO E ESPECIAL

14.14.1. Considerações gerais

Consiste o *agravo* no recurso cabível contra a decisão do Presidente ou Vice-Presidente do Tribunal de Justiça ou do Tribunal Regional Federal que, por ocasião do juízo de admissibilidade, negar seguimento aos recursos extraordinário e especial, conforme se infere do art. 1.042 do CPC/2015. Perceba-se que o art. 1.042 em questão ressalva do cabimento do agravo a hipótese em que a inadmissão do recurso extraordinário estiver fundada na aplicação de precedente que negou repercussão geral a recurso extraordinário antes interposto em relação à mesma matéria constitucional ou de precedente de recursos extraordinário e especial julgados pelo STF ou STJ no mesmo sentido da decisão recorrida.

Previamente à Lei 12.322, de 9 de setembro de 2010, que alterou o revogado CPC/1973, este agravo, uma vez interposto, era encaminhado ao respectivo Tribunal Superior em autos apartados instruídos com cópias de peças da ação penal indicadas pelo agravante e pelo agravado. Não seguia ao STF e STJ, enfim, o próprio processo principal, sendo esta a razão pela qual o recurso recebia a denominação de *agravo de instrumento*.

Não obstante, entrando em vigor a mencionada Lei, restou alterado o art. 544 do CPC/1973, transformando-se o *agravo de instrumento* antes previsto em *agravo nos próprios autos,* **disciplina esta mantida no art. 1.042 do CPC/2015.** Assim, *no âmbito cível*, não admitidos os recursos extraordinário ou especial, em vez de subir o agravo ao STF ou STJ, respectivamente, em autos apartados, formados a partir de cópias da ação penal, tal recurso deve ser encaminhado à Instância Superior e inserido ao próprio processo em que já se encontram denegados os mencionados recursos – o feito principal.

E, diante da revogação do art. 28 da Lei 8.038/1990, que antes regrava o agravo criminal, ficou sedimentado que este mesmo regramento do agravo em matéria cível deve ser aplicável, por analogia, aos agravos criminais – pelo menos até que haja legislação específica a respeito no âmbito penal.

14.14.2. Prazo

Conquanto o CPC/1973 estabelecesse prazo de dez dias para ingresso do agravo, entendia o STF que o prazo para a interposição desse recurso continuava sendo aquele previsto no art.

28 da Lei 8.038/1990 e na Súmula 699 do STF: cinco dias. No âmbito do STJ não era diferente, consolidando a jurisprudência dessa Corte que era intempestivo o agravo interposto em prazo superior a cinco dias contados da intimação da decisão que denegar o recurso especial.

Na atualidade, o CPC/2015 inova em relação ao prazo do agravo, que, em matéria cível, passa a ser de quinze dias. Isto se infere pelo fato de que, após elencar, no art. 994, os recursos cabíveis no âmbito cível (apelação, agravo de instrumento, agravo interno, embargos de declaração, recurso ordinário, recurso especial, recurso extraordinário, agravo em recurso especial ou extraordinário e embargos de divergência), refere o art. 1.003, § 5.º, que, excetuados os embargos de declaração, o prazo para interpor os recursos e para responder-lhes é de quinze dias. Pensamos que o mesmo regramento deve, agora, ser conferido também aos agravos criminais. Isso ocorre porque o sobredito art. 28 da Lei 8.038/1990 foi revogado expressamente pelo art. 1072, IV, do CPC/2015, impondo-se, em consequência, a aplicação, por analogia, também na órbita penal, do prazo determinado pelo art. 1.003, § 5.º, desse mesmo Código. Não é outro, aliás, o entendimento do STF e do STJ, compreendendo essas Cortes que o prazo do agravo previsto no art. 1.042 do CPC/2015 é, de fato, o aplicável em matéria processual penal, não sendo contado em dias úteis (art. 219, *caput*, do CPC/2015), mas, sim, de forma contínua, nos termos do art. 798 do CPP[69-70]. *E quanto à previsão da Súmula 699 do STF?* Encontra-se, a nosso ver, prejudicada, operando-se, relativamente a ela, o fenômeno da superação sumular normativa (*overruling*), que ocorre quando um determinado precedente é afastado pelo fato de ter se tornado obsoleto ou superado.

14.14.3. Procedimento

A petição de agravo será dirigida à Presidência ou Vice-Presidência do Tribunal recorrido, sendo isenta de preparo, aplicando-se a ela o regime de repercussão geral e de recursos repetitivos, inclusive quanto à possibilidade de sobrestamento e de juízo de retratação (art. 1.042, § 2.º, do CPC/2015). Protocolizada essa petição, será o agravado intimado para oferecer resposta no mesmo prazo estabelecido para a interposição (art. 1.042, § 3.º, do CPC/2015). Após o prazo para resposta, não havendo retratação, o agravo será remetido à Instância Superior (art. 1.042, § 4.º, do CPC/2015).

---

69 "[...] I - A contagem dos prazos recursais nos feitos criminais encontra-se regulamentada no artigo 798 do Código de Processo Penal, segundo o qual "todos os prazos correrão em cartório e serão contínuos e peremptórios, não se interrompendo por férias, domingo ou dia feriado", o que impede a aplicação das regras processuais civis, sendo, dessa maneira, inaplicável o cálculo em dias úteis previsto no artigo 219 do Novo Código de Processo Civil, bem como o recesso do CPC/2015. [...] IV - É intempestivo o agravo em recurso especial que não observa o prazo de interposição de 15 (quinze) dias, nos termos do art. 994, VIII, c/c os arts. 1.003, § 5°, 1.042, *caput*, do Código de Processo Civil, bem como do art. 798 do Código de Processo Penal. V - No caso, o agravante fora intimado a respeito do teor da r. decisão que inadmitiu o apelo nobre em 7/1/2022 (fl. 550), iniciando-se a contagem do prazo recursal de 15 (quinze) dias para interposição do recurso cabível em 10/1/2022 (segunda-feira), com término previsto para 24/1/2022 (segunda-feira). No entanto, o agravo em recurso especial foi interposto somente em 31/1/2022 (fl. 551), sendo manifesta a sua intempestividade. Agravo regimental desprovido." (AgRg no AREsp n. 2.089.827/RJ, 5.ª Turma, Rel. Min. Ministro Jesuíno Rissato (Desembargador Convocado do TJDFT), j. 02.08.2022, *DJe* 22.08.2022).

70 "Direito processual penal. Agravo interno em recurso extraordinário com agravo. Recurso intempestivo. Inaplicabilidade em matéria processual penal do art. 219 do CPC/2015. 1. A decisão que inadmitiu o recurso extraordinário foi publicada em 06.06.2016 e a petição de agravo foi protocolada no Tribunal de origem somente em 24.06.2016, ou seja, após o término do prazo recursal de 15 (quinze) dias, nos termos do art. 994, VIII, c/c os arts. 1.003, § 5°, e 1.042 do Código de Processo Civil, bem como do art. 798 do Código de Processo Penal. Nessa linha, veja-se o ARE 1.032.781, Rel. Min. Luiz Fux. 2. A aplicação do novo CPC a instituto de direito processual penal deve ser autorizada apenas em situações excepcionalíssimas, notadamente na existência de lacuna normativa. No caso, mostra-se inaplicável o art. 219 do CPC/2015, tendo em vista que, tratando-se de prazo processual penal, o modo de sua contagem e disciplinado pelo art. 798 do Código de Processo Penal. 3. Agravo interno a que se nega provimento." (ARE 1057146 AgR, 1.ª Turma, Rel. Min. Roberto Barroso, j. 22.09.2017, DJe 04.10.2017).

Lembre-se de que, na disciplina do CPC/2015, o prazo para que o agravado ofereça resposta é de quinze dias, *ex vi* do art. 1.042, § 3.º. Considerando a revogação do art. 28 da Lei 8.038/1990 pelo art. 1.072, IV, do CPC/2015 e a consequente superação da Súmula 699 do STF, depreende-se que, salvo posterior edição de lei específica no âmbito penal, o prazo para o agravado responder ao agravo interposto contra a denegação dos recursos extraordinário e especial criminais é, igualmente, o previsto no art. 1.042, do CPC/2015, agora em seu § 3.º: 15 dias.

Considerando os termos peremptórios do art. 1.042, § 4.º, do CPC/2015, determinando que, após a resposta do agravado, sejam os autos remetidos ao Tribunal Superior competente para julgamento, infere-se que **o agravo não possui juízo de admissibilidade no Tribunal de origem**. Isto quer dizer que a prelibação (exame dos pressupostos recursais) será realizada, única e exclusivamente, no Tribunal Superior em que será julgado o recurso. Ainda que intempestivo, por exemplo, o agravo deverá ser encaminhado ao juízo *ad quem*.

Muito embora o CPC/2015 não estabeleça regra expressa a respeito, é evidente que o agravo nele disciplinado, à semelhança do que era regulado no revogado CPC/1973 depois da alteração determinada pela Lei 12.322/2010, seguirá ao respectivo Tribunal Superior nos próprios autos do processo principal.

Pois bem, aportando no Supremo Tribunal Federal (se não foi admitido o recurso extraordinário) ou no Superior Tribunal de Justiça (se não foi admitido o recurso especial), o agravo será julgado, podendo o Relator decidir nos seguintes sentidos (art. 932 do CPC/2015):

III – não conhecer de recurso inadmissível, prejudicado ou que não tenha impugnado especificamente os fundamentos da decisão recorrida;

IV – negar provimento a recurso que for contrário a:

a) súmula do Supremo Tribunal Federal, do Superior Tribunal de Justiça ou do próprio tribunal;
b) acórdão proferido pelo Supremo Tribunal Federal ou pelo Superior Tribunal de Justiça em julgamento de recursos repetitivos;
c) entendimento firmado em incidente de resolução de demandas repetitivas ou de assunção de competência;

V – depois de facultada a apresentação de contrarrazões, dar provimento ao recurso se a decisão recorrida for contrária a:

a) súmula do Supremo Tribunal Federal, do Superior Tribunal de Justiça ou do tribunal;
b) acórdão proferido pelo Supremo Tribunal Federal ou pelo Superior Tribunal de Justiça em julgamento de recursos repetitivos;
c) entendimento firmado em incidente de resolução de demandas repetitivas ou de assunção de competência.

Dessas decisões do Relator cabe outro recurso – o **agravo interno** –, previsto no art. 39 da Lei 8.038/1990 e no art. 1.021 do CPC/2015, objeto de análise no tópico seguinte.

Note-se que o procedimento do agravo regrado no CPC/2015, comparativamente com o que era disciplinado no revogado CPC/1973, possui maior detalhamento, estabelecendo que: ingressado o agravo, poderá este ser julgado com o recurso especial ou extraordinário não admitidos (art. 1.042, § 5.º); sendo o caso de inadmissão de recursos extraordinário e especial, o agravante, nos casos previstos, deverá interpor um agravo para cada recurso não admitido (art. 1.042, § 6.º); ocorrendo a interposição conjunta de agravo em recurso extraordinário e de agravo em recurso especial, os autos serão, inicialmente, remetidos ao STJ (art. 1.042, § 7.º) e, após, ao Supremo Tribunal Federal para apreciação do agravo a ele dirigido, salvo se estiver prejudicado (art. 1.042, § 8.º).

14.15. AGRAVO INTERNO OU REGIMENTAL (ART. 39 DA LEI 8.038/1990)

Estabelece o art. 39 da Lei 8.038/1990 que "da decisão do Presidente do Tribunal, de Seção, de Turma ou de Relator que causar gravame à parte, caberá agravo para o órgão especial, Seção ou Turma, conforme o caso, no prazo de cinco dias".

Trata-se, aqui, do chamado **agravo interno**, que pode ser definido como o meio previsto em lei para assegurar, à parte que se sentir prejudicada por decisão monocrática proferida no âmbito dos tribunais, o direito de que sua pretensão seja (re)analisada pelo colegiado competente do respectivo tribunal.

Este recurso guarda simetria com a disciplina do art. 1.021 do CPC/2015, a qual dispõe que "contra decisão proferida pelo relator caberá agravo para o respectivo órgão colegiado, observadas, quanto ao processamento, as regras do regimento interno do tribunal", sendo utilizado, também, no lugar do agravo antes contemplado no revogado art. 28, § 5.º, da Lei 8.038/1990, que atacava especificamente a decisão do Ministro Relator que negasse seguimento ou provimento ao agravo examinado no tópico anterior (14.14). Perceba-se que, nesta última hipótese, o agravo interno será apreciado, colegiadamente, pela Turma do STF ou do STJ integrada pelo Ministro Relator que, na forma do art. 932 do CPC/2015, deliberou sobre o *agravo* antes interposto contra a decisão que não admitiu recursos extraordinário e especial.

Questão relevante respeita ao tempo para interposição do agravo na esfera do processo penal, pois enquanto o art. 39 da Lei 8.038/1990 prevê que deverá ser interposto no prazo de *cinco dias*, dos arts. 1.003, § 5.º, e 1.070 do CPC/2015 infere-se que, no âmbito cível, esse prazo é de quinze dias. Resolvendo o impasse, consolidaram-se STF e STJ no sentido de que o prazo para interposição do agravo interno contra atos decisórios de seus ministros em matéria processual penal é, realmente, de cinco dias, tal como regulamentado no art. 39 da Lei 8.038/1990, que é lei específica[71].

> **ATENÇÃO:** A questão relacionada à incidência do prazo de cinco dias previsto no art. 39 da Lei 8.038/1990 e a sua contagem em dias corridos (na forma do art. 798 do CPP) foi reafirmada, por maioria de votos, no Plenário do STF, ao deliberar sobre questão de ordem em agravo regimental na Reclamação 25638/MG (em 09.05.2019) e em diversos agravos apresentados em outros processos.

Outra discussão concerne à necessidade de intimação do agravado para contrarrazões. Em termos de orientação dominante, compreendia-se que, no âmbito penal, não era necessária tal intimação em face da ausência de previsão legal. Tendo em vista, porém, que o CPC/2015 determinou, no art. 1.021, § 2.º, que o agravado deve ser intimado para apresentar contrarrazões ao agravo interno, instaurando-se, então, contraditório, compreende-se deva ser observada essa forma também na esfera processual penal, mesmo porque o art. 39 da Lei 8.038/1990 nada disciplina em termos de procedimento do agravo interno, limitando-se a estabelecer a hipótese de seu cabimento.

71 STF, *Habeas Corpus* 134.554/SP, decisão monocrática (Rel. Celso de Mello), em 15.06.2016; STJ, AgRg no REsp 1.551.678/RJ, j. 30.06.2016.

Finalmente, cabe dizer que, no procedimento do agravo interno, há muito se entende que há *juízo de retratação*, permitindo-se ao Relator reconsiderar sua decisão. E tal disciplina foi mantida pelo CPC/2015 no art. 1.021, § 2.º, inferindo-se daí que, doravante, continuará sendo aplicada.

14.16. EMBARGOS DE DIVERGÊNCIA (ARTS. 330 A 336 DO RISTF, ARTS. 266 E 267 DO RISTJ E ARTS. 1.043 E 1.044 DO CPC/2015)

14.16.1. Considerações gerais

Os embargos de divergência, em matéria criminal, eram os previstos no art. 29 da Lei 8.038/1990, sendo oponíveis contra decisão de Turma do Superior Tribunal de Justiça quando, no julgamento de **recurso especial**, divergisse do julgamento de outra Turma do mesmo Tribunal, da Seção (duas turmas reunidas) ou do Órgão Especial. Perceba-se que, muito embora o mencionado art. 29 contemplasse tais embargos apenas em relação a decisões do STJ, o Regimento Interno do STF previa (e continua prevendo) a mesma figura quando a divergência se estabelecesse no julgamento de **recurso extraordinário.**

Ocorre que, como já dissemos anteriormente, o art. 29 da Lei 8.038/1990 foi expressamente revogado pelo art. 1.072, IV, do CPC/2015. Logo, na atualidade, cabe aplicar, em matéria criminal, na sua dedução, tramitação e julgamento, por analogia, a disciplina dos arts. 1.043 e 1.044 do CPC/2015, observadas as normas regimentais do STF (arts. 330 a 336 do RISTF) e do STJ (arts. 266 a 267 do RISTJ). Perceba-se:

Art. 1.043. É embargável o acórdão de órgão fracionário que:
I – em recurso extraordinário ou em recurso especial, divergir do julgamento de qualquer outro órgão do mesmo tribunal, sendo os acórdãos, embargado e paradigma, de mérito;
II – *Revogado.*
III – em recurso extraordinário ou em recurso especial, divergir do julgamento de qualquer outro órgão do mesmo tribunal, sendo um acórdão de mérito e outro que não tenha conhecido do recurso, embora tenha apreciado a controvérsia;
IV – *Revogado.*
§ 1º Poderão ser confrontadas teses jurídicas contidas em julgamentos de recursos e de ações de competência originária.
§ 2º A divergência que autoriza a interposição de embargos de divergência pode verificar-se na aplicação do direito material ou do direito processual.
§ 3º Cabem embargos de divergência quando o acórdão paradigma for da mesma turma que proferiu a decisão embargada, desde que sua composição tenha sofrido alteração em mais da metade de seus membros.
§ 4º O recorrente provará a divergência com certidão, cópia ou citação de repositório oficial ou credenciado de jurisprudência, inclusive em mídia eletrônica, onde foi publicado o acórdão divergente, ou com a reprodução de julgado disponível na rede mundial de computadores, indicando a respectiva fonte, e mencionará as circunstâncias que identificam ou assemelham os casos confrontados.

Art. 1.044. No recurso de embargos de divergência, será observado o procedimento estabelecido no regimento interno do respectivo tribunal superior.
§ 1º A interposição de embargos de divergência no Superior Tribunal de Justiça interrompe o prazo para interposição de recurso extraordinário por qualquer das partes.
§ 2º Se os embargos de divergência forem desprovidos ou não alterarem a conclusão do julgamento anterior, o recurso extraordinário interposto pela outra parte antes da publicação do julgamento dos embargos de divergência será processado e julgado independentemente de ratificação.

Pois bem, para ilustrar hipótese ensejadora de embargos de divergência, considere-se o seguinte: ao julgar recurso especial contra acórdão do Tribunal de Justiça de determinado Estado, entende uma das turmas do STJ que ao homicídio praticado com intuito de vingança incide a qualificadora do motivo torpe (art. 121, § 2.º, I, do CP). Não obstante, outra turma do mesmo tribunal, ao julgar matéria similar, decide de forma diversa, vale dizer, no sentido de que referido móvel do crime não pode conduzir ao reconhecimento da torpeza. Neste caso, caberiam embargos de divergência, sendo opostos pelo interessado contra o acórdão que lhe foi prejudicial, utilizando como paradigma o acórdão exarado em sentido oposto, a fim de que o STJ uniformize a interpretação jurisprudencial, eliminando, no caso concreto, a discrepância de entendimentos.

Tais embargos, na sistemática do CPC/2015, deverão ser opostos por petição, já acompanhada das respectivas razões, tudo no prazo de 15 dias, devendo este ser o prazo aplicável em face do que dispõe o art. 334 do RISTF e da ausência de regulamentação a respeito no RISTJ (o art. 266 desse regimento foi alterado pela Emenda Regimental n.º 22, de 16.03.2016). A **petição** será dirigida ao Ministro-Relator do acórdão embargado[72] e as **razões**, ao órgão julgador.

Na petição, o embargante deverá comprovar a divergência jurisprudencial, isto é, transcrever os aspectos importantes dos acórdãos em comparação, demonstrando que se trata de situações fáticas idênticas, embora julgadas de modo distinto. A comprovação do dissídio poderá ser feita com certidão, cópia ou citação de repositório oficial ou credenciado de jurisprudência, inclusive em mídia eletrônica, onde foi publicado o acórdão divergente, ou com a reprodução de julgado disponível na rede mundial de computadores, indicando a respectiva fonte, e mencionará as circunstâncias que identificam ou assemelham os casos confrontados (art. 1.043, § 4.º, do CPC/2015).

Os embargos de divergência são cabíveis, apenas, contra decisão (colegiada) dos órgãos fracionários dos Tribunais Superiores, não sendo possível sua oposição, por exemplo, contra decisão monocrática de um Relator. Ainda, é preciso que o acórdão embargado tenha decidido, no STJ, um recurso especial, ou, no STF, um recurso extraordinário, ou, ainda – e isto é mais uma inovação trazida pelo art. 1.043, IV e § 1.º do CPC de 2015 – julgado **ação penal de competência originária**. *E se a divergência ocorrer no julgamento de outro recurso* (v.g., *recurso ordinário constitucional)?* Neste caso, descabem os embargos, consoante entendimento do Excelso Pretório.[73]

Não são oponíveis esses embargos quando a jurisprudência dominante no Tribunal Superior se firmou no mesmo sentido do acórdão embargado (art. 332 do RISTF; art. 266-C do RISTJ e Súmula 168 do STJ). Isto quer dizer que se a orientação dominante no STF ou no STJ estiver de acordo com o acórdão embargado, os embargos de divergência não deverão ser acolhidos, mesmo porque, como já dissemos, a finalidade deste recurso é de uniformizar a jurisprudência. Ora, se já existir jurisprudência consolidada no mesmo sentido da decisão que se pretende atacar, desaparece, logicamente, o interesse na sua oposição.

Eventualmente, pode ocorrer que o recurso especial interposto pela parte não tenha sido admitido pelo tribunal de origem (*v.g.*, pelo Tribunal de Justiça de São Paulo) e que, dessa decisão, tenha sido interposto o agravo do art. 1.042 do CPC/2015. Se este agravo for improvido, não sendo, em consequência, examinado o mérito do recurso especial

[72] Parte da doutrina considera que os embargos de divergência devam ser dirigidos ao Ministro Presidente do Tribunal Recorrido. Tal entendimento, porém, divorcia-se da boa técnica recursal, segundo a qual um recurso, quando manejado contra decisão colegiada, deverá ser dirigido ao Presidente do Tribunal recorrido apenas quando deva ser enviado a outro tribunal para julgamento, o que não ocorre com os embargos de divergência, que são decididos no âmbito do tribunal embargado.

[73] STF, HC 88247 AgR-AgR/RJ, Tribunal Pleno, Rel. Min. Celso de Mello, *DJ* 20.11.2009.

denegado, não poderão ser opostos embargos de divergência, a teor do que determina a Súmula 315 do STJ, ao dispor que *não cabem embargos de divergência no âmbito do agravo que não admite recurso especial.* Com esta redação, que não é das mais precisas, o que pretendeu a súmula foi estabelecer que não cabem embargos de divergência quando for negado provimento ao agravo interposto contra a decisão que tiver denegado o recurso especial. Resumindo: *Parte interessada interpõe recurso especial contra acórdão do TJSP – recurso especial não é admitido no TJSP recorrente ingressa com o agravo do art. art. 1.042 do CPC/2015 – o agravo é improvido, não sendo, então, examinado o mérito do recurso especial denegado – descabem aqui embargos de divergência.* Mas atenção: a despeito deste raciocínio que se extrai da Súmula 315 do STJ, é preciso realçar a existência de entendimento, ainda embrionário, no sentido de que referida súmula teria ficado superada em razão do que estabelece o art. 1.043, III, do CPC/2015, que permite o manejo dos embargos de divergência para confronto entre "um acórdão de mérito e outro que não tenha conhecido do recurso, embora tenha apreciado a controvérsia", alcançando-se, em outras palavras, tanto acórdãos que tenham enfrentado o mérito dos recursos especial e extraordinário, como acórdãos relativos ao juízo de admissibilidade de tais recursos.

Considere-se, agora, que, na mesma situação, constate o Ministro-Relator no STJ que o agravo interposto contra a não admissão do recurso especial deve ser conhecido e provido. Considere-se que, ao assim proceder, este mesmo Relator, com base no art. 932, V, do CPC/2015, aplicado por analogia à esfera penal, dê provimento ao próprio recurso especial interposto contra o acórdão proferido pelo Tribunal Paulista, por considerá-lo em desacordo com a jurisprudência dominante no STJ. Ora, dessa decisão monocrática do Ministro-Relator poderá ser interposto pela outra parte agravo interno (ou regimental), para a Turma, na forma disposta no art. 1.021 do CPC/2015. Se, julgando o agravo interno, a Turma mantiver a decisão do Relator que deu provimento ao recurso especial e se essa decisão divergir de outra já proferida no STJ, poderão ser opostos embargos de divergência, *ex vi* da Súmula 316 do STJ, a qual dispõe que *cabem embargos de divergência contra acórdão que, em agravo regimental, decide recurso especial.* Resumindo: *Parte interessada interpõe recurso especial contra acórdão do TJSP – recurso especial não é admitido no TJSP – recorrente ingressa com o agravo do art. 1.042 do CPC/2015 – o agravo é provido no STJ, procedendo o relator, por ocasião do julgamento do agravo, ao enfrentamento do mérito do recurso especial que havia sido denegado, dando-lhe provimento, conforme lhe faculta o art. 932, V, do CPC/2015 – parte contrária interpõe agravo interno com fundamento no art. 1.021 do CPC/2015 – no julgamento do agravo interno, a Turma mantém a decisão do relator que deu provimento ao recurso especial – se a decisão do relator divergir de outra proferida anteriormente no STJ, poderão ser opostos embargos de divergência.* E por que descabem embargos de divergência contra a decisão do relator que, no julgamento do agravo do art. 1.042 do CPC/2015, deu provimento ao recurso especial? Porque não se tem aí o preenchimento de um dos pressupostos dos embargos de divergência, que é o julgamento do recurso especial mediante **decisão colegiada**. Logo, precitados embargos apenas serão cabíveis se o recurso especial decidido monocraticamente pelo relator for submetido à Turma em face do ingresso do agravo interno do art. 1.021 do CPC/2015.

Consigne-se que, no STF, relativamente ao agravo interposto contra a não admissão de recurso extraordinário, prevalecem as mesmas orientações que, no STJ, são disciplinadas pelas referidas Súmulas 315 e 316.

Finalmente, quanto ao procedimento dos embargos de divergência, determina o art. 1.044 do CPC/2015 que será o estabelecido no Regimento Interno do respectivo tribunal superior. Alerta-se que, também sob tal enfoque, cabe atentar o leitor, já que STF e STJ, necessariamente, deverão proceder a emendas em seus regimentos internos a fim de adaptá-los às novas regras e novos institutos do CPC/2015, o que, muito provavelmente, refletirá na disciplina regimental dos embargos de divergência.

14.16.2. Órgão julgador

Quanto ao órgão julgador dos embargos de divergência no **STJ**, com as alterações promovidas ao seu Regimento Interno pela Emenda Regimental n.º 24/2016, depreende-se dos arts. 11, XIII, e 12, parágrafo único, I, que:

a) Serão julgados pela *Seção* correspondente, quando as Turmas divergirem entre si ou de decisão da Seção que integram;
b) Serão julgados pela *Corte Especial*, se a divergência for entre Turmas de Seções diversas, entre Seções, entre Turma e Seção que não integre ou entre Turma e Seção com a própria Corte Especial;

Nesse cenário, como o Superior Tribunal de Justiça funciona em três seções especializadas (a Primeira Seção é composta pelas *Primeira e Segunda Turmas;* a Segunda Seção é composta pelas *Terceira e Quarta Turmas;* e a Terceira Seção, pelas *Quinta e Sexta Turmas*), se houver divergência entre a *Quinta* e a *Sexta Turmas*, o julgamento dos embargos será realizado pela Terceira Seção. Agora, se a divergência se estabelecer entre decisão da *Quinta Turma* em relação ao que já foi decidido pelo Órgão Especial no que se refere à mesma questão fática, os embargos serão julgados por ele.

Por outro lado, no **STF** a competência para o julgamento é dada pelo art. 336, parágrafo único, do respectivo regimento interno, sendo atribuída ao Plenário do Tribunal.

14.17. RECURSO ORDINÁRIO EM MATÉRIA CRIMINAL (ARTS. 102, II, E 105, II, DA CF E ARTS. 30 A 32 DA LEI 8.038/1990)

14.17.1. Cabimento

Diferentemente do recurso especial, que é afeto à competência única do Superior Tribunal de Justiça, e do recurso extraordinário, cujo julgamento compete apenas ao Supremo Tribunal Federal, o **recurso ordinário** poderá ser interposto tanto para o STJ como para o STF. Tudo depende da matéria e do órgão do qual emanado o acórdão recorrido.

Nesse recurso não se exige prequestionamento. Do mesmo modo, nada impede o reexame de temas fáticos. Em verdade, o recurso ordinário constitucional guarda simetria com a apelação, sendo, porém, ao contrário desta, julgado por Tribunal Superior (STF ou STJ).

No âmbito do **Supremo Tribunal Federal** pode ser interposto para insurgência contra as seguintes decisões:

a) **Decisões dos Tribunais Superiores** (STJ, TSE, TST e STM) que, em única instância (hipóteses de competência originária), denegarem o mandado de segurança, o mandado de injunção, o *habeas data* e o *habeas corpus* (art. 102, II, "a", da CF). O recurso não é viável contra as decisões concessivas de ordem nestes casos. Cabe ressaltar que, como a Constituição Federal é expressa, referindo-se apenas às decisões em "única instância", não cabe recurso ordinário ao STF, por exemplo, contra a decisão de Tribunal de Justiça que denegar o *habeas corpus*. A partir da instalação do STJ, das decisões denegatórias de *habeas corpus* ou mandado de segurança nos Tribunais Estaduais ou Regionais Federais, só é cabível o recurso ordinário constitucional ao Superior Tribunal de Justiça (art. 105, II, da CF), e não ao Excelso Pretório.

b) **Decisões relativas a crimes políticos** (art. 102, II, *b*, da CF). Por crimes políticos, compreendem-se as condutas que têm por destinação atentar, efetiva ou potencialmente, contra o estado democrático de direito, atingindo a soberania nacional, as instituições democráticas e a estrutura política brasileira. No âmbito do STF, por ocasião do julgamento do Recurso Ordinário 1473/SP (Primeira Turma, Rel. Min. Luiz Fux, *DJ* 18.12.2017), foi estabelecida a abrangência conceitual dos crimes políticos como sendo "*aqueles dirigidos, subjetiva e objetivamente, de modo imediato, contra o Estado como unidade orgânica das instituições políticas e sociais*", condicionando-se a sua configuração à presença de "*dois requisitos, de ordem subjetiva e objetiva: i) motivação e objetivos políticos do agente, e ii) lesão real ou potencial à integridade territorial, à soberania nacional, ao regime representativo e democrático, à Federação ou ao Estado de Direito*". Veja-se que tal ordem de crimes encontrava tipificação na Lei 7.170/1983, conhecida como Lei de Segurança Nacional. Esse diploma, entretanto, foi expressamente revogado pela Lei 14.197, de 1º de setembro de 2021, a qual acrescentou ao Código Penal os arts. 359-I a 359-R, nos quais descritos os "Crimes Contra o Estado Democrático de Direito". Na medida em que estas condutas satisfazem os requisitos estipulados pelo STF no julgamento mencionado, devem elas ser consideradas, na atualidade, como sendo os *crimes políticos* referidos na Constituição Federal, tanto para efeitos de competência para julgamento da ação penal respectiva (o citado art. 109, IV) como para fins de competência recursal (art. 102, II, *b*).

A competência para julgar os agentes de crimes políticos é da Justiça Federal (art. 109, IV, da CF).

Pois bem, em matéria recursal, considerando a competência firmada no art. 102, II, *b*, da CF, que não se refere a decisões de única ou última instância (tal como é feito no art. 102, III, em relação à competência do STF para julgamento do recurso extraordinário), conclui-se que, tratando-se de crime político, o 2.º Grau será, sempre, o STF mediante recurso ordinário.

Não se ignora a existência de posição contrária a esta, qual seja a de que o recurso ordinário constitucional para o STF em relação ao crime político apenas seria cabível contra acórdãos do TRF. Por esta linha, condenado o réu pela prática de crime político, deveria ele apelar ao TRF e, somente após, ingressar com recurso ordinário ao STF. Este entendimento, *data venia*, parece divorciar-se do texto constitucional, além de contrariar o entendimento da doutrina majoritária[74] e a posição já adotada pelo Supremo Tribunal Federal a respeito do tema, no sentido de que "os juízes federais são competentes para processar e julgar os crimes políticos e o Supremo Tribunal Federal para julgar os mesmos crimes em segundo grau de jurisdição (CF, arts. 109, IV, e 102, II, *b*)"[75].

Neste contexto, reafirmamos nossa posição no sentido de que, independentemente de qual tenha sido a 1.ª Instância de julgamento do crime político (juiz singular ou tribunais

---

[74] PACELLI, Eugênio. *Curso de Processo Penal*. 25. ed., 2021, p. 804: "A Suprema Corte [...] Reconhece, mais, ser cabível o recurso ordinário diretamente para a Suprema Corte, da decisão proferida pelo Juiz Federal. Nessa hipótese, segundo decidiu aquela Corte, não se aplicaria o recurso de apelação para o Tribunal Regional Federal" (HC 74.782-5/RJ, de 13.05.1997, Rel. Min. Ilmar Galvão); NUCCI, Guilherme de Souza. Manual de Processo Penal. 2. ed., 2021, p. 620: "Para o Supremo Tribunal Federal, cabe recurso ordinário constitucional, na esfera criminal, nas seguintes hipóteses (art. 102, II, CF): c) contra decisão condenatória ou absolutória proferida por juiz federal de primeira instância em caso de crime político".

[75] STF, Recurso Criminal n.º 1.468/RJ, *DJ* 14.08.2000.

em competência originária), a respectiva impugnação será, sempre, o recurso ordinário constitucional dirigido ao STF. A título de ilustração, seguem os exemplos:

Exemplo 1: indivíduo sem prerrogativa de *foro será julgado pela prática de crime político* por um juiz federal. Da respectiva sentença *não caberá apelação ao Tribunal Regional Federal, mas, sim,* recurso ordinário constitucional para o STF.

Exemplo 2: *Prefeito Municipal, que possui foro por prerrogativa de função nos crimes praticados no exercício do mandato e em razão das funções que exerce, será julgado pela prática de crime político pelo* Tribunal Regional Federal. *Do respectivo acórdão não caberá recurso especial ou recurso extraordinário,* mas, sim, recurso ordinário constitucional para o STF.

Exemplo 3: *Governador de Estado, que possui foro especial nos crimes praticados no exercício do mandato e em razão das funções que exerce, será julgado pela prática de crime político pelo* Superior Tribunal de Justiça. *Do respectivo acórdão não caberá recurso extraordinário, mas, sim,* recurso ordinário constitucional para o STF.

No tocante ao cabimento do recurso ordinário constitucional no **Superior Tribunal de Justiça**, ocorre em relação às seguintes situações:

a) **Decisões dos Tribunais de Justiça dos Estados e do Distrito Federal ou dos Tribunais Regionais Federais, que, em única ou última instância, denegarem a ordem de *habeas corpus* (art. 105, II, "a", da CF).** Assim, impetrado, no Tribunal de Justiça, *habeas corpus* contra decisão de um juiz, caso denegada a ordem, será facultado à parte ingressar com recurso ordinário constitucional para o STJ.

b) **Decisões dos Tribunais de Justiça dos Estados e do Distrito Federal ou dos Tribunais Regionais Federais, que, em única instância, denegarem o mandado de segurança (art. 105, II, "b", da CF).** Contemple-se a hipótese em que uma Câmara Criminal de um determinado Tribunal Estadual, julgando o mandado de segurança ajuizado em hipótese de competência originária daquele tribunal, venha a negar a segurança pleiteada. Enseja-se, neste caso, o recurso ordinário constitucional para o STJ.

c) **As causas em que forem partes Estado estrangeiro ou organismo internacional, de um lado, e, do outro, Município ou pessoa residente ou domiciliada no País.** Trata-se de questão alheia ao enfoque criminal, razão pela qual deixamos de abordar neste livro.

Atente-se que o recurso ordinário constitucional, nas hipóteses do art. 102, II, *a*, e do art. 105, II, *a* e *b*, ambos da CF, é cabível contra decisão *denegatória* dos tribunais a que se refere. Logo, descabe, por exemplo, a interposição de ROC para o STJ contra decisão de Tribunal de Justiça que *não tenha conhecido* do mandado de segurança ou do *habeas corpus* lá impetrados (*v.g.*, em face de não serem cabíveis no caso concreto) ou simplesmente *declinado da competência* para julgá-los[76].

E mais: não é possível o seu manejo com utilização de argumentos dissociados dos que foram utilizados na impetração original. Para ilustrar, considere-se que o *habeas corpus* impetrado junto a um determinado Tribunal de Justiça tenha apontado a ausência dos requisitos da prisão preventiva, sendo, porém, denegado. Se, contra a decisão denegatória, interpuser o prejudicado recurso ordinário constitucional, sustentando, desta feita, excesso de prazo na segregação, tal insurgência não deverá ser conhecida, pois baseada em

---

[76] STJ, RHC 19.833/RN, *DJ* 26.02.2013.

argumento novo (o excesso de prazo) que, por não ter sido ventilado no referido *habeas,* também não foi objeto de análise no acórdão recorrido.

14.17.2. Processamento do recurso ordinário para o STF

O *recurso ordinário* para o Supremo Tribunal Federal é interposto perante o órgão jurisdicional prolator da decisão recorrida, mediante petição já acompanhada das respectivas razões. Estas, por sua vez, serão endereçadas às Turmas do Supremo Tribunal Federal, onde será julgado o recurso.

Diferentemente do que ocorre com o recurso ordinário para o STJ, quando destinado ao STF inexiste lei regulamentando o prazo para interposição. Diante da omissão legislativa, aplica-se, no caso de recurso manejado contra a decisão que denegar *habeas corpus* ou mandado de segurança criminal, a previsão da Súmula 319 do STF, no sentido de que o prazo será de **cinco dias**, disposição esta que coincide com o disposto no art. 310 do RISTF ao estipular que "o recurso ordinário para o Tribunal, das decisões denegatórias de *habeas corpus*, será interposto no prazo de cinco dias"[77]. Por outro lado, tratando-se de recurso interposto em relação ao julgamento de crime político, considera-se o prazo de três dias, tendo em vista a previsão do regimento interno do STF – art. 307 do RISTF c/c os arts. 563, *a*, e 565, ambos do Código de Processo Penal Militar. Frise-se que estes dispositivos do CPPM, no que concerne aos crimes políticos, conquanto aplicáveis para definição do prazo de interposição do recurso ordinário para o STF, estão prejudicados nas suas partes remanescentes, pois editados na época em que à Justiça Militar incumbia o julgamento dessa ordem de crimes.

Processado no Tribunal de origem e ouvido o Ministério Público, será o recurso encaminhado ao Supremo Tribunal Federal. Concluso o recurso ao Relator, este poderá negar-lhe seguimento caso manifestamente inadmissível, improcedente ou contrário à jurisprudência dominante ou à súmula do Tribunal; não o conhecer ou até mesmo cassar ou reformar, liminarmente, acórdão contrário à orientação sedimentada na Corte, consoante previsão do art. 21, § 1º, do Regimento Interno[78]. Nada disso ocorrendo, caberá ao Relator encaminhar o recurso a julgamento pela Turma.

Veja-se que, apesar de processado no tribunal em que prolatada a decisão recorrida, o recurso ordinário tem sua admissibilidade examinada apenas no juízo *ad quem* – no STF, portanto. Logo, descabe ao juízo prolator negar seguimento ao recurso ao argumento, por exemplo, de sua intempestividade ou descabimento.

14.17.3. Processamento do recurso ordinário para o STJ

O *recurso ordinário* para o Superior Tribunal de Justiça é interposto perante os Tribunais de Justiça dos Estados e do Distrito Federal e Territórios ou Tribunais Regionais Federais.

Em síntese, obedece à seguinte dinâmica: interposição no prazo de **cinco dias**, se direcionado à decisão denegatória de *habeas corpus* (art. 30 da Lei 8.038/1990); ou, no prazo de **quinze dias**, no caso de mandado de segurança (art. 33). Tal interposição será feita por petição já acompanhada das razões do pedido de reforma. No tocante à **peti-**

77 "[...] 2. Manejado o recurso ordinário em *habeas corpus* após o quinquídio legal, consideradas a data da intimação do recorrente e a da insurgência recursal, resta evidenciada sua intem-pestividade (art. 310 do RISTF)" (STF, RHC 200499 ED, *DJ* 06.08.2021). No mesmo sentido: "[...] É intempestivo o recurso ordinário interposto após o prazo de cinco dias previsto no art. 310 do Regimento Interno do Supremo Tribunal Federal" (STF, RHC 121.748 AgR, *DJ* 1.º.09.2015).

78 STF, RHC 169.831 AgR/MS, DJ 30.10.2019.

ção, será dirigida ao Presidente ou Vice-Presidente do tribunal em que exarada a decisão recorrida[79]. Já as razões serão endereçadas às Turmas do STJ.

Após o regular processamento no tribunal *a quo*, será ouvido o Ministério Público e, em seguida, encaminhado o recurso ao STJ.

Distribuído a uma das Turmas Julgadoras do STJ, será dada vista ao Ministério Público que atua perante o STJ para dar parecer em *dois dias*, no caso de *habeas corpus* (art. 31), ou *cinco dias*, na hipótese do mandado de segurança (art. 35).

Com a manifestação do Ministério Público, será o recurso concluso ao relator que, nos termos do art. 34, XVIII, do Regimento Interno do STJ, poderá: a) não conhecer do recurso ou pedido inadmissível, prejudicado ou daquele que não tiver impugnado especificamente todos os fundamentos da decisão recorrida; b) negar provimento ao recurso ou pedido que for contrário a tese fixada em julgamento de recurso repetitivo ou de repercussão geral, a entendimento firmado em incidente de assunção de competência, a súmula do Supremo Tribunal Federal ou do Superior Tribunal de Justiça ou, ainda, a jurisprudência dominante acerca do tema; c) dar provimento ao recurso se o acórdão recorrido for contrário a tese fixada em julgamento de recurso repetitivo ou de repercussão geral, a entendimento firmado em incidente de assunção de competência, a súmula do Supremo Tribunal Federal ou do Superior Tribunal de Justiça ou, ainda, a jurisprudência dominante acerca do tema[80]. Nada disto ocorrendo, caberá ao Relator encaminhar o recurso para julgamento perante a Turma.

Perceba-se que não há previsão de juízo de admissibilidade do recurso ordinário constitucional no tribunal de origem. Logo, a presença destes requisitos será aferida apenas no STJ, quando lá aportar esse recurso.

Acesse o
MATERIAL SUPLEMENTAR

Entre no Ambiente de Aprendizagem através das instruções contidas na orelha deste livro e acesse os conteúdos exclusivos desta edição:
- questões de concursos;
- videoaulas dos principais temas;
- mapas mentais;
- *ebook* de resumos de cada capítulo.

[79] É o regimento interno do tribunal recorrido ou leis locais de organização judiciária que determinarão a competência para o processamento do recurso, isto é, se incumbe ao Presidente ou a seu Vice-Presidente.

[80] STJ, AgRg no RHC 114.422/SP, *DJ* 19.08.2019.

CAPÍTULO 15

Habeas Corpus, Revisão Criminal, Mandado de Segurança, Correição Parcial e Reclamação

15.1. *HABEAS CORPUS*

15.1.1. Significado da expressão e origem histórica

A expressão *habeas corpus* traduz-se literalmente como "tome o corpo", isto é, tome a pessoa presa e a apresente ao juiz para decisão quanto à legalidade ou não do cerceamento à liberdade.

Oscila a doutrina quanto ao momento histórico em que surgiu o *habeas corpus*. Alguns apregoam que este instituto surgiu em consequência de uma ação contemplada no Direito Romano, chamada de *interdictum de libero homine exhibendo*, pela qual se facultava a todo cidadão o direito de reclamar a liberdade ao homem que estivesse ilegalmente preso. Outros afirmam que a sua origem remonta ao ano de 1679, na Espanha, por ocasião do reinado de Carlos II. Sem embargo destas opiniões, a maioria dos escritores sustenta que o *writ* teve sua origem remota na Constituição da Inglaterra de 1215 (*Magna Charla Libertatum*), outorgada pelo Rei João-Sem-Terra.

O instituto do *habeas corpus* chegou ao Brasil no Código de Processo Criminal do Império, de 1832 (o art. 340 desse diploma dispunha que "todo cidadão que entender que ele ou outrem sofre uma prisão ou constrangimento em sua liberdade, tem o direito de pedir uma ordem de *habeas corpus* em seu favor"), e foi incluído no texto constitucional por meio do art. 72, § 22, da Constituição brasileira de 1891. Atualmente, está previsto no art. 5.º, LXVIII, da Constituição brasileira de 1988.

15.1.2. Conceito, natureza jurídica e classificação

O *habeas corpus* é ação autônoma de impugnação, constitucionalmente estabelecida, objetivando preservar ou restabelecer a liberdade de locomoção ilegalmente ameaçada ou violada.

> "Conceder-se-á *habeas corpus* sempre que alguém sofrer ou se achar ameaçado de sofrer violência ou coação em sua liberdade de locomoção, por ilegalidade ou abuso de poder" (art. 5.º, LXVIII, da CF).

Apesar de previsto pelo Código de Processo Penal no Título II do Livro III, que trata dos *recursos em geral*, não possui natureza recursal, o que se evidencia, inclusive, pela circunstância de que pode ser impetrado a qualquer tempo (não está sujeito a prazos).

Classifica-se o *habeas corpus* em duas espécies:

- ***Habeas corpus* repressivo ou liberatório**, cabível na hipótese de já ter sido consumado o constrangimento ilegal à liberdade de locomoção. Nesse caso, concedida a ordem, será expedido alvará de soltura com o intuito de restabelecimento da liberdade (art. 660, § 1.º, do CPP).
- ***Habeas corpus* preventivo**, impetrado quando houver fundado receio de constrangimento ilegal à liberdade de locomoção. Necessário referir que a ameaça de prisão que justifica a concessão da ordem não pode se caracterizar como um temor remoto ou mera suspeita. É preciso que seja, efetivamente, ameaça séria e concreta, devidamente demonstrada, quanto à iminência de prisão ilegal. Não basta a possibilidade, sendo preciso a probabilidade do constrangimento à liberdade. Deferido, expede-se salvo-conduto, impedindo-se, pelo fato objeto do *habeas corpus*, que ocorra a segregação (art. 660, § 4.º, do CPP). "O *habeas corpus* preventivo tem cabimento quando, de fato, houver ameaça à liberdade de locomoção, isto é, sempre que fundado for o receio de ser o paciente preso ilegalmente. E tal receio haverá de resultar de ameaça concreta de iminente prisão" (STJ, AgRg no HC 108.655/SP, *DJ* 16.03.2009).

Todavia, além das hipóteses mencionadas, tem sido admitida uma terceira modalidade, denominada por parcela doutrinária de ***habeas corpus* profilático**, destinado a suspender atos processuais ou impugnar medidas que possam importar em prisão futura com aparência de legalidade, porém intrinsecamente contaminada por ilegalidade anterior. Neste caso, a impugnação não visa ao constrangimento ilegal à liberdade de locomoção já consumado ou à ameaça iminente de que ocorra esse constrangimento, mas, sim, a potencialidade de que este constrangimento venha a ocorrer.

Exemplos:

- **Impetração do *habeas corpus* para o trancamento da ação penal.** Considere-se que tenha sido recebida a denúncia apresentada pelo Ministério Público, com imputação de crime de tráfico de drogas, sem que haja prova da materialidade desse delito. Ora, o recebimento da inicial nessas condições, mesmo que esteja o acusado em liberdade, além de possibilitar a imposição de medidas cautelares pessoais no curso do processo, poderá resultar futuramente em condenação à pena de prisão. Por isso, cabível, em tese, o *habeas corpus* para, desde logo, prevenir a possibilidade de que uma medida constritiva de liberdade venha a ser determinada a partir de um processo viciado já na sua origem. **Mas atenção**: na esteira da jurisprudência consolidada, o trancamento de ação penal pela via do *habeas corpus* constitui medida excepcional, somente admitida na hipótese de inépcia da peça acusatória[1] ou quando restarem demonstradas, sem necessidade de exame do conjunto fático-pro-

[1] "O trancamento prematuro da ação penal pela via estreita do *habeas corpus* é medida cabível nos casos em que a denúncia se mostrar inepta, não atendendo ao que dispõe o art. 41 do Código de Processo Penal" (STJ, RHC 95818/SP, *DJ* 08.10.2021).

batório, a atipicidade da conduta, a presença de causa extintiva de punibilidade ou, finalmente, quando se constatar a ausência de elementos indiciários de autoria ou de prova da materialidade do crime[2].

- **Impetração do *habeas corpus* para que seja alcançada a suspensão do processo em virtude de questão prejudicial que versa sobre estado das pessoas (art. 92 do CPP).** *Imagine-se que esteja o acusado respondendo a processo criminal por bigamia e que, ao ser interrogado, narre ao juiz criminal que apenas se casou novamente em razão de terem sido nulas as primeiras núpcias, conforme ação anulatória de casamento que se encontra em curso perante vara cível. Considerando que se trata a nulidade de casamento de questão prejudicial afeta o estado civil das pessoas, estará o magistrado criminal obrigado a suspender o processo criminal até que haja o trânsito em julgado da sentença a ser proferida na ação civil de anulação, conforme a regra do art. 92 do CPP. Se assim não proceder, viabiliza-se à defesa o manejo de habeas corpus objetivando alcançar esta suspensão.* Isso porque o crime de bigamia é punido com pena privativa da liberdade, o que sugere a possibilidade de constrição futura da liberdade caso venha o imputado a ser condenado no processo que deveria estar suspenso por força da questão prejudicial cível.
- **Impetração do *habeas corpus* para impugnar decisão de improcedência de exceções de incompetência, ilegitimidade de parte, litispendência ou coisa julgada.** *Suponha-se que determinado indivíduo, no curso do processo criminal que lhe move o Ministério Público por crime de estelionato, ingresse com exceção de incompetência do juízo, a qual vem a ser julgada improcedente pelo juiz.* A consequência dessa decisão será o prosseguimento do feito no juízo em que se encontra, situação esta que, sob a ótica do excipiente, importa em constrangimento ilegal. Destarte, terá duas possibilidades a seu dispor: aguardar a sentença e, posteriormente, se for o caso, alegar a preliminar de nulidade por incompetência do juízo em sede de apelação, ou imediatamente impugnar a decisão de improcedência via *habeas corpus*. Não se tratasse o crime imputado de infração sujeita à prisão, seria adequada a via do mandado de segurança. Registre-se que contra a decisão de improcedência das exceções descabe recurso em sentido estrito, oponível este, apenas, contra a de procedência (art. 581, III, do CPP).

Em todos esses casos, mesmo que esteja em liberdade o impetrante e ainda que não haja ameaça de constrangimento imediato à sua liberdade de locomoção, justifica-se o uso do remédio heroico tendo em vista a ocorrência de ilegalidades que poderão, mais tarde, importar em sua prisão.

15.1.3. O constrangimento ilegal

O art. 647 do CPP refere-se à coação ilegal como fundamento principal da impetração do *habeas corpus*. Em sequência, o art. 648 do mesmo estatuto contempla as hipóteses nas quais se considera ilegal o constrangimento, arrolando as seguintes:

15.1.3.1. Quando não houver justa causa (art. 648, I)

Justa causa é conceito que não se confunde com a justiça ou injustiça da decisão. Há justa causa para uma coação quando estiver prevista em lei e quando observados seus requisitos. Por exemplo, **inexiste justa causa** para que o delegado de polícia determine, por ato seu, a prisão para averiguações do suspeito, pois tal modalidade segregatória não possui

[2] STJ, AgRg no HC 693045/CE, *DJ* 08.10.2021.

previsão legal. Também **inexiste justa causa** para que o juiz decrete a prisão preventiva de alguém quando ausentes indícios suficientes de autoria, eis que, apesar de prevista essa prisão em lei, não estão atendidos seus requisitos. Agora, **há justa causa** para o deferimento judicial de prisão temporária de suspeito de latrocínio quando evidenciado que a segregação é imprescindível ao êxito das investigações policiais.

15.1.3.2. Quando alguém estiver preso por mais tempo do que determina a lei (art. 648, II)

A hipótese abrange duas possibilidades: **primeira**, o esgotamento do tempo previsto em lei para a prisão, o que ocorre, por exemplo, quando, terminado o prazo da prisão temporária e sua prorrogação, não for o indivíduo posto em liberdade; e, **segunda**, quando detectado excesso no prazo para conclusão do inquérito policial ou na tramitação da ação penal. De qualquer forma, neste último caso, é necessária cautela na apreciação, sempre se considerando que, em casos específicos, pode ser necessária maior tolerância em relação ao cumprimento dos prazos nos processos criminais, notadamente em ações penais complexas - as que envolvam vários acusados, ou imputem diversos crimes, ou instauradas para apuração de infrações de acentuada gravidade. Tal entendimento vem sendo adotado no STJ. Confira-se, a propósito, o seguinte aresto em que a Corte, ao deliberar sobre hipótese de prisão provisória fundamentada na garantia da ordem pública, em razão da periculosidade do agente evidenciada pela gravidade concreta da conduta delituosa, evidenciada no *modus operandi* do ato criminoso, decidiu que "*segundo orientação pacificada nos Tribunais Superiores, a análise do excesso de prazo na instrução criminal será feita à luz do princípio da razoabilidade e da proporcionalidade, devendo ser consideradas as particularidades do caso concreto, a atuação das partes e a forma de condução do feito pelo Estado-juiz. Dessa forma, a mera extrapolação dos prazos processuais legalmente previstos não acarreta automaticamente o relaxamento da segregação cautelar do acusado*"[3].

Deve-se observar, ainda, que, por construção jurisprudencial, o reconhecimento do excesso de prazo na prisão condiciona-se a que não esteja vencida a fase da pronúncia ou encerrada a instrução criminal, regras estas predispostas nas **Súmulas 52 e 64 do STJ**, respectivamente.

E não é só. Quando se trata de reconhecer o excesso de prazo como fundamento para a concessão da ordem de *habeas corpus*, devem ser considerados, além dos critérios estabelecidos nos referidos verbetes do STJ, os seguintes:

- Atraso processual decorrente exclusivamente de diligências suscitadas pela acusação, não sendo motivado por manobras protelatórias da defesa (**Súmula 21 do STJ**); e
- Inércia injustificada do Poder Judiciário no impulso processual, em violação ao **princípio da razoável duração do processo** consagrado no art. 5.º, LXXVIII, da CF. Para evitar *tautologia, remetemos, neste enfoque, o leitor ao Capítulo 11, item 11.7.12*, em que tratamos do excesso de prazo sob a *ótica do princípio da razoabilidade.*

15.1.3.3. Quando quem ordenar a coação não tiver competência para fazê-lo (art. 648, III)

Contempla-se aqui a hipótese em que a coação, apesar de prevista em lei e mesmo se atendidos os seus requisitos legais, tenha sido determinada por autoridade incompetente para a prática do ato. Exemplo: A decretação de prisão preventiva de um promotor de jus-

---

3 STJ, RHC 136.209/RJ, *DJ* 10.05.2021.

tiça por juiz de 1.º grau, com violação manifesta das regras que disciplinam a competência em razão da função e o privilégio de foro que assiste ao agente do Ministério Público.

15.1.3.4. Quando houver cessado o motivo que autorizou a coação (art. 648, IV)

Nesta hipótese o constrangimento não decorre de ilegalidade ou abuso de poder, sendo legal na sua origem. Entretanto, posteriormente, deixam de subsistir as razões que o motivaram. Logo, se não determinada a sua cessação (do constrangimento), faculta-se a impetração de *habeas corpus* para que seja alcançado esse objetivo.

Exemplos:

- *Se decretada a prisão preventiva do acusado unicamente para fins de conveniência da instrução criminal, quando encerrada essa fase do processo, impõe-se a imediata revogação da segregação.*
- *Se o acusado está preso, tão somente, para fins de cumprimento da pena, finda esta, deverá ser posto em liberdade, pois cessado o motivo que autorizou a segregação.*

15.1.3.5. Quando não for alguém admitido a prestar fiança, nos casos em que a lei a autoriza (art. 648, V)

A previsão legal tem em vista hipótese de prisão por crime afiançável, não sendo, porém, arbitrada fiança em favor do paciente. Aqui, a impetração do *habeas corpus* não visa à sua liberação, mas, unicamente, o arbitramento da fiança, conforme se vê do art. 660, § 3.º, do CPP ao dispor que, "se a ilegalidade decorrer do fato de não ter sido o paciente admitido a prestar fiança, o juiz arbitrará o valor desta, que poderá ser prestada perante ele, remetendo, neste caso, à autoridade os respectivos autos, para serem anexados aos do inquérito policial ou aos do processo judicial".

15.1.3.6. Quando o processo for manifestamente nulo (art. 648, VI)

Assim como no inciso anterior, esta modalidade de *habeas corpus também possui* efeito específico, vale dizer, não visa diretamente à liberdade do paciente, mas, sim, a anulação total ou parcial do processo e, se for o caso, sua renovação (art. 652 do CPP). Entre as hipóteses mais comuns de impetração do *writ* com base no art. 648, VI, encontram-se:

- **O indeferimento do pedido de anulação total ou parcial do processo.** Neste caso, a parte poderá optar entre aguardar a sentença e tentar obter a anulação por meio de preliminar de apelação, ou impetrar imediatamente o *habeas corpus* visando com isso alcançar esse objetivo antes da fase decisória.
- **A decisão que indefere o reconhecimento da ilicitude de meio de prova juntado aos autos (art. 157, *caput* e § 3.º, do CPP).** Nesta hipótese, é importante ter em vista que o conhecimento do remédio heroico condiciona-se a que não seja necessário exame aprofundado dos elementos de convicção trazidos pelo impetrante, uma vez que o *habeas corpus* é ação constitucional que pressupõe ilegalidade ou abuso de poder flagrantes, isto é, que possam ser demonstrados de plano. A propósito, é consolidada a posição dos Tribunais, compreendendo que o *habeas corpus* "por possuir cognição sumária, não comporta dilação probatória e não admite a análise aprofundada de provas e fatos controvertidos"[4].

---

4 STJ, HC 682185/SP, *DJ* 04.10.2021.

Até bem pouco tempo atrás, a despeito da previsão legal da revisão criminal como meio hábil à desconstituição da sentença condenatória (arts. 621 e 626 do CPP), aceitava-se também o uso do *habeas corpus* com a *pretensão de invalidar o processo em virtude de nulidade absoluta constatada apenas após o trânsito em julgado* daquela decisão. Tal entendimento não subsiste na atualidade, compreendendo os Tribunais Superiores que a impetração do *habeas corpus* no lugar da revisão criminal apenas é viável em circunstâncias excepcionais, onde contatada, de plano, a ilegalidade do constrangimento.

15.1.3.7. *Quando extinta a punibilidade (art. 648, VII)*

Trata-se da hipótese na qual a ilegalidade do constrangimento decorre da circunstância de já se encontrar extinta a punibilidade pela prescrição ou outra causa. Neste caso, o *habeas corpus* objetiva apenas o reconhecimento de que a punibilidade está extinta com o consequente arquivamento do inquérito policial ou processo. Destarte, se preso o paciente, a sua liberação ocorrerá em decorrência dessa extinção, não se constituindo o móvel direto da impetração.

Registre-se que não há objeção a que o manejo do *writ,* no caso em exame, seja utilizado inclusive após sentença condenatória transitada em julgado.

Exemplo:

Considere-se que, após o trânsito em julgado da sentença de condenação, encontrando-se o indivíduo a cumprir pena, sobrevenha a revogação do tipo penal que incriminava a conduta pela qual responsabilizado. Diante disso, ingressa ele perante a vara de execuções com pedido de extinção da punibilidade em decorrência da *abolitio criminis*, com fundamento no art. 66 da Lei 7.210/1984, dispondo que "compete ao juiz da execução: I – aplicar aos casos julgados lei posterior que de qualquer modo favorecer o condenado". Imagine-se que este seu requerimento seja indeferido pelo magistrado. Poderá o apenado, nesta hipótese, interpor agravo, por ser este o recurso cabível contra qualquer decisão proferida no âmbito das execuções criminais (art. 197 da LEP). No entanto, pela urgência em obter a prestação jurisdicional e pelo constrangimento que importa mantê-lo preso apesar de descriminada a conduta pelo qual condenado, **mais adequada será a impetração de *habeas corpus*, com fundamento no art. 648, VII, do CPP, objetivando, por meio desta via, a extinção da punibilidade** com fundamento no art. 107, III, do CP[5]. Repise-se que a utilização do *habeas corpus* em vez do recurso legalmente previsto para o insurgimento é medida excepcional, admitida apenas em situações de grave e evidente constrangimento ou ameaça de constrangimento à liberdade de locomoção.

Mas atenção: De acordo com a Súmula 695 do STF, não cabe *habeas corpus* quando já extinta a pena privativa de liberdade. Ocorre que, declarada a extinção da punibilidade pelo cumprimento integral da pena, não mais persiste a restrição ou ameaça à liberdade de locomoção.

15.1.4. Sujeitos do *habeas corpus*

Três são os sujeitos do *habeas corpus*:

1. Paciente:

Assim é considerado quem sofre ou está ameaçado de sofrer o constrangimento à sua liberdade de locomoção.

5 "Art. 107. Extingue-se a punibilidade: (...) III – pela retroatividade de lei que não mais considera o fato como criminoso."

Apenas **pessoas físicas** podem ser pacientes no *habeas corpus*, não sendo admitida a impetração do remédio heroico em favor de **pessoas jurídicas**. Isso porque, por definição constitucional, o *writ* destina-se à proteção da liberdade de locomoção violada ou ameaçada, o que não acontece com relação à pessoa jurídica[6]. Necessário enfatizar que, ainda que tenha a Lei 9.605/1998, ao tratar dos crimes ambientais, estabelecido a possibilidade de responsabilização penal da pessoa jurídica, nem assim será possível considerá-la paciente do *habeas corpus*, pois não há, nesse caso, liberdade de locomoção a ser tutelada.

E quanto a **diretores, gerentes** *ou* **sócios** *que venham a ter sua liberdade constrangida ou ameaçada em razão de ilícitos praticados no comando da pessoa jurídica?* Evidentemente, podem estes ser pacientes no *habeas corpus*, que, neste caso, objetivará a proteção de suas liberdades enquanto *pessoas físicas*.

Questão importante: *é cabível a impetração de* habeas corpus *para beneficiar coletividade de pessoas indeterminadas?* Há duas orientações: **primeira**, no sentido de que a dedução do *habeas corpus* exige a plena identificação dos pacientes, não sendo possível impetrá-lo em prol de uma coletividade ou grupo anônimo de indivíduos. Segundo essa ótica, seria descabido, por exemplo, ajuizar um *habeas corpus* em favor de todos os presos de uma determinada penitenciária, sob o fundamento de que as condições do estabelecimento penal violam os direitos humanos; **segunda**, no sentido de que o manejo do *habeas* coletivo deve ser aceito, tendo em vista que, em muitos casos, o direito à liberdade é violado de modo coletivo, sendo prescindível, nestas hipóteses, a individualização de cada um dos indivíduos que compõem o grupo, devendo-se considerar, ao contrário, suficiente a demonstração de que todos se encontram submetidos à mesma espécie de constrangimento ilegal. Neste último sentido, decidiu a 2.ª Turma do STF, em 20.02.2018, no enfrentamento do *Habeas Corpus* 143.641/SP, impetrado pela Defensoria Pública da União em favor de "todas as mulheres submetidas à prisão cautelar no sistema penitenciário nacional, que ostentem a condição de gestantes, de puérperas ou de mães com crianças com até 12 anos de idade sob sua responsabilidade", visando a elas assegurar o direito à prisão preventiva domiciliar. Considerou o Colegiado, ao conhecer da via impugnativa, que o *habeas corpus* é instrumento destinado a salvaguardar um dos bens mais importantes da humanidade, que é a liberdade, sendo que a sua impetração de modo coletivo, em determinados casos, é a única forma eficaz de garantir a preservação desse direito e, ao mesmo tempo, permitir que grupos sociais de maior vulnerabilidade tenham acesso à Justiça. Argumentou-se, ainda, que, se o art. 5.º, LXX, permite a impetração do mandado de segurança coletivo, também em relação ao *habeas corpus* deve-se reconhecer idêntica faculdade. E quanto ao entrave relativo à inexistência de previsão legal específica para tal modalidade de impetração, impõe-se sobrepor o argumento no sentido da necessidade de conformação da interpretação constitucional com as necessidades decorrentes dos processos sociais, econômicos e políticos que se sucedem nos mais diversos momentos históricos.

---

2. Coator:

É quem exerce ou determina o constrangimento ilegal.

O coator pode ser tanto uma **autoridade** quanto o **particular**. Isto ocorre porque a Constituição Federal, ao tratar do *habeas corpus*, estabeleceu a possibilidade de seu cabimento "sempre que alguém sofrer ou se achar ameaçado de sofrer violência ou coação em sua liberdade de locomoção, por *ilegalidade* ou *abuso de poder*". Ora, se, por um lado, apenas a autoridade pode abusar do poder que detém ou lhe é delegado, por outro a ilegalidade pode ser cometida tanto pela autoridade quanto pelo particular.

Exemplo:

Indivíduo que, por solicitação de parentes interessados em usufruir de seus bens, é internado, injustificadamente, em clínica particular sob o fundamento de que se encontra em surto

---

6 STJ, HC 6.109/SP, *DJ* 08.09.2008.

psicótico. Este constrangimento à sua liberdade de locomoção, além de caracterizar evidente cárcere privado (art. 148 do CP), ainda enseja a impetração de *habeas corpus* para que seja restabelecida a sua liberdade de ir e vir.

Na prática, sendo coator uma autoridade ou agente da autoridade, no mais das vezes o *habeas corpus* dirige-se a integrantes das polícias ou de alguém vinculado ao Poder Judiciário. Nada impede, porém, que se trate de pessoa relacionada diretamente aos Poderes Executivo ou Legislativo.

Exemplo:

Hipótese de presidente de CPI, no âmbito do Poder Legislativo, determinar, ressalvada a situação de flagrante, a prisão de determinada pessoa em razão da suspeita de seu envolvimento em tráfico de influências, desvios de verbas públicas etc. Esse ato, dada a sua prática ter ocorrido ao arrepio das normas constitucionais e legais vigentes, pode ser desconstituído via *habeas corpus*.

3. Impetrante:

Trata-se da pessoa que impetra o *habeas corpus*, podendo ser qualquer pessoa do povo em favor de outrem e, inclusive, o próprio paciente em seu favor.

Para a impetração do *habeas corpus*, não se exige a presença de **advogado**. Basta ver que a Lei 8.906/1994, no seu art. 1.º, § 1.º, estabelece que "não se inclui na atividade privativa de advocacia a impetração de *habeas corpus* em qualquer instância ou tribunal".

E não se requer, também, **capacidade civil**, podendo, em tese, a petição ser subscrita por insano mental e até por indivíduo menor, ainda que não assistidos. Por óbvio, nestes casos é de se observar a hipótese concreta, atendo-se, sempre, à razoabilidade. Perceba-se que, desde que alguém assine a seu rogo, o próprio analfabeto pode ser impetrante (art. 654, § 1.º, "c", do CPP).

Reconhece-se legitimidade para a **pessoa jurídica** impetrar *habeas corpus* em favor de pessoa física, assinando a petição, nesse caso, o seu representante legal. Neste sentido, o STJ: "É possível a impetração de *habeas corpus* por pessoa jurídica em favor de um de seus sócios, pois não se deve antepor restrições a uma ação cujo escopo fundamental é preservar a liberdade do cidadão contra quaisquer ilegalidades ou abusos de poder"[7], e, também a doutrina dominante, como a de Luiz Flávio Gomes quando ensina que "pessoa jurídica pode, entretanto, impetrar o *writ* em favor de pessoa física. Essa amplitude (do polo ativo da ação) parece-nos adequada (porque aqui se trata da tutela da liberdade do ser humano). Pessoa jurídica só não pode funcionar como *paciente* (como impetrante sim)"[8].

O **Ministério Público**, igualmente, pode impetrar *habeas corpus* em favor de outrem, pois nada o impede. Afinal, mesmo quando parte, atua o promotor de justiça como espécie de "parte imparcial", não podendo comungar de situações que importem em constrangimento ilegal ao investigado, indiciado ou réu. Note-se que a própria Lei Orgânica Nacional do Ministério Público (Lei 8.625/1993), no art. 32, I, prevê, expressamente, que compete aos promotores de justiça a impetração do *habeas corpus*. No mesmo sentido, o Código de Processo Penal, incorporando, no art. 654, a possibilidade de impetração pelo Ministério Público. E também, a posição dos Tribunais Superiores compreendendo que "o Ministério Público detém legitimidade para impetrar *habeas corpus* em benefício de réu, porque, nesse remédio constitucional, há uma espécie de mandato universal" (STJ, HC 103.335/RJ, *DJ* 03.08.2009).

---

7 STJ, RHC 3.716/PR, 5.ª Turma, *DJ* 15.08.1994.

8 GOMES, Luiz Flávio. Cabe *habeas corpus* em favor de pessoa jurídica?. Disponível em: <www.lfg.com.br>. Acesso em: 30.03.2010.

Igual faculdade, porém, não assiste ao **delegado de polícia** e ao **juiz de direito**, em relação aos quais, na qualidade de titulares dos cargos mencionados, não se reconhece legitimidade para impetração do *writ* em favor de terceiros – nada impedindo, evidentemente, que o façam na condição de pessoas físicas. Isso porque a missão institucional do delegado de polícia é reunir, no âmbito do inquérito, elementos que possibilitem o desencadeamento da ação penal pelo respectivo titular, sendo incompatível com a dedução de medidas em favor de indiciados ou réus. Quanto ao juiz, sua função é julgar, fazendo-o com imparcialidade, não sendo próprio do cargo que exerce promover medidas judiciais em favor de terceiros. Ressalte-se que esse óbice à impetração pelo magistrado não se confunde com a possibilidade prevista em lei de conceder *habeas corpus* de ofício, o que ocorre quando o juiz ou tribunal, tomando ciência de ilegalidade ou abuso de poder perpetrados por coator sujeito à sua competência jurisdicional, concede, independentemente de provocação, a ordem para a cessação do constrangimento ou ameaça de constrangimento ilegal (art. 654, § 2.º, do CPP). A propósito, são reiteradas as decisões no sentido de que "o pressuposto do *habeas corpus* é a ameaça ou a privação da liberdade de locomoção do paciente decorrente de ato ilegal ou praticado com abuso de poder, sendo certo que os juízes e os tribunais têm competência para expedir de ofício ordem de *habeas corpus*, quando no curso de processo verificarem que alguém sofre ou está na iminência de sofrer coação ilegal (CPP, art. 654, § 2.º)" (STJ, HC 45.389/SP, *DJ* 24.04.2006).

15.1.5. Petição do *habeas corpus*

O art. 654, § 1.º, do CPP estabelece os requisitos da petição do *habeas corpus*, os quais consistem:

1) **"O nome da pessoa que sofre ou está ameaçada de sofrer violência ou coação [...]."** Trata-se da identificação do paciente. Na atualidade, entende-se que a referência a seu nome não é fundamental à impetração, podendo o paciente ser identificado por características físicas inequívocas e, até mesmo, pelo lugar onde se encontra ilegalmente preso (se for esse o constrangimento).
2) O nome "**de quem exercer a violência, coação ou ameaça**". Tratando-se de *habeas corpus* destinado à cessação do constrangimento determinado pelo **particular** (*v.g.*, gerente de hotel que impede a saída do hóspede enquanto não houver o pagamento das diárias e o diretor do nosocômio que não permite a alta enquanto as despesas hospitalares não forem atendidas), sempre se entendeu que, efetivamente, era indispensável a identificação pelo nome. Tal orientação, contudo, hoje vem sendo flexibilizada, muitos admitindo, em face da natureza da ação de *habeas corpus*, a identificação do coator, mesmo nesses casos, pela condição profissional, a exemplo que ocorre na hipótese em que coator é uma **autoridade**, em que basta ao impetrante declinar a função ou cargo que exerce (*v.g.*, *habeas corpus* contra ato do "MM. Juiz de Direito da 2.ª Vara Criminal da Comarca de Porto Alegre"), sendo prescindível a referência ao nome.
3) A **"declaração da espécie de constrangimento ou, em caso de simples ameaça de coação, as razões em que funda o seu temor"**. É necessário que a petição de *habeas corpus* demonstre a ilegalidade do constrangimento sofrido ou ameaçado, expondo as razões de fato e de direito pelas quais assim se entende.
4) A **"assinatura do impetrante, ou de alguém a seu rogo, quando não souber ou não puder escrever, e a designação das respectivas residências"**. Não se admite que a petição de *habeas corpus* seja apócrifa, vale dizer, sem subscrição. Destarte,

não sabendo ou não podendo assinar o impetrante, alguém deverá subscrever a seu rogo, sob pena de indeferimento ou não conhecimento. "Nos termos da orientação jurisprudencial desta Corte, embora o *habeas corpus* possa ser impetrado por qualquer pessoa, independentemente da assistência de advogado, a ausência da assinatura na petição inicial, por si só, inviabiliza o conhecimento da impetração" (STJ, HC 85.565/SP, *DJ* 03.12.2007).

15.1.6. Possibilidade de liminar

Apesar de não existir previsão legal de liminar em *habeas corpus*, de há muito a jurisprudência é peremptória no sentido da possibilidade de seu deferimento, desde que presentes os pressupostos atinentes a toda e qualquer cautelar – *fumus boni iuris e periculum in mora.*

Uma vez concedida a liminar, esta, por ocasião do julgamento do mérito do *habeas corpus*, tanto poderá ser mantida como revogada, restabelecendo-se, nesse último caso, a situação anterior ao deferimento.

Matéria importante refere-se à possibilidade de impugnação da decisão que defere e da que indefere o pleito de liminar. Muito embora seja possível o manejo de recurso em sentido estrito contra decisão do juiz que, no **julgamento do mérito** do *habeas corpus*, conceder ou negar a ordem (art. 581, X, CPP), de recurso ordinário constitucional contra acórdão de tribunal que denegar esta ordem (arts. 102, II, "a" e 105, II, "a", ambos da CF) e de recursos extraordinário e/ou especial contra acórdão que a conceder (arts. 102, III e 105, III, ambos da CF), as mesmas soluções não podem ser aplicadas quando se tratar do deferimento ou do indeferimento de **liminar**. Em relação a estas decisões, se provenientes de juiz singular, descabe qualquer forma impugnativa. Tratando-se, contudo, de provimentos monocráticos no âmbito dos tribunais (decisões do respectivo Presidente ou de Relatores dos órgãos fracionários), viabiliza-se a interposição de agravo interno, caso estejam previstos regimentalmente.

E a impetração de novo habeas corpus *contra a decisão de indeferimento de liminar?* Em tese, não é possível esta impetração, tendo em vista o disposto na Súmula 691 do STF, segundo a qual "não compete ao Supremo Tribunal Federal conhecer de habeas corpus impetrado contra decisão do Relator que, em *habeas corpus,* requerido a Tribunal Superior, indefere a liminar". Diz-se "em tese" porque, não obstante a rigidez incorporada ao texto da referida Súmula, de há muito está sedimentada a jurisprudência no sentido de que a regra do não cabimento de *habeas corpus* contra decisão que indefere pedido liminar deve ser flexibilizada em casos de evidente ilegalidade ou teratologia da decisão impugnada[9]. Veja-se que idêntico entendimento tem lugar na hipótese de indeferimento de liminar operado no STJ e nas instâncias inferiores (decisão de Desembargador Relator de Tribunal de Justiça, por exemplo).

Questão causadora de grande controvérsia refere-se ao que restou deliberado pelo Ministro Luiz Fux, na condição de Presidente do Supremo Tribunal Federal, no âmbito do **Pedido de Suspensão de Liminar 1.504/RS**, deduzido nessa Corte pelo Ministério Público do Rio Grande do Sul contra decisão de Desembargador do Tribunal de Justiça desse mesmo Estado que havia deferido liminar em *habeas corpus*[10] e autorizado a recorrer em liberdade quatro réus condenados pelo Tribunal do Júri por 242 homicídios e mais de 600 tentativas de homicídio cometidos na Boate Kiss, na cidade gaúcha de Santa Maria, em 27.01.2013. Apreciando o pleito, compreendeu o Ministro por suspender os efeitos da

---

9 Neste sentido: STF, HC 182857 AGR, *DJ* 21.05.2020; STF, HC 139597 AGR, *DJ* 28.04.2017; HC 172018 AGR, *DJ* 12.11.2019.

10 *Habeas Corpus* 70085490795 (0062632- 23.2021.8.21.7000).

liminar concedida no referido *habeas corpus* "*a fim de que haja o cumprimento imediato das penas atribuídas aos réus*". Ao assim decidir, fundamentou-se no § 7º do art. 4º da Lei 8.437/1992, o qual dispõe que "*o Presidente do Tribunal poderá conferir ao pedido efeito suspensivo liminar, se constatar, em juízo prévio, a plausibilidade do direito invocado e a urgência na concessão da medida*", bem como no § 4º do art. 492 do CPP, segundo o qual "*a apelação interposta contra decisão condenatória do Tribunal do Júri a pena igual ou superior a 15 (quinze) anos de reclusão não terá efeito suspensivo*". Tal decisão, para muitos, revela-se equivocada, sustentando a inaplicabilidade, ao caso, do permissivo da Lei 8.437/1992, diploma este que dispõe sobre a concessão de medidas cautelares contra atos do Poder Público e que, portanto, não poderia ser utilizado para sustar decisões liminares concedidas pelas instâncias inferiores no âmbito de processos de *habeas corpus*. Ponderam, ainda, que referido provimento implicou indevida supressão de instância, pois exarado antes do julgamento do mérito do *habeas corpus* pela Câmara Criminal competente do Tribunal de Justiça do Rio Grande do Sul. Pois bem, questionamentos à parte, a verdade é que mencionada decisão do Ministro abriu precedente para que, em situações análogas, pedidos idênticos sejam deduzidos no STF. Neste cenário, não se tratando de tema consolidado e considerando a sua relevância, orienta-se o leitor a acompanhar a sua evolução, atentando às decisões que, doravante, vierem a ser adotadas no âmbito do Excelso Pretório em casos semelhantes.

15.1.7. Competência

Em matéria de competência para o julgamento do *habeas corpus*, a disciplina geral encontra-se prevista no art. 650, § 1.º, do CPP, segundo a qual "a competência do juiz cessará sempre que a violência ou coação provier de autoridade judiciária de igual ou superior jurisdição". Em síntese e *a contrario sensu*, correto afirmar que possui competência para julgamento do *habeas corpus:*

- O juiz ou colegiado de tribunal em relação a violência ou coação proveniente de autoridade ou de órgão do Poder Judiciário de inferior hierarquia.
- O juiz em relação a constrangimentos patrocinados por autoridades vinculadas a outros Poderes (observadas aqui, por certo, a prerrogativa de função inerente a determinadas categorias funcionais) e por particulares.

Destarte, compete ao magistrado de primeiro grau, por exemplo, julgar o *habeas corpus* impetrado contra ato do delegado de polícia da Comarca. Não poderá, contudo, julgar o *writ* ingressado contra ato do juiz de outra vara, tendo em vista a igualdade de graduação das jurisdições.

E contra ato do **promotor de justiça**? No passado, houve divergências. Hoje, contudo, a questão é indiscutível, tendo se consolidado, há muito tempo, o entendimento de que, figurando o promotor de justiça como autoridade coatora, o *habeas corpus* contra ele impetrado deverá ser ajuizado perante o tribunal que tenha competência para julgá-lo. "Se a Constituição Estadual prevê a competência do Tribunal de Justiça para julgar os membros do Ministério Público, tanto nos crimes comuns como nos de responsabilidade, também caberá a essa Corte o julgamento de *habeas corpus* no qual o promotor de justiça estadual figure como autoridade coatora"[11]. Tratando-se de Procurador da República (Ministério Público Federal), a competência para o julgamento é afeta, logicamente, ao Tribunal Regional Federal da região a que vinculado.

---

[11] STJ, RHC 25.068/SP, *DJ* 27.04.2009. No mesmo sentido: RHC 32.253/SP, *DJ* 23.08.2013.

Tratando-se de impetração de *habeas corpus* contra **magistrado do Juizado Especial Criminal**, a competência para seu julgamento será da Turma Recursal.

Já em relação ao *habeas corpus* impetrado contra **decisão das Turmas Recursais dos Juizados Especiais Criminais Estaduais** chegou a ser sumulado o entendimento de que deveria ser julgado pelo Supremo Tribunal Federal (Súmula 690). Não obstante este verbete, na atualidade, o próprio Supremo modificou seu entendimento, passando a decidir no sentido de sua incompetência para julgamento de *habeas corpus* contra decisões das Turmas Recursais estruturadas no âmbito dos Juizados Especiais Criminais, acrescentando que tal incumbe aos Tribunais de Justiça ou aos Tribunais Regionais Federais, conforme o caso. Esta, inclusive, foi a deliberação adotada no exame da *questão de ordem* levantada no julgamento do HC-QO 86.009/DF, ocasião em que ficou consignado *que o Supremo Tribunal Federal, modificando sua jurisprudência, assentou a competência dos Tribunais de Justiça estaduais para julgar* habeas corpus *contra ato de Turmas Recursais dos Juizados Especiais*[12].

Quanto à razão pela qual o STF modificou seu entendimento, deixando de aplicar o disposto na sua Súmula 690, reside no fato de que os juízes integrantes das Turmas Recursais dos juizados especiais estão submetidos, nos crimes comuns e nos de responsabilidade, à jurisdição do Tribunal de Justiça ou do Tribunal Regional Federal. Sendo assim, por simetria, a estes incumbe o julgamento dos *habeas corpus* impetrados contra ato que tenham praticado (STF, HC 86.834/SP, *DJ* 09.03.2007).

Por derradeiro, a par da regra geral de competência estatuída no art. 650, § 1.º, do CPP e das orientações da jurisprudência, é certo que, em muitos casos, a disciplina quanto a quem competem o processo e julgamento do *writ* encontra-se na Constituição Federal. Para facilitar a compreensão, apresentamos, a seguir, quadro-resumo sobre o assunto:

COMPETÊNCIA PARA O JULGAMENTO	PACIENTE/COATOR	PREVISÃO CONSTITUCIONAL
SUPREMO TRIBUNAL FEDERAL	Quando forem pacientes: • Presidente da República; • Vice-Presidente da República; • Membros do Congresso Nacional; • Ministros dos Tribunais Superiores; • Procurador-Geral da República; • Ministros de Estado; • Comandantes das Forças Armadas; • Ministros do TCU; • Chefes de missão diplomática em caráter permanente.	Art. 102, I, *d*
	Quando forem coatores Tribunais Superiores.	Art. 102, I, *i*
	Quando forem coatores ou pacientes autoridades ou funcionários cujos atos estejam sujeitos diretamente à jurisdição do Supremo Tribunal Federal.	Art. 102, I, *i*

[12] STF, 1.ª Turma, *DJ* 27.04.2007.

COMPETÊNCIA PARA O JULGAMENTO	PACIENTE/COATOR	PREVISÃO CONSTITUCIONAL
SUPREMO TRIBUNAL FEDERAL	Quando se tratar de crime sujeito à jurisdição do Supremo Tribunal Federal, em uma única instância.	Art. 102, I, *i*
SUPERIOR TRIBUNAL DE JUSTIÇA	Quando forem coatores ou pacientes: • Governadores dos Estados e do Distrito Federal; • Desembargadores dos Tribunais de Justiça dos Estados e do Distrito Federal; • Membros dos Tribunais de Contas dos Estados e do Distrito Federal; • Desembargadores ou Juízes dos Tribunais Regionais Federais, dos Tribunais Regionais Eleitorais e do Trabalho; • Membros dos Conselhos ou Tribunais de Contas dos Municípios; • Membros do Ministério Público da União que oficiarem perante Tribunais.	Art. 105, I, *c*
SUPERIOR TRIBUNAL DE JUSTIÇA	Quando for coator tribunal sujeito à jurisdição do Superior Tribunal de Justiça, Ministro de Estado ou Comandante da Marinha, do Exército ou da Aeronáutica, ressalvada a competência da Justiça Eleitoral.	Art. 105, I, *c*
TRIBUNAIS REGIONAIS FEDERAIS	Quando for coator Juiz Federal.	Art. 108, I, *d*
JUÍZES FEDERAIS	Compete-lhes julgar o *habeas corpus* em matéria criminal de sua competência ou quando o constrangimento provier de autoridade cujos atos não estejam diretamente sujeitos a outra jurisdição.	Art. 109, VII
TRIBUNAIS DE JUSTIÇA E TRIBUNAIS REGIONAIS FEDERAIS	Além da competência ordinária para o julgamento do *habeas corpus* (contra ato de Juízes, Promotores etc.), incumbe-lhes também o julgamento do *writ* impetrado contra ato de Turma Recursal dos Juizados Especiais Criminais.	Trata-se de entendimento adotado no âmbito do STF que compete aos Tribunais de Justiça dos Estados e aos TRFs processar e julgar *habeas corpus* emanado das Turmas Recursais do JEC. Superada, assim, a Súmula 690 do STF.
TURMAS RECURSAIS (JECRIM)	Quando se tratar de decisão de juiz no exercício da jurisdição do Juizado Especial Criminal.	Art. 98, I (dispositivo genérico, de caráter abrangente).

15.1.8. Processamento do *habeas corpus* impetrado perante o Juiz de Direito

Ao receber a petição de *habeas corpus*, caberá ao juiz examinar a possibilidade de concessão de liminar para fazer cessar a coação ou impedir que esta se consume. O deferimento desta medida não se condiciona à existência de requerimento expresso do impetrante, podendo o juiz fazê-lo *ex officio* se verificar a gravidade da situação apresentada. Como referimos no tópico anterior, não há previsão legal de liminar no procedimento do *habeas corpus*, decorrendo seu eventual deferimento de construção jurisprudencial.

Não havendo a concessão de liminar, quer porque não requerida, quer porque descabida no caso concreto, faculta-se ao juiz, se estiver preso o paciente, determinar seja ele apresentado no dia e hora que designar, procedendo-se, neste ato, ao seu interrogatório (arts. 656, *caput*, e 660, *caput*, do CPP). O descumprimento da ordem de apresentação apenas se justifica nas hipóteses de enfermidade grave do paciente (caso em que o juiz poderá se dirigir ao local onde se encontra o paciente) ou de não estar ele sob a guarda de quem se atribui a detenção (art. 657, I e II, do CPP). Agora, se o desatendimento da determinação judicial decorrer de conduta dolosa do detentor, ficará este sujeito à imputação de crime de desobediência (art. 656, parágrafo único, do CPP), sem prejuízo da possibilidade de ordenar o magistrado, liminarmente, a imediata liberação do paciente.

Na realidade, a providência de apresentação do preso ao juiz é pouco utilizada, sendo substituída pela requisição de informações ao coator acerca do constrangimento apontado na inicial de *habeas corpus* (analogia ao art. 662 do CPP).

Apresentado e interrogado o paciente, ou aportando ao juízo as informações requisitadas, caberá ao juiz decidir, fundamentadamente, no prazo de 24 horas (art. 660, *caput*, do CPP). A exiguidade deste prazo justifica-se não apenas na natureza e objetivos do *habeas corpus*, como também no fato de a prova da coação acostada aos autos, em muitos casos, ser exclusivamente documental (art. 660, § 2.º, do CPP).

É possível que, durante a tramitação do *habeas corpus*, o juiz constate que já cessou a violência ou coação ilegal (por exemplo, em face da liberação do paciente indevidamente detido). Nesta hipótese, julgará prejudicado o pedido (art. 659 do CPP). Não sendo este o caso e decidindo o magistrado favoravelmente ao paciente, determinará, se estiver preso, seja ele posto em liberdade, salvo se por outro motivo deva ser mantido na prisão (art. 660, § 1.º, do CPP), expedindo, para este fim, alvará de soltura; se, contudo, a ordem for concedida com o objetivo de evitar que se consolide a privação ilegal da liberdade, mandará o magistrado expedir salvo-conduto em seu favor (art. 660, § 4.º, do CPP).

Note-se que, tratando-se de *habeas corpus* impetrado perante o juiz, não exige a lei, previamente à decisão judicial, a prévia oitiva do Ministério Público. Outro aspecto a mencionar é que o êxito da impetração não pode estar condicionado ao exame aprofundado ou à produção de provas. Quando muito é facultado ao juiz, no pedido de informações ao coator, requisitar-lhe a apresentação de documentos relativos à hipótese em exame, não mais do que isto.

15.1.9. Processamento do *habeas corpus* impetrado perante os Tribunais de Justiça e Tribunais Regionais Federais

O procedimento ditado pelo Código de Processo Penal, em si, não é muito diferente do estabelecido para a tramitação do pedido em Primeiro Grau. Na realidade, as diferenças principais decorrem de regramentos específicos previstos nos regimentos internos em atenção ao disposto no art. 666 do CPP ("Os regimentos internos dos Tribunais de Apelação estabelecerão as normas complementares para o processo e julgamento do pedido de *habeas corpus* de sua competência originária").

Assim, protocolada a petição de *habeas corpus* junto ao Tribunal competente, será conclusa ao Presidente (ou ao relator, ou à autoridade judiciária, determinada pelo Regimento Interno), que poderá indeferi-la liminarmente. Este indeferimento pode se justificar em diversas razões, tais como ausência dos requisitos estabelecidos no art. 654, § 1.º, do CPP; obscuridade ou ambiguidade do requerimento etc. Neste caso, de acordo com o art. 663 do CPP, a petição indeferida deverá ser levada ao Órgão Colegiado competente (normalmente as Câmaras dos Tribunais de Justiça e as Turmas dos Tribunais Regionais Federais), para deliberação. Sem embargo desta previsão, a verdade é que, na prática, por força do art. 932, III, do CPC/2015 (correspondente ao art. 557, *caput*, do revogado CPC/1973), aplicável em matéria criminal por força do art. 3.º do Código de Processo Penal, o indeferimento da petição de *habeas corpus in limine* tem se esgotado com o pronunciamento monocrático do desembargador que o determinou, vale dizer, sem a posterior submissão da petição indeferida ao Colegiado. Isto porque o referido dispositivo do Código de Processo Civil, aplicável em qualquer Tribunal, dispõe que "o relator negará seguimento a recurso manifestamente inadmissível, improcedente, prejudicado ou em confronto com súmula ou com jurisprudência dominante do respectivo tribunal, do Supremo Tribunal Federal, ou de Tribunal Superior". E tal normatização tem sido aplicada ao *habeas corpus,* muito embora não se trate esta impugnação de um "recurso". Perceba-se que da mencionada decisão indeferitória cabe recurso, qual seja, o agravo interno (também chamado de agravo regimental) previsto no art. 39 da Lei 8.038/1990 e no art. 1.021 do CPC/2015.

Não ocorrendo o indeferimento imediato da petição, deverá a Autoridade Judiciária a que distribuído o *habeas* examinar a possibilidade de concessão de liminar para fazer cessar a coação ou impedir que esta se consume.

Deferida ou não a medida antecipatória, serão requisitadas informações ao coator (art. 662 do CPP). Recebidas estas informações, ou sendo elas dispensadas, o *habeas corpus* será julgado pelo Colegiado competente na primeira sessão. A decisão será tomada por maioria de votos. Havendo empate, o Presidente, caso não tenha participado na votação, proferirá voto de desempate. Se, ao contrário, participou ele da votação, prevalecerá a decisão mais favorável ao paciente (art. 664, *caput* e parágrafo único).

Sendo concedida a ordem, comunica-se a decisão ao coator, para que faça cessar o constrangimento ou não venha a consumá-lo.

15.1.10. Processamento do *habeas corpus* impetrado perante os Tribunais Superiores

Seguem-se, neste caso, no que forem aplicáveis, as normas procedimentais estabelecidas pelo Código de Processo Penal para o processamento do *habeas corpus* junto aos Tribunais de Justiça e Regionais Federais, observando-se, no mais, as disposições constantes do regimento interno do respectivo Tribunal Superior.

A título de observação, impende ressaltar que também aqui a jurisprudência tem aplicado, por analogia, o regramento hoje incorporado ao art. 932, III, do CPC/2015 (correspondente ao art. 557, *caput,* do revogado CPC/1973), facultando ao Ministro-Relator, em decisão monocrática, indeferir liminarmente a petição do *habeas corpus* quando este for manifestamente inadmissível, independentemente de atentar ao disposto no art. 663, 2.ª parte, do CPP, que determina, nestes casos, seja o indeferimento submetido à apreciação do Colegiado. Em complemento à norma processual civil, estabelece o art. 21, § 1.º, do RISTF que "poderá o(a) Relator(a) negar seguimento a pedido ou recurso manifestamente inadmissível, improcedente ou contrário à jurisprudência dominante ou a Súmula do Tribunal, deles não conhecer em caso de incompetência manifesta, encaminhando os autos ao órgão que repute competente, bem como cassar ou reformar, liminarmente, acórdão contrário à orientação firmada nos termos do art. 543-B do Código de Processo Civil".

15.1.11. Reiteração do *habeas corpus*

É possível a reiteração do *habeas corpus* visando à cessação do mesmo constrangimento ou ameaça de constrangimento que motivou impetração anterior, desde que os fundamentos não sejam idênticos. Neste sentido: "Não se conhece de *habeas* que se limita a trazer, em sua inicial, alegações já ventiladas em remédio constitucional anterior, denegado pelo colegiado, tratando-se de mera reiteração dos argumentos rechaçados naquela oportunidade" (STJ, HC 130.380/RS, *DJ* 03.08.2009).

15.1.12. *Habeas corpus* como meio hábil à invalidação de provas consideradas ilícitas

É possível, em princípio, o uso do *writ* com a finalidade de invalidar provas ilícitas acostadas ao processo, desde que o reconhecimento dessa ilicitude não dependa do ingresso aprofundado na matéria fático-probatória angariada aos autos criminais.

Para ilustrar, considere-se que o impetrante sustente em seu *habeas corpus* a ilicitude de sua confissão, sob o fundamento de que obtida mediante coação. Tal matéria, evidentemente, não poderá ser discutida e apreciada em sede de *writ*, pois exigiria produção de prova do alegado constrangimento, o que, como visto, descabe nessa via impugnativa.

Por outro lado, sendo hipótese na qual a ilicitude da prova se mostre inequívoca, dispensando fase instrutória para esse reconhecimento, será possível a utilização do remédio heroico buscando a invalidação. É o caso, por exemplo, de ter sido o *habeas corpus* impetrado visando à impugnação de interceptação telefônica realizada sem ordem judicial, em evidente afrontamento ao disposto no art. 5.º, XII, da CF. Nesta situação, justifica-se a impetração objetivando-se a cessação do constrangimento ilegal provocado pela juntada do material probatório obtido com violação às normas constitucionais.

15.1.13. *Habeas corpus* e trancamento ou anulação da ação penal imputativa de crime não punido com prisão

Por muito tempo, discutiu-se a possibilidade de ser usado o remédio heroico visando ao trancamento da ação penal ou para a anulação de processo pelo qual fosse imputado crime punido apenas com multa. Afinal, decorrência da previsão constitucional do *habeas corpus* é que se destine, direta ou indiretamente, à tutela da liberdade de locomoção.

Hoje, como já vimos em tópicos anteriores, foi superada essa discussão por meio da Súmula 693 do STF, dispondo que "não cabe *habeas corpus* contra decisão condenatória a pena de multa, ou relativo a processo em curso por infração penal a que a pena pecuniária seja a única cominada".

Em síntese, na atualidade, a evolução do instituto do *habeas corpus* permite sua utilização como forma de controle da legalidade das fases da persecução penal, sempre se condicionando, porém, a que, de forma direta ou indireta, mediata ou imediata, o constrangimento atinja o direito à liberdade.

15.1.14. *Habeas corpus* substitutivo de via ordinária recursal

Considerem-se as seguintes hipóteses:

1) **Determinada pessoa impetra *habeas corpus* perante o juiz de direito contra ato do delegado de polícia, sendo, porém, denegada a ordem.** Irresignada, poderá

impugnar essa decisão do juiz por meio de recurso em sentido estrito, com previsão no art. 581, X, do CPP, a ser julgado por órgão colegiado do Tribunal de Justiça.

2) **O paciente impetra *habeas corpus* perante o Tribunal de Justiça contra ato do juiz de direito, operando-se a denegação da ordem pela Câmara julgadora.** Inconformado com o acórdão, poderá o impetrante dele recorrer por meio do recurso ordinário constitucional para o STJ, previsto no art. 105, II, "a", da Constituição Federal.

Em ambos os casos, como se vê, existe via recursal adequada para o insurgimento contra a decisão que, julgando o *writ* impetrado, manteve a decisão impugnada. Entretanto, jurisprudencialmente, construiu-se a figura do ***habeas corpus* substitutivo**, consistente na faculdade outorgada ao interessado, sendo-lhe negado *habeas corpus* anterior, de optar, em vez do recurso previsto em lei, pela impetração de outro *habeas corpus*, dirigido este a uma instância superior. Considerava-se, pois, que a circunstância de um órgão jurisdicional denegar o *writ* contra ato considerado pelo impetrante como um *constrangimento ilegal* contaminava-se com essa *ilegalidade*, fazendo que o prolator da decisão desfavorável assuma a posição de coator. Destarte, na primeira das hipóteses citadas, podia o sucumbente optar entre o ingresso de **recurso em sentido estrito** contra a decisão do juiz ou impetrar novo ***habeas corpus*** junto à instância superior competente em face da decisão que lhe indeferiu o *habeas corpus* anteriormente ajuizado. Situação análoga ocorria no segundo caso ilustrado, em que é facultado ao prejudicado optar entre a interposição de **recurso ordinário constitucional** contra o acórdão que deseja atacar, ou deduzir, contra esse, outro ***habeas corpus***, a ser ingressado na esfera jurisdicional competente.

Não obstante esse entendimento estivesse consagrado, o Supremo Tribunal Federal, a partir do julgamento do HC 109.956/PR (*DJ* 11.09.2012), passou a **não mais admitir o *habeas corpus* substitutivo**. Igual posição foi adotada no âmbito do Superior Tribunal de Justiça (HC 169.556/RJ, *DJ* 23.11.2012). Com isso, percebe-se que os Tribunais Superiores, visando combater o excessivo alargamento da admissibilidade da ação constitucional do *habeas corpus*, passaram a rechaçar a sua utilização em substituição das vias recursais ordinárias (apelação, agravo em execução, recurso em sentido estrito, recurso ordinário constitucional etc.).

15.1.15. *Habeas corpus* e prisão administrativa

Entendia-se por *prisão administrativa* aquela ordenada por órgão ou autoridade alheios à estrutura do Poder Judiciário. Até o advento da Lei 12.403/2011 (que alterou o Código de Processo Penal no que concerne à disciplina da *prisão processual, medidas cautelares diversas da prisão e liberdade provisória*) e da Lei 13.445/2017 (que instituiu a Lei de Migração e revogou o Estatuto do Estrangeiro), enquadravam-se no contexto da prisão administrativa as seguintes hipóteses:

1) **Prisão dos remissos ou omissos no ingresso de receitas aos cofres públicos:** Tratava-se da prisão dos *remissos* ou *omissos* em repassar aos cofres públicos valores que tivessem recebido em razão de seus cargos. Por *remissos* compreendiam-se os funcionários que, tendo recebido dinheiro em razão de sua função, **retardassem a entrega** deste aos cofres públicos; já os omissos eram os funcionários que **deixavam de recolher** aos cofres públicos o dinheiro recebido no cumprimento da função. Configuradas essas situações, a prisão administrativa tinha por objetivo compelir o funcionário remisso ou omisso a proceder ao ingresso da receita devida.

2) **Prisão do estrangeiro desertor de navio de guerra ou mercante ancorado em porto nacional:** Esta modalidade de prisão administrativa tinha como objetivo fazer com que o estrangeiro desertor retornasse à embarcação.
3) **Prisão visando à entrega do estrangeiro às autoridades do País que o reclama, no caso de extradição.**
4) **Prisão objetivando a saída do estrangeiro do território nacional, nos casos de deportação ou expulsão.**

Relativamente às duas primeiras situações – **prisão do funcionário remisso ou omisso no ingresso de receitas ao erário e prisão do estrangeiro desertor de navio de guerra ou mercante** –, encontravam-se previstas na redação do art. 319, I e II, do CPP. Ocorre que, entrando em vigor as modificações determinadas pela Lei 12.403/2011, passou o art. 319 a regular tema completamente distinto, tratando agora das medidas cautelares diversas da prisão. Com isso, restaram tacitamente revogadas as referidas modalidades de prisão administrativa, ficando prejudicado, outrossim, o art. 650, § 2.º, do CPP quando dispõe que *não cabe o* habeas corpus *contra a prisão administrativa, atual ou iminente, dos responsáveis por dinheiro ou valor pertencente à Fazenda Pública, omissos em fazer o seu recolhimento nos prazos legais, salvo se o pedido for acompanhado de prova da quitação, ou se a prisão exceder o prazo legal.* Independentemente dessa revogação, deve-se ressaltar que, mesmo antes das modificações ao CPP determinadas pela Lei 12.403/2011, já se considerava que a vedação ao uso do *writ* estabelecida pelo mencionado art. 650, § 2.º, do CPP não havia sido recepcionada pela Constituição Federal de 1988, visto que o art. 5.º, LXVIII, dessa Carta autoriza o uso do h*abeas corpus* para qualquer hipótese de constrangimento ilegal à liberdade de locomoção, abrangência esta que não pode ser limitada por lei infraconstitucional.

Quanto à terceira hipótese, relativa à prisão do **extraditando** por ordem do Ministro da Justiça antes viabilizada pelo art. 81 da Lei 6.815/1980 (Estatuto do Estrangeiro), há muito já se encontrava prejudicada pela nova redação conferida ao art. 82 daquele diploma pela Lei 12.873/2013, dispondo que a hipótese deveria ser objeto de representação ao STF. Com a revogação da mencionada Lei 6.815/1980 pela Lei 13.445/2017 (Lei de Migração), persistiu regramento semelhante, prevendo, agora, o seu art. 84 que, "em caso de urgência, o Estado interessado na extradição poderá, previamente ou conjuntamente com a formalização do pedido extradicional, requerer, por via diplomática ou por meio de autoridade central do Poder Executivo, prisão cautelar com o objetivo de assegurar a executoriedade da medida de extradição que, após exame da presença dos pressupostos formais de admissibilidade exigidos nesta Lei ou em tratado, deverá representar à autoridade judicial competente, ouvido previamente o Ministério Público Federal". Como se vê, não é possível mais falar, também aqui, em prisão administrativa.

Por fim, tocante ao quarto caso citado (que também era considerado modalidade de prisão com suposta natureza administrativa), referia-se às prisões ordenadas pelo Ministro da Justiça, com base nos arts. 61 e 69 da Lei 6.815/1980, visando, respectivamente, à **deportação** e **expulsão** do estrangeiro. Ora, tais previsões, evidentemente, conflitavam com o art. 5.º, LXI, da CF, ao prever que *ninguém será preso senão em flagrante delito ou por ordem escrita e fundamentada de autoridade judiciária competente, salvo nos casos de transgressão militar ou crime propriamente militar, definidos em lei*. Nesse contexto, antes mesmo da revogação do Estatuto do Estrangeiro, já se vinha entendendo que a legalidade das segregações previstas nos referidos arts. 61 e 69 condicionava-se a que fossem determinadas por autoridade judiciária, sendo vedado ao Ministro da Justiça ordená-las.

15.1.16. *Habeas corpus* e punição disciplinar militar

Preceitua o art. 142, § 2.º, da CF que "não caberá *habeas corpus* em relação a punições disciplinares militares".

Esta impossibilidade de manejo do *habeas corpus* contra punições disciplinares, contudo, não é absoluta, limitando-se às hipóteses em que se pretenda discutir o **mérito** da medida restritiva da liberdade. Logo, nada impede a impetração quando presentes **vícios formais** que destaquem a medida como ilegal, *v.g.*, incompetência do detentor da patente que ordenou a prisão disciplinar do militar, cerceamento de defesa e descumprimento de formalidades legais. A propósito, o entendimento do Supremo Tribunal Federal de que "não há que se falar em violação ao art. 142, § 2.º, da CF, se a concessão de *habeas corpus*, impetrado contra punição disciplinar militar, volta-se tão somente para os pressupostos de sua legalidade, excluindo a apreciação de questões referentes ao mérito"[13].

Diante disso, conclui-se que não infringe o art. 142, § 2.º, da Carta Republicana o conhecimento, pelo Poder Judiciário, de *habeas corpus* destinado à verificação de pressupostos de legalidade da prisão, a exemplo:

a) Existência de hierarquia, da qual decorre o dever de obediência e de conformidade com instruções, regulamentos internos e recebimento de ordens;
b) Existência de poder disciplinar de parte da autoridade que impõe a punição, o que se relaciona com a atribuição do direito de punir, que é próprio de determinados superiores hierárquicos;
c) Existência de relação entre a punição disciplinar e a atividade funcional do militar;
d) Existência de adequação entre a punição aplicada e a consequência prevista nos regulamentos militares para o ato praticado.

ATENÇÃO: a possibilidade de prisão disciplinar no âmbito das Polícias Militares e dos Corpos de Bombeiros Militares dos Estados, dos Territórios e do Distrito Federal havia sido extinta pela Lei 13.967/2019. Essa lei, contudo, foi declarada inconstitucional pelo STF no bojo da Ação Direta de Inconstitucionalidade 6595 (julgamento em 23.05.2022, *DJe* 05.08.2022), proposta pelo governador do estado do Rio de Janeiro. Nesse cenário, permanece, na atualidade, a possibilidade de prisão disciplinar aos integrantes das mencionadas categorias.

15.1.17. *Habeas corpus* e estado excepcional (sítio)

O art. 139 da CF admite que, na vigência do estado de sítio, poderão ser tomadas contra as pessoas, entre outras, as seguintes medidas: a) obrigação de permanência em localidade determinada; b) detenção em edifício não destinado a acusados ou condenados por crimes comuns; e c) busca e apreensão em domicílio.

Tendo em vista essa previsão constitucional, permitindo a restrição de garantias individuais apontadas, é, em tese, descabido o uso do *habeas corpus* na vigência desse estado excepcional. Todavia, à semelhança do que ocorre com a prisão disciplinar do militar, a vedação ao *habeas*, nesse caso, **restringe-se à impugnação do mérito da medida**, sendo possível o seu uso quando, por vício de incompetência ou outros de natureza formal, mostrar-se flagrantemente ilegal a restrição à liberdade de locomoção.

A propósito, o próprio Supremo Tribunal Federal, em várias oportunidades, já conheceu e julgou o *writ* em período no qual o Brasil esteve sob o estado excepcional,

13 STF, 2.ª Turma, Recurso Extraordinário 338840/RS, Rel. Min. Ellen Gracie, j. 19.08.2003.

sendo exemplo o conhecido HC 3.527 (j. 15.04.1914), impetrado sob o fundamento da inconstitucionalidade do estado de sítio então ordenado pelo Presidente Hermes da Fonseca com base em razões supostamente alheias às que permitiam a Constituição Federal de 1891.

A situação não havia sido diferente no julgamento pelo STF do HC 1.073 (j. 30.03.1898), em que concedida a ordem sob o argumento de que a atribuição conferida ao Congresso Nacional para aprovar ou suspender o estado de sítio e as medidas presidenciais adotadas durante o seu curso *não exclui a competência do Judiciário senão para esse julgamento político, que não para o diverso efeito de amparar e restabelecer os direitos individuais que tais medidas hajam violado, quando delas venha regularmente a conhecer por via do pedido de* habeas corpus.

15.1.18. Impugnação das decisões no *habeas corpus*

A impugnação cabível em relação às decisões concessivas ou denegatórias de *habeas corpus* varia conforme a condição do julgador – juiz ou órgão colegiado dos tribunais.

Assim, a **decisão do juiz**, concessiva ou denegatória, enseja recurso em sentido estrito (art. 581, X, do CPP). Sendo concessiva, ainda que não tenha sido interposto recurso voluntário, caberá ao juiz enviar os autos ao tribunal *ad quem* para reexame da decisão (recurso *ex officio*, previsto no art. 574, I, do CPP).

Tratando-se de **acórdão proferido pelos Tribunais de Justiça ou Tribunais Regionais Federais**, é preciso distinguir: se denegatório do *habeas corpus*, restará ao sucumbente ingressar com recurso ordinário constitucional para o Superior Tribunal de Justiça (art. 105, II, *a*, da CF); se, porém, for hipótese de concessão, faculta-se a impugnação por meio de recurso especial para o STJ (art. 105, III, da CF) ou de recurso extraordinário para o STF (art. 102, III, da CF), conforme seja lei federal ou direito constitucional o enfoque, respectivamente.

Provindo a decisão acerca do *habeas corpus* do **Superior Tribunal de Justiça**, do **Tribunal Superior Eleitoral,** do **Tribunal Superior do Trabalho** (art. 114, IV, da CF) ou do **Superior Tribunal Militar**, também é necessário diferenciar: a decisão denegatória será impugnada por meio de recurso ordinário constitucional para o Supremo Tribunal Federal (art. 102, II, *a*, da CF); já a decisão concessiva viabiliza, em termos de recurso, apenas o extraordinário para o Supremo Tribunal Federal, caso possível.

Por fim, decisões do **Supremo Tribunal Federal**, concessivas ou denegatórias, não ensejam nenhum recurso legalmente previsto, conquanto possam, eventualmente, admitir vias impugnativas previstas em sede regimental.

15.1.19. Outras questões relevantes envolvendo o *habeas corpus*

- **Existe a possibilidade de intervenção de assistente de acusação no processo do *habeas corpus* impetrado em favor do réu?** Não há essa possibilidade. Em primeiro lugar, convém lembrar que as faculdades do assistente de acusação são as previstas no art. 271 do CPP, dispositivo este considerado pela maioria como taxativo e no qual não se inclui a possibilidade de intervenção no procedimento do *habeas corpus*. Em segundo, a circunstância de que o *writ* não contempla, em seu rito, a possibilidade de contraditório em relação ao seu mérito, o que impede o assistente de refutar a prestação jurisdicional pleiteada pelo impetrante.

• **O *habeas corpus* pode ser impetrado como via de impugnação das medidas cautelares diversas da prisão?** Sim. Na medida em que as medidas cautelares diversas da prisão, se não cumpridas, podem ser convertidas em segregação provisória da liberdade, nos termos do art. 282, § 4.º, do CPP, é possível a sua impugnação por meio de *habeas*[14].

• **Pode o assistente de acusação impetrar *habeas corpus* visando à anulação do processo que resultou em absolvição do acusado?** De forma alguma o *habeas corpus* poderá ser utilizado visando à obtenção de providência jurisdicional contrária aos interesses do réu, mesmo que seja a anulação de processo criminal em face de nulidade absoluta que, beneficiando a defesa, tenha resultado em absolvição criminal.

• **No âmbito do *habeas corpus*, poderá ser requerida pelo impetrante a produção de provas destinadas a comprovar a ilegalidade do constrangimento sofrido pelo paciente?** Sem embargo de alguns julgados, em caráter excepcionalíssimo e diante de circunstâncias muito especiais, admitirem a inquirição de testemunhas no rito do *habeas corpus*, a posição prevalente é de que o *writ* não comporta dilações probatórias, pois isso seria incompatível com a própria celeridade que envolve o seu procedimento. Assim, por ocasião da impetração, já deverá o impetrante apresentar, documentalmente, a prova da ilegalidade do constrangimento que alega.

• **É possível a impetração de *habeas corpus* visando agilizar a tramitação de processo criminal?** Despropositado esse objetivo. Contra a paralisação injustificada de feitos, o caminho é a correição parcial, não sendo descabido cogitar-se, em casos especiais, do uso do mandado de segurança. Contudo, a via do *habeas corpus* não poderá ser utilizada na hipótese em comento, pois não se trata o atraso processual de circunstância capaz de refletir direta ou indiretamente na perda da liberdade. Bem diferente, é claro, a situação em que esteja preso o paciente, caso em que o *writ* terá como objetivo liberá-lo em face do retardo no andamento do feito; ou, então, a hipótese em que o próprio processo criminal importe em constrangimento ilegal, *v.g.*, se atípico ou prescrito o fato imputado, caso em que adequada a impetração para trancar a ação penal e não para agilizar-lhe o andamento.

• **Inquérito policial poderá ser trancado mediante impetração de *habeas corpus*?** Sim, mas apenas em caráter excepcional e desde que a instauração do procedimento investigatório constitua flagrante constrangimento ilegal (*v.g.*, atipicidade do fato apurado, prescrição do crime sob investigação, instauração sem representação do ofendido nos crimes de ação penal pública condicionada etc.), sendo necessário, ainda, que, para constatação desse constrangimento, não haja a necessidade de aprofundar o exame da prova, proceder este que descabe na via estreita do *habeas corpus*, já que se trata de ação de cognição sumária. A propósito, pronunciando-se acerca deste tema, referiu o Superior Tribunal de Justiça que "admite-se o trancamento do inquérito policial na via do *habeas corpus*, como medida de caráter excepcional, quando estiverem demonstradas, à primeira vista e sem necessidade de incursão nos elementos de informação colhidos ou de dilação probatória, a manifesta atipicidade formal ou material das condutas investigadas, a presença inequívoca de causa extintiva de punibilidade ou a flagrante ausência de indícios de materialidade e de autoria de infração penal"[15].

---

14 STF, HC 170.735/RJ, *DJ* 30.09.2020.

15 STJ, AgRg no HC 603357/MS, *DJ* 30.03.2021.

Observe-se que, se o inquérito foi instaurado pelo delegado de polícia *ex officio*, ou mediante requerimento do interessado ou representação do ofendido, ele será a autoridade coatora, devendo o *habeas corpus* ser impetrado perante o juiz. Agora, se a instauração ocorreu a partir de requisição do Ministério Público, contra este deverá ser dirigida a impetração, sendo competente para o julgamento o Tribunal de Justiça ou o Tribunal Regional Federal, conforme se trate o requisitante de promotor de justiça ou procurador da república, respectivamente.

E contra o ato de indiciamento? Também é viável a impetração. O assunto, aliás, foi enfrentado pelo STJ no acórdão anteriormente mencionado, dizendo-se que "o ato de indiciamento, por restringir ou ter o condão de restringir o direito de ir e vir do indiciado, pode ser impugnado na via do *habeas corpus*, quando o despacho de indiciamento não estiver devidamente fundamentado em elementos de informação suficientes para atribuir ao indiciado a provável autoria do crime".

- **É obrigatória a intervenção do Ministério Público no *habeas corpus*?** Depende da hipótese. Se impetrado o *writ* perante o **juiz**, o Ministério Público, não sendo o impetrante ou a autoridade coatora, não intervém antes de proferida a decisão, cabendo-lhe, porém, ser intimado desse pronunciamento (tal intimação justifica-se até mesmo em face do cabimento de recurso em sentido estrito contra a decisão concessiva ou denegatória, *ex vi* do art. 581, X, do CPP). Evidentemente, nada obsta que o juiz, facultativamente, possa abrir-lhe vista do respectivo processo, não importando tal proceder em qualquer nulidade.

Todavia, tratando-se de *habeas corpus* impetrado junto aos **Tribunais**, por força do que dispõe o Decreto-lei 552/1969, o Ministério Público deverá ter vista dos autos para manifestar-se, no prazo de dois dias, após as informações da autoridade coatora (art. 1.º e § 2.º).

- **É possível a impetração de *habeas corpus* visando garantir ao investigado ou acusado o direito de não ser algemado?** Sem dúvida, há essa possibilidade. Certo que o STJ já decidiu no sentido de que "o uso de algemas pelos agentes policiais não pode ser coibido, de forma genérica, porque algemas são utilizadas, para atender a diversos fins, inclusive proteção do próprio paciente, quando, em determinado momento, pode pretender autodestruição" (HC 35.540, *DJ* 06.09.2004). Entretanto, na atualidade, o **Supremo Tribunal Federal** restringiu a colocação de algemas no investigado ou acusado preso ao aprovar, na sessão plenária de 13.08.2008, a **Súmula Vinculante 11**, dispondo que "só é lícito o uso de algemas em casos de resistência e de fundado receio de fuga ou de perigo à integridade física própria ou alheia, por parte do preso ou de terceiros, justificada a excepcionalidade por escrito, sob pena de responsabilidade disciplinar, civil e penal do agente ou da autoridade e de nulidade da prisão ou do ato processual a que se refere, sem prejuízo da responsabilidade civil do Estado".

Neste contexto, ausentes quaisquer destas condições estabelecidas pelo Pretório Excelso como indispensáveis para que a autoridade ou o agente da autoridade possam algemar o indivíduo sob custódia, é evidente o cabimento de *habeas corpus* preventivo visando evitar esse procedimento (*v.g.*, hipótese em que pretenda o acusado, em relação ao qual tenha sido decretada sua prisão preventiva, apresentar-se à autoridade policial) ou, até mesmo, do *habeas corpus* repressivo para fazer cessar essa prática (*v.g.* situação em que, já no início de julgamento pelo Tribunal do Júri, tenha o Juiz-Presidente ordenado que permaneça o réu algemado durante toda a solenidade).

- **É possível a impetração de *habeas corpus* contra decisão transitada em julgado?** De acordo com o STJ, "a impetração de habeas corpus após o trânsito em julgado da condenação e com a finalidade de reconhecimento de eventual ilegalidade na colheita de provas é indevida e tem feições de revisão criminal"[16]. No âmbito do STF, contudo, encontra-se deliberação em sentido oposto, compreendendo que, sendo alegada nulidade de ordem absoluta (que autoriza o habeas corpus nos termos do art. 648, VI, do CPP) é possível a referida impetração por se tratar de "via impugnatória mais célere e benéfica ao condenado"[17].

15.2. REVISÃO CRIMINAL

15.2.1. Conceito, natureza jurídica e pressupostos

A revisão criminal é medida que tem por objetivo a desconstituição da decisão judicial condenatória transitada em julgado.

Assim como ocorre em relação ao *habeas corpus*, também não possui natureza recursal, apesar de se encontrar prevista no Código de Processo Penal como tal. É, enfim, uma verdadeira ação, tanto que não está sujeita a prazos, podendo ser deduzida, inclusive, após a morte do réu. Ademais, o próprio Código refere-se à *procedência* da revisão (art. 626 do CPP), juízo este próprio de ações, pois quando se trata de recurso fala-se em *provimento*.

Quanto aos pressupostos da revisão criminal, consistem: **existência de uma decisão judicial condenatória** e **ocorrência de trânsito em julgado.**

1) Existência de decisão judicial condenatória

Não se admite a utilização da revisão criminal nem de qualquer outra via impugnativa para a desconstituição da sentença absolutória. A esta regra ressalva-se apenas a hipótese de **absolvição imprópria** (absolvição acompanhada de medida de segurança), modalidade de veredicto aplicável ao autor da infração penal que, à época do fato, se encontre completamente incapaz, por doença mental ou desenvolvimento mental incompleto ou retardado, de compreender o caráter ilícito de sua conduta e de se autodeterminar segundo esse entendimento (arts. 26 e 97 do CP, c/c o art. 386, parágrafo único, III, do CPP). Justifica-se esta exceção ao cabimento da ação revisional na circunstância de que a medida de segurança, na hipótese referida, é aplicada diante da impossibilidade jurídica de condenação (o inimputável por doença mental é isento de pena, *ex vi* do art. 26, *caput*, do CP), praticamente substituindo o juízo condenatório. Neste contexto, nada mais sensato do que permitir o ingresso da revisão criminal contra a decisão de absolvição imprópria objetivando-se a **absolvição própria** do imputado, isto é, sem a imposição de medida de segurança, tendo em vista, por exemplo, prova nova no sentido de que tenha o sentenciado agido ao amparo de excludentes de ilicitude[18].

E quanto às decisões do Tribunal do Júri? A questão pertinente ao cabimento da revisão criminal contra decisões dos jurados no âmbito do Tribunal do Júri tem gerado controvérsias, especialmente quando se trata de prova nova de inocência do réu. Existem três orientações:

---

[16] STJ, AgRg no HC n. 595.876/SP, relator Ministro João Otávio de Noronha, Quinta Turma, julgado em 19/4/2022, DJe de 25/4/2022.

[17] STF, RHC 146.327/RS, relator Ministro Gilmar Mendes, Segunda Turma, julgado em 27.02.2018, DJe de 16.03.2018.

[18] TJSP, Revisão Criminal 990081795124, 3.º Grupo de Direito Criminal, j. 20.08.2009.

Primeira: **Descabe a revisão criminal.** Para os adeptos desta linha de pensamento, a soberania das decisões do júri impede o ingresso de ação desconstitutiva contra suas deliberações. Trata-se de entendimento minoritário.

Segunda: **É cabível a revisão criminal, devendo o colegiado do Tribunal competente para seu julgamento, na hipótese de procedência, absolver o réu.** Compreendem os defensores dessa posição que a hipótese não requer novo julgamento pelo júri, bastando ao julgador da ação revisional desconstituir a condenação injusta, absolvendo o réu. Nesta direção vem decidindo o STJ, sinalando que o tribunal competente para julgar a revisão criminal, ainda que contra decisões do Tribunal do Júri, pode, analisando o feito, confirmar a condenação ou, no juízo revisional, alterar a classificação do crime, reduzir a pena, anular o processo ou mesmo absolver o condenado, nos termos do art. 626 do CPP. Segundo esta linha, a obrigação do Poder Judiciário, em caso de erro grave, como uma condenação que contrarie manifestamente as provas dos autos, é reparar de imediato esse erro, razão pela qual, nesses casos, a absolvição do acusado é perfeitamente aceitável, sem que se entenda violada, com isso, a soberania do Júri Popular[19]. E também é a posição do STF, para o qual "o Tribunal de segunda instância, ao julgar a ação de revisão criminal, dispõe de competência plena para formular tanto o juízo rescindente (*judicium rescindens*), que viabiliza a desconstituição da autoridade da coisa julgada penal mediante invalidação da condenação criminal, quanto o juízo rescisório (*judicium rescissorium*), que legitima o reexame do mérito da causa e autoriza, até mesmo, quando for o caso, a prolação de provimento absolutório, ainda que se trate de decisão emanada do júri, pois a soberania do veredicto do Conselho de Sentença, que representa garantia fundamental do acusado, não pode, ela própria, constituir paradoxal obstáculo à restauração da liberdade jurídica do condenado"[20].

Terceira: **É cabível a revisão criminal, devendo o colegiado competente para seu julgamento, na hipótese de procedência, submeter o acusado a novo júri popular**. Mesmo não ignorando a orientação atual dos Tribunais Superiores, compreendemos que esta é a posição aceitável. Não concebemos, enfim, legitimidade aos tribunais (tribunais de justiça e tribunais regionais federais) para, julgando procedente revisão contra decisão condenatória do júri popular, absolver o réu, pois isto implica evidente violação à soberania constitucionalmente estabelecida ao Tribunal do Júri. Logo, a procedência da revisão criminal não deve transferir ao colegiado julgador da revisão criminal a competência meritória constitucionalmente assegurada ao Tribunal do Júri, cabendo-lhe, portanto, tão somente determinar que o réu seja submetido a novo julgamento popular.

É possível o manejo da revisão criminal contra sentença absolutória visando à alteração do fundamento legal da absolvição? Não, por ausência de possibilidade jurídica do pedido. Como já dissemos antes, a revisão criminal exige, em todas as hipóteses legais de seu cabimento, a existência de sentença condenatória transitada em julgado, admitindo-se como exceção, tão somente, sua utilização para insurgência em relação à absolvição imprópria visando ao afastamento da medida de segurança[21].

Cabe revisão criminal contra decisão do Juiz da Execução Criminal? Há dois entendimentos: o primeiro, que é prevalente, ao qual aderimos, compreende que não, sob o fundamento de que a revisão criminal é remédio processual que viabiliza a desconstituição de decisão condenatória criminal transitada em julgado, sendo o seu manejo restrito às hipóteses excepcionais e taxativas previstas no art. 621 do CPP; já a segunda posição acena positivamente ao cabimento de revisão criminal neste caso, alegando-se

---

19 STJ, REsp 1.304.155/MT, 6.ª Turma, Rel. Min. Sebastião Reis Junior, *DJ* 01.07.2014; AgRg no REsp 1.365.056/RO, 5.ª Turma, Rel. Min. Leopoldo de Arruda Raposo, *DJ* 24.06.2015.

20 STF, Informativo 728, ARE 674.151/MT, Rel. Min. Celso de Mello, *DJ* 18.10.2013.

21 TJSP, Revisão Criminal 990081795124, j. 20.08.2009; TJRS, Revisão Criminal 70066183997, *DJ* 29.05.2015.

que o art. 621 do CPP não restringe a ação de revisão criminal à hipótese de sentença penal condenatória transitada em julgado, não podendo, assim, ser interpretado restritivamente em desfavor do réu. Neste sentido, já decidiu o STJ ao apreciar revisão criminal deduzida contra decisão do Juízo da Execução Criminal que indeferiu pleito de unificação de penas[22].

2) Ocorrência de trânsito em julgado

Somente a decisão contra a qual estiverem preclusas todas as vias recursais rende ensejo à propositura da revisão criminal. Este pressuposto consta expressamente do art. 625, § 1.º, do CPP ao dispor que "o requerimento será instruído com a certidão de haver passado em julgado a sentença condenatória (...)", sob pena de indeferimento *in limine* (art. 625, § 3.º, do CPP).

15.2.2. Cabimento

O art. 621 do CPP disciplina as hipóteses de cabimento da revisão criminal, as quais são **taxativas**, não admitindo ampliação. Logo, se intentada a ação e não restar enquadrada em nenhuma das situações legais que a autorizam, deverá ela ser indeferida liminarmente pelo relator junto ao Tribunal ou Órgão Colegiado a que distribuída.

Faculta-se o ingresso da revisional:

I – Quando a sentença condenatória for contrária ao texto expresso da lei penal ou à evidência dos autos.

Trata-se de dispositivo que contempla duas situações de cabimento da revisão.

Entende-se por **contrária ao texto expresso da lei penal**, para fins de revisão criminal, não a decisão que interpretar determinado dispositivo em sentido oposto ao que entende a maioria, mas, sim, aquela que contrariar os termos explícitos do direito objetivo ou interpretá-lo de forma absurda, à revelia de qualquer critério ou margem de aceitabilidade. Se, contudo, tratar-se de dispositivo legal que permita duas ou mais interpretações, sendo qualquer delas acolhidas pelo juízo, não se estará, nesse caso, diante de situação que renda ensejo à revisional. *E quando se tratar de decisão que se oponha à jurisprudência consolidada dos Tribunais?* Neste caso, a menos que se trate de hipótese de súmula vinculante aprovada pelo Supremo Tribunal Federal, consideramos descabida a revisão criminal, pois o inciso I do art. 621 do CPP é explícito ao referir-se, como hipótese de cabimento da revisão, à decisão que violar a lei penal e, sabidamente, jurisprudência dominante não é lei tampouco vincula as decisões judiciais.

Por outro lado, **contrário à evidência dos autos** é tanto o julgamento condenatório que ignora a prova cabal de inocência quanto o que se louva em provas insuficientes, ou imprecisas, ou contraditórias, ou desprovidas do mínimo de razoabilidade para atestar a culpabilidade do sujeito que se ache no polo passivo da relação processual penal. *A contrario sensu*, infere-se que, se houver nos autos provas que amparem o entendimento agasalhado no *decisum*, provas estas aceitáveis, ainda que poucas, não será possível o ajuizamento da revisão criminal fulcrada no art. 621, I, *in fine*.

II – Quando a sentença condenatória se fundar em depoimentos, exames ou documentos comprovadamente falsos.

Para que se perfaça a hipótese em exame, não basta a existência de depoimento, exame ou documento falso nos autos. É preciso, pois, que tais elementos tenham sido o alicerce ou, pelo menos, uma das bases principais da sentença impugnada. Tanto que utilizada no texto legal a expressão "se fundar", sugerindo a necessidade de que a prova falsa tenha sido relevante na formação do convencimento do juiz.

---

22 STJ, *Habeas Corpus* 134.321/RS, *DJ* 28.09.2009.

Mais: a prova da falsidade deverá acompanhar a petição de revisão, sob pena de indeferimento *in limine,* não se podendo requerer seja feita a comprovação da falsidade no curso da ação revisional, visto que esta medida não possui uma fase instrutória adequada a essa finalidade.

III – Quando, após a sentença, se descobrirem novas provas de inocência do condenado ou de circunstância que determine ou autorize diminuição especial de pena.

É a *prova nova* de que o réu não teve agir reprovável ou de circunstância que possa beneficiá-lo na reprimenda aplicada. Muito comum, na prática, tratar-se de pessoas que *aparecem* após o trânsito em julgado ou de testemunhas que haviam prestado depoimento no curso do processo e que, agora, retornam para se retratarem da versão anterior ou contar fatos que tinham *esquecido* de mencionar em prol do réu.

Gize-se que, tratando-se de retratação de depoimentos de parte de pessoas que contribuíram para o juízo condenatório, tal não elide o processo criminal por crimes de *denunciação caluniosa (art. 339 CP), comunicação falsa de crime ou de contravenção (art. 340 CP) ou falso testemunho (art. 342 CP),* que tiverem se consumado com as versões falsas antes prestadas, sobretudo se ocorrente essa retratação após ter sido exarada a decisão condenatória.

Outro aspecto importante a considerar é o de que a procedência da revisão sob o fundamento da *prova nova* condiciona-se a que esta seja capaz de produzir um juízo de certeza irrefutável no Órgão julgador da ação. Se dúvidas surgirem em relação aos novos elementos trazidos à apreciação do Poder Judiciário, elas não poderão ser interpretadas em favor do réu, e sim em prol da sociedade (*in dubio pro societate*), mantendo-se, neste caso, a condenação transitada em julgado.

15.2.3. Legitimidade para o ajuizamento

Segundo dispõe o art. 623 do CPP, "a revisão criminal pode ser pedida pelo próprio réu ou por procurador legalmente habilitado ou, no caso de morte do réu, pelo cônjuge, ascendente, descendente ou irmão".

É preciso ter cautela na interpretação do dispositivo, em especial quanto a dois aspectos:

Primeiro: **possibilidade de ingresso da revisão criminal diretamente pelo réu, isto é, sem que esteja assistido por advogado.** Sempre compreendemos que, apesar do permissivo incorporado ao art. 623, do CPP, o ingresso dessa ação exige capacidade postulatória, eis que não recepcionada pela Constituição Federal a previsão inserta no Código no sentido da desnecessidade dessa assistência. Conforme prevê o art. 133 da Carta da República, "o advogado é indispensável à administração da justiça, sendo inviolável por seus atos e manifestações no exercício da profissão, nos limites da lei". Destarte, ingressada a revisão diretamente pelo réu, se não for indeferida *in limine,* deverá, no mínimo, ser nomeado defensor dativo ou defensor público para ratificar seus termos, possibilitando, assim, o recebimento e a tramitação. Não obstante, no âmbito do STJ, tem prevalecido entendimento oposto, compreendendo que o réu é, sim, parte legítima para a proposição da revisão criminal, ainda que não possua capacidade postulatória. Vai mais longe esse Tribunal dizendo, ainda, que, muito embora, em homenagem à garantia da ampla defesa, a nomeação de advogado ao réu que não o tenha seja recomendável, a ausência dessa nomeação não constitui óbice ao conhecimento da ação revisional[23].

[23] STJ, HC 315594/MG, *DJ* 07.11.2016.

Segundo: **legitimidade do Ministério Público para o ajuizamento da revisão criminal**. Na medida em que se faculta ao promotor de justiça opinar no sentido da absolvição do acusado (art. 385 do CPP), bem como impetrar *habeas corpus* em seu favor, cremos que nada lhe impede, também, o ingresso de revisão criminal visando aos fins previstos no art. 626 do CPP (absolver o réu, anular o processo, desclassificar a infração ou reduzir a pena). Neste sentido, aliás, é a tendência da doutrina e da jurisprudência, compreendendo que, "mesmo não existindo expressa previsão no Código do Processo Penal, é possível o pedido de revisão criminal pelo representante do Ministério Público no exercício de sua função constitucional de fiscal da lei e defensor dos interesses" (TJPR, Revisão Criminal 0512123-9, j. 11.12.2008). Alerta-se, porém, que a matéria não é pacífica, havendo posição oposta.

15.2.4. Ausência de prazo para o ingresso

Ao contrário do que ocorre com a ação rescisória cível, inexiste prazo para o ingresso da revisão criminal, podendo ela ser ajuizada em qualquer tempo, mesmo depois de cumprida ou extinta de qualquer modo a pena imposta ao réu (art. 622), até mesmo depois de sua morte.

Essa flexibilidade temporal com que se permite o ajuizamento da revisão justifica-se na circunstância de que o seu objetivo é, primordialmente, evitar a consolidação de uma injustiça com a subsistência da decisão condenatória.

15.2.5. Dilação probatória

Na revisão criminal não há contraditório tampouco fase instrutória voltada à produção de provas. A propósito desta conclusão, dispõe o art. 625, § 1.º, do CPP que o requerimento será instruído com a certidão de haver passado em julgado a sentença condenatória e **com as peças necessárias à comprovação dos fatos arguidos**.

E quando as provas novas dependerem de produção judicial, como oitiva de testemunhas, ofendidos, peritos etc.? Neste caso, impõe-se ao acusado, por meio de seu advogado, requerer ao juízo de 1.º grau, a realização de audiência de **justificação prévia**, que consiste em espécie de ação cautelar de natureza preparatória, deduzida perante o Juízo de 1.º Grau, para que sejam realizadas tais provas, fundamentando esse pedido na circunstância de que pretende ingressar com revisão criminal e embasando-o, por analogia, no art. 381, § 5.º, do CPC/2015. Sobre o tema, refere Mirabete[24] que, "para a revisão, quando se trata de apresentação de *provas novas*, é necessário que seja ela produzida judicialmente, no juízo de 1.º grau, obedecendo-se princípio do contraditório, com a exigência, portanto, da participação do Ministério Público. Sendo inadmissível a produção de provas durante a ação revisional, para ser ela obtida, necessária se torna a justificação criminal. Tal justificação criminal, verdadeira ação penal cautelar preparatória, deve ser processada perante o juízo da condenação".

E se for indeferido o pedido de justificação criminal? Importando essa decisão em prejuízo ao ingresso da ação revisional, contra o indeferimento é possível a impetração de *habeas corpus* no intuito de que seja determinado ao juízo competente processar a justificação.

Produzidas as provas necessárias e deduzida a revisão criminal, será esta distribuída, no órgão competente para julgamento (esse órgão é variável, dependendo da organização

---

[24] *Processo penal*. 16. ed. São Paulo: Atlas, p. 737.

judiciária de cada Estado), a um relator, a quem caberá o exame quanto a encontrarem-se ou não presentes os elementos de convicção necessários ao julgamento. Duas situações podem ocorrer:

1. **O relator entende regular o pedido de revisão criminal:** nesse caso, determinará que seja aberta vista ao Ministério Público para manifestação, providenciando, após, a inclusão em pauta para julgamento.
2. **O relator entende insuficientemente instruída a petição da ação revisional:** perfazendo-se esta hipótese, duas opções lhe serão facultadas, nos termos do art. 625, § 3.º, do CPP:

   2.1 Indeferir liminarmente a inicial de revisão criminal, dando recurso para as câmaras reunidas ou para o Tribunal: esta deliberação do relator, uma vez preclusa, importa em extinção da ação. Discute-se o sentido da expressão "dando recurso para as câmaras reunidas ou para o Tribunal" inserida ao art. 625, § 3.º. Para alguns, trata-se de modalidade de recurso *ex officio* ou reexame necessário. Neste contexto, entendem os adeptos dessa orientação que, diante do indeferimento, "deve o relator recorrer de ofício para o órgão colegiado competente, ainda que a parte não apresente agravo regimental"[25]. Com a máxima vênia, discordamos dessa posição, pois tal indeferimento consiste em espécie de decisão *desfavorável ao acusado* e que, por isso mesmo, não se adéqua à previsão legal de reexame necessário, já que a *ratio* deste procedimento é a presunção de *prejuízo à sociedade,* e não o prejuízo ao réu. Destarte, na hipótese do art. 625, § 3.º, do CPP, a expressão "dando recurso" deve ser considerada como "facultando recurso" a um órgão superior colegiado, o qual só poderá ser o agravo regimental, se previsto no regimento interno do respectivo Tribunal contra a decisão do relator.

   2.2 Determinar o apensamento da revisão criminal aos autos originais do processo criminal: o art. 625, § 3.º, do CPP possibilita ao relator essa providência em vez de indeferir o requerimento da revisão quando "não for inconveniente aos interesses da justiça". *Exemplo*: considere-se a hipótese em que dois réus tenham sido denunciados e processados em um mesmo processo. Sendo condenados pelo juiz de 1.º grau, imagine-se que um deles não tenha recorrido, transitando em julgado a sentença condenatória e iniciando-se a execução de sua pena. Suponha-se que o acusado remanescente tenha ingressado com sucessivos recursos contra a sentença – apelação, embargos infringentes, recurso especial, encontrando-se pendente de julgamento, agora, embargos de divergência. Portanto, para esse último, ainda não se operou o trânsito em julgado. Ora, se em uma situação dessas o acusado não recorrente viesse a ingressar com revisão criminal inadequadamente instruída, não seria *conveniente aos interesses da justiça* o apensamento da revisão, pelo Tribunal, aos autos originais, pois estes ainda estariam tramitando em relação ao acusado para o qual não houve coisa julgada em face dos recursos interpostos. Quando muito, poderia o relator requisitar a cisão dos autos, extraindo-se cópia integral do processo criminal para que estas instruíssem a revisão. Trata-se, contudo, de faculdade sua, e não de uma obrigação.

[25] NUCCI, Guilherme de Souza. *Código de Processo Penal comentado.* 6. ed. São Paulo: RT, 2007. p. 971.

15.2.6. Competência para julgamento

Embora nosso sistema constitucional e processual penal esteja direcionado no sentido de que os tribunais de **jurisdição superior** têm competência implícita para rever as decisões proferidas por juízos com **jurisdição inferior**, é preciso ter em mente que a revisão criminal não se consubstancia em recurso propriamente dito, possuindo, isto sim, a natureza de uma ação, de competência originária dos tribunais. Destarte, pode ocorrer que competente para julgar a revisão criminal seja o próprio órgão que proferiu o julgamento objeto de revisão. É o que ocorre, por exemplo, no âmbito do **Supremo Tribunal Federal** (art. 102, I, *j*, da CF) e do **Superior Tribunal de Justiça** (art. 105, I, *e*, da CF), competentes que são para o julgamento das revisões criminais propostas contra suas próprias decisões.

Um pouco mais ampla é a competência atribuída aos **Tribunais de Justiça dos Estados** e **Tribunais Regionais Federais**. Isso porque incumbirá a estes Colegiados o julgamento da revisão, independentemente de ter sido a decisão proferida por juiz de 1.º grau ou por eles próprios em única (ação penal originária) ou em última (julgamento de recursos) instância. Aliás, no caso dos TRFs, a Constituição Federal possui texto expresso neste sentido, incorporado ao seu art. 108, I, *b*, ao dispor que "compete aos Tribunais Regionais Federais processar e julgar originariamente as revisões criminais e as ações rescisórias de julgados seus ou dos juízes federais da região".

Observe-se, contudo, que, em qualquer caso, o órgão competente em cada Tribunal para o respectivo julgamento (Câmaras, Grupos, Turmas, Seções) é questão que depende da previsão incorporada aos respectivos Regimentos Internos. Assim, por exemplo, no Tribunal Regional Federal da 4.ª Região, a competência para decidir a revisão criminal das decisões prolatadas pelas Turmas e pelos Juízes de Primeiro Grau concerne à Seção Criminal, correspondente à união das 7.ª e 8.ª Turmas, únicas com jurisdição em matéria penal naquele Pretório (art. 251 do RITRF). Já no Tribunal de Justiça do Rio Grande do Sul, competirá o julgamento aos Grupos Criminais, correspondendo cada Grupo à união de duas Câmaras Criminais (art. 22, I, *a*, do RITJRS).

15.2.7. A revisão criminal e o reconhecimento de nulidades

Como não há, no art. 621 do CPP, previsão do ingresso de revisão criminal com o objetivo de serem reconhecidas nulidades que tenham ocorrido durante a marcha do processo, existe entendimento no sentido de que não é possível o seu ajuizamento nesse caso em razão da taxatividade daquele dispositivo. Não comungamos, porém, dessa posição, pois, apesar de não existir previsão expressa no art. 621 do CPP quanto ao cabimento da revisão criminal para reconhecimento de nulidades absolutas, o art. 626 do mesmo Código, ao tratar das consequências possíveis em caso de procedência, é expresso em afirmar a possibilidade de **anulação do processo**.

15.2.8. Consequências jurídicas da procedência da revisão criminal

As soluções possíveis, no caso de revisão criminal, encontram-se previstas no art. 626 do CPP, que preceitua: "julgada procedente a revisão, o tribunal poderá alterar a classificação da infração, absolver o réu, modificar a pena ou anular o processo".

Como se vê, todas as hipóteses contemplam consequências processual ou materialmente vantajosas ao acusado, não se admitindo, em nenhuma hipótese, o agravamento da situação do réu em termos de pena, regime carcerário etc. Em suma, é vedada a *reformatio in pejus*, dispondo, inclusive, o parágrafo único do artigo citado que "de qualquer maneira, não poderá ser agravada a pena imposta pela decisão revista".

15.2.9. Reconhecimento ao direito de indenização na decisão que julgar procedente a revisão criminal

O art. 630 do CPP insere a possibilidade de o tribunal, se assim requerer o interessado, reconhecer, no julgamento da revisão criminal, o direito de justa indenização, ao réu condenado, pelos prejuízos sofridos, em montante a ser liquidado no juízo cível.

Tal previsão legislativa afina-se com o previsto no art. 5.º, LXXV, da CF, preceituando que "o Estado indenizará o condenado por erro judiciário, assim como o que ficar preso além do tempo fixado na sentença".

Não obstante, há situações previstas em lei que obstam a pretensão indenizatória, as quais se encontram previstas no § 2.º do artigo em comento:

- **Se o erro ou a injustiça da condenação proceder de ato ou falta imputável ao próprio impetrante, como a confissão ou a ocultação de prova em seu poder:** esta situação pode ser ilustrada com a hipótese do pai que, para proteger o filho, confessa crime do qual não foi autor, sendo condenado. Nesse caso, ainda que possa restar desconstituída a sentença condenatória, é certo que não terá ele direito a qualquer indenização, pois deu causa ao erro judiciário.
- **Se a acusação houver sido meramente privada:** esta vedação tem sido questionada pela doutrina sob o aspecto de sua constitucionalidade. Sustenta-se, pois, que não foi recepcionada pelo art. 5.º, LXXV, da CF ao dispor que "o Estado indenizará o condenado por erro judiciário, assim como o que ficar preso além do tempo fixado na sentença", sem distinguir, portanto, a natureza da ação penal que conduziu à condenação. Concordamos plenamente com esse entendimento, mesmo porque não se pode ignorar que a decisão condenatória nas ações penais privadas, tal como ocorre nas públicas, emana do Judiciário, simbolizando a vontade do Estado, o qual deve responder pelo seu erro no caso de injusta condenação. Destarte, parece-nos descabido, na atualidade, o óbice imposto pelo Código de Processo Penal à fixação do direito à indenização nesse caso.

15.2.10. Revisão criminal no âmbito dos Juizados Especiais Criminais

Não há como não se admitir o manejo da revisão criminal em relação a sentenças condenatórias transitadas em julgado proferidas na órbita dos Juizados Especiais Criminais. Afinal, condenado no JECRIM, estará sujeito o réu aos efeitos normais pertinentes a qualquer condenação.

Além do mais, se a própria Lei 9.099/1995, no art. 59, proibiu a dedução de ação rescisória apenas em relação às decisões proferidas no Juizado Especial Cível, silenciando em relação aos Juizados Criminais, parece evidente que, implicitamente, admitiu a possibilidade da revisional nesta sede.

Questão relevante é saber a que órgão estará afeto o julgamento da revisão criminal contra decisão dos Juizados Especiais. Há duas correntes:

> ***Primeira:*** a competência concerne aos órgãos colegiados dos Tribunais de Justiça ou Tribunais Regionais Federais, conforme seja a decisão impugnada proferida, respectivamente, no âmbito dos Juizados Estaduais ou Juizados Federais Assim, o mesmo órgão a que afeto o julgamento das ações revisionais contra as decisões proferidas no juízo comum deverá realizar o julgamento no caso de impugnação às sentenças dos juizados especiais. Trata-se de posição minoritária.
>
> ***Segunda:*** Espelhando o entendimento da maioria, compreende que a competência para o julgamento da revisão criminal é das Turmas Recursais dos Juizados Especiais Criminais. Esta orientação também foi agasalhada pelo Superior Tribunal de Justiça, aduzindo que a revisão criminal, embora tenha por escopo modificar decisão judicial, não se consubstancia em recurso propriamente dito. Tanto é assim que, muitas vezes, o próprio órgão competente para julgar a revisão criminal é aquele que proferiu o julgamento original, objeto de revisão, não havendo, portanto, o efeito devolutivo normalmente atribuído aos recursos. Nesse passo, **deve-se concluir que, sendo as Turmas Recursais órgãos de segunda instância dos Juizados Especiais, são competentes para julgar as revisões criminais, inclusive de suas próprias decisões**, à semelhança do que ocorre com o Supremo Tribunal Federal (art. 102, inciso I, alínea *j*, da CF), com o Superior Tribunal de Justiça (art. 105, inciso I, alínea *e* da CF) e com os Tribunais Regionais Federais (art. 108, inciso I, alínea *b*, da CF)[26].

Cabe ressaltar que, mais uma vez abordando a *quaestio*, reiterou o STJ esse posicionamento no julgamento do Conflito de Competência 47.718 (j. 13.08.2008), acrescentando que, "apesar da ausência de expressa previsão legal, mostra-se cabível a revisão criminal no âmbito dos Juizados Especiais, decorrência lógica da garantia constitucional da ampla defesa, notadamente quando a legislação ordinária vedou apenas a ação rescisória, de natureza processual cível. É manifesta a incompetência do Tribunal de Justiça para tomar conhecimento de revisão criminal ajuizada contra *decisum* oriundo dos Juizados Especiais. A falta de previsão legal específica para o processamento da ação revisional perante o Colegiado Recursal não impede seu ajuizamento, cabendo à espécie a utilização subsidiária dos ditames previstos no Código de Processo Penal. Caso a composição da Turma Recursal impossibilite a perfeita obediência aos dispositivos legais atinentes à espécie, mostra-se viável, em tese, a convocação dos magistrados suplentes para tomar parte no julgamento, solucionando-se a controvérsia e, principalmente, resguardando-se o direito do agente de ver julgada sua ação revisional. Competência da Turma Recursal". No mesmo sentido deliberou monocraticamente o Min. Reynaldo Soares da Fonseca no âmbito do Agravo 1.432.439/SC (STJ, *DJ* 03.12.2015), enfatizando a ausência de vinculação jurisdicional entre os Juízes que compõem as Turmas Recursais e Tribunais de Justiça ou Tribunais Regionais Federais.

---

26 STJ, REsp 470.673/RS, *DJ* 04.08.2003; STJ, CC 47.718/RS, j. 13.08.2008; TJMG, RVCR 0685996-21.2016.8.130000, *DJ* 10.03.2017.

15.2.11. Impugnação das decisões em revisão criminal

Não há regramento específico.

Logo, das decisões dos **Tribunais de Justiça** e dos **Tribunais Regionais Federais** no julgamento de revisão criminal, resta, apenas, a interposição de recursos extraordinário (art. 102, III, da CF) e especial (art. 105, III, da CF), respectivamente, para o STF e STJ. **Mas atenção:** lembre-se de que, no âmbito desses recursos, não é possível sustentar questões fáticas relacionadas ao mérito da prova produzida, sendo eles limitados ao enfrentamento de temas jurídicos (Súmulas 279 do STF e 7 do STJ).

Por outro lado, tratando-se de decisão das **Turmas Recursais**, é possível o manejo de recurso extraordinário ao STF, se houver tema constitucional a ser debatido. Também aqui é necessário rememorar que descabe recurso especial das decisões destas turmas no âmbito dos JECRIMs (Súmula 203 do STJ).

Sendo a revisão criminal decidida pelo **Superior Tribunal de Justiça,** pelo **Tribunal Superior Eleitoral** e pelo **Superior Tribunal Militar** (a Justiça Trabalhista não possui competência criminal), afigura-se cabível, tão somente, o recurso extraordinário ao STF.

Por fim, a decisão do **Supremo Tribunal Federal** em revisão criminal não enseja qualquer recurso legalmente previsto, conquanto possa o acórdão respectivo, eventualmente, admitir vias impugnativas previstas em sede regimental.

15.2.12. Outras questões relevantes atinentes à revisão criminal

• **É possível o deferimento de liminar em sede revisional?** A questão não é totalmente consolidada, havendo opiniões divergentes. Modo geral, prevalece o entendimento de que não cabe o deferimento de liminar em revisão criminal, em face dos institutos da coisa julgada formal e material, salvo se houver a constatação de erro judiciário grosseiro ou de nulidades flagrantes, casos em que poderia ser deferida liminarmente medida suspensiva do cumprimento da pena imposta.

• **São oponíveis embargos infringentes contra a decisão que julgar improcedente a revisão criminal?** Não, por duas razões básicas: **primeira**, a circunstância de que o art. 609, parágrafo único, do CPP, que disciplina os embargos infringentes, refere-se, taxativamente, à *decisão de segunda instância*. Ora, a revisão criminal, sem embargo de vir contemplada no capítulo dos recursos criminais, possui natureza de ação de competência originária dos tribunais, tanto que ajuizada após o trânsito em julgado da decisão condenatória. Assim, o órgão competente para examiná-la, ao proceder ao respectivo julgamento, agirá como uma *primeira instância* e não como instância recursal; e, **segunda**, o fato de os referidos embargos encontrarem-se regulamentados no Capítulo V, que se refere ao *processo e julgamento dos recursos em sentido estrito e das apelações nos tribunais de apelação*. Logo, restrita a sua oposição aos julgamentos decorrentes dessas duas modalidades recursais, com extensão apenas ao agravo da execução (art. 197 da LEP) em face da simetria que este possui com o RSE, já que segue o mesmo rito, forma e prazo deste recurso.

• **É viável o ingresso de revisão criminal quando operada a extinção da punibilidade do réu?** A resposta a esta indagação dependerá da hipótese concreta, sendo necessário diferenciar o momento processual em que ocorreu a decisão extintiva da punibilidade. Assim:

- *Extinção da punibilidade antes da sentença condenatória (v.g., pela morte do agente, prescrição da pena **in abstracto**, perempção etc.):* não há nenhum sentido em promover a revisão criminal aqui, simplesmente, pela ausência de uma sentença condenatória, o que é pressuposto fundamental do requerimento. Além disso, a extinção da punibilidade em casos tais produz idênticos efeitos de absolvição, não subsistindo os antecedentes criminais tampouco importando em colocação do nome do réu no rol dos culpados. Não existe, enfim, possibilidade jurídica do pedido nesse caso.

- *Extinção da punibilidade no corpo da sentença condenatória transitada em julgado:* a única hipótese de extinção da punibilidade passível de reconhecimento na própria sentença condenatória é aquela motivada pelo perdão judicial (art. 107, IX, do CP). O perdão judicial, aliás, apenas pode ser deferido no corpo da condenação. Em tal caso, o juiz reconhece a responsabilidade penal do réu procedendo a devida condenação, mas deixa de aplicar a pena. Em que pese a divergência doutrinária, entendemos cabível a revisão criminal neste caso, a qual será direcionada não à parte da sentença condenatória concessiva do perdão judicial, mas, sim, à condenação propriamente dita, que antecede a fase do perdão. Para os defensores da posição oposta, a vedação ao manejo da revisão criminal resulta da previsão inscrita na Súmula 18 do STJ, dispondo que a sentença concessiva do perdão judicial é declaratória da extinção da punibilidade, dela não subsistindo qualquer efeito condenatório, razão pela qual não haveria necessidade de desconstituição da sentença. Esta última espelha a posição majoritária.
- *Extinção da punibilidade após o trânsito em julgado da sentença condenatória:* contempla-se que, após a condenação do réu, estando ele a cumprir a pena, sobrevenha a extinção da punibilidade pelo reconhecimento da prescrição, ou pelo indulto, ou por sua morte etc. Considere-se que, após a decisão extintiva da punibilidade, sobrevenham elementos que apontem para a inocência do réu, sugerindo, portanto, que a condenação anterior transitada em julgado foi injusta. *É possível, neste caso, o ajuizamento da revisão criminal contra a sentença condenatória?* Sim, a nosso ver. Afinal, como já dissemos, a revisão objetiva, antes de tudo, evitar a persistência de uma condenação injusta. Tanto que é possível o seu ingresso mesmo depois de cumprida a pena ou morto o réu.

- **A aplicação ao caso concreto de lei posterior mais benéfica e a hipótese de *abolitio criminis* exigem o ingresso de revisão criminal?** Não. Sobrevindo, na fase da execução da pena, *novatio legis in mellius* (que importe, por exemplo, em redução de pena), bastará ao condenado requerer ao juízo da Vara das Execuções Penais a aplicação da nova disposição legal em vigor. Isto ocorre porque, de acordo com o art. 66, I, da Lei 7.210/1984, compete ao Juiz da Execução ***aplicar*** *aos casos julgados lei posterior que de qualquer modo favorecer o condenado.* No mesmo sentido, ainda, a Súmula 611 do STF, ao dispor que, "transitada em julgado a sentença condenatória, compete ao Juízo das Execuções a aplicação de lei mais benigna".

Raciocínio semelhante deve ser aplicado na hipótese de *abolitio criminis* (descriminalização da conduta), já que esta constitui causa de extinção da punibilidade (art. 107, III, do Código Penal) e, de acordo com o art. 66, II, da Lei 7.210/1984, cabe ao Juiz da Execução *declarar extinta a punibilidade.*

E, se for indeferida pelo juízo da execução criminal a aplicação da nova lei mais benigna ou a extinção da punibilidade em face da abolitio criminis? Neste caso, caberá ao prejudicado impetrar *habeas corpus* para alcançar tais objetivos (art. 648, I e VII, respectivamente).

E se a descriminalização da conduta ocorrer após o cumprimento e extinção da pena imposta? Não há falar, aqui, em competência do juízo da execução, pois já satisfeita a pena imposta. Assim, reputamos que deva ser admitida a revisão criminal, até mesmo para evitar que a condenação anterior continue produzindo efeitos negativos, por exemplo, a consideração para fins de antecedentes e de eventual reincidência. Não se olvida que, para alguns, mesmo operando-se a *abolitio criminis* após a extinção da pena pelo seu cumprimento, persistiria a competência do Juiz da Execução para adotar as providências cabíveis. Entretanto, pergunta-se: *quais seriam essas providências?* A verdade é que não há qualquer medida que, dentro das competências daquele juiz, possa ser adotada por ele. Afinal, cumprida a pena, não há mais uma punibilidade a ser extinta. Por outro lado, não detém o Juiz da Execução jurisdição que lhe permita invalidar uma sentença condenatória transitada em julgado proferida por outro juiz ou pelos tribunais no julgamento dos recursos. Por tais motivos, compreendemos que, na hipótese em análise (*abolitio criminis* após o término da pena), apenas a revisão criminal é capaz de impedir a subsistência dos efeitos da condenação e, inclusive, desconstituir a mácula existente em torno do réu no sentido de já ter sido condenado por sentença definitiva. Não se pode esquecer que, muito embora o art. 202 da Lei 7.210/1984 estabeleça que o cumprimento da pena importa em sigilo da condenação, que não será referida em certidões e folhas corridas, esse mesmo artigo excepciona a finalidade de *instruir processo pela prática de nova infração penal ou outros casos expressos em lei,* situações em que, portanto, tais registros continuam aparecendo. Ora, desconstituída a condenação via revisão criminal, nem mesmo com estes últimos objetivos poderá ser mencionada a condenação anterior.

• **É possível o ajuizamento de revisão criminal com vista à aplicação, aos casos julgados, de jurisprudência superveniente mais benigna ao réu condenado?** A despeito de posições contraditórias, tem-se compreendido viável a aplicação da jurisprudência mais benigna por meio de revisão criminal, condicionando-se, porém, a que se trate de novo entendimento jurisprudencial sumulado ou, no mínimo, sedimentado nos tribunais pátrios. Sobre o tema, aponta Odone Sanguiné que se deve considerar "admissível ação revisional pelo condenado pedindo a aplicação da jurisprudência mais benigna, desde que consolidada ou mesmo sumulada. Nesta situação, concorrem os mesmos fundamentos que servem para admitir a retroatividade da lei mais favorável, isto é, quer o princípio humanitário, quer exigências derivadas do princípio constitucional da igualdade, no fundo, razões político-criminais ou de justiça material. Se inadmitida a revisão criminal ao impetrante da ação revisional, se lhe conferia tratamento desigual, mais gravoso do que o aplicado aos novos acusados submetidos à jurisprudência mais favorável"[27]. Registre-se, nesse mesmo sentido, a existência de precedentes dos Tribunais Estaduais. No Tribunal de Justiça do Rio Grande do Sul, por exemplo, chegou-se a decidir que "na alteração da jurisprudência do STF, em benefício do jurisdicionado, é impositivo o deferimento de revisão criminal, atribuído efeito retroativo à modificação jurisprudencial, quer pela exigência pura e simples de aplicação da lei federal, quer por respeito ao princípio da igualdade de todos perante a lei"[28]. Mais recentemente, o próprio Superior Tribunal de Justiça aderiu ao mesmo entendimento, sustentando que é "cabível o manejo da revisão criminal fundada no art. 621, I, do CPP em situações nas quais se pleiteia a adoção de novo entendimento jurisprudencial mais benigno, desde que a mudança jurisprudencial corresponda a um novo entendimento pacífico e relevante"[29].

---

[27] Prefácio do trabalho denominado *Notas sobre Revisão Criminal*. LEAL, Saulo Brum; KINZEL, Inez Maria. Porto Alegre: Livraria do Advogado, 1994.

[28] TJRS, Revisão Criminal 70002052959, j. 22.06.2001. No mesmo sentido: TJSP, Revisão Criminal 0195493-61.2013.8.26.0, j. 07.05.2014 e Revisão Criminal 0071755-07.2011.8.26.0000, j. 31.05.2012.

[29] STJ, RvCr 5627/DF, Terceira Seção, relator Ministro Joel Ilan Paciornik, julgado em 13.10.2021, *DJe* 22.10.2021.

• **Havendo assistente de acusação habilitado no curso do processo criminal, deve este ser notificado para se manifestar diante de revisão criminal ajuizada pelo réu condenado?** Pensamos que sim, pelos seguintes motivos:

1. Embora, de fato, não exista previsão legal expressa da participação de assistente de acusação em sede de revisão criminal, o fato inexorável é que o resultado desta ação autônoma poderá repercutir na situação jurídica do assistente, refletindo na **forma como poderá ele buscar indenização no juízo cível** em razão de danos materiais e morais porventura causados pela prática da infração penal – mantida a sentença condenatória, bastará a liquidação do *quantum* indenizatório e posterior ingresso da ação civil *ex delicto* contemplada no art. 63 do Código de Processo Penal – e, inclusive, no **próprio direito a tal reparação**, já que, a despeito da independência entre a responsabilidade civil e a penal, há hipóteses em que a decisão absolutória proferida no âmbito criminal afasta, peremptoriamente, a obrigação de indenizar (arts. 935 do Código Civil e 65 do CPP).
2. Na atualidade, prevalece na doutrina e na jurisprudência[30] o entendimento de que a atuação do assistente de acusação legitima-se não apenas pelo interesse em auferir um título executivo civil consubstanciado na decisão condenatória transitada em julgado, mas, também, no fito de obtenção da Justiça, sendo-lhe facultado, inclusive, interpor recurso visando tão somente ao aumento da pena aplicada ao réu.
3. O art. 271 do Código de Processo Penal, ao elencar as faculdades do assistente de acusação devidamente habilitado, dispõe que poderá ele arrazoar os recursos interpostos pelo Ministério Público, ou por ele próprio, disciplina esta que lhe alcança, por óbvio, também o direito à apresentação de contrarrazões aos recursos manejados pela defesa. Ora, não se olvida que a revisão criminal, na esteira de tranquila orientação doutrinária e jurisprudencial, não possui **natureza recursal**, assumindo, em verdade, contornos de uma **ação**. Sem embargo, não foi este o pensamento do legislador de 1941 ao editar o atual Código de Processo Penal, ocasião em que inseriu a revisão criminal no Capítulo VII do Título II, que trata dos recursos em geral. Logo, silogisticamente, se é lícito ao assistente de acusação apresentar contrarrazões aos recursos defensivos e se quis o legislador regrar a revisão criminal no âmbito da disciplina dos recursos, parece óbvio que abre espaço o Código de Processo Penal à obrigatória notificação do assistente para se manifestar, querendo, sobre pedido de revisão criminal.

15.3. MANDADO DE SEGURANÇA

15.3.1. Considerações gerais

A Lei 12.016, de 07.08.2009, introduziu nova disciplina ao mandado de segurança, revogando, expressamente, a Lei 1.533/1951. Em sintonia com o art. 5.º, LXIX, da CF, dispôs em seu art. 1.º que a essa via impugnativa destina-se a tutela de direito líquido e certo, violado ou ameaçado em decorrência de ilegalidade ou abuso de poder cometidos por autoridade, independentemente de sua categoria e das funções que exerça.

Por **direito líquido e certo** compreende-se aquele em relação ao qual não há nenhuma dúvida quanto à sua existência, encontrando-se delimitado na sua extensão e comprovado

30 HC 99.857/SP.

de plano. Portanto, descabe dilação probatória no mandado de segurança, incumbindo ao impetrante, já na sua dedução, comprovar documentalmente os fatos que alega.

Opostamente ao *habeas corpus* (que é cabível contra ato de particular ou autoridade), no caso do mandado de segurança, o coator deverá ser, necessariamente, uma **autoridade pública**, podendo ser tanto a que praticou o ato impugnado como a que ordenou essa prática (art. 6.º, § 3.º, da Lei 12.016/2009). Note-se que, relativamente aos atos que praticarem em razão da função delegada, equiparam-se a *autoridades* os representantes ou órgãos de partidos políticos e os administradores de entidades autárquicas, bem como os dirigentes de pessoas jurídicas ou as pessoas naturais no exercício de atribuições do poder público (art. 1.º, § 1.º, da Lei 12.016/2009). No mesmo sentido, aliás, já era a posição do STF externada na Súmula 510, dispondo que, *praticado o ato por autoridade, no exercício da competência delegada, contra ele cabe o mandado de segurança ou a medida judicial.*

Questão relevante concerne à possibilidade de a **pessoa jurídica de direito público** integrar o polo passivo do mandado de segurança, visto que, sob a égide da legislação anterior, havia controvérsias. Evidentemente, isso não é viável. Basta ver que o texto constitucional, ao contemplar o mandado de segurança, refere-se à ilegalidade ou abuso de poder praticados por *autoridade pública* ou *agente de pessoa jurídica no exercício de atribuições do Poder Público*. Na mesma esteira, o art. 1.º, § 1.º, da Lei 12.016/2009, que faz menção aos *dirigentes de pessoas jurídicas no exercício de atribuições do Poder Público.* Deduz-se, então, que o sujeito passivo da relação processual, no *mandamus,* não será a pessoa jurídica de direito público, mas, sim, o agente que a representa – uma pessoa física. Sob este enfoque, Vicente Greco Filho destaca uma importante distinção entre o mandado de segurança e as ações em geral, observando que "estas, quando são propostas contra o Estado por ato de seus agentes, o são contra a pessoa jurídica de direito público (União, Estado e Município) que eles representam ou em nome de quem atuam. O mandado de segurança, porém, será proposto contra a autoridade"[31].

Quanto à **legitimação ativa** para impetração, poderá ser qualquer pessoa, física ou jurídica, nacional ou estrangeira, cujo direito líquido e certo tenha sido violado ou esteja ameaçado em razão de ilegalidade ou abuso de poder. Sob o enfoque estritamente criminal, o impetrante poderá ser o **acusado**, o **Ministério Público**, o **ofendido,** o **querelante** e até mesmo **terceiros interessados**.

15.3.2. Vedações ao uso do mandado de segurança

Tanto por força do art. 5.º, LXIX, da Constituição da República como em razão do que dispõe o art. 1.º da Lei 12.016/2009, excluem-se da abrangência protetiva do *mandamus* a liberdade de locomoção e o direito à informação, relativamente aos quais há previsão de tutela própria por meio de *habeas corpus* e de *habeas data,* respectivamente.

Entretanto, outras situações existem, as quais, previstas no art. 5.º da Lei 12.016/2009, também desautorizam a impetração do mandado de segurança. Consistem:

a) **Ato do qual caiba recurso administrativo com efeito suspensivo, independentemente de caução:** A proibição, neste caso, conflita com a Súmula 429 do STF, dispondo que *a existência de recurso administrativo com efeito suspensivo não impede o uso do mandado de segurança contra omissão da autoridade.* Portanto, compreendemos prejudicado o referido enunciado do Excelso Pretório, visto que contrário, na atualidade, ao texto expresso de lei.

[31] GRECO FILHO, Vicente. *Direito processual civil brasileiro*. 12. ed. São Paulo: Saraiva, 1997. v. 3, p. 304.

b) **Decisão judicial da qual caiba recurso com efeito suspensivo:** Neste caso, não há, propriamente, uma contrariedade da lei com o entendimento do STF materializado na Súmula 267. Esta dispõe que *não cabe mandado de segurança contra ato judicial passível de recurso ou correição*. Todavia, diante dos termos do art. 5.º, II, da Lei 12.016/2009, deve-se compreender que tal verbete incide, apenas, quando se tratar de recurso *com* efeito suspensivo, não ficando impedida a utilização do *writ* quando o ato impugnado for passível de recurso *sem* efeito suspensivo.

c) **Decisão judicial transitada em julgado:** Amolda-se a legislação, aqui, à Súmula 268 do STF, a qual já dispunha que *não cabe mandado de segurança contra decisão judicial com trânsito em julgado*.

15.3.3. Competência para o processo e julgamento

Embora essa regra comporte exceções, a competência para o processo e julgamento do mandado de segurança será, em tese, definida segundo a hierarquia funcional da autoridade coatora, não sendo relevante a matéria deduzida na impetração.

Assim, será competente:

- O **juiz de direito** para o julgamento do *mandamus* contra ato de **autoridade sujeita à sua jurisdição**;
- Os **Tribunais de Justiça dos Estados e os Tribunais Regionais Federais** para o julgamento do *writ* contra ato dos *juízes de direito* ou dos *juízes federais* que lhes forem vinculados;
- As **Turmas Recursais** para o julgamento do mandado de segurança contra ato dos *juízes dos Juizados Especiais Criminais*;
- As **Turmas Recursais** para o julgamento do *mandado de segurança* contra *atos que delas emanarem*. Embora houvesse divergências a respeito, foram estas sanadas com a aprovação pelo STJ, em 18.03.2009, da Súmula 376, segundo a qual *compete à turma recursal processar e julgar o mandado de segurança contra ato de juizado especial*. No mesmo sentido, vale dizer, de que a competência originária para conhecer de mandado de segurança contra coação imputada a Turma Recursal dos Juizados Especiais é dela mesma, é a posição sufragada no STF;
- Tratando-se de mandado de segurança impetrado contra ato de *Promotor de Justiça ou Procurador da República*, há controvérsias quanto à competência para o respectivo julgamento, vale dizer, se do Juiz de 1.º Grau ou dos Tribunais (Tribunais de Justiça ou Tribunais Regionais Federais). Em que pesem as divergências, de um modo geral tem prevalecido o entendimento de que a competência para tanto será a definida por meio da legislação local. No Estado de São Paulo, por exemplo, dispõe o art. 233 do Regimento Interno do Tribunal de Justiça que *compete às Câmaras julgar, originariamente, mandados de segurança contra atos de juízes de primeira instância, membros do Ministério Público e outras autoridades, ressalvada a competência do Órgão Especial*. Não é outro o entendimento do Tribunal de Justiça do Rio Grande do Sul, compreendendo que compete às Câmaras Criminais Separadas processar e julgar os mandados de segurança contra atos dos membros do Ministério Público[32]. Já no Estado de Pernambuco, deliberou o Tribunal de Justiça que promotor de justiça estadual, quando sujeito passivo de mandado de segurança, não possui a prerrogativa de ter o *writ*

[32] TJRS, 22.ª Câmara Cível, Apelação 70036981991, Rel. Des. Rejane Maria Dias de Castro Bins, *DJ* 01.10.2010.

processado naquela Corte, porquanto a Constituição Estadual estabelece, em caráter *numerus clausus*, as autoridades que gozam dessa prerrogativa, não os incluindo[33].

Independentemente destas regras e apesar do princípio da hierarquia que rege a competência para o julgamento do *writ*, na Constituição Federal também existem normas definidoras de competência:

- O art. 102, I, *d*, da CF, estabelece que compete ao **Supremo Tribunal Federal** julgar o mandado de segurança contra ato do *Presidente da República, das Mesas da Câmara dos Deputados e do Senado Federal, do Tribunal de Contas da União, do Procurador-Geral da República e do próprio Supremo Tribunal Federal:* A competência para o julgamento do mandado de segurança é do Supremo Tribunal Federal (art. 101, I, *d*, CF).
- O art. 105, I, *b*, da CF, dispõe que compete ao **Superior Tribunal de Justiça** julgar o mandado de segurança contra ato de *Ministros de Estado, dos Comandantes da Marinha, do Exército e da Aeronáutica e do próprio Superior Tribunal de Justiça.*
- O art. 108, I, *c*, da CF, preceitua que compete aos **Tribunais Regionais Federais** julgarem o mandado de segurança contra ato de *Juiz Federal ou do próprio Tribunal Regional Federal.*
- O art. 109, VIII, da CF, determina que compete aos **Juízes Federais** julgarem o mandado de segurança contra ato de *autoridades federais em geral, excetuados os casos de competência dos tribunais federais.*

15.3.4. Natureza jurídica, forma e prazo

Não há dúvida de que o mandado de segurança não é recurso, e sim uma ação própria, de **natureza mandamental**, que poderá ter *eficácia cautelar*, quando amparado no *periculum in mora* e no *fumus boni iuris* (*v.g.*, impetração para o fim de restituição de veículo apreendido em face do risco de deterioração); *eficácia constitutiva*, quando objetivar a criação, modificação ou extinção de uma determinada situação jurídica (*v.g.*, invalidação da decisão que determina o sequestro de bem imóvel do réu sem que haja indícios veementes de sua aquisição com recursos da prática criminosa); e, por fim, *eficácia declaratória*, quando visar à declaração da existência ou inexistência de uma relação jurídica (*v.g.*, declaração do direito do advogado em ter acesso aos autos de inquérito policial).

Quanto à **forma de impetração**, deve ser realizada por petição, incorporando os respectivos fundamentos e fazendo-se acompanhar da correspondente prova documental quanto aos fatos sustentados.

De acordo com o art. 6.º da Lei 12.016/2009, a inicial deverá preencher os requisitos estabelecidos pela lei processual (referindo-se, obviamente, àqueles previstos no CPC) e indicará, além da autoridade coatora, a pessoa jurídica que esta integra, à qual se acha vinculada ou da qual exerce atribuições. O pedido deverá ser apresentado em duas vias, acostando-se cópias dos documentos comprobatórios do direito alegado em ambas, a fim de que uma delas seja enviada à autoridade apontada como coatora.

Protocolizada a inicial, se a autoridade judicial competente verificar que a hipótese impugnada não se enquadra entre aquelas que autorizam a dedução do mandado de segurança, ou que já decorreu o prazo legal para a impetração, indeferi-lo-á de plano, por meio de decisão fundamentada (art. 10 da Lei 12.016/2009).

[33] Julgado referido pelo STJ, ao deliberar sobre o Agravo Regimental 26.879/PE, *DJ* 03.04.2012.

Ao contrário do *habeas corpus*, que não é ato privativo de advogado, o **mandado de segurança deverá ser subscrito por quem tenha capacidade postulatória** – advogado ou representante do Ministério Público – não se admitindo que, de próprio punho, esta via sirva de fonte de aquisição de direitos.

Ainda, nos termos do art. 4.º da nova Lei, em casos de extrema urgência, poderá o *writ* ser impetrado por telegrama, radiograma, *fax* ou outro meio eletrônico de autenticidade comprovada, sem prejuízo da necessidade de ser o original da petição apresentado em juízo no prazo de cinco dias úteis.

Atente-se que o direito de requerer o mandado de segurança extingue-se caso decorridos **cento e vinte dias**, contados da ciência, pelo interessado, do ato impugnado (art. 23 da Lei 12.016/2009). Sendo esse prazo de natureza decadencial, não está sujeito à interrupção tampouco à suspensão. Há, contudo, entendimento minoritário no sentido de que possa a defesa impetrar o remédio heroico, mesmo após o decurso do prazo legal, quando se trate de proteger direito subjetivo público indisponível do acusado.

15.3.5. Procedimento

Quando impetrado nos **Tribunais de Justiça, Tribunais Regionais Federais** e **Tribunais Superiores**, o procedimento, em linhas gerais, é definido pelos respectivos regimentos internos. Entretanto, a Lei 12.016/2009 não foi totalmente silente a respeito, introduzindo algumas normas de observância obrigatória. É o caso do art. 10, § 1.º, preceituando que, se a competência para o processo e julgamento do *writ* couber originariamente aos tribunais, *do ato do relator que indeferir a inicial caberá agravo para o órgão competente do tribunal que integre*; a estabelecida no art. 16 (alterado pela Lei. 13.676/2018), segundo o qual, *nos casos de competência originária dos tribunais, caberá ao relator a instrução do processo, sendo assegurada a defesa oral na sessão do julgamento do mérito ou do pedido liminar; ou do pedido liminar* e a constante no parágrafo único do mesmo artigo, no sentido de que *da decisão do relator que conceder ou denegar a medida liminar caberá agravo ao órgão competente do tribunal que integre.*

Por outro lado, se deduzida perante o **juiz**, a tramitação obedecerá à seguinte cronologia de atos:

1) O mandado de segurança será impetrado por meio de petição, em duas vias (art. 23), observadas as formalidades previstas no art. 6.º.

2) Distribuída a ação, poderá o juiz:

   2.1) Indeferir de plano a inicial, se verificar que não se trata de hipótese que autoriza o *mandamus* ou se já esgotado o prazo decadencial de sua impetração (art. 10).

   2.2) Receber a exordial e, ato contínuo, ordenar:

      2.2.1) A notificação da autoridade coatora, com a entrega de cópia de uma das vias e documentos que a instruem, para que preste informações em dez dias (art. 7.º, I);

      2.2.2) Se for o caso, também a cientificação do feito ao órgão de representação judicial da pessoa jurídica interessada, com envio de cópia da inicial sem documentos, para que ingresse, querendo, no feito (art. 7.º, II).

3) Havendo relevante fundamento e se do ato impugnado puder resultar ineficácia da medida, o juiz poderá, liminarmente, determinar que se suspenda o ato que deu motivo à impetração (art. 7.º, III). Neste caso, os efeitos da liminar perdurarão até o momento em que prolatada sentença, salvo se, antes, restar cassada ou revogada (art. 7.º, § 3.º). Apesar desta previsão, a Lei 12.016/2009 instituiu possibilidade não existente no regramento anterior, qual seja de caducidade ou perempção da medida liminar quando, após sua

concessão, o próprio impetrante obstaculizar o andamento normal do processo ou não promover, por mais de três dias, os atos ou diligências que lhe incumbem (art. 8.º).

4) Decorrido o prazo fixado ao coator, com ou sem informações, o juiz dará vista ao Ministério Público, pelo prazo de dez dias, para parecer (art. 12).
5) Retornando-lhe os autos, com ou sem parecer do Ministério Público, o magistrado proferirá sentença no prazo de trinta dias (art. 12, parágrafo único).

15.3.6. Recursos em relação às decisões de mérito proferidas em sede de mandado de segurança

No *writ*, os recursos pertinentes às decisões concessivas ou denegatórias da segurança variam conforme a condição do julgador – juiz ou órgão colegiado dos tribunais.

Assim, a **sentença do juiz**, concessiva ou denegatória da segurança, enseja apelação (art. 14 da Lei 12.016/2009). Sendo concessiva, ainda que não haja recurso voluntário pela parte sucumbente, caberá ao juiz enviar os autos ao tribunal *ad quem* para reexame da sentença (recurso *ex officio*, previsto no art. 14, § 1.º).

Tratando-se de **acórdão proferido pelos Tribunais de Justiça ou Tribunais Regionais Federais**, é preciso distinguir: se denegatório da segurança, restará ao sucumbente ingressar com recurso ordinário constitucional para o Superior Tribunal de Justiça (art. 105, II, *b*, da CF); se, porém, for hipótese de concessão da segurança, faculta-se ao prejudicado insurgir-se por meio de recurso especial para o STJ (art. 105, III, da CF) ou de recurso extraordinário para o STF (art. 102, III, da CF), conforme seja lei federal ou direito constitucional o enfoque, respectivamente.

Provindo a decisão acerca do *mandamus* do **Superior Tribunal de Justiça**, do **Tribunal Superior Eleitoral** ou do **Superior Tribunal Militar** (lembre-se que a Justiça do Trabalho – *in casu*, o TST – não possui competência criminal), também é necessário diferenciar: a decisão denegatória será impugnada por meio de recurso ordinário constitucional para o Supremo Tribunal Federal (art. 102, II, *a*, da CF); já a decisão concessiva viabiliza, em termos de recurso, apenas o extraordinário para o Supremo Tribunal Federal, caso possível.

Por fim, decisões do **Supremo Tribunal Federal**, concessivas ou denegatórias, não ensejam nenhum recurso legalmente previsto, conquanto possam, eventualmente, admitir vias impugnativas previstas em sede regimental.

Objetivando a melhor compreensão, apresentamos, a seguir, a síntese dessas regras sob a forma de quadro:

PROLATOR	DECISÃO	RECURSO	BASE LEGAL
Juiz	Decisão concessiva ou denegatória da segurança	Apelação, sem prejuízo do reexame necessário no caso de decisão concessiva	• art. 14 e § 1.º da Lei 12.016/2009
Câmaras dos Tribunais de Justiça e Turmas dos Tribunais Regionais Federais	Decisão concessiva da segurança	Recurso extraordinário para o STF e/ou Recurso Especial para o STJ	• arts. 102, III, da CF e 105, III, da CF • arts. 1.029 a 1.041 do CPC/2015 • art. 18 da Lei 12.016/2009

PROLATOR	DECISÃO	RECURSO	BASE LEGAL
Câmaras dos Tribunais de Justiça e Turmas dos Tribunais Regionais Federais	Decisão denegatória da segurança	Recurso Ordinário Constitucional para o STJ	• art. 105, II, *b*, da CF • arts. 33 a 35 da Lei 8.038/1990 • art. 18 da Lei 12.016/2009
Turmas dos Tribunais Superiores, exceto STF	Decisão concessiva da segurança	Recurso Extraordinário para o STF	• art. 102, III, da CF • arts. 1.029 a 1.041 co CPC/2015 • art. 18 da Lei 12.016/2009
Turmas dos Tribunais Superiores, exceto STF	Decisão denegatória da segurança	Recurso Ordinário Constitucional para o STF	• art. 102, II, *a*, da CF
Órgãos do STF	Não há previsão de recurso em Lei, conquanto seja possível a utilização de vias regimentais (Regimento Interno do STF)		

15.3.7. Hipóteses comuns de impetração do mandado de segurança criminal

O manejo do *writ* na esfera criminal depende muito da hipótese concreta e, sobretudo, do descabimento de uma via recursal própria para o insurgimento em relação ao ato a ser impugnado. De qualquer forma, entre as hipóteses mais comuns de impetração colaciona-se:

- **Decisão que indefere a habilitação do assistente de acusação:** Conforme estabelece o art. 273 do CPP, é irrecorrível a decisão (o dispositivo refere-se, impropriamente, a "despacho") que defere ou indefere a habilitação da vítima ou de qualquer das pessoas enumeradas no art. 31 do CPP (cônjuge, ascendente, descendente ou irmão da vítima) como assistente do Ministério Público. Ocorre que tal habilitação constitui-se em *direito líquido e certo*, podendo ser indeferida pelo juízo, tão somente, se o requerente não for um dos legitimados para tal ou se, mesmo legitimado, não estiver assistido por procurador legalmente habilitado. Assim, negada que venha a ser a admissão postulada por qualquer outra razão, restará viabilizada a impetração do remédio heroico.
- **Decisão que determina o sequestro de bens do indivíduo à revelia dos requisitos legais:** Segundo o art. 126 do CPP, caberá o sequestro de bens imóveis do indivíduo quando houver indícios veementes de que estes foram adquiridos com o produto da infração penal. Sem embargo da previsão inscrita no art. 130 do mesmo diploma, no sentido de que o sequestro é medida que admite defesa por meio de *embargos*, tem-se aceito a via do *mandamus* como forma de impugnação dessa medida assecuratória quando for evidentemente ilegal a sua decretação. Necessária, contudo, a devida comprovação do direito líquido e certo alegado, sendo isto condição intransponível à concessão do mandado de segurança. Como exemplo de situação que comportaria o uso do *writ* contra ordem judicial de sequestro de bens, ilustra-se a hipótese de alguém ter sequestrado um bem de sua propriedade, adquirido antes do cometimento do crime pelo qual está sendo acusado, circunstância esta que afasta a possibilidade de ter sido utilizada, na respectiva aquisição, a verba proveniente do ilícito penal.
- **Impetração visando agregar efeito suspensivo a recurso em que não haja previsão de tal efeito:** Por muito tempo, a via do mandado de segurança foi utilizada largamente com o objetivo de agregar efeito suspensivo a recursos que não o tivessem, *v.g.*,

ao agravo contra decisões do juiz da execução, que não suspende a decisão agravada (art. 197 da LEP). Tal orientação, porém, não encontra mais eco na jurisprudência atual dos Tribunais Superiores que, sistematicamente, vêm compreendendo que a impetração de mandado de segurança como sucedâneo recursal visando à obtenção de efeito suspensivo a recurso que não o possua é inviável, pois nestes casos, carecendo de amparo legal a pretensão, não há direito líquido e certo a tutelar a ação mandamental. Referendando esta orientação, publicou o STJ, inclusive, a Súmula 604 (*DJ* 05.03.2018), dispondo esta que "*o mandado de segurança não se presta para atribuir efeito suspensivo a recurso criminal interposto pelo Ministério Público*". **E se reputar o Ministério Público fundamental, no caso concreto, a obtenção de efeito suspensivo?** Neste caso, a nosso ver, o efeito deve ser postulado ao juízo de origem (prolator da decisão recorrida) por ocasião da interposição do recurso. Não obtido, poderá o recorrente buscar seu deferimento por meio de requerimento dirigido ao relator a que distribuído o recurso no tribunal competente, demonstrando a teratologia da decisão recorrida; a sua evidente contrariedade à jurisprudência pacífica do Tribunal; a sua manifesta ilegalidade ou, por fim, o perigo de ocorrência de dano irreparável ou de difícil reparação. Lembre-se de que, em se tratando de recursos extraordinário e especial, a disciplina relativa ao pleito de efeito suspensivo encontra-se no art. 1.029, § 5.º, do NCPC, aplicável, extensivamente, ao processo penal. **E quanto aos recursos da defesa?** A despeito de silenciar a Súmula 604 a respeito, é certo que o entendimento prevalente é o mesmo, cabendo ao recorrente, portanto, valer-se das mesmas vias supramencionadas, podendo, ainda, na hipótese de sucumbência muito grave, optar pelo manejo do *habeas corpus* com vista à cessação do constrangimento. Atente-se, contudo, que o *habeas corpus* não pode ser utilizado como substituto de recursos. Portanto, a impetração da ação constitucional e concessão da ordem, nesses casos, podem ocorrer, apenas, excepcionalmente e desde que se trate de ilegalidade flagrante ou de pronunciamento judicial evidentemente teratológico.

- **Direito de acesso do advogado a autos de inquérito policial e/ou extração de cópias quando estabelecido pelo Delegado de Polícia sigilo nas investigações:** Embora predomine, há bastante tempo, o entendimento de que o sigilo que pode ser conferido ao inquérito policial pelo delegado é apenas aquele que impede pessoas do povo e o próprio investigado de manusear os respectivos autos, não atingindo o advogado, esse tema apenas se consolidou com a edição, pelo STF, da Súmula Vinculante 14 (aprovada em 02.02.2009), dispondo que "é direito do defensor, no interesse do representado, ter acesso amplo aos elementos de prova que, já documentados em procedimento investigatório realizado por órgão com competência de polícia judiciária, digam respeito ao exercício do direito de defesa". Logo, negado esse acesso e ofendidos, em consequência, os termos de súmula vinculante, faculta-se ao prejudicado deduzir **reclamação** ao STF, conforme preceitua o art. 103-A, § 3.º, da CF. Independentemente dessa previsão, ainda é possível ao interessado valer-se tanto do *habeas corpus* como do **mandado de segurança** para efetivar esse direito de acessar autos de inquérito. Isto porque a Lei 11.417/2006, ao disciplinar a edição, a revisão e o cancelamento de súmula vinculante, dispõe em seu art. 7.º que *da decisão judicial ou do ato administrativo que contrariar enunciado de súmula vinculante, negar-lhe vigência ou aplicá-lo indevidamente caberá reclamação ao Supremo Tribunal Federal*, sem prejuízo dos recursos ou outros meios admissíveis de impugnação (grifamos). Ademais, especificamente em relação ao mandado de segurança, deve-se frisar que, possuindo a reclamação a natureza de ação de índole constitucional e não de um recurso, a utilização do *mandamus* não acarreta incidência do art. 5.º, II, da Lei 12.016/2009, que veda sua impetração contra ato judicial de que caiba recurso com efeito suspensivo.

- **Exclusão do nome do impetrante dos registros externos de antecedentes criminais:** Os dados relativos a inquéritos arquivados ou os processos nos quais tenha ocorrido o cumprimento da pena imposta (art. 202 da Lei 7.210/1984), assim como a absolvição por sentença penal transitada em julgado e o reconhecimento da extinção da punibilidade pela prescrição da pretensão punitiva do Estado, devem ser excluídos, preservando-se apenas o sigilo no Distribuidor Criminal, este para efeitos internos do juízo.

15.4. CORREIÇÃO PARCIAL

15.4.1. Considerações gerais

Trata-se da medida cabível contra ato do magistrado que, por erro ou abuso de poder, acarreta inversão tumultuária de atos processuais, dilatação abusiva de prazos ou paralisação injustificada de processos. Seu cabimento, em síntese, tem em vista o ***error in procedendo***, decorrente da ilegalidade praticada por juiz, condicionando-se o seu uso, ainda, a que não exista recurso previsto em lei para a insurgência contra a decisão a ser impugnada.

A **natureza jurídica** da correição é questão que divide a doutrina. Para alguns trata-se de uma mera providência ou medida disciplinar; para outros, é recurso administrativo; por fim, há quem entenda tratar-se de um sucedâneo recursal, vale dizer, uma categoria intermediária entre os recursos propriamente ditos e as medidas de natureza administrativa.

Prevista a correição, sobretudo, nos regimentos internos dos Tribunais e nos Códigos de Organização Judiciária, em termos de lei federal a única referência existente é a incorporada ao art. 6.º, I, da Lei 5.010/1966, que organiza a Justiça Federal de 1.ª instância, admitindo a sua propositura pela parte ou Ministério Público junto ao Conselho da Justiça Federal contra ato ou despacho de juiz de que não caiba recurso e que importe erro de ofício ou abuso de poder. Todavia, com a promulgação da Lei 8.472/1992, que, no art. 5.º, reorganizou as competências do Conselho da Justiça Federal, há doutrinadores que se posicionam no sentido de que a correição teria sido afastada, pois este último diploma não faz nenhuma menção a ela.

Ressalte-se que nada impede a dedução da correição parcial contra decisões proferidas no âmbito dos Juizados Especiais Criminais, cabendo o respectivo julgamento, neste caso, às Turmas Recursais.

15.4.2. Prazo

O prazo para o pedido de correição parcial, em regra (pois depende do que estabelecer a legislação de cada Estado da Federação sobre organização judiciária ou da previsão inserida ao regimento interno do respectivo tribunal), é de **cinco dias**, contados da data da ciência do despacho ou decisão impugnada.

15.4.3. Efeitos

A correição parcial tem **efeito devolutivo**, como toda e qualquer impugnação.

Como regra geral, não possui **efeito suspensivo**. Sem embargo, o art. 9.º da Lei 5.010/1966 faculta ao relator da correição parcial *ordenar a suspensão, até trinta dias, do ato ou despacho impugnado, quando de sua execução possa decorrer dano irreparável.* Em nível da Justiça Estadual, a ocorrência de efeito suspensivo condiciona-se à existência de norma local de organização judiciária assim estabelecendo.

A jurisprudência tem conferido **efeito regressivo** à correição parcial (juízo de retratação), facultando-se ao magistrado reconsiderar a sua decisão por ocasião do pedido de informações que lhe for encaminhado pelo Tribunal competente quando do processamento da medida.

15.4.4. Legitimidade

Possuem legitimidade para o ingresso da correição parcial os interessados *lato sensu*, como tal compreendidas as partes no curso do processo criminal e no âmbito da execução penal. Evidentemente, para sua dedução é necessária capacidade postulatória.

E também podem propor a correição parcial os diretamente envolvidos em inquérito policial, desde que, no correr da investigação, sobrevenha decisão do juiz que importe *error in procedendo*, isto é, inversão tumultuária de atos ou de fórmulas legais. É o caso por exemplo de, antes do recebimento da denúncia, quando ainda o inquérito policial estiver com vista ao Ministério Público, admitir o juiz a vítima como assistente de acusação (lembre-se que a habilitação do assistente apenas é viabilizada no curso do processo criminal, *ex vi* dos arts. 268 e 269 do CPP); ou de ordenar o magistrado o arquivamento de inquérito policial sem que tenha sido provocado a tanto pelo Ministério Público; ou, ainda, de indeferir o juiz pedido de interceptação telefônica realizada pelo Ministério Público na fase do inquérito policial, mesmo se atendidos os requisitos legais etc.

Discute-se a legitimidade do assistente de acusação para o ingresso da medida. Particularmente, embora não haja previsão expressa desta possibilidade (o art. 271 possibilita ao assistente insurgir-se apenas contra a impronúncia, contra a decisão que declara extinta a punibilidade e contra a sentença final de mérito), pensamos que deve ser oportunizado seu ingresso diante de eventual ilegalidade constatada na atuação do magistrado, por exemplo, se este negar-lhe vista dos autos para arrazoar recurso interposto pelo Ministério Público, em manifesta violação ao art. 600, § 1.º, do CPP. Gize-se, no entanto, que, em termos de jurisprudência, prevalece orientação contrária, isto é, no sentido de que o assistente de acusação não possui legitimidade para o ingresso de correição parcial[34]. Idêntica orientação já foi adotada no STJ, entendendo esse Pretório pela "ilegitimidade do assistente de acusação para interpor correição parcial"[35].

15.4.5. Procedimento

O procedimento da correição parcial é, normalmente, estabelecido nos regimentos internos dos tribunais estaduais e federais. No regimento interno do Tribunal Regional Federal da 4.ª Região, por exemplo, a forma de tramitação é determinada pelos arts. 263 a 265 e 277. Já no regimento interno do Tribunal de Justiça do Rio Grande do Sul está prevista nos arts. 251 a 254, com remissão ao art. 195 da Lei Estadual 7.356/1980.

Em linhas gerais, o rito não costuma destoar da seguinte sequência de atos:

a) Propositura, pelo corrigente, por meio de petição fundamentada e devidamente instruída, dirigida ao Presidente do Tribunal a que sujeito o magistrado prolator da decisão impugnada;

b) Admissão da medida, se presentes os seus requisitos;

c) Exame, pelo presidente do tribunal respectivo, acerca da necessidade/viabilidade de deferimento liminar da medida, desde que relevantes os fundamentos e haja perigo de prejuízo irreparável pela não suspensão dos efeitos do ato impugnado;

d) Com ou sem deferimento, segue-se a distribuição ao órgão colegiado incumbido do julgamento (Câmara ou Turma), distribuindo-se ao relator, que poderá requisitar informações ao magistrado. Essas informações podem ser dispensadas quando, sendo caso de natureza urgente, o pedido estiver devidamente instruído;

[34] TJRS, Correição Parcial 70043623115, *DJ* 05.10.2011; TJSP, Correição Parcial 9248547-61.2005.8.26.0000, j. 31.07.2007.

[35] STJ, REsp 604.379/SP, 5.ª Turma, *DJ* 06.03.2006.

e) Ao receber o pedido de informações, poderá o magistrado retratar-se da decisão, caso em que a correição ficará prejudicada;

f) Após, segue-se parecer do Ministério Público e julgamento, sendo a decisão comunicada ao magistrado.

Repise-se que há variações procedimentais em cada Tribunal. No caso de São Paulo, por exemplo, o Regimento Interno do Tribunal de Justiça determina que seja aplicado à correição parcial, mesmo em matéria criminal, o procedimento do agravo de instrumento regulado pelo Código de Processo Civil, facultando-se ao relator a suspensão liminar da decisão que deu motivo ao pedido correicional quando do ato impugnado puder resultar a ineficácia da medida (arts. 211 a 215 do RITJSP). Semelhante previsão existe no Código de Organização Judiciária do Rio Grande do Sul, possibilitando-se ao Presidente do Tribunal ou ao relator deferir, liminarmente, a medida acautelatória, se relevantes os fundamentos do pedido e se houver possibilidade de prejuízo em caso de retardamento (art. 195, § 6.º, *a*, da Lei 7.356/1980).

Discute-se o cabimento de recurso aos tribunais superiores contra as decisões de deferimento ou indeferimento de correição parcial. No âmbito do STF, tem-se decidido que "o ato que indefere correição parcial, por possuir natureza administrativa, sem qualquer conteúdo jurisdicional, não viabiliza o cabimento do recurso extraordinário"[36].

15.5. RECLAMAÇÃO

15.5.1. Considerações gerais

O instituto da *reclamação* está previsto, de modo genérico, nos arts. 102, I, *l*, e 105, I, *f*, da Constituição Federal, conforme dirigidas ao Supremo Tribunal Federal ou Superior Tribunal de Justiça, respectivamente. A previsão legal, por sua vez, vem inscrita nos arts. 988 a 993 do CPC/2015, aplicáveis ao âmbito criminal por analogia, em face da revogação expressa dos arts. 13 a 18 da Lei 8.038/1990, que antes disciplinavam a matéria.

Trata-se de medida utilizada em casos excepcionais, **visando à preservação da competência do tribunal ou a assegurar a autoridade de suas decisões**, sendo irrelevante a natureza da impugnação ou ação em que proferidas. Logo, é possível ao prejudicado valer-se da reclamação no caso de ter sido desrespeitada decisão prolatada no julgamento de recursos, de ações autônomas de impugnação, de ações diretas de inconstitucionalidade etc. *Exemplo 1:* considere-se que, inconformado com a decisão proferida em incidente de restituição, apele o acusado ao Tribunal de Justiça postulando que lhe seja devolvido o veículo apreendido. Negado provimento à apelação, ingressa ele com recurso especial, logrando obter do Superior Tribunal de Justiça o resultado desejado. Sendo provido o recurso especial, mesmo assim o juiz de 1.º grau nega-se a cumpri-la. Neste caso, caberá reclamação ao Superior Tribunal de Justiça objetivando assegurar a autoridade da decisão então adotada por ocasião do julgamento do recurso especial. *Exemplo 2:* a Terceira Seção do STJ, ao julgar a Reclamação 39.417/SP (em 29.06.2020), considerou-a procedente, compreendendo que o Juízo da Vara de Execuções Criminais da comarca de origem manteve hígidos os efeitos de decisão que havia sido anulada pelo STJ no julgamento anterior de *habeas corpus*. *Exemplo 3:* a Primeira Turma do STJ, ao deliberar na Reclamação 30.263/SP (em 11.09.2018), julgou-a procedente por considerar que o Juízo de Primeiro Grau "negou aplicabilidade a decisão proferida em

---

36 STF: AI 758557 AgR/SP, j. 30.09.2014 e ARE 890.730/MG, *DJ* 03.08.2015.

sede de Ação Direta de Inconstitucionalidade, e que concedeu interpretação conforme à Constituição ao Decreto Natalino [indulto] de 2017 (Decreto 9.246/2017)".

Hipótese importante que autoriza o manejo da reclamação encontra-se no art. 103-A, § 3.º, da CF, estabelecendo a sua pertinência para a hipótese de descumprimento de **súmula vinculante**. Preceitua, pois, *o dispositivo que do ato administrativo ou decisão judicial que contrariar a súmula aplicável ou que indevidamente a aplicar caberá reclamação ao Supremo Tribunal Federal que, julgando-a procedente, anulará o ato administrativo ou cassará a decisão judicial reclamada, e determinará que outra seja proferida com ou sem a aplicação da súmula.*

A teor do art. 988, § 5.º, do CPC/2015, são inadmissíveis: a reclamação proposta após o trânsito em julgado da decisão reclamada (inc. I); e a reclamação proposta para garantir a observância de acórdão de recurso extraordinário com repercussão geral reconhecida ou de acórdão proferido em julgamento de recursos extraordinário ou especial repetitivos, quando não esgotadas todas as instâncias ordinárias (inc. II). Tocante a esta última previsão, deve-se reputar como "não esgotadas todas as instâncias ordinárias" quando, à parte, ainda estiver aberta a possibilidade de interposição de algum recurso, sendo irrelevante qual o tribunal competente para julgá-lo (Tribunal de Justiça, Superior Tribunal de Justiça, Supremo Tribunal Federal etc.). Veja-se, como exemplo, a situação ocorrida no julgamento monocrático, no STF (em 16.12.2020) da Reclamação 44.661/PE, deduzida contra sentença condenatória proferida por Juízo de 1º Grau que ordenou a execução provisória da pena imposta, em desacordo com o deliberado pelo STF nos julgamentos das Ações Declaratórias de Constitucionalidade 43/DF, 44/DF e 54/DF (oportunidades em que, como já vimos, compreendeu o STF no sentido da impossibilidade da execução da pena antes do trânsito em julgado da decisão condenatória). Deliberando a respeito, entendeu o Min. Ricardo Lewandowski por não conhecer da reclamação (em que pese tenha concedido *habeas corpus* de ofício), tendo em vista o não exaurimento de todos os recursos cabíveis (apelação da sentença e outros recursos cabíveis contra o julgamento desta apelação pelo tribunal de justiça competente). No acórdão respectivo, restou consignado, em alusão a outro precedente da Corte, que "o esgotamento da instância ordinária significa o percurso de todo o iter recursal cabível antes do acesso à Suprema Corte. Ou seja, se a decisão reclamada ainda comportar reforma por via de recurso a algum tribunal, inclusive a tribunal superior, não se permitirá acesso à Suprema Corte por via de reclamação".

15.5.2. Prazo

Não existe previsão legal de prazo para a propositura da reclamação. Assim, deduz-se que pode ser intentada a qualquer tempo.

Repisa-se, contudo, que não é cabível ajuizar a reclamação em data posterior ao trânsito em julgado da decisão reclamada[37], vedação esta que restou estabelecida, em nível legislativo, pelo art. 988, par. 5.º, inc. I, do CPC/2015 e que, mesmo antes disso, já estava inserida na Súmula 734 do STF ao preceituar que não cabe reclamação quando já houver transitado em julgado o ato judicial que se alega ter desrespeitado decisão do Supremo Tribunal Federal.

15.5.3. Forma

A reclamação deve ser confeccionada por petição, já acompanhada das respectivas razões e instruída com prova documental (art. 988, § 2.º, do CPC/2015). É admitido o pedido de liminar a fim de que seja ordenada, desde logo, a obediência à decisão, em tese, descumprida.

[37] STF, HC 111.995/SP, *DJ* 17.02.2012.

15.5.4. Procedimento

Seguem-se as regras dispostas nos arts. 988 a 993 do CPC/2015, bem como disposições regimentais dos tribunais, sendo endereçada ao Presidente do Tribunal cuja decisão ou autoridade foi desrespeitada. Frise que não é admitida, na sua tramitação, a produção de provas, razão pela qual esta deve estar pré-constituída por ocasião do ajuizamento (art. 988, § 2.º).

Autuada a reclamação e distribuída, sempre que possível, ao Relator do processo principal (art. 988, § 3.º), este poderá ordenar a suspensão do processo ou do ato impugnado, se isto for necessário para evitar dano irreparável. Contemporaneamente, requisitará ele informações da autoridade a quem for imputada a prática do ato impugnado, que as deverá prestar em dez dias, e, também, determinará a citação do beneficiário da decisão impugnada, que terá prazo de quinze dias para apresentar sua contestação (art. 989, I, II e III do CPC/2015).

Repisa-se que qualquer interessado pode impugnar o pedido (art. 990).

Após o decurso do prazo para informações e para o oferecimento da contestação pelo beneficiário do ato impugnado, não sendo o autor da reclamação, o Ministério Público terá vista dos autos pelo prazo de cinco dias, para parecer.

Por fim, é a medida submetida a julgamento pelo órgão competente.

Julgada procedente a reclamação, procederá o tribunal à cassação da decisão exorbitante de seu julgado ou determinará a medida adequada à solução da controvérsia. Essas determinações serão cumpridas imediatamente, sendo o acórdão decorrente do julgamento da reclamação lavrado posteriormente.

15.5.5. Órgão julgador

Se o Tribunal, cuja autoridade tiver sido afrontada, for o Supremo Tribunal Federal, dispõe o art. 9.º, I, *c*, do seu Regimento Interno (modificado pela Emenda Regimental 49/2014) que cabe às Turmas processar e julgar originariamente todas as reclamações que visem a preservar a competência da Corte ou a garantir a autoridade de suas decisões ou Súmulas Vinculantes.

Já no caso do Superior Tribunal de Justiça, estabelece o art. 11, X, do respectivo Regimento Interno que compete à Corte Especial processar e julgar as reclamações para a preservação de sua competência e garantia de suas decisões. Na sequência, dispõe o art. 12, III, do mesmo Regimento que cabe às Seções processar e julgar as reclamações para a preservação de suas competências e garantia da autoridade de suas decisões e das Turmas.

Acesse o
MATERIAL SUPLEMENTAR

Entre no Ambiente de Aprendizagem através das instruções contidas na orelha deste livro e acesse os conteúdos exclusivos desta edição:
- questões de concursos;
- videoaulas dos principais temas;
- mapas mentais;
- *ebook* de resumos de cada capítulo.

CAPÍTULO **16**

Relações Jurisdicionais com Autoridades Estrangeiras

16.1. CONSIDERAÇÕES GERAIS

O Código de Processo Penal, no art. 780 e seguintes, disciplina a tramitação dos pedidos jurisdicionais relativos às relações jurídicas com autoridades estrangeiras, referindo-se à expedição e cumprimento de **cartas rogatórias** e à homologação de **sentenças estrangeiras**. Como refere Mirabete, "são dispositivos de direito público interno que têm como fundamento o combate ao crime como objetivo universal, diante dos compromissos assumidos pelo Brasil em convenções e tratados internacionais"[1].

Dispõe, com efeito, o art. 780 do CPP:

> "Sem prejuízo de convenções ou tratados, aplicar-se-á o disposto neste Título à homologação de sentenças penais estrangeiras e à expedição e ao cumprimento de cartas rogatórias para citações, inquirições e outras diligências necessárias à instrução do processo penal".

O dispositivo, como se vê, ressalva da disciplina incorporada ao Código de Processo Penal a eventual existência de convenções ou tratados assinados pelo Brasil, harmonizando-se, neste aspecto, com o disposto nos arts. 1.º, I, do CPP, e 5.º, *caput*, do CP, os quais determinam a prevalência das normas incorporadas àqueles pactos nas hipóteses em que a aplicação da lei brasileira a crimes ocorridos no exterior ou a infrações praticadas no território nacional dependa da cooperação de autoridades estrangeiras. Isto ocorre porque precitadas convenções e tratados são considerados *normas especiais* em relação à lei penal ou processual penal. Ressalte-se, entretanto, que esta supremacia das normas inseridas aos pactos internacionais deixa de existir quando, posteriormente à sua subscrição, sobrevier nova lei federal disciplinando a mesma matéria neles regulada. Nessa hipótese, enfim, cessa a eficácia dos tratados e convenções no território nacional.

---

1 Julio Fabbrini Mirabete, op. cit., p. 772.

16.2. CARTAS ROGATÓRIAS

16.2.1. Disciplina, conceito e regulamentação

Os arts. 222-A, 368, 369 e 783 a 786 do CPP regulamentam o processamento das *cartas rogatórias*. Estas constituem pedidos formulados por uma autoridade judiciária (juízo rogante) à outra (juízo rogado), pertencentes a países distintos, para que proceda a atos necessários à instrução do processo submetido a seu julgamento.

Diferenciam-se as *cargas rogatórias* das *cartas precatórias*, a começar pelo fato de que, enquanto estas últimas tramitam entre juízes com jurisdição dentro do território nacional, aquelas, ou se destinam a autoridades judiciárias de outro País, ou provêm de autoridade judiciária estrangeira para cumprimento no Brasil.

O objeto da carta rogatória, como permite a regra geral do art. 780, pode ser a realização de atos de comunicação processual (citações, intimações e notificações), de atos de investigação ou instrução (oitivas, obtenção de documentos, quebra de sigilo bancário, quebra de sigilo telemático etc.) ou ainda de algumas medidas de constritivas de ativos, como bloqueio de bens ou valores no exterior.

O Brasil é signatário da Convenção Interamericana sobre Cartas Rogatórias, assinada no Panamá em 30.01.1975, a qual foi promulgada pelo Decreto 1.899, de 9 de maio de 1996. Pelo Decreto 2.022, de 7 de outubro de 1996, aderiu, ainda, ao Protocolo Adicional à Convenção Interamericana sobre Cartas Rogatórias, assinado em Montevidéu em 08.05.1979. Neste contexto, assim como os demais países que subscreveram a precitada Convenção e adotaram o referido Protocolo Adicional, cabe ao Brasil cumprir as cargas rogatórias na forma neles prevista.

A partir da nomenclatura mantida pela Portaria Interministerial 501, de 21 de março de 2012, editada pelo Ministério das Relações Exteriores e pelo Ministério da Justiça e Segurança Pública (denominação conferida pela Lei 13.844/2019), infere-se que as cartas rogatórias se classificam em **ativas** e **passivas**. *Ativas* são as expedidas pelo Poder Judiciário brasileiro para cumprimento em país estrangeiro. Já as *passivas* são as que provêm de autoridade judiciária estrangeira para o Brasil, sujeitando-se a juízo de delibação pelo STJ, que autorizará ou não o seu cumprimento por meio de *exequatur*. Aqui, aliás, é importante abrir parêntese para frisar que, anteriormente à Emenda Constitucional 45/2004, competia ao Supremo Tribunal Federal autorizar o cumprimento das cargas rogatórias passivas, consoante dispunha o art. 102, I, *h*, da CF. No entanto, com a edição da sobredita Emenda, essa competência foi transferida ao STJ, conforme estabelece, hoje, o art. 105, I, *i*, da CF.

***Exequatur*:** significa *ordem de execução ou cumprimento*. Em outras palavras, trata-se da autorização dada pelo Presidente do STJ para que possam, validamente, ser executados, na jurisdição do juiz competente, as diligências ou atos processuais solicitados por autoridade judiciária estrangeira.

16.2.2. Processamento das cartas rogatórias passivas (arts. 216-O a 216-X do RISTJ)

Se proveniente de autoridade estrangeira para cumprimento no Brasil, a carta rogatória é recebida no âmbito do Ministério da Justiça e Segurança Pública[2] e encaminhada ao Presidente do STJ, a fim de que este tribunal, no uso da competência determinada

[2] Decreto 9.662, de 1º de janeiro de 2019.

pelo art. 105, I, i, da CF[3], delibere sobre a concessão ou não do *exequatur*, que equivale ao "cumpra-se" das cartas precatórias, como vimos alhures.

À época em que a incumbência para o *exequatur* era do Presidente do Supremo Tribunal Federal, dispunha o art. 226, *caput*, do Regimento Interno dessa Corte que, "recebida a rogatória, o interessado residente no país será intimado, podendo, no prazo de cinco dias, impugná-la". Na atualidade, em vista da competência atribuída ao STJ para esse fim, o processamento das cartas rogatórias encontra-se disciplinado no Regimento Interno desse Tribunal que, em seu art. 216-Q, aduz que, recebida a carta, "a parte requerida será intimada para, no prazo de quinze dias, impugnar o pedido de concessão do *exequatur*". Possível, entretanto, conforme refere esse mesmo dispositivo em seu § 1.º, que a medida solicitada na carta rogatória seja realizada "sem ouvir a parte requerida, quando sua intimação prévia puder resultar na ineficiência da cooperação internacional".

No tocante ao teor da impugnação, prevê o art. 216-Q do RISTJ, agora em seu § 2.º, que apenas poderá versar sobre "a autenticidade dos documentos, a inteligência da decisão e a observância dos requisitos previstos neste Regimento". Assim, discussões relativas ao mérito da causa ou à competência do órgão jurisdicional estrangeiro para julgamento da demanda que motivou a rogatória, na medida em que transcendem os limites estabelecidos no mencionado parágrafo, devem ser apresentadas perante a Justiça Rogante[4]. Em verdade, ao atribuir ao STJ a competência para a concessão de *exequatur* às cartas rogatórias (art. 105, I, *i*), a Constituição está se referindo, especificamente, ao juízo de delibação consistente em aprovar ou não o pedido feito por autoridade judiciária estrangeira para cumprimento, em nosso país, de diligência processual requisitada por decisão do juiz rogante. É com esse sentido e nesse limite, portanto, que deve ser compreendida a referida competência constitucional[5].

Normalmente, as razões de impugnação da carta rogatória residem na insuficiência dos documentos que a instruem e na ausência ou deficiência da tradução (art. 784, § 1.º, do CPP). No entanto, a respeito dos **documentos** que devem ser acostados, nem sempre o STJ tem adotado uma postura rígida, compreendendo que lhe cumpre verificar, apenas, se a diligência solicitada ofende a soberania nacional e a ordem pública, bem como se há autenticidade dos documentos e observância dos requisitos legais e regimentais. Neste contexto, já decidiu, por exemplo, que "não se exige, na legislação brasileira, que o ato citatório venha acompanhado de todos os documentos mencionados na petição inicial, pois se destina apenas a dar conhecimento da ação em curso, permitindo a defesa do interessado"[6]. E, quanto à **tradução**, considerava-se obrigatório apenas que fosse feita no tocante à carta rogatória em si (art. 784, § 1.º, do CPP), dispensando-se em relação aos documentos que a instruem, consoante preceitua o art. 3.º, *b*, do Protocolo Adicional à Convenção Interamericana sobre Cartas Rogatórias, promulgado pelo Decreto 2.022/1996 ("as Cartas Rogatórias deverão ser acompanhadas de cópia, sem tradução, dos documentos que tiverem juntado à petição"). Sem embargo, a já mencionada Portaria Interministerial 501/2012, em seu art. 8.º, IV, consagrou que "as cartas rogatórias deverão vir acompanhadas dos seguintes documentos: [...] IV – original da tradução oficial ou juramentada da carta rogatória e dos documentos que os acompanham".

Pois bem, com ou sem impugnação pelo interessado, o Ministério Público Federal terá vista dos autos da Carta Rogatória, podendo impugnar o pedido de concessão do *exequatur* no prazo de 10 (dez) dias (art. 216-S do RISTJ). Tratando-se de pedido de

3 Art. 105, I, *i*, da CF: "Compete ao Superior Tribunal de Justiça [...] processar e julgar originariamente [...] a homologação de sentenças estrangeiras e a concessão de exequatur às cartas rogatórias".

4 STJ, AgRg na CR 009564, Decisão Monocrática, Rel. Min. Francisco Falcão, publicação em 14.12.2015.

5 STJ, Recl. 2.465/SP, Corte Especial, Rel. Min. Teori Albino Zavascki, *DJ* 16.12.2009.

6 STJ, AgRg na CR 2.807/México, *DJ* 03.04.2008.

concessão de *exequatur* à carta rogatória de ato decisório, havendo impugnação do MPF, o Presidente do STJ poderá determinar a distribuição dos autos do processo para julgamento pela Corte Especial (art. 216-S do RISTJ). Segue-se, após, a decisão pela concessão ou não da ordem de *exequatur*, cabendo, em qualquer caso, contra essa decisão, a interposição de agravo (art. 216-U do RISTJ). Consigne-se, mais uma vez, que a concessão do *exequatur* vincula-se à constatação de que foram observados os requisitos legais relativos à regularidade formal do procedimento e à ausência de ofensa à soberania nacional, à ordem pública e aos bons costumes, previstos nos arts. 216-O e 216-P do RISTJ. Atente-se, outrossim, que, na concessão do *exequatur* nas cartas rogatórias, o Superior Tribunal de Justiça realiza juízo de mera delibação, não sendo de sua competência o exame de questões relacionadas a aspectos de mérito. Neste sentido: "*Na carta rogatória passiva, há decisão judicial oriunda da Justiça rogante que precisa ser executada e cumprida no Estado rogado, cabendo ao Superior Tribunal de Justiça o juízo de delibação, sem, contudo, adentrar-se no mérito da decisão oriunda do País estrangeiro*"[7].

Obtido o *exequatur*, a carta rogatória é remetida ao Juízo Federal competente para cumprimento (art. 216-V do RISTJ). A competência dos Juízes Federais para processar a execução das cartas rogatórias após o *exequatur* encontra-se expressa no art. 109, X, da CF[8].

No curso das providências relacionadas ao cumprimento da rogatória, preceitua o art. 216-V, § 1.º, do RISTJ que "das decisões proferidas pelo Juiz Federal competente no cumprimento da carta rogatória caberão embargos, que poderão ser opostos pela parte interessada ou pelo Ministério Público Federal no prazo de dez dias, julgando-os o Presidente deste Tribunal". Estes embargos podem versar sobre qualquer ato referente ao cumprimento da carta rogatória, exceto sobre a própria concessão da medida ou o seu mérito (art. 216-V, § 2.º, do RISTJ). E da decisão que julgar os embargos, cabe agravo (art. 216-W do RISTJ).

Uma vez cumprida a carta rogatória ou verificada a impossibilidade de seu cumprimento, é devolvida ao Presidente do STJ no prazo de dez dias, e ele a remeterá, em igual prazo, por meio do Ministério da Justiça ou do Ministério das Relações Exteriores, à autoridade estrangeira de origem (art. 216-X do RISTJ).

CARTA ROGATÓRIA PASSIVA	Recebimento no Ministério da Justiça → encaminhamento ao Presidente do STJ → intimação da parte requerida para impugnar o pedido de exequatur → vista ao Ministério Público Federal → se for o caso, segue-se a concessão do *exequatur* → remessa ao Juízo Federal competente para o cumprimento da carta rogatória → cumprida a carta ou verificada a impossibilidade de cumprimento, segue-se a sua devolução ao Presidente do STJ → remessa à autoridade estrangeira por meio do Ministério da Justiça ou das Relações Exteriores.

16.2.3. Processamento das cartas rogatórias ativas

As cartas rogatórias em que figurem como *Juízo Rogante* uma autoridade judiciária brasileira e, como *Juízo Rogado*, uma autoridade judiciária estrangeira, poderão ter fundamento em **tratados** e **acordos de cooperação jurídica internacional** definindo parâmetros para cumprimento de ordem judicial brasileira em território estrangeiro, ou, não havendo esses pactos, pela **via diplomática**.

Havendo tratados ou acordos de cooperação, a rogatória deve atender os requisitos neles estipulados e tramitar segundo a forma prevista. Neste caso, uma vez confeccionada

[7] STJ, RHC 97334/RJ, Sexta Turma, Rel. Min. Laurita Vaz, *DJ* 22.05.2020.

[8] Art. 109, X, da CF: "Aos Juízes federais compete processar e julgar [...] a execução de carta rogatória, após o *exequatur* [...]".

e documentada a rogatória, é ela enviada ao Ministério da Justiça e Segurança Pública e daí remetida diretamente à Autoridade Central estrangeira, solicitando-se cumprimento.

Por outro lado, **se não existir pactuação** acerca da forma de encaminhamento da carta, deve ela tramitar pela via diplomática, hipótese em que é exigido o atendimento dos requisitos definidos na Portaria Interministerial 501/2012, que assim dispõe em seus arts. 5.º, 7.º e 8.º:

> **Art. 5.º** Na ausência de acordo de cooperação jurídica internacional bilateral ou multilateral, o Ministério da Justiça encaminhará ao Ministério das Relações Exteriores os pedidos de cooperação jurídica internacional ativos, em matéria penal e civil, para tramitarem pela via diplomática.
>
> **Art. 7.º** As cartas rogatórias deverão incluir:
>
> I – Indicação dos juízos rogante e rogado;
>
> II – Endereço do juízo rogante;
>
> III – Descrição detalhada da medida solicitada;
>
> IV – Finalidade a ser alcançada com a medida solicitada;
>
> V – Nome e endereço completos da pessoa a ser citada, notificada, intimada ou inquirida na jurisdição do juízo rogado, e, se possível, sua qualificação, especificando o nome da genitora, data de nascimento, lugar de nascimento e o número do passaporte;
>
> VI – Encerramento, com a assinatura do juiz; e
>
> VII – Qualquer outra informação que possa a ser de utilidade ao juízo rogado para os efeitos de facilitar o cumprimento da carta rogatória.
>
> [...]
>
> **Art. 8.º** As cartas rogatórias deverão vir acompanhadas dos seguintes documentos:
>
> I – Petição inicial, denúncia ou queixa, a depender da natureza da matéria;
>
> II – Documentos instrutórios;
>
> III – Despacho judicial ordenando a sua expedição;
>
> IV – Original da tradução oficial ou juramentada da carta rogatória e dos documentos que os acompanham;
>
> V – Duas cópias dos originais da carta rogatória, da tradução e dos documentos que os acompanham; e
>
> VI – Outros documentos ou peças processuais considerados indispensáveis pelo juízo rogante, conforme a natureza da ação.
>
> **Parágrafo único** No caso do objeto da carta rogatória consistir em exame pericial sobre documento, recomenda-se que o original seja remetido para o juízo rogado, permanecendo cópia nos autos do juízo rogante, sob pena de impossibilidade de cumprimento da medida.

Assim confeccionada e instruída, a carta é remetida pelo órgão do Poder Judiciário competente (Juiz, Tribunal) ao *Ministério da Justiça e Segurança Pública* – que, por sua vez, a envia ao *Ministério das Relações Exteriores*. Ato contínuo, esse departamento promoverá o encaminhamento da rogatória à representação diplomática brasileira no país rogado, que a remeterá à autoridade estrangeira competente para autorizar seu cumprimento. Cumprida a diligência solicitada, a autoridade estrangeira devolverá a carta à representação diplomática brasileira, que providenciará o seu retorno ao Ministério das Relações Exteriores e daí para o Ministério da Justiça e, finalmente, à autoridade judicial requerente.

Por fim, cumpre atentar ao que dispõe o art. 7.º da Lei 11.419/2006, no sentido de que "as cartas precatórias, rogatórias, de ordem e, de um modo geral, todas as comunicações oficiais que transitem entre órgãos do Poder Judiciário, bem como entre os deste e os dos demais Poderes, serão feitas preferencialmente por meio eletrônico".

CARTA ROGATÓRIA ATIVA	**1. Existe tratado ou acordo de cooperação:**	Juiz ou Tribunal envia a rogatória ao Ministério da Justiça → observadas as formalidades e o modo de tramitação pactuados, é a carta encaminhada à Autoridade Central estrangeira, solicitando-se cumprimento.
CARTA ROGATÓRIA ATIVA	**2. Não existe tratado ou acordo de cooperação – tramitação pela via diplomática:**	Juiz ou Tribunal envia a rogatória ao Ministério da Justiça → verificada a regularidade formal, a carta é enviada ao Ministério das Relações Exteriores → segue-se o encaminhamento da rogatória à representação diplomática brasileira do país rogado → representação diplomática faz remessa da carta à autoridade estrangeira competente para seu cumprimento → cumprida a carta, é ela devolvida à representação diplomática brasileira no país rogado → rogatória retorna ao Ministério das Relações Exteriores → rogatória é restituída ao Ministério da Justiça → segue-se a devolução à autoridade judicial brasileira requerente.

16.2.4. A carta rogatória para inquirição de testemunhas

Em se tratando de carta rogatória visando à **inquirição de testemunha**, dispõe o art. 222-A do CPP que somente será expedida se demonstrada previamente a sua imprescindibilidade, cabendo, ainda, à parte requerente arcar com os custos de envio. Ao assim regrar, objetivou o dispositivo evitar manobras protelatórias muitas vezes utilizadas pela defesa, arrolando testemunhas que residem no exterior e que, não raro, pouco contribuem para o esclarecimento do crime, tudo com o objetivo de retardar o curso do processo, até mesmo para distanciar o julgamento da época do fato (prática, aliás, muito comum quando se trata de crime de competência do júri popular).

Outro aspecto importante a considerar respeita à previsão do art. 222-A, parágrafo único, determinando que se aplique às **cartas rogatórias** o que dispõe o art. 222, §§ 1.º e 2.º do CPP (v. *Capítulo 8, item 8.14.11*).

Tendo em vista esta disciplina e estabelecendo o art. 222, § 1.º do CPP que a expedição da carta precatória não suspende a instrução criminal, conclui-se que, igualmente, a expedição da carta rogatória não impedirá ao juiz rogante (deprecante) de prosseguir a instrução criminal. Em razão disso, embora a regra seja a oitiva das testemunhas de acusação e, após, das testemunhas de defesa, havendo carta rogatória pendente de cumprimento, não é impossível que testemunha de defesa venha ser ouvida no juízo do processo **antes** da inquirição de testemunha de acusação no juízo rogado (deprecado); ou que uma testemunha de acusação no juízo do processo seja ouvida **após** a inquirição de testemunha de defesa no juízo rogado.

Por outro lado, relativamente ao art. 222, § 2.º, do CPP preceitua que, "findo o prazo marcado, poderá realizar-se o julgamento, mas a todo tempo, a precatória, uma vez devolvida, será junta aos autos". Como se vê, referido parágrafo leva em conta a regra do *caput* do art. 222, qual seja a de que, ao expedir a precatória, o juiz deprecante deverá fixar prazo para seu cumprimento no juízo deprecado. Neste contexto, depreende-se que a disposição do art. 222-A, parágrafo único, ao determinar a aplicação do precitado parágrafo 2.º do art. 222 apenas tem sentido se compreendermos que **também na expedição das rogatórias deve ser fixado pelo juiz rogante prazo para cumprimento**. Pois bem, fixado que venha a ser esse prazo pelo juízo rogante, o seu decurso sem que haja a devolução da rogatória devidamente cumprida autoriza, conforme se extrai do art. 222-A c/c o art. 222, § 2.º, do CPP o julgamento do processo criminal, sem prejuízo de, a todo tempo, restituída a rogatória, ser ela acostada ao feito.

> **OBSERVAÇÃO:** Na verdade, embora não haja previsão legal, não é de agora que a doutrina vem entendendo pela pertinência de fixação, pelo juízo rogante, de prazo para cumprimento da carta rogatória no juízo rogado, objetivando-se evitar que a expedição da carta rogatória importe em eternizar o andamento do processo. Neste sentido, a propósito, Mirabete[9], lecionando que deve o juiz rogante fixar prazo para o cumprimento da diligência.

16.2.5. A carta rogatória para citação do réu

Estabelece o art. 368 do CPP que, encontrando-se o acusado no estrangeiro, em lugar conhecido, será citado mediante carta rogatória, suspendendo-se o curso do prazo de prescrição até seu cumprimento. Desimporta, então, se **inafiançável** ou **afiançável** o crime imputado, ao contrário do que disciplinava a redação anterior do Código de Processo Penal, que autorizava a expedição de carta rogatória apenas se inafiançável o delito, devendo o réu ser citado por edital na hipótese de afiançabilidade. Outro aspecto importante a enfatizar respeita à **suspensão do curso da prescrição até o cumprimento da rogatória**, regra esta bastante pertinente já que tal cumprimento costuma ser demorado.

Evidentemente, se, mesmo no exterior, não for conhecido o local em que se encontra o réu, deverá ele ser citado por edital junto à comarca em que tramita o processo criminal no Brasil, *ex vi* da regra geral incorporada aos arts. 361 e 363, § 1.º do CPP.

E quando se tratar de réu que se encontra em legação estrangeira? Nesse caso, à luz do que dispõe o art. 369 do CPP, também deve ser o acusado citado mediante rogatória, contendo as mesmas formalidades previstas para a carta destinada à citação de quem se encontra no estrangeiro.

16.3. HOMOLOGAÇÃO DE SENTENÇAS ESTRANGEIRAS

16.3.1. A sentença estrangeira sujeita à homologação

Como regra geral, não está o Poder Judiciário obrigado a cumprir as sentenças proferidas por órgãos jurisdicionais de outros países. Isto ocorre porque, se de um lado as decisões judiciais obrigatoriamente devem obedecer à legislação vigorante, de outro não se pode ignorar que o direito positivo estabelecido em cada país, ao fim e ao cabo, sempre reproduz ou é resultado da realidade social, jurídica, política e até mesmo religiosa do seu povo. Logo, não seria concebível obrigar o juiz brasileiro a cumprir as decisões provenientes de Estados estrangeiros, pois isto importaria em obrigá-lo a aplicar no território pátrio a legislação inerente a povo alienígena, procedimento este absolutamente incompatível com o princípio da soberania nacional.

Independentemente desta constatação, existem determinadas hipóteses nas quais a lei prevê a possibilidade de que seja **homologada a sentença estrangeira**, a fim de que esta possua eficácia no Brasil: trata-se dos casos apontados no art. 9.º do Código Penal, dispondo que "a sentença estrangeira, quando a aplicação da lei brasileira produz na espécie

---

9 *Processo Penal*, p. 774.

as mesmas consequências, pode ser homologada no Brasil para **obrigar o condenado à reparação do dano, a restituições e a outros efeitos civis**, bem como para **sujeitá-lo a medida de segurança**". Da exegese desse dispositivo, detecta-se que, nos casos mencionados, a homologação é pressuposto indispensável para que a sentença estrangeira possa ser executada no Brasil, condicionando-se, de qualquer forma, a que:

- Em relação aos **efeitos civis da sentença penal condenatória (art. 9.º, I do CP)**, a sentença estrangeira produza, no Brasil, os mesmos efeitos civis que lhe são inerentes no país em que foi produzida (arts. 91 e 92 do Código Penal);
- Em relação à **medida de segurança**, a sentença estrangeira tenha aplicado modalidade existente no sistema penal brasileiro, quais sejam a internação em hospital de custódia e tratamento psiquiátrico ou a sujeição a tratamento ambulatorial (art. 96 do CP).

Em qualquer hipótese, à semelhança do que ocorre em relação às cartas rogatórias, também no que toca à homologação de sentença estrangeira é necessário que isto não importe em ofensa à soberania nacional, à ordem pública e aos bons costumes (art. 781 do CPP).

16.3.2. Requisitos para a homologação

Para que possa ser homologada no Brasil, a sentença estrangeira deverá observar os requisitos mencionados no art. 788 do CPP, quais sejam:

I. Estar revestida das formalidades externas necessárias, segundo a legislação do país de origem;

II. Haver sido proferida por juiz competente, mediante citação regular, segundo a mesma legislação;

III. Ter passado em julgado;

IV. Estar devidamente autenticada por cônsul brasileiro;

V. Estar acompanhada de tradução, feita por tradutor público.

Em suma, exige-se que todas as normas penais e processuais penais do país de origem tenham sido observadas por ocasião da prolação da sentença condenatória ou impositiva de medida de segurança (art. 788, I, do CPP).

Ademais, necessário que tenha sido proferida por juiz competente, o que reflete a garantia do juiz natural estabelecida na Constituição Federal (art. 788, II, do CPP).

Outro requisito estabelecido pela Lei Adjetiva refere-se à necessidade de que o indivíduo condenado ou sujeito à medida de segurança tenha sido regularmente citado, segundo as normas do país de origem (art. 788, III, 1.ª parte, do CPP). Isto ocorre porque a nulidade da citação em outro país afeta diretamente os princípios do contraditório e da ampla defesa previstos no art. 5.º, LV, da Constituição Brasileira. Sem embargo, cabe ressaltar que, em se tratando de ação movida no exterior contra pessoa residente no Brasil, já decidiu o STJ que para a homologação da sentença estrangeira proferida será "indispensável que a citação tenha sido regular, assim considerada a que fora efetivada mediante carta rogatória" (SEC 113-DF, *DJ* 04.08.2008). No mesmo sentido, foi a orientação do Supremo Tribunal Federal, quando lhe incumbia apreciar o procedimento de homologação, compreendendo que "a indispensabilidade, para efeitos de homologação, do procedimento judicialiforme da carta rogatória na citação das pessoas que, residentes no Brasil, são demandadas perante a Justiça estrangeira, revestiu-se de maior legitimidade após a promulgação da Constituição Federal de 1988, pois se tornou garantia de efetividade do devido processo legal, do contraditório e da ampla defesa, princípios expressamente consagrados nos incisos LIV e LV do art. 5.º da Carta Magna" (SEC 7.394/P6, *DJ* 07.05.2004).

Indispensável, também, que tenha a sentença transitado em julgado (art. 788, III, 2.ª parte, do CPP), o que cabe à parte requerente da homologação comprovar, sob pena de indeferimento.

Por fim, necessário que esteja autenticada a sentença estrangeira por cônsul brasileiro (art. 788, IV, do CPP) e acompanhada de tradução (art. 788, V, do CPP) feita por tradutor oficial ou juramentado no Brasil, não bastando quando feita a versão por tradutor credenciado apenas no país de origem.

16.3.3. Legitimidade para o requerimento de homologação

Em se tratando de homologação de sentença estrangeira que tenha por finalidade a reparação do dano, somente a vítima, seu representante legal ou sucessores são partes legítimas para o respectivo requerimento (art. 9.º, parágrafo único, alínea *a*, do CP).

Contudo, sendo hipótese de aplicação de medida de segurança, faculta-se ao Procurador-Geral da República, quando tiver conhecimento da existência de sentença penal estrangeira, o requerimento de homologação, desde que exista tratado de extradição vigente entre o Brasil e o país de origem da sentença (art. 789, 1.ª parte, do CPP). Na falta desse tratado, a homologação dependerá de requisição do Ministro da Justiça (art. 9.º, parágrafo único, alínea *b*, do CP), sem prejuízo da possibilidade de o Procurador-Geral da República requerer ao mesmo a adoção de providências para obtenção de elementos que o habilitem a requerer a homologação da sentença estrangeira (art. 789, 2.ª parte, do CPP).

Atente-se que, embora o art. 789 do CPP refira-se à possibilidade de homologação de sentença proferida em outro país para fins de aplicação de "pena acessória que deva ser cumprida no Brasil", esta parte do dispositivo encontra-se prejudicada, já que não existe mais no ordenamento jurídico brasileiro a possibilidade de aplicação dessa ordem de penalidade.

16.3.4. Competência para a homologação

Embora disponha o art. 787 do CPP que as sentenças estrangeiras devem ser previamente homologadas pelo Supremo Tribunal Federal, a partir da Emenda Constitucional 45/2004 essa competência passou a ser do STJ, conforme se infere do art. 105, I, *i*, da Carta Republicana.

No tocante ao respectivo órgão, a homologação compete ao Presidente do STJ, caso não tenha sido contestado o requerimento, ou à Corte Especial, na hipótese de ter ocorrido impugnação, conforme se extrai dos arts. 216-A e 216-K do Regimento Interno daquele Tribunal:

> "Art. 216-A. É atribuição do Presidente do Tribunal homologar sentença estrangeira, ressalvado o disposto no art. 216-K.
>
> (...)
>
> Art. 216-K. Contestado o pedido, o processo será distribuído para julgamento pela Corte Especial, cabendo ao relator os demais atos relativos ao andamento e à instrução do processo.
>
> Parágrafo único. O relator poderá decidir monocraticamente nas hipóteses em que já houver jurisprudência consolidada da Corte Especial a respeito do tema."

Perceba-se que a homologação total ou parcial da sentença estrangeira é condição para sua eficácia no Brasil, sendo sujeitos a essa validação tanto os atos considerados jurisdicionais no Brasil e no estrangeiro quanto aqueles que, não judiciais no território alienígena, possuírem natureza de sentença pela lei brasileira (arts. 216-A e 216-B do RISTJ). Por outro lado, não está sujeita à homologação a sentença estrangeira que ofender a soberania nacional, a dignidade da pessoa humana e/ou a ordem pública (art. 216-F do RISTJ).

16.3.5. Processamento do pedido de homologação

Estabelece o art. 216-C do Regimento Interno do STJ que a homologação da sentença estrangeira será proposta pela parte interessada, devendo a petição inicial conter os requisitos indicados na lei processual, bem como os previstos no art. 216-D daquele Regimento – certidão no sentido de que foi a sentença proferida por autoridade competente; certidão de que as partes foram citadas no curso do processo ou de que lhes foi decretada a revelia e certidão de trânsito em julgado –, além do original ou cópia autenticada da decisão homologanda e de outros documentos indispensáveis, devidamente traduzidos por tradutor oficial ou juramentado no Brasil e chancelados pela autoridade consular brasileira competente, quando for o caso.

Se a petição inicial não preencher esses requisitos ou apresentar defeitos ou irregularidades que dificultem o julgamento do mérito, o Presidente assinará prazo razoável para que o requerente a emende ou complete. Omitindo-se o requerente ou seu procurador a respeito, será o processo arquivado pelo Presidente do STJ (art. 216-E do RISTJ).

Encontrando-se, ao contrário, formalmente correta e devidamente instruída a petição, será a parte interessada citada para, no prazo de 15 dias, contestar o pedido de homologação (art. 216-H do RISTJ). Nessa contestação, a defesa apenas poderá versar sobre a inteligência da decisão estrangeira; a observância dos requisitos formais da petição; a suficiência dos documentos que a instruem; a comprovação das condições estipuladas no art. 216-D e os reflexos da sentença homologanda em relação à soberania nacional, à dignidade da pessoa humana e/ou à ordem pública. Caso seja revel ou incapaz o requerido, ser-lhe-á nomeado curador especial, que será pessoalmente notificado (art. 216-I do RISTJ).

Não havendo contestação, depois de vista ao Ministério Público Federal pelo prazo de dez dias (art. 216-L do STJ), se não impugnar o pedido, seguirá o processo para deliberação do Presidente do STJ (art. 216-K do RISTJ).

Por outro lado, se tiver sido contestado o pedido, uma vez superadas as fases de réplica e tréplica (art. 216-J do RISTJ), o processo, após a sobredita vista ao Ministério Público Federal, será distribuído para julgamento pela Corte Especial, cabendo ao relator os demais atos relativos ao andamento e à instrução do processo, podendo, inclusive, decidir monocraticamente nas hipóteses em que já houver jurisprudência consolidada da Corte Especial a respeito do tema (art. 216-K do RISTJ).

Note-se que, assim como já previa a revogada Resolução 09/2005 do STJ, admite o art. 216-G do Regimento Interno o deferimento de tutela de urgência nos procedimentos de homologação de sentença estrangeira.

Contra decisão do Presidente do STJ ou do Relator, caberá agravo regimental (art. 216-M do RISTJ). Agora, se a decisão provier da Corte Especial, não prevê o Regimento Interno qualquer recurso. Sem embargo, não vemos óbice ao cabimento de recurso extraordinário para o STF em casos tais (art. 102, III, da CF), desde que a matéria objeto de sua dedução tenha natureza constitucional (*v.g.*, eventual inobservância do devido processo legal no procedimento de homologação). Afinal, acórdão do Plenário do STJ é decisão de única instância contra a qual não cabe qualquer outro recurso.

Homologada a sentença estrangeira e transitada em julgado essa decisão, será a carta de sentença remetida ao Presidente do Tribunal Regional Federal da Região em que resida o condenado (art. 789, § 6.º, do CPP). Este, por sua vez, fará a remessa dessa carta ao juiz federal do lugar da residência dele (art. 789, § 7.º, do CPP e art. 109, X, da CF), para a respectiva execução, a qual se processará pelos órgãos jurisdicionais locais, sem qualquer interferência do STJ.

OBSERVAÇÃO: Oscila a doutrina quanto ao Tribunal para o qual deva ser encaminhada pelo STJ a *carta de sentença* relativa à homologação da sentença estrangeira. Isso porque o art. 789, § 6.°, do CPP refere que esta será enviada "ao Presidente do Tribunal de Apelação do Distrito Federal, do Estado, ou do Território". Ora, a expressão "Tribunal de Apelação" remonta à época da edição do Código de Processo Penal, não mais existindo essa nomenclatura no sistema vigente. Assim, enquanto alguns compreendem que "homologada a sentença estrangeira, será remetida ao presidente do Tribunal de Justiça do Estado em que resida o condenado"[10], outros aduzem que, hoje, o "Tribunal de Apelação" mencionado no citado artigo do CPP é o "Tribunal Regional Federal da região onde a decisão deva ser cumprida"[11]. Aderimos a este último entendimento.

16.3.6. Natureza jurídica da sentença de homologação

Trata-se de *sentença de delibação de caráter integrante*. Isto significa que a decisão homologatória não pode, sob qualquer hipótese, adentrar em aspectos relativos ao conteúdo da sentença estrangeira, devendo limitar-se, unicamente, à apreciação de seus aspectos formais extrínsecos visando atribuir-lhe eficácia executória no Brasil.

16.3.7. Desnecessidade de homologação

A sentença estrangeira exige homologação apenas para adquirir eficácia executória, ou seja, para permitir a sua execução no Brasil em relação ao que está previsto no art. 9.º, I e II, do Código Penal. Entretanto, há determinados efeitos que podem decorrer da sentença condenatória estrangeira, os quais, por serem secundários e não se destinarem à execução, dispensam a homologação como condição para que se operem. Por exemplo, para gerar reincidência no Brasil não é necessária tal homologação. O mesmo pode ser dito em relação ao *sursis* e ao livramento condicional, que podem ser obstados em face de condenação proferida por juiz de outro país[12].

E quanto à sentença absolutória? A teor do art. 7.º, § 2.º, *d*, do Código Penal, a sentença absolutória proferida no estrangeiro prescinde de homologação, pois, não sendo o fato punido no país em que exarada, nada há a ser executado. Igual raciocínio deve ser aplicado em relação à decisão estrangeira que julgar extinta a punibilidade do agente, conforme se depreende do art. 7.º, § 2.º, *e*, do CP.

Acesse o
MATERIAL SUPLEMENTAR

Entre no Ambiente de Aprendizagem através das instruções contidas na orelha deste livro e acesse os conteúdos exclusivos desta edição:
- questões de concursos;
- videoaulas dos principais temas;
- mapas mentais;
- *ebook* de resumos de cada capítulo.

---

10 CAPEZ, Fernando. *Curso de direito penal*. Parte geral. 10. ed., 2006. v. 1, p. 100.

11 NUCCI, Guilherme de Souza. *Código de Processo Penal comentado*. 8. ed., 2008, p. 1.090.

12 Neste sentido, Fernando Capez, op. cit., p. 100.

Bibliografia

ANDRADE, Mauro Fonseca. *Sistemas processuais penais e seus princípios reitores*. 2. ed. Paraná: Juruá, 2013.

ARAÚJO, Marina Pinhão Coelho (coord.). *Revista Brasileira de Ciências Criminais*. 124. ed. São Paulo: Revista dos Tribunais, ano 24, 2016.

AVENA, Norberto Cláudio Pâncaro. *Manual de processo penal*. 3. ed. São Paulo: Método, 2015.

AVENA, Norberto Cláudio Pâncaro. *Execução penal*. 6. ed. São Paulo: Método, 2019.

BASTOS, Celso Ribeiro. *Curso de direito constitucional*. 18. ed. São Paulo: Saraiva.

BASTOS, Marcelo Lessa. Violência doméstica e familiar contra a mulher. Disponível em: <http://jus.com.br/revista/texto/9006/violencia-domestica-e-familiar-contra-a-mulher>. Acesso em: 05 nov. 2016.

BITENCOURT, Cezar Roberto. *Tratado de direito penal*. 25. ed. São Paulo: Saraiva, 2019.

BONFIM, Edilson Mougenot. *Curso de processo penal*. São Paulo: Saraiva, 2006.

BONFIM, Edilson Mougenot. *Reforma do Código de Processo Penal*. São Paulo: Saraiva, 2011.

BOSCHI, José Antônio Paganella. *Persecução penal*. Rio de Janeiro: Aide, 1987.

BROSSARD, Paulo. *O impeachment*. 3. ed. São Paulo: Saraiva, 1992.

CABETTE, Eduardo Luiz Santos. *Comentários iniciais à nova lei de identificação criminal* – Lei 12.037/2009. Disponível em: <www.jusnavigandi.com.br>. Acesso em: 3 dez. 2009.

CAMARGO, Rodrigo Tellini de Aguirre. *Audiência de custódia e medidas cautelares pessoais*. São Paulo: Tirant Brasil, 2019.

CANOTILHO, J. J. Gomes. *Direito constitucional e teoria da Constituição*. Coimbra: Almedina.

CAPEZ, Fernando. *Curso de direito penal*. 10. ed. São Paulo: Saraiva, 2006.

CAPEZ, Fernando. *Curso de processo penal*. 11. ed. São Paulo: Saraiva, 2004.

CAPEZ, Fernando. *Curso de processo penal*. 13. ed. São Paulo: Saraiva, 2006.

CAPEZ, Fernando; PRADO, Stela. *Código Penal comentado*. Porto Alegre: Verbo Jurídico, 2007.

CARVALHO, Márcia Haydée Porto de; RAMOS, Paulo Roberto Barbosa. Vedação de prisão disciplinar para PMs e bombeiros é inconstitucional. Disponível em: https://www.conjur.com.br/2020-jan-24/opiniao-vedacao-prisao-disciplinar-pms-inconstitucional#author. Acesso em: 4 mar. 2020,

COLNAGO, Daniel; FONSECA, Marcelo *Furlanetto da. Vade Mecum Carreiras Jurídicas*. São Paulo: Thomson Reuters, 2019.

CONSTANTINO, Lúcio Santoro de. *Habeas corpus*. Porto Alegre: Livraria do Advogado, 2001.

CONSTANTINO, Lúcio Santoro de. *Nulidades no processo penal*. Porto Alegre: Verbo Jurídico.

CONSTANTINO, Lúcio Santoro de. *Recursos criminais*. Sucedâneos recursais criminais e ações impugnativas autônomas criminais. Porto Alegre: Livraria do Advogado, 2004.

COSTA SILVA, Davi André. *Direito penal* – Parte geral. Porto Alegre: Verbo Jurídico, 2011.

COSTA SILVA, Davi André; EBERHARDT, Marcos. *Leis penais e processuais penais comentadas*. Porto Alegre: Verbo Jurídico, 2010.

COSTA SILVA, Davi André; EBERHARDT, Marcos; GIULIANI, Ricardo Henrique Alves. *Manual de prática penal*. Porto Alegre: Verbo Jurídico, 2011.

CRUZ, Rogério Schietti Machado. *Garantias processuais nos recursos criminais*. São Paulo: Atlas, 2013.

CUNHA, Rogério Sanches; PINTO, Ronaldo Batista; SOUZA, Renee do Ó. *Leis Penais Especiais Comentadas*. 2. Ed. Salvador: JusPodivm, 2019.

DELMANTO, Celso; DELMANTO, Roberto; DELMANTO JUNIOR, Roberto; DELMANTO, Fabio M. de Almeida. *Código Penal comentado*. 5. ed. Rio de Janeiro: Renovar, 2000.

DELMANTO JUNIOR, Roberto. *Liberdade e prisão no processo penal: as modalidades de prisão provisória e seu prazo de duração*. 3. Ed. São Paulo: Saraiva Educação, 2019.

DINAMARCO, Cândido Rangel. *A instrumentalidade do processo*. São Paulo: RT, 1987.

ESPÍNOLA FILHO, Eduardo. *Código de Processo Penal anotado*. Campinas: Bookseller, 2000.

ESTEFAM, André. *Temas polêmicos sobre a nova Lei do Júri* (Lei n. 11.689/2008). São Paulo: Complexo Jurídico Damásio de Jesus, set. 2008. Disponível em: <http://www.criminal.caop.mp.pr.gov.br/modules/conteudo/conteudo.php?conteudo=620>. Acesso em: 16 out. 2011.

FARIAS, Cristiano Chaves de; ALVES, Leonardo Barreto Moreira; ROSENVALD, Nelson (orgs.). *Temas atuais do Ministério Público*. 6. ed. Salvador: JusPodivm, 2016.

FERNANDES, Antônio Scarance. *Processo penal constitucional*. São Paulo: RT, 2000.

FERREIRA FILHO, Manoel Gonçalves. *Comentários à Constituição brasileira de 1988*. São Paulo: Saraiva, 1992. v. 2.

FISCHER, Douglas; BALTAZAR JÚNIOR, José Paulo; RIBEIRO, Marcelo; COSTA SILVA, Davi André; SBARDELOTTO, Fábio Roque; EBERHARDT, Marcos. *Reformas do processo penal*. Porto Alegre: Verbo Jurídico, 2008.

FISCHER, Douglas; PACELLI, Antônio. *Comentários ao Código de Processo Penal e sua jurisprudência*. 11 ed. São Paulo: Atlas, 2019.

FRAGOSO, Heleno Cláudio. *Lições de direito penal* – Parte especial. 11. ed. Rio de Janeiro: Forense, 1995.

FUDOLI, Rodrigo de Abreu. *O trâmite do inquérito policial deve ser feito diretamente entre a polícia e o Ministério Público*. Disponível em: <http://www.metajus.com.br/textos-nacionais> e <http://mpdft.gov.br>. Acesso em: 5 out. 2011.

GARCIA, Thiago. *Tudo o que você precisa saber sobre: Delegado de Polícia, Lei Maria da Penha e Princípio da Insignificância*. São Paulo: Rideel, 2019.

GENTIL, Perseu Negrão. *Recurso especial*. São Paulo: Saraiva, 1997.

GIACOMOLLI, Nereu José. *Juizados Especiais Criminais*. 2. ed. Porto Alegre: Livraria do Advogado.

GIULIANI, Ricardo Henrique. *Direito penal militar. 14. Ed. Porto Alegre: Verbo Jurídico, 2014.*

GIULIANI, Ricardo Henrique. *Direito processual penal militar*. Porto Alegre: Verbo Jurídico.

GOMES, Luiz Flávio. Fontes do direito penal: necessária revisão desse assunto. *Jus Navigandi*, Teresina, ano 11, n. 1.542, set. 2007. Disponível em: <http://jus2.uol.com.br/doutrina/texto.asp?id=10375>. Acesso em: 26 set. 2011.

GOMES, Luiz Flávio. *Suspensão condicional do processo penal*. São Paulo: RT, 1997.

GOMES, Luiz Flávio; BIANCHINI, Alice, CUNHA, Rogério Sanches da; OLIVEIRA, Willian Terra de. *Nova lei de drogas comentada*. São Paulo: RT, 2006.

GONÇALVES, Victor Eduardo Rios. *Juizados Especiais Criminais*: doutrina e jurisprudência atualizadas. 3. ed. São Paulo: Saraiva, 2007.

GRECO, Rogério. *Curso de direito penal*. 13. ed. Niterói: Impetus, 2016.

GRECO, Rogério. *Código Penal Comentado*. 13. Ed. Niterói: Ímpetus, 2019.

GRECO FILHO, Vicente. *Direito processual civil brasileiro*. 12. ed. São Paulo: Saraiva, 1997. v. 3.

GRECO FILHO, Vicente. *Manual de processo penal*. 4. ed. São Paulo: Saraiva.

GRINOVER, Ada Pellegrini. *Juizados Especiais Criminais*. 4. ed. São Paulo: RT.

GRINOVER, Ada Pellegrini; FERNANDES, Antônio Scarance; GOMES FILHO, Antônio Magalhães. *As nulidades no processo penal*. 7. ed. São Paulo: RT, 2001.

HOFFMANN, Henrique; FONTES, Eduardo. Temas *Avançados de Polícia Judiciária*. 3. Ed. Salvador: JusPodivm, 2019.

HOUAISS, Antônio. *Dicionário da Língua Portuguesa*. Rio de Janeiro: Objetiva, 2001.

HUNGRIA, Nelson. *Comentários ao Código Penal*. 5. ed. Rio de Janeiro: Forense, 1980. v. VI.

JESUS, Damásio E. de. *Código de Processo Penal anotado*. 24. ed. São Paulo: Saraiva, 2010.

JESUS, Damásio E. de. *Lei dos Juizados Especiais Criminais anotada*. 10. ed. São Paulo: Saraiva, 2007.

KARAM, Maria Lúcia. *Competência no processo penal*. 4. ed. São Paulo: RT, 2005.

LEAL, Saulo Brum; KINZEL, Inez Maria. *Notas sobre Revisão Criminal*. Porto Alegre: Livraria do Advogado, 1994.

LENZA, Pedro. *Direito constitucional esquematizado*. 12. ed. São Paulo: Saraiva, 2008.

LEONE, Giovanni. *Tratado de derecho procesal penal*. Buenos Aires: EJEA.

LIMA, Renato Brasileiro de. *Manual de processo penal*. Rio de Janeiro: Impetus, 2011.

LIMA, Renato Brasileiro de. *Legislação criminal especial comentada*. Niterói: Impetus, 2013.

LOPES JR., Auri. *Direito processual penal e sua conformidade constitucional*. Rio de Janeiro: Lumen Juris, 2007. v. 1.

LUZ, Delmar Pacheco da. *Tribunal do Júri*: a nova quesitação. Disponível em: <www.jusbrasil.com.br>. Acesso em: 21 jul. 2008.

MACIEL, Silvio. *Possibilidade de prisão cautelar de Governador*. Disponível em: <http://www.lfg.com.br>. Acesso em: 3 mar. 2010.

MAGALHÃES NORONHA, E. *Curso de direito processual penal*. 28. ed. São Paulo: Saraiva, 2002.

MARINONI, Luiz Guilherme; MITIDIERO, Daniel. *Repercussão geral no recurso extraordinário*. São Paulo: RT, 2007.

MARQUES, José Frederico. *Elementos de direito processual penal*. Campinas: Bookseller, 1997.

MARREY, Adriano. *Teoria e prática do júri*. São Paulo: RT, 2000.

MARREY, Adriano; FRANCO, Alberto Silva; STOCO, Rui. *Teoria e prática do júri*. 7. ed. São Paulo: RT, 2000.

MARTINS, Charles Emil Machado e Outros. *Teoria e prática dos procedimentos penais e ações autônomas de impugnação*. Porto Alegre: Livraria do Advogado, 2010.

MAZZILLI, Hugo Nigro. *O crime de violação de sepultura*. Disponível em: <http://www.mazzilli.com.br/pages/artigos/violsep.pdf>. Acesso em: 23 out. 2011.

MEIRELLES, Hely Lopes. *Direito administrativo brasileiro*. 22. ed. São Paulo: Malheiros, 1997.

MEIRELLES, Hely Lopes. *Mandado de segurança*. 25. ed. São Paulo: Malheiros, 2003.

MENDES, Gilmar Ferreira; BRANCO, Paulo Gustavo Gonet. *Curso de Direito Constitucional*. 14. ed. São Paulo: Saraiva Educação, 2019.

MENDONÇA, Andrey Borges de. *Reformas do Código de Processo Penal*. São Paulo: Método.

MIRABETE, Júlio Fabbrini. *Código de Processo Penal interpretado*. 11. ed. São Paulo: Atlas, 2003.

MIRABETE, Júlio Fabbrini. *Execução penal*. São Paulo: Atlas, 2000.

MIRABETE, Júlio Fabbrini. *Processo penal*. 8. ed. São Paulo: Atlas, 1998.

MIRABETE, Júlio Fabbrini. *Processo penal*. 13. ed. São Paulo: Atlas, 2002.

MIRABETE, Júlio Fabbrini. *Processo penal*. 18. ed. São Paulo: Atlas, 2006.

MIRABETE, Júlio Fabbrini; FABBRINI, Renato N. *Manual de direito penal*. 24. ed. São Paulo: Atlas, 2006.

MORAES, Alexandre de. *Constituição do Brasil interpretada e legislação constitucional*. 7. ed. São Paulo: Atlas, 2007.

MORAES, Alexandre de. *Direito constitucional*. 17. ed. São Paulo: Atlas, 2005.

NASSIF, Aramis. *Considerações sobre nulidades no processo penal*. Porto Alegre: Livraria do Advogado, 2001.

NORONHA, E. Magalhães. *Curso de direito processual penal*. 19. ed. São Paulo: Saraiva, 1999.

NUCCI, Guilherme de Souza. *Código de Processo Penal comentado*. 8. ed. São Paulo: RT, 2008.

NUCCI, Guilherme de Souza. *Código de Processo Penal comentado*. São Paulo: RT, 2009.

NUCCI, Guilherme de Souza. *Código Penal Militar Comentado*. 3. Ed. Rio de Janeiro: Forense, 2019.

NUCCI, Guilherme de Souza. *Código Penal comentado*. São Paulo: RT, 2000.

NUCCI, Guilherme de Souza. *Código Penal comentado*. 8. ed. São Paulo: RT, 2008.

NUCCI, Guilherme de Souza. *Leis penais e processuais penais comentadas*. 3. ed. São Paulo: RT, 2008.

NUCCI, Guilherme de Souza. *Manual de processo penal e execução penal*. 3. ed. São Paulo: RT, 2007.

NUCCI, Guilherme de Souza. *Manual de processo penal e execução penal*. 5. ed. São Paulo: RT, 2008.

NUCCI, Guilherme de Souza. *Tribunal do júri*. São Paulo: RT, 2008.

NUCCI, Guilherme de Souza. *Tribunal do Júri*. 5. ed. Rio de Janeiro: Forense, 2014.

OLIVEIRA, Eugênio Pacceli de. *Curso de processo penal*. 6. ed. Belo Horizonte: Del Rey, 2006.

OLIVEIRA, Wesley Costa de. *Medidas assecuratórias no processo penal brasileiro*. Disponível em: <www.ambito-juridico.com.br>. Acesso em: 25 ago. 2009.

PACHECO, Denílson Feitosa. *Direito processual penal* – teoria, crítica e práxis. 4. ed. Niterói: Impetus, 2006.

PITOMBO, Cleunice A. Valentim. *Da busca e da apreensão no processo penal*. 2. ed. São Paulo: RT, 2005.

PIVA, Otávio. *Comentários ao art. 5.° da Constituição Federal de 1988 e teoria dos direitos fundamentais*. São Paulo: Método, 2009.

PIVA, Otávio. *Estudos de direito constitucional*. Porto Alegre: Sapiens, 2009.

PORTO, Hermínio Alberto Marques. *Júri*. São Paulo: RT.

PRADO, Luis Regis. *Crimes contra o ambiente:* Anotações à Lei 9.605, de 12 de fevereiro de 1998. 2. ed. São Paulo: RT, 2001.

PRADO, Luis Regis. *Comentários ao Código Penal*. 4. ed. São Paulo: RT, 2007.

PRADO, Luis Regis; BITENCOURT, Cezar Roberto. *Código Penal anotado e legislação complementar*. 2. ed. São Paulo: RT, 1999.

RAMOS, Maira Silva da Fonseca. *A prova proibida no processo penal: as consequências de sua utilização*. Disponível em: <http://jus2.uol.com.br/doutrina/texto.asp?id=7432>. Acesso em: 12 set. 2009.

RANGEL, Paulo. *Direito processual penal. 27. ed. São Paulo: Atlas, 2019.*

REALE, Miguel. *Lições preliminares de direito*. 9. ed. São Paulo: Saraiva, 1991.

SILVA, David Medina da. *Reflexões preliminares sobre o novo procedimento do Júri*. Disponível em: <www.mp.rs.gov.br/criminal/criminal/doutrina>. Acesso em: 21 jul. 2008.

SILVA, De Plácido. *Vocabulário Jurídico*. 30. Ed. Rio de Janeiro: Forense, 2013.

SILVA, Edimar Carmo. Recepcionado pela Constituição Federal vigente?. *Associação do Ministério Público de Pernambuco*. Disponível em: < http://amppe.informazione3.com.br/cms/opencms/amppe/artigos/artigos/artigos_0005.html>. Acesso em: 16 nov. 2009.

SILVA, Jaqueline Mielke. *Reforma do processo civil*. Porto Alegre: Verbo Jurídico, 2006.

SILVA, José Afonso da. *Curso de direito constitucional positivo*. 30. ed. São Paulo: Malheiros, 2008.

SOUZA, Carlos Eduardo de. *A identificação criminal nos novos moldes da Lei 12.037/2009*. Disponível em: <www.jus2.uol.com.br/doutrina>. Acesso em: 4 dez. 2009.

SOUZA, Maria Jacqueline Faustino de. A responsabilidade civil ambiental e a Lei 9.605/1998 (crimes ambientais). *Revista Ministério Público & Sociedade, Associação Cearense do Ministério Público*. Disponível em: <http://www.acmp-ce.org.br/images/stories/arquivos/ revista/Rev12_marco-agosto2005.pdf>. Acesso em: 12 out. 2011.

TÁVORA, Nestor; ANTONNI, Rosmar. *Curso de Direito Processual Penal*. 14. ed. Salvador: JusPodivm, 2019.

THUMS, Gilberto; PACHECO, Vilmar Velho. *Leis antitóxicos*: crime, investigação e processo. Rio de Janeiro: Lumen Juris, 2004.

TORNAGUI, Hélio. *Curso de processo penal*. 5. ed. São Paulo: Saraiva, 1988.

TOURINHO FILHO, Fernando da Costa. *Código de Processo Penal comentado*. 6. ed. São Paulo: Saraiva, 2001.

TOURINHO FILHO, Fernando da Costa. *Manual de processo penal*. 6. ed. São Paulo: Saraiva, 2004.

TOURINHO FILHO, Fernando da Costa. *Processo penal*. 32. ed. São Paulo: Saraiva, 2010.

TUCCI, Rogério Lauria. *Teoria do direito processual penal* – jurisdição, ação e processo penal. São Paulo: RT, 2002.

TUCCI, Rogério Lauria. *Persecução penal, prisão e liberdade*. São Paulo: Saraiva, 1980.

ZAFFARONI, Eugênio Raul; PIERANGELI, José Henrique. *Manual de direito penal brasileiro*. São Paulo: RT.

2023
1 2 3 4 5 6 7 8 9 10

gen

EDITORA MÉTODO

gen

EDITORA MÉTODO

gen

EDITORA MÉTODO

gen

EDITORA MÉTODO

gen

EDITORA MÉTODO

gen

EDITORA MÉTODO

gen

EDITORA MÉTODO

gen

EDITORA MÉTODO

gen

EDITORA MÉTODO